801

Thomas Bernhard
Die Romane

Herausgegeben mit einem Nachwort von
Martin Huber und
Wendelin Schmidt-Dengler

Suhrkamp Verlag

Erste Auflage 2008
© dieser Ausgabe Suhrkamp Verlag Frankfurt am Main 2008
© *Frost* Insel Verlag Frankfurt am Main 1963. © *Verstörung* Insel
Verlag Frankfurt am Main 1967. © *Das Kalkwerk* Suhrkamp Verlag
Frankfurt am Main 1970. © *Korrektur* Suhrkamp Verlag Frankfurt
am Main 1975. © *Beton* Suhrkamp Verlag Frankfurt am Main 1982.
© *Der Untergeher* Suhrkamp Verlag Frankfurt am Main 1983. ©
Holzfällen Suhrkamp Verlag Frankfurt am Main 1984. © *Alte Meister*
Suhrkamp Verlag Frankfurt am Main 1985. © *Auslöschung* Suhrkamp
Verlag Frankfurt am Main 1986. Alle Rechte vorbehalten, insbeson-
dere das der Übersetzung, des öffentlichen Vortrags sowie der Über-
tragung durch Rundfunk und Fernsehen, auch einzelner Teile. Kein
Teil des Werkes darf in irgendeiner Form (durch Fotografie, Mi-
krofilm oder andere Verfahren) ohne schriftliche Genehmigung des
Verlages reproduziert oder unter Verwendung elektronischer Sy-
steme verarbeitet, vervielfältigt oder verbreitet werden.
Satz: pagina GmbH, Tübingen
Druck: CPI - Ebner & Spiegel, Ulm
Printed in Germany
ISBN 978-3-518-42000-3

1 2 3 4 5 6 – 13 12 11 10 09 08

Inhalt

Frost

»Was reden die Leute über mich?« fragte er.
»Sagen sie: der Idiot? Was reden die Leute?«

Erster Tag

Eine Famulatur besteht ja nicht nur aus dem Zuschauen bei komplizierten Darmoperationen, aus Bauchfellaufschneiden, Lungenflügelzuklammern und Fußabsägen, sie besteht wirklich nicht nur aus Totenaugenzudrücken und aus Kinderherausziehen in die Welt. Eine Famulatur ist nicht nur das: abgesägte ganze und halbe Beine und Arme über die Schulter in den Emailkübel werfen. Auch besteht sie nicht aus dem ständig hinter dem Primarius und dem Assistenten und dem Assistenten des Assistenten Dahertrotteln, aus dem Schwanzdasein der Visite. Aus dem Vorspiegeln falscher Tatsachen allein kann eine Famulatur auch nicht bestehen, nicht aus dem, daß ich sage: »Der Eiter wird sich ganz einfach in Ihrem Blut auflösen, und Sie sind wieder gesund.« Und aus hunderterlei anderen Lügen. Nicht nur daraus, daß ich sage: »Es wird schon!« – wo nichts mehr wird. Eine Famulatur ist ja nicht nur eine Lehrstelle für Aufschneiden und Zunähen, für Abbinden und Aushalten. Eine Famulatur muß auch mit außerfleischlichen Tatsachen und Möglichkeiten rechnen. Mein Auftrag, den Maler Strauch zu beobachten, zwingt mich, mich mit solchen außerfleischlichen Tatsachen und Möglichkeiten auseinanderzusetzen. Etwas Unerforschliches zu erforschen. Es bis zu einem gewissen erstaunlichen Grad von Möglichkeiten aufzudecken. Wie man eine Verschwörung aufdeckt. Und es kann ja sein, daß das Außerfleischliche, ich meine damit nicht die Seele, daß das, was außerfleischlich ist, ohne die Seele zu sein, von der ich ja nicht weiß, ob es sie gibt, von der ich aber erwarte, daß es sie gibt, daß diese jahrtausendealte Vermutung jahrtausendealte Wahrheit ist; es kann durchaus sein, daß das Außerfleischliche, nämlich das ohne die Zellen, das ist, woraus alles existiert, und nicht umgekehrt und nicht nur eines aus dem andern.

Zweiter Tag

Ich bin mit dem ersten Zug gefahren, mit dem Halbfünfuhrzug. Durch Felswände. Links und rechts war es schwarz. Mich fröstelte, als ich einstieg. Dann wurde mir langsam warm. Dazu die Stimmen von Arbeitern

und Arbeiterinnen, die aus der Nachtschicht heimkehrten. Ihnen galt
sofort meine Sympathie. Frauen und Männer, jung und alt, aber gleich-
gestimmt, vom Kopf bis über die Brüste und über die Hoden bis zu den
Füßen übernächtig. Die Männer mit grauen Kappen, die Frauen mit
roten Kopftüchern. Ihre Beine haben sie in Lodenfetzen eingewickelt, das
ist die einzige Möglichkeit, der Kälte einen Strich durch die Rechnung zu
machen. Ich wußte gleich, daß es sich um eine Schneeschauflergruppe
handelt, die in Sulzau zugestiegen war. Es war wie in einem Kuhbauch so
warm: die Luft so, als pumpte sie sich selber fortwährend unter ungeheueren Herzmuskelstößen aus den Menschenkörpern wieder in dieselben
Menschenkörper hinein. Man darf nicht nachdenken! Ich drückte mich
mit dem Rücken an die Waggonwand. Weil ich die ganze Nacht nicht
geschlafen hatte, nickte ich ein. Als ich aufwachte, sah ich wieder die
Blutspur, die auf dem nassen Waggonboden ziemlich unregelmäßig verlief, wie ein von Gebirgsmassiven immer wieder abgedrängter Strom auf
einer Landkarte, und zwischen Fenster und Fensterrahmen unter der Not-
bremse endete. Sie war von einem zerquetschten Vogel ausgegangen, den
das plötzlich emporgesauste Fenster in der Mitte abgedrückt hatte. Vielleicht schon vor Tagen. So fest, daß kein Luftzug hereinkam. Der Schaff-
ner, der in Ausübung seines trostlosen Amtes vorübergekommen war,
hatte von dem toten Vogel gar nicht Notiz genommen. Aber er mußte ihn
schon gesehen haben. Das merkte ich. Plötzlich hörte ich die Geschichte
von einem im Schneetreiben erstickten Streckenwärter, die so schloß: ›Der
hat sich um nichts gekümmert.‹ War es mein Äußeres, mein Inneres, das
sich dort ausdrückte, wohin man sehen kann, die Ausstrahlung meiner
Gedanken, meines Auftrags, der sich in mir energisch vorbereitete – zu
mir setzte sich niemand, obwohl jeder Platz mit der Zeit kostbar wurde.
  Der Zug ächzte durch das Flußtal. In Gedanken war ich kurz einmal zu
Hause. Dann weit fort, in irgendeiner einmal durchkreuzten Großstadt.
Dann sah ich Staubpartikelchen auf meinem linken Ärmel, die ich mit
dem rechten Arm abzuwischen versuchte. Die Arbeiter zogen Messer heraus und schnitten Brot. Große, dicke Brotbrocken würgten sie hinunter,
dazu aßen sie Fleischstücke und Wurst. Brocken, die man an keinem Tisch
essen würde. Nur auf dem Schoß. Alle tranken sie eiskaltes Bier und waren
offenbar zu schwach, um über sich selbst zu lachen, die sie sich zum
Lachen vorkamen. Ihre Müdigkeit war so groß, daß sie gar nicht daran
dachten, ihre Hosentüren zuzumachen, ihre Mundwinkel abzuwischen.

Ich dachte: wenn sie aussteigen, fallen sie gleich ins Bett. Und um fünf
Uhr am Abend, wenn die andern aufhören, fangen sie wieder an. Der Zug
polterte und stürzte, wie der Fluß neben ihm, hinunter. Immer düsterer
wurde es.

Das Zimmer ist so klein und so ungemütlich wie mein Famulantenzim-
mer in Schwarzach. Rauschte dort der Fluß neben ihm unerträglich, ist es
hier unerträglich still. Auf meinen Wunsch hat die Wirtin die Vorhänge
heruntergenommen. (Es ist immer dasselbe: ich mag keine Vorhänge in
Räumen, die mich abschrecken.) Mich ekelt vor der Wirtin. Es ist derselbe
Ekel, der mich als Kind vor offenen Schlachthaustüren hat erbrechen
lassen. Wäre sie tot, würde mich – heute – nicht vor ihr ekeln – die toten
Sezierkörper erinnern mich nie an lebendige Körper –, aber sie lebt, und
sie lebt in einem faulen, uralten Gasthausküchengeruch. Anscheinend hat
sie Gefallen an mir gefunden, denn sie hat meinen Koffer heraufge-
schleppt und sich erbötig gemacht, mir jeden Morgen ein Frühstück ins
Zimmer zu bringen, ganz gegen ihre Regel, die ein ins Zimmer gebrachtes
Frühstück nicht kennt. »Der Herr Kunstmaler ist eine Ausnahme«, sagte
sie. Er sei auch ein Stammgast, und Stammgäste hätten Vorrechte. Und
»mehr Nachteile als Vorteile« seien sie für die Wirtsleute. Wie ich denn auf
ihr Gasthaus gekommen sei? »Durch Zufall«, sagte ich. Ich wolle mich
rasch erholen und wieder nach Hause zurückfahren, wo ein Berg unge-
taner Arbeit auf mich warte. Sie zeigte Verständnis. Ich sagte ihr meinen
Namen und gab ihr meinen Paß.

Bis jetzt habe ich noch niemand außer der Wirtin gesehen, obwohl in
der Zwischenzeit einmal viel Lärm im Gasthaus gewesen ist. Zur Essenszeit, die ich in meinem Zimmer zubrachte. Ich fragte die Wirtin nach dem
Maler, und sie sagte, er sei im Wald. »Er ist fast immer im Wald«, sagte sie.
Vor dem Nachtmahl werde er nicht zurückkommen. Ob ich den ›Herrn
Kunstmaler‹ kenne, fragte sie. »Nein«, sagte ich. Stillschweigend schien sie
mich, noch im Türrahmen, etwas zu fragen, das nur eine Frau einen Mann
blitzschnell fragen kann. Ich war überrumpelt. Es gab keinen Irrtum. Ich
schlug ihr Angebot, ohne ein Wort zu sagen und nicht ohne plötzliche
Übelkeit, aus.

Weng ist der düsterste Ort, den ich jemals gesehen habe. Viel düsterer als
in der Beschreibung des Assistenten. Der Doktor Strauch hatte ihn ange-

deutet, wie man ein gefährliches Wegstück andeutet, das ein Freund zu
gehen hat. Alles, was der Assistent gesagt hat, waren Andeutungen. Unsichtbare Stricke, mit denen er mich von Sekunde zu Sekunde fester an
den Auftrag fesselte, den er mir gegeben hatte, erzeugten eine schier unerträgliche Spannung zwischen ihm und mir, der ich die Argumente, die
er in mich hineintrieb, rücksichtslos, wie in mein Hirn hineingetriebene
Nägel empfand. Er vermied es aber, mich zu irritieren. Beschränkte sich
auf die von mir streng einzuhaltenden Punkte. Tatsächlich erschreckt
mich diese Gegend, noch mehr die Ortschaft, die von ganz kleinen, aus-
gewachsenen Menschen bevölkert ist, die man ruhig schwachsinnig nennen kann. Nicht größer als ein Meter vierzig im Durchschnitt, torkeln sie
zwischen Mauerritzen und Gängen, im Rausch erzeugt. Sie scheinen typisch zu sein für das Tal.

Weng liegt hoch oben, aber noch immer wie tief unten in einer
Schlucht. Über die Felswände zu kommen ist unmöglich. Allein die Bahn
unten schafft einen Ausweg. Es ist eine Landschaft, die, weil von solcher
Häßlichkeit, Charakter hat, mehr als schöne Landschaften, die keinen
Charakter haben. Alle haben sie da versoffene, bis zum hohen C hinauf-
geschliffene Kinderstimmen, mit denen sie, wenn man an ihnen vorbeigeht, in einen hineinstechen. Zustechen. Aus Schatten zustechen, muß ich
sagen, denn in Wahrheit habe ich bis jetzt nur Schatten von Menschen
gesehen, Menschenschatten, in Ärmlichkeit und in wie tobsüchtig zittern-
der Schwüle. Und diese Stimmen, die aus diesen Schatten zustechen,
haben mich zuerst verwirrt, zum Weiterhetzen gezwungen. Diese Wahrnehmungen machte ich aber trotzdem ziemlich nüchtern, sie zersetzten
mich nicht. Eigentlich war mir nur alles lästig, weil grenzenlos unbequem.
Noch dazu mußte ich meinen Pappkoffer schleppen, in dem der Inhalt
kreuz und quer durcheinanderpolterte. Den Weg von der Bahnstation
unten, wo die Industrie ist und wo das große Kraftwerk gebaut wird,
hinauf nach Weng kann man nur zu Fuß hinter sich bringen. Fünf Kilometer, die man nicht abkürzen kann, jedenfalls nicht in dieser Jahreszeit.
Überall bellende, heulende Hunde. Ich kann mir vorstellen, daß auf die
Dauer Menschen verrückt werden, die ununterbrochen Wahrnehmungen
machen, wie ich sie bis jetzt auf dem Weg nach Weng herauf und in Weng
gemacht habe, wenn sie sich nicht durch Arbeit oder Vergnügen oder
andere dementsprechende Tätigkeiten ablenken, wie Huren oder Beten
oder Saufen oder alle diese Tätigkeiten gleichzeitig. Was zieht einen Men-

schen wie den Maler Strauch in eine solche Gegend, und zu dieser Zeit in eine solche Gegend, die ihm ja fortwährend ins Gesicht schlagen muß?

Mein Auftrag ist streng geheim, und er ist mir absichtlich, wohlberechnet so überraschend von einem auf den anderen Tag gegeben worden. Dem Assistenten war sicher schon vor längerer Zeit der Einfall gekommen, mich mit der Beobachtung seines Bruders zu beauftragen. Warum mich? Warum nicht einen von den andern, die ebenso Famulanten sind wie ich? Weil ich ihm oft mit bestimmten schwierigen Fragen gekommen bin und die andern nicht? Er hat mir eingeschärft, daß ich unter gar keinen Umständen im Maler Strauch den Verdacht erwecken dürfe, ich stünde mit ihm, dem Chirurgen Strauch, seinem Bruder, in irgendeinem Zusammenhang. Deshalb werde ich auch sagen, wenn man mich fragt, ich studiere Jus, um radikal von der Medizin abzulenken. Der Assistent übernahm die Reise- und Aufenthaltskosten. Er gab mir einen Geldbetrag, der ihm reichlich erschien. Er verlangt von mir eine präzise Beobachtung seines Bruders, nichts weiter. Beschreibung seiner Verhaltensweisen, seines Tagesablaufs; Auskunft über seine Ansichten, Absichten, Äußerungen, Urteile. Einen Bericht über seinen Gang. Über seine Art, zu gestikulieren, aufzubrausen, »Menschen abzuwehren«. Über die Handhabung seines Stockes. »Beobachten Sie die Funktion des Stockes in der Hand meines Bruders, beobachten Sie sie genauestens.«

Der Chirurg hat den Maler schon zwanzig Jahre nicht mehr gesehen. Seit zwölf Jahren kommen sie ohne Briefverkehr aus. Der Maler bezeichnet das Verhältnis zwischen ihnen offen als Feindschaft. »Trotzdem mache ich, als Arzt, einen Versuch«, sagte der Assistent. Dazu brauche er meine Hilfe. Meine Beobachtungen seien ihm nützlicher als alles andere, auf das er schon gekommen sei. »Mein Bruder«, hat er gesagt, »ist wie ich unverheiratet. Er ist, wie man sagt, ein Gedankenmensch. Aber heillos verwirrt. Verfolgt von Lastern, Scham, Ehrfurcht, Vorwürfen, Instanzen – mein Bruder ist ein Spaziergängertypus, also ein Mensch, der Angst hat. Rabiat. Und ein Menschenhasser.«

Dieser Auftrag ist eine Privatinitiative des Assistenten, und er gehört zu meiner Schwarzacher Famulatur. Es ist das erste Mal, daß ich Beobachten als eine Arbeit anschaue.

Ich hatte vorgehabt, das Buch über die Gehirnkrankheiten von Koltz mitzunehmen, das eingeteilt ist in ›erhöhte Tätigkeit‹ (Reizerscheinungen) und in ›herabgesetzte Leistung‹ (Lähmungen) des Gehirns, habe es aber liegenlassen. Dafür habe ich ein Buch von Henry James mit, das mich schon in Schwarzach abgelenkt hat.

Um vier Uhr verließ ich das Gasthaus. In der plötzlichen groben Ruhe erfaßte mich, nicht nur bis in die Gelenke hinein, eine ungeheuere Unruhe. Das Gefühl: ich habe das Zimmer wie eine Zwangsjacke angezogen, und ich muß es jetzt ausziehen, ließ mich hinunterstürzen. Ich ging ins Gastzimmer. Da sich auf mehrmaliges Rufen niemand meldete, ging ich ins Freie hinaus. Ich stolperte über einen Eisklumpen, richtete mich aber gleich wieder auf und machte mir ein Ziel aus: einen Baumstumpf in zwei Dutzend Meter Entfernung. Vor dem Baumstumpf blieb ich stehen. Jetzt sah ich lauter solche Baumstümpfe aus dem Schnee herausragen, wie von Geschossen zerfetzt, Dutzende und aber Dutzende. Daß ich, länger als zwei Stunden auf dem Bett sitzend, geschlafen hatte, fiel mir jetzt ein. Die Ankunft und das neue Milieu waren schuld an meiner Erschöpfung. Der Föhn, dachte ich. Da sah ich aus dem Waldstück, keine hundert Meter von mir entfernt, einen Mann herausstapfen, ohne Zweifel den Maler Strauch. Für mich trat nur sein Oberkörper heraus, seine Beine waren hinter gewaltigen Schneehaufen versteckt. Sein großer schwarzer Hut fiel mir auf. Widerwillig, wie ich glaubte, bewegte sich der Maler von einem Baumstumpf zum andern. Stützte sich auf seinen Stock, mit dem er sich dann antrieb, so, als wäre er Viehtreiber, Stock und Schlachtvieh in einem. Aber dieser Eindruck verflüchtigte sich augenblicklich, und übrig blieb die Frage, wie ich so schnell als möglich und am besten an ihn herankomme. Wie stelle ich mich ihm vor? dachte ich. Gehe ich auf ihn zu und frage ihn etwas, wende ich also die bewährte, wenn auch simple Methode des nach Zeit oder Ort Fragenden an? Ja? Nein? Ja? So ging es hin und her. Ja. Ich entschloß mich, ihm den Weg abzuschneiden.

»Ich suche das Gasthaus«, sagte ich. Und alles war gut gegangen. Er musterte mich, denn mehr unheimlich als vertrauenerweckend war mein plötzliches Auftauchen – und nahm mich mit. Er sei ständiger Gast im Gasthaus, sagte er. Es müsse sich wohl um Exzentrik oder um einen Irrtum handeln, wenn einer in Weng absteige. Hier Erholung suche. »In *dem* Gasthaus dort?« So jung könne man gar nicht sein, daß man nicht gleich sehe, daß das unsinnig sei. »In dieser Gegend?« Eine derartig ausgefallene Idee habe nur ein Dummkopf. »Oder ein Selbstmordkandidat.« Er fragte, was ich sei, was ich studiere, denn ich studierte doch sicher

»noch etwas«, und ich sagte, als sagte ich das Selbstverständlichste von der Welt: »Jus.« Das genügte ihm. »Gehen Sie ruhig voraus. Ich bin ja ein alter Mann«, sagte er. Wie er ausschaut, das hat mich für Augenblicke so erschreckt, daß ich mich ganz in mich zurückzog, als ich ihn zum ersten Mal sah, so hilflos.

»Wenn Sie in dieser Richtung, die ich Ihnen da mit meinem Stock anzeige, wandern, kommen Sie in ein Tal, in dem Sie stundenlang hin und her gehen können, ohne die geringste Angst haben zu müssen«, sagte er. »Sie brauchen keine Angst haben, entdeckt zu werden. Es kann Ihnen nichts passieren: alles ist gänzlich ausgestorben. Keine Bodenschätze, kein Getreide, nichts. Etliche Spuren aus dieser oder jener Zeit finden Sie, Steine, Mauerbrocken, Zeichen, von was, weiß niemand. Ein bestimmtes, geheimnisvolles Verhältnis zur Sonne. Birkenstämme. Eine verfallene Kirche. Skelette. Spuren von eingedrungenem Wild. Vier, fünf Tage Einsamkeit, Schweigsamkeit«, sagte er. »Die Natur ganz unbelästigt von Menschen. Vereinzelte Wasserfälle. Es ist wie der Gang durch ein vormenschenwürdiges Jahrtausend.«

Der Abend kommt hier ganz plötzlich, wie auf einen Donnerschlag. Wie wenn auf Kommando ein riesiger eiserner Vorhang heruntergelassen würde, die eine Hälfte der Welt abtrennend von der andern, durch und durch. Jedenfalls: die Nacht kommt zwischen zwei Schritten. Die heillosen stumpfen Farben erlöschen. Alles erlischt. Kein Übergang. Daß es in der Finsternis gar nicht kälter wird, macht der Föhn. Eine Atmosphäre, die die Herzmuskulatur zumindest einschränkt, wenn nicht abstellt. Die Krankenhäuser können ein Lied von dieser Luftströmung singen: gesund geglaubte Patienten, in welche die medizinische Kunst bis zum Exzeß hineingestopft worden ist, bis wieder Hoffnung war, fallen in Ohnmacht und können durch keine wie auch immer geschickt gehandhabte Menschentheorie mehr lebendig werden. Emboliefördernde Witterungseinflüsse. Rätselhafte Wolkenzusammensetzungen, irgendwo weit weg. Die Hunde jagen sinnlos durch Gassen und Höfe und fallen auch Menschen an. Flüsse atmen den Geruch der Verwesung ihres ganzen Flußlaufes aus. Die Berge sind Gehirngefüge, an die man stoßen kann, sind bei Tag überdeutlich, bei Nacht überhaupt nicht wahrnehmbar. Fremde reden sich plötzlich an Wegkreuzungen an, stellen Fragen, geben Antworten, nach denen nie gefragt worden ist. Als sei im Augenblick alles geschwisterlich: das Häßliche wagt sich an das Schöne heran und umgekehrt, das Rücksichtslose an das Schwache. Uhrschläge tropfen auf Friedhof und Dachabstufungen. Der Tod lenkt sich geschickt in das Leben herein. Unvermittelt fallen auch Kinder in Schwächezustände. Schreien nicht, aber laufen in einen Personenzug. In Gasthäusern und auf Bahnstationen in der Nähe von Wasserfällen werden Beziehungen angeknüpft, die keinen Augenblick halten, Freundschaften geschlossen, die nicht einmal erwachen; das Du wird bis zur Tötungsabsicht hinauf gefoltert und dann rasch erstickt in einer kleinen Gemeinheit.

Weng liegt in einer Grube, von riesigen Eisblöcken jahrmillionenlang gegraben. Die Wegränder verführen zur Unzucht.

Dritter Tag

»Ich bin kein Maler«, hat er heute gesagt, »ich bin höchstens ein Anstreicher gewesen.«

Zwischen ihm und mir ist jetzt eine Spannung, die unter und über uns ihr Verhältnis zwischen uns herstellt. Wir waren im Wald. Wortlos. Allein der nasse, die Füße mit seinen Kilogewichten belastende Schnee redete, unverständlich zwar, doch dauernd, dazwischen. In das Schweigen. In die unhörbaren Wörter, die, gedacht, da und doch nicht da waren. Immer wieder will er, daß ich vorausgehe. Er hat Angst vor mir. Aus Geschichten und aus Erfahrung weiß er, daß einen junge Leute von hinten anfallen, ausrauben. Die Physiognomie täuscht oft über Mord- und Raubwerkzeuge hinweg. Die Seele, insofern man diese »Durchwanderin aller Gesetze« so zu bezeichnen aufgelegt ist, weil man einmal an sie glaubt, schreitet aus, aber der Verstand, aus Mißtrauen, Furcht und Argwohn zusammengesetzt, bleibt zurück, macht eine Falle unmöglich. Obwohl ich sage, ich kennte mich überhaupt nicht aus, läßt er mich vor sich her gehen. Ab und zu räumt ein Kommando wie ›links‹ oder ›rechts‹ mit meiner Meinung auf, er wäre allzuweit fort, in Gedanken. Diese Befehle führe ich völlig im dunkeln tappend und in Ungeduld aus. Merkwürdig war, daß ich überhaupt kein Licht sah, an dem ich mich hätte orientieren können. Es war wie ein Dahinrudern, auch des Geistes, und das Gleichgewicht ist da überall und auch nirgends. Was täte ich, wenn ich jetzt allein wäre? Das war so ein Gedanke, der plötzlich aufgetaucht ist. Der Maler ging hinter mir her wie eine ungeheuere Belastung meines Nervensystems: als zöge er hinter meinem Rücken fortwährend Konsequenzen. Er keuchte dann wieder und forderte mich auf stehenzubleiben. »Diesen Weg gehe ich täglich«, sagte er, »ich gehe ihn schon jahrzehntelang. Ich könnte ihn im Schlaf gehen.« Ich machte den Versuch, Näheres über den Grund, warum er jetzt in Weng ist, zu erfahren. »Meine Krankheit und alle Gründe zusammen«, sagte er. Ich hatte mir keine ausführlichere Auskunft erwartet. Ich beschrieb ihm, so gut ich konnte, in Stichworten, an die ich Lichtblicke oder auch etwas Trauriges heftete, mein Leben, wie es mich, meiner Ansicht nach, zu dem gemacht hat, was ich jetzt bin – ohne zu verraten, wer ich, im Augenblick, *wirklich* bin –, und mit einer Offenheit, die mich selber überraschte. Aber es interessierte ihn gar nicht. Er interessiert sich nur für sich.

»Wenn Sie wüßten, wie alt ich dem Kalender nach bin, Sie würden erschrecken«, sagte er. »Sie stellen sich sicher vor, ich sei ein alter Mann, womit die Jungen ja schnell zur Hand sind. Es würde Sie vor den Kopf stoßen.« Es schien, als verfinstere sich sein Gesicht noch um einige Grade der Hoffnungslosigkeit. »Die Natur ist grausam«, sagte er, »am grausamsten aber ist sie gegen ihre schönsten, erstaunlichsten, von ihr selbst erwählten Talente. Sie zerstampft sie, ohne mit der Wimper zu zucken.«

Er hält nicht viel von seiner Mutter, noch weniger von seinem Vater, und seine Geschwister seien ihm mit der Zeit so gleichgültig geworden, wie er ihnen, glaubt er, immer gleichgültig gewesen ist. Wie er das aber vorbringt, das macht klar, wie sehr er seine Mutter geliebt hat und seinen Vater und seine Geschwister. Wie er an ihnen hängt! »Alles ist immer düster gewesen für mich«, sagt er. Ich führte ihn ein Stück meine Kindheit entlang. Er sagte darauf: »Jede Kindheit ist gleich. Nur erscheint die eine in einem alltäglichen, die andere in einem milden, die dritte in einem teuflischen Licht.«

Im Haus begegnen sie ihm, wie mir scheint, mit der nötigen Hochachtung. Hinter ihm aber schneiden sie alle Gesichter.

»Man weiß von ihren Exzessen. Man riecht ihre Geschlechtlichkeit. Man fühlt, was sie denken, vorhaben, diese Menschen, man fühlt, was Unerlaubtes in ihnen sich ständig zusammenzieht. Ihre Betten stehen

unter dem Fenster oder hinter der Tür, oder es handelt sich überhaupt
nicht um Betten: in ihnen bringen sie sich von einem auf das andere
Fürchterliche ... Wie mit einem gut zugeschlagenen Fleisch gehen die
Männer mit ihren Frauen um und umgekehrt, die einen mit den anderen,
wie mit untergeordnetem Schwachsinn. Das könnte man alles als große
Verbrechen verrechnen. Das Primitive ist Allgemeingut. Manche reagie-
ren auf Absprache, andere wissen alles so gut wie von Natur aus ... die
Hosen, die ihnen zu eng sind, die Röcke machen sie wild in sich selber.
Die Abende ziehen sich in die Länge: das geht nicht! Ein paar Schritte
hinein, heraus, dahin, dorthin, um nicht erfrieren zu müssen ... Der
Mund wird gehalten, das andere tobt sich aus ... der Morgen zieht einem
übers Gesicht, daß man gar nicht mehr weiß, wo oben und unten ist. Das
Geschlechtliche ist es, das alle umbringt. Das Geschlechtliche, die Krank-
heit, die von Natur aus abtötet. Früher oder später ruiniert es selbst tiefste
Innigkeit ... bewirkt die Umwandlung von dem einen ins andere, von
Gut in Böse, von da in dort, von oben in unten. Gottlos, weil der Ruin *vor*
allem eintritt ... aus dem Moralischen wird dann ein Amoralisches, ein
Modell für alles jemals Untergegangene. Doppelzüngigkeit der Natur,
kann man sagen. Die Arbeiter, wie sie hier herumlaufen«, sagte er, »leben
allein vom Geschlechtlichen, wie die meisten Menschen, wie alle Menschen ... leben einen fortwährenden bis an ihr Ende hinausgezogenen
wilden Prozeß gegen Scham und Zeit und umgekehrt: der Ruin. Die Zeit
versetzt ihnen Schläge, da ist dann ihr Weg nur mit Unzucht gepflastert.
Die einen unterdrücken, bemänteln es besser, die anderen weniger gut.
Wer geschickt ist, dem kommt man erst darauf, wenn schon alles umsonst
ist. Es ist aber immer alles umsonst. Alle leben sie ein Geschlechtsleben,
kein Leben.«

Wie lang ich in Weng bliebe, fragte er mich. Ich müsse, um mich auf
einige im Frühjahr fällige Prüfungen vorzubereiten, schon bald nach
Hause zurück, sagte ich. »Da Sie Jurisprudenz studieren«, sagte er, »ist es
sicher ein leichtes für Sie, einmal eine Stellung zu finden. Juristen werden
immer und überall angestellt. Ich hatte einen Neffen, der Jurist war, nur
ist er verrückt geworden über Bergen von Akten und hat seine Staatsstel-
lung liquidieren müssen. Er endete in Steinhof. Wissen Sie, was das ist?«
Ich sagte, daß mir die Anstalt ›Am Steinhof‹ ein Begriff sei. »Dann wissen
Sie ja, wie mein Neffe geendet hat«, sagte er.

Ich war auf einen schwierigen Fall vorbereitet, nicht auf einen hoffnungslosen. ›Charakterstärke, die zum Tod führt‹, dieses Wort aus einem schon
früh gelesenen Buch fiel mir ein, leitete die Gedanken ein, die ich nachmittags über die Person des Malers anstellte: wie kommt es, daß ihn nur
der Selbstmord beschäftigt? Darf Selbstmord einem Menschen soviel wie
geheime Lust sein, ihm so zusetzen, wie er will? Selbstmord, was ist das?
Sich auslöschen. Mit Recht oder nicht. Mit welchem Recht? Warum
nicht? Alle meine Gedanken versuchten sich an einem Punkt zu vereinigen, wo Antwort ist auf die Frage: ist Selbstmord erlaubt? Ich fand keine
Antwort. Nirgends. Denn die Menschen sind keine Antwort, können
keine sein, nichts, was lebt, auch nicht die Toten. Ich vernichte etwas, an
dem ich nicht schuld bin, indem ich Selbstmord begehe. Das mir anvertraut ist? Von wem anvertraut worden? Wann? War ich mir damals bewußt, daß das geschah? Nein. Aber eine Stimme, die einfach unüberhör-
bar ist, sagt mir, daß Selbstmord Sünde ist. Sünde? So einfach? Todsünde?
So einfach wie Todsünde? Daß es etwas ist, das alles einstürzen läßt, sagt
die Stimme. Alles? Was ist denn ›alles‹? Sein Losungswort, ob er wach ist
oder in Schlaf versunken: Selbstmord! Darin erstickt er. Ein Fenster nach
dem andern mauert er zu. Bald hat er sich eingemauert. Dann, wenn er
nichts mehr sieht, weil er nicht mehr einatmen kann, ist er überzeugend:
weil er tot ist. Mir kommt es vor, als stände ich im Schatten eines mir
nahen Gedankengangs, des seinen: seines Selbstmords.

»Ein Gehirn ist ein Staatsgebilde«, sagte der Maler. »Plötzlich herrscht
Anarchie.« Ich wartete in seinem Zimmer, bis er sich seine Schuhe angezogen hatte. »Die großen Attackierer und die kleineren Attackierer unter
den Gedanken« schlössen, wie unter den Menschen, oft Bündnisse, um
diese Bündnisse von einer Stunde auf die andere zu brechen. Und »Ver-
standensein und Verstandenseinwollen ist ein Betrug. Auf allen Irrtümern
der Geschlechter beruhend.« Die Gegensätze herrschten gleichsam in einer Nacht, die ewig währe, über den Tag, der nur scheinbar *handle*. »Die
Farben, wissen Sie, sind alles. Also sind die Schatten alles. Die Gegensätze
haben große Farbwerte.« Es sei in vielem so wie mit Kleidern, die man
kauft und ein paarmal anzieht und dann ablegt und nie mehr anzieht,
bestenfalls wieder verkauft, nicht verschenkt, sie im Kasten verkommen
läßt. Sie wandern auf den Dachboden oder in den Keller. »Man kann im
Abend den Morgen abschätzen«, sagte er, »aber der Morgen ist dann doch

immer überraschend.« Eine Erfahrung gebe es nicht, im strengen Sinn:
»keinen Ausgeglichenen, daher!« Allerdings gebe es Möglichkeiten, nicht
mehr ausgeliefert zu sein, nicht mehr rettungslos zu sein. »Diese Möglichkeiten aber habe ich nie gehabt.« Im Augenblick verliere das, worauf es für
das Leben ankomme, seinen ganzen Wert. »Die Bemühung zieht sich an
der Enttäuschung hinauf«, sagte er. Wie das eine glänzend, so geschehe das
andere brutal, noch brutaler als das vorher Geschehende. »Für den oben
Angekommenen stellt sich jedenfalls heraus, daß es Oben nicht gibt. So
jung war ich wie Sie, da beruhigte es mich schon längst, zu wissen, daß
nichts einer Anstrengung wert ist. Und es beunruhigte mich. Heute erschreckt es mich wieder. In diesem Erschrecken habe ich die Orientierung
verloren.« Er nannte seinen Zustand »Expeditionen in Urwälder des Alleinseins. Als ob ich Jahrtausende durchlaufen müßte, weil ein paar Augenblicke mit dem Prügel hinter mir her sind«, sagte er. Nie hätte es ihm
an Entbehrung gefehlt, und der Ausnützung durch andere habe er sich nie
entzogen, auch nicht entziehen können. »Ich investierte noch in die Menschen, als ich schon wußte, daß sie mich hintergehen, längst wußte, daß
sie es darauf abgesehen haben, mich zu töten.« Er habe sich dann nur noch
an sich selber gehalten, »wie man sich an einem Baum anhält, der auch
schon morsch ist, aber doch ein Baum«, und Vernunft und Herz seien von
ihm fort, abgedrängt worden in den Hintergrund.

Es gibt im Dorf Leute, die noch nie aus dem Tal herausgekommen sind.
Die Brotausträgerin zum Beispiel, die mit vier Jahren angefangen hat,
Brot auszutragen, und nie mehr aufgehört hat, Brot auszutragen, bis zum
heutigen Tag, an dem sie siebzig ist. Der Milchführer. Beide haben die
Eisenbahn bis jetzt nur von außen gesehen. Und die Schwester der Brotausträgerin und der Mesner. Der Pongau ist für sie so wie für einen andern
das finstere Afrika. Der Schuster. Sie bleiben da, wo sie ihr Einkommen
haben, und etwas anderes interessiert sie nicht. Oder sie fürchten sich,
einen Schritt hinaus zu machen. »Ein Freund hat mir die Gasthausadresse
gegeben«, sagte ich. Wie ist diese Lüge zustande gekommen? So einfach,
als wäre nichts leichter als zu lügen. Und immer fort und fort zu lügen.
»Da ich gern in einen Ort oder in eine Landschaft komme, die ich nicht
kenne«, sagte ich, »habe ich nicht gezögert.« – »Die Luft ist von einer
fürchterlichen Zusammensetzung«, sagte der Maler. »Plötzlich fangen die
Umstände an, Ihre Bewegungsfreiheit zu unterminieren.« Warum ich mir

gerade dieses und kein anderes, besseres Gasthaus als Logis ausgesucht habe, wollte er wissen, wo es doch mehrere Gasthäuser und sogar Pensionen gibt. »Auch im Tal unten. Aber das kommt alles wohl nur für Durchreisende in Frage, für reine Übernachtungszwecke.« Alles sei ein Einfall von einem Freund gewesen, log ich. So, mit ein paar Adressen ausgerüstet, sei ich hergereist. »Und Ihre Reise war ganz ohne Zwischenfälle?« fragte er mich. Ich konnte mich an keinen Zwischenfall während der Fahrt erinnern. »Wissen Sie«, sagte er, »wenn ich reise, gibt es immer Zwischenfälle.« Auf das Dorf und auf das Gasthaus zurückkommend, sagte er: »Man muß etwas zum Lesen mithaben oder eine Arbeit. Haben Sie denn nichts mit?« – »Ein Buch von Henry James«, sagte ich. »Henry James?« fragte er. »Ich habe«, sagte er, »Bücher absichtlich zu Hause gelassen. Allerdings, ein paar kleinere Schriften habe ich mit. Eigentlich aber nichts als meinen Pascal.« Er schaute mich die ganze Zeit nicht an, ging ganz gebückt. »Denn ich habe ja abgeschlossen«, sagte er. »Abgeschlossen, wie man ein Geschäft abschließt, nachdem der letzte Kunde draußen ist.« Dann: »Hier können Sie lauter Beobachtungen machen, die sich in Kälte umwandeln, in Mißgunst gegen sich selbst. Wenn Sie das wollen: wo Menschen sind, kann man beobachten. Vor allem, was sie nicht tun, das nämlich, was sie umbringt.« Hier sei nichts, »vor dem man den Hut ziehen könnte«. Alles sei so bodenlos häßlich wie teuer. »Es gefällt mir, daß Ihnen die Wirtin mißfällt«, sagte er. »Das muß so sein.« Näheres erklärte er nicht. Kein Mitleid haben, sondern nur den Abscheu arbeiten und zu seinem Ziel kommen lassen, das sei in vielen Fällen eine absolute Zierde des Verstandes. »Sie ist ein Unmensch«, sagte er. »Hier werden Sie noch eine Reihe Unmenschen kennenlernen. Vor allem im Haus.« Ob ich die Fähigkeit hätte, Charakter gegen Charakter abzuschätzen, eine Fähigkeit, »völlig intelligenzlos, die nur wenig Menschen besitzen?« Zwischen zwei Charakteren einen dritten zu konstruieren und so fort . . . was ihm die Zeit vertreibe. »Jetzt nicht mehr. Es besteht die Möglichkeit«, sagte er, »daß Sie in der Nacht aufwachen. Haben Sie keine Angst: es handelt sich um einen entsprungenen Bettgeher der Wirtin, der mit den häuslichen Verhältnissen nicht vertraut ist. Oder um den Wasenmeister, der nachtblind zu sein scheint. Knochenbrüche und Verstauchungen aller Art haben ihn bis jetzt noch immer nicht abgehalten, in das Bett der Wirtin zu kriechen.« Die Wirtin begünstige alle anderen, nur ihn, den Maler, nicht. Sie wechsle zum Beispiel alle vier, fünf Tage die Leintücher in allen Zimmern, nur in seinem nicht. Sie fülle ihm die Gläser schlecht, und wenn sich jemand bei ihr nach ihm erkundige, bringe sie unverschämte Lügen über ihn an. Aber Beweise habe er dafür nicht, deshalb könne er sie nicht zur Rede stellen. Ich sagte, daß ich nicht glaube, daß die Wirtin Gemeinheiten über ihn verbreite. »Doch«, sagte er, »sie schildert mich wie einen Hund. Sie erzählt auch, daß ich ins Bett mache. Hinter meinem Rücken klopft sie sich mit dem Zeigefinger an den Kopf, was heißen soll, daß ich verrückt sei. Sie vergißt, daß es Spiegel gibt. Die meisten Menschen vergessen das.« Sie verwässere seine Milch. »Nicht nur meine Milch.« Abgesehen davon, daß sie, wie er glaubt, Hunde- und Pferdefleisch verkocht. »Ihren Kindern hat sie vor Jahren einmal erzählt, ich sei ein Kinderfresser. Von da an gingen mir ihre Kinder aus dem Weg.« Sie habe immer schon seine Postkarten gelesen und sogar Briefe an ihn über dem Kochkesseldunst geöffnet und sich ihren Inhalt einverleibt. »Sie wußte immer wieder Sachen, die ich ihr nie erzählt habe.« Jetzt bekomme er keine Post mehr. »Endgültig nicht mehr.« Er sagte: »Abgesehen davon, daß sie mir alles doppelt und dreifach verrechnet, weil sie annimmt, ich sei ein reicher Mann. Wie das hier alle glauben. Selbst der Pfarrer lebt in dem Wahn und geht mich dauernd um Spenden an. Sehe ich so aus, als hätte ich Geld? Wie ein Besitzender?« – »Für die Landleute«, sagte ich, »hat jeder, der aus der Stadt kommt, Geld, das man ihm herausziehen kann. Vor allem glaubt man, daß die Gebildeten Geld haben.« – »Sehe ich denn wie ein Gebildeter aus?« fragte er. »Die Wirtin stellt mir Sachen in Rechnung, die ich nie bekommen habe. Und sie bettelt mir eine Wochenessenbezahlung für einen Arbeitslosen ab. Natürlich, ich sage nicht nein. Aber ich sollte nein sagen. Warum sage ich nicht nein? Sie legt alles auf Betrug an. Sie betrügt nicht nur mich. Alle betrügt sie. Selbst ihre Kinder.« Der Betrug könne ein Antrieb für einen Menschen sein. »Und ein Auftrieb«, sagte der Maler.

»Als ich zum ersten Mal in Weng gewesen bin, war sie keine sechzehn Jahre alt. Ich weiß, daß sie an der Tür horcht. Mache ich rasch auf, stoße ich sie an ihren Kopf. Aber ich hüte mich davor.« Sie sei eine schlampige Abwascherin. In ihren zusammengefalteten Handtüchern fänden sich Schmutzflecken von Käfern und diese Käfer selbst, ja sogar Würmer. Einen riesigen Germteigkuchen, den sogenannten ›Schlögel‹, backe sie in der Nacht von Freitag auf Samstag zwischen zwei Männern, »die sie rücksichtslos strapazieren. Der Wasenmeister weiß nicht, daß sie einen Stock tiefer einen Gast auf dieselbe niederträchtige Weise unter ihre Brüste bekommt.« Sie habe Kochrezepte, die von Mund zu Mund gingen. »So gefährlich sie ist, so verkommen, so gut kann sie kochen.« In ihrer Vorratskammer im Keller und auf dem Dachboden fänden sich, zwischen Lebensmitteln, Mehlsäcken, Zuckersäcken, Zwiebelzöpfen und Brotlaiben, Kartoffel- und Apfelhaufen, Beweisstücke ihrer Verworfenheit, wie Männerunterhosen, von Fäulnis und Ratten angefallen. »Eine sehenswerte Sammlung solcher schmutziger Beweisstücke liegt da oben und da unten unaufgeräumt herum. Es ist ihr eine besondere Befriedigung, in männerraren Zeiten ab und zu und hin und wieder diese Beweisstücke abzuzählen und sich ihrer ehemaligen Eigentümer zu erinnern. Die Schlüssel zu diesen Kostbarkeiten, zu Keller und Dachboden, trägt sie immerfort, durch Jahre hindurch schon, an ihrem Körper, und kein Mensch, außer mir, hat eine Ahnung von dem, was sie mit diesen Schlüsseln aufzusperren vermag.«

Wie alte Leute Speichel, so stößt der Maler Strauch seine Sätze aus. Ich sah ihn erst wieder zum Nachtmahl. In der Zwischenzeit habe ich mich im Gastzimmer hingesetzt und dem Essensgetriebe zugeschaut. Der Maler erschien der Wirtin viel zu spät, nach acht Uhr, um diese Zeit waren nur noch die Stammplätze von Säufern besetzt. Ein übler Geruch nach Schweiß und Bier und Arbeitsanzugstoffen stand, dick geworden, im Gastzimmer. Der Maler suchte, als er im Türrahmen auftauchte, mit hoch erhobenem Kopf einen Platz, und als er mich sah, kam er auf mich zu und setzte sich mir gegenüber. Er sagte der Wirtin, er wolle nicht das von ihr Aufgekochte essen. Sie solle ihm ein Stück Leberkäs und abgebratene Kartoffeln bringen. Auf die Suppe verzichte er. Er sei schon tagelang von Appetitlosigkeit geplagt, aber heute sei er hungrig. »Ich habe nämlich gefroren.« Es sei ja nicht kalt, im Gegenteil, aber: »der Föhn, wissen Sie. Innerlich, verstehen Sie, habe ich gefroren. Man friert innerlich.«

Er ißt nicht wie ein Tier, nicht wie die Arbeiter, nicht mitten aus einem Urzustand heraus. Jeder Bissen ist wie ein Hohn gegen ihn gerichtet. Das Stück Leberkäs vor ihm sei »ein Stück Leichnam«, sagte er. Bei diesem Satz schaute er mich an. Ich zeigte aber nicht den Abscheu, den er sich von mir erhofft hatte. Ich arbeite ja immer mit Leichenfleisch, da ekelt einen vor nichts. Davon konnte der Maler keine Ahnung haben. »Alles, was Menschen essen, sind Leichenteile«, sagte er. Ich sah, wie enttäuscht er war.

Eine kindische Enttäuschung ließ sein Gesicht in einer schmerzhaften Unsicherheit zurück. Dann redete er über Wert und Unwert der Menschen mit mir. »Das Viehische«, sagte er, »das im Menschen auf der Lauer liegt und das wir mit Raubtiertatzen in Verbindung bringen, das auf einen Wink zum Sprung und zum Reißen ansetzt, ist auch das Viehische, das wir wahrnehmen, wenn wir eine Straße überqueren, wie Hunderte anderer Leute mit uns, verstehen Sie . . .« Er kaute und sagte: »Ich weiß nicht mehr, was ich sagen wollte, aber es war etwas Bösartiges, das weiß ich. Oft bleibt von allem, was man sagen will, nur dieses Gefühl, daß man etwas Bösartiges sagen wollte, zurück.«

Vierter Tag

»Man kommt überall nur an«, sagte der Maler, »läßt es hinter sich, und dabei ist alles, jeder Gegenstand, alles, was man rasch aufnimmt, die ganze Urgeschichte. Man hält sich, je älter man wird, desto weniger auf bei den Zusammenhängen, die man schon einmal kennengelernt hat, studiert hat, erledigt hat. Ein Tisch, Kuh, Himmel, Bach, Stein und Baum, das alles ist durchforscht. Alles wird nur mehr gehandhabt. Die Gegenstände, die ganze Harmonie der Erfindungen, völlig unbegriffen . . . es geht nicht mehr um Verästelungen, um Vertiefungen, um Schattierungen. Man bemüht sich nur noch um die großen Zusammenhänge. Plötzlich schaut man hinein in die Architektur der Welt und entdeckt sie: eine universale Raumornamentik, nichts sonst. Aus kleinsten Verhältnissen, größten Reproduktionen – man entdeckt, daß man immer verloren war. Mit dem Alter wird das Denken zu einem Mechanismus der Qual des Antippens. Keinerlei Verdienst. Ich sage: Baum, und ich sehe riesige Wälder. Ich sage Fluß, und ich sehe alle Flüsse. Ich sage: Haus, und ich sehe die Häusermeere der Städte. So sage ich Schnee, und das sind die Ozeane. Ein Gedanke löst schließlich alles aus. Die hohe Kunst besteht darin, im Großen wie im Kleinen zu denken, fortwährend gleichzeitig in allen Größenverhältnissen . . .«

Unsicherheit sei es, welche Menschen zu großen Leistungen ansporne, durch welche Menschen, die eigentlich zu nichts geschaffen seien, zu allem fähig würden. Die Helden seien aus der Unsicherheit hervorgegangen. Also aus einem Angstzustand, aus Furcht, aus Verzweiflung. »Abgesehen von den Schöpfungen in der Kunst.« Nicht Sicherheit regiere, der Schwachsinn, Unvermögen – Ordentliches, nicht Außerordentliches. Diese Bemerkungen macht er während des Mittagessens. Er schickt das Rindfleisch zurück, obwohl er es bestellt hat, und will Geselchtes haben. Die Wirtin nimmt ihm das Rindfleisch weg und verschwindet. Wir haben einen Tisch für uns allein, sonst ist das Gastzimmer voll. Mehr Menschen gehen gar nicht hinein, denkt man. Stühle, die sonst in der Küche ihren Platz haben, werden hereingebracht und aufgestellt, die große Bank unter den Fenstern herausgezogen und um zwei Meter verlängert. Schließlich hocken sie auch auf dem Boden, auf Kistenbrettern, die über umgestülpte Kübel gelegt sind. Freitag, denke ich. Dann, als sie schon gar keinen Platz mehr haben, kommen sie auch an unseren Tisch. Der Wasenmeister, der Ingenieur zuerst, dann Arbeiter, die den Maler einzwängen. Die Wirtin, die ihm das Geselchte hinstellt, sieht mit Schadenfreude, wie sie den Maler beinahe erdrücken. Sie schneidet wieder ein Gesicht hinter seinem Rükken, gegen ihn und auch gegen mich, denn sie hat herausbekommen, daß ich mich dem Maler angeschlossen habe. So bin ich ihr also verdächtig. Sie zählt mich zu ihm. Da sie ihn verabscheut, muß sie auch mich verabscheuen.

Der Wasenmeister ist ein großer schwarzer Mann, der Ingenieur einen Kopf kleiner, braun, gesprächig, ganz anders als der Wasenmeister. »Die Arbeit zieht sich hin«, sagt der Ingenieur. Die Arbeit am Brückenbau, einem Teilvorhaben des Kraftwerkbaues, der unten im Tal in Gang ist. Es sei jetzt die ungünstigste Zeit für Betonierarbeiten, sie müßten aber ausgeführt werden. »Auch die Überstunden nützen nichts«, sagt er. Er ist, wie man sagt, ›undurchlässig‹. Hat seine Belegschaft gut in der Hand. Redet wie sie. Trinkt wie sie. Macht kurzen Prozeß, wie sie ihn auch machen würden, wenn sie an seiner Stelle wären. Er wirft mit ihren Namen im Gastzimmer herum. An jeden Namen hängt er eine Anweisung für den kommenden Tag. Es scheint, als habe der Ingenieur alles im Kopf: Zahlen, Abfuhren, Träger, Traversen, noch nicht ganz abgesicherte Abbaustellen und so fort. Er raucht eine Zigarette nach der andern und preßt seinen Bauch vor Lachen an die Tischplatte. Der Wasenmeister ist schweigsam. Mit ungeheurer Kraft scheint der Ingenieur gegen das Ungeheure vorzugehen. Die Arbeiter achten ihn. Er macht ihnen nichts vor. »Die Schienen müssen hinein«, sagt er, und alle außer mir und dem Maler wissen, was das heißt, was das bedeutet. Der Maler steht auf; ohne sich von mir zu verabschieden, verschwindet er. Mir macht es nichts aus, noch eine Zeitlang am Tisch sitzen zu bleiben und zuzuhören.

Das Gasthaus sei eines jener Gasthäuser, in denen man, notgedrungen, nur ein einziges Mal übernachte. Ihn, den Maler, habe es immer wieder angezogen. Nicht irgendein Vorzug, nein, die Mängel reizten ihn. Eine Anhänglichkeit an die Kriegszeit, in der das Gasthaus für ihn und seine Schwester Unterschlupf gewesen war. Er habe sich immer wieder in Not und Hungerübungen eingelassen. In die Primitivität. In die Anspruchslosigkeit. »Ich kenne selbst die unauffälligsten Geräusche in diesem Haus«, sagte der Maler. Mit den Handflächen könne er in der Nacht altbekannte Mauerunregelmäßigkeiten abtasten, die er bis in die kleinsten Unscheinbarkeiten hinein kenne. »Ich habe schon in allen Zimmern gehaust«, sagte er. »Ich hätte das Gasthaus auch einmal kaufen können. Damals hatte ich sogar Geld. Aber dann wäre alles aus gewesen, verstehen Sie.« Wenn er genug gehabt habe von allem, sei er hergefahren. »Die Wände könnten erzählen«, sagte er. »Jedes Zimmer hat seinen eigenen unerhörten Vorfall. Auch in dieses Haus war der Krieg eingedrungen. Zum Beispiel das Zimmer, in dem Sie untergebracht sind . . .« Er sagte: »Meine Stimmung läßt mich lieber schweigen. Es handelt sich um eine Entscheidung, die ein Mensch in diesem Zimmer getroffen hat. Allen unverständlich. Religionslos.« Die Methoden seien verschieden, aber alles uralte Weisheit. Und so rückständig oft die Gedankengänge eines Menschen seien, so revolutionäre Wirkungen entstünden daraus. Manchmal dringe kalte Luft in das Haus ein, wenn vergessen worden sei, die Fenster zu schließen, und alles in ihm käme vor Kälte um. »Selbst die Traumvorstellungen kommen vor Kälte um. Alles wird Kälte. Phantasie, alles.« Niemals sei er hier im Gasthaus auf einen sogenannten ›erhebenden‹ Gedanken gekommen. Solche Gedanken seien ihm allerdings von Natur aus fremd, es sei schon unzüchtig, an sie herankommen zu *wollen*. Er stoße sie auch ab. »Die Art der Gedanken, die ein Mensch haben will, bestimmt er selbst.« Es sei erstaunlich, »wie abweisend oft das ist, dem man mit Zutrauen kommt«. Das Leben im Gasthaus liege »auf der Linie aller großen Mißhandlungen«, die er ja suche. Sich selber Schmerz zufügen, das habe er schon als Kind exerziert. »Es probierte mich zuerst aus. Da fing ich Feuer.« Mit den

Jahren habe er das bis zu den Höhen des Wahnsinns entwickelt. »Das Gasthaus ist alles in allem ein Kronzeuge meiner Gefühle, meiner Zustände. ›Das bin ich‹, sagt alles . . ., gar keine Tugend mehr, keine Einfachheit, nur noch in sich selbst bis über alles Phantastische hinaus und hinunter gesteigerte Inzucht.«

»Meine Zeit ist vergangen, so wie eine Zeit vergeht, die man nicht haben will. Ja, ich habe meine Zeit nie haben wollen. Die Krankheit ist die Folge der Interesselosigkeit an meiner Zeit, der Interesselosigkeit, der Arbeitslosigkeit, der Unzufriedenheit. Die Krankheit ist ja gerade da aufgetreten, wo nichts mehr war . . . meine Untersuchungen sind stehengeblieben, auf einmal habe ich gesehen: nein, diese Mauer übersteige ich nicht! Das war so: ich mußte einen Weg finden, den ich noch nicht gegangen bin . . . Die Nächte waren schlaflos, stumpf, grau . . . manchmal bin ich aufgesprungen: und sah langsam alles Erdachte falsch werden, wertlos werden, alles wurde nacheinander, folgerichtig, wissen Sie, sinn- und zwecklos . . . Und ich entdeckte, daß die Umgebung nicht haben will, daß man sie aufklärt.«

Fünfter Tag

»Meine Familie, die Eltern, alles, die ganze Welt, an der ich mich hätte anhalten können und an der ich mich immer anzuhalten versucht habe, hat sich für mich schon früh in Dunkelheit aufgelöst, war einfach über Nacht in Dunkelheit hinein verschwunden, hatte sich meinen Blicken entzogen, oder ich hatte mich von ihr entfernt, in Dunkelheit verzogen. Ich weiß es nicht genau. Jedenfalls war ich früh allein gelassen, vielleicht schon immer allein gewesen. Das Alleinsein beschäftigte mich, soweit ich zurückdenken kann. Auch der Begriff des Alleinseins. Des Eingeschlossenseins in sich selbst. Ich konnte mir, so wie ich war, nicht vorstellen, womöglich immer allein zu bleiben, die ganze Zeit. Das konnte nicht in meinen Kopf, ich brachte es nicht in meinen Kopf und nicht mehr aus mir heraus.« Er sagte: »Ich kam immer wieder darauf zurück. Hilflos stand ich da. Stand ich dort, zusammenhanglos. Wachte ich da auf. Und nicht dort, wo ich hätte aufwachen sollen, meinem Gemüt entsprechend. Kindheit und Jugend waren ein ebenso grausames Alleinsein, wie mein Alter ein grausiges Alleinsein ist. Als hätte die Natur ein Recht darauf, mich immerfort abzudrängen, immer auf mich zu, in mich hinein, von allem fort, auf alles zu, aber immer an die Grenze. Sie verstehen, was ich meine: die Ohren sind voll Vorhaltungen, die man sich selber macht. Und glaubt man, es wäre einmal Gesang, irgendein in Noten gesetztes oder wildes Musikstück, so irrt man: das ist auch nichts anderes als Alleinsein. Mit den Vögeln im Wald ist es so, mit dem Meerwasser, das einem an die Knie schlägt. Ich wußte mir niemals zu helfen, und ich weiß es heute am allerwenigsten. Das ist überraschend, nicht wahr? Die Menschen, glaube ich, tun nur so, als wären sie nicht allein, weil sie immer allein sind. Wenn man sieht, wie sie in ihren Gemeinschaften aufgehen: oder sind das gerade Beweise dafür, die Vereine, die Gesellschaften, die Religionen, die Städte, für unendliche Einsamkeit? Sehen Sie, es sind immer dieselben Gedanken. Unnatürlich, vielleicht. Zusammenhangsüberdrüssig. Vielleicht unsinnig. Dilettantisch, kann sein. Wenn zum Alleinsein eine gewisse brauchbare Selbständigkeit dazukommt«, sagte er, »dann ist es ja noch erträglich, aber ich hatte nie auch nur die geringste Selbständigkeit. Ich wußte nie, was anfangen. Mit dem, was auf einen zukommt, Einflüsse, Umwelt, Ich, mit dem wurde ich nicht fertig. Mit dem, was nun einmal in mir immer gewesen ist. Ja. Sehen Sie!« Er sagte: »Die Menschen, die einen neuen Menschen machen, nehmen doch eine ungeheure Verantwortung auf sich. Alles unerfüllbar. Hoffnungslos. Das ist ein großes Verbrechen, einen Menschen zu machen, von dem man weiß, daß er unglücklich sein wird, wenigstens irgendwann einmal unglücklich sein wird. Das Unglück, das einen Augenblick lang existiert, ist das ganze Unglück. Ein Alleinsein erzeugen, weil man nicht mehr allein sein will, das ist verbrecherisch.« Er sagte: »Der Antrieb der Natur ist verbrecherisch, und sich darauf berufen ist eine Ausrede, wie alles nur eine Ausrede ist, was Menschen anrühren.«

Er wandte sich der Ortschaft zu, die vor uns lag: »Das ist kein guter Menschenschlag hier«, sagte er. »Die Leute sind verhältnismäßig klein. Man steckt den Säuglingen ›Schnapsfetzen‹ in den Mund, damit sie nicht schreien. Viele Mißgeburten. Der Anenkephalos ist hier zu Hause. Man hat keine Lieblingskinder, sondern nur eine Menge Kinder. Im Sommer trifft sie der Hitzschlag, denn ihr feines Gewebe hält der Sonne nicht stand, die oft grausam herunterbrennt. Im Winter erfrieren sie, wie gesagt, auf dem Schulweg. Der Alkohol hat die Milch verdrängt. Alle haben sie hohe heisere Stimmen. Den meisten ist eine Verkrüppelung angeboren. Alle im Rausch erzeugt. Größtenteils kriminelle Naturen. Ein hoher Pro-

zentsatz der jüngeren Leute sitzt immer im Gefängnis. Die schwere Körperverletzung und die Unzucht und die Unzucht wider die Natur sind an
der Tagesordnung. Die Kindesmißhandlung, der Mord, Vorfälle für
Sonntagnachmittage . . . Das Vieh hat es besser: man wünscht sich ja auch
ein Schwein, kein Kind. Die Schulen haben den allerniedrigsten Standard,
und die Lehrer sind hinterhältig, verachtet wie überall. Gehen oft an
Magengeschwüren zugrunde. Die Tuberkulose versetzt sie in eine milchige Melancholie, aus der sie nicht mehr herauskommen. Langsam gehen
die Bauernsöhne in der Arbeitermasse unter. Ich habe noch nie einen
schönen Menschen gesehen in dieser Gegend. Und dabei weiß man gar
nichts von diesen Menschen, nichts davon, was in ihnen vorgeht: man
eckt manchmal an an diese Berufe, Existenzen, Torturen, Überhandnahmen. Man eckt nur an.«

Er sei als Kind bei seinen Großeltern aufgewachsen, ziemlich wild. Streng
gehalten in Winterzeiten. Da habe er oft tagelang stillsitzen und Wörterzusammensetzungen auswendig lernen müssen. Als er in die Schule eintrat, wußte er mehr als der Lehrer. Das Klassenzimmer dieser Landschule
in einem stillen Ort in Niederösterreich »hat sich bis zum heutigen Tag
nicht verändert«. Eine plötzliche Laune habe ihn vor kurzem hinfahren
lassen. Derselbe Geruch, sagte er, der ihn schon als Kind immer irritiert
habe, ein Geruch von viel Teer, Abort, Korn und Apfeldunst. Jetzt habe er
diesen Geruch eingeatmet wie einen ganzen vollen Frühlingstag. Er
zwinge sich öfter dazu, diesen Geruch für sich zu erzeugen, plötzlich,
irgendwo. Es gelinge ihm fast immer. Wie einem Meister plötzlich hin
und wieder ein Meisterstück gelinge. Seine ganze Kindheit sei aus Gerüchen zusammengesetzt, zusammengeschoben hätten sie sich zu seiner
Kindheit. Nicht tot sei es, ständig in Bewegung. Und aus Wort- und
Ballspielen, aus der Angst vor Ungeziefer, wilden Tieren, finsteren Gassen,
reißenden Flüssen, Hunger, Zukunft. Er hat in seiner Kindheit Ungeziefer, Hunger, wilde Tiere und reißende Flüsse kennengelernt. Auch Zukunft, Abscheu. Der Krieg hat ihm ermöglicht zu sehen, was Leute, die
den Krieg nicht kennen, niemals sehen. Die Großstadt wechselte in seinem Leben oft mit dem Land ab, denn sein Großvater war unruhig,
genauso unruhig wie er selbst. Die Großmutter geistreich, stattlich, unzugänglich für gemeine Menschen. Der Großvater nahm den Enkel mit in
Landschaften, in Gespräche, in Finsternisse hinein. »Herrenmenschen

waren die Großeltern«, sagte er. Ihr Verlust war sein allergrößter Verlust. Die Eltern kümmerten sich wenig um ihn, mehr um den ein Jahr älteren Bruder, von dem sie alles erwarteten, was sie von ihm nicht erwarteten: eine geregelte Zukunft, überhaupt Zukunft. Mehr Liebe und mehr Taschengeld hatte sein Bruder immer bekommen. Wo er sie enttäuschte, enttäuschte sein Bruder sie nie. Mit seiner Schwester verband ihn ein viel zu schwaches Band, als daß es hätte halten können. Später knüpften sie es neu über den Ozean hinweg, schrieben sich Briefe, von Europa nach Mexiko, von Mexiko nach Europa, versuchten aus ihrer Vorliebe füreinander eine Liebe zu zaubern, eine Abhängigkeit, was ihnen vielleicht auch gelang. »Sie schreibt mir zwei-, dreimal im Jahr, so oft wie ich ihr«, sagte er. Aus dem Alleinsein und tief in ihm entstanden die vielen Gedanken, die immer düsterer wurden. Mit dem Tod der Großeltern ging es »in Finsternis, die nicht mehr aufhören wird«.

Dann starb auch der Vater, die Mutter folgte ihm ein Jahr später. Während sein Bruder seinen Weg machte, Stufe für Stufe hinaufstieg in seiner Laufbahn, mehr und mehr der Chirurg wurde, der er jetzt ist, verrannte sich sein Bruder in seine Gedankenwelt. Bald gab es den einen, bald gab es den anderen Ausweg nicht mehr. Bald stand er da, bald stand er dort vor dem Ruin. Nach außen hin ließ er sich nichts davon anmerken, ging immer gut angezogen auf die Straße. Zu Hause aber, in seinem Zimmer, verfiel er, immer unausgeschlafener, in übelste Konstellationen, in Wissenschaften, in Kunstbetrachtungen und in Armut. In dem Grad, in dem die Armut zunahm, schloß er sich mehr und mehr ab. Seine »künstlerischen Versuche« ließen zu wünschen übrig. Er selbst sah oft allzu deutlich, daß das, was er, wenn auch qualvoll, hervorbrachte, nichts war, worüber man hätte ins Staunen kommen können, geschweige denn in Hochrufe ausbrechen. Alltäglich erschien ihm, was aus ihm hervorging. Alles bröckelte ab. Trotzdem verschafften ihm Glücksfälle, »reine Irrtümer«, Zuschüsse von Freundlichkeit, ja selbst immer etwas zum Leben. Woher? »Ausflüge kamen manchmal daher wie ein Frühlingslufthauch«, der ihn mitnahm in ein Donaustädtchen, in ein Waldviertler-Dorf, ja gar über die Grenze nach Ungarn, an dem er sich zeitlebens nie hat satt sehen können, an der »Ebene der Melancholie«. Aber die Kindheit war ihm am grauenhaftesten an dem Tag, an welchem er hinter seinen Eltern seine Großeltern nicht mehr hatte. Er war so allein, daß er oft in fremden Höfen auf einem

Treppenstein saß und vor Übelkeit glaubte sterben zu müssen. Tagelang ging er herum, sprach Leute an, die ihn für verrückt hielten, als ungezogen und ekelerregend empfanden. Auf dem Land erging es ihm da nicht anders: die Wiesen und Felder sah er oft tagelang nicht, denn vor Tränenwasser sah er nicht aus den Augen heraus. Dahin und dorthin schickten sie ihn und bezahlten für ihn. Oder blieben sein Dortsein, sein Dasein schuldig, und es war noch viel schlimmer für ihn. Er suchte Freunde, fand aber keine. Es kam schon vor, daß er glaubte, da wäre ihm plötzlich ein Freund erwachsen, aber dann war es nur Täuschung, aus der er sich ängstlich zurückzog. In noch mehr Verwirrung, noch mehr Aufhörenwollen, noch mehr Unklarheit hinein. Das Zerstörende, Verführende des Geschlechts kam dazu, der Umgang mit verbotenem Anblick, Krankheiten, mit denen er, auf sich selbst angewiesen, fertig werden mußte, verstörten ihn. Wie anders ging alles bei seinen Geschwistern, die bei den Eltern leben durften, sich »dort ausleben durften«. Da alles in ihm drunter und drüber ging, verplemperte er seine Schulaussichten, und es blieb ihm eines Tages nichts anderes übrig, als eine Arbeit in einem Büro anzunehmen, aus der er sich nur durch einen Riesenkrach wieder herausretten konnte, in die Kunstakademie hinein. Stipendien wurden ihm bewilligt, er machte die Abschlußprüfungen in allen geforderten Fächern. »Es wurde aber nichts aus mir«, sagte er. Die Jugend war ihm noch bitterer. Vielleicht hatte er mehr Kontakt mit Gleichaltrigen, Gleichgestimmten, aber »alles war ziemlich gedankenlos«. Kindheit und Jugend sind ihm nicht leichtgefallen. In vielem erinnern sie mich an meine eigene Kindheit und Jugend. Traurig war auch ich, aber nie verbittert wie er schon so früh. Trotzdem seien Kindheit und Jugend in ihm das einzige, »wovon sich zu trennen nur schwerfällt«.

Er gestand heute, alle von ihm gemalten Bilder verheizt zu haben. »Ich mußte mich trennen von dem, was mir immer vor Augen hielt, daß ich nichts bin.« Wie Geschwüre hätten sie sich ihm tagtäglich geöffnet und ihn verstummen lassen. »Ich habe kurzen Prozeß gemacht. Eines Tages war mir klar, daß nichts aus mir wird. Ich wollte es aber, wie jeder Mensch, nicht glauben und zog das Fürchterliche noch Jahre hinaus. Dann, am Tag, bevor ich abreiste, schlug es mir mit aller Wucht auf den Kopf.«

»Es hat eine Zeit gegeben, da hätte ich es nicht für möglich gehalten, mich derart kopflos an mich selbst zu verlieren«, sagt der Maler. Er bleibt stehen, schöpft Luft und sagt: »Ich könnte ja gut aufgelegt sein. Warum

bin ich denn nicht gut aufgelegt? Keine Langeweile, keine Angst. Keine
Schmerzen. Nichts, was irritiert. Als wär ich im Augenblick ein ganz
anderer. Und da ist es wieder: es schmerzt und es irritiert mich. Ja, ich bin
ich selbst. Sehen Sie: mein ganzes Leben lang! . . . Und ich bin niemals
ausgelassen gewesen! Niemals! Nicht froh! Nicht, was man glücklich
nennt. Weil immer die Sucht zum Außergewöhnlichen, Eigenartigen, Exzentrischen, zum Einmaligen und Unerreichbaren, weil überall diese
Sucht, auch was die Folterungen des Geistes anbelangt, mir alles verdorben hat. Wie ein Stück Papier hat es mir alles zerrissen! Meine Angst ist
eine durchdachte, eine zergliederte, zerfledderte, eine in ihre Einzelheiten
zerlegte, nicht niederträchtige. Ich prüfe mich fortwährend, ja, das ist es!
Ich laufe immer hinter mir her! Sie können sich vorstellen, wie das ist,
wenn man sich selbst aufschlägt wie ein Buch und lauter Druckfehler
darin entdecken muß, einen nach dem andern, auf jeder Seite wimmelt es
von Druckfehlern! Und alles ist trotz dieser vielen hundert und tausend
Druckfehler *meisterhaft!* Es handelt sich um eine Aneinanderreihung von
Meisterstücken! . . . Die Schmerzen kommen von unten herauf und von
oben herunter und werden Menschenschmerzen. Ich stoße überall an die
Mauern, die um mich herum sind. Ich bin schon der reinste Mörtel-
mensch! Aber es ist doch so, daß ich mich oft hinter meinem Lachen
zurückgehalten habe!

Wissen Sie, was ich jetzt höre? Ich höre die Anklagen gegen die großen
Gedanken, ein ungeheurer Gerichtshof ist gegen die großen Gedanken
zusammengetreten, ich höre, wie man langsam anfängt, allen großen Gedanken den Prozeß zu machen. Immer mehr große Gedanken werden
verhaftet und in die Gefängnisse eingeliefert. Die großen Gedanken werden zu fürchterlichen Strafen verurteilt werden, das weiß ich! Ich höre es!
Die großen Gedanken werden an den Grenzen gefangengenommen! Viele
fliehen, aber sie werden eingeholt und gezüchtigt und kommen in Strafanstalten! Lebenslänglich, sage ich, lebenslänglich Zuchthaus ist die Mindeststrafe, zu welcher man die großen Gedanken verurteilt. Die großen
Gedanken haben keine Verteidiger! Nicht einmal einen lausigen Pflicht-
verteidiger haben die! Ich höre die Staatsanwälte gegen die großen Gedanken vorgehen! Ich höre die Polizei auf die großen Gedanken mit ihren
Holzknüppeln schlagen! Immer schon hat die Polizei auf die großen Gedanken niedergeschlagen! Sie hat die großen Gedanken eingesperrt! Bald
werden alle großen Gedanken eingesperrt sein! Kein einziger großer Ge-

danke wird mehr frei sein! Hören Sie! Sehen Sie! Allen großen Gedanken ist grundsätzlich immer der Kopf abgeschlagen worden! Hören Sie!« Der Maler sagt, ich solle vorausgehen, und ich gehe voraus, und er treibt mich mit seinem Stock in die Mulde.

Der Zufall fügte es, daß ich den Maler schon vor dem Lärchenwald und nicht erst unten im Hohlweg traf, wo wir uns verabredet hatten und wo ich ihn, als ich mich dem Lärchenwald auf nur mehr zwanzig oder dreißig Schritte genähert hatte, bereits vermutete, daß er also schon vor dem Lärchenwald plötzlich hinter einem Baum hervorsprang und seinen Stock so, als wollte er mir den Weg versperren, ausgestreckt hielt. Ich hatte schon vom Dorf her die ganze Zeit gesungen, Melodien, von denen ich nicht wußte, woher sie waren, eine in die andere übergehend, und er sagte: »Sie können ja singen! Warum singen Sie nur, wenn Sie allein sind? Sie haben noch nie gesungen, wenn ich mit Ihnen zusammen war. Eine merkwürdige Stimme haben Sie, nicht unangenehm.« Ich war verlegen und wußte nicht, was ich hätte sagen sollen. Er nahm mich am Arm und führte mich, schwer atmend, in den Lärchenwald. »Singen Sie doch wieder. Sie brauchen sich doch nicht zu genieren. Es ist ja eine schöne Stimme.« Aber ich sang nicht mehr. Selbst wenn ich den Willen dazu gehabt hätte, wäre kein Ton mehr aus mir herausgekommen. Er habe sich entschlossen, schon vor dem Lärchenwald auf mich zu warten, »weil es im Hohlweg sicher sehr kalt ist«. Wir gingen verhältnismäßig rasch. Er schien aber bereits müde zu sein und blieb alle Augenblicke stehen. »Die Phantasie ist ein Ausdruck von Unordnung«, sagte er, »muß es sein. In der Ordnung ist Phantasie ja nicht möglich, die Ordnung duldet keine Phantasie, sie kennt gar keine Phantasie. Auf dem ganzen Herweg habe ich mich gefragt, was Phantasie ist. Ich bin mir sicher, daß Phantasie eine Krankheit ist. Eine Krankheit, die man nicht bekommt, weil man sie immer gehabt hat. Eine Krankheit, die alles, vor allem das Lächerliche und das Bösartige, auf dem Gewissen hat. Verstehen Sie Phantasie? Was ist Phantasie? habe ich mich gefragt und gleichzeitig, ob man Phantasie verstehen kann. Aber Phantasie kann man nicht verstehen.« Er zog mit seinem Stock an einem schweren Ast, so daß der Schnee auf uns herunterfiel. Ich mußte ihn abklopfen. »Ein Mensch, der nichts weiß, ist der möglich?« fragte er. »Ein Mensch, der nie etwas gewußt hat?«

Es wurde fünf Uhr, bis wir unten an der Station waren. Da standen mehr
Leute als sonst, und der Maler wollte durch alle diese Leute hindurch in
die Restauration gehen. Er streckte seine Hand aus, und die Leute wichen
vor seinem Stock zurück. Ich folgte ihm in zwei Meter Abstand. In der
Restauration setzte er sich zuerst ganz in die Ecke, wo man auf den Bahn-
steig hinausschauen und die Züge ankommen und abfahren sehen kann.
Dann wurde es ihm zu kühl – »es zieht grauenhaft!« –, und wir setzten uns
auf die Ofenplätze. Wir tranken jeder zwei Gläser Sliwowitz und suchten
uns dann auf dem Zeitungsstand aus, was wir wollten. Vollbepackt mit
Zeitungen – die ich, nachdem er sie gelesen hat, auf mein Zimmer trage,
um sie von vorn bis hinten durchzulesen –, nahmen wir uns vor, möglichst
noch vor sieben Uhr im Gasthaus zu sein. Vor dem Gasthaus, während ich
mir den Schnee von den Schuhen abklopfte, sagte er: »Die Phantasie ist
der Tod des Menschen . . . Ich habe heute einen Traum gehabt, von dem
ich nicht mehr weiß, wo er sich abgespielt hat; aber doch in einer Landschaft, die mir immer vertraut gewesen ist; nur in welcher Landschaft, das
weiß ich nicht mehr. Ein ungewöhnlicher Traum, keiner der hoffnungslosen, wie ich sie sonst immer träume. Die Landschaft, wo der Traum sich
abgewickelt hat, in Sekundenschnelle wahrscheinlich, war bald weiß, bald
grün, bald grau, bald tiefschwarz. Nichts hatte die Farbe, die ihm nach
menschlichem Ermessen zusteht. Der Himmel beispielsweise war grün,
der Schnee war schwarz, die Bäume waren blau . . . die Wiesen so weiß wie
Schnee . . . Das hat mich an bestimmte Ölbilder unserer Zeit erinnert,
wenn diese Maler auch nicht so konsequent vorgehen, nein, die Maler
gehen nicht so konsequent vor, wie mein Traum vorgegangen ist . . . einer
der konsequentesten Träume, die ich je hatte. Und so radikal, in dieser
Landschaft . . . die Bäume hoch, in die Unendlichkeit hinein, die Wiesen
so hart, das Gras so hart, daß, wenn der Wind darüber hinstrich, eine laute
Musik entstand, eine Musik, die aus allen Musikepochen zusammengesetzt war. Plötzlich saß ich in dieser Landschaft, auf einer Wiese. Das
Merkwürdige war, daß die Menschen die Farben dieser Landschaft hatten.
Ich hatte die Farbe der Wiese, dann die Farbe des Himmels, dann die
Farbe eines Baums, schließlich die Farbe der Berge. Und hatte immer alle
Farben zugleich. Mein Lachen verursachte in dieser Landschaft das größte
Aufsehen, ich weiß nicht, warum. Diese ziemlich unregelmäßige Land-
schaft, wissen Sie, war so belebt, wie ich noch keine gesehen habe. Wohl
eine Menschenlandschaft. Nun werden Sie mich fragen, wie die Men-

schen ausgeschaut haben in dieser Landschaft. Die Menschen waren, da
sie so wie ich die Farbe der Landschaft hatten, nur an ihren Stimmen zu
erkennen, wie auch ich nur an meiner Stimme zu erkennen war für sie. So
differenzierte Stimmen, wissen Sie, unglaublich differenzierte Stimmen!
Plötzlich aber geschah etwas Grauenhaftes: Mein Kopf blähte sich auf,
und zwar so, daß die Landschaft sich um einige Grade verfinsterte und die
Menschen in Wehlaute ausbrachen, in ungeheuere Wehlaute, wie ich sie
noch niemals gehört habe. In Wehlaute, die dieser Landschaft angepaßt
waren. Ich weiß nicht, warum. Da mein Kopf plötzlich so groß und
schwer war, rollte er von dem Hügel hinunter, auf dem ich gestanden war,
über die weißen Wiesen, den schwarzen Schnee – in dieser Landschaft
sind alle Jahreszeiten immer gleichzeitig! –, und erdrückte viele der blauen
Bäume und viele der Menschen. Das hörte ich. Plötzlich bemerkte ich,
daß hinter mir alles abgestorben war. Abgestorben, tot. Mein großer Kopf
lag in einem toten Land. In Finsternis. Er lag so lange in dieser Finsternis,
bis ich aufwachte. Wie kommt es, daß dieser Traum so fürchterlich endete? fragte ich mich.« Der Maler zog seinen Pascal aus der linken Rocktasche und steckte ihn in seine rechte Rocktasche. »Es ist unheimlich«,
sagte er.

Wir kehrten beim Schnapsbrenner ein. Es ging zuerst durch den ganzen
Hohlweg und weiter, weiter in den Wald hinein, den ich noch nicht
betreten hatte. Alle Augenblicke blieb mein Mitmensch stehen und sagte:
»Sehen Sie! Sehen Sie, die Natur schweigt! Sehen Sie! Sehen Sie!« Er
humpelte wie der Mann mit dem Höcker, den ich einmal in Floridsdorf
am Spitz gesehen habe. Unsere Füße waren Schneeballen. Immer wieder
blieb er mit der Bemerkung: »Die Natur resigniert!« stehen. »Sehen Sie,
die Natur schweigt!« Ja, sie schweigt. »Sie steht nicht still, sie steht still, sie
steht nicht still . . . Verstehen Sie?« Die Gedanken, sagte er, gingen gleichzeitig hinauf und hinunter. Wildspuren erklärte er mir: »Ein Hirsch, sehen
Sie! Hase, sehen Sie! Reh, sehen Sie! Da, ein Fuchs! Sind das nicht Wölfe?«
Er sank oft ein und schämte sich, weil ich ihn an seinem Stock wieder
herausziehen mußte. »Es ist erbärmlich«, sagte er dann. Sternbilder zählte
er auf, sagte: »Kassiopeia, Bär, Orion.« Bald verschwand er, bald tauchte er
wieder auf. Blieb ich zurück, befal er mir, vor ihm zu gehen. »Immer
Tiefe und Oberfläche«, sagte er, »Oberfläche und Tiefe.« Die Baumstämme wären Erscheinungen »großer Richterpersönlichkeiten«. Er sagte:

»Große Urteile fällen sie! Diese ungeheueren Urteile!« Der Schnapsbrenner stehe jedesmal auf seinem Programm. Immer heiße es, er überlebe kein
Jahr mehr, »keinen Winter mehr, und jedesmal, wenn ich herkomme,
treffe ich ihn«. Er sagte vom Schnapsbrenner, daß er der schweigsamste
Mensch sei, dem er jemals begegnet ist. Und der Schnapsbrenner redete
wirklich kein Wort. Der Maler drängte die ganze Zeit, schneller zu gehen,
obwohl er schuld daran war, daß wir nicht vorwärts kamen. Dann aber
stand das Schnapsbrennerhaus vor uns. Da drinnen hause er wie in einer
Höhle mit seinen beiden Töchtern. »Er drückt sie und hat Angst, sie
könnten ihn sitzenlassen, sie fürchten sich vor ihm. Bald haben sie das
heiratsfähige Alter schon überschritten.« Er schaue sie immer an und kom-
mandiere sie mit: »Speck! Brot! Suppe! Milch!« Sonst sage er angeblich den
ganzen Tag nichts. Sie fügen sich, wie Unmündige sich fügen. »Wenn ihn
vor seinen eigenen Töchtern ekelt, sperrt er sie auf den Dachboden, wo sie
Leinen spinnen müssen, verstehen Sie. Sind sie fertig, dürfen sie herunter.
Nicht früher.« Die beiden hätten Handschellen an ihren Händen, »unsichtbar zwar, aber unzerreißbar«.
    Der Maler klopfte an die Tür, und ein Mann stand da, lang, mager, wie
aus Holz. »Ja«, sagte er, sonst nichts. Führte uns hinein. Die Töchter
rückten zwei Stühle her, sprangen in die Vorratskammer und kamen mit
Speck und Schnaps zurück. Deckten den Tisch. Wir aßen und tranken
mit dem Schnapsbrenner. Hatten wir fertiggegessen oder fertiggetrunken,
sagte er »Speck« oder »Brot« oder »Schnaps«, und die Töchter sprangen in
die Vorratskammer. Wir blieben zwei Stunden. Dann standen wir auf,
und der Schnapsbrenner sagte, als wir vor der Tür waren, »ja« und sperrte
sich wieder ein. Zur Nachtmahlzeit waren wir im Gasthaus.

»Hören Sie«, sagte der Maler plötzlich nach dem Spaziergang, »hören Sie
das Gekläff der Hunde!« Wir blieben stehen. »Man sieht diese Hunde
nicht, aber man hört sie. Mir machen diese Hunde Angst. Angst ist vielleicht nicht der richtige Ausdruck, sie bringen den Menschen um. Diese
Hunde bringen alles um. Das Heulen! Das Kläffen! Das Winseln! Hören
Sie!« sagte er, »die Umwelt ist eine Umwelt der Hunde.«

Sechster Tag

»Im Sommer müssen Sie hier fortwährend gegen Millionen Mücken vorgehen. Das macht das Sumpfstück. Sie werden bald, wahnsinnig, in die
Mitte des Waldes getrieben, aber selbst im Schlaf verfolgen Sie diese Mük-
ken, die Mückenschwärme. Sie fangen zu laufen an, aber Sie finden natürlich keinen Ausweg. Mein ganzer Körper ist jedesmal von Stichwunden
übersät. Diese Qual meiner Schwester, müssen Sie wissen: die Mücken
haben sie, ihres süßlichen Geruchs wegen, beinahe aufgefressen. Sie wäl-
zen sich nach den ersten Stichen im Bett und steigern dadurch diese
lautlose Peinigung . . . am Morgen sind Sie um Jahre gealtert. Ihr Körper
fiebert unter dem Einfluß des Mückengiftes . . . aus diesem furchtbaren
Schwächezustand erwachen Sie und erkennen: die Zeit der Mücken ist
wieder hereingebrochen. Glauben Sie nicht, daß ich übertreibe. Ich neige
ja, wie Sie schon bemerkt haben, überhaupt nicht zur Übertreibung. Aber
hüten Sie sich, Ihre Reise hierher so anzusetzen, daß Sie in die Zeit der
Mücken geraten . . . Sie kommen ja nicht mehr . . . die Menschen aber,
müssen Sie wissen, begegnen Ihnen in dieser Zeit mit abgrundtiefer Verletzbarkeit; sind gar nicht ansprechbar. Ich selbst irre, wie gesagt, umher
und suche Zuflucht. Dazu kommt noch die Hitze, alles ist menschenleer,
auf die tödlichste Berechnung. Der Himmel verfinstert sich vor Mücken.
Wahrscheinlich kommt das von den kaum mehr Wasser führenden Flüssen«, sagte er, »von dem Sumpfstück.« Er hatte heute einen roten Rock an,
einen roten Samtrock, seinen »Künstlerrock«. Zum ersten Mal war er
angezogen, wie Maler angezogen sind: verrückt! Er zeigte sich in der Frühe
von außen, drückte seinen Kopf an die Fensterscheibe, als ich im Gastzimmer saß. Machte sich durch Klopfen ans Fensterkreuz bemerkbar. Ein
großer, immer gelber werdender Fleck. Er sei schon um halb fünf Uhr aus
dem Haus gegangen, in der Absicht, »die Totengeister noch zu erwischen«.

»Grauenerregend«, sagte er, als er hereinkam. Die Wirtin habe ihm den
Haustürbalken vorzeitig weggezogen »um ein Fünfschillingstück«, das sie
aber nicht habe annehmen wollen. Er sagte: »Der Fluß war bis herauf zu
hören. Keine Maschine. Nichts. Keine Vogelstimmen, natürlich. Nichts.
Wie wenn alles unter einer Eisdecke erstarrt gewesen wäre.« Er hätte sich
in »einer annähernd ähnlichen Wirklichkeit« befunden. Habe mit seinem

Stock Mißbildungen von Schnee und Eis aufgescheucht. Sich mit ausgebreiteten Armen und Beinen in weiße unberührte Schneedecken fallen lassen. »Wie ein Kind.« Sei so liegengeblieben bis zu dem Grad, wo man glaube, jetzt erfrieren zu müssen. »Der Frost ist allmächtig«, sagte er. Er setzte sich. Sagte: »Nichts ist mir unfaßbarer, als daß ich frühstücke.« Frühaufsteher könnten einen gnadenlosen herrlichen Frost bewundern, wenn sie fortgingen, hinaus. »Die Entdeckung, daß der Frost alles besitzt, ist ja nicht erschreckend.« Frühaufstehern offenbare sich die Welt in wunderbarer Deutlichkeit und Wahrheit. Die »erbarmungslose Welt des Frosts« widerspreche ihnen und mache sie gefügig. Ausgeschlafene Frühaufsteher empfänden die Welt als »vor dem Wahnsinn sicher«. Er werde seinen Künstlerrock gleich wieder ausziehen, sagte er, er habe ihn nur angezogen, um »sich eine Qual anzutun«, die in der Frühe fällig gewesen sei. »Es war natürlich, für die Welt, eine Entgleisung, daß ich diesen Rock angezogen habe«, sagte er. »Daß ich so getan habe, als sei ich der, der ich einmal gewesen bin. Jetzt bin ich anders, so wie ein Mensch tausend Jahre später. Vielleicht. Nach allen Irrtümern.« Die Wirtin brachte Kaffee und Milch und brachte einem in der anderen Ecke sitzenden jungen Gast »ganze Berge von Essen«, wie der Maler sich ausdrückte. »Ein vornehmer Mensch, scheint mir. Was sucht er da? Möglich, daß er ein Verwandter des Ingenieurs ist. Möglich.« Die Wirtin brachte dem Fremden einen Fahrplan, in dem dieser eine Zeitlang blätterte. Ob es günstig sei, die Abkürzung zu gehen, wenn man auf die Station wolle, fragte er sie. Es sei günstiger, aber im Winter unmöglich. Der Fremde stand auf, zahlte und ging. »Mein Künstlerrock«, sagte der Maler, »ist ein Ruin für sich. Als ich ihn auszog, zog ich diesen Ruin aus.« Er habe diesen Künstlerrock heute zum letzten Mal angehabt, sagte er.

Es fällt mir ein, daß ich heute dreiundzwanzig Jahre alt bin. Niemand aber, kein Mensch, hat daran gedacht. Gedacht vielleicht schon, aber niemand weiß, wo ich bin. Außer dem Assistenten weiß niemand, wo ich mich aufhalte.

»Es gibt ein Zentrum des Schmerzes, von diesem Zentrum des Schmerzes geht alles aus«, sagte er, »es liegt im Zentrum der Natur. Die Natur ist auf viele Zentren aufgebaut, aber hauptsächlich auf das Zentrum des Schmerzes. Dieses Zentrum des Schmerzes ist, wie alle anderen Zentren der Natur, auf den Überschmerz aufgebaut, es beruht, kann man sagen, auf dem Monumentalschmerz. Wissen Sie«, sagte der Maler, »ich könnte mich ja geradehalten, aber es ist mir nicht möglich. Ich krümme mich überdurchschnittlich, nicht wahr? Entschuldigen Sie, daß ich mich so stark krümme. Ich sehe wahrscheinlich erbärmlich aus. Aber Sie haben ja keine Vorstellung von der Ungeheuerlichkeit meines Schmerzes. Schmerz und Qual in mir rücken ineinander, und Arme und Beine wehren sich, werden aber mehr und mehr zu den unschuldigsten Opfern. Dazu auch noch der nasse Schnee, diese ungeheuren Schneemassen! Es gibt Momente, in denen ich unfähig bin, meinen Kopf zu tragen. Eine solche Kraftanstrengung: zehn normale Menschen sind nicht imstande, meinen Kopf aufzuheben, wenn sie nicht geschult sind. Und jetzt denken Sie: ich habe die Kraft von zehn auf mein Kopfgewicht hin geschulten athletischen Menschen, um manchmal meinen Kopf heben zu können. Hätte ich diese Kräfte für mich entwickeln können! Sehen Sie, wie ich meine Kräfte an eine sinnlose Sache verschwende: denn es ist ja sinnlos, einen Kopf wie den meinen zu heben. Hätte ich auch nur ein Hundertstel dieser Kraft in mich selbst investieren können, dort, wo es bedeutungsvoll gewesen wäre . . . Ich hätte alle Regeln und alle Erkenntnisse umgestülpt. Allen Ruhm der geistigen Welt auf mich vereinigt. Ein Hundertstel dieser Kraft, und ich wäre so etwas wie der zweite Schöpfer geworden! Die Menschen hätten ja nicht widersprechen können. Im Handumdrehen hätte ich Jahrtausende zurückkurbeln und in anderer, besserer Richtung sich wieder entwickeln lassen. So aber konzentrieren sich meine Kräfte auf meinen Kopf, auf meinen Kopfschmerz, und alles ist sinnlos. Dieser Kopf, müssen Sie wissen, ist unfähig. In seiner Mitte glüht ein noch unbeholfener Erdball, und alles ist voller zerrissener Harmonien!«

»Die Erinnerung macht krank. Ein Wort taucht auf, das Stadtbezirke aufreißt. Eine fürchterliche Architektur. In Menschenansammlungen schaut man hinein: Annäherungsversuche zwecklos! Der Tag ist erloschen.« Achtundneunzig von hundert Menschen hätten eine Zwangsvorstellung, mit der sie einschliefen, mit der sie aufwachten. »Jeder Mensch durchwatet ständig die Tiefe eines Gedankens, die einen ganz unten, die anderen noch weiter unten. Bis die Finsternis ihnen die Aussichtslosigkeit klarmacht; Polizeigefängnisse mit ihrer Nachmittagsstille, mit Schlaf und Ausdünstung von Häftlingen . . . Dem einen geht durch den Kopf, was

dem anderen durch den Kopf geht: der Menschenbrei der Verkehrskata-
strophe, die Wochen zurückliegt, Jahre. Kornfelder rotieren da gegen die
Himmelsrichtungen und Himmelsspiegelungen: Wälder, Wiesen, Landstraßen, Jahrmarktausschnitte, von der Phantasie wieder in Stücke gerissen, Flüsse rumoren abgeschnitten, Handwerker ziehen lange Messer
durch Gehirnzentren völlig Mittelloser.« Es gebe buchstäblich veraltete
Träume, eine sogenannte »Rechtswissenschaft der einfachen Menschen«.
Ein Gesetz, daß alles sich wiederholt, gleichzeitig unwiederholbar ist. Ein
und alles ewige Umkehrung, Auflösen ohne Ende aller Begriffe. Freude
ziehe Freude an sich, Laster Laster, Zurschaustellung Zurschaustellung,
Liebe Liebe. »Was mich mit mir vereinigt, ist am weitesten von mir fort«,
und »die Zeit ist kein Mittel, sich mit ihr zu beschäftigen«, und »ich bin
ein Opfer meiner Theorien, gleichzeitig ihr Beherrscher«.

Er frage sich, was das sei: die Erinnerungen, diese Fetzen von Merkwürdigkeiten, die man nicht mehr verstehe. Die Erinnerung bleibe zurück
und führe immerfort, unendlich sich selbst auf, in derselben Weise, in der
man sie, als sie noch nicht Erinnerung gewesen sei, verlassen habe. Wie auf
einer Bühne entzögen sich die Menschen. Entzögen sich scheinbar immer
auf ein und derselben Ebene. Seine Heimstatt sei wohl der Schnürboden
der Unendlichkeit. Und? Die Lautstärke werde nachlassen und schließlich
auch der Eindruck, »den die Augen haben von dem, vor dem sie zurück-
weichen müssen, langsam, unaufhörlich. Mit den Jahren wird alles Luft.«
Irgendwann, ab und zu, tauche ein Bild aus der Strömung, sei darin
erkennbar, so farbenprächtig wie das, worin man verzweifelt. Vergangenheit: Kindheit, Jugend, Schmerz, der längst tot ist, nicht tot, ein Stück
Frühling, ein Stück Winter, vom Sommer – von welchem? –, das, was
einem am liebsten gewesen ist. Schotterwege und Straßen kreuzen sich,
Grabstätten von Verwandten und Geliebten: Männer, die einen Frauen-
sarg tragen, verdunkeln das Ganze, Fuhrwerker, die Fässer aufladen,
Brauereiangestellte, Käsereiarbeiter, ein abgebrochener Ast vor dem Elternhaus: Furcht, die in den See hineinführt. Das Zusammenfallen von
Zufällen mache krank, was gerade noch so gesund gewesen sei: uner-
schöpflich. »Alles auf der Erde ist nur ein Inbegriff von einem selbst.«
Mühelos sei das Verfahren, ein phantastisches Wesen wie den Menschen
zusammenzuhalten für seine Fähigkeiten. Erinnerung sei nur Vorliebe.
»Wenn nicht, bringt sie alles um, zerstört selbst das Härteste in einem.«

Wahnsinn, Freude, Zufriedenheit, Trotz und Nichtwissen, Glaube und Unglaube stünden ihr jederzeit zur Verfügung. »Ein einziger, den Tod zurücksetzender Genuß ist sie.« Zur Erinnerung eine Beziehung haben wie zu einem Menschen, den man zeitweise verabschiedet, um ihn dann immer wieder einmal mit noch mehr Liebe und Entschiedenheit aufzunehmen in seinem Haus, das sei das, »was der Erinnerung und dem, der sie hat, mehr und mehr guttut«. Der Erinnerung gehe ein Plan voraus, der unausgeführt bleibe. So viele Pläne. Rückblickend sei sie, eben von ihrer Warte aus, zu Almosen fähig, nicht immer dazu bereit. Löse Geburtstagsüberraschungen aus, Urkundenfälschungen. Mache Leichenbegängnisse oft zu sanft ausklingenden Nachmittagszeremonien. Sie stelle sich taub, wie die Welt taub sein könne, und rede einen oft unwillkürlich barsch an, so, als erkundige sich ein geliebter Bruder nach seiner Schwester. Sie verfeinere sich zusehends zwischen Theorie und Gefühl eines Menschen, eines Charakters und komme, »wie es scheint, immer zur rechten Zeit«. Nie Lüge. Berechnung zwar. Nicht Geist. Nicht Enthaltsamkeit. Tief in allen ihren Möglichkeiten versunken, gehe der Mensch sprachlos daher und sei taub für alles, was nicht aus ihr komme. Ein ewiges »Denken- und Gleichtraurigmachen« sei sie, nicht für sich allein: für »tägliche Unklarheit und tägliches Immerverzweifelnmüssen«.

»Heute habe ich solche Schmerzen«, sagte er, »daß es mir fast unmöglich ist, mich fortzubewegen. Jeder Schritt eine Qual. Sie müssen sich vorstellen: dieser riesige Kopf und diese kleinen abgemagerten Beine . . . die ihn ertragen müssen. Hoch oben dieser Riesenkopf, tief unten ununterbrochen diese schwachen, zerbrechlichen Beine. Denken Sie sich eine Flüssigkeit in Ihrem Kopf, wie siedendes Wasser, die ganz plötzlich zu Blei erstarrt und gegen Ihre Schädeldecke saust. Jetzt habe ich das Gefühl, dieser Kopf hat nirgends mehr Platz, nicht einmal in der Landschaft. Nur Schmerzen. Nur Finsternis. An Ihren Wörtern kann ich mich orientieren, an Ihren Fußgeräuschen. Irgendwann, weiß ich, wird sich mein Kopf öffnen. Ich habe verschiedene Vorstellungen verschiedener Abschlüsse«, sagte der Maler. »Wenn ich es zu einem natürlichen Ende kommen lasse; aber ich lasse es zu keinem natürlichen Ende kommen. Der Selbstmord: Ursache der Natur, naturgemäß das Härteste, Festeste, Nichts . . . die ganze Entwicklung beschränkt auf die Forschung: eine Art *Vor*verhandlungsraum sitzen die Generationen ab . . . Die Schmerzen in meinem

Kopf, an einem bestimmten außerwissenschaftlichen Grad der Unerträglichkeit . . . man will an sich selber beobachten, was man aushalten kann:
auf dem Wege zur äußersten Unempfindlichkeit und Überempfindlichkeit qualvoll in Zeitabständen die Schmerzenssäule hinauf . . . die Hitze-
grade gehn in die Tausende . . . ich trage da einen Kopf, in dem die
Horizonte umkippen. Wenn ich Ihnen nur eine Andeutung machen
könnte, die mehr ist als eine Andeutung . . . ich beschränke mich auf die
verwunschenen Fähigkeiten des Alters; so ist es mir möglich, mit meiner
Qual Schritt zu halten. Da, diese Pflöcke«, sagte der Maler, »ich könnte
mir jeden einzeln in mein Gehirn rammen! Auch die Füße schmerzen, die
Gelenke. Alles. In mir ist nichts ohne Schmerz. Ich muß Ihnen ja erscheinen wie ein großer Theatermacher! Sie können sich nicht vorstellen,
wie das ist: plötzlich schwillt alles an und auf und funktioniert riesenhaft.
Immer dieselben Wege«, sagte er, »das macht verrückt. Freiwillig aufer-
legte Zwangsqualen, die dazukommen, die ich mir zusätzlich schaffe. Aus
Ungeschicklichkeit und aus Berechnung. Aus Ahnungslosigkeit und aus
Besserwissen. Erfrieren, weil man diesen Handgriff nicht tut? . . . Dann
gehen mir diese unendlich vielen unaufgearbeiteten Tatsachen durch den
Kopf: mit Reisen hängen sie zusammen, mit Geschäften, mit religiösen,
unkontrollierbaren Machenschaften. Sie verstehen: teilbar ist alles! wie:
nichts ist teilbar! Und der Schmerz wird hinaufgepeitscht. Er macht immer tollere Sprünge. Zu ungeheuerlichen Kunststücken entwickelt, stürzt
er sich wie ein Raubtier auf einen herunter. Hören Sie«, sagte der Maler,
»hören Sie?« Und ich hörte die Hunde.

Siebenter Tag

Der Wasenmeister hat den Maler im Hohlweg getroffen. Hockend. Auf
einem Wurzelstock. Der Maler habe aber nicht einmal aufgeschaut, als er
an ihm vorbei sei. Das sei dem Wasenmeister unheimlich in die Glieder
gefahren, und er habe sich umgedreht und den Maler angeredet. »Ich
arbeite an einem Problem«, soll der Maler gesagt haben. Woraufhin der
Wasenmeister wieder kehrtmachte und ihn sitzen ließ. Da zog ihn der
Maler durch ein Wort wieder zurück, an sich, mit dem Wort »eiskalt«. »Ich
mache alle möglichen Versuche«, soll er gesagt haben, »alle diese Versuche
aber mißlingen.« Der Wasenmeister hat sich dann zu ihm hingesetzt und

ihm zugeredet. Er solle doch aufstehen und ins Gasthaus gehen und sich einen heißen Tee von der Wirtin machen lassen. Am besten wäre es, die Erkältung, die sicher schon in ihm an allen Ecken und Enden arbeite, mit ein paar Gläsern Zwetschgenschnaps zu vernichten. Er soll Tränen in den Augen gehabt haben, als ihm der Wasenmeister sagte: »Aber, Herr Kunstmaler, Sie werden doch nicht verzweifeln.«

Ein paarmal soll er ihm gesagt haben, er möge aufstehen, bis er, der Maler, eingesehen habe, daß es unsinnig, höchstens auf die Dauer qualvoll sei, sitzen zu bleiben. Dann soll er gesagt haben: »Es führt zu nichts«, und aufgestanden sein. Dann sind sie zusammen durch den Hohlweg herauf in den Lärchenwald. »Mehr gekrochen als gegangen ist er«, sagt der Wasenmeister. Er hat sich dann auch vom Wasenmeister an seinem Stock bis zum Gasthaus ziehen lassen. »Ich hab immer gewußt, daß mit dem Maler was nicht in Ordnung ist.« Der Wasenmeister sagt das wohlmeinend, so gefühllos, daß sehr viel Gefühl dabei aufkommt. »Das grenzt ja an Selbstmordabsichten«, soll der Wasenmeister zum Maler gesagt haben. Die Beobachtung, daß der Maler anders sei als früher, »wo er immer gelacht hat, besonders wie er mit seiner Schwester da war«, habe er schon bei seinem letzten Aufenthalt gemacht. »Im Spätherbst war er kurz da.«

Früher habe er sich nicht so abgeschlossen, so zurückgezogen von allem. Im Gegenteil: alles mitgemacht und versucht, so zu sein wie die Dorfleute, zu ihnen zu gehören. Er sei mit ihnen von einem Gasthaus zum andern und habe mehr vertragen als viele Einheimische. »Das Dreikönigssaufen hat er immer mitgemacht.« Er sei aber nie so betrunken gewesen, daß sie ihn hätten heimschleppen müssen wie andere, obwohl er immer genausoviel getrunken habe. »Ein großer Blutwurstesser war er, der Kunstmaler«, sagte der Wasenmeister. In Goldegg beim Eisschießfest sei er dabeigewesen, im Bräugasthof, wo sie die »Jungfrauen aufsperren wie Kommodenkästen«. »Nachdenklerisch, aber freundlich« sei er ihm immer vorgekommen. Das Erlebnis im Hohlweg hat ihn erschreckt. Er hat der Wirtin gesagt, sie solle mehr Holz als sonst in den Kunstmalerofen hineinstecken. Ihm »warm machen, wo's nur geht«. Er hat das Gefühl gehabt, der Wasenmeister, daß der Maler, wenn er ihn nicht getroffen hätte, sitzen geblieben und nicht mehr lebendig zurückgekommen wäre. Erfrieren käme »zwischen zwei Gedanken«. Man nehme es gar nicht wahr. Es führe in einen Traum, aus dem man nicht mehr herauskomme. Der Maler stecke scheinbar in keiner guten Haut, sagte der Wasenmeister. »Von einem Problem war die Rede. Aber ich weiß nicht, von was für einem Problem.« Er, der Wasenmeister, habe sich mit dem Maler immer gut verstanden. Seine Geschichten, die er aus dem Krieg mitgebracht hat, hätten dem Maler auch immer gefallen.

Er hat Fußschmerzen. Diese Fußschmerzen würden ihn hindern, so zu gehen, wie er es gewohnt sei, wie er gewillt sei zu gehen. »Es besteht wahrscheinlich ein geheimer Zusammenhang zwischen meinem Kopf-schmerz und diesen Fußschmerzen«, sagte er. Es sei ja bekannt, daß zwischen einem und einem anderen ein Zusammenhang bestehe. »Wenn auch noch so geheim. Und also auch zwischen Körperteilen; auch zwischen dem andern im Körper und zwischen diesem und jenem.« Aber zwischen seinem Kopf und seinem linken Fuß bestehe ein ganz besonderer Zusammenhang. Die Schmerzen, die er im Fuß hat und die in der Frühe plötzlich da waren, seien mit den Schmerzen in seinem Kopf verwandt. »Mir scheint, es sind dieselben Schmerzen.« Man könne an zwei verschiedenen, weit auseinander liegenden Körperteilen die gleichen Schmerzen haben, »ein und denselben Schmerz haben«. Wie man bestimmte Schmerzen der Seele (er sagt hin und wieder Seele!) in bestimmten Körperteilen haben könne. Und Körperschmerzen in der Seele! Jetzt jage ihm sein linker Fuß Angst ein. (Es handelt sich um nichts anderes als um eine Schleimbeutelentzündung an seinem linken Fuß, auf der Innenseite, unter dem Knöchel.) Er zeigte mir auf der Treppe, als es noch finster war, seine Geschwulst. Eine Geschwulst in Enteneigröße. »Diese Geschwulst ist doch unheimlich, nicht wahr?« sagte er. »Über Nacht drückt sich meine Kopf-krankheit auf meinem Fuß aus. Unheimlich.« Seit Jahrzehnten gehe er viel, Tag für Tag, herum. »Es kann also nicht auf einer Überbeanspruchung meines Fußes beruhen. Es hat mit dem Fuß gar nichts zu tun. Es kommt aus dem Kopf. Aus dem Gehirn.« Die Geschwulst sei ein Beweis dafür, daß seine Krankheit sich jetzt schon über seinen ganzen Körper ausbreite. »Bald werde ich am ganzen Körper solche Geschwülste haben«, sagte er. Ich sah sofort, daß es sich um eine ganz gewöhnliche Schleimbeutelentzündung handelt, die von seinem gestrigen Gewaltmarsch durch den Hohlweg herkommt, und ich sagte ihm, daß seine Geschwulst ungefährlich sei, nichts mit seinem Gehirnschmerz zu tun habe, nichts mit seinem Kopf. Medizinisch gesehen, nichts. Ich hätte selbst schon einmal eine solche Geschwulst gehabt. Beinahe hätte ich mich versprochen.

Durch einen bestimmten Ausdruck, den ich gebrauchen wollte, wäre ich
der Medizinstudent geworden, den ich die ganze Zeit so willensstark vor
ihm zu verbergen versuche. Es war aber gut gegangen, und ich sagte:
»Solche Geschwulstbildungen sind alltäglich.« Er aber glaubte mir nicht.
»Das sagen Sie, weil Sie mich nicht niederstoßen wollen, nicht ganz niederstoßen«, sagte er. »Warum nicht die Wahrheit? Daß meine Geschwulst
unheimlich ist? Sie kommt Ihnen doch auch unheimlich vor, meine Geschwulst, nicht wahr?« – »In zwei Tagen verschwindet sie, so rasch, wie sie
aufgetaucht ist«, sagte ich. »Sie lügen wie mein Bruder, der Arzt«, sagte der
Maler. Er sagte es nicht ohne Abscheu in seinen Augen. Sie blitzten wie
Steine, unerschwinglich. »Ich weiß nicht, warum Sie lügen. In Ihrem
Gesicht ist sehr viel Unwahrheit. Mehr, als ich bis jetzt entdeckt habe.«

Er musterte mich, er kam mir vor wie ein ehemaliger, nach langer Zeit
plötzlich wieder zum Leben erweckter gefürchteter Lehrer: »Es sieht aus
wie eine Pestbeule«, sagte er. Er betastete die Geschwulst und forderte
mich auf, dasselbe zu tun, nämlich seine Geschwulst zu betasten. Ich
drückte darauf, wie schon auf Hunderte vorher, nicht immer so harmlose.
Er hat noch nie eine Pestbeule gesehen, dachte ich. Nichts, nicht das
geringste hat seine Geschwulst mit einer Pestbeule zu tun. Doch ich sagte
nichts mehr. Ließ ihn seinen Strumpf wieder hinaufziehen und befestigen.
Durchaus weibliche Hautpartien, stellte ich fest. Auf Fuß, Gesicht und
Nacken. Sie erschienen mir kränklich, obwohl ich nicht weiß, warum.
Eine weißliche Farbe, eigentlich ein Grau. Die Zellen durchschimmernd.
Stellen der Auflösung. Gelbe Flecke, in blaue Ränder übergehend. An die
Oberflächenstruktur überreifer, auf vergessenen Feldern liegender Kür-
bisse erinnerte mich seine Haut. Das ist schon Verwesung.

»Diese Fußschmerzen«, sagte er, »sind, was die Intensität des Schmerzes
betrifft, mit meinem Kopfschmerz nicht zu vergleichen. Trotzdem sind sie
gleichen Ursprungs. Gegen eine solche Krankheit hilft nichts. Diese beiden Schmerzen, Kopf- und Fußschmerzen, bilden zusammen eine ent-
schlossene Krankheit.«

Ich kann nicht sagen, daß mein Entschluß, Medizin zu studieren, auf
einer tieferen Einsicht beruhte, nein, darauf beruhte er nicht, eher, weil
mir überhaupt nichts einfiel, was zu studieren mir wirklich Freude gemacht hätte, Freude machen würde, und es beruht eigentlich nur auf dem
Zufall, daß ich den Doktor Marwetz getroffen habe, der sich immer noch

vorstellt, daß ich einmal seine Praxis übernehme. Ich kann auch heute noch nicht sagen, vielleicht nie sagen, daß mir Medizinstudieren Freude macht, daß mir die Medizin Freude macht. Aber ich bin nicht mehr umgekehrt – und in welche Richtung wäre ich dann gegangen? –, weil ich meine Prüfungen immer ordnungsgemäß habe hinter mich bringen können. Nicht, daß ich mich besonders angestrengt hätte, nein, mir ist eigentlich immer alles wie im Schlaf gegangen. Zu Prüfungen erschien ich immer unvorbereitet, und je ahnungsloser ich war, desto besser kam ich durch und bestand manche sogar mit Auszeichnung. Jetzt stehen mir schwerere bevor, aber es wird sicher auch einfach sein für mich. Warum, weiß ich nicht. Ich habe mich nie vor irgendeiner Prüfung gefürchtet. Und die Famulatur in Schwarzach macht mir Spaß. Auch weil ich mich mit ein paar Kollegen habe anfreunden können. Weil ich das Gefühl habe, daß sie mich brauchen. Mit dem Doktor Strauch verstehe ich mich gut. Er würde mich am liebsten nicht mehr weglassen. Er hofft, die Primarstelle übernehmen zu können, wenn der Primarius in Pension geht. In zwei Jahren. Und mich heranzuziehen. Ich habe auch nie darüber nachgedacht, ob Leute Medizin studieren, weil sie anderen helfen wollen. Es ist schön, wenn eine Operation gelingt, wenn etwas, das man an einem Menschen tut, gut gegangen ist. Das ist etwas. Sie sind alle gut aufgelegt, wenn ihnen etwas gelungen ist. Dann sieht man den Assistenten auch im Kaffeehaus. Phantasielosigkeit sei es, sagt mein Bruder, was mich Medizin studieren lasse. Kann sein. Aber was ist es wirklich? So eine Sache wie die, den Maler Strauch zu beobachten, auf mich wirken zu lassen, wie verhält sich die zu mir? Und wie ich mich zu ihr? Und ist das nicht mehr als merkwürdig, zu einem Mann zu fahren, den man nicht kennt und dem man sich vorstellt und mit dem man dann herumgeht, um zu hören, was er sagt, nachzuschauen, was er tut, herauszubringen, was er denkt und vorhat? Der Assistent hat ihn ganz gut charakterisiert, aber doch nur oberflächlich. Aber wenn ich jetzt über den Maler etwas sagen sollte, ich wüßte nicht, was. Es wäre unsinnig. Und wo soll ich anfangen, wenn man mich fragt? Dem Assistenten schreiben hat gar keinen Sinn. Ich bin immer hilflos gewesen im Briefschreiben, und gar in solchen Briefen. Das Medizinstudium hat mich so schnell in die Medizin hineingebracht, daß ich es ganz übersehen habe. Die Leute sagen, ich mache eine »ganz gute Entwicklung« durch. Die Eltern sind froh, daß aus mir etwas wird. Aber ich weiß nicht, was aus mir werden wird. Ein Arzt? Das wäre unheimlich.

Ich ging, als es schon finster war, auf der Station auf und ab und einmal weiter, bis zu dem ebenerdigen barackenartigen Haus mit der Aufschrift ›Eisenbahnübernachtungsräume‹. Da sah ich Männer mit nackten Oberkörpern über schmutzige Waschanlagen gebeugt, wie sie sich mit grauen Handtüchern abrieben, dann in den Spiegel schauten, sich rasierten, wie sie sich in Unterhosen auf Bettstellen setzten und ihr Nachtmahl verzehrten. Schwarze Eisenbahnerkappen an den Wänden, auf Türnägeln Mäntel, Jacken, Taschen, die herunterhingen und aus denen Papiere herausquollen. Messer blitzten zwischen großen Brotwecken, und Bierflaschen standen da und spiegelten sich über den Waschanlagen.

Ich ging ein paar Schritte hin und her, nur um nicht aufzufallen, schaute aber immer, wo Licht war, hinein. Was wäre, wenn du, einer von ihnen, daständest vor so einem Spiegel und dich mit ihnen unterhieltest, wenn es ihnen gar nicht auffiele, daß du du bist, weil du ja so wie sie bist? Was wäre dann, wenn du eine solche Entwicklung genommen hättest, die dir angemessen erscheint? Wäre ich nicht ich, wäre ich so, darauf mögen solche Gedanken hinausgehen. Zwischen zwei Güterzügen ging ich, bis wo das Bahnhofsgelände endete, wieder zurück, Räder zählend, und stellte mir vor, zwischen zwei Puffern zerquetscht zu sein und gerade noch unten auf der vorletzten Seite in unserer Zeitung Platz zu finden, wo man Todesfälle verzeichnet, die eigentlich völlig außerhalb jeden Interesses liegen. Und dann wieder die Männer, die schon im ersten Stock einer Bettstatt liegen, wie sie sonst nur noch beim Militär üblich sind. Sie haben Winterfenster, alles ist bummfest zu. Daß sie ja nicht erfrieren. Da steht ein Wecker, der um vier Uhr einen entsetzlichen Lärm machen wird. Da kriechen sie dann heraus und schlüpfen schnell in die Hosen, denn es ist kälter als erlaubt, und man müßte ja schon im Zug sein und schauen, ob alle Gitter geschlossen sind. Da sitzen dann schon die ersten Schulkinder im vorderen Waggon, verschlafen und ängstlich, weil sie ja nicht wissen, ob das, was sie in der Schule erwartet, nicht fürchterlich ist.

Ich bin ganz allein auf die Station hinuntergegangen, ich brauche ja nur fünfzehn, zwanzig Minuten, im Laufschritt, dem Maler habe ich versprochen, eine Zeitung mitzubringen, aber der Kiosk war schon geschlossen. Auch war es ein Tag, an dem wenig Züge verkehren, in der Zeit, in welcher ich unten war, kein einziger, abgesehen von den Güterzügen, die vorbeidonnerten. Den Eisenbahnerbaracken gegenüber steigt die Felswand steil an, Tannen stehen da, Fichten, Gestrüpp wächst, aber man sah es nicht in der Dunkelheit. Der Fluß tobte und füllte alles an mit seinem Rauschen. Aus den an seine Ufer angebauten Häusern hörte man Lachen, dann, als ob gestritten würde, aber es artete nicht aus, sondern wurde stiller und stiller und gab auf. Der und der Schlafraum wurde finster, bis nur in einem einzigen noch Licht war, in dem ich einen älteren Mann sitzen sah, der seinen tätowierten Arm aufhob, um das Licht auszudrehen. Mich fröstelte jetzt, und ich ging, so schnell ich konnte, über die Brücke und hinauf ins Gasthaus.

»Hier ist jeder Stein für mich eine Menschengeschichte«, sagt der Maler. »Sie müssen wissen, ich bin diesem Ort verfallen. Alles, jeder Geruch, ist hier an ein Verbrechen gekettet, an eine Mißhandlung, an den Krieg, an irgendeinen infamen Zugriff . . . Wenn das auch alles vom Schnee zugedeckt ist«, sagt er. »Hunderte und Tausende Geschwüre, die dauernd aufgehen. Stimmen, die fortwährend schreien. Sie können von Glück reden, daß Sie so jung sind und eigentlich ohne Erfahrung. Der Krieg war zu Ende, als Sie zu denken anfingen. Sie wissen vom Krieg nichts. Sie wissen nichts. Und diese Menschen, die alle auf der niedrigsten Stufe stehen, oft auf der niedrigsten Charakterstufe, diese Menschen sind alle Kronzeugen der großen Verbrechen. Dazu kommt, daß einem ja der Blick zerbrechen muß an den Felswänden. Dieses Tal ist tödlich für jedes Gemüt.« Dann sagt er: »Wissen Sie, daß ich irritiere, das war ja schon immer meine Eigenart. Ich irritiere Sie. Ich irritiere Sie, wie ich schon immer alle irritiert habe. Es tut Ihnen weh. Ich weiß, Sie ersticken oft in meiner Anzüglichkeit . . . Hier habe ich die Vorstellung der Auflösung alles Lebendigen, Festen, den Geruch der Auflösung aller Vorstellungen und Gesetze . . . Und hier, sehen Sie, die Unterhaltungen mit den Menschen, mit dem Metzger, mit dem Pfarrer, mit dem Gendarmen, mit dem Lehrer, mit diesem Wollkappenmenschen . . . mit diesem typischen Milchtrinker, der, was er sagt, vorher verstümmelt hat, mit diesem fürchterlichen Melancholiker . . . Alle diese Leute haben ihre Komplexe. Das kann mit frühem Bettnässen zusammenhängen, mit den Walzmustern im Kinderzimmer, in dem Zimmer, in welchem man zum ersten Mal die Augen aufmacht. Alle diese eingeschüchterten Köpfe«, sagt er, »landauf, landab. Der Lehrer erinnert mich an meine Hilfslehrerzeit, da wird mir übel. Gefühlskälte, ja, mit den Jahren macht man da eben radikalere Abstriche, fallen die

Schnörkel weg zugunsten einer rustikaleren Ausdrucksweise, zugunsten des Verstandes . . . Und lauter Kriegserlebnisse, wissen Sie, alles, was diese Leute erzählen, handelt vom Krieg . . .«

Alles sei »entsetzt«. »Das Leben zieht sich zurück, und der Tod tritt hervor wie ein Berg, schwarz, jäh, unüberwindlich.« Er hätte es ja sogar zu großer Berühmtheit, zum großen Aufsehenmachen bringen können, doch das habe ihn nicht interessiert. »Mein Talent hätte ausgereicht für eine Weltberühmtheit«, sagt er. »Die Menschen hängen oft ein ganz kleines Talent an den großen Rummel und werden berühmt. Raffinessen! Der Rummel, der große Rummel ist es! Ich blieb so für mich, sah, was der Rummel ist, der große Rummel, und wurde nicht populär. Weil wir davon gesprochen haben: der Krieg ist ein unausrottbares Erbgut. Der Krieg ist das eigentliche Dritte Geschlecht. Verstehen Sie!« Er wolle so bald wie möglich wieder auf die Station hinunter um Zeitungen. »Diese Gerüche«, sagt er, »die Gerüche menschenunwürdiger Menschen, wissen Sie, der Geruch der Verkommenheit, des Landstreichertums und der sogenannten großen Welt, der Geruch des Verlassenwerdens und des Verlassenseins, des Ankommens und der Verzweiflung des Fortreisenmüssens, der menschenhungrigen Reiselust hat mich immer schon angezogen.«

Ich ging ein Stück mit dem Gendarmen. Er zog mich gleich in ein Gespräch. Da müsse er nun seinen Dienst machen und sehe kein Ende ab, überhaupt keine Veränderung. Eine Beförderung würde ihn eine Gehaltsstufe höher hinaufsetzen, aber was zu tun sei, sei immer dasselbe. Zuerst habe er studieren wollen. Die Eltern schickten ihn in die Hauptschule, dann zwei Jahre ins Gymnasium, aus dem sie ihn herausholten, weil sein Vater Angst hatte, er könnte darin vertrotteln. »Es war ihm verhaßt, daß ich ins Gymnasium gegangen bin«, sagt er. Eine Lehrstelle bei einem Tischler folgte den lateinischen Höhenflügen, auf das Griechische die Hobelbank. Das war sein Unglück. Von da an ging es bergab. Von dem Moment an, als er aus dem Gymnasium heraustrat und wußte: da gehe ich nie mehr hinein. Und also: ich gehe in kein besseres Leben mehr hinein. Alles war ohne Aussicht gewesen, ein grauer, endloser trüber Tag voller Selbstmordgedanken hoch oben auf dem Berg, der sich aus der Stadt erhob, von dem er sich hat herunterstürzen wollen. Aber es kam dann doch zur Vorsprache bei dem Tischlermeister. Am nächsten Tag schon

schlüpfte er in den Arbeitsanzug und zog ihn vier Jahre nicht mehr aus.
Waren es vorher die lateinischen Vokabeln, die ihm die Augen verfinsterten, waren es Livius, Horaz und Ovid gewesen, so waren es dann die
Hobelspäne, das Sägemehl, die Meisterkopfstücke. Er machte aber doch
die Gesellenprüfung und blieb noch ein Jahr. Hängte dann auf Grund
einer Zeitungsanzeige, die für die Gendarmerie warb, die Tischlerei an
den Nagel, »nur um herauszukommen aus allem«, trat in den Gendar-
meriedienst ein. Rasch war er eingekleidet und wachte auf in einem riesigen Schlafsaal mit zweiunddreißig anderen, die sich dasselbe vornahmen
wie er. Er meldete sich dann, nach Abschluß der Prüfungen, ins Hochgebirge. Kam zuerst nach Golling. Dann nach Weng. Seit einem Jahr ist er
der Nachfolger eines an Blutvergiftung verstorbenen Vierzigjährigen. »Er
hat sich mit einem Rehkitzknochen geritzt.« – Medizin studieren, das
wäre seine Sache gewesen. Arzt werden. Das kam mir seltsam vor, fuhr wie
ein Blitz in mich. Ganz heiß im Kopf war mir. »Medizin studieren«, sagte
ich. »Ja, Medizin studieren«, der Gendarm.
    Auf seiner Schulter hat er einen Karabiner hängen, einen ganz neuen
mit einem hellen krachenden Ledergurt. Wie das sei, Gendarm sein? »Immer das gleiche«, sagte er. »Alles ist immer das gleiche«, sagte ich. »Nein,
nein«, sagte er. Er habe geglaubt, Gendarm, das wäre etwas mit viel Abwechslung, mit viel Verhaften und Einsperren und Auskundschaften.
»Das ist es schon, aber immer das gleiche.« Aber gesund sei es, sagte ich.
»Ja, gesund schon.« Und doch abwechslungsreich, wenn ich nur an die
Raufereien auf der Baustelle denke, in den Wirtshäusern. Der Totschlag
des Wirts fiel mir ein, aber ich erwähnte nichts davon. »Ich möchte in die
Stadt«, sagte er. »Ja, die Stadt«, sagte ich. In der Stadt seien die Möglichkeiten ganz andere. Da gebe es Verbrechen, von denen man auf dem Land
gar nichts wisse. Die großen Verbrechen geschähen zwar auf dem Land,
die viel größeren aber, die interessanten, »die mit viel Kopf«, die finde man
nur in der Stadt. »Die Gendarmerie ist aber nicht die Polizei«, sagte er,
»und so muß ich auf dem Land bleiben.« – »Ja«, sagte ich.

Heute gab mir der Briefträger, als ich vom Lärchenwald zurückkam, die
Post für die Wirtin. Drei Briefe, unter welchen sich einer von ihrem Mann
befand. Ich dachte, als ich die Handschrift auf dem einen Briefumschlag
sah, sofort an den Wirt, und ich habe mich nicht getäuscht. Als die Wirtin
die Briefe in Empfang genommen hatte, sagte sie: »Ach so, von ihm!« und

steckte alle drei Briefe – die anderen waren wohl Rechnungen, von Ämtern geschickt – in die Schürze. Zu Mittag entnahm ich einem Gespräch zwischen ihr und dem Wasenmeister, der ihr beim Bierausschenken half, daß es sich tatsächlich um einen Brief ihres Mannes handelte. Er wollte, daß sie ihm etwas Geld schicke, damit er sich Lebensmittel besorgen könne, denn in den Strafanstalten sei die Kost jetzt sehr schlecht, nachdem es in den Zeitungen geheißen habe, den Häftlingen ginge es besser als allen anderen: alle Maßnahmen seien seitdem verschärft worden. Sie müsse das Geld an eine bestimmte Person im Büro der Strafanstalt schicken, die dann in seinem Auftrag handle. Ich saß gleich neben dem Schanktisch, und ich hörte jedes Wort.

Der Wasenmeister sagte, die Wirtin solle dem Wunsch ihres Mannes »auf der Stelle« nachkommen, und er nannte auch einen Betrag, wahrscheinlich den, der im Brief des Wirts angegeben war, aber die Wirtin meinte, sie werde ihm nichts schicken. Wie der Wasenmeister dazu komme, ihr Vorschriften zu machen. Es sei ja ihre Sache, ob sie dem Wirt Geld schicke oder nicht. Der Wasenmeister sagte, es sei doch selbstverständlich. Außerdem würden die Leute, die es ja doch erfahren werden, wenn der Wirt wieder zurückkommt, überall herumerzählen, daß die Wirtin ihrem Mann nichts geschickt habe, obwohl es ja doch »sein Geld« sei, über das sie verfüge, alles sei ja sein Besitz. Sie dürfe ihren Mann in einer solchen Situation nicht im Stich lassen. Nachdem sie sich lange geweigert hatte, auch gegen weitergehende Vorhaltungen ihres Liebhabers, des Wasenmeisters, gab sie dann doch nach, nannte aber eine Summe, die bei weitem nicht den Wünschen des Wirts entsprechen konnte. Sie sagte, ihr Mann habe sie durch seine Zügellosigkeit »an den Rand der Verzweiflung« gebracht, ja, sich um sie und ihre Töchter nie gekümmert. Und jetzt solle sie ihm in die Strafanstalt auch noch Geld schicken? Anderen würde auch kein Geld in die Strafanstalt geschickt werden. Strafanstalten seien ja dazu da, daß man in ihnen hungere und gezüchtigt werde. Man komme ja hinein, um bei Arbeit, Wasser und Brot nachzudenken. »Aber der wird sich nie ändern«, sagte sie. Sie habe ihn nur geheiratet, weil das Kind schon in ihr gewesen sei, aus keinem andern Grund. Das Wirtshaus habe sie gar nicht gesehen. »Nur das Kind«, sagte sie. Der Wasenmeister war erregt. Immer wenn sie mit leeren Biergläsern zurückkam, machte er ihr neue Vorwürfe. Sie sei auf ihn immer angewiesen gewesen, auch habe der Wirt immer wieder »gute Seiten gezeigt«.

Nicht zuletzt sei es ja auf ihr Betreiben, »weil sie es auf alle Fälle so haben wollte«, überhaupt zur Verhaftung des Wirtes und zu seinem Prozeß und seinem schlimmen Ende in der Strafanstalt gekommen. Denn niemand habe auch nur im geringsten daran gezweifelt, daß es ein Unglücksfall gewesen sei, dem der vom Wirt erschlagene Gast zum Opfer gefallen ist. Sie selbst habe die Gendarmerie darauf aufmerksam gemacht, daß die Kopfwunde, die der Gast hatte – ein Arbeiter vom Kraftwerkbau –, nicht durch einen Sturz des Arbeiters, sondern von einem Schlag, den ihm ihr Mann mit einem Bierglas versetzt habe, hervorgerufen worden sei. Da der Wirt in Notwehr gehandelt hatte, wie sich im Verlauf des Prozesses einwandfrei herausstellte, wurde er nur zu zwei Jahren verurteilt. »Aber er wäre überhaupt nicht eingesperrt worden«, sagte der Wasenmeister, »er würde heute so herumlaufen wie immer.« Die Wirtin sagte darauf: »Das sagst gerade du? Wo ich ihn ja nur wegen dir angezeigt habe.« Der Wasenmeister sagte darauf nichts. »Weil ich ihn aus dem Haus haben wollte«, sagte sie, »weil wir zwei ihn aus dem Haus haben wollten.« Der Wasenmeister meinte, daß die Wirtin voreilig gehandelt habe, als sie ihn anzeigte. Die Leute im Dorf, alle Leute, seien gegen die Wirtin eingestellt, weil sie genau wüßten, daß sie es war, die auf die Gendarmerie gelaufen ist, um die Anzeige zu machen. Der Erschlagene war ja schon wochenlang unter der Erde gewesen. Kein Mensch hatte mehr an die Affäre gedacht. Bis sie ihn dann, auf ihre Veranlassung, wieder ausgruben und gründlich untersuchten und diesen »großen Prozeß« gegen den Wirt inszeniert haben. Wäre nicht einwandfrei erwiesen, daß es sich um Notwehr gehandelt hatte – wie oft geschieht es in Prozessen, daß die Wahrheit sich nicht durchzusetzen vermag, ja geradezu abgedrängt wird! –, der Wirt wäre auf Lebenszeit ins Zuchthaus gekommen. Ob sich ihr Gewissen denn gar nicht rege? fragte der Wasenmeister die Wirtin. Sie sei nicht gewillt, ihm zu antworten, sagte sie. Sie habe keine Verteidigung nötig. Es sei jedenfalls alles ganz gerecht. »Es ist ganz gerecht zugegangen«, sagte sie. Und nun wolle sie ihrem Mann, nachdem sie, wie feststehe, an seinem Unglück schuld sei, nicht einmal den Wunsch nach ein paar Schillingen erfüllen, die ihm besseres oder wenigstens mehr Essen verschaffen könnten? »Nun gut«, sagte sie, »ich werd ihm das Geld schicken.« Der Wasenmeister verlangte von ihr, daß sie es ihm gleich gebe, er wollte es persönlich abschicken. Sie sagte, ihre Brieftasche liege in der Schanktischlade. Vor ihren Augen nahm der Wasenmeister ein paar Geldscheine heraus, steckte sie in ein Kuvert und adressierte es auch gleich.

In dem großen Trubel, der herrschte, alles war außerdem voll Rauch und voll Küchendunst, hatten mich die beiden gar nicht bemerkt. In einem günstigen Moment stand ich auf und setzte mich zum Maler, der am Fenster saß. »Wie ist eigentlich der Wirt?« fragte ich ihn. Der Maler sagte, ohne lange nachzudenken: »Sicher ist er ein armer Teufel. Diese Totschlaggeschichte hat ihm endgültig das Genick gebrochen. Nur die Wirtin ist an seinem Unglück schuld. Wenn er wieder heraus ist aus der Strafanstalt und ins Gasthaus zurückkommt, wird etwas Furchtbares geschehen. Davor fürchtet sich die Wirtin natürlich.« Ja, davor fürchtet sie sich.

Der Wasenmeister ist auch Totengräber. Einmal trifft man ihn da, einmal dort. So, wie er die Hunde und die Rinds- und die Schweinekadaver eingraben muß, gräbt er auch die Menschen ein. Als er den Militärrock auszog, gaben sie ihm, gab ihm die Gemeinde die Ämter, für die sich sonst niemand meldete. Da er nichts gelernt hat, war es für ihn das Richtige. Als Holzfäller hätte er nach dem Krieg nicht mehr angefangen, und in die Zellulosefabrik wollte er ja auch nicht, für die Bahn war er schon zu alt, die Post lehnte ihn einfach ab, sonst gab es keine Möglichkeit für ihn. Er hat ziemlich viel freie Zeit und ist fast immer in der frischen Luft. Alle zwei Wochen fährt er in die Stadt, von allen ist er der einzige, der hie und da etwas von der Welt sieht, die die anderen alle nicht kennen. Er hebt die Gräber aus und schüttet sie wieder zu. Er muß die Kränze entfernen, wenn sie verfault sind, und ab und zu verdient er sich was, indem er den Friedhofsmisthaufen an einen Bauern verkauft. Beim Aufgraben fallen ihm oft Schmuckstücke in die Hände, die er angeblich in die Stadt mitnimmt, um sie zu verkaufen. Sommer und Winter ist er gleich angezogen, hat eine Lederjacke und eine Lederhose an, die unten, über den Knöcheln, zugebunden ist. Während der Leichenbegängnisse hat er an der Kirchenmauer zu stehen und abzuwarten, bis die Zeremonie vorbei ist. Gleich hinter den letzten Leuten geht er an die Arbeit, schaufelt in kurzer Zeit das Grab zu, das er, wenn es schließlich einsinkt, in Ordnung bringt: er schüttet schwarze Erde drauf und schneidet Grasziegel, die er zu einem exakten Hügel zusammenstößt. Für das Hügelmachen bekommt er oft ganze Rucksäcke voll Fleisch und Butter und Wurst und wochenlang kostenlos Eier, die er der Wirtin verkauft, das heißt, sie verrechnet sie ihm an jedem Monatsletzten, wenn er zahlt.

Oft kriecht er stundenlang auf dem Friedhof herum, schleift die Gras-ziegel, die Wasserwaage, eine Menge schmaler Bretter, die er zum Aus-messen braucht, hinter sich her. Daß er, weil er das Grab, wie es Vorschrift ist, zwei Meter zwanzig tief graben muß, immer bis zu den Knien im Wasser steht, verheimlicht er nicht. Sie glauben es ihm nicht, bis sie es selber sehen. Der Lehmboden, mit viel Schotter durchsetzt, kann ihm schon lange nicht mehr die Laune verderben. Um neun Uhr hockt er sich hin und trinkt seine Bierflasche aus. Wenn er um fünf heruntergeht vom Friedhof, weil er dort, um drei Viertel fünf, die Totenkammer absperren muß, pfeift er. Alle mögen seine Geschichten, auch die, die er sich, wäh-rend er sie erzählt, ausdenkt. Man sieht, wie ihm zu einem ein anderes einfällt, wie er immer wieder auf etwas kommt, das man nicht erwartet hat.

»Als Wasenmeister und als Totengräber ist man eine wichtige Persön-lichkeit, ein Mann, mit dem sie nicht wie mit jedem anderen verfahren können«, sagt er. Oft ist es ein von einem Eisenbahnzug überfahrener Hund, den er im Rucksack hat, dann wieder zieht er ganz ausgefallene Gegenstände heraus, die er irgendwo auf einem Dachboden gefunden hat, wie gestern die zwei holzgeschnitzten Engel, die er in die Mitte des Tisches stellt, um ihnen zuzutrinken.

Die Wirtin stand in der Küche, als ich mir warmes Wasser holte. Sie schälte Kartoffeln, und ihre beiden Töchter rührten in den Töpfen auf dem Herd um oder liefen in die Holzkammer um Holz und legten nach oder nahmen Kleidungsstücke in die Hand und bürsteten sie aus. Die Wirtin wollte mir einen Wintermantel ihres Mannes leihen. »Sie frieren ja die ganze Zeit«, sagte sie, »das ist ja ein Regenmantel, den Sie da immer anhaben. Da geht die Kälte ja durch und durch.« Ich sagte, da ich immer meine Wollweste anhätte, sei mir nicht kalt. »Das sagen Sie so«, meinte die Wirtin. »Mich friert nicht«, sagte ich. »Wenn Sie immer herumlaufen mit dem Maler«, sagte sie. »Ja, wenn ich immer so herumlaufe mit ihm«, sagte ich. Sie schickte ihre Töchter in den Keller. »Und wie lange wollen Sie denn dableiben?« Ich wisse es nicht. Sonst habe sie immer alle Zimmer besetzt, »nur heuer nicht. Die Leute kommen nicht gern, wenn so viel Lärm ist. Die vom Kraftwerk machen zuviel Lärm.« Aber sie verdiene ja gar nicht so viel an ihren Dauergästen. »Wissen Sie, man kann nicht viel verlangen . . . Man muß den Gästen was hinstellen . . . es darf nicht zu

wenig sein, soll nach was schmecken . . . Aber die Arbeiter bringen ganz
schön Geld ins Haus.« Ich solle mich auf den Sessel setzen. Sie schob ihn
mir unter. Wenn das Gasthaus an einer anderen Stelle stünde, meinte sie,
»aber da, in der Grube!«

Mich erinnerte ihr Kartoffelschälen an das großelterliche Haus, an die
immer einen Spalt offenen Zimmer, an den Geruch, an die Katzen, die
dort herumschlichen, an die Milch, die manchmal überging, an die tik-
kenden Uhren. Sie meinte: »Ein Student hat es auch nicht leicht.« Das war
ein Nachsagen, gedankenlos. Sie sei einmal in der Hauptstadt gewesen
und habe sich ein paar Kleider gekauft. »Ich war froh, wie ich wieder in der
Eisenbahn gesessen bin.« Und dann: »Aber jetzt wär ich gern in der Stadt,
nicht in der Hauptstadt, aber in der Stadt.« Sie hat Bäuerinnenbeine,
Wegmacherfrauenbeine, Wäscherinnenbeine. Fett und verwässert und
blutunterlaufen. Das Heizen des Gastzimmers käme heuer doppelt so
teuer wie voriges Jahr. »Das Fleisch ist dreimal so teuer«, sagte sie. Sie sagte
dann etwas, das mich ganz abbrachte, weit weg an einen See, in einen
Wald, in ein Haus im Flachland. Das Wintergeschäft sei geradeso wie das
Sommergeschäft. Sie denke ja daran, das Haus herzurichten, zu verputzen,
die Zimmer alle frisch auszumalen, vieles, das altmodisch sei, durch etwas
Neues zu ersetzen, »die Kästen zum Beispiel tät ich alle hinaus«, sagte sie,
»und neue Tische im Gastzimmer und neue Vorhänge und einen neuen
Stiegenaufgang, und die Fenster müßten ganz groß sein, ich tät sie aufbrechen, so weit es geht, damit Licht herein kann.« Dann goß ich mir
mein warmes Wasser in den Krug. Sie sagte: »Aber mein Mann will nichts
davon wissen. Wenn er zurückkommt, dann ist sowieso alles aus, wissen
Sie. Wenn er zurückkommt . . .« Wie sie das sagte. Wie sie das sagte, das
brachte ich nicht mehr aus meinem Kopf heraus: »Wenn er zurückkommt . . .«

Kommen die Bierführer, so steht die Wirtin unter der Haustür und mu-
stert sie. Es wird mir schon einmal gelingen, einmal einen von den Kerlen
in mein Bett zu bringen, mag sie sich dabei denken. Um drei Uhr mittags
kommen die Bierführer, aber schon am Vormittag ist sie ziemlich aufgeregt, geschäftig, geht dahin und dorthin, räumt den Kasten aus und den
und verwechselt Löffel mit Gabeln und umgekehrt, so daß es oft zu Är-
gerlichkeiten kommt während des Mittagessens. Ihre Kinder schickt sie

vors Haus, nachschauen, ob nicht die Bierführer schon daherkämen. Aber die waren immer pünktlich und sind noch nie vor drei Uhr gekommen. »Schaut nach, ob die Bierführer kommen!« kommandiert sie. Sie macht das Küchenfenster auf, um ihren Kopf hinausstecken zu können, aber sie sieht nichts, weil der kleine Hügel die Straße verdeckt, auf der die Bierführer daherkommen müssen. Sie weiß das schon vom ersten Tag an, trotzdem schaut sie immer wieder hinaus. Wenn sie gefragt wird, warum sie so aufgeregt ist, antwortet sie: »Wieso? Ich bin nicht aufgeregt!« Sie macht auch die Haustür schon gegen elf Uhr auf und läßt sie offen, indem sie sie an dem großen Mauerhaken anbindet, sie hängt einfach eine Schlinge, die an der Tür befestigt ist, an den Mauerhaken. »Frische Luft muß herein!« sagt sie, »man erstickt ja. Das ganze Haus voll Gestank!« Kommen dann die Bierführer angefahren, stürzt sie hinaus und sagt, wieviel Kisten und Fässer sie haben will. Sie sollen nicht so viel Lärm machen, sagt sie, sie hätte kranke und leicht aus der Ruhe gebrachte Gäste im Haus. Sie schaut zu, wie die Bierführer Fässer und Kisten abladen und hinein-rollen und -tragen. Sie haben große, dicke, glänzende, vom Hals bis weit unter die Knie hinunterreichende Lederschürzen an und grüne Kappen auf dem Kopf und auch im Winter die oberen Knöpfe ihrer Arbeitsröcke offen. Sie läßt sich das erste Faß in den Schanktisch heben und den Schlauch ansetzen, und die ersten Gläser, die wie Pilze auf dem Schank-tisch wachsen, drei, vier, acht, neun, alle voll Schaum, schüttet sie dann für die Bierführer zusammen, denen sie auch noch Wurst und Brot und Butter dazu auf den Tisch stellt. Sie setzt sich zu ihnen hin und fragt sie aus. »Was ist denn unten los?« fragt sie.

Sie erzählen ihr, was sie wissen, von einem Unglücksfall, von einer Taufe, von einer Schlägerei in einer Kommunistenversammlung, von ei-ner Totgeburt, von einem Floß auf dem Fluß, »so groß, daß es nicht unter der Brücke durchkönnen hat«. Daß es immer schwieriger wird, den Berg heraufzufahren, solange nicht einmal richtig ausgeschaufelt wird. »Aber kein Mensch schaufelt aus«, sagen sie. Sie essen, was in sie hineingeht, dann stehen sie auf, wischen sich den Mund mit den Ärmeln ab und gehen hinaus, steigen in den Lastwagen und fahren wieder fort. Sie sieht dann nur noch einen von den kräftigen Armen, den einer von den Bierführern auf das offene Lastwagenfenster aufstützt. »Die haben leicht lachen«, sagt sie, als sie ins Gastzimmer hereinkommt.

Die Wirtin sei ein Beispiel für Menschen, die gar keine Anstrengung unternehmen, weil sie nichts, was etwas mehr ist als alltäglich, aus sich machen wollen, es sei denn etwas mit der Zeit fürchterlich Abstoßendes, wozu es aber gar keiner Anstrengung bedarf, nur eines allgemeinen Gehenlassens. Sie erscheine ihm, dem Maler, manchmal vor seinem Bett, im Geist, so wie ein Bild erscheint, einfach auftaucht aus dem Unterbewußtsein, halb Traum, halb Wirklichkeit, wie etwas, das man nicht leiden kann und das einem darum keine Ruhe läßt: Wenn er nicht schlafen kann; wenn er Geräusche hört »vom Gastzimmer herauf«; oft auch mitten auf dem Weg; im Wald, mit besonderer Härte gegen die Wirtin und gegen ihn selbst. Das Bild sei ihm zu einem geheimen Gegner geworden wie andere Bilder auch, von Menschen, die einmal seinen Weg gekreuzt haben und ihn längst vergessen haben und auch den Augenblick, in welchem sie ihm gehörten. Von Natur aus sei sie so einsam wie Tausende ihresgleichen. Wohl auch begabt für dies und das wie Tausende. Aber Tausende drehten sich nach ihm um, wenn sie sich nach ihm umdrehe, so schwerfällig, wie sie das tue, so heuchlerisch, auch voll Angst, die ihrer Habgier ständig Stöße versetze. »Ausgestattet mit Fähigkeiten, die zu ungeheuren Höhen führen könnten«, aber dauernd erstickt würden, lebe sie für ihre Körpergefühle, für ein Versteckspiel, das sie mit sich selber treibe, im Dunkeln, von Fett und einfachen Sprüchen, drei, vieren nur, zusammengehalten.

Die Wirtin wisse, was sie tue. Und wisse es doch nicht. »Die Kehrseite jeder Seite kommt da zum Ausdruck . . . Willensstark, aber nicht stark, weil gemein.« Er sagte das so, als werfe er den Gegenstand, über den er solches bezeugt hat, weg wie ein Gerümpel. Weit weg. »Ihr Wissen beruht auf einer niedrigen Selbsttäuschung, die man nicht eine geistige nennen kann. Es ist dasselbe wie bei Katze und Hund. Nur verweichlichter. Abhängiger.« Dann schildert er kurz, wie er einmal den Wasenmeister dabei ertappt hat, als er der Wirtin einen höheren Geldbetrag herauslockte. »Hinter dem Haus. Zuerst im Abort, dann draußen unter dem Baum.« So vierhundert, fünfhundert Schilling: »Es waren große Geldscheine. Da ich Tausender ausschließe, müssen es Hunderter gewesen sein. Die er rasch in den Hosensack steckte, als ich auftauchte.« Die Wirtin soll gesagt haben: »Das brauchst du mir nicht zurückgeben. Davon weiß mein Mann nichts.« Wann ihr Mann zurückkomme aus dem Gefängnis? soll der Wasenmeister gefragt haben. »Mir wär lieber, er käm überhaupt nicht mehr.

Ich brauch ihn ja nicht«, war ihr Kommentar. Nächtelang seien die beiden
zusammen. »Ganz ohne Leidenschaft«, sagte der Maler, »nur weil es
schamlos ist.« Sie, nicht er, sei die treibende Kraft, die alles immer wieder
in denselben Rückfall hineinsteige. »Kopflos, blind, wie Frauen ihrer
Gattung immer.« Sie habe es schon nicht mehr erwarten können, daß ihr
Mann eingesperrt würde. Ihres Mannes war sie schon als Siebzehnjährige,
ein Jahr nach der Hochzeit, überdrüssig. Betrog ihn von da an. Sie gab
immer alles ganz offen zu, soweit überhaupt etwas zuzugeben war, denn
sie verheimlichte ja nichts. »Ihre größte Waffe war immer, daß sie nichts
verheimlichte. Und an Abwechslung fehlte es ihr nie«, sagte der Maler.
»Sie bog einfach vom Dorfplatz ab. Direkt in das Verbrechen«, sagte der
Maler. »In der Frühe stieg sie wieder den Berg herauf, in der Dämmerung,
gar nicht erschöpft, im Gegenteil, erfrischt. Ich habe sie oft dabei beobachtet, denn ich hatte Zeiten, da stand ich schon um drei Uhr auf und ging
aus dem Haus und machte weite Rundgänge. Sah ich sie, versteckte ich
mich. Es gibt hier viele Möglichkeiten, sich zu verstecken. Wenn sie heim-
kam, war ihr Mann oft noch nicht einmal zu Hause. Das paßte ihr, denn
da konnte sie sich dann ausschlafen. Sie haben sich sicher jahrelang nicht
gefragt, was sie eigentlich machen, wenn sie fortgehen, wo sie gewesen
sind, wenn sie in der Frühe heimkommen. Die Kinder wußten alles.« Der
Maler sagte: »Um ihren Mann ins Gefängnis zu bringen, ist sie sogar nach
S. gefahren, zur Staatsanwaltschaft. Der Wirt war nämlich nahe daran,
straffrei zu bleiben.« In derselben Nacht, in der ihr Mann von den Gendarmen abgeführt wurde, hat sie den Wasenmeister empfangen. »Er lauerte schon auf dem Baum«, sagte der Maler. »Es gab auch Zeiten, da war
vom Wasenmeister nichts zu sehen. Da herrschte eine eisige Stille im
Haus.« Angeblich schickte sie dann ihre Kinder nach ihm ins Dorf. Wenn
sie ihn nicht mitbrachten, bekamen sie von ihrer Mutter Schläge. »Fußtritte und Schläge«, sagte der Maler. Im übrigen sei die Wirtin »ein Geschöpf, das sich schlagen läßt, sich verkriecht und dann wieder herauskommt, als ob nichts gewesen wäre«.

In den letzten Jahren habe der Maler außer seiner Haushälterin niemand
mehr gehabt. Sie genügte ihm auch für sogenannte »Körperansprüche«,
die andere pausenlos »schamlos ausnützen«, zu denen er aber immer weniger Beziehung hatte. »Sie weiß davon nicht das geringste«, sagte er. Sie
sei eine Frau mit der für eine Haushälterin notwendigen Intelligenz, kleide

sich geschickt und ziehe sich sofort zurück, wenn man es von ihr verlange, ohne daß man es aussprechen müsse. Sie habe in ihm, im Gegensatz zu den meisten anderen Haushälterinnen, die er kenne, doch immer nur den Herrn gesehen. Zwei Tage in der Woche gehörten ihr. Das empfand er als Einschränkung. Sie fühlte sich einsam. Wußte gar nicht, was anfangen mit ihrer Zeit. Er zahlte ihr mehr als das übliche und verschaffte ihr ab und zu Eintrittskarten in irgendein Vergnügen, was sie mit besonderer Vorsicht beim Wäschewaschen, Bügeln und mit großem Eifer in der Küche quittierte. Sie sei vom Land, und die Haushälterinnen vom Land seien immer am besten. Er habe sie nicht lange gehabt, zwei, drei Jahre, denn vorher habe er sich keine Haushälterin leisten können. Jetzt sei sie bei ihren Eltern in T. Gleich am ersten Tag, nachdem er ihr gekündigt habe, sei sie zu ihnen zurückgefahren. »Ein fünfundvierzigjähriges Mädchen«, sagte er. Gäste hereinbitten und hinauskomplimentieren habe sie beherrscht wie die besten Mathematiker ihre Wissenschaft. »Aber ich habe kaum Gäste empfangen!« In zwei, drei Tagen hatte sie heraus, welchen Geschmack er hat, »wie ich alles wollte«. Er ließ ihr ziemlich freie Hand. »Sie brachte in meine wildesten Zustände Ordnung«, sagte er. »In künstlerischen Fragen war sie ›beschlagen‹, kannte sie sich aus. Weil sie keine Ahnung von Kunst hatte: von ihr habe ich die besten Urteile gehört.« Sie verstand »Schuheputzen genauso wie lautloses Vorhängezuziehen, wie Zigarrenrauchen, wie das größenwahnsinnige Großkünstlertum herunterzukanzeln . . . Als ich sie hatte, verstand ich die Reichen. Verstand überhaupt plötzlich Wohlhabenheit und Bewegungsfreiheit.« Sie sagte, was ihr nicht paßte, eindringlicher, wirkungsvoller, angenehmer, als ihm jemals jemand etwas gesagt hat. »Immer wollte sie Blumen aufstellen, überall, wo Platz war, aber ich untersagte es ihr.« – ›Die Sauberkeit soll nicht alles beherrschen!‹ klärte er sie auf. Sie richtete sich danach. Machte ihm die Tür auf und machte sie ihm zu. Wischte Staub von Büchern und Wänden, ohne daß er sich auflehnen mußte dagegen. Trug seine Briefe fort. Kaufte für ihn ein. Ging auf alle Ämter für ihn. Überbrachte ihm Neuigkeiten, auf die er doch nicht gekommen wäre. »Sie machte mir Umschläge und erklärte tausendmal, daß ich verreist sei, obwohl ich im Zimmer auf meinem Bett lag.« Er sagte: »Reichtum schafft so gut Klarheit wie Armut.« Eines Morgens, nachdem er wußte, daß er todkrank ist, sperrte er alles zu und sperrte zuletzt die Haushälterin hinaus. »Sie hat geweint«, sagte er. »Jetzt gehe ich nicht mehr zurück. Es erschiene mir, wie ein Gerümpel aufsuchen. Ich

kann ja nicht mehr zurück, selbst wenn ich zurück wollte: mit mir ist es ja
vorbei.« Er sagte: »Tatsächlich habe ich niemand gehabt außer meiner
Haushälterin. Außer in ihr bin ich in allen längst tot.«

Läuse hätten die Kinder, die Erwachsenen den Tripper, die das Nervensystem zeitweise ganz ausschaltende Syphilis. »Die Leute hier gehen nicht
zum Arzt«, sagte der Maler. »Es ist schwierig, sie zu überzeugen, daß ein
Arzt so notwendig ist wie ein Hund. Instinktmenschen«, sagte er, »sind
gegen Eingriffe. Natürlich.« Äste würden oft abgebrochen vom Sturm und
erschlügen Daruntergehende. »Weil niemand geschützt ist. Nie. Nirgends.« Der Tod überrasche einen im Schlaf, auf dem Feld, auf der Wiese.
Zwischen einem ›tieferen‹ und einem ›höheren‹ Gespräch kämen die
Leute um. »Fallen in ihren Urzustand zurück.« Sie suchten sich meistens
einen Platz dafür aus »zum Sterben«, wo man sie nicht so leicht finden
würde. »Über der Gemeindegrenze.« Auch die Tiere gingen weit fort, fort
von den anderen, wenn sie das Gefühl haben, daß sie eingehen. »Hier sind
die Menschen wie die Tiere . . . Bruchstücke eines fremden Lebens« fielen
ihm oft tot vor die Füße. Das erschrecke ihn. In einer Lichtung, auf einer
Brücke, tief im Wald, »wo die Dunkelheit den Strick zuzieht«. Er bleibe
oft stehen und drehe sich um in der Meinung, von hinten angerufen zu
werden – ein Gefühl, das ich auch habe –, aber er sehe nichts. Er erforscht
das Gestrüpp und das Wasser und das Gestein und die Lebewesen im
Wasser, »das so grausam sein kann wie seine Tiefe«. Er habe verschiedene
Methoden, den Wald zu durchstreifen: mit den Händen auf dem Rücken,
mit den Händen in den Rocktaschen. Mit den Händen den Kopf nieder-
haltend, schützend. Er laufe oft voraus, um sich einzuholen, bleibe zurück
und laufe sich wieder nach. Unterhalte sich mit Baumstämmen »wie mit
Mitgliedern einer überirdischen Akademie, wie das Kinder tun, die den
Eindruck haben, plötzlich allein zu sein in einem chaotischen Unheil«.
Seine Erfindungsgabe reicht bis zu »erstaunlichen, an den Tiefsinn gren-
zenden Wortkonstruktionen«, die er im Wald, auf den Feldern, auf den
Wiesen, im tiefen Schnee ausfindig macht. Auch im Hohlweg, in den er
sich hineinsetzt: *Wirklichkeitsverachtungsmagister* ist zum Beispiel ein solches Wort und *Gesetzesbrechermaschinist*. In irgendeinem Sommer hat
diese Sucht ihren Anfang genommen und setzte sich fort, *Menschenwil-
lenverschweiger* versenkte er einmal durch ein von ihm selbst mit dem
Stiefelabsatz aus dem Eis herausgehauenes Loch im Tümpel. »Etwas

herrscht über uns, das, wie es scheint, mit uns gar nichts zu tun hat«, das mache oft kurzen Prozeß mit ihm. Man könne darüber lachen. Aber es sei so gefährlich, daß »man auch umkommen kann darin«. Er lehnte sich immer gegen Oben auf, »bis es nicht mehr da war« für ihn. »Eine Auflehnung muß irgendwo ankommen«, sagte er. Seine Auflehnungen kämen nirgends mehr an. Menschen erscheinen ihm hie und da, denen er ansieht: du hast ungeheures Kapital, unerschöpfliches Kapital, ein solches Kapital habe ich nie gehabt! Er sagte: »Man braucht stundenlang, um den Herzschlag wieder aushalten zu können, der plötzlich bei so einem Anblick wie mit Trommelschlägen arbeitet. Dem nichts auf die Dauer standhält.« Hier hätten die Menschen kein Kapital, und wenn, so hätten sie keine Kraft, es auszunützen, im Gegenteil, »sie verhunzen es«. Da, »wo das Menschenmögliche unmöglich gemacht wird«. Wo die Häßlichkeit sich überall anbiedere wie ein »sexueller Notstand«. Die ganze Gegend sei »aufgeweicht von ihren Krankheiten«. Es sei ein Tal, in dem die Fäulnis eine »Sprache für Schwerhörige« spreche: was sonst und anderswo lange Zeit bis kurz vor seinem Ziel versteckt bleibe, verdeckt bleibe, kenne hier eine solche Rücksicht nicht: »die Leute haben ihre Tuberkulose auf ihrer Stirn. Außen tragen sie sie, schamlos, so daß sie der Gletscherwind aufwühlen kann wie einen Haufen Laub.«

»Es gibt Schulkinder«, sagte der Maler, »die drei Stunden von ihren Elternhäusern herunter müssen. Oft verrichten sie, bevor sie – um vier Uhr – aus dem Haus gehen, auch noch Küchenarbeit, Zwölfjährige müssen Kühe füttern und melken, weil sonst niemand dafür da ist, weil die Mutter tot ist oder krank im Bett liegt und der Bruder noch jünger ist und der Vater wegen Zechschulden im Gefängnis. Mit einem großen Stück Schwarzbrot ausgerüstet, traktieren sie sich durch die Kälte herunter. Hier ist gar nichts fortschrittlich, nein. Urplötzlich kommen die Stürme, kein Schreien nützt, denn es hört niemand. Es sind schon viele Landschulen gebaut worden, an Talschlüsse hingesetzt, aber immer werden Kinder das Martyrium eines so weiten Schulwegs durchmachen müssen, wollen sie nicht vertrotteln. Man hat ja schon Gruppen von zwei, drei in Hohlwegen aufgefunden, steinharte Knäuel, für die alles zu spät gewesen ist. Frühreif sind die Kinder, die man hier sieht. Verschlagen, O-beinig, mit Ansätzen zum Wasserkopf. Die Mädchen bleich und dürr und von Ohrringlocheiterungen geplagt. Die Buben blondschädlig, mit großen Händen, flachen Stirnknochen.«

Aufspringen und fortlaufen und wieder stillsitzen, darin erschöpfte sich eigentlich seine Kindheit. Zimmer mit der Luft von Gestorbenen seien darin. Betten, die, aufgeschlagen, den Geruch der Toten ausatmen. Ein und ein anderes Wort, das durch die Gänge daherkam, hochtrabend, das Wort ›nie‹ zum Beispiel, das andere: ›Schule‹, das Wort ›Tod‹ und das ›Leichenbegängnis‹. Jahrelang haben ihn diese Wörter verfolgt, irritiert, »in fürchterliche Zustände hineingezogen«. Dann kamen sie ihm wieder vor wie Gesang in ungeheurer Selbstbewegung: das Wort ›Leichenbegängnis‹ zum Friedhof hinaus und weit über ihn und über alle Friedhöfe weg, hinein in Unendlichkeit, in die Vorstellung, die Menschen von Unendlichkeit haben. »Meine Vorstellung von der Unendlichkeit ist dieselbe, die ich schon mit drei Jahren gehabt habe. Noch früher. Sie fängt dort an, wo die Augen aufhören. Wo alles aufhört. Und fängt nie an.« Die Kindheit sei zu ihm gekommen, »wie ein Mensch in ein Haus hereinkommt mit alten Erzählungen, die schauriger sind, als man sich denken kann, als man fühlen kann, als man ertragen kann: und die man, weil man sie immer hört, nie gehört hat. *Noch* nie«. Für ihn nehme seine Kindheit auf einer linken Straßenseite ihren Anfang und führe steil bergauf. »Von da an habe ich immer ans Abstürzen gedacht. Ans Abstürzenkönnen, es mir gewünscht und vielerlei Versuche in dieser Richtung . . . aber man darf keinen solchen Versuch machen. Das ist grundfalsch.« Tanten zögen ihn an ihren häßlichen langen Armen in die Leichenhallen, höben ihn hoch über vergoldete Brüstungen, damit er ja tief in die Särge hineinschauen könne. Sie ließen ihn die Blumen für die Toten in der Hand halten, und immer mußte er daran riechen und immer wieder hören: »Was der für ein Mensch war! Wie die schön ausschaut! Was der anhat als Toter! Schau! Schau!« Sie versenkten ihn »rücksichtslos in ein Meer von Verwesung«. In Eisenbahnzügen hört er sich »vorwärts« sagen. In langen Nächten liebte er den offenen Spalt zum Zimmer der Großeltern, in dem noch Licht ist, wo noch erzählt wird, wo noch gelesen wird. Weidete sich an ihrem gemeinsamen Schlaf. »Wie Schafe zusammen schlafen«, hatte er das Gefühl. Wie sie durch ihre Atmung miteinander verknotet sind. Die Morgen kommen über ein Kornfeld herauf. Über den See. Über den Fluß. Über den Wald. Vom Hügel herüber. Im frischen Wind Vogelstimmen. Abende, die in Schilfrohr und Schweigen untergehen, in das er seine ersten Gebete hineinspricht. Pferdewiehern zerreißt die Finsternis. Säufer, Fuhrwerker, Fledermäuse erschrecken ihn. Drei tote Mitschüler auf der Straße. Ein ge-

kentertes Boot, das ein Ertrunkener nicht mehr erreichen konnte. Hilfe-
rufe. Riesige Käselaibe haben die Kraft, ihn zu erdrücken. Versteckt in
einem Bräuhauskeller, fürchtet er sich. Zwischen Grabsteinen wird ein
Spiel gespielt, in dem Zahlen von einem zum andern geworfen werden.
Totenschädel blinken in der Sonne. Türen gehen auf und zu. In Pfarr-
häusern wird gegessen. In Küchen gekocht. In Schlachthäusern geschlachtet. In Bäckereien gebacken. In Schusterwerkstätten geschustert. In Schulen unterrichtet: bei offenen Fenstern, so daß einem angst und bang wird.
Umzüge zeigen bunte Gesichter. Täuflinge schauen schwachsinnig. Ein
Bischof läßt alle in Hochrufe ausbrechen. Eisenbahnerkappen werden an
einem Bahndamm verwechselt, was Lachen hervorruft von Männern, die
nur Arbeitshosen anhaben, sonst nichts. Züge. Lichter von Zügen. Würmer und Käfer. Blechmusik. Dann große Menschen in großen Straßen:
ein Eisenbahnzug, von dem die Welt erzittert. Jagdgesellschaften nehmen
ihn mit. Erschossene Rebhühner zählt er ab, tote Gemsen, gefällte Hirsche. Damwild, Rotwild, was für Unterscheidungen! Hochwild. Nieder-
wild. Schnee, der auf alles fällt. Wünsche mit Acht, Wünsche mit Dreizehn. Die Enttäuschungen, die das Bettzeug aufweichen. Mit Sturzbächen
von Tränen gegen ein Unbegreifliches! Obwohl noch nicht einmal sechs,
in soviel Erbarmungslosigkeit!
  Städte, aufbrausend gegen ihre Erfinder.
  »Die Kindheit läuft immer noch mit wie ein kleiner Hund, der einmal
ein froher Gefährte gewesen ist und den man jetzt pflegen und schienen
muß, ihm tausenderlei Medikamente eingeben, damit er einem nicht unter der Hand stirbt.« Flüsse gehe es entlang und Bergschluchten hinunter.
Der Abend konstruiere, wenn man ihm nachhelfe, die teuersten und ver-
schränktesten Lügen. Bewahre einen nicht vor Schmerz und Empörung.
Katzen im Hinterhalt durchkreuzten einen mit dunklen Gedanken. Wie
ihn, so zogen mich Brennesseln für Augenblicke in eine teuflische Unzucht. Angst war, wie von ihm, von mir gebrockt mit Himbeeren, Brom-
beeren. Ein Krähenschwarm zeigte den Tod in Sekundenschnelle. Regen
zog Nässe an und Verzweiflung. Freude spulte sich ab von den Kronen der
Sauerampfer. »Die Schneedecke deckte die Erde zu wie ein Kind.« Keine
Verliebtheit, keine Lächerlichkeit, kein Opfer. »In den Schulzimmern
setzten sich einfache Gedanken zusammen, fort und fort.« Dann Stadt-
geschäfte mit ihrem Fleischgeruch. Fassaden und Mauern und nichts als
Fassaden und Mauern, bis es wieder aufs Land hinausging, oft überra-

schend, von einem Tag auf den andern. Wo wieder Wiesen anfingen,
gelbe, grüne; braune Äcker, schwarze Wälder. Die Kindheit: abgeschüttelt
von einem Baum, soviel Früchte für keine Zeit! Das Geheimnis seiner
Kindheit sei nur in ihm selber. Wildes Aufwachsen, wo Pferde waren,
Geflügel, Milch und Honig. Dann wieder: abgeführt werden aus diesem
Urzustand, angekettet sein an Vorhaben, die über ihn hinausgingen. Pläne
mit ihm. Möglichkeiten vertausendfacht, die zusammenschrumpfen auf
einen verheulten Nachmittag. Auf drei, vier Gewißheiten. Unabänderli-
che. Auf drei, vier Grundsätze. Grundrisse. »Wie früh man Abneigung
konstruieren kann. Wortlos ist schon das Kind auf alles aus. Und erreicht
nichts.« Kinder sind ja viel abgründiger als Erwachsene. »Hinauszieher der
Geschichte. Gewissenlos. Zurechtweiser der Geschichte. Niederlagenher-
aufbeförderer. Rücksichtslos wie nichts.« Schon bevor es mit Sacktüchern
umgehen könne, sei das Kind tödlich für alles. Oft – wie auch mir –
versetzt ihm das einen Schlag, wenn er eine Empfindung hat, die er als
Kind gehabt hat und die, von einem Geruch oder von einer Farbe hervorgerufen, sich seiner nicht mehr erinnert. »In einem solchen Augenblick
ist man furchtbar allein.«

Er habe »die schlechteste Erziehung gehabt, die denkbar schlechteste«.
Der Vorteil, daß sie sich nicht um ihn kümmerten, habe sich später als
»grausiger Irrtum« erwiesen. Im Grunde hätten sie sich von allem Anfang
an über ihn keine Gedanken gemacht. »Mit Gedankenlosigkeit aber werden keine Kinder erzogen. Gekümmert, ja, um meine Schuhe. Nicht um
mein Herz. Um mein Essen. Nicht um meinen Geist. Später, viel zu früh,
ab dreizehn, kann ich sagen, nicht einmal mehr um mein Essen, um meine
Schuhe.« Ich denke, was *ich* eigentlich für eine Erziehung genossen habe?
War es eine Erziehung? Nicht nur ein Aufwachsen? Verwildern? Wie eigensinnige Pflanzen in einem Garten voller Unkraut verwildern? Bin ich
nicht immer auf mich selber angewiesen gewesen? Fürsorge? Hilfswörter?
Wo denn? Wann denn? Von vierzehn an habe ich für alles selber aufkommen müssen. Für alles! Auch für das Geistige. Für das, was nicht zum
Angreifen ist. Ich empfand es aber nie so fürchterlich wie der Maler. Es
war nie so schlimm für mich. Ich bin anders. Nicht so aufgeregt wie er.
Ständig aufgeregt und irritiert. Ich bin nicht immer aufgeregt und nicht
immer irritiert.

Oft habe er sich gefragt: »Wie komme ich aus der Finsternis? Den Kopf eingewickelt in Finsternis, fest zugebunden mit Finsternis, habe ich immer versucht, die Finsternis hinter mich zu bringen. Anzeichen, ja, des Stumpfsinns . . . Die Finsternis erreicht Härtegrade des Wahnsinns. Mit dem zwanzigsten, mit dem dreißigsten, mit dem fünfunddreißigsten Jahr. Später immer rücksichtsloser. Ich habe versucht, herauszukommen: das erscheint mir wichtig, Sie auf das hinzuweisen, auf diesen Einfall . . . Ich bin für ganz simple Erklärungen: eine Flußkrümmung, müssen Sie wissen, die der Krümmung eines menschlichen Rückgrats gleicht, diese glitzernden, funkelnden, in der Nachmittagssonne funkelnden Teile eines unendlichen, über die Horizonte sich biegenden Menschenrückgrats: das ist es . . . Es genügt unter Umständen, die Finsternis im eigenen Kopf – denn nur im eigenen Kopf ist die Finsternis – mit der Finsternis im eigenen Kopf abzutöten. Merken Sie: die Finsternis ist immer Sache des eigenen abgeschlossenen, abgehauenen Kopfes. – Die Menschen, aus ihrer eigenen Finsternis in alle Finsternis zurückgedrängt, immer wieder zurückgedrängt, müssen Sie wissen . . . So wie ich, einmal, angelehnt an mein Elternhaus, mit nacktem Oberkörper, in Finsternis. Vor mir: ein in den Wind eingewickeltes Fahrrad, zwei tanzende Schulkinder. Zibebengeruch. Dazwischen der Stumpfsinn, der Fundamente mauert. Das aus der Zeitung herausoperierte Gesicht unseres Mathematikprofessors, der uns mit den Errungenschaften Voltaires konfrontierte. Die Umrisse Homers . . . hereingebrochen in mein Gehirn, in Finsternis, zusammenhanglos Ursachen und Erscheinungen, Zeitbegriffe und Zeit*unter*begriffe. Von diesen durchlöchert. Auf zahllose Fragen des Alters keine Antwort. Die allgemeine Verbitterung geht mit tödlicher Genauigkeit vor: ein Hund wälzt sich im Gras. Es kann ja ein Maulwurf sein oder ein Hund, auch nur Dreck . . . auf den der Verdacht fällt: existieren zu wollen . . . man tanzt da über dem Abgrund, in dem man tagtäglich seine Schmerzen und die Schmerzen dieser Schmerzen zerschmettert.«

Wie er Beziehungen angeknüpft und wieder gelöst hat, setzte er mir auseinander. An Erzählen dachte er nicht. Die Erzählkunst ist anderen Charakteren vorbehalten. Nicht ihm. Wie er Reisen plante und ausführte oder plante und nicht ausführte. Wie er Lust und Genuß an sich kennenlernte und diese beiden an sich und in sich hinaufsteigerte in Höhen, die anderen unerreichbar, verboten seien. Abstürze meisterte er, alltägliche, allge-

meine, urpersönliche Niederlagen. Er bezichtigte sich oft der Lüge und
wandte das Mittel der Unbestechlichkeit und der Genauigkeit in der
Sachverhaltsfindung gegen sich selbst an. Mit Rücksichtslosigkeit, kann
man sagen. Verschwommenes kam ihm zu eitel vor, als daß er es an sich
heranzuziehen gewillt gewesen wäre. Ozeane erschienen ihm als dunkler
Wahnsinn vor Augen, der eine Grenze zieht, die der Unendlichkeit spottet. Gebirgsmassive glänzten im Aufstieg. Abgründe, schwarz und feindlich, daß einen fröstle. Die Luft erzitterte ihm oft unter fernem Donner.
Bald leuchteten die Umrisse südlicher Kalksteinriesenzüge scharf. Alles
vom Blitzschlag betäubt. Bald setzten sich Städte an wankelmütigen Küsten zusammen. Begriffe wie ›Übermut‹ und ›Verlassenheit‹, ›Strenge‹ und
›tödliche Einsamkeit‹ bildeten sich durch Handbewegungen, ganz unbewußt. Die Erinnerung, die so klar sein kann wie die Luft an einem der
Ewigkeit gehörenden Augusttag, befähigte ihn zu erstaunlichem Geist
und zu erstaunlicher Welterfahrung. Die Geschichte durchforschte ihn,
und er tat dasselbe mit der Geschichte – und Einklang herrschte. Verstandesmäßig ging nichts so klar wie durch seine Empfindungen, die wohl
die reinsten waren, die sich denken lassen. Von Kind auf geschult an
Himmel und Hölle, an ihrem Zwischenreich. Doch waren das immer nur
Augenblicke, die, wie ihm scheint, in jedem Menschen beheimatet sind
und eines Tages, wie auf Befehl, nicht mehr kommen. Er hütete sich, mit
Gewalt gegen seine »Empfindungszerstörer« aufzutreten. Er fluchte auf
sie, und sie waren siegreich. Am Boden lag, wovon er sich ewige Heilung
erhoffte. Zu seinen Füßen »das Reich der Möglichkeiten, das keine Schuld
trifft«. Wie er mit Menschen umgehen lernte wie mit Steinen und mit
Neuigkeiten wie mit Altertümern. Wie er herausbekam, was gedankenlos
ist, gedankenlos macht, einsam, absterbend. Wie er Zukunft, Gegenwart
und Vergangenheit in sich selber vereinigen konnte und dieses Spiel entwickelte, bis er es oft schon nicht mehr ganz zu überblicken vermochte.
Wie er den Körper allein durch Berechnung ausschalten lernte, auch den
Geist, ihn hineintrieb in eine Richtung, die für ihn die feststehende war im
Augenblick, die »einzige Richtung«, eine Empfindung, die vielleicht nur
der Bruchteil eines Augenblicks war. Wie er sich zu leben getraute unter
lauter Toten, Abgedankten, Ausgelöschten, Abgesetzten, Gestürzten. So
wie durch einen endlosen Tunnel lebte er sich hindurch mit nichts als mit
Finsternis. Und Kälte. Er dachte an eine Jugend, die rastlos, aber doch
stehengeblieben war, wie er jetzt sah.

Das Walzmuster in seinem Zimmer werde im Lauf der Nacht mehr und mehr zu einer Hölle, in der sich fürchterliche Szenen zwischen Verunstalteten abspielten. Es erdrücke ihn gegen die Morgendämmerung zu. Und das sei erst der Zeitpunkt, wo er dann, aus Erschöpfung und aus Widerwillen gegen alles und gegen sich selbst, einnicke. Nicht einschlafe. Nein. Fratzen kämen mit Vorwürfen auf ihn zu, die sein Gehirn zersetzten. Menschenunrat. Stimmen würden laut. Aber sinnlos. »Und dabei sind es bloß aus ganz primitiven Kakteenvorstellungen herausgebildete Ornamente. Wahrscheinlich suche ich jede Nacht das Furchtbare. Hier und überall. Nur so kann ich mir erklären, daß es jede Nacht auf mich zukommt. Das ganze Zimmer ist mit diesen Mißhandlungen überzogen. Sie wissen ja, sie walzen hier auch die Decke. Ich muß immer von Zeit zu Zeit aufstehen. Und probieren, ob die Tür auch zu ist. Abgeschlossen ist. Ich bin schon einmal überrascht worden! Dann ist alles noch viel schrecklicher.« Phantastische Bilder überfielen ihn »von hinten«, wenn er versuche, auf dem Bauch zu liegen, um das Walzmuster nicht anschauen zu müssen.

Er sagte das, während wir unten im Gastzimmer saßen. Niemand war da. Die Wirtin war ins Dorf gegangen, um Bier in der Brauerei zu bestellen. Gestern, heute nacht, ist ihr das Bier ausgegangen, denn eine riesige Völlerei und Sauferei war im Gang gewesen, die auch das Letzte aus ihren Kasten und Stellagen und Kisten herausgesaugt hat. Alles sei leer. Nicht einmal ein Stück Brot sei mehr da. Bis drei Uhr früh war das ganze Haus vom Gelächter der Männer erschüttert. Gingen wir fort, müßten wir den Haustürschlüssel auf die linke Fensterbank legen, versteckt hinter dem Balken. Die Kälte hat zugenommen. Die Fenster waren in der Frühe undurchsichtig, weißlich. Blumen und Gesichter hatten sich auf den Scheiben gebildet, »Masken von Zerstörungen«, wie der Maler sie nannte. Man konnte nicht hinausschauen. Hunderte von schmutzigen Gläsern, Krügen und Flaschen waren, so gut es ging, auf dem Schanktisch zusammengerückt. Ein paar von Arbeitern vergessene Kleidungsstücke hingen an der Tür und an der Wand. Ärmlich. Enthielten zusammengeknüllte Geldscheine, Taschentücher, Photographien und Kämme, wie wir nachher, als wir, ich und der Maler, diese Kleidungsstücke durchsuchten, feststellten.

Der Geruch der Zecherei, von der man nicht weiß, wodurch sie ausgelöst worden war, hing noch im Gastzimmer, im ganzen Haus, eingesperrt. Vor Kälte getraute sich niemand zu lüften. Ein Blick in die Küche fiel auf eine gigantische Unordnung. Plötzlich erzitterten die Fenster, die Wände machten einen Ruck von einer »der Atmosphäre ins Gesicht schlagenden« Explosion im Tal unten. »Sie sprengen ein großes Loch in den Berg«, sagte der Maler. »Zu dem einen Stausee kommt noch ein zweiter.«

Ein so riesiges Bauwerk sei da unten im Gang, daß man nicht wisse, »wie es möglich ist«. Der Ingenieur habe ihm Ziffern genannt. Zahlen. Termine. »Ungeheuer«, sagte der Maler. »Über tausend Arbeiter kriechen da unten herum wie die Ameisen.« Indirekt aber würden durch dieses Werk Zehntausende, ja Hunderttausende beschäftigt und über Wasser gehalten. »Die Investitionen gehen in die Milliarden.« Der Staat wisse seine Quellen auszunützen, mit seiner Wissenschaft etwas anzufangen. Das sei »glorreich«. Doch sei da unten, »und nicht nur da unten, eine Bewegung im Gang, die alles noch einmal umdrehen wird«. Die Technik überhole sich jeden Augenblick selber. »Kommen Sie«, sagte er, »gehen wir hinaus. Vielleicht sieht man etwas.«

Wir traten vor das Haus. Aber man sah nichts als ein auf Anruf sich noch mehr zusammenziehendes Grau vor Augen. »Heute will ich von meinem Platz über dem Hohlweg aus das Leichenbegängnis beobachten«, sagte er. »Sie begraben den Gemischtwarenhändler.«

Achter Tag

Ich habe heute den Weg vom Gasthaus bis zur Straße ausgeschaufelt. Die Wirtin hat mich einen »lieben Herren« genannt und mir zwei große Gläser Sliwowitz herausgebracht, als sie mich längere Zeit rastend stehen sah. Sie sagte: »Man sieht Ihnen gar nicht an, daß Sie so kräftig sind.« Ich sagte, ich sei an körperliche Arbeit gewöhnt. Die Umstände hätten mich immer wieder körperliche Arbeit verrichten lassen. Daß ich zwischen meiner Studiererei immer wieder Körperarbeit verrichten müsse, um nicht verrückt zu werden, leuchtete ihr ein. »Soviel hat es schon seit Jahren nicht mehr geschneit«, sagte sie. Sie deutete in südlicher Richtung auf die Berge, die aber von Wolken zugedeckt waren. Sie ging hinein und kam mit einem Selchfleischbrot wieder heraus. »Wer arbeitet, muß auch essen«, sagte sie. Sie sei froh, daß ich den Schnee wegschaufle, denn sie wäre nicht dazu

gekommen. »Das wär eine Schande«, sagte sie. Als sie den Maler aus dem
Gasthaus herauskommen sah, ließ sie mich stehen und ging an ihm vorbei
wieder hinein. Es hatte den Anschein, als wollte sie ihm aus dem Weg
gehen. Sie wollte ihm nicht unter die Augen kommen. So sah es aus.

Das sei unglaublich, was ich da in so kurzer Zeit vollbracht hätte, sagte
der Maler. Er beobachte mich schon die ganze Zeit von seinem Fenster
aus. »Wenn Sie es nicht angepackt hätten«, sagte er, »keinem Menschen
wäre es eingefallen, da auszuschaufeln.« Er habe in der Nacht ausnahmsweise geschlafen, sagte er und stellte sich hinter mich, was mich irritierte.
»Ausnahmsweise geschlafen. Schlafen bedeutet bei mir, daß ich nicht im
Zimmer auf und ab rennen muß, wissen Sie!« Er könne sich immer aus
den Morgenschmerzen die Schmerzen des Abends und der Nacht ausrechnen. »Es wird ein furchtbarer Abend werden, eine fürchterliche
Nacht. Aber es dauert sicher nicht mehr lang.« In der Hauptstadt habe er
einmal, vor Jahrzehnten, »einem Schneeschauflertrupp angehört. Drei
Schilling achtzig Stundenlohn, wissen Sie, unter der Karbidlampe«. Mein
Schneeschaufeln erinnere ihn an bittere Zeiten. »An die Zeit, in der ich
mehr tot als lebendig war. Ich war eben schon oft am Rand«, sagte er.
»Aber was war das doch für eine herrliche Zeit gegen die jetzige . . . die ich
durchmache, um sie mit dem Tod abzuschließen.« Ich hörte kaum hin. Er
hätte auf einen nachmittägigen Kaffeehausbesuch Lust. »Gehen Sie mit?
Auf die Station? Es gibt neue Wochenzeitungen.«

Er schilderte dann kurz, wie er einmal das Gefühl gehabt hatte, als ein
anderer auf sich selbst zuzugehen. »Kennen Sie ein solches Gefühl?« fragte
er. »Als ich auf mich zutrat, wollte ich mir natürlich die Hand schütteln,
habe sie aber plötzlich vor mir zurückgezogen. Ich wußte, warum.« Ich
schaufelte das letzte Stück noch aus und trug dann die Schaufel ins Haus.
Der Maler wartete draußen auf mich. Als ich zurückkam, sagte er: »Der
junge Mensch nimmt eine Schaufel in die Hand und lebt. Aber der alte?«

Im Leben gehe es einem wie im Wald, wo man immer wieder einen
Wegweiser und eine Markierung findet, bis auf einmal keiner, keine mehr
kommt. Und der Wald ist unendlich, und der Hunger hat ein Ende mit
dem Tod. Und immer geht man in Zwischenräumen und kann niemals
aus diesen Zwischenräumen einen Blick hinauswerfen. »Auch das Universum ist viel zu eng, unter Umständen.« Aber die Wege dorthin, wo er

jetzt sei, für den, der sie nicht kenne, noch nicht kenne, aufzuzeigen, darauf lasse er sich nicht mehr ein. »Ich arbeite mit meinen Begriffen, die ich dem Chaotischen abgehandelt habe, ganz aus mir.« Man muß wissen, was bei ihm ›Verbitterung‹ heißt, was ›grundsätzlich‹ und was ›Licht‹ und ›Schatten‹ und ›Armut überhaupt‹. Man weiß es nicht. Trotzdem spürt man, was das ist, worin er sich bewegt. Worunter er leidet. Vielleicht noch mehr als angenommen. »Man muß es nicht wissen.« Worunter er wieder etwas anderes versteht, als man glaubt. »Wissen lenkt von Wissen ab, wissen Sie!« Uniformträger regen ihn auf. »Ich hasse die Polizei, die Gendarmerie, das Militär, sogar die Feuerwehr.« Das alles bringt ihn auf sexuelle Zwangsvorstellungen, die er lieber nicht hat. Er wird nicht fertig mit ihnen, mit den Eisenbahnbediensteten, den Kriegsmenschen. Offiziere stoßen ihn ab. Auch wegen ihrer Unmenschlichkeit, die sie »künstlich noch hochzüchten«. Aber sie stoßen ihn so brutal ab, wie sie ihn anziehen. »Ja, sie ziehen mich auch an. Ich habe Ihnen ja schon gesagt, warum. Probleme, die in dem das Bild vorbereitenden Geruch scheitern.« Dann: »Frauen haben mich in dem für solche Reizzustände aufgeschlossenen Alter, in solchen für sie geeigneten Zusammenhängen eher durch ihre Abwesenheit gereizt: ältere, die eher häßlich waren.« Überhaupt reize ihn von jeher alles Abwesende, ziehe ihn mit einer kindischen, verderbten Leidenschaft an. Er sei sich aber nie und in nichts klar gewesen. »Klarheit ist etwas Übermenschliches.« Er sucht und propagiert die Einfachheit und verabscheut sie: wollte immer schon aus ihr ausbrechen. Die Überzeugung, mit der er sich für die Ruhe einsetzt, ist die gleiche wie die für die Unruhe, ohne daß er erklären könnte, warum. Er entschied sich: und immer auch für das Gegenteil. Und doch ist er immer er. Ganz genau abgegrenzt in dem, was seine Standpunkte abzirkelt. »Ist das Wahnsinn?« fragt er, nachdem er mir einen Sachverhalt wie einen Raum in einem unendlich großen Gebäude erklärt hat. »*Unvollständig,* läßt immer das, wo ich hinauf wollte, einstürzen.« Um den Boden unter den Füßen hinter sich zu bringen, gehe er ja, bewege er sich fort, gleich wo, gleich wie: »aber ich bringe den Boden unter meinen Füßen nicht hinter mich.« Ein Naturgesetz sei das . . . Schlafen und Denken und alles Dazwischenliegende, Dazwischengedrängte, Dazwischenfahrende seien Ablenkungen von sich selber. Doch lasse es sich durch keine Methode von sich selbst ablenken. »Natürlich ist alles öd, weil abgekartet, feststehend; simpel auch, was ich sage.« Die Stelle, wo man einsieht, daß alles lächerlich ist, komme immer

wieder, wenn man einen Blick zum Fenster hinauswerfe, hinein in sich
selber werfe. Wohin auch immer. »Einmal gelingt dann jedem der große
Wurf: das Schlußmachen!«

»Angetreten sehen alle, die ich kenne, gleich aus. Auch was in ihnen ist,
sieht immer gleich aus, von wem es auch ist. In allen ist dasselbe. Vor dem
ekelt mich. Wenn ich abtreten lasse, ›wegtreten‹ sage, bleibt ein Geruch,
der alles verfinstert.« Er sagte, die Menschen seien, widerwillig zuerst,
später ohne Gegenwehr, vom Stumpfsinn gelenkte Berufsträger, Ansich-
tenträger verschiedener Geschwindigkeitsbegrenzung, Lebensdauer. »Das
einfache Mädchen auf dem Land wie der Konzernpräsident.« Von Gefühl
und Verstand blockiert, da komme es nicht mehr auf den einzelnen an.
»Was nützt es, daß die Geschicktesten, nicht die Gescheitesten, die besten
Plätze einnehmen? Versicherungen abgeschlossen haben, die in die Millionen gehen? In Millionen Zukunftsaussichten? Überlieferungen? Haar-
spaltereien? Unsinnigkeiten?« Uns gehe ein Ruf voraus, der uns töte.

»Viele Ideen werden zu Mißbildungen, die dann das ganze Leben lang
nicht mehr auszumerzen sind«, sagte er. Die Ideen erstaunten einen oft
noch nach Jahren, machten aber immer den, der sie gehabt habe, früher
oder später lächerlich. Die Ideen kämen aus einem Reich, das sie doch
niemals verließen. Blieben immer in ihm, diesem Reich, Idee: im Reich
der Träume. »Es gibt ja keine Idee, die sich auslöscht, die ausgelöscht
werden könnte. Die Idee ist wirklich und bleibt es.« Er habe heute nacht
über den Schmerz nachgedacht. »Den Schmerz gibt es ja gar nicht. Notwendige Einbildung« sei er. Schmerz sei nicht Schmerz, nicht so wie Kuh
Kuh. »Das Wort Schmerz lenkt die Aufmerksamkeit eines Gefühls auf ein
Gefühl. Schmerz ist ein Überfluß. Aber die Einbildung ist die Wirklichkeit.« Demnach gebe es Schmerz und nicht. »Aber es gibt keinen
Schmerz«, sagte er. »Wie es kein Glück gibt, Glück nicht gibt. Auf den
Schmerz eine Architektur gründen.« Alle Gedanken, Bilder seien unwillkürlich wie die Begriffe Chemie, Physik, Geometrie. »Man muß diese
Begriffe kennen, um etwas zu kennen. Um alles zu kennen.« Mit der
Philosophie komme man keinen Schritt weiter. »Nichts ist fortschrittlich,
aber nichts ist weniger fortschrittlich als die Philosophie. Fortschritt ist
Unsinn. Unmöglich.« Die Beobachtungen des Mathematikers seien
grundlegend. »O ja«, sagte er, »in der Mathematik ist alles ein Kinderspiel,
denn in ihr ist alles *vorhanden*.« Wie an jedem Kinderspiel könne man aber

auch an der Mathematik zugrunde gehen. »Wenn man plötzlich, weil man
die Grenze überschritten hat, keinen Spaß mehr versteht, die Welt nicht
mehr versteht, also nichts mehr versteht. Alles ist eine Schmerzvorstellung.
Ein Hund hat wohl Schwerkraft wie der Mensch und hat doch nicht
gelebt, verstehen Sie!« Ich würde eines Tages eine Schwelle überschreiten,
in einen Park hinein, der riesengroß sei, ja unendlich, eine Schönheit, ein
kunstvoller Einfall reihe sich in diesem Park an den andern. Pflanzen und
Musik wechselten in seiner Natur auf die wundervollste Weise mathematisch und dem Gehör aufs äußerste zuträglich bis in die höchsten
Vorstellungen der Verfeinerung hinauf ab: aber durchwandern, also ausnützen, könne ich diesen Park überhaupt nicht, denn er bestehe aus
tausenderlei kleinen und kleinsten quadratischen und rechteckigen und
kreisförmigen Inselchen, Rasenstücken, die so für sich seien, daß ich dasjenige, auf dem ich stünde, nicht verlassen könne. »Immer ist gerade so
viel und so tiefes Wasser dazwischen, daß es unmöglich ist, von einer Insel
auf die andere zu gelangen. In der Vorstellung, die ich habe. Auf dem
Rasenstück, auf das man, man weiß nicht wie, gelangt ist, auf dem man,
man weiß nicht, wodurch, aufgewacht ist und auf dem man zu bleiben
gezwungen ist«, ginge man endlich zugrunde, sterbe auf ihm an Hunger
und Durst. »Die Sehnsucht, den ganzen Park ausschreiten zu können,
tötet einen.«

Ich traf ihn hinter dem Heuschober, auf einem Holzbrett zusammengekauert. Es war schon finster, und er sagte, daß er mich vom Tümpel habe
herkommen hören. »Ich kenne Ihren Gang ganz genau.« Menschen wie
er, die meistens die Augen geschlossen haben – »auch eine Vorbereitung
auf den Tod« –, hätten ein unglaublich gut geschultes Gehör. »Sie waren
noch weit weg, da habe ich Sie schon gehört. Sie kamen langsam in meine
Mißstimmung herein. Wissen Sie, daß Sie gar nicht wie ein junger
Mensch gehen?« Es komme mir sicher merkwürdig vor, ihn hier hinter
dem Heuschober anzutreffen. Überhaupt liefere er mir doch dauernd
Seltsamkeiten. »Nicht wahr, alles, was ich tue, ist eine Seltsamkeit? Ich
habe mich hergehockt, weil ich nicht mehr stehen konnte. Ihr Umschlagvorschlag« – er hatte, wie mir schien, Vergnügen daran, dieses Wort auszusprechen, und sprach es mehrere Male kurz hintereinander wie aus
einem Fuchsbau hervorschauend aus –, »Ihr Umschlagvorschlag war ein
schlechter Vorschlag. Meine Geschwulst ist noch da. Ich habe recht ge-

habt, es handelt sich um ›das Fürchterliche‹. Jetzt kann ich bald überhaupt nicht mehr gehen. Ihre Ansicht, es handle sich um ›eine harmlose Sache‹, haben Sie doch schon revidiert?« Er verfiel wieder in eine lange Auseinandersetzung über seine Krankheit, die zwischen seinem Gehirn und seinem Fuß sich »geradezu philosophisch« ausbreite. Im Grunde bestätige sich da eine »heilige Wissenschaft«.

Er sei durch den Lärchenwald und dann zum Tümpel gegangen – »es gibt ja hier nur zwei Wege, die man gehen kann: den einen oder den andern« – und wollte eigentlich noch hinunter auf die Station, um sich mit Zeitungen einzudecken und »von der Reisewelt abschrecken zu lassen. Zeitungen sind die einzige Abwechslung, die ich habe. Was die Menschen für mich nicht mehr sind, was die Natur für mich niemals war, das sind für mich jetzt die Zeitungen: Abwechslung, Überbrückung.« In den Zeitungen finde er viele seiner Theorien bestätigt. Die Zeitungen seien eigentlich die Welt, alles, All und Welt in jeder Nummer, die er aufschlage. »Die Welt ist nicht die Welt, sie ist nichts.« Tagtäglich sei er, durch die Zeitung, zur Auseinandersetzung mit sich selber gezwungen. »Die Zeitungen sind, gemessen an der Übelkeit, die sie vielen verursachen, nicht ohne Grund und mit vollem Recht, die einzigen großen Menschentröster.« Die Zeitungen seien für ihn das, was Bruder und Schwester und Vater und Mutter für ihn niemals gewesen seien. »Was die Welt nie für mich gewesen ist. Oft hatte ich nur die Zeitung, tagelang, wochenlang, jahrelang nur die Zeitung, die mir sagte, daß alles ja noch besteht, alles, wissen Sie, alles um mich herum und in mir, alles, was ich schon tot geglaubt habe.«

Auf dem Abhang, unter der großen Linde, wo das Summen der Telegraphendrähte am stärksten ist, ein paar Schritte von dem großen Strommast entfernt, sei er von Übelkeit befallen worden und rasch umgekehrt. »Der Fuß ist die Ursache.« Er habe an seinem Fuß ziehen müssen wie an einem Zentnergewicht. »Ich hatte das Gefühl, er reißt mir ab.« Zuerst hatte er versucht, auf die Abkürzung zum Gasthaus zu kommen, aber da sei er zusammengebrochen, wie er meinte. Er war mit letzter Kraft zum Heuschober geflüchtet, von dem er sich auch Schutz vor dem Wind erhofft hatte. »Im Rücken habe ich die Wärme, das Heu, sehen Sie!« In den Gedanken über seine Schwester, den er gehabt habe – »ein sehr trauriger Gedanke« –, sei dann mein Näherkommen – »dieses immer wieder abbröckelnde Geräusch« – eingedrungen. »Es ist mir angenehm, daß Sie gekommen sind. Ist es zufällig, oder haben Sie mich entdeckt?« Es sei

Zufall, sagte ich. »Gleich, nachdem ich mich gesetzt habe, hat der Fuß-
schmerz nachgelassen. Er verlagerte sich mehr nach oben, mehr in Gehirn-
nähe.«

Er klagt immer über seine Fußschmerzen, »die besonders dann auftreten, heftig werden, renitent, wenn der Schmerz im Kopf nachläßt«. Er
habe meinen Rat, den Fuß hoch zu lagern, in der Nacht ein Polster un-
terzulegen, befolgt, aber »wie Sie sehen, nützt das nichts. Im Gegenteil.
Die Geschwulst ist viel größer geworden. Es ist, als sauge sie alles auf, was
in meinem Körper ist. Es ist dasselbe Sauggefühl, das ich immer in bezug
auf mein Gehirn habe.« Tatsächlich ist die Geschwulst jetzt größer. Weil er
ja immer geht. Vielleicht noch einmal so groß wie zuvor, als ich sie zum
letzten Mal sah. Aber keine Färbung. Sein Knöchel ist nicht mehr zu
sehen. »Das beste ist, mit einem solchen Fuß nicht herumzugehen«, sagte
ich ihm. »So einfach, glauben Sie, kann man gegen eine so fürchterliche
Krankheit vorgehen?« – »In ein paar Tagen ist es sicher weg«, sagte ich.
»Verschwunden.« – »Hier, an meinem Arm, sehen Sie, habe ich auch
Andeutungen von einer Geschwulst«, sagte er. Er zeigte mir eine Stelle
seines Unterarms, wo sich angeblich eine Geschwulst ankündigte, aber ich
sah nichts. Ich griff die Stelle ab und konnte keine Anomalität wahrnehmen. »Sie müssen doch bemerken, wie es sich ankündigt. Sie haben kein
Gefühl für Krankheiten.« In seinem Kopf gingen »unbeschreibliche Machenschaften« vor sich. Bilder, die er hat wie jeder andere Mensch auch,
drehten sich plötzlich um, würden auseinander gerissen »in lauter Fetzen,
wissen Sie. Ich habe mich aber damit abgefunden, daß alles an mir krank
ist. Von Krankheit erfaßt ist. Die Krankheit, die ich habe, ist ja, wie ich
glaube, nicht ansteckend. Ich hatte, schon als ich sie entdeckte, das Gefühl, daß sie unheilbar ist. Unheilbar«, wiederholte er und schwieg dann.
Wir gingen hintereinander wie immer, ich voraus, er hinter mir, zuerst auf
das Dorf zu, dann zum Gasthaus. »Eine unheilbare Krankheit erkennt der
Patient gleich. Er behält sein Wissen aber meistens für sich. Sie tritt ganz
anders auf als eine heilbare.« In seinem Blut seien so viele Giftstoffe, daß
man »ganze Stadtbezirke damit ausrotten könnte«. Diese Giftstoffe lager-
ten sich immer wieder irgendwo unter der Haut, wo sie Gelegenheit fänden, ab. »Daher die Geschwulst an meinem Fuß«, sagte er. »So wie an
großen Strömen Schiffskadaver liegen, so lagern sie an den Ufern meiner
Adern und Venen. Der Tod kann nur das Aufhören aller Schmerzen sein.
Der Tod bedeutet Freisein von allem; vor allem von mir selbst.« Zwischen

ihm und seinem Tod bestünden keine offenen Fragen mehr. »Die Abmachung, die ich mit meinem Tod getroffen habe, ist für beide Teile so vorteilhaft wie möglich und perfekt.«

Wenn es nach den Dorfleuten ginge, würden sie ihr ganzes Leben verfressen und versaufen. Um ihre Kiefer müßte einem angst und bang werden, und es fließt ja jetzt schon beängstigend Essen und Trinken aus ihren Mundwinkeln. Die Wirtin hetzt ihnen die Kuttelflecke und das Beinfleisch und die Bierkrüge an den Hals, so wie Hunde auf etwas gehetzt werden, vor dem man nicht sicher ist. Sie hußt. Den Maler ekelt vor dem Essen und Trinken, auf das sich der Ingenieur und der Wasenmeister stürzen. Die gesungen haben, plärren jetzt. Der Ingenieur sagt etwas gegen die Kirche, der Wasenmeister von einem verseuchten Ochsen, den irgendwelche Leute im Dorf zerhackt und aufgefressen hätten. Widrige Umstände hätten ihn auch gestern wieder durch den Hohlweg hinunter und auf die Schattseite hinaufgetrieben zu einem verendeten Hund. Vielen sei es unmöglich, ihr Vieh selber einzugraben. Sie gäben ihm Trinkgelder und fragten ihn aus. Woher das und das käme. Wo man hineinkommt, wie es da ist. Wo man herauskommt, auch das sei ihnen ja durchaus unbekannt. »Ja, die Mystik«, das ist das einzige, was der Wasenmeister zu antworten hat, »die Mystik«. Und auch: »das Mystische«, und der schon ganz besoffene Ingenieur sagt dazu: »Die Scholastiker!« und dreht seinem Knochen den Hals um. Die Wirtin kommt gar nicht nach mit dem Bierhereintragen, sie kämpft sich tapfer durch, teilt Fußtritte aus, wo sie geht, unter dem Tisch, da merkt man es nicht, manche fassen das falsch auf. Die, für die hin und wieder ein solcher Fußtritt als geheime Aufforderung, dann und dann zu ihr in ihr Bettzeug zu kommen, bestimmt ist, nehmen ihn, wie er gemeint ist. Sie schwitzt, und ihr Kinn glänzt wie die Würste, die sie dem Gendarmen vor die Uniform hinschiebt, so daß der zurückfährt an die Wand und einen Blick auf den Bauch werfen muß. »Nein, nein!« sagt der Ingenieur, »doch nicht die Idee!« Er wisse schon mit Granit umzugehen, mit widerwilligen Menschen. »Aber ich schlag nicht zu!« sagt er, »das hab ich nicht notwendig. Nein, nein!« Und dann ist so ein Gebrüll im Gastzimmer, daß man kein Wort mehr versteht. Die Töchter der Wirtin rutschen von einem Männerknie auf das andere. »Ein übler Geruch«, sagt der Maler, aber zum Aufstehn ist er scheinbar zu schwach. »Ich will nur noch austrinken«, sagt er. »Oft kommt unverhofft – ein Fest daher!« sagt der Ingenieur. Auf die Bessergestellten seien die Wenigergutgestellten wütend, sagt er, und keiner weiß, wer denn besser gestellt, wer weniger gut gestellt sein soll. Im Himmel sei aber »für die letzte Rotznase Platz«. – »O ja«, sagt da der Wasenmeister, »der Himmel hat immer noch ein paar Sitzplätze.« Es gehe ihm manchmal wie einem Reiter, der ohne Pferd weiterzureiten versuche, sagt der vor Hitze beinahe zerplatzende Ingenieur, »so in der Luft kann man hängen und eine Zeitlang vorwärtskommen. Fängt man zu denken an in der Luft, stürzt man auf die Erde, und alles ist schiefgegangen.« Sie singen dann, nachdem die Teller weggeräumt sind, ein Lied. ›Zu Mantua in Banden . . .‹, daß die Gastzimmerwände zittern. Der Maler geht mitten durch das Gebrüll in sein Zimmer. Aber es dauert bis zwei Uhr früh, bis Ruhe eintritt. Vorher hört man noch viel von Lustigkeit und von Menschendreck und von der großen Öde in allen.

Neunter Tag

»Haben Sie die Betrunkenen gehört? Haben Sie sie auch nach Mitternacht gehört?« sagte er. »Ich bin die ganze Nacht wach gelegen. Auf und ab gegangen. Ich habe sogar das Fenster geöffnet und die Luft hereinströmen lassen, diese fürchterliche kalte Luft. Aber es hat nichts genützt. Ich habe vorgehabt, mich zu beschweren. Aber das ist sinnlos. Man stößt überall nur auf Verständnislosigkeit. Was mich am meisten empört, ist das unaufhörliche Türenzuschlagen. Dieses fürchterliche Türenzuschlagen. Wie fortgesetzte Hiebe auf den Kopf! Nichts ist fürchterlicher, als wenn in einem Hause fortwährend die Türen zugeschlagen werden. Die Menschen schlagen sie ganz gedankenlos zu. Es ist eine Eigenschaft minderwertiger Leute. Von ganz gewohnheitsmäßigen Türenzuschlagern kann man sogar getötet werden. Mein Tag ist ruiniert, wenn jemand die Tür zuschlägt. Aber hier schlagen sie die Türen immer zu. Stellen Sie sich vor, Sie sind gezwungen, einem Haus zu leben, in dem fortwährend die Türen zugeschlagen werden! In dem gewohnheitsmäßige Türenzuschlager wohnen! Da sind Sie ausgeliefert . . .« Er sagt: »Schauen Sie, diese kleinen Schuhe, diese winzigen Schuhe!« und setzt seinen Stock auf einen seiner Schuhe. Und ich schaue auf seine Schuhe. »Mein Kopf ist so aufgeschwollen, daß ich meine Schuhe nicht sehen kann. Ich habe unendlich kleine Schuhe und sehr dünne Beine. Unendlich kleine, unendlich winzige Schuhe! Was diese Beine aber aushalten müssen, wenn ich an meinen

Kopf denke! Ich sehe ja aus wie ein fürchterlich aufgequollenes Insekt! Mein Kopf ist so schwer, daß ihn ein Dutzend kräftiger Männer gar nicht hochheben könnte . . . und meine Beine, diese winzigen Beine, bringen das zustande. Ich nehme jetzt immer ein Fußbad am Abend. Das hilft mir. Mein Kopf sieht nichts. Alles ist grau. Und gelb. Dann fließen diese Farben ineinander, und ich sehe nichts mehr als Schmerz.«

Wenn er mit dem Kopf an einen Baum stoße, sei es, als wäre der eine aufgeschwollene Hand. »Hören Sie? In meinem Kopf ist eine Kreissäge installiert. Diese Säge macht einen Lärm, daß ich darin umkommen könnte! Dauernd verklemmen sich riesige Holzbretter irgendwo in meinem Kopf, ich kann nicht genau sagen, wo: tief unten, weit hinten . . . dann ist es wieder der Wasserfall, der mich ohnmächtig macht. Ich höre Ihre Stimme aus weiter Ferne, wie durch eine Wand. Natürlich weiß ich, daß Sie neben mir gehen. Aber es ist, als gingen Sie weit fort von mir neben mir. Ich höre Sie ja. Sie stapfen ja auch durch den Schnee wie ich. Ich höre Sie durch den Schnee stapfen. Sie ziehen mich mit. Sie zwingen mich mitzugehen. Zwang ist es, ja . . . Die Jugend ist eigentlich immer schmerzlos«, sagte er dann. Wir befanden uns zwischen Kirche und Dorf. Manchmal sah man weder die Kirche noch das Dorf, denn riesige Nebelballen schoben sich durch das Tal. »Die Jugend kennt kaum Kummer. Nie Unterdrückung. Nie Hoffnungslosigkeit. Aber es ist falsch, was ich sage. In der Jugend ist alles noch viel schlimmer. Sie ist unterdrückter. Hoffnungsloser. Schmerzvoller. In Wahrheit ist die Jugend unzugänglich. Niemand kommt in sie hinein. In die wirkliche Jugend. In die wirkliche Kindheit. Niemand kommt in sie hinein. Ist das wahr? Glauben Sie, daß ich meinen Mantel ausbürsten soll?« fragte er. »Sie sprechen so leise, scheint mir. Wir befinden uns da in einer Sumpflandschaft, müssen Sie wissen. Im Sommer wären wir schon untergegangen. Aber was in der warmen Jahreszeit tödlich sein kann, einen hineinzieht, ist jetzt eingefroren.« Wir kamen zum Heuschober und setzten uns auf das Holzbrett, auf dem er gestern gehockt war. Er sagte: »Von Natur aus bin ich vielleicht, was man als ideal bezeichnen würde.« Sobald er sich erholt hatte, standen wir auf und gingen zuerst ein Stück denselben Weg, den wir gekommen waren, zurück, bogen dann aber ab, um schneller zum Gasthaus zu kommen. »Sie dürfen sich, wenn wir wieder im Gasthaus sind, etwas aussuchen. Irgend etwas. Einen Gegenstand. Ich möchte Sie heute beschenken. Suchen Sie sich etwas in meinem Zimmer aus. Wissen Sie, Sie attackieren mich nicht. Alle anderen attackieren mich.«

»Was reden die Leute über mich?« fragte er. »Sagen sie: der Idiot? Was reden die Leute?« Er wollte Antwort haben. »Ich irritiere, das ist es. Mein Kopf hat sie immer irritiert. Jetzt, in diesem krankhaften Zustand, kommen auch noch Eigenschaften zum Vorschein, die vorher zugedeckt waren. Nicht bis zum Kopf gedrungen sind. Es ist wahr: in einer solchen Krankheit kann man nichts mehr verbergen. Nichts. Schauen Sie, ich bin eine solche Person, nichts Schlechtes! Als Gamaschenträger mehr als lächerlich für die Leute. Und weil mein Stock für sie ein Zierstock ist. Das ist abgrundtief.« Dann: »Auf der einen Seite möchte ich nicht allein sein, auf der andern sind mir alle zuwider. Weil mir alles zuwider ist. Es dringt von außen auf sie ein und auf mich ein, in mich ein, die Abneigung und die Unmöglichkeit. Kein Verkehr. Nein. Sich zusammensetzen? Nein. Mit dem Ingenieur? Mit dem Wasenmeister? Mit der Wirtin? Mit dem Pfarrer? Mit einem von ihnen? Nein. Einmal war das möglich. Jetzt bin ich weit davon entfernt. Aber ich mache natürlich immer wieder einen Versuch. Um nicht unterzugehen. Oder weil ich untergehen will.« Er sagte, etwas von einem Naturwissenschaftler sei an ihm verlorengegangen. »Aber ich bin tief unfähig, ganz tief unfähig.« Das Außergewöhnliche vieler Menschen habe nur den Wert einer Pointe. »Aber ich bin niemand.«

Seit Tagen ist schon kein Gast mehr im Haus. Nur der Maler und ich. Zwischen den Mahlzeiten ist es wie in einer Gruft so still. »Unser Grab«, sagte der Maler heute einmal. Er hob den Stock gegen etwas, das ich nicht sah, und wiederholte: »Unser Grab.« Dann ging er um das Gasthaus herum und verschwand in der Finsternis der Baumschatten. Er wollte zum ersten Mal aus irgendeinem Grund allein sein. Da hatte ich Gelegenheit, mich in mein Zimmer zurückzuziehen. Zuerst dachte ich daran, einen Brief nach Hause zu schreiben, worin ich alles mitteilen wollte: den Auftrag, meinen Aufenthaltsort, mein Erlebnis mit dem Maler. Einzelheiten setzten sich in meinem Kopf zusammen. Dann aber, nachdem ich drei, vier Sätze geschrieben hatte, warf ich das Papier in den Ofen. Ich las in meinem Henry James und trank ein Glas Bier, das ich mir von unten geholt hatte. ›Der Arzt ist der Helfer der Menschheit‹, fiel mir ein, dieser Ausspruch, der schon immer in mir die blödsinnigsten Gedankenzerwürfnisse hervorgerufen hat. Helfer der Menschheit . . . dachte ich. Helfen und Menschen, wie weit liegen diese Wörter auseinander. Ich kann mir nicht vorstellen, daß ich jemandem helfen könnte. Wenn ich Arzt bin . . . Arzt? Ich und Arzt? Mir kommt das Ganze vor, als wäre ich gerade aus einem Traum aufgewacht, und jetzt soll ich mit dem weißen Mantel, den ich anhabe, ich weiß nicht warum, fertig werden. Der ›Helfer der Menschheit‹ durchkreuzte mein Gehirn und verursachte mir zum ersten Mal nach langer Zeit Kopfschmerzen. Mir ist alles unverständlich.

So, in diesen Gedanken, war es mir auch nicht möglich, mit meinem Henry James voranzukommen. Ich schlug das Buch zu und schlüpfte in meinen Rock, legte noch ein großes Holzscheit in den Ofen und verließ das Gasthaus in Richtung Dorf. Ich brauchte keine Viertelstunde bis auf den Friedhof, wo ich den Wasenmeister vermutete. Zu gern hätte ich mit ihm geredet, ihm eine seiner Geschichten herausgelockt. Aber er war nicht auf dem Friedhof. Ein paar Frauen aus dem Ort trugen Papierblumensträuße in die Kapelle. Die Turmuhr rasselte, und im selben Augenblick löste sich ein Eisbrocken vom Kirchendach und fiel mir vor die Füße. Ich blieb erschrocken stehen. Ein Schritt weiter und . . . mir fiel ein, daß einmal vor ungefähr fünfzehn Jahren neben mir ein riesiger Eiszapfen heruntersauste, meinen Ärmel streifte und sein Luftdruck allein mich umwarf. Damals konnte ich nächtelang nicht schlafen vor Aufregung und machte wochenlang nachher noch ins Bett. Ich ging, enttäuscht, den Wasenmeister nicht angetroffen zu haben, die Kindergräber entlang, hin und her. Aber bald kam mir mein Gehen stumpfsinnig vor, und ich hielt es nicht mehr aus, und ich lief in das nächstbeste Wirtshaus auf dem Dorfplatz. Ich setzte mich in eine Ecke, von wo aus ich die Bauernburschen, die in der gegenüberliegenden Ecke Karten spielten, gut beobachten konnte, trank ein paar Gläser Bier und erhob mich erst, als ich schon ziemlich betrunken war. Ein paarmal fiel ich in den Graben, richtete mich wieder auf, lachte ganz sinnlos und kam ewig nicht ins Gasthaus.

Im Gastzimmer sagte der Ingenieur, daß es sich bei dem Kraftwerkbau um das größte derartige Projekt handle, das jemals ausgeführt worden sei. Schon jetzt träfen jeden Tag Experten aus der ganzen Welt ein, um einen Einblick in den Bau zu gewinnen. »Kann sich unser Staat ein solches Projekt leisten?« fragte der Maler. »O ja«, sagte der Ingenieur, »der Staat ist reich. Wenn er nur immer sein Geld in so große und so nützliche und von

aller Welt bewunderte Projekte hineinstecken würde. Aber der Staat verschwendet das meiste Geld!« Milliarden gingen jährlich spurlos verloren.
Man wisse schon, wo man das Geld zu suchen habe, in den Ministervillen
nämlich und in den Ministerfabriken und in den Staatsbetrieben, die alle
so schlecht geführt würden, daß es sinnlos sei, dahinein Geld zu stecken.
Alle diese Betriebe arbeiteten mit großen Verlusten, die aus dem Volks-
vermögen wiedergutgemacht werden müßten. »Das meiste geht aber für
die Repräsentation drauf«, sagte der Ingenieur. Und der Maler sagte: »In
keinem Land haben die Minister wie bei uns zwanzig Automobile zu ihrer
Verfügung, wohin kämen die Länder denn da?« – »Dahin, wo wir hingekommen sind«, sagte der Wasenmeister. »Ja«, sagte der Maler, »wir haben
bankrott gemacht.« – »Bankrott«, sagte der Wasenmeister.

Der Ingenieur, der für alle auf seine Rechnung einen Liter Wein bestellt
hatte, sagte dann: »Das Kraftwerk wird in alle Länder Europas Strom
liefern. Ein Laie kann sich ja ein Bauwerk wie das Kraftwerk überhaupt
nicht vorstellen. Ich selbst kenne mich ja nur in großen Zügen darin aus
und bin eigentlich nur über gewisse Teilabschnitte des Ganzen informiert.
Jeder hat ja seinen engbegrenzten Aufgabenbereich. Die Kunst liegt in der
Arbeit der Wissenschaftler, die das Kraftwerk entworfen haben. Ich bin ja
nur mit der Ausführung und auch nur mit der Ausführung eines kleinen
Abschnittes beauftragt. Wenn man bedenkt, daß ein Kubikmeter soviel
wie ein ganzes Dorf kostet, und kein kleines Dorf, so kann man sich
vorstellen, was da hinein investiert werden muß. Aber auch dann kann
man es sich nicht vorstellen.« Der Maler sagt: »Aber die Landschaft wird
dadurch verunstaltet. Je mehr solche Kraftwerke entstehen, und ich will ja
gar nicht bestreiten, daß sie notwendig sind, daß sie ungeheuer nützlich
sind, daß sie das Beste sind, was wir bei uns bauen können, das will ich ja
wirklich nicht bestreiten, aber je mehr solche Kraftwerke gebaut werden,
desto weniger schönes Land bleibt übrig. Nun ist ja dieses Tal sowieso
häßlich, und es kann gar nicht mehr verunstaltet werden, weil es von
Natur aus immer verunstaltet gewesen ist, eine Häßlichkeit mehr oder
weniger fällt hier nicht auf, aber in schönen Gegenden, und unser Land
besteht ja doch zum Großteil aus schönen Gegenden, in diesen schönen
Gegenden richten die Kraftwerkbauten die größten Verheerungen an.
Schon ist das halbe Land durch Kraftwerkbauten verunstaltet. Da, wo
blühende Wiesen waren und herrliche Ackerkulturen und die besten Wäl-

der, da sind jetzt nur noch Betonklötze zu sehen. Das ganze Land ist bald von Kraftwerkbauten zugedeckt, und es wird sich in absehbarer Zeit kaum mehr ein Platz finden lassen, wo man nicht von Kraftwerkanlagen oder wenigstens von riesigen Telegraphenmasten irritiert wird.« – »Ja«, sagt der Wasenmeister, »das ist wahr.« – »Auch die großen Flüsse werden ja verunstaltet«, sagte der Maler, »weil man sie gerade dort, wo sie am schönsten fließen, und in den schönsten Gegenden staut und durch häßliche Kraftwerke unterbricht. Nicht, daß mir die neue Architektur nicht gefällt, im Gegenteil, aber ein Kraftwerkbau ist immer häßlich. Es gibt schon Tausende solcher Kraftwerke in unserem Land.« Der Ingenieur sagt: »Warum soll man die Energie nicht ausnützen, die uns zur Verfügung steht? In allen Ländern baut man so viele Kraftwerke wie möglich. Die Elektrizität ist das Kostbarste.« Und so häßlich, wie der Maler gesagt hat, seien die Kraftwerke gar nicht. Weil man sie so einfach wie möglich baue, fügten sie sich oft in die Landschaft, als hätte es sie schon immer gegeben. »An vielen Orten entstehen Stauseen, die der Landschaft nur zum Vorteil gereichen«, sagt der Ingenieur. »Häßliche Dörfer verschwinden über Nacht unter dem Wasser, Sumpfgegenden und braches, nutzloses Land.« Der Maler sagt: »Aber es brechen immer wieder Dämme, und dann ergießen sich die Ströme in die fruchtbaren friedlichen Niederungen, und Hunderte von Menschen gehen zugrunde, wie man immer wieder liest.« – »Ja«, sagte der Ingenieur, »das ist wahr.« – »Und die Menschen wissen nicht, wie sie dazukommen, sich einer solchen ständigen Gefahr auszusetzen. Denn gegen einen solchen Dammbruch ist man doch machtlos, Herr Ingenieur, nicht wahr?« – »Ja, dagegen ist man machtlos.« Aber Dammbrüche kämen sehr selten vor. Und dann beruhten sie meistens auf Natureinflüssen, die außerhalb des menschlichen Denkvermögens lägen. »Ja, sehen Sie!« sagt der Maler, »sehen Sie!« Der Ingenieur sagt: »Dammbrüche sind so selten und die Verluste dadurch, an Menschen, meine ich, meistens so gering, daß das nicht ins Gewicht fällt . . .« – »Ah, das fällt nicht ins Gewicht?« sagt der Maler, »das fällt also nicht ins Gewicht?« – »Nein«, sagt der Ingenieur, »das fällt wirklich nicht ins Gewicht. Wenn man an den ungeheuren Vorteil der Kraftwerke denkt, nicht.« – »Ah, an den ungeheuren Vorteil der Kraftwerke! Und Sie glauben, daß hunderttausend tote Menschen nicht dasselbe sind wie ein toter Mensch?« – »Wieso denn?« fragt der Ingenieur. »Ah«, sagt der Maler, »sehen Sie: wieso denn?« Und dann sagt der Ingenieur: »Die Gefahr, daß Menschen getötet werden, ist überall.

Und überall werden auch Menschen getötet. Durch die Kraftwerke kommen die wenigsten um. Arbeiter, ja. Aber überall gehen Arbeiter zugrunde, auf jeder Baustelle. Wenn unser Land die Kraftwerke nicht gebaut hätte, die es gebaut hat, unter welchen Umständen immer, wäre es ein armes Land.« So aber könne es, trotz aller Mißstände, doch immerhin von sich behaupten, wohlhabend zu sein. »Je mehr Kraftwerke noch entstehen, desto glücklicher wird unser Land sein.« Darüber waren sich alle einig. Nur der Maler schwieg und sagte nur: »Ja, die Kraftwerke.«

»Der Ingenieur war in der Klamm«, sagte der Maler, »wenn ich gewußt hätte, daß er in die Klamm geht, hätte ich mich ihm angeschlossen. Er hätte mich in seinem Wagen bis J. mitgenommen. Vor zehn Jahren war ich das letzte Mal in der Klamm. Sie müssen wissen, der Wasserfall ist dort wie ein Donner. Nun, der Ingenieur ist halb erfroren in der Klamm. Hätte er mich gefragt, ich hätte ihm gesagt, was man anziehen muß, wenn man in die Klamm geht! – ›Das ist doch ein Erlebnis, in der Klamm!‹ habe ich zu ihm gesagt, und er darauf: ›Aber die Wildschweine!‹ – ›Die Wildschweine?‹ frage ich, ›die Wildschweine? Sie haben doch nicht etwa das Märchen von den Wildschweinen geglaubt?‹ ›Das Märchen?‹ fragt er. ›Ja, das Märchen!‹ Es ist doch ein Märchen, das mit den Wildschweinen. Der Wasenmeister erzählt jedem, der in die Klamm geht, daß dort Wildschweine hausen, die die Menschen anfallen, wissen Sie! Das mit den Wildschweinen ist absolut ein Märchen! ›Ein Märchen!‹ sage ich, und der Ingenieur sagt: ›Ich habe sie gehört!‹ – ›Was gehört? Die Wildschweine?‹ sage ich. ›Ja, die Wildschweine.‹ – ›Die Wildschweine? Da haben Sie nie ein Wildschwein gehört, wenn Sie da in der Klamm ein Wildschwein gehört haben‹, sagte ich, ›denn in der Klamm gibt es keine Wildschweine. Keine Wildschweine!‹ sagte ich endgültig, und der Ingenieur: ›Und Sie glauben also, der Wasenmeister hat mich belogen?‹ – ›Ja, der Wasenmeister hat Sie belogen‹, sage ich, ›der Wasenmeister belügt jeden, der in die Klamm geht.‹ – ›Aber es waren doch Wildschweine!‹ sagte der Ingenieur, der sich von mir nicht überzeugen ließ. ›Dann waren es eben Wildschweine‹, sage ich. ›Nur ein Dummkopf kann Wildschweine nicht von Hirschen und Füchsen unterscheiden. Das waren doch Hirsche und Füchse.‹ – ›Nein, Wildschweine‹, sagte der Ingenieur. Da drehte ich mich um und ging weg. Wissen Sie«, sagte der Maler, »in dieser Gegend gibt es seit Jahrhunderten keine Wildschweine. Nicht hier im Hochgebirge, nur noch im Flachland, da allerdings wüten sie oft unglaublich, fressen Leichen an und stoßen Haustüren auf und überraschen die Menschen im Bett. Hier aber gibt es keine Wildschweine. ›Die Pelzmütze‹, sagte ich dem Ingenieur, ›hätten Sie aufsetzen müssen, die Pelzmütze, und ihre Füße in Gamaschen einwickeln.‹ Ja, das hätte er tun sollen, das sah er ein. Das Märchen von den Wildschweinen glaubte er.«

Wir gingen am Teich vorbei. Der Maler sagte: »Hier verschwinden Menschen, ohne daß sie jemals wieder auftauchen; werden nicht mehr gefunden. Ich könnte Ihnen mehrere Fälle von Menschen aufzählen, die hier schon verschwunden sind. Zuletzt ist die Metzgergehilfin verschwunden. Spurlos. War noch am Abend in ihrem Bett gesehen worden. In der Frühe war sie verschwunden. Ein für allemal. Daß das möglich ist«, sagte der Maler, »das beweist doch das Unheimliche, nicht wahr? Oder ist das nicht unheimlich, wenn ein Mensch verschwindet? Spurlos? Gar nichts zurückläßt als einen Kasten voll Kleider, ein Paar Schuhe und ein Gebetbuch? Und man auch nach zehn Jahren von ihm nichts mehr hört?«

Ich bleibe unten im Gastzimmer sitzen, weil mir die Menschen warm machen. Oben, in meinem Zimmer, ist es kalt, das Feuer ist ausgegangen, und noch einmal anheizen will ich nicht. Ich kann in einem warmen Zimmer ja nicht schlafen. Ein guter, kleiner Eisenofen ist es, den ich im Zimmer habe. Er ist schnell glühend heiß, aber gleich wieder eiskalt. Und das Zimmer ist immer wie der Ofen. Unten im Gastzimmer spiele ich mit, wenn sie schnapsen und watten. Ich setze mich zu ihnen hin, wenn ich die Gewißheit habe, daß der Maler nicht mehr zurückkommt. Er würde es nicht gern sehen, daß ich mit ihnen spiele. Oder soll ich es ihm einfach sagen? Warum sage ich es ihm nicht? Ich darf mich ja nicht unterdrücken lassen von ihm. Manchmal bleibt er aber selber sitzen und fragt den Ingenieur irgend etwas, das mit dem Kraftwerkbau zusammenhängt, oder den Wasenmeister um irgendein Detail aus einer seiner Kriegsgeschichten. »War das in Poltawa?« fragt er, um den Wasenmeister auf die Probe zu stellen. Sagt der darauf: »Nein, in Odessa«, und hat er, wie sich der Maler erinnert, vor Wochen auch »in Odessa« gesagt, in der und der Geschichte, in dem und dem Zusammenhang, dann weiß er, daß die Geschichte auf Wahrheit beruht. Fangfragen sind es, die der Maler gern stellt. Hätte der Wasenmeister gesagt: »Ja, in Poltawa«, so wäre das ein Beweis dafür gewesen, daß die Geschichte, die er erzählt hat, gar nicht auf Wahrheit beruht. Oder der Maler sagt: »Das Mädchen ist doch diesem Mann bis zuletzt treu geblieben, nicht wahr?«

Oft muß ich dem Maler den Bierwärmer aus der Küche bringen. Aber er läßt ihn immer so lange im Glas, bis das Bier nicht mehr zu trinken ist, dann sagt er: »Das kann man ja nicht trinken!« und schiebt es weg. Immer wieder bestellt er ein Glas Bier und trinkt keinen Schluck. Ist er weg, trinkt der Ingenieur das Bier aus oder der Wasenmeister oder irgendein anderer, der gerade daneben sitzt. Manchmal nimmt er auch auf die Spaziergänge seinen Pascal mit und zieht ihn plötzlich aus der Tasche und schlägt eine Seite auf und sagt: »Das ist ein großer Gedanke!«, tut, als lese er einen Abschnitt, schaut mich an und steckt dann das Buch wieder in die Tasche. »Blaise Pascal, geboren 1623, der Größte!« sagt er dann. Es kann zwei Uhr werden, bis ich ins Bett komme. Zuletzt sitzen noch der Ingenieur und der Wasenmeister da und die Wirtin und ich. Bald sind die Karten auf dem Tisch, bald sind sie in unseren Händen. Die Wirtin schreibt auf, wie das Spiel steht. An der Wand tickt die Uhr. Draußen zieht sich die Welt zusammen vor Kälte. »Bis vor einem halben Jahr hab ich einen Hund gehabt, einen Wolfshund«, sagt die Wirtin, nachdem sie zum Fenster hinausgeschaut hat. Und nichts gesehen hat als Angst. Das Licht ist schwach, und die Augen schmerzen, wenn es gegen ein Uhr geht. Oben, in meinem Zimmer, komme ich mir dann so allein vor, ohne zu wissen, warum. Ich kann mich stundenlang nicht erwärmen vor Kälte.

»Ich stehe da vor dem Baum«, sage ich, »aber ich weiß ja nicht, was das ist, ein Baum. Was ist das? Und auch ein Mensch steht da, und ich weiß nicht, was das ist. Nichts weiß ich. Bald ist es oben und bald kalt und dann wieder finster. Wissen Sie es?« – »Ich?« sagt der Wasenmeister, »wieso ich?« – »Und Sie sehen hinauf, wo es schwarz ist, das sind Wolken, nicht wahr. Und dann kommen Sie in ein Haus, wo warm eingeheizt ist. Da sitzen wieder Menschen. Und auf dem Friedhof sind auch welche. Wissen Sie, was das ist?« – »Nein, Menschen«, sagt er. »Ja, Menschen.« Und es ist plötzlich kalt, mich friert, und ich sollte rasch nach Hause gehen, der Maler wartet auf mich. Ich habe ihm versprochen, bald zurückzukommen, er hat von mir verlangt, daß ich ihm im Dorf Schuhriemen besorge. Ich bin zum Schuster und habe auch Schuhriemen bekommen. Und bin wieder heraus und habe mich auf den Dorfplatz hingestellt. Ja, so ist das, habe ich mir gesagt. Schon gleich: »Schuhriemen.« Und dann gehe ich noch einen Sprung auf den Friedhof, um den Wasenmeister etwas zu fragen. Wie ich oben bin, weiß ich gar nicht mehr, was ich habe fragen wollen. Er steht genau dort, wo ich ihn ein paar Minuten vorher, im Gedächtnis, stehen sah, man kann auch sagen *im Traum*. Er hat an, was ich vermutet habe. Er steigt aus dem Grab heraus, und ich stecke die Schuhriemen für den Maler ein. »Ich habe Sie etwas fragen wollen, aber jetzt weiß ich nicht mehr, was es war«, sage ich. »Ich hab es vergessen.« – »Mich was fragen?« sagt er und steigt wieder in die Grube hinein. Ich sehe nur seinen Kopf und gehe einen Schritt weiter und sehe seinen Rücken. »Ein Grab«, sage ich. Er sagt: »Wieso ein Grab?« – »Es ist doch ein Grab, was sonst? Ein tiefes Grab.« – »Ein Grab, ja«, sagt er. »Warum?« – »Wissen Sie, warum? Wie tief so ein Grab ist«, sage ich. Die Menschen gehen also eine Weile herum auf der Welt, die ihnen so vorkommt, als könnte man auf ihr herumgehen – wer sagt das? –, und dann fallen sie in ein solches Grab hinein. Wer ist auf die Idee gekommen, Menschen auf der Welt oder auf dem, was so heißt, herumgehen zu lassen, um sie dann in ein Grab, in ihr Grab, eingraben zu lassen? »Das ist ein alter Baum«, sage ich zum Wasenmeister. Und er: »Ja, das ist ein alter Baum.« Und nach einer Weile sage ich dasselbe von einem Menschen, ohne zu wissen, daß ich dasselbe sage, ich sage: »Der ist schon alt, nicht wahr?« – »Ja«, sagt der Wasenmeister, »der ist schon alt!« Und dann: »Wie ist es im Pfarrhaus? Kalt?« – »Ja«, sagt er, »sehr kalt, *recht* kalt.« Und ich sage: »Was ist in der Stadt? Viel Menschen, nicht wahr?« – »Ja, viel Menschen«, sagt er. »Und wie wird morgen das Wetter? Kann man hoffen?« – »Hoffen? Ja«, sagt er, »hoffen schon.« – »Und warum muß das heute schon gegraben werden, das Grab, wo doch übermorgen erst das Begräbnis ist?« – »Warum? Übermorgen ist das Begräbnis«, sagt er. »Übermorgen nachmittag.« – »Ja, übermorgen nachmittag.« – »Es muß doch kalt sein, da unten«, sage ich. Und er sagt: »Kalt. Ja, es muß kalt sein, da drunten.« Was weiß man schon? Ob er denselben Weg wie ich habe, fragte ich den Wasenmeister. Ja, er hat denselben Weg. Was mag er nur in seinem Rucksack haben? denke ich. Wir gehen die Abkürzung ins Dorf. Wenn ich festere Schuhe anhätte! Der Wasenmeister sagt: »Im Krieg hat es hier nicht an Verbrechen gefehlt. Noch nach dem Krieg, als ich schon zu Hause war, wurden den Leuten wegen einem Fahrrad oder wegen einem Bissen Brot die Köpfe eingeschlagen. Und stellen Sie sich vor: die Franzosen haben die Häftlinge aus der Strafanstalt gelassen, und die haben das ganze Land überschwemmt, und es hat in jedem Ort Mordfälle wegen einer Decke oder wegen einem alten Pferd gegeben. Und dann auch Racheakte!« sagte der Wasenmeister. »Hat Ihnen der Maler nichts davon erzählt? Er ist ja im Krieg und in der Nachkriegszeit mit seiner Schwester in Weng gewesen. Damals haben sich die Bauern nicht gut gegen ihn benommen.« Der Maler habe zeitweise auf dem Dachboden des Gasthauses schlafen müssen, »weil alle Zimmer von den Soldaten besetzt gewesen sind«. Den Wirt hätten sie übrigens verhaftet und an die Wand gestellt und erschießen wollen; »man weiß nicht, warum. Aber im letzten Augenblick haben sie ihn nicht erschossen.« Die Zellulosefabrik habe in den Kriegsjahren »nur für die Rüstung gearbeitet«. Flugzeuge hätten versucht, sie zu bombardieren, seien aber an den Berggipfeln zerschellt oder hätten immer wieder, weil sie nichts sehen konnten, umkehren müssen. Als Kriegsheimkehrer habe er sich wochenlang in Heuhütten verstecken müssen. »Ich habe tagelang in Kornfeldern geschlafen. Das Korn stand damals hoch. Ich aß frische junge Rüben und Korn«, sagte er. »Es war ganz still im Tal.« Da und dort habe man noch schießen hören. Kein Zug. Nichts. »Die Brücken lagen alle im Wasser.« Abgesprengte Felsblöcke lagen auf den Bahngleisen. »Vor den Häusern waren Wachtposten aufgestellt.« Als die eines Tages abgezogen wurden, stand er aus dem Kornfeld auf und ging ins Dorf. Er verschaffte sich eine alte Hose und einen alten Rock, zog seine Uniform aus und schlüpfte in diese alte Hose und in diesen alten Rock. Dann meldete er sich auf dem Bürgermeisteramt, wo sie um jeden Mann froh waren. Sie brauchten einen Totengräber. »Ich hatte sofort meine Arbeit.«

Wasenmeister wurde er eine Woche später, als sie im Lärchenwald an die zweihundert erschossene Pferde entdeckten, die schon tagelang einen fürchterlichen Geruch verbreitet hatten, von dem sie aber offenbar nicht wußten, woher er kam, der Wind kam wohl aus der Gegenrichtung, sonst hätten sie den Geruch ja gar nicht ausgehalten. »Ich habe Tag und Nacht arbeiten müssen. Die erschossenen Soldaten und die erschossenen Pferde auseinanderhalten. Die Pferde zündeten wir einfach an. Ein großes Feuer«, sagte der Wasenmeister. »Die Soldaten gruben wir haufenweise ein. An die hundert junge Leute, die auf diesen Pferden von irgendwoher geritten waren. Man weiß nicht, von woher, und man weiß nicht, wer sie erschossen hat. Man vermutet, französische Maschinengewehre . . . Ja, das vermutet man.« Als ich mich auf dem Dorfplatz von ihm verabschiedete, sagte er: »Alles voll Leichengeruch!« Und ich ging auf das Postamt.

Zehnter Tag

Zum ersten Mal habe ich heute von Strauch geträumt; nach diesem Traum, oder auch schon während dieses Traums, fiel mir ein, daß ich lange Zeit überhaupt nicht mehr geträumt habe, ich selbst kann mich jedenfalls an keinen einzigen Traum in der letzten Zeit erinnern, aber das beruht sicher auch auf einem Irrtum, auf einem der »vom Tod ablenkenden Irrtümer«, denn es gibt ja keinen »nichtträumenden Menschen«, die Nächte sind Träume, nichts als Träume, die man aber nicht sehen kann, wenn auch wahrnehmen, wenn dieses Wahrnehmen auch unter Ausschaltung des Bewußtseins vor sich geht; ich habe also zum ersten Mal von Strauch geträumt. Ich befand mich in einer Großstadtklinik, in einem Gebäude, das aus allen von mir jemals gesehenen und betretenen Kliniken zusammengesetzt war, und ich war schon im Rang eines Arztes, ich war, wie man mir von allen Seiten, während ich durch diese große Klinik ging, sagte, ein »angesehener Arzt«, ja ein »berühmter Arzt«, eine »Kapazität«, sagte man von allen Seiten, ich hörte das Wort Kapazität von überallher, aus allen Richtungen, es dröhnte alles vor und unter dem Wort »Kapazität« und dazwischen auch »medizinische Kapazität«, es war ein qualvolles Durch-diesen-Begriff-Durchgehen, ich lief, konnte aber gar nicht laufen, denn ›eine Kapazität läuft nicht durch Räume‹, dachte ich, ich beherrschte mich nicht, war aber beherrscht: ich ging durch riesige Krankenzimmer, in welchen Scharen von Patienten auf mich gewartet hatten, die sich vor mir verneigten, sie drückten merkwürdigerweise ihre Köpfe ganz auf den Boden herunter, so daß ich ihre Gesichter nicht sehen konnte, ich sah nur ihre langen, mageren und dicken, feisten Rücken, ich sah diese Rücken und die Vorderfüße dieser Menschen, merkwürdigerweise wußte ich sie alle beim Namen zu nennen, ich rief einige auf, und es war qualvoll, als diese von mir Aufgerufenen aus der Masse der Patientenreihen heraustraten und mir ihre Krankengeschichte erzählten, eigentlich nur durch ein Abwechseln grauenhafter Gesichtsausdrücke; ich hatte hinter mir eine Reihe Ärzte, der Assistent befand sich darunter, mehrere Köpfe, die durchaus Kapazitäten sind, die meine Prüfungen abgenommen hatten, die mir noch Prüfungen abnehmen werden, waren hinter mir in einer entsetzlichen verkrampften Ärzteschaft eingereiht, wie »zur medizinischen Anonymität verurteilt«, reagierten sie alle auf mich, auf alles, was den

Anschein hatte, als brächte ich es zum Ausdruck; ich sagte: »Es gibt natürlich Konstellationen, die das Leben verbieten!« (ich kann mich genau an diesen Satz erinnern); auf diesen Satz reagierten sie folgendermaßen: sie sprachen den Patienten, die sich gegen diesen meinen Satz aufzulehnen schienen, jede Denkfähigkeit ab, herrschten sie einfach nieder; diejenigen Patienten, die sich nicht von ihnen niederherrschen ließen, wurden von ihnen *entfernt*, unsichtbar gemacht, für mich unsichtbar gemacht; die Ärzteschaft brach darüber in ungeheures Gelächter aus. Ich sagte: »Das Leben verbietet einzelne Leben!«, worauf sie den Patienten hohe Strafen androhten, sollten sie sich zu diesem meinem zweiten Satz äußern; die Ärzte selbst steigerten ihr Gelächter; als dieses Gelächter unerträglich wurde, flüchtete ich in einen anderen Raum, ich befand mich in einem schlachthausähnlichen, weißgekachelten Raum, in einem völlig leeren Raum, in den mich die Ärzteschaft ganz allein hineingehen ließ. Ich fühlte aber, daß die Ärzteschaft an der Tür war, die sich hinter mir geschlossen hatte. Plötzlich sah ich in der Mitte des Raums einen Operationstisch, der zuerst leer war; plötzlich sah ich Strauch auf dem Operationstisch angeschnallt. Plötzlich hatte ich eine vor mir schwebende griffbereite Instrumentensammlung. Strauch lag unbeweglich angeschnallt auf dem Operationstisch, der sich dauernd halb rotierend bewegte. Das Fürchterliche war, daß sich der Operationstisch *fortwährend* bewegte; wenn ich nur an ihn ankam, bewegte er sich, und ich sah, daß ich auf diesem Operationstisch nicht würde arbeiten können. »Nein!« schrie ich. Die Ärzteschaft, die draußen stand, drohend, brach aber in Gelächter aus. Sie schrie: »Operieren Sie! Operieren Sie nur!« und lachte. In dem Gelächter der Ärzteschaft hörte ich immer wieder den Assistenten sagen: »Schneiden Sie doch! Warum warten Sie! Schneiden Sie doch! Sie müssen schneiden! Fangen Sie an! Sehen Sie nicht, daß Sie schneiden müssen? Sie sind meinem Bruder *alles* schuldig!« Da fing ich an zu operieren; ich weiß nicht mehr, was für eine Operation es war, eine Reihe von Operationen führte ich gleichzeitig aus: eine Milz-Nieren-Lungen-Herz-Kopf-Operation; und das alles auf einem sich fortwährend bewegenden, und zwar unregelmäßig sich bewegenden Operationstisch. Plötzlich sah ich, daß ich den Körper, in dem ich, wie ich glaubte, ganz präzise Operationen vorgenommen hatte, vollkommen zerschnitten hatte. Der Körper war überhaupt nicht mehr als Körper erkennbar. Es war wie ein Fleisch, das ich folgerichtig, tadellos, aber vollkommen verrückt zerschnitten hatte und jetzt wieder tadellos, aber wahnsinnig geworden zusammennähte. Während dieser Operationen, die ihre *strengsten Methoden* hatten, überschüttete mich das Gelächter der Ärzteschaft, die draußen wartete und die scheinbar alles, was ich im Operationssaal tat, verfolgte, jeden Einschnitt begleitete sie mit herausgelachten, herausgekotzten fachmännischen Besserwissensergüssen. Schließlich meinten sie, die Operation sei *beendet und gelungen,* während ich selbst glaubte, ich hätte erst alles »aufgerissen, aufgeschnitten und aufgerissen und vollkommen verkehrt zusammengenäht«. Sie strömten alle in den Operationssaal herein und schrien, ich hätte eine großartige Leistung vollbracht, die größte Leistung auf medizinisch-operativem Gebiet, sie jubelten und hoben mich schließlich empor und wollten alle meine Hand drücken, meine Hand küssen, in einen entsetzlichen Jubel waren sie ausgebrochen; von ihnen hoch hinaufgehoben, sah ich, hoch von der Operationsdecke herunter, auf einen Haufen vollkommen verstümmelten Fleisches, das sich unter elektrischen Stößen zu bewegen schien, zu zucken schien, einen Haufen völlig zerstückelten Fleisches, das schlagweise Blut ausstieß, ununterbrochen Blut ausstieß, riesige Mengen Blutes und langsam alles in Blut ertränkte, alles, die Ärzteschaft, alles; auch das Rufen des Assistenten, diese entsetzlichen, in den ungeheuern Blutströmen seines Bruders ertrinkenden Sätze: »Fürchte dich nicht, die Operation ist gelungen! Ich bin ja dein Bruder, dein Bruder! Fürchte dich nicht, die Operation ist gelungen . . .« Als ich aufwachte, mußte ich das Fenster öffnen und den Kopf hinausstrecken. Ich hatte das Gefühl, ersticken zu müssen. Draußen aber stand der Mond, und die Sterne kamen mir vor wie Rettungsanker. Die Ärzteschaft in diesem Traum, die ich zum Teil kannte, aber dann doch überhaupt nicht kannte, wie sich einfach herausstellte, hatte Kinderstimmen. Man muß sich vorstellen, diese Ärzte, Männer zwischen neunzehn und siebzig Jahren, oft mit dicken Bäuchen und runden aufgeschwemmten Medizinerköpfen, schrien und lachten wie drei- oder vier- oder dreizehn- oder vierzehnjährige Kinder!

Im Armenhaus

»Ich möchte Sie doch einmal ins Armenhaus mitnehmen«, sagte der Maler. »Vielleicht ist es ganz gut, wenn ein Mensch wie Sie, der noch ohne Erfahrung ist – und ich habe doch recht, nicht wahr? –«, sagte er, »einmal

einen Blick in eine der drückendsten Menschenerbärmlichkeiten hinein-
wirft, die es gibt, in die Zusammenrottung der nur noch vor sich hin
lallenden Altersunfähigkeit. Ich glaube nicht, daß Sie das in dem Maß
erschrecken wird, daß ich mir dann an den Kopf greifen muß und mir
sagen muß: Ah, das hätte ich aber nicht tun sollen, diesen Menschen da
hineinführen, ihn mit dem Wasserkopf konfrontieren, mit dem Saufge-
sicht, mit dem aufgeschwollenen Raucherbein, mit der Stupidität des Pen-
sionistenkatholizismus. Das Alter ist nur mehr gefräßig«, sagte der Maler,
»die alten Männer sind Kostgänger bei den Teufeln, die alten Frauen
Himmelszitzenzieherinnen! Und alles das ohne Notwehr! Dieser Geruch«,
sagte der Maler, »wenn Sie ins Armenhaus eintreten, Sie wissen nicht, sind
das Äpfel oder verfaulte Gemischtwarenhändlerbrüste. Sie möchten am
liebsten den Atem anhalten«, sagte der Maler, »über alles, das noch zu
kommen sich die Frechheit herausnimmt, den Atem anhalten! Aber man
hat gleich die Brust voll Fäulnis. Sie können auf einmal gar nicht mehr
ausatmen, man kann den Schmutz nicht mehr ausatmen, das Alter, den
Gestank der ungeheueren Überflüssigkeit, diesen melancholischen dumpfen Eitergeruch. Jaja«, sagte der Maler, »ich werde Sie mitnehmen. Ich
werde Sie hinführen. Sie werden Ihren Knicks machen vor der Oberin. Sie
werden Ihr Geschichtchen erzählen, Ihr Lebensgeschichtchen, und Sie
werden auch eine auf Ihren Kopf bekommen. Man wird Sie zerreißen! Die
Alten, das sind die Leichenfledderer an den Jungen. Das Alter ist Leichenfledderei. Das Alter frißt sich an der Jugend voll«, sagte er. »Da
komme ich einmal ins Armenhaus und setze mich hin«, sagte der Maler,
»und sie bringen mir Brot und Milch, und sie wollen auch, daß ich
Schnaps trinke, aber ich sage, ich will keinen Schnaps, nein, nein, keinen
Schnaps, sage ich, auf gar keinen Fall Schnaps, und ich wehre mich, sie
füllen mir doch ein Glas, dann trinke ich nicht, ich sage, nein, ich trinke
nicht, und die Oberin schüttet den Schnaps in die Flasche zurück, und ich
weiß, daß sie Geld will, alle hier wollen sie Geld, das ganze Dorf will Geld
von mir, die ganzen Leute, alle wollen sie etwas, sie halten mich alle für
dumm, im Grunde halten mich alle für dumm, für bodenlos dumm, denn
ich habe sie alle herausgefüttert, durch Jahre habe ich alle herausgefüttert,
mit Ratschlägen, Vorschlägen, mit Hinweisen, Beihilfen, Aushilfen, mit
Geld, ja, auch mit Geld, ich habe viel Geld verschustert, hineinverschu-
stert in dieses Schmutzloch . . . da komme ich also hin«, sagte der Maler,
»lehne den Schnaps ab und höre mir diese Bettelei an, höre mir an, ich

solle eine Unterstützung geben, eine ›ganz kleine Unterstützung‹, die ›der Herr‹ mir ›hoch anrechnen wird‹ (welcher Herr?), und ich höre das alles und schaue die Oberin an und höre, wie sie mit den Füßen die Nähmaschine tritt, sie tritt die Maschine und zieht ein zerschlissenes Männerhemd unter der Nadel an ihre Brust, dann auch einen Rock, ich schaue da in ihr Gesicht, in das breite, schwammige Gesicht, auf die aufgequollenen Hände, auf ihre großen schmutzigen Fingernägel, ich schaue ihr unter die Haube, unter die schneeweiße Haube, ich denke: Ah, das ist also der Abend im Armenhaus, der immer der gleiche Abend ist, seit hundert und fünfhundert Jahren ist es immer derselbe Abend, dieser Abend, der zusammengenäht und zusammengeschlürft und zusammengegessen und zusammengebetet und zusammengelogen und zusammengeschlafen und zusammengestunken wird; das ist dieser Abend, denke ich, den niemand zu ändern gedenkt und an den niemand denkt, das ist der Abend der von der Welt abgestoßenen Widerwärtigkeit. Sie müssen wissen«, sagte der Maler, »da sitze ich eine Stunde und erkläre mich bereit, einen Zuschuß für einen alten Mann, einen Faßbinder, müssen Sie wissen, zu leisten, für einen alten Faßbinder mit weißen Haaren, mit einer Lederhose und einem Hubertusrock, mit einem Leinenhemd, mit einer Pelzkappe auf dem Kopf, ich erkläre mich bereit, der Oberin den Severinkalender abzukaufen, eines dieser ekelerregenden Erzeugnisse klerikalen Stumpfsinns, und da bemerke ich, daß ein Mann daliegt auf der Bank an der Wand, völlig unbeweglich, müssen Sie wissen, mit dem Severinkalender auf der Brust; der Mann liegt hinter der Oberin, und ich denke, der Mann ist ja tot, tatsächlich, der Mann ist ja tot, gebe ich mir zum besten, ich frage mich, der Mann muß ja tot sein, so schaut ein toter Mann aus, alt und tot, ich denke, wie kommt es, daß ich ihn die ganze Zeit nicht gesehen habe, diesen toten Mann nicht gesehen habe, ausgestreckt liegt er, mit harten, dünnen, wie der Ewigkeit ins Maul geschobenen Beinen. Aber ein toter Mann kann hier nicht liegen! Hier nicht! Nicht jetzt! In der Dunkelheit habe ich diesen Mann die ganze Zeit nicht bemerkt, auch weil die Oberin meine ganze Aufmerksamkeit auf sich gezogen hatte, mit ihrem Severinkalendergeschwätz. ›Unser Severinkalender‹, hat sie die ganze Zeit gesagt, ›unser Severinkalender kommt den Armen im Kongo zugute, den Armen im Kongo . . .‹ Ich höre das schon eine ganze Stunde, denke ich, und ich will aufspringen, zu dem Toten hin, aber da sehe ich, wie sich der Mann bewegt, plötzlich bewegt sich der Mann auf der Bank und zieht den auf seinem Bauch liegenden Severinkalender herauf, bis an sein Kinn, um ihn lesen zu können. Ja, der Mann ist also nicht tot! Aber noch immer, denke ich, schaut er aus wie ein Toter, Tote schauen so aus, dieser Mann ist ein Toter! Ich sehe, wie er seine Arme bewegt, wie er in seinem Kalender blättert, gierig blättert er in diesem Kalender, aber sein Körper ist völlig bewegungslos, wieder denke ich: ja, ein Toter! Aber dann höre ich einen Atemzug, den ersten Atemzug dieses ›Toten‹. Ich bin erschrocken, vor allem über mich selbst erschrocken, weil ich den Mann die ganze Zeit nicht bemerkt hatte. Die Oberin hatte kein Wort gesagt, daß sich in ihrem Zimmer auch noch ein Mann befindet. In der Finsternis habe ich ihn nicht sehen können. Plötzlich, nach einer Stunde, sah ich den Körper, den Kopf, die Beine vielleicht, weil es tatsächlich, wodurch, weiß ich nicht, etwas, unmerklich, aber genügend, um den Mann sehen zu können, heller geworden war, vielleicht, weil meine Augen sich an die Finsternis auf einmal gewöhnt hatten (die Augen sehen nicht, lange Zeit, müssen Sie wissen, sehen die Augen nicht, auf einmal sehen die Augen). Plötzlich sahen meine Augen den Mann, sahen meine Augen diesen Toten. Er lag wie ein Stück Holz da. Und da atmete das Stück Holz, das Holzstück atmete und blätterte in seinem Kalender. Jetzt sagte ich zur Oberin: ›Da liegt ja jemand!‹ Aber sie reagierte gar nicht darauf. Sie nähte einen Ärmel an, den sie vorher abgetrennt hatte. ›Da liegt ein Mensch!‹ sagte ich, deutlicher. Sie antwortete, ohne mich anzuschauen: ›Ein Mensch, ja.‹ Es war fürchterlich, wie sie das sagte. Ich wollte sagen: ›Wie ein Kind liegt er da!‹ Aber ich sagte: ›Wie ein Hund liegt dieser Mensch hinter Ihnen. Was tut er hier?‹ Ein solcher Mensch hört nicht, dachte ich gleich, und folglich konnte ich ungeniert mit der Oberin über ihn sprechen. ›Er liest den Severinkalender‹, sagte ich, ›obwohl es finster ist, beinahe finster.‹ ›Ja‹, sagte die Oberin, ›er liest den Severinkalender.‹ Ich mußte lachen! Ich lachte jetzt, ich brach in Gelächter aus, vor allem, weil mir einfiel, daß ich den Mann für einen Toten gehalten hatte, die ganze Zeit für einen Toten gehalten, und ich sagte auch: ›Ich habe den Mann für einen Toten gehalten.‹ Ich mußte vor Lachen aufstehen. Ich mußte hin und her gehen. ›Für einen Toten!‹ rief ich aus, ›für einen Toten!‹ Dann erschrak ich plötzlich, verstehen Sie, über dieses Gesicht, das im Finstern lag, wie auf dem Wasserspiegel eines schmutzigen Tümpels. ›Dieser Mann liest in der Finsternis‹, sagte ich. Die Oberin sagte: ›Er weiß alles, er weiß alles, was in dem Kalender steht. Er hat alles auswendig gelernt‹, sagte sie. Sie rührte sich nicht vom Fleck und trat die Nähmaschine. ›Er fürchtet sich, wenn er nicht bei mir ist‹, sagte sie, ›dann schreit er und bringt das ganze Haus in Aufruhr. Wenn ich ihn hier lasse, ist alles ruhig, auch er selber ist ruhig. Es wird ja nicht mehr lange dauern, bis er sich endlich verzieht.‹ – ›Endlich verzieht‹, hatte sie gesagt. Sie wollte, daß ich auch noch ein paar Meter Flanellhemdenstoff für den Alten bezahle, aber ich sagte, ich würde mir das überlegen, ich würde darüber nachdenken. Ich empfand es als Unverschämtheit, mich auch noch mit ein paar Metern Flanellhemdenstoff zu belästigen. Dann schilderte sie, unbeweglich an ihrer Maschine, müssen Sie wissen, ihr Kindheitsleben. Das höre ich immer gern. Ihr Vater ist von einem Traktor zerquetscht worden, müssen Sie wissen, ihr Bruder, der Jagdgehilfe, hat sich eine Kugel in den Kopf geschossen aus Überdruß an der Welt. Aus Alltäglichkeit. Sie ist ein weitschweifig wassersüchtiger Typus«, sagte der Maler. »Aber ich muß Ihnen ja noch das Wichtigste sagen: da saß ich also und wollte mich gerade verabschieden, als mich ein furchtbarer Lärm augenblicklich aufspringen ließ. Der alte Mann war von der Bank heruntergefallen – und war tot. Die Oberin drückte ihm die Augen zu und bat mich, ich möge ihr helfen, ihn auf die Bank zurückzulegen. Ich tat das, zitternd. Jetzt atme ich die Luft des Toten ein, dachte ich und verabschiedete mich. Den ganzen Heimweg hatte ich das Gefühl: meine Lungen sind voller Totenluft. Ich hatte mich nicht getäuscht, die ganze Zeit nicht getäuscht: der Mann war tot, der Mann war die ganze Zeit tot gewesen. Vielleicht waren seine Bewegungen, die ich gesehen habe, nur phantastische Gedankeneinschübe meinerseits, er war immer tot, nichts als tot gewesen die ganze Zeit, während die Oberin seinen Rock zusammennähte, sein Hemd, denn es war sein Rock gewesen und es war sein Hemd gewesen, das sie unter der Nadel hin- und hergezogen hatte, mit ärgerlichem Ausdruck in ihrem Gesicht, mit entsetzlich ärgerlichem Ausdruck in ihrem Gesicht. Und er war schon, lange bevor ich hereinkam, tot gewesen. Das ist mit Sicherheit anzunehmen.« Der Maler trat einen Schritt zurück und zeichnete mit seinem Stock etwas in den Schnee. Bald sah ich, daß es sich um eine Situationsskizze des Armenhausoberinnenzimmers handelte. »Da stand die Bank, auf welcher der Tote lag, den ich eine ganze Stunde nicht gesehen hatte, obwohl er zum Greifen nahe war, da stand die Nähmaschine, da saß die Oberin, da steht der Kasten, müssen Sie wissen, da das Bett der Oberin, da ihre Kommode; hier, sehen Sie, hatte ich Platz genommen; von daherein kam ich durch die Tür und begrüßte die Oberin, ich trat auf sie zu, und sie fing gleich an, mich für den Zuschuß zu interessieren, für den Severinkalender. Ich wußte, ich werde den Zuschuß leisten und den Kalender kaufen, aber ich zog das alles noch in die Länge. Ich glaubte, ich sei mit ihr allein im Zimmer, wie ich immer mit ihr allein in ihrem Zimmer gewesen war, wer hätte auch angenommen, im Zimmer der Oberin befände sich noch ein Mensch, aber ich hatte doch ein seltsames Gefühl, ein Gefühl, das ich nicht beschreiben kann. Da wurde es hell, auf einmal sah ich die harten Konturen des alten Mannes. Ich hatte auch ›wie ein Hund‹ zur Oberin gesagt. Sie hatte sogar wiederholt ›wie ein Hund‹. Daß der Mann völlig gehörlos war, ließ mich in das Gelächter ausbrechen. Hier, sehen Sie«, sagte der Maler, und er zeichnete einen Kreis zwischen Bank und Nähmaschine, »hier an dieser Stelle lag der Tote, als wir ihn aufhoben. Das Ganze ist mehr als merkwürdig und auch gar nicht gut, überhaupt nicht, geschildert; aber ich erzähle Ihnen diesen Vorfall ja nur, weil er, wenn auch auf diese unvollkommene Weise, doch ein Bild von der geheimnisvollen Unzurechnungsfähigkeit der Welt gibt. An einem der nächsten Tage«, sagte der Maler, »gehen wir in das Armenhaus. Ein junger Mensch muß sehen, was leiden, was leiden und absterben heißt, was es heißt, am lebendigen Leib verfaulen.« Wir gingen rasch nach Hause. Der Maler lief mir plötzlich davon. Mit unheimlicher Altersgeschwindigkeit. Ich rief ihm nach: »Warten Sie doch!« Aber er hörte nicht. Er verschwand vor mir in einer der vielen Mulden.

Elfter Tag

Leuten wie der Wirtin seien Begriffe wie Hochachtung oder Ehrfurcht unbekannt. Sie geht in die Kirche, weil sie nicht ausgerichtet werden will. Weil sie sonst zwischen lauter Leuten, die sich in den Kopf gesetzt haben, daß es sich gehört, in die Kirche zu gehen, untergeht. Ein erbärmliches Ertrinken sei das Ertrinken unter Landleuten. Sie schauen ruhig zu, wie ihr Opfer sich wehrt und wie die Wellen über ihm zusammenschlagen, als wäre das das Selbstverständlichste von der Welt: einen bösen Menschen einfach untergehen zu lassen, einen, der nicht dazugehört. Der sich von ihnen nichts hat sagen lassen, sich von ihnen nicht hat überzeugen lassen. Einen Menschen, der ihnen von Anfang an fremd erschienen ist und

deshalb unwürdig, an ihrem Leben teilzunehmen: »Die Wirtin ist eine
Fremde«, sagte der Maler. Sie ist ihnen allen immer fremd gewesen, denn
ihr Vater stammt aus einer andern Gegend, aus einem andern Tal, gegen
das Tirolische zu. Sie bezeichnen so jemanden wie die Wirtin als Ungeziefer. Die Bäuerlichen. Und die Bäuerlichen herrschen hier immer noch,
obwohl sie schon weit zurückgedrängt sind. Obwohl das Proletariat sich
schon zu Rechten aufschwingt, die noch vor drei, vier Jahren unmöglich
durchzusetzen gewesen wären. Das Proletariat: alles, was im Laufe von
drei Jahrzehnten ins Tal hereingeschwemmt worden ist, um von der Zellulosefabrik, von der Eisenbahn, jetzt auch noch vom Kraftwerk verschlungen zu werden. »Noch gibt es Fronleichnamsprozessionen«, sagte
der Maler, »und Christihimmelfahrtsumzüge, aber wie lange noch? Der
Katholizismus hat ausgespielt. Wenigstens hier. Der Kommunismus
schreitet weit aus. In ein paar Jahren gibt es hier nur noch den Kommunismus. Und Bauerntum ist dann nur noch ein Traum. Zu nichts mehr
führend.« Er sagte: »Die Wirtin aber geht in die Kirche, weil sie noch
immer von den Bauern abhängt. Und sie geht zu Kommunistenversamm-
lungen, weil sie auch dazu gezwungen ist.« Ohne sie hätte das Gasthaus
sicher schon den Besitzer gewechselt, denn »ihr Mann ist ein Trinker, der
mehr vertrinkt, als er einnimmt, wenn sie ihm nicht auf die Pfoten haut«.
Immer besoffen, führe er das Leben einer »ständig saftlassenden hinfälli-
gen Kröte, die ab und zu wild um sich schlagen darf«. Im Garten lag er oft
mit ausgebreiteten Armen, mit offenem Mund und verdrehten Augen, als
wäre er tot, und war nur von Schnäpsen und Bier aufgequollen. Oft
bestellte er den Kutscher, um heimzufahren, statt zu Fuß zu gehen. Weil er
weiß, daß sie alles zusammenhält, daß alles abhängt von ihr und daß es an
ihr liegt, ob sie den Faden, an dem er hängt, brutal und ohne Rücksicht
ganz einfach abschneidet, schickt er sie nicht mehr fort. Darf sie sich, im
Gegenteil, alles erlauben. Eher muß er ja fürchten, daß sie ihn zum Teufel
jagt. Aber das Haus gehört ihm, das hält sie von ihrem brutalsten Vorhaben ab: ihn vor die Tür zu setzen für alle Zeit. Geschickterweise, weil er
ja doch nicht dumm ist, hat er sich immer geweigert, den Besitz auf ihren
Namen umschreiben zu lassen, wie sie das oft nachdrücklich von ihm
gefordert hat, er weigere sich sogar, auch nur einen Teil des Vermögens,
das in dem Grundstück, der Mulde, und in dem Gasthaus vorhanden ist,
notariell an sie abzutreten. So hat sie ihn wahrscheinlich für immer am
Hals. »Oft schleiften sie ihn von der Schattseite herüber«, sagte der Maler,

»wo er auf Schulden soff.« Alle drei Wochen machte sie einen Rundgang, um bei allen Wirtsleuten, was er getrunken hatte, zu bezahlen. Sie beschwor die Wirtsleute, die Konkurrenz also, ihm doch von jetzt an nichts mehr zu geben. Aber die haben immer auf sie gepfiffen. Freut sich doch jeder Wirt, wenn er mit der Zeit einen anderen umbringt. Sie ermunterten ihn sogar noch. Und wenn er aus dem Gefängnis entlassen ist, geht es wieder so weiter. Oft hörte sie, wenn sie seine Schulden bezahlte, von anderen Weibern, die mitgetrunken und mitgegessen hatten und »auch sonst sehr freigebig« waren; aber das war sie gewohnt, und sie hält sich ja schadlos. Sie ist die Tochter eines Wegmachers, der, als er starb, ihr nichts als seine Begräbnisschulden übriggelassen hat. Vierzehn Jahre alt, ist sie auf einen Bauernhof als Stallmagd. Eine gute Arbeitskraft ist sie immer gewesen, und das war es, was den Wirt damals aufhorchen und sie mitnehmen ließ ins Gasthaus.

Der Maler Strauch gehört zu denen, die alles flüssig machen. Was sie anrühren, schmilzt. Der Charakter, das Festeste. »Mich kann man nicht sehen, weil man nichts sehen kann«, hat er gesagt und: »Die Prinzipien, die Jahrtausende ins Rollen bringen.« Auch: »Jede Tätigkeit setzt eine andere voraus, eine Art eine andere, ein Sinn den andern, Tiefsinn, Unsinn und umgekehrt und nebeneinander.« Das Frühstück ist ihm »viel zuviel Zeremonie. Die ganze Lächerlichkeit kommt zum Ausdruck, wenn ich den Löffel in die Hand nehme. Die ganze Sinnlosigkeit. Das Zuckerstück ist ja ein Anschlag gegen mich. Das Brot. Die Milch. Eine Katastrophe. So fängt der Tag mit hinterhältiger Süßigkeit an.« Er hockt auf dem Stuhl, der für ihn viel zu niedrig ist. Aber er überragt mich trotzdem. Er schaut auf mich herunter, sein Blick durchbohrt mich. »Undankbarkeit in sich entstehen lassen«, sagt er, »von einer Sache erst dann Notiz nehmen, wenn man dieser Sache als einer fürchterlichen Sache sicher ist. Tatsachen türmen sich übereinander, also das Fürchterliche, und nur zu bald ist man der kleine Wicht, der die Tischplatte wegzurücken versucht, für sich, was ihm ein Kopfstück von oben einträgt.« So groß sei die Vernunft, daß sie »doch wieder nur Scheitern« sein könne. »Diese zwei Vorstellungen von mir, die wie zwei Hunde nebeneinanderher laufen und alles niederbellen.« Mutwillige Zerstörung, um der einfacheren Anschauungsmöglichkeit willen. Er flüstert und hört, wie es die Felswände erschüttert. »Es gibt die Verpflichtung der Tiefe des eigenen Abgrunds«, sagt er. Er zieht sich zusammen, und nur durch Brutalität, indem man einfach aufsteht, kann man ihn wieder zu sich und aus sich herausbringen. Mit einer Äußerung, wie: »Es ist ja fürchterlich hier drinnen!« Wie von einem lebenslänglichen Unrecht wird er von sich beherrscht, von seiner Zersetzungsapparatur.

»Es gibt fast nur Mißstände«, sagt er, »aber man kann sie nicht abschaffen. Die Opposition, die allgemeine Opposition, ein Kennzeichen der Jugend, läßt nach. Die Kräfte verringern sich. Alles konzentriert sich darauf, die Zeit, die man hat, hinter sich zu bringen . . . Das hat nichts mit Intelligenzgraden zu tun. Im allgemeinen werden Leute auf niedriger Stufe leichter mit der Umwelt fertig als andere. Nach und nach merkt man: die Welt und die Umwelt sind Mißstände, katastrophale Mißverhältnisse. Im großen und ganzen sind Dummköpfe, die so etwas nicht sehen, selten. Die Mitmenschen? Berufsbezeichnungen, sonst nichts. Wie spät ist es? Halb fünf? Luft schnappen, bevor man ins Bett geht, ist auch ein heiliger Irrtum. Eine kluge Bemerkung: ›das dicke, runde Gesicht der Wirtin, die am Ingenieur abgeprallt ist‹. Ja, der Ingenieur«, sagt er. »Wissen Sie, der Frost verunstaltet alle Männer. Der Frost und die Frauen bringen die Männer um. In der Frühe sitzt er über den Plänen und wird nicht verrückt. Alle hocken sie jetzt herum. Alle diese herumhockenden Männer müssen bezahlt werden: der plötzliche Kälteeinbruch kostet ja Hunderttausende! Und keine Wetterbesserung! Was mich betrifft, so habe ich eine Vorliebe für kalte, bissige Wintertage.«

Wie er das Gasthaus mit einem Kärntner Gebirgsdorf und mit einer Tänzerin, die nur ein einziges Mal in der Oper aufgetreten ist und die er als »ein Naturtalent, aber sehr gefährlich« bezeichnet, in Zusammenhang bringt, das ist aufschlußreich. Einen Gemüsehändler, der ihn einmal auf den Kopf geschlagen hat in der Meinung, er sei ein Paradeiserdieb, mit Napoleon dem Dritten. Mir scheint, daß er, während er noch von dem Holzfäller spricht, den er hat sterben sehen, schon an die große Tragödie der vierhundert Bergleute denkt, die überraschend in schlagenden Wettern getötet wurden. Und dann immer an sich selbst. Ein Windstoß hat ihn an die Wand gedrückt, da fiel ihm angeblich ein berühmter Akrobat ein. »Er machte vier Saltos zwischen zwei Pferderücken in ungeheurer Geschwindigkeit.« Wenn er »London« sagt, erscheinen ihm Budapester

Außenbezirksplätze. Teile der unteren Donau fügt er ohne Komplikationen in den oberen Rhein. Ein Delta tauscht er gegen das andere aus. »In Wahrheit ist das mein Farbensinn«, sagt er. »Bestimmte Geruchsmischungen spielen dabei eine Rolle.« Ich kann mir gut vorstellen, wie er, dreißigjährig, über angeschwollene Plätze geht und auf seine tote, größenwahnsinnige Hauptstadt pfeift. Auf das Provinzielle und Dilettantische wie auf das »Ganzgroße«, Unantastbare. Seine Stadtverachtung beruht nicht auf Dummheit, er ist ja selbst Großstädter. Meilenweit von sich fort sieht er einen verlorenen Gedanken nach langer Zeit wieder in sich zurückkehren. »Mord schmeckt wie Honig«, hat er öfter empfunden. Mit dem Mund redet er über die Fabrikationsmethoden bei den Papiererzeugern und wühlt mit den Händen in den Rocktaschen. Schneller, als der Körper will, gehen seine Bilder vor ihm her. »Alle Straßenzüge hören in meinem Hirn auf«, sagt er. Ein ungeheures System von Ansätzen und Bedeutungen macht er zu einem Gedankenbetrieb, in dem er zu ordnen versucht: das ungeheuer Chaotische der Geschichte. »Seit Jahrzehnten leide ich unter der intensivsten Aufmerksamkeit, wissen Sie, was das heißt?« Spricht er von einer Tragödie, so bleibt sein Gesicht von dieser Tragödie verschont. Wann war das? »Ich habe eine Notenschrift meiner Angst erfunden«, sagt er. Von dreien, die er gleichzeitig ist, weiß er nicht, welcher er da und dort ist, wann und wo. »Auf der Lauer liegen heißt ja nicht, etwas Böses wollen.« Krankhaft sei alles vom Fürchterlichen erfaßt, und »das Harmlose hat auch alle Aufgaben des Zerstörerischen, nicht wahr?«

Er sei durch den Hohlweg gegangen. Zuerst habe er sich nur schwer – »unter Aufbietung all meiner zerrütteten Kräfte« – durch den tiefen Schnee hinaufarbeiten können. »Äste sprangen mir ins Gesicht wie wilde Tiere, wissen Sie!« Dann aber sei er sogar in einen Laufschritt gekommen, wie vor der Krankheit. »Ich habe mich beinahe nicht mehr zum Stillstand bringen können. Mein Kopf hatte alle Macht über mich, wissen Sie!« Die Finsternis habe ihn in den Hohlweg hineingezogen. »Ich hätte ja auch geradeaus gehen können, zum Heuschober und dann weiter. Aber nein, ich ging in den Hohlweg. Der Hohlweg, der fängt genau dort an, wo ich vorgestern die Kirchgänger herauskommen sah. Menschen waren das, wie mir noch keine begegnet sind, von der Schattseite, wie mir scheint, Menschen aus einer Zeit, die Jahrtausende zurückliegt, große Menschen, die schreiten, als würden sie an allem nur vorübergehen. Vorübergehen an

einer Welt, die ihnen allzu kleinlich und verdorben erscheint. Vorübergehen an einem Späteren, vor dem sie einst wohl gewarnt worden sind. An
Hirsche haben sie mich erinnert, so riesenhaft, königlich sind sie vor mir
aufgetaucht. Ich lief in den Hohlweg hinein, weil ich dachte, da komme
ich auf andere Ideen«, sagte der Maler. »Unter Zuhilfenahme des Hohlwegs erschien es mir möglich, auf andere Gedanken zu kommen. Alles in
eine andere Richtung lenken wollte ich, alles, was so traurig war den
ganzen Tag wie Abschnitte meiner Kindheit, unzugänglich, weil man aus
ihnen nicht mehr herauskann.« Er sei aber enttäuscht worden. Plötzlicher
Schneefall überraschte ihn in der Mitte des Hohlwegs. Da setzte er sich auf
einen Baumstumpf, »auf einen ganz morschen kleinen Baumstumpf, auf
dem ich gerade Platz hatte«, um das Ende des Schneefalls abzuwarten.
»Wie aber kann man das Ende des Schneefalls abwarten? Wozu?« Von
solcher Unsinnigkeit, das Ende des Schneefalls abzuwarten, augenblicklich überzeugt, sei er aufgesprungen und dann den ganzen Hohlweg zu-
rückgekrochen. »Auf allen vieren, wie ein wildes Tier, das ewig im Dunkeln haust, in Finsternis.« Es sei ihm verhältnismäßig rasch gelungen, aus
dem Hohlweg herauszukommen. »Schon von Kind an hat mich die Vorstellung von Hohlwegen erschreckt«, sagte er. »Ich hatte, während ich auf
dem Baumstumpf saß, das Gefühl, einzuschlafen, unterzugehen, wissen
Sie.« In diesem Gefühl habe er sich wohlgefühlt. Es beherrschte ihn, und
er unterstützte es, so daß es sich steigerte. »Wollust«, sagte er. »Wie wenn
man nach furchtbarer Anstrengung einschlafen kann, wie Großstädte, die
man durchhetzen mußte, sich vor einem zurückziehen, auch Raubtiertatzen in ihre Käfige.« Wie ein Einschlafender sich zurechtrückt, ganz Tier,
habe er sich zurechtgerückt. Da sei ihm plötzlich die Unsinnigkeit zu Kopf
gestiegen, auf das Ende des Schneefalls zu warten. Und er sei auf und
davon, in schnellen Sätzen zuerst, dann langsam, immer höher, mit der
Brust Schnee schaufelnd. »Es wäre mein Grab gewesen«, sagte er.

Er glaubte, seinen Rock im Gastzimmer vergessen zu haben, und stieg
noch einmal von oben herunter. Ich sah ihn herunterkommen, aber aus
irgendeinem Grund konnte ich ihn nicht fragen, warum er jetzt wieder
erschien, nachdem er sich für die Nacht verabschiedet hatte. Ich hätte ja
fragen können: ›Brauchen Sie etwas? Suchen Sie etwas? Was suchen Sie
denn?‹ Da hatte er schon die Treppe hinter sich. »Mein Rock muß im
Gastzimmer hängen«, sagte er. Ich ging ins Gastzimmer und suchte seinen

Rock, fand ihn aber nicht. Ich fragte die Wirtin und andere, aber niemand wußte etwas von seinem Rock. Der Maler stand im Türrahmen und beobachtete mich. Ich hatte das Gefühl, daß er mich immer antrieb, den Rock da und dort zu suchen; mich auf den Boden niederdrückte, mich hinaufzog zwischen Ofen und Wand, an den großen Balken, von dem aus man das ganze Gastzimmer gut überblicken kann. Ich sah seinen Rock nicht. Das Gastzimmer war zum Bersten voll. Ein paar Leute suchten jetzt ebenfalls. Ich sah eine Menge neuer Gesichter. Die ganze Belegschaft vom Kraftwerkbau schien versammelt zu sein: Tausende! Wie auf einem Nebelmeer schwamm ich. Aus faulem Gestrüpp, schien mir, schauten mich Vereinzelte an. Urwaldhaft. Ich suchte die Wände ab, aber ich fand den Rock nicht. Ich wollte gründlich sein und suchte noch einmal auf dem Fußboden. Der Rock hätte ja herunterfallen können. Auch die Wirtin bückte sich. »Nein, da ist kein Rock«, sagte sie. Ich machte auch noch unter den vielen an den Wänden hängenden Arbeitskleidern eine Kontrolle. Nichts vom Rock des Malers. Als ich wieder auf dem Gang war, wo ich den Maler vermutete, war er verschwunden. Ist er in sein Zimmer hinaufgegangen? dachte ich. Aber: so schnell kommt er nicht hinauf. »Herr Strauch!« rief ich. Keine Antwort. Da sah ich, daß die Haustür nur angelehnt war. Der Maler saß draußen auf der Bank. »Ich ignoriere die Kälte«, sagte er und kroch noch mehr in seinen Rock hinein, den er jetzt plötzlich anhatte. »Wo ich meinen Rock herhabe?« Er habe ihn an die Haustür gehängt, als er vom Spaziergang zurückgekommen sei, und ihn vergessen. »Haben Sie denn jetzt die ganze Zeit meinen Rock gesucht?« Gedankenlos hänge oder lege man irgendwo etwas hin, vergesse es und komme dadurch in fürchterliche Zustände. »Ich denke darüber nach, was geschieht, wenn eines Tages alles nur mehr schwarz ist«, sagte er. »Wenn es keine Farbe mehr gibt außer der schwarzen.« Dann erklärte er mir viele der Sterne, die hoch oben ein Firmament bildeten, wie schon lange Zeit nicht so wunderbar.

Zwölfter Tag

In der Frühe überraschte er mich mit der Mitteilung, daß die Geschwulst an seinem Fuß weg sei. »Es ist überhaupt nichts mehr zu sehen«, sagte er, »sie hat sich zurückgezogen, um woanders wieder zum Vorschein zu kom-

men. Sie werden sehen.« Da er unter meiner Zimmertür stehengeblieben
war, bat ich ihn, hereinzukommen. »Wenn es Ihnen nichts ausmacht, daß
ein alter Mann Ihr Zimmer vergiftet«, sagte er. Er ging durch mein Zimmer bis zum Fenster und schaute hinaus. »Sie haben dieselbe Aussicht wie
ich: in die Finsternis!« sagte er. »Macht Sie das nicht trübsinnig? In all
diesen Tagen? Solche wie Sie gehen jahrelang, jahrzehntelang am Rand des
Trübsinns. Plötzlich fallen sie hinein. Kopfüber.« Er setzte sich auf mein
Bett. »Die Juristen stiften Verwirrung in der Menschengeschichte«, sagte
er. »Der Jurist ist ein Instrument des Teufels. Im allgemeinen ein teuflischer Dummkopf, der mit der Dummheit der noch viel Dümmeren rechnet und dessen Rechnung immer aufgeht.« Er suchte wieder in seinen
Taschen herum. »Die Jurisprudenz erzeugt ja die Verbrechen, das ist die
Wahrheit. Ohne die Jurisprudenz gäbe es keine Verbrechen. Ist Ihnen das
geläufig? So unverständlich das ist, so tatsächlich ist es.« Er setzte seinen
Stock an meinem Rock an, den ich über die Sessellehne gelegt hatte,
spießte ihn auf und hob ihn in die Höhe. »Die Jugend ist eine Zierde«,
sagte er, »und ist immer mehr Zierde und ist in allen Fällen und immer
erfrischend.« Er ließ meinen Rock wieder in Ruhe. »Die Jugend hat keine
Ideale: noch keine masochistischen Vorstellungen, die erst später einsetzen. Dann allerdings tödlich.« Er könne es sich immerhin noch vorstellen,
wie es ist, jung zu sein. »Man stellt es sich späterhin immer besser vor«,
sagte er. »Wenn alles kein Übermut ist, nicht mehr so verworren, nicht
mehr hinterköpfig. Wenn alles so klar ist wie die Schatten in ihnen, die an
das Licht grenzen, hart, schweigsam.« Viele Fehler habe er nur gemacht,
weil er jung gewesen sei. »Die Jugend ist ein Fehler.« Der Fehler des Alters
sei wieder, die Fehler der Jugend zu sehen. »Es kann vorkommen, daß ein
junger Mensch mitten in seiner Jugend aufhört, jung zu sein«, sagte er und
dann: »Glauben Sie an Christus?«, das, wie er es sagte, denselben Wert
hatte wie die Frage: ›Glauben Sie, daß es morgen noch kälter ist?‹ Er habe
vor, sagte er, einen Spaziergang zur Station hinunter zu machen. »Zuerst
auf die Schattseite. Dann zu den Zeitungen. Dann ins Kaffeehaus. Lassen
Sie mich nachdenken: könnten wir nicht im Pfarrhaus einen Besuch machen? Im Armenhaus? Nein, das geht nicht. Jedenfalls kommen Sie mit.
Nicht wahr?«

Er hörte mir heute lange zu, als ich von zu Hause erzählte. Daß ich oft mit
Freunden Ausflüge in die Berge mache, an den See, in Städte, und auch

daß ich zu Weihnachten ihnen allen, Vater und Mutter und Geschwistern, immer aus der Bibel vorlese, das schien ihn traurig zu machen. Daß es Bäume gibt in unserem Garten, die wir selber gepflanzt haben, Schränke, in denen wir frühe Kostbarkeiten aufheben, Kerzen und Kinderkleider, Tannenzapfen aus einem kalten, uns allen auf dieselbe glückliche Weise vertrauten Winter. Daß wir uns immer Briefe schreiben und Sorgen machen umeinander. Daß wir Häuser wissen, die für uns immer offen sind. So auch Wälder, Strandplätze, Schlittenabhänge, nur für uns. In warmen Zimmern für uns aufgeschlagene Betten, Bücher, daß wir Musik lieben, die uns für Stunden zusammenführt, wenn es schon dunkel ist. Und wie Gewitter plötzlich alles zerstören, was für die Ewigkeit gedacht und gemacht und von allen geliebt worden ist. Er hörte sich alles an, ohne mich auch nur ein einziges Mal zu unterbrechen, auch die vielen von mir gegangenen Irrwege hinauf und hinunter, wo von viel Sicherheit und Zusammensein und von Alleinsein die Rede war, von Mangel an Selbstbewußtsein, von viel Vertrauen, von Aufbegehren und Unterschieden, von plötzlichem Stehenbleiben und auch Zurückgehen, von Angst und Vorwurf, von Liebe und Qual, von Täuschung und Selbstverständlichkeit, wo Wolken aufstiegen, und dichter Schneefall verfinsterte Stadt und Land, wo Menschen sich gegenseitig erneuerten, Kummer war nach Tagen des Übermuts und Flüsse sich hinzogen, wo man langsam verlernte zu leben und wiederfand, was schon verloren war, wo plötzliche Stille und Aufregung abwechselten, da Bescheidenheit, dort Brutalität erforderten – was alles sich nicht fügen wollte, wie Mensch an Mensch vorüberging, sich an sich selbst nicht erkannte, in Schweigen verfiel und in die Redensarten der Trauer, wo nutzlos Nächte zerwacht und tausend wichtige Tage verschlafen wurden. Tieftraurig machte ihn alles, doch war er ganz ohne Bitterkeit. »Ich höre«, sagte er nach diesen Vormittagsstunden, in welchen ich mir und ihm, der so schweigsam war, immer wieder sagte: das war es!, »ich höre mein eigenes Leben. Ich sehe es, und ich weiß, daß es so und nicht anders war. Ich sehe es deutlich vor mir. Sie zeigen mir mein Leben in Ihrem Leben, das anders war als das meine.« Und nach einer Weile: »Man sieht natürlich alles unter falschen Voraussetzungen.«

Ich versuchte eine Beschreibung meines Zimmers zu Hause. Zwang mich, Schritt für Schritt, alles in meinem Zimmer zu sehen, die Wände entlang, hin und zurück, auch auf Geräusche zu achten, die zu bestimmten Tageszeiten von außen durchsickerten, hereindrangen. Fing bei der Tür an mit ihrem tiefen Schlüsselloch, in das es hineinging wie in eine Tropfsteinhöhle, wieder zurück, heraus, die Fugen entlang hinauf bis zu der Ecke, wo sich immer viel Staub ansammelt, der feucht wird, eintrocknet, schließlich eine feste Masse bildet, vom Fliegensekret noch mehr zusammengehalten. Dann weiter, oben entlang, plötzlich herunter auf den Fußboden, auf den Teppich, durch die Ornamente, arabische Turmfensterteile, Blütenblätter, Treppenstücke, Durchblicke auf Tempel und auf das Meer, vor Hitze unbeweglich. Durch das Schlüsselloch in den Kasten hinein, halb tot vom Geruch der dort hineingezwängten Sommerkleider, in Finsternis und Betäubung einen Ausweg suchend, heraus und auf die Fensterbank über dem Garten. Dann das Bild mit der schönen Stadt, die im Herbst liegt, in wilden braunen Farben. Das Gebirgsstück, aus dem Wanderer zurückkehren in ein Flußtal. Den vergoldeten Rahmen entlang, von einem geschnitzten Herzmuskel zum andern. Das Bild des Großvaters, das der Großmutter. Der Brief des Bruders, der ein Drittel einer Jagdszene verdeckt, auf der ein Jäger abgebildet ist, der Dudelsack bläst und damit mehrere kleine Figuren zum Tanz auffordert. Der Kupferstich mit einem alten Schloß im Flachgau. Dann Tisch und Bett und Sessel, Bodenbretter, Mauerrisse. Und alles mit allem in Zusammenhang. Der Kupferstich zum Beispiel mit dem Schloß, das Schloß mit dem See, der See mit den Hügeln, die Hügel mit den Bergen, die Berge mit dem dahinterliegenden Meer, das Meer mit Menschen, deren Kleider wieder mit einem Sommerabend, mit der Luft auf dem Fluß, auf welchem unser Boot treibt, lange nach Mitternacht. Oder das Bild des Großvaters mit einem Zimmer in einem Bräuhaus, mit einem Selbstmörder, mit einem Fischer, der einen Hecht herausschleift aus dem Schilfrohr. Ich sagte:»Von jedem Gegenstand, von allem kann man auf alles kommen. Das ist doch ein Beweis für alles?« Aber der Maler antwortete mir nicht. Plötzlich merkte ich, daß er mir gar nicht zugehört hatte, daß ihn das, was ich gedacht hatte und zum Ausdruck zu bringen versuchte, gar nicht interessierte, denn er sagte:»Es ist ein großer Nachteil, daß ich die Mahlzeiten im Gastzimmer einnehmen muß. Daß mir die Wirtin das Essen nicht auf mein Zimmer bringt. Sie könnte es mir auf mein Zimmer bringen. Ein Kind damit heraufschicken. Für mich ist es eine Marter, im Gastzimmer zu sitzen. Aber ich suche ja, was mich irritiert. Die Ausdünstung«, sagte er,»verursacht mir Übelkeit. Arbeiterausdünstung hat mir immer Übelkeit verursacht. Und mich immer angezogen. Ja, das ist wahr. Komme ich früher, ist das Essen nicht fertig, komme ich später, ist nichts mehr da. Als hätten sie alle Rüssel, Fänge, wenn sie essen«, sagte er. »Die Gasthäuser unten machen ja einen noch viel größeren Profit, einen ungeheuren Profit machen diese Gasthäuser. Herauf kommt, was unten unerwünscht ist. Die unten Schulden bis über die Ohren haben, sich unten nicht mehr blicken lassen können. Aus irgendwelchen Gründen. Sie kochen in riesigen Töpfen unten. Alle kochen sie mit den billigsten Fetten und Ölen. Nicht die Wirtin! Obwohl auch sie, wie gesagt, mit Schmutz und, wie ich Ihnen schon angedeutet habe, mit Pferde- und Hundefleisch manipuliert. Mir sind Menschenansammlungen immer verhaßt gewesen.«

»Am Vormittag, ich war gerade dabei, mir die Schuhe zu putzen – sie putzen die Schuhe nicht ordentlich, und man muß sie immer selber mit einem Fetzen nachpolieren –, habe ich beobachtet, wie die Wirtin ihre ältere Tochter geschlagen hat. Plötzlich habe ich die Mißhandlung gehört. Sie muß ihrer Tochter mit einem harten Gegenstand auf den Kopf geschlagen haben, denn ich habe das Kind mit blutigem Kopf unten laufen sehen. Unter der Kastanie ist es gestürzt. Es hat sich mit beiden Händen den Kopf gehalten. Wahrscheinlich ist es die halbe Nacht unten bei den Eisenbahnern gewesen. Im Schnee habe ich Blutspuren entdeckt, als ich später hinunterging, aus dem Haus, weil ich es nicht mehr aushielt in meinem Zimmer. Wortfetzen schlugen an das Fenster. Sie waren schon auf dem Weg zur Post, ich aber habe alles miterlebt. Ich bin aufgesprungen, zum Fenster hin. Die ganze Szene war schmutzig. Vermutlich hat das Kind die Nacht mit dem Sohn des Schrankenwärters zusammen verbracht. ›Hure!‹ höre ich, ›Hure!‹ Die Wirtin hat wahrscheinlich geglaubt, ich sei schon fort, denn sonst hätte sie sich nicht so gehenlassen, auf so erbärmliche Weise. Vor Schmerz hat sich das Mädchen unter der Kastanie gekrümmt. Sie ist keine vierzehn. Er hätte Ihnen auffallen müssen, der Schrankenwärtersohn, ein großer junger Mensch. Er arbeitet in der Zellulosefabrik. Er kommt nur ins Gasthaus, wenn die Wirtin nicht da ist. Jetzt sehe ich ihn schon tagelang nicht mehr. Damals, als der Wasenmeister zusammen mit dem Ingenieur gesungen hat, war er da: kräftig, braun. Sie haben ihn sicher gesehen. Zu Mittag hieß es, das Mädchen sei ausgezogen und fortgefahren. Sie sei mit ihrem Liebhaber in einen Zug. Es hat einen fürchterlichen Eindruck auf mich gemacht, vor allem die Hilf-

losigkeit des Mädchens hat mich erschreckt. Die Wirtin hat mit dem
Schürhaken zugeschlagen. Mit dem Schürhaken, wissen Sie. Sie ging auf
sie los wie ein Schlächtermeister.«

Unten auf der Baustelle erinnerte ich mich an die Zeit, als ich in der
blauen Arbeiterhose über die großen Brücken ging. Die Luft war frisch
und der Lärm noch nicht aufgewacht. Der Morgen kam über die Berge
herunter in die Häuser hinein, in welchen die Menschen sich verabschiedeten für den ganzen Tag. Sie tranken noch schnell ihren Kaffee aus und
aßen oft auch noch auf der Straße ihr Brot, das ihnen ihre Frau gestrichen
hatte, oder aßen überhaupt nichts und fingen mit leerem Magen an auf
der Baustelle. Der erste Schaufelstich lenkte blitzartig von der Übelkeit ab.
Mit meinen zwanzig Jahren war ich kräftiger als die andern und eigentlich
überhaupt nie ›müde‹. Ein großer Betonmischer und ein Bagger mit der
Aufschrift ›Zwettler-Bau A.G.‹ überragten uns alle, die wir im Loch standen. Kalte Herbsttage waren das, aber in kurzer Zeit hatten wir uns ausgezogen bis auf die Hosen. Und schlenderten mittags über die Straße in
den Wirtshausgarten hinein. Mir fiel ein, daß ich damals eine Zeitlang gar
nicht daran dachte, mein Leben zu ändern. Es so auf diese Weise fortzusetzen, erschien mir natürlich. Ich hatte schon immer von solchen Männern in meiner Familie gehört, die auf dem Oberbau anfingen und im
Straßengraben aufhörten. Das waren ja nicht die schlechtesten. Wochenlang fühlte ich mich so wohl in dieser Arbeit, daß ich das Studium vergaß.
Aber die Prüfungen bestand ich. Wie im Schlaf. Ich weiß nicht, warum.
Ich hatte wohl Glück. Die Welt, die nicht auf den Baustellen arbeitete,
kam mir verrückt vor, und die Menschen, die nicht in einem Loch standen, schaute ich mitleidig an. Die Abende zogen sich nicht so in die Länge,
ich war reif fürs Bett, ich fand es vernünftig, ins Bett hineinzufallen,
packte nicht einmal meinen Arbeitsanzug aus, ließ ihn im Rucksack und
schlief gleich tief bis um halb fünf Uhr früh. Die Abende kamen mit dem
Geruch des Flusses durch die Wirtshausgartenbüsche herein. Da trank ich
mit zweien oder dreien zusammen ein Bier, oft auch vier, fünf Gläser, und
es fielen wenige, aber gute Worte. Mit niemand später habe ich so gut
reden können wie mit den Baustellenleuten. Sie sagten nicht, woher sie
sind, und nicht, was sie vorhatten. Wahrscheinlich hatten sie auch nichts
vor. Was hätten sie vorhaben sollen? Hatte ich etwas vor? Wohl tauchte
manchmal der Name einer jungen Frau auf, die jetzt ein Kind hat und

allein dasteht, oder der Name eines Bruders, da und dort ein Ort, in dem
Menschen aufwachen und wieder einschlafen, ich schaute in Küchen hinein und in Vorhäuser, in Garagen und in Senkgruben, in Bahnwärterhäu-
ser.

Dann war ich auch Hilfsfahrer bei einer Eisenfirma, und es war alles
noch schweigsamer. Und wenn wir zu zweit oder zu dritt auf der großen
Brücke standen über dem großen, breiten Strom und ins Wasser hinun-
terschauten, dachte ich nicht an Länder, an Kontinente. Die Schiffe fuhren hinunter ins Schwarze Meer, durch das Eiserne Tor, durch die Haupt-
städte, und ich war glücklich. Doch war ich nun einmal verdorben und
hatte mir etwas, das mich nur halb überzeugte, in den Kopf gesetzt, und
ich holte mir meinen Lohn und setzte mich, wenn es Oktober war, wieder
in meine Schulbank. Eigentlich war ich dann unglücklich, aber auf die
Dauer wäre mir mein Unglücklichsein auch auf der Baustelle nicht erspart
geblieben. Wer weiß?

Daß es auch mich immer hinziehe zu den ganz einfachen Leuten, sagte ich
heute dem Maler. Dorthin, wo man immer nur den Krampen auf und
nieder gehen sieht über einem Graben, in dem einer stehen muß. Wo man
nur Erdklumpen sieht, die heraufgeworfen werden. Von wem? Ja, das
weiß man nicht. Da unten auf der Kraftwerkbaustelle stehen sie herum
um neun und zünden sich Zigaretten an und trinken eine Flasche Bier aus
und zeigen mit den Fingern, wieviel Tage es noch bis zum Urlaub sind.
Aber was anfangen damit? Fortfahren? Wo man doch das Geld hat, um
fortfahren zu können! Aber wohin? Und ist das nicht viel zu anstrengend?
Sie bleiben da und spielen einfach am Abend länger Karten, weil sie ja
nicht aufstehen müssen, gehen ins Kino und schreiben einen Brief, der
schon ein ganzes Jahr fällig ist, an einen Bruder, an eine Schwester, an ihre
Mutter. Über dem reißenden Fluß balancieren sie, und das sind Kunststücke, die sie aufführen, Kunststücke auf Leben und Tod, wenn sie ein
Brückenteil einsetzen müssen. Von halb sieben bis halb fünf. Neun Stunden, weil eine Stunde zum Essen und Ausstrecken da ist. Manchmal rufen
sie sich laut zu, von daher dorthin, als ob es sich um das Allerwichtigste
handele, nicht nur um einen Strick, der angezogen gehört. Aber es sind
abgenützte Stimmen, die da rufen. Der Kran schwenkt einmal hinüber,
einmal herüber, und das Maul, das an seinen Drahtseilen hängt, frißt sich
tief in die Erde hinein. Speit die großen Brocken dann zwischen den

Männern aus. Der Preßluftbohrer hätte sie vor zwanzig Jahren vielleicht noch verrückt gemacht, wenigstens den einen oder andern, jetzt macht er keinen mehr verrückt. Die Lastautos kommen von der Bahnstation herüber und tauchen manchmal auf und verschwinden wieder und kommen ganz nahe an den Abgrund heran und müssen von den Männern gefüllt werden. Die schnüren sich mit demselben Strick immer mehr den Hals zu. Die meisten haben nie etwas anderes getan, als aufladen und abladen, mit Gummistiefeln im Wasser stehen und Piloten einschlagen. Daß sie das gewohnt sind, das ist eine Ausrede derer, die nie aufladen und abladen mußten, nie in Gummistiefeln im Wasser stehen und Piloten einschlagen; auf das Kommando, das vom Ufer herunterkommt, sausen die Hämmer nieder. Da kann man herumsteigen auf den Erdhaufen und sich den einen oder den andern vornehmen und ihn ausfragen, ohne daß man ein Wort sagt, ohne daß er ein Wort sagen muß. Wenn man hinschaut, muß man aufpassen, daß man nicht gesehen wird, sonst kommt man in Verdacht, sich Gedanken über etwas zu machen, worüber man sich eigentlich die ganze Zeit hätte Gedanken machen sollen. In was schlüpfen diese Männer eigentlich hinein, wenn sie in diese blauen Röcke hineinschlüpfen, die, wenn die Sonne herauskommt, überall herumliegen und auf Ästen hängen und auf zusammengestellten Schaufelgriffen? Oft hört man im ganzen Tal nichts als das Hämmern und Bohren. Dann sprengen sie wieder einen großen Klumpen aus dem Berg, in den sie das Kraftwerk hineinbauen, und der Luftdruck ohrfeigt die Felswände.

Heute haben sie zwei Abgestürzte aus der Klamm herausgeschleift auf dem Schlitten. Zwei Fremde, die das Wochenende hoch oben in einer Almhütte verbringen wollten. Sie sind aber nicht einmal bis zum Gletscher gekommen und abgestürzt. Wie durch ein Wunder konnten sie sich fast unverletzt eine ganze Nacht lang unter den Ästen einer abgebrochenen Tanne warm halten. Trotzdem waren sie am andern Tag so geschwächt, daß es nur dem älteren der beiden – es handelt sich um zwei Studenten – gelungen ist, ins Tal herunterzukriechen um Hilfe. Als die Männer, die sich angeblich zuerst geweigert haben, dem oben Liegenden, der sich am Bein verletzt hatte und schon aus diesem Grund nicht gehen konnte, zu Hilfe zu kommen, endlich doch hinaufstiegen, fanden sie den Studenten bewußtlos, zur Hälfte in einem Bach liegend, auf. Nur der Umstand, daß die Rettungsmänner, kurz nachdem der Student in den Bach gestürzt war, bei ihm angekommen sind, hat ihm das Leben gerettet. Ein Wunder ist auch, daß die Studenten den Absturz so heil überstanden haben, über ein Gefälle nämlich, das schon viele getötet hat.

Der Ingenieur, der gesehen hat, wie die beiden Studenten aus der Klamm herausgeschleift worden waren, sagt, die Einheimischen hätten ihnen Schimpfwörter ins Gesicht geworfen, denn ständig hätten sie mit Bergsteigern zu tun, die, weil sie ahnungslos und noch dazu schlecht ausgerüstet sind, abstürzen oder sich verirren und dauernd Aufregung verursachen. Man solle sie oben liegenlassen, sagen sie. Wie kämen ihre Männer dazu, ihr Leben aufs Spiel zu setzen für »Angeberische aus der Stadt«? Wie kämen sie dazu, bei jedem Wetter hinaufzusteigen, sich womöglich auch noch Erfrierungen zu holen, in Unwetter zu kommen, sich Felsstürzen nicht erwehren zu können? Denn der Städter weiß nichts von der Fürchterlichkeit eines im Hochgebirge plötzlich hereinbrechenden Unwetters. Von der Gewalt, mit welcher der Sturm Bäume ausreißt, ganzen Gebirgsmassiven ins Gesicht schlägt, daß sie zittern. Nichts von Lawinen. Nichts vom Frost. Nichts von der Finsternis, die plötzlich alles ausschaltet, was Halt bieten könnte.

»Jedes Jahr ein paar hundert, die tot irgendwo in Felsrissen liegenbleiben«, sagte der Ingenieur. »Die Klamm ist gefährlich, wenn man nicht genau weiß, wo man hintreten darf und wo nicht.« Noch heute lägen Menschen mit zerschmetterten Gliedern in der Klamm, die man nicht herausbringen könne, weil sie unzugänglich ist. »Man weiß eigentlich nicht, was die Städter in die Berge zieht, so kopflos.« Die beiden Studenten seien in einem Gasthaus nahe der Bahnstation untergebracht worden. Sie kamen in warme Betten und mußten sich Vorwürfe anhören. Der Ingenieur hat veranlaßt, daß sie für alle Kosten, die entstanden sind, aufkommen müssen. »Anscheinend wollten sie Selbstmord begehen«, sagte er, »hoch oben in der Hütte.«

Da können wir auch in Schwarzach ein Lied davon singen, von den vielen Touristentragödien, von den einfacheren und komplizierteren Knochenbrüchen, die sich bis zu Lähmungserscheinungen im Gehirn auswachsen, bis zu den Fällen, wo wir zu spät unter dem Wasserfall ankommen oder drüben beim Wegmacherhaus, wo sie sie einfach hinlegen, mit einem Segeltuch oder auch nur mit einem Packpapier oder mit Reisig zudecken und dann darauf warten, daß ihnen der Assistent einen Totenschein ausstellt. Das sind ja doch nur lauter Bravourstücke, die die Städter da produzieren, nur damit sie ein ganzes Jahr über wieder Eindruck machen bei ihren zweifelhaften Freunden und Bekannten und einmal wieder in der Zeitung stehen, steigen sie auf die Zweieinhalb- und Dreitausender. Was ist das schon, das Bergsteigen? Was ist für ein Unterschied, ob ich dreihundert Meter hoch oben bin oder dreitausend? Der Unterschied besteht darin, daß das eine gefährlicher ist als das andere, das eine ist ja kein Kunststück, aber das andere soll ein Kunststück sein. Wie junge Menschen auslöschen, weil es plötzlich finster wurde um sie herum, das habe ich oft erlebt. Und was haben alle davon, wenn wir noch mit dem Verbandszeug dastehen und der Pfarrer schon wieder fort ist?

Oder wir bringen sie ins Spital, ich sitze da neben einem Burschen oder einem Mädchen, das gar nicht weiß, daß es sich nie mehr wird rühren können, steif bleiben wird bis zum letzten Tag, und halte eine Hand und sage etwas im Krankenwagen, das eine glatte Lüge ist. Womöglich sage ich noch: »Es wird schon!« oder: »Geht schon vorbei!«, was mir erst, nachdem ich im Bett liege, furchtbar erscheint. Da höre ich es dann gegen mich in hundert- und tausendfacher Lautstärke: »Nein, nein!« Die Beine abnehmen einem jungen Mann, der Lastwagenfahrer von Beruf ist, was das heißt! Oder einer Zeitungsausträgerin oder einem Studenten, der nach Indien hat fahren wollen! Wenn sie wie wild auf den Schiern heruntersausen und auf einem Baumstamm aufprallen, so ist das alltäglich. Fast alle Zimmer im Spital sind mit verunglückten Touristen angefüllt. Man muß sagen, sie sind selber schuld, ja, wären sie nicht hinaufgestiegen! Aber es zieht sie in die Höhe, an den Felswänden hinauf; ganze Schulklassen sind schon erfroren mit ihren Lehrern. Erfrierungen sind an der Tagesordnung. Wenn man sie fragt, wie sie zu ihrem erfrorenen Bein gekommen sind, das wir ihnen abnehmen müssen, sagen sie, eine Wette oder bloße Angeberei hätten sie hinaufklettern lassen; da oben sei es dann geschehen, oft weit unter dem Gipfel. Wir hatten einmal einen Buben im Spital, der vier Tage in einem Schluf, in dem drei tote Gemsen lagen, ausgehalten hat. Erst Wochen später, nachdem sie ihn heruntergeholt hatten, ist er dann krank geworden und hat nach und nach sein Gedächtnis verloren.

Dreizehnter Tag

»Man braucht nur einen bestimmten Namen zu hören, und man zieht sich bereits zurück. Es wird einem ein Mensch vorgestellt, und man hat über diesen Menschen bereits die Akten geschlossen. Der Mensch kann dann sagen, was er will, er kann sich nicht mehr aus der Versenkung, in die wir ihn haben hineinfallen lassen, erheben, er kann nicht mehr heraus. Alles, was dieser Mensch uns dann vorführt, empfinden wir als freches Sich-in-Szene-Setzen eines Unerwünschten, eines uns ganz einfach unappetitlich Erscheinenden. So habe ich«, sagte der Maler, »als mir der Ingenieur vorgestellt wurde, sofort Abscheu vor ihm empfunden, und ich habe ihn durch die Falltür hinunterstürzen lassen in die Versenkung. Schon als ich seinen Namen zum ersten Mal gehört habe, wurde mir beinahe übel. Mit der Vorstellung seines Namens verband ich augenblicklich eine fürchterliche Vorstellung seiner Person. Und ich wurde, als ich ihn von Gesicht zu Gesicht sah, nicht enttäuscht. Man wird nie enttäuscht, wenn zu einem Namen, den man verdaut hat, ausgespuckt hat, der dazugehörige Mensch tritt.« Sehe man Menschen, bevor man ihren Namen wisse, so passe der Name, wenn man ihn höre, immer dazu. »Von den meisten Menschen braucht man auch nichts anderes zu kennen als ihren Namen, um sie zu kennen, wissen Sie.« In den Namen sei alles, was man wissen müsse, enthalten. Die Namen seien es meistens, die einen reizten, eine Verbindung mit einem Menschen aufzunehmen. »Der Mensch, der zu einem Namen gehört, enttäuscht diesen Namen nie. Es gibt Namen, die, wenn man sie hört, einem mehr Übelkeit verursachen als die größte Unappetitlichkeit, die man sich vorstellen kann. So, wenn einem ein Freund den Namen eines seiner Freunde nennt, den man noch nicht kennengelernt hat. Haben Sie diese Beobachtung noch nicht gemacht? Die Namen formen die Menschen.«

Ich vergesse ganz, wozu ich da bin. Daß ich meine Beobachtungen zu machen habe. Es fällt mir ein, vielleicht im Lärchenwald, plötzlich, wenn mir am Maler etwas besonders Merkwürdiges auffällt, mitten auf der Straße, im Gastzimmer, wenn er auf einmal einen festen Zug aus dem Milchglas tut, wie ein gesunder Mensch, den er dann aber gleich wieder bereut. Das fällt mir ein, wenn ich mich tief in Gedankengänge verrannt habe, die ihren Ursprung im Maler haben, wenn ich weit weg von mir bin, über Bergen von fremder Vorstellung. Und daß ich auf nichts komme als auf das, was ich sehe, das weiß ich. Ich habe so etwas auch dem Assistenten in meinem heutigen Brief angedeutet. Und daß es so düster ist hier, immer düster, auch an klaren Tagen düster. Wie weh mir manchmal ein Wort tut, das ich sage. Das mir gesagt wird. Das kann auch sein. Ich gehe allein durch das Dorf und halte mich an Meinungen von Menschen an, das ist es. Und am Himmel, der an nichts grenzt, also nicht ist. So bin ich in der Hölle und muß eigentlich schweigen. Der Maler sagt, es ist alles unverständlich, weil menschlich, und die Welt unmenschlich, also verständlich alles und tieftraurig. Er zerreißt das Wort nicht. Tieftraurig heißt es bei ihm, und so, wie er es mir sagt, muß es allen Menschen ins Herz gehen. Das Schöne sei eine Gefahr für sich, so wie Finsternis »Unabhängigkeit der Lüste«. Oder ich gehe zum Heustadel hinüber und stelle mir vor, daß er dasitzt und mich auslöscht, nur mit einem Blick. Und da denke ich dann an meinen Auftrag. Eigentlich müßte ich ein Schema haben, so etwas wie eine Tabelle, auf der ich alles, wie es sich in dieser Sache gehört, in Ordnung bringe, jeden Abend die einen Zahlen von hoch oben herunterschiebe, die anderen von tief unten hinauf, daß, was zuhöchst ist, zuunterst kommt und umgekehrt. Das sind aber vielleicht nur Erscheinungen, alles nur Erscheinungen, die man ja nicht ordnen kann. Warum kann Ordnung nicht sein? In bezug auf meine Beobachtung des Malers. Beobachte ich ihn denn? Schaue ich ihn nicht nur an? Beobachte ich ihn, indem ich ihn anschaue? Ihn anschaue, indem ich ihn beobachte? Was geschieht dann? Ich werde ziemlich hilflos dem Assistenten gegenübersitzen und nichts sagen können. Er stellt sich vor, daß ich nach einiger Zeit nach Schwarzach komme und alles, was ich beobachtet habe, vor ihm ausbreite: sehen Sie, so ist es! So hat er es gesagt! So und nicht anders habe ich diese Beobachtung gemacht! Irrtum ausgeschlossen! Daß die Traurigkeit so ist, wie ich sie mir nicht vorgestellt habe, aber sie ist so! Verstehen Sie das? Nein. Ich bin sicher nicht fähig, zwei, drei zusammenhängende Wörter zu sagen. Obwohl ja Klarheit herrscht. Und wie herrscht! Und dann ist alles stumm, nichts geschieht, was zuträfe. Und wie anders wird sich alles darstellen, wenn ich es mir aus dem, was ich da aufschreibe, herauslese. Alles ganz anders. Denn das Aufgeschriebene stimmt nicht. Kein Aufgeschriebenes stimmt. Kann nichts für sich beanspruchen. Nicht einmal Genauigkeit, wenn auch alles so, in bestem Wissen, in der Meinung, etwas zu wissen über eine ganz klare Sache, fixiert ist. Immer höchstens weniger falsch. Aber falsch. Anders. Unwahr also.

Ich öffnete seine Zimmertür und sah ihn in seine Zeitungen vertieft. Ich sah – denn er saß ja hinter seinem Bett, vor dem Bild, dessen Landschaft ich bis jetzt noch nicht enträtselt habe: ein braunes Bild mit großen schwarzen Flecken, die Häuser, aber auch Bäume sein können – nur die Zeitung, aber hinter der Zeitung war er. Ohne daß er die Zeitung weggelegt hätte, als ich hereinkam – er schaute auch nicht hervor –, ließ er mich, wo ich gerade stand, auf den Sessel niedersetzen. »Ich lese da einen interessanten Artikel über den kaiserlichen Palast in Persien«, sagte er. »Wissen Sie, diese Leute müssen so viel Geld haben, daß man es sich gar nicht vorstellen kann. Übrigens habe ich einen Bericht über die Zusammenkunft zwischen dem russischen und dem französischen Außenminister gelesen. Das ist ja eine mehr als merkwürdige Sache. Interessieren Sie sich eigentlich für Politik?« – »Ja«, sagte ich, die natürlichste Antwort für einen jungen Menschen. »Ich habe ja gar kein Interesse mehr, im Grund genommen, an politischen Machenschaften. Aber es gab eine Zeit, und sie ist noch nicht lange vorbei, da hungerte ich nach jeder Nachricht aus dem Politischen. Das Politische ist ja doch das einzig Interessante an der Menschengeschichte. Es gibt allem für den Geist einen Inhalt. Natürlich! Jetzt habe ich mich zurückgezogen, wie Sie wissen, und verfolge alles nur noch beiläufig. Aber den Bericht über die Außenministerkonferenz müssen Sie lesen. Auch, wenn Sie Lust haben, und ich rate es Ihnen, da Sie doch noch so jung sind und eigentlich noch alles in sich aufzunehmen haben, den Artikel über den kaiserlichen Palast in Persien. Sie kennen ja die Geschichte des Pfauenthrons?« – »Ja«, sagte ich. »Sie kommt hier kurz zur Sprache.« Die Zeitungen seien das größte Wunder auf der Welt, sie wüßten alles, und nur durch sie sei die Welt und sei das Universum für die Menschen tatsächlich lebendig, die Vorstellung von allem sei durch die Zeitung in Gang gehalten. »Sie haben sich noch immer nicht die letzten Nummern geholt. Wollen Sie sie jetzt mitnehmen?« Es war beinahe finster im Zimmer und die Luft so, daß man kaum atmen konnte. Ich beschloß, gleich wieder zu gehen. »Freilich, man muß es verstehen, sie zu lesen, die Zeitungen«, sagte der Maler. »Man darf sie nicht verschlingen, und man darf sie nicht allzu ernst nehmen, doch als ein Wunder.« Bis jetzt hatte ich ihn noch nicht gesehen. »Daß man über alle Welt auf einem so kleinen

Blatt informiert wird«, sagte er, »und an dem allen teilhaben kann, ohne, wenn man will, einen Schritt zu machen, womöglich im Bett liegend! Ein Wunder!« sagte er. »Der Schmutz, den man den Zeitungen vorhält, ist ja der Schmutz der Menschen und nicht der Schmutz der Zeitungen, verstehen Sie! Die Zeitungen tun gut daran, den Menschen so in ihren Spiegel zu setzen, wie er ist – nämlich abstoßend.« Manchmal, das heißt immer und überall, seien auch »Schönheit und Größe des Menschen« aus der Zeitung herauszulesen. »Wie gesagt, das Zeitungslesen ist eine Kunst, die zu beherrschen vielleicht die schönste von allen Künsten ist, wissen Sie.« Jetzt legte er das Blatt auf seine Knie nieder, aber ich sah ihn trotzdem nicht, denn es war plötzlich vollkommen finster.

Wie er einmal an einer Hand vier Monate lang herumgemalt habe, sagte er mir heute. Dann, nach vier Monaten, hat er das Bild verheizt. »Kein schlechtes Bild. Aber die Hand ist mir nicht gelungen. Übrigens malte ich später ganz anders.« Im Gegensatz zu anderen Malern, die in hellen Räumen arbeiten müssen, konnte er nur in völlig abgedunkelten Räumen malen. »Es muß finster sein, dann kann ich malen. Nur in völliger Finsternis. Nicht das geringste Licht darf herein. Aber jetzt male ich ja nicht mehr.« Bevor er angefangen hat, an einem Bild zu malen, ist er tagelang durch die Stadt herum, von einem Kaffeehaus ins andere, von einem Bezirk in den andern, ist oft stundenlang mit der Schnellbahn oder mit der Straßenbahn gefahren, mit Autobussen, von einer Endstation bis zur andern, hat weite Fußmärsche gemacht in Hose und Hemd, sich unter Arbeiter und Marktleute gemischt, irgendwo dann und wann ein Brot mit einem Stück Fleisch gegessen, sich wieder in ein Kaffeehaus gesetzt, ist wieder weitergezogen, lange graue Schrottplatzeinzäunungen entlang, durch Viadukte, durch Kinderspielplätze, in Milchhandlungen hinein und in Parkanlagen. »Ich rastete oft in irgendeiner Toilette aus«, sagte er, »zog mich dort um. Ich zog mich drei-, viermal am Tag um, trug immer dreierlei Kleidung in meiner Aktentasche mit mir herum, um mich jederzeit umziehen zu können.« Ganze Nachmittage hockte er sich auf Bahnhöfe und schaute die Menschen an, die Züge. »Für mich sind Bahnhöfe, und zwar alte, häßliche Bahnhöfe, immer ein großes Erlebnis gewesen, schon von Kind an.« Dann stieg er in den Aufzug und fuhr in sein Atelier hinauf, direkt in die Finsternis hinein. Nur er sah, während er malte, sein Bild, denn es war ja finster. Bevor er anfing, stellte er die Wohnungsglocke

ab, sperrte überall, wo etwas zuzusperren war, zu, zog sich bis aufs Hemd
aus. »Das Bild entstand von selbst durch meine Kunst«, sagte er. Tagelang
ging er nicht mehr ins Bett, lungerte nur auf seinen beiden großen Fauteuils herum. Wußte nie, ist es draußen finster oder nicht, schon lange
nicht mehr, der Wievielte ist. Nicht ob Herbst oder Frühling oder Sommer oder Winter. Glaubte er, sein Bild sei fertig, zog er die Vorhänge
zurück, so scharf, daß ihn das Licht blendete und er nichts sehen konnte.
»Nur nach und nach sah ich, daß es nichts geworden ist«, sagte er. »Daß es
wieder nur ein Ansatz zu etwas war, das mit mir wie mit einem Hund
verfahren ist, daß es nichts war, nichts, nichts, nichts!« Alle diese Bilder
schob er dann hinter eine Wand, wo Freunde von ihm – »Freunde?« – hin
und wieder das eine oder das andere hervorholten, um es zu einem Kunst-
händler zu transportieren, photographieren zu lassen, kritisieren zu lassen.
»Meine Bilder wurden immer gut kritisiert, nur von mir selbst nicht«,
sagte er. »Im Grunde ist niemand kritisch, und heute sind die Leute, die
sich mit Kunst beschäftigen, so kritiklos wie zu keiner Zeit. Vielleicht
irritierte mich die Kritiklosigkeit der Kritiker, und ich wurde deshalb kein
guter Maler?«

  »Wissen Sie«, sagte der Maler, »das Kunstgegeifer, dieser Künstlerge-
schlechtsverkehr, diese allgemeine Kunst- und Künstlerekelerregung, wissen Sie, das hat mich immer schon abgestoßen; diese Wolkendrohungen
niedrigsten Selbstunterhaltungstriebes und dann der Neid ... Der Neid
hält die Künstler zusammen, der Neid, nichts als der Neid, jeder ist jedem
um alles und jedes neidig ... Ich habe schon einmal darüber gesprochen,
ich möchte sagen: die Künstler, das sind die Söhne und Töchter der
Widerwärtigkeit, der paradiesischen Schamlosigkeit, das sind die Erztöch-
ter und die Erzsöhne der Unzucht, die Künstler, die Maler, die Schriftsteller, die Musiker, das sind die Onanierpflichtigen auf dem Erdball,
seine unappetitlichen Verkrampfungszentren, seine Geschwürperiphe-
rien, seine Eiterprozeßordnungen ... Ich möchte sagen: die Künstler, das
sind die großen Erbrechenerreger unserer Zeit, das waren immer schon die
großen, die allergrößten Erbrechenerreger ... Die Künstler, sind sie nicht
eine verheerende Armee des Lächerlichen, des Abschaums? Das Infernalische der Gewissenlosigkeit entdecke ich immer in Zusammenhang mit
Künstlergedanken ... Aber ich will ja keine Künstlergedanken mehr haben, keine solchen widernatürlichen Gedanken mehr haben, ich will mit
den Künstlern und mit der Kunst, ja, auch mit der Kunst, dieser großen

Totgeburt, mit dieser größten aller Totgeburten, nichts mehr zu tun haben . . . Verstehen Sie: ich will aus dem Weg dieses üblen Geruchs. Aus
dem Weg diesem Gestank, sage ich mir immer und habe mir, insgeheim,
immer gedacht, aus dem Weg, aus dem Weg dieser alles zersetzenden, alles
zerfleischenden nutzlosen Lüge, aus dem Weg dieser schamlosen Pfründ-
nerei . . .« Er sagte: »Die Künstler, das sind die Eineizwillinge der Heuchelei, die Eineizwillinge der Niedertracht, die Eineizwillinge des protektorierten Ausnützens, des größten protektorierten Ausnützens aller
Zeiten. Die Künstler, wie ich sie kennengelernt habe«, sagte er, »sind alle
fad und großsprecherisch, nichts als fad und großsprecherisch, nichts . . .«

Im Laden wußte ich plötzlich, daß die Schule wieder angefangen hat. Das
ganze düstere Geschäft war voll Schulkinder, die alle Hefte und Bücher
und Bleistifte kauften, und Erwachsene suchten für die Erstkläßler Federn
aus und Tinten und Zeichenpapiere und drohten und machten Witze,
lachten und warfen ganze Haufen Geldmünzen auf den Ladentisch. Das
kleine Mädchen in dem schwarzen Kleid, die Tochter der Geschäftsin-
haberin, kam gar nicht nach mit dem Zählen der vielen Münzen, die die
Kinder wahrscheinlich schon das ganze halbe Jahr über zusammengespart
haben. »Und noch einen Bleistift!« – »Und noch eine Feder!« – »Und noch
ein solches Heft!« – »Nein, nicht mit Linien!« – »Nein, kein blaues, ein
rotes!« Ich wollte einen Bleistift und drängte mich vor, aber dann machte
es mir gar nichts aus, so lange zu warten, bis ich an der Reihe war. Wie sich
die süße und die ekelerregende Ausdünstung der Kinder und der Erwachsenen in diesem engen, kleinen, beinahe finsteren Raum mischte! Ganz
hinten ist ein Guckloch, durch das man auf den Schnee hinausschauen
kann. Ich nahm meinen Bleistift und ging wieder ins Freie. Da traf ich den
Wasenmeister, der eine große Kuhhaut hinter sich her schleifte. Die Kuhhaut habe ihm der Metzger geschenkt, sagte er, er bringe sie nach Hause
und lasse sie gerben und lege sie sich dann vor sein Bett. »Eine Kuhhaut ist
ein besonders warmer Bettvorleger«, sagte er. Er sei in der Frühe auf der
Baustelle unten gewesen; eine Verabredung mit dem Ingenieur habe er
gehabt, der habe ihn auf der Baustelle herumgeführt. Sie seien zusammen
in der Kantine eingekehrt und hätten dort gut gegessen. »Es ist dort auch
viel billiger als im Gasthaus.« Er wollte von mir wissen, ob mir der Maler
nicht seltsam vorkomme. »Nein«, sagte ich, »er ist ein Mensch wie andere
auch.« Ich möge recht haben. Ihm käme der Maler verrückt vor. Irgend

etwas stimme mit ihm nicht, seit er wieder da sei. »Als ob ihm in Wien ein
Unglück passiert wäre«, sagte der Wasenmeister. »Ja«, sagte ich, »merkwürdig ist er schon, aber nicht außergewöhnlich merkwürdig.« Er habe
den Maler gestern in der Kirche sitzen sehen, »in der vordersten Bank«,
kopfschüttelnd. Der Wasenmeister habe sich nicht bemerkbar gemacht,
um den Maler weiter beobachten zu können. Mit ein paar raschen Schritten sei der Maler zum Altar hin und habe gegen die Monstranz die Faust
erhoben. »Dann ist er aus der Kirche hinaus und zum Teich hinunter.«
Der Wasenmeister sagte: »Und das im Hohlweg war ja auch verrückt.« Ich
ließ ihn gehen mit seiner Kuhhaut, die auf dem Schnee Blutflecke hin-
terließ, ungleich große, und ging zum Bäcker, wo ich mir eine Hundert-
schillingnote wechselte, mit der ich das Bier, das ich in den letzten Tagen
getrunken hatte, bezahlte. Draußen traf ich den Maler, er hatte seinen
roten Künstlerrock an. »Ich will mich heute noch einmal erschrecken«,
sagte er. »Mich selbst und die Welt erschrecken. Habe ich diesen roten
Rock an, komme ich mir vor wie der größte Narr aller Zeiten. Und die
Leute glauben mir, daß ich der größte Narr aller Zeiten bin. Kommen Sie,
gehen wir rasch zum Nachtmahl.«

Am Abend sang der Wasenmeister mit der Wirtin zusammen Lieder,
nachdem der Maler gegangen war. Mit einem viehischen Unterton sang
der Wasenmeister:

> »Durch Maul und After
> zieht die Höll den Strick,
> dadurch wird der Durchzogene
> blöd und dick.«

Und er sang: »Morgen, Mittag, Abend . . .
> Was sagt die Nacht,
> die finstere Nacht dazu?«

Während des Nachtmahls hatte der Maler plötzlich gesagt: »Hören Sie.
Hören Sie.« In dem entsetzlichen Wurstesser- und Biertrinkerlärm sagte
er: »Hören Sie, die Hunde.« Ich hörte sie nicht. Er ließ aber nicht locker,
und ohne daß es die anderen, der Ingenieur, der Wasenmeister, die Wirtin, die an unserem Tisch saßen, merkten, auch der Gendarm war dabei,

sagte der Maler: »Hören Sie, die Hunde! Hören Sie nur: das Hundegekläff.« Und er stand auf und ging hinaus und in sein Zimmer. Als ich ihm
folgte, in das Vorhaus hinaus, wo ich stehenblieb, hörte ich durch die
offene, halb eingefrorene Gasthaustür das langgezogene Heulen der
Hunde. Und das Gebell. Das unendlich langgezogene Heulen, in das das
Gebell hineinbiß. Vor mir hörte ich das Bellen und Heulen und hinter mir
das Lachen und Erbrechen und Kartenschlagen. Vor mir die Hunde, hinter mir die Gäste. Ich werde heute nicht einschlafen können.

Vierzehnter Tag

Er, der Assistent, hält mich offenbar für durchaus geeignet, einen solchen
Auftrag, wie den Maler Strauch zu beobachten, ohne Schaden durchzu-
stehen. Schaden! »Wie kann es einem schaden, Menschen zu sehen, die
leiden?« hat er gesagt. Es ist ihm also klar, daß sein Bruder leidet. Nicht *wie*
er leidet, das weiß er nicht. Denn das Leiden des Malers geht über die
Vorstellungskraft des Assistenten hinaus. Wie tief leidet der Maler? Kann
man feststellen, wie tief einer leidet? Und wann am tiefsten? Der Assistent
schickte mich in dem Glauben her, ich sei fähig, Einflüsse, die mich
angreifen, abzuwehren. Ja, das muß man natürlich, sogenannte schlechte
Einflüsse von Menschen, mit denen man umgeht, umzugehen gezwungen
ist, abwehren, nicht sich eindringen lassen. Mit ihnen fertig werden, so
schwierig es oft plötzlich sein kann. Wenn man die Augen offen hat,
übersieht man es auch nicht, nämlich man übersieht die Gefahr nicht und
begegnet ihr mit der nötigen Ausrüstung. Ich bin natürlich in Gesellschaft
des Malers ständig schlechten Einflüssen ausgesetzt. Aber ich sehe sie, und
ich kann genau unterscheiden, wo die schlechten Einflüsse anfangen, wo
die schlechten Einflüsse nicht gut sind, denn schlechte Einflüsse können
gut sein. Wahrscheinlich wird sich diese Begegnung aber erst viel später
einmal auf mich auswirken. Nicht jetzt. Wie sich in der Kindheit gehabte
Einflüsse auch erst jetzt auswirken; die Erfahrungen, die man mit acht,
neun Jahren macht, den Dreißigjährigen plötzlich umformen. Wie in
einem tiefen Wasser, das auch nie klar gewesen ist, sich ein Farbstoff
ausbreitet. Ist es so? Der Maler gibt mir Anhaltspunkte noch und noch. Er
ist nicht einer, der ganz verschlossen ist. Eine Menge Zugänge gibt es zu
ihm, aber man findet ihn dann doch oft dort, wo man ihn nicht sucht, wo

man ihn nicht vermutet hat. »Ich habe ein strenges Gewissen«, sagt er.
Was meint er damit? Auch wenn er sagt: »Die Wirklichkeit hat niemals ein
Mitgefühl«, und es ganz für sich sagt, wie es scheint, ohne Zusammenhang
zwischen dem, was er vorher gesagt hat, und dem nachher, verstehe ich
eigentlich nicht, was er meint. Die besten Einfälle kommen ihm tatsächlich auf den Spaziergängen. In der frischen Luft. Im Gasthaus oder in
anderen Räumlichkeiten zieht er sich vollkommen in sich selbst zurück,
und man kann stundenlang mit ihm zusammensitzen, ohne ein Wort aus
ihm herauszubringen. Nun ist mir Schweigsamkeit und Zuhörenkönnen,
auch wenn niemand redet, angeboren. Bei uns zu Hause ist oft tagelang
nichts geredet worden, höchstens hat man sich nach einem Teller oder
einem Bleistift erkundigt, nach einem Buch. Es fällt mir jetzt nicht mehr
so schwer, so langsam zu gehen, wie der Maler es wünscht; ich bin gewohnt, zu laufen, rasch von einem Eindruck zum anderen zu kommen,
und nicht, wie er, dauernd stehenzubleiben, mich hinzusetzen, zu rasten.
Für mich ist der Maler ein großes Problem, mit dem ich einfach fertig
werden muß. Ein Auftrag, ja. Für ihn?

Was ist das für eine Sprache, die Sprache Strauchs? Was fange ich mit
seinen Gedankenfetzen an? Was mir zuerst zerrissen, zusammenhanglos
schien, hat seine »wirklich ungeheuren Zusammenhänge«; das Ganze ist
eine alles erschreckende Worttransfusion in die Welt, in die Menschen
hinein, »ein rücksichtsloser Vorgang gegen den Schwachsinn«, um mit
ihm selber zu reden, »ein regenerationswürdiger ununterbrochener Ton-
fallgrund«. *Wie* aufschreiben? *Was* für Notizen? Bis wohin denn Sche-
matisches, systematisch? Diese Ausbrüche kommen auf mich herunter wie
Felsstürze. Plötzlich reißt, was er sagt, wieder ab vor dem explosiven Aufschrei der Lächerlichkeit, die er sich »und der Welt auferfindet«. Eine
Herzmuskelsprache ist die Strauchs, eine »pulsgehirnwiderpochende«,
verruchte. Das ist rhythmische Selbsterniedrigung unter dem »eigenen
krachenden Untergehörgebälk«. Seine Begriffe, Schliche, grundsätzlich
mit dem Hundegebell in Einklang, auf das er mich gleich am Anfang
hingewiesen hat, mit dem er mich »in der Luft zerrieben hat«. Ist das denn
auch noch Sprache? Ja, das ist der Doppelboden der Sprache, Hölle und
Himmel der Sprache, das ist das Auflehnen der Flüsse, »die dampfenden
Wortnüstern aller Gehirne, die grenzenlos schamlos verzweifelt sind«.
Manchmal redet er ein Gedicht, reißt es gleich wieder auseinander, setzt es

zusammen zu einem »Kraftwerk«, »Kasernierung der zu züchtenden Gedankenwelt der wortlosen Stämme«, sagt er. »Die Welt ist eine Rekrutenwelt, man muß sie zusammenschlagen, man muß sie schießen und aufhören zu schießen lehren.« Er reißt die Wörter aus sich heraus wie aus einem Sumpfboden. Er reißt sich in diesem Wörterherausreißen blutig.

Grausige Spuren habe der Krieg im ganzen Tal hinterlassen. »Noch heute stößt man immer wieder auf Schädelknochen oder auf ganze Skelette, die nur von einer dünnen Tannennadelschicht zugedeckt sind«, sagt der Maler. In den Waldstücken, gegen die Klamm zu und hinter dem See wie auch im Lärchenwald, seien aufgelöste Regimenter ausgehungert worden. »Schließlich sind sie auch erfroren. Einige haben sich ja retten können, aber nur ein paar, die anderen waren schon zu schwach, um sich bis zu den Dörfern hinbewegen zu können. Und an Mord dachten die Soldaten nicht«, das, nämlich der Mord, sei ein Handwerk »für die dunklen Elemente aus dem Osten gewesen«. Auch die Häftlinge der nahen Strafanstalt hätten arg gewütet, und viele Verschollene, die ausgebrochen seien und nicht mehr zurückgekehrt, würden da und dort unter Gestrüpp und unter Felsgestein gefunden. »Oft schreien brombeersuchende Kinder plötzlich und ziehen die Mutter zu irgendeiner Stelle hin, die von Schlangenblättern überwachsen ist. Da finden sie dann einen Menschen, nackt, dem sie einmal vor Jahren die Kleider vom Leib gerissen haben. Der Hunger macht die Menschen zu Bestien.« Bei Kriegsende seien die Wälder voll Kriegsgerät gewesen, Panzer und Panzerspähwagen und Kanonen und Motorräder und Automobile seien überall zwischen den Baumstämmen herumgestanden. »Manche gingen in die Luft, wenn man sie anrührte. Oft fand man in den Panzern die Leichen der Besatzungen, eng aneinandergekauert, mit zerrissenen Lungen. Leute, die die Luken aufmachten, machten fürchterliche Entdeckungen«, sagte er. »Nach und nach getrauten sich die Menschen, das Kriegsgerät auseinanderzunehmen, und sie fingen auch an, die toten Soldaten zu begraben, verscharrten sie an Ort und Stelle, denn sie wollten sie nicht auf dem Friedhof haben, sie waren ihnen zu fremd. Wenn sie sie anrührten, fielen sie auseinander, die Luft hatte sie im Laufe der Zeit zersetzt. Kinder entdeckten in Mulden hochexplosive Panzerfäuste, von denen sie zerrissen wurden. Fetzen von Kindern, wissen Sie, auf den Bäumen. Männer im besten Alter konnte man von Kanonenrädern erdrückt finden, im Hohlweg lag eine Gruppe von

Grenadieren mit abgeschnittenen Zungen, denen der Penis im Mund steckte. Und da und dort zerschossene Uniformen auf den Bäumen und aus dem Tümpel herausschauende steife Hände und Füße. Es dauerte Jahre, bis die Einheimischen etwas Ordnung in die Wälder brachten, in das ganze Land. Zuerst gingen sie nur hin, um sich Lebensmittel, die sie in den Panzern fanden, allerhand brauchbare Gegenstände zu holen, wie gesagt, Uniformen, die sie umschneiderten für sich und dann jahrelang trugen; dann erst, um die Toten, das, was von den Toten übriggeblieben war, die Überreste, wie man sagt, einzuscharren, schließlich mit Rechen und Schaufel, um die Spuren zu verwischen. Aber die Spuren des Krieges sind noch nicht verwischt«, sagte der Maler, »dieser Krieg wird niemals vergessen sein. Immer wieder werden die Menschen auf ihn stoßen, wo sie auch gehen mögen.«

»Was glauben Sie, was der Maler Strauch heute zu mir gesagt hat?« Mit dieser Frage, die gar keine Frage war, überraschte mich die Wirtin heute in meinem Zimmer, in das sie, nachdem sie angeklopft hatte, hereingekommen war, um mein Bettzeug zu richten. Sie nahm bei dieser Gelegenheit den Polster und warf ihn ein paarmal in die Luft und fing ihn wieder auf. Die Tuchent beutelte sie am offenen Fenster aus. »Was glauben Sie?« sagte sie, als sie das Bett gemacht hatte und dann noch den Waschtisch abwischte, frisches Wasser in die Krüge füllte, in mein Glas auf dem Tisch. Sie zögerte alles, was sie tat, hinaus, um mir schließlich doch noch zu sagen, was es war, das ihr der Maler Strauch – »im Bett liegend, noch nicht einmal angezogen, obwohl es schon neun Uhr war!« – gesagt hat. »Er hat gesagt, er würde mich einmal damit überraschen, daß er tot im Bett liegt.« Sie habe darauf gelacht und geglaubt, daß der Maler einen Scherz mit ihr mache. Dann aber habe sie in seinem Gesicht gesehen, daß es ihm ernst gewesen sei. »Wissen Sie, das möchte ich nicht in meinem Haus, einen Toten«, sagte sie. Dann ging sie aus meinem Zimmer, kam aber sofort wieder herein und sagte: »Ich habe ja vergessen, das Fenster zuzumachen.« Sie machte das Fenster zu und stellte sich dann vor der Tür auf, so, als wartete sie auf eine Erklärung von mir. »Ist das nicht komisch, einem auf die Weise Angst einzujagen?« sagte sie. »Der Maler ist überhaupt diesmal so seltsam. Was hat er denn? Wissen Sie etwas?« Ich wisse nichts, gar nichts wisse ich. Sorgen habe der Maler, aber was für Sorgen, sei mir nicht bekannt. »Wie ausgewechselt ist er«, sagte sie. »Mir tät aber leid, wenn er vielleicht gar krank wäre«, sagte sie. Dann verließ sie endgültig mein Zimmer, ich hörte sie unten im Hausgang nach einer ihrer Töchter rufen. Als ich später hinunterging, um einen Rundgang zu machen, nur um das Haus, weil ich das Gefühl hatte, ohne vorher noch in der frischen Luft gewesen zu sein, nicht einen Augenblick schlafen zu können, und ich wollte mich, weil ich plötzlich so müde war, eine Stunde hinlegen, um dann, wenn der Maler mich rufen würde, wieder frisch zu sein, also, als ich unten war, ging ich in die Küche, unter dem Vorwand, ich müßte unbedingt ein Glas Wasser trinken, das aus dem Küchenbrunnen frischer sei, und da stand sie, nur mit einem Rock bekleidet, in den sie, als sie mich kommen hörte, rasch ihr Unterhemd hineinsteckte, und ich sagte, während ich mir ein Glas vollaufen ließ am Brunnen, der ein Ziehbrunnen ist, wie man sie sonst nur an den Außenfronten der Bauernhäuser findet, nicht in einer Küche, ich sagte: »Von Selbstmord hat er geredet?« – »Von Selbstmord?« sagte sie. »Nein, von Selbstmord nicht. Das wäre ja noch schlimmer. Er hat nur gesagt, daß ich ihn einmal in der Frühe tot im Bett finden würde. Vielleicht hat er das Gefühl, es könnte ihn der Schlag treffen. Er hat schon früher immer Angst vor einem Schlaganfall gehabt.« – »Angst vor einem Schlaganfall?« – »Er wird sich doch nicht in meinem Haus umbringen? Ich glaube, es war doch nur ein Spaß«, sagte sie, und da mir klar war, daß er mit Sicherheit keinen Spaß, sondern nur diese für mich schon alltägliche Äußerung gemacht hat, trank ich das Wasser aus und machte meinen Rundgang.

Auf dem Weg zur Kirche hinauf blieb er immer wieder stehen und machte mich darauf aufmerksam, daß er ein alter Mann sei und ich ruhig vorausgehen könne. »Es macht mir nichts aus. Im Gegenteil.« Nachdem er das vier-, fünfmal gesagt hat, das letzte Mal in scharfem Befehlston, ließ ich ihn einfach, ungefähr in der Mitte des Abhangs, bei dem größten Baumstumpf, der die Grenze zwischen zwei Feldern bildet, stehen und lief, so schnell ich konnte, hinauf. Ich genoß es, plötzlich frei zu sein. Wie ein Hund von der Leine losgelassen. Oben stellte ich mich so hin, daß er mich nicht, ich ihn aber sehr gut sehen konnte, wie er sich langsam heraufarbeitete. Er rastete, wie mir schien, häufiger als am Vortag, an dem wir denselben Spaziergang gemacht hatten, auf dem es zu der folgenden Frage gekommen war, die er an mich richtete: »Was sind Sie eigentlich für ein Mensch? Ich kann Sie in mir nicht in Ordnung bringen. Sagen Sie mir, was Sie denken? Wie Sie dazu kommen, mir zu begegnen und fortan mit mir zusammen zu sein! Mit mir herumzuziehen! Haben Sie sich wenigstens schon ein wenig erholt? Freilich, das Rätselhafte ist die Spannung. Sie sind mir rätselhaft, obwohl Sie natürlich und überaus einfach konstruiert sind!« – Wie ich ihn jetzt so beobachtete, dachte ich, daß ein kleiner Windstoß genügen würde, ihn umzuwerfen. Wenn er stehenblieb, zeichnete er mit dem Stock in den Schnee Zeichen, einer indischen Lehre, wie ich von ihm weiß, entnommen, die mir unverständlich sind. Manche dieser Zeichen erinnern mich an Tiere, an eine Kuh beispielsweise, an ein Schwein, andere an Tempelformen, an Flußläufe. Kreise. Andere geometrische Formen. Ich hörte ihn bis herauf mit sich selber reden. Wie wenn ein alter General Selbstgespräche führt, sich an ein Heer wendet, das für ihn in alle Ewigkeit existiert. Und er sah auch aus, wie über eine Generalstabskarte gebeugt, auf der alles bis in die kleinsten und letzten Einzelheiten von ihm abhängt. Auch redete er in fremden Sprachen, asiatische Wörter und ganze Wortzusammenstellungen flogen nur so durch die Luft. Das ganze Bild, dessen Mittelpunkt er darstellte, erinnerte mich an ein Gemälde, das ich vor Jahren einmal im Wiener Kunsthistorischen Museum gesehen habe; ich weiß sogar noch den Raum, in dem es hängt: eine Flußlandschaft von Breughel dem Älteren, auf der die Menschen versuchen, vom Tod Zerstreuung zu erbitten, die ihnen gewährt wird, die sie aber, so scheint dieses Bild es auszudrücken, mit unendlichen Qualen in der Hölle bezahlen müssen. Die schwarze Farbe des Baumstumpfs, seiner Äste, die in die schwarze Farbe des Rockes, den der Maler trug, überging, in die schwarze Farbe seiner Hose und seines Stocks, leitete in die schwarze Farbe der Berggipfel über. Als er nur mehr ein paar Schritte von mir entfernt war, auf einer der letzten Stufen stand, die direkt zum Kirchenportal hinaufführten, hatte ich vor ihm Angst. Ich stellte mir vor, daß er von hinten auf mich zugeht und mir mit seinem Stock einen Hieb auf den Kopf versetzt. Als ich sein Gesicht sah, war diese Vorstellung wieder weg. Obwohl sein Gesicht eine solche Untat nicht ausgeschlossen hätte. »Wenn Sie Lust haben, gehen wir in die Kirche«, sagte er. Und sofort wieder: »Nein, gehen Sie allein. Ich warte draußen auf Sie.« Ich ging in die Kirche und setzte mich in eine Bank, von der aus ich den Altar gut anschauen konnte. Ich nahm ein Gebetbuch in die Hand, das neben mir auf der Bank lag. Blätterte darin. Fand einen Psalm. Ich las den Psalm: ›Asperges me, Domine, hyssopo, et mundabor: lavabis me, et super nivem dealbabor. Miserere mei, Deus, secundum magnam misericordiam tuam. Gloria Patri!‹ Und dann: ›Me expectaverunt peccatores, ut perderent me: testimonia tua, Domine intellexi: omnis consummationis vidi finem: latum mandatum tuum nimis. Beati immaculati in via: qui ambulant in lege Domini. Gloria Patri.‹ Ich las das Ganze noch einmal. Ein zweites Mal. Ein drittes Mal. Aber es war mir unerträglich, und ich konnte mir überhaupt nichts dabei vorstellen, und ich mußte aufstehen und aus der Kirche hinausgehen. Wie ich über den weichen Teppich zum Ausgang ging, sah ich Engelsgesichter von unglaublicher Häßlichkeit, die, je näher ich auf sie zukam, um so grausamere Züge annahmen. Als ich ins Freie trat, war der Maler verschwunden. Er hatte sich in der Zwischenzeit zur Aufbahrungskapelle hingearbeitet, die an die Rückseite der Kirche angebaut war. Von dort aus, im tiefen Schnee stehend, rief er mir zu: »Bleiben Sie, wo Sie sind, sonst erschrecken Sie!« Ich wußte nicht, wovor ich hätte erschrecken sollen. Dann fiel mir ein, daß in der Kapelle von Zeit zu Zeit Tote aufgebahrt sind. »Ein Toter liegt in der Kapelle«, sagte er und hob seinen Kopf bis über das Fensterbrett, so daß ihm der Hut in den Nacken rutschte. Als er zurückkam, sagte er: »Ein geschminkter Leichnam. Sie schminken die Leichen oft auf die grauenhafteste Weise.« Er frage sich, warum er eigentlich zur Kapelle hingegangen sei. »Neugierde ist es nicht«, sagte er. Wir kamen erst spät, um ein Uhr, zum Gasthaus zurück.

Der Maler Strauch ist kleiner als der Chirurg Strauch. Der Maler Strauch ist einer der Fälle, wo man mit Hammer und Stemmeisen, mit Messer und Säge und Zange und Skalpell nichts mehr ausrichtet. Da sollen dann die Gedankengänge der höheren Wissenschaft einsetzen, der Spürsinn vieler schlafloser Nächte. Denn es handelt sich da um einen vom Tod schon jahrzehntelang angezahlten, bald abgezahlten, gekauften Irrtum. Ja? Um eine Folge der ganzen Entwicklung, die keine Entwicklung ist, um eine Folge der Substanz. Der Bewegung, die keine Bewegung ist. Um ein Organisches, das gar kein Organisches ist. Um einen Ausgangspunkt, der kein Ausgangspunkt ist. Nicht sein kann. Um eine unheilbare Krankheit. Er wittert ständig Gefahr. Das ist klar, daß er sich ständig bedroht fühlt. Ständig ist er auf der Lauer, wie die Welt, wie ihm scheint, um ihn. Und was ist denn der Organismus? Was ist denn der Gegensatz? Geist und Körper? Geist weniger Körper? Körper ohne Seele? Was denn? Unter der Oberfläche? Über der Oberfläche? Und an der Unterfläche? So ein scheues

Schicksal, das abstirbt, was ist das? Aber es gibt ja Krankheiten, die immer völlig unerkannt sind. Es hat sie immer gegeben, es wird sie immer geben. Ist eine über Nacht heilbar, ist eine andere über Nacht unheilbar. Eine weniger ist immer eine mehr. Woher? Wodurch? Sind die Ursachen Kennzeichen?

Der Maler sagte: »Der Pfarrer ist ein schwerkranker Mann. Ich habe mich gestern, bevor ich ins Gasthaus gekommen bin, mit ihm unterhalten. Er hat mich wieder um einen Geldbetrag angegangen. Für das Armenhaus. Für die Sakristei, wissen Sie. Er weiß zu gut, wie ich über die Kirche denke. Er spaziert gern eine Stunde im Schnee. Sitzt im Sommer an seinem Teich und fischt in zwei Wochen keinen einzigen Fisch. Die Kirche hält ihre Geistlichen kurz. So etwas wie bodenständige Poesie ist die Kirche auf dem Land. Man sieht ihn auf den Bäumen und im Keller und auf dem Kartoffelacker. Mit Kindern herumziehen. Sein Gelächter hat einen teuflischen Rhythmus. Er fürchtet sich vor jedem Zeremoniell, am meisten fürchtet er sich vor dem Bischof. Wissen Sie, das ist poetisch. Wenn Sie plötzlich irgendwo einen Mann weinen hören, das ist der Pfarrer. Übrigens hat er eine vorzügliche Bibliothek. Kann keine Kanzelreden. Er ist so furchtsam, daß ihn ein Vogel zutiefst erschreckt. Aber, wenn es sein muß, geht er auch mitten in der Nacht, in der größten Finsternis, nur mit einem Licht und oft ohne Ministranten, zu einem Sterbenden. Oft weit hinauf in Fels und Eis zu entlegenen Bauernhäusern.«

»Diese riesigen Holzmengen«, sagte der Maler, »was für eine Unmenge kostbaren Holzes geht da oben zugrunde. Diese Tausende und Hunderttausende von Stämmen. Die Zellulosefabrik verschlingt sie. Bis es im Tal ist, ist es nur noch für die Zellulosefabrik zu gebrauchen. Diese ganze Landschaft«, sagte er, »ist früher nichts gewesen als ein ziemlich wildes, wunderbares pflanzenbiologisches Gebilde . . . Kommen Sie«, sagte er, »ich will Ihnen einige Baumsorten zeigen, die hier besonders gebräuchlich sind . . . Da haben wir also die Fichte, die picea excelsa, die an erster Stelle steht, dann die Föhre, die Tanne, die Lärche. Vereinzelte Zirben. Kommen Sie, ich erkläre Ihnen einige Details, die Laubhölzer, die sogenannten angiospermae, und die Nadelhölzer, die gymnospermae, betreffend . . .«

Ganz im Anfang sei es etwas, aber schon da ziele es darauf ab, möglichst bald Schmerz zu entwickeln, das Verhältnis zweier junger Menschen, die sich plötzlich oder langsam, aber dann urplötzlich nähergekommen sind, meinte der Maler. »Es ist so schön und kostbar, solange es noch gar nichts ist«, sagte er. Die Jugend bringe »das Kunststück fertig, die Welt einen Augenblick lang hinters Licht zu führen«, und alles hätte tagelang und nächtelang den Anschein von Glück. Und ich dachte an S. und wollte ihr sofort einen Brief schreiben und wollte es im Augenblick wieder nicht und versuchte an etwas anderes, nicht an sie, zu denken, aber es gelang mir nicht, bis ich aus dem Dorf draußen war nicht, während des ganzen Weges nicht, nicht im Lärchenwald, nicht im Hohlweg, nicht im Gasthaus; ich sagte mir: was war es eigentlich? Ist es nicht längst vorbei? Wie kam es dazu? Und wie und warum war es plötzlich zu Ende? Zuerst kein Tag ohne sie, dann beinahe keine Nacht ohne sie, dann bröckelte alles wieder ab, so wie es immer abgebröckelt war, zog sich zurück in zwei Richtungen von zwei Menschen, weit fort. Und wohin zurück? Oft wachte ich auf in der Nacht und erschrak darüber. Und verfolgte eine Spur, die plötzlich irgendwo in Wildnis endete, an einem Flußlauf, in einem Feuer. Ich fragte mich oft und oft, was es ist, das einen in Zustände versetzt, die zwei junge Menschen unglücklich machen müssen. Wie bin ich jung! Ja! Vorbei! Das war noch ein Kommen und ein Ausfragen und Ausforschen, so rücksichtslos war das: das Ende. Wenn ich noch einmal schreibe, glaubt sie, es könnte wieder beginnen. Aber es kann nicht mehr anfangen, es darf nicht mehr. »Es ist eine Lüge«, sagte der Maler. Ich weiß, was er meinte: da ist eine Lüge, die auf einer anderen Lüge beruht und in einer dritten Zuflucht sucht: mitten in einem anderen Menschen. Mir war sie ja schon wochenlang nicht mehr eingefallen. Wie aus einem Geschäft hatte ich mich aus ihr entfernt mit dem festen Entschluß, nicht mehr hineinzugehen. Gut. Der Maler sagte: »Dann ist es zwei Bergen ähnlich, die durch einen reißenden Fluß voneinander getrennt sind.« Plötzlich bemerkte ich, daß ich zu singen angefangen hatte, das ganze Stück bis zum Kukuruzfeld. Mit dem Singen wollte ich meine Gedanken zudecken. Aber Gedanken gehen nicht, wenn man sie gehen heißt, lassen sich nicht hinauskomplimentieren. Im Gegenteil: sie setzen sich erst recht fest in einem und fangen an, Vorwurf und Ärger zu produzieren ins Unermeßliche. Steigert sich der Befallene hinein in diesen Prozeß, der ihn zersetzt, kann er ohnmächtig werden im Gehen, wohin er auch geht, wo er auch Zuflucht sucht. Der

Maler sagte: »Die schönsten Blumen werden zuerst abgeschnitten; was helfen da kluge Gärtner?« Er zog mich dann in immer mehr finstere Gedanken hinein, die mich schließlich, so verrückt es mir schien, mit dem Engerwerden der Schlinge, in der ich meinen Kopf stecken hatte, von ihm losreißen ließen. Ich lief wortlos davon und wartete vor dem Heuschober auf ihn. Ich entschuldigte mich. Er reagierte überhaupt nicht darauf.

Zwischen Lärchenwald und Heuschober, dort, wo sie angeblich den abgängigen großen Hund des Metzgers gefunden haben, »unter dem Steg eingenickt, erfroren«, macht mich der Maler noch auf verschiedene Bäume aufmerksam, die dastehen, die da und dort eine Gruppe bilden, oft aber auch ganz für sich und auf sich allein angewiesen sind. »Hier, sehen Sie«, sagte er, »die Fichte, die picea excelsa, die vornehme Schwester der Fichte, die Rottanne heißt, fälschlich auch Edeltanne genannt wird. Die Weißtanne . . .« Er tritt zum Zaun hin und sagt: »Hier, sehen Sie, die Eiche . . . Das hier die Traubeneiche, die Stieleiche . . . Die Eiche hat eine Wachstumszeit von oft über zweihundert Jahren. Ihr Name kommt von dem altindischen Wort igya, was soviel wie Verehrung heißt. Hier finden Sie aber auch Eschen und Erlen«, sagte er, »sogar Ahorne. Und da unten, sehen Sie, jene Eibe, von der ich Ihnen am Tag Ihrer Ankunft erzählt habe. Sie ist ein königlicher Rest der Urzeit . . .« Als wir den Lärchenwald entlanggingen, mir kam es vor, als ginge ich in meinen eigenen, gestern erst getretenen Spuren, sagte er: »Wir haben es hier im Augenblick mit der dämonischen Ruhe zu tun. Mit einem Phänomen, mit dem sich die Wissenschaft noch zu wenig auseinandergesetzt hat.« Es war wirklich ganz still, kein Arbeitslärm von unten herauf. Nichts. »Noch immer hat die Welt von dieser Ruhe eine ganz primitive romantische Vorstellung. Diese Ruhe habe ich zeitlebens als eine Krankheit der erschöpften Natur empfunden, als fürchterlich aufgerissene Abgründe des Gemüts. Diese Ruhe ist ja der Natur ein Greuel.«

Man kann natürlich nicht alles in Erfahrung bringen, aber ich glaube, es bedrückt ihn sehr, keine Post zu bekommen. »Da niemand weiß, wo ich bin, kann mir auch niemand schreiben. Aber ich will auch nicht, daß mir noch jemand schreibt«, hat er gesagt. »Ich schreibe keinem Menschen, also weiß auch keiner, wo ich bin. Ich glaube, ich werde nie mehr einen Brief schreiben.« In seinem Zustand ist er auch gar nicht fähig dazu. Wenn er

sich hinsetzt, um für sich Notizen zu machen, in irgendwelche »Fabulier-
hefte«, die er schon vor Jahren angelegt hat – »in dem Augenblick, in dem
ich mich zurückzuziehen begann« –, nehmen seine Kopfschmerzen derartig zu, daß er aufhören muß, einen Gedanken in der Mitte abbrechen,
das Heft zumachen und sich hinlegen. Und er will ja wirklich niemandem
mehr schreiben. Für ihn liegt alles hinter ihm, soweit, daß er es nicht mehr
hervorholen wird, »keinen Menschen, nichts«. Er komme sich jetzt oft wie
unter Wasser treibend vor, dann wieder eingefroren in die Welt, irgendwo,
wo nichts zu etwas Verbindung habe. »Man kann nicht schreien, weil man
nicht einmal den Mund aufmachen kann.« Es gehe so dahin und gehe gar
nicht dahin: »Als ob die Zeit stillstände.« Wie es ausgehen wird, »da es
doch ausgehen muß«, weiß ich nicht. Das Schlimmste kann plötzlich
wahr sein, das weiß ich aus Erfahrung. An Wunder glaube ich ja nicht,
wenigstens im Augenblick nicht. Ich kann mir vorstellen, daß er sich
umbringt. Daß es aber noch lange dauern wird, bis er es tut. Er wird
vielleicht noch den Frühling abwarten und dann den Sommer und wieder
den Winter und so noch eine bestimmte Zeit fort. Eines wird ihm das
andere immer wieder abfangen. Aber das kann nicht Jahrzehnte dauern.
Bei ihm nicht. Auch nicht Jahre, denn er ist todkrank und wird bald von
selbst sterben. Es arbeitet in seinem Unterbewußtsein, wenn auch oben
alles ausgeschaltet ist. Ein Bruder seines Großvaters hat übrigens Selbstmord begangen: ein Jagdgehilfe. Angeblich, weil er »das Elend der Menschen nicht mehr ertragen« konnte. Sie hätten ihn im Wald gefunden. Er
hatte sich eine Kugel in den Mund geschossen. Wenn man nachforscht,
kommt man bei jedem Menschen auf alle Ursachen. Aber, wie der Assistent sagt, sein Bruder war von allem Anfang an »selbstmörderisch veranlagt«. Er redet plötzlich wieder von der Krankheit, »die völlig vorstellungs-
los ist«. In der Nacht komme er bis an ihre Wurzeln, im entscheidenden
Augenblick aber sei dann alles wieder weg. Nur der Schmerz bleibe zurück, »ein Schmerz, dem das Überschreiten seines Höhepunktes nicht
möglich ist . . . Zuerst«, sagte der Maler, »ist mir vorgemacht worden, es
gäbe eine Behandlung für meinen Kopf, eine Methode. Aber plötzlich
habe ich hinter die Kulissen der Ärzteschaft geschaut: sie wissen nichts,
und sie bringen auch nichts heraus! Ich lehnte jede Methode ab. Die
Ärzteschaft, das sind bloße Vormacher, wissen Sie! Handwerker, ja! Freilich, die Ärzte können ihren Patienten nicht gleich an den Kopf werfen,
daß sie schon tot sind . . ., daß die Medizin nur eine Art oberflächliche

Beruhigung der Physis und Psyche ist . . .« Er sagte: »Den Kopf höher
legen? Ich habe den Kopf höher gelegt, und ich habe den Kopf tiefer
gelegt. Der Schmerz kommt, wann er will, und die Krankheit tut, was
sie will, ist sie noch so unbekannt . . . daß man, müssen Sie wissen, die
höchsten Höhen des Schmerzes bis in die kleinsten und allerkleinsten
Einzelheitsschwankungen hinein verfolgen kann, diese ganze Schmerz-
konstruktion! Nun, reden wir nicht von Krankheit: die Krankheit löst die
gemeine wie die feinere Zunge . . . Man will wissen, ob der andere auch so
viel leidet wie man selbst . . . man spricht auch um Mitleid. Man hört von
den katastrophalsten Mißständen im Reich der Medizin: von katastrophalen Zufällen, Schwächezuständen der Ärzteschaft, von viel verhexten
Operationen, Plastiken, Zwischenfällen und so fort . . .«

»Unter Umständen könnte man ja in die Konditorei hinuntergehen«,
sagte er. »Aber wissen Sie, daß der Konditor die Tuberkulose hat? Die
Leute rennen hier alle mit dieser ansteckenden Krankheit herum. Auch die
Konditorstochter hat die Tuberkulose, das scheint mit den Abwässern der
Zellulosefabrik zusammenzuhängen, mit dem Dampf, den die Lokomo-
tiven jahrzehntelang ausgespieen haben, mit der schlechten Kost, die diese
Leute essen. Fast alle haben zerfressene Lungenflügel, der Pneu und das
Pneumoperitoneum sind an der Tagesordnung. Sie haben die Tuberkulose in der Brust, im Kopf, an Armen und Beinen. Alle haben sie
irgendein Geschwür, von der Tuberkulose hervorgerufen. Das Tal ist berüchtigt wegen seiner Tuberkulosefälle. Hier finden Sie alle Tuberkulo-
seformen: die Hauttuberkulose, die Gehirntuberkulose, die Darmtuber-
kulose. Viele Fälle von Meningitis, die binnen Stunden zum Tod führt.
Die Arbeiter haben die Tuberkulose von dem Dreck, in dem sie herum-
graben müssen, die Bauern haben sie von den Hunden und von der verseuchten Milch. Ein Großteil der Leute wird von der galoppierenden
Schwindsucht befallen. Außerdem«, sagte er, »die Wirkung der neueren
Medikamente, die Wirkung des Streptomyzins zum Beispiel, ist gleich
Null. Wissen Sie, daß der Wasenmeister tuberkulosekrank ist? Daß die
Wirtin die Tuberkulose hat? Daß ihre Kinder schon dreimal in Heilan-
stalten gewesen sind? Die Tuberkulose ist durchaus keine im Aussterben
begriffene Krankheit. Man sagt, man kann sie heilen. Aber das sagt die
Medikamentenindustrie. In Wirklichkeit ist die Tuberkulose heute ge-
nauso unheilbar wie immer. Selbst Leute, die sich haben impfen lassen,

haben die Tuberkulose bekommen. Oft sind die am schwersten tuberkulosekrank, die so gut ausschauen, daß man ihnen überhaupt keine
Krankheit zutraut. Die rosigen Gesichter täuschen über die zerfressene
Lunge hinweg. Immer wieder trifft man auf Leute, die eine Kaustik oder
auch nur eine Phrenikusquetschung hinter sich haben. Die meisten aber
sind von einer mißlungenen Plastik für ihr Leben ruiniert.« Wir gingen
nicht in die Konditorei. Sofort nach Haus.

Das Hundegekläff

»Ich könnte sagen, es ist in der Höhe«, sagte der Maler, »es ist in der Tiefe,
abwechselnd hoch oben, tief unten, auf allen Seiten, hören Sie, es haut sich
den Kopf an an der Schneedecke, es zertrümmert sich unaufhörlich an
dem entsetzlichen Eisen der Luft, an dem Eisen der Luft, müssen Sie
wissen, da wird es zerrissen, und man muß es einatmen, durch die Gehörgänge einatmen, bis man verrückt wird, bis es einen zerfetzt und zerreißt, bis einem die Ohrlappen Hirn und Maul, Maul und Hirn, müssen
Sie wissen, totschlagen, totschlagen mit der grenzenlosen Naivität des
Vernichtungswillens. Hören Sie, bleiben Sie stehen und hören Sie: dieses
Gekläff! Man kann es nicht ausmerzen, man kann es nur zurückdrängen,
zurückdrängen kann man es, man kann mit seinem Gehirn gegen das
Gekläff, gegen das Gebell, gegen das fürchterliche Geheul vorgehen, man
kann es niederstoßen, aber um so grauenhafter steht es dann wieder auf, es
erdrückt das Fleisch, Seele und Fleisch erdrückt es, wie Maden hat es sich
festgesetzt, in den Räumen, müssen Sie wissen, festgesetzt überall, in dem
unausdenkbaren Fett der Geschichte, des Universums, in den Keulen der
unschmelzbaren Diluvien . . . Es ist unsinnig«, sagte der Maler, »sich in
dem Hundegekläff zu verstecken, man wird doch entdeckt, und dann
wird einem auch noch die Angst zerbissen . . . Ja, ich habe ja Angst, *die*
Angst habe ich, überall höre ich: *die* Angst und wieder *die* Angst, und ich
höre *die* Angst, und es wird mich allein dieses gespenstische Trauma der
Angst zuschanden machen, mich wahnsinnig machen, nicht nur meine
Krankheit, verstehen Sie, nein, nein, nicht die Krankheit allein, *die* Krankheit und *dieses* Trauma der Angst . . . Hören Sie! . . . wie das Gekläff sich
Ordnungen schafft, wie es sich Platz macht, hören Sie, das ist das hün-
dische Peitschenknallen, das ist die hündische Übergelenkigkeit, die hün-

dische Überverzweiflung, eine höllische Unfreiheit, die sich rächt, die sich
an ihren trostlosen Erfindern rächen muß, an mir rächen muß, an Ihnen,
ja, auch an Ihnen, an allen grenzenlosen Erscheinungen, an allen grenzenlosen, fürchterlichen, im Grunde abgeschnittenen Erscheinungen, an den
Menschenschwänzen, die Himmels- und Höllenschwänze sind, an den
Höllenschwänzen der Höhe und an den Himmelsschwänzen der Tiefe, an
dem zuchthauserfahrenen Unglück aller Tragödienträger ... Hören Sie,
diese Tragödienträger, hören Sie: diese antwortverweigernde störrische
Sippschaft der Schlangenzungen, hören Sie: diese ungeheuerlich unappetitliche Räterepublik des allgewaltigen Stumpfsinns, hören Sie: diese un-
aufgeforderte schamlose Parlamentsheuchelei ... Da sind die Hunde, da
ist das Hundegekläff, da ist der Tod, der Tod in allen seinen Verwilderun-
gen, der Tod in allen Gebrechen, der Tod in seinem Gewohnheitsverbre-
chergestank, der Tod, dieses Mühsamsmittel aller Verzweiflung, der Tod,
der Bazillenträger der ungeheuren Unendlichkeit, der Tod der Geschichte,
der Tod der Mittellosigkeit, der Tod, hören Sie, den ich nicht will, den
niemand will, den niemand mehr will, da ist er, der Tod, dieses Hundegekläff, hören Sie, die unbotmäßige Verstandesertränkung, die Zeug-
nisverweigerung aller Mutmaßungen, hören Sie, dieses verrückte Aufklatschen aller Gedächtnisweichteile auf dem Betonpflaster, auf dem
Betonpflaster des großen erhabenen Menschenirrsinns ... Hören Sie
meine Ansichten über das Hundegekläff, hören Sie sie ... ich versuche das
Denken der Höllenwetter darin zu erforschen, die Durchstörung der Zeiträume, der Kambrium, Silur, Karbon, der Perm und Trias, Jura, der ungeheuren Tertiär und Quartär, unter ungeheurer sinnloser Verweigerung
der immer noch aus der Tiefe heraufleckenden großen Alluvien ... Hören
Sie, ich gehe in dieses Gekläff, ich gehe hinein und zerschlage ihm seine
Zähne, ich herrsche es an mit der Gewitterträchtigkeit meiner Unver-
nunft, zerfahre ihm seine Denkprozesse, seine Lügenpropagandaverrich-
tungen ... Hören Sie, bleiben Sie stehen und hören Sie die schwitzende
blöde Schweißtracht der Hundezungen, hören Sie doch die Hunde, hören
Sie, hören Sie ...« Wir standen an der Stelle, wo man in die Klamm
hineinschauen kann. »Zu den Wölfen«, sagte der Maler. »Von hier aus
schauen Sie senkrecht auf die Wissenschaft aller Wölfe.« Er war völlig
erschöpft. Ich hörte die Hunde. Ich hörte das Bellen und Kläffen. Ich
selbst war erschöpft. Mich hatte der Ausbruch des Malers niedergeschlagen, wie von einem Steinbruch niedergeschlagen war mein Körper; »da

fand ich ihn zerquetscht auf der Straße, vor mir, unter mir«, hatte der
Maler gesagt. Ich ordnete mir sofort »den Auswurf« des Malers. Ich bin
überrascht, ich brauchte nur auf den Knopf meiner Hörmaschine zu drükken, und der Auswurf kam über mich. Aber ich bin erschöpft. Ich bin
vollkommen erschöpft. »Hören Sie«, sagte der Maler, »das ist das Gekläff
des *Weltuntergangs*. Deutlich ist es der Weltuntergang persönlich, dieses
Gekläff. Mit welcher Strenge es in die Menschengesichter vorgeht, in die
Menschengesichter, in die Gedankengesichter, in die Vernunftgesichter,
allein gegen alle Lächerlichkeit.« Er sagte: »Ich fürchte mich. Kommen
Sie. Gehen wir. Gehen wir ins Gasthaus. Ich kann das Gekläff nicht mehr
hören.« Noch nie hatten die Hunde so ununterbrochen den ganzen Tag
und schon die ganze vorhergegangene Nacht gebellt. »Was könnte dieses
Gekläff auch ankündigen«, sagte der Maler, »wo wir alles schon wissen, wo
wir alles schon kennen, es sei denn den wirklichen *Weltuntergang*.« Er zog
das Wort *Weltuntergang* wie eine unbezahlbare Kostbarkeit über sein
»Zungenglied«, lang und wie »ein einziges Genußvergehen« zog er das
Wort *Weltuntergang* über sein »Zungenglied«. Wir waren dann schweigsam. Im Hohlweg sagte er: »Infam! Sehen Sie nicht, was dort oben steht,
hoch oben, auf dem, was wir schmeichelhaft als die Mutter der Firma-
mente bezeichnen: da steht: Infam!«

Bevor er sich in sein Zimmer zurückzog, »nicht um zu schlafen, nur um
in aller Stille der Fürchterlichkeit vor mich hin zu heulen, in mich hinein-
zuheulen«, wie er sagte, meinte er: »Wie doch alles zerbröckelt ist, wie sich
doch alles aufgelöst hat, wie sich doch alle Anhaltspunkte aufgelöst haben,
wie jede Festigkeit sich verflüchtigt hat, wie nichts mehr da ist, wie doch
gar nichts mehr da ist, sehen Sie, wie aus den Religionen und aus den
A-Religionen und aus den in die Länge gezogenen Lächerlichkeiten aller
Gottesanschauungen nichts geworden ist, gar nichts, sehen Sie, wie der
Glaube sowie der Unglaube nicht mehr da sind, wie die Wissenschaft, die
heutige Wissenschaft, wie der Stein des Anstoßes, das jahrtausendealte
Vorgericht, alles hinausgeworfen und hinauskomplimentiert und hinaus-
geblasen hat in die Luft, wie das alles jetzt Luft ist . . . Hören Sie: alles ist
nur mehr Luft, alle Begriffe sind Luft, alle Anhaltspunkte sind Luft, alles
ist nur mehr Luft . . .« Und er sagte: »Gefrorene Luft, alles ist nur mehr
gefrorene Luft . . .«

Fünfzehnter Tag

»Morbid«, sagte der Maler, »ist alles auf dem Land, speziell hier ist alles morbid. Es ist doch ein großer Irrtum, anzunehmen, die Landmenschen seien mehr wert: die Landmenschen, ja! Die Landmenschen, das sind ja die Untermenschen von heute! Die Untermenschen! Überhaupt ist das Land verkommen, heruntergekommen, viel tiefer heruntergekommen als die Stadt! Der letzte Krieg hat die Landmenschen ruiniert! Innen und außen ruiniert! Das ist ja nur mehr ein Gerümpel, das Landvolk! Und waren denn die Landmenschen, sagen Sie, waren denn die Bauern jemals so großartig? War sie so unantastbar, die Landbevölkerung? Erbe, Erde, was war das immer? Nein, das war nie etwas anderes als Kolportage! Kolportage, sage ich! Hören Sie: Kolportage! Die Landleute sind vielleicht reservierter, aber das ist ja das Abgründige, das Unanständige, das Erbärmliche an den Landleuten! Diese ganze simple, rücksichtslose Gedankenwelt, wo die Einfalt und die Niedertracht eine rechthaberische, stupide Ehe eingehen, alles verheeren . . .! Von der Landbevölkerung geht ja doch gar nichts aus! Die Dörfer, dieser hemdsärmelige Stumpfsinn! Das Landkirchentum, ja, Stumpfsinn! Und hören Sie: ich spreche ja geradezu von der Landpest! Mich stößt das Land einfach ab! Ich habe gar nichts übrig, nie etwas übrig gehabt für Bauerntum und so weiter. Sie mögen anderer Meinung sein. Für die Zukunft scheint mir die Landbevölkerung ohne Bedeutung. Überhaupt die Landbevölkerung! Das Land ist kein Quellbezirk mehr, nur noch eine Fundgrube für Brutalität und Schwachsinn, für Unzucht und Größenwahn, für Meineid und Totschlag, für systematisches Absterben! Nicht einmal mehr ein Monopol der Ruhe! Nichts ist, wie ich sehe, ein größerer Irrtum, als anzunehmen, bei uns auf dem Land und überhaupt auf dem Land wäre alles in Ordnung und man könne daraus eine Lehre ziehen und es ginge da vielleicht gar philosophisch zu und es sei dort auch nur etwas besser als in den Städten! Ja, ganz im Gegenteil!

Draußen, da, wo die Welt gegeneinanderrennt, da ist der Wohlstand. Hier aber ist gar kein Wohlstand. In dieses Tal kann der Wohlstand nicht herein. Es ist ihm zu eng und zu schmutzig und zu häßlich. Die Felswände versperren ihm den Weg. Er würde sich rasch in der finsteren Nacht verirren. Der Wohlstand kommt nur bis zu den Ufern des Hochgebirges.

Hier aber ist es finster. Hier ist Arbeit und Armut und sonst nichts. Hier ist Aufhängen und In-den-Fluß-Springen. Die Gewerkschaft sagt allerhand. Die Parteien sagen allerhand. Und es ändert sich nichts. Mit vierzig sind diese Männer ruiniert. Am Ende. Man sieht sie noch eine Weile, ja, dann hört man, sie hätten sich einfach fallen lassen, von einem Felsvorsprung. Sie erhängen sich in den Lagerhäusern, in den Kraftwerkschuppen, in der Zellulosewäscherei. Der Gedanke daran zerstört oft die Gebärenden, wissen Sie. Die elektrischen Leitungen machen sie alle verrückt, und das Flußwasser brüllt wie das abgestochene Vieh.«

Im Winter sei es naturgemäß am allerschwierigsten, mit der Arbeit auf einer Baustelle vorwärtszukommen, sagt der Ingenieur. Wir sitzen unten im Gastzimmer, und der Maler tut so, als habe er größtes Interesse an dem, was der Ingenieur sagt. Er hat große Kopfschmerzen, aber er läßt es sich nicht anmerken, trinkt, wie wir alle, Wein und macht manchmal eine Handbewegung, als wollte er schauen, ob sein Pascal, den er in der Rocktasche stecken hat, noch da ist.

»In Zeiten, in denen Frost zu erwarten ist, kann man überhaupt keine Betonierungsarbeiten ausführen«, sagt der Ingenieur. »Aber es gibt anderes zu tun: jetzt ziehen wir gerade einen Brückenpfeiler ein. Das ist nicht ungefährlich.«

Der Maler sagt: »Ist es nicht sehr kalt über dem Flußwasser? Mich fröstelt, wenn ich hineinschaue, wie ist das erst, wenn man den ganzen Tag darüber stehen muß und kommandieren.« – »Es ist nicht kalt«, sagt der Ingenieur, »wichtig ist nur, daß man schwindelfrei ist. Ist einer nicht schwindelfrei, stürzt er, bevor er es noch merkt, kopfüber ins Wasser.« – »Ich glaube, das Wasser ist tief?« sagt der Maler. »An dieser Stelle ist es nicht tief«, sagt der Ingenieur, »aber reißend. Selbst wenn man ein guter Schwimmer ist und dazu noch sehr kräftig ist wie alle unsere Leute, kann man schwerlich wieder heraus, weil es einen einfach fortreißt, in Sekundenschnelle ist man am alten Wehr, und dort wird man unweigerlich getötet.« – »Ach ja«, sagt der Maler, »da ist ja das alte Wehr noch. Wird das alte Wehr nicht vernichtet, wenn das Kraftwerk fertig ist?« »Ja«, sagt der Ingenieur, »dann ist es ja hinfällig.« – »Natürlich«, sagt der Maler. »Wieviel Leute haben Sie jetzt unter sich?« sagt er. »Zweihundert«, antwortet der Ingenieur, »aber es sind immer weniger, ein Teil hat immer seinen freien Tag, ein anderer ist krank. Aber durchschnittlich sind es hundertachtzig Leute.« – »Hundertachtzig Leute!« sagt der Maler, »eine ganz schöne Anzahl Menschen.« – »Man muß vor allem wissen, wie man sie am besten einsetzt. Wo man sie zum geeignetsten Zeitpunkt am geeignetsten beschäftigt. Das verursacht natürlich Kopfzerbrechen. Aber das mache ich in der Nacht. In der Nacht fällt mir alles ein, was am nächsten Tag zu geschehen hat.« – »Schreiben Sie sich auf, was Ihnen da einfällt?« fragt der Maler. »Nein, ich schreibe nichts auf«, sagt der Ingenieur, »ich habe alles im Kopf. Wenn ich im Wagen sitze und hinunterfahre, ordne ich, was ich in der Nacht an Einfällen gehabt habe. Oft beauftrage ich auch die Leute, die im Gasthaus nachtmahlen, daß sie meine Anordnungen weitergeben. Ich erspare mir dadurch viel Herumrennerei auf der Baustelle. Bis man da von einer Arbeitsgruppe zur andern kommt, das ist oft recht umständlich. Die Arbeitsgruppen liegen ja sehr weit auseinander. Eine Gruppe zum Beispiel ist an der Brücke beschäftigt, die andere mit Auf- oder Abladen ein paar hundert Meter weiter an der Straße, die dritte Gruppe unten am Wasserfall.« Der Maler sagt: »Und wo essen Sie zu Mittag?« – »In der Kantine. Da essen sie alle zu Mittag, bis auf ein paar, die frei haben und heraufsteigen auf den Berg, um im Gasthaus zu essen, wo es besser ist.« – »In der Kantine ist es sicher billiger als hier?« sagt der Maler. »Billiger, aber nicht so gut.« – »Und wie war das eigentlich zu Weihnachten, sind sie da alle nach Hause gefahren?« – »Die wenigsten sind heimgefahren. Die meisten haben ja niemand. In der Kantine war eine Weihnachtsfeier. Da war ich ja auch unten.« – »Und zahlt die Werksleitung eine Weihnachtszulage?« – »Ja«, sagte der Ingenieur. »Ist diese Weihnachtszulage angemessen?« Sie sei verhältnismäßig hoch, sagt der Ingenieur; »die Baufirmen sind nicht kleinlich mit Weihnachtsgeldern«. Schließlich verdienten die Arbeiter auch ganz schön. Ein Hilfsarbeiter unten auf der Baustelle habe seine dreitausend Schilling. »Soviel bekommt kein Mittelschulprofessor«, sagt der Maler. »Natürlich ist die Arbeit eines Hilfsarbeiters da unten mit der Arbeit eines Mittelschulprofessors nicht zu vergleichen.« – »Natürlich nicht.« Der Wasenmeister sagt: »Sie machen auch noch ihre Überstunden und kommen da oft auf viertausend und noch mehr.« – »Gut«, sagt der Ingenieur, »aber sie richten sich damit zugrunde.« Es sei kein Geheimnis, daß sie lungenkrank werden, oft auch auf einmal zusammenbrechen und dann wochenlang in der Krankenbaracke liegen. »Zu viele Überstunden sieht die Werksleitung auch nicht gern. Dann muß sie wochen- und monatelang Krankengeld zahlen.« Aber das, was sie unten leisten, sei »durchaus nicht überbezahlt«. Außerdem brauchten sie ja viel, weil sie gut essen müssen, und trinken müßten sie auch, nach der Arbeit, um nicht verzweifeln zu müssen. »Am besten sind die Ledigen dran. Die sind meistens jung und kräftig und können sich was weglegen. Fangen oft, nachdem sie so ein paar Jahre gearbeitet haben, im Dreck gestanden sind, etwas anderes an, womöglich ein Geschäft, wenn sie es verstehen.« Im übrigen sei er selber früher im Dreck gestanden. Als junger Mensch habe er sich sein Studium durch Hilfsarbeit auf Baustellen verdienen müssen, so wie das mir nicht fremd ist, sei es auch ihm nicht fremd, im Wasser und in der Grube zu stehen und Angst zu haben, keine acht Kubikmeter Aushub an einem Tag zusammenzubringen, weil man dann gekündigt wird und gehen muß. »Mir ist das alles nicht fremd, und ich kann auch alles anpacken, und das merken sie, und das macht mein Verhältnis zu ihnen allen aus, ein gutes Verhältnis.« Mit keinem anderen Ingenieur auf der Baustelle verständen sie sich so gut wie mit ihm. Vertrauten ihm auch, zum Beispiel, wenn es darum gehe, bei der Werksleitung für sie etwas durchzusetzen. »Wenn die ersten wärmeren Tage kommen«, sagt er, »dann bringen wir viel vorwärts.« – »Da bekommen Sie ja ganz schön bezahlt«, sagt der Maler. »Wie ich weiß, sind Bauingenieure die bestbezahlten Leute im ganzen Land.« – »Ja«, sagt der Ingenieur, »das stimmt schon, aber ich hätte auch nach Indien können, da hätte ich mehr bekommen. Aber ich bin nicht nach Indien gefahren, so verlockend auch das Angebot war.«

Plötzlich dachte ich an das Getriebe der Hauptstadt, wo zwischen zwölf und halb zwei Uhr alles, was Rang und Ansehen hat, über den Graben geht und auf der Kärntner Straße wie in einer viele hundert Meter langen Auslage sich zeigt, von der Seite des Großkaufmanns aus gesehen, von der Seite der Fabrikantengattin, von der Rechtsanwaltsfrauenseite und von verschiedenen hundert anderen Seiten aus, wie zum Beispiel von der Seite des Rechnungshofdirektors oder der Frau Gemüsehändlerin, die vom Naschmarkt herauf einen Abstecher macht, um auch dabeizusein. Und ich denke, wie ich mich mit meinen Heften und Büchern unterm Arm daruntermische und so hin und wieder ein Gespräch auffange, sei es nun im Abklingen oder im Anfang; auch bloße Schimpfwörter oder Mißfallensäußerungen dringen in mich ein. Da bin ich in der plötzlich frischen Luft, die von den nahen Bergen und Hügeln direkt in die Straßen herunterzukommen scheint, und weiß nicht, wohin jetzt mit mir zur Essenszeit.

Die Freunde sind alle fort, verschwunden in ein Zuhause, in ein Mittags-
tischstockwerk, wo sie sich mit Mädchen und Brüdern und Tanten aus der
Provinz treffen, und du bist allein. Hin und her überlegt, was besser sei,
sich dem Redefluß der Neugierigen und Wichtigtuenden ganz einfach zu
überlassen oder sich in einen Park zu setzen, deren es so viele gibt in der
Hauptstadt, einer schöner als der andere, beschließe ich, dem letzteren
nachzugeben, und bin auch schon hinter der Albrechtsrampe abgebogen
in die grüne Insel, in der tagaus, tagein die Vögel singen und die Kinder
Fangen spielen. Da sitzen die Sekretärinnen butterbrotessend, die Milch-
frauen machen hier ihre Pause, und so mancher Doktor der Philosophie,
der es sich auch nicht anders einrichten kann, verzehrt auf einem großen
steinernen Fuß oder auf einem Treppenabsatz sein Geselchtes, das ihm am
Morgen sorgfältig eingepackt worden ist. Es duftet nach Jasmin und nach
gekochten Eiern, und nur manchmal fährt das Rascheln des Laubs dazwischen, das von einem der unzähligen Straßenkehrer von einem Ende
des Parks zum andern geschoben wird. Ein Blick auf die Uhr sagt, daß ich
noch zwei Stunden Zeit habe bis zur nächsten Vorlesung. Die Bücher
werden auf der obersten Stufe jener Treppe, die zu dem seltsam pathetischen griechischen Musentempel hinaufführt, hingelegt, und bald streckt
sich der Körper in der Sonne, die in den letzten Zügen zu liegen scheint.
Bald ist auch der Oktober vorüber und kein Laub mehr auf den Bäumen
und kein Mensch mehr im Park. Bald fallen die ersten Schneeflocken auf
meine Schulter, und die Sandalen werden durch Schuhe ersetzt. Aber auch
im Winter ist auf der Kärntner Straße das Leben so in vollen Zügen, daß
einem auch bei dreißig Grad Kälte warm wird. Und der Graben leuchtet
zur Weihnachtszeit, und die Menschen stoßen sich gegenseitig an und
freuen sich, auf der Welt zu sein. Manchmal fröstelt einen, wenn man
plötzlich mitten in allen Menschen ganz allein steht, aber dann denkt man
an sein sicheres Bett und ist gleich nicht mehr traurig.

Heute, als ich vor dem Fenster saß, kam mir der Gedanke, daß ich mich
doch um meine Zukunft kümmern sollte. Wenigstens um die nahe Zukunft. Um das, was mit mir geschehen soll, wenn die Famulatur in
Schwarzach zu Ende ist. Wie werde ich zu den Prüfungen antreten? Ich
habe nicht das Gefühl, so viel zu wissen, daß ich überhaupt zu den Prüfungen antreten kann. Aber hier könnte ich mich ja doch nicht auf die
Prüfungen vorbereiten. Ich hätte keine Zeit dazu. Denn ich stehe ganz

unter dem Einfluß des Malers, ich muß mit ihm gehen, und ich muß gar
nicht, ich kann nicht anders, als mit ihm gehen: selbst wenn er mich nicht
immer dazu auffordern würde, ginge ich mit. Es sind immer dieselben
Spaziergänge. Es sind gar keine Spaziergänge. Einfach Gänge durch den
Schnee, durch Wind und Wald, durch die Kälte. Manchmal bin ich allein.
Nach dem Mittagessen, wenn er sich in sein Zimmer zurückzieht, um sich
auf sein Bett zu legen – »aber glauben Sie nicht, daß ich da schlafe!« –,
dann, wenn er mich plötzlich nach Hause schickt, so wie vorgestern. Da
schaut er mich an und setzt seinen Stock an mir an und sagt: »Gehen Sie
ins Gasthaus zurück. Ich muß jetzt allein sein.« Dann gehe ich von ihm
fort, aber doch wieder auf ihn zu, in Gedanken, die sich nur mit ihm
beschäftigen.

Ich sollte nach Hause schreiben, wenigstens meine hiesige Adresse angeben, damit sie endlich, nachdem sie vierzehn Tage nichts mehr von mir
gehört haben – sicher aber haben sie sich im Spital erkundigt, was mit mir
ist –, wissen, was los ist. Aber es käme ihnen merkwürdig vor, wenn ich
ihnen schriebe, daß ich hier sei, um einen Menschen zu beobachten. Zu
beobachten? Einen Menschen beobachten, das verständen sie nicht, denn
sie können sich nicht vorstellen, was das heißt, einen Menschen zu beobachten, und ich weiß es ja selber nicht. Den Bruder des Assistenten? Ja,
wozu denn? Weil er schwer krank ist? An einer Todeskrankheit leidet? Von
der man nicht einmal weiß, was für eine Krankheit sie ist? Eine Gehirnkrankheit? Kopfkrankheit? Es handelt sich um einen Menschen, der gar
nicht normal ist? Und dem setzen sie dich aus? Auf Veranlassung des
Assistenten? Und unter Befürwortung des Primarius? Eines anerkannten
Arztes? Einer solchen Gefahr? Einen jungen Menschen? Der mit sich
selber noch nichts anzufangen weiß? Diesem Maler, dessen Ideen verwirrt
sind? In dem alles verwirrt ist? In dem nichts mehr alltäglich ist? Das kann
ja in unserem Sohn und in unserem Bruder und in unserem Neffen ein
furchtbares Echo hervorrufen! Ja, es ist also besser, ich schreibe ihnen
nicht. Schließlich, was sind vierzehn Tage! Oft habe ich schon länger als
vierzehn Tage nichts mehr von mir hören lassen. Monatelang nicht. Das
sind sie ja von mir gewöhnt, daß ich auftauche und dann fortgehe und
nichts mehr hören lasse. Und gar, wenn sie mich im Spital vermuten, wo
sie mich ja doch äußerst gut versorgt wissen, werden sie auf nichts Außergewöhnliches kommen, wenn ich ihnen auch nicht schreibe. Meine

Zukunft liegt wie in einem Wald ein Bach, von dem man viele genaue Beschreibungen kennt, sonst nichts; und der Wald ist endlos und so finster, wie man sich unwillkürlich einen Wald vorstellt in einer ganz kindlichen Vorstellung, die gleich in Düsternis übergeht und nicht mehr aus der Düsternis herauskommt. Die Zukunft ist weit fort. Und steht doch vor der Tür. Durch diese Tür gehen? Wie? Wie ausgerüstet sein, wenn man durch diese Tür geht, die ins Dunkel hinein- oder gar hinunterführt? Ich werde nach Hause kommen und mich in meinem Zimmer einsperren und mich mit der Haut und mit der Leber und mit der Milz und mit den ›Gehörübungen‹ auseinandersetzen. Es wird ein kaltes, rücksichtsloses Studium sein. Die Fenster werden geschlossen sein, vielleicht fällt auch schon Schnee draußen, alles wird abgelehnt werden müssen von mir, zu den Mahlzeiten werde ich nicht erscheinen, nicht einmal zum Frühstück hinuntergehen zu den andern; sie rufen, und ich antworte nicht. Dann einmal am Abend einen Spaziergang durch den Wald und wieder zurück, den Bach entlang, an der Mühle vorbei, auf der Bank sitzen, von wo aus man einen weiten Blick ins Land hat.

Dann die Reise antreten. Dann wieder in dem Internatszimmer sein, in dem von Licht und Sonne keine Spur sein kann. Ich koche mir selbst etwas, ich schaue auf die Uhr, ich lege mich hin und kann nicht schlafen, ich gehe die Straße hinauf und wieder zurück und schlage wieder die Bücher auf. Und die Famulatur? Was wird sie mir noch bringen? Wie lange werde ich Zeit haben für Schwarzach? Und wenn der Assistent nicht zufrieden ist? Wenn er denkt, ach, hätte ich doch dem andern den Auftrag erteilt, nicht ihm? Und werde ich wieder fünfhundert Schilling bekommen wie jedes Jahr? Wo ich doch jetzt einige Zeit fort bin? Ob die Oberin davon weiß? Ja, natürlich, ich fehle ja, sie merkt es jedesmal, wenn das Essen ausgeteilt wird. Jetzt denke ich an die gespenstische Atmosphäre im Ärztezimmer. Ein Radio steht dort, das schon seit Jahren nicht mehr funktioniert. Eine Uhr tickt, aber geht falsch. In Vasen stecken Blumen, die längst verdorrt sind, eingetrocknet. Eine graue Wachsleinwand ist über den langen Tisch gebreitet und an der Tischplatte angenagelt. An der Wand hängen Bilder, die Dorfszenen zeigen, gemalt von einem schwülen akademischen Maler. Bücher aus dem vorigen Jahrhundert, die jahrzehntelang nicht mehr aufgeschlagen worden sind. Da sehe ich auf der einen Tischreihe den Primarius, den Assistenten, den Assistenten des Assistenten, den Bruchchirurgen, die Ärztin von der Kinderabteilung. Und auf meiner Seite die zwei anderen Famulanten, den griechischen Doktor, die neue Interne. Schweigend essen sie, und manchmal zeichnen sie auf die Wachsleinwand eine komplizierte Unterarmbruchstelle, die Lage eines Embryos, und die essenauftragende Schwester wischt es dann, wenn alle fort sind, wieder ab. Ich gehe die langen Gänge entlang, verirre mich wieder unten, wo plötzlich alle Türen zugesperrt sind und man nicht weiß, wie man hereingekommen ist, ich trommle an die Tür, und ich glaube schon, ich muß die ganze Nacht in dem Raum zwischen all den Türen eingesperrt bleiben. Ich höre Schritte und schlage mit den Fäusten an die Tür, und es wird mir aufgemacht, die Schwester steht da und sagt: »Herr Doktor, wie kommen Sie denn da herein?« Und das ›Herr Doktor‹, wie sich das anhört? Wie? Und dann versuche ich, einen Menschen mit einem anderen Menschen zu vergleichen, die beide dieselbe Krankheit haben und beide anders darauf reagieren. Dann stirbt der eine, und der andere lebt, wie es scheint, als ob nichts gewesen wäre, weiter. Und beide haben dieselbe Krankheit gehabt. Ich lese, schon beinahe im Finstern, in dem Buch von Koltz, das die Gehirnkrankheiten erläutert, aber die Krankheit, die der Maler hat, die eine Gehirnkrankheit ist – was sonst? –, ist in dem Buch von Koltz nicht verzeichnet. Und das ist ein ganz neues Buch, von einem der ersten Wissenschaftler. Frisch aus Amerika.

Und dann gehe ich in die Kirche, ein paar Schritte nur, denn die Kirche ist an das Spital angebaut oder das Spital an die Kirche, ich weiß es nicht, beide sind viele Generationen alt, haben die gleichen dicken Wände, strömen dieselbe Kälte aus. Und dann gehe ich über die Brücke und setze mich ins Kaffeehaus und lese in der Zeitung. Und später, mitten in der Nacht, werde ich aufgeweckt, weil ein »für Sie, Herr Doktor, sicher interessanter Fall« eingeliefert worden ist. »Ein Halswirbelbruch, einer mit einer Querschnittslähmung.« Ich werfe mir meinen weißen Mantel über und gehe hinter der Schwester, die mich aus dem Schlaf gerüttelt hat, hinunter, die langen Gänge entlang in den Operationssaal, in dem schon der Assistent steht, bereit, nur noch ein paar Handgriffe, dann macht er den ersten Schnitt. »Das ist ja fast gar kein Licht«, sagt er, und die Operation fängt an. Und dauert vielleicht bis in die Frühe, und es ist gar nicht Zeit, zum Frühstück ins Ärztezimmer zu gehen. Da ist ein Kopf höher zu legen, da ein Bein einzugipsen, da eine Kampferinjektion zu geben, dort eine Bluttransfusion zu machen. Unglaubliches leisten die geistlichen Schwestern. Kommen nicht vor elf Uhr nachts ins Bett und sind schon um fünf Uhr aus der Kirche zurück, wo man sie um halb fünf Uhr singen hört. Überall die großen weißen Tulpen der Flügelhauben, die dort aufblühen, wo Hoffnungslosigkeit alles verfinstert hat, wo sonst alles öd ist und leer und menschenfeindlich. Verwandte der nachts urplötzlich Gestorbenen stehen zwischen Aufzug und Badezimmer und halten die letzten Habseligkeiten ihres Bruders oder ihrer Schwester in Händen. Werden gleich in die Friedhofsverwaltung geschickt. Und das Lachen der jungen Pflegerinnen zerstreut alle Traurigkeit. Wie wird meine Zukunft ausschauen? Was erwartet mich da? Morgen! Übermorgen! Ich will an nichts denken, was kommen kann. Kommen wird. Zukunft, was ist das? Ich will überhaupt nicht denken!

Ich trug einen Brief an den Assistenten schnell auf die Post. Da stand die Postmeisterin, eine Verwandte des Wasenmeisters, mit dem Rücken zu mir und machte eine Eintragung in ein offenes Buch. »Der Maler«, sagte sie und nahm meinen Brief und stempelte ihn ab, »der Maler kommt schon lange nicht mehr.« Früher habe er fast jeden Tag Berge von Post bekommen, der Briefträger habe sich abschleppen müssen. Und jetzt nichts. Nicht einen einzigen Brief in den ganzen langen Wochen, die der Maler schon da sei. »Er schaut schlecht aus«, sagte sie. »Ja«, sagte ich, »er ist auch krank.« – »Krank?« sagte sie. Was für eine Krankheit er habe. »Ich weiß nicht, was für eine Krankheit.« – »Eine schwere Krankheit?« – »Ja«, sage ich, »eine schwere Krankheit.« – »Aber warum bekommt er keine Post?« Das habe mit der Krankheit nichts zu tun. Sie schien sich zu sagen: wenn ein Mensch krank ist, braucht er eher Briefe, als wenn er gesund ist. Ein gesunder Mensch, was braucht der schon? schien sie sich zu fragen. Ich wisse nichts über seine Postverhältnisse, sagte ich. Natürlich fiele mir auf, daß er keine Post bekomme. Aber ich wollte das Gespräch mit der Postmeisterin nicht fortsetzen und ging hinaus.

Vor dem Posthaus dachte ich: Das muß doch furchtbar sein für seine Haushälterin, wenn sie nicht weiß, was mit ihm ist. Wo er ist. Dann ging ich schnell über den Dorfplatz. Ich stieg die Friedhofsstiege hinauf. Da stand der Wasenmeister bis zum Bauch in der Erde. Ich käme gerade von der Post, sagte ich. Es sei so merkwürdig still heute, was das für Ursachen habe. »So still war es noch nie«, sagte ich. »Ja«, sagte der Wasenmeister, »es ist still. Es geht gar kein Wind.« – »Nein«, sagte ich. Und dann fiel mir ein:

»Der Wirt . . . wie ist es denn zu dem Totschlag gekommen? Zu diesem Unglücksfall«, sagte ich. »Zu diesem Totschlag?« meinte er. »Ja, zu dem Totschlag. Was war das für ein Mann?« – »Was für ein Mann?« Ein paar Wochen lang habe er im Gasthaus gegessen, aber jeden Abend randaliert und auch oft noch um drei Uhr früh etwas zum Trinken haben wollen. Das verweigerte ihm der Wirt einmal. Da schlug der Arbeiter mit der Faust zu. Und der Wirt mit dem Bierglas. »Wie das auch sonst ist«, sagte der Wasenmeister. »Sie stehen ja immer wieder auf, und dann sitzen sie oft wieder beisammen und trinken fest und werden gute Freunde. *Da ist's schiefgegangen*«, sagte er. »Aber zuerst hat man doch geglaubt, daß niemand im Spiel gewesen ist?« – »Ja«, sagte der Wasenmeister, »zuerst schon.« – »Und wie ist es aufgekommen?« – »Ja«, sagte der Wasenmeister, »wie ist es aufgekommen?«

Er nahm die Schaufel wieder in die Hand und arbeitete weiter. Ich ging zu den Kindergräbern und schaute mir die abphotographierten Gesichter an. Milchgesichter, dachte ich. Aufgedunsene Gesichter. Tote Gesichter. Wie von Raubtieren angefallene Gesichter. Als ich wieder zurückkam, störte ich den Wasenmeister wieder, und er hörte mit dem Graben auf. »Ist es nicht merkwürdig«, sagte ich, »daß es heute so still ist?« – »Ja«, sagte er, »oft ist es so still, daß man nichts hört als den eigenen Herzschlag.« Ich ging zum Pfarrhaus hinunter und entfernte mich gegen den Lärchenwald zu vom Dorf.

Kein Gegenstand, nichts sei stumm. Alles drücke fortwährend seinen Schmerz aus. »Die Berge, sehen Sie, sind ganz große Zeugen ganz großer Schmerzen«, sagte der Maler. Er ging auf den Berg zu: »Die Leute sagen immer: der Berg grenzt an den Himmel. Nie sagen sie: der Berg grenzt an die Hölle. Warum?« Er sagte: »Alles ist die Hölle. Himmel und Erde und Erde und Himmel sind die Hölle. Verstehen Sie? Oben und Unten sind Hier die Hölle! Aber es grenzt naturgemäß nichts an etwas. Verstehen Sie? Es gibt keine Grenze.« Der plötzlich hereingebrochene Föhn ließ sonst nicht wahrnehmbare Einzelheiten auf der Schattseite erkennen. »Sehen Sie«, sagte der Maler, »daß alles nur Schatten sind? Da, Gemsen! Sehen Sie!« Er zog mich an sich heran. »Sehen Sie!« sagte er. Aber ich sah nichts. »Dieser Berg hat in mir von jeher die Vorstellung eines riesigen Katafalks arbeiten lassen. Sehen Sie!« Tatsächlich hat der Berg die Umrisse eines riesigen Katafalks. »Im Sommer sitze ich hier stundenlang und studiere das alles«, sagte er. »Einsichten? Nein. Ich schaue alles nur an. Damit es mich nicht abtötet.« Er ging jetzt voraus. »Der Tod will nicht, daß man sich mit ihm beschäftigt«, sagte er. »Kommen Sie, gehen Sie voraus. Deshalb beschäftige ich mich die ganze Zeit mit dem Tod!« Ob mir nicht kalt sei. Ob mich nicht fröstele. Mich fröstelte nicht. »Im Föhn erscheint alles unsinnig. Alles Gesagte ist Unsinn. Die Religionen täuschen darüber weg, daß alles Unsinn ist, wissen Sie. Das Christentum ist Unsinn. Ja. Als Christentum. Die Gebetswelt, das sind Zustände, die alles falsch wiedergeben. Die alles zu nichts machen. Gerade die Gebetswelten! Das ist wahr.« Aber der Mensch lebe gern falsch und unter falschen Eindrücken, »die seinen Kopf auf den Boden herunterdrücken. Plötzlich kommt der Verzicht auf alles Falsche. Verzicht auf Unzucht, auf Zucht, auf Schwäche, auf das Gegenteil der Schwäche, der Verzicht auf alles. Dann ist alles klar. Es gab so finstere Fälle in meinem Leben, die mich mit der Zeit gar nicht mehr zu Wort haben kommen lassen und an denen das, was in mir war und noch ist und nie mehr sein wird, zugrunde geht und jäh hinsterben wird.

Ich machte oft den Versuch, mich der Wahrheit, dieser Vorstellung der Wahrheit, zu nähern, und sei es nur durch Schweigen. Durch nichts. Es mißlang mir. Ich kam nicht über diese Versuche hinaus. Ein Ozean lag immer dazwischen, meine Unfähigkeit, ihr Herz, wie man sagt, mit dem meinen ganz zu verbinden. So wie es mir nicht gelang, in Einklang mit der Wahrheit zu kommen, so gelang mir in meinem Leben nichts außer meinem Sterben. Ich habe nie sterben wollen und doch nichts grausamer zu erzwingen versucht. Daß die Umwelt in mir und ich durch die Umwelt sterbe und alles aufhöre, als wäre es nie gewesen. Die Nacht ist noch viel finsterer als die Vorstellung von der Nacht und der Tag nur ein düsteres unerträgliches Zwischenreich.« Er wollte nach Hause gehen. Wir gingen durch den Hohlweg.

»Auch der Gendarm unterhält intime Beziehungen zur Wirtin«, sagte er. »Ich habe meine Beobachtungen gemacht. Sie passen in mein Konzept. Ich stehe auf und gehe zum Fenster und sehe den Gendarm. Ich höre einen Wortwechsel unten, der mich aufgeweckt hat. Einen Wortwechsel zwischen der Wirtin und dem Gendarmen. Zuerst habe ich geglaubt, der Gendarm sei im Amt. Die Wirtin hat ihn vielleicht herbeigeholt wegen irgendeiner Sache. Aber ich habe an seiner Kleidung gesehen, daß er die

Nacht mit der Wirtin zusammen gewesen ist. Seine Uniform war gar nicht ganz zugeknöpft. Er ging ins Dorf mit geschultertem Gewehr. Es ist mir schon einmal aufgefallen, daß zwischen dem Gendarmen und der Wirtin ein großes Spannungsverhältnis besteht. Ich habe mich nicht getäuscht. Die unordentliche Kleidung und das ganze Verhalten des Gendarmen sind der Beweis, daß es diese Nacht zwischen ihm und der Wirtin zu etwas gekommen ist. Ich wache ja bei dem geringsten Geräusch auf. Deshalb sehe ich mehr als andere. Das ist eher unangenehm. Mein Verdacht ist bestätigt: daß der Gendarm dann, wenn der Wasenmeister abwesend ist, an seine Stelle tritt. Es ist merkwürdig, was für Menschen zusammenfinden und zusammenkommen. Von denen man glaubt, sie müßten sich gegenseitig abstoßen, nein, sie ziehen sich an. Der Gendarm ist ja noch sehr jung. Jünger als Sie.« Als wir vor dem Gasthaus angekommen waren, sagte er: »Ich habe vorgehabt, daß ich Sie in mein Zimmer hinaufbitte, aber ich möchte es doch unterlassen. Ich möchte, daß wir die Sache auf morgen verschieben.« Er machte die Tür auf und drängte mich mit dem Stock in das Gastzimmer hinein, in dem eine Menge Leute saßen. Es war ja schon zwölf.

»Die Wände sind hohl. Schon ganz leises Klopfen setzt sich alarmierend bis in die Grundfesten hinein fort«, sagte er. Da hundert Meter weiter ein Bach rausche, sei das Gasthaus immer einer gleichmäßigen, aber um so gefährlicheren Erschütterung ausgesetzt. »Der Mörtel bröckelt ab in meinem Zimmer«, sagte der Maler. »Die Rosenmuster in meinem Zimmer sind von Rissen unterbrochen, die von oben bis unten und von noch viel weiter oben bis in die Tiefe hinunter gehen. Von großen nassen Flecken. Wenn man die Hand hineinlegt, fröstelt einen. Im Herbst sollen die Kuhglocken sich zerstörend auswirken auf das Gasthaus. Beispielsweise hört man die Wasserkübel, die unten in der Küche aneinanderstoßen, wie einen Donner. Ganz zu schweigen von den Bierfässern, die ins Haus hereingerollt werden. Und Tag und Nacht arbeitet der Holzwurm. Aber all das hab ich gern. Es erschreckt mich nicht. Im Gegenteil. Oft glaube ich, ich bin zu Hause.«

Für den Maler ist alles entsetzlich. »Zeitweise sind neue Gänge in der Wand zu Ende geführt, und das Holzmehl rieselt herunter«, sagt er. »Läßt die Kälte nach, ächzen die Fensterstöcke, die Bodenbretter, als ob sie ausatmeten.« Im Keller unten sei ein Riß, von einem Erdbeben zurückgelassen. Uhren und Bilder seien hart aufgeschlagen auf die Wände. Lampen zersprungen, Bodenbretter habe man neu legen müssen. Arbeit für vier, fünf Tage haben Zimmerleute und Maurer ins Haus gebracht. Weng liege, angeblich, an der östlichen Grenze eines Erdbebenarmes, der aus dem Süden sich bis zu den Nordausläufern der Alpen erstreckt. Im Pfarrhauskeller könne man einen in zwei Hälften gebrochenen Felsbrocken anschauen. »Eine solche Wucht hat so ein Erdbebenaugenblick«, sagt der Maler. Der Felsen sei gesprungen, das Pfarrhaus aber habe keinen einzigen Riß vom Erdbeben. Verschiedene Geschichten über den ›Erdbebenfelsen‹ im Pfarrhaus seien seither im Umlauf. »Jeder Ort hat sein Wunder. Wissen Sie, daß ich auf dem Dachboden einmal gänzlich aneinandergepreßte, vertrocknete Amseln gefunden habe? Ein Amselpaar. Versteinert. Als ob ihr Gesang noch um sie in der Luft gewesen wäre.« Der Sommer sei »warm und angsterfüllt«. Der Winter »kalt und unheimlich«. Plötzlich habe einmal ein Hollerstrauch die rückwärtige Hauswand gesprengt. »Ruckartig in der Nacht. Wie wenn eine Hand alles um eine Handbreit verschoben hätte . . . Ich war einmal da, Ende Oktober, da hatte ich das Gefühl, die Vogelstimmen, die den ganzen Frühling und Sommer in der Luft gewesen waren, seien in der Luft eingefroren. Warteten so auf ihre Erlösung. Auf die ersten wärmeren Tage . . . Tiefsinnige Schatten« würden oft vom Gasthaus geworfen. Wie auch die ganze Mulde, in der das Gasthaus steht, eine Fundgrube für den Rutengänger sei.

Es gibt viele Gründe, warum der Maler in Weng ist. Ein plötzlicher Windstoß aus einer bösartigen Richtung genügte, um ihn hier abzusetzen. Das Gasthaus aber hat ihn schon immer enttäuscht. Wie er sagt, »enttäuscht es selbst den anspruchslosesten Gast«. Ein Winkel sei es, »in dem die Existenz sich zusammenziehen kann.« Oft komme ihm vor, es sei eine Grabstätte wie die in Venedig auf San Michele, wo die Toten »auch so übereinandergeschichtet sind . . . Ist Ihnen nicht aufgefallen, daß die Menschen Friedhöfe bewohnen? Daß Großstädte große Friedhöfe sind? Kleinstädte kleinere Friedhöfe? Dörfer noch kleinere? Daß das Bett ein Sarg ist? Kleider Totenkleider sind? Alles Vorübungen auf den Tod? Das ganze Dasein ist ein ewiges Ausprobieren von Aufbahrung und Eingraben.« Unerforschlich sei der Beweggrund der Idee, das Gasthaus an dieser tödlichen Stelle zu errichten. »Wo nie etwas gewesen ist.« Der Vater des Wirts hat das Grundstück, die Mulde, eigentlich geschenkt bekommen. Sie ist ihm

durch eine Wette zugefallen. Man weiß nicht mehr, durch was für eine
Wette. Übriggebliebene Schwellenhölzer vom Bahnbau seien zum Hausbau verwendet worden. Alte, mühselig von den Hausbauern selbst abge-
klopfte Ziegel. »Zement, den sie in den Lagerhäusern der Zellulosefabrik
gestohlen haben.« In vier Jahren haben sie das Gasthaus fertig gebaut. Als
es fertig war, drei Tage nachher, ist der Erbauer gestorben. »Ist es nicht
immer so, daß die Leute sterben, wenn ihr Haus fertig ist? Oder schon,
bevor es fertig ist? Aber immer auf dem Gipfel oder wenig unterhalb?« Die
Eisenbahnschwellen habe die Wirtin zehn Jahre nicht abzahlen können.
»Mit Zahlungen an den Staat kann man sich Zeit lassen«, sagte er. »Die
Wände sind so, daß man alle Gedanken durchhört.« Das schlechte Ge-
wissen. Von unten herauf und von oben herunter. »Die Wirtin geht ab
und zu her und schwemmt mit schwungvollen Wasserstürzen aus großen
Kübeln den Dreck hinaus. So auch die Überreste von Schlachttagen zu
Ostern und zu Weihnachten . . . Alle fünfzehn Jahre wird ausgemalt . . .
Die Walzmuster wandern von einem Zimmer ins andere.« Das elektrische
Licht sei erst knapp vor dem letzten Krieg eingeführt worden.

»Auch ein Grund, warum ich hier bin, ist der Schlachthausgeruch, der
immer über dem Dorf liegt.« In diesem Geruch gehe er hin und her mit
fest zugezogenem Hosengürtel, wie um sich abzuschnüren. »Meine Methoden wachsen mir zeitweise über den Kopf.« Es gebe tausend Hinweise
auf die Qual, schon wenn man aufwache, auf die tausendfache Unerträglichkeit. »Ein unfruchtbarer feuchter Boden, auf dem das Gasthaus
steht . . . Alle nur denkbaren Krankheiten steigen ununterbrochen aus
diesem Boden auf. Man kann so gesund nicht sein, um hier nicht zum
Krüppel zu werden, innen und außen verkrüppelt.«

Unter anderem sei er auch hin und wieder Hilfslehrer gewesen. Habe er
an diversen Volksschulen unterrichtet. »Lauter Verschwörungen gegen
mich.« Da, wie bekannt, ein ungeheurer Lehrermangel herrscht, war es
ihm immer möglich gewesen, von Zeit zu Zeit eine Hilfslehrerstelle zu
finden. Er wunderte sich, daß man ihn kein einziges Mal eine Prüfung,
»nicht die geringste«, habe ablegen lassen. Gleich nachdem er sich das erste
Mal um einen Hilfslehrerposten beworben hat, ist er angestellt worden.
»Ich wollte, vor Hunger, nur einen Versuch machen in der Schule, an der
ich jeden Tag vorbeiging. Sie wollten mich gleich behalten und in ein

Klassenzimmer abschieben, ohne daß sie über mich auch nur das geringste wußten. Ich hätte aber, sagte ich, noch nicht einmal ein Gesuch um eine Anstellung als Hilfslehrer eingereicht. Da ließen sie mich wieder gehen. Verstehen Sie das? Es gab damals ungeheuerlich viele Schüler und keine Lehrer. Viel zu wenig Lehrer. Das Gesuch um eine Hilfslehreranstellung habe ich selbst bei dem zuständigen Beamten im Magistrat, im Stadtschulrat, abgegeben. Es ist sofort, noch während ich dort war, bearbeitet worden. Der Beamte hätte es noch mehreren anderen Beamten vorlegen müssen, bevor er es ganz hinauf, zur höchsten, entscheidenden Instanz beförderte. Er ist aber damit gleich selber zu seinem höchsten Vorgesetzten, der es sofort bewilligt hat. Noch am selben Tag meldete ich mich wieder in der Schule und war angestellt. Mir wurde ein Klassenzimmer zugewiesen, das im Keller der Schule untergebracht war und in dem dauernd elektrisches Licht brennen mußte. Ich wechselte jährlich mehrere Male die Schule. Zwischendurch lebte ich wieder frei. Solange ich konnte. Solange ich nicht gezwungen war, mich mit Kunstmenschen einzulassen. Bevor ich mich mit Kunstmenschen einlassen mußte, ging ich wieder in die Schule. Es bedurfte manchmal der Fürsprache meines Bruders, der immer gewisse außerordentliche Verbindungen mit außerordentlich hochgestellten Leuten gehabt hat. Er nützte mir, obwohl ich ihn nie darum gebeten habe. Ich habe ihm nie von meiner Hilfslehrerei erzählt. Aber es spricht sich ja alles, wie man weiß, herum ... Man kann nichts tun, ohne daß es sich herumspricht, ohne daß es publik wird. Auch und vor allem dort wird es publik, wo man Angst hat, es könnte dort publik werden.« In Wirklichkeit könne er gar nicht mit Kindern umgehen, sei er völlig unfähig, auch nur das Geringste zu unterrichten. »Aber um alles das bin ich von der Schulbehörde nicht gefragt worden. Sie haben mich ohne Frage angestellt. Mich nur gefragt, ob ich zufrieden sei mit dem Geld, das ich von ihnen zu bekommen hätte, wenn ich bliebe. Die Kinder beherrschten mich ja ... Die Tragödie war, daß mich die Kinder vom ersten Augenblick an beherrscht haben. Obwohl sie mich fürchteten. Das ist natürlich ein ungutes Verhältnis zwischen Lehrer und Schülern«, sagte er. »Kinder sind Ungeheuer ... Wie Ungeheuer mächtig und grausam.« Er habe sie nur deshalb niederhalten können, weil er ihnen von Anfang an ein paarmal gezeigt habe, wie unberechenbar er sein könne. »Ich schlug sie auch ... Aber es tat mir weh. Es schmerzte mich so tief, daß ich vor mir selbst Angst bekam.« Sein Heimweg von den Unterrichtsstunden sei »mit

Angst gepflastert« gewesen. Trotzdem sei es das beste für ihn gewesen, Hilfslehrer zu sein. Sich nicht auf dem Umweg über seine Malerei über Wasser zu halten. »Ich habe immer alle Kunstmenschen gehaßt.« Immer seien alle Vorwürfe gegen die Umwelt aber auf Vorwürfe gegen ihn selber hinausgelaufen. »Man ist selbst schuld. Man leidet an dem, woran man schuld ist. Man kann ja Schluß machen. Macht man nicht Schluß, muß man leiden. Leidet fürchterlich. Leiden unterbinden durch Schlußmachen«, sagte er. Während der Unterrichtsstunden, »die auch ein Mensch hätte halten können, der nicht weiter als bis fünfzig zählen kann und nur drei Sätze einwandfrei sprechen und schreiben, Sätze wie: ›Ich gehe mit meinem Vater aus dem Haus und komme allein zurück‹, oder: ›Meine Mutter ist zu mir gut‹, oder: ›Der Tag ist hell, die Nacht aber ist finster‹, las ich fortwährend meinen Pascal. Sie kennen Pascal! Schon damals las ich nichts als Pascal!« Merkwürdig sei, daß er immer nur in ganz alten, baufälligen, oft halbgeschlossenen Schulhäusern unterrichtet habe. »Schon meine Art zu sprechen hätte die zuständigen Leute und Instanzen davon abhalten müssen, mich aufzunehmen, sich mit mir einzulassen.« Doch sei das Hilfslehrerdasein auch nicht zu überschätzen. Es war im Grunde für ihn »ein Martyrium, das ich aber mit Geduld ertragen habe, denn alles andere wäre noch viel schlimmer gewesen«. Oft seien Beschwerden von Eltern an die Direktoren gekommen. »Über alles mögliche beschwerten sich die Leute. Und es blieb der Direktion oft nichts anderes übrig, als mich zu versetzen. Um meine Versetzung anzusuchen. Da wurde ich versetzt.« Nach zwei Jahren kam er dann womöglich wieder in eine Schule zurück, die er »von vielen Schwächeanfällen her« schon gut kannte. »Sie benützten mich aber eigentlich nur als Vertreter kranker Lehrer.«

»Rechte haben die Hilfslehrer keine«, sagte er. »Sie verdienen auch nur zwei Drittel von dem, was ordentliche Lehrer verdienen.« Es existiere auch eine Hilfslehrergewerkschaft. Er aber sei dieser Gewerkschaft niemals beigetreten, weil er in seinem Leben niemals irgendeiner Vereinigung, einem Verein, einer Gesellschaft, einer Ansammlung, beigetreten sei. »Das würde derart gegen mich verstoßen, daß ich von da an nicht mehr ich wäre«, sagte er. Die Hilfslehrergewerkschaft habe immer wieder versucht, ihn zum Beitritt zu zwingen. »Obwohl ich nur gelegentlich Hilfslehrer war . . . Stellen Sie sich vor, sie lauerten mir einmal auf der Straße auf. Sie drohten mir.« Aber sie wußten nicht, wie stark er in Wirklichkeit war, wenn es ihm darum ging, einen Grundsatz zu verteidigen, den er hatte. »Neben der Hilfslehrergewerkschaft gibt es auch noch die ›Hilfslehrervereinigung‹, die rein auf der Initiative der Hilfslehrer beruht. Sie treffen sich jeden Samstagnachmittag. Angeblich fassen sie da Beschlüsse. Welche Beschlüsse? Ich weiß nicht, welche Beschlüsse. Wie sie gegen die Gewerkschaft auftreten werden. Im Rahmen ihrer Gewerkschaft gegen die anderen Gewerkschaften. Gegen die hohe Schulbehörde. Gegen den Staat. Gegen ihre Feinde. Gegen die, die ihnen das Wasser abgraben.« Angeblich gibt es auch einen ›Hilfslehrerfonds‹, aus dem die Witwen und Waisen von Hilfslehrern unterstützt werden. »Gegen eine solche Unterstützung habe ich nichts . . . Aber selbst, wenn weiß Gott was von diesem Verein unterstützt würde, wäre ich ihm nie beigetreten . . .« Ihm habe es ja schon Ekel verursacht, wenn aus dem Briefkasten die Zeitung ›Hilfslehrer‹ herausschaute. »Zweimal monatlich verschicken sie diese Zeitung. Ob man sie will oder nicht. Aber ich habe sie nie bezahlt. Ich habe sie ja auch nie bestellt. Ich habe sie auch nie gelesen.« Seinen Schülern – »sie hatten immer alle dieselben Gesichter« – sei er immer als ›die neue Aushilfe‹ vorgestellt worden. »Psychologisch war das ein Schlag in mein Gesicht . . .« Sein erster Satz zu den Schülern sei immer gewesen: »Luft herein! Aufmachen! Alles aufmachen und Luft hereinlassen! In Schulzimmer gehört frische Luft! Auf! Auf!« Dann habe er sich die Namen der Schüler sagen lassen. Sei ihm ein Name unverständlich gewesen, habe er ihn sich noch einmal »artikulierter« aussprechen und auf die Tafel schreiben lassen. »Die meisten meiner Schüler konnten aber ihren Namen noch gar nicht schreiben.« Er habe immer nur im ersten Halbjahr von ersten Klassen unterrichtet. »Nur ein einziges Mal in einer zweiten Klasse. Aber es machte mich krank.« Verantwortungslos von der Schulbehörde sei es gewesen, ihn oft als ersten Lehrer neueingetretenen Schülern zuzuteilen, denn »der erste Lehrer, den man hat, ist der entscheidende Lehrer«. In Wirklichkeit habe er ja nichts in seinem Leben mehr gehaßt als Schulzimmer und die Lehrer in diesen Schulzimmern . . . »Gerade das muß man tun, wovor einem immer gegraut hat, gerade das muß man sein, was einen immer abgestoßen hat.« Die erträglichsten Stunden als Hilfslehrer habe er damit verbracht, seine Schüler in einen Park zu führen. »Es ist Vorschrift, mit den Schülern einmal in der Woche in einen Park zu gehen und ihnen alles, was dort wächst, zu erklären: Blumen und Bäume, Sträucher . . ., ihnen die Herkunftsländer der Blumen und Bäume und Sträucher einzutrichtern. Ich habe ihnen nie auch nur einen einzigen Namen einer einzigen Blume oder eines einzigen Baums gesagt. Und auch kein Herkunftsland genannt. Von keiner Blume, von keinem Baum. Denn ich bin gegen die Aufklärung der Kinder, was Pflanzen betrifft, überhaupt, was die Natur betrifft. Je mehr man über die Natur weiß, desto weniger weiß man über sie, desto weniger wert wird sie einem. Den Wißbegierigen, die mir mit Blumennamen und Baumnamen und mit Herkunftsländern von Blumen und Bäumen gekommen sind und damit Unfrieden zu stiften versuchten, habe ich das Mundwerk gestopft.« Er habe sich immer auf eine Bank gesetzt und sich in seinen Pascal versenkt und die Schüler tun lassen, was sie wollten. »Ich habe nur aufpassen müssen, daß sich keiner verletzt. Daß keiner verschwindet.« Die Sommermonate seien ihm am erträglichsten gewesen. »Auch in die Badeanstalt ging ich gern mit meinen Schülern . . . Damals las ich viel Maupassant und Poe und Stifter. Waren meine Schüler zu laut, dämpfte ich sie mit einem bösartigen Blick. Drohte ihnen eine Strafe an. Den meisten aber genügte mein Blick. Sie fürchteten sich vor mir, obwohl sie mich, wie gesagt, beherrschten. Die meisten waren verhätschelt, und ich trieb ihnen, was an ihnen verzogen war, aus. Machte jedenfalls immer den Versuch, es ihnen auszutreiben. Aber in so kurzer Zeit wie der, in welcher ich immer in einem Schulhaus war, kann man nicht viel ausrichten . . . Überhaupt gehörte das ganze Schulsystem abgeändert. Umgedreht. Wissen Sie, daß bei uns alles Schulische so veraltet ist wie nirgends auf der ganzen Welt? Ein einziger Skandal ist es! So, wie die Schulhäuser von außen ausschauen, so verfallen, so heruntergekommen, so verwahrlost, so schaut es tief in unserem Schulsystem aus. Es muß einem angst und bang werden, was aus diesem Schulsystem hervorgehen wird!« Die Elternbeschwerden, die seinetwegen in den diversen Direktionen immer wieder eintrafen, bezogen sich meistens auf »anstößige Ansichten«, die er »wie ein Medikament seinen Schülern einzugeben« beschuldigt wurde. »Mit ›anstößig‹ ist aber nichts Unzüchtiges gemeint. Anstößig ist bei den Leuten alles, was anstößt.« Es wurde ihm vorgeworfen, daß er die Schüler zuviel aufkläre. »Dann wieder machten sie mir den Vorwurf, ich klärte sie zuwenig auf.« Er sei nie gegen Schulkinderscherze gewesen. »Trotzdem haben sie bei mir wenig Scherze gemacht.« In der ersten Volksschulklasse seien die Schüler ja im allgemeinen noch viel ängstlicher als ihre Lehrer. »Ein hoher Prozentsatz sitzt gar nicht in der Klasse, sondern in der Angst . . . Große Angstgebäude sind die Schulgebäude. Selbst für mich als Erwachsenen waren die Schulhäuser große Angstgebäude. Die Schulhausangst, wie überhaupt die Schulangst, ist die furchtbarste Angst, die es gibt. An ihr gehen die meisten Menschen zugrunde. Wenn nicht als Kind, so später. Man kann mit Sechzig noch an der Schulangst sterben.« Er habe sich vorgestellt, als er sich um die Hilfslehrerstelle bewarb, daß er aus dem Alleinsein herauskomme, dessen er einfach nicht mehr Herr geworden sei. »Aber ich war unter meinen Schülern noch viel mehr allein . . . Selbstmordgedanken tauchten einmal mitten in einer Unterrichtsstunde auf. Ich weiß noch genau, in welchem Schulzimmer und unter welchen Umständen. An diese Schüler erinnere ich mich genau. Als Hilfslehrer hatte ich den Vorteil eines auf alle Fälle an jedem Fünfzehnten an mich ausbezahlten Geldbetrages . . . Aber es ist natürlich ein furchtbares Dasein als Hilfslehrer.«

Die Wirtin macht ihm jetzt Zugsalbenumschläge auf seine Fußgeschwulst. Ich habe ihn so weit gebracht, daß er sie sich machen läßt. »So heiß wie möglich, einen halben Zentimeter dick auftragen«, habe ich der Wirtin gesagt. »Sie tun ja so, als hätten Sie eine Ahnung«, sagte sie. Der Maler spotte nur. Er lasse sich die Umschläge nur machen, um vor mir Ruhe zu haben. »Es ist das erste Mal, daß ich mich von einem so jungen Menschen dirigieren lasse und mich in eine ganz sinnlose Sache füge.« Er lachte dabei. Zum ersten Mal habe ich ihn lachen sehen. So wie einen, der jahrelang nicht mehr gelacht hat. Jahrzehntelang. Der nie etwas zum Lachen gehabt hat. Jetzt lacht er, dachte ich mir, für Jahre. Das Lachen strengte ihn an. Es war ihm so ungewohnt wie anderen Leuten ein Schnitt in ihren Unterleib. »Was machen Sie aus mir?« Ich stehe an seinem Bett und schaue zu, wie die Wirtin die schwarzbraune Zugsalbe auf einen Leinenfetzen streicht. Nicht ungeschickt. Sie hebt das Malerbein auf und schlägt den Fetzen darauf. Wickelt den Fuß ein. »Nicht zu fest«, sage ich. »Ist das nicht eine Komödie?« sagt der Maler. Die Wirtin sagt: »Jetzt müssen Sie aber liegenbleiben, Herr Strauch!«

Der Maler fragt sie, was es denn zu essen gebe. »Das kann ich nicht essen!« sagt er, nachdem sie es ihm gesagt hat. Ich schaue mir sein Zimmer an. Aber es ist so finster, daß man fast nichts sieht. Als die Wirtin fort ist, atmet er sehr geräuschvoll aus. Sein Zimmer ist größer als meines. Viel düsterer. Das machen die Vorhänge, die er zugezogen hat. Die ich überhaupt, vom ersten Tag an, habe entfernen lassen. »Meine Vorhänge bleiben immer zugezogen . . . Wenn Sie Lust haben, können Sie sich mein Buch mitnehmen. Nehmen Sie meinen Pascal mit!« Ich sage, ich hätte noch meinen Henry James. »Ach ja, Ihren Henry James.« Wie aufgebahrt liegt er. »Haben Sie an Gedichten Interesse?« fragt er mich. »Eigentlich nicht«, sage ich. »Ich habe kein Interesse an etwas Erfundenem«, sagt er. Da tickt eine Uhr. Ich suche sie mit den Augen, finde sie aber nicht. Sie muß in seinem Kasten ticken. Waschtischgeruch. Der Ofen glüht, aber es ist nicht warm. »Mich fröstelt immer«, sagt er. »Was ist es, das den Schmerz unerträglich macht? Was der Schmerz ist, wenn nicht Schmerz?« Es ist so still, daß sein Atem beinahe das Zimmer sprengt. Ich sagte, auf sein gelbes Gesicht zu, das im Finstern lag und aus welchem nichts mehr herauskam, »gute Nacht« und ging.

Sechzehnter Tag

Ich möchte unbedingt festhalten, daß Strauch heute nacht einen Traum gehabt hat, »einen Traum«, sagte er, »einen Traum, der mit allen meinen Träumen nicht das geringste gemeinsam hatte. Ich muß Ihnen sagen, es war der Traum des Überunglücks, der Traum des Aufhörens, des einfach überwältigenden Aufhörens. Ich träumte eine Farbe, das allerdings unterscheidet diesen Traum nicht von meinen anderen Träumen, meine Träume, müssen Sie wissen, beginnen alle mit einer Farbe, wie ich annehmen muß, mit einer Grundfarbe, mit einer der drei, vier – kann ich sagen: vier? – Grundfarben; dann entwickelte sich dieser Traum rasch, unendlich zielstrebig in das Zwischenverhältnis aller Farben zu allen Farben, dahinein, wo alle Farben dieselbe Bedeutung haben, alles noch tonlos, bis in die Dunkelheit der Farben hinein, in die Finsternis ebenso wie in das Licht hinein, tonlos, geräuschlos, dann plötzlich, sich steigernd, zu einem Geräusch werdend, zu einem einsam linearen Geräusch, dann: die Geräusche gewannen in dem Maße, in dem die Farben verloren, plötzlich war dieser Traum, was ihn grundlegend von meinen übrigen Träumen unterscheidet, nur mehr Geräusch, um nicht sagen zu müssen: Musik, was in diesem Falle unzutreffend ist, vollkommen abwegig, irreführend, ein Geräusch war da, wie es schien, ohne Anfang und ohne Ende, war da und entwickelte sich zu einem unheimlich geltungsbedürftigen Infernalischen, ich kann es nicht anders ausdrücken, die Formulierung versagt mir, müssen

Sie wissen, selbst über den Krämpfen des *Nach*gedächtnisses versagt mir
die Formulierung, ein Geräusch, dann ein ungeheurer Lärm, dann ein
solcher ungeheurer Lärm, daß ich nichts mehr hörte: in diesem Raum, der
ein unendlicher Raum war und ist, einer der vielen unendlichen Räume
(eine Vorstellung, die mich immer zu zerstören beabsichtigt!). In diesem
Raum, in dem plötzlich Weiß und Schwarz gleicherweise viehisch verzogen, von einer amusikalisch-himmlischen Macht verzogen, brüllten, taumelten zwei Polizisten, taumelten ohne Anhaltspunkt, taumelten plötzlich zu dritt, taumelten, ich kann nicht sagen schwebten, *taumelten* wie in
den Fängen eines alles umfassenden, erdachten, schamlosen Schnürbo-
dens, in dem schamlosen, erdachten, alles umfassenden Schnürboden der
Unendlichkeit . . .«

Gegen Abend setzte ein Schneetreiben ein, ich sah Wellen von Schnee an
das Fenster schlagen. Hatte sich zuerst das Fenster verfinstert, weil das
Schneetreiben sich ankündigte, war es dann plötzlich, als das Schneetreiben einsetzte und mit aller Wucht auf das Gasthaus losging, ganz hell, alles
überzogen von Weiß. Ich las in der Zeitung von Menschen, die etwas
forderten, von Menschen, die etwas wußten, von anderen, die weder etwas
forderten noch etwas wußten, von Städten, die versanken, von Himmels-
körpern, die nicht mehr fern sind.

Die Wirtin war im Haus, ihre beiden schulaufgabenschreibenden
Töchter saßen in der Küche.

Der Wasenmeister macht seine Runde, dachte ich, der Ingenieur gibt
seine Befehle über dem Flußwasser.

Der Pfarrer sitzt im Pfarrhof, der Metzger in seiner Schlachthausfin-
sternis.

Der Schuster fährt mit dem Daumen die Naht entlang.

Der Lehrer zieht die Vorhänge zu und hat Angst.

Alle haben sie Angst. Ich dachte an Schwarzach.

Auf einmal stehe ich wieder im Operationssaal, hebe den und den toten
Kopf auf. Fahre mit dem Aufzug hinunter in den Keller um zwei Krückstöcke und wieder hinauf, in den dritten Stock, wo einer die Krückstöcke
braucht.

Ich denke an meine Mutter. Sie wird sich fragen, warum schreibt er
nicht? Alle werden sich fragen: Warum schreibt er nicht? Ich selbst weiß es
nicht. Ich kann niemandem schreiben. Nicht einmal dem Assistenten!

Ich schaue wieder zum Fenster hinaus und sehe nichts. So ungeheuer stark ist das Schneetreiben.

Dann höre ich Stimmen im Hausgang, die ersten Arbeiter, die sich den Schnee von den Kleidern klopfen, mit ihren Stiefeln aufstampfen, daß das Haus zittert.

Aber es ist noch viel zu früh, um zum Nachtmahl hinunterzugehen. Ich kann mir bei diesen Stimmen die dazugehörenden Menschen vorstellen, sehe die Gesichter, manche bleiben für mich im Dunkel, werden zu keinem Menschen.

Ich lese im Henry James und weiß gar nicht, was ich gelesen habe: Frauen, die einem Sarg folgen, hab ich in Erinnerung, einen Eisenbahnzug, eine Stadt, zerstört, irgendwo in England. Der Lärm, den die Eingetretenen machen, verlagert sich langsam vom Hausgang ins Gastzimmer. Jetzt ist alles noch dumpfer. Die Tür wird aufgerissen, fällt wieder zu. Dann ist es, als würde ein Faß gerollt. Ein paar Männer lachen, während sie sich in der Küche waschen, wo ihnen die Wirtin immer einen Krug voll Wasser hinstellt und ein Handtuch hinlegt. Das Schneetreiben läßt nicht nach. Ich stehe auf und gehe hinunter.

Im Hausgang treffe ich den Maler. Kaum sei das Dorf hinter ihm gelegen, habe ihn das Schneetreiben eingeholt. Plötzlich habe er überhaupt nichts mehr gesehen, das Schneetreiben habe ihn wie in Fetzen eingewickelt, »in Fetzen von Schnee! . . . Während des Schneetreibens hatte ich solche Gedanken, keine Gedanken, sondern Zugänge zu Gedanken, Zugänge irgendeiner geheimnisvollen, für gewöhnlich für mich verschlossenen Landschaft . . . Lauter verschlossene Türen, müssen Sie wissen . . . Ich habe daran geklopft, ich habe geschrien und schließlich mit Armen und Beinen daraufgeschlagen. Diese Bilder und die dazugehörenden Fakten, und diese Verlassenheit . . .«

Er war sehr aufgeregt. Er sagte: »Unwürdig, müssen Sie wissen. Ich kann mich ja nicht erklären, die Wahrheit, die Fähigkeit zur Wahrheit ist ja so schwierig, daß man mit menschlichen Mitteln nicht sieht . . . es bleibt alles bei Bruchstücken, Andeutungen, das ganze Denken besteht aus einer einzigen unerfahrenen Klarheit . . . für nichts. Dieses ungeheure Material! Diese ungeheuren Proportionen! Diese menschenunwürdige Orientierung . . . das ganze Menschenelend schien mir als ein immer einleuchtender Begriff! Ein Schneetreiben ist absolut ein Vorgang des To-

des . . . aber was ist ein Schneetreiben? Wie kommt es zustande? Auflehnung, woraus dieses Wunder besteht . . . meine ganze Schilderung ist ja
nichts als Angst, nichts als eine kindische Angst vor einem ungewöhnlichen Schauspiel . . .« Der Ingenieur hatte den Maler auf der Straße liegend
aufgefunden und in seinen Wagen gesetzt und mitgenommen. »Ohne den
Ingenieur wäre ich umgekommen in diesem Schneetreiben«, sagte er.

Der Gendarm sei an jenem Punkt angelangt, wo das Männliche plötzlich
von dem ganzen Organismus Besitz ergreife und die Jugend hinschwinde
wie unter der Hand. »Dieses schöne Gesicht«, sagte der Maler, »wie lange
ist es noch schön? Bleibt es verschont von der allgemeinen großen Verunstaltung allen Lebens? Nein. Irgendein tierisches Element geht über
Nacht über ein solches Gesicht und hinterläßt auf ihm seine Spuren:
zuerst undeutlich, dann einschneidend, immer rücksichtsloser. Schließlich wenden wir uns von diesem Gesicht ab, weil wir es nicht mehr ertragen können, und gehen auf die Suche nach einem neuen, noch nicht
verunstalteten, schönen. So lange sind wir von diesem Gesicht fasziniert,
bis es derselben Entwicklung wie das vorhergegangene zum Opfer fällt. So
geht es uns mit allen Gesichtern. Übrigens weist der Gendarm viele Merkmale auf, die ich auch an Ihnen entdeckt habe. Aber das ist sicher seine
Jugend, die Jugend überhaupt.« Dann: »In Ihrem Alter hatte ich schon
viel gesehen und mich mehr oder weniger bereits wieder von allem zurückgezogen. Mit Dreiundzwanzig war ich eigentlich ja schon fertig. Das
ist ein fremdes Gefühl für Sie, das kann ich mir denken. Sie haben sich ja
noch von nichts zurückgezogen, von nichts endgültig. Auch der Gendarm
nicht. Von einer solchen Konstellation spreche ich im Augenblick, von
einer Schranke, von einem Hindernis für gewisse Ausschweifungen . . .
von einem Zeitpunkt, von dem ich früher einmal gesprochen habe . . . wo
alles auseinanderfällt, wissen Sie, wo die Stimme plötzlich versoffen ist
und der Urin die Hosen aufweicht, wo man es gar nicht will . . . Der
Gendarm ist übrigens genauso schweigsam wie Sie. Und ist es immer
gewesen. Wie wird man Gendarm? Indem man nicht weiß, was ein Gendarm ist? Wie wird man Polizist? Wie wird man so etwas, das abstoßend
ist? Uniformträger? Wie? Indem man einfach in die Uniform hineinschlüpft? In das Abstoßende hineinschlüpft? Zuerst vielleicht widerwillig,
dann aber gewohnheitsmäßig, eigensinnig, schließlich aus dem Gefühl
der Alltäglichkeit heraus, aus dem Gefühl der Zugehörigkeit? Wozu? Die

Leute im Gasthaus sind übrigens Gift für den Gendarmen. Aber er ist ja schon längst verseucht. Hat es aufgegeben, Bücher zu lesen, hat überhaupt alles aufgegeben, was nicht in die Gendarmerie gehört. Die schmutzigen Charaktere versuchen fortwährend die anderen in ihren Schmutz hineinzuziehen, dafür sind sie ja schmutzige Charaktere; und es gelingt ihnen früher oder später, wie wir sehen, mit grausamer Deutlichkeit. So wie mit Ihnen bin ich früher, voriges Jahr noch, ja noch heuer, vor Wochen, mit dem Gendarmen meine Wege gegangen, aber jetzt hat er sich ganz zurückgezogen, kommt auch nur noch selten ins Gasthaus, in der Nacht, ja, und ich weiß, zu welchem Zweck, aber man sieht ihn nur noch aus Verstecken hervortreten, bemerkt ihn erst, nachdem er einen erschreckt hat. Er ist, glaube ich, längst verloren.«

Wie das Gedächtnis von zügelloser Freude auf Trübsinn umschaltet, wie aus Vormittag Mittag und aus Mittag Nachmittag und aus Nachmittag Abend wird, aus Licht Finsternis, erläutert er mir. Wie Heimkehr wird, was Ausbrechen gewesen ist. Wie durch Vernachlässigung und aus Unfähigkeit Qual entsteht, Bitternis, ja Verzweiflung. »Was ist denn das Gefährliche?« fragt er. Es ausnützen? Was ausnützen? Der Mann beobachtet ja Frauen, die, gerade noch überglücklich mit sich, mit ihm, in das elende Gefühl zukünftiger Schwangerschaft fallen wie ein Stein. Ihre Stimme ist plötzlich müde und ihr Herz abgekämpft, sie wollen Ruhe haben. Charakterfestigkeit schwindet erst jetzt, wo ja nichts mehr da ist. Der Widerwille tut ungeheuer weh. Schlafwandlerische Sicherheit geht in Mißgunst über, in offene Feindschaft, in Lebenlassen und Töten. Der frohgemute Aufstieg auf den Berggipfel endet im Talwirtshaus mit schwerer Körperverletzung. Eine Redewendung, die, geglückt, alle Zuhörer verzaubert, führt plötzlich in ein Zerwürfnis. Der Mechanismus, der denkt und den Menschen beherrscht, ist es. Bewunderung geht in Vorwürfe über, Charakter rasch und ohne Umschweife in Charakterlosigkeit. Aus Träumen wird bald Vernichtung der Träume, aus Gedichten werden Pflöcke, mit denen niedergeschlagen wird, gleich wo. Wie aus Moral Trauer, aus Urzustand Lüge wird, weiß er. Wie in Millionen Empfindungszentren gemeiner Instinkt eindringt und alles niedermacht. »Man weiß ja nichts über den Augenblick, alles schrumpft sozusagen in einem Augenblick, in einem Augenblick ist alles tot.« Die Luft erklärt er mir, die eine Farbe absinken läßt, eine andere ins Unerträgliche steigert. Schatten, die plötzlich in alles hineinreden. »Bei den Großeltern«, sagte er, »wo das Glück aus und ein ging und stundenlang blieb, unaufgefordert wohlgemerkt, konnte man staunen, wie ohne Übergang plötzlich eine tödliche Stimmung herrschte, die alles, was diese Stimmung war, zu Eis erstarren, ja schließlich vergessen ließ: den Spaziergang durch den Wald, die Schlittenfahrt über den See, das Vorlesen, das glasklare Wasser. Eine Hand fährt dazwischen, und es gibt keine Widerrede.« Wie ja überhaupt Verbrechen und Unglücksfälle Folgen von großem Glück seien. »Die Folge der Gedankenlosigkeit, die so schön sein kann, daß sie Berge versetzt. Mit dem Wind vergleichbar, der einen Baum plötzlich bloßstellt. Mit dem kurzen Prozeß machenden Meer. Unverständlicherweise verlangen sie alle nach einem dauerhaften Glück«, sagte er. »Da doch alles nur Ablösungswert hat.« Ornamente, die ganze Sonntage entzücken, würden plötzlich zu Mißbildungen, wie Menschen zu Tieren, und umgekehrt, was einen die Flucht ergreifen lasse. Aus Blau wird Schwarz, aus Schwarz Blau. Oben wird Unten. So wie eine Straße in eine andere Straße übergeht, ohne daß man genau weiß, wo. »Nie weiß ein Mensch den entscheidenden Zeitpunkt.« Alles sei auch fließend wie Ströme, die von Natur aus zu immer gleich viel oder gleich wenig Wasser verurteilt wären.

Während des Schneetreibens ist in der Nachbargemeinde ein Brand ausgebrochen, der einen großen Bauernhof eingeäschert hat. Die Brandstätte liegt acht oder neun Kilometer weit von Weng weg. Viele sind, noch während das Schneetreiben wütete, hingelaufen, Brände ziehen ja alle Menschen an. Sie lassen alles liegen und stehen und haben nur noch die Brandkatastrophe im Kopf. Der Maler hat, als ich ihm unten im Hausgang begegnete, zu mir gesagt: »Haben Sie den Wasenmeister gesehen, wie er hereingestürzt ist? Der Brand sei durch einen Funken aus einer elektrischen Leitung in Szene gesetzt worden.« ›In Szene gesetzt‹, sagte der Maler. »Haben Sie beobachtet, wie der Wasenmeister seine Mitteilung gemacht hat? Wie in den griechischen Dramen der Bote hereingestürzt kommt, ist er hereingestürzt. Das ist das Volk«, sagte er, »wie es sich gegenseitig aufstachelt, wo es etwas zum Aufstacheln gibt, wie es herrscht und beherrscht wird. Der Wasenmeister und die Wirtin sind gute Beispiele, sehr gute Beispiele für das Lauffeuer, wie es durch das Volk geht. Sehen Sie«, sagte er, »auf der einen Seite der Nachrichtenüberbringer, auf der anderen die Nachrichtenempfängerin, die Erstaunte, die Sensationsfrohnatur. Erst durch die Wirtin ist das, was der Wasenmeister gesagt hat, bedeutungsvoll. Dann übernimmt die Wirtin die Rolle des Wasenmeisters, wieder andere übernehmen nacheinander die Rolle, wieder andere, das ganze Volk übernimmt die Nachricht . . .« Der Brand habe Hunderten von Schweinen das Leben gekostet. Männer mit Tüchern vor dem Gesicht hätten versucht, Schweine, die ausgebrochen waren, zu retten, doch sind die Schweine wieder in das Feuer zurückgelaufen, auch Kühe, auch Enten, das ganze Geflügel ist ihnen verbrannt. Alles ist in den Flammen verbrannt oder erstickt. Die Feuerwehren völlig hilflos, weil ja alle Brunnen zugefroren sind, alle Bäche ohne Wasser sind . . . Der Sturm hat in Sekundenschnelle mit großer Gewalt riesige Flammen entwickelt, die augenblicklich von den Wolken niedergehalten wurden. Es sei ein kolossaler Feuerschein gewesen, den sie alle beobachtet haben. Allerdings, vom Gasthaus aus hat man nichts gesehen. Von hier aus sieht man nichts. Man sieht nicht aus der Mulde hinaus. »Ein furchtbares Feuer! Die Wenger Feuerwehr ist ausgerückt, haben Sie sie denn nicht gehört?« Ich hatte sie nicht gehört. »Niemand im Gasthaus hat etwas davon gehört. In das Gasthaus dringt ja nichts herein, alles geht über das Gasthaus weg. Das trockene Holz, das Heu, stellen Sie sich vor, die riesige Tenne war nur mehr ein glühender Würfel, der schließlich ruckartig auseinanderfiel. Schläuche ohne Wasser, Feuerwehrhauptleute, die völlig machtlos dastanden, die Mannschaften haben die Schläuche entrollt, aber dann kam kein Wasser . . . Woher hätte es kommen sollen? Unvorstellbar, weil die Menschen nichts tun konnten. Eine gigantische Szenerie, wenn ein Dachstuhl einstürzt! Und während eines Schneetreibens! Ich habe das einmal miterlebt, in einem bayrischen Dorf, da ging ich auf der Straße und konnte vor Schnee überhaupt nichts sehen und gab acht, möglichst nicht zu ersticken, da wirbelten auf einmal Funken um meinen Kopf, immer mehr Funken, es gab plötzlich nicht nur weiße, sondern auch ebenso viele rote Flocken; da lief ich und lief und lief in die Richtung, aus welcher die roten Flocken herzuwirbeln schienen . . . Links oben, auf einem Hügel, sah ich einen brennenden Dachstuhl hinter der Schneewand. Der ganze Horizont stand in Flammen. In diesen brennenden Horizont lief ich hinein. Vielleicht hatte ich auch den Gedanken an Rettung, aber es war ein Schauspiel, daß mir die Ohren dröhnten und die Fußsohlen brannten! Wie ich feststellte, war ich der erste, der das Feuer entdeckt hatte. Es kamen mir hohe Wellen von Hitze entgegen. Als ich noch hundert Schritte vom Feuer entfernt

war, hörte ich Klirren und Ächzen und Brechen und schließlich auch
Schreien, da liefen plötzlich erschrockene Menschen herum, *heraus* aus
dem Feuer, *hinein* in das Feuer. Sie müssen sich vorstellen, es war ja schon
Schlafenszeit, die Leute waren schon in den Betten, sie liefen, wie sie
waren, in ihren Nachtgewändern im Schnee herum, brennende Fackeln,
die in den Schnee hineinfielen, das zischte, wie wenn man brennende
Kerzen im Schnee abdrückt, wissen Sie, und da stürzte der Dachstuhl ein!
Zuerst hob er sich, schien es, um dann mit ungeheurem Krach zusammenzubrechen. Dazu kam noch das Brüllen des Viehs, das nicht heraus-
konnte, weil schließlich, durch den ungeheuren Druck von oben, die
Türen verklemmt waren. Das Ganze hat sich in kürzester Zeit abgewik-
kelt, alles in allem keine zwanzig Minuten. Die Feuerwehrleute wagten
sich zwar in die Flammen, rissen Menschen heraus, die dann aber halb tot
oder schon tot zusammenstürzten. Nur durch Zufall, weil ich mich auf
dem Heimweg verspätet hatte, war ich dazugekommen, wissen Sie, ich
hätte von dem Haus aus, in dem ich damals wohnte, gar nichts sehen
können, denn es lag so wie das Gasthaus in einer Mulde. Wie sich dann
herausstellte, sind der Hausbesitzer und seine Frau in den Flammen erstickt. Auch noch drei, vier andere Leute, die da in Dienst waren. Ein paar
von den Dienstboten sind mit Brandwunden ins Spital eingeliefert worden und mußten dort monatelang, in einem Fall, wie ich herausbekommen habe, jahrelang bleiben. Diese Leben waren natürlich ruiniert. Ich
habe mich, als der Wasenmeister hereingestürzt kam, sofort an diesen
Brand, den ich nie mehr vergessen werde, erinnert. Man hat damals wie
heute von Brandstiftung gesprochen. Heute wie damals sind auch arme
Leute mit Rucksäcken auf dem Brandplatz, um sie sich mit Schweinestük-
ken und Kuhstücken und Geflügelfetzen vollzustopfen. An Ort und Stelle
haben sie Notschlachtungen vorgenommen. Wissen Sie, das angebrannte
Vieh darf sich jeder aneignen. Was zu ergattern war, haben die Leute sich
angeeignet. Es gibt Leute, die warten nur darauf, daß ein Brand ausbricht,
und die dann sofort losstürzen, auch mit Wagen, damit sie möglichst viel
mit nach Haus nehmen können. Mit Schlachtwerkzeugen rücken sie an,
mit Hacken und Messern, metzeln alles nieder. Ein außergewöhnliches
Schauspiel ein Brand! Ein Brand ein ungeheures Schauspiel!« Um zehn
Uhr, ich saß noch in der Gaststube, denn der Wasenmeister konnte nicht
aufhören zu erzählen, immer wieder fing er von dem Brand an, während er
fort und fort Stiche, die er hätte machen können, weil er den König hatte

oder ein As gar, übersah, kam der Ingenieur, der auf einer Tanzunterhaltung gewesen war, herein, und es hieß, es sei Brandstiftung. Es fänden auch schon Verhöre statt an Ort und Stelle. Eine Gruppe von Polizei- und Gerichtsleuten sei an der Arbeit, die sie auf keinen Fall in der Nacht unterbrechen wolle. Eine hohe Versicherungssumme, erst seit gestern fällig, sei ein beinahe eindeutiger Beweis dafür, daß der Besitzer selbst den Hof angezündet habe.

Siebzehnter Tag

Es ist Brandstiftung. Aber nicht der Bauer selbst, wie sie alle dachten, hat den Hof angezündet, sondern ein Knecht von ihm, der geglaubt hat, die Versicherungssumme sei noch nicht fällig, und der sich an seinem Herrn rächen wollte. Man weiß, warum, redet über ein »Verhältnis«, das zwischen dem Knecht und dem Bauern bestanden haben soll und von dem die Bäuerin, die übrigens umgekommen ist, gewußt hat. So muß an den Bauern der hohe Betrag ausgezahlt werden. Es heißt, er will das Geld in eine Fabrik, in einem tirolischen Tal gelegen, stecken und überhaupt nichts mehr mit der »Bauerei« zu tun haben. Seine Frau haben sie hinter dem Haus, von einem Dachpfeiler erschlagen, gefunden. Wahrscheinlich, so nimmt man an, ist sie noch einmal ins Haus zurückgelaufen, um ihr Kind zu holen, das aber schneller als sie gewesen ist und gar nicht mehr im Zimmer war; als sie dann, ohne mit den Flammen in Berührung zu kommen, aus dem Haus lief, fiel ihr der Dachpfeiler auf den Kopf. In der Dunkelheit sind sie ein paarmal über sie gestiegen, ohne sie zu bemerken, sie vermuteten sie im Haus, unter den Trümmern, unter dem Vieh, das, verkohlt, zu einem braunschwarzen Klumpen geworden war, aus dem hie und da Hörner oder Beine hervorragten, so starr und wie Gußeisen ausschauend, und von dem ein fürchterlicher Geruch ausging, der, wie ich mich jetzt erinnere, auch um das Gasthaus herum zu spüren war. Unser Gendarm hat die Leute, Fremde, die nur plündern wollten, mit dem Gewehrkolben zurückdrängen müssen, auch dem einen oder dem andern auf den Kopf schlagen müssen, weil er nicht auf ihn hörte. Ein Arzt sei gekommen, aber zu spät. Den Traktor haben sie retten können, mit dem sei der Bauer aus dem brennenden Haus herausgefahren. Die Wirtin geht zum Begräbnis der Bäuerin, sie kennt die Leute. »Ein großer Hof«, hat sie gesagt. Als Kind sei sie dort in Stellung gewesen, mit ihrer Schwester zusammen. »Einen ganzen Sommer lang.« Den Knecht, der den Brand gelegt hat, suchen sie jetzt überall. Der Gendarm war pflichtgemäß in der Frühe auch schon im Gasthaus, um sich zu erkundigen. Aber ein Mann der Beschreibung, wie sie auf den Gesuchten zutreffe, sei, wie die Wirtin sagt, nie in ihrem Haus gewesen. Der Brandstifter stammt aus Kärnten, »wo alle Verderbten herkommen«, wie die Wirtin sagt, er sei erst im Spätherbst auf den Hof gekommen. Man vermutet ihn in seiner Heimat, will aber auch alle anderen Möglichkeiten nicht außer acht lassen. Er habe seinen freien Tag gehabt und sein Sonntagsgewand angezogen, bevor er aus dem Haus ging. Nachher, während des Brandes, sei dem Bauern aufgefallen, daß er auch seinen kleinen Koffer mitgenommen habe. Meistens gehen ja solche Leute, nachdem sie ihr Verbrechen begangen haben, zu Verwandten oder Bekannten und werden da gestellt. Man wird ja sehen, wo sie ihn erwischen, ob sie ihn überhaupt erwischen. Aber solche finden sie immer schon nach Tagen, meistens nach Stunden. Denn weit auf und davon können sie nicht, weil sie die Mittel dazu nicht haben. Auch nicht die Courage. Oft verstecken sie sich in einem Heustadel oder in einem Wegmacherhaus und werden da, halb oder ganz verhungert, entdeckt. Wäre der Hof nur einen Tag früher abgebrannt, hätte der Bauer nicht einen Groschen zu erwarten. So aber bekommt er einen Riesenbetrag. Der Brandstifter muß sich um einen Tag geirrt haben. »Wissen Sie«, hat der Maler gesagt, »das ganze Land ist ja, wie man sieht, voller Verbrecher. Voller Mörder und Brandstifter.«

»Drückend«, sagte der Maler, »ist es heute. Der Brand liegt in der Luft. Haben Sie Lust, hinzugehen und sich die Sache anzuschauen? Ich habe keine Lust. Wenn es einen Schlitten gäbe, aber es gibt keinen Schlitten. Es ist viel zu umständlich.« Er sei in der Armenhausküche gesessen und habe sich mit der Oberschwester und mit den Küchenweibern unterhalten. »Aus den Kartoffelschalen machen sie Suppen«, sagte er. Zigeuner seien durch das Dorf gefahren und hätten im Armenhaus warmes Essen bekommen. »Mit einem Plachenwagen, von einem Pferd gezogen. Sie gehören zu einer Gruppe, die an der Station unten haltgemacht hat. Aus Kroatien sind sie. Die Oberin schenkte ihnen allen Brot und ein Medaillon. Die Zigeuner sind Überreste, Überreste einer Welt, die sich selber zum Kotzen geworden ist. Sie wollten singen, aber die Oberin mag keinen Gesang, und

so sangen sie nicht und verstauten das Brot im Wagen und fuhren ab . . .«
Er sagte: »Dann bin ich durch das Dorf. Aber das Wetter ist, wie der
Lehrer sagt, blödsinnig. Jetzt sterben überall Neugeborene. Notschlachtungen sind an der Tagesordnung. Ständig habe ich den Metzger kommandieren hören. Die Holzpantoffeln schlugen an die Blutkübel. Es fun-
kelte nur so von dem Gedärm, das er aus dem Kalb herauszog. Dieser
warme, süßliche Geruch! Sie schlagen sie noch nieder, weigern sich, sie zu
erschießen, wie man das schon überall macht. Der eine hält es bei den
Ohren und am Schwanz, der andere haut ihm mit dem Schlegel auf den
Kopf. Sie kennen sicher das Geräusch, wenn ein tödlich getroffenes Vieh
zusammenstürzt auf den Schlachthausboden. Die Berge sind plötzlich so
nah, daß man glaubt, mit dem Gehirn anzustoßen. Im ganzen Dorf liegen
Haarbüschel herum, Hautfetzen. Ich sage, sie sollen das wegräumen, die
Blutlachen zudecken mit Schnee, aber sie denken gar nicht daran. Auf
dem Land sind immer alle Wege voll Blut. Ich bin zum Metzger hineingegangen und habe gesagt, er soll seinen Burschen anhalten, die Haarbüschel draußen vor dem Schlachthaus wegzukehren, die Blutflecke zuzudecken, und ich bin nicht eher weggegangen, bis der Bursche nicht alles
weggekehrt und zugedeckt hat. Der Metzger sagt, morgen gebe es in der
Nachbargemeinde eine große Fresserei wegen der erschlagenen Bau-
ersfrau, da hätten sie bei ihm auch Bestellungen gemacht. Und deshalb hat
er heute früh frisch geschlagen. Er muß noch am Abend liefern.« Einen
ganzen Schlitten voll Fleisch hätten sie in das Gemeindehaus von O. zu
bringen.

Wir waren zu der Stelle gekommen, wo sich die Klamm plötzlich öffnet.
Unbedingt wollte Strauch diesen Umweg machen. Ich hatte ihm einen
Satz aus meinem Henry James vorgesprochen, und er interpretierte ihn
auf wunderbare Weise, diesen unverständlichen, mir unverständlichen
Satz, der mich die ganze Nacht nicht zur Ruhe hat kommen lassen (ich
muß sagen, ich bin noch nie in meinem Leben von einer solchen Unruhe
erfaßt gewesen, ich war aus meinem Zimmer herausgegangen und in die
Gaststube hinunter und aus dem Haus hinaus in die kalte Luft, in die
»Grabeskälte«, ich lief in den Hohlweg hinein, ich hatte über mein Nachthemd einfach den Rock geworfen, war in die Hose geschlüpft, da lief ich,
bis »in die Bewußtlosigkeit der Dunkelheit« hinein; aber ich kann mich
mir selbst nicht erklären, ich kann nichts aufschreiben, davon nichts, von

nichts etwas aufschreiben) – als der Maler mir diesen Henry-James-Satz interpretiert hatte und die Klamm vor uns lag, der tief verschneite Eingang zur Klamm, blieb er stehen und befahl mir, zwei Schritte hinter ihm zurück zu bleiben. Er drehte sich nicht um, obwohl er sich plötzlich mit mir unterhielt. »Sehen Sie«, sagte er, »dieser Baum tritt auf und sagt, was zu sagen ich ihm aufgetragen habe, irgendwann aufgetragen habe, einen Vers, einen unverständlichen, die Welt auf den Kopf stellenden Vers, einen sogenannten Antigottesvers, verstehen Sie! Dieser Baum tritt auf, von links, während die Wolke von rechts auftritt, die Wolke mit ihrer nur mehr zärtlichen Stimme. Ich betrachte mich als den Schöpfer dieses nachmittäglichen Schauspiels, dieser Tragödie! Dieser Komödie! Und hören Sie: die Musik hat im richtigen Augenblick eingesetzt. Die Musik ist in den Unterschied meiner und aller Worte geordnet. Hören Sie, alle Instrumente vervollkommnen sie, die Tragödie, die Komödie, alle Instrumente, alle Stimmen, alle Oberstimmen, alle Unterstimmen, die Musik ist die einzige Beherrscherin des *doppelten Todesbodens,* die einzige Beherrscherin der doppelten Qual, die einzige Beherrscherin der doppelten Duldsamkeit . . . Die Musik, hören Sie . . . die Sprache kommt auf die Musik zu, die Sprache hat keine Kraft mehr, die Musik zu hintergehen, sie muß gerade *auf die Musik* zugehen, die Sprache ist eine einzige Schwäche, die Sprache der Natur wie die *Sprache der Dunkelheit der Natur,* wie die Sprache der Finsternisse des Abschiednehmens . . . Hören Sie: ich *war* in dieser Musik, ich *bin* in dieser Musik, ich bin aus dieser Sprache, ich bin in dieser ruhigen Poesie des Nachmittags . . . Sehen Sie *mein Theater?* Sehen Sie das Theater der Furchtsamkeit? Das Theater der Unselbständigkeit Gottes? Welchen Gottes?« Er drehte sich um und sagte: »Gott ist eine einzige große Verlegenheit! Eine ungeheure Verlegenheit der Gestirne! Aber«, sagte er, legte den Zeigefinger an den Mund: »Wir wollen darüber schweigen. Ich will, daß der Baum zu Ende spricht, und ich will, daß der Bach zu Ende spricht, und ich will, daß der Himmel zu Ende spricht, daß die Hölle die Folgerichtigkeit ihrer Feuersbrünste beherrscht, bis zum Ende beherrscht, ich will diese Feuersbrünste, müssen Sie wissen, ich will diese Schatten, daß diese Schatten töten . . . alles und jedes *töten* . . . Ich habe Mitleid mit dieser Tragödie, mit dieser Komödie, ich habe *kein* Mitleid mit dieser Tragödie, Komödie, mit dieser von mir allein erfundenen Komödientragödie, mit diesen von mir allein erfundenen Schatten, mit diesen Qualen von Schatten, mit diesen Schattenqualen, mit dieser unendlichen Traurigkeit . . .« Er sagte: »Ein solches Schauspiel ist ein Produkt der Lächerlichkeit, der göttlichen Lächerlichkeit, ein solches Schauspiel, sehen Sie, müssen Sie wissen, ist nichts als Gelächter . . . Und hören Sie«, sagte der Maler, »die Welt steigt aus ihrem eigenen Dunkel herauf in die Luft, wie die Luft, wie das Wasser der Luft, wie das Verhältnis der Luft zu den Lüften . . . Ja«, sagte Strauch, »jetzt klatsche ich in die Hände, ich klatsche ganz einfach in meine Hände, ich klatsche in meine Hände und stoße mit meinem Kopf an die wichtigste Stelle des Universums, und alles war nur ein Spuk, alles war nur ein Gespenst des Spuks, ein Spukgespenst, verstehen Sie, nichts als ein Spukgespenst.« Wir gingen ins Dorf. Er sagte: »Manchmal kommt die Erschöpfung wie ein in sich selbst zerstreutes Theater in meinen Kopf, wie ein endlos Musikalisch-Dämonisches, und zerstört mich. Es zerstört mich auf dem Wege zur Unfähigkeit, ich selber zu sein, auf dem Weg in die kleinste, duldsamste Ruhe meines Gedächtnisses, meines verwahrlosten Herzens.« Er sagte: »Für mich hätte genügt, einfach Baum zu sagen, Wald, Fels, Luft, Erde; aber für Sie, für die Umwelt, genügt es nicht . . . Man erschafft sich ganz einfach plötzlich einmal ein Trauma, ein Schauspiel, eine Komödie, den Wurmfortsatz einer Komödie . . . Manchmal dreht einem auch die Natur den Hals um, *die Natur ohne Einfachheit*, man sieht dann: diese unendliche Kompliziertheit der fürchterlichen Natur. Dann ist, am Ende, doch alles unverständlich, unverständlicher immer als jemals! Ich hätte nur sagen sollen: ›Da tritt der Baum auf . . .‹, sonst nichts. Ich hätte nur sagen sollen: ›Da memoriert die Luft . . .‹, sonst nichts. Kommen Sie, gehen wir, wir wollen uns nicht mehr fürchten.«

»Die Eingriffe in den Wald ruinieren das Naturgleichgewicht«, sagte er, als wir am Rand des Lärchenwaldes standen, da, wo man senkrecht abstürzen kann in den Fluß, dem ›Sarkophag‹ gegenüber. »Wenn diese menschlichen Eingriffe noch jahrhundertelang Raubbaucharakter haben, dann wird es nur noch diese grauenhaften Bilder sterbenden Waldes auf der Welt geben, wie wir sie überall sehen.« Er sagte: »Diese Landschaft wird, sooft ich sie anschaue, immer häßlicher. Sie ist häßlich und droht und ist voll böser Erinnerungspartikeln, eine den Menschen zerzausende Landschaft. Mit ihren Finsternissen, mit ihren Wildrudeln, mit ihrem zusammengerotteten Unheil unten, wo die Arbeiterschaft gehetzt wird. Unablässige bösartige Hohlwege, da Risse, Flecke, zerraufte Gebüsche, zerborstene Baumstämme. Alles feindliche Haltung. Und rücksichtslos. Außerdem ist hier alles immer vom Zellulosegestank durchschwängert. Die Vögel schwirren im Sommer völlig hilflos in alle Richtungen, dazu kommt auch noch die Finsternis des Gesteins: man glaubt immer, man erstickt. Die Kälte ist nirgends so groß, die Hitze nirgends so unerträglich. Dieser Gedanke, daß das alles der Tod ist, wissen Sie, die Düsternis, die ungeheuere Allgemein- heit . . . der Tod ist ohne Frage das Unendliche, der erfolgreichste Zeit- punkt ist der Tod . . . Die Hoffnung ist nur an den Tod zu knüpfen, nur an die Zukunft.« Dann: »Was ist die Menge, die den Tod mißversteht? Was ist die Masse, die ihn sinnlos anfeindet? Die Menge ist immer da und bewegt sich in sich hinein, in ihre verbotenen Bezirke . . .« Er ging in den Lär- chenwald und sagte, ich solle vorausgehen. »Ich habe oft Polizisten auf hohen Pferden jagen und auf die Menge niederschlagen sehen: das ist ein immer wiederkehrendes Bild: wie sie mit Knüppeln und Gewehrkolben auf wehrlose Köpfe schlagen. Wie sich die Menge immer mehr zur Masse zusammenrottet, wie von ihr Entsetzen, dann plötzlich aber Gewalt aus- geht. Wie sie, die gerade noch von den Polizisten beherrscht worden ist, plötzlich die Polizisten beherrscht, die aber wieder auf diese Menge nie- derschlagen, verstehen Sie . . . Die Menge ist ja ein Phänomen, das Men- genmenschenphänomen, das mich schon immer beschäftigt hat. Von der Menge geht eine krankhafte Sucht auf einen über, ihr angehören zu wol- len, ihr angehören zu müssen, wissen Sie . . . Der Ekel, ihr anzugehören, der gleiche Ekel, ihr nicht anzugehören. Bald ist es der eine Ekel, bald ist es der andere . . . Aber die Menschen sind immer die Menge, die Masse. Jeder einzelne ist die Menge, die Masse, auch der, der hoch oben zwischen Felswänden steckt und nie aus diesen Felswänden herausgekommen, im- mer hoch oben geblieben ist . . . Allein, dieser Mengenmensch, dieser Mengenmassenmensch, wissen Sie . . . Es ist unheimlich, in der Menge zu sein! Zu wissen, daß man das ist: in der Menge!« Er sagte: »Wollen wir nicht auf den Eisschießplatz? Die Leute hier haben drei Leidenschaften: Eisschießen und Huren und Kartenspielen. Haben Sie gestern verstanden, auf was dieses Spiel hinauswill? Sie haben gefroren. Sie hätten sich einen dickeren Schal umbinden sollen. Haben Sie denn keinen richtigen dicken Wollschal?« Er stapfte zu einem Reisighaufen hin und bedeutete mir dann, ich solle nachkommen. »Sehen Sie!« sagte er und hob das Reisig auf. Da lagen vier, fünf Rehe, eng aneinander, erfroren, mit glasigen Augen. »Sol- che Zufluchtsstätten, die immer tödlich sind, wenn es so kalt ist wie heuer, finden Sie hier überall«, sagte der Maler. Und ich erinnerte mich an die Zeit, wo ich viele Rehe, wenn das Frühjahr kam, in großen Wäldern zusammenschleifte auf einen Haufen, um sie dann, gemeinsam mit meinem Bruder, einzugraben. Oft sind sie von Füchsen zerfressen und haben nur noch Kopf und Skelett.

Heute kam wieder ein Brief vom Wirt. Wahrscheinlich bestätigte er in diesem Brief das Geld, das die Wirtin ihm auf Betreiben des Wasenmeisters, ihres Liebhabers, geschickt hat, dachte ich. Dann ging ich die ganze Zeit mit diesem Brief herum und dachte immer wieder daran, was ist, wenn ich ihn aufmache und ihn lese. Aber das wäre ein Verbrechen. Und so unterließ ich es. Die Schrift des Wirts ließ in mir viele Gedanken über seine Person und sein Leben arbeiten. Ich fühlte, daß alles, was in diesem Menschen vorgeht, nur und immer wieder etwas Unglückliches ist. Und ich kann mir vorstellen, daß er immer tiefer in seine Traurigkeit und in seine Ausweglosigkeit getrieben wird, so wie ein Boot, in dem ein Ohnmächtiger liegt, von der Strömung immer näher zum Abgrund getrieben . . . Ich konnte mir zuerst nicht erklären, wieso sich der Wasenmeister für den Wirt einsetzte, indem er die Wirtin förmlich zwang, ihm das gewünschte Geld zu schicken, und sich, wie ich weiß, immer für den Wirt einsetzt, obwohl ja die Wirtin seine Liebhaberin ist . . . Jetzt weiß ich es wohl, wenn ich es auch nicht ausdrücken kann. Ich höre immer wieder, wie gut es den Häftlingen in den Strafanstalten gehen soll, aber so gut kann es ihnen ja gar nicht gehen, daß sie nicht größtes Unheil empfänden und fürchterlich darunter litten, wo auch immer und aus was für einem Grund immer und unter welchen Verhältnissen immer, eingesperrt zu sein . . . In dieser Schrift kann man ja das ganze Unglück sehen, das erkennt man gleich . . . Ich habe diese Schrift immer wieder gelesen und mich um den Heustadel herumgedrückt. Ob der Wirt wieder einen Wunsch hat? dachte ich. Was hat er ihr zu schreiben? Er weiß sicher nicht, wie sie über ihn denkt und wie sie gegen ihn auftritt, gegen ihn fortwährend handelt, abgesehen von dem Ehebruch, von dem er ja weiß. Und von der Existenz des Wasenmeisters. Ein furchtbares Schicksal. Aufgeregt gehe ich auf den Friedhof, um das Grab des Arbeiters zu suchen, den der Wirt erschlagen hat. Ich gehe hin und her, dann stehe ich vor einem Hügel, der zugeschneit ist, ein Kreuz steckt in der Erde. Aber kein Name. Nichts. Das muß es sein, denke ich. Ich stehe da, und ich hätte weinen können. Ja, ich weinte. Ich weinte! Und ich ging dann schnell in die Kirche, konnte aber in der Kälte, die in der Kirche herrschte, und in der sinnlosen Ruhe dort keine Ruhe finden und ging wieder auf den Friedhof. Ringsum Dächer. Häuser, aus denen Rauch stieg. Mir war elendig zumute. Da traf ich den Wasenmeister, wie er mit Krampen und Schaufel vom Pfarrhaus herüberkam und zwischen den Gräbern durch zu mir. Er hatte mich anscheinend gesehen. Was ich da suchte; es sei doch außergewöhnlich, um diese Zeit einen Menschen auf dem Friedhof zu treffen. Nichts suchte ich, sagte ich. Nichts. Ich war ganz irritiert. Ich konnte ihn auch nicht fragen, ob dieser Grabhügel wirklich das Grab des Arbeiters zudecke. »Nein«, sagte ich, »ich suche wirklich nichts.« Ich kam ihm sicher ganz verstört vor. Ich war ja auch verstört. Dann lief ich mit dem Brief in der Hand zum Gasthaus und gab ihn der Wirtin.

Ich sah die Wirtin, wie sie in der Küche Lebensmittel zusammenrichtete, Speck und Wurst und Äpfel und Kaffee, alles auf einen Haufen auf der Anrichte. Zwischendurch ging sie zum Herd und ins Gastzimmer und immer wieder in die Speisekammer, denn es fiel ihr immer wieder etwas ein, das sie zu den bereits auf der Anrichte liegenden Lebensmitteln dazulegen könnte. Auch einen blauen Papiersack voll Würfelzucker. Ich stand in der Küche, weil ich auf warmes Wasser wartete, das sie extra für mich auf den Herd gestellt hatte. Dann verschwand sie für eine Zeit in ihrem Schlafzimmer, und als sie wieder zurückkam, hatte sie ein Paar warme Wollsocken ihres Mannes in der Hand, die sie zu den Lebensmitteln dazulegte. »Ihr Wasser wird gleich heiß sein«, sagte sie. Dann beobachtete ich sie dabei, wie sie den von ihr zusammengetragenen Haufen in einer großen Schachtel unterbrachte. »Haben Sie den Wasenmeister nicht gesehen?« fragte sie. »Nein«, sagte ich. »Der hat gesagt, er kommt und trägt mir das Zeug auf die Post.« Sie wickelte die Schachtel in ein großes Packpapier und schnürte sie fest mit einer dicken Schnur zu, mit einem alten Wäschestrick. »Das muß noch heute auf die Post«, sagte sie. »Das ist was Eiliges.« Auf dem Herd hatte sie in großen Töpfen das unfertige Mittagessen stehen. Mit einem großen Kochlöffel rührte sie einmal in dem einen, dann wieder in einem anderen Topf um. Sie legte große Holzscheite nach. »Wenn es jetzt auf die Post kommt«, sagte sie, »dann kann es der Postschlitten noch mitnehmen.« Ob das Paket sehr viel Geld kosten würde? »Nein«, sagte ich, »das kostet nicht viel.« Die Postmeisterin sei einmal ihre Freundin gewesen, habe auch jahrelang im Gasthaus gegessen. »Unsere

Männer haben uns aber auseinandergebracht«, sagte sie. Sie sei vom Briefträger geschieden und habe vor fünf Jahren einen Arbeiter aus der Zellulosefabrik geheiratet. »Es hat ja schiefgehen müssen«, sagte sie. »Den hätt' ich nie geheiratet!« Da kam der Wasenmeister herein, mit seinem Rucksack auf dem Rücken. Es sei gut, daß sie das Paket schon fertiggemacht habe, denn er gehe gleich auf die Post. »Mehr kann ich ihm nicht schikken«, sagte sie. Er tat sehr verwundert, weil es ein so großes Paket war. »Ich habe keine kleinere Schachtel gehabt«, sagte sie. »Ich hab ihm auch seine warmen Socken hineingegeben.« Sie ging in die Speisekammer und kam mit Speck heraus, den sie aufschnitt und auf ein Stück Brot legte. Das solle der Wasenmeister noch essen. Er aß das Speckbrot auf. Zu mir sagte sie: »Ihr Wasser ist sicher schon warm.« Ich hatte das Wasser ganz vergessen. Ich nahm den Krug vom Herd und ging auf mein Zimmer. Ich dachte, daß der Wirt wahrscheinlich um eine neue Lebensmittelsendung geschrieben hat. Und um warme Socken. Und daß sicher wieder eine Auseinandersetzung zwischen der Wirtin und dem Wasenmeister der Paketsendung vorausgegangen ist. Der Wasenmeister trug sehr schwer an dem Paket.

Achtzehnter Tag

»Ich könnte meine Schuhspitze durchbohren, ist Ihnen das klar? Ich könnte. Aber ich will nicht. Die Kraft dazu habe ich. Aber ich durchbohre diese meine Schuhspitze nicht. Es wäre nur sinnlose Kraftverschwendung.« Wir gehen weiter. Er sagt: »Die ganze Welt besteht aus sinnlosen Kraftverschwendungen. Ich warte jetzt auf das Ende, wissen Sie! Wie Sie auf Ihr Ende warten. Wie alle auf ihr Ende warten. Nur wissen Sie nicht, daß Sie warten, warten, worauf ich immer gewartet habe: auf das Ende!« Er kommt mir vor wie ein Kirchensänger, der plötzlich laut in das Kirchenschiff hinein*sprechen* muß. »Mein Ende entbindet mich! Mich und meine Person! Alles, was nur durch mich existiert!« Wie von Kirchenwänden kommt das Echo eines jeden Satzes zurück. »Das ist ja das Ungeheuerliche!« Dann: »Vage, alles ist vage! Doch habe ich nicht die Absicht, mich jemals präzis zu äußern. Was ist präzis? Ich kann mir vorstellen, daß es schwer ist, aus allen diesen Zusammenhängen, Unterlassungen, Unterlassungssünden, Anhäufungen, Verpflichtungen, Schuldsprüchen . . . Nein,

das verlange ich nicht! Ich verlange nichts mehr. Nichts. Und von niemand! . . . Eine Situation wie die, in der ich mich jetzt befinde, stellt sich
ja keiner vor. Natürlich, ich weiß ja auch gar nichts. Das stimmt. Ich
belästige Sie . . . in Ihrem Leben ist auch nichts einfach, ich weiß, aber es
ist doch alles viel einfacher als in meinem. Zuerst«, sagte er, »haben Sie alle
Möglichkeiten. Schließlich begeistern Sie sich für vieles. Für das Alltäg-
lichste! Sie entwickeln auch eine Reihe ganz schöner Fähigkeiten, wie man
sie überall sich entwickeln sieht, mehr oder weniger geschickt, brutal oft,
dann wieder ängstlich wie Mauerblümchen. Man kann dies und das und
hat den Kopf voll von allen möglichen Plänen, Himmelsrichtungen. Alles
in allem glaubt man, man dürfe und man könne alles! Glaubt, in einem
Zirkus befinde man sich, in dem man, weil man ja so begabt ist und geliebt
wird, je nach Bedarf, alle Rollen aller Zirkusmitglieder ausführen könne:
alle Kunststücke, auch die schwierigsten, auch die Zauberstücke, auch die
gemeinsten. Man traut sich ohne weiteres zu, auf dem Sprungseil zu tanzen, eine ganze Weile fort und weit über dem Abgrund, hoch oben, wo die
Luft schon ganz dünn ist . . . reiten zu können, den Kopf in ein Raubtier-
maul stecken zu können, aus dem man ihn sich herausfauchen läßt . . .
springen zu können . . . Späßchen . . . man traut sich das alles zu, und man
ist auch der Ansicht und tief davon überzeugt, daß man zu allem auch
noch der Direktor ist . . . der Zirkusdirektor: kurz und gut, Grenzen gibt
es nicht, weil man keine kennt. Die Grenzenlosigkeit ist es und das fatale
Unterbewußtsein, überhaupt alle Fähigkeiten aller Erscheinungen zu besitzen . . . bis eines Tages dann die erste Idee kommt und dann eine zweite
Idee, eine dritte, vierte Idee . . . Idee auf Idee . . . schließlich Hunderte,
Tausende, aber Tausende Ideen: das sind dann die Maler, die Zeitungs-
leute, die Gefängnisaufseher und die Gefängnisinsassen, die Polizisten, die
Philosophen . . . Erbfolge, Kuh, Schwanz, Minister, Direktor, verstehen
Sie . . . bis man dann endlich von nichts überzeugt ist . . . das ist es . . .
Denn man hat schließlich nur seine Charakterzustände und keinen
Charakter . . . wie rasch nichts wird aus allem, ein berufsloser Zustand
zum Beispiel, ein Ungelernter, Verrückter, Stehengelassener, mit dem
Schwachsinn schließlich in Einklang Gebrachter . . . Und alles sind immer
nur Meinungen«, sagte er, »alles nicht tiefer, aber auch nicht weniger tief
als der größte Irrtum.«
   Das Existieren sei an Sturzbäche gewöhnt, aber manchmal lasse es diese
Tatsache außer acht und werde mitgerissen: »Aber ein Existieren ist es

immer«, sagt der Maler. Vor Jahren sei er mit seiner Schwester einmal in Weng gewesen, »ohne daß sie es wollte. Sie haßte diese Gegend. Im Krieg.« Mehr und mehr wurde das Tal dann zu einem Schlupfwinkel für sie beide. »Im Gegensatz zu damals bin ich jetzt schutzlos.« Ein Kind seiner Schwester, »damals, hinter der Kirchenmauer« von einem Brunnenmacherlehrling gemacht, sei kurz nach der geglückten Geburt gestorben. »Kein Mensch weiß, warum es plötzlich tot war.« Diesen Umstand, und weil seine Schwester gar nichts gegen dieses Kind einzuwenden hatte – »sie hat es als glücklichen Zufall empfunden, ohne viel Umstände, über Nacht sozusagen und aus nichts, verstehen Sie, in der Hoffnung zu sein –, hat sie nicht überwunden. So, nach ihrer Empfängnis, erschien sie mir dann mit freundlichen Zügen, die sie vorher nie gehabt hat. Plötzlich war aus meiner Schwester so etwas wie eine immer zurückgehaltene Wildheit zum Vorschein gekommen. Beim Essen. Wenn ich sie beim Spaziergang traf. Irgendwann im Dunkeln. Wenn sie ›gute Nacht‹ sagte, sah man es. Der Vater ihres Kindes ist später, aus Frühreife, zum Zuchthäusler geworden. In mehrere Notzuchtverbrechen verwickelt, konnte er schließlich seinen Kopf nicht mehr aus der Schlinge ziehen. Er war aus Goldegg. Damals war er noch keine sechzehn. Aber kräftig, so wie alle Burschen hier sind. Kommen über den Berg und hauen alles zusammen. Ein warmer Frühlingstag war es. Meine Schwester ging, wie so oft, durch den Friedhof. Den Krieg hörte man hinter den Felswänden. Das Arbeitshaus zog ihn in sich hinein, das Holzschuhgeklapper der Häftlinge in der Strafanstalt Garsten wie eine Marschmusik. Ich habe ein Bild von ihm. Ich brachte im Laufe der Jahre viele Einzelheiten über ihn in Erfahrung, auch daß er noch fünf Kinder erzeugt hat: alle laufen sie jetzt irgendwo herum, bei Bauern. In Arbeiterunterkünften. Wer weiß. Ab und zu will die Natur nichts anderes, als ihre Kräfte zwischen zwei Menschen messen, die nicht wissen, wie sie zusammenkommen, plötzlich zusammengehören: eine plötzliche, vom Wetter begünstigte rohe Gewalt ist es, die den Verstand und das Gemüt und alle Vorstellungen ausschaltet für ihre Zwecke. Oft ist es nur der viehische Scharfsinn, der zusticht.«

Er kam noch einmal auf seine Hilfslehrerzeit zurück. »In meinem ganzen Leben habe ich nichts so gehaßt wie die Lehrer. Die Lehrer, die mir immer als der Inbegriff aller bis in ›Habtacht‹ und in die Unterhosen hinein disziplinierten Dummheit erschienen sind. Als die gemeingefährliche Lächerlichkeit, die auch noch hohe Ansprüche stellt. Denn die Lehrer, müssen Sie wissen, stellen hohe Ansprüche, die über alle anderen Ansprüche hinausgehen. Das Lehrerdasein verabscheute ich so, daß ich Mitmenschen, die Lehrer wurden und die mich ein Wegstück begleitet hatten, einfach stehenließ. Und da war ich über Nacht auf einmal Hilfslehrer. Und auf eigene Initiative! Sie müssen sich vorstellen: was muß da in mir bis zum Äußersten gekommen sein? Aber ich kam ja aus dieser Schande wieder heraus . . . Der Lehrer ist das Mundstück einer ganzen Generation. Und sehen Sie: das größte Unglück geht von den Lehrern aus. Krieg und Unrecht. Natürlich, ich war ja kein ordentlicher, weil auch nicht ordentlich besoldeter, Lehrer. Kein Lehrer im strengen Sinn. Nur gelegentlich ein Hilfslehrer. Und ich entzog mich ja auch dieser Fürchterlichkeit.« Er sei plötzlich Hilfslehrer gewesen, wie andere, wie er selbst Jahre vorher, Hilfsarbeiter. Er sieht auch kaum einen Unterschied zwischen Hilfslehrer und Hilfsarbeiter. Den Unterschied: der Hilfsarbeiter ist im allgemeinen immer in der frischen, der Hilfslehrer aber immer in der schlechten Luft. Der Hilfslehrer trägt Zahlen und Ziffern vor und der Hilfsarbeiter Wasserkübel und Zementsäcke zum Zementmischen. Der Hilfslehrer muß aufpassen, nicht von seinem Hilfslehrerkatheder herunterzustürzen, und der Hilfsarbeiter, daß er nicht vom dritten oder vierten Stock auf die Straße fällt. »Der Hilfslehrer ist so erbärmlich, daß die ordentlichen Lehrer wegsehen, wenn der Hilfslehrer an ihnen vorbeigeht. Sie stehen auf dem Gang und rücken mit ihren auf dem Rücken verschränkten Armen so zusammen, daß für den Hilfslehrer in ihrer Mitte kein Platz ist. Hat der Hilfslehrer eine Frage, muß er sich an den Direktor wenden, denn die ordentlichen Lehrer beantworten sie ihm nicht. ›Wenn ich jetzt wegfahre‹, sagen die ordentlichen Lehrer zu ihren Schülern, die sie verlassen, ›kommt ein Hilfslehrer.‹ Sie sagen nicht: ›kommt ein Lehrer . . .‹ Und damit verhunzen sie einem Hilfslehrer alles. Zum Beispiel ist es den Hilfslehrern verboten, einen weißen Lehrermantel zu tragen. Höchstens Armschoner darf ein Hilfslehrer verwenden. Naturgemäß hätte ich nie einen Lehrermantel angezogen. Schon gar nicht Armschoner verwendet . . . Hilfslehrer bekommen auch keine Bildungszulage.« Er habe nie gewußt, wo er in den Pausen hätte hingehen sollen, denn die ordentlichen Lehrer »schnitten« ihn. »Gegen alle diese Zustände, denen die Hilfslehrer ausgeliefert sind, will die Hilfslehrergewerkschaft vorgehen. Aber je mehr sie sich, und mit ihren ungeschickten Methoden, in Szene setzt, desto schlimmer wird es für die Hilfslehrer. Denn die Gewerkschaft der ordentlichen Lehrer ist eine viel größere Macht.«

Ich schrieb heute zum vierten Mal an den Assistenten, obwohl ich auf meine drei ersten Briefe keine Antwort bekommen habe. Ich stellte einen Vergleich an zwischen dem Maler Strauch und dem Chirurgen Strauch. Außen und Innen der beiden gehören zwei gänzlich konträren Weltanschauungen an. Sind entgegengesetzte Welten. So wie sein Bruder und ich, verschieden. Anders, nicht aus ein und demselben Stoff. Der Chirurg, der ein Erfolgsmensch sein mag. Der Verzweiflung nicht kennt oder einfach nicht an sich herankommen läßt. Nur bis zu einem noch nicht schmerzauslösenden Grad. Wohl besorgt um das Leben seines Bruders. Aber nur aus seinem schlechten Gewissen heraus. Er *bebt* nicht.

Eine Tätigkeit, die ihn ganz in Anspruch nimmt, Tag und Nacht, seine Chirurgie, die ihm auch schon Lokalruhm einträgt, läßt ihn nicht tiefer nachdenken, wie das Menschen tun können und wollen, die im Grunde keinen Beruf haben und also fast immer mit sich beschäftigt sind. Im Operationssaal wird nicht nachgedacht, nur gehandelt. Dann wird gegessen, dann geschlafen, höchstens zerstreut man sich einmal dazwischen. Kaum Unterhaltung. Kaum Abwechslung. Keine Launenhaftigkeit. Also keine Schwermut. Keine bohrende Erinnerung. Keine Frauen. Fußballtoto. Im Hof unten Tennis gegen Anzeichen von Fett, die nicht mehr wegzubringen sind. Kein Briefeschreiben. Außer Fachbuchliteratur, wie zum Beispiel das Buch ›Über die Zusammensetzung der an der Innenseite der Vorhaut vorkommenden Gewebezersetzungsmerkmale‹ oder ›Krebsforschung in Amerika‹, wird nichts gelesen. Neider, Nachahmer und Bewunderer werden abgewehrt. Diskutiert wird über Krebs, Lungenkrankheit, Muskelschwund, Krämpfe, Embolien, Eiterherde. Wein wird getrunken. Mit geistlichen Schwestern wird geflüstert. Mit Operationsschwestern wie mit Famulanten herumkommandiert, plötzlich während der Operation, Abgestorbene werden zugenäht, hinausgeschoben, »von den Händen abgewaschen«.

Es kommt vor, daß etwas tödlich ist, das nicht tödlich sein müßte. Es kommt öfter vor, als man glaubt. Außerhalb der Spitalmauern. Nichts dringt hinaus, was verheerende Folgen hätte. Er, der Assistent, weiß, wie man redet: mit dem Primar, mit dem und dem, mit den Patienten. Das Du kommt ihm leicht über die Lippen, aber es bedeutet nicht viel. Eine

ruhige Hand wird ihm nachgerühmt. Auch von den Operationsteilneh-
mern. Mehr Geschick im Schneiden als im Zunähen. Kühnheit. Entschlußkraft, wo andere Zeit verlieren. Ist jemand tot, interessiert ihn die
Ursache nicht mehr. Ein Anhänger der Jagd, ist er ein Feind des Zwi-
schenreichs, der Kunst. Was sein Bruder gemacht hat, war ihm immer ein
Greuel. Das Akademische hat sich in ihm noch weiterentwickelt. Ästhetik
haßt er. Ebenso Träume. Es scheint, als habe er nie gelitten. Einen athletischen Hochmut kann man an ihm beobachten, wenn er aus dem Spital
tritt. Am Sonntag geht er in die Kirche. Er hütet sich, mehr als das Vorgeschriebene zu glauben. Kommunisten kommen zu ihm, weil er nie
gespottet hat über den Kommunismus. ›Paradeoperationen‹ werden ihm
nachgesagt, wie sich das jeder Arzt mit der Zeit wünscht. Von Mund zu
Mund gilt er als einer, dem Therapie gar nicht mehr ein Gestrüpp ist.
Magnetisch zieht er während der Operation die Instrumente an sich. Der
Primar hat in ihm schon abgedankt. Mir macht er Komplimente. Worüber? Doch wiederum scheint, wie er das Skalpell gebraucht, hochkünst-
lerisch. Nicht bloß kunstvoll. Krankengeschichten nimmt er mit auf sein
Zimmer, in dem auch um zwei Uhr früh Licht brennt. Um sieben ist er
schon auf. Man hört ihn. Seine Schritte auf dem Gang. Seinerseits fielen
sogar Bemerkungen wie: »Das Phantastische der Phantasie ergrün-
den . . .« – »Schreie, die ohne Ursache sind« oder »das Wort Sanftmut, das
immer wiederkehrt«. Kein Schwärmer. Kein Spielverderber, weil kein
Teilnehmer an einem Spiel. Ein Gebirgsmassiv? Für mich, ja. Plätze, die
noch kein Mensch gesehen hat, wo noch nichts gehaust hat. Hinter-
gründe, die offen daliegen. Der Chirurg der Fähige. Der Maler, sein Bruder, der Unfähige, denke ich.

Als er seinen Hut abnahm, entdeckte ich eine Wunde auf seinem Kopf. Er
habe sich in der Nacht verirrt und sei an einen Balken gestoßen. »Ich bin
auf dem Boden gekrochen, ohne zu wissen, wohin. Als ich aufstehen
wollte, stieß ich mit dem Kopf an den Holzbalken.« Ich könne mir nicht
vorstellen, wie die Nacht gewesen sei, die er hinter sich habe. Die Angst,
»völlig verrückt« zu werden, habe ihn aus seinem Zimmer herausstürzen
lassen, »hoffnungslos, zwischen drei und vier Uhr«. Notdürftig angezogen
sei er zuerst über die Treppe herunter, dann in die Küche, dann in das
Gastzimmer, wo er etwas zum Trinken gesucht habe. »Aber sie hat alles
eingesperrt.« Weil ihr schon oft Bierflaschen und Mostflaschen wegge-

kommen seien, sperre die Wirtin jetzt schon längere Zeit alles ein. Sogar das Faß hätten Gäste schon einmal angezapft und halb leerlaufen lassen. »Ich habe nichts gefunden. In der Küche nicht und nicht im Gastzimmer«, sagte er. Er habe an den Keller gedacht, aber auf dem Weg dorthin sei ihm eingefallen, daß sie den Keller ja immer absperrt. »Wie Sie wissen, trägt sie den Kellerschlüssel immer bei sich.« Dann sei er zurück und habe plötzlich die Orientierung verloren. »Ich getraute mich ja kein Licht zu machen. Mache ich Licht, wecke ich ja alle auf. Ich machte kein Licht . . . Wahrscheinlich bin ich ein paarmal im Kreis gekrochen.« Die Kopfwunde habe sich sehr rasch entwickelt. Plötzlich hatte er warmes Blut auf der Hand und seine Kleider damit beschmiert. »Auch den Fußboden . . . Ich ging in der Frühe als erster hinunter, um fünf Uhr, und wischte die Blutflecke, die ich hinterlassen hatte, überall weg. Sogar die Türen waren beschmiert. Auch die Wände.« Wie er wieder in den ersten Stock in sein Zimmer hinaufgekommen ist, daran kann er sich nicht mehr erinnern. »Ich fiel gleich ins Bett, als ich oben war. Wachte aber glücklicherweise vor fünf Uhr wieder auf, so daß ich alles in Ordnung bringen konnte. Stellen Sie sich vor, die Wirtin hätte meine Blutflecke entdeckt! . . . Ich ging dann erst hinauf, um mich zu waschen. Da ich mich mit den Kleidern, so, wie ich war, ins Bett gelegt hatte – ich war einfach zu schwach, um mich auszuziehen –, habe ich auch das Bett blutig gemacht. Aber das ist nichts Außergewöhnliches. Ich betupfte die Wunde mit kaltem Wasser, was mir guttat. Dann steckte ich auch die Füße in die Waschschüssel. Die Schmerzen ließen nach. Es brannte nicht mehr so.« In dieser Nacht hat er immer wieder das Gefühl gehabt, sich verstecken zu müssen »vor etwas Schrecklichem«. Er sei zum Fenster gegangen und habe die Vorhänge auseinandergezogen und hinausgeschaut. »Es war, als befände ich mich in einem Aquarium, in dem das Wasser eingefroren ist. Alles in diesem Aquarium war eingefroren. Die Baumstämme. Die Sträucher. Alles. Eingefroren in weißliches Eis, das so durchsichtig war, daß ich bis zu den Felswänden schauen konnte. Bei der geringsten Erschütterung, zum Beispiel, wenn ich einen Atemzug hörte, bildeten sich Tausende und Zehntausende von Sprüngen in dem riesigen Eisblock, zu dem die Erde erstarrt war.« Er sei über den Anblick erschrocken. »Ich mußte mich abwenden, so faszinierend war es . . . Ich ging zur Waschschüssel zurück und tauchte mein Handtuch ins Wasser und wickelte meinen Kopf damit ein. Als ich zum Fenster zurückkam, war die Erscheinung weg. Kein Eis. Keine Starre mehr. Plötzlich bewegte sich alles, lebte. Und das war noch viel unheimlicher.« Er setzte sich dann auf das Bett und versuchte, um sich einfach abzulenken von dem, was er gesehen hatte, an etwas, das weit zurückliegt – »an etwas Freundliches« –, zu denken. »An einen schönen Augenblick, an einen einzigen schönen Augenblick. Aber ich fand keinen. Wenn ich nur eine einzige lustige Gestalt hätte vorbeigehen sehen in meinem Gedächtnis! Aber nichts, nicht das geringste lenkte mich ab. Nur Ansätze von Atemzügen brachte ich zustande«, sagte er.

In der Frühe war seine Kopfwunde zugeheilt. Ich schaute sie mir an, als er sich zum Frühstück setzte. Wie bei einem gesunden Menschen heilte sie ihm zu. Schloß sich, wie von unsichtbaren Fäden zusammengezogen. Er habe die ganze Nacht über sich nachgedacht und sei zu den verschiedensten »allerdings unbefriedigenden« Ergebnissen gekommen. Man könne sich selbst von so vielen Seiten anschauen. Von der Oberfläche aus. Ganz von innen, »von tief unten heraus«. Von »tausenderlei spitzen und stumpfen Winkeln aus«. Es sei so armselig, was man sehe. Und furchteinflößend zugleich. »Der Mensch, der sich windet wie ein Wurm in allen Spiegeln, die er anzuschauen gezwungen ist.« Die Kopfwunde, die nun zurückgegangen ist, habe ihn angeregt, über die Menschenkrankheiten nachzudenken. Über die Menschenkrankheiten des Körpers und über die Menschenkrankheiten des anderen. »Woraus bestehen denn Krankheiten?« hat er sich gefragt. »Entstehen sie überhaupt? Sind sie nicht von Anfang an da? Von woher kommen sie, wenn sie nicht immer da waren? Wann kann man sagen, sie sind sichtbar? Wann unsichtbar? Wann, wo? Dort, wo sie plötzlich zum Ausbruch kommen? Was heißt ›von Anfang an‹? Wo wäre das?« Er sei ein Stück über das Kukuruzfeld gelaufen. »Ich hatte das Gefühl, als ob meine Kopfwunde elektrisch geladen wäre«, sagte er. »Ich dachte über den Zusammenhang aller Schmerzen nach. Auf dem ganzen Weg arbeitete ich an diesem Gedanken. Aber ich verlor plötzlich die Lust daran, vielleicht, weil sich so grauenvolle Einblicke gegen meinen Willen durchzusetzen vermochten. Immer stärker wurden. Mich plötzlich ausschalteten. Wieder sah ich ein, wie sinnlos es ist, sich einem Gedankengang ganz und gar hinzugeben in dem Glauben, nicht umkommen zu müssen darin wie in einem Tunnel. Nicht darin zu ersticken.«

»Als gingen ständig überall Türen auf«, sagte er. »Menschen und Erscheinungen von Menschen, meine ganze Niederlage kommt von überall auf mich zu. Ich weise fortwährend Eindringlinge ab. Erinnerungsfetzen aus der Zeit, in der ich mich Versuchen hingegeben habe, die von ähnlichen anderen Versuchen, stärkeren, zunichte gemacht wurden. Ich habe heute öfter an meine Malerei gedacht. Durch Ausstellungen bin ich gegangen. Kataloge habe ich durchgeblättert im Gedächtnis. Freunde haben mich besucht. Sich auf eine Stunde und länger zu mir hergesetzt. Das Atelier erschien plötzlich. Die gespenstischen Gespräche dazu. Plötzlich: die Unsinnigkeiten, die vor allem Frauen anzogen, die auf meinen Sesseln lauerten. In der Finsternis hingestreckte junge Männer in engen Hosen. Greise, die mit ihrem Geld Ansehen kaufen wollten, Kunst. Die Welt ist einfach. Ich sah meine Fenster angefüllt mit der Übelkeit von Menschen, die nicht wußten, wohin sie wollen, woher sie gekommen sind. Versuche Tausender von Idealen verklemmten sich in meinen Fensterscheiben, während der Zigarettenrauch aufstieg. Mich ekelte jahrelang vor diesen Abenden. Vor diesen Morgen. Vor diesen Nächten, die sich zwischen den Abenden und Morgen wie eine bewegungsunfähige philosophische Unzucht hinzogen. Wie ein Fleisch durch das andere. Redete ich hinein, fiel alles wie vermodert auseinander, flog wie Staub auf. Ich durfte nie anstoßen. Die Jugend kam, um gegen das Alter zu randalieren. Das Alter kam, um gegen die Jugend zu randalieren. Alles kam auf mich herein wie ein Wirbelsturm, der Hoffnungslosigkeit zurückließ. Ich sah plötzlich wieder das Detail einer Landschaft, die ich im vorletzten Sommer gemalt hatte: ein Grün, das sich gegen das Blau durchsetzte. Gewaltig. Alles erschien mir wie Pferde, die wieder wild geworden sind nach Jahrzehnten der Zähmung. Und dann eine Hand, die sich nicht fügen wollte. Nicht leben wollte, obwohl sie schließlich leben *mußte*. Alles sehr spiritistisch, verstehen Sie. Mit Kaffeegeruch und Sentimentalität, die aus Weinvorstellungen aufstieg. Zu nichts mehr fähig. Überdrüssig selbst des Schlafes. ›Ein Meisterwerk!‹ wurde gerufen, und es hielt sich für Augenblicke. Doch nur für Augenblicke, verstehen Sie: eine Flußlandschaft, eine Zerstörung, eine Märtyrerstadt. Eine Berühmtheit verriet die andere vor Augen, die deutlicher sahen, als ihnen zuträglich war. Gespenstisch auch, weil das Unerreichbare so leicht herunterzudrücken war wie nichts. Abgekanzelter Heroismus, verstehen Sie. Notdürftig in Lügenbeziehung gerückter Snobismus. Der Unscheinbarste zu Entscheidungen fähig, die sonst nur Kö-

nige fällen. Eine ganze Besitzergreifergeneration hatte ich um mich versammelt in drei, vier, fünf, sechs Menschen, die gleich mir auf der Suche
nach dem Ungeheueren abstürzten in die Mittellosigkeit ihrer Gefühle.
Mit Rom wurde umgegangen wie mit einem Bierkrug, den man rasch
austrank. Mit der Vorstellung vom Ruhm verband man die Hinfälligkeit
der Umwelt, die Größe fremder unzüchtig gezüchteter Pflanzen hinter
haushohen Gartenmauern, so daß man es anschauen mußte, was da und
wie es zerriß: zu allem fähig sein in der Sternenwelt. Plötzlich verschwanden die Leute, verschwand die Kunst aus mir, aus dem Atelier, verschwand
auch das Atelier, verschwand alles und ließ mich in einem ruhigen Ausschreiten, wenn auch nur für Augenblicke, in welchen ich nicht weiter als
fünfzehn, zwanzig Schritte kam, für mich allein. Ohne Entsetzlichkeit.«

Neunzehnter Tag

»Die Eigenschaften der Jugend und die Eigenschaften des Alters sind
dieselben Eigenschaften«, sagte der Maler, »aber die Wirkung, die sie
hervorrufen, ist eine ganz andere. Sehen Sie: die Eigenschaften der Jugend
werden der Jugend ja doch nicht übelgenommen, aber die Eigenschaften
des Alters nimmt man dem Alter übel. Ein junger Mensch kann lügen,
und es wird ihm das Genick nicht gebrochen, ein alter Mensch aber, der
lügt, dem wird das Genick gebrochen. Ein junger Mensch wird nicht für
die Ewigkeit abgeurteilt, aber ein alter Mensch wird für die Ewigkeit
abgeurteilt. Ein junger Mensch, der schielt, kann vergnüglich wirken, ein
alter schielender Mensch wirkt abstoßend. Beim jungen Menschen, sagt
man, besteht noch Hoffnung, daß er eines Tages nicht mehr schielt. Beim
alten schielenden Menschen besteht keine Hoffnung, daß er einmal nicht
mehr schielen wird. Nein. Keine Möglichkeit. Ein junger Mensch mit
einem krummen Fuß erregt unser Mitleid, nicht unseren Ekel, ein alter
Mensch mit einem krummen Fuß aber erregt nur unseren Ekel. Ein junger Mensch, der abstehende Ohren hat, bringt uns zum Lachen, ein alter
Mensch mit abstehenden Ohren in Verlegenheit, und wir denken: wie
häßlich ist dieser Mensch, der sein ganzes Leben lang diese häßlichen
abstehenden Ohren gehabt hat. Ein junger Mensch in einem Rollstuhl
erregt in uns Rührung. Ein alter Mensch in einem Rollstuhl stürzt uns in
Hoffnungslosigkeit. Ein junger Mensch ohne Zähne kann uns mehr oder

weniger interessant erscheinen. Ein alter Mensch ohne Zähne aber verursacht uns Übelkeit, läßt uns erbrechen. Die Jugend«, sagt er, »hat dem Alter alles voraus, und sie kann tun und lassen, was sie will. Ihr Stumpfsinn stößt uns nicht ab, ihre Schamlosigkeit ist erträglich. Das Alter aber kann sich den Stumpfsinn nicht leisten, ohne auf den Kopf geschlagen zu werden, und die Schamlosigkeit des Alters ist ja, wie wir wissen, das Verabscheuungswürdigste, was es gibt. Beim jungen Menschen sagt man: ja, das gibt sich! Beim alten aber sagt man: das ändert sich nicht! Tatsächlich aber sind die Eigenschaften der Jugend und die Eigenschaften des Alters ein und dieselben Eigenschaften.«

In seiner Hilfslehrerzeit hat er, um der Einsamkeit und dem Alleinsein zu entkommen, eine Methode entwickelt, die sich als sehr wirksam erwiesen hat. »Ich habe«, sagte er, »Schlaftabletten eingenommen und die Menge der von mir eingenommenen Schlaftabletten langsam gesteigert. Schließlich aber übten sie überhaupt keine Wirkung mehr aus, und ich hätte so viel davon essen können, wie ich wollte, ich wäre nicht mehr eingeschlafen. Ich hatte immer wieder so viel eingenommen, daß ich daran hätte sterben müssen. Aber ich habe sie immer erbrochen. Dann war ich tagelang unfähig, auch nur den geringsten Gedanken aufzufangen, und diese Gedankenlosigkeit war auch schuld daran, daß ich große Zeiträume großer Unerträglichkeit durchleben mußte ... Man muß aufpassen, daß man nicht länger lebt, als man dazu fähig ist«, sagte er. »Das Leben ist ein Prozeß, den man verliert, was man auch tut und wer man auch ist. Das ist beschlossen, bevor der Mensch da ist. Dem ersten Menschen ist es schon so ergangen wie uns. Auflehnung führt in eine noch tiefere Verzweiflung«, sagte er. »Und keine Zerstreuung mehr. Vom vierzehnten Lebensjahr an keine Zerstreuung. Nach der ersten Frau keine Zerstreuung mehr. Verstehen Sie?« Gewitter seien die einzige Abwechslung »und die Blitze die einzige Poesie«. Er sagte: »Da man eingesperrt ist, in einer Einzelzelle eingesperrt ist, kommt man mehr und mehr auf sich selbst.« Die Fragen, die man sich selber stelle, brächten einen langsam um. »Aber man ist ja schon immer tot, wissen Sie.« Es gebe einfach »keine Hilfszustände mehr«. Mit von den vergangenen Jahrtausenden zerschmetterten Gliedern liege man auf dem Zellenboden. Keine Erde mehr. »Lügenschliche«, sagte er. Wie Handhabung von Wissen dann Bedeutungslosigkeit ins Hirn einspritzt, jeder Frage, der man sich stellt. »Jede Frage eine Niederlage.« Jede

Frage sei Verwüstung. Abneigung. Mit den Fragen vergehe die Zeit und die Zeit mit den Fragen, »so sinnlos, daß alles nur noch Ruin ist . . . Da, sehen Sie«, sagte der Maler, »da unten ist es ganz schwarz. Heute nacht habe ich geträumt, die Arbeiter sind herauf auf den Berg und haben die Ortschaft überschwemmt und das Gasthaus, alles. Zu Tausenden und Zehntausenden sind sie herauf, und was nicht zu ihnen gehörte, zertrampelten sie, oder es erstickte in ihrer Schwärze. Und jetzt diese Windstille! Hören Sie!« Der Metzger grüßte uns, und wir grüßten den Metzger. Die Häuser von Weng lagen wie ineinandergeschoben, wie von der Felswand zerbrochen. »Früher habe ich«, sagte der Maler, »für menschliche Gebrechen keinerlei Verständnis gehabt. Schmerzen erschienen mir überhaupt irregulär, wissen Sie! Plötzlich aber war ich dauernd mit Gebrechen konfrontiert.« Er sagte: »Werden Sie heute Karten spielen? Der Wasenmeister ist ein guter Kartenspieler. Auch der Ingenieur. Alle sind sie gute Kartenspieler. Ich weiß nicht, warum ich immer eine Abneigung gegen das Kartenspielen gehabt habe.« Er murmelte etwas vom Stumpfsinn, der in Gebirgstälern herrscht, im Hochgebirge. Und dann: »Vater unser, der du bist in der Hölle, geheiligt werde kein Name. Zukomme uns kein Reich. Kein Wille geschehe. Wie in der Hölle, also auch auf Erden. Unser tägliches Brot verwehre uns. Und vergib uns keine Schuld. Wie auch wir vergeben keinen Schuldigern. Führe uns in Versuchung und erlöse uns von keinem Übel. Amen. So geht es ja auch«, sagte er.

Ich sollte den Maler heute vom Pfarrhaus, in dem er einen Besuch machte, abholen. »Läuten Sie einfach«, hat er mir aufgetragen, »und warten Sie; ich werde dann gleich herunterkommen.« Er hat nicht gesagt, daß ich ins Pfarrhaus eintreten solle. Den Pfarrer besucht er hin und wieder, um mit ihm »über seine schwarze Katze zu reden, denn über etwas anderes kann man sich mit ihm nicht unterhalten. Aber er trinkt einen so besonders guten Wein, daß ich seine Einladung immer wieder annehme«, hat der Maler gesagt. Ich ging also über den Friedhof und dann zum Pfarrhaus. Auf dem Friedhof las ich die Namen, die auf den Kindergräbern standen: hier und da hatten Eltern ihr verstorbenes Kind photographieren und diese Photographie dann am Grabstein anbringen lassen. Oft aber fand ich auch ein Grab, das ohne Namen war, ganz ohne einen Hinweis auf das Kind, das da begraben liegt. Ich staunte darüber, daß der Weg, der zwischen den Kindergräbern zu dem großen Misthaufen führt, völlig ohne

Fußspuren ist. Kein Mensch war, wenigstens schon seit langer Zeit, zu den Kindergräbern gegangen. So fand ich auch keine Kerze, wie sie auf unserem Friedhof in L. immer auf allen Kindergräbern stehen und fast immer brennen. Ich zog an der Pfarrhausglocke und wartete. Es dauerte nicht lange, so öffnete sich ein Fenster im ersten Stock, und ich trat einen Schritt zurück und sah oben das Gesicht einer jüngeren mageren Frau hinter einem Fenster. Die Pfarrersköchin, dachte ich. Und schon hörte ich im Pfarrhaus Schritte, die über eine Treppe näher kamen. Hinter der Tür verabschiedete sich der Maler vom Pfarrer. Er werde bald wiederkommen, sagte er, und danke noch einmal für die Jause. Dann ging die Tür auf, und der Maler kam heraus. Er griff mir unter den Arm und schob mich die Pfarrhauswand entlang hinunter auf das freie Gelände, wo die Eschen stehen. Der Pfarrer habe ihm von großen Umwälzungen gesprochen, die innerhalb des »ungeheueren Kirchenapparats« vor sich gingen, und vom großen Schwung des neuen Papstes. »Aber natürlich«, sagte der Maler, »die Kirche hat ja, wie sie auch ist, gar keine Existenzberechtigung. Wenigstens nicht *als Kirche*.« Dann klagte er über »fürchterliche Kopfschmerzen, die schon da waren, als ich ins Pfarrhaus gekommen bin, sie sind jetzt immer schon früher da und steigern sich dafür auch immer mehr«. Die Pfarrersköchin sei die Geliebte des Rauchfangkehrers, sagte er, aber dem Pfarrer, ihrem Bruder, so treu, daß dieser ohne sie gar nicht existieren könnte. »Der Pfarrer ist ein Bauernsohn aus dem Lungau«, sagte der Maler, »und ganz unselbständig.« Seine Einfalt gefalle ihm, und er sei ein »absolut guter Mensch«, wenn auch, wie gesagt, »hilflos in den einfachsten Dingen. Ganz zu schweigen von Erzbischofbesuchen, wo er ganz und gar versagt«. Nun, der Pfarrer kenne seine Einstellung der Kirche gegenüber. Und er mache auch gar keinen Versuch, dem Maler mit etwas, wovon er ja selber nicht restlos überzeugt ist, zu kommen.

Plötzlich sahen wir vor uns eine Gruppe Kraftwerkarbeiter auf dem Weg zum Gasthaus. Sie gingen schweigsam und grüßten uns, denn wir waren ihnen, wie sie uns, bekannt. »Sehen Sie«, sagte der Maler, als sie vorüber waren, »diese Menschen sind auf dem richtigen Weg, das sind richtige Menschen.« Er schaute ihnen nach, wie sie unter den Hollerstauden durchgingen und dann verschwanden. »Sehen Sie, dort, auf der gegenüberliegenden Hangseite, auf der Schattseite, wird sich der zweite unterirdische Stausee befinden«, sagte er. »Man kann die Umrisse des Ganzen

genau erkennen. Die Straße, die Sie dort sehen, ist ein Werk des Energie-
ministeriums, die Bauern da drüben haben durch diese Straße, die an
ihren Höfen vorbeiführt, ungeheuerlich profitiert. Sie haben nur einen
ganz minimalen Kostenzuschuß zu leisten gehabt, diese reichen, wohlhabenden Bauern. Einen lächerlichen Kostenzuschuß, einen Betrag, der
auch noch zur Hälfte vom Landwirtschaftsministerium gezahlt worden
ist. Früher gab es zu diesen Höfen hinauf nur einen schmalen holprigen
Karrenweg, der hinter der Station seinen Anfang nahm. Sie sehen: der
Fluß wird an dieser Stelle gestaut und ausgenützt, das Kraftwerk muß, wie
Sie sehen, zum Teil in den Fluß hineingebaut werden, zum anderen Teil in
den Berg. In dreieinhalb Jahren Bauzeit sind hier achtzehn Männer getötet worden, vom Kran, vom Wasser, von Felsbrocken, von Lastwagen-
hinterrädern. Das ist ja, wenn man bedenkt, noch nicht einmal ein gar zu
hoher Preis! Man ersieht die ganze Schwierigkeit des Unternehmens: ein
bauwidriges Gebiet, sehen Sie!« Da unten arbeiten heiße eigentlich schon
verrecken. »In der Praxis ist das alles noch viel fürchterlicher. Die Leute
sind ihr Leben lang müde und unfähig zu etwas Höherem. Aber was ist
schon das Höhere! Ohne Pardon ist dieser Ameisenhaufen nichts als ein
ungeheurer Dreckbeweger für ein Milliardenprojekt.«

»Man fragt sich ja, ob das eigentlich Menschen sind«, sagte er, »die da oft
um fünf vor zwölf daherhinken, in eine Hütte hineinhinken oder in die
Kantine, in das Gasthaus. Die Arbeiter haben ihre Ausdünstung, und die
Baustelle hat ihre Ausdünstung und die Zellulosefabrik; eine Ausdünstung durchsetzt die andere. Und in der Zellulosefabrik, müssen Sie wissen, sind die Arbeitsmethoden seit Jahrzehnten die gleichen. Auch die
Arbeitsräume haben sich nicht verändert. Hohe Fenster, aber man sieht
nicht hinaus, weil sie zentimeterdick verdreckt sind. Aber in dem
Maschinengeheul hat man gar keine Lust, hinauszuschauen, und wohin
sollte man denn schauen? Ins Schwarze. Ins kalte Schwarze. Zuerst haben
die Kraftwerkleute versucht, Arbeiter aus der Zellulosefabrik für ihre
Zwecke anzuwerben. Sie haben eine Werbehütte aufgestellt, Vorschüsse
angekündigt. Aber es haben sich kaum welche anwerben lassen, denn das
Kraftwerkbauen hat ja einmal ein Ende, in ein, zwei, drei Jahren, die
Zellulosefabrik aber hat kein Ende. Wenigstens kein absehbares. Die Zel-
lulosefabrik ist für alle eine unglaubliche Sicherheit. Schließlich wird der
Kraftwerkbau noch zu einer großen Arbeiterquelle für die Zellulosefabrik

werden. Fast alle da unten sind Kommunisten. Der Kommunismus fällt
hier auf fruchtbaren Boden. Hier, mitten im Hochgebirge, wo man es gar
nicht glaubt. Alles da unten ist kommunistisch. Das ist eine Gegend, wie
geschaffen für das kommunistische Unterzünden. Der Kommunismus ist
ja, wie Sie vielleicht nicht wissen, die vorläufige Zukunft der Menschen
der ganzen Welt. Der Kommunismus wird alles beherrschen, selbst das
entlegenste Tal der Welt. Selbst den abgeschlossensten Winkel des letzten
sich gegen ihn wehrenden Gehirns. Der Kommunismus ist etwas, das auf
dem Schmutz und auf dem Gestank, auf den ungeheuren Kontrasten
gedeiht. Der Kommunismus kommt, da können sie alle kopfstehen! Und
Moskau steht und wacht dahinter und steht und wacht immer und überall.« Er sagte: »Und dabei handelt es sich um ein ursprünglich urchrist-
liches Tal. Aber, sagen Sie ehrlich, wo wurzelt denn heute noch der Katholizismus, das Christentum überhaupt? Wo denn?« Wir standen jetzt
mitten auf dem Dorfplatz.

»Waren Sie eigentlich jemals glücklich? Und haben gewußt, was Glück ist?
Und in einer Situation, aus der jemals wieder herauszukommen Sie nicht
mehr geglaubt haben?« Er sagte: »Ich will ja gar keine Antwort auf meine
Frage.«
    Nachdem wir den Wasenmeister getroffen hatten, der mit dem Schuster
in einem Hausgang eine Unterhaltung führte, sind wir bis zum Pfarrhaus
und von dort, durch den Armenhausgarten, zurück auf den Dorfplatz.
»Hören Sie es in der Nacht, wenn ich mein Fenster öffne?« sagte er. »Ich
stehe häufig auf und öffne mein Fenster. Gehe hin und her, auf und ab.
Aber es beruhigt mich nicht. Ich glaube ersticken zu müssen: aber strömt
die Kälte herein, ist mir noch übler im Kopf. Die kalte Luft, glaube ich,
wird mich wieder in Gang bringen, so wie Aufziehen ein Uhrwerk wieder
in Gang bringt. Aber das ist doch nur Täuschung. Die Anstrengungen
und die Schliche, mich wieder in Gang zu bringen, werden jetzt immer
schwieriger. Es ist wie mit einem Uhrwerk, ja. Wenn das auch ein ganz
simpler Vergleich ist, aber ich bin dafür, beim Reden nur ganz simple
Vergleiche zu gebrauchen, ganz einfache Pflöcke zum Anhalten . . . Schlaflosigkeit ist Ihnen sicher fremd. Jedenfalls klagen Sie nicht über Schlaflosigkeit. Mich quält jetzt alles, so wie ein Mensch von einem Fluß gequält
wird, in den er hineinschaut, ohne hineinspringen zu können. Widerwärtige Angelpunkte in Zusammenhang mit Menschen und ihrer Ver-

gangenheit. Ich sehe ja gar nichts Gelungenes.« Und dann, als wir schon wieder beim Lärchenwald sind: »Warten alle? Warten alle so wie ich auf etwas, das alles ändert, zerreißt, abschließt? Auf einer anderen Ebene oder ganz tief unten fortgesetzt?« Da treffen wir auf den Briefträger, der vom Gasthaus kommt und uns grüßt, indem er mit der Hand seine Kappe berührt. Wortlos. Als der weit genug weg ist, sagt der Maler: »Er hat auch, wie die meisten, diese Hundebewegungen, diese Hundepfotengriffe. Er haßt seine Frau. Haßt seine Kinder. Trinkt. Schwänzt. Der Mensch ist eine ideale Hölle für die Menschen. Und alles ist für sie ein phänomenaler Grund, so zu sein, wie sie sind.« Wir gehen am Heuschober vorbei. Und dann rasch ins Gasthaus.

In der Nacht komme es wie über ein Gebirge auf ihn zu, um ihn zu peinigen, in ihm lange Erloschenes würde da wach: Krieg, Not, Haß. Trauer abzudrängen in die Vernunft, ergebnislos. Zöge sich erst in der Morgendämmerung wieder zurück. Die Sinnlosigkeit, etwas zu machen, ein Bild, einen Gedanken, dringe mit dem Finsterwerden in die Zellenwelt ein und verflüchtige sich in der Frühe aus ihr in den Hinterhalt. »Der Tag hat andere Schmerzen. Ich habe ja einen Arztbruder«, sagt er, »Sie wissen es ja, aber das nützt nichts. Wo ein Arzt ist, muß viel zugrunde gehen.« Er erwähnte wieder sein Kopfweh. In frühester Kindheit habe er einmal, nur ein einziges Mal, Kopfschmerzen gehabt, plötzlich »furchtbare Schmerzen unter der vorderen Schädeldecke«, an einem Waldrand. Dann nie mehr, jahrzehntelang nicht mehr, bis zum Anfang *dieser Krankheit.* Aber »viele in unserer Familie sind an Kopfschmerzen zugrunde gegangen, das weiß ich. Dieser dämmebrechende Irrsinn, der wortlos Wörter zermalmt, ununterbrochen«, sagte er. »Oft ist der Schmerz auch eine Verpflichtung.« Und: »Auch gegen meinen Willen kann er sein Ziel erreichen. Immer erreicht er es.« Auf sich nehmen müsse man den Schmerz »wie das Trugbild einer Brücke, von der man nicht weiß, wohin sie führt«. Er fing dann wieder von der Schlittenfahrt an, die wir gestern machten. Bis zur Station hinunter. Ob er vorn oder hinten sitzen sollte, das verzögerte unsere Abfahrt um eine Viertelstunde. Diese Schlittenpartie ließ mich Ausschnitte aus ferner Kindheit wiedersehen: Winterlandschaften. Ich erinnerte mich genau an Schlittenspuren, an ihre Farbe, an ihre Tiefe und Breite und an die Empfindungen, die ich bei ihrem Anschauen gehabt habe. Geschickt habe ich alle Windungen der Straße hinter uns gebracht. »Fahren Sie langsamer!« hörte ich ein paarmal, er bohrte seinen Kopf in meinen Rücken und hielt mich mit beiden Armen umklammert. Unten, vor der Station, schwitzte er. Wir gingen in verschiedene Geschäfte, kauften ein, unterhielten uns mit den Leuten hinter den Ladentischen. Dann ging ich in die Apotheke für ihn. Er erwartete mich auf der Station mit einer Menge Zeitungen auf dem Arm. Der Bürgermeister nahm uns auf seinem Pferdeschlitten mit hinauf nach Weng.

Auf der Station hatte ihn große Unruhe erfaßt, plötzlicher Ekel, wie mir schien. »Die Menschen, die nicht wissen, wohin mit sich«, sagte er. Bahnhöfe seien »Zentren aneinandergeketteten Irrsinns. Da kann man die Brutalität erforschen.« In bezug auf die sieben, acht Zeitungen, die er auf dem Arm hatte, sagte er: »Mich interessieren vor allem die neuen Ideen. Weniger das, was die Welt in Atem hält, das ist morgen schon vergessen. Aber die neuen Ideen, das, was *morgen kommen wird*, die Zukunft.« Wie er so allein in der Stationshalle vor dem Fahrkartenschalter stand, sah er aus wie ein Mensch, für den alles ein kurzes Kinderspiel ist, das tödlich ausgeht. Täuschung. Wortfetzen und verschobene Satzgefüge war er dann nur noch.

Der Ingenieur sagt, daß sie von morgen an die ganze Nacht durcharbeiten müssen, um termingemäß fertig zu werden. Es hätten sich fast alle für die Nachtschicht gemeldet. Die Nachtstunden würden dreimal so gut bezahlt wie die Tagstunden, und heute haben sie Scheinwerfer aufgestellt, die die Baustelle in der Nacht erhellen werden. Die Werksleitung rechne natürlich damit, daß sich die Bewohner am Flußufer über den Lärm, den sie machen werden, beschweren. Aber »ihre Beschwerde wird abgewiesen werden, so ist es mit dem Bürgermeisteramt bereits vereinbart«. Natürlich macht der Kran in der Nacht viel mehr Lärm als bei Tag. Alles hört man in der Nacht verstärkt. Jetzt, wo sie die Piloten für die Behelfsbrücke einschlagen, ist es besonders laut. Aber wenn sie nicht in der Nacht arbeiten, dauert alles ein Jahr länger. Und das wäre für die Werksleitung blamabel und für die an dem Kraftwerksbau beteiligten Firmen ein unabschätzbarer finanzieller Verlust. Erstaunlich sei, daß die Gewerkschaft nichts gegen die Nachtarbeit habe. Der Ingenieur meint, sie schweige nur deshalb dazu, weil sie selber an einer der am Kraftwerksbau mitarbeitenden Firmen beteiligt sei. Und sie schweige auch zu der Sonn- und Feiertagsarbeit, ganz

abgesehen von den Freitagnachmittagen und den Samstagen. »Jetzt wird
pausenlos durchgearbeitet«, sagte der Ingenieur. »Ich komme ja schon
lange nicht mehr zum Schlafen. Es ist bestenfalls ein Ausrasten, nicht
mehr.« Es gebe immer wieder Streitigkeiten zwischen den einzelnen Ab-
teilungen innerhalb der Werksleitung. Es herrsche dort große Uneinigkeit
in bezug auf Firmen, die Aufträge erteilt bekommen sollen. Auch da ginge
alles nach politischen Gesichtspunkten. Oft würden Bestandteile von
minderer Qualität bestellt, weil die Firma, die sie zu liefern habe, dem
stärkeren Teil der Werksleitung aus politischen Gründen genehmer sei als
eine andere Firma, die bessere Qualität zur Verfügung habe. Es sei auch
ein Nachteil, sagte der Ingenieur, daß man nicht daran gedacht habe,
mehrere Baracken für die Frauen und Kinder der Arbeiter aufzustellen.
»So müssen sie jeden Abend oft bis zu sechzig und siebzig Kilometer weit
mit der Eisenbahn heimfahren und in der Frühe wieder zurück.« Das
wirke sich auch auf die Arbeitskraft der Männer aus. Diejenigen, die nicht
auf dem Terrain der Baustelle wohnen, seien tatsächlich geschwächter.
Und dem Werk kämen sie noch dazu teurer, denn die Werksleitung zahle
ihnen die Eisenbahnfahrt. Auch kämen diese Leute nicht für die Nachtschicht in Frage. Und auch nicht für die Sonn- und Feiertagsarbeit.
»Wenn sie aber auf dem Werksterrain ihre Familien haben, dann arbeiten
sie auch in der Nacht und am Sonntag.« Er, der Ingenieur, würde noch
heute mehrere Baracken aufstellen für Frauen und Kinder. Es rentiere sich
immer noch. Auch komme es dann zu weniger Verkehr zwischen Verheirateten und ortsansässigen Mädchen und Frauen, zu weniger Ärgernissen.
Denn es kommt oft vor, daß die auswärtigen verheirateten Männer »nur
auf ein Glas Bier« in die Stationsrestauration gehen, aus dem dann vier
und fünf Gläser werden, und die schließlich gar nicht mehr daran denken,
heimzufahren, sondern sich irgendeinem Eisenbahnermädchen an den
Hals hängen und mit dem einfach in einem Heustadel oder in einem
abseits gelegenen Gasthauszimmer verschwinden. Daß sie oft drei, vier
Nächte, bis sie genug haben, nicht heimfahren. Dann kommen die Ehefrauen und beschweren sich bei der Werksleitung, die aber von allem
nichts weiß. »Dem würde man, wenn man Baracken für die Familien
aufstellte, aus dem Weg gehen«, sagte der Ingenieur. »Die Ausschreitungen würden jedenfalls auf ein Minimum zurückgehen.« Ganz vermeiden
könne man ja nichts, und Trunkenheitsexzesse gebe es immer und überall,
wo primitive Verhältnisse herrschen. »Wo viel Arbeiter sind, werden auch

viel Kinder gemacht«, sagt der Ingenieur. Sie hängen jeder Frau und jedem
Mädchen, das ihnen dazu paßt, ein Kind an. »Was glauben Sie, an was sie
denken, wenn die Arbeit aus ist?« Der Wasenmeister grinst und macht
einen Schluck, mit dem er das halbe Glas leert. »Es hat schon Szenen
gegeben, Szenen, sage ich, in meinem Büro«, sagt der Ingenieur, »daß mir
das kein Mensch glaubt.« Die Frauen hätten auch eine ganz falsche Vorstellung von ihren Männern, einen Mann könne man einfach nicht heiraten. Eine Frau ja, aber einen Mann nicht. Die Nachtschicht dauere von
sechs Uhr am Abend bis fünf Uhr früh. Um neun Uhr abends und um
zwei Uhr früh hätten sie Zeit zum Essen. Er, der Ingenieur, werde aber
Tag und Nacht wenigstens stundenweise auf den Beinen sein müssen. »Ich
habe ja gute Vorarbeiter und Werkmeister und gute Maurer und Betonie-
rer«, sagt er, »aber man muß doch immer dahinter sein.« Er sei nicht
kleinlich. Als neulich eine von den Arbeiterfrauen entbunden habe, habe
er sie vorher mit seinem Wagen abgeholt und ins Spital gebracht. »Mit
solchen Gefälligkeiten erwirbt man sich Sympathie«, sagt er. Der Wasenmeister fragt, wie tief sie in den Fluß hineinbohren müßten. »Zwanzig
Meter«, meint der Ingenieur. Ob sie mit der Verlegung der Eisenbahngeleise, die notwendig geworden ist, schon fertig seien. »Ja«, sagt der Ingenieur. Sie hätten zwanzigtausend Kubikmeter Felsen aus dem Berg
sprengen müssen, um die Eisenbahngeleise verlegen zu können. »Das war
nicht im Voranschlag«, sagt er. »Das allein hat ein paar Millionen gekostet.« So kämen immer bei Bauarbeiten, und nicht nur bei so großen,
unvorhergesehene Mehrausgaben. »Man muß bei Bauunternehmen
meistens mit dem Doppelten rechnen«, sagt der Ingenieur. »Viele übernehmen sich, weil sie sich täuschen lassen, und gehen daran zugrunde.«
Viele Bauwerke seien halbfertig stehengeblieben und verfallen. »Ein Pri-
vatunternehmer muß mindestens das Doppelte des Voranschlags in Reserve haben, um nicht aufgeben zu müssen. Einzig und allein der Staat
kann bauen, was er will und wie er will, und wird es auch fertigbauen,
denn der Staat hat und bekommt sein Geld.«

Zwischen mir und dem Maler herrscht ein Dämmerzustand. Was er sagt,
ist wie ein weit entfernt fallender Regen, gleicht der Ballung von Wolken
über einer fremden Landschaft, die alles Angrenzende überschatten. Er
sagt: »Die Nähe eines Menschen erzeugt in einem den Wunsch, ihn bis zu
dem Grad kennenzulernen, in welchem er nicht mehr da ist für einen. So

muß das mit Menschen sein.« Dann kommt er auf den gestrigen Spaziergang zu sprechen, wo ihm eingefallen ist, daß der Mond von der Erde
nicht so weit weg sei wie der Verstand vom Herzen eines Menschen.
»Immer geht man im eigenen Herzen herum, so schön ist das am Anfang,
und darum wird es später so unerträglich und wirkt sich so furchtbar aus
auf alles.« Der Anfang sei das Ende, von diesem Satz gehe ihm alles aus,
und: »ein Tisch ist auch ein Fenster, und ein Fenster ist auch die Frau, die
am Fenster steht, ein Bachbett zugleich das Gebirge, das sich im Bachbett
spiegelt, eine Stadt auch die Luft über dieser Stadt.« So in sich selber
verschlungen, sei »der Mensch verloren . . . Ausgänge?« Keine Antwort.
Das Einatmen verursache ihm Übelkeit. Er sagt: »Sie plagen sich sicher
mit vielen Ideen herum. Mit Anschauungen.« Dann: »Zuerst habe ich
gedacht, ich nehme Sie mit auf mein Zimmer, und wir unterhalten uns
dort. Ich bin zu müde. Die Jugend ist aggressiv gegen das Alter, das den
Kopf einzieht. Ihn längst eingezogen hat. Man ist auch fortwährend Individuen ausgesetzt, die alles Geistige hassen. Ich habe mich mein ganzes
Leben lang wehren müssen. Gegen die Frauen vor allem. Es ist ja doch nur
der Schlußstrich unter eine gewaltige Szenerie von Gedanken, den ich
mache: hüten Sie sich vor den Frauen, aber noch mehr vor dem weiblichen
Teil in Ihnen, der darauf aus ist, aus Ihnen ein Nichts zu machen. Allein
der Weg der Bequemlichkeit, den die Männer gehen, das Wärmebedürf-
nis, das sie haben, die Sucht nach Zierat, alles weibliche Grundeigen-
schaften, mannesfeindlich. Das Weib – und das Weibliche überhaupt –
drückt den Mann auf seine antimännlichen Gefühle herunter. Ich könnte
Ihnen eine Reihe hervorragender Männer aufzählen, die von ihren Frauen
ruiniert worden sind. Persönlichkeiten mit der allerhöchsten Begabung,
allergrößten Formats. Das Weibliche ist von Natur aus verräterisch. Es
untergräbt und unterminiert. Ist Gift für den männlichen Geist, für den
Geist überhaupt, für das Männliche. Wenn es sich darum handelt, einen
Mann in seine Bestandteile zu zerlegen und nicht mehr zusammenzuset-
zen . . . Wissenschaftlich betrachtet stellt die Frau die Verhöhnung des
Mannes dar . . . Die Erbfeinde des Gedankens . . . Sie verbieten ihren
Männern ja sogar das Lesen von Zeitungen . . . Ja, ihr Erhalter darf nur
nicht denken . . . Zersetzung betreibt sie und ist der Freundschaft nicht
fähig . . . Ehe- und Kindermacherinnen, sind sie nur im Augenblick des
Gebärens nicht lügenhaft . . . Die Frauen sind nur für das Bett. Das Weib
versteht kein Spiel. Ist ein Werkzeug des Teufels und schuld an der Tragödie des Menschengeschlechts.«

In der Nacht stand ich, weil ich nicht einschlafen konnte, weil ich immer an mich denken mußte und mich durch nichts von mir ablenken konnte, auf und ging zum Fenster, um hinauszuschauen. Doch ich sah nichts. Im Zimmer zu bleiben, erschien mir unerträglich, und so schlüpfte ich in meine Kleider und machte die Tür hinter mir zu und ging hinunter. Im Vorhaus brannte das schwache Licht. Ich hatte vor, vor das Haus zu gehen und vielleicht ein Stück die Straße entlang. Früher schon, als Kind, war ich oft mitten in der Nacht aufgestanden und ein Stück Weg gelaufen, über einen Steg, durch ein Waldstück, und fürchtete mich; aber ich führte ja diese Zustände selber herbei, und so wollte ich es auch diesmal; vielleicht in den Lärchenwald? dachte ich. Als ich aber die Haustür öffnen wollte, sah ich, daß sie gar nicht verschlossen war, der Riegel war nicht vorge-schoben, und da entdeckte ich auch einen Lichtschein, der vom Gast-zimmer auf die gegenüberliegende Wand fiel; es war plötzlich Licht ge-worden im Gastzimmer, vielleicht, weil man mich gehört hat, aber ich konnte mir nicht vorstellen, wer um diese Zeit im Gastzimmer sein sollte; ich wußte zwar nicht, wie spät es war, aber es war doch so spät, daß ich alle schlafend vermutete. Zuerst wollte ich nicht ins Gastzimmer gehen, dann gab ich mir einen Ruck und öffnete die Tür. Da sah ich in der Ecke neben dem Schanktisch, wo ich selbst am liebsten sitze, den Wasenmeister mit der Wirtin sitzen. Es schien, als wären sie in eine Debatte verwickelt, aber sie täuschten mich unvollkommen, in Wirklichkeit hatten sie gerade mit-einander geschlafen, das sah ich vor allem an ihrer beider Kleidung und in ihren Gesichtern, die grau und fahl waren. Auf dem Tisch hatten sie Biergläser stehen, halb ausgetrunken, Brotstücke lagen herum. Die Schuhe des Wasenmeisters lagen auf dem Tisch. Er hat sie, als sie sich auf die Bank legten, ausgezogen, dachte ich. Die Wirtin war unfrisiert. Das alles sah ich mit einem Blick. Ich wollte sofort wieder hinaus, aber der Wasenmeister sagte, ich solle mich zu ihnen hinsetzen. Sie hätten etwas zu besprechen gehabt, über die Verhältnisse im Haus, log er und zog dabei die Schuhe vom Tisch herunter und schlüpfte unter dem Tisch hinein, und die Wirtin setzte sich gerade hin und nahm eines der Biergläser in die Hand und trank daraus. Manchmal hätte man das Bedürfnis, die ganze Nacht aufzubleiben, sagte der Wasenmeister, in den Nächten käme man, wenn man zusammensitze, auf wunderbare Ideen, auch führten sich Ge-spräche in der Nacht besser. Ob ich ein Glas Bier haben möchte? fragte er. Ich setzte mich an den Tisch. Es war kühl im Gastzimmer, und mich fror

plötzlich. Der Wasenmeister stand auf und ließ mir ein Glas vollaufen. Er
stellte mir das Glas auf den Tisch und setzte sich wieder hin. Die Wirtin
denke daran, das Gasthaus zu verkaufen, sagte der Wasenmeister, ihr
Mann aber, der, wie ich ja sicher vom Maler wisse, in der Strafanstalt ist,
sei dagegen. Die Wirtin wolle ganz aus der Gegend fort, in der sie jetzt, vor
allem wegen ihres Mannes, angefeindet sei. Ihre Kinder hätten auch nichts
zu lachen. Sie ginge lieber heute als morgen fort, am liebsten sähe sie das
Gasthaus nie mehr in ihrem Leben wieder. Das sei aber, abgesehen davon,
daß der Wirt dagegen ist und immer dagegen sein wird, »unwahrscheinlich«, sagte der Wasenmeister, abgesehen davon sei es schwer, *ein solches
Gasthaus* zu verkaufen. Es habe ja gar nichts Anziehendes an sich und sei
auch in keinem guten Zustand. »Ganz abgesehen von der Lage«, sagte der
Wasenmeister. »Die Wirtin denkt vor allem an die Zukunft ihrer Kinder,
die ihr hier in Weng eher hoffnungslos erscheint. Und vor allem hat sie
Angst davor, daß ihr Mann aus der Strafanstalt zurückkommt, der ja
sicher seinen Lebenswandel da fortsetzen wird, wo er ihn abgebrochen hat,
abbrechen hat müssen.« Er habe geschrieben, daß er damit rechnen
könne, in ein paar Monaten entlassen zu werden, »wegen guter Führung«,
und daß er dann »Ordnung machen« werde im Gasthaus. Es sei überhaupt
ein großes Unglück, sagte der Wasenmeister, über die Familie gekommen,
keiner verstehe den andern. Die Wirtin sei auch nicht die Frau, die ihr
Mann brauche. Und sie gehe an diesem Mann zugrunde. Sie schicke ihm
jetzt dauernd Pakete mit Lebensmitteln, sagte der Wasenmeister, und er
bedanke sich gar nicht anständig dafür. »Aber einem Menschen, der von
den anderen ausgeschlossen ist und der vor allen als Verbrecher dasteht,
dem muß man doch helfen, nicht wahr?« sagte er. Ja, sagte ich, einem
solchen Menschen müsse man helfen, gleich, was er getan habe, wie er
jetzt dastünde und was er auf dem Gewissen habe und unter Umständen
mit einem und aus einem gemacht habe. Eingesperrten müsse man immer
helfen. Nicht mit Fingern auf sie zeigen, sondern ihnen helfen. Man wisse
doch auch immer, wie zu helfen ist. Auch warme Socken habe ihm die
Wirtin geschickt. Aber »wie sie ihren Mann kennt, wird er, wenn er entlassen ist und zurückkommt, mit ihr etwas Furchtbares anfangen. Er wird
sie umbringen«, sagte der Wasenmeister, »noch dazu, wo er ja weiß, daß sie
ihn angezeigt und ins Gefängnis und in die Strafanstalt gebracht hat.«
Auch könnten sie ja, wenn einmal der Kraftwerksbau fertig ist und keine
Arbeiter mehr essen und trinken kommen, zusperren, denn die Einhei-

cher, irgendwelche unruhige Menschen, die sich im Gasthaus ausgeschlafen haben, meistens sind sie schlecht gekleidet, in billige Anzugstoffe
gesteckt, ohne Fäustlinge, haben oft auch nur Halbschuhe an, zahlen dann
aber wieder mit großen Geldscheinen und bestellen sich ein Frühstück,
wie ich es mir niemals zu bestellen getraute, mit Eiern und Selchfleisch,
sogar ein Glas Wein trinken sie in aller Frühe dazu und ziehen Zeitungen
aus der Tasche und lehnen sich zurück und tun so, als wären sie über alles
informiert. Manchmal sehe ich auch Frauen, wie zum Beispiel gestern,
Verwandte von Leuten im Dorf, die dort nicht schlafen können, weil ihre
Verwandten zu wenig Betten haben, die dann gar nicht im Gasthaus frühstücken, sondern gleich in der Frühe mit nüchternem Magen aus dem
Gasthaus hinaus und ins Dorf gehen, wo ein Frühstück auf sie wartet.

Nach dem Frühstück gehe ich mit dem Maler ins Dorf, wir kaufen
etwas ein und stehen auf dem Platz herum und machen aus, wohin wir
vormittags noch gehen werden, wohin nachmittags. »Gehen wir vielleicht
zur Kirche hinauf?« sage ich, und der Maler sagt: »Zur Kirche? Da waren
wir ja gestern.« Dann sage ich: »Gehen wir in den Lärchenwald!« – »In den
Lärchenwald?« sagt er. »Im Lärchenwald waren wir ja gestern.« – »Dann
gehen wir doch in den Hohlweg. Oder gleich zur Station hinunter!« – »Ja,
gehen wir zur Station hinunter«, sagt der Maler dann. »Die Station ist der
einzige Ort, wo es Sinn hat, hinzugehen, denn da gibt es Zeitungen. Wenn
überhaupt irgendein Ort, wenn überhaupt irgend etwas Sinn hat. Hat es
Sinn?« Dann stehen wir vor der Auslage des Schuhmachers und schauen
hinein und denken: Was für billige Schuhe er zu verkaufen hat. »Aber sie
sind auch nicht viel wert«, sagt der Maler. »Sehen Sie, das ist ja nicht
einmal Leder!« Dann gehen wir zum Gemeindeamt hinüber, wo der Maler
freundlich gegrüßt wird. »Hier kennen mich alle Leute«, sagt er. »Und sie
sind so freundlich zu mir, weil sie sich immer noch Geldsummen von mir
erwarten. Aber sie bekommen von mir kein Geld mehr. Die Gemeinde
bekommt kein Geld mehr von mir. Der Pfarrer vielleicht, aber die Gemeinde nicht. Sie stellt ja nicht einmal mehr Bänke auf. Die alten Bänke
sind zusammengebrochen, aber neue stellt die Gemeinde nicht auf.«
Dann kommen wir zwischen die beiden ältesten Häuser, zwischen das
Schulhaus und das Metzgerhaus, und schauen ins Tal hinunter: »Sehen
Sie«, sagt dann der Maler, »hier haben Sie die große Häßlichkeit vor sich.
Sehen Sie sich diese Eisenbahnerzinshäuser an! Sehen Sie, das Kraftwerk!
Sehen Sie, die Zellulosefabrik! Sehen Sie, die Menschen, die wie aufge-

schrecktes Ungeziefer da unten herumrennen! Sehen Sie, dort ist das Haus des Arztes. Das Haus des Architekten! Die Brauerei! Die Station. Sehen Sie!« Er ist müde. Er sagt: »Wissen Sie, was es heute zu Mittag gibt? Sie wissen es nicht?« Und: »Vor zehn Jahren hätten Sie sehen sollen, wie rüstig ich auf die Berge bin. Da hinauf! Dort hinauf! Sehen Sie: dort, wo der weiße Punkt ist, da, ganz oben, da, das ist eine Kapelle, an dieser Kapelle vorbei bin ich früher ganz allein bis hinüber zum Hochkönig, bis zu dem mächtigen Gebirgsmassiv, das man von hier aus nicht sehen kann. Aber vom Schnapsbrenner aus, an schönen klaren Tagen, da sieht man alle Zacken dieses ungeheuren Kalkgesteins.«

Zu Mittag essen wir gemeinsam. Dann legt sich der Maler kurz hin, und ich lese im Henry James weiter. Oft lese ich ganze Seiten und weiß gar nicht, was ich gelesen habe. Ich fange dann noch einmal von vorn an und entdecke, daß das schön ist, was ich gelesen habe. Es handelt von Menschen, die unglücklich sind. Ich schlage das Buch zu und gehe zum Fenster und mache mir Notizen, schreibe in das Heft, was mir einfällt, wie es mir einfällt, dann höre ich den Maler unten aus seinem Zimmer heraustreten und mich rufen. Ich gehe hinunter, und bald sind wir auf dem Weg zum Lärchenwald, auf dem Weg zur Kirche oder schon tief im Hohlweg. Der Maler redet, und ich höre zu. Das wenigste von dem, was er sagt, verstehe ich, oft sagt er es zu leise, wie in sich hinein, dann wieder verstehe ich es nicht, weil es mir unzusammenhängend erscheint, wiederum nicht, weil ich zu dumm bin dazu. Wie sollte ich auch einen Satz wie diesen verstehen: »Die Erde mag klar sein, ich fühle mich wie zwischen ihren Angelpunkten, ohne Rücksicht auf mich, verstehen Sie!« Oft bleibt er stehen, weil ihn das, was er gesagt hat, erschöpft hat. Hin und wieder fragt er mich etwas. Zum Beispiel: »Wie empfinden Sie Langeweile? Was denken Sie über den Staat? Was ist der Unterschied zwischen mir und Ihnen? Ist das Größe? Bleiben Sie noch lange hier? Besteht zwischen mir und Ihnen ein Unterschied? Glauben Sie an das Wunder der Mathematik? Was treiben Sie, wenn Sie in Ihr Zimmer gehen? Ist der Garten, in dem Ihr Elternhaus steht, groß? Was für Pflanzen wachsen dort? Ist es kalt, wo Sie zu Hause sind? Was tut man dort an den Abenden? Liest Ihr Vater? Wie kommen Sie auf die Idee, mir zu widersprechen? Aber ich weiß ja, daß Sie mir gar nicht widersprechen wollten! Zahlen Sie für das Glas Milch soviel wie ich? Wundert es Sie, daß die Wirtin Sie nicht gefragt hat, wo ich gestern gewesen bin? Wie oft, glauben Sie, komme ich schon nach Weng? Ist das

Ihr Vater gewesen, der das gesagt hat? Und die Großstadt lieben Sie? Dieses Buch? Ihre Schwester, sagen Sie? Nicht ins Theater? Und die Erde, glauben Sie, wird unentdeckt bleiben? Fürchten Sie sich? Nein? Ja? Die Menschheit? Idee?«

Die Geschichte mit dem toten Holzzieher

Er sagt: »Dieses grausige Erlebnis, wissen Sie, ich wollte Ihnen gestern abend davon erzählen, aber Sie waren schon fort. Die Geschichte mit dem Toten. Sie müssen denken, ich gehe die Abkürzung. Ich laufe ein Stück. Und recht guter Laune. Ich halte mich am Zaun an. Ich komme zum Baum und sehe ein paar Leute, die sich nach mir umgedreht haben, gerade wie ich mich umdrehe, sehe ich diese Leute; vielleicht habe ich mich umgedreht nach ihnen, weil sie sich nach mir umgedreht haben. Aber es kam mir seltsam vor, daß ich sie nicht an mir vorbeigehen sah. Wo sie doch an mir vorbeigehen mußten, denn sonst hätten sie sich nicht an der Stelle befinden können, wo ich sie entdeckt habe, als ich mich umdrehte. Verstehen Sie? Ich muß wohl ganz gedankenlos an ihnen vorbeigegangen sein oder tief in meinen Gedanken versunken. Es waren Fremde. Wie mir schien, nicht gut ausgerüstet für das Land. Nicht für diese Gegend. Wahrscheinlich haben Sie nur einen Ausflug von irgendwoher gemacht. Vielleicht waren sie auch aus der Stadt. Ihre Röcke waren Stadtröcke. Sie hielten sich sehr ›gebildet‹, wie mir schien. Jedenfalls, ich wunderte mich über diese Menschen, und dann überlegte ich mir, ob ich den Hohlweg benützen soll oder die Straße, ob ich bis auf die Straße zurückgehen soll. Nein, sagte ich mir, ich kehre nicht um und gehe die nächste Abkürzung, die gleich hinter dem Lärchenwald hinunterführt zum Fluß, und gehe forsch und komme hinter der Station heraus. Ich hatte vor, ins Kaffeehaus zu gehen. Zuerst aber, denke ich, hole ich mir die Zeitungen auf der Bahnstation. Es dämmerte. Ich gehe auf die Brücke zu und treffe da diesen Mann mit Röhrenstiefeln, wissen Sie, einen dieser Holzzieher, die überall um diese Zeit herumlaufen, mit ihren glänzenden Röhrenstiefeln und mit ihren schwarzen engen Lederkappen auf dem Kopf, mit ihren Wollfäustlingen und dem unaufhörlichen fürchterlichen Peitschenknallen. So einen Pumphosenmenschen mit einem Pferdeschlitten, auf dem er Fichtenstämme geladen hat. Sie ziehen sie in der einen Woche die Wildbäche entlang herunter, in der anderen transportieren sie sie auf die Bahnstation oder in die Sägewerke, zu Nachbarn auch. Ich schaue zu ihm hinüber und mache mir gerade die Gedanken, die ich Ihnen angedeutet habe, da fragt er mich, wie spät es sei: ›Halb fünf‹, sage ich. Ich sehe noch deutlich: ein junges Gesicht, das aber auch schon zerfressen ist, bleich, von der Kälte hatte es Striemen. Ich frage, woher er ist, wohin er gehört, und er sagt es mir. Er ist von der Schattseite, sagt er. Ich sage: ›Ah ja, von der Schattseite‹, und gehe weiter. Und wie man einen, dem man begegnet ist, gleich vergißt, so habe ich ihn auch gleich vergessen. Ich will rasch zur Station hinüber, da höre ich auf einmal – ich bin erst am Brückenende – ein Geräusch, das ich Ihnen nicht näher beschreiben kann; jedenfalls ist das Geräusch so, daß ich sofort zu dem Geräusch zurücklaufe, und da sehe ich diesen Mann, mit dem ich mich gerade noch unterhalten habe, diesen jungen Holzzieher, unter dem Schlitten: er macht nur noch ein paar Bewegungen mit den Händen, die Beine sind schon steif. Er ist tot. Jetzt kommen Leute gelaufen, von den Eisenbahnerhäusern her, von der Station herüber, aus dem Ort herauf, bald sind es viele Leute um ihn. Ich beuge mich zu ihm hinunter, und ich stelle fest, daß er wirklich tot ist. Schon hat er diese Farbe im Gesicht, gelb, schwarzgelb, die Totenstarre. Auf dem Boden entdecke ich eine Blutlache; die Leute wollen den Schlitten wegziehen, aber ich hindere sie daran, denn man darf an einer solchen Situation ja nichts verändern: ›Zurück!‹ sage ich und drohe mit dem Stock. Die Pferde waren ganz ruhig. Ich sehe die Röhrenstiefel, die glänzen, weil über dem Toten ja die Lampe schaukelt. Wissen Sie, daß ich mit diesem Menschen gerade noch gesprochen habe . . . ›Halb fünf‹ . . . Und ein Arzt kam. Sie trugen den Toten ein Stück in den Ort hinein und legten ihn an einer Hausmauer nieder. Trugen ihn in das Haus. Kamen dann wieder zum Pferdeschlitten zurück, um ihn wegzuziehen, in den Ort. Da standen sie dann noch lange um die Blutlache herum, während es kälter und kälter wurde. Über dem Fluß, wissen Sie, mitten auf der Brücke . . . Als ich zurückkam, mit meinem Lesestoff unter dem Arm, standen sie noch immer um die Blutlache herum. Er war ausgerutscht, und der Schlitten hat ihn überfahren und ihm den Brustkorb eingedrückt. Ich brachte diesen Geruch, diesen Totengeruch, nicht mehr aus mir heraus. Und wissen Sie, als ich wieder oben aus dem Lärchenwald herausgetreten war, es mag ja schon acht oder halb neun gewesen sein, im Vollmond, sah ich wieder diese Leute, die ich, bevor ich zur Station hinuntergegangen war, gesehen hatte. Und ich sah sie an derselben Stelle wie vorher. Sie schienen auf mich gewartet zu haben. Als fröstelte es sie, lachten sie, als ich zu ihnen hinschaute, in sich hinein. Es war mir unheimlich. Vor allem nach dieser Geschichte mit dem Toten. Ich mußte einen großen Umweg machen, um diesen Leuten nicht zu begegnen. Fürchterliche Leute, wissen Sie, städtisch gekleidet und hartnäckig ihr Gelächter fortsetzend.«

Schon um drei Uhr fängt es an zu dämmern. Da erlischt es im Osten und dann immer weiter, bis es auch hier erlischt. Fast schwarz wird. Im Hohlweg fängt der Maler oft an zu hüpfen. Ich beobachte hündische Eigenschaften an ihm. Zum Beispiel: er wendet den Kopf manchmal um wie ein großer Hund, den sein Herr stehengelassen hat. Zweimal habe ich auch einen Nachmittag für mich verbracht, bin ins Dorf gegangen, dann auf die Station hinunter, in das Gelände der Zellulosefabrik. In der Finsternis habe ich versucht, über die Abkürzung heraufzukommen, was mir aber nicht gelungen ist, ich mußte wieder umkehren und dann auf der Straße vorwärts. Ich war froh, als ich die ersten Lichter sah, dann im Dorf war. Auf dem Weg zum Gasthaus fürchtete ich mich. Ich weiß nicht, wovor, plötzlich standen Menschen da auf der Straße, die auf mich zukamen, mich aber dann doch nicht anredeten. Am Nachmittag vorher, den ich auch allein verbracht hatte, weil der Maler in seinem Zimmer geblieben war – »ich will versuchen, etwas aufzuschreiben!« –, habe ich die Wirtin getroffen. Mit ihr bin ich bis zum Heuschober gegangen. Vom Maler sagte sie, er sei »früher eleganter angezogen gewesen«. Sie wollte wissen, ob mir »am Kunstmaler Strauch« nichts Merkwürdiges auffalle. »Nein«, sagte ich, »mir kommt er nicht merkwürdig vor. Wieso?« Sie sagte nichts und ging hinüber zum Bauernhof. Von dort holte sie die Milch. Das Abendessen dauert nicht lang, da muß alles schnell hinuntergewürgt werden, damit es nicht kalt wird. Und weil sie in der Küche schon auf die Teller und auf das Besteck warten, um es abwaschen zu können. Während des Essens geht mir alles, was ich den ganzen Tag über erlebt habe, durch den Kopf. Ich überlege auch, was ich dem Assistenten zu schreiben habe. Aber nichts ist schwieriger. Jedenfalls kann ich mich nicht so ausdrücken, wie ich möchte, ich habe alles anders im Kopf, als es dann auf dem Papier ist. Auf dem Papier ist alles wie tot. Ich stürze hinauf ins Zimmer und schreibe das und das, aber es ist, als ob ich es durch das Aufschreiben umbrächte. Da ist dann nichts mehr davon da.

»Die Todeskrankheiten führen ihre Träger dazu, sich ihnen auszuliefern. Ich habe das immer beobachtet«, sagt der Maler, »und die medizinisch-wissenschaftlichen Bücher beweisen das. Der Todeskranke, oder besser der Todkranke, geht in seine Todeskrankheit hinein, zuerst staunend, dann sich fügend. Die Todeskrankheit macht den von ihr Befallenen vor, sie seien eine Welt für sich. Dieser Täuschung verfallen die Todeskranken, die Todkranken, und sie leben von da an in dieser Täuschung, in ihrer Todeskrankheit, in der Scheinwelt ihrer Todeskrankheit, nicht mehr in der Welt der Wirklichkeit.« Die Scheinwelt der Todeskrankheit und die Welt der Wirklichkeit seien die entgegengesetztesten Begriffe. Der Todeskranke vertraue nicht der Welt der Wirklichkeit, *seiner* Wirklichkeit, sondern er liefere sich der Scheinwelt seiner Todeskrankheit aus. Die Todeskrankheiten, »das sind rhythmisch religiöse Bequemlichkeiten. Die Menschen gehen in sie hinein wie in einen Garten, der ihnen fremd ist. Plötzlich – Sie wissen, es handelt sich da um Todeskrankheiten mit ihrem langen Verlauf, um ein sogenanntes Gewohnheits-Todeskrankheitsgefühl –, plötzlich, schlagartig, *ist es der Tod.* Die Todeskrankheiten sind eine exotische Landschaft. Ein Vorgehen des inneren Egoismus von innen.« Er sagt: »Es gibt hier auch ganz eigensinnige Täler und in diesen Tälern Herrenhäuser und Schlösser. Man geht in diese Herrenhäuser und in diese Schlösser hinein, und man sieht gleich: die Welt, aus der man ist, hat hier nichts mehr zu suchen. Das müssen Sie sich alles ganz unwirklich vorstellen, *so wie die tiefste Wirklichkeit,* wissen Sie. Türen gehen auf, hinter denen Menschen in kostbaren Kleidern sitzen, Thronsesselmenschen, wie aus einem erdachten Gemälde geschnitten, die, wenn man auf sie zutritt, weil man sie berühren will, zu leben anfangen. Wird man von ihnen angeredet, glaubt man, noch niemals eine Stimme gehört zu haben, nie eine Sprache, sei immer unkundig gewesen in der Kunst, einem Sprechenden zuzuhören, ein Wort zu sagen, habe überhaupt keine Ahnung von Wörtern. Man spricht ja auch nicht, staunt nur und horcht: alles hat brauchbare Beziehungen zueinander, keine Irrtümer, der Zufall und das Böse sind ausgeschlossen. Einfachheit wölbt sich wie ein klarer Himmel über das, was man denkt. Nichts Phantastisches, obwohl alles der Phantasie entsprungen. Wohlhabenheit, die einfach, Menschenwärme, die ohne die Spur eines Verbrechens ist. Von Zwist keine Rede. Immerwährende Schonzeit. Der kühle Verstand und das Angeborensein der Begriffe und das Herz. Gute, wie für immer geformte Gesichter. Die Luft ist auch

klar durchdacht, und ›Mein Gott‹ sagt Tauglichkeit. Langsam bewirken
die Redewendungen, die Gefühle den Höhepunkt, das kunstvolle Stau-
nenmachen. Gesetze ohne Gewalt haben hier Geltung, Geist und Charakter sind schön in der Menschennatur vereinigt. Logik ist in Musik
gesetzt. Das Alter plötzlich wieder zur Schönheit fähig, die Jugend wohl
wie ein Vorgebirge. Die Wahrheit liegt auf dem Grund wie das Unerforschliche.«

Einundzwanzigster Tag

Ruderstöße sind seine Sätze, mit denen er vorwärts käme, wäre da nicht
die große Strömung. Manchmal stockt er, schweigt plötzlich, wie um sich
zu vergewissern, ob die Situation, in der er ist, auch wirklich von einer
anderen, nächsten abgelöst wird. »Man kann nichts dirigieren.« Zukünftiges und Weitvergangenes ziehen bei ihm an einem Strang und oft zehnmal in einem einzigen Satz. Er ist einer von denen, die fortwährend in
großen Verlusten denken, ohne Abstand. Das Meer taucht ihm auf und in
dem Meer ein versunkener Stein, ein riesiger Brocken, die Teile einer
riesigen Stadt, das Ende einer nicht vorausgeahnten, weit zurückliegenden
Geschichte. Der Tod knüpft ein Netz . . . Farben, die nichts als Wuche-
rungen von wildem Fleisch sind, betäuben ihn zum Teil philosophisch . . .
Herholen und Hereinholen von Extremen, um sie wieder ausspeien zu
können. Spannungen unheimlicher Unterwasserbilder. Das Wort ›Zusammenziehen‹ kommt oft vor. Das Wort ›wahr‹ und das andere ›unwahr‹
und ›unwirklich‹. Das Wort ›Kornähre‹ hat unter Umständen die Bedeutung ›unserer ganzen Wohlstandsgeschichte‹. Es sind seine Augen, die
reden, sie sind es, die Denken verwirklichen, die Wildheit und Ruhe
abwechselnd vor anderen Augen hinsetzen für fremde Unruhe. Der Maler
ist, glaube ich, so für sich allein, daß keiner ihn jemals versteht. Kein
Typus. Immer auf sich angewiesen und immer alles abweisend von sich,
hat er von allen Möglichkeiten Gebrauch gemacht bis zum Überdruß. Ihn
anschauen heißt Jahrtausende anschauen. »Die Berge, wissen Sie, sind oft
Verstärker, durch die man weit voraussehen kann.« Oder »unmenschlich
menschlich«. Er ist in der Lage, Menschen zu irritieren, wo gar keine
Menschen sind. Aufbrausen einzudämmen, wo gar kein Aufbrausen ist.
»Redet da nicht ein Tier? Bin ich da nicht ein Ungeziefer?« Alles zielt auf

das Fortschreiten des Verfalls ab. Alles deutet auf eine urteilsfreudige Kindheit hin, die bald verletzt war, auf ein »angestochenes Nervenzentrum«, auf eine organische fruchtbare Doppelbedeutung des Wahnsinns.

Ich traf den Maler mit dem Gendarmen zusammen. Als ich sagte, daß ich noch gern durch den Hohlweg gehen möchte, und der Maler Lust hatte, mitzukommen, verabschiedete sich der Gendarm. Er stapfte durch das Kukuruzfeld auf den Eisschießplatz zu, wo Kinder spielten. Der Gendarm hat dem Maler erzählt, daß es in der Nacht im Wagnerwirtshaus zu einer Schlägerei zwischen Einheimischen und Schaustellern gekommen sei. Die Schausteller hatten viel gezecht und dann nicht bezahlen wollen, hatten versucht, sich durch die Hintertür zu verdrücken, sind aber dabei beobachtet und schließlich überwältigt worden. Der Gendarm, der zufällig im Wagnerwirtshaus anwesend war, hat ihnen mit seiner Schußwaffe gedroht, und da ließen sie sich gefangennehmen. Einer der Schausteller ist ihnen in Richtung Lärchenwald entkommen. Einen zweiten hat man am Teich unten einholen können. Bei dem Handgemenge hätten ein paar von den Bauernburschen Kopfverletzungen davongetragen, der Gendarm selbst hat einen Tritt in den Bauch hinnehmen müssen und klagt über große Schmerzen. Jetzt säßen die Schausteller im Gemeindearrest, und es wird ihnen ein Prozeß gemacht werden. Wegen Zechprellerei und wegen schwerer Körperverletzung in mehreren Fällen. Den Schuhmachergehilfen haben sie heute vormittag, während des Begräbnisses, ins Spital bringen müssen. Er sei, von einem Faustschlag getroffen, ohnmächtig zu Boden gestürzt. Der Arzt, der ins Dorf hinaufgekommen ist, um die Verletzten zu versorgen, hat eine schwere Gehirnerschütterung des Schuhmachergehilfen konstatiert. Einen Schädelgrundbruch. Und eine Verletzung der Wirbelsäule. Von Lähmung haben sie aber nicht gesprochen.

Es hätte mit Tanzen und Singen angefangen, sagte der Maler. Plötzlich hätte sich das Gastzimmer auffällig geleert, und die Bauernburschen hätten sich nur anschauen brauchen, um zu wissen, »was da mit einem Male gespielt wird«. Sie sind durch alle Hauseingänge, um den Schaustellern den Weg abzusperren. »Die Schausteller haben unten auf der Station ihre Wagen«, sagte der Maler. Die Gendarmerie hat die Wagen versiegelt und beschlagnahmt. Sie wollten nach Kärnten, wo sie hergekommen sind. Verkrüppelte Frauen und verkrüppelte Tiere seien ihre Ausstellungsobjekte. Kühe mit sechs Beinen oder zwei Schwänzen, wie sie hie und da geboren werden. »Das zieht die Leute immer an«, sagte der Maler. »Eine Frau mit zwei Nasen, stellen Sie sich das vor!« Jetzt müßten Tiere und Frauen gefüttert werden, weil sich die Schausteller, da sie ja eingesperrt sind, nicht darum kümmern können. Auch müssen vor den Wagen Feuer gemacht werden, damit Frauen und Tiere nicht erfrieren. Die Wagen seien streng bewacht, denn man befürchte, daß der entsprungene Schausteller sie in Bewegung setzen und mit ihnen verschwinden könnte. Die Schausteller seien schon mit der Absicht, die Zeche nicht zu bezahlen, in das Wagnerwirtshaus gekommen. Zuerst hätten sie geprahlt und von ›Unsummen‹ gesprochen, die sie alle in der Tasche hätten. Und einigen von den Bauernburschen sei es auch vorgekommen, als hätten sie Geldscheine im Besitz der Schausteller gesehen. Dem Gendarmen seien sie aber, wie er sagt, von Anfang an verdächtig gewesen, weit über den üblichen Verdacht hinaus, den man Schaustellern und überhaupt Künstlern und solchen Leuten entgegenbringt. Er habe sie die ganze Zeit schon beobachtet, auch während sie tanzten und sangen, aber keinen Grund zum Eingreifen gesehen. Erst als sie das Gastzimmer verließen. »Ein Glück«, meinte der Gendarm, »daß die Bauernburschen ihre Messer nicht gezogen haben. Es hätte sonst eine wilde Metzelei gegeben.« So aber haben sie sich nur geschlagen. Messerstechereien gingen meistens tödlich aus. »Jeder der Bauernburschen ist schon einmal in eine Messerstecherei verwickelt gewesen. Wie durch ein Wunder aber haben sie diesmal kein Messer gezogen. Vielleicht weil sie dachten, mit den Schaustellern werden sie auch ohne Messer fertig.« Und es ist ihnen ja auch gelungen. »Den Schaden hat natürlich der Wagnerwirt«, sagte der Maler. »Die Schausteller haben sich nicht zurückgehalten, sie haben vom Besten gegessen und vom Besten getrunken und auch noch ganze Runden eingeladen, mitzuhalten.« Der Wagnerwirt möchte sich die Schaustellerwagen aneignen, die »nur einen schwachen Trost« für seine Verluste darstellten, aber die Gendarmerie glaubt nicht, daß er sie bekommt. Er denkt, wenn er die Tiere schlachtet, kommt er auf seine Rechnung. Die Wagen könne er nur für Heufuhren gebrauchen, nicht für Holzfuhren, denn es sind schwache Wagen. Der Gendarm meint, die Wagen und ihr Inhalt werden dem Staat verfallen. Man überlegt, was man mit den drei verunstalteten Frauen machen soll, wahrscheinlich schicken sie sie morgen fort, zurück in ihre Heimat, nach Kärnten. Gerade jetzt, wo so viele Begräbnisse stattfinden, kommt auch noch diese Sache mit den Schaustellern dazwischen! Der

Gendarm sagt, daß sie von unserem Gasthaus verpflegt werden. Sie randalieren und brüllen, und das hört man angeblich in der ganzen Ortschaft.
Die Kinder machen sich ein Vergnügen daraus und machen den Schaustellern auf dem Dorfplatz lange Nasen. »Morgen werden sie aber schon
ins landesgerichtliche Gefangenenhaus eingeliefert«, sagte der Maler. Einem von ihnen hat der Gendarm Handschellen anlegen können, die andern mußten sie mit Wäschestricken fesseln. Es habe ein ungeheures Aufsehen im Dorf verursacht. Plötzlich seien alle Fenster hell erleuchtet
gewesen, und »die Leute haben herausgegafft«. Ein zweiter Gendarm sei
vom unteren Gendarmerieposten ins Dorf heraufkommandiert worden.
»Jetzt schlafen sie zu zweit im Vorraum der Zelle«, sagte der Maler, »an
Schlaf ist da natürlich nicht zu denken, denn die eingesperrten Schausteller trommeln ununterbrochen an die Tür.«

Als wir schon tief im Hohlweg waren, beschlossen wir umzukehren. Er
habe eine Nacht der Schmerzen hinter sich, sagte der Maler. »Immer,
wenn ich versuche, eine Linderung meiner Schmerzen herbeizuführen,
wird alles noch viel schlimmer. Das Unerträgliche gibt es ja eigentlich
nicht«, sagte er, »denn das Unerträgliche müßte der Tod sein, der Tod aber
ist nicht unerträglich. Verstehen Sie.«

Die Geschichte mit dem Landstreicher

Im Lärchenwald hat er einen Landstreicher getroffen. Zuerst habe er gedacht, es handle sich um den entsprungenen Schausteller, aber mit diesem
hatte der Landstreicher nichts zu tun. Ganz und gar nichts. Der Maler sei
erschrocken, denn er habe den Landstreicher überhaupt nicht gesehen,
sondern sei über ihn gestolpert. »Wie wenn ein Toter mitten auf der Straße
liegt«, sagt der Maler. Ein Erfrorener, habe er gedacht und sei vor ihm
zurückgewichen. An seiner Kleidung habe er erkannt, daß es sich um
einen Ortsfremden handle. Wie kommt der her? »Eine gestreifte Hose,
wissen Sie, wie sie Zirkusleute zu tragen belieben, vornehmlich Zirkus-
direktorsleute.« Da er angenommen habe, der Mensch sei tot, habe er ihn
mit seinem Stock umzudrehen versucht, um sein Gesicht sehen zu können, »denn der Mensch lag auf dem Bauch. Man will ja immer gleich das
Gesicht sehen«, sagte der Maler. Kaum sei er aber mit dem Stock an ihn

gekommen, habe der ›Tote‹ einen Schrei ausgestoßen und sei aufgesprungen. »Oh«, soll der Landstreicher gesagt haben, »ich habe mich nur totgestellt, ich habe nur ausprobieren wollen, wie ein Mensch reagiert, der einen andern findet, der mitten im Wald und mitten im Winter auf der Straße liegt, ausgestreckt, und zwar auf dem Bauch, wie ein Toter.« Mit diesen Worten sei der Landstreicher aufgestanden und habe seine Hose glattgestreift. »Wenn Sie glauben, ich sei der entkommene Schausteller, so irren Sie sich, ich habe nichts mit diesen Schaustellern zu tun. Sie brauchen also gar keine Angst zu haben. Hier meine Hand!« Er hielt dem Maler die Hand hin und stellte sich vor. »Er hat einen derart komplizierten Namen genannt, daß ich ihn mir nicht merken konnte«, sagte der Maler. »Dann hat er seinen Rock zugeknöpft, der ihm offensichtlich aufgegangen war. Eine stattliche, aber vollkommen heruntergekommene Erscheinung«, sagte der Maler. »Es hätte ja auch eine Falle sein können, weiß Gott, um wen es sich hätte handeln können.« Derartige Späße mache man nicht, habe der Maler gesagt, man stelle sich nicht tot, das sei auch ein allzu billiger Spaß, ein Spaß, den sich nur Halbwüchsige leisten, um ihre Eltern zu erschrecken. »Stellen Sie sich vor, mich hätte vor Aufregung der Schlag getroffen!« – »Dann hätte ich mich aus dem Staub gemacht«, soll der Landstreicher geantwortet haben. Der Schlag könne jeden überall treffen. »Ja. Natürlich.« – »Man hätte gar kein fremdes Verschulden vermutet«, soll der Landstreicher gesagt haben. »Natürlich, nein«, der Maler. Außerdem sei die Straße voller Fußspuren, man hätte sich bestimmt nicht die Mühe genommen, allen diesen Fußspuren nachzugehen. »Nein, bestimmt nicht. Wenn Sie vielleicht in Geldschwierigkeiten sind«, soll der Maler gesagt haben, »so muß ich Sie darauf aufmerksam machen, daß ich selbst kein Geld besitze. Ich bin nämlich ein armer Mann und in einer erbärmlichen Lage.« – »Oh«, soll der Landstreicher geantwortet haben, »ich habe genug Geld.« Er sei erstaunt, daß der Maler ihn für einen Räuber halte, ob die Zirkushose daran schuld sei, die er anhabe. »Ach, nein«, soll der Maler gesagt haben, »ich bin ja selbst Künstler.« – »Es ist erstaunlich, wie wenig Menschenkenntnis Leute haben, denen man sehr viel mehr Menschenkenntnis zutraut«, soll der Landstreicher gesagt haben. Der Maler sei ihm außerdem nicht unsympathisch. »Als ich hörte, daß jemand kommt, legte ich mich auf die Straße. Es war nur ein Experiment.« – »Ein Experiment«, soll der Maler wiederholt haben. »Ja, ein Experiment. Es ist übrigens genauso ausgefallen, wie ich es mir vorgestellt hatte. Ich habe jeden Ihrer Schritte verfolgt. Sie gehen, als hätten Sie Hirschhufe«, hat der Landstreicher gesagt. »Ich habe ein ganz phantastisches Bild gesehen, als ich Sie herankommen hörte. Ein ganz und gar phantastisches Bild!« Seine Aussprache war etwas nordisch, kann sein, daß es sich um einen aus Holstein oder aus Hamburg handelte. »Ein Hirsch macht mir seine Aufwartung«, hat er gesagt, und: »Das sei ganz als Poesie aufzufassen, als nichts sonst.« Der Maler: »Ich verstehe.« Was für einen Beruf der Landstreicher habe, wollte der Maler wissen. »Ich bin Besitzer eines beweglichen Theaters«, soll er geantwortet haben. »In diesem Aufzug, den Sie da anhaben, sehen Sie aus, als kämen Sie gerade aus einem anzüglichen Konversationsstück«, soll der Maler gesagt haben. »Da haben Sie nicht so unrecht«, der Landstreicher. »In diesem Kostüm bin ich an die dreihundertmal in Frankfurt am Main aufgetreten. Bis ich es nicht mehr aushielt und davonlief. Denn spielen Sie einmal dreihundertmal dieselbe Rolle in einem Theaterstück, noch dazu in einem ziemlich langweiligen, in einem sogenannten Bernard-Shaw-Stück, dann werden Sie verrückt.« Er sei sicher ein Mann, der vom Witzemachen leben könne. »O ja, das will ich meinen. Ich habe immer vom Witzemachen gelebt.« – »Und wie stellen Sie sich vor, daß es weitergeht? Da Sie ja doch jetzt, wie ich annehmen muß, ziemlich in der Luft hängen, sich da herumtreiben? Wie also soll es weitergehen?« – »Diese Frage habe ich mir niemals gestellt«, soll der Landstreicher geantwortet haben. Da er, der Landstreicher, der Theaterdirektor, der Direktor eines sogenannten beweglichen Theaters, kinderlos sei, sei es gar nicht so schwierig, »so in den Tag hinein« zu leben. Aber es sei das doch eine ›Exaltation‹, meinte der Maler dazu. Männern seiner (des Landstreichers) Art sei das wohl ins Gesicht geschrieben: Freiheit, Verkommenheit, Witz! – »Von meinem Vater habe ich einige Kunststücke gelernt«, soll der Landstreicher gesagt haben, »die immer allen Menschen gefallen. Zum Beispiel, wie ich meinen Kopf verschwinden lasse. Das ist ganz einfach.« Er könne es vorführen, »wenn der Herr Interesse daran hat«, und der Maler hatte Interesse daran, und der Landstreicher ließ tatsächlich seinen Kopf verschwinden. »Der Mann reichte nur mehr bis zum Kehlkopf. Was ich sage, ist wahr. Es mag Ihnen ja alles unwahrscheinlich vorkommen, aber es ist so wahr, wie ich hier vor Ihnen stehe. Überhaupt das ganze Auftauchen des Landstreichers . . . Und stellen Sie sich vor, diese ganze Szene mitten im Lärchenwald, da, wo wir immer abzweigen in den Hohlweg hinunter . . .« Blitzartig sei der Kopf des Landstreichers dann wieder auf seinem ursprünglichen Platz gewesen. »Das ist nur ein einfaches Kunststück, meinen Kopf verschwinden zu lassen«, sagte der Landstreicher, »schwieriger ist es, mit den eigenen Beinen Ball zu spielen.« Der Maler wollte natürlich auch dieses Kunststück sehen. »Tatsächlich kamen plötzlich die Beine des Landstreichers aus der Luft, und er spielte, auf dem Boden hockend, mit ihnen, als wären sie Bälle. Kinderspielbälle.« Während des Spiels soll er gesagt haben: »Ich höre sofort auf, wenn Sie sich fürchten.« Den Maler fröstelte auch, aber er sagte doch: »Nein, nein, ich habe keine Angst.« Er sei, wie man sagt, fassungslos über das Dargebotene gewesen. »Ich habe niemals derartig vollendete Kunststücke gesehen«, sagte er. »Jetzt ist es mir langweilig, weiterzumachen«, soll der Landstreicher gesagt und aufgehört haben. »Das mit dem Kopf ist mir genauso unklar wie das mit den Beinen«, sagte der Maler, »können Sie es sich vielleicht vorstellen? Natürlich ist auch da, wie hinter allem, ein Trick dahinter!« Ganz Paris sei dem Landstreicher zu Füßen gelegen, und es liege ihm, wenn er nur wolle, gleich wieder zu Füßen, nur wolle er nicht, daß ihm Paris wieder zu Füßen liege. »Es langweilt mich.« In London habe er an einem Empfang bei der Königin teilgenommen, der ihm zu Ehren gegeben worden sei. Wenn der Herr sie haben wolle, würde er ihm die Adresse seines beweglichen Theaters geben. »Es ist klein, aber kostbar«, soll er gesagt haben, »und kann überall in Aktion treten, wo man es nur wünscht.« Es sei kostbarer als alle anderen Theater. Es sei das kostbarste Theater der Welt. Eines Tages habe er aber von den Kunststücken genug gehabt – »von Kunststücken hat man gleich genug« – und sich der reinen wirklichen Kunst, der Kunst, die auf keinen Kunststücken beruht, zugewandt. Nun würde der Herr sicher gern wissen, was schwieriger sei, solche Kunststücke vorzuführen, wie er sie gerade vorgeführt habe und die zweifellos zu den besten auf der ganzen Welt gehörten, oder Theater zu spielen, eine reine Kunst also vorzutragen, wie sie das Theater darstelle, eine Kunst, eben ohne Kunststücke, sagen wir: »den König Lear zu verkörpern«. Beides sei gleich schwer, eines immer schwieriger als das andere, aber es sei tatsächlich schöner, Theater zu spielen als Kunststücke vorzumachen, ihm persönlich mache Theaterspielen viel mehr Vergnügen, und deshalb habe er ja sein bewegliches Theater »aus dem Nichts«, wie er sagte, hervorgezaubert. »Auch das war natürlich ein Trick, ein Kunststück«, sagte der Landstreicher. Theaterspielen grenze überdies ans Hochgeistige, während Kunststückemachen nicht einmal ans Geistige grenze. Nur ein Kunststück sei. »Es kommt aber natürlich immer

nur auf die Zuschauer an.« Und er sagte angeblich: »Die Zuschauer, die
meinen Kunststücken zuschauen, sind mir allerdings tausendmal lieber als
die Zuschauer, die mir beim Theaterspielen zuschauen.« Die Zuschauer
seiner Kunststücke wüßten nämlich sofort, worüber sie in Erstaunen versetzt werden, die Zuschauer seiner Theaterdarbietungen jedoch wüßten
das nie. »Die Theaterzuschauer enttäuschten immer. Die Kunststückezuschauer nie.« Trotzdem würde er lieber Theater spielen, obwohl er eher
für das Kunststückemachen geeignet sei. »Die Theaterzuschauer machen
einen genausowenig glücklich wie die Kunststückezuschauer«, sagte er.
»Die Kunststückezuschauer sind immer, wie sie sind. Die Theaterzuschauer sind nie so, wie sie sind, sind nur immer so, wie sie nicht sein
sollen, möchten sein, wie sie nicht sind . . .« Die Kunststückezuschauer
seien nie so dumm, daß sie nicht merkten, wie dumm sie sind, aber die
Theaterzuschauer seien immer dümmer. »Die meisten Schauspieler aber
sind so dumm, daß sie gar nicht merken, wie dumm das Publikum ist.
Denn im allgemeinen sind die Schauspieler noch dümmer als die Zuschauer, aber das Publikum ist immer unendlich dumm.« Warum er dann
aber keine Kunststücke mehr vormache, wollte der Maler von ihm wissen.
»Die Kunststücke an sich befriedigen nicht«, soll der Landstreicher gesagt
haben, »aber ein Schauspiel an sich kann befriedigen.« Im übrigen wisse er
selbst nicht, warum er jetzt lieber »geschauspielt hat«, anstatt »Kunststücke vorzumachen«. Augenblicklich tue er weder das eine noch das andere. »Aber ich werde wieder meine Kunststücke machen!« soll er gesagt
haben, »und Paris wird mir wieder zu Füßen liegen!« Dann hat er ihn
angeblich um den kürzesten Weg zur Station hinunter gefragt. »Gehen Sie
durch den Hohlweg«, hat der Maler zu ihm gesagt. Dann: »Ich möchte
aber doch wissen, in welchem Alter die Kunststücke an sich nicht mehr
befriedigen.« Der Landstreicher überlegte nicht lange und sagte: »Das ist
bei allen, die Kunststücke vorführen, verschieden. Oft aber befriedigen sie
einen schon, bevor man sie beherrscht, nicht mehr«, soll er gesagt haben.
Der Maler machte sich erbötig, den Landstreicher ein Stück den Hohlweg
hinunter zu begleiten. »Ich kenne mich ja hier aus«, soll er gesagt haben.
»Man rutscht in eine Rinne und bricht sich ein Bein. Kommen Sie!« Bevor
sie sich verabschiedeten, fragte ihn der Maler noch: »Was war es, was Sie
diesen Unfug mit mir hat treiben lassen?« – »Unfug?« soll der Landstreicher zur Antwort gegeben haben. »Daß ich mich vor Ihnen totgestellt
habe? Es ist eine Leidenschaft von mir, mich totzustellen. Eine Leiden-

schaft, sonst nichts.« Dann war er plötzlich verschwunden. »Er war so beweglich wie eben ein Kunststückevormacher«, hat der Maler gesagt. »Ein Mensch wie dieser, der vorgibt, der Besitzer eines ›beweglichen Theaters‹ zu sein, ist mir noch nie untergekommen. Oder glauben Sie gar, ich habe diese Geschichte erfunden?« Ich glaube schon, daß sie wahr ist.

Zweiundzwanzigster Tag

In der Nacht machte ich eine grausige Entdeckung, die die Bestätigung für etwas war, das der Maler nur angenommen hatte. Ich hörte, nachdem es schon stundenlang im Haus still war, plötzlich den Wasenmeister unter meinem Fenster. In dem Zimmer neben mir war ein Gast eingezogen, der aber in der Frühe wieder fort ist, und ich dachte, den Lärm, den der Wasenmeister am Schlafzimmerfenster der Wirtin verursacht, wird der Gast gehört haben, und er wird aufgestanden sein, denn ich hörte, wie er aufstand, das hörte ich durch die Wand. Dann aber war es im Nebenzimmer wieder ruhig. Ich ging zum Fenster hin und sah tatsächlich den Wasenmeister. Die Wirtin hatte ihm ihr Fenster aufgemacht und ihn zu sich hineingezogen. Den Rucksack, den der Wasenmeister auf dem Schneehaufen liegengelassen hatte, fischte er von innen mit einem kräftigen Handgriff hinein. Es kam mir vor, als hätte er einen Kadaver in seinem Rucksack. Es ließ mir keine Ruhe, daß in dem Rucksack vielleicht ein Kadaver gewesen sein könnte, und ich beschloß, hinunterzugehen und an der Zimmertür der Wirtin zu horchen, vielleicht, so dachte ich, entnehme ich aus dem Gespräch, das sie mit dem Wasenmeister führt, etwas, das meine Annahme, in dem Rucksack befinde sich ein Kadaver, bestätigt oder das mich beruhigt, weil offensichtlich kein Kadaver in dem Rucksack ist. Warum ich das wissen wollte, weiß ich nicht. Daß der Wasenmeister Kadaver auf seinem Rücken herumträgt, ist ja nichts Außergewöhnliches, es gehört ja zu seinem Beruf. Ich schlüpfte in meine Hose und in die Weste und ging hinunter. Ich mußte vorsichtig sein. Der Maler schlief. Auch der Gast schlief. Alle schliefen. Tatsächlich hörte ich, wie sich der Wasenmeister mit der Wirtin unterhielt. Er sei aufgehalten worden an der Wegkreuzung, sagte er, von einem Mann, der ihm und ihr von früher wohlbekannt sei; dieser Mann habe ihn um einen Geldbetrag angegangen, damit er mit der Eisenbahn nach Hause fahren könne, wo er hergekommen sei, um einen Besuch zu machen. Er habe sein ganzes Geld vertrunken. Der Wasenmeister komme ihm gelegen. »So, mitten in der Nacht«, sagte die Wirtin. »Wahrscheinlich war er beim Oberwirt«, sagte der Wasenmeister. Ich hatte Angst, die Tür könnte aufgehen und sie würden mich dadurch entdecken. Die Wirtin sagte: »Treibt er sich also wieder in der Gegend herum!« Und der Wasenmeister: »Nein, er kommt nicht mehr her.« Das Geld, das er sich ausgeliehen hat, werde er per Post zurückschicken. »Der schickt nichts zurück!« sagte die Wirtin. »Der nicht. Was hat er denn zu suchen gehabt im Dorf?« Man wisse es nicht, meinte der Wasenmeister, auf einmal falle Männern ein, mitten in der Nacht eine Gegend aufzusuchen, mit der sie auf irgendeine Art von früher verbunden seien. »Der ist an allem schuld«, sagte die Wirtin. »Der hat aus ihm einen Verbrecher gemacht.« Gemeint war ihr Mann. »Schon in der Schulzeit hat er ihn auf Abwege gebracht. Mir darf er nicht unter die Augen kommen.« Dann fragte sie plötzlich, ob der Wasenmeister mitgebracht habe, was er habe mitbringen wollen. »Ja«, sagte er, und ich hörte deutlich, wie hinter der Tür ein Kadaver auf den Boden polterte. »So ein schöner Hund«, sagte die Wirtin. Jetzt erschrak ich. Sie werde ihn gleich ausnehmen, sagte sie. Dann hörte ich sie beide in die Küche gehen. Ich ging sofort in mein Zimmer. Konnte aber nicht einschlafen. Jetzt weiß ich, daß sie mit Hundefleisch kocht, dachte ich. Der Maler hat es ja gesagt. Es ist wahr.

In der Frühe wußte ich nicht, ob ich die Sache mit dem Hundekadaver nicht doch nur geträumt habe. Aber nein, ich habe diese Wahrnehmungen wirklich gemacht. Mich ekelte, wenn ich daran denken mußte, aber ich beschloß gleichzeitig, niemandem etwas von dieser Geschichte, die mir doch immer wieder wie ein Traum vorkam, zu erzählen. Es wäre für den Maler Wasser auf die Mühle, wenn ich ihm davon Mitteilung machen würde. Auch, daß ich überhaupt auf die Geräusche hin, die der Wasenmeister unter meinem Fenster verursacht hat, aufgestanden und zum Fenster gegangen bin; wenn ich ihm den ganzen Verlauf dieses nächtlichen Erlebnisses erzählt hätte und auch die Empfindungen, die ich dabei gehabt habe, wäre es für ihn eine Bestätigung für vieles gewesen, nicht nur, was seine Vermutung betrifft, daß die Wirtin schon immer Hunde- und Pferdefleisch verkocht hat. Der Wasenmeister also bringt ihr ab und zu Kadaver nach Hause. Und wahrscheinlich auch verseuchte Schweine. Schon lange hat mich nicht mehr geekelt. Jedenfalls werde ich mir die Fleischspeisen der Wirtin in Zukunft gut anschauen. Faschiertes werde ich einfach nicht mehr essen, auch keine Würste, kein Mischfleisch, große Fleischstücke, die man auf dem Teller hat, kann man ja gleich als Schweine- oder Rind- oder Kalbfleisch erkennen. Es wäre eine Katastrophe, wenn ich jemandem Mitteilung von meiner Beobachtung machen würde. Wahrscheinlich zahlt die Wirtin dem Wasenmeister nur einen Pappenstiel für das Fleisch, das er ihr im Rucksack bringt, vielleicht aber, und das ist ziemlich sicher, gibt sie ihm gar keinen Groschen dafür. Sie hat also einen Liebhaber, der für sie zugleich der billigste Fleischlieferant ist, den man sich vorstellen kann. Dem Maler ist ja schon immer aufgefallen, daß die Wirtin merkwürdig wenig Fleisch beim Metzger einkauft. Das ist also des Rätsels Lösung. Ich werde unter keinen Umständen mit dem Maler über meine nächtlichen Erlebnisse sprechen. Ich selbst kam mir, rückblickend, in dieser Nacht ganz verwandelt vor. War ich jemals in einer Nacht, durch Geräusche, deren Herkunft ich eindeutig als harmlos klassifizieren konnte, aufgestanden, ans Fenster getreten? Daß ich mich auch noch angezogen habe und hinuntergegangen bin! Und an der Tür des Schlafzimmers gehorcht habe! Ein Risiko auf mich genommen habe, das sonst nur Verrückte auf sich nehmen! Tatsächlich habe ich Angst gehabt, horchend an der Tür der Wirtin entdeckt zu werden. Daß im Traum derartiges möglich ist, auch bei geistig gesunden Menschen – im Traum ist alles möglich –, weiß ich; aber es war kein Traum. Den ganzen Vormittag war ich aufgeregt, und der Maler hat es mir angemerkt, auf dem ganzen Weg ins Dorf und auf dem Friedhof, nicht die Geschichte mit dem Landstreicher, diese sich auch in mir »überstürzenden Ereignisse grenzenloser Exzentrik« haben mich so auseinander gebracht, das waren nur unbedeutende Anlässe – alles war nur auf die Hundekadavergeschichte zurückzuführen. Ich rührte zu Mittag keinen Bissen an. Ich trank nur ein Glas Bier, und der Maler fragte mich, ob ich krank sei. »Nein«, sagte ich, »ich bin nicht krank.«

»Man taucht unter, unter die Gemeinen«, sagte der Maler, »immer tiefer, viel tiefer hinunter als sie. Es ist wahr, was ich sage: Das Feinere an den Menschen ist mir immer widerwärtig gewesen: ich muß es abstreifen, ich darf nicht mit ihm in Berührung kommen. Zeitweilig, mein ganzes Leben lang, bin ich untergetaucht in der gemeinen schmutzigen Welt. Ich empfand mich immer zu ihr gehörend. Und bin ja auch immer unten geblieben. Und die gemeine Welt, müssen Sie wissen, ist nicht gemein, und die schmutzige Welt ist nicht schmutzig, jedenfalls ist die gemeine nie so gemein wie die andere und nie so schmutzig. Daher kommt auch meine Vorliebe für die Armut, für das Ausgesetztsein, müssen Sie wissen. Denn wenn ich arm war, war ich auch der Mensch, der mir etwas wert zu sein schien, und auch wenn ich im Schmutz gegangen bin und selbst schmutzig war . . . Aber das sage ich nur zu mir selbst . . .« Er sagte: »Stellen Sie sich einen Baum vor, von dem man erwartet, daß er noch einmal Früchte trägt, und der enttäuscht, indem er einfach keine Früchte mehr bekommt.« Fast alle Leben seien eine solche Enttäuschung. »Wo man hinschaut, Bäume, die keine Früchte mehr tragen.« Das Menschengeschlecht sei das Unfruchtbare, »das einzige Unfruchtbare auf der Welt. Es ist für nichts. Man kann es nicht verarbeiten. Man kann es nicht aufessen. Es ist kein Rohstoff für etwas, außer für sich selbst.« Er sei ein Pessimist, der etwas Lächerliches sei, er sei etwas noch viel Fürchterlicheres. Und hinter dieser Vorstellung auch wieder lächerlich. »Das Gehirn sagt etwas, und der übrige Organismus sagt etwas«, meint er, »und es geschieht immer etwas, das weder das Gehirn noch der übrige Organismus will.« Er sei aus sich heraus durch die Welt gegangen und durch alles zu sich selbst. »Das liegt in mir selbst, wie ich weiß, in dem es tiefer ist als die Welt.« Das Kunststück, sich auszuschalten, sei ihm oft zwischen Augenaufmachen und Augenzumachen gelungen. »Zuviel Ehrfurcht am Anfang, zuviel Haß und Abneigung später. Zuerst die Sucht, Städte kennenzulernen, dann die Sucht, alle diese Städte wieder vergessen zu können. Menschen wie Ratten, von Straßenkehrerschaufeln abgehackt. Zuviel Beschäftigung mit dem Menschen hat mich umgebracht.« Außergewöhnliche Interessen: »Forschungen, Ideale von Forschungen, Ideale von Freundschaften und dann das Entbundenwerden von den Idealen der Forschungen, von den Forschungen, von den Idealen der Freundschaften, von den Freundschaften.« Jahrelang sei das alles nichts anderes gewesen als »Leid bespitzeln«. In Sekundenschnelle Enttäuschungen für die Ewigkeit. In einem Dauerzustand der Täuschung sei der Mensch nur noch sein eigener Schauplatz.

Wunderwörter habe er früher aufgefangen wie Bälle, das Wort ›Schöpfung‹ zuerst, dann das Wort ›Chemie‹, ›Sarkasmus‹ dann, ›Instinkt‹, ›Malerei‹, schließlich ›Mord‹. Der Ruin des Menschen sei ein Kindheitstraum. Und alles in ihm beschlossen. Vater und Mutter Beweise für unglückliches, unzurechnungsfähiges, nicht mehr gutzumachendes Handeln des Instinkts, des Gefühls, des Teufels. »Im Winter fällt dann der Schmerz als

Schnee, wissen Sie.« Die Singvögel Schmerzensträger. »Der Schwache hat kein Gesetz, das ihn schützt.«

Die Wirtin war erstaunt darüber, wieviel Leute zum Begräbnis der Bäuerin gekommen sind, die, während der Brand ihr Haus verwüstete, von dem Dachpfeiler erschlagen worden ist. Von überallher, aus den entlegensten Tälern, seien Verwandte und Bekannte und auch nur Neugierige gekommen. Der Leichenzug sei so lang gewesen, daß er gar nicht auf dem Friedhof Platz gehabt habe. Viele mußten während der Einsegnung draußen auf der Friedhofsstiege und auf dem Platz vor der Kirche warten. So viele Blumen und Kränze habe sie in ihrem Leben nicht gesehen. Sie habe sich vor allem für den Witwer interessiert, ihn aber erst, nachdem schon alles vorbei gewesen sei, zu Gesicht bekommen und mit ihm, bei dem sie einmal in Dienst gewesen war, ein paar Wörter wechseln können. »Er ist viel stattlicher wie früher«, hat sie gesagt. Da so viele Verwandte um ihn herum waren, hat sie sich zurückziehen müssen. Ist aber zum Leichenschmaus eingeladen worden, der in drei Gasthäusern gleichzeitig stattgefunden hat, denn in einem einzigen hätten die Leute ja nicht Platz gehabt. Das Essen sei so gut gewesen wie noch bei keiner Leiche. Die Musikkapelle habe, nachdem sie kurz vorher am Grab einen Trauermarsch gespielt hat, gleich angefangen mit anderen aufmunternden Musikstücken auf dem Platz, wo es »ganz schwarz gewesen ist vor Menschen«. Auf dem Friedhof selbst hätten die Leute alle Gräber zertrampelt, sie hätten sich zum Grab gedrängt, um hineinschauen zu können, doch keiner habe mehr gesehen als ein Holzbrett. »Der Friedhof in S. ist mindestens dreimal so groß wie der Wenger«, sagte sie. Natürlich seien auch viele aus Weng zum Begräbnis gekommen, vor allem die »Geldleute«. Sie habe sich, weil sie keinen schwarzen, nur einen grauen Mantel angehabt habe, zuerst geniert, es aber dann ganz vergessen. »Ich bin die einzige gewesen, die keinen schwarzen Mantel angehabt hat.« Böller hätten sie abgeschossen, während der Sarg hinuntergelassen worden sei, wie zu Silvester. Der Pfarrer und der Bürgermeister haben Ansprachen gehalten, sie hat aber kein Wort verstanden. Ihre Töchter haben sich zwischen den schwarzen Menschen vorgedrängt zum offenen Grab hin und sich unter die Verwandten der Toten gemischt, was ihr, noch bevor sie den Friedhof verließ, wütende Blicke eintrug. Die Esserei dauerte bis fünf Uhr früh, bis alles aufgegessen und ausgesoffen war. Sie hat sich aber schon um elf Uhr auf den Heimweg

gemacht. »Ich war auch betrunken«, sagte sie. Der Wasenmeister hat sie
auf seinem Schlitten heimgeführt. Ich habe sie ja gehört, wie er sie ab-
geladen hat und wie sie versucht hat, ihn dazubehalten, er aber fortgegangen ist. Gestern abend ist sie noch auf die Station hinunter um einen
Strauß Papierblumen, den sie der Toten, als alle schon weg waren, auf den
Sarg geworfen hat. Am meisten hat sie das Essen interessiert, das die Wirte,
zum Großteil nach *ihren* Rezepten, gekocht hätten. Der dortige Pfarrer
habe getanzt und auch mit anstößigen Bemerkungen nicht gegeizt, sie
habe sich gewundert, wie ein Pfarrer, »ein geistlicher Herr«, sich so aufführen könne.

»Den Menschen muß man mit dem Stock kommen«, sagte Strauch, »mit
dem Knüppel des Strafvollziehers.« Er riet mir, doch festere Schuhe anzuziehen, es sei ihm im Grunde unerträglich, mich mit diesen Schuhen, die
ich alle Tage anhabe, mich in solchen »Luxusgegenständen« zu sehen. Ich
habe aber keine festeren Schuhe. Ich besitze überhaupt nur zwei Paar
Schuhe, ein Paar hohe Schuhe für den Winter, die ich anhabe, und ein
Paar Sommerschuhe, die nicht über den Knöchel heraufreichen und die
ich zu Hause gelassen habe. »Hier geht alles immer plötzlich vor sich, ohne
Wink«, sagte der Maler. »Plötzlich ist es so kalt, daß die Stirnhöhle einfrieren kann. Hier machen Hiebe aus einem das andere.« Er glaube nicht
an Schneefall in nächster Zeit, aber an grimmigen Frost. Er könne an allen
Gegenständen, an allen Pflanzen, an allem, feststellen, wie der Frost sich
vorbereite. »Ein ungeheurer Frost. Man sieht es an den Bäumen, am Gestein. Man hört es, wenn man das Vieh hört.« Und eines Tages werde alles
einfrieren »und tot sein. Die Welt, wie sie im Augenblick ist. Selbst die
Luft wird erstarren und die Schneeflocken in der Luft.« Als er einmal vor
Jahren aus einem Gasthaus ging, im Tirolischen, wohin es ihn zeitweise
ebenfalls gezogen hat, »in das klare Land«, wie er sagt, stieß er plötzlich mit
dem Stock in ein Schwein, das erfroren war. Er hatte es antreiben wollen,
aber der Stock blieb in dem Schwein stecken, als wäre das Schwein aus
Schnee gewesen. Als er seinen Stock wieder herauszog, knisterte das
Schwein, und es ekelte ihn. »Der Frost frißt alles auf«, sagte der Maler,
»Bäume, Menschen, das Vieh und was in den Bäumen ist und in den
Menschen und im Vieh. Das Blut stockt, auch in der größten Geschwindigkeit. Man kann einen erfrorenen Menschen wie ein Stück altes Brot
auseinanderbrechen.« Er sagte: »Ist Ihnen aufgefallen, daß die Leute auf

dem Land keinen Mantel anhaben, wenn es noch so kalt ist? Wenigstens hier, in dieser Gegend nicht. Im Flachland, ja, aber hier nicht. Im Vorgebirge, ja, aber nicht im Hochgebirge. Die Männer schlagen die Rockkragen auf, die Weiber kommen in Kostümen von den Bergen herunter. Auch bei dreißig Grad Kälte.« Die Kälte führe die Menschen eng zusammen wie das Vieh im Stall, um eine Schüssel oder um ein Buch herum. »Die Kälte ist der scharfsinnigste Naturzustand«, sagte der Maler. Die Schulkinder kämen meistens nur bis zu den Felsvorsprüngen, dann kehrten sie rasch um aus Angst, erfrieren zu müssen. Oft blieben die Schulen wegen der Kälte geschlossen. Menschen kämen in einem Satz um, den sie angefangen hätten, aber nicht fertigsprechen könnten. Mitten in einem Hilferuf. Die Sterne blitzten dann wie Nägel, mit denen der Himmel zugenagelt sei. »Eine Luftzusammensetzung, die im Hirn den Verstandesklöppel anschlagen läßt, wie ein Mörser anschlägt.«

Ob ich mir schon jemals eines meiner Glieder erfroren hätte, wollte er wissen. »Es gibt viele vom Frost gezeichnete Männer.« – »Nein«, sagte ich. »Im Krieg, müssen Sie wissen, sind den Männern die Füße von den Beinen und die Ohren von den Köpfen herunter erfroren. Durch Gedanken, die immer an derselben Stelle ziehen, durch einen Zustand, der Jahrtausende von einem weg ist, oder wenigstens durch eine schöne Erinnerung kann man in sich selber Wärme erzeugen, sogar Hitze, aber nur bis zu einem schließlich doch erfolglosen Grad. Den Soldaten, die in sich selber vor Heimweh verbrannt sind während des russischen Winterrückzuges, hat ihr Heimweh nichts genützt.« Er sagte: »Wenn so kalte Tage sind, sitze ich in meinem Bett und versuche aus den Dornenranken auf meinen Fensterscheiben, die sich um Erscheinungen aus dem Reiche der Kunst, wie mir scheint, der Natur, der inneren Weltverzweiflung wie ein Wunder aufs andere bilden und sie erdrücken, solche Wahrheiten herauszubekommen, die, wie ich glaube, zu Hunderttausenden und zu Millionen unter unserem Leben versteckt sind und nicht nur Andeutungen darstellen einer Welt unter der unsrigen, eines Universums, das in uns unerkannt ist.«

Dann sagte er vor dem Baumstumpf, der mitten aus dem Teich herausragt: »Das Leben von Totenmasken führen alle. Jeder hat sie einmal abgenommen, der wirklich gelebt hat, aber sie leben ja nicht, nur das Leben einer Totenmaske, wie gesagt.« Heute existierten keine wirklichen Menschen mehr, nur Totenmasken von wirklichen Menschen. Das Ganze sei so schauerlich, weil es sich ja um eine ungeheure »verstandesmäßige Ver-

stümmelung« handle, die sich von uns zu den Nächsten in den Gehirnen
fortsetze. »Ein Scheinleben, das zu keinem wirklichen Leben mehr fähig
ist. Städte, die längst tot sind, Gebirge auch, die längst tot sind, Vieh,
Geflügel, selbst Wasser und die Lebewesen in diesem Wasser. Spiegelungen unserer Totenmasken. Ein Totenmaskenball«, sagte er. Er geriet in
Aufregung, als ich ihm sagte, daß ich nicht an den ›Totenmaskenball‹
glaube. »Ja, die Jugend glaubt nicht«, sagte er darauf. »Die ganze Welt ist
nichts als ein Totenmaskenball.« Nämlich ihrer Entwicklung zufolge,
auch der Entwicklung außerhalb der Welt zufolge. »Der Einfluß der
Sterne, die Himmelskörper sind ohne Fragestellung.« Er meinte: »Was ich
Ihnen sage, ist ein unter der Logik reflektierendes Hochgeistestum.« Was
heißt das? »Nichts zum Greifen, auch nichts Denkbares, auch nichts
Scheinbares, auch nichts Wirkliches, wie wir uns das überliefert haben,
nichts, womit man ›verfahren‹ kann, selbst für Pascal nichts, nichts für
Descartes. Nichts für Menschen. Nichts für Schweine. Wenn das Ungeheuerliche sich in einem Kopfe entwickeln könnte, wo kämen wir hin«,
sagte er. »Das Unverständliche ist ja das Leben. Nichts sonst. Das manchmal in Menschen Gestalt annimmt, wie Vogelschwärme in die Luft geht,
um alles zu verfinstern. Das Unbegreifliche ist das Wunder. Die unbe-
griffene Welt die Wunderwelt, die begriffene höchstens die wunder*bare.*«
Der Schritt in ein Wissen sei der Schritt weg vom Wunderbaren. »Die
Forschung behauptet aber das Gegenteil. Wie aber jede Forschung von
allen anderen Forschungen immer das Gegenteil behauptet.« Und alles sei
so einfach wieder nicht. Aber »Wissenschaft lügt, das ist ihr Prinzip, und
sie zerstört und macht den Größenwahn möglich, das Wunderbare. Die
Wissenschaft will, an ihrem ihr bestimmten Punkt, wieder aus sich hinauskommen. Das treibt sie an. Das ist unserer Unterstützung wert.« Der
Mensch sei niemals der Wissenschaft da im Wege, wo sie fortschreite aus
sich hinaus, um zurückzukommen zu den Menschen. Er sagte: »Dann,
wenn die Wissenschaft ihr Ziel erreicht hat, werden aus Totenmasken
auch wieder Menschen werden.«

In sommerliche Gasthausgärten kämen oft Leute, denen man ansehe, daß
sie »sich vorkommen wie der Weltmittelpunkt. Gleich ziehen sie die Aufmerksamkeit auf sich. Gehen auf einen Tisch zu, der im schattigsten
Winkel steht (wir würden jetzt sagen, hinter dem Ofen!) und der, es mag
Zufall sein, für sie reserviert ist. Was geht in einem Gehirn vor, das die

Vorstellung hat, der Mittelpunkt der Welt zu sein? Millionen von Mittelpunkten, die auftauchen und erlöschen! Das ist die Welt. Das ist alles. Das Gewöhnliche sitzt mit dem Außergewöhnlichen zusammen an einem Tisch und trinkt Bier und ißt recht appetitlich aufgeschlagene Eier. Spielt Schach oder Karten. Jedes einzelne Gewöhnliche und jedes einzelne Außergewöhnliche, das die Welt ist. Aber was ist das Gewöhnliche? Was ist das Außergewöhnliche? In der Sommerhitze (wie in der Winterkälte) sind die Menschen schrankenloser, weil hilfloser. Sie ziehen an Stricken, an deren anderem Ende die Welt zieht: ›Meine Welt.‹ Dort vermuten sie sie, oder da vermuten sie wieder sich. So kommt es ihnen vor, daß sie mit hoch erhobenem Kopf seien, was sie zu sein glauben, der Mittelpunkt der Welt. ›Bin ich tot, ist die Welt tot‹, ist ihre Ansicht.« Ihm, dem Maler, kämen die Menschen vor »wie Ursachenauswüchse, die ans Unergründliche grenzen, doch nur grenzen«. Das Bild, das sich in sommerlichen Gasthausgärten biete, mache es einem möglich, den Menschen auf ihre dümmsten Schliche zu kommen. »Auf ihre Welt zu kommen. Auf die Welt zu kommen. Taktik? Wo das Ordinäre den Kopf so hoch trägt wie das Königliche! Das Brutale daherkommt wie die Urlaune aller Sanftmut, wie das Berühmteste, Lauterste, Unnachahmlichste. Der Gedanke an ein Glas Bier führt zu den allergrößten Überschätzungen, Überlegungen: die Welt ist ja, was ich bin! Fängt dort an, wo ich anfange. Und hört dort auf. Ist so schlecht wie ich. So gut. Besser nicht, weil Ich. Ohne Frage wie ich. Trinkt gern. Ißt gern. Weiß nicht ein Hundertstel, weil ich nicht ein Hundertstel weiß. Berühmtsein? Ja und nein. Zuviel, das heißt mehr Wissen, als ich habe, ist ihr nicht zuträglich, weil ich dann krank wäre. Ohne Lust. Das ist die Welt: auf ein Rindfleisch eingeschränkt, auf ein Roastbeef. Der Mensch geht immer nur so weit, wie er glaubt, daß die Welt geht. Sein Abgrund ist auch der Abgrund der Welt. Ihre Niederlage auch die seinige. In einem sommerlichen Gasthausgarten beschränkt sich die Welt auf Hunger und Durst der Welt. Jedes einzelnen. Jedes einzigen einzelnen. ›Ein Bier, bitte‹, heißt, die Welt will ein Bier. Sie trinkt es und wird mit der Zeit wieder durstig.«

Frauen seien Ströme, ihre Ufer unerreichbar, die Nacht schlüge oft mit Schreien Ertrunkener um sich. »Eheliches Zusammenleben, wissen Sie, das bedeutet ungerechtfertigte Marter bis zum Ende der Ehe. Wenn sich die Zustände zweier Menschen ins Unerträgliche ineinanderschieben wie

Gesteinsflöze. Wenn Schwarz plötzlich nicht mehr Schwarz ist, das Kind nicht mehr ein Glücksfall. Alles das Gegenteil ist. Wissen Sie, Armut ganz anders ausschaut, Reichtum eine Täuschung gewesen ist, einer neuen furchtbaren Täuschung vorausgegangen.« Ein Tümpel werde es bald, in den beide Partner hineinschauten, nichtssagend. Der eine sei wie der andere von Zahlen und Ziffern zerstört. Ein Kopf voll Schmach und Öde, das sei die Ehe für Mann und Frau. »Durch die Kirchentür wird hinein- und durch die Bordelltür herausgegangen. Tatsächlich gibt es Spiegel, in denen man alles sehen kann bis zur Grausamkeit, bis zum tödlichen Handumdrehen.« Und alles sei ein abgemachter unterirdischer Ablauf. Warum? Wachträume kommen plötzlich auf ihre Rechnung, Vermutungen werden bittere Wahrheit. Schläge, im Traum empfangen, tun plötzlich auf dem Hinterkopf weh. Von Reisen handelt das Gedächtnis, von Zurückkehren in Einsamkeit, die gar nicht Einsamkeit war. Mitten in der Großstadt kommt plötzlich ein Windstoß, den man schon längst verloren geglaubt hat. Aber schütteln an dem Baum, das kann man nicht mehr, die Früchte herunterschütteln, die so überreif waren. Nein. Ein Hund hetzt heran gegen das Schienbein und weckt einen auf in Bitternis. Da hockt ein Maurer auf einem Gerüst, da steht einer von der Eisenbahn und schaut auf die Uhr, weil er schon müd ist, da geht einer hoch oben auf dem Hausdach mit einem Fensterglas ... Handlanger mit Möbelpackergurten könnten mit Kästen und Tischen gut umgehen, denkt man, und ist selber unglücklich wie kein Mensch. Und die Welt ist meilenweit weg von ihrem eigenen Schauspiel, das sie allein gelassen hat, rücksichtslos wie eine bösartige Mutter, die ihrem Liebhaber nachläuft. Strauch sagte: »Die Wahrheit reißt wie ein verrückter Gärtner Krautköpfe aus und läßt sie liegen. Übermut ist das.« Der Mann geht neben seiner Frau dort am Rand, wo die Fabriken stehen und die Kohlengruben, die ihn ernähren, mit dem Kind an der Hand in seinem grenzenlosen Unglück. Und es fällt ihm wohl oft so ein Spruch ein wie der, daß Tausende von Menschen benützt werden wie Sacktücher und weggeworfen. Und Wörter fallen ihm ein wie ›addiert‹ und ›subtrahiert‹ und ›hinuntergestoßen‹ und ›niedergeschlagen‹. Und die Frau sieht, wo sie auch hinschauen mag, nur noch verpatzte Gesichter. Und die Krätze auf dem Gesicht ihrer Tochter. Das, was man will, kommt nun nicht mehr in Frage. Gemeinsam gehen, bis es gemeinsam umfallen, sich gemeinsam umbringen heißt. ›Wenn, dann mit dem Kind.‹ Und er: es gelte ja nur den Versuch zu machen, sich

zermalmen zu lassen. Auf dem Bahndamm. Ein paar Schritte nur. O ja.
Aber die Brutalität fährt immer dazwischen, in alles hinein. Das, was so
ruhig glitzert über den Dächern, es mag die warme Luft sein, ist ja doch
nur wieder der Anfang vom Ende. Und der knarrende Baum: böswillig,
wie schwarz der ist. Trotzdem geht alles weiter. Keiner sagt etwas. Das
macht alles noch schlimmer. Das Kind wird ins Bett gebracht, und dann
graut einem wieder vor allem. Der, der neben dem andern im Bett liegt,
denkt, alles, was so furchtbar bös ist, könnte – ein böser Funkenflug über
das Nachbargesicht – wahr sein. Und ist es nicht wahr, so tut es doch
weh.

Hin und Her

Ich möchte sagen, es war ein Hin und Her heute.

Wir gingen aus dem Lärchenwald heraus und wollten ins Dorf und von
dort hinüber in den großen Wald. Ich ging voraus. Der Maler folgte mir,
ich hatte die ganze Zeit das Gefühl, er geht auf mich los, überfällt mich
von hinten. Ich weiß nicht, was ich mir dabei gedacht habe, aber ich
brachte die Angst, eigentlich waren es Angstgedanken, nicht mehr aus mir
heraus. Ich hörte ab und zu ein Wort, von ihm gesprochen, völlig unverständlich, ich konnte nicht antworten, wenn er mich etwas fragte, denn er
fragte eigentlich nur in sich hinein. Er herrschte mich an: »Bleiben Sie
stehen, wenn ich Sie etwas frage!« Ich blieb stehen. »Kommen Sie her!«
befal er. Plötzlich entdeckte ich (im Tonfall, ich fühlte sofort: nur *ich*
habe die Möglichkeit, das zu entdecken) eine Ähnlichkeit mit seinem
Bruder, dem Assistenten. Er sagte: »Die Luft ist das einzige wahre Gewissen, verstehen Sie?« Ich antwortete: »Ich verstehe Sie nicht.« – »Die Luft,
sage ich, ist das einzige wahre Wissen!« wiederholte er. Ich verstand immer
noch nicht, nickte aber. Er sagte: »Die Gebärde der Luft, verstehen Sie, die
große Luftgebärde. Der große Angstschweiß der Träume, das ist die Luft.«
Ich sagte zu ihm, das sei eigentlich ein großer Gedanke. Das sei, meiner
Ansicht nach, sogar *Gedankenpoesie*, ich empfände das, was er gesagt habe,
als das Höchstmögliche aller Gedächtnisse zusammen, als eine dieser
Höchstmöglichkeiten. »Die Poesie ist nichts!« sagte er. »Die Poesie, *wie Sie
sie verstehen*, ist nichts. Die Poesie, wie die Welt sie versteht, wie es der
Poesieherunterleser versteht, ist nichts. Nein, diese Poesie ist nichts! Die
Poesie, die *ich* meine, ist etwas ganz anderes. Würden Sie diese Poesie

meinen, so hätten Sie recht. So müßte ich Sie umarmen! Ich müßte Sie, ja, ich hätte die Möglichkeit, Sie zu umarmen!« Ich sagte: »Was ist Ihre Poesie?« – »Meine Poesie ist nicht *meine* Poesie. Aber wenn Sie *meine* Poesie meinen, so muß ich gestehen, daß ich sie nicht erklären kann. Sehen Sie, meine Poesie, *die die einzige Poesie ist* und also folglich auch *das einzige Wahre*, genauso das *einzige Wahre* wie das einzige wahre Wissen, das ich der Luft zugestehe, das ich aus der Luft fühle, das die Luft *ist, diese meine Poesie* ist immer nur in der Mitte ihres einzigen Gedankens, der ganz ihr gehört, erfunden. Diese Poesie ist augenblicklich. Und also ist sie nicht. Sie ist *meine* Poesie.« – »Ja«, sagte ich, »sie ist Ihre Poesie.« Ich hatte ihn überhaupt nicht verstanden. »Gehen wir«, sagte er, »es ist kalt. Die Kälte frißt sich in das Gehirnzentrum vor. Wenn Sie wüßten, wie weit die Kälte sich schon in mein Gehirn gefressen hat. Die gefräßige Kälte, die Kälte, die die blutigen Zellstoffe haben muß, die das Gehirn haben muß, alles, woraus etwas wird, werden *kann*. Sehen Sie«, sagte er, »das Gehirn, der Kopf und das Gehirn in ihm sind eine unglaubliche Unzurechnungsfähigkeit, ein Dilettantismus zwar, ein tödlicher Dilettantismus, das ist es, was ich sagen will. Die Kräfte werden angebissen, die Kälte beißt in die Kräfte hinein, in die Menschenkräfte, in die über alles hochtrabende Muskelkraft des Verstandes. Es ist dieser Milliarden Jahre alte, stupid alles ausnützende Tourismus der Kälte, der in mein Gehirn eindringt, der Einbruch des Frosts . . . Es gibt ja«, sagte er, »heute kein Stichwort ›geheim‹ mehr, das gibt es nicht mehr, alles ist nur mehr ein großer Kälteverdruß. Ich sehe die Kälte, ich kann sie aufschreiben, ich kann sie diktieren, sie bringt mich um . . .«

Im Dorf schaute er in das Schlachthaus hinein. Er sagte: »Die Kälte ist eine der großen A-Wahrheiten, die größte aller A-Wahrheiten, folglich ist sie alle Wahrheiten zusammen. Wahrheit ist immer ein Abtötungsprozeß, müssen Sie wissen. Wahrheit ist ein Hinunterführendes, ein Unten*anzei*gendes, Wahrheit ist immer ein *Ab*grund. Unwahrheit ist ein Hinauf, ein Oben, nur Unwahrheit ist *kein* Tod, wie die Wahrheit *der* Tod ist, nur Unwahrheit ist kein Abgrund, aber Unwahrheit ist nicht A-Wahrheit, verstehen Sie: Die großen Gebrechen kommen nicht, die großen Gebrechen waren überraschend jahrmillionenlang in uns selbst . . .« Er sagte, ins offene Schlachthaus hineinstarrend: »Da also haben Sie deutlich das Aufgerissene, Aufgehackte. Da ist natürlich noch der Schrei, natürlich! Wenn Sie horchen, hören Sie noch den Schrei. Sie hören noch immer den Schrei, obwohl das Schreiwerkzeug tot ist, längst zerschnitten, zerhackt, auseinandergerissen. Das Stimmband ist schon geschlachtet, aber der Schrei ist noch da! Ein ungeheueres Phänomen ist die Feststellung, daß das Stimmband schon zerschlagen, zerhackt, zerschnitten ist, der Schrei aber *noch da* ist. Daß der Schrei immer da ist. Selbst wenn alle Stimmbänder zerhackt und zerschnitten sind, tot sind, alle Stimmbänder der Welt, alle Stimmbänder aller Welten, alle Vorstellungsmöglichkeiten, alle Stimmbänder aller Existenzen, ist immer der Schrei da, immer *noch* da, der Schrei ist nicht zu zerhacken, nicht zu zerschneiden, der Schrei ist das einzige Ewige, das einzige Unendliche, das einzige Unausrottbare, das einzige Immerwährende ... Man sollte die Lehre von den Menschen und von den Unmenschen und von den Menschenansichten und von der großen Menschenverschweigung, die Lehre von den großen Gedächtnisprotokollen der Großexistenz, an Hand der Schlachthäuser anfangen! Man sollte die Schulpflichtigen nicht in warm geheizte Schulzimmer führen, sondern zuerst in die Schlachthäuser; ich verspreche mir für die Wissenschaft von der Welt und für die blutige Existenz der Welt nur etwas in den Schlachthäusern. Unsere Lehrer sollten in unseren Schlachthäusern unterrichten. Nicht aus Büchern sollten sie vorlesen, sondern Keulen schwingen, Hacken fallen lassen, mit Messern zuschneiden ... Der Leseunterricht hat an Hand der Gedärme vor sich zu gehen, nicht an Hand von nutzlosen Bücherzeilen ... Das Wort *Nektar* hat schon früh gegen das Wort *Blut* eingetauscht zu werden ... Sehen Sie«, sagte der Maler, »das Schlachthaus ist das einzige grundphilosophische Schulzimmer. Das Schlachthaus ist *das* Schulzimmer und *der* Hörsaal. Die einzige Weisheit ist Schlachthausweisheit! Die einzigen Schriften sind Schlachthausschriften! Die einzige Wahrheit ist Schlachthauswahrheit! A-Wahrheit, Wahrheit, Unwahrheit, alles zusammen das ungeheuere Schlachthausimmatrikulieren, das ich den Menschen, den neuen und den in Versuchung zu führenden Menschen aufoktroyieren will. Das Wissen der Welt ist kein Schlachthauswissen und ungründlich. Das Schlachthaus ermöglicht eine radikale Philosophie der Gründlichkeit.« Wir waren schon bis ins Schlachthaus hineingekommen. »Gehen wir«, sagte der Maler, »der Blutgeruch regt sich in mir als *das Unerhörte*, der Blutgeruch als das *einzig Identische*. Gehen wir, sonst muß ich die Möglichkeit einer neuen Entwicklung des Geistes aus meiner denkenden Körperlichkeit herausreißen, wozu mir die Kraft fehlt.« Er machte jetzt große Schritte und sagte: »Das

Tier blutet wohl für den Menschen und weiß es. Der Mensch aber blutet
gar nicht für das Tier und weiß es auch nicht. Der Mensch ist das Tier
unvollständig, das Tier könnte vollständig Mensch sein. Verstehen Sie,
was ich meine: das *eine* ist ungehörig gegen das *andere*, das *eine* ist gegen
das *andere* ungeheuerlich finster. Keines ist für das *andere*. Keines löscht
das *andere* aus.«

Dreiundzwanzigster Tag

»Das Gasthaus ist mir unerträglich, müssen Sie wissen«, sagte er. »Ich habe
aber eine instinktive Lust, mich ihm auszusetzen, mich allem auszusetzen,
was gegen mich auftritt. Wo Fäulnis ist, kann ich nicht genug einatmen.
Dauernd möchte ich Menschengeruch einatmen, verstehen Sie.« Mit seiner Umwelt Kontakt zu bekommen, habe er immer versucht, mit dem,
»was verabscheuungswürdig bis zuletzt ist«. Dem, was er haßt, in der Nähe
zu bleiben, war von Anfang an sein Bemühen, »wie ein Hund zwischen
Menschenbeinen herumzustreuen, ganz sinnlos, mich meinen Eindrük-
ken überlassend«. Wie einen Hund hätten sie ihn dann auch immer getreten. »Es ist so«, sagte er. »Immer zwischen allen Leuten ertrinken, aber
nicht untergehen. Wo Menschen sind, immer das notwendige Aus-
schwitzen der Wollust!« Immer habe er sich gesagt: »Ich gehe dem Totschlag, dem Mord, dem Selbstmord noch rasch aus dem Weg. Das macht
mich verrückt.« Das Suppenauslöffeln der Arbeiter sei für ihn »ein dumpfes fernes Glockengeläute ohne Sinn«. Wenn er ins Gasthaus eintrete,
empfinde er Abscheu. Dann aber hebe er wieder den Kopf, »weit über sich
selbst hinaus«, um auf seinem Körper »wie ein Ozeanschiff in die Men-
scheneinöde hinauszufahren. Ich erweise mir wie ein Sportsmann meine
Mißhandlungen«, sagt er. »Ich lasse mich wie zwischen Fleischwänden
nieder, die mir warm machen. Das Unerträgliche verwandelt sich dann in
eine Wohltat für den Körper.« Er glaubt dann, es gelinge ihm, zu sein wie
die anderen, aber es gelingt ihm ja nicht. Er glaubt, er sei unauffällig, und
ist dadurch noch mehr ein Fremdkörper unter ihnen. »Beobachten Sie,
was für große Brotbrocken in ihrem Suppenwasser schwimmen? Nicht
zufällig erinnert mich das an die Vorstellung von einem Weltuntergang.
Eine große Vision baut sich auf einer ganz kleinen Beobachtung auf,
wissen Sie.«

»Überall werden Sie belästigt«, sagte der Maler, »Sie können hinrennen, wohin Sie wollen. Es ist, als legten es alle darauf an, einen zu belästigen. Ein Instinkt, der durch alles wie ein Lauffeuer geht. Gegen einen. Man wacht auf, und die Belästigung ist da. Eigentlich: *das* Furchtbare. Man macht den Kasten auf: wieder eine Belästigung. Waschen und Anziehen sind Belästigungen. Anziehenmüssen! Frühstückenmüssen! Wenn Sie auf die Straße gehen, dann sind Sie der größten Belästigungsmacht ausgeliefert. Man kann sich nicht schützen. Man haut um sich, aber es nützt nichts. Die Schläge, die man versetzt, kommen hundertfach zurück. Und was sind denn Straßen? Belästigungswindungen, hinauf und hinunter. Und Plätze? Zusammengerottete Belästigungen. Und das alles ist ja in Ihnen, nicht vielleicht irgendwo weit von Ihnen fort, wissen Sie! Und alles zu einem unsinnigen Ziel! Und Sie können sich nirgends anklammern. Das ganze Leben, aus Hilferufen zusammengesetzt, ein nicht enden wollender Gedankengang, den oft glückliche Menschen kreuzen, Handwerker, einfältige Frauen mit Einkaufstaschen, wissen Sie! Das Kinderkriegen steigt ihnen zu Kopf! Die Empfängnissucht der Frauen? Die Belästigungen gehen so weit, daß man nichts anderes mehr tut, als die Hände über dem Kopf verschränken. Es gibt überhaupt keinen Schutz für den Menschen. Fragen machen alles noch schwieriger. Im Notfall kann man mit Fragen einer Züchtigung ausweichen, aber entgehen kann man ihr nicht. Gut aussehende, ehrliche Gesichter stellen sich plötzlich als Fallen heraus, Frühlingslandschaften werden zu Pestzentren. Man hat dann schon viel zuviel Gift eingeatmet, als daß man entkommen könnte. Es gibt ja keine Hilfsmittel, wissen Sie, mit nichts kann man es mehr versuchen, nicht mit ›Kunst‹, nicht mit ›Besessenheit‹, mit nichts. Schlaflosigkeit wäre ein Umstand der Milderung, machte er nicht mit dem Stumpfsinn gemeinsame Sache. Sehen Sie: ich habe einfach den Gedanken, der und der gewesen zu sein, das belästigt mich. Das Gasthaus zu sehen, belästigt mich. *Mich* zu sehen. *Sie* zu sehen. Weil ich *da* eine Rolle spiele, das belästigt. Die Fußtritte aber sind nicht nur Erfindungen der gemeinsamen Außenwelt. Nein. Und die Finsternis ist oft ein blühendes Zeremoniell, Prozessionen von kranker Schönheit durchkreuzen sie, einen schwindelerregenden Hochmut . . . Ich leide ganz einfach am Überdurchschnitt, müssen Sie wissen. An den Einwänden der Natur, an mir absolut fremden Rechten. Ich ziehe immer den kürzeren.«

»Und dann dieses Abwechseln absoluter Schwerfälligkeit mit dem Hinschwinden meines Prozesses schließlich in eine völlig bodenlose Region, die sich nur den Verrückten öffnet . . . Trotzdem muß ich sagen, daß ich niemals geklagt habe, nicht geklagt . . . selbst die auswegloseste Situation habe ich durch hartnäckige Abweisungsversuche sprengen können. Manchmal ist es mir auch gelungen, aus diesen Zuständen in die Gesundheit zurückzugelangen. Jetzt glaube ich nicht mehr an eine solche Lösung: sie würde mich von hinten ganz einfach töten. Das Gasthaus ist finster, und die Menschen gehen da in ihren furchtbaren Fiebern herum, versunken, so, auf geheimnisvolle Weise, daß sie nicht sterben können, wissen Sie, während draußen ein noch viel finsterer Zustand herrscht. Während im Gasthaus alles schläft, nimmt die von allen Seiten andrückende Feindschaft zu. Ich bin der Ansicht, daß es sich durchaus nicht um außerweltliche Einflüsse handelt. Es ist mir entsetzlich, zu wissen, daß ich Sie vielleicht anstecke, wissen Sie, mit meiner Krankheit, und genauso entsetzlich, zu fühlen, wie ich Sie brauche . . . und da ich, wissen Sie, ein Meister der Menschenbeherrschung bin und mich immer habe aufs äußerste einschränken können . . . tun Sie mir den Gefallen und sagen Sie, was Sie über mich denken, ich meine, sagen Sie mir die Wahrheit und lassen Sie mich nicht in der qualvollen Lächerlichkeit . . . Sie können ja andere Wege gehen, ich will ja nicht Besitz ergreifen von Ihnen, ich möchte ja nicht, daß Sie von mir irritiert sind . . . Der Schmerz, müssen Sie wissen, der Schmerz in meinem Kopf zieht mir die Ohrlappen bis zu den Knien herunter.«

»Die Tragödie« sei ja nicht immer tragisch, werde ja nicht immer als tragisch empfunden, »obwohl sie immer Tragödie ist . . . Keine Tragödie regt die Welt auf. *Nichts ist tragisch.*« Das Lächerliche sei »allgewaltiger als alles andere«. Innerhalb des Lächerlichen gebe es »Tragödien, in die man vorstößt, ohne mit einem Licht ausgerüstet zu sein, in ein finsteres Bergwerk«. Verzweiflung sei in der Lächerlichkeit. »Es ist«, sagte Strauch, »als ob das Furchtbare *wahr wäre.*« Er verlor seinen Stock, und ich stürzte hin und hob ihn auf. »Alles macht sich immer anders bemerkbar. Frost zum Beispiel«, sagte der Maler, »bedeutet bei dem einen die Frostbeule, die er hat, bei dem andern ein Sommerstädtchen . . . Schließlich kann Frost auch *Untergang eines Weltreichs* bedeuten, wie wir wissen.« Es erscheint ihm praktisch, Wickelgamaschen zu tragen, und er sagt: »Warum sind die

Leute denn von den Wickelgamaschen abgekommen? Man bekommt nirgends mehr Wickelgamaschen zu kaufen. Machenlassen erfordert viel Zeit und Geld und viel Nervenabnützung.« Jede Anschaffung sei für ihn außerdem ein solches Problem, daß er sich zum Schluß gar nichts anschaffe.

»Es ist ungeheuerlich, daß *in* den Tragödien immer wieder ungeheure Tragödien zu suchen sind.« Er sagt: »Was sind denn Angstzustände? Bedeutet ein Angstzustand, daß etwas auf einen zukommt, das man genau kennt oder genau *nicht* kennt und das man deshalb fürchtet?« Das Wort ›ungeheuer‹ klingt ganz hohl bei ihm. Manchmal gebraucht er auch das Wort ›morbid‹ hinter mir. »Das ungeheure Elend, ist es nicht das ungeheure Glück? Die ungeheure Verletzbarkeit von Verknüpfungen im Gehirn . . .?« Der Mensch sei »in seiner Tatsache«, und: »Es gibt ja doch nur Gerichtsvollzieher und solche, die sich vor den Gerichtsvollziehern fürchten und nichts sein möchten als Gerichtsvollzieher . . .«, und: »Der *Himmel* bekäme die Gänsehaut, wenn er etwas wüßte, von dem wir nichts wissen. Unheimlichkeit? Das ist am Abend immer eine vieldimensionale Finsternis zwischen den Felswänden.« Wenn er dann auch noch stehenbleibt und in Gelächter ausbricht, ist alles unheimlich. Wenn er, wie heute, plötzlich, während er seinen Stock an meinem Rücken ansetzt, sagt: »Gehen Sie in die Mulde. Gehen Sie!« Und ich auf einmal dankbar die Lichter des Gasthauses sehe, keine zehn Schritte vor mir.

Morgen wird der Holzzieher begraben, der unter seinen eigenen Schlitten gekommen ist. Die Wirtin hat von seiner Familie eine Parte bekommen. Hier werden die Todesfälle immer auf Partezetteln, die man an die Türen anschlägt, bekanntgemacht. Oft sieht man, handelt es sich um einheimische Verstorbene, an allen Türen solche Partezettel, wie jetzt, wo man den Partezettel der verunglückten Bäuerin und den des erdrückten Holzziehers an jeder Haustür findet. Es sind große Zettel mit zentimeterbreitem schwarzem Rand. Auf ihnen steht, wann der Verstorbene geboren wurde und wann er gestorben ist. Wessen Kind er ist, wen er zurückgelassen hat. Wo er begraben und wo für ihn eine Messe gelesen wird. Auch sein Beruf steht darauf. Alle Verwandten sind mit ihrem vollen Namen angegeben. Der Holzzieher ist schon tagelang auf der Schattseite in seinem Elternhaus aufgebahrt. Die Wirtin hatte sich schon in aller Frühe wieder fertiggemacht und war durch den Hohlweg auf die Schattseite hinübergegangen, um einen Besuch bei den Eltern des Toten zu machen. Der

Verunglückte war verlobt gewesen, in drei Wochen hätten er und seine Braut Hochzeit gehalten. Es war schon alles vorbereitet. Nur nicht das Begräbnis, das sie jetzt rasch und ganz anders handeln läßt. Die Braut kniee Tag und Nacht vor dem Bett ihres Verlobten. Bete, nehme keine Nahrung zu sich. Die Wirtin habe mit den Eltern gesprochen. »Ein so gesunder junger Mensch«, sagt sie. Die Eltern des Toten hätten sie aufgefordert, zum Mittagessen zu bleiben, aber sie mußte ja schon um zehn zurück sein und kochen. Aus den Mundwinkeln des Toten sei viel Blut geflossen, sagt sie. »Es war gestockt und ganz braun.« Der Schmerz wäre nicht so groß, »wenn es nicht der einzige Sohn wäre, der nun tot in seinem Zimmer liegt, zugedeckt mit dem Totenleintuch seiner Mutter, das sie für sich selber hergerichtet und bestickt hat«. – »Wenn das einzige Kind stirbt, dann sind die Eltern auch tot«, soll die Mutter des Verunglückten gesagt haben. Wie wenige seines Alters sei der junge Mensch heiter »und gebildet« gewesen. Habe sogar Bücher gelesen, die sonst niemand lese, und die Braut sei schöner als alle anderen Mädchen. Der Vater habe ihm verboten, noch einmal in den Schlag hinaufzufahren, er habe sich aber nicht davon abhalten lassen. Nun macht sich der Vater Vorwürfe. »Ich hätte es ihm unter allen Umständen verbieten sollen«, waren seine Worte. Zweiundzwanzig Jahre alt ist der Holzzieher geworden. Wenn einer stirbt, der jünger ist als man selbst, so erschreckt einen das. Warum? Sie haben überlegt, ob sie ihn in einem weißen oder einem schwarzen Sarg begraben sollen, haben sich für einen schwarzen entschieden. Auf einmal. Sie haben noch das Geschirr auf dem Tisch stehen, aus dem er gegessen hätte, wäre er lebendig nach Hause gekommen. Die Wirtin sagt: »So viel Leute werden wohl morgen nicht beim Begräbnis sein wie beim Begräbnis der Bäuerin.«

Vierundzwanzigster Tag

Auch beim Begräbnis des jungen Holzziehers waren viele Leute. Die Wirtin hatte einen guten Platz bekommen, stand während der ganzen Zeremonie vor dem offenen Grab und weinte. »Ich muß immer weinen«, sagt sie, »wenn ich auf ein Begräbnis gehe.« Der Sarg des Holzziehers wurde von vier seiner ehemaligen Schulkameraden getragen. Der Pfarrer sagte etwas vom »kurzen, aber gottgefälligen Leben« des Holzziehers. Die Braut stand zwischen den beiden Eltern, verschleiert wie diese. Alle zogen sie am of-

fenen Grab vorüber, schwangen den Weihwasserwedel, nur der Maler und
ich blieben in angemessener Entfernung an der Mauer. Bevor die Verwandten auf uns zukamen, verließen wir den Friedhof über die vordere
Treppe und stellten uns abseits auf dem Dorfplatz hin. Die Musikkapelle
spielte einen Marsch, und es war so, wie es immer ist bei Landbegräbnissen,
die nicht in aller Stille vor sich gehen. Noch während des Begräbnisses
hörte man aus den Gasthausfenstern und -türen das Geschirr, das für den
Totenschmaus hergerichtet wurde. Fässer wurden angezapft. Der Schinken dampfte, während ihm ein großes Stück seiner Schwarte abgezogen
wurde. Ich dachte, daß auch bei uns in L. die Begräbnisse so vor sich gehen.
Vielleicht ist dort alles noch viel pompöser, weil sie dort noch mehr Geld
haben. Und da fiel mir ein, wie es ist, wenn ein armer Teufel stirbt. Einer
im Armenhaus oder einer unten auf der Baustelle, in einem der Eisen-
bahnerhäuser. Einer, der »nicht dazugehört«? Das habe ich auch gesehen,
und hätte ich es nicht gesehen, so könnte ich es mir vorstellen. Da wird
ohne Aufsehen und ohne daß eine Parte gedruckt wird, denn für eine Parte
ist kein Geld da, schnell ein Weichholzsarg gebeizt und der Tote aus dem
Bett herausgehoben und in den Weichholzsarg hineingenagelt. Man denkt
gar nicht daran, ihn vielleicht auch noch aufzubahren. Wo denn aufbahren? Im Armenhaus? Im Eisenbahnerhaus? Gar in der Kraftwerkskantine?
Im großen Büro der Zellulosefabrik? Nein, der wird rasch in den Sarg
hineingenagelt, noch bevor der Pfarrer verständigt ist, wenn der überhaupt
verständigt wird, denn sie denken ja oft gar nicht an den Pfarrer, warum
auch?, und der Wasenmeister gräbt ein Loch, wohl auch zwei Meter zwanzig tief, nach Vorschrift, und um sieben Uhr früh wird der Sarg vom
Mesner und vom Wasenmeister, ohne daß jemand anders als vielleicht ein
paar Leute, die gerade Zeit haben, dabei wäre, zu dem Loch hingeschleppt
und hinuntergelassen, und das Loch wird gleich zugeschüttet. So ein Arbeiter unten kann damit rechnen, daß nicht ein Hund zu seinem Begräbnis
geht. Außer es handelt sich um einen regelrechten Arbeitsunfall, dann geht
ein Teil der Belegschaft mit, und der Ingenieur redet etwas; aber stirbt er
ganz von selber und außerhalb von Amt und Betrieb, schert sich niemand
um ihn. Und hat er eine Frau, so bleibt die zu Haus, weil es ihr doch zu kalt
ist oder weil die Kinder zu krank sind. Und warum soll auch jemand
mitgehen bei einem Begräbnis? »Ein großes Begräbnis«, sagte der Maler
auf dem Heimweg. »Merkwürdig, ich war der, der mit dem Holzzieher das
letzte Wort gesprochen hat. Kein Mensch weiß das.«
    Mich fröstelte.

Während des Begräbnisses fiel mir auch wieder der Mann ein, den der Wasenmeister an der Wegkreuzung getroffen hat, wohl dort, wo die Straße vom Lärchenwald zum Fluß hinunter abzweigt. Ich stellte mir unter diesem Mann einen Menschen vor, der sich in derselben Lage wie der Wirt befindet. Wahrscheinlich ist er auch schon öfter eingesperrt gewesen. Von Kindheit an vernachlässigt, elternlos vielleicht, von Vorzugsschülern malträtiert, von Volksschullehrern gezüchtigt, von Handwerksmeistern ausgenützt und schließlich von Wirten für dumm gehalten. Unklar ist, in welcher Beziehung die Wirtin zu ihm steht. Ohne Frage kennt sie ihn ziemlich genau; wie sie auf alles, was der Wasenmeister diesbezüglich sagte, reagiert hat, muß sie ihn ja ›geliebt‹ haben. Hat der Wasenmeister nicht von einem »Racheakt« gesprochen, der dem so plötzlich Aufgetauchten zum Verhängnis werden wird? Er habe ihm das Geld nur geborgt, weil er ziemlich glaubwürdig von einer Stellung gesprochen habe, die er angetreten hätte. Von einer Stellung im Gußwerk oben an der Eisenbahn, dreißig Kilometer flußaufwärts. Seine schlechten Kleider sind dem Wasenmeister aufgefallen. Aus seiner Bemerkung habe ich entnehmen können, daß der Mann unverheiratet ist. Hundertmal im Leben die Stellung gewechselt hat. Im Krieg durch eine Schußverletzung auf Jahre ins Bett geworfen worden ist. »Treibt er sich also wieder in der Gegend herum!« hat die Wirtin gesagt und: »Der hat ihn zum Verbrecher gemacht.« Das sind schwerwiegende Anschuldigungen. Ich sah, während der Friedhof schwarz vor Menschen war, die uns, den Maler und mich, an die Wand drückten, einen Mann, der »überall anklopft und nirgends eingelassen wird«, bis er ganz versoffen ist, dann schaufeln sie ihn von der Landstraße weg wie einen Maulwurf. Ich könnte ja den Maler fragen, ob da zwischen dem Wirt und der Wirtin und dem Wasenmeister noch ein vierter im Spiel ist. Dann sagt der Maler vielleicht, daß der ja die Hauptfigur sei in dem ganzen Prozeß, in den also diese vier Menschen auf Gedeih und Verderb hineingeraten sind. Nein, ich will damit nicht anfangen. Und vielleicht weiß der Maler gar nichts von einem, »der an allem schuld ist« und »sich nicht mehr blicken lassen soll«. Der Maler schob mich zum Ausgang hin und stieß mich mit seinem Stock auf den Dorfplatz hinunter. »Ich habe gerade über einen Satz von Pascal nachgedacht«, sagte er, »über den Satz: ›Unsere Natur ist in Bewegung, völlige Ruhe ist der Tod.‹« Er sagte: »Aus diesem Satz heraus komme ich überall ganz verstört an.« Als jetzt die Begräbnisleute vom Friedhof herunterkamen, wollte der Maler noch auf dem Dorfplatz stehenbleiben. Er hatte Lust »auf ein oder ein paar Musikstücke«, die von der Musikkapelle angekündigt waren. Es ist sehr kalt heute, und wir mußten fest auf den Boden aufstampfen, um uns die Füße nicht zu erfrieren. »Eigentlich ist es ja eine schöne Gewohnheit, den Toten mit Musik hinter sich zu lassen. Ihn mit einem Festessen abzuschütteln.« Die Kapelle spielte, und die Böllerschüsse zerrissen die Luft.

Da fällt mir ein: der Wasenmeister mit dem Hundekadaver im Rucksack. Mein Verhalten in dieser seltsamen Nacht war auch mehr als merkwürdig. Die ganzen Tage versuchte ich mir mein Verhalten zu erklären. Ich hatte mich ja in einer unglaublichen Erregung befunden. Und jetzt kann ich sie mir kaum noch vorstellen. Alles ist fort, nur daß es so gewesen ist, weiß ich, und der Ekel vor dem Essen im Haus ist mir geblieben. Tatsächlich war in der Frühe der Geruch von einem Hundefell in der Luft gewesen. Ich ging, weil ich die Wirtin auf dem Weg zum Friedhof wußte, in die Küche und in die Speisekammer, die merkwürdigerweise nicht abgeschlossen war, fand aber nichts. Es war alles ordentlich aufgeräumt und sauber, wie schon lange nicht. Sie wird das Fleisch und die Haut im Keller haben, dachte ich. Und den Keller hat sie abgesperrt. Den Kellerschlüssel hat sie immer, wie der Maler sagt, an ihrem Körper. Der Gedanke, was in ihrem Keller alles herumliegt, ließ mich neuerlichen Ekel empfinden. Da rief mich aber der Maler, und ich ging, wie immer ein paar Schritte vor ihm, in Richtung auf das Dorf, in Richtung auf den Friedhof. Von überallher sah man Menschen zum Friedhof gehen. Lauter Bauersleute. Wieder machte ich die Beobachtung, daß die Männer keine Mäntel anhaben, nur Anzüge oder Hosen und Röcke aus verschiedenen kotzenartigen Stoffen. Ein Schlitten, der vollbesetzt war, überholte uns. Ich dachte, was für ein Spiel die Wirtin wohl mit dem Wasenmeister spielt und was für ein Spiel der Wasenmeister mit der Wirtin. Ich sagte zum Maler: »Wie alt ist eigentlich der Wasenmeister?« Ich konnte mir kein Alter für ihn vorstellen. »In den besten Jahren ist dieser Mensch«, sagte der Maler. »In den besten Jahren«, wiederholte ich und fragte mich gleichzeitig, was das heißt: ›in den besten Jahren‹. Wann sind denn die besten Jahre? Wann hat man die? »Ist er vierzig?« fragte ich. »Kann sein, daß er vierzig ist«, sagte der Maler. »Warum interessieren Sie sich für den Wasenmeister?« Es sei mir gerade so eingefallen, ihn nach dem Alter des Wasenmeisters zu fragen, warum,

wisse ich nicht. »Es fällt einem plötzlich etwas ein«, sagte ich. »Wie seltsam, daß ich der letzte gewesen bin, der mit dem Holzzieher gesprochen
hat«, sagte der Maler. »Er hatte ein alltägliches Gesicht. Und so viele Leute
gehen zu seinem Begräbnis. Seine Röhrenstiefel glänzten, weil die Lampe
genau über ihm hing. Es war ja schon stundenlang finster.«

Während des Begräbnisses dachte ich mehrere Male an das Geräusch,
das der auf den Schlafzimmerboden polternde Hundekadaver verursacht
hatte.

Über Staat und Regierung und Neutralität fing er, von mir durch eine
unsinnige Äußerung gereizt, auf dem Heimweg wieder an. Der Staat sei
so, wie ihn Platon entworfen habe, oder er sei kein Staat. »Es gibt keinen
Staat. Der Staat ist nicht möglich. Es hat nie einen Staat gegeben.« Was
unseren Staat betreffe, so handle es sich, abgesehen davon, daß er gar kein
Staat sei (»kein Staat mehr ist!«), um so etwas Lächerliches wie einen
»kleinen piepsenden Rhesusaffen in einem großen zoologischen Garten«,
in welchem naturgemäß nur die schönen gutgenährten Exemplare von
Leoparden und Tigern und Löwen Interesse erweckten: die Fauchenden!
Nur das Fauchen zähle, das Piepsen sei lächerlich! Es zähle »nur das große
Fauchen! Das Piepsen wird niedergefaucht! Von dem großen Fauchen
wird das lächerliche Piepsen niedergefaucht!« Unser Staatsoberhaupt sei
ein »Konsumvereinsvorsteher«, unser Kanzler ein »Naschmarktzuhälter«.
Das Volk könne wählen zwischen Schlächtermeistern, Spenglergehilfen,
stupid aufgeschwemmten Kuttenträgern, nur zwischen Leichenfledderern
und Leichenfleddererstellvertretern. Die Demokratie, »unsere Demokratie«, sei der größte Schwindel! Unser Land liege Europa im Magen, un-
verdaulich, wie ein von ihm »unzurechnungsfähig hinuntergeschluckter
Klumpfuß«. Selbst »unser Tanz ist tot, unser Tanzen und Singen ist tot!
Alles pseudo! Alles ist nur mehr ein Firlefanz. Lächerliche verheerende
Firlefanzerei ist das alles! Das Nationale Nationalschande! Wissen Sie,
dieses Piepsen, das gegen das Fauchen, gegen das große Fauchen nichts
mehr zu melden hat! Alles ist nur mehr Piepsen! Alles lächerliche, gemeine, gemeingefährliche Piepserei! Die Narretei und der Größenwahn
sind jetzt Partner, Piepspartner, wissen Sie, Hand in Hand in den Abgrund hinuntertanzende ganz gewöhnliche Piepspartner, Schwachsinnal-
lüren, müssen Sie wissen, die Allüren des widerwärtigen Piepsens!«

»Alles ist ein barbarischer Kitsch. Ja«, sagte der Maler, »der Staat selbst ist schwachsinnig, und das Volk ist erbärmlich. Unser Staat ist lächerlich. Zudem gibt sich das Ganze noch hochmusikalisch. Kleinbürgerliche Unzucht . . . für mich ist das viel zu abstoßend: die obere Fettschicht und die allgemeine, um sich greifende Bevölkerungsverdummung . . . wir befinden uns in einem Stadium der absoluten Verwahrlosung. Unser Staat«, sagte er, »ist ein Hotel der Zweideutigkeit, *das* Bordell Europas, mit einem ausgezeichneten überseeischen Ruf.«

Was sein Unglück gewesen sei, sagte er, das sei ihm plötzlich vollkommen bewußt gewesen, »an einem Tag, müssen Sie wissen, dessen Datum ich Ihnen nennen könnte, und auch die Personen, mit denen ich an diesem Tag verkehrt hatte; Stadtleute, Großstädter, alle fest verankert in dem, was sie zu ihrer Welt gemacht hatten, im Lebensraum einer Fabrik oder in einer gutgehenden Kunsthandlung in der Innenstadt, oder in die Umwelt einer Erfindung, die sie gemacht haben und die ihnen große Geldsummen einbrachte, oder Menschen, die einfach glücklich waren, nicht wußten, warum und woher, und sich auch nicht scherten darum, gar nicht auf die Idee kamen, danach zu fragen, Menschen, mit denen ich einen mich nach und nach zersetzenden und fürchterlich langweilenden, mich abstoßenden Verkehr pflegte, der mit der Zeit ausartete; ganze Nächte blieb ich bei diesen Leuten, ließ mir Berge von Photographien zeigen, ganze Gehirne voll schmutziger Witze schütteten sie vor mir aus, und ich mußte lachen und lachte auch und trank und lachte und schlief, oft auf dem Boden, dann wieder mußte ich Namen der Kunst nennen, und ich war so erbärmlich, daß es sie anzuziehen schien, diese Erbärmlichkeit in mir selbst, die sich an mir ausdrückte, zog sie an, sie nahmen mich da- und dorthin mit und wollten mich ein für allemal mit ihren Leben zusammenschweißen, bis der Augenblick eintrat, an diesem Tag, wo ich sah, daß ich aufhören muß, nicht umkehren, denn Umkehren war und ist nicht möglich, aber ich hörte auf, ich hörte ganz einfach auf und begann, weit fort von diesen Menschen und ihren Gewohnheiten und ihren Besitzungen und ihren Meinungen, weit fort von ihrer Welt, die nicht zu meiner Welt paßte, auf einer anderen Ebene weiterzugehen mit mir selbst, von einer Stunde auf die andere, wo ich genau sah, daß ich nirgends mehr hingehörte, nicht dorthin, woraus ich gerade geflohen war, endgültig, und nicht dorthin, wo ich her bin, und nicht dorthin, wo ich, ohne genau zu wissen, wo, hinwollte, mich hinbewegte, so wie ein entsprungener Häftling lief ich davon,

kreuz und quer, um meinen Verfolgern nicht in die Hände zu fallen . . .«
Es sei sein Unglück gewesen, nirgends mehr hinzugehören, »überhaupt
nichts mehr zu haben«.

»Wissen Sie«, sagte er, »wenn Sie dann plötzlich durch die Straßen gehen,
von einem Sinnlosen zum anderen Sinnlosen, durch Straßen, die alle
schwarz sind, schwarz, und die Menschen sind schwarz und schwimmen
düster und schnell und wie Sie selbst unbeholfen an Ihnen vorüber . . .
Sie stehen auf einem Platz, und alles ist schwarz, plötzlich ist alles innen
und außen schwarz, von welchem Punkt auch beobachtet, schwarz und
wie umgerührt, und man weiß nicht, wovon umgerührt, zerbrochen ist
alles . . . Sie erkennen wohl da und dort einen Gegenstand, aber alles ist
zerbrochen und zerrissen und zerschlagen; Sie stützen sich zum ersten
Mal auf Ihren Stock, den Sie bis jetzt nur als Schlagzeug benützt haben
gegen Menschen und Hunde, jetzt stützen Sie sich darauf und schwimmen wie auf Blei, und da und dort sehen Sie: eine neue Schwärze . . . die
Menschen wissen nicht, ist es der nahende Frühling oder das Ende . . .
diese großen Schriften der Kaufhäuser, die gegen Sie auftreten, die sich
zusammengerottet haben an allen Ecken und Enden gegen Sie, wie eine
Revolution zusammengerottet haben, ruinieren alles in Ihnen, wo Naturen und Kreaturen hilfesuchend sich an Sie wenden, der Sie in einem
noch viel hoffnungsloseren Zustand vorwärtszukommen versuchen . . .
Sie sehen Menschen und rufen sie an, ohne Scham erschrecken Sie diese
Menschen in dieser Atmosphäre, die von den Himmelsrichtungen ständig gereizt wird . . . und Sie haben Ihren Rock zugeknöpft, und alles an
Ihnen ist angespannt, und Ihr Kopf hat Angst, überall anzustoßen . . . an
alle diese Handtaschen und Stöcke, an diese Hunderttausende von Handtaschen und Stöcken . . . Sie denken, Sie sind von ganz oben heruntergekommen, wie die anderen von ganz unten herauf, und in Ihrem Ekel
wissen Sie sich nicht zu helfen . . . diese Massen von Menschen, alle
abgedrückt von genau vorwärts rückenden Uhrzeigern . . . Sie suchen
Zuflucht auf einer Parkbank, aber da sitzen schon Klügere als Sie, die sich
schon am frühen Morgen auf alle Bänke gestürzt haben und dort in
riesigen Büchern lesen und aus großen Papieren heraus essen . . . die
ganze Erbärmlichkeit der Staatsangestellten kommt Ihnen da zu Bewußtsein, die ganze Niederträchtigkeit der Altersversorgung . . . und Sie klem-
men Ihren Kopf ein zwischen Ihre eigenen Knie und versuchen nicht

unterzugehen ... und hören, wie sich die Welt in Ihren eigenen Kopfschmerzen krümmt, in phantastischen Krämpfen, in der fürchterlichen
Gewaltanwendung der Luft ... In Ihrem Zimmer bedrohen Sie Ihre
Erinnerungsfetzen, da sind es die Vögel, dieses unglaubliche, mit ungeheuerer Kraft ausgestattete Schwarz ... Dieser ungeheuere Ausnahmezustand, müssen Sie wissen, diese Synthese der Weltverworfenheit und
der Weltverrücktheit, in die Sie plötzlich hineinversetzt sind, ohne alle
Begriffe, in diesen Zustand, der Ihnen alle denkbaren Menschenprozesse
aufhalst ... Die Polizisten und die Gemüsewagen, das alles kommt auf
Sie zu, als wollte es Sie vernichten ... des Volkes Stimme ... das fühlte
ich schon als Kind als einen vernichtenden Prozeß in meinem Gehirn ...
dieses Volk, das mir die Gehörgänge verfinsterte ... zu allen diesen Eindrücken, müssen Sie wissen, schlage ich mir jedesmal, wenn ich mit dem
Stock den Boden berühre, ein Loch in den Kopf, alles ist wie von einem
ekstatischen Taktschlag zu unaufhörlicher Marter verurteilt an Föhnta-
gen ...« Jetzt fällt oft das Wort Selbstmord. In jedem seiner Sätze. Mit
dem großen Daumen, in dem, wenn er ihn streckt, seine ganze Körperkraft ist, erdrückt er, neben sich selbst, sich selbst, seine Umwelt, wie
wenn man, pathetisch, einen Käfer mit dem Daumen zerdrückt, der auf
einem Möbelstück hockt.

»Ich habe für mich keine Verwendung mehr«, sagt er. »Allein meine
Alltäglichkeit. Die Alltäglichkeit der Welt. Erbrechen an der Alltäglichkeit.« Der Boden unter seinen Füßen, der ihm »immer schon weggezogen
worden ist. Mein Aufwachen ist wie mein Einschlafen, alltäglich. Selbst
meine Träume sind alltäglich. Und ich, ich hätte auf andere als auf alltägliche Träume Anspruch. Die furchtbaren Träume, die ich habe, das sind
die furchtbaren Träume meiner Kindheit. Schauerlich, wenn sie ein alter
Mann träumen muß. Keinen Genuß. Immer nur der Eintritt in das höhere Staunen, wissen Sie, und ganz allein. Da, an der Linken, habe ich Sie,
und da, in der Rechten, meinen Stock. Die zwei, die mich noch zusam-
menhalten. Sie sind mir ja nicht böse? Das, was mein Konzept ursprünglich war, müssen Sie wissen, ich weiß es nicht mehr ... Und dann auch die
Urteilslosigkeit der ganzen übrigen Welt ... die Unmöglichkeit von Anfang an, mit Talent auskommen zu können ... Der ganze Mensch nur
Einwände gegen sich selbst. Das ist so ...? Ich gebe mir Mühe, mich zu
verstehen, wissen Sie, und ich weiß, es geht doch hinunter: so war es die
ganze Zeit. Gemeine Abnützung von Gehirnmuskelkräften. Und alles,

was ich anschaue, der Unterton von mir selbst, manchmal von einer gewaltigen fremden Gedankenströmung durchschnitten.« Ich glaube, es ist
leichter, einen zerfetzten Darm zusammenzuflicken, als diese Beobachtungen zu machen. Ich könnte das Ganze durchlesen, aber es würde mich
doch erschrecken. Wie er »Schwarz ist alles« sagt! Alles wie für niemanden
als für ihn selber bestimmt, und als setzte er immer voraus, daß alle anderen Ohrenschützer tragen. Selbst wie er sich die Schuhe mit dem Schuh-
lappen, den er immer in der Tasche hat, abwischt, wie er mit seinem Pascal
alles zu beweisen versucht und weiß, daß nichts zu beweisen ist. »Nichts ist
von Vorteil«, sagt er. Da empfängt uns auch schon der Geruch halbge-
dünsteten Fleisches im Gastzimmer.

Man könne auf einem Floß treiben mit Menschen, die man nicht kenne,
eng zusammen, Körper an Körper, jahrelang, ohne diese Menschen auch
nur einen Deut näher kennenzulernen. »Die Finsternis, die um einen
herum ist, ist wohl manchmal der Finsternis ebenbürtig, die später, wenn
alles zu Ende ist, in uns selbst versteinert. Unser Blut so versteinert wie
wildes Geäder im Marmor.« Die Ruhe fülle die Räume mit ihrer Pest, und
es gebe immer, tagsüber wie in der Nacht, überall Scharen von »Todesfällen der Ruhe«. Strauch sagt, es würde ihn nicht wundern, eines Tages
einzusehen, daß ein ganz anderer er gewesen sei. »Feststellen«, sagt er, »daß
eine krankhafte Einstellung der Natur gegenüber mich gar nicht in mich
hereingelassen hat. Das wäre doch denkbar?« Er kam auf einen bestimmten glücklichen Zeitpunkt seiner Jugend zu sprechen, deckte ihn aber
gleich wieder mit der Bemerkung zu: »Die Rinnsale, die uns erfrischen,
sind sie nicht hervorgerufen durch Unwetter?« Vor dem Einschlafen starrten die Menschen in die Schaumkämme der Meere, »ganz grundlos, ge-
dankenabwesend, *noch* nicht im Traum.

Die Jugend ist Botschaft an sich. Was nachher kommt, ist bedeutungslos; eine Fabrikationsmethode, sonst nichts.« Aber darüber klagen, das sei
wiederum erbärmlich. Und Erbärmlichkeit erzeuge Alter. Alter *sei* Erbärmlichkeit. »Jedenfalls ist es kein Verdienst, das Alter, schon gar kein
Triumph.« Aufwachen könne man da in einem Landstrich, der sich aus
allen früheren Landstrichen zusammensetze, »aus immer mehr Landstrichen«.

In den letzten Wochen sei er in der Hauptstadt immer auf Ämter gegangen, um Einblick in ihn betreffende Eintragungen zu bekommen. »Ich wollte da vieles berichtigt haben«, sagte er, »aber sie haben mich abgewiesen, hinausgeworfen sogar«, sagte er. »An wieviel Zahlen man doch sein Leben befestigen will«, sagte er. So werde man direkt aus den Wolkenbrüchen und von diesen ins Meer geschleudert, zwecklos und sinnlos.

Mir fiel ein, wie ich zu meiner Schwarzacher Famulatur gekommen bin. Honsig hatte mich auf sie aufmerksam gemacht. Im Seziersaal. Da sei ein Spital, nicht das kleinste, nicht allzu groß, mit allen Möglichkeiten. Da sei ein Primarius, und da seien ein Assistent und andere Ärzte, geistliche Schwestern. Alles an einem Eisenbahnknotenpunkt, an der Überschneidung mehrerer Landstraßen. Viele Unglücksfälle, weithin berühmte Lungenoperationen. Ein Spital, das ständig überfüllt sei, Sommer wie Winter. In der Umgebung könne man Sport treiben: eislaufen, Schi fahren. Gute Leute, vom ärztlichen, vom rein menschlichen Standpunkt aus. Freie Verköstigung, ein ruhiges Zimmer. Der Ort sei nichtssagend, eingeschlossen wie alle Orte im Hochgebirge. Er liege dort am Anfang des plötzlich nach Norden verlaufenden Flusses, wo es noch nicht ganz finster ist.

Ich denke an Schwarzach. Was gibt es da? Häuser, Zinshäuser, eine Kirche. Und das Spital. Zwei Friseure machen sich dort Konkurrenz. Ein Wasserfall schneidet den Ort auseinander. Man sieht, wie in Weng auch, viel schwangere Frauen. Weniger Arbeiter, weil keine Industrie dort ist. Aber genausoviel Eisenbahner. Postler. Alle Augenblicke ein Eisenbahnerringen, ein Eisenbahnerschießen, ein Eisenbahnerschispringen, ein Eisenbahnerschwimmen. Den Perchtenlauf: schaurige Masken, mit Hörnern und Zöpfen, verdrehten Nasen und Ohren und ausgefallenen Zähnen, zerschnittenen Zungen, werden von ihren Trägern, Holzknechten, Metzgerburschen, jungen Melkern, auf die Zuschauer gehetzt, rempeln alte Leute um, schlagen Kinder nieder und kommen, weil das schon ein jahrhundertealter Brauch ist, vor kein Gericht. Schwere Gewitter und nachfolgende Erdrutsche verändern dauernd den Ort. In den Häusern herrscht ja dieselbe Öde wie in allen Häusern. Lauter Männer mit schwarzen, bis zum Hals zugeknöpften Röcken stehen herum, sitzen herum, schauen in den Wasserfall, schimpfen fortwährend gegen die Unarten ihrer Frauen. In der Frühe die ›wilden‹ Arbeiter. Ohrenbetäubendes Tosen, daß man die Fenster zumachen muß . . . Auch Theatergruppen kom-

men. Die Luft ist feucht, und die Kinder sind rachitisch, alle kränkeln am
Rippenfell, in den Bronchien. Das Wasser ist, kein Mensch weiß, warum,
die Ursache vieler Krankheiten im Ort. Die Milch aber ist frisch und fett,
denn sie kommt direkt von den Almwirtschaften in der Höhe.

Fünfundzwanzigster Tag

Das Viehdiebsgesindel

». . . da habe ich also eine unglaubliche Entdeckung gemacht«, sagte der
Maler, »eine dieser Entdeckungen, die einem sofort einen Schlag versetzen. Sie müssen sich vorstellen, meine heutige Erschöpfung hatte zu dieser
Zeit schon ihren Höhepunkt erreicht, ich drohte fortwährend abzustürzen, klammerte mich an, im Bewußtsein, ertrinken zu müssen, ich machte
da einen entsetzlich hilflosen Eindruck, ich schrie sogar, riß mir den Ärmel
auf. Sehen Sie!« sagte er und zeigte mir seinen Ärmel, und ich sah, ja, der
Ärmel war tatsächlich aufgerissen, es fehlte sogar ein großes Stück aus dem
Ärmel; er ging jetzt rasch und meinte, die Wirtin würde ihm das Ärmel-
stück durch ein anderes Stück Stoff ersetzen – »durch einen dieser Kot-
zenstoffe, wie sie hier auf dem Land üblich sind«, sagte er –, und er packte
mich plötzlich, stieß mich in die Grube, die ich gar nicht gesehen hatte,
der Schnee war tief, ich stand bis zu den Knien im Schnee, in einem
Wassergraben, wie ich sofort merkte, in den ich mit meinem Übergewicht
auch den Maler hineingezogen hatte. »Das kalte Wasser hat sich innerhalb
meiner Schuhwände festgesetzt«, sagte der Maler, als wir uns beide aus der
»Unterleibskerkerhaft« wieder herausgearbeitet hatten, und: »Stellen Sie
sich vor, der Mensch bleibt in solchem Zustand bewegungslos, augenblicklich erfriert er, und zwar von unten herauf, es ist das eine rücksichtslose Gründlichkeit der menschenfeindlichen Überkälte, unbeschreiblich
und fürchterlich.« Er wollte sich aber nicht durch diesen lächerlichen
Zwischenfall von der unglaublichen Entdeckung abbringen lassen, ich
versuchte ja ebenfalls, ihn abzulenken (nun hatten wir uns den Spaziergang verdorben, mußten umkehren, um, »noch bevor die Kälte eine neue
Krankheit in uns hervorruft«, wie der Maler sagte, im Gasthaus zu sein, wo
sie sicher schon eingeheizt hatten, und der Maler hatte gesagt: »Unter
Umständen hintergeht mich die Wirtin und hat noch gar nicht eingeheizt,

sie hintergeht mich, sie heizt erst, unmittelbar bevor ich ins Gasthaus komme, ein, das ist ganz gegen die Abmachungen, die ich mit der Wirtin getroffen habe, das ist ganz gegen mich gerichtet. Dadurch, daß sie immer erst zu dem Zeitpunkt einheizt, in dem sie mich zurückerwartet, wird mein Zimmer auch gar nicht warm, mein Zimmer wird überhaupt nicht warm, es müßte ununterbrochen durchgeheizt werden, alle diese Zimmer im Haus sind kalt, kalte Zimmer, verstehen Sie, diese entsetzlichen menschenfeindlichen Zimmer«), aber er zog mich wieder an sich. »Ich habe von dieser unglaublichen Entdeckung gesprochen«, sagte er. »Ich sah plötzlich, sehen Sie, als ich aus dem Hohlweg herauskam, daß der Bach rot war. Ich dachte: ein Phänomen, ein Naturphänomen! Sofort aber sah ich: Blut! Und ich dachte: Das ist Blut, weiß Gott, das ist Blut! Ich traute ja meinen Augen nicht, aber der ganze Bach war voll Blut! Nun hätte ich sofort bachaufwärts zu laufen Lust, Antrieb und Lust, gehabt, ja natürlich sogar die Verpflichtung gehabt, denn es war das, was ich sah, ohne Zweifel der Ausläufer eines Verbrechens, wie ich ganz klar erkannte, eines Menschenverbrechens, ›ein wunderbarer gehetzter Rhythmus des Blutes‹ vollzog sich da nervenzerstörend vor meinen Augen, ich wollte bachaufwärts, doch wissen Sie ja, daß man das nicht kann, ich befand mich in einem augenblicklichen qualvollen Zustand: ganz klar zu wissen und auch zu sehen, ja, und auch zu sehen, wie da ein Verbrechen im Gange war, wer weiß, wie weit oben, vielleicht gar nicht weiter als hundert Schritte (es konnte nicht weit zu diesem Verbrechen sein), die Blutmenge, müssen Sie wissen, war ungeheuer (ein erstrangiges Schauspiel), der blutrote Bach in der weißen Schneedecke, von diesen schwarzen Ästen, von diesem verheerenden schwarzen Astwerk zerkratzt . . . Das alles war nur ein Eindruck, Sekundenschnelle. Ich wollte ja schreien. Ich schrie nicht. Mein Versuch, bachaufwärts zu kommen, war ja zum Scheitern verurteilt, ich kämpfte ja gegen eine so ungeheure Vorstellung von Unüberwindlichkeit, daß ich zur Lächerlichkeit herunter verurteilt gewesen bin, ich glaube, Sie kennen ja sicher auch diesen Zustand: man will einen Weg einschlagen, und man ist nicht imstande, einen einzigen Schritt zu machen, das Hirn gibt ein Zeichen, ein Peitschenhieb ist das Hirn auf den Körper, der Körper aber ist eine ungeheure Verweigerung aller Auftragswelt . . . Ich hatte aber doch einen Einfall: ich lief ein paar Schritte zurück in den Hohlweg und robbte mich, robbte mich, tatsächlich, müssen Sie wissen, robbte mich auf dem Bauch in die Nähe des Baches, kann sein,

hundert Meter oberhalb der Stelle, an welcher ich die Entdeckung gemacht habe, schaute, wo ich gerobbt war, zurück, und ich sah: ein Tier!
Ich sah: ein Ungeheuer! Ich sah: eine Schwanzflossenerniedrigung! Ich war
zu heruntergekommen, um aufzustehen und durch das Gestrüpp zum
Bach zu gelangen. Doch hatte ich, um überhaupt das, was ich Ihnen
gerade geschildert habe, möglich zu machen, einen ungeheuren Kräfte-
auftrieb. Die Vorstellung, daß hier, weiter oben, da, wo dieses erbärmliche
farbenprächtige Blut entspringt, ein Verbrechen im Gang ist, verlieh mir
solche übermenschliche Kräfte, an die ich schon nicht mehr geglaubt
hatte. Nun«, sagte der Maler, »auf einmal hörte ich ein Geräusch, ein
Geräusch, ein naturfremdes Zuklappen, als ob ein Messer zuklappte, den
Klang einer Klinge, ein Hacken, Fallen. Ich duckte mich in den Schnee
und versuchte Wärme in meine Schultern zu reiben mit dieser Drehung
meines Kopfes, die ich Ihnen schon einmal beschrieben habe. Alles unbewußt. Gründlich war plötzlich nur mein Gehör. Ich hörte Scharren und
das Aufschlagen von Gestein auf dem Schotter. Das Abbrechen riesiger
Schlangenblätter. Während ich mich beobachtet fühlte, wurde es immer
geräuschloser. Schließlich hörte ich das drei- oder vierfache Durchwaten
des Flusses. Ich dachte sofort an Männer, an Fischwilderer dachte ich, aber
eine solche Vorstellung ist absurd, und: doch, ja, Fischwilderer, dachte ich
und kroch aus meinem Versteck. Ich war froh, die Gewißheit zu haben,
daß meine Entdeckung auf Wahrheit beruhte, daß sich mein Farbensinn
nicht getäuscht hatte, daß diese Bachströmung nicht nur eine blutrote
Strömung meines Gehirns gewesen ist, nicht nur der radikale Nieder-
schlag einer phantastischen Gruppenverschwörung innerhalb meines
Gedankenumsturzes, daß dieser Anblick in diesem Bachstück auf keiner
raffinierten Halluzination beruhte, auf gar keiner unglücklichen Men-
schenkombination, sondern Tatsache war, Tatsache, wie ein Schlag auf
Schlag vom Donner geschändeter Blitz: was ich jetzt, als ich an das Ufer
gekrochen war, sah, war so fürchterlich lächerlich: Köpfe, Schwänze, Ge-
rippebrocken von Kühen. Das Weiche und Warme des frisch Geschlach-
teten lag noch in der Luft, der Gegensatz zwischen Kälte und Nichts und
Wärme und Nichts; der Brechreiz des Grauens auf der weißen Leinwand
des Schnees, ein unwiederholbares Bild: die von Himmel und Hölle zer-
bissene und zerschlagene und zerschnittene Anatomie der Entmenschung.
Wie gesagt, nur ein Bild, und dahinter, am andern Ufer wie außer Reich-
weite schon, die geflüchteten, pausenlos flüchtenden Übeltäter.« – »Die

Kuhwilderer«, sagte ich. »Es handelte sich um gemeines Viehdiebsgesindel, um Männer und Frauen, wahrscheinlich aus einer der Nachbargemeinden. Zwischen den Fleischfetzen, zwischen den Blutflecken, zwischen Knochen und Knorpel und Darm waren Schritte hineingetreten, die auf Männer und Frauen hindeuteten. Ein Kopftuch lag da, ich steckte es ein, ein Indiz«, sagte der Maler. Wir gingen, ich bis zu den Hüften herauf naß und fröstelnd, auf das Gasthaus zu, das wir beide nicht sehen konnten, denn plötzlich hatte der Nebel alles, »bis auf die primitivsten Körperkonturen der Welt«, eingewickelt. Der Maler sagte: »Ich will das Bild ›Abschlachtung‹ nennen, in dieses Bild hinein hat sich alles im Augenblick der Betrachtung, die es von mir beansprucht hat, entzogen. Man sah deutlich die Fluchtspur der Schlächter. Man sah auch die Antriebsspur des von ihnen entführten Viehs. Man sah die Finsternis der Gestirne, ebenso den gemeinen Mordproletarismus. Man sah das Wort ›schutzlos‹ da auf der Erde, da im Schnee, diese gemeine Geheimschrift, müssen Sie wissen, und man sah das Wort ›Niedertracht‹ deutlich am Himmel. Etwas war seltsam: ich war, während die abgeschlagenen Glieder noch lebten, augenblicklich am Vorgang der Totenstarre, die sich hier in Millionen Varianten vollzog, interessiert. Ich bückte mich und drückte meine Hand in das Blut und vermischte es mit dem Schnee. Ich warf rote Schneebälle! Rote Schneebälle warf ich! müssen Sie wissen. Anfänglich hütete ich mich wohlweislich vor dem Öffnen eines der großen Augen, die alle merkwürdigerweise geschlossen waren, vor dem Anblick eines dieser großen, friedenstiftenden Kuhaugen. Ich hütete mich, bis zu dem Zeitpunkt, in welchem ich der Versuchung, mich dem Mitleid, das alles Viehische mit dem Menschen hat, auszuliefern, nicht mehr gewachsen war, und ich öffnete eines der Kuhaugen, eine dieser riesigen stehengebliebenen, erkalteten, blutleeren Welten. Die Diebe«, sagte der Maler, »waren nach einem genauen Plan vorgegangen. Es ist das alles an der Stelle vorgefallen, die noch kaum ein Mensch außer mir gesehen hat, an einer der unzugänglichsten Stellen, vielleicht ist es die unzugänglichste Stelle überhaupt. Die Diebe müssen eine genaue Kenntnis der Gegend haben. Ich habe noch immer keine Meldung von meiner Wahrnehmung gemacht. Ich müßte natürlich zum Gendarmen und ihn aufklären. Wahrscheinlich ist der Vorfall ja schon bekannt. Denn, wie ich später sah, war auch der Hohlweg voll Blut. Durch den Hohlweg geht der Gendarm. Auch die Kirchgänger gehen durch den Hohlweg. Sie alle haben sicher das Blut entdeckt. An einer

Stelle zweigte dann das Blut, die Blutspur, müssen Sie wissen, ab zum
Schauplatz des Verbrechens. Die Diebe müssen mit allen möglichen
Schlachtwerkzeugen ausgerüstet gewesen sein. Und da habe ich ja auch
das Zuklappen eines Messers gehört, das Aufschlagen eines Hammers,
eines Schlegels, das Ziehen einer Säge, das plötzlich abbrach. Man hatte
mich gehört. Man packte das Fleisch ein. Man stürzte sich in den Bach.
Man durchwatete ihn, man war sofort, am anderen Ufer, im Wald in
Sicherheit. Ich hätte ja auch nicht das geringste tun können. In meiner
Verfassung, ein Mensch in meiner Verfassung, kann in solchen Fällen
nichts tun. Ein solcher Mensch flüchtet, ergreift die Flucht, zieht sich
zurück von Blut und verbrecherischen Geräuschen. Unverständlich,
warum mich der Schauplatz des Verbrechens nicht nur anzog, mit der
natürlichen Fürchterlichkeit an sich zog, mich auch an sich ziehen konnte.
Ich robbte ja, wie ich schon sagte, hin wie ein Vieh. Verstehen Sie: ich war
diesem Schauplatz, ich war diesem Bild einfach ausgeliefert. Der Geruch
der warmen Gliederzerstückelung, wie unter einer Glasglocke«, sagte der
Maler. »Und dann diese Geräuschlosigkeit, in der ich, hätte ich mein
Gesicht nicht mit Schnee eingerieben, erstickt wäre. Es handelt sich um
drei, vier Kühe, dachte ich, um drei, vier Kühe muß es sich handeln,
dachte ich, ich fand auch drei Schwänze, drei Schwänze fand ich. Und ich
fand drei dazugehörende Köpfe. Und es muß sich doch um vier Kühe
handeln, dachte ich. Es war mir unerklärlich, und ich dachte fortwährend
nur an vier Kühe. Ein kleiner Kälberkopf lag da im Gebüsch, schon unter
Wasser, blutete aus. Nun also, es waren drei Kühe und ein Kalb, es waren
also drei Schwänze.«

Im Gasthaus zeigte mir der Maler das Kopftuch, das er am Tatort
gefunden hatte. Wir waren gerade durch die Tür, als er in der Dunkelheit,
die heute auch noch zu Mittag herrschte, etwas Blutiges aus seiner Man-
teltasche herauszog und es mir zeigte. Ich hielt es in den Lichtschein, der
durch die Haustür, durch den kleinen Glasschlitz, hereinfiel, und sah das
Kopftuch. »Das ist ein fürchterliches Indiz«, sagte der Maler, »nicht wahr,
man könnte sich ohne weiteres vorstellen, daß es sich bei den Opfern um
Menschen handelt. Aber das, glaube ich, wäre nicht einmal so grauenhaft,
denn man könnte dazu nicht lachen, in kein Gelächter ausbrechen. Und
ich bin beim Anblick der auf so grauenhafte Weise zerstückelten Tiere in
Gelächter ausgebrochen, in ungeheures Gelächter. Wissen Sie, was das
heißt? Das Fürchterliche muß sein Gelächter haben!« Wir gingen ins

Gastzimmer und von dort in die Küche, wo wir Mantel und Rock, vor allem aber unsere Schuhe auszogen. Auch unsere Hosen zogen wir aus und schließlich, weil die Wirtin uns dazu aufforderte und der Maler gar nichts dagegen zu haben schien, auch unsere Unterhosen. Die Wirtin solle den aus seinem Ärmel herausgerissenen Stofffleck ersetzen, alles gut zusammennähen, sagte der Maler. Wir standen beide mit dem Gesicht zur Wand, während die Wirtin in unsere Zimmer hinaufging, um uns frische, trockene Unterhosen und Socken und Hosen zu holen, die warme Luft des heißen Ofens hinter unserem Rücken machte mich wieder lebendig. »Sie (die Wirtin) benützt diesen Vorfall dazu, rasch bei mir einzuheizen«, sagte der Maler, »denn wie ich Ihnen gesagt habe, hat sie nicht eingeheizt gehabt. Sie ist darüber erschrocken, daß wir schon da sind. Sie hat mich ganz einfach überrumpelt«, sagte er. »Wie konnte ich nur so dumm sein, ihre Befehle auszuführen, mich hier in der Küche auszuziehen, mich hier vor ihr lächerlich zu machen. Das ist doch lächerlich, da halb ausgezogen an der Wand zu stehen. Merken Sie nicht, daß das lächerlich ist, mit dem Kopf an der Wand, das ist ein schamloser, ganz idiotischer Zustand, ein grimassenschneidendes Füsilieren. Eine Hinrichtung ist das!« rief der Maler aus. Er hatte jetzt seinen Mantel um Unterleib und Beine gewickelt und sagte: »Den Vorfall mit den Kühen behalten Sie bitte bei sich, so wie ich ihn für mich selbst behalte. Eine kopflos publik gemachte Zeugenschaft, und gar in einem so widerwärtig berauschenden Fall, führt in den unglaublichen Ekel gestrenger Gerichtsmeierei. Ich halte mich da heraus. Ich bitte Sie, kein Wort mehr darüber zu sagen. Und keinem Menschen. Machen Sie nicht die geringste Andeutung.« Dann sagte er: »Es ist jetzt die Zeit der Mordmachenschaften, die Höfe sind vom Stumpfsinn des Schneefalls betäubt. Das Pack schraubt die Schlösser der Ställe herunter und knebelt das Vieh. Die Luft ist in der Nacht von steißbeinprügelnden Stöcken zerhackt.«

Umgezogen hockte er sich in das Vorhaus und las mir aus seinem Pascal vor. Es gehe immer »um das ganze Unglück«, sagte er, ich verstand nicht, was er meinte. Immer um »einen einzigen Roheitsakt«. Er sagte: »In Kalkül ziehen, was tötet.« Und: »Der Tod macht alles infam.« Er reise ab, um in irgendeiner Gedankenstadt auszusteigen, unterbreche seine Reise, habe ein Ziel, »das kein Ankommen duldet, kein Ankommen zulassen kann«. Ich ging in mein Zimmer und sagte mir, aber so, daß es laut gesagt war

und von den Wänden zurück und auf mich herunterfiel: »Das halte ich
nicht mehr aus!« Ich legte mich hin. Ich blätterte in meinem Henry James,
ohne einen Gedanken an diesen Dichter. Stand auf. Ging hin und her.
Legte mich wieder hin. Ich verabscheute die Schamlosigkeit eines Satzes,
der vor mir mitten in diesem Buch stand. Ich warf das Buch auf den
Boden. Alles ist übelriechend, dachte ich. Plötzlich war alles nur mehr
Gestank, auch die geringste Vorstellung, weit entfernteste Vorstellung nur
mehr Gestank. Ich ging dann hinunter und setzte mich an den Extratisch.
Sie aßen mit großem Appetit, selbst der Maler entwickelte einen solchen
Appetit, daß mich ekelte. Ich konnte überhaupt nichts essen und mußte
schon die Suppe stehenlassen. Während der Maler sich in sein Zimmer
zurückgezogen hatte, stellte ich mich in die Küche und beteiligte mich auf
einmal an einer Debatte, die schon längere Zeit zwischen der Wirtin und
dem Wasenmeister im Gange gewesen sein mußte. Es ging um die reichen
Leute, um die Jagdgesellschaften. Sie schwärmten drei-, viermal im Jahr
aus und hetzten die Hunde, und es gäbe viele Blattschüsse, und man fände
dann oft vornehme Schnallen und Gürtel und Ohrenschützer und einzelne Gamaschen in den Waldstücken, auf dem Geröll. Manchmal beherrschten plötzlich die Herrschaften (der Maler sagte: »die Fürstlichen«)
diesen »schmutzigsten Winkel der Welt«. Was seien die Reichen? fragten
sie sich. Sie wußten sich nicht zu helfen. Es ging darauf hinaus, daß sie
zwangsläufig Reichtum hassen müssen, um nicht von vornherein von ihm
ausgeschlossen zu sein. Da fällt mir der Satz ein, den der Maler gestern so
formuliert hat: »Die Armut kann den Reichtum nur anstarren, sonst
nichts.« Der Wasenmeister werde oft von den Jagdgesellschaften angeworben. Verschiedene alte, uralte Familien täten sich »von Zeit zu Zeit
größenwahnsinnig zusammen, um die Natur wundzuschießen«. Der Maler nannte die Jagd gestern abend »eine Gottesvernunft mit trivialen Men-
schenvorzeichen«. Ich sagte zum Wasenmeister: »Waren Sie auch schon in
der Klamm jagen?« Die Klamm wäre ein besonders beliebtes Jagdgebiet,
meinte der Wasenmeister, sie sei von früher berühmt für ihr Wolfsgebell.
Ich erinnerte mich glücklicher Jagdausflüge. Von Kind an war ich viel auf
den hohen und niederen Jagden. »Die Jagd ist der einzige Zustand zwischen den Weltmächten, Tier und Mensch, Mensch und Tier, Mensch
und Mensch, Tier und Tier, ohne Schadenfreude«, hatte mein Vater einmal gesagt. Um dem Maler auszuweichen, versuchte ich möglichst geräuschlos in mein Zimmer zu kommen. Er aber hatte mich schon gehört

und mich mit dem Anruf: »Kommen Sie!«, der ein strikter Befehl war, zu
sich in sein Zimmer gezogen. Ich stand wie in völliger Finsternis. »Fühlen
Sie diese Wände«, sagte der Maler, »in solchen Wänden erfrieren zu müssen, ist eine katastrophale Verrücktheit. Setzen Sie sich!« Er drückte mich
auf einen der Sessel nieder. »Alles ist eigentlich wortlos«, sagte er, »so
wortlos wie widerwärtig, so gewissenhaft wie von Stichhaltigkeit verwun-
schen.« Er wollte mich bei sich haben. Ich fühlte es. Als ob er mich zu sich
in seinen Mantel hineinzwängen und diesen Mantel fest und für allezeit
zuknöpfen wollte, war alles, was von ihm ausging. Aber in diesem qualvollen Zustand sagte er: »Gehen Sie! Gehen Sie! Ich will, daß Sie gehen!«
Und er drängte mich zur Tür hinaus. »Es ist ein Fehler, mit Menschen zu
rechnen. Es ist ein großer Fehler, mit irgendwelchen Menschen zu rechnen. Ich habe diesen Fehler immer gemacht. Immer habe ich diesen fürchterlichsten aller Fehler gemacht, immer habe ich mit Menschen gerechnet!« sagte er. Ich ertrug es nicht mehr und lief hinunter und aus dem
Haus. In der frischen Luft fand ich aber bald wieder meine Beherrschung.
Ich hatte das Gefühl, als hätte mich der Maler, als hätte mich Strauch, als
hätte mich dieser Mensch schon in seiner Gewalt. »Ja, ja«, sagte ich. Und
ich lief auf den Friedhof. Und: »Ja, ja«, und lief wieder zurück. Auf dem
ganzen Weg hatte ich nichts anderes gedacht und überhaupt nichts gesehen, immer nur gedacht, daß der Maler von mir Besitz ergriffen hat. Mich
in seine Bilder, mich in seine Vorstellungswelt hineingezwängt hat. Mich,
seinen einfach schwachen Beobachter. Ich empfand eine plötzliche Kerkerhaft. Aber auch diese Vorstellung, dachte ich, ist eine Vorstellung des
Malers. Ich bin nicht mehr ich. Nein, nein, ich bin nicht mehr ich, dachte
ich. Es machte mich rasend, diese Gewalttätigkeit war ein plötzlicher
Härtegrad, an den ich mit meinem Kopf schlug. Aber ist nicht auch dieser
Vergleich, dieser verzogene Gedanke in meinem Gehirn, und ist nicht
schon alles, was von mir gedacht und gesehen, von mir gesprochen und
auch schon heruntergemacht wird, von Strauch? Am Nachmittag versuchte ich einzuschlafen, es gelang mir nicht. Ich ertappte mich hilflos
ausgeliefert in den Sätzen und Ansichten Strauchs, in seinen ›Morbiditä-
ten‹ und ›Absurditäten‹. Ich entdeckte mich fortwährend abgehackt durch
den Mund dieses Menschen sprechend. Erst in der Dämmerung, als der
Fußmarsch schon bald zu Ende war, den ich mit Strauch unternommen
hatte, konnte ich mich wieder von ihm abstoßen. Wie von einem tödlichen Ufer. Ich weiß nicht, ist alles Unsinn? Unsinn, was ich jetzt schreibe,

denn ich schreibe ja tief in der Nacht, in der »grenzenlosen Unwissenheit
der Finsternis«.

Von den Kuhwilderern und dem Kuhschlachten hatten sie natürlich
inzwischen alle gehört, und der Wasenmeister mußte fort an den Bach und
die Überreste der Kühe in Säcke stopfen und sie abtransportieren. Er war
mit dem Pferdeschlitten des Bürgermeisters hingefahren, ich hätte mitkommen können, aber schließlich wollte ich nicht, und ich hätte ja gar
nicht mehr viel gesehen, denn es hatte längst wieder zu schneien begonnen. Die Hörner hatte er von den Köpfen gebrochen und sie und die
Schwänze mitgebracht. Er schilderte alles ganz anders als Strauch, doch
war, was er sagte, die Bestätigung für alles, was beide in dieser Sache gesagt
hatten.

Die Leute waren ziemlich aufgebracht, in letzter Zeit waren öfter Kühe
geraubt und wild an irgendeinem fließenden Wasser abgeschlachtet worden. »Es waren wohl drei Kühe und ein Kalb«, meinte der Maler unten im
Gastzimmer. Der Wasenmeister schaute ihn an und fragte, woher er das
wisse. Außer ihm, dem Wasenmeister, wisse das doch kein Mensch. »Es
war nur eine Vermutung«, sagte der Maler, »nur eine Vermutung.« Und er
sagte zum Wasenmeister: »Ja, haben Sie denn nicht sechs Hörner, drei
Schwänze und vier Köpfe an Ort und Stelle gefunden?« »Ja«, meinte der
Wasenmeister, das habe er, aber er habe niemand davon erzählt, keine
Zahl genannt. »Sie müssen das doch gesagt haben«, meinte der Maler. Der
Wasenmeister wunderte sich.

Bis in die Nacht hinein wurde viel über die Kuhdiebe geredet. Der
Maler gab mir noch einmal die ganze Geschichte, die mich aber jetzt
plötzlich, als ich sie zum zweiten Mal hörte, abstieß, und zwar wirklich
abstieß, zum besten. Mich ekelte ganz einfach davor, ich hatte das Gefühl,
der Maler weidet sich an dieser Geschichte, an dieser ihm einfach aus
diesen entsetzlichen, unergründlichen Gefühlen heraus ungeheuer will-
kommenen Geschichte. Die Wirtin verkochte sofort die Schwänze, schon
zu Mittag aßen alle die Suppe ohne Ekel. Mich ekelte auch nicht, die
Suppe zu essen. Hunden hätte er die vielen frischen Knochen vorgeworfen, sagte der Wasenmeister. Sie lachten über dieser Suppe, »die wir den
Dieben verdanken!« sagten sie. Sie konnten vor Lachen beinahe nicht
essen. Aber sie aßen doch alles auf. Alles aßen sie auf. Der Maler aß und
schwieg nun. Als ob er ein großes Geheimnis zurückbehalten hätte, sah er
aus. Und natürlich wußte er über diese ganze Geschichte mehr als alle

andern. Aber er blieb bei seinem Entschluß. Er sagte niemand, daß er die
Diebe noch gehört, ja, vielleicht sogar noch im Wald verschwinden gesehen hatte. »Ein schwarzes Durcheinanderlaufen und ein brutales Fleisch-
säckeziehen am andern Ufer«, hatte er gesagt. Er ist sich nicht ganz sicher,
ob dieser Eindruck auf Wahrheit beruht, nicht auf Phantasie. »Phantasie
allein war es nicht«, sagte er. Sie machten auf ähnliche Viehdiebstähle in
der letzten Zeit aufmerksam. Man habe niemals auch nur die geringste
Spur von diesem ›Viehdiebsgesindel‹ gefunden. Nicht die allergeringste
Spur. »Auch von diesen wird man nichts mehr hören«, sagten sie. »Ja«, hat
der Maler gesagt. »Der Schnee verwischt alle Spuren. Die Diebe rechnen
mit dem Schnee. Der Schnee deckt ihre Verbrechen.« Der Ingenieur, der
jetzt auch an den Tisch gekommen war, meinte, er habe zu Mittag eine
Wahrnehmung gemacht, die auf die Viehdiebe hätte hinweisen können.
»Spuren«, hatte er gesagt. Dann, zwei Stunden später, seien die Spuren
weg gewesen. Schon zu Mittag habe es »nicht den geringsten Anhaltspunkt mehr gegeben«.

Sechsundzwanzigster Tag

»Ich bin die ganze Nacht in meinem Zimmer gelegen, auf dem Boden,
müssen Sie wissen. Ein anderer hätte vielleicht gerufen, hätte sich durch
Klopfen bemerkbar gemacht. Wenn nur die Kälte von unten herauf nicht
so groß wäre«, sagte der Maler, »von unten herauf: eine furchtbare Kälte.
Ich friere, denn mein Kopf entzieht dem Körper alles. Es ist ja gar nicht
kalt, und ich friere. Ich kann mich zudecken, wie ich will, ich friere. Da
wurde mein Kopf wieder so groß, blähte sich auf: alles wickelte sich in
einer Art Halbschlaf ab: der große Kopf atmete und erdrückte fast meine
Brust. Die Schenkel waren so kalt, daß ich, als ich sie mit meinen Händen
berührte, das Gefühl hatte, sie seien tot; und die Beine und die Füße, die
ich sonst immer bewege, nach außen, müssen Sie wissen, damit mir warm
wird . . . dieses Mal ging das nicht, und es gab überhaupt keine Methode
mehr, mich zu erwärmen . . . Warten bis in die Früh? fragte ich mich und
schlug die Augen zu. Aber allein das Augenzuschlagen bedeutet einen
schmerzhaften Einschnitt in meine Existenz. Und der Augenaufschlag!
Ich öffne die Augen so langsam, wie sie niemand öffnet, und ich schließe
sie auch so langsam. Augen, Mund und Ohren sind bei mir so empfind-

lich; weil sie so groß sind, verursachen sie mir auch so großen Schmerz. Schienbein und Schlüsselbein sind bei mir nur von einer ganz dünnen Haut überzogen. Die Nerven haben nichts, wo sie sich anhalten könnten. Die Stunden vergehen immer langsamer, es wird mir immer schwieriger, die Nacht hinter mich zu bringen. Auch meinen Pascal kann ich nicht mehr lesen. Kein Wort. Nichts. Bald wird mir nichts mehr einfallen, was mir die Nächte erträglich machen würde. Es gibt keine Druckstelle mehr an meinem Körper, von meinem Kopf ganz zu schweigen, die nicht ungeheuer schmerzempfindlich wäre. So kann ich tun, was ich will, zu dem konstanten Kopfschmerz kommen auch noch die Schmerzen, die ich habe, wenn ich meinen Fuß irgendwo hinsetze, wenn ich meine Hand irgendwo auflege: ganz gleich, womit und wo ich damit in Berührung komme, es schmerzt mich, es tut mir weh. Dazu kommt noch, daß die Gedankenanfänge an meine Schädelinnenwand schlagen; jedesmal glaube ich, mein Kopf fällt auseinander, wenn ich von einem Bild in ein anderes überwechsle. Es ist ein dauernder Anschlag von Gedanken, der mich wahnsinnig machen wird. Sie müssen denken, niemand hat soviel Selbstbeherrschung. Jeder Gegenstand, den ich sehe, tut mir weh. Jede Farbe, die ich anschauen muß. Jede Erinnerung, die auftaucht, alles, alles. Keiner Sache kann ich mehr auf den Grund schauen, denn das würde mich ja augenblicklich auslöschen oder wahnsinnig machen, in der Weise, daß mir alles so verrückt ist, daß ich dann nur noch ein verfluchtes Tier bin, verstehen Sie! Ich habe die Grenze ja schon überschritten . . .«

»Ich habe das Gefühl«, sagte der Maler, »daß mein Kopf mein Körper ist und umgekehrt. Bestimmte zaghafte Ruderbewegungen mit den Beinen, wissen Sie, in der Nacht . . . als ob dieser Kopf mit giftigen Gasen gefüllt wäre, und als empfände ich es als die größte Erleichterung, wenn jemand in meinen Kopf hineinstechen würde . . . es würde sich dann zeigen, daß mein Kopf doch aus einer festen Substanz ist, er würde zerbrechen . . . Ich habe so große Angst, an einen harten Gegenstand anzukommen, an einen spitzen Gegenstand, das ist ja lächerlich . . . als ob über meinem linken Auge eine große Geschwulst hinge. Meine Nasenlöcher, riesige Öffnungen, mit den Lufteinsaugeöffnungen eines prähistorischen Tieres vergleichbar. Ich habe das Gefühl: die Nase besteht aus einer Unzahl von Saugnäpfen. In jeden einzelnen dieser Saugnäpfe kann ich, kann meine Forschernatur hinuntersteigen . . . die Lunge, müssen Sie wissen, arbeitet gar nicht mehr instinktiv, ich habe ständig Angst, sie könnte zerreißen. Die Lunge aber ist das einzige Organische, das mir keinerlei Schmerzen verursacht. Das macht mir Angst, sehen Sie: eine ihrer Kammern hält diesen Druck plötzlich nicht mehr aus: eine Kettenreaktion ... eine solche Kenntnis von der Innenbeschaffenheit meines Körpers ... Jedes meiner Organe kann ich deuten und fühlen ... jedes Organ ist für mich ein feststehender Begriff, ein für mich schon längst abgeschlossener Schmerz ... Und das Ungeheuerliche ... Leber, Milz, Niere, diese drei Qualen, verstehen Sie ... dazu die Qual meines Kopfes, die ich Ihnen ja schon beschrieben habe. Kopfqual und Körperqual, gegenseitig, müssen Sie wissen, unnachgiebig, müssen Sie wissen: dazu das ganze unterirdische Reich der Qualen, die Qualen des Geistes und die irgendwo herrschende Qual der Seele ... ich könnte meinen Kopf in Millionen Bestandteile zerlegen und seine Gesetze studieren: dieses Vernichtungswerk! Dieses farbenprächtige Land meines Schmerzes: ohne Horizonte, müssen Sie wissen, ganz ohne Wahrnehmungsvermögen, ohne Ohnmacht ...« Er sagt: »Ich klammere mich an Menschen an, die etwas Bestimmtes vorhaben, eine Geistestortur.«

Und dann: »Die besten Anlagen, die besten Voraussetzungen, alles geht zugrunde, wissen Sie, alles, was der absoluten Schweigsamkeit widerspricht. Und an Ihnen entdecke ich ja recht beachtliche Charakterzüge ... Zuhören können Sie auch. Was mich betrifft, bin ich von unglaublichen Härtegraden. Und nicht aus Weinen und Lachen, wie man glaubt. Nein. Freilich, in Ihrem Alter liegt die größte Gefahr: die Fähigkeit, aus sich alles zu machen und dann nichts zu machen ... Weil Sie, wie alle Menschen, nicht wissen, wann Ihr Zeitpunkt ist. Nichts erkennt seinen Zeitpunkt, das ist es! ... wo es rapid abwärts geht oder aufwärts, man gar nichts weiß ... wo es hinuntergeht in die Praxis des Lebenlassens und ganz einfach Dahinvegetierens. Die meisten gehen mit Dreißig ins Sexuelle verloren. Sind dann nur noch Essenempfänger. Eine gewisse erstaunliche Klugheit entdecke ich manchmal, wenn Sie sich äußern, einen radikalen Sinn für Klarheit, einen philosophischen Zug, der alles in einer höheren Dimension verankert. Das ist ja gerade das Tödliche.«

»Es kann das Geräusch des Schneefalls sein oder das Aufklatschen eines Vogels auf das Pflaster, es gibt da unendlich viele Möglichkeiten, zu ent-

decken, was das ist . . . Und oft nur der Geruch aus Jahrtausenden, plötz-
lich heraufgeatmet . . . Sie haben doch sicher auch plötzlich ein Bild vor
Augen, das Sie schon Jahrzehnte vergessen haben . . . Sie sehen da einen
Baum, und Sie sehen ein Fenster und sehen in Wirklichkeit gar keinen
Baum und sehen auch gar kein Fenster, sondern eine Stadt und ein Land
und einen Fluß und einen Menschen, der aufwacht, abstirbt, Ihnen die
Hand reicht, Ihnen eine herunterhaut . . . Ist es nicht so? Das sind Fragen,
die mich immer beschäftigt haben. Das Geräusch, das mein Stock verur-
sacht, die Stimme des Pfarrers, oder wenn der Wasenmeister seinen Rucksack aufhebt . . . Man könnte die Forschung über diese Fragen bis in die
Ewigkeit fortsetzen, sie entwickeln bis zu einem fürchterlichen Grad von
Unmenschlichkeit, Unanständigkeit, müssen Sie wissen, bis ins Religiöse
hinauf und ins Gegenteil alles dessen, was Religion ist . . . Religion, sehen
Sie: mein Baum, mein Stock, meine Lunge, mein Herz, meine Schweigsamkeit, meine Achtsamkeit, meine Verkrüppelung . . . Der Fortschritt
macht alles noch größenwahnsinniger, der Fortschritt in meinem Gehirn,
wo der Fortschritt möglich ist, allein da, wo nichts fortschreitet, wissen
Sie . . . Vielleicht ist es das, was mich zurückgehalten hat vor dem Alleräußersten! Ein scharfes Kennzeichen meiner Natur ist ja meine Zurückset-
zung meiner Person. Das mag Ihnen seltsam erscheinen, widerwärtig,
doch ist es so. Ursache und Wirkung haben bei mir dieselbe Bedeutung.
Wissenschaft, wissen Sie, damit habe ich gar nichts zu tun, dagegen habe
ich mich zeitlebens gewehrt, meine Natur wäre ja mißbraucht . . . ich bin
natürlich im Nachteil, so ganz und gar in meinen sentimentalen Vorlieben
für ziemlich deutliche Bilder meiner Vergangenheit. Und noch etwas:
Schadenfreude! Daß sich die Vergangenheit nur noch aus Schadenfreude
zusammensetzt, darüber müßte man nachdenken, das wäre einer generellen Untersuchung wert. Man hält sich an nichts fest und ist zwecklos . . .
Ist es das?« Er sagt: »Plötzlich hatte mein Kopf die Leute, die im Gastzimmer waren, auch die Leute am Extratisch, alle, den Wasenmeister, den
Gendarm, den Ingenieur, alle, die Wirtin und ihre Töchter auch, an die
Wand gedrückt. Im Traum, wissen Sie. Mein Kopf war mit einem Ruck
größer als das Gastzimmer und erdrückte alles. Ein fester tödlicher Schlag
nach allen Seiten, bis in die kleinsten Unebenheiten hinein. Eine furchtbare Wirkung. Doch hatte mein Kopf nicht die Kraft, das Gasthaus zu
sprengen. Über mein Gesicht rann der Saft der Menschen, die mein Kopf
schlagartig ausgelöscht hat, zerquetscht hat. Gegenstände und Menschen

zu einem Brei. Und die Gefühle der Gegenstände und der Menschen auch. Auch die Gefühle! Meine Augen verfinsterten sich. Meine Tränen vermischten sich mit dem Brei, ich konnte mich ja nicht bewegen. In einer Ecke des Gastzimmers, zwischen Fenster und Schanktisch, hatte mein kleiner Körper eine Zuflucht gefunden, war auch fürchterlich eingezwängt. Ich hatte da keine Möglichkeit mehr, zu atmen. Dieser süßliche Geschmack auf meinen Lippen! Ich versuchte, den Brei nicht in mich eindringen zu lassen, aber das mißlang mir. Meine Zunge hatte wohl die Kraft, den Brei zurückzudrängen, aber der Geschmack drang ein. Ich konnte nicht atmen. Meine Ohren plattgedrückt an der Decke, wissen Sie, ich hörte auch nichts. Da alles urplötzlich gekommen war, hatte ich nicht die Möglichkeit, auch nur einen, Sie oder den Ingenieur oder die Wirtin oder den Wasenmeister, zu warnen. Für mich bedeutete es ja das größte Unglück. Da weinte ich, weil ich alle getötet hatte. Mein Kopf versuchte das Gasthaus zu sprengen, weil er Angst hatte, ersticken zu müssen. Er konnte die Wände leicht andrücken, aber Luft kam keine herein. Es entstand kein Riß, die Wände gaben wie Gummi nach. So wurde ich wahnsinnig. Da schrumpfte der Kopf plötzlich auf seine ursprüngliche Größe zusammen, und die zerquetschten Menschen und Gegenstände, dieser Brei, müssen Sie wissen, stürzte in großen harten Platten zu Boden . . . Plötzlich waren aus diesen Platten wieder Menschen und Gegenstände geworden. Alle saßen auf ihren Plätzen und tranken und aßen und bestellten und zahlten, wissen Sie, und die Töchter der Wirtin sprangen über die Bänke, als ob nichts gewesen wäre. Ich wachte erschöpft auf und sah, daß ich meine Wolldecke verloren hatte. Ich stand auf und legte mich wieder hin und deckte mich fest zu. Zwischen Wachsein und Einschlafen machte ich aber dann wieder eine äußerst interessante, wenn auch sehr schmerzhafte Entdeckung: die Wirtin stand in meinem Zimmer und verscheuchte einen schwarzen Vogelschwarm von einem Baum, der in der Mitte meines Zimmers stand. Sie klatschte in die Hände, und der Vogelschwarm erhob sich und verfinsterte alles . . . Da stand ich auf und versuchte es mit einem kalten Fußbad. Tatsächlich verschaffte mir dieses Fußbad eine Erleichterung. Jedenfalls hatte ich keinen Traum mehr. Vielleicht, weil ich still auf meinem Bett sitzen blieb und in meinem Pascal blätterte. Vielleicht.«

Äußerung über Höhe, Tiefe und Umstand

»Ich muß Sie darauf hinweisen«, sagte der Maler, »daß einen Schritt weiter ganz anders gedacht wird, daß einen Schritt weiter ganz anders existiert wird; es sind dieselben Tugenden und dieselben Fragen, dieselben Außerachtlassungen, die gleichen Eindrücke, die gleichen Ursachen, aber fürchterlich andere Wirkungen ... Ich kann mich Ihnen nur schwer verständlich machen, ich könnte zu einem Baum sprechen, zu einem Umriß spreche ich ja, ja, zu einem Umriß, zu einem bis zum Wahnsinn dehnbaren Begriff, aber Sie sind ein Mensch, dessen Verfassung immer hellhörig ist. Ich möchte Sie darauf hinweisen, daß es, wenn man den Begriff der ›blutleeren Landschaften‹ heranzieht, ihn einfach heranzieht und ihn aufbläst wie einen Ballon, wie einen riesigen Ballon, mit einer Lungenkraft ohnegleichen, mit der Lungenkraft des ganzen ungeheuren Universums, daß es dann möglich ist, sich auch außerhalb der Schattenseite unserer Vorstellungswelt zu bewegen ... Ich konfrontiere mich mit dem kühnsten Kältegrad, den das Denken für wahr und akut, im äußersten Sinne gotteserbärmlich lächerlich nimmt ... Was ich gesagt habe, ist ein viel abwegigerer Umweg, ein Umweg der gemeinsten Menschenzerstörung, doch hören Sie: ich mache hier eine ›Unterkühlung meines Gedächtnisses‹ durch, die ich ›außergründlich‹ zu nennen mir einfach die Freiheit nehme, ich möchte sagen: ich lenke mich in mich selbst hinein ab, um von mir in Ruhe gelassen zu werden! Ich möchte sagen: mein Gehirn lenkt von dem Verwandtschaftsverhältnis zur Welt ab, lenkt von mir ab, lenkt von der Bösartigkeit der Erfindungen, die es mir ermöglicht haben, mich auszulöschen, ab ... Im Dunkelsten ist die Unverständlichkeit allein überzeugend, verstehen Sie, ich möchte Sie einem faszinierenden Vergleich aussetzen, wie man einen Hund auf einem unendlichen Ozean aussetzt, wie man einen Vogel tief unter der Erde aussetzt, wie man einen Menschen in seinem Gedächtnis aussetzt: daß es die Höhe nicht ist, daß es die Tiefe nicht ist, daß Höhe und Tiefe Lächerlichkeiten sind gegen die Umstände, daß das Katastrophale lächerlich ist gegen das Mildtätige ... aber um dieser meiner Begriffe willen muß ich ja bald verschwinden, um dieser Begriffe willen verbrennen: ich habe immer die Vorstellung gehabt, zu verbrennen, mir selbst willen zuwider verbrennen zu müssen ist immer meine geheime Konstellation von persönlichem Ruhm gewesen ... Wenn ich aussetze zu sterben, habe ich immer gedacht, wenn ich aussetze, verwechselt zu werden . . . wenn ich mit meinen Ideen aussetze . . . Verstehen Sie! . . . Ich mache mich reisefertig und täusche die Welt . . . ich stopfe meine Koffer voll und täusche die Welt . . . Ich besteige tausend Züge und täusche die Welt . . . Ich lenke sie ab von dort, wo ich ankomme . . . Denn das Ende ist nicht mehr als die Übelkeit, die ein einfach verfaulter Mensch verursacht . . . Und ja, und obwohl auch das Ende schiffbrüchig ist, muß ich diesen allerletzten stupiden, hämisch verklausulierten Geschlechtsverkehr über mich ergehen lassen, diese Tortur, die das Verhängnis meiner zurückgelassenen Existenz in eine teuflische zielsichere Verschwörung ausarten läßt. Ich denke gar nicht an Tod«, sagte der Maler, »ich denke gar nicht an Ruhm . . . ich denke gar nicht an Unzucht, nicht an die Unzucht der Auflösung.«

Die Felsschlucht

»Wie das Gehirn plötzlich nur mehr Maschine ist, wie es noch einmal alles exakt herunterhämmert, womit es Stunden und Tage, ja Wochen vorher geschlagen, malträtiert worden ist. Wie ein Wort eine ganze Lawine von folgerichtigen Wörtern, ganze Stadtteile von Wortkonstruktionen in die Bewegung zur Tiefe setzt und nicht die geringste Auslassung zuläßt, ja zulassen kann. Als zöge ein zwergenhafter Diktator, unsichtbar, wenigstens für den Menschen unnahbar, an einem ungeheueren Mechanismus, der alles und alles in Gang setzt, in fürchterlicher verheerender Lärmentwicklung, gegen die man aber nicht vorgehen kann . . .« Der Maler fuhr fort: »Sie müssen sich eine Felsschlucht vorstellen, die von den schönsten Farben des Universums zugerichtet ist, vornehmlich von den Wasserfarben, von den Farben der Fleischentwicklung, eine Felsschlucht, in die ein Mensch hineingeht, auf Befehl hineingeht. Sie können ihm, nach Ihrem Willen, einen Koffer in die Hand geben, einen Hut aufsetzen, Sie können ihm enge Kleider anziehen, ganz nach Ihrem Bedürfnisgefühl, nach Ihrer inneren Tugendhaftigkeit, denn dergestalt sind auch die Träume, entgegengesetzt meiner Vorstellung, die ich Ihnen jetzt aufoktroyiere: einen Menschen mit dem Phantastischen auf dem Rücken, mit der Enttäuschung über seine Gesellschaft, die, weit entfernt von allen Gesellschaftsschichten, alles darauf angelegt hat, ihn in sein Ende hineinzuruinieren, einen Menschen mit einem ungeheueren Gedächtnis, mit diesem Begriff,

der einfach königlich anwendbar ist, nicht mehr steigerungsfähig, nicht
mehr schrumpffähig . . . Diesen Menschen zwingen Sie gemeinsam mit
mir, der ich ihn für Sie und für mich erfunden habe, hinein in die Felsschlucht, Sie herrschen ihn an, Sie ohrfeigen ihn, Sie simplifizieren ihn,
Sie stellen ihn sich als ein Rauschen in Bäumen, als ein Abbröckeln der
Felsen, als ein Zähneknirschen der Angst vor, um sich ihm anschließen zu
können; Sie führen sich als ein Erschrecken ein und entziehen ihm langsam die Angst, indem Sie ihm das einmalige Totentestamentliche zuführen . . . Der Mensch merkt den Abschied, aber er wehrt sich nicht mehr
dagegen . . . von der Unmöglichkeit, den Schmerz in Wahrheit zu fühlen,
von Ihren Schlichen läßt er sich einlullen . . . Also, wir haben jetzt einen
Menschen auf dem Weg in die Hölle in Bewegung gesetzt, erschaffen und
in Bewegung gesetzt, in einer Zeit, die man den siebten Entschöpfungstag
nennen könnte, den letzten und allerletzten Entschöpfungstag . . . Sie
müssen sich vorstellen, daß die Luft allein noch existiert, alles andere in
diesem Menschen ist nur mehr lächerliche Extravaganz, ein Gefühl, das
seinem schon in nichts aufgelösten Gehirn nur mehr nachhinkt . . . dieser
Mensch mag ja noch immer Anhaltspunkte einer ihn fesselnden Welt in
sich haben, Mutter und Vater zum Beispiel, Städte und wissenschaftliche
Übungen, Handwerksvorstellungen, ganz primitive Menschenfressereien
eines tierischen Untergehirns, das wir uns abgeordnet von aller Wissenschaft denken wollen . . . ein Name fällt mir da ein, ein erbärmlicher
Name, ein völlig geruchloser Name, ein sogenannter Friedhofsname, der
über seiner eigenen Gruft schwebt, über seiner Zementgruft . . . haben Sie
diesen Namen erraten? Haben Sie dieses Fürchterliche des Fürchterlichsten erraten? Ich sehe, daß ich Ihnen mit dieser Belehrung, die ein Viertel
meiner Existenz ausmacht, (ein Viertel meiner Existenz ist der Begriff der
Belehrung, ein Viertel ist der Begriff der Abscheu, ein Viertel ist der
Begriff der Hinfälligkeit und ein Viertel ist der Begriff des Nichtsmehr-
undnochnichts), die Wollust der Unstimmigkeit verschafft habe, das geht
ganz in meine Richtung, und das geht auch in die Richtung meiner erfundenen Figur, die wir einen Lehrer nennen mögen, ich finde, Lehrer
sind die besten erfundenen Figuren, der Lehrer ist *die* erfundene Figur . . .
also dieser Lehrer geht in die Felsschlucht hinein und kommt an sein Ziel:
in das Schulhaus. Aber was ist das Schulhaus? Ein Haus, in dem etwas
gelehrt wird, das jemand noch nicht weiß, noch nicht wissen kann . . . ich
möchte nicht weiter, ich sage: der Lehrer ist sich bewußt, daß nichts mehr

erlernbar ist, daß alles unwissend ist, daß alles am Ende ist, alles am
Anfang und so fort: er packt aus, er packt seinen Koffer aus. Haben Sie
dieses Bild?« Ich sagte: »Ja, ich habe dieses Bild.« – »Halten Sie dieses Bild
fest: der Lehrer packt seinen Koffer aus: er entdeckt, daß es kalt ist in der
Schule. Er heizt ein. Er ordnet seine Bücher. Er findet das Schulzimmer, er
weiß plötzlich, wie die Kinder, die er unterrichten wird – Sie haben doch
an Kinder gedacht? – sehen Sie: er weiß, wie die Kinder heißen, die er
unterrichten wird. Er sagt sich: jetzt möchte ich meine Bücher in meinem
Kopf haben! Haben Sie an eine solche Möglichkeit gedacht? Sehen Sie: der
Lehrer denkt an die Vergangenheit, er kann nur an die Vergangenheit
denken, weil er nur in der Vergangenheit denken kann. Überhaupt ist
nichts Merkwürdiges an den Menschen«, sagte der Maler. »Das Gehirn
glaubt an Vorstöße, die es zu machen gedenkt, aber Vorstöße des Gehirns
sind nicht möglich. Anders das Fleisch: es besteht aus den Vorstößen, die
dem Gehirn verwehrt sind . . . Was würden Sie dazu sagen: der Lehrer ist
in die Felsschlucht abkommandiert worden, um zugrunde zu gehen . . . in
einer offensichtlichen, leicht faßlichen Form, nicht hintergründig, in einer
Form des Einfachvordenkopfstoßens . . . Obwohl er weiß, wo es bereits
hingeführt hat, daß er gehorcht hat, in die Felsschlucht hineinzugehen,
denkt er noch immer an Unterricht, an die Unterrichtsmöglichkeit: weil
ich ja Lehrer bin, mag er sich denken . . . Sehen Sie den Lehrer noch
immer? In der Verfassung, in die ich ihn durch meinen Kunstgriff hineingestellt habe? In seine Ausweglosigkeit, die ich beherrsche, weil ich das
Gegenteil der Ausweglosigkeit bin? Sie sehen ihn also: die auf dem Wege
vom Tierischen zum Tierischen sich befindende Polarität . . . Ich frage
mich nicht, was wäre noch mit dem Lehrer zu machen, schon jetzt nicht
mehr . . . Da es Winter ist, habe ich die schöne Gewißheit, den Schnee,
den heiligen Schnee des heiligen Winters, fallen zu lassen, die Erde mit
Schnee zu bedecken, die Felsschlucht mit Schnee zu verstopfen, das Schulhaus mit Schnee zuzudecken, ich habe die Lust, mit der Feinheit des
Ohnmächtigmachens vorzugehen, alles in diesem Lehrer unmöglich zu
machen, sein Blut aus dem Kreisen zu bringen, sein Gehirn einzuschwei-
ßen in den Gefrierpunkt, in den absoluten Gefrierhorizont . . . Wenn Sie
noch dort sind, wo der Lehrer seinen Koffer auspackt . . . wenn Sie ihn
noch vor dem Ofen sehen . . . auf dem Weg zum Jagdhaus hinüber, ja, ich
habe mir, schon vor dem Einbruch des großen Frostes, ein Pfarrhaus mit
den Ingredienzien des irdischen Selbstvergnügens vorzustellen gewagt . . .

Sehen Sie: jetzt ist der Lehrer eingeschlossen in seine eigene unheilbringende Phantasie, langsam wird er von seinem Denken in sich hineingezwängt, in den Begriff des ›Unaufhörlichen Schnees‹ . . . Man soll sich hüten, ein solches Vorgehen ›Geschichte‹ zu nennen«, sagte der Maler. »Sehen Sie: ich bin jetzt in dem Fallen des Schnees, in dem gleichmäßigen Fallen des Schnees . . . die Umwelt, unser Begriff der Umwelt, wird weich, in dem Grade weich, in dem er dämonische Züge anzunehmen gezwungen ist . . . eine teuflische Stille kündigt schon der Gehirnkonzentration, derweil sie sie zu Höchstleistungen anspornt, hinaufzwingt zur Unwiederholbarkeit aller Gefühle . . . Nun weiß ich zu gut,« sagte der Maler, »daß Sie in den Möglichkeiten allein meiner Handlungsweise, den Lehrer betreffend, ganz anders vorgegangen wären, Sie hätten ihn eingebaut in eine idyllische Friedfertigkeit, in einen alltäglichen Tagesablauf, in die Schwingungen jugendlicher Feinnervigkeit, in die verstümmelten Laster, in die verstümmelten Traurigkeiten, in die verstümmelten Vorstellungen von Ende und Abtreten, wie sie die Jugend auszeichnen, wie sie die Jugend ermöglicht, nicht in die großen Laster, nicht in die großen Traurigkeiten, nicht in die großen Vorstellungen von Ende und Abtreten, wie sie das Alter auszeichnen . . . Sie hätten den Lehrer eingeschlossen in Ihrer gemeinen Lüge, Sie hätten ihn, sagen wir: einfach leben lassen! Ich aber lasse den Lehrer nicht leben, ich darf ihn nicht leben lassen, ich kann ihn nicht leben lassen, mein Lehrer wird nicht leben, er hat nie gelebt, er darf nicht leben, mir verbietet sich das Leben des Lehrers, verweigert sich mir: ich muß ihn töten, einen furchtbaren Tod sterben lassen, einen zweiten Tod sterben lassen, denn für mich ist der Lehrer schon immer längst tot gewesen . . . Nun höre ich also das Fallen des Schnees und das Zerbersten der Baumstämme . . . das Hereinbrechen der Eiszeit, das Zerbröckeln der Schwermut der Menschen . . . nun habe ich eine ungeheure Szenerie der Kristalle des Todes vor mir, in die der Lehrer hineingehen muß. – Wie seine Existenz dem Auslöschen auf rührende Weise manchmal noch immer zuwiderhandelt, sehe ich, wie sein Kopf sich gegen die Haftanträge des Todes wehrt . . . wie seine Füße plötzlich versagen, wie alles an diesem Menschen versagt, wie es versagen muß . . . wie dieser Mensch, wie dieser Lehrer verlischt, wie er tot ist . . . der Lehrer ist tot . . . Jetzt, sehen Sie«, sagte der Maler, »erschaffe ich mir wieder meine Welt: jetzt bin ich wieder im ersten Schöpfungstag, im zweiten Schöpfungstag, in der Vorstellung aller brauchbaren Schöpfungstage . . . der Lehrer ist aufgelöst in der Luft meiner exemplarischen Zustände, der Lehrer ist aufgelöst in die Antwort-losigkeit, in die ›Gesichtslosigkeit‹. Der Lehrer ist einer wilden Verhexung intellektuellen Grauens zum Opfer gefallen, einem sich aufbäumenden tierischen Intellektualismus . . . Haben Sie«, sagte der Maler, »diese Sze-nerie, die ich Ihnen deutlich zu machen versucht habe, verfolgt, bis in kleinste Einzelheiten hinein verfolgen können?« Ich antwortete nicht. »Sehen Sie«, sagte der Maler, »an den Erfindungen, allein an den großen Erfindungen kleinen und kleinsten und allerkleinsten Grauens kann sich das Hirn, kann sich der Denkmittelpunkt noch weiden . . . sich selbst zum Röhren bringen . . . sich eine Urwelt erschaffen, eine Urwelt, eine Eiszeit, eine gewaltige Steinzeit der Unterordnung . . . Man geht aus von einem ganz kleinen nichtsnutzigen Einzelfall, von einem ganz kleinen Indivi-duum, das einem plötzlich zu Willen ist . . . Von der Vorstellung einer Schändung, von der Folgerichtigkeit einer Schändung in die Schändung selbst . . . man läßt sein Opfer liegen, man läßt es zuschneien, man läßt es verwesen, sich auflösen, wie sich ein Tier auflöst, mit dem man sich einmal zu verwechseln getraut hat . . . Verstehen Sie? Das Leben ist reine, klarste, dunkelste, kristallinische Hoffnungslosigkeit . . . Dahinein führt nur ein Weg durch Schnee und Eis in Menschenverzweiflung, dahinein, wo man hineingehen muß; über den Ehebruch des Verstandes.«

Um Unklarheiten in diesem ›Fürchterlichen‹ vorzubeugen, sie einfach nicht zu gestatten, sich und dem, der das liest, nicht, und ein für allemal nicht zu gestatten, möchte ich auf den Eingangssatz dieses Versuches hin-weisen, ich möchte sagen: ich fange zur Vorsicht noch einmal mit dem ersten Satz dieser Wiedergabe einer »unglückseligen Ausschweifung«, die ich vom Maler, wie mir jetzt scheint, mit der Rücksichtslosigkeit seines eignen Gehirns einfach abgezogen habe, an, mit dem Satz: »Wie das Ge-hirn plötzlich nur mehr Maschine ist . . .« Ich bin so erschöpft, daß ich mich augenblicklich hinlegen muß, darauf verzichten muß, auch nur ein Wort mehr zu schreiben, heute auch nur noch ein einziges Wort mehr zu schreiben, obwohl ich gerade heute Grund genug hätte, fortzufahren, unaufhörlich fortzufahren mit Wörtern und mit ›Begriffen‹ und mit ›Au-ßerachtlassungen‹ . . . Ich bin so erschöpft, ich bin unglaublich er-schöpft . . .

Meine Briefe an den Assistenten Strauch

Erster Brief

Verehrter Herr Assistent,
Es ist mir tatsächlich gelungen, in die Existenz Ihres Herrn Bruders systematisch einzudringen, nicht ohne eine gewisse mich selbst erschreckende Rücksichtslosigkeit und Unaufrichtigkeit: es ist mir in diesen ersten Tagen verhältnismäßig leichtgefallen, mich Ihrem Herrn Bruder anzuschließen, ja, in Wahrheit verhält es sich so, daß er sich mir aufdrängte; ich darf das wohl als einen besonderen Glücksfall betrachten, denn gerade Sie haben ja befürchtet, daß Ihr Bruder sich vollkommen abgeschlossen habe und ich womöglich gar nicht an ihn herankommen werde. Meine Überraschung war also groß, plötzlich einem Menschen gegenüberzustehen, der, ich möchte sagen, hemmungslos seine Krankengeschichte aus sich herausredet. An dieser Stelle muß ich sofort sagen, daß der ganze Sachverhalt, den ich hier in Weng vorgefunden habe, in der Person Ihres Herrn Bruders und in der, wie mir scheint, ihn vollkommen ausliefernden sowie ihm vollkommen ausgelieferten Umwelt, auf mich eine ungeheuere Faszination ausübt, der ich aber gewachsen bin. Daß ich die mir vorgeschriebene Linie des klaren, berechnenden Verstandes in dem mir von Ihnen zugewiesenen Bereich beizubehalten in der Lage bin (ich fühle mich ja auch an die letzte Schwarzacher Unterhaltung mit Ihnen gebunden), erachte ich als möglich und in der Folge als selbstverständlich. Ich möchte an dieser Stelle betonen, daß ich mich in jeder Beziehung an unsere gemeinsamen Abmachungen bezüglich meines Vorgehens hier halte, es kann also nicht der Eindruck entstehen, ich wäre unter falschen Voraussetzungen an diesen Auftrag herangegangen. Ich habe vom ersten Augenblick an versucht, das Medizinische dieses Falles ganz auszuschalten, mich bewußt, sozusagen auf der reinen Empfindungsebene, auf den naturgemäßen, eigenpersönlichen ›Verhaltungskomplex‹ Ihres Herrn Bruders zu beschränken. Ich habe, glaube ich, schon meine wissenschaftliche – nicht medizinisch-wissenschaftliche! – Erforschungsmethode gefunden, *einen* Weg der Entdeckungen, einen solchen der *neben*einander-*in*einander-*unter*einander verlaufenden, *mit*einander korrespondierenden Anschauungsmöglichkeiten, der, wie ich hoffe, brauchbare Ergebnisse zeitigen wird. Die einzige

Schwierigkeit besteht darin: Ihr Herr Bruder nimmt mich vollkommen in
Anspruch, und es bleibt mir allein (und das ist nicht einmal annähernd
ausreichend) die Nacht, meine Notizen zu machen, wie vorgesehen, das
Atmosphärische seiner Innen- und Außenwelt niederzuschreiben, ihn mit
meinen Eindrücken von ihm zu konfrontieren, von verschiedenen, wenn
auch unzureichenden Gesichtspunkten, ›spitzen und stumpfen Winkeln‹
aus, dem Perspektivischen der immer doppelten Anschauungen dieses
Falles auch nur einigermaßen zufriedenstellend gerecht zu werden, mich
mit Ihrem Herrn Bruder sozusagen auf – wie mir scheint, unglaublich
labiler, zeitweise ›unzurechnungsfähiger‹ – dokumentarischer Grundlage
auseinanderzusetzen. Mit diesem ungemein phänomenologischen, in sich
selbst zurückgenommenen Scheitern, dieses in Ordnung und innerhalb
seiner Ordnung in Gegensatz zu seiner Ordnung zu bringen. Ich schreibe
also in der Nacht auf, was ich bei Tag registriere. Ich glaube, es handelt sich
bei Ihrem Herrn Bruder tatsächlich um den mich erst jetzt packenden
Begriff des phantastischen Abgrundmenschen. Mein Denken geht augenblicklich durch diesen Begriff auf *sein* ›Ziel‹ zu. Die Frage ist, wie weit
ist ein Eindringen in *das Unverhältnismäßige* Ihres Herrn Bruders möglich. Es ergibt sich, daß Sie von mir nicht mehr zu erwarten haben als
einen mehr oder weniger nur die Oberflächenstruktur Ihres Herrn Bruders annähernd andeutenden, über ein, wenn auch gewissenhaft, Phos-
phoreszierenerregendes dieser Oberflächenstruktur sowie der darunter
sich befindlichen (wahrscheinlich in Finsternis bleibenden) Strömungen
und Gegenströmungen (Veränderungen) nicht hinausgehenden, das la-
pidare Optische vor allem berücksichtigenden *Behelfsbericht,* den ich auf
Grund meiner hier gemachten Notizen Ihnen dann zu geben beabsichtige.
Einen Behelfsbericht von einem ungeheuer labilen Defizitärzustand, den
man als durchaus irregeleitet, als, wie ich glaube, nicht mehr transferierbar
bezeichnen muß. Ich darf diesen Auftrag, den Sie, aus was für einem
Grund immer, gerade mir erteilt haben, als eine besondere Gunst auffassen, als einen, wie ich schon jetzt sehe, wichtigen Abschnitt meiner mehr
und mehr doch eigentlich medizinischen Existenz, ja meiner ganzen Entwicklung. Soweit ich es beurteilen kann, ist dieser Auftrag für mich in
vieler Hinsicht von gar nicht abzusehender Bedeutung. Es wäre aber sicher
verfehlt, würde ich mich schon jetzt bei Ihnen als ein dankbarer Famulant
in Szene setzen, wo noch gar nichts entschieden ist, wo noch nicht einmal
der erste Schritt in irgendeiner Richtung getan ist . . . Und dieser Auftrag

ist ja noch nicht einmal in das erste maßgebliche Stadium der Realität getreten. Erwarten Sie, entgegen meiner Zusage, nicht regelmäßig Post aus Weng.

Zweiter Brief

Verehrter Herr Assistent,
Sie haben mich gelehrt, was eine Schocktherapie ist, was das ist, *Wahn*sinn mit *Irr*sinn bis zum Entsetzen des Mittelpunkts dieser beiden Begriffe zu konfrontieren. Ich muß sagen, was Ihr Bruder hier durchmacht, ist diese andere, mögliche, nicht disharmonische Art von Schocktherapie, die Sie einmal kurz angedeutet haben, die mit der Technik gar nichts zu tun hat, die nur mehr unselbständiges Gegen-Leiden der geistesgestörten Natur ist, gegen die sich ihr immer unglaubwürdiges menschenüberdrüssiges Gegenüber auflehnt. »Das kann ein Mensch sein«, haben Sie einmal gesagt, »durchaus am Rand der Jahrtausende.« Wenn dieser Satz nicht von Ihnen wäre, würde ich glauben, er wäre ein Produkt Ihres Bruders, der pausenlos solche Sätze hervorstößt. Diese Schocktherapie ist Weng, eine der von Ihnen so gewissenhaft als dunkel bezeichneten teuflischen Therapien, die auf Heilung überhaupt, und nicht im entferntesten auf eine Heilung als Geistes- oder Körperentwicklung – einer Geistes- und Körperentwicklung als Heilung abzielen, diese auch in dem Buch von Koltz beschriebene ›Therapie der nach innen gehenden Explosivvernichtung‹. Weng *ist* ein *Schock*. Für Ihren Bruder natürlich ein Zustandsgefüge mit einer rücksichtslosen gehirnzersetzenden Übermethodik, die Sie selbst einmal, während eines unserer Abende in Ihrem Zimmer, als »Diluviumszerfall des Einzelnen« bezeichnet haben. Ich glaube, es handelt sich um eine unverhältnismäßig gewissenlos – gegen alles gewissenlos –, in ihren brutalen Erreger (aus einer in Grenzen ineinander verführbaren Erbmasse) zurückkompensierte Krankheit, die aus der Erregung nicht mehr heraus kann, aus ihrem Begriff, ihrer Existenz. Kann ich von einer *inneren Erbfolgekrankheit* sprechen? Ich nehme, wie ich mehr und mehr feststelle, überhaupt keinen Standpunkt mehr ein, insofern ich nicht alles als eine ›Energie der Standpunkte‹ bezeichnen will. Erinnern Sie sich an Ihre eigene Äußerung auf unserem einzigen gemeinsamen Spaziergang in diesem Jahr: »Die Zusammenhänge des Blutes sind plötzlich irreparabel.« In einem solchen Zustand hält sich Ihr Bruder, glaube ich, wie aus einer

(und wie aus allen auf einmal) jetzt, wo es entscheidend wäre, sie zu
wissen, vergessenen Richtung gekommen, auf. »Mein Kopf könnte ja dort
sein, wohin ich gar keine Zugänge mehr habe«, sagte er heute. Ich muß
sagen, daß ich mich höchstens zu unselbständiger Präzision aufschwingen
kann, wenn es, wie jetzt, darum geht, eine von ihm abgesetzte Tatsachen-
bildung, die, wie mir scheint, ›auf der Stelle bleibt‹, zu veranschaulichen.
Ich habe jetzt die Zeit der Zugänge – was Ihren Bruder betrifft. Aber die
vielen Möglichkeiten offener Türen erschöpfen mich auch schon, und ich
bin plötzlich, so scheint es, nicht mehr imstande zu der von Ihnen in allen
Fällen geforderten *Geradlinigkeit des Vorgehens,* überhaupt zu einer Sache
des Gehirns, das, wie ich glaube, augenblicklich in »gemeiner Standpunk-
telosigkeit« verharrt. Es wird Sie mißtrauisch machen: ich bewege mich
zeitweise in ebensolchen Mystizismen wie Ihr Bruder, in diesem »für
nichts, rein gar nichts aufschlußreichen Mystizismus des der verstandes-
mäßigen Klarheit entronnenen Vor-Wissenschaftsdenkens«. Es ist für
mich erregend, festzustellen, wie sich mir das für mich noch vor kurzer
Zeit, wie mir immer vorgekommen ist, schamlos dunkle Reich Ihrer Begriffe auf einmal öffnet. Als gelte es nur auszuschreiten, hinter sich zu
lassen, was der Kühnheit des Denkens im Wege steht; jetzt aber muß ich
doch sagen: des medizinischen Denkens, denn Ihr Denken ist ein medizinisches Denken, im Gegensatz zu dem Denken Ihres Bruders, das, wie er
selbst sagt, ein »amoralisches Zwischenreichdenken ohne eigentliche
Funktion ist«. Im übrigen gehen hier im Grunde das Dämonische wie das
Einfache Ihres Bruders den gleichen Weg auf ihr (sein) Ziel zu, alles »unmenschlich viehisch hochgelagert« – wie Ihr Bruder sagt –, tatsächlich auf
den Tod zu. Aber das ist alles weit entfernt von Schemata, ja von Glaub-
kräftigkeit, von Geradstirnigkeit, *die allein zu gelten hat,* wie Sie immer
sagen. Nichts bedrückt Ihren Herrn Bruder mehr als die Kontaktlosigkeit
zu Ihnen. Es wäre zu simpel, da von einem *Bruderkomplex* zu sprechen, im
diagonalen Gegensatz zu dem *Vaterkomplex,* den man heute als durchschaubar betrachtet. Eine Entdeckung muß ich Ihnen schon heute mitteilen: es ist, als leide Ihr Bruder an Zwischenrufen, an »einer Armee von
Zwischenrufen«, die »eine auf Folgerichtigkeit versessene Gehirnsubstanz
ununterbrochen in generelle Unordnung bringen«. Meine Gedanken, ja
mein *Gefühl,* das durchaus auf Gedanken gegründet ist, diese von Ihnen,
wie ich glaube, ja gewünschte Konstellation dringt wohl in die *gesamte
Verfassung* Ihres Herrn Bruders ein, aber es wäre völlig verfehlt, von ir-

gendeinem Erkenntnis zu sprechen, ich muß sagen, auch jede Vermutung ist sogleich abgedrängt in Unsinnigkeit, es fühlt sich, was da greifbar ist, an wie ein in sich selber grenzenlos menschenfeindliches selbstbewußtes *Zerfallsprodukt*. Alles wird sogleich partikulär. Ich bin aus auf Verständlichmachung, aber ich sehe, daß ich gar nichts in diesem Denken beherrsche, es ist ja so: die Vermutungen, die ich habe, beherrschen mich. Trotzdem glaube ich, eben auf Grund meiner Eindrücke, Ihnen doch dann, wenn der Zeitpunkt dafür gekommen ist, nützlich zu sein. Ich bin vielleicht schon ein aufmerksamer, auf Lügen und Unwahrheit (im Bereich des Gewöhnlichen: ich gab mich als Jusstudent aus) und auf barbarischer Unterwürfigkeit gegründeter, zwangsweise gehorsamer Stenograph. Es ist ja so: *alles* gibt mir zu denken, so auch in diesem besonderen Fall. Farben, Gerüche, Kältegrade – dieser fortschreitende, in allem und jedem und überall fortschreitende Frost in seiner unerhörten Begriffsvergrößerungsmöglichkeit hat die größte, immer wieder die allergrößte Bedeutung. Ich muß es mir einfach verwehren, auf Einzelheiten einzugehen, Sie auf Detailprodukte dieses *klimatologisch* interessanten (eben der ›Diluviumszerfall des Einzelnen‹), *klimatologischen* und klinischen Ganzen hinzuweisen; und ich verbiete es mir, brieflich in diverse unheimliche Rechtsauffassungen, meine Beobachterfunktion betreffend, einzugehen. An eine Änderungsmöglichkeit Ihres Standpunktes, nämlich daß Ihr Bruder verloren ist, glaube ich nicht. Ich glaube nicht an Normalisierung (Heilung), ich stelle fest, daß sich sein Zustand zusehends verschlimmert.

Dritter Brief

Verehrter Herr Assistent!
Ihr Herr Bruder lebt tatsächlich in dem Irrtum, gleichzeitig mehrerer Existenzen Herr zu sein, wie in dem von ihm selbst als fürchterlich empfundenen Irrtum, von diesen verschiedenen, gleichzeitigen, auf einen niemals errechenbaren Übergang zustrebenden Existenzen, die er selbst wieder als »das unausdenkbare Material der (seiner) Vorfälle« betrachtet, unterdrückt zu sein. Er spricht von einer »Geißel chromatischer Selbsterniedrigung« wie von der »Philosophie des hochgepeitschten Vogelperspektivismus unreinen Denkens«. Daraus erklärt sich naturgemäß das Magnetische seiner Veranlagung, seiner Entwicklung, seiner Unfrucht-

barkeit. Diese Unfruchtbarkeit, in seinem Sinn als die Entscheidung der menschenunwürdigen Grundrechte zu verstehen, ist es, die ihn zum Leben befähigt – ebenso folgerichtig zum Tod.

Ich mache die Beobachtung, daß Ihr Herr Bruder grundsätzlich nur aus zwei entscheidenden Lebensbereichen »fortwährend abwehrend im Entstehen begriffen« ist: aus dem Politischen und aus dem, was Sie den »Verhältnistraum« nennen. Diese zwei Leben verlaufen vollkommen flüssig durch die gesamte Geometrie der feststehenden unverrückbaren Entscheidungen und mit der gleichen Selbstverständlichkeit durch den in Bewegung befindlichen Innenraum, den Sie als das »mit allem zusammenhängende Nichts« bezeichnen. Ich habe hier, in der Person Ihres Herrn Bruders, eines der großen Beispiele für diese Vorstellung, die den politischen Menschen als Traum und den vereinfacht Träumenden als ein Politisches auffaßt, und diese beiden in ewiger Rechenschaft zueinander. Sie haben selbst einmal gesagt, Sie würden sich eine Schrift mit dem Titel ›Der träumende und der politische Mensch‹ vornehmen. An Ihrem Herrn Bruder könnten Sie auf das schönste und unbedingteste Ihre eigenen Auffassungen von einer solchen *Erscheinung* studieren; es entstünde Ihre Schrift als das Widerbild einer Wahrnehmung, die, selbst Gedanke, vollkommen zu sein scheint, ja, *vollkommen ist*. Mir scheint, daß ein solches Verhältnis zwischen Traum und Politischem eines Menschen, wie es sich mir als ganz exemplarisch in Ihrem Herrn Bruder verkörpert, das Männliche, in allen Geschlechtsvorgängen Männliche, auf die wunderbare gemeine Weise veranschaulicht. Der Traum eines solchen Menschen kennt weder Tag noch Nacht, kennt kein Politisches, wie das Politische eines solchen Menschen weder Tag noch Nacht, kein in Frage stehendes Traumhaftes kennt. Und alles das ganz ohne Grenzen, ja, an Grenzziehung ist hier *niemals gedacht worden*. Wie beides, Traum und Politisches, in einem solchen Menschen für sich und *das Ganze* ist, vollzieht es auf die geheimste Weise ihr und das vollkommen menschliche Gleichgewicht. Nun würde ich sagen, daß ein Mensch, der in gleicher Weise politisch *und* träumend ist, der ist, den wir als der Vollkommenheit am nächsten einordnen dürfen, ja der ist, der allein sich jeder Einordnung von Natur aus entziehen muß, eine solche Einordnung verweigern muß: das wäre, ja ist dann der *evidente* Mensch! Doch ist in solcher »göttlichen Zweieinigkeit«, die den Augenblick eines menschlichen Höhepunkts darstellen kann (wenn auch ohne Anfang und ohne Ende), die *Krankheit der Auflösung* bald nicht nur ein harter klärender Widerpart, sondern ein von dem Objekt aller dieser Vorzüge immer neu zu vollziehender Schritt »aller Untergänge zusammen«. Ihr Herr Bruder ist tatsächlich ein »Objekt aller Untergänge zusammen«.

Um noch einmal darauf zurückzukommen, worin allein ich die Möglichkeiten eines Menschen wie Ihres Herrn Bruders erkenne, nämlich auf das Politische und auf das Traumhafte (auf *den* Traum) in ihm selbst: sein Politisches mag sein Alltägliches sein wie sein Traumhaftes (wie sein Traum), ich würde es als *die Nacht seiner Existenz* bezeichnen, das Traumhafte als seinen Tag; Tag und Nacht seiner selbst, aber ohne Grenzen, folglich seine Nacht ohne Tag, seinen Tag ohne Nacht: Aber was ist ein politischer Mensch? Was ein traumhafter, *der* Träumende? Aber es ist wohl das eingetreten in Ihrem Herrn Bruder, und *mit ihm,* was ich den tödlichen Stillstand der hinunterführenden Vehemenz eines ungehörigen Menschenruins nennen möchte. Wir machen zusammen ausgedehnte Spaziergänge, von einem Wald in den anderen, in eine Mulde hinein, aus einer anderen Mulde heraus; die Kälte macht es unmöglich, sich längere Zeit bewegungslos, im Freien also bewegungslos, aufzuhalten, auch nicht in Gedankengängen, in Gedanken stehenzubleiben, er und ich, wir würden in solchen Gedanken augenblicklich erfrieren, in solchen Gedankengängen umkommen, wie das Wild umkommt, wenn es in seinem Schrekken in diesem unheimlichen Frost stehenzubleiben verführt ist. Eine »ungeheure Verführung zum Frost« geht hier vor sich. Ich zitiere Ihren Herrn Bruder im Augenblick mit der Leidenschaftslosigkeit eines von einem ihm Übergeordneten gedungenen Berichterstatters, dem sich »die Zeilen des Weltgedächtnisses ohne weiteres qualvoll« untereinander fügen. Heute hat Ihr Bruder gesagt: »Mein Gehirn ist in Satz gegangen.« Das ist eine ganz unglaubliche Äußerung. Man muß sich vorstellen, er sagte: »Mein ganzes Gehirn ist auf Umbruch gesetzt.« Er hat *Sie* nur einmal, nur ein einziges Mal erwähnt; eine dieser finsteren Stellen in seiner Finsternis kam da zum Vorschein, in die er vermutlich zeitweise »besinnungslos hinein- und hinunterweint«. Ihrer Schwester, die in Mexiko lebt, ist er auf eine merkwürdig zusammenhanglose Weise verbunden. Er ist einer dieser Menschen, die sich wehren, auch nur etwas zu äußern, und die fortwährend alles äußern müssen. Die ihre Gedankenströme abbinden, aber immer doch sinnlos und nutzlos abbinden; die in selbstmörderischen Redefluß ausarten, die sich in Wahrheit hassen, weil ihre Gefühlswelt, als

Inzucht wider Willen verstanden, sie täglich auf die brutalste Weise zerschmettert. Ich möchte sagen: *er*hören Sie Ihren Bruder.

Vierter Brief

Verehrter Herr Assistent,
es ist eine unter der, ich muß sagen, Überfurcht herrschende, ganz gewöhnliche Furcht, die Ihren Herrn Bruder abdrängt, immer von einem
in ein anderes, immer Rücksichtsloseres (gegen *ihn* Rücksichtsloseres) abdrängt. Die Leute gehen ihm aus dem Weg. Ich gehe ihm jetzt auch aus
dem Weg, in meiner Erschöpfung, in einer solchen Erschöpfung, wie ich
Sie Ihnen gar nicht beschreiben kann, gehe ich ihm aus dem Weg und
kann ihm nicht aus dem Weg. Ich bin ihm ja ausgeliefert. Verzeihen Sie! Er
schiebt ganz einfach seine Hinfälligkeit in Form von Sätzen in mich hinein, wie photographische Bilder in einen Lichtbilderapparat, der dann
diese Schrecken an den immer vorhandenen gegenüberliegenden Wänden
meiner (und seiner) selbst zeigt. Sie wollen natürlich mehr über Ihren
Herrn Bruder wissen, und ich will versuchen, in meinen Kräften nicht
nachzulassen. Wissen Sie etwas über die von ihm gesprochenen orientalischen Sprachen? Über seinen »asiatischen Wesenszug«? Über seine Hilfslehrerzeit? Das sind große, vollkommen selbständige Dunkelheiten seiner
geradezu *verbrochenen Existenz.* Er war schon als Kind attackiert. Und
zwar von Ihnen. Wissen Sie darüber etwas? Ihr Herr Bruder ist Ihnen in
allem entgegengesetzt und von dort aus wieder entgegengesetzt, *Sie sind*
Ihr Bruder, Sie sind es *nicht* . . . Er lebt in einer »begriffslosen Begriffs-
welt«. Sein Stock hat in seiner Hand tatsächlich eine große Bedeutung.
Weit entfernt davon, systematisch zu sein, will ich darauf hinweisen, daß
er noch heute seine Kinderangst vor dem Zufallen hinter ihm liegender
Türen hat. Er leide auch »für Generationen von Schlaflosen«! Seine Gedankenwelt habe sich immer schon auf den Friedhöfen abgespielt, »sich
auf die Friedhöfe getrollt«. Verstehen Sie? Auch interessant: sein Verhältnis zur Musik, sein Abscheu gegen den Staat, gegen Polizei, gegen die
Ordnung. Seine entsetzliche Lust, *eine Fragestellung* zu einer *verstümmelten Antwort* zu machen. Immer der Gedanke an »grauenhafte Unfälle auf
der Straße«, an »hinterhältige Familienkatastrophen«, die weit zurücklie-
gen. Dann eine Vorliebe für Zirkus, für Revuen, für alles Abwegige. Er

spricht von »seinem Königtum der Spaßmacherei«. Haben Sie denn niemals versucht, an Ihren Bruder heranzukommen? Durch Schliche? Weil Sie doch Arzt sind, denke ich, wäre für Sie ein Kontakt zu ihm immer wichtiger gewesen. Oder haben Sie überhaupt nie einen Kontakt zu Ihrem Bruder gehabt, wie ich fürchte? Tagsüber erholt er sich von der Nacht und umgekehrt. Immer hat er die ›Pensées‹ in der Tasche. Ich habe geglaubt, von Ihrem Bruder unangegriffen zu bleiben. Jetzt aber fühle ich mich von seiner, von dieser konsequent vorgehenden Krankheit erfaßt. Was ist es für eine Krankheit? Ihr Bruder verfinstert sich in dem Maße, in welchem er glaubt, daß die Welt sich verfinstere, sich alles um ihn und in ihm verfinstere. »Die Welt ist ein stufenweiser Abbau des Lichts«, sagt er. Und dann, heute abend: »In mir ist alles ausgetrocknet wie ein Flußbett, wie ein ausgetrockneter Blutstrom ist alles in mir.« Da mir der Begriff des Wahnsinns nicht klar ist, er ist mir nur ein geläufiger, kann ich nicht sagen, ob Ihr Bruder wahnsinnig ist. Er ist *nicht* wahnsinnig! (Verrückt?) Nein, auch nicht verrückt. »Anklänge an den Tod« seien es, die in seinem Gehirn Lärm machten. Heute sah ich ihn völlig unbekleidet auf seinem Bett sitzen und sich mit seinem Körper beschäftigen.

Sie werden glauben, ich vernachlässige meine Pflicht, weil ich so lange nicht geschrieben habe. Sie könnten ja denken, ich benutzte Ihr Geld, um mir hier eine Erholung zu verschaffen! Im Grunde aber empfinde ich diesen Aufenthalt jetzt plötzlich als eine furchtbare Züchtigung, eine Züchtigung in ihrer ganzen Doppelbedeutung. Tatsache ist, daß ich von den Gedanken Ihres Herrn Bruders durchsetzt bin. Von seinen Vorwürfen gegen alles. Nicht, noch nicht krank von ihm, durchsetzt von Lächerlichkeit selbst. Er zeigt mir »die Mißbildungen der Erdoberfläche, hervorgerufen von den Mißbildungen des Universums«. Mir ist im Augenblick auch alles verdunkelt. Sie müssen verzeihen, dieser Brief ist von einer Kopflosigkeit diktiert, für die ich nicht verantwortlich bin. Es ist spät. Ich möchte Sie aber doch bitten, über die ›Kindheitsstrafen‹, die Sie Ihrem Bruder auferlegt haben, nachzudenken. Über die ›Kindheitslügen‹, die Sie in Ihrer ganzen Kindheit und Jugend über Ihren Herrn Bruder verbreitet haben. Ich weiß nicht, ob mein Auftrag einfach abgebrochen werden kann nach dreizehn, vierzehn Tagen.

Da Sie auf keine meiner Nachrichten geantwortet haben, nehme ich an, daß Sie, auch wenn Sie mit mir einfach nicht zufrieden sein können, an dem derzeitigen Zustand nichts geändert haben wollen, nicht wollen, daß ich augenblicklich zurückfahre. Das wäre nichts als sinn- und zwecklos. Natürlich reflektiere ich auf eine ordnungsgemäße Fortsetzung meiner Famulatur in Schwarzach ...

Fünfter Brief

Verehrter Herr Assistent,
das Medizinische ist finster, das sind nur finstere Wege, ich gehe augenblicklich mit meinem »schutzlosen Kopf« durch das Labyrinth unserer Wissenschaft, die ich wohl als die glorreiche unter allen unseren Wissenschaften bezeichnen möchte, als die Schreckensherrschaft aller Wissenschaften zusammen, die alle, im Gegensatz zu der unsrigen, nur Scheinwissenschaften sind, obwohl auch die unsere eine reine *Vorstufen*-wissenschaft ist. Ich kann mir ihre Kenntnisse nicht *vor*stellen, man kann sie aus unserem Denken heraus wohl auch nur in allen ihren mutmaßlichen Veränderungen *fühlen*. Das Medizinische ist eine mit dem Aberglauben vielleicht eng zusammenhängende, methodisch ineinandergreifende Folge von Dunkelheiten, wagemutige Einschnitte in die vielleicht auch schon längst versunkene Geometrie der Welt. Dabei wird der Zellstoff, das Fleisch, werden die unteren Zirkulationsmöglichkeiten des *umstoßbaren* Organischen mehr und mehr bedeutungslos vor dem wahrscheinlich einzigen Natürlichen, der Natur Entsprechenden, vor dem Finsteren, das ohne Grenzen ist. Unsere Wissenschaft ist diejenige, von der alles ausgeht, auszugehen hat, und alles, selbst von den höchsten philosophischen Graden, hat in ihr und aus ihr alles. Und um ein Wort Ihres Herrn Bruders, dem ich mich mehr und mehr verbunden fühle, in einer Verwandtschaft, die auf dem Phantastischen umkehrungswürdiger Überlegungen beruht, zu gebrauchen: »Die Wissenschaft von den Krankheiten ist die poetischste aller Wissenschaften.«
Ich möchte es nicht unterlassen, Ihnen ein paar, wie es scheint, durchaus bedenkenswerte Sätze Ihres Herrn Bruders aufzuschreiben. Ich gehe natürlich keineswegs systematisch vor. Das ist mir nicht möglich. Es ist ja *ein Stadium*, das *auch ich* durchmache. Unter anderem sagte Ihr Bruder heute: »Die Tragödie hängt mit allen Tragödien zusammen.« Dann: »Wert ist Unwert, das Verhängnis des Unwerts ist der Unwert der eigenen wie der *von der eigenen abgetrennten* Welt.« Diesen Satz sagte er, nachdem er

heute aus einer längeren Ohnmacht erwacht ist, ich fand ihn in seinem Zimmer liegend, ich habe zuerst, tief erschrocken, wie Sie sich vorstellen können, an einen Sekundenherzschlag gedacht. Er sagte: »Alles ist *fast* schwarz.« Er gehe durch den »Stickstoff der Urzustände des Teufels«. Am Abend hat er gesagt: »Die Erde, die Welt, ist blutunterlaufen.« Das ist ungewöhnlich. Er habe immer eine Existenz geführt, die »sowohl unter als auch über allen Existenzen nicht an sein *Existenzminimum* herangereicht hat«.

Ja, wenn man über Nacht herausbekäme, was *die Organe* sind. Aber vielleicht haben Sie schon im Kopf, geordnet im Kopf, was in mir heillos verwildert erscheint: eine Operation vielleicht? Unsere Wissenschaft weiß es, handelt jedoch nicht danach, nach dem »furchtbaren Grundsatz« des »*Dort wie da, Schein!*«.

Wenn ich nur einmal an die ›Fabulierbücher‹ Ihres Herrn Bruders herankommen könnte! Haben Sie von der Existenz dieser ›Fabulierbücher‹, in die er alles, was ihn beschäftigt, seit vielen Jahren, Jahrzehnten, hineinschreibt, Kenntnis?

Ich kann hier nur Anhaltspunkte notieren, auch das kommt mir plötzlich wie eine bedauernswerte Verrücktheit vor.

Wir haben heute ein Spiel miteinander gemacht: wem von uns beiden es gelingt, den anderen zum Weinen zu bringen! (Dieses Spiel haben Sie, wie ich jetzt weiß, oft mit Ihrem Bruder gespielt.) Ihr Bruder hat verloren.

Sechster Brief

Verehrter Herr Assistent!

Der Selbstmord ist eine Sache des Mutterleibs, wie Sie einmal festgestellt haben; seine Verwirklichung tritt in dem Augenblick der Geburt des Selbstmörders ein. Alles, was Ihr Bruder bis jetzt gelebt hat, war eine solche »Zügellosigkeit des Selbstmords«. Eine Jagd nach dem Umbringen alles dessen, was diesen Menschen ausmacht.

In diese Grundsubstanz hinein, in diesen »ohrenbetäubenden Allgemeinzustand«, redet er jetzt auch noch immer von der »Handhabung des Selbstmords«, von *dem* Handgriff, der *ihn*, wie wir wissen, nach lebenslanger Entwicklungsqual, zum Abschluß bringt. Gegen die Kühnheit des Gedankens, der Selbstmord jedes einzelnen wäre nichts als jahrtausendealte Vorbereitung auf *ihn*, kann man nicht sein. Ihr Herr Bruder (der jetzt beinahe ununterbrochen ohne Schlaf ist!) nennt die Mutterschaft einfach nur *Selbstmordschaft*. Zeugung eines Menschen (auf sich selbst mit der größten Züchtigung seines Verstandes bezogen) sei: der Beschluß von Vater (in erster Linie) und Mutter (in zweiter Linie), ihr Produkt, das Kind, als einen ununterbrochenen Selbstmord *auszulösen,* in die Welt zu setzen, das plötzliche *Vorder*gefühl, »einen neuen Selbstmord bereits verwirklicht zu haben«.

Siebenundzwanzigster Tag

»Eine teuflische Furcht, müssen Sie wissen, hat mich den Selbstmord immer zurückdrängen lassen. Da kamen dann Überlegungen aus dem Dunkel herauf, überhaupt der Verkehr mit mir selbst, eine durch mich sehr ausgeprägte Normalität. Überzeugungen meiner Menschennatur, dieser ungeheuere Zustand der Entwicklung des Geistes und seiner Innenwelt . . . Ja, ich habe den Selbstmord immer zurückdrängen können, diese zahllosen Fälle grenzenloser Enttäuschung, Ausschreitungen, Verbrechen, Erbanlagen, diese unmenschlichen Schwierigkeiten . . . Sie müssen wissen, ich habe, wie alle Menschen, zeitlebens beinah nur mit mir selbst verkehrt, in dieser schwierigen Welt, in der soviel wie gar keine Gesetze existieren . . . gar keine Anschauungsmöglichkeit . . . ich war zu wenig interesselos, müssen Sie wissen, immer ein Mann der Entschlüsse, der Widersprüche, der Furcht . . .«

Das Material über Strauch (in meinem Gedächtnis) ist ungeheuer. Das Aufgeschriebene so, wie es mir möglich ist. Ich kann wohl Bericht erstatten. Aber wie man den Zustand eines Tieres erklärt, so kann man nicht einen Menschen erklären. Mein Auftrag ist ein Lehrmittel. Dem Maler Strauch wird er sicher nichts nützen. Warum? Der Assistent mag mich ausfragen. Ich kann ihm Sätze sagen, und ich kann ihm eine Bewegung der Beine des Malers anschaulich machen. Ich kann jetzt sagen, warum Strauch nach Weng gekommen ist. Warum er Schluß gemacht hat mit Wien. Warum er seine Bilder verheizt hat. Warum er haßt. In die Wälder hineinrennt. Nicht schläft. Warum! Ich kann sagen, was er sagt und wie er's sagt und warum es zwischen Verrücktheit und Abneigung Wellen schlägt. Ich kann sagen, was er empfindet, wenn er der Wirtin begegnet, was, wenn er den Wasenmeister mit seinem Rucksack trifft. Warum er auf manches einfach pfeift und worauf, ich weiß, was in ihm fortwährend vorgeht, wer dieser Maler Strauch ist, dieser ständig verfolgte, sich nichts-nutzig vorkommende Mensch, der zwar auf dem Papier einen Bruder und eine Schwester und andere Leute hat, aber in Wahrheit immer allein ge-wesen ist, viel erbärmlicher allein, als man es sich auch nach meinem Bericht wird vorstellen können, allein, so wie eine Fliege allein ist, die im Winterzimmer eines Großstädters von diesem und seinen gehetzten An-gehörigen verfolgt und schließlich an die Wand gepatzt wird, wenn sich diese Leute, wie sie meinen, von dieser Fliege verfolgt fühlen, irritiert fühlen, auf die unerhörteste Weise attackiert fühlen, sich zusammenrotten in ihrer Behausung und stillschweigend beschließen, dieser Fliege den Garaus zu machen, dieser Bestie, wie sie in ihrem Rauschzustand sagen, diesem Ungeheuer!, das ihnen die Luft und den Feierabend verpestet – ohne zu wissen, was eine Fliege ist und was in ihr vorgeht, und gar in einer Großstadtwinterzimmerfliege. Ich habe den Maler Strauch beobachtet, ich habe ihm aufgelauert, ich habe ihn, weil es dieser Auftrag erfordert, belogen, und ich habe ihn mit meinen Fragen verrückt gemacht, noch viel verrückter, ihm auch mit meinem Schweigen oft auf den Kopf geschlagen, auf seinen von ihm so gefürchteten Hinterkopf. Ich belästigte ihn mit meiner Jugend. Mit meinen Plänen. Mit meinen Ängsten. Mit meinen Unfähigkeiten. Mit meiner Launenhaftigkeit. Ich rede über den Tod, ohne zu wissen, was der Tod ist, was das Leben ist, was das alles ist . . . alles, was ich tue, tue ich nichtswissend, ja, und ich dränge ihm zu seinem eigenen auch noch meinen Ruin auf. Ruin? Schließlich versuchte ich heute auch noch die verschiedensten Sterbensmöglichkeiten zu schildern, damit verfinsterte ich ihn vollkommen. »Der Selbstmord ist meine Natur, müssen Sie wissen«, sagt er. Schlägt mit dem Stock in die Luft, so wie ein Ungeheuer, das keines mehr ist, in die Luft schlägt, in der gar kein Him-mel ist, nicht einmal mehr die Hölle. Die Luft, in die er schlägt, ist nur Luft und nichts sonst und ist, wie ich sehe, nicht einmal eines der Ele-mente.

»Eines Tages kommt man nach Hause und weiß, von jetzt an muß man für alles bezahlen, und von diesem Augenblick an ist man alt und tot. Eines Tages ist alles aus, das Leben mag fortdauern, solange es will. Ein für allemal ist man tot, und die ganze Schönheit, das, was Glück ist und sein kann, der Reichtum und alles hat sich zurückgezogen, für immer.« Der Maler sagt das für sich, nicht zu mir. Auf dem Dorfplatz, wohin wir plötzlich gekommen sind, ohne daß es vorgesehen war, weil wir im Kreis gegangen und in Gedanken versunken waren, sagte er: »Fürchterlich, das Hundegekläff! Ich habe es zeitlebens immer gehaßt. Und immer Angst gehabt, von einem Hund gebissen zu werden und dann an Tollwut zu sterben. Schon mein Schulweg ist ein von Hunden zerbellter Irrweg gewesen! Ich bekam Herzkrämpfe, wissen Sie. Die Hunde springen einen an und reißen einen mit einem fürchterlichen Prankenhieb nieder. Die Hundebesitzer hetzen ihre Hunde auf Menschen, die ihnen und ihrem Hund nichts getan haben. Da haben Sie dann eine furchtbare Bißverletzung! Wie dieses grobe Fleisch Sie anspringt, das kann Sie ja umbringen! Doggen . . .«, sagte der Maler, »Fleischhauerdoggen und Wolfshunde! Auf Schritt und Tritt Gekläff! Ich hasse Hunde! Meiner Schwester, müssen Sie wissen, hat einmal ein Gasthaushund ein Stück aus dem Oberschenkel herausgerissen. Und der Wirt hat sich nicht einmal entschuldigt. Wäre er wenigstens entsetzt gewesen! . . . Ein Vieh beißt in Sie hinein, und alle Ihre Anstrengungen sind vernichtet! Oft reißen sie Manteltaschen herunter! Fallen von hinten gehörlose ältere Männer an, die dann, nach Tagen vielleicht erst, der Herzschlag trifft. Wenn ich hier ankomme, gehen die Hunde auf mich, und ich muß ein paarmal den Stock heben, damit sie mich endlich in Ruhe lassen. Ohne meinen Stock könnte ich nicht existieren!« Nachdem wir aus dem Friedhof heraus waren, sagte er: »Die Bauernbegräbnisse sind ein Ritus. Der Tote wird gewaschen und in ein Leintuch gewickelt und aufgebahrt und wieder ausgewickelt und in seinen Sonntagsanzug gesteckt.« Zu seinen Füßen beten sie vorgeschriebene jahrhundertealte Gebete. Abwechselnd beten die Brüder des Toten und die Schwestern, dann die Eltern, die Großeltern, die Kinder, die Kindeskinder. Oder es beten andere Verwandte. Sie singen Lieder mit einem ihnen allen unverständlichen Text aus dem Mittelalter. Und auch lateinische Lieder. Im ganzen Haus werden Bilder des Toten aufgehängt. Seine übrigen Habseligkeiten werden geordnet und mit dem Namen desjenigen versehen, der sie erhalten soll. Sie bitten ihn um Fürsprache im Himmel, in den er sich zurückgezogen hat, wie sie glauben. Sie stellen ihm Fragen, und sie erhalten von ihm Antwort. Sie besprengen ihn mit Weihwasser »und gehen mit seinem Namen um wie mit einem Heiliggesprochenen«.

Mir ging das alles durch den Kopf: die Schausteller, der exzentrische
Landstreicher, dessen bewegliches Theater, der Hundekadaver, die Begräbnisse, die Handlungsweise der Wirtin, deren Mann, weit weg in der
Strafanstalt, bewacht wie ein Hund, schuftend für Kuttelflecke und
Wassersuppe, der sich nie an Holzschuh und Rupfen gewöhnen wird und
dem doch vielleicht der Strohsack und die Handschellen Zuflucht sind,
wer weiß. Mir ging die Kälte durch den Kopf, und sie machte mich
beinahe verrückt. Es war ein verrückter Vormittag, von Blasmusik zerrissen, Bier und Selchfleisch und Sonntagsanzüge betäubten mich mit ihrem
seltsamen Menschengeruch. Mir ging die vergangene Nacht durch den
Kopf. Mir fiel ein, wie weit voneinander fort alles ist und nicht sein kann
und doch ist und für gewöhnlich ist und unwichtig ist. Es war heute der
kälteste Tag, und ich schrieb ins Spital, sie sollen mir meinen Wintermantel schicken, sonst erfriere ich noch. Und das Buch von Koltz, denn
an Abreise denke ich nicht. Jetzt kann ich nicht fort. Immer die gleichen
Wege, das zieht sich wie ein Strick zusammen und züchtigt die Gedanken.
Da liegt jetzt der angefangene Brief an meinen Bruder auf dem Tisch und
mein Henry James, der bald zu Ende gelesen ist. Es muß noch kälter sein
draußen. Von einer auf die andere Stunde ist alles so kalt wie finster. Wenn
ich höre, wie der Maler heraufkeucht in sein Zimmer, so macht mir das
Übelkeit. Jetzt sollte ich daran gehen, mir ernsthaft Gedanken über ihn zu
machen. Denn ich muß ja Bericht erstatten. Mir ist unklar, wie alt er ist.
Wie er geht, was besagt das? Wie er aufsteht, sich hinsetzt? Was er sagt und
wie er es sagt! Und ich? Wie stehe ich jetzt zu ihm? Vor allem bin ich ein
Lügner. Gestern hat er mich scharf angeschaut: »Jus, sagten Sie, nicht
wahr?« Und ich: »Ja, Jus.« Und dann herrschte Stille. Das Tal war finster
und die Luft kaum zurückzudrängen. Dann fiel Schnee. Dann hörte man
Schüsse aus dem Wald, von der Schattseite herüber. Aber das Röhren eines
Hirsches kann es nicht gewesen sein, das dazwischenfuhr, als ich allein
zum Gasthaus zurückging. »Die Welt zieht sich zusammen in meinem
Herzen«, hat er gesagt. Ist es da? Wenn ich wie jetzt solche Roheiten
aufschreibe, ist das herzlos. Zwang. Und es geht nur, weil ich muß. Sind
das Gespräche, die ich mit dem Maler habe? Kaum. Anhaltspunkte? In
allem ein krankhafter Zug, von dem sein Bruder gesprochen hat, »und
doch eine fürchterliche Distanz«. An wem liegt die Schuld? Jetzt weiß ich
aber so ziemlich die wichtigsten Abschnitte seines Lebens. Kann damit
aber nichts anfangen. Es fällt immer sehr viel Schnee zwischen ihm und

mir. Mir ging durch den Kopf, wie er auf seinem Bett sitzt und sich anschaut. Was er träumt. Die Krankheit, die ihm »ja doch entgegengesetzt« ist. Es war fürchterlich, ihn gestern mit dem Eisenbahner reden zu hören. Wie er dem andern, der gar nichts verstand, nichts verstehen konnte, immer recht gab. Und wie er jetzt immer allen recht gibt. Alles, was er sagt, ist ein Rechtgeben. Und eigentlich ist er die ganze Zeit ohnmächtig.

Jedes Alter sei immer meilenweit von der Welt entfernt, die es immer mißbrauche. Zuweilen sei er von Zuständen, die weit zurücklägen, überfallen, von einem Geruch abgedrängt, der mit den Nachmittagskaffeestunden bei seiner Großmutter zusammenhänge oder mit dem Hühnergegacker auf einem der großväterlichen Bauernhöfe. Dann sei es wieder der Geruch einer Großstadtkonditorei, in der weltfremde Damen säßen. »Die Augenblicke des Dreijährigen kommen dem Dreißigjährigen wieder.« Jetzt sieht er sie unter anderen Voraussetzungen anderen Schreckens. Bäume einer Allee kühlen ihn ab, die mit den Schulaufgaben in der zweiten Volksschulklasse zusammenhängt. Mit Kirchenbesuchen, die in einem bestimmten Zeitabschnitt wie Aufstehenmüssen und Schlafengehenmüssen und Rechenaufgabenlösen inbegriffen waren in seiner Kindheit. Dieser Zauber aus Weihrauch und ›Gloria‹ und Madonnen aus Holz, die der Pfarrer beim benachbarten Drechsler bestellen konnte. In der Zeit des Gehenlernens und Widersprechenlernens. In der Zeit der frommen Abendgebete. »Es kann im Gasthaus ein Wort fallen«, sagte der Maler, »das mich zu dem macht, der ich vor zwanzig Jahren gewesen bin.« Und dann: »Man ist nicht immer derselbe Mensch, der man ist.« Rückzüge, Erfahrungen von Grund auf, vergessen und wiederaufgenommen, wo sie abgebrochen worden sind: in einem Wald, in einer Kirche, in einem Schulhof. Stadt und Land wechselten für ihn ab nach der Laune seiner Eltern und Großeltern, nach der Laune der Politik geht er, geht sein Denken durch die Welt: kreuz und quer, wenn er zurückschaut. »Alles aufgeweicht«, sagt er. »Ich konnte essen, daß es selbst dort, wo das Kotzen zu Hause war, zum Kotzen war, und ich konnte Manieren entwickeln, die selbst Prinzessinnen in Erstaunen versetzt hätten.« Die obersten wie die untersten Rollen habe er gespielt. »Ich bin immer ein Verkleidungsgenie gewesen.« Er beherrsche »die Kunst, nicht aufzufallen, wie kein Mensch. Festliches Gehen und festliches Speisen waren mir so geläufig wie aus dem

Packpapier essen.« Es sei aber doch nie nur Spiel gewesen: »Ich war durch und durch der, der aus dem Packpapier essen muß, und auch der, der vornehm ißt, und doch mehr der, der aus dem Packpapier essen muß . . .« Die Kindheit: Schulen und Krankenhäuser. Berufsgespräche, die in nichts als in elterlicher und großelterlicher Verzweiflung endeten. Hin und Her der Vormundschaft, der er ausgeliefert war. Zahlungseinstellung in dem Augenblick, in welchem er Geld so notwendig gebraucht hätte: »wie noch nie!«. Annahme einer Arbeit, vieler Arbeiten nacheinander. »Ich verrichtete die schmutzigsten Arbeiten.« Versuche, da und dort hineinzuschlüpfen, in ein Studium, immer wieder in ein Studium. Alles mißlungen. Wochenlanges Imbettliegen. Die Hauswände entlanggehen und vor Hunger unfähig, einen Entschluß zu fassen. Bruder und Schwester haben sich in ihre ›Geheimwelt‹ zurückgezogen. Der Tod der Großeltern, der Tod der Eltern. Rückzug. Die Fabrik wird zur Ausschalterin aller Gedanken.

»Ich stehe oft auf«, sagte der Maler, »mitten in der Nacht, Sie wissen ja, ich schlafe nicht. Stellen Sie sich diesen Kopf vor. Habe ich mich einmal aus meinem Bett herausgearbeitet, fange ich an, die Arme und dann die Beine abzutasten, langsam zu bewegen, was sehr schwierig ist, denn ich finde nicht sofort mein Gleichgewicht. Durch diesen Kopf, müssen Sie wissen, habe ich, sobald ich aufstehe, Gleichgewichtsstörungen: ich muß mich davor hüten, abrupt aufzustehen. Ich stehe völlig unbekleidet da, ich horche, ich höre, draußen bewegt sich, scheint es, nichts, im Gasthaus nichts, als wäre die Menschheit ausgestorben. Vögel sitzen wohl auf den Ästen, diese schwarzen Wintervögel, aber sie rühren sich nicht. Wenn man ganz zum Fenster hingeht und hinausschaut, man muß Zeit haben, sieht man die Vögel sitzen: dicke Bäuche, die nicht singen können. Ich weiß nicht, um was für eine Vogelart es sich handelt, aber es sind immer dieselben Vögel. Ich versuche, einige Male im Zimmer auf und ab zu gehen, ohne meinen Kopf zu übergroßen Schmerzen, die ich durch die Anstrengung des Gehens hervorrufe, zu veranlassen. Wissen Sie, was das heißt, ein Mensch zu sein, dem es ungeheure Schmerzen verursacht, gleichzeitig zu atmen und zu gehen? Ich setze mich vorsichtig am Tisch nieder und fange an, mir Notizen zu machen, Notizen über alles, was mich beschäftigt. Aber ich komme nicht weiter, nach dem dritten oder vierten Wort muß ich aufhören . . . natürlich, man erschrickt ja auch, wenn man etwas aufschreiben will . . . dann aber ist dieser Einfall, den man gerade gehabt hat und von dem man überzeugt war, daß es ein guter Einfall gewesen ist, fort. Die Nächte sind mein Martyrium, müssen Sie wissen, ich verkürze sie, indem ich Betrachtungen über meinen Körper anstelle: ich setze mich vor den Spiegel und schaue mich an. Man kann ja nicht immer hochqualifizierte Fragen hinunterwürgen. So komme ich jetzt oft auf lange Partien bloßen Schauens. Das ist die einzige Befriedigung, die ich habe; sie lindert den Schmerz; der Kopf bleibt ohne Aufruhr, Hitze und Erregung steigern sich nicht. Ich komme über die Nacht hinweg, über diese fürchterliche Verzweiflung, müssen Sie wissen, die an den Wänden, die ich mit meinen Fingern zerkratze, zum Vorschein kommt. Sehen Sie«, sagte der Maler, »meine Nägel sind abgebrochen. Ein so unvorstellbarer Schmerz ist es, der von meinem Kopfe ausgeht, daß ich es gar nicht sagen kann.«

Nach Schwarzach zurückgekehrt, las ich im ›Demokratischen Volksblatt‹: »Der Berufslose G. Strauch aus W. ist seit Donnerstag vergangener Woche im Gemeindegebiet von Weng abgängig. Wegen der herrschenden Schneefälle mußte die Suchaktion nach dem Vermißten, an welcher sich auch Angehörige der Gendarmerie beteiligten, eingestellt werden.«

Am Abend des gleichen Tages beendete ich meine Famulatur und reiste zurück in die Hauptstadt, wo ich mein Studium fortsetzte.

Verstörung

*Das ewige Schweigen dieser unendlichen Räume
macht mich schaudern.*

Pascal, Pensée 206

Am 26. fuhr mein Vater schon um zwei Uhr früh zu einem Lehrer nach Salla, den er sterbend angetroffen und als Toten gleich wieder in Richtung Hüllberg verlassen hat, um dort ein Kind zu behandeln, das im Frühjahr in einen mit siedendem Wasser angefüllten Schweinebottich gefallen und jetzt schon wieder wochenlang, aus dem Spital entlassen, zu Hause bei seinen Eltern war.

Er ging gern zu dem Kind und ließ keine Gelegenheit aus, es aufzusuchen. Die Eltern waren einfach, der Vater als Bergmann in Köflach, die Mutter in einem Fleischhauerhaushalt in Voitsberg beschäftigt, das Kind aber doch nicht den ganzen Tag über allein, sondern in der Obhut einer Schwester der Mutter. An diesem Tag hat mein Vater so genau wie noch nie das Kind beschrieben und gesagt, er befürchte, daß es nur noch kurze Zeit zu leben habe. Mit Sicherheit könne er sagen, daß es den Winter nicht überstehen werde, und er werde es jetzt, so oft als ihm möglich, aufsuchen. Mir fiel auf, daß er von dem Kind wie von einem geliebten Menschen sprach, sehr ruhig und ohne sich die Wörter überlegen zu müssen; eine selbstverständliche Zuneigung zu dem Kind gestattete er sich, als er das Milieu, in welchem das Kind aufgewachsen und von seinen Eltern weniger erzogen als behütet worden ist, andeutete und seine Vermutungen, die Eltern und ihr Verhältnis zu dem Kind betreffend, mit der Kenntnis der Umwelt der Beschriebenen ausfüllte und erklärte. Er ging dabei in seinem Zimmer auf und ab und hatte bald nicht mehr das geringste Bedürfnis, sich noch einmal niederzulegen.

Er war jetzt der einzige Arzt in einem verhältnismäßig großen und außerdem »schwierigen« Gebiet, nachdem der zweite einen Ruf an die Grazer Universität angenommen hat und in die Landeshauptstadt verzogen ist. Die Aussicht auf einen neuen sei gering. Hier eine Praxis aufzumachen, grenze an Wahnsinn. Er sei es aber schon gewohnt, Opfer einer durch und durch kranken, zur Gewalttätigkeit sowie zum Irrsinn neigenden Bevölkerung zu sein. Er empfände es, wenn ich über das Wochenende zu Hause sei, als eine immer mehr notwendige Beruhigung. Er wirkte müde. Aber als uns die Ache blendete, nachdem ich die Fensterläden aufgemacht hatte, meinte er, er werde einen Spaziergang machen. »Geh

mit«, sagte er, »komm.« Er sprach, während ich mich anzog, von einem
»Naturphänomen«, von einem Kastanienbaum, der jetzt, Ende September, blühe und den er außerhalb der Ortschaft, an der Ache, entdeckt
habe. Bei dieser Gelegenheit wolle er endlich mit mir sprechen, wahrscheinlich, dachte ich, über etwas mit meinen Studien in Leoben, mit dem
Montanistischen, Zusammenhängendes. Jetzt sei, bevor er dann, den ganzen Tag über, seine Krankenbesuche zu machen habe, Zeit dazu. »Weißt
du«, sagte er, »oft ist mir alles zuviel.«

Wir wollten meine Schwester nicht aufwecken und gingen möglichst
geräuschlos ins Vorhaus hinunter, wo unsere Mäntel hingen. Als wir aber,
angezogen, im Begriff waren, aus dem Haus zu gehen, läutete es, und vor
der Tür stand ein mir Unbekannter, der, wie sich herausstellte, ein Gastwirt aus Gradenberg, meinen Vater aufforderte, sofort mit ihm zu kommen.

Und so fuhren wir in dem Wagen des Gastwirts nach Gradenberg, statt
an die Ache zu gehen und uns zu besprechen, und von dem blühenden
Kastanienbaum war keine Rede mehr, und wir hörten über die Frau des
Gastwirts das Beunruhigendste.

Sie sei, sagte ihr Mann, bis zwei Uhr früh mit dem Bedienen von
Bergmännern, die, bereits mehrere Stunden betrunken, sich als zwei
feindliche Gruppen gegenübergesessen waren, beschäftigt, auf einmal von
einem der Bergmänner völlig grundlos auf den Kopf geschlagen worden
und im selben Augenblick ohnmächtig vor den Bergmännern auf dem
Boden gelegen. Die entsetzten Bergmänner hätten sie sofort in das im
ersten Stock des Gasthauses gelegene Schlafzimmer hinaufgetragen, wobei
der Kopf der Frau mehrere Male gegen das Stiegengeländer gestoßen sei.
Man habe die Frau in ihr Bett gelegt und ihrem Mann, der, als die Bergmänner die Schlafzimmertür aufdrückten, wach geworden, benommen
aufgestanden und von den auf einmal ernüchterten Bergmännern von
dem Vorfall unterrichtet worden war, nahegelegt, augenblicklich, noch in
der Nacht, den Gewalttäter Größl, der, wenn auch flüchtig, ihnen doch
allen bekannt sei, bei der Gendarmerie anzuzeigen. Die Gendarmen, auch
der diensthabende, hätten alle geschlafen, meinte der Gastwirt, aber er
habe sich durch Steinwürfe auf die Gendarmeriefenster schließlich Gehör
und Einlaß in den Posten verschaffen können. Zuerst hätten ihm die
Gendarmen geraten, *am Vormittag* wiederzukommen, um für ein Protokoll auszusagen, aber er bestand auf einer sofortigen Protokollierung und

verlangte, daß wenigstens einer der Gendarmen mit ihm ins Gasthaus komme, dort liege seine bewußtlose Frau und dort warteten die Bergmänner, die, nach seiner Ansicht, ihre Aussagen sofort zu machen hätten. Es hat aber zu lange gedauert, bis er mit zweien von den Gendarmen ins Gasthaus zurückgekommen ist, die Bergmänner waren, bis auf einen, fort, als die Gendarmen mit ihm ins Schlafzimmer eintraten. Sofort habe er gedacht, daß er seine Frau nicht einen einzigen Augenblick hätte allein lassen sollen, wie er da plötzlich in den grauenhaftesten Vermutungen und Verdächtigungen vor ihr neben dem die ganze Zeit mit ihr zusammen gewesenen Bergmann Kolig stehen mußte, der ihm nicht näher, nur von unregelmäßigen Gasthausbesuchen bekannt war und nicht als einheimisch im Sinne von vertrauenswürdig galt, auch einen sich von dem in der Gegend gesprochenen unangenehm unterscheidenden steiermärkischen Dialekt sprach.

Obwohl der bei der Gastwirtsfrau zurückgebliebene Kolig so betrunken war, daß er wohl aufrecht stehen, aber keinen, nicht einmal kürzesten Satz sprechen konnte, sei er sofort von dem jüngeren der Gendarmen, der ihn gleich angewiesen habe, sich auf den in der Ecke stehenden Sessel zu setzen, einvernommen worden, während der ältere der beiden photographische Aufnahmen von der im Bett liegenden Bewußtlosen machte, als handele es sich um eine Tote. Was der einvernommene Kolig zu Protokoll gegeben hat, war tatsächlich unbrauchbar, und als er, weil er das Hinsetzen nicht vertragen hatte, nach vorn umzukippen drohte, packte ihn der mit ihm unzufriedene Gendarm und zog ihn und stieß ihn auf den Gang hinaus.

Der flüchtige Größl sei ein Mensch, der, sobald er ein Gasthaus betritt, so lange in einem solchen bleibt, bis er mit Sicherheit mit dem Gesetz in Konflikt kommt. Es sei nicht schwierig, ihn ausfindig zu machen, sagten die Gendarmen, und sie hätten im Hinblick auf Größls einschlägige Vorstrafen von einer mehrere Jahre dauernden Kerkerstrafe gesprochen, denn der Tatbestand der schweren Körperverletzung sei durch den Faustschlag Größls auf den Kopf der Gastwirtsfrau, durch ihre Ohnmacht, gegeben. Kaum hatte der ältere Gendarm von der schweren Körperverletzung gesprochen, sei ihnen allen zu Bewußtsein gekommen, daß ein Arzt verständigt werden müsse. »Inzwischen sind ein paar Stunden vergangen«, sagte der Gastwirt.

Es war schon halb fünf, als wir, in Gradenberg angekommen, von dem

Gastwirt sofort in das Schlafzimmer geführt wurden, in welchem die beiden Gendarmen standen. Mein Vater sagte, alle Männer sollten auf den Gang hinaus gehen. Während er drinnen die Frau untersuchte, die, in der kurzen Zeit, in welcher ich sie sah, auf mich den Eindruck gemacht hat, als wäre sie schon tot, äußerten sich auf dem Gang die beiden Gendarmen mir gegenüber abfällig über den auf dem Boden liegenden Kolig, den sie als stumpfsinnig, mehr und mehr gewissenlos seiner sechsköpfigen Familie gegenüber, bezeichneten. Sie wußten nicht, was anfangen mit ihm; als mein Vater aus dem Schlafzimmer herauskam, zogen sie den Kolig gerade an seinen Rockschultern von der Stiege weg, die er mit seinen Beinen zur Hälfte verlegt hatte, um sich dann nicht mehr um ihn zu kümmern.

Die Frau sei tatsächlich schwer verletzt und müsse sofort nach Köflach ins Spital, sagte mein Vater, die Gendarmen sollten sie vorsichtig hinuntertragen und in den Pritschenwagen legen.

Es war ein feuchtes, grünbraun gemustertes, mit billigen Weichholzmöbeln angefülltes und selbst beim hellsten Tageslicht verfinstertes Zimmer, aus welchem die Gendarmen die Gastwirtsfrau heraustrugen. Mein Vater schaute mich, an mir vorbei und hinter den Gendarmen, die die Frau vorsichtig trugen, die Stiege hinuntergehend, an, und ich dachte mir, daß das für die Gastwirtsfrau das Schlimmste bedeutet.

Während ich im Wagen neben dem chauffierenden Gastwirt Platz genommen hatte, saß mein Vater bei der auf der Pritsche Liegenden hinter uns.

Auf der ganzen Fahrt, die wir über Krennhof abkürzten, haben der Gastwirt und ich kein Wort gewechselt. Es war, wegen der frühen Tageszeit, leicht und schnell zu fahren. Lange bin ich nicht mehr in dieser Gegend gewesen, dachte ich, ich mußte weit in die allerfrüheste Kindheit zurückdenken, um mich da und dort am Gradnerbach zu sehen. Mir fiel auf, wie selten ich von meinem Vater auf seine Fahrten mitgenommen wurde und daß ich seit dem Tod meiner Mutter immer nur auf mich allein angewiesen bin. Meine Schwester muß das, denn es geht ihr nicht anders, in einem noch viel schmerzlicheren Grade empfinden.

Wohl der Stimmung entsprechend, sprach der Gastwirt, zum Unterschied von vorher, auf dem Weg nach Gradenberg, wo er so viel gesprochen hatte, auf dem Weg nach Köflach kein Wort. Mir wäre es auch unsinnig vorgekommen, ihn anzusprechen. Mir schien es, wenn ich meinen Vater richtig verstanden habe, gewiß, daß die Frau die Fahrt bis nach Köflach nicht überstehen würde, aber als die Spitalpfleger sie aus dem Wagen herauszogen, war sie nicht tot, starb aber noch, solange wir uns im Spital aufhielten. Sie war, noch bevor sie in das einzige im Spital vorhandene Operationszimmer, man kann nicht sagen Operationssaal, hineingekommen war, gestorben, und ihr Mann hatte das gefühlt und, während die Pfleger sie über den Gang schoben, ihre Hand gehalten und geweint. Man ließ ihn nicht bei der Toten, sondern führte ihn in den Hof hinunter, wo er, gänzlich sich selbst überlassen, eine halbe Stunde auf meinen Vater warten mußte. Ich ließ ihn allein und beobachtete ihn, so, daß er nicht sehen konnte, daß ich ihn beobachtete. Dann kam mein Vater und ging mit dem Gastwirt über den Hof und versuchte ihn zu beruhigen. Er sprach dem Manne von den Notwendigkeiten, die jetzt zu geschehen hätten, von Bestattungsangelegenheiten, Gerichtskommission, Anzeige gegen Größl wegen Totschlags. Für den Gastwirt sei es jetzt besser, sagte mein Vater, unter Menschen zu bleiben, sich nicht abzusondern in seiner Qual, in seine Qual, er, mein Vater, würde ihm verschiedene vorgeschriebene Wege, wie den zum Gericht, ersparen, andere, wie den allerersten zu seiner in der Prosektur liegenden Frau, schmerzlindernd mit ihm gemeinsam gehen. Er habe, sagte mein Vater, an der Verstorbenen eine in jedem Falle tödliche Blutung im Gehirn konstatiert und werde noch am frühen Vormittag vom Bezirksgerichtsarzt den genauen Befund bekommen. Daß er, mein Vater, von dem Gastwirt erst drei Stunden nach dem tödlichen Faustschlag von dem Vorfall verständigt worden sei, sei bedeutungslos. An eine Rettung sei nicht zu denken gewesen. Die Verstorbene war im zweiunddreißigsten Jahr und meinem Vater seit Jahren bekannt. Es erscheine ihm immer als eine ungeheure Roheit der Gastwirte, daß sie ihre Frauen, während sie selber meistens schon früh, weil den ganzen Tag über durch ihre Fleischhauerei, ihren Viehhandel, ihre Landwirtschaft überanstrengt, ins Bett gehen, in den, weil ja nur an das Geschäft gedacht wird, bis in der Frühe offenen Gaststuben sich selbst und einer Männerwelt überlassen, die mit dem fortschreitenden Alkoholkonsum gegen den Morgen zu immer weniger wählerisch ist in den Mitteln ihrer Brutalität, sagte mein Vater, als wir uns für kurze Zeit von dem, wie es den Anschein hatte, um sein Bewußtsein gekommenen mit uns Gehenden abgesondert hatten. »Alle in die Länge gezogenen Gasthausnächte enden ärgerlich«, sagte mein Vater, und »in dieser Gegend ein hoher Prozentsatz tödlich.« Nicht selten

ist die von einem Gastwirt auf die widerwärtigste Weise zu den Besoffenen
zu dem alleinigen Zweck, ihnen unter allen Umständen das Geld aus den
Taschen herauszuziehen und den billigsten Brand in ihre widerstandslosen
Därme hineinzupressen, auf verlängerte halbe und ganze Nächte, auch in
ihrer ordinären Art hilflos in das Gastzimmer kommandierte eigene Frau
das Opfer. Zu dem Gastwirt sagte mein Vater, als wir ihn wieder eingeholt
hatten, daß es leicht sei, Größl zu finden. Die Gendarmerie sei von dem
Totschlag verständigt, und wo Größl sich auch versteckt haben möge, es
nütze ihm nichts. Aber je länger mein Vater auf den Mann, der, gerade
weil er im Umgang mit dem Vieh, mit dem er handelte, im Umgang mit
der Gastwirtewelt, die die seine ist, die Brutalität an sich auf die für
die Bundscheckgegend so bezeichnende Weise verkörperte und dadurch
rührte, wenn er weinte und gänzlich verloren war, einredete, desto unsinniger erschien es ihm offensichtlich, und er gab ihm, ich dachte mir, sehr
einfach und leicht begreiflich, die notwendigsten Anweisungen, bevor wir
ihn wieder mit sich selber allein ließen.

Mein Vater ging in die Prosektur und besprach sich mit dem Kollegen
vom Gericht, während ich, gleichzeitig auch den Gastwirt beobachtend,
wie er sich auf die einzige Bank im ganzen Spitalhof setzte, die Leiche
seiner Frau in dem zweirädrigen Prosekturkarren, den ein junger Pfleger
an mir vorbeischob, vermutete. Mir war der Anblick des Prosekturkarrens
nichts Neues, denn oft auf dem Schulweg, der am Spital vorbeiführte, bin
ich an der Stelle, wo man zwischen zwei Hollerbüschen auf die Prosektur
durchschauen kann, stehengeblieben, um den Karren anzuschauen, der
neben dem Eingang zur Prosektur Tag und Nacht, wenn er nicht gebraucht wird, in einem nach der Seite, von der ich ihn sehen konnte,
offenen Schuppen steht. Dieser Prosekturkarren aus Blech hat schon immer eine grausige Faszination auf mich ausgeübt und ist oft in meinen
Kindheitsträumen als ein schauerliches Hauptrequisit auf der Bühne gewesen. Der junge Pfleger, kaum schulentlassen, schob den Prosekturkarren zum Eingang der Prosektur und von dort hörte ich meinen Vater
kommen. Mein Vater, dachte ich, als wir aus dem Spitalhof hinausgingen,
rasch und an den Mauern entlang, um möglichst nicht mehr von dem
unglücklichen, immer noch auf der Bank sitzenden Gastwirt gesehen zu
werden, handelt doch nie, wie das immer gegen die Ärztlichkeit behauptet
wird, da, wo er zu Hause ist, bei den Kranken und in den Spitälern, wie in
einem riesigen unübersichtlichen Geschäft, sondern eher, wie mir gerade

an diesem Tag schien, wie in einer mehr und mehr durchschaubaren
Wissenschaft. Wohl gibt es viele Ärzte, wie ich immer wieder habe beobachten können, die, dachte ich, wenn auch durchaus wissenschaftliche
Köpfe, nichts anderes als Geschäftsmänner sind und die auch wie Ge-
schäftsleute sprechen und handeln; mein Vater aber gehört nicht dazu.
Es sei für mich eine fortgesetzte Traurigkeit, wenn ich ihn begleite, und
aus diesem Grund zögere er auch die meiste Zeit, mich auf seine Krankenbesuche mitzunehmen, weil sich immer in allen Fällen zeige, daß alles,
was er aufsuchen und anrühren und behandeln müsse, sich als krank und
traurig erweise; gleich, um was es sich handle, bewege er sich fortwährend
in einer kranken Welt unter kranken Menschen, Individuen; auch wenn
diese Welt vorgebe, vortäusche, eine gesunde zu sein, sei sie doch immer
eine kranke und die Menschen, Individuen, auch die sogenannten gesunden, immer krank. Er sei daran gewöhnt, mich könne das aber möglicherweise verstören, mich auf eine mir schädliche Weise nachdenklich
machen; gerade ich neigte seiner Meinung nach immer dazu, mich von
allem und jedem verstören zu lassen, über alles und jedes auf eine mich
schädigende Weise nachzudenken. Und meine Schwester in einem noch
viel gefährlicheren Maße. Es sei aber falsch, meinte er, sich der Tatsache,
daß *alles krank* und traurig sei, er sagte *tatsächlich krank und traurig*, zu
verschließen, und aus dem Grund sei er immer wieder in längeren oder
kürzeren Abständen »dazu verführt«, mich oder meine Schwester auf die
Krankenbesuche mitzunehmen. »Es ist immer ein Risiko«, sagte er. Am
meisten fürchte er, daß einer von uns, meine Schwester oder ich, durch das
Anschauen eines Kranken und seiner Krankheit für sein ganzes Leben
geschädigt sein könne, wo er doch immer auf das Gegenteil an uns bedacht sei.

Wir gingen nach Köflach hinein. Er wollte auf die Bank und auf die
Post, die aber noch geschlossen waren, und so nahm er mich zu einem ihm
befreundeten Rechtsanwalt mit, mit dem er in Graz studiert hat und der
mir von sommerlichen Besuchen bei uns bekannt ist, ein erfolgreicher
Advokat in Grundstücksangelegenheiten.

Mein Vater erhoffte sich bei seinem Freund für uns beide ein Frühstück.

Wir läuteten und es wurde uns aufgemacht und wir kamen in eine für
eine Kleinstadt großzügig, wenn auch im einzelnen nicht geschmackvoll,
so doch auf den ersten Blick gemütliche Wohnung, in welcher die vielen
Sitzgelegenheiten zuerst auffielen. Wir waren von der jungen Frau des

Advokaten empfangen und sofort in das Speisezimmer geführt worden. Es dauerte nicht lange, so kam der Advokat ins Zimmer. Mein Vater sagte, er habe nur kurze Zeit, dann müsse er mit mir wieder nach Hause. Während des Frühstücks, zu dem wir gerade recht gekommen waren und das so ausgiebig gewesen ist, wie ich noch keines gegessen habe, von meinem Platz aus konnte ich auf die Straße hinunterschauen und die Vorgänge, die sich da unten abspielten, beobachten, redeten wir von dem Totschlag, den Größl an der Gradenberger Gastwirtsfrau begangen habe. Es sei grauenhaft, meinte mein Vater, wie Menschen, wenn sie hemmungslos sind, vornehmlich in den Gasthäusern, aufeinander losgehen, ohne daß sie wissen, warum, denn, sagte er, auch der flüchtige Größl wisse nicht, warum er die Frau des Gastwirts erschlagen hat, »kann sein«, sagte mein Vater, »daß er überhaupt noch nicht weiß, *daß* er sie erschlagen hat«. Die Leute auf dem Land, die zuerst in die Brutalität und dann in die völlige Hilflosigkeit über ihre Brutalität ausarten, die immer in alles ausarten, in alles ausarten *müssen*, diese Leute seien heute erschreckend in der Mehrzahl.

Tatsächlich seien mehr Brutale und Verbrecherische auf dem Land als in der Stadt. Auf dem Land sei die Brutalität wie die Gewalttätigkeit das Fundament. Die Brutalität in der Stadt sei nichts gegen die Brutalität auf dem Land und die Gewalttätigkeit in der Stadt nichts gegen die Gewalttätigkeit auf dem Land. Die Verbrechen in der Stadt, die *Stadt*verbrechen, seien nichts gegen die Verbrechen auf dem Land, die *Land*verbrechen. Die städtischen Verbrechen seien lächerlich gegen die auf dem Land. Der Gastwirt, meinte er, sei der geborene Gewalttäter und Verbrecher. Alles *an und in* dem Menschen sei gewalttätig und verbrecherisch. Der Viehhändler, der er ist, der sei er in jedem Augenblick und in allen Situationen seines Lebens. »Wenn er auch jetzt heult«, sagte mein Vater, »so heult er doch um ein Vieh. Für einen Gastwirt ist die Frau nichts als ein Vieh.« Er fange sie eines Tages mit einem perversen Handgriff aus der unüberschaubaren Herde der unverheirateten Frauen heraus und ordne sie sich unter. Eine solche Gastwirtschaft sei, wie ein jedes Fleischhauer- oder Viehhändleroder Bauernhaus unter dem Bundscheck, eine brutale Frauenzuchtanstalt. Wenn man genauer hinhöre, höre man, wann und wo man auf dem Land gehe, die ihren Männern gezüchtigten Frauen in den Häusern. Er komme, sagte mein Vater, tagtäglich beinahe nur zu widerwärtigen Menschen, gehe, wenn er in diese Häuser hineingehe, in die Brutalität hinein, in die Gewalttätigkeit, im Grunde mit seiner Arzttasche immer nur in

einer Verbrecherwelt hin und her. Und die Menschen unter der Gleinalpe
und unter der Koralpe und im Kainach- und Gröbnitztal seien Musterbeispiele für eine von den Jahrmillionen und Jahrtausenden auf die ordinärsten Körperexzesse hin konstruierte Steiermark. Er erinnerte sich
aber seines frühen Besuches bei dem Bergmannskind in Hüllberg und
schilderte, wie er dort herzlich empfangen und eine Viertelstunde beruhigt
und dann wieder genauso herzlich verabschiedet worden ist. Es sei aber ein
Irrtum, zu glauben, meinte er, daß, was er über Leute wie den Gastwirt
gesagt habe, nur auf die Wohlhabenden zuträfe; diese Kindeseltern und ihr
Kind seien eine Ausnahme, »die Armen sind doppelt brutal, gemein und
verbrecherisch und gerade sie, ihren Möglichkeiten entsprechend, in einem noch viel fürchterlicheren Maße«, sagte er.

Von dem Lehrer, den er als ersten hatte aufsuchen müssen, sprach er
nicht, deshalb, schien mir, weil der ihm zu schnell, ohne daß er ihn
eigentlich wahrgenommen hat, davongestorben ist. Ich dachte, daß er den
Lehrer schon vergessen hat, denn nachdem er noch einmal von dem Kind
und seinen Verbrennungen gesprochen und eine Schilderung der *Sprechweise* des Kindes gegeben hatte, kam er wieder auf den Gastwirt zurück.
Der warte auf uns im Spital, sagte mein Vater, müsse uns in seinem Pritschenwagen zuerst wieder nach Gradenberg zurück, dann nach Hause
fahren. Jetzt sei er wahrscheinlich schon in der Prosektur, wohin ihn mein
Vater hatte begleiten wollen, was er aber wohl vergessen hat, und ich
dachte, daß man jetzt in der Prosektur dem Gastwirt die Kleider seiner
toten Frau gibt, und mit den zusammengebundenen Kleidern der Gastwirtsfrau unterm Arm erwartete uns der Gastwirt tatsächlich schon im
Spitaleingang, nachdem wir, von dem Advokaten fort, auch noch auf der
Post und auf der Bank gewesen waren.

Auf der Fahrt nach Gradenberg zurück zählte mein Vater die an diesem
Tag zu besuchenden Kranken auf, er nannte die Namen Saurau, Ebenhöh,
Fochler, Krainer.

Während mich, allein was ich in Zusammenhang mit dem Tod der
Gastwirtsfrau erlebt habe, schon angegriffen hatte, bemerkte ich an meinem Vater jetzt nicht mehr die geringste Müdigkeit. Zu zweit neben dem
chauffierenden Gastwirt sitzend, der den Wagen so ruhig lenkte, als wäre
nichts ihn betreffendes Grauenhaftes vorgefallen, stellten wir uns beide,
jeder für sich, die zu Besuchenden vor, und während der Gastwirt einmal
bei einem Fleischhauer außerhalb Krennhof haltmachte und, sich ent-

schuldigend, zu dem Zwecke eines Geschäftsabschlusses ausstieg und für
ein paar Minuten nicht mehr zu sehen war, meinte mein Vater, daß ihm
der Mensch, den er schon von Kindheit an kenne, daß ihm der, vor zehn
Jahren noch ein Jüngling, heute sich immer noch mehr verfettende, die
Umwelt abstoßende, in zunehmender Sexualschwerfälligkeit auf zwei O-
Beinen Fortbewegende verhaßt sei. Als nicht weniger abstoßend habe er
seine gerade verstorbene Frau bei jedem Besuch in Gradenberg empfunden. Die Kinderlosigkeit, die zwischen solchen Menschen wie den beiden
Gradenberger Gastwirtsleuten herrscht, mache aus ihrer Ehe eine immer
mehr sinnlose, schließlich und endlich in die perverse Niedrigkeit ein-
mündende Ehe, an welcher sie, wenn sie nicht durch Gewalt, eben durch
einen toll gewordenen Größl, getrennt werden, auf die miserabelste Weise
zugrunde gehen.

Auf dem letzten Wegstück mußten wir über dem Gradnerbach einer
Rinderherde ausweichen, und da sagte der Gastwirt mehrere Male, daß er,
was geschehen sei, noch gar nicht begriffen habe. Er konnte sich die
Wirklichkeit nicht vorstellen.

In Gradenberg angekommen, sahen wir viele Leute vor der Gastwirtschaft, in die kurz vorher die Gerichtskommission hineingegangen war.
Als ich aus dem Wagen ausstieg, konstatierte ich überall aus kürzerer oder
weiterer Entfernung herschauende Neugierige.

Mein Vater sagte, ich solle vor dem Gasthaus warten, er ginge rasch
hinein, sich mit der Gerichtskommission besprechen, die im Gastzimmer
versammelt war. Das Gasthaus war von unten bis oben von einer ununterbrochen murmelnden Amtlichkeit angefüllt, und im ersten Stock, in
einem offenen Fenster, in dem Schlafzimmerfenster, entdeckte ich, weil
ich hinaufschaute, zwei Gendarmenköpfe. Ich ging vor dem Gasthaus auf
und ab, bis mein Vater mit dem Gastwirt herauskam, der uns nach Hause
brachte. Im Gastzimmer befanden sich außer Kolig sämtliche Bergmänner, die Zeugen des Totschlags gewesen sind. Es war Samstag, das Bergwerk geschlossen. Die meisten konnten sich an den Vorfall nicht mehr
erinnern, alle machten widersprüchliche Angaben, zwei von ihnen aber
hatten Größl *gesehen*, als er die Gastwirtsfrau niedergeschlagen hat, das
genügte ihnen. Tatsächlich sei, was mein Vater nicht für möglich gehalten
hat, Größl noch immer flüchtig, halte sich wahrscheinlich in der nächsten
Umgebung versteckt; niemand traute ihm eine Flucht auf größere Distanz
zu, hat er auch so viel Geld, daß er ohne weiteres sogar ins Ausland könnte.

Zu Hause stiegen wir sofort in unser Auto um. »Wir fahren nach Stiwoll«, sagte mein Vater.

Die Straße nach Graden zur Kainach war, auch wegen Größl, gesperrt, da man uns kannte, ließ man uns passieren. Ein solcher Fall, wie der Fall Größl, ist naturgemäß eine Sensation, und von der war auf einmal die ganze Gegend erfüllt, alles stand unter dem Eindruck des an der Gastwirtsfrau begangenen Totschlags, die Nachricht hatte sich über die Gendarmerieposten rasch verbreitet, was wir besonders in Afling merkten, wo wir bei meinem Onkel haltmachten. Mein Vater hatte für die Frau meines Onkels Medikamente mitgenommen. Wir gingen in das Haus hinein und riefen, gingen in die unteren Zimmer und in die Küche und stellten fest, daß kein Mensch in dem unversperrten Haus war. Mein Vater legte die Medikamente auf die Küchenkredenz, schrieb einen Zettel dazu, dann gingen wir wieder.

In Afling sei er, sagte mein Vater, ein Jahr vor ihrem Tod, mit meiner Mutter auf dem Begräbnis eines seiner Studienfreunde gewesen, und sie habe da andauernd von ihrem eigenen kurz bevorstehenden Tod gesprochen. Während *er* noch keinerlei Anzeichen ihrer Todeskrankheit an ihr entdeckt hatte, sei *sie* damals schon, das erkannte er erst viel später, von ihrer Todeskrankheit *durchdrungen* gewesen, eine ihm als Arzt noch vollkommen rätselhafte Veränderung sei, von dem Begräbnisbesuch in Afling an, an ihr festzustellen gewesen, ein zunehmend Melancholisches, das sich mehr und mehr über uns alle ausbreitete. Er erinnere sich an jedes einzelne ihrer Wörter, könne den Weg, den sie vor und nach dem Begräbnis gegangen waren, sehen, es sei diese Jahreszeit, Ende September, gewesen, ihm war alles mit dem Begräbnis in Afling Zusammenhängende so deutlich wie noch nie. Gerade an klaren Tagen, wo die Welt in alle Richtungen hinein als ein Atmosphärisches durchsichtig und allein durch ihre Ruhe eigentlich schöne Natur ist, sei die Traurigkeit der hinter einem lange toten Menschen Zurückgebliebenen eine doppelte.

Sind es auch immer die gleichen, wie jetzt den Södingbach entlang durch den spitzen Sonnenwinkel deutlich gewordenen, Farben, in welchen wir einen schon vollkommenen Herbst erkennen, die durch intensive Betrachtung entstandene Anschauung der Naturreflektion an sich selber fasziniert uns immer.

Das Wesentliche an einem Menschen komme erst dann, wenn wir ihn als für uns verloren anschauen müssen, in der Zeit, in welcher dieser

Mensch nur noch von uns Abschied nimmt, zum Vorschein. Er könne auf
einmal in allem, was an ihm nur noch Vorbereitung auf seinen *endgültigen*
Tod sei, auf seine Wahrheit hin identifiziert werden.

Mein Vater sprach während der ganzen Fahrt durch das Södingtal von
meiner Mutter, mehr und mehr beschäftige sie ihn in seinen Wachträu-
men, nicht in der Nacht, oft ihn gleichmäßig über längere, nach außen hin
von seiner ärztlichen Tätigkeit in Anspruch genommene Perioden beruhigend, wodurch er zu einer klaren Anschauung des Naturgeschehens
befähigt sei.

Jetzt erkenne er sie, die zu ihren Lebzeiten neben ihm von ihm zwar
geliebt, aber niemals erkannt worden sei. Zusammen sei der Mensch mit
einem geliebten andern endlich erst, wenn der betreffende *tot, tatsächlich
in ihm ist.*

Von dem Begräbnistag in Afling an habe sie oft verlangt, er solle sie auf
seine Krankenbesuche mitnehmen; ihm erscheine dieser ihr Wunsch
heute nicht mehr unbegreiflich. Es sei ihr naturgemäß nicht möglich gewesen, die Leiden und die Qual in der Welt zu *studieren,* aber *sie anzuschauen* habe sie, von dem Begräbnis in Afling an, nicht mehr aufgehört.
Er habe in dieser Zeit mit ihr oft über uns Kinder gesprochen, über die
Schwierigkeit vor allem, aus einer Zuneigung unserer Eltern für uns eine
Erziehung unserer Eltern für uns zu machen. Sie habe ihm oft gesagt, wir
seien ihr mehr *Kinder der Landschaft um uns* als solche unserer Eltern.
Zeitlebens in dieser Anschauung, habe sie uns, meine Schwester in noch
höherem Maße als mich, als ausschließlich aus der Natur gekommene
Geschöpfe empfunden, wodurch wir ihr immer fremd geblieben sind. Er
habe, sagte mein Vater, weil wir drei zusammen nach ihrem Tod völlig
hilflos und meine Schwester und ich, sie zwölf und ich siebzehn Jahre alt,
in der gefährlichsten Entwicklungsphase gewesen sind, sofort nach dem
Tod unserer Mutter, und er sagte jetzt, als wir Stiwoll schon vor uns sahen,
»tatsächlich schon während des Begräbnisses« daran gedacht, sich wieder
zu verheiraten; aber der Gedanke sei mehr und mehr *von unserer Mutter in
ihm* zurückgedrängt worden.

Jetzt fiel mir der Brief ein, den ich vor ein paar Tagen meinem Vater
geschrieben hatte und in welchem ich mich in der Beschreibung des un-
guten Verhältnisses zwischen uns dreien, zwischen ihm und mir und zwischen ihm und meiner Schwester und zwischen mir und meiner Schwester, bemüht habe. Ich hatte ihm in dem Wahn geschrieben, darauf eine

Antwort zu bekommen, und wie deutlich sah ich jetzt, daß ich eine solche Antwort niemals bekommen kann.

Meine in dem Brief gestellten Fragen wird mein Vater nie beantworten können.

Unser Verhältnis ist ein durch und durch schwieriges, ja chaotisches, das zwischen ihm und meiner Schwester und zwischen mir und meiner Schwester ist *das schwierigste, das chaotischste.*

Meine von mir in den letzten Jahren gemachten Beobachtungen unser Verhältnis betreffend hatte ich in dem Brief in möglichst unscheinbaren, aber, wie mir scheint, allerwichtigsten Einzelheiten zu charakterisieren versucht. Dabei war ich mit der größten Vorsicht darauf bedacht gewesen, meinen Vater nicht zu verletzen. *Niemanden zu verletzen.* Auf Grund meiner jahrelangen Beobachtungen war es nicht schwierig, ein von allen Seiten als gleich wahr zu bezeichnendes Bild von uns zu entwerfen. Mein Brief war sehr ruhig abgefaßt, ich erlaubte mir in ihm keine, nicht die geringste Erregung, wenngleich ihm auch nicht die Höhepunkte, auf die ich in ihm abgezielt hatte, fehlten, solche als indirekte oder direkte Fragen in dem Brief stehenden Höhepunkte wie zum Beispiel, wen die Schuld an dem allerjüngsten Selbstmordversuch meiner Schwester oder an dem frühen Tod meiner Mutter treffe. Lange habe ich diesen Brief schreiben wollen und auch immer wieder dazu angesetzt, aber immer waren mir schon gleich zu Beginn Zweifel gekommen über die Zweckmäßigkeit eines solchen Briefes. Es war mir immer *un*möglich gewesen, ihn zu schreiben. Die Peinlichkeit, in einem solchen Brief auf einmal auszusprechen, was jahrelang nur gedacht worden ist, Vermutungen zur Sprache zu bringen, war mir jedesmal sofort bewußt. Auch die Scheu, möglicherweise längst vergessenes Material für die in diesem Brief unerläßlichen Beweise meiner Anschauung von uns heranziehen zu müssen, vereitelte mein Vorhaben. Ich mußte ja aufrichtig und also rücksichtslos und doch auf alle Betroffenen achtgebend vorgehen, das machte einen solchen Brief so lange Zeit unmöglich.

Aber am vergangenen Montag fiel es mir auf einmal leicht, den Brief zu schreiben, in einem Zuge breitete ich, nicht über acht Seiten hinaus, meine Untersuchung aus, die in Fragen nach der Möglichkeit, uns unser aller Zustand klarzumachen, unser aller Verhältnis zueinander zu verbessern, gipfelte. Ich hatte diesen Brief am Ende mehrere Male gründlich studiert und nichts gefunden, was mich davon hätte abhalten können, ihn aufzugeben. Schon am Dienstagmorgen mußte ihn mein Vater bekommen haben. Er hatte ihn aber bis jetzt mit keinem Wort erwähnt, obwohl dazu die längste Zeit gewesen wäre und obwohl alles an ihm auf die Tatsache hindeutete, daß er den Brief nicht nur pünktlich bekommen, sondern auch mit der größten Aufmerksamkeit gelesen, studiert und nicht vergessen hat.

Auch in Stiwoll war mein Vater, das sah ich gleich als wir hineinfuhren, bestens bekannt.

Sein gutes Gedächtnis ermöglichte es ihm, alle Leute mit ihrem Namen anzusprechen. Auch kennt er die Verhältnisse jedes einzelnen genau.

Wenn ihm schien, daß mir einer, mit dem er einen Gruß oder auch ein paar Wörter gewechselt hatte, unklar geblieben war, charakterisierte er ihn mir.

Wir gingen rasch durch den Ort zu einem gewissen Bloch, Realitätenbürobesitzer. Der Mann gefällt ihm. Mit einer, wie Bloch selbst, fünfzig Jahre alten Frau verheiratet, lebe der Realitätenbürobesitzer aus freien Stücken mitten in einer ihm von Natur aus feindlich gesinnten stumpfsinnigen Gebirgsgesellschaft seinem Geschäftsvergnügen.

In Stiwoll, sagte mein Vater, sei ja auch ein Arzt, Bloch habe denselben aber von der Dauerschande, der er jahrelang in Stiwoll ausgesetzt war, weil er den Juden Bloch behandelte, befreit, indem er eines Tages meinen Vater konsultierte. Auch Blochs Vater sei schon in Stiwoll gewesen.

Zwischen Bloch und meinem Vater hat sich, über den Knobelberg und die Kaintalerhöhe weg, über gut fünfundzwanzig Kilometer, eine Freundschaft entwickelt, die, wie mein Vater sich ausdrückte, »ihr Philosophisches in sich hat«. Bloch bewohnt dasselbe Haus wie sein Vater, der von den Deutschen umgebracht worden ist.

Wie ich sofort sah, bewohnt er eines der schönsten Häuser von Stiwoll, in Fortsetzung des Hauptplatzes auf der rechten Seite, und, hatte mir auch schon die Fassade, gerade weil sie so verwahrlost, ihrem tatsächlichen Alter entsprechend grau und auch noch vom letzten Krieg mitgenommen ist, gefallen, bei unserem Eintreten in das Blochsche Haus, unter ein frisch gekalktes Gewölbe, war ich sofort der Überzeugung, daß Bloch einen guten Geschmack hat. Hierher komme er, sagte mein Vater, mindestens einmal in der Woche auf ein längeres Gespräch, auf einen abwechselnd von Bloch oder von meinem Vater gehaltenen Vortrag, hier würden, was man in Anbetracht der Zustände, die in Stiwoll zweifellos herrschen, nicht für möglich halte, »Autopsien an dem Körper der Natur« sowie »an dem Körper der Welt und ihrer Geschichte« vorgenommen, hier betreibe man »vergleichende politische Wissenschaften, angewandte Naturgeschichte, Literaturgeschichte« und da sei man »rücksichtslos gegen die Gesellschaft und genauso rücksichtslos gegen den Staat«. Im allgemeinen aber herrsche im Blochschen Haus das Politische, und von den Menschen sei auch mehr im Hinblick auf ihre politische Substanz als auf ihre private die Rede. Man leiste sich in einer über dem Vorhaus gelegenen Bibliothek ein auf der äußersten Geistesanstrengung fundiertes Durchschauen der Welt und gebe sich keinerlei Illusionen hin. Die Künste kämen die meiste Zeit zu kurz, aber Blochs Frau zuliebe öffne man sich auch ihnen zeitweilig.

Bloch saß in dem vom Vorhaus rechter Hand nur durch eine Glaswand getrennten Büro und diktierte, offensichtlich erregt, seiner Sekretärin ein, wie er später erwähnte, an den auch mir bekannten Voitsberger Geometer Rosenstingl gerichtetes Schreiben. Mein Vater klopfte an das Bürofenster und Bloch kam heraus. Er begrüßte uns freundlich und führte uns sofort in den ersten Stock hinauf, in die Bibliothek. Tatsächlich habe ich auf dem Land noch nie so viele Bücher auf einem Haufen gesehen wie in der Blochschen Bibliothek, und zwar, wie ich feststellte, lauter ständig in Gebrauch befindliche ohne den geringsten sogenannten bibliophilen Wert, in den man in den deutschsprachigen Ländern auf die lächerlichste Weise verliebt, ja vernarrt ist – wenn ich von einer lateinischen Ausgabe der Weltgeschichte des Nürnberger Arztes Schedel absehe, von der es auf der ganzen Welt nur ein paar Exemplare gibt.

Bloch fragte, was meinen Vater zu der ungewöhnlichen Vormittagszeit nach Stiwoll führe, und mein Vater sagte, er wolle ihm, weil er damit fertig sei, die *Prolegomena* des Kant und die Marxsche *Dissertation* zurückgeben; beide nahm er aus der Arzttasche heraus und legte sie vor uns auf den Tisch. Mitnehmen möchte er Nietzsches sämtliche Vorlesungen *Über die Zukunft unserer Bildungsanstalten* und eine französische Ausgabe der *Gedanken* des Pascal sowie Diderots *Mystifikation*. Er müsse zu einer gewissen Ebenhöh auf dem Piberweg, sagte er. Bloch kannte sie nicht. Er schenkte uns, weil er nichts anderes im Haus hatte, zwei Gläser Weißwein ein, Klöscher. In der Frühe habe er, Bloch, wieder an seinem »entsetzlichen« Kopfschmerz gelitten, aber als er sich immer intensiver mit der geschäftlichen Korrespondenz beschäftigt habe, sei der Kopfschmerz verschwunden. Er nehme immer mehr von dem Kopfschmerzmittel, das ihm mein Vater wöchentlich verschreibt. Er habe schon vier oder fünf Tage nicht mehr geschlafen. Mein Vater warnte ihn, zu viel von dem vor allem der Niere schädlichen Mittel zu nehmen.

Kürzlich, sagte Bloch, sei es ihm gelungen, ein größeres Grundstück in der Nähe von Semriach zu kaufen. »Zwei Jahre hat es gedauert«, sagte er. Vor acht Tagen noch Acker- und jetzt durch seine Geschicklichkeit Baugrund, den er in über hundert Parzellen aufzuteilen gedenke; so ließe sich das Ganze rasch wieder abstoßen. »Man muß abwarten können, bis der Feind den Kopf verliert«, sagte er. Es sei sein größtes Geschäft in diesem Jahr, meinte Bloch. Er verlangte ein besseres Schlafmittel, mein Vater verschrieb es ihm. Bloch sagte: »*Natürlich* bin ich nicht beliebt«, und mein Vater stand auf, und die beiden verabredeten sich auf den kommenden Mittwoch. Seit zwei Jahren trifft er sich mit Bloch jeden Mittwoch. Zur Ebenhöh gingen wir zu Fuß.

Bloch beherrsche die Kunst, das Leben als einen in seinen wichtigsten Funktionen leicht zu durchschauenden Mechanismus je nach seinem persönlichen Bedürfnis auf eine schnellere oder langsamere, aber immer wieder von neuem brauchbare und also erträgliche Gangart einzustellen, und er sei ständig bemüht, seine Familie in diese Kunst, die ihm Vergnügen mache, einzuweihen. Im Grunde sei Bloch der einzige, mit dem er sich auf eine *niemals peinliche Weise* unterhalten könne, auch der einzige, dem er ganz vertraue. Er sei ihm ein Freund geworden über den andern verlorenen Freunden, seinen über das ganze intelligenzheuchelnde Land verstreuten, in tiefe sonnenarme Täler, Kleinstädte, stumpfsinnige Märkte und Dörfer hineinverbannten, sich längst auf eine ihn jahrelang, noch nach Studienende, schmerzende, jetzt nur noch abstoßende Weise in ihr monotones Doktorenschicksal fügenden Freunden. Ihren Höhepunkt hätten alle diese Leute mit dem Abschließen ihrer unvollkommenen Hochschulstudien überschritten, sagte er, entlassen in eine ihnen gegenüber katastrophal vertrauensselige Welt, würden sie vom grauenhaftesten Familiär- und Ordinationsstumpfsinn, gleich ob als Kliniker oder private Praxisinhaber, verschlungen. Die Rettungslosigkeit, mit welcher die Studienkollegen meines Vaters überall, wohin auch immer er noch vereinzelt völlig inhaltslose Briefe schreibe, untergingen, erschüttere ihn. Lebenslängliche Dilettanten, heirateten sie viel zu früh oder viel zu spät und würden von ihrer fortschreitenden Ideenlosigkeit, Phantasielosigkeit, Kraftlosigkeit, schließlich von ihren Frauen vernichtet.

Bloch sei er genau in dem Augenblick begegnet, in welchem er keine Freunde mehr gehabt habe, nur noch durch eine gemeinsame Jugend, Vertrauensseligkeit der Welt gegenüber ihm verbundene Briefempfänger.

Manchmal sehe er einen von den in der Zwischenzeit ganz in der *ordinär-sexuellen Hierarchie* Aufgegangenen, der sentimental von Zusammengehörigkeit rede, aber nur noch durch Zufall, auf Bahnstationen, auf Kongressen, und es werde ihm übel und er müsse sich zusammennehmen, um die Beherrschung nicht zu verlieren. Man habe, sagte mein Vater, noch auf der Universität, in den klinischen Pflichtsemestern, viel von Forschung und von Bemühung um die durch und durch kranke Menschheit gesprochen, von Entdeckungen, höchsten Anstrengungen ihrer Gehirne, von einem der ärztlichen Wissenschaft und der erbarmungswürdigen Menschheit zuliebe gegen sich selbst gerichteten rücksichtslosen Geistesradikalismus, aber übriggeblieben seien gutangezogene Reisende in Heilungsschwindel, die sich rasch guten Tag sagen, wenn sie sich sehen, von der Qual mit ihren Frauen und Kindern berichten, von ihrem Häuserbauen, von ihrer Automobilbesessenheit. In Bloch beobachte mein Vater ständig einen durch den rudimentären Übermut der sich von Jahr zu Jahr immer wenigstens um ein Hundert- oder Tausendfaches beschleunigenden Geschichte nicht die Beherrschung Verlierenden.

Von Stiwoll aus, inmitten eines doch nur noch grotesken Antisemitismus, unter ihn verachtenden, gemeinen, mit ihm kleine Geschäfte machenden Gebirglern, mit welchen er seine Geschäfte macht, überblicke Bloch besser als von den berühmteren Zentren aus, gleichsam aus einer von ihm selbst vor zehn Jahren für sich geschaffenen »grauenhaften Privathölle unter der Gleinalpe« die Welt. Er habe viele über ihn kopfschüttelnde Freunde, weniger Anverwandte, in beinahe allen Ländern und behaupte von Zeit zu Zeit, daß er da in Stiwoll für sein Volk nicht abzuschließende Studien betreibe.

Mein Vater sagte, daß er sich auf Diderots *Mystifikation* freue, auf die kleine, spätentdeckte Schrift, die ihm Bloch empfohlen habe. Er wende sich jetzt mehr und mehr den französischen Schriftstellern zu und von den deutschen ab. Im Grunde aber habe er nie ein echtes Bedürfnis nach einer *un*wissenschaftlichen, nach der poetischen Literatur gehabt, und diese seine Eigenschaft verstärke sich offensichtlich. Für die sogenannte Schöne Literatur sei er in dem Grade, in welchem er sich Klarheit und Folgerichtigkeit verschaffen könne, immer weniger aufgeschlossen, er schaue sie als

eine in jedem Fall peinliche, ja in großen Zügen lächerliche Verfälschung
der Natur an. Die Schriftsteller beschmutzten die Natur mit ihren Schriften immer, mehr oder weniger dilettantisch, »mehr oder weniger anap-
plaudiert«, mehr oder weniger total im Vorder- oder Hintergrund des
Zeitgeschehens.

Mir habe das in der Kürze, in der wir in Blochs Haus gewesen sind,
nicht auffallen können, sagte mein Vater, aber außer einer ganz und gar
außerordentlichen, befände sich keine Unterhaltungsliteratur in Blochs
Bibliothek. Er habe öfter als nur einmal in der Woche das Bedürfnis, Bloch
in Stiwoll aufzusuchen, aber er wisse genau, daß er die Beziehung nicht
bedenkenlos strapazieren dürfe.

Mir fiel auf, mit was für einer an ihm sonst nicht feststellbaren Vorliebe
mein Vater an dem Realitätenbürobesitzer Bloch hängt und daß er in
seiner, von Bloch möglicherweise aber noch gar nicht vollkommen wahrgenommenen Anhänglichkeit zu weit ging. Aber ich sah auf einmal, wie
allein mein Vater ist und wie spärlich er sich uns Kindern eröffnet.

Er ist fast nie zu Hause, dachte ich, meine Schwester ist immer allein
und er ist auch immer allein.

Tatsächlich kommt mein Vater mit immer mehr Menschen zusammen,
um immer mehr allein zu sein.

Aber schon hatte er bemerkt, daß ich anfing, mir über seine beinahe
völlige Abgeschlossenheit Gedanken zu machen, er haßte die Beobachtung, die auf Mitleid aus ist, und sagte: »Ich übertreibe. Es ist alles ganz
anders. Es ist immer alles ganz anders. Sich verständlich machen ist unmöglich.«

Wir gingen zu der Ebenhöh durch einen offenen Obstgarten, in dem
die Falläpfel und die Fallbirnen, wie ich sofort bemerkte, nicht eingesam-
melt waren. Die Unregelmäßigkeiten in dem Garten waren verdächtige,
auf in ihrem Rhythmus gestörte Menschen hindeutende, die Ruhe in dem
Garten war eine fiebrige, kranke. Die Fenster des ebenerdigen Hauses
waren sämtlich offen, es war schwül, hinter einem der Fenster liegt die
Ebenhöh, dachte ich.

Ich stellte mir vor, wie sie wach liegt und nach Schritten im Garten
horcht und sich an den Schritten über die Personen, die da kommen,
orientiert. Genauso, wie es war, nur noch düsterer, hatte ich mir das
Krankenzimmer der Ebenhöh vorgestellt. Ihre nach der Todeskrankheit,
der sie sich bereits widerstandslos fügte, riechende Wäsche lag überall
herum.

Aus einem großen graugrünen Samtfauteuil war, sah ich, kurz vorher jemand, der ihr aus einem Buch vorgelesen hat, aufgestanden, wahrscheinlich ins Dorf gegangen, um ihr etwas zu holen. Eine Nachbarin? Eine Verwandte?

In diese Häuser, die nur noch von alten, alleinstehenden Frauen bewohnt sind, die, von ihrer Nachkommenschaft verlassen, sich auf ein Minimum an Lebensfähigkeit zurückziehen, bin ich immer in dem Gefühl, ersticken zu müssen, eingetreten. In einer langhalsigen Glasvase Blumen am Fenster, ein Kanarienvogel in einem Käfig, gefräßig, rücksichtslos.

Die Unterwäsche wird nicht mehr versteckt, die Qual wird nicht mehr versteckt, das Geruchsempfinden ist abgestumpft, keine Ursache mehr zum Verheimlichen der Gebrechen, mit welchen man allein ist.

Mein Vater ist durch die offene Zimmertür eingetreten, die Schlafende weckte er, indem er mit dem Hörrohr am Käfig ein den erschrockenen Vogel in die Käfigecke schleuderndes Geräusch erzeugte.

Das Lächeln der aus dem Schlaf aufwachenden, sich verloren wissenden Frauen, die feststellen, daß sie noch immer in der qualvollen Welt sind, ist Grauen, sonst nichts.

Jetzt werden Lügen gewechselt. Mein Vater spricht von einem verspätet sich jetzt über das ganze Land ausbreitenden Sommer, von den Farben überall. Heute habe er auf einmal nach langer Zeit wieder seinen Sohn, mich, mitgenommen.

Ich gehe auf die Frau zu, in die Düsternis hinein und wieder zurück zum Fauteuil. Ich nehme das Buch weg und setze mich hin. *Die Prinzessin von Cleve*, denke ich, *Die Prinzessin von Cleve* in Stiwoll und blättere in dem Buch und denke: was ist die vor mir in ihrem Bett Liegende für eine Frau? Wer war ihr Mann?

An allen Wänden sehe ich jetzt große Photographien eines Vollbärtigen, eines Oberlehrers, immer das gleiche aus einem riesigen Vollbart heraus gewachsene Oberlehrergesicht.

Da sagt mein Vater: »Frau Oberlehrer«, und spricht ihr vom Wetterumschwung und von den erschöpften Menschen, die diesen Wetterumschwung jetzt, weil er zu spät gekommen ist, nicht mehr ausnützen können.

Von gemeinsamen Bekannten in Gratwein, in Übelbach, Linz und Ligist spricht er. Von einem Postdirektor in Feistritz, von einer Mühlenbe-

sitzersfrau aus Wolfsberg ist die Rede. Von einem entsetzlichen Autozu-
sammenstoß auf der Packstraße.

Die Ebenhöh spricht davon, daß sie keinerlei Schmerzen mehr hat, von
einer aus Unzmarkt stammenden Lehrersfrau, die für sie die Orgel in der
Kirche spielt.

Täglich besuchten sie ihre Schüler.

Sie deutete auf die Geschenke in der Tischmitte.

Der Geistliche besuche sie; ihre Nachbarin (»sie ist im Dorf!«) lese ihr
jetzt die Bücher vor, die zu lesen sie sich zu Lebzeiten ihres Mannes immer
geweigert hat. An Oberwölz denke sie oft, wo ihre Schwester, krank wie
sie, in einem Altersheim untergebracht sei. »Bettlägerig.« Gegen das Altersheim habe sie, die Ebenhöh, sich immer gewehrt, und wenn ihr Sohn
davon anfange, daß sie im Stiwollschen Altersheim besser als zu Hause
versorgt sei, kämen ihr Zweifel an der Gutmütigkeit ihrer Kinder. Die
Enkelkinder kämen immer in den gleichen schmutzigen Sonntagskleidern
zu ihr und spielten in ihrem Zimmer mit alten Zeitungen.

Ihr Mann, sagte sie, sei 1948 für einen sozialistischen Nationalratsposten
vorgeschlagen gewesen, aber noch vor der Aufstellung der endgültigen
Wahllisten, wie mein Vater wisse, verunglückt.

Sie erinnere sich, daß vier seiner Schulkameraden den Sarg mit ihrem
toten Mann getragen haben. »Alle vier sind tot«, sagte sie, und: »in kurzer
Zeit hintereinander gestorben.«

War alles für sie, vor zwei Monaten noch, als sie aus dem Spital nach
Stiwoll zurückkam, ein Kampf um den Schlaf gewesen, so kämpfe sie jetzt
um ihr Wachsein. Im Garten geschähe nichts. Eine Anklage gegen ihre
Nachbarin konnte sie nicht unausgesprochen lassen: »Sie kommt oft stundenlang nicht herüber.«

Mein Vater hielt der Ebenhöh das Hörrohr an die bekleidete Brust und
horchte. Dann füllte er ein Rezept aus. Ich merkte, daß er sich Mühe gab,
den Krankenbesuch auszudehnen, obwohl er längst wieder fort wollte.

Ohne die Musik, die sie schon so lange Zeit nicht mehr machen, sich
nur noch vorstellen könne (»ich höre sie ja noch!«), sei ihr Leben nichts
mehr wert. Ihr Körper komme ihr die längste Zeit wie ein schon abge-
storbener vor, in ihren Spiegel schauend verfalle sie einem »fürchterlichen
Zustand«.

Ihre Schwester, die im Oberwölzer Altersheim mit sechs Gleichaltrigen
zusammen in einem Zimmer liegt, habe sie immer wieder aufsuchen wol-

len, als sie selbst noch an keine eigene Krankheit dachte, jetzt werde sie sie nicht mehr sehen.

In der vergangenen Nacht sei sie unter dem Krimmler Wasserfall, einem ihrer frühesten Kindheitserlebnisse, gestanden, immer wieder nach ihrer Mutter rufend.

Auf einmal lachte sie.

Ihren Mann, sagte sie, habe sie geheiratet, ohne ihn zu kennen.

Drei Wochen, nachdem sie ihn zum erstenmal während der Fronleichnamsprozession in Köflach, 1919, getroffen habe, sie stammt aus Knittelfeld und ist, als Tochter eines Sägewerkvorarbeiters, außerhalb von Knittelfeld auf einer Anhöhe über Landschach aufgewachsen, habe ihr Mann sie, sie sahen sich zum zweitenmal, aus Stiwoll kommend, abgeholt, am Abend vor der Hochzeit in Stiwoll.

Auf dem Kommodenkasten stand eine Gipsbüste von Franz Schubert, dessen Schädel, einmal an der Basis auseinandergebrochen, wieder zusammengekittet worden war. Notenblätter lagen unter der Büste auf einem Haufen.

In ihrer Jugend, sagte die Ebenhöh, habe sie getanzt, mit siebzehn Jahren den oberösterreichischen Mondsee der Länge nach durchschwommen. Mit ihrem Mann habe sie lange Zeit die Vorliebe für das Studieren von Atlanten geteilt. Einmal sei sie in Rom, einmal in Paris gewesen. Sparsam im Geldausgeben, waren sie beide, ihr Mann und sie, schon früh zu ihrem eigenen Haus in Stiwoll gekommen, eine Erbschaft habe sie bald nach dem ersten Weltkrieg alle Schulden zurückzahlen lassen. Sie habe, sagte sie, fünfzehn Jahre einen Bruder in der Strafanstalt Stein gehabt, »einen Schwerverbrecher als Bruder, einen Bruder als Schwerverbrecher«, dem sie, hinter dem Rücken ihres Mannes, monatlich Briefe und Geld und Pakete geschickt hat. Über das Verbrechen ihres Bruders schwieg sie, mein Vater aber weiß, daß der seine Verlobte umgebracht hat. Kaum aus der Strafanstalt entlassen, sei ihr Bruder nach Stiwoll gekommen und habe in ihrem Haus gelebt. Sie habe ihm die Mansarde unter dem Dach eingerichtet, in die ihr Bruder sich von der ersten Stunde an eingesperrt hat, ohne sie ein einziges Mal zu verlassen. Am Fensterkreuz aufgehängt, hat sie ihn, drei Tage nach seiner Entlassung aus Stein, gefunden. Sein Begräbnis sei das traurigste gewesen, sie habe nicht die Kraft gehabt, hinzugehen. Ihr Mann habe ihr das ganze Leben lang vorgeworfen, daß sie ihren Bruder ins Haus genommen hat. Durch den Selbstmord ihres Bruders sei ihm sein eigenes Haus auf einmal unheimlich gewesen. Sie hatte eine Photographie von ihrem Bruder, die an dem Tag gemacht worden ist, an welchem er seine Braut umgebracht und unterhalb von Fronleiten in die Mur geworfen hat. Ich solle ihr ein auf dem Tisch liegendes Kuvert geben. Ich stand auf und gab ihr das Kuvert, in dem sie die Photographie hatte. »Ein schöner Mensch«, sagte sie. Die Ebenhöh hielt, solang wir bei ihr waren, die Photographie in der Hand, schaute auf die Bettdecke und schilderte in Zusammenhang mit ihrem Bruder ihre Kindheitsjahre in Knittelfeld.

Er sei für sie nie, auch nicht einen einzigen Augenblick, ein schlechter Mensch gewesen.

Mein Vater muß das Gefühl gehabt haben, daß er die Ebenhöh zum letztenmal sieht, sonst wäre er sicher aufgestanden und weggegangen.

Mit geschlossenen Augen sehe sie jetzt alles viel deutlicher als jemals.

Sie denke daran, wem sie ihre Kleider vermachen werde, die, alle in gutem Zustand, im Kasten hingen.

Ihr Haus gehöre schon lange Zeit ihrem Sohn, der davon nichts wisse.

Sie könne nicht sagen, daß er sich nicht um sie sorge, aber über das, wozu er verpflichtet sei, ginge seine Hilfsbereitschaft nicht hinaus. Ihre Schwiegertochter habe für sie nie etwas anderes als einen immer noch tieferen Haß empfunden, der sich aus einer spontanen Abneigung bei ihrer ersten Begegnung heraus mit den Jahren zu einem grauenhaften entwickelt habe. Ihr Sohn getraue sich wegen seiner sie hassenden Frau nicht mehr, sie zu lieben. An den immer infameren Erfindungen ihrer Schwiegertochter gegen sie, sei sie »zerbrochen«. Ohne ihren Mann sei sie nach dessen Tod im Grunde nur noch der gemeinen Willkür ihres Sohnes und ihrer Schwiegertochter ausgeliefert gewesen. Die Schwiegertochter habe sie rücksichtslos in die Finsternis einer ausweglosen Einsamkeit hineingestoßen, ihr Sohn habe zugeschaut. Der habe viel zu früh, unreif, die Ehe mit der aus Köflach Stammenden als eine Zuflucht vor seinen Eltern aufgefaßt und sei augenblicklich in dieser Ehe untergegangen. Als Hilfsarbeiter bei einem Häuteverwerter in Krottendorf arbeite ihr Sohn sogar an den Sonntagen. Seine Kleidungsstücke strömten, wenn er zu Besuch komme, einen fürchterlichen Kadavergeruch aus, auch die Kleidungsstücke seiner Frau, auch die Kleidungsstücke ihrer Enkel. Das ganze Haus sei, wenn sie da sind, von dem Kadavergeruch angefüllt, und sie sagte, daß sie, wenn sie alle weg seien, stundenlang alle Fenster offen lassen müsse, um es aushalten zu können. Die Übelriechenden selber aber bemerkten ihren üblen Geruch nicht mehr.

Ihr Sohn sei »riesengroß«, habe ungewöhnlich lange Arme und »derbe« Hände, sei aber immer gutmütig gewesen früher. Seinen Vater habe er schon früh unglücklich gemacht, sobald sich, als der Sohn zu sprechen anfing, zeigte, daß er immer geistig beschränkt bleiben werde. Tatsächlich habe ihn sein Vater in seiner eigenen, von ihm geleiteten Volksschule zweimal nicht in die nächsthöhere Klasse aufsteigen lassen können. An den Besuch einer Hauptschule sei nicht zu denken gewesen. Ihr Mann sei mehr und mehr durch den Sohn in eine fürchterliche »Deprimation« hineingekommen, von Erziehungszweifeln geplagt, habe er keine Beruhigung, geschweige denn Befriedigung mehr finden können. Ein in Graz aufgesuchter Psychiater half nichts, hat nur viel Geld gekostet. Sie hofften aber doch immer, daß der traurige, ihrer beider Leben lähmende Zustand einmal aufhören könne. Sie hatten aber vergeblich auf eine Besserung des Zustandes ihres Sohnes gewartet. Wenn ihr Mann nicht von der Koralpe abgestürzt wäre, wäre er wahrscheinlich an dem geistesbeschränkten Sohn »langwierig und elend« zugrunde gegangen, meinte sie. Ihr Sohn sei plötzlich, wie ein von einem Augenblick auf den andern nach langer Zeit aufgesprungenes Tier zu der Köflacher Schaustellerstochter »hinunter«. Er mußte sie heiraten, weil er ihr gleich ein Kind gemacht hat.

Die erste Zeit hat ihn ihre Familie auf die steiermärkischen, niederösterreichischen und burgenländischen Märkte mitgenommen, aber dann, weil die »Konstellation« nicht mehr getaugt hat, hat seine Frau ihm die Anstellung bei der Krottendorfer Häuteverwertung vermittelt.

Die Ebenhöh stellte sich ihren Sohn oft vor, wie er in der dampfenden Häuteverwertungshalle mit nacktem Oberkörper stumpfsinnig mit einem Holzprügel in den Bottichen umrührt, Stunde um Stunde umrührt, während seine Frau »ungewaschen und unangezogen« in einem »speckigen Schlafrock« in ihrer Küche die Romanserien im »Erzähler« liest. Sie stelle sich das Zuhause ihrer Enkel als ein immer schmutzigeres, stinkenderes vor. Ihr sei es ein sie jetzt tatsächlich vernichtendes Rätsel, wie sie aus der Verbindung mit ihrem aus so guten Verhältnissen stammenden Mann einen Sohn habe gebären können, der ihr mehr und mehr als ein Vieh vorkommt. Sie denke so weit zurück als möglich und sehe in beiden Familien, in der eigenen wie in der ihres Mannes, nur »feinnervige, ordentliche Menschen«, und ihr Sohn stehe unter ihnen allen »als ein Ungetüm«. Denn ihr Bruder, der Mörder, war ja auch von der feinnervigen Art gewesen, ordentlich, intelligent, aufnahmehungrig, was die Geistesbedürfnisse betrifft, und ihr tatsächlich, im Gegensatz zu ihrem eigenen Sohn, überhaupt niemals unheimlich gewesen. Freilich, ihr Sohn sei noch nie mit dem Gesetz in Konflikt gekommen. Seine Gutmütigkeit habe ihn bis jetzt vor einem Verbrechen bewahrt. Aber mehr und mehr konstatiere sie, wie die Gutmütigkeit sich aus ihrem Sohne zurückziehe, um einer Kaltblütigkeit, die sie fürchtet, Platz zu machen. Ihre engsten Verwandten kämen, immer schon im Garten ordinär durcheinanderredend, wie sie von ihrem Bett aus, geschult, durch das offene Fenster hören könne, und, ihr komme es vor, wie in einer infamen Niederträchtigkeit gegen sie abgesprochen, mit dem zwischen ihnen hin und her geworfenen Wort »Großmutter« ins Vorhaus und zu ihr herein. Sie ließen ihre Kinder auf dem Boden herumkriechen und setzten sich neben sie auf ihr Bett, und es komme ihr vor, als müsse sie ersticken. Sie klagten sich gegenseitig vor ihr an, ihre Schwiegertochter bezeichne ihren Sohn als stumpfsinnigen »Lebensmittel*er*arbeiter«, er sie als »Küchentrampel«. Wenn sie von ihren Vorwürfen gegeneinander erschöpft sind, warten sie den Zeitpunkt ab, zu dem sie wieder weggehen, wieder voraus die Kinder, ordinär durcheinanderredend, den Kadavergeruch zurücklassend.

Sie denke, sagte die Ebenhöh, daß ihr Sohn nach ihrem Tod ihr Haus verkaufen und das dadurch gewonnene Geld in der kürzesten Zeit verlieren werde. In Stiwoll könne er ja wohl nicht sein, sagte sie. Ihre Möbelstücke unter der Verfügungsgewalt ihres Sohnes und ihrer Schwiegertochter zu sehen, verursache ihr Übelkeit, Kostbarkeiten, wie ihr Klavier, die Geige ihres Mannes, die auf dem Kasten lag, die Notenmappen, die Bücher, ihren Erben ausgeliefert. Sie müsse nicht hinfahren, um zu wissen, in welchem Elend, wie verwahrlost die Familie ihres Sohnes in Krottendorf lebt. Einmal sei sie, noch gesund, von ihnen nach Krottendorf eingeladen gewesen, da habe sie sich mit der Ausrede, sie habe Kopfgrippe, aus dieser Fürchterlichkeit herauswinden können; sie habe sich davor gefürchtet, dem, was sie sich jahrelang ausgemalt hatte, auf einmal in der Wirklichkeit gegenüberzustehen. Von Krottendorf verbreite sich in einem weiten Umkreis der Kadavergeruch, an manchen Tagen, bei Ostwind, bis nach Graz. Wer in Krottendorf lebe, lebe mitten in einer ununterbrochen stinkenden Gelderwerbshölle.

Ihr Sohn beschreibe, was sie immer erschüttert hat, völlig abgestumpft, die Arbeit in der Häuteverwertung als eine ihm gleichgültige, eintönige, für Lunge und Niere schädliche. Bei ihm aber hätten die Ärzte, die alle zwei Monate die dreihundert Arbeiter der Krottendorfer Häuteverwertung untersuchen, weder an seiner Lunge noch an seiner Niere etwas Verdächtiges festgestellt. Nach zehnjähriger Arbeit in Krottendorf, die Ebenhöh sagte, dabei bewegungslos über die Bettdecke wie bis nach Krottendorf wegschauend, »nach zehnjährigem Umrühren in den Krottendorfer Bottichen«, träten an den Lungen und in den Nieren der Krottendorfer Arbeiter Veränderungen auf, »tödliche«, sagte sie. Ihr Sohn aber habe die widerstandsfähigste Konstitution, die man sich denken kann. Sein »riesiger« Körper sei ihr immer ein Fremdkörper gewesen, ihr genauso wie ihrem Mann. Nach Beendigung der Volksschule sei ihr Sohn in der Mansarde, in der ihr Bruder sich aufgehängt hat, Tag für Tag stumpfsinnig vor sich hinschauend auf einem Sessel gesessen, schweigend, bis zum Tod seines Vaters. Wohl weil er nie an etwas anderes gedacht habe, sei er sofort nach dem Begräbnis des Vaters, wie sie schon angedeutet hat, nach Knittelfeld hinunter, an die Erstbeste, an seine Frau, »der arme Irre«. Er hätte wohl, denke sie oft, wenn er bei ihr geblieben wäre, von seiner Mutter doch noch gerettet werden können. Lange Zeit habe er ihr in seiner stumpfsinnigen Hilflosigkeit leid getan, auch, oder gerade weil er das Leben seiner Eltern so sinn- und schuldlos hatte ruinieren müssen, aber jetzt täte er ihr nicht mehr leid. Sie sei seiner müde.

Jetzt ende alles mit ihr in der Abneigung gegen ihren eigenen Sohn und dessen Frau und Kinder.

Mein Zimmer ist zu meinem Sterbezimmer geworden, mochte sie denken, während sie die ganze Zeit von ihrem Sohn sprach, es ziehe sich in der Nacht zusammen, sagte sie, und sie habe Angst, ersticken zu müssen.

Mein Vater lenkte sie (und uns) auf die Stubalpe hinauf ab, schilderte die gelben Föhren in der Höhe, die kalte Herbstluft, das hoch oben die Felsen entlangflitzende Wild, den reißenden Lobmingbach in der Tiefe.

Er nehme jetzt öfter seinen Sohn, sagte er, mich, mit, ich müsse die Menschen kennenlernen, das sei unerläßlich für mich. Mit seinen Kindern lebe er und er könne, wie sie in ihn, nicht in sie hineinschauen. Die Schwierigkeiten, in welchen die Eltern ihren Kindern gegenüberstehen, würden immer größere, schließlich in allen Fällen unüberwindliche.

Bis heute habe er den Tod seiner Frau, meiner Mutter, nicht begriffen. Aber alles sei immer unbegriffen.

Wer hätte vor drei Jahren noch gedacht, er wäre auf einmal mit mir und meiner Schwester *allein?*

»Ein guter Mensch, an dem alles hängt, ist auf einmal nicht mehr«, sagte er.

Er wisse mich an der Montanistischen Hochschule in Leoben gut untergebracht, sagte er. Um mich habe er keine Angst, nur um meine Schwester. Anfällig für alle Krankheiten, lebe sie, in sich zurückgezogen, mit unserer Haushälterin die meiste Zeit sich selbst überlassen. Ein empfindliches Gemüt lasse sie an manchen Tagen überhaupt nicht aus ihrem Zimmer gehen.

Mein Vater sprach sehr liebevoll von uns, die Ebenhöh schien ihm aufmerksam zuzuhören.

Er braucht einen Menschen, ab und zu, der ihm zuhört, dachte ich, Bloch fiel mir ein.

Wir, meine Schwester und ich, seien aber, glaube er doch, immer in seiner Abwesenheit hilfsbereit zueinander.

Mein Interesse für die Naturwissenschaft mache ihm Freude. *Beunruhigt* von meiner Schweigsamkeit, nicht *beängstigt*, weil sie keine krankhafte, sondern eine verstandesmäßige sei, glaube er, daß mein Körper gesund ist.

Die Freunde, die ich habe, seien in ähnlich guter Verfassung, soweit er informiert sei, er sehe sie gern, wenn er in Leoben ist. Er gehe dann mit mir aus, nachtmahlen, in den Großgasthof Gärner. Er habe es aber immer eilig, das sei ein Elend. Daß ich mir mein Studium selbst ausgesucht habe und zu dem frühestmöglichen Termin damit fertig sein werde, freue ihn, ich käme so gut voran, ich sei besser als alle andern.

Leoben sei ein günstiger Ort für ein Hochschulstudium wie das montanistische, nicht zu groß, nicht zu klein, eine Stadt, die das Notwendige bietet, nichts Überflüssiges. Das Klima sei dort nicht so gut wie bei uns zu Hause, aber ein durchaus gesundes. Ich sei ein den Vergnügungen, die sich anbieten, durchaus aufgeschlossener Mensch, aber auch kein Freund der Übertreibung. Das vor allem beruhige ihn. Es komme ihm »unheimlich« vor, daß ich jetzt einundzwanzig bin.

Er wünsche sich für meine Person mehr sportliche Betätigung, aber ich wisse sicher am besten, was mit mir tun. Alles in allem könne er von mir, da er mir nichts abgehen ließe, *erwarten*, daß ich nach bestem Gewissen handle, seine Hoffnungen erfülle. Eine Anstrengung sei es in jedem Fall und immer, vorwärtszukommen.

An meiner Schwester beobachte er Erscheinungen, die ebensolche an meiner Mutter gewesen sind, von Tag zu Tag stärker, seelische, körperliche, ihres immer mehr dem unserer Mutter ähnlichen Charakters.

Ihr Inneres sei, das bedrücke ihn, niemals ohne Angst, ihr Organismus der empfindlichste, den man sich denken könne.

Ihre Stimmungen wechselten rasch; vollkommen ihrem Nervensystem unterworfen, sei sie ständig in Gefahr.

Mehr und mehr habe sie sich von uns abgeschlossen, ziehe sie sich in sich selber zurück, wodurch ihm ein Problem erwachsen sei, das er nicht lösen könne.

Mir kommt es vor, als wäre sie schon viel zu weit von uns weg, um von uns noch einmal eingeholt werden zu können. Wir hatten beide unsere Mutter in dem Augenblick verloren, der der verheerendste ist, aber für meine Schwester ist er möglicherweise ein *tödlicher* gewesen.

Am Anfang, sagte mein Vater, habe er sie in einem Internat am Bodensee untergebracht. Das sei aber das Verkehrteste gewesen. Unter dem System strenger, rücksichtsloser Nonnen sei sie erst recht und von da an *unaufhörlich* ihrer fürchterlichen Schwermut verfallen, ihrem hoffnungslosen Zustand.

Seit einem Jahr ist sie zu Hause hingegeben an eine apathische Lebensweise, von der wir alle beherrscht sind.

Ich versuche es immer wieder, in Briefen aus Leoben, mich ihr zu nähern, umsonst.

Es sei nicht ausgeschlossen, daß ihre seelische Erkrankung mehr und mehr auf ihr Organisches übergreife. Sie sei ihm eine »ununterbrochene Angst«.

In Zeitschach, sagte mein Vater, sei er einmal mit ihr zwei Tage in einem Gasthof abgestiegen. Aber die ganzen zwei Tage, die sie in Zeitschach gewesen sind, hat sie nicht mit ihm gesprochen. Dabei wäre es die ganzen zwei Tage in Zeitschach *eine angenehme schöne Natur* gewesen. Sie sei spät aufgestanden und früh schlafen gegangen, wie verstört gewesen von dem Ort und seiner Umgebung, sie habe den Aufenthalt nicht als eine Erfrischung empfinden können, wie es von ihm gedacht gewesen war, nur als eine Last.

Ein anderes Mal ist er mit ihr nach Laibach hinunter gefahren, nach Triest und Fiume, alles in allem auf sechs Tage, für die er sich einen Vertreter hat kommen lassen, und es ist ihm nicht geglückt, ihre grauenhafte Stimmung zu ändern. Sie verdüstere sich zusehends. Überhaupt mache er die Beobachtung, daß ihr Gemüt sich verfinstere, gerade wenn es ins Licht hineinkomme.

Unter frohen Menschen, die das Leben einmal leichtnehmen, sei sie unglücklich. Eine angenehme Umgebung irritiere sie. Ein heller Tag stoße sie in eine noch tiefere Schwermut hinein.

Wenn Besuche ins Haus kommen, ziehe sie sich zurück, erscheine nicht mehr, bleibe in ihrem Zimmer, bis die Leute weg sind. Den Vergnügungen, wie sie auf dem Land üblich sind, stehe sie ratlos gegenüber. Sie habe auch keine Freundin, manchmal gehe sie mitten in der Nacht aus dem Haus und irre in der Ortschaft umher.

Ihre Schlaflosigkeit erinnert an die Schlaflosigkeit meiner Mutter.

Wenn sie auf längere Zeit, wie beabsichtigt, wegfährt, kommt sie schon am nächsten Tag wieder zurück aus dem Tirolischen, aus dem Salzburgischen, aus dem Slowenischen.

Aber sie hänge mit einer von ihr noch immer unbegriffenen Zuneigung an uns, ihrem Vater, ihrem Bruder.

Mit mir sei alles einfacher, sagte mein Vater, mit ihr alles schwierig. Wir leben so lange zusammen und kennen uns nicht.

Jeder ist völlig für sich, obwohl wir aufs engste zusammen sind.

Das ganze Leben sei nichts als ein inständiger Versuch, zusammenzukommen.

Ich dachte, ich habe meinen Vater noch nie so empfindsam über uns sprechen hören.

Er sehe mich meine Studien beenden, eine Laufbahn einschlagen, die ihn nicht enttäuschen werde.

Jetzt bemerkte er, daß die Ebenhöh eingeschlafen war, und er stand auf und überzeugte sich, ob ich noch da sei. Es war ihm peinlich, daß ich ihm zugehört hatte.

Wir schauten in den Garten hinaus, auf eine Frau, die Nachbarin, dachte ich, die in Gummistiefeln durchs Gras ging. Sie zog die Gummistiefel vor der Haustür aus und kam herein. Sie hatte allerhand Lebensmittel für die Ebenhöh eingekauft, auch eine Flasche Rotwein, die sie zuerst auf den Tisch stellte. Sie kannte meinen Vater. Er sie. Die Ebenhöh wachte auf. Ob wir von dem Gradenberger Mord wüßten? fragte die Nachbarin. Größl sei noch immer flüchtig. In dem Jahr sei es das vierte Verbrechen unter dem Bundscheck, sie erinnerte die Ebenhöh an den erdrosselten Hafner, an die erwürgte Lehrerin, beide aus Ligist, an den erschossenen Aflinger Kürschnermeister Horch. Sie packte Brot und Butter aus und sagte: »Das schwüle Wetter.«

Mein Vater gab zu, daß er noch in der Frühe bei der ermordeten Gradenberger Gastwirtsfrau gewesen ist. Sie sei in Köflach gestorben, sagte er.

Die Nachbarin richtete den Polster der Ebenhöh, drehte ihn um, straffte ihr das Leintuch. Sie war wieder eingeschlafen, als wir uns verabschiedeten.

Über den Marktplatz von Stiwoll zurück zu unserem Wagen gehend, sprachen wir von kommenden mich betreffenden Prüfungen, von dem Verhältnis der in Leoben Studierenden untereinander, von ihrer Langeweile, von ihrem Lebensüberdruß. Von den zahlreichen Selbstmorden gerade unter den Besten. Es sei auffallend, daß gerade die Reichen zum Selbstmord neigen, zuerst der Langeweile verfallen, jener fürchterlichsten Krankheit, an welcher man auf der Welt erkranken kann.

Die Montanistische Hochschule in Leoben sei gut, berühmt, zu Unrecht heruntergesetzt gerade von den an ihr Studierenden. Ich bin der Meinung, daß sie eine der drei besten auf der ganzen Welt ist, sagte ich. In Leoben sei alles so, daß man sich voll und ganz auf das Studium konzentrieren müsse, um nicht verrückt zu werden.

Ich sei nicht isoliert, sagte ich, ich verschaffte mir nur jeden Tag mit neuer Energie die notwendige Abgeschlossenheit, die ich brauche, um vorwärtszukommen. Ich sei oft rücksichtslos, verletze mir Nahestehende. Trete ein absoluter Stillstand in meiner Aufnahmefähigkeit, die Studien betreffend, ein, ginge ich aus dem Internat hinaus, meistens allein, am Ufer der Mur entlang, werde, nur an die Studien denkend, mit mir fertig. Aber ich ginge oft auch nur an die Mur, den braunen, träg dahinziehenden, zähen Fluß, zu dem Zwecke völliger Zerstreuung, auf die nördlichen Hügel, überließe mich meinen Phantasien, meiner auf die Oberflächennatur bezogenen Nachdenklichkeit. Die Beschaffenheit der Erdoberfläche sei mir mit jeder Anschauung wieder neu, affiziere mich, von jeder Perspektive aus gesehen, erfrischend.

Oft bereite mir, die Zusammensetzung der Luft zu studieren und viele Kilometer in nordöstlicher Richtung gegen den Semmering hin zu gehen, das größte Vergnügen. In dem Gefühl, letzten Endes vollkommen frei zu sein, empfände ich, kann sein, Glück.

In meinen Vermutungen, die Struktur des lokalen Unterirdischen neben der Mur betreffend, käme ich oft in eine Ruhe hinein, die mir die durch überanstrengtes Studieren verlorene Klarheit wieder verschaffe, den aufnahmefähigen Kopf.

Ich betrachtete mich schon lange als einen Organismus, den ich durch meine eigene Willenskraft immer öfter auf Befehl disziplinieren könne. Freilich erlebte ich zeitweise Rückschläge, die aber in keine Verzweiflung führten. Aus dem Zustand der Verzweiflungsanfälligkeit herauszukommen, sagte ich, sei mir die höchste Anstrengung wert. Besser fürchterlich angestrengt, sagte ich, als tief verzweifelt.

Es gäbe Augenblicke, da wäre ich befähigt, völlig anstrengungslos durch die Schöpfung, die nichts als eine ungeheure *Er*schöpfung sei, durchzuschauen. »Augenblicke«, sagte ich.

An jedem Tag baute ich mich vollkommen auf und zerstörte ich mich vollkommen.

Sich zu beherrschen sei das Vergnügen, sich vom Gehirn aus zu einem Mechanismus zu machen, dem man befehlen kann und der gehorcht.

Allein in dieser Beherrschung könne der Mensch glücklich sein und erkenne er seine Natur. Aber die wenigsten erkennen jemals ihre Natur. Sich von Gefühlen überschatten lassen, gegen die normale ununterbrochene Verfinsterung seines Gemüts nichts zu tun, bringe den Menschen in die Verzweiflung. Wo der Verstand herrsche, sei die Verzweiflung *unmöglich*, sagte ich. »Wenn dieser Zustand der völligen Verstandeslosigkeit in mir eingetreten ist, ist alles in mir Verzweiflung.« Diesem Zustand verfiele ich nur noch selten. Das Leben sei immer anstrengend, solange man nicht aus ihm hinausgehe, und es verstandesmäßig aushalten sei das Vergnügen. Die meisten Menschen seien Gefühlsmenschen, keine Verstandesmenschen, also gingen die meisten in Verzweiflung auf, nicht im Verstand. »Aber der Verstand, den ich meine«, sagte ich, »ist ein vollkommen unwissenschaftlicher.«

Meinem Vater war meine plötzliche Gesprächigkeit aufgefallen. Er meinte, daß es auch ihm manchmal gelänge, über etwas zu reden, oder etwas auch nur zu sehen, ohne darüber reden zu können, das für den Menschen eigentlich gar nicht in Frage komme, das doch menschen*unmöglich* sei.

An Blochs Haus vorbei fuhren wir gegen Hauenstein, zu einem mehr oder weniger verrückten Industriellen, dessen Namen ich vergessen habe. Von Abraham kürzten wir den Weg über Geistthal ab.

Unter den Studierenden sei immer eine Unruhe, sagte ich, weil sie sich, solange sie studieren, in dem Hohlraum zwischen ihren von ihnen verlassenen Eltern und der von ihnen noch nicht erreichten Welt befänden und immer noch mehr zu ihren Eltern zurück als zu der Welt hin tendierten. In diesem Hohlraum komme es oft plötzlich zur Katastrophe, dann, wenn sie einzusehen glaubten, daß sie weder zu ihren Eltern zurück, noch in die Welt hineinkönnten. In den letzten sechs Monaten hätten sich allein im Internat drei Studenten umgebracht, sagte ich. An allen dreien sei bis zu ihrem Tod keine, nicht die geringste Gefühls- oder Gemütsauffälligkeit festzustellen gewesen.

Ich selbst hätte noch niemals daran gedacht, mich umzubringen, sagte ich, mein Vater aber meinte, daß ihm der Gedanke an Selbstmord immer ein sehr vertrauter gewesen sei. In diesen Gedanken habe er schon als Kind oft Zuflucht vor den andern Gedanken gesucht. Er sei ihm immer nur als ein *lebensnotwendiger* dann und wann ins Gehirn gekommen, von ihm erzeugt als ein solcher, in dem er sich habe ausruhen können, niemals als ein *immanenter*. Beide dachten wir jetzt, wie gefährlich es ist, meine Schwester ununterbrochen in Selbstmordgedanken, abwechselnd in Selbstmord*gedanken* und Selbstmord*versuchen*, möglicherweise gänzlich verloren zu sehn. Sie neigte schon in der frühesten Kindheit zum Suizid, und er sagte, daß aus dem zuerst als ein theatralisches angelegten Gefühl ein späteres natürliches entstehen könne, das mit der Katastrophe ende.

Wir sahen hinter Abraham ausgedehnte Obstgärten an den Hängen. Die Bauern hatten die offenen Mostfässer in der Sonne liegen. Die Häuser sind alt. Es gibt kaum eine abgelegenere Gegend als die zwischen Geistthal und Hauenstein.

Wir hätten uns viel zu lange in Stiwoll aufgehalten, sagte mein Vater. In Hauenstein erwarte man ihn schon den ganzen Vormittag. Der Industrielle, der sich dort in ein Jagdhaus zurückgezogen habe, sei auf eine ihn gleichzeitig quälende und von der Qual an sich selber ablenkende schriftstellerische Arbeit konzentriert. Seit über zwei Jahren sei ihm der noch nicht Fünfzigjährige bekannt. Der Industrielle sei nur durch die Post mit der Welt verbunden. Seine Halbschwester teile mit ihm die Einsamkeit, eine, wie ich gleich sehen würde, vollkommene, für den Industriellen, nach seinen eigenen Worten, *ideale*. Das Jagdhaus habe er schon vor fünfzehn Jahren dem Fürsten Saurau, den wir anschließend auf seiner Burg Hochgobernitz aufsuchten, abgekauft, damals schon im Hinblick auf die schriftstellerische Arbeit über ein *durch und durch philosophisches Thema*, über das er aber niemals spricht. Würde er darüber sprechen, sage der Industrielle immer wieder zu meinem Vater, darüber zu reden anfangen, ruiniere er sich sofort die schon weit fortgeschrittene Arbeit und er könne sie nicht mehr von vorn anfangen. Er arbeite Tag und Nacht, schreibe und vernichte das Geschriebene wieder, schreibe wieder und wieder und vernichte wieder und nähere sich seinem Ziel. Er gönne sich außer der Arbeit nichts als ein jeweils kürzestes Zusammensein mit seiner Halbschwester in der Bibliothek oder in der Küche, und das nur zu dem Zweck, Ernährungsfragen zu besprechen. Seine Halbschwester gehe zweimal in der Woche nach Geistthal einkaufen, Post aufgeben, Post abholen. Sie hätten in ihrem Jagdhaus einen riesigen Vorrat für einen sogenannten Katastrophenfall angelegt, rührten diesen Vorrat aber nicht an. Die Halbschwester sei eine Tochter seiner Mutter, von einem chilenischen Vater, und er klärte mich, als wir uns langsam Hauenstein näherten, über ihrer beider Verhältnis auf. Sie lebten wie Mann und Frau zusammen; sie ziehe sich sofort in ihr Zimmer zurück, wenn sie meinen Vater in das Jagdhaus hineingelassen und bei ihrem Halbbruder angemeldet habe, und erscheine erst wieder, um meinen Vater zu verabschieden.

Der Industrielle sei zuckerkrank, sagte mein Vater, und müsse sich alle paar Stunden Einspritzungen machen. Monatlich zwei-, dreimal überzeuge sich mein Vater von der immer unveränderten Krankheit. Ihm, meinem Vater, sei nicht bekannt, daß die in Hauenstein jemals einen andern Menschen außer ihm empfangen haben. Er habe oft Leute aus der Umgebung gefragt, ob nach Hauenstein Menschen, vornehmlich solche aus der Stadt kämen, aber sie wußten nichts davon. Das Haus mache auch den Eindruck, als wäre es ausschließlich von dem Industriellen und seiner Halbschwester bewohnt, als wäre schon jahrzehntelang kein anderer Mensch mehr hineingegangen. Es sei nicht, wie sonst Jagdhäuser, mit Wildgeraffel angefüllt, sondern beinahe zur Gänze leer, nur das Allernotwendigste befände sich darin. Auch im Zimmer der Halbschwester des Industriellen sei nichts außer einem Bett, einem Tisch, einem Kasten und einem Sessel. Kein Bild an der Wand, im ganzen Haus kein Bild. Der Industrielle hasse Bilder, hasse Abbildungen. Alles müsse für ihn so leer sein wie möglich, so kahl wie möglich. Das wenige Vorhandene so einfach wie möglich. Die Natur um das Jagdhaus herum, den dichten Wald, empfinde er als Mauer. Der Briefträger dürfe mit Telegrammen durch

diese Mauer herein, aber das Jagdhaus nicht betreten, müsse sich durch
Rufen bemerkbar machen, die Post der Halbschwester des Industriellen
vor dem Jagdhaus übergeben. Eine Quelle sei hinter dem Haus, sagte mein
Vater, das Wasser gut.

Wir befanden uns jetzt in einem Hochtal und fuhren durch nichts als
Wald und wieder Wald.

In dem Haus des Industriellen befinde sich auch kein einziges Buch,
sagte mein Vater, absichtlich habe der kein einziges Buch im Haus, um
nicht irritiert zu sein. Nichts irritiere mehr als Bücher, wenn man für sich
sein will, für sich sein *muß*.

Seiner Halbschwester gestatte er das Lesen von Zeitungen, darunter Le
Soir und das Aftonbladed, Le Monde und La Prensa, keine einzige deutsche. Aber auch die ihr erlaubten ausländischen Blätter müßten mindestens einen Monat alt sein, *ohne Kraft der Zerstörung, schon poetisch.*

Die Kleidung des Industriellen sei einfach; mein Vater habe ihn nie
anders als in Hemd und Hose gesehen. Angeblich spricht er nicht nur
sämtliche mitteleuropäischen, sondern nahezu alle ostasiatischen Sprachen.

Er dulde außer Tisch und Sessel nur leeres Papier in seinem Arbeitszimmer, damit er, vollkommen auf sich selbst angewiesen, niemals von seiner
Arbeit abgelenkt sei. Als Material für das, was er schreibt, genüge ihm die
Erfahrung, die er in mehr als vierzig Jahren in den Großstädten der Welt,
in den Industrie- und Handelszentren aller fünf Kontinente gemacht hat.

Seine Besitzungen seien in der ganzen Welt verteilt, vornehmlich in der
englischsprechenden. Von Hauenstein aus leite der Industrielle, davon nur
eine einzige Stunde am Tag in Anspruch genommen, seine Geschäfte. Ein
ungeheuer komplizierter Apparat, in welchem über vierzigtausend Angestellte eingeschlossen und ständig in Bewegung sind, werde von ihm,
von Hauenstein aus, in Gang gehalten und funktioniere immer besser.

Dann, wenn er mit seiner Arbeit fertig ist, »möglicherweise bleibt als
Ergebnis nur ein einziger Gedanke übrig«, habe er einmal zu meinem
Vater gesagt, gedenke er wieder aus Hauenstein wegzugehen, aus dem
Hochtal hinaus, es hinter sich zu lassen.

An Essen genüge ihm das einfachste. Weite Spaziergänge, immer tiefer
in die Wälder hinein, in die unabsehbare »immergrüne metaphysische
Mathematik«, so seine Bezeichnung der Wälder um Hauenstein, genügten, um seine Muskeln nicht erschlaffen zu lassen. Er sei ein Feind des

Spaziergangs, er ginge nur spazieren, um nicht »körperlich zugrunde« zu gehn.

Ein kleiner Eisenofen erwärme sein Zimmer, ein zweiter Eisenofen das Zimmer seiner Halbschwester. Es sei ein Glück, habe er einmal zu meinem Vater gesagt, daß er zuckerkrank sei, auf diese Weise komme er wenigstens in Hauenstein mit einem einzigen Menschen außer mit seiner Halbschwester zusammen, mit meinem Vater. Mein Vater verhindere die »vollkommene Konsequenz Hauenstein«, habe er einmal zu ihm gesagt.

Man merke an dem Industriellen gleich, daß er selten spricht und daß, was er spricht, nichts anderes als das Abwehren einer ihm grauenhaften Irritation ist.

Die leeren Zimmer machten auf meinen Vater immer einen fürchterlichen, deprimierenden Eindruck, wenn er bedenke, daß der Mensch, der in ihnen haust, sie von sich aus, nur mit seinen eigenen Phantasien, mit nur *phantastischen Gegenständen*, anfüllen müsse, um nicht verrückt zu werden.

Die einzige Beschäftigung des Industriellen, außer arbeiten und in den Wald hineingehen und sich mit seiner Halbschwester über die Ernährungsfrage besprechen, sei die von Zeit zu Zeit ihn befallende, ihn mehr und mehr affizierende Lust, Schüsse abzugeben auf eine hinter dem Jagdhaus an zwei Baumstämmen befestigte riesige hölzerne Zielscheibe. »Ich übe mich da, ich weiß nicht, worauf hin«, habe er einmal zu meinem Vater gesagt. Man höre ihn in der ganzen Gegend oft stundenlang bis nach Mitternacht schießen.

Absolute Schlaflosigkeit und absolute Lustlosigkeit wechselten in ihm oft tagelang, ohne daß er aus diesem Zustand herauskommen könne, auf die grauenhafteste Weise ab.

An normalen Tagen steht der Industrielle um halb fünf Uhr früh auf und arbeitet bis halb zwei Uhr mittag; ißt etwas und arbeitet bis um sieben Uhr abends.

Seiner Halbschwester lasse er die »größtmögliche« Freiheit in Hauenstein. Schon sechs oder sieben Wochen nach ihrem Einzug in Hauenstein aber habe er an ihr Anzeichen einer allerdings »tief im Klerikalen wurzelnden« Verrücktheit feststellen können. Diese Verrücktheit, meint der Industrielle, könne sich aber sofort wieder aus seiner Halbschwester zurückziehen, wenn sie Hauenstein verlassen. Ganz auf sich selbst angewiesen, sei sie unter der Herrschaft ihres Halbbruders immer nahe daran, sich zu *entleiben.* Ihr Halbbruder aber beobachte, daß sie sich mit Rücksicht auf ihn, für den sie zwar alles tut, den sie aber überhaupt nicht versteht, nicht einmal ein lautes erlösendes Aufschreien, Umsichschlagen gestatte. Genau die Schweigsamkeit, die man an den in Irrenanstalten festgehaltenen verrückten Frauen feststellen kann, beobachte mein Vater an der Person, die auffallend reinlich sei.

»Wahrscheinlich hat ihr Halbbruder ihr verboten, mit mir zu sprechen«, sagte mein Vater, er habe immer das Gefühl, daß sie sich mit ihm unterhalten *möchte*, aber nicht dürfe.

Er komme meistens schon in der Frühe, auf dem Weg zum Saurau in Hochgobernitz, nach Hauenstein, da sei die Luft am reinsten, der Blick auf die Roßbachalpe am schönsten.

Die Straße, die wir fahren, meinte er, habe der Industrielle sich auf eigene Kosten anlegen lassen, sie gehöre in ihrer ganzen Länge ihm. Der Industrielle habe überall, wenn auch unsichtbar, in den Wäldern arbeitslose Müllner, ausgediente Forstarbeiter, arbeitslose Bergmänner als Wächter postiert, die ihm alle Menschen vom Leib halten müssen.

Er denke, sagte mein Vater, daß der Industrielle noch eine Zeit so in Hauenstein verbringen könne, wie er jetzt glaubt, daß er sie verbringen *müsse*, ein paar Jahre noch. An ihm habe er, im Unterschied zu seiner Halbschwester, nie auch nur die geringsten Anzeichen einer Verrücktheit feststellen können. Aber in solch einer vollständigen Abgeschiedenheit zu existieren, könne kein Mensch ohne schwere, ja schwerste Schädigung seines Geistes und seines Gemüts überstehen. Es sei bekannt, daß sich Menschen auf einmal, an dem entscheidenden Wendepunkt in ihrem Leben, das ihnen philosophisch vorkommt, einen Kerker ausfindig machen, den sie dann aufsuchen und in welchem sie ihr Leben dann einer wissenschaftlichen Arbeit oder einer poetisch-wissenschaftlichen Faszination widmen. Und daß solche Menschen immer ein ihnen anhängliches Geschöpf in diesen Kerker hinein mitnehmen. Und meistens richten sie, zuerst immer langsam, dieses von ihnen in ihren Kerker mitgenommene Geschöpf und dann sich selbst früher oder später zugrunde. Den Industriellen aber möchte mein Vater nicht als einen solchen Unglücklichen bezeichnen, im Gegenteil, er führe ja ein ihm vollkommen entsprechendes Leben, zum Unterschied von seiner Halbschwester, die durch ihn ein total unglückliches führen müsse.

Zuerst wehren sich diese Menschen, wie die Halbschwester des Indu-

striellen, sagte mein Vater, sich ihrem Unterdrücker auszuliefern, aber sie
sehen bald ein, daß es ihnen nichts nützt. Sie hängen ihm dann, weil ihnen
nichts anderes übrig bleibt, in einer fürchterlichen, sie systematisch zerstörenden Verzweiflung an, die mein Vater als »grauenhafte Hörigkeits-
verzweiflung« bezeichnet.

Aber dadurch, daß sie bis auf den Grund rücksichtslos sind, erreichen
solche Leute, wie der Industrielle, ihr Ziel, mag dieses Ziel und mag auch
die Methode, durch welche dieses Ziel erreicht worden ist, der Welt in
jedem Fall als eine abstoßende erscheinen, ein Rätsel bleiben.

Tatsächlich stand das Jagdhaus in einer Lichtung, und man sah sofort,
in einer ihm vollkommen entsprechenden Lichtung.

An dem Jagdhaus war keine einzige Trophäe, es sah überhaupt nicht
mehr wie ein Jagdhaus aus. Ich dachte sofort: ein Kerker! Ein Gelegen-
heitskerker! Sämtliche Fensterläden waren geschlossen, man hätte meinen
können, das Jagdhaus sei unbewohnt.

Der Arbeitsraum des Industriellen liege auf der rückwärtigen Seite,
sagte mein Vater. Der Industrielle gestatte sich nur immer *einen einzigen
offenen* Fensterladen.

Alles im Jagdhaus müsse seiner Konzentration auf die Arbeit nützlich
sein.

Wir stiegen aus, und da mein Vater erwartet war, man hatte uns offensichtlich ankommen hören, wurde uns sofort aufgemacht. Die Halbschwester des Industriellen führte uns rasch ins Vorhaus hinein, und ich
dachte gleich, daß das Jagdhaus ursprünglich gar kein Jagdhaus gewesen
sein kann, denn bei uns haben Jagdhäuser kein Vorhaus. Wahrscheinlich
ist das Gebäude einmal Bestandteil einer Saurauschen Befestigung gewesen. Im Vorhaus befand sich kein einziger beweglicher Gegenstand, wenn
man von einer dicken Schnur absieht, die von der Decke herunterhing.
Der Zweck der Schnur ist mir rätselhaft.

Mein Vater sagte, ich sei sein Sohn. Die Halbschwester des Industriellen
aber gab mir nicht die Hand, sie verschwand sofort, ließ uns allein im
Vorhaus. Mir fiel auf, daß sie, als wir im Vorhaus waren, die Haustür sofort
wieder verriegelt, einen großen vierkantigen Balken vorgeschoben hat. An
die Besuche meines Vaters gewöhnt, entschuldigte sie sich nicht, bevor sie
verschwand.

Ich folgte meinem Vater durch mehrere, nur dank den Fugen der Fensterläden nicht gänzlich verfinsterte Räume, kalkweiße. Wir gingen über

Lärchenböden. Wir mußten in den ersten Stock hinauf. Oben ein langer Gang, genauso finster, systematisch verfinstert. An ein Klosterinneres dachte ich.

Wir gingen vorsichtig, aber doch viel zu laut, weil die Räume leer waren.

Ich hätte am liebsten aufschreien und im Aufschreien die Fensterläden aufreißen mögen, als wir den oberen Gang entlanggingen, aber die Vernunft verhinderte, daß ich etwas tat, was ich nicht tun durfte.

Vor dem Zimmer des Industriellen blieb mein Vater stehen, klopfte an und ging, weil er dazu von dem Industriellen aufgefordert worden war, ohne mich hinein. Verabredungsgemäß wartete ich vor der Tür.

Lange Zeit hörte ich nichts, dann Wörter, die für mich zum größten Teil zusammenhanglos blieben, schließlich deutlich auf die schriftstellerische Arbeit des Industriellen bezogene. Er habe in der letzten Woche die größten Fortschritte gemacht, sagte der Industrielle, und gedenke weiterhin die größten Fortschritte zu machen. »Wenn ich auch alles, was ich bis jetzt geschrieben habe, vernichtet habe«, sagte er, »habe ich doch die größten Fortschritte gemacht.«

Er bereite sich jetzt auf eine noch jahrelange, ihn möglicherweise vernichtende Arbeit vor. »Nein«, sagte er, »vernichten lasse ich mich nicht.«

Dann sprach er von den fortlaufenden, sich mehr und mehr auf die afrikanischen Länder konzentrierenden Geschäften. Er habe die erfreulichsten Nachrichten, sagte er, aus London und Kapstadt. Afrika sei ein mit ungeheurer Schnelligkeit sich zu dem reichsten Kontinent überhaupt entwickelndes Land, und man müsse die Tatsache, daß die Weißen sich daraus zurückziehen, *ausnützen*. »Die weiße Rasse«, sagte er, »ist in Afrika zu Ende, aber *ich* fange dort erst an!«

Wieder auf seine Schriftstellerei zurückkommend, sagte er, daß er jetzt, »in diesen Wochen«, die für seine Arbeit entscheidenden Entdeckungen mache. Durch die Abgeschlossenheit, »durch die Leere hier«, sei es ihm möglich, »einen ganzen ungeheuren Kosmos von Ideen zu verwirklichen«. Jetzt verwirkliche sich alles in ihm. Und er verwende seine ganze Kraft darauf, seine Arbeit zum Abschluß zu bringen.

Um auch dadurch nicht mehr in seiner Arbeit gestört zu sein, habe er »die letzte wirkliche Ablenkung«, die er in Hauenstein noch gehabt habe, vernichten lassen: Das ganze Wild, das noch in den Wäldern von Hauenstein gewesen ist, habe er abschießen und einsammeln und »an möglichst arme Leute« in der ganzen Bundscheckgegend verschenken lassen.

»Jetzt höre ich nichts mehr, wenn ich die Fenster aufmache«, sagte der Industrielle, »nichts. Ein phantastischer Zustand.«

Nach längerer Wortlosigkeit im Zimmer des Industriellen hörte ich meinen Vater den Industriellen auf meine Anwesenheit auf dem Gang aufmerksam machen. Ich sei über das Wochenende von Leoben, wo ich, wie er ja wisse, an der Montanistischen Hochschule studiere, nach Hause gekommen, er habe mich mitgenommen. Draußen auf dem Gang sei ich. Aber der Industrielle wollte mich nicht sehen. »Nein«, sagte er, »ich will Ihren Sohn nicht sehen. Ein neuer Mensch, ein neues Gesicht, ruiniert mir alles. Verstehen Sie mich, es ruiniert mir alles, ein neues Gesicht.«

Der Industrielle fragte meinen Vater, wo er an diesem Tag schon gewesen sei, es hörte sich so an, als fragte ihn der Industrielle *immer* danach. »In Gradenberg«, sagte mein Vater, »da ist eine Gastwirtsfrau von einem Bergmann namens Größl erschlagen worden. Dann waren wir auf dem Hüllberg. Und in Salla. Und in Köflach. In Afling, in Stiwoll«, sagte er. »Gehen Sie jetzt zum Saurau *hinauf?*« fragte der Industrielle. »Ja«, sagte mein Vater, »aber vorher muß ich noch einmal zur Fochlermühle *hinunter.*«

»Nein«, sagte der Industrielle wieder, »ich möchte Ihren Sohn nicht empfangen, ich möchte ihn nicht kennenlernen. Wenn plötzlich ein neuer Mensch auftaucht, kann es sein, daß mir der alles zerstört. *Alles.* Ein solcher Mensch tritt auf und ruiniert alles.« Nach einer Weile sagte der Industrielle: »Da alle Zimmer in diesem Haus vollkommen leer sind, kann ich in der Finsternis, die in ihm herrscht, an keinen Gegenstand anstoßen.« Mein Vater kam heraus. Wir gingen ins Vorhaus hinunter. Die Halbschwester des Industriellen ließ uns hinaus. Auch die Lichtung hatte etwas Bedrückendes. »Wir fahren nach Geistthal etwas essen«, sagte mein Vater. Wortlos fuhren wir durch den Wald dasselbe Stück, das wir gekommen waren, zurück nach Geistthal. Wir haben keinen Menschen gesehn. Mir war die Vorstellung so grauenhaft, daß in dem Wald kein Wild mehr ist und daß unsichtbare Wächter uns beobachten. Kurz vor Geistthal sahen wir die ersten Menschen. Es war Mittagszeit. Zuerst wollten wir über den Römaskogel zur Fochlermühle fahren, fuhren aber dann doch über Abraham nach Afling, wo wir in ein Wirtshaus gingen, das meinem Vater als gut bekannt war.

Es war kein Tisch frei, wir wurden aufgefordert, in die Küche zu gehn, wo man uns bevorzugt bediente. Wir hörten von dem Totschlag in Gradenberg sprechen, von der Toten. Den Größl habe man noch immer nicht. Man müsse abwarten, bis er vor Hunger aus seinem Versteck, das nicht weit sein könne, herauskomme.

Während des Essens sprach mein Vater wieder liebevoll von dem Kind in Hüllberg, dann von Bloch. »Alle sind schwierig«, sagte er. Er machte die Arzttasche auf und sah, daß er die Bücher, die er sich von Bloch ausgeliehen hat, den Diderot, den Nietzsche, den Pascal, vergessen hat. Er komme aber doch gar nicht dazu, in den nächsten Tagen etwas zu lesen. Die Ebenhöh beschäftigte ihn, daß die Gewohnheit, sie zu besuchen, ein Ende habe, denn sie lebe nur noch ein paar Tage, schlafe einfach ein. Jetzt fing er von dem Lehrer zu reden an, den er als allerersten aufgesucht hatte und der gleich unter seinen Händen gestorben ist. Das Schicksal der Landlehrer sei ein bitteres, oft aus der Stadt, sie mag noch so klein sein, in welcher sie sich wohlfühlten, in ein kaltes, gegen sie feindselig eingestelltes enges Gebirgstal strafversetzt, führten sie ein auch von widerlichen ministeriellen Schulvorschriften immer mehr niedergedrücktes, erbärmliches Leben, verfielen meistens in der kürzesten Zeit einem tödlichen Stumpfsinn, der ihnen augenblicklich zum Wahnsinn werde. Ihre schon sehr frühe Neigung, das Leben als nichts als eine entsetzliche Strafe (Gottes?) zu empfinden, ununterbrochen in einer Umgebung, die sie nicht ernst nimmt, von überall auf sie herunterschaut, existierten sie in einem Klima, das ihren ohnedies schwachen Verstand zerraufe und sie in sexuelle Verirrungen hineintreibe.

Meinem Vater sei das traurige Schicksal des Lehrers in Salla schon die längste Zeit ein Grund für tagtägliche »unsinnige« Gedanken. Er wolle aber nicht darüber sprechen, sagte er, gleich darauf aber machte es ihm anscheinend weniger aus, denn er fing zu erzählen an, daß der Lehrer vor zwei Jahren zum letztenmal in der Volksschule in Obdach, wo er unterrichten mußte, gewesen war. Soviel mein Vater wisse, sei der mehrmalige Umgang des Lehrers mit einem *nervösen Knaben* daran schuld gewesen, daß er ins Tirolische, schließlich ins Italienische, dann gar Slowenische untergetaucht ist. Wie ein Wilder habe der Lehrer es zwei Jahre lang unter lauter Fremdsprachigen, die meiste Zeit von kleinen Diebereien existierend, aushalten können, dann sei er auf einmal, völlig verstört, wieder über die Grenze zurück und habe sich selbst der Justiz ausgeliefert. Ein rasch zustande gekommener Prozeß endete damit, daß ihn ein Brucker Schöffengericht zu zwei Jahren Kerker und zu zwei Jahren Arbeitshaus verurteilte. Die Strafe mußte er in Garsten absitzen. Entlassen, sei er (ich denke an den Bruder der Ebenhöh) zu seinen Eltern zurück, die in Salla eine kleine Landwirtschaft besitzen und ihn liebevoll gepflegt haben. Freilich könne man sagen, meinte mein Vater, daß der Lehrer an einer Herzkrankheit, an der sogenannten Herzruptur, gestorben ist, man könne es sich so einfach machen. »Aber das war es nicht«, sagte er.

Im Gesicht des sterbenden Lehrers habe mein Vater deutlich die Anklage eines Menschen gegen eine Welt gesehen, die ihn nicht hat verstehen wollen.

Sechsundzwanzig Jahre alt sei der Lehrer geworden, sein Totenhemd hätten seine Eltern schon wochenlang im Vorhaus aufgehängt gehabt. »Wochenlang«, sagte mein Vater, »habe ich, wenn ich in das Elternhaus des Lehrers eingetreten bin, immer zuerst das Totenhemd des Lehrers gesehen.«

Daß er in Gegenwart des Arztes, meines Vaters, gestorben sei, hätten seine Eltern als Erleichterung empfunden. Auch sie müssen ihren Sohn, sagte mein Vater, wie die Ebenhöh in Stiwoll den ihrigen, als eine fürchterliche Strafe (Gottes?) empfinden.

Von dem verstorbenen Lehrer berichtete mein Vater während des Essens noch das Folgende: er sei als Kind von seiner Großmutter zum Brombeerenpflücken in einen tiefen Wald mitgenommen worden, in welchem sich die beiden völlig verirrt haben. Sie hätten ständig den Ausgang aus dem Wald gesucht, aber nicht finden können. Es sei auf einmal finster gewesen, und sie hatten noch keinen Ausweg gefunden. Sie gingen immer in der falschen Richtung. Schließlich hätten sie, Großmutter und Enkel, sich in einer Mulde zusammengekauert und so, mit ihren fest aneinandergepreßten Körpern, die Nacht überstanden. Am nächsten Tag waren sie wieder nicht aus dem Wald hinausgekommen. Wieder in einer anderen Mulde überstanden sie die zweite Nacht. Erst am Nachmittag des zweiten Tages hatten sie plötzlich einen Ausweg aus dem Wald gefunden, wenn auch ihrer Heimat Salla ganz entgegengesetzt. Völlig erschöpft haben sie das ihnen am nächsten gelegene Haus, ein Bauernhaus, erreichen können.

Von diesem Erlebnis an, das zum schnellen Tod der Großmutter geführt hat, sei ihr noch nicht sechsjähriger Enkel in alle Zukunft verdorben gewesen.

Immer könne man von später in einem Menschen eingetretenen Katastrophen auf frühere, meistens sehr frühe Schädigungen seines Körpers und seiner Seele schließen. Die heutige Medizin aber mache sich diese Erkenntnis noch immer viel zuwenig zunutze.

»Die meisten Ärzte treiben auch heute noch keine Ursachenforschung«, sagte mein Vater, »gehen ganz auf in den primitivsten Behandlungsschemata.« »Medikamenteverschreibende Heuchler«, wichen sie überhaupt der Beschäftigung, dem Studium des Seelischen der Menschen, die sich ihnen aus einer unheilvollen Tradition heraus in ihrer Hilflosigkeit *vollkommen* anvertrauten, aus. »Faul und feig« seien die Ärzte, sagte mein Vater, sich ihnen ausliefern, bedeute, sich *dem Zufall und der völligen Gefühllosigkeit, einer Pseudowissenschaft* ausliefern. Die meisten Ärzte seien heute »*ungelernte* Arbeiter der Medizin«, die »größten Verheimlicher«. Nirgendwo sei ihm, meinem Vater, unheimlicher zumute als unter seiner Kollegenschaft. »Nichts ist unheimlicher als die Medizin«, sagte er.

Der Lehrer gelangte in den letzten Monaten seines Lebens, so mein Vater, »zu einer erstaunlichen Kunst des Federzeichnens«. Das Dämonische, das in den Zeichnungen des Lehrers mehr und mehr zum Vorschein gekommen sei, habe seine Eltern erschüttert. In feinen Linien zeichnete er eine Welt, »die eine sich selbst vernichtende Welt ist«, die sie verängstigte, je mehr von dieser Welt er ihnen »zusammenzeichnete«: Zerfetzte Vögel, auseinandergerissene Menschenzungen, achtfingrige Hände, zerbrochene Köpfe, von unsichtbaren Körpern abgerissene Extremitäten, Füße, Hände, Geschlechtsteile, im Gehen erstickte Menschen usw. Unter der Haut des Lehrers sei mehr und mehr das Knochengehäuse seines Schädels zum Vorschein gekommen, den er oft zeichnete, Hunderte, Tausende Male. Wenn der Lehrer redete, konnte man das ganze Unglück seiner inneren Konstruktion am deutlichsten sehen. Mein Vater sagte, er habe schon einmal daran gedacht, die Zeichnungen des Lehrers mitzunehmen und sie einem ihm bekannten Grazer Galeriebesitzer zu zeigen. »Damit kann man eine gute Ausstellung machen«, sagte er. Ihm sei niemand bekannt, der so wie der verstorbene Lehrer zeichne. Der Surrealismus des Lehrers sei ein vollkommen neuer, und es handle sich in seiner Kunst überhaupt nicht um ein Surreales, das der Lehrer zeige, das auf den Blättern des Lehrers sei nichts anderes als die Wirklichkeit. »Die Welt ist eine surrealistische durch und durch«, sagte er. »Die Natur surrealistisch, *alles* surrealistisch«, sagte mein Vater. Aber er denke, daß die Kunst, die man ausstellt, eben dadurch, daß man sie ausstellt, vernichtet wird, und er sei von dem Gedanken, etwas mit den Zeichnungen des Lehrers anzufangen, wieder abgekommen. Da er aber befürchte, die Eltern des verstorbenen Lehrers könnten die Zeichnungen, »Tausende!«, weil sie nicht wissen, daß es gute Zeichnungen sind, und weil sie andauernd von diesen Zeichnungen erschreckt und verängstigt und verstört werden, wegwerfen, verheizen usw., wolle er sie an sich nehmen (»Ich nehme sie einfach einmal alle mit«, sagte er). Er zweifle nicht daran, daß man sie ihm aushändigen werde.

Die Eltern des Lehrers hätten wohl immer in der letzten Zeit, wenn sie ihren kranken Sohn angeschaut haben, an seine unglückliche Veranlagung denken müssen. Es sei fürchterlich, daß man einen Menschen, von dem man weiß, daß er durch eine Abwegigkeit, eine Unnatur an sich, oder durch ein Verbrechen gegangen ist, solange er lebt, nie mehr anders als in Zusammenhang mit seiner Abwegigkeit, Unnatur, mit seinem Verbrechen anschauen könne.

Von seinem Bett aus habe der Lehrer auf den Bundscheck auf der einen und auf den Wölkerkogel auf der anderen Seite sehen können. »Diese ganze grauenhafte Natur ist in seinen Zeichnungen spürbar«, sagte mein Vater.

Seine Eltern sagten, er habe die letzte Zeit nicht mehr gesprochen, nur noch die Natur vor seinem Fenster angeschaut. Er habe aber eine ganz andere Natur gesehen als sie, sagte mein Vater, »eine andre als die, die *wir* sehen, wenn wir in sie hineinschauen«. Er habe auch eine ganz andere Natur gemalt, »alles vollkommen anders«.

Wir waren nicht lange allein an unserm Tisch, ein älterer Mann, offensichtlich der Vater des Wirts, setzte sich zu uns. Immer wieder fragte er, ob wir von dem Gradenberger Verbrechen, mehr als er selber, wüßten. Er ließ uns nicht in Ruhe essen.

Zu der Fochlermühle hinein verenge sich das Tal immer mehr auf eine selbst *ihm* unheimliche Weise, sagte mein Vater. Ich erinnerte mich, daß die Fochlermühle tief in der finstern Schlucht liegt; gleich dahinter geht es auf die Saurausche Burg hinauf.

Wir zahlten und gingen. In der großen Wirtsstube wurde gerade ein Haufen Schulkinder verköstigt, man gab ihnen heiße Suppe, und sie waren angeleitet, nicht laut zu sein. Was aus den ahnungslosen Geschöpfen für grauenhafte Menschen werden müssen, dachte ich, als wir aus dem Gasthaus hinausgingen.

Die Fochlermühle liegt in der Gemeinde Rachau, ist aber von Rachau selbst nur über einen sechzig Kilometer langen Umweg zu erreichen, und das bedeutet, daß die Fochlermühle völlig für sich allein liegt, genau unterhalb der Saurauschen Burg, die man aber von der Fochlermühle aus nicht sehen kann.

Von Afling weg fuhren wir direkt in die Schlucht.

Ich mußte, als es finster wurde, an meine Schwester denken, die noch immer ein Pflaster auf dem Handgelenk hatte.

Die Zeit, die ich, ein knappes Wochenende, von Leoben zu Hause sei, sei zu kurz, sagte mein Vater. Wir kämen nie dazu, uns *auszusprechen*. Er nicht, aber ich, sagte er, hätte möglicherweise noch einen guten Einfluß auf meine Schwester. Völlig unabhängig voneinander waren wir beide in Gedanken auf meine Schwester gekommen.

Er beobachte sie, wenn sie sich unbeobachtet fühle, sagte mein Vater, wie sie im Garten, nachdenklich immer an derselben Stelle, unbeweglich auf die Schuppenmauer schaue. Ruft er sie an, erschrickt sie und geht wortlos in ihr Zimmer. In der Ordination sei sie ihm keine Hilfe. Ihre Abneigung gegen alles Ärztliche sei die größte. An ihr sehe er am deutlichsten seine Hilflosigkeit.

Er denke oft, daß seine Kunst gerade an seinem Kind sich am fürchterlichsten als eine in ungesunden Ahnungen steckenbleibende erweise. Er nimmt meine Schwester manchmal zu Verwandten mit, aber unter Menschen fühle sie sich nicht wohl.

Ich lenkte ihn auf eine Schafherde ab, die oben auf dem Speik über der Schlucht an der Wasserscheide auf kurze Zeit einmal zu sehen war.

Als wir immer tiefer in die Schlucht hineinfuhren, schoben sich, wie es mir schien, Hunderte und Tausende von Bildern gleichzeitig in mein Gedächtnis, und ich sah nichts mehr.

Dem Mühlenbesitzer müsse er wöchentlich einmal den Verband von einem Geschwürbein herunternehmen, den in der Zwischenzeit entstandenen Eiter auslassen und das Bein frisch verbinden. Mir könne es Spaß machen, sagte er, während er bei dem Mühlenbesitzer in seinem Zimmer sei, hinter der Mühle den großen Käfig mit den exotischen Vögeln anzuschaun. Jetzt, bei Erwähnung des Vogelkäfigs, wußte ich erst, um was für eine Mühle es sich bei der Fochlermühle handelt. Ein Leichenzug war damals an der Fochlermühle vorbei aus der Schlucht herausgekommen, ich denke, wahrscheinlich von der Saurauschen Burg herunter, und die Vögel hatten, andauernd erschrocken ans Gitter des Käfigs stürzend, ununterbrochen, von den Gebete murmelnden Menschen irritiert, in den Leichenzug hineingeschrien.

Es war auch ein Samstag gewesen. Ich dachte, die meisten Begräbnisse sind am Samstag, Taufen, Hochzeiten und Begräbnisse sind fast alle im-

mer am Samstag. Wie anders aber war die Stimmung, als wir bei der
Mühle ankamen. Zwei junge Arbeiter (mein Vater sagte, »die Söhne!«)
waren mit dem Aufladen von Mehlsäcken auf einen Leiterwagen beschäftigt. Die Turbinen machten so viel Lärm, daß wir unsere eigenen Wörter
nicht mehr verstehen konnten und ich auch nicht mehr verstehen konnte,
was mein Vater sagte, bevor er in die Mühle hineinging.

Die Fensterläden waren aus Eisen, schwarz. Keine Blumen.

Über der Eingangstür war das Wappen der Saurau noch zu erkennen.
Dieses ganze Land hat einmal dem Saurau gehört, denke ich. Zu Burgen
wie der Hochgobernitz haben immer viele Mühlen und Brauereien und
Sägewerke gehört.

Über dem Ende der Schlucht, auf dem höchsten Punkt, liege die Hochgobernitz, hatte mein Vater gesagt, aber ich konnte sie nicht sehen.

Die Mehlsäcke Schleppenden und auf den Leiterwagen Aufladenden
hatten uns nicht kommen sehen, nicht kommen hören.

Das Flußwasser macht einen solchen Lärm, daß man in der ganzen
Schlucht außer ihm nichts hört.

Auf dem Leiterwagen stand ein dritter, jünger als die beiden andern, er
sah aus wie die jungen Türkischen, die jetzt viel bei uns beschäftigt werden, und tatsächlich war der Bursche ein Türkischer. Er nahm den beiden
Mühlenbesitzerssöhnen die Säcke von ihren Rücken und stellte sie regelmäßig senkrecht aneinander auf den Leiterwagen. Er war in meinem Alter,
aber nicht kräftig genug für die schwere Müllnerarbeit, die sie in der
Schlucht heute genauso wie schon Jahrhunderte vorher verrichten. Sie
erzeugen sich aber die Elektrizität selbst aus dem Flußwasser. An die
Mühle angebaut und zur Hälfte über dem Fluß ist ein E-Werk.

Ich dachte, daß der Türkische wahrscheinlich erst ein paar Tage in der
Schlucht ist. Die Söhne des Mühlenbesitzers werden sich die meiste Zeit
über ihn lustig machen, dachte ich, er tat mir leid. Augenblicklich sind bei
uns die Türkischen die billigsten Arbeitskräfte, und nur einen solchen
haben sie in die Schlucht hereinengagieren können. Die Türkischen machen die schwerste Arbeit und sind mit allem zufrieden. Der wird es
immer schwer haben unter ihnen, dachte ich, wird, wenn er nicht gleich
wieder auf- und davongeht, jahrelang ein Opfer ihrer Launen sein. Sie
machten nicht den Eindruck, als ob sie ihm auch nur das geringste erleich-
terten. Du stellst dir aber nur *vor*, daß *du* der Türkische bist und was dabei
in dir vorgeht, dachte ich. Sofort brachte ich auch den Türken mit vielen

Menschen in Beziehung, in deren Spannung er existieren muß, wie es immer meine unglückliche Art ist, niemals nur einen, nämlich nur *den* Menschen zu sehen, den ich anschaue, sondern alle, mit welchen er möglicherweise zusammenhängt. Das erschwert mir die Menschenbetrachtung immer. Wie ich auch jede Sache in Zusammenhang *mit allen möglichen* anschaue, anschauen *muß*. Wie arm muß der Türke zu Hause existiert haben, daß er, so jung, nach Mitteleuropa in diese Schlucht hereingeht, dachte ich. Die Schlucht ist ein grauenhafter Betrug an ihm.

Wahrscheinlich ist aber alles, was ich denke, ganz anders *als* ich es denke, dachte ich, und ich ging, von allen drei Arbeitenden unbemerkt, hinter die Mühle, wo ich den riesigen Vogelkäfig vermutete.

Der Vogelkäfig war in Wirklichkeit noch viel größer, als ich ihn in Erinnerung hatte. Er war aber völlig verwahrlost, und in ihm war nicht mehr annähernd die Hälfte der Vögel, die ich beim erstenmal in ihm gesehen hatte. Sind sie dem Vogelhalter vielleicht alle eingegangen? dachte ich. Die wenigen, die noch im Käfig waren, ein halbes Hundert vielleicht, waren bei meinem Auftauchen erschrocken an die rückwärtige Mauer geschnellt. Sie hatten kein Futter und waren durstig. Der Wasserbottich an der Mauer war leer. Alles in dem Käfig deutete darauf hin, daß der Mensch, der die Vögel betreut hat, nicht mehr existiert. Zwei Papageien schrien zusammen immer das gleiche. Mir ist es nicht gelungen, herauszubekommen, *was* sie schrien. Ich entdeckte, daß an den Brunnen vor dem Vogelkäfig ein Schlauch angeschlossen ist, und füllte den Bottich mit Wasser. Gleich stürzten sich alle Vögel auf das Wasser. Alles an ihnen war aber feindselig. Was für eine Feindseligkeit? dachte ich. Auch ihr Gefieder war feindselig, die Farben, die sich ununterbrochen unter ihrer Nervosität veränderten. Ein Verrückter muß die Vogelzucht angefangen haben und an ihr zugrunde gegangen sein, dachte ich. Einen Augenblick hatte ich den Eindruck, daß ein Mensch hinter mir steht, und ich drehte mich um, aber da war niemand. Ich ging rasch von den Vögeln weg vor die Mühle, wo die drei jungen Männer, der Türke ist noch kein Mann, mit dem Mehlsäckeaufladen fertig waren. Der Türke sprang gerade vom Leiterwagen herunter, von mir überrascht, blieb er einen Augenblick an der Hausmauer stehen, schaute mich forschend an, um dann blitzartig in die Mühle hineinzulaufen.

Ich wollte von der Mühle weg und ging ein Stück den Fluß entlang, an dem ohrenbetäubenden Wasser, das rücksichtslos aus der Schlucht heraus-

und auf die Mühle zustürzte. Aber ich sagte mir, daß sich die trübsinnige Stimmung in mir nur verstärken muß, wenn ich noch weiter in die Schlucht hinein gehe, und ich kehrte um.

War ich nicht immer, in gleich was für einer Mühle, in einer angenehmen, ja glücklichen Stimmung? dachte ich. Als ich auf die Mühle schaute, sah ich den Leichenzug, der vor sieben oder acht Jahren an der Mühle vorbeigezogen war, einer von den pompösesten.

Daß ich in der kürzesten Zeit in der Schlucht ersticken müßte, dachte ich, und daß in der Schlucht ohne weiteres ein Mensch auf die Idee kommen kann, exotische Vögel zu züchten.

Jetzt hatte ich das Bedürfnis, mit meinem Vater zusammen zu sein.

Auf die Mühle zugehend, dachte ich, daß man sie noch heute immer mit Falschmünzern und Mordfällen in Zusammenhang bringt, die über hundert Jahre zurück liegen. Hier können ungestört die grauenhaftesten Verbrechen konzipiert und ausgeführt werden, dachte ich, und die beiden Söhne des Mühlenbesitzers, wie auch auf einmal der junge Türke, waren mir unheimlich. Zu was für einem Verbrechen mögen die Fochlerischen den jungen Türken zu sich in die Fochlerschlucht hereingezogen haben?

Nachdem ich das Saurausche Wappen über dem Eingang studiert hatte, war ich rasch ins Vorhaus eingetreten; um mich sogleich an den Stimmen, die ich im Haus hörte, zu orientieren, war ich vor dem rechten Stiegenaufgang stehengeblieben, da rief mich plötzlich einer von den beiden Mühlenbesitzerssöhnen von hinten an.

Ich solle mit ihm kommen, sagte er, und ich ging wieder aus dem Vorhaus hinaus.

Die Schlucht war jetzt noch mehr verfinstert als vorher, es herrscht da immer eine Stimmung wie kurz vor einem grauenhaften Gewitter. In dieser Gewitterstimmung leben diese Menschen ununterbrochen, dachte ich, und ich folgte dem jüngeren Sohn des Mühlenbesitzers in einen Anbau; auf einem morschen Brett, auf dem ich ständig Angst hatte, mein Gleichgewicht zu verlieren, ging ich, zu rasch, hinter dem jungen Müllerssohn über den Fluß. In dem Anbau sah ich zuerst nichts. Dann aber, als ich mich an die Finsternis gewöhnt hatte, an den merkwürdigen Geruch, einen *Fleisch*geruch, konstatierte ich auf einem langen Brett, das über zwei Schragen gelegt war, einen Haufen toter Vögel, wie ich sofort sah, aus dem Vogelkäfig, die schönsten exotischen. Die schönen Farben affizierten mich. Tatsächlich handelte es sich bei diesen umgebrachten

Vögeln um die allerschönsten Exemplare aus dem Käfig, und ich drehte mich fragend nach dem Müllerssohn um.

Alle drei, sagte der, er, sein Bruder und der neue junge Türke, der erst ein paar Tage in der Mühle beschäftigt war, hätten sie in aller Frühe, noch vor Sonnenaufgang (Wo doch in der Schlucht ein Sonnenaufgang unmöglich ist!, dachte ich), die Hälfte der Vögel, die allerschönsten zuerst, aus dem Käfig herausgefangen und, möglichst ohne ihr kostbares Gefieder zu beschädigen, umgebracht. Wie? Sie wickelten die Vogelhälse mit großer Geschwindigkeit mehrere Male um ihre Zeigefinger und drückten die Köpfe ab. Im ganzen zählte ich zweiundvierzig Vögel. Nach Feierabend würden sie auch die, die noch im Käfig sind, töten, sagte der Müllerssohn, und er sagte, der Bruder seines Vaters habe vor ungefähr zwanzig Jahren die Vögel »aufgezogen« und nur *den Vögeln zuliebe* gelebt. Er sei vor drei Wochen gestorben, und von diesem Zeitpunkt an habe ein fürchterliches Geschrei der Vögel eingesetzt, das sie halb verrückt gemacht habe. Zuerst hatten sie geglaubt, das Geschrei der Vögel über den Tod ihres Beschützers würde nach einiger Zeit nachlassen oder ganz aufhören, aber sie hatten sich getäuscht; das Geschrei ist immer unerträglicher geworden. Man müsse sich vorstellen, daß ein solches Geschrei in der Schlucht ein hundertfaches Geschrei ist. An ein solches »fürchterliches Geschrei« könne sich kein Mensch gewöhnen, und man könne auch nicht verlangen, daß es ein Mensch *aushalte*, und da hätten sie gestern von ihrem Vater, dem Mühlenbesitzer, die Erlaubnis bekommen, die Vögel umzubringen, zum Schweigen. Sie hätten lange nachgedacht, *wie* sie sie umbringen sollen, dann sei ihnen die Idee gekommen, ihnen nicht, wie Hühnern, die Köpfe abzu*hacken*, sondern sie ohne äußere Beschädigung zu töten. Auf diese Weise müßten sie sich von den Vögeln nicht trennen, sagte der Müllerssohn. Sie hätten sich alle an die wunderbaren Vögel gewöhnt, wenn sie auch nicht, wie ihr Onkel, vollkommen in sie vernarrt seien. Sie wollten sie selber präparieren und ausstopfen und ein ganzes Zimmer, das Zimmer des verstorbenen Bruders des Mühlenbesitzers, mit ihnen anfüllen; er, sagte der Müllerssohn, habe die Idee gehabt, ein Vogelmuseum in der Fochlermühle einzurichten. Es sei nicht leicht gewesen, an die Vögel heranzukommen. Als sie anfingen, die ersten Vögel herauszufangen und umzubringen, habe sich das Geschrei naturgemäß noch vergrößert, aber mehr und mehr sei es verstummt. Als sie die letzten umgebracht haben, seien die übriggebliebenen völlig verstummt gewesen. Jetzt hatte ich auch eine Erklärung dafür, warum die Vögel so erschrocken waren, als ich an den Käfig herangetreten war, denn schon im ersten Augenblick hatte ich gedacht, daß die Vögel alle vollkommen *unnatürlich* reagierten. Von dem Vögelherausfangen aus dem Käfig hätten sie alle zerkratzte Gesichter, sagte der Müllerssohn. Nun würden sie, weil sie schon Erfahrung haben, sagte er, am Abend die restlichen viel leichter und schneller umbringen können und bereits in der kommenden Nacht *vollkommene Ruhe* haben . . . Zuerst habe sein Vater daran gedacht, die Vögel lebend an einen Sammler zu verkaufen, aber einen solchen Sammler ausfindig zu machen, hätte ihnen zu viel Zeit weggenommen, und sie wären inzwischen wahrscheinlich wahnsinnig geworden. Es sei schwierig, an einen Präparator heranzukommen, und so wollten sie selbst in ihrer Freizeit die Vögel präparieren. Sein Onkel, sagte der Müllerssohn, habe nichts außer seinen Vögeln im Kopf gehabt. Es existierten eine Unmenge Notizen, die er sich über seine Vogelzucht gemacht habe (»Wir machen uns *alle gern* Notizen!« sagte der Müllerssohn), sicher von Wert für einen Vogelfachmann. Einen oder den anderen schönen Vogel nahm der Müllerssohn in die Hand und hob ihn so hoch, daß wir ihn gut sehen konnten, und beschrieb ihn in besonderen Einzelheiten. Ich dachte, daß der junge Mann auch sehr viel von exotischen Vögeln versteht. Möglicherweise waren sie doch alle in der Fochlermühle auf diese Vögel hin konzentriert. Er konnte alles richtig bezeichnen, die einen, sagte er, kämen aus asiatischen, die andern aus amerikanischen, wieder andere aus afrikanischen Ländern. Die meisten seien ostasiatische *Inselvögel*, kein einziger ursprünglich aus Europa. Der Bruder des Mühlenbesitzers habe sich oft stundenlang im Vogelkäfig aufgehalten, ohne daß ihn auch nur einer der Vögel jemals attackiert hätte. Sie hatten alle Namen wie Kalahari, Malemba, Mitwaba, Tsching-tou, Koeji-jang, Amoy, Druro, Drirari, Cochabamba, Carrizal usf. Aus Vogelbüchern, Hunderten, im Zimmer seines verstorbenen Onkels aufgestapelten, wisse er das Merkwürdigste über alle Vögel. Ich konnte es aber nicht mehr länger in dem Anbau, in welchem die getöteten Vögel wie aufgebahrt auf dem Brett lagen, aushalten, vor allem der Geruch der Vogelleichen machte es mir unmöglich, länger zu bleiben, und ich ging hinaus. Ich lenkte den Müllerssohn und dadurch mich selbst von den toten Vögeln ab, indem ich auf das Leben in der Schlucht zu sprechen kam. Ob er den Saurau kenne? sagte ich. *Ja, natürlich.* Manchmal komme der Saurau unvermittelt in die Schlucht herunter und in die Mühle herein

und setze sich hin und rede »Unglaubliches«. Er ginge immer zu Fuß.
Wenn Feste auf der Burg gefeiert werden, höre man diese Feste in die
Schlucht herein, das Lachen und Musizieren, Schreien von Besoffenen.
Aber in letzter Zeit hätten keine Feste auf der Hochgobernitz mehr stattgefunden, sagte der Müllerssohn. Der Fürst schließe sich immer mehr ab.
Die Mühle hätten sie von einem schon im vorigen Jahrhundert verstorbenen Saurau geschenkt bekommen, der habe an einem Abend auf der
Burg eine Wette abgeschlossen, daß er die Mühle augenblicklich ver-
schenke, wenn er am nächsten Tag nicht einen bestimmten Zwölfender
in der Schlucht schießen könne. Er hat den Zwölfender *nicht* geschossen
und die Mühle *augenblicklich* an die Fochler, die schon zweihundert Jahre
in ihr arbeiteten, verschenkt. »Was die Saurau versprechen, halten sie«,
sagte der Müllerssohn. Der Fürst sei »so wahnsinnig wie reich«, hatte mein
Vater gesagt, der, als ich mit dem Müllerssohn wieder vor der Haustür
stand, herauskam. Der Müllerssohn lachte. Als ich ihn so, lachend, vor
mir sah, sah ich ihn mit den Händen pseudogeometrische Bewegungen
machen, die Bewegungen, die er macht, wenn er die Vögel umbringt.

Wir fuhren jetzt tief in die Schlucht hinein. An ihrem Abschluß, »wo es
am finstersten ist«, würden wir den Wagen stehenlassen und zu Fuß zur
Burg hinaufgehen, meinte mein Vater. Das sei, an der linken Felswand
hinauf, ein gefährlicher Weg, aber er sei ihn gewohnt und ich sei jung und
geschickt genug, ihn ohne Angst gehen zu können. Der Fürst erwartet
meinen Vater jeden zweiten Samstag. Von der Burg aus könne man auf das
ganze schöne Land hinunterschauen, sich da oben wie von keinem andern
Punkt in der Steiermark aus orientieren. Alle angrenzenden Bundesländer
könne man von der Hochgobernitz aus sehen, im Südosten bis nach Ungarn hinein. Auf der anderen Seite, der Schlucht gegenüber, führe eine
gute Straße zur Burg hinauf, aber da hinüberzukommen bedeute einen
Umweg von über achtzig Kilometern über Planhütte.

Wir sprachen, als wir uns dem Ende der Schlucht näherten, von der
Fochlermühle. Mein Vater schilderte den Müller als einen schwerfälligen
sechzigjährigen Mann, der unter der Haut *verfaule*, immer auf einem alten
Sofa liegt, nicht mehr gehen kann, seine Frau, deren Mundgeruch auf
einen rasch fortschreitenden Zersetzungsprozeß ihrer Lungenflügel hin-
deute, habe Wasser in den Füßen. Ein alter fetter Wolfshund gehe zwischen beiden hin und her, von seinem zu ihrem Sofa und wieder zurück.
Wären nicht in allen Zimmern frische Äpfel aufgeschüttet, würde man

den Geruch der beiden alten Menschen und des Wolfshunds nicht aushalten. Das rechte Bein des Mühlenbesitzers faule schneller als sein linkes,
er werde nicht mehr aufstehen können. »Wenn da ein Begräbniszug durch
die Schlucht zieht«, sagte mein Vater, »ist das unheimlich.« Also hatte auch
er schon einmal einen Leichenzug in der Schlucht gesehen. Die Müllerin
könne nur die kürzeste Zeit auf ihren Beinen sein, so lägen sich die beiden
beinahe immer in ihrem gemeinsamen Zimmer gegenüber und befaßten
sich mit ihrem Hund. Der sei, weil er nie aus dem Zimmer hinauskommt,
in seiner Verstörung *gefährlich*. Einer von beiden, die Frau oder der Mann,
müßte ihn immer festhalten, wenn mein Vater in ihr Zimmer hineinkomme. Wegen des Vogelgeschreis sei er die letzten Wochen zwischen den
beiden Müllersleuten immer hin und her gerannt, »wie wahnsinnig«.

Durch das Umbringen aller Vögel erhofften sich die Müllersleute vor
allem eine Beruhigung des Hundes, dadurch ihre eigne Beruhigung. Der
Mühlenbesitzer habe meinem Vater gesagt, daß er vor allem im Hinblick
auf den Zustand des Hundes den Befehl gegeben hat, die Vögel umzubringen. Sie hätten beide, der Mühlenbesitzer und seine Frau, abwechselnd die Hundeleine an der Hand, bei Tag und Nacht. Durch ihre Krankheiten seien sie schon monatelang in ihr Zimmer verbannt und verlören
nach und nach die Kontrolle über ihre Söhne. Den einen, älteren, schildere der Mühlenbesitzer immer als zur Gewalttätigkeit neigend, er habe
oft seine Mutter geschlagen, ihnen beiden mit dem Umbringen gedroht,
sei einmal mit einer Hacke auf seinen Vater losgegangen und habe ihn
schwer verletzt. Der, welcher mir die toten Vögel in dem Anbau gezeigt
hat, sei ein dem älteren vollkommen ausgelieferter Schwächling. Alle in
der Fochlermühle seien geistes*schwach*, nicht geistes*krank*, sagte mein Vater.

Eine Schwester der Frau des Mühlenbesitzers führe augenblicklich den
Haushalt, sei gerade in Knittelfeld.

Im Stall stünden vier Kühe, mir geht nicht auf, wovon sie leben, weil da
nur Wald ist.

Ich sagte, daß mir der »schwache Sohn« die toten Vögel im Anbau
gezeigt hat. Es sei doch merkwürdig, daß wir ausgerechnet an dem Tag in
die Fochlermühle gekommen seien, an welchem die Vögel umgebracht
worden sind, umgebracht werden.

Die ganze Zeit hätte ich den Leichenzug, den ich bei meinem früheren Besuch in der Fochlermühle gesehen habe, gesehen, sagte ich, *immer*.

Sogar die Fochler hätten von dem Gradenberger Totschlag, sie sagten immer »Mord«, gesprochen. Mein Vater hat aber absichtlich nicht davon gesprochen, daß er mit dem Vorfall vertraut ist.

Ein Notar aus Köflach möchte ihnen die Mühle abkaufen, sagte mein Vater, davon sprachen die Müllersleute, eine Sommerfrische (!) daraus machen, aber die Müllersleute dächten nicht daran, die Mühle herzugeben.

Ein gutes Quellwasser sei das in der Fochlermühle, sagte mein Vater, und dann: »In dem Zimmer der alten Fochler hängt ein Ölbild.« Mein Vater schätzt es auf dreihundertfünfzig, vierhundert Jahre. Es sei kein Heiligenbild, im Gegenteil, es stelle zwei mit den Rücken zueinander stehende nackte Männer mit »total verdrehten« Köpfen, »Gesicht zu Gesicht«, dar. Das Bild bewundere er schon lange, und er habe daran immer schon die verschiedensten »mehr grausigen« Gedanken geknüpft. »Wenn man es von der Wand, auf der es sicher schon Hunderte von Jahren hängt«, sagte mein Vater, »herunter- und aus dem entsetzlichen Zimmer herausnimmt und an einer leeren weißen Wand befestigt, muß seine ganze Schönheit zum Vorschein kommen.« Jetzt erklärte er mir, daß das Bild absolut häßlich und gleichzeitig absolut schön sei. »Es ist schön, weil es wahr ist«, sagte mein Vater.

In vielen steiermärkischen Häusern habe man gerade dort, wo die größte Finsternis herrscht, wie in der Schlucht, vor kurzer Zeit noch die wertvollsten Kunstwerke entdecken und ans Licht heben können, jetzt nicht mehr. Von einem fürchterlichen Antiquitätenfimmel in der Mitte des Jahrhunderts erfaßt, hätten die Großstädter systematisch in den letzten Jahren das ganze Land, was seine Kunstschätze betrifft, ausgeraubt und dort ihre eigene proletarische Öde zurückgelassen.

Die Schlucht wird noch enger. Föhren statt Tannen stehen am Flußufer. Da müßte es, sagte mein Vater, Forellen geben. Wenn wir nicht solche Eile hätten, denn vor dem Saurau wollte er auch noch zu den Krainerischen Kindern, die in einem ebenerdigen Saurauschen Dienstbotenhaus knapp unterhalb der Burg leben, würde er anhalten und aussteigen und nach Forellen im Fluß schauen.

Mir war der Gedanke entsetzlich, daß da, wo die Fochlermühle steht, Menschen leben. Und *was* für Menschen! Die toten Vögel hätten alle einen fremdartigen Verwesungsgeruch ausgeströmt, sagte ich. Die einen, wie die Müllersleute, sagte ich, seien gezwungen, ihr Leben in solcher

Einsamkeit, wie sie in der Schlucht auf die grauenhafteste Weise herrscht,
zu verbringen, es bleibt ihnen nichts anderes übrig, sie sind an ihr Haus, an
eine dürftige Einkommenquelle, an einen solchen Fluß, wie an den, den
wir bis zu seinem Ursprung hinauf entlangfahren, gebunden, die andern,
wie der Industrielle, gingen freiwillig, in voller Absicht, in eine solche
Abgeschiedenheit, wie in die von Hauenstein, hinein. Aber als ich »freiwillig« gesagt hatte, dachte ich, daß kein Mensch auch nur irgend etwas
freiwillig tut, der freie Wille des Menschen sei ein Unsinn, und ich sagte zu
meinem Vater: »Natürlich ist auch der Industrielle nicht *freiwillig* nach
Hauenstein gegangen«, und mir erschien auf einmal die Welt tatsächlich
als eine unheimliche; noch nie hatte ich sie so unheimlich empfinden
müssen, als während wir immer weiter in die Schlucht hineinfuhren. Bald
konnten wir fast nichts mehr sehen, aber mein Vater kennt den Weg seit
Jahren. Die Natur ist dort, wo sie am allerreinsten ist und am allerunbe-
rührtesten, wie hier in der Schlucht, die unheimlichste.
    Ob mein Vater gesehen hat, fragte ich ihn, daß der Türkische einen
total erschrockenen Eindruck gemacht hat? Sie haben ihn in dem großen
Zimmer des verstorbenen Vogelbeschützers untergebracht, da sei er aber
mitten in der Nacht heraus und habe sich im Zimmer der Söhne des
Mühlenbesitzers abwechselnd in das Bett des einen und in das Bett des
andern gelegt und sie angefleht, sie möchten ihn nicht hinauswerfen. Sie
würden den Türkischen schon ein paar Tage bei sich in ihren Betten
schlafen lassen, habe der, der mir die toten Vögel im Anbau gezeigt hat,
gesagt, solange, bis der Türkische keine Angst mehr, bis er sich an die
Schlucht *gewöhnt* habe. Den Namen des Türkischen können sie sich nicht
merken, sagte ich, auch ich habe mir seinen Namen nicht gemerkt, und so
nennen sie ihn einfach »Türk«. Soviel wüßten die Mühlenbesitzerssöhne,
daß der Türk zu Hause sieben Geschwister habe, Eltern, denen er ab und
zu schreibt, denn wozu sonst habe er sich, bevor er mit dem ältern der
Söhne, der ihn in Knittelfeld von einer Baufirma abgeworben hat, hier
ankam, in Knittelfeld soviel Briefpapier gekauft? Sie hätten ihm nicht
begreiflich machen können, aus was für einem Grund sie in aller Frühe die
Vögel umbrachten. *Sie* verstanden ihn nicht, weil sie kein türkisches Wort
können, *er* verstand sie nicht, weil er fast kein Wort Deutsch spricht. Über
sie beide erschrocken, hat der Müllerssohn gesagt, sei der Türke, als er
gesehen habe, daß sie die aus dem Vogelkäfig herausgefangenen Vögel
umbringen, an die Hausmauer gelehnt, völlig bewegungslos dagestanden.

Er hätte ja glauben können, sie seien *verrückt*. Die ersten Vögel haben sie, weil ihnen die Roheit darin nicht zu Bewußtsein gekommen war, unmittelbar vor dem Vogelkäfig, vor den noch nicht getöteten umgebracht, und zwar, indem sie ihnen die Hälse einfach zudrückten, wobei aber Blut gespritzt sei. Dann sei einer von ihnen auf die Idee gekommen, die Vogelhälse um den Zeigefinger zu wickeln und den Kopf abzu*brechen*; sie gingen *hinter* den Vogelkäfig. Der Vogel sei schon ohnmächtig, wenn der Hals das erstemal kräftig um den Zeigefinger gewickelt sei. Man höre, wie das Rückgrat unter dem Kopf breche. Immer wieder hätten sie den Türken aufgefordert, ihnen zu helfen, *auch* Vögel umzubringen, genau auf die Art wie sie, er solle sie sich aus dem Käfig herausfangen, aber er weigerte sich. Plötzlich aber habe der Türke anscheinend begriffen und habe dann ganz allein zehn, zwölf Vögel auf ihre Methode umgebracht, viel geschickter als sie. Er habe leere Mehlsäcke geholt und die Vögel, wie sie der Reihe nach mit abgebrochenen Köpfen auf dem Brett lagen, damit zugedeckt.

Mir war es plötzlich der einzige Ausweg, aus einer mit der in der Schlucht herrschenden Finsternis vollkommen übereinstimmenden Depression herauszukommen, daß ich von Leoben zu sprechen anfing, mir kam es vor, als ich auf einmal von Leoben sprach, als spräche ich von der *Außenwelt*. Ich zwang mich dazu, mich abwechselnd in der Montanistischen und im Internat zu sehen. Ich konzentrierte mich auf eine präzise Anschauung meines Internatszimmers. Jetzt sehe ich das Internatszimmer, und es ist nicht leer, dachte ich. Jetzt sehe ich den Speisesaal, und ich bin in dem Speisesaal. Ich sehe den Stadtplatz von Leoben und bin auf dem Stadtplatz von Leoben. Ich sehe die professoralen Ingenieure und bin unter ihnen, obwohl ich nicht unter ihnen, sondern in der Schlucht bin. In Wirklichkeit bin ich in der Schlucht. Aber ich bin auch in Leoben in der Wirklichkeit. Alles ist *die Realität*, dachte ich.

Jetzt sei ich schon lange meinen Studien nicht mehr nur *ausgeliefert*, sagte ich, sondern ihnen mit wachsender Sicherheit *hingegeben*. Sie seien mir schon lange keine phantastischen mehr. Mir fiele es nicht mehr so schwer wie am Anfang, mich zu disziplinieren. Sei ich das ganze erste Jahr doch mehr oder weniger ein erbarmungswürdiges Opfer einer unter *allen* Studenten herrschenden gleichmäßig alles in alle Richtungen hinein vergiftenden Melancholie und dadurch nur zu den lächerlichsten winzigsten Fortschritten in meiner Wissenschaft befähigt gewesen, so sei mir jetzt alles leicht und klar. »Schlechte Einflüsse bin ich befähigt, mir vom Körper und vom Gehirn fernzuhalten«, sagte ich. »Ich weiß, was mir nützlich ist«, sagte ich. Es sei aber ein fürchterlicher Prozeß gewesen, durch die größte Rücksichtslosigkeit gegen mich selbst aus der Monotonie der eigenen Geistesblindheit herauszukommen. Die eigene Jugend ist ein schauerlicher Zustand, dachte ich. Aber solches dem Vater mitzuteilen, erschien mir unsinnig. Ich vermittelte ihm schon lange ein falsches Bild. Ich sah keinen guten Zweck darin, ihm zu sagen, daß mich doch vieles bedrückt, daß auch ich kein schwierigkeitenloser Mensch sei. Daß auch meine Schwierigkeiten sich vergrößern mit der Zeit. Und er glaubt womöglich, dachte ich, ich hätte überhaupt keine Schwierigkeiten. Ich vermittle ihm mit voller Absicht ein falsches Bild. Mir leuchtete jetzt nicht ein, *warum*. »Ich habe immer ein großes Vergnügen daran gehabt«, sagte ich, »mit meinen eigenen Schwierigkeiten selber fertig zu werden.« Hatte ich *zuviel* gesagt? Mein Vater hörte mir gar nicht zu. Er mochte nur noch an die beiden Krainerischen Kinder denken, an den Fürsten Saurau. Ich bin jetzt so stark, daß ich mit mir allein fertig werde, dachte ich. Oft schäme ich mich in dem Gefühl, stärker zu sein als andere, dieses Gefühl habe ich immer wieder. Aber ich teilte es nicht mit.

Das Auffallendste an mir sei meine Mitteilungslosigkeit, die eine ganz und gar andere Mitteilungslosigkeit sei als die meiner Schwester. Mein Schweigen sei dem meiner Schwester *entgegengesetzt*. Und das Schweigen, die Mitteilungslosigkeit meines Vaters ist wieder eine ganz andere. Was ich von ihm weiß, dachte ich, ist immer zu wenig, um ihn mir so zusammensetzen zu können, *wie er ist*.

Einen Augenblick dachte ich: diesen Tag hast du mit deiner Schwester zusammen verbringen wollen.

Ich sagte: »Das Unvorhergesehene ist das Schöne.«

Mir bleibt noch der morgige Tag, dachte ich. In diesem Gedanken war ich erleichtert. Ich werde morgen, Sonntag, früh aufstehen und mit meiner Schwester einen sehr weiten Spaziergang machen. Und mit ihr reden. In Leoben, dachte ich, bin ich die ganze Woche in meinem Zimmer und in meinem Zimmer in mir selbst abgeschlossen, gegen das Jahresende immer hermetischer von der Außenwelt abgeschlossen, dachte ich. Ich gestatte mir ja überhaupt kein Luftschöpfen mehr! Ich stoße viele Leute vor den Kopf, indem ich mich *so* abschließe. Gehe ich einmal, schwach geworden, in eine Unterhaltung hinein, weil mich die andern bedrängen, bereue ich es. Habe ich eine andere Möglichkeit? Ich muß vor elf ins Bett, denke ich, und ich stehe um fünf Uhr auf. Durch die geringste Abweichung von meinem Stundenplan verliere ich mein Gleichgewicht. Man kann als Wissenschaftler nur durch den endlosen finsteren, die meiste Zeit fast zur Gänze luftleeren Gang seiner Wissenschaft durch das Leben gehn.

Wir stellten den Wagen neben dem Wasserfall ab und bemühten uns, über den gefahrvollen *Steig* rasch in die Höhe zu kommen. Wir mußten andauernd achtgeben, es war nicht ratsam, sich umzuschauen. Wortlos kamen wir bald zu den äußeren Burgmauern. Meinem Vater hatte der Aufstieg keinerlei Schwierigkeiten gemacht. Das wunderte mich. Vor uns sahen wir das ebenerdige, schon zur Burg gehörende Haus, in dem die Krainerischen Kinder wohnen. Der junge Krainer, Sohn braver, dem Saurau ihr ganzes Leben lang dienender Eltern, ist verkrüppelt. Seine Schwester führte uns gleich in sein Zimmer. Er höre uns schon die ganze Zeit kommen, sagte seine Schwester, sei unruhig. Die Eltern wären an diesem Tag schon früh in die Burg. Der junge Krainer war genauso alt wie ich, einundzwanzig, machte aber auf mich den Eindruck eines doppelt so alten. Er hatte eine schwarze Zipfelmütze auf dem Kopf, streckte wie ein Verrückter meinem Vater die Hand hin, *mir nicht.* Ich setzte mich auf einen Sessel, der gleich neben der Tür stand, von dort aus beobachtete ich, was, solange wir da waren, in dem Zimmer vorging. Krainers Schwester meinte, es ziehe beim Fenster herein, sie machte es zu. Es handle sich bei der heutigen Untersuchung um eine »Generaluntersuchung«, sagte mein Vater.

Während wir, oben angekommen, sofort auf die Krainersche Behausung zugegangen waren, hatte ich den Eindruck, daß hier eine noch vollkommenere Ruhe herrsche. Es war nicht mehr so finster wie in der Schlucht, aber alles auch unter einem Verfinsterungs*einfluß*. Das Krainersche Objekt liegt, wie ich gesehen hatte, andauernd unter den Burgschatten. Die Luft ist über der Schlucht scharf, deutlich sieht man von da, wenn man hinunterschaut, auf eine schwüle Region hinunter.

Mein Vater und seine Schwester zogen den Verkrüppelten aus. Mir schien, daß mein Vater der einzige Mensch außer ihren den ganzen Tag in der Burg arbeitenden und eigentlich nur in der Nacht anwesenden Eltern ist, den die jungen Krainerschen sehen.

Mein Vater hatte mir, als wir aus der Schlucht heraus und auf der Höhe gewesen waren, den Vorschlag gemacht, ich möge, während er bei den Krainerschen sei, auf der unteren Burgmauer auf und ab gehen, aber ich wollte den Verkrüppelten und seine Schwester sehen. Ich habe den Eindruck gehabt, daß mein Vater mich von den Krainerschen fernhalten will. Gerade weil er sich im Grunde weigerte, mich mitzunehmen, bin ich mitgegangen. (Später, als wir wieder in die Schlucht hinuntergingen, hat er mir gesagt, daß ihn die beiden Krainerschen Kinder zu sehr an seine eignen erinnern, sie seien auch im gleichen Alter wie wir, ich und meine Schwester, wenn auch »ganz anders«.)

Dem jungen Krainer war sein Kopf viel zu eng. Die Augen wollten aus seinem Kopf heraus. Als ihm seine Schwester die Decke vom Körper wegzog, sah ich, daß er ein langes und ein kurzes Bein hat. Lange war mir nicht klargeworden, ob sein rechtes das längere ist oder sein linkes, bis ich gesehen habe, daß das kurze Bein sein linkes ist. Ich dachte, daß, wenn der Mensch aufsteht und anfängt zu gehen, er die Bewegungen eines riesigen Insekts machen muß.

Sie brachten ihn nur schwer dazu, sich zu beruhigen. Immer, wenn man ihn anrührte, sagte mein Vater, sei er von einer seinen ganzen Körper erfassenden Unruhe, gefährlich, er könne dann zuschlagen, beißen, speien. Er machte immer wieder Bewegungen, die ihre Bemühungen, ihn für die Untersuchung herzurichten, erschwerten. Manchmal versuchte er, seine Schwester ins Gesicht zu schlagen. Meinem Vater gelang es aber doch schließlich, ihm die Arme auf die Bettbretter niederzuhalten, gleichzeitig ihn abzuhören. Ein Geruch, wie ihn jahrelang im Bett Liegende ausströmen, war im Zimmer. Krainers Körper war naß. Langsam würde er, durch immer weiter fortschreitende Veränderungen in seinem ganzen Körper, sogenannte *Katastrophalveränderungen*, seine Sprache gänzlich verlieren. Schon jetzt verstand man nur noch einen Bruchteil dessen, was er sagte. Er stieß seine Wörter hervor, als wenn er sie ausspuckte. Es hörte sich das meiste wie in einer orientalischen Sprache gesprochen an. Der Rhythmus, in dem er artikulierte, stand aufs engste mit seiner Körpermißbildung in Zusammenhang. Was er sprach, war genauso verkrüppelt wie er selber. Hie und da schleuderte er seine langen Arme plötzlich in die Luft, ließ sie wieder fallen, lachte. Sein Bauch war ihm eine kurzatmige Kugel, die seine Arme oft längere Zeit ängstlich umschlossen hielten. Sein Kopf war verhältnismäßig klein, das sah man am deutlichsten, wenn er ihn an seinen Bauch anlegte, um die Geräusche in seinem Bauchinnern besser hören zu können. Sein Gesicht traktierte er beinahe ununterbrochen in hektischen Verzerrungen. Er saß wie ein im Sitzen Hüpfender. Er mag die

Vorstellung haben, zu reiten, dachte ich. Die Bettwäsche war sauber, wahrscheinlich, weil man meinen Vater erwartete, dachte ich. Zeitweise muß sein Bett durch ein darübergestülptes Gitter zu einem regelrechten Käfig gemacht werden. Jetzt mache er aber, so seine Schwester, eine ruhigere Periode durch und er brauche das Gitter nicht. Mein Vater hat den Krainerischen immer geraten, niemals das Gitter von seinem Bett zu entfernen, aber sie hielten sich nicht daran. Er meinte, daß der Kranke auf einmal sein Bett verlassen und sie möglicherweise sogar umbringen könne. Aber seine Schwester habe das Gitter mit der Zeit nicht mehr anschauen können. Es sei auf dem Dachboden. Ihr Bruder in einem Käfig, das hätte sie nicht mehr ausgehalten. Wenn sie das Gitter nur nie mehr vom Dachboden heruntertragen müsse, sagte sie. Ihr Bruder könne nicht mehr von selber aufstehen, meinte sie, wenn er ab und zu aus dem Bett falle, wäre das nicht so schlimm, als wenn sie ununterbrochen ihren Bruder in einem Käfig sehen müsse. Mein Vater packte den Kopf, und die junge Krainer hielt ihm die Arme nieder. Plötzlich riß er die Arme und seinen Kopf los und versuchte aufzuspringen. Aber es gelang ihm nicht. Auf einmal lachte er. Es machte ihm offensichtlich Spaß, daß mein Vater ihm den Kopf untersuchte, abhorchte. Mein Vater klopfte ihm auf die Stirn, zog ihm die Augenlider herunter, dann weit hinauf. Er machte an dem jungen Krainer auch eine Kniekontrolle. Eine Harnprobe, sagte er, wolle er mitnehmen. Als er dem jungen Krainer die Zipfelmütze vom Kopf zog, war ich entsetzt, weil auf dem Kopf kein einziges Haar war. An seinen Schläfen konstatierte ich gelbe Flecken, dieselben gelben Flecken, nur kleiner, wie auf seiner Brust, über seinen ganzen Körper waren diese gelben Flecken verteilt. Zwischen den Zehen habe er einen tiefeingedrungenen lästigen Pilz, sagte seine Schwester, weshalb er die ganze Nacht fortwährend Ruderbewegungen mit den Beinen mache. Er schlafe nicht mehr. Vor Müdigkeit schlösse sie oft die Augen, aber Schlaf sei das nicht. Das Zittern und Speichellassen habe er jetzt schon ein Jahr lang. Die Notdurft verrichte er ins Bett. Er höre oft, sagte sie, »eine Armee« durch die Schlucht marschieren.

Im Zimmer waren überall, wo welche Platz hatten, Musikinstrumente, auf welchen der junge Krainer, als er noch gesund war, hat spielen können. Ein Cello, eine Oboe sah ich auf der Kommode liegen. Jahrelang sei ein Knittelfelder Musiklehrer zu ihnen heraufgekommen und habe ihn unterrichtet. Auf der Geige habe ihr Bruder die schwierigsten Kompositionen auswendig gespielt. Sein Lieblingsinstrument sei das Cello und Béla Bartók sein Lieblingskomponist. Hunderte von Partituren lägen in den Kommodenladen übereinandergeschichtet, die er sämtlich auswendig gelernt habe. Eigene Kompositionen; ein »Magnifikat«. Als achtjähriges Kind habe er schon die Symphonien Mozarts auswendig auf dem Klavier spielen können. Noch vor einem halben Jahr habe sie ihm einmal am Vormittag und einmal am Nachmittag auf eine Stunde das Cello ans Bett gebracht, darauf spielte er dann so lange, bis er erschöpft war.

Auf dem Rücken war er, sah ich, offen, auf der Brust hatte er zu den gelben auch noch rote Flecken.

Der Knittelfelder Musiklehrer sei jahrelang »umsonst« aus dem Tal heraufgekommen, sagte die junge Krainer. »Sie haben oft die halben Nächte zusammen musiziert«, sagte sie. Einmal habe ihr Bruder aber den Musiklehrer ohne jeden ersichtlichen Grund mit dem Geigenbogen auf den Kopf geschlagen, von da an sahen sie den Musiklehrer nicht mehr. Die Krankheit ihres Bruders habe sich sofort rasch verschlechtert.

Jetzt sei es ihm nicht mehr möglich, gleich welche Musikstücke in seinem Kopf zu harmonisieren. Seine Musik sei *entsetzlich*.

Vier Jahre, hat mir mein Vater auf der Heimfahrt gesagt, war der junge Krainer in Steinhof gewesen. Die ganzen vier Jahre hatte seine Schwester in Ottakring ein Kabinett gemietet, um in seiner Nähe zu sein. Zuerst habe es den Anschein gehabt, als würde er nie mehr aus der Irrenanstalt herauskommen, die Ärzte verwendeten immer das Wort »hoffnungslos«, wenn sie die Krankheit ihres Bruders bezeichnen haben wollte, aber plötzlich, nach vier Jahren Steinhof, nachdem er vier Jahre in der größten und fürchterlichsten aller europäischen Irrenanstalten gewesen war, erklärten die Ärzte ihr, sie könne ihren Bruder mitnehmen.

»Auf eigene Gefahr«, sagten die Ärzte, gleichzeitig, er sei *ungefährlich*. Sie nahm ihn die erste Zeit in ihr Ottakringer Kabinett und zeigte ihm die Hauptstadt. Sie hatten, wenn sie durch die Hauptstadt gingen, großes Aufsehen gemacht, denn seine Verkrüppelung in Verbindung mit seiner Verrücktheit hatten alle als komisch empfunden. Es schmerzte die junge Krainer aber schon lange nicht mehr, wenn die Leute über ihren Bruder in eine zum Lachen reizende Faszination hineingerieten, sobald sie ihn sahen. Sie zeigte ihm den Prater und ging mit ihm in die Oper und in das Burgtheater, und sie besuchten zusammen den Zirkus Rebernigg. Eine Woche lang waren sie unterwegs, auch in die Stephanskirche hineingegangen, auf den Naschmarkt, mehrere Male in die Stephanskirche und mehrere Male auf den Naschmarkt, und hatten auch ein Konzert des berühmten Cellisten Casals besucht, der im Musikverein alle Beethovenschen Sonaten spielte. Es ermüdete ihn aber bald das andauernde Umhergehen in einer Stadt, die ihm nach einer Woche bereits langweilig war, und ihr tat es leid, das ihnen vom Fürsten Saurau zur Verfügung gestellte Geld (der Fürst hatte auch seinen Aufenthalt in Steinhof gezahlt), für eine sie nur noch anekelnde Stadt auszugeben, und sie gaben das Ottakringer Kabinett auf und fuhren nach Hochgobernitz zurück. Anfangs hatte er große Lust, so weite Spaziergänge als nur möglich zu machen. Das Land gefiel ihm. Die Natur entzückte ihn. Sie liebten es, bis zu dem steil abfallenden Felsen zu gehen und in die Schlucht hinunterzuschauen. Da oben erklärte seine Schwester ihm die im Tal liegenden Ortschaften. Er war in dieser Zeit so aufnahmefähig wie noch nie. Bald fing er wieder an, das Cello zu spielen, die Geige, Klavier. Immer weitere Spaziergänge machte sie mit ihm. Als sie aber einmal mit ihm bis zu den Eichen gegangen ist, von wo aus man direkt auf die Fochlermühle hinunterschauen kann, hat er sie plötzlich von hinten mit einem Holzprügel auf den Kopf geschlagen. Als sie aus ihrer Ohnmacht aufwachte, saß ihr Bruder neben ihr und weinte. Sie gingen nach Hause. In der Nacht, als sie sich sicher war, daß er schlief, hat sie das Gitter vom Dachboden heruntergeholt und über sein Bett gestülpt. Von da an hat sie das Gefühl, daß ihr Bruder sie haßt. Sie aber liebt ihn.

Nur selten komme sie dazu, allein aus dem Haus zu gehen, ein Stück auf die Burg zu, in den Burghof hinein oder auf den Burgmauern selber auf und ab. Sie müsse ihm immer erzählen, wenn sie heimkomme. Sie erlebe aber schon lange nichts mehr, sagte sie. »Wenn ich ihm nichts erzähle«, sagte sie, »droht er mir.« Ab und zu verlange er, daß sie ihm das Gesicht einpudert, damit man nicht sehen kann, daß er fortwährend fiebert.

Die Untersuchung ist schwierig gewesen, hat aber nur eine halbe Stunde gedauert.

Mein Vater hat den tatsächlich total verrückten und verkrüppelten Krainer zuletzt noch die Zunge herausstrecken lassen. Während er ein Rezept ausfüllte, machte ich eine merkwürdige Entdeckung: an den vier Wänden des Zimmers, in dem schauerlicherweise, aus Platzmangel, *beide* Krainerschen Kinder wohnen müssen, hängen eine Reihe größerer Kupferstiche, wahrscheinlich, dachte ich, aus dem Besitz des Saurau, die *die*

Großen der Musik darstellen. Zuerst war mir die Tatsache, daß alle diese Kupferstiche, französische, nicht kolorierte, Komponisten darstellen, gar nicht aufgefallen. Plötzlich aber sah ich, daß sämtliche Kupferstiche von dem jungen Krainer mit roter Tinte beschriftet sind. Über den Kopf von Mozart hat er geschrieben: »Sehr groß!« und über den Kopf von Beethoven »Tragischer als ich!« und über den Kopf von Haydn »Schweinskopf« und über den von Gluck »Mag dich nicht!« Hector Berlioz hatte er »Grauenhaft« ins Gesicht geschrieben und Franz Schubert »Weiberlich!« Die beiden Kupferstiche hinter seinem Bett habe ich nicht so genau anschauen, ihre Inschrift nicht entziffern können. Der junge Krainer hatte mich die ganze Zeit in meiner Bemühung, die Inschriften zu entziffern, beobachtet, und als er sah, daß es mir bei den beiden Kupferstichen über seinem Bett nicht gelingen wollte, lachte er mich aus. Auf Anton Bruckners Gesicht stand »Tingeltangel«, auf Purcells »Hör auf, Schottenfritz!« Eine große Photographie von Béla Bartók war von ihm mit »Ich höre!« unterschrieben. In der Ecke, in welcher ich die ganze Zeit gesessen war, entdeckte ich, bevor wir hinausgingen, drei Geigen, deren Hälse abgebrochen und die an den abgebrochenen Hälsen mit einer Schnur zusammengebunden waren. Die Unruhe des jungen Krainer hatte jetzt, nachdem die Untersuchung vorbei war, einer Erschöpfung Platz gemacht. Er ließ sich ohne weiteres von seiner Schwester den Kopf auf das Polster zurücklegen. Er verlangte Wasser zu trinken, und seine Schwester brachte ihm welches in einem Blechnapf, und ich dachte, daß er wahrscheinlich schon oft, wenn er es ausgetrunken hat, ein Gefäß an die Wand geschleudert hat.

Zu einer solchen Verkrüppelung trete, sagte mein Vater, als wir draußen waren, immer die entsprechende Verrücktheit. Durch die *Körper*krankheit folge, aus ihr heraus, die *Geistes*krankheit.

Ob er schon einmal die Inschriften auf den Kupferstichen gelesen hat, fragte ich meinen Vater. Er bejahte. Der junge Krainer habe ihm einmal genauestens erklärt, was jede dieser Unterschriften, Überschriften im einzelnen bedeute. Er beschrifte oder beschmiere übrigens jedes Papier, das ihm in die Hände kommt, sagte mein Vater, auch die Hunderte von Partituren in den Kommoden habe er beschriftet, mit Tausenden von kuriosen Bemerkungen versehen. »So ein Mensch wie der junge Krainer kann fürchterlich alt werden«, sagte mein Vater. »Studienhalber« nehme er mich mit, sagte mein Vater, immer wieder sagte er »studienhalber«.

Der Fürst

Ein tatsächlich in jede Richtung hinein Hunderte von Kilometern weiter Blick.

Hatte ich bis jetzt immer nur von der Hochgobernitz, der Burg, reden hören, so sah ich sie jetzt in der Wirklichkeit.

Es wurde uns, weil wir erwartet waren, sofort aufgemacht und gesagt, der Fürst sei auf der äußern *oder* auf der innern Burgmauer. Wir sahen ihn auf der äußern.

Auf dem Weg hin klärte mich mein Vater dahingehend auf, daß außer dem Fürsten nur noch seine beiden Schwestern und zwei seiner Töchter in der Burg lebten. Der einzige Sohn des Fürsten studiere in England. Wir trafen den Saurau dann auf der *innern* Burgmauer gehend in einem Selbstgespräch.

Er begrüßte meinen Vater und mich auf das selbstverständlichste. Er sei schon die längste Zeit in den merkwürdigsten Gedanken, den Vormittag betreffend, sagte er. Er war, als er uns begrüßte, überhaupt nicht stehengeblieben; wir schlossen uns ihm an. Er ließ sich von uns nicht irritieren. Ich dachte, daß man von hier aus wahrscheinlich den allerbesten Rundblick auf das ganze Land hat.

Der Saurau sagte, daß er die Schwierigkeit, nachdem der alte tot sei, einen neuen Verwalter zu finden, offenbar überschätzt habe. Noch am heutigen Tag, an dem sein Inserat in der Zeitung erschienen ist, meldeten sich schon am Vormittag drei Männer, ein vierunddreißigjähriger, ein gewisser Henzig, der ihm (zuerst) zu jung, ein fünfzigjähriger, ein gewisser Huber, der ihm zu alt erschien, und ein zweiundvierzigjähriger, ein gewisser Zehetmayer, der von der Wald- und Forstwirtschaft überhaupt nichts verstehe, ein armer Verrückter. Während der zweiundvierzigjährige Zehetmayer (ein aus dem Puschachtal stammender Landwirtssohn, ehemaliger Schullehrer) allein und schon kurz nach acht Uhr, sich um den Verwalterposten bewerbend, auf der Hochgobernitz erschienen ist, ein mit zahlreichen, aber *am Ende für ihn und für alles katastrophalen Talenten ausgestatteter Mann*, in kurzen Sätzen sprechend, bedauerlicherweise in einer für sein Alter beschämenden Körperverfassung (Herz, Lunge usf.), dem der Fürst sofort klarmachte, daß dieser Verwalterposten weit über

seine Kräfte gehe und daß weder ihm noch dem Fürsten damit gedient sei,
wenn er ihn anstelle, »auch nicht auf Probe«, hatte der Fürst gesagt, »nein,
auch nicht auf Probe stelle ich Sie an!«, waren die beiden andern unmittelbar darauf erschienen, Henzig um zehn, Huber um elf. »Ich verhandelte
im Büro«, sagte der Fürst. »Ich brauchte Zehetmayer, der einen völlig
verwahrlosten Puschachtaler Dialekt sprach, ja gar nicht davon zu überzeugen, daß es für ihn sinnlos wäre, in meine Dienste zu treten, die Anforderungen, die dieser Verwalterposten stelle, seien absolut hohe, nur
unter äußerst schwierigen Bedingungen zu erfüllende. Aber überhaupt,
sagte ich doch«, sagte der Fürst, »ich sagte, lächerlich, das zu sagen, überhaupt hatte ich den Eindruck, daß der Mann seine Kräfte überschätzte. Sie
überschätzen Ihre Kräfte bei weitem! sagte ich, und Zehetmayer setzte
dem, was ich sagte, und ich sagte lauter Vorhaltungen gegen ihn, naturgemäß, weil er nicht dumm ist, nicht das geringste entgegen. Wohlgemerkt war alles, was ich ihm gegenüber vorzubringen hatte«, sagte der
Fürst, »von der größten Überzeugungskraft gewesen. Das allerdings hatte
ich sofort gefühlt: diesem Mann gegenüber kann ich vollkommen ehrlich
die Wahrheit sagen, ich brauche, obwohl er schwach ist, seine ganze Konstitution ist schwach, die allerschwächste, überhaupt keine Rücksicht auf
ihn zu nehmen, ich kann ihm von vornherein alles sagen, was ich denke,
und ich dachte (zuerst) nichts Gutes von dem Mann, denn augenblicklich
schaute ich durch ihn, ja schon in dem Augenblick, in welchem er in das
Vorhaus eingetreten war, wie durch eine plötzlich in mein Vorhaus eingetretene Tragödie durch, durch das zuerst lebens-, dann sogar überlebens-
große Klischee einer menschlichen *Ur*tragödie, die Zehetmayer heißt, Au-
gustin Zehetmayer.« Der Fürst sagte: »Dieser ganze kommod, aber billig
gekleidete Mann ist nichts anderes als die Klischeevorstellung aller
menschlichen Armut und Unzulänglichkeit. Was *ich* sagte und was *er*
sagte, alles, was *ich* tat und was in *mir* vorging und was *er* tat, vorgab zu
tun, was *ich* vorgab zu tun und was in *ihm* vorging, alles war dieses Klischee, diese Klischeevorstellung von der Unzulänglichkeit, Armut, Hinfälligkeit, Minderwertigkeit, Sterbensmüdigkeit menschlicher Existenz,
und ich hatte augenblicklich den Eindruck gehabt« (Ich zitiere den Fürsten beinahe wörtlich!), »daß ein kranker Mensch in mein Haus eingetreten ist, daß ich es mit einem kranken Menschen zu tun habe, mit einem
Hilfebedürftigen. Was ich redete, war zu einem Kranken geredet, lieber
Doktor, und was ich zu hören bekam, lieber Doktor, war aus dem Mund

eines Kranken heraus geredet, aus einem zuhöchst untertänigen, krankhaften Gehirn, das angefüllt ist mit den, wenn auch phantastischsten,
so doch krankhaftesten Vorstellungsblamagen, die man sich denken
kann . . . Der Mann wußte überhaupt nicht, was er wollte, und ich machte
ihm das auf die wirkungsvollste Weise augenfällig, ich sagte, daß krankhaft
sei, was er tue, sein ganzes Leben sei ein krankhaftes Leben, seine Existenz
sei eine krankhafte, folglich sei alles, was er tue, unsinnig, wenn nicht
sinnlos. Unsinnig, daß er sich um die Verwalterstelle bewerbe. Eine Art
von mysteriösem Größenwahn seinerseits komme da deutlich zum Ausdruck, wo ihm doch sämtliche Voraussetzungen für die Stelle abgingen,
fehlten, er habe nicht die geringsten Voraussetzungen dazu, sagte ich. Ich
könne mir aber gut vorstellen, was ihn dazu veranlaßt habe, dem von mir
aufgegebenen Inserat, so drückte ich mich aus, *nachzugehen*. Unsinnig,
sagte ich«, sagte der Fürst. »Ein Mensch liest in einer Zeitung ein Inserat,
in welchem eine Stellung offeriert wird, von welcher dieser Mensch weiß,
daß er sie niemals bekommen wird, weil ihm, wie gesagt, die Voraussetzungen für diese Stellung vollkommen fehlen, dieses Inserat reizt ihn aber,
er kann sich dem Inserat nicht mehr *entziehen*, er entzieht sich dem Inserat
einfach nicht mehr, er bewirbt sich um die Stellung, er weiß, daß es absurd
ist, sich um die Stellung zu bewerben, er erkennt, daß alles, was er in bezug
auf das Inserat tut, absurd ist, alles, und geht ihm doch nach. Das kann ich
mir gut vorstellen, habe ich zu Zehetmayer gesagt«, sagte der Fürst, »daß
ein Mensch ein Inserat liest und daß der Mensch glaubt, dieses Inserat sei
für niemand anders als für ihn aufgegeben worden (bestimmt!), und daß
der Mensch von dem Inserat völlig gefangen ist und sich, so unsinnig das
auch sein mag, um die inserierte Stellung bewirbt. Da er, Zehetmayer, sich
völlig bewußt sei, nicht die geringste Voraussetzung für den von mir ausgeschriebenen Verwalterposten zu besitzen, sich bewußt sei, immer bewußt
gewesen *ist*, daß er Lehrer sei, von Wald- und Forstwirtschaft, geschweige
denn -wissenschaft nichts verstehe, die Natur nicht verstehe, weil er an die
Einfältigkeit der Natur glaube, als ein willenloses Opfer der Natur, immer
nur *in der Natur sei*, sei es nichts als krankhaft, sich um die Verwalter-
stellung zu bewerben. Es sei, sagte ich zu Zehetmayer«, sagte der Fürst,
»ein Betrug, ein Betrug mehr an ihm (Zehetmayer selber) als an mir, denn
daß es an mir ein Betrug sei, wenn er sich um die von mir ausgeschriebene
Verwalterstelle bewerbe, sei doch klar . . . Ich sagte nicht«, sagte der
Fürst, »daß alles, worin und wodurch Zehetmayer existiert und bis jetzt

immer existiert hat, Betrug sei, wenn es auch wahr ist, daß das Betrug ist, aber ich sagte, daß *ein betrügerisches Element*, seine Entwicklung, ihn *bereits zerstört hat*. Ich stelle mir die katastrophalsten Familiarkonstruktionen, alles mit ihm in Beziehung, vor«, sagte der Fürst. »Ich sage zu Zehetmayer: Wahrscheinlich haben Sie eine vehemente, kopflose, keine *naturgemäße* Kindheit gehabt. Aber der Mann versteht mich nicht. Ich denke, er ist aus dem Puschachtal und versteht mich nicht, und ich weiß sofort, als ich diesen Satz *wahrscheinlich haben Sie . . . usf.*, sage«, sagte der Fürst, »daß mich der Mann nicht versteht, und nicht nur, weil er aus dem Puschachtal ist. Es ist mir klar, zu einem solchen Mann (wie zu einem solchen *Volke* natürlich!) mußt du einfach sprechen, das Komplizierte, das Anstrengungsschwere, darfst du überhaupt nicht akustisch werden lassen. An einem solchen Manne, an Zehetmayer, darfst du nicht das Verbrechen deiner eignen Natur begehen, d. h. ein Verbrechen begehen, indem du ihn in deine Gedanken hineinstößt, in dein monumentales Zahlen- und Ziffern-, Chiffern- und *unendliches Naturlabyrinth*. Die größten Verbrechen sind die«, sagte der Fürst, »von den *Über*legenen an den *Unter*legenen *in Wörtern* begangenen, in Gedanken *und* in Wörtern begangenen Verbrechen usf., denke ich. Zehetmayer ist sich schon in den ersten Sekunden mir gegenüber bewußt, daß das Vorhandensein in meinem Haus (Der Fürst sagte nicht: in meiner *Burg!*), Unsinn ist. Stumpfsinnig mechanisch bewegt er die ganze Zeit, mir gegenübersitzend, seine Bewegungslosigkeit. Ich konnte, wenn er den Mund aufmachte, um etwas zu sagen, das er dann doch nicht sagte, sich nicht zu sagen *getraute*, das Groteske an ihm studieren. Ich studierte an ihm das Groteske des Vorhandenseins überhaupt, nicht nur, wie gesagt, was ihn und was ihn als einen Menschen betrifft, auch was *mich* betrifft, was alles zwischen ihm und mir, mir und ihm, was *alles* betrifft. Er sagte, er habe mein Inserat beim Frühstück gelesen, da seien ihm auf einmal unzählige Bilder, die alle mit meinem Inserat zusammenhingen, in meinem Inserat ihren Ursprung hatten, in sein Gehirn hineinprojiziert worden. Er sagte das mit anderen Wörtern«, sagte der Fürst, »aber es ist auf jeden Fall ein Hineinprojizieren gewesen, Zehetmayer hat *nicht* gesagt: Ein von dem Inserat in meinem Gehirn plötzlich gleichzeitig hergestellter *und* ablaufender Film hat mich, immer auf das Inserat bezogen, in Erregung versetzt, sondern er sagte, das entsprach ihm: Ich habe dann nur noch an das Inserat *gedacht*. Und er sagte: Meine Frau hielt nichts davon, daß ich mich um die Stellung bewerbe, obwohl sie *will*, daß ich mich um eine Stellung bewerbe, von *der* hielt sie nichts. Sie meinte, er sei für diesen Posten unfähig, er sei ein Lehrer. Sie hat zu ihm gesagt: du bist Lehrer! und sie sagte, wie sie das immer sagte: ein *schlechter* Lehrer!« Der Fürst sagte: »Zehetmayer sagte: ich habe mich angezogen und bin *hergefahren.* Das Wort *hergefahren* mußte ich«, sagte der Fürst, »nachdem Zehetmayer es ausgesprochen und in der Luft hatte hängen lassen, indem ich es wiederholte, aus der Luft wieder *herunter*nehmen, aus der Luft wieder *heraus*nehmen, die Atmosphäre von ihm freimachen für das Folgende. Zehetmayer sagte«, sagte der Fürst, »daß es ja auch ihm ein Rätsel sei, warum er sich um die Stellung bewerbe. *Aber soviel tut man und es bleibt ein Rätsel, warum,* hat er gesagt. Sehen Sie, lieber Doktor, er hat gesagt: *Ich weiß nicht, warum!* Er lese jeden Tag die Zeitung, und er lese immer *alle* Inserate, unter dem Druck seiner Frau lese der Zehetmayer sie. Seine Frau arbeitet und verdient, ihm ist langweilig, aber noch nie hat er auf ein Inserat *so* reagiert, wie er auf *mein* Inserat reagiert hat. Ich dachte«, sagte der Fürst, »ob mein Inserat vielleicht auf eine *merkwürdige Weise* abgefaßt ist. Das fand ich aber nicht. (Verwalter für große Wald- und Forstwirtschaft gesucht . . . Saurau . . .usf. . . .) Mein Inserat ist in einem völlig uninteressanten Ton abgefaßt. Es ist nichts Irritierendes (Anziehendes) an (oder in) ihm. Ich habe es rasch aufgesetzt und in die Druckerei gegeben, und ich habe mich ja gewundert, wie unpersönlich, wie wenig zugkräftig es abgefaßt ist, wo ich doch ursprünglich, selbstverständlich, ein persönliches, zugkräftiges habe abfassen wollen, ein wenigstens interessantes, kein *un*interessantes . . . Ich habe es aufgegeben und habe mir gedacht«, sagte der Fürst, »dein Inserat ist sinnlos, kein Mensch meldet sich darauf usf. . . . Und dann ist schon am frühen Vormittag Zehetmayer bei mir erschienen, und gleich darauf erschienen die beiden andern Bewerber, Henzig und Huber, und ich glaube, es werden noch mehr Bewerber zu mir heraufkommen, denn daß plötzlich keiner mehr erscheint, das ist *unwahrscheinlich.* Es müßte doch, denke ich, nach der Wirkung zu schließen, mein Inserat ein faszinierendes Inserat sein. Ich habe eine ganz bestimmte Vorstellung von einem faszinierenden Inserat, denke ich, aber wenn es nun gerade deshalb fasziniert, weil es kein faszinierendes Inserat ist . . . Daß es überhaupt so weit gekommen ist, daß ein Saurau ein Inserat aufgeben muß, lieber Doktor«, sagte der Fürst und dann: »Ich sagte: Herr Zehetmayer, möglicherweise aber glauben Sie im Ernst, daß Sie etwas von der Wald- und Forstwirtschaft verstehen? Darauf antwortete er: Nein, ich verstehe nichts davon, wirklich, ich verstehe nicht das geringste davon, denn daß ich auf dem Land aufgewachsen bin, sagte er, das heißt ja nicht, daß ich auch von der Wald- und Forstwirtschaft etwas verstehe. *Natürlich* nicht! Ich schenkte ihm ein Glas Schnaps ein (ich selber trinke, lieber Doktor, Sie haben es mir befohlen, seit Wochen nichts mehr!) und fragte den Mann, die Frage erschien mir als die selbstverständlichste, warum er nicht mehr Lehrer sei, denn das sei ungewöhnlich, mit zweiundvierzig nicht mehr Lehrer zu sein, wenn man Lehrer *ist*. Auf einmal sind die Gedanken, ist die deutsche Sprache, lieber Doktor, plötzlich wieder zu einer Kuriosität geworden! Er sagte, daß er schon zehn Jahre aus dem Schuldienst entlassen sei, *ohne Pensionsanspruch!* sagte er. Ihm sei ein Verbrechen (Notzucht?) vorgeworfen worden, das er nicht begangen habe und für das er zwei Jahre im Gefängnis, drei Jahre in der Strafanstalt Garsten habe sitzen müssen. Es sei ihm unmöglich, die Art des Verbrechens zu sagen. (Notzucht?) Er sei gern Lehrer gewesen, habe vor allem die Freiheit, die der Lehrerberuf mit sich bringe, die *alltägliche Sauberkeit*, in welcher sich der Lehrer bewegen dürfe, seine *schöne Möglichkeitswelt* auf dem Land (*Ja, Lehrer sein!* hat er ausgerufen), hoch eingeschätzt. Jetzt lebe er«, sagte der Fürst, »zugegeben, von der Arbeit seiner Frau, von ihren Kräften und sei im Grunde hoffnungslos. Da habe er heute früh das Inserat gelesen und sei ihm *nachgegangen. Zehetmayer* sagte der, tatsächlich, lieber Doktor, was mich erstaunte, ironisch. Ich könne nachforschen, meinte er, der Name Zehetmayer sei der Name eines alten steiermärkisch-oberösterreichischen Viehhändler- und Webergeschlechts, *mundtot, heruntergekommen.*« Der Fürst lachte. »Mit dem Namen ist es nichts mehr, hat Zehetmayer gesagt«, sagte er. »Plötzlich«, sagte der Fürst, »klärte Zehetmayer alles auf. Eine verwahrloste Hochgebirgsintelligenz, dachte ich, zweifellos, dachte ich, *verrückt*, ein Mensch, der sich, weil ihm *einfach* die Anstrengung, sich zu retten, zu groß ist, schon bald wieder fallen gelassen hat in den bequemen Ursprungsstumpfsinn seiner Erzeuger. Es ist unsinnig, hat Zehetmayer gesagt, aber wie ich das Inserat gelesen hab' . . . Er freute sich an dem angefangenen, gleich aber wieder aufgegebenen, halbfertig weggeworfenen Satz«, sagte der Fürst. »*Ja*, keine Lust, *nein*, keine Lust, keine Lust, sagte Zehetmayer. Er stand auf, als empfände er sich in dem verwunschenen Zusammenhang mit der Natur einen Augenblick als noch lächerlicher, als das ihm bis jetzt möglich gewesen ist. Mit der Art und Weise, wie er aufstand«, sagte der Fürst, »und aus meinem Büro

hinausging, unterstrich er diese Lächerlichkeit. Genuß am Elend? habe
ich gedacht. Unsinnig, sagte Zehetmayer noch und ging durch und durch
peinigungssüchtig weg. Ich dachte, da taucht ein Mann auf und sagt, er
komme auf mein Inserat hin auf die Burg, und sagt, sein Name sei
Zehetmayer, und ich kann mit dem Mann nichts anfangen. Umgekehrter Zweck!« sagte der Fürst. »Sofort registrierte ich mehrere offensichtlich schon weit fortgeschrittene Krankheiten an dem Menschen, wohl
auch Geschlechtskrankheiten, wie sie typisch für diese Gegend sind. Die
nordoststeierischen Menschen haben eine unverkennbare Charakteristik
an sich, einen bodenlosen Hang zur Inzuchtsmystik, einen besonderen
dumpf-stumpfen Sprach- und Bewegungsrhythmus. Ich sage das Wort
Puschach*tal* und der Mann ist bereit, eine längere Geschichte, die er auf
dem Puschach*see* erlebt hat, zu erzählen«, sagte der Fürst. »Überhaupt fällt
mir auf, wie bereitwillig die Menschen auf irgendein bestimmtes Wort
reagieren, auf *Empfindlichkeitswörter*, an die sie sofort eine unglückliche
Geschichte hängen, die sie einmal erlebt haben und die sie einmal zutiefst
beeindruckt hat. Also Zehetmayer«, sagte der Fürst, »ist einmal als Kind
auf dem Puschachsee aus einer Zille gefallen. Sie kennen den Puschachsee,
Doktor?« Mein Vater sagte: »Ja.« Der Fürst sagte: »Sein älterer Bruder
versucht ihn, von der Zille aus, herauszuziehen, es gelingt ihm aber nicht.
Zehetmayer verbringt fünf Stunden im Wasser, bis sein Vater in einer
zweiten Zille kommt und ihn herauszieht. Die Unglücksstelle ist zweihundert Meter tief, aber auch wenn sie nur sechs oder acht Meter tief wäre
usf. . . . Er, Zehetmayer, hätte sich keine fünf Minuten mehr aus eigener
Kraft über Wasser halten können. Er ist ein Typ, der außergewöhnlich
anfällig vor allem für Wörter ist, die mehr als ein A enthalten, aber vor
allem natürlich für bestimmte Begriffswörter, die alle mit mehr oder weniger entsetzlichen Erlebnissen seiner Person zusammenhängen. Die zwei
Wörter *Schöne Aussicht* zum Beispiel, die ich, mich einer schönen Aussicht
erinnernd, gesagt habe, verführten ihn augenblicklich wieder zu einer
wenn auch kürzeren, so doch nicht weniger unglückseligen Geschichte als
die vom Puschachsee. Er erzählte, vielmehr skizzierte er«, sagte der Fürst,
»daß er in der Nähe des Wirtshauses *Zur schönen Aussicht* in Salla von
einem aus Suben entsprungenen Häftling überfallen worden ist, und das
knapp zwei Wochen, nachdem er selbst aus der Strafanstalt Garsten entlassen worden war . . . Der Mann hat Zehetmayer von hinten angefallen
und ihm die Brieftasche geraubt. Freilich, in der Brieftasche sind nur

zwanzig Schilling gewesen, leider aber auch die einzige Photographie von seiner Mutter, die er besessen hat. Der Räuber ist vor ein Linzer Gericht gestellt und zu zwölf Jahren Kerker verurteilt worden. Wahrscheinlich, so Zehetmayer«, sagte der Fürst, »ist er jetzt, nach vier Jahren, schon wieder heraus. Ich kenne die Justiz hierzulande, hat Zehetmayer gesagt«, sagte der Fürst. »Tatsächlich hätte ich«, meinte der Fürst, »wie übrigens nicht allein bei Zehetmayer, Vorsorge zu treffen gehabt, ihn (oder andere) erregende Wörter nicht zu gebrauchen. Zehetmayer ist auch einer von den Zahllosen, die auf bestimmte, möglicherweise mit ihnen in dauerndem grauenhaftem Zusammenhang stehende Wörter auf eine geradezu stimmungstötende Weise reagieren. Meinem Vater, zum Beispiel«, sagte der Fürst, »durfte ich niemals mit dem Wort *schräg* kommen, nicht die Wörter *Fleischwurst, Auschwitz, SS, Krimsekt, Realpolitiker* gebrauchen. Jeder Mensch hat Wörter, die man ihm nicht *vor*sagen darf. Meine Schwestern, meine Töchter, mein Sohn, alle leiden sie darunter, daß sie auf bestimmte Wörter immer rettungslos qualvoll reagieren. Ich habe mir gedacht, Zehetmayer gegenüber dürfe ich wohl nicht das Wort *Maulwurf* erwähnen. Ich sagte aber doch auf einmal, wohl, um ihn auszuprobieren, das Wort *Maulwurf*, ich sagte: *das ist eine fürchterliche Maulwurfsgegend, die Puschachgegend*, und da bemerkte ich einen qualvollen Zustand, in den augenblicklich seine ganze Person gestürzt war. Ich hatte tatsächlich von allem Anfang an das Gefühl, daß ich Zehetmayer nicht mit dem Wort *Maulwurf* konfrontieren darf. (Mit seiner *Heimat!*) Ich konfrontierte ihn damit, und meine Annahme, daß es ihn schmerzt, wenn ich das Wort *Maulwurf* sage (ihn an seine *Heimat* erinnere), bestätigte sich. Auch hätte ich zu ihm, wie ich dann eingesehen habe, die Wörter *Kotzen, Bundscheck, Krennhof, Leinwand, Bergmänner,* wie auch *Bergwerk,* nicht sagen dürfen, das Wort *Strafanstalt.* Aber ich muß zugeben«, sagte der Fürst, »daß es mich während Zehetmayers Anwesenheit immer wieder gereizt hat, gerade diese von ihm gefürchteten Wörter zu gebrauchen. Erinnere dich«, sagte der Fürst zu sich selbst, »du hast immer wieder *Rüben* gesagt. Ich schonte ihn nicht«, sagte der Fürst, »ich habe ihn nicht geschont, ich habe ihn nicht einen Augenblick lang geschont. Zehetmayer ist an und für sich ein Menschentypus, der zu schonen ist, wie die meisten Menschen zu schonen sind, lieber Doktor, aber ich habe ihn nicht geschont, mir waren von allem Anfang an seine sämtlichen Schwächen, Krankheiten bekannt, gerade deshalb habe ich auf ihn keinerlei Rücksicht genommen. Diesem Menschen

gegenüber habe ich keine Rücksicht *zu nehmen*, habe ich einen, den entscheidenden Moment lang gedacht, es nützt ihm nichts, es nützt ihm
nichts usf. . . . Warum? Lieber Doktor, immer wieder verfalle ich solchen
absolut unsinnigen Fragen«, sagte der Fürst, »die auf eine Erklärung, die
auf *Auf*klärung hinauswollen. Aber es gibt nichts zu erklären, es gibt nichts
*auf*zuklären. Bei dem Wort *Stainz*«, sagte der Fürst, »fiel dem Zehetmayer
(*nicht mir!*) das Wort *Rassach* ein, und zu dem Wort *Rassach* eine weitere
Geschichte. Diese Geschichte«, sagte der Fürst, »kann ich Ihnen nicht
ersparen«, sagte er. »Zehetmayer existiert nur von den Geschichten,
scheint es, die an den bestimmten Wörtern, die ihn irritieren, hängen, und
die er erzählen *muß*, wenn ein solches Wort fällt. In Rassach«, sagte der
Fürst, »hat Zehetmayer als Kind bei Verwandten auf dem Heuboden gespielt. Nachmittag, lieber Doktor, die große Hitze, in der die Kinder
fürchten, ersticken zu müssen, ohne jegliche Elternhilfe, Sie wissen, die
entsetzliche Heubodenhitze. Plötzlich wird Zehetmayer, er ist vier Jahre
alt, von seinem Onkel zum Nachtmahl gerufen, und er erschrickt und
dreht sich um und erschrickt noch einmal und entdeckt auf einem Tram
eine Männerleiche. *Einen Aufgehängten*, sagt Zehetmayer. Er hat den Erhängten angerufen, ihm befohlen, von dem Tram herunterzuspringen,
weil er, der Vierjährige, die Vorstellung gehabt hat, der Erhängte könne
ohne weiteres von dem Tram herunterspringen. *Nachtmahl!* hat das Kind
gerufen, immer wieder *Nachtmahl!* Der Tote ist der erste völlig nackte
Mensch gewesen, den Zehetmayer gesehen hat. Plötzlich ist ihm, dem
Vierjährigen, bewußt gewesen, daß der auf dem Tram Hängende *tot* ist,
und da hat er einen Schrei ausgestoßen, auf den sofort die Verwandten im
Heuboden gewesen sind. Ein ihnen allen Unbekannter hatte sich, wahrscheinlich in der vorangegangenen Nacht, so Zehetmayer, auf dem Tram
erhängt. *In einer Erregung.* (Zehetmayer heute.) Zehetmayer beschrieb
dann, wie sein Onkel den Leichnam, um den Strick nicht zerschneiden zu
müssen, aus dem Strick heraus*geschlagen*, heraus*gezerrt*, heraus*gezogen* hat,
wie die Verwandten gerätselt haben, wer der Selbstmörder sein könne. Sie
durchsuchten die Taschen seiner auf dem Boden liegenden Kleider (nichts
als Hose und Rock) und fanden nichts. Immer wieder schauten sie«, sagte
der Fürst, »abwechselnd den Leichnam und den, der den Leichnam entdeckt hat, den kleinen Zehetmayer, an. Plötzlich hat dann sein Onkel, den
kleinen Zehetmayer anschauend, gesagt: *Der arme Bub!*, und da sei er,
Zehetmayer, zutiefst erschrocken, auf und davon gelaufen, vom Heubo-

den in das Vorhaus und aus dem Vorhaus hinaus und in den Wald hinein, in dem er sich verirrt hat, weinend . . . usf. . . . Während Zehetmayer die Geschichte, die für ihn mit dem Wort *Rassach* (*Stainz* usf.) zusammenhängt, erzählte, stellte ich fest, daß der Mann gar nicht nüchtern war. Die ganze Zeit war ich nicht daraufgekommen, Zehetmayer könne betrunken sein. Ich dachte: möglicherweise ist er schon von zu Hause betrunken fortgegangen, und ich dachte: Zehetmayer ist ununterbrochen betrunken. Es gäbe noch eine Reihe von Merkwürdigkeiten in Zusammenhang mit diesem Zehetmayer zu berichten«, sagte der Fürst. »Ich verzichte. Ich beobachtete ihn so lange, wie ich noch keinen Menschen beobachtet habe, der aus dem Haus hinausging, bis er außerhalb der Mauern gewesen ist. Bis er einfach nicht mehr zu sehen *war*. Neun Uhr«, sagte der Fürst, »ich lese noch einmal mein Inserat und denke, daß das ein ganz gewöhnliches reizloses Inserat ist. Es wundert mich, daß es einen einzigen Menschen gibt, der auf mein Inserat kommt, da kommen auch schon die beiden Bewerber, Henzig und Huber. Zuerst Henzig«, sagte der Fürst. »Also eine kurze Charakterisierung von Henzig.« (Der Tonfall des Fürsten ist ein krankhafter!) »Vierunddreißig Jahre alt«, sagte der Fürst, »scheint mir Henzig (im Gegensatz zu Huber, der mir mehr sympathisch als naturgemäß für den Posten geeignet erscheint), für den Posten am vorzüglichsten geeignet, aber nicht sympathisch. Henzig ist aus der Gegend von Aussee, aus einer Wald- und Forstfamilie: Vater Forstrat, Forstschule Ort, Bodenkultur usf. . . . Sicherheit in allem, was er sagt, auch *stimmt* alles, was er sagt«, sagte der Fürst. »Blendersaumbetrieb / ungedeckte Schirmstellung / gedeckte Schirmstellung usf. Mich verblüfft natürlich die Selbstverständlichkeit, mit der der Mann einfach *alles* weiß (Vertikale Weise: Femelschlag usf. . . .). Die Ordentlichkeit an dem Menschen mißfällt mir«, sagte der Fürst, »Sauberkeit, Kleidung etc., alles Vorteile, die mich plötzlich abstoßen. Warum? Ich brauchte die Zeugnisse nicht anzuschauen, um zu wissen, daß ich es mit einem *vorzüglichen Mann* zu tun habe. Gleich zu Beginn der Unterredung mit Henzig muß ich das Wort *Zehetmayer* aus mir herauslachen, ich sage: Ein armer, erbärmlicher Mensch, sage ich und lasse mir von Henzig eine Aufzählung, gleichzeitig Schilderung seiner bisherigen Tätigkeiten geben, während ich immer noch einen Genuß an dem unausgesprochenen Wort *Puschachsee* habe. Ich beschäftigte mich mit Zehetmayer, nicht mit Henzig, lieber Doktor. Mit Zehetmayers Allgemeinverzweiflung war ich beschäftigt, während

Henzig präzise Angaben über seine Laufbahn (Entwicklung?) machte.
Plötzlich sage ich laut: Es gibt natürlich Leute, die sind so grauenhaft
konstruiert, daß sie einen ununterbrochen beschäftigen, und zwar auf eine
angenehme Weise. Henzig war irritiert«, sagte der Fürst, »aber nur die
allerkürzeste Zeit, dann fuhr er in seinen Angaben fort. Es war ein Genuß
für mich, Henzig zuzuhören und an Zehetmayer zu denken«, sagte der
Fürst. »Ich hatte keine Schwierigkeiten, dieses Vergnügen auf die Spitze zu
treiben. Henzig sagte, daß er sechs Jahre im Kobernaußerwald, *die absolute
Forsthochschule in Österreich*«, sagte der Fürst, »beschäftigt sei, *schon* seit
sechs Jahren!, in den früheren habsburgischen, jetzigen staatlichen, repu-
blikanischen Forsten. Etwas von *Douglasie* sagte Henzig, von *ariden* und
humiden Tieflagen, von *Breitwuchs* und *Primus radiata*, von Zahlungsbe-
dingungen, Einkäufen, Verkäufen, das Wort *Liberia* und das Wort *Man-
groven* höre ich; mehrere Male, sehr grotesk anmutend: *Die Habsburger*. Es
wäre das beste gewesen, den Mann auf der Stelle zu engagieren«, sagte der
Fürst, »denn das war mir sofort klar gewesen: der ist der beste. Aber ich
habe ihn nicht sofort engagiert«, sagte der Fürst. »Dieser Mann erinnerte
mich an meine Jugend, an stundenlange Waldgänge in erstklassigen Kleidern mit dem Forstrat Siegmund. An Gespräche über Wildfarben, Ab-
schußgebühren, Baumkrankheiten, Holzausfuhr nach Frankreich und
Italien, an meine schon fortgeschrittene Jugend. Ich sah da auf einmal in
viele wissenschaftliche Themen hinein«, sagte der Fürst, »in eine grandios
vergessene Politik, in lange, auf alle Fälle geheime und abgestorbene Gespräche. Ich hatte den Geruch aller dieser Gespräche und Themen und
Wälder und Kleider und den Geruch der Luft an den Ufern der Ache, den
Geruch Tirols, Salzburgs, Oberbayerns und Oberösterreichs, den Geruch
der *Verwandtenwälder* in der Nase. Ich sah da in ein Bürohaus an einem
tirolischen Waldrand hinein, in dem die Fußbodenbretter verraten, wer
auf ihnen geht. Da heißt es: *Der Forstrat kommt!*, da heißt es *Der Dr.
Konstanz* oder *Die Marie*. Da öffnet sich die Tür in eine Bibliothek, in der
zweitausend Bände verkehrter Geschichte aneinandergereiht sind, von
Descartes, Pascal, Schopenhauer bis zu den Schlernschriften. Wenn ich
durch Henzig durchschaute, sah ich die riesigen Wälder zwischen dem
Innviertel und dem flachen Bayern oder in eine slowenische *Waldunend-
lichkeit*«, sagte der Fürst. »Ich denke, die Ruhe, die in der Natur herrscht,
ist und bleibt die unendliche Ruhe«, sagte der Fürst. »Zu Henzig sagte ich
auf einmal: *Alles in allem*«, sagte der Fürst, »und ich sagte das aus der

äußersten Verlegenheit heraus, alles in allem erscheinen Sie mir als zu jung
für den Posten. Denn das ist Ihnen doch klar, sage ich zu Henzig, daß Sie
da ganz und gar allein eine ungeheure Verantwortung tragen. Im Kobernaußerwald, sage ich, sind viele, vom Staat Angestellte, die mögen
noch so gut sein, tragen aber keine Verantwortung. Die Staatsangestellten
tragen keine Verantwortung. In der Republik ist das Wort Verantwortung
ein Fremdwort! sage ich. Ich weiß das, sage ich«, sagte der Fürst, »in den
Staatsforsten ist alles verantwortungs*los*, das ist ja das Hervorstechendste
an den sogenannten neuen, in Wirklichkeit uralten Systemen, daß es in
ihnen keine Verantwortung gibt. Und ich sage«, sagte der Fürst, »die
Folgen dieser Verantwortungslosigkeit sehen Sie ja, mein Lieber. Sie sehen
Sie ja, sagte ich, ich meine, sagte ich, ich weiß, was ich unter Verantwortung verstehe. Diese Verantwortung, *die Natur* . . ., sage ich. Auf diesem
Posten haben Sie die allergrößte Verantwortung. Auf diesem Posten gibt es
diesen lächerlichen Staat nicht. Auf den Saurauschen Grundstücken gibt
es diesen lächerlichen Staat nicht. *Noch* nicht, sage ich, und: Das hier ist
ein *eigener* Staat. Hier herrschen, sage ich, *eigene, die saurauschen Naturgesetze*, verstehen Sie, sage ich, die saurauschen Naturgesetze, nicht die der
Republik, nicht die der Pseudodemokratie. Und ich sage: Das Areal ist
groß, Sie wissen sicher, wie groß das Saurausche Areal ist, *noch immer* ist!
Henzig bejaht. Na also, sage ich, und für einen solchen Posten fühlen Sie
sich geeignet? Ich mache Sie darauf aufmerksam, sage ich zu dem Mann,
das ist kein Staatsbetrieb, das ist ein Privatunternehmen. Das ist eine
ungeheure Verantwortlichkeit! Und ich denke, gerade dieser Mann, dieser
Henzig, ist für den Posten geeignet, aber ich sage: Ich kann mir vorstellen,
daß ein *älterer* Mann einen solchen Posten innehat, aber daß *ein so junger*
Mann . . . Ich denke: Henzig ist der Mann für den Posten, und ich sage:
Sie muten sich bestimmt zuviel zu . . . Darauf schweigt Henzig. Er spreche
überdies, sagt er dann, Französisch (selbstverständlich), Englisch, Russisch, Italienisch. Ja, sage ich, ich kann mich im Augenblick nicht entschließen, *entscheiden*, sage ich«, sagte der Fürst, »nein, im Augenblick
können Sie von mir keine Entscheidung erwarten. Ich sage: Ich schreibe
Ihnen, geben Sie mir Ihre genaue Adresse. In zwei Tagen bekommen Sie
ein Telegramm. Ich stehe auf«, sagte der Fürst, »und halte Henzig die
Hand hin, ich mache ihm die Tür auf, weil sonst niemand da ist, der sie
ihm hätte aufmachen können, niemand, und fort ist er. Henzig, kein
anderer, sage ich mir, und ich denke, mich im Büro niedersetzend, warum

hat dich auf einmal das Ordentliche an dem Menschen, *die Ordnung überhaupt*, abgestoßen? Die Bildung? Ich mußte mir an den Kopf greifen. Deine plötzliche Abneigung gegen enormes Wissen, habe ich mir gesagt«, sagte der Fürst. »Immer wieder sage ich: ein guter Mann, ein guter Mann, was für ein guter Mann, dieser Henzig . . . Ich gehe im Büro auf und ab. Ich rechne mir die Frühjahrseinnahmen aus den Schotterwerken vor. Ich denke: rentieren sich denn diese Schotterwerke noch? Während ich anfange, mir über die überzähligen Arbeiter in den Schottergruben (und in den Bergwerken) Gedanken zu machen, ob ich die Bergwerke nicht überhaupt zumachen solle, zumachen, denke ich, du machst die Bergwerke zu, und du machst auch die Schottergruben zu, du machst Bergwerke *und* Schottergruben *endlich* zu, klopft es und ein weiterer (der dritte) Bewerber steht vor mir: Huber.« Der Fürst sagte: »Huber ist aus der Bundau. Er bedient sich einer Sprache, hat eine Ausdrucksweise, bei der mir sofort der Ausdruck *zivilisationsfeindlich* eingefallen ist. Ich denke, das ist ein Mensch, der gern und der *nicht* gern aus der Bundau herausgeht. Oder: der gern aus der Bundau herausginge, wenn er noch gern herausgehen könnte, usf. . . . Er ist aus der Bundau herausgegangen, doch nicht nur wegen des Inserats? Ich frage ihn sofort: Bist du wegen meines Inserats aus der Bundau herausgegangen? Der Mann kommt ja nicht in Frage, denke ich. Er sagt: Wegen dem Inserat, ja! Ich sage: Aber ich suche einen perfekten Mann! Ich denke an Henzig. Darauf sagt Huber, er habe dreißig Jahre Praxis, ohne zu sagen, *was* für eine Praxis. Ich schaue den Mann an und ich weiß«, sagte der Fürst, »was für eine Praxis, was der Mann dreißig Jahre praktiziert hat: *Forstvorarbeiterei*. Ich sage, er solle sich hinsetzen, da ist ein Sessel, sage ich, und Huber setzt sich hin. Grotesk! Ich schenke ihm ein Glas Schnaps ein, wieder sage ich: Selber trinke ich nicht, der Arzt hat mir verboten zu trinken, aber das Reden ist leichter, wenn man trinkt! Huber trinkt das Glas in einem Zug aus. Grotesk! Seine Kleidung ist adrett, daß sie immer an einer Tür, nicht in einem Kasten hängt, denke ich. Ich schenke ihm wieder ein. Ich schaue seinen Hut an, seinen Rock, seine Hose, seine Rockknöpfe, ich denke: in der Bundau ist es kalt, dort herrscht ein ununterbrochener Winter, es sind ausgesprochene *Wintermenschen*, die in der Bundau leben. Existenzen, denke ich, lieber Doktor, Existenzen. Es ist eine Landschaft, die nur ein Existenzminimum duldet. Es ist ein *Schwarz*grün, das dort herrscht, ein *Grün*schwarz, eine Finsternis, die so groß ist, daß sie Selbstmorde schon wieder ausschließt. Das

Denken ist in diesen Menschen andauernd am Ertrinken, die Lebenslust
am Absterben, alles friert und *er*friert abwechselnd. Ja, wie ist es denn jetzt
in der Bundau? frage ich den Huber. Immer das gleiche, sagt Huber.
Mehrere Male, lieber Doktor, sagt er: *Immer das gleiche.* In der Bundau, da
ist doch der Drack, sage ich, der Sägewerker. Ja, der Drack, sagt der
Huber, der Sägewerker. Ich sage: der Drack hat doch die Fußböden im
Belvedere gemacht, oder nicht? Ich sage: der Drack hat drei Schwestern.
Mit dem Drack zu reden ist ein Vergnügen, sage ich. Ja«, sagte der Fürst,
»der Drack ist der einzige, der in der Bundau Geld hat. Ja, sagt Huber. Ich
denke«, sagte der Fürst, »das ist mir unerklärlich, daß auf mein Inserat
schon am ersten Vormittag drei Bewerber gekommen sind. Was sagen Sie,
lieber Doktor, drei Bewerber am ersten Vormittag auf ein lächerliches
Inserat in einer lächerlichen Zeitung, in einem ganz lächerlichen Stil abgefaßt? Was sagen Sie? Ich sage zum Huber«, sagte der Fürst, »der Drack
hat sich ganz auf Parkett umgestellt, nicht wahr? Er macht keine Schiff-
böden mehr. Mit Ausnahmen, sage ich. Ausnahmen macht er, sagt Huber.
Ich denke, daß mein Inserat ein schlechtes Inserat ist. Warum aber melden
sich auf ein schlechtes Inserat gleich drei Bewerber am ersten Vormittag?
Rätselhaft. Rätselhaft!« sagte der Fürst. »Ich dachte, Huber trifft keine
Schuld! Schuld? Huber? Warum? Aufhören damit, dachte ich. *Wann* er das
Inserat gelesen hat, frage ich Huber«, sagte der Fürst. »Das will ich wissen,
es fällt mir auf«, sagte der Fürst, »daß ich Henzig und Zehetmayer auch
danach gefragt habe. Ich sage: Wann hast du das Inserat gelesen? Und mir
fällt auf, daß ich zu Huber *Du* sage, während ich zu Henzig wie auch zu
Zehetmayer *Sie* gesagt habe. Hast du das Inserat da im Rock stecken? sage
ich«, sagte der Fürst. »Huber zieht das Inserat aus seinem Rock heraus und
legt es auf den Schreibtisch. Ich lese es noch einmal durch. Hast du es beim
Frühstück gelesen? frage ich. Er verneint, indem er zu erkennen gibt«,
sagte der Fürst, »daß er noch gar nicht gefrühstückt *hat.* Es gelingt ihm,
ohne ein Wort zu sagen, alles an dem Menschen sagt auf einmal, daß er
noch kein Frühstück gegessen hat. Ich gehe in die Küche«, sagte der Fürst,
»ich sehe, daß in der Küche niemand ist, kein Mensch ist in der Küche,
und ich richte dem Huber ein Speckbrot her, ich streiche ihm ein But-
terbrot und gehe damit ins Büro zurück und sage, er soll die Brote essen.
Most? frage ich. Nein, keinen Most. Selbstverständlich hat er Kinder, mir
ist nur nicht klar, ob drei oder vier, ich sage *iß!* und sage: wieviel Kinder
hast du? Drei, sagt er. Wie alt, will ich wissen. Einunddreißig, vierund-

zwanzig, siebzehn, sagt er. Vier sind gestorben. Ich denke: was zählt im Leben? Ich sage: deine Frau ist gut, was? Sie wirtschafte (sechs Joch)«, sagte der Fürst, »gut, sagt er, Huber. Wenn der Drack nicht wäre, der Drack in der Bundau. Er nickt. Der Drack, sage ich, verköstigt indirekt die Bundau. Der Drack philosophiere, und seine drei Schwestern fütterten ihn, was ihm widerwärtig sei. Es ist ein Krampf mit drei Schwestern, sage ich. Der Drack und die Bundau . . .«, sagte der Fürst. »Und da fällt mir ein, du hast selber zwei Schwestern im Haus. Auch fällt mir ein, daß ich im gleichen Alter wie der Drack bin. Und im Grund, fällt mir ein, herrschen beim Drack genau die gleichen Verhältnisse wie bei mir, die wirtschaftlichen, familiären, persönlichen, nur ist der Drack *unten*, ich bin *oben*, aber genausogut könnte *ich* unten und *der Drack oben* sein . . . Ich sage zu Huber«, sagte der Fürst, »aber die Drackschwestern sind bucklig, und ich denke, daß der Drack das Opfer seiner drei Schwestern ist; ein Mann kann stark sein, so stark, wie er will, der Drack ist stark, aber seine drei Schwestern sind *stärker* . . . Der unverheiratete Drack als Resultat, der verwitwete Saurau als Resultat, denke ich. Ich sage: der Drack hätte ein Dutzend guter Partien machen können, mehr für mich als für Huber, Huber aber hat es gehört«, sagte der Fürst, »und hat zu essen aufgehört und gesagt: Die Thurn und Taxis. Nachher sagt Huber, daß die Maul- und Klauenseuche in der Bundau fast den ganzen Viehbestand aufgefressen habe, daß sich die Bundau davon nicht mehr erhole. Hören Sie, Doktor, nicht mehr *erhole!* Die Seuchen, sage ich, wenn sie einmal *da* sind, ist es zu spät. Für *den Staat*, sage ich, ist alles zu spät. In dem Staat, wie er heute ist, ist immer alles zu spät. Der Staat verpulvert die Heilmittel an die Leichen! Also, sage ich, Huber, wann hast du das Inserat gelesen? Seine Frau hat die Zeitung in aller Frühe aus Knittelfeld mitgebracht. Eine Doktorkonsultation«, sagte der Fürst, »Nierenerkrankung. Huber hat ihr die Zeitung *im Hemdanziehen* weggenommen, sie habe ihm, wie jeden Tag, Vorwürfe gemacht: es sei kein Geld da. *Er* arbeite nicht, *sie* schufte, *sie* verdiene, *er* faulenze, *er* verdiene nichts, *sie* halte alles zusammen, *er* schmeiße alles hinaus usf. . . . Schließlich habe sie *arbeitsscheu, lichtscheu* zu ihm gesagt, da sei er wütend geworden«, sagte der Fürst, »und habe ihr eine Ohrfeige *angedroht, aber nicht heruntergehaut,* und sei ins Schlafzimmer, wo er sich aufs Bett geworfen habe. Da habe ich, auf dem Bett, das Inserat gelesen, hat Huber gesagt. Sofort sei er aufgesprungen und habe sich angezogen und sei aus dem Haus und aus der Bundau zu mir herüber. Unterwegs sei es ihm

unsinnig vorgekommen, sich um die Stellung zu bewerben (Zehetmayer!).
Aber nein, habe er sich immer wieder gesagt, ich gehe hinauf, ich gehe
hinauf, ich gehe zum Saurau hinauf. Und mit dem andauernden Ichge-
hehinauf-Ichgehehinauf sei er auf einmal oben gewesen. Der Anblick der
Burg habe ihn aber *entmutigt* und er ist vier- oder fünfmal herumgegan-
gen, bevor er angeklopft hat. Er habe es sich immer wieder überlegt, ob er
nicht wieder auf und davon laufen solle, hinunter in ein Wirtshaus . . .
Aber dann hat er Henzig heraustreten sehen, *einen ziemlich stattlichen
Menschen*, so Huber, und habe nicht mehr anders können als anklopfen.
In meinem Alter wäre es blödsinnig, noch eine Arbeit anzufangen, hat
Huber zu mir gesagt. Seine Frau aber mache ihm andauernd Vorwürfe«,
sagte der Fürst, »sie macht ihn verrückt, jeden Tag beweist sie ihm *ihre
Notwendigkeit, seine Überflüssigkeit.* Aber natürlich sei er für den von ihm
ausgeschriebenen Posten *überhaupt* nicht *geeignet*, meinte Huber, damit
meinte er *nicht gänzlich ungeeignet – wahrscheinlich.* Ich denke, daß die
Fähigkeiten der Forstvorarbeiter die größten sind«, sagte der Fürst, »Hu-
bers Fähigkeiten sind wahrscheinlich die *erfreulichsten*, und ich spreche
das auch aus, ich sage: Deine Fähigkeiten sind sicher die besten. Er könne
sich aber auch vorstellen, sagte ich, daß er für den Verwalterposten nicht
geeignet ist. Nein nein, sage ich«, sagte der Fürst, »ein solcher Posten
erfordert ganz andere Praktiken. Das weiß er, und ich sage offen, nicht,
daß Huber *wahrscheinlich nicht* für den Posten geeignet sei, sondern *ganz
einfach ungeeignet.* Ich sage«, sagte der Fürst, »aber aus der Bundau wieder
einmal herauszukommen ist schon ein Vorteil. Ja, meinte Huber. Ich
selber bin schon zwei Jahre nicht mehr in der Bundau gewesen«, sagte der
Fürst, »wie immer ist es ein Begräbnis, das mich die Burg verlassen, Täler
aufsuchen läßt, man kommt dauernd, weil immer einer stirbt, mit dem
man verwandt ist, den man kennt (oder nicht kennt), in die verschiedensten Gegenden des Landes (und des Auslandes natürlich). Unsereiner ist
neben seiner Berufsexistenz immer auch ein Reisender in Begräbnissen.
Und es sterben immer genau die, lieber Doktor, von denen man gewußt
hat, daß sie sterben werden. Überraschungen sind selten. Ich sage«, sagte
der Fürst, »der Friedhof wird vergrößert in der Bundau, nicht wahr? Und
Huber sagt: Streitigkeiten. Der Bürgermeister, die Sozialisten . . . usf. . . .
Für die Gemeinde, sagt Huber, hat keiner ein Stück Grund hergeben
wollen. Da hat die Gemeinde einfach *enteignet. Enteignet*, denke ich. Das
ist für mich ein Stichwort, bei dem mir die ganze Widerwärtigkeit des

Staates, die ganze Staatsdummheit, das ganze blödsinnige beamtete Staats-
gesindel zu Bewußtsein kommt! *Enteignet!* Um und um wird enteignet,
sage ich, überall unter mir wird enteignet, aus den fadenscheinigsten
Gründen. Die Politiker enteignen hin und her. Hin und her wird *enteignet.* Sie *enteignen und ruinieren.* Die Natur wird ruiniert. *Enteignet!* rufe
ich aus, ich sage: hoffentlich enteignet sich bald dieser Staat selber. Er
möge sich schleunigst enteignen, rufe ich aus, *entleiben!* Es ist Zeit, daß
sich dieser Staat bald selber *enteignet!*« sagte der Fürst. »Dieser lächerliche
Staat, sagte ich. *Enteignet!* Sie hacken einem die Zehen ab, mein lieber
Doktor, schauen Sie, die Zehen, die Fersen, man kann überhaupt nicht
mehr gehen! Plötzlich bin ich mit Huber«, sagte der Fürst, wir waren
stehengeblieben und schauten in die Schlucht hinunter, »dem ich noch
ein Glas Schnaps eingeschenkt habe, mitten im Politischen. Der Staat ist
morsch, sage ich, allen Ernstes, der Staat ist morsch. Meine Lieblings-
wortzusammenstellung in letzter Zeit, lieber Doktor, ist: *Der Staat ist
morsch.* Alles ist nichts, sage ich zu Huber: die Roten sind nichts und die
Schwarzen sind nichts, die Monarchie ist *natürlich* nichts und die Republik ist *natürlich* nichts. Alles liegt doch in einer gleichmäßig stumpfsinnigen Agonie, nicht wahr? Alles, nur nicht die Wissenschaft. Ich sage zu
Huber: die republikanische Agonie ist aber wohl die widerwärtigste Agonie, die peinlichste. Nicht wahr, lieber Doktor? Ich sage: das Volk ist blöd
und stinkt, das war immer so. Huber sagt dann, daß es in der Bundau, und
zwar unter den Drackschen Arbeitern, Kommunisten gibt. *Kommunisten!*
sage ich, *Kommunisten!* Ja, Kommunisten! Bei mir gibt's auch eine Menge,
sage ich! Alles unterhalb der Burg, sage ich, ist kommunistisch! Alles! Aber
der Kommunismus und die Kommunisten wissen nicht, was der Kommunismus ist. Leider! Und auf mein Inserat zurückkommend, sage ich zu
Huber, daß er, Huber, zweifellos ein *guter Mann* ist, aber, wie gesagt,
ungeeignet für den Verwalterposten. Ich sage sogar: du unterschätzt dich
zwar, aber du bist für den Verwalterposten ungeeignet.« Er, der Fürst, habe
sich gedacht, der Mann ist fünfzig, schaut aber aus wie sechzig. »Vor
fünfzig Jahren hätte man sich für einen solchen Posten ohne weiteres
einen Forstvorarbeiter vorstellen können«, sagte der Fürst, »heute nicht
mehr. Heute verlangt das Geschäft einen wissenschaftlichen Typ, einen
Henzig. Nein, sage ich zu Huber, im Ernst hast du doch überhaupt nicht
daran gedacht, daß dich der Saurau anstellen könnte! Halb zwölf, Huber,
sage ich«, sagte der Fürst. »Ich schenke ihm ein drittes Glas ein. Ich sage:

den du zuerst hinausgehen gesehen hast, der gutausschauende Mann, *das ist er. Henzig,* sage ich, das ist er. Forstschule Ort, sage ich, Bodenkultur, Wien, Paris, London, Madrid. Dazu ein robuster Körper, wie gesagt, sage ich, Englisch, Französisch, Italienisch . . . Kobernaußerwald, sage ich, die gewisse, auch gegen sich selber mitleidlose moderne Arroganz und Wissenschaftlichkeit. Überhaupt keine dummen Leute, sage ich. Im Grunde, denke ich«, sagte der Fürst, »ist das Forstische heute auch nur noch eine *Wirtschaftswissenschaft,* wenn nicht gar eine *reine Naturwissenschaft.* Alles ist eine Wissenschaft heute, sage ich«, sagte der Fürst. »Huber will aufstehen, steht aber nicht auf. Alles ist ein riesiger wissenschaftlicher Apparat, sage ich. Absurd, sage ich. Huber steht auf. In Österreich, sage ich zu Huber, ist allerdings alles von einer perversen Rückständigkeit. Zweihundert Jahre auf fast allen Gebieten zurück, sage ich. Lächerlich, sage ich, das ist überhaupt keine Übertreibung, lieber Doktor, und ich sage: *Substanzen, ein gewaltiges Chemisches.* Je weiter es sich von dem *konventionellen Naturbegriff* entfernt, desto schöner, gewaltiger, ich will sagen, poetischer. Huber, sage ich, lieber Doktor, wie ist das in der Bundau mit der Postzustellung? Noch immer so katastrophal? Huber sagt: eine Katastrophe. Und die Schulkinder? frage ich. Ohne daß ich es habe aussprechen müssen, ist mir in dem Wort *Schulkinder* auf einmal wieder meine ganze Anteilnahme an dem Elend der Schulkinder in den Gebirgsgegenden gegenwärtig gewesen. Huber geht zur Tür«, sagte der Fürst, »ich denke: seine Hose, absurd. Sein Rock, absurd. Sein Gang, absurd. Grotesk, denke ich. Der Begriff Schulkinder, lieber Doktor, ist auf der ganzen Welt *der Elendsbegriff,* aber in der Gegend der Bundau ist er der aller*größte,* aller*bitterste.* Seit zwanzig Jahren wird davon gesprochen, daß im Talende der Bundau eine neue Schule gebaut wird, aber bis heute ist dort keine neue Schule gebaut worden. Ich denke immer wieder: das ganze Erziehungssystem in unserem Land ist ein rückständiges, einfach überholtes, erbärmliches, nicht wahr, lieber Doktor. Und ich denke, wenn man jedem plötzlichen Einfall gestattet, sich zu einem Gedanken zusammenzu*rotten* . . . Ich sage: Huber, man darf nicht *nachdenken* . . . Über die Dummheiten aller Redensarten denke ich nach, Doktor, über die Dummheit, über die Dummheit, in welcher der Mensch lebt und denkt, denkt und lebt, über die Dummheit . . . Ich gestatte mir mein Leben, absurd! Ich lebe, absurd! Alle leben, absurd! Die Dummheit, sich der deutschen Sprache anzuvertrauen, mein lieber Doktor, absurd! denke ich, und nicht nur der deutschen, aber vor allem der deutschen! Die aus dem Deutschen resultierende Dummheit, denke ich . . . Die Dummheit einer aus Vorteil und aus Nachteil und aus sonst nichts bestehenden Welt . . . Philosophiere! Nein! In der Bundau habe ich einmal einen fetten Fasan auf einem Eber sitzen sehn, gewiß, sage ich zu Huber. Huber hört zu. Hören Sie zu, Doktor, Huber hört zu . . . Er steht an der Tür. Ja ja, sage ich, ich bin mit meinem Vater Hunderte Male in die Bundau hinein, wegen der Fasane und wegen der Eber, sage ich. Die Bundau hat meinen Vater immer wieder in sich hineingezogen, die Zugkraft der Bundau, sage ich. Kann sein, daß ich acht oder neun Jahre alt war, sage ich, da sind wir in die Bundau hinein, in aller Frühe, und wir sehen plötzlich hinten im Tal den Fasan auf dem Eber sitzen. Da hat mir mein Vater das Verhältnis zwischen dem Fasan und dem Eber beschrieben, grotesk! sage ich, und überhaupt allerhand über Fasane und Eber erzählt. Wir sitzen auf einem Baumstamm, mein Vater und ich, und wie der Fasan am unverschämtesten auf dem Eberschwanz wippt, schießt ihn mein Vater herunter. *Vom Eberschwanz herunter*, sage ich. Der Eber ist mit einem Satz ins Holz. Ich hol' den Fasan, und mein Vater gibt, während ich mich um den Fasan bücke, einen zweiten Schuß ab. *In die Luft*. Ich frage ihn, wie ich mit dem Fasan zurückkomme, warum er den zweiten Schuß abgefeuert hat, *in die Luft*, sage ich, warum in die Luft? Mein Vater weiß keine Antwort. Nie hab ich völlig sinnlos in die Luft geschossen, sagt mein Vater. Es gibt schöne Fasane und schöne Eber in der Bundau, sage ich. Huber will gehen. Er tritt ins Vorhaus. Natürlich, sage ich, *brauchen* kann ich dich schon, wenn auch nicht für den Verwalterposten. Ich mache Huber den Vorschlag, als Vorarbeiter, allerdings ohne Altersversorgung, bei mir zu arbeiten, der Krainer braucht eine Stütze. Er nimmt aber mein Angebot nicht an. Ein komischer Mensch. Es ist klar: Huber will nicht arbeiten, nicht mehr, *nie* mehr. Nein, nein, sagt er. Er hört sich lieber weiterhin tagtäglich die Schimpferei seiner Frau an. Ich denke, Huber wäre durchaus für mich ein Gewinn. Ist ja alles verwahrlost, schauen Sie, Doktor! Es nützt aber nichts, Huber geht. Ich denke, daß ihm mein Inserat aus der Bundau herausgeholfen hat. Die kalte Bundau, denke ich. Huber als Verwalter, denke ich. Huber und Zehetmayer, grotesk! Mit Henzig, denke ich, werde ich sofort abschließen«, sagte der Fürst. »Henzig ist der einzig richtige Mann. Im Grunde ist Henzig das, was ich schon immer gesucht, nie gefunden habe. Mir ist klar, daß da eine Persönlichkeit ist, die für mich in der kürzesten Zeit unschätzbar, unentbehrlich sein wird. Der Mann ist ein Vorteilsmensch. Es dauert natürlich einen ganzen Tag«, sagte der Fürst, »bis das Telegramm im Kobernaußerwald ist. Es kann, wenn ich es jetzt, zu Mittag, aufgebe, habe ich gedacht«, sagte der Fürst, »erst morgen früh im Kobernaußerwald sein. Die Post, die ganz und gar verwahrloste österreichische Post! Ich gehe ins Vorhaus und diktiere meiner älteren Schwester das Telegramm, und sie ruft den alten Krainer, und der fährt auf die Post hinunter. Mit Henzig gehe ich kein Risiko ein«, sagte der Fürst. »Ich habe auch schon das Finanzielle mit ihm geregelt. Er wohnt im Jägerhaus, nein, im Lusthaus, nein, im Jägerhaus, im Jägerhaus. *Antritt Ihrer Stellung meinetwegen sofort*, telegraphierte ich. Aber mir fällt ein, daß Henzig noch unter Staatsvertrag steht und daß er frühestens nächste Woche seinen Dienst antreten kann. Die Staatsforste, die alles ruinieren«, sagte der Saurau, »der Staat, der alles ruiniert, der andauernde unendliche Selbstmord des Staates. Lieber Doktor, heute begehen alle Staaten, und nicht nur in Europa, ununterbrochen Selbstmord. Es ist mein uraltes Thema, lieber Doktor«, sagte der Fürst: »Der Staat, der alles ruiniert, die Menschen, die mit ihrem Staat nicht fertig werden und ihn ruinieren. Mir fällt das Wort *Intellektualkatastrophe* ein, lieber Doktor. Als Huber fort ist, lasse ich einen Zettel mit der Aufschrift *Verwalterposten besetzt* am großen Mauertor anbringen und gehe ins Büro. Tatsächlich kommen noch eine Reihe von Bewerbern für die Verwalterstelle, ich beobachte sie, bis sie wieder, manche sofort, nachdem sie den Zettel gelesen haben, die meisten erst nach längerem Zögern, weggehen. Viel zu alte. Immer wieder sage ich mir, kurios, daß sich gerade auf dieses Inserat so viele Bewerber melden. Einer klopft an, es wird ihm aber nicht aufgemacht. Daß unter den ersten drei Bewerbern schon der richtige war, ist, glaube ich, bemerkenswert, Doktor, nicht wahr? Mit Menschen zu reden, die man gerade erst kennengelernt hat, macht nachdenklich und ist ermüdend. Macht man sich über die Menschen lustig, ist es nicht recht, nimmt man sie ernst, ist es nicht recht. Es ist auch immer die Frage, wie weit man Kontakt nehmen soll, ob man *überhaupt* mit ihnen Kontakt nehmen soll, Doktor, glauben Sie nicht . . . Kontakte«, sagte der Fürst, ». . . insofern *bin* ich, wie Sie immer sagen, Doktor, als ich Kontakt habe usf., das fordert aber erst wieder das ironische Element meines Denkens heraus . . . Das Ironische, das die Unerträglichkeit abschwächt . . . Der Aufenthalt an den Peripherien der Nervenschwächen . . . Ich denke: war ich mit Huber zu freundlich, oder war ich mit Huber zu wenig freundlich?

Und wie war ich zu Zehetmayer? Daß der Gedanke, ob ich zu freundlich oder zu unfreundlich war, plötzlich immer da ist, wenn ein Mensch von mir fort ist. Ich bin aber recht freundlich gewesen zu Huber, denke ich. Auch zu Zehetmayer bin ich recht freundlich gewesen. Am wenigsten freundlich bin ich mit Henzig umgegangen, es ist eine sehr kurze Unterredung, eine Begegnung, ein Insultieren in Aversionen mit ihm gewesen. Henzig, denke ich, ist der ideale Verwalter.«

Er höre, sagte der Saurau jetzt, auch unter seinen Schwestern und Töchtern, wenn er es »nicht mehr aushalten« könne in seinem Zimmer, »wenn er in die untern Zimmer gehe«, sich »eine erleichternde Konversation erhoffend«, während sie reden oder schweigen oder sich gewohnheitsmäßig in der Dämmerung, »die in Hochgobernitz immer herrscht«, dazu attackiert, in »Anschauung von sich selber auf die Nacht vorbereiteten«, immer mehr die Geräusche, von welchen er schon öfter mit meinem Vater gesprochen habe, er sei schon »monatelang nicht mehr« ohne diese Geräusche.

Sich mehr und mehr seiner auf die »höhere Exaltation und auf die höhere Spekulation konzentrierten Geistesmechanik« (Vater) fügend, in seinen Schwächezuständen, selbst in dem ihm im Laufe der letzten Monate zur unerträglichsten aller Qualen gewordenen Zustand in seinen von ihm ganz allein mit sich selber in seinem festverriegelten Zimmer geführten »masochistischen Diskussionen« (Vater), die er auch während des Englandaufenthaltes seines Sohnes nicht unterbrochen und, wahrscheinlich aus der Tatsache heraus, bis an sein Lebensende in Hochgobernitz existieren zu müssen, mit der größten Rücksichtslosigkeit vor allem gegen sich selbst in eine Höhe gelenkt hat, die, auf die infame Irritation konzentriert, die äußerste Anspannung seines Geistes erfordert, eine immer noch rücksichtslosere Anspannung seines Geistesvermögens, »folgerichtig in alle naturwissenschaftlichen Phänomene hinein« (Saurau), habe er diese für ihn »tödlichen Geräusche« (Vater), auch während er in der vergangenen Nacht die Memoiren des Kardinals Retz studiert hat, gehört, »hören müssen«, erinnerungsunfähig, was den Zeitpunkt, von welchem an er diese Geräusche anzuhören gezwungen sei, betrifft. Ununterbrochen höre er sie und könne nicht mehr einschlafen und fürchte sich vor diesen Geräuschen mehr und mehr. Tag und Nacht sei er in den letzten Wochen von diesen Geräuschen (»Antitypien«? [Vater]) durchdrungen, verstört, andauernd durch diese Geräusche auf die grauenhafteste Weise in seinen eigenen Tod »hineinprojiziert«.

Daß er sich genau in dem Grade, in welchem er glaubt, sich der Welt entziehen zu müssen, ihr ausliefere, sagte der Saurau: »Wir denken phantastisch und sind müde«, sagte er. In der »Perfektion der Erschöpfungsmöglichkeiten« habe der Saurau Hochgobernitz, Hochgobernitz schließlich ihn, den Saurau, verfinstert. »Die Analogien sind tödlich«, ist einer seiner immer wiederkehrenden entscheidenden Sätze.

Während seine Familie, »diese ununterbrochen infame Geistesamputation« (Saurau), die hier unter seinem Namen in Hochgobernitz herrscht und ihr »alltägliches Leben« als eine »von Hunderten und Tausenden von bestürzenden *Geisteskleptomanien* und mit der rettungslosen Hilflosigkeit, für die sie erzeugt ist, in erster Linie in ihre Körper und in zweiter Linie in ihre Köpfe aus den größten Entfernungen in sich hineininhaliert«, sei er, Saurau, mitten unter ihnen, in ihrer »katastrophalen Gesellschaft«, von diesen Geräuschen (»Innerirdischen Eruptionen?« [Vater]) betroffen. Getöse beherrsche ihn. Sein Gehirn (»Einbruch von Wasser in seit Urzeit Ausgetrocknetes?« [Saurau]), qualvoll als für die ganze Menschheit mißbrauchte Membran, in der diese Geräusche (»Eine Verwandlung dessen, was ist, in ein anderes, das sein wird?« [Saurau]) immer gewesen sind, empfindend, *höre* er diese Geräusche nicht nur, er *sehe* und *fühle* sie auch in seinem Kopf. Sein Gehirn müsse diese Geräusche (»Risse, die sich vergrößern, ein idealer Zersetzungsprozeß der Natur!« [Saurau]), »aushalten«. Beinahe alle Sätze, in die er auf einmal hemmungslos seine Qual injiziert, beendet er mit »für die ganze Menschheit«.

Die ungeheure »Gefühls- und Gesteinsgeschichte« fühle er oft »ineinanderstürzen zu völlig neuen Substanzen«, wodurch für ihn ein Prozeß sei, in dem »alles vernichtet wird, um dann endgültig zu sein.«

»Hier, von dieser Stelle aus, habe ich mit meinem Verwalter immer alles Hochgobernitz Betreffende besprochen«, sagte der Saurau, und er machte uns auf weite Strecken im Tal aufmerksam, die von dem Hochwasser, das unlängst weite Gebiete unter Hochgobernitz überfallen hat, verwüstet waren. »Während ich hier, es ist keine drei Wochen her«, sagte der Saurau, »auf und ab gegangen bin, unfähig, diese ungeheueren Hochwasserverwüstungen zu kommentieren«, sagte er, »das langsame Absinken des Wassers beobachtete, schweigsam, erschrocken, in einer zweistündigen Verstörung, Doktor«, sei ihm die zweifelhafte Existenz seines in England studierenden Sohnes zu Bewußtsein gekommen. »An dieser Stelle«, sagte der Saurau, »kommt mir *immer* mein Sohn zu Bewußtsein. Tatsächlich ist

die Existenz meines Sohnes von der meinigen vollkommen abgetrennt.«
Damals, vor drei Wochen, kurz nach dem Tod des Verwalters, hätte er,
Saurau, »gegen die Natur« von dieser Stelle aus das zurückgehende Hoch-
wasser beobachtet, mehrere Stunden, »um dann, ohne ein Wort gegen die
Natur«, in die Burg zurückzugehen. Der Saurau sagte jetzt: »Mein Sohn ist
in England, *ich* gehe hier unter.«

Bei seinem letzten Besuch, erinnert sich mein Vater, hat der Saurau, das
Hochwasser kommentierend, immer das Wort »Mure« ausgerufen und
von einer ihn »brüskierenden Verstandesverzweiflung« gesprochen. Immer wieder das Wort »Mure« ausrufend und in »Hochwasserbeträgen,
Hochwassersummen, Hochwasser*un*summen« rechnend und, weil die
ganze Gegend von einem milden, aber doch »heimtückischen« Kadaver-
verwesungsgeruch heimgesucht gewesen war – viel ersoffenes Vieh war an
beiden Ufern der Ache eingeklemmt, aufgerissen, aufgebläht, zum Teil
»von der Wassergewalt tranchiert« (mein Vater), zahlreiche Stücke Groß-
vieh aus den im Tal liegenden Saurauschen Ställen, noch nicht weggeräumt gewesen –, das Wort *Verwesung*, das Wort *Verfaulprozeß*, das Wort
Diluvismus ausrufend, habe er auf einmal von einer durch die Geräusche
in seinem Gehirn noch viel größeren Verwüstung *in seinem Kopf* als an den
Ufern der Ache unten gesprochen. »Hier in meinem Kopf«, hatte der
Saurau gesagt, »handelt es sich tatsächlich um eine *unvorstellbare Verwüstung*.«

Dieser erste Tag nach dem Hochwasser scheint meinem Vater von der
größten Bedeutung für die von da an sich »mit unglaublicher Vehemenz«
(Vater) vollziehende Krankheit des Saurau. »An diesem Tag sind wir beide,
entsetzt von dem Ausmaß der Katastrophe, zur Ache hinunter« (Vater).
Tatsächlich war das Ausmaß des Hochwassers, wie sie beide, nachdem das
Wasser auf seine Normalität zurückgegangen war, festgestellt hatten, ein
katastrophales. Unbegreiflich ist es dem Saurau gewesen, daß das Hochwasser gerade nach dem Tod des Verwalters hereingebrochen ist. »Gerade
jetzt, wo ich ohne jegliche Hilfe bin!« habe er immer wieder ausgerufen.
Zuerst hatten sie vor Erschütterung beide kein Wort miteinander sprechen
können, wohl die Arbeiter am Ufer der Ache begrüßt, die mit dem Herausziehen von Holz und Kadavern aus der Ache beschäftigt gewesen sind,
und sie hatten versucht, soweit als möglich zu gehen, der Saurau hatte
meinen Vater ersucht, ihn nicht so schnell zu verlassen, er könne jetzt
nicht allein sein. Immer wieder habe der Saurau von »Millionenschaden«

gesprochen. Und wie er vorher stundenlang geschwiegen hatte, redete der Saurau dann, als sie wieder in der Burg waren, ununterbrochen.

Der Saurau sagte jetzt zu mir: »Je intensiver ich über das Hochwasser redete, desto mehr war Ihr Herr Vater vom Hochwasser *abgelenkt*. Und zwar«, sagte der Saurau, »*durch das Schauspiel,* das wir einen Tag vor der Hochwasserkatastrophe im Lusthaus aufgeführt haben. Dieses Schauspiel, jedes Jahr ein anderes«, sagte der Saurau, »ist eine Tradition auf Hoch-gobernitz. Das ist das Merkwürdige«, sagte der Saurau, »und ich spreche jetzt von einer Lächerlichkeit, die doch ein Phänomen ist: in dem Augen-blick, in welchem ich angefangen habe, von dem Hochwasser zu reden, hat Ihr Herr Vater von dem Schauspiel zu reden angefangen. Ihr Herr Vater war, je mehr ich mich mit dem Hochwasser beschäftigte, mehr und mehr mit dem Schauspiel beschäftigt. Ich redete vom Hochwasser und er redete vom Schauspiel.« Mein Vater sagte: »Ich habe immer gedacht, du mußt vom Hochwasser reden, habe aber vom Schauspiel geredet.« Der Saurau sagte: »Ich habe aber vom Hochwasser und nicht vom Schauspiel geredet, denn von was sonst hätte *ich* an diesem Tag reden sollen, wenn nicht vom Hochwasser! Ich habe *naturgemäß* an nichts anderes denken können als an das Hochwasser! Und Ihr Herr Vater hat an nichts anderes als an das Schauspiel *gedacht.* Wie ich mehr und mehr mit dem Hoch-wasser beschäftigt gewesen bin, war Ihr Herr Vater mehr und mehr mit dem Schauspiel beschäftigt, und in dem Grade, in welchem ich, vom Hochwasser sprechend, von Ihrem Vater, der vom Schauspiel sprach, ir-ritiert gewesen bin, ist Ihr Herr Vater, vom Schauspiel sprechend, von mir, der ich nur vom Hochwasser sprach, irritiert gewesen. Eine ungeheuerli-che Irritation!« sagte der Fürst. »Immer wieder hörte ich Ihren Herrn Vater, in meine endlose Hochwasserrederei hinein, das Schauspiel kom-mentieren. Das ist die unglaubliche Auffälligkeit gewesen«, sagte der Fürst, »daß ich nämlich mit dem Fortschreiten der Zeit immer mehr und von nichts anderem mehr als vom Hochwasser gesprochen habe, Ihr Herr Vater von nichts anderem mehr als vom Schauspiel. Und immer lauter hat Ihr Herr Vater vom Schauspiel gesprochen, und immer lauter ich vom Hochwasser. Laut, gleich laut, gleichzeitig gleich laut, haben wir beide, Ihr Herr Vater von einem *ungeheuerlichen* Schauspiel, ich von einem *ungeheu-erlichen* Hochwasser gesprochen. Und dann«, sagte der Fürst, »ist eine Periode eingetreten, da haben wir beide nur noch ausschließlich vom Hochwasser gesprochen, und darauf eine, in welcher nur vom Schauspiel die Rede gewesen ist. Aber während wir da beide vom Schauspiel redeten, habe ich doch nur an das Hochwasser gedacht, und während wir vom Hochwasser redeten, Ihr Herr Vater nur an das Schauspiel. Abwechselnd redeten wir also vom Hochwasser, während Ihr Herr Vater an das Schauspiel dachte, und vom Schauspiel, während meine Gedanken beim Hochwasser gewesen sind. *Durch mich* vom Hochwasser, *durch Ihren Herrn Vater* vom Schauspiel. Redeten wir vom Hochwasser, so dachte ich, daß Ihr Herr Vater vom Schauspiel reden will, redeten wir vom Schauspiel, wollte ich von nichts als vom Hochwasser reden.« »Ich habe«, sagte mein Vater, »von dem Schauspiel im Vergleich zu einem Schauspiel, das ich einmal in Oxford gesehen habe, reden wollen, von dem Vergleich zwischen den englischen und den Schauspielern bei uns, vom Unterschied der englischen Sprache zu der unsrigen.« Der Fürst sagte: »Ich bin naturgemäß von dem Hochwasser völlig beherrscht gewesen, aber Ihr Herr Vater ist ebenso naturgemäß *nicht* von dem Schauspiel beherrscht gewesen!« sagte der Saurau. »Wenn wir vom Schauspiel redeten«, sagte mein Vater, »so riefen Sie, Fürst, andauernd *Hohe Kosten!* oder *Ungeheure Kosten!* aus, während ich, wenn wir vom Hochwasser redeten, ununterbrochen solche Wörter wie das Wort *Schnürboden, Mimik, Exaltation, Marionettismus* sagte. »Im Grunde aber«, sagte der Fürst, »haben wir an dem Tag, gleich wovon, doch nur über das Hochwasser gesprochen.«

»Sofort nach dem Schauspiel«, sagte der Fürst, »bin ich aus dem Lusthaus hinaus und auf die innern Mauern gegangen, weil mich das Schauspiel nicht von den Geräuschen hat ablenken können. Und ich hatte mir gerade von dem Schauspiel eine Ablenkung von meinen Geräuschen erhofft. Tatsächlich ist es mir aber auch auf den innern Mauern nicht möglich gewesen, mich von den Geräuschen abzulenken, und ich bin auf die äußern. Kurze Zeit ist es mir auf den äußern Mauern möglich gewesen, ohne Geräusche zu sein, und ich habe von den äußern Mauern herunter die Leute beobachtet, die zum Schauspiel gekommen waren und nach Hause gefahren sind. Etliche sind in die Schlucht hinunter«, sagte der Fürst, »ich weiß nicht, wozu. Ich weiß bis heute nicht, warum etliche in die Schlucht hinunter sind. Ich beobachtete die Leute, hinter der großen Föhre stehend, wie sie sich von meinen Schwestern und von meinen Töchtern verabschiedeten. Dieses Schauspiel«, sagte der Fürst zu mir, »wird natürlich von den Frauen veranlaßt, ich habe im Grunde mit dem ganzen Schauspiel nichts zu tun, aber die Frauen führen jedes Jahr ein solches Schauspiel auf und laden dazu Hunderte von Leuten ein, für mich völlig uninteressante Leute, zum Großteil widerliche Leute. Für die Frauen ist das Schauspiel natürlich immer ein Anlaß, Hunderte von Leuten einzuladen, die *tatsächlich* kommen, aber dabei spielt das Schauspiel auch wieder die untergeordnetste Rolle«, sagte der Fürst, »die Frauen benützen es nur, um Leute auf die Burg zu bekommen, und die Leute, die zu dem Schauspiel auf die Burg heraufkommen, kommen nicht wegen des Schauspiels herauf, sondern aus bloßer Neugierde. Wenn es nach mir ginge«, sagte der Fürst, »so käme überhaupt kein Mensch mehr herauf, kein Mensch, nicht ein einziger. Freilich«, sagte er, »ist dieses Alleinsein dann auch ein krankhafter Zustand, natürlich. Denn die Gesellschaft, und ich meine *die ganze Gesellschaft*, aber gerade die Gesellschaftsschicht, die zu dem Schauspiel kommt, im besonderen, ist ein verabscheuungswürdiges Gesindel. Aber ich tue den Frauen den Gefallen, und sie können einladen, wen sie wollen. Insofern ich ja niemanden auf Hochgobernitz sehen *will*, ist mir das Schauspiel entsetzlich. Tatsächlich«, sagte der Fürst, »bin ich hinter der großen Föhre ein paar Augenblicke völlig ohne Geräusche gewesen. Um mich aber aufzuwärmen, ich hatte das Gefühl, ich erfriere, bin ich dann ein Stück über den Hof gegangen, schließlich ein Stück gelaufen, dann, langsam gehend, habe ich mehrere Sätze aus dem Schauspiel deklamiert, unhörbar. Mein Gedächtnis ist nicht zerstört, habe ich mir gedacht, nein, mein Gedächtnis ist *noch* intakt, als es mir möglich gewesen ist, ganze, und zwar die kompliziertesten Sätze aus dem Schauspiel vor mich hinzusagen. Ich habe gedacht, daß die Frauen und daß auch der junge Pole, ein Verwandter, schon zu Bett gegangen sind, wie ich da, Sätze aus dem Schauspiel deklamierend, über den Hof bin. Ich habe tatsächlich ein Vergnügen daran gehabt, ganze Partien, die längsten, aus dem Schauspiel völlig fehlerfrei zu deklamieren. Ganze Abschnitte«, sagte der Fürst, »mich am Rhythmus der Sätze erfrischend. Ich ging über eine Stunde lang im Hof auf und ab, einmal auf die innern Mauern, einmal auf die äußern, ohne daß ich das, während ich ging, wahrgenommen hätte, und rief mir soviel als möglich von dem Schauspieltext in Erinnerung. Ein, wie mir scheint, tatsächlich gutes Schauspiel«, sagte der Fürst, »ein von einem meiner Vettern geschriebenes, nur für diese eine Aufführung geschriebenes. Ich probierte«, sagte der Fürst, »mein Gedächtnis auf die rücksichtsloseste Weise aus, ich schonte mich nicht, und ich stellte fest, daß mein Gedächtnis intakt ist. Tatsächlich, Doktor, mein Gedächtnis ist an diesem Abend intakt gewesen. Auf einmal wieder *ganz und gar intakt*. Ich rekonstruierte mir das Schauspiel«, sagte der Fürst, »vor allem seine allerinnerste Konstruktion interessierte mich. Das Effektive daran. Plötzlich«, sagte der Fürst, »habe ich das Gefühl gehabt, ich kann einschlafen, das mir schon ganz und gar fremde Gefühl, und ich bin von der innern Burgmauer, wo ich gerade war, herunter und in den Hof hinein und wollte in mein Zimmer. Zuerst habe ich nicht durch die Bibliothek gehen wollen, bin aber dann doch durch die Bibliothek gegangen, ein Buch interessierte mich, ich wollte es *an*lesen«, sagte der Fürst. »Und wie ich in die Bibliothek hineingehe«, sagte er, »treffe ich auf die Frauen. Ich war erstaunt, daß sie noch auf waren. Auch der polnische Vetter war da. Die ganze Gesellschaft saß auf dem Boden. Es war vier Uhr früh, sah ich. Merkwürdig bewegungslos saß die ganze Gesellschaft auf dem Boden, auf Polstern. Todmüde saßen sie auf den Polstern, in einer übernächtigen Verkrampfung, mit ihrem Whisky. Plötzlich«, sagte der Fürst, »hatte ich die größte Lust, eine Diskussion mit den Leuten anzufangen. Ja, habe ich zu den Leuten und vor allem zu meinen Schwestern gesagt: ist es nicht kalt hier? Ist es nicht *viel* zu kalt *da?* und habe gleich angefangen, über den Antikörper in der Natur zu sprechen. Das Thema ist mir sofort eingefallen. Ich habe meine Gedanken«, sagte der Fürst, »in der Morgenfrische sehr gut und sehr rasch entwickeln können. Ich hatte gute Zuhörer, auf einmal fühlte ich, du hast schon lange nicht mehr so gute Zuhörer gehabt, *jahrelang* hast du auf solche guten Zuhörer gewartet. Daß diese Leute so gut zuhören können! Und auch diskutieren können! habe ich mir gedacht. Der junge Pole diskutierte vortrefflich, vortrefflich«, sagte der Fürst. »Aber auf einmal, und jetzt merken Sie auf, lieber Doktor«, sagte der Fürst, »waren wieder die Geräusche da. Ich habe sie also die ganze Zeit immer nur unterdrücken können, dachte ich, *durch das Schauspiel* unterdrücken können. Ja, das Schauspiel! Die Geräusche zerstörten augenblicklich meine Gedanken, verwandelten alles in meinem Kopfe in ein Chaos. Ohrenbetäubend. Davon wußten meine Zuhörer natürlich nichts, natürlich«, sagte der Fürst, »in mein Gehirn haben sie natürlich nicht hineinschauen können. Aber *gefühlt* haben meine Zuhörer ganz bestimmt«, sagte er, »daß in meinem Gehirn aus einer wunderbaren Ordnung auf einmal ein entsetzliches Chaos geworden ist, ein entsetzliches, ohrenbetäubendes Chaos. Der Schmerz in diesem Augenblick«, sagte der Fürst, »in welchem die Geräusche wieder eingesetzt und alles in meinem Gehirn zerstört ha-

ben, ist ein so fürchterlicher gewesen, daß ich glaubte, mit meinem Vortrag und also mit der ganzen Diskussion gleich wieder aufhören zu müssen. Aber weil ich, wie gesagt, schon jahrelang keine so aufmerksamen
Zuhörer gehabt habe, *so ehrliche, anspruchsvolle*, so schien mir, *angespannte
Zuhörer, diskussionsbefähigte*, erlaubte ich mir nicht, nachzugeben, und es
gelang mir, die Ordnung in meinem Gehirn wiederherzustellen. Es war
halb fünf Uhr früh, und ich sprach, zum Teil, weil das erforderlich war, in
polnischer Sprache, vor allem habe ich ja mein Hauptaugenmerk auf den
Polen richten müssen, über den Antikörper in der Natur, über die Natur
und über den Antikörper und über den Antikörper *aus* der Natur. Ich
erforschte, während ich sie mir erarbeitete, die Schwierigkeitsgrade meines
Denkens, den Schwierigkeitsgraden des Denkens meiner Zuhörer gegenüber. Wahrscheinlich durch das Schauspiel«, sagte der Fürst, »war diese
von mir nicht mehr für möglich gehaltene Geistesanspannung unter uns
auf einmal möglich gewesen, eine Gedankengemeinsamkeit, die, ohne
Zweifel ein naturphilosophisches Zusammensitzen, auch durch die Anwesenheit des Polen die konzentrierteste gewesen ist. Auf dem Höhepunkt
der Diskussion, und schon bevor ich die Diskussion begonnen habe, habe
ich meinen Zuhörern gesagt, *was* eine Diskussion ist, daß eine Diskussion
etwas ganz anderes ist als das, wovon man heute glaubt, daß es eine Diskussion sei. Ich habe den Eindruck gehabt, daß hier in der Bibliothek
tatsächlich gänzlich verwandelte Menschen sind, keine *grauenhaften Verwandten*, sondern aufnahmefähige, zu Gedanken fähige, zu Gedanken-
entwicklungen, für Gedankengänge befähigte, diskussionsbefähigte, von
Grund auf vollkommen geänderte Charaktere habe ich vorgefunden«,
sagte der Fürst. »Alle waren auf einmal anders! Ich habe den Eindruck
gehabt, daß ich zu wissenschaftlichen Köpfen spreche. Auf und ab gehend,
habe ich zu Wissenschaftsköpfen gesprochen! Ich selber habe plötzlich
wieder keinen chaotischen, nur schmerzvollen, sondern einen klaren wissenschaftlichen Kopf gehabt. Weil durch und durch klar, ist mein Denken, als ich es anschaulich machte, kommentierte, was ich schon nicht
mehr für möglich gehalten hatte, ununterbrochen in meinen Zuhörern
inkorporiert gewesen. Wir liebten es«, sagte der Saurau, »an diesem Morgen, uns anzustrengen, gleichzeitig die sich auflösende Nacht um uns
herum, das von Osten kommende Tageslicht, der ungeheure, sich auf den
Boden, in die Schlucht und in die Täler zurückziehende Frösche- und
Grillenmechanismus. Während es dämmerte, fühlten wir uns auf einmal

nicht als Nerven*zerstörende*. Wir waren verbessert. In allen unsern Physiognomien habe ich eine, wenn auch geschlechtsinzitative Ruhe unserer Gefühle und Geistesverfassungen und -entwicklungen feststellen können. An diesem Morgen konstatierte ich, daß wir noch nicht gänzlich vernichtet *sind*. Die Schwestern meines Sohnes«, sagte der Saurau, »fügten sich genauso wie meine eigenen Schwestern, ordneten sich meinem Denken unter, das ihnen allen, *in Ruhe*, als ein erträgliches, nicht unerträgliches Phantastisches erschienen war, durch das Schauspiel; durch die plötzliche Klarheit unserer Gehirne sind wir plötzlich alle von der Natur ergriffen gewesen. Von dieser Ruhe«, sagte der Fürst. »Wie selten sind wir für die Ruhe befähigt. Wir waren plötzlich alle gemeinsam zu dieser hier in Hochgobernitz *immer* herrschenden Ruhe befähigt und waren ohne die geringsten aversionistischen Schwächezustände. Ohne den geringsten Schwächezustand auch nur eines einzigen ihrer Denkvermögen folgten sie alle der Aufklärung einer, wie sie (und wie auch ich) mit immer größerer Verwunderung wahrnehmen durften, zunehmend von uns allen Besitz ergreifenden Ungeheuerlichkeit innerhalb der physikalischen und der chemischen Universalmaschine. Aber ununterbrochen«, sagte der Fürst, »bin ich von den Geräuschen in meinem Gehirn gequält gewesen. Während ich uns durch unser Denken wie durch unsere eigene Finsternis, weil ich sie kenne, mit der größten Sicherheit führte, bin ich immer in den entsetzlichen Geräuschen in meinem Gehirn gewesen, vom Leben abgelenkt«, sagte der Saurau. »Ich fühlte unter meinen eigenen Leuten, daß ich für sie alle längst unsichtbar geworden bin, und fühlte das immer mehr. Auf einmal war ich für sie überhaupt nicht mehr vorhanden, nicht mehr *da*. Ich bemühte mich um ein Spiegelbild von mir, was mir die größte Anstrengung verursachte, und in dieses Spiegelbild ließ ich sie alle hineinschauen. Ich habe mir eingebildet«, sagte der Saurau, »durch den Aufenthalt auf den Mauern und im Hof (nach dem Schauspiel), noch einmal da in der Bibliothek einen Vorstoß ins Leben machen zu können, ich habe die Gelegenheit dazu ergriffen, aber in Wirklichkeit ist es mir nicht gelungen. Die Geräusche in meinem Kopf verhindern mir alles. Ich höre sie schon lange Zeit sich an jedem Tag verdoppeln«, sagte der Saurau. »Meine Qual ist aber eine Ihnen verschlossene Qual«, sagte er zu meinem Vater. Der geht nur, um ihn gegen seine Schlaflosigkeit zu behandeln, zum Saurau, dachte ich, ohne gegen seine Krankheit, ohne gegen seinen, wie da, während wir auf der äußern Burgmauer auf und ab gingen, mehr und mehr zum Vorschein kam, gegen seinen *Wahnsinn* etwas zu tun. Denn auf einmal sah ich ganz deutlich, daß der Fürst wahnsinnig *ist*, was ich zuerst, als er über den Vormittag sprach, nicht festgestellt habe; da hatte es den Anschein, der Fürst sei *nicht* wahnsinnig, und ich hatte, als er über die Bewerber für den freien Verwalterposten sprach, gedacht, daß der Fürst alles eher als wahnsinnig ist, im Gegensatz zu den Äußerungen meines Vaters, der den Fürsten immer schon als wahnsinnig bezeichnet hat. Aber jetzt, als wir immer schneller auf den äußeren Burgmauern gingen, sah ich, daß der Fürst tatsächlich wahnsinnig *ist*. Der Fürst sagte: »Die Schwierigkeit an diesem Morgen, lieber Doktor, an dem Morgen *nach* dem Schauspiel, hat für mich in der Tatsache bestanden: ich habe von dem Zeitpunkt an, in welchem mir, als ich in die Bibliothek hereinkam und meine Verwandten auf dem Boden sitzen sah, bewußt geworden ist, daß ich die Diskussion führen, diesen Vortrag halten *muß*, gewußt, daß ich jetzt nicht mehr zurück kann, ich kann jetzt nicht mehr in mein durch Tausende von Prinzipien von ihrer Welt abgetrenntes Denken, einfach in mein Gehirn, zurück! Ich muß *laut* denken, auf einmal wieder *öffentlich Klarheit schaffen* in einer, wenn auch hochkomplizierten, möglicherweise sogar unüberwindlichen, so doch ganz und gar linearen Sache, wie das Problem des Antikörpers in der Natur eine ist, gleichzeitig aber, lieber Doktor, als ein künstliches Menschenopfer für sich, durch die vergangenen wie die zukünftigen Jahrtausende, durch die vollzähligen Begriffe der Natur von dieser Sache getrennt, auf einem über die gesamte Geisteswelt gespannten Seil sämtliche Wissenschaften und Künste, Ursachen–Wirkungen, mit dem Gehirn aber wahrscheinlich schon weit in der universalen Luft, überqueren, auf ein in der völligsten Finsternis liegendes Ziel zu, aus dem mir Eiseskälte entgegenströmte.« Wir blieben stehen: »Eine solche Nacht wie die Nacht nach dem Schauspiel, das Schauspiel war gut, Doktor, es war ein *sehr gutes* Schauspiel«, sagte der Fürst, »die eine ruhige Nacht gewesen ist, diese Ruhe vor dem Hochwasser, Doktor (durch das Schauspiel), eine von den in Hochgobernitz sehr selten gewordenen *ruhigen Nächten* – Sie können sich vorstellen, wie selten diese ruhigen Nächte in Hochgobernitz sind, seit mein Sohn weg ist: weil die Ruhe vollkommen ist in Hochgobernitz, wirklich *da* ist, gibt es keine Ruhe mehr . . . es gibt einfach keine Ruhe mehr in Hochgobernitz – diese Nacht und dieser kalte Morgen unter uns und unter den Büchern, in dieser eiskalten Tagesanbruchsatmosphäre, in welcher sich die Gefühle völlig frei zu Gedanken, die Gedanken völlig frei zu Gefühlen machen lassen, und das ist die ideale Magie: auf einmal in der Erträglichkeit zusammen zu sein ... In dieser Nacht, in welcher die familienzerstörenden und familienzersetzenden Elemente der Familie auf die raffinierteste Weise, gleich ob aus Müdigkeit *nach* dem Schauspiel oder aus Wahnsinn *vor* der Dämmerung oder aus Wahnsinn und Müdigkeit *nach* dem Schauspiel *und* vor der Dämmerung zusammen so eingedämmt sind, daß allein in der *Wahrheit* auf einmal alles existenzmöglich und existenzberechtigt ist – man denke, plötzlich haben sie alle im Haus die im Hause herrschende Ruhe nur als eine im Hause herrschende Ruhe empfunden, das Fürchterliche ist ihnen entzogen gewesen, das Unheimliche. Eine plötzlich werkzeuglose, auf das unmittelbar Böse hin konstruierte Gesellschaft in der Natur dieses Hauses, in welcher ein durch das Schauspiel erregender Tagesablauf, ein *philosophischer unerträglicher*, zu einem *nichtphilosophischen erträglichen* (möglicherweise eine geniale Komposition!) geworden ist. An diesem Morgen, in welchem der Herbst zum erstenmal fühlbar in mir gewesen ist, in mir und in den andern als ein anderer ... in uns haben wir plötzlich in den heurigen Herbst (jeder in den seinigen) hinunterschauen können, durch unsere Erregungszustände *vor* dem Schauspiel und *während* des Schauspiels, in die Ruhe des Herbstes *nach* dem Schauspiel, in die Geometrie des Absterbens der äußern Natur durch die innere.« An dem Morgen nach dem Schauspiel habe der Saurau in der Bibliothek, wie da alle versammelt gewesen sind, »außer meinem Sohn waren praktisch alle Familienmitglieder versammelt«, sagte der Fürst, »*alle*«, wiederholte er, und er sagte, daß er viele Jahre nicht mehr die Feststellung habe machen können, daß in Hochgobernitz *alle* versammelt sind, »*dozierend seziert*«. »Alle sitzen da und hören, was ich über die Natur sage, und hören von dem Begriff der Natur und von dem Begriff der Antikörper in der Natur, von dem Antikörpernaturbegriff, und ich sehe plötzlich in meine Familie hinein, in ein ungeheuer großes, in ein ungeheuer veraltetes Hochgobernitz, in eine sich mehr und mehr gegen ihren Ursprung zu verdüsternde grauenerregende Geschichte, in einen entsetzlichen Geschlechtergestank hinein, in eine mehr und mehr stinkende Geschlechter*kunst*, Geschlechter*künstlichkeit*, in ein Labyrinth von abgestorbenen Schreckensbotschaften unter dem Saurauschen Namen, aus dem ich von Zeit zu Zeit tatsächlich immer noch Schreckensschreie höre, lieber Doktor, ich höre tatsächlich aus dem Labyrinth meiner Familie Schreckensschreie herauf, die zu spät kommen-

den Schreckensschreie meiner Vorausgestorbenen . . . Ja«, sagte der Fürst,
»mein Sohn schreibt mir nicht, mein Sohn schweigt, mein in England
studierender schweigender, in England schweigend studierender Sohn«,
sagte der Fürst jetzt. »Er schreibt keine Wahrheitsbriefe.« Und ein paar
Schritte weiter sagte der Fürst: »Das Hochwasser kostet mich eineinhalb
Millionen! Ein Millionenhochwasser!« sagte er. »Aber«, sagte er, auf den
Morgen nach dem Schauspiel zurückkommend, »während ich mir da,
unter meinen Menschen, unter meinen mir in Hochgobernitz verbliebenen Menschen, und während ich vor allem diesem hochintelligenten Po-
lengesicht alles aufkläre, die Natur aufkläre, und das Aufgeklärte *er*kläre,
denn alles, was *auf*geklärt ist, muß auch *er*klärt werden«, sagte der Fürst,
»das ist ein uralter notwendiger Vorgang, während ich also den Begriff der
Natur zu *er*klären und *auf*zuklären und wieder zu *er*klären versuche, die
Dämmerung ist mir die förderlichste, die Luftschärfe, schaue ich in die
Gesichter meiner Schwestern und meiner Töchter hinein – in dieser
Herbsteskälte sieht man auf einmal sehr scharf, lieber Doktor! – und ich
sehe sie alle zusammen, auch meinen Sohn sehe ich, ja, auch meinen
abwesenden Sohn, lieber Doktor!, insgesamt sehe ich alle als *durch mich*,
und mir kommt eine ungeheuere Konstellation, eine, möglicherweise *die*
Fürchterlichkeit überhaupt zu Bewußtsein: *ich bin der Vater!*«

Der Fürst sagte: »Als eine ungemein differenzierte Vorwirklichkeit sehe
ich alle, diese Vorwirklichkeit, die aus mir ist und aus der ich bin – und in
meinem Gehirn ist der Geräuschelärm!«

In der Ferne, im Tal unten, sahen wir, auf einer Holzbrücke, wie auf
einem von unten herauf mechanisierten Marionettentheater, Arbeiter einem unsichtbaren Vorarbeiter gehorchen, und wir hörten einen sich in der
plötzlichen Luftfrische auf einmal rasch beschleunigenden Geräuschelärm
durch den Wald herauf.

Der Fürst sagte: »Ich habe den Eindruck, als wäre es in jedem Augenblick natürlich, daß die Welt auseinanderbricht. Oder ist es die Natur, die
sich vernichten muß?« sagte er. »Dieser Vorgang ist immer ein von innen
ausgehender, sich nach außen vollziehender. Ich habe nicht nur das *Gefühl*, wenn ich zu dieser alles in mir verletzenden Beobachtung, Anschauung gekommen bin, gezwungen bin, weil ich ein scheinbar nur auf diese
Beobachtung, Anschauung hin geschulter Organismus bin, daß der Zeitpunkt (zuerst ist es ja ein Zerbröckeln, Risse, Brüche, ein Zerreißen und
Zerbröckeln!) daß der Zeitpunkt *da* ist . . . Dieser Zeitpunkt kann Jahr-

hunderte dauern, natürlich, von mir zurückliegende, kommende, natürlich. Jahrtausende. Was mich bestürzt«, sagte der Fürst, »ist aber nicht die Tatsache, daß alles immer diese Geräusche in meinem Gehirn gewesen ist, daß diese Geräusche *immer sind*, immer gewesen sind, immer sein werden, sondern die entsetzliche, daß kein Mensch, mit dem ich jemals in Berührung gekommen bin, und, mein lieber Doktor, ich bin mit so vielen Menschen in Berührung gekommen, mit so vielen Charakteren, daß, würden Sie sie auf einem Haufen vor sich sehen, vor Ihnen auf einem Haufen, Ihnen augenblicklich die ganze Welt einstürzen müßte!, ich habe eine so ungeheuer große Menschenauswahl zur Verfügung gehabt und an jedem Tag zu gewissen Zeiten den Verkehr mit allen nur möglichen Charakteren und Gehirnen gepflegt, *das* Bestürzende ist, daß kein Mensch, daß kein einziges Gehirn von diesen Geräuschen jemals Notiz genommen hat und jemals davon Notiz nimmt! Die Tatsache, daß es so ist, wie es ist, ist nicht erschütternd, nur daß ich allein *der*jenige bin, daß mein Gehirn allein *das*jenige ist, welches das dadurch Fürchterliche, Tödliche registrieren muß! Meine Umgebung – und ich schließe immer von mir, von meinem Gehirn aus, wie von einem geistigen Hochgobernitz aus sozusagen, von meiner unmittelbaren und unmittelbarsten Umgebung auf das Ganze, auf die ganze Welt usf. . . . in der immer auf alle Fälle«, sagte der Saurau, »die ganze komplette Menschheit Platz hat – ist von einer geradezu lebenslähmenden Wahrnehmungsunfähigkeit, Registrierungsunfähigkeit, Aufnahmeunfähigkeit . . . Diese Tatsache ist für mich tödlich, *das* ist eine für mich tödliche Tatsache, nämlich, daß ich in dieser Tatsache allein bin, daß ich *allein bin in dieser Tatsache*. Diese riesige Mure!« rief der Fürst aus und noch ein paarmal: »Diese riesige Mure!« Er sagte, wir sollten ins Tal hinunterschauen, auf die an der Holzbrücke hängenden Arbeiter. »Diese herumhockenden Leute muß ich alle bezahlen, alle diese herumhockenden Leute muß ich bezahlen! Ich bezahle diese Menschen für ein Naturgebrechen, für ein Naturgebrechen bezahle ich alle diese nichtsnutzen Menschen!« Mir scheint, das bedeutet eine ungeheure Distanz zu den Menschen, wenn er *Menschen* sagte. »Daß es mir früher«, fuhr der Fürst fort, »früher genauso wie Ihnen, Doktor, Schwierigkeiten gemacht hat, innerhalb eines einzigen Problems, innerhalb eines einzigen Themas, einer Thematik, Gedankenströmung überall in die, wie man sieht, immer noch auf das gefährlichste voneinander unterschiedenen Höhen und Tiefen einzudringen, ein solches Thema, einen solchen Gedanken, eine solche

Gedanken*strömung* wenigstens auf eine ungewöhnliche Weise zu erforschen und zu beherrschen, zu durchschauen, erscheint mir fatal gegenüber
dem Zustand der absoluten Fatalität, in welchem ich jetzt immer, um
nicht sinnlos zu sein, in so vielen als nur denkbaren gleichzeitigen Räumen
zu operieren gezwungen bin, Bildungen, für die grauenhafterweise überhaupt keine Grenzen, wie man sieht, mehr existieren, denn was mich
betrifft, bin ich in Wahrheit da angelangt, wo die Grenzenlosigkeit zur
Gewißheit geworden ist, in dem Dauerverstörungsgrade des höheren Alters, in der mehr und mehr philosophischen, philosophistischen Vereinsamung des Geistes, in welcher einem fortwährend alles bewußt ist, wodurch das Gehirn als solches gar nicht mehr existiert . . . Die Wahrheit ist,
daß ich mehr und mehr glaube, alles zu sein, weil ich in Wirklichkeit gar
nichts mehr bin und dadurch alles Menschliche wie alles Menschen*mögliche, alles* Menschenmögliche«, sagte der Fürst, »nur noch als beschämend
empfinde. Nach dem Schauspiel ist mir dieser Zustand«, sagte der Fürst,
»dieser Zustand im Verhältnis zu meinen Verwandten vor allem, die ich
schon immer als *die Wahrnehmungslosen* bezeichnet habe, vollkommen
bewußt gewesen. Klar wie nie zuvor, eine ungeheure Ent*fernung* und Ent-
fremdung, die gleichzeitig die größtmögliche Nähe und Leidensgenossenschaft, aber keine Qualgenossenschaft gewesen ist. Ich bin niemals in einer
Qual-, immer nur in einer Leidensgenossenschaft mit den Menschen zusammen gewesen. Mir ist es, als hätte ich zeitlebens ununterbrochen nur
einen einzigen Gedanken gehabt: was für Anstrengungsmöglichkeiten im
menschlichen Kopf sind! Und ich denke schon längst«, sagte der Fürst,
»daß ich in nichts als in einer Qual bin, in einer Qual, die meine eigene,
nur mir gehörende Qual ist, in einer Natur, die meine eigene Natur ist, der
menschlichen Leidensfähigkeit schon entrückt, aus ihr herausgealtert, aus
dem Menschlichen, aus allem Menschenmöglichen schon herausgealtert.
Die Feststellung, daß mir alles um mich herum, mag sein, da auf der
Gobernitz, wo mir in letzter Zeit alles so deutlich zu einem ununterbrochenen Schmerz wird, hier, auf der Höhe, ganz naturgemäß in der dünnen
Luft vernichtender, eine Generation tiefer oder nur einen Kopf daneben,
im Grunde völlig wahrnehmungslos erscheint *muß,* läßt mich schon
lange Zeit alles in der größten Qual, gleichzeitig mit dem größten Vergnügen empfinden.«
     Von der äußern gingen wir auf die innere Mauer. Der Fürst wies darauf
hin, daß er den von seinem Vater übernommenen Besitz im Laufe von nur

dreißig Jahren mehr als verdoppeln konnte, »entgegen allen Gerüchten«, sagte er, »der ganzen politischen Entwicklung in Europa, der ganzen Weltentwicklung entgegen.« Sein ganzes Leben habe er daran gedacht, Hochgobernitz zu vergrößern, und eines Tages habe er die Feststellung gemacht, daß Hochgobernitz verdoppelt *ist*. »Aber mein Sohn«, sagte er, »wird Hochgobernitz, sobald er es in die Hand bekommt, vernichten.«

Er habe, sagte der Fürst, in der vergangenen Nacht einen Traum gehabt. »In diesem Traum«, sagte er, »habe ich auf ein sich langsam von *tief unten* nach *hoch oben* fortbewegendes Blatt Papier schauen können, auf das mein eigener Sohn folgendes geschrieben hat. Ich sehe jedes Wort, das mein Sohn auf das Blatt Papier *schreibt*«, sagte der Fürst, »es ist die Hand meines Sohnes, die das schreibt. Mein Sohn schreibt: Mein Vater schien von mir, als dem in wissenschaftliche Allegorien hinein Geflüchteten, so wie man eine Infektionskrankheit überwindet, auf Lebenszeit überwunden. Heute aber sehe ich, daß diese Krankheit eine im elementarischen Sinne erschütternde Todeskrankheit ist, an der jeder stirbt, ohne Ausnahme. Acht Monate nach dem Selbstmord meines Vaters – merken Sie sich, Doktor, nach dem Selbstmord! Nach meinem Selbstmord, schreibt mein Sohn, nach meinem Selbstmord! – acht Monate nach dem Selbstmord des Vaters ist bereits alles ruiniert, und ich kann sagen, daß *ich* es ruiniert habe, ich kann sagen, daß *ich* Hochgobernitz ruiniert habe! schreibt mein Sohn, und er schreibt: Diese glänzende Wirtschaft habe *ich* ruiniert! Diesen ungeheuren Land- und Forstwirtschafts*anachronismus!* Ich sehe plötzlich, schreibt mein Sohn«, sagte der Fürst, »indem ich die Wirtschaft unabhängig davon oder gerade weil sie die beste ist, liquidiere, zum erstenmal, daß ich mein Theoretisches praktiziere, schreibt mein Sohn!« sagte der Fürst, »ich bin zum erstenmal bei der *Verwirklichung* angelangt, schreibt mein Sohn. Vom Büro aus sehe ich Moser kommen, schreibt er (Moser ist der Gemeindesekretär), der von mir Gehaßte nähert sich, schreibt mein Sohn, ich sage mir: ich weiß, was er will, aber er könnte auch etwas anderes wollen, nein, er versucht es zum drittenmal! Ich habe Moser schon zum drittenmal beobachtet, schreibt mein Sohn«, sagte der Fürst, »von dem Bürofenster aus sehe ich jetzt, nachdem der Nebel weg ist, der völlig gleiche, der tatsächlich völlig londongleiche englische Nebel, bis zum Wald hinunter, das ganze vom Wald begrenzte Stück vor dem Fenster, wenn ich hinausschaue, ist es ein Hinausschauen gegen meine persönliche Elementarfurcht, schreibt mein Sohn, es vergeht in Wirklichkeit, schreibt er, möglicherweise aus der seit meiner Rückkehr aus England nur noch konzentrierteren Antipathie gegen mich selbst wie gegen alles und aus meiner tatsächlich mehr oder weniger wenn auch phantastischen, so doch katastrophalen Einsamkeit heraus, aus meiner *Niedrigkeitsfurcht*, plötzlich durch den *Heraufdringling* Moser überrascht zu sein, möglicherweise auch noch in einer fatalen Situation, vor der ich mich fürchte, meine sich dauernd in der kürzesten Zeit völlig verändernde Körper- und Geistesnatur betreffend, schreibt mein Sohn, keine Minute, daß ich nicht aus dem Fenster schaue; ich schaue wenigstens alle zwei, drei Minuten aus dem Fenster und überblicke die Grundstücke, und ich versuche herauszubekommen, ob sich im Wald nichts bewegt, denn oft kommt es vor, schreibt mein Sohn, daß sich im Wald jemand versteckt, um sich dann, wenn er sich unbeobachtet glaubt, aus dem Statischen, zu dem der sich aus Schläue zwischen den Bäumen, um ihnen gleich zu sein, gezwungen hat, rasch in Bewegung, und zwar mit unglaublicher Schnelligkeit auf sein Opfer zu in Bewegung zu setzen. Tatsächlich, schreibt mein Sohn, mußte der Gemeindesekretär Moser längere Zeit zwischen den Bäumen unbeweglich gewesen sein, alles an ihm, wie er über die Grundstücke gegen die Burg herauflief, deutete darauf hin, daß eine Zeitspanne, die ihn etwas mit seinem Vorhaben und also mit mir Zusammenhängendes hat überlegen lassen, einen mich betreffenden, mir naturgemäß schädlichen Plan durch den Kopf hat gehen lassen, vergangen ist . . . dieser Mensch ist mir vom ersten Augenblick, schreibt mein Sohn, suspekt, suspekt, und weniger durch seine abstoßende *Körperlichkeit* als durch seine niederträchtige *Geistesverfassung*, in welcher sich das ganze Böse seiner auf das Abscheuniveau heruntergezogenen Kategorien zu einem einzigen ununterbrochenen gemeingefährlichen zu vereinigen schien, eine ständig Ekel erregende Zumutung gewesen, hören Sie, Doktor, was mein Sohn schreibt. Er schreibt: für meinen Vater existierte dieser Mensch – tatsächlich ist er ein ganz und gar *hervorragender*, weil von der *melancholischen Infamie im gefürchteten Sinne*, dessen Physiognomisches die ganze Menschenwelt jeden Augenblick in allen Fällen und Punkten Lügen strafte – überhaupt nicht, aber mir ist es nie restlos gelungen, mich diesem lebenslänglich frei herumlaufenden Gewohnheitsverbrecher, der nie mit dem Gesetz in Konflikt gekommen ist und auch nie, weil die Welt zu dumm dazu ist, mit dem Gesetz in Konflikt kommen wird, zu entziehen. Ich habe den Moser, und ich weiß sogar genau, schreibt mein Sohn, daß es in dem Augenblick gewesen ist, in welchem ich den mich während der heutigen Lektüre am gefährlichsten erregenden Satz, der besagt, daß *in den bürgerlichen Revolutionen Blutvergießen und Terror, politischer Mord die unentbehrliche Waffe in der Hand der aufsteigenden Klassen* gewesen ist, studiert habe, hören Sie, Doktor, hören Sie, tatsächlich schon lange bevor er aus dem Wald herausgegangen ist, beobachtet, eine von den kürzesten Bewegungen, die sich mit dem Auge feststellen lassen, zwischen den Fichtenstämmen, dann, nach zwei, drei Minuten, wie ich gewohnheitsmäßig wieder aus dem Fenster schaue, sehe ich ihn auf einmal schon über die Wiese laufen, die äußere Burgmauer entlang, ich habe ihn sofort als den Gemeindesekretär Moser erkannt, und ich sage mir *das gemeine Fortbewegungsmittel an sich*, und ich stehe auf und gehe ins Vorhaus, schreibt mein Sohn, und mache die Haustür zu, die ich, weil es plötzlich warm gewesen war, offengelassen hatte, wahrscheinlich aber doch *zu lange* offengelassen habe, weil es plötzlich wieder *kalt* ist, in diesem Hause muß man ein sehr feines Gefühl dafür haben, wann man die Türen und die Fenster *auf-* und wann wieder *zu*machen muß, damit man es entweder nicht zu warm oder nicht zu kalt hat, und jedes Fenster und jede Tür verlangt einen anderen Öffnungs- und Schließungsrhythmus«, sagte der Fürst, »und das Wetter ist hier, das sehe ich, zum Unterschied von dem Wetter in England, in jeder Stunde völlig anders, und es könnte einen wahnsinnig machen, verlöre man sich an diese nicht erlernbare Wissenschaft. Noch während ich die Haustür zumache«, sagte der Fürst, »schreibt mein Sohn, dachte ich, plötzlich in der Lektüre gestört, herausgerissen, auf einmal wußte ich nicht mehr, wozu der Satz, den ich auf meine Weise an die hundertmal multipliziert und wieder dividiert habe, und der zweite, von mir immer wieder laut und deutlich ausgesprochene, daß nämlich *die proletarische Revolution für ihre Ziele keines Terrors bedarf, daß sie den Menschenmord verabscheut*, gut seien, daß ich den Gemeindesekretär Moser nicht hereinlassen werde. Ich mache die Vorhänge zu, schreibt mein Sohn«, sagte der Fürst, »ich kann ja fort sein, schreibt er, und er schreibt, ich ziehe tatsächlich die Vorhänge zu, ziehe sie aber gleich wieder auf, weil es mir lächerlich vorkommt, daß ich sie wegen des Gemeindesekretärs Moser zuziehe, ja, denke ich, hat denn der Gemeindesekretär Moser schon so viel Gewalt über einen Saurau, daß ich ihm etwas vormachen muß?, *ihm wie mir* etwas vormachen?, daß ich die Vorhänge vor ihm zuziehen muß, daß ich die Haustür vor ihm zumachen muß . . . und ich ziehe die Vorhänge wieder soweit als möglich auf und gehe wieder ins Vorhaus hinaus, und ich öffne die Haustür, so weit es geht. Plötzlich ist es wieder warm, Moser ist nur noch zirka hundert Schritte von mir entfernt, schon auf den innern Mauern, geht jetzt langsamer, mich hat vorher schon gewundert, mit welcher Schnelligkeit Moser, von dem es heißt, er sei herzkrank, und der auch jährlich, wie ich weiß, ein- oder zweimal in einer Anstalt für Herzkranke, in Holzöster, einen mehrwöchigen Aufenthalt von der Allgemeinen Gebietskrankenkasse bekommt, über die Wiese gelaufen ist, auf den innern Mauern läuft er noch schneller als vorher über die Wiese, die ich schon acht Monate nicht mehr habe abmähen lassen, solange ich lebe, denke ich, ich denke jetzt wieder an meine *Verwirklichung*, schreibt mein Sohn«, sagte der Fürst, »über meinen Triumph über mein Theoretisches nach, solange ich existiere, wird diese Wiese nicht mehr abgemäht werden, solange ich existiere, wird auf diesen und ich denke: auf meinen! auf meinen! Grundstücken nichts mehr getan, das nützlich sein *soll*, nichts mehr, nichts mehr, hören Sie, Doktor, nichts mehr, nichts mehr«, sagte der Fürst, »von jetzt an sind die Saurauschen Grundstücke nur noch völlig nutzlose Grundstücke . . . Moser ist typisch für die Gemeinheit und Niederträchtigkeit der einzelnen Menschenperson, schreibt mein Sohn, er schreibt, Moser ist typisch für die Gemeinheit und Niederträchtigkeit des Staates, mit Moser läßt sich alles, nur nicht das geringste Idealische beweisen, er verkörpert die Tatsache, die so unbekannt doch in keinem Kopf sein kann, nämlich daß der Mensch niedrig und gemein und daß sein Erzeuger, weil sein Erzeuger, noch niedriger, noch gemeiner als er selber ist. *Moser disqualifiziert die Welt und ihren Schöpfer.* Plötzlich denke ich, schreibt mein Sohn, ist es nicht erbärmlich, vor einem Menschen wie Moser Theater zu spielen? Ich hätte ihn hier unter der Haustür, wo ich mich noch in den lächerlichsten Gedanken mit Moser beschäftigt sehe, empfangen sollen, aber nein, schreibt mein Sohn, ich empfange ihn nicht unter der Haustür, was mir aber doch ein Armutszeugnis ausstellt, denn auch ohne die geringste, seltsamste, ich muß sagen Geheimangst vor Moser hätte ich ja von vornherein hinter dem Schreibtisch im Büro sitzen bleiben müssen, und ich hätte da, wo ich, bevor ich Moser entdeckt habe, *war*, Moser empfangen müssen. Ich bin dem Gemeindesekretär, man denke, ich bin Moser, den ich, wenn ich nur an ihn denke, schon als Kretin bezeichne, ohne daß mir dieser Begriff jemals akustisch geworden wäre, nicht gewachsen, *ein Saurau ist einem Moser nicht gewachsen!* Es gab aber kein Mittel der Rehabilitation mehr, und so war es schon gleich, wo ich den Gemeindesekretär empfing, unter der Haustür oder im Büro, und ich denke, daß der Mensch zu denjenigen gehört, die ohne weiteres durch eine nicht abgesperrte Tür in ein Haus oder sogar in eine Burg eintreten und da eine Tür nach der andern aufmachen, heuchlerisch fragend, ob da jemand sei. Moser aber weiß, schreibt mein Sohn, daß ich mich die ganze Zeit, die ich nicht verschlafe, im Büro aufhalte, woher er das weiß, weiß ich nicht, aber ich weiß, daß er es weiß. Mit Moser ist eine Person bezeichnet, die grundsätzlich alles weiß, was ihr nützt. Und zu wissen, daß ich mich, schreibt mein Sohn, und zwar weiß er genau, zu Lektürezwecken, auch das letztemal hat er mich aus der Lektüre herausgerissen: Schumpeter, Rosa Luxemburg, Morus, Zetkin!, wenn ich nicht schlafe, im Büro, wegen des Ausblicks, nicht in der Bibliothek aufhalte, und daß ich, und das ist das Wichtige für ihn zu wissen, mich in dem Büro nicht, wie mein toter Vater, für die Wirtschaft anstrenge, insofern der Plan, sie zu vernichten, die ganze Wirtschaft zu vernichten, hören Sie Doktor, die ganze Wirtschaft zu vernichten, nicht auch eine Anstrengung für die Saurausche Wirtschaft ist! Das Nachdenken meinerseits über diese ungeheure Verblüffung als einer Rache an meinem Vater ... möglicherweise nicht nur für ein jahrhunderte-, sondern jahrtausendealtes Unrecht, das zu präzisieren mir ja noch Zeit übrigbleibt; diese ganze riesige väterliche Landwirtschaft ist mir immer mehr als ein ins Unendliche hineinwachsender Irrtum erschienen, denke ich, schreibt mein Sohn. Ich lese im Büro, schreibt er, und es ekelt mich auch davor, aber ich lese. Das Lesen ist mir noch der erträglichste aller Ekel. Für Moser ist es ein Gewinn, schreibt mein Sohn, wenn er unter anderem weiß, daß ich mich im Büro aufhalte, *um zu lesen*. Tatsächlich ist mir die Lächerlichkeit, unter Hunderten von land- und forstwirtschaftlichen Leitzordnern und Rechenmaschinen, in welchen nichts mehr geordnet und nichts mehr gerechnet wird, zu lesen, *die Lächerlichkeit meines Vaters*. Hier verarbeite ich jetzt, nachdem er tot ist, meinen Rachekomplex. Da, wo ich den Geruch von mindestens einem halben Jahrtausend landwirtschaftlicher und forstwirtschaftlicher Arbeitsdisziplin bis an den Rand der Bewußtlosigkeit einatme, lese ich Kautsky, Babeuf, Turati und solche Leute. Er, der Vater, weiß, daß ich, wenn auch bis jetzt nur in meinem Kopf, bereits das ganze Hochgobernitz *zweckentfremdet* habe! Und er wittert bestimmt die totale *Zweckentfremdung* dort, wo er ist. Im Himmel? Ich lese also im Büro, schreibt mein Sohn, hören Sie, was er schreibt«, sagte der Fürst,

»und Moser erzählt herum: der junge Saurausche *liest* jetzt im Büro, wo sein Vater *gearbeitet* hat! Moser fragt oft und immer in dem für ihn günstigsten Augenblick, schreibt mein Sohn«, sagte der Fürst, »*was oder was ich nicht* sei, aber immer sagt er, daß ich verrückt bin, ich höre, auch wenn ich es *nicht* höre, ihn ununterbrochen sagen, ich sei verrückt. Weder zu oft, noch zu selten kommt, wenn er wo immer von mir spricht, das Wort ›schädlich‹ vor, wenn es auch, wenn *er* mißratener Sohn sagt, kläglich sein muß, weil alles an Moser kläglich ist. Aber davor, als kläglich zu *erscheinen*, hütet sich Moser. Ich denke: tatsächlich ist Moser in meinen Augen merkwürdigerweise, obwohl ich das will, schreibt mein Sohn«, sagte der Fürst, »niemals lächerlich, obwohl kläglich, weil seine Niedertracht ohne Schärfe, ohne jegliches komische oder tragikomische Element ist. Er verärgert mich und ist von den wenig in Menschenkenntnis Geschulten gehaßt, aber selbst mir wird, schreibt mein Sohn, wenn ich an Moser denke, die Verärgerung zum Haß. Mich verärgert dieser Mangel, Moser hasse ich. Wenn ein solcher Mensch wie Moser mitten in einer Arbeit, die die *gänzliche* Anstrengung eines Gehirns erfordert, die Fähigkeit, durch immer noch schmerzhaftere Disziplin möglichst *alles an einem einzigen Gedanken* von weit unter dem Horizont aus dem Nichts heraufzuziehn, auf einmal auftaucht, so zerstört er mit seinem Näherkommen mehr und mehr das mühsam Geortete, zu *Ge*brauchende und *Ver*brauchende. In dem Maße, in dem sich Moser nähert, zerstört er, was ich mir einen ganzen Vormittag und einen halben Nachmittag lang lesend ermittelt habe, und es ist endgültig nichts, wenn Moser *da* ist, schreibt mein Sohn. Moser, schreibt mein Sohn, bewies durch sein Herankommen diese Behauptung, ich fühlte auf einmal eine deprimierende Gehirnentspannung, zunehmendes Gefühl, schreibt mein Sohn, daß ich verloren *bin, offensichtlich*, die Intensität verlagert sich durch Moser in das mir Nebensächliche. Vereinfacht könnte ich sagen, schreibt mein Sohn«, sagte der Fürst, »Moser *kommt* und mein Verstand *geht*. Die Wichtigkeit, mit der die Gemeinen gehen, schreibt mein Sohn, fiel mir an Moser, der jetzt nicht mehr weiter als nur noch ein paar Schritte zu mir hatte, auf. Jeder Mosersche Schritt ist so gemacht, als wäre er wichtig. Der Stumpfsinn macht diese Schritte, denke ich. Während die Leute von akzeptabler Intelligenz nebensächlich gehen, oft gänzlich nebensächlich, geht der gemeine, der niedrige Mensch wichtig. Der Außergewöhnliche geht nebensächlich, schreibt mein Sohn. Wie zum Beispiel Handwerker gehen, schreibt mein Sohn, ist wichtig gegan-

gen, Bauern, Arbeiter überhaupt, gehen wichtig. Aber zu den Wichtig-
gehern rechne ich auch Dreiviertel der gesamten Intelligenz, schreibt mein
Sohn. Wichtig gehen die Journalisten, die Schriftsteller, die Künstler, die
ganze Beamtenschaft geht wichtig, am allerwichtigsten gehen die neuen
Politiker! Ganz nebensächliche Schritte«, sagte der Fürst, »schreibt mein
Sohn, gehen, einen ganz und gar nebensächlichen und also genialischen
Gang gehen nur die *im Geiste Unabhängigen*. Aber wann sehen wir schon
einen im Geiste Unabhängigen? Tatsächlich ist mein Vater, schreibt mein
Sohn, einen, wenn auch nicht ganz nebensächlichen, so doch nebensächlich*eren* Gang gegangen und mein Großvater hat auf seinen Gang überhaupt keinen Wert gelegt . . . Merkwürdigerweise erinnert mich Mosers
Gang immer an den Gang von den verschiedenartigsten Sträflingen
gleichzeitig . . . Moser hat auch etwas von einem gefangenen Kriminellen
an sich, aber in allem etwas von einem über ein Geheimnis, das nur er
weiß, Triumphierenden; ich habe schon öfter darüber nachgedacht, *was*
das Gemeine an der Moserschen Konzeption ist, seine Niedertracht. In
dem Augenblick, in dem er vor mir steht, denke ich: er wagt es! Ohne
gleich alles zusammenfassen zu können in meinem Gehirn, *was* er wagt!
Ich sage mir: was wagt dieser Mensch nicht alles! Und er will mir die Hand
geben, die ich aber nicht nehme. Moser erwartet gar nicht, schreibt mein
Sohn, daß ich ihn hereinlasse, ich habe ihn noch *nie* in die Gobernitz
hereingelassen. Er kennt die Gobernitz von innen gar nicht, aber er wäre
nicht Moser, schreibt mein Sohn«, sagte der Fürst, »wenn ihm das Innere
der Burg nicht bekannt wäre! Da ist es wieder, das mit Moser unweigerlich
auf mich zukommende *Unheimliche!* Ich hätte das Eintreten Mosers auch
nur in das Vorhaus schon als Beschmutzung auf Lebensdauer empfunden,
die List, mit welcher die Moser irgendeinem armen Teufel auflauern und
ihn anzeigen, das gemeine Indizienverhältnis der Moser zu allen Möglichkeiten, denke ich, die Moser bringen alles vor Gericht, wenigstens in
Verruf. Moser ist, weil ich ihm die Hand nicht gegeben habe, schreibt
mein Sohn, und er schreibt, ich habe ihn überhaupt nicht gegrüßt, einen
Schritt zurückgetreten. Immer sind die Moser auf der Suche nach etwas
ins Kriminelle zu Ziehendem anderer. Ihr Gespür für das, was als Blöße
gerade noch schlecht ist, ihr Ausnützungsinstinkt! Man stelle sich eine
Masse Moser vor, denke ich, schreibt mein Sohn, die auf einmal aus aller
Welt herauskommen und überall zu herrschen anfangen und schließlich
und endlich auch wirklich alles beherrschen! Moser wird von mir um seine

Einleitung betrogen, schreibt mein Sohn, er muß *sofort* sagen, was er will:
die Ernte! Ich hätte keine Zeit, sagte ich, schreibt mein Sohn, er störe, ich
arbeite, das sei ihm doch wohl nicht unbekannt, *lesend* arbeite ich, über die
Marxsche Dissertation arbeite ich, über *Die Urteile über das Verhältnis der
demokritischen und epikureischen Physik*, über *Die Schwierigkeiten hinsicht-
lich der Identität demokritischer und epikureischer Naturphilosophie*, und ich
sagte tatsächlich, schreibt mein Sohn, zum erstenmal zu Moser ein Wort,
nämlich das Wort *lesend*, ich hätte keine Zeit für sein Betteln. Mich wunderte, sagte ich, schreibt mein Sohn, daß Moser *da* sei. Schließlich sei ihm
mein Entschluß, die Ernte *verfaulen* zu lassen, bekannt, mein Entschluß,
Hochgobernitz verkommen zu lassen, Hochgobernitz zu liquidieren, dieser konsequente Entschluß, Hochgobernitz zu *vernichten!*, schreibt mein
Sohn, Doktor, ich verstünde nicht, daß er nicht verstehe, was ich tue, aber
ich weiß, was ich tue, schreibt mein Sohn«, sagte der Fürst. »Trotzdem
macht mir Moser jetzt, man denke, zum drittenmal! den Vorschlag,
schreibt mein Sohn, ich möge die Gemeindearbeiter, zum Großteil An-
geworbene aus dem Altersheim, auf die Hochgobernitzischen Grundstücke lassen, auf *meine* Grundstücke lassen, damit sie sie abernten können! Sie möchten *abernten*, bevor alles verfault ist! Moser getraute sich zu
sagen, daß *schon ziemlich viel* verfault sei, und des weitern, ob mir das denn
bewußt sei und, er sprach das aber nicht aus, ich sei verrückt und mein
Vater würde sich meinetwegen *im Grabe umdrehen*, nur ein Verrückter
ernte nicht ab, nur ein Verrückter lasse eine solche *blühende Landwirtschaft*
stehen. Tatsächlich ist dadurch, schreibt mein Sohn, Doktor, daß ich *das
väterliche Erbe* stehenlasse und vernichte, eine Ungeheuerlichkeit geschehen! Tatsächlich bin ich also doch der einzige Mensch in Mitteleuropa, der
dreitausendachthundertvierzig Hektar Grund *stehen* läßt! Nun war es für
die Mosersche Welt, die ganze Gemeindewelt, die ganze *Gemeinwelt* ist
eine mosersche, der ganze Staat ist ein moserscher Staat!, schon eine Ungeheuerlichkeit, daß ich, aus einem für sie ganz und gar unerfindlichen
Grund, alles Vieh verkauft habe!, alles bewegliche Inventar von den Hochgobernitzischen Grundstücken *weg*verkauft habe, alle Menschen aus dem
Haus gejagt habe, ich habe sie binnen acht Tagen nach dem Selbstmord
des Alten aus dem Haus gehabt!, mir erscheint das heute als mein größtes
Kunststück!, schreibt mein Sohn«, sagte der Fürst. »Mein Sohn schreibt:
daß ich auch die Schwestern meines Vaters aus Hochgobernitz hinausgebracht habe, *alle, und wie*, das ist beispielhaft! Daß ich es fertiggebracht

habe, auf einmal völlig allein zu sein, das ist beispielhaft! Aber, schreibt mein Sohn, da hat doch noch jeder denken können, ich führe vielleicht eine *viehlose und menschenlose, eine vollautomatisierte* Wirtschaft weiter ... aber bald haben sie gesehen, daß ich *überhaupt keine Wirtschaft* mehr führe, daß alles an mir darauf abzielt, die ganze Wirtschaft, *ganz Hochgobernitz zu vernichten!* Innerhalb eines einzigen Vormittags habe ich sämtliche Maschinen und Traktoren verschleudert! Meine Ungeheuerlichkeit überstieg ihre Kräfte, und sie verständigten die Gerichte, die Bezirks- und die Landesregierungen, erfolglos ... Mir kommt das jetzt alles wieder ins Gedächtnis, schreibt mein Sohn, in dem Augenblick, in dem Moser wieder mit dem Wort *abernten* operiert. Also, sagt Moser, sie möchten *abernten*, bevor alles verfault ist, es könne doch nicht mein Ernst sein, daß ich alles verfaulen lasse! Aber auch Moser weiß, daß es kein Gesetz gibt, das mir Vorschriften in bezug auf die arrondierten Hochgobernitzischen Gründe machen könnte! Abernten!! Wieder höre ich, was ich schon oft gehört habe, von Gemeindenot, Volksnot, Menschennot, Armut, Gemeinschaft, *Volks*gemeinschaft, Schädlingsbekämpfung usf., schreibt mein Sohn. Aber wie wagt es dieser Mensch, schreibt er, immer wieder aufzutauchen in einer Sache, die erledigt ist, *Hochgobernitz ist erledigt.* Ich habe mich voll und ganz meiner Konsequenz ausgeliefert, ich sage: *Herr Moser, Sie stören mich!* schreibt mein Sohn, sonst nichts. Ich habe nicht die Kraft, mich umzudrehn, Moser zu ignorieren. *Er ist da! Moser ist da!* Einen Augenblick sehe ich sämtliche Zufahrtswege zu meinen Grundstücken, die ich abgesperrt habe, überall sind Schilder mit der Aufschrift *Zutritt verboten* aufgestellt. Auch der Gemeindesekretär hat sich an das Verbot zu halten, denn hier, auf meinen Grundstücken, ist für alle der Zutritt verboten, *für alle, für alles!* Zeitungsbringer ausgenommen! Ich sehe mich jetzt wieder Gräben in die Zufahrtsstraßen graben, Baumstämme darüberfällen, Hunderte und Aberhunderte Meter Stacheldraht ausrollen, schreibt mein Sohn. Mein lieber Doktor«, sagte der Fürst, »ist Ihnen das nicht *unheimlich?* Natürlich, schreibt mein Sohn, muß meine Vorgangsweise als eine verrückte erscheinen, aber das kümmert mich nicht. Der Mosersche Tonfall ist für mich schon immer ein qualvoller gewesen, ein Mensch wie der mosersche gibt nicht auf, er probiert es immer und immer wieder, und immer unter einem andern Vorwand, aber er ist heute von einer unerträglichen Penetranz. Spricht von Volksgesundheit! Meine Verwirklichung, das bin ich, schreibt mein Sohn! Aber ich entdecke, schreibt er, überhaupt keine Unsicherheit in mir, es gibt im Moment nur eine Mosersche Unsicherheit, und ich denke: ich erinnere mich nicht, Moser auch nur ein einziges Mal gegrüßt zu haben, und jetzt, hören Sie, Doktor, er schreibt: auch mein Vater hat Moser niemals gegrüßt, was den Gemeindesekretär aber nicht gehindert hat, sich jedesmal, wenn ich ihm begegnete, oder wenn mein Vater ihm begegnete, auf die verlogenste Weise durch einen Gruß für einen peinlichen Augenblick zum Beschmutzungszweck in mich oder in meinen Vater hineinzudrängen! Die Moser dringen in einen ein, und alles ist in einem aussätzig, schreibt mein Sohn. *Gebilligt*, schreibt er, ist ein solcher Mensch niemals, nein, ein solcher Mensch *kann* nicht gebilligt sein. Ich höre, daß er die Leute, schreibt mein Sohn, die er zum Abernten der Hochgobernitzischen Grundstücke braucht, schon angeworben *hat*, und er sagt: *natürlich im Auftrag des Bürgermeisters und im Auftrag der Volksgesundheit!* Für morgen um sechs Uhr früh seien sie alle vor das Gemeindeamt kommandiert, man warte nur noch auf meine Erlaubnis! Auf die Erlaubnis *von oben, von der Hochgobernitz herunter*, ich denke, daß die Menschen sich jede Erlaubnis immer von oben, immer von einem Hochgobernitz herunter holen! Aber ich erlaube *nichts!* Das Handwerkszeug, die Maschinen, stelle die Gemeinde zur Verfügung. Der Ertrag reiche schätzungsweise, sagt Moser immer wieder, mich anschauend und doch nicht anschauend, schreibt mein Sohn, für die Verpflegung von ein paar tausend Menschen über einen nicht klar abzugrenzenden, aber doch abzuschätzenden Zeitraum über ein halbes Jahr hinaus! Nein, sage ich, und Moser sagt, die heurige Ernte sei die *beste* Ernte! Der Gemeindesekretär versteht es, lange Sätze vorschnell abzukürzen, weil er weiß, daß mir selbst seine Andeutungen schon auf die Nerven gehen. *Bevor alles verfault ist*, sagt Moser pathetisch. Ich höre mehrere Male den Begriff vom guten Zweck, aber für diesen Begriff bin ich taub, es gibt keinen guten Zweck, sage ich. Für das Abernten meiner Grundstücke sei ein hoher Stundenlohn ausgemacht, sagt Moser, aber er sagt nicht, ein *wie* hoher Stundenlohn. Immer hat dieser Mensch, in was für einer Jahreszeit immer, denke ich, den gleichen Winterkotzen an, diesen billigen schweren Winterkotzen, langsam, denke ich, füllt sein Körper, den ich schon einmal vollkommen nackt gesehen habe, schreibt mein Sohn«, sagte der Fürst, »diesen Kriegskotzen aus. Man sieht Mosers Fleisch mehr und mehr in den Kriegskotzen hineinwachsen. Zusammen mit Mosers (genauso nackter) Frau, schreibt mein Sohn, habe ich seinen Körper einmal an der Ache gesehen, die Infantilität seines Gliedes ist mir noch in Erinnerung, die hinter den Büschen sich allein glaubende Sonntagseheerbärmlichkeit, die das klare Wasser meidet und sich in perfider Vertrautheit im Sonnenuntergang dem Stumpfsinn ausliefert. Mit dem Abernten müsse *sofort* angefangen werden, sagte Moser, sonst verfaule *alles*. Kurze Zeit später höre ich vom Burghof herauf immer wieder das Wort *Unmenschlichkeit!* Immer wieder höre ich das Wort *Unmenschlichkeit!* Jetzt, bei seinem dritten Versuch, Hochgobernitz zu *retten*, und ich denke, *solange ich existiere, wird hier, auf meinen Grundstücken niemals mehr etwas geerntet werden, darauf habe ich in alle Zukunft mein Augenmerk, ich vernichte Hochgobernitz!*, getraut sich Moser bereits das Wort *Unmenschlichkeit* auszurufen. Die Masse ist größenwahnsinnig geworden! Das Wort Unmenschlichkeit, das die Masse durch Moser hier im Hof der Hochgobernitz hat ausrufen lassen, beschäftigt mich längere Zeit, die ich, in dem Versuch scheiternd, in meine Lektüre, in meine Wissenschaft zurückzukehren, mit dem Durchlesen von Sätzen ausfülle, die ich nicht verstehe. Moser ist gescheitert!, sage ich mir, aber auch *ich* bin gescheitert, Moser *flüchtet*, aber auch *ich* flüchte. Wohin denn? Die Mosersche Niederlage, die Niederlage der Masse, ist ja auch meine eigene Niederlage! Aber meine Niederlage ist eine viel deprimierendere als die Mosersche, denke ich. Die Verärgerung weicht einer Müdigkeit, die zu nichts, das mir etwas wert ist, führt. Ich schaue durchs Fenster, schreibt mein Sohn, und sehe Moser zwischen den Mauern. Kurze Zeit später denke ich: *da* ist Moser gegangen, *weg*gegangen, man sieht, wo er weggegangen ist. *Unmenschlichkeit!* Ich hielt es nicht mehr aus in der Burg und zog mir die Stiefel an und ging aus der Burg hinaus und zuerst auf die inneren und dann auf die äußeren Mauern und schaute mit dem Feldstecher hinunter, um festzustellen, wie weit wirklich schon alles verfault ist, schreibt mein Sohn«, sagte der Fürst. »Ist das nicht merkwürdig«, sagte der Fürst, »ein so langes Papier, und ich sehe jedes Wort darauf. Mir ist also kein Rätsel, was nach meinem Tod geschieht«, sagte der Fürst. »Mir ist alles vollkommen klar!«

Wir gingen jetzt auf die äußere Burgmauer. »Da unten, sehen Sie«, sagte der Fürst, »liegt Hauenstein. Und da Stiwoll. Und da Köflach. Gestern abend«, sagte er, »bin ich in der Schlucht unten gewesen. Ich habe vorgehabt, in die Mühle hineinzugehen, aber ich habe den Lärm, den die Vögel in dem großen Käfig hinter der Mühle machen, dieses grauenhafte Geschrei, nicht aushalten können. Ich bin sofort wieder aus der Schlucht herauf«, sagte er. »Wenn ich auch nicht allein bin, so bin ich doch ganz für mich. Während ich selbst mich mit der Zeit beinahe vollkommen von jeder Gesellschaft abgeschlossen habe, keine Besuche mehr empfange«, sagte der Fürst, »gehen die Frauen immer mehr in einer geradezu bestialischen Gesellschaftsabsurdität auf. Wie Sie wissen, habe ich sogar das Schachspiel mit dem Krainer aufgehört. Ich habe alles, was mit Menschenverkehr zusammenhängt, eingestellt. Ich verkehre nur noch mit Leuten, mit denen ich verkehren *muß*. Ich unterhalte auch nur noch den kärgsten Berufsverkehr. Interessiert dich etwa das Getreide, interessiert dich etwa die ganze Wirtschaft nicht mehr? frage ich mich oft. Die Forstleute, ja, sie interessieren mich noch, die Saurauschen *Grundstücksmenschen*. Sonst niemand. Anders die Frauen. Ihre Mittwochabende sind mir unerträglich. Ihre Samstagabende noch unerträglicher. Ich weigere mich, an allen diesen Abenden in Erscheinung zu treten. Aber bis in mein Zimmer hinauf höre ich, wie sie, und zwar in der jahrzehntelang immer gleichen Weise, sich gegenseitig durch das ganze Gebäude die Namen derer zurufen, die am Mittwochabend oder am Samstagabend auf die Hochgobernitz heraufkommen, miserable Menschen. Die meisten Menschen sind schon bei ihrer Geburt in Liquidation gegangen. Abstoßende Leute aus der Stadt, aber noch viel abstoßendere Leute aus der nächsten Umgebung, langweilige, stumpfsinnige Nachbarn. Schon am Dienstag verrükken sie im ganzen Haus Sessel und Bänke und Tische für die Mittwochleute, schon am Freitag für die Samstagleute. Geschirrgeklirr höre ich, ich kann nicht mehr arbeiten, ich kann nicht mehr denken! Das Besteckzusammenstoßen und Gläserzusammenstoßen beherrscht die Hochgobernitz, verstehen Sie. Man ruft mich, aber ich antworte nicht. Man will mich haben, aber ich will nicht zu ihnen hinunter. Diese Mittwochabende kosten einen Haufen Geld, aber noch mehr kosten die Samstagabende. Stundenlang werden da unsere Gräber aufgemacht, ihr Gestank herausgelassen, man öffnet die riesigen Familienfriedhöfe und zerredet ihre Ruhe. Das ganze Land wird auseinandergeredet, bis man müde ist und sich in einem gemeinen Ekel aus der Burg hinaus und in die Niederungen zurück, hinunter hantelt. Mittwoch und Samstag herrscht hier auf der Gobernitz das menschliche Ungeziefer«, sagte der Fürst, »der menschliche Defekt. Onanie der Verzweiflung«, sagte er. An seinem Vater könne der Sohn sein zukünftiges Leben studieren, meinte er. Die Zwecke, für die der Vater gelebt hat, seien, in jedem Fall, auch die Sohneszwecke, die Vatervergnügen auch die Sohnesvergnügen, der Vaterekel an der Welt auch der Sohnesekel an der Welt. Schließlich sterbe der Sohn seinem Vater *nach*, in einem Alleinsein, in welchem nur noch im eignen Gehirn aus- und einzugehen ist. Der Sohn sehe, wenn er seinen Vater anschaue, die Erbärmlichkeit des Vaters, wie der Vater ununterbrochen die Erbärmlichkeit seines Sohnes sehe. Vater und Sohn schauten sich ununterbrochen in ihrer Erbärmlichkeit *an*. »Aber der Sohn muß schließlich immer noch viel grauenhafter werden als der Vater.« Er beobachte seine Familie oft vom Bibliothekfenster aus, wie sie im Hof in ihren Unterhaltungen aufgeht. Eingeschlossen in eine *primitive Vokabelwelt* seien seine Verwandten *wurzelfaule Geschöpfe*, ohne ihn undenkbar. Dieser Gedanke ließe ihn oft seine Langeweile vergessen und einen *stellenwertlosen* Ekel an ihren Körpern empfinden. »Diese Körper, die aus mir sind«, sagte er, »von mir ohne die geringste Vorliebe für das Leben erzeugt.« Auf der Hochgobernitz herrschten oft wochenlang Verstörungen. »Ursache?« fragte er. »Von diesen Verstörungen bin nicht nur ich betroffen«, sagte er, »*alle* sind von diesen Verstörungen betroffen. Wir leben in einem, man soll nicht glauben großen, tatsächlich engen Gebäude alle zusammen und sind Hunderttausende von Kilometern auseinander. Wir hören uns nicht, wenn wir uns anrufen. Das Wetter regiert uns wochenlang in einem katastrophalen *Ur*nervensystem. Bis wir einen vollkommenen Grad von Niedergeschlagenheit erreicht haben, in welchem wir auf einmal wieder zu sprechen anfangen, uns gegenseitig aufhelfen, anfangen, uns zu begreifen, um uns gleich wieder am allerunbegreiflichsten zu sein. Der Schritt in die Zutraulichkeit, verwandtschaftliche Aufmerksamkeit«, sagte er, »wer geht ihn zuerst? Wir essen wieder zusammen, trinken zusammen, reden zusammen, lachen zusammen, bis wir wieder getrennt sind. Der Zustand des Zusammenseins aber dauert eine immer kürzere Zeit.« Heuer hätte sein Sohn nicht nur wie in den vergangenen Jahren zu dem Zweck, sich zu erholen, sich zu zeigen, aus England zurückkommen sollen, nicht »nur zu Unterhaltungen, Hochsommerkonversationen«, nicht nur zu der Schauspielaufführung, »ein solches in drei Akten wird jedes Jahr auf der Hochgobernitz gespielt«, sagte der Fürst, »und jedes hat ein Vorspiel und ein Nachspiel«, sein Sohn sei nicht nur zum Vergnügen erwartet gewesen, sondern vor allem »zu Unterredungen« mit seinem Vater, »juristischer Natur, den Besitz betreffend«. In Briefen an seinen Sohn, die der Fürst beinahe täglich nach England schreibt, habe er immer wieder Andeutungen, ein von ihm zu veränderndes Hochgobernitz betreffend, gemacht, seinen Entschluß, das Ausmaß der Besitzungen zu vergrößern, gleichzeitig dessen Erhaltung und Verwaltung radikal zu vereinfachen, immer mehr unterstrichen. »Schriftlich aber lassen sich solche grundlegenden Veränderungen«, sagte der Fürst, »und es handelt sich ja nicht nur um Hochgobernitz, sondern auch noch um Ötz und Terlan, um die Schottergruben bei Gmunden, die Wiener Stadthäuser, nicht erläutern.« Aber die ganze Zeit, die sein Sohn in Hochgobernitz gewesen war, war rasch wie immer und ohne auch nur eine einzige Unterredung in dieser Richtung *vorbeigegangen*. »Er glaubt, daß er noch vier oder fünf Jahre in London bleiben wird«, sagte der Fürst. »Ich weiß nicht, was er vorhat, ich ahne das ja nur. Es ist eine durch und durch politische Arbeit, an der er schreibt. Die meiste Zeit habe ich ihn auch während der Ferien über dieser wissenschaftlichen, tatsächlich durch und durch politischen Arbeit studieren sehen. Er hat mir aber gesagt, daß diese heurigen Ferien *ideale* gewesen seien. Manchmal leidet auch *er* unter einer Konzentrationsschwäche«, sagte der Fürst, »er hat mir die Tatsache wieder bewußt gemacht, daß eine längere wissenschaftliche Arbeit, eine über große Strecken von höherer und höchster Anstrengung auf ein, wenn auch unerreichbares, so doch immer wieder *anschaubares* Ziel hin unternommene Arbeit, zu unterbrechen, nützlich ist. Auf dem Kanalschiff sei ihm zu Bewußtsein gekommen, daß ihm Hochgobernitz *vollkommen fremd* sei. Ich glaube nicht an diese Tatsache. Daß er sich vor Hochgobernitz fürchten müsse, sagte mein Sohn. Einerseits ist es gut, sagte er, die Ferien betreffend, heimzufahren; wie leicht eine Denkarbeit auf einmal für immer zerstört ist, sagte er, weil man nicht den Mut gehabt hat, sie im entscheidenden Augenblick an der entscheidenden Stelle zu unterbrechen, weil man der Natur nicht gehorcht hat.« Dieser entscheidende Augenblick sei bei ihm, seinem Sohn, kurz vor den Ferien eingetreten. Es sei richtig gewesen, die Arbeit in dem Augenblick zu unterbrechen, in welchem der Fürst ihm geschrieben habe: komm her! »Aber ich habe ihn zu einem bestimmten Zweck in Hochgobernitz haben wollen, *bei mir* haben wollen. Diesen bestimmten Zweck habe ich nicht erreicht. Die Nützlichkeit der Unterbrechung seiner Arbeit befriedigte ihn aber«, sagte der Fürst. »Klar sah ich, während mein Sohn sich von England aus mir hier in Hochgobernitz näherte, Unebenheiten, Verschlechterungen in unser beider Verhältnis, sie vermehrten und verstärkten sich von Stunde zu Stunde. Dann war mein Sohn da, und ich sah diese Fehler deutlich. Er sagte, er arbeite an einer *jetzt schon geretteten Schrift*. Er haust in einem ununterbrochen sonnenlosen Kabinett, in einem kahlen, billigen, zwar in Hyde-Park-Nähe. Mein Sohn muß sich erschöpfen«, sagte der Fürst. »Wenn er sich restlos erschöpft *hat*, kommt er zurück.« Der Fürst sagte: »Ich habe das letztemal meinen Sohn zu einem Spaziergang in die Schlucht hinunter überreden können, er hat schon beim Nachtmahl eingewilligt, daß wir bald in der Frühe einen Spaziergang in die Schlucht hinunter machen. Tatsächlich: wir sind früh aufgestanden und in die Schlucht hinuntergegangen. Dieser Spaziergang«, sagte der Fürst, »ist einmal wieder einer der von mir geliebten *Spaziergänge ohne ein Wort* gewesen. Bei diesen Spaziergängen darf, das ist selbstverständlich, lieber Doktor, kein Wort gesprochen werden. Wer sich nicht an diese Regel, auf einem solchen Spaziergang kein einziges Wort zu sprechen, hält, den schließe ich in alle Zukunft von diesen *Spaziergängen ohne ein Wort* aus. Aber an diesem Morgen, plötzlich verfinsterte sich die Landschaft, weil wir ja in die Schlucht hinunterstiegen, obwohl sie sich aufhellte, fing ich selber plötzlich zu sprechen an. Ich sagte zu meinem Sohn, daß in meinem Kopf schon längere Zeit ein Schmerz sei, daß *diese Geräusche* in meinem Kopf seien, mehr und mehr sei dieser Schmerz mir und seien diese Geräusche mir unerträglich, sagte ich. Diese Geräusche, sagte ich, machten es mir unmöglich, eine Sache, gleich welche, *auszudenken*. Dabei, habe ich zu meinem Sohn gesagt, wäre es gerade jetzt am allerwichtigsten, die mich im Augenblick beschäftigende Sache, Hochgobernitz, sagte ich, auszudenken. Diese Geräusche, sagte ich, machen mir alles zunichte. Schmerz und Geräusche, sagte ich, sind dasselbe. Möglich, sagte ich zu meinem Sohn, wie wir in der Schlucht unten gewesen sind, daß es sich bei diesen Geräuschen, bei diesem Schmerz, um meine Todeskrankheit handelt. *Möglich*. Ich sagte: ich bin todkrank, mein Lieber. Und ich sagte: ist das nicht traurig, mein Lieber? Er aber sagte nichts. Wenn ich Menschen anschaue, schaue ich unglückliche Menschen an«, sagte der Fürst. »Es sind Leute, die ihre Qual auf die Straße tragen und dadurch die Welt zu einer Komödie machen, die natürlich zum Lachen ist. In dieser Komödie leiden sie alle an Geschwüren, geistiger, körperlicher Natur, haben ein *Vergnügen* an ihrer Todeskrankheit. Wenn sie ihren Namen hören, gleich, ob die Szene in London, in Brüssel oder in der Steiermark ist, erschrecken sie, versuchen aber, ihr Erschrecken nicht zu zeigen. Das tatsächliche Schauspiel verbergen alle diese Menschen in der Komödie, die

die Welt ist. Sie laufen immer, wenn sie sich unbeobachtet fühlen, von sich
fort auf sich zu. Grotesk. Die lächerlichste Seite aber sehen wir gar nicht,
weil die lächerlichste Seite immer die Rückseite ist. Gott spricht manchmal aus ihnen, aber er gebraucht die gleichen ordinären Wörter wie sie
selbst, dieselben unbeholfenen Sätze. Ob ein Mensch eine riesige Fabrik
oder eine riesige Landwirtschaft oder einen ebenso riesigen Satz von Pascal
im Kopf hat, ist ganz gleich«, sagte der Fürst. »Die Armut ist es, die die
Menschen gleich macht, alles, auch der größte Reichtum ist an den Menschen arm. Die Armut ist im Körper wie im Geist in den Menschen immer
gleichzeitig eine im Körper und eine im Geist, was sie krank und verrückt
machen *muß*. Hören Sie, Doktor, ich habe mein ganzes Leben nur Kranke
und Verrückte gesehen. Wohin ich schaue, nur Sterbende, Abtreibende,
die zurückschauen. Die Menschen sind nichts anderes als eine in die
Milliarden gehende ungeheure auf die fünf Kontinente verteilte Sterbensgemeinschaft. Komödie!« sagte der Fürst. »Jeder Mensch, den ich sehe,
und jeder, von welchem ich, gleich was, höre, beweist mir die absolute
Bewußtlosigkeit des ganzen Geschlechts und daß dieses Geschlecht und
daß die ganze Natur ein Betrug ist. Komödie. Die Welt ist tatsächlich, wie
schon so oft gesagt, eine Probebühne, auf der ununterbrochen geprobt
wird. Es ist, wo wir hinschauen, ein ununterbrochenes Redenlernen und
Gehenlernen und Denkenlernen und Auswendiglernen, Betrügenlernen,
Sterbenlernen, Totseinlernen, das unsere Zeit in Anspruch nimmt. Die
Menschen nichts als Schauspieler, die uns etwas vormachen, das uns bekannt ist. Rollenlerner«, sagte der Fürst. »Jeder von uns lernt ununterbrochen eine (seine) oder mehrere oder alle nur *denkbaren* Rollen, ohne zu
wissen, wofür (oder für wen) er sie lernt. Diese Probebühne ist eine einzige
Qual, und kein Mensch empfindet die Vorgänge darauf als ein Vergnügen. Alles auf dieser Probebühne aber geschieht *natürlich*. Andauernd aber
wird ein Dramaturg gesucht. Wenn der Vorhang aufgeht, ist alles zu
Ende.« Das Leben sei eine Schule, in der der Tod gelehrt wird. Millionen
und Abermillionen Schüler und Lehrer bevölkern sie. Die Welt sei die
Schule des Todes. »Zuerst ist die Welt die *Elementarschule* des Todes, dann
die *Mittelschule* des Todes, dann, *für die wenigsten*«, sagte der Fürst, »*die
Hochschule des Todes.*« Abwechselnd seien die Menschen Lehrer oder Schüler in diesen Schulen. »Das einzige erreichbare Lernziel«, sagte er, »ist der
Tod.« Sein Sohn habe ihm gesagt, daß er manchmal in London aufwache
und sich anziehe und aus dem Haus laufe, die Oxfordstreet hinunter, weil

er glaube, daß am Ende der Oxfordstreet die Ache sei, von welcher aus man die Hochgobernitz sehen könne. »Mehr oder weniger sind ja alle Menschen verrückt, selbst mein Sohn«, sagte der Fürst. Tatsächlich sei die Verrücktheit seines Sohnes sogar eine außerordentliche, »wenn es wahr ist, daß er die Oxfordstreet in dem Glauben, an ihrem Ende sei die Ache, hinunterläuft. Man kann überall und immer in die Ache hineinschauen«, sagte der Fürst, »wenn man will. Jeder Mensch hat *seine* Ache, jeder Mensch eine andere Ache. Ich selbst«, sagte er, »wache oft auf und ziehe mich an und gehe in den Hof hinunter und durch das Burgtor hinaus auf die innere oder auf die äußere Mauer und gehe in Wahrheit durch Brüssel.« In jedem menschlichen Kopf sei die diesem Kopf entsprechende menschliche Katastrophe, sagte der Fürst. Man brauche die Menschenköpfe nicht aufzumachen, um zu wissen, daß in ihnen nichts anderes als eine menschliche Katastrophe ist. »Ohne seine menschliche Katastrophe existiert der Mensch überhaupt nicht«, sagte der Fürst. Der Mensch liebe sein Elend, und ist er einen Augenblick ohne sein Elend, tut er alles, um wieder in seinem Elend zu *sein*. »Wenn wir Menschen anschauen, so sind sie entweder in ihrem Elend oder auf der Suche nach ihrem Elend. Es gibt keinen Menschen ohne das menschliche Elend«, sagte er. Der Mensch befinde sich ununterbrochen in einem *hochgefährlichen Zustand*, sagte der Fürst, nur sei ihm die Tatsache, daß er sich, *immer gegen sich, ununterbrochen* in einem hochgefährlichen Zustand befindet, nicht bewußt. Dadurch existiere er, dadurch sei er aber auch krank. »Sterbende«, sagte der Fürst. »Kinder werden wahrscheinlich aus nichts anderem als aus Schadenfreude mit der größten vorstellbaren Rücksichtslosigkeit von ihren Eltern erzeugt und in die Welt hereingezogen. Wenn wir einen Menschen suchen«, sagte der Fürst, »so ist es doch, als gingen wir die ganze Zeit in einem riesigen Leichenschauhaus herum, um ihn zu suchen.« Alle führten nur noch Selbstgespräche, sagte der Fürst, »wir sind in einem Zeitalter der Selbstgespräche. Die Kunst des Selbstgesprächs ist auch eine viel höhere Kunst, als die Kunst des Gesprächs«, sagte er. »Aber Selbstgespräche sind genauso sinnlos wie Gespräche«, sagte der Fürst, »wenn auch viel weniger sinnlos.« Man müsse darauf gefaßt sein, daß immer, wenn man mit einem Menschen spricht, »wenn man sich mit einem Menschen (mit sich selbst!), weil man plötzlich Angst hat, ersticken zu müssen, in ein Gespräch einläßt«, daß dieser Mensch alles tut, um einen zu diffamieren. »Das kann auf die raffinierteste Weise, aufs diffizilste geschehen, aber auch aufs gemeinste. Immer, wenn Menschen miteinander reden, diffamieren sie sich. Die Gesprächskunst ist eine Diffamierungskunst, die Selbstgesprächskunst die grauenhafteste Diffamierungskunst. Immer denke ich«, sagte der Fürst, »daß mein Gesprächspartner versucht, mich in seinen eigenen Abgrund hinunterzustoßen, nachdem ich meinen eigenen Abgrund gerade erst überwunden habe. In möglichst viele Abgründe gleichzeitig versuchen einen die Gesprächspartner hinunterzustoßen. Alle Gesprächspartner stoßen sich immer gegenseitig in *alle* Abgründe hinunter.« Oft gehe er mit einer bestimmten klassischen oder *noch irregulären* Melodie im Kopf ins Bett und wache mit der gleichen Melodie wieder auf. »Muß ich annehmen«, sagte der Fürst, »daß diese Melodie die ganze Nacht ununterbrochen in meinem Kopf *gewesen* ist? Natürlich. Wie du weißt, sage ich immer zu mir, ist immer alles und alles immer in deinem Kopf. Alles ist immer in allen Köpfen. Nur in allen Köpfen. Außerhalb der Köpfe ist nichts. Gleich, worüber ich mich mit wem unterhalte«, sagte der Fürst, »ich bin immer *dadurch*, daß ich mich mit jemandem unterhalte, am Ende.« Der erwachsene Mensch sei *prinzipiell*, sagte er, der noch nicht erwachsene *wie die Natur unendlich*. Der Menschengroßteil erschöpfe sich in seinen beiden Haupteigenschaften, Einkaufen und Verbrauchen. Genau betrachtet, hätten die Menschen in Jahrtausenden, »wie wir jetzt sehen«, sagte der Saurau, »nur diese beiden Instinkte entwickelt, den *Ein*kaufs- und den *Ver*brauchsinstinkt. Wir mögen das erschüttert feststellen«, sagte der Saurau, »über diese Erschütterung entsetzt sein!« Jeder spreche immer eine Sprache, die er selbst nicht versteht, die aber *ab und zu* verstanden wird. Dadurch könne man existieren und also wenigstens *miß*verstanden werden. Gäbe es eine Sprache, die verstanden wird, sagte der Saurau, erübrige sich alles. »Immer haben wir Unterschlupf in einem Problem gefunden«, sagte er. »Die Menschen gehen miteinander und reden miteinander und schlafen miteinander und kennen sich nicht. Würden sich die Menschen kennen, würden sie nicht miteinander gehen, nicht miteinander reden, nicht miteinander schlafen. Kennst *du* dich? frage ich mich oft«, sagte der Saurau. Eine Tiefe sei immer eine Höhe, je tiefer die Tiefe der Höhe, desto höher die Höhe der Tiefe und umgekehrt. »Du stellst dir vor«, sagte der Fürst, »daß du in einen unendlichen Brunnen (wie in einen unendlichen Menschen) hinunterschaust, in seine unendliche Höhe, Größe usf. . . . Ich *glaube*«, sagte er, »mein Sohn ist in London, weil ich *weiß*, daß er in London ist, ich *glaube*, ich schreibe ihm einen

Brief, weil ich *weiß*, daß ich ihm einen Brief schreibe, aber ich *weiß* nicht, daß er in London ist, weil ich *glaube*, daß er in London ist usf. . . . Die Unmöglichkeit ist ein ganz und gar grauenhaftes Fundament«, sagte er, »alles basiert auf der Unmöglichkeit. Ich habe meine ältere Schwester gerufen, ich habe ihr gesagt, sie solle mit mir bis zur Ache hinuntergehen, und sie ist mit mir zur Ache hinuntergegangen. Ich aber habe, wie wir zurückgekommen sind, gedacht: ist sie denn wirklich mit mir bei der Ache unten *gewesen?* Ich bin in einem ununterbrochenen Qualzustand, lieber Doktor. Sind das, ist nicht *alles* an mir Anzeichen einer brutalen *Todesverwirklichung?* Nie mehr«, sagte der Saurau, »denke ich an meine Frau«, obwohl er sie unter allen Menschen am meisten geliebt hat. Er denke darüber nach, warum er auch nicht mehr träume von ihr, er sagte: »Ich träume auch schon jahrelang nicht mehr von meiner Frau. Weder denke ich an sie, noch träume ich von ihr. Sie ist *weg*. Weg, wohin weg? Natürlich existiert sie noch, weil ich jetzt von ihr rede. Die Tragödie ist ja, lieber Doktor, daß nichts niemals *wirklich* tot *ist*. Zu meinem Sohn: ich will ihn von der Bahnstation abholen, ich schreibe ihm das, und er antwortet, daß er nicht abgeholt werden will: er kommt *plötzlich* zur Tür herein. Seine Handlungen sind immer völlig unvorhergesehene gewesen. Wir teilten immer die Vorliebe für das Zeitunglesen. Schon in ihrem Anfang ist eine Existenz wie die meines Sohnes eine vollkommene. Ich habe nichts übrig für Ausdrücke wie ›sinnliche Wahrnehmung‹ usf., die mein Sohn so oft gebraucht. Ich bin auch ein ganz und gar zitaten*feindlicher* Mensch, im Gegensatz zu ihm. Das Zitieren geht mir auf die Nerven. Aber wir sind eingeschlossen in eine fortwährend alles zitierende Welt, in ein fortwährendes Zitieren, das die Welt *ist*, Doktor. Und was halten Sie von einem Satz wie von dem: ›Der Zufall aber, nicht Gott, wie die Menge glaubt, ist anzunehmen.‹ Mit solchen Sätzen operiert mein Sohn. Alle Handlungen sind strafbare Handlungen, und deshalb ist es so leicht, aus jeder Handlung sofort eine strafbare Handlung zu machen. Aus diesem Grund ist es möglich, gegen jeden berechtigte Todesurteile auszusprechen und zu vollstrecken. Der Staat hat diese Tatsache erkannt. Darauf gründet sich der Staat. Ich verwende noch immer solche, meinem Sohn unerträgliche Wörter wie das Wort *Trübsinn*, das Wort *treu, ungeheuer*, das Wort *schmerzhaft*, das Wort *tödlich*. *Mein* Pantheismus, *sein* Apostatisches«, sagte der Fürst. »Mein Sohn«, sagte er, »ist tatsächlich einer Scheinmetaphysik verfallen. Wir sind allerdings von einem ungeheuren Galvanismus angetriebene in-

differente Apparaturen. Die Zwecklosigkeit, in welcher wir mehr und
mehr die Orientierung verlieren, ist ein immerwährender Gedanke in
letzter Zeit, katastrophal konkret. Mein Sohn«, sagte der Fürst, »hat sich
früher sehr elegant gekleidet, jetzt ist ihm gleich, was er an hat. Er hat das
Proletariat angezogen, das Abstoßende daran ist, daß er es ja jeden Moment wieder ausziehen kann. Das ist das Erschreckende. Früher hat er
rasch ein *gutes* Urteil gefällt, jetzt kommt er nur langsam zu einem *verkehrten*. Die Entfernung zueinander vergrößert sich, und die Spannung
zueinander. Die Welt ist insgesamt schon gänzlich Provinz geworden.
Lange Zeit hatte die Natur ihn, meinen Sohn, sich völlig unauffällig unter
seinen Schwestern, meinen Töchtern, entwickeln lassen. Aber auf einmal
entwickelte dieselbe Natur auf die erstaunlichste Weise grausam seine
Geistesanlagen, als wären sie ausschließlich alle gegen seine tief in Kinder-
und Jugenddelirien spielenden, dahintreibenden Schwestern gerichtet (erfunden). Er ist immer schwieriger geworden in dem Sinne einer ununterbrochenen Disjunktion gegen uns. Wir, seine Eltern, versuchten nichts
anderes, als ihn immer an die Grenzen der Wahrheit heranzuführen.
Wenn wir selbst auch die Wahrheit nicht perzipieren konnten, so wußten
wir, seine Mutter und ich, doch, wo ihre Grenzen sind. Er teilte sich schon
immer aus den Großstädten *glücklich/unglücklich, unglücklich* aus seinen
*Land*aufenthalten mit. Er verließ uns später, während seiner höheren Studien, immer unvorhergesehen, auch aus unsern Gedanken stand er auf
und ging unentschuldigt weg. Tagelang schloß er sich zwischen seinem
einundzwanzigsten und dreiundzwanzigsten Jahr in seinem Zimmer ein,
verließ es auch zu den Mahlzeiten nicht, seinen Gedanken zuliebe. Jeder
von uns hat längere Perioden, in welchen er gar nicht existiert, nur vor-
täuscht zu existieren. Manchmal vermischen sich die tatsächliche Existenz
und die vorgetäuschte Existenz eines Menschen für ihn *tödlich*. Alles in
Hochgobernitz ist auf meinen Sohn hin konzentriert, aber mein Sohn ist
von Hochgobernitz nur beherrscht, nicht auf Hochgobernitz konzentriert. Manchmal hat er ganz unvermutet Kenntnisse, die mich verblüffen,
absolut unanwendbare allerdings. Wenn er nach Hause kommt, seine Erbschaft angetreten hat, verfault alles. Er ging schon mit viereinhalb Jahren
in die Schule, sie als ein Mittel der Geistes*entspannung* empfindend. Wir
bringen ihn immer mit Unglücksfällen in Zusammenhang. Wir denken,
wenn einer in die Schlucht hinuntergestürzt ist, unser Sohn ist in die
Schlucht hinuntergestürzt. Ein ganz und gar ontologischer Typus«, sagte

der Fürst. »Sein letzter Besuch ist eine einzige sich über vier Wochen hinziehende, sich in uns in alles hinein ausbreitende Verfinsterung gewesen. Ganz Hochgobernitz verfinsterte sich. Hochgobernitz hatte meinen Sohn schon in England, wochenlang, bevor er nach Hochgobernitz kam, verfinstert, als er dann nach Hochgobernitz kam, verfinsterte er Hochgobernitz, *uns alle.* Die nervösen Zustände der Frauen durchdringen auch manchmal die ganze Landschaft. In den untern Zimmern, in den Frauen-Zimmern, herrscht Ordnung, in den oberen, in den meinigen, Unordnung. Aber die Ordnung ist, wo die Unordnung ist. Streng genommen«, sagte der Fürst, »sind die Methoden, mit welchen mein Sohn sich von mir entfernt, meine eigenen. Es gibt ja Menschen, die kommen ganz mit dem Rohstoff des Lebens aus und verarbeiten es nicht, der Rohstoff genügt ihnen. In den Briefen meines Sohnes ist alles, außer er selbst, Kulisse, Gedanken sind nichts als vom Schnürboden der Welt (des Universums!) heruntergelassene Prospekte, und sein Gehirn ist nichts anderes als eine hochkomplizierte moderne Beleuchtungsapparatur, die ständig diese Prospekte beeinflußt. Durch diese politische Theaterexistenz, die er führt, schaue ich andauernd auf seine grauenhafte finanzielle Lage durch. Der Wahnsinn ist erträglicher und die Welt im Grunde ein ganz und gar karnevalistisches System. Den Frauen wird die Zeit immer länger, mir ist sie die kürzeste längste. Absolute Ataraxie: mein Zustand. Selbstmord«, sagte der Fürst, »ein Klimakterium. Hier der größte Selbstmörderprozentsatz in Mitteleuropa. Warum? Wir haben jetzt, in der Mitte des Jahrhunderts, kein anderes Thema mehr in die Höhe entwickeln können als den Selbstmord. Alles ist Selbstmord. Was wir leben, was wir lesen, was wir denken: Anleitungen zum Selbstmord. Die Toten«, sagte der Fürst, »sind attraktiver als die Nochnichttoten. Gleich, woran wir erinnert sind, worauf wir aufmerksam gemacht werden, wir sind an den Tod erinnert, wir werden auf den Tod aufmerksam gemacht. Am Fenster stehend in der Nacht, mehrere Seiltänzer beobachtend, die auf Seilen, die in der Unendlichkeit gespannt sind, gehen und die anzurufen mit dem Tode bestraft wird. Aber immer, wenn wir vom Selbstmord sprechen, betätigen wir ein *Komisches. Ich jage mir eine Kugel in (oder durch) den Kopf, ich erschieße, erhänge mich,* ist komisch. Wie kann ich von Dir verlangen, habe ich gestern meinem Sohn geschrieben, daß Du mir vertraust, wenn ich Dir nicht in einem einzigen Punkt vertraue? Ich vertraue meinem Sohn nicht in einem einzigen Punkt. Es ist wahr, Du hast Dein Geld ausgegeben, Du

hast mir aber noch nicht bewiesen, daß Du es gut angelegt hast in Deinem
Gehirn, wie man es auf einer Bank, auf dem Aktienmarkt gut anlegt. Das
Gehirn als Aktienmarkt, Bankinstitut, daran habe ich immer gezweifelt.
Man kann natürlich sein Gehirn als ein Kraftwerk anschauen, das in alle
Welt Strom liefert . . . Wissen Sie«, sagte der Fürst, »mein Sohn hat es nur
auf mein Vermögen abgesehen. Ich glaube nicht an sein Studium. Es ist
ein *bedauerlicher Enthusiasmus,* mit welchem er sich in London an eine
weltgeschichtliche Betrugsaffäre verliert und dabei seinen Kopf verliert.
Was mich irritiert, ist, daß ich meinen Sohn weniger in guten Gaststätten
auf dem Haymarket sehe, sondern immer über seiner Schrift in seinem
Gelehrtenzimmer. Übrigens«, sagte der Fürst, »die Kunst zuzuhören ist
beinahe ausgestorben. An Ihnen, Doktor, beobachte ich diese Kunst aber
noch.« Mir zugewendet, sagte der Fürst, daß mein Vater mich einmal auf
eine der Saurauschen Jagden mitbringen solle, die er zwei-, dreimal jährlich veranstalte. »Die Saurauschen Jagden sind berühmt. Ich persönlich
interessiere mich nicht mehr dafür, aber meiner Familie sind sie die oberste Unerläßlichkeit. Wir probieren«, sagte der Fürst, »was wir an uns selber
nicht ausprobieren, fortwährend an den andern aus. Immer wieder töten
wir Menschen und beobachten diesen Prozeß und sein Ergebnis. Das
Fürchterliche exerziert der Mensch andauernd an den andern, am wenigsten an (oder in) sich selbst. Wir probieren immer alle möglichen Krankheiten an den andern aus, wir töten ununterbrochen andere zu Studien-
zwecken. Heute früh«, sagte der Fürst, »habe ich plötzlich das Bedürfnis
gehabt, mich flach auf den Boden zu legen, völlig nackt auf den Boden.
Ich zog mich aus und legte mich völlig nackt auf den Boden. Ich erzählte
beim Frühstück davon, aber niemand lachte.« Sein Denken und Handeln
sei ihm immer, zeitlebens, ein solches aus seinen Grundstücken heraus
gewesen, *aus Hochgobernitz heraus.* »Das Entfernteste ist aus meinen
Grundstücken«, sagte er, »aus Hochgobernitz heraus. Sie könnten mich ja
jetzt fragen, Doktor, nennen Sie Namen, könnten Sie fordern, Namen,
Namen, Begriffe! Du kannst in die Wissenschaften, wenn du magst, in die
Künste, hineingehen, du führst alles immer auf deine Grundstücke, auf
Hochgobernitz zurück«, sagte er. »Der Horizont ist der allerbrauchbarste
Unsinn. Heute früh«, sagte er, »machte ich eine ungewöhnliche Bemer-
kung zu meiner älteren Schwester, ich sagte zu ihr: *Das Poetische ist mir
verdächtig, weil es auf der Welt den Anschein erweckt, als ob das Poetische die
Poesie sei, umgekehrt, die Poesie das Poetische. Die einzige Poesie, sagte ich, ist*

die Natur, die einzige Natur die Poesie. Der einzige durchgesetzte Begriff,
Doktor.« Plötzlich habe er, am Vortag, das Bedürfnis gehabt, den Frauen
ein Stück aus den *Wahlverwandtschaften* vorzulesen, und habe sie zu dem
Zweck alle in der Bibliothek versammelt. Als sie aber alle in der Bibliothek
versammelt gewesen waren, hat er auf einmal das Gefühl gehabt, daß es
sinnlos sei, ihnen aus den *Wahlverwandtschaften* vorzulesen, und er habe
ihnen »aus einer alten Times« vorgelesen. »Ich habe den Frauen das Kapitel *Das Gerüste stand bereit . . .* vorlesen wollen«, sagte er, »und ich habe
ihnen vorgelesen, wie man in England Kartoffeln einwintert. Ich habe sie
alle sofort, nachdem ich ihnen vorgelesen habe, wie man in England Kartoffeln einwintert, aus der Bibliothek hinauskomplimentiert und gerufen:
An die Arbeit! An die Arbeit! An die Arbeit, Dummköpfe! Kurz darauf bin
ich in den Hof hinuntergegangen und habe das Kapitel *Das Gerüste stand
bereit . . .* für mich selber gelesen. Ungestört. Unbeschmutzt. *Entweib-
licht!*« »Ich sehe meinen Sohn sehr oft in einem Londoner Straßenstück«,
sagte er, »das mir aus meiner eigenen Londoner Studienzeit bekannt ist.
Bäume. Menschen. Menschen als Bäume. Bäume als Menschen. Mein
Sohn hat denselben Anzug an, den ich, als ich in London war, angehabt
habe. Manchmal geht er mit *meinen* Gedanken über den Trafalgar Square,
durch den Hyde-Park. Mit *meinen* Problemen. Und ich denke, er geht mit
deinen Problemen über den Trafalgar Square und durch den Hyde-Park.
Mein Sohn sitzt mit meinen Gedanken genau in dem Hyde-Park-Sessel,
in dem *ich* gesessen bin. Und er denkt, während er im Hyde-Park in
meinem Hyde-Park-Sessel sitzt, wie *ich* an Hochgobernitz gedacht habe,
in dem Hyde-Park-Sessel sitzend, an Hochgobernitz. Wenn man in London an Hochgobernitz denkt«, sagte der Fürst, »glaubt man, Hochgobernitz sei ein gänzlich unverändertes Hochgobernitz, wie man ja auch in
Hochgobernitz glaubt, wenn man an London denkt, daß sich London
nicht verändert hat, sich nicht verändert, obwohl Hochgobernitz in jedem
Augenblick ein vollkommen verändertes Hochgobernitz ist. Und ich
denke, er sitzt in dem Hyde-Park-Sessel oder geht durch die Tate Gallery
und denkt an mich, weil ich, als ich in London war, durch die Tate Gallery
gehend, wegen des William Blake, an meinen Vater gedacht habe. Ich
denke, der Sohn denkt in London an den Vater in Hochgobernitz, wie der
Vater an den Sohn in London denkt. In London andauernd Hochgobernitz sehen, macht, glaube ich, genauso krank und verrückt, wie in Hochgobernitz andauernd London sehen. Und ich sehe und *höre* London«,

sagte der Fürst, »wie mein Sohn in London Hochgobernitz sieht *und* hört.
Aber es ist immer ein anderes London und es ist immer ein anderes Hochgobernitz.« Nur in London, glaube sein Sohn, könne sein Geist sich in alle
Richtungen hinein entwickeln, aber er, der Vater, glaube, daß der Geist
seines Sohnes sich nur in Hochgobernitz in alle Richtungen hinein entwickeln könne. »Allerdings«, sagte der Fürst, »ist der Geist von London
aus grenzenlos. *Aber* er ist auch von Hochgobernitz aus grenzenlos.« Als
ihn mein Vater das letztemal besucht hatte, hatte der Saurau immer das
Wort »Liniengewirr« gesagt, alles sei dem Fürsten ununterbrochen »ein
Liniengewirr« gewesen. »In meinem Kopf ist ein Liniengewirr«, habe er zu
meinem Vater gesagt. Während die beiden einmal, nach dem Tod des
Verwalters, die Pächter aufsuchten, machte er immer die Bemerkung, die
Pächter seien »Körperliche«, mit denen er »abrechnen« müsse. Man muß
mit den Körperlichen abrechnen, habe er oft gesagt, wie: »man muß mit
dem Körperlichen abrechnen. Es ist alles ein Abrechnen mit *dem* Körperlichen.« Er erschöpfe sich rasch in *fürchterlichen Privationen*, sagte er jetzt.
Er sei in die Hochgobernitz wie in einen Hohlraum hineingeboren worden, von einer *ahnungslosen Mutter*. Er spreche immer mit Wörtern, die
eigentlich gar nicht mehr existierten. »Die Wörter, mit welchen wir sprechen, existieren eigentlich gar nicht mehr«, sagte der Saurau. »Das ganze
Wortinstrumentarium, das wir gebrauchen, existiert gar nicht mehr. Aber
es ist auch nicht möglich, vollständig zu verstummen. Nein«, sagte er.
»Die Anwendung des Lebens als einer Wissenschaft, kameralistisch«, sagte
er. »Zu den besonders ausgeprägten Fähigkeiten, die ich schon früh an mir
habe feststellen können«, sagte er, »gehört die Rücksichtslosigkeit, jeden,
der mir dafür recht ist, durch sein Gehirn zu führen, bis ihm übel wird,
durch diesen Gehirnmechanismus, Doktor, der auf alle Fälle tödlich ist,
auf alle Fälle. Mein Sohn wirft mir mein Alter vor«, sagte er, »ich ihm seine
Jugend. Mein Alter ist an sich naiv, die Jugend meines Sohnes aber ist an
sich nicht naiv.« Er, der Fürst, müsse einer dummen Gesellschaft immer
klarmachen, daß sie dumm ist, und er tue immer alles, um dieser dummen
Gesellschaft zu beweisen, *daß sie dumm ist.* Manchmal sage dann diese
dumme Gesellschaft, *er* sei dumm. Ihr einziger Ausweg«, sagte er. »Freilich«, sagte der Fürst, »ich habe über eine lange Periode meines Lebens
immer einen Freund gehabt, mein Sohn nicht. Warum? Die Wissenschaft,
die er betreibt, schließt einen Freund aus. Diese Wissenschaft zerstört
alles, *alles*, Doktor, alles, was es gibt. Eines Tages hat diese Wissenschaft

alles zerstört. Deshalb, weil sie alles zerstören *muß*, ist diese Wissenschaft auch naiv. Wir haben es nur mit naiven Wissenschaften zu tun. Mein Gehirn habe ich zeitweise immer wieder ohne weiteres mit einem andern teilen können, aber mein Sohn kann niemals sein Gehirn mit einem andern teilen.« »Die Modernität *in* einem Gehirn erfrischt mich, *die innere Modernität*«, sagte er, »*die äußere* stößt mich ab. Die Modernität, die man nicht sieht«, sagte er, »erfrischt mich, die unsichtbare, alles vorwärtsbringende, nicht die sichtbare, die nichts vorwärtsbringt.« In der vergangenen Nacht sei er aufgestanden und in die Bibliothek hineingegangen und habe zu den Büchern gesagt: *meine Lebensmittel!* »Jetzt sind diese Lebensmittel aber alle vergiftet«, sagte er, »tödlich.« In dem Augenblick, in welchem er mit uns von der innern wieder auf die äußere Mauer zu gehen sich entschloß, stellte er eine »sehr schmerzhafte Kontinuität der Geräusche« in seinem Gehirn fest. »Manchmal gefällt mir die Tatsache, daß ich auf mich allein angewiesen und voller Schmerzen bin.« Er *affiziere* sich oft lange an dem Gedanken eines lange Zeit von seiner nächsten Umgebung nicht wahrgenommenen Todes seiner Person. »Alles, was ich Ihnen sage«, sagte er, »ist hauptsächlich esoterisch. Meinen Sohn habe ich niemals lachen sehen. Seine Mutter auch nicht, Doktor, haben Sie Ihre Mutter jemals lachen sehen? Nein, Sie haben sie niemals lachen sehen. Und Ihr Sohn seine Mutter? Nein, er hat sie niemals lachen sehen. Früher aber habe ich selbst oft Ursache gehabt, zu lachen. Jetzt lache ich oft ein ursachenloses Lachen, verstehen Sie. Die Abneigung meines Sohnes *gegen* Märchen ist mir schon früh aufgefallen. Andererseits die erschreckende Vorliebe seiner Schwestern *für* Märchen. Er allegiert mir zuviel. Alle allegieren mir zuviel. Das Chaos ist schon so groß, daß alle schon viel zuviel allegieren! Während sich aber seine Schwestern immer vorschnell über eine Sache äußern, äußert *er* sich nicht vorschnell über eine Sache. Von mir, lieber Doktor, spreche ich aber, wie Sie wissen, nur in Anführungszeichen, alles, was ich sage, ist nur in Anführungszeichen gesagt! *Halbblaut!* Jeden Tag wache ich auf und denke: wem vererbe ich alles? Da niemand anders in Betracht kommt, komme ich immer wieder darauf, daß ich alles meinem einzigen Sohn vererben muß. Auch wenn mein Sohn schweigt, habe ich fortwährend das Gefühl, mich verteidigen zu müssen . . . In Gesellschaft meines Sohnes kommen alle meine Eigenschaften, die ihm (wie auch mir) zuwider sind, zum Vorschein. Diese unerträglichen Eigenschaften kommen nur in Gesellschaft meines Sohnes zum Vorschein, wieder andere nur in

Gesellschaft eines andern Menschen usf. . . . . Ich frage mich: hat auch
mein Sohn unerträgliche Eigenschaften nur in meiner Gegenwart? Wir
können heute alles auseinandernehmen, Doktor, nur die Natur an sich
nicht. Alles ist immer eine Frage des nous. Die Menschen«, sagte der
Fürst, »schlüpfen schon früh in ein Geschäft wie in ein wärmendes Kleid
hinein, das sie dann ihr ganzes Leben lang anhaben, bis es nur noch ein
ausgefranster Fetzen ist, sie flicken an dem ausgefransten Kleid herum,
Jahrzehnte, füttern, erweitern, verengen es, freiwillig oder aus Zwang, aber
es bleibt immer derselbe ausgefranste Fetzen. Ganze Völker siehst du in
lächerlichen, total ausgefransten Fetzen herumlaufen. Ganz Europa läuft
in total ausgefransten Fetzen herum. Jeder schlüpft in ein Geschäft wie in
ein Kleid hinein, und in ein Studium hineinschlüpfen heißt genauso in ein
Geschäft wie in ein Kleid hineinschlüpfen. Die meisten in den Geist
Hineingeschlüpften haben schließlich nur noch lächerliche Fetzen an.
Wir alle haben nur noch lächerliche Fetzen an. Gestern hatte ich die
Vorstellung – ich ging zum Frühstück –«, sagte der Fürst, »daß ich sämtliche Bäume habe umschneiden lassen. Ich schaue von der Burg aus hinunter und sehe nur noch Millionen umgeschnittene Bäume. Da habe ich
die Idee, *was wäre*, wenn ich diese Millionen umgeschnittener Bäume
zuerst in ein Meter große Stücke schneiden ließe, dann in ein Zentimeter
große Stücke, wenn ich sie schließlich von den Arbeitern pulverisieren
ließe! Plötzlich habe ich das ganze Land von dem Pulver meiner Bäume
bedeckt gesehen, und ich bin in dem Baumpulver bis an die Mur hinunter
und dann bis an den Plattensee hinunter gewatet. Menschen waren keine
zu sehen, keine *mehr*. Wahrscheinlich, habe ich gedacht, sind sie alle unter
dem plötzlich auf sie hereingebrochenen Baumpulver erstickt. Gestern«,
sagte der Fürst, »haben mich die Memoiren des Kardinals Retz, die ich
schon so lange Zeit studiere und die mir immer wieder wert scheinen,
studiert zu werden, irritiert. Ja, *wie?* werden Sie fragen. Ich habe wegen der
Memoiren des Kardinals Retz nicht einschlafen können. Stundenlang
schaue ich die Memoiren des Kardinals Retz an und kann nicht einschlafen. Ich bin aber unfähig, aufzustehn und das Buch aus dem Fenster
zu werfen. Schließlich stehe ich auf und werfe die Memoiren des Kardinals
Retz aus dem Fenster und stelle fest, daß ich sie fünf Stunden lang angeschaut habe, daß sie mich fünf Stunden irritiert haben, ohne daß ich sie
aus dem Fenster geworfen habe. Es gibt Menschen«, sagte er, »die sterben
mit der größten Entschiedenheit und sind entschieden ein für allemal tot,

so möchte auch *ich* sterben, aber die meisten sterben vage, für das Auge vage, für das Gehirn vage, sind niemals tot. Gleich, worüber wir uns amüsieren, uns beschäftigt doch immer nur der Tod«, sagte er. »Das ist am deutlichsten menschlich«, sagte er, »daß alles im Tod geschieht.« Dann sagte er: »Meine Schwestern, aber auch meine Töchter versuchen mich immer durch Betrügereien, kleinere, größere, in Gang zu halten, durch einen infamen Betrug: *ihre Aufmerksamkeit.* Jeder von ihnen allein weiß«, sagte er, »daß die Welt einstürzt, wenn ich plötzlich nicht mehr da bin. Wenn ich die Lust verliere und mich im Lusthaus aufbahren lasse. Ich lasse mich im Lusthaus aufbahren wie mein Vater. Ein toter Vater«, sagte er, »flößt tatsächlich Furcht ein. Oft denke ich viele Stunden an nichts als an den Briefträger. Post muß kommen, denke ich. Post! Post! Post! *Nachricht!* Eines Tages muß eine Post kommen, die dich nicht enttäuscht. Von wem? Wäre das nicht erfreulich, lieber Doktor, einen Brief aufzumachen und sich zu sagen: aha, am 24. bin ich tot!? Plötzlich«, sagte er, »die Vorstellung, daß die Erdoberfläche nach und nach zu einem vollkommen luftleeren Raum wird. Ich beobachte Menschen, die zuerst nicht wissen, *was* geschieht und mitten auf der Straße stehenbleiben, naturgemäß, wie andere, naturgemäß, *weiter*gehen, rascher gehen, langsamer gehen, gehen, gehen, sie treten noch in Geschäfte ein oder kommen aus Geschäften heraus, plötzlich entdecken alle diesen Vorgang, von dem sie nicht wissen, *was* er bedeutet, was er *ist*, und nacheinander, die Schwächeren zuerst, die Stärkeren nach ihnen, stürzen sie zu Boden. Bald ist die ganze Straße, sind alle Straßenzüge von erstickten Menschen, Leichen, bedeckt, alles ist zum Stillstand gekommen, viele von herrenlosen Maschinen verursachte Katastrophen werden, weil sie *nach* dem völligen Auslöschen der Menschheit erst stattgefunden haben, und folglich sind sie gar keine Katastrophen mehr, gar nicht mehr wahrgenommen ... Das Ende ist ein ungeheures Getöse, auf das ein naturgemäßer Verwesungsprozeß folgt«, sagte er. »Im Gespräch«, sagte der Fürst, »fühlen sich die Leute andauernd wie auf einem Seil balancierend und haben die Menschen fortwährend Angst, auf ihr ihnen entsprechendes niedriges Niveau herunterzustürzen. Auch ich habe diese Angst«, sagte der Saurau. »So sind alle Gespräche immer von Leuten geführte Gespräche, die auf einem Seil balancieren und fortwährend Angst haben, in ihr niedriges Niveau hineinzustürzen, in ihr niedriges Niveau hinuntergestoßen zu werden. Es hört sich naturgemäß ganz anders an«, sagte der Saurau, »wenn mein Sohn in England, in London,

zum Beispiel auf der Victoriastation, sagt, daß er die Menschen haßt, als
wenn ich in Hochgobernitz sage, daß ich die Menschen hasse, aber es ist
doch derselbe lächerliche Haß gegen die lächerlichen Menschen. Rufen
wir in der Victoriastation nach unserer Mutter oder nach unserem Vater,
ist es dasselbe, wie wenn wir von hier aus, von der Hochgobernitz aus,
nach unserer Mutter, nach unserem Vater rufen. Verstehen Sie? In Wirklichkeit gehen wir, wenn wir konsequent gehen, und am aufmerksamsten
in den Büchern, immer durch Landschaften, die wir längst kennen. Wir
kommen auf nichts Neues. Wie wir in den Wissenschaften auf nichts
Neues kommen. Alles ist vor*geschrieben*. Die Kälte«, sagte der Fürst, »ist in
mir, also ist es gleich, wohin ich gehe, die Kälte geht *in mir mit mir*. Ich
erfriere von innen heraus. In der Bibliothek aber ist diese Kälte noch am
allererträglichsten. Lauter zu Tode gedruckte Gehirne«, sagte der Fürst.
»Mit jedem Buch entdecken wir zu unserem Entsetzen einen von den
Buchdruckern zu Tode gedruckten Menschen, einen von den Verlegern zu
Tode verlegten, von den Lesern zu Tode gelesenen. Etwa«, sagte der Saurau, »ein Brief aus Bombay von einem Wollhändler an meine jüngere
Schwester, von einem Jugendfreund. Der Brief liegt im Schreibtisch meiner Schwester. Das weiß ich. Trotzdem frage ich meine Schwester, nachdem ich wochenlang *weiß*, daß der Brief in ihrem Schreibtisch liegt: *wo ist
denn der Brief aus Bombay?* Und sie sagt, obwohl sie weiß, daß ich weiß,
daß der Brief in ihrem Schreibtisch liegt: *im Schreibtisch.* Die Lächerlichkeit, in der die Menschen aufstehen und sich wieder hinlegen«, sagte er,
»ist natürlich immer wieder eine Erschütterung wert. Warum auch nicht?
Es ist doch immer wieder eine andere Lächerlichkeit ihres Aufstehens und
ihres Hinlegens. Die Lächerlichkeit, in welcher wir beispielsweise jetzt auf
der Mauer gehen«, sagte der Fürst, »ist Ihnen diese Lächerlichkeit bewußt?
Und ist sie Ihrem Sohn bewußt? Wir stehen vor Fragen wie vor einem
offenen Grab, das gleich zugeschüttet wird. Lächerlich ist ja auch, daß ich
das Lächerliche konstatiere«, sagte er. »Meinen Charakter kann man mit
Recht als einen lieblosen bezeichnen. Aber mit dem gleichen Recht bezeichne ich die Welt als eine *völlig lieblose.* Liebe ist ein Absurdum und in
der Natur überhaupt nicht enthalten.« Er sagte: »Im Zuge der Veränderungen, die ich mit Hochgobernitz vorhabe, wird hier alles eingeschränkt
werden. Alles wird vergrößert und alles wird eingeschränkt werden. Eine
Vergrößerung der Grundstücke bedeutet eine Einschränkung unserer Existenz. Immer wieder denke ich, daß ich alleingelassen *bin.* Und ich emp-

finde diesen Gedanken als den unappetitlichsten Gedanken: allein gelassen *zu sein*. Die Vereinsamung ist der Weg des Menschen in die Unappetitlichkeit hinein. Das Alter ist eine große Unappetitlichkeit. Die Jugend ist ein Ekel, aber das Alter ist unappetitlich. Meine Verwandten gehen wie Tote hin und her, manchmal habe ich Lust, sie anzurufen und ihnen ins Gesicht zu schreien, sie sollen nicht andauernd tot sein. Es ist jeden Tag das gleiche«, sagte der Fürst, »in meinem Zimmer ist es kalt, weil es in *mir* kalt ist, in Hochgobernitz ist es kalt, weil es in *mir* kalt ist, ich gehe aus meinem Zimmer hinaus, ich gehe aus Hochgobernitz hinaus, in Gedanken, verstehen Sie, aus Hochgobernitz, überall stelle ich die gleiche Kälte fest. Oft denke ich, daß ich die Pflicht habe, meinem Sohn nach London zu schreiben, was ihn eines Tages, wenn ich tot bin, hier, in Hochgobernitz, erwartet: Kälte. Abgeschlossenheit. Irresein. Tödliche Selbstgesprächigkeit. Wahnsinn durch sich selbst als Wahnsinn der Welt, der Natur. Mein Vater«, sagte der Fürst, »sprach oft davon, Hochgobernitz und alles, was dazu gehörte, zu verkaufen. Zuerst wollte er sich von den Schottergruben, dann von den Sägewerken, dann von den Mühlen, dann von Hochgobernitz selbst trennen, und er beauftragte seinen Verwalter, einen gewissen Gombrowicz, einen Plan zu entwerfen, nach dem der ganze Besitz aufgelöst werden sollte. Tagelang sprach er davon, sich von Hochgobernitz zu befreien, aber wenn er an die Arbeiter dachte, an die Schottergrubenarbeiter, an die Müller, an die Sägewerker, die von Hochgobernitz und also von ihm allein abhingen, stieß er den Plan wieder über den Haufen . . . In der letzten Zeit sagte er oft: ich bin müde, ich bin Hochgobernitz müde, aber ich bin zu müde, um Hochgobernitz aufzugeben, eher gebe ich mich selbst auf. Mir fällt ein«, sagte der Fürst, »daß er sich eine eheliche Verbindung des Verwalters mit meiner älteren Schwester vorgestellt hat; eine solche Verbindung hat er als eine *kommende Tatsache* angesehen. Der Verwalter mißfiel ihm körperlich, auch geistig, aber er hat diese Verbindung *gesehen*, sie herbeiführen wollen. *Dem Verwalter verdanken wir alles,* hat er immer gesagt«, sagte der Fürst. »Dann ist der Verwalter in die Schlucht gestürzt und begraben worden und ein anderer ist gekommen. In der letzten Zeit«, sagte der Fürst, »fürchtete sich mein Vater mehr und mehr vor dem Gedanken, Hochgobernitz liquidieren *zu müssen*. Aber am Ende war ihm alles gleichgültig. Er hatte ein elendiges Ende. Mit den Frauen hatte er nur noch Kontakt, wenn er Hunger hatte, mit mir, um mich zu beschimpfen, zu verfluchen. Er schob einen Zettel unter seiner

Zimmertür durch, auf den er mit Rotstift geschrieben hatte, was er sich zu essen oder zu trinken wünschte.« Die letzten zwei Wochen habe sein Vater nur noch *Brot und Wasser* auf den Zettel geschrieben. Er öffnete nicht mehr. Er wusch sich auch nicht mehr, und manchmal in der Frühe hörten sie ihn in seinem Zimmer auf und ab gehen und laut mit sich selber sprechen, aber sie verstanden kein Wort. Plötzlich, zwei Tage vor seinem Selbstmord, habe er dann das Hin- und Hergehen in seinem Zimmer, das *unverständliche Mitsichselbersprechen* aufgegeben, alles in seinem Zimmer sei verstummt. Aber es beunruhigte sie nicht mehr, weil sie durch ihren Vater und Bruder schon *völlig apathisch* geworden waren. Zwei Wochen hatte der alte Saurau die Fenster seines Zimmers nur noch dann aufgemacht, wenn er seine Notdurft, die er in einen Kübel hinein verrichtete, aus dem Fenster in den Burghof hinunterschüttete. Bevor er sich endgültig in sein Zimmer zurückgezogen hatte, war er von seiner Familie noch *ab und zu*, an seinem Schreibtisch im Büro sitzend, gesehen worden, bewegungslos. Mitten in der Nacht war er oft aus seinem Zimmer ins Büro hinuntergegangen, um sich an seinen Schreibtisch zu setzen. Sein Sohn, der zu ihm ins Büro hineinging, fragte ihn, ob er ihm behilflich sein könne, aber der Vater blieb wortlos. Es schien dem Sohn, als ob der Vater immer wieder etwas Wichtiges zu sagen hätte, aber nicht mehr sagen *konnte*. Stundenlang sei der alte Saurau in einer immer größeren Bewegungslosigkeit gesessen, um plötzlich aufzustehen und in sein Zimmer hinaufzugehen. »Sofort, wenn mein Vater in seinem Zimmer war«, sagte der Fürst, »versperrte er es.« Er vermutet, daß sein Vater, eingeschlossen in sein Zimmer, *weinte*. Die Frauen waren ihm gegenüber in den letzten Tagen völlig unfähig gewesen. »Beinahe alle Saurau haben sich umgebracht«, sagte der Fürst, »Hochgobernitz endete für beinahe alle Saurau mit Selbstmord.« Alles hätten die Frauen ihm, dem Sohn des Verrückten, überlassen. Er habe die ganze *Last* zu tragen gehabt. Den letzten Tag seines Vaters beschrieb der Fürst wie folgt: Bis drei Uhr nachmittag hat er aus dem Zimmer des Vaters überhaupt noch nichts gehört. Die Ruhe, die auf dem Vaterstockwerk herrscht, ist ihm verdächtig. Er hat im Büro mit den Schottergrubenarbeitern, mit den Sägewerkern, dann mit den Forstgehilfen verhandelt, und sich während dieser Verhandlung immer wieder gedacht, daß es um diese Zeit noch nie so ruhig gewesen ist. Wenigstens ab und zu hin und her gehen hat er den Vater doch immer gehört, »hin und her *kriechen*«, sagte der Fürst, »aber an dem Tag, dem letzten Oktober 48,

nichts.« Als die Schottergrubenarbeiter, die Sägewerker und die Forstgehilfen weg waren, hat er noch die von der Bezirkshauptmannschaft einge-
gangenen Papiere, »auch ein Hochwasser betreffend«, sagte der Fürst, studiert und geordnet und ist dann zu den Frauen in die Küche und hat ihnen
gesagt, er wird nachschauen. Oben hat er dann an die Tür geklopft, aber
hinter der Tür rührte sich auch nach mehrmaligem Klopfen nichts! »Vater!« Nichts. Sonst hatte sein Vater immer geantwortet, »wenn auch wirr«.
Nichts. Da verschaffte sich der Sohn gewaltsam Einlaß in das Zimmer des
Vaters, er drückte die Tür mit den Schultern auf. Er fand den Unglücklichen mit durchschossenem Kopf in der Zimmermitte auf dem Boden.
Auf den Handgelenken des Toten habe er Geschwülste festgestellt und sie
sofort mit seinem Wahnsinn in Zusammenhang gebracht. Als der Gemeindearzt (der Vorgänger meines Vaters) erschien, hat er ihn sofort auf
die Geschwülste aufmerksam gemacht, aber der Gemeindearzt bestritt
jeden Zusammenhang zwischen dem Wahnsinn des Vaters des Fürsten
mit den Geschwülsten. »Ich glaube aber doch, und zwar immer intensiver,
Doktor«, sagte der Fürst, »daß zwischen dem Wahnsinn meines Vaters
und seinen geschwollenen Handgelenken ein Zusammenhang bestanden
hat. Dazu muß ich sagen«, sagte der Fürst, »daß ich *nie* an die Ärzte
geglaubt habe, und daß ich auch heute nicht an die Kunst der Ärzte
glaube, Sie sind ja für mich nicht als Arzt bei mir, nicht als Arzt«, sagte der
Fürst, »und ich glaube auch heute, daß die Ärzte immer am weitesten von
der menschlichen Natur entfernte Menschen sind, am wenigsten mit der
menschlichen Natur *vertraut*.« Er könne sich vorstellen, daß sein Vater
den letzten Tag gar nicht mehr habe aufstehen können, nur noch in seinem Zimmer herumgekrochen sei. Tatsächlich sei er ja, abgesehen von
seiner Verrücktheit, schon durch wochenlange strikte Nahrungsverwei-
gerung nicht mehr imstande gewesen, sich aufrecht zu halten. »Er ist ein
völlig entkräfteter Mensch gewesen die letzte Zeit, vollkommen entkräf-
tet, Doktor«, sagte der Fürst. Es sei nicht schwer, habe der Fürst damals
gesagt, wenn man seinen im Lusthaus aufgebahrten Vater anschaue, sich
vorzustellen, was sein Vater mitgemacht habe, um »endlich tot sein zu
dürfen! Wir entdeckten auf seinem ganzen Körper Spuren grausamer
Mißhandlungen, die er sich selber zugefügt hat«, sagte der Fürst. Gleichmäßig sei sein ganzer Körper von Mißhandlungen *gezeichnet* gewesen.
»Dieser hochintelligente Mensch!« sagte der Fürst. »Aus seinen früheren
Lieblingsbüchern, aus der ›Welt als Wille und Vorstellung‹ zum Beispiel«,

sagte der Fürst, »die er sich aus der Bibliothek in sein Zimmer mitgenommen hatte, waren die entscheidenden Seiten herausgerissen. Er hat sie aufgegessen«, sagte der Fürst. »Schopenhauer ist für mich immer die allerbeste Nahrung gewesen«, hatte sein Vater ein paar Stunden vor seinem Selbstmord auf einen Zettel geschrieben, den einer der Gerichtskommissionsbeamten gefunden hat, datiert: »22. Oktober 48.« Seinen Rock habe er aufgetrennt und in schmale Längsstreifen geschnitten und zu einem Strick zusammengebunden. »Zuerst hat er sich aufhängen wollen«, sagte der Fürst, »aber im letzten Augenblick erschien ihm erschießen besser. Und so sind das letzte, was er mitgeteilt hat, die beiden auf ein herausgerissenes Vorblatt der ›Welt als Wille und Vorstellung‹ geschriebenen Wörter *erschießen besser.*« Alles deutete darauf hin, daß sich sein Vater schon Stunden, bevor sein Sohn ihn entdeckt hat, erschossen hat. »Während wir alle an der Ache unten gewesen sind, um das zurückgehende Hochwasser anzuschauen«, sagte der Fürst. Instinktiv habe der Fürst das Fenster im Zimmer seines Vaters aufgemacht und sich einen Augenblick gedacht, ob es sich nicht vielleicht um einen *Unglücksfall* handele. »Aber es war gewiß Selbstmord«, sagte der Fürst, »mein Vater hat sich mit voller Absicht erschossen. Seine Verrücktheit hat ja seine volle Absicht, sich umzubringen, nicht ausgeschlossen.« Noch bevor er die Frauen verständigte, hatte er sich mit dem Gemeindearzt in Verbindung gesetzt. »Daß der die Geschwülste an den Handgelenken meines Vaters nicht in Zusammenhang mit seiner Krankheit bringen wollte«, sagte der Fürst, »ist ein schönes Beispiel für die Ahnungslosigkeit, für die Beschränktheit der Ärzte.« Die Frauen seien wie gleichzeitig mit ihm von seinem Vater gemordet in dessen Zimmer gestanden, unfähig, etwas Vernünftiges zu tun. Die Gerichtskommission war schon um halb fünf erschienen, »junge Leute«, sagte der Fürst, »die sich andauernd über ganz andere, von dem unsrigen weit entfernte Vorfälle unterhielten. Die Frauen«, sagte der Fürst, »schleppten den Toten ins Badezimmer, um ihn zu waschen. Während sie, unter Anleitung des Gemeindearztes, den zertrümmerten Schädel mit Wäscheklammern zusammenzudrücken versuchten, das Einschußloch verstopften sie mit in Wachs eingetauchte Watte, räumten ein paar Arbeiter das Lusthaus aus, in dem wir den Vater aufbahrten. Von dem damaligen Schauspiel, das ein paar Wochen vorher gespielt worden war, wegen Schlechtwetter im Lusthaus, nicht im Hof, war das Lusthaus noch mit Dutzenden von Prospekten, Requisiten, Kostümen, Sitzgelegenheiten

angefüllt.« Er sei über die Geschwindigkeit, in welcher das Lusthaus von
den Arbeitern in eine Aufbahrungshalle umgewandelt worden war, überrascht gewesen, meinte der Fürst. Auf dem Transport vom Badezimmer
über den Hof ins Lusthaus sei ihnen, den Frauen, der Tote aus den Händen gefallen, und da schleppte der Sohn den toten Vater allein ins Lusthaus. Sie wickelten ihn nur in Leintücher ein, deckten ihn mit Leintüchern zu. Mehrere Stunden war aus seinem Kopf noch immer Blut
herausgeflossen, aus Mund und Ohren, was ein öfteres Wechseln der Leintücher zur Folge gehabt habe. Der Vater war schon kalt, als der Sohn in die
Stadt hinunterfuhr, die Begräbniszeremonie in die Wege zu leiten. Die
Frauen verständigten die Verwandtschaft. »Sie haben alle eine unglaubliche Begräbnisroutine«, sagte der Fürst. »Als Todesursache hatten sie plötzliche Verrücktheit angegeben. *Plötzliche* Verrücktheit?« sagte der Fürst.
»Die Forstgehilfen und die Sägewerks- und die Schottergrubenarbeiter
sind die ersten außer den engsten Unsrigen gewesen«, sagte er, »die den
Vater im Lusthaus aufsuchten. Keiner von ihnen hat ihn verstanden.«
Nach dem Begräbnis seien die Wochen rasch vergangen. Die Wirtschaft
sei so schnell auf ihn übergegangen, daß es für ihn zugleich schmerzhaft
und leicht gewesen sei. »Ich bin allein«, sagte der Fürst, und er sagte: »Ich
kann Sie nicht ins Haus führen, weil alles in Unordnung ist, alles ist in
Unordnung«, er sagte: »Ich bin allein«, während wir auf der innern Burgmauer von der plötzlichen Finsternis überrascht wurden, »aber das kümmert niemanden. Ich bin aber in meinem Alleinsein am anspruchslosesten
von ihnen allen. Ich ziehe meine alten Anzüge an, ich habe mir zehn Jahre
kein neues Paar Schuhe mehr gekauft! Ich verzichte auf alles. Gestern
abend«, sagte er, »wie meine ältere Tochter von einem Ausflug nach Ho-
henwart zurückgekommen ist, sie hat sich mit ihrem Freund getroffen, ist
mir meine ganze Anspruchslosigkeit voll zu Bewußtsein gekommen. Du
bist eigentlich schon gar nicht mehr da, habe ich mir gedacht, jetzt sind *sie*
da! Als sie mir dann von dem Besuch erzählte, dachte ich mir, daß ich
mich aus meinen Verwandten heraus, ich weiß gar nicht, wohin, so weit
von ihnen entfernt habe, mit großer Geschwindigkeit von ihnen *weg*gehe,
daß ich nicht mehr in sie zurück kann. Hochgobernitz ist auch«, sagte er,
»ein sich immer noch mehr verfinsterndes. Möglicherweise ist der Zeitpunkt, in welchem es sich *völlig* verfinstert, nicht mehr fern. Es ist mir
klar«, sagte der Fürst, »daß ich ein Mensch bin, der, wenn auch *noch da*, in
Wirklichkeit schon gar *nicht mehr da ist, tot ist.* Meine Schwestern unter-

halten sich mit einem Toten, denke ich, wenn sie sich mit mir unterhalten. Für meine Schwestern lebe ich nur noch im Zweifelsfall«, sagte er. »Aber auch *ich* habe ja nur das Gefühl, mit Toten zu reden, wenn ich mit irgendeinem im Haus rede, in dem Flüsterton, der hier schon seit Jahren herrscht. *Die Toten* wachen auf und waschen sich und frühstücken und reden und gehen wieder auseinander und verkriechen sich wieder in ihre Betten«, sagte der Saurau. »Eine tote Familie«, sagte er. »Wenn ein uns Nahestehender Selbstmord begangen hat«, sagte der Fürst, »fragen wir, *warum* Selbstmord? Wir suchen nach Gründen, Ursachen usf. . . . Wir verfolgen sein jetzt auf einmal von ihm abgetötetes Leben so weit zurück, als es uns möglich ist. Tagelang beschäftigen wir uns mit der Frage: *warum* Selbstmord? Reproduzieren Einzelheiten. Und wir müssen doch sagen, daß *alles* im Leben des Selbstmörders – jetzt wissen wir, daß er in seinem Leben immer ein Selbstmörder gewesen ist, eine Selbstmörderexistenz geführt hat – Ursache, Grund für seinen Selbstmord *ist*. Der Selbstmord erscheint uns immer als ein plötzlicher. Warum? Warum, fragen wir uns, sind wir auch nur einen einzigen Augenblick über seinen Selbstmord überrascht gewesen? Im Lusthaus aufgebahrt«, sagte der Fürst, »machte mein Vater den Eindruck eines zu Tode Erschrockenen. Sein zertrümmerter Kopf erscheint mir oft in der Nacht in den allerseltsamsten Zusammenhängen. Seine ihm von den Frauen über den Leintüchern gefalteten Hände«, sagte der Fürst, »waren mir peinlich. Ich denke jetzt oft an ihn. Aber ich sehe ihn meistens nicht *lebend*, sondern *tot*. Es ist mir am schwierigsten, mir meinen Vater *lebend* vorzustellen. Mein Verhältnis zu ihm war schwierig, wir nützten es aber beide nicht gegen uns aus«, sagte der Fürst. Auf den Burgmauern ertrage er sein Alleinsein, »weil ich auf den Burgmauern völlig allein bin. Ob ich immer allein gewesen bin? Dazu müßten Sie, Doktor, etwas sagen können«, sagte der Fürst. »Sie sind doch nicht allein, Sie sind noch nicht allein, so etwa. Oder: der Vater ist immer weiter als der Sohn, umgekehrt, der Sohn weiter als der Vater usf. . . . Ja«, sagte er, »manchmal fällt mir das Bild ein, das ich einmal in Brüssel gesehen habe: ein Mensch geht und schaut in Auslagen hinein und geht und geht und schaut immer in Auslagen hinein und geht schließlich in ein Geschäft hinein und kommt wieder aus dem Geschäft heraus, dieser erfreuliche, dieser elegante Mensch, denke ich, dieser erfrischende Mensch in der Brüsseler Morgenfrühe, und du gehst hinter ihm und beobachtest ihn; plötzlich sinkt dieser Mensch zu Boden, ist tot, du siehst, daß er tot ist,

und du beobachtest jetzt die andern Menschen, die sich um den Toten
bemühen und sich um den Toten überhaupt nicht kümmern usf. . . ., und
gehst weiter. Die Zeitungen«, sagte der Fürst, »sind wochenlang meine
einzige Abwechslung, wochenlang führe ich mein Leben nur in den Zeitungen. Ich gehe in die Zeitungen hinein, ich gehe in die Welt hinein.
Wenn man mir von einem Tag auf den andern meine Zeitungen entziehen
würde, hörte ich auf«, sagte er. »Keine bessere Luft, als die Zeitungsluft,
sage ich mir oft. In der Gebirgsluft, in der *Hoch*gebirgsluft, Doktor, atme
ich am liebsten die Zeitungsluft ein. Einem Zeitungswahnsinn verfallen,
verliere ich wochenlang die Beherrschung über Hochgobernitz. Die Zeitungen lesen wie Märchen, die mir wohlbekannt sind«, sagte der Fürst,
»das ist mir oft die einzige Möglichkeit, hier existieren zu können.« Und er
sagte: »Wenn ich allein zum Beispiel durch den Hochwald gehe, habe ich
doch immer einen Partner, der mit mir geht, immer einen der Thematik,
die mich beschäftigt, entsprechenden, einen den Umständen entsprechenden. Man sieht ihn nicht, aber er ist mir *hörig*. Ich habe nie einen
bessern Gesprächspartner gehabt als mich selbst. Mehr und mehr«, sagte
der Fürst, »ist das, was Hochgobernitz ist, schon im Hintergrund. Wenn
ich mich, gleich mit was für einem Menschen, unterhalte, frage ich mich
doch immer: was *will* der Mensch? Es interessiert mich nichts mehr, was
von den Menschen kommt. Im Herbst, denke ich, daß der kommende
Winter alles in Ordnung bringen wird, im Winter, der kommende Frühling, im Frühling, der kommende Sommer usf. Das ist alles. Es geschieht
in Wirklichkeit nichts mehr. Ich rede mit mir selbst. Ich bin alt. Haben Sie
meine Pillen mit? Ist es nicht sehr anstrengend für Sie, zu mir heraufzukommen? *Durch die Schlucht* zu mir heraufzukommen? Was macht Ihr
Sohn? Ich bin schon monatelang nicht mehr in Leoben gewesen. Ich habe
auch nicht mehr die Lust«, sagte der Fürst, »die Menschen und alles, was
sie anrühren, anrühren müssen, als künstliche Gebilde zu betrachten. Ich
habe mich schon erschöpft in der Betrachtung. Man erschöpft sich sehr
schnell in der Betrachtung. Plötzlich fühle ich«, sagte der Fürst, »daß ich
verfaule, in Minutenschnelle verfaule ich, ich *höre*, daß ich verfaule, ich
höre es und will von der Stelle, die mir plötzlich als die Stelle der Fäulnis
bewußt ist, weg; aber es ist zu spät. Es gelingt mir nicht einmal mehr,
meinen Namen zu rufen. Ich will meinen Namen rufen und ersticke. Ich
schaue von hoch oben auf mich herunter und stelle fest: du bist nichts
mehr. Tatsächlich«, sagte der Fürst, »gehe ich in vielen Träumen durch

einen endlosen Saal zu einer Audienz, die die wichtigste Audienz meines Lebens ist. Da der Saal, durch den ich gehe, ein hoher, tatsächlich schwindelerregender Saal, ein unendlicher Saal ist, ist die Audienz nicht möglich, und es ist mir, weil der Saal ein unendlicher Saal ist, auch nicht möglich, herauszubekommen, *bei wem* ich die Audienz machen soll. Ich will wissen, wer (oder was) mich empfängt, empfangen wird, aber ich gehe und gehe und gehe und erfahre es nicht. Es gibt Stunden, da sage ich mir, du hast nichts mehr außer der Trostlosigkeit und du mußt mit ihr zufrieden sein, jeden Tag malst du ihr ein anderes Gesicht, sage ich mir, und du zeigst ihr die Zunge, damit du sie lachen siehst. Die Natur ist ja, wie Sie vielleicht wissen, ein ungeheurer Universalsurrealismus. Aber tatsächlich«, sagte der Fürst, »nähert sich jeder Zuhörer einer Sache, von der man spricht, nur bis an ihre äußerste Grenze. Unser ganzes Leben ist nichts als Annäherung an die äußersten Grenzen des Lebens. Plötzlich herrscht«, sagte er, »eine philosophische Stimmung in einer Gesellschaft, die die gewöhnlichste ist, die man sich vorstellen kann, und dadurch ist diese gewöhnlichste Gesellschaft noch viel gewöhnlicher. Die Genialischen träumen«, sagte der Fürst, »von ihrem Genialischen nur, angeregt von anderen Genialischen, die die Genialischen träumen. Oder«, sagte er, »ist für mich möglicherweise schon alles Musik geworden? Ich habe immer mehr den Eindruck, daß ich einem Höchstgericht ausgeliefert bin, um mich herum stehen immer Geschworene, von welchen ich nicht weiß, *wer* sie sind. Aus diesem Grund verneige ich mich von Zeit zu Zeit. Ich erwarte kein mildes Urteil. Aber die Todesstrafe erscheint mir doch zu lächerlich für das Leben! Mich beunruhigt die Entdeckung«, sagte der Fürst, »daß ich in der Bibliothek immer mehr Bücher aus den Regalen herausziehe, die *auch mein Vater* gelesen hat. Jetzt werden viele Eigenschaften meines Vaters in mir lebendig.« Wir hatten uns auf die einzige Bank gesetzt, die an die äußere Burgmauer montiert ist. »In den Kindern«, sagte der Saurau, »sind die Eltern vollkommen«, und dann, wie durch die Finsternis durchschauend: »Es gibt Städte, in denen möchte ich lange Zeit leben, jahrelang, jahrzehntelang und andere, die vertrage ich nicht die kürzeste Zeit. London«, sagte er, »ist die einzige Stadt, in der ich auf Lebenszeit leben möchte. In London hätte ich mich auf die brauchbarste Weise entwickeln können«, sagte er. »Anders als mein Sohn hätte ich mich in London entwickelt. In London habe ich die glücklichste Zeit meines Lebens verbracht. Paris fürchte ich. Paris irritiert mich, London beruhigt mich. Paris ist nervös, London ruhig. In Hamburg hielte ich es ein paar Jahre aus, in Wien doch immer nur ein paar Stunden. Aber ich kenne Stockholm nicht, und weder Marseille noch Lissabon, Städte, die mir sicher gefallen würden. In Rom bin ich gern. In Warschau. Aber lange, längste Zeit leben möchte ich nur in London. Ich bin ein durchaus für London geschaffener Mensch, der in Hochgobernitz eingekerkert worden ist. Ich habe Hochgobernitz immer als einen für mich absolut tödlichen Kerker empfunden. Das heißt nicht, daß ich Hochgobernitz nicht liebe. London liebe ich ja nicht. In London möchte ich *sein*, hätte ich mein Leben gern verbracht, liebe es aber nicht, Hochgobernitz liebe ich, und ich empfinde es als lebenslänglichen Kerker. Rechenmaschinen, nichts weiter sind die Menschen. Wir rechnen nach, wir denken vergleichsweise immer in Zahlen. Wir werden in ein Zahlensystem hineingeboren und eines Tages von ihm herausgeschleudert, aufs Universum zu, ins Nichts. Reden wir eine Zeitlang mit einem Menschen«, sagte der Fürst, »so erschrecken wir, weil wir feststellen, daß wir mit einer Rechenmaschine sprechen. Die Welt ist mehr und mehr nur noch ein Computer. Es nützt uns nichts, wenn wir teilnahmslos sind, wir sind immer in alles eingeschlossen und können nicht mehr heraus.« Er sagte: »Weil meine Töchter wie meine Schwestern sind, werden meine Töchter einmal meine Schwestern *sein*. Ich bin immer von allen Leuten betrogen worden. Le silence éternel de ces espaces infinis m'effraye . . .«, sagte er. »Mir wird alles, was ich nicht in der Hand habe, weggenommen. Wenn mein Sohn Hochgobernitz verkauft«, sagte der Fürst, »ist er verloren.« Mein Vater sagte: »Das glaube ich aber nicht, daß Ihr Sohn Hochgobernitz verkauft.« Der Fürst sagte: »Er *verkauft* es nicht, *er liquidiert es*. Grauenhaft«, sagte er. »In der Frühe«, sagte er, »haben sie alle Angst, angesprochen zu werden, auch ich habe in der Frühe Angst, es könne mich jemand ansprechen, ich könne *als erster* angesprochen werden. Wir hören uns, wie wir aufstehen und uns waschen und anziehen, aber wir fürchten uns davor, uns anschauen zu müssen. Plötzlich sprechen wir uns gegenseitig an und sind zerstört. Für den ganzen Tag zerstört. In dieser Zerstörung frühstücken wir dann, besprechen Hochgobernitz Betreffendes, Wirtschaft, Menschen, Unterhaltungsmöglichkeiten, Essensvorschläge. Wie wir uns im Winter besser erwärmen, im Sommer besser abkühlen können. Über Krawattennadeln, Schuhputzfetzen, Reisepläne. Der Tagesablauf ist in Hochgobernitz immer ein deprimierender gewesen. In diese Depression zurückzukehren, fürchtet sich mein Sohn. Ist er ein

Revolutionär? frage ich mich oft. Ist er ein genepolitischer Phantast? Es
scheint, daß er genau weiß, daß hier alles erschöpft ist. *Aus*geschöpft. Von
hier aus«, sagte der Fürst, »kann ich alles sehen, wenn ich mich anstrenge,
aber ich habe keine Lust mehr, mich anzustrengen. Ich habe die Lust an
jeglicher Anstrengung verloren. An manchen Tagen aber ist, ohne daß ich
mich darum bemühe, die Atmosphäre als eine Spiegelung aller möglichen
Charaktere vollkommen durchsichtig, das genieße ich. Ja, das genieße ich.
Die störungsfreie Weite. Aber auch dieser Zustand mündet naturgemäß
bald in die Unerträglichkeit. Alles mündet in die Unerträglichkeit. Man
erträgt es nicht, man ist tot. Es ist ganz einfach: man kann es nicht aushalten, und so hat es ein Ende. Alles. Die einzige Kraft, die es gibt, Sie wissen
das, ist die Einbildungskraft. Alles ist eingebildet. Einbilden aber ist anstrengend, ist tödlich. Mittwochnachmittag«, sagte der Fürst, »ich stelle
mir vor, es ist Mittwochnachmittag, mein Sohn ist in Hochgobernitz, hält
sich in seinem Zimmer auf. Wir haben einen weiten Spaziergang gemacht
und sind müde und haben uns beide, jeder in seinem Zimmer, hingelegt.
Wir haben auf diesem Spaziergang jeder für sich unser ureigenstes Thema
entwickelt, gleich, wovon wir gesprochen haben, gleich, woran wir gedacht haben: Wir verstehen uns nicht. Während des Nachtmahls, das die
Frauen gekocht und aufgedeckt haben, kommen wir auf das zurück, was
wir während des Spaziergangs gesprochen haben, wir sehen, daß uns
nichts als das Alter trennt. Draußen ist ein warmer Sommerabend, und ich
mache meinem Sohn den Vorschlag, noch einmal hinauszugehen, auf die
Mauern, *nützen wir den Abend aus*, sage ich, gehen wir. Alle gehen wir,
auch die Frauen. Im Hof, dann auf den Mauern erfreuen wir uns alle der
Konstellation: untergegangene Sonne, Mauern, Natur. Dann ist es finster,
und wir beschließen, in die Finsternis hineinzugehen, indem wir bis an die
Schlucht gehen, an den Krainerschen vorbei. Wir liefern uns der Finsternis aus. *Wir haben uns der Finsternis als einer Wissenschaft ausgeliefert*, sage
ich. Mein Sohn sagt: *eine Naturwissenschaft*. Ich sage: *eine politische Wissenschaft. Die Finsternis ist eine politische Wissenschaft.* Wir haben alle den
Wunsch, der Sommerabend möge nicht aufhören. Wir sind glücklich. Alle
sind wir glücklich. Ich begreife nicht.« Oft habe er das Gefühl, er könne
im Augenblick tot sein, »in dem Augenblick, in welchem ich meinen
Körper allein lasse. Die Bewunderung, die wir für einen Menschen in uns
erzeugen und die der von uns Bewunderte auf die fürchterlichste Weise
zerstört, indem er auf einmal vor unseren Augen, gleichzeitig *in* uns,

folgerichtig zu dem wird, was er in Wirklichkeit *ist*, sei letzten Endes die alles vernichtende. Die Wahrheit sei, man höre nichts anderes auf der Welt als: das sei gut, das sei nicht gut, der Mensch *so* oder *so* usf. . . . Wie wir oft hören: *der* ist aufmerksam, *der nicht*. *Der* spricht fließend Französisch, *der nicht*, *der* ist materialistisch, *der nicht*, *der* ist kommunistisch, *der nicht*, *der* ist poetisch, *der nicht*, *der* ist reich, *der nicht* . . . Zum Ekel! Ja!« sagte der Fürst, »in den niedrigen Bevölkerungsschichten ist immer nur ein ganz kleiner Wortschatz sichtbar, wenn in den niedrigen Bevölkerungsschichten gesprochen wird, in den höheren aber der ganze. Der ganze ungeheure, vernichtende Wortschatz sichtbar, auch dann, wenn er nicht *gebraucht*, sondern *unterdrückt* wird. Und noch etwas Unerträgliches«, sagte er: »Die Symphoniker haben immer Symphonien im Kopf, die Schriftsteller immer Schriftsteller, die Baufachleute immer Baufachleute, die Zirkustänzer immer Zirkustänzer, es ist unerträglich! Ich habe aber schon mein ganzes Leben immer befürchtet, *schon* mein ganzes Leben befürchtet, an dem Weltgestank ersticken zu müssen«, sagte er. »Daß die Armut immer Armut ist, wie Reichtum Reichtum, ist ja auch schauerlich. Und ich sage mein ganzes Leben immer: *da* will ich sein und *dort* will ich sein und bin unglücklich. *Warum?* Es ist aber auch unsinnig, diese Frage zu stellen, *das ist unerlaubt!* Wir sprechen immer so, als hätten wir längst alles besprochen. Und tatsächlich, Doktor, ist alles *gesagt*. Der Mensch aber spricht immer weiter, redet immer weiter und weiter von seinem Ekel, wenn er von seinem Schicksal spricht. Und die Philosophen, mein lieber Doktor, führen uns ja auch immer durch ein Museum, das wir schon in- und auswendig kennen, bis in die kleinsten Einzelheiten hinein ist uns dieses Museum bekannt. Und es ist ein stinkendes Museum, in das wir von den Philosophen, sobald wir uns mit ihren Philosophien beschäftigen, hineingeführt werden. Von allen Philosophien wird immer behauptet, daß sie Fenster aufmachten und Luft in das Museum hereinströmen ließen, *frische Luft, frische Luft*, Doktor. Aber in Wahrheit ist es seit Kant keinem einzigen mehr gelungen, das Museum zu lüften, keinem einzigen, das versichere ich Ihnen! Seit Kant ist die Welt eine ungelüftete Welt! Und die Wissenschaft macht es der Philosophie nach, ordnet den *durchaus bekannten Wahnsinn*. Wir leben von kleinen Überraschungen, die wir uns bereiten, weil wir aufmerksam sind, ist das nicht erbärmlich? Daß ich *ja* sagen, aber auch zu allem *nein* sagen kann. Die Menschen stehen immer auf einem Punkt, auf dem es sinnlos ist, *zu sein*. Und es gibt«, sagte er, »überhaupt kein Praktisches, nur ein Theoretisches. In der Musik hören wir, was wir fühlen. Die Wahrheit ist Tradition, nicht die Wahrheit. Ich habe mich«, sagte der Fürst, »nie vergnügen können, nie unterhalten können. Das Buchstäbliche hat mir immer alles vernichtet. Vom Buchstäblichen wird immer alles vernichtet. Und man kann nicht mehr anders, als ins Buchstäbliche hineingeboren werden. Wenn wir den Mund aufmachen, begehen wir Rufmord, gleichzeitig Rufmord und Selbstmord. Aber wenn wir den Mund *nicht* aufmachen, sind wir bald verrückt, wahnsinnig, *nichts mehr.* Im Gespräch, im Selbstgespräch, heben, ziehen wir alles immer angestrengter aus der Finsternis herauf und ziehen es als Beweis heran, wir existieren ja nur in Beweisen, und verlieren es wieder an die Finsternis. Wir bemerken aber nur manchmal die wirkliche Roheit des Lebens im Gespräch. Im Gespräch machen wir die Toten lebendig, die Lebendigen töten wir. Dieses Theater nützen wir so lange ab, bis wir nur noch in dem Theater *sind.* Wenn ich in der Bibliothek bin«, sagte der Fürst, »glauben alle, ich beschäftige mich, weil ich in der Bibliothek bin, mit Büchern, wenigstens mit Atlanten, mit bedrucktem Papier wenigstens. Aber in Wahrheit habe ich schon jahrelang kein Buch mehr gelesen und keine Atlanten mehr studiert, und ich halte mich nur in der Bibliothek auf, um in mir selber zu *sein.* Die Welt wird mehr durch uns abgenützt, mehr die Welt durch *uns,* als *wir* durch die Welt. Lieber Doktor, ich erzähle Ihnen ja jetzt eine *Naturgeschichte!* Die Vorgänge sind *immer andere.* Mein Leben ist immer ein anderes Leben, wie das Ihrige, wie das Ihres Sohnes, wie das meines Sohnes usf. . . ., aber wenn ich gefragt werde, ich werde aber gar nicht gefragt, was für ein Leben mein Leben ist, sage ich: *mein Leben. Folgerichtige Existenzen!* sage ich. Ich löse damit Gelächter aus. Verachtung. Allgemeine Mißbilligung. Ich habe andauernd Angst, daß ich gefragt werde, was für ein Leben mein Leben ist, obwohl ich weiß, daß mich niemals ein Mensch fragen *wird,* was für ein Leben mein Leben ist. Diese Frage kann mir gar nicht gestellt werden. Man stellt diese Frage immer nur, um sie nicht stellen zu müssen, verstehen Sie. Ja«, sagte der Fürst, »mehr und mehr werden mir die Ursachen bewußt, mehr und mehr werde ich alt. Und im Grunde empfinde ich immer, wenn ich denke, und also an die Menschen denke, ihre Schwäche als eine Schwäche, die stark auf mich drückt. Es gibt ja zum Beispiel Perioden, da schreibe ich keinen Brief. Auch meinem Sohn schreibe ich nicht. Niemandem. Ich führe keine Korrespondenz, ich bin unfähig, Kontakt aufzunehmen. Dann wieder schreibe ich Tag und Nacht Briefe, Karten, ununterbrochen, und in diesen Briefen und Karten steht nichts anderes, als daß ich weder Briefe noch Karten schreibe und keinerlei Kontakt *will*. Bin ich in der freien Natur«, sagte er, »glaube ich, daß es besser ist, *nicht* in der freien Natur zu sein, bin ich *nicht* in der freien Natur, glaube ich, ich müsse in der freien Natur *sein*. Daran, an diesen Spekulationen, altere ich, gehe ich zugrunde.« Mein Wunsch war gewesen, in die Burg hineinzugehn, ihr Inneres zu sehen, aber der Fürst dachte nicht daran, seinen »Spaziergang« abzubrechen, keinem Zweck zuliebe. Meistens gehen er und mein Vater mehrere Stunden auf den äußeren oder inneren Mauern, und mein Vater ist immer der Zuhörer des Fürsten. An diesem Tag wollte mein Vater am frühen Abend zu Hause sein, er hatte Patienten bestellt, die wahrscheinlich, dachte ich, jetzt schon die längste Zeit in der Ordination warten. Der Fürst hielt uns aber fest. Es war meinem Vater unmöglich, wegzugehn. Ich selbst hatte aber auch das größte Interesse an dem, was der Fürst sagte. Es war auch am Abend nicht kalt, im Gegenteil, wir hätten ruhig unsere Röcke ausziehen können. Aber in Gegenwart des Fürsten wollte ich meinen Rock nicht ausziehen. »Die Freiheit legt sich mir wie ein Panzer um mein Gemüt«, sagte der Fürst, »die *vollkommene* Freiheit, die ich ja habe, und ich ersticke an ihr. Ich bin ganz gegen die Wirklichkeit konstruiert«, sagte er. »Ich finde meinen Trost, Sie mögen lachen, Doktor, die meiste Zeit nur noch in der Trostlosigkeit. Bin ich allein, habe ich Lust, unter Menschen zu sein, bin ich unter Menschen, habe ich Lust, allein zu sein. Ich mache mir die größte Mühe«, sagte er, »andere als meinen eigenen Kopf zu verstehen, und ich verstehe die andern Köpfe nicht. Im Grunde bin ich mittellos. Es ist durchaus möglich, daß ich an den Verrücktheiten anderer sterbe, an den Krankheiten anderer, nicht an meinen eigenen Verrücktheiten, nicht an meinen eigenen Krankheiten, oder wenigstens nicht *nur* an meinen eigenen, nicht *nur* an den fremden. Die Natur füllt mich ganz aus, sehen Sie, Doktor, und ich ersticke an der mich ganz ausfüllenden Natur. Die Wirklichkeit stellt sich mir immer als grausige Darstellung aller Begriffe dar. Theatralische Effekte, denke ich immer, auf der Flucht vor dem Denken, denke ich immer. Denn freilich sind wir doch alle dazu verurteilt, zu denken, es sei überhaupt nichts wirklich. Versuchen wir es, sagen die frühen Jahrhunderte, *philosophisch*, versuchen wir es *praktisch*, die späteren, versuchen wir es *praktisch-philosophisch*, sagt die Natur. Und neuerdings«, sagte der Fürst, »glaubt man, daß *der Fortschritt* ein *adhäsiv-*

mathematischer ist. Die Tendenz ist eine ganz auf den Tod bezogene, wie wir *fühlen*, wir können anschauen, was wir wollen. Unsere Lehrer sind tot und haben sich durch *ihren immer sehr frühen Tod* der Verantwortung entzogen. Unsere Lehrer haben uns allein gelassen. Es gibt keine zukünftigen Lehrer und die vergangenen sind tot. An manchen Menschen«, sagte der Fürst, »sieht man, daß alles an (und in) ihnen nur ein Theoretisches ist, bei andern ist es weder ein Theoretisches noch ein Praktisches, das sie andauernd verursacht. Was *dann?* Die Möglichkeit aber, *praktisch zu sein*, hat kein Mensch jemals. Durch die Annahme, daß die Probleme in der Nacht unüberwindlich sind, bei Tag überwindlich, leben wir. Dadurch ist Philosophieren möglich. Wenn wir zu denken anfangen, wie wir gehen«, sagte er, »ist es uns bald nicht mehr möglich, zu gehen, wenn wir zu denken anfangen, wie wir philosophieren, ist es uns bald nicht mehr möglich, zu philosophieren. Und wenn wir zu denken anfangen, wie wir sind, lösen wir uns in der kürzesten Zeit auf. Wir können auch durch einen Menschen, wie es uns beliebt«, sagte der Fürst, »eine Grenze ziehn und bald von der einen und bald von der andern Seite dieser Grenze in den Menschen hineingehn und diese Grenze nicht überschreiten und wieder aus ihm hinausgehn. Die Kulturen«, sagte der Fürst, »stellen an uns unerfüllbare Ansprüche. Die ältesten Kulturen die größten. Aber zugrunde gehen wir an unserer eignen. Wie wir an unsern eignen Religionen zugrunde gehn und *behaupten*: an der Natur. Notwendig ist«, sagte der Fürst, »daß das Bild der Welt, gleich wie und wann immer, von uns zerstört wird, daß alle Bilder immer von uns zerstört *werden*. Die Vernunft«, sagte er, »ist diktatorisch, es gibt keine republikanische Vernunft. Immer mehr befindet sich der Denkende in einem riesigen Waisenhaus, in welchem ihm ununterbrochen bewiesen wird, daß er elternlos ist. Wir sind alle elternlos, niemals einsam, aber immer allein. Wir bilden jetzt schon lange Zeit eine Weltfremdenlegion des Geistes, alle zusammen. Und wir wünschen uns«, sagte er, »da wir ja wissen, daß wir, ohne abgeurteilt zu sein, nicht existieren, ein fortwährendes strenges Gericht, das wir ununterbrochen verstehen und *dadurch* dulden. Wir gehen immer auf uns zu, als wären wir Charaktereigenschaften, bis wir müde sind. Diese Kunst beherrschen die Frauen natürlich weniger gut. Aber niemand beherrscht diese Kunst ganz. Wäre es möglich«, sagte der Fürst, »daß die Luft hier eine metaphysische Luft ist?« Mein Vater antwortete nicht. »Gehen wir weiter«, sagte der Fürst. »Was wir einatmen, ist auch nichts anderes als

Ziffern und Zahlen, von welchen wir nur noch annehmen, daß sie die Natur sind. Jeder Gegenstand ist für uns ein solcher, der die Form der Welt hat, auf ihre Geschichte zurückgeführt, gleich, auf was für einen Gegenstand zurück. Auch die Begriffe, die es uns ermöglichen, zu begreifen, haben für uns die Form der Welt, die innere wie die äußere Form der Welt. Wir haben die Welt in unserm Denken noch nicht überwunden. Weiter kommen wir dann, wenn in unserem Denken die Welt völlig zurückgelassen ist. Uns muß jederzeit die Auflösung aller Begriffe möglich sein. Die Kindheit«, sagte er, »ist kein Fundament, also ist sie tödlich. Wie ich früher oft Gobernitz verlassen habe«, sagte der Fürst, »und einem Verwalter alles untergeordnet habe, was mit Hochgobernitz zusammenhängt, so verlasse ich jetzt oft mein Gehirn und ordne es einem Verwalter unter. Jede Situation«, sagte er, »ist immer augenblicklich eine ganz und gar politische Fatalität. Mein Bewußtsein ist immer augenblicklich vollkommen kategorisch, hypothetisch, disjunktiv. Es ist durchaus möglich, daß tatsächlich Haifische durch die Luft fliegen, über die Wälder, da ja nichts phantastisch ist . . . In allen Briefen, in welchen nichts davon steht«, sagte der Fürst, »lese ich immer die Verbitterung des Briefschreibers über sein Schicksal. Ich sehe ihn tief unter der Oberfläche seiner Verzweiflung sich an der Oberfläche verständlich machen, sein Irregeführtes in die Irre führen usf. . . . Das komische oder das lustige Element an den Menschen kommt in ihrer Qual am anschaulichsten zum Vorschein, wie das der Qual in ihren komischen, lustigen usf. . . . Langsam werden die Sterne, Himmelskörper überhaupt« (die wir nicht sahen), sagte der Fürst, »zu den Symbolen, als welche wir sie immer angeschaut haben. Dadurch täuschen wir uns einen Schöpfer vor. Der Verstand, lieber Doktor, ist ein *a*logischer. Die Rettung ist, wohin wir nicht gehen, weil wir nicht umkehren können. Je größer die Schwierigkeiten, desto lieber lebe ich, diesen Satz habe ich oft nächtelang durch mein Gehirn gezogen und abgeschliffen. Weil wir den Gegenstand durch Vorstellung bestimmen, glauben wir in der Erfahrung zu sein. Aber in der Realität sind die Erscheinungen, wie wir sie als unsere Voraussetzungen erkennen, unmöglich. Wir haben ein Vorstellungsbewußtsein, mit welchem wir auskommen müssen. Poesie, weil wir auf vernünftige Weise von der Realität distanziert sind. Ist uns die Problematik unserer Existenz zu Bewußtsein gekommen, *glauben wir, wir sind philosophisch*. Wir sind ständig von dem belästigt, das wir berühren, also sind wir von allem immer belästigt. Unser Leben, das nicht die Natur

ist, ist uns eine einzige Belästigung. Bei schlechtem Wetter (schlechter
Sicht!) werden wir gewarnt, höhere oder gar höchste Gipfel zu besteigen.
Wir sind ferner«, sagte der Fürst, »ermüdet, wenn uns die Spekulation
ermüdet hat. Freilich schützt sich jeder immer wieder, indem er sagt: ich
gehöre nicht dazu! und das ist sein gutes Recht. Ich sage ja auch ununterbrochen, daß ich nicht dazugehöre, *nirgends dazugehöre*. Zusammen aber
sind wir doch akzidentell. Wir ermüden rasch, wenn wir nicht lügen. In
der Erde sind die Fundamente, fühlen wir, ohne zu denken, *in den niedrigen Schichten*, und fürchten uns. Muten wir den andern immer zuviel
zu?« fragte der Fürst. »Nein«, antwortete er sich selber, »ich denke nicht.
Ich trete einem Menschen gegenüber und ich denke: *was denkst du?* Kann
ich, frage ich mich, mit dir in deinem Gehirn ein Stück gemeinsam gehn?
Die Antwort ist: *nein!* Wir können nicht ein Stück miteinander *in einem
Gehirn* gemeinsam gehn. Wir zwingen uns, unsern Abgrund nicht wahrzunehmen. Lebenslänglich aber schauen wir (ohne ihn wahrzunehmen) in
unsern physischen wie auch psychischen Abgrund *hinunter*. Unsere
Krankheiten zerstören unser Leben systematisch, wie eine immer man-
gelhafter werdende Orthographie sich selbst zerstört.« Der Fürst sagte:
»Jeder diskutiert ununterbrochen mit sich selbst und sagt: es gibt mich
nicht. Jeder Begriff ist in sich wieder unendlich viele Begriffe. Immer habe
ich, von der frühesten Kindheit an, das Bedürfnis gehabt, in meine Phantasien hineinzugehen, und ich bin auch immer weit in meine Phantasien
hineingegangen, immer weiter als die, die ich in meine Phantasien mitgenommen habe, wie meine Schwestern zum Beispiel, wie meine Töchter,
wie meinen Sohn. Wie sie sich nicht getrauen, tatsächlich unendlich in die
Wirklichkeit hineinzugehen, getrauen sie sich auch nicht, tatsächlich unendlich in die Phantasien hineinzugehn, nicht ins Phantastische. Wir reden viel von Krankheit«, sagte der Fürst, »von Tod und Konzentration des
Menschen auf Krankheit und Tod, weil wir sie, Krankheit und Tod und
Konzentration auf Krankheit und Tod, uns nicht klarmachen können.
Warum sollen wir uns dem äußerlichen Schauspiel, *einer Außenhandlung
an der Oberfläche* des Lebens aufopfern? Uns so sinnlos dazu erniedrigen,
wenn wir für das innere Schauspiel usf. gemacht sind? Das Mystische in
uns führt direkt in die Allegorien des Verstandes: wir sind verzweifelt.
Gestern«, sagte der Fürst, »bin ich gefragt worden, wo denn Hochgobernitz eigentlich liegt. Liegt es östlich, oder liegt es westlich? bin ich gefragt
worden. Sofort habe ich geantwortet: östlich! Und ich habe gesagt: Na-

türlich östlich! Aber auf dem Heimweg, ich bin in der Schlucht gewesen!, habe ich dann gedacht, daß ich auch hätte sagen können: westlich! Natürlich westlich! Dem Zuhörer«, sagte der Saurau, »wird immer gesagt, was er weiß, aber nicht versteht. Wir aber verstehen sehr viel, was wir nicht wissen«, sagte er. »Gegen die Schwächen natürlich, die man hat, Doktor, muß man etwas tun. Ich frage mich nur in bezug auf meinen Sohn, was die Aufgaben eines Mannes sind, dem die Natur ein ohne Zweifel ungewöhnliches, wenn auch politisches Talent verliehen hat, besonders wenn er, wie er vorgibt, den Vater verehrt und seine Mutter (nicht, *weil sie tot ist!*) idealisiert. Die Eltern glauben, sie haben ein Recht auf ein ordentliches, wenn nicht außergewöhnliches Leben ihres Sohnes, ich habe also, glaube ich, ein Recht darauf. Das also ist deine Erziehung: ein in London studierender junger Mensch als ein sich nur im Ausland wohlfühlender exaltierter Schwärmer ... ein in politischen Kategorien sich, wie mir scheint, immer weiter von mir und also von sich selber entfernender, aufreibender Mensch, ein schon zweifelhafter Charakter, der auf meine Briefe lange gar keine und dann die kürzeste Antwort gibt. Diesen Sohn akzeptiere ich! Alle diese Briefe, die mir mein Sohn schreibt«, sagte der Fürst, »sind in Wirklichkeit gar keine Briefe, kurze Verbotstafeln sind es, die mein Sohn rund um sich aufstellt, wie: *Eingang verboten!* usf. ...., diese Briefe, die auf alle meine Fragen völlig antwortlos sind, kommen aus der stinkenden Atmosphäre seines Zimmers in London. Mein Sohn, ein verwilderter Gelehrter, der etwas erforscht, das längst erforscht ist, die Massen zum Beispiel, die heute schon keinen Menschen mehr interessieren. Die Masse interessiert niemand mehr, weil die Masse schon an der Macht *ist*. Und dieser Sohn, denke ich, sitzt in England und denkt nicht einen Augenblick daran, daß er doch eine große Schuld abzutragen *hat* ... Als ein dumpfes Herumschweben in allen Teilen des Wissens kommt mir die Existenz meines Sohnes vor, in welchem der Anstand zu kurz kommt. Nie habe ich, was meinen Sohn und mich, was unser beider Verhältnis betrifft, den Genuß einer geregelten Korrespondenz gehabt, *nie*. Er schreibt eigentlich nur um Geld, das ist alles. Daß wir hier zugrunde gehen, interessiert ihn nicht. Daß unsere Existenz an Hochgobernitz angekettet ist. Was er mir schreibt, sind Auszüge aus einem menschlichen Machwerk, die mir beweisen, daß er seine Gaben wie mein Geld nutzlos verschwendet. Er ist, wie ich immer deutlicher sehe, in die Fußstapfen des massenpolitischen Massenwahnsinns getreten, der so lächerlich nicht ist, daß er in Zukunft

nicht noch alles zerstören könnte. Wir haben«, sagte der Fürst, »alle immer
aufs fürchterlichste unter meinem Sohn gelitten. Aber natürlich«, sagte er,
»kann er tun, was er will.« In die Wissenschaften lasse sich wie in eine
Landschaft hineinschauen, sagte der Fürst, »in welcher alle Jahreszeiten
immer gleichzeitig *sind*. Unser Staat«, sagte er, »ist ein auf allen möglichen
Gemeinheiten beruhendes Gesetz.« Jede Regierung ende mit ihrer Unfähigkeit. »Wir schlafen«, sagte er, »und träumen eine Welt, die von mehreren, meistens fremden Köpfen gleichzeitig mit dem unsrigen erzeugt ist,
worüber wir staunen, weil wir nicht wissen können, daß wir nicht immer
nur *wir* sind. Ab und zu entdecken wir einen Menschen, öfter in der Stadt
als auf dem Land, in dessen Gesicht wir absolut nichts entdecken können,
das uns Schmerzen verursacht. Und wir können nicht sagen, daß der
Mensch dumm ist. Ich gehe oft in der Bibliothek auf und ab, und ich
denke, daß die andern denken, daß ich nachdenklich in der Bibliothek auf
und ab gehe, während ich *völlig gedankenlos* in der Bibliothek auf und ab
gehe. So wie sich Kinder oft schlafend oder gar tot stellen vor ihren Eltern,
um sie zu erschrecken, stelle ich mich nachdenklich. Uns beruhigt oft«,
sagte der Fürst, »während eines Gesprächs die Vermutung, daß die Welt
unseres Gesprächspartners gerade um ein Tödliches in die Höhe und in
die Tiefe größer ist als unsere eigene. Wir können ja durchaus«, sagte er,
»eine Sache gleichzeitig von der unendlichen Breite in die unendliche
Länge hinein durchschauen. Wir berichten in Briefen einander immer
das, was uns wichtig erscheint, oft nur Einzelheiten zu dem Zweck, Details
zu beschreiben von dem Weg, den unsere Person in ihr Ende hinein
zurücklegt, im Vertrauen auf eine andere Person, die die gleiche Strecke
zurücklegt. Bestimmte uns unangenehme Figuren lassen wir in dem Theater, das wir machen, nicht auftreten; drängen sie sich in unser Theater
herein, verjagen wir sie. Wenn wir uns des Mechanischen unseres Körpers
ganz bewußt sind, können wir nicht mehr atmen. In letzter Zeit«, sagte er,
»durchschaue ich die Leute mehr als einen Mechanismus und immer
genau die Stellen ihres Mechanismus, an welchen dieser Mechanismus
zuerst zerfallen wird (muß). Und ich sehe ganz deutlich, daß *ich* es bin, der
alle diese Mechanismen in Gang hält. Zuerst kommt man in die Städte,
um viele Leute aufzusuchen«, sagte er, »die einen sind einem bekannt, die
andern unbekannt, man glaubt, sie aufsuchen *zu müssen*, wodurch man
überhaupt in die Städte hineinkommt, man versucht, sich durch menschliche oder gleich *Menschenkontakte* über die ganzen Städte und schließlich

über die ganze Welt auszubreiten. Dann«, sagte er, »kommt man in die Städte, um *niemanden* mehr aufzusuchen, um sich besser verstecken, um sich besser auf sich selbst konzentrieren zu können, geht man in die Städte hinein, in die Massen, *man taucht unter.* In diese Städte, in welchen ich untertauchen, verschwinden kann, träume ich mich sehr oft überschwenglich«, sagte der Fürst, »dadurch absterbend. Das Denken wird immer als ein kürzer oder länger bewohnbares Gebäude dargestellt, jedermann spricht vom *Denkgebäude,* in welchem alles, die Philosophen und ihre Gläubiger, mehr oder weniger aufgeregt aus und ein geht. Das Denken aber kann man nicht *darstellen.* Mir ist mein Denken: Geschwindigkeiten, die ich nicht sehen kann.« Der Fürst sagte: »Meine Schwestern sind, wie ich, widerwillig erzeugt worden. Mein Vater hat mich oft vom Gegenteil überzeugen wollen, auch die Mutter. Dann ängstigte ich mich plötzlich vor beiden.« Er sagte: »Das Erschütternde ist nicht die Häßlichkeit, sondern die Urteilslosigkeit der Menschen. Ich gehe mit meiner älteren Schwester oft stundenlang durch den Wald, ohne ein Wort mit ihr zu sprechen. Es fällt ihr nicht auf, daß wir die ganze Zeit *nur von ihr* sprechen, während wir wortlos durch den Wald gehen. Ihre Langeweile ist die meiner Langeweile genau entgegengesetzte Langeweile: der Versuch, in eine Sache einzudringen, gleichzeitig schon aus dieser Sache (Ehe, philosophische Spekulation usf.) *herauszukommen.* Früher«, sagte der Fürst, »habe ich zuerst immer ein gutes Verhältnis zu den Menschen gehabt, jetzt zuerst immer ein schlechtes. Es ist weniger anstrengend, von dem anfänglich schlechten auf ein gutes zu kommen, als umgekehrt, von einem anfänglich guten auf ein schlechtes. Wenn du genau hinhörst«, sagte der Fürst, »ist es, auf dich zu rhythmisiert, immer deine eigne Geschichte, die dir erzählt wird, vorgemacht wird. Diese Beobachtung kannst du überall machen, gleich wo, vor allem auf Reisen, auf großen Bahnstationen, in Wartesälen. Du liest die Zeitung und fühlst, wie dich deine Krankheit, die in der Zeitung steht, in jeder Zeile, die du liest, schwächt, beherrscht, tötet. Wenn wir immer in eine einzige Richtung gingen«, sagte der Fürst, »würden wir aufs natürlichste in der Natur sein. Oft bin ich gefragt worden, warum ich keinen Hund habe. Warum auf Hochgobernitz kein Hund ist. Ich sage dann immer: *weil hier kein Hund ist.* Die Finsternis hängt ganz von dem Geometrischen ab. Wir müßten alles immer auf das Geometrische hin, von dem alles abhängt, anschauen. Das Lächerliche an den Menschen, lieber Doktor«, sagte der Fürst, »ist tatsächlich *ihre totale*

Unfähigkeit, lächerlich zu sein. Ich habe noch nie einen lächerlichen Menschen gesehn, obwohl an den meisten Menschen, die ich sehe, alles lächerlich *ist.* In diesem Haus«, sagte er, »macht alles einen vernünftigen Eindruck, und ich habe nie anders von diesem Haus als von einem vernünftigen Haus sprechen hören, aber tatsächlich ist in diesem Haus nicht die geringste Vernunft. Wie in den meisten Menschen, denen wir begegnen und die wir als vernünftig bezeichnen, nicht die geringste Vernunft *ist, sein kann.* Hochgobernitz ist durchaus vernünftig, aber ohne die geringste Vernunft usf. Jahrzehntelang habe ich versucht, überall, wo ich welche haben wollte, Bäume zu pflanzen, Sie sehen, ich habe Hunderte, Tausende, Hunderttausende von Bäumen angepflanzt. Jetzt pflanze ich keine Bäume mehr, jetzt *sehe* ich nur noch die von mir gepflanzten Hunderttausende von Bäumen, schaue sie an. In der bloßen Anschauung ist keine Befriedigung. Alle Wege sind von den Menschen angelegte Wege. In den besten Augenblicken sprichst du eine Sprache«, sagte der Fürst, »die jeder versteht, aber es versteht dich niemand.« Er sagte: »Die Ähnlichkeit mit mir (mit allem) geht oft so weit, daß ich nicht mehr weiß, bin ich dort (wo ich nicht sein kann) oder da, wo ich nicht mehr *bin.* Die Gesichter werden alt sowie das Gemeine, Feine in ihnen«, sagte er. »Ich höre die seltsamsten Vögel in der Nacht, obwohl ich weiß, *was* für Vögel, sind es doch ganz andere in der Nacht. Draußen vor dem Fenster, kreisend über Hochgobernitz, sind es andere. Nehme ich diese Vögel in die Hand, sind es Vögel, die jeder kennt. Mein Verhältnis zu den Tieren ist eins, das sie die menschliche Sprache sprechen läßt, eine reine Gefühlssprache, und sie praktizieren das menschliche Denken. Dem Tier traue ich einen philosophischen Gehalt zu, und es ist für mich immer ganz nahe daran, die vollkommene Grammatik der Natur zu beherrschen, weshalb ich mich ja auch vor den Tieren *fürchte.* Der Gebildete glaubt immer, die Natur in Schutz nehmen zu müssen, obwohl er von ihr vollkommen beherrscht wird«, sagte er. »Heute nacht, im Traum, haben mir Reisende berichtet, daß, mitten auf ihrer Reise, für einen Augenblick jede Geschwindigkeitsbeschränkung aufgehoben und folglich alles ermöglicht gewesen ist. Dieser Augenblick *ist* gewesen. Das Leben ist genauso lang als Vorbereitung auf den Tod, wie erforderlich. Wir sprechen mit einem Menschen, Hunderte, Tausende Kilometer weit von ihm entfernt, ohne daß der Angesprochene es weiß. Wir fragen an seiner Stelle. Wir antworten *für* ihn. Treffen wir ihn, scheint uns, hat er tatsächlich das Gespräch mit uns geführt, das ihn von uns noch

weiter entfernt hat. Ich spreche oft in der Weise, daß ich meinem Gesprächspartner sehr viel Zeit zum Nachdenken lasse, *mit sich selbst*«, sagte
er. »In der höheren Gesellschaft kommt sich die niedrigere als eine brauchbare, in der niedrigen die höhere als eine nutzlose vor«, sagte der Fürst und
dann: »die Menschen lassen sich, jeder für sich, ganz gut als tagtäglich
fortgesetzter Zeitungsroman, der in der Natur abgedruckt wird, denken.
In den Redaktionen herrscht allerdings eine grauenhafte Willkür, auf die
die Welt jeden Tag den größten Wert legt, wie man sieht. Und die Dichter«, sagte der Fürst, »verwenden die für die Philosophen unbrauchbare
Wahrheit.« Er könne uns die ganze Umgebung klarmachen, sagte der
Fürst, als wir auf der äußern Mauer schon lange langsam gehen, »auch in
der Finsternis«, sagte er. »Der Reiz darin besteht aber doch, wenn ich den
Versuch mache, nur für mich, also mache ich Ihnen die Umgebung nicht
klar. Die Finsternis allein ermöglicht es ja, daß wir jetzt und da, wo wir
gehen, *gehen*«, sagte er, dann: »Oft höre ich, daß mein Sohn kommt, und
ich frage *seine* Schwestern, *meine Schwestern*, ob sie das *auch* hören, ich
hörte es deutlich. Sie hören es nicht. Ich gehe immer wieder ans Fenster
und schaue hinaus, ob er kommt. Ich weiß, er kommt erst in vier, fünf
Stunden, aber ich schaue schon die längste Zeit zum Fenster hinaus. Ich
höre ihn tagelang kommen. Tagelang auf mich *zu* kommen, während ich
mehr und mehr von ihm enttäuscht bin. Meinen Tod sehe ich ja auch
deutlich schon jahrelang vor mir, wie nach und nach aus dem erfundenen
das tatsächliche Absterben wird, aus dem erfundenen Näherkommen meines Sohnes ein tatsächliches. Stundenlang schaue ich die Ruhe an, die hier
herrscht. Ich weiß, daß diese Ruhe hier immer geherrscht *hat*, es ist eine
völlig unveränderte Ruhe, die mich verändert hat, die mich verändert, die
uns alle verändert. Die Zeit, Doktor, ist die Ruhe selbst gegen die Natur.
Einmal habe ich, nach und nach«, sagte der Fürst, »in Hochgobernitz
tagtäglich alle Uhren um eine Stunde zurückgestellt, bis wir in Hochgobernitz auf einmal um drei Tage zurück gewesen sind. Ich hätte die Uhren
in Hochgobernitz durchaus um mehrere Tage, Wochen, Jahre zurückstellen können. Ich habe mein Vergnügen gehabt. Wer jeden Tag, wenn
auch nur ein paar Augenblicke, länger lebt, bekommt am Ende ein ganzes
Leben zusammen«, sagte der Fürst. »Meine Gewohnheit, wöchentlich
einmal sämtliche Bilder in Hochgobernitz von den Wänden herunterzu-
nehmen und untereinander auszutauschen, und zwar nach einem nur mir
bekannten System, *vier vor, zwei zurück*, dann wieder *sechs vor, acht zu-*

rück, habe ich die ganzen Jahre bis zum heutigen Tag beibehalten. Meinen Schwestern wie meinen Töchtern *erscheine* ich; wie verrückt ich ihnen *erscheine*, wenn sie mich sehen. Perfide Verhöhnung der Perfidie«, sagte der Fürst, »in dem immer gleichen Anschauungsmaterial, das uns allen hier in Hochgobernitz zur Verfügung steht. Wenn ich an die vielen Kostümbälle, Maskenfeste, Gartenfeste, Lusthausfeste, Schauspiele denke, die wir hier schon veranstaltet, gesehen haben! An die Tausende von Menschen, heraufgekommen, wieder untergegangen! Ich höre sie zeitweise ankommen, abfahren, auftauchen, untergehen, sehe sie in meinem Altersrhythmus. Ich höre sie lachen. Ich höre sie im Gelächter, absterbend. Das Gelächter ist da oben am deutlichsten ein urmenschliches«, sagte der Fürst. »Hochgobernitz als ein Zentrum des reinen Vergnügens«, sagte er, »der Zauberkunststücke. Hier haben«, sagte er, »früher einmal die berühmtesten Zauberkünstler ihre Kunststücke gezeigt, die berühmtesten Sänger gesungen, die berühmtesten Schauspieler gespielt, die berühmtesten Schriftsteller vorgelesen, die berühmtesten Philosophen philosophiert, hier hat sich einmal die allerberühmteste Virtuosität versammelt. Die Virtuosität der Welt ist hier zusammengetroffen, um sich zu verabschieden. Hier ist«, sagte der Fürst, »einmal alles immer das Kostspieligste gewesen, das Anspruchsvollste, das Verblüffendste. Zu gewissen Zeiten sind hier alle Sprachen der Welt gesprochen worden. Hochgobernitz«, sagte der Fürst, »als ein Höhepunkt seiner Geschichte in der Geschichte. Die Qual ist in meinem Körper«, sagte der Fürst, »wie ein zweiter Körper, in meinem ganzen Körper wie *ein zweiter ganzer Körper*. Ich träume von meinen erstaunlichen Studien, die ich alle aufgegeben habe, denn ich studiere ja nicht mehr. Immer gehe ich hier, von meinen aufgegebenen Studien, von dem aufgegebenen Leben träumend, hin und her. Unabhängig in diesem hochgelegenen Kerker hin und her. Was anderes ist Tradition, als eine perfekt gespielte, aber doch unerträgliche Komödie, die, weil sie so unverständlich geworden ist, unser Gelächter einfrieren läßt, in der Luft, *uns* einfrieren läßt? Hier wird ein Schauspiel gespielt, hier ist alles eingefroren usf. In diesem Schauspiel herrschen erfrorene Geistesverfassungen, Phantasien, Philosopheme, Idiotien, ein auf seinem Höhepunkt erstarrter Maskenwahnsinn. An diesen Mauern vorbeigehend, auf diesen Mauern«, sagte der Fürst, »höre ich, wie sich die Risse vergrößern, sich den vollkommenen Einsturz der Phantasie der Welt ankündigen. Das mir sehr nahe Verwandte stößt mich ab, nicht das mir vollkommen Vertraute. Die Ruhe breitet sich in meinem Kopf aus und wird ihn zertrümmern. Ich höre, wie vollkommen Eingeweihte über mich bedeutungsvoll reden, mir ihre Angst vormachen. Meine Schwäche ist aber immer meine Stärke gewesen, ich bin aus der Schwäche. Wenn ich träume, richte ich zuerst mein Augenmerk auf die ganze Welt, dann erst auf den Traum, den ich träume, indem ich ihn mir streng wissenschaftlich erarbeite. Das Gefühl, das einen Menschen sich dem Tod entziehen läßt auf längere, kürzere Zeit, wir haben es oft, ist für mich mit langen verständlichen oder unverständlichen Sätzen grob zusammengeheftet. In den Büchern habe ich immer erfahren, wie unglücklich ich bin, wie rücksichtslos, wie unzurechnungsfähig, empfindlich, überflüssig. Ein ganzes Volk«, sagte der Fürst, »in jahrhundertelanger Bewußtlosigkeit, Geschichte machend in dieser Bewußtlosigkeit, mir ist dieser Zustand nie deutlicher zu Bewußtsein gekommen als jetzt. Der tiefere Sinn mehrerer Gegenstände zusammen erklärt sich uns nicht, indem sich uns nach und nach der tiefere Sinn eines *jeden* Gegenstandes erklärt, *die Geschichte*. Ich habe mir eine Vorstellung erarbeitet, indem ich zeitlebens für diese Vorstellung (metaphysisch) gearbeitet habe, gelebt habe, existiert habe, malträtiert worden bin, denunziert worden bin. In den Nerven, Doktor, werden die Zusammenhänge berührt, wodurch das vollkommene Chaos *ist*. Ein anderer mag jetzt, in dieser Jahreszeit und in diesem Jahrhundert auf der Mauer gehen, abwechselnd auf der innern und auf der äußern, wie wir (vielleicht der Doktor?), wie es seinem geistigen Einkommen entspricht, und sich genauso sagen wie ich: *ich habe nichts. Nichts.* Mir tut es nicht weh, *quält* mich nur. Alles ist, denke ich, nur eine Geometrie der Zerwürfnisse, Zweifel, Leiden, schließlich der Qual«, sagte der Fürst. »Ich stehe am Fenster und sehe mich im Hof, auf der innern Mauer. Ich beobachte mich. Ich verstehe mich, während ich mich beobachte, ich verstehe mich nicht. Ich bin vier Jahre alt, ich bin vierzig Jahre alt. Ich spiele mit mir, *ich spiele*, ich eruiere, ich denke. Man ruft mich, es ist ein Sommerabend, meine Großmutter ruft mich, mein Großvater, meine Mutter, mein Vater. *Sie* rufen mich. Nacheinander sehe ich, am Fenster stehend, meinen Großvater, meine Großmutter, meinen Vater, meine Mutter, meine Frau. Die Jahreszeiten wechseln, während ich am Fenster stehe, ununterbrochen. Alle rufen mich. Mein Vater hat seinen Winteranzug an, mein Großvater den Wintermantel, meine Großmutter ihren Schafpelzmantel, meine Mutter ihr Reitkostüm. Meine Frau sehe ich nicht, ich *höre* sie, *sehe* sie aber nicht.

Eine ganze Stunde stehe ich am Fenster und beobachte die Szenerie, die
weit zurückliegt, sehr weit im Hintergrund, und die ich nach meinem
Geschmack und nach meinem eigenen Willen *verändere*. Rufe ich auf
einmal hinein, löst diese Szenerie sich auf«, sagte der Fürst. »Ich mache das
Fenster zu, wende mich von der Szenerie ab, *sie* geht weiter. Ich vergesse
sie und sie geht weiter. Ohne daß ich sie andauernd verändere, sie irritiere.
Jetzt ist diese Szenerie eine völlig irritationslose. Es kommt oft vor«, sagte
der Fürst, »daß ich meine Frau sehe, sie spricht ganz deutlich Sätze, die sie
schon zu Lebzeiten gesagt hat, aber ich kann sie nicht *sehen*. In kurzen
Augenblicken, glaube ich, sie ist da, ich drehe mich um, sehe aber nichts.
Mein Schwiegervater, ihr Vater, ist ihr oft nach seinem Tod in Hochgobernitz erschienen, er ist ihr begegnet, sie hat ihn sehen, sie hat mit ihm
sprechen können. Aber ich höre meine Frau nur, sehe sie nie. Wenn sie
spricht, habe ich den Eindruck, daß sich die Sprache, die sie spricht, in der
Zwischenzeit nach ihrem Tod verändert hat, obwohl sie dasselbe spricht
wie zu Lebzeiten. Ihre Sprache, denke ich, altert noch immer, während sie
selbst tot ist. Tot? Sie gehört durchaus nicht zu den Leuten, die völlig tot
sind, wenn sie tot sind, sie ist abgestorben, aber nicht tot. Aber eine solche
Studie schreibe ich nicht mehr, obwohl ich lange Zeit Lust gehabt habe,
eine Studie, die diesen Vorgang beschreibt, im Kopf gehabt habe. Ich habe
keine Studie mehr im Kopf. Ich höre meine Frau hinter mir, ich drehe
mich um, sie ist nicht da, ich rufe ihr nach, auf den Gang hinaus, ins
Vorhaus hinunter, in alle oberen und unteren Zimmer rufe ich hinein:
meine Schwestern halten mich für verrückt, für ebenso verrückt halten
mich meine Töchter. Ich solle in mein Zimmer zurückgehen, sagen sie.
Wer gibt ihnen das Recht, mich in mein Zimmer zu verweisen? Ich gestatte mir aber nicht, sie zur Rede zu stellen, und gehe sofort in mein
Zimmer. Meiner Frau ist ihr Vater oft und überall nach seinem Tod in
Hochgobernitz erschienen, sie hat ihn nicht nur gesehen, sie hat ihn *erleben* können«, sagte der Fürst. »Wenn ich mir selber Gäste eingeladen
habe«, sagte er, »habe ich schon seit Jahren das Gefühl gehabt, ich habe
mir Feinde eingeladen. Feinde meines Kopfes vor allem. Sie glaubten, es
sich leisten zu können, mit meinen Schwestern und meinen Töchtern zu
paktieren. Die Unverschämtheit aller meiner Gäste wohlgemerkt, zuerst
verschanzt, dann offensichtlich, sich sofort auf die Seite der Frauen zu
schlagen, bezahle ich, habe ich mir immer gedacht, alles, was mich irritiert, bezahle ich. So habe ich dann niemanden mehr nach Hochgobernitz

eingeladen. Alle Leute fürchteten meine Vorträge«, sagte der Fürst, »es ist meine Gewohnheit gewesen, zum Frühstück eine Morgenansprache zu halten, ein Philosophem auf den Tisch zu bringen. Das Politische vor allem interessierte mich, brachte mich jahrzehntelang, wenn ich aufwachte, oder schon bevor ich *eigentlich* aufwachte, in Gang. Wenn ich einen Menschen traf, gleich wo, einen mir entsprechenden Menschen, fing ich an zu politisieren. Und ich verteidigte meine Ansichten sofort, bevor ich noch die Ansichten des andern ausgesprochen gehört habe, weil ich sie, schon bevor der sie ausgesprochen hatte, kannte. Niemand braucht seinen Mund aufzumachen, damit ich weiß, was für eine Politik die seinige ist. Ich fühle das schon vorher, ich fühle es *gleich*. Dieser Mensch hat die und die Politik im Kopf, dachte ich immer, wenn ich einem Menschen begegnete, von allen Menschen dachte ich das zeitlebens. Überhaupt fürchteten und fürchten alle, daß ich sie anspreche. Ich verachte ja, wie Sie wissen, das Anstrengungslose, das ist mein oberstes Prinzip, das einzige, das ich habe. Ich fordere immer das Äußerste. Das Äußerste aber ist gefürchtet. Ich habe immer fast nur Haus*feinde* gehabt. Ich friere, sage ich zu meinen Schwestern«, sagte der Fürst, »und meine Schwestern bringen mir meinen Überzieher. Ich sage wieder, ich friere, und sie bringen mir meinen Mantel, und ich sage wieder, ich friere, und sie bringen mir meine Pelzstiefel und die Pelzhaube, und da fange ich an, mich *aus*zuziehen und mich wohlzufühlen, ich bin gerettet, denke ich, ich friere nicht mehr, ich bin völlig nackt, ich friere nicht mehr, was sie beunruhigt. Die Kälte, die hier in Hochgobernitz herrscht, hat auf mein Leben immer den größten Einfluß gehabt, hat alle immer beeinflußt. Die Kälte in Zusammenarbeit mit der Feuchtigkeit der alten Mauern. Selbst in meinen kompliziertesten Gedanken habe ich immer diese Kälte und diese Feuchtigkeit *gefühlt*, *festgestellt*. Ja«, sagte er, »man könnte möglicherweise alles, was mich betrifft, auf die Kälte und Feuchtigkeit zurückführen. Es sind gänzlich verschiedene Charaktere auf der Welt, die voneinander völlig unabhängig doch ständig aus dem Klimatischen weitergebildet werden. Von vielen kann man sagen, daß sie in einem trockenen Haus aufgewachsen sind, von vielen, in einem feuchten, in einem warmen, in einem kalten. Ihr Elternhaus ist kalt gewesen, könnte man zu vielen sagen, zu vielen: *Sie stammen aus einem trockenen Elternhaus usf.* Die Charaktere gewöhnen sich an das Klima, das Klima verändert sie dem Klima entsprechend. Es gibt Philosophien, die in trockenen und nicht in feuchten Häusern entstehen konnten, Gedankenformationen, die in kalten Mauern ihren Ursprung haben. Wir nehmen den Geist der Mauern an, die uns umgeben. Gruppen von Menschen sehe ich oft und denke, diese Menschengruppe kommt aus einer feuchten Gegend, diese aus einer trockenen. Manche aus einem völlig ausgetrockneten Gebiet. In Hochgobernitz ist im Laufe der Jahrhunderte die äußere Natur vollkommen eingedrungen. Ich schlafe auch, denke ich oft, *in* dieser Natur, ich schlafe *in* der der Hochgobernitz entsprechenden Feuchtigkeit und Kälte. So denke ich, in dieser Feuchtigkeit und Kälte. Hochgobernitz ist der Beweis dafür, daß ein Gebäude Menschen vernichten kann, die diesem Gebäude völlig ausgeliefert sind. Es nützt aber auch nichts, wenn man das Gebäude, das einen vernichten wird, verläßt, aus Hochgobernitz hinausgeht zum Beispiel, es umschließt einen, wohin man geht, geht man nach London, nach Paris, es erdrückt einen. Das weite Wegreisen hat keinen Sinn. Selbst in New York habe ich immer mehr das Gefühl gehabt, mich erdrückt Hochgobernitz, nicht New York. Aber es ist durchaus besser, in Hochgobernitz von Hochgobernitz erdrückt zu werden, als in New York. Wir wollen«, sagte der Fürst, »immer ein noch Schlechteres, als in uns ist, hören. Aus keinem andern Grund hören wir zu, drängen wir uns zu Gesprächen. Die Lautlosigkeit«, sagte er, »die manchmal in Hochgobernitz alles verdeutlicht, alles, was in Hochgobernitz ist, alles Vergangene und Zukünftige als das Gegenwärtige. Ich kann sämtliche Stimmen, die ich jemals in Hochgobernitz gehört habe oder nicht gehört habe, zeitweise mühelos voneinander unterscheiden, wenn ich will, wenn diese Lautlosigkeit herrscht. Die Gewalttätigkeit der äußeren Natur, die fortwährend aus dem Kopf der innern entsteht«, sagte der Fürst, »ist die Ruhe. Tatsächlich«, sagte der Fürst, »wachte ich einmal plötzlich mitten in der Nacht auf, und ich sehe einen riesigen Zettel ans Firmament geheftet, auf dem in lateinischer Schrift *geöffnet* steht. Mein Gelächter weckt alle im Haus auf, sie stürzen an die Fenster und sehen nichts. Ich sage: *geöffnet!, geöffnet!*, steht da oben, tatsächlich steht da oben: *geöffnet!*, aber sie sehen nichts, halten mich für verrückt, und ich jage sie in ihre Betten zurück. Mehr und mehr fürchte ich mich naturgemäß vor mir selbst«, sagte der Fürst. »Ich habe tatsächlich Angst. Ich versuche, mich von mir abzulenken, aber es gelingt mir nur mehr sporadisch. Die Befriedigung, die ich vor ein paar Jahren noch gehabt habe, wenn ich in die Täler hinunter, in die Schlucht hinunter bin, an schönen Tagen in den *Hoch*wald, an den regnerischen in den *Au*wald

hinein. Oft bin ich glücklich gewesen in der Betrachtung der Wasser-
oberfläche der Ache, in dem Bewegungsrhythmus des Wassers selbst, hin-
gegeben an die poetische Reflexion der Erdoberfläche. Der Auwald, die
Ache genügten mir, um nicht verzweifeln zu müssen. Und wenn nicht die
Ache, wenn nicht der Hochwald, der Auwald, so doch die Bibliothek.
Bücher, die Kontemplation machen. So doch mein Kopf, so doch mein
Gehirn, so doch ich. Heute? Jahrelang hat es genügt, daß ich an meinen
Sohn gedacht habe, an meine eigne Jugend, daß ich aus meinem Zimmer
zu den Frauen hinuntergegangen bin. Ein Essen mit ihnen. Eine Unterhaltung mit ihnen. Früher bin ich von der Nähe der Unendlichkeit überzeugt gewesen. Heute? Alles ist sehr weit weg heute. Immer weiter weg.
War ich denn einmal angenähert dem, worin die Erklärung ist? Im Bett
liegend, schäme ich mich oft, *da* zu sein, *noch da zu sein.* Stundenlang
schäme ich mich, dann stehe ich auf, weil ich Hunger habe, und gehe zu
den Frauen hinunter und esse etwas, und es kommt mir vor, ich gehe in
die doppelte, in die hundertfache Scham hinein. Das Leben hat mehr und
mehr einen üblen Mundgeruch. Und ich habe Angst, in meinen Empfindungen einmal entdeckt zu sein. Mein Leben ist aus Versuchen, nicht
entdeckt zu werden. Haben sie mich entdeckt? Durchschaut? denke ich
oft. *Wer* von ihnen hat mich entdeckt, durchschaut? Ich bin die Welt und
muß sie mir als Bücher, riesige Bibliotheken erst einverleiben«, sagte der
Fürst. »Absurd. Während des Lesens, gleich was ich früher gelesen habe,
habe ich immer das Gefühl gehabt, daß alles in zwei Hälften geteilt ist, in
eine anständige und in eine unanständige. Das ist das Widerwärtige am
Lesen: die Einteilung immer in zwei Hälften, ich will nicht sagen Gut und
Böse, ich sage *anständig, unanständig.* Das Denken ist aber frei von dieser
Widerwärtigkeit. Im Lesen sich zu ignorieren versuchen«, sagte der Fürst.
»Immerwährende Identität als Trost. Ein zuerst schwermütiges, dann aber
immer qualvolleres Imaginieren beeinflußt uns. Ich sage mir immer, daß
ich weiß, daß alles tödlich ist, handle aber entgegengesetzt. Der Kopf ist
oft um die Länge von mehreren Jahrhunderten oder Jahrtausenden vom
Körper getrennt und durchaus empirischer Galvanisationsmagister. Ich
habe ständig Fieber, Doktor, aber es ist ein solches Fieber, das der Fie-
bermesser nicht anzeigt. Ich bin ein nicht mehr funktionierendes Baro-
meter. Im Hof habe ich einmal einen Menschen getroffen«, sagte der
Fürst, »den ich vorher niemals gesehen habe, der mich aber an alle Menschen erinnerte, die ich jemals gesehen habe. Mit seinem Kopf habe er

etwas ganz Großes vor, hat er gesagt, ich dürfe aber nicht glauben, daß *er* ihn *sich selbst* abschneiden werde. Er gibt mir ein Messer in die Hand und sagt: *schneiden Sie mir meinen Kopf ab, mein Lieber. Lange habe ich gewartet, bis Sie aufgetaucht sind, um mir meinen Kopf abzuschneiden. Denn ich habe mit meinem Kopf etwas Großes vor! Haben Sie keine Angst,* sagt der Absonderliche, *ich habe alles vorausberechnet, es kann nichts schiefgehen. Da, schneiden Sie!* Er gibt mir drei Minuten Zeit. *Hier, an dieser Stelle,* sagt er, *will ich meinen Kopf abgeschnitten haben. Ich bleibe stehen, weil ich es als doch recht entwürdigend empfinde, wenn man sich im Liegen oder gar sitzend den Kopf abschneiden läßt. Ich werde Sie nicht blamieren!* sagt der Fremde. *Übrigens ist das Messer von der Firma Christofle,* sagt er. Tatsächlich sehe ich den Namen Christofle in das Messer eingraviert. Ich packe den Kopf und schneide ihn ab. Ich bin recht verwundert, wie leicht das möglich gewesen ist. Der Kopf sagt noch: sehen Sie, es ist doch recht leicht gegangen, mir den Kopf abzuschneiden. Dann sehe ich aber, daß ich den Kopf gar nicht abgeschnitten habe, und der Fremde sagt: *Sie haben doch nicht im Ernst geglaubt, daß Sie mir den Kopf abschneiden können? Oder doch? Gehen wir weiter,* sagt der Fremde. Es ist mein Vetter. Tatsächlich«, sagte der Fürst, »habe ich die ganze Geschichte nicht geträumt. Das war mir peinlich.« Der Fürst sagte: »Wir sind elternlos. Wir sind Vollwaisen. Das ist unser Zustand, und aus diesem Zustand kommen wir, kommt Europa nicht mehr heraus. Die Frage ist immer gewesen, wie erweitere, befestige ich Hochgobernitz noch mehr. Nie ist Hochgobernitz so von der Welt abgeschlossen, gleichzeitig so auf die Welt angewiesen gewesen. Ständig habe ich Angst vor Erdbeben. Es ist mir nicht mehr möglich, zu gehen, ohne an Erdbeben zu denken, Erdbeben zu fühlen, *kommende* Erdbeben, Geräusche, unterirdische, gleichzeitig die Geräusche in meinem Kopf. Ich habe«, sagte der Fürst, »die Vorstellung, daß wir Briefe *schreiben*, Briefe *abschicken* und Briefe *empfangen*, und die Unterschriften aller dieser Briefe sind *unleserlich*. Wer schreibt alle diese abgeschickten und ankommenden Briefe? Wie sich die Katastrophe bildet, sehe ich, hinausschauend aus dem Fenster, sie bildet sich *lautlos, geschieht lautlos*. Es ist mir nicht gestattet, davon zu sprechen. Allein die Tatsache, daß ich in dem riesigen Hochgobernitz das kleinste Zimmer bewohne, Doktor, ist unheimlich. Dieses Zimmer ist außerdem das feuchteste, kälteste. Wenn ich allein über mein Zimmer eine Schrift verfassen würde, denke ich, eine Studie mit dem einfachen Titel *Mein Zimmer?*, in die ich die ganze Welt hineinzwänge,

weil ich die ganze Welt in mein Zimmer hineinzwänge, ich zwänge die
ganze Welt in mein Zimmer und in meine Studie hinein. Nein, keine
Studie«, sagte der Fürst. »Der Denkende hat immer mehr die Bilder aus
seinem Gedächtnis zu entfernen. Sein Ziel ist erreicht, wenn in seinem
Gehirn kein Bild mehr ist. Wenn die *Darstellungsmöglichkeiten* in seinem
Gehirn erschöpft sind. Ich habe«, sagte er, »keine Schuld, sage ich mir oft,
ich weiß, daß ich keine Schuld habe. Schuld? Jahrzehntelang habe ich
mich bemüht, mich verständlich zu machen, solange ich lebe, ist es nichts
anderes als ein Michverständlichmachen, das mich auffrißt. Zuerst habe
ich angefangen, mich meinen Eltern verständlich zu machen, meinen
Geschwistern, meinen Kindern, allen Leuten habe ich mich verständlich
machen wollen. Jetzt versuche ich, mich *Ihnen* verständlich zu machen,
Ihrem Sohn. Tatsächlich«, sagte der Fürst, »können diese September-
nächte schon sehr kalt sein. Die Kälte kommt von unten herauf, aus der
Schlucht. Hier herrscht eine Eiseskälte. Hochgobernitz ist aus Eis. Zu Eis
erstarrte Figuren in Hochgobernitz. Die Zeit, in der wir leben, genügt
offensichtlich nicht, sich verständlich machen zu können. Zuerst«, sagte
der Fürst, »bin ich meiner Mutter als ein Verbrechen an ihr erschienen,
dann als ein solches, das *sie* verbrochen hat, dann bin ich ihr lästig gewesen, dann hat sie angefangen, *mich zu verachten*, dann zu lieben, mich zu
hassen, weil sie sich immer mit mir hat identifizieren müssen. Die Eltern
bekommen ihre Kinder immer als ein unheilbares Geschwür, das sie auf
Lebenszeit verunstaltet. In mein Zimmer ziehe ich mich mehr und mehr
wie in ein Krankenzimmer zurück. Ich habe mein Zimmer auch immer als
ein Krankenzimmer betrachtet. In diesem Zimmer habe ich alles, Essen,
Lesen, Denken, immer als Medizin eingenommen, Gefühlsflüssigkeiten,
Geistesflüssigkeiten, Philosophietabletten. Unheilbar sein, ein Zustand,
der zehn Jahre andauert, so lange ist mir dieser Zustand schon bewußt,
eine konfessionslose Erbfolgekrankheit«, sagte der Fürst. »Sehen Sie, Doktor: ich ziehe meinen Rock an, ich ziehe meinen Rock wieder aus. Diesen
Rock habe ich in Brüssel gekauft, den in London, den in Kairo. Ich ziehe
den Rock aus Kairo an, ich ziehe den Rock aus London aus, ich ziehe den
Rock aus Brüssel an, ich ziehe den Rock aus Kairo aus. Die Neugierde, die
soviel Geld kostet«, sagte der Fürst. »Ich kann natürlich von Hochgobernitz nicht mehr weggehen. Die Zeitungen habe ich immer gekauft und,
ohne sie zu lesen, ich blätterte sie immer nur durch, weggeworfen, keine
hundert Schritte von dem Zeitungsstand entfernt, an dem ich sie gekauft

habe. Wenn ich die Zeitungen, die ich mir in meinem Leben gekauft habe, in die Kärntnerstraße hineinblasen ließe als ein Zeitungstreiben, als ein Zeitungstreiben wie ein Schneetreiben, wäre die Kärntnerstraße in der kürzesten Zeit vollkommen verstopft, alles in der Kärntnerstraße müßte ersticken, halb Wien müßte ersticken, könnte man unter den Zeitungen, die ich in meinem Leben gekauft habe, ersticken, begraben und ersticken, ein tödlicher Zeitungswinter bräche auf Wien herein. Ich sehe«, sagte der Fürst, »in den Kindergesichtern das Fieber der Kindheit. Die Kindheit ermüdet rasch, das Alter ist Erinnerung an die Kindheit. Am liebsten im Bett und einschlafen können, darin erschöpfen sich für mich jetzt schon so lange meine Bedürfnisse. Hast du deinen Körper richtig ausgenützt? denke ich. Deinen Verstand? Das Leben ausgenützt? Wenn du anfängst, dir darüber Gedanken zu machen, bist du schon vorbei. Unsinnige Äußerungen«, sagte der Fürst. »Auf Bahnsteigen oft die Vorstellung, mich im letzten Augenblick vor den Zug zu werfen, aber in den Großstadtaborten doch neugierig. Die Freude am Erfinden von komplizierten, einwandfreien Sätzen; das Wort Ethometer begriffen. Begreifen der Schutzlosigkeit aller Menschen, aber Mitleidlosigkeit; die Notwendigkeit, alles, was du weißt, einfrieren zu lassen. Den Verwalter zur Rede gestellt«, sagte der Fürst, »der fünf Schottergrubenarbeiter entlassen hat, ich frage: *warum?*, er gibt mir keine Antwort. Ich sage, die Schottergrubenarbeiter sind nicht zu entlassen, es sei gefährlich, auch nur *einen einzigen* Schottergrubenarbeiter zu entlassen, wir dürfen keinen von ihnen entlassen, sage ich, aber der Verwalter entläßt die fünf. Augenblicklich sind mir die Schottergruben *unheimlich* . . . Oder«, sagte der Fürst: »Ich gehe auf die äußere Mauer, *da*her, wo wir jetzt gehen, und hebe ein Kastanienblatt vom Boden auf, das Kastanienblatt erinnert mich an meine Mutter, wie ich es sehe, sehe ich *sie*, sein Geruch erinnert mich an *Maß für Maß*, ich sehe *Maß für Maß, Maß für Maß* erinnert mich an ein paar alte Schuhe, die ich als Kind angehabt habe usf. . . . Wir sehen einen Menschen«, sagte der Fürst, »und fällen sofort unser Urteil. Der Mensch ist ein gescheiter Mensch, sagen wir, ein dummer Mensch, ein rabiater Mensch, ein glücklicher Mensch, ein gebildeter, vertrottelter, einsamer, geselliger, immer lachender, immer trostloser, immer geschäftstüchtiger, immer gemeiner, immer erbärmlicher Mensch . . . und begreifen nichts. Wenn wir sagen, *der ist ein katastrophaler Mensch*, ohne diesen Menschen zu kennen, wenn wir sagen, *er ist tot* usf. . . . Wir sehen Gebrechlichkeiten an einer Person, die uns sofort die Gebrechlichkeiten der Gemeinde, in der wir leben, die Gebrechlichkeiten aller Gemeinden, des Staates sehen lassen, wir fühlen sie, wir durchschauen sie, wir katastrophieren sie. Je größer die Urteilsfähigkeit, desto größer das Mißtrauen. Unser Mißtrauen durchdringt langsam alles. Schon als Kind hat mein Vater mit dem Gedanken gespielt, sich umzubringen, hat es ihn die größte Überwindung gekostet, wenn er über die Ache gegangen ist, sich nicht in die Ache hineinzustürzen. Sich aufzuhängen. Sich zu erschießen. Dieser Gedanke hat ihn beherrscht, *Denken in Selbstmordmöglichkeiten als eine Wissenschaft*«, sagte der Fürst, »die sich die Naturwissenschaften unterwirft. Beinahe ist das Mystische in meinem Denken ausgeschaltet. Isolation. Alles ist zwecklos«, sagte er. »Die Millionen Versuche«, sagte er, »wenn wir mit offenen Augen gehen, zum Ursprung hin. Diese Versuche in der Masse und in der sogenannten freien Natur. Es ist nichts leichter, als in die Alltäglichkeit hineinzuflüchten. Ich sage etwas«, sagte der Fürst, »und ich sehe sofort das Gegenteil davon in mir. Wir können uns einreden, daß wir mit einem Buch nicht allein sind, wie wir uns einreden können, daß wir mit einem Menschen nicht allein sind. Wenn wir einen Schauspieler engagieren, wollen wir unterhalten sein, wir verfluchen ihn, wenn er es vergißt. Die Welt ist ein *Sarrasani*. Wir leben immer in dem Wahn, der Natur wenigstens, weil wir glauben, dadurch existieren zu können, eines ihrer Elemente vollkommen entziehen zu können, zum Beispiel Revolution machen zu können, einen König von hoch oben herunterstürzen zu können usf. . . . Das Auge ist oft vom Verstand allein gelassen, der Verstand vom Auge. Heute«, sagte der Fürst, »fühlen wir uns in den biblischen Beschreibungen wohl, haben wir die Poesie von Sodom und Gomorrha entdeckt und *empfinden* sie. Wir *fürchten* uns nicht mehr zu Tode, wir *gehen* zu Tode. Die Krankheiten führen den Menschen am kürzesten zu sich selbst. Wir müssen ja«, sagte er, »Präzision wenigstens in unsern Vorstellungsmöglichkeiten verlangen. Gedankenlos wäre ein Mensch ohne Hirn. Unsere Lehrer sind Feinde unseres Verstandes gewesen. Es erregt uns, was uns nicht betrifft. Mich beschäftigt schon längere Zeit nicht der Gedanke, wer morgen auf dem Mond sein, der aber, wer als erster *die Erde durchqueren* wird. Die völlige Gesprächsunfähigkeit meiner Frau, die in jeder Sache für die ganze Welt empfindsam sein konnte. Sich endlich durchsetzende Todeskrankheiten *überall*. Immer im Vergleich denkend zwischen den oberen, *meinen*, und den unteren, *ihren*, Zimmern. Gewohnheiten, Neigungen, die uns alle

langsam aufgefressen haben. Unsere Handlungsarmut. In den unteren
Zimmern ist das Philosophische so wenig möglich wie in den oberen das
Mystische. Manchmal höre ich alle Uhren im Haus so laut, daß ich auf-
stehen und sie abstellen muß. Das nimmt mehrere Stunden in Anspruch.
Dann kann ich einschlafen. Früher, als Kinder, haben wir an die Mauern
geklopft, um uns verständlich zu machen, jetzt klopft schon ein halbes
Jahrhundert niemand mehr an die Mauern. In der kürzesten Zeit wird
dann«, sagte der Fürst, »Hochgobernitz von den Käfern und Spinnen
beherrscht sein. Käfer und Spinnen, denke ich oft, als Natur*verrücktheit*.
Alles Mystifikation«, sagte er.

Über Landschach fuhren wir rasch nach Hause. »Undankbare Fälle«, sagte
mein Vater. Meine Schwester schlief schon. Morgen, dachte ich, werde ich
einen weiten Spaziergang mit ihr machen und mit ihr reden. Während
mein Vater, es war elf Uhr, noch einen Fleischhauer in Krennhof aufsuchen mußte, der sich mit dem Schlachtschußapparat in den Bauch geschossen hatte, und vor Mitternacht wieder zurück sein wollte, dachte ich
an die Wortlosigkeit zurück, mit welcher wir von der Hochgobernitz in die
Schlucht gestiegen und dann aus der Schlucht hinausgefahren waren.
Morgen bringt dich dein Vater am frühen Nachmittag nach Leoben zurück, dachte ich. Du brauchst deine Tasche gar nicht mehr auszupacken.
Der Ortsgendarm hatte uns erwartet und von meinem Vater eine die tote
Gastwirtsfrau betreffende Auskunft eingeholt. Größl sei in Haft. Ich habe
meine Schwester nicht mehr aufwecken wollen. Ich versuchte noch, einen
längst fälligen Brief zu schreiben, an einen Freund meines Onkels, der bei
Guttaring in Kärnten ein Gut hat, wohin ich schon seit langem eingeladen
bin. Ich wollte schreiben, daß ich nicht kommen werde, nicht kommen
kann. Meine Studien erlauben jetzt keine Unterbrechung, hatte ich geschrieben, dann den angefangenen Brief zerrissen. Im Bett dachte ich: *was
hat der Fürst gesagt?* »Alles immer verändern zu wollen, das ist mir ein
ständiges Bedürfnis, eine infame Lust, die zu den peinlichsten Zerwürf-
nissen führt. Die Katastrophe fängt damit an, daß man aus dem Bett
steigt. Daß man alles auf ein philosophisches Fundament stellt, sich produziert. Die Finsternis ist kalt, wenn der Kopf ausgeschaltet ist.« *Das
Notizbuch:* »Tagelang«, sagte der Fürst, »durchsuche ich meine Taschen
nach meinem verlorenen Notizbuch. In dieses Notizbuch habe ich allerdings Bemerkenswertes hineingeschrieben. *Unterstrichenes!* Meine Krank-

heit ist es, Wichtiges zu unterstreichen, in diesem Notizbuch ist fast nur Unterstrichenes, und alle diese unterstrichenen Sätze fangen mit der Zerstörung dieser Sätze an . . . Dieses Notizbuch suche ich tagelang in meinen Taschen, auf einmal finde ich es in der Küche unten. Wie kommt das Notizbuch in die Küche? frage ich mich. Ich bin tagelang nicht in der Küche gewesen und finde auf einmal mein Notizbuch in der Küche. Ein grauenhafter Verdacht steigt in mir auf. Ich habe sofort den Verdacht, daß meine ältere Schwester das Notizbuch aus meiner Rocktasche herausgenommen und heimlich in der Küche, ich bin ja ein vollkommen küchenfeindlicher Mensch!, durchgelesen und in der Küche liegengelassen hat. Ich gehe sofort zu meiner älteren Schwester und sage: das Fürchterliche ist die Tatsache, daß du mein Notizbuch in der Küche liegengelassen hast, nicht die Tatsache, daß du dir seinen Inhalt einverleibt hast! Ich sehe aber, daß meine ältere Schwester unmöglich das Notizbuch in der Küche liegengelassen haben kann, und gehe sofort auf meine jüngere Schwester zu, der ich auf den Kopf zusage, daß es erbärmlich sei, meine Notizbücher zu lesen, sie aus meinen Taschen herauszunehmen und zu lesen. Ich fürchte, sage ich, du hast alle meine Notizbücher gelesen, aber das ist das erste, das du in der Küche liegengelassen hast. Bis jetzt habe ich in dem Wahn gelebt, daß keiner von euch den Inhalt meiner Notizbücher *kennt*, daß ihr von dem Inhalt dieser Notizbücher überhaupt nichts wißt. Ich dränge meine jüngere Schwester ins Büro hinein, weil mir die Tatsache ungeheuerlich erscheint, daß gerade *sie* dieses Notizbuch gelesen hat. Sofort fällt mir ein, daß ich in dem Notizbuch andauernd abfällig gegen meine beiden Schwestern, vor allem aber gegen meine jüngere, urteile. Ich habe in dem Wahn gelebt, sage ich, daß, was ich in meine Notizbücher hineingeschrieben habe, jahrzehntelang hineingeschrieben habe, völlig unbekannt ist. Und jetzt muß ich entdecken, daß ich meine Notizbücher in der Öffentlichkeit führe, ich führe meine Notizbücher öffentlich! Aber da erkenne ich plötzlich, daß meine jüngere Schwester nicht einmal von der Existenz meiner Notizbücher eine Ahnung hat, und ich sage mir sofort, natürlich hat ein so *oberflächlicher Mensch* wie meine Schwester nicht die geringste Ahnung von der Existenz meiner Notizbücher, natürlich, und ich sage: *ihr kümmert euch um nichts mich Betreffendes!* Ich sage: *in diesen Notizbüchern werdet ihr eines Tages die fürchterlichsten Entdeckungen machen, Expeditionen in eure Abscheulichkeit hinein.* Gerade weil ich in meinem Alltagsumgang mit euch immer alles verschweige, habe ich in meinen

Notizbüchern nichts verschwiegen! Meine ganze Rücksichtslosigkeit
bricht in meinen Notizbüchern über euch herein! Über *dich*, über deine
Schwester, über meine Töchter, über meinen Sohn, über alle! Dann, wenn
ich tot bin, werde ich euch durch meine Notizbücher über eine große
Strecke verfinstern, sage ich, und ihr werdet mit Schrecken an meine
Anwesenheit zurückdenken, an den Bruder und Vater! In meinen Notizbüchern habt ihr, sage ich, tatsächlich Gestalt angenommen, grauenhaft
Gestalt angenommen! Ja, sage ich, wenn du das Notizbuch nicht in der
Küche liegengelassen hast, *wer hat es dann* in der Küche liegengelassen?
Und ich gehe aus dem Büro hinaus und suche meine ältere Tochter. Mir
fällt ein, daß *ihr allein* zuzutrauen ist, mein Notizbuch aus meiner Tasche
herauszunehmen und in der Küche liegenzulassen. Ich gehe durch das
ganze Haus und suche meine ältere Tochter, zuerst gehe ich durch die
unteren, dann durch die oberen Zimmer, aber ich finde meine ältere
Tochter nicht. Wahrscheinlich versteckt sie sich, denke ich, weil sie von
der Aufregung, die wegen des Notizbuchs herrscht, gehört hat. Ich rufe,
ich gehe schweigend, dann wieder rufend, abwechselnd rufend und
schweigend durchs ganze Haus. Schließlich fällt mir ein, daß sie im Lusthaus sein könnte. Ich gehe ins Lusthaus hinein und da finde ich sie auf
dem Sofa, einen Roman lesend. Ich sage sofort: *wo ist mein Notizbuch?* Ja,
sage ich, ich habe mein Notizbuch in der Küche gefunden. *Dieses infame
Menschsein, jetzt hat es sich sogar an meinen Notizbüchern vergriffen*, sage
ich. Wahrscheinlich hast du dich schon jahrelang an meinen Notizbüchern vergriffen! sage ich. Möglicherweise, sage ich jetzt, hast du dich an
allen meinen Notizbüchern vergriffen! Und wahrscheinlich, sage ich, hat
dich das, was du aus allen meinen Notizbüchern herausgelesen hast, in der
fatalsten Grauenhaftigkeit *gegen mich verändert*. Ich hoffe, sage ich, daß
das zur Folge hat, daß du von Hochgobernitz verschwindest, ausziehst,
hinunterziehst zu Deinesgleichen! Aber plötzlich«, sagte der Fürst, »ist mir
klar gewesen, daß auch meine ältere Tochter mit dem Notizbuch *überhaupt nicht in Zusammenhang gebracht werden kann*. Dann meine jüngere,
denke ich. Aber kein Mensch weiß, wo sie ist. *Ich will wissen, wo sie ist!*,
schreie ich. Sie sei in der Stadt. In der Stadt!, sage ich. Ich gehe durch die
unteren Zimmer und denke, daß ich in der kommenden Nacht alle Bilder,
die da hängen, von den Wänden herunternehmen werde, *alle*. Auch alle
Bilder aus den oberen Zimmern, sage ich. Und ich werde *andere* aufhängen. *Schrecklichere*. Langsam beruhige ich mich«, sagte der Fürst, »und da

höre ich meine Schwestern durcheinander flüstern. Dieses Durcheinanderflüstern, denke ich, muß ich zerstören, und ich gehe hin und verjage sie. *Gleich, wer von euch mein Notizbuch aus meiner Tasche herausgenommen und in der Küche liegengelassen hat*, sage ich, *ihr müßt es alle zusammen, alle gemeinsam büßen! Eine Verbrechensgemeinschaft!*, denke ich, *die Frauen, eine Verbrechensgemeinschaft!* Ich habe, denke ich, sehr kostspielige Ruinierer, Vernichter meiner Person in Hochgobernitz! Und während ich ihnen«, sagte der Fürst, »eine Arbeit, die zu geschehen hat, aufkommandiere, eine *grauenhafte Hausarbeit*, fällt mir ein, daß ich selbst mein Notizbuch in der Küche liegengelassen habe, daß ich, schlaflos wie immer, mitten in der Nacht in die Küche gegangen bin, um eine Erfrischung zu trinken.« Ich konnte nicht einschlafen und fing zu schreiben an: Der Fürst sagte, schrieb ich, »ein Sohn studiert seinen Vater und studiert nur noch, wie er seinen Vater vernichten wird. Und die Frauen wissen schon immer, *wie* . . . Gewohnheitsmäßig«, sagte der Fürst, »gehe ich noch immer ins Büro, mit der gleichen Pünktlichkeit, die mich im Laufe meines Lebens so verunstaltet hat, daß ich mich nicht mehr wiedererkenne. Ich stehe auf und gehe im Büro hin und her, hin und her, her und hin, um es im Büro auszuhalten. *Landwirtschaft, Forstwirtschaft*, denke ich, *unfähig*. Ich habe nicht die Kraft, aus dem Büro hinauszugehn, das Büro ein für allemal zu verlassen, wo es doch sinnlos ist, *daß ich im Büro bin*. Wenn nicht zu Land- und Forstwirtschaftszwecken, denke ich, für was halte ich mich dann im Büro auf? Dieser Gedanke reizt meine empfindlichsten Hirnpartien, und ich ziehe die verschiedensten Leitzordner aus den Regalen heraus, um mich zu beruhigen. Dieser Vorgang, daß ich ins Büro gehe und nicht weiß, was anfangen im Büro, wiederholt sich jetzt täglich. Ich habe zu dem ganzen Büroinhalt keine Beziehung mehr«, sagte der Fürst. »Mein Sohn«, sagte er, »wird aus England zurückkommen und Hochgobernitz vernichten. Das lange Papier fällt mir ein, dieses sein Konzept. Er hat sich, wie mir scheint, in London in eine Philosophie hinein verrannt, aus welcher er nur völlig verstört wieder herauskommen kann. Hochgobernitz wird ihm nur noch als ein *verrücktes* möglich sein, das fühle ich. Übrigens versteht mein Sohn nichts von Land- und Forstwirtschaft. Was mein Sohn als die Natur empfindet, ist nicht die Natur. Er wird möglicherweise versuchen, das *ganze* Hochgobernitz zu verkaufen. Das wird ihm nicht gelingen, und er wird es zerstückeln. Nach meinem Tode sehe ich Hochgobernitz zuerst völlig erschrocken. Dann kommt mein Sohn und löst die Erstarrung in

Verrücktheit auf. Er ist mein Sohn, alles ist ihm ausgeliefert. Es werden dann, vor allem für meine Schwestern, tödliche Zeiten kommen, aber auch für meine Töchter, absolute Schutzlosigkeit. Aber wahrscheinlich verdienen alle diese Geschöpfe mehr die Rücksichtslosigkeit als die Rücksicht. Mein Sohn begegnet der Natur immer als einer *Literatur*, alle seine Briefe bestätigen das. Mein Sohn verachtet mich, wissen Sie, Doktor. In seinen Briefen ist keine Wahrheit. Seine Schrift veränderte sich im Laufe eines einzigen Jahres *vollkommen*. Ich bezahle meinen Sohn, ein mir widerliches Studium, und er vernichtet mich. Wir, mein Sohn und ich, waren immer unfähig gewesen, ein Gespräch miteinander zu führen. Er hat sich in England so kurze Sätze angewöhnt, eine Redeweise, die schmerzt, die abtötet. Ich habe ihn, denke ich, zu meinem Vernichter erzogen. Und dieser Mensch wagt es, mir in seinem letzten Brief zu schreiben, ich dilettierte, hätte mein Leben zu keiner Kunst entwickeln können. Er aber habe, wie ich aus seinem Brief herausfühle, sein Leben durchaus zu einer Kunst entwickelt. Immer dann, wenn ich ihn hätte an mich heranziehen müssen, habe ich ihn von mir aus, *aus* mir entfernt. Aber jede Erziehung ist immer eine vollkommen falsche. Die Handlungen meines Sohnes sind immer mir entgegengesetzte gewesen«, sagte der Fürst. »Wir teilten einzig und allein nur die Vorliebe für die Zeitungen. Ja«, sagte der Fürst, »besorgen Sie mir doch eine Ausgabe der *Times* vom 7. September und bringen Sie sie mir, wenn Sie das nächstemal wieder heraufkommen, mit . . .«

Das Kalkwerk

Roman

Anstatt daß ich aber während des Aufundab-
gehens an die Studie denke, soll er zu Wieser
gesagt haben, zähle ich die Schritte und werde
dadurch halb verrückt.

... wie Konrad vor fünfeinhalb Jahren das Kalkwerk gekauft hat, sei das erste die Anschaffung eines Klaviers gewesen, das er in seinem im ersten Stock gelegenen Zimmer habe aufstellen lassen, heißt es im Laska, nicht aus Vorliebe für die Kunst, so Wieser, der Verwalter der mußnerschen Liegenschaft, sondern zur Beruhigung seiner durch jahrzehntelange Geistesarbeit überanstrengten Nerven, so Fro, der Verwalter der trattnerschen Liegenschaft, mit Kunst, die er, Konrad, hasse, habe sein Klavierspiel nicht das geringste zu tun gehabt, er improvisierte, so Fro, und habe, so Wieser, an jedem Tag eine sehr frühe und eine sehr späte Stunde bei geöffneten Fenstern und bei eingeschaltetem Metronom auf dem Instrument dilettiert ...

... das zweite sei, einerseits aus Furcht, aus Leidenschaft für die Handfeuerwaffen andererseits, der Kauf einer größeren Anzahl von älteren, aber doch exakt funktionierenden Gewehren der Marken Wänzl, Vetterli, Gorosabel, Mannlicher etcetera aus dem Besitz des im Vorjahr verstorbenen Forstrates Ulrich gewesen, mit welchen Konrad, ein von vornherein durch und durch scheuer Menschentypus (Wieser), in gesteigertem Maße furcht- und wachsam geworden vor allem im Hinblick auf die noch nicht lange zurückliegenden, noch immer unaufgeklärten Morde an den Landwirten Mußner und Trattner, das Kalkwerk gegen Einbrecher und überhaupt gegen sogenannte *Fremdelemente* schützen wollte ...

... seine durch jahrzehntelange falsche Medikamentenbehandlung schon beinahe gänzlich verkrüppelte, die Hälfte ihres Lebens in einem speziell für sie konstruierten französischen Krankensessel hockende Frau, eine geborene Zryd, der jetzt, wie Wieser sagt, nichts mehr weh tue, habe Konrad im Umgang mit einem Mannlicher-Karabiner angelernt, den die sonst vollkommen Wehrlose hinter ihrem Krankensessel versteckt immer in entsichertem Zustand griffbereit hatte; mit dieser Waffe hat Konrad sie in der Nacht vom vierundzwanzigsten auf den fünfundzwanzigsten Dezember mit zwei Schüssen in den Hinterkopf (Fro), mit zwei Schüssen in die Schläfe (Wieser), urplötzlich (Fro), am Ende der konradschen Ehehölle (Wieser), erschossen. Auf die geringste Bewegung in Kalkwerksnähe feuerte er, heißt es im Laska, und er habe, wie bekannt, vor viereinhalb

Jahren, also schon kurz nach seinem Einzug, dem nach Feierabend mit
Rucksack und Rechen am Kalkwerk vorbeigehenden Holzfäller und
Wildhüter Koller, den er für einen Einbrecher gehalten hat, in die linke
Schulter geschossen und ist in der Folge zu neuneinhalb Monaten schweren Kerkers verurteilt worden. Bei dieser Gelegenheit waren an die fünfzehn Vorstrafen Konrads, größtenteils wegen sogenannter Ehrenbeleidigung und wegen sogenannter leichter und schwerer Körperverletzung,
zum Vorschein gekommen, heißt es im Laska. Konrad verbüßte die Strafe
im Kreisgericht Wels, in welchem er auch jetzt inhaftiert ist . . .

. . . von Ausnahmen, Interessenten an seiner zweifellos exzentrischen,
gleichzeitig aber auch unauffälligen Person abgesehen, hätten ihn nach
und nach alle geschnitten; einerseits wollten die Leute sein Geld, andererseits nichts mit ihm zu tun haben. Ich selbst bin Konrad mehrere Male
auf der Straße nach Lambach, mehrere Male auch auf der Straße nach
Kirchham begegnet, zweimal im Hochwald und von ihm jedesmal augenblicklich in ein mehr oder weniger rücksichtsloses medizinisches oder
politisches oder ganz einfach naturwissenschaftliches oder medizinisch-
politisches oder naturwissenschaftlich-politisches oder medizinisch-poli-
tisch-naturwissenschaftliches Gespräch verwickelt worden, darüber später . . .

. . . im Lanner heißt es, Konrad habe seine Frau *mit zwei* Schüssen, im
Stiegler *mit einem einzigen* Schuß, im Gmachl *mit drei* und im Laska *mit
mehreren* Schüssen getötet. Klar ist, daß bis jetzt außer den Gerichtssach-
verständigen, wie man annehmen muß, kein Mensch weiß, mit wie vielen
Schüssen Konrad seine Frau umgebracht hat . . .

. . . die für den fünfzehnten angesetzte Verhandlung aber wird in die
sich mit der Zeit merkwürdigerweise immer mehr verfinsternde Finsternis
in Zusammenhang mit der Erschießung der Konrad durch ihren Mann
Licht hineinbringen, wenn auch, wie Wieser meint, nur ein juristisches
Licht . . .

. . . entgegen der noch im Jänner verbreiteten Annahme, Konrad habe
sich nach der sogenannten Bluttat selbst gestellt, weiß man heute, daß er
sich überhaupt nicht gestellt hat, im Laska, wo ich gestern gleich drei der
neuen Lebensversicherungen habe abschließen können, heißt es, die Gendarmen hätten ihn erst nach zweitägiger Suche schließlich in der ausgetrockneten und ausgefrorenen Jauchengrube hinter dem Kalkwerk entdeckt. Gesagt wird folgendes: die Gendarmen seien, nachdem sie von dem

sogenannten Hausknecht Höller von der unheimlichen Stille im Kalkwerk verständigt worden waren, gewaltsam ins Kalkwerk eingedrungen und hätten die in ihrem Krankensessel Ermordete entdeckt, von ihrem Mann aber, den sie unschwer sofort als den Mörder der Konrad hatten identifizieren können, keine Spur. Das ganze Kalkwerk von oben bis unten hätten sie mehrere Male mit der größten Sorgfältigkeit durchsucht, schließlich auch das vom Höller bewohnte Zuhaus und schließlich die anderen umliegenden Gebäude, auch die unmittelbar an das Kalkwerk angrenzenden Waldstücke, vergeblich. Erst am zweiten Tag habe der Hilfsgendarm Moritz die morschen Bretter der Jauchengrube aufgehoben und darunter den halb erfrorenen Konrad entdeckt, der sich im Zustand der vollkommenen Kraftlosigkeit, wie sich denken läßt, anstandslos festnehmen und ins Kalkwerk, sofort in das Mordzimmer habe führen lassen, in welchem inzwischen die tote Konrad durch einen vom Dachboden heruntergeschleiften alten Strohsack ersetzt worden war. Konrad durfte, noch bevor er Angaben über den Hergang der Tat machen mußte, frische Kleider anziehen, die Gendarmen drängten ihn aber während des Aus- und Anziehens zur Eile, heißt es, weil sie möglichst rasch mit ihm nach Wels wollten. Erst als Konrad sie auf mehrere volle Schnapsflaschen, die im Mordzimmer herumstanden, aufmerksam machte und sie ermunterte, sie möchten doch die Schnapsflaschen austrinken, ließen sie sich plötzlich Zeit, heißt es. Die Schnapsflaschen waren ihnen jetzt, nachdem sie mit Konrad so viel Mühe gehabt hatten, gerade recht und angeblich haben die Gendarmen die vier oder fünf oder gar sechs Schnapsflaschen im Arrestantenwagen auch zur Gänze ausgetrunken, um sie aber tatsächlich bis zum Kreisgericht Wels bis zur Gänze austrinken zu können, hätten sie schon gleich hinter Sicking einen sechzig oder siebzig Kilometer langen Umweg über die Krems gemacht, von Sicking bis Wels hätten sie zweieinhalb Stunden gebraucht, für eine Strecke also, die sie in einer knappen halben Stunde hätten zurücklegen können, zweieinhalb Stunden und in Wels sei ihnen Konrad, weil er sich durch die Handschellenfesselung nicht selbst am Arrestantenwagen habe anhalten können, wahrscheinlich, weil ihm einer der Gendarmen einen Stoß versetzt hat, kopfüber aus dem Arrestantenwagen herausgefallen, er sei nur mit grauen Walksocken bekleidet gewesen, weil sie ihm aus Zeitmangel, wie sie angegeben haben sollen, keine Möglichkeit gelassen haben, Schuhe anzuziehen, die Schuhe, die Konrad angehabt hatte, wie sie ihn aus der Jauchengrube herausge-

zogen hatten, seien von der Jauche derartig vollgesoffen gewesen, daß er
sie zwar aus- aber nicht mehr anziehen habe können; andere Schuhe anzuziehen und das heißt, aus seinem Zimmer zu holen, war ihm durch die
Hast und, so Wieser, durch die Unmenschlichkeit der Gendarmen nicht
gestattet gewesen, bei der großen Kälte hätte Konrad keinesfalls ohne
Kopfbedeckung abtransportiert werden dürfen, sagt Fro, Konrad sei in
einem Alter, in welchem schon die geringste Verkühlung verheerende
Folgen haben, ja unter Umständen ein kurzer Luftzug gegen den Hinterkopf zum Tode führen könne, aber tatsächlich sei es auch lächerlich, in
Anbetracht der Ungeheuerlichkeit des Vorgefallenen und vor allem im
Hinblick auf die Tatsache, daß Konrad über zwei Tage lang bei großer
Kälte, vor allem in der beißenden Nachtkälte in der Jauchengrube zugebracht und offensichtlich davon keinen größeren Schaden davongetragen
hat, jetzt, wo er ja schon wieder trockene und verhältnismäßig warme
Kleider anhabe, sich an der Tatsache zu stoßen, daß er nur in Walksocken
und nicht in Schuhen sei, zuerst hätte Konrad von den Gendarmen verlangt, sie sollten ihm aus seinem Zimmer seine bis zu den Knöcheln
hinunterreichende Lederhose herbringen, die er anziehen wolle, weil ihn
die Lederhose auf das verläßlichste gegen Erkältung schütze, aber der
Hilfsgendarm Moritz, der in Konrads Zimmer hinunter ist, habe sich
nicht nach dem Verlangen des Konrad gerichtet und sei anstatt mit der
Lederhose mit einer gewöhnlichen schwarzgrauen Lodenhose erschienen,
mit Lodenhose und Lodenrock, hätte die Kleidungsstücke, Unterwäsche,
Hemd, Walksocken, auch ein Schneuztuch, vor Konrad auf den Boden
geworfen und ihm anbefohlen, er möge sich raschest umkleiden. Der
Gendarm Halbeis, der in der Zwischenzeit den Konrad mit dem Gewehrkolben in die Schreibtischecke gedrückt hatte, offensichtlich traute Halbeis dem völlig wehrlosen und, wie sich Fro ausdrückt, vollkommen gleich-
gültigen Konrad Widerstand zu, soll zu Konrad mehrere Male *Mörder*
gesagt haben, was den Bezirksrichter, den das Wort *Mörder* aus dem
Munde von Halbeis gleich bei seinem Eintreffen im Mordzimmer zu der
Bemerkung veranlaßt haben soll, den Gendarmen stehe es nicht zu, Konrad schon jetzt als *Mörder* zu bezeichnen. Die Gendarmen hielten sich aber
nicht an diese, wie Wieser meint, korrekte Belehrung, sondern sagten
immer wieder zu Konrad *Mörder*, auch während der Bezirksrichter noch
anwesend war, offensichtlich hatte der Bezirksrichter nicht bemerkt, daß
die Gendarmen Konrad weiter als *Mörder* bezeichneten, obwohl der Be-

zirksrichter ihnen verboten hatte, Konrad als *Mörder* zu bezeichnen. Der Hilfsgendarm Moritz soll übrigens die in ihrem Krankensessel völlig zusammengesunkene Konrad, deren Kopf durch den Schuß oder durch die Schüsse aus dem Mannlicher-Karabiner zur Gänze zerfetzt gewesen sein soll, ganz gegen die Vorschrift geradegerichtet haben, und zwar in einem Augenblick, in welchem der Gendarmerieinspektor Neuner das Mordzimmer für einen Augenblick verlassen hatte, wahrscheinlich, vermutet Wieser, um mit Höller, der zu diesem Zeitpunkt im oberen Vorhaus gestanden war, zu reden, etwas aus dem am meisten mit dem Kalkwerk vertrauten Manne herauszubringen, also gleich nach Entdeckung der Bluttat, weil er befürchtete, daß der schwere Körper der Frau durch die ständig sich vergrößernde Gewichtsverlagerung plötzlich aus dem Sessel heraus und auf den Holzboden fallen könnte. Der Bezirksrichter nannte dieses Vorfalls am Rande wegen Moritz einen noch grünen Stümper, sagt Fro. Dem Lokalredakteur Lanik, einem der übelsten Charaktere, soll der Zutritt zum Kalkwerk verweigert worden sein. Wieser spricht auch vom zertrümmerten Handgelenk der Konrad, Beweis dafür, daß die Konrad die Hände vor dem Gesicht hatte, als der Schuß fiel. Fro gebraucht immer wieder das Wort *Unkenntlichkeit*, ununterbrochen sagt er *blutüberströmt* . . .

. . . im Laska heißt es, Konrad habe die Tote zuerst aus ihrem Zimmer heraus ins obere Vorhaus und dort zu dem über dem Wasser gelegenen Fenster zu schleifen versucht, wie alle, die einen umgebracht haben, glaubte auch Konrad, sich der Ungeheuerlichkeit bewußt geworden (Wieser), das Opfer beseitigen zu können, und was war näherliegend, als den Leichnam durchs Vorhaus ans Fenster zu schleifen und am Ende des Vorhauses, mit einem größeren Gegenstand aus Eisen oder Stein, wie Fro meint, ganz einfach aus dem Fenster fallen zu lassen, dazu hätten sich ihm zwei unter dem wasserseitigen Fenster gelegene Marmorblöcke, die ursprünglich für den Türstock bestimmt gewesen waren, aber dann doch von dem Vorbesitzer des Kalkwerks, dem Vetter Konrads, Hörhager, nicht zu diesem Zweck verwendet worden waren, weil Hörhager sich für einen Türstock aus Tuffstein und nicht für einen solchen aus Marmor entschlossen hatte, förmlich angeboten, er, Fro, sei überzeugt, daß im Laufe des Prozesses noch von den beiden Marmorblöcken die Rede sein werde, aber Konrad habe schon bald einsehen müssen, daß er die Leiche nicht ans wasserseitige Fenster schleifen könne, dazu war er tatsächlich zu schwach und wahrscheinlich war ihm auch plötzlich zu Bewußtsein gekommen, daß es sinnlos sei, die Tote aus dem Fenster ins Wasser zu werfen, denn schon ein mittelmäßiger Kriminalist hätte diese von Wieser als recht plump bezeichnete Methode, sich des Mordopfers zu entledigen, in der kürzesten Zeit aufgedeckt, zu Anfang glaubten Untäter immer, das Unsinnigste zur Tatverwischung unternehmen zu müssen, und was wäre in diesem Falle unsinniger gewesen, als die Konrad aus dem Fenster zu werfen, ungefähr in der Mitte des oberen Vorhauses habe Konrad das Vorhaben, die Tote ans wasserseitige Fenster zu schleifen und hinauszuwerfen, aufgegeben, möglicherweise wollte er auch plötzlich die Leiche gar nicht mehr wegschaffen, wie Fro vermutet, und er habe die stärker und stärker Blutende wieder in ihr Zimmer zurückgeschleift und unter Zuhilfenahme aller seiner Kräfte wieder in ihren Sessel gesetzt, wie die Rekonstruierung ergeben hat, Konrad selbst habe zugegeben, daß ihm die Tote in dem Bemühen, sie wieder in ihren Sessel zu setzen, mehrere Male unter seinen Armen durch auf den Holzboden gefallen sei, über eine Stunde habe er gebraucht, um den leblosen, ihm immer wieder entgleitenden schweren Frauenkörper in den Sessel hineinzubringen. Wie er die Tote endlich im Sessel hatte, sei er so erschöpft gewesen, daß er neben dem Sessel zusammengebrochen sei . . .

. . . unmittelbar nach der Tat, habe er angegeben, sei er wie für immer wahnsinnig geworden durch das ganze Kalkwerk gerannt, von oben bis unten und von unten bis oben, und wie er sich, stehengeblieben, im oberen Vorhaus auf die wasserseitige Fensterbank gestützt habe, sei ihm der Gedanke eingefallen, die tote Frau durch das wasserseitige Fenster zu werfen. Anhand der Blutspuren im ganzen Kalkwerk wisse man genau, wie und wo Konrad durch das Kalkwerk gerannt ist, seine Aussagen, die unschwer zu überprüfen gewesen waren, seien richtig, Fro meint auch, daß Konrad keinen Grund habe, nicht die Wahrheit zu sagen, das sei ja gerade das Charakteristische an Konrad, daß er in seinem Leben immer ein sogenannter Wahrheitsfanatiker gewesen sei, so auch jetzt. Im Gmachl ist gesagt worden, Konrad habe die Frau kaltblütig von hinten erschossen, habe sich überzeugt, ob die Angeschossene auch wirklich tot sei, und habe sich augenblicklich gestellt. Im Laska ist auch gesagt worden, der Kopf der Konrad sei durch einen Schuß in die linke Schläfe zertrümmert worden. Ist von der Schläfe die Rede, heißt es abwechselnd die rechte oder die linke. Im Lanner ist auch gesagt worden, Konrad habe seine Frau mit einer

Hacke erschlagen und erst, nachdem er sie schon mit der Hacke erschlagen gehabt hatte, mit dem Mannlicher-Karabiner angeschossen, daraus ersehe man, daß es sich bei Konrad um einen Verrückten handle. Im Laska sagten sie, Konrad habe seiner Frau den Mannlicher-Karabiner am Hinterkopf angesetzt und erst nach ein oder zwei Minuten abgedrückt, sie habe gewußt, wie sie den Lauf an ihrem Hinterkopf spürte, daß er sie jetzt umbringen werde, und habe sich nicht gewehrt. Wahrscheinlich habe er sie, heißt es im Stiegler, auf ihren eigenen Wunsch erschossen, ihr Leben sei nichts als qualvoll und an jedem Tag eine noch größere Qual als an dem vorausgegangenen gewesen und es sei gut, daß die Arme, als die sie fast immer und überall bezeichnet wird, tot sei. Konrad hätte sich aber, nachdem er seine Frau erschossen hat, selbst erschießen sollen, heißt es, denn jetzt erwarte ihn das Fürchterliche einer zweifellos lebenslänglichen Strafanstalts- oder Irrenhaushaft . . .

. . . aber ein Mensch, der einen ihm Nahestehenden umbringt, sagt Fro, sei weit entfernt von Folgerichtigkeit . . .

. . . der Bezirksrichter soll zu den umstehenden Gendarmeriebeamten gesagt haben, das auf dem Boden liegende Hirn der Toten erinnere ihn in Beschaffenheit und Farbe an Emmentalerkäse, sagt Wieser. Höller bestätigt diese Aussage. Über Konrad selbst soll der Bezirksrichter gesagt haben, er habe Schriddesche Krebshaare usf. . . .

. . . tatsächlich habe Konrad im Zimmer seiner Frau wochenlang eine Hacke versteckt gehabt, eine ganz gewöhnliche Holzhacke, er, Konrad, habe aber seine Frau nicht mit dieser Hacke erschlagen, sagt Höller, sondern erschossen, die Hacke sei wochenlang hinter dem Krankensessel auf der Fensterbank gelegen und dort verstaubt. Als Tatzeit wird drei Uhr früh vermutet, aber es ist auch von anderen Zeiten die Rede, so heißt es im Lanner immer wieder, Konrad habe seine Frau um *vier Uhr* früh umgebracht, im Laska, um *ein Uhr*, im Stiegler, um *fünf Uhr* früh, im Gmachl um *zwei*. Niemand, auch Höller nicht, hat einen Schuß gehört. Während er selbst das Sickinger Kalkwerk als den einzigen ihm noch möglichen Ort bezeichnete, sagt Wieser, sei ihm, Konrad, Sicking in Wahrheit nach und nach und in den letzten beiden Jahren, so Fro, mit geradezu bösartiger Schnelligkeit zum Verhängnis, im Grunde ihm selber auf das tödlichste bewußt zu einer einzigen deprimierenden Niederlage geworden, Wieser sagt auf seine Art ganz pathetisch: zur Tragödie. Während er, Konrad, schon sehr früh alles versucht habe und auch alles getan habe, in den Besitz

des Kalkwerks zu kommen, das zwar immer schon in der Familie der
Konrad, aber durch Erbschliche, wie Konrad einmal Fro anvertraut haben
soll, zwischen den beiden Weltkriegen in die Hände von Konrads Neffen
Hörhager gespielt worden sei, das Kalkwerk käuflich zu erwerben, war an
die drei oder gar vier Jahrzehnte Konrads Wunschtraum gewesen, der sich,
das muß gesagt werden, meinte Fro, immer schwieriger, aber dann auf
einmal doch über Nacht, wie Wieser meint, verwirklichen habe lassen,
Konrad habe schon in der Kindheit an der Vorstellung gearbeitet, sich
einmal im Kalkwerk niederzulassen, meint Fro, von frühester Jugend an
habe er den Plan, einmal in das Kalkwerk einziehen und in ihm hausen zu
können, verfolgt, Besitz zu ergreifen von dem alten Mauerwerk, den Rest
des Lebens in der, wie Konrad selbst einmal zu Fro gesagt haben soll,
absoluten Isolierung von Sicking auf seine ihm mehr und mehr zur Notwendigkeit gewordene intensive Art und vor allem immer von seinem ihm
tatsächlich noch immer vollkommen gehorchenden Kopfe aus zu verbrauchen, habe er sich schon früh vorgenommen, aber der unaufhörlich
von seinem Neffen Hörhager in die Höhe getriebene Kaufpreis und das
fortwährende Ja und Nein des Neffen, den Verkauf des Kalkwerks an
Konrad betreffend, die ihn, Konrad, geradezu sadistisch anmutende fortwährend Willensänderung des Neffen, der alle Augenblicke einmal zu-
sicherte, das Kalkwerk zu verkaufen, dann aber wieder plötzlich von einem
Verkauf an Konrad nichts wissen wollte, der immer wieder drohte, er
werde wohl das Kalkwerk verkaufen, aber nicht an Konrad, dann wieder
versprach, das Kalkwerk nur an Konrad zu verkaufen, der an einem Tag
Konrad die Zusicherung gab, das Kalkwerk zu verkaufen, am nächsten
diese Zusicherung wieder zurückzog oder von einer solchen an Konrad
gegebenen Zusicherung auf einmal immer wieder nichts mehr wissen
wollte, dieses ständige Verkaufenwollen und Nichtverkaufenwollen, die
unaufhörliche, in Wahrheit durch nichts gerechtfertigte Preishinauftrei-
bung (Fro), von Tag zu Tag hatte das Kalkwerk einen höheren, immer
einen immer noch höheren Preis, zermürbten Konrad, aber er wäre nicht
er selbst gewesen, wenn er nicht gegen und vor allem gegen alle diese, wie
er gesagt haben soll, unmenschlichen Widerstände schließlich doch in den
Besitz des Kalkwerks gekommen und in das Kalkwerk eingezogen wäre.
Während man aber also ruhig sagen kann, meint Wieser, daß Konrad
jahrzehntelang alles getan habe, um schließlich und endlich in den Besitz
des Kalkwerks zu kommen und mit immer rücksichtsloserer Schärfe die-

sen Plan vorangetrieben und verfolgt und eines Tages tatsächlich verwirklicht habe, habe seine Frau, die, und das hängt mit ihrer Verkrüppelung und Unbeweglichkeit zusammen, solange sie im Kalkwerk gelebt hat, außer dem Höller, dem Bäcker, dem Rauchfangkehrer, dem Friseur, dem Gemeindearzt und der Störschneiderin kein Mensch je zu Gesicht bekommen hat, die Konrad, von welcher gesagt wird, daß sie zwar verkrüppelt, aber von großer Schönheit gewesen sei, habe also die Konrad alles versucht und auch alles getan, um nicht in das Kalkwerk gehen zu müssen, er, ihr Mann, meint Wieser, habe naturgemäß immer nur an seine Studie gedacht, für die ihm immer das Kalkwerk als ein ideales erschienen war, sie aber befürchtete schon zu der Zeit, in welcher ihr Mann die ersten, damals von ihr kaum noch ernstgenommenen Gedanken an das Kalkwerk, wie sie später immer wieder gesagt habe, regelmäßig, ja mit einer in der Folge zunehmenden leidenschaftlichen Gewohnheit, gehabt habe, daß ihr ja schon genug trauriges Leben mit der Verwirklichung des Vorhabens ihres Mannes, ins Kalkwerk einzuziehen, in eine mehr oder weniger fürchterliche Existenz einmünden werde, was sich auch, wie man heute weiß, bewahrheitet hat; sie hat nach Toblach, in ihren Elternort und in ihr Elternhaus, zurückgehen wollen, aber nach Toblach zurückgehen hätte für ihn nichts anderes als die endgültige Aufgabe seiner Studie und also auch seines Existenzzweckes und in der Folge auch für seine Frau, in Wahrheit Konrads Halbschwester, nichts anderes als die totale mutwillige Existenzvernichtung noch dazu im Ausland bedeutet, denn die Abhängigkeit seiner Frau von ihm war die vollkommenste, die man sich vorstellen kann, sagt Wieser, und es habe in jedem Falle immer nur eine tödliche Wirkung, aus Verzweiflung und Ratlosigkeit und letzter Lebensanstrengung und also aus doppelter Verzweiflung und doppelter Ratlosigkeit, weil man ganz einfach keinen anderen Ausweg mehr weiß und weil man weiß, daß es ganz einfach keinen Ausweg mehr gibt, keinen Ausweg mehr geben kann, schließlich das Elternhaus im Elternort und in der Elternlandschaft wieder aufzusuchen, den sogenannten Rettungsort. Tatsächlich wäre seiner Frau immer Toblach als der alleridealste Rettungsort unter allen anderen Rettungsorten im Gedächtnis gewesen, das alleridealste Toblach fortwährend im Gegensatz zu dem für sie furchtbaren Sicking, das sie fürchtete. Aber gerade nach Sicking sind die beiden gegangen, er, sagt Fro, habe sich durchgesetzt, sie habe das Kalkwerk immer gehaßt, sie habe immer alles versucht, ihn von der Idee, in das Kalkwerk zu gehn, abzubringen, seinen

Neffen Hörhager habe sie zuerst zu überreden versucht, das Kalkwerk nicht oder jedenfalls nicht an Konrad zu verkaufen, dann habe sie den Neffen Konrads zu bestechen versucht, habe dem Neffen, sagt Fro, sogar eine sechsstellige Summe angeboten, für den Fall, daß er das Kalkwerk nicht an Konrad, sondern an einen andern verkauft, schließlich habe sie dem Hörhager gedroht, ihn abwechselnd erpreßt und gewarnt und ihm gedroht, aber das alles habe nichts genützt, sagt Fro, Konrad habe sich durchgesetzt, wie er sich immer und in jedem Falle immer durchgesetzt habe, wie Fro sagt. Und die fünfeinhalb Jahre, die die Konrad in Sicking waren, hätten ihm, Konrad, nach Aussage Wiesers, bewiesen, daß seine Entscheidung und seine Rücksichtslosigkeit, aus der für ihn schon jahrzehntelang nutzlosen und reizlosen, wie ihm immer vorgekommen sei, ständig als eine völlig geschichtsfeindliche, auf der Stelle tretenden Welt heraus, seiner Studie und dadurch ihrer beider Existenz zuliebe in das Kalkwerk zu gehen, und zwar in kein von ihnen nur gemietetes, sondern von ihnen rechtmäßig gekauftes, denn Hörhager habe Konrad ja angeboten, ihm das Kalkwerk, wie üblich, auf zwölf oder gar auf vierundzwanzig Jahre zu vermieten, was Konrad immer strikt abgelehnt habe, wie Wieser sagt, weil das gänzlich seiner Natur entspreche, daß also seine Entscheidung und seine Rücksichtslosigkeit die richtige Entscheidung und die richtige Rücksichtslosigkeit gewesen wären. Ab und zu, habe Konrad zu Fro gesagt, wären in den ersten Sickinger Jahren im Kopf seiner Frau noch recht oft das Wort und der Begriff Toblach aufgetaucht, immer nur das Wort Toblach, sagt Fro, niemals Tobiacco, dieser Kindheitsbegriff sei ihr oft stundenlang durch den Kopf und schließlich durch ihr Zimmer und in der Folge immer auch durch das ganze Kalkwerk gegeistert, aber immer weniger oft, soll Konrad zu Fro gesagt haben. Auf dem sogenannten Kaltmarkt soll Konrad noch vor einem Jahr zu Wieser gesagt haben, daß es den Anschein habe, als tauchte Toblach jetzt auf einmal nicht mehr auf, der Begriff Toblach spiele auf einmal keine Rolle mehr, seine Frau habe Toblach aufgegeben, wie ihm scheine, indem sie Toblach aufgegeben habe, sich selber aufgegeben, er bemerke das. Sie sei immer gegen Sicking gewesen, habe Konrad zu Fro gesagt, immer gegen das Kalkwerk und also auch schon immer gegen ihn selbst, gegen seine Studie, also, konsequent zu Ende gedacht, auch gegen sich selbst. Toblach hätte sie von den allerersten Gedanken an Sicking gegen Sicking in die Debatte gebracht. Schließlich sei sie aus Gewohnheit gegen das Kalkwerk gewesen, aus Gewohnheit gegen seine Studie, von Natur aus also gegen seine Studie, gegen *Das Gehör*. Auf einmal existierte Toblach ganz einfach nicht mehr, soll Konrad gesagt haben, und: man muß das wissen, meine Frau hat ja nie etwas anderes außer Toblach gehabt, und sie habe im Grunde auch heute nichts außer Toblach. Natürlich sei Sicking ein Kerker, sagte Konrad zu Fro, und es mache ja auch von außen schon den Eindruck eines Kerkers, eines Arbeitshauses, einer Strafanstalt, eines Zuchthauses, dieser Eindruck sei durch Jahrhunderte verdeckt gewesen, habe Konrad gesagt, von Geschmacklosigkeiten verdeckt gewesen, er aber habe diesen Eindruck wieder voll zum Vorschein kommen lassen, zu rücksichtslosem Vorschein. Diesen Eindruck verstärkten vor allem die Fenstergitter, die er sofort, wie er das Kalkwerk gekauft gehabt hat, in die dicken Mauern hineinmauern habe lassen, diese Zweckmäßigkeitsgitter, wie Konrad sich ausgedrückt haben soll, die Ziergitter habe ich herausgerissen und die Zweckmäßigkeitsgitter hineinmauern lassen, habe Konrad gesagt, die dicken Mauern und die in den dicken Mauern verankerten Gitter weisen sofort auf einen Kerker hin. Die Schnörkel, die, bevor er das Kalkwerk gekauft habe, da und dort am ganzen Kalkwerk gewesen wären, Kennzeichen zweier geschmackloser Jahrhunderte, habe er, so Konrad zu Wieser, entfernen lassen, alle Schnörkel sofort, zu einem Großteil habe er diese Schnörkel mit seinen eigenen Händen aus den Wänden heraus- und von den Wänden heruntergerissen, herausgebrochen und herausgeschlagen und herausgerissen und heruntergeschlagen und heruntergebrochen und heruntergerissen und er habe alle diese heraus- und heruntergeschlagenen und -gebrochenen und heraus- und heruntergerissenen Schnörkel durch keine neuen Schnörkel ersetzt. Das Kalkwerk sei vollkommen frei von Zierat, habe Konrad zu Fro gesagt. Und auch die Wege, habe er gesagt, die zum Kalkwerk führen, und tatsächlich führe ja, wie man gleich sehen könne, nur ein einziger steiniger Weg zum Kalkwerk, habe er grob aufgeschottert. Alles vereinfacht. Ihm sei es darum gegangen, den Urzustand des Kalkwerks wiederherzustellen, ohne Rücksicht auf Meinungen. Hohes Gestrüpp, aber keinerlei Ziergesträuch. Zu Wieser: er, Konrad, sei ja auch niemals ein sogenannter Naturfex gewesen, kein Naturfanatiker, kein Naturmasochist, überhaupt kein Pflanzennarr, und die Natur, genauer gesagt, die Außennatur, habe ihn auch immer nur an sich selber, also Konrads Natur, erschrecken lassen, niemals erstaunen, die Empfindung des sogenannten Naturentzückens sei nichts anderes als Perversion. Er sei

auch kein Tierfreund, da er auch kein Menschenfreund sei, sei er auch
kein Tierfreund, da er sich selbst sei, was dazu gesagt werden müsse, das
wäre also falsch, zu glauben, er wäre ein Tierfreund, er beschäftige sich
zwar ununterbrochen mit der Natur und keine andere Beschäftigung fülle
sein Gehirn aus, aber er sei und zwar gerade aus diesem Grunde der
ununterbrochenen Naturbeschäftigung, kein Naturfreund, ja ganz im
Gegenteil, sei er, auf das unheimlichste naturgemäß seiner Frau, ein geradezu leidenschaftlicher Naturhasser und also, worauf man kommen
müsse, Kreaturhasser. Zu Fro: kahle Wände, Zweckmäßigkeit. Selbstver-
letzungsstrategie. Katastrophalcephalökonomie. Zu Wieser: festverschlossene, festverriegelte Türen, festvergitterte Fenster, alles festverschlossen
und festverriegelt und festvergittert. Früher waren ja an den Kalkwerkstüren nur ganz gewöhnliche Mauskastenschlösser!, soll Konrad ausgerufen
haben, stellen Sie sich vor, ganz gewöhnliche Mauskastenschlösser! Jetzt
aber sicherten schwere, tief in die Mauern hineingelassene Kanthölzer die
Kalkwerkstüren ab. Tief in die Mauern hineingelassene schwere Kanthölzer, soll Konrad zu Wieser gesagt haben, die man mit Gewalt herausziehen oder hineinschieben muß, naturgemäß in der Feuchtigkeit, die hier
herrsche, immer mit Gewalt. Der Sicherheitsfaktor sei der allerwichtigste
Faktor. Zuerst, habe Konrad zu seiner Frau gesagt, sagt Wieser, müßten
sie vor der Außenwelt, der sie endlich entkommen seien, sicher sein, müßten also sofort die Fenster vergittern und die Türen verriegeln lassen und
sie hätten ja auch, sagte Konrad zu Wieser, sofort nach ihrem Einzug, und
schon den nächsten Tag nach Erlegung der unerhört hohen, ja unglaublichen Kaufsumme waren die Konrad im Kalkwerk eingezogen, sämtliche
Fenster vergittern und sämtliche Türen verriegeln lassen, Riegel auch an
die Kalkwerksinnentüren machen lassen, schwere Riegel und schwere Gitter, zuerst soll sich ja der Schmied, soll Konrad gesagt haben, geweigert
haben, so schwere Gitter anzufertigen, der Zimmermann geweigert haben, so schwere Riegel anzufertigen, aber der Schmied habe schließlich,
weil Konrad unnachgiebig gewesen war und einen sehr hohen Preis versprochen hatte, die schweren Gitter gemacht und der Zimmermann habe
die schweren Riegel gemacht, tatsächlich sollen der Schmied, der die
schweren Gitter gemacht hat, und der Zimmermann, der die schweren
Riegel gemacht hat, über Konrad den Kopf geschüttelt haben, aber
schließlich seien für beide, für den Schmied wie für den Zimmermann,
Konrads Argumente überzeugend gewesen und heute seien der Schmied

wie der Zimmermann stolz auf ihre Arbeit, der Schmied stolz auf die schweren Gitter, die er mit äußerster Präzision nach den Angaben Konrads angefertigt hat, der Zimmermann stolz auf die schweren Riegel, die er nach genauso präzisen Angaben Konrads präzis gemacht habe. Und damit die Leute, die, unerwünscht und unaufgefordert, wie das ihre Art sei, immer wieder am Kalkwerk vorbeigehen, nicht zum Kalkwerk herüberschauen könnten, soll Konrad zu Wieser gesagt haben, brauchten sie, er und seine Frau, hochwachsendes Gestrüpp, und Konrad soll zu seiner Frau gesagt haben, wir brauchen hochwachsendes Gestrüpp um das Kalkwerk, höchstwachsendes Gestrüpp, und sie hätten sofort hochwachsendes, besser höchstwachsendes Gestrüpp aus der Schweiz bestellt und nach Sikking transportieren und fachgemäß setzen lassen. Heute, soll Konrad vor zwei Jahren zu Wieser gesagt haben, ist das Kalkwerk vollkommen abgesichert, man entdeckt es nicht, man sieht es nicht und wenn man es entdeckt und wenn man es sieht, soll Konrad gesagt haben, erinnert sich Wieser, kann man unter gar keinen Umständen herein. Das hochwachsende Gestrüpp ist so hoch gewachsen, mein lieber Wieser, daß kein Mensch mehr einen Blick auf das Kalkwerk werfen kann, man sieht ja auch das Kalkwerk erst, wenn man schon unmittelbar davorsteht, so Konrad zu Wieser, das heißt, wenn man nur noch einen oder einen halben Meter davorstehe, dann sehe man es aber erst recht nicht, weil man nur noch einen oder einen halben Meter davorstehe. Das Kalkwerk sei ja auch nur von der Ostseite her zu erreichen und das sei merkwürdig, daß das Kalkwerk nur von der Ostseite her zu erreichen sei, aber auch wieder gar nicht merkwürdig, soll Konrad zu Wieser gesagt haben, einerseits sei das merkwürdig, andererseits gar nicht merkwürdig, alles sei einerseits merkwürdig, andererseits überhaupt nicht merkwürdig, genau an dieses merkwürdig hin und merkwürdig her erinnert sich Wieser, gegen Norden aber grenze das Kalkwerk wie auch gegen Westen ideal ans Wasser, gegen Süden ideal ans Felsgestein. Im Winter aber komme man oft nicht einmal mehr von der Ostseite an das Kalkwerk heran, weil das Kalkwerk kein Kalkwerk mehr sei, fahre der Schneepflug nicht mehr bis zum Kalkwerk, in ein totes, aufgelassenes Kalkwerk fährt ganz einfach kein Schneepflug, soll Konrad zu Wieser gesagt haben, keine Arbeiter, kein Kalk, kein Schneepflug, soll er gesagt haben, für einen einzigen nichtsnutzen Konrad und seine Frau, eine genauso nichtsnutze Konrad, fährt der Schneepflug nicht, der Schneepflug zahle sich für sie nicht aus, also fahre der Schneepflug nicht,

der Schneepflug fahre seit Jahren, wie ihm, Konrad, jetzt auffalle, seit sein
Neffe Hörhager nicht mehr im Kalkwerk sei, nurmehr noch bis zum
Gasthaus, Hörhager hatte verschiedene sogenannte Gemeindefunktionen
inne, also wenn jemand Gemeindefunktionen innehabe, könne er auch
damit rechnen, daß der Schneepflug bis zu ihm hinfährt, aber ich, soll
Konrad gesagt haben, habe keine Gemeindefunktion inne, ich habe überhaupt keine Funktion inne, schon gar nicht eine Gemeindefunktion,
schon das Wort Funktion hasse er, nichts hasse er tiefer als das ihm jedesmal beim Anhören Ekel verursachende Wort Funktionäre, allerdings, soll
Konrad gesagt haben, da er die Menschen hasse, hasse er naturgemäß auch
die Funktionäre, denn heute ist ja jeder Mensch Funktionär, alle seien
Funktionäre, alle funktionierten, es gibt keine Menschen mehr, Wieser, es
gibt nur noch Funktionäre, deshalb kann ich den Ausdruck Funktionär
nicht mehr hören, mir ist das Wort Funktionär zum Erbrechen, aber mein
Neffe Hörhager ist naturgemäß Funktionär gewesen, Gemeindefunktionär, und zu einem Funktionär, noch dazu zu einem Gemeindefunktionär,
fährt der Schneepflug, dahin fährt er, zu einem Funktionär!, soll Konrad
Wieser gegenüber ausgerufen haben, für einen alten Narren wie ich und
für eine alte verkrüppelte Närrin wie meine Frau fährt der Schneepflug
nicht und wie leicht, soll Konrad zu Wieser gesagt haben, könnte der
Schneepflug am Kalkwerk umdrehen, aber er fährt ganz einfach nicht
mehr bis zum Kalkwerk. Eine Winterschikane!, soll Konrad gerufen haben, mehrere Male Eine Winterschikane! Wieser sagt, Konrad bezeichnete
über eine Stunde lang die Tatsache, daß der Gemeindeschneepflug nurmehr noch bis zum Gasthaus, aber nicht mehr bis zum Kalkwerk fährt,
immer wieder als Groteske. In Sicking sei alles eine Groteske, man könne
in Sicking anschauen was und von wo aus man wolle, man schaue eine
Groteske an. Aber daß der Schneepflug nicht mehr zum Kalkwerk, nurmehr noch bis zum Gasthaus fährt, bedeute für die Konrad auch einen
Vorteil, soll Konrad behauptet haben: durch den tiefen Schnee stapft kein
Mensch mehr zu uns. In dieser vollkommenen Abgeschiedenheit und
Abgeschnittenheit sei naturgemäß Ruhe. Die Tatsache, meint Wieser, daß
im Winter im Kalkwerk absolute Ruhe herrsche, habe ihn, Konrad, zuerst
am Kalkwerk begeistert. Dieser Gedanke verfolgte ihn, der Gedanke, daß
im Kalkwerk vollkommene Ruhe sei im Winter, habe ihm, Konrad, jahrzehntelang keine Ruhe gelassen. In diesem Gedanken sei er oft nahe daran
gewesen, wahnsinnig zu werden. In das Kalkwerk!, habe er immer wieder

gedacht, in das Kalkwerk!, in das Kalkwerk!, während seine Frau an nichts anderes gedacht habe als nur: nach Toblach zurück, zurück nach Toblach!, aber der Gehorsam seiner Frau sei der außerordentlichste gewesen. Durch den Felsvorsprung höre man ja auch vom Sägewerk nichts herüber, soll Konrad immer wieder gesagt haben, ehrlich gesagt, machten ihm, Konrad, aber Sägewerksgeräusche nichts aus, hätten ihm nie etwas ausgemacht, wie ihm sein eigener Atem nichts ausmache, machten ihm Sägewerksgeräusche nichts aus, weil sie immer schon dagewesen wären, er hätte niemals gedacht: da hörst du ein Sägewerk, da kannst du nicht denken!, weil er immer in der Nähe von Sägewerken gelebt und gedacht habe, eines aus dem andern immer in Sägewerksnähe, denn gleich, wo er sich auch immer aufgehalten habe, er habe sich in der Nähe eines oder gar mehrerer Sägewerke aufgehalten, zur Familie und zu allen seinen, wie auch zu ihren Verwandten, gehörte immer wenigstens ein Sägewerk. Und das Gasthaus, soll er zu Wieser gesagt haben, sei so weit vom Kalkwerk weg, daß er nichts aus dem Gasthaus höre. Wie ich durch den Felsvorsprung nichts vom Sägewerk höre, höre ich auch nichts vom Gasthaus herüber durch den Felsvorsprung, soll er gesagt haben. Ist es im Gasthaus am lautesten, hier im Kalkwerk höre er nichts. Manchmal gingen Lawinen ab, soll Konrad gesagt haben, Geröll, Eis, Wasser, Vögel höre er, Wild, Wind. Weil man beinahe überhaupt nichts höre, werde man im Kalkwerk, besonders wenn einem ein solches ungemein empfindliches Gehör zu eigen sei, wie ihm, besonders hellhörig. Alles, was man höre, wie alles, was man nicht höre, mache einen im Kalkwerk hellhörig. Dieser Umstand komme naturgemäß seiner Studie zugute, die sich nicht zufällig mit dem Gehör befasse, schließlich sei ja auch *Das Gehör* der Titel der Studie. Daß sie, die Konrad, da seien, habe Konrad zu Wieser gesagt, sei Berechnung im Hinblick auf die Studie, auf *Das Gehör*. Das alles hier, alles jetzt mit dem Kalkwerk Zusammenhängende, sei Berechnung, mein lieber Wieser, soll Konrad gesagt haben. Es sei alles vorausberechnet, vieles mag als das Zufälligste erscheinen, als das Unsinnigste, aber alles sei durchaus vorausberechnet. Die Empfindsamkeit sei in dem Zustand der totalen Überraschungslosigkeit die vollkommenste, naturgemäß tödlich, soll Konrad gesagt haben. Zu Fro habe Konrad folgendes gesagt: er höre, wenn er in seinem Zimmer sei, arbeite, beschäftigt mit der Studie, seine Frau in ihrem Zimmer oben atmen, ob man das glaube oder nicht, für wahr haben wolle oder nicht, tatsächlich. Man kann natürlich meine Frau in ihrem

Zimmer von meinem Zimmer aus nicht atmen hören, das ist wahr, das ist
oftmals erwiesen, soll Konrad gesagt haben, tatsächlich aber höre er seine
Frau in ihrem Zimmer atmen, wenn er in seinem Zimmer sei. Naturgemäß befände er, Konrad, sich aber auch immer in der höchstmöglichen
Aufmerksamkeit. Er könne sogar Menschen hören, die am andern Seeufer
miteinander reden, obwohl das nicht möglich ist, vom Kalkwerk aus Menschen am andern Seeufer miteinander reden zu hören. Diese Menschen
am andern Ufer brauchen gar nicht hell aufzulachen, soll Konrad zu Fro
gesagt haben, nur zu reden brauchen sie miteinander, und ich höre sie.
Wie oft höre ich ein Geräusch, ein tatsächliches Geräusch, soll er gesagt
haben, und ich frage meinen Gesprächspartner, ob er das Geräusch auch
höre, und mein Gesprächspartner hört das Geräusch nicht. Ich höre Leute
am andern Ufer und ich stehe auf und gehe ans Fenster und höre die Leute
am andern Ufer noch besser, obwohl ich sie nicht einmal sehen kann, soll
er gesagt haben, während ich selbst aber die Leute am andern Ufer höre,
die ich nicht einmal sehen kann, hören und sehen meine Versuchspersonen nichts, soll Konrad zu Fro gesagt haben, die Schwierigkeit des Zusammenlebens mit Menschen habe für ihn immer darin bestanden, daß er
immer vieles hörte und vieles sah, die andern aber nichts hörten und
nichts sahen, und in der Unmöglichkeit, die Menschen, gleich welcher
Kategorie, in Hören und Sehen einzuschulen. Entweder ein Mensch hört
und sieht oder ein Mensch hört oder ein Mensch sieht oder er hört und
sieht oder hört oder sieht nicht und man kann keinen Menschen Hören
und Sehen lehren, aber der hört und sieht, kann an sich Hören und Sehen
vervollkommnen, und zeitlebens habe ich immer alles versucht, um mein
Hören und Sehen zu vervollkommnen, vor allem mein Hören zu vervollkommnen, denn wichtiger, als daß ein Mensch sieht, sei, daß ein Mensch
hört. Aber was meine Frau betrifft, soll Konrad gesagt haben, seien seine
Bemühungen, ihr Hören und Sehen zu vervollkommnen, auf halbem
Wege gescheitert, er habe plötzlich, schon vor zehn oder vor fünfzehn
Jahren, einsehen müssen, daß es sinnlos sei, sie weiterhin Hören und
Sehen zu lehren, er habe bald aufgegeben, ihr Hör- und ihr Sehorganisches
zu entwickeln, naturgemäß sei das ja gerade das Wesen der Frau, daß sie
auf halbem Wege und zwar immer in dem Augenblicke der allerhöchsten
Konzentration und zwar immer auch im Augenblicke der allergrößten
Erfolgswahrscheinlichkeit eine disziplinäre Geistes- und Geisteswillensan-
strengung aufgebe. Die urbantschitsche Methode, die er an ihr, seiner

Frau, vor allem von dem Zeitpunkt des Einzugs in das Kalkwerk an mit großer Rücksichtslosigkeit trainiere, habe er ja nurmehr noch für seine Zwecke, nicht mehr für sie auf dem Programm gehabt. Was das Hören meinerseits von Gesprächen aller möglichen Leute am anderen Ufer betrifft, soll Konrad zu Fro gesagt haben, konnte ich oft einzelne, ja die kompliziertesten Wörter, wie auch die kompliziertesten Satzkonstruktionen mit geradezu belebender Präzision in das Kalkwerk hereinhören. Plötzlich soll er gesagt haben: meine Versuchspersonen, meine Frau zum Beispiel, Höller zum Beispiel, Wieser zum Beispiel, haben noch niemals etwas, das ich ganz präzise vom anderen Ufer herübergehört habe, herübergehört, während ich alles überdeutlich herüberhöre, soll Konrad gesagt haben, hören meine Versuchspersonen überhaupt nichts und tatsächlich hören Sie selbst ja auch niemals etwas vom anderen Ufer herüber, soll Konrad gesagt haben. Schließlich einfach alles zu hören, soll er gesagt haben, sei, Folge der ununterbrochenen jahrzehntelangen Beschäftigung mit der Studie, Triumph, gleichzeitig furchtbar. Aber nichts schaffe eine größere Klarheit als ein vollkommenes oder wenigstens ein nahezu vollkommenes Gehör. Auf das Kalkwerk selbst zurückkommend, soll Konrad zu Fro gesagt haben, daß es ein jeden Ankömmling sofort verblüffendes Bauwerk sei. Jedes Jahrzehnt sei etwas dazugebaut, etwas daraufgebaut worden, ein Teil von ihm abgerissen worden, die vielen Unterkellerungen, bedenken Sie, sage ich zum Baurat, soll Konrad zu Fro gesagt haben. Da, wo das Wasser am tiefsten sei, tatsächlich an der tiefsten Stelle, schaue er, Konrad, aus dem Fenster. Dem unvermittelt aus dem Gestrüpp Heraustretenden müsse aber doch immer die tatsächliche Größe des Kalkwerks verborgen bleiben, nur wer in ihm haust, wer es, soll Konrad gesagt haben, mit Kopf und Seele bewohnen und mit diesem ungeheuerlichen Mechanismus ausfüllen kann, könne das Ganze ausmessen. Erfassen nicht, aber ausmessen, soll Konrad gesagt haben. Der Betrachter sei irritiert, der Besucher vor den Kopf gestoßen, der Betrachter werde gleichzeitig von dem Kalkwerk angezogen und abgestoßen, der Besucher in jedem Falle augenblicklich Opfer aller möglichen Enttäuschungen. Der Betrachter kehrt um und flüchtet, der Betreter oder Besucher verläßt es und flüchtet. Wie oft habe er einen Menschen beobachtet, der aus dem hochgewachsenen Gestrüpp herausgetreten und erschrocken und umgekehrt ist, immer der gleiche Mechanismus, soll Konrad gesagt haben, die Leute treten aus dem Gestrüpp heraus und kehren augenblicklich um, oder sie treten in das

Kalkwerk ein und stürzen sofort wieder hinaus. Und sie haben immer das Gefühl, beobachtet zu sein, nähert man sich einem Bauwerk wie dem Kalkwerk, hat man immer das Gefühl, beobachtet zu sein, von allen Seiten beobachtet zu sein, das entmutigt sehr rasch, soll Konrad gesagt haben, alles wird nach und nach, nach anfänglicher unerhörter Wachsamkeit, Angespanntheit aller Sinnesorgane, kraftlos, eine große Erschlaffung bemächtigt sich aller, die in den Bereich des Kalkwerks eingetreten sind, auf einmal. Das sei das Augenfälligste: allein der Anblick des Kalkwerks lasse die Leute umkehren, sie hätten plötzlich nicht mehr den Mut, anzuklopfen, hineinzugehen. Erschrecken sie nicht schon beim Anblick des Kalkwerks, soll Konrad gesagt haben, so erschrecken sie, wenn sie tatsächlich anklopfen, die wenigsten allerdings kommen so weit, daß sie anklopfen, denn das Anklopfen mache einen fürchterlichen Lärm. Alles an der Architektur des Kalkwerks sei das Resultat jahrtausendealter Berechnung. So müsse man annehmen, trete man aus dem Gebüsch heraus, meinte Konrad zu Wieser, das Kalkwerksinnere lasse nur die geringste Bewegungsfreiheit zu, daß man im Kalkwerksinnern nur den geringsten Spielraum habe, vermute man gleich, aber tatsächlich habe man im Kalkwerk den größten Spielraum. Aber jede Vorstellung sowie jede Vorstellung einer Vorstellung sei in jedem Falle immer eine irrtümliche, erniedrigende. Das müsse man wissen, wenn man denke. Das Tatsächliche sei tatsächlich immer anders, das Gegenteil, immer das Tatsächliche, tatsächlich. Daß wir aus Täuschung existieren und aus nichts sonst, sei nicht unbedingt auszusprechen. Sie können im Kalkwerk wie in keinem andern Gebäude, das ich kenne, soll Konrad zu Wieser gesagt haben, und er kenne die größten und vorzüglichsten und im Grunde alle möglichen Arten von Gebäuden oder besser gesagt, Mauerwerken, soviel Sie wollen und zwar immer soviel Sie wollen, ohne fortwährend die gleiche Strecke Weges benützen zu müssen, hin- und her- und im Grunde immer weiter- und weitergehen, in jedem Fall auf das fortschrittlichste fortschreiten. Die Konstruktion des Ganzen sei auf Totaltäuschung angelegt, der oberflächliche Beurteiler auf jeden Fall in die Falle gegangen. Betritt man das Vorhaus, sagte Konrad zu Wieser, erkennt man sofort, daß man sich täuschen habe lassen, denn allein das Vorhaus ist beispielsweise dreimal so groß wie das Zuhaus und naturgemäß seien unteres wie oberes Vorhaus gleich groß, als ein Herrenhaus angelegt, soll Konrad zu Wieser gesagt haben, habe das Kalkwerk für ihn, Konrad, alle Vorzüge eines sogenannten freiwilligen

Arbeitskerkers. (Am Ende des Vorhauses sei der Hof, höre ich im Laska, mit Kopfsteinpflaster ausgelegt.) Hier im Kalkwerk könne Konrad stundenlang gehen, ohne verrückt zu werden, habe er zu Wieser gesagt, während man in andern, gleich großen oder möglicherweise noch viel größeren Gebäuden schon nach Minuten des Auf- und Ab- und des Hin- und Hergehens verrückt werde. Sein Kopf, habe Konrad zu Wieser gesagt, sei, glaube er, gerade für solche Gebäude wie das Kalkwerk, auch sein Körper. Während seiner Frau, die an Toblach orientiert sei, Gebäude wie das Kalkwerk unheimlich seien, fortwährend Anlaß für Depressionen, habe er, Konrad, immer nur in solchen wie das Kalkwerk naturgemäß nur auf den höchsten Anspruch zu höchster Eigenart reagierenden Gebäuden wirklich atmen und existieren können, er müsse in Zimmern mindestens fünfzehn oder zwanzig Schritte ungestört hin- und ebenso viele Schritte ungestört hergehen können, meinte Konrad zu Wieser, und zwar, wie Sie sich denken müssen, größere Schritte, diese großen Schritte, die ich mache, wenn ich mit einer Kopfarbeit beschäftigt bin, während man ja, wie Sie wissen, in den meisten Zimmern, in die man hineinkommt und in welchen zu leben, zu übernachten, wie ganz einfach auch längere Zeit zu existieren man immer wieder gezwungen wird, nicht einmal an die acht oder neun Schritte machen kann, ohne mit dem Kopf an die Wand zu stoßen, auf dieses fünfzehn oder zwanzig Schritte lange in der einen Richtung wie in der andern Richtung Gehen habe ich immer den größten Wert legen müssen, sagte Konrad zu Wieser, sofort, komme er in ein Haus, habe er zu Wieser gesagt, probiere er aus, ob er fünfzehn oder zwanzig Schritte in einer Richtung gehen könne, ich mache gleich die ersten Schritte rücksichtslos in die eine und rücksichtslos in die andere Richtung und zähle diese Schritte, also, kann ich fünfzehn oder zwanzig Schritte hin- und fünfzehn oder zwanzig Schritte zurückgehen, frage ich mich gleich und erprobe den Zustand meistens mit dem Erfolg, daß ich, wie gesagt, nicht einmal acht oder neun Schritte in einer Geraden gehen kann, während ich, soll Konrad zu Wieser gesagt haben, hier im Kalkwerk ohne weiteres in allen Zimmern, wo ich auch will, ruhig zwanzig oder gar dreißig Schritte in einer Richtung machen kann, ohne mir den Kopf anzurennen. Er atme in großen Zimmern naturgemäß auf, habe Konrad gesagt. Seine Frau aber sei in großen Zimmern bedrückt. Mich deprimieren die kleinen, sie deprimieren die großen Zimmer. Naturgemäß ist sie, meine Frau, meinte Konrad zu Wieser, an den engen Zimmern in Tob-

lach orientiert, sie sei in den engen Toblacher Zimmern aufgewachsen, in
den kleinen Toblacher Kammern, überhaupt aufgewachsen in der Enge
von Toblach, alles sei dort eng und man glaubt immer, soll Konrad gesagt
haben, man erstickt, hält man sich in Toblach auf, während er in kleinen
Zimmern immer das Gefühl habe, ersticken zu müssen, wie er auch in
Gebirgstälern und deshalb in Toblach immer das Gefühl habe, ersticken
zu müssen, habe seine Schwester, die an Toblach gewöhnt sei, in großen
Zimmern Angst, von der Größe der Zimmer erdrückt zu werden, in großzügigen Landschaften das Gefühl, von der Größe der Landschaft erdrückt
zu werden, unter einem riesigen Firmament das Gefühl, von diesem riesigen Firmament erdrückt zu werden, wie auch unter einem großen Menschen von diesem großen Menschen erdrückt zu werden. Deshalb glaube
er ja auch im Zuhaus immer, ersticken zu müssen, habe Konrad gesagt,
längere Zeit im Zuhaus, soll er gesagt haben, und ich ersticke, und das soll
auch der Grund sein, warum er den im Zuhaus lebenden Höller so selten
besucht habe, nur wenn er sich nicht mehr dagegen wehren habe können,
habe er den Höller im Zuhaus aufgesucht, das Zuhaus hätte ihn immer
schon nach kürzester Zeit an Sauerstoffmangel beinahe ersticken lassen:
die einen seien einfach für die kleinen und engen und die andern für die
großen und weiträumigen Gebäude, soll Konrad gesagt haben, die längere
Unterhaltung mit dem Höller im Zuhaus, mit dem von ihm am behutsamsten geliebten Menschen, sei ihm gerade wegen der Enge im Zuhaus
und wegen der Zustände, die diese Enge im Zuhaus in ihm jedesmal schon
gleich nach seinem Eintritt verursachte, mehr und mehr unmöglich gewesen, immer nur auf die allerkürzeste Zeit habe ich den Höller im Zuhaus aufsuchen können, soll Konrad zu Wieser gesagt haben. Wie sie ins
Kalkwerk eingezogen sind, sei sofort klar gewesen, daß seine Frau ins
kleinste der Kalkwerkszimmer einzieht. Aber selbst in ihrem Zimmer, das
tatsächlich das kleinste Kalkwerkszimmer ist, habe Konrad ohne weiteres,
habe er zu Wieser gesagt, fünfzehn Schritte hin und fünfzehn Schritte
zurück machen können. Und daß sie, seine Frau, selbstverständlich von
Anfang an in den zweiten Stock hinaufziehen werde, sei sofort klar gewesen, noch in Mannheim, wo wir uns unmittelbar vor dem Einzug ins
Kalkwerk aufgehalten hatten, hätten sie beide beschlossen gehabt, daß sie
in den zweiten Stock hinaufziehe, denn der zweite Stock sei der gesündeste, Gutachten aller zuständigen Experten hätten diesen Beweis immer
wieder erbracht, weder ein Zimmer im ersten Stock, noch ein ebenerdiges,

noch ein Zimmer im dritten Stock wäre für sie in Frage gekommen, soll
Konrad gesagt haben. Und das sei auffällig, daß immer behauptet wird,
der zweite Stock sei der gesündeste, alle ziehen in den zweiten Stock,
haben sie die Möglichkeit, alle ziehen den zweiten Stock vor. Ich selber
habe sofort mein Ersterstockzimmer bezogen, soll Konrad gesagt haben.
Im ersten Augenblick hätten sie sich gesagt, dahinein in dieses Ersterstockzimmer, mit mir, dahinein, in dieses Zweiterstockzimmer, mit ihr. Hier,
im Kalkwerk, habe er fast alle Voraussetzungen, ein Höchstmaß an Voraussetzungen für die Studie, soll er gesagt haben und: er fragte sich zuerst
nicht, was das für seine Frau bedeutet habe, plötzlich doch ins Kalkwerk
zu ziehen, wenn er auch gewußt habe, was das für sie bedeutete, er fragte
sich das nicht ununterbrochen, man dürfe sich ganz einfach vieles nicht
ununterbrochen fragen, das man ununterbrochen wisse. Daß er sein Fenster über der tiefsten Wasserstelle habe, sei auch ein großer Vorteil für die
Studie, wenn er auch nicht angeben konnte oder angeben wollte, was für
ein Vorteil. Wie es ja auch ein großer Vorteil sei, daß sie, seine Frau, ihr
Fenster über dem Wasser, wenn auch nicht über der tiefsten Stelle wie er,
habe, denn sie, habe er zu Wieser gesagt, hätte ihr Fenster durchaus nicht
über der tiefsten Wasserstelle haben dürfen. Zuerst habe seine Frau geglaubt, ein Hoffenster sei für sie vorteilhaft (aus der Vorliebe für die Enge
heraus!), ein solches ans Felsgestein gar, aber sie hatte sich, so er selber zu
Wieser, von ihm überzeugen lassen, daß es für sie doch vorteilhafter sei,
ein Fenster über dem Wasser zu haben, schließlich habe sich mit der Zeit
herausgestellt, daß sie oft stundenlang damit beschäftigt gewesen war, ins
Wasser hineinzuschauen, ja nicht stundenlang, sondern tagelang schaue
sie ins Wasser hinein (Konrad). Was ihn, Konrad, betreffe, hätte, ein
Hofzimmer bewohnen, bedeutet, gegen die Studie handeln, auch ein
Zimmer ans Felsgestein wäre, im Hinblick auf die Studie, nicht in Frage
gekommen. Vorschubleistung der ja ohnehin andauernden Verzweif-
lungsbereitschaft hätte bedeutet, ein Hof- oder ein Felsgesteinszimmer zu
beziehen, habe Konrad zu Wieser gesagt. Was die Möblierung des Kalkwerks betrifft, so äußerte sich Konrad einmal folgendermaßen zu Fro:
während wir unsere eigenen Zimmer schon am ersten Tag vollständig und
für immer eingerichtet gehabt hatten, mit dem Allernotwendigsten, wie
Sie sich denken müssen, haben wir das ganze übrige Kalkwerk bis heute
nicht eingerichtet. Da wir im Winter übersiedelt sind, haben wir den
Schleppkahn benützen müssen, zweimal mit dem Schleppkahn über den

See, soll Konrad zu Fro gesagt haben, zwei volle Schleppkähne über den
See, voll mit Hunderten und Tausenden von Einrichtungsgegenständen,
die wir, obwohl wir jahrzehntelang immer hin- und hergereist sind, immer
noch besessen haben, das ist unvorstellbar, Fro, daß wir zu dem Zeitpunkt
des Einzugs ins Kalkwerk noch so viele Möbelstücke und andere Einrichtungsgegenstände besessen haben, zwei Kriege und diese Ungeheuerlichkeiten von Umwälzungen, und immer noch derartig viele Möbel und
Einrichtungsgegenstände! Fro, das ist das Unglaublichste überhaupt, wo
wir andererseits nicht das geringste getan haben, um diese Möbelstücke
und Einrichtungsgegenstände uns zu erhalten, im Gegenteil, weder ich,
noch meine Frau, wir beide haben uns niemals auch nur einen einzigen
Augenblick um diese Möbel und Einrichtungsgegenstände gekümmert,
freilich, alle diese uns noch verbliebenen Hunderte und Tausende von
Möbelstücken und Einrichtungsgegenständen sind ja nur ein Bruchteil
von dem, was wir einmal gehabt haben, denn schließlich hat meine Frau
eine Menge mitgebracht und ich selber habe eine Menge mitgebracht und
durch verschiedene Todesfälle, Kriegseinflüsse, müssen Sie wissen, ist auch
noch ein Großteil von diesen Möbeln und Einrichtungsgegenständen dazugekommen, in den Städten haben wir viel verloren, aber auf dem Land
haben wir nichts verloren und vor allem auf dem Land haben wir fast alle
diese Möbelstücke und Einrichtungsgegenstände gelagert gehabt. Also
stellen Sie sich vor, zwei Schleppkähne voll solcher Möbelstücke und
Einrichtungsgegenstände!, soll Konrad ausgerufen haben, immer wieder
Zwei Schleppkähne voll Möbelstücke und Einrichtungsgegenstände!
Zum Glück sei der See nicht zugefroren gewesen, alle Winter friere der See
zu, im Jänner friere der See zu, aber in dem Jahr des Einzugs in das
Kalkwerk sei der See nicht zugefroren gewesen. Und mit den Wagen
getraue sich niemand mehr über den zugefrorenen See, nachdem vor
zwanzig Jahren die Hochzeitsgesellschaft, mehrere Konrad darunter, soll
Konrad gesagt haben, eingebrochen ist. Jahrhunderte seien die Leute über
den zugefrorenen See gefahren, da sei die Hochzeitsgesellschaft eingebrochen und keiner getraute sich mehr auf den zugefrorenen See. Drei
Schleppkähne Übersiedlungsgut, meinte Konrad zu Fro, und Sie wissen,
was auf einem solchen Schleppkahn Platz hat. Wahrscheinlich könne man
aber heute den Schleppkahn gar nicht mehr in Betrieb nehmen, soll Konrad gesagt haben, kein Mensch habe sich in den letzten Jahren um den
Schleppkahn gekümmert, er wisse genau, daß man einen solchen Schlepp-

kahn jährlich ölen und streichen müsse, aber kein Mensch habe den
Schleppkahn jemals geölt oder gestrichen. Verrostet und verfault, sei der
Schleppkahn zweifellos nicht mehr zu gebrauchen, und Konrad soll gesagt
haben: wie alles um das Kalkwerk herum verrostet und verfault ist, was da
alles um das Kalkwerk herumliege und verrostet und verfault sei. Wie
gesagt, soll Konrad zu Fro gesagt haben, jahrelang, um das Kalkwerk
überhaupt nicht einzurichten, und nicht eine Stunde, um unsere beiden
Zimmer einzurichten. Sie beide, Konrad wie seine Frau, wären von großer
Anspruchslosigkeit. Sein ganzes Leben habe er immer nur die notwendigsten immer gleichen Einrichtungsgegenstände gehabt. Und doch hätten
sie ganz gegen ihren Willen, wie gesagt, ganz auf das Notwendigste konzentriert, doch zwei volle Schleppkähne mit Möbelstücken und Einrichtungsgegenständen ins Kalkwerk transportieren lassen. Die Konrad soll
immer wieder gesagt haben, daß sie alle diese Möbel und Einrichtungsgegenstände in Toblach nicht hätten unterbringen können. In Toblach
hätte nicht einmal die Hälfte Platz gehabt, soll sie gesagt haben. Es gäbe
überhaupt nichts, das sie nicht mit Toblach in Beziehung bringen würde,
meinte Konrad zu Fro. Die Schwierigkeit bestand ja vor allem darin, soll
Konrad gesagt haben, zum Beispiel von vornherein Möbelstücke, die in
den ersten oder in den zweiten oder in den dritten Stock hinaufgehörten,
auch sofort in den ersten, zweiten oder dritten Stock hinaufzuschleppen,
nicht, wie uns das andauernd passiert war, für den zweiten Stock bestimmte Möbelstücke zum Beispiel in den dritten, solche für den ersten
Stock bestimmte in den zweiten und solche für den dritten bestimmte in
den ersten Stock zu schleppen und so fort. Schließlich wären beinahe alle
Möbelstücke und Einrichtungsgegenstände auf einem falschen Platz gestanden, ein, wie Konrad sich ausgedrückt haben soll, heilloses Durcheinander wäre am Ende das Resultat gewesen. Wie Sie wissen, habe ich
schon gleich nach unserem Einzug eine größere Anzahl Möbel und Einrichtungsgegenstände verkauft, in der Zwischenzeit einen Großteil aller
dieser hölzernen Unsinnigkeiten zu Geld machen können, soll Konrad zu
Wieser gesagt haben. Und zu Fro vor einem Jahr: sie, meine Frau, hat
nicht die geringste Ahnung, daß ich beinahe alle Möbelstücke und Einrichtungsgegenstände verkauft habe. Aber das sei ein anderes Kapitel.
Hinter ihrem Rücken fast alle Möbel und Einrichtungsgegenstände sei der
genaue Wortlaut der Äußerung Konrads gewesen, beinahe nurmehr noch
vollkommen leere Zimmer im Kalkwerk, weil ich in den letzten Jahren,

vor allem im Hinblick auf die hohen Prozeßkosten, alles zu Geld machen
habe müssen. Die Anwälte haben das meiste verschlungen! Er hätte ja
eine Reihe von Helfern engagiert, denn während des Umzugs habe Höller
mit einer wässerigen Rippenfellentzündung im Bett liegen müssen, wie
man wisse, sei es auch in Sicking schwierig, auch für viel Geld, Helfer
zu gewöhnlichen Handlangerarbeiten wie Möbelschleppen zu bekommen, er allein habe, während seine Frau vor Erschöpfung durch die Über-
siedlungsstrapazen in dem schon an seinem endgültigen Platz in ihrem
Zimmer aufgestellten Krankensessel zusammengesunken gewesen war,
zusammen mit den Helfern die Möbelstücke und anderen Einrichtungsgegenstände ins Kalkwerk geschleppt, habe er zu Fro gesagt, natürlich
muß man, hat man Helfer, diese ausnützen so gut es geht und er habe den
Helfern gesagt, sie sollten nicht, wie sie es, verwöhnt geworden durch die
ganze Geschichtsentwicklung, derartig langsam, daß es zum Verzweifeln
ist, arbeiten, sondern, wie er, Konrad, es gewöhnt sei, schnell, und die
Helfer hätten sich sofort an seine Anordnung gehalten, meint Fro, und
wären auf einmal mit großer Eile, mit der größten Geschicklichkeit gleichzeitig, ja mit Eifer an das Möbel- und Einrichtungsgegenständeschleppen
herangegangen. Konrad habe es offensichtlich verstanden, die Helfer an-
zufeuern, meint Fro. In den ersten Tagen hatte er den an ihm sonst ganz
deutlich erkennbaren Menschenhaß derart in sich zurückdrängen können, daß die Helfer der Meinung gewesen waren, es handle sich bei Konrad, den sie bis dahin zwar vom Hörensagen, nicht aber von Gesicht zu
Gesicht gekannt hatten, um einen durchaus gutwilligen, menschen-
freundlichen Herrn, der in der Folge für ihre Zwecke, viel Geld für sehr
wenig Arbeit, viel Geld für schlampige Arbeit etcetera, auszunützen sei
und sie hätten sich aus Schlauheit Konrads Anordnung zur Schnelligkeit
und gleichzeitig Korrektheit in der Arbeit gefügt. Konrad habe gewußt,
warum er zu den Helfern freundlich war, er befand sich ja in einer fürchterlichen Situation, als die Schleppkahnladungen vor dem Kalkwerk gestanden waren und weit und breit kein Helfer. Monate werde es dauern, so
Konrad zu Fro, bis Ordnung in das Möbelstückechaos hineingekommen
ist, aber bis heute ist in das Möbelstückechaos keine Ordnung hineingekommen, ehrlich gesagt, soll Konrad zu Fro gesagt haben, befindet sich
aber auch nurmehr noch ein Bruchteil aller dieser Möbelstücke im Kalkwerk, alles andere ist verkauft und es stehe gar nicht mehr dafür, den
Rest der Möbelstücke und Einrichtungsgegenstände jetzt noch zu ordnen.

Auch diesen Rest werde ich so bald als möglich zu Geld machen, habe
Konrad gesagt. Zu seiner Frau habe er immer wieder, wenn er von ihr
gefragt worden war, gesagt, alle Zimmer seien eingerichtet, alles in allen
Zimmern sei in Ordnung, nach und nach hätte alles seinen ihm zustehenden Platz gefunden, kein Wort davon, daß ja schon beinahe alles verkauft war, daß Konrad nicht im geringsten auch nur ein einziges Mal
daran gedacht habe, die Möbelstücke zu ordnen, sondern immer nur, wie
er sie so rasch als möglich alle miteinander verkaufen könne und tatsächlich hat er sie auch nach und nach günstig verkaufen können, an Antiquitätenhändler in der Stadt, beispielsweise an einen solchen in Vöcklabruck, der ihm beinahe alle Stücke zu einem verhältnismäßig hohen Preis
abgenommen hatte, um sie nach Amerika zu bringen, woran der Händler
noch unter Umständen, wie er selber Konrad gegenüber zugegeben haben
soll, an die tausend, ja zweitausend Prozent verdient haben soll, kein Wort
von dem allen gegenüber der an ihren Krankensessel gefesselten Frau,
immer nur die Lüge, alles mit allen Möbelstücken und Einrichtungsgegenständen sei in Ordnung. Jahrzehntelang sei ja die Lüge und nichts
mehr als die Lüge das einzige Mittel zwischen ihm, Konrad, und seiner
Frau gewesen, nicht vollständig verzweifeln zu müssen, einfach doch noch
eine Zeitlang weiterzukommen, Kontakt halten und sich selber gegenseitig aushalten zu können, ohne Lüge wären die beiden längst in völliger
Kontaktlosigkeit und in der tiefsten Verzweiflung gewesen, meint Fro.
Mein Gott, was ist ein Zimmer mehr als ein Tisch, ein Sessel, ein Kasten
und ein Bett!, soll Konrad Fro gegenüber ausgerufen haben, als sie einmal
aus dem Gasthaus herausgegangen waren und sich, wie so oft, nachdem sie
vier Stunden lang Siebzehnundvier miteinander gespielt hatten, Konrad
so lange, damit er nicht zu seiner auf ihn wartenden Frau nach Hause
muß, unter den Kastanien im Gasthausgarten verabschiedeten. Fro: Konrad fürchtete sich, zu seiner Frau zu gehn. Das Kalkwerk sei nicht in
Rufweite, soll Konrad sehr oft zu Wieser gesagt haben, rufe man aus dem
Kalkwerk hinaus, werde man nicht gehört. Im Falle eines Verbrechens
habe es keinen Zweck, zu schreien, weil man nicht gehört werde. Das
Sägewerk sei nicht in Rufweite, das Gasthaus sei auch nicht in Rufweite,
kein Mensch sei in Rufweite. Die Holzfäller seien nicht in Rufweite. Daß
auch die mußnersche Liegenschaft und die trattnersche Liegenschaft nicht
in Rufweite seien, habe sich, wie die beiden Morde an den Landwirten
Mußner und Trattner gezeigt haben, katastrophal ausgewirkt. Während

er, Konrad, einerseits die völlige Abgeschiedenheit, im Hinblick auf seine
Studie jedenfalls, als den größten Vorzug empfinde, stelle sie andererseits
eine ständige, ja eine ganz und gar außerordentliche Gefahr dar, denn die
Leute, die jetzt auf einmal, merkwürdigerweise in einer Zeit absoluten
Wohlstands, überall auftauchten, aus allen möglichen Löchern herauskä-
men, nur um Verbrechen zu begehen, vor allem Gewaltverbrechen und
unter den Gewaltverbrechen die allergemeinsten, brutalsten, schreckten,
wie man jetzt wisse, vor nichts zurück. Im Grunde habe er, Konrad,
ständig Angst vor Gewaltverbrechern, er existiere in andauernder Furcht
vor, wie er wörtlich gesagt haben soll, gewalttätigen Elementen, und das
Kalkwerk sei ja geradezu prädestiniert für Gewaltverbrechen, es fordere
geradezu zu solchen Verbrechen heraus, Tatsache sei, daß zum Beispiel alle
bis jetzt im Kalkwerk begangenen Verbrechen vornehmlich bis heute un-
aufgeklärte Raubmorde seien, alle hier in Sicking und in der Umgebung
von Sicking begangenen Verbrechen (Gewaltverbrechen) seien zu fünf-
undneunzig Prozent unaufgeklärt, die Hunderte im Kalkwerk begangenen, alle unaufgeklärt wie die an den Landwirten Mußner und Trattner,
deren Liegenschaften ja auch wie das Kalkwerk vollkommen auf sich allein
gestellt seien und in welchen man, wie im Kalkwerk, zu Jahresende immer
von einem Wunder gesprochen habe, wenn bis zum einunddreißigsten
Dezember in ihnen kein Gewaltverbrechen begangen worden war, in hundert Jahren etwa seien allein im Kalkwerk elf Morde, von welchen man
Kenntnis habe, begangen worden, abgesehen von Einbrüchen, Raub, ge-
wöhnlichem Diebstahl, Verbrechen, die sich in manchen Jahren zu unzähligen gewohnheitsmäßigen gehäuft hätten. Gebäude wie das Kalkwerk
zögen gerade immer jene Leute auf sich, in welchen alles auf nichts anderes
als auf Gewaltverbrechen hin angelegt ist und es nütze im Grunde nichts,
aufzumauern, abzusperren und die sogenannte Menschenkenntnis, die
mit dem Physiognomischen in andauernder Spekulation zusammenar-
beite, erweise sich immer als Trugschluß. Nichts täusche mehr als das
menschliche Gesicht, soll Konrad zu Wieser gesagt haben. Daß er ständig
eine Pistole mit sich herumtrage, sei ja mindestens seit dem Vorfall mit
dem Holzfäller und Wildhüter Koller bekannt, auch, daß er in beinahe
allen Zimmern des Kalkwerks eine griffbereite Waffe versteckt habe, sei
während des Koller-Prozesses publik geworden, lieber schieße man einem
oder dem anderen einmal in die Schulter oder ins Wadenbein, soll Konrad
zu Wieser gesagt haben, und werde dafür eingesperrt, als man ziehe, weil

man davor zurückschrecke, weil man schon einschlägig vorbestraft sei, den kürzeren. Keine Zeit könne man, wie die heutige, mit größerem Recht als die Zeit des Gewaltverbrechens bezeichnen, soll Konrad gesagt haben, in keiner Zeit habe man mit größerer Sicherheit in jedem Augenblick mit einem Gewaltverbrechen zu rechnen gehabt, und auf dem Land seien die Gewaltverbrechen nicht nur viel häufiger als in der Stadt, hier habe man es, wie man wisse, tagtäglich, die Landschaft von Sicking als Ganzes genommen, stündlich immer mit der scheußlichsten Form des Gewaltverbrechens zu tun. Die These, daß der Gewaltverbrecher vor nichts zurückschrecke, wie wir sie immer wieder zu hören bekämen, bewahrheite sich in der Sickinger Gegend aufs furchtbarste. Daß auch seine Frau eine Waffe hinter ihrem Krankensessel versteckt habe, wie Konrad vor ungefähr einem Jahr zu Wieser gesagt hat, bestätigt Fro. Sie, er und seine Frau, hielten es im Kalkwerk und überhaupt in Sicking keinen Augenblick ohne Waffe aus. Im Kalkwerk müsse man ununterbrochen bewaffnet sein und man habe genauso ununterbrochen mit einem Verbrechen an der eignen Person zu rechnen. Nur ein Dummkopf sei in einem solchen Gebäude wie in dem Kalkwerk und in einer solchen Gegend wie in der Gegend von Sicking waffenlos. Selbstverständlich habe er keine einzige Waffe verkauft, soll Konrad zu Wieser gesagt haben, im Gegenteil, während ich alles Verkaufbare zu verkaufen trachtete und auch schon beinahe alles Verkaufbare verkauft habe, habe ich, wie Sie wissen, fast den ganzen Waffennachlaß des Forstrates Ulrich angekauft, im Kalkwerk könne man nicht genug Waffen haben, denn sei das Kalkwerk auch verriegelt und vergittert, habe doch ein Gewaltverbrecher, der ein Gewaltverbrechen begehen will, immer die Möglichkeit, in das Kalkwerk einzudringen und ein Gewaltverbrechen zu begehen. Ein Verbrecher könne ja tatsächlich durch keine Vorsichtsmaßnahme an seinem oder an seinen Verbrechen gehindert werden, zu dem oder zu denen er sich entschlossen habe. Und ginge dieser Entschluß auch nicht immer vom Gehirn des Verbrechers aus, in den wenigsten Fällen ginge das oder gingen die Verbrechen eines Verbrechers vom Gehirn des Verbrechers aus, so ziele doch alles im Verbrecher auf das (oder auf die) Verbrechen ab, die Natur des Verbrechers verfolge das (oder die) Verbrechen so lange, bis sie begangen sind, oder bis es begangen ist. Und die Natur des Verbrechers sei immer eine ununterbrochen auf das oder auf die Verbrechen abzielende und nach einem begangenen Verbrechen oder nach begangenen Verbrechen konzentriere sich die Natur des

Verbrechers naturgemäß auf ein neues oder auf neue Verbrechen und so fort. Ja, man kann schreien, soll Konrad zu Wieser gesagt haben, aber man wird nicht gehört. Dieser Zustand zieht naturgemäß Verbrecher und also Gewaltverbrechen an. An diese Äußerungen Konrads erinnerte sich Wieser genau. Aber auch zahlreiche Unglücksfälle hätten im Kalkwerk immer wieder zum Tod von im Kalkwerk Lebenden und Arbeitenden geführt, in den meisten Fällen zum Tod, weil man zwar um Hilfe gerufen, besser geschrien habe, aber nicht gehört worden sei. Denken Sie nur an das Explosionsunglück Anfang achtunddreißig, soll Konrad gesagt haben, an die sieben Toten, vierundzwanzig Verletzten. Er habe sich aber selbst im Hinblick auf seine auf ein solches spekulierende Frau, für die es zweifellos von größtem Nutzen wäre, soll Konrad gesagt haben, geweigert, im Kalkwerk ein Telefon installieren zu lassen, im Hinblick auf seine Studie käme die Installation eines Telefons im Kalkwerk überhaupt nicht in Frage. Kein Telefon! Kein Telefon!, habe Konrad mehrere Male ausgerufen, meint Wieser. Natürlich, braucht man einen, ruft man einfach einen Arzt!, soll er gesagt haben. Die Installierung eines Telefons bedeutete zweifellos das Ende seiner Studie und überhaupt das Ende, er wisse, was er sage. Es mag Ihnen unwahrscheinlich vorkommen, soll Konrad zu Wieser gesagt haben, aber vor die Alternative gestellt, meine Frau oder die Studie, entscheide ich mich naturgemäß für die Studie. Abgesehen davon, soll er gesagt haben, daß die Installierung eines Telefons bei weitem meine finanziellen Mittel übersteigt, denn, plötzlich aus der Zwangsvorstellung, wohlhabend zu sein, aufgewacht, soll Konrad gesagt haben, habe ich die Feststellung gemacht, daß wir im Grunde auf einmal völlig verarmt sind. Wir haben nichts mehr und aus diesem Grunde habe ich ja auch so viele Sachen verkauft, aber seine Frau dürfe davon nichts wissen, in dem Glauben unerschöpflicher Geldmittel und also unerschöpflicher Wohlhabenheit, soll Konrad gesagt haben, habe sie noch Halt, in nichts sonst habe sie noch Halt, aber in der Vorstellung, es wäre genug Geld da, und diese Vorstellung habe sie zeitlebens gehabt und bis vor ein zwei Jahren, wie gesagt, habe Konrad selbst auch noch diese Vorstellung gehabt, sei sie beruhigt. Haben wir Telefon, soll Konrad gesagt haben, haben wir ja die gleiche Situation, die wir gehabt haben, bevor wir ins Kalkwerk gegangen sind. Wozu bin ich denn dann ins Kalkwerk gegangen, wenn ich Telefon habe? frage er sich. Natürlich, es gibt gar kein noch so lächerliches Gebäude mehr, das kein Telefon hat, aber das Kalkwerk hat kein Telefon. Im

Gasthaus ist Telefon, im Sägewerk ist Telefon, aber im Kalkwerk wird kein Telefon sein. Wenn er sich vorstelle, für welche Zwecke das Kalkwerk einmal gedacht und gebaut worden ist und zu welchem Zwecke er, Konrad, es jetzt bewohne, mißbrauche, soll er gesagt haben. Was hier alle möglichen Menschen geschuftet haben. Wenn er denke, was das Kalkwerk einmal für die ganze Gegend bedeutet habe. Und daß es jetzt schon so lange völlig bedeutungslos sei. Man spreche zwar immer noch vom Kalkwerk, wenn man vom Kalkwerk spreche, aber richtiger wäre doch, man spräche von einem stillgelegten Kalkwerk, wenn man vom Kalkwerk spreche. So spricht man immer wieder von allen möglichen Gebäude- wie auch Gehirnkomplexen, soll Konrad gesagt haben, die schon längst nicht mehr diese Gebäude- oder Gehirnkomplexe sind. Zwanzig Jahre sei das Kalkwerk stillgelegt, tot. Eines Tages habe man eingesehen, soll Konrad gesagt haben, daß das Kalkwerk unrentabel ist, und man hat die Leute entlassen und das Kalkwerk zugesperrt. Der Kalkwerksverwalter habe Hörhager, der sei damals in Zürich gewesen, geschrieben, das Kalkwerk rentiere sich nicht mehr und dieser Verwalter habe Hörhager den Vorschlag gemacht, das Kalkwerk aufzulassen, soll Konrad zu Wieser gesagt haben, liquidieren Sie das Kalkwerk, soll der Kalkwerksverwalter Hörhager nach Zürich geschrieben, das heißt, telegraphiert haben, und Hörhager soll das Kalkwerk sofort liquidiert haben, der Junggeselle Hörhager hätte das Kalkwerk, ohne einen Augenblick zu überlegen, sofort auf Vorschlag des Kalkwerksverwalters liquidiert, soll Konrad zu Wieser gesagt haben. Dieser Verwalter aber sei ein Betrüger gewesen, alles an diesem Menschen, habe Konrad gesagt, nichts als Betrug oder wenigstens betrügerische Absicht. Im Grunde hatte sich Hörhager niemals wirklich um das Kalkwerk gekümmert gehabt, so Konrad zu Wieser. Der Verwalter habe Hörhager ausgenützt, Verwalter seien von Natur aus Ausnützer der Besitzer, die Verwalter auf der ganzen Welt nützten aus und sie hätten nichts anderes im Kopf, als wie sie die Besitzer ausnützen könnten, sie entwickelten diesen Gedanken, wie die Besitzer auszunützen seien, zu einer geradezu schwindelerregenden Wissenschaft. Zu dem Zeitpunkt, in welchem das Kalkwerk aufgelassen worden ist, seien Konrad und seine Frau in Augsburg gewesen, verrammelt in einem für meine Studie zweckmäßigen Haus, soll Konrad zu Wieser gesagt haben. Damals sei ihm das Kalkwerk wie jahrzehntelang vorher und jahrzehntelang nachher, als frühester Kinderspielplatz im Gedächtnis gewesen, als seinem herumreisen-

den, sich die größte Zeit in Zürich mit Gesellschaftsabenteuern betäu-
benden Neffen Hörhager gehörendes Mauerwerk in Zusammenhang mit
Feuchtigkeit, Kälte, Finsternis, Verletzungsmöglichkeiten. Damals sei
ihm das Kalkwerk durchaus schon als Verfinsterungsort erschienen, ideal
für seine Studie und schon damals in Augsburg, erinnerte er, Konrad, sich
Wieser gegenüber, habe er den Gedanken gehabt, Hörhager das Kalkwerk
abzukaufen, ohne zu wissen, ohne zu ahnen, daß er das Kalkwerk tatsächlich einmal seinem Neffen abkaufen werde, wenn auch erst zwei Jahrzehnte später. Sein Neffe Hörhager, meinte Konrad gegenüber Wieser,
liquidierte damals von Zürich aus das Kalkwerk kaltblütig. Und obwohl
er, sein Neffe, außer einer finanziellen, niemals auch nur die geringste
andere Beziehung zum Kalkwerk gehabt habe, habe er, Hörhager, ihm,
Konrad, das Kalkwerk jahrzehntelang nicht verkauft. Wahrscheinlich,
weil mein Neffe wußte, daß ich das Kalkwerk unbedingt kaufen will, daß
mein Leben, daß meine Existenz an dem Kalkwerkkauf hängt, hat er es
mir nicht verkauft, soll Konrad zu Wieser gesagt haben. Ich erinnere mich,
soll Konrad gesagt haben, meiner Frau ging es damals in Augsburg zusehends schlechter, wir versuchten es mit allen möglichen Spezialisten aus
dem nahen München, damals wegen seiner hervorragenden Ärzte in der
ganzen Welt bekannt gewesen war, vor allem wegen seiner Verkrüppe-
lungsspezialisten. Ich machte dort weite Spaziergänge den Lech entlang,
soll Konrad gesagt haben, überhaupt, Augsburg ist eine brauchbare Stadt.
Der Kalkwerksverwalter soll eine horrende Abfindungssumme von Hörhager gefordert haben, sagte Konrad zu Wieser, Hörhager akzeptierte sofort, wie Hörhager immer alles, was der Verwalter vorgeschlagen hat, sofort akzeptiert habe, schon, um von ihm in Ruhe gelassen zu sein,
wahrscheinlich, soll Konrad gesagt haben. Er, der Verwalter, könne die
Arbeiter entlassen, alles auskühlen lassen, die Tore endgültig zusperren.
Kalkwerke wie das Sickinger, also von der mittleren Größenordnung,
hätten keine Zukunft mehr, habe der Verwalter an Hörhager geschrieben,
er, der Verwalter, werde für eine ordnungsgemäße Auflösung sorgen, Hörhager ging wie immer auf alle Vorschläge des Verwalters ein. Der Verwalter habe alle Vollmachten, habe Hörhager aus Zürich nach Sicking geschrieben. Ich erinnere mich, soll Konrad zu Wieser gesagt haben, er,
Hörhager, war damals in Zürich, wir in Augsburg, er in Zürich, eine Stadt,
die die Geisteswissenschaften beflügelt. Das Kalkwerk sei in einer knappen Woche aufgelöst gewesen. Aber das alles interessierte meinen Neffen

Hörhager in Zürich kaum, wie ich mich erinnere, mich aber interessierte schon immer alles mit dem Kalkwerk Zusammenhängende, und die Auflösung des Kalkwerks interessierte mich damals in Augsburg um so mehr, als ein stillgelegtes, verlassenes, sogenanntes totes Kalkwerk für mich und das heißt für meine Studie in noch viel größerem Maße als ein ideales Existenz- und Studiermauerwerk in Frage kam. Damals schickte ich sofort ein Telegramm folgenden Inhalts nach Zürich: *kaufe Kalkwerk!*, nur diese beiden Wörter *kaufe Kalkwerk*, aber Hörhager, nun im Besitze meiner Willensäußerung, verkaufte nicht, soll Konrad zu Wieser gesagt haben. Und dann begann das jahrzehntelange Bemühen um das Kalkwerk. Und je mehr ich mich bemühte, in den Besitz des Kalkwerks zu kommen, soll Konrad zu Wieser gesagt haben, desto ablehnender wurde Hörhager, obwohl er, vor allem vor dem Zweiten Weltkrieg, mein Geld gebraucht hätte, verkaufte er nicht, er verkaufte aber auch nicht an einen andern, um den Bemühungen meinerseits um das Kalkwerk kein Ende zu machen, er brauchte diese meine verzweifelten Bemühungen, er verfolgte diese meine verzweifelten Bemühungen um das Kalkwerk genüßlich, soll Konrad zu Wieser gesagt haben. Mein Angebot erhöhte sich, seine Ablehnung versteifte sich. Zwei Jahrzehnte dauerte dieser Zustand. Und dann habe ich das Kalkwerk von Mannheim aus um einen so hohen und wahrscheinlich um zweihundert oder gar dreihundert Prozent zu hohen Preis endlich doch, und wahrscheinlich, soll Konrad zu Wieser gesagt haben, zu einem zu späten Zeitpunkt, gekauft. Höller wolle er im Zuhaus belassen und ihm eine Rente aussetzen, soll der Kalkwerksverwalter an Hörhager in Zürich geschrieben, soll Konrad zu Wieser gesagt haben, und Hörhager soll sofort die Rente an Höller akzeptiert haben, auch daß Höller lebenslänglich im Zuhaus bleiben könne, diese Auflage, an Höller eine Rente zu zahlen und daß Höller das Recht habe, lebenslänglich im Zuhaus zu leben, habe er, Konrad, mit dem Kalkwerk von Hörhager übernommen, das schmerze ihn aber nicht, im Gegenteil, Höller brauche er. Ein Mensch müsse im Kalkwerk bleiben, der mit dem Kalkwerk vollkommen eins sei, habe der Kalkwerksverwalter an Hörhager nach Zürich geschrieben und Konrad soll zu Wieser gesagt haben, daß die Ansicht richtig sei, ein Mensch wie Höller gehöre zu einem Bauwerk wie das Kalkwerk. Höller sei dreißig Jahre Vorarbeiter im Kalkwerk gewesen. Er wäre auch unfähig gewesen, aus dem Kalkwerk wegzugehen, die andern gingen einfach, die meisten in die Brauerei, in die Wachszieherei, in die Schottergrube und aus. Die

Arbeiter kehren dem Arbeitsplatz einfach den Rücken, soll Konrad zu
Wieser gesagt haben, für sie ist der Arbeitsplatz nichts anderes als eine
Maschine, die ihnen Geld bringt. Höller aber sei im Kalkwerk zu Hause
gewesen. Das stillgelegte, das tote Kalkwerk aber, habe Konrad zu Wieser
gesagt, bedrücke ihn, Höller, heute noch. Es sei ihm unheimlich. Konrad
selbst sei ihm, dem Höller, unheimlich, soll Konrad zu Wieser gesagt
haben, umgekehrt soll Konrad den Höller immer als einen ihm mehr und
mehr nahestehenden und durch und durch verläßlichen Menschen empfunden haben. Konrad zu Fro: zuerst gehe er auf den Dachboden hinauf,
dann in den dritten, dann in den zweiten, dann in den ersten Stock, dann
gehe er durch alle ebenerdigen Räume, um festzustellen, ob außer dem
Francis Bacon, den er sich in Glasgow gekauft habe, wirklich kein ver-
kaufbarer Gegenstand mehr im Kalkwerk sei. Einen Gegenstand, der zu
Geld zu machen sei, suche er, sonst nichts. Er finde nichts. Er habe, denke
er, fast alles verkauft. Er wisse nicht, wie viele Schulden er habe, aber er
habe die größten Schulden. Die Schulden wären höher als der Wert des
Kalkwerks. Er habe ja überhaupt nichts mehr, denke er. Er gehe noch
einmal auf den Dachboden, aber auf dem Dachboden sei wirklich nichts
mehr. Reisekoffer, Biergläser, Einmachgläser, Hutschachteln, Krücken.
Er schaue in alle Winkel, weil er nicht glauben könne, daß sich auf dem
Dachboden überhaupt nichts Verkaufbares mehr befinde, kein altes Heiligenbild, nichts. In den Zimmern nichts, an den Wänden nichts. Seien alle
diese Wände vor drei Jahren noch überfüllt gewesen, jetzt hänge nichts
mehr an den Wänden. Aber man sehe noch deutlich, was alles an den
Wänden gewesen sei, die Umrisse der Bilder sehe man noch. Die Kalk-
werkswände seien leer. Alles von ihnen heruntergenommen und verkauft.
Zu einem Spottpreis, soll Konrad zu Fro gesagt haben. Aber obwohl er
wisse, daß alles verkauft und also in den Räumen nichts mehr sei, weil er
nach und nach selbst das scheinbar Unverkäuflichste daraus verkauft habe,
gehe er doch immer wieder in alle Räume hinein, als ob er zum hundertsten und zum tausendsten Male bestätigt haben wolle, daß tatsächlich in
den Räumen nichts mehr ist. Ebenerdig machten die leeren Zimmer einen
noch viel deprimierenderen Eindruck, soll er zu Fro gesagt haben. Hohe
leere Räume wirkten fürchterlich auf den Eintretenden. Jetzt sei er wieder
in alle Kalkwerksräume hineingegangen, soll er zu Fro gesagt haben, und
auch im Zuhaus gewesen und habe festgestellt, daß auch im Zuhaus nichts
mehr ist, das er verkaufen könne. Er denke daran, heimlich etwas aus dem

Zimmer seiner Frau zu verkaufen, aber das sei das Schwierigste. Und in seinem eigenen Zimmer sei nichts mehr außer dem Francis Bacon, den Bacon aber verkaufe er nicht, er trenne sich niemals mehr von dem Bild. Möglicherweise gelingt es mir aber, aus dem Zimmer meiner Frau etwas Verkaufbares herauszubringen, ohne daß sie es merkt, soll er gesagt haben. Gleichzeitig denke ich, soll er gesagt haben, ich habe nichts mehr auf der Bank. Schon habe man ihm auf der Bank gesagt, er habe das letzte Mal etwas bekommen. Aber auch der Anspruchsloseste brauche Geld. Von was leben wir denn?, soll er sich gedacht haben, wie er, um sich um etwas Verkaufbares im Zimmer seiner Frau umzuschauen, in ihr Zimmer eingetreten ist und er habe sofort gedacht, daß sich im Zimmer seiner Frau tatsächlich nichts Verkaufbares befinde, lauter Wertlosigkeiten hängen in ihrem Zimmer, soll er zu Fro gesagt haben, zeitlebens habe sich seine Frau mit Wertlosigkeiten umgeben, Kostbarkeiten hätten sie, die so viel Kostbarkeiten besessen habe, immer bedrückt, sie wollte auch bei ihrem Einzug ins Kalkwerk in ihrem Zimmer keine Kostbarkeit haben, sagte Konrad zu Fro, daran erinnerte sich Konrad sofort nach seinem Eintreten ins Zimmer seiner Frau, wie er wieder feststellte, daß sich im Zimmer seiner Frau nichts Verkaufbares befinde. Alles im Zimmer meiner Frau ist wertlos und geschmacklos, soll er gesagt haben, aber nicht, daß Sie glauben, meine Frau hätte keinen Geschmack und sie hätte keinerlei Wertbegriff! Die vollkommene Geschmacklosigkeit aller vier Wände im Zimmer seiner Frau wäre ihm bei dieser Gelegenheit voll zu Bewußtsein gekommen, dieses ganze Zimmer ist eine einzige Geschmacklosigkeit, angeräumt und geschmacklos, habe er gedacht, wie er ihr die Polster aufbeutelte und ihr den Fußschemel unter die Sohlen rückte. Je mehr er sich im Zimmer seiner Frau umschaute, desto geschmackloser war es ihm vorgekommen. Einzig und allein die Zuckerdose, Erbstück nach ihrer mütterlichen Großmutter, immer wieder habe er gedacht, einzig und allein die Zuckerdose, die Zuckerdose, die Zuckerdose, aber die Zuckerdose verkaufen, sie unter irgendeinem Vorwand aus ihrem Zimmer zu bringen und zu verkaufen, sei ihm auf einmal unsinnig erschienen, für diese Zuckerdose, die tatsächlich ein schöner Wertgegenstand ist, habe er gedacht, bekomme ich nichts, ich bekomme zuwenig für diese Zuckerdose, habe er gedacht, soll er zu Fro gesagt haben. Es sei lächerlich, daran zu denken, ihre Zuckerdose zu verkaufen. Völlig erschöpft und in der Gewißheit, daß im ganzen Kalkwerk nichts mehr ist, das er hätte verkaufen können, zu Geld machen und sei es

auch nur zur kleinsten Summe und auch in dem Gedanken, daß er ja die
Verbindung mit dem Vöcklabrucker Antiquitätenhändler längst, weil er
schließlich doch auf die üblen Praktiken auch dieses Mannes gekommen
war, abgebrochen habe, setzte er sich, so Fro, tatsächlich völlig erschöpft
auch in dem Gedanken, finanziell am Ende zu sein, in den Sessel, der dem
Krankensessel seiner darin meistens in einem ihr schon Jahrzehnte zur
Gewohnheit gewordenen Halbschlaf dösenden Frau gegenüberstand. Immer wieder habe er, in dem Sessel sitzend, seine ihm gegenüber in ihrem
Krankensessel dösende Frau beobachtend, gedacht, sagt Fro, den Francis
Bacon verkaufe ich nicht, den Francis Bacon verkaufe ich nicht, den Francis Bacon verkaufe ich nicht. Und kommen die Bankleute, verstecke ich
ihn. Ich werde den Francis Bacon verstecken. Ich muß ihn verstecken,
habe Konrad fortwährend gedacht. Und dann: es ist acht Uhr, Nacht-
mahlszeit, und die Zeit, der ganze Abend, die halbe Nacht, sei an ihnen,
den sich gegenübersitzenden Eheleuten, ohne daß sie einen Bissen und
ohne daß sie einen Schluck zu sich genommen hätten, vorübergegangen,
wie oft. Während der Kindheit sei er, Konrad, der Kränklichste gewesen,
sie war, so Konrad angeblich, bis zu dem Unglück, niemals krank. Wie oft
habe er in der Kindheit im Bett liegen müssen, fiebernd, in Schmerzen,
während seine Geschwister unter seinem Fenster im Park lachten, sich
vergnügten, mit ihrer Gesundheit tun und lassen konnten, was sie wollten.
Es brauchte nur die Verkühlungszeit zu kommen und er, Konrad, verkühlte sich. Ein kaltes Getränk, und er war verkühlt gewesen. Und fast die
ganze Kindheit entlang habe er an dem sogenannten Kinderkopfschmerz
gelitten. Später, mit seinem Eintritt in das Gymnasium, habe dieser Kinderkopfschmerz schlagartig aufgehört, sagt Fro, aber auch in der höheren
Schule kränkelte er, die meiste Zeit sei er in Schwächezuständen gewesen,
kein Arzt sei jemals dahintergekommen, in was für Schwächezuständen,
auf die Ursache dieser Schwächezustände, die sich zwischen seinem zwei-
undzwanzigsten und seinem achtundzwanzigsten Jahr zusehends verschlimmert haben sollen, wäre kein Arzt gekommen, weil sich, wie Konrad zu Fro gesagt haben soll, keiner auch dieser so übermäßig gut von
seinen Eltern bezahlten Ärzte wirklich die Mühe gemacht habe, nachzuforschen. Die Ärzte seien immer erstaunt über die Wirkung einer Krankheit, wie überhaupt über jede ihnen neue Krankheit, aber sie täten nichts,
um die Ursache dieser Krankheit zu erforschen, obwohl, wie Konrad zu
Fro gesagt haben soll, es das Wesen jeder Krankheit sei, erforschbar zu

sein, alle Krankheiten wären solche von Menschen zu erforschende, das heißt, die Ärzte wären in der Lage, die Ursachen aller Menschenkrankheiten zu erforschen, erforschten aber nichts, blieben immer und in jedem Falle immer in dem Zustand des Erstauntseins aus Interesselosigkeit und Faulheit, alle Krankheiten betreffend. Tatsächlich sei es, strengten sie sich wirklich an, den Ärzten durchaus möglich, auf die Ursachen aller Krankheiten zu kommen, nach und nach würden die Ärzte auch auf die Ursachen aller Krankheiten kommen, meinte Konrad zu Fro, aber das dauere noch Jahrhunderte und da aber immer wieder neue Krankheiten kommen werden, würden die Ärzte schließlich zwar immer wieder auf die Ursache aller Krankheiten kommen, aber doch niemals auf die Ursache aller Krankheiten. Konrad gefiel sich in solchen Äußerungen. Alles, soll Konrad zu Fro gesagt haben, sei in seiner Kindheit wie in seiner Jugend wie auch später im Grunde immer über seine Kräfte gegangen. Tummelten sich beispielsweise seine Geschwister im Wasser, fühlten sie sich wohl darin, getraute er sich nicht einmal in das Wasser hineinzuschauen, ihn fröstelte sofort, allein der Anblick des Wassers genügte, um ihn zu verkühlen. Die ganze Kindheit, wie die ganze Jugend, seien ihm gekennzeichnet gewesen durch ununterbrochene Ängstlichkeit, nicht Angst, Ängstlichkeit. Auch hatte er unter dem Umstand zu leiden gehabt, daß seine Schwester wie sein Bruder Franz nur ein einziges Jahr auseinander und also gleichaltrig und dadurch naturgemäß immer miteinander gewesen waren, während er als der viel Ältere, dadurch aber viel Schwächere, ständig von ihnen durch mehrere ihn tatsächlich ununterbrochen bis in die Tiefe seiner Existenz hinein schmerzende Jahre, und das heißt, auf die zerstörerische Distanz mehrerer Jahre zwischen ihm und ihnen getrennt aufwachsen habe müssen. Er sei immer allein gewesen. Als den so viel älteren Bruder hätten ihn die Geschwister ständig abgedrängt von sich, von allem sie Betreffenden auf das natürlichste fürchterlich ausgeschlossen in eine für ihn immer kompliziertere Vereinsamung und in ein ihn mehr und mehr elementar schwächendes Alleinsein hinein. Das Unglück, soll er zu Fro gesagt haben, sechs Jahre älter als seine Schwester, sieben Jahre älter als sein Bruder Franz zu sein, habe eine andauernde Isolation seinerseits bewirkt. Alle seine Körper- und Geisteskräfte seien mindestens drei Jahrzehnte, jedenfalls bis zu dem Zeitpunkt, in welchem er seine Frau geheiratet hat, auf nichts anderes konzentriert gewesen, als aus dieser ungerechtfertigten Isolation herauszukommen. Während seiner Kindheit

habe er immer befürchtet, den natürlichen Zusammenhang zu seinen
Geschwistern wie überhaupt zu seiner Familie durch deren fortgesetzte
instinktive Ablehnung seiner Person gänzlich zu verlieren. Er, Konrad,
habe oft gedacht: um den Verstand nicht zu verlieren, müsse er aus dem
Zustand der beinahe vollkommenen Isolierung von seinen Geschwistern,
Eltern, Verwandten, letzten Endes Mitmenschen überhaupt, heraus. Abgeschlossen für sich, habe er zuschauen müssen, wie sich schließlich alles
gegen ihn richtete. Und seine Eltern, habe er zu Fro gesagt, erzogen ihn
und seine Geschwister, solange sie sie erzogen, wenn man überhaupt in
diesem Zusammenhang von Erziehung seiner Eltern sprechen könne, in
größter Bewußtlosigkeit. Es sei, alles in allem, soll er zu Fro gesagt haben,
alles in allen Eltern von der Natur in der Weise angelegt, daß es das
Erstgeborene immer nur deprimieren und abstoßen und schließlich verkümmern und verkommen lassen und vernichten müsse. Welche ungeheueren Kräfte aber hätte es erfordert, mit dieser Ungerechtigkeit fertig zu
werden, soll Konrad gesagt haben. Herauszukommen aus der Schwere
und Schwüle einer völlig gedankenlosen Erziehung. In dieser, von ihm
schließlich als skrupellos bezeichneten Erziehung sei die Ursache dafür zu
suchen, habe er zu Fro gesagt, daß er die Studie, an welcher er zwei
Jahrzehnte mehr oder weniger am intensivsten arbeite, nicht aufschreiben
könne, immer sei er nur nahe daran, sie aufschreiben zu können, könne sie
aber nicht aufschreiben, alles Folge dieser skrupellosen Erziehung, soll er
zu Fro gesagt haben. Alles sei, und die Ursachen seien die frühesten, gegen
die Niederschrift. Lauter entsetzensvolle Abschnitte, habe Konrad zu Fro
gesagt, die sich jetzt unheilvoll gegen die Niederschrift seiner Studie aus-
wirkten. Sagen könne er nicht, aber doch denken, daß er in seine Kindheit
hineinschauen müsse wie in eine Unheimlichkeit, von wo aus immer
hinein, er schaue in seine Kindheit nur in eine Unheimlichkeit, wie wenn
er in eine Hölle hineinschaute, hinein. Er könne, wann immer, eine Tür in
seine Kindheit hinein aufmachen und er mache doch nur eine Tür in die
finsterste Finsternis hinein auf. Aus seiner Kindheit komme nichts als
Kälte und Rücksichtslosigkeit heraus. Und in dieser Finsternis seien auch
heute noch die Gleichgültigkeit und die insgeheime Herzenskälte seiner
Eltern spürbar. Die Einsamkeit, die zu tragen er schon in seiner frühesten
Kindheit wie nichts gelernt habe, erwähnte er Fro gegenüber, unaufhörliches Studieren der Einsamkeit. Größtmögliche Einsamkeit gerade in
dem Augenblick habe ihn befallen, in welchem ihm das genaue Gegenteil

von größtmöglicher Einsamkeit notwendig gewesen wäre. Schon allein in dem Gedanken, sich für ein bestimmtes Studium entscheiden zu sollen, sei er beinahe umgekommen durch völliges Alleinsein in diesem Gedanken und er habe so, dem Wunsche seiner Eltern entsprechend, auch nicht studiert, keine Hochschule besucht, keinerlei ordentliches staatliches Examen gemacht, weil er nicht die Kraft gehabt habe, sich bei seinen Eltern in dem Willen, Naturwissenschaft zu studieren oder Medizin zu studieren, durchzusetzen, allein später, im Mannesalter, habe er sich deshalb immer in fast allen Notwendigkeiten durchsetzen können, weil er sich im Kindes- und im Jugendalter niemals auch nur in der geringsten Sache habe durchsetzen können, also auch nicht mit dem Willen, Naturwissenschaft, Medizin zu studieren, zwei Richtungen, die schon sehr früh sein Interesse erweckt hatten, seine Eltern wären von Anfang an gegen einen Hochschulbesuch seinerseits gewesen und keinesfalls hätten sie ihm ein naturwissenschaftliches Studium, das der Medizin, erlaubt, eher noch wären sie dafür zu gewinnen gewesen, daß er die Hochschule für Bodenkultur besuchte, die sein Vater absolviert hatte, sie hatten ihn betreffend niemals auch nur irgendein höheres Studium eingeplant und ihn immer nur als den Erben ihres doch recht ansehnlichen, auch noch nach den sogenannten Wirren des Ersten Weltkrieges und seiner Erschütterungen, stattlichen Grund- und Bodenbesitzes und anderweitigen Reichtums angesehen, auf dem Höhepunkte des Lebens sollte er, so hatten sie sich vorgestellt und gar keine andere Vorstellung jemals gehabt, die riesige weitverzweigte Erbschaft machen und diese Erbschaft den Rest seines Lebens verwalten. Und vielleicht, soll Konrad zu Fro gesagt haben, sei die Tatsache, daß er durch den Widerstand seiner Eltern gegen ein Studium seinerseits innerlich rasch verwahrlost sei, in Verkommenheit und Gleichgültigkeit aufzugehen sich eingelebt hatte, Ursache für das spätere, vor allem mit der zunehmenden Erkrankung seiner Frau deutlicher und deutlicher sich durchsetzende Unvermögen, seine Studie niederschreiben zu können. Schon in der frühesten Kindheit hatte ihm immer alles in totaler Erschöpfung geendet. Und jetzt, hier im Kalkwerk, soll Konrad zu Fro gesagt haben, zeige sich auch alles als das Ungünstigste für die Niederschrift der Studie, wo ich doch immer geglaubt habe, daß das Kalkwerk am förderlichsten sei für die Studie. Auch allen möglichen Krankheitsvorkommnissen in der Gegend von Sicking gab er, so Fro, die Schuld. Daß hier kein Mensch alt werde. Und trotzdem alle Leute den Eindruck von alten Menschen machten. Wo

man hingehe in Sicking, nur alte Leute, soll er gesagt haben, selbst die
Kinder fielen, sehe man genau hin, durch das widerwärtige Gehabe alter
Leute auf. Hier zögen sich die Menschen sehr bald eine von den Hunderttausenden von nicht zu klassifizierenden schweren Krankheiten zu
und zögen sich in diese schweren, nicht zu klassifizierenden Krankheiten
hinein zurück, kapselten sich in diesen Krankheiten ab und gingen ein. Er
jedenfalls mache andauernd diese Beobachtung. Man bezeichne alle diese
Krankheiten, aber man bezeichne sie aus Oberflächlichkeit und Anstren-
gungsabscheu falsch. Die ganze Landschaft um das Kalkwerk sei eine
ständige immer gleich alles und alle ansteckende Quelle aller möglichen
Krankheiten, alle diese Krankheiten gelten als erforscht, obwohl man bis
heute nichts, ja überhaupt nichts von diesen Krankheiten wisse, soll er
gesagt haben, bis zum heutigen Tag weiß man genaugenommen nichts
von diesen Krankheiten, die Medizinische Wissenschaft sei die schwach-
sinnigste, die Ärzte seien die schwachsinnigsten, skrupellos, und die Kranken zögen sich, mit ihren Krankheiten allein gelassen, nach und nach auf
die erniedrigendste Weise in sich selber zurück, weil sie keine andere Wahl
hätten, gingen unter der sie ständig beschwindelnden Ärzteschaft ein.
Diesen Vorgang könne er am besten an seiner eigenen Frau beobachten,
von der es heiße, sie habe die und die Krankheit, obwohl man genau wisse,
daß man über ihre Krankheit nichts weiß, soll Konrad gesagt haben. Man
rede beispielsweise unter der Ärzteschaft von einer Lungenkrankheit, soll
Konrad zu Fro gesagt haben, aber in Wirklichkeit sei die sogenannte
Lungenkrankheit, über die man rede, gar keine Lungenkrankheit. Man
rede von einer Herzkrankheit, aber in Wirklichkeit sei diese sogenannte
Herzkrankheit gar keine Herzkrankheit. Die Krankheit, über die die Ärzte
reden, sei immer eine ganz andere, als die, als die sie von den Ärzten
bezeichnet wird, soll Konrad gesagt haben. Man sage, der sei ein Kopf-
kranker und die Krankheit, die der habe, sei eine Kopfkrankheit und habe
den und den Namen, aber man wisse nichts über diese Krankheit und
nicht einmal, ob die Krankheit tatsächlich eine Kopfkrankheit sei. Der
Mensch hinkt, sage man, aber die Ursache seines Hinkens sei nicht bekannt. Von Leber und Niere redeten die Ärzte, aber die Krankheit, von
welcher sie redeten, habe weder mit der Leber, noch mit der Niere des
betreffenden Patienten zu tun. Alle diese Krankheiten seien in erster Linie
nichts als sogenannte Gemütskrankheiten, die den Anschein erweckten,
organisch zu sein. Im Grunde gebe es gar keine sogenannten Organischen

Krankheiten. Es gebe nur die sogenannten Gemütskrankheiten, soll Konrad zu Fro gesagt haben, und alle diese Gemütskrankheiten, alle Krankheiten also, die bekannt seien, was nicht heiße, daß diese bekannten Krankheiten auch erforschte Krankheiten seien, und die in jedem Falle immer sogenannte Gemütskrankheiten seien, würden durch die Charakterlosigkeit und durch die charakterlose Unaufmerksamkeit und charakterlose Selbstüberheblichkeit und charakterlose Verworfenheit und Roheit der Ärzte schließlich zu Organischen Krankheiten. An den sogenannten Organischen Krankheiten seien die Ärzte schuld, soll Konrad gesagt haben, an den sogenannten Gemütskrankheiten aber die Natur, wenn man wolle, die Schöpfung. Zuerst treffe die Natur oder die Schöpfung die Schuld, dann aber treffe diese Schuld ausschließlich die Ärzte. Aber spreche man von Gemütskrankheiten oder auch von sogenannten Gemütskrankheiten, soll Konrad gesagt haben, so sage man etwas vollkommen Falsches, wie man auch etwas vollkommen Falsches sage, wenn man von Organischen Krankheiten oder von sogenannten Organischen Krankheiten spreche. Es handle sich aber hier in der nahen und nächsten Umgebung von Sicking wenigstens, soll Konrad zu Fro gesagt haben, immer um Frühverstorbene, jeder, der hier sterbe, sei ein Frühverstorbener, alle, die jemals in dieser Gegend verstorben seien, seien als Frühverstorbene zu bezeichnen, das heißt: jeder Mensch sterbe hier früher, als ihm entsprechend. Schuld seien Klima und Ärzte, nachweisbar Klima und Ärzte, und die Krankheitsursache wie auch die Todesursache seien in jedem Falle immer andere als die amtlichen. Zu Wieser: in dem Augenblick, in welchem er, Konrad, glaubte, sich mit der Studie beschäftigen zu können, hörte er plötzlich den Höller Holz hacken. Er stehe auf und gehe zum Fenster und schaue hinaus und sehe natürlich nichts, höre aber. Gerade habe er Lust, die Studie niederzuschreiben, alle Voraussetzungen für eine rasche Niederschrift, denke er, fängt der Höller mit dem Holzhacken an. Als ob sich alles gegen die Niederschrift meiner Studie verschworen hätte, soll Konrad gesagt haben. Gestern ist es der Baurat gewesen, heute ist es der Höller, Tausende, Abertausende von Winzigkeiten sind es, die mich daran hindern, meine Studie niederzuschreiben. Dazu komme die Otalgie seiner Frau, hervorgerufen wahrscheinlich durch die an ihr ständig intensivierte urbantschitsche Methode, durch seine sich mehr und mehr gegen sie, seine Frau, vergrößernde Rücksichtslosigkeit, die Übungen betreffend, die ebenso rücksichtslos immer noch mehr zu radikalisieren, kom-

plizieren er sich vorgenommen, ganz einfach unumstößlich in den Kopf
gesetzt habe, was zwischen ihm und seiner Frau zunehmende Spannung
erzeuge. Er könne aber, soll er zu Wieser gesagt haben, mit dem Experimentieren an ihr nicht plötzlich aufhören, weil er in dem Experimentieren
an ihr schon zu weit fortgeschritten sei. Er habe die urbantschitsche Methode weiter und weiter entwickelt, zu einem Martyrium für sie, wie er
sich ausgedrückt haben soll. Das tatsächlich Wesentliche einer jeden Methode sei ja ihr absolutes Gehör, wie er sich ausgedrückt haben soll, zur
Weiterentwicklung. Jetzt könne es sich nur noch um die Vervollkomm-
nung dieser seiner Experimente handeln und damit um die Vervollkomm-
nung seiner Studie, die er durchaus im Kopf habe. Aber gestern machte
mir der Baurat alles zunichte, soll Konrad zu Wieser gesagt haben, und
heute fängt der Höller mit dem Holzhacken an und im Augenblick sei
ihm einfach alles, die Studie Betreffende unmöglich gemacht. Sei man von
sich selber zu einer solchen Geistesarbeit wie der Studie verurteilt, soll
Konrad zu Wieser gesagt haben, was wohl die lebenslängliche Beschäfti-
gungshaft mit einer solchen Geistesarbeit bedeute, sei man mehr und
mehr einer schließlich die ganze Welt und dann auch alles über die Welt
hinaus Mögliche umfassenden Verschwörung gegen sich selbst ausgeliefert, denke er. Alles sei eine einzige Verschwörung gegen einen und das
heiße, gegen die Geistesarbeit, die man verrichte. Und man könne dagegen nichts tun, man könne sich nur fortwährend des eigenen Kräfteverfalls
vergewissern, um durch Erkenntnis daraus und aus nichts sonst die beinahe menschenunmögliche Anstrengung auf die Geistesarbeit zu intensivieren, in jedem Augenblick immer gleich alles zu überbrücken, denke
er, was letzten Endes eine sehr hohe Kunst sei, die man durch nichts als
durch Gehirnautomatismus beherrschen und in welcher man einzig und
allein auf die Dauer Zuflucht und den Zweck des Existierens erhoffen und
finden und schließlich erfinden könne. Die Welt, vor allem die Umwelt
empfinde aber alles, was man in Richtung auf eine Geisteswissenschaft
unternehme, als eine immer und in jedem Falle immer gegen die Welt und
gegen diese Umwelt gerichtete Ungeheuerlichkeit, von welcher sie glaube,
daß sie, obzwar nur dem einzelnen möglich, nur der Masse zustehe, und
der einzelne sei immer der radikalen Gegnerschaft der Masse ausgesetzt
und allein durch die Konfrontation mit dem dadurch Verbrecherischen
der Masse befähigt, das ihm von der Masse verbotene und lebenslänglich
verweigerte Denken und Handeln dann doch in seinem Gehirn zu denken

und zu beherrschen und zu vollenden. Die Masse verweigere dem einzelnen, was nur dem einzelnen und nicht der Masse möglich sei, der einzelne verweigere der Masse, was nur der Masse möglich sei, aber der einzelne kümmere sich nicht um die Masse, kümmere sich schließlich um nichts als um sich selbst zum Vorteil der Masse, wie die Masse sich schließlich nicht um den einzelnen kümmere zum Vorteil des einzelnen, die die Leistung des einzelnen erst mit der Vernichtung des einzelnen, der einzelne die Masse erst mit der Vernichtung der Masse, anerkenne und so fort. Einmal sei es der Baurat, dann sei es der Forstrat, dann der Höller, dann der Bäcker, dann sei es der Rauchfangkehrer, dann sei Wieser es, ich es, seine Frau sei es, alles sei es. Aber er müsse sich ja nicht alles gefallen lassen, denke er, und er gehe hinunter und verbiete dem Höller das Holzhacken. Wenn er, Konrad, arbeite, brauche der Höller nicht Holz zu hacken, also, wenn er, Konrad, arbeite, brauche Höller nicht zu arbeiten, umgekehrt, wenn er, Höller, arbeite, könne er, Konrad, nicht arbeiten, aber er, Höller, dürfe nur arbeiten und das heißt, Holz hacken, etcetera, wenn er, Konrad, es ihm erlaube etcetera. Sofort habe Höller mit dem Holzhacken aufgehört und sei ins Zuhaus gegangen, eine lautlose Beschäftigung habe Konrad dem Höller aufgetragen, er, Höller, solle die ihm von Konrad schon vor drei Tagen ins Zuhaus hineingestellten, zerrissenen, ausgefransten Papierkörbe flicken. Die Anordnung, Höller solle die im Zuhaus stehenden Papierkörbe flicken aber, habe er, Konrad, zu laut und mit einem anklagenden Unterton in der Stimme ausgesprochen, so Konrad zu Wieser, und kaum sei der Höller im Zuhaus verschwunden gewesen, habe sich Konrad Vorwürfe wegen seines Tones gegenüber Höller gemacht, gegenüber dem Menschen, welchem er immer mit dem behutsamsten Tone begegnet sei und stundenlang sei Konrad, habe er zu Wieser gesagt, mit dem Gedanken beschäftigt gewesen, warum er einen solchen viel zu lauten, barschen, ungeduldigen Ton gegenüber Höller angeschlagen hatte, warum er plötzlich selbst gegenüber Höller die Kontrolle über seine Stimme und das heißt, über sich selbst als Ganzes verloren gehabt habe, zu Wieser meinte Konrad angeblich, daß man, wahrscheinlich, weil man von etwas ganz anderem, das mit dem, mit welchem man spricht, überhaupt nichts zu tun habe, gereizt worden sei, mit zu großer Schärfe zu dem Menschen gesprochen habe, mit zu großer Schärfe sage man etwas zu einem darüber natürlich vollkommen überraschten und tatsächlich oft zutiefst erschrockenen Menschen und verstimme und sei in der Beziehung zu diesem Menschen, dem man, wie er, Konrad, im Falle Höllers, auf die erfreulichste Weise zugetan sei, zurückgeworfen. Nein, er habe doch nicht mit zu großer Schärfe zu Höller gesprochen, habe er gedacht, wie er wieder in seinem Zimmer gewesen sei, soll Konrad zu Wieser gesagt haben. Plötzlich sei es wieder vollkommen ruhig gewesen und er, Konrad, habe an die Arbeit gehen können, er setze sich an den Schreibtisch, da sei auch schon der erste Satz, denke er und er schreibe den Satz auf. Noch eine Reihe solcher Sätze, denke er und die Studie lasse sich endlich aufschreiben. Aber an die Hunderte und an die Tausende Male habe er dasselbe gedacht, soll Konrad zu Wieser gesagt haben, daß er nur ein paar Sätze zu schreiben habe, um dann auf einmal nach und nach alles niederschreiben zu können, Tausende Male so gedacht, Tausende Male, wie er sich ausdrückte, habe er so denken und handeln müssen und das heißt, nach ein paar Anfangssätzen das Ganze abbrechen, schon in den Augsburger Tagen habe er geglaubt, die Studie nach ein paar Sätzen in einem einzigen Zuge niederschreiben zu können, in Augsburg und in Innsbruck und in Paris und in Aschaffenburg und in Schweinfurt und in Bozen und in Meran und in Rom und in London und in Wien und in Florenz und in Kopenhagen und in Hamburg und in Frankfurt und in Köln und in Brüssel und in Ravensburg und in Rattenberg und in Toblach und in Neulengbach und in Korneuburg und in Gänserndorf und in Calais und in Kufstein und in München und in Prien und in Mürzzuschlag und in Thalgau und in Pforzheim und in Mannheim. Alle diese immer wieder und für immer verlorengegangenen Anfänge und Ideen, soll Konrad zu Wieser gesagt haben. Plötzlich klopft es unten, habe Konrad zu Wieser gesagt. Zuerst ignoriere ich das Klopfen, soll er gesagt haben, aber eine Dauerignoration des Klopfens ist nicht möglich, das Klopfen hört nicht auf und ich muß aufstehen und hinuntergehen. Wie er im Vorhaus ist, habe er den Zusammenhang der Anfangssätze der Studie schon nicht mehr im Kopf. Er macht auf, da steht der Baurat. Ja, was denn? frage er und er sage: ah Sie! und er denke, der Baurat komme immer zur ungelegensten Zeit und er, Konrad, sage: kommen Sie doch herein, gegen seinen Willen sage er, sagte er zu Wieser, kommen Sie doch herein und der Baurat sei hereingekommen und Konrad und der Baurat setzten sich in das Zimmer rechts vom Eingang, in das sogenannte holzgetäfelte Zimmer. In diesem Zimmer sei noch eine der Sitzgarnituren gestanden, zu welchen man sagt, das sei Wiener Barock. In diesen Sesseln sitzt man übrigens sehr bequem. Setzen

Sie sich, habe er, Konrad, zum Baurat gesagt, es sei zwar kalt hier im sogenannten holzgetäfelten Zimmer, aber wenn Sie Ihren Mantel nicht ausziehen, können Sie sich ruhig da hereinsetzen, ich selbst bin ja abgehärtet, soll Konrad zum Baurat gesagt haben, sagt Wieser, absichtlich habe Konrad den Baurat in das eiskalte Zimmer geführt, damit er sich gleich wieder, frierend, wie Konrad ausdrücklich betont haben soll, verabschiedet, aber der Baurat verabschiedete sich nicht, sagt Wieser, Konrad machte auch noch angeblich die Bemerkung, daß es in dem sogenannten holzgetäfelten Zimmer nur drei Grad über Null habe, was aber den Baurat keinesfalls beeindruckt haben soll, im Gegenteil, der Baurat soll das sogenannte holzgetäfelte Zimmer gar nicht als so kalt empfunden und sich wie für längere Zeit in dem Wienerbarocksessel zurückgelehnt haben. In mein Zimmer können wir nicht, soll Konrad zum Baurat gesagt haben, auf meinem Schreibtisch liegen lauter Papiere und Bücher, wie Sie wissen, bin ich mit meiner Studie beschäftigt. Und er, Konrad, bringe dem Baurat, obwohl er sich mit dem Baurat überhaupt nicht unterhalten will, denn er will ja nichts, als in sein Zimmer zurück, zurück zur Studie, etwas zu trinken und Neinnein, sage er, Konrad, auf die Frage, ob er, der Baurat, Konrad in seiner Arbeit, tatsächlich soll der Baurat *in Ihrer Studie* gesagt haben, gestört habe. Neinnein, sage er und lügt, die Lüge, denke er, Konrad, als das einzige Kontaktmittel zu beinahe allen Menschen. Erledigen wir, was zu erledigen ist, soll Konrad zum Baurat gesagt haben, der Baurat habe etwas von einer Wegebegradigung gesagt und Konrad, ohne, wie er selber gesagt haben soll, danach gefragt worden zu sein, wie Sie wissen, schreibe ich an der Studie, von welcher ich Ihnen schon öfter gesprochen habe. Immer wieder ist es die Studie, die mich beschäftigt, soll er gesagt haben, eine Narretei, wissen Sie, eine Narretei, an welcher ich alles, was ich bin, aufhänge, wissen Sie, es sei das Wesen der Geistesnarretei, sage er, so Wieser, daß man sein Leben an ihr aufhänge und sich an ihr und an nichts sonst vernichten müsse. Etwas über das Gehör, soll Konrad zum Baurat gesagt haben, der Baurat bestätigt das. Denn wissen Sie, soll Konrad zum Baurat gesagt haben, über das Gehirn ist schon so viel geschrieben worden, über das Gehör nahezu nichts, oder jedenfalls nichts, das etwas wert wäre. Er beschäftige sich schon an die zwanzig (!) Jahre mit dem Gehör, soll Konrad zum Baurat gesagt haben. Zuerst erschöpfte ich mich langsam und nach und nach mit immer größerer Intensität in den Versuchen, dann machte ich eine Zusammenfassung, dann wieder eine Zusammenfassung, darauf wieder eine Zusammenfassung etcetera, soll Konrad zum Baurat gesagt haben, dann fing ich wieder mit Versuchen an, komplettierte wieder und machte wieder eine Zusammenfassung und wieder eine Zusammenfassung und wieder eine Zusammenfassung etcetera. Immer experimentierte ich und auf eine Reihe von Experimenten folgte wieder eine Reihe von Experimenten, soll Konrad zum Baurat gesagt haben, sagt Wieser. Und alles ist mir dann immer wieder zerfallen, auf dem Konzentrationshöhepunkt ist mir dann immer wieder alles zerfallen. Aber jetzt habe er, Konrad, schon so lange Zeit die komplette Studie im Kopf, alle Einzelheiten gleichzeitig, das ungeheuerlichste Material, das Sie sich vorstellen können, soll er zum Baurat gesagt haben, alles das Gehör betreffend. Aber auf dem Höhepunkt zerfällt mir dann alles wieder, soll Konrad gesagt haben. Man glaube *jetzt*, und in dem Augenblick sei auch schon alles zerfallen. Wenn man aber so lange Zeit alles im Kopf habe, sage er zum Baurat, so viele Jahre alles komplett im Kopf, dann komme es doch, wie man annehmen muß, nurmehr noch auf den Augenblick an, das, was man komplettiert im Kopf habe, zu Papier zu bringen. Auf diesen Augenblick warte er, jetzt sei dieser Augenblick, auch zu Wieser habe er mehrere Male gesagt, jetzt sei dieser Augenblick, auch zu Fro, wie ich weiß, und tatsächlich, sage er, Konrad, zum Baurat, sei dieser Augenblick auch jeden Tag da, kein Tag ohne diesen Augenblick, in welchem ich glaube, die Studie anfangen und vollenden zu können, aber immer werde er, Konrad, sage er zum Baurat, kaum setze er sich an den Schreibtisch, gestört und wie gesagt, sei es einmal der Bäcker, einmal der Rauchfangkehrer, einmal sei es Wieser, einmal Fro, einmal er, der Baurat, Höller sei es, seine Frau sei es, der Forstrat sei es, ein Geräusch sei es und so fort. Aber es sei ganz unmöglich, auf ein Klopfen an der Kalkwerkstür nicht hinunterzugehen, nicht aufzumachen, das Klopfen an der Kalkwerkstür ignorieren, das könne er nicht, habe er zum Baurat gesagt, jemand fortgesetzt an der Tür klopfen lassen, ohne hinunterzugehn und aufzumachen, das könne er schon deshalb nicht, weil es ihn in der kürzesten Zeit verrückt machte. Die Leute, soll Konrad zum Baurat gesagt haben, sagt Wieser, hören nicht auf anzuklopfen, obwohl sie wissen, sie stören, sie halten mich in meiner Arbeit auf, sie ruinieren unter Umständen meine Studie, sie ruinieren mir alles, erst dann hörten die Leute zu klopfen auf, wenn er aufgestanden sei, die Studie weggeschoben habe und hinuntergegangen sei und aufgemacht habe. Und es sind immer die größten Lächerlichkeiten, derentwillen ich in meiner Arbeit gestört werde, soll Konrad gesagt haben, das Lächerlichste, das mir die Studie ruiniert. Und dabei, denke er, habe er immer gedacht, daß sie beide, er und seine Frau, hier im Kalkwerk vollkommen isoliert und frei von den Menschen seien, daß sie hier im Kalkwerk der alles, was mit dem Gehirn zusammenhängt, pausenlos irritierende und schließlich und endlich immer alles ruinierende Apparat der ganzen immer noch mehr aufgeregten, nervösen sogenannten Konsumgesellschaft, der sie durch den Entschluß, ins Kalkwerk zu gehen, entflohen zu sein glaubten, nicht berühren würde, aber in Wahrheit würden sie selbst im Kalkwerk noch von den Menschen irritiert und er habe ganz einfach nicht die Kraft, soll Konrad zu Wieser gesagt haben, einem Klopfer nicht aufzumachen, aus keinem anderen als aus dem Grund, daß er keine Kraft habe, nicht aufzumachen, mache er auf, soll Konrad gesagt haben, nicht aus Menschenfreundlichkeit, nicht aus Menschenkorrektheit, die kümmere ihn am allerwenigsten, er hasse alles, was korrekt sei, habe im Laufe von Jahrzehnten Lebensgeschichte Korrektheit hassen gelernt, alles, was Formen sind, hassen, aber auch alles, was Zuvorkommenheit den Menschen gegenüber bedeute, nur aus reiner und, wie er sich ausgedrückt haben soll, tatsächlich erbarmungswürdiger Kraftlosigkeit seiner Person gehe er hinunter und mache auf, lasse er seine Studie im Stich, und, soll er gesagt haben, was gibt es Deprimierenderes, als eine solche Studie, wie die meinige, die sich auf eine jahrzehntelange Schwerarbeit aufbaut, eines Bäckers wegen, eines Rauchfangkehrers wegen, des Baurats wegen im Stich zu lassen, wie weit müsse ein Mensch gekommen sein, wegen der geringsten Unsinnigkeit seine Studie im Stich zu lassen, nur, weil seine Frau oben einen Polster geradegerichtet haben will, weil sie etwas zu trinken will, weil sie ein Stück aus dem Ofterdingen vorgelesen haben will, weil sie die Vorhänge auf- oder zugemacht haben will, weil ich ihr eine Brotscheibe abschneiden, die Haarschleife zuziehen, das Strumpfband zubinden, weil ich ihr die Zuckerdose anfüllen, die Brille aufsetzen, den Rücken mit Melissengeist einreiben soll, wegen eines Holz hackenden Höller, wegen Fro, wegen dem Sägewerker, wegen Ihnen, Wieser. Tatsächlich, soll Konrad zu Wieser völlig erschöpft gesagt haben, macht mich das andauernde Andietürklopfen, sich naturgemäß, während es doch in Wirklichkeit fortwährend gleich laut, gleich intensiv bleibt, mehr und mehr in meinem Kopfe zu einem fürchterlichen lärmenden Andietürklopfen entwickelnde, vollkommen verrückt. Er müsse es, indem er aufstehe und die Studie im Stich lasse und hinuntergehe und aufsperre und aufmache, abstellen. Dann nütze es aber auch nichts, unhöflich zu sein, soll Konrad gesagt haben, weil mir dann ja schon alles verpatzt ist und ich erweise mich als der höflichste Mensch und ich frage mich natürlich jedesmal, während ich mich als der höflichste Mensch erweise, warum ich mich als der höflichste Mensch erweise. Der ganze Tag sei verloren, alles in seinem Kopf zunichte gemacht, nichts als ein paar ihm tatsächlich ekelerregende Höflichkeitswörter wie Kommen Sie doch herein, Kommen Sie nur herein, Kommen Sie, Wie geht es Ihnen denn, Ach oder auch nur Ja oder Soso kämen plötzlich aus seinem Mund. Jetzt haben Sie mir die Arbeit an meiner Studie aber vollkommen zerstört, habe Konrad zum Baurat gesagt, sagt Wieser, zum ersten Mal die Wahrheit. Zuerst hat der Höller mit dem Holzhacken angefangen, soll Konrad zum Baurat gesagt haben, und ich bin heruntergegangen und habe dem Höller verboten, Holz zu hacken, ich habe ihm anbefohlen, die zerrissenen und ausgefransten Papierkörbe zu flicken und ich bin in mein Zimmer zurück und habe mich an den Schreibtisch gesetzt und die Studie ist gerettet gewesen, tatsächlich hatte mich der Höller, soll Konrad zum Baurat gesagt haben, sagt Wieser, nicht in dem Grade der vollkommenen Vernichtung meines Konzepts gestört, aber jetzt haben Sie geklopft und Sie haben mir natürlich alles zerstört, naturgemäß darf man in einer Sache wie in der Beschäftigung mit der Studie, soll Konrad zum Baurat gesagt haben, nicht zweimal kurz hintereinander gestört werden. Ist mir nach der ersten durch Höller hervorgerufenen Störung das Weiterarbeiten an der Studie noch möglich gewesen, so ist mir jetzt, nach der zweiten, von Ihnen hervorgerufenen Störung, das Weiterarbeiten an der Studie nicht mehr möglich. Sie sind mir aber nicht böse, soll Konrad zum Baurat gesagt haben, daß ich so offen mit Ihnen spreche, soll er gesagt haben, die erste Störung durch Höller habe er, Konrad, durchaus mit großer Kunstfertigkeit überspielen können, die zweite Störung durch ihn, den Baurat, aber nicht. Und es ist ein Unterschied, soll Konrad gesagt haben, ob mich ein Mann wie Höller stört oder ein Mann wie Sie. Ein Mann wie Höller, ein so einfacher Mann, und ein Mann wie Sie, ein so komplizierter Mann!, soll Konrad ausgerufen haben und dem Baurat Schnaps angeboten haben, der Baurat soll aber abgelehnt haben, zuerst abgelehnt, dann aber doch angenommen haben, immer lehnen Sie zuerst ab, nehmen aber dann doch an, soll Konrad zum Baurat gesagt haben, diese Menschenart, soll Konrad zum

Baurat gesagt haben, sei ihm, Konrad, durchaus bekannt, die Art Menschen, die immer zuerst ablehnt und dann doch annimmt. Ja, soll Konrad zum Baurat gesagt haben, sagt Wieser, über das Gehör gibt es keine aufschlußreiche Schrift, die einzige, ehrliche über das Gehör, die einigen Wert besitzt, ist dreihundert Jahre alt, alles andere über das Gehör ist stümperhaft. So hatte ich in dem Gedanken, eine Schrift und das heißt, eine Studie über das Gehör zu schreiben, schon immer eine mich gänzlich ausfüllende Aufgabe, zuerst füllte mich der Gedanke natürlich nicht ganz aus, bis zum dreißigsten Jahr natürlich nicht, auch zwischen dem dreißigsten und dem vierzigsten Jahr nicht, aber nach dem vierzigsten Jahr hat mich der Gedanke an das Gehör zur Gänze ausgefüllt. Und mit immer größerer Unnachgiebigkeit zur Gänze ausgefüllt. Tatsache sei, daß alle Denker bis zum dreißigsten Jahr ein Thema hätten, das sie eines Tages, ab dem vierzigsten Jahre, gänzlich ausfülle, aber die wenigsten liefern sich ab dem vierzigsten Jahr einem solchen Thema zur Gänze aus, die meisten kokettieren ab dem fünfundzwanzigsten Jahr mit einem solchen Thema und treiben es auch voran, geben es aber spätestens ab dem fünfunddreißigsten oder vierzigsten Jahr auf und lassen sich in die Gesellschaft oder ganz einfach in den Wohlstand fallen. Das Bedauernswerte daran sei die Tatsache, daß auf diese Weise Hunderte und Tausende von wichtigen Studien verlorengingen, Schriften, die notwendig wären auf dem Wege der Aufhellung der Finsternisse in der Welt. Was das Gehör betreffe, so schreibe, und zwar nur auf das oberflächlichste, soll Konrad zum Baurat gesagt haben, sagt Wieser, entweder ein Arzt, was gänzlich falsch sei, oder ein Philosoph darüber, was gänzlich falsch sei. Schreibe ein Arzt über das Gehör, sei das völlig wertlos, schreibe ein Philosoph darüber, sei das auch völlig wertlos. Man darf nicht nur Arzt und man darf nicht nur Philosoph sein, wenn man sich eine Sache wie das Gehör vornimmt und an sie herangehe. Dazu müsse man auch Mathematiker und Physiker und also ein vollkommener Naturwissenschaftler und dazu auch noch Prophet und Künstler sein und das alles in höchstem Maße. So einfach sei das nicht, daß man einfach nur Arzt zu sein brauche, nur Philosoph zu sein brauche, um eine Studie über das Gehör zu schreiben, oder einfach nur Physiognomiker, wie wir sehen. Das sei Begriffsverwechslung. Mir geht es um eine durch und durch aufschlußreiche Schrift, soll Konrad gesagt haben, mit dieser Schrift sei ein Endpunkt zu setzen, ein Endpunkt, der natürlich in dem Augenblick, in welchem er gesetzt ist, kein Endpunkt mehr sein kann

und so fort. Mit dieser Regel, glaube er, Konrad, habe er den Baurat schon
genügend vertraut gemacht und also könne er fortsetzen: ein Endpunkt ist
der Anfangspunkt für einen weiteren Endpunkt und so fort, soll Konrad
zum Baurat gesagt haben, sagt Wieser. Aber alles sei doch viel komplizierter, weil im Grunde einfacher, als man glaube, dadurch könne man nichts
klar machen. Und die sogenannte Annäherung in der Sache führe zu
nichts. Man könne sich aber nicht mitteilen außer durch das totale Geistesprodukt. Radikale Änderungen stünden bevor, soll Konrad zum Baurat gesagt haben, noch einmal vielbedeutend: radikale Änderungen als
Veränderungen und obwohl der Baurat gerade diese Bemerkung Konrads
mit großem Interesse aufgenommen habe, soll Konrad zum Baurat gesagt
haben, sagt Wieser, das Bedeutungsvolle wird überhört, auch Sie, lieber
Baurat, überhören das Bedeutungsvolle, wie überhaupt alle Leute immer
die bedeutungsvollsten oder wenigstens die bedeutungsvolleren Bemerkungen überhören, davon abgesehen, soll Konrad angefügt haben, daß es
keine bedeutungsvolle Bemerkung gibt, auch keine bedeutungsvollere,
überhaupt nichts habe Bedeutung und so fort, aber absichtlich oder unabsichtlich werde vieles überhört, dadurch werde alles überhört und so
fort und: das Unabsichtliche sei das Absichtliche, das Unabsichtlichste das
Absichtlichste und so fort. Arbeite ich nicht an der Studie, soll Konrad
zum Baurat gesagt haben, ist es ganz ruhig, das Kalkwerk ist vollkommen
eingeschlossen in die Ruhe, in die für das Kalkwerk charakteristische
Ruhe. Er, der Baurat, kenne ja diese Ruhe. Ganz ruhig sei es, arbeite er,
Konrad, nicht, gehe er hin und her, auf und ab, überlege er, denn wenn ich
überlege, soll er gesagt haben, arbeite ich nicht, das heißt, natürlich arbeite
ich, wenn ich überlege, aber im Grunde arbeite ich erst, wenn die Überlegung abgeschlossen ist, dann fange ich zu arbeiten an und dann ist die
Ruhe vorbei, dann hackt auf einmal der Höller Holz oder es kommt der
Bäcker, der Rauchfangkehrer kommt, der Störschneider, der Sägewerker,
Sie kommen, Wieser kommt, Fro kommt, das Geklopfe fängt an und
meine Frau braucht etwas. Diese ungeheuer schwierige, alle Augenblicke
vollkommen zerbrechliche medizinisch-musikalisch-philosophisch-ma-
thematische Arbeit! Ich darf mich nur hinsetzen und denken, der Zeitpunkt ist da, in welchem ich die ganze Schrift in einem einzigen Zuge
niederschreiben kann, da klopft jemand, meine Frau läutet um ein Paar
Socken. Und dabei ist sie die Rücksichtsvollste, soll Konrad gesagt haben.
Auch im Laska wird immer wieder davon gesprochen, die Konrad sei die

Rücksichtsvollste gewesen, auch im Lanner, in allen Gasthäusern ist immer wieder die Rede, die Konrad wäre die Rücksichtsvollste gewesen. Heißt es, wie zum Beispiel gestern im Stiegler, Konrad wäre der Rücksichtsloseste, so heißt es unmittelbar darauf, sie, die Konrad, sei die Rücksichtsvollste gewesen. Vor zwanzig Jahren habe er, Konrad, sich die Studie in aller gebotenen Heimlichkeit in den Kopf gesetzt, hinter dem Rücken seiner Frau. Und diese Narretei hinter dem Rücken seiner Frau beherrschte ihn von da an vollkommen. Zuerst habe er, jahrelang, die Beschäftigung mit der Studie vor seiner Frau verbergen können, er befürchtete eine Katastrophe, wenn sie plötzlich die Entdeckung machte, er sei mit einer Studie beschäftigt, denn ganz natürlich werde sie, habe er damals gedacht, kommt sie darauf, daß er mit einer Studie beschäftigt sei, wie alles andere auch, auch diese Studie nicht eher aufgeben, als bis er sie vollendet habe. Jahrelang habe er die Studie geheimhalten können, naturgemäß nicht seiner Frau, sondern auch allen andern Menschen gegenüber. In Augsburg habe sie und habe noch kein Mensch etwas von der Studie gewußt, auch in Aschaffenburg nicht, in Bozen nicht, in Meran nicht, in München nicht, plötzlich, in Paris, ganz und gar nicht in sensationellem Tone, habe er ihr eröffnet, daß er an einer Studie sei. Ich mache etwas über das Gehör, soll er zu seiner Frau gesagt haben, etwas über das Gehör, über das es nichts gibt. In diesem Augenblick habe sie, soll Konrad zu Wieser gesagt haben, genau gewußt, daß er für sie, für die er bis zu diesem Zeitpunkt alles gewesen war, verloren sei. Und tatsächlich, soll Konrad zu Wieser gesagt haben, bin ich in dem Augenblick, in welchem ich mich für die Studie entschlossen gehabt habe, für meine Frau verloren gewesen, vier oder fünf oder gar sechs Jahre vor dem Zeitpunkt schon, zu welchem sie plötzlich gewußt habe, daß er, Konrad, für sie verloren sei. Über alles mögliche, soll Konrad zum Baurat gesagt haben, haben schon alle möglichen Leute alle möglichen vorzüglichen Abhandlungen, Dissertationen geschrieben, aber über das Gehör gibt es keine vorzügliche Abhandlung, keine vorzügliche Dissertation, nicht einmal einen guten Aufsatz gibt es darüber. Diese Tatsache hat mich zutiefst getroffen, gleichzeitig sah ich eine, wenn nicht die einzige Chance für mich in dieser Tatsache. Und dabei sei das unumstritten, daß das Gehör wichtiger sei als das Gehirn, wenn man vom Gehör ausgehe, man dürfe in dieser Überlegung nur nicht vom Gehirn ausgehen. Der Baurat verstehe das nicht, soll Wieser gesagt haben. So viele unzureichende, dilettantische Doktorarbeiten über das

Gehör, soll Konrad zum Baurat gesagt haben, sagt Wieser, und naturgemäß sei der Dissertationsdilettantismus der allerpeinlichste Dilettantismus. Der Fachleutedilettantismus sei der peinlichste, das Erschütternde
an den sogenannten Fachleuten sei ja immer wieder ihr grenzenloser Dilettantismus. Wenn ich Ihnen sage, soll Konrad gesagt haben, daß ich
allein zweihundert Dissertationen über das Gehör durchgearbeitet habe,
die alle keine Ahnung vom Gehör haben. Keinerlei Denkprozeß, soll
Konrad gesagt haben, professorale Wiederkäuer. Es sei ja das Hervorstechendste dieser Zeit, daß die Denker in ihr nicht mehr denken. Alles ein in
die Millionen gehendes Heer von Hilfsarbeitern der Wissenschaft und der
Geschichte. Aber sage man etwas Derartiges, setze man sich der Gefahr
aus, für verrückt erklärt zu werden. Die Hellhörigkeit wie die Hellsicht
stemple man immer gleich als Verrücktheit ab. Man brauche jetzt keine
Hellhörer, wie man auch keine Hellseher brauche, hört einer hell oder
sieht einer hell, räumt man ihn einfach weg, man sperrt ihn ein, isoliert
ihn, vernichtet ihn durch Einsperrung und Isolierung. Die Gesellschaft
schützt sich ununterbrochen vor den Geistesblitzen, indem sie sich ununa-
terbrochen vor sogenannten Geisteskranken schützt. Die Gesellschaft sei
nur für das dumpfe Dahindämmern, für sonst nichts. Die Leute wollen in
Ruhe gelassen sein und sie hassen nichts tiefer als Gehör und Gehirn. Die
völlig gehör- und gehirnlose Masse wäre ihr Ideal, so schießt die Gesellschaft auch Gehöre wie Gehirne ab, wo sie sich zeigen, da ist ein Gehirn,
heißt es und es wird geschossen, da ist ein Gehör, heißt es und es wird
geschossen. Die Menschheit führe, so Konrad zu Wieser, solange sie existiere, einen immer kostspieligeren ungeheuren Feldzug gegen Gehör
und Gehirn, alles andere sei nichts als Lüge. Die Geschichte beweise,
Gehör und Gehirn werden in ihr immer zu Tode gehetzt, abgeschossen.
Wo man hinschaue, Mord an Gehör und Gehirn, soll Konrad zu Wieser
gesagt haben. Wo Gehör und Gehirn seien, sei Haß. Wo ein Gehör ist, ist
eine Verschwörung gegen das Gehör, wo ein Gehirn ist, ist eine Verschwörung gegen das Gehirn. Alles andere Lüge. Die aussterbenden Vögel
in Europa schützt man, soll Konrad gesagt haben, die aussterbenden Gehirne nicht, das aussterbende Gehör nicht. Aber alle diese Bemerkungen
sind lächerlich, wie ja überhaupt alles, was man ausspreche, lächerlich sei,
soll Konrad gesagt haben, man spricht etwas aus, soll er gesagt haben, und
macht sich lächerlich, gleich, was man sagt, man macht sich lächerlich,
gleich, was man liest, es ist lächerlich, was man hört, es ist lächerlich, was

man glaubt, es ist lächerlich. Man macht den Mund auf und eine Lächerlichkeit kommt heraus, eine Lächerlichkeit als Peinlichkeit, eine Peinlichkeit als Lächerlichkeit. Dann Konrad, so Wieser: ist Ihnen nicht kalt?, er denke, dem Baurat sei kalt, ihm wäre nicht kalt, er habe einen Pelz an, unter dem Rock auch noch einen Pelz an, im Kalkwerk müsse man unter dem Rock einen Pelz anhaben, außerdem bin ich abgehärtet. Die Umstände, die im Kalkwerk herrschten, hätten ihn abgehärtet. Hier, im Kalkwerk, sei alles Kälte. Ja, soll er gesagt haben, die ganzen letzten zwanzig Jahre, genaugenommen aber doch schon mein ganzes Leben lang, habe das Gehör seine Aufmerksamkeit auf sich gezogen. Jetzt, soll er gesagt haben, da er die Studie noch im Kopf habe, sei sie noch immer im Range der Wissenschaft, erst mit der Niederschrift wird sie zum Kunstwerk. Das Gehör ermögliche alles. Für den Außenstehenden aber sei, was er sage, doch nichts als nur Blasphemie. Wäre das möglich, soll Konrad zum Baurat gesagt haben, sagt Wieser, würde ich Sie mit den wichtigsten Abschnitten meiner Studie vertraut, bekannt und vertraut machen, aber das sei nicht möglich. Fange er zu erklären an, sehe er sofort, das sei barer Unsinn. Jede Erklärung führe zu einem vollkommen falschen Ergebnis, daran kranke alles, daß alles erklärt werde und in jedem Fall immer falsch erklärt werde und die Ergebnisse aller Erklärungen immer verkehrte Ergebnisse seien. Diese seine Studie sei in neun Abschnitte unterteilt. Die Zahl Neun spiele auch in seiner Studie die größte Rolle, alles sei in Neun aufzulösen, aus Neun könne alles exportiert werden, wie er, der Baurat, vielleicht nicht wisse, sei die Neun wichtiger als die Sieben, was das Gehör betreffe, sei die Neun von allergrößter Bedeutung. Erster Abschnitt, Einführung in alle folgenden Abschnitte, neunter Abschnitt, Erklärung aller vorausgegangenen Abschnitte, soll Konrad zum Baurat gesagt haben, zweiter Abschnitt naturgemäß Gehirn und Gehör, Gehör und Gehirn und so fort, der sechste Abschnitt heißt Subgehör, längere Auseinandersetzung vor allem mit der sogenannten Gehördysarthrie, siebter Abschnitt Hören und Sehen. Das Gehör sei das philosophischste aller Sinnesorgane, soll Konrad zum Baurat gesagt haben, so Wieser, er habe aber alle die Abschnitte nur im Kopf, seit Jahrzehnten im Kopf, längst habe er alle Abschnitte der Studie in seinem Kopf fertig und das sei eine ungeheuerliche Geistesanstrengung, eine solche komplette Studie über Jahrzehnte im Kopf zu haben, ununterbrochen im Kopf behalten zu müssen in der ständigen, sich naturgemäß immer noch mehr verstärkenden Angst, daß sie von einem Augenblick auf den anderen auseinanderfallen und zunichte gemacht werden könne, weil man den Augenblick der Niederschrift immer wieder verpaßt. Die ersten zwei Jahre habe er allein auf den ersten Abschnitt der Studie aufgewendet, in den letzten achtzehn Jahren habe er die restlichen Abschnitte entwickeln und komplettieren können, daß man dadurch leicht und zwar ganz leicht für immer, wie er an sich selber habe erfahren müssen, in den Verdacht und in den Verruf absoluter Verrücktheit, ja selbst des Wahnsinns komme, liege auf der Hand. Von allen neun Abschnitten sei der fünfte der schwierigste, der noch immer titellose. Es wäre natürlich nichts leichter, soll Konrad gesagt haben, als einfach wirklich wahnsinnig zu werden, aber die Studie ist mir wichtiger als der Wahnsinn. Nichts leichter, als von einem Augenblick auf den andern wahnsinnig und einer solchen ungeheueren Belastung enthoben zu sein. Plötzlich wahnsinnig zu sein, ohne vorher verrückt zu sein, sofort wahnsinnig zu sein. Solange er aber die Studie nicht aufgeschrieben habe, sei die Studie zwecklos und jeden Tag sage er seiner Frau, daß die Studie zwecklos sei, solange er sie nur im Kopf, nicht aber auf dem Papier habe und sie sage immer, warum er sie dann nicht endlich aufschreibe, jahrelang sagt sie das in dem immer gleichen Tonfall, soll Konrad gesagt haben, weil sie noch immer nicht begriffen habe, daß man eine Studie durchaus jahrelang und, wie ich weiß, jahrzehntelang im Kopf haben kann, ohne sie zu Papier bringen zu können. Darin seien alle Frauen gleich, daß sie Merkwürdigkeiten wie diese nicht begreifen, sie akzeptieren sie einfach nicht und sie akzeptieren sie Jahrzehnte nicht. Eine Studie, die einer nur im Kopf, aber nicht auf dem Papier habe, existiere ja gar nicht, soll Konrad zum Baurat gesagt haben, sagt Wieser. Sie aufschreiben, sie einfach aufschreiben, denke er immer, dieser Gedanke sei es, die Studie einfach aufschreiben, hinsetzen und die Studie aufschreiben, der seine Existenz voll ausfülle, nicht mehr der Gedanke an die Studie, nur der Gedanke, die Studie aufschreiben, von einem Augenblick auf den andern die Studie aufschreiben; je mehr er aber von diesem Gedanken besessen sei, desto unmöglicher werde es ihm, die Studie aufzuschreiben. Die Schwierigkeit bestehe ja nicht darin, etwas im Kopf zu haben, im Kopf hätten alle das Ungeheuerlichste und zwar ununterbrochen bis an ihr Lebensende, das Ungeheuerlichste, sondern die Schwierigkeit sei, dieses Ungeheuerliche aus dem Kopf heraus auf Papier zu bringen. Im Kopf könne man alles haben und tatsächlich habe auch jeder alles im Kopf, aber auf dem Papier habe fast keiner etwas, soll Konrad zum Baurat gesagt haben, sagt Wieser. Während in den Köpfen aller Menschen das Ungeheuerlichste sei, sei auf ihren Papieren doch immer nur das Kläglichste, Lächerlichste, Erbärmlichste. Wenn es sich bei seiner Studie nicht um das empfindlichste Extrakt handelte, das man sich vorstellen kann, soll Konrad gesagt haben, ein empfindliches Extrakt aus jahrzehntelanger Überanstrengung eines durch und durch überempfindlichen Gehirns. Und im Kalkwerk, in der völligen Abgeschlossenheit des Kalkwerks, habe er immer gedacht, werde er auf einmal die Studie niederschreiben können. Ein völlig von der Außenwelt abgeschlossener Kopf könne die Studie leichter niederschreiben als ein an die Außenwelt, an die Gesellschaft gebundener. Um wieviel mehr Konzentration aber wäre notwendig, soll Konrad zum Baurat gesagt haben, sagt Wieser, um eine solche Studie wie die seinige zuerst in einem solchen Kopf wie in dem seinigen zu entwickeln und dann in einem solchen Kopf zu behalten, ohne daß dieser Kopf von der Außenwelt, sagen wir von der Gesellschaft, vollkommen abgeschlossen ist, weil er an die nicht von der Gesellschaft abgeschlossene Person gebunden ist. Kopf und Person sind ja, wie Sie wissen, soll Konrad zum Baurat gesagt haben, sagt Wieser, eine Zwangseinheit. Körper und Kopf seien natürlich rettungslos miteinander verbunden, oft, wie er denke, auf das grauenhafteste ineinander verkeilt. Die Natur und ihre Machenschaften wären ja auch eine ganz schöne Aufgabe zur Beschreibung, soll Konrad zum Baurat gesagt haben. Im Kalkwerk schließlich, soll er gesagt haben, habe er, Konrad, die Studie betreffend, seine Höchstmöglichkeit. Und ohne Rücksichtslosigkeit gehe nichts, fragen Sie meine Frau, soll Konrad gesagt haben, mir ist bekannt, daß man überall sagt, sie, meine Frau, sei die Rücksichtsvollste, ich aber, ihr Mann, sei der Rücksichtsloseste, das ist mir bekannt, das erschüttert mich auch nicht, denn da hätten mich diese Meinungen längst zu Tode erschüttert, soll Konrad zum Baurat gesagt haben, keine Meinung erschüttert mich mehr, ganz im Gegenteil, alle Meinungen, und alle Meinungen richten sich naturgemäß gegen mich, bringen mich fortgesetzt einen Schritt weiter. Man müsse eine Ungeheuerlichkeit oder gar ein Verbrechen an der ganzen sogenannten Menschheit oder an einem einzelnen Menschen in Kauf nehmen, soll Konrad gesagt haben, um ans Ziel zu kommen. In meinem Fall ist es die Studie, für die alles zu tun ich durchaus bereit bin, was heißt, alles zu opfern, soll Konrad zu Wieser gesagt haben. Ohne Rücksichtslosigkeit nichts, zum Baurat, denn läßt

man sich in eine solche Studie ein, läßt man sich gleichzeitig in die größte Rücksichtslosigkeit ein, meistens ist ganz einfach der Mensch, mit
dem man zusammen lebt, mit dem man unmittelbar zusammen lebt, das
Hauptopfer, so gesehen, ist meine Frau das Opfer Nummer eins, aber
darauf kann ich keinerlei Rücksicht nehmen. Dieses Opfer ist wehrlos, das
weiß man. Dieser furchtbare Gedanke allein ermöglicht einem dann die
furchtbare Geistesarbeit, die man verrichten zu müssen glaubt. Natürlich
werde man von Anfang an für verrückt gehalten, gerade weil man das
genaue Gegenteil von verrückt sei, und man werde ununterbrochen verhöhnt. Man mache einen unendlichen Verhöhnungsprozeß durch. Kein
Mensch gehe mit, wenn man nicht einen Menschen zwinge, mitzugehen,
zum Beispiel eine Frau ganz einfach zwinge, kein Mensch gehe mit. Aber
auch dann, wenn ein Mensch mit einem mitgeht, soll Konrad gesagt
haben, gehe man allein, man gehe allein und in ein immer größeres Alleinsein hinein. Und in immer größere Finsternis hinein allein, denn der
Denkende gehe immer nur allein in immer größere Finsternis. Nur diese
Studie! sage er sich und: keine Ausflüchte! Aber selbst im Kalkwerk, wo
beinahe nichts ist, sei dauernde Ablenkung. Und tatsächlich keine
Freunde, soll Konrad gesagt haben, tatsächlich keine wirklichen Freunde,
nur Neugierige, Schadenfrohe, keine Freunde, lauter Feinde im Grunde
und der erbittertste Feind sei man sich selbst. Aber doch Fortschritt, wo
man ständig behindert sei und oft sei Unterlassung entscheidend, wie
überhaupt Unterlassung immer entscheidender sei als das Gegenteil von
Unterlassung. Etwas nicht tun und dadurch tun, soll er gesagt haben.
Etwas nicht tun beispielsweise, das getan werden könnte und von dem
gesagt wird (von allen Seiten!), daß es getan werden müsse, sei Fortschritt.
Es ist zum Verrücktwerden, soll er gesagt haben, aber ich gestatte mir den
Wahnsinn nicht. Dann: diese Studie sei zuerst nichts als ein einsamer
Entschluß, später nichts als die einsamste Arbeit gewesen. Von außen
soviel wie nichts, soll er gesagt haben. Das Zerbrechlichste. Ununterbrochen habe ein solcher Mensch, wie er, Angst, daß ihm dieses Zerbrechlichste seinen Kopf zerbricht und umgekehrt. Daß ihm alles zerbricht. Oft
suche ein solcher wie er Schutz, finde aber keinen, denn alles sei Schutzlosigkeit. Alles sei ihm ununterbrochen das Absolute, das ihn zu vernichten drohe. Wo ein solcher wie er hinkomme oder ankomme, er komme
immer nur in die Irritation, an die Irritation. Aber nichts sei komischer als
alles und dadurch, soll er gesagt haben, ist ja alles erträglich, weil es so

komisch ist. Wir haben nichts anderes als den Inbegriff der Komödie auf
der Welt und wir können tun, was wir wollen, wir kommen aus der
Komödie nicht heraus, der Versuch der Jahrtausende, die Komödie zu
einer Tragödie zu machen, hat naturgemäß scheitern müssen, soll er gesagt
haben. Denn das mit dem Kalkwerk, soll Konrad zum Baurat gesagt haben, sagt Wieser, ist ja auch nichts anderes als Komödie. Um diese Komödie aber aushalten zu können, müsse man von Zeit zu Zeit das Hirn
ablassen, den Gehirninhalt abschlagen, wie man das Wasser abschlägt,
nichts weiter, mein lieber Baurat, das Gehirn wie die Blase entleeren,
austreten, mit dem Gehirn wie mit der Blase auf die Seite gehen, mein
lieber Baurat. Oder, soll er gesagt haben, das Gehirn als die Geisteslunge.
Dann habe er den Baurat vollkommen betrunken gemacht und gesagt:
wahrscheinlich sind es gerade die Störungen, die der Studie von Vorteil
sind. Zu Fro: daß alles Unsinn sei, was er, Konrad, sage, zu mir, Unsinn,
alles Unsinn, zu Wieser: naturgemäß alles Unsinn, Wieser. Fro sagt, er,
Konrad, mache das Fenster auf und höre die Äste der Fichten, er mache
das Fenster über dem Wasser auf und höre das Wasser. Vollkommene
Windstille bedeute aber nicht, daß er die Äste der Fichten nicht höre, das
Wasser nicht höre, das Auge nehme keinerlei Bewegung in den Fichten
wahr, keinerlei Wasserbewegung, trotzdem höre er Fichten und Wasser. Er
höre die unaufhörliche Bewegung der Luft. Nimmt auch das Auge nicht
die geringste Bewegung auf der Wasseroberfläche wahr, so höre er doch die
Bewegung der Wasseroberfläche, oder: die Bewegung in der Tiefe des
Wassers, Geräusche von Bewegungen in der Wassertiefe. Aus der tiefsten
Stelle höre er die Bewegung herauf und immer wieder soll er gesagt haben,
nicht nur zu Fro, auch zu Wieser, unter meinem Fenster ist, wie Sie
wissen, die tiefste Stelle, gerade unter meinem Fenster, als ob ich das
immer gewußt hätte, daß unter meinem Fenster die tiefste Stelle ist. Naturgemäß höre aus dieser tiefsten Stelle immer nur das auf diese tiefste
Stelle des Wassers geschulte Ohr Geräusche herauf, das auf diese tiefste
Stelle geschulte Gehör, ein anderes Gehör hört aus dieser tiefsten Wassertiefe nichts, alle meine Versuchspersonen hören nichts herauf, ich kann
mit wem immer hier am Fenster stehen, soll er zu Fro gesagt haben, und
fragen, hören Sie etwas aus dem Wasser herauf?, und der Gefragte antwortet, nein, er höre nichts. Und naturgemäß höre ich nicht nur ein
einziges, ich höre viele Tausende von Geräuschen herauf und alle diese
Tausende von Geräuschen kann ich untereinander unterscheiden. Allein

über die Wahrnehmungen dieser Tausende von Geräuschen aus der tiefsten Wasserstelle unter meinem Fenster habe ich mehrere Dutzend Hefte
vollgeschrieben, soll Konrad zu Fro gesagt haben, er, Fro, sei an diesen
Heften außerordentlich interessiert, eines Tages könne er an diese Hefte
kommen, meint Fro, wenn man wisse, wo sie sind, und wenn Konrad
ihm, Fro, die Erlaubnis gebe, die Hefte an sich zu nehmen, zu Studien-
zwecken, so Fro, denn gerade solche Beobachtungen Konrads wie die
Beobachtungen der Geräusche aus der Wassertiefe unter seinem Fenster
interessierten ihn, er, Fro, werde, habe er beschlossen, auch gar nicht die
Verhandlung gegen Konrad vor dem Kreisgericht Wels abwarten, die Verurteilung Konrads nicht abwarten, denn zweifellos sei es wichtig, daß Fro
so bald als möglich an diese Hefte Konrads herankomme und er, Fro, bäte
das Kreisgericht Wels um die Erlaubnis, die Hefte mit den Beobachtungen
über die Geräusche aus der tiefsten Wassertiefe unter Konrads Fenster an
sich nehmen zu dürfen. Konrad gibt wahrscheinlich sofort sein Einverständnis, daß ich die Hefte an mich nehme, sagt Fro, aber nicht nur diese
Hefte interessieren mich, auch alle anderen Aufzeichnungen Konrads interessieren mich, vor allem interessierte mich die Studie, aber die Studie
habe Konrad ja bis heute nicht niedergeschrieben, sagt Fro, und aller
Voraussicht nach werde er, Konrad, die Studie niemals niederschreiben
können, denn in Garsten, in der Strafanstalt, wohin man Konrad zweifellos überstellen wird, und zwar auf lebenslänglich, oder in Niedernhardt,
wohin man ihn im Falle einer Unzurechnungsfähigkeitserklärung genauso
auf lebenslänglich überweisen wird, werde er, ohne seine aus mehreren
Jahrzehnten stammenden Haufen von Aufzeichnungen die Studie betreffend, nicht an eine Niederschrift der Studie gehen können, das Aufschreiben der Studie sei ihm, Konrad, also letzten Endes doch unmöglich
geworden, endgültig unmöglich geworden durch die Kurzschlußhandlung, wie Fro sich ausdrückt, des furchtbaren Mordes an seiner Frau.
Gleich heute noch werde Fro einen Brief an Konrad abschicken, in welchem er ihn um Überlassung der Hefte über die Geräusche aus der Wassertiefe unter seinem Fenster ersuche. Selbst ein so intelligenter und meinen Versuchen immer nur positiv gegenüberstehender Mann wie der
verstorbene Forstrat, soll Konrad zu Fro gesagt haben, habe, sei er mit ihm
am Fenster gestanden und habe er ihn gefragt, ob er etwas aus der Wassertiefe unter seinem Fenster höre, nichts gehört. Und ein völlig Unge-
schulter höre ja nicht einmal etwas von der Wasseroberfläche zum Fenster

herauf, geschweige denn aus der tiefsten Wassertiefe, habe Konrad noch
Ende Oktober zu Fro gesagt. Meine Objekte hören nichts, soll Konrad
gesagt haben. Und genauso sei es, stehe er mit einer Versuchsperson am
Geästefenster. Die Versuchsperson gestehe, daß sie nichts sehe und dadurch auch nichts höre. Aber ganz so einfach sei das nicht, erklären könne
man den Vorgang, der zur Beobachtungsgabe führe, aber auch nicht. Und
warum auch erklären?, soll Konrad zu Fro gesagt haben. Er denke: zwar
habe er die Geduld seiner Versuchspersonen, Forstrat, Baurat, Höller,
Wieser, Fro, Bäcker, Störschneider und andere, immer bewundert, er
frage sich aber doch, warum, wo sie ihn doch am Ende nur immer deprimiert hätten in ihrer grenzenlosen Unfähigkeit. Seine Frau und Haupt-
versuchsperson, wie er selbst sagte, sagt Fro, habe für ihn und also für seine
Studie und also für seine Versuche und Experimente überhaupt immer die
größte Geduld aufgebracht und sie bringe, habe Konrad noch im Oktober
zu Fro gesagt, immer mehr Geduld während seiner sich unglaublich ra-
dikalisierenden Versuche auf, an ihr habe er die sogenannte urbantschitsche Methode bis zur äußersten Perfektion entwickelt und im Grunde sei
die urbantschitsche Methode durch diese Radikalisierung wahrscheinlich
überhaupt nicht mehr als urbantschitsche Methode zu bezeichnen, tagtäglich habe sich seine Frau aber durch die urbantschitsche Methode von
ihm total erschöpfen lassen. Gegen Abend, wenn wir schon in aller Frühe
begonnen hatten, soll Konrad zu Fro gesagt haben, nach Mitternacht,
wenn wir am Nachmittag damit begonnen hatten, sei sie völlig erschöpft
gewesen. Mehrere Sätze mit kurzem I habe er ihr, seiner Frau, vorgesagt,
beispielsweise *Im Innviertel habe ich nichts*, an die hundert Male langsam,
an die hundert Male schnell, schließlich an die zweihundert Male schnell,
so schnell als möglich, abgehackt. Höre er auf, verlange er die sofortige
Beschreibung der Wirkung seiner ihr vorgesprochenen Sätze auf ihr Gehör wie auf ihr Gehirn, soll Konrad zu Fro gesagt haben. Anschließend
gehe er an die Analyse. Aber schon nach etwa zwei Stunden Dauer des
Experiments frage sie ihn, wie lange das Experiment dauere, soll Konrad
zu Fro gesagt haben, gleichzeitig klage sie, so Konrad zu Fro, über ihre sich
mehr und mehr vor allem im Winter verschlimmernde Otalgie, und er
sage ihr, wie lange das Experiment an dem Tag dauere, das Experiment
dauere nur kurz, drei oder vier Stunden, länger, sechs oder sieben Stunden, immer erschienen ihm aber die Experimente nach der urbantschitschen Methode wichtig und er habe keinen Tag ohne Experimentieren

vorübergehen lassen. Beispielsweise sage er: wie lange habe ich nicht mehr
mit dem kurzen I experimentiert, oder, wie lange nicht mehr mit dem
kurzen O, oder mit dem kurzen A oder mit dem kurzen U. Einmal sage er
ihr den Satz *Im Innviertel habe ich nichts* beispielsweise von links ins Ohr,
dann von rechts, abwechselnd von rechts und von links. Er mache in einer
Stunde etwa zwei Seiten Notizen, vernichte diese Notizen aber meistens
gleich wieder, damit man nicht wisse, wie er arbeite, finde man die Notizen. Beispielsweise sage er zu seiner Frau plötzlich mitten in einer
Übung: du mußt zwischen dem harten und dem weichen I unterscheiden.
Sie verstehe ihn, mache aber doch immer wieder alles falsch. Das bedeute
doppelte Anstrengung, an manchen Tagen doppelte Mutlosigkeit. Die
Übung habe keinen Zweck, sage er, wenn sie (seine Frau) sich nicht an die
Regel halte. Es dauere oft eine halbe Stunde, bis sie (das Einfachste) ka-
piere. Natürlich sei vor allem alles mit der urbantschitschen Methode
Zusammenhängende viel zu anstrengend für sie, denke er, wiederhole aber
doch pausenlos innerhalb der Experimente bestimmte Übungen bis zum
Zusammenbruch seiner Frau. Völlig unbeweglich sitze sie meistens im
Sessel, die längste Zeit mit geschlossenen Augen. Aber sie habe sich andererseits in den ganzen Jahren, in welchen er mit ihr in der urbantschitschen Methode arbeite, an die Form seines Experimentierens gewöhnt.
Den Satz beispielsweise *Im Innviertel habe ich nichts* mußte sie wochenlang
hören, tagtäglich an die Hunderte Male, so lange, bis er die Hand hob, das
hieß: Übung beendet. Der Satz *Im Innviertel habe ich nichts* sei ein Kern-
satz in seinen Übungen gewesen, sagt Fro. Er habe den Satz gesprochen
und sie habe sofort kommentiert. Immer schneller gesprochen, immer
schneller kommentiert, soll Konrad zu Fro gesagt haben. Den Vorwurf, er
experimentiere zu lange, habe er Tausende Male von ihr gehört, aber mit
der Zeit vollkommen *über*hört. Er habe sich mit der Zeit an das Überhören gewöhnt. Tatsächlich sei die urbantschitsche Methode an ihr für die
Studie unbedingt notwendig gewesen. Er soll immer gesagt haben: wir
können uns gestatten, Schluß zu machen, und darauf sofort: willst du die
Schallplatte hören?, worauf sie bat, er möge ihr ihre Lieblingsschallplatte,
die Haffnersymphonie von Mozart, auflegen, das beruhigte sie. Immer die
gleiche Platte, seit Jahren die gleiche Platte, habe er sich gedacht und er
habe nichts gegen die Platte unternommen, solange sie die Haffnersymphonie gespielt haben will, soll sie die Haffnersymphonie gespielt haben,
habe er sich immer wieder gesagt. Meistens sei er, Konrad, soll er zu Fro

gesagt haben, während er ihr die Haffnersymphonie vorspielte, selbst so erschöpft gewesen, daß er einnickte. Wohl, weil sich unser beider Alterungsprozeß im Kalkwerk beschleunigte. Wenn er nur die Studie niederschreiben könne, bevor er alt sei, endgültig alt und also zum Niederschreiben der Studie unfähig, soll er zu Fro und zu Wieser gesagt haben. Kaum sei er in seinem Zimmer, gehe er zu Bett. Aber die durch die äußere Ruhe hervorgerufene innere Unruhe lasse ihn auch in der größten Erschöpfung nicht einschlafen und er gehe durch das ganze Kalkwerk, mehrere Male durch das ganze Kalkwerk und liege dann den Rest der Nacht, ohne einschlafen zu können, auf dem Bett. Wenn man den Augenblick der Grenzüberschreitung von der Müdigkeit zur Erschöpfung übersieht, soll er zu Fro gesagt haben, sei es sinnlos, zu glauben, man könne einschlafen, sinnlos, einschlafen zu wollen, sich zum Einschlafen zu zwingen, man schlafe nicht ein. Dann trete das Gegenteil von dem, das man durch die äußere Ruhe erreichen habe wollen, ein, man beruhige sich nicht, man komme in immer größere Unruhe, diese Unruhe steigere sich so lange, bis man gegen die äußere Ruhe etwas tue, sie unterbreche, in sie Unruhe hineinbringe. Tatsächlich sei er ja nur im Hinblick auf diese äußere Ruhe hier, weil er, bevor er ins Kalkwerk eingezogen war, immer der Meinung gewesen war, äußere Ruhe erzeuge innere Ruhe, was sich sehr bald als Irrtum und grundlegend falsch herausstellte. Diesen Irrtum habe er schon sehr früh erkannt, trotzdem zu spät. Er habe sich gesagt, er gehe infolge der ihm aus früheren Besuchen in Sicking bekannten äußeren Ruhe nach Sicking und also ins Kalkwerk und war, weil er nicht wissen konnte, daß äußere Ruhe durchaus keine innere Ruhe hervorrufe, getäuscht, enttäuscht. Er habe sich aber einen Mechanismus erarbeitet, sagte er zu Fro, demzufolge er die äußere, ja die äußerste äußere Ruhe, wie sie charakteristisch für das Kalkwerk und seine unmittelbare Umgebung sei, nach und nach zu beherrschen, schließlich ganz und gar für seine Zwecke, also für die Studie, auszunützen imstande gewesen war. Dieser Mechanismus habe ihn jederzeit nicht wie von Natur aus, sondern vom Gehirn aus, von diesem Mechanismus aus ohne besonderen Eingriff in diesen Mechanismus, aus der äußeren Ruhe innere Ruhe erzeugen lassen. Die äußere und die äußerste äußere Ruhe auszunützen und umzuwandeln für und in innere Ruhe sei eine hohe, mit keiner andern vergleichbare Kunst nicht nur der Nervenbeherrschung, denke er, und selbst er beherrsche diese Kunst nicht immer, obwohl er schon einen sehr hohen Grad in der Beherrschung dieser Kunst erreicht habe. Anstatt Konzentration (auf die Studie), soll er gesagt haben, trete plötzlich A-Konzentration (auf die Studie) ein. Kurz: man müsse die äußere und die äußerste äußere Ruhe in dem Augenblick abbrechen können, in welchem sie keine innere Ruhe mehr erzeuge, auf die Dauer erzeuge äußere Ruhe niemals innere Ruhe, nur auf die kürzeste, für Geisteszwecke viel zu kurze Distanz. Das Wetter spiele, wie in allem, auch in dieser Beziehung, die größte Rolle. Zum Beispiel bei plötzlichem Föhn: je länger er im Kalkwerk auf- und ab- und hin- und hergehe, desto größere innere Unruhe in ihm, weil er den Mechanismus nicht beherrsche, der innere Ruhe erzeugt. Verschiedene Methoden, Hilfsmittel als Ersatz für den nichtfunktionierenden Mechanismus wende er an, er lese im Kropotkin, versuche es selbst mit dem Ofterdingen, der im Grunde ihr Buch sei, aber selbst durch den Ofterdingen gelinge ihm nicht, in sich innere Ruhe zu erzeugen, er setze sich, stehe auf, setze sich wieder, stehe wieder auf, abwechselnd schlage er den Kropotkin auf, den Ofterdingen, er gehe, in seinem Zimmer, in die eine, dann in die andere Richtung, ordne Papiere, bringe diese Papiere wieder durcheinander, mache den Kasten auf, mache den Kasten zu, ziehe verschiedene Laden heraus, immer wieder die gleichen Kommodenladen, Rechnungen, Notizblätter werfe er auf einen Haufen, ziehe einzelne heraus, lese die durch, werfe sie wieder auf den Haufen, stelle den Sessel, der neben dem Fenster steht, neben die Tür, den Sessel, der neben der Tür steht, neben das Fenster, drehe das Licht aus, drehe das Licht auf, verfolge eine, verfolge schließlich zwei, verfolge mehrere Linien auf der Landkarte an der Wand. Es nütze nichts, in die Küche zu gehn, daß er Holz aus der Küche in sein Zimmer trage, Asche ausleere, den Mistkübel, nichts. Sich an das und das erinnern nütze nichts. Daß er, was er denke, was er empfinde, laut ausspreche, Sätze, wie er zu Fro gesagt haben soll, im Augenblick erfundene, völlig sinnlose Sätze vor sich hinspreche, möglicherweise Sätze, soll er zu Fro gesagt haben, die ich schon einmal als Material für die urbantschitsche Methode verwendet habe. Er gehe, sagte Konrad zu Fro, im ganzen Kalkwerk mit der völligen Unmöglichkeit, sich beruhigen zu können, umher, nur das Zimmer seiner Frau betrete er dabei nicht, weil er seine Frau nicht noch mehr durch seine Unruhe deprimieren wolle, wo sie doch an sich schon in dem Zustande größter Deprimation sei und zwar dauernd in einem solchen Zustand, soll er zu Fro gesagt haben, sie mache sich, wie er sich, andauernd nur vor, daß Zeiten der Ruhe Zeiten der Unruhe ablösten, während in Wirklichkeit niemals Ruhe in sie beide einkehre und also lebten sie beide ständig nicht nur gegenseitig, sondern auch nebeneinander in dem Zustand der Dauerlüge, sie belüge sich, er belüge sich, dann belögen sie sich gegenseitig, abwechselnd er sie und dann wieder sie ihn und dann wieder gleichzeitig sie ihn und er sie, überhaupt machten sie beide sich ein erträgliches Leben im Kalkwerk vor, andauernd, wie Konrad zu Fro gesagt haben soll, ohne Unterbrechung, während sie doch beide ununterbrochen in einem unerträglichen Leben gefangen seien, aber machten sie sich nicht Erträglichkeit vor, wäre ihre Unerträglichkeit nicht zu ertragen, soll Konrad zu Fro gesagt haben, andauerndes Vormachen von Erträglichkeit in einem andauernden Zustand von Unerträglichkeit sei das einzige Mittel, weiterzukommen, soll Konrad zu Fro gesagt haben, etwas Ähnliches hat er auch zu Wieser gesagt, auch zu mir hat er von der Erträglichkeit der Unerträglichkeit durch das Vormachen von Erträglichkeit gesprochen, mit den gleichen Wörtern, mit den gleichen unsichtbaren Gesten, wie ich mich erinnere, damals im Hochwald, also er gehe, habe er zu Fro gesagt, durch das ganze, ihm tatsächlich in solchen Zuständen und an solchen Tagen endlos erscheinende Kalkwerk und versuche, zum Ende des Kalkwerks zu kommen, komme aber zu keinem Ende, denn das Kalkwerk könne man durchgehen und durchlaufen und durchkriechen, soll er gesagt haben, und es nehme kein Ende und er müsse dann, auf dem Höhepunkt des für ihn zweifellos beschämenden Zustandes, oft seine Hände an die Wände legen, an die eiskalten Mauerwände, an die eiskalten Türstöcke, an die eiskalten eisernen Dachbodentüren, an die Fenstergläser, an die eiskalten Hölzer der wenigen, noch im Kalkwerk verbliebenen Möbelstücke und sich fortwährend mit geschlossenen Augen Ruhe, Ruhe, Ruhe, vorsagen. Das Kalkwerk sei keine Idylle, soll er zu Wieser gesagt haben, aber wie leicht glaube man, das Kalkwerk sei eine Idylle, weil man in bezug auf das Kalkwerk immer nur in oberflächlicher Beurteilung stehen- und steckengeblieben sei, daß das Kalkwerk eine Idylle sei, glaubten die Leute, die das Kalkwerk mit ihrem oberflächlichen Beurteilungssadismus oder Beurteilungsmasochismus beurteilten, während das Kalkwerk, zum Unterschied von der Umgebung des Kalkwerks, ganz das Gegenteil einer Idylle sei. So seien die Besucher immer der Meinung gewesen, sie kämen in eine Idylle herein, wenn sie ins Kalkwerk hereingekommen sind, wenn sie nur in die Nähe des Kalkwerks gekommen sind, Sommerbesucher wie Winterbesucher hätten sich immer schon in dem Entschluß, zum Kalkwerk zu

gehen, ganz darauf eingestellt, in eine Idylle zu gehn, während sie doch
genau in das Gegenteil einer Idylle zu gehen sich entschlossen hatten, also
in völliger Bewußtlosigkeit einem vollkommenen Irrtum zum Opfer gefallen seien schon zu dem Zeitpunkt des Entschlusses, in Richtung auf das
Kalkwerk zu gehen. In eine Idylle, denken sie, soll Konrad zu Wieser
gesagt haben, treten sie durch das Gestrüpp herein, in eine Idylle, wagen
sie es, anzuklopfen. Alles deute, bevor man in das Gestrüpp tritt, wie wenn
man aus dem Gestrüpp tritt, auf eine Idylle hin. Aber treten sie aus dem
Gestrüpp heraus, seien sie entsetzt und kehrten um, treten sie ins Kalkwerk ein, seien sie entsetzt und flüchteten, die einen kehren schon, nachdem sie aus dem Gestrüpp herausgetreten sind, um und flüchten, die
anderen, wenn sie das Kalkwerk betreten haben, die wenigsten kommen
tatsächlich in die Zimmer herein und es ist ihnen in der kürzesten Zeit
unerträglich. Die Leute instinktieren nicht, soll Konrad zu Wieser gesagt
haben, die Menschheit instinktiert nicht mehr. Aha, in diese Idylle ist das
Ehepaar Konrad hineingegangen, mögen sie denken, soll Konrad zu Wieser gesagt haben, in Wirklichkeit ist aber das Ehepaar Konrad, soll Konrad
zu Wieser gesagt haben, genau in das Gegenteil einer Idylle hineingegangen, wie es ins Kalkwerk hineingegangen ist. Umkehr in die Idylle, denken
sie. Gegen das Kalkwerk wäre alles andere idyllisch, soll Konrad zu Fro
gesagt haben, London ist eine Idylle gegen das Kalkwerk, Wuppertal eine
Idylle, das Häßlichste und Lauteste und Stinkendste eine Idylle. Bewußt
zur Idylle verfälscht sei aber auch die ganze Umgebung des Kalkwerks.
Natürlich, betritt ein Verstandesmensch das Kalkwerksareal, merke er sofort, daß das Kalkwerk keine Idylle ist, aber wir haben es ja, wie Sie wissen,
soll Konrad zu Wieser gesagt haben, wenn wir es mit Menschen zu tun
haben, nicht mit Verstandesmenschen zu tun, die Leute geben vor, Verstand zu haben, haben aber keinen Verstand, die Leute geben vor, etwas zu
wissen, wissen aber nichts, die Leute geben alles nur vor. Der Stumpfsinnige merkt nichts und er kann sogar aus dem Gestrüpp heraustreten und
merkt nichts. In das Kalkwerk gegangen, hieße zweifellos, in eine Falle
gegangen. Zu Wieser: habe sie, die Konrad, sich im Herbst noch ohne
seine, Konrads, Hilfe anziehen und fertigmachen können, so habe sie sich
im Winter schon nicht mehr selbst anziehen und nicht mehr selbst fertigmachen können, und so habe er, Konrad, nachdem er in seinem Zimmer
Feuer gemacht habe, in ihrem Zimmer Feuer machen und sie anziehen
und fertigmachen müssen, was sich auf seine Studie katastrophal auswir-

ken mußte, dazu: nichts sei für einen Menschen deprimierender, als wenn er sich auf einmal nicht mehr selber anziehen kann. Und wie lange würde es dauern, soll Konrad zu Wieser gesagt haben, und sie könne auch nicht mehr ohne seine Hilfe essen, nicht mehr den einfachsten Bissen ohne seine Hilfe machen. Aber noch gelinge ihr, allein zu essen, er zerschneide ihr das Fleisch, er zerbreche ihr das Brot und sie weise noch jede weitere, darüber hinausgehende Essenshilfe zurück. Aber bald werde sie die Essenshilfe nicht mehr zurückweisen, meinte Konrad zu Wieser. Jetzt weise sie ihn noch zurück, aber bald werde sie ihn nicht mehr zurückweisen und er werde ihr das Fleisch stückweise in den Mund stecken, den Grießbrei löffelweise eingeben, die Milch löffelweise einlaufen lassen müssen. Wie mühselig sie sich schon jetzt die Strümpfe anziehe, denke er, wenn er mit ansehen müsse, wie sie sich einerseits überhaupt nicht bücken, andererseits aber auch nicht mehr der Länge nach ausstrecken könne. Stehe sie, stehe sie nicht gerade, gehe sie, gehe sie nicht gerade, liege sie, liege sie nicht gerade, ihre Haltung sei schon bald die gebückteste und ihr Kopf ein schwerfälliger Gegenstand. Alles verursache ihr Schmerz. Sie könne oft nicht mehr sagen, was ihr mehr Schmerz verursache, der Körper oder der Kopf und sie wisse nicht, solle sie gegen die Kopfschmerzen kämpfen oder gegen die Körperschmerzen, Kopf und Körper seien ihr die längste Zeit schon nurmehr noch ein einziger Schmerz und daß sie existiere, könne sie nurmehr noch an ihren Schmerzen erkennen. Ihr ganzer Körper wie ihr ganzer Kopf seien nurmehr noch ein einziger Schmerz, habe sie selbst vier Wochen vor Weihnachten und also vier Wochen vor ihrem gewaltsamen Tode zu Konrad gesagt. Diesen Zustand mit ihr habe er einfach nicht mehr aushalten können, soll er, der sonst nichts gesagt haben soll, bei seiner Festnahme gesagt haben. Aber die Gerichte sind unzurechnungsfähig, sagt Wieser, es hänge ganz von der augenblicklichen Verfassung des Gerichts, des Schwurgerichts ab, ob man Konrad zu der Mindeststrafe oder doch zu der Höchststrafe verurteile oder doch für verrückt erkläre. Bis zum letzten Augenblick eines jeden Gerichtsverfahrens sei immer, das erweise die tägliche Praxis der Gerichte, alles offen. Nichts sei letzten Endes charakterloser und von Launen und Wetter und Sympathie und Antipathie abhängiger als die Gerichte und vornehmlich die Schwurgerichte seien die abhängigsten von den merkwürdigsten Umständen. Auch zum Baurat hat die Konrad einmal gesagt, daß ihr die Schmerzen allein noch beweisen, daß sie noch da (am Leben) sei. Wie er, Konrad, sehe, wie

sie ans Fenster will und nicht kann, aufstehen will und nicht kann, ein
paar Schritte machen will und nicht kann, wie er sehe, es ist ihr kalt, aber
sie kann sich die Decke nicht hinaufziehen und er ziehe ihr die Decke
hinauf. Daß sie nicht mehr sehe, daß er einen schmutzigen Rock anhabe,
eine zerrissene Hose, sehe er. Die ganze monatelange Verwahrlosung an
ihm sehe sie nicht. Das ganze Kalkwerk ist von oben bis unten schmutzig
und sie sieht es nicht, soll Konrad zu Wieser gesagt haben. Daß vor allem
die Bettwäsche vollkommen schmutzig ist, weil sie monatelang nicht gewechselt wird, sehe sie nicht und er habe nicht die Möglichkeit, die Bettwäsche zu säubern, nicht mehr die Kraft dazu, weil er dazu keine Zeit
habe, habe sie sich noch vor einem halben Jahr von ihrem Krankensessel
aus um die Bettwäsche etcetera gekümmert, den Höller mit Reinigungs-
aufträgen überhäuft, heute könne sie das nicht mehr, sie habe den Überblick über alles verloren, weil sie sich nurmehr noch auf das Aushaltenkön-
nen ihrer Schmerzen konzentriere, soll Konrad zu Wieser gesagt haben.
Wie er sehe, daß sie aus ihrem Zimmer hinaus will und nicht kann. Daß
sie in den Wald will und nicht kann, in den Ort hinein und nicht kann.
Daß sie an Reisen denkt und nicht reisen kann. Daß sie Umgang mit
Menschen braucht, aber Menschenumgang nicht haben kann, Umgang
mit andern, soll Konrad zu Wieser gesagt haben. Seit Jahren hätten sie
keinerlei Menschenumgang und das heiße, keinerlei Umgang mit ihnen
beiden entsprechenden Menschen. Andererseits gäbe es ja gar keine ihnen
entsprechenden Menschen, soll Konrad zu Wieser gesagt haben, weil es
auf der ganzen Welt keinen einem andern entsprechenden Menschen
gebe, diese Feststellung ist die für Konrad charakteristischste. Die Menschen, die sie, nicht mehr heute, also bis Ende Oktober, aufgesucht haben,
diese sogenannten ihnen entsprechenden Leute, wären ja ganz und gar
nicht solche ihnen entsprechenden Menschen, Neugierige, Erbschleicher,
Fallensteller, soll Konrad gesagt haben. Da seien der Baurat und der
Rauchfangkehrer und Höller und er, Wieser, Fro, viel entsprechendere als
die sogenannten ihnen entsprechenden Menschen, aber Menschenumgang mit ihnen, den Konrad, sei grundsätzlich ein Anachronismus. Aber
gänzlich ohne einen Menschen könne kein Mensch sein, soll Konrad
gesagt haben, er schäme sich nicht, etwas immer wieder zu sagen, was alle
Leute immer wieder sagen, das Lächerlichste, Einfachste, Abgedroschen-
ste, nur sage er es bei vollem Bewußtsein, während es die andern niemals
bei vollem Bewußtsein sagten, das sei der Unterschied, wie er, Wieser,

wisse, sei es eben immer ein Unterschied, wer etwas sage und wie dieser Wer etwas sage und ein ernster Mensch oder ganz einfach ein ernstzunehmender Mensch könne ohne weiteres sagen, was er wolle, und brauche sich nicht darum zu kümmern, ob er nun etwas Banales und etwas Abgedroschenes und etwas, das man als eine Binsenwahrheit bezeichnet, sage, denn ein ernster oder ein ernstzunehmender Mensch sage, auch wenn er sie sage, auf keinen Fall, eine Banalität oder etwas Abgedroschenes oder eine sogenannte Binsenwahrheit. Sie hätten schon lange keinerlei Menschenumgang mehr, soll Konrad zu Wieser gesagt haben, denn alle diese für sie notwendigen Menschen, wie der Bäcker, der Höller, wie der Störschneider, seien für sie kein Menschenumgang, das seien eben notwendige Menschen, kein Menschenumgang. Wie er sehe, wie sie, seine Frau, fortwährend an Menschen denkt, deren Anwesenheit sie wünscht, Freunde, Verwandte, daß es nichts genützt habe, ihr ihre Verwandten und Freunde auszureden, nichts, daß er ihr klar zu machen versucht habe, daß es keine Freunde gibt und daß Verwandte im Grunde alles eher als verwandt seien, Verwandtschaft Betrug sei, Selbstbetrug, Verwandtschaft ein Irrtum. Am Anfang, denke er, seien alle diese ihre Verwandten und Freunde noch ins Kalkwerk gekommen, aus Tirol und aus Kärnten, die aus der Schweiz, alle Zryd, über die Gebirge, und ihre Verwandten aus dem Norden, ihre ostfriesischen Verwandten beispielsweise, lauter Menschen, die mit der Neugierde eine lebenslängliche Verschwörung eingegangen sind, so Konrad zu Wieser, aber jetzt kämen alle diese Leute nicht mehr, das Kalkwerk sei nach und nach frei geworden von diesem Verwandtschaftsunrat. Wir brauchen alle diese Leute nicht, soll Konrad zu seiner Frau gesagt haben, immer wieder, so lange, bis alle diese Leute endlich ausgeblieben sind und sich nicht einmal mehr brieflich zu melden getraut haben. Er, Konrad, soll er zu Wieser gesagt haben, habe ihr, seiner Frau, zuerst alle diese Leute ausgeredet, schließlich habe er ihr diese Leute unmöglich gemacht. Daß sie mit sich selbst ohne alle Leute im Kalkwerk auskommen müßten, habe er ihr früh genug klar gemacht, aber es habe Jahre gedauert, bis sich der Erfolg, die völlige Kontaktlosigkeit zu ihren Verwandten, von seinen, die mit ihm schon seit Jahrzehnten keinerlei Kontakt mehr haben, ist nicht die Rede, eingestellt habe. Sie habe sich endlich abgefunden. Zuerst habe er sich für sie aufgeopfert, soll Konrad einmal zu Fro gesagt haben, jahrzehntelang für sie und ihre Verkrüppelung, jetzt habe sie sich ihm aufzuopfern, die Studie erfordere, daß sie sich ihm restlos aufopfere, er habe

kein schlechtes Gewissen. Schließlich seien sie, die Konrad, ja zwei Jahrzehnte ununterbrochen auf Reisen gewesen, in allen möglichen Ländern,
in allen Erdteilen und immer unter den ihn peinigendsten Umständen,
man könne sich ja vorstellen, soll er zu Fro gesagt haben, daß es nicht
einfach sei, mit einer vollkommen verkrüppelten Frau jahrelang durch die
ganze Welt zu reisen, was das heiße, eine total Verkrüppelte von einer Stadt
zur andern zu schleppen, von einem Museum ins andere, von einer Se-
henswürdigkeit zur andern, von einer Berühmtheit zur andern, was das
heiße, sich selbst auf ein Minimum von Existenzspielraum einzuschrän-
ken einer Verkrüppelten zuliebe, die tatsächlich, wie Verkrüppelte immer,
gefräßig nach Neuigkeiten in der ganzen Welt, die Gefräßigste nach allem nur Möglichen und Unmöglichen gewesen sei, dazu damals von so
anspruchsvollem Wesen (!), daß es in Wirklichkeit ununterbrochen über
seine Kräfte gegangen sei, mit ihr zusammen zu sein. Später habe sie, mit
dem Inangriffnehmen der Studie, ihre Ansprüche zurücknehmen müssen,
sich nach und nach einschränken, sich ganz ihm und seinen Vorstellungen
von ihrem Zusammenleben unterstellen müssen, diese, sie tatsächlich vor
den Kopf stoßende plötzliche Veränderung, daß sich nämlich auf einmal
alle Ansprüche nicht mehr auf sie, sondern auf ihn zu konzentrieren hatten, verstörte sie anfänglich, jahrelang soll sie in einer Art selbstzerstöreri-
schem Trauma mehr neben und unter ihm, als mit ihm gelebt und sich am
Ende doch für ihn mit ihm abgefunden haben. Von einem Menschen, der
tatsächlich alles gesehen hat, was sehenswert ist und der so viele Menschen
kennengelernt hat, die es wert sind, daß man sie kennenlernt, und alles
durch die inständige und äußerste Aufopferung eines Mannes, von welchem man eine solche bereitwillige Aufopferung ja seiner wichtigsten Lebensjahre, ja der allerwichtigsten zwei Lebensjahrzehnte, nämlich der zwischen dem dreißigsten und fünfzigsten Jahr, nicht verlangen, keinesfalls
naturgemäß fordern könne, könne man schließlich, das habe, soll Konrad
zu Wieser gesagt haben, nicht das Geringste mit Dankbarkeit oder mit
einem anderen für Dankbarkeit stehenden Begriff als Verschuldungsmit-
tel zu tun, ganz natürlich verlangen, daß er sich jetzt aufopfere. Denn
naturgemäß hätte er, Konrad, die Studie längst niedergeschrieben, wenn
sie, seine Frau, ihn nicht gezwungen hätte, herumzureisen. Schon vor zehn
Jahren hätte er die Studie niedergeschrieben, in London, in Paris, in
Aschaffenburg, spätestens in Basel, soll er zu Wieser gesagt haben. Zu Fro:
jeden Tag frage sie ihn, ob er ein frisches Hemd anhabe, und er antworte

ihr, er habe ein frisches Hemd an, während er in Wirklichkeit schon eine
oder gar zwei Wochen das gleiche Hemd anhabe, sie bemerke nichts mehr,
sehe keinen Schmutz mehr, etcetera, nichts mehr. Er denke, sie will aus
dem Ofterdingen vorgelesen haben und er lese ihr aus dem Kropotkin vor,
damit seckiere er sie, keine andere Strafe sei wirksamer, als wenn er ihr
anstatt aus dem Ofterdingen, ihrem Buch, aus dem Kropotkin, seinem
Buch, vorlese. Für Unaufmerksamkeiten während des Experimentierens
mit der urbantschitschen Methode oder überhaupt für jede Art von Unaufmerksamkeit oder jede Art von Aufmucken, strafe er sie durch Vorlesen
aus dem Kropotkin. Aber natürlich, soll Konrad zu Fro gesagt haben, lese
ich ihr aus dem Ofterdingen vor, wenn sie mich darum bittet. Ich kann ihr
nicht abschlagen, aus dem Ofterdingen vorzulesen, wenn sie darauf beharrt. Natürlich hasse sie alles, was im Kropotkin stehe, umgekehrt, liebe
sie den Ofterdingen. Es sei richtig, sage er, Konrad, sich, ihr einmal aus
dem Ofterdingen und einmal aus dem Kropotkin vorzulesen, nicht nur
aus dem Ofterdingen, soll er zu Fro gesagt haben. Meistens frage er sie
auch noch, hat er ihr ein Stück aus dem Kropotkin vorgelesen, was er ihr
gerade aus dem Kropotkin vorgelesen habe, worauf sie nicht antworten
könne, Beweis dafür, daß sie, während er ihr aus dem Kropotkin vorgelesen hat, in vollkommener Unaufmerksamkeit zugehört habe oder überhaupt nicht zugehört habe, während sie, lese er ihr aus dem Ofterdingen
vor, die Aufmerksamkeit selbst sei. Was habe ich dir denn gerade vorgelesen?, soll er seine Frau dann ganz abrupt gefragt haben, naturgemäß
antwortete sie ihm nicht oder antwortete ihm auf das hilfloseste vollkommen unbefriedigend. In letzter Zeit soll sie sich aber nicht mehr getraut
haben, während der Vorlesung aus dem Kropotkin unaufmerksam zu sein,
sie habe Angst vor seinen Drohungen gehabt, die er immer mehr wahr
gemacht habe, Essenssperre, Verlängerung der Urbantschitschübungen,
längeres Verweigern der Zimmerentlüftung, plötzliches Durchlüften ihres
Zimmers, wobei sie sich vor der eiskalten Luft nicht schützen habe können, Verdoppelung der Vorlesung aus dem Kropotkin etcetera. Oft habe
er, Konrad, nicht gewußt, höre sie jetzt zu oder höre sie nicht zu, wenn er
ihr aus dem Kropotkin vorgelesen habe, las er ihr aus dem Ofterdingen
vor, brauchte er angeblich diese Frage gar nicht zu stellen, und: höre sie
ihm absichtlich oder unabsichtlich nicht zu, denn tatsächlich soll es vorgekommen sein, daß sie ihm absichtlich, und dann wieder, daß sie ihm
unabsichtlich nicht zugehört habe, nicht immer sei ihm das klar gewesen

und oft habe er sie zu Unrecht bestraft, was ihm leid getan haben soll;
dann soll er ihr längere Stücke aus dem Ofterdingen vorgelesen haben, was
ihm selbst am allerqualvollsten gewesen sei. Während der Vorlesungen aus
dem Kropotkin soll sie ihm aber meistens absichtlich nicht zugehört haben. Alles, was er ihr aus dem Ofterdingen vorgelesen habe, soll sie ihm
einwandfrei und bis in die unscheinbarsten Details hinein nacherzählen
haben können, aus dem Kropotkin wußte sie, fragte er sie danach, nichts.
Jeden Tag soll sie von ihm, Konrad, verlangt haben, daß er ihr ein anderes
Kleid anziehe, soll er zu Fro gesagt haben, er, Konrad, verweigerte ihr aber,
täglich ein anderes Kleid anzuziehen, allein konnte sie sich kein Kleid
anziehen, er half ihr meistens nicht zweimal in der Woche, weil ihm
einmal in der Woche ausreichend erschien, eine Frau könne doch wohl
eine ganze Woche ein und dasselbe Kleid anhaben, habe Konrad gesagt,
noch dazu, wenn das Anziehen so große Umstände macht. Half er ihr, so
war er recht ungeduldig, mehrere Male soll er seine Frau während des
Kleiderwechsels verletzt haben, so der Bäcker, der öfter Zeuge des Kleiderwechsels der Konrad gewesen sein soll. Die Entscheidung, was für ein
Kleid sie anziehe, soll Konrad auch nicht immer seiner Frau überlassen
haben, manchmal soll sie ein Kleid anziehen haben müssen, das er für
richtig hielt, sie nicht, es habe oft stundenlange nicht wiederzugebende
Wortwechsel (der Baurat) darüber gegeben, ob sie das Kleid, das er ihr
anziehen wollte, anziehe oder doch das Kleid, das sie anziehen wollte,
beinahe immer habe er aber seinen Willen durchgesetzt, er, Konrad, soll in
diesen Fällen die Erschöpfung seiner Frau ausgenützt haben. Einerseits
frage er sich, warum sie überhaupt ihre Kleider wechsle, er wechsle seine
Kleider schon lange nicht mehr, andererseits denke er, könne sie ja nicht
jahrelang in ein und demselben Kleid in ein und demselben Sessel sitzen,
soll er zu Fro gesagt haben. Und sie habe noch immer eine Unmenge von
Kleidern, eine Unmenge von Kleidern sie, eine Unmenge von Schuhen er,
aber er ziehe ja auch schon lange immer nur die gleichen Schuhe an,
warum soll sie also nicht immer das gleiche Kleid anhaben?, soll er sich
gefragt haben. Andauernd müsse er ihr Zimmer lüften, will sie frische Luft
haben und er müsse fortwährend die Fenster auf- und zumachen, drücke
ihn das Nichtniederschreibenkönnen der Studie, sei er seiner Frau vollkommen ausgeliefert, willenlos, sie könne dann machen, was sie wolle,
und sie räche sich, beispielsweise verlange sie von ihm, daß er sie kämmt,
stundenlang will sie von ihm gekämmt sein und er kämmt sie, dabei seien

sie von geradezu exemplarischer Wortlosigkeit (Fro). Tatsächlich sei oft ein fürchterlicher Geruch in ihrem Zimmer, dann, wenn er sich längere Zeit weigere, zu lüften, weil er verärgert sei, lüfte er nicht. Aber es komme auch vor, daß sie sage, er solle lüften, wenn er gerade gelüftet habe, er solle das Fenster aufmachen, wenn er das Fenster gerade zugemacht habe. Damit versuche sie, ihn zu peinigen. Es ziehe bei der Tür herein, sage sie mehrere Male im Tag, genau in solchen ihn irritierenden Abständen, es zieht, soll sie gesagt und damit ihren Zorn gegen ihn zum Ausdruck gebracht haben, immer wieder es zieht, während es niemals auch nur ein einziges Mal in ihrem Zimmer gezogen haben soll, jedenfalls nicht bei geschlossenen Fenstern und Türen, sie habe sich aber diese Waffe gegen ihn angewöhnt, zu sagen, es ziehe, während es niemals ziehe, was ihn mehrere Male zu der Bemerkung veranlaßt haben soll, er werde, sage sie noch einmal, es ziehe, alle Fenster und Türen aufmachen und weggehen und die ganze Nacht ausbleiben und in der Frühe sehen, was aus ihr geworden sei, dann mach doch alle Fenster und Türen die ganze Nacht auf, soll sie darauf immer geantwortet haben, wenn ich nur wirklich erfrieren könnte, er aber machte diese seine schließlich lächerlich gewordene Drohung niemals wahr. Einmal gehorche sie ihm, dann wieder er ihr, aber natürlich habe sie ihm öfter zu gehorchen als er ihr und in Wahrheit könne man nicht sagen, daß er ihr gehorche, er erfülle ihr nur ihre Wünsche. Tagelang unterwerfe ich mich ihr vollkommen, soll er zu Wieser gesagt haben. Dann aber weigere er sich plötzlich und es trete wieder eine Periode ein, in welcher sie ihm zu gehorchen habe, ausschließlich, und in welcher ihr kein Wunsch erfüllt werde. Die Studie verlange absoluten Gehorsam nicht nur seinerseits, sondern auch ihrerseits. Die meiste Zeit konzentrierten sie beide sich mit der größten Intensität auf die urbantschitsche Methode, das bedeute auch von ihrer Seite wochenlange ununterbrochene Disziplin, keinerlei Auflehnung. Manchmal ertrage sie es aber plötzlich nicht mehr, in ihrem Sessel zu sitzen, und sie sei nahe daran, die Beherrschung zu verlieren. Dieser Zustand wiederhole sich alle zwei, drei Wochen einmal, vornehmlich am Wochenende, wieso gerade da, wisse er nicht. Auf einmal antworte sie, fragt er sie etwas, nicht. Er frage sie zweimal, dreimal, viermal, sie antworte nicht. Es sei von großer Wichtigkeit für die Studie, daß sie ihm antworte, aber sie antworte ihm nicht. Daraufhin ginge er ans Fenster und ließe frische Luft herein, tatsächlich sei nach stundenlanger Arbeit mit der urbantschitschen Methode die schlechteste

Luft im Zimmer. Aber auch in frischer Luft reagiere sie nicht, antworte sie
ihm nicht. Auch wenn ihr Zimmer vollkommen ausgekühlt sei, antworte
sie nicht. Er mache die Fenster wieder zu und fange an, ihr aus dem
Kropotkin vorzulesen, darin glaubte er angeblich immer ein Mittel zu
haben, sie zum Sprechen zu bringen, Auflehnung, Protest erwarte er, aber
selbst nach längerem Vorlesen aus dem Kropotkin keinerlei Reaktion. Das
gehaßte Buch bewirke in ihr nur noch größeres Schweigen, soll Konrad
gesagt haben. Er klappt das Buch zu, steht auf und geht im Zimmer hin
und her, sagt Wieser, immer rascher, immer lauter, er sage etwas, aber er
wisse im Grunde nicht, was er sagen solle, er setze sich, stehe wieder auf. Er
könne ihr ja aus dem Ofterdingen vorlesen, denke er, aber er liest ihr nicht
aus dem Ofterdingen vor, das bedeutete ja Selbstaufgabe, soll er zu Wieser
gesagt haben. Zu Fro: da ich aber die Übung mit I an diesem Tage unbedingt mit ihr durchmachen habe müssen, war es mir unmöglich, mich
umzudrehen und in mein Zimmer zu gehn, sie hätten an dem Tage noch
zuwenig geübt. Plötzlich soll er auf die Idee gekommen sein, sie zu fragen,
ob er ihr etwas zum Essen aus der Küche heraufbringen solle, sie reagierte
aber nicht darauf. Ob sie Schmerzen habe?, aber auch darauf reagierte sie
nicht. Wenn sie Schmerzen habe, müsse man gegen diese Schmerzen etwas
tun, soll er zu ihr gesagt haben, eine schmerzstillende Tablette?, soll er
gefragt haben, aber nein, nichts. Gerade habe er sich entschlossen, ihr
doch aus dem Ofterdingen vorzulesen und ihr diesen offensichtlich ununterbrochen in ihr vorhandenen Wunsch zu erfüllen, gibt sie zu verstehen,
daß sie aufstehen und ein paar Schritte gehen will, soll Konrad zu Fro
gesagt haben, zum Fenster und wieder zurück und sie habe sich tatsächlich
aufhelfen lassen und er sei mit ihr ein paar Schritte zum Fenster hin- und
zurückgegangen und noch einmal hin und zurück und noch einmal hin
und zurück, worauf sie dann so erschöpft gewesen sein soll, daß sie, kaum
habe er sie in den Sessel setzen können, in dem Sessel zusammengebrochen sei. Wenn ich nur Geduld hätte, soll sie gesagt haben, wenn ich nur
Geduld hätte, aber ich habe keine Geduld, er, Konrad, soll, während er das
nachsagte, sogar ihre Stimme nachzumachen versucht haben, mehrere
Male soll er Fro gegenüber wiederholt haben: wenn ich nur Geduld hätte,
wenn ich nur Geduld hätte. Ich habe einfach die Geduld verloren!, soll sie
gesagt haben. Darauf soll er ihr aus dem Ofterdingen vorgelesen haben,
ein längeres Stück, alles immer gleich laut, alles immer mit der gleichen
Betonung, als eintönig könne man seine Vorleseweise ohne weiteres be-

zeichnen, soll er zu Fro gesagt haben, ein durchaus eintöniges Vorlesen ist es, mit welchem ich die größte Wirkung erziele. Eine Stunde Vorlesen soll es ihm ermöglicht haben, die urbantschitsche Methode an ihr fortzusetzen, bis in die späte Nacht hinein. Während des Vorlesens aus dem Ofterdingen soll er ihre Hände festgehalten haben, das beruhigte sie nach und nach. Dieser Zustand soll im Abstand von einer oder von eineinhalb Wochen immer derselbe gewesen sein, aber natürlich wiederhole sich dieser Zustand, wie er sagte, sagt Fro, in immer kürzeren Abständen. Sie habe natürlich während der Experimente nicht immer gleich gut gehört, beispielsweise spreche er die Wörter *ganz gleich, Macht oder Ohnmacht* laut aus und sie verstehe sie nicht, er könne die Wörter so deutlich wie möglich sprechen und sie verstehe die Wörter nicht, und er spreche die Wörter *ganz gleich, Macht oder Ohnmacht* so leise wie möglich aus und so undeutlich wie möglich und sie verstehe die Wörter. Das sei das Merkwürdigste, daß ihr Gehör ununterbrochen das unzurechnungsfähigste Gehör sei. Beispielsweise sage er *wie mühevoll, zu gehen* und sage das ganz laut und deutlich und sie verstehe es nicht und er sage ganz leise *wie mühevoll, zu gehen* und sie verstehe sofort etcetera. Ihm sei klar, ein Wetterumschwung, ein durch diesen Wetterumschwung hervorgerufener Schmerz, und sie sei wie ausgewechselt. Aber im großen und ganzen komme er mit ihr im Zuge der immer noch erweiterten urbantschitschen Methode zu immer noch erstaunlicheren Ergebnissen. Längere Zeit, so Konrad zu Wieser, experimentiere er mit Mitlauten, dann aber sei das Experimentieren mit Mitlauten nicht mehr möglich und er experimentiere von da an mit Selbstlauten, plötzlich wieder mit Mitlauten und so fort. Er brauche aber, sei sie auf einmal unfähig, weiterzumachen, nur aus dem Fenster zu schauen, um die Ursache ihrer Unfähigkeit zu erkennen, die Luft zeige ihm an, daß ein Wetterumschwung bevorstehe etcetera. Von Wörtern, die keine Sätze bilden, keine Sätze bilden können, wechselte er zu ganzen Sätzen über, umgekehrt immer wieder von ganzen Sätzen auf einzelne Wörter ohne Satzmöglichkeit. Das Gehör und besonders ihr Gehör sei ja am empfindlichsten den unscheinbarsten Wetterumschwüngen ausgesetzt und: die unscheinbaren wie die unscheinbarsten Wetterumschwünge vollziehen sich ja ununterbrochen, soll Konrad zu Wieser gesagt haben. Jeden Augenblick ein anderer Wetterumschwung, jeden Augenblick ein anderes Wetter, soll er gesagt haben. Zu mir: ja, in den Bäumen sehe ich, es ist ein Wetterumschwung, am Felsvorsprung sehe ich, im Wasser sehe ich, an den

Mauern sehe ich, ein Wetterumschwung. Fro berichtet: er, Konrad, wende sich ganz abrupt von den Vokalen ab und ganzen Sätzen zu, er sage den Satz *Gerechtigkeit, wenn einer den andern umbringt* und sie höre den Satz, obwohl er auch diesen Satz sehr undeutlich ausgesprochen habe und ihr auch noch von der linken Seite in ihr Gehör hineingesprochen habe, einwandfrei; ihr Kommentar: an die acht Sekunden habe sie das I in bringt noch im Ohr, naturgemäß, denke er. Es könne vorkommen, daß er in der Frühe beim Fenster hinausschaue und sofort wisse, heute nur Selbstlaute oder heute nur Mitlaute oder heute nur Sätze mit U oder nur Sätze mit E oder nur ganz lange Sätze mit O, oder nur ganz kurze Sätze heute. Er schaue zum Beispiel beim Fenster hinaus und atme einmal tief ein und wisse, womit er heute zu experimentieren habe. Oder er stehe an seinem Fenster und beschließe augenblicklich: jetzt in ihr Zimmer hinauf und ihr schnell den Satz *Vogelschwärme, immer mehr Vogelschwärme schwärzen den Park* vorsagen und sie kommentiere, habe er ihr den Satz vorgesagt, sofort. Am Heiligen Abend, genau ein Jahr vor ihrem gewaltsamen Tod, sei er gegen fünf Uhr nachmittag in ihr Zimmer und habe ihr folgenden Satz: *man macht sich an den Menschen nur schmutzig* mehrere Male vorgesprochen, abwechselnd in ihr linkes und in ihr rechtes Ohr, er soll diesen Satz an die achtzig- oder neunzigmal in ihr Gehör hineingesagt haben, immer wieder *man macht sich an den Menschen nur schmutzig*, und sie habe jedesmal zu kommentieren gehabt, so lange, bis sie in ihrem Sessel zusammengebrochen sei, erst gegen elf Uhr sei ihm, Konrad, eingefallen, daß ja Heiliger Abend sei, sie habe darauf, durch die intensive Beschäftigung mit der urbantschitschen Methode, gänzlich vergessen gehabt und er habe sie nicht mehr daran erinnert und sie beide seien gegen ein Uhr früh zu Bett gegangen, ohne daß er ihr noch gesagt hätte, daß Heiliger Abend sei, am nächsten Tag soll er zu ihr gesagt haben, heute ist Heiliger Abend, gestern war Heiliger Abend, aber für uns ist heute Heiliger Abend, natürlich habe ich gestern gewußt, daß Heiliger Abend ist, soll er zu ihr gesagt haben, aber das Experimentieren hat mich dich nicht darauf aufmerksam machen lassen, daß Heiliger Abend ist, also heute ist für uns Heiliger Abend, soll er gesagt haben, darauf sie: furchtbarer Mensch!, dieses furchtbarer Mensch soll er Wieser gegenüber in ihrem Tonfall nachgemacht haben. Daß er zeitweise nicht experimentiere, glaube sie öfter, soll Konrad zu Wieser gesagt haben, während er doch ununterbrochen experimentiere, auch wenn er Guten Morgen und Gute Nacht sage, experimentiere er, wenn er frage: willst du ein anderes Kleid anziehen? soll ich dich kämmen? willst du essen?, experimentiere er. Er frage sie, soll ich dir aus dem Ofterdingen vorlesen?, und experimentiere. Stehe er auf, setze er sich hin, gehe er auf und ab, schweige er, experimentiere er. Sein ganzer Umgang mit ihr wäre nur ein einziges Experimentieren gewesen, soll Konrad zu Fro gesagt haben. Zum Baurat: auf der urbantschitschen Methode beruhend, experimentiere ich sie (seine Frau) zu Tode. Natürlich verschlechtere sich ihre Otalgie, das sei selbstverständlich, daß sich ihre Otalgie bald in ihrem ganzen Kopf ausbreiten werde, weil er das Experimentieren intensiviere, immer schwierigere, immer anstrengendere Übungen, soll er zu Fro gesagt haben. Der größte Vorteil sei der, daß alle Leute, mit welchen er experimentiere, und mit allen Leuten experimentiere er, nichts davon wüßten, daß er, wenn er mit ihnen zusammen sei und nicht nur dann, mit ihnen experimentiere. Ein ganzes Jahr habe er sich nur mit der Wirkung von Kratzgeräuschen auf das Gehör beschäftigt, mit Schlaggeräuschen, Bohrgeräuschen, Tropfgeräuschen, Sausen, Surren und Summen, denke er, soll er zu Fro gesagt haben. Blasen. An die Hunderte und Tausende Schabversuche, die Aufnahmefähigkeit ihres Gehörs für Zwölftonmusik, soll er zu Fro gesagt haben, hätte die größte Rolle in seinem Experimentieren gespielt, die Orchesterstücke von Webern, Schönbergs *Moses und Aaron*, überhaupt Musik, wie die Streichquartette von Béla Bartók. Aber alles immer im Hinblick auf die ganze Studie, wie leicht verzettele sich der Dilettant, komme im Detail um, soll Konrad gesagt haben. Es erfordere eine beinahe übermenschliche Anstrengung, immer gleichzeitig alles zu sehen im Hinblick auf das Gehör. Allein die Erforschung verschiedener Tiergehöre soll ihn nicht weniger als zwei Jahre gekostet haben. Eine ganze Stunde gebe er, Konrad, sich seiner Frau oft nicht als Experimentator zu erkennen, dann sage er aber plötzlich: ich experimentiere, Gehörexperiment I, Anfang, gleich darauf schon die Wörter Luster und Lüster und Laster und mache eine sogenannte Gehörklangfarbenkontrolle. Ist das Ö düster?, frage er, ist das U düster? ist das O düster? Darauf sehr oft das Wort *Rinnsal*, das reinste. Mit dem Wort *Rinnsal* experimentiere er an die zehn Jahre, soll er zu Wieser gesagt haben. Fro: dieser Vorgang wiederhole sich täglich: er, Konrad, gehe in ihr Zimmer, sage etwas und sie müsse das von ihm Gesagte kommentieren. Er duldete keine sogenannte Ausrede. Manchmal erlaube sie sich aber auch eine Frage, wie: ist das jetzt ein Experiment oder ist das kein Experiment? und er antworte mit Ja oder

Nein, sie glaube, einmal experimentiere er, einmal nicht, weil sie nicht wisse, daß er unaufhörlich experimentiere, daß ihm alles Experiment sei. Obwohl er die Studie fertig im Kopf habe, denke er, experimentiere er immer weiter, um die Studie, obwohl er sie fertig im Kopf habe, immer noch mehr zu komplettieren, zu vervollkommnen, abgesehen von der Tatsache, daß er die Studie in jedem Augenblick niederschreiben könnte, ohne Angst haben zu müssen, daß er sie nicht ganz und gar im Kopf habe, wenn er die Möglichkeit hätte, sie plötzlich niederzuschreiben. Er fülle die Zeit bis zur Niederschrift, an die er fortgesetzt und mit großer Zuversicht glaube, mit Experimenten aus. Man könne sich auch, habe man sich einmal für eine solche Studie entschlossen, nicht genug mit der urbantschitschen Methode befassen, soll er zu Fro gesagt haben. Und wenn man so lange mit solchen Experimenten, wie er sie betreibe, experimentiere, könne man mit diesen Experimenten nicht plötzlich aufhören, man ruiniere sich dann alles. Und hätte er seine sich ihm vollkommen aufopfernde Frau nicht, er hätte die Studie nicht im Kopf. Sie ermögliche ihm an jedem Tag und in jedem Augenblick immer wieder die Studie. Beispiele und Beispiele und immer wieder nichts als Beispiele hätten ihm die Studie ermöglicht. Der Experimentator, denke er, habe nichts anderes zu tun als zu experimentieren, er frage sich schließlich nicht mehr, warum er experimentiere, er habe sich diese Frage nicht zu stellen, er experimentiere sich zu Tode. Einfacher sei, mit kurzen Sätzen zu experimentieren, soll er gesagt haben, am einfachsten mit für sich stehenden Wörtern, am allereinfachsten nur mit Vokalen. Komplizierter, anstrengender, also vor allem für sie, seine Frau, ermüdender, mit langen, längsten, sogenannten vielfachen Schachtelsätzen, mit welchen zu experimentieren ihm allerdings das größte Vergnügen mache. Mit dem Satz zum Beispiel: *die Zusammenhänge, die, wie du weißt, mit dem Zusammenhang nichts zu tun haben, aber die doch auf das empfindlichste mit den Zusammenhängen des Zusammenhangs, der mit dem Zusammenhang nichts zu tun habe, zusammenhängen* und so fort. Man könne auch sagen, das alles sei verrückt, aber dann müsse man auch sagen, daß alles verrückt sei, in Wahrheit sei auch alles verrückt, aber kein Mensch getraue sich zu behaupten, alles sei verrückt, denn dann behaupteten alle, er, der das behaupte, sei verrückt und in der Folge würde sich alles von selbst aufhören, nach und nach von selbst aufhören, soll Konrad gesagt haben. Die Menschen (und die Menschheit) existierten ja gerade durch Inkonsequenz (äußerste). Für ihn, Konrad, gebe es nur noch

Experimentalsätze, soll er gesagt haben, und er denke, daß es für ihn nurmehr noch das Experiment gibt, alles sei ihm nichts mehr als nur Experiment, die ganze Welt Experiment, einfach alles, und er soll gesagt haben: es kommt natürlich nicht auf die Länge der Sätze an, wie es auch nicht auf die Kürze der Sätze (oder Wörter) ankomme, nicht nur beispielsweise auf A und O und I und U, immer auf alles. Plötzlich, soll er zu Fro gesagt haben, stehe er am Fenster und könne nichts sehen, hören zwar, aber nicht sehen, nichts. Die Augenschwäche, denke er, die mehr und mehr sich verschlimmernde Augenschwäche. Längere Zeit müsse er mit geschlossenen Augen am Fenster stehen, bis er die Augen wieder aufmachen und sehen könne. Von den Schwierigkeiten, die ihm im Winter das Einheizen mache, soll er gesprochen haben, daß er den Höller nicht einheizen lasse, weil der Höller beim Einheizen so viel Lärm und so viel Schmutz mache, und, heize der Höller ein, soll er gesagt haben, verliere ich an die zwei oder drei Stunden Experimentezeit. Heize er allerdings selbst ein, sagt Konrad, koste ihn das die größte Überwindung. Unsere Kamine ziehen nicht, also ziehen unsere Öfen nicht, soll er gesagt haben. Ununterbrochenes Nachschauen und Nachlegen in den Öfen. Zum Glück werden die Kalkwerksöfen von den Gängen aus geheizt. Aber erst im Laufe der Jahre sei er daraufgekommen, wie man die Kalkwerksöfen heize. Jeder Ofen gehöre anders geheizt, eine Wissenschaft!, soll er gesagt haben, tatsächlich eine Wissenschaft! Diese Augenschwäche dauere immer länger, längst hätte er einen Arzt aufsuchen müssen, aber er suchte keinen Arzt auf. Hatte ihn die Augenschwäche vor einem Jahr noch nur alle drei, vier Wochen heimgesucht, trete die Augenschwäche jetzt schon jeden Tag auf, soll Konrad zu Wieser gesagt haben. Natürlich hänge das mit der Arbeit an der Studie zusammen. Wer so intensiv seine Augen gebrauche wie er, müsse natürlich mit einer solchen Augenschwäche rechnen. Seine Frau habe die Augenschwäche nicht gehabt, ihre Augen seien von Anfang an sehr geschwächt gewesen, ihre schwache Sehkraft habe sich aber im Laufe der Jahre durch diese schwache Sehkraft nicht mehr geschwächt. Er habe von Natur aus die schärfsten und die angestrengtesten Augen, soll er zu Wieser gesagt haben. Dazu das hervorragendste Gehör. Eine solche Augenschwäche führe nicht selten zu totaler Erblindung, soll Konrad gesagt haben, wie er wisse, sei ein naher Verwandter von ihm von der gleichen Augenschwäche befallen gewesen und urplötzlich total erblindet, davor habe er Angst. Man glaube, die Augenschwäche verginge, aber sie vergehe

nicht und man sei von einem Augenblick auf den andern völlig blind, man
könne dagegen tun, was man wolle, es nütze nichts. Zu Fro soll Konrad
zwei Tage vor der sogenannten Bluttat gesagt haben: wie wir eingezogen
sind, haben wir zum Großteil neue Fußböden legen lassen, denke ich, ich
sitze in dem Sessel, der dem Sessel meiner Frau gegenübersteht und es hat
den Anschein für sie, ich lese im Kropotkin, aber ich lese gar nicht im
Kropotkin, ich kann mich nicht konzentrieren und obwohl ich den Kropotkin aufgeschlagen habe und obwohl ich Zeile um Zeile, Wort für Wort
im Kropotkin lese, denke ich etwas ganz anderes, ich denke, daß wir, wie
wir eingezogen sind, neue Fußböden legen haben lassen, Lärchenböden,
das Lärchenholz nimmt eine immer dunklere Farbe an, möglichst breite
Bretter habe ich legen lassen, unregelmäßige Bretter von einem der vorzüglichsten Bodenleger überhaupt, von einem aus Toblach, der Heimat
meiner Frau, nach Sicking gekommenen Bodenleger. Brett an Brett, Nute
an Feder, Feder an Nute, denke ich, und im zweiten Stock, denke ich,
habe ich auch alle Fensterbänke erneuern lassen, im dritten alle Fensterstöcke, alle Türstöcke im ersten Stock, ebenerdig. Im ersten Stock war
außerdem das Einziehen einer neuen Saaldecke erforderlich, denke ich,
während ich meiner Frau gegenübersitze und vorgebe, im Kropotkin zu
lesen, ich blättere im Kropotkin um, als hätte ich eine Seite fertiggelesen.
Zuerst habe ich geglaubt, ich werde im Kalkwerk überhaupt nichts erneuern lassen, dann habe ich aber so vieles erneuern lassen. Diese Gegend ist
durch ihre guten aber unverläßlichen Handwerker bekannt, denke ich, in
der kürzesten Zeit waren aber im Kalkwerk alle diese Arbeiten aufs vor-
züglichste ausgeführt gewesen. Wenn, dann läßt du gleich alle Stuckaturen
auch an der unteren Saaldecke erneuern, habe ich gedacht, denke ich, und
ich habe auch gleich alle Stuckaturen auf der unteren Saaldecke erneuern
lassen. Nicht einen Augenblick dürfe man aber den Eindruck haben, soll
Konrad zu Fro gesagt haben, daß es sich um vollständig erneuerte Stukkaturen handle, habe er, Konrad, zum Stuckateur gesagt und der Stuk-
kateur habe ihn verstanden und man merke tatsächlich jetzt nicht, daß alle
Stuckaturen an den Saaldecken erneuert sind. Ein ganz vorzüglicher Stuk-
kateur, denke ich, soll Konrad zu Fro gesagt haben, während ich vorgebe,
im Kropotkin zu lesen, eine solche Arbeit wie die Arbeit an den Saalstuk-
katuren habe die unauffälligste zu sein und der Stuckateur habe die Stukkaturen aufs unauffälligste ausgebessert oder erneuert. Überall wo man
hinschaue, sehe man durch dilettantische Erneuerung und Ausbesserung

ruinierte Stuckaturen, soll Konrad zu Fro gesagt haben, habe er gedacht. Und in beinahe allen Zimmern haben wir neue Öfen setzen lassen, überall dort, wo wir bis heute nie eingeheizt haben, soll Konrad zu Fro gesagt haben. Er sei in das Kalkwerk hineingegangen und habe ausgerufen: hier ist ja alles total verfallen, total verwahrlost und total verfallen!, und sei erschrocken über die Verwahrlosung und den totalen Verfall, habe er gedacht, während seine Frau glaubte, er lese im Kropotkin, habe er zu Fro gesagt. Die Verwahrlosung sei aber nur eine oberflächliche gewesen, der Verfall nur ein oberflächlicher, soll er zu Fro gesagt haben. Im Grunde ein ungeheuer stabiles Mauerwerk! Am Kalkwerk könne man gut die folgerichtige Menschheitsgeschichte der letzten vier oder fünf Jahrhunderte studieren, soll Konrad zu Fro gesagt haben, wenn man Zeit und Lust dazu habe, an jeder Einzelheit die Jahrhunderte. Die Unsinnigkeit, im Kropotkin zu lesen, gleichzeitig aber etwas vollkommen anderes, etwas dem Kropotkin genau Entgegengesetztes zu denken, läßt mich den Kropotkin zuklappen. Dieses fortwährende Lesen, sagt meine Frau in dem Augenblick, in welchem ich den Kropotkin zuklappe, schwächt dir die Augen, soll Konrad zu Fro gesagt haben, weil du fortwährend im Kropotkin liest, bekommst du in immer kürzeren Abständen die Augenschwäche. Sie sagt nicht: weil du liest, sondern sie sagt: weil du im Kropotkin liest. Er stehe auf und gehe zum Fenster, unten gehe der Höller vorbei und er, Konrad, denke, immer um diese Zeit gehe der Höller unten vorbei, immer um diese Zeit habe er seinen blauen Rock an und schwinge die Holzhacke. Wie gern habe er, Konrad, die Unterhaltung mit dem Höller, denke er, die Unterhaltung mit dem Höller beruhige ihn. Er fange mit dem Höller eine Unterhaltung an, über Wind und Wetter, denke er und beruhige sich. Die Lebensweise Höllers sei ihm, Konrad, vertraut, umgekehrt sei dem Höller die Lebensweise der Konrad kein Geheimnis gewesen, im Kalkwerk leben seit mehreren Jahren der Konrad und seine verkrüppelte Frau, denke er, denkt Höller, soll Konrad zu Fro gesagt haben. Bei unserer ersten Begegnung (im Hochwald) hat Konrad folgendes gesagt: während er sich doch nach der elften oder zwölften Vorstrafe wegen sogenannter Ehrenbeleidigung in diesem Land nur mit der größten Vorsicht, am besten aber überhaupt nicht mehr äußern sollte, äußere er sich, begehe er doch tagtäglich den Fehler, sich zu äußern, Tatsachen, Meinungen auszusprechen, die in jedem Falle immer wieder den Tatbestand der sogenannten Ehrenbeleidigung erfüllten, ganz gleich, was er sage, er sage eine sogenannte

Ehrenbeleidigung und genau betrachtet sei ja alles, was er in diesem ihm
mehr und mehr durch seine extreme Unmenschlichkeit und Unverant-
wortlichkeit unheimlichen Land ausspreche, eine sogenannte Ehrenbeleidigung und die Wahrscheinlichkeit, vor ein in jedem Falle immer sub-
jektives Gericht zitiert und verurteilt zu werden, sei die größte, die
Möglichkeit bestehe ununterbrochen und was gerade ihn mit seinen Vorstrafen wegen Ehrenbeleidigung und wegen leichter und schwerer Körperverletzung betreffe, laufe er ständig Gefahr, angezeigt, verleumdet und
angezeigt und verurteilt zu werden, er könne, gleich was aussprechen,
sagen, es sei in den Ohren aller Leute immer eine sogenannte Ehrenbeleidigung und es sei nur Zufall, daß er nicht tagtäglich angezeigt werde,
denn tagtäglich komme er unter Menschen und habe eine (seine) Meinung und spreche diese Meinung aus, erkenne die Wahrheit und spreche
diese Wahrheit aus und natürlich seien die Meinungen und Wahrheiten,
die er ausspreche, wiewohl durchaus aussprechens- und hörenswert, in den
Ohren der Betroffenen, vor allem aber in den Ohren des verkommenen
Vaterlandes, in welchem der Argwohn lauere, in jedem Falle Gerichts- und
das heiße Anklage- und Verurteilungsmaterial. Seine Natur sei die unbe-
queme, in welcher es auszuhalten und mit welcher umzugehen die ununterbrochene höchste Geistes- und Körperbeherrschung und Geistes- und
Körperanspannung erfordere, aus welcher gesagt werde, was gesagt werden müsse, und also sei sie die fortwährend Anstoß erregende, mit welcher
er zwar fertig werden wolle, mit welcher er aber nicht fertig werde. Eine
Welt, hat er gesagt, in welcher man wegen sogenannter Ehrenbeleidigung
vor Gericht kommen könne und die behaupte, sie habe Ehre, und in
welcher behauptet werde, in ihr gebe es Ehre, wo es doch ganz offensichtlich keine Ehre mehr gebe, besser, niemals auch nur so etwas Ähnliches
wie Ehre gegeben habe, sei nicht nur eine fürchterliche, furchterregende,
sondern auch eine lächerliche, aber daß wir in einer nicht nur fürchterlichen, furchterregenden und lächerlichen Welt existierten, damit habe sich
jeder einzelne abzufinden, und wie viele Hunderttausende und Millionen
hätten sich damit nicht schon abgefunden, denke er, wie viele vor allem in
diesem zweifellos fürchterlichen, furchterregenden und lächerlichen
Land, in dem Vaterland, in dem lächerlichsten und fürchterlichsten. Was
dieses Land, dieses sein Vaterland betreffe, so könne man ja in ihm, um zu
existieren und um auch nur immer einen einzigen Tag weiterzukommen,
niemals die Wahrheit sagen, zu keinem und zu und über nichts, denn nur

die Lüge bringe in diesem Land alles vorwärts, die Lüge mit allen ihren Verschleierungen und Verschnörkelungen und Verstellungen und Einschüchterungen. Die Lüge sei in diesem Land alles, die Wahrheit nur Anklage, Verurteilung und Verspottung wert. Deshalb verschweige er nicht, daß sein ganzes Volk in die Lüge geflüchtet sei. Wer die Wahrheit sage, mache sich strafbar und lächerlich, die Masse oder die Gerichte bestimmten, ob sich einer strafbar oder lächerlich oder strafbar und lächerlich mache, sei er nicht strafbar zu machen, der Wahrheitssager, mache man ihn lächerlich, sei er nicht lächerlich zu machen, mache man ihn strafbar, lächerlich oder strafbar gemacht werde in diesem Land, wer die Wahrheit sage. Da sich aber die wenigsten lächerlich oder strafbar machen wollen und sich der einzelne vor nichts mehr als vor Bestrafung fürchte, die hohe Geld- oder Gefängnis- oder gar Kerkerstrafe sei einfach nicht Sache des Menschen, lögen oder schwiegen alle. Nur gebe es Naturen wie ihn, die nicht schweigen könnten, die, weil sie im Laufe der Zeit zur Vernunft gekommen seien, der Wahrheit auf den Grund gekommen seien und nicht schweigen könnten und sich äußern müßten und sich dadurch immer wieder strafbar oder lächerlich oder strafbar und lächerlich machten und nach der herrschenden Strafgesetzordnung immer noch strafbarer und nach der herrschenden Gesellschaftsordnung immer noch lächerlicher. Man müßte seine Natur einfach grundlegend ändern, aber keiner ändere seine Natur, weil die Natur sich nicht ändern lasse. So habe er sich, um einer neuerlichen Anzeige zu entgehen, im Kalkwerk eingeschlossen, seit zweiundzwanzig Tagen im Kalkwerk vollkommen eingeschlossen und auch niemanden ins Kalkwerk hineingelassen. Jetzt sei er das erste Mal nach zweiundzwanzig Tagen wieder aus dem Kalkwerk herausgegangen, in den Hochwald herein, denn tatsächlich sei er ein unruhevoller Mensch, der den Umgang mit Mitmenschen brauche. Die ganzen zweiundzwanzig Tage habe er das größte Bedürfnis gehabt, aus dem Kalkwerk hinauszugehen, sei aber nicht aus dem Kalkwerk hinausgegangen, nicht einmal bis zum Gasthaus, nicht bis zum Sägewerk. Aber der Höller im Zuhaus zeigt dich ja nicht an, habe er sich immer wieder gesagt und sei trotzdem nicht ins Zuhaus gegangen. Aber es sind natürlich Leute zum Kalkwerk gekommen, ich habe sie aber nicht hereingelassen, hat Konrad gesagt, ich mache auf, hat er gesagt, und mache mich strafbar. Aber da kommt auf einmal der Baurat und der Bürgermeister kommt und ich muß aufmachen, denn es handelt sich ja um Amtspersonen, dem Gemeinderat muß ich aufmachen, dem Bezirkshauptmann, dem Partieführer der Wildbachverbauung. Alle diese Leute kommen in amtlichem Auftrag und ich muß sie hereinlassen, sie kommen tatsächlich in amtlichem Auftrag oder sie geben vor, in amtlichem Auftrag zu kommen, lasse ich sie nicht herein, verschaffen sie sich durch die Amtsgewalt Einlaß, und ich habe die größte Angst, mit dem Strafgesetz in Konflikt zu kommen durch Äußerungen. Aber mit diesen sogenannten Amtspersonen habe er naturgemäß nur das Notwendigste zu sprechen und er komme dadurch mit dem Strafgesetz nicht in Konflikt. Damit man ihn also nicht anklagen und verurteilen und einsperren könne, nach seinen Vorstrafen müsse er ja jetzt schon auch wegen sogenannter Ehrenbeleidigung mit Einsperrung rechnen, gehe er nicht mehr aus dem Kalkwerk hinaus, spreche er andererseits zu den sogenannten Amtspersonen, zu welchen auch der Forstrat und natürlich auch der Baurat gehörten, mit größter Vorsicht. Zu Fro vor zwei Jahren: während des Frühstücks schweige er, sie rede. Er schweige, weil er sich zur Gewohnheit gemacht habe, zu schweigen, sie rede, weil sie sich zur Gewohnheit gemacht habe, zu reden (beim Frühstück). Ununterbrochen rede sie, während sie frühstückten, denn sonst habe sie keine Gelegenheit, ununterbrochen zu reden. Er wache mit dem Gedanken an die Studie auf, lasse den Gedanken, die Studie niederzuschreiben, aber bald fallen und beschließe, sofort nach dem Frühstück mit den Gehörübungen anzufangen. Er werde ihr aus der Ostecke ihres Zimmers Wörter mit U zurufen. Ural, Urämie, Urteil, Urfahr, Unrecht, Ungeheuer, Unzucht, Unendlichkeit, Ununterbrochen, Uruguay, Uriel etcetera. Dann Wörter mit Ö. Ökonomie, Oetker, Öhr, Öre, Öl, Ödem, Öblarn etcetera. Dann Wörter mit Ka. Kastanie, Karte, Karthum, Karfreitag, Katastrophe, Katafalk, Kabbala, Kakanien, Kabul, Katharsis, Katarakte etcetera. Dann Wörter mit Es. Esterel, Esther, Estragon, Eskudos, España, Eskimo etcetera. Dann Wörter mit Al. Albanien, Alba, Alarcón, Alhambra, Algebra, Alkalisch, Almira, Alm etcetera. Dann Wörter mit Is. Island, Istrien, Ismail, Istanbul, Islam etcetera. Im Aufstehen denke er, daß er mit den Gehörübungen schon während des Frühstücks anfangen werde, die Unterhaltungen (oder die Schweigsamkeit) während des Frühstücks werden in die Übungen einbezogen. Über den genauen Unterschied zwischen Horchen und Hören rede er, er mache ihr zuerst Horchen, dann Hören klar, Zuhören, Zuhorchen, Aufhorchen, Abhorchen, dann Überhören, Mithören und so fort. Abhören, Aufhören, Anhören, plötzlich sage er zu ihr mehrere

Male das Wort weghören. Hinhören, sage er. Am Abend habe er für sie
beide das Frühstück schon hergerichtet, er brauche nur das Tablett in ihr
Zimmer zu tragen, sie frühstückten seit dem ersten Tag ihres Zusammenlebens miteinander. Während er in ihr Zimmer hinaufgehe, habe er die
besten Einfälle, die Studie betreffend, die urbantschitsche Methode betreffend. Mit dem Tablett in den Händen, sich in der Vorhausfinsternis
vorsichtig über die Treppe hinauftastend in den ersten Stock, in den zweiten Stock, in ihr Zimmer, in das er ohne anzuklopfen eintrete. Das Tablett
auf den Tisch, denke er und er stelle das Tablett auf den Tisch, daß sie ihn
dabei beobachte, denke er. Gleichzeitig denke er an ihre mißlungenen
Versuche, sich anzuziehen, sich zu waschen, zu kämmen, sich auszustrek-
ken, die er in ihrem Gesicht deutlich erkennen könne, das Kümmerliche
an ihr. Er versuche jetzt, sie zu waschen, anzuziehen, zu kämmen, mache
ihr möglich, sich auszustrecken. Unbedingt erforderliche Haarwäsche,
denke er, während er sie wäscht, dieser Eindruck verstärke sich naturgemäß, während er sie kämmt. Aber er selbst habe sich seit vielen Wochen
nicht mehr die Haare gewaschen, denke er, während er sie kämmt. Das
Geschirr kommt vom Tablett auf den Tisch, denke er während des immer
rascheren Kämmens und er stellt das Tablett auf den Tisch. Zuerst stecke
er den Wasserkocher an, dann beeile er sich mit dem Brotaufstreichen,
Butter oder Margarine, in letzter Zeit naturgemäß Margarine. Dann soll
sie gefragt haben: hast du gut geschlafen?, er gefragt haben: hast du gut
geschlafen?, sie geantwortet haben, er geantwortet haben, sehr oft sie:
natürlich nicht, er: natürlich nicht. Dann stelle er fest, das Teewasser
koche, gieße das Teewasser in die Kanne, er sagt, soll er zu Fro gesagt
haben: noch zwei Minuten, darauf sollen sie sich beide gegenseitig, er wie
sie, schweigend, gefragt haben, ob mit den Übungen augenblicklich anzufangen sei. Zum Beispiel: während er Tee einschenke, bestimme er, wann
mit den Übungen (erweiterte urbantschitsche Methode) anzufangen sei.
Umlautewörter, sage er und er habe den Eindruck, daß sie wisse, daß er
schon während des Frühstücks mit den Übungen begonnen habe, denn
ihr entgehe die Aufmerksamkeit nicht, mit welcher er ihre Reaktionen auf
das, was er (zu ihr) sage oder nicht sage, erwarte, kontrolliere, ungeduldig
warte er auf ihre Reaktion auf das Geringste, kontrolliere er ihre Reaktionsfähigkeit. Gestern haben wir uns die größte Disziplinlosigkeit erlaubt,
wir haben die Übungen um zwei Stunden früher als erlaubt abgebrochen,
also dürfen wir uns heute keine Disziplinlosigkeit erlauben, sage er, auch

haben wir die Übungen andauernd unterbrochen, während wir uns ein
Unterbrechen der Übungen nicht erlauben dürften. Sie hört, was ich sage,
schweigt, ißt mit großem Appetit, so Konrad zu Fro. Schon kurz nach
Frühstücksbeginn sage ich, daß wir genug gefrühstückt hätten, während
ich nämlich eine Vorliebe für kürzeste Frühstücke habe, hat sie eine Vor-
liebe für die längsten, er trinke also seine Schale aus und sage, eine Schale
genügt, und räumt zuerst sein, dann auch ihr Frühstücksgeschirr weg. Das
Schöpferische leidet unter längerer Frühstückerei, soll er gesagt haben, die
Schalen kommen auf die Kommode, das Brot in den Brotsack, die erste
Umlauteübung beginne. Er experimentiere bis elf, bis halb zwölf, da sei sie
schon stundenlang ungeduldig in Erwartung des Essens, das entweder
Höller aus dem Gasthaus oder er, Konrad, aus der Küche heraufbringe,
diese ihre andauernde Essenserwartung irritiere ihn, bringe ihn aus dem
Konzept, er herrsche sie an, sage, sie solle sich konzentrieren, konzentriere
dich doch, soll er zu ihr immer wieder, an die Hunderttausende Male
gesagt haben, während ich mich bis zum Äußersten konzentriere, konzen-
trierst du dich überhaupt nicht, denkst nur an das Essen, an den Höller,
der das Essen bringt, an Fleisch und an Kohl und an Mehlspeisen, während ich vollkommen auf die urbantschitsche Methode konzentriert bin,
er könne also, weil er selber vollkommen auf die urbantschitsche Methode
konzentriert sei, von ihr verlangen, daß auch sie hundertprozentig auf die
urbantschitsche Methode konzentriert sei, aber sie erschöpfe sich rasch,
ihre Antworten kämen immer zu spät, ihre Beobachtungsgabe verschlechtere sich von Minute zu Minute, von Satz zu Satz, von Wort zu Wort,
manchmal höre sie überhaupt nicht, dann wieder zuwenig, er schreie ihr
in das linke Ohr, in das rechte Ohr, sie höre nicht. Die Übung ende
kümmerlich, wie die meisten Übungen im letzten Halbjahr, jämmerlich,
alles jämmerlich, erbärmlich, sage er, stehe auf, gehe hin und her und
horche auf einmal selber angestrengt auf Höller, den Essensbringer. Aber
das Essen kommt erst um halb eins, er wisse nicht, aus was für einem
Grund, vielleicht ist eine Hochzeit im Gasthaus, denke er, soll Konrad zu
Fro gesagt haben, da wird auf die Konrad vergessen, da haben die Wirtsleute nur die Hochzeit, sonst nichts, im Kopf, klopft der Höller unten,
verläßt Konrad augenblicklich das Zimmer seiner Frau, so Fro, im Hinuntergehen ins Vorhaus denke er, er werde den Höller sofort nach der Ursache seines späten Essenbringens fragen, ihn zur Rede stellen, denke er,
ihn nicht zur Rede stellen, ihn nur fragen, ihn zur Rede stellen, also, wie

Konrad die Tür aufmacht, hat er vergessen, daß er Höller zur Rede stellen habe wollen. Wie es klopft, sage er, Konrad, zu seiner Frau, das Essen ist da, Höller ist unten, worauf sie plötzlich gänzlich entspannt sei, er sehe sofort ihre große Erleichterung, gehe hinunter. Während er noch im Hinuntergehen ins Vorhaus denke, das Essen wird kalt sein, weil sich der Höller zu lange mit dem Essen in der Eiseskälte im Wald oder am Ufer aufgehalten hat, denkt er, wie er die Tür aufgemacht und den dampfenden Essenträger gesehen hat, das Essen ist tatsächlich heiß, ein heißes Essen bekommen wir heute, ich brauche das von Höller gebrachte Essen nicht in der Küche aufzukochen, ich kann damit gleich zu meiner Frau hinaufgehen, rasch ist aufgedeckt, ich decke immer so rasch auf, daß es sie immer wieder verwundert, die Verwunderung sei die größte, als sie beide entdeckten, daß im Essenträger gebackene Leber ist, dazu Häuptelsalat, in der untersten Schüssel Grießauflauf, ihrer beider Lieblingsspeise. Nach dem Essen, denke er, setzen wir sofort die Übungen fort, nach der Lieblingsspeise mit um so größerer Intensität. Zuerst weigerte sie sich, soll Konrad zu Fro gesagt haben, augenblicklich nach dem Essen mit den Übungen anzufangen, du glaubst, weil wir die Lieblingsspeise gegessen haben, hättest du Grund, augenblicklich mit den Übungen anzufangen, soll sie gesagt haben, soll Konrad zu Fro gesagt haben, und er fange mit den Übungen augenblicklich an, sie füge sich, er rufe ihr aus der Fensterecke immer wieder das Wort Labyrinth zu, zuerst zehnmal kurz hintereinander (was er sie augenblicklich kommentieren lasse), dann in immer größeren Abständen immer wieder das Wort Labyrinth (ohne ihr Kommentieren). Vor halb fünf Uhr nachmittag gehe er in sein Zimmer, vorher sage er zu ihr: ruh dich aus, ich gehe in mein Zimmer, ich habe einen Einfall, die Studie betreffend. Bei seinem Eintreten in sein Zimmer sei aber dieser seine Studie betreffende Einfall plötzlich weg, er könne soviel hin- und herdenken wie er wolle, der Einfall sei weg, soviel hin- und hergehen, der Einfall sei weg. Zur Beruhigung setze er sich aber doch an den Schreibtisch und – lese im Kropotkin. Du mußt jetzt im Kropotkin lesen, weil du ja am Abend deiner Frau aus dem Ofterdingen vorlesen mußt, du hast ihr versprochen, ihr aus dem Ofterdingen vorzulesen, und er lese, soviel er könne, im Kropotkin. Gerade fange er in *Eine Wandlung zum Bessern* zu lesen an, klopft es. Meine Methode, soll er zu Fro gesagt haben, ist immer die gleiche, es klopft und ich denke, ich gehe nicht hinunter, das Klopfen wird aufhören. Aber das Klopfen hört nicht auf und ich gehe hinunter.

Der Baurat stehe vor der Tür, er sagt, er habe das letzte Mal das Meßband
vergessen. Ich wisse davon nichts, sage ich, so Konrad zu Fro, im Vorhaus
müsse sein Meßband liegen, hätte ich doch einen Augenblick länger nicht
auf das Klopfen reagiert, denke ich, der Baurat wäre wieder weggegangen,
aber jetzt stand der Baurat schon im Vorhaus und wir suchten beide das
Meßband. Sie fanden es aber nicht. Aber es müsse hier sein, soll der Baurat
gesagt haben, aber wo? Konrad, der Baurat bückt sich, Konrad bückt sich,
beide suchen das Meßband, sagt Fro, finden es aber nicht. Möglicherweise
ist das Meßband oben im ersten Stock?, soll der Baurat zu Konrad gesagt
haben, Konrad sofort: aber im ersten Stock sind Sie ja gar nicht gewesen!,
darauf der Baurat: ja, richtig, im ersten Stock bin ich ja gar nicht gewesen,
das Meßband könne also gar nicht im ersten Stock sein, sie suchten weiter,
vor allem in dem sogenannten ebenerdigen holzgetäfelten Zimmer, ob er,
der Baurat, das Meßband nicht im Gasthaus oder im Sägewerk, wo er ja
sicher auch gewesen sei, verloren habe?, fragt Konrad, sagt Fro, aber der
Baurat beharrt darauf: nein, hier im Kalkwerk habe er sein Meßband
verloren, darauf: oder doch nicht im Kalkwerk? habe ich es vielleicht im
Ort verloren? in meinem Büro liegengelassen?, aber nein, er erinnere sich
genau, er sei mit dem Meßband ins Kalkwerk gekommen, habe das Meßband irgendwo im Kalkwerk hingelegt, irgendwo ebenerdig, ob es nicht
jemand weggenommen haben könnte?, fragte der Baurat, sagt Fro, gleich
darauf Konrad: ich allein bin hier im Kalkwerk, meine in ihrem Krankensessel sitzende Frau zählt ja nicht, sie kann ja nicht aus ihrem Krankensessel aufstehen, und ich, soll Konrad zum Baurat energisch gesagt haben,
erinnere mich nicht an das Meßband, er, Konrad, wisse nicht einmal, wie
das Meßband des Baurats aussehe, der Baurat habe ja ein neues Meßband,
wie er gesagt haben soll, an ein neues Meßband erinnere sich Konrad aber
nicht, das alte Meßband sei in einem grünen Etui gewesen, in einem
grünen Lederetui, soll Konrad zum Baurat gesagt haben, ich sehe Ihr altes
Meßband in dem grünen Etui vor mir, aber an ein neues Meßband kann
ich mich nicht erinnern, beide suchten sie angeblich über eine Stunde das
Meßband, fanden es aber nicht, in der Finsternis des Vorhauses könne
man ja auch nichts finden, soll der Baurat zu Konrad gesagt haben. Beide
sollen schließlich auf dem unteren Vorhausboden gelegen sein, völlig erschöpft, da soll der Baurat plötzlich ausgerufen haben: da, das Meßband!,
und tatsächlich hatte der Baurat das Meßband gefunden, es war in seiner
großen äußeren Brusttasche; daß er, der Baurat, das Meßband in seine

Brusttasche gesteckt habe, habe er ganz vergessen, über eine Stunde suchen wir das Meßband und es steckt in meiner Brusttasche!, soll der Baurat ausgerufen haben, darauf: und wahrscheinlich habe ich Sie (Konrad) in Ihrer Arbeit an der Studie gestört, das tut mir aber leid, darauf Konrad, daß er, der Baurat, ihn, Konrad, nicht gestört habe. Konrad darauf: Sie haben mich nicht in meiner Arbeit an der Studie gestört, ich arbeite den ganzen Tag nicht an der Studie, es gelingt mir nicht, auch wenn ich alle Voraussetzungen, alle menschlichen Voraussetzungen, wiederholt Konrad laut Fro, habe, ich kann an der Studie nichts vorwärtsbringen, insofern, als ich ja gar nicht an der Studie arbeiten habe können heute, haben Sie mich auch gar nicht an der Studie gestört, alles störe ihn an der Arbeit, an der Studie, also könne der Baurat ihn gar nicht an der Studienarbeit gestört haben und so fort. Da habe Konrad gedacht: alles Lüge, und den Baurat verflucht. Nicht wie sonst auf ein Glas Schnaps und wenn auch nur im holzgetäfelten Zimmer, habe Konrad jetzt den Baurat überhaupt nicht eingeladen, nicht in das kälteste Zimmer, mit einem Wort, überhaupt nicht und der Baurat ist auf einmal wieder draußen, Konrad horche an der Tür, höre, wie der Baurat weggehe, im Schnee gehe der Baurat zehnmal schwerfälliger als sonst, soll Konrad zu Fro gesagt haben, mit aller Wucht habe der Baurat, so Konrad, das wiedergefundene Meßband in den Schnee geworfen, was Konrad durch das Schlüsselloch beobachtet haben soll, und wieder eingerollt, der Baurat sei wütend gewesen über die Tatsache, daß er sich vor Konrad eine Blöße gegeben habe, schließlich sei er als erster auf dem Vorhausboden herumgekrochen, um das verlorene Meßband zu suchen, das er in Wirklichkeit in der Brusttasche gehabt hat. Der Baurat sei ein ganzer Haufen von Komplexen, soll sich Konrad gedacht haben, wie er den Baurat durch den Schnee weggehen gesehen hat, in dieser unbequemen Stellung, die man einnehmen muß, will man durch das Schlüsselloch schauen, was ich mir im Laufe der Zeit angewöhnt habe, soll Konrad zu Fro gesagt haben. Sofort sei er, wie der Baurat im Gestrüpp verschwunden gewesen war, in sein Zimmer und habe die Lektüre im Kropotkin fortgesetzt, kaum hatte er aber zwei Seiten, im Grunde eine Wiederholung des *Eine Wandlung zum Bessern*, gelesen, da läutete es und zwar von oben herunter, seine Frau meldete sich. Er sei sofort zu ihr hinaufgegangen. Und stellen Sie sich vor, mein lieber Fro, soll Konrad zu Fro gesagt haben, was ich Ihnen alles sage, schildere, andeute, wiederholt sich im Grunde tagtäglich, alles, was sich hier zuträgt, trägt sich tagtäglich zu, das Unsinnigste, dadurch Fürchterlichste, tagtäglich. Und tatsächlich stimmt, was Fro sagt, mit dem, was Wieser sagt, überein. Der Baurat bestätigt die Äußerungen Wiesers wie die Äußerungen Fros, umgekehrt bestätigen die beiden den Baurat, im Grunde bestätigt einer den andern, alle bestätigen alle. Was ist?, soll Konrad seine Frau gefragt haben, nachdem er in ihr Zimmer gegangen war, er habe im Kropotkin gelesen, nicht etwa an der Studie gearbeitet, der Baurat habe ihn gestört, endlich habe er, Konrad, aber wieder im Kropotkin weiterlesen können, da läute sie, er müsse zu ihr herauf, er mache ihr aber keinerlei Vorwurf, das Stadium sei erreicht, ihr in nichts mehr irgendeinen Vorwurf zu machen, sie soll, wie er in ihr Zimmer eingetreten war, sofort gesagt haben: lies mir vor, was bedeutete, daß er ihr aus dem Ofterdingen vorlesen mußte. Zu Wieser: tagelang sollen ihm, Konrad, die blutunterlaufenen Lider seiner Frau aufgefallen sein, er habe ihr aber von dieser Beobachtung nichts gesagt, weil er annehmen mußte, sie selbst wisse, daß sie blutunterlaufene Lider habe, schaue sie sich doch tagsüber mehrere Male ausgiebig in den Spiegel, oft sitze sie eine Stunde lang und schaue sich in den Spiegel, also müsse sie Kenntnis davon haben, so Konrad zu Wieser, daß sie blutunterlaufene Lider hat. Ursache: trockene Luft, Alleinsein, Alter. Er sagte ihr nichts von der Beobachtung, weil er über keinerlei Gebrechen ihrerseits noch ein Wort verliere, er gestatte sich nicht, sie auf ein neues Gebrechen aufmerksam zu machen. Zum Beispiel sei sie ja jetzt schon an die vier oder fünf Zentimeter unter die Miniatur, vor welcher sie in dem Krankensessel sitze, gebückt, innerhalb eines halben Jahres, soll Konrad zu Wieser gesagt haben, vor einem halben Jahr sei seine Frau noch derart aufrecht in dem Krankensessel gesessen, daß man, ihr gegenübersitzend, die Miniatur, ihre Großmutter väterlicherseits darstellend, nicht habe sehen können, aber jetzt sieht man die Miniatur beinahe schon zur Gänze, soll Konrad zu Wieser gesagt haben. Von Woche zu Woche soll Konrad, seiner Frau gegenübersitzend, mehr von dieser Miniatur gesehen haben, zuerst habe er geglaubt, wochenlang geglaubt, er täusche sich, aber schließlich habe er eingesehen, er sehe richtig: seine Frau sank mehr und mehr zusammen, die Miniatur stieg, so könne man sagen, höher und höher, er, Konrad, könne sich genau ausrechnen, wann er die ganze Miniatur sehen werde, aber er rechne sich das nicht aus, er denke nur daran, daß er ganz gut den genauen Zeitpunkt ausrechnen könne. Auch darüber, daß seine Frau, hilft er ihr auf, gehe er mit ihr ein Stück, jetzt nurmehr noch die Hälfte so große

Schritte mache, wie noch vor einem halben Jahr, soll Konrad zu Fro gesagt haben, bald werde sie überhaupt nicht mehr bis zum Fenster gehen können, nicht einmal mehr bis in die Zimmermitte, bald werde sie nicht mehr aufstehen können, er denke, plötzlich sei dieser Moment da: er stellt fest, daß sie nicht mehr aufstehen kann und damit hat ein neuer Abschnitt ihres Zusammenlebens begonnen. Wenn er ihr aus dem Ofterdingen vorlese, verstehe sie oft ganze Abschnitte nicht, soll er zu Fro gesagt haben, er frage sie, ob sie aufmerksam zugehört habe und sie antworte, sie habe aufmerksam zugehört, sie hätte aber nicht alles verstanden, dazu muß man wissen, daß der Ofterdingen, obwohl er von ihr zum Unterschied von ihm, der den Ofterdingen nicht leiden könne, geliebt war, doch ein sogenanntes schwieriges Buch ist, ganz abgesehen davon, daß sie, liest er ihr sozusagen als Strafe aus dem Kropotkin, den er liebte, vor, absichtlich mindestens die Hälfte nicht verstanden haben wollte. Sie höre zu, aber sie verstehe nichts, das sei, den Ofterdingen betreffend, keine Verstellung, dagegen, was den Kropotkin betreffe, verstelle sie sich. Das Kalkwerk beherberge, höre ich im Laska, wo ich heute wieder eine der neuen Lebensversicherungen habe abschließen können, einen Krüppel, die Konrad, von welcher es in den Gasthäusern beinahe nur »Die Frau« heißt, und dieser Krüppel werde von ihrem Mann, dem Besitzer des Kalkwerks, Konrad, einerseits gepflegt, andererseits tyrannisiert. Konrad sei fürchterlich, gleichzeitig hilfsbereit, Sadist, gleichzeitig fürsorglich. Er gehe, was sie ihm hoch anrechneten, für sie um das Essen ins Gasthaus, andererseits, was sie ihm verübelten, ruiniere er seine Frau durch ein fortgesetztes Intensivieren einer sogenannten urbantschitschen Methode, von welcher sie keine Ahnung haben, die ihnen aber offensichtlich der Höller auf Grund seiner jahrelangen Beobachtungen der urbantschitschen Methode merkwürdig beschrieben hat. Er, Konrad, tyrannisiere seine Frau mit unverständlichen Sätzen, die er einmal laut, einmal leise, einmal kurz, einmal lang, abwechselnd in eines ihrer beiden schon auf das schmerzvollste entzündeten Ohren hineinrede, indem er die Arme, wie auch immer wieder von der Konrad gesagt wird, die von ihm in sie hineingesprochenen Sätze kommentieren lasse bis zur Bewußtlosigkeit. Oft sei die Konrad so erschöpft gewesen, daß sie auf nichts mehr von ihm reagierte, sagen die Leute im Laska, ihr Mann aber habe ihr keine Ruhe gelassen und setzte die sogenannte urbantschitsche Methode ungeachtet ihrer totalen Erschöpfung und also Teilnahmslosigkeit dann immer noch stundenlang, in manchen

Nächten bis vier Uhr früh, an ihr fort, etcetera. Einmal sozusagen stein-
reich gewesen, sagen die Leute, habe er auf einmal durch finanzielles
Ungeschick, vor allem durch die Beschäftigung mit einer sogenannten
wissenschaftlichen Arbeit, einer von ihm so genannten Studie, die sich mit
dem Gehör befasse, kein Geld mehr, man könne ihn aber doch nicht als
verarmt bezeichnen, andererseits müsse man Gerüchten Glauben schenken, die von einer bevorstehenden Zwangsversteigerung des Kalkwerks
sprechen. Aber aus allen ihren Reaktionen merkt man doch, sie halten ihn
immer noch für reich, aber natürlich ist für die Arbeiter ja bald einer reich,
er braucht nur einen guten Anzug anzuhaben und nicht wie sie, im Ar-
beitsgewand um sechs Uhr früh zur Arbeit zu gehen, Konrad selbst, so
Wieser, hätte sich wahrscheinlich niemals als einen reichen Mann bezeichnet, mit Vorsicht als einen wohlhabenden, wahrscheinlich noch in Zürich
und noch in Mannheim, obwohl er tatsächlich damals in jedem Falle auch
für den Anspruchsvollsten als reich zu bezeichnen gewesen wäre, tatsächlich, soll Konrad zu Fro vor zwei Jahren gesagt haben, tatsächlich bin ich
ärmer als jeder von denen, die behaupten, ich sei ein reicher Mann, aber
wie den Leuten begreiflich machen, daß stimmt, was ich sage? Mit den
Holzfällern und Arbeitern, die jetzt, zum Winterende, noch sehr häufig
sehr lang in den Gasthäusern sind, zu reden, habe er, Konrad, immer als
das Angenehmste empfunden, mit keinem Menschen jemals habe er sich
in seinem Leben lieber unterhalten, soll er zu Wieser gesagt haben. Aber
schon Monate gehe er, aus ihrer beider Allgemeinverschlechterung heraus,
nicht mehr ins Gasthaus und er vermisse tatsächlich auch schon immer
weniger die frühere Gewohnheit, ins Gasthaus zu gehn. Seit Monaten
habe er mit den Arbeitern, mit den Holzfällern, Wildhütern etcetera,
keinerlei Unterhaltung mehr geführt, monatelang sei er nicht mehr in den
Wald gegangen, den Ort habe er schon ein halbes Jahr nicht mehr gesehen,
er ginge zwar in den Ort hinein, aber nur auf die Bank, mache den Versuch, eine Summe abzuheben, hebe die Summe ab und gehe ins Kalkwerk
zurück, eine Summe, die zu niedrig zum Leben, tatsächlich aber noch zu
hoch sei, um verrecken zu können. Mit dem Höller selbst habe er schon
wochenlang nicht mehr geredet, denn dem Höller zu sagen, er solle Holz
hacken, oder er solle nicht Holz hacken, oder ihm den vollen Essenträger
abnehmen und den leeren Essenträger durch die Tür hinausreichen, sei ja
nicht Unterhaltung. Seit einem Jahr habe sich der Höller vollkommen
verändert, das Zutrauen dieses außerordentlich charaktervollen Menschen

habe er, Konrad, die Ursache wisse er nicht, er vermute nur, daß es die gleiche Ursache sei, die ihn sich selbst gegenüber das Vertrauen bis zu einem bestimmten Grenzgrade entziehen habe lassen, bis zu einem gewissen Grenzgrade verloren. Auf einfache Fragen habe er, Konrad, von Höller immer einfache Antworten erhalten, soll Konrad zu Wieser gesagt haben, jetzt frage er einfach, bekomme aber keine einfache Antwort von Höller, sondern eine zwiespältige. Es sei zwischen ihnen nurmehr noch ein sie beide gegeneinander unsicher, wenigstens aber voreingenommen machendes Mißtrauen, ein tagtägliches Herumreden um die Ursache allen Übels. Seit Höllers Vetter, der an die sieben- oder achtmal wegen Unzucht Vorbestrafte, heimlich, hinter dem Rücken Konrads, der weder von Höller, noch von dem Vetter um die Erlaubnis, im Zuhaus wohnen bleiben zu dürfen, gefragt worden war, im Zuhaus sei, lasse sich auch Höller nicht mehr bei Konrad blicken, ausgenommen, er bringe das Essen, frage, ob er Holz hacken soll. Wieser sagt, so sei Konrad gezwungen, auf die Unterhaltung mit Höller, die ihm vor allen anderen für seine Studie so wichtig erschienen sei, zu verzichten, überhaupt auf die Unterhaltung mit jenen einfachen Menschen im Umkreis des Kalkwerks zu verzichten, auf die Konrad immer den größten Wert gelegt habe. Sie, die Konrad, rätselten lieber den ganzen Vormittag herum, was sie essen werden, soll Konrad zu Fro gesagt haben, als daß Konrad kurz entschlossen in die Küche hinuntergehe, um etwas, gleich was, zu kochen, wenn der Höller eben nicht ins Gasthaus gehe, ein Essen zu holen, aus Krankheitsgründen, weil er Holz hacke, weil er Bloch ziehen müsse, wenn Konrad andererseits auch nicht an der Studie arbeiten könne, stundenlang säßen sich Konrad und seine Frau gegenüber und redeten andauernd von Sauerkraut, Kohl, Fleisch, Eierspeise, von Suppen und Saucen, von Salaten und Kompotten, ohne sich auf eine bestimmte Mahlzeit einigen zu können. Das sei ihm das Fürchterlichste, den ganzen Vormittag in Essensvorschlägen zu erschöpfen, in Essensgedanken. Begegnung III: gegen zwei Uhr früh höre er, Konrad, in der Nähe des Kalkwerks einen Schuß, der Schuß müsse in nächster Nähe des Kalkwerks gefallen sein, denke er, aber er könne nichts sehen, er öffne sogar das Fenster und schaue hinaus, sehe aber nichts. Aber da hat doch jemand geschossen, sage er sich, ein zweiter Schuß, ein dritter Schuß, auf diesen dritten Schuß sei es wieder still gewesen ... bevor sie ins Kalkwerk eingezogen waren, seien im Zuhaus immer die Jäger zusammengekommen; er verachte die Jäger wie die Jagd, alle seine Vorfahren

seien Jäger gewesen, Waldleute, hätten ihr ganzes Leben nichts anderes als
die Jägerei im Kopf gehabt und ein Jäger sei immer ein dummer Mensch,
ein Jäger in jedem Fall immer ein jagender Dummkopf. Ihn habe die Jagd
nie interessiert. Er sprach von Jägerstumpfsinn. Kaum sei er im Kalkwerk
eingezogen gewesen, hätte er die mit dem Kalkwerk zusammenhängenden
Jägerprivilegien abgeschafft, kein Jäger mehr ins Zuhaus!, habe er ange-
ordnet, die Jäger haßten ihn von da an und er habe immer Angst gehabt,
wenn er durch den Wald ging, ja schon wenn er aus dem Kalkwerk hinausging, von einem Jäger angeschossen oder gar abgeschossen zu werden, ein
Jäger könne einen von ihm Gehaßten ohne weiteres abknallen, hat Konrad gesagt, er müsse zwar vor Gericht, aber das Gericht spreche einen Jäger
frei, oder es verurteile einen Jäger als Mörder zu einer lächerlichen be-
dingten Freiheitsstrafe, die Jäger mordeten wo sie nur könnten und gingen
straflos aus. Er hasse die Jäger, habe aber eine Vorliebe für Gewehre,
vornehmlich für Jagdgewehre, diese Widersprüchlichkeit erklärte er.
Dann: er fette seine Stiefel mit den Handballen, und zwar mit konzen-
triertem Rinderfett, ein. Daß ihm das Stiefeleinfetten jetzt schon die
größte Anstrengung verursache, mit den Handballen müsse man Stiefel
einfetten, habe ihn sein Vater gelehrt, da sei er noch keine vier Jahre alt
gewesen, noch habe er in Erinnerung, wie ihn der Vater das Einfetten der
Stiefel mit dem Handballen gelehrt habe, man dürfe keinen Lappen dazu
benützen, nur den Handballen, immer wieder nur den Handballen, keine
Bürste zum Einfetten, nur den Handballen, Lappen benützen sei Unsitte;
das Leder sei das geschmeidigste, wenn man es mit dem Handballen einfette, immer von innen nach außen und mit immer größerer Intensität
und immer habe er, Konrad, den Geruch der Stiefelfette, polnischer, slo-
wakischer, gern gehabt, den Zimmergeruch geliebt nach dem winterlichen
Stiefeleinfetten, denn er habe sich immer im Zimmer die Stiefel eingefet-
tet im Winter, vor dem Haus in der übrigen Jahreszeit, aber das winter-
liche Stiefeleinfetten im Zimmer erwähnte er immer wieder als angenehme Beschäftigung mit einem angenehmen Geruch. Jetzt sei er aber
nach dem Stiefeleinfetten vollkommen erschöpft, an einem Tag, an welchem er seine Stiefel einfette, könne er kaum noch experimentieren, geschweige denn daran denken, die Studie niederzuschreiben, überhaupt
jeder Gedanke an die Studie sei ihm beinahe unmöglich, oder es komme
für ihn nach dem Stiefeleinfetten jedenfalls nur ein sogenannter unwich-
tiger Gedanke in bezug auf die Studie in Frage. Nach dem Stiefeleinfetten

wie überhaupt nach jeder ähnlichen körperlichen Anstrengung in letzter Zeit, hat Konrad gesagt, lege er sich in einem unglaublichen Erschöpfungszustand auf sein zugemachtes Bett und atme mehrere Male tief ein und aus und beobachte dabei die Zimmerdecke, die in ständiger Bewegung sei, wie er sagte, und versuche, sich die in neun Teile unterteilte Studie klar zu machen, was ihm aber durch den Schwächezustand nach dem Stiefeleinfetten oder nach einer, wie gesagt, ähnlichen Anstrengung nicht möglich sei, ein verschwommenes, mit der Studie nur durch Angst vor der Studie zusammenhängendes Bild von der Studie lasse ihn verzweifelt versuchen, auf andere Gedanken zu kommen, weg von der Studie auf alles andere, was ihm größtenteils auch gelinge, worin er aber bald wieder verzweifeln müsse, denn alles andere als die Studie bringe ihn selbstverständlich in der allerkürzesten Zeit zur Verzweiflung. Ruhig atmen und ruhig einatmen und ruhig ausatmen, denke er dann, tatsächlich ständig auch in der Angst, von seiner Frau durch ihr plötzliches sogenanntes Hilfeläuten herausgerissen zu werden und in ihr Zimmer hinaufgehen zu müssen und Zeuge einer ihrer Hilflosigkeiten zu werden, einer immer neuen Hilflosigkeit, Gebrechlichkeit, Körperunfähigkeit. Aber manchmal habe er gerade in diesen durch Stiefeleinfetten etcetera hervorgerufenen Schwächezuständen, die Studie betreffende gute Einfälle, sagte er, die besten Einfälle sogar, solche Einfälle, die ihm früher, zwanzig Jahre früher, gar nicht gekommen seien, weil sie typische Alterseinfälle seien, die besten Einfälle also, aber diese Einfälle wären im Augenblick, in welchem er sie habe, auch schon wieder weg und der Wert dieser Einfälle sei also dadurch, daß sie im Augenblick, in welchem sie da seien, auch schon wieder weg seien, vollkommen wertlos, so gesehen tatsächlich die fürchterlichsten wertlosen Einfälle, die man haben, die man sich vorstellen könne, die sich ein junger Mensch gar nicht vorstellen könne, weil er solche Einfälle nicht haben, keinerlei Verständnis für solche Einfälle aufbringen könne. Man erinnere sich nur noch, einen guten Einfall gehabt zu haben, immer mache man das durch: einen guten, einen vorzüglichen, einen allerwichtigsten Einfall gehabt zu haben, einen geradezu fundamentalen, aber immer nur einen gehabt zu haben, man erinnere sich von einem Augenblick auf den andern gar nicht mehr an den Einfall, das Gedächtnis sei das Unverläßlichste, das Gedächtnis stelle einem fortwährend Fallen, in die man hineingehe, rettungslos verloren, sagte Konrad, das Gedächtnis locke einen in die Falle und verlasse einen, alle Augenblicke sei dieser Zustand da, daß

einen das Gedächtnis in eine oder in mehrere, in Tausende Fallen locke
und verlasse und allein lasse und allein in grenzenloser Gedankenlosig-
keitsverzweiflung; diese Alterserscheinung beobachte er mit zunehmender
Erschreckensbereitschaft, und er sagte, daß das junge Gedächtnis, das man
habe, von einem Augenblick auf den andern ein altes Gedächtnis sei, es
kündige sich nicht an, das alte Gedächtnis, nicht, daß es da und dort, das
alte ankündigend, zuerst noch in unwichtigen Gedankengängen versage,
auslasse, für kürzeste Zeit nachgebe wie eben eine Brücke, ein Steg der
Gedankenarchitektur nachgebe, nein, von einem Augenblick auf den andern sei es alt, von einem Augenblick auf den andern sei der Mensch alt,
und viele seien schon sehr früh von einem Augenblick auf den andern alt,
seien die jüngsten und von einem Augenblick auf den andern die ältesten,
das sei ja das Charakteristische für Gehirnarbeiter, daß sie im Grunde
keine sogenannte verlängerte Jugend hätten, keine Übergänge, augenblicklich geschehe das Auswechseln der Jugend, das Alter sei da, unange-
kündigt, plötzlich, tödlich. Der denkende Mensch mit einem alten Gedächtnis verliere alle Gedanken augenblicklich, die wichtigsten, besten,
verliere er augenblicklich, die, welche er behalten könne, müsse er sofort
notieren, denn sonst verliere er sie auch, also müsse der denkende alte
Mensch fortwährend Papier und Bleistift mit sich herumtragen, ohne
Papier und Bleistift sei der denkende alte Mensch vollkommen verloren,
während ein junger denkender Mensch weder Papier noch Bleistift brauche, er behalte alles, was ihm einfällt, er könne mit seinem Gehirn und also
mit seinem Gedächtnis machen was er wolle, anstrengungslos könne er
Gedachtes in seinem Gehirn und also in seinem Gedächtnis aufspeichern,
so lange und fast zur Gänze immer anstrengungslos das Außerordentlichste, bis er von einem Augenblick auf den andern alt sei. Der alte Mensch
braucht die Krücke, braucht Krücken, jeder alte Mensch hat unsichtbare
Krücken, hat Konrad gesagt, alle diese Millionen und Abermillionen von
alten Menschen haben Krücken, Millionen und Abermillionen und Milliarden und Abermilliarden unsichtbare Krücken, mein Lieber, und diese
Krücken, die kein Mensch sieht, sehe ich, natürlich, ich bin ein solcher,
der alle diese unsichtbaren Milliarden und Abermilliarden Krücken sehen
muß, meine Natur ist es, die alle diese Krücken sehen muß, kein Augenblick, hat Konrad gesagt, in welchem ich alle die Milliarden und Abermilliarden von unsichtbaren Krücken nicht sehe. Diese Millionen Einfälle, hat er gesagt, die ich alle gehabt und die ich alle wieder vergessen

habe und zwar immer von einem Augenblick auf den andern vergessen habe. Eine ganze ungeheuerliche Großstadt des Denkens könnte ich mit allen diesen meinen verlorenen Gedanken bevölkern, über Wasser halten, eine ganze Welt hätte von allen diesen meinen verlorenen Gedanken, zweifellos eine ganze Menschheitsgeschichte davon zu leben. Wie unzuverlässig mein Gedächtnis geworden ist!, hat er gesagt, ich stehe auf und notiere den Einfall, den ich gerade (im Bett) gehabt habe, und die besten Einfälle habe ich im Bett, und während ich den Einfall notiere, frierend am Schreibtisch, weil ich mir nicht einmal Zeit genommen habe, mir eine Decke überzuwerfen, habe ich den Einfall auch schon verloren, er ist nicht mehr da, ich frage mich, wo der Einfall ist, aber ich finde den Einfall nicht mehr, fort ist der Einfall, ich weiß, ich habe einen Einfall gehabt, einen guten Einfall, einen vorzüglichen, außerordentlichen Einfall, aber dieser Einfall ist weg. Immer wiederhole sich der Vorgang: er habe einen Einfall, der zweifellos ein sehr guter Einfall sei, kein epochemachender, diese solle man sich aus dem Kopf schlagen, denn diese gebe es nicht, die sogenannten epochemachenden Einfälle sind eine Verleumdung, hat er gesagt, also, er habe einen brauchbaren Einfall und während er diesen brauchbaren Einfall notiere, sei dieser brauchbare Einfall auch schon weg. Man könne diesen Vorgang gut als Komödie bezeichnen, alles sei nichts als Komödie, dadurch komme man selber vorwärts, also eine einzige Entwicklungskomödie werde gespielt, was sonst, aber es falle einem natürlich immer schwerer, ab dem sechzigsten Jahr naturgemäß am schwersten, sich Tag für Tag und von Augenblick zu Augenblick in diese Komödie hineinzukatapultieren, es sei ihm schon das anstrengendste und also das qualvollste und das unaufrichtigste Zuwiderhandeln. Er sagte: während ich also den Einfall verloren habe, während ich den Einfall notiere, denke ich, ich werfe das bekritzelte Blatt Papier weg, und ich werfe das Blatt weg, in den Papierkorb, und ihm sei tatsächlich in seinem Alter auch schon um diese vielen abgeschwächten, von ihm so genannten schwachsinnigen Einfälle leid, die er notieren habe wollen und die er während des Notierens verloren habe und die zu Tausenden als sogenannte angefangene und verlorene in seinem Papierkorb verschwunden seien. *Was für ein Einfall* habe er denken und *was für ein jämmerliches Ergebnis* notieren können. Die Wörter ruinieren, was man denkt, das Papier macht lächerlich, was man denkt, und während man aber noch froh ist, etwas Ruiniertes und etwas Lächerliches auf das Papier bringen zu können, verliert das Gedächtnis auch

noch dieses Ruinierte und Lächerliche. Aus einer Ungeheuerlichkeit mache das Papier eine Nebensächlichkeit, eine Lächerlichkeit, sagte Konrad.
So gesehen, erschiene in der Welt und also in der Welt durch die Welt des
Geistes sozusagen immer nur etwas Ruiniertes, etwas Lächerliches und
also sei auf der Welt alles nur lächerlich und ruiniert. Die Wörter sind dazu
geschaffen, das Denken zu erniedrigen, ja, er gehe sogar so weit, zu sagen,
die Wörter seien dazu da, das Denken abzuschaffen, was ihnen einmal
hundertprozentig gelingen werde. Auf jeden Fall, die Wörter machen alles
herunter, sagte Konrad. Die Deprimation ist aus den Wörtern, aus nichts
sonst. Zu Fro vor drei Jahren: ich schaute auf die Zimmerdecke, siehe da,
die Ruhe, die auf einmal im ganzen Kalkwerk herrschte, war plötzlich
nicht die unheimliche, an die ich mich schon seit Jahren gewöhnt hatte, es
war auf einmal eine wohltuende. Kein Mensch, kein Geräusch, ein Idealzustand, nicht: kein Mensch, kein Geräusch, fürchterlich, nein, wohltuend. Einer dieser seltenen Geisteszustände, in welchem einem auf einmal wieder alles möglich ist, soll Konrad zu Fro gesagt haben. Plötzlich
entwickelte sich wieder alles aus mir und ich entwickelte alles, ich hatte
also Möglichkeit, Fähigkeit. Diesen Geisteszustand versuchte ich mir naturgemäß möglichst lange Zeit zu erhalten, aber schon nach kurzer Zeit
hatte ich diesen Geisteszustand gar nicht mehr, diese frühere Selbstverständlichkeit, die gerade wieder dagewesen war, war auf einmal wieder
weggewesen, die Idealkonstellation, Idealkonstruktion des Mechanismus
des Widerwillens war wieder das Gegenteil der Idealkonstellation, Idealkonstruktion des Mechanismus des Widerwillens. Wie leicht sei das früher gewesen, in einen Gedanken hineinzugehen, mein Gehirn fürchtete
sich nicht, jetzt fürchtet sich das Gehirn vor jedem Gedanken und es gehe
nur unter den größten Anherrschungen hinein und naturgemäß komme
es gleich darin um, das sei ganz natürlich. Zuerst: natürlicher Aufwand
aller möglichen Kräfte in der Jugend, soll Konrad gesagt haben, dann, im
Alter, das plötzlich dagewesen war, der unnatürliche Aufwand aller unmöglichen Kräfte. Während ich früher nicht wehrlos in die Gedanken
hineingegangen bin, gehe ich jetzt völlig wehrlos in die Gedanken hinein,
schutzlos, obwohl schwerbewaffnet, völlig unbewaffnet, während ich früher völlig unbewaffnet, aber nicht wehrlos in die Gedanken hineingegangen bin. Jetzt seien sein Gehirn und sein Kopf voreingenommen, befangen, während sie früher nicht voreingenommen, die Unbefangensten
gewesen wären, jetzt seien sein Kopf und sein Gehirn in allen Beziehun-

gen, in allen Erscheinungsmöglichkeiten wie Erscheinungsunmöglichkeiten befangen und ein solches befangenes Gehirn müsse sich zweifellos aus einem solchen befangenen Kopf wie das seinige aus dem seinigen zurückziehen, ein solches befangenes Gehirn und ein solcher befangener Kopf aus der Welt zurückziehen, während es doch Tatsache sei, daß Kopf und Gehirn, umgekehrt Gehirn und Kopf sich nur aus der Welt in die Welt zurückziehen könnten und so fort. Man könne sich also und man könne also alles aus allem immer wieder in alles zurückziehen, man könne also gar nicht zurückziehen und so fort. Das verursache den Dauerzustand tödlicher Verzweiflung. Man versuche durch alle möglichen Schliche die Natur zu hintergehen und stehe immer wieder vor der Natur, die aber kein Rätsel sei. Der Kopf und also das Gehirn im Kopf seien zusammen das Unfähigste, untrennbar von sich selbst und von der Natur, die Natur und so fort. Manche Leute, die man sich Philosophen zu nennen getraue, eine gemeingefährliche Klassifizierung, versuchten es sogar mit Bestechung, soll Konrad zu Fro gesagt haben, mit dem ich gestern die neue Lebensversicherung abgeschlossen habe. Man beherrsche nichts, mißbrauche alles. Also: durch diese Ruhe, die auf einmal immer wieder einmal im Kalkwerk herrsche, soll Konrad einmal zu Fro gesagt haben, die ich Ihnen einmal beschrieben habe als die irrtümliche, weil sie gar keine Ruhe sein könne und also im Kalkwerk keine Ruhe sein könne und also in ihm, Konrad, keine Ruhe sein könne, durch diese irrtümliche Ruhe, die er aber auch nicht tatsächlich erklären könne, sei es ihm ab und zu möglich, auch noch in hohem Alter an Gedanken heranzukommen, die ihm rechtmäßig, wie er sich ausgedrückt haben soll, als sogenannte Gedanken der Jugend und also als sogenannte wirkliche Gedanken längst entzogen gewesen wären, ihm gar nicht mehr zuständen. Dann liege er auf seinem Bett und höre: kein Mensch, kein Laut, nichts. Und in solchen Momenten glaube er, daß ihm jetzt möglich sei, sich an den Schreibtisch zu setzen und mit der Niederschrift der Studie anzufangen und er setze sich auch an den Schreibtisch, aber noch in dem Gefühl, anfangen zu können, könne er nicht anfangen. Dann erlebe er einen Rückschlag um Jahrzehnte, weil er einen Rückschlag um alles durchmachen müsse in einem einzigen Augenblick. Diese Studie sei ja durchaus nicht lang, soll er zu Fro gesagt haben, vielleicht ist es die kürzeste Studie überhaupt, aber die Schwierigkeit, sie niederzuschreiben, ist die größte. Es sei vielleicht nur eine Frage der ersten Wörter, anzufangen mit den ersten Wörtern und so fort. Eine Frage des

Augenblicks, wie ja alles eine Frage des Augenblicks sei. Monatelang, jahrelang, im Grunde jahrzehntelang warte er auf diesen Augenblick, weil er aber auf diesen Augenblick warte, komme dieser Augenblick nicht. Und obwohl ihm das vollkommen klar sei, warte er doch immer auf diesen Augenblick, denn warte ich nicht auf diesen Augenblick, soll Konrad zu Fro gesagt haben, warte ich doch auf diesen Augenblick, und zwar immer noch, gleich, ob ich auf ihn warte oder nicht, mit noch größerem Energieaufwand, das sei wahrscheinlich sein Unglück. So präzisiere er, ändere er unaufhörlich und mache sich durch dieses fortwährende Ändern und Präzisieren und also durch das fortwährende unnachgiebige Beschäftigen, unnachgiebige Studium der Studie die Niederschrift der Studie unmöglich. Eine Studie, die man ganz und gar im Kopf habe, könne man wahrscheinlich nicht niederschreiben, soll er zu Fro gesagt haben, wie man auch eine Symphonie, die man zur Gänze durch und durch im Kopf habe, nicht niederschreiben könne und er habe die Studie zur Gänze durch und durch im Kopf. Er gebe aber nicht auf, wahrscheinlich muß die Studie in meinem Kopf wieder gänzlich zerfallen, damit ich sie auf einmal zur Gänze niederschreiben kann, soll er zu Fro gesagt haben, alles muß weg sein, damit es plötzlich vollkommen da ist, und zwar von einem Augenblick auf den andern. Begegnung IV: Konrad sagt in bezug auf seinen Aufenthalt in Brüssel vor jetzt zweiundzwanzig Jahren, er hatte damals seine Frau für kurze Zeit in einer Klinik in Leeuwen untergebracht, nicht wörtlich, aber doch beinahe wörtlich, folgendes: wenn ich es in meinem Zimmer nicht mehr aushalte, weil ich weder denken noch schreiben noch lesen noch schlafen und dann, weil ich überhaupt nichts mehr, auch nicht mehr in meinem Zimmer auf- und abgehen kann, das heißt, ich fürchte, weil ich schon die längste Zeit in meinem Zimmer auf- und abgegangen bin, daß mir, wenn ich auf einmal wieder auf- und abgehe, jeden Augenblick fürchte ich das, auch mein Auf- und Abgehen in meinem Zimmer unmöglich gemacht wird und weil ich das fürchte, dann auch tatsächlich unmöglich gemacht ist, weil man klopft, das heißt, man klopft, weil ich störe, weil ich auf- und abgehend störe, sie klopfen oder sie rufen oder ich höre sie gleichzeitig klopfen und rufen, was mir am unerträglichsten ist, weil ich fürchte, daß sie gleich wieder klopfen oder rufen oder gleichzeitig klopfen und rufen könnten . . . gehe ich, weil ich es nicht mehr aushalte in meinem Zimmer, aus meinem Zimmer hinaus, in den dritten Stock hinunter und klopfe an die Tür des Professors . . . ich klopfe und warte, bis der Professor mein Klopfen hört, ich stehe da vor der Tür des Professors und warte darauf, daß der Professor sagt, ich solle hereinkommen ... denke, während ich wieder vor der Tür des Professors stehe, es ist kalt, mich friert, ich weiß nicht, ist es schon elf, ist es zwölf, ist es ein Uhr früh ... ich habe durch das fortwährende Auf- und Abgehen in meinem Zimmer schon fast die Besinnung verloren, ich warte, ich denke jetzt, jedesmal, wenn ich vor der Professorentür stehe und warte, bis der Professor Herein! sagt, die Tür sei nicht verschlossen sagt, und ich mache die Tür auf und gehe hinein, und ich sehe den Professor an seinem Schreibtisch sitzen ... ich warte, aber ich höre nichts. Nichts. Ich klopfe. Nichts. Ich warte und klopfe so lange, bis ich denke, ich sollte umkehren und in mein Zimmer zurückgehn, der Professor macht dir heute nicht auf, heute nicht ... gestern hat er mir aufgemacht, vorgestern hat er mir aufgemacht, vorvorgestern, die ganze letzte Woche hat er mir aufgemacht, jedesmal, wenn ich geklopft habe, aufgemacht ... aber heute, denke ich, macht dir der Professor nicht auf ... ich klopfe und klopfe und horche und höre nichts. Ist der Professor nicht da? Oder ist er da und hört mich nur nicht? Ist er vielleicht wieder aufs Land gefahren? Wie oft fährt der Professor aufs Land, denke ich, unvorhergesehen fährt er aufs Land. Zu diesen vielen Hunderten von Verwandten, denke ich. Wenn ich noch lauter klopfe?, denke ich. Lauter? Aber ich habe schon zweimal, dreimal so laut geklopft ... Klopfen! sage ich mir. Klopfen! Tatsächlich klopfe ich jetzt am lautesten, und ich denke, daß mich jetzt alle im Haus gehört haben müssen, denn ich habe so laut geklopft, wie ich niemals geklopft habe ... Noch lauter klopfen! Tatsächlich muß jetzt jemand mein Klopfen gehört haben ... alle diese Leute haben empfindliche Ohren, denke ich, die empfindlichsten Ohren, die Ohren aller dieser Leute sind die empfindlichsten ... aber ich klopfe noch einmal, jetzt noch lauter, so laut, wie ich noch nie geklopft habe, und ich horche und höre den Professor, er geht auf die Tür zu und macht sie auf, macht sie aber nur halb auf, und ich sage: ich störe doch nicht, es ist zwar schon spät, aber ich störe doch nicht ... ich sehe sofort, sagt Konrad, daß der Professor mitten in einer geisteswissenschaftlichen Arbeit ist ... Meine Morphologie!, sagt er, sagt Konrad, meine Morphologie! ... und ich sage, sagt Konrad: wenn ich störe, gehe ich sofort wieder auf mein Zimmer. Aber!, sage ich, und der Professor sagt: meine Morphologie! und ich denke, sagt Konrad, warum hat der Professor die Tür nur halb aufgemacht?, er macht sie nur so weit auf, daß er seinen

Kopf herausstrecken und mit mir reden, daß ich nicht hinein kann, nicht
weiter . . . Aber hören Sie, sage ich, sagt Konrad, wenn ich störe, gehe ich
sofort wieder in mein Zimmer zurück. Wenn ich Sie störe . . . jetzt sehe
ich, sagt Konrad, daß sich der Professor schon ausgezogen gehabt hat, er
ist völlig nackt, unter dem Schlafrock völlig nackt, sehe ich, und ich sage:
Sie sind ja schon ausgezogen!, und darauf: wenn ich störe, gehe ich augenblicklich in mein Zimmer zurück!, sagen Sie nur, Sie wollen jetzt nicht
mehr gestört sein! . . . aber wenn Sie mir erlauben, wenn Sie es mir nur
noch ein einziges Mal erlauben, dann komme ich noch für ein paar Augenblicke zu Ihnen, sage ich, ich werde mich gleich zurückziehn, ich weiß
überhaupt nicht, wie spät es ist . . . ich habe keine Vorstellung, wie spät es
sein kann, sage ich, ich gehe die ganze Zeit in meinem Zimmer hin und
her, in diesem meinem Problem hin und her und bin schon beinahe
verrückt davon . . . wie Sie wissen, arbeite ich jetzt schon tagelang nicht
mehr, überhaupt nichts mehr, lieber Professor, es ist mir unmöglich, keine
Zeile, nichts, keinen Gedanken, nichts . . . immer wieder denke ich, jetzt
habe ich einen Gedanken, in Wirklichkeit ist es nichts, nichts, sage ich . . .
und so gehe ich den ganzen Tag mit dem Gedanken beschäftigt, in Wahrheit immer nur mit diesem einzigen Gedanken in meinem Zimmer auf
und ab, hin und her, keinen Gedanken zu haben, keinen einzigen Gedanken zu haben . . . denn ich habe tatsächlich schon lange Zeit keinen Gedanken mehr, sage ich . . . und so warte ich und so gehe ich, während ich
warte und warte doch nur auf Sie, den ganzen Tag warte ich, daß Sie nach
Hause kommen . . . Heute sind Sie zwei Stunden später nach Hause
gekommen, sage ich, gestern eineinhalb Stunden später, tatsächlich heute
zweieinhalb Stunden später . . . ich höre Sie, weil ich immer aufmerksamer bin, schon auf der Straße, wie Sie die Haustür aufsperren und wie Sie
die Haustür zusperren, ich höre, wenn Sie in das Vorhaus hereinkommen,
den ganzen Tag warte ich, daß Sie ins Vorhaus hereinkommen . . . Heute
haben Sie wahrscheinlich Ihre Einkäufe erledigt, Besorgungen machen
müssen, wahrscheinlich Ihre Rechnungen eingezahlt, sind Sie wahrscheinlich auch auf dem Postamt gewesen . . . und wenn Sie im Vorhaus sind,
denke ich, jetzt sperren Sie gleich die Wohnungstür auf, wenn Sie die
Wohnungstür aufgesperrt haben, jetzt gehen Sie in Ihr Zimmer . . . jetzt
ziehen Sie Ihren Mantel aus, Ihre Schuhe, jetzt setzen Sie sich an den
Schreibtisch, denke ich . . . jetzt essen Sie etwas, jetzt fangen Sie einen
Brief zu schreiben an, einen Brief an Ihre in Frankreich lebende Tochter,

an Ihren in Rattenberg lebenden Sohn . . . oder einen Geschäftsbrief . . .
oder Sie sind mit Ihrer Morphologie beschäftigt, denke ich . . . immer
deutlicher höre ich, wie Sie Ihr Zimmer aufsperren, in letzter Zeit sperren
Sie Ihr Zimmer viel rascher auf als am Anfang, Sie gehen rasch in Ihr
Zimmer, Sie ziehen Ihren Mantel ruckartig aus . . . und dann denke ich,
daß Sie sich überlegen, ob Sie sich auf Ihr Bett legen sollen oder nicht, in
Ihren Kleidern auf Ihr Bett legen sollen oder nicht, ohne Ihre Schuhe
auszuziehen auf Ihr Bett legen oder nicht auf Ihr Bett legen, bevor Sie sich
mit der Morphologie beschäftigen, hinlegen sollen oder nicht . . . daß
Ihnen dann, wenn Sie sich auf Ihr Bett legen, auf Ihr Bett gelegt haben, die
Unsinnigkeit Ihrer Arbeit und die Unsinnigkeit Ihrer Existenz zu Bewußtsein kommt . . . daß Ihnen diese Unsinnigkeit zu Bewußtsein kommen
muß . . . daß Sie auf eine so erbärmliche Weise Ihr Brot verdienen müssen,
auf eine so erbärmliche Weise studieren müssen, daß alle auf diese erbärmliche Weise ihr Brot verdienen, alle auf diese erbärmliche Weise studieren
müssen . . . auf eine immer noch erbärmlichere Weise, denken Sie . . . und
daß Sie doch, im Grunde, denke ich, soll Konrad zu dem Professor gesagt
haben, sagt Konrad, überhaupt keinen Menschen mehr haben . . . daß
Ihnen dann, ob Sie sich an den Schreibtisch setzen oder nicht, ob Sie sich
auf Ihr Bett legen oder nicht, Ihr ganzes Unglück, und zwar ein immer
noch größeres Unglück zu Bewußtsein kommt, zu Bewußtsein kommen
muß . . . In diesem Augenblick läßt ihn der Professor hinein . . . und ich
gehe, sagt Konrad, sofort auf sein Bett zu und sage, wie ich sehe, daß das
Bett bereits aufgeschlagen ist, Sie haben Ihr Bett schon aufgeschlagen,
möglicherweise wollen Sie schon zu Bett gehen, oder Sie waren vielleicht
schon in Ihrem Bett . . .? und ich sage: lassen Sie sich nicht stören, legen
Sie sich, wenn Sie Lust haben, hin, ich will nur ein wenig in Ihrem Zimmer auf- und abgehen, in Ihrem Zimmer, Sie wissen ja, in meinem Zimmer kann ich das nicht mehr . . . wenn ich in meinem Zimmer auf- und
abgehe, sage ich, glaube ich, daß alle im Haus hören, daß ich in meinem
Zimmer auf- und abgehe, wie Sie auch, wenn ich lese, wissen, daß ich in
meinem Zimmer lese, wissen, daß ich, wenn ich denke, in meinem Zimmer denke, wie daß ich schreibe, wenn ich in meinem Zimmer schreibe,
wie, wenn ich im Bett liege, daß ich im Bett liege . . . alle diese Leute
wissen, glaube ich, immer, was ich tue, sage ich . . . denn hören Sie, sage
ich, diese Leute wissen auch, daß ich denke, wenn ich in meinem Zimmer
denke, an die Studie denke . . . das macht es mir unmöglich, in meinem

Zimmer zu denken, in meinem Zimmer an die Studie zu denken und aus diesem Grund bin ich schon so lange Zeit gedankenlos . . . und wie fürchterlich, denke ich, ist es mir in meinem Zimmer unmöglich, zu denken, wie fürchterlich, in meinem Zimmer einen Brief abzufassen . . . dadurch lese ich schon so lange Zeit nichts mehr, kann ich auch nichts mehr denken . . . aber in Ihrem Zimmer, sage ich, ist es mir immer noch möglich, auf- und abzugehen . . . ich gehe in Ihrem Zimmer auf und ab und beruhige mich . . . nach und nach und nach einiger Zeit immer intensiver, sage ich, und: dann kann ich wieder in mein Zimmer zurückgehn . . . sehen Sie, sage ich, jetzt beruhige ich mich, mein ganzer Körper beruhigt sich . . . und diese Beruhigung, sage ich, geht dann auch langsam in mein Gehirn über, es ist, wenn ich mich hier in Ihrem Zimmer beruhige, gleichzeitig eine Körper- und eine Gehirnberuhigung . . . tatsächlich, sage ich, brauche ich nur in Ihr Zimmer hereinzugehn, und ich beruhige mich . . . Was ist das? Wo es mir doch unmöglich ist, überhaupt jemals noch jemanden aufzusuchen . . . ich betrete Ihr Zimmer, und ich beruhige mich . . . Heute, sage ich, sind Sie so spät nach Hause gekommen, diese lächerlichen Besorgungen, sage ich, die Sie machen müssen . . . diese lächerliche Post, die Sie tagtäglich bekommen und die Sie tagtäglich beantworten müssen, diese lächerlichen Leute . . . ich bekomme keine Post, ich beantworte keine Post . . . und diese widerwärtigen Mitarbeiter in Ihrem Büro, die Sie aushalten müssen, die Sie schon so viele Jahre lang aushalten müssen . . . diese Widerwärtigkeiten, sage ich, halten Sie davon ab, früher nach Hause zu kommen . . . und indem Sie den Schlüssel im Schloß umdrehen, sage ich, denke ich jedesmal, retten Sie mich, aus dieser fürchterlichen Situation, sage ich, denn wissen Sie, sage ich, mir ist immer, als ob ich ersticken müßte . . . mit einem Ersticken mein Leben abschließen, sage ich, am Ende ersticken, grotesk, wenn ich am Ende ersticken müßte . . . weil Sie einmal noch zusätzlich eine Reihe von Besorgungen machen müssen, zu spät in das Haus hereinkommen . . . und in Ihr Zimmer, während ich längst erstickt bin, sagt Konrad zu dem Professor, tatsächlich glaube ich jeden Tag um die gleiche Zeit, ersticken zu müssen, ich ersticke, denke ich, an einer Lächerlichkeit, weil Sie, wie das einmal sein kann, durchaus einmal sein kann, noch eine Besorgung, noch einen Umweg, Ihrer Tante eine längere Aufwartung machen müssen . . . ich höre Sie auf der Straße, ich höre Ihre Schritte, ich höre, wie Sie den Schlüssel im Haustürschloß umdrehen, wie Sie ihn in der Wohnungstür umdrehen . . .

jetzt, sage ich, beruhige ich mich, Sie sehen, daß ich mich beruhige, weil Sie mich in Ihr Zimmer gelassen haben, sage ich, wenn ich Sie nur nicht störe, sage ich, ich denke, sage ich, daß ich Sie schon so oft gestört habe, sagt Konrad, aber wenn ich noch einen Augenblick allein bleibe, sagt er zu dem Professor, denke ich immer, ersticke ich . . . und dann höre ich Sie . . . Was für eine schöne Miniatur, sage ich, haben Sie da an der Wand, diese schönen Miniaturen, die ich noch niemals gesehen habe . . . und dann höre ich, wie Sie Ihre Wohnungstür aufsperren und wie Sie sie zusperren und wie Sie sich auf Ihr Bett legen und wie Sie sich an Ihren Schreibtisch setzen und wie Sie wieder aufstehn vom Schreibtisch . . . und dann gehe ich an die hundertmal in meinem Zimmer auf und ab, immer auf und ab und sage mir: jetzt kannst du schon zum Professor hinunter-gehen, jetzt darfst du schon und dann: jetzt noch nicht, noch nicht!, nein, noch nicht!, dann wieder: jetzt, gehen, hinuntergehen, rasch hinunterge-hen, jetzt, jetzt . . . und ich werde schon fast verrückt in dem Hinund-herdenken, in dem unaufhörlichen Gehichodergehichnicht . . . ob ich darf, oder nicht darf . . . und ich denke: jetzt! und jetzt! und damit vergeht eine Stunde, und ich sage mir, möglicherweise ist der Professor aber mit seiner Morphologie beschäftigt . . . tatsächlich sind Sie ja jetzt gerade mit Ihrer Morphologie beschäftigt gewesen, sage ich, sagt Konrad, gleichzeitig aber zu müde gewesen . . . Sie sind zu müde, sage ich . . . und wie be-schäftigt!, sage ich, und ich gehe zum Schreibtisch hin und sehe, daß der Professor mit seiner Morphologie beschäftigt gewesen ist . . . während ich eine ganze Stunde gedacht habe, gehe ich zum Professor oder nicht . . . Ja, sage ich, wenn ich störe . . . so sagen Sie, daß ich störe . . . daß ich natür-lich störe . . . so sagen Sie, wenn ich störe, daß ich störe . . . daß ich natürlich störe, ich störe Sie schon die ganze Zeit, sage ich, sagt Konrad, die ganzen Jahre störe ich Sie . . . die ganzen Jahre, die ich mit Ihnen in diesem Hause zusammen wohne . . . ich bin Ihr Störenfried! . . . aber sehen Sie, sage ich, sagt Konrad, ich warte zwei Stunden, ich warte vier Stunden, sechs Stunden, acht Stunden . . . und dann gehe ich nicht zu Ihnen herunter . . . du wartest so lange und gehst dann doch nicht zum Professor hinunter, sage ich . . . und ich gehe natürlich herunter und klopfe an die Tür, ich klopfe die längste Zeit, bis Sie aufmachen und mich hereinlassen . . . und mich in Ihrem Zimmer hin- und hergehen lassen, so daß ich mich langsam beruhige . . . und ich beruhige mich, sage ich und ich sage: möglicherweise komme ich heute nacht in meiner Studie ein

Stück vorwärts, wenn auch nur das kleinste Stück vorwärts . . . möglicherweise, sage ich, aber ich sage mir das tagtäglich, ich sage mir tagtäglich, heute, wenn der Professor nach Hause kommt, gehst du zu ihm hinunter und gehst in seinem Zimmer hin und her und gehst dann in dein Zimmer zurück und fängst an, die Studie niederzuschreiben . . . das sage ich ja, wie Sie wissen, sagt Konrad, heute noch immer, daß ich jetzt und daß ich jetzt, immer sage ich mir, jetzt fange ich mit der Niederschrift der Studie an . . . und zum Professor sage ich, sagt Konrad, wenn ich Sie nur nicht gestört habe . . . wenn ich nicht wüßte, sage ich, wie leicht man die Menschen stört, einen Menschen, der Ruhe braucht, stört, einen Menschen wie Sie, Professor, einen Menschen wie mich, Professor . . . den man, während er doch nichts als allein sein will, stört . . . aber zum Unterschied von mir, sage ich zum Professor, der ich nicht mehr allein sein kann, wollen Sie, und das Merkwürdige ist, daß Sie dabei schon so alt geworden sind, allein sein, denn natürlich müssen Sie allein sein . . . und Sie sagen mir ja auch immer, wenn ich zu Ihnen hereinkomme, sage ich, sagt Konrad, daß Sie allein sein wollen, allein sein müssen, auch wenn Sie es nicht sagen, auch wenn Sie es nicht sind . . . auch wenn Sie nichts sagen, höre ich, wie Sie sagen, ich will allein sein . . . mein lieber Professor, sage ich, ich gehe jetzt in mein Zimmer, ich habe mich beruhigt und: es ist ausschließlich Ihr Verdienst, daß ich mich wieder beruhigt habe . . . aber wahrscheinlich werden auch Sie mich bald nicht mehr beruhigen können, wie meine Frau mich nicht mehr beruhigen kann, niemand, nichts, sage ich . . . ich danke Ihnen, ich danke Ihnen, sage ich und ich gehe zur Tür, und der Professor öffnet mir, und ich sage, ich wollte nicht, ich habe Sie doch nicht stören wollen, lieber Professor, nicht stören, nicht stören und ich drehe mich um, und ich höre, wie der Professor in sein Zimmer zurückgeht . . . ich bin überraschend schnell in mein Zimmer gekommen, denke ich und ich setze mich an den Schreibtisch und fange zu schreiben an, aber ich kann nicht schreiben . . . ich glaube, ich muß schreiben können, kann aber nicht . . . und ich stehe auf und gehe in meinem Zimmer auf und ab, hin und her, wie ich auch hier im Kalkwerk in meinem Zimmer auf- und ab- und hin- und hergehe . . . eine unglückliche Veranlagung läßt mich die ganze Nacht in meinem Zimmer auf- und ab- und hin- und hergehen . . . die ganze Nacht und in der Frühe und während der Professor längst wieder fort ist, gehe ich noch immer hin und her und ich fürchte mich vor diesem Hinundhergehen, wie damals fürchte ich auch heute, wie damals in Brüssel fürchte ich mich auch heute im Kalkwerk vor diesem Hinundhergehen und ich gehe hin und her und gehe und warte und denke, ich warte und gehe und gehe und gehe … und gehe … Zu Fro: Konrad und seine Frau rätselten lieber in ihrer durch nichts zu übertreffenden, vom ersten Moment ihres Zusammenseins tödlichen Gemeinsamkeit den ganzen Vormittag um die Frage herum, was, weil er, Konrad, durch zu intensives Experimentieren einerseits, durch nur von diesem Experimentieren hervorgerufene Körperschwäche andererseits dazu nicht imstande sei, Höller aus dem Gasthaus heraufbringe, ob es eine Fleisch- oder eine Mehlspeise oder weder eine Fleisch- noch eine Mehlspeise, sondern Fisch sei und ob er Suppe mitbringe und Salat, gerade auf das Salatessen legten sie beide den größten Wert und lieber, soll Konrad zu Fro gesagt haben, verzichte er auf Fleisch und auf Mehlspeise, ja, auch auf Suppe verzichte er, auf Salat wolle er, wenn möglich, nicht verzichten, also lieber rätselten sie stundenlang um die Frage herum, ob der Höller zwanzig oder dreißig oder gar vierzig Minuten mit dem Essen vom Gasthaus zum Kalkwerk unterwegs sei, und auf das erschütterndste (Fro), ob er sich nicht gar, weil er jemanden auf dem Weg treffe, durch eine längere Unterhaltung über das, wie Konrad zu Fro gesagt haben soll, zulässige Zeitmaß hinaus verspäte, als daß er, Konrad, sich mit allen ihm zur Verfügung stehenden Kräften auf die Niederschrift der Studie konzentriere, gleich was als Ablenkung sei ihm recht, alles sei ihm recht und nichts lächerlich und nichts minderwertig und unbedeutend und desavouierend genug, um sich abzulenken, um sich nicht mit der Niederschrift der Studie befassen zu müssen, schon wenn er aufwache, überziehe ein entsetzlicher wie Gehirnfäulnis schmeckender Film von Gewissensqual seine Umgebung und drücke auf seinen Hinterkopf, wenn er nur an die Niederschrift der Studie denke, er denke ja nicht mehr daran, soll er zu Fro gesagt haben, weil ihm das mit der Zeit das Entsetzlichste geworden sei, sei aber doch unter allen Umständen immer mit der Frage konfrontiert, wie die Niederschrift bewerkstelligen, wie, und er könne denken, woran er wolle, tun, was er wolle, in Betracht ziehen, was er wolle, es hänge unweigerlich mit der Studie und also mit der Niederschrift der Studie zusammen und verfinstere ihm auf ununterbrochene beschämende (er soll sich nicht erklärt haben, was beschämende) Weise den wehrlosen Kopf. Gibt es Sauerkraut oder gibt es Kartoffeln, oder gibt es gar gebackene Mäuse oder die von ihnen beiden geliebten lockeren Rindsrouladen, oder den mürben oder

den ausgezogenen Apfelstrudel, den Topfenstrudel vielleicht, Grammel-
knödel oder Surfleisch oder gar eine Milzschnitten- oder eine Frittaten-
suppe, ein Krenfleisch oder gar ein gut abgelegenes Wild mit Preiselbeer-
sauce, fragten sie sich, ob der Höller eventuell eine politische oder eine
agrarische oder kommunale Neuigkeit aus dem Gasthaus bringe, eine
Todesmitteilung oder die Nachricht von einer Hochzeit, von einer Taufe,
eine Verbrechensneuigkeit, wie, wo und wann sich etwas auch für sie beide
Außergewöhnliches zugetragen, etwas lange Geheimgehaltenes plötzlich
nicht mehr geheimhalten habe lassen, wie weit die Arbeiten an den Gü-
terwegen und an den sogenannten Ufer- und Wildbachverbauungen fortgeschritten, wie kalt es im Wasser, wie finster im Wald, wie gefährlich am
Felsvorsprung, ob und was und vor allem ob und was über sie, die Konrad,
im Gasthaus, im Sägewerk, im Ort geredet werde, ob man noch mit den
Gerüchten hantiere (Baurat), inwieweit die Leute über ihrer beider Verhältnisse orientiert oder nicht orientiert seien und was für einen Eindruck
es mache, daß Konrad so lange nicht mehr im Ort, die längste Zeit nicht
mehr im Wald, die längste auch nicht mehr im Sägewerk, im Gasthaus, auf
der Bank gewesen wäre, ob der Markt gut oder schlecht besucht gewesen
wäre, was man vom neuen Geläute der Pfarrkirchenglocken halte, ob die
Begräbniskosten gestiegen, die Regierungsmitglieder schon eingelebt, die
Rehe dezimiert, die Gemsen dezimiert seien, ob wahr sei, was man seit
Monaten als wahr hingestellt habe, unwahr, was jahrelang nur als wahr
gegolten, eindeutig, was bis jetzt immer zweifelhaft gewesen sei, alles wollten sie wissen, sagt Fro, und sie sollen immer noch etwas zum Fragen
gefunden, immer noch etwas Erkundigungswertes entdeckt haben und so
Stunden um Stunden, allein mit allen diesen Unsinnigkeiten (Fro) beschäftigt, sich abgelenkt haben, er sich von seiner Studie, sie sich von ihrer
Krankheit, von ihrer Verkrüppelung. Darüber abgestimmt sollen sie haben, welche Lektüre er ihr sozusagen tagtäglich als Belohnung für ihre
Bereitwilligkeit, sich ihm für die urbantschitsche Methode und das daraus
resultierende Experimentieren zur Verfügung zu stellen, vorzulesen habe,
die das Experimentieren unterbrechenden Pausen füllten sie ja schon jahrzehntelang mit Vorlesen aus, ob, wie in den letzten Wochen, aus dem
Kropotkin, also aus *seinem* Buch, oder aus dem Ofterdingen, also aus
ihrem Buch, er habe ihr, wenn sie es wünschte, natürlich aus dem von ihr
geliebten Ofterdingen, übrigens ein Buch, das sie ihr ganzes Leben lang
immer wieder als ihr liebstes bezeichnet haben soll, vorgelesen, wochen-

lang, immer wieder aus dem Ofterdingen, aber auch aus den von ihm über alles bewunderten Kropotkinschen Memoiren habe er, tatsächlich gegen ihren Willen und Widerstand, in ihrem Zimmer laut vorgelesen, sie weigerte sich anfänglich, dem von ihm aus dem Kropotkin Vorgelesenen zuzuhören, er aber hatte sich nicht um diese ihre Unwilligkeit gegenüber dem Kropotkin gekümmert und sich durch zuerst wöchentliches, schließlich tägliches rücksichtsloses lautes Vorlesen aus dem Kropotkin in der Weise durchgesetzt, daß sie zwar, wie er, Konrad, meinte, letzten Endes noch immer sagte, sie hege eine natürliche Abneigung gegen das russische Buch, hasse es zwar nicht mehr wie zu allem Anfang, begegne ihm aber doch nach wie vor mit Mißtrauen, im Grunde, soll Konrad gesagt haben, redete sie zwar unaufhörlich gegen den Kropotkin, war aber längst für den Kropotkin gewonnen gewesen, das habe ihn eine ununterbrochene, von ihr größtenteils unbemerkte Überzeugungskunst gekostet. An manchen Tagen sollen sie, so Wieser, gehandelt haben, beispielsweise eine Stunde Kropotkin gegen eine Stunde Ofterdingen, oder zwei Stunden Kropotkin gegen eineinhalb Stunden Ofterdingen, oder umgekehrt zwei Stunden Ofterdingen gegen eineinhalb Stunden Kropotkin, oder kein Ofterdingen gegen kein Kropotkin, oder ein Kapitel Kropotkin gegen ein oder gegen zwei Kapitel Ofterdingen etcetera, wobei natürlich, so Wieser, immer die Konrad den kürzern gezogen habe. Im Grunde bestimmte immer er, Konrad, was vorgelesen wurde. An jede Vorlesung schlossen sie eine Debatte über das Vorgelesene an, auch diese Debatte war, so Wieser, naturgemäß immer von Konrad, niemals von seiner Frau geführt worden. Ab und zu setzten sie beispielsweise den Kropotkin mit dem Ofterdingen in Beziehung, sehr oft die Vorlesungslektüre, meistens eine sogenannte ausschließlich wissenschaftliche, keine sogenannte schöngeistige, in Beziehung zu allem Möglichen, wie er, Konrad, sich gegenüber Wieser ausgedrückt haben soll. Die interessanteste Lektüre sei ihm immer die nach allen Richtungen, er wolle nicht sagen Himmelsrichtungen, offene erschienen, seine besondere Vorliebe habe immer den wissenschaftlichen Büchern, Aufsätzen des Zwanzigsten Jahrhunderts oder eben Büchern wie dem Kropotkin gehört, ihre Vorliebe den schriftstellerischen Erzeugnissen der zweiten Hälfte des Neunzehnten Jahrhunderts, naturgemäß, so Wieser. Eine Lektüre ohne daran anschließende Diskussion oder Debatte darüber, oder auch nur eine von ihm so genannte Selbstanalyse darüber, jedenfalls jede Art von Lektüre ohne kurz darauffolgenden Kommentar, habe er immer verabscheut. Freilich habe es viele Jahre größter Anstrengung seinerseits bedurft, um sie, seine Frau, mit der Tatsache wenigstens in Annäherung vertraut zu machen. Aber, so soll Konrad zu Wieser gesagt haben, man müsse Geduld haben, man überzeuge schließlich durch ehrliches und durch präzisionsfanatisches Argumentieren den widerspenstigsten Menschen von der widerspenstigsten Sache, überzeuge letzten Endes sogar einen Menschen wie seine Frau davon. Dem Manne sei angeboren, was der Frau angelernt werden müsse in mühevoller, oft verzweifelter Lehrmethode, nämlich der Verstand als chirurgisches Instrument gegenüber der sich sonst unweigerlich auflösenden, ja sonst rettungslos zerbröckelnden Geschichts- und Naturmaterie. Man könne, soll Konrad zu Wieser gesagt haben, aus einem hohlen oder doch wenigstens nur mit Verstandesmüll angefüllten Kopf, wenn man den Mut dazu habe, durchaus einen denkenden und jedenfalls einen vernünftigen machen. Die Schuld an den Dummköpfen liege nur bei den vernünftigen. Andererseits, soll Konrad sofort darauf gesagt haben, wäre alles ganz sinn- und zwecklos, man denke etwas, und das sei zwecklos, man tue etwas, und das sei zwecklos, man mache oder man unterlasse etwas und das alles sei immer zwecklos, sinnlos sei, was man denke, wie zwecklos sei, worin man handle, so lasse man als Vernünftiger alles sich selbst entwickeln, ganz gleich wohin. Der Verstand, der Mann, sei Zuwiderhandlung, soll Konrad gesagt haben. Zum Manne werde, wer bewußt zuwiderhandle, sich bewußt zuwiderhandeln getraue. Die Frau aber überziehe das nicht, weil sie nichts überziehe, verständnislos, meistens auch ohne Respekt, der ja weder Wissen, noch jede andere Art von Geschichtsbildung voraussetze, stehe sie dem Alleingang des, besser ihres Mannes durch eine Welt der Verblödung und des ordinären Halbgeistes gegenüber. Seine, Konrads, Frau, so er selber zu Wieser, habe bei aller ihr wie allen anderen angeborenen Widerstandsfähigkeit gegen das sogenannte Männliche, also gegen ihren Mann, diesen doch in allen Phasen ihres Zusammenlebens wenn auch mit Reserve, so doch andererseits inständig respektiert. Wieser wie Fro schildern jeweils den letzten Nachmittag, den sie mit Konrad zusammen gewesen waren, jeder auf seine Weise, der eine den anderen durch seine Aussagen deckend, einmal Wieser Fro, einmal Fro Wieser widersprechend, gleichzeitig, wie gesagt, Wieser Fro, Fro Wieser bestätigend. Fro sei eineinhalb Wochen vor dem traurigen Ende der Konrad mit Konrad in dem sogenannten holzgetäfelten Zimmer zusammen gewesen, merkwürdigerweise sei an diesem Nachmittag in dem sogenannten holzgetäfelten Zimmer eingeheizt gewesen, Konrad habe den Besuch des Forstrates erwartet, eine Besprechung über die Wildbachverbauung hinter dem Felsvorsprung sei auf dem Programm gestanden, Konrad habe den Forstrat schon gegen elf Uhr vormittag erwartet, der Forstrat sei aber auch um zwölf und um ein Uhr mittag noch nicht im Kalkwerk gewesen, schließlich habe ein Holzfäller, der im Sägewerk beschäftigt ist, an der Kalkwerkstür geklopft und Konrad habe dem Manne aufgemacht und der Holzfäller sei, so soll der zu Konrad gesagt haben, vom Forstrat beauftragt worden, Konrad zu sagen, der Forstrat sei unabkömmlich, der Forstrat schlage einen neuen Termin vor, in der kommenden Woche, Konrad soll dem neuen Termin zugestimmt, dem Holzfäller ein Glas Schnaps eingeschenkt und ihm Grüße an den Forstrat mitgegeben haben, kurze Zeit später sei Fro im Kalkwerk gewesen und Konrad habe ihn gleich in das holzgetäfelte Zimmer geführt, da sei es warm, ich habe für den Forstrat eingeheizt, zwei Tage lang ununterbrochen für den Forstrat eingeheizt, aber jetzt kommt der Forstrat nicht und jetzt sind Sie da und das ist eine Gelegenheit, zu plaudern, ist es warm herinnen, soll Konrad zu Fro gesagt haben, merkt man erst, wie geeignet für Unterhaltungen das holzgetäfelte Zimmer ist, auch wenn keine besseren als diese fürchterlichen geschmacklosen, aber, das müsse man zugeben, doch recht bequemen Möbel herinnen seien; Konrad und Fro hatten, so Fro, in dem holzgetäfelten Zimmer Platz genommen, Konrad habe gesagt, er habe zwei Tage lang überhaupt nicht den Versuch gemacht, über die noch immer nicht angefangene Niederschrift der Studie nachzudenken, der Forstrat wollte kommen und, wie gesagt, mit mir über die Wildbachverbauung hinter dem Felsvorsprung reden, darauf konzentrierte ich mich, er, Konrad, habe sich hundertprozentig auf den Forstrat konzentriert, die Studie vollkommen außer acht gelassen, im Grunde könne er sich ein vollkommenes Außerachtlassen der Studie gar nicht leisten, es sei aber unumgänglich, der Forstrat verlange ganz einfach die Unterredung, verweigere man eine solche Unterredung, verschaffe sich ein Mann wie der Forstrat, der ja ein sogenannter Staatsbeamter mit sogenannter höherer Staatsgewalt sei, Einlaß, Verhandlungsbereitschaft, etcetera; und auf dem Höhepunkt der Erwartung des Forstrats, auch seine, Konrads, Frau sei ganz auf den Besuch des Forstrates konzentriert gewesen und habe ihm, Konrad, Anweisung betreffend der Aufwartungen für den Forstrat, Speck, Schnaps, Most, gegeben, habe ein neues Kleid angezogen, habe sich von ihm, Konrad, schon in aller Frühe, anstatt daß sie experimentiert hätten, kämmen lassen, anstatt daß sie sich also mit der urbantschitschen Methode beschäftigten, die Fingernägel schneiden und eine neue Tischdecke auflegen lassen, alles an ihnen und in ihnen sei auf den bevorstehenden Besuch des Forstrates konzentriert gewesen, also auf dem Höhepunkt der Erwartung des Forstrats sei ein Holzfäller gekommen und habe die Absage des Forstrats überbracht, so Konrad zu Fro, sagt Fro. Jetzt, da Fro in dem holzgetäfelten Zimmer sitze, soll Konrad zu Fro gesagt haben, sei das Einheizen und seien die anderen für den Besuch des Forstrats bestimmten Vorbereitungen nicht umsonst gewesen, er, Fro, sei durch die Absage des Forstrats sogar in den Genuß ganz vorzüglicher Speckstücke gekommen, in den Genuß des Vogelbeerschnapses, den Konrad nur für besondere Gäste wie den Forstrat oder den Bezirkshauptmann oder den Gendarmerieoberst in Reserve gehabt habe, in den Genuß vor allem eines auf einen höheren Besuch vorbereiteten und ganz und gar nicht von der Studie beherrschten Konrad, einer, wie Fro sagt, geradezu aufgeräumten Frau Konrad, denn offensichtlich war die Absage des Forstrates so überraschend und auf die unerwartetste Weise so im allerletzten Moment gekommen, daß die beiden Konrad nicht mehr imstande gewesen waren, ihrer Enttäuschung über die Absage des Forstrates Ausdruck zu geben, ihm, Fro, sei vorgekommen, daß die beiden Konrad ganz einfach aus der Unfähigkeit heraus, von einem Augenblick auf den andern, die Enttäuschung durch die Absage des Forstrates sofort auf den gänzlich unerwartet zu Besuch gekommenen Fro zu übertragen, sozusagen Fro als den Forstrat empfangen und bewirtet und als den Forstrat behandelt haben, denn noch nie, so Fro, bin ich in dieser zuvorkommenden und tatsächlich herzlichen und durch nichts getrübten Weise empfangen worden, eben empfangen und bewirtet worden, wie man im Hause der Konrad immer den Forstrat empfangen hat, sagt Fro. Seit Jahren habe er, Fro, immer das Gefühl gehabt, er sei ein sogenannter Gewohnheitsbesuch im Kalkwerk, alles deutete, kam er ins Kalkwerk, darauf hin und man wisse ja, wodurch sogenannte Gewohnheitsbesuche in jedem Falle gekennzeichnet sind, an diesem, dem letzten Tag im Kalkwerk aber habe sich ihm gegenüber alles im Kalkwerk durch Herzlichkeit, Zuvorkommenheit, ja Noblesse von den vorangegangenen unterschieden. Fro erinnert sich, daß Konrad ihm den bequemeren der beiden Sessel im holzgetäfelten Zimmer angeboten habe, nicht, wie sonst, den unbequemen, daß er ihm das Hirschfell unter die

Füße geschoben habe, eine Tatsache, die ihn, Fro, verblüfft habe, gleich bei seinem Eintreten sei ihm von Konrad ein Glas Vogelbeerschnaps angeboten worden. Und bevor sie beide noch im holzgetäfelten Zimmer Platz genommen hätten, wäre er von Konrad auf das höflichste, wie sich Fro erinnert, zu Konrads Frau in den zweiten Stock hinaufbegleitet worden, fortwährend unter Fragen wie: mein lieber Fro, Sie sind aber lange nicht mehr dagewesen und mein lieber Fro, was machen denn Ihre Kinder?, und mein lieber Fro, ist Ihr Fischteich schon verpachtet?, und mein lieber Fro, ich weiß ja gar nicht, ob Ihre Tochter schon geheiratet hat?, und mein lieber Fro, Ihre Besuche im Kalkwerk werden immer seltener, und mein lieber Fro, wenn Sie möglicherweise ein Buch aus meiner Bibliothek brauchen, es steht Ihnen selbstverständlich zur Verfügung, denn wie Sie wissen, habe ich ja eine vorzügliche Bibliothek und vor allem besitze ich von den besten und von den berühmtesten und von den allerwichtigsten Büchern die schönsten und in jedem Falle immer nur Erstausgaben, und mein lieber Fro, meine Frau freut sich ganz besonders auf Ihren Besuch, und mein lieber Fro, ich kann Ihnen gar nicht sagen, wie ich mich freue, daß Sie uns aufsuchen, und mein lieber Fro, meine Frau ist Ihnen noch heute dankbar für die Vorschläge, die Sie ihr in bezug auf das hohe Gestrüpp gemacht haben, das wir aus der Schweiz, der Heimat meiner Frau, wie Sie wissen, mein lieber Fro, kommen haben lassen. Als wäre ich der Forstrat, erinnert sich Fro, hat mich die Konrad empfangen, in einem neuen Kleid und auf das charmanteste. Sie habe mit ihm, Fro, eine halbe Stunde über den Ofterdingen geplaudert und von ihm Auskünfte über den Kropotkin haben, Abwertendes darüber hören wollen, wie sich Fro erinnert, Fro kennt aber den Kropotkin gar nicht, habe das aber gegenüber der Konrad nicht zugegeben und andauernd auf alles, was die Konrad in bezug auf die kropotkinschen Memoiren gesagt hat, ja oder jaja oder nein oder neinnein gesagt, in jedem Falle immer ihr recht gegeben, er, Fro, meint, die Gegenwart der Konrad habe bei jedem seiner Besuche im Kalkwerk ein augenblickliches Inkrafttreten seiner, wie er sie nennt, korrekten Erziehung verursacht, das Jaja oder das Neinnein an der jeweils richtigen Stelle wäre für diese Art von korrekter Erziehung fast immer genug, man könne damit jedenfalls über Stunden auskommen, beherrsche man darüber hinaus das zu diesem Jaja und Neinnein Gehörige. Die Konrad sei an diesem Nachmittag auffallend ruhig gewesen, die sonst an ihr zu bemerkende ständige Unruhe ihres ganzen Körpers habe sie mit einer Gefühls-

und Geistesbeherrschung ohnegleichen (Fro wörtlich) verbergen können. Zuletzt habe sie zu Fro gesagt: kommen Sie wieder, mein lieber Fro, wir freuen uns immer, wenn Sie kommen, und Fro sei mit Konrad wieder ins holzgetäfelte Zimmer hinuntergegangen. Auch während dieses Hinuntergehens ins holzgetäfelte Zimmer habe, laut Fro, Konrad seine im Grunde dem Forstrat zugedachte Komplimentemacherei fortgesetzt. Mein lieber Fro, soll Konrad auf dem Weg vom zweiten in den ersten Stock gesagt haben, ein Mensch wie Sie im Kalkwerk macht immer Freude, auf dem Weg vom ersten Stock ins holzgetäfelte Zimmer: sehen Sie, mein lieber Fro, ein Mensch wie Sie taucht auf und es herrschen selbst in unserer Behausung klare Verhältnisse. Unten, im holzgetäfelten Zimmer, hätten sie über alles mögliche geredet, drei Stunden lang, dazu Schnaps getrunken, Speck gegessen. Zum Beispiel soll Konrad gesagt haben, sie, ihre Familie, gibt mir, meiner Seite, die Schuld an dem nach und nach, wie die Gegenseite es sich zu formulieren getraut und worin sie zweifellos auch recht habe, an dem nach und nach zur Katastrophe gewordenen Zusammensein zwischen mir und meiner Frau, während meine Seite, nicht aber ich, soll Konrad zu Fro gesagt haben, meine Familie, das heißt, der Rest dieser meiner Familie, die sich, wie ich Ihnen schon einmal angedeutet habe, bald von den Höhen einer sogenannten eingesessenen klassischen herunter in einer lächerlichen, nichtswürdigen erschöpft hat, die Schuld ihr und das heißt ihrer Seite gibt, alles schiebe seine Seite auf ihre Krankheit und Verkrüppelung, während ihre Seite alles auf seinen Kopf und auf seine Studie schiebe, schließlich und endlich könnten sich ja einmal beide Seiten darauf geeinigt haben, soll Konrad zu Fro gesagt haben, daß an allem Unglück und das heiße jedenfalls an allem, nichts als die Studie und das heißt, nichts als das Gehör schuld sei. Man suche hinter chaotischen oder wenigstens hinter merkwürdigen, jedenfalls hinter außergewöhnlichen Zuständen naturgemäß immer gleich nach der Ursache dieser chaotischen, merkwürdigen, außergewöhnlichen Zustände etcetera und erkläre, was sich als nächstes anbiete, in diesem Falle, mein lieber Fro, soll Konrad zu Fro gesagt haben, das Oberflächlichste, auch für den Minderwertigen leicht als ein solches erkennbares Oberflächliches als Ursache, also, man erkläre ganz einfach die Studie über das Gehör zur Ursache für die, wie sie alle glauben, denken zu müssen, unabänderlich zur völligen Auflösung der Konrad führenden Katastrophe. Die Einschätzung der Mitmenschen und also der Ummenschen sei immer eine viel zu hohe, soll

Konrad gesagt haben, wo größtmögliche Geringschätzung am Platz wäre, schätze man immer zu hoch, man stufe selbst die am geringsten eingeschätzten Glieder der nahen und nächsten Umgebung, Verwandtschaft etcetera, immer noch viel zu hoch ein und man denke in bezug auf manchen Menschen, man habe sich einem doch sehr hoch stehenden Menschen ausgeliefert, während man sich in Wirklichkeit immer dem niedrigsten aller menschlichen Elemente ausgeliefert habe. Und in jedem Falle habe man sich selbst als dem niedrigsten aller menschlichen Elemente ausgeliefert, frage sich das aber nicht tagtäglich, weil man sonst nachgeben und aufgeben und auf das grundlegendste verzweifeln, sich auf beschämendste Weise auflösen müßte, zu Nichts machen. Manche glaubten, dadurch, daß sie ihren Kopf mit Phantasie bevölkerten, gerettet werden zu können, aber kein Mensch und also kein Kopf könne gerettet werden, da sei ein Kopf und dadurch, daß dieser Kopf da sei, sei er rettungslos verloren, lauter verlorene Köpfe bevölkerten lauter verlorene Körper auf lauter verlorenen Kontinenten, soll Konrad zu Fro gesagt haben. Meiner Frau aber solches sagen, bedeutete genausoviel, wie einem durch Jahrmillionen durch und durch taub gewordenen Stein etwas zu sagen. Ja, natürlich, soll Konrad zu Fro gesagt haben, die Ursache nicht zu finden, quäle sogar den mit einem kompletten Dummkopf auf dem Hals Verheirateten, und dieser Gedanke quäle lebenslänglich, aber die Ursache finde man nicht, werde niemals gefunden, immer nur eine Ersatzursache, betreibe man die sogenannte heute doch recht mißbrauchte weil mißverstandene Ursachenforschung, komme man immer nur auf Ersatzursachen und man gebe sich auch immer mit solchen Ersatzursachen zufrieden, die ganze Welt, wie wir sie glauben oder ganz einfach tagtäglich wiederzuerkennen glauben, erkläre man (sich) aus nichts anderem als aus Ersatzursachen durch Ersatzursachenforschung. Die doppelte Verstellung zu beherrschen versuchen, daran könne man Jahrzehnte verschwenden, werde dabei aber nur alt und sonst nichts, gehe zugrunde dabei und sonst nichts. Sage man beispielsweise, soll Konrad zu Fro gesagt haben, einen Satz, gleich, welchen Satz, und sei dieser Satz, um ein großes Beispiel zu geben, von einem unserer sogenannten größeren oder gar großen Schriftsteller, so beschmutze man diesen Satz nur, weil man sich nicht beherrschen könne, diesen Satz nicht, einfach überhaupt nichts zu sagen, beschmutze man, so treffe man, wo man hingehe und wo man hinschaue, nur auf Beschmutzer, eine in die Millionen, und, genaugenommen, in die Milliarden angewachsene Gesellschaft von Beschmutzern sei am Werk, das erschüttere, wenn man sich erschüttern lasse, der Mensch lasse sich aber gar nicht mehr erschüttern, das sei ja das Merkmal des Heutigen, daß er sich ganz und gar nicht mehr und durch nichts mehr erschüttern lasse. Erschütterung sei durch Heuchelei abgelöst, das Erschütternde sei Heuchelei, die großen Menschenerschütterer zum Beispiel seien nichts anderes als noch größere Heuchler. Insofern als wir es nur noch mit Beschmutzern zu tun hätten, wäre die Welt auch eine durch und durch beschmutzte. Das Gemeine werde immer nur gemein bleiben und so fort. Man getraue sich nichts, sei zu feige und so fort. Niemand und nichts sei konsequent, dadurch Verletzungsmöglichkeit auf das tödlichste und so fort. Das Tier mißtraue von vornherein, dadurch unterscheide es sich von den Menschen und so fort. Er, Konrad, habe sich zusammen mit seiner Frau aus der Gesellschaft, die längst nurmehr noch eine sogenannte Gesellschaft sei, zurückgezogen, sich ihr eines Tages durch einen philosophisch-metaphysischen Gewaltakt entzogen und so fort. Andauernde Gesellschaftslosigkeit aber stumpfe genauso ab, wie andauernde Gesellschaft und so fort. Man setze sich beispielsweise plötzlich mit der Familie eines Maurermeisters an einen Tisch und sage, man gehöre dazu, wie wenn ich mich zu Höller an den Tisch setzte, soll Konrad gesagt haben, und ihn (und mich) zwingen würde, allein zu dem Gedanken, daß ich dazugehöre, und diesen Betrug noch dazu bei vollem Bewußtsein durchsetzte und so fort. Tatsächlich betreibe seine Frau auch heute, Jahrzehnte nach ihrer durch ihre Krankheit erzwungenen Trennung von der Gesellschaft, Kontakt mit dieser Gesellschaft, ja, sie gehe, obwohl sie Jahrzehnte von dieser Gesellschaft durch das Kalkwerk, durch ihn, Konrad, durch die Studie, andererseits durch ihre Verkrüppelung, durch ihren Krankensessel, durch die stümperhafte Medizin, getrennt sei, den innigsten, ja schon das Perverse nicht mehr nur schon streifenden, sondern rücksichtslos als Mittel zum Zweck benützenden Kontakt, gehe in dieser Gesellschaft vollkommen auf, während ich mir, soll Konrad zu Fro gesagt haben, mit allen mir zur Verfügung stehenden Mitteln sage, die Gesellschaft ist nichts, die Studie ist alles, beharre seine Frau auf der Formel, die Studie ist nichts, die Gesellschaft ist alles und so fort. Und wie er, Konrad, aus der Tatsache heraus existiere, daß die Gesellschaft nichts sei, die Studie alles, existiere sie naturgemäß aus der Tatsache heraus, daß die Studie nichts, die Gesellschaft alles sei und so fort. Bei klarem Verstand und in der Macht aller Mittel, soll Konrad zu

Fro gesagt haben, öffnete er zuerst und sofort alle Kerker und so fort. Weiter: die Religion sei der plumpe Versuch, sich die Menschen als eine Masse voll Chaos gefügig zu machen und: redet die Kirche, redet sie in der Vertretersprache, hören wir einen Kardinal, glauben wir, einen Reisenden reden zu hören und so fort. Andererseits glaubten wir alle, wir hätten schon alles gehört, alles gesehen und alles gehört und alles schon einmal erledigt, uns mit allem schon einmal abgefunden, doch wiederhole sich dieser Prozeß unaufhörlich in alle Zukunft, die eine Lüge sei und so fort. Das größte Verbrechen, etwas erfinden, soll Konrad zu Fro gesagt haben. Noch einmal: die Zukunft gehöre niemand und nichts. Die Leute kämen immer mit ihrer Wehleidigkeit, sie hätten Kinder gemacht, sie hätten sich Gedanken gemacht, sie hätten das und jenes und nichts gemacht und so fort. Und sie könnten sich Kinder und Gedanken machen, soviel sie nur wollten, verlangten aber dafür, daß sie sich Gedanken und Kinder gemacht haben, Entschädigungen und so fort. Und die Gesellschaft entschädige, wo die Natur nicht entschädige. Die Gesellschaft spiele sich als eine von ihm so genannte Ersatznatur auf und so fort. Dann: in der Zeitung sei gestanden, der Fleischhauer Hager sei gestorben. Vor einer Woche habe er, der Fleischhauer Hager, ihnen, den beiden Konrad, noch Würste ins Kalkwerk gebracht in einem sogenannten Zöger, übrigens einer Art von urpraktischer Tragtasche, die nicht mehr hergestellt werde. Er lese über den Tod des Fleischhauers Hager in der Zeitung und gehe ins Zimmer seiner Frau, klopfe an, warte auf ihr Ja und gehe hinein und sage: der Fleischhauer Hager ist gestorben, worauf sie gesagt haben soll: also ist der Fleischhauer Hager doch gestorben, eine Äußerung, die einer längeren Untersuchung, Studie, soll Konrad zu Fro gesagt haben, wert sei. Zwei Tage später sei Konrad wieder ins Zimmer seiner Frau gegangen und habe ihr gesagt, daß er gerade in der Zeitung gelesen habe, der Trafikant habe sich mit Benzin übergossen, angezündet und auf solche Weise zu Asche gemacht, worauf die Konrad gesagt haben soll: ah, der hat sich also mit Benzin übergossen, der Trafikant, was wiederum, wie Konrad zu Fro gesagt haben soll, Anlaß für eine längere Studie hätte sein müssen, Anlaß dazu sei nicht der Tod des Trafikanten, nur die Äußerung der Frau Konrad auf die Mitteilung Konrads, der Trafikant habe sich mit Benzin übergossen, angezündet und auf diese Weise zu Asche gemacht. Vorher hat er das ganze Vermögen, Bargeld, Tabakwaren, Papier, Stöße von vollen Bleistiftschachteln, Faschingslarven etcetera, soll Konrad zu seiner Frau gesagt

haben, der Trafikantin vermacht. Und darauf die Konrad: ja, der Trafikant hat natürlich vorher alles seiner Frau vermacht; wiederum Stoff für
eine längere Studie, sehen Sie, soll Konrad im holzgetäfelten Zimmer zu
Fro gesagt haben, sagt Fro. Die Feuerwehr löschte den Brand innerhalb
einer Stunde, soll Konrad zu seiner Frau gesagt haben, und konnte von
dem Trafikanten nichts mehr außer Asche finden, die Feuerwehrleute
sollen in der Trafik gewütet haben, worauf die Konrad gesagt haben soll:
die Feuerwehrleute wüten in der Trafik und ruinieren mehr als sie nützen.
Über diese Bemerkung seiner Frau würde er, Konrad, gern eine Studie
schreiben, soll Konrad zu Fro gesagt haben, sehen Sie, zu Fro, fortwährend
machen Frauen solche Äußerungen, wäre ich nicht vollkommen auf *Das
Gehör* konzentriert, ich scheute mich nicht, eine Studie über *Merkwürdige
Sätze meiner Frau als Antworten auf Alltägliches* abzufassen. Den gutmü-
tigen Fleischhauer Hager liebten sie, den gehässigen Trafikanten haßten
sie, soll Konrad zu seiner Frau gesagt haben, darauf die Konrad: *Zersetzer!*,
sofort sei ihm, Konrad, klar gewesen, daß die Konrad mit Zersetzer! nur
den Trafikanten gemeint haben konnte. Der Trafikant habe seine Frau
umgebracht, indem er sie nach und nach immer mehr, schließlich gänzlich erwürgt habe, soll Konrad zu seiner Frau gesagt haben, darauf die
Konrad: aus Abhängigkeit gehen die Leute auseinander, so oder so. Schon
die längste Zeit seien nurmehr noch die einfachsten Sätze zwischen ihnen,
Konrad und seiner Frau, gewesen, sagt Fro, das Notwendigste, wie Konrad einmal zu Fro gesagt haben soll, es habe längst keinen sogenannten
Gedanken-, nurmehr noch einen Wörteraustausch zwischen ihnen beiden
gegeben, Fro sagt jetzt: wahrscheinlich tauschten sie, indem sie gegenseitig
die ganze Skala von Alltagswörtern und Notwendigkeitsfloskeln aus-
tauschten, nurmehr noch gegenseitigen Haß aus. Fro sagt, auf Lächerliches habe sich in den letzten Wochen, möglicherweise aber schon in den
letzten Monaten, der Wörterverkehr zwischen Konrad und dessen Frau
beschränkt, beispielsweise soll, laut Konrad selbst, seine Frau immer wieder alles auf das Paar Fäustlinge gelenkt haben, das sie für Konrad gestrickt
haben soll, an einem einzigen Paar Fäustlinge soll die Konrad ein halbes
Jahr gestrickt haben, indem sie jeden der beiden Fäustlinge, kurz bevor sie
sie fertig gehabt habe, wieder aufgetrennt habe, und wäre einmal einer der
Fäustlinge fertig und das heißt tatsächlich auch zur Gänze zusammengenäht gewesen, habe sie, die Konrad, ihrem Mann plötzlich wieder eine
andere Wollfarbe als die des fast fertigen Fäustlings eingeredet und sie habe

mit seiner Einwilligung den Fäustling wieder aufgetrennt und habe von
neuem begonnen, einen Fäustling zu stricken, wieder in einer anderen
Farbe und so fort alle paar Tage oder Wochen, je nach der Inanspruchnahme ihrerseits oder seinerseits oder beiderseits durch die urbantschitsche Methode, einen neuen Fäustling in einer anderen, wie Konrad zu Fro
gesagt haben soll, in einer immer geschmackloseren Farbe, vornehmlich
alle möglichen geschmacklosen Grün soll die Konrad für die Fäustlinge
verwendet haben, er habe schließlich Abscheu vor diesen Fäustlingen,
überhaupt Abscheu vor ihrer Strickerei empfunden, sich das aber nicht
anmerken lassen, ich gab ihr immer wieder, heuchlerisch, wie ich durch
ihre unendliche Strickerei und ihre fortwährende Inanspruchnahme
durch ihre Strickerei geworden war, zu erkennen, daß ich Freude an ihrer
Strickerei und also Freude an den Fäustlingen hätte, gleich in was für einer
Wolle, soll Konrad immer wieder zu seiner Frau gesagt haben, die Fäustlinge gefallen mir, seine Frau aber soll, und zwar immer erst knapp bevor
sie mit dem Stricken eines Fäustlings fertig gewesen war, plötzlich erklärt
haben, sie werde den Fäustling wieder auftrennen und einen neuen in
einer anderen Farbe stricken, sie hätte ja Zeit, soll sie immer wieder zu
Konrad gesagt haben, während sie das gesagt habe, auch schon damit
angefangen haben, den fast fertigen Fäustling wieder aufzutrennen, andauernd sehe er, wenn er in letzter Zeit nur an sie denke, wie sie einen
Fäustling auftrenne, soll Konrad zu Fro gesagt haben, dieser unangenehme Geruch aufgetrennter Wolle sei in seiner Nase, im Schlaf, soll
Konrad zu Fro gesagt haben, sehe er plötzlich, in einer Art nervösem
Halbschlaf, Charakteristikum seiner letzten Wochen im Kalkwerk, seine
Frau einen Fäustling auftrennen, dabei, soll er zu Fro gesagt haben, hasse
ich nichts auf der Welt mehr als Fäustlinge, habe Fäustlinge immer gehaßt,
schon als Kind habe er die Fäustlinge, die man ihm an einer meterlangen
Schnur um den Hals gehängt habe, gehaßt, ununterbrochen stehen die
Fäustlinge im Mittelpunkt, soll Konrad zu Fro gesagt haben, während ich
auf die urbantschitsche Methode, während ich also ganz und gar auf die
Studie und auf das Vorwärtskommen in der urbantschitschen Methode
und in der Studie interessiert bin, hat meine Frau nur die Fäustlinge im
Kopf, die sie mir strickt, obwohl ich die Fäustlinge hasse, und stellen Sie
sich vor, lieber Fro, soll Konrad zu ihm gesagt haben, außer in meiner
frühesten Kindheit habe ich niemals Fäustlinge getragen, oft habe ich zu
meiner Frau gesagt, aber ich trage ja überhaupt keine Fäustlinge, während

du dir in den Kopf gesetzt hast, mir Fäustlinge zu stricken, niemals werde ich Fäustlinge tragen und du strickst mir Fäustlinge, soll er zu ihr gesagt haben, wie sie früher jahrzehntelang Nachthemden für Armenhausleute und für Waisenhauskinder genäht habe, zu Hunderten und Tausenden, soll Konrad zu Fro gesagt haben, stricke sie in den letzten Jahren Fäustlinge, das heißt, nicht, wie man annehmen müsse, im Laufe der Zeit Hunderte Fäustlinge, sondern nur ein einziges Paar Fäustlinge, immer das gleiche Paar Fäustlinge, für ihren Mann, sie strickt und strickt und trennt auf und strickt wieder und trennt wieder auf, sie strickt ein Paar dunkelgrüne, sie strickt ein Paar hellgrüne, sie strickt ein Paar weiße, ein Paar schwarze strickt sie und trennt sie wieder auf, so Konrad zu Fro. An die Hunderte Male müsse er ein und denselben Fäustling probieren, soll Konrad zu Fro gesagt haben, dieses fürchterliche Indenfäustlingschlüpfen, soll er gesagt haben, wenn an dem halbfertigen Fäustling die Stricknadeln baumeln. Noch etwas habe sie, soll Konrad zu Fro gesagt haben: sie verlange fortwährend die sogenannte Toblacher Zuckerzange, ein Erbstück ihrer Großmutter mütterlicherseits, alle Augenblicke verlange sie, ohne ersichtlichen Grund, die sogenannte Toblacher Zuckerzange, gib mir die Toblacher Zuckerzange, soll sie alle Augenblicke zu Konrad gesagt haben und Konrad soll ihr die immer in der Tischlade liegende Toblacher Zuckerzange gegeben haben, mehrere Male am Tag soll sie gesagt haben, gib mir die Toblacher Zuckerzange, aber nicht nur dann, wie man annehmen müsse, wenn sie sie zum Beispiel zum Frühstück brauchte, während der Mahlzeiten beispielsweise, sondern plötzlich auch während des Vorlesens, vornehmlich während des Vorlesens aus dem Kropotkin, soll Konrad zu Fro gesagt haben, sie verlangte angeblich diese sogenannte Toblacher Zuckerzange, Konrad gab sie ihr und sie legte sie eine Zeitlang vor sich auf die Tischplatte; ohne daß sie diese sogenannte Toblacher Zuckerzange auch nur berührt hätte, soll sie nach einiger Zeit wieder gesagt haben, Konrad möge die Toblacher Zuckerzange wieder in die Lade legen und er, Konrad, soll die Toblacher Zuckerzange widerspruchslos in die Lade gelegt haben. Eine Reihe solcher Merkwürdigkeiten könne er, Konrad, aufzählen, er habe aber keine Lust dazu und eine solche Aufzählung von höchst außergewöhnlichen Eigenheiten seiner Frau führte auch aller Wahrscheinlichkeit nach überflüssigerweise, wie er meinte, zu fürchterlichen Mißverständnissen; davon abgesehen, soll Konrad zu Fro gesagt haben, leide er selber an einer Reihe solcher Eigenheiten, Merkwürdigkeiten, ganz und gar bewußt sind mir diese Merkwürdigkeiten an mir, soll Konrad gesagt haben, mir meine allerdings *bewußt*, ja, mein lieber Fro, *überbewußt*, soll Konrad gesagt haben. Aber auch an Ihnen, also auch an Fro, soll Konrad gesagt und ihm ein Glas Schnaps eingeschenkt haben, sind ja eine ganze Reihe solcher Merkwürdigkeiten, Seltsamkeiten, ja Absurditäten, an allen, mit welchen wir zu tun haben, beobachten wir Merkwürdiges, Seltsames, es fällt einem aber nur an solchen, mit welchen wir auf das intensivste zusammen leben, weil wir dazu gezwungen sind, unangenehm auf, und zwar immer am allerunangenehmsten, am fürchterlichsten, am empfindlichsten, das gleiche Merkwürdige zum Beispiel, das einem an einem nahestehenden Menschen so unangenehm und so fürchterlich und in so katastrophaler nervenstörender und nervenzerstörender Weise auffällt, empfinden wir an anderen, Außenstehenden, uns nicht immer, sondern seltener Begegnenden, meistens als angenehm, als nicht fürchterlich, ja überhaupt nicht als nervenirritierend und so fort. Tatsächlich, soll Konrad gesagt haben, einmal sind es die Fäustlinge, einmal ist es die sogenannte Toblacher Zuckerzange, dann ist es das Wort zügellos, dann das Wort komisch, eine Reihe solcher Wörter sind es, die sie, meine Frau, in merkwürdigster Aussprache auf das merkwürdigste an sich selber mißbraucht, um ihre Umwelt zu mißbrauchen. Was mich betrifft, soll Konrad gesagt haben, so gehe ich ganz plötzlich zu dem sogenannten Kasten aus Schwarzindien und mache ihn auf und nehme die Gorosabel heraus und entsichere sie und ziele durch das Fenster auf den äußersten Zipfel des Felsvorsprungs, zwei, drei Sekunden ziele ich, dann breche ich das Manöver wieder ab und die Gorosabel kommt wieder in den sogenannten Kasten aus Schwarzindien (ein Ort bei Mondsee!), ich sperre den Kasten wieder zu und atme tief ein und meine Frau sagt hinter meinem Rücken: hast du wieder auf den äußersten Zipfel des Felsvorsprungs gezielt?, und ich antworte, ja, ich habe auf den äußersten Zipfel des Felsvorsprungs gezielt. Komm, sagt sie, setz dich her zu mir, ein Kapitel aus dem Ofterdingen habe ich mir jetzt verdient, und tatsächlich setze ich mich hin und lese ihr ein Kapitel aus dem Ofterdingen vor. Bin ich damit fertig, sage ich: und jetzt natürlich ein Kapitel aus dem Kropotkin. Ja, sagt sie. Dieser Vorgang wiederhole sich seit vielen Jahren, keine Bewegung, kein Wort mehr, keine Bewegung, kein Wort weniger, soll Konrad zu Fro gesagt haben. Natürlich könne man sagen, ein solches Vorkommnis grenze ganz nahe an Verrücktheit. Sie, die Konrad selbst, greife Hunderte und Tausende Male (!), so

Konrad über seine Frau zu Fro, nach dem hinter ihr an ihrem Krankensessel befestigten Mannlicher-Karabiner, grundlos, wie Konrad gesagt haben soll, eine Gewohnheit, keine Notwendigkeit, nicht einmal ein ganz
gewöhnlicher Übungsmechanismus, der sie den Mannlicher-Karabiner
hinter ihr angreifen lasse, ein Gewehr übrigens, mit welchem man nur auf
die kürzeste Distanz, an die fünfzehn oder zwanzig Meter gezielt schießen
könne, soll Konrad zu Fro gesagt haben, Fro erinnerte sich an diese Äußerung Konrads sofort nach Bekanntwerden der sogenannten Bluttat. Im
übrigen soll die Konrad ihrem Mann ununterbrochen seine Vorstrafen
vorgehalten haben, andererseits er ihr ihre Herkunft, in welcher, so Konrad zu Fro, immer alles faul und morbid gewesen sein soll. Und diese
Vorstrafen, sagt Fro, haben in Anbetracht der Ungeheuerlichkeiten dieses
letzten Verbrechens Konrads oder der zweifellos ungeheuerlichen Wahnsinnstat jetzt keinerlei Wirkung, sie fallen überhaupt nicht ins Gewicht.
Im Grunde, soll die Konrad oft zu ihrem Mann gesagt haben, sei sie ja
weniger mit einem Verrückten, mehr mit einem Kriminellen verheiratet,
so Konrad zu Fro im holzgetäfelten Zimmer. Dann soll er, Konrad, gesagt
haben: wir beide wissen, daß wir am Ende sind, machen uns aber jeden
Tag vor, wir seien noch nicht am Ende, schließlich hätten sie, Konrad und
seine Frau, aber sogar an der Tatsache, am Ende zu sein, Gefallen gefunden, weil an nichts anderem mehr; wir sagen uns von Zeit zu Zeit, wir sind
am Ende, soll Konrad zu Fro gesagt haben, und sind dadurch, daß wir zu
uns sagen, wir sind am Ende, das tatsächlich mehrmals am Tage, vor allem
aber in unseren mehr und mehr vollkommen schlaflosen Nächten, beruhigt, daß wir aussprechen, was wir denken, daß wir uns, gleich was für eine
Zukunft, die wir einfach nicht mehr haben, uns einfach nichts mehr
vormachen, beruhigt uns, der Gedanke, das Fürchterliche, das es zweifellos gewesen ist, mein lieber Fro, andere mögen anders denken, dadurch
auch anders handeln, dadurch auch anders behandelt werden, weil sie
immer anders behandelt worden sind, lieber Fro, das Fürchterliche also,
mein lieber Fro, hat bald aufgehört, beruhigt uns, der Gedanke, alles in
kurzer Zeit überstanden zu haben. Ihrer beider Zusammensein (zu Wieser: *Zusammenleben)*, wäre von Anfang an falsch gewesen, aber, ehrlich
gesagt, soll Konrad zu Fro gesagt haben, welches Zusammensein ist nicht
ein falsches, welche Ehe ist nicht eine vollkommen falsche, verkehrte, also,
einmal zustande gekommen, unaufrichtige, fürchterliche, welche Freundschaft nicht ein Trugschluß, welche zusammen lebenden Menschen könn-

ten sich denn in Wahrheit als glücklich oder auch nur als intakt bezeichnen? Nein, lieber Fro, das Zusammenleben, gleich welcher Leute, gleich welcher Menschen, gleich welchen Standes, gleich welchen Herkommens, gleich welcher Profession, man mag die Sache drehen, wie man will, ist, solange es dauert, ein gewaltsames, einfach von Natur heraus immer schmerzvolles, zugleich, wie wir wissen, das eingängigste, grauenhafteste Beweismittel für die Natur. Aber auch das Martervollste wird zur Gewohnheit, soll Konrad gesagt haben, und so gewöhnen sich die, die zusammen leben, zusammen vegetieren, nach und nach an ihr Zusammenleben und Zusammenvegetieren und also an ihre gemeinsame von ihnen selber als Mittel der Natur zum Zwecke der Naturmarter hervorgerufene gemeinsam erduldete Marter und gewöhnen sich schließlich an diese Gewohnheit. Das sogenannte ideale Zusammenleben sei eine Lüge, da es das sogenannte ideale Zusammenleben nicht gibt, habe auch niemand ein Recht auf ein solches, in eine Ehe gehen heiße wie in eine Freundschaft gehen, den Zustand doppelter Verzweiflung und doppelter Verbannung ganz bewußt auf sich nehmen, aus der Vorhölle des Alleinseins in die Hölle des Zusammenseins gehen. Und ganz zu schweigen von ihrer beider Zusammensein. Denn die doppelte Verzweiflung und doppelte Verbannung zweier intelligenter Menschen, zweier, die sich alles durch den Verstand letzten Endes doch, wenn auch nicht immer, so doch zeitweilig vollkommen klar bewußt machen könnten, sei eine doppelte doppelte Verzweiflung und doppelte doppelte Verbannung. Sie könne nicht aufstehen und er müsse ihr also aufhelfen, sie könne nicht gehen und er müsse ihr also gehen helfen, sie könne nicht lesen und er müsse ihr also vorlesen, sie könne ihre Notdurft nicht allein verrichten, also müsse er ihr dabei helfen, essen könne sie nicht, er helfe ihr dabei und so fort. Und sage er zum Beispiel, wie ungeheuerlich der Kropotkin sei, verstehe sie ihn nicht, was ihm die Studie bedeute, verstehe sie ihn nicht, was er denke, verstehe sie ihn nicht. Sagt er: die Naturwissenschaft ist es, allein, die Naturwissenschaft, so verstehe sie ihn nicht. Sage er: das Politische ist es, das Politische, verstehe sie ihn nicht. Sage er Pascal oder Montaigne oder Descartes oder Dostojewskij oder Gregor Mendel oder Wittgenstein oder Francis Bacon, sie verstehe ihn nicht. Rede er von der Arbeit an der Studie, sage sie darauf, meistens urplötzlich: du wärst sicher ein anerkannter Naturwissenschaftler geworden, rede er etwas Politisches, sage sie, du wärst sicher ein anerkannter Politiker geworden, versuche er ihr den Wert der

Kunst des Francis Bacon zu erklären, sage sie, du wärst sicher ein großer
Künstler geworden. So aber, und das sage sie nicht, das sehe er ihr an, sei er
überhaupt nichts geworden, ein Verrückter, aber was sei ein Verrückter.
Sie glaube ja nicht an das, was er ihr tagtäglich zu beweisen versuche und
was sich ganz einfach nicht beweisen lasse, daß er eine grundlegende, er
scheute sich in letzter Zeit, aus Verzweiflung, wie er zu Fro gesagt haben
soll, gar nicht mehr zu sagen epochemachende Studie im Kopf habe.
Darauf soll sie gelacht und gesagt haben: ich möchte nicht sehen, was in
deinem Kopf ist, könnte man deinen (also Konrads) Kopf umkippen, so
fiele etwas Entsetzliches heraus, Mist, Verfaultes, Undefinierbares, Erschreckendes, völlig Wertloses. Die sogenannte Studie, als solche getraute
sich die Konrad die Studie im Kopf ihres Mannes in letzter Zeit ohne
weiteres, weil er selber schon sehr geschwächt gewesen war, zu bezeichnen,
sei in Wirklichkeit nichts anderes als ein Hirngespinst. Mit dem Wort
Hirngespinst hatte sie eine Waffe in der Hand, vor welcher er sich fürchtete, mehrere Male am Tag soll sie sich getraut haben, vor ihm das Wort
Hirngespinst auszusprechen, sie wartete, soll Konrad zu Fro gesagt haben,
auf einen geeigneten Augenblick, auf einen sogenannten tödlichen Augenblick und warf mir dann, immer dann, wenn sie glaubte, ich sei im Augenblick der Schutzloseste, das Wort Hirngespinst an den Kopf (Konrad).
Und ich habe zwanzig Jahre an dieses Hirngespinst geglaubt!, soll sie
mehrere Male noch am Vorabend der sogenannten Bluttat (wie im Laska
gesagt wird) ausgerufen haben, möglicherweise, sagt Fro, habe ihn, Konrad, das seine Frau erschießen lassen. Andererseits soll er, Konrad, gerade
am Vorabend der Tat nach langer Zeit wieder zärtlich zu ihr gewesen sein
(heißt es im Lanner). Im Gmachl ist davon die Rede, daß Konrad die
Bluttat *von langer Hand* vorbereitet habe, im Stiegler sprechen sie aber
heute noch von einer *Kurzschlußhandlung,* wie, wenn es, wie es im Lanner
auch heißt, *gemeiner vorsätzlicher Mord,* wenn es, wie im Gmachl, *eine
Wahnsinnstat* gewesen sei, im Laska wird auch vermutet, Konrad habe
seine Frau gar nicht erschießen wollen, nach längerer Zeit habe er versucht, den Mannlicher-Karabiner zu putzen, aus dem Gewehr wäre zweifellos monatelang kein Schuß abgegeben worden, ein solches monatelang
unbenütztes Gewehr verstaube, noch dazu, wenn es seinen Platz ganz
offen in einem tatsächlich recht staubigen, von Hunderten von Holzwürmern durchbohrten Zimmer habe, beim Laufputzen habe sich der Schuß
gelöst, aber warum gerade in den Hinterkopf, oder in das Genick, wie

auch gesagt wird, das, sagen sie im Laska, sei doch ein mehr als merk-
würdiger Zufall, daß sich beim Gewehrlaufputzen ausgerechnet in die
Mitte des Hinterkopfs der Konrad ein Schuß gelöst habe, außerdem, so
wird gesagt, wären ja aus dem Mannlicher-Karabiner zwei, jedenfalls mehrere Schüsse abgefeuert worden, das gebe zu denken. Im Lanner ist sogar
von fünf Schüssen die Rede, im Stiegler heißt es: vier Schüsse, zwei in den
Hinterkopf, zwei in die Schläfen, Konrad selbst soll ja bis heute zu der Tat
nicht die geringste vorwärtsbringende Aussage gemacht haben, angeblich
hockt er völlig gebrochen in der Welser Kreisgerichtszelle und beantwortet
keine der Hunderte und wahrscheinlich Tausende von Fragen, die an ihn
gestellt werden. Fro habe ihm, sagt er, Schuhe in das Kreisgericht schicken
lassen, gleichzeitig habe er tatsächlich in einem Brief an Konrad diesen um
Überlassung der die Studie betreffenden Notizen ersucht, Fro sagt, er habe
Konrad geschrieben, er biete sich ihm, Konrad, an, die überall in Konrads
Zimmer verstreuten und von der Gerichtskommission in tagelangem Her-
umsuchen noch mehr durcheinandergebrachten Notizen zu ordnen, er,
Fro, wisse am besten, wie diese Notizen zusammengehörten, denn er, Fro,
sei ja der einzige, außer Wieser, der aber zuviel Arbeit auf dem trattnerschen Gute habe, um sich um Konrads Notizen zu kümmern, er, Fro, sei
der einzige, den Konrad die Notizen betreffend ins Vertrauen gezogen
habe, mehr noch als Wieser, mit welchem Konrad ja, so Fro, doch immer
nur auf eine gewisse Distanz verkehrt habe, während Konrad mit Fro (so
Fro!) den innigsten Kontakt gehabt habe, also Schuhe ins Kreisgericht und
die Bitte dazu, Konrad möge Fro um die die Studie betreffenden Notizen
ins Kalkwerk hineinlassen, schon vor acht Tagen hätten die Behörden das
Zimmer Konrads freigegeben, das Zimmer der Erschossenen sei noch
immer plombiert, der ganze zweite Kalkwerksstock, nicht aber der erste,
und in diesem befinde sich ja Konrads Zimmer und in diesem seien Konrads Aufzeichnungen, Zettel, die Studie betreffend, er, Fro, glaube, sagt er,
daß diese Notizen, Zettel, seien sie auch zu einem Großteil verrückte,
doch von großem Interesse wenn schon nicht für die Gehörwissenschaft,
wie Fro sich ausdrückt, so doch für die psychiatrische sein können, mit
Bestimmtheit, sagt Fro, ist dieser Haufen Zettel über die sogenannte Studie (während Fro dem Konrad ins Kreisgericht nur über die Studie
schreibt, über seine, Konrads, wissenschaftliche Arbeit und sich vor allem
vor Konrad den Anschein gibt, er nimmt dessen Studie völlig ernst,
spricht er vor mir andauernd nur von der sogenannten Studie und fällt

dadurch, wie ich glaube, Konrad in den Rücken), ist also dieser Haufen
Zettel über die sogenannte Studie, sagt Fro, für eine Menge Leute von
größtem Interesse, was nicht ernst ist, obwohl es doch ernst gemeint sei,
sagt Fro, könne letzten Endes doch ernst und von größter Bedeutung sein,
es komme nur darauf an, in welchen Köpfen, bei welchen Leuten, wann,
wo. Wenn er die Zettel in der Hand habe, werde er sie ordnen und einem
befreundeten Psychologen in Gugging (so Fro wörtlich), der aus Linz
stamme, zukommen lassen, naturgemäß heimlich, sagt Fro, so, daß Konrad davon nichts weiß, mich habe er nur aus dem einen Grund, weil er
glaube, ich sei verschwiegen, in der Sache ins Vertrauen gezogen, er werde
sämtliche dann von ihm geordneten Zettel nach Linz zu dem mit ihm
befreundeten Psychiater bringen und möglicherweise, wenn der Psychiater tatsächlich großes Interesse an den Zetteln habe, diese photokopieren
lassen, damit er die Originale wieder ins Kalkwerk zurückstellen könne;
jetzt warte er, Fro, auf Antwort von Konrad, aus dem Kreisgericht eine
Post zu erhalten, dauere allerdings mindestens zehnmal so lange wie von
überall sonst, sagt Fro. Er, Fro, glaube schon, daß Konrad auf seinen, Fros,
Vorschlag eingehen und ihm die Erlaubnis geben werde, die die sogenannte Studie betreffenden Zettel an sich zu nehmen, denn Konrad
glaube, Fro nehme ihn ernst, seien seine, Konrads, Zettel in Fros Händen,
seien sie in den besten und so fort, übrigens sagt Fro, dem ich die neue
Lebensversicherung heute bis in die kleinsten Details erklärt habe, ich
habe aber nicht den Eindruck, daß Fro mit mir abschließen wird, dazu ist
er zu vorsichtig, übrigens sagt Fro, was auch Wieser sagt, daß Konrad die
Bluttat vorausgeträumt habe, Konrad habe vor etwa einem Jahr folgenden
Traum gehabt: Konrad stehe in der Nacht auf, weil er einen die Studie
betreffenden Einfall habe, setze sich hin und fange tatsächlich an, die
Studie niederzuschreiben, es gelinge ihm, die Hälfte der Studie niederzuschreiben, er habe, während er schon die Hälfte der Studie niedergeschrieben hat, das Gefühl, jetzt auch noch den Rest, also auch noch die
andere Hälfte der Studie und also die komplette niederzuschreiben und er
gibt nicht nach und schreibt und schreibt und es ist ihm möglich, die
komplette Studie auf Papier zu bringen, wie er die ganze Studie fertig hat,
fällt ihm vor Erschöpfung sein Kopf auf den Schreibtisch, als ob er, Konrad, ohnmächtig wäre, bleibt sein Kopf auf dem Schreibtisch liegen, das
sieht Konrad, einerseits ist er ohnmächtig vor Erschöpfung und sein Kopf
liegt auf der gerade niedergeschriebenen Studie, andererseits beobachtet

er, wie sein vor Erschöpfung auf die komplett fertige Studie gefallener Kopf bewegungslos ist, Konrad ist bewußtlos und in der Lage, seine Bewußtlosigkeit zu beobachten, alles im Zimmer zu beobachten, es ist folgender Zustand: Konrad hat die Studie tatsächlich, wie er es sich oft und oft, jahrzehntelang vorgestellt gehabt hat, niederschreiben können, in einem einzigen Zuge, ist nach dem letzten Wort völlig erschöpft und wird ohnmächtig und beobachtet sich in dieser Ohnmacht von allen Seiten seines Arbeitszimmers aus, diesen Zustand bezeichnete Konrad als den Idealzustand seines Lebens; stundenlang habe Konrad sich in dieser Ohnmacht im Besitze der niedergeschriebenen Studie beobachtet, deutlich habe er, als er mit dem Text der Studie fertig gewesen war, auf das Deckblatt der Studie, in seiner altmodisch-großen Schnörkelschrift, wie Fro sagt, den Titel *Das Gehör* geschrieben, stundenlang habe sich Konrad in diesem Zustand von allen Seiten des Zimmers aus beobachtet, diese Szene, die er selber später als die glücklichste in seinem Leben bezeichnete, während sie zweifellos im Grunde seine allerunglücklichste darstellt, als auf einmal, urplötzlich, soll Konrad zu Fro gesagt haben, die Tür aufgegangen war und seine, Konrads, Frau ins Zimmer eingetreten ist, die verkrüppelte, jahrzehntelang an ihren Krankensessel gefesselte Konrad, die in Wirklichkeit nicht einmal imstande gewesen war, einen einzigen Schritt zu machen, ja nicht einmal sich von selbst aufrichten habe können in ihrem Krankensessel, steht auf einmal in Konrads Zimmer und tritt zu dem noch immer ohnmächtigen, die Szene aber beobachtenden Konrad, ihrem Mann, hin und schlägt mit der Faust auf die Studie und sagt: in aller Heimlichkeit also hast du die Studie niedergeschrieben, in aller Heimlichkeit, mehrere Male wiederholt die Konrad: in aller Heimlichkeit und Konrad beobachtet das und hört das, während er vollkommen ohnmächtig ist, sein Kopf liegt, wie gesagt, auf der fertigen, niedergeschriebenen Studie, auch die Erschütterung durch den Faustschlag seiner Frau auf die Studie hat ihn nicht aus der Ohnmacht herausgerissen, plötzlich aber schlägt die Konrad ein zweites Mal mit der Faust auf die Studie, man denke, die völlig Entkräftete, durch jahrzehntelange Körperlähmung und -verkrüppelung völlig Kraftlose, schlägt mit aller Wucht auf die Studie und sagt: das wäre ja noch schöner, hinter meinem Rücken die Studie einfach tatsächlich niederschreiben, in einem Zuge auf einmal die Studie niederschreiben!, und die Konrad nimmt den Pack Papier mit der Studie und wirft ihn in den Ofen. Konrad will aufspringen und sie daran hin-

dern, kann aber nicht, er kann sich nicht rühren. So, die Studie ist verbrannt, die ganze Studie ist wieder verbrannt, sagt die Konrad und: jetzt
kannst du dir wieder den Kopf zerbrechen, wie du die Studie nieder-
schreibst, wieder ein paar Jahrzehnte den Kopf über der Niederschrift der
Studie zerbrechen, die Studie ist nicht mehr da! Da wacht er plötzlich auf
und kann sich bewegen und erkennt: ein Traum. Ich bin unfähig gewesen,
aus meinem Zimmer hinauszugehen, zuerst unfähig, aus dem Bett zu
steigen, unfähig, zu allem unfähig. Zwei Tage bin ich nicht mehr aus
meinem Zimmer hinausgegangen, sie, meine Frau, soll Konrad zu Fro
gesagt haben, hat zwar geläutet, ununterbrochen hat sie geläutet, denn
natürlich hätte sie meine Hilfe gebraucht, aber ich habe mich nicht gemeldet, ich bin in meinem Zimmer geblieben, zwei Tage lang. Monatelang hat mich dieser Traum beschäftigt, wie Sie sich denken können, aber
ich habe meiner Frau nichts von diesem Traum erzählt, ich deutete ihn
nicht einmal an, manchmal war ich nahe daran, ihr den Inhalt des Traums
zu erzählen, aber immer wieder tat ich es nicht, du darfst ihr den Traum
nicht erzählen, habe ich mir immer gesagt, wenn ich nahe daran gewesen
war, ihn ihr, und zwar, wie ich mir oft vorgenommen habe, in seiner
ganzen Fürchterlichkeit, zu erzählen. Tatsächlich sehe ich noch, wie meine
Frau hereinkommt und mit der Faust auf die Studie schlägt, und ein
zweites Mal auf die Studie schlägt und ich kann mich nicht rühren und ich
kann nicht verhindern, daß sie die Studie, die ganze, komplette Studie ins
Feuer wirft. Etwas Gespenstisches hat diese Szene gehabt, soll Konrad zu
Fro gesagt haben, einerseits meine Ohnmacht, andererseits ihre ungeheuerlichen Kräfte, einerseits meine Bewegungslosigkeit, andererseits ihre raschen Bewegungen, einerseits meine vollkommene Ohnmacht und Beob-
achtungsfähigkeit, andererseits ihre Entschlußkraft, ihre ungeheuerliche
Entschlußkraft, denken Sie, Fro, ihre Rücksichtslosigkeit. Manchmal
denke ich, soll Konrad zu Fro gesagt haben, daß ich ihr eines Tages den
Traum erzählen werde, den ganzen Traum, alles in diesem Traum ohne
Auslassung und daß ich ihr auch die Kommentierung nicht ersparen
werde, aber ich verwerfe dann immer wieder das ohne Zweifel Tödliche.
Eine solche lückenlose Erzählung eines solchen fürchterlichen Traums,
soll Konrad zu Fro gesagt haben, und man vernichtet den betreffenden
Menschen. Wiesers Bericht über diesen Traum deckt sich vollkommen
mit dem Bericht Fros. Während aber Fro den Traum in einer naturgemäß
mit der Erzählweise Konrads unmittelbar auf das zwingendste zusammen-

hängenden Erregung berichtete, berichtet Wieser Konrads Traum völlig
ruhig. Die Wirkung des Traums aus dem Munde Wiesers ist dadurch eine
noch viel größere als aus dem Munde des Fro. Fro sagt: zum ersten Mal
seit drei oder gar vier Jahrzehnten hat Konrad in diesem Traum seine Frau
so gesehen, wie sie einmal wirklich gewesen ist, gerade gewachsen, schön,
wenn auch in entsetzlicher Handlungsweise. Alle Augenblicke schicke sie
ihn, Konrad, in den Keller, soll Konrad zu Fro gesagt haben, *Most holen!*
soll sie alle Augenblicke gesagt haben, *hol Most!*, und er sei auch immer,
wenn sie frischen Most haben wollte, in den Keller hinunter. Einen Krug
voll, damit ich nicht alle Augenblicke in den Keller hinunter muß, soll
Konrad immer wieder zu ihr gesagt haben, nein, nur ein Glas, soll sie
geantwortet haben, nur ein Glas, hol nur ein Glas voll, damit wir immer
frischen Most haben, also habe er ihr nur ein Glas, keinen Krug voll Most
gebracht, immer von neuem er: einen Krug voll!, sie darauf: nein, nur ein
Glas voll!, so habe er mehrere Male am Tag um ein Glas Most in den Keller
hinunter müssen, soll Konrad zu Fro gesagt haben, immer nur um ein
Glas, während es doch das Naheliegendste gewesen wäre, einen großen
Krug voll Most aus dem Keller heraufzuholen, damit sie einen ganzen Tag
daraus zu trinken gehabt hätten und er nicht fortwährend in den Keller
hätte hinunter müssen, denn trinke man tagsüber aus einem großen, noch
dazu in der kalten Küche stehenden und mit einem Holzbrett zugedeckten Krug, habe man genauso immer wieder frischen Most, als wenn man,
wie er, Konrad, sich ausgedrückt haben soll, um jeden Schluck extra in
den Keller geht und daran beinahe verrückt wird, immer heiße es in den
Keller hinunter und aus dem Keller herauf und, so Konrad zu Fro, wahrscheinlich weidete sie sich daran, mich alle Augenblicke in den Keller
hinunter- und wieder aus dem Keller heraufgehen zu sehen oder ganz
einfach zu wissen, jetzt geht er in den Keller, jetzt steigt er aus dem Keller
herauf, immer mühsamer, müssen Sie wissen, mein lieber Fro, soll Konrad
zu Fro gesagt haben (das gleiche hat Konrad auch zu Wieser gesagt), mit
denselben Wörtern. In eine längere genaue Betrachtung des Mostpressens
und der Mostlagerung habe Konrad bei diesem letzten Zusammensein Fro
gezogen: wie die Fässer gereinigt gehörten, soll Konrad Fro erklärt haben,
wie sie gelüftet und wie während des Lüftens gelagert, welche Birnenmischung einen herberen, welche einen süßeren Most bewirke und daß es
alles in allem nicht auf die Birnenmischung, auch nicht auf die Art und
Weise, wie man den Most presse und also überhaupt zubereite, ankomme,

sondern auf den Keller, im Kalkwerk, soll Konrad zu Fro gesagt haben, sei
der beste Keller in der ganzen Gegend, also hätten sie im Kalkwerk auch
immer den besten Most gehabt. Man könne fragen, wo und wen man
wolle, der Kalkwerksmost sei der beste Most. Sein Vetter Hörhager, soll
Konrad gesagt haben, habe den Most noch selber zusammen mit Kalk-
werksarbeitern, allen voran Höller, gepreßt, er, Konrad, habe den Most
immer von Höller und zweien oder dreien von den Sägewerksarbeitern,
die Höller aufgetrieben habe, pressen lassen, das Mostpressen sei immer
Sache Höllers gewesen, soll Konrad zu Fro gesagt haben. Vier Fässer für
sie, die Konrad (die sie auch immer im Laufe eines Jahres ausgetrunken
haben sollen), zwei Fässer für den Höller, der die zwei während eines
einzigen Jahres immer allein bewältigt habe, Besuche im Zuhaus, der
Vetter Höllers sei sogar als starker Trinker bekannt, spielten, bei einem
Faßinhalt von über zweihundert Litern, keine Rolle. Aber die Geschichte
mit dem Most, der schon immer weniger gebräuchlich sei in diesem Land,
das als das erste Birnenmostland in Europa bekannt sei, weil die Leute
heute lieber schlechtes Bier trinken als den besten Most, soll Konrad zu
Fro gesagt haben, nicht zufällig bezeichnete man ja die Bewohner dieses
Landes als die sogenannten *Mostschädel*, diese Geschichte habe Konrad
Fro gegenüber nur deshalb zur Sprache gebracht, weil er das Sadistische
seiner Frau gegen ihn, ihren Mann, andeuten habe wollen, sie, seine Frau,
schicke ihn ja nicht deshalb in den Keller, weil sie unbedingt Most trinken
wolle, und nicht unbedingt jeden Augenblick in den Keller, weil sie jeden
Augenblick den frischesten Most trinken wolle, sondern weil sie ihn, Konrad, alle Augenblicke zu demütigen beabsichtige, größtenteils trinke sie ja
den Most, den er ihr aus dem Keller heraufbringe, gar nicht, sie schütte
ihn weg, in den Kübel, aus dem Fenster hinaus, soll Konrad zu Fro gesagt
haben, verlange aber alle Augenblicke, daß er in den Keller hinuntergehe,
um Most zu holen, sie warte den für sie günstigsten Moment ab, ein
solcher Moment sei der Moment, in welchem er aus dem Kropotkin
vorzulesen beabsichtige, in welchem er ihr etwas die Studie Betreffendes
sagen wolle, in welchem er mit dem Francis Bacon anfange, mit Wittgenstein, dessen Sätze er mit Vorliebe zitiere, es sei das eine von ihm in der
letzten Zeit allerdings schon auf das tatsächlich einer Frau unerträglichste
zur Gewohnheit gewordene Zitieren aus dem wittgensteinschen Tracta-
tus, das sie, seine Frau, immer gehaßt habe, gerade dann, wenn er ihr aus
dem Wittgenstein zitiere, schicke sie ihn in den Keller um Most, und, soll

Fro zu Konrad gesagt haben, dieses Gehorchen seinerseits, Konrads, das er, Fro, doch nur als ein hündisches bezeichnen könne, widerspreche andererseits aber doch nicht dem übrigen Verhalten Konrads, seiner Natur, dem, daß er sich immer in allem seiner Frau gegenüber durchsetzte, worauf Konrad gesagt haben soll, er wisse natürlich ganz genau, warum er sich alle Augenblicke in den Keller schicken lasse, um Most zu holen etcetera, warum er sich von ihr, seiner Frau, oft zum lächerlichsten Menschen machen lasse von Zeit zu Zeit, denn nichts sei lächerlicher, soll Konrad zu Fro gesagt haben, als ein Mensch, der ständig um Most in den Keller geschickt werde und tatsächlich ständig folgsam mit einem Mostkrug in der Hand in den Keller gehe, ein sich mit dem leeren Mostkrug über die finstere Kellerstiege hinunter-, dann wieder in Finsternis, denn die herrsche in den Kalkwerkskellern, mit dem vollen Mostkrug wieder herauftastender, über die Treppe hinunter- und wieder herauftappender Mann, welcher auch noch dazu, um sich in den kalten Kellergewölben nicht zu verkühlen, von den seltsamsten Verkleidungen (alte Kutschenkotzen etcetera) auf den Schultern verunstaltet sei, während er Most hole; sie, seine Frau, ziele ja nurmehr noch darauf ab, ihn, Konrad, lächerlich zu machen, sie habe nichts anderes mehr im Kopf, als aus ihm, von welchem sie glaube, daß er selbst sich noch immer als einen Wissenschaftler, als einen, sagen wir es ehrlich, soll Konrad zu Fro gesagt haben, wissenschaftlichen Philosophen empfinde, einen Narren zu machen. Im Grunde, soll Konrad zu Fro gesagt haben, hat meine Frau längst, glaubt sie, aus mir einen Narren machen können, weil ich ihr, ohne daß sie das bemerkt hat, gestattet habe, aus mir einen Narren zu machen, einen sogenannten Hausnarren, soll Konrad zu Fro gesagt haben, indem ich sie nämlich in dem Glauben lasse und in dem Glauben bestärke, ich sei ein Narr und sie setze sich dadurch durch, könne er, Konrad, sich seiner Frau gegenüber durchsetzen. Diese Taktik sei aber zu diffizil, um sie ganz erklären zu können, andererseits sei diese Taktik durchschaubar. Also wisse er genau, warum er sich von seiner Frau alle Augenblicke in den Keller schicken lasse, sich durch sogenannte Schutzbedeckungen (Kutschenkotzen etcetera) lächerlich machen lasse, zum Narren machen lasse von ihr, unter anderem, indem sie ihm jahrelang ungeniert denselben Fäustling stricken könne und er sich in das ununterbrochene Anprobieren des wenn auch nicht immer gleichen, so doch immer ein und desselben Fäustlings widerspruchslos füge. Trotz allem, soll er zu Fro gesagt haben, abgesehen von allen diesen Sadismen ihrerseits, Unsinnigkeiten, Frauen seien ja in nichts so schöpferisch wie im Erzeugen von Unsinnigkeiten, Absurditäten, Lächerlichkeiten etcetera, komme er ja vorwärts, die urbantschitsche Methode entwickle er, die Studie behalte er im Kopf etcetera, und wenn er sie bis heute nicht niederschreiben habe können, sei das noch nicht das Ende, denn, so Konrad zu Fro plötzlich: man kann eine Geistesarbeit, die man zu Papier bringen will, nicht lange genug hinauszögern, gleich darauf: freilich könne man durch Verzögerung eine solche Geistesarbeit wie die Studie auch ruinieren, aber in fast allen Fällen gewinne eine solche Geistesarbeit durch die sogenannte bewußte oder die unbewußte Verzögerungstaktik. Manchmal sage sie auch plötzlich: wieviel Most haben wir denn noch im Keller?, und sie schicke ihn hinunter, lasse ihn die Fässer abklopfen, damit er den genauen Inhalt eruieren kann, oder sie frage ihn: haben wir noch Knoblauch im Haus? oder wieviel ist es auf deiner Uhr unten?, worauf er aufstehen und in sein Zimmer gehen und in seinem Zimmer auf die dort hängende Uhr schauen muß und wieder in ihr Zimmer zurückgehen und ihr sagen muß, wieviel es auf seiner Zimmeruhr sei, sie verlasse sich auf keine der beiden Uhren, weder auf die ihrige, noch auf die seinige, nur auf beide zugleich, soll Konrad zu Fro gesagt haben, aber: letzten Endes ist auf beide Uhren kein Verlaß. (So die Konrad.) Ist es finster, so frage sie, laut Konrad, sagt Fro, andauernd, ob es draußen schneie, sie könne das nicht feststellen und er müsse das Fenster aufmachen und hinausschauen und feststellen, ob es schneit oder nicht, und immer dann wolle sie von ihm wissen, ob es draußen schneie, wenn er den Kropotkin aufgeschlagen habe. Immer, soll Konrad zu Fro gesagt haben, befolge er natürlich nicht ihre Befehle, das wäre wieder falsch, sehr oft überhöre er, was sie von ihm verlange, sie sage: schneit es draußen?, was soviel bedeute wie, steh auf und schaue hinaus, ob es schneit und sage mir, ob es schneit oder nicht, und er fange, davon unberührt, aus dem Kropotkin vorzulesen an. Sie fragt oft sechsmal oder siebenmal, ob es draußen schneit, soll Konrad zu Fro gesagt haben, aber ich reagiere gar nicht darauf, ich lese und lese und schließlich gibt sie es auf, zu fragen. Meistens befolge er ja nur dann ihre sogenannten Befehle, wenn er selber glaube, er habe einen Vorteil dadurch, oder wenn er überhaupt nichts Besseres zu tun habe als ihre Befehle zu befolgen, denn nicht immer, wenn er zum Beispiel gerade aus dem Kropotkin vorlese, von seiner Studie berichte, störe ihn ein Befehl ihrerseits, oft sei ja seine Konzentration auf den Kropotkin oder auf die Studie, oder auf eine andere Geistessache, keine echte und im Gegenteil, sei er geradezu erlöst, wenn sie sage, er solle in den Keller gehen, Most holen, er solle in die Küche gehen, er solle in sein Zimmer gehen etcetera. Auch während seiner morgendlichen und abendlichen Klavierspielereien (so Konrad selbst), soll sie sich die Freiheit herausgenommen haben, ihm zu läuten, gerade setze er sich an das Klavier, läute sie, er stehe dann auf, schlage den Deckel des Klaviers zu, warte, setze sich wieder hin, um weiterzuspielen, da läute sie wieder, so wiederhole sich das oft eine Stunde lang. In letzter Zeit sei er aber beinahe gänzlich davon abgekommen, auf dem Klavier zu spielen, das Klavierspiel beruhigte mich auf einmal nicht mehr, soll er, Konrad, zu Fro gesagt haben, pathetisch: es tat seine Wirkung nicht mehr. Habe er in den ersten Kalkwerksjahren noch tagtäglich, meistens schon ab vier Uhr früh, auf dem Klavier gespielt, Wieser sagt ja dilettiert, und zwar in den verschiedensten klassischen Klavierstücken, wobei er sich merkwürdigerweise, aber doch auch wieder nicht merkwürdigerweise, weil es ja geradezu das Merkmal des Dilettanten sei, sich immer wieder im Schwierigsten zu versuchen, wobei er sich also gerade in den kompliziertesten Sonaten und Konzerten etcetera versucht haben soll, so soll er in den letzten beiden Jahren das Klavier fast überhaupt nicht mehr angerührt haben, der Klavierdeckel bleibt zu, soll er zu Fro gesagt haben, zuerst habe ich das Klavier zur Beruhigung meiner Nerven gebraucht, heute brauche ich das Klavier nicht mehr, weil ich eine viel wirkungsvollere Methode brauche und habe (zu Wieser), und seine Frau, die jahrzehntelang eine Vorliebe für ihren, ihr von Konrad einmal zu Weihnachten geschenkten, aus London mitgebrachten HMV-Plattenspieler gehabt habe, lasse sich auch schon jahrelang nichts mehr auf diesem Plattenspieler von ihm, ihrem Mann, vorspielen, auch ihr genüge der Plattenspieler nicht mehr, soll Konrad zu Fro gesagt haben, das Klavier bewirkt bei mir nichts mehr, wie bei meiner Frau der Plattenspieler nichts mehr bewirkt, die Musik bewirkt einfach nichts mehr. Monatelang habe er, Konrad, beispielsweise seiner Frau die Haffnersymphonie von Mozart, Dirigent Fritz Busch, soll er zu Fro gesagt haben, vorspielen müssen, eine ganz ausgezeichnete Platte, die aber dadurch, daß wir sie uns tagtäglich vorspielten, zu unserer meistgehaßten Schallplatte überhaupt geworden ist, heute dürfe er nicht einmal mehr das Wort Haffnersymphonie in Gegenwart seiner Frau sagen, ihm selbst drehe es den Magen um, wenn er nur an die Haffnersymphonie denke und alle Platten, auf welchen Fritz

Busch als Dirigent angegeben sei, hätten sie weggeworfen, sie hätten Fritz
Busch, einen der hervorragendsten Dirigenten, Kapellmeister, wie Konrad
sich ausgedrückt haben soll, nicht mehr hören können. Die Musik sei
nach und nach zur Gänze aus dem Kalkwerk hinausgespielt worden, soll
Konrad zu Fro gesagt haben. Die Mühe, die es mich gekostet hat, das
Klavier in das Kalkwerk hereinzuschaffen, und jetzt steht dieses Klavier da
und ich spiele nicht mehr darauf. Andererseits habe er das Klavier aber aus
gutem Grund auch nicht verkauft, denn es könne ja sein, daß er, Konrad,
eines Tages wieder auf dem Instrument zu spielen anfange etcetera. Ich
glaube aber nicht, soll er gesagt haben, daß ich wieder einmal auf das
Mittel des Klavierspiels zurückkommen muß, hoffentlich kommt auch
meine Frau nicht mehr auf die Idee, sich alle Augenblicke eine Schallplatte
vorspielen zu lassen. Natürlich, das Klavier könnte ich ja verkaufen, tatsächlich, das Klavier zu Geld machen, daran habe ich gar nicht mehr
gedacht, aber: dazu kommt es nicht, daß ich das Klavier verkaufe, auch
den Bacon verkaufe ich nicht, den Francis Bacon und das Klavier verkaufe
ich nicht. Nein, keine Musik mehr im Kalkwerk, soll Konrad zu Fro
gesagt haben. Zu Fro: nach dem Frühstück sei er im Zimmer seiner Frau
sitzen geblieben in der Absicht, gleich nach dem Frühstück die urbantschitsche Methode fortzusetzen. Übungen mit St und Tz habe er vorgehabt. Zuerst aber habe seine Frau ihn den Fäustling probieren lassen, dann
habe sie seine Hilfe zum Kämmen in Anspruch genommen, er habe ihr
Haar rasch durchgekämmt, dabei sei ihm aufgefallen, daß ihr Haar
schmutzig sei, die Prozedur des Haarwaschens aber sei für ihn die fürchterlichste und er habe deshalb zu seiner Frau nicht gesagt, daß ihre Haare
gewaschen gehörten, sondern auf ihre Frage, sind meine Haare schmutzig?, nur nein gesagt, dann habe sie ein neues Kleid anziehen wollen und er
habe ihr tatsächlich ein anderes, kein neues, ein anderes Kleid angezogen.
Ein Kleid, das er ihr von einem Mannheimer Schneider habe machen
lassen, ein Kleid mit einem steifen Seidenstehkragen, ein ihr bis zu den
Knöcheln hinunter reichendes hellgraues Satinkleid, ein heute völlig un-
modernes Kleid, soll Konrad zu Fro gesagt haben. Schließlich wollte er
kurzen Prozeß machen und mit der urbantschitschen Methode anfangen
und sagte: also, wir fangen an, sie aber habe ihn ausgelacht und gesagt, er
könne machen, was er wolle, heute tue sie überhaupt nichts, weder sei sie
ihm für die urbantschitsche Methode gefügig, noch für sonst etwas, sie sei
auf einmal in einer sogenannten Feiertagsstimmung, aus diesem Grunde

habe sie sich ja auch von ihm ein anderes Kleid anziehen, sich auf das ausgiebigste kämmen und von ihm auch die Nägel schneiden lassen, alle paar Wochen einmal, so Konrad zu Fro, soll die Konrad an einem ganz gewöhnlichen Wochentag plötzlich gesagt haben, sie fühle sich wie an einem Feiertag, also sei Feiertag und sie weigere sich, zu arbeiten, ich arbeite heute nicht in der urbantschitschen Methode, soll sie zu Konrad gesagt und sich sogar geweigert haben, auch nur eine halbe Stunde, mit einer solchen hätte er sich an dem Tage zufriedengegeben, in Wörtern mit St und Tz zu experimentieren. An solchen von ihr zu Feiertagen proklamierten gewöhnlichen Wochentagen ließ sie sich von Konrad, der das Fro gegenüber als eine der größten Torturen bezeichnet haben soll, eine oder mehrere mit alten Photographien angefüllte Schachteln vor sich auf den Tisch stellen, um diese Schachteln auszupacken und von diesen Hunderten und Tausenden von alten Photographien eine nach der andern anzuschauen und zu kommentieren, ihre Kommentare dazu seien immer die gleichen Kommentare, soll Konrad gesagt haben, immer soll sie siehst du, siehst du gesagt haben, eine Photographie aus dem Haufen herausgenommen und angeschaut und dazu siehst du, siehst du gesagt und die Photographie wieder auf einen neuen sich dadurch entwickelnden Haufen weggelegt haben und diese Beschäftigung, die ihr, wie Konrad meinte, das größte Vergnügen, vielleicht das einzige überhaupt, das sie noch hatte, gemacht haben soll, wäre von ihr über viele Stunden eines solchen für nichts anderes mehr zur Verfügung stehenden Tages hingezogen worden. Und sei sie mit den Haufen von Photographien fertig gewesen, mit fortwährendem siehst du, siehst du, habe sie, wie an diesem Tage, Konrad gezwungen, mehrere Schachteln voller Briefe, alle an sie adressiert und mindestens fünf oder sechs, größtenteils aber zehn und zwanzig und dreißig Jahre zurückliegend, herbeizuschleppen und habe angefangen, ihn ohne Unterbrechung zu zwingen, ihr aus diesen Briefen vorzulesen, und ununterbrochen zu sagen hörst du, hörst du sei ihre Gewohnheit gewesen, eine Gewohnheit, die ihn zwar zur Verzweiflung, aber doch nicht so weit gebracht habe, daß er ihr, wie er es kaum zurückhalten habe können und wie er sich Fro gegenüber ausgedrückt haben soll, diesen ganzen Briefehaufen an den Kopf werfen hätte können. An einem solchen von ihr so bezeichneten Feiertag habe er immer schon gleich gewußt, daß das ein für ihn vollkommen verlorener Tag sei, zurückgeworfen in seiner Experimentierarbeit, hätte ein solcher sogenannter Feiertag in ihm nichts anderes

mehr als nur Abscheu vor ihr, seiner Frau, gleichzeitig aber auch vor ihm
selbst bewirkt, alles in allem Abscheu vor ihrer beider grauenhaftem Zustand. Dann habe es unten geklopft, Höller habe ihnen das Essen gebracht. Sie hat ihren Feiertag, soll Konrad bei dieser Gelegenheit unten an
der Tür, während er dem Höller das Essen im Essenträger abgenommen
hat, gesagt haben, der Höller habe dann sofort gewußt, was das bedeute,
an diesem Tag sei das Essen noch warm gewesen, der Höller hatte sich also
nicht auf dem Weg vom Gasthaus ins Kalkwerk verplaudert gehabt, wahrscheinlich, weil er keinen Gesprächspartner getroffen hat, soll Konrad zu
Fro gesagt haben, kein Wunder bei dem Schneesturm, und ich bin sofort
wieder ins Zimmer meiner Frau, ich brauchte das Essen ja nicht aufzuwärmen, oben soll die Konrad zu ihrem Mann gesagt haben, wie sie
gesehen hat, was im Essenträger sei: als ob die Leute im Gasthaus gewußt
hätten, daß heute Feiertag ist, das habe sich auf große Stücke sehr gut
durchgebackener Leber im Essenträger bezogen, auf Rindsuppe mit Band-
nudeln, auf eine große Portion sogenannten Vogerlsalates und auf eine
Mehlspeise, die sich, nachdem Konrad sie aus dem Essenträger herausgenommen und auf einen großen Teller gelegt, als Topfenstrudel herausgestellt hatte. Natürlich, soll Konrad zu Fro gesagt haben, ein solcher Tag
während eines solchen Schneetreibens kann vielleicht gar nicht besser als
mit gut Essen und gut Trinken und mit Unsinnigkeiten verbracht werden.
Im übrigen, soll er zu Fro gesagt haben, sei es ihm und sei es ihnen beiden
im Grunde vollkommen gleichgültig, was ihnen Höller aus dem Gasthaus
bringe, also vollkommen gleichgültig, was sie essen, früher hätten sie auf
gutes Essen den größten Wert gelegt, das sei aber lange her, Konrad soll
gesagt haben: an die zwanzig Jahre. Die Bemerkungen über das Essen
erinnerten ihn, soll er zu Fro gesagt haben, an den toten Sägewerker, vor
drei Wochen, soll Konrad zu Fro gesagt haben, bemühe ich mich gerade von einem gekochten Surfleisch (im Gasthaus war kurz vorher ein
Schwein geschlachtet worden) möglichst dünne Scheiben, so will es meine
Frau, aber auch ich will es so, abzuschneiden, immer dünnere Scheiben,
soll Konrad gesagt haben, da klopft es unten. Zuerst denke ich, ob ich das
Klopfen ignorieren solle, gehe aber dann doch sofort hinunter und der
Höller steht vor der Tür, tatsächlich habe ich geglaubt, der Höller sei in
der Stadt, da steht er plötzlich und ich frage, warum er da stehe, was ist
denn? frage ich, gerade schneide ich Surfleisch, sage ich, wir sind beim
Essen, da sagt der Höller, der Sägewerker sei gestorben und zwar auf

folgende Weise: er, der Sägewerker, sei heute um fünf Uhr früh auf den
Traktor gestiegen, Bloch ziehen wollten sie, der Sägewerker habe seiner
Frau noch zugerufen, sie solle Ketten aus der Scheune herausbringen, mit
diesen Ketten habe er die im Wald aufgeladenen Stämme am Traktor
festzurren wollen, schnell sei die Sägewerkerin um die Ketten in die
Scheune gelaufen, nicht zwei, drei Minuten und sie sei schon wieder aus
der Scheune zurück gewesen, soll Konrad zu Fro gesagt haben, da habe sie
ihren Mann nurmehr noch tot am Traktorsitz hängen sehen, kopfüber sei
der Sägewerker aus dem Traktorsitz gestürzt, aber am Traktorsitz hängen
geblieben, zum Glück sei der Motor abgestellt gewesen; zuerst habe die
Sägewerkerin geglaubt, ihr Mann hänge lebend aus dem Traktorsitz, versuche, sich vom Traktorsitz bis zur Radnabe hinunterzuneigen, um dort,
an der Radnabe, etwas zu reparieren, wie sie aber zu ihm hingegangen sei,
habe sie festgestellt, daß ihr Mann schon tot gewesen sei, sofort hatte sie
gedacht, daß ihn der Schlag getroffen habe, der von ihr herbeigerufene
Arzt habe auch gleich Herzschlag an ihm festgestellt, es sei nichts Außergewöhnliches, soll der Doktor gesagt haben, daß Landmänner, kaum
sind sie auf den Traktor gestiegen, vom Schlag getroffen werden, der
Herzschlag treffe vor allem die zwischen vierzig und fünfzig, der Sägewerker sei gerade zweiundvierzig gewesen, zuerst essen sie, trinken sie und
dann steigen sie auf den Traktor, verfettet von dem unaufhörlichen Trak-
torfahren und in ihrer beinahe gänzlichen Bewegungslosigkeit auf und an
den Maschinen, seien die Landmänner die anfälligsten für den Herzschlag. Die Frau des Sägewerkers habe ihren Mann ganz allein vom Traktor heruntergezogen, er sei ihr ins Gras gefallen, Sie können sich vorstellen, dieser schwere Körper des Sägewerkers, soll Konrad zu Fro gesagt
haben, andererseits, dieser Prachtmensch, ihren Mann ins Haus zu tragen,
sei die Sägewerkerin zu schwach gewesen, zu viert oder zu fünft aber, sie
hatte inzwischen ein paar Holzfäller und Hilfsarbeiter von der Wildbachverbauung herbeirufen können, hätten sie den schweren Toten bald aus
dem Gras heben und ins Haus hineintragen können; sofort, wie der Tote
im Haus gewesen sei, habe sie, die Sägewerkerin, gedacht, wo sie ihren
Mann aufbahren werde und es sei ihr der ehemalige Saustall, in welchem
jetzt eine riesige Mostpresse stand, sonst nichts, am geeignetsten für die
Aufbahrung ihres Mannes erschienen, noch bevor sie den Arzt verständigt
hatten, war sie entschlossen gewesen, ihren Mann in dem ehemaligen
Saustall aufzubahren, die Arbeiter waren ihr, weil ihre Schwestern gerade

in der Stadt gewesen waren, beim Waschen des Leichnams behilflich gewesen, er, der tote Sägewerker, soll Konrad zu Fro gesagt haben, sei rasch ausgezogen und gewaschen und gekämmt gewesen, kaum wäre der Doktor wieder weggewesen, seien sie alle darangegangen, in dem ehemaligen Saustall einen provisorischen Katafalk zusammenzuzimmern, schließlich waren die Kinder aus der Schule nach Hause gekommen, die Schwestern der Sägewerkerin aus der Stadt und alle taten, was sie konnten, um den toten Sägewerker so bald als möglich auf den Katafalk zu bringen, soll Konrad zu Fro gesagt haben, Höller schilderte mir alles aufs genaueste, bis in scheinbar unbedeutendste Einzelheiten hinein, soll Konrad zu Fro gesagt haben, die Kinder des Toten hätten sich erstaunlich ruhig verhalten über die Tatsache, daß ihr Vater plötzlich vom Traktor heruntergefallen und tot gewesen sei, die Schwestern der Sägewerkerin, die zeit ihres Lebens im Sägewerk leben, wie Konrad zu Fro gesagt haben soll, bemühten sich, so rasch als möglich Blumen aufzutreiben, um den Toten schmücken zu können, man hatte dem toten Sägewerker ein leinernes Totengewand angezogen, das die Sägewerkerin wie ihr eigenes in einem ihrer Schlafzimmerkasten aufbewahrt gehabt hatte, augenblicklich wäre jene für ein Trauerhaus charakteristische Atmosphäre im Sägewerk gewesen, soll Konrad gesagt haben, dieser ganz bestimmte Geruch von Blumen und frischer Wäsche und leblosem Körper und frischem Holz und Weihwasser, und es habe sich mit unglaublicher Schnelligkeit überall in der ganzen Gegend die Kunde vom Tod des Sägewerkers verbreitet, Höller selbst habe schon eine halbe Stunde nach dem Tod des Sägewerkers davon erfahren, eine der Schwestern der Sägewerkerin habe ihn, Höller, im Zuhaus aufgesucht und ihm von dem Todesfall Mitteilung gemacht, gleichzeitig darum gebeten, er, Höller, möge mit ihr zum Sägewerk kommen und mithelfen, den Katafalk zusammenzuzimmern, naturgemäß sei Höller, der mit Holzhacken beschäftigt gewesen war, sofort mit der Sägewerkerinschwester zum Sägewerk, da hätte er aber gar nicht mehr am Zusammenzimmern des Katafalks mitzuhelfen brauchen, denn in der Zwischenzeit sei nicht nur schon ein solcher provisorischer Katafalk aus zwei sogenannten Schragen zusammengezimmert, sondern der Tote bereits aufgebahrt gewesen, Höller wäre schon eine Dreiviertelstunde nach dem Tod des Sägewerkers zu einem vollkommen von Blumen und Kerzen eingesäumten Aufgebahrten gekommen, merkwürdigerweise, soll Höller zu Konrad gesagt haben, sagt Fro, sei aus dem linken Mundwinkel des Toten Blut geronnen, die Sägewerkerin soll zwar immer wieder versucht haben, mit einem Leinenfetzchen das Blut aus dem Mund des toten Sägewerkers abzutupfen, es wäre ihr aber nicht gelungen, größere Blutflecken auf dem frischen Leinengewand des Toten zu verhindern. Die Kinder knieten, wie Kinder von Toten immer knien, soll Konrad zu Fro gesagt haben, wie Höller gesagt habe, bei der Leiche und nach und nach habe sich, wie immer bei einem Todesfall, der Aufbahrungsraum, im Falle des toten Sägewerkers also der ehemalige Saustall mit der großen Mostpresse, mit Kondolenzleuten angefüllt. Der Höller soll Konrad eine genaue Beschreibung der ersten Stunden nach dem Tod des Sägewerkers im Sägewerk gegeben haben, über jeden einzelnen der im Trauerhause Anwesenden hätte er Charakteristisches zu berichten gehabt, so über die Sägewerkerin, daß sie zum Höller gesagt haben soll, während der im Vorhaus des Sägewerks gestanden war, um mit der älteren Schwester der Sägewerkerin den Text auf dem in der Sickinger Druckerei zu bestellenden Partezettel zu besprechen, für sie, die Sägewerkerin, wäre der Tod ihres Mannes nicht überraschend gekommen, noch vor ein paar Tagen hätten die beiden über die Möglichkeit, daß ihn, den Sägewerker, der Schlag treffen könne, gesprochen, allerdings hätten sie nach Ende der jetzt so verwunderlich erscheinenden Unterredung gelacht, ja, soll die Sägewerkerin im Sägewerksvorhaus zum Höller gesagt haben, so Konrad zu Fro: wer weiß, was jetzt geschieht und was für ein Mensch jetzt ins Haus kommt, damit, so meinte Höller, soll Konrad zu Fro gesagt haben, habe die Sägewerkerin auf einen neuen Sägewerker angespielt, mit den noch so kleinen Kindern könne sie ja nicht allein bleiben, soll sie keine zwei Stunden nach dem Tod des Sägewerkers zum Höller gesagt haben und: mit den Kindern nicht, aber mit dem Sägewerk, das doch ein Millionenbesitz sei, fände sich sicher in absehbarer Zeit ein Mann, dazu muß gesagt werden, soll Konrad zu Fro gesagt haben, daß der Sägewerker in das Sägewerk ursprünglich eingeheiratet habe, das Sägewerk stamme aus dem Besitz der Witwe des Sägewerkers. Wenn überhaupt ein Mensch, dann sei er, Konrad, dieser Mensch, der sie, wenn überhaupt einer, aushalten, sei sie der, der ihn ertragen könne, soll Konrad zu Fro gesagt haben. Heute verlangte ich von ihr, daß sie zwei Stunden Kropotkinlektüre auf sich nehme, soll Konrad zu Fro gesagt haben, sie weigerte sich aber, schließlich einigten wir uns auf das Folgende: sie werde zwei Stunden Kropotkinlektüre über sich ergehen lassen, wenn er, ihr Mann, ihr erlaube, das schwarze Kleid mit der Goldstickerei, wie sie ihr Hochzeitskleid bezeichnete, anzuziehen. Gut, zuerst ziehst du das Kleid an, soll Konrad zu seiner Frau gesagt haben, dann hörst du mir zu, wenn ich Kropotkin vorlese, zwei Stunden. Kaum hatte sie und das heißt natürlich er ihr das goldbestickte Kleid angezogen, da sagte sie, sie wolle das goldbestickte Kleid wieder ausziehen, sie habe, wie sie jetzt, da sie es anhabe, sehe, und zwar in ihrem Spiegel ganz deutlich sehe, keinerlei Beziehung mehr zu dem goldbestickten Kleid, natürlich habe ich eine Beziehung zu dem Kleid, soll sie zu Konrad gesagt haben, aber eine fürchterliche. Ich ziehe ihr also das schwarze, goldbestickte Kleid wieder aus, soll Konrad gesagt haben. Kaum habe ich ihr das schwarze, goldbestickte Kleid ausgezogen, will sie das graue Kleid mit dem weißen Samtkragen anziehen, er, Konrad, hänge das schwarze, goldbestickte Kleid in den Kasten hinein und nehme das graue Kleid mit dem weißen Samtkragen aus dem Kasten heraus, dabei habe er das Gefühl, daß ihn seine Frau beobachtet, ja, du beobachtest mich natürlich, soll er gesagt haben, während er sich einen Moment länger nicht umdrehte, um eine Antwort ihrerseits abzuwarten, aber die Konrad habe geschwiegen, soll Konrad zu Fro gesagt haben. Er zieht ihr also das graue Kleid mit dem weißen Samtkragen an, kaum hat er es ihr angezogen, richtet sie sich so gut es geht auf und schaut sich in den Spiegel und sagt: nein, auch das Kleid nicht. Ich will wieder mein altes Kleid anziehen, ich ziehe wieder das Kleid an, das ich immer anhabe, sofort zieht Konrad ihr das graue Kleid mit dem weißen Samtkragen wieder aus und er hilft ihr beim Anziehen ihres, wie sie selber immer gesagt haben soll, fürchterlichen Alltagskleides. Das ist der Geruch, der zu mir paßt, mein Alltagsgeruch, soll die Konrad zu ihrem Mann gesagt haben, kaum hatte sie ihr sogenanntes fürchterliches Alltagskleid an. Und wo habe ich dieses fürchterliche Alltagskleid zum ersten Mal angehabt? fragt sie und er antwortet: in Deggendorf, du weißt doch, in Deggendorf, du hast es dir von der Schneiderin deiner Deggendorfer Nichte machen lassen. Ja, von der Schneiderin meiner Deggendorfer Nichte, soll die Konrad darauf gesagt haben. Damit bin ich in Landshut auf den Ball gegangen. Ja, wiederholt sie, sagt Fro, in Landshut auf den Ball. Dann las er ihr, wie verabredet, zwei Stunden aus dem Kropotkin vor. Zu Wieser: Hörhager, Konrads Vetter, hätte das Kalkwerk zweifellos verfallen lassen. Die Leute hätten die Konrad ausgelacht, wie sie gesagt haben, sie ziehen ins Kalkwerk. Ins Kalkwerk ziehen nur Verrückte, sollen die Sickinger gesagt haben, Konrad soll zu Wieser gesagt haben: diese Leute, lieber Wieser, haben recht gehabt. Noch vor zwei Jahren bin ich der Ansicht gewesen: das Kalkwerk ist meiner Studie nützlich, heute bin ich nicht mehr dieser Ansicht, heute weiß ich, das Kalkwerk hat mir restlos die Möglichkeit genommen, die Studie niederzuschreiben. Das heißt, soll er zu Wieser gesagt haben, einmal glaube ich, das Kalkwerk ist schuld, daß ich die Studie nicht niederschreiben kann, einmal glaube ich, gerade weil ich im Kalkwerk bin, habe ich die Möglichkeit, doch noch die Studie niederschreiben zu können. So wechseln die beiden Gedanken, der eine, die Studie niederschreiben zu können, weil ich im Kalkwerk bin, und der andere, die Studie nicht niederschreiben zu können, niemals mehr niederschreiben zu können, weil ich im Kalkwerk bin, ab. Aber vor nicht langer Zeit bin ich der Meinung gewesen, das Kalkwerk sei meine und also auch ihre (seiner Frau) einzige Rettung, heute wundere ich mich darüber, diese Meinung gehabt zu haben. Freilich muß ich zugeben, daß ich, kaum sage ich, das Kalkwerk läßt mich die Studie keinesfalls niederschreiben, ja wieder die Hoffnung habe, daß mir die Niederschrift der Studie im Kalkwerk glückt. Warum sind wir dann ins Kalkwerk gegangen?, soll seine Frau immer wieder sagen, wenn du die Studie nicht niederschreiben kannst, warum nehmen wir dann das Opfer auf uns, im Kalkwerk zu existieren, überall sonst existierten wir angenehmer, denn zweifellos, soll die Konrad zu ihrem Mann gesagt haben, sagt Wieser, bedeute, im Kalkwerk existieren, die äußerste Aufopferung, sie sollten sich nichts vormachen, im Kalkwerk existieren sei, habe es keinen sogenannten höheren Zweck, Wahnsinn. Zwar hätten sie sich an das Existieren im Kalkwerk gewöhnt, aber die Frage bleibe in jedem Falle immer bestehen: wozu, wenn nicht für die Studie, wenn nicht für *Das Gehör?* Sollte, so Konrads Frau einmal zu ihrem Mann, möglicherweise dieses größte aller möglichen Opfer umsonst gewesen sein? Einerseits glaube sie nicht an den Wert seiner Studie, andererseits könne sie ja auch nicht sagen, die Studie, an welche ihr Mann den Großteil seiner Geistesexistenz verwendet hat, sei nichts wert und so fort, möglicherweise, so Konrad einmal zum Baurat, liege der Wert dieser Studie ganz woanders und so fort, dem, was ihr Mann glaube, daß sie sei, vielleicht ganz und gar entgegengesetzt und so fort, aber, so Konrads Frau zum Baurat, in jedem Falle müsse die Studie auf das Papier gebracht werden, schon allein deshalb, damit sich die Vermutung, ihr Mann, Konrad, sei nichts weiter als ein Verrückter, einer der vielen Narren, die überall herumlaufen und behaupten, sie hätten etwas, gleich

was, und sei es eine ominöse Studie, im Kopf, von welcher man nie etwas
sehe, schon um ihr selbst vor allem eine große Blamage zu ersparen, die
Studie müsse also aus dem Kopf ihres Mannes heraus und auf Papier, das
erflehe sie und so fort. Ehrlich gesagt, könne sie nicht wissen, ob ihr Mann
nicht doch auch ein Narr sei, aber andererseits könne er ja gleichzeitig
Narr und Genie sein, wer weiß, soll sie zum Baurat gesagt haben, denn ihr
Mann habe, so meine sie, alle Kennzeichen des Genies wie auch alle
Kennzeichen eines Narren an sich und Wieser vermutet sogar, daß sie
möglicherweise an dem Tag, an welchem Konrad sie durch einen oder
durch mehrere Schüsse aus dem Mannlicher-Karabiner erschossen hat,
daß sie möglicherweise an dem Unglückstag, an dem Tage der Bluttat
(Fro), ihren Mann plötzlich wieder, wie schon öfters vorher, einen Narren
genannt habe, worauf er die Beherrschung verloren und sie umgebracht
habe, denn damit, daß sie ihn als Narren, als Verrückten, ja sogar als einen
durch und durch hochintelligenten Geisteskranken bezeichnet habe, soll
sie ihn schon oft bis zum Äußersten gereizt und Konrad sie dann, wie
Wieser sagt, und wie das nicht nur Gerücht, sondern Tatsache sei, mit
dem Umbringen bedroht haben. Wahrscheinlich, so meine Theorie,
meine Vermutung nicht nur, meine Theorie, die sich möglicherweise bald
vor dem Gericht in Wels als Tatsache herausstellen wird, so Wieser, hat
Konrad seine Frau umgebracht, weil sie ihn wieder einmal als einen Narren oder einen Verrückten, oder, so ihre Lieblingsbezeichnung ihm gegenüber, als einen hochintelligenten Geisteskranken bezeichnet hat. In
dem Mordzimmer deutete natürlich nichts auf eine derartige Auseinandersetzung, auf eine derartige Äußerung ihrerseits hin, sagt Wieser. Es
spricht aber alles dafür, daß Konrad seine Frau auf Grund einer ihrer, wie
er, Konrad, sie immer wieder bezeichnet haben soll, unqualifizierten Äußerungen hin umgebracht hat. Was liegt näher, so Wieser, als sie als Antwort sozusagen auf ihre in letzter Zeit wahrscheinlich schon ungeheuerlichen Anschuldigungen und Behauptungen ihm, Konrad, gegenüber,
plötzlich niederzuschießen, natürlich, eine Wahnsinnstat, so Wieser, aber
eine solche durchaus verständliche, begreifliche. Konrad hatte ein beinahe
erreichtes Lebensziel vor Augen, so Wieser, sie, seine Frau, hinderte ihn,
dieses Lebensziel, das Niederschreiben der Studie, zu erreichen. Er mußte
sie umbringen, schließlich mußte er sie umbringen, so Wieser. Daß er,
indem er sie, seine Frau, umbrachte, im selben Augenblick auch die Studie
umbrachte, stehe, so Wieser, auf einem anderen Blatt. Die Grenzüber-

schreitung im Zuge ununterbrochener Vorwürfe der Frauen gegen ihre Männer, so Wieser, sei in nicht wenigen Fällen plötzlich an einem Punkt angelangt, in welchem ein Mord geschehen müsse. Ein solcher Mord schließe dann alles ab, habe mit einem Schlage alles vernichtet, so auch, was die Konrad betreffe, ein Augenblick, und die Geistesanstrengung eines außerordentlichen Kopfes sei zunichte gemacht, zwei Menschen seien getötet, denn keine Frage, auch Konrad sei tot, zwar könne es sein, daß er noch jahrelang, und wieder meint Wieser, nicht sicher, ob in Stein oder in Niedernhardt, das Gericht entscheide darüber, daß er also noch jahrelang lebe, das ändere nichts an der Tatsache, daß auch er längst tot sei. Das erschüttere ihn, Wieser, immer wieder, daß die Menschen aus einer plötzlichen Unvorsichtigkeit, die einem plötzlichen Nachlassen der Verstandesanspannung gleichkomme, von einem Augenblick auf den andern, sich gerade aus dem Außergewöhnlichen heraus zu dem Erbärmlichsten machten, und nicht nur sich selbst, sondern auch ihren unmittelbarsten Vertrauten. Es zeige sich oft, daß der am weitesten vorwärts Gekommene plötzlich aufhöre. Im Grunde, so Wieser, habe aber Konrad, indem er seine Frau umbrachte, vor allem nicht seine Frau, sondern, plötzlich gedankenlos, sich selbst umgebracht. Beiden Konrad wäre in einem einzigen Augenblick alles zerstört gewesen. Das mag dem Mann, so Wieser, der wahrscheinlich jetzt in seiner Welser Zelle ununterbrochen hin- und hergehe, oder ununterbrochen auf einer Pritsche liege, klar sein. Es sei nur eine Frage der Zeit, daß Konrad, gleich, ob er es längst oder nicht sei, endgültig verrückt sei. Wir waren ja nicht gezwungen, ins Kalkwerk zu gehn, soll Konrad zu Wieser gesagt haben, wie Sie wissen, hätten wir in eine Reihe von anderen Orten gehen können, beispielsweise ins Tirolische, oder in die Steiermark, an sogenannten schönen Orten fehlt es ja nicht in unserem Land, aber gerade in einen sogenannten schönen Ort wollte ich ja nicht gehn, genau ein sogenannter schöner Ort, und fast nur sogenannte schöne Orte gibt es in Österreich, soll Konrad zu Wieser gesagt haben, kein Land auf der Welt, in welchem eine solche in die Hunderte und Tausende gehende Anzahl von schönen Orten sich auf so kleinem Gebiet zusammendränge, sei am schädlichsten, aber, so Wieser, ihm, Konrad, sei nichts jemals klarer gewesen als die Tatsache, daß für ein anzugehendes oder ein bereits weiter fortgeschrittenes Geistesprodukt nichts auf der Welt schädlicher sei als ein sogenannter schöner Ort, eine schöne Stadt mache den besten, den fundiertesten Plan einer Geistesarbeit

zunichte, eine schöne Landschaft irritiere das Gehirn, eine sogenannte
wunderbare Natur schwäche den Kopf absolut. So sei es nirgends schwieriger als in Österreich, so angeblich Konrad zu Wieser, eine Kopfarbeit
vorwärts oder gar zum Ende zu bringen, nirgends könne man auf so viele
Hunderte und Tausende liegengebliebene oder fallengelassene Ideen, auf-
gegebene Pläne, nicht realisiertes Ungewöhnliches, tatsächlich Ungeheueres auf dem Gebiete der Wissenschaften und der sogenannten schönen
Künste hinweisen und also auf ebenso viele schöne Orte, hier, in Österreich, habe sich, wie er, Konrad, sich gegenüber Wieser ausgedrückt haben
soll, noch jedes Genie verplempert, das Außergewöhnliche immer selbst
vernichtet, sich das sogenannte Schöpferische von Naturschönheit morden lassen. Ein Friedhof der Ideen und eine perverse Öde der abgeblase-
nen Höhenflüge sei unser Land, durch seine Schönheit Heimat uns, nichts
als fortwährendes Scheitern, Erniedrigen, Unterschlagen der Größe. Einmal habe er, Konrad, einen der großen Reisekoffer aufgemacht, die auf
dem Dachboden des Kalkwerks stehen, einen dieser schmutzigen, ver-
staubten Schiffskoffer, soll Konrad zu Wieser gesagt haben, die wir auf alle
unsere Reisen mitgenommen haben, denn, wie Sie wissen, wie ich Ihnen
schon öfter gesagt habe, sind wir viel herumgereist, in den ersten Jahrzehnten unseres Zusammenseins waren wir, meine Frau und ich, beinahe
ununterbrochen auf Reisen gewesen, einerseits aus der Angst heraus,
plötzlich, durch die Verschlimmerung ihrer Krankheitszustände, überhaupt nicht mehr reisen zu können, dadurch, weil wir glaubten, plötzlich
nicht mehr die kleinste Reise machen zu können, machten wir die größten, soll Konrad zu Wieser gesagt haben, Schiffsreisen vor allem, aber wir
sind sogar im Jahr achtunddreißig, kurz vor dem Ausbruch des Zweiten
Weltkriegs, noch mit der Transsibirischen Eisenbahn bis nach Wladiwo-
stok gefahren, waren in China, in Japan, auf den Philippinen gewesen,
heute ist das nichts, soll Konrad gesagt haben, aber damals hatten Reisen
dieser Art etwas Ungeheures an sich, freilich waren sie für uns beide, für
meine Frau vor allem, das Anstrengendste, aber die Anstrengung, besser,
die Erschöpfung, ist uns immer erst nach Beendigung einer Reise zu Bewußtsein gekommen und dadurch, daß sie uns zu Bewußtsein gekommen
war, in uns ausgebrochen, einerseits, soll Konrad zu Wieser gesagt haben,
machten wir immer größere Reisen, weil wir von jeder unserer Reisen
annehmen mußten, es sei unsere letzte, andererseits auch aus dem einfachen Grunde, weil ich glaubte, plötzlich, durch völlige Inanspruchnahme

durch meine Arbeit, durch die Studie, durch *Das Gehör* also, auf einmal nicht mehr reisen zu können, also, soll Konrad zu Wieser gesagt haben, ich öffne einen dieser schweren Schiffskoffer, auf und auf voller Hotelzettel, soll Konrad gesagt haben, ich mache den Kofferdeckel auf und lauter Prospekte und Schiffskarten und Eisenbahnfahrkarten quellen aus dem Koffer heraus, das plötzliche Öffnen des Koffers, der an die drei Jahrzehnte fest verschlossen gewesen war, bewirkte, daß der Kofferinhalt mit einem Male herausquoll, und wie gesagt, soll Konrad zu Wieser gesagt haben, Hunderte und Tausende Prospekte und Fahrkarten von und nach allen möglichen Orten auf der ganzen Welt. Und alle diese unsere Reisen haben letzten Endes hierher ins Kalkwerk geführt, soll Konrad zu Wieser gesagt haben. In Paris beispielsweise hatten sie eine Wohnung auf dem Boulevard Haussmann gehabt, sie seien aber ins Kalkwerk gegangen, an keinem anderen Ort fände er bessere Voraussetzungen für die Studie, habe er gedacht und sie, seine Frau, davon zu überzeugen versucht, was ihm aber nicht gelungen sei, bis heute habe ich ja meine Frau nicht davon überzeugen können, soll Konrad zu Wieser gesagt haben, wahrscheinlich, so Konrad bei seinem letzten Zusammentreffen mit Wieser, hatte sie recht, letzten Endes hätte ich auf sie hören und mit ihr nach Toblach gehen sollen, dieser schöne Ort in den Bergen hätte uns sicher beruhigt, und wenn nicht beruhigt, so wäre wenigstens sie, meine Frau, mein lieber Wieser, den Rest ihres Lebens ihrer Verfassung entsprechend glücklich gewesen, denn zweifellos hätte sie, was sie immer an meiner Seite gesucht hat, in Toblach gefunden, eine gewisse Zufriedenheit inmitten ihrer Schwestern und anderen Anverwandten, Sicherheit, Geborgenheit, insofern ich aber meinen Kopf durchgesetzt habe, wie ich jetzt selbst glaube, mir eingestehen zu müssen glaube, für eine vollkommen aussichtslose Sache, indem ich meine arme Frau gezwungen habe, mit mir in das Kalkwerk zu gehn, habe ich ihr Leben zerstört, gleichzeitig ihr Leben zerstört und meinen Charakter vernichtet. Er, Konrad, habe damals, in Mannheim, wo es sich entschieden hatte, daß sie ins Kalkwerk gehen werden, ja nur die Wahl gehabt, entweder nach Toblach zu gehn, seiner Frau nachzugeben und sich selbst dadurch aufzugeben, zu vernichten, oder ins Kalkwerk, in das klimatisch zum Unterschied von Toblach so ungünstige, ja tatsächlich, wie Konrad sich ausgedrückt haben soll, in allem nur menschenfeindliche Sicking, und ihr Leben zu vernichten; Sicking habe für die Konrad nichts als nur Hoffnungslosigkeit bedeutet von Anfang an. Und

wir hätten ja auch in das Kloster Wilhering gehen können, soll Konrad zu
Wieser gesagt haben, mitten hinein in einen blühenden Obstgarten, in der
Gesellschaft der Zisterzienser wären wir zweifellos beide gut aufgehoben
gewesen, oder wir hätten nach Lambach gehen können, nach Aschach,
nach Lauffen, andererseits wäre auch einem Entschluß unsererseits, nach
London oder nach Manchester zurückzugehen, nichts im Wege gestanden, aber die Tatsache, so Konrad zu Wieser, daß ich mir das Kalkwerk um
jeden Preis eingebildet habe, und die Art und Weise, mit welcher mich
mein Vetter Hörhager so lange Zeit hingehalten und dadurch an das
Kalkwerk nach und nach mit Haut und Haaren hat ausliefern lassen, denn
darüber bestehe kein Zweifel, im Falle eines nicht auf die Vorschläge
Konrads, das Kalkwerk um jeden Preis kaufen zu wollen, eingehenden
Hörhager, hätte sich die Frage Kalkwerk oder nicht auf das schmerzloseste
lösen lassen. So aber hatten gerade die Winkelzüge, als Widerstände Hörhagers, Konrad mehr und mehr in dem Wahn aufgehen lassen, das Kalkwerk unbedingt besitzen zu müssen; und der Gedanke, das Kalkwerk
besitzen zu müssen und in es einzuziehen, beruhte letzten Endes, wie
Konrad zu Wieser gesagt haben soll, auf nicht mehr als zwei oder drei
Besuchen des jungen Konrad, er mag damals vier oder fünf und dann acht
oder neun Jahre alt gewesen sein, in Sicking im Kalkwerk, ein paar Wintertage und ein paar Sommertage als Verlegenheitsferienlösung seiner in
Ferienfragen immer so unsicheren Eltern, hatte er, Konrad, vor Jahrzehnten einmal in Sicking, also im Kalkwerk verbracht und darauf, auf nichts
sonst, seinen Wunsch, das Kalkwerk zu besitzen, gegründet. Später war er
einmal mit seiner jungen Frau, wie er sich erinnere, an einem Oktober-
abend, der schon recht winterlich gewesen war, ins Kalkwerk gekommen,
einen Besuch zu machen bei seinem Onkel, dem Vater Hörhagers, damals
habe er das Kalkwerk als kalt und unfreundlich, aber als ein ihn noch mehr
als in früheren Jahren faszinierendes empfunden, so Wieser, seine Frau
hätte nach ihrer Abreise aus Sicking, Konrad erinnerte sich, daß es nach
Mitternacht gewesen war, sie reisten nach Scharnstein weiter, seine Frau
hätte nach ihrer Abreise das Kalkwerk als ein unheimliches Gebäude in
einer genauso unheimlichen Gegend bezeichnet. Es habe sie bedrückt und
sie habe sich im Kalkwerk gefürchtet, auf die Frage Konrads, vor was, soll
sie gesagt haben, *plötzlich vor allem.* Sie dazu zu zwingen, für und auf ganz
ins Kalkwerk zu gehen, habe die Konrad ihrem Mann gegenüber nur als
Unmenschlichkeit bezeichnet, in ihren Augen aber war, so Fro, Konrad

immer ein Unmensch gewesen, Wieser meint, er, Konrad, habe seiner
Frau nach allem, was Wieser über die beiden wisse, ja als nichts anderes als
ein Unmensch erscheinen müssen, dem Konrad sei es aber geradezu eine
zweite Natur gewesen, sich, und nicht nur seiner Frau gegenüber, zeitlebens als ein Unmensch darzustellen und in der Rolle des Unmenschen sei
er, Konrad, schließlich vollkommen aufgegangen, als was man ihn und als
was seine Frau ihn vor allem immer angeschaut, als was ihn die Umwelt
zeitlebens immer behandelt habe, als Unmenschen, das sei er schließlich
tatsächlich gewesen, insofern habe die Umwelt und habe vor allem seine
Frau ihn zum Unmenschen, oder, so Wieser, sagen wir, zum sogenannten
Unmenschen gemacht, nicht er selbst sich zu einem solchen, den man,
habe man ihn eines Tages tatsächlich so weit gebracht, daß man ihn als
einen Unmenschen oder als einen sogenannten Unmenschen bezeichnen
könne, ohne sich Skrupel zu machen, schließlich zur Verantwortung
ziehe, er sei ein Unmensch. Einerseits lenkten die Städte ab, andererseits
lenke aber auch das Land ab, im Grunde lenkten Städte und Landorte, das
Land, in gleicher Weise von dem ab, das man vorantreibe, die Geistesarbeit, soll Konrad zu Wieser gesagt haben, schließlich sei heute genaugenommen alles Ablenkung, denn Stadt und Land, Stadt- und Landvor-
stellungen hätten sich in den letzten Jahrzehnten vollkommen verwischt
und es sei im Grunde heute schon Unsinn zwischen Stadt und Land zu
unterscheiden, wo alles schon so lange gleichmäßig eintönig sei, wie Konrad sich gegenüber Wieser ausgedrückt haben soll. Die Frage der aber auch
kaum mehr verschiedenen Architektur spiele die untergeordnetste Rolle,
dem Beschauer biete sich eine gleichmäßig von Fortschritts- und also
Maschinenwahnsinn durchzogene Atmosphäre an, in welcher er, gleich
wo, ob auf dem Land oder in der Stadt, immer dieselben Voraussetzungen vorfinde. Wir alle machten in allem einen von ihm so genannten Ge-
sellschaftsvermischungsprozeß durch, an dessen Ende der qualifizierte
Mensch als Unmensch und das heißt als Maschine herauskomme. Natürlich habe er, Konrad, gedacht, im Kalkwerk gibt es kaum Ablenkungsmöglichkeiten, Sicking hat keinerlei Ablenkungsmaterie, während auf der
anderen Seite die ganze Welt nichts als Ablenkung (von der Studie) sei.
Aber was er auch in bezug auf das Kalkwerk und in bezug auf die Studie
gedacht haben mochte, es sei in jedem Falle falsch gewesen, soll Konrad zu
Wieser gesagt haben. Schließlich folge man instinktiv, gebe man einer
indirekten Erpressung der eigenen Person nach. Freilich habe er alles, das

Kalkwerk Betreffende durchdacht gehabt, so auch seine Frau, die er aber letzten Endes wenn auch in Betracht, so doch keinesfalls wirklich als Entscheidungspotenz zu Rate gezogen habe. Und das Faszinierende sei ja gewesen, in ein *aufgelassenes* Kalkwerk zu ziehen. Und vor allem hätten die Konrad nach Jahrzehnten sehr ausgiebiger, letzten Endes aber doch planloser Herumreiserei von der Herumreiserei endgültig genug gehabt. Wenigstens was ihn betrifft, verhielte es sich so. Das Herumreisen ermüdete schließlich, die Neuigkeiten, die bald überhaupt keine Neuigkeiten mehr waren, die vielen immer wieder gleichen Menschen in den immer wieder gleichen Verhältnissen, Zusammenhängen ermüdeten, das immer gleiche Gesicht der immer gleichen sich auf sie zu und von ihnen weg bewegenden Landschaft, die immer gleichen, sich immer gleich wiederholenden Voraussetzungen, klimatischen, freundschaftlichen, feindschaftlichen, politischen, natürlichen, medizinischen, etcetera. Mit der Zeit nützte sich ganz einfach die Welt ab, vor allem während des Herumreisens auf das deprimierendste, soll Konrad zu Wieser gesagt haben, und man sei schließlich nurmehr noch andauernd und sozusagen bis an das Ende mit ihrer immer deutlicheren Schäbigkeit konfrontiert. Daraus zu entkommen, indem man in ein weitabgelegenes Gebäude einziehe, sei natürlich auch ein Irrtum, heute sei ihm dieser Irrtum vollkommen bewußt, aber auch jede andere Lösung seines (und ihres) Problems wäre ein Irrtum gewesen. Das Kalkwerk hatte sich als eine Wendung angeboten, soll Konrad gesagt haben, wenn auch nicht als radikale Kehrtwendung, die gebe es nicht, so doch wenigstens als eine Wendung um ein Viertel aller Grade, so Konrad zu Wieser, und er, Konrad, habe die Möglichkeit, noch einmal, wenn auch nur um wenige Grade, wenden zu können, angenommen. Es sei ja vorauszusehen gewesen, so Konrad zu Wieser, daß sie in ihrer Pariser Wohnung schon in kurzer Zeit erstickt wären, und man solle sich nichts vormachen, das Ersticken im Zentrum der Menschenmassen, also, sagen wir, soll Konrad gesagt haben, das Ersticken auf dem Boulevard Haussmann ist fraglos das Furchtbarste. Aber sehen Sie, soll Konrad Wieser gegenüber ausgerufen haben, es gibt ja so viele Möglichkeiten, zugrunde zu gehen, zu scheitern!, und er verweise mich in diesem Zusammenhang ausdrücklich auf ein paar Bücher eines schreibenden Landsmannes, den Namen des Schriftstellers habe er, Konrad, vergessen, aber der Name bedeute nichts, die Person des Schriftstellers bedeute nichts, wie ja überhaupt niemals und in keinem Falle also die Person oder das Persönliche

eines Schriftstellers etwas bedeute, seine Arbeit sei alles, der Schriftsteller
selbst sei nichts, nur glaubten die Leute in ihrer Geistesniedertracht immer, Person und Arbeit eines Schriftstellers vermischen zu können, die
Leute getrauten sich aus lauter mit den Vorgängen der ersten Hälfte des
Jahrhunderts zusammenhängender impertinenter Schamlosigkeit, überall, Geschriebenes mit der Person des Schreibers vermischen zu müssen
und so in jedem Falle immer eine grauenhafte Verstümmelung der Arbeit
des Schreibers mit der Person des Schreibers herstellen zu müssen, die
Person des Schriftstellers müsse mit dem Geschriebenen des Schriftstellers
andauernd in Zusammenhang gebracht sein, glauben sie und so fort, mehr
und mehr gingen die Leute daran, Produkt und Erzeuger zu vermischen,
wodurch insgesamt fortwährend eine ungeheuerliche Mißbildung unserer
ganzen Kultur entstehe und so fort, also auf diesen schriftstellernden
Landsmann, einen, wie man bei der Lektüre seiner Erzeugnisse annehmen
müsse, schreibenden Verrückten, der aber genau das Gegenteil eines Verrückten sei, verweise er mich, auf ein paar Titel, Fragmente, in welchen
Vorgänge beschrieben seien, die ganz eng mit seinem eigenen Vorgang
zusammenhingen, während aber die in den genannten Büchern beschriebenen Vorgänge doch eher solche aus dem Metaphysischen seien, wäre
das, was er, Konrad, als seinen sozusagen ureigenen Vorgang bezeichne,
alles eher als aus dem Metaphysischen, er, Konrad, getraue sich ohne
weiteres, seine ganze Entwicklung als eine durch und durch *organische* zu
bezeichnen, die immer wieder nur *mit dem Metaphysischen in Spekulation*,
aber *niemals aus der Metaphysik selbst* existiere, sagt Wieser. Im Grunde sei
seine Entwicklung niemals, auch nicht an einem einzigen Punkt, als eine
sogenannte phantastische zu bezeichnen, ein durchaus physischer Prozeß,
soll Konrad zu Wieser gesagt haben, im Grunde nichts anderes als eine
ganz und gar traurige und wenn man will, den Staunenden erschütternde,
möglicherweise aber doch bis zum Lächerlichen hinunter gewöhnliche
Ehegeschichte sei, was dem oberflächlichen Beschauer als etwas Merkwürdiges, Außergewöhnliches, Verrücktes erscheine und so fort. Darüber
zu reden, sei aber unsinnig. Der Fäustling: während sie den Fäustling
strickt und er sich frage, warum strickt sie den Fäustling, immer den
gleichen Fäustling?, frage er sich auch, warum sie sich, da sie doch ununterbrochen ihre Zeit mit dem Fäustlingsstricken verbringe, niemals Zeit
nehme, seine Socken zu stopfen, die Hemden zu flicken, seine zerrissene
Weste wieder zusammenzunähen, überall in meinen Kleidungsstücken

große Löcher, sage er sich, und sie strickt an dem Fäustling. Ihre eigene
Haube wäre zu stopfen, ihre eigene Bluse, aber nein, sie strickt an dem
Fäustling. Das Kalkwerk habe sie endgültig umgebracht, denke er, während er sie beobachtet, wie sie am Fäustling strickt. Man könne einen
Menschen wie seine Frau in diesem Zustand, Folge des beinahe fünfjäh-
rigen Aufenthaltes im Kalkwerk, auch mit der größten Gefühls- und Ver-
standesnachsicht nicht mehr als einen lebendigen bezeichnen, denke er,
während er sie beim Fäustlingsstricken beobachtet. Zwischen ihnen sei
schon lange nichts mehr als ein Zustand, den er sich nurmehr noch als
Ignoration zu bezeichnen getraue. Andererseits hätte alles Vorherige, alles
Herumreisen wie gesagt, nur auf das Kalkwerk gezielt. Unser Ziel ist das
Kalkwerk gewesen, unser Ziel ist der Tod gewesen durch das Kalkwerk.
Bevor wir ins Kalkwerk gegangen sind, so Konrad zu Wieser, ununterbrochene und die größte Menschengesellschaft, nachdem wir ins Kalkwerk gegangen waren, überhaupt keine Menschengesellschaft mehr, das
müsse zuerst zur Verzweiflung, dann zur Geistes- und Gefühlsöde, dann
zu Krankheit und Tod führen. Hier sind ja überhaupt keinerlei Vorkommnisse mehr!, soll Konrad Wieser gegenüber ausgerufen haben. Aber
allein eine solche Unsinnigkeit wie in das Kalkwerk zu gehen, als Kühnheit zu bezeichnen, bedeute Selbstmord. Sie, die Konrad, habe sich allerdings in den ersten beiden Jahren im Kalkwerk auch eingeredet, ihrer
beider völliges Zurückziehen ins Kalkwerk bedeute für ihn, Konrad, Rettung, zuerst habe sie sich selbst gesagt, natürlich ist es seine (meine) Rettung, soll Konrad zu Wieser gesagt haben, dann, schon nach einem halben
Jahr, möglicherweise ist es seine (meine) Rettung, dann, nach einem Jahr,
wahrscheinlich ist es seine (meine) Rettung, und nach zwei Jahren, natürlich kann es seine (meine) Rettung nicht sein, nach drei Jahren sei ihr
klar gewesen, daß das Kalkwerk, ganz im Gegenteil, die völlige Vernichtung Konrads bedeute, während er selbst sich dieser Tatsache noch nicht
bewußt gewesen war, sich diese Tatsache noch längere Zeit mit der Hoffnung auf die vielleicht doch noch mögliche Niederschrift der Studie zuzudecken getraute. Schließlich hatten sie sich beide nurmehr noch folgendes gesagt, sagt Wieser: im Kalkwerk kostet uns das Leben wenigstens
beinahe nichts. Tatsächlich lebt man ja, wie man weiß, auf dem Land und
noch dazu in einer solchen abgeschiedenen und abgeschnittenen Gegend
wie in der Gegend von Sicking um einen lächerlichen Bruchteil von dem,
das man überall sonst, ganz zu schweigen von dem Leben in den Groß-

städten, haben muß, aber diese Tatsache als Grund dafür, sich ins Kalkwerk zurückzuziehen, auch nur in ihrer beider Köpfe auftauchen zu lassen, war ihnen als ungemeine Demütigung erschienen. Aber zeitweise sollen sie sich tatsächlich mit diesem Grund zufriedengegeben haben, das heißt, dieser Gedanke, daß das Kalkwerk eine Verbilligung ihrer Existenz nach sich gezogen habe, zwangsläufig, so Konrad zu Wieser, rettete sie oft über ein paar Stunden oder auf ein paar Tage. Schließlich hatten sie ja in Wirklichkeit fast kein Geld mehr, Konrad zu Wieser im Vertrauen: fast nichts mehr. Dazu fällt mir Wiesers Beschreibung von Konrads Beschreibung von Konrads letztem Bankbesuch ein: heute früh bin ich auf der Bank gewesen, sagt Konrad zu Wieser, man hat mir noch einmal zehntausend gegeben, das wären allerdings die letzten zehntausend, hat man gesagt. Der junge Beamte heraußen, im Schalterraum, verstehen Sie, hat mir ja überhaupt kein Geld (mehr) geben wollen, aber ich bin sofort zum Direktor gegangen. Der Direktor hat mich gleich, sehr höflich naturgemäß, empfangen. Sie wissen ja, dieses kleine Direktorkabinett, in welchem ständig so schlechte Luft ist, weil niemals gelüftet wird, wobei man zu bedenken hat, soll Konrad zu Wieser gesagt haben, daß, macht man das Direktorkabinettfenster auf, von draußen eine noch viel schlechtere Luft hereinkommt, vom Parkplatz, wissen Sie. Ich gehe also zum Direktor hinein, diese grüngestrichenen eisernen Aktenschränke, wissen Sie, sagt Konrad. Man kann nicht anders, als sofort beim Eintreten in das Direktorkabinett das an der Wand hängende Bild des Gründers der Bank, des Herrn Derflinger, anschaun. Hinaufgedrehter Schnurrbart, Bauerngesicht und so weiter. Wir schütteln unsere Hände, sagt Konrad, ich solle Platz nehmen und ich nehme Platz. Vor sich auf dem Schreibtisch hat der Direktor, sehe ich sofort, alle mich betreffenden Unterlagen. Daß es jetzt zu einer entscheidenden, zu der entscheidenden Aussprache zwischen mir und dem Direktor kommen werde, denke ich und ich habe mich nicht getäuscht, der Direktor blättert in den mich betreffenden Papieren, dann telefoniert er, die mich betreffenden Papiere betreffend, dann läßt er einen, dann einen zweiten, dann einen dritten, einen vierten, fünften Beamten kommen, alles in Zusammenhang mit den mich betreffenden Papieren, Kontoauszügen etcetera, dann telefoniert er, dann studiert er, dann telefoniert er wieder, studiert wieder etcetera. Tatsächlich hat der Direktor alle mich betreffenden Papiere bei der Hand und das heißt, alle Papiere aus allen Jahren, in welchen ich mit der Bank in Verbindung bin.

Der Direktor blättert alle diese Papiere durch, dabei denke ich fortwährend, ob er mir vielleicht gar kein Geld mehr gibt, in der Gesichtsmiene des Direktors ist nicht klar auszumachen: gibt er mir Geld, oder gibt er mir kein Geld, einmal denke ich: er gibt, einmal: er gibt nicht, dann denke ich wieder: er gibt, dann wieder: er gibt nicht. Immer wieder werden mich betreffende neue Papiere in das Direktorkabinett hereingeholt, die Beamten und Beamtinnen schleppen sich tatsächlich mit lauter mich betreffenden Papieren ab. Schließlich heißt es für einen der Beamten sogar, die Leiter holen und auf die Leiter hinaufsteigen und aus einem Fach unter der Kabinettdecke mich betreffende Papiere heraus- und herunterholen. Der Direktor drängt den Beamten zur Eile, aber der Beamte sagt zuerst, er könne nicht schneller auf die Leiter hinauf-, dann wieder, er könne nicht schneller von der Leiter heruntersteigen, um sich nicht zu verletzen, er meinte, er wolle sich nicht das Genick brechen, worauf aber der Direktor nichts sagte, wahrscheinlich, weil es sich um einen guten Beamten handelt, hielt sich der Direktor zurück, soll Konrad zu Wieser gesagt haben. Schließlich hat der Direktor gesehen, daß ich noch meinen Mantel anhabe und er sprang auf und wollte mir aus meinem Mantel heraushelfen, um meinen Mantel an dem Türhaken aufzuhängen, ich sprang aber selbst auf, so Konrad, und zog meinen Mantel aus und hängte ihn an den Türhaken. Es wäre heute besonders heiß hier, soll der Direktor zu Konrad gesagt haben, Konrad wiederholt: ja, besonders heiß. Deshalb habe er, der Direktor, ja auch heute nur einen leichten Rock an, das komme Konrad sicher merkwürdig vor, daß der Direktor im Winter einen leichten Sommerrock anhabe, aber, so der Direktor zu Konrad, sagt Wieser, hier, in diesem Zimmer (er sagte nicht Kabinett), kann man es ja in Winterkleidung nicht aushalten, man zieht sich viel zu warm an und verkühlt sich, schuld seien die Zentralheizungen, andauernd sitze man in einem viel zu heißen Zimmer (nicht Kabinett) und habe Angst, sich zu verkühlen, weil es einem zu heiß ist. Man könne in der ganzen Bank außerdem die Lüftung nicht regulieren. Die Unterlagen häuften sich auf dem Direktorschreibtisch, soll Konrad zu Wieser gesagt haben, schließlich hatte ich Mühe, mein Gegenüber, den Direktor also, nicht aus den Augen zu verlieren, ein Berg Akten lag auf einmal zwischen mir und dem Direktor. Während ich den Direktor schließlich überhaupt nicht mehr sehen konnte, hörte ich wenigstens noch, was er sagte. Sein Gesicht sah ich nicht mehr, soll Konrad zu Wieser gesagt haben, aber seine Stimme hörte ich noch. Es sei ihm, Konrad, aufgefallen, daß einige der Beamten bei ihrem Hereinkommen in das Direktorkabinett Konrad nicht grüßten, auch drei der vier hergekommenen Mädchen sollen ihn, Konrad, nicht gegrüßt haben, das habe Konrad sofort mit seiner Verschuldung in Beziehung gebracht und außerdem gedacht, daß das unerhört sei, einen Mann wie ihn, einen Bankkunden wie ihn, der jahrelang in so ausgezeichneter Geschäftsverbindung mit der Bank gestanden war, durch Grußlosigkeit vor den Kopf zu stoßen. Dann wieder habe Konrad sich gedacht, ob die Grußlosigkeit dieser Angestellten nicht nur auf Nachlässigkeit zurückzuführen sei, also ohne Absicht hätten sie ihn bei ihrem Eintreten in das Direktorkabinett nicht gegrüßt und so fort. Immer wieder soll der Direktor mit den Beamten im Schalterraum, aber auch mit Beamten im ersten Stock, in der sogenannten Kreditabteilung, telefoniert haben. Schließlich seien auch mehrere von Konrad im Laufe des letzten Jahres unterschriebene, längst fällige Wechsel in das Direktorkabinett hereingebracht worden. Konrad sei schließlich klar gewesen, daß er kein Geld mehr bekommen, daß man ihn im Gegenteil auffordern werde, seine Schulden, vor allem seine Wechselschulden zu bezahlen. Fortwährend hatte er dabei aber den Gedanken, so Wieser, daß seine, Konrads, Frau von dem allen nichts wisse, denn alles Finanzielle hatte er bisher immer vor seiner Frau verheimlicht und verheimlichen können, und in der von ihm so genannten ihrer beider Finanzielles betreffenden Verheimlichungstaktik der Konrad gegenüber schon den äußersten Höhepunkt erreicht. Jetzt werde alles und das heißt, ihrer beider endgültige Katastrophe aufkommen und alles mit ihnen zum Ende in einem fürchterlichen Krach auseinanderbrechen, habe Konrad gedacht, sagt Wieser, während der Direktor der Bank andauernd mit den Konrad betreffenden Finanzpapieren beschäftigt gewesen war. Die Beamten und Beamtinnen sind so in Eile gewesen, soll Konrad gedacht haben, daß sie aus diesem Grund Konrad nicht grüßen hatten können. Aus der ganzen Art und Weise der Vorgänge in der ganzen Bank habe Konrad den Eindruck haben müssen, daß sich alles in der Bank nur auf ihn konzentriere. Immer telefonierte der Direktor um ein weiteres mich betreffendes Papier, soll Konrad zu Wieser gesagt haben, immer noch gab es mich betreffende Papiere im Bankhaus. Die Physiognomie der Bankangestellten ist immer die gleiche Physiognomie, ihm, Konrad, komme immer vor, die Köpfe der Bankleute seien mit nichts anderem als mit Papiergeld angefüllt und ihre Gesichter aus nichts anderem als aus Papier-

geld. Durch den Anblick des Bankbegründers Derflinger, soll Konrad zu
Wieser gesagt haben, indem ich den Bankgründer immer wieder längere
Zeit anschaute, sein Bauerngesicht, dämpfte ich doch die naturgemäß
schließlich immer größere Erregung meinerseits. Wieder glaube ich, Geld
zu bekommen, aber gleich darauf stellt sich der Gedanke als auf nichts
gegründet heraus und ich denke, der Direktor gibt mir kein Geld mehr,
indem das der Direktor sagt, höre ich, daß er mir kein Geld mehr geben
wird, obwohl er überhaupt nichts mit dem Geld Zusammenhängendes
sagt, er sagt: wie heiß es hier ist!, und ich höre daraus, daß er mir kein Geld
mehr geben wird, was das bedeutet hätte, soll Konrad zu Wieser gesagt
haben, kann ich Ihnen nicht sagen, weil es tatsächlich etwas Unvorstell-
bares bedeutet hätte. Die Tatsache, höre ich auf einmal den Direktor, ist ja
doch wohl, daß Sie (also ich) mit über zwei Millionen verschuldet sind,
und zwar in erster Linie unserer Bank gegenüber, rechnet man Ihren
Besitz ab, verbleiben mindestens eineinhalb Millionen, sagt der Direktor.
Ihr Besitz deckt ja Ihre Schulden bei weitem nicht!, sagt der Direktor
mehrere Male, Konrad soll den Satz des Direktors: Ihr Besitz deckt Ihre
Schulden bei weitem nicht! drei-, vier-, fünf-, sechsmal gehört haben,
während der Direktor diesen Satz in Wirklichkeit nur ein einziges Mal
ausgesprochen haben soll, ununterbrochen hörte ich diesen Satz!, so Konrad zu Wieser. Und dann sagt der Direktor folgenden Satz, den ich immer
wieder höre, den ich einfach nicht mehr aus meinem Kopf herausbringe,
soll Konrad zu Wieser gesagt haben, der Direktor sagt: und wie Sie wissen,
haben wir die sogenannte Zwangsversteigerung des Kalkwerks in die
Wege geleitet. Natürlich habe man eine solche immerhin schmerzvolle
Maßnahme längere Zeit hinausschieben können, jetzt aber könne man
diese Maßnahme nicht mehr hinausschieben, sie sei unaufschiebbar geworden, auch das Wort *unaufschiebbar* soll Konrad nicht mehr aus seinem
Kopf gebracht haben, tagelang nicht, wochenlang nicht, bis zur sogenannten Bluttat nicht. Jahrelang sei er, Konrad, ganz einfach auf die Bank
gegangen und habe Geld verlangt und die Bank habe ihm Geld gegeben,
es sei jahrelang eine zweiwöchentlich sich wiederholende Gewohnheit
gewesen, daß Konrad am Vormittag vom Kalkwerk nach Sicking hineingeht, die Bank betritt und eine mehr oder weniger größere Summe, so der
Direktor, abhebt und tatsächlich hätte ihn die Bank immer jede gewünschte Summe ohne den geringsten Widerstand abheben lassen, einmal fünftausend, einmal zehntausend, einmal zweitausend, einmal ein-

tausend, einmal fünfhundert, einmal zwanzigtausend und so fort. Der Bank sei es niemals eingefallen, Konrad das Abheben, gleich welcher Summe, zu verweigern, die Bank habe sich immer und in allen möglichen Ansprüchen Konrads als gefällig, ja, das müsse jetzt selbst der Direktor sagen, als großzügig erwiesen. Jetzt aber sei alles zu Ende. Da habe ich, soll Konrad zu Wieser gesagt haben, naturgemäß augenblicklich aufstehen und weggehen wollen, weggehen, nichts als weggehen, habe ich gedacht, und ich bin auch tatsächlich aufgestanden und ich habe den Mantel vom Haken genommen, so Konrad zu Wieser, und ich habe dem Direktor die Hand hingehalten und der Direktor, der selbstverständlich aufgesprungen war, nachdem ich aufgesprungen war, hat mir die Hand gegeben und gesagt: gut, zehntausend können Sie abheben, wir geben Ihnen selbstverständlich noch einmal zehntausend. Der Direktor hat tatsächlich selbstverständlich gesagt, soll Konrad zu Wieser gesagt haben. Selbstverständlich, selbstverständlich, selbstverständlich, immer wieder höre ich heute noch das Wort selbstverständlich, soll Konrad zu Wieser gesagt haben, sehr grotesk aus Gewohnheit, so Konrad, selbstverständlich, wo es doch das Selbstverständlichste gewesen wäre, so Konrad, daß man mir nichts mehr gegeben hätte. Auch noch das Wort Zuvorkommenheit soll der Bankdirektor gesagt haben, genauso das Wort natürlich. Und wie ich gewohnheitsmäßig zu Monatsanfang immer die runde Summe von zehntausend abgehoben habe, so Konrad zu Wieser, habe ich auch, nachdem ich mich von dem Direktor verabschiedet und ihm, wie gesagt, die Hand geschüttelt gehabt habe, die runde Summe von zehntausend abgehoben. Ich steckte das Geld in die Rocktasche und verließ die Bank, ein- für allemal das letzte Mal verließ ich die Bank, soll Konrad zu Wieser gesagt haben. Ich ging in ein paar Geschäfte, kaufte Schuhriemen, Talg, Schreibpapier, Hemdknöpfe, neue Fäustlingswolle für meine Frau und ging zum Kalkwerk zurück. Zweifellos hat sich die Bank noch einmal als großzügig erwiesen, soll Konrad zu Wieser gesagt haben. Auf dem Heimweg ist mir naturgemäß die ganze Ausweglosigkeit unserer Situation zu Bewußtsein gekommen. Tatsächlich, wenn wir sparen, habe ich mir gedacht, während ich bis zum Felsvorsprung und wieder zum Gasthaus zurück und vom Gasthaus zum Sägewerk und vom Sägewerk zum Felsvorsprung und hinter dem Zuhaus am Zuhaus vorbei in das Kalkwerk gegangen bin, haben wir noch ein paar Wochen, wenn wir noch mehr sparen, vielleicht sogar noch ein paar Monate mit diesen zehntausend Zeit. Wenn wir unsere

Ansprüche von den niedrigsten auf noch niedrigere Ansprüche herunterdrücken können, was uns, weil wir ja, wie Konrad zu Wieser gesagt haben soll, die Anspruchslosesten sind, leicht gelingt. Natürlich muß es mir in dieser Zeit aber auch gelingen, die Studie niederzuschreiben, soll Konrad zu Wieser gesagt haben, ist die Studie niedergeschrieben, ist alles andere ohne Bedeutung und wahrscheinlich ist gerade die ausweglostete Situation die beste für die Niederschrift der Studie. Insofern, als ich diesen Gedanken immer weiter entwickeln und schließlich zu meinem Hauptgedanken habe machen können, soll Konrad zu Wieser gesagt haben, fühlte ich nicht einmal Beklommenheit, im Gegenteil, ich bin pfeifend in mein Zimmer gekommen. Am Abend, erinnere ich mich, soll Konrad zu Wieser gesagt haben, sagt sie, während ich ihr aus dem Kropotkin vorlese, plötzlich das Wort Ball, kurz darauf das Wort Faschingsball. Obwohl sie das Wort Faschingsball mehrere Male ausspricht, so Konrad zu Wieser, höre ich mehrere Male das Wort Faschingsball. Dann sagt sie: weißt du noch?, und dann sagt sie die Wörter Venedig, Parma, Florenz, Nizza, Paris, Deggendorf, Landshut, Schönbrunn, Mannheim, Sighartstein sagt sie, Henndorf. Aber das alles ist ja mindestens dreißig Jahre zurück, sagt sie. Bälle! Bälle!, ruft sie aus. Immer wieder: Bälle! Bälle! Du hast dich dagegen gewehrt, aber ich habe nicht locker gelassen, sagt sie, einfach nicht locker gelassen. In Paris, in Rom, erinnerst du dich? Auf den Ball! Auf den Ball! habe ich kommandiert und wir sind auf den Ball gegangen, auf alle diese Bälle sind wir gegangen. Meine Rücksichtslosigkeit ist die stärkere Rücksichtslosigkeit gewesen. Du hast mir das Kleid angezogen, in Rom das rote Kleid, in Florenz das blaue, in Venedig das blaue, in Parma das weiße Kleid, das Schleppenkleid in Madrid, sagt sie. Plötzlich sagt sie: das Schleppenkleid, ja, das Schleppenkleid, ich will das Schleppenkleid anziehn, zieh mir das Schleppenkleid an, ja, zieh es mir an, zieh es mir an! und ich ziehe ihr das Schleppenkleid an. Los, den Spiegel, kommandiert sie und dann: los, die Puderdose! und dann pudert sie ihr Gesicht ein und schaut sich in den Spiegel, abwechselnd pudert sie ihr Gesicht ein und schaut sie sich in den Spiegel. Plötzlich sagt sie: ich sehe ja nichts, ich sehe ja überhaupt nichts. Tatsächlich, so Konrad zu Wieser, sieht sie in der Puderwolke in ihrem Spiegel nichts. Wahrscheinlich ist es gut, daß ich nichts sehe, sagt sie, darauf pudert sie sich immer noch mehr ein. Ihr ganzes Kleid ist voller Puder, soll Konrad zu Wieser gesagt haben, und immer wieder sagt sie: ich muß mich einpudern, einpudern muß ich mich,

zur Gänze einpudern, und wie kein Puder mehr in der Puderdose ist, sagt
sie: haben wir nicht noch irgendwo Puder? Es muß doch noch Puder da
sein! Puder! Puder! Puder!, sagt sie und tatsächlich finde ich eine zweite
Puderdose und sie pudert ihr Gesicht vollkommen ein, sagt Konrad zu
Wieser, plötzlich sehe ich nicht einmal mehr ihr Gesicht, sie hat sich ihr
Gesicht vollkommen zugepudert. Zugepudert! Zugepudert!, sagt sie: zugepudert! Zugepudert!, ruft sie aus, sagt Konrad, plötzlich lacht sie und
ruft: eingepudert, zugepudert, vollkommen zugepudert habe ich mich
und sie lacht und ruft und lacht und ruft: eingepudert, zugepudert, zugepudert, eingepudert, zugepudert! Dann schweigt sie und richtet sich auf
und sagt: gut so. Und noch einmal: gut so. Und dann: die Vorstellung ist
aus. Abgebrochen. Die Vorstellung ist abgebrochen, aus. Wir haben einen
Skandal! Stell dir vor, ruft sie, sagt Konrad zu Wieser, wir haben einen
Skandal, wir haben einen Skandal im Haus, einen Skandal! Einen Skandal! Einen Skandal! Nach kurzem Schweigen sagt sie, sagt Konrad: gut so,
gut so. Sie ist völlig erschöpft, wie ich ihr das Schleppenkleid wieder
ausziehe. Du mußt das Kleid gut ausschütteln, sagt sie, sagt Konrad zu
Wieser, das ganze Kleid ist voller Puder, geh hinaus auf den Gang und
schüttle das Kleid gut aus! und ich gehe hinaus und schüttle das Kleid aus.
Um elf sage ich Gute Nacht und gehe in mein Zimmer, sagt Konrad, in
meinem Zimmer aber stelle ich fest, daß ich den Kropotkin in ihrem
Zimmer vergessen habe, ich gehe also wieder in ihr Zimmer hinauf und
hole mir den Kropotkin. Überraschenderweise, wahrscheinlich aus Erschöpfung, so Konrad zu Wieser, schlief sie schon. Ich tastete mich zum
Tisch und nahm den Kropotkin an mich und ging in mein Zimmer
zurück. Im Kropotkin zu lesen, beruhigte mich. Gegen zwei Uhr, meine
übliche Einschlafzeit, so Konrad zu Wieser, schlief ich ein. Zu Fro: nicht
das erste Mal sitzen wir in völliger Finsternis. Wir haben nichts zum
Nachtmahl gegessen. Nicht das Unsinnigste kann ich tun, nicht Fingernägel schneiden, nicht Zehennägel schneiden, sagt Konrad. Absolute Untätigkeit. Ich sage, ich lese aus dem Kropotkin vor und kann nicht, ich
sage, ich lese aus dem Ofterdingen vor und kann nicht. Und dieser deprimierende Eindruck, ununterbrochen meiner erschöpften Frau gegen-
überzusitzen. Versuch es doch noch einmal mit dem Kropotkin, noch
einmal mit dem Ofterdingen, denke ich abwechselnd, umsonst. Ich habe
aber auch nicht die Kraft, aufzustehn und in mein Zimmer zu gehn.
Während ich ihr gegenübersitze, kommt mir die ganze Verwahrlosung

und Armseligkeit meiner Frau deutlicher denn je zu Bewußtsein, auch meine eigene Verwahrlosung und Armseligkeit. Schaue ich durchs Fenster, weiß ich auch in der Finsternis, das Wetter ist die Ursache dieser Zustände. Das Wetter kann einen Menschen wie mich und einen Menschen wie sie verrückt machen, dazu die grundlegenden Ursachen für Verzweiflung, denke ich. Wir sind beide unbeweglich in unseren Sesseln. Bis in die Frühe sitzen wir wortlos, völlig erschöpft, völlig ermüdet und total erschöpft in unseren Sesseln, halbwach, und ab und zu klammern wir uns gegenseitig stillschweigend an unseren Körpern an, damit wir nicht von einem Augenblick auf den andern den Verstand verlieren. Begräbnis des Sägewerkers: Höller holt mich ab, sagt Konrad zu Fro, wir gehen unter dem Felsvorsprung zum Sägewerk. Ich habe mir schwarze Kleidungsstücke zusammengesucht und angezogen, sagt Konrad zu Fro. Ein Paar warme Wollstrümpfe, die ich mir einmal in Mannheim zum Begräbnis meines Vetters Albert gekauft habe, meines jüngsten Vetters. Auch die warme schwarze Weste, die ich in Hamburg gekauft habe, habe ich angezogen. Ich habe den schwarzen Borsalino auf. Natürlich den schwarzen Wollschal um den Hals. Und schwarze Schuhe, die ich in Venedig gekauft habe. Man müsse vorsichtig sein, soll Höller zu Konrad gesagt haben, sagt Konrad zu Fro, man gehe auf ein Begräbnis und hole sich den Tod. Ich habe das oft beobachtet, soll Konrad zu Fro gesagt haben: ein Mensch geht auf ein Begräbnis und verkühlt sich und kurz darauf ist sein eigenes Begräbnis. Während wir zum Felsvorsprung gehen, soll Konrad zu Fro gesagt haben, denke ich über das Verhältnis zwischen mir und dem Sägewerker nach und denke, daß zwischen mir und dem Sägewerker immer ein gutes Verhältnis gewesen ist. Wer schwarze Kleidung hat, geht in schwarzer Kleidung auf ein Begräbnis, denke ich, während wir auf das Sägewerk zugehen. Sofort geht man, ist man am Trauerhaus, in das Aufbahrungszimmer hinein. Man drückt der Witwe oder dem Witwer die Hand. Man sagt etwas von einem guten Menschen, teuren Toten. Hinter der Leiche gehen alle langsam, sie sprechen nicht, sondern murmeln. Man versteht kein Wort. Besonderen Begräbnissen schließen sich Hunderte an. Das Begräbnis des Sägewerkers ist ein besonderes Begräbnis, denke ich. Nach besonderen Begräbnissen, auf welche besondere Menschen gehen und auf welchen eine besondere Geistlichkeit die Einsegnung vornimmt, geht man in ein besonderes Gasthaus und ißt ein besonderes Essen, denke ich. Ein besonderer Wagen fährt besonders geschmückt von besonders glänzenden und besonders geschmückten Pferden gezogen vor besonders in Mitleidenschaft gezogenen Leuten. Der Leichenzug hat eine besondere Zusammensetzung, die Liturgie am Grabe ist eine besondere, naturgemäß sind die Kosten besondere. Und der Tag, an welchem ein solches Begräbnis stattfindet, ist ein besonderer Tag, denke ich, sagt Konrad zu Fro, ich gehe auf das Sägewerk zu, auf das Hunderte Leute zugehen, alle schwarz gekleidet, sagt Konrad zu Fro, und manchmal geht Höller vor mir, manchmal, weil ich keinen regelmäßigen Gang habe, hinter mir, schließlich aber geht Höller wieder neben mir und ich denke: der Feuerwehrhauptmann wird eine besondere Rede halten. Tatsächlich sehe ich, wie wir beim Sägewerk angekommen sind, daß alle Leute besonders angezogen sind. Besonders schöne Kränze, besonders weiße, saubere Kinderkleidchen sehe ich. Besonders kostbar ist der Sarg. Schließlich, am offenen Grab, soll Konrad zu Fro gesagt haben, denke ich, soll ich den Hut aufbehalten oder nicht, nimmst du den Hut ab, verkühlst du dich tödlich, läßt du ihn auf, reden die Leute darüber, also, soll Konrad zu Fro gesagt haben, ich behalte den Hut auf. Der Feuerwehrhauptmann hält eine besonders kurze Rede, das verblüfft mich zuerst, sagt Konrad zu Fro, dann aber fällt mir ein, daß der Feuerwehrhauptmann und der Sägewerker Feinde gewesen sind, und natürlich ist die Rede des Feuerwehrhauptmanns kurz. Um so länger ist die Rede des Geistlichen. Die Tiefe der offenen Gräber erschüttert mich immer, soll Konrad zu Fro gesagt haben, man sei mutig und führe ein großes Wort, aber vor der Tiefe der offenen Gräber erschrecke man. Hatte ich mit dem Sägewerker keinerlei Differenzen?, denke ich, soll Konrad zu Fro gesagt haben. Nein, mit dem Sägewerker habe ich keinerlei Differenzen gehabt, soll Konrad auf dem Heimweg vom Begräbnis gedacht haben. Tatsächlich ist der Sägewerker ein ordentlicher Mensch gewesen, soll Konrad, während sie sich dem Kalkwerk näherten, zum Höller gesagt haben, darauf habe er längere Zeit darüber nachgedacht, warum er und vor allem zum Höller auf dem Nachhauseweg gesagt habe, der Sägewerker wäre ein ordentlicher Mensch gewesen, er hätte ja auch sagen können, ein guter oder wenigstens ein einwandfreier Mensch. Den Rest des Tages seien die abwechselnde Lektüre des Ofterdingen und des Kropotkin auf dem Programm gestanden, während des Vorlesens mußte ich immer noch an das Begräbnis denken, soll Konrad zu Fro gesagt haben, und meine Stimme war dadurch eine völlig andere, als sie es sonst ist. Fro: ein Traum Konrads: in einem Anfall von plötzlicher, nicht näher klassifizierbarer Verrücktheit (Katatonie?) hat er, Konrad, angefangen, das Kalkwerksinnere, und zwar von ganz oben unter dem Dach, nach und nach bis ganz hinunter, mit schwarzem Mattlack auszumalen, den er in mehreren großen Kübeln auf dem Dachboden gefunden hat. Nicht früher, als bis er nicht das ganze Kalkwerksinnere mit schwarzem Mattlack ausgemalt habe, verlasse er das Kalkwerk, habe er sich gesagt und den größten Wert darauf gelegt, tatsächlich alles im Kalkwerk schwarz und das heißt, mit dem von ihm auf dem Dachboden vorgefundenen schwarzen Mattlack, auszumalen. Decken, Wände, noch vorhandene Einrichtungsgegenstände, wie gesagt, einfach alles malte er schwarz an und aus, und er malte sogar das Zimmer seiner Frau, schließlich alles im Zimmer seiner Frau und schließlich seine Frau selbst schwarz an und aus, man muß sich vorstellen, alles in ihrem Zimmer, also auch ihren französischen Krankensessel, wie gesagt alles und schließlich auch alles in seinem Zimmer und er brauchte genau sieben Tage dazu, so Fro, um das ganze Kalkwerk und das ganze Kalkwerksinnere und schließlich auch das Innere des Kalkwerksinneren schwarz an- und auszumalen. Kaum war er damit fertig gewesen, so Fro, habe er das Kalkwerk von außen abgesperrt und sei am Zuhaus vorbei zum Felsvorsprung gelaufen und habe sich vom Felsvorsprung in die Tiefe gestürzt. Fro heute: fortwährend habe er Angst, ein Mann aus der Bank könne anklopfen, daher mache er nicht mehr auf. Ein Mann von der Bank oder einer von der Polizei stehe vor der Tür, dadurch gehe er nicht mehr aus seinem Zimmer hinaus, auch auf das Läuten und Klopfen seiner Frau nicht. Ihn, Fro, habe er nur aus tiefster Verzweiflung ins Kalkwerk hereingelassen. Oft klopfe jemand mit unerschrockener Hartnäckigkeit an die Tür, er glaube aber nicht, daß das der Höller sei, denn der Höller tue das nicht. Als ob jemand das Kalkwerk zertrümmern wolle, klopfe es. Konrad soll gesagt haben: ich sitze in meinem Sessel und höre das Klopfen und warte von einem Klopfen auf das andere, an den unregelmäßigen Abständen, mit welchen an die Tür geklopft werde, könne er nicht mehr erraten, wer klopfe. Ist es einer aus der Bank? ist es einer von der Polizei? denke er. Er bleibe ununterbrochen in seinem Sessel sitzen. Mache nicht auf. Er beherrsche sich. Stundenlang höre er das Läuten seiner Frau, denke aber: es hat keinen Zweck, daß ich hinaufgehe. Es ist alles zwecklos, denke er. Zu Wieser, mit dem ich heute die Lebensversicherung habe abschließen können, soll Konrad gesagt haben, daß einem das ungeheure Material, das man für eine solche Studie angesammelt, und zwar in seinem Kopfe angesammelt habe, eine solche Studie zunichte machen könne, die Wahrscheinlichkeit, daß einem eine solche Studie zunichte gemacht werde durch ungeheuere, immer noch ungeheuerere Materialansammlung als Studie schließlich, sei in dem Maße der Ansammlung des Materials für eine solche Studie eine immer noch größere. Schließlich werde man von dem Begriffsmaterial ganz einfach erdrückt. Zuerst habe er geglaubt, die Studie sei ihm durchaus möglich, dann, die Studie sei ihm endgültig unmöglich, abwechselnd erschien ihm die Studie möglich und wieder unmöglich, aber die Abschnitte, in welchen ihm die Niederschrift der Studie möglich erscheine, seien immer kürzere Abschnitte, die Abschnitte, in welchen die Studie verloren, immer längere. Aber er habe immer wieder eine Möglichkeit gesehen, mit der Niederschrift anfangen zu können, tatsächlich glaube er auch heute (also noch vor einem halben Jahr!), die Studie plötzlich und in einem Zuge, wie er sich Wieser gegenüber ausgedrückt haben soll, niederschreiben zu können. Schließlich ginge es ja doch nur darum, sich einfach niederzusetzen und die Studie aufzuschreiben, er könne nicht glauben, daß diese günstige Konstellation, nämlich, sich hinsetzen und die Studie ohne weiteres aus dem Kopf heraus auf das Papier niederschreiben zu können, nicht auf einmal doch da wäre. Jede Konstellation komme einmal im richtigen Augenblick, soll Konrad gesagt haben, jede günstige wie auch jede ungünstige, das sei das Wesen einer jeden Konstellation, und es gehe nur darum, den einzig richtigen Augenblick einer solchen günstigen oder ungünstigen Konstellation im richtigen Augenblick zu erkennen. Im Grunde sei es nichts anderes als: man setze sich hin und schreibe auf, was man aufzuschreiben habe. Ist der Zeitpunkt da, gehört er ausgenützt, und es habe ihm einfach bis jetzt die Möglichkeit gefehlt, den Zeitpunkt auszunützen, zweifellos sei der Augenblick schon sehr oft dagewesen, er denke nur an die günstige Brüsseler oder die günstige Mannheimer oder an die noch günstigere Meraner oder Deggendorfer oder Landshuter Zeit, er habe diese nur nicht ausnützen können, alles sei zu gewissen richtigen Augenblicken immer wieder, soll Konrad gesagt haben, man nütze es nur nicht aus, die meisten, das sei ihm allerdings kein Trost, nützten die günstigen einzigen Augenblicke niemals in ihrem Leben aus, zu diesen möchte er, Konrad, vor allem im Hinblick auf eine so wichtige Arbeit wie die Studie, nicht gehören, aber in jedem Menschen wie in jedem Gehirn oder Kopf sei, wie er sagt, einmal alles möglich und dieses *einmal alles* möchte er, sei es in naher, sei es in weiterer, sei es in nächster Zukunft, was er wünsche, erkennen und ausnützen, unausgenützte günstige Konstellationen, Zeiten etcetera, habe er genug in seinem Leben aufzuweisen, die meisten Menschen existierten nur aus solchen und seien nur aus solchen sogenannten unausgenützten günstigen (oder ungünstigen) Konstellationen zusammengesetzt, wo man hinschaue, nichts als unausgenützte Konstellationen, günstiger wie auch ungünstiger Natur und freilich: niemand könne entscheiden, sei eine Konstellation günstig oder ungünstig, die eine sei günstig, weil die andere ungünstig sei, die ungünstige günstig für den einen (Kopf), die andere günstig für den ungünstigen etcetera, es hänge vom einzelnen (Kopfe) ab, für sich eine günstige Konstellation aus einer ungünstigen, ungünstige aus einer günstigen etcetera, aus einer günstigen Konstellation eine günstige Konstellation zu machen etcetera. Dazu komme, daß er nicht mehr viel Zeit habe, soll Konrad schon vor zwei Jahren gesagt haben, einerseits lebe ich ja nicht mehr lange, soll er gesagt haben, andererseits lebe ich in ständiger Bedrängnis, im Grunde habe er in der ganzen Zeit keine Zeit und so fort. Und außerdem sei ihm klar, daß er ein alter Mann sei und ein alter Mann habe einen alten Kopf. Andererseits: man schreibe eine Studie zu früh nieder und sie sei, obwohl man sie niedergeschrieben habe, verloren, nichts wert, nichts, oder zu spät und dadurch nichts wert, nichts. Man könne aber auch nicht einen genauen Zeitpunkt für die Niederschrift einer solchen Studie fixieren, das sei ja das Fürchterliche, dieser genaue einzige richtige Zeitpunkt fixiere sich selbst. Daß er sich ohne weiteres eine jahrzehntelange Arbeit durch einen falschen, oder auch nur durch einen falsch verstandenen Zeitpunkt zunichte machen könne. Oder: aus Angst, die angefangene Studie könne er nicht zum Ende bringen, müsse er die angefangene Studie abbrechen, aus nichts sonst. Oder: die Studie ist niedergeschrieben und dadurch wertlos, wie sie, weil sie nicht niedergeschrieben ist, wertlos ist. Daß, weil er voreilig gewesen war, alles zunichte gemacht ist, weil er zu vorsichtig und dadurch zu spät mit der Niederschrift angefangen habe. Und so habe er immer einen neuen Zeitpunkt kommen und vorbeigehen lassen und sich dadurch mehr und mehr geschwächt, schließlich werde er aber einmal so geschwächt sein, daß die Niederschrift der Studie dadurch nicht mehr möglich sei. Er wolle nicht wissen, wie viele hervorragende Geistesprodukte durch Voreiligkeit, wie viele durch Verspätung verloren sind, wie viele außerordentliche Existenzen durch eine solche Voreiligkeit oder Verspätung im Geiste vernichtet. Natürlich, man wisse, wie viele durch Unvorsichtigkeit oder durch Unaufmerksamkeit oder durch Übervorsichtigkeit oder durch Überaufmerksamkeit gescheitert seien. Alles, was er sei, was er also besitze, habe er in die (unaufgeschriebene) Studie investiert. Aber öffentlich zu sagen, auszusprechen, er habe also alles in die Studie investiert, getraue er sich nicht, gestatte er sich nicht. Einerseits sei er größenwahnsinnig in dem fatalsten Sinne des Wortes, und seine Frau verschone ihn nicht mit dieser Tatsache, tagtäglich stoße sie ihn durch gezielte Äußerungen auf diese Tatsache, so furchtbar, wie einen eben ein solcher vollkommener Krüppel als Frau darauf stoßen kann, soll Konrad zu Wieser gesagt haben, andererseits taste er sich ja nurmehr noch schon Jahrzehnte durch nichts als Ängstlichkeit und Furchtsamkeit, durch die und vor der Studie, von einer Verletzungsmöglichkeit zur anderen. Und sage er tatsächlich einmal, er habe alles in die Studie, die er im Kopf habe, was ihm niemand, kein Mensch, glaube, er habe also alles in die Studie investiert, würde er doch nicht ernstgenommen, doch immer wieder nur für einen Narren gehalten. Wie er ja auch seiner Frau täglich sage, er habe alles in die Studie, die er im Kopf habe, wie er immer wieder betone, investiert, und sie ihn genauso tagtäglich als einen Narren, dem sie zum Opfer gefallen sei, bezeichne. Also: sie sei der Krüppel, der dem Narren zum Opfer gefallen sei, insofern sei ein Krüppel dem andern, ebenso ein Narr dem andern zum Opfer gefallen, ihre Verkrüppelung sei eine närrische, wie sein Narrentum verkrüppelt und so fort. Das Gegenüber, die Feinde, soll er gesagt haben, seien doch immer und in jedem Fall in der Übermacht. Nur Feinde, soll er gesagt haben, denn selbst Freunde seien nichts als Feinde, man mache sich einen Freund vor, indem man den Feind hinter diesem Freund verberge, vor sich vertusche, der Freund komme in das Theater, das man sich vormache, herein und setze sich zeitweilig in die Bühnenmitte, weil uns das notwendig erscheine, so lange, bis wir ihn fortjagen, weil wir ihn plötzlich wieder als Feind zu erkennen imstande seien, als Feind unter allen anderen Feinden, die unsere Bühne bevölkerten. Immer neue Feinde als Freunde kommen aus dem Bühnenhintergrund, soll Konrad gesagt haben, von überall her, aus der größten Finsternis heraus Feinde als Freunde und Freunde als Feinde, also Feinde, und wir lassen sie uns in großen Massen selbst vom Schnürboden herunter. Der Wortreichtum der die Bühne bevölkernden Feinde als Freunde (und umgekehrt!) sei der unendlich gewiegte und gefinkelte Stichwörter-

geber überall auf der Bühne, die wir uns selber mit großer Verheuche-
lungstaktik entworfen hätten. Der Vorhang gehe auf, die Feinde (als
Freunde und umgekehrt) kämen auf die Bühne, so Konrad: bis der Tod
den Eisernen Vorhang herunterlasse, einen Großteil der Agierenden augenblicklich zertrümmernd. Ein Fehler sei es zweifellos gewesen, dem
Befehl seiner Eltern, nicht zu studieren und das heißt kein sogenanntes
ordentliches Studium aufzunehmen und durchzuführen und abzuschließen, zu gehorchen, dadurch sei er zeitlebens als Wissenschaftler Außenseiter geblieben, einerseits in dem Vorteil der vollkommenen Unabhängigkeit, andererseits aber in dem Nachteil, gänzlich auf sich selbst
angewiesen zu sein, gewesen, schließlich nur auf das mühevollste vorwärtsgekommen, das Fundament eines sogenannten ordentlichen Studiums
durch das Fundament äußerster Selbstanstrengung seiner zweifellos für
die Naturwissenschaft allergrößten Begabung zu ersetzen, wäre ihm, Konrad, nicht leichtgefallen, aber zu seinem Glück habe er niemals Mutlosigkeit und Risikolosigkeit, seine und das heißt, die Naturwissenschaft und
also seine Studie betreffend, gekannt, im Gegenteil, je mehr das scheinbar
Unüberwindliche vor ihm sich mit jedem Tage und mit jedem sogenannten wissenschaftlichen Augenblicke vergrößerte, reizte es ihn, es zu überwinden, und er hatte auch nach und nach gerade aus den allergrößten
Schwierigkeiten die allergrößten Hindernisse überwinden und sich
schließlich mit guten Materialien und gutem Gewissen, seiner Arbeit an
der Studie, die er von vornherein mit *Das Gehör* betitelt hatte, widmen, er
selber sagte, ausliefern können. Wie sie selbst es gewohnt waren, sollte
Konrad sich unter dem Zwang seiner Eltern nicht auf ein Studium, von
welchem man, und das heißt in seiner unmittelbaren Elternumgebung,
nicht das geringste hielt, sondern ausschließlich auf den weitverzweigten
schönen, rückblickend müsse man sagen, soll Konrad bemerkt haben, die
ganzen Jahrhunderte der Familien, zu welchen er gehörte, mit wunderbarer ökonomischer Natur belebenden Besitz konzentrieren, worin die
zweifellos in seiner Familie geradezu als ein tödliches Erbe hier besonders
augenfällig in Erscheinung tretende Stumpfsinnigkeit der durch Glück
und Unglück Besitzenden zum Ausdruck komme. Anstatt ihn gehen zu
lassen, wohin er habe gehen wollen, auf eine Universität, hatten sie ihn aus
dem Internat heraus nach Hause zurückgeholt und ihm einzureden versucht, es sei das natürlichste Glück auf der Welt, nicht zu studieren und
sich also nicht für den sogenannten größenwahnsinnigen Kopf entschei-

den zu müssen, sie hatten ihn dazu, wie sie es gewohnt gewesen waren und
worin sie immer ihre und also auch seine Erfüllung zu sehen sich getrauten, gezwungen, seine ganze Aufmerksamkeit ausschließlich auf Grundstücke und auf Häuser, auf Sägewerke, Kellereien, Kalkwerke, Zinsblöcke,
Fischwässer, auf Holz und auf Stein und auf das niedrige und auf das
höhere Vieh zu wenden. Tatsächlich hatte aber schon den jungen Konrad
der Familienbesitz überhaupt nicht interessiert, überhaupt interessierte
ihn der Besitz als Selbstzweck nicht, und das habe jeder sehen und an ihm
sich unaufhörlich verstärkend sehen können, so blind habe keiner in seiner Umgebung sein können, und die Folge davon wäre ja die, daß die
Konrad heute (so Konrad vor einem Jahr) soviel wie fast alles verloren
haben. Seine Eltern hätten gewußt, daß er sich nur für ein Studium, nicht
aber für ihren Besitz interessierte, und wie habe er sich für ein naturwissenschaftliches Studium begeistert, das sie ihm nicht gestattet hatten, wie
hätte er sich begeistern können, wäre ihm von ihnen ein solches reines
naturwissenschaftliches Studium, wie er es sich gewünscht hatte, erlaubt
worden, aber Studieren verachteten sie aus tiefster Seele und sie haßten es
mit der ganzen Allmächtigkeit ihres Herkommens und sie hätten ihn
schließlich mit dem Gewicht ihrer Jahrhunderte auf dem Besitz, auf welchem er zu sein hatte, erdrückt, wären sie nicht plötzlich, in verhältnismäßig jungen Jahren, so Konrad, beide ganz kurz nacheinander, gestorben. Nach ihrem Tode aber wäre es für ein Studium zu spät gewesen, aber
er hatte sich frei fühlen und frei entwickeln und das Versäumte in erstaunlich kurzer Zeit einholen können. Gegen alle diese Widerstände habe er
aber im Laufe von nur wenigen Jahren, soll er zu Wieser gesagt haben, die
Studie im Kopf gehabt, gegen alle Widerstände und zwar gegen die widrigsten Widerstände die Studie im Hintergrund seines Kopfes erzeugen
können. Es sei immer das gleiche, so Konrad zu Wieser, zuerst höre er,
dann sehe er, dann denke er, in allen Möglichkeiten sei es immer das
gleiche. Zuerst müsse er hören, dann könne er sehen, dadurch wäre ihm
Denken ermöglicht. Seiner Frau versuche er diesen Umstand Tag für Tag
klarer zu machen, erfolglos. Er denke aber jeden Tag, daß es gut sei, schon
sehr früh mit der urbantschitschen Methode angefangen zu haben, noch
in der Dämmerung, ja oft auch schon, bevor die Dämmerung eintritt, da
hätten sie beide die größte Aufnahme- und Urteilsfähigkeit, die gegen Mittag nachlasse, sich nach dem Mittagessen wieder steigere, ihren Höhepunkt gegen fünf Uhr nachmittag erreiche und dann langsam, ein kurzes

Aufflackern registriere er immer wieder zwischen acht und zehn Uhr abend, abnehme, schließlich gegen Mitternacht erschöpft sei. Immer wieder sage er zu seiner Frau, daß der wissenschaftliche Mensch an eine Sache wie die Studie, die seine Sache sei, tagtäglich mit größter Geheimhaltung, gleichzeitig größter Rücksichtslosigkeit heranzugehen habe, sie höre ihm zwar zu, handle aber gerade dieser Feststellung vollkommen entgegengesetzt. Im übrigen enthalte er sich aller fundamentalen Äußerungen die Studie betreffend schon durch Jahrzehnte, solange ihm die Studie noch in der Luft hänge, wie er sich ausgedrückt haben soll, solange er die Studie nicht gerettet und also niedergeschrieben habe. Auch zu Wieser soll er gesagt haben, daß er es versuche, indem er in seinem Zimmer auf- und abgehe. Anstatt daß ich aber während des Aufundabgehens an die Studie denke, soll er zu Wieser gesagt haben, zähle ich die Schritte und werde dadurch halb verrückt. Anstatt an die Studie, das Wichtigste, denke er an Nebensächliches. Mehrere Male habe er, Konrad, während dieses Aufundabgehens plötzlich den Gedanken gehabt, zum Höller hinunterzugehen und mit dem Höller Holz zu hacken, ich gehe auf und ab, soll er zu Wieser gesagt haben, und denke, ich gehe zum Höller hinunter und hacke mit dem Höller Holz, eine ganze Stunde lang denke ich, hinuntergehen und Holz hacken, und ich folge diesem Gedanken so lange, bis ich einsehe, daß das Unsinn ist, hinunterzugehen und mit dem Höller Holz zu hacken, aber ich suche immer, während ich in meinem Zimmer auf- und abgehe, eine Ablenkung von der Studie, wo ich doch alles daransetzen sollte, mich auf nichts anderes als auf die Studie zu konzentrieren. Man könne nicht an die Hauptsache, gleichzeitig an Nebensachen denken, ohne der Hauptsache, in seinem Falle seiner Studie, großen Schaden zuzufügen, den größten Schaden!, soll Konrad Wieser gegenüber ausgerufen haben. Während ihm aber diese Tatsache vollkommen bewußt sei, denke er doch immer wieder gleichzeitig an die Studie und an etwas Nebensächliches, daran, was er und seine Frau am Abend essen werden zu Mittag, was sie frühstücken werden am Abend, was sie zu Mittag essen werden während des Frühstücks, was dem Höller anzuschaffen sei etcetera. Wieser sagt, Konrad habe ihm gesagt, daß er plötzlich, während er doch mit der Studie beschäftigt sei, an seine Pariser Wohnung denke, an die Mannheimer Wohnung, an die Wohnung in Bozen, er denke an die Studie, denke aber gleichzeitig an etwas gänzlich anderes, er schaute in die Pariser Wohnung hinein, während er hundertprozentig auf die Studie konzentriert sein sollte, Konrad soll zu Wieser gesagt haben: alle möglichen Fremdbilder mischen sich in das Bild, das ich von der Studie habe, in das klare Bild und zerstören es mir, die Studie fällt unter Tausenden und Abertausenden von Fremdbildern, vorgestellten Menschengesichtern etcetera, auseinander. Immer habe ihn etwas anderes an der Niederschrift der Studie gehindert, in Paris, in London die Größe, in Berlin die Oberflächlichkeit, in Wien die Schwachsinnigkeit der Leute, in München der Föhn, einmal hätten ihn die Berge, einmal hätte ihn das Meer, einmal hätte ihn der Frühling, einmal der Sommer, einmal der kälteste Winter, einmal der verregnetste Sommer, dann wieder hätten ihn Familienzwistigkeiten, die Verheerungen der Politik, schließlich und endlich hätte ihm aber immer wieder seine eigene Frau die Niederschrift der Studie unmöglich gemacht. In so viele Orte seien sie, er und seine Frau, nur im Hinblick auf die noch nicht vollzogene Niederschrift der Studie gezogen und aus so vielen Orten seien sie oft von einem Augenblick auf den andern wieder weggegangen im Hinblick auf die niederzuschreibende Studie, Paris hätten sie über Nacht verlassen, London über Nacht, Mannheim über Nacht, Wien über Nacht, in der Frühe hätten sie noch nicht gewußt, daß sie am Abend schon alle Koffer eingepackt und alle Beziehungen zu der Stadt, in welcher sie wochenlang, monatelang und meistens für immer, gelebt hatten, abgebrochen und schon eine ganz andere ferne Stadt sich für die Zukunft ausfindig gemacht haben, in welcher sich dann immer wieder dasselbe des Niederlassens für immer und des plötzlichen Aufbrechens und Abreisens, er sagte tatsächlich Hals über Kopf, sagt Wieser, wiederholte. Zum Beispiel, sagt Wieser, habe Konrad von dem Augenblick an, in welchem der Neffe Höllers, diese zwielichtige durch und durch kriminelle Figur, im Zuhaus wohnte, wochenlang nur an diesen Neffen gedacht, während er sich doch hundertprozentig auf die Studie hätte konzentrieren müssen, fortwährend sei er in seinem, dann im Zimmer seiner Frau auf- und abund hin- und hergegangen und habe sich einerseits mit der niederzuschreibenden Studie, andererseits aber mit dem so urplötzlich aus der Finsternis des ihm, Konrad, immer unheimlichen Kriminellen aufgetauchten Neffen des Höller beschäftigt, geradezu hineinverbohrt in den Gedanken, was wohl dieser Neffe Höllers im Zuhaus wolle, habe er, Konrad, sich, und die Studie habe darunter aufs empfindlichste gelitten. Immer wieder soll Konrad sich gefragt haben: wie alt ist dieser Neffe?, und dadurch die Studie vernachlässigt haben, und was für eine Kleidung hat

denn der Neffe an? und was für eine Haarfarbe hat dieser Neffe? und: ist
dieser Mensch nicht unheimlich? und: er hat lange Beine und einen mächtigen Oberkörper und riesige Hände, er hat so große Hände, wie er,
Konrad, noch keine gesehen hat, soll er sich immer wieder gesagt und
dadurch die Studie vernachlässigt haben. Einmal soll Konrad Wieser folgendes anvertraut haben: ich gehe hin und her und denke, der Neffe des
Höller hat es darauf abgesehen, mich umzubringen, weil er vermutet, daß
ich Geld habe, weil er nicht weiß, daß ich gar kein Geld habe, dieser Neffe
glaubt, ich sei wohlhabend, es gibt doch eine Art von Gewohnheitsver-
brechern, soll Konrad in seinem Zimmer hin- und hergehend gedacht
haben, die nicht krank, sondern tatsächlich bösartig sind und vor welchen
man sich in acht nehmen müsse. Er, Konrad, habe aus dem Zuhaus herauf
das Gelächter der beiden, des Höller und seines Neffen, gehört und gedacht: was bedeutet dieses Lachen? Ist es nicht ein unheimliches Lachen?
Die beiden könnten ja eine Verschwörung gegen ihn, Konrad, sein, habe
Konrad gedacht, aber dann diesen Gedanken als unsinnig abtun und
unterdrücken können, der Gedanke, daß er sich mit den Gedanken an den
Neffen Höllers und an Höller selbst, an deren beider Verhältnis, die Studie
ruiniere, oder sich wenigstens die Niederschrift der Studie wieder unmöglich mache dadurch, habe ihn tagelang beschäftigt. Es sei krankhaft,
daran zu denken, die Studie nicht niederschreiben zu können, die Studie
niemals niederschreiben zu können, diese Krankhaftigkeit entwickle sich
langsam zur Krankheit, soll Konrad zu Wieser gesagt haben. Er habe doch
richtig gehört, denke er, denn wie er vor dem Zuhaus gestanden sei um ein
Uhr nachts (!), hätten die beiden, Höller und sein Neffe, wieder gelacht im
Zuhaus, während es aber im Zuhaus vollkommen finster gewesen ist, soll
Konrad gesagt haben, das Zuhaus ist vollkommen finster und ich höre die
beiden lachen, merkwürdig. Kein lautes Gelächter, nein, auch kein leises
Gelächter, nein, ein unheimliches Gelächter. Ihn, Konrad, hatte der Gedanke, daß die beiden, Höller und sein Neffe, mitten in der Nacht im
finsteren Zuhaus gelacht haben, die ganze restliche Nacht irritiert, ich
habe einfach nicht mehr einschlafen können, soll Konrad gesagt haben, er
hätte aufstehen und in seinem Zimmer hin- und hergehen müssen, ununterbrochen an die beiden im Zuhaus denkend, manchmal habe er durchs
Fenster zum Zuhaus hinübergeschaut, ob da vielleicht Licht sei, aber er
habe kein Licht gesehen, die beiden hatten aber doch gelacht, habe er sich
gesagt, oder habe ich mich vielleicht getäuscht? fragte er sich und mit

dieser Frage soll es draußen hell geworden sein. In letzter Zeit zermürben mich die unsinnigsten Gedanken, alles Ausflüchte aus der Tatsache, daß ich die Studie nicht aufschreiben kann, soll Konrad zu Wieser gesagt haben, könnte ich die Studie aufschreiben, hätte ich die Studie aufgeschrieben, alles wäre anders, alles wäre erleichtert in mir und das heißt, ich wäre die Gleichgültigkeit selbst, alt und gleichgültig, was für einen Zustand kann man als einen besseren bezeichnen?, so Konrad zu Wieser. Schließlich soll Konrad sich Wieser folgendermaßen anvertraut haben: gegen halb zwei Uhr sei er wieder einmal zum Zuhaus hinunter, aus Unachtsamkeit nur mit einem wie man weiß für diese Jahreszeit doch ungeeigneten Strucksrock bekleidet, keine Kopfbedeckung, in Halbschuhen, man denke, und habe unter den Zuhausfenstern gehorcht, zuerst habe er nichts gehört, er habe gefroren, andererseits habe er sich aber infolge der Aufregung, die ihm sein Horchen an der Zuhauswand verursacht habe, nicht verkühlt, denn ein in voller Aufmerksamkeit angespannter Körper verkühle sich nicht, Kopf und Körper seien, während Konrad, sich an die Zuhausmauer drückend, horchte, aufs äußerste angespannt gewesen, nicht Neugierde, soll Konrad zu Wieser gesagt haben, hätte ihn zum Zuhaus hinuntergehen und an der Zuhauswand horchen lassen, Furcht, tatsächlich Furcht und ein großes, ihn beunruhigendes Mißtrauen diesem plötzlich eine solche beherrschende Rolle auf dem Kalkwerksareal spielenden Neffen Höllers gegenüber, diesem Menschen gegenüber, der hinter seinem, Konrads, Rücken im Zuhaus Unterschlupf, wahrscheinlich Unterschlupf vor dem Zugriff der Justiz gesucht habe, jeden von der Justiz Gesuchten, soll Konrad zu Wieser gesagt haben, hätte er mit größter Selbstverständlichkeit geschützt, versteckt, der Justiz entzogen, überhaupt gehöre niemandem mehr Sympathie seinerseits als den von der Justiz Verfolgten, die Justiz verfolge größtenteils Unschuldige, die Unschuldigsten, soll Konrad gesagt haben, die Ärmsten der Armen, jeden von der Justiz Gejagten habe man zu schützen, mit allen Mitteln, und wenn er, Konrad, sage, mit allen Mitteln, so bedeute das auch mit allen Mitteln, er kenne die Justiz, er sei selbst von der Justiz, wie er gesagt haben soll, mehrmals *geschändet* worden, die Justiz schände den einzelnen und also müsse man den einzelnen vor der Justiz schützen, aber vor dem Neffen Höllers habe er, Konrad, Angst, auch habe er das Gefühl, Höllers Neffe sei ja tatsächlich nicht hilflos und also zu schützen, sondern durch Niedertracht, nicht von Natur aus, gemeingefährlich, aber davon abgesehen, hörte Konrad auf einmal wieder, wie die beiden, Höller und sein Neffe, lachten, durch die Winterfenster sogar konnte Konrad das Lachen der beiden hören, sie mußten auf der Eckbank in der Küche sitzen, soll Konrad zu Wieser gesagt haben, in völliger Finsternis und es habe den Anschein gehabt, als redeten sie eine Zeitlang über etwas ihn, Konrad, Betreffendes, immer über das gleiche und lachten von Zeit zu Zeit darüber, Konrad war, infolge der Art und Weise der Unterhaltung der beiden, von welcher er allerdings kein einziges Wort habe verstehen, wenn auch alles hören können, war er darauf gekommen, bald der Überzeugung gewesen, daß die beiden sich tatsächlich über ihn unterhielten und es war ihm vorgekommen, als hätte er mehrere Male den Namen Konrad, abwechselnd *der Konrad* und *die Konrad*, gehört, also daß von ihm und von seiner Frau die Rede gewesen war, war ihm bald vollkommen klar gewesen, auch das Wort Kalkwerk und das Wort Vorhaus und schließlich das Wort Kassette glaubte Konrad gehört zu haben, schließlich sollen die beiden wieder gelacht haben, mittlerweile war es drei Uhr geworden, und dann plötzlich aufgestanden sein und wie Konrad hörte, daß sie aus der Küche ins Zuhausvorhaus hinausgingen und, so Konrads Ansicht, im Begriffe gewesen waren, aus dem Zuhaus herauszugehen, habe sich Konrad schleunigst vom Zuhaus zurückgezogen, sei er von der Zuhauswand weg zum Kalkwerk gelaufen und rasch in sein Zimmer hinauf, nicht, ohne vorher alle, und das heißt wirklich alle, Riegel zuzuschieben, alle Schlösser zuzusperren. In seinem Zimmer soll er ziemlich atemlos gehorcht haben, ob er etwas von den beiden, von Höller und von dem Neffen des Höller, höre, aber er habe nichts mehr gehört, auch der Blick aus dem Fenster habe ihm nichts mehr als Finsternis gezeigt und schließlich soll sich Konrad, schon im Bett liegend, gefragt haben, ob das, was er sozusagen als ein unheimliches Erlebnis gerade überstanden gehabt hatte, auch tatsächlich wirklich gewesen wäre, denn es könnte ja sein, daß ich mir in Wirklichkeit alles das, was ich glaubte, gehört und gesehen zu haben, während ich an die Zuhauswand gedrückt gehorcht habe, nur vorgestellt habe; in dem Gedanken, daß er sich das alles nur vorgestellt habe, sei er schließlich eingeschlafen und in der Frühe aufgewacht. Möglicherweise haben der Höller und sein Neffe aber die ganze Nacht fest und tief geschlafen, habe er, Konrad, sich in der Frühe gedacht, sind vielleicht gar schon um sechs oder sieben am Abend zu Bett gegangen und ich habe mir alles das, was ich in so unheimlicher Erinnerung habe, nur vorgestellt. Seiner Frau erzählte er angeblich sein nächtliches Erlebnis bis in die kleinsten Details und sie meinte, daß ihr Mann infolge Überarbeitung, durch das fortgesetzte Experimentieren mit der urbantschitschen Methode so geschwächt sei, daß er ohne weiteres Erlebnisse wie das in der vorangegangenen Nacht haben könne, es handle sich aber um *Vorgestelltes*, um keine Wirklichkeit, soll die Konrad zu ihrem Mann gesagt haben, du hast nichts als Wahnvorstellungen, nichts als nur Wahnvorstellungen. Anstatt sich mit der Studie und also mit der Niederschrift der Studie zu beschäftigen, denke er meistens an alle nur möglichen, größtenteils ja schon das Absurde streifenden Ablenkungsarten, wie zum Beispiel aus dem Kalkwerk hinausgehen und mit dem Höller Holz hacken, mit dem Höller in den Wald gehen, Bloch ziehen, an im Zuhaus zu verrichtende Tischlerei, Besenbinderei, tatsächlich komme es mindestens jeden zweiten Tag, so Konrad zu Wieser, dazu, daß er sich warm anziehe, Arbeitskleidung anlege, wie sich Höller erinnere, und aus dem Kalkwerk hinausgehe, mit Gamaschen um die Knöchel, einer Wollhaube auf dem Kopf, in der langen Lederhose natürlich, in der Absicht, zu den Holzziehern zu gehen, verlasse er sogar das Kalkwerksareal, kehre aber dann doch gleich hinter dem Gestrüpp wieder um, weil ihm, was er vorhabe, unsinnig vorkomme, zurück zur Studie, denke er dann, zur Studie zurück, an den Schreibtisch, zurück zur Vernunft. Kaum sei er aber auf dem Wege zur Vernunft und also auf dem Weg zur Studie, zum Schreibtisch, zu dem Stoß Papier, den er sich für das Niederschreiben der Studie auf dem Schreibtisch bereitgelegt habe, zweifle er, ob es richtig sei, nicht zu den Holzfällern zu gehn und also etwas Unvernünftiges zu tun, sondern sich zum hundertsten und tausendsten Male am Schreibtisch zu versuchen und dieser Zweifel verstärke sich mit seinem Wiedereintreten ins Kalkwerk und werde größer und größer mit seiner Annäherung an die Studie, sei er in seinem Zimmer, habe er überhaupt keine Voraussetzung mehr zum Niederschreiben der Studie; jetzt ziehe er sich aber doch endgültig für den Tag aus und lege sich aufs Bett und sinniere, das heißt, versuche nicht zu verzweifeln, was ihm aber nicht gelinge, und er stehe wieder auf, gehe in seinem Zimmer hin und her und warte darauf, daß ihm seine Frau läutet. Läutet sie, gehe ich in ihr Zimmer und sie fragt, ob ich mit der Studie weitergekommen sei, wie immer verneine ich, indem ich auf ihre Frage ganz einfach keine Antwort gebe, soll Konrad zu Wieser gesagt haben, der Satz, *keine Antwort sei auch eine Antwort*, bewahrheite sich in dieser Beziehung zwischen ihnen täglich auf das unerhörteste. Überhaupt, soll er zu

Wieser gesagt haben, seien ihm und seiner Frau die sogenannten Sprich-
wörter im Kalkwerk in der erschütterndsten Weise klar und zur tagtäglichen Wahrheit und Wirklichkeit und Härte geworden. Zu seiner Frau soll
er immer wieder in letzter Zeit gesagt haben: in den Wald gehen, zu den
Holzarbeitern, mit dem Höller in den Wald gehen oder: mit ihnen Bloch
ziehen. Früher sei er täglich zu den Holzarbeitern in den Wald gegangen,
jetzt schon jahrelang nicht mehr. Er habe, ohne daß ihm das bis in die
jüngste Zeit zu Bewußtsein gekommen wäre, die sogenannten Kontroll-
gänge in den Wald eingestellt. Ich gehe nicht mehr ins Sägewerk, ich gehe
nicht mehr ins Gasthaus, ich suche den Wieser nicht mehr auf, den Fro
nicht mehr, den Baurat suche ich nicht mehr auf, den Forstrat, soll er
seiner Frau immer wieder gesagt haben und: allein in der bloßen Aufzählung derer, die er nicht mehr aufsuche, soll Konrad zu Wieser gesagt
haben, sei so viel Vorwurf gegen seine Frau gewesen, daß sich alle übrigen
Vorwürfe daneben erübrigten. Die Studie und du, ihr bringt mich um, soll
er in letzter Zeit immer wieder zur Konrad gesagt haben. Oft denke er und
das sei ja auch kein Ausweg aus der mehr und mehr furchtbaren Situation,
ob er nicht seine Korrespondenz erledigen solle, jahrelang habe er keinen
Brief, keine Karte mehr geschrieben, ein riesiger Haufen unbeantworteter
Briefe und Karten aus aller Herren Länder liege auf dem Kommodenkasten in seinem Zimmer, auch die Kommodenladen seien vollgestopft mit
unbeantworteten Briefen, so viele Leute hätten ihm von Zeit zu Zeit
geschrieben, und zwar mit einer Hartnäckigkeit, die ihm unbegreiflich sei,
denn, beantwortet man eine Post nicht, bedeute das doch, daß man mit
dem Absender nichts mehr zu tun haben wolle, er beantwortete Hunderte
und Tausende Karten und Briefe nicht mehr, die Absender gaben aber
durchaus keine Ruhe, soll Konrad zu Wieser gesagt haben, sie schrieben
immer wieder und immer wieder und wieder und erst, nachdem sie jahrelang keine Antwort von ihm, Konrad, erhalten haben, hätten diese unzähligen Absender, zum Großteil Leute, die mir in tiefster Seele zuwider
sind, soll Konrad gesagt haben, Ruhe gegeben, ehrlich gesagt, soll er gesagt
haben, bekomme ich jetzt schon jahrelang keine Post mehr, meine Frau
bekommt noch Post, die unbedeutendste Post, die man sich vorstellen
kann, peinliche Briefe von ehemaligen Bediensteten, beispielsweise, die
zum Teil aus Anhänglichkeit, zum Teil aus Erberwartung, zum Teil aber
auch nur aus dem Grunde, weil sich das jahrhundertelang gehört habe,
schreiben, sich ihr in Erinnerung bringen, mag sein, sagte Konrad angeb-

lich zu Wieser, daß der eine oder der andere ihr aus Mitleid schreibt, denn wissen Sie, soll Konrad gesagt haben, zum Unterschied von mir, der ich jede Art von Mitleid verachte, ja, hasse, anerkennt meine Frau das Mitleid sozusagen als Medikament selbst in der niedrigsten Form, in der Kartengrußform, während er ihr jahrelang ausgeredet habe, alle diese Briefe und Karten zu beantworten, weil das im Hinblick auf die mit der Studie zusammenhängende Anstrengung auch ihrerseits doch viel zuviel Mühe mache, habe sie sich über diesen seinen Einfluß hinweggesetzt und doch alle ihre Briefe und Karten, sämtliche Post, beantwortet und das heiße, durch ihn beantworten lassen, denn wie Sie wissen, lieber Wieser, ist meine Frau ja nicht imstande, einen Brief zu schreiben, sie sieht nichts und nimmt sie Bleistift oder Feder in die Hand, kann sie Bleistift und Feder nicht ruhig halten, augenblicklich ist sie die Nervöseste, ihr ganzer Körper lehne sich ja gegen ein Schreiben ihrerseits auf, also er müsse ihre Post in ihrem Namen beantworten, sie unterschreibe nur, er müsse die Antwortbriefe und -karten aufgeben, jedenfalls dafür sorgen, daß der Höller damit in den Ort hineingeht, außerdem koste die Post eine Menge Geld und gerade für Unsinnigkeiten, wie Briefe und Karten an völlig zwecklose Leute, die, seiner Schätzung nach, immer noch in die Hunderte gingen, hätten sie beide kein Geld mehr, aber wie gesagt, soll Konrad zu Wieser gesagt haben, ab und zu denke ich, ob ich selbst nicht plötzlich alle diese unbeantworteten Briefe und Karten an mich in und auf der Kommode beantworten solle, mich da und dort melden, wo man wahrscheinlich seit Jahren glaubt, ich sei längst tot, denn meldet sich ein Mensch wie ich längere Zeit nicht und auch nicht auf zwei oder gar drei Posten, nimmt man doch an, der Mensch sei gestorben, andererseits hörten sie, bin ich tot, davon, mir fällt ab und zu ein, ob es nicht doch ratsam sei, in was für einer Beziehung, wisse er nicht, sich hinzusetzen und alle diese Karten und Briefe zu beantworten, Kontakt wieder aufzunehmen mit allen diesen möglichen Leuten, von welchen er tatsächlich durch das völlige Unterbinden der Korrespondenz überhaupt nichts mehr wisse, also in Erfahrung zu bringen wenigstens, was mit diesen Leuten geschehen ist, die Neugierde befalle ihn wie ein Fieber und tatsächlich setze er sich an den Schreibtisch und denke, er werde die Korrespondenz mit den von ihm vor den Kopf gestoßenen, weil ohne Angabe von Gründen von ihm abgewiesenen, Korrespondenzpartnern wieder eröffnen, aber während er sich Briefpapier herrichte und sich die Feder mit Tinte fülle, denke er plötz-

lich, daß es doch dumm sei, zu korrespondieren, wo er doch genausogut
die Studie niederschreiben könne, in der gleichen Zeit, in welcher er sich
den Kopf über ja längst nicht mehr erwartete Antworten an halbvergessene
Briefpartner zerbreche, könne er ja mit der Niederschrift der Studie anfangen, daß es besser sei, sich über das Aufschreiben der Studie den Kopf
zu zerbrechen, als über zu schreibende nutzlose Briefe, Karten, und er gebe
den Gedanken, die durch drei oder vier Jahre absoluten Schweigens seinerseits unterbrochene Korrespondenz wieder aufleben zu lassen, auf und
entferne das Briefpapier von seinem Schreibtisch und rücke den für die
Niederschrift der Studie bestimmten Papierstoß wieder genau vor sich auf
die Schreibtischplatte. Aber kaum habe er den für die Niederschrift bestimmten Papierstoß vor sich und also wieder ideale Verhältnisse für die
Studie, sei er unfähig, mit der Niederschrift anzufangen, längere Zeit sitze
er da und schaue den Papierstoß an, so lange, bis ihm klar sei, daß er auch
dieses Mal wieder nicht mit der Niederschrift anfangen kann, und dann
rücke er wieder das Briefpapier vor sich hin und so gehe das mehrere
Stunden, einmal liege das Briefpapier, einmal der für die Niederschrift der
Studie bestimmte Papierstoß vor ihm, dieses Papierstoßhinpapierstoßher,
Briefpapierhinbriefpapierher, mache es ihm aber mit der Zeit gänzlich
unmöglich, tatsächlich mit der Niederschrift der Studie anzufangen, wie
auch die Korrespondenz zu eröffnen, und er eröffne weder die Korrespondenz, noch fange er mit der Niederschrift der Studie an und er gehe
schließlich, wie in letzter Zeit beinahe immer, in seinem Zimmer auf und
ab, hin und her, kreuz und quer und denke einmal an die Studie und
einmal an die abgebrochene Korrespondenz, an die niederzuschreibende
Studie und an die eventuell zu eröffnende Korrespondenz und er denke,
eine ungeheure Anzahl von Briefen hätte ich zu schreiben und diese ungeheure Schwierigkeit, mit der Studie anzufangen, abwechselnd und
denke, ich schreibe keine Briefe, ich schreibe die Studie nicht auf, weder
die Briefe schreibe ich noch die Studie und er denke: in allen diesen
Briefen müßte ich mich bedanken, immer die gleichen Dankeswörter
schreiben, ein Brief wie der andere, und im Grunde seien in allen diesen
Briefen nur Forderungen, Geldforderungen und andere Forderungen,
Gemeinheiten, Niederträchtigkeiten, einerseits haben die Leute immer
Geld haben wollen, andererseits Zuneigung, Befürwortungen, denke er
und er könne also diese Briefe gar nicht beantworten, denn er habe weder
Geld, noch Zuneigung, noch überhaupt das geringste für diese Leute

übrig. Alle diese Briefschreiber und Kartenschreiber erhofften sich irgendeinen Vorteil von mir. Aber im Grunde sind alle diese Briefe hinterhältig und ohne Ausnahme haben diese Briefe und Karten nur die verdeckte oder versteckte oder gar die offen zutage getretene Infamie diktiert. Den ganzen Briefhaufen auf den Dachboden!, denke er, hinauf auf den Dachboden!, denke er und gleich fange er damit an, die Hunderte und Tausende Briefe und Karten auf einen Haufen zu werfen, man erstickt ja beinahe in dem Geruch solcher Hunderter und Tausender Briefe, soll er gesagt haben, gleichzeitig denke er, daß er eine ihn von der Studie ablenkende Beschäftigung habe, eine neue Beschäftigung, denn die Briefe auf einen Haufen zu werfen und dann nach und nach auf den Dachboden hinaufzutragen, sei durchaus etwas Neues zum Unterschied von den zwei, drei Dutzend sich jahrelang immer wiederholenden Beschäftigungen, wie zusammenkehren, aufwischen, Nägel aus den Wänden herausziehen, Schuhe putzen, Socken waschen etcetera, vor welchen ihn im Grunde längst ekele, vor allen diesen grauenhaften Ablenkungsmanövern, und er packt einen Arm voll Briefe, hat Wieser gesagt, und schleppt ihn auf den Dachboden, wobei er sich, wie immer, bei seinem Eintritt in den Dachboden an dem großen Balken den Kopf anstößt, mit einer solchen Wucht, soll Konrad zu Wieser gesagt haben, daß ich glaube, ich habe mir die Schädeldecke gespalten, aber tatsächlich vergeht der Schmerz und die Verletzung ist schließlich die geringfügigste; mehrere Male, sagt Wieser, schleppt er einen Haufen unbeantworteter Briefe und Karten auf den Dachboden, dabei denkend: diese ganze Korrespondenz ist ein großer Irrtum gewesen, wie überhaupt Korrespondieren ein Irrtum ist! Völlig erschöpft sei er schließlich, auch der letzte Brief ist auf den Dachboden geschleppt, er geht in sein Zimmer und legt sich sofort hin und natürlich war er jetzt zu schwach, um auch nur im mindesten an die Studie zu denken, vor Erschöpfung irritierte ihn jetzt angeblich nicht einmal der Umstand, der ihn jahrelang auf das empfindlichste irritiert haben soll, daß nämlich auf seinem Schreibtisch immer alles so hergerichtet ist, daß er jeden Augenblick mit dem Niederschreiben der Studie anfangen kann, und zu Wieser soll er gesagt haben: gerade weil ich immer sehe, du kannst jeden Augenblick mit der Niederschrift anfangen, alles ist auf deinem Schreibtisch für diesen Augenblick hergerichtet, auf diesen Augenblick bezogen, kann ich die Studie nicht niederschreiben. Er stehe in einem solchen Falle, wenn ihm der Gedanke, gerade durch den Anblick seines für die Studie präparierten Schreibtischs, mit der Niederschrift der Studie nicht anfangen zu können, unerträglich sei, auf und trinke ein Glas Wasser. Und ein zweites Glas Wasser in einem Zuge aus, noch während des Austrinkens aber denke er, ob er sich nicht durch zu rasches Austrinken des Glases fürchterlich verkühlt habe, denn tatsächlich verkühle man sich, trinke man ein Glas kalten Wassers zu rasch und also in einem Zuge aus, davor habe er immer in seinem Leben Angst gehabt, sich durch zu rasches Austrinken eines Wasserglases fürchterlich zu verkühlen, andererseits habe er sich dadurch in seinem Leben niemals verkühlt. Eine Woche bevor er seine Frau erschossen hat, habe er sich aber plötzlich tatsächlich eingebildet, sich durch zu rasches Austrinken eines Wasserglases verkühlt zu haben. Wieser sagt: er, Konrad, habe auf einmal nicht mehr sprechen können, er versuchte zu sprechen, konnte aber nicht. Zur Beruhigung sei er, Konrad, aus der Küche, wo er das Wasser getrunken hatte, wieder auf sein Zimmer gegangen, habe sich hingelegt, sei wieder aufgestanden, fortwährend in der Angst, durch diesen augenblicklichen Stimmverlust möglicherweise nicht in der urbantschitschen Methode fortfahren zu können, daß durch den Stimmverlust das Experimentieren auf einmal ein Ende haben könnte. Und dadurch verliere er vielleicht gar nach und nach die Beziehung nicht nur zur urbantschitschen Methode, sondern schließlich auch zur Studie. Mehrere Male soll er zu sprechen versucht haben, vergeblich. Man könne sich das gespielte Entsetzen, die ehrliche Erleichterung, insgeheime Freude seiner Frau über die Tatsache, daß er auf einmal sprachlos sei, vorstellen, soll Konrad zu Wieser gesagt haben, sei sie mit der Tatsache, daß Konrad die Stimme verloren habe, konfrontiert. Aber auf einmal, genauso schnell wie sie weggewesen war, war seine Stimme wieder dagewesen, plötzlich habe ich wieder reden können, ich erinnere mich genau, soll Konrad zu Wieser gesagt haben, auf einmal habe ich *natürlich* gesagt, das Wort *natürlich*, und ich habe gedacht, daß der plötzliche Verlust meiner Stimme wahrscheinlich mit meiner Augenschwäche zusammenhängt, jetzt, habe ich gedacht, verliere ich abwechselnd die Stimme, sehe ich abwechselnd nichts, Stimmschwäche und Augenschwäche wechseln von heute an ab. Während er aber glaubte, jetzt, nachdem er wieder sprechen und zwar ganz normal sprechen hat können, sofort in das Zimmer seiner Frau hinaufstürzen zu müssen, um mit ihr in der urbantschitschen Methode weiterzuarbeiten, sprang er doch nicht, wie das sonst seine Art gewesen sein soll, abrupt auf, sondern blieb liegen, sagt Wieser, und Konrad dachte: jetzt sind wir beide in dem Maße hilfebedürftig, in welchem Hilfe beinahe nicht mehr möglich ist. Es sei alles nurmehr noch Unzulänglichkeit und Gebrechlichkeit. Einen anderen als ihn habe sie, seine Frau, sich verdient, soll er zu Wieser gesagt haben, habe er gedacht, nicht mich, nicht mich, nicht mich, soll Konrad mehrere Male gesagt, immer wieder gesagt haben. Aber gerade die hilfebedürftigste Frau, die den hilfreichsten Menschen verdiente, habe sich ihm, Konrad, ausgeliefert, denn wie sie geheiratet haben, da wäre sie ja längst krank und verkrüppelt gewesen, soll Konrad zu Wieser gesagt haben, schon Jahre bevor sie heirateten, habe sich die Krankheit angekündigt, schon vor der Heirat sei die Krankheit plötzlich in ihrer ganzen Fürchterlichkeit in ihr zum Ausbruch gekommen, er, Konrad, habe seine Frau aber schon als schwer kranke und verkrüppelte geheiratet, obwohl er, wie er Wieser gegenüber gesagt haben soll, gewußt habe, daß diese ihre Krankheit und Verkrüppelung unheilbar seien. Er, Konrad, habe sich selbst nicht erklären können, warum er eine Kranke und Verkrüppelte, deren Krankheit und Verkrüppelung sich aller Wahrscheinlichkeit nach, wie er damals genau gewußt haben wollte, jährlich verschlimmern wird, heiratete, ja, gerade weil sie krank und verkrüppelt, also verkrüppelt durch ihre Krankheit die Hilfsbedürftigste gewesen war, habe er sie geheiratet, eine Frau, die vollkommen auf mich angewiesen ist, heirate ich, habe er, Konrad, damals überlegt gehabt, und: die mich einerseits braucht, haben muß, ohne mich nicht existieren kann, oder wenigstens glaubt, ohne mich nicht existieren zu können, die mir andererseits aber bedingungslos für meine Zwecke, und das heißt, für meine Wissenschaft, zur Verfügung steht, die ich, wenn es sein muß, wenn es, wie Konrad zu Wieser gesagt haben soll, wenn es die wissenschaftlichen Umstände erfordern, mißbrauchen kann. Aber zurück in sein Zimmer, in welchem er, Konrad, sich nach und nach mit dem Gedanken vertraut gemacht und mit der Tatsache abgefunden habe, zu der immer wiederkehrenden Augenschwäche, von welcher schon die Rede gewesen ist, auch noch zeitweiligen völligen Stimmverlust erleiden zu müssen, denn das sei ihm, auf seinem Bett liegend, vollkommen klar gewesen, der augenblickliche völlige Stimmverlust ist nicht auf das Austrinken des Wasserglases zurückzuführen gewesen, das hatte er nur einen Moment lang gedacht, der Zusammenhang zwischen dem Wassertrinken und dem Stimmverlust war andererseits der naheliegendste, sondern dieser plötzliche Stimmverlust ist wie die Augenschwäche, die genau zu erklären, deren Ursache genau anzugeben, ja auch unmöglich sei, eine ebenso unerklärliche Organschwäche von innen heraus, und das heißt von seinem Kopfe aus, in welchem sich, wie er zu Wieser gesagt haben soll, noch ganz andere, tatsächlich viel verheerendere Gebrechen vorbereiteten, darüber bestehe kein Zweifel: von seinem Kopfe würden in der kürzesten Zeit Organschwächen, sogenannte Organstillegungen, ausgelöst werden, deren Auswirkungen unter Umständen schon sehr bald tödliche sein könnten. Er, Konrad, glaube nicht daran, noch länger als nur ein paar Jahre zu leben, soll er acht Tage, bevor er seine Frau erschossen hat, gesagt haben. Nun, an dem Tag, an welchem er zum ersten Mal völlig seine Stimme verloren hatte, sei er stundenlang auf seinem Bett gelegen, manchmal habe er gedacht, warum läutet sie (seine Frau) nicht, aus was für einem Grund läutet sie nicht?, aber in Wahrheit habe er nur daran gedacht, wie ihr nicht sagen, daß ich jetzt zusätzlich zur Augenschwäche auch noch immer wieder mit völligem Stimmverlust zu rechnen habe, denn er habe nicht die Absicht gehabt, ihr von dem neuen Gebrechen Mitteilung zu machen, er habe dabei nicht an Schonung ihrer Person gedacht, nur daran, ihr keinerlei Veranlassung zu geben, ihn von der Arbeit mit der urbantschitschen Methode abzubringen, in Zusammenhang mit der Studie seine Position zu schwächen. Sogenannte Spasmen, habe er zu Wieser gesagt, also abwechselnd könne er nicht sehen und nicht sprechen, möglicherweise einmal zur gleichen Zeit weder sehen noch sprechen, für kurze Augenblicke, soll Konrad gesagt haben, und natürlich kann es sein, daß ich einmal längere Zeit nichts sehe oder längere Zeit nichts sprechen kann oder längere Zeit weder sehe noch sprechen kann, aber das Wichtigste ist doch, soll er gesagt haben, daß ich höre, und er höre vorzüglich, allerdings warte er nur darauf, auf einmal auch nichts mehr zu hören, aber gerade die Anwendung der urbantschitschen Methode, das unaufhörliche Experimentieren mit allem, was mit dem Gehör zusammenhänge, verhindere plötzliche Gehörschwäche, plötzliche Gehörlosigkeit, andererseits, soll er zu Wieser gesagt haben, könne gerade durch unaufhörliche Anwendung der urbantschitschen Methode und durch unaufhörliches Experimentieren mit dem Gehör das Gehör plötzlich auslassen, es funktioniert plötzlich nicht mehr, natürlich, durch fortgesetzte Überbeanspruchung funktioniert auf einmal das Gehör nicht mehr und setzt aus, und Wieser denke, ob Konrad nicht in der Nacht, in welcher er seine Frau umgebracht hat, eine Gehörschwäche gehabt habe, durchaus könne es sein, daß Konrad in dieser Nacht zum ersten Mal eine

Gehörschwäche gehabt habe, daran glaube er fest: Konrad sei in der sogenannten Mordnacht von der ersten Gehörschwäche befallen worden.
Zu Fro, mit dem ich heute die Lebensversicherung habe abschließen können, soll Konrad gesagt haben, der Fehler sei gewesen, immer eine noch
günstigere, immer die günstigste Ausgangsposition für die Niederschrift
der Studie abzuwarten, dadurch, daß er immer wieder geglaubt habe, in
wenigstens akzeptabler Zukunft trete auf einmal die ideale oder gar die
idealste Konstellation für die Niederschrift der Studie ein, habe er mehr
und mehr Zeit, wie er, Konrad, sich ausgedrückt haben soll, die wichtigste
Zeit verloren, schließlich müsse er jetzt, tatsächlich am Ende seiner Kräfte
(!), einsehen, daß er sage und schreibe zwei oder gar drei Jahrzehnte lang
vergeblich auf den idealen Moment, die Studie niederschreiben zu können, gewartet habe, kurz vor dem Unglück (so bezeichnet Fro die Erschießung der Konrad durch ihren Mann) soll Konrad zu Fro gesagt
haben, sei er sich der Tatsache bewußt, daß es überhaupt keinen idealen,
geschweige denn idealsten Augenblick, die Studie niederschreiben zu können, gebe, weil es niemals und in keiner Sache und in nichts den idealen,
geschweige denn den idealsten Moment oder Augenblick oder Zeitpunkt
überhaupt geben könne. Wie Tausende vor ihm, sei auch er dem Wahnsinn zum Opfer gefallen, eines Tages, in einem einzigen Augenblick, in
dem sogenannten optimalen Zeitpunkt dafür, die Studie durch folgerichtige konzentrierte Niederschrift verwirklichen zu können. Weder in Stein,
in der Strafanstalt, noch in Niedernhardt, in der Irrenanstalt, werde er an
die Niederschrift gehen können, die Studie Konrads sei, wie Konrad
selbst, verloren (Wieser), ein, wie man annehmen müsse, so Fro auf
einmal plötzlich umschwenkend, ungeheueres Lebenswerk, vernichtet.
Versagen durch ständig hinausgezögerte Realisierung einer als Idee im
Grunde gänzlich und das heißt fehlerlos in seinem Kopfe vorhandenen
Sache wie seiner Studie, ein vollkommenes phantastisches wissenschaftliches Werk im Gehirn weder durch Mut, noch durch beispiellose Entschlossenheit und letzten Endes auch nicht durch das Mittel der intellektuellen Kühnheit endgültig, und das heißt durch Niederschrift auf dem
Papier, auch für die Außenwelt und für die Fach- und für die Nachwelt zu
verwirklichen, sei das Deprimierendste. An Rücksichtslosigkeit auch oder
gerade gegen sich selber habe es ihm im Hinblick auf die Studie in diesen
einerseits, wie er selbst sich ausgedrückt haben soll, demütigend in die
Länge gezogenen, andererseits erschreckend kurzen Jahrzehnten, nicht

gemangelt, aber das Wichtigste habe ihm gefehlt: Furchtlosigkeit vor Realisierung, vor Verwirklichung, Furchtlosigkeit einfach davor, seinen Kopf urplötzlich von einem Augenblick auf den andern auf das rücksichtsloseste um- und also die Studie auf das Papier zu kippen.

Korrektur

Roman

*Zur stabilen Stützung eines Körpers ist es not-
wendig, daß er mindestens drei Auflagepunkte
hat, die nicht in einer Geraden liegen, so Roithamer.*

Die höllersche Dachkammer

Nach einer anfänglich leichten, durch Verschleppung und Verschlampung aber plötzlich zu einer schweren gewordenen Lungenentzündung, die meinen ganzen Körper in Mitleidenschaft gezogen und die mich nicht weniger als drei Monate in dem bei meinem Heimatort gelegenen, auf dem Gebiete der sogenannten Inneren Krankheiten berühmten Welser Spital festgehalten hatte, war ich, nicht *Ende Oktober,* wie mir von den Ärzten angeraten, sondern schon *Anfang Oktober,* wie ich unbedingt wollte und in sogenannter Eigenverantwortung, einer Einladung des sogenannten Tierpräparators Höller im Aurachtal Folge leistend, gleich in das Aurachtal und in das Höllerhaus, ohne Umweg nach Stocket zu meinen Eltern, *gleich* in die sogenannte höllersche Dachkammer, um den mir nach dem Selbstmord meines Freundes Roithamer, der auch mit dem Tierpräparator Höller befreundet gewesen war, durch eine sogenannte letztwillige Verfügung zugefallenen, aus Tausenden von Roithamer beschriebenen Zetteln, aber auch aus dem umfangreichen Manuskript mit dem Titel *Über Altensam und alles, das mit Altensam zusammenhängt, unter besonderer Berücksichtigung des Kegels,* zusammengesetzten Nachlaß zu sichten, möglicherweise auch gleich zu ordnen. Die Atmosphäre im Höllerhaus war noch ganz unter dem Eindruck vor allem der Umstände des Selbstmordes Roithamers gestanden und schien gleich bei meiner Ankunft meinem Vorhaben, mich im Höllerhaus, genauer, in der höllerschen Dachkammer mit den mir von Roithamer überlassenen Schriften zu beschäftigen, dieses Schriftmaterial zu sichten und zu ordnen, nützlich, ich hatte aufeinmal den Gedanken gehabt, mich nicht nur mit dem Nachlaß Roithamers zu beschäftigen, sondern auch gleich über diese Beschäftigung zu schreiben, was hier angefangen ist, dazu war mir der Umstand, daß ich ohne Vorbehalte des Höller gleich in die höllersche Dachkammer einziehen habe können, günstig gewesen, ich sollte, obwohl sich im Höllerhaus noch andere Räumlichkeiten für meinen Zweck angeboten hatten, ganz bewußt in jene genau viermalfünf Meter große, von Roithamer immer geliebte und vor allem in seiner letzten Lebenszeit ihm für seine Zwecke ideale höllersche Dachkammer einziehen, auf wielange, sei dem Höller gleich, in jene Dachkammer in dem von dem eigenwilligen Höller gegen alle Regeln der Vernunft und der Baukunst gerade an der Aurachengstelle gebauten Hause, die von Höller wie für Roithamers Zwecke konstruiert und gebaut worden war, in welcher sich Roithamer, der sechzehn Jahre mit mir in England gewesen war, in den letzten Jahren beinahe ununterbrochen aufgehalten hatte und schon vorher, vor allem während der Bauzeit des Kegels für seine Schwester im Kobernaußerwald, wenigstens immer zweckentsprechend genächtigt hatte, denn während der ganzen Bauzeit des Kegels hatte er nicht mehr in Altensam, wo er zuhause gewesen war, genächtigt, immer nur, weil diese für ihn in jeder Beziehung die ideale gewesen war in den letzten Jahren, in der höllerschen Dachkammer, er, Roithamer, war in den letzten Jahren nie von England aus direkt nach Altensam, immer gleich in die höllersche Dachkammer gegangen, in dem Einfachen (Höllerhaus) sich zu stärken für das Komplizierte (Kegel), hatte er nicht mehr von England aus, wo wir beide, jeder in seiner Wissenschaft und für sich, immer in Cambridge gewesen waren in den letzten Jahren, direkt nach Altensam gehen dürfen, er mußte direkt in die höllersche Dachkammer gehen, befolgte er diese ihm zur liebsten Gewohnheit gewordene Regel nicht, war ihm der Besuch in Altensam gleich von Anfang der fürchterlichste, er konnte es sich gar nicht erlauben, von England aus gleich nach Altensam und in alles, das mit Altensam zusammenhängt, hineinzugehen, er hatte mehrere Male den Umweg über das Höllerhaus *nicht* gemacht, aus Zeitgründen, wie er selbst zugegeben hat, das war ein Fehler gewesen, die letzten Jahre experimentierte er nicht mehr in der Weise, daß er ohne das höllersche Haus und den Höller und die Höllerschen aufzusuchen, nach Altensam ging, er ging niemals mehr ohne zuerst den Höller und die Höllerschen im höllerschen Hause aufzusuchen, ohne vorher in der höllerschen Dachkammer Quartier zu nehmen, sich zwei oder drei Tage einer nur in der höllerschen Dachkammer möglichen, ihn nicht schädigenden, sondern stärkenden Lektüre zu widmen, in der höllerschen Dachkammer die Bücher und die Schriften zu lesen, die zu lesen ihm weder in England, noch in Altensam möglich gewesen war, das zu denken und zu schreiben, was zu denken und zu schreiben ihm weder in England, noch in Altensam möglich gewesen war, *hier hatte ich Hegel entdeckt*, sagte er immer wieder, hier hatte ich mich zum erstenmal wirklich mit Schopenhauer beschäftigt, hier hatte ich zum erstenmal die Wahlverwandtschaften und die Empfindsame Reise bei klarem Bewußtsein störungsfrei lesen können, hier, in der höllerschen Dachkammer hatte ich plötzlich Zugang zu jenen Gedanken gefunden, die mir die ganzen *Jahr-zehnte vor der Dachkammer* versperrt gewesen waren und tatsächlich, wie er schreibt, zu den wesentlichsten Gedanken, zu den für mich wichtigsten, ja lebensnotwendigsten Gedanken, hier in der höllerschen Dachkammer, schreibt er, ist mir alles möglich gewesen, was mir außerhalb der höller-schen Dachkammer immer unmöglich gewesen war, meinen Geistes-gaben nachzugeben und dadurch meine Geistesfähigkeiten zu entwickeln und meine Arbeit vorwärts zu bringen, denn war ich außerhalb der höl-lerschen Dachkammer immer gehindert gewesen, meine Geistesfähigkei-ten zu entwickeln, so konnte ich sie in der folgerichtigsten Weise in der höllerschen Dachkammer entwickeln, alles in der höllerschen Dachkam-mer ist meinem Denken entgegengekommen, in der höllerschen Dach-kammer durfte ich mir immer alle Möglichkeiten meines Geistesvermö-gens erlauben und ich war aufeinmal in der höllerschen Dachkammer immer von der Unterdrückung der Außenwelt gegen meinen Kopf und gegen mein Denken und also gegen meine ganze Konstitution ausge-nommen, das Unglaublichste war in der höllerschen Dachkammer aufein-mal nicht mehr unglaublich, das Unmöglichste (Denken!) nicht mehr unmöglich. Es waren die für sein Denken notwendigen und ihm förder-lichsten Verhältnisse, die er immer in der höllerschen Dachkammer vor-gefunden hatte, um den Mechanismus seines Denkens ungeniert und vollkommen störungsfrei in Gang zu setzen, mußte er, von wo auch im-mer, nur in die höllersche Dachkammer gehen und dieser Mechanismus funktionierte. War ich in England, so er, dachte ich immerfort nur daran und immer und gleich in was für einer Geistesverfassung, wäre ich doch in der höllerschen Dachkammer, immer an den Endpunkten seines Denkens wie seines Fühlens, wenn ich nur in der höllerschen Dachkammer wäre, andererseits war ihm klar, daß die höllersche Dachkammer für immer aufzusuchen nicht gleichbedeutend war, für immer frei und ungestört denken zu können, tatsächlich hätte der, wie er sagt, unendliche Aufent-halt in der höllerschen Dachkammer, wenn ein solcher unendlicher Auf-enthalt in der höllerschen Dachkammer überhaupt möglich gewesen wäre, zu nichts anderem geführt, als in seine vollkommene Vernichtung, bleibe ich länger als notwendig in der höllerschen Dachkammer, so er, gehe ich in der kürzesten Zeit zugrunde, dann höre ich ganz auf, war sein Gedanke gewesen, weshalb er sich immer *nur eine bestimmte, von ihm selbst nicht vorhersehbare, aber doch genau bemessene Zeit* in der höllerschen

Dachkammer aufgehalten hatte, die ideale Zeit für den Aufenthalt in der höllerschen Dachkammer muß ihm die Zeit von vierzehn oder fünfzehn Tagen gewesen sein, wie aus seinen Aufzeichnungen hervorgeht, immer wieder nur vierzehn oder fünfzehn Tage, am vierzehnten oder fünfzehnten Tag, so Höller, habe Roithamer immer blitzartig zusammengepackt und sei nach Altensam, aber oft nicht, um dann längere Zeit in Altensam zu bleiben, sondern nur die kürzeste Zeit, wie er ja immer nur die kürzeste, die notwendigste Zeit in Altensam geblieben ist, er hielt es in Altensam nicht länger als die kürzeste oder die allerkürzeste Zeit aus und es war vorgekommen, daß er wohl in der Absicht in dem höllerschen Hause Quartier genommen hatte, dann nach vierzehn Tagen, nach Altensam zu gehn, nach vierzehn oder fünfzehn Tagen, anstatt nach Altensam, wo er angemeldet und erwartet gewesen war, direkt aus der höllerschen Behausung an der Aurachengstelle zurück nach England gefahren war, weil ihm der Aufenthalt im höllerschen Hause nicht nur genügt hatte, weil er im höllerschen Haus und in der höllerschen Gegenwart in seinem Denken bereits so weit gekommen war, um ohne Umweg über Altensam, wieder nach England, genauer nach Cambridge zurückzukehren, wo er *einerseits immer studierte, andererseits gleichzeitig immer unterrichtete* und, wie er selbst immer wieder sagte, ohne selbst immer genau zu wissen, ob er jetzt studierte oder unterrichtete, denn *unterrichtete ich, studierte ich im Grunde, studierte ich, unterrichtete ich im Grunde.* Tatsächlich ist die Atmosphäre, die ich im höllerschen Hause vorgefunden hatte, auch für mich die ideale gewesen, ich richtete mich sofort in der Dachkammer, die Roithamers Dachkammer gewesen ist und auch immer Roithamers Dachkammer bleiben wird, ein und ich hatte von Anfang an die Absicht, über mein Studium der Papiere Roithamers und über den ganzen damit zusammenhängenden Vorgang Notizen zu machen und mir ist bald klar gewesen, daß für Roithamer die höllersche Dachkammer die ideale gewesen ist, er lebte sich in der höllerschen Dachkammer, von welcher man gegen Westen und also gegen die Finsternis auf die reißende Aurach, gegen Norden und also auch gegen die Finsternis auf das ständig und immer laut auf die Felswand schlagende und klatschende Wasser und also auf nasses und glänzendes Gestein schaute, ein, »Einübung in Altensam im höllerschen Hause« nannte er diese Aufenthalte im höllerschen Hause und insbesondere in der höllerschen Dachkammer in rascher Aufeinanderfolge in den letzten Jahren, vor allem *in den letzten drei Jahren*, in welchen er wenigstens fünf- oder sechsmal auf vier oder fünf Monate von England nach Altensam und im Grunde doch nur in die höllersche Dachkammer gekommen war, es ist klar, daß ihn auch die Arbeit Höllers, seine sorgfältigen Tierpräparationen angezogen haben, überhaupt der ganze merkwürdige ganz eng mit den Lichtverhältnissen in dem Aurachtale zusammenhängende Zustand, dieser zwar einfache, aber doch ganz in der an dieser Stelle ununterbrochen fühlbaren und meistens sehr schmerzhaften Natur sich vollziehende Tagesablauf mit allen seinen an diesen Tagesablauf angebundenen Menschen, mit den Eltern und Schwiegereltern Höllers und mit seiner Frau und mit seinen noch schulpflichtigen Kindern, wo sich alles um geschossenes und ausgenommenes Wild und um geschossenes und ausgenommenes Geflügel und die damit zusammenhängenden Beschäftigungen und naturangebundenen Lebensumstände handelte, daß er, Roithamer, gerade hier an der Aurachengstelle die Ideale vor allem für sein Hauptwerk, den Bau des Kegels voranzutreiben, gefunden hatte, für jenes Bauwerk als Kunstwerk, welches er in drei Jahren ununterbrochener Geistesarbeit für seine Schwester entworfen und in den daraufgefolgten drei weiteren Jahren mit der größten, von ihm selbst einmal als beinahe unmenschliche Energie bezeichnet, und zwar in der Mitte des Kobernaußerwaldes, gebaut hat. In der höllerschen Dachkammer, in welcher ich jetzt mit den Schriften Roithamers, die sich größtenteils mit dem Bau des Kegels beschäftigten, eingezogen war und diese Beschäftigung mit Roithamer und mit seinem Nachlaß mußte ich als die geradezu ideale therapeutische Beschäftigung nach meiner langen Krankheit einschätzen und *gerade so ideal empfinden*, hat Roithamer die Idee zum Bau des Kegels gehabt und die wichtigsten Pläne zum Bau des Kegels sind in dieser Dachkammer von ihm entworfen worden und die Tatsache, daß sich jetzt, Monate nach dem Tod Roithamers und ein halbes Jahr nach dem Tod seiner Schwester, für die er den inzwischen dem Verfall preisgegebenen Kegel gebaut hatte, daß sich jetzt in der höllerschen Dachkammer noch immer sämtliche und zum Großteil gar nicht verwendeten aber doch immer nur auf den Kegelbau bezogenen Pläne, sowie alle darauf bezogenen Bücher und Schriften, die Roithamer alle in den letzten Jahren zum Bau des Kegels herangezogen hatte, Bücher und Schriften in allen möglichen Sprachen, auch in solchen, die er nicht sprechen konnte, die er sich aber von seinem viele Sprachen sprechenden und überhaupt wie kein zweiter mir bekannter Mensch sprachenbegabten Bruder Johann über-

setzen hatte lassen, auch diese Übersetzungen waren in der höllerschen
Dachkammer und schon bei dem ersten Überblick sah ich, daß es sich um
Hunderte solcher Übersetzungen handeln müsse, ganze Stöße von Übersetzungen aus dem Portugiesischen und aus dem Spanischen hatte ich
gleich bei meinem Eintreten in die höllersche Kammer entdeckt, diese
Hunderte und Tausende von mühevollen Entzifferungen wahrscheinlich
aber doch für sein Vorhaben, den Kegel zu bauen und zu vollenden,
wichtigen Gedankengänge von mir nicht bekannten, ihm aber wahrscheinlich hochvertrauten, sich mit der Baukunst beschäftigenden Wissenschaftlern, *das Wort Architekt oder Architektur haßte er,* er sagte niemals
Architekt oder Architektur und *wenn* ich es sagte oder ein anderer Architekt oder Architektur sagte, entgegnete er sofort, daß er das Wort Architekt oder Architektur nicht hören könne, diese beiden Wörter seien
nichts als Verunstaltungen, Verbalmißgeburten, die sich ein Denkender
nicht gestatten dürfe und ich gebrauchte auch niemals in seiner Gegenwart, dann auch sonst nicht mehr das Wort Architekt oder Architektur,
auch Höller hatte sich angewöhnt, die Wörter Architekt und Architektur
nicht zu gebrauchen, wir sagten, wie Roithamer selbst, immer nur Baumeister oder Bauwerk oder Baukunst, daß das Wort Bauen eines der
schönsten sei, wußten wir seit Roithamer darüber gesprochen hat, in eben
der Dachkammer, in welcher ich jetzt Quartier bezogen hatte, an einem
trüben, regnerischen Abend, an welchem wir tatsächlich ein wie schon so
oft an der Aurachenge aufgetretenes und sich möglicherweise verheerend
auf die ganze Aurachenge auswirkendes, aber dann doch aufeinmal zu-
rückgegangenes Hochwasser gefürchtet hatten, immer hatte das Hochwasser an der Aurachenge größten Schaden angerichtet, aber das höllersche Haus verschont, überall die ganze Aurach herunter und hinunter den
größten Schaden verursacht, aber das höllersche Haus genau an der Aurachenge verschont, weil es aus dem klaren Verstande Höllers gebaut war,
immer waren alle, die sahen, daß den ganzen Aurachlauf entlang alles
vermurt und verheert und zerstört worden, aber das höllersche Haus als
das einzige verschont geblieben war, über diesen unglaublichen Umstand
erstaunt gewesen, an diesem trüben und regnerischen Abend, an welchem
wir wieder ein solches alles vermurendes und verheerendes Hochwasser
befürchteten, das dann aber doch nicht eingetreten war, hatte uns Roithamer die Schönheit des Wortes Bau und die Schönheit des Wortes Bauen
und die Schönheit des Wortes Baukunstwerk erklärt. Wie er immer von

Zeit zu Zeit ein Wort, das ihm plötzlich zu solcher Bedeutung geworden war, aus allen anderen Wörtern herausgenommen und erklärt hat, gleich welchem, meistens waren aber wir, die wir uns zu einem Abend im höllerschen Hause sehr oft und immer regelmäßig an den Wochenenden getroffen haben, wenn Roithamer aus England zurückgekommen war, die Zuhörer gewesen. Ich erinnere mich, daß er uns einmal die ganze Nacht das Wort *Umstand* erklärt hat, das Wort *Zustand* und das Wort *folgerichtig*. Daß sich in der höllerschen Dachkammer und zwar unverändert noch alle von Roithamers Büchern und Schriften und Plänen und Schreib- und Denkgegenständen befunden haben, berührte mich. Die höllersche Dachkammer war das Ideen- und Konstruktionszimmer für den Bau des Kegels gewesen, hier waren alle Ideen *zuerst* aufgekommen und alle Pläne entworfen und alle für den Bau des Kegels notwendigen Entscheidungen getroffen worden, von hier aus hatte Roithamer die Bauleitung geführt. Die an den Kalkwänden mit Hunderten und Tausenden von Büchern und Schriften über Bauwerke und überhaupt über Bauen und über alles, was mit dem Bauen zusammenhängt, über die ganze Natur und über die ganze Natur- und vor allem mit dem Bauen zusammenhängende Gesteinsgeschichte, über die Statik vor allem und über die Möglichkeiten in einer Natur wie der Natur des Kobernaußerwaldes einen Kegel zu bauen, vollgestopften Weichholzregale, ganz gewöhnliche Weichholzbretter, die mit Achtzentimeterstahlstiften zusammengenagelt gewesen waren, hatten mich sofort bei meinem Eintreten in die höllersche Dachkammer, in welcher ich bis zu diesem Augenblick niemals allein gewesen war, immer nur in Gesellschaft Roithamers oder in Gesellschaft Höllers oder in beider Gesellschaft, aufeinmal war es mir, schon in den ersten Augenblicken des Eintretens in die höllersche Dachkammer möglich gewesen, ungeniert mich in der höllerschen Dachkammer meinen Gedanken über die höllersche Dachkammer auszuliefern, alle diese plötzlich mir zur Verfügung stehenden, naturgemäß meinem Vorhaben, mich mit den roithamerschen Schriften zu befassen und vor allem mich mit seinem Hauptwerk, mit der Entstehung des Kegels, auseinanderzusetzen, es zu sichten und zu durchdenken und möglicherweise da und dort, wo es vielleicht gar nicht zusammengehörte, zusammenzubringen, seinen ursprünglichen, von Roithamer vorgesehenen Zusammenhalt wiederherzustellen, denn das war mir schon bei erster Durchsicht des roithamerschen Hauptmanuskripts klar gewesen, daß durch die Umstände seiner Arbeitsunterbrechung, durch den

Tod der Schwester und die damit verbundenen Unregelmäßigkeiten seiner Arbeitsvorgänge, seiner plötzlich gerade da, wo sie nicht unterbrochen
werden hätte dürfen, unterbrochenen Arbeit an dem Hauptmanuskript
über den Kegel und also über Altensam und über das höllersche Haus,
über den Aurachverlauf und die Aurachenge insbesondere, über Baumate-
rialien und immer wieder über alles mit dem Bau des Kegels zusammenhängende, aber auf die höllersche Dachkammer bezogene, schließlich
aber doch aus Verehrung für sie, für seine Schwester, geplante und durch-
studierte und schließlich vorangetriebene und tatsächlich vollendete Bauwerk, daß durch alle diese Umstände das Manuskript, an welchem er, wie
ich weiß, das letzte halbe Jahr mit der größten Energie in England und
zwar in seinem gerade für diese Arbeit in Cambridge gemieteten Zimmer,
arbeitete, wie er mir mitgeteilt hat, rücksichtslos eine Rechtfertigung und
gleichzeitig Analyse seiner Arbeit an dem Kegel zu schreiben, was ihm
neben seiner wissenschaftlichen Arbeit im Grunde nicht gestattet gewesen
sei, worüber er sich aber nicht kümmerte, denn es muß ihm klar gewesen
sein, daß er das Manuskript über den Kegel und seine Umstände und
Zusammenhänge *jetzt* und zwar sofort nach dem Tode der Schwester
zuende zu führen habe, will er es überhaupt zuende führen, wahrscheinlich fühlte er, daß er keine Zeit mehr hatte, daß seine Lebenszeit bedroht
und mehr und mehr und Tag für Tag immer noch mehr (von ihm selbst)
bedroht und in Kürze zuende sei, so daß er mit unglaublicher Rücksichtslosigkeit vor allem gegen sich selbst und seinen wie ich weiß, vor allem in
Geistesverfassungen empfindlichen Kopf an die Verwirklichung seines
Vorhabens gehen mußte, das Manuskript über den Bau des Kegels fertig
zu bringen; zuerst hatte er die größte Energie aufgebracht, den Kegel zu
planen und zu konstruieren und zu verwirklichen und zu vollenden, dann
die gleiche, wenn nicht noch größere Energie darauf, den Bau des Kegels
in einer, wie ich jetzt sehe, doch größeren, sehr umfangreichen Schrift zu
erklären und vor allem zu rechtfertigen, denn es waren ihm von allen
Seiten Vorwürfe gemacht worden, daß er überhaupt in einer Zeit gegen
solche Ideen eine solche Idee habe, in einer solchen, *gegen* solche Vorstellungen und Verwirklichungen eingestellten Zeit, eine solche Vorstellung
realisierte und verwirklichte und schließlich sogar vollendete, daß er in
einer Zeit, welche ja überhaupt *gegen* solche Menschen und Köpfe und
Charaktere und Geister wie Roithamer (und andere!) sei, ein solcher
Mensch und ein solcher Kopf und ein solcher Charakter und ein solcher

Geist sei, ein solcher widersprüchlicher Charakter und Geist und Mensch noch dazu, welcher sein ihm aufeinmal zugefallenes Erbe dazu benützte, einer, wie alle sagten, verrückten Idee zu gehorchen, die aufeinmal in seinem verrückten Kopfe aufgekommen sei, um ihn nicht mehr auszulassen, der Idee, von dem ihm aufeinmal zugefallenen Geld, seiner Schwester einen Kegel zu bauen, einen Wohnkegel und noch dazu, diese Idee war die allerunverständlichste, den Kegel nicht an einem für jeden als normal ersichtlichen Platze zu errichten, sondern den Kegel in der Mitte des Kobernaußerwaldes zu planen und auch zu bauen und zu vollenden, zuerst hatten sie alle geglaubt, er werde nicht wahrmachen, was er geplant habe, aber er machte nach und nach und aufeinmal nicht nur in seinem Kopfe und für jeden in der Intensität seines Studiums klar erkennbaren Weise mit seinem Vorhaben ernst, er ließ aufeinmal in Wirklichkeit die Straße durch den Kobernaußerwald anlegen, genau von einem von ihm in monatelanger Nachtarbeit berechneten Winkel sollte diese Straße genau in den Mittelpunkt des Kobernaußerwaldes führen, denn genau auf den Mittelpunkt des Kobernaußerwaldes gedachte er den Kegel zu bauen und er baute ihn auch genau in den Mittelpunkt des Kobernaußerwaldes, alle Berechnungen machte er selbst, denn er haßte die, jetzt muß ich es aussprechen, Architekten und er haßte alle professionellen Bauleute, mit Ausnahme der Handwerker, er gab nicht eher Ruhe, als bis er seine Berechnung des Mittelpunktes des Kobernaußerwaldes errechnet und mit dem Ausheben der Baugrube hatte beginnen können, da waren die Leute, die bis zu diesem Zeitpunkt nicht an die Verwirklichung des verrückten Vorhabens Roithamers geglaubt hatten, plötzlich vor den Kopf gestoßen, als die Straße auf den Mittelpunkt des Kobernaußerwaldes *tatsächlich angelegt worden ist* und er mit dem Ausheben der Baugrube angefangen *hatte*, er war, am Ende seiner Berechnungen, aus England zurückgekommen und hatte sich in der höllerschen Dachkammer eingerichtet und das Anlegen der Straße und das Ausheben der Baugrube durch höchstpersönliche Überwachung so schnell vorantreiben können, daß es den Fachleuten ein Rätsel gewesen ist, wie ein Einzelner einen Plan verwirklichen könne mit solcher Geschwindigkeit, daß die Straße in der halben Zeit, in welcher sie normal angelegt gewesen wäre, angelegt war, daß die Baugrube in einem Drittel der Zeit, die normalerweise zum Ausheben einer solchen Baugrube berechnet ist, angelegt worden war. Die Baugrube war die tiefste Baugrube, die jemals gegraben worden ist und die Straße zur Baugrube

mußte die bestfundierte Straße sein, alles mußte das beste sein. Ja, die
Leute hatten niemals geglaubt, daß es ihm, Roithamer, gelingen werde,
überhaupt das Grundstück für den Kegel in der Mitte des Kobernaußerwaldes zu erwerben und vor allem nicht, *für einen solchen verrückten Zweck*
zu erwerben, denn der Bau eines solchen Bauwerks wie der Kegel, ist von
allen, vor allem von den Fachleuten, als völlig verrückt bezeichnet worden
und wird auch heute als völlig verrückt bezeichnet und wird immer nur als
völlig verrückt bezeichnet werden, denn das Grundstück, auf welchem
Roithamer den Kegel baute, gehörte nach der Enteignung des aristokra-
tischen Vorbesitzers, eines Habsburgers, dem Staate und schon die Idee,
ein solches Grundstück in der Mitte des Kobernaußerwaldes aus dem
Besitze des Staates in eine, gleich welche private Hand, zurückzubekom-
men, war schon ein absurder und tatsächlich höchst verrückter Gedanke,
ganz zu schweigen davon, die Grundstücke, auf welchen die Straße, die
zum Kegel führen sollte, angelegt werden mußte, aus dem Staatsbesitze in
die private Hand und gleich wieder, gleich welche Hand, zurückkaufen zu
können, aber Roithamer hatte in der kürzesten Zeit und unter völliger,
abgemachter Geheimhaltung, alle die Grundstücke aus dem Staatsbesitz
erwerben können, auf welchen er die Straße zum Bauplatz des Kegels
anlegen hatte wollen und dann auch sofort das große Grundstück in der
Mitte des Kobernaußerwaldes, auf welchem er den Kegel für seine Schwester errichten wollte und schon kurz nach dem Erwerb der Grundstücke
und nicht ohne die Formalitäten grundbücherlich komplett abzuschließen, hatte er mit dem Anlegen der Straße und mit dem Bau der Straße und
mit dem Bau des Kegels begonnen, da war die Umwelt, wie ich weiß,
entsetzt gewesen und waren vor allem die Geschwister Roithamers wie vor
den Kopf geschlagen, das hatten sie sich nicht träumen lassen, daß die
verrückte Idee ihres Bruders Wirklichkeit, von dem verrückten Roithamer
verwirklicht werden könnte, aber sie mußten die Tatsache der gültigen
Kaufverträge akzeptieren und den Beginn des Baues der Straße und
schließlich den Baubeginn des Kegels zur Kenntnis nehmen, noch zu
diesem Zeitpunkt hatten sie versucht, Roithamer zu entmündigen und sie
hatten ein Verfahren einleiten lassen für seine vollständige Entmün-
digung, aber ein Ärzteteam hatte *seine völlige Normalität* nachgewiesen,
jedenfalls waren die Gutachter, die gegen den Geisteszustand Roithamers
ausgesagt hatten und die von den Geschwistern Roithamers angeworben
und bezahlt worden waren, gegen die Gutachter, die Roithamer als nor-

mal bezeichneten, in der Minderheit geblieben. Daß ein Mensch, der eine solche Idee, wie die Idee des Baus des Kegels in seinem Kopfe sich entwickeln läßt und dann tatsächlich sein Erbe, mit welchem er sonst nichts hatte anfangen wollen, an die Verwirklichung seiner Idee und also an die Realisierung seines Projekts, an den Bau des Kegels und mit größter Energie und Schaffensfreude herangeht, das beweist ja noch nicht, daß dieser Mensch verrückt ist, auch wenn der Großteil der Beobachter und der Verwandtschaft glaubt, ein solcher Mensch sei verrückt, er *müsse* ganz einfach verrückt sein, denn ein normaler Mensch könne nicht für eine solche verrückte Idee wie die Idee, einen solchen Kegel zu bauen, *einen solchen noch niemals gebauten Kegel* zu bauen, die Unsumme, die er geerbt hat und die in die Millionen und zwar in die Hunderte von Millionen gehe, für eine solche Idee ausgeben, und tatsächlich hat Roithamer, wie ich weiß, die ganze Erbsumme in den Kegelbau hineingesteckt, abgesehen von einem Millionenbetrag, dessen Höhe mir nicht bekannt ist, den Roithamer seiner Schwester für den Rest ihres Lebens zur Verfügung zu stellen gedacht hatte, genau um diese Summe streiten sich im Augenblick die Geschwister Roithamers untereinander, die in Altensam leben, denn die Summe ist nach dem Tode der Schwester Roithamers wieder Roithamer selbst zugefallen und nach dem Tode Roithamers seinen Geschwistern. An dieser Stelle kann gesagt sein, daß der Kegel selbst und alles ihm zugehörige Areal, gänzliche mit dem Kegel zusammenhängenden Liegenschaften also, wieder dem Staat, dem er sie so teuer, aber korrekt abgekauft hatte, zugefallen sind, mit der Auflage, *den Kegel selbst verfallen zu lassen, niemals und durch niemanden mehr berühren zu lassen und also gänzlich der Natur*, in die Roithamer ihn hineingestellt hat, *zu überlassen.* Aber über diese Tatsachen werde ich jetzt nicht ausführlich sprechen. Die nicht von solchen mit Büchern und Schriften über das Bauen vollgestopften Weichholzbretter waren von Wänden abgelöst in der höllerschen Dachkammer, die von Hunderten und Tausenden von Plänen, die alle den Kegelbau betreffen, zugedeckt, Millionen von Linien und Zahlen und Ziffern bedeckten diese Wände und zuerst glaubte ich, verrückt oder wenigstens krank zu werden, wenn ich diese Millionen von Linien und Zahlen und Ziffern anschaute, aber dann gewöhnte ich mich an den Anblick dieser Linien und Zahlen und Ziffern, und hatte ich einen gewissen, mich nicht mehr verrückt machenden Grad der Beruhigung in der Anschauung dieser Kegelberechnungen erreicht, durfte ich an das Studium dieser Aufzeichnungen herangehen, denn zuerst hatte ich vor, mich mit den Berechnungen und Entwürfen an den Wänden der höllerschen Dachkammer zu beschäftigen, dann erst die in den Regalen stehenden Bücher und Schriften heranzuziehen, mir das in den Laden liegende Material vorzunehmen, ich mußte mich ja zuerst vertraut machen überhaupt mit der Tatsache, daß es sich hier in der höllerschen Dachkammer um alles mir bis jetzt unbekannt gewesene *Geistesmaterial* handelte, aus welchem Roithamer den Kegel und alles, was mit dem Kegel zusammenhängt, konstruiert und gebaut hat. Es war also am Anfang, in den ersten Stunden jedenfalls noch nicht daran zu denken gewesen, ein konkretes Studium aller dieser Papiere zu betreiben, ich richtete mich erst einmal in der höllerschen Dachkammer ein, packte meine Tasche aus, verstaute die mitgebrachten Notwendigkeiten, begutachtete mein Bett, welches frisch überzogen war und wie alle frischüberzogenen Betten auf dem Land einen wunderbaren Geruch der Natur der Umgebung ausströmte. Daß das Bett gut war, stellte ich fest, indem ich mich daraufsetzte, dann hängte ich meinen Mantel in den Kasten, allein in der Dachkammer Roithamers, als solche kann ich diese Dachkammer ruhig bezeichnen, die höllersche Dachkammer ist die roithamerische Dachkammer, weil auch Höller diese Dachkammer als die Dachkammer Roithamers bezeichnete, hatte ich sofort den Eindruck, mich in einer *Denk*kammer zu befinden, alles in dieser Kammer war nur auf das Denken bezogen, der hier Eingetretene war zum Denken gezwungen, ununterbrochenes Denken war die Voraussetzung, kein Mensch ohne ununterbrochenes Denken hätte es hier ausgehalten, nicht die kürzeste Zeit ausgehalten, wer in die höllersche Dachkammer eintritt, muß in das Denken und zwar in das auf die höllersche Dachkammer bezogene Denken eintreten, gleichzeitig in das Denken Roithamers eintreten und er muß dieses Denken denken, solange er sich in der Dachkammer aufhält, bricht er dieses Denken ab, ist er im Augenblick verrückt oder tot, denke ich. Der hier Eingetretene ist gezwungen, alles, was er vorher, bis zu dem Augenblick seines Eintretens in die höllersche Dachkammer gedacht hat, aufzugeben, abzubrechen, um von diesem Augenblick an nurmehr das in der höllerschen Dachkammer zulässige Denken zu denken, denn denken allein genügte nicht, um in der höllerschen Dachkammer auch nur die kürzeste Zeit überleben zu können, es mußte *das Denken der höllerschen Dachkammer* sein, das Denken, welches sich ausschließlich auf alles mit der höllerschen Dachkammer und mit Roithamer und mit dem Kegel

Zusammenhängende bezieht. Diese Tatsache, daß ich jetzt zu denken habe in der höllerschen Dachkammer, wie in der höllerschen Dachkammer zu denken ist, war mir sofort bewußt gewesen, wie ich mich in der höllerschen Dachkammer umgeschaut habe, daß es gar keine andere Möglichkeit zu denken gibt in der höllerschen Dachkammer, als das Denken der höllerschen Dachkammer, habe ich gedacht, während ich den Entschluß gefaßt habe, mich nach und nach mit den hier herrschenden Denkvorschriften vertraut zu machen, sie zu studieren, um in diesen Denkvorschriften denken zu können, daß es nicht einfach sei für einen unmittelbar und ohne die geringste Vorbereitung auf diese Umstellung hier in die höllersche Dachkammer Hereingekommenen, sich diesen Vorschriften anzuvertrauen und zu unterwerfen und vorwärtszukommen in diesen Denkvorschriften. Alles hier in der höllerschen Dachkammer war von Roithamer und ich ging sogar soweit, zu sagen, daß die Dachkammer Roithamer ist, während der Kopf doch vorsichtig sein muß in solchen Urteilen, lieferte ich schon im ersten Augenblick meines Eintretens meine ganze Existenz diesem Urteil aus. Der Höller hatte hier, seit dem letzten Aufenthalt Roithamers in der höllerschen Dachkammer, nichts verändert, er war, wie ich von Höller inzwischen weiß, nach dem Begräbnis seiner Schwester in Altensam, auf welches er, wie ich jetzt auch weiß, nur widerwillig gegangen war, naturgemäß nicht wegen seiner Schwester, sondern wegen seiner anderen Geschwister widerwillig, schwarz gekleidet, wie der Höller sagt, wie er noch niemals gekleidet gewesen war, denn Roithamer, so Höller, war zeitlebens nur ein einzigesmal schwarz gekleidet gewesen, wer immer auch begraben worden war, Roithamer hatte sich nicht und niemals schwarz gekleidet, nur auf dem Begräbnis der Schwester war er in schwarzer Kleidung erschienen, daß diese schwarze Kleidung ihn sehr elegant gekleidet habe, sagt der Höller, da war er also in dieser eleganten schwarzen Kleidung im höllerschen Hause erschienen und hatte in der höllerschen Stube geschwiegen, sich *aus*geschwiegen, wie der Höller sagt, er hatte nichts essen und nichts trinken wollen und er, Höller, hatte den Eindruck gehabt, Roithamer sei jetzt, wo seine Schwester tot und begraben sei, selbst am Ende, nur lebte er noch, er lebte noch, während er in Wirklichkeit fühlte, daß er schon tot sei, denn die Schwester, für die er den Kegel gebaut hatte, war ihm alles gewesen neben seiner Wissenschaft, neben seiner Naturwissenschaft, die er in Cambridge, wie gesagt, unterrichtete, gleichzeitig studierte, wie ein studierter Mensch, so Höller, auf-

einmal tödlich getroffen ausschauen kann, so Höller, der von Roithamer
sagte, daß er nicht nur einen erschöpften Eindruck gemacht hatte nach
dem Begräbnis seiner Schwester, sondern einen tödlichen, Roithamer war
schon als tot, nicht nur als erschöpft oder völlig erschöpft in das höllersche
Haus hereingekommen, zwei Stunden sei er in der Stube unten gesessen
und habe sich auch nicht von seiner, also Höllers Frau, von welcher er
immer etwas angenommen habe, etwas zum Essen oder Trinken geben
lassen, nach drei Stunden ein Glas Wasser, das er in einem Satz ausgetrunken habe, sonst nichts, dann sei er weiter und bis in die Nacht schweigend in der Stube gesessen und er, Höller, habe sich weder etwas zu sagen
getraut, noch zu schweigen getraut, in diesem Zustand, so Höller, der mir
diesen Zustand zwar gut beschreiben, aber doch nicht erklären hatte können, immer wenn Höller über Roithamer gesprochen hat, hat er zwar alles
gut beschreiben, aber doch nicht erklären können, aber er, Höller,
brauchte keine Wörter, um sich verständlich zu machen und aufzuklären,
was und wo etwas aufzuklären gewesen war, die Art des Höller, etwas
deutlich zu machen, gelang ihm immer am besten, wenn er mit Schweigen
operierte, der Roithamer sei die ganze Nacht in der Stube gesessen und er
habe sich nicht in die Dachkammer zurückziehen wollen, so Höller, wahrscheinlich wollte er von jetzt an nicht mehr zurück in die Welt, die die
Dachkammer für ihn bedeutet hatte, nämlich *alles*. Die Höller habe dem
Roithamer gegen Mitternacht, weil es aufeinmal so kalt geworden war,
eine Decke um die Beine gewickelt, das habe er, Roithamer, widerspruchslos geschehen lassen, so Höller, dann, gegen vier, sei er aufgestanden und
wortlos in die Dachkammer herauf und sei ein paar Augenblicke in der
Dachkammer stehengeblieben. Er veränderte in der Dachkammer nichts
mehr, so Höller, rührte keinen Gegenstand mehr an. Wie es jetzt ist, war
es damals auch. Ich habe auch nichts mehr in der Dachkammer verändert,
so Höller. Dann sei er weggegangen und sie hätten nichts mehr von ihm
gehört. Sein Tod sei ihm nicht überraschend gekommen, so Höller, alles
an Roithamer habe an diesem letzten Abend und in dieser letzten Nacht
auf seinen Tod hingedeutet, ihm, Höller, war es in dieser Nacht, während
dieser letzten Begegnung mit Roithamer klar gewesen, daß er, Roithamer,
nicht mehr lange zu leben habe. Ich habe keine Existenz mehr, soll Roithamer als letztes zum Höller gesagt haben. Mir selbst war Roithamer noch
einmal in London begegnet, ich hatte ihn, der mir ein Telegramm geschickt hatte, auf dem Victoriabahnhof abgeholt und in seine Wohnung

gebracht gehabt, wo er mir von dem Begräbnis seiner Schwester berichtet hatte, mit seinen kurzen Sätzen, die keinen Widerspruch duldeten. Hier war mir Roithamer wieder gegenwärtig, weil er tatsächlich anwesend gewesen war, ich sah ihn deutlich und ich hörte, was er, wie ich ihn sah, sagte, wenn er auch nicht in Wirklichkeit anwesend gewesen war, so war mir seine Anwesenheit bewußt, in Anschauung seiner Gegenstände, durch die Luft, die er, wie ich jetzt, die letzten Jahre in der Dachkammer eingeatmet, durch die Gedanken, die er hier immer gedacht hatte und die ich jetzt denke, durch die ganze höllersche Atmosphäre, die Roithamer in den Jahren, in welchen er sich von Altensam gelöst und sich mehr und mehr und dann ganz ausschließlich dem Kegel ausgeliefert gehabt hatte, zur Gewohnheit geworden war, denn tatsächlich hatte mir Roithamer oft gesagt, daß ihm die höllersche Atmosphäre und die Umstände der höllerschen Atmosphäre, das mit der höllerschen Atmosphäre und den Umständen der höllerschen Atmosphäre ganz unmittelbar zusammenhängende Denken zur einzigen und zur einzig wichtigen Notwendigkeit geworden war, wo er sich auch in den letzten Jahren, die ihn einerseits an England, wo er zu unterrichten hatte, an die Universität Cambridge fesselten, andererseits an den Kobernaußerwald, den er als Bauplatz für den Kegel bestimmt hatte, wo er sich auch in den letzten Jahren aufgehalten hatte, in England oder in Österreich, in dem einen englischen, mit großer Entschiedenheit und Geistesgegenwart, in dem andern österreichischen, mit großer Anhänglichkeit und Liebe, wenn auch mit genauso großer Verachtung und Abneigung, mit einer Mischung aus Mißtrauen und Enttäuschung, die immer an der Grenze des Hasses gegen dieses sein Heimatland empfunden und von ihm auch sehr oft in ungewöhnlich scharfem Verstande überschritten worden war, denn daß er Österreich einerseits liebte, weil es seine Herkunft war, war ebenso klar, wie daß er es haßte, weil es ihn zeitlebens nur auf den Kopf gestoßen und ihn immer, wenn er es gebraucht hatte, abgestoßen hatte, es ließ einen Menschen wie Roithamer nicht an sich herankommen, Menschen, Leute, Charaktere wie Roithamer haben im Grunde in einem solchen wie seinem und meinem heimatlichen Lande nichts zu suchen, sie sind in einem solchen Lande entwicklungs*unfähig* und sind sich dieser Entwicklungsunfähigkeit auch fortwährend bewußt, ein solches Land braucht Menschen, die sich nicht auflehnen gegen die Unverschämtheit eines solchen Landes, gegen die Unzurechnungsfähigkeit eines solchen Landes und eines solchen Staates, eines solchen, wie Roithamer immer wieder sagte, gemeingefährlichen, völlig heruntergekommenen Staates, in welchem nurmehr noch die chaotischen, wenn nicht die chaotischsten Zustände herrschten, dieser Staat hat eine Unzahl von Menschen wie Roithamer auf dem Gewissen, eine ganz gemeine und niederträchtige Geschichte auf dem Gewissen, *diese permanente Perversität und Prostitution als Staat*, wie Roithamer immer wieder und zwar leidenschaftslos sagte, mit der ihm angeborenen Bestimmtheit des Urteils, das sich auf nichts als auf Erfahrung gründete und keinen anderen als den Erfahrungswert hatte Roithamer jemals zugelassen, wie er immer wieder, wenn die Grenze der Erträglichkeit, dieses Land und diesen Staat betreffend, erreicht war, sagte, erklären könne er die Gemeinheit und die Niederträchtigkeit und die Gemeingefährlichkeit dieses Staates nicht mit ein paar hingeworfenen Wörtern, zu einer Analyse und zu einer wissenschaftlichen Arbeit über dieses Thema aber fehle ihm, weil er auf sein Hauptthema, die Naturwissenschaft und den Kegel konzentriert sei, die Zeit, auch sei er nicht der Kopf, der sich in politischen Vorstößen zu erschöpfen habe, er habe sich nie in politischen oder in gemeinpolitischen Vorstößen erschöpft, dazu seien *andere, geeignetere Köpfe oder solche Hinter- oder Vorderköpfe der politischen Vorstöße da*, er sei aber ab und zu dazu gezwungen, seine Urteilskraft in bezug auf sein Herkunftsland und auf seinen Zugehörigkeitsstaat, also auf Österreich, dieses mißverstandenste Land auf der Welt, dieses Land mit dem größten Schwierigkeitsgrad in der Weltgeschichte, anzuwenden, er setze sich dann und wann doch der Gefahr aus, sich über Österreich und seine Österreicher zu äußern, über diesen wie kein zweiter abgewirtschafteten Staat, über dieses wie kein zweites abgewirtschaftetes Volk, in welchem außer der ihm angeborenen Geistesschwäche, nichts übriggeblieben sei als Heuchelei und zwar Heuchelei auf allen nur möglichen staatlichen und landespolitischen Gebieten, dieser einstige Mittelpunkt Europas sei, nach Roithamer, nichts anderes mehr als ein geistes- und kulturgeschichtlicher Ausverkaufsrest, eine liegengebliebene Staatsware, in welcher der Staatsbürger nurmehr noch die zweite und die dritte und die vierte und in jedem Falle immer nurmehr noch die letzte Wahl habe, schon die ersten Jahre hatten in Roithamer, wie auch in mir selbst, die Unmöglichkeit erkennen lassen, in diesem Staate und in diesem Lande, unter welchen Vorzeichen immer, erwachsen zu werden und sich zu entwickeln, dieses Land und dieser Staat, so Roithamer, sind nichts für die Entwicklung eines Geistes-

menschen, hier gehen alle Anzeichen von Geisteskraft sofort über in alle
Anzeichen von Geistesschwäche, hier seien alle Bemühungen, weiterzukommen, aufzukommen und fortzukommen, umsonst, überall, wohin
man seine Augen und seinen Verstand und seine Bemühungen richte, sehe
man nichts als den Untergang aller Bemühungen hier weiterzukommen,
aufzukommen und fortzukommen, sich zu entwickeln, der österreichische
Mensch sei schon in dem Augenblicke seiner Geburt ein gescheiterter
Mensch und er müsse sich klar darüber sein, daß er sich aufzugeben habe,
wenn er in diesem Land und in diesem Staat, gleich unter welchen Vorzeichen, bleibe, er müsse sich entscheiden, ob er dageblieben zugrunde
gehen will, mühselig älter werdend und nichts erreichend in seinem eigenen Staate und in seinem eigenen Lande zugrunde gehen, diesen fürchterlichen Absterbensprozeß mit offenen Augen an seinem eigenen Geist
und an seinem eigenen Körper mitansehen wolle, eine lebenslängliche
Abwärtsentwicklung in Kauf nehmen wolle, indem er in diesem Staat und
in diesem Lande bleibe, oder ob er so bald als möglich auf- und davongehen und sich durch dieses möglichst baldige Aufunddavongehen retten
wolle, seinen Geist retten, seine Persönlichkeit retten, seine Natur retten,
denn geht er nicht davon, so Roithamer, geht er in diesem Lande zugrunde, und ist er kein gemeiner Mensch, so wird er in diesem Lande und
in diesem Staate zum gemeinen Menschen und ist er keine niederträchtige
und keine infame Natur, so wird er in diesem Lande und in diesem Staate
zu einer gemeinen und niederträchtigen Natur und gemeinen und niederträchtigen Kreatur, so also gilt es, sich von allem Anfang an, von den
ersten Augenblicken des Denkens an, sich aus diesem Lande und aus
diesem Staate zu retten und je früher ein Mensch mit geistigen Fähigkeiten diesem Lande und diesem Staate den Rücken kehrt, desto besser, alles,
was dieser Staat ist, was dieses Land ausmacht, fliehen, zurücklassen,
gleich wohin gehen und sei es an das Ende der Welt, muß sich ein solcher
sagen, unter keinen Umständen dableiben, wo für ihn nichts und wenn,
dann nur das Erbärmlichste und das Geisteszerstörende und das Kopfaus-
höhlende und das ihn immerfort in die Kleinheit und in die Gemeinheit
Zwingende zu erwarten ist, daß ihn hier alles immerfort niederdrückt,
immerfort verleumdet und verleugnet und daß er hier in seinem österreichischen Lande immer dem gemeinen Mißverständnis und der gemeinen
Verleumdung ausgesetzt und also zum Niedergang und also zum Tode,
und also der Vernichtung seiner Existenz ausgesetzt ist. Wenn wir klar

sehen, sehen wir, daß es für Roithamer gar keine andere Möglichkeit gegeben hat, als diesem seinem Heimatland, das diesen Ehrentitel, der noch immer ein Ehrentitel ist, gar nicht verdient, denn das sogenannte Heimatland ist ihm in Wirklichkeit wie so vielen anderen aus ihm gekommenen nichts anderes als die fürchterlichste Bestrafung seiner lebenslänglichen Existenz für die Schuldlosigkeit, überhaupt geboren worden zu sein, gewesen, andauernd empfindet ein solcher wie Roithamer die Bestrafung durch sein Heimatland für etwas, für das er nichts kann, denn kein Mensch kann für seine Geburt, aber Roithamer hat schon sehr früh und zwar schon in der frühesten Kindheit, die er zusammen mit seinen drei Geschwistern in Altensam verbracht hat, verstehen müssen, daß er fort und möglichst rasch und ohne Umschweife weg muß, um nicht zugrunde zu gehen, wie seine Geschwister ja letztenendes zugrunde gegangen sind, denn darüber, daß seine Geschwister an Österreich zugrunde gegangen sind, besteht nicht der geringste Zweifel, denn der ältere Bruder ist an Altensam verkommen, an den Umständen, aus welchen Altensam ist, aus den Zuständen, die in Altensam herrschen und immer geherrscht haben, und der ältere Bruder hatte auch nicht ein einzigesmal den Versuch gemacht, aus Altensam wegzugehen, er hat die für Altensam charakteristische Entwicklung genommen, dem Absterbensprozeß in Altensam, das nichts anderes ist, als ein Absterbensprozeß, hat er sich schon vom ersten Augenblick an widerspruchslos ausgeliefert, niemals den Versuch gemacht, auszubrechen aus Altensam, Altensam aufzugeben, dazu hatte der nicht die geringste Kraft, an Mut und an Entschiedenheit und also an Geistesentschiedenheit hat es diesem älteren Bruder, den ich von Kindheit an kenne wie auch den jüngeren Bruder, immer gefehlt, die Ordnung als Unordnung, die in Altensam immer alles beherrscht hat, diese exakte Absterbensverwirklichung eines ungeheuren Besitzes hatte dieser ältere Bruder ganz einfach hingenommen, weil es seine Eltern von ihm verlangt haben und er ist in Altensam aufgewachsen, wie sie alle immer in Altensam aufgewachsen sind und es ist aus ihm einer geworden, wie sie alle immer in Altensam geworden sind, ein typischer Altensamer ist aus ihm geworden, einer, der im Grunde nichts anderes kennt und auch nichts anderes akzeptiert als Altensam, der mit Altensam aufgewacht ist und der, nachdem er Altensam durchlebt hat, mit Altensam sterben wird. Und der jüngere Bruder ist dem älteren Bruder immer hörig gewesen, der jüngere war noch schwächlicher und noch schwächer als der ältere Bruder und beide zusammen haben tatsächlich nichts anderes als eine lebenslängliche auf Altensam bezogene Sterbensgemeinschaft gebildet, wenn sie auch Roithamer, den zwischen ihnen beiden stehenden Bruder, überlebt haben und auch die Schwester, die ja am Kegel gestorben ist, überlebt haben, sie haben ihre Schwester und den mittleren Bruder Roithamer überexistiert, übervegetiert, ginge ich nach Altensam hinüber, wozu ich gar keine Lust habe, könnte ich sehen, wie sie auch weiterhin dahinvegetieren, wie sie als die beiden übriggebliebenen Altensamer heute nichts anderes sind, als was sie schon immer gewesen waren, durch und durch Altensam und genau gegen dieses *durch und durch Altensam*, so Roithamer, hatte sich Roithamer immer gewehrt, sein Leben, seine Existenz, seine Überlebensexistenz war im Grunde immer nur ein Wehren gegen Altensam gewesen, nur nicht Altensam verfallen, nicht an Altensam hängenbleiben, hatte er wahrscheinlich immer und in allem denken müssen, daß ihm wahrscheinlich nicht der geringste Gedanke, nicht die geringste Idee möglich gewesen wäre ohne diesen Gedanken, denke ich, nur nicht Altensam werden, *nur nicht durch und durch Altensam sein wie meine Brüder*, denn tatsächlich wäre Roithamer niemals zu einer Geistesarbeit befähigt gewesen, wie er sie uns hinterlassen hat, alle diese seine Schriften und zwar schon die kleinste und scheinbar unbedeutendste, beweisen diesen lebenslänglichen Gedanken Roithamers, nicht an Altensam hängenzubleiben, er hatte das ganze Leben und die ganze schwierige Existenz entlang nichts anderes Vordringlicheres in seinem Kopfe gehabt, als sich von Altensam zu lösen, denn von Altensam lösen und zwar bei vollem Bewußtsein und radikal von Altensam lösen, bedeutete, denken zu können, ohne Altensam, was sein Denken war, denn es war schließlich ein Denken ohne Altensam, wenn es auch ohne Altensam nicht möglich gewesen wäre, denn tatsächlich war Altensam und die Herkunft aus Altensam und der immerwährende Zusammenhang seiner Person und Persönlichkeit und Geisteswissenschaft mit Altensam notwendig, um so zu denken, wie er gedacht hatte und gearbeitet hatte, von Altensam weg, über Altensam hinaus und nicht mehr nach Altensam zurück. Die Brüder waren von Anfang an dazu bestimmt gewesen, in Altensam zu bleiben, sich in Altensam einzurichten für ihren Niedergang in Altensam, es erwartete auch niemand von ihnen etwas anderes und niemand bemerkte, daß die beiden, indem sie in Altensam blieben, von Altensam nach und nach und mit immer größerer Intensität vernichtet worden sind, wenn sie auch heute noch existieren, sie sind

längst von Altensam vernichtet, wie Roithamer niemals von Altensam
vernichtet worden ist, wenn ihn Altensam auch immer geschwächt hat
und seine Schwester war eine Ausnahme. An ihr hing Roithamer mit der
ganzen Liebe, die einem Menschen wie er möglich ist und als den Höhepunkt dieser Liebe hatte er den Bau des Kegels für sie ins Auge gefaßt
und in Angriff genommen und verwirklicht und vollendet. Aber daß ein
Mensch wie die Schwester Roithamers einen solchen Zustand als Höhepunkt nicht ertragen kann, hat sich dadurch bewahrheitet, daß sie heute
nicht mehr lebt. Aber darüber später mehr. Daß er aus Altensam weg
müsse, war Roithamer schon als Kind mit der Klarheit eines erwachsenen
Kopfes klar gewesen und er hatte sich schon wie als Vorbereitung für die
Entfernung aus Altensam, in Altensam immer abgesondert gehabt von
den andern, alles an ihm hatte schon in der frühesten Kindheit darauf
verwiesen, daß er aus Altensam weggehen und Altensam tatsächlich gänzlich hinter sich lassen wird, denn ein Denken, wie er dachte, war mit
Altensam und ohne Trennung von Altensam nicht möglich. Und diese
Trennung muß tatsächlich radikal sein, hatte er sich schon früh gesagt und
dann auch, mit seinem Entschluß, nicht nur Altensam, sondern Österreich aufzugeben, die radikalste Trennung von Altensam und Österreich
vollzogen. Denn gehe ich einmal wieder zurück und die Versuchungen,
wieder einmal zurückzugehen sind die größten, hat er notiert, mache ich
alles, was ich erreicht habe, zunichte, dann gebe ich der Schwäche nach,
die nichts als eine für mich tödliche Schwäche ist, bin ich von einem
Augenblick auf den andern in der Geistesschwäche, der ich bis zum heutigen Tage entkommen bin. Altensam hatte er immer als Geistesschwäche
empfunden und die in Altensam lebten, seine Verwandten, als in dieser
Geistesschwäche Geistesschwachen und er fürchtete sich vor nichts mehr,
als vor einer Rückkehr in diese Geistesschwäche und zu diesen Geistesschwachen. Und ist die Tortur, abwesend zu sein und das Vorgenommene
weiterzubringen, voranzutreiben, den Geisteszustand immer noch mehr
und mehr verbessern zu wollen, auch die größte und ist die Schwierigkeit
in der Ferne, in der sogenannten Fremde, Fuß zu fassen, auch die größte
und auch die deprimierendste, ich gehe nicht mehr in diesen Geisteszustand der Geistesschwäche und zu den Geistesschwachen nach Altensam
und nach Österreich zurück, notiert er. Schon in den ersten Stunden
waren mir viele Notizen von seinerzeit aufgefallen, aber ich ließ mich auf
eine konzentrierte Beschäftigung mit dem roithamerschen Geisteszustand

gleich nach dem Eintritt in die höllersche Dachkammer noch nicht ein. Die Gefährlichkeit eines vorschnellen Eindringens in den roithamerschen Geisteszustand war mir bewußt, daß ich nur behutsam und sehr sorgfältig und vor allem immer auf meinen eigenen Geisteszustand, der doch auch immer ein zerbrechlicher Schwächezustand ist, achtzugeben habe, dachte ich in diesen ersten Berührungsaugenblicken und ersten Berührungsstunden. Abwartend näherte ich mich zuerst nur zaghaft dem von mir in die höllersche Dachkammer mitgebrachten Papierhaufen aus der Hand und aus der Geistesurheberschaft Roithamers, denn die Gefährlichkeit einer möglicherweise zu schnellen und unsorgfältigen Beschäftigung mit den Schriften Roithamers, mit seinem ganzen Nachlaß, der mir durch einen Urteilsspruch zugefallen war, war mir durchaus bewußt, daß ich mich in acht zu nehmen habe vor dieser Beschäftigung, denn mir war klar, daß die Verletzungsmöglichkeiten der roithamerschen Papiere auf meinen Geisteszustand und auf meine ganze Konstitution die größten waren. Aber ich hatte die Gelegenheit der Lungenentzündung, ganz einfach dieser plötzlichen monatelangen *Krankheit des Nachdenkens* ergriffen, mich sofort mit dem Nachlaß Roithamers zu beschäftigen, nicht erst später, denn ursprünglich hatte ich *Angst gehabt, mich gleich* mit der Hinterlassenschaft Roithamers zu beschäftigen, weil ich wußte, daß ich so leicht verletzbar in einem solchen labilen Gesundheitszustand nicht nur meinen Körper betreffend, nicht mit der Geisteswelt Roithamers konfrontiert werden dürfte von mir selbst, weil mir klar war, wie anfällig ich den Ideen und Verwirklichungen Roithamers gegenüber immer gewesen bin, denn tatsächlich hatte ich mich zeitweise diesen roithamerischen Ideen und Verwirklichungen vollkommen ausgeliefert gehabt, was Roithamer dachte, war auch mein Denken, was er verwirklichte, glaubte ich verwirklichen zu müssen, ich war zeitweise vollkommen von seinen Ideen und von seinem ganzen Denken in Anspruch genommen gewesen, hatte mein eigenes Denken, das doch wie jedes Denken ein eigenes, für sich stehendes und für sich bewegendes Denken gewesen war, aufgegeben, lange Perioden meines Lebens und vor allem in England, wohin ich wahrscheinlich nur gegangen war, weil Roithamer dort gewesen war, hatte ich gar nicht mehr mein eigenes Denken denken können, sondern nur das Denken Roithamers, und das war Roithamer selbst sehr oft aufgefallen, daß es ihm unerklärlich und dadurch wieder unerträglich sei, sehen zu müssen, wie ich seinem Denken wenigstens unterworfen, wenn nicht ausgeliefert in allen seinen

nur ihm gehörenden Gedankengängen folgte, gleich wohin, daß ich als
mein Denken immer da sei, wo er als sein Denken sei und daß ich achtgeben sollte, mich nicht gänzlich aufzugeben, denn ein solcher nicht mehr
in sich selbst seine eigenen Gedanken sondern in einem anderen, von ihm
beherrschten und bewunderten oder auch nicht bewunderten sondern
zwangsweise beherrschten Denken Denkender laufe fortwährend Gefahr,
sich durch dieses fortgesetzte Denken des Andern statt des eigenen umzubringen, abzutöten. Die längste Zeit war es mir in England nicht möglich gewesen ein eigenes Denken zu denken, ich habe nur immer in dem
Denken Roithamers denken können, wodurch ich in Wirklichkeit in dieser ganzen langen englischen Zeit, das ist die Wahrheit, aufgegeben gewesen war. Da mein Denken in Wirklichkeit das Denken Roithamers
gewesen war, war ich in dieser Zeit gar nicht da gewesen, nichts gewesen,
ich war von dem Denken Roithamers, in das ich, aufeinmal und für
Roithamer selbst unübersehbar, für so lange Zeit einbezogen gewesen war,
ausgelöscht gewesen. Wahrscheinlich hatte dieser Zustand des durch das
Denken Roithamers Ausgelöschtseins bis zu dem Tode Roithamers gedauert, erst jetzt sehe ich, daß ich wieder zu eigenem Denken fähig bin,
durch das Eintreten in die höllersche Dachkammer, denke ich. Jetzt, nach
so langer Zeit, denke ich, bin ich wieder in der Lage, mir ein eigenes Bild
der Klarheit von den von mir angeschauten Gegenständen zu machen,
nicht das Bild, welches sich Roithamer von den von ihm und von mir
angeschauten Bildern gemacht hat. Daß ich plötzlich mit dem Betreten
der höllerschen Dachkammer aus der langjährigen Gefangenschaft, wenn
nicht Kerkerhaft des roithamerschen Gedankengefängnisses oder roithamerschen Gedankenkerkers herausgetreten bin. Jetzt schaue ich Roithamer von mir aus an zum erstenmal nach langer Zeit, gleichzeitig muß
ich denken, daß ich wahrscheinlich Roithamer niemals von mir aus angeschaut hatte bis jetzt. Ein solcher Mensch und ein solcher Charakter und
eine solche Existenzbegabung wie Roithamer mußte, denke ich, an einem
bestimmten Punkte seiner Entwicklung, eben an dem äußersten Punkte,
aufhören, er mußte explosionsartig aufhören, zerreißen. Denn mit welcher Größenordnung habe ich es zu tun, wenn ich mich mit Roithamer
beschäftige?, frage ich mich, mit einem Kopfe, der alles zum äußersten zu
treiben gewillt und gezwungen ist und in dieser Wechselwirkung als
Geistesbeziehung zu allem, zu den höchsten Höchstleistungen befähigt
ist, der seine eigene Entwicklung, die Entwicklung seines Charakters und

seiner ihm vorgegebenen Geistesanlagen bis zu dem äußersten Punkte und an die äußerste Grenze und in höchstem Grade entwickelt und dazu auch noch seine Wissenschaft ebenso an die äußerste Grenze und zu dem äußersten Punkte und im höchsten Grade und dazu dann auch noch seine Idee des Baues des Kegels für seine Schwester ebenso bis zum äußersten Punkte und in höchstem Maße und an die äußerste Grenze und dazu auch noch die Erklärung zu geben gewillt ist in äußerster Konzentration und in höchstem Maße und bis an die äußerste Grenze seines Geistesvermögens und der alles das, was er schließlich ist, zu einem einzigen äußersten Punkte zusammentreiben und an die äußerste Grenze seines Geistesvermögens und seiner Nervenanspannung führen und tatsächlich an dem höchsten Grade dieser Ausdehnung und Zusammenführung und immer wieder vollkommenen Konzentration zerreißen muß. Er hatte sich und seinen Kopf frei gemacht von Altensam und von Österreich, um diese höchste Konzentration erreichen zu können und immer war ihm der Wille, diese Höchstkonzentration zu erreichen, inne gewesen, in allem und jedem, was er war, war dieser Konzentrationswille, der Wille zum Äußersten, der wie kein anderes sein hervorstechendstes Kennzeichen gewesen ist, er hatte praktisch alles, was er gewesen war, aufgegeben, um alles zu erreichen, was er nicht gewesen war und schließlich geworden ist durch die übermenschliche Überanstrengung. Wir treffen nicht oft und wahrscheinlich nie mehr in unserem Leben, muß ich mir sagen, einen Menschen wie Roithamer, der, weil er die Möglichkeit an sich dazu erkannt hat, alles tut, um die Höchstleistung seines Wesens zu erreichen, der, einmal in eine wissenschaftliche Disziplin eingetreten, diese Disziplin an jedem Tage und in jedem Augenblicke in sich selbst zu der höchstmöglichen Konzentration machen und immer intensiver zu einer solchen höchstmöglichen Konzentration machen *muß*, er hat plötzlich keine andere Wahl, als die Perfektionierung seiner Möglichkeiten, alles andere ist ihm unmöglich, ein solcher sieht nichts mehr ohne den ununterbrochenen Blick auf seine Höchstmöglichkeit und handelt es sich um ein solches außerordentliches Lebens- und also Naturwissenschaftstalent wie Roithamer eines gewesen ist, bedeutet diese andauernde und lebenslängliche Konzentration andauernde und lebenslängliche Kerkerhaft in einem solchen außerordentlichen Lebens- und Naturwissenschaftstalent, weil ein solcher Mensch von einem bestimmten Augenblick an nichts anderem mehr leben kann als seiner Begabung auf sein Ziel hin, welches ihm, plötzlich klargeworden, vor allem anderen wichtig und einziger Antrieb geworden ist, aufeinmal existiert ein solcher nurmehr noch in der Abwehr alles dessen, was der Entfaltung und schließlichen Vollendung seines Zieles hinderlich oder auch nur im geringsten störend sein kann, alles abwehrend, sich mit nichts anderem als mit diesem seinem Ziel Nützlichen mehr einlassend, geht ein solcher seinen natürlich immer einsamer und schmerzhafter werdenden Weg, der in jedem Falle immer von einem solchen allein und ohne Beistand gegangen werden muß, das ist Roithamer aber schon sehr früh bewußt geworden, aufeinmal hatte er alles, vor allem alles mit Altensam und mit der Umgebung von Altensam und also seine ganze Geistes- und Körperverwandtschaft, welche ihm plötzlich als die hinderlichste in seinem Ziele erkannt gewesen war, hinter sich gelassen, aufgegeben, was die andern, Geschwister, übrige Verwandte, nicht aufzugeben bereit und fähig gewesen waren, die Gewohnheit an die Gewohnheit in Altensam, die Gewohnheit an den österreichischen Gewohnheitsmechanismus, die Gewohnheit an alles Vertraute und Angeborene, aufgegeben alles, was die anderen nicht aufgegeben haben, daß er nur immer daran zu denken habe, aufzugeben, hinter sich zu lassen, was die andern nicht aufgaben und nicht hinter sich ließen, nur zu beobachten brauchte er, was die andern taten oder nicht taten, um es für sich zu tun oder nicht zu tun, die Unterlassungen der andern waren seine Tätigkeiten, seine Tätigkeiten die Unterlassungen der andern, er hatte in diesem Mechanismus schon eine so große Übung in seiner frühesten Kindheit erlangen können, durch ständige Beobachtung alles andern, durch ständige Prüfung und Aufnahme und Verwerfung alles außer seiner Person, außerhalb seines Charakters, seines Geistes, denn war er schon immer anders als alles andere und alle andern gewesen, so war er durch die ständige Beobachtung alles anderen und aller anderen in noch höherem Maße in die Klarheit gekommen, zu sehen, daß er eine andere Richtung als die andern einzuschlagen, einen anderen Weg als die andern zu gehen, ein anderes Leben als die andern, eine andere Existenz als die andern und als andere zu führen habe, wodurch ihm auch ganz andere Möglichkeiten geworden sind als den andern und als dem andern, von welchem er sich mit der Zeit mehr und mehr und in einer ganz besonderen, nur ihm eigenen, einem nur ihm angeborenen und angeschulten Rhythmus unterworfen gewesen war, Roithamer hatte schon früh begriffen, während die andern erst spät begriffen hatten oder überhaupt niemals begriffen hatten und das hervorstechendste Merkmal seiner Verbindung zu den andern ist immer die völlige Verständnislosigkeit und das daraus resultierende ununterbrochene Nichtverstehen gewesen, alle verstanden sich immer wieder untereinander, aber ihn hatten sie niemals verstanden und sie verstehen ihn auch heute, nach seinem Tode, nicht. Im Grunde hatten sie seine Entwicklung überhaupt nicht wirklich wahrgenommen, denn was sie als seinen Entwicklungsweg wahrgenommen hatten, war etwas anderes als sein tatsächlicher Entwicklungsweg, er war immer einen anderen Weg gegangen, wie er auch immer andere Gedanken verfolgt hatte, als sie angenommen hatten, ihnen war die Wesensart Roithamers, die sich grundsätzlich von der Wesensart aller anderen unterschied, niemals aufgegangen, sie betrachteten ihn nur von ihrem Kopfe und das heißt von ihrem Gefühl, von ihrer Wahrnehmungsmöglichkeit aus, aber die Entwicklung Roithamers war eine andere, sie sahen ihren Bruder (oder Sohn) gerade so, wie sie ihn sehen konnten, aber nicht so, wie er war, denn sie sahen ihn so, wie sie ihn sehen haben wollen, nicht wie er ihnen wirklich gewesen ist und selbst die Schwester, die er wie keinen andern Menschen geliebt hat, hatte nicht die Wahrheit und die Wirklichkeit dieses außergewöhnlichen Menschen vor sich, wenn sie mit ihm in Beziehung oder in Berührung getreten war. In einen Dämmerzustand schauten sie hinein, wo sie unvoreingenommen und mit dem Wahrheits- und dem Wirklichkeitsblick auf Roithamer blicken hätten sollen und so hatten sie ständig und während seines ganzen Lebens immer einen anderen vor sich als ihn, sie sahen ihn, wie sie ihn haben wollten, wie sie ihn bewältigen konnten, wie er ihnen unheimlich zu Zeiten oder nicht unheimlich zu Zeiten gewesen ist, im Grunde überhaupt nicht wie einen von ihnen, denn einen solchen hätten sie, wie sie meinten, *klar* gesehen. Sie hätten nichts lieber gehabt, als ihn auszuscheiden aus ihrer Welt, aber da er der Haupterbe seiner Eltern geworden ist, indem er die andern ausbezahlt hatte und weil sein Vater ihn und nicht seinen älteren Bruder für Altensam ausersehen hatte, aus einem perversen Erniedrigungsgrund, wie ich jetzt weiß, weil der Vater seinen mittleren Sohn ganz bewußt in eine mit Altensam zu überschreibende Katastrophe hineinziehen hatte wollen, das war die Idee des Vaters gewesen, gerade den, der für Altensam überhaupt nicht geeignet war, was ihm, dem Vater, bewußt gewesen war, den Sohn, der für Altensam nicht nur nicht geeignet gewesen war, sondern der Altensam ganz einfach mit der Inständigkeit seines Kopfes haßte, gerade den zum Erben

von Altensam zu machen, über die Tatsache, daß Roithamer Altensam
übernehmen hatte und seine Geschwister hatte auszahlen sollen, wäre eine
eigene Abhandlung zu schreiben, aber die Zuständigkeit dafür ist nicht die
meinige, Roithamer sollte durch die Verfügung seines Vaters, Altensam zu
übernehmen und die andern, die an Altensam mit Haut und Haaren
hingen, auszuzahlen, nicht einmal ein Wohnrecht hatte ihr Vater ihnen in
Altensam eingeräumt, nur Auszahlung, sonst nichts, wahrscheinlich, so
denke ich, hatte der Vater Roithamers nichts anderes im Sinn gehabt, als
Roithamer durch die Tatsache, daß er ihm und nicht den andern, die es
liebten, ihm, der es haßte, Altensam zu vermachen, zu vernichten, gleichzeitig Altensam zu vernichten, denn es paßt ganz auf die Figur und die
Lebensumstände des Vaters Roithamer, daß er einen solchen Gedanken
gehabt hat und einen solchen Vernichtungsentschluß gefaßt hat, indem
ich Altensam nach meinem Tode auf meinen mittleren Sohn übertrage,
mag der Alte gedacht haben, vernichte ich nicht nur meinen mittleren
Sohn, dessen Vernichtung ich zeitlebens im Sinn gehabt habe, sondern
vernichte gleichzeitig auch Altensam, das zu vernichten ich ja die Absicht
habe, und ich zerstöre außerdem das Leben meiner anderen Kinder, denn
nichts paßte besser in das Konzept dieses Mannes, als seine Nachkommen
und gleichzeitig seine Herkunft zu vernichten, nämlich mit den Nachkommen auch Altensam, dafür war die Verfügung, Altensam an den mittleren Sohn zu vermachen, die Gewähr und tatsächlich hatten die Geschwister Roithamers ihr Auszahlungsvermögen in der kürzesten Zeit
aufgebraucht und waren ohne das geringste Vermögen, angewiesen auf die
Großzügigkeit und die Gewissenlosigkeit ihres Bruders, der sie ja aus
seinem ihm eigenen Gefühl für die Wahrheit und die Gerechtigkeit und
die Folgerichtigkeit vernichten hätte sollen, indem er sie aus Altensam, an
dem sie mit Haut und Haaren hingen, vertreiben hätte sollen, aber er
gewährte ihnen weiterhin Zuflucht und Unterschlupf in Altensam, er gab
ihnen allen Wohnmöglichkeit und Existenzmöglichkeit in Altensam, alle
Einnahmen aus der Landwirtschaft in Altensam gingen in ihre Tasche und
diese Einnahmen waren, an der Größe der Liegenschaft und an der
Fruchtbarkeit dieser Liegenschaft gemessen, nicht gering, in weitem Umkreis war keine Landwirtschaft mit einem solchen hohen Ertrag zu finden,
man konnte Hunderte Kilometer weit gehen, Roithamer verzichtete auf
die Einnahmen und nahm sogar einen Vetter als Verwalter in Kauf, von
welchem er wußte, daß er *mit den Brüdern, nicht mit ihm* gemeinsa-

me Sache machte, ob diese Großzügigkeit Roithamers nicht schon an
Dummheit grenze, hatte er selbst einmal, wie ich sehe, notiert, aber die
Handlungs- und Entscheidungsweise Roithamers war immer die ihm entsprechende gewesen. Die Brüder hatten nichts und nützten das Land ihres
Bruders, und die Schwester berichtete dann und wann von den Vorgängen
der Brüder, die immer gegen ihren in England unterrichtenden oder studierenden oder von irgendeiner Idee besessenen Bruder gerichtet waren.
Während des Kegelbaues sollen die Brüder den Bruder um mehrere Millionen betrogen haben, aber Roithamer gab nicht zu, daß er wußte, was sie
taten, er ließ alles laufen, wie es lief, ihm war Altensam und ihm war das
Schicksal der Brüder in Altensam längst gleichgültig geworden. Verständnislosigkeit, nichts als Abneigung, war zwischen meinen Brüdern und mir,
sonst nichts, lese ich, wie einen faulen Geruch habe ich Altensam und
meine Herkunft zurückgelassen. Hier, in der höllerschen Dachkammer,
war sich Roithamer doch auch während der angestrengtesten Perioden
seiner ja schon längst im Wissenschaftlichen aufgegangenen Beschäftigung mit dem Kegel für die Schwester bewußt, daß er ein paar Kilometer
weiter von seinen eigenen Brüdern, die sich mit nichts als mit dem Verschwenden der im Grunde ihrem mittleren Bruder gehörenden Geldmittel beschäftigten, die alles Geistige haßten, alles, was mit Denken zu tun
hatte, von vornherein verachteten und diese Eigenschaften nicht verbar-
gen, sondern im Gegenteil bei jeder Gelegenheit ganz offen zur Schau
trugen, diese schönen, wie Roithamer schreibt, aber durch und durch
verkommenen Menschen, die meine Brüder sind, die nichts im Kopf
haben, als die Ausbeutung meines Bodens und die Ausbeutung alles dessen, dem sie habhaft werden können, die in nichts als in stumpfsinnigen
Äußerlichkeiten existieren, dahinleben, wie in Altensam immer dahinge-
lebt worden war, *während ich hier in meiner Wissenschaft vergraben, mir
nicht einmal die notwendigsten Anschaffungen, eine neue Hose zum Beispiel,
leiste*, weil ich mir die Zeit für diese Anschaffungen nicht gestatten kann,
so Roithamer, häufen meine Brüder fortwährend Haufen von neuen mo-
dischen Kleidungsstücken an, alle Augenblicke kaufen sie sich neue Wagen und auch sonst sind ihre Handlungen unsinnig und laufen meinen
Ansichten vollkommen zuwider, aber ich habe es aufgegeben, meinen
Brüdern ihr Verhalten vor Augen zu führen, geschweige denn vorzuwerfen, tatsächlich leiste ich mir nur das Notwendigste, aber ich verlange auch
nichts als das Notwendigste und es ist mein ganzes Glück, mich mit dem

Notwendigsten zufrieden zu geben, weil ich ja nur tue, was meiner Wissenschaft, die gleichzeitig meine Leidenschaft ist, nützlich ist, alle meine Handlungen, alle meine gedachten und meine ausgeführten Handlungen, was ich auch angeben und andenken und ausführen mag, ist nur meiner Wissenschaft und also meinem Glück unterworfen, so Roithamer, und ich habe ja keinerlei Recht über meine Brüder zu urteilen, denn urteile ich über sie, mische ich mich in ihre Naturen hinein, in die hineinzumischen ich keinerlei Recht habe, immer wieder muß ich mir sagen, es sind ganz andere Naturen als die meinige, wodurch dann immer wieder der Gedanke an die Brüder oder überhaupt an die andern abgebrochen und das augenblicklich und unvermittelt aufgekommene Problem wieder gelöst ist. Die Tatsache ist, daß Roithamer Millionenbeträge und ein Riesenvermögen zur Verfügung standen, daß er selbst sich aber mit dem Notwendigsten zufrieden gab, diese Absurdität erzeugte naturgemäß ununterbrochenes Mißverständnis, denn Roithamer wußte, warum er sich mit dem Notwendigsten zufrieden gab, obwohl er ein sogenanntes Riesenvermögen zu eigen hatte, weil er dieses ihm aufeinmal zugefallene Riesenvermögen für sein Ziel ausnützte, für seine Wissenschaft, die die Naturwissenschaft gewesen war und die mit dem Bau des Kegels in den Höhepunkt geführt hatte. Er empfand es als höchstes Glück, genau jene Summe zur Verfügung zu haben, die ihm die Ausführung seines Planes, den Kegel im Kobernaußerwald zu bauen, ermöglichte, dazu hatte er die Millionen gebraucht, die ihm nach dem Tode des Vaters und nach der Auszahlung der Geschwister zur Verfügung gestanden waren. Er benützte sein Erbe, die sogenannte Unsumme, für sein Experiment, schließlich für sein Kegelwerk, welches bis dahin niemals hatte ausgeführt werden können, weil niemand, der möglicherweise vor ihm die Idee, einen Kegel als Wohnung zu bauen und zwar einen solchen Kegel, wie *er* ihn geplant hatte, zu bauen, diese für einen solchen ausgeführten Plan notwendige Summe zur Verfügung gehabt hatte, er hatte kein schlechtes Gewissen, denn im Hinblick auf die Milliardensummen, die auf der Welt im Zuge völlig nutzloser Machenschaften von den Politikern hinausgeworfen werden, in Anbetracht dieses riesigen Volksvermögens, das tagtäglich von den Politikern für ihre nutz- und sinnlosen Zwecke vernichtet wird, hatte er sich nichts weniger als das zu sagen: daß es nicht oft und wahrscheinlich nur einmal diese Chance gibt, aus einer solchen urplötzlich flüssiggemachten Summe eine Konstruktion auszuführen, *wie ich sie ausgeführt habe und die einmalig in der Welt und auf jeden Fall einmalig in der sogenannten Bauwelt ist,* und er konnte sich sagen, ich habe den Kegel gebaut, ich habe als erster den Kegel gebaut, niemand vor mir, ich habe alles unternommen und meine ganze Existenz und meine ganzen Möglichkeiten nur diesem einen Gedanken unterstellt, den Kegel zu entwerfen, voranzutreiben und zu vollenden. Ich habe diesen Kegel nicht nur entworfen, konnte er sich sagen und dieser Gedanke hat ihm auch immer wieder ermöglicht, auch über die vielen Rückschläge in seinen Bemühungen, die jährlich einmal plötzlich aufgetretenen Unmöglichkeiten, die Arbeit, die Wissenschaft am Kegel vorwärts zu treiben, wegzukommen, ich habe den Kegel nicht nur entworfen und ich weiß, daß niemand auf der Welt bis jetzt einen solchen Kegel auch nur entworfen hat, einen solchen Kegel hat es auch als Entwurf noch nicht gegeben, einen solchen riesigen Kegel, einen Kegel mit einer solchen ungeheueren Größe und einen solchen bewohnbaren Kegel in einer solchen einzigartigen Naturverfassung, wie sie die Naturverfassung in der Mitte des Kobernaußerwaldes darstellt, nicht nur entworfen habe ich einen solchen Kegel, *ich habe diesen Kegel auch tatsächlich gebaut und jeder kann sehen, daß ich den Kegel gebaut habe,* so Roithamer. Er war aber andererseits gar nicht daran interessiert, daß andere seinen Kegel, sein Baukunstwerk in Augenschein nahmen, vor allem war er an den sogenannten Fachleuten, an den Baufachleuten nicht interessiert, an der sogenannten Architektenwelt, die sich naturgemäß bald nach Vollendung des Kegels und schon vorher bei ihm gemeldet hatte, er selbst hatte ja den Beweis, daß ein solcher Kegel zu entwerfen *und* zu bauen ist und zwar sogar in der Mitte des Kobernaußerwaldes, er hatte den Beweis keinem zu geben, außer sich selbst und sich selbst hatte er mit der Vollendung des Kegels den Beweis erbracht, und nichts anderes hatte er sechs Jahre im Kopf gehabt als sich selbst den Beweis zu erbringen, daß ein solcher Kegel zu bauen ist und zwar im Kobernaußerwald zu bauen ist und daß dieser Kegel allen Vorschriften, die er, Roithamer, sich in bezug auf den Kegel selber gemacht hatte, entspricht und alles an dem Kegel war entsprechend gewesen, der Kegel hatte alle Vorschriften eingehalten und war vollkommen zweckentsprechend, was die höchste Auszeichnung ist für ein Bauwerk. Bis zum Nachtmahl, das ich gemeinsam mit den Höller einnehmen sollte, war ich damit beschäftigt gewesen, meine Sachen zu ordnen, ich hatte sie ausgepackt und auf den Tisch und auf die beiden Sessel und auf das Bett gelegt und ich hatte meinen Rock und meinen Mantel in den

Kasten gehängt, der Vorgang des Auspackens und Ordnens meiner wenigen Sachen, ich hatte nur mitgenommen, was mir unumgänglich notwendig erschienen war für den Aufenthalt von fünf oder sechs Tagen im höllerschen Hause, hatte mich über zwei Stunden in Anspruch genommen, denn während ich auspackte und ordnete, habe ich immer an Roithamer denken müssen, wie *er* gelebt hat und in was für einer großen Schwierigkeit *er* fortwährend und so lange Perioden mit der größten Disziplin und immer im Hinblick auf seine Wissenschaft gelebt und unter was für Umständen und dann doch auch wieder plötzlichen Zufällen, und wie er in England gelebt hat und wie in Altensam und *wie* er schließlich geendet hat. Diese Gedanken waren ständig angeregt von den roithamerschen Gegenständen in der höllerschen Dachkammer, von welcher auch für mich eine solche unbegreifliche und tatsächlich unbeschreibliche Faszination ausgegangen ist gleich von den ersten Augenblicken meiner Anwesenheit in ihr, wie sie Roithamer immer beschrieben hat, und Roithamer hatte die höllersche Dachkammer sehr oft beschrieben, als Keimzelle seiner Wissenschaft, als Ursprung seines letzten Lebensdrittels, ja, er hatte einmal zu mir gesagt, daß er ohne die höllersche Dachkammer und die jederzeitige Möglichkeit, die höllersche Dachkammer bewohnen, benutzen, ja ausnützen zu können, gar nicht mehr weitergelebt hätte von einem bestimmten Zeitpunkt an, von dem Zeitpunkt an, in welchem er sich ausschließlich seiner Wissenschaft gewidmet hat, dieser Zeitpunkt war augenblicklich eingetreten, eines Tages war Roithamer aus Altensam zurückgekommen nach England und hatte mir von der Faszination der höllerschen Dachkammer gesprochen, wir waren in Roithamers Wohnung in Cambridge zusammengekommen, wahrscheinlich um ein ihn beschäftigendes naturwissenschaftliches oder philosophisches oder naturwissenschaftlich-philosophisches Thema abzuhandeln, ein für ihn wahrscheinlich gerade wie so oft durch die Konfrontation mit seinen Schülern oder Lehrern aufgetretenes Problem zu besprechen und Roithamers Eigenschaft ist es gewesen, ein solches aufeinmal aufgetretenes, durch was immer aufgetretenes Thema nicht aufzunehmen, und wie üblich, dann, an einem bestimmten Punkte wieder fallenzulassen, ein von ihm aufgenommenes Thema mußte *zuende gedacht* und auf alles in ihm überprüft worden sein, bevor er sich mit der Beschäftigung mit einem solchen Thema zufrieden geben konnte, ein Thema aufnehmen, heißt, ein solches Thema bis zum Ende durchzudenken, es darf nichts von diesem Thema

übrig bleiben, das nicht geklärt, oder wenigstens nicht bis zu dem höchstmöglichen Grade geklärt ist, da, so erinnere ich mich jetzt, hatte er aber
einmal plötzlich nicht von dem Thema, sondern von der höllerschen
Dachkammer gesprochen, zum erstenmal mit solcher Eindringlichkeit,
daß es mich verblüffte, wie Roithamer, der niemals über Wohnungen über
das Notwendigste hinaus gesprochen hat, über die roithamersche Dachkammer über eine Stunde lang gesprochen hat, in allen Einzelheiten hatte
er mir die höllersche Dachkammer zu erklären versucht, sie vor mir nach
und nach entstehen lassen, nicht aufeinmal und dadurch als etwas Verschwommenes, nicht klar und zur Gänze erfaßbar, sondern nach und nach
und mit der Behutsamkeit des Naturwissenschaftlers, den einen Gegenstand aus dem andern, die eine Merkwürdigkeit aus der andern, bis die
ganze höllersche Dachkammer mit allen ihren Gegenständen und Merkwürdigkeiten klar vor meinen von dem Vorgang des Beschreibens und
Erklärens der höllerschen Dachkammer seinerseits faszinierten Augen als
eine Gegebenheit, die ich genauso verstehen konnte, wie er sie verstand,
deutlich und deren Bedeutung und Wichtigkeit für seine Wissenschaft
und für seine künftige Existenz aufeinmal als *eine unbedingte Bedeutung
und Wichtigkeit zu verstehen* gewesen war. In Betrachtung der Innenwände
der höllerschen Dachkammer verglich ich meine eigene Beobachtung jetzt
mit der Beschreibung Roithamers vor vielen Jahren und ob sich, was *ich*
betrachtete und beobachtete, sich mit dem deckte, das Roithamer mir
beschrieben hatte, ob sich die Vorstellungen, die *ich* an die Beschreibung
Roithamers geknüpft hatte, mit der Wirklichkeit, die *ich* jetzt zu kontrollieren und zu überprüfen die Gelegenheit hatte, mit den Beschreibungen
Roithamers deckten, ich hörte einerseits Roithamer und betrachtete und
beobachtete und überprüfte andererseits und gleichzeitig das von Roithamer mir damals Beschriebene der höllerschen Dachkammer, alle
Wände und schließlich die Decke der höllerschen Dachkammer und den
Fußboden, der mit unregelmäßigen, mehr breiten als schmalen Lärchenbrettern ausgelegt war und auf welchem die merkwürdigsten, mich sofort
an Erdstrukturen aus der Luft erinnernde, wahrscheinlich an solche Erdstrukturen, Erdoberflächenstrukturen in einem außereuropäischen Gebiete, in Asien oder in Südamerika, erinnerten, ich hörte, was Roithamer
damals sagte, als sagte er es im Augenblick, genau seine Stimme, Hebung
und Senkung, mit allen ihren, ihm charakteristischen Pausen, Verlangsa-
mung und Beschleunigung seiner Redeweise, damals in England war noch

der Umstand der ersten Entdeckung der höllerschen Dachkammer als die
ideale für ihn dazugekommen, alles an der höllerschen Dachkammer war
ihm neu gewesen und so, in diesem Tonfall, der eine unglaubliche, eine
ebenso unglaubliche und ungeheuere Neuigkeit mitzuteilen hat, hatte mir
Roithamer damals die höllersche Dachkammer beschrieben, immer wieder darauf verweisend, daß es sich bei der höllerschen Dachkammer um
die vielleicht und wahrscheinlich wie er immer wieder betonte, größte und
wichtigste und wahrscheinlich *lebenswichtigste Entdeckung* seinerseits in
der zweiten Hälfte seiner von ihm im Grund längst abgeschlossenen Existenz handelte, er redete immer nur über die höllersche Dachkammer, die
wir beide, weil wir den höllerschen Bau an der Aurachenge, wie er im
Entstehen begriffen war, sehr oft beobachtet hatten, zwar kannten, deren
aber aufeinmal offenbare Bedeutung wir aber damals, während des Ent-
stehens des Bauwerkes Höllers an der Aurachenge nicht einmal ahnen
hatten können und die Bedeutung und die Wichtigkeit hatte die höllersche Dachkammer ja auch erst durch Roithamer bekommen, für den sie,
bei seinem ersten längeren Aufenthalt in ihr, plötzlich, in der ersten
Nacht, während welcher er öfters aufgestanden und an den dort so wie
jetzt am Fenster gestandenen Schreibtisch gegangen war, an den Schreibtisch, der ursprünglich überhaupt nicht für Schreibzwecke, überhaupt
nicht für Studienzwecke gedacht gewesen war, er war ein dem Höller
zugefallenes Erbstück einer Wildbachverbauungsingenieurswitwe aus
Gmunden gewesen, den der Höller nur, weil er nicht wußte, wohin damit,
aus Verlegenheit in die höllersche Dachkammer gestellt hatte, weil er im
höllerschen Hause längere Zeit nur im Wege gewesen war, wie so oft und
wie die meisten Erbstücke, die einem zufallen, im Wege und immer wieder
im Wege, war Höller plötzlich auf die Idee gekommen, den Schreibtisch,
ein einfacher Schreibtisch mit einer Ahornplatte, in die Dachkammer zu
stellen, nicht die geringste Bedeutung hatte dieser Schreibtisch bis zu dem
Augenblick gehabt, in welchem Roithamer in dieser ersten in der höllerschen Dachkammer verbrachten Nacht aufgestanden und zu ihm hingegangen war und sich hingesetzt hatte, und Roithamer hatte mir gesagt,
daß ihm an diesem Schreibtisch und *in dem Augenblick, in welchem er sich
zum erstenmal an den Schreibtisch* gesetzt hatte, die Idee zum Bau des
Kegels gekommen war, plötzlich, während ich mich an den Schreibtisch
setzte, hatte ich die Idee, meiner Schwester den Kegel zu bauen, zu ihrem
höchsten Glücke, wie ihm sofort die Empfindung gewesen war und von

diesem Augenblick an hatte ihn die Idee, seiner Schwester zu ihrem höchsten Glück einen Kegel als Wohnung zu bauen, nicht mehr in Ruhe gelassen und da, an dem Schreibtisch sitzend, an welchem ich vorher niemals gesessen war, hatte ich mir geschworen, die Idee, den Kegel zu bauen, auszuführen, ihn ganz allein auf mich gestellt mit meinem Kopfe allein, zu bauen und zu verwirklichen und noch in der gleichen Nacht hatte ich an dem Schreibtisch angefangen, mir Notizen zu machen und Skizzen zu machen, den Kegel betreffend und *auch der Standpunkt des Kegels, nämlich die Mitte des Kobernaußerwaldes, ist mir in den ersten Augenblicken*, während ich die Notizen und die Skizzen machte, eingefallen, der Kegel hat seinen Standpunkt in der Mitte des Kobernaußerwaldes, sagte ich mir immer wieder, während ich schon die ersten Skizzen machte, die ersten Notizen, die Größe und die Höhe und die Tiefe und die Breite des Kegels betreffend, machte, auch über die Statik hatte ich mir gleichzeitig Gedanken gemacht, denn vor allem, sagte ich mir, war der Bau des Kegels ein statisches Problem und ich war die ganze Nacht an diesem Schreibtisch sitzen geblieben und machte Skizzen und Notizen und es war schon vier Uhr früh, bis mir zu Bewußtsein gekommen war, daß ich im Grunde völlig erschöpft gewesen war, diese Skizzen und Notizen, sagte er damals in England, während der Beschreibung der höllerschen Dachkammer, waren jene den Kegel betreffenden Skizzen und Notizen, die ich dann während meiner sechsjährigen Arbeit an dem Kegel immer wieder herangezogen habe, diese ersten Skizzen und Notizen waren die wichtigsten, sie stellten sich immer wieder während des Planens und Bauens als die *aller*wichtigsten heraus, auf dem Fundament und auf der Ursprünglichkeit dieser Skizzen und Notizen baute ich dann während der langen sechsjährigen, nur auf dieses Ziel hin intensivierten Jahre den Kegel, so Roithamer. Nun war ich selbst in der von Roithamer beschriebenen höllerschen Dachkammer eingezogen und versuchte, mir ihr Inneres klarzumachen, ich hörte, auf dem Bette sitzend oder am Tisch oder am Schreibtisch oder auf dem Ecksessel, oder hin und her gehend, fast die ganze Zeit war ich hin und her gegangen, weil ich durch Hinundhergehen in eine noch größere Intensität der Konzentration auf das, was ich betrachtete, anschaute und beobachtete und gleichzeitig überprüfte, hineinzukommen glaubte und ich war in meinem Wunsche nach solcher großer Intensität zur Konzentration auf den Gegenstand der Beobachtung und Überprüfung der höllerschen Dachkammer, wie ich aufeinmal sehr

schnell hin und her gegangen war, nicht enttäuscht worden, ich hörte, was
Roithamer in England gesagt hatte, jetzt besser, eindringlicher und ich
konnte es dadurch besser und eindringlicher verstehen, gleichzeitig war
meine Beobachtung des Innern der höllerschen Dachkammer geschärfter,
nach und nach und durch den Tonfall der roithamerschen Ausdrucksweise
dazu gezwungen, hörte ich schließlich alle Bedeutungen in dem, was Roithamer gesagt hatte, ich erinnerte mich, während ich ihn in der höllerschen
Dachkammer wieder reden hörte, was er in England gesagt hatte, plötzlich
genau an alles und an die volle Bedeutung des von ihm Vorgebrachten und
ich hatte so die ideale Vergleichsmöglichkeit und ich stellte immer mehr
fest, wie genau die Beschreibungen Roithamers gewesen waren, er mußte,
mir in England beschreibend, die höllersche Dachkammer als ob er in ihr
gewesen wäre, während er sie mir beschrieben hatte, gesehen haben, denn
sonst wäre eine solche präzise Beschreibung nicht möglich gewesen, aber
ich weiß, wie präzise die roithamersche Beschreibungskunst immer gewesen ist, ohne auch nur von dem geringsten Geräusch abgelenkt zu sein,
das ununterbrochene Geräusch der Aurach war mir und war auch Roithamer während seiner Aufenthalte in der höllerschen Dachkammer niemals Ablenkung gewesen, ohne das geringste Geräusch außer den Geräuschen der reißenden, vor allem an der Aurachenge recht reißenden
Aurach, hatte ich die Möglichkeit, mich ganz auf die seinerzeitige Beschreibung Roithamers und die augenblickliche Beobachtung meinerseits
der höllerschen Dachkammer zu konzentrieren, ich selbst hatte alles in
mir auf diese Beschreibung und auf diese Beobachtung eingestellt gehabt
und hätte mich auch nicht durch Geräusche in dieser Konzentration stören lassen, aber es war zum Glück in dem ganzen höllerschen Hause
aufeinmal und gerade für diese Konzentration die größte Ruhe eingetreten, was merkwürdig war, denn schließlich waren schon vor Eintreten
dieses Konzentrationszustands des Hörens Roithamers und seiner Beschreibung und des Betrachtens und Anschauens und Beobachtens und
Überprüfens meinerseits der Dachkammer in bezug auf seine Beschreibung, die höllerschen Kinder von der Schule nachhause gekommen und
mehrere von mir von der Dachkammer aus als aus der Gegend stammende
Forstleute in Sachen Präparation in das Höllerhaus eingetreten gewesen,
aber augenblicklich war es und zwar während meiner ganzen Konzentration auf diesen Gegenstand, vollkommen ruhig gewesen. So hatte ich die
Möglichkeit, einen Gegenstand in der höllerschen Dachkammer nach

dem andern durchzugehen, wie man eine wissenschaftliche Arbeit durch-
geht, die plötzlich, aus was für einem Grunde immer, und es ist immer ein
solcher Grund vorhanden, zu überprüfen ist. Weil er nur mit sich selbst
beschäftigt, immer nur auf seine Wissenschaft konzentriert gewesen ist
und weil diese Beschäftigung und diese Konzentration dem Außenstehenden den Anschein erweckte, als existierte für ihn nichts außer er selbst und
seine Wissenschaft und seine Konzentration auf diese Wissenschaft, waren
seine immer wieder auffallend guten Kenntnisse auf allen anderen Gebieten, die nicht die seinigen waren, verblüffend, so hatte er beispielsweise
eine hervorragende Kenntnis alles dessen, was ihn scheinbar gar nichts
anging und nichts anzugehen hatte wie zum Beispiel auf dem Gebiete der
Politik, welche er mit der größten Aufmerksamkeit verfolgen mußte, weil
er sonst diese seine durch regelmäßig gemachte Bemerkungen aufgeklärten Kenntnisse über Politik und alles, was mit Politik zusammenhängt,
nicht haben konnte, ich sah immer wieder, mit welcher Gründlichkeit er
auch über die aktuellsten politischen Ereignisse Bescheid wußte und jederzeit fähig war, solche aktuelle politische Ereignisse und oft nicht gerade
jene, die die ganze Welt beschäftigten, sondern die, die *unter der Oberfläche des weltpolitischen Geschehens, dieses fortwährend und in entscheidendem Maße bestimmten*, in die Debatte zu bringen, sie in Bezug zu setzen
mit dem, das ihn gerade beschäftigte und sei es das scheinbar von diesen
politischen Geschehnissen Entfernteste, er machte immer Äußerungen,
die der Beweis dafür waren, daß er sich nichts die politische Welt Bewegendes oder im Gegenteil, Stagnierendes entgehen ließ, er war, was einem
intelligenten Menschen zur Voraussetzung geworden sein muß, ein *tagtäglicher*, aufmerksamer und kritischer Leser aller ihm erreichbaren Zeitungen und Zeitschriften und er informierte sich wo er nur konnte über
das Politische, von welchem für ihn, wie er sagte, die größte Faszination
ausging, wie er auch einmal sagte, die politische Kunst sei die allererste
unter allen Künsten und er rechnete in solcher Bemerkung offensichtlich
die Politik nicht in die Wissenschaft ein, sondern in die Künste, wäre er
nicht, was er sei, so er, so hätte er immer, und zwar mit der größtmöglichen Energie, sich der politischen Kunst gewidmet, aber die Naturwissenschaft und die Beschäftigung mit ihren Grundlagen betrachtete er ja als
seine ureigenste Lebensaufgabe und so sei er nicht auf die Politik und
immer wieder betonte er ausdrücklich, die *politische* Kunst gekommen,
wie ich heute sehe, war er immer vor allem von den politischen und zwar,

wie er meinte, immer ungeheuerlichen, auch in sogenannten ruhigen
Zeitläufen ruhigen Perioden des politischen Geschehens, von diesem in
Wirklichkeit immer weltentscheidenden und weltverändernden und dadurch weltvernichtenden politischen Geschehen erregt und in einer fortwährend Erregung überhaupt über das Politische vielleicht in noch
höherem Maße als ihm entsprochen hätte, mit seiner eigenen Wissenschaft, der Naturwissenschaft, beschäftigt gewesen, weil er ein Mensch
war, den alles interessierte, mußte ihn das Politische wie nichts interessieren, auch wenn seine eigentliche Geistesexistenz ganz auf die Naturwissenschaft und auf die Natur konzentriert gewesen war, *die Naturwissenschaft als meine eigentliche Wissenschaft,* sagte er einmal, immer wieder in
höchster Erregungs- und Aufklärungsbereitschaft gleichzeitig durch die
Beobachtung vor allem aller politischen Ereignisse in der Welt, welche für
meine Isolation notwendig sind, die ich bin, damit ich in meiner Wissenschaft vorwärts komme. So ist es doch einleuchtend, daß er, wenn er über
sein Thema gesprochen und während er darüber gesprochen hat, sein
Thema aufzuklären versucht gewesen war, in klarer Sprache, in kurzen
Sätzen, in seiner ständig auf Aufklärung und gleichzeitiger Prüfung des
Gegenstandes bedachten Formulierungskunst, immer während er seinen
ureigenen Gegenstand, die Naturwissenschaft, sich in jedem Augenblicke
der Beschäftigung mit diesem Gegenstand neu eroberte und zurücker-
oberte, wie jedes Denken sich in jedem Augenblicke alles vorher Gedachte
immer neu zurück- und herauferobern muß, einleuchtend, daß er in solcher Zuständigkeit immer das Politische in Betracht gezogen und zwar
immer das aktuelle politische Zeitgeschehen mit der politischen Geschichte gemeinsam mit seinem Denken wenigstens in Zusammenhang
gebracht hat, weil der Denkende nicht nur seine eigene Wissenschaft
denken, sondern alles andere, das doch logischerweise immer mit seiner
eigenen Wissenschaft zusammenhängt, wie umgekehrt alles andere mit
seiner eigenen Wissenschaft, also die eigenen Möglichkeiten oder Unmöglichkeiten und Wahrscheinlichkeiten und *Un*wahrscheinlichkeiten
immer mit allen andern. So ist es auch nicht verwunderlich, daß ich in der
höllerschen Dachkammer viele Notizen politischen Inhalts vorgefunden
habe, es war mir gleich aufgefallen, daß es sich bei einer Vielzahl der an die
Wände gehefteten oder geklebten Zettel um solche politische Zettel handelte, auch in England hatte er es geliebt, seine Zimmerwände vor allem
mit Zetteln mit politischen Inhalten zu bedecken, in diesem einerseits

naturwissenschaftlichen, andererseits durchaus politischen, in dem einen unauffälligen, in dem anderen auffälligen Verhältnis seines Denkens und seiner Geistesarbeit war er zuhause und es war immer so gewesen, daß er, redete er über seine Wissenschaft, gleichzeitig auch über die Politik redete und über alles übrige, redete er über die Politik, über seine Wissenschaft und alles übrige, denn der Wissenschaftler oder der, den wir für einen Wissenschaftler anschauen und dafür halten, oder der sogenannte Wissenschaftler, der, welcher sich einer Wissenschaft ausgeliefert hat, weil er sich einer solchen Wissenschaft ausliefern hat müssen, hat nicht nur in seiner Wissenschaft zu denken, ist er ein solcher ernstzunehmender Wissenschaftler, sondern fortwährend auch in allem andern und aus allem andern immer wieder in seiner Wissenschaft und umgekehrt und seine Existenz sei nichts anderes, als dieser ununterbrochene Prüfungszustand, in welchem er, der Wissenschaftler, ununterbrochen zu prüfen hat, was er augenblicklich denkt, was immer alles zu sein hat, denn ohne *im Augenblick immer alles* zu denken, ist kein Denken, so er. Alles, was gedacht wird und woraus aus solchem Denken gehandelt wird, sagte er, ist politisch, wir haben es mit einer durch und durch politischen Welt und durch und durch politischen Gesellschaft zu tun, die diese Welt fortwährend bewegt. In Wahrheit sei der Mensch ein durch und durch politischer Mensch, er kann tun und denken wie er wolle und diese Tatsache abstreiten, wann immer er wolle. Aber auch Kennzeichen seiner Vorlieben für die Künste und hier vor allem für die Musik, die er nach der politischen Kunst als die ihn am meisten treffende, so er, zu seiner liebsten gemacht habe im Laufe der Zeit, waren in der höllerschen Dachkammer gleich von mir entdeckt gewesen, zahlreiche Notenbücher, Klavierauszüge etcetera, aber auch viele von seiner eigenen Hand geschriebene Notenbeispiele, anhand derer er, der ein absolutes Gehör hatte, in seiner Naturwissenschaft weiterzukommen hoffte, denn die Musik, so sagte er immer wieder, sei die der Naturwissenschaft und dem menschlichen Wesen nächste Kunst, die Musik sei im Grunde hörbar gemachte Mathematik und schon aus dieser Tatsache heraus dem Naturwissenschaftler unentbehrliches Instrument insgesamt für seine Zwecke und Erkenntnisse und Erlangung von immer neuen Kenntnissen und Erkenntnissen, weshalb er, Roithamer, sich vor allem außerhalb seiner Wissenschaft, der Naturwissenschaft und allen dazugehörenden Disziplinen, vor allem mit der Musik als dem ihm nützlichsten Kunstmittel beschäftigte, ich weiß, daß er oft mehrere Tage von Cam-

bridge nach London hinein gefahren ist, um eine bestimmte Musik von
Purcell oder von Händel, in England *Handel* geschrieben und ausgesprochen, zu hören, weil er dieses Hören als unumgänglich notwendig
in seinem Weiterkommen auf seinem Gebiete erachtete, was ich denke
und vorantreibe kann ich ohne die Musik niemals denken und vorantreiben, so er, so muß ich auch immerfort aus der Musik mir den nächsten
Schritt in meinem wissenschaftlichen Fortkommen ermöglichen, indem
ich Purcell höre oder Händel höre, so er, habe ich die Möglichkeit, rascher
weiterzukommen, als wenn ich Purcell oder Händel *nicht* höre und er
liebte Händel und Purcell wie keine anderen Komponisten, er schätzte
diese beiden höher ein als Bach und dann waren es Mozart und, wahrscheinlich aus seiner Herkunft erklärlich, Bruckner, dem seine besondere
Vorliebe gehörte, mit einem Musikwissenschaftler aus Oxford einmal zu
dritt zusammen, hatte ich plötzlich die Bestätigung, daß die Musikkennt-
nisse Roithamers, die man ohne Zögern als musik*wissenschaftliche* Kenntnisse bezeichnen muß, die hervorragendsten waren, ich erinnere mich
noch genau an die immer wiederkehrenden Verblüffungsausrufe des Ox-
forder Musikwissenschaftlers, eines kurz vor Ausbruch des Krieges von
den Nazis aus Wien hinausgeworfenen, mir wegen seiner *Geistesunbestech-*
lichkeit (ein roithamerscher Ausdruck) sofort in hohem Maße kompetenten Mannes, der der angesehenste Musikwissenschaftler seiner Zeit in
ganz England gewesen ist, wenn Roithamer eine die musikalische Wissenschaft und Kunst betreffende Bemerkung gemacht hat, und es ist wahrscheinlich, daß Roithamer auch aus dem Grunde der Erforschung der
purcellschen und der händelschen Kompositionskunst nach England gegangen ist, denn schon bevor er nach England gegangen war, hatte er
Purcell und Händel geliebt und sich mit diesen beiden beschäftigt gehabt,
ja sogar eine kleine Schrift, eine sogenannte Vergleichsschrift mit dem
Titel *Händel und Purcell* verfaßt gehabt, die aber verlorengegangen ist,
eine der vielen Kostbarkeiten von Roithamer, die er in der Mitte seiner
zwanziger Jahre geschrieben hat und die, weil er sich um sie wahrscheinlich in tatsächlicher Unkenntnis ihrer Qualitäten und weil er überhaupt
ein Charakter gewesen war, der seine eigenen, selbstverfaßten Kunstwerke
nach ihrer Fertigstellung, gleich, wie gelungen sie waren, auf jeden Fall
geringschätzte und sich um sie nicht mehr kümmerte, auch an einen
Aufsatz über Anton von Webern erinnere ich mich, der eine ganz eigene
Musiktheorie aufgestellt hatte, der ebenso verlorengegangen ist wie die

vorher erwähnte Schrift über Händel und Purcell, wochenlanges Studium der Theorien Hauers und Schönbergs hatten Roithamer schon immer in Altensam in seinem Erkerzimmer festgehalten gehabt und immer wieder war seine Umgebung erstaunt gewesen, woraus er die Kunst des Klavierspiels, das für seine Studien unumgänglich notwendig gewesen war, beherrschte, denn der Musikunterricht, den er, wie seine Geschwister, in Altensam von einem dort untergebrachten, die Kinder und Jünglinge auch in Latein unterrichtenden, aus Wien wegen einer schweren Lungenkrankheit weggegangenen, durch Vermittlung eines Freundes des Vaters Roithamer nach Altensam gekommenen ehemaligen Professors am Schottengymnasium, jener hervorragendsten humanistischen Schule in der Hauptstadt, waren doch die durchschnittlichsten gewesen, denn das Hauptaugenmerk hatten die Eltern Roithamers und dadurch auch der nach Altensam gekommene Professor im Unterricht der Roithamerkinder nicht auf die sogenannten *musischen Fächer* wie die Musik, gelegt, sondern auf die Mathematik und die Fremdsprachen, aber Roithamer war eben immer anders als die andern gewesen und während seine Geschwister sich in Fremdsprachen hervortaten, auch in den alten, in den sogenannten *toten Sprachen*, die ihn alle zusammen überhaupt nicht interessierten, war er der aufmerksamste Musikschüler, der den Durchschnittsunterricht des auch in Altensam noch immer kranken, aber die Altensamer doch nicht ansteckenden Professors aus Wien schon gleich von Anfang an als Unterweisung in der ihm am wichtigsten erscheinenden Kunst betrachtete, die Musik als Mittel, in der schon als Halberwachsener von ihm angepackten Naturwissenschaft weiterzukommen, denn Roithamer hatte schon damals, mit elf oder zwölf Jahren, instinktiv erfaßt gehabt, daß die Musik und die Kenntnis der Musik Voraussetzung für ihn sei, den Weg in die Naturwissenschaft einschlagen zu können und so hatte er damals schon jede Gelegenheit wahrgenommen, sich in der Kenntnis der Musik zu verbessern und aus dem einfachen Unterricht in Musiktheorie und in der musikalischen Praxis wie in dem Klavierspiel, hatte er sich selbst Meisterschaft erwerben können und diese Meisterschaft sein ganzes Leben lang nicht nur erhalten, sondern vergrößern und intensivieren können. Musikhören war ihm immer gleichbedeutend gewesen mit Musikstudieren und so war, wenn er Musik hörte, dieser Vorgang nicht nur einer, der ihn durch das Mittel des Gehörten immer in eine gehobene Stimmung versetzte, sondern durch Hören und Studieren der Musik zugleich in *Nach-*

denklichkeit versetzte. Während die andern Musik hören und *wenn* sie Musik hören, fühlen, war es Roithamer möglich, Musik zu hören *und* zu fühlen *und* zu denken *und* seine Naturwissenschaft zu studieren. Sein Hauptinteresse hat immer einerseits Purcell und Händel und Mozart und Bruckner und andererseits der neueren und der neuesten Musik gegolten, Hauer, Webern, Schönberg und den Nachfolgekomponisten. Den Anfang der Streichquartette von Webern hatte er, handgeschrieben, auf einen Rechnungszettel über seinem Schreibtisch in der höllerschen Dachkammer an die Wand geheftet. Diesen Anfang liebte er und er war ihm immer wichtig gewesen. Die ihm wichtigsten Bücher sind rasch aufgezählt und ich kannte sie durch immer wiederkehrende Bemerkungen Roithamers, in welchen er einen Zusammenhang zu diesen Büchern hergestellt hatte, im Grunde waren es die immer gleichen Montaigne, Novalis, Hegel, Schopenhauer, Ernst Bloch und weil er in ihnen sich selbst zu erkennen glaubte, die Schriften von Wittgenstein, welcher aus der gleichen Landschaft wie Roithamer gekommen und immer ein aufmerksamer Beobachter der roithamerschen Landschaft gewesen war, immer nur einige wenige philosophische und dichterische Werke, die er mit seinem Namenszug versehen, immer bei sich hatte, gleich wo er sich aufgehalten und gearbeitet hatte, es waren so wenige, daß er sie jederzeit hatte in die Reisetasche stecken und mitnehmen können, aber sie mußten fortwährend griffbereit sein. Hier in der höllerschen Dachkammer waren sie nach seinem Tode und von ihm selbst in das Regal über dem Schreibtisch gestellt, liegengeblieben, jetzt gehörten sie für immer hierher, wo die eigentliche Studierstube Roithamers gewesen war, seine Ideen- und Gedankenkammer, in die zu seinen Lebzeiten, außer mir und dem Höller, niemals ein Mensch hatte eintreten dürfen, dafür hatte Roithamer in geheimer Abmachung mit dem Höller gesorgt, daß außer ihm niemand in diese Kammer gekommen war und in Abwesenheit Roithamers nur der Höller allein, auch ich nicht, aber weil ich zu Lebzeiten außer dem Höller, der allein schon zu Lüftungszwecken in die Dachkammer hatte gehen müssen, in regelmäßigen Abständen mit der Auflage nichts in der Dachkammer zu verändern, alles so zu belassen, wie es Roithamer für richtig gehalten und immer in größter Ordnung für richtig gehalten hatte, alles in der höllerschen Dachkammer hatte mit dem Wesen Roithamers ganz eng zusammenhängend, mit seinen Eigenheiten und klar erklärt aus seiner nur ihm eigenen Anschauung der Welt, seinen bestimmten, unveränderlichen

Platz, es wäre Roithamer sofort die allergeringste Veränderung in der höllerschen Dachkammer aufgefallen bei seinem Wiedereintreten nach seiner
Rückkunft aus England, oder aus Südtirol, wohin er öfters direkt von
England aus gefahren war, um dort einen mit ihm eng befreundeten Musikwissenschaftler aufzusuchen, der gleichzeitig ein, wie Roithamer immer
wieder betonte, fundamentaler Mathematiker an der Universität Trient
gewesen war und der, wenn nicht in Trient unterrichtend, in der Nähe von
Rovereto auf einem einsam auf der Höhe über tausend Meter gelegenen
Erbgute gelebt und gearbeitet und sich ganz seiner Arbeit hingegeben,
über viele Jahre, so Roithamer, sich selbst zum Objekte seiner höchst
interessanten Studien gemacht hatte, oder wenn er, Roithamer, aus Kärnten, wohin er auch manchmal geflüchtet war, weil er dort eine von ihm
geliebte Cousine, die Tochter eines Holzhändlers in Klagenfurt, wußte,
mit welcher er gern alle zwei oder drei Jahre einmal auf einen oder zwei
Tage zusammengewesen war, aber meistens war Roithamer doch direkt
von England in die höllersche Dachkammer gekommen und es wäre undenkbar gewesen, wenn in der Zwischenzeit etwas in der höllerschen
Dachkammer verändert worden wäre, darauf hatte der Höller immer die
größte Aufmerksamkeit gelegt, daß in der höllerschen Dachkammer
nichts verändert wird und die größte Sicherheit in dieser Hinsicht hatte er
dadurch, daß er niemanden in Abwesenheit Roithamers in die höllersche
Dachkammer hineinließ, Roithamer hatte dem Höller eine regelmäßig zu
zahlende Summe für die Benützung der Dachkammer angeboten, aber der
Höller hatte eine solche Summe strikt abgelehnt, er empfände es als Auszeichnung, daß Roithamer seine ja sonst überhaupt nicht und von niemandem benützte Dachkammer für seine Zwecke ausnützen könne, ihm,
Höller, sei die Benützung, die Bewohnung der höllerschen Dachkammer
durch Roithamer, von welchem schon viele Jahre, bevor er in die höllersche Dachkammer eingezogen gewesen war, klar gewesen ist, daß es sich
um einen außergewöhnlichen, um einen wenigstens über allen anderen
bekannten Menschen kostbaren Geist und um eine, wie Höller sagt, *geniale Erscheinung* handle und das genügte ihm, daß dieser außergewöhnliche und kostbare, so Höller, und geniale Mensch, von welchem man
annehmen mußte, daß er als ein solcher außergewöhnlicher und kostbarer
und genialer Mensch bald auch in größerem Umkreis bekannt sein werde,
seine sonst leerstehende und in ihrer Leere sehr bald verkümmernde
Dachkammer für seine Wissenschaft benützte, auch sei es ihm, dem Höl-

ler, das Selbstverständlichste, dem Freunde, dem Kinder- und Schul- und
Jugendfreunde, diese Dachkammer zur Verfügung stellen zu können für
seine Wissenschaft und Kunst, die er, Höller, zwar nicht begreife, die er
aber in allen ihren ihm, dem Höller, ununterbrochen an dem Menschen
Roithamer sichtbar werdenden Merkmalen des Außergewöhnlichen bewundere, Roithamer wehrte die Bewunderung seines Freundes Höller
immer ab, ja er stieß den ihn bewundernden Freund immer vor den Kopf,
zeigte der eine dem andern seine Bewunderung deutlicher, als dem in
solchen Dingen empfindlichen Roithamer erträglich gewesen war, immer
wieder hatte er auch alles getan, um dem Höller klarzumachen, daß er,
Roithamer, keinerlei Bewunderung verdiene, daß er aber durchaus, wie
jeder Arbeitende, Anspruch habe auf Respekt, daß Respekt oder besser
noch Respektierung genau das Mittel sei, welches zwischen Freunden das
nützlichste, ihrem und vor allem ihrer Freundschaft das angemessenste,
entsprechendste sei, daß die Leute immer bewunderten, wo sie doch
nichts als respektieren sollten, daß dieser Fehler der Bewunderung, die
nichts anderes sein sollte, als Respektierung, wozu aber die meisten Leute
nicht befähigt seien, denn Respektierung sei wohl die schwierigste Form
zwischen den einzelnen, zur Respektierung seien die meisten überhaupt
nicht fähig, aber gerade die Respektierung sei das wichtigste, lieber bewunderten sie, als daß sie respektierten und irritierten durch ihre Bewunderung nur und vernichteten an dem andern mit ihrer Bewunderung das
an dem andern Wertvolle, anstatt es durch entsprechenden Respekt zu
bewahren, aber der Höller war geradezu der Bewunderung Roithamers
verfallen gewesen und mit der Zeit war es Roithamer müde geworden, sich
dieser Bewunderung durch Aufdenkopfstoßen Höllers zu erwehren. Aber
vielleicht war doch die Bewunderung Höllers für Roithamer nichts anderes als nur Respekt gewesen, sie achteten sich gegenseitig, ja hatten, wie
ich weiß, füreinander, jeder in seiner Weise und nach seinen Möglichkeiten, Hochachtung. Im Aufmachen der Kommode, die, so vermute ich,
weil überhaupt nicht zu dem höllerschen Hausrat passend, eine solche
josefinische Seltenheit, dreiladig, aus Nußholz, mit einer einfachen Ver-
zierung an den Laden, auf Roithamers Wunsch und vielleicht sogar aus
seinem Besitze von Altensam herüber in die höllersche Dachkammer gebracht worden ist, möglicherweise handelt es sich um ein Lieblingsmöbel
Roithamers, dachte ich, auch der Geruch, der, wie ich die obere Lade
öffnete, um meine Toilettesachen darin unterzubringen, außergewöhnlich

sorgfältig gearbeiteten, nicht furnierten, aus vollen, gleichmäßig maserierten Nußhölzern gezimmerten Kommode erinnerte mich sofort an Altensam, denn in Altensam, wo ich öfters und zwar schon in frühester Kindheit zuerst mit meinem Großvater, der ein Freund des alten Roithamer gewesen war, später dann allein beinahe tagtäglich, und ich muß sagen, ich war immer wieder und war ich zuhause, fortwährend von dem für mich immer geheimnisvollen und riesigen, unerschöpflichen Altensam, von den unendlich vielen unendlich alten Mauern angezogen gewesen, von den Hunderten von Räumlichkeiten mit ihren Tausenden und Abertausenden Möbelstücken und Bildern, die einen jungen Menschen, gar ein Kind, das aus entgegengesetzten eher als eng bezeichneten Verhältnissen kommt, in jedem Falle anziehen, ja fesseln müssen, ganz abgesehen von den Menschen in Altensam, die mir die geheimnisvollsten Menschen in meiner Kindheit gewesen sind, im Aufmachen der Kommode, die, wie ich aufeinmal dachte, zweifellos aus dem riesigen Möbelfundus von Altensam stammte, entdeckte ich die gelbe Papierrose, die Roithamer einmal geschossen hatte und mit welcher es folgendes auf sich hat: an Roithamers dreiundzwanzigstem Geburtstag, den er, einem Einfall in seinem Zimmer in Cambridge folgend, mit mir zusammen in Altensam hatte verbringen wollen und den wir dann auch zusammen, nach einer abenteuerlichen, durch riesige Überschwemmungen an der holländischen Küste abenteuerlichen Reise nach Altensam in Altensam verbrachten, waren wir, Roithamer und ich, auf das wie jedes Jahr Anfang Mai in Stocket stattfindende Musikfest gegangen und hatten den ganzen Abend seines Geburtstages und die ganze Nacht bis in den frühen Morgen hinein auf dem im Freien stattgefunden Musikfest verbracht und wir hatten uns im Essen und Trinken nicht zurückgehalten, unser beider Ausgelassenheit war, weil wir vorher vier oder fünf Monate vollkommen in unsere Studien, er Roithamer, in seine Naturwissenschaft, ich in meine mathematischen Studien eingeschlossen gewesen waren, uns beide in das wissenschaftliche Cambridge ganz bewußt und vollkommen isoliert gehabt hatten, die größte gewesen. Wie sich denken läßt, war uns dieses Musikfest gerade recht gewesen, um aus unserem Wissenschaftszustand herauszukommen und wir hatten die Gelegenheit, uns auf dem Musikfest von Grund auf zu zerstreuen, aus unserer Geisteszwangslage, in welche wir naturgemäß durch die ununterbrochene Konzentration auf unsere Geistesgegenstände tatsächlich in schon gefährlichem Maße eingeschlossen gewesen waren, zu befreien, sofort und mit größter Bereitschaft wahrgenommen. An dem Musikfest war im Grunde nichts Außergewöhnliches, diese Musikfeste in unserer Heimat sind immer die gleichen, die Wirkung dieser Musikfeste ist die nützlichste gerade für die jahraus, jahrein an ihre Arbeit geketteten Menschen und so drängen naturgemäß alle zu den zwei oder drei Musikfesten im Jahr mit ihren tatsächlichen und sogenannten Belustigungen und Zerstreuungen, Musikfeste sind diese Veranstaltungen deshalb genannt, weil sie sich von den landesüblichen sogenannten Kirtagen durch die eine ungeheure Anziehungskraft auf die Bevölkerung ausübenden Musikkapellen unterscheiden, durch nichts sonst, aber die Veranstalter wissen, daß sie ungemein mehr Zuspruch haben, wenn sie diese Feste nicht *Kirtag*, sondern *Musikfest* nennen, und so hat es sich eingebürgert, daß diese Veranstaltungen, auch wenn sie nichts anderes als ein Kirtag sind, heute als Musikfest bezeichnet werden, alle gehen auf diese Musikfeste und diese Musikfeste beginnen in der Regel am frühen Samstagabend und enden am späten Sonntagvormittag. In Altensam, wo sie auch den Geburtstag Roithamers vergessen gehabt hatten und die Geschwister Roithamers überhaupt nicht anwesend gewesen waren, hatten wir schon nach kurzem Aufenthalt die Möglichkeit, auf das Musikfest gehen zu können, zur Tatsache gemacht und wir hatten uns für ein solches Musikfest geeignete Kleider angezogen und waren auf das Musikfest gegangen. Zuerst waren wir von der Veranstaltung sehr eingenommen gewesen und hatten uns selbst durch rasches Austrinken mehrerer Gläser Bier und Schnaps gleich in die für ein solches Musikfest notwendige gehobene Stimmung gebracht, beide hatten wir natürlich sofort viele bekannte Gesichter, Mitschüler und deren Schwestern oder Frauen getroffen, mit welchen wir bald in die verschiedensten Unterhaltungen hineingekommen waren, aber diese Unterhaltungen bestanden zu einem Großteil darin, daß wir, Roithamer und ich, erklären mußten, warum wir nach England gegangen sind eines Tages und was wir dort suchten und was in England aus uns geworden sei und weshalb wir nicht in unserem Heimatort geblieben und hier so wie sie selbst etwas geworden waren, was sie selber geworden sind. Zuerst waren uns diese Unterhaltungen, die im Grunde nur Anfragen an uns beide gewesen waren, nicht lästig gewesen und wir hatten bereitwilligst alle diese Fragen, die an uns gestellt worden waren, beantwortet, beispielsweise, ob wir jetzt Engländer seien, keine Österreicher mehr, ob wir in London lebten oder wo sonst, ob wir Wissenschaftler geworden seien, Kapazitäten, ob wir daran dächten, wieder in die Heimat zurückzukommen und vor allem immer wieder, was wir verdienten und wir sollten in Schillingen sagen, was wir verdienten, nicht in englischen Pfunden, denn es war ihnen offensichtlich zu schwierig gewesen, englische Pfunde in österreichische Schillinge umzurechnen, ob es wahr sei, daß es in England immerfort regne und daß dort immerfort alles in Nebel versunken sei, ob wir die englische Königin schon einmal gesehen, womöglich mit ihr schon einmal persönlich zusammengekommen wären, gar mit ihr gesprochen hätten, die Fragen hatten kein Ende genommen und immer mehr Leute auf dem Musikfest hatten uns ausgefragt und immer mehr Antworten hatten wir zu geben, solange hatten sie gefragt und hatten wir geantwortet, bis wir es beide nicht mehr ausgehalten hatten und uns durch die Hunderte von längst betrunkenen Leuten endlich einen Weg bahnen hatten können zu einem Schießstand. Wir waren beide über uns beide erstaunt gewesen, aufeinmal *vor einem Schießstand* zu stehen, denn weder ich, noch Roithamer hatten jemals an einem Schießstand gestanden, aus was für einem Grund immer hatten wir anscheinend noch nie in unserem Leben etwas an einem Schießstand zu suchen gehabt, zum Unterschied von Roithamers Brüdern, die nicht nur angeblich, sondern erwiesene vorzügliche Schützen gewesen waren, die auch immer an sämtlichen Schützenfesten und jagdlichen Schießereien teilgenommen hatten und die Hunderte und Aberhunderte von Pokalen als Bestätigung ihrer Schießkünste in ihren Zimmern aufgestellt hatten, die als meisterhafte Schützen und tatsächlich als Jagd- und Schießfanatiker in weitem Umkreis bekannt und geachtet gewesen waren zum Unterschied von mir und meinem Freund Roithamer, die wir, im Gegenteil, nicht nur nicht schießen konnten, sich auch niemals einbildeten, schießen zu können und die im Grunde die Jagd und alles, was mit der Jagd zusammenhängt, verachteten, ja insgeheim haßten, denn auch Roithamer haßte, wie ich weiß, die Jagd, er verstand die Jagd, aber er haßte sie, oft hatte er über diese Leidenschaft seiner Brüder gesprochen und immer wieder darüber, daß er diese ihre Leidenschaft verabscheue, daß es aber eine roithamersche Leidenschaft sei, zu jagen, schon sein Vater sei ein großer Jäger und Schütze gewesen, viele Jahre, ja Jahrzehnte Landesjägermeister und staatlicher Jagdprüfungskommissär, daß aus Altensam zu stammen gleichzeitig bedeutete, mit Jagd- und Schußfreude geboren zu sein, es war wohl das erstemal in Altensam vorgekommen, daß plötzlich einer da war, der für

die Jagd nicht nur nichts übrig hatte, sondern die Jagd verachtete und sie
mit großer Entschiedenheit haßte, insoferne war es naturgemäß, daß die
Geschwister Roithamer ihren aus der Art gefallenen Bruder allein aus
diesem ihnen völlig unverständlichen Grunde, wenn nicht haßten, so
doch mit Reserve begegneten, aber sie getrauten sich naturgemäß schon
lange in dieser Richtung ihm gegenüber weder Verachtung noch Haß zu
zeigen, denn sie waren von ihrem aufeinmal Altensam besitzenden Bruder
abhängig, tatsächlich glaubten sie, ihm ausgeliefert zu sein, daß er sie eines
Tages mitsamt ihrer Verkommenheit aus Altensam vertreiben könnte, was
aber ganz gegen die Natur Roithamers gewesen wäre, aber um auf die Jagd
zurückzukommen, es war die Einmaligkeit, daß ein Roithamer gegen alle
Regeln der Altensamer Geschichte absolut kein Jäger und absolut kein
Schütze gewesen war und gerade dieser Mensch, dachte ich, als wir urplötzlich, weil wir vor den Hunderten und Tausenden verrückten, uns
plötzlich auf die Nerven und tatsächlich an den Kopf gehenden Fragen
geflohen, an dem Schießstand gestanden waren, steht jetzt vor dem
Schießstand. Um zu schießen?, fragte ich mich und in diesem Augenblick
bezahlte Roithamer zwei Dutzend Patronen und fing an zu schießen und
er schoß auf die ihm gegenüber ganz und gar unordentlich in ihren Por-
zellanhülsen steckenden Papierrosen und schoß eine nach der andern
herunter, so daß die Umstehenden im Augenblick völlig verblüfft gewesen
waren, auch die Schießstandbesitzerin, die ich als aus dem Dorfe stammend erkannte und die uns auch erkannt hatte, war verblüfft gewesen,
denn selbstverständlich hatte keiner der am Schießstand Stehenden geglaubt, daß Roithamer auch nur eine einzige Rose schießen werde und er
hatte in der kürzestmöglichen Zeit hintereinander *alle* Rosen herunter-
geschossen. Wie sich die Schießstandbesitzerin um die Papierrosen gebückt und sie zusammengebunden Roithamer in die Hand gedrückt
hatte, beobachtete ich die Umstehenden, die, ob sie es wollten oder nicht,
Roithamer jetzt als den besten Papierrosenschützen, den sie jemals auf
einem Musikfest getroffen hätten, bezeichneten. Roithamer selbst machte
den Eindruck, als frage er sich, wie es ihm möglich gewesen war, im
Schießen vollkommen ungeübt und in Wahrheit hatte er nur ein einzigesmal in seinem Leben und zwar mit neun Jahren mit Unterstützung
seines Vaters ein Gewehr in der Hand gehabt und auf Papierrosen geschossen und hatte dabei naturgemäß kläglich versagt, wie es ihm möglich
gewesen war, mit vierundzwanzig Schüssen vierundzwanzig Papierrosen

abzuschießen. Die Umstehenden hatten Roithamer natürlich sofort aufgefordert, eine neue Serie von Papierrosen abzuschießen, aber er ließ sich natürlich nicht auf eine solche Herausforderung ein. Er schwenkte das Rosenbündel über seinem Kopf in der Luft und ging durch die Menge weg vom Schießstand an einen Tisch, an welchem Platz gewesen war. Ich folgte ihm dahin und sah, wie er plötzlich alle von ihm geschossenen Papierrosen, die so gebündelt und von ihm in die Luft gehalten schöner anzuschauen gewesen waren als frische Rosen, einem an ihm vorbeigekommenen unbekannten, ihn an seine Schwester erinnernden Mädchen schenkte. Alle Papierrosen bis auf eine, nämlich diese gelbe, die ich jetzt, wie ich die oberste Kommodenlade aufgemacht hatte, um meine Toilettesachen darin unterzubringen, wiederentdeckt hatte. So viele Jahre, dachte ich, hat Roithamer die gelbe Papierrose aufbewahrt, sie mag ihn immer an das Musikfest zu seinem dreiundzwanzigsten Geburtstag erinnert haben und an alles für ihn mit dem Musikfest Zusammenhängende. Ich hatte die Papierrose aus der Lade herausgenommen und gegen das Licht gehalten, es war zweifellos die Papierrose, die er, zusammen mit dreiundzwanzig weiteren, in Stocket auf dem Musikfest geschossen hatte. Mir ist dieses Musikfest, auf welchem wir dann, an einem der großen Brettertische in Gesellschaft mehrerer uns aus der Kindheit bekannter Bauernburschen und Kohlengrubenarbeiter bis in der Frühe geblieben waren, in schöner Erinnerung, wie Roithamer aufeinmal ihnen allen von seiner Kindheit in Altensam erzählt hat, genau mit jener eindringlichen Erzählweise, die für ihn charakteristisch gewesen war und die ganz die Erzählweise der Bauernburschen der Gegend um Altensam gewesen ist, wie ja überhaupt Roithamer sehr viel von den Bauernburschen um Altensam, beinahe nichts von seinen eigenen Altensamer Geschwistern hatte, wie sehr ihm die Lebensweise der Bauern um Altensam vertraut gewesen war und wie er diese Lebensweise geliebt hatte, fiel mir, am Fenster stehend und die höllersche Dachkammer vom Fenster aus gegen die Tür betrachtend, die Papierrose in der Hand, ein, unter ihnen, den Bauernburschen, war er im Grunde aufgewachsen, sagte er immer wieder, nicht in Altensam, unter den Bauernburschen und mit ihren Familien und tatsächlich war Roithamer mehr unter den Leuten in den um Altensam herumliegenden Dörfern gewesen in seiner Kindheit, weniger in Altensam, wo er zuhause gewesen war, er nützte jeden Augenblick der Freiheit, um dem Zwang, in Altensam, das ihm nicht viel mehr als eine grausame und unverständliche elterliche Erziehungsfestung gewesen war, um dorthin zu gehen, wo eine *tatsächliche Verwandtschaft* war, in den Dörfern um Altensam und bei den Menschen in diesen Dörfern, unter den bäuerlichen und unter den in den zu Altensam gehörenden Kohlengruben arbeitenden Burschen und Männern, die liebste Gewohnheit war ihm in Altensam immer gewesen, nach dem Nachtmahl und zwar völlig unerlaubt, von Altensam weg in die Dörfer unter Altensam hinunterzugehen zu den Menschen, die ihn verstanden, fort von jenen, die in Altensam zuhause waren und ihn niemals verstanden und auch nicht verstehen wollten, denn dort, unterhalb Altensam, in den Bauernhäusern und in den Häusern und Huben und Hütten der Grubenarbeiter, war er immer gern gesehen gewesen und er konnte der Aufmerksamkeit dieser einfachen und ebenso klar wie unbestechlich denkenden Menschen sicher sein, *sie hörten mir zu,* so Roithamer, *wenn ich etwas sagte und sie versuchten mich zu verstehen und verstanden mich auch* und ihre Hilfe war mir sicher, wenn ich, sehr oft in höchster Bedrängnis und in äußerster Gewissensnot, zu ihnen gegangen war, sie waren in ihrer Grobheit freundlich, bewirteten mich jedesmal und ich hätte bei ihnen immer solange bleiben können wie ich nur wollte und tatsächlich wäre ich am liebsten für immer bei ihnen geblieben schon als Kind, aber es war unsinnig, auch nur einen solchen Gedanken zu denken. War mir in Altensam selbst unter meinen Eltern und Geschwistern und in den Mauern von Altensam immer kalt gewesen, so erwärmte ich mich, wenn ich in die Dörfer hinuntergegangen war, als Kind hatte ich immer strengstes Verbot, ohne Erlaubnis in die Dörfer hinunterzugehen, aber auch mit Erlaubnis hatten sie es nicht gern, wenn ich in die Dörfer ging, weil sie fühlten, daß ich mich in den Dörfern unten wohl fühlte, Altensam sei mir ein Kerker, hatte ich ihnen oft gesagt, schon als Kind hatte ich immer diese Vorstellung, daß Altensam nichts anderes als ein Kerker sei, aus diesem Kerker müsse ich eines Tages hinaus, habe ich immer gedacht, auch wenn ich zu lebenslänglicher Haft in dem Kerker von Altensam verurteilt bin, ich muß hinaus, weg von Altensam, denn die Eltern selbst waren mir immer wie mich Bewachende und Bestrafende, nicht mich Beschützende vorgekommen, was Eltern hätten sein sollen, Behüter ihrer Kinder, in Altensam also Behüter und Beschützer ihres Sohnes und ihrer anderen Kinder, das waren meine Eltern nie gewesen, ihre übertriebene Strenge und ihre Unerbittlichkeit, aus uns Geschwistern, keinen ausgenommen, Menschen nach ihren Vorstellungen, die ganz und gar fürchterliche Vorstellungen gewesen waren, zu machen, Körper- und Geistesattrappen ihrer selbst, ihre fortwährende Unwahrheit und ununterbrochene Grausamkeit verdunkelten, ja verfinsterten unsere Kindheit und haben aus meinen Brüdern das gemacht, was aus ihnen geworden ist, was sie heute sind, Körper- und Geistesattrappen ihrer Eltern, und sie haben aus meiner Schwester den unglücklichsten Menschen gemacht, den ich kenne, in Altensam ist mir immer alles das Fürchterlichste gewesen und so war ich bei jeder Gelegenheit aus Altensam ausgebrochen und in die Dörfer hinuntergegangen und hatte die Bauern und ihre Familien und die Kohlengrubenarbeiter und ihre Familien aufgesucht, wenn ich glücklich sein wollte, was ich in Altensam beinahe niemals gewesen bin, so Roithamer, Altensam war eine einzige Verfinsterung meines Gemüts gewesen. Während Roithamer jede Gelegenheit ausnützte, um aus Altensam herauszukommen, war mir jede Gelegenheit recht gewesen, in Altensam hineinzukommen, daß ich die Möglichkeit hatte, nach Altensam zu gehen und in Altensam Einlaß zu finden, um dort, in dem absolut Anderen, aufzuleben, war es mit Roithamer genau umgekehrt, er mußte aus Altensam hinaus und in die Dörfer hinunter, um in den Dörfern und am häufigsten in unserem Hause, in meinem Elternhause, aufzuleben, hier, in euerem Hause, hatte er immer gesagt, lebe ich auf, beinahe zu ersticken droht alles in mir in Altensam, aber hier, in der Nähe deines (meines) Vaters und deiner (meiner) Mutter, beruhige ich mich und ich komme zu den Gedanken, die meinem Überleben, so Roithamer, immer wieder förderlich sind, wäre ich gezwungen, immer in Altensam zu bleiben, ich wäre der Vernichtung meiner Person in der kürzesten Zeit ausgeliefert, so Roithamer, während ich zu ihm sagte von Zeit zu Zeit, daß mir die Möglichkeit, nach Altensam zu gehen, diese vier Kilometer durch den Wald, die ich sehr oft mit meinem Großvater schon in der allerfrühesten Kindheit gegangen war, ein jeder für sich, weil wir eine solche stillschweigende Abmachung miteinander getroffen hatten schon in meinem vierten oder fünften Lebensjahr, in sein eigenes Selbstgespräch versunken und vertieft, aufgegangen in seinem eigenen Selbstgespräch, und nichts war mir in meinem Leben lieber und wichtiger und, wie ich heute weiß, entscheidender gewesen, als diese Spaziergänge mit meinem Großvater nach Altensam, während ich also alles daransetzte und wenn möglich, jeden Tag daransetzte, nach Altensam zu kommen, hatte Roithamer alles darangesetzt, aus Altensam herauszukommen, er liebte

meinen Vater und die Eigenart eines dörflichen Arzthaushaltes, die Ordnung, die bei uns herrschte, Sauberkeit einerseits, Freizügigkeit andererseits, die sich um alle Grade von der Unordentlichkeit in Altensam, von
der Nachlässigkeit in allen Dingen in Altensam und von der, wie er,
Roithamer glaubte, Geisteskerkerschaft in Altensam für ihn wohltuend
unterschied, alle Vorzüge, die mir Altensam gewesen waren, waren für ihn
in Stocket und in unserem Hause und immer wieder sagte er mir, daß er in
Altensam nicht finden könne, was ihn hier in Stocket und in unserem
Hause glücklich machte, umgekehrt sagte ich dann zu ihm, daß mir Altensam sei, was ihm Stocket und mein Zuhause sei, Aufatmen, Weiterkommen, Anregung meiner Fantasie, Produktivität, Lebensfreude, so
strebten wir, Roithamer auf seine Weise von Altensam weg nach Stocket in
unser Haus und in unsere dörfliche Gegend, Landschaft, Natur, ich dagegen aus unserer Dörflichkeit, aus Stocket, aus unserem Hause weg hinauf nach Altensam, in die Mauern hinein, die mir ungeheuerliche, alles in
mir befestigende Mauern gewesen sind, hinauf nach Altensam, wo für
mich alles unten in Stocket Unerreichbare aufeinmal erreichbar gewesen
war, denn tatsächlich öffneten sich mir, war ich oben in Altensam, Geist
und Gefühl in gleicher Weise, während es mit Roithamer umgekehrt gewesen war, er fand, was er in Altensam niemals hatte finden können,
herunten in Stocket nur in unserem Hause und in der Umgebung unseres
Hauses, Zuflucht und Befreiung in jeder Weise. Und während Roithamer
meinen Vater liebte, mit welchem er so oft als möglich zusammen gewesen
war, ihn, Roithamer, hatte die Arztbeschäftigung meines Vaters schon
immer interessiert gehabt, wie ihn ja, wie ich schon immer gewußt habe,
wie es mir aber jetzt, nachdem ich auch schon einige Kenntnisse von dem
Inhalt seiner nachgelassenen Schriften habe, bewiesen ist, vor allem alles,
was mit Krankheiten und hier in ununterbrochener Wechselbeziehung
mit Körper- und mit Geisteskrankheiten zusammenhängt, am meisten
interessierte schon in seiner Kindheit, da hatte er in unserem Hause die
Möglichkeit, an jedem Tage mit den merkwürdigsten Krankheitsfällen
konfrontiert zu sein und er, Roithamer, hatte sofort immer alles über alle
Krankheiten von meinem Vater wissen wollen, wie ihn zeitlebens neben
seiner Wissenschaft nichts mehr interessiert hatte, als die *Menschenkrankheiten*, hier, in der Nähe meines Vaters, hatte er schon von früh an die
verschiedensten weitverbreiteten, vor allem mit unserer Gegend eng zusammenhängenden, aus ihr entstandenen Krankheiten kennen und erfor-

schen gelernt, in Cambridge hatte er sehr oft halbe Nächte, wenn er von seiner eigenen Arbeit ermüdet gewesen, aber doch nicht fähig gewesen war, zu Bett zu gehen, weil er nach der Tagesanstrengung seines Kopfes nicht die zum Einschlafen notwendige Ruhe gefunden hatte, wenn er mich ersucht hatte, bei ihm zu bleiben, notfalls die ganze Nacht, was sehr oft geschehen ist, daß ich nämlich nur auf einen Sprung zu ihm gekommen war, selbst gerade aufgestanden von meiner Arbeit, um mich in seiner Gesellschaft vor dem Verrücktwerden zu retten, denn diese Gewohnheit hatten wir uns in England und in Cambridge vor allem sofort angewöhnt gehabt, daß wir, müssen wir, weil wir verrückt zu werden fürchten, unsere Geistesbeschäftigung abbrechen, uns gegenseitig aufsuchen zu einer Unterhaltung, wenn auch wieder über einen Geistesgegenstand, das war dann gleichgültig, denn zusammen und in Gesellschaft des andern waren wir sicher, nicht verrückt zu werden, dann, zu solchen Zusammenkünften entweder in meiner oder in seiner Wohnung, die beide nicht weiter als höchstens achthundert oder neunhundert Meter auseinanderlagen und die beide aus denselben Räumlichkeiten, nämlich aus zwei Zimmern und einer kleinen Küche bestanden, aus einem Arbeitszimmer jeweils und einem sogenannten Regenerationszimmer, hier in Cambridge also hatte Roithamer sehr oft halbe Nächte vor allem in solchen gerade von mir angedeuteten abendlichen und nächtlichen Zusammenkünften von den Beobachtungen und von den sich auf solche Beobachtungen gründenden Erfahrungen mit Krankheiten gemacht, die er in der Nähe meines Vaters, des angesehenen und wahrscheinlich auch recht guten praktischen Arztes schon sehr früh gemacht habe, denn ein Wissenschaftler, gleich welcher Wissenschaft, habe sich auch schon sehr früh und zwar lange bevor er sich seiner (einer) Wissenschaft ausliefere, so Roithamer, mit den Krankheiten und vor allem mit den Geisteskrankheiten, die aus den Körperkrankheiten sind, zu befassen. Während ich selbst kaum Kontakt zu meinem Vater hatte, umgekehrt mein Vater auch zu mir niemals wirklich Kontakt gesucht hatte, hatte Roithamer zu meinem Vater den besten Kontakt und so war es mit den Roithamer auch, daß Roithamer selbst zu seinem Vater keinen Kontakt gefunden hat, umgekehrt der Vater zu seinem Sohn niemals Kontakt gesucht hat, daß ich aber einen sehr guten Kontakt zum Vater Roithamers hatte, wie Roithamer zu meinem Vater, wie Roithamer sich auch mit meiner Mutter, mit welcher ich selbst mich sehr schwer verstehen habe können, verstanden hat, ich habe mich mit der Mutter

Roithamers immer sehr gut verstanden. Was ich zuhause und also in unserem Hause und also im Dorf herunten, nicht gefunden habe, habe ich oben in Altensam gefunden, umgekehrt hat Roithamer in Altensam alles, was er sich von Altensam immer erhofft hatte, niemals gefunden, so strebten wir schon als Kinder immer von Zuhause weg, ich nach Altensam hinauf, er von Altensam weg zu uns nach Stocket herunter. Was damals nicht klar gewesen ist, dieser Vorgang, daß ich hinauf wollte, er herunter wollte, ist mir heute vollkommen klar, daß es sich um einen vollkommen natürlichen Vorgang handelte. Hatte mich in Altensam die Geisteshaltung des Vaters Roithamers angezogen gehabt, so war Roithamer in umgekehrter Richtung von der Lebensweise und von dem Berufe meines Vaters angezogen gewesen, ich hatte in Altensam oben gehört, was ich zuhause niemals gehört hatte, Roithamer hatte bei uns gehört, was er in Altensam niemals gehört hatte, fortwährend und das war die Ursache unserer Unruhe aus Unzufriedenheit mit unserem Zuhause, hatten wir in unserem Zuhause nur das gesucht und uns erhofft, was in unserem Zuhause nicht zu finden gewesen war, weil es in unserem Zuhause gar nicht vorhanden gewesen war, er, Roithamer, hatte in Altensam nicht finden können, was er dort suchte und selbstverständlich erwarten konnte, was aber nicht eintreffen hatte können, umgekehrt hatte ich fortwährend in Stocket und in meinem Zuhause gesucht, was gar nicht vorhanden gewesen war, erhofft, was unmöglich gewesen war, so lebten wir ständig in der Hoffnung auf das andere Zuhause, in welchem wir tatsächlich vorgefunden hatten, was wir suchten und in dieser Tatsache waren wir immer zuhause die unglücklichsten Menschen, weil dieser Zustand auch ununterbrochen ein unaufgeklärter, unausgesprochener Zustand gewesen war, mit welchem wir, außer daß wir darunter litten und schließlich in ihm beinahe völlig verzweifelten in den schwierigsten Jahren, zwischen neun und elf und darüber, bis heute nicht fertig geworden waren. Wir liebten alles im Zuhause des Andern und haßten in Wirklichkeit schon früh alles in unserem eigenen Zuhause, wir hatten zu allem, was im Zuhause des Andern gewesen war, Zuneigung, andererseits Abneigung gegen alles in unserem eigenen Zuhause, unsere Anlagen fühlten wir im andern Zuhause auf die wunderbarste Weise anerkannt und wie sie sich entwickelten, während sie in unserem eigenen Zuhause nicht anerkannt waren und sich auch nicht entwickelten, weil alles in uns und an uns in unserem eigenen Zuhause fortwährend nur auf Ablehnung gestoßen war. Die Verständnislosigkeit, mit welcher wir im eigenen Zuhause fortwährend rechnen mußten, war, wenn wir in das Zuhause des Andern gegangen waren, einem uns in jeder Beziehung förderlichen Verständnis gewichen, wir konnten ungezwungen und frei atmen und denken. Den Irrtümern zuhause ausgeliefert, waren wir, Roithamer in Altensam, ich in Stocket immer in einem Zustand der äußersten Irritation gewesen, diesem Zustand zu entkommen oder ihn wenigstens herabzumildern auf die Erträglichkeit hatten wir unsere ganze Aufmerksamkeit zu widmen, aber es war uns zuhause erträglich gewesen, wenn wir nicht allein mit uns und den Unsrigen waren, wenn Roithamer zu mir gekommen war, oder wenn ich nach Altensam zu ihm hinaufgegangen war. Denn in Gemeinschaft hatten wir dann auch dort, wo wir glaubten, daß für uns nichts und zwar überhaupt nichts sei, vieles gefunden, wahrgenommen und zu einem Mittel machen können, welches uns befriedigte, so Roithamer mit mir in Stocket, so ich mit Roithamer in Altensam. Und es war oft vorgekommen, daß sich unser Weg, der seine herunter nach Stocket, der meinige hinauf nach Altensam, kreuzten, an derselben Stelle kreuzten, wo die Mitte dieses Weges ist, in der Waldlichtung. Über diese Waldlichtung, in welcher wir uns oft getroffen und gleich immer über den Zufall, darüber und über alles Mögliche unterhalten haben, hatte Roithamer einmal einen kleineren Aufsatz geschrieben, den er dann auch in einer Linzer Zeitschrift veröffentlichte, die Beschäftigung mit Stifter und insbesondere mit dem Kalkstein hatte ihn dazu angeregt und zu diesen nur auf die Lichtung bezogen, die vielbedeutend in unserem Leben gewesen war und auch heute noch vielbedeutend in meinem Leben ist, war dieses Prosastück ein gutes Beispiel für die folgerichtige Denkweise Roithamers gewesen, alles, was er später gewesen war, was aus ihm geworden war, war schon in diesem kurzen Prosastück gewesen, das, ein ruhiger, klar gegliederter Denkvorgang, die Beschreibung eines bis in die kleinsten Einzelheiten uns beiden vertrauten Naturausschnittes gewesen ist. Gern hätte ich dieses Prosastück über die Lichtung zwischen unserem Dorf und Altensam wieder einmal gelesen, aber ich fürchte, daß das Prosastück, das mit dem Titel *Die Lichtung* überschrieben gewesen war, verlorengegangen ist, es müßte sich aber leicht feststellen lassen, in welcher Nummer der Linzer Zeitschrift das Prosastück erschienen ist, es wäre jetzt, nach dem Selbstmord Roithamers in der Lichtung, von größter Wichtigkeit. Eine Beschreibung des Weges von Altensam zu uns nach Stocket und eine Beschreibung des Weges von Stocket nach Altensam, naturgemäß zwei völlig verschiedene Beschreibungen, hatte Roithamer einmal in England, während seines ersten Aufenthaltes in London, damals war er intensiv mit Purcell und Händel beschäftigt gewesen, gemacht, aber auch diese Beschreibungen sind, glaube ich, verlorengegangen. Er hatte sich immer wieder in kurzen Prosastücken geübt, in Beschreibungen der Natur, um durch diese Beschreibungen Perfektion in seinem wissenschaftlichen Denken erlangen zu können, fortwährend in Innen und Außen der Natur zu denken und dieses Denken ab und zu durch Aufschreiben festzuhalten, war ihm eine lebenslängliche Übung geworden, die letzte derartige Übung war eine Beschreibung der höllerschen Dachkammer gewesen, die ich hier in der höllerschen Dachkammer im Schreibtisch vermutete und auch tatsächlich im Schreibtisch in der höllerschen Dachkammer gefunden habe. Schon die ersten Zeilen dieses Versuches hatten mich beim Wiederlesen auf die Idee gebracht, eine ganze Sammlung der kurzen Beschreibungsprosa Roithamers als Buch herauszugeben, denn in einer Zeit, in welcher alles, nur nicht etwas Bemerkenswertes, herausgegeben und veröffentlicht wird, nur nicht etwas tatsächlich Ureigenes und dazu auch noch höchst Wissenschaftlich-Genialisches und jedes Jahr Hunderte und Tausende Tonnen von Stumpfsinn auf dem Papier auf den Markt geworfen werden, der ganze Verlotterungsmüll dieser durch und durch verlotterten europäischen oder, nur nicht zurückhalten, verlotterten Weltgesellschaft, in einer Zeit, in welcher immer und immer wieder nur Geistesmüll produziert und dieser fortwährend stinkende und fortwährend alles verstopfende Geistesmüll auf das widerwärtigste immerfort als Geistesprodukte ausgegeben wird, wo es sich doch nur um Abfallprodukte des Geistes handelt, in einer solchen Zeit sei es geradezu die Pflicht, eine solche, und sei sie eine noch so unscheinbare und schmucklose Kunst wie die Prosakunst Roithamers, herauszugeben, zu veröffentlichen, sie würde keinerlei Aufsehen machen, denke ich, aber doch dafür sorgen, daß sie nicht mehr verlorengeht, ist sie einmal gedruckt und für immer festgehalten, denn zweifellos handelt es sich bei diesen Prosastücken Roithamers um Geisteskostbarkeiten, und solche sind, auch in unserem Land, das Seltenste. Über die Schwierigkeiten, gerade solche kostbaren Prosastücke herauszubringen, bin ich mir bewußt, wie ich mir auch der Schwierigkeiten völlig bewußt bin, die es bedeutet, den Nachlaß Roithamers herauszugeben, vor allem seine größere Studie über Altensam, zu welcher er von einem mit ihm befreundeten Verleger angeregt worden war und die er in

Cambridge und vor allem mit großer Energie nach dem Auftreten der Todeskrankheit seiner Schwester in Angriff genommen und schließlich vollendet, aber kurz nach ihrer Vollendung dann, bereits auf dem Wege zum Begräbnis seiner Schwester, noch auf der Überfahrt von Dover auf den Kontinent, wieder zerstört hat, indem er sie zu korrigieren und wieder und wieder zu korrigieren angefangen und sie schließlich und endlich während seines Aufenthaltes hier in der höllerschen Dachkammer nach dem Tode seiner Schwester durch unausgesetztes Korrigieren vernichtet, wie er glaubte, zutode korrigiert und damit vernichtet hat, wie er glaubte, aber wie ich weiß, und wie ich jetzt in der kürzesten Zeit, die ich in der höllerschen Dachkammer gewesen bin, festgestellt habe, nicht durch die rücksichtsloseste und dadurch vollkommenste Korrektur vernichtet, sondern zu einer gänzlich neuen Studie gemacht hat, denn die Zerstörung der Studie durch seine Hand, durch seinen scharfen, mit der Studie am rücksichtslosesten verfahrenden Verstand, war doch nur gleichbedeutend mit der Erschaffung einer völlig neuen Studie, er hatte solange die Studie korrigiert, bis nicht, wie er geglaubt hat, die Studie vernichtet gewesen, sondern eine neue Studie entstanden war. Diese Studie, von ihm als Beschreibung und also Rechtfertigung alles dessen, was für ihn Altensam und alles, was mit Altensam zusammenhängt, ist, unter besonderer Berücksichtigung der Planung und Ausführung und Vollendung des Kegels für seine Schwester, verstanden, ist ja gerade durch seine Korrekturen, das sehe ich deutlich, von ihm nicht vernichtet, sondern vollendet worden, er, Roithamer, glaubte, durch die totale Korrektur seiner Studie, die ich mitgebracht und vorläufig in die Schreibtischlade gelegt habe, die Studie über Altensam und alles, das mit Altensam zusammenhängt, unter besonderer Berücksichtigung der Planung und Ausführung und Vollendung des Kegels für seine Schwester, vernichtet zu haben und feststeht, daß er vorgehabt hat, die Studie nach ihrer Vernichtung zu verbrennen, denn ich besitze einen Zettel von ihm mit der Bemerkung, er werde, nachdem er durch die totale Korrektur der Studie die Studie vernichtet habe, indem er die Studie in ihr Geistesgegenteil verkehrt habe, verbrennen. Aber er ist nicht mehr dazu gekommen, die Studie zu verbrennen, wahrscheinlich war ihm die Studie plötzlich nicht mehr so wichtig gewesen, denn es ist nicht anzunehmen, daß er die Studie letztenendes vergessen hatte, wie er sich umgebracht hat, denn es sei *letztenendes alles nicht so wichtig*, wie er auch noch auf einen Zettel geschrieben hatte und auf den letzten Zettel, *es ist alles gleich.* Die Studie über Altensam und alles, das mit Altensam zusammenhängt, was ihm Altensam gewesen war unter besonderer Berücksichtigung der Planung und Ausführung und Vollendung des Kegels für seine Schwester, hatte er, indem er durch totale Korrektur, so er selbst, ihren Sinn in sein Gegenteil verkehrte, vollendet. Tatsächlich ist die Studie dadurch, daß Roithamer den Sinn seiner Studie in einem infamen Korrekturprozeß in sein Gegenteil verkehrt hat, die Studie erst zur vollendeten Studie geworden, aber davon später. Ich hatte mir, nach und nach an die Stimmung, die in der höllerschen Dachkammer herrschte, die spätere Nachmittagsstimmung zuerst, dann die Abendstimmung, vorgenommen, mich erst am frühen Morgen, wenn irgend möglich, am *frühesten* Morgen, mit den Schriften Roithamers zu beschäftigen, mich ihnen vorher nicht einmal zu nähern, mich nur an die höllersche Dachkammer einmal zu gewöhnen, mir alles herzurichten für die Frühe, für die früheste Frühe, denn da, noch in der Morgendämmerung, so dachte ich, will ich gleich mit meinem Vorhaben beginnen, aber die Voraussetzungen für eine solche doch nicht leicht zu bewerkstelligende Beschäftigung müssen geschaffen sein, also mußte ich mich und zwar nach und nach im Hinblick auf meine vorgenommene Beschäftigung, mich nämlich sofort und, weil ich, nach meiner Krankheit in der dafür richtigen Verfassung gewesen war, mit dem roithamerschen Nachlaß einzulassen, gründlich darauf vorbereiten, dazu gehörte das Herrichten meines Arbeitsplatzes, ohne Zweifel der Schreibtisch vor dem Fenster, eine Kontrolle und wenn notwendig veränderte, meiner Arbeit nützliche Lichtverhältnisse, ob ich die Vorhänge zuziehen oder nicht zuziehen solle, immer wieder dachte ich, während ich an der Tür stehend zum Schreibtisch schaute, ziehe ich die Vorhänge zu oder ziehe ich sie nicht zu und ging zum Fenster und zog sie zu und ging wieder zurück und trat wieder vor und machte sie wieder auf, machte sie mehrere Male auf und zog sie mehrere Male wieder zu undsofort. Zuerst muß ich alles für die morgen beginnende Beschäftigung hergerichtet, mir eingerichtet haben, dachte ich, dann erst kann ich daran denken, mit der Beschäftigung anzufangen. Aber vor allem hatte ich, ohne etwas zu verändern, zuerst einmal die ganze Beschaffenheit und daraus resultierende Stimmung der höllerschen Dachkammer auf mich wirken zu lassen. Ich hatte Zeit dazu. Daß ich systematisch und mit aller Entschiedenheit, gleichzeitig Langsamkeit vorgehen werde, dachte ich, an der Tür stehend, nichts, aber auch gar nichts übereilend, denn ich hatte Zeit, meine Krankheit war auch noch nicht völlig ausgeheilt, bei jedem Atemzug war sie da, ich hielt viel auf die Luft an der Aurach, wo so viel Wald wie nirgends und die gerade für solche angegriffenen Bronchien wie die meinigen die beste Medizin sind, denn ich hätte ja noch mehrere Wochen im Spital sein können, wenn ich auf die Ärzte gehört und geblieben wäre, aber ich habe plötzlich nicht mehr auf die Ärzte gehört und oft in meinem Leben war ich dadurch, daß ich von einem Augenblick auf den andern nicht mehr auf die Ärzte gehört habe, gerettet gewesen, denn wahrscheinlich wäre ich gar nicht mehr am Leben, wenn ich nicht immer im entscheidenden Augenblick nicht mehr auf die Ärzte gehört hätte, zuerst sind die Ärzte wichtig, wenn es sich nämlich erweist, daß sofortige ärztliche Hilfe notwendig ist, die Anwendung der ärztlichen Kunst allein einen rettet, wenn, wie in meinem Falle, plötzlich und zu meinem größten Entsetzen gerade mitten in einer gerade noch nicht fertiggestellten Arbeit eine, wie sich bald herausstellte, gefährliche, ja lebensgefährliche und -bedrohende Krankheit ausgebrochen ist, eine sogenannte Todeskrankheit, denn auch heute noch ist die schwere Lungenentzündung eine Todeskrankheit, mit hohem Fieber plötzlich in der Nacht aufwachend und so mehrere Tage fortgesetzt in Bewußtlosigkeit allein, das könnte leicht zu einem raschen Tod führen, aber ich war entdeckt und in das Spital gebracht worden und die Ärzte hatten mich in der kürzesten Zeit fieberfrei gemacht, aber es war doch ein wochenlanger schmerzhafter Prozeß gewesen und zuerst nicht an Heilung zu denken, nur an Schmerzlinderung, an das Aushalten der gefährlichen Krankheit, nicht an Heilung, zuerst die Beruhigung darüber, in einem solchen ausgezeichneten Spital aufgehoben zu sein, plötzlich aber das Bedürfnis, wieder hinauszukommen, während man aber noch zurückgehalten ist und an Weggehen aus dem Spital überhaupt nicht zu denken gewesen war, weil die Krankheit zwar eingedämmt, aber noch nicht einmal unter Kontrolle gewesen war, sie war erst nach fünf oder sechs Wochen unter Kontrolle gewesen, Infusionen, Injektionen, alle möglichen natürlichen und chemischen Mittel gegen die Krankheit angewendet, Selbstanwendung aller möglichen Mittel, dann aber, urplötzlich, während die Krankheit aber noch da war, die Entscheidung, aus dem Spital hinauszugehen, auf eigene Verantwortung, denn die Ärzte übernahmen die Verantwortung nicht, sich gegen die Ärzte stellen, einfach weggehen und sich der Einladung des Höller erinnern und den Höller in aller Eile an die Einladung erinnern und weggehen aus dem Spital und so rasch als möglich, aber tatsächlich noch im Krankheitszustand in das Aurachtal, in das höllersche Haus, in die höllersche Dachkammer mit einem solchen Vorhaben, jetzt, als Rekonvaleszenz, den roithamerschen Nachlaß zu ordnen, wieder das zu tun, was ich immer getan hatte, wenn ich von einer sogenannten Todeskrankheit befallen gewesen war, aus dem Spital weggehen gegen den Rat der Ärzte, sich selbständigmachen wieder mit einer Beschäftigung und ich dachte, an der Tür stehend, daß dieser Entschluß, wegzugehen, auch im Falle dieser Lungenentzündung richtig gewesen ist. Es ist immer der richtige Zeitpunkt gewesen gegen den Willen der Ärzte aus dem Spital zu gehen und mit einer solchen Todeskrankheit allein fertig zu werden. Nichts hatte bei seiner Abreise in England darauf hingedeutet, daß er nicht mehr nach England zurückkommen wird, dachte ich, meinen im Spital staubig gewordenen Rock ausbürstend und in den Kasten hängend, ich hatte ihn naturgemäß schon kurze Zeit nach dem Begräbnis seiner Schwester, zu welchem er nach Altensam gefahren war, zurückerwartet, noch höre ich, wie er sagt, ich bleibe nur die allerkürzeste Zeit, denn was sollte ich jetzt auch nur über die notwendigste Zeit hinaus in Altensam, in Oberösterreich, in Österreich, die allerkürzeste Zeit, und das waren seiner Meinung nach höchstens ein, zwei Tage, die er aber auch nicht in Altensam, sondern im höllerschen Hause an der Aurach hatte verbringen wollen, er war schon in der Absicht nach Österreich gefahren, nur die allernotwendigste Zeit sich in Altensam aufzuhalten, im höllerschen Hause und in der höllerschen Dachkammer zu nächtigen, denn jetzt, nach dem Tode seiner Schwester hatte er keinerlei Veranlassung mehr gehabt, in Altensam zu bleiben, ich komme aber nicht um Besprechungen, die sich zwangsläufig aus dem Tod und aus dem Begräbnis meiner Schwester ergeben, herum und ich muß also nach Altensam, aber immer wieder: *nur die allernotwendigste Zeit*, denn jetzt, nach dem Tod seiner geliebten Schwester, verband ihn soviel wie nichts mehr mit Altensam, mit dem Tod meiner Schwester, so er, hat meine Beziehung zu Altensam ein Ende gefunden. Altensam ist jetzt nichts mehr als Geschichte, in Zukunft habe ich nichts mehr in Altensam verloren und er dachte daran, Altensam, das einen hohen Wert besaß vor allem wegen seiner fruchtbaren Wiesen- und Ackerböden im besonderen und wegen seiner günstigen Verkehrslage, denn Altensam hatte, obwohl gänzlich für sich allein, doch den Vorteil einer günstigen Verkehrslage und diese Verbindung von Abgeschiedenheit und Ungestörtheit einerseits, günstiger

Verkehrslage andererseits, garantiert einen hohen Verkaufswert und Roithamer dachte daran, jetzt, nach dem Tod der Schwester, Altensam zu
verkaufen, die durch den Verkauf aufgebrachten Mittel hatte er auch
schon einem für ihn charakteristischen Zweck zugedacht gehabt, er hatte
die Summe zur Gänze zuerst einmal ohne sich nähere Gedanken darüber
zu machen, den entlassenen Strafgefangenen zugedacht gehabt, einmal
auch die Idee gehabt, Altensam den entlassenen Strafgefangenen zur Verfügung zu stellen, denn diese Idee, den entlassenen Strafgefangenen, jenen
Ärmsten der Armen, aus der Gesellschaft total ausgeschlossenen Menschen, mit welchen im Grunde hinter der Heuchelei niemand etwas zu
tun haben wollte, zu helfen, hatte er schon immer gedacht und auch schon
mehrere Male Geldsummen für die Strafentlassenen aus den Strafanstalten zur Verfügung gestellt, aber dann hatte er doch die Idee, den Strafentlassenen Altensam zur Verfügung zu stellen, wieder fallengelassen, besser
schien ihm der Gedanke, Altensam zu verkaufen und die dadurch her-
eingebrachte Summe den Strafentlassenen zukommen zu lassen, über die
Form ist er sich nicht im klaren gewesen, *tatsächlich wird auch schon davon
gesprochen*, daß er bestimmt habe, Altensam müsse verkauft und der Erlös
aus diesem Verkauf den Strafentlassenen aus den Strafanstalten Garsten,
Stein und Suben zur Verfügung gestellt werden, mit der Ausführung dieser Bestimmung hatte Roithamer testamentarisch seinen Schwanenstädter
Notar Süssner beauftragt, jenen Notar, der schon immer alles Altensam
Betreffende erledigt hat seit vielen Jahren. Aber der tatsächliche Inhalt des
Testaments Roithamers war mir bis zu diesem Zeitpunkt nicht bekannt
gewesen, obwohl mir der Höller bei meiner Ankunft im höllerschen
Hause schon gleich gesagt hatte, daß Roithamer erstens ein Testament
hinterlassen und zweitens Altensam zum Verkauf bestimmt und den Erlös
des Verkaufs von Altensam für die Strafgefangenen aus Garsten, Stein und
Suben bestimmt habe, er wäre nicht der Höller gewesen, hätte er nicht den
letzten Willen unseres Freundes so wie ich verstanden und nicht als charakteristisch für Roithamers ganzes Wesen empfunden. Denn immer waren es die Außenseiter und da wiederum die am weitesten an den Rand der
Gesellschaft Gestoßenen, denen Roithamer immer mit Sympathie begegnet war, die Kriminellen, mit welchen kein Mensch etwas zu tun haben
will, waren seiner Zuneigung immer sicher gewesen, dieser Neigung wegen war Roithamer immer angefeindet oder mindestens von Mißtrauen
verfolgt gewesen, vor allem aber hatte er sich durch diese Sympathien zu

den Ärmsten der Gesellschaft, Hilflosesten auf der Welt, bald die radikale
Abneigung seiner Familie zugezogen gehabt und sie, seine Familie oder
der Rest seiner Familie, wie immer, mußte entsetzt gewesen sein bei der
Eröffnung seines Testaments, in welchem alle diese Bestimmungen für
Begünstigungen der Ärmsten und der Ausgestoßensten aufeinmal offen
zutage getreten waren, denn aufeinmal hatten sie sehen müssen, daß er
nicht nur solche wie sie glaubten, abwegigen Gedanken hatte, Verbrechern, Mördern, ganz gleich welcher Art von Verbrechern, sein Erbe zukommen zu lassen, daß er mit seinen Gedanken ernst gemacht hatte,
dieses Erschrecken seiner Familie und aller derer, die mit seiner Familie als
eine weitverzweigte Verschwörung zusammenhingen, mußte ein *elementares* Entsetzen gewesen sein, denn obwohl ich weiß, daß es Roithamer
immer in allem, was er dachte, Ernst gewesen war, was die Umwelt aber
niemals recht glauben hatte wollen, seine Gedanken waren, wie seine
Gefühle immer die ernsthaftesten und die ernstesten gewesen und seine
Gedanken und seine Gefühle hatten sich immer mit seiner Existenz dek-
ken müssen, denn in anderem Falle wäre ihm unmöglich gewesen, weiterzukommen, fortzukommen, hatten sie, vornehmlich seine engsten Verwandten, die in Altensam wahrscheinlich niemals so denken können und
denken wollen, daß er nämlich, was er denkt, auch wahrmacht und er
hatte in seinem Testament wie in seinem ganzen Leben, das ein solches des
Wahrmachens gewesen ist, wahr gemacht. Daß der Verkauf von Altensam,
nicht unter einer gewissen Niedrigstsumme für den Schwanenstädter Notar kein leichtes Geschäft sein wird, dachte ich und wie dieser Mann sich
jetzt den Anfeindungen vor allem der Brüder Roithamers zu erwehren hat.
Was wohl die Eltern, insbesondere der Vater Roithamers dazu gesagt hätten, daß sein mittlerer Sohn Altensam über einen Notar verkauft, während
ich durch das Fenster auf die reißende Aurach schaute, und dann: gerade
der Vater Roithamers hatte ja, indem er Altensam seinem mittleren Sohn
vermachte, damit rechnen müssen, daß das das Ende von Altensam bedeutete, denn wer der junge mittlere Roithamer gewesen war, hatte der
alte Roithamer selbstverständlich gewußt und ich glaube ganz fest, dachte
ich, daß der alte Roithamer, wie er seinem mittleren Sohn Altensam zugeschrieben hatte, gewußt hat, daß er damit hatte das Ende von Altensam
rechtskräftig werden lassen, denn wahrscheinlich hatte der alte Roithamer
gewußt oder wenigstens gefühlt oder sehen oder fühlen oder wissen müssen, daß die Zeit für Altensam gekommen war, daß diese Zeit nicht für

solche Altensam mehr ist und er hatte denken mögen, ich vermache Altensam meinem mittleren Sohn, der am allerwenigsten für Altensam übrig hat und ich habe die Gewähr, daß er, mein mittlerer Sohn, Altensam vernichtet und daß es dann, auf welche Art und Weise immer, aufgehört hat. Andererseits kann man von einem Menschen, der erbt, was er gar nicht erben und also nicht haben will, gar nicht verlangen, daß er dieses Ererbte, das er gar nicht haben wollte, erhält, es ist logisch, daß er sich eines solchen Erbes entledigt, und Roithamer hatte sich auch seines Altensamer Erbes entledigt und auf seine ihm ureigene Weise entledigt, indem er nämlich bestimmte, daß die Verkaufssumme, die durch Altensam zu erzielen ist, den Strafentlassenen aus den Strafanstalten zukommt. Er war möglicherweise, dachte ich aufeinmal, am Fenster stehend, schon in der Absicht nach Österreich und nach Altensam gefahren, um sich umzubringen, aber für diese Annahme gibt es andererseits keinerlei Beweis, Tatsache ist, daß er nach dem Begräbnis seiner Schwester gleich wieder nach England zurückkommen habe wollen, ohne Umwege und also weder über Südtirol, noch über Frankreich oder Belgien nach Cambridge, ich höre ihn noch, wie er sagt, *durch augenblickliches Hineinstürzen in die Arbeit rette ich mich vor diesem größten Unglück*, er hatte diesen Satz wörtlich gesagt, ich glaube, es ist sein letzter zu mir gesprochener Satz gewesen, ich hatte ihn auf die Station begleitet, er fuhr wie immer per Eisenbahn und mit dem Schiff, weil er eine große Scheu, im Grunde Abscheu hatte vor dem Besteigen eines Flugzeugs, ich selbst hatte mir vorgenommen, seine Abwesenheit, diese kurze Zwischenzeit, wie ich glaubte, mit dem Korrigieren meiner eigenen Arbeit zuzubringen, aber eine merkwürdige Unruhe, die ich mir auch bei klarstem Bewußtsein nicht erklären habe können, hatte mich von diesem Vorhaben wieder abgebracht und ich bin nach Reading zu einem mir wie auch ihm befreundeten Lehrer gefahren, der sich mit der Konstruktion einer Maschine beschäftigte, von welcher ich heute noch nicht weiß, um was für eine Maschine es sich handelt, obwohl ich jahrelang schon von ihm, dem Konstrukteur, in die Konstruktion dieser Maschine eingeweiht bin, auch Roithamer wußte nicht, um was für eine Maschine es sich bei der Maschine von Reading, wie wir sie nannten, handelte, ich bin zwei Tage in Reading gewesen und wartete auf Nachricht von Roithamer, denn wir hatten ausgemacht, daß er, Roithamer, mir jeden zweiten Tag eine Nachricht zukommen läßt, wann er zurückkomme, hatte ich vor allem wissen wollen, aber ich hörte vierzehn Tage nichts, dann plötzlich hatte ich und zwar nicht aus Altensam, sondern vom Höller Nachricht bekommen, daß Roithamer nicht mehr am Leben sei, und ich fuhr noch den gleichen Tag nach Österreich und zuhause war mir von dem Selbstmord Roithamers, er hatte sich in der Lichtung zwischen meinem Vaterhaus und Altensam, die schon erwähnt ist, erhängt, alles recht ausführlich berichtet worden. In der Zwischenzeit war Roithamer, der sich gewünscht hatte, auf dem Dorffriedhof begraben zu werden, nicht in Altensam oben, auf unserem Dorffriedhof, und also in Stocket, begraben worden. Meine Eltern hatten über den Verlauf des Begräbnisses berichtet, später hatte ich auch von Höller darüber gehört. Ich selbst war kurz in Altensam gewesen, hatte die Brüder Roithamers aufsuchen wollen, aber in Altensam war niemand gewesen, oder wenigstens hatte ich geglaubt, es sei niemand da, denn alle Fensterläden waren geschlossen gewesen und es hatte sich nichts gerührt, das war mir andererseits sehr angenehm gewesen, weil ich unter diesem Umstand jederzeit sagen hatte können, ich sei nach dem Tode meines Freundes in Altensam gewesen, um seine Brüder aufzusuchen, es sei aber niemand da gewesen. Tatsächlich mußten sie in Altensam den Tod Roithamers, seinen Selbstmord so kurze Zeit nach dem Tod seiner und ihrer Schwester als einen schweren Schock empfunden haben, und ich dachte, die sind alle aus Altensam einmal weg, auf längere Zeit, vor allem, bis alles sich gesetzt hat und die mit dem Tode zuerst der Schwester und dann des Bruders aufgetretenen Probleme gelöst sind. Altensam machte, wie ich hinaufgekommen war, einen tatsächlich abgestorbenen Eindruck auf mich, als ob alles in Altensam oben tot gewesen wäre. Ich war auch in Stocket auf den Friedhof gegangen, das Grab war einfach, ein paar Kränze, ein paar Blumen. Roithamer hatte mir einmal gesagt, er wünsche sich nur ein einfaches Holzkreuz. Mehrere Tage hatte ich so in einer mehr und mehr niedergedrückten Stimmung verbracht, völlig zur Untätigkeit verurteilt, war ich durch die Landschaft gegangen, die mir aufeinmal völlig leer und mir nichts mehr bedeutend vorgekommen ist. Ich hatte verschiedene Leute, die ich gewohnheitsmäßig immer aufgesucht hatte, wenn ich von England zuhause gewesen war, aufgesucht, aber alle diese Leute gingen mich nichts mehr an. Die Nächte war ich wachgelegen im Bett und ich hatte auch kein Bedürfnis mehr, nach England zurückzugehen, denn was tue ich in England, wenn Roithamer nicht mehr da ist. Die Nächte waren die fürchterlichsten gewesen. Manchmal war ich aufgestanden und ans Fenster gegangen und ich war nahe daran gewesen, mich umzubringen. In der Frühe hatte ich aber dann immer wieder einen klaren Kopf. Gegen Mittag war ich wieder deprimiert in meine immer verzweifelter werdende Stimmung eingeschlossen. Ich wußte nicht, ob ich wieder nach England zurückgehen sollte, ich suche mir hier eine Beschäftigung, vielleicht an der nahen Salzburger Universität eine Dozentur. Aber das waren nur verrückte Ideen. Die Lektüre der Bücher aus der Bibliothek meines Vaters hatte ich auch immer gleich wieder abbrechen müssen. Es hieß, Roithamer habe mir seine Schriften vermacht. Es war alles, als ob es mich vernichten habe wollen. Ich flüchtete auf die meinem Vater gehörende Berghütte. Dort war ich plötzlich krank geworden. Ein Zufall, dachte ich, noch immer in die Aurach hineinschauend, daß ich entdeckt worden bin. Wahrscheinlich, dachte ich, plötzlich war mir der Umstand, daß ich mich ja in der höllerschen Dachkammer aufhielt, wieder bewußt, wahrscheinlich werde ich wieder nach England gehn. Dann ging ich in der höllerschen Dachkammer hin und her. Plötzlich war mir allein die Idee, allein und ohne Roithamer nach England zurückgehen zu müssen, fürchterlich. Ich setzte mich zuerst auf den Sessel neben der Tür, stand wieder auf und setzte mich an den Schreibtisch. Ich nahm die gelbe Papierrose aus der obersten Lade heraus und hielt sie gegen das Licht, das gar kein Licht mehr gewesen ist, die Dämmerung hatte schon alles verdunkelt gehabt, bald ist es finster, dachte ich und ich legte die gelbe Papierrose wieder in die Lade hinein. Ob es richtig gewesen ist, aus dem Spital heraus nicht in mein Elternhaus, sondern in das Höllerhaus zu gehn, dachte ich, hin und her überlegte ich, wie tief meine Eltern gekränkt sein müssen, wenn sie erfahren, daß ich aus dem Spital heraus und direkt an die Aurach und in das Höllerhaus gegangen bin. Obwohl sie den Höller mögen, dachte ich, verstehen sie wahrscheinlich doch nicht, daß ich nicht zu ihnen, sondern zum Höller gegangen bin. Mein Vater kommt oft zu den Höllerischen, als Kind war ich mit ihm gegangen, wenn er die Höller in ihrem alten Haus aufgesucht hatte, das an der unteren Aurach gelegen war und das der Höller plötzlich verkauft hat, um sich mit dem Erlös und unter Zuhilfenahme eines höheren Bankkredits das neue Haus zu bauen. Er hatte sich bei dem Verkauf ausbedungen, daß er, obgleich die neuen Besitzer längst eingezogen waren, noch zwei Jahre, genauso lange, als er brauchte, um das neue Haus zu entwerfen und zu bauen, in dem alten Haus bleiben könne mit seiner Familie. Der ganze Vorgang war Roithamer Vorbild für seinen Kegel ge-

wesen, Roithamer hatte ganz und gar unbewußt, wie ich jetzt weiß, die
Planung des Höllerhauses durch Höller und den ganzen Vorgang der
Verwirklichung und der Vollendung des Höllerhauses sich zum Vorbild
genommen für die Planung und Verwirklichung seines Kegels. Der Höller
hatte unter seinen Umständen zur Planung und zur Verwirklichung und
Vollendung des Höllerhauses vier Jahre gebraucht, Roithamer für die Planung und Verwirklichung und Vollendung des Kegels für seine Schwester
sechs Jahre. Wenn der Höller nicht gebaut hätte, wäre Roithamer wahrscheinlich nicht auf die Idee gekommen, zu bauen, dann stünde heute der
Kegel nicht, jenes in Europa einzige Exemplar eines gebauten Kegels zu
Wohnzwecken mitten im Kobernaußerwald. Aber die Vorgangsweise des
Höller war doch auch die Vorgangsweise Roithamers gewesen, dachte ich,
der eine baute sich ein für seine Zwecke ideales Haus, der andere den, wie
er glaubte, idealen Kegel für seine Schwester. Einerseits dachte ich: die
Kühnheit Roithamers, den Kegel zu bauen, andererseits: die Kühnheit des
Höller, sein Haus in die Aurachenge hineinzubauen. Und schließlich,
dachte ich, ist ja hier, in der höllerschen Dachkammer die Idee, den Kegel
zu bauen, ausgearbeitet worden, also der Kegel ist zweifellos aus dem
Höllerhaus, aus der höllerschen Dachkammer. Noch nie war mir diese
Tatsache bewußter gewesen, als in diesem Augenblick, in welchem ich
aufgefordert worden war, zum Nachtmahl hinunterzukommen zu den
Höllerschen, durch dreimaliges kurzes Klopfen von unten mit einem Haselstock an die Decke, an den Fußboden der höllerschen Dachkammer
also. Ich zog mir den Rock an und ging augenblicklich hinunter. Der
Höller und die höllerschen Kinder waren schon am Tisch gewesen, auf
welchem eine große Steingutschüssel mit Knödeln dampfte, ich durfte an
der Fensterseite Platz nehmen und konnte von dort aus den Vorgang in
der höllerschen Stube, die genau unter der höllerschen Dachkammer gelegen war, gut beobachten, umgekehrt war ich selbst von den höllerschen
Kindern und vom Höller und seiner Frau auf das aufmerksamste beobachtet, jeder und jedes hatte einen Steingutteller vor sich und eine Gabel, die
Höller hatte gekochten Selchspeck aufgetragen und dazu einen Krug Most
auf den Tisch gestellt. Sie setzte sich mir gegenüber. Sie war die Tochter
eines Wegmachers in Steinbach am Attersee gewesen, also aus den ärm-
lichsten Verhältnissen gekommen, in der Art der Bewohner des Aurach-
tales gekleidet, sechsunddreißig oder achtunddreißig Jahre alt, nicht älter,
bewerkstelligte sie die Versorgung ihrer Familie in Ruhe und in einem

Ablauf, wie er seit Jahrhunderten sich hier nicht geändert hat, wer, hatte ich gedacht, wird mit dem Essen anfangen und der Höller fing an und forderte mich auf, mit dem Essen anzufangen, dann nahmen sich die Kinder und zuletzt die Höller, die ich, solange ich jetzt schon im höllerschen Hause gewesen war, noch kein einziges Wort sprechen gehört hatte, sie war die unscheinbarste und in der Weise unscheinbar gewesen, wie alle diese von ihren Männern aus größter Armut herausgehobenen, angeheirateten Frauen, die immer Kinder von Wegmachern und Holzknechten, Sägewerksarbeitern oder kleinen Hubenbesitzern gewesen waren, wortkarg und nur für ihre Familie sorgend und den Tagesablauf durch die immer gleichen Verrichtungen des Bettenmachens, Kochens, Stallgehens undsofort bestimmend, die niemals aufmuckten und mit einer Selbstverständlichkeit an ihrem Manne und an ihren Kindern hingen, die heute schon in einem Großteil der Welt unvorstellbar geworden ist, hier an der Aurach herrschten aber noch die Zustände und also die Verhältnisse und also die Umstände, die auch schon vor zweihundert und vierhundert Jahren hier geherrscht haben, die Natur war noch die gleiche und also waren die Menschen in dieser Natur mit ihrer Böswilligkeit und fürchterlichen Fruchtbarkeit die gleichen, ein Menschenschlag ist das hier, habe ich gedacht, welcher noch immer der gleiche Menschenschlag ist wie in der Frühzeit der Geschichte, vom allgemeinen Fortschritt ausgenommen, nichtswissend, nur dumpf alles ahnend und dadurch in einem fortwährenden, wenn auch gefährlichen und schmerzhaften, so doch ihr Überleben garantierenden Vertrauensverhältnis zur Natur, welchem sie sich, wie ihre Eltern und Großeltern und Urgroßeltern, vollkommen ausgeliefert haben, weil ihnen nichts anderes übriggeblieben war, einmal geboren, mußten sie mit den für alle heutigen Begriffe bereits unvorstellbaren ihnen angeborenen Verhältnissen, Umständen und Zuständen fertig werden und sie wurden auch damit fertig, wenn sie sich auflehnten, wenn ihnen die Diskrepanz zwischen ihrer und der anderen heutigen Welt durch zufällige Umstände plötzlich einmal bewußt geworden war, war es nur für die kürzeste Zeit, gleich fügten sie sich wieder in ihre Vorschrift, die noch immer die gleiche ist, wie vor einem halben Jahrtausend und was ihnen, wenn sie nachdachten, unbegreiflich war, das machte ihnen wie überall, wo sie noch Einfluß hat, die Kirche begreiflich. Diese Frau war für mich immer der Inbegriff der Zurückhaltung gewesen, niemals ein lautes Wort, redete sie niemals unaufgefordert, alles in ihr und an ihr war auf Betreuung

ihrer Umgebung ausgerichtet, sie betreute ihre Kinder, ihren Mann und
ihr und ihres Mannes und ihrer Kinder Haus und den Garten und die
Uferböschung und alles war unter dieser Obsorge immer ordentlich und
den Jahreszeiten entsprechend in gelben oder blauen oder roten oder weißen Farben gehalten durch ihre Vorliebe für Blumen und Pflanzen, in
welchen sie wahrscheinlich immer ihre heimliche und sicherste Zuflucht
fand. Das ganze höllersche Haus war von dieser Frau sauber, aber doch
nicht pedantisch sauber gehalten, die Fußbodenbretter regelmäßig einmal
in der Woche von ihr mit kaltem Wasser gerieben, keine Spinnweben an
den Wänden, alles weiß, die wenigen Möbelstücke, die aus der Erbmasse
der höllerschen Eltern, nicht ihrer, die ja nichts hatten, stammten, von da
und dort gelagerten Lebensmitteln, von auf dem Kasten oder unter den
Betten liegenden Äpfeln und Birnen war in dem ganzen höllerschen Haus
der nur für das höllersche Haus charakteristische Geruch, diesen Geruch
habe ich sehr oft und oft mitten in London auf der Straße plötzlich einatmen und als den Geruch im höllerschen Hause charakterisieren können,
urplötzlich war dieser Geruch dagewesen, gleich wo ich mich gerade befunden habe, aber in solchen Momenten immer sehr weit von dem höllerschen Hause weg, im Ausland meistens, das war dann der Anlaß, über
die sogenannte Heimat und über das sogenannte Heimatliche nachzudenken, die heimatlichen Bilder zu sehen und zwar auf länger oder kürzer,
je nach dem gerade herrschenden Geistes- oder Gefühls- oder Gefühls-
und Geisteszustand, der dadurch oft wieder erträglich gewesen war. Auch
Roithamer hat mir einmal davon gesprochen, daß ihn plötzlich der Geruch des höllerschen Hauses an die Aurach und an das höllersche Haus
und an die höllerschen Menschen und folgerichtig an Altensam erinnere
und daß ihn der Geruch sehr oft wieder zum Leben erweckt hatte. Die
Höller war schon älter aussehend, als sie in Wirklichkeit gewesen war, der
Hausbau, an welchem sie größten Anteil hatte, die gleichzeitig zu betreu-
enden, kurz vorher in die Welt gesetzten Kinder, die Sorgen darüber, *ob
das Haus auch wirklich taugte,* so Höller einmal, dazu die Sorgen der
Finanzierung des Hauses, alle diese Eingriffe in die Gesundheit der Höller
hatten sie rasch, aber in unglaublich anziehender Weise altern lassen. Es ist
mir klar gewesen in Anbetracht meiner Beobachtung der Frau, daß sich
Roithamer hier in der höllerschen Behausung und oben in der Dachkammer wohlfühlen hatte müssen unter solchem Schutze, war er doch immer,
wenn er, gleich von wo, auch von England aus, an die Aurach und ins

höllersche Haus und in die höllersche Dachkammer gekommen war, aus
der Schutzlosigkeit in Beschützung gekommen und unter solchen Voraussetzungen, in der Nähe eines solchen alles in einem tatsächlich beruhigenden Wesens wie dem Wesen der Höller, konnte er in kurzer Zeit wieder-
finden, was er verloren gehabt hatte: die Lust zu existieren und also die
Lust zu arbeiten. Die Kinder der Höller waren von ihren Eltern gut erzogen, sie waren so frisch und unvoreingenommen gegen alles, wie es nur
zu wünschen ist, wobei mir gleich aufgefallen war, daß das Mädchen mehr
vom Vater, der Sohn mehr von der Mutter hatte, was es war, wußte ich
nicht, sie waren gerade so groß, daß sie den Eltern bis zu den Schultern
reichten, voller Neugierde und alles an mir beobachtend, waren sie in ihrer
Beobachtung ganz auf den für sie neuen Menschen, der jetzt aufeinmal in
ihrer Mitte war, bezogen gewesen, sie aßen und tranken genau wie die
Eltern und waren, während sie aßen, genau wie die Eltern schweigsam.
Auch sie hätten, wie ihre Mutter, niemals ein Wort an mich gerichtet,
hätte ich sie nicht dazu aufgefordert und die längste Zeit war es mir, aus
welchem Grunde immer, unmöglich gewesen, ein Wort an die Kinder zu
richten, auch an die Höller nicht, wahrscheinlich weil ich den Vorgang des
Essens in beinahe absoluter Schweigsamkeit auf mich wirken lassen hatte
wollen, ich hätte gleich am Anfang etwas zu der Höller oder zu den Kindern sagen sollen, dachte ich, aber ich habe nichts gesagt und sie getrauten
sich nichts zu sagen, auch, weil sie von dem Höller nicht dazu aufgefordert
waren, der Höller war aus der Werkstätte hereingekommen, hatte sich die
Hände gewaschen und hatte sich an den Tisch gesetzt, was ich gerade noch
gesehen hatte und die Kinder waren schon am Tisch, als ich eingetreten
und vom Höller, nicht von seiner Frau, aufgefordert worden war, mich auf
den Fensterplatz zu setzen, von welchem aus ich den besten Überblick
über die ganze Stube und auf alles, was in ihr vorging, hatte, es war
wahrscheinlich dieser Platz auch der Platz Roithamers, dachte ich, wie ich
Roithamer kenne, war genau dieser Platz, auf welchem ich Platz genommen hatte, sein Platz gewesen, wie oft hatte er mir von den höllerschen
Mahlzeiten in der höllerschen Stube erzählt, *plötzlich nicht berichtet, sondern erzählt*, denn diesem Vorgang war die Erzählung angemessen, nicht
der Bericht, daß es immer so schweigsam und in derselben Weise zugegangen sei bei diesem Essen, wie ich es jetzt selbst erlebte, wieder verglich
ich die Erzählung Roithamers mit den Wahrnehmungen, die ich jetzt
selbst machte und wieder deckten sich Roithamers Erzählungen (über die

Essenzeit in der höllerschen Stube) und meine Wahrnehmungen, daß
Roithamer immer so mit dem Rücken zur Wand in jedem Raum gesessen
war, dachte ich, das charakterisierte ihn, daß er sofort bei Betreten eines
Raumes sich einen Platz mit dem Rücken zur Wand suchte und sich
niemals auf einen anderen als auf einen solchen Platz mit dem Rücken zur
Wand gesetzt hatte, weil er von einem solchen Platz aus den ganzen Raum
im Auge behalten konnte, auch mir war diese Gewohnheit eigen, ich hatte
sie nicht von Roithamer übernommen, diese Eigenschaft, immer nur mit
dem Rücken zur Wand zu sitzen vor allem in Gasthäusern oder Kaffeehäusern, hatte ich schon immer und schon lange bevor mir diese Gewohnheit an Roithamer aufgefallen war, gehabt, jetzt dachte ich, daß Roithamer
dieser Fensterplatz mit dem Blick auf die Tür, der Höller gegenüber,
entsprechend gewesen war und ich wollte fragen, ob hier, wo ich Platz
genommen habe, auch der Roithamer gesessen sei, aber ich fragte nicht,
die Zeit für eine solche Frage war noch nicht gekommen, alles in der
höllerschen Stube war gegen eine solche Fragestellung schon zu diesem
Zeitpunkt und so stellte ich die Frage nicht, auch andere, aufeinmal in mir
aufgekommene Fragen nicht, ich aß und trank und beobachtete und
wurde beobachtet und zwar war ich beobachtet, auch wenn ich nicht
direkt beobachtet worden war, die Kinder beispielsweise beobachteten
mich ununterbrochen, auch wenn sie nicht zu mir herüberschauten, wie
mich auch die Höller ununterbrochen beobachtete, auch wenn sie mich
nicht anschaute, sie blickte auf die Tischplatte und beobachtete mich und
mit dem Höller selbst war es genauso. Während des Essens ist ja in solchen
Häusern niemals gesprochen worden, dachte ich, daß es aber an mir liege,
daß sie jetzt nicht ein Wort redeten, ich müßte nur einmal anfangen, dann
redeten sie auch, aber die Tatsache, daß alle schwiegen und aßen und
tranken und dieser Vorgang des schweigenden Essens und Trinkens in der
höllerschen Stube auch noch längere Zeit durch mein eigenes Schweigen
hinauszuziehen gewesen war, ließ mich genauso schweigend essen und
trinken wie sie, daß sie auf ein Wort von mir warteten, dachte ich, aber ich
sagte kein Wort. Nach und nach fand ich alle Gegenstände wieder, die ich
bei meinem letzten Aufenthalt in der höllerschen Stube, vor Jahren mit
Roithamer zusammen, gesehen hatte. Plötzlich hörte ich die Aurach und
ich dachte, die ganze Zeit glaube ich, daß es in der höllerschen Stube
immer vollkommen still ist, während in Wirklichkeit immer die reißende
Aurach zu hören ist, auch ich hatte mich schon an das ununterbrochene

Geräusch des ja gerade an dieser Stelle, an der Aurachengstelle besonders lauten Getöses der Aurach gewöhnt gehabt und es von einem bestimmten Zeitpunkt an nicht mehr wahrgenommen, so glaubte ich, während in Wirklichkeit mitten im Getöse der Aurach an der Aurachengstelle, in vollkommener Stille zu sein, weil auch ich das ununterbrochene Getöse der Aurach bereits nicht mehr gehört habe, wie die Höller dieses Getöse nicht mehr hören, nur manchmal, wenn es ihnen plötzlich wieder bewußt ist, sie hören es ununterbrochen und hören es dadurch nicht mehr und nur immer Augenblicke, wenn sie daran denken, wie ich es nicht mehr gehört hatte, obwohl das auffallendste Merkmal im höllerschen Hause zweifellos das Getöse der Aurach ist, der Ankommende und der Angekommene sind ganz in dieses Getöse eingeschlossen, ja es ist jedesmal schwer, sich den Bewohnern des höllerschen Hauses verständlich zu machen, man muß schreien, wenn man etwas sagen will, weil man sonst nicht gehört wird, aber sehr rasch und wahrscheinlich so rasch, weil das Aurachgetöse so laut ist, gewöhnt sich jeder daran und dann kommt es in kurzer Zeit schon vor, daß als vollkommene Stille empfunden wird, was in Wirklichkeit Getöse ist, wie ich gerade jetzt an mir selbst erlebt habe. Daß kein Mensch, und wie ein Mensch dieses Getöse des Aurachwassers aushalten könne, fragen sich die Leute, die an dem höllerschen Hause vorbeikommen, sie wissen nicht, daß sich das Gehör und bald das ganze Wesen der in einem solchen Getöse Lebenden an die Tatsache, in einem solchen Getöse zu leben, gewöhnt haben. Dem Höller machte es nichts, sein Haus mitten in dieses Getöse zu bauen, ja es war seine Absicht gewesen, *ich baue mein Haus mitten in das Getöse der Aurach hinein*, hatte er zu Roithamer einmal gesagt und Roithamer hatte nicht verstanden, wie er das tun könne, aber Höller hätte nichts Besseres tun können, denn wie ich sehe, ist alles mit dem Bau des höllerschen Hauses Zusammenhängende geglückt. Gerade das Getöse der Aurach ist es, das mich anzieht, oder wenigstens *auch* das Getöse der Aurach, so Roithamer einmal, dieses Getöse des Aurachwassers ist für mich, bin ich in der höllerschen Dachkammer, die größte Faszination. So war es also jetzt in der höllerschen Stube nicht, wie ich die ganze Zeit geglaubt hatte, vollkommen still, sondern tatsächlich sehr laut gewesen durch das Getöse der Aurach, an das ich mich aber schon während meines mehrstündigen Aufenthaltes im höllerschen Hause gewöhnt gehabt hatte. Denn wie sonst könnten die Höller in der Nacht schlafen, wenn sie das Getöse hörten, sie gewöhnen sich an das Getöse und schlafen

ein und wachen auf und hören das Getöse der Aurach gar nicht mehr. Die
größte Faszination geht von Häusern an reißenden Flüssen aus, hatte
Roithamer einmal gesagt, freilich lebten ihre Bewohner in ständiger
Angst, von einem solchen Wasser einmal, und zwar von einem Augenblick
auf den andern, vernichtet zu werden, denn die Tatsache ist bekannt, daß
selbst die kleinsten Gebirgswässer unter bestimmten Umständen, vor allem im Frühling zur Schneeschmelze im Hochgebirge oder im Herbst
während lang anhaltender Gewitter, zu alles mitreißenden riesigen Was-
sermassen werden. Jedes Jahr lesen wir oder hören wir von reißenden
Flüssen, die eine Anzahl von Häusern weggeschwemmt haben mitsamt
ihren Bewohnern. Aber der Höller hatte sein Haus so konstruiert, so
Roithamer, daß es nicht weggerissen werden kann, die Lage des höllerschen Hauses ist so, daß es unter keinen Umständen auch nur in Mitleidenschaft gezogen werden kann von der Aurach, er, Höller, habe sein
Haus an der Aurachenge gerade so konstruiert, daß es gegen alle Natur-
gewalttätigkeiten *immun* sei, gerade dieser Umstand, an der gefährlichsten
Stelle der Aurach, an der Aurachengstelle, wo kein Mensch jemals ein
Haus hingebaut hätte, gerade da ein Haus hinzubauen, hatte den Höller
nicht mehr in Ruhe gelassen, immer wieder hatte er sich gesagt, ich muß
gerade da mein Haus hinbauen, wo kein Mensch ein Haus hinbauen
würde, gerade da, in die Aurachengstelle, die jeder fürchtet, hinein baue
ich mein Haus, ich baue es genau dahin und er setzte sich naturgemäß
damit dem größten Widerspruch aus und er ist wegen seiner Beharrlich-
keit und Unzugänglichkeit seinen Plan, gerade an der Aurachengstelle, da
wo das Getöse der Aurach am lautesten und die Gefahr, von dem Wasser
eines Tages weggeschwemmt und völlig vernichtet zu werden mit Kind
und Kegel am größten ist, auszuführen, so Roithamer, überall wo er hingekommen ist, verhöhnt und verspottet worden, aber er hatte seinen Plan
nicht aufgegeben und er hatte den Bau vorangetrieben und ausgeführt.
Heute ist es keine Kunst, zu sehen und zu sagen, daß das höllersche Haus,
so, wie es und wohin es gebaut ist, von der Aurach nicht weggeschwemmt
werden kann, so Höller. Aber das allgemeine Mißtrauen ist geblieben.
Jedenfalls glaubt Höller, daß das höllersche Haus nicht weggeschwemmt
werden und auch nicht von einer Mure vernichtet werden kann (Roithamer). Es sei das erste an die Aurach gebaute Haus, das niemals von der
Aurach weggeschwemmt werden und von einer durch Wetterkatastro-
phen ausgelösten Mure vernichtet werden kann, denn, so Roithamer, alle

bis jetzt an die Aurach gebauten Häuser sind von der Aurach schließlich weggeschwemmt oder von einer im Aurachtale niedergegangenen Mure vernichtet worden, immer wieder haben die Aurachtaler ihre Häuser an die Aurach gebaut und immer wieder sind diese Häuser von der reißenden Aurach, von der urplötzlich und meistens in der Nacht wildgewordenen Aurach weggeschwemmt und von Muren vernichtet worden, aber das habe alle diese Aurachtaler nicht daran gehindert, immer wieder Häuser an die Aurach zu bauen, das höllersche Haus allerdings, so Roithamer einmal, sei aber tatsächlich das erste, das niemals von der reißenden Aurach weggeschwemmt und von einer Mure vernichtet werden könne, weil es unter Bedachtnahme auf alles, was mit dem Anschwellen und dem Wildwerden der Aurach und den mit den Muren zusammenhängenden verheerenden Möglichkeiten erdacht und entworfen und gebaut worden ist noch dazu von einem Manne wie Höller, der sein Haus nur deshalb an die Aurach gebaut hat, weil er sich sicher ist, daß dieses sein Haus nicht weggeschwemmt oder vernichtet werden kann und der sich zwei Jahre Zeit genommen hatte, sein Haus unter allen diesen Vernichtungsgesichtspunkten zu entwerfen und zu bauen. Hatte Roithamer noch lange nicht einmal die Idee zum Bau des Kegels gehabt, so war er doch schon von dem Bau des höllerschen Hauses und von der Art und Weise, wie Höller selbst sein Haus entworfen und verwirklicht hatte, fasziniert gewesen, während es ihm selbst noch gar nicht bewußt gewesen war, hatte er in sich selbst bereits die Idee zum Bau des Kegels für seine Schwester geboren gehabt, während er selbst sich über die Tatsache, den Kegel für seine Schwester zu bauen und zwar in die Mitte des Kobernaußerwaldes, noch gar nicht bewußt gewesen war, war er durch die Beobachtung der Baukunst des Höller, und als eine Baukunst ist die Bauarbeit Höllers an seinem Haus an der Aurachengstelle einzustufen, so Roithamer, war er durch die Beobachtung der höllerschen Baukunst schon längst an der Arbeit an seinem Kegel gewesen, die Ursache für die Idee, den Kegel zu bauen und seine Idee, den Kegel im Kobernaußerwald zu bauen, zu verwirklichen, war im höllerschen Hause zu suchen, in dem höllerschen Hause hatte Roithamer zuerst unbewußt, plötzlich aber durch den Einfall, den Kegel zu bauen, vollkommen bewußt, den Entschluß gefaßt, den Kegel zu bauen, aus der Beobachtung Roithamers des höllerschen Baues und des Baufortschritts an der Aurachengstelle, war der Entschluß, sich selbst mit einem solchen Bauen auseinanderzusetzen und etwas zu bauen, das bis jetzt und vor ihm (so Roithamer), wie auch Höller gedacht hatte, vor ihm kein Mensch, noch niemand gebaut hatte, die ständige Beobachtung Roithamers des höllerschen Hausbaues hatte in Roithamer die Entstehung des Kegels bewirkt, in seinem Kopfe zuerst, dann auf dem Papier, auf Hunderten und Tausenden von Papieren, schließlich in Wirklichkeit, weil er, Roithamer, ein Typus gewesen ist, der realisieren mußte, immerfort realisieren, was er sich zuerst nur vorgestellt hatte, zu realisieren, wie Höller auch sein zuerst ja nur an der Aurachengstelle vorgestelltes Wohnhaus realisieren mußte, die Vorarbeit für den roithamerschen Kegel hatte in Wirklichkeit, wie ich jetzt deutlich sah, Höller geleistet, indem er den Entschluß gefaßt hatte, sich an der Aurachengstelle ein Haus zu bauen, das alte, von seinen Eltern ererbte Haus kurzerhand zu verkaufen und mit dem Geld und mit aufgenommenen Bankkrediten und mit seiner Entschlußkraft und tatsächlichen Geistesgegenwart, das neue an der Aurachengstelle zu bauen, er selbst, Höller, habe sich zuerst nur zögernd an sein Vorhaben heran*getraut,* dann aber mit um so größerer Energie das Bauwerk voran*getrieben.* Wie alle Leute auf dem Land, hatte er, der Höller, von Kindheit an durch ständige Baubeobachtung die elementarsten Baukenntnisse, die er aber durch Selbststudium und durch die Lektüre von Baufachbüchern dann, nachdem er entschlossen gewesen war, neu zu bauen, erweitern und sich in der Kunst, ein Wohnhaus zu bauen, bis zu einem gewissen Grade vervollkommnen können, im Grunde war dieser Vorgang Höllers der gleiche sich später wiederholende Vorgang Roithamers gewesen, daß sich plötzlich, wie zuerst in Höller, plötzlich auch in Roithamer alles auf sein Baukunstwerk konzentriert hatte mit allen Möglichkeiten, die Kenntnisse in der Baukunst zu erweitern, ständig zu entwickeln und zu perfektionieren, dieser ganz auf sein Bauen konzentrierte Vorgang des Höller hatte Roithamer wahrscheinlich schon Jahre vor seinem eigenen Entschluß, den Kegel zu bauen, fasziniert gehabt, wie ihn, was ich weiß, das Bauen und die Baukunst und vor allem die Wohnbaukunst immer in hohem Maße interessiert, ja gefesselt hatte. Aber ob Roithamer wußte, daß Höller die Ursache und das Beispiel für seine eigene Baukunst gewesen war, weiß ich nicht, auch wenn er, Roithamer, immer über das Bauen des Höller gesprochen und zwar immer in höchster Hochachtung von diesem höllerschen Bauen gesprochen hatte, war ihm möglicherweise gar nicht bewußt gewesen, daß der Höller und das höllersche Bauen die Ursache für sein eigenes Bauen gewesen war, daß er, Roithamer, ohne den Höller und den höllerschen Entschluß, sich an der Aurachengstelle ein Haus zu bauen, überhaupt nicht auf den Gedanken gekommen wäre, zu bauen. Aber wie der Höller etwas Besonderes hatte bauen wollen, ein Wohnhaus, ganz gegen das Bauen der anderen, ganz gegen die Vorschriften und auch Vorstellungen der anderen, ganz gegen die Vernunft der anderen, noch dazu an der gefährlichsten Stelle, so daß sich alle an den Kopf gegriffen hatten, so hatte Roithamer etwas Besonderes bauen wollen, etwas anderes als die andern, einen Kegel und zwar einen Kegel für Wohnzwecke für seine Schwester, in einem noch dazu, wie behauptet wird, unmenschlichen Ausmaß in einer unmenschlichen Umgebung, an einer unmenschlichen Stelle, nämlich in der Mitte des Kobernaußerwaldes. Der Vorgang beider war der gleiche, sich selbst durch ein ungewöhnliches, wie sie beide, Roithamer wie Höller, glaubten, und auch wahrmachten, sich selbst durch ein solches ungewöhnliches Bauen und Bauwerk zu verwirklichen, jeder in der ihm vollkommen entsprechenden Weise. Es dürfte eine gute halbe Stunde vorübergegangen sein, als ich durch die Bemerkung, daß ich glaubte, daß Roithamer, indem er den höllerschen Bau beobachtete, auf die Idee gekommen sei, den Kegel zu bauen, das Schweigen, in welchem die höllersche Familie bis jetzt am Tisch gesessen war, ununterbrochen in Beobachtung meiner Person, unterbrochen hatte. Da weder der Höller noch seine Frau auf das, was ich gerade angemerkt hatte, etwas sagten, schwieg ich wieder und ich dachte, daß meine Bemerkung richtig sei, alles im höllerschen Hause beweise mir, daß Roithamer durch den höllerschen Bau zum Bau des Kegels angeregt worden ist, der kürzeste Aufenthalt im höllerschen Hause genüge, um in dieser Vermutung bestätigt zu sein, aber noch nie vorher war mir diese Vermutung in so klarer Weise zur Bestätigung geworden als während ich jetzt hier mit den Höller am Tisch gesessen war und über die Umstände nachdachte, die zum Bau des Kegels Roithamers, wie zum Bau des Wohnhauses Höllers geführt hatten. Höller mußte sein Haus unter allen (seinen) Umständen an die Aurachengstelle bauen, Roithamer den Kegel unter allen (seinen) Umständen in die Mitte des Kobernaußerwaldes. Und tatsächlich ist ja auch, dachte ich, im höllerschen Hause alles, man kann beobachten und auf sich wirken lassen und bedenken, was man will, eigenartig, wie auch an und in dem Kegel Roithamers alles eigenartig ist, es ist bei näherer Anschauung, Betrachtung, Beobachtung, Prüfung und Überprüfung das Eigenartigste. So war er, Roithamer, dachte ich, wie jetzt ich, immer an diesem Tisch in der

höllerschen Stube mit der höllerschen Familie zusammengesessen am
Abend, denn zu Mittag versorgte sich, wie ich weiß, Roithamer selbst, er
aß beinahe nichts zu Mittag, ein Schluck klaren kalten Wassers, ein Stück
Brot im Höchstfalle, genügten ihm, aber am Abend, wenn er von seiner
Arbeit erschöpft gewesen war, durfte er sich den Kontakt und das Zusammensein mit den Höllerschen erlauben, heruntergehen in die Stube um
mit ihnen das zu essen, was sie selbst gegessen haben, denn nicht immer
kann sich ein Mensch wie Roithamer und mit einer solchen Arbeit wie sie
Roithamer ununterbrochen beschäftigte, einen solchen Kontakt zu solchen Menschen wie die Höller leisten, nicht jederzeit, nur zu ganz genau
bestimmten Zeiten und in ganz genauen regelmäßigen Abständen, am
Abend also, wenn er sich in der höllerschen Dachkammer völlig erschöpft
gehabt hatte, wenn er es auch nicht mehr länger in der höllerschen Dachkammer ausgehalten hätte, keinen Augenblick länger, das dreimalige oder
viermalige Klopfen der Höller mit dem Haselstock an die Stubendecke,
also an den Dachkammerboden, ließ ihn die Arbeit tatsächlich immer
abbrechen und aufstehen und in die höllersche Stube hinuntergehen, ich
weiß von diesem Rhythmus und ich kann mir vorstellen, daß Roithamer
größten Wert auf die Einhaltung dieses Rhythmus als Ritual gelegt hatte,
das dreimalige oder viermalige Klopfen der Höller an die Stubendecke
und also an den Dachkammerboden, von welchem mir Roithamer in
England sehr oft berichtet hat, war ihm das Signal für den Aufbruch aus
seiner Arbeit gewesen und dieses Klopfen, so Roithamer, war von der
Höller immer zu dem richtigen Zeitpunkt geklopft worden, keinen Augenblick zu früh und keinen Augenblick zu spät. Er, Roithamer, hatte der
Höller niemals gesagt, daß sie immer zu dem richtigen Zeitpunkt klopfte,
aber sie mußte doch annehmen, daß es immer der richtige Zeitpunkt
gewesen war, weil darauf niemals und keinerlei Widerspruch Roithamers
gefolgt war. Es war ja zwischen mir und der Höller nichts ausgemacht
gewesen, aber ich hatte sofort verstanden, daß ihr Klopfen an die Stubendecke, an den Dachkammerboden, bedeutete, daß das Essen fertig sei und
sie erwarte, daß ich in die Stube hinunterginge und mich zu ihnen an den
Tisch setzte. In der Werkstatt Höllers hatte sofort nach dem Klopfen der
Höller eine wahrscheinlich von Höller betriebene Fräsmaschine ausgesetzt, ein Zeichen, daß auch Höller seine Arbeit beendete und aus seiner
Werkstatt in die Stube ging. Aber abgesehen von meiner Wahrnehmung
und Beobachtung, hatte mir ja Roithamer von dem Vorgang oft erzählt

gehabt, daß er jedesmal, wenn die Höller mit dem Haselstock klopfte, über den Zeitpunkt froh gewesen sei, niemals hatte er das Klopfen also als störend empfinden müssen, es ermöglichte ihm die Befreiung aus einer oft ausweglosen Situation des Konstruierens, Spekulierens, Denkens undsofort. Ich dachte, die Höller verhalten sich mir gegenüber wahrscheinlich jetzt so wie sie sich Roithamer gegenüber verhalten haben, in dem Augenblick, in welchem ich die höllersche Dachkammer bezogen hatte, war ich in dem Mechanismus ihres Verhaltens gegenüber Roithamer eingeschlossen gewesen, wahrscheinlich ist jeder, der jetzt, nach Roithamer, die höllersche Dachkammer bewohnt und jetzt bewohne ich die höllersche Dachkammer, daß aber doch noch andere nach mir die höllersche Dachkammer bewohnen werden, dachte ich, auch wenn der Höller das in Abrede stellt, solche für die höllersche Dachkammer geeignete Menschen, ist also jeder, der nach Roithamer die höllersche Dachkammer bewohnt, in dem Verhaltensmechanismus eingeschlossen, der in Gang gewesen war, wie Roithamer in der höllerschen Dachkammer gelebt hat, und es war mir auch, als betrachteten die Höller mich als nichts anderes als den, der an die Stelle Roithamers getreten war. Vor allem aus dem Verhalten der höllerschen Kinder am Tisch hatte ich sofort gesehen, daß sie glaubten, sich so verhalten zu müssen, wie sie sich Roithamer gegenüber verhalten hatten. Plötzlich hatte ich an der mir gegenüberliegenden Wand neben der Tür einen Partezettel entdeckt, auf welchem Roithamers Name zu lesen war, durch die ganze Stube und die Stube war groß, hatte ich den Namen Roithamers lesen können. Alles in der Stube und in diesem Hause, dachte ich, steht unter dem Eindruck des Selbstmords Roithamers, der natürlich von allen als eine sogenannte *Sinnesverwirrung* klassifiziert worden ist, auch von Höller, und alles in dem höllerschen Hause und daß sich alle im höllerschen Hause auch noch so lange Zeit nach dem Tode Roithamers so verhalten, als wäre Roithamer noch unter ihnen. Links von der Tür an der gegenüberliegenden Wand hatten sie, die Höller, den Partezettel Roithamers an die Wand geheftet, rechts neben der Tür den Partezettel der Schwester Roithamers. Von diesen zwei toten Menschen, dachte ich, ist jetzt wahrscheinlich noch lange Zeit die Stimmung in dem ganzen Tale bestimmt und im höllerschen Hause, mit welchem diese beiden Menschen, jeder auf seine Weise, der eine dadurch, daß er sogar hier und zwar bis zu seinem eigenen gewaltsamen Tode wohnte, der andere als die Schwester, weil sie immer gern im höllerschen Hause gesehen war, vor allem bei den höllerschen Kindern, mit denen sie freundlichen Umgang hatte, besonders stark. War es anfänglich für Roithamer der Höller als Schulfreund gewesen, der ihn zum Höller hatte gehen lassen, später die Idee Höllers, in die Aurachengstelle sein Haus zu bauen, und das mit dieser Bauidee zusammenhängende aufeinmal deutlich gewordene Roithamer verwandte Wesen Höllers, dessen innere und äußere Einfachheit Roithamer immer angezogen hatte, *das Bauwerk des Höllerhauses an sich,* das Roithamer so sehr interessiert hatte, daß er oft ganze Tage, wochenlang sich an dem Bau des höllerschen Hauses beteiligte, nicht in Altensam hatte er sich, aus England gekommen in den Ferien, aufgehalten, sondern mitarbeitend auf dem Bau des Höller, so waren es für die Schwester Roithamers die höllerschen Kinder gewesen, die sie oft einen Besuch bei den Höller hatte machen lassen, zu Weihnachten und zu Ostern brachte Roithamers Schwester den höllerschen Kindern immer genau für diese Kinder bestimmte Geschenke mit, sie kleidete die Höllerkinder ab und zu völlig neu ein und machte mit ihnen Ausflüge an die Seen oder auch in die Stadt. Die Aurachengstelle mit dem Höllerhaus, das, weil am zweckmäßigsten, genau in die Aurachengstelle hineinpaßte, war in den letzten Jahren immer das Ziel jener beiden Menschen gewesen, die jetzt auf den beiden Partezetteln mir gegenüber an der Wand abgebildet waren, dachte ich und es war für mich schwer zu verstehen, wie der Tod dieser beiden so rasch und letztenendes doch unvorhergesehen hatte kommen und alles im Aurachtale in eine solche düstere Stimmung habe versetzen können, wie sie hier zweifellos jetzt nach dem Tode der beiden schon einige Zeit herrschte. Die Höller hatten, wie ich weiß, mit den Roithamergeschwistern, so die sehr liebevolle Bezeichnung der Höller für die beiden jetzt Toten, immer viel übrig gehabt, denn sie waren anders als ihre Brüder und ihre Eltern, sie hatten niemals, wie ihnen das im Grunde angeboren gewesen war, auf die einfachen im Tale und in den Dörfern unter Altensam Existierenden heruntergeschaut, wie hier gesagt wird, sondern sich ihnen schon von frühester Kindheit an mehr verbunden gefühlt als ihren eigenen Leuten, die Höller waren den Roithamergeschwistern näher gestanden, als ihre eigenen Brüder, als ihre eigenen Eltern und sie hatten aus dieser Tatsache niemals ein Rätsel gemacht. Jede freie Zeit hatten sie, wie gesagt, dazu benützt, aus Altensam zu entkommen und ins Tal hinunterzugehn, immer wieder nur hinunter, war ihr immerwährender Wunsch gewesen, und die Höller waren ihr begehrtestes Ziel. Durch die beiden war in früherer Zeit,

als sie noch Kinder waren, das höllersche, zuerst das *alte* höllersche Haus,
dann das *neugebaute* höllersche Haus immer voller Leben gewesen, die
Roithamergeschwister hatten immer dafür gesorgt, daß das doch die
meiste Zeit eher mühselige und karge und im Aurachtal ganz einfach von
Natur aus zeitweise zu einem gleichmäßig trübsinnig machenden Grau
tendierende Leben der Höller aufgelichtet und dadurch immer wieder
erträglich gemacht worden war. Roithamer und seine Schwester hatten
allein durch ihre Anwesenheit, weil sie im Grunde unterhaltsame Menschen gewesen waren, die Höller oft aus einer ihrer doch regelmäßigen
Verzweiflungen heraus gerettet, wie junge Menschen fast immer. Sie verdankten den Geschwistern Roithamer viel, wie umgekehrt, die Roithamergeschwister den Höller viel verdankten. Es hätte, sagte ich plötzlich,
wie wir alle aufgehört hatten zu essen, zu dieser Katastrophe, also zum
Tode der Schwester und zum Selbstmord ihres Bruders nicht kommen
müssen, gleichzeitig hatte ich aber gedacht, daß alles in diese Katastrophe
geführt hat und daß sie tatsächlich hatte kommen müssen. Weil ich so
lange auf meine Bemerkung, daß Roithamer wahrscheinlich durch den
Wohnbau Höllers an der Aurachengstelle erst auf die Idee gekommen sei,
den Kegel zu bauen, keine zustimmende oder entgegnende Bemerkung
von den Höllerschen bekommen habe, war ich jetzt gehemmt, wieder eine
Bemerkung zu machen, andererseits war es mir doch unmöglich, die ganze
Zeit schweigend und nur in Beobachtung der höllerschen Stube hier mit
den Höller am Tisch zu sitzen, auch glaubte ich, daß sie sich doch von mir
etwas erwarteten, was etwas Gesprochenes zu sein hatte, aber ich dachte,
auf die Partezettel mir gegenüber schauend, nicht daran, jetzt gleich wieder eine Bemerkung zu machen, es wäre ja möglich, dachte ich, daß auch
noch nach so langer Zeit der Höller etwas zu meiner Bemerkung von
vorher zu sagen hat oder aber auch Höllers Frau, die mir gegenüber sehr
aufmerksam gewesen war, was mich wunderte, war, daß die Kinder, die
doch wahrscheinlich sonst nicht immer so schweigsam und, wie ich sie
kannte, gar nicht auf den Mund gefallen waren, kein Wort redeten, sie
hatten längst aufgehört zu essen und zu trinken und saßen jetzt in abwar-
tender Stellung, die Ellenbogen auf der Tischplatte da, als warteten sie nur
auf das väterliche Zeichen zum Aufstehen, Aufspringen, um aus der Stube
hinauslaufen zu können. Die Finsternis draußen war jetzt eine vollkommene, plötzlich hörte ich wieder das Getöse der Aurach, Müdigkeit allein
kann es nicht gewesen sein, daß der Höller nichts redete, also versuchte ich

selbst wieder durch eine zweite Bemerkung, ein Gespräch in Gang zu bringen. Daß es in Altensam jetzt, nach dem Tod der Schwester unseres Freundes Roithamer und nach seinem eigenen Tod, recht ruhig geworden ist, meinte ich, lauter heruntergelassene Rollos, sagte ich, festverschlossene Tore, alles macht den Eindruck eines Totenhauses, das ganze Tal sei unter dem Eindruck des Todes der Geschwister Roithamer noch mehr verfinstert, wohin man gehe, überall diese Schweigsamkeit, diese abwartende und wortlose Haltung aller Leute, die ganz einfach mit dem Tod der beiden Roithamer zusammenhängen müsse, es war vorauszusehen gewesen, und zwar von einem bestimmten Zeitpunkte an, sagte ich, und da waren sie alle plötzlich noch aufmerksamer als vorher, daß Roithamers Schwester zugrunde gehen werde, dieses herrliche Geschöpf, sagte ich, das ganz einfach die Tatsache des Kegels, daß ihr Bruder seine Idee, ihr den Kegel zu bauen und zwar *nur für sie allein und nur in der Mitte des Kobernaußerwaldes*, wahrgemacht habe, nicht habe ertragen können, es sei Roithamer, wie er nach der Vollendung des Kegels und nach Übergabe des Kegels an seine Schwester nach England zurückgekommen sei, vollkommen klar gewesen, daß die Vollendung des Kegels tatsächlich nicht, wie er geglaubt hatte, geglaubt haben durfte, das höchste, ja das allerhöchste Glück sein konnte, sondern tatsächlich ihren Tod bedeutete, denn darüber bestehe kein Zweifel, daß die Schwester Roithamers an der Verwirklichung und Vollendung des Kegels für sie zugrunde gegangen sei, von dem Augenblick der Vollendung des Kegels an, bei dessen Übergabe an sie, so ich rekapitulierend zu den Höller, sei sie aufeinmal anders als bis dahin gewesen, von einer augenblicklich im Zeitpunkt der Übergabe des Kegels an sie eingetretenen Todeskrankheit befallen, von welcher man heute noch nicht wisse, um was für eine Todeskrankheit es sich handle, Menschen wie die Schwester Roithamers seien aufeinmal, urplötzlich in Zusammenhang mit einem bestimmten Zeitpunkt in ihrem Leben und eben an einem für eine solche Todeskrankheit günstigen Augenblick in Veränderung begriffen, und man könne sehen, wie sie langsam *immer tiefer erkrankten*, sich in eine krankhafte Absonderheit hinein entwickelten, wie sie nach und nach und ganz ihrem Wesen entsprechend mit und in dieser Krankheit zugrunde gehen, denn in Wahrheit, so ich zu den Höllerschen, habe Roithamers Schwester niemals geglaubt, daß ihr Bruder die Idee, den Kegel für sie zu bauen, wahrmachen könnte, sie hatte diese Idee immer für eine verrückte und unausführbare Idee gehalten, sie

hatte aber gleichzeitig die Fähigkeiten und die Zähigkeiten und die Unnachgiebigkeit ihres Bruders, den sie am meisten von allen Menschen
liebte, unterschätzt und sich dadurch in ihrem eigenen, ihr am nächsten
stehenden Bruder getäuscht gehabt. Roithamer sei, sagte ich zu den Höllerschen, ein Mensch gewesen, welcher sich von keinem einmal in seinem
Kopfe festgesetzten Vorhaben durch irgend etwas in der Welt habe abbringen lassen, der andererseits aber auch sowenig ein Phantast, weil
durch und durch Wissenschaftler, noch dazu folgerichtig und unbestechlich nach allen Richtungen hin *Natur*wissenschaftler gewesen sei und
schon durch die Tatsache, daß er an einer englischen Universität unterrichtete, durch und durch realistisch gewesen sei, ich selbst, sagte ich zu
den Höllerschen, hätte in meinem ganzen Leben keinen realistischeren
Kopf kennengelernt, keinen Menschen und Charakter mit einer größeren
Präzision des Denkens und Durchsetzens seines Willens. Andererseits
habe Roithamer seine Schwester so tief kennen und immer wieder *erkennen* müssen, daß es unvorstellbar sei, daß er die Wirkung, die die Vollendung des Kegels und die Übergabe des Kegels an sie in ihr gehabt haben
mußte, nicht vorausgesehen habe. Es hätte einem solchen in gleicher
Weise weit und tief blickenden Menschen nicht entgehen dürfen, daß die
Vollendung und Übergabe des Kegels an die Schwester deren Tod bewir-
ken mußte. Tatsache ist, daß sich Roithamers Schwester immer wieder
geweigert hatte, *selbst an die Planung der Idee des Kegels zu glauben, geschweige denn an seine Verwirklichung und Vollendung,* wie sie sich ja, wie
die Höllerschen wüßten, immer geweigert habe, den Standort des Kegels
aufzusuchen während der Bauarbeiten, obwohl sie ihr Bruder immer wieder zu einem Aufsuchen des Standortes des Kegels, sozusagen als *Einge-
wöhnung,* aufgefordert hatte, mehrere Male im Jahr hatte er den Versuch
gemacht, mit ihr den Standort des Kegels in der Mitte des Kobernaußerwaldes aufzusuchen, aber es war ihm niemals gelungen, seine Schwester
dazu zu gewinnen, weil sie, sagte ich jetzt zu den Höllerschen, Angst hatte
und zwar Angst in vielerlei Hinsicht, nicht nur Angst, den Kegel betreffend, sondern auch Angst um ihren Bruder und zwar eine zunehmende
und beinahe ihr schon unerträgliche Angst wie ich weiß, denn die Veränderungen, die in und an ihrem Bruder durch den Bau des Kegels aufgetreten waren, hatten ihr ständig zunehmenden Schmerz verursacht, der
Verdacht hatte sich in ihr verdichtet, daß der Kegelbau ihn selbst, ihren
Bruder, krankmachen und schließlich, als Folge alles dessen, was mit dem

Kegel zusammenhing, *töten* könnte, und jetzt sehe ich, sagte ich zu den Höllerschen, daß tatsächlich der Kegel die beiden vernichtet hat, die Schwester zuerst, den Bruder kurze Zeit später. Das alles sagte ich, während ich ununterbrochen auf die zwei Partezettel mir gegenüber an der Wand schaute, und ich hatte die aufmerksamsten Zuhörer an dem noch nicht abgeräumten Tisch in der Höllerstube. Von einem bestimmten, nicht vorhersehbaren Zeitpunkt an betreiben vornehmlich jüngere Menschen, solche gegen die Fünfunddreißig gehende, eine Idee und treiben diese Idee so weit, bis die Idee verwirklicht und sie selbst getötet sind durch diese verwirklichte Idee, sagte ich. Jetzt sehe ich, sagte ich, daß das Leben Roithamers, seine ganze Existenz auf nichts anderes abgezielt hatte, als auf die Verwirklichung des Kegels, jeder Mensch habe eine ihn schließlich abtötende Idee, eine solche Idee, die in ihm auftauche und die er verfolge und die ihn schließlich früher oder später und immer unter der größten Anspannung abtöte, vernichte. Daß *die Naturwissenschaft oder sogenannte Naturwissenschaft* (so Roithamer), sagte ich zu den Höllerschen, ihm nur die Vorbereitung auf diese Idee gewesen sei, alles in ihm nur Vorbereitung auf die Idee, den Kegel zu bauen und daß der äußere Anlaß, den Kegel zu bauen und zu verwirklichen, dann der Bau des höllerschen Hauses durch Höller gewesen sei, einerseits, so sagte ich, auf die Partezettel an der gegenüberliegenden Wand schauend, die Idee, gerade in die Engstelle der Aurach zu bauen, andererseits die Idee, mitten in den Kobernaußerwald hineinzubauen, hier sich selbst gegen alle Vernunft und gegen alles Entgegenkommen schließlich doch ein Exempel zu statuieren an der Aurachengstelle, dort der gleiche Vorgang mit anderen Mitteln, aber aus dem gleichen Beweggrund in der Mitte des Kobernaußerwaldes. Ein Mensch habe eine Idee und trifft irgendwann in seinem Leben, an dem entscheidenden Punkte, auf einen anderen Menschen, der durch seine Wesensart und gleichzeitig auf den entscheidenden Punkt des ihm Begegnenden bezogenen Geisteszustand, die Idee zur Verwirklichung bringt, aus der Idee Realisierung, schließlich Vollendung der Realisierung werden läßt. Ein solcher Mensch mit einer solchen Idee sei Roithamer zweifellos gewesen und er, Roithamer, sei ebenso zweifellos an dem entscheidenden Punkte in seinem Leben auf Höller getroffen, der ihm die Verwirklichung und Vollendung seiner Idee ermöglicht hat, sagte ich. Und letztenendes zeigten sich an dem roithamerschen Kegel auffallend Kennzeichen des höllerschen Hauses, umgekehrt an dem höllerschen

Haus Kennzeichen des roithamerschen Kegels. Die Natur der Sache sei in beiden Fällen die gleiche. Aber während Roithamer an seinem Kegel zugrunde gegangen ist und auch noch seine Schwester mit seiner Idee und der Verwirklichung seiner Idee getötet habe, sei Höller noch am Leben, er lebte nicht nur, wie die Leute über einen Toten, von seiner Idee Getöteten und Vernichteten wie Roithamer sagen, in seiner Idee fort, die er verwirklicht habe und vollendet, sondern der Höller lebe als ein tatsächlich Lebender in seiner Idee und in der Verwirklichung seiner Idee und Vollendung seiner Idee, nämlich des höllerschen Hauses an der Aurachengstelle, weiter und es bestehe kein Zweifel darüber, daß Höller noch lange lebe, weil er, Höller, zum Unterschied von Roithamer, nicht von der Art sei, die von ihrer Idee undsofort abgetötet und vernichtet werde, er, Höller, gehe schließlich, wie jeder Mensch, einmal an etwas anderem, nicht an seiner Idee zugrunde. Während ich die Partezettel anschaute, die Höller, die mir zuhörte, und über der Höller die Partezettel, dachte ich, daß sie mich jetzt, obwohl sie nichts fragen, weil sie kein Wort sprechen, noch immer kein Wort fragen, wie es zu dem Unglück hat kommen können, sie erwarteten von mir, wie immer von einem, von welchem geglaubt wird, er sei in eine ihnen noch unklare Angelegenheit oder Sache eingeweiht, kenne ihre tieferen und tiefsten Ursachen, verlangt wird, daß ich ihnen erkläre, was sie nicht wissen, nicht wissen *können*, daß ich jetzt sagte, was ich weiß, weil sie glaubten, daß ich etwas, aber wenigstens doch viel mehr wisse, als sie selbst, weil ich mit Roithamer doch die längste Zeit und aufs engste, wie sie wissen, zusammengewesen war und zwar in der intensiven Weise, die sehr oft von Außenstehenden als absolutes Aufgehen in einem anderen Menschen bezeichnet wird, daß ich jetzt und zwar hier, in der höllerschen Stube am Tisch sitzend, was ihnen im Augenblicke noch unklar sei, klarmachte, auch wenn sie selbst sich gar nicht im klaren darüber waren, was ihnen unklar war, daß ich eines oder verschiedene, Roithamer betreffende, ihnen unlösbare Rätsel löste, weil ich wie kein anderer dazu befähigt sei, daß ich jetzt über Wert und Unwert von Annahmen und von Vermutungen entscheide, sei ich doch, so meinten sie, auch wenn sie es nicht aussprachen, weil sie hartnäckig in ihrem Schweigen verharrten, mich immer eindringlicher beobachtend, wie sie glaubten, nicht nur in ihre Obhut, sondern in ihre Kontrolle gebracht hatten, *der beste Freund Roithamers mit dem entscheidenden Wissen*, daß es an der Zeit sei, von mir mehr zu erfahren über meinen Freund, der auch Höllers Freund gewesen war, als sie selbst wußten, aber umgekehrt war es doch so, daß ich selbst von ihnen mehr über Roithamer erfahren habe wollen, *von ihnen* und vor allem von Höller selbst, der doch wie ich glaubte wenigstens über die letzten Tage Roithamers, über die letzten vierzehn Tage Roithamers, mehr wußte als ich, denn schließlich hatte der Höller die letzten Tage, wenn auch nicht immer mit ihm zusammen, so doch immer in der Nähe Roithamers verbracht, er, Höller, sei am Ende möglicherweise sogar *der Vertrauteste Roithamers* gewesen, ich fühlte, daß er, Höller, Entscheidendes über Roithamer wissen mußte, was ich nicht wußte und so warteten wir wahrscheinlich gegenseitig darauf, daß einer von uns etwas über Roithamer sagte, das der andere nicht wußte, Höller etwas, das ich nicht wußte, nicht wissen konnte, ich, was Höller nicht wußte und nicht wissen konnte, denn ebenso eng wie ich mit Roithamer befreundet, ihm verbunden gewesen war, war Höller mit Roithamer verbunden, die Intensität der Freundschaft war wahrscheinlich die gleiche, nur handelte es sich um zwei ganz verschiedene Arten von Freundschaft, denn ich bin nicht Höller, Höller umgekehrt ist nicht meine Person. Aber in der Erwartung, daß wir, Höller, wie ich, etwas aus uns über Roithamer in Erfahrung bringen, was wir nicht wissen, verging die Zeit und bald war eine ganze Stunde weggewesen und die Höller inzwischen aufgestanden und mit dem leeren Geschirr in die Küche hinausgegangen, die Kinder waren ihr gefolgt, Geschirrabwaschen, die Fußbäder der Kinder waren durch die Küchentür herein auszunehmen, während ich und der Höller am Tisch sitzengeblieben uns gegenseitig angeschwiegen hatten. Und darauf, daß der Höller selbst den Roithamer *auf einem Baum in der Lichtung entdeckt* hatte, wollte ich noch nicht eingehen, der Zeitpunkt, die Rede darauf zu bringen, schien mir noch nicht gekommen, auch hatte ich nicht die Absicht, damit anzufangen, bevor nicht von seiten Höllers dieses heikle und tatsächlich furchtbare Thema zur Sprache gekommen war. Ich wußte längst und hatte das während meines Spitalaufenthalts von einem meiner Besucher, von dem Landwirt Pfuster, in Erfahrung gebracht, daß der Höller den Roithamer in der Lichtung gefunden und *eigenhändig vom Baum heruntergeschnitten* hatte. Roithamer war längere Zeit abgängig gewesen, weder in Altensam, noch im höllerschen Hause war er die acht Tage nach dem Begräbnis der Schwester auffindbar gewesen, aber beide, die in Altensam und die Höller, hatten gedacht, er sei, was ganz gegen seine Art gewesen wäre, ohne sich abzumelden nach England zurück, wo ja auch ich die

ganze Zeit auf Roithamer gewartet hatte, noch dazu ohne Nachricht, wo
wir doch ausgemacht hatten, daß er jeden zweiten Tag eine Nachricht an
meine Adresse in Cambridge schickt, abgesehen davon, hätte dem Höller
doch auffallen müssen, daß die Sachen, also die Kleidungsstücke Roithamers, die er gerade getragen hatte, nicht mehr in seiner Dachkammer
gewesen waren und wohin hätte er denn ohne seine Kleidungsstücke gehen sollen, da hätte dem Höller schon bald die Idee kommen müssen,
Roithamer sei etwas zugestoßen, denn daß er sich nicht, von niemandem,
verabschiedet hatte, war doch das Auffallendste, dazu die fehlende Kleidung, wohl hatte sich Höller in Altensam nach dem Verbleib Roithamers
erkundigt gehabt, auch die Altensamer hatten sich umgekehrt bei dem
Höller über Roithamer erkundigt gehabt, aber niemand hatte etwas *unternommen*, wahrscheinlich, weil sie beide, die Höller von der Aurach und
die Roithamer in Altensam oben doch angenommen hatten, Roithamer
sei längst in England, bis der Höller nocheinmal nach Altensam gegangen
ist, um zu fragen, ob sie dort wüßten, wo sich Roithamer aufhalte und bei
dieser Gelegenheit habe er, Höller, den Roithamer in der Lichtung zwischen Stocket und Altensam aufgefunden. Von Höller kam nichts über die
Tatsache, daß er selbst ihn aufgefunden habe, und ich redete nicht darüber, ich hatte auch schon bei meiner Ankunft am späten Nachmittag
mehrere Male vermieden, das Wort »*Lichtung*« auszusprechen, obwohl das
Wort *Lichtung* mehrere Male notwendig gewesen wäre, um mich in einer
Sache, die ich erwähnt hatte, verständlich zu machen. Aber es ist ja bekannt, daß Leute einen Schock bekommen, finden sie einen Erhängten
und in diesem Falle handelte es sich naturgemäß um einen fürchterlichen
Schock. Einerseits glaubte ich ein Recht darauf zu haben, von Höller
Näheres über die letzten Tage unseres Freundes zu erfahren, andererseits
glaubte Höller, er werde von mir Näheres über Roithamer in Erfahrung
bringen, und da wir beide die ganze Zeit darauf gewartet hatten, daß der
andere etwas und naturgemäß etwas über unseren Freund Roithamer sagt,
hatten wir die ganze Zeit überhaupt nichts gesagt. Ich fragte mich nur
immer wieder, was in Höller vorgehe, umgekehrt wird sich in dieser Zeit
Höller gefragt haben, was in mir vorgeht, aber es ist in jedem Falle etwas
mit Roithamer Zusammenhängendes gewesen, denn was sonst. Daß er
hier die Abende und, wie ich von Höller weiß, oft ganze Nächte zugebracht hat, in der Stube, die von Höller ganz in der Art der alten Aurachtaler Stuben gebaut war, er hatte für den Stubenboden alte trockene Lär-

chenbretter verwendet, dadurch war es immer ein Vergnügen gewesen, den Stubenboden anzuschauen, und daß Roithamer hier auch oft allein gesessen war bis in der Frühe, daß er nur das Getöse der reißenden Aurach auf sich wirken hatte lassen, sich dem *wissenschaftlichen Papier* verweigert hatte, damit er nicht in dieser höllerschen Stubenstimmung, die ebenso wie die Stimmung in der höllerschen Dachkammer, eine seinen Ideen und seiner wissenschaftlichen Arbeit äußerst günstige gewesen war, auch in der höllerschen Stube Notizen zu machen, womöglich mehr als nur Notizen aufzuschreiben und also sogar hier herunten in der höllerschen Stube, die zum Unterschied von der höllerschen Dachkammer, die für seine Geisteszwecke gewesen war, nur für Eß- und Trinkzwecke da gewesen war, seiner wissenschaftlichen, seiner Geistesarbeit zu verfallen, denn daß er in seiner Geistesarbeit oben in der höllerschen Dachkammer völlig aufgegangen war und sich in dieser Geistesarbeit in der höllerschen Dachkammer tagtäglich erschöpft hatte, genügte, hier hatte er sich entspannen können mit den mit ihm gemeinsam essenden und trinkenden Höller und die Kinder waren ihm immer die beste Gewähr für Zerstreuung, es ist bekannt, daß er sehr gut mit den höllerschen Kindern umgehen konnte, er hatte alle Möglichkeiten, auf die höllerschen Kinder einzugehn, zum Unterschied von anderen, sich mit Geistesarbeit Beschäftigenden, die mit Kindern nichts anfangen können, war Roithamer im Gegenteil ein sich sehr gut mit Kindern verstehender Mensch, was zu seinem Charakterzug paßte, stundenlang hatte er sich den höllerschen Kindern in der höllerschen Stube widmen können, mit ihnen gespielt, ihnen erzählt, eigene, von ihm selbst erfundene Märchen, die ihm während des Erzählens eingefallen und dadurch von großer ursprünglicher Wirkung auf die Kinder gewesen waren, mußten die Kinder zum Waschen in die Küche hinaus und ins Bett, immer wehrten sie sich wie alle Kinder in der gleichen flehentlichen Weise, was ihnen aber in diesem höllerschen Erziehungsmechanismus nichts nützte, blieb er allein mit dem Höller am Tisch sitzen und entweder es ergab sich ein Gespräch, oder es ergab sich keines, nur wenn sich ein solches, sehr oft einfaches beschreibendes oder ein solches philosophierendes auf die natürlichste Weise ergeben hatte, war es von den beiden in der Stube allein Zurückgebliebenen, von Höller und Roithamer, geführt worden. Roithamer hat über solche Gespräche oft berichtet. Alle diese Gespräche waren *immer solche in uns aus der Natur* gewesen, so Roithamer, und hatten dadurch beiden, ihm, Roithamer, und dem Höller entsprochen. Roithamer berichtete meistens von England und seinen Studien und von dem, was er über Altensam wußte, und in letzter Zeit naturgemäß von seiner Beschäftigung mit dem Kegel, Höller von seiner Arbeit als Präparator, und er war der einzige in Hunderte Kilometer weitem Umkreis, und über alle bemerkenswerten Vorgänge in den Dörfern, wie naturgemäß über den Hausbau. Immer wieder hatte er, Roithamer, ihm, dem Höller, wie ich weiß, die Frage gestellt, warum gerade an der Aurachengstelle?, und er, Höller, wie ich auch weiß, dem Roithamer: warum gerade in der Mitte des Kobernaußerwaldes? Diese Fragen waren *niemals beantwortet* worden. Der Höller hatte, wie ich meine, nur seine Vermutung, die Mitte des Kobernaußerwaldes betreffend, Roithamer dagegen, die Aurachengstelle betreffend, seine Vermutung, wie ich darüber meine Vermutung habe. Aber der Hausbau Höllers, so Höller selbst, sei nicht mit dem Kegelbau Roithamers vergleichbar, ein solches Haus an der Aurachengstelle zu bauen, sei einfach, während einen solchen Kegel in die Mitte des Kobernaußerwaldes zu bauen, das schwierigste sei, zu dem Hausbau an der Aurachengstelle genügte ein solcher einfacher Kopf wie der seinige (Höllers), zum Kegelbau aber sei ein solcher wissenschaftlicher Kopf wie der Kopf Roithamers notwendig gewesen. Er, Höller, habe den Kegel nur ein einzigesmal gesehen nach seiner Fertigstellung, er sagte nicht, wie ich und wie Roithamer, *Vollendung*, er, Höller, sagte immer nur *Fertigstellung.* Während der Bauzeit war er oft mit Roithamer in den Kobernaußerwald hineingefahren, den Kegelbaufortschritt zu besichtigen, gleichzeitig zu begutachten, denn Roithamer sah in Höller naturgemäß nach der Arbeit an seinem eigenen Bau einen Fachmann, den einzigen Baufachmann, denn im Grunde hatte Roithamer keinen andern als den Höller als Fachmann für die Verwirklichung seines Bauvorhabens herangezogen gehabt, weil er glaubte, die sogenannten Baufachleute seien nichts anderes als Scharlatane, Nichtskönner insgesamt und perverse Ausnützer hilfloser Bauherren. Und er bezichtigte die Bauleute insgesamt der Verschandelung und der Vernichtung der Weltoberfläche. Die sogenannten Architekten (er haßte, wie gesagt, diesen Ausdruck!) und insgesamt alle Baumeister und Bauleute heute sind nichts als die Zerstörer und Vernichter der Erdoberfläche, mit jedem neuen Bauwerk, das sie bauen, begehen sie ein neues Verbrechen als Bauverbrechen gegen die Menschheit, pathetisch hatte er einmal ausgerufen: *jedes Bauwerk, das heute von den Baufachleuten gebaut wird, ist ein Verbrechen!* Und alle diese Verbrechen kön-

nen ungesehen begangen werden, ja diese Bauleute als Verbrecher werden
geradezu dazu animiert und aufgefordert und vor allem von den Staaten
und ihren Behörden aufgefordert, die Erdoberfläche mit ihrem perversen
Geistesunrat zu bedecken und zwar in einer Weise und mit einer Geschwindigkeit mit ihrer Bauscheußlichkeit zu bedecken, daß in kurzer
Zeit die ganze Erdoberfläche unter diesen Bauverbrechen erstickt sein
wird. *Dann, wenn die ganze Welt auf das fürchterlichste und geschmackloseste
und verbrecherischeste verbaut ist, ist es zu spät, dann ist die Erdoberfläche tot.
Wir können uns nicht wehren gegen die Vernichtung unserer Erdoberfläche
durch die Architekten!*, hatte er einmal ausgerufen. Hatte ich angenommen,
mit dem Höller allein, nachdem also die Höller mit ihren Kindern aus der
Stube hinaus in die Küche gegangen war, bald in ein Gespräch hineinzukommen, so war ich mit der Zeit über die auch jetzt, nachdem die
Höller mit den Kindern aus der Stube hinaus und in die Küche gegangen
war, herrschende Schweigsamkeit noch unruhiger geworden, jetzt genügte
aufeinmal nicht mehr die Anschauung der höllerschen Stube allein, um
mich weiter in der höllerschen Stube halten zu können, aber Hinaufgehen
in die höllersche Dachkammer hatte ich zu dem frühen Zeitpunkt nach
dem Nachtmahl, es war nicht später als halbsechs gewesen, auch nicht, ich
hätte natürlich in die Dachkammer hinaufgehen können, kein Mensch
hätte mich daran gehindert, aber am ersten Abend nicht. Das Schweigen
zwischen dem Höller und mir war wahrscheinlich aus der Tatsache, daß
der Höller erwartete, ich fragte ihn über die Tatsache, daß er Roithamer in
der Lichtung aufgefunden und vom Baum geschnitten hatte, aus, weil er
wahrscheinlich nichts anderes im Kopf gehabt hatte, als diese Tatsache,
denn mit dieser Tatsache ging der Höller jetzt schon wochenlang herum,
die meiste Zeit zurückgezogen in die Werkstätte, mit seiner Arbeit beschäftigt, oder hinter dem Hause in Beschäftigungen, wie wir sie jederzeit
hinter den Häusern im Aurachtal beobachten können, Holzsägen, Holzhacken, Holzaufschichten undsofort, hatte er wahrscheinlich diese Tatsache besser ertragen können als in Untätigkeit, wozu ihn diese Tatsache
zweifellos ununterbrochen gezwungen habe, er hatte aber gegen diese Untätigkeit durch die Tatsache des Selbstmords Roithamers und dessen Auffindung durch Höller in der Lichtung, mit Arbeit, andauernder Beschäftigung, leichter ertragen können, wie überhaupt jeder eine einmal
eingetretene Fürchterlichkeit besser ertragen kann, geht er ihr durch Beschäftigung wenigstens scheinbar aus dem Weg, zwingt er sich in gleich

welchen Arbeitsprozeß hinein, Höller hatte so viele Möglichkeiten dazu im Höllerhaus wie kein Anderer, deshalb stand er ja auch nach diesem grausigen und ihn in Wahrheit zutiefst erschütternden Vorfall tagtäglich sehr früh, meistens schon um vier Uhr früh auf, weil er auch in der Nacht von dem Vorfall sich nicht befreien hatte können, diese immer wiederkehrenden schlaflosen Nächte auf den Vorfall hatten ihn geschwächt, das war deutlich zu sehen, der Höller hatte bei meiner Ankunft gesagt, daß er keine Nacht ruhig in seinem Bett liege, nicht einen Augenblick, die meiste Zeit in ihrem gemeinsamen Zimmer auf und ab ginge, so daß durch dieses Aufundabgehen auch die Kinder nicht schlafen könnten, daß er die halbe Nacht durch das Fenster auf die reißende Aurach hinunterschaute in wahrscheinlich, so die Höller, furchtbaren Gedanken, ein solcher Mensch wie Höller, so seine Frau, könne nur mit äußerster Energie über ein solches Erlebnis kommen, die Zeit darnach aushalten, sie könne in solchem Tone kommen, denn ich verstünde ihren Mann wie kein Anderer. Aber allein und ohne Arbeit mache er einen verzweifelten Eindruck auch in ihrer Gegenwart und in Gegenwart der Kinder, sie habe die berechtigte Hoffnung, meinte sie, daß mein Besuch auf ihren Mann in der Weise einwirken könne, daß er nach und nach sich von dem Schock über den Selbstmord Roithamers, vor allem über die Tatsache, daß ihr Mann den Roithamer in der Lichtung aufgefunden und vom Baum schneiden habe müssen, erholte und meine Gegenwart sich auf sein durch diesen Schock verfinstertes Gemüt *heilend* auswirkte. Soll ich sagen, er machte, jetzt mit mir am Tisch sitzend und auf die Tischplatte schauend, auf mich den Eindruck eines gebrochenen Menschen? Daß ich die Pflicht habe, ihn jetzt einfach anzusprechen, dachte ich, ein Gespräch, gleich welches, aber ein solches ihn von dem Selbstmord Roithamers und von allem, das mit diesem Selbstmord Roithamers zusammenhängt, ablenkendes. Aber ich sagte aufeinmal folgendes: wir, Höller, Roithamer und ich hatten den gleichen Schulweg gehabt, Roithamer hatte, von Altensam herunterkommend, zuerst den Höller abgeholt, dann mich, zu dritt waren wir in die Volksschule in Stocket gegangen, im Winter war an unsere Lederschultaschen ein Brennholzstück gebunden gewesen, alle Schüler hatten ein Brennholzstück in die Schule mitgenommen, die von wohlhabenden, gar reichen Eltern, wie Roithamer aus Altensam, ein Hartholzstück, die ärmeren und armen ein Weichholzstück, mit den Holzstücken, die alle Schüler in die Schule mitgebracht hatten, war eingeheizt worden, in den

alten Kachelöfen, sagte ich. Ich schaute auf die Tischplatte, abwechselnd
auf die Tischplatte und auf die Tür mir gegenüber, auf die beiden Partezettel, dann wieder auf Höller, und ich war fest entschlossen, was ich sagte,
fortzusetzen, obwohl ich im Augenblick fühlte und daher wußte, ich hätte
mit dieser Schilderung aufhören müssen, nicht fortfahren dürfen, ich
konnte aber nicht anders, weil sie mir im Moment viel zu bedeutend
erschienen war, als daß ich damit jetzt, wo ich schon angefangen hatte,
aufhören hätte können, auch war ich plötzlich über die Wirkung des
Gesagten auf Höller, der mir, als ob er schon gewußt hätte, worauf meine
Schilderung, Erzählung, mein Kindheitsbericht schließlich hinaus wollte,
an ein Aufhören mit meinem Vortrag war nicht mehr zu denken gewesen,
ich sagte also und zwar vollkommen ruhig einerseits, gleichzeitig in höchster innerer Erregung, es sei *Schweigsamkeit das hervorstechendste Kennzeichen unseres Schulweges zu dritt* gewesen und wieder war ich auf die
Holzstücke zu sprechen gekommen, die wir im Winter immer mitgebracht hatten, damit mit diesen Holzstücken eingeheizt werden hatte können, mir schien die Erinnerung an die von den Schülern in die Schule
mitgebrachten Holzstücke von großer Bedeutung für das, was ich hatte
sagen wollen, und ich sagte mehrere Male, ob er, Höller, sich auch daran
erinnerte, daß wir im Winter immer ein jeder ein Holzstück in die Schule
mitbringen mußten und mit diesen Holzstücken dann in den alten Kachelöfen der alten Volksschule eingeheizt worden ist, die Wohlhabenden,
wiederholte ich, hatten ein *Hart*holzstück mitzubringen, die Ärmeren und
die Armen ein *weiches*, und ob er wisse, daß ich so wie er immer ein
Weichholzstück mitgebracht hätte, weil nur dazu verpflichtet, während
Roithamer, wie ich mich erinnere, nicht nur ein, sondern sogar *zwei* Hartholzstücke mitzubringen hatte. Woher diese Vorschrift, wisse ich nicht
mehr, sie sei wahrscheinlich von der Schuldirektion erlassen worden, die
Order hätte aber auch von der obersten Schulbehörde in der Stadt sein
können und gründete sich jedenfalls auf ganz und gar stichhaltige Informationen. Du und ich jeweils ein Weichholzstück, sagte ich, Roithamer
zwei Hartholzstücke. Und ich fuhr in der Beschreibung unseres Schulweges fort, der gemeinsame Schulweg hatte ganz selbstverständlich unsere
Freundschaft zu dritt begründet, sagte ich, es sei eine Freundschaft für das
ganze Leben geworden, wenn wir auch oft für lange Zeit und sehr weit
auseinander gelebt hätten, so sei unsere Freundschaft davon niemals betroffen gewesen, auch über allen Schwankungen der von uns schon geleb-

ten Geschichte nicht, beispielsweise über die Kriegszeit weg, im Gegenteil, diese unsere Freundschaft zu dritt habe sich von Jahr zu Jahr vertieft und sei, tatsächlich hatte ich auch das ausgesprochen, weil ich aufeinmal das Gefühl hatte, alles aussprechen zu müssen, nach dem langen, am Ende qualvollen Schweigen, aufeinmal alles auszusprechen, die schönste gewesen. Und ich hatte mich zu der Bemerkung hinreißen lassen, solche Freundschaften wie die unsrige zu dritt dauerten über den Tod hinaus. Kaum hatte ich diesen Satz ausgesprochen gehabt, war er mir peinlich gewesen, und Höller merkte, daß mir das Aussprechen dieses Satzes als eines wahrscheinlich doch ganz natürlichen Gedankens zutiefst peinlich gewesen *war* und ich versuchte, um diese Peinlichkeit so rasch als möglich hinter mich zu bringen, sehr schnell sehr viel zu sagen, zielführend dahin zu kommen, wo ich hinauswollte und was zu sagen mir aufeinmal als eine Gelegenheit willkommen gewesen war, mich für das zu lange Schweigen zwischen mir und dem Höller vorher zu entschädigen. Als ob dieses ununterbrochene Schweigen am Tisch schon in Anwesenheit der Höller und der Höllerkinder notwendig gewesen wäre für das, was ich jetzt mit um so größerer Vehemenz und gleichzeitig Anschaulichkeit sagen konnte. Ich brauchte mich plötzlich nicht zurückhalten. Ich sagte, das, was ich eigentlich zu sagen im Sinn gehabt hatte, hinauszögernd, daß doch die schönste Erinnerung, die ich habe und die wahrscheinlich auch Höller habe und die vermutlich auch Roithamer gehabt hatte, die Erinnerung an den gemeinsamen Schulweg sei, auf diesem Schulweg hätten wir unsere eindringlichsten Erlebnisse gehabt, sagte ich, wenn wir daran denken, was wir auf dem Schulweg, der durch Fels und Wald geführt habe, die Aurach entlang hinaus in die Schule, an den Kohlengrubenarbeiterhäusern vorbei nach außerhalb Stocket, also durch das Dorf, in welchem wir dann auch noch unsere Beobachtungen machten, *lebensentscheidende Beobachtungen*, vielbedeutende, unsere Zukunft damals schon zur Gänze formende und in Wahrheit auch schon *beherrschende*, denn tatsächlich sei doch alles, was wir heute sind und wahrnehmen und beobachten und auf uns zukommen sehen, von diesen Wahrnehmungen und Beobachtungen auf unserem Schulweg beeinflußt, wenn nicht gar, und ich stellte tatsächlich Höller gegenüber diese Behauptung auf, aus diesen Wahrnehmungen und Beobachtungen auf unserem Schulweg, es sei unser Schulweg ja kein einfacher Schulweg gewesen, sagte ich, denn erstens hatten wir uns auf unserem Schulweg gefürchtet, weil er ein durchaus gefährlicher Schulweg gewesen war, gefährlich, weil er durch nichts als durch Fels und Wald geführt habe, an der Aurach entlang, überall auf dem Schulweg war Gefahr gewesen, und die meiste Zeit hatten wir auch auf unserem Schulweg Angst gehabt, ich bezeichnete *unseren Schulweg als meinen Lebensweg,* denn unser Schulweg sei durch und durch und mit allen seinen Eigenschaften, Vorkommnissen, Möglichkeiten und Unmöglichkeiten, meinem eigenen Lebensweg und wahrscheinlich auch dem Lebensweg Höllers vergleichbar, denn unser Lebensweg sei ja auch immer ein gefährlicher, auf welchem wir immer Angst haben müssen, mit allen seinen Vorkommnissen, Eigenschaften, Möglichkeiten und *Un*möglichkeiten von uns tagtäglich zu gehender Weg durch Fels und Wald, sagte ich, die Kindheit ist für mich immer mit diesem Schulweg in Beziehung gebracht und nichts in meiner Kindheit, sagte ich, ohne diesen Schulweg, auf welchem wir alle Erfahrungen gemacht haben, die wir später immer wieder gemacht haben, alles, was später eingetreten sei, war in irgendeiner Weise schon auf diesem unserem Schulweg eingetreten gewesen, diese Angst, die wir heute oft haben, haben wir schon auf unserem Schulweg gehabt, diese Gedanken, eng mit der Angst zusammenhängend, immer wieder heute, wenn auch anders, so doch immer auf die Gedanken, die wir auf dem Schulweg gehabt haben, bezogen, der Schulweg ist uns, wie der Lebensweg, ganz einfach immer *ein Leidenweg* gewesen, aber doch immer auch *ein Weg aller möglichen Entdeckungen und des höchsten Glücks,* welches sich nicht beschreiben läßt, sagte ich, ob er, Höller, sich auch so stark an den Schulweg erinnern könne, an viele Tausende und Hunderttausende von Einzelheiten von Empfindungen und Wahrnehmungen, Gefühlen, Gefühlen von Gefühlen, an diese ersten wichtigeren Denkversuche, die wir auf dem Schulweg gemacht hatten, denn unser Denken war erst auf diesem Schulweg zu dem Denken geworden, das wir heute denken, war vorher nicht dieses Denken in Präzision gewesen, welches jetzt Mechanismus unseres Erwachsenenverstandes sei, an die vielen Tausende und Hunderttausende von Wetterzuständen auf dem Schulweg, Wetterumschwünge, könne ich mich erinnern, fühlte sie, wie sie immer unmittelbar eintraten und den Schulweg von einem Augenblick auf den andern veränderten und dadurch unser Inneres von einem Augenblick auf den andern veränderten, an den ununterbrochenen Wechsel der Farben des Waldes und der durch den Wald in die Ebene hinunterstürzenden Aurach, alles auf unserem Schulweg sei doch immer Wechsel der Farben und der Temperaturen und

Wechsel unseres Gemütszustandes gewesen, diese schwüle Atmosphäre im Sommer, durch welche wir auf unserem Schulweg in einen Krankheits- zustand hineingekommen waren, der sich dann in der Schule auf das entsetzlichste in uns ausgewirkt hat oder an die Kälte im Winter, mit welcher wir nur dadurch fertigwerden hatten können, daß wir den ganzen Schulweg attackierend, und zwar gegen die Kälte attackierend, zurück- gelegt haben, eingemummt und in Angst durch den tiefen und tiefsten Schnee *stapfend*, an der Aurachenge, wo der Schnee nicht so hoch gewesen war, *laufend*, von Eisklumpen zu Eisklumpen, und in der Schule hatten wir das Gefühl, durch die Anstrengung auf dem Schulweg, unseren Ver- stand verloren zu haben und es war uns nicht mehr möglich gewesen, dem Unterricht zu folgen. Ob er, Höller, sich der jungen Lehrerin erinnerte, die immer in einem schwarzen, hochgeschlossenen Kleid unterrichtet habe, der wir gern zugehört und die wir geliebt hatten, weil sie auf uns Rücksicht genommen hatte, immer auf uns und also auf unsere Zustände und Umstände Rücksicht, wo es doch die Regel ist, daß die Menschen und vornehmlich die Lehrer überhaupt keine Rücksicht nehmen, niemals später habe ein Lehrer auf mich Rücksicht genommen, sagte ich, aber diese Lehrerin habe auf alles in uns und an uns Rücksicht genommen, dieses Rücksichtnehmen hatte ich mein ganzes Leben nicht und niemals vergessen in soviel Rücksichtslosigkeit, der das Leben oder überhaupt die und alle menschliche Existenz ausgeliefert sei. Der Schulweg sei so verlau- fen wie unser Leben später, sagte ich, mit allen seinen Verfinsterungen, Aufhellungen, mit allen seinen Gewohnheiten und unvorhergesehenen Zufällen, wie auf dem Schulweg sei auch unser Lebensweg immer wieder vor allem durch abrupte Wetterumschwünge gekennzeichnet gewesen und wie unser Schulweg sei unser Lebensweg an einem reißenden Fluß entlang gegangen, vor welchem wir immer Angst haben mußten, denn hatten wir auf dem Schulweg immer Angst gehabt, in die reißende Aurach zu stürzen, hatten wir auf unserem Lebensweg immer die größte Angst gehabt, in diesen Fluß, an welchem wir lebten und immer in höchster Angst entlanglebten, der unsichtbar, aber immer reißend und immer töd- lich ist, hineinzustürzen. Aber waren wir, sagte ich zum Höller, auf dem Schulweg doch immer zweckmäßig gekleidet gewesen, waren wir auf dem Lebensweg nicht immer zweckmäßig gekleidet gewesen, und ich sagte, daß Roithamer von uns dreien den weitesten, er, Höller, den zweitwei- testen und ich selbst den kürzesten Schulweg zu gehen gehabt hatte, Roithamer hatte von Altensam zuerst schon allein über die Felswände herunter zum Höller gehen müssen, ihr beide, sagte ich, Roithamer und du dann zu mir nach Stocket und von Stocket sind wir dann alle drei in die Schule gegangen. So hatte Roithamer schon viel erlebt gehabt, wenn er dich getroffen hat, sagte ich zum Höller, ihr beide habt schon viel erlebt gehabt, wie ihr mich abgeholt habt, genau genommen hatte Roithamer immer den weitesten Schulweg zurückzulegen gehabt, sieben Kilometer, er Höller, fünf Kilometer und ich drei Kilometer, sie hätten ja, sagte ich zum Höller, oben in Altensam, Roithamer ein Fuhrwerk zur Verfügung stellen können, aber es war niemals üblich gewesen, daß die Altensamer ihren schulpflichtigen Kindern ein Fuhrwerk zur Verfügung gestellt hatten, und ich sagte, die drei andern Roithamer waren im Internat, unser Roithamer war in keinem Internat gewesen, es war ihre Absicht gewesen, Roithamer als einzigen nicht in ein Internat zu schicken, die andern waren ihre ganze Kindheit und Jugend in den Städten und in den Städten in Internaten gewesen, Roithamer hatte die Dorfschule in Stocket besucht, auf eigenen Wunsch, wie ich weiß *und* auf Wunsch seines Vaters. Diese Tatsache ist für Roithamers Leben die entscheidende gewesen, sagte ich. Dann, später, sagte ich zum Höller, sind die andern aus den Städten zurückgekommen und in Altensam geblieben, wo sie noch heute sind, Roithamer aber ist weggegangen genau zu dem Zeitpunkt, zu welchem sie zurückgekommen sind, und dieses Weggehen zum richtigen Zeitpunkt ist entscheidend für Roithamers ganze Entwicklung gewesen, auch das Gymnasium hatte er hier und zwar in der Bezirksstadt Gmunden besucht, war nicht in ein Internat gegangen, auch nicht in ein Internat zwangsverschickt worden, diese sogenannten Schulwünsche Roithamers waren ihm von seinen Eltern, insbesondere aber von seinem Vater, alle erfüllt worden, daß er kein Internat aufzusuchen brauchte im Gegensatz zu seinen Geschwistern, die alle, auch seine Schwester, von Anfang an in die Internate gedrängt haben, voreilig waren sie aus Altensam weggegangen, sagte ich zum Höller, um dann zurückzukommen und zwar völlig gescheitert zurückzukommen, während Roithamer, unser Freund, zu dem richtigen Zeitpunkt erst, also zu dem Zeitpunkt ihrer Rückkunft, von Altensam weg ist und dann gleich nach England, das ihn immer schon fasziniert hatte und wo er dann nach und nach und mit der größten Sicherheit zu dem geworden ist, was er für uns ist, ich klassifizierte Roithamer jetzt nicht, weil das in jedem Falle eine nicht hundertprozentig zutreffende Klassifizierung gewesen wäre, aber die größte Hochachtung gegenüber Roithamer war in meiner Bemerkung über Roithamers Persönlichkeit doch zum Ausdruck gekommen, das hatte ich in Höllers Reaktion bestätigt gefunden. In England ist Roithamer das geworden, sagte ich, das wir an ihm bewunderten und noch heute freundschaftlich bewundern, als Wissenschaftler, sagte ich, und als Persönlichkeit, ich hatte noch im letzten Moment das Wort Mensch, das ich bereits im Kopfe gehabt hatte, durch das weniger peinliche Wort Persönlichkeit ersetzen können. Es sei immer wieder erstaunlich, wie viele Leute schon in der Jugend und sehr oft im richtigen Moment gerade nach England gehen, um sich entwickeln zu können, und fast alle, die nach England gegangen sind, haben es zu etwas gebracht, sind bedeutende Persönlichkeiten, diese Ausdrucksweise bedeutende Persönlichkeiten wendete ich jetzt absichtlich an, um Höller zu überzeugen, geworden, wie ja Roithamer selbst in England eine tatsächlich bedeutende Persönlichkeit geworden sei, eine *sogenannte bedeutende Persönlichkeit*, denn jede Persönlichkeit ist bedeutend, sagte ich, was die Welt aber unter einer bedeutenden Persönlichkeit verstehe, sei etwas anderes und deshalb sagte ich jetzt eine sogenannte bedeutende Persönlichkeit. Weil er zu dem richtigen Zeitpunkt nach England gegangen sei unter den richtigen, unter den idealen Umständen, sagte ich. Und wäre die Idee, den Kegel zu bauen, nicht aufgetaucht, er wäre heute noch in England, aber sein Leben hatte so kommen müssen, wie es dann auch gekommen war, die Idee des Kegels hat es in einen neuen und zwar in den höchstmöglichen Höhepunkt geführt, sagte ich jetzt, diese sechs Jahre Beschäftigung mit dem Kegel waren zweifellos Roithamers Höhepunkt, alles in allem natürlich die Vollendung des Kegels. In diesem Augenblick der Vollendung des Kegels mußte er selbst sein Leben abbrechen, seine Existenz war mit der Vollendung des Kegels abgeschlossen, das hatte er, Roithamer, gefühlt und deshalb hat er auch seinem Leben ein Ende gemacht, zwei Leben hatten mit der Vollendung des Kegels ihre Berechtigung verloren gehabt, hatten aufhören müssen, sagte ich zum Höller und ich schaute wieder auf die Partezettel an der gegenüberliegenden Wand links und rechts von der Tür, das Leben Roithamers selbst und das Leben seiner Schwester, das er kompromißlos mit seinem eigenen Leben verbunden gehabt hatte. Jetzt war, so dachte ich, möglicherweise der Zeitpunkt gekommen, zu sagen, was ich eigentlich schon vorher hatte sagen wollen, dann aber doch nicht gesagt hatte, weil mir der Zeitpunkt noch verfrüht erschienen war, wieder auf

den Schulweg zurückkommend, versuchte ich, herauszubekommen, wie
stark das Erinnerungsvermögen Höllers tatsächlich ist, wohl hatte ich die
Vorstellung, daß das Erinnerungsvermögen Höllers genauso stark und
genauso klar sei wie das meinige, aber der Höller war doch ein ganz und
gar anderer Mensch gewesen und an zwei Menschen ist nichts das gleiche, unter dieser Voraussetzung fing ich jetzt an, ihn an Einzelheiten auf
unserem gemeinsamen Schulweg zu erinnern, an charakteristische, auffallende Felsvorsprünge zuerst, dann an weniger auffallende, weniger
charakteristische, an Gerüche an bestimmten Stellen des Schulweges,
Pflanzengerüche, Erdgerüche, denn der Schulweg war vor allem auch
durch einen ständigen Wechsel von Erdgerüchen und Gesteinsgerü-
chen und Pflanzengerüchen gekennzeichnet, an bestimmte Vogelnester,
Vogelschwärme, Vogelarten, überhaupt versuchte ich Höllers Erinnerungsvermögen zu prüfen, an Gegenständen, zum Beispiel im Aurachwasser liegende, von allen möglichen Leuten da hineingeworfene alte
Fahrräderbestandteile, Büchsen, Dosen, Mühlräder, die mir selbst noch
deutlich in Erinnerung gewesen waren, ich fragte ihn nach Bemerkungen
aus, die ich sehr oft und die ich weniger oft auf dem Schulweg gemacht
hatte und die alles mögliche betroffen hatten, auch über Bemerkungen
Roithamers, an Begegnungen auf dem Schulweg, an der Aurachengstelle
beispielsweise, wo sich früher, zu unseren Volksschulzeiten sehr oft die
Zigeuner niedergelassen hatten, die wir fürchteten, weil uns gesagt worden
war, die Zigeuner verschleppten Kinder und wenn mehrere, desto lieber,
an Spiegelungen der Luft, an Reflexe im Gras und an der Uferböschung
vor allem, an Baumrindenbesonderheiten, an besonderen, und vor allem
auf diesem unserem Schulweg die Aurach entlang charakteristischen Verhaltensweisen der Tiere, ob er sich daran erinnerte, wie ich zusammen mit
ihm und Roithamer einmal zwölf erfrorene Rehe zwischen den Baumstämmen entdeckt und auf einen Haufen zusammengezogen habe, wie wir
plötzlich, auf halbem Wege zwischen meinem Vaterhaus und der Schule
dem Entschluß nachgegeben hatten, die Schule zu schwänzen, wie wir
anstatt in die Schule, zu der verfallenen Mühle hinuntergegangen sind, die
dort gestanden war, wo heute nur noch ein großes bombentrichterähnli-
ches, bewachsenes Erdloch ist, überhaupt, ob er sich an Einzelheiten auf
dem Schulweg erinnerte, die mit dem Krieg zusammenhängen und an die
Angst, die wir in dieser Zeit ständig gehabt hatten, und ich machte die
Feststellung, daß sich Höller an alles oder beinahe an alles, an das ich selbst

mich jetzt erinnerte, erinnerte. Immer wieder ist es der Schulweg, auf den
ich zurückkomme, sagte ich zum Höller, und dann: eines Tages sind wir in
die Schule gekommen im Winter, sagte ich, und wir mußten die Feststellung machen, daß sich der Lehrer in unserem Schulzimmer aufgehängt
hatte in der Nacht. Weil er von einem Mitschüler, beide wissen wir seinen
Namen, beschuldigt worden war, er, der Lehrer, habe sich an dem Schüler, und zwar an der Aurach unten unter dem Felsvorsprung, vergangen.
Diese Beschuldigung, die bis heute aber nicht bewiesen ist, sagte ich, hatte
den Selbstmord des Lehrers, dessen Namen ich vergessen habe, auch Höller hatte seinen Namen vergessen, zur Folge gehabt. Ich sehe, wie wir, wie
immer als erste, die Klassenzimmertür aufmachen und die mitgebrachten
Hölzer ablegen neben dem Kachelofen, um damit einzuheizen, denn wie
er, Höller, wisse, hatten wir niemals auf den Schuldiener, der dazu verpflichtet gewesen war, gewartet, sondern immer gleich selbst eingeheizt,
was nicht schwierig gewesen war, weil im Ofen noch Glut gewesen war,
wir hatten deshalb niemals Späne gebraucht, nur nachlegen müssen und
in kurzer Zeit hatte das Schulzimmer wieder die Temperatur, die uns
nützlich gewesen war, ich sehe noch, wie ich mich, um nachzulegen,
bücke, sagte ich, und da mache ich die Entdeckung, denn der Lehrer hatte
sich über dem Kachelofen, an dem Haken, auf welchem sonst nur die von
ihm im Frühjahr und im Herbst heruntergenommene Astsäge, die er zum
Beschneiden der Apfel- und Birnbäume im Schulhausgarten benützte,
hing, aufgehängt gehabt. An diesen Vorfall brauchte ich den Höller nicht
erinnern, denn wahrscheinlich hatte dieser Vorfall als elementares Erlebnis
den Höller wie auch mich lebenslänglich beeinflußt gehabt, es war aber
doch richtig gewesen, aufeinmal jetzt wieder von dem Selbstmord des
Lehrers zu sprechen, von der Verleumdung des Mitschülers, dessen Namen wir vergessen hatten, gegen den Lehrer, die zu dem Selbstmord des
Lehrers durch Erhängen geführt hatte, mir war die Ruhe aufgefallen, mit
welcher ich von dem Selbstmord des Lehrers und von der Entdeckung des
erhängten Lehrers durch mich gesprochen hatte, sprechen hatte können,
zum erstenmal hatte ich, nach so vielen Jahren, ja nach über zwei Jahrzehnten, ruhig über dieses Erlebnis sprechen können, und dem Höller war
die Ruhe meiner Erzählung auch aufgefallen, und nur ruhig hatte ich
überhaupt diese Bemerkungen über den Selbstmord des Lehrers machen
können, weil ich durch die beiden Partezettel mir gegenüber zu diesen
Bemerkungen angeregt gewesen war, deshalb hatte ich, vorbereitend, zu-

erst von dem gemeinsamen Schulweg gesprochen und von allen mit dem
gemeinsamen Schulweg uns heute noch wie in frühester Schulkindheit
gegenwärtigen Zusammenhängen, die heute andere Zusammenhänge
sind, hatte ich den Schulweg und immer wieder den Schulweg betreffende
Wahrnehmungen von früher als Wahrnehmungen von heute sozusagen als
Vorbereitung für das, was ich im Grunde hatte sagen wollen, benützt, die
Beschreibung des Schulwegs, die Rückerinnerung an den Schulweg meinerseits, wie die Rückerinnerung Höllers an den Schulweg andererseits
durch die Prüfung meiner Erinnerung zuerst, dann durch die Prüfung der
Erinnerung und des Erinnerungsvermögens Höllers, benützt, um dann
auf die Tatsache zu kommen, daß sich aus einer ganz gemeinen Verleumdung eines unserer Mitschüler unser Lehrer aufgehängt hat. Wahrscheinlich besteht zwischen dem Selbstmord des Lehrers, der solange zurückliegt, und dem Selbstmord Roithamers, selbstverständlich, sagte ich zum
Höller, ein Zusammenhang, der Selbstmord Roithamers aus dem Selbstmord des Lehrers vor so vielen Jahren, denn auch für Roithamer war, wie
ich weiß, der Selbstmord des Lehrers eine lebensentscheidende Tatsache
gewesen. Überhaupt waren wir, wie immer die Kinder in solchen sogenannten weltabgeschiedenen Gegenden, sehr früh schon mit dem Selbstmord konfrontiert gewesen, das permanent in solchen Gegenden herrschende Unglück des Einzelnen und dadurch allgemeine Unglück hatte
jährlich zu Dutzenden Selbstmorden in kleinstem Umkreis geführt, auch
aus den bedrückenden Wetterzuständen im Vorgebirge heraus, hier neig-
ten sie alle *immer* zum Selbstmord, weil sie immer glaubten, ersticken zu
müssen in der Tatsache, ihre Position durch nichts ändern zu können,
jeder war sich dieser Benachteiligung durch die Geburt in dieser Landschaft bewußt, und es nützte auch nichts, wie man sieht, daß einer der
Gefährdetsten wie Roithamer, einer dieser aus dem Kopfe, und nicht wie
alle sonst, aus dem Gefühle Handelnden aus der Gegend wegging, wie
Roithamer ganz einfach wegging, weil er die Möglichkeit zum Weggehen
hatte, er war doch überall, gleich, wohin er aufgebrochen und wohin er
geflohen war, dieser Benachteiligung durch den Geburtsort und durch die
Geburtslandschaft und durch die damit lebenslänglich zusammenhängende deprimierte Verfassung seiner Natur aus der Natur seines Her-
kunftsortes ausgesetzt, und wie wir sehen, sagte ich zum Höller, hat sich
Roithamer schließlich und endlich doch umgebracht, er hatte aus sich
selbst durch die Tatsache, nach England gegangen zu sein, fliehen wollen,

sich eine Fluchtmöglichkeit erhoffend, bald nach England abgesetzt, weil er die (finanziellen) Möglichkeiten dazu gehabt hat, es hat ihm nichts genützt, er mußte genauso wie die andern, die nicht die Möglichkeiten haben, wegzugehen und zu fliehen, zugrunde gehen, auf seine Weise, sagte ich. Einem solchen Menschen selbst, der doch alle Möglichkeiten zu haben scheint, sagte ich, gelingt es auch nicht, mit der Tatsache fertig zu werden, in einen ständig deprimierenden Geistes- und Körperzustand hineingeboren zu sein, gerade in einem solchen vervollständige sich das allgemeine Unglück in der konzentriertesten Weise auf das entsetzlichste, aber es wäre falsch in einem solchen wie Roithamer einen immer nur unglücklichen Menschen zu sehn, wie ja kein Mensch nur unglücklich sei, im besonderen nicht ein Mensch wie Roithamer, der mit allen nur möglichen Geistesgaben ausgestattet schließlich seinen Geistes- und Körperzustand immerfort unter Kontrolle zu halten befähigt sei, dadurch sei einem solchen wie Roithamer in jeder Beziehung immer die Höchstmöglichkeit gegeben, also höchstes Unglück, sagte ich zum Höller, wie selbstverständlich auch höchstes Glück, denn wie in jedem Menschen Glück und Unglück ständig inständig abwechselten und so seiner Natur entsprechend das Leben in ruhiger oder in unruhiger, aber in Wirklichkeit immer in folgerichtiger Weise zuende und also zutode führten, sei es in Roithamer immer das Höchste und das Größte gewesen, daß ein solcher Mensch mit solchen Fähigkeiten sein Leben nicht solange ertragen, aushalten könne, wie ein anderer, sei klar. Der Selbstmord, sagte ich, sei in unserer Heimat eine Selbstverständlichkeit, nichts Außergewöhnliches und darüber zu sprechen sehr natürlich. Und wenn man genau hinhöre, so stelle man doch die Gewohnheit aller Einwohner dieser Landschaft und, auch das ist richtig, die Gewohnheit aller Österreicher, ständig über den Selbstmord und zwar ganz offen über den Selbstmord zu sprechen, fest, müsse man sagen, daß sie sich wenigstens beinahe ununterbrochen mit dem Selbstmord beschäftigen, natürlich bringen sich nicht alle um, aber dieser Gedanke, sich umzubringen, wegzuschaffen auf allerkürzestem Wege, auszulöschen auf die entsprechende Weise, sei in jedem und gleich was ein jeder immer denkt, es sei in Wahrheit nichts anderes als dieser Gedanke. Es sei im Grunde auch dieses Volk ein solches, welches ständig seinen Selbstmord besprechen, gleichzeitig aber auch ständig seinen Selbstmord verhindern muß, so wie jeder Einzelne, so dieses ganze Volk ununterbrochen, sagte ich, und in diesem Zustand befindet es sich, wie jeder Einzelne, ununterbrochen und es ist tatsächlich ein ununterbrochener Leidenszustand, der aber durch die hohe Verstandesbereitschaft, die hier in jedem Einzelnen und also in dem ganzen Volke herrsche, erträglich gemacht ist. Diese Volkskunst, so nenne ich sie, sagte ich zum Höller, sich ständig umbringen zu wollen, aber durch Verstandesbereitschaft nicht umzubringen und diesen Zustand dadurch zu beherrschen und zu einem beherrschten Leidenszustand auf Lebenszeit zu machen, habe nur dieses Volk und hätten nur die Angehörigen dieses Volkes. Es ist ein Selbstmördervolk, sagte ich, aber die wenigsten bringen sich um, auch wenn es der höchste Selbstmörderprozentsatz auf der Welt ist, der höchste Selbstmörderrekord, den dieses Land hält, sagte ich. Es sei immer nur ein Selbstmörderdenken, welches in diesem Lande und in diesem Volke gedacht werde, gleich wo, gleich ob in den großen und kleineren Städten oder auf dem Land, eine Grundeigenschaft aller dieser Menschen der ununterbrochene Selbstmordgedanke, ja das Glück, immerfort und durch nichts irritiert, ständig denken zu können, sich in jedem Augenblicke umbringen zu können. Dadurch, daß alle immer denken, sich umzubringen, aber doch nicht umbringen, ist das Gleichgewicht in unserem Volke hergestellt, sagte ich. Aber die übrige Welt versteht natürlich das ganze nicht und befindet sich, gleich was sie über dieses Volk denkt und sagt, und gleich, wie sie mit diesem Volke und mit jedem einzelnen aus diesem Volke immer wieder umgeht, in vollkommenem Irrtum. Denn es ist eine Tatsache, daß unser Volk nicht verstanden wird, sagte ich, so wohlmeinend die übrige Welt sich auch geben mag, österreichisches Land und Volk sind für die ganze übrige Welt nichts als vollkommene Verrücktheit als ununterbrochener Geisteszustand. Jetzt werde ich, sagte ich zum Höller, einmal alle Bücher und Schriften Roithamers ordnen, wenn ich auch nicht wisse, wie, denn wahrscheinlich sei ja die Unordnung der Bücher und Schriften Roithamers ihre Ordnung, gleich wie, ich versuchte mich zuerst einmal in der höllerschen Dachkammer oben *einzugewöhnen*, mich selbst einmal einzugewöhnen, dann erst im Hinblick auf die Beschäftigung mit dem Nachlaß Roithamers. Daß er, Höller, mir für diesen Zweck die Dachkammer zur Verfügung gestellt habe, sei mir der nützlichste Umstand, wie ja auch die gerade überstandene, wenn auch noch nicht ganz überstandene Krankheit, ein ebensolcher glücklicher Umstand im Hinblick auf den Nachlaß Roithamers sei. Vier oder fünf Tage, sagte ich, wollte ich bleiben, um einmal alles in Augenschein zu nehmen, mich in weiteren vier oder fünf Tagen damit intensiv zu beschäftigen. Mehr könne ich nicht sagen. Höller berichtete anschließend, wie er den Roithamer in der Lichtung entdeckt und vom Baum, von der großen Linde dort, heruntergeschnitten habe. Jetzt brauchte ich keine Angst mehr zu haben, ihn zu seinem Bericht zu drängen, er berichtete alles und zwar in der ihm angeborenen, durch den Umgang mit Roithamer wahrscheinlich auch noch geschulten folgerichtigen, nur auf Wichtigkeit und Notwendigkeit bedachten Weise. Dieser Bericht dauerte eine Viertelstunde, und es war mir während des Berichts, als stimmte alles in dem Bericht, Höller war ein sogenannter Wahrheitsfanatiker, mir waren seine Stimme und der Rhythmus seiner Stimme vertraut. Von draußen, aus der Küche, war nichts mehr zu hören gewesen, die Kinder waren inzwischen schlafen gegangen, die Höller saß noch an der Nähmaschine, das hörte man von oben herunter, während es doch schon halbzehn gewesen war, spät für das Höllerhaus. Das Rattern der Nähmaschine von oben und das Getöse der Aurach von unten hatten einen ganz bestimmten, musikalischen Gesetzen entsprechenden Rhythmus. Mir sei es angenehm, mit ihnen allen die Mahlzeiten einzunehmen, sagte ich zum Höller, und ich stand auf und verabschiedete mich und ging in die Dachkammer. Aber wie der Höller, wie ich bald feststellen hatte können, nicht, wahrscheinlich wegen seiner Schlaflosigkeit, schlafen, sondern in die Werkstatt, in die Präparatur, wie Roithamer die höllersche Werkstatt immer genannt hatte, gegangen war, war auch ich weit entfernt davon gewesen, schlafengehen zu können. Zuerst glaubte ich, durch Stillsitzen auf dem alten Sessel neben der Tür in eine Müdigkeit hineinzukommen, die es mir ermöglichte, zu Bett gehen zu können, indem ich, auf dem Sessel sitzend, mich gegen das Aufkommen von neuen und immer neuen Gedanken wehrte, mich gezwungen hatte, die alten auszudenken, abzuschließen, wenn notwendig, oder auszudenken, wenn möglich, aber diese Bemühung scheiterte und ich mußte schließlich von dem alten Sessel aufstehen und in der Dachkammer hin und her gehen. Plötzlich war ich im Zweifel darüber gewesen, ob es richtig gewesen war, in die höllersche Dachkammer zu gehen, daß ich dem Angebot Höllers so rasch und ohne die Wirkung, die das Annehmen des Angebots möglicherweise auf mich und meine unmittelbare Zukunft wie überhaupt haben könne, bedacht zu haben, angenommen hatte, denn plötzlich fragte ich mich, was ich hier zu suchen habe?, und mir war im Augenblick auch nicht klar, ob es richtig sei, sich schon jetzt mit dem

Nachlaß Roithamers zu beschäftigen, ob ich nicht in das Hochgebirge
hätte hinein und auf eine Almhütte gehen sollen, was wahrscheinlich
meinem noch immer nicht gesunden Körper zuträglicher gewesen wäre,
denn noch höre ich ja die Ärzte, die mir einen solchen Aufenthalt im
Hochgebirge, der frischen Luft wegen, der absoluten Ruhe, die dort herrsche, empfohlen hatten und die wahrscheinlich vollkommen gegen diesen
Aufenthalt in der Feuchtigkeit und in der Kälte und Finsternis im Aurachtale, noch dazu an der Aurachengstelle, gewesen wären, auf absolute Schonung hätte ich jetzt, nach meiner vorzeitigen und nur von mir selbst
gewünschten Entlassung aus dem Spital, bedachtnehmen sollen, aber jetzt
ließ ich mich durch den Einzug in die in jedem Falle auf jeden Organismus und auf jeden Geist sich wenigstens anstrengend auswirkende höllersche Dachkammer auch noch damit ein, mich mit dem Nachlaß Roithamers zu beschäftigen, und ich dachte, ob ich mein Vorhaben nicht
hinausschieben solle, möglicherweise reise ich morgen wieder ab, breche
ich meinen Aufenthalt im höllerschen Hause morgen früh wieder ab, eine
Erklärung für den Abbruch dieses meines Aufenthalts ist leicht gegeben,
und ich fahre ins Hochgebirge. In diesem fortwährenden Gedanken, ob
ich meinen Aufenthalt im Höllerhaus am nächsten Morgen abbreche oder
nicht, immer wieder dachte ich, ich breche ihn ab, dann wieder, ich breche
ihn nicht ab, ich beschäftige mich nicht mehr mit dem Nachlaß Roithamers, jedenfalls *jetzt* nicht, dann wieder, gerade jetzt tut mir die Beschäftigung mit dem roithamerschen Nachlaß gut, gerade jetzt, bin ich
mehrere Male in der höllerschen Dachkammer hin und her gegangen,
einmal machte ich mir alle Vorzüge eines Aufenthaltes im Hochgebirge
und alle Nachteile des Aufenthaltes im Höllerhaus in dieser Jahreszeit und
in meinem jetzigen Zustand an der Aurachengstelle vor, dann wieder sah
ich in einem Hochgebirgsaufenthalt in dieser Jahreszeit und in meinem
jetzigen Zustand nur Nachteile, aber im Aufenthalt im Höllerhaus nur
Vorteile, diese wechselweise Bevorzugung des Hochgebirgsaufenthaltes
und Abwertung des Aufenthaltes im Höllerhaus und umgekehrt, hatte
mich bald an den Rand der Verrücktheit gebracht, zum Fenster gehend
dachte ich beispielsweise, ich müsse die Kraft und den Mut haben, in der
Frühe meine Sachen zusammenzupacken und ohne zu lügen, die Wahrheit sagend, aus dem Höllerhaus weg und in die Berge hineingehen, auf
eine Höhe hinauf, die mir zuträglicher sei als der Aufenthalt im Höllerhaus, in einer Atmosphäre insgesamt, die meinem Zustand ja nur schaden

könne, wie ich dachte und dann wieder, vom Fenster weggehend auf die
Tür zu und dort umgekehrt stehengeblieben, daß es falsch sei, gleich
morgen wieder aus der höllerschen Dachkammer auszuziehen, die Höller
vor den Kopf zu stoßen und in eine Hochgebirgslandschaft zu gehen,
gleich in welche Hochgebirgslandschaft, die mir im Grunde ja verhaßt sei,
denn die absolute Hochgebirgslandschaft mit ihren weiten Ausblicken,
wie gesagt wird, unendlichen Horizonten, war mir immer verhaßt gewesen, daß ich einen Fehler begehe, gehe ich aus dem Höllerhaus weg und
auf eine bewirtschaftete Almhütte oder gar in ein Hochgebirgshotel, allein
die Vorstellung, in einer solchen Almhütte leben zu müssen und sei es die
kürzeste Zeit, oder in einem solchen fürchterlichen Hochgebirgshotel, alle
diese Almhütten und Hochgebirgshotels hatte ich immer nur als fürchterlich empfunden, dann dachte ich gleich wieder, wie gut ich es doch hier
in der Gesellschaft des Höller und seiner Frau habe, mit den höllerschen
Kindern zusammen, daß es mir ja möglich ist, hier zu sein, ohne mich mit
dem Nachlaß Roithamers zu beschäftigen, denn niemand und nichts
zwang mich ja dazu, dazubleiben in der höllerschen Dachkammer und in
der höllerschen Atmosphäre und diese Atmosphäre ganz einfach auf mich
wirken und mich in dieser Atmosphäre einfach gehen zu lassen, sei mir
wahrscheinlich im Augenblick das Zuträglichste, dachte ich, daß ja wahrscheinlich schon am nächsten Tage eine Beruhigung meinerseits eintreten
würde, denn ich konnte ja nicht erwarten, daß die Beruhigung, die ich im
höllerschen Hause gesucht hatte, mir vorgestellt hatte, schon am ersten
Tage eintritt, eine solche mir allerdings im Augenblick notwendige Beruhigung kann nicht sofort, erst nach und nach und vielleicht erst nach ein
paar Tagen eintreten, daß ich mich mit einer andern als mit einer solchen,
ausschließlich mit Roithamer zusammenhängenden, mich fortwährend
an Roithamer erinnernden und mich an Roithamer förmlich kettenden
Lektüre beschäftigen solle, waren doch viele andere, mich nicht an Roithamer erinnernde Bücher in der höllerschen Dachkammer, wie ich gleich
festgestellt hatte bei meiner Ankunft, daß es mir durch Spaziergänge die
Aurach entlang, vielleicht sogar solche größere gegen das flache Land zu,
gegen Pinsdorf, möglich sein werde, mich zu beruhigen, vielleicht daß ich
ganz einfach durch *Untätigkeit, völlige Untätigkeit* in mir einen Zustand
herzustellen imstande wäre, in welchem ich dann nach und nach beruhigt
sein könne, dachte ich, wie ich unten in der höllerschen Werkstatt, in der
Präparatur, den Höller mit Feilen und Fräsen und Sägen beschäftigt in die

höllersche Dachkammer heraufhörte, so hatte ich mich an das Getöse der Aurach gewöhnt, daß ich den Höller bereits arbeiten heraufhörte, aus den Geräuschen aus der höllerschen Werkstätte konnte ich mir die gerade vollzogenen Tätigkeiten Höllers *vorstellen*, daß es sich bei diesem Menschen um einen wie ich im Augenblick ganz unter dem Eindruck des Selbstmordes Roithamers stehenden handle, sagte ich mir über Höller, und daß auch dieser Mensch sich durch Tätigkeiten oder Untätigkeiten abzulenken versuche von der Tatsache, daß sich Roithamer, unser Freund, umgebracht hat, ob es nicht besser gewesen wäre, ich hätte den Höller und dadurch mich selbst nicht wieder auf das genaueste an den Selbstmord des Lehrers erinnert, an die fürchterliche Entdeckung seiner Leiche im Klassenzimmer, überhaupt ein Fehler, daß ich von dem gemeinsamen Schulweg gesprochen habe und von allem, was mit diesem Schulweg zusammenhängt, so doch auf meine bohrende Weise nur von Traurigkeiten und Entsetzlichkeiten, wenn ich es genau nehme, die doch den Höller genauso wie mich augenblicklich wieder in eine nichts anderes als unheilvolle Erinnerungskrankheit gestürzt haben, aus welcher jetzt schwer zu entkommen war, Höller erginge es jetzt wie mir, dachte ich, am Fenster stehend, auch er versuche jetzt, so spät, mit seinen Problemen fertig zu werden und werde ganz einfach mit seinen Problemen nicht fertig, daß ich ihn, anstatt ihn zu beruhigen, durch meinen Auftritt und meine dann in keinem Falle erfreuliche Anwesenheit schließlich in unstatthafter Weise beunruhigt hatte, wie ich mich selbst in der gleichen unstatthaften Weise beunruhigt hatte, anstatt beruhigt, vieles hätte ich nicht tun und nicht sagen sollen, *nicht andeuten* sollen, denn vor allem die Andeutungen meinerseits, die Gewohnheit, alles, ohne es auszusprechen, anzudeuten, versetzt den Gesprächs- oder wenigstens den Anwesenheitspartner sofort in Unruhe, so hatte ich sofort den Höller mit meiner Andeutungstaktik in Unruhe versetzt, möglicherweise alle Höller während des Nachtmahls, obwohl ich wie sie geschwiegen habe, ich weiß nicht, ich durch sie, oder sie durch mich geschwiegen, in Unruhe versetzt, daß es falsch gewesen sei möglicherweise, dachte ich, dann, nachdem die Höller mit ihren Kindern aus der Stube hinausgegangen war, noch sitzenzubleiben und den Höller im Höchstmaß zu irritieren. Vor allem hätte ich mir ersparen können, ihn schließlich doch, wie ich sagen muß, zu seiner Schilderung, zu seinem Bericht über *seine Entdeckung Roithamers in der Lichtung zu zwingen*, denn von sich aus hätte der Höller darüber noch nichts gesagt, ich aber hatte sofort diesen Bericht haben wollen und habe, ohne ein Wort, durch mein Schweigen, den Höller zu diesem Bericht gezwungen gehabt, eine Eigenschaft, die mir selbst zuwider ist, ist, die Menschen, die mit mir zusammen sind, von Zeit zu Zeit zu Äußerungen oder zu Berichten oder auch nur Schilderungen zu zwingen, die wenigstens Unruhe erzeugen, aber meistens zu solchen Äußerungen und Berichten, die die berichtenden Personen in einen völlig aufgebrachten und nicht leicht wieder zu beruhigenden Geistes- und Gefühlszustand versetzen, wie ich mich selbst durch solche Aufforderung in einen solchen aufgebrachten Geistes- und Gefühlszustand versetze. Das ist eine charakteristische Rücksichtslosigkeit meinerseits, die ihre Ursache in meinem durch und durch komplizierten, ständig auf Vereinfachung abzielenden, aber sich dadurch immer mehr und mehr und immer weiter und weiter von Vereinfachung entfernenden, mit den übrigen Menschen wie mit mir selbst verfahrenden Wesen hat, welches sich im Grunde nur Rücksichtslosigkeit erlauben kann und dadurch immer wieder sehr rasch erschöpfen muß. Es gibt vielleicht die Möglichkeit, durch Willenskraft alles das, was mir hier im Augenblick in der höllerschen Dachkammer zweifellos schädlich ist, und beinahe alles empfand ich plötzlich als für mich schädlich, eine zerstörerische Wirkung hatte plötzlich alles in der höllerschen Dachkammer auf mich gehabt, um nicht sagen zu müssen, eine tödliche Wirkung, dieses Schädliche und Zerstörerische, um nicht sagen zu müssen, tödlich, in ein Nützliches, mir Nützliches umzukehren. Die Willenskraft, aus einem gefährlichen, einem absoluten Gefahrenzustand, denn als solchen hatte ich jetzt plötzlich die Dachkammer empfinden müssen, einen wenigstens für meine Konstitution brauchbaren Zustand zu machen, die Willenskraft und das heißt die Geisteskraft und die Körperkraft dazu. Wenn ich den Höller bitte, er möge mich in seiner Werkstatt arbeiten lassen, gleich was für eine Beschäftigung machen lassen, weil ich glaube, daß mir im Augenblick eine Körperbeschäftigung zuträglicher sei als eine Geistesbeschäftigung, denn ich fürchtete gerade jetzt nichts so sehr wie eine Geistesbeschäftigung, und was sonst hatte ich mir in der höllerschen Dachkammer vorgenommen als eine Geistesbeschäftigung, weil die Beschäftigung mit dem Nachlaß Roithamers naturgemäß eine Geistesbeschäftigung, noch dazu eine mich über meine Geistes- und Körperkräfte anstrengende ist, daß ich fräse oder säge oder schneide oder einpacke oder auspacke oder etwas anklebe oder etwas hereintrage oder etwas hinaustrage aus der Werkstatt oder daß er mich hinter dem Hause Holz hacken oder Holz sägen oder Holz aufschichten lasse oder im Garten etwas einpflanzen oder umgraben oder ausbessern lasse. Gerade eine Geistesbeschäftigung und gerade eine solche mit allen nur denkbaren Verschärfungen, wie sie mir, wenn ich mich jetzt mit dem Nachlaß Roithamers beschäftigte, bevorsteht, darf ich mir jetzt, in diesem labilen Körper- und also Geisteszustand, nicht erlauben, mir nicht gestatten, mich in einer Gehirnerschöpfung und also gleichzeitigen Körpererschöpfung zu verlieren. Aber dann dachte ich wieder, daß mich vielleicht gerade eine solche Geistesarbeit, wie die Arbeit am Nachlaß Roithamers, wiederherstellen könne, meinen Kopf und meinen Körper regenerieren, normalisieren könne. In dieser Überlegung war ich mehrere Male langsamer als zuerst in der höllerschen Dachkammer auf und ab gegangen. Dann dachte ich, am Fenster stehend und in das Aurachwasser hineinschauend, das Aurachwasser war aus der höllerschen Werkstätte heraus hell erleuchtet gewesen, daß es wahrscheinlich die größte Anstrengung erfordere, sich mit dem Teil des Nachlasses Roithamers zu befassen, welcher sich vor allem mit Altensam und mit allem, das mit Altensam zusammenhängt, unter besonderer Berücksichtigung des Baues des Kegels für seine Schwester, auseinandersetzt, eine durch und durch radikale, das Philosophische in keinem Augenblicke außer acht lassende Schrift, einerseits Altensam als die Ursache alles dessen, was Roithamer gewesen ist und was er auch heute noch in seinem Nachlasse ist, beschreibend, doch wohl nichts anderes als ein ganz und gar außergewöhnlicher, tatsächlich nur auf seine Wissenschaft bezogener Charakter, andererseits beschreibend die Ursache dessen, was ihn gleichzeitig und mit derselben Intensität vernichtet, abgetötet und vernichtet hat, denn diese Schrift Roithamers und ihre Korrektur, die, wie ich schon angedeutet habe, zusammen Roithamers Vermächtnis sind, ist die Darstellung der Geistesexistenz Roithamers und die Vernichtung der Darstellung der Geistesexistenz Roithamers und also alles zusammen als das Wesen Roithamers, wie wir es in dieser seiner Schrift, die ich sofort und als erstes in die Schreibtischlade gelegt hatte, weil ich Angst gehabt habe bei meinem Eintritt in die höllersche Dachkammer, ich könnte mich *sofort und dadurch auf zerstörerische, mich oder wenigstens meinen Geisteszustand verheerende Weise* mit dieser Schrift beschäftigen, wie wir es in dieser seiner Schrift, die, durch die totale Korrektur dieser Schrift, gleichzeitig die Vernichtung seiner Schrift und durch die Vernichtung dieser seiner Schrift gerade zu der einzigen authentischen geworden war, nachprüfen können. Ich hatte mich, noch im Spital, zuerst zaghaft, dann doch, aus gesteigerter Neugier und unaufhaltsamem Interesse heraus, nur oberflächlich mit dieser Schrift und mit der Korrektur dieser Schrift beschäftigt, in dem vollen und klaren Bewußtsein, mich zuerst mit der *ursprünglichen,* dann erst mit der *korrigierten* und erst dann mit der *ursprünglichen und korrigierten* Schrift beschäftigen zu müssen, diesen Gedanken als Voraussetzung für die Beschäftigung mit dieser seiner Schrift überhaupt, hatte ich doch gleich bei meiner ersten Berührung mit seiner Schrift gehabt, erschien es mir von allem Anfang als ein todesmutiges Unternehmen, mich in Roithamers Schrift überhaupt einzulassen und einmal war ich, diesen Gedanken denkend und in der höllerschen Dachkammer wieder aufundabgehend, dazu imstande, dann wieder nicht, fortwährend meine Meinung als Befürchtung wechselnd, daß ich nämlich durchaus imstande sei, mich mit dieser Schrift Roithamers, ganz zu schweigen von den anderen von ihm hinterlassenen Schriften, beschäftigen, mich in sie einlassen zu können, dann wieder, daß ich und gerade jetzt nach meiner noch nicht zur Gänze überstandenen Krankheit überhaupt nicht dazu imstande sei, mich in eine solche in jeder Hinsicht rücksichtslose Arbeit als Beschäftigung einzulassen, dann, ob ich überhaupt die geeignete Person für einen solchen Nachlaß sei. Einerseits empfand ich das Vertrauen Roithamers in mich durch die Überlassung des Nachlasses, andererseits war ich mir der Fürchterlichkeit dieser Tatsache voll bewußt. Daß es ihm, Roithamer, immer darauf angekommen sei, und auf nichts anderes, zwar alles zu denken, aber doch immer nur die Wahrheit zu sagen, was ihm wie jedem anderen Denkenden immer die größte Schwierigkeit gewesen sei, aber in diesem Einverständnis mit allen hatte er tatsächlich immer gelebt, es sage sich so leicht, der oder der sei ein Verstandesmensch oder gar ein Geistesmensch gewesen, aber die Schwierigkeit, ein solcher Verstandes- oder Geistesmensch zu sein, sei die größte und es sei vor allem unmöglich, ununterbrochen ein solcher Verstandes- oder Geistesmensch zu sein, so Roithamer. Schon kurze Einblicke in den Nachlaß Roithamers hatten mich erkennen lassen, mit welcher Beschäftigung ich es zu tun habe, beschäftige ich mich mit seinem Nachlaß, aber ich hatte immer wieder den Mut, ihn mir vorzunehmen, es war wohl seine Absicht gewesen, mich durch die Beschäftigung mit seinem Nachlaß zu vernichten, deshalb hatte ich ja auch fortwährend Angst vor dem Einlassen mit diesem seinem Nachlaß, weil ich fürchtete, von dieser Beschäftigung vernichtet oder wenigstens zerstört oder wenigstens für immer dadurch irritiert zu sein, irreparabel. Andererseits war mir verständlich, daß Roithamer so denken mußte, zuerst sich und seine Schwester zu vernichten und dann mich zu vernichten, indem er mir den Nachlaß vermacht, was anderes hatte er im Sinn gehabt, indem er mir den Nachlaß vermachte, als mich zu zerstören, weil ich ganz in seine Entwicklung gehörte, wie er glaubte. Solche Gedanken, die ich hatte, während ich in der höllerschen Dachkammer aufundab- und hinundherging, die aufeinmal da waren, auch gegen alles in mir da waren, hatten tatsächlich einen verheerenden und zerstörenden Einfluß auf mich, alle diese mit Roithamer zusammenhängenden Gedanken, und ich war aufeinmal nurmehr noch aus solchen Gedanken zusammengesetzt gewesen, davon hatte ich ja auch unten in der höllerschen Stube vor dem Höller gesprochen gehabt, daß ich fürchtete, durch die Beschäftigung mit dem Nachlaß unseres Freundes auf längere Zeit irritiert und in meiner eigenen Arbeit, die ich in der Zwischenzeit völlig vernachlässigt gehabt hatte, total gehindert zu sein, war ich während meines Spitalaufenthalts immer der Meinung gewesen, ich ginge, dann, entlassen und gesund oder wenigstens halbwegs gesund, gleich wieder an meine schon vor Monaten, schon vor Weihnachten in Cambridge abgebrochene Arbeit heran, war ich plötzlich durch die Tatsache, daß mir Roithamer seine Schriften hinterlassen hatte, durch eine eindeutige Verfügung übrigens, die an das Ende des von ihm als sein Testament bezeichneten Zettels gesetzt gewesen war und den er wahrscheinlich erst kurz vor seinem Selbstmord und wahrscheinlich schon in der Lichtung geschrieben hatte, diese Tatsache, daß das Testament Roithamers mit der Verfügung, sein Nachlaß falle mir zu, geendet hatte, war jetzt für mich, weil mich dadurch vollständig an sich gebracht hatte, mit dieser eindeutigen Verfügung, als erschiene sie, so vorgebracht, als das wichtigste, was er noch im Kopfe gehabt habe, war jetzt für mich die größte Verpflichtung. Aber habe ich nicht jetzt die Möglichkeit, mich dieses Nachlasses zu entledigen?, dachte ich, ich hatte inzwischen meinen Rock aus dem Kasten herausgenommen und angezogen, daß ich doch den ganzen von mir hier in die höllersche Dachkammer mitgebrachten Nachlaß Roithamers ganz einfach in der höllerschen Dachkammer lassen könne, *hierlassen, hierlassen*, dachte ich immer wieder und ich ging auf und ab und dachte, ob die Höller nicht durch mein fortwährendes Aufundabgehen in der höllerschen Dachkammer gestört sind, die Kinder vielleicht im Schlaf, wer weiß, daß ich den roithamerschen Nachlaß hier ganz einfach einmal deponierte und wieder wegginge, vielleicht doch ins Hochgebirge, Zuschlupf suchen in höchster Höhe, habe ich gedacht, alles hinter mir lassen einmal, mich um nichts als um meine Gesundheit kümmern, daß ich alles einmal nur stapelweise ordne und dalasse und mich zu einem späteren Zeitpunkt mit dem Nachlaß beschäftige, dann, wenn der Zeitpunkt der richtige ist, denn plötzlich erschien mir der Zeitpunkt einer Beschäftigung mit dem roithamerschen Nachlaß noch nicht gekommen, ich handle voreilig, dachte ich immer wieder, ich handle voreilig, vorschnell, daß es einer längeren Zeit der Vorbereitung darauf bedürfe, nicht der Überstürzung, zu welcher ich ohne zu denken bereit gewesen war, vielleicht ist es besser, wenn ich ein Jahr oder noch ein zweites Jahr oder wenigstens ein paar Monate oder wenigstens ein paar Wochen, in welchen ich zuerst zu mir selber gekommen bin, abwarte und mich erst dann, und gerade dann dazu befähigt, mit dem Nachlaß Roithamers auseinandersetze. Die Übereilung war mir schon immer zum Verhängnis geworden, und Roithamer haßte wie nichts die Übereilung, alles in der Welt ist heute Übereilung, so er, alles wird übereilt und immer wieder übereilt, nichts wird abgewartet, alles wird gleich übereilt und wird völlig gedankenlos überstürzt überall, wo wir hinschauen, gleich in Angriff genommen und die Ergebnisse sind die chaotischesten. Dieses allgemeine Chaos, das entstanden ist auf der Welt und vor allem in den letzten Jahren auf der Welt entstanden ist, beruht hauptsächlich auf der *Übereilung* alles dessen, was hätte *überlegt* sein sollen, bevor es in Angriff genommen worden ist, Überstürzung und Übereilung sind die fürchterlichsten Eigenschaften dieser heutigen Welt, so Roithamer, und aus diesem Grunde ist alles ein Chaotisches. Auf allen Gebieten haben wir nur ein Chaotisches vor uns. Wohin wir schauen, ein Chaotisches, schauen wir die Wissenschaften an, chaotisch, schauen wir die Politik an, chaotisch, schauen wir an, was wir wollen, chaotisch, es sind lauter chaotische Zustände, in die wir hineinschauen, wir haben es immer wieder mit chaotischen Zuständen zu tun. Weil alles überstürzt und übereilt ist. In einer solchen Periode der Überstürzung und Übereilung und der chaotischen Zustände dadurch, sei es an einem denkenden Menschen, alles ihn Betreffende, *nicht zu überstürzen und nicht zu übereilen*, aber jeder Einzelne übereilt fortwährend alles, überstürzt alles. In was für einen fürchterlichen Zustand habe ich mich eingelassen, indem ich der Einladung Höllers gefolgt und in die höllersche

Dachkammer eingezogen bin, dachte ich. Ich schaute auf die Werkstattfenster Höllers hinunter und ich dachte, er arbeitet und arbeitet und kann
nicht zu Bett gehen und dachte weiter, daß er denkt, ich kann nicht zu
Bett gehen und gehe in der Dachkammer hin und her. Die Menschen
werden immer wieder mit etwas konfrontiert, das sie in Erregung und in
Unruhe versetzt, augenblicklich immer vor allem dann, wenn sie glauben,
sich in Beruhigung zu befinden, in Unruhe, wenn sie glauben, ins Gleichgewicht zu kommen, in das Gegenteil hineingestoßen sind. Wir haben nur
immer die Illusion der Ruhe, denn in dem Augenblick, in welchem Ruhe
in uns eintreten könnte, *könnte, könnte, könnte,* sage ich, sind wir schon
wieder in größter Unruhe. Da mag der Höller da unten in der Werkstatt,
in der Präparatur, denken, ich sei in der höllerschen Dachkammer in
größter Unruhe, denn alles deutete, von der Werkstatt, von der Präparatur
aus gesehen, darauf hin, wie ich denken mußte, daß der Höller in der
höllerschen Werkstatt in größter Unruhe ist, weil alles von der höllerschen
Dachkammer aus darauf hindeutete. Ich könnte ja, dachte ich, aus der
höllerschen Dachkammer hinaus und hinuntergehen und in die höllersche Werkstatt hinein und den Höller fragen, warum er um diese Zeit, in
welcher kein Mensch mehr auf sei, um zu arbeiten, noch arbeite, über die
Ursache seines jetzigen Arbeitszustandes ausfragen und mich von Höller
über die Tatsache ausfragen lassen, warum ich in der höllerschen Dachkammer aufundab- und hinundhergehe, und nicht im Bett sei. Aber ich
beherrschte mich und setzte mich auf den alten Sessel neben der Tür und
schaute auf den Fußboden. Daß eine Lampe genügt, dachte ich, und ich
stand auf und drehte das Deckenlicht aus, brennt nur die Schreibtischlampe, dachte ich, ist es nicht so hell in der höllerschen Dachkammer und
ich beruhige mich vielleicht dadurch, alles versuchte ich, um mich zu
beruhigen, aber weil ich ständig und zwar ununterbrochen damit beschäftigt gewesen war, darüber nachzudenken, was ich tun könne, um
schlafen zu können, um in Schlafaussicht zu Bett gehen zu können, hatte
ich gar keinen Grund auf Ruhe, im Gegenteil, kam ich durch diese Gedanken immer mehr in die Schlaflosigkeit hinein. Aber es ist ja nicht
außergewöhnlich für mich, dachte ich, daß ich nicht einschlafen kann,
denn mein ganzes Leben habe ich mit der Schlaflosigkeit zu kämpfen,
wenn ich genau bin, vielleicht ab einem gewissen Geisteszustand, also
Alter ab, überhaupt kein einziges Mal mehr wirklich richtig und ausgiebig
und völlig auf die natürliche Weise in entspanntem Zustand meines Ge-

hirns und meines Körpers geschlafen. Ab einem bestimmten Zeitpunkt, der wahrscheinlich der Eintritt in den jetzt schon zwei Jahrzehnte lang andauernden Geisteszustand, ich nenne ihn wie Roithamer, *meinen englischen Geisteszustand*, gewesen ist, habe ich gar nicht mehr daran denken können, einmal wieder völlig entspannt schlafen zu können, diesen Vorzug haben ganz andere Menschen, sagte ich mir, ganz andere Charaktere, ganz andere. Die einen sind so geschaffen, daß sie lebenslänglich schlafen oder die längste Zeit ihres Lebens schlafen können oder wenigstens einen erträglichen Teil ihres Lebens, eben diese ganz anderen, dachte ich, die andern wie ich, schlafen nicht, niemals schlafen sie, sie sind dazu verurteilt, niemals schlafen zu können, denn selbst wenn sie schlafen, sind sie nicht auf die natürliche Weise entspannt und was sie tun, kann nicht als schlafen bezeichnet werden, diese Menschen schlafen ihr ganzes Leben nicht, weil sie ihr ganzes noch so langes Leben niemals den Vorzug der vollkommenen Entspannung ihres Kopfes und ihres Körpers haben. Dieses ganze Tal ist jetzt um diese Zeit mit Schlafenden und wahrscheinlich sogar mit tief Schlafenden angefüllt, in allen diesen Häusern und Hütten schlafen sie, und es ist nirgends ein Licht, aber hier im Höllerhaus ist viel Licht und sie schlafen nicht, denn auch die höllerschen Kinder, bin ich überzeugt, dachte ich, schlafen jetzt nicht, auch die Höller schläft nicht, weil sie von den Lichtern aus der höllerschen Werkstatt und aus der höllerschen Dachkammer irritiert sind. An das Getöse der Aurach haben sie sich gewöhnt, dachte ich, aber an das Licht aus der Werkstatt und aus der höllerschen Dachkammer nicht. In diesem außergewöhnlichen irritierenden Zustand ist es ja ganz natürlich, daß sie nicht schlafen, dachte ich. Und wieviele Nächte noch werden sie nicht schlafen können, weil dieser außergewöhnliche, mit dem Tod Roithamers zusammenhängende Zustand ja noch längere Zeit anhalten wird, dachte ich, auch an den folgenden Tagen wird der Höller in der Werkstätte und nicht in seinem Bett sein und ich, wenn ich nicht aufunddavongegangen bin und alles in mir war jetzt wieder dagegen, aufunddavonzugehn, dazubleiben war plötzlich wieder mein Gefühl, werde auch die kommenden Nächte nicht schlafen können und mein Licht in der höllerschen Dachkammer brennen lassen, denn in völliger Finsternis hielte ich es in der höllerschen Dachkammer ja nicht aus, dachte ich. Und ich zweifelte daran, ob es Roithamer jemals gelungen war, in der höllerschen Dachkammer zu schlafen, denn auch Roithamer war so ein Mensch, welcher niemals schlafen kann, der sich nie und durch nichts entspannen kann, der entgegen allen heute so vielbesprochenen und propagierten Entspannungsprophetien wie ich zu lebenslänglicher Schlaflosigkeit verurteilt gewesen ist. Schon als Kind hatte Roithamer, wie er mir oft gesagt hatte, nicht schlafen können, er war eingeschlafen am Abend und in der Frühe aufgewacht, aber als Schlaf zu bezeichnen, was zwischen diesem seinem Einschlafen und seinem Aufwachen gewesen war, wäre Lüge gewesen. Solche wie Roithamer (und wie ich) konstruierten und tatsächlich *immer ungeschützten Charaktere, Wesen*, was immer, sind keine Schlafbefähigten, sie schlafen ein und wachen auf, das ganze Leben lang, aber sie schlafen niemals. Ununterbrochen haben sie etwas im Kopf und in ihren Nerven, das sie nicht schlafen läßt. Sie suchen zeitlebens ein Mittel gegen diesen unerträglichen Zustand und finden ein solches Mittel nicht, weil es kein Mittel gegen diese Krankheit, die tatsächlich nichts anderes als eine Geisteskrankheit ist, gibt. Alle diese auf diese Weise schlaflosen Menschen werden mit dieser Geisteskrankheit geboren, sie haben diese Geisteskrankheit schon als Kind und sie mögen von der Art Roithamers sein oder von der Art Höllers, sie sind unheilbar. Die Nächte, so Roithamer, sind immer das Fürchterlichste. Alles ist in der Nacht ungeheuerlich, was noch so unbedeutend ist, in der Nacht ist es ungeheuerlich, das Unbedeutendste, Harmloseste, in der Nacht ist es ungeheuerlich und läßt einen solchen Menschen wie mich oder wie Roithamer einer war oder wie den Höller, nicht schlafen. Und in diesem fortwährenden Denken, nicht schlafen zu können, unter keinen Umständen, verschlimmert sich dieser Zustand. Auf dem alten Sessel neben der Tür sitzend, dachte ich, mit was für einer Gültigkeit, gleichzeitig mit was für einer *Gleich*gültigkeit wir doch unseren Weg gegangen sind, er, aus Altensam oben stammend, ich aus Stocket herunten, der Höller, dessen Vater schon zoologischer Tierpräparator gewesen war in dem alten, von Höller verkauften und von seinem Nachbesitzer abgerissenen Höllerhaus. Von verschiedenen Ausgangspunkten, Positionen aus auf einen einzigen, auf den einzigen zu akzeptierenden Punkt zu, auf den Tod zu. Jetzt war Roithamer tot, hatte seine Schwester zuerst in den Tod gerissen durch seine Idee, und ich lebte, Höller lebte und wie er lebte und wie ich lebte. Aber es ist schon klar, daß auch ich jetzt sehr rasch auf den Tod zugehen muß, wenn ich auch anders als Roithamer, nicht fortwährend zum Selbstmord tendierend, veranlagt bin, wahrscheinlich doch lebenstauglicher als er, finde ich doch immer wieder einen Ausweg, während Roithamer keinen Ausweg mehr gefunden hat, aber eines Tages werde auch ich keinen Ausweg mehr finden, jeder ist dazu bestimmt, eines Tages in irgendeinem Augenblick, der der entscheidende ist, keinen Ausweg mehr zu finden, die Konstruktion des Menschen ist so. In Überlegung, ist die Lebenslänge die längste, gleichzeitig die kürzeste, weil sie in einem Augenblick zu durchdenken und zu durchfühlen ist, immer in dem Augenblick, in welchem ein solcher (kühner) Gedanke gedacht wird. Immer das Unmögliche und mit dem Möglichen zurückgeblieben auf dem Existenzminimum, befindet sich der Einzelne immer zutiefst in Unzufriedenheit. Aber er macht sich immer wieder einen Lebensumstand, wahrscheinlich, weil er tatsächlich das Leben, so wie es ist, liebt. Wir verlangen immer etwas anderes, als wir haben können, als wir haben, als uns entsprechend ist und sind dadurch unglücklich. Sind wir glücklich, zerdenken wir sofort, wenn wir so sind wie Roithamer undsofort, dieses Glücklichsein und sind gleich wieder im Unglück. Da ich etwas gehört hatte, das anders gewesen war, als das, was ich bis jetzt gehört hatte, war ich aufgestanden und hatte mich ans Fenster gestellt und hinausgeschaut. Die Finsternis war von den Werkstattlichtern abgehalten, der Höller war mit dem Ausstopfen eines riesigen Vogels, ich konnte nicht erkennen, was für ein Vogel, beschäftigt. Ein riesiger schwarzer Vogel war es, den der Höller auf den Knien hatte und in den er Zellstoff hineinstopfte mit einem Stecken. Es war elf Uhr, und da der Höller immer schon um vier Uhr früh aufstand, das ganze Leben lang, schon als Kind war er immer um vier Uhr früh aufgestanden, weil sein Vater auch immer schon um vier Uhr früh aufgestanden war, zwischen vier und fünf Uhr früh standen alle im Aurachtale auf, weil der Höller also schon um vier Uhr früh aufsteht, werde ihm das lange Aufbleiben, und ein solches langes Aufbleiben unter den gegebenen Umständen, nicht gut bekommen, dachte ich. Immerfort beobachtete ich von meinem Fenster oben, von der höllerschen Dachkammer aus, wie der Höller unten in seiner Werkstatt den riesigen schwarzen Vogel ausstopfte, immer noch mehr Zellstoff in den Vogel hineinstopfte, ich dachte, ich beobachte ihn von dieser für diese Beobachtung äußerst günstigen Stelle aus so lange, bis er den Vogel vollständig ausgestopft hat, und so stand ich mindestens eine halbe Stunde bewegungslos, bis ich sah, daß der Höller den Vogel ausgestopft hatte. Plötzlich hatte der Höller den ausgestopften Vogel zu Boden geworfen, war aufgesprungen und in die hintere Werkstatt gerannt, ich konnte ihn nicht mehr sehen, aber ich wartete, in die Werkstatt hineinschauend, bis

ich den Höller wieder sehen konnte, er kam zurück und setzte sich wieder
auf den Sessel und fing wieder an, den Vogel auszustopfen, jetzt sah ich
einen riesigen Zellstoffhaufen neben dem Höller auf dem Boden und ich
dachte, dieser riesige Zellstoffhaufen wird jetzt nach und nach in den, wie
ich zuerst schon glaubte, längst vollgestopften Vogel hineingestopft.
Durch dieses Ausstopfen des Vogels ist ihm die Nacht erträglich, dachte
ich. Um zwölf war er noch immer mit dem Ausstopfen des Vogels beschäftigt gewesen. Immer wieder dachte ich, um was für einen Vogel es
sich handelt, daß ich noch keinen so großen und so schwarzen Vogel
gesehen habe, daß es sich wahrscheinlich um eine ausländische, hier gar
nicht vorkommende Vogelart handelt, und ich überlegte, ob ich zum
Höller in die Werkstatt hinuntergehen solle, ihn fragen, um was für eine
Vogelart es sich handelt. Es kann ja sein, daß dieser Vogel ein sogenannter
Exotischer Vogel ist, daß ihn einer der in der Ebene draußen lebenden und
dort in dieser fruchtbaren Gegend in Wohlstand lebenden Jäger, die sehr
oft ins Ausland und nach Übersee auf die Jagd fahren, von dort, aus
Südamerika oder aus Afrika, mitgebracht hat, mit was für einer unglaublichen Energie der Höller jetzt den Vogel mit Zellstoff anstopfte, ich
konnte mir nicht vorstellen, daß soviel Zellstoff in dem Vogel Platz hat,
aber immer noch stopfte der Höller etwas von dem Zellstoff in den Vogel
hinein, plötzlich war ich von dem Vorgang des Zellstoffhineinstopfens in
den riesigen schwarzen Vogel abgestoßen, ich drehte mich um, schaute auf
die Tür, es war mir aber nicht möglich, länger als die kürzeste Zeit auf die
Tür zu schauen, denn auch wenn ich auf die Tür schaute, sah ich den
riesigen Vogel, den der Höller mit Zellstoff ausstopfte, also drehte ich
mich wieder um und schaute zum Fenster hinaus und in die höllersche
Werkstatt hinein, denn wenn ich schon den Höller den riesigen, schwarzen, im Grunde fürchterlichen Vogel ausstopfen sehe, dann in Wirklichkeit, dachte ich, und nicht in der Vorstellung, daß ich jetzt, unter dem
Eindruck des Ausstopfens des riesigen schwarzen Vogels durch Höller
überhaupt nicht mehr an Schlaf denken konnte, ist klar, dieses Hineinstopfen von Zellstoff in den Vogel durch Höller, welcher die Geschwindigkeit, mit welcher er diese Arbeit verrichtete, immer noch steigerte,
schließlich stopfte der Höller mit der größten und allergrößten Geschwindigkeit Zellstoff in den Vogel hinein, verursachte mir Übelkeit,
aber ich war gezwungen zum Fenster hinauszuschauen und in die Werkstatt hineinzuschauen. Ich konnte mich auch nicht mehr umdrehen und

mußte mich dieser Prozedur des Vollstopfens des Vogels mit Zellstoff durch Höller vollkommen ausliefern, zum Erbrechen ist mir gewesen, da hatte der Höller mit dieser fürchterlichen Tätigkeit aufgehört und hatte den Vogel, der riesige Krallen an langen dicken Beinen hatte, auf seinen Arbeitstisch gestellt. Jetzt wird er den vollgestopften Vogel zusammennähen, dachte ich und tatsächlich war der Höller aufgestanden und in der hinteren Werkstatt verschwunden nur um alles für das Zusammennähen des Vogels Notwendige zu holen. Oder er hört jetzt mit der Arbeit auf und geht aus der Werkstatt und geht in sein Zimmer und legt sich nieder, dachte ich, aber da war der Höller schon zurückgekommen mit verschiedenen Knäueln und Nadeln und hatte sich an den Arbeitstisch gesetzt, um seine Arbeit fortzusetzen. Warum beobachtete ich, wie der Höller arbeitet, dachte ich und arbeite nicht auch etwas, fange nicht irgendeine Tätigkeit an, die dann ruhig die ganze Nacht andauern kann, und ich dachte, gleich was für eine Tätigkeit, nur die Nacht solle durch eine solche Tätigkeit vorbeigehen. Aber was hätte ich tun sollen? Eine handwerkliche Tätigkeit konnte ich in der höllerschen Dachkammer nicht ausführen, dazu gab es in der höllerschen Dachkammer keine Möglichkeit und für eine Geistestätigkeit hatte ich keinen klaren Kopf mehr. Andererseits gestattete ich mir nicht, in die höllersche Werkstatt hinunterzugehn, um dort vielleicht etwas zu helfen. Ich hätte ja sicher etwas tun können in der höllerschen Werkstatt und hätte ich nur den Boden zusammengekehrt. Ich mußte meine ganze Willenskraft einsetzen, um vom Fenster wegzukommen und ich drehte mich um und ging ein paar Schritte zur Tür, so, während des Zurtürgehens dachte ich, daß ich mich im Grunde in einer verzweifelten Situation befinde, möglicherweise schon in einer ernsthaften Verrücktheit. War ich verrückt geworden durch das *voreilige* Quartiernehmen in der höllerschen Kammer?, dachte ich, dann aber gleich wieder, wie kann ich so denken, *das* ist ja verrückt, *so* zu denken und ich ging zum Schreibtisch und holte die gelbe Papierrose aus der obersten Lade. Irgendetwas war auf dem Musikfest mit Roithamer geschehen, dachte ich, während ich die gelbe Papierrose gegen das Licht hielt, eine Veränderung war während des Musikfestes damals in ihm vorgegangen, wenn ich auch nicht weiß, vielleicht auch nicht wissen kann, was für eine Veränderung. Aber sehen und suchen wir nicht in allem, das wir sehen und denken gleich immer eine Bedeutung? Wie kommt es, daß ein Mensch, der zeitlebens niemals geschossen hat, plötzlich auf einem Musikfest vierundzwanzig Papierrosen

mit vierundzwanzig Schüssen abschießt. Und dann dreiundzwanzig dieser
Papierrosen einem unbekannten Mädchen oder einer unbekannten jungen Frau schenkt im Vorbeigehen und sich die einzige gelbe behält. Und
diese gelbe Papierrose dann so viele Jahre in seinem Besitz hat, sie überall
hin mitnimmt, nie mehr, so scheint es, ohne diese gelbe Papierrose sein
kann. Durch das Herausnehmen der Papierrose aus der Lade hatte ich
mich beruhigt. Ich setzte mich mit der Papierrose auf den alten Sessel und
hielt die Papierrose gegen das Licht. Wir dürfen nicht so weit kommen,
nicht soweit gehen, daß wir in allem und jedem und hinter allem und
jedem eine Merkwürdigkeit vermuten, etwas Rätselhaftes, Bedeutungs-
volles, das ist eine gelbe Papierrose, genauer gesagt, die gelbe Papierrose,
die Roithamer damals auf dem Musikfest in Stocket, zusammen mit dreiundzwanzig anderen, andersfarbigen Papierrosen geschossen hat, sonst
nichts. Alles ist das, das es ist, sonst nichts. Wenn wir für uns alles, das wir
wahrnehmen und also sehen und alles, das, das in uns vorgeht, immerfort
an Bedeutungen und an Rätsel knüpfen, müssen wir früher oder später
verrückt werden, dachte ich. Wir dürfen nur sehen, was wir sehen und es
ist nichts anderes, als das, das wir sehen. Wieder beobachtete ich den
Höller von meinem Fenster in der höllerschen Dachkammer aus, wie er
den riesigen, schwarzen, von ihm bis zum äußersten ausgestopften Vogel
zusammennähte. Und dann sah ich aufeinmal, vielleicht weil sich meine
Augen an die Lichtverhältnisse, die da unten in der höllerschen Werkstatt
herrschten, gewöhnt hatten, oder weil sich diese Lichtverhältnisse plötzlich geändert hatten, mehrere solcher großer Vögel, der ganze Hintergrund der höllerschen Werkstatt war angefüllt mit solchen Vögeln, nicht
alle diese großen, ja riesigen Vögel waren gleich groß, nicht alle waren
schwarz, aber es waren *keine einheimischen Vögel*, wahrscheinlich, dachte
ich, sind diese Vögel aus dem Besitze eines Vogelnarren, eines solchen
wohlhabenden Vogelnarren, der es sich leisten kann, nach Amerika, nach
Südamerika oder nach Indien zu fahren, um solche riesigen Vögel zu
schießen und in seinen Besitz zu nehmen. Eine riesige Vogelkollektion,
dachte ich, immer wieder: eine riesige Vogelkollektion und ich schlug mir
auf den Kopf dabei, immer wieder: eine riesige Vogelkollektion, eine riesige Vogelkollektion! Roithamer hatte immer sehr beziehungsvoll von der
Arbeit des Höller gesprochen, von seinem Präparieren, Ausstopfen und
sofort aller möglichen Tiere, allem möglichen Geflügel und die Beobachtung der Arbeit Höllers war für Roithamer, wie er selbst gesagt hatte,

immer befruchtend gewesen, zuzuschauen, wie die toten Naturgeschöpfe präpariert und ausgestopft und zugenäht werden. Für ihn, Roithamer, dachte ich jetzt, waren diese ausgestopften Naturgeschöpfe als Kunstgeschöpfe immer Anlaß für verschiedene Betrachtungsweisen über Natur und Kunst und Kunst und Natur gewesen, sie waren ihm immer die rätselhaftesten Kunstgeschöpfe gewesen, weil gerade noch Kunstgeschöpfe undsofort und rätselhaft durch die Tatsache, daß sie hier, mitten in der doch von solchen Hunderten und Tausenden von Noch-Naturgeschöpfen strotzenden Natur undsofort, von Höller zu solchen Kunstgeschöpfen gemacht worden sind, die Naturgeschöpfe durch die Hand Höllers zu Kunstgeschöpfen inmitten der Natur undsofort. Aus Naturgeschöpfen machte der Höller Kunstgeschöpfe und diese Kunstgeschöpfe sind in jedem Falle rätselhafter als die reinen Naturgeschöpfe, die sie einmal gewesen sind. An das Beispiel der Arbeit Höllers, aus reinen Naturgeschöpfen reine Kunstgeschöpfe zu machen, hatte Roithamer oft Kunst und Natur betreffende Gedanken geknüpft, alle diese Gedanken, von Roithamer naturgemäß immer gleich mit allem und das heißt, mit allem außer diesen Gedanken in Beziehung gebracht, waren mir jetzt wieder gegenwärtig. Aber ich war zu keiner Definition mehr befähigt gewesen. Ich dachte aber darüber nach, wie es möglich ist, daß sich so viele Generationen, und wenigstens vier oder fünf vor Höller lassen sich nachweisen, lebenslänglich mit dem Ausstopfen und Präparieren von Tieren beschäftigt haben und bewußt oder unbewußt, jahrhundertelang aus reinen Naturgeschöpfen reine Kunstgeschöpfe gemacht haben. Diese Meditation dauerte eine Stunde. Hin und her gehend dachte ich in der höllerschen Dachkammer, daß ich mich dem Nachlaß Roithamers nur *zu nähern* habe, zuerst nur *zu nähern*, gehe ich gleich an den Nachlaß Roithamers heran, ist mein Vorhaben, ihn zu sichten und möglicherweise zu bearbeiten, wozu ich aber kein Recht habe, kein Recht und auch nicht die dazu notwendige Rücksichtslosigkeit, denn Bearbeitung bedeutet Rücksichtslosigkeit dem Gegenstand gegenüber, ich habe aber dem Nachlaß Roithamers gegenüber niemals die notwendige Rücksichtslosigkeit. Daß ich möglicherweise alles das, was Bruchstücke sind, Fetzen möglicherweise, zueinander in Beziehung bringe und aus lauter Bruchstücken und Fetzen seines Denkens ein Ganzes mache, ein solches, dann zu veröffentlichendes Ganzes, daran war nicht zu denken, denn wie mir bei der ersten Berührung mit dem Nachlaß Roithamers schon zu denken gegeben hat, handelt es sich doch zum Großteil nur aus Bruchstücken seines Denkens, die er selbst nach Vollendung (Roithamer), Fertigstellung (Höller) des Kegels zu einem Ganzen habe machen wollen, zuerst hatte er seine ganzen Kräfte der Vollendung des Kegels geopfert, habe ich den Kegel vollendet (Roithamer), habe er den Kegel fertiggestellt (Höller), werde er sofort mit aller ihm zur Verfügung stehenden Intensität und nach Vollendung des Kegels mit neuer, noch intensiverer Intensität, mit einem neuen Geistesschwung, so Roithamer noch vor Monaten in England, an die Vollendung (Roithamer) oder Fertigstellung (Höller) seiner Schriften machen, denn tatsächlich habe ich, so Roithamer, die ganzen Jahre, die ich mit der Arbeit am Kegel beschäftigt gewesen bin, nur Bruchstücke in meiner wissenschaftlichen Schreibarbeit zustande bringen können, und nur solche Bruchstücke allein genügen nicht, solche Bruchstücke müssen dann, aber erst dann, wenn der Kopf dazu in der Lage ist, *in dieser richtigen Kopflage, verstehst du*, hat Roithamer zu mir gesagt, zu einem Ganzen gemacht werden. So handelt es sich tatsächlich, wie ich gleich gesehen habe, um Hunderte und Tausende Bruchstücke, die mir Roithamer hinterlassen hat, die ich aber nicht bearbeiten werde, weil ich kein Recht dazu habe, überhaupt hat Bearbeitung niemals ein Recht, gleich wer was bearbeitet, er hat niemals ein Recht darauf, aber überall und auf der ganzen Welt werden andauernd sogenannte unfertige Geistesprodukte, Arbeiten von Köpfen, die plötzlich nicht mehr an diesen Arbeiten weiterarbeiten hatten können, gleich aus welchen Gründen, aber meistens doch aus Krankheits- und Verzweiflungsgründen oder aus Gründen der Selbstkritik, so Roithamer, aus Gründen der Verwerfung des von ihnen Gedachten und dann immer nur des ganzen von ihnen lebenslänglich Gedachten gleichzeitig, liegengelassen, und andere gehen an die Bearbeitung solcher liegen- und stehengelassener Bruchstücke, Fetzen, Geistesfetzen heran und glauben, sie müßten sie bearbeiten und veröffentlichen, gleich wo, herausgeben, diese Herausgeberschaft ist in jedem Falle immer ein Verbrechen, vielleicht das größte Verbrechen, weil es sich um ein Geistesprodukt oder um viele solcher Geistesprodukte handelt, die von ihrem Erzeuger aus gutem Grunde liegen- und stehengelassen worden sind, hin und her gehend in der höllerschen Dachkammer sagte ich mir, und immer wieder hatte ich das gedacht, auch schon im Spital gedacht, ich werde den Nachlaß Roithamers niemals bearbeiten, dieses Bearbeitungsverbrechen nicht begehen, ich werde kein sogenannter Bearbeiter, diese verabscheuungswürdigste

Art von Verbrecher, sein, ich werde den Nachlaß Roithamers *ordnen,*
sichten, dann möglicherweise, weil er sich dafür interessiert hat und nicht
nur Roithamer gegenüber, sondern auch mir gegenüber, dieses Interesse
in einem Brief an mich in das Spital bekundet hat, aber auch auf eine mich
doch sehr mißtrauisch machende Weise bekundet hat, seinem Verleger
zukommen lassen, diesem Verleger Einblick geben in den Nachlaß Roithamers, dachte ich, hin und her gehend und dadurch möglicherweise die
Höllerschen in ihrem Schlafzimmer störend, ich glaubte ja nicht, daß die
Höllerschen, ich meine die Höller und ihre Kinder, schlafen, denn es war
tatsächlich unvorstellbar, daß sie schliefen, weil alles dagegen gewesen war,
weil auch die plötzlich aufgekommene Luftveränderung und -strömung
dagegen gewesen war, plötzlich hatte ich die eigentliche Ursache meiner
Schlaflosigkeit und sich ständig noch steigernden Unruhe heraußen gehabt, daß sich nämlich die Witterungsverhältnisse am Abend geändert
und dadurch in allen eine fürchterliche Unruhe erzeugt haben, das hatte
wahrscheinlich auch den Höller veranlaßt, aufzubleiben und in die Werkstatt zu flüchten, ein kurzer Blick in die Werkstatt hinunter genügte, um
festzustellen, daß er, Höller, noch immer mit dem großen, schwarzen,
riesigen Vogel beschäftigt gewesen war, es war gar nicht daran zu denken
gewesen, daß er jetzt aufhört oder in der kürzesten Zeit, nicht einmal in
absehbarer Zeit wird der Höller mit der Arbeit an dem Vogel aufhören,
dachte ich, dann gleich wieder, daß sie hier an der Aurachengstelle immer
ganz plötzlichen, urplötzlichen Wetterumschwüngen ausgeliefert sind, die
in vielen Fällen tödliche Wetterumschwünge sind, daß die Leute durch
diese Wetterumschwünge an den Rand ihrer Existenz getrieben werden
und nur durch Tätigkeit aus dieser dadurch hervorgerufenen Verzweiflung und Überverzweiflung wieder herauskommen, wie der Höller, der
sich andauernd mit dem Vogel beschäftigt, wie die Höller, die sich nach
dem Nachtmahl noch an die Nähmaschine gesetzt hatte und die wahrscheinlich jetzt gar nicht im Bett liegt, dachte ich, sondern noch immer
mit Nähen, wenn auch nicht mit der Nähmaschine, beschäftigt ist, daß sie
an dem Tischchen in ihrem Zimmer sitzt und mit der Hand näht oder
stopft oder strickt, gleich was, sie muß die Nacht, die einen solchen Wetterumschwung gebracht hat, überstehen, alle müssen diese Nacht überstehen, alle, alle, alles, dachte ich und während ich das dachte und wieder
einmal zur Tür und wieder einmal zum Fenster gegangen war, war mir
leichter, weil solche sich mit den Zuständen der andern sich beschäfti-

genden Gedanken den eigenen Zustand immer erleichtern. Daß ich den
Nachlaß Roithamers ordnen und sichten werde, auf diese zwei Begriffe
ordnen und sichten konzentrierte ich mich jetzt und ich sagte mehrere
Male laut vor mich hin *ordnen und sichten*, dann wieder mehrere Male
ordnen und sichten, aber nicht bearbeiten, ich werde keine Zeile ändern,
ich werde an dem Nachlaß nicht das geringste ändern, ich werde ihn
ordnen und sichten, immer wieder sagte ich ordnen und sichten und in
dem immer wieder ausgesprochenen ordnen und sichten hatte ich mich
doch beruhigen können, ich glaubte, während ich ordnen und sichten
sagte, mich zu beruhigen, und deshalb sagte ich so oft und immer wieder
ordnen und sichten, keine, nicht die geringste Bearbeitung, sagte ich mir.
Und die Hauptschrift Roithamers, nämlich jene *Über Altensam und alles,
das mit Altensam zusammenhängt, unter besonderer Berücksichtigung des
Kegels,* in welcher schließlich, wie ich gleich bei der ersten Berührung mit
dieser Schrift im Spital gesehen habe, alles, was Roithamer jemals gedacht
hat, in der konzentriertesten und in der ihm entsprechendsten Weise nie-
dergelegt und wie nichts anderes von ihm zur Veröffentlichung geeignet
ist, werde ich so, wie sie ist, seinem Verleger zukommen lassen, die erste,
also die achthundert Seiten lange Niederschrift, und die zweite dreihundert Seiten lange Fassung dieser Niederschrift und die dritte nurmehr
noch achtzig Seiten lange Fassung der zweiten Niederschrift, *alle diese drei
Fassungen der Niederschrift* Roithamers, denn alle diese Fassungen gehören
zusammen, die eine jeweils aus der andern und sind ein Ganzes, ein über
tausend Seiten umfassendes Ganzes, in welchem alles die gleiche Bedeutung hat und aus welchem man nicht das geringste herausnehmen darf,
weil sonst alles nichts mehr ist, und ich dachte jetzt, wieder in der höllerschen Dachkammer hin und her gehend, daß Roithamer, indem er nach
vieljähriger Arbeit die erste Fassung fertig gehabt und daran gezweifelt und
diese erste Fassung durch eine zweite ersetzt und an dieser zweiten Fassung
ebenfalls gezweifelt hatte und eine dritte Fassung hergestellt hatte, eine
Fassung jeweils aus der vorangegangenen, an welcher er zweifeln mußte,
und indem er zuletzt, kurz vor seinem Tod, also genau genommen schon
auf der Fahrt von London nach Altensam, im Zuge dann auch noch die
letzte Fassung, die Achtzigseitenfassung, zu korrigieren und aufzulösen
begonnen und dadurch, wie er glaubte, zu vernichten angefangen hatte
und indem er, wie er glaubte, diese letzte kürzeste Fassung auch noch
einmal kürzen und eine noch kürzere Fassung hatte herstellen wollen,

man denke, aus einem über achthundert Seiten umfassenden Material schließlich ein solches nurmehr noch zwanzig oder dreißig Seiten umfassendes, wie ich weiß, und dadurch, wie er glaubte, überhaupt das ganze Produkt, das er immer als sein wichtigstes Geisteshauptprodukt bezeichnet hatte, dann aber angezweifelt und vernichtet hatte, wie er glaubte, gerade durch diesen Vorgang des immer wieder Umwerfens alles Denkens in dem Ganzen und Korrigierens und schließlich, wie er glaubte, vollkommenen Vernichtens auf der Reise zum Begräbnis der Schwester schon außerhalb von London, über Dover, Brüssel etcetera, wie ich aus seinen Korrekturen ersehen kann, daß durch diesen Vorgang, aus dem über achthundert Seiten umfassenden Ganzen, ein solches von nur vierhundert und dann nurmehr noch hundertfünfzig und dann nurmehr noch achtzig und dann endlich ein solches von nicht einmal zwanzig Seiten, ja in letzter Konsequenz überhaupt nichts mehr von dem Ganzen übrig zu lassen, *dadurch erst das Ganze entstanden ist, alles zusammen ist das Ganze*, sagte ich mir, während ich auf die Höllerwerkstatt hinunterschaute und den Höller beobachtete und gleichzeitig dachte, daß ich dieses Ganze, das ich im Rucksack aus dem Spital in die höllersche Dachkammer geschleppt habe, dieses sogenannte Hauptwerk Roithamers mit dem ganzen übrigen Nachlaß Roithamers in dem mir von meiner Mutter ins Spital gebrachten Rucksack, und es ist grotesk, dachte ich, daß ich gerade in diesem Rucksack Roithamers Nachlaß aus dem Spital geschleppt habe, in welchem sonst nur der Hochgebirgsproviant unserer Familie befördert wird, in dem sonst nur Wollsocken und Würste, Schmalz und Fußbinden, Ohrenschützer und Schuhbänder, Zucker und Brot, und alles vollkommen durcheinander, befördert wird, gerade in diesem Hochgebirgsrucksack habe ich also den Nachlaß Roithamers in die höllersche Dachkammer hereingeschleppt und ich muß sagen *geschleppt*, denn es handelt sich um Tausende von Seiten, aber, so dachte ich, wie ich weiß, um Hunderte und Tausende von Bruchstücken, zusammenhängenden einerseits, überhaupt nicht zusammenhängenden andererseits, und wieder dachte ich, am Fenster stehend, überlegend, ob ich mich auf den alten Sessel setzen solle oder nicht, ich werde diese Bruchstücke aber nicht bearbeiten, ich werde diesen Nachlaß nicht bearbeiten, ich werde alles ordnen oder wenigstens den Versuch machen, Ordnung in diesen riesigen Haufen von Geschriebenem hineinzubringen, aber nichts bearbeiten, allein das Wort *bearbeiten* oder *Bearbeitung* verursachte mir immer schon Übelkeit. Tatsächlich hatte ich

bei meiner Ankunft lediglich das sogenannte Hauptwerk Roithamers, die
Schrift, die sich mit Altensam und allem, das mit Altensam zusammenhängt, unter besonderer Berücksichtigung des Kegels, in die Schreibtischlade gelegt, während ich den übrigen Nachlaß noch im Rucksack
hatte, weil mir nicht klar gewesen war, wie ich den Nachlaß aus dem
Rucksack herausbringe, um ihn nicht noch mehr durcheinanderzubrin-
gen, ich hatte das sogenannte Hauptwerk herausgenommen und in die
Lade gelegt und den Rucksack neben dem Schreibtisch auf den Diwan
gelegt, da auf dem Diwan lag jetzt noch immer der Rucksack, der, wahrscheinlich von meinem Vater, mit jetzt eingetrocknetem Hasenblut beschmutzt worden war, wie ich sah und ich überlegte jetzt, ob ich den
Rucksack auspacken, den Inhalt des Rucksacks, diese Hunderte und Tausende von Seiten sorgfältig herausnehmen und im Schreibtisch unterbringen solle, ob sich nicht jetzt, in diesem doch schon beängstigenden Zustand, in welchem ich mich befand, in jeder Weise unschlüssig und in
immer größerer Erregung über die Tatsache des hereingebrochenen Wet-
terumschwungs, die Gelegenheit böte, den Inhalt des Rucksacks aus dem
Rucksack herauszunehmen, nach und nach, so sorgfältig und mit Verstand und in aller mir möglichen Ruhe der Hände, daß ich die, wie mir
scheint, große Unordnung der Blätter nicht noch in eine viel größere
Unordnung bringe, diese Überlegung, den Rucksack auszupacken oder
nicht, brachte mich an den Rand der Verzweiflung und ich dachte einmal
so, einmal so, einmal, ich packe den Rucksack aus, dann, ich packe den
Rucksack nicht aus, schließlich ging ich auf den Rucksack zu und packte
den Rucksack und leerte den Inhalt des Rucksacks auf den Diwan, ich
hatte den Rucksack plötzlich gepackt und umgestülpt und den Inhalt auf
den Diwan geleert. Das hätte ich jetzt nicht tun sollen, sagte ich mir und
ich trat einen Schritt zurück und noch einen Schritt und dann noch einen
Schritt und beobachtete vom Fenster aus, mit dem Rücken also am Fenster, den Papierhaufen, der sich jetzt, wie ich ihn vom Fenster aus beobachtete, noch bewegte, nach und nach rutschten noch ein paar Blätter des
Nachlasses Roithamers von oben nach unten, wo Hohlräume in dem
Papierhaufen waren, gaben diese Hohlräume nach, sah ich, und wieder
gingen Blätter zu Boden. Ich hielt mir mit der flachen Hand den Mund
zu, denn ich hatte aufschreien wollen und drehte mich, als ob ich Angst
gehabt hätte, in dieser fürchterlichen, gleichzeitig fürchterlich-komischen
Situation entdeckt zu sein, um. Aber tatsächlich und natürlich hatte mich

niemand beobachtet. Der Höller hatte den riesigen schwarzen Vogel auf seinem Schoß und nähte ihn zu. Ich ging zum Diwan und packte nacheinander immer soviel von dem roithamerschen Nachlaß, als ich in die Hände hatte nehmen können, und stopfte die Schreibtischladen damit voll. Immer wieder nahm ich eine Handvoll Papiere und stopfte sie in die Schreibtischladen, solange, bis das letzte Papier im Schreibtisch untergebracht war, zuletzt mußte ich mit dem Knie nachhelfen, um die Lade, die ich als letzte Lade bis zum äußersten angestopft hatte, zuzubringen. Dann packte ich den Rucksack und warf ihn auf den Kasten. Mit dem Rücken am Fenster sagte ich mir jetzt, daß ich etwas Fürchterliches angerichtet habe. Aber wichtig ist, daß ich jetzt den Nachlaß nicht mehr sehe, dachte ich, nichts mehr von den Papieren sehe. Aber natürlich hatte die Tatsache, daß die Papiere jetzt im Schreibtisch untergebracht und nicht mehr im Rucksack waren, an der Situation, in welcher ich mich jetzt befand und die eine entsetzliche Situation gewesen war, nichts geändert. Im Gegenteil hatte ich jetzt ein noch schlechteres Gewissen, weil ich durch das Auspakken der Papiere aus dem Rucksack, durch das abrupte Umstülpen des Rucksacks auf den Diwan, wahrscheinlich, so dachte ich, die Papiere vollkommen durcheinandergebracht habe. Und da die Papiere Roithamers, wie ich weiß, fast nie gekennzeichnet sind, keine Seitenziffern undsofort, mußte ich glauben, die Papiere niemals mehr in Ordnung zu bringen, ein solches Ordnen machte mich ja verrückt, dachte ich, immer wieder, ein solches Ordnen machte mich ja verrückt, und ich stand da und sagte immer wieder, daß mich ein solches aussichtsloses Ordnen tatsächlich verrückt machen würde, und ich dachte, was ich angerichtet habe, ich weiß, was ich angerichtet habe, wenn auch sonst niemand weiß, was ich angerichtet habe. Ich setzte mich auf den alten Sessel neben der Tür, in einem erschöpften, in einem total erschöpften Zustand war mir aufeinmal klar, in welcher aussichtslosen Lage ich mich befand, ich hatte in einem Augenblick möglicherweise der totalen Sinnesverwirrung, so dachte ich, den Verstand verloren gehabt und den Rucksack gepackt und den Inhalt auf den Diwan geleert und alles durcheinandergebracht, das niemehr zusammengebracht werden kann. Und ich saß auf dem alten Sessel und sagte mehrere Male wieder ordnen und sichten, sichten und ordnen, bis ich es sooft gesagt hatte, daß ich auflachen mußte, ich lachte laut, ganz laut auf. Darauf war es so still wie noch nicht. Der Höller hatte das Licht ausgedreht und ich stand auf und schaute hinunter und sah, daß es in der

höllerschen Werkstatt, in der Präparatur, finster war. Jetzt wußte ich
nicht, warum der Höller im Augenblick das Licht ausgedreht hatte, hatte
er das Licht ausgedreht, weil ich aufgelacht hatte, oder hatte er mein
Auflachen gar nicht gehört und hatte das Licht ausgedreht, weil er mit der
Arbeit an dem großen, riesigen schwarzen Vogel aufgehört hatte, denn
tatsächlich mußte der Höller die Vogelarbeit aufgegeben haben und aus
der Werkstatt hinausgegangen sein, oder war er jetzt noch immer in der
Werkstatt und hatte, aus was für einem Grund immer, das Licht ausgelöscht, hielt er sich also jetzt in der Finsternis in der Werkstatt auf? Ich
rückte ganz nahe an das Fenster heran und horchte, aber ich hörte nichts,
plötzlich wieder einmal das Getöse der Aurach, aber sonst nichts, als ob
jetzt aufeinmal alles schliefe, war es mir vorgekommen, worauf ich diese
meine Annahme gründete, weiß ich nicht, aber es war mir aufeinmal, als
schliefe alles im Höllerhaus, aber warum hatte der Höller gerade in dem
Augenblick das Licht ausgelöscht, in welchem ich aufgelacht hatte, kurz
nach meinem Auflachen war das Licht in der höllerschen Werkstatt ausgelöscht gewesen. Was aber sollte der Höller in der finsteren Werkstatt
machen, wenn er nichts sieht, oder vielleicht ist das Licht, das aus meiner,
der höllerschen Dachkammer auf die Aurach hinunterfällt, Licht genug
auch für die Werkstatt, daß er, Höller, sich vielleicht gedacht hat, er drehe
jetzt das Licht in seiner Werkstatt aus, weil er genug Licht habe von dem
Licht aus der Dachkammer, dachte ich, am Fenster stehend dann, warum
solle der Höller jetzt, um halbein Uhr früh, aufeinmal aufhören zu arbeiten, wo alles darauf hindeutete, daß er die ganze Nacht durcharbeitet, was
nichts Ungewöhnliches an ihm sei, daß er sich arbeitend die ganze Nacht
in der Werkstatt aufhält, während seine Frau die ganze Nacht im Schlafzimmer heroben sitzt und näht oder flickt oder stickt, weil nur die höllerschen Kinder schlafen können, daß er, der Höller, sich möglicherweise
noch immer in seiner Werkstatt aufhält und, hellhörig geworden, mich
jetzt beobachtet, denn, so dachte ich, der Höller habe es jetzt, da er selbst
das Licht in der Werkstatt ausgedreht und also von mir von der höllerschen Dachkammer aus nicht mehr gesehen werden kann, mich zu beobachten, daß er ein solcher Mensch sei, dachte ich, der, geschützt von der
Finsternis, von seinem Platze aus, von seinem geschützten Platze am
Werkstattfenster aus, mich, wie ich heroben in der höllerschen Dachkammer am Fenster stehe und auf das Werkstattfenster hinunterschaue, beobachtet, daß er möglicherweise beobachtet, in welchem Zustand ich mich

befinde und daß er aus dieser Beobachtung Rückschlüsse auf meine Konstitution, auf meine Geistes- wie auf meine Körperkonstitution zieht, daß er mir dann, in der Frühe, auf Grund dieser nächtlichen Beobachtung, anders begegnet, als wenn er mich nicht beobachtet hätte, ich habe ja durch mein lautes Auflachen nach meinem Sinnieren über ordnen und sichten des roithamerschen Nachlasses seine Beobachtung meiner Person heraufbeschworen, dachte ich, er kann gar nicht anders, als mich jetzt beobachten, indem er das Licht ausgedreht hat, hat er die Möglichkeit, mich zu beobachten. Und er braucht nicht einmal aufzustehen und ans Fenster zu gehn, denn er kann von seinem Arbeitsplatz aus, möglicherweise noch immer mit dem Zusammennähen des Vogels beschäftigt, meine Person in Augenschein nehmen, denn von da aus, wo der Höller sich jetzt, wie ich vermute, mich beobachtend aufhält, kann er mich gut beobachten, wenn ich mich im Fenster der höllerschen Dachkammer zeige, dachte ich, zeige ich mich am Fenster, werde ich vom Höller gesehen, also warum zeige ich mich?, dachte ich, ich muß mich ja nicht am Fenster zeigen, ich kann zurücktreten, so weit zurücktreten, daß mich der Höller nicht mehr sehen kann, er hat dann keine Möglichkeit mehr, mich zu sehen, und ich trat zurück und ich dachte, jetzt, wo ich zurückgetreten bin, dreht der Höller vielleicht wieder das Licht in der Werkstatt auf, weil er annimmt, daß ich jetzt, vom Fenster zurückgetreten, kein Interesse mehr an seiner Person habe, er kann ruhig sein Licht aufdrehen, denn ich schaue nicht hinunter, dachte ich, er mochte denken, ich kann das Licht in der Werkstatt wieder aufdrehen, weil er (ich) nicht mehr hinunterschaut, denn möglicherweise hatte den Höller irritiert, daß ich ihn andauernd beobachte, kein Mensch hat gern, daß er andauernd beobachtet wird, schon gar nicht, wenn ein solcher Mensch in eine Arbeit vertieft ist, wie jetzt der Höller in das Ausstopfen und Zusammennähen des riesigen schwarzen Vogels vertieft gewesen war. Er habe ja jetzt keinerlei Grund mehr, das Licht in der Werkstatt nicht mehr aufzudrehen, dachte ich, ich beobachtete ihn, den Höller, nicht mehr, ich hatte mich auf den alten Sessel gesetzt, mir allerdings während des Hinsetzens mehrere Male mit der flachen Hand auf den Kopf geschlagen, als hätte dieses mit der flachen Hand auf den Kopf Schlagen etwas genützt, ich war in einen Erregungszustand hineingeraten, aus welchem ich nicht mehr herauskommen konnte, alle möglichen Schliche habe ich jetzt schon angewendet, dachte ich, hin und her gehen, zum Fenster gehen, vom Fenster weggehen, zum

Diwan gehen und vom Diwan weggehen, an die Tür gehen und wieder
zurück, dann den Fußboden anstarren, mich mit meinen eigenen Händen
beschäftigen, mit meinen eigenen Füßen, denn ich hatte schon gleich
nachdem ich vom Nachtmahl aus der Stube heraufgekommen war, meine
Schuhe ausgezogen gehabt, dann später auch die Socken ausgezogen und
mich fortwährend barfuß in der höllerschen Dachkammer aufgehalten,
barfuß schon deswegen, weil ich verhindern hatte wollen, die Höller durch
mein fortwährendes Aufundabgehen, das gewohnheitsmäßig ein sehr rasches Aufundabgehen ist, zu stören, wenn ich barfuß aufundabgehe, störe
ich nicht, so hatte ich immer gedacht und immer, auch in England, gleich
wo, wenn ich der Gewohnheit unterworfen gewesen war, aufundabzuge-
hen, meine Schuhe und natürlich auch meine Socken ausgezogen gehabt,
aber die Beschäftigung mit Händen und Füßen und schließlich die Beobachtung aller Gegenstände in der höllerschen Dachkammer, eine früher
zum Viehtreiben von den Höllerischen verwendete schwarze Gummiwurst an der Außenwand der höllerschen Dachkammer war mir besonders
aufgefallen, was hat diese Gummiwurst gerade in der höllerschen Dachkammer zu suchen, habe ich mir gedacht, daß sie eines Tages, wahrscheinlich vom Höller selbst, von einem Kabel abgeschnitten und zu einer Gummiwurst mit einem Stahlbandgriff gemacht worden ist, wie er noch Kühe
und Ziegen gehabt hatte, hatte er eine solche Gummiwurst haben müssen,
alle haben sie hier solche aus Kabelstücken gemachte Gummiwürste, im
ganzen Aurachtal kann man beobachten, wie sie mit diesen schwarzen
Kabelgummiwürsten ihr Vieh treiben, aus den Höfen hinaus und in die
Höfe hinein, aber was hatte diese Gummiwurst in der höllerschen Dachkammer zu suchen?, fragte ich mich, hatte sie vielleicht für Roithamer
irgendeine Bedeutung gehabt und wenn ja, was für eine Bedeutung?, ich
durfte mich aber nicht länger bei der Gummiwurst aufhalten, so hatte ich
die Beschäftigung mit der Kabelgummiwurst ganz einfach abgebrochen
und ich hatte einen anderen Gedanken aufgenommen gehabt: daß es mir
barfuß immer besser gelungen sei, zu denken als nicht barfüßig und woran
das liegt, daß in barfüßigem Zustand von mir alles leichter, zugleich aber
auch noch gründlicher gedacht werden kann, als nicht barfüßig und so ist
es eine beinahe schon lebenslängliche Gewohnheit meinerseits, in Räumlichkeiten, in welchen mir das gestattet ist, sofort meine Schuhe auszuziehen und barfüßig herumzulaufen, im höllerschen Hause hatte ich zuerst
die Schuhe nicht ausgezogen, ich war eingetreten und hatte sofort gesehen,

hier kann ich, wenigstens nicht in den ersten Augenblicken, die Schuhe nicht ausziehen, aber oben in der höllerschen Dachkammer hatte ich die Schuhe gleich ausgezogen gehabt und war in Socken gegangen, hinundhergegangen in Socken, wie ich ausgepackt hatte und mich hingesetzt und erst einmal die höllersche Dachkammer in Augenschein genommen habe und zum Nachtmahl habe ich dann die Schuhe wieder angezogen, weil es mir unmöglich erschienen war, in Socken zum Nachtmahl in die höllersche Stube hinunterzugehn, denn die Höller hatten auch alle Schuhe an, gingen nicht barfuß, wahrscheinlich gingen sie *meinetwegen nicht barfuß, wie ich ihretwegen nicht barfuß gegangen war,* so waren alle nicht barfuß gegangen, obwohl es uns allen, den Höller wie mir, entsprochen hätte, barfuß zu gehen, aber gleich nach dem Nachtmahl hatte ich, wieder in der höllerschen Dachkammer, die Schuhe ausgezogen und auch die Socken ausgezogen und bin barfuß gegangen. Dieses Barfußgehen habe ich aus der Kindheit, in welcher ich immer nur barfuß gegangen bin, auch in die Schule bin ich barfuß gegangen, das ganze Jahr, nur in den kältesten Monaten nicht, alle sind barfuß in die Schule gegangen, nur Roithamer durfte nicht barfuß gehen, weil niemals ein Kind von Altensam herunter barfuß gegangen war, nichts hatte er sehnlicher gewünscht, als mit uns barfuß gehen zu können, aber es war ihm niemals gestattet worden, so war er immer der einzige in der Schule, der nicht barfuß gegangen war, denn ich hatte immer barfuß gehen dürfen, eine Seltenheit für den Sohn eines Arztes. Gehe ich barfuß, werde ich nicht gehört, hatte ich gedacht und ich war gleich sehr viel, um mich in diesem Barfußgehen in der höllerschen Dachkammer zu üben, barfuß hinundhergegangen, wie ich die höllersche Dachkammer betreten hatte, aber ist es mir bewußt, daß ich barfuß leiser gehe, als nicht barfüßig, ist auch das Barfußgehen laut, es darf mir nicht bewußt sein, daß ich barfuß und also leise gehe, dachte ich. Tatsächlich hatte sich, wie ich weiß, Roithamer immer barfüßig in der höllerschen Dachkammer aufgehalten, aber er war niemals barfüßig zu den Mahlzeiten mit den Höller erschienen, auch im Sommer nicht, wo es ganz normal und natürlich gewesen war, daß alle Höller barfuß gingen. Die Kabelgummiwurst an der Wand irritierte mich aber und ich nahm die Kabelgummiwurst von der Wand herunter, sie war schwarz und schwer und ich schlug mit ihr ein paarmal in die Luft, dieses Indieluftschlagen wiederholte ich mehrere Male, während ich zum Fenster hinausschaute, ob ich vielleicht beobachtet werden könnte dabei. Und

wenn ich, dachte ich kurz, mit dieser Gummiwurst auf den Schreibtisch
schlage?, aber ich schlug mit der Gummiwurst nicht auf den Schreibtisch,
aus Angst, mit dieser Gummiwurst etwas tun zu können, was ich besser zu
unterlassen hatte, hängte ich die Gummiwurst wieder an der Wand auf.
Die Gummiwurst ließ mir aber keine Ruhe, ich nahm sie also wieder
herunter und machte die Tür auf und hängte sie draußen auf dem Gang
an einen Haken, auf welchem ein Strohhut hing, wahrscheinlich der
Strohhut der Höller, dachte ich. Wieder in der höllerschen Dachkammer
stehend, dachte ich dann, so, jetzt ist die Gummiwurst nicht mehr in der
höllerschen Dachkammer und ob ich nicht doch beobachtet werde, ich
vermutete, daß ich beobachtet wurde, aber mit Sicherheit konnte ich das
nicht sagen. Immer wieder sind es Handlungen der eigenen Person, die
ausgeführt werden nur für diese eigene Person und sie sind auf keinen Fall
für eine andere als für die eigene Person bestimmt. Wenn der Höller noch
in der Werkstatt ist, dachte ich, warum hat er dann kein Licht mehr
gemacht, es war, als hätte ich ein Geräusch aus der höllerschen Werkstatt,
aus der Präparatur herauf gehört, ein mit der handwerklichen Tätigkeit
Höllers zusammenhängendes Geräusch, wie ich dachte, also mußte der
Höller noch in der Präparatur sein, aber was veranlaßte ihn, wenn er noch
dort war, es war jetzt halbzwei, sich vor mir zu verstecken?, dachte ich.
Tatsächlich mußte ihm, dem Höller, jetzt ein harter metallischer Gegenstand aus der Hand gefallen sein, denn ich hörte das Fallen eines Metall-
gegenstandes in der Werkstatt. Aber immer: warum dreht er das Licht
nicht mehr auf? So hatte ich aufeinmal den Einfall, mein Licht auszudrehen, die höllersche Dachkammer vollkommen zu verfinstern, damit
der Höller glaube, ich sei jetzt zu Bett gegangen, endlich zu Bett gegangen
und er könne ungestört in der Werkstatt sein, unbeobachtet von mir an
dem schwarzen riesigen Vogel weiterarbeiten bei vollem Licht. Ich hatte
das Licht ausgedreht und mich ans Fenster gestellt in der Erwartung, daß
jetzt bald der Höller wieder das Licht in der Werkstatt aufdrehen werde,
denn ich bin mir sicher gewesen, daß der Höller noch in der Werkstatt ist,
denn ich hatte ihn ja niemals aus der Werkstatt heraus- und in sein Zimmer gehen gehört, er mußte also noch in der Werkstatt sein, jetzt, wo ich
die höllersche Dachkammer gänzlich verfinstert habe, und tatsächlich
herrschte eine totale Finsternis in der höllerschen Dachkammer, und wie
ich aus der höllerschen Dachkammer hinausschaute, habe ich auch nichts
als vollkommene Finsternis sehen können, wohl aufeinmal das Getöse der

Aurach wieder gehört, aber die Aurach nicht sehen können, nichts mehr sehen können, denn das ist bekannt, daß die Finsternis hier an der Aurach, im Aurachtale und vor allem an der Aurachengstelle am härtesten und also am finstersten ist und daß es bezeichnend sei, daß sich der Höller gerade hier an der finstersten Stelle der Finsternis, an der Aurachengstelle sein Haus gebaut hat und daß Roithamer sich hier an dieser finstersten Finsternis am wohlsten gefühlt hat, oder, genauer ausgedrückt, hier an dieser finstersten Stelle die idealen Bedingungen für seine Zwecke gefunden hat. Für mich war diese Aurachengstelle nichts als fortwährend furchterregend, wenigstens an diesem Abend bei meiner Ankunft und in der auf meine Ankunft folgenden Nacht, die hier beschrieben ist. Jeden Augenblick dachte ich, der Höller dreht sein Licht auf, aber er drehte es nicht auf, vielleicht, dachte ich, weil er die Situation erfaßt hatte, daß ich nämlich das Licht in der höllerschen Dachkammer nur ausgedreht habe, damit er das Licht in seiner Werkstatt wieder aufdreht, daß er weiß, daß ich nicht, wie ich ihm vormache, ins Bett gegangen bin, sondern noch immer am Fenster stehe und nur darauf warte, daß er das Licht in der Werkstatt wieder aufdreht und ich ihn dann wieder sehen und beobachten kann. Vor solchen Leuten (wie ich) muß ich auf der Hut sein, hatte er wahrscheinlich gedacht und noch und noch das Licht in der Werkstatt nicht aufgedreht, lieber sitzt er in vollkommener Finsternis und dreht das Licht nicht auf, dachte ich, und richtet sich, weil er wahrscheinlich auch in der völligen Finsternis an dem riesigen schwarzen Vogel weiterarbeitet, die Augen zugrunde, aber das Licht aufdrehen und sich wieder von mir beobachten lassen, nein. So hielt ich es nicht mehr aus und drehte plötzlich wieder mein Licht in der höllerschen Dachkammer auf und stürzte ans Fenster, um die Reaktion des Höllers auf die Tatsache, daß ich das Licht in der höllerschen Dachkammer wieder aufgedreht hatte, zu sehen. Tatsächlich sah ich den Höller auf seinem Arbeitsplatz, auf seinem Schoß hatte er den großen schwarzen Vogel. Er, Höller, schaut ja zu mir herauf, er arbeitet an dem Vogel und schaut gleichzeitig zu mir herauf, dachte ich. Da trat ich aber, weil ich nicht beobachtet werden wollte, vom Fenster zurück und warf im Zurücktreten den großen Kleiderständer um, der neben dem Fenster gestanden war und über welchen ich in dem blitzartigen Zurücktreten gestolpert war. Unmittelbar darauf war die Tür aufgemacht worden und der Höller stand in der Tür, im Nachthemd. Was geschehen sei, sagte er und ich deutete auf den umgeworfenen Kleiderständer. Er half mir beim Aufheben des Kleiderständers. Er wunderte sich über die Tatsache, daß ich noch nicht im Bett gewesen, sondern noch in meinen Kleidern aufgewesen war. Wortlos war er, nachdem er mir geholfen hatte, den Kleiderständer aufzustellen, wieder aus der Dachkammer hinausgegangen. Er war also gar nicht mehr in der Werkstatt, gar nicht mehr in der Präparatur, dachte ich. Ich entledigte mich meiner Kleider und drehte das Licht aus und legte mich ins Bett. Es war halbdrei gewesen und ich dachte, unmittelbar vor dem Einschlafen, daß ich völlig erschöpft bin. In der Frühe werde ich mich dem Nachlaß Roithamers nähern, zuerst mich ihm *nähern* und dann ihn *sichten* und *ordnen*.

Sichten und ordnen

Er, Roithamer, habe sich von Altensam niemals entfernen müssen, er habe sich nur zeitlebens bemüht, sich Altensam zu nähern, sich dort verständlich zu machen, wo Verständlichmachung immer unmöglich und eine wahnsinnige Idee gewesen war und immer unmöglich sein wird, so Roithamer, es sei ihm auch niemals auch nur die geringste Annäherung an Altensam gelungen, denn er war immer ein Fremdkörper in Altensam gewesen. Er sei auch ein Mensch, der nicht mit solchen Mitteln ausgestattet sei, sich einmal gegen seinen Charakter und gegen die Vorschrift seines Charakters zu ändern, er sei kein Mensch, auf welchen das Wort opportun, gleich in welcher Beziehung, hätte angewendet werden können, aber mich und meine Vorstellungen und meine Ideen und mein ganzes Wesen betreffend, bin ich immer ein Opportunist gewesen, so Roithamer. In Altensam sei ihm immer alles das Schwierigste gewesen, so habe er es schon früh nicht mehr in Altensam aushalten und sich Altensam und seinen Gesetzen fügen können und habe sich schon bei der ersten Gelegenheit dazu von Altensam abgesetzt. Wie er Altensam, so hatte seine Familie ihn immer als Fremdkörper empfinden müssen und in gegenseitiger grundsätzlicher Beschuldigung, Elementarbeschuldigung, so Roithamer, hätten sie, also er, Roithamer, auf der einen und die Familie Roithamers auf der anderen Seite, hätten sie sich schließlich immer mehr aufgerieben und abgenützt, andauernd wäre es in Altensam nichts als ein Abnützungsprozeß gegenseitig, und zwar ein solcher Abnützungsprozeß auf die unmenschlichste oder menschenunwürdigste Weise, gewesen. Die ihm angeborene Tendenz, zu studieren, das heißt, alles zu studieren, habe ihm aber schon sehr früh ermöglicht, durch dieses Studieren von Altensam, Altensam zu durchschauen und dadurch sich selbst zu durchschauen und zu erkennen und zu handeln und er habe aus diesem ständigen und fortwährenden und lebenslänglichen Studiergrunde immer so handeln müssen, wie er schließlich handelte, sein ganzes Leben, für welches er am liebsten die Bezeichnung Existenz verwendete, noch lieber Absterbensexistenz, habe er aus keinem anderen Grunde gehandelt, alle seine Handlungen seien immer Wirkung dieser Studierursache gewesen, von welcher er sich niemals hatte befreien können, wo andere leicht und oft sehr rasch vorwärtskommen, sei er niemals leicht und niemals rasch vorwärtsgekommen, weil er dieser Studierursache unterworfen gewesen war, sein ganzes Wesen, sein Organismus, sein Denken immer und dadurch sein Handeln immer und in jedem Falle dieser Studierursache. Alles sei ihm immer das Schwerste gewesen. Aber es hatte sich schon früh der Vorteil dieser doch fortwährend größeren als normalen Anstrengung in allem gezeigt, so Roithamer, dadurch ist mir immer alles gründlicher gewesen, kein Schritt ohne Erkenntnis des vorausgegangenen, so Roithamer, nichts, ohne vorher immer alles zuende studiert zu haben oder wenigstens den Versuch gemacht zu haben, sich vor jedem weiteren Schritt über alles Vorhergegangene Klarheit zu verschaffen, freilich in dem Bewußtsein, daß in nichts Klarheit möglich ist, aber doch annähernde Klarheit, angenäherte, in nichts tatsächliche Erkenntnis, aber doch angenäherte, alles immer nur ein Angenähertes ist und nur ein Angenähertes sein kann. Während ich also Altensam wie nichts liebte, weil mir Altensam immer wie nichts auf der Welt vertraut gewesen war und ist, haßte ich es gleichzeitig wie nichts, weil ich dort von Anfang an Fremdkörper gewesen war und mein ganzes Leben, meine ganze Existenz, Absterbensexistenz ist immer auf diesen Umstand bezogen gewesen, dadurch einem ungeheuerlichen Verschleiß meiner Mittel ausgesetzt. Die Frage ist immer nur gewesen, *wie komme ich überhaupt weiter, nicht, in was für einer Beziehung und Verfassung*, so Roithamer. Von diesen Zuständen in dem jungen Menschen aber hatte meine Umgebung niemals auch nur die geringste Ahnung gehabt und sie hatten überhaupt niemals an solche mögliche, verheerende, ein ganzes solches Leben bestimmende und verheerende und vernichtende Zustände denken können, weil nicht denken wollen, weil alles in Altensam immer gegen Denken gewesen ist, das muß grundlegend ausgesprochen gegen Altensam gesagt sein, daß es gegen jedes Denken gewesen ist. Altensam ist immer ein Ort des Handelns gewesen, in welchem immer ohne zu denken gehandelt worden ist, in welchem Handeln Denken immer ausgeschlossen hat und so ist es noch heute, wenn auch heute in Altensam nicht einmal mehr gehandelt wird, denn die in Altensam sind handlungsunfähig, zur Handlungsunfähigkeit verurteilt, schon so viele Jahre sind sie zur Handlungsunfähigkeit verurteilt, weil ihre Zeit vorbei ist, es ist überhaupt nichts mehr. Aber was war Altensam noch vor dreißig oder vor fünfunddreißig Jahren gewesen? Diese Frage muß ich mir immer stellen, denn diese Frage ist die wichtigste Frage, daß ich mich frage, was ist Altensam, aus dem ich bin, vor dreißig oder fünfunddreißig Jahren, wie ich zu denken angefangen habe, gewesen? Ein Gebilde aus Mauern und Menschen, in welchem ohne zu denken gehandelt worden ist, Jahrhunderte so gehandelt worden ist. Er, Roithamer, habe sich zuerst, in der frühesten Kindheit, noch nicht zu erkennen gegeben als der, der er später dann ganz offen gewesen ist, lange Zeit, bis in die Volksschulzeit hinein, war ihm selbst nicht erkennbar gewesen, wer er wirklich ist, daß er im Grunde, obwohl aus Altensam oder weil aus Altensam, immer schon gegen Altensam eingestellt gewesen war, unter der Kindheit war er, wenn auch schon längst gegen Altensam, noch nicht als einer, der gegen Altensam gewesen war, erkennbar gewesen, denn nach außen war seine Kindheit, wenigstens seine früheste Kindheit, als eine normale Kindheit auf Altensam erkennbar gewesen, *keine schon gegen Altensam gerichtete*, obwohl schon damals und wie gesagt, von den ersten Anzeichen meines Denkens an, alles in mir gegen Altensam gerichtet gewesen war, gegen alles, das mit Altensam zusammenhängt, auch heute noch mit Altensam zusammenhängt, es hat immer zwei Altensam gegeben, so Roithamer, das eine, das ich liebte, weil es nicht gegen mich gewesen war, das andere, zweite, das ich immer gehaßt habe, weil es absolut gegen mich gewesen war und schon von Anfang an mit größter Rücksichtslosigkeit. Das Altensam, das ich immer geliebt habe, ist aber nicht das Altensam, das nicht mit den Menschen in Altensam zusammenhängt, so Roithamer, es war das, in welchem mein Wesen fortwährend Zuflucht gefunden hat, während das andere, das von mir gehaßte, immer das gewesen war, in welchem ich niemals Zuflucht gefunden habe, das mich immer vor den Kopf gestoßen hat. So ist es, wenn ich sage, daß ich Altensam hasse, immer das Altensam, in welchem ich niemals Zuflucht gefunden habe und das mich immer vor den Kopf gestoßen hat, das mich abgelehnt hat, dadurch hatte ich selbst es auch ablehnen müssen und nicht das andere, in welchem mein Wesen immer Zuflucht gefunden hat und wenigstens in Ruhe gelassen war. Mich beschäftigt naturgemäß immer das Altensam, das mich abgewiesen und abgelehnt und vor den Kopf gestoßen hat, nicht das andere, wie mich immer nur alles das beschäftigt, das mich nicht in Ruhe läßt, abstößt, vor den Kopf stößt. Von dem einen sind wir in Ruhe gelassen und es läßt unser Wesen, wie es ist, und bringt unser Wesen zu vielen, zum Teil ja wunderbaren Entfaltungsmöglichkeiten, von dem andern aber sind wir vor den Kopf gestoßen und es läßt uns nicht in Ruhe, lebenslänglich läßt es uns nicht in Ruhe, und deshalb beschäftigen wir uns

mit ihm lebenslänglich, die Unruhe, in die wir dadurch hineingekommen
sind und tagtäglich hineinkommen und aus der wir nicht mehr herauskommen, lebenslänglich nicht, bringt uns lebenslänglich gegen alles auf.
So ist alles, was ich denke, mehr aus dem einen, aus der Unruhe und nicht
aus dem andern, das mich in Ruhe läßt, so Roithamer. So ist schon in
Altensam in meiner frühesten Kindheit mein Denken naturgemäß aus
dem, das mich nicht in Ruhe gelassen hatte, gewesen, nicht aus dem
andern. Wir sprechen, wenn wir mit unserem ganzen Wesen sprechen,
immer nur aus dem der Unruhe, nicht aus dem andern, so Roithamer.
Immer habe ich nur aus der Unruhe heraus gesprochen, aus dem andern
habe ich nie gesprochen, weil es mich ja in Ruhe läßt *und mir dadurch
ermöglicht*, über das aus der Unruhe zu sprechen. Und wir haben nicht nur
das Bedürfnis, fortwährend aus dem zu sprechen und anzuklagen und uns
wenigstens immer nur das vor Augen zu halten, das aus unserer Unruhe
ist, denn nur diese Gedanken und Gefühle und Gedankengefühle und
umgekehrt haben naturgemäß die größere Bedeutung. Die Ruhe ist nicht
das Leben, so Roithamer, die Ruhe und die vollkommene Ruhe ist der
Tod, so Pascal, so Roithamer. Aber solche Erklärungen führen mich nicht
weiter, ich muß von diesen Erklärungen wegkommen, so Roithamer,
mich nicht aufhalten mit Wahrheiten, die von der Geschichte bewiesen
sind. Das Aufwachen in Altensam, so Roithamer, ist gleichzeitig der Entschluß gewesen, von Altensam wegzukommen, von allem wegzukommen,
mich von allem abzustoßen, was Altensam ist, und dieser Abstoßungs-
prozeß ist alles, was ich bis heute getan habe, gleich wo ich es getan habe
und unter welchen Umständen und auch wenn es den Anschein hat, daß
es mit Altensam überhaupt nichts zu tun hat. Ein Aufwachen in meinem
Zimmer in Altensam vielleicht, in meinem Erkerzimmer, ein Aufwachen
an der südlichen Mauer oder an der östlichen Mauer, südliche wie östliche
Mauer liebte ich in gleicher Weise, ein Aufwachen vielleicht unter der
Linde oder in der Küche oder in der Eingangshalle, in welcher ich oft
stundenlang, auf die Eltern wartend, in der Eiseskälte gesessen bin, die
Fußbodenbretter in der Halle studierend und dann, auf die Fußbodenbretter, alles studierend, den Stiegenaufgang, die Lampen im Stiegenaufgang, die Kapellentür, die Küchentür, die Gegenstände in der Halle, oder
ein Aufwachen in einem der Keller, in die ich mich sehr oft zurückgezogen
habe, einmal in den Mostkeller, einmal in den Bierkeller, einmal in den
Apfelkeller, so viele Keller in Altensam, in einem dieser Keller das Auf-

wachen gegen Altensam, gegen alles, das mit Altensam zusammenhängt, vielleicht im Wald an der abschüssigen Stelle, die ich immer wieder aufgesucht habe, in der Lichtung, wo das Eisenkreuz aufgestellt ist zur Erinnerung an einen da, an dieser Stelle, von einem vom Blitzschlag gefällten Baum erschlagenen Vorfahren, oder im Zimmer meiner Brüder oder im Zimmer meiner Schwester, im Musikzimmer vielleicht, oder vielleicht im Wirtschaftsgebäude, dort, wo die Holzfäller hausten, Knechte, Mägde, ich weiß es nicht, so Roithamer. Es kann auch während eines Spaziergangs mit meinem Vater gewesen sein, diese wortlosen Spaziergänge, die immer in eine bestimmte Richtung, jahraus, jahrein, in dieselbe Richtung von Altensam hinunter in den riesigen Mischwald geführt haben, in jenen Wald, den mein Vater immer nur als den *Naturwald* bezeichnet hat, weil er kein nach den Regeln der Forstkunst gepflanzter Wald gewesen war, sondern ein solcher ohne Menscheneingriff gewachsener, ein, wie mein Vater immer sagte, *auf natürlichste Weise angeflogener*, diesen Wald liebte mein Vater, so Roithamer, und er ist immer nur in diesen Wald hineingegangen, ich durfte mitgehen, aber ich mußte schweigen. Möglicherweise auf einem dieser Spaziergänge, die sechs oder sieben Stunden dauerten und in welchen das Schweigen niemals gebrochen werden durfte. Im Grunde hatte mein Vater, so Roithamer, nur diesen einen natürlich angeflogenen Mischwald geliebt, sonst nichts. Keine Lebensvorstellung meines Vaters ohne diesen natürlich angeflogenen Mischwald, so Roithamer. Auf einem dieser Spaziergänge plötzlich aufgewacht gegen Altensam und gegen alles, das mit Altensam zusammenhängt, *und alles hängt mit Altensam zusammen*, so Roithamer, das alles hängt mit Altensam zusammen, ist unterstrichen. Oder wie ich einmal mit meiner Mutter zusammengewesen bin im sogenannten Tannenwald oder mit meiner Schwester in ihrem Zimmer, das neben meinem Zimmer gelegen war, ich weiß es nicht. Aber es ist ein Aufwachen, ein plötzliches Aufwachen gegen Altensam gewesen und gegen alles, das mit Altensam zusammenhängt, das mein ganzes weiteres Leben bestimmt hat. Von diesem Augenblick an drängte ich weg, hinaus, aber ich hatte noch viele Jahre zu warten. Die Schulzeit war schon ein Lichtblick gewesen, die Möglichkeit, allein von Altensam herunter zu gehn in die Schule, auf diesem Weg allein Kontakt aufzunehmen mit anderen Menschen, mit solchen Menschen, die mit Altensam wenigstens unmittelbar nichts zu tun hatten, mit einer ganz anderen Menschenart. Denn bis zur Schulzeit hatte ich keine Gelegenheit gehabt, mit anderen

Menschen Kontakt aufzunehmen in kritischem Verstande, denn von solchen Kontakten, die ich ja in Altensam selbst hätte haben können, sozusagen als Vorbereitung auf die späteren Kontakte, in Altensam oben also schon Kontakte zu knüpfen als Vorbereitung auf die Kontakte unten, war ich immer abgehalten worden. Bin ich zu den Holzknechten, war ich gleich wieder zurückgerufen worden, auch von den Arbeitsleuten in der Wirtschaft, aber ich war schon immer gerade von diesen Leuten angezogen gewesen, wahrscheinlich schon sehr früh in so hohem Maße, weil mir dieser Kontakt nicht gestattet war. Und gerade dieses Zurückhalten meinerseits von allen anderen, als den in Altensam Geborenen, war ja die Ursache gewesen, daß ich dann, später, alle diese Leute und alles, das mit diesen Leuten zusammenhängt, haßte. Es ist *Haß* gewesen, nichts als *Haß*, so Roithamer. Das Wort Haß ist unterstrichen. Aber die Leute, mit denen Kontakt zu nehmen und zu halten, mir verweigert und verboten gewesen war, *liebte* ich, so Roithamer. Das Wort liebte ist unterstrichen. Die Kindheit ist nichts anderes gewesen, als von dem, in welche ich hineingezwungen worden war von Anfang an, nämlich in Altensam, wegzukommen in das Andere, das mir verwehrt und verweigert und verboten gewesen war und mit einer perversen Bestimmtheit, wie ich heute sehe. Sie mußten gefühlt haben, daß ich anders war selbst als meine Geschwister, die sich umständelos den Anweisungen auf Altensam gefügt hatten, die sich niemals aufgelehnt hatten zum Unterschied von mir, der ich mich schon in der frühesten Kindheit, schon mit drei oder vier Jahren, wie ich weiß, aufgelehnt habe gegen die Vorschriften und gegen die Gewalttätigkeiten dieser Vorschriften meiner Eltern oder der andern sogenannten Erziehungsberechtigten in Altensam, sie hatten gefühlt, daß ich schon in der frühesten Kindheit ein vollkommen selbständig fühlendes, später vollkommen selbständig denkendes Wesen war, das sich ihnen und ihren Vorstellungen und Befehlen nicht unterwerfen hat wollen. Und ihr Unglück ist gewesen, daß sie mich erzeugt hatten, das ließ sich nicht mehr aus der Welt schaffen, obwohl sie eine solche Verfälschung der Geschichte wahrscheinlich oft gewünscht haben, so Roithamer. Es war ihnen immer unverständlich gewesen, meinen Eltern, wie meinen Geschwistern, wie allen andern aus Altensam oder mit Altensam Zusammenhängenden, der ganzen weitverzweigten Verwandtschaft, daß sie es hier immer mit einem immer gegen sie und ihre Umstände und Zustände gerichteten Verstand und Gefühl zu tun haben, das sie selbst erzeugt haben und das ihren

Namen trägt. So ist auch der Umstand, daß mir mein Vater Altensam vererbt hat, so Roithamer, während er seine zwei anderen Söhne und seine einzige Tochter, meine Schwester, durch Auszahlung meinerseits befriedigen zu können glaubte, nichts anderes, als der Ausdruck des Willens meines Vaters, Altensam durch ein solches allen und alles vor den Kopf stoßendes Testament, welches übrigens von meinen Brüdern, wenn auch vergeblich, angefochten worden ist, Altensam durch ein solches Testament zu vernichten, weil er gewußt und in diesem Bewußtsein vor allem gefühlt hat, daß er Altensam vernichtet, wenn er es mir vererbt, so Roithamer. Keine Perversität, volles Bewußtsein, so Roithamer dazu. Denn mein Vater hat (seismographisch) gewußt, daß die Zeit für Altensam gekommen ist. Es war ihm aber lieber, so Roithamer, Altensam durch den Umstand, es mir zu vererben, vollkommen zu vernichten und zwar in der kürzesten Zeit vollkommen zu vernichten, weil ihm die Tatsache immer bewußt gewesen ist, daß ich Altensam hasse, als es nach und nach noch mehr verkommen zu lassen, das hätte es zweifellos bedeutet, wenn er Altensam nicht mir vermacht hätte, sondern meinem ältesten Bruder oder dem jüngeren, oder diesen beiden zusammen, denn daß er meine Schwester auszahlen läßt, ist immer ohne Zweifel gewesen. Wenn ich Altensam verkaufe, was ich jetzt vorhabe, so Roithamer, und mit dem Erlös, der *ein sehr hoher Erlös sein muß*, lieber zieht sich der Verkauf noch länger hinaus, als daß ich ihn übereile, ein sehr hoher Preis muß erzielt werden für Altensam und wenn ich um diesen Preis alles mir damit Mögliche für die aus den Strafanstalten entlassenen Strafgefangenen tue, ist eingetreten, was der Vater gewünscht hat, Altensam vollkommen zu vernichten. Inserate, möglicherweise Kontaktaufnahme mit Häusermaklern, aber Vorsicht, so Roithamer. Durch den Verkauf von Altensam kann ich mir diesen Wunsch erfüllen, alles mir Mögliche für die Ausgestoßenen der Gesellschaft, für diese Ausgestoßensten der Gesellschaft, die die Gesellschaft immer bereitwilligst und zwar immer bereitwilligst ohne viel nachzudenken, geschweige denn, ohne auch nur das geringste diesbezüglich zu denken, zu tun, denn das habe ich ja schon immer gewünscht, diesen Leuten, von welchen sich die Gesellschaft, die sie ja zu solchen, wie sie sie zu bezeichnen pflegt, weil sie nicht denkt und weil ihr Denken so fremd und so verhaßt ist wie nichts, Verbrechern gemacht hat, zu helfen. Es kann für mich nichts Wichtigeres geben, als mit dem Erlös von Altensam den Strafgefangenen, die entlassen worden sind, zu helfen, aber auch für die nichtentlassenen Strafgefangenen etwas zu tun, so weit wie möglich. Und gerade einen solchen Besitz wie Altensam, dessen Zeit ganz einfach vorbei ist, zu zertrümmern, zu vernichten für eine solche Aufgabe, das ist mir wichtiger im Augenblick als alles andere. Einerseits den Kegel zu vollenden und die Vollendung ist absehbar, andererseits Altensam zu verkaufen für die Strafgefangenen. Die Menschengesellschaft ist gegenüber ihren Verbrechern, die sie in die Strafanstalten hineingesperrt hat, die unverschämteste, so Roithamer, sie stürzt diese Leute bei vollem Bewußtsein und mit der ganzen ihr zur Verfügung stehenden Rücksichtslosigkeit und Gemeinheit und Unmenschlichkeit, die sie auszeichnet, in ihre sogenannten Verbrechen, die nichts anderes als die von dieser unmenschlichen Menschengesellschaft aufgestellten Fallen sind, Todesfallen immer, hinein und wendet sich von ihnen ab. Wenn ich eine Aufgabe habe, so ist es doch die, den Strafentlassenen zu helfen, diesen sogenannten Verbrechern, die in Wirklichkeit Kranke der Gesellschaft sind, so Roithamer, die die Gesellschaft in ihre Krankheit gestürzt hat. Der Mensch hat nicht und niemals das Recht, von Verbrechern zu sprechen, niemand und nichts, so Roithamer, es handelt sich, wie bei den übrigen, um Kranke, an der Gesellschaft Erkrankte und die ganze Gesellschaft ist nichts anderes als Hunderte und Aberhunderte von Millionen an sich selbst Erkrankte, nur sind die einen, die Unglücklichen und die Unglücklichsten, die Verleumdeten und Betrogenen und mit Hohn und Spott und mit der ganzen Gemeinheit und mit dem ganzen Menschenschmutz Überschütteten eingesperrt und die andern nicht. Die Summe muß die Höchstsumme sein, so Roithamer. Aufsuchen verschiedener Schätzmeister etcetera, so Roithamer. Mit dem Geld alles tun für diese Leute, was möglich ist, so Roithamer, Heimstätten, Gebäude bauen, unter Berücksichtigung meiner Erfahrungen mit dem Kegelbau, so Roithamer, immer nahe an den Zentren, Menschenansammlungen, alles vermeiden, was Isolation fördert, abgesehen davon, daß *alles Isolation ist*, Arbeitsmöglichkeiten, Beschäftigungsmöglichkeiten, höchstmögliche Freiheit des Einzelnen. *Geistesfreiheit, Körperfreiheit*, so Roithamer. Schaffung von neuen Lebensmitteln für diese Leute. Unterhaltungsmöglichkeiten. *Entfaltung*, so Roithamer. Wenn wir von einer Idee besessen sind und plötzlich die Möglichkeit haben, diese Idee zu verwirklichen, weil wir fortwährend und ununterbrochen und immer im Höchstmaß mit dieser Idee beschäftigt, immer auf diese Idee hin konzentriert gewesen sind (siehe Kegel), nichts anderes mehr gewesen

sind als nurmehr noch Konzentration auf diese Idee, wenn wir wahrmachen können, was wir vorausgesagt haben, auch wenn wir für noch so
verrückt gehalten worden sind und uns selbst für verrückt gehalten haben
in einer solchen Idee. Wenn gegen alles die Verwirklichung der Idee gelungen ist. Wenn wir auf nichts gehört haben jahrelang, jahrzehntelang,
nur auf die Idee, mit welcher wir identisch sind. Wir erreichen nur, worauf
wir hundertprozentig konzentriert sind und zwar auch im sogenannten
Unterbewußtsein, wenn wir die längste Zeit bis zu dem Zeitpunkt der
Vollendung unseres Zieles auf nichts anderes als nur auf dieses Ziel hören.
Wenn wir uns der Tatsache immer bewußt sind, daß sich immer alles
gegen unser Ziel verschworen hat, daß alles außer uns und sehr oft auch
vieles in uns nichts anderes ist als eine Verschwörung gegen unser Vorhaben, gegen unser Ziel. Wenn wir rücksichtslos und am rücksichtslosesten sind gegen alles unsere Arbeit auf unser Ziel hin Hemmendes, unser
Ziel Torpedierendes, wenn wir uns schließlich gegen uns selbst stellen,
weil auch wir nicht mehr glauben, gegen diesen ganzen umfassenden, alles
umfassenden Widerstand und also Widerwillen gegen unser Ziel, unser
Ziel erreichen zu können, weil wir fortwährend von Zweifeln an uns selbst
und dadurch an unserem Ziel angegriffen und von diesen Zweifeln geschwächt sind, was es uns unmöglich erscheinen läßt, unser Ziel zu erreichen, aber wir dürfen uns durch *nichts*, nichts ist unterstrichen, von unserem Ziel abhalten lassen, wie ich mich niemals von einem Ziel abhalten
habe lassen, so Roithamer, denn, so Roithamer, gegen jedes Ziel ist immer
alles. Wir müssen schon im Kleinsten gegen alles unser Ziel erreichen,
geschweige denn im Großen, so Roithamer. Plötzlich ist eine Idee da und
will verwirklicht werden unser ganzes Leben, unsere ganze Existenz nur
aus solchen Ideen, die verwirklicht werden wollen, ist dieser Zustand
abgebrochen, ist das Leben abgebrochen, der Tod ist eingetreten. Wir
bestehen nur aus Ideen, die in uns aufgetaucht sind und die wir verwirklichen wollen, die wir verwirklichen müssen, weil wir sonst tot sind, so
Roithamer. Jede Idee und jede Verfolgung einer Idee in uns ist das Leben,
so Roithamer, Ideenlosigkeit ist der Tod. Und der in Betracht gezogene
Mensch mag so einfach erscheinen, wie wir wollen, was er aber niemals ist
und auch so kompliziert, wie wir wollen, was er ebenso wenig ist, so
Roithamer. Die Ideenlosigkeit des Menschen ist sein Tod, so Roithamer,
und wie viele Menschen sind ideenlos, vollkommen ohne jede Idee, sie
existieren nicht. Zuerst Inserate, dann Häuservermittler, so Roithamer,

aber die größte Vorsicht vor den Häuservermittlern, auch hier, wie in
jedem Bezuge, größtes Mißtrauen, je größeres Mißtrauen, desto besser,
aber dann, an dem bestimmten Punkte der Klarheit, handeln. Wir müssen
immer Vergleichsmöglichkeiten haben, ohne Vergleichsmöglichkeiten
können wir nicht denken, nicht handeln, ist nichts, so Roithamer. Besitzungen und Preise vergleichen, so Roithamer. Über die eigentlichen Verhältnisse auf dem Immobilienmarkt Bescheid wissen. Daß Verkäufer und
Käufer immer die gleiche betrugsanfällige Rolle spielen. Das macht Aufsehen, wenn ich Altensam verkaufe, so Roithamer, also alles so unscheinbar und im Hintergrund angehen, wie nur möglich. Darüber nichts reden,
auch nicht, wenn es so weit ist, überhaupt nicht darüber reden. Und
vorsorgen, daß vor allem die Schwester gesichert ist, daß niemand zu
Unrecht in Mitleidenschaft gezogen ist durch den Verkauf, auch die Brüder nicht, obwohl die Brüder zu schonen an Idiotie grenzt, denn sie haben
mich niemals geschont, *sie* schonen mich auch heute nicht, aber ich werfe
sie nicht entschädigungslos hinaus, obwohl sie keinerlei Recht auf Entschädigung haben, *weder juristisch, noch menschlich*, denn ihr ganzes Streben ist immer ein solches gegen mich, ihren aus der Art gefallenen Bruder
gewesen, alles haben sie getan, um mich ihre Verachtung und ihren Haß
fühlen zu lassen und sie haben in der Kunst, mich zu peinigen, einen
immer höheren Kunstgrad erreicht, ihre Spitzfindigkeiten, mich zu martern, nicht vergessen, ihre Erniedrigungskunst mir gegenüber ist immer
die höchste gewesen, nicht vergessen, daß sie niemals etwas für mich übrig
gehabt haben, aber sie überhaupt nicht zu schonen, dafür besteht keine
Veranlassung, aber ich schone sie nicht, weil sie es verdienen, sie verdienen
es nicht, nur weil ich sie weghaben will, weghaben. Und die Schwester im
Kegel, den ich für sie gebaut habe, ist der Kegel vollendet, zieht sie ein, in
das ihr vollkommen entsprechende Baukunstwerk, zu welchem ich tatsächlich gegen meinen Verstand und gegen alle, auch meine Vernunft
befähigt gewesen bin. Der Standort des Kegels in der Mitte des Kobernaußerwaldes ist der ihr entsprechende. Höchstes Glück? Dann wachen
wir auf und sehen, daß wir erreicht haben, was wir erreichen haben wollen,
weil wir unnachgiebig und vor allem gegen uns selbst unnachgiebig gewesen sind, weil wir uns nichts vorgemacht haben und weil wir nicht auf
die andern gehört haben, denn hätten wir auf die andern gehört, so Roithamer, hätten wir nichts erreicht, denn die andern sind immer gegen uns,
alles andere ist Unwahrheit. Altensam verkaufen und mit dem Erlös Hil-

festellung für die entlassenen Strafgefangenen schaffen. Gegen den sogenannten Guten Geschmack verstoßen, gegen den ich immer verstoßen
habe, das ganze Leben habe ich immer gegen den sogenannten Guten
Geschmack verstoßen. Verstoßen wir einmal nicht gegen den sogenannten
Guten Geschmack, weil wir etwas sogenanntes Geschmackvolles tun, haben wir den Charakter verloren, unseren Verstand, unser Wesen aufgegeben. Denn es hätte ja keinen Sinn, Altensam für die Strafgefangenen
auszubauen, dazu ist Altensam nicht geeignet. Denn das hieße ja, daß
Altensam nichts anderes wäre, als eine der vielen in unserem Lande in den
schönsten Gegenden gelegenen Strafanstalten, nein, diese Idee ist endgültig verworfen, das wäre ja wahnsinnig!, das wäre ja wahnsinnig, ist
durchgestrichen, dann wieder unterpunktiert. Und zwar Altensam mit
dem gesamten Inhalt verkaufen, nicht verschleudern, verkaufen, mit klu-
gem Kopf und mit dem richtigen Zeitgefühl verkaufen. Dem Notar auf
die Finger schauen und ihn nur seiner tatsächlichen Leistung, nicht nach
den offiziellen gesetzmäßigen Vorschriften (und notariellen Ansichten)
honorieren. Das Honorar hat *ein tatsächliches Erfolgshonorar* zu sein. Es ist
aber die Frage, ob ich nicht selbst, aus eigenem, vielleicht durch einen
glücklichen Zufall, Altensam verkaufe, dann keinerlei Vermittlungsge-
bühr. Alle sind sie immer von den Notaren und von den Rechtsanwälten
hereingelegt worden, das hat sich nicht geändert. Den Brüdern einen
kleineren Besitz kaufen ist durchgestrichen. Die Schwester mit allem Notwendigen versorgen auf Lebenszeit. Vertragsbasis ist unterstrichen. Wir
lehnen alles, das mit Verträgen zusammenhängt, ab, weil wir die Büro-
kratie ablehnen insgesamt, aber die Tatsache ist, daß die Welt nur mit
Verträgen zusammengeflickt ist, das sehen wir sehr bald und in diesen
Netzen von Hunderten und Tausenden und Hunderttausenden und Millionen und Milliarden von Verträgen zappeln die darin gefangenen Menschen. Um Verträge ist nicht herumzukommen, außer durch Selbstmord.
Überall Verträge, die schon alles erstickt haben, eine in Verträgen erstickte
Welt, so Roithamer. Glauben wir, ohne Verträge oder andere schriftliche
Abmachungen existieren zu können, und laufen, gleich wohin, davon,
sind wir bald wieder in Verträgen und schriftlichen Abmachungen einge-
fangen, denkt einer anders, ist er ein Verrückter, böswilliger Verfälscher
der Natur der Sache. Nur als Kind wissen wir nicht, was das ist, worin wir
zappeln und verzweifeln und ununterbrochen zappelnd verzweifeln, daß
es die Fäden der Verträge und anderen schriftlichen Abmachungen der

Erwachsenen sind, der Geschichte. Wem es gelänge, alle diese Verträge und anderen schriftlichen Abmachungen abzuschaffen, der hätte doch nichts anderes, als die ganze Welt vernichtet. In der Zukunft ist, weil alles, auch das möglich. Aber bis zum heutigen Tag ist es nicht möglich gewesen, auch in naher Zukunft nicht, so Roithamer, die absehbare Zukunft sind Verträge, schriftliche Abmachungen und die daraus resultierenden Verzweiflungen, Behinderungen, Krankheiten, Todesursachen, sonst nichts. Wir sind mit unserem ganzen Wesen an Verträge, schriftliche Abmachungen, Feststellungen gebunden, lebenslänglich darin gefangen, wir können tun, was wir wollen, sein, wer wir wollen. Aber unser Streben ist, aus diesen Verträgen und anderen schriftlichen Abmachungen herauszukommen, lebenslänglich, das ist so schmerzhaft wie unsinnig, so Roithamer. Anwälte, Notare aufsuchen und ihre Geistesgegenwart überprüfen, umgekehrt meine Schutzlosigkeit, die Unwissenheit der Anwälte und Notare mit meiner eigenen Schutzlosigkeit in Vergleich bringen. Denken, daß alles, was bis jetzt verkauft worden ist, zu billig verkauft worden ist, alles, was bis jetzt gekauft worden ist, zu teuer. Kaufmännische Instinkte, Wahrnehmungen, Geld, Wucher, Betrug, Fälschung, Übervorteilung, so Roithamer. Daß es sich um die schönsten Wälder handelt, gleichzeitig um die ertragreichsten, hundertjähriger Bestand. Bonität des Ackerbodens erste Klasse. Und die vielen, zu Altensam gehörenden Rechte, wie Fischrechte, Holzrechte, Weiderechte etcetera. Es kann sich nur um eine Höchstsumme handeln. Alles lebende und tote Inventar eingeschlossen. Studieren landesüblicher und landesunüblicher Kaufverträge, Finanzamtsrechte, Aufkaufdummheiten, so Roithamer. Vollendung des Kegels, Vergessen der Arbeit am Kegel, Wiederaufnahme meiner naturwissenschaftlichen Arbeit, gleichzeitig Betreiben des Abverkaufs Altensam, so Roithamer. Zuerst von England aus, weil ich in Cambridge mich wieder einzugewöhnen habe, wo ich schon nicht mehr zuhause bin, unter Zuhilfenahme der Erkenntnisse Höllers in der höllerschen Dachkammer alles in Betracht ziehen, das mein Fortkommen, Weiterkommen sichert, dann von der höllerschen Dachkammer aus. Beobachtung meiner Schwester bei ihrem Eintreten in den vollendeten Kegel, ich zeige ihr den Kegelinnenraum von oben nach unten, nicht von unten nach oben, daß ich ihr möglicherweise die Augen zuzubinden habe beim Eintritt in den Kegel, sie hinaufzuführen habe auf die Innenspitze des Kegels, dann ihre Augen öffne und sie nach und nach mit dem ganzen Innenkegel vertraut mache. Aus meinem Kopf herausbringen alles, das mit Richters Grundlagen der Statik und Festigkeitslehre zusammenhängt, Chmelka, Melan aus dem Kopf schlagen, alles aus dem Kopf schlagen, das mich während des Kegelbaues beschäftigt hat, *zuerst in dreijähriger Planung, dann in dreijähriger Entstehung des Kegels,* versuchen, alles, das mit dem Kegel zusammenhängt, herauszubringen aus dem Kopf, vor allem alles gegen das immer wieder in der Nacht auftauchende Wort Statik, das es mir unmöglich macht, auch nur an Einschlafen zu denken, schlafe ich ein, ist das Wort Statik in meinem Kopf und ich schlafe tatsächlich nicht ein, so Jahre. Alles mit dem Kegel und mit der Vollendung des Kegels Zusammenhängende abschließen, bevor ich Altensam liquidiere. Die Schwester als Versorgung der Schwester von ihrem Bruder, verrückten *exzentrischen* Bruder, höre ich, so Roithamer, exzentrischen unterstrichen, in den Kegel gesteckt, verrücktes, wahnsinniges, exzentrisches, blasphemisches, irrsinniges Bauwerk. Aber ich werde auch in Zukunft alle sogenannten Architekten nicht an den Kegel heranlassen, den Kegel absichern gegen alle Baufachleute. Diese sogenannten Architekten und Baufachleute erscheinen, um das Kunstwerk, das es ist, abzutöten, sie vernichten es, indem sie es betreten, indem sie es in Augenschein nehmen. Es handelt sich um das Geistesprodukt eines Verrückten, Geistesgewalttäters, in eine sinnlose Idee verrannten *Kopfnarren,* so mein älterer Bruder, so Roithamer, das Wort Kopfnarren unterstrichen. Aber ich habe mich zeitlebens nicht um das gekümmert, das die Leute gesagt haben, auch nicht um das, was sie sich immer (über mich) gedacht haben, so denke ich, daß ich mich auch in Zukunft um sie nicht kümmern werde. Fachgesindel, sogenannte Architekten, Geistesscharlatane, so Roithamer, Bauherrenausnützer, Dummköpfe, Betonstumpfsinn. Keine einzige Zuschrift wegen Verdacht auf Architekten- oder Baufachherkunft beantwortet. James Gandon zum Beispiel, Sir John Soane, John Nash etcetera haben sie niemals gehört. Wenn wir handeln, kennen wir den Ursprung unseres Handelns, wenn wir denken, den Ursprung unseres Denkens. Boulle, Hamilton, Vignon, Konzeptionswechsel etcetera, so Roithamer, wir reden vergeblich. Wenn wir nur andeuten, zerfallen sie schon. *Nichts* aus den Schriften von Neutra, *alles* von Mies van der Rohe, nichts und alles unterstrichen. Der Grund, sich mit Fachleuten nicht einzulassen, weil diese unsere Idee vernichten, nichts im Sinn haben, als unsere Idee schwankend zu machen, sie zu vernichten. Keinem Fachmann mit einer Idee kommen, denn dann ist diese Idee in kurzer Zeit schwankend, das Vorgestellte zweifelhaft, unmöglich, zu realisieren, die Idee solange eingekerkert lassen, bis sie realisiert, vollendet ist. Gedanke wie Idee eingekerkert lassen bis zu dem äußersten möglichen Grad der Realisierung, Verwirklichung, Vollendung. Und wie viele leben dann von unserer Idee, die *wir* gehabt haben, wir unterstrichen, unsere Idee wird aufgegriffen und schamlos ausgenützt, das beobachten wir immer wieder, wie eine Idee aufgegriffen und schamlos ausgenützt wird dann von Hunderten von Nachmachern, und wie dadurch versucht wird, diese Idee zu vernichten, aber ist die Idee gut, ist sie nicht zu vernichten. An eine Idee, die immer eine außergewöhnliche Idee ist, hängen sich Hunderte von Ausnützern und schlachten die Idee aus und schlagen Kapital daraus rücksichtslos, und immer gegen den, der diese Idee gehabt hat. Gedanke und Idee solange eingekerkert lassen, als möglich. Sie in ihrer Vollendung preisgeben um den Preis des absoluten Unglücks darüber. Die meisten, der höchste Prozentsatz existiert von fremden Ideen, nützt diese fremden Ideen aber bis zum äußersten aus, schamlos, dafür nicht zur Verantwortung gezogen, im Gegenteil, überall dafür belobigt. Wo wir hinschauen Ideenausschlachter, die damit gut verdienen. Also, ich lasse die sogenannten Fachleute nicht an den Kegel heran, aber es wird der Augenblick kommen, in welchem ich den Kegel nicht mehr verbergen kann, dann stürzt sich die sogenannte Fachwelt auf den Kegel und die Idee wird ausgeschlachtet, es hat keinen Sinn, diese Tatsache durch Zurückhaltung hinauszuziehen, früher oder später wird der Kegel entdeckt, alle stürzen sich auf die Idee und auf die mit dieser Idee zusammenhängenden Hunderte und Tausende von Ideen und der Kegel wird ausgeschlachtet, rücksichtslos. Aber niemand kann sagen, die Idee gehört mir, *lebenslänglich* mir, lebenslänglich unterstrichen. Wir machen auf etwas Neues aufmerksam und alle stürzen in dieses Neue hinein und nützen es aus, obwohl *wir* auf dieses Neue aufmerksam gemacht haben, aber davon ist nicht mehr die Rede. Wir machen eine Entdeckung und nicht wir, sondern die, die diese Entdeckung ausnützen, machen Wind mit dieser Entdeckung. Zuerst die Vollendung des Kegels, dann die Konzentration auf den Abverkauf von Altensam, dann die Wiederaufnahme meiner wissenschaftlichen Arbeit, Cambridge, London, London, Cambridge wechselweise, weil mir das immer gut getan hat, wenn die Beurlaubung ihren Sinn gehabt hat, weil der Kegel gebaut und vollendet worden ist, Altensam abverkauft worden ist. Obwohl wir zeitweise alles hassen, ist es uns möglich oder gerade weil wir zeitweise alles hassen, zeitweise möglich, weiterzukommen, durch nichts als Haß weiter, vorwärts. Weil wir schwach sind, schwächlich, keinerlei Schwäche erlauben. Und ist es das Leben nicht und ist es die Natur nicht, ist es die Lektüre, ist es das Leben und die Natur der Lektüre, ganze weite Strecken immer wieder nur Lektürenatur, Leben aus Büchern, Zeitschriften, allen möglichen Schriften, überbrücken der abgebrochenen, ausgelassenen Natur durch Lektüre, die wie die Natur ist, wie das Leben ist. Weil wir nicht immer, und kein Organismus ist dazu befähigt, die Natur in uns aufnehmen können, das Leben als Natur in uns aufnehmen können, weite Strecken, *jahrelang nur als Lektüre*, die Natur aus Zeitungen, aus Geschriebenem. In mehreren Sprachen zur Abwechslung. Wir brechen an bestimmten Punkten unserer Existenz die Natur unserer Existenz ab und existieren nur noch in Büchern, in Geschriebenem, bis wir wieder die Möglichkeit haben, sehr oft als ein Anderer, *immer als ein Anderer*, immer als ein Anderer unterstrichen, in der Natur zu existieren und existieren in der Natur weiter. Wir hielten ein Leben in der Natur, die immer eine freie Natur ist, nicht ununterbrochen aus, deshalb gehen wir immer wieder aus dem einzigen Grunde des Überlebens aus der Natur hinaus, treten in Lektüre ein, leben so in Lektüre lange Zeit und unbehelligter. Die Hälfte meines Lebens habe ich nicht in der Natur, sondern in der Lektüre als Natur gelebt, existiert und nur durch die eine Hälfte ist mir die andere möglich gewesen. Oder wir existieren in beidem, in Natur und in Lektüre als Natur gleichzeitig, in dieser äußersten Nervenanspannung, die nur die kürzeste Zeit möglich ist, ist sie als Bewußtsein existent. Die Frage kann nicht sein, lebe ich in der Natur als Natur, oder in der Lektüre als Natur, oder in der Natur als Lektüre, in der Natur der Natur der Lektüre undsofort, so Roithamer. An alles, das wir denken und erleben und das wir hören und sehen, wahrnehmen, müssen wir immer anfügen: wahr ist vielmehr . . . woraus unsere Unsicherheit ein ununterbrochener Zustand geworden ist. Die abrupten Übergänge aus der einen Natur in die andere, aus der einen Geistesgegenwart in die andere, so Roithamer. Wenn wir denken, *wissen* wir nichts, ist alles offen, nichts, so Roithamer. Die Natur der Sache ist immer eine andere, so Roithamer. Zuerst, der Kegel hat Ausblicke nach allen Richtungen, dann, der Kegel hat nur nach Süden Ausblicke und nach Norden, dann, nur nach Westen und nach Osten, schließlich nur nach Norden. Die Räume, keine Zimmer, die Räume sind

so, daß sie dem Wesen meiner Schwester vollkommen entsprechen, sie
sind so, daß sie sich dem jeweiligen Geisteszustand anpassen, in welchem
sich meine Schwester befindet, wenn sie in die Räume eintritt, undsofort.
Dazu war naturgemäß auch die ununterbrochene Beobachtung meiner
Schwester notwendig, andauernde Beobachtung der Schwester von frühester Kindheit an, daß ich sie immer schon eindringlich und immer
schon völlig vorurteilslos beobachtet, mich mit ihrem Wesen auseinandergesetzt habe, schon die ganzen Jahre ihres Lebens, bevor ich überhaupt
die Idee gehabt habe, ihr den Kegel zu bauen, ist der größte Vorteil gewesen. Und diese Beobachtung zu einer Beobachtungskunst und zu einer
Beobachtungswissenschaft gemacht habe. Und naturgemäß auch alles beobachtet habe, was mit meiner Schwester in Beziehung ist, vor allem ihre
Gewohnheiten, ihre *Möglichkeiten*, Möglichkeiten unterstrichen, ihre Unmöglichkeiten, was ihr angeboren ist und was ihr anerzogen ist und was sie
zur Schau trägt. Fortwährend das Studium ihres Inneren, soweit das möglich gewesen ist durch ständige, fortwährende Beobachtung und durch
ständiges und fortwährendes Studieren ihres Äußeren, denn das Innere ist
wie das Äußere, es kommt auf die Urteilsfähigkeit des Beobachters an. Das
Bewußtsein, daß ich in der Beobachtung meiner Schwester niemals nachlassen, diese Beobachtung niemals aufgeben und daß ich in dieser Beobachtung niemals bestechlich sein darf, ungenau. Zuerst habe ich mein
ganzes Wesen und das heißt meinen ganzen Verstand und mein ganzes
Gefühl auf meine Schwester zu konzentrieren gehabt, dann das gleiche auf
die Konstruktion des Kegels, meine Beobachtungen als Erkenntnisse
schließlich auf die Konstruktion des Kegels *angewendet*, so daß ich annehmen muß, daß der Kegel ideal für meine Schwester ist. Das Innere des
Kegels wie das Wesensinnere meiner Schwester, das Äußere des Kegels wie
ihr äußeres Wesen und zusammen ihr ganzes Wesen als *Charakter des
Kegels*, aber Inneres und Äußeres des Kegels sind genausowenig voneinander trennbar, wie Inneres und Äußeres meiner Schwester, aber die *unausgesetzte Beobachtung der Schwester und die unausgesetzte Beobachtung der
Konstruktion des Kegels* haben zu dem Ergebnis geführt, das jetzt in der
Mitte des Kobernaußerwaldes steht. Daß dann, wenn meine Beobachtung
der Schwester richtig gewesen ist, auch die Konstruktion des Kegels richtig
ist, so Roithamer. Das konsequente Studium des einen Objekts (meiner
Schwester), die konsequente Bauweise des andern Objekts (des Kegels).
Denn ein solches Bauwerk wie der Kegel für einen solchen Menschen wie

meine Schwester, kann nur gebaut werden, nachdem das Studium des Menschen (meiner Schwester), für den ein solches Bauwerk (der Kegel) gebaut wird, abgeschlossen ist. Zuerst studiere ich den Menschen, für den ich ein Bauwerk baue, dann baue ich das Bauwerk auf der Grundlage dieses Studiums und ein solches Studium hat das konsequenteste zu sein. Und erst, wenn ich das Wesen dieses Menschen studiert habe und in diesem Studium so weit gekommen bin, daß ich das Wesen dieses Menschen erfaßt habe oder wenigstens bis zu dem menschenmöglichen Grade erfaßt habe, bin ich mir im klaren, wie ich baue und aus welchem Material ich baue. Es ist ein Stein- und Ziegelbau. Und das Problem der Statik des einen (des Kegels) ist ein Wesensproblem des andern (meiner Schwester). Und *gegen den Willen dieses Menschen* zu bauen, weil nur gegen den Willen eines solchen Menschen wie meine Schwester gebaut werden kann. Und die Ursache ist nicht dieser Mensch, für den ich baue, die Ursache ist der Charakter und in dessen Charakter in einer, vielleicht der *geistes*empfindlichen, nicht *gefühls*empfindlichen Stelle. Wir entschließen uns, zu bauen, aber wir wissen nicht, was das heißt, zu bauen, wie jeder weiß und gar ein solches niedagewesenes Bauwerk wie den Kegel bauen für einen Menschen wie meine Schwester, daß es im Grunde ein tödlicher Prozeß ist. Insoferne, als wir alles, das in Betracht zu ziehen ist, in Betracht gezogen haben, müssen wir sagen, daß die Baukunst eine zuhöchst philosophische Kunst ist, aber die Baufachleute oder die sogenannten Baufachleute haben das nicht begriffen, sie scheuen diesen Begriff und gehen gar nicht auf diese Problematik ein und so haben wir fast nie Bau*kunst*, sondern nur Bau*gemeinheit* vor uns. Wir müssen den Menschen kennen und ihn durchschaut haben, oder wenigstens bis zu dem entscheidenden Punkte kennen und bis zu dem entscheidenden notwendigen Grade mit ihm vertraut sein, bevor wir bauen, denn selbst dann, wenn wir die Prüfungen darauf bestanden haben, ist es noch fraglich, ob unser Bauwerk dem, für den wir es bauen, entspricht, wir nehmen an, es entspricht ihm, wie ich nur annehme, daß es meiner Schwester hundertprozentig entspricht, weil ich das annehmen muß, annehmen mußte die ganze Zeit während der Bauzeit, sonst wäre ich verrückt geworden und ich hätte den Kegel nicht fertigbauen können, die Vollendung des Kegels wäre noch nur Utopie. Die Bauten, gleich welche, die Wohnbauten wie die Nicht-Wohnbauten, schauten anders aus, wenn die, die sie gebaut haben, sich auch nur in geringem Maße um die, für die sie diese Bauten gebaut haben, gekümmert hätten, alle diese Bauten sind gebaut worden, ohne die von diesen Bauten Betroffenen zu fragen, geschweige denn, sie zu studieren. Wie die Ursachen der Krankheiten heute erforscht werden und erforscht werden müssen und die Ärzte nicht mehr um diese Forschung herumkommen, so sollten die, die bauen, die, für die sie bauen, erforschen, erforschen müssen, die Erforschung des Menschen, für den gebaut wird, sollte dem, der für diesen Menschen baut, immer zur Pflicht gemacht werden und es solle ihm verwehrt sein, für einen Menschen zu bauen, den der, der für ihn baut, nicht durchforscht oder wenigstens bis zu dem notwendigen oder notwendigsten Grade erkannt hat. Die Bauleute bauen, ohne sich wirklich mit dem Wesen derer, für die sie bauen, befaßt zu haben, das bestreiten die Bauleute, wenn sie darauf angesprochen werden, natürlich. Nur ihre Honorare und ihre Karriere im Kopf, bauen die Baufachleute, sie mögen sich nennen, was immer, ohne das Wesen derer erkannt zu haben, für die sie bauen und begehen dadurch eines der *größten Verbrechen*, größten Verbrechen unterstrichen. Schließlich habe ich für den Bau des Kegels sechs Jahre gebraucht, eine lange Zeit, wenn ich sie von meinem Leben abziehe, aber doch eine kurze Zeit, wenn ich bedenke, daß ich zuerst gründlich geforscht und dann gründlich gebaut habe. Und tatsächlich immer mit klarem Kopf, keine Baukrankheit, keine Baupsychose, so Roithamer. Dann, nach der Erforschung meiner Schwester, ihres Geistes- und ihres Gefühlszustandes vor allem, ist klar gewesen, daß das Bauwerk, das ich für sie baue, der Kegel ist. Keine andere Form. Und ich wußte, daß noch niemals vorher von einem Menschen, nicht einmal von einem französischen, nicht einmal von einem russischen, ein Kegel gebaut worden ist, mein Kegel wird der erste gebaute Kegel für Wohnzwecke sein, sagte ich mir und ich beschloß, den Kegel zu bauen. Fortwährend werden wir von unserem Vorhaben abgebracht und für verrückt gehalten, und die Rücksichtslosigkeit und die Unbestechlichkeit macht uns viele Feinde (die wir immer gehabt haben), aber gerade das und die immer noch größeren Beschuldigungen gegen uns, Verleumdungen gegen uns, Rücksichtslosigkeiten gegen uns, die viel größer sind als unsere Rücksichtslosigkeiten, bringen uns weiter, ja sie ermöglichen schließlich, daß wir durch diesen Menschenschmutz, dem wir andauernd ausgesetzt sind, gehen können, durchgehen durch den Verleumdungsschmutz und Beschuldigungsschmutz unserer Umwelt. Die Umwelt hemmt und hindert uns fortwährend und ermöglicht uns gerade durch dieses fortwährende Hemmen und

Hindern, daß wir unserem Ziel näherkommen, es schließlich sogar erreichen. Daß wir weder das Recht, noch den Mut, noch die Infamie haben,
unser Ziel zu erreichen, wird uns gesagt und wir bekommen es zu fühlen,
aber wir haben das Recht dazu und den Mut und die Infamie und wir
haben, weil wir so sind wie wir sind, immer mehr Mut und immer mehr
Infamie und Recht dazu. Wir sind andauernd den Einflüsterungen derer
ausgesetzt, die nicht haben wollen, daß wir unser Ziel erreichen, weil sie es
uns nicht gönnen, so sind wir andauernd ihrer Gemeinheit ausgesetzt,
ihrer uns nichts als ununterbrochenen Ekel verursachenden Geistesgegenwart, die die gemeine Geistesgegenwart ist. Wir haben es die meiste Zeit
mit menschlichem Unrat zu tun, so Roithamer, durch den wir durchmüssen und sind wir durch einen Unrat durch, müssen wir durch den
nächsten, so, immer schneller, immer radikaler, weil wir begriffen haben,
daß es nur diesen *Menschenunrat* gibt, durch den wir durchmüssen. Unser
Ziel kann nur durch Durchquerung des *Menschenunrats* erreicht werden,
Menschenunrat als gemeiner Kopfunrat, welcher nur darauf aus ist, uns
umzubringen. Wer etwas anderes sagt, begeht das *Gewaltverbrechen der
Heuchelei*, Gewaltverbrechen der Heuchelei unterstrichen, das Wort Menschenunrat zuerst immer unterstrichen, dann wieder ausgestrichen, dann
wieder unterpunktiert. Zuerst glauben wir, uns an den Nächsten halten zu
können, aber an den Nächsten halten, bedeutete, wie wir bald sehen,
Selbstmord des (unseres) Geistes, Selbstmord unseres Wesens, unserer
Seele, Seele unterstrichen. Dann glauben wir, uns an die Fachleute (des
Geistes, der Seele, der Gegenstände) wenden zu müssen, weil wir fortwährend auf Hilfesuche sind, aber wir sind immer wieder *zutiefst* enttäuscht, zutiefst unterstrichen, wir treffen nur auf Enttäuschungen. Wir
haben etwas vor, wie wir wissen, in jedem Fall etwas Ungeheuerliches,
auch das Unbedeutendste, Unscheinbarste ist immer das Ungeheuerlichste, und wir glauben, darüber sprechen, fragen zu müssen und werden
enttäuscht, entweder wir werden nicht verstanden, so klar und eindringlich wir auch sind, oder wir wollen nicht verstanden werden. Wir sind
immer antwortlos zurückgelassen, naturgemäß in geschwächterem Zustand als vorher, weil uns kein Mensch und kein Fachmann oder Charakter, wie immer, helfen will. So sind wir zeitlebens naturgemäß immer nur
auf uns selbst angewiesen und gehen allein, auf uns selbst angewiesen,
unseren Weg und müssen uns alles selbst, ohne Hilfe von außen, erarbei-
ten. So sind wir immer ausgefüllt und kommen *niemals zur Ruhe*, so

Roithamer, niemals zur Ruhe unterstrichen. Alles um uns herum ist bösartig, so Roithamer. Zuerst einundzwanzig Räume im Kegel, dann achtzehn Räume, dann siebzehn Räume. Ein einziger Raum unter der Kegelspitze, von welchem man nach allen Richtungen hinausschauen kann,
aber in allen Richtungen der gleiche Blick in den Wald hinein, auf nichts
sonst. Dreigeschossig, weil dem *Charakter meiner Schwester,* Charakter
meiner Schwester unterstrichen, ein dreigeschossiges Gebäude entspricht.
Von den siebzehn Räumen sind neun ohne Ausblick, darunter der Meditationsraum im zweiten Geschoß, unter dem Raum unter der Kegelspitze. Der Meditationsraum so konstruiert, daß es in ihm möglich ist,
mehrere Tage zu meditieren und für nichts anderes als zur Meditation ist
der Meditationsraum, völlig ohne Gegenstände, nicht ein einziger Gegenstand hat im Meditationsraum zu sein, auch kein Licht hat im Meditationsraum zu sein. Mit einem roten Punkt in der Mitte des Meditationsraums ist die tatsächliche Mitte des Meditationsraums bezeichnet, die
auch die tatsächliche Mitte des Kegels ist. Von dieser Mitte aus jeweils in
jede Richtung vierzehn Meter. Quellwasseranschluß im Meditationsraum. Unter dem Meditationsraum die Zerstreuungsräume. Über dem
Meditationsraum der Raum unter der Kegelspitze, von welchem man in
alle Richtungen hinausblicken kann, aber in jeder Richtung nichts als
Wald erblicken kann, den Kobernaußerwald, unter dem Raum in der
Kegelspitze der Meditationsraum, unter dem Meditationsraum die Zerstreuungsräume und unter den Zerstreuungsräumen die von mir sogenannten Vorräume, in welche der, der den Kegel betritt, sich auf den Kegel
vorbereitend, eintritt, im Erdgeschoß also. Das Erdgeschoß hat fünf
Räume, die alle ohne eigentliche Bezeichnung sind. Diese Räume haben
ohne eigentliche Bezeichnung zu sein, wie alle Räume im Kegel immer
ohne Bezeichnung, außer dem Meditationsraum. Ist der, der den Kegel
bewohnt, meine Schwester also, versucht, die einzelnen Räume zu bezeichnen, weil es sicher ist, daß sie plötzlich dazu *neigt* und dann dazu
gezwungen ist, die einzelnen Räume zu bezeichnen, also einen Raum als
Schlafraum, einen anderen als Arbeitsraum, einen dritten als Küche undsofort, hat er sich zu sagen, unter Umständen laut vorzusprechen, daß die
einzelnen Räume im Kegel nicht zu bezeichnen sind, es muß möglich sein,
in einem Gebäude zu leben, in dem die einzelnen Räume ohne Bezeichnung sind, aber es ist naturgemäß, daß der Raum, welcher als Meditationsraum konstruiert ist, als Meditationsraum bezeichnet wird. Die

Räume sind sämtliche weiß gekalkt. Die Ausblicke sind keine Fenster, es sind Ausblicke, die nicht zu öffnen und also auch nicht zu schließen sind, die Lüftung ist, ohne daß die Ausblicke geöffnet oder geschlossen werden müssen, immer naturgemäß. Sonnenenergie als Heizung. Steine, Ziegel, Glas, Eisen, sonst nichts. Wie innen, ist der Kegel außen weiß gekalkt. Die Höhe des Kegels ist die Höhe des Waldes, so daß es unmöglich ist, den Kegel zu sehen, außer man steht unmittelbar davor, die Straße, die zum Kegel führt, führt nicht gerade durch den Kobernaußerwald auf den Kegel zu, sondern ist sechsmal in nordöstliche und sechsmal nordwestliche Richtung in Windungen an den Kegel herangeführt, damit der Kegel erst dann gesehen werden kann, wenn der Ankommende unmittelbar vor dem Kegel steht. Achttausend Fuhren Grobschotter, zweitausend Fuhren Nulldrei, so Roithamer. Zuerst habe ich geglaubt, meiner Schwester Einblick zu gewähren schon in die allerersten Pläne, aber ich habe dieses Vorhaben durch die Abneigung, die sie meinem Plan gegenüber gezeigt hat, aufgegeben, ich baue den Kegel bis zu einem Drittel, habe ich gedacht, und *zeige ihr den schon zu einem Drittel fertigen Kegel*, aber auch dieses Vorhaben habe ich aufgegeben, weil ich plötzlich eingesehen habe, daß ich den Kegel vollenden muß, bevor ich ihn meiner Schwester zeige, die Gefahr besteht, daß, zeige ich meiner Schwester den Kegel bevor er vollendet ist, ich (durch ihre Reaktion) nicht mehr die Kraft habe den Kegel zu vollenden, der Kegel muß vollendet sein, dann erst kann ich meiner Schwester den Kegel zeigen, den nur für sie allein gebauten Kegel zeigen. Stößt meiner Schwester zu meinen Lebzeiten etwas zu, werde ich den Kegel der Natur überlassen, so Roithamer, nach meiner Schwester hat kein Mensch mehr den Kegel zu betreten, Festlegung dieser Entscheidung in einem eventuell zu machenden Testament, so Roithamer, dieses Testament nicht hinauszögern. (Tatsächlich hat Roithamer in seinem Testament, also auf dem Zettel, den er bei sich gehabt hat, wie ihn der Höller aufgefunden hat, diese Verfügung, daß der Kegel jetzt, nach dem Tode der Schwester und nach seinem eigenen Tod, von keinem Menschen mehr betreten werden darf und *vollkommen der Natur* zu überlassen ist, festgelegt. Inwieweit die Erben Roithamers sich an diese Verfügung halten, kann nicht gesagt werden.) Wenn sie erst den Kegel sieht, *muß sie glücklich sein*, so Roithamer, muß sie glücklich sein, unterstrichen. Eine vollkommene Konstruktion muß einen Menschen, für den sie konstruiert ist, *glücklich machen*, wieder ist muß sie glücklich machen unterstrichen. Die Idee ist gewesen, meine Schwester vollkommen glücklich zu machen durch eine vollkommene, ganz auf sie bezogene Konstruktion, so Roithamer. Vollkommen in dem Sinne, als Vollkommenheit überhaupt möglich ist, also annähernd vollkommen, wie alles annähernd. Die Idee verwirklichen bis zu dem Grade des vollkommenen Glückes meiner Schwester. Aber wenn sie das alles nicht begreift?, frage ich mich. Wir werden sehen. Die Idee ist gewesen, zu beweisen, daß eine solche Konstruktion, die vollkommenes Glück verursachen muß, möglich ist, so Roithamer. Dann, wenn meine Schwester im Kegel eingezogen ist, so Roithamer, in den Kobernaußerwald gegangen ist, habe ich keine Angst mehr um meine Schwester. Denn auch für meine Schwester ist der Zeitpunkt gekommen, sich von Altensam zu trennen, sich vor allem von den Brüdern zu trennen, die uns (meiner Schwester und mir) Fremdkörper sind, wie wir (meine Schwester und ich) ihnen Fremdkörper sind. Einmal im Jahr, aber höchstens zweimal im Jahr, werde ich meine Schwester aufsuchen und sie und den Kegel und diese beiden zusammen in ihrem Verhältnis beobachten und studieren, so Roithamer. Und mich in die höllersche Dachkammer zurückziehen, um meine Beobachtungen auszuarbeiten. Alle den Kegel betreffenden Kostenrechnungen im Erdgeschoß einmauern eigenhändig, so Roithamer am Tage der Vollendung des Kegels. Der Kegel sollte eine Überraschung sein, er ist keine Überaschung mehr, weil meine Schwester von dem Vorhaben weiß und auch, wie weit ich schon in meinem Vorhaben vorangekommen bin. Aber sie wird tatsächlich bei dem Anblick des Kegels überrascht sein über die Tatsache, daß der Kegel ihr hundertprozentig entspricht, oder besser, ihr beinahe hundertprozentig entspricht, denn hundertprozentige Entsprechung ist unmöglich. Dann ist alles in mir geklärt, wie in meiner Schwester geklärt, in dem Augenblick, in welchem ich ihr den Kegel zeige. Wir müssen es mit einer sogenannten verrückten Idee, die wir selbst gehabt haben, wo genau, wissen wir nicht mehr, aufnehmen, diese verrückte Idee gegen alle Zweifel und Vorschriften und Anschuldigungen, gegen *alles* verwirklichen. Wir verwirklichen die Idee, um uns selbst zu verwirklichen für einen *geliebten Menschen*, geliebten Menschen unterstrichen. Es war immer klar gewesen, daß auf Unterstützung, gleich von welcher Seite, aber in keinem Falle von Altensam, zu rechnen ist. Die Vollendung des Kegels ist dann gleichzeitig auch die Vernichtung von Altensam, ist der Kegel vollendet, ist Altensam vernichtet. Gegen die Brüder gerichtet, alles, was ich in meinem Leben getan habe vielleicht. Immer alles für die Schwester, aber gegen die Brüder. Diesen Vorgang, *gegen die Brüder, für die Schwester,* habe ich zur Selbstkunst gemacht. Instinktiv habe ich immer schon gegen die Brüder und für die Schwester gehandelt. Und jetzt handle ich, indem ich die Idee, den Kegel zu bauen, verwirkliche, am tiefsten gegen die Brüder und für die Schwester. Der Kegel, *mein Beweis,* mein Beweis unterstrichen. Immer wieder vorgesagt, weil ich mit meinem Geld machen kann, was ich will. Und weil der Zeitpunkt der richtige ist. Der Kegel ist die Folgerichtigkeit der (meiner) Natur. Aber ich befriedige nicht die Neugierde der Fachleute oder solcher, die sich als Fachleute ausgeben, obwohl sie keine Fachleute sind. Mir kommt keiner an den Kegel heran. Bis jetzt ist es mir gelungen, den Bauplatz abzuschirmen. Weil ich überall Beobachter aufgestellt habe, die jeden, der sich dem Bauplatz nähert, melden, die Leute werden abgewiesen, zurückgedrängt, bevor sie auch nur das Geringste vom Kegel gesehen haben. Aber es läßt sich nicht verhindern, daß eines Tages, zu einem bestimmten Zeitpunkt, wenn ich auf diesen Vorgang keinerlei Einfluß mehr habe, die Leute kommen und den Kegel in (geistigen) Besitz nehmen oder glauben, ihn in (geistigen) Besitz genommen zu haben und meine Idee ausbeuten. Ideenausbeuter unterstrichen. Zuerst habe ich, neben meiner wissenschaftlichen Arbeit, die Idee, den Kegel zu bauen, längere Zeit beobachtet, mich immer wieder nur mit dieser Idee beschäftigt, indem ich sie beobachtete und dann habe ich die Idee geprüft und dann bin ich an die Verwirklichung der Idee herangegangen. Ich habe niemanden gefragt, man darf niemanden, keinen Menschen, fragen, wenn man eine solche Idee hat, ob die Idee gut ist und ob die Idee verwirklicht werden soll oder nicht, denn die Gefragten geben einen tödlichen Rat. Ich habe keinen Menschen, keinen Kopf gefragt und bin an die Verwirklichung der Idee herangegangen, ohne zu wissen, was die Verwirklichung meiner Idee bedeutet. Die Bedeutung der Verwirklichung der Idee ist eine Frage erst nach Vollendung des Kegels. Durch die Tatsache, daß ich schon so früh von Altensam weg und nach Cambridge gegangen bin, durch die Tatsache, von dem eigentlichen Schauplatz meiner Gedanken, der immer Altensam und seine Umgebung gewesen ist und auch heute noch ist, gleich was ich denke, zu denken habe, habe ich die Möglichkeit gehabt, mich mit Problemen und mit Ideen zu befassen, mit welchen ich mich, wäre ich in Altensam und in der Umgebung von Altensam geblieben, sagen wir in einem Zweihundertoderdreihundertkilometerumkreis, niemals befassen hätte können, ich hätte nicht die Gedanken denken können, die ich in Cambridge denken habe können, die Ideen nie gehabt, die ich in Cambridge gehabt habe. Denken auf einem Schauplatz, aber von dem Schauplatz weit weg, durch die größtmögliche Entfernung von dem Schauplatz alles diesen Schauplatz Betreffende am besten denken zu können. Alles Altensam Betreffende beispielsweise immer nur in größter Entfernung von Altensam, nicht in Altensam selbst, alles den Kegel Betreffende beispielsweise am besten in Cambridge. Und nicht im Kobernaußerwald selbst habe ich den Kegelbau überwacht, sondern von der höllerschen Dachkammer aus. Wir müssen von dem Schauplatz unseres Denkens so weit als möglich entfernt sein, um ordentlich denken zu können, in größter Intensität, mit der größten Klarheit immer nur in der größten Entfernung vom Schauplatz unseres Denkens, in Cambridge das Denken über Altensam zu dem klarstmöglichen über Altensam gemacht, umgekehrt in Altensam das klarstmögliche über Cambridge. Die Frage ist immer, wie komme ich zu dem, dem Gegenstand, den ich zu be- oder durchdenken habe, entferntesten Punkt, um den Gegenstand am besten be- oder durchdenken zu können. Annäherung an den Gegenstand ist mehr und mehr Unmöglichkeit des Durchdenkens des Gegenstandes, an den wir uns annähern. Dann gehen wir in dem Gegenstand auf und können ihn nicht mehr durchdenken, wir erfassen ihn nicht einmal. So habe ich, weil ich im Grunde nichts anderes hatte praktizieren wollen, als das Bedenken und Durchdenken meines Schauplatzes, Altensam, Österreich etcetera, nach Cambridge gehen müssen. Insofern ist meine wissenschaftliche Arbeit in Cambridge immer nichts anderes gewesen als die Möglichkeit, in Cambridge über den Schauplatz, der mich am meisten interessiert hat, nachzudenken, ihn verarbeiten zu können in meinem Kopf, Altensam und alles, das mit Altensam zusammenhängt. Um eine Sache durchdenken zu können, muß die größtmögliche Entfernung von dieser Sache, also die größtmöglich entfernte Position zu dieser Sache eingenommen sein. Zuerst Annäherung an den Gegenstand als Idee, dann größtmöglich entfernte Position von dem Gegenstand, an den wir uns zuerst, als Idee, angenähert haben, um ihn beurteilen und durchdenken zu können, was, in Konsequenz, die Auflösung des Gegenstandes bedeutet. Konsequentes Durchdenken eines, gleich welchen Gegenstandes, bedeutet Auflösung dieses Gegenstandes, Durchdenken von Altensam beispielsweise Auflösung von Altensam undsofort. Aber mit (und in) der äußersten

Konsequenz denken wir nicht und nie, weil wir dann alles auflösten. Denn dann hätte ich den Kegel nicht *fertigstellen* können, wie der Höller sagt, so Roithamer, fertigstellen unterstrichen. Der Höller hatte hier, seit dem letzten Aufenthalt in der höllerschen Dachkammer, so Roithamer, nichts mehr in der höllerschen Dachkammer verändert und keiner der Höllerschen durfte die höllersche Dachkammer betreten, weil ich den Höller darum gebeten habe, daß er niemanden, auch seine eigene Frau nicht und seine eigenen Kinder nicht, in die höllersche Dachkammer hineinläßt während meiner Abwesenheit; jetzt, bei meinem Eintritt in die höllersche Dachkammer habe ich den Beweis, daß Höller in der höllerschen Dachkammer in meiner Abwesenheit nichts verändert hat, daß ich mir vorgestellt habe, Höller hat in meiner Abwesenheit in der höllerschen Dachkammer etwas verändert, so Roithamer, und jetzt den Beweis habe, daß er in der höllerschen Dachkammer nichts verändert hat, alle Gegenstände in der höllerschen Dachkammer sind auf dem Platz, auf welchem sie gewesen waren, wie ich die höllersche Dachkammer verlassen habe, er, Höller, betritt die höllersche Dachkammer wöchentlich einmal oder zweimal nur zu Lüftungszwecken und so ist überhaupt kein muffiger Geruch in der höllerschen Dachkammer, in meiner *Denkkammer an der Aurachengstelle*, so Roithamer, Denkkammer an der Aurachengstelle unterstrichen. Schon im ersten Augenblick, wie ich die höllersche Dachkammer zum erstenmal gemeinsam mit dem Höller betreten habe, weil er, wie er, Höller, mir die höllersche Dachkammer zeigen wollte aus seiner Ansicht heraus, daß mir die höllersche Dachkammer vielleicht ein geeigneter Ort für meine Denkzwecke vor allem im Hinblick auf den Kegelbau sein könne, was er, Höller, glaube, ihm sei immer schon, wenn er in die höllersche Dachkammer eingetreten sei, der Gedanke gekommen gewesen, ob die höllersche Dachkammer nicht für mich und für meine Zwecke am geeignetsten sei, schon in diesem ersten Augenblick hatte ich gewußt, daß die höllersche Dachkammer mir ermöglicht, was mir kein anderer Denkplatz bis dahin mehr ermöglicht hat, in meinem Denken, vor allem den Kegel betreffend, weiterzukommen, und so habe ich sofort, noch unter der Tür der höllerschen Dachkammer zum Höller gesagt, daß die höllersche Dachkammer die geeignetste für meine Zwecke sei und daß ich sie mieten wolle, mieten, sagte ich zum Höller, aber der Höller meinte, ich könne, sooft und wann immer ich wolle, in die höllersche Dachkammer einziehen und wann immer ich wolle und auf wielange immer, in ihr sein, er vermiete sie mir nicht, er stelle sie mir selbstverständlich kostenlos zur Verfügung, dieses Angebot habe ich sofort angenommen und ich bin noch den gleichen Tag in die höllersche Dachkammer eingezogen und ich war in meiner Annahme bestätigt, daß ich in der höllerschen Dachkammer in meinem Denken weiterkomme, dort, wo ich in Cambridge stehengeblieben war. In kurzer Zeit hatte ich die wichtigsten, die Statik des Kegels betreffenden Berechnungen in der höllerschen Dachkammer machen können. War ich in Cambridge am Ende meines Denkens über den Kegel gewesen, hier, in der höllerschen Dachkammer, hatte ich einen neuen Anfang. Ich fürchtete nicht mehr, die Idee, den Kegel bauen, verwirklichen und vollenden zu können, aufgeben zu müssen. So verdanke ich tatsächlich alles zur Vollendung des Kegels der höllerschen Dachkammer, so Roithamer. Plötzlich die Möglichkeit, weiterzuleben, weiterzuarbeiten, unterstrichen. Die Schwierigkeit der Gleichzeitigkeit, so Roithamer, schon in frühester Kindheit (drei Jahre, vier Jahre?) einerseits mit sich selbst fertig zu werden, andererseits mit der Umwelt fertig zu werden, mit der Vergangenheit einerseits, mit dem Zukünftigen, so Roithamer, und in immer höherem Grade der Zurechnungsfähigkeit, Unzurechnungsfähigkeit. Weil wir in Altensam hineingeboren worden sind, ohne Vorbereitung, wie alle vorbereitungslos hineingeboren werden in eine Umwelt, die sie nicht kennen und die alles daran setzt, den Neuen, in sie Hineingeborenen, zu vernichten, wie Altensam immer versucht hat, mich zu vernichten, der Begriff Altensam, Vernichtung meiner Person, des Wesens des ihm Ausgelieferten, Schutzlosen, vollkommen Ungeschützten. Altensam gegenüber aufeinmal, ohne zu wissen, was das ist und das über Altensam hinaus, um Altensam herum, ohne zu wissen, was das ist. In unseren Eltern haben wir keine Lehrer gehabt, Erziehungsberechtigte, wie es heißt, die aber kein Recht auf unsere Erziehung gehabt haben und die uns für ihre Zwecke erzogen haben, immer nur für ihre Zwecke erzogen haben, das Resultat ist, daß die Brüder immer für ihre Zwecke dagewesen waren, aber ich selbst war immer gegen ihre Zwecke gewesen. Durch die Erziehung zu ihren Zwecken haben meine Eltern in mir erreicht, daß ich gegen ihre Zwecke gewesen bin, meine Brüder für ihre Zwecke, ich gegen ihre Zwecke, *Zweckerziehung*, Zweckerziehung unterstrichen. Die Unruhe meiner Eltern, alles in und an meinen Eltern ist Unruhe gewesen, aber Unruhe gegen alles, nicht für alles, wie sie beispielsweise jede Woche aus ihren Schlafzimmern ausgezogen sind in ein anderes Schlafzimmer, jede

Woche ein anderes Zimmer als Speisezimmer benützt haben, fortwährend ihre Vorlieben gewechselt haben, einmal haben sie die und einmal für ganz andere, einmal für diese Charaktere, einmal für diesen Charakteren entgegengesetzte Charaktere Vorliebe gehabt, für diese Landschaft, für die entgegengesetzte Landschaft, in Wirklichkeit waren sie in ständiger Unruhe, weil sie sich niemals für einen bestimmten Menschen, für eine bestimmte Landschaft, für etwas Bestimmtes entscheiden haben können auf längere Zeit, weil sie immer glaubten, alles gleichzeitig denken, haben, abstoßen, anziehen zu müssen, waren sie im Grunde die unglücklichsten Menschen, die sich denken lassen. Durch fortwährende Bestrafung glaubten sie, uns an sich ziehen zu können, aber sie haben mich immer mit ihrer Bestrafungsstrategie abgestoßen, durch Bestrafung *Besitzergreifung von den Kindern* durch die Eltern, so Roithamer, Besitzergreifung von den Kindern unterstrichen. Wie mein Vater immer von der *Tragödie*, meine Mutter immer von dem *Drama ihrer Gemeinsamkeit* gesprochen haben. Wochenlange Schweigsamkeit zwischen ihnen, Wortlosigkeit, das ganz offen zur Schau getragene Abschließen gegenseitig, wochenlange Nichtmehraufmachen des einen (väterlichen) gegenüber dem anderen (mütterlichen) Wesen und die chaotischen Zustände, die durch diese Zustände der Eltern immer in Altensam geherrscht haben. Sie haben sich Kinder gemacht, aber sie sind im Grunde für Kinder nicht geeignet gewesen und haben Kinder gar nicht haben wollen, mein Vater hat nur Erben haben wollen, keine Kinder, keine Nachkommen, Erben. Wie mein älterer Bruder auf die Welt gekommen ist, ist mein Vater schon zweiundfünfzig gewesen, meine Mutter sechsunddreißig. Die Eltern sind mir immer nur als *alte Menschen* in Erinnerung, alte Menschen unterstrichen, die sich selbst nicht aushalten können und die ihre Kinder noch weniger auszuhalten imstande sind, unglücklich über die Tatsache, die Indieweltsetzung ihnen im Grunde fremder, fremdartiger Geschöpfe begangen zu haben, auf dem Gewissen zu haben, sich eines oder tatsächlich mehrerer Geburtsverbrechen schuldig gemacht zu haben, wenn sie auch nicht wußten, vor wem schuldig, an wem schuldig. Das Unglück kommt *über Nacht*, so mein Vater immer, so Roithamer, über Nacht unterstrichen. Meine Mutter ängstigte sich fortwährend, Ohnmachtsanfälle ihrerseits, die auf Ohnmachtsanfälle meinerseits folgten oder umgekehrt. Wir durften nicht fragen, dadurch ersparten sie, die Eltern, sich das Antworten. Wir waren, wie man sagt, kurzgehalten. Wenn die Leute wüßten, wie karg- und kurzgehalten unsere ganze Kindheit gewesen war, kein Mensch kann sich diese Karg- und Kurzhaltung vorstellen, wie wir ja gehalten worden sind, wie Vieh gehalten wird auf dem Hof, so wir in Altensam. Zu allem sind wir gezwungen worden, weil von uns immer etwas verlangt worden ist, das wir nicht wollten, auch wenn es etwas war, das wir wollten, so ist es zu einem Zeitpunkt verlangt worden, in welchem wir es nicht wollten. Lesen beispielsweise, was wir nicht wollten, zuhören müssen dem, dem wir nicht zuhören wollten, Besuch dort machen, wo wir Besuche nicht machen wollten, wir mußten immer anziehen, das wir nicht anziehen haben wollen, essen, das wir nicht essen wollten, die Geschwister, auch meine Schwester, fügten sich, ich fügte mich aber niemals und war immer durch Bestrafung gezwungen worden, mich zu fügen, ich fügte mich niemals freiwillig. Wir hatten uns an die strengen Gesetze in Altensam zu halten, aber diese strengen Gesetze waren für andere geschaffen gewesen, für alle, die vor uns auf Altensam gelebt haben, nicht für uns, aber uns eigene Gesetze zu schaffen, dazu hatten wir nicht die Möglichkeit, es wurden auch keine neuen Gesetze für uns geschaffen, so mußten wir ständig und bei jeder Gelegenheit und Un-Gelegenheit Gesetzen in Altensam gehorchen, die nicht für uns geschaffen waren. Diese Gesetze sind seit vielen Jahrzehnten überholt. Wie alles in Altensam überholt gewesen war von allem Anfang an, dadurch, daß ich das sehr früh begriffen hatte, war ich aber in einer fortwährend lebensbedrohenden Situation, weil ich mich diesen überholten Gesetzen nicht fügen wollte und mich ihnen auch nicht fügte, außer ich war gezwungen, während sich die andern immer gefügt hatten, denn die Geschwister waren, alles in allem, immer gefügige Menschen gewesen, ich war aber immer ungefügig gewesen. Alles an mir und in mir hatte meine Eltern zeitlebens gestört, so wünschte ich schon sehr früh, von meinen Eltern getrennt zu sein, auch von meinen Geschwistern getrennt zu sein, denn diese waren auf der Seite meiner Eltern, wodurch für sie immer alles leichter gewesen ist, wodurch sie auch anders geworden sind, ich bin auch heute kein gefügiger, mehr und immer mehr ein kontragebender, aufsässiger Mensch, tatsächlich unverträglicher Charakter, in vieler Hinsicht unnachgiebiger als erforderlich wäre, gerade aus dieser ganzen jahrelangen verzweifelten Kindheitssituation heraus, wegen meines langjährigen Aufenthaltes in Altensam als Gefängnis, denn ich habe Altensam immer als Kindheitskerker empfunden, es ist mir nichts anderes gewesen, die schönen Tage, die ich in Altensam verleben habe dürfen, sind an einer Hand abzuzählen, einem für ein ihm nicht begreifliches Verbrechen, das begangen zu haben er sich auch gar nicht erinnern kann, aus einem Justizirrtum heraus also in dem Kerker, als den ich Altensam bezeichnen muß, einsitzenden Häftling vergleichbar, habe ich meine Kindheit in dem Kerker Altensam verbringen müssen. In meiner Einzelzelle und in beinahe ununterbrochener Dunkelhaft und habe ich mit meinem Vater gesprochen, so ist es doch nichts anderes gewesen, als die Unterhaltung mit dem Untersuchungsrichter, dem ich vorgeführt worden bin. Ständige Strafverschärfung ist mir angedroht worden, obwohl doch mein Leben schon strafverschärft genug gewesen war. Fragte ich nach meinem Verbrechen, warum ich auf diese strafverschärfte Weise in Altensam in Einzelhaft gehalten bin, bekam ich keine Antwort. Möglicherweise büßte ich für das Verbrechen meiner Eltern im Gefängnis, im Kerker meiner Eltern, in Altensam, verbüßte dort eine doch immerhin zwölf- bis dreizehnjährige Kerkerstrafe. Zeugen meiner Unschuld wären natürlich nur meine Eltern gewesen, aber meine Eltern waren ja gleichzeitig meine Ankläger gewesen, sie hatten mich sofort in den Kerker *hineingezeugt und hineingeboren* gehabt, hineingezeugt und hineingeboren unterstrichen. Wenn wir die Eltern als nichts anderes, als unsere Bewacher in dem großen furchtbaren Kerker, als den ich mein Elternhaus bezeichnen muß, betrachten, anschauen müssen in fortwährender Verzweiflung. Den Vater als Kerkerdirektor seines Kerkers, seines Hauses, Besitzes, meines Elternhauses, Elternbesitzes, Altensam also. Wenn wir niemals auf Wiederaufnahme des Verfahrens rechnen können, weil eine solche Wiederaufnahme nicht in Frage kommt aus allen Gründen. Wir können an Flucht denken, aber wir können nicht fliehen, weil wir, aus diesem Elternkerker geflohen, zugrunde gingen in der kürzesten Zeit. Dann werden wir entlassen und es heißt *vorzeitig,* vorzeitig unterstrichen, und wir haben den Kampf gegen den Kerker und gegen die Institution dieses Kerkers, in welchen wir hineingezeugt und hineingeboren worden waren, aufgenommen, diesen lebenslänglichen Kampf, *Verzweiflungskampf,* Verzweiflungskampf unterstrichen, der uns jetzt übelgenommen wird, zuerst sind wir von den Eltern eingekerkert und beinahe zur Gänze vernichtet worden und jetzt, nachdem wir aus ihrem Kerker entlassen sind, besser, ihm ganz einfach durch das Mittel der mittleren Reife entkommen sind, werden uns Vorhalte gemacht, daß wir gegen unsere Eltern vorgehen und zwar ganz offen vorgehen. Ich habe meine Eltern übrigens niemals besucht, bin nurmehr

noch nach Altensam gegangen, um Altensam und mich betreffende Wirt-
schaftsprobleme zu besprechen, ich hatte niemals mehr das Bedürfnis
gehabt, mit den Eltern zusammenzukommen, weder mit meinem Vater,
noch mit meiner Mutter, immer auch nur, um meine Schwester aufzusuchen, die immer ganz an ihre Eltern gekettet gewesen war, um mit
meiner Schwester zusammenzusein, bei solchen Gelegenheiten habe ich
ganz einfach die Tatsache der Anwesenheit meiner Eltern und meiner mit
diesen gemeinsame Sache machenden Brüder in Kauf nehmen müssen.
Sie haben noch viele Jahre gelebt, während ich alle diese Jahre schon in
Cambridge gelebt habe, durch und aus *Eigeninitiative*, Eigeninitiative zuerst unterstrichen, dann durchgestrichen, dann unterpunktiert, bis sie gestorben sind, ich habe sie mindestens zwölf Jahre vor ihrem Tod nicht
mehr gesehen, sie sind binnen einer Woche beide gestorben, meine Mutter
unmittelbar nach meinem Vater, sie war ohne ihren Mann lebensunfähig
gewesen, Altensam hatte sie erdrückt, sie hatte das wahrscheinlich begriffen, die Menschen sterben dann, wie gesagt wird, auf natürliche Weise, das
Herz setzt aus, aber es handelt sich naturgemäß um Selbstmord. Aber da
hatte ich den Kegel schon zur Hälfte gebaut und war mitten in den Arbeiten auf die Kegelspitze zu gewesen und ich hatte mich von dem Vorfall
des plötzlichen Todes meines Vaters und des gleich darauffolgenden Todes
meiner Mutter nicht im geringsten im Fortgang des Kegelbaues stören
lassen, waren es nicht mir gänzlich fremde Menschen, die da gestorben
sind über Nacht?, habe ich gedacht und nicht anders empfunden. Zum
Begräbnis, das die Brüder arrangiert hatten, fuhr ich nach Altensam,
nichts ist mir bis dahin widerwärtiger gewesen, als dieses Begräbnis, das im
Grunde ein Doppelbegräbnis gewesen war, denn das erste ist beinahe
unauffällig ins zweite übergegangen, das Vaterbegräbnis in das Mutter-
begräbnis, zusammen ein Elternbegräbnis, zwei Wochen *Trauerspiel* auf
Altensam, das Wort Trauerspiel unterstrichen. Der Tod solcher Menschen
tritt ein und wir empfinden nichts als Haß gegen diese Menschen. Der
Tod ändert nichts an unserer Einstellung, er kann unser Gefühl für diese
Menschen nicht mehr ändern. Auch später nicht, im Gegenteil werden
diese Menschen immer noch mehr und mit der Zeit immer zuständiger zu
den Schuldigen unseres Unglücks. Daß ich lebe und arbeite, beruht darauf, daß ich mich den Eltern an dem entscheidenden Punkte meines
Lebens entziehen habe können, wäre es nach ihnen gegangen, wäre ich
längst nicht mehr, schon viele Jahre nicht mehr, am Leben, auch wenn sie

mich nicht bewußt hätten abtöten wollen, sie hätten mich bald abgetötet gehabt. Und die Geschwister existieren auch nur noch, weil sie sich in den Eltern aufgegeben gehabt haben. Überleben durch Aufgeben, so Roithamer. Wir gehen an ein Grab, in welchem wir die Eltern eingegraben haben, nach ihren Vorstellungen eingegraben haben, an ein sogenanntes Vorzugsgrab an der Kirchenmauer, in welchem alle ihre Vorgänger auf Altensam schon eingegraben worden sind, aber wir empfinden nichts als Haß, wir haben gar nicht die Möglichkeit, haben sie einfach nicht mehr oder nie gehabt, mit ihnen auch nur im geringsten einverstanden zu sein. Aus diesem Grunde gehe ich auch nicht mehr an das Grab meiner Eltern. Weil mit solcher Lüge dann existieren zu müssen, auf alles andere keine andere als die zerstörende Wirkung hätte. Aber natürlich, der Mensch kann sich von gar nichts befreien, er verläßt den Kerker, in den er hineingezeugt und hineingeboren worden ist, nur im Augenblick seines Todes. Wir kommen in eine uns vorgegebene, aber nicht auf uns vorbereitete Welt und müssen mit dieser Welt fertig werden, werden wir nicht mit dieser Welt fertig, gehen wir zugrunde, aber gehen wir nicht zugrunde, aus was für einer Natur heraus immer, haben wir Vorsorge zu treffen, daß wir diese uns vorgegebene und nicht für uns und auf uns vorbereitete Welt, die eine Welt ist, die uns in jedem Fall, weil von unseren Vorgängern gemacht, angreifen und zerstören und letztenendes vernichten will, nichts anderes hat diese Welt mit uns im Sinn, zu einer Welt machen nach unseren Vorstellungen und immer wieder und wieder den Versuch machen, diese Welt nach unseren Vorstellungen zu verändern, zuerst im Hintergrund, unscheinbar, dann aber mit aller Gewalt und ganz deutlich, so daß wir nach einiger Zeit sagen können, *wir leben in unserer Welt, nicht in der uns vorgegebenen*, die immer eine uns nicht angehende und zerstörende und vernichten wollende Welt ist. Schon in den ersten Verstandesanzeichen haben wir aufmerksam die Möglichkeiten, die Welt, die wir angezogen bekommen haben wie einen abgetragen schäbigen, uns viel zu kleinen oder viel zu großen aber auf jeden Fall schäbigen und an allen Ecken und Enden zerrissenen und zerschlissenen und stinkenden Anzug, der uns sozusagen von der Weltstange herunter verpaßt worden ist, zu erforschen, diese ganze Ober- dann auch Unterfläche und schließlich immer tiefer und tiefer hinunter und hinein zu sondieren, damit wir auf die Möglichkeiten, die Welt, die nicht die unsrige ist, zu der unsrigen zu machen, kommen, unsere ganze Existenz sei keine andere als eine solche auf diese

Möglichkeiten konzentrierte, wie also, auf welche Weise wir die Welt, die
nicht die unsrige ist, ändern werden, schließlich ändern, so Roithamer.
Und der Zeitpunkt der Änderung, auf einen solchen Zeitpunkt folgt der
nächste undsofort, muß immer der richtige Zeitpunkt sein, so Roithamer.
So daß wir schließlich am Ende unseres Lebens sagen können, wir haben
wenigstens eine Zeitlang in unserer und nicht in einer von unseren Eltern
uns vorgegebenen Welt gelebt. Aber neunzig Prozent der Menschen haben, wenn sie gestorben sind, nur in einer vorgegebenen, von ihren Eltern
und deren Mitarbeitern ihnen vorgegebenen, angepaßten Welt gelebt,
niemals, das müssen wir feststellen, gar nicht und niemals in einer eigenen,
sie haben in der Welt ihrer Eltern gelebt und gearbeitet, nicht in ihrer
eigenen. Aber ist zehn Prozent, die in ihrer eigenen, nicht in der Welt ihrer
Eltern gelebt haben, nicht zu hoch gegriffen? Sind es nicht viel weniger
Prozent, die eine eigene Welt gehabt haben? Wir müssen, schon in den
ersten Verstandesanzeichen, den Versuch machen, aus der Elternwelt, in
die wir hineingezeugt und hineingeboren worden sind, unsere eigene zu
machen, jeder für sich und jeder immer gänzlich für sich allein schon bei
den ersten Verstandesanzeichen, damit dieser jahrelange, jahrzehntelange
Versuch zur Tatsache gemacht werden kann, durch *Überanstrengung* allerdings, Überanstrengung unterstrichen, daß wir dann, am Ende unserer
Existenz, sagen können, wir haben in unserer eigenen Welt existiert und
nicht in der Schande zutode gehen müssen, nur in der Welt unserer Eltern
existiert gehabt zu haben, denn diese Schande ist die größte. Wir haben
uns, die Geburt bewirkt nur das Gegenteil, mit Hilfe unseres Verstandes
schon sehr früh und ohne Nachgeben und mit immer größerer Willenskraft in dieser Aufgabe, uns von unseren Eltern zu trennen, damit wir
einmal sagen können, in einer eigenen Welt existiert zu haben, nicht nur
in der Welt unserer Eltern. Ich erinnere mich, daß mich meine Mutter im
Sommer immer in das der Sonne vollkommen ausgesetzte, sogenannte
südöstliche Erkerzimmer eingesperrt hatte, wenn sie ihren Willen mir
gegenüber, gleich in welchem Falle, nicht durchsetzen hatte können, daß
ich schwierig gewesen bin, darüber besteht kein Zweifel, wie über die
Tatsache, daß meine Eltern bedenkenlos gewalttätig gewesen sind, keinerlei Zweifel besteht, daß sie mich also in das Erkerzimmer eingesperrt
hat, in welchem, weil dieses Erkerzimmer den ganzen Sommer über niemals aufgesperrt worden ist, außer, ich bin in das Erkerzimmer hineingesperrt worden, zu keinem anderen Anlaß ist es geöffnet worden, und die

Fenster des Erkerzimmers sind niemals aufgemacht worden, die Fensterriegel sind schon jahrzehntelang eingerostet gewesen und es wäre gar nicht
mehr möglich gewesen, die Fenster des Erkerzimmers aufzumachen, daß
sie mich dahinein gesperrt hat, wo die Luft, die heiße Sonnenluft, längst
erstickt gewesen war und Tausende und Hunderttausende Fliegenkadaver
auf dem Boden und auf allen Möbelstücken herumgelegen sind, ganze
Haufen von abgestorbenen Fliegen, in dieses Erkerzimmer mit seinem
fürchterlichen Geruch, durch dessen Fenster, die von den Fliegen von
oben bis unten in jahrelanger Verzweiflungshektik verdreckt und in einem
unbeschreiblichen Verschmutzungszustand sich befunden haben, daß sie
mich da stundenlang hineingesperrt hat, bis ich an der Tür *gebettelt* habe,
sie solle mich, weil ich sonst ersticken müsse, wieder herauslassen. Ich
erinnere mich, daß sie mich damit, daß sie es immer wieder zu mir gesagt
hat, ich hätte ihr noch gefehlt, treffen hatte wollen und auch getroffen hat,
daß ich der Inbegriff des Bösen sei schon in einem Alter, in welchem
solche Bemerkungen tödliche, auf die Seele sich tödlich auswirkende Bemerkungen sein können. Und der Vater, indem er schwieg und sich meinen Brüdern widmete, nicht mir, indem er immer in den Brüdern seine
Nachfolger gesehen hat, mich die meiste Zeit damit bestraft hat, indem er
mich immer wieder, da war ich noch ein Dreijähriger oder Vierjähriger, als
einen Fremdkörper in Altensam bezeichnete. Die Eltern können auch
nach ihrem Tode nicht zu einem schönen, nicht einmal zu einem erträglichen Bild für mich gemacht werden, zu dieser Verfälschung fehlen mir
alle Voraussetzungen, so Roithamer. Und die größte Strafe oder soll ich
sagen der letzte Schachzug meines Vaters gegen mich war gewesen, daß er
mir testamentarisch Altensam hingeworfen hat, Altensam, von dem er
wußte, was es für mich bedeutet, Abscheu, nichts als Abscheu. Aber damit
ist mir gleichzeitig das Mittel in die Hand gegeben, mich jetzt tatsächlich
und vollkommen meinem Charakter entsprechend sozusagen, erkenntlich
zu zeigen, indem ich Altensam verkaufe, es verkaufe und vernichte und die
Geldsumme für den Zweck verwende, den ich mir in den Kopf gesetzt
habe. Die Eltern würden sich im Grabe umdrehen, diese Bemerkung ist
durchgestrichen. Es ist, als löste ich einen Kerker auf, indem ich Altensam
auflöse, so Roithamer. Ist der Haß und die Abneigung, sind diese beiden
noch heute gegen meine Eltern geltenden Mittel auch gegen meine Brüder
angewendet von mir?, frage ich mich. Nur im abgeschwächten Ausmaß, so
Roithamer, so abgeschwächt, daß sie im Grunde bedeutungslos sind, so

Roithamer. Während unser Augenmerk auf unsere Arbeit und auf die
Gefährlichkeit und Zerbrechlichkeit unserer Arbeit gerichtet ist, verwenden wir die meiste Zeit nur damit, die nächstliegende, immer die uns am
nächsten liegende Zeit überhaupt überbrücken zu können, und wir denken, wir haben überhaupt nur an Überbrücken der Zeit zu denken, nicht
an Arbeit, geschweige denn an komplizierte, unsere ganze Existenz in
Anspruch nehmende. Gleichgültig wie, nur überbrücken, denken wir,
fühlen wir instinktiv. Das schon als Kind. Wie komme ich weiter, dieser
ununterbrochene Gedanke und es ist die meiste Zeit vollkommen gleichgültig, *wie* wir weiterkommen, nur *daß* wir weiterkommen. Weil wir allein
auf die Tatsache, weiterzukommen und ohne etwas darüber hinaus zu
bewerkstelligen, so Roithamer, unsere ganzen verfügbaren Geistes- und
Körperkräfte zusammenzunehmen haben. Arbeit, Überbrückungshilfe,
gleich welche Arbeit, Beschäftigung, Umschaufeln im Garten oder die
Vorantreibung des philosophischen Gegenstandes, es ist gleich. Dann sind
wir von einer Idee besessen und haben im Grunde nur die Kraft zum
Überleben, deshalb sind wir in dem qualvollsten Zustand. Wir sind zu
nichts verpflichtet, so Roithamer, nichts unterstrichen. Wie uns als Kindern eingeredet worden ist, daß wir nur ein Recht hätten zu leben, wenn
wir vernünftig arbeiten, wie uns versichert worden ist, daß wir unsere
Pflicht zu erfüllen hätten. Alles unverantwortliche Quälereien unverantwortlicher Eltern, unverantwortlicher sogenannter Erziehungsberechtig-
ter. In gleiche Kleider gepreßt als völlig ungleiche Menschen, Charaktere,
in die Kirche gegangen, zum Essen gegangen, Besuche gemacht, so Roithamer. Die fixe Idee unserer Mutter, wir Brüder hätten immer gleich und
wie für Altensam richtig, was war das?, gekleidet zu sein, so hatte sie auch
immer die genauso fixe Idee, wir hätten alle drei immer das gleiche denken
und tun müssen, glauben müssen, machen oder unterlassen müssen, aber
ich hatte immer etwas anderes getan und ich habe mich immer geweigert,
die gleichen Kleider wie meine Geschwister anzuziehen, was zu tagtäglichen Katastrophenstimmungen geführt hat. Wir waren nicht und niemals
gleich, so Roithamer, aber ich war auch nicht und niemals exzentrisch, das
ist nicht wahr, daß ich exzentrisch gewesen bin, das ist eine von allen
immer wieder vorgebrachte Beschuldigung als Verleumdung, weil ich
meinem Wesen gefolgt bin, ohne mich um die andern und deren Meinungen zu kümmern, war ich als exzentrisch verschrien, war aus mir, der
ich genau meinem überhaupt nicht exzentrischen Wesen nach immer zu

existieren versucht habe, ich habe mich ganz einfach immer meinem Wesen gestellt gehabt, tagtäglich, war aus mir immer, schon in der frühesten
Kindheit, eine exzentrische Natur gemacht worden, auch war ich immer
als Störenfried bezeichnet worden, was aber stimmte, denn in Wirklichkeit bin ich immer der Störenfried ihres Friedens gewesen in Altensam, ich
habe zeitlebens ihren sogenannten Frieden gestört, schließlich hatte ich es
mir zur Hauptaufgabe gemacht gehabt, ihren Frieden in Altensam zu
stören, insofern war die Bezeichnung Störenfried auf mich wie auf keinen
andern zutreffend. Daß wir, weil wir aus Altensam waren, etwas Besonderes seien, alles mit uns und Altensam Zusammenhängende etwas Besonderes, dagegen hatte ich mich immer gewehrt, in allem und jedem war
immer zum Ausdruck gekommen, daß wir, meine Eltern, meine Geschwister, ich, alle in Altensam schließlich etwas Besonderes seien, in der
Beziehung natürlich, in welcher alles auf der Welt etwas Besonderes ist,
aber es ist nichts besonderer als das andere, alles ist so gleich besonders,
daß darüber nichts zu sagen ist, so Roithamer. Die Vorstellungen, die
unsere Eltern von uns gehabt haben, und die Hoffnungen, die unsere
Eltern an diese Vorstellungen von uns geknüpft haben und die sich nicht
erfüllt haben, Vorstellungen erfüllen sich nicht, so Roithamer, Vorstellungen *allein nicht*, allein nicht unterstrichen. Wir hatten Geige spielen und
Klavier spielen und Flöte blasen lernen müssen, einerseits weil unsere
Mutter das so haben wollte, andererseits, weil wir in der einen oder anderen musikalischen Disziplin Talent gehabt haben, aber diesen Musikunterricht haben alle Geschwister gleich gehaßt, die Musik interessierte
mich erst, faszinierte mich erst, als ich sie nicht mehr ausüben *mußte*,
durch Freiwilligkeit war ich dann zeitweise, ja jahrelang völlig in der Musik aufgegangen gewesen, hatte geglaubt, ein höheres, gar hohes Musikstudium angehen zu müssen, hatte auch ein solches Studium angegangen,
aber dann wieder aufgegeben, weil mich das offizielle Studium mehr von
der Musik abgebracht hatte, ich war durch das offizielle Musikstudium
von der Musik abgekommen, anstatt in die Musik hineinzukommen
durch ein offizielles Musikstudium, die Wirkung war die gleiche gewesen,
wie der mir aufgezwungene Musikunterricht zuhause in Altensam. Unge-
horsam war in Altensam immer mit tödlichen Geistesverletzungen bestraft worden. Das sonnenseitige Erkerzimmer hatte ich immer gefürchtet,
aber diese Qualspezialität war nur mir vorbehalten gewesen, niemals war
einer meiner Brüder in dem Erkerzimmer eingesperrt gewesen. Diese wa-

ren mit Ohrfeigen abgefertigt worden, mich hatten sie aber ins Erkerzimmer eingesperrt, die Höchststrafe, oder vernichtende, gefühls- und geistesvernichtende Bemerkungen über mich gemacht, ebensolche Höchststrafe natürlich. Andauernd mußten wir tun, was wir nicht tun wollten. Aber wir hatten immer zu hören bekommen, daß es unsere Eltern mit uns *gut meinten.* An jedem Tag sehr oft, wie gut sie es mit uns meinten, allein mit der ununterbrochenen Wiederholung dieses Spruches, der einer ihrer Leitsprüche gewesen war, immer wieder, wie gut wir es mit euch (oder mit dir oder dir) meinen, dadurch bin ich mehr und mehr eingeschüchtert und erniedrigt gewesen, sie konnten uns gut mißhandeln, die Eltern, weil wir nicht aufgeklärt gewesen waren. Ein so schönes, ein so kunstvolles, ein so kultiviertes Haus, sagten unsere Besucher immer und sie fragten sich, was es daran zu zweifeln gab. Eine solche kostbare Umgebung, alle Möbelstücke, Kunststücke, alle Räumlichkeiten, die sie zu sehen bekommen haben, die herrlichsten, alle Ausblicke von Altensam in die Landschaft die schönsten, weitesten. Wie, fragte ich mich oft selbst, ist es möglich, sich zugrunde gehen zu sehen in einer solchen, so meine Mutter andauernd, luxuriösen Atmosphäre? Absterben, wo für den Außenstehenden kein Grund zu sehen gewesen war. Aber naturgemäß war ich nicht gänzlich ausgeschlossen gewesen von den Begriffen Freude, Schönheit, Lebensfreude selbst, Naturschönheit undsofort, so Roithamer. Meine Augen waren auch in dieser Richtung, genauso wie für die andere, offen gewesen. Ein Mensch wie ich, dessen höchstes Glück Denken, und vor allem Denken in der freien (philosophischen) Natur ist, war allein in dieser Tatsache, ist allein in einer solchen Bemerkung gerettet, so Roithamer. Es ist auch möglich und sehr wahrscheinlich, in der sogenannten Erkenntnis des Schmerzes glücklich zu sein, so Roithamer. Wie zum Beispiel Aufschreiben von höchstem Unglück höchstes Glück sein kann, so Roithamer. Die Wahrnehmungsmöglichkeit, Artikulationsmöglichkeit der Wahrnehmung höchstes Glück sein kann undsofort, so Roithamer. Wenn wir uns der Tatsache bewußt sein können, daß die Feststellung an sich, gleich was wir feststellen, höchstes Glück sein kann. Wie letztenendes die Tatsache, überhaupt zu sein, gleich wie, so Roithamer. Aber wir dürfen nicht ununterbrochen solche Gedanken denken, nicht alles, was wir denken und was andere denken und von dem wir hören, immer wieder durchdenken, denn dann tritt der Zeitpunkt ein, in welchem wir von diesem eigenen fortwährenden bohrenden Denken abgetötet werden, ganz einfach am Ende tot sind. Zuerst widerwillig Geige gespielt, so Roithamer, Klavier, widerwillig, weil aufgezwungen, später der (freiwillige) Versuch zu einem höherem und hohen Musikstudium, Musikgeschichte undsofort, so Roithamer, alles gescheitert, weil einerseits aufgezwungen, andererseits freiwillig aber offiziell, schließlich Beschäftigung mit der Musik, Hineingehen in die Musik aus eigener Willenskraft und ohne offizielle Hilfestellung (Hochschule etcetera), Webern, Schönberg, Berg, Dallapiccola undsofort. Zuerst widerwillig gelesen, alles widerwillig gelesen, weil mir die Lektüre von den Eltern aufgezwungen worden war, sie hatten geglaubt, ich müsse eine Vorliebe für Lektüre haben, aber weil sie annahmen, ich müsse eine solche Vorliebe haben, Respekt/Vorliebe etcetera, habe ich mich geweigert zu lesen, nichts gelesen bis ins zwölfte Jahr außer Schulbüchern, dann, ab dem fünfundzwanzigsten Jahr etwa, ununterbrochene Lektüre, freiwillig alles, was mir erreichbar gewesen war. Weil sie Ordnung verlangt haben von mir, Unordnung, weil sie verlangt haben, daß wir Hüte auf dem Kopf tragen, Jahrzehnte keinen Hut auf dem Kopf, Abneigung gegen Hüte etcetera, so Roithamer. Weil ich immer daran gehindert worden bin, aus allen begreiflichen Gründen, die mir aber unbegreiflich sein mußten, von Altensam in die Ortschaften hinunterzugehen, bin ich hinter ihrem Rücken immer in die Ortschaften hinuntergegangen, habe mich, zuerst zaghaft, dann später, mit großer Entschiedenheit selbständig gemacht unterhalb Altensam, während sie glaubten, ich wäre in meinem Zimmer, war ich in Wirklichkeit in die Ortschaften hinuntergegangen in der Nacht. Und so immer öfter hinter ihrem Rücken aus Altensam hinunter, so Roithamer, bis ich eines Tages endgültig von Altensam weg und hinuntergegangen bin. Um nicht mehr nach Altensam zurückzukommen, *niemehr*, niemehr unterstrichen. Aber auch diese Ausbrüche allein. Die Geschwister waren mir niemals und in nichts gefolgt. Die absolute Verständnislosigkeit ist schon damals zwischen den Kindern gewesen. Wir haben gegenseitig nichts mehr aufzuklären, so Roithamer. Bezeichnend die Ohnmachtsanfälle unserer Mutter als Mittel der Erpressung, ständige Übelkeit und von ihrem sogenannten Übelkeitssessel aus Beherrschung des Haushalts, meine Mutter fast nie ohne Übelkeit oder Anzeichen von Übelkeit gesehen, dagegen der Vater, als Naturmensch, aber sie, meine Mutter immer in ihren Stimmungen, die immer trübe, aus der Trübheit bösartige Stimmungen gewesen waren, die des Vaters gutartig, ihr dadurch unerträglich. Zum Unterschied seiner ersten Frau, die

kinderlos geblieben war und von der er sich aus diesem natürlichen
Grunde, so der Vater, immer wieder, so Roithamer, getrennt hatte, die die
Tochter eines Klagenfurter Rechtsanwalts gewesen ist, die allerdings nichts
im Kopf gehabt habe, als Theater und Lustbarkeiten, wie mein Vater alles,
das mit Theater und Musik zusammenhängt, immer als Lustbarkeiten
und sehr geringschätzig als solche Lustbarkeiten bezeichnet hat, diese Frau
hatte er geheiratet, weil er ihr ein Kind gemacht hatte, aber das Kind war
tot geboren worden, die Mutter nach dieser Totgeburt halb verrückt gewesen lange Zeit, so der Vater, was er, mein Vater, dann nicht mehr
ausgehalten habe, weil offensichtlich, daß sie kein Kind mehr bekommen
könne, Trennung, aber in Übereilung die Heirat meiner Mutter, die wohl
und sehr gut Kinder und zwar lebend auf die Welt bringen hatte können,
so der Vater über die Mutter, sie sei immer nichts anderes gewesen als die
Frau mit dem *Guten Wurf*, so der Vater immer wieder und vor allen
Leuten, auch weniger vertrauten, gar vor Fremden, wenn er betrunken
gewesen war, zum Unterschied von seiner ersten Frau, die immer jung
und frisch, aber dann durch den Umstand der Totgeburt völlig zerstört
gewesen sei, sie lebt heute noch, so mein Vater immer wieder, wenn nach
dieser seiner ersten Frau gefragt worden war, sie lebt heute noch, glaube
ich, in Frankreich, zum Unterschied von der ersten war die zweite, unsere
Mutter, immer alt, schon als junge Frau alt gewesen, solche Menschen
sind schon als Kind alte Menschen, so mein Vater, und richtig beobachtet,
was ich bestätigen kann, schauen solche Menschen auch schon bei der
Geburt wie uralt aus, das Greisenhafte in ihren Gesichtern ist immer
erschreckend, ein solcher neugeborener Mensch, wie offensichtlich meine
Mutter einer gewesen war, schaut im ersten Augenblick schon so aus, wie
er mit siebzig oder mit achtzig ausschauen wird, aber das Alte in dem
Gesicht bleibt immer, immer war unsere Mutter die Alte gewesen, von
Anfang an, zum Unterschied von seiner ersten sei die zweite, unsere Mutter, auch eine berechnende Frau gewesen, alles an dieser Frau ist Berechnung, sie ist nie anders gewesen als berechnend, während meine erste Frau,
so mein Vater, so Roithamer, ohne jede Berechnung, aber aufeinmal,
durch die Totgeburt, *eine unglückliche Natur* gewesen ist, ist meine zweite
Frau immer berechnend gewesen, in allem und jedem ihres Wesens Berechnung, das hat so weit geführt, so mein Vater, so Roithamer, daß sie
fürchterlichen Zuständen verfallen ist, wenn eine ihrer Berechnungen einmal nicht aufgegangen ist, aber ihre Berechnungen sind im Grunde immer

aufgegangen, diese Art Frauen setzen sich etwas in den Kopf, zum Beispiel irgendeinen unnötigen Ankauf, so mein Vater, und setzen diesen Ankauf durch, sie schwächen damit das Verhältnis, was sie nicht fühlen, aber stärken, wie sie glauben, ihre Position, Anschaffungen betreffend, Ausflüge, Neuerungen in Altensam, hatte sie immer durchgesetzt und fast immer mit dem Mittel der Übelkeit, von welcher Altensam große Zeiträume ununterbrochen beherrscht gewesen war, vor allem im Frühjahr, wo in Altensam nichts anderes geherrscht hat als die Übelkeit unserer Mutter, im heißen Sommer, im plötzlich kalt gewordenen Herbst. Hatte sie einen ihrer Wünsche, die immer verheerend sich auf Altensam auswirkende Wünsche und Vorstellungen und Verwirklichungen gewesen sind, nicht durchsetzen können, drohte sie und sie drohte vor allem immer mit dieser furchterregendsten aller Drohungen, so mein Vater, so Roithamer, mit Selbstmord, sie werde sich, wir werden schon sehen, eines Tages von der Mauer hinunterstürzen, sich zerschmettern, denn ihr Leben sei uns nichts wert, obwohl wir doch von ihr abhingen, sie der *Lebensmittelpunkt* sei, aber im Grunde war sie nicht, wie sie immer wieder versicherte, der Lebensmittelpunkt in Altensam, sondern der Absterbensmittelpunkt in Altensam, und sie hatte ihre Drohung niemals wahr gemacht, diese Leute, so Roithamer, reden ununterbrochen von Selbstmord, setzen die Drohung, Selbstmord zu begehen, bei Nichterfüllung ihrer Wünsche und Vorstellungen und weil sie kein anderes Mittel als diese Drohung haben, ein, weil sie im Grund mittellos, völlig mittellos sind, aber sie bringen sich nicht um, sie leben mit dieser und aus dieser Drohung jahrelang und jahrzehntelang und sie sterben naturgemäß eines völlig natürlichen Todes, so Roithamer. War sie allein in Altensam, weil mein Vater geschäftlich unterwegs war, dachte sie darüber nach, wie sie ihn, wenn er nachhause kommt, peinigen, mit was für einer Ungeheuerlichkeit, die immer eine das Perverse wenigstens streifende Ungeheuerlichkeit gewesen war, überraschen und augenblicklich in eine grauenhafte, sich auf uns Kinder selbstverständlich grauenhaft auswirkende, auf ganz Altensam grauenhaft auswirkende Stimmung versetzen könnte, und kam der Vater nach Altensam, saß sie stundenlang, immer auf die Uhr schauend, in ihrem Erkerzimmer und beobachtete das Straßenstück, das von der Ortschaft heraufführte und auf dem er kommen mußte, beobachtete auf die Uhr schauend alles, was sich auf diesem Straßenstück abspielte, welche Leute auf Altensam in welcher Funktion zukamen, welche von Altensam mit welcher

Funktion und welchem Gepäck und mit was für Werkzeugen vor allem, von Altensam weggingen, denn das Mißtrauen war das hervorstechendste Merkmal unserer Mutter gewesen, das größte Mißtrauen nicht nur gegen uns, sondern gegen alles und wahrscheinlich aus diesem Mißtrauen war schon früh ihre Gesundheit angegriffen gewesen, denn das Mißtrauen war schon als Kind ihre hervorstechendste Eigenschaft gewesen, durch die Tatsache ununterbrochenen Mißtrauens naturgemäß in ihrem Organismus geschwächt, kränkelte sie fast immer, oder gab vor, zu kränkeln, es war niemals genau festzustellen, kränkelte sie jetzt, oder gab sie ihr Kränkeln vor, das Interessante war ja, daß sie immer kränkelte, aber niemals wirklich krank gewesen war, niemals ernsthaft und tatsächlich besorgniserregend, nur immer kränkelnd, dieses Kränkeln unserer Mutter war eine Haupteigenschaft der Altensamer Atmosphäre gewesen, solange ich zurückdenken kann, immer nur kränkelnd, hatte sie mit diesem Kränkeln die Atmosphäre von Altensam mit der Zeit zu einer, genauso wie sie immer kränkelnd gewesen war, angekränkelten gemacht, in welcher alles übrige, also alles außer ihr, ebenfalls angekränkelt gewesen war, mit der Zeit war alles auf Altensam immer kränkelnd gewesen, schließlich alles in Altensam kränkelnd, es hatte den Anschein, als nützte sie dieses Kränkeln ganz bewußt als ein Mittel für ihre Zwecke, was soviel bedeutete wie gegen uns, auch gegen ihren Mann, unseren Vater, aus, mit diesem Kränkeln beherrschte sie nicht nur das Hauptsächliche in Altensam, auch alles Nebensächliche, das Unscheinbarste, und dieses Kränkeln war für jeden nach Altensam Gekommenen, auch für den, der Altensam nicht so gut kennt und für den Altensam etwas Neues war, sofort spürbar, gleich war ein solcher in dieses Kränkeln, das schon alles auf Altensam erfaßt und ergriffen und vergiftet gehabt hat, eingeschlossen, er konnte nicht wissen, was es sei, das ihn in eine merkwürdig kränkelnde Verfassung gezogen hat, kaum war er in Altensam, aber es ist nichts anderes als das Kränkeln unserer Mutter gewesen, war die erste Frau immer frisch und jung gewesen, so mein Vater immer, so Roithamer, so war seine zweite, die von ihm sogenannte Kinderfrau, immer alt und kränkelnd gewesen, er sprach das immer ganz offen aus und er hatte meiner Mutter sehr oft ins Gesicht gesagt, daß ihre einzige Waffe, außer ihrer grenzenlosen Dummheit, ihr Kränkeln sei, Dummheit und Kränkeln wende sie gegen ihn und gegen alles, was Altensam sei, an, gegen alles, was Altensam bis zu ihrem Auftreten auf Altensam gewesen war und *es ist ein Bühnenauftritt, meine*

Liebe!, höre ich meinen Vater noch ihr ins Gesicht sagen, *ein Bühnenauftritt, meine Liebe!* Dummheit und Kränkeln, so Roithamer, sind die Haupteigenschaften unserer Mutter gewesen, der Vater hatte in seiner Beurteilung recht gehabt, wir Kinder hatten unter dieser Dummheit und unter diesem Kränkeln immer zu leiden gehabt, denn aus der Dummheit war die Bösartigkeit unserer Mutter ebenso gespeist gewesen wie aus dem Kränkeln, das die meiste Zeit ein raffiniert aufgeführtes gewesen war, ein jeden Tag von unserer Mutter mit uns aufgeführtes Schauspiel, in welchem sie die Hauptrolle spielte. Mein Vater hatte sich schon sehr früh von dieser Frau, unserer Mutter, abgewendet gehabt, sie hatte ihm Kinder geboren, *geworfen*, aber auch erst zu einem Zeitpunkt, in welchem er gar keine Kinder mehr haben wollte, waren die Kinder da gewesen, hatte er eingesehen, daß er sie in Wahrheit gar nicht hatte haben wollen, und so, weil sie (wir) nun einmal da gewesen waren, waren wir auch behandelt, immer wie Lebewesen, die als eigene Kinder bezeichnet werden und die im Grunde ihr Erzeuger gar nicht mehr und schon längst nicht mehr haben will. Die Mutter, fortwährend ungekämmt, in einem ununterbrochenen Verwahrlosungszustand, so mein Vater, so Roithamer, in schlampig angezogenen, immer nur halbzugeknöpften Kleidern, ohne Strümpfe in nicht zugeschnürten Schuhen, so ist sie mir in Erinnerung, den ganzen Tag nur auf den Füßen, um irgend jemandem von uns und von dem sogenannten Personal auf irgend etwas dahinterzukommen, die ganze Zeit lief sie und humpelte sie, auch eine charakteristische Eigenschaft ihrerseits waren immer kurz aufeinanderfolgende Verletzungen oder Geschwüre, Entzündungen auf ihren Beinen, vornehmlich auf den Waden gewesen, lief sie oder humpelte sie, ständig in dem Geruch von allen möglichen, von sogenannten Kurpfuschern angekauften, immer in großen Mengen angekauften Medikamenten, immer den Geruch von solchen Medikamenten in Altensam verbreitend, die meiste Zeit in einem alten, von meiner Großmutter stammenden Schlafrock, in dem Schlafrock, der von meiner Großmutter schon nicht mehr getragen, sondern nurmehr noch zum Zudecken der im Herbst frostgefährdeten Dahlien verwendet worden war, den unsere Mutter aber aus dem Fetzenhaufen im Gärtnerhaus wieder herausgezogen und angezogen hat und jahrelang dann noch getragen hat, mein Vater hatte vor diesem Schlafrock Abscheu gehabt, wir Kinder verabscheuten den Schlafrock, aber die Mutter hatte immer nur diesen von uns gehaßten Schlafrock an, selbst auf Photographien ist sie in diesem Schlafrock abgebildet und immer sind es Bilder einer Frau, die mir vollkommen fremd ist, diese Bilder beweisen mir mehr als die Wirklichkeit, daß mir meine Mutter immer eine fremde Frau gewesen ist, überall war sie und immer unvorhergesehen, als ob sie sich angeschlichen hätte, aufeinmal aufgetaucht und hatte eine Kontrolle gemacht, gleich in welchen Zimmern, sie stand aufeinmal da und kontrollierte, sie hatte immer wissen wollen, was in allen Zimmern vorgeht, blitzartig hat sie unsere Türen aufgerissen und uns zur Rede gestellt, weil wir immer gerade etwas getan hatten, das wir, in ihren Augen, nicht hätten tun sollen oder nicht hätten tun dürfen, es ist immer etwas Unangebrachtes, wenn schon nicht Verbotenes, so doch Unangebrachtes und Nutzloses, oder Beschämendes, aber in jedem Falle Bezeichnendes gewesen. In den Wirtschaftsgebäuden war sie gefürchtet, sie kontrollierte die Arbeit der dort Beschäftigten und hielt den Leuten, die ja nur wegen meinem Vater immer in Altensam geblieben waren, den sie liebten, hielt den Leuten vor, sie arbeiteten nichts, oder zu wenig, allen Leuten hatte sie immer die Langsamkeit ihrer Arbeit vorgeworfen und die Ungenauigkeit, dabei war niemand, in gleich was für einer Arbeit, langsamer und ungenauer als diese Frau, unsere Mutter. Den ganzen Tag war sie in einem abstoßenden Verwahrlosungszustand auf den Beinen, gegen Abend zog sie sich immer in ihr Zimmer zurück, zog sich ein schwarzes, einfaches, im Grunde sogar elegantes, auch sehr teures, aber an ihr doch eher ungut ausschauendes Kleid an, ein kragenloses Kleid mit einer großen mit Diamanten besetzten Goldbrosche auf der Brust, das aus dem Besitze der Schwester meiner Großmutter zur Hochzeit meiner Eltern in ihre Hände gekommen ist, und machte sich fertig für das Theater. Sie ließ sich von einem der Wirtschafter im Wagen in das Linzer Theater chauffieren, schaute sich grundsätzlich alle Premieren an und kehrte gegen Mitternacht, und zwar niemals anders als alles das, was sie gerade in dem Linzer Theater gesehen hatte, ablehnend, sich darüber mokierend, zurück, es war immer das gleiche, sie stieg im Hof aus dem Wagen, der von dem Wirtschafter in die Wirtschaft hinübergefahren wurde, wo die Wagen abgestellt waren und vernichtete mit vielen Wörtern, sich die große Eingangstür aufsperrend, und dann in die untere Küche auf einen für sie dort heißgestellten Kaffee gehend, was sie in dem Theater gerade erlebt hat, ich habe sie nie etwas Positives über das Linzer Theater, das freilich eines der schlechtesten Theater ist, die es gibt, in welchem immer nur Gutgemeintes, aber immer nur abstoßend Katastrophales produziert wird, nie etwas Positives darüber sagen hören. Aber sie hatte es nie fertiggebracht, einmal *nicht* in eine Premiere zu gehen. Sie war eine Theaterfanatikerin, obwohl sie vom Theater überhaupt nichts verstand, eine leidenschaftliche Theaterbesucherin, daß es sich bei dem Linzer Theater um das schlechteste Theater der Welt handle, wie sie immer wieder sagte, das hatte sie natürlich beurteilen können und das war ihr auch immer wieder von anderen, sogenannten Theater-Experten, mit welchen sie in den Vorstellungspausen sich unterhalten hatte, bestätigt worden, aber wie ich weiß, hat sie diese Theaterbesuche immer nur zu dem Zwecke, sich vor Vorstellungsbeginn in einer bestimmten, auf der Landstraße befindlichen Parfümerie mit Duftwässern und Cremen einzudecken, besucht, von diesen Cremen und Duftwässern hatte sie Hunderte in ihrem Badezimmer und sie machte von diesen Hunderten von Flaschen- und Tubeninhalten in unglaublich hohem Maße Gebrauch, nur waren alle diese sogenannten Wohlgerüche, und über den Wohlgeruchsgeschmack unserer Mutter läßt sich streiten, immer von den stinkenden Salben und Wässern der Kurpfuscher, die hierzulande Heilpraktiker heißen, zugedeckt und dadurch im Grunde genommen immer überflüssig. Das Theater ist ihr nur ein Vorwand, so mein Vater, so Roithamer, um sich in der Parfümerie mit dem an dieser Frau (unserer Mutter) völlig wirkungslosen chemischen Zeug einzudecken, die Große Oper nur ein Vorwand für ihre parfümierten Verrücktheiten, die Komödie oder die Tragödie in Linz nur ein Vorwand für ihren entsetzlichen Beschmierungswahn. Sie verstand weder vom Theater etwas, noch von der Musik und sie hatte dafür auch nichts übrig, aber es waren ihr das Theater (in Linz) und die Musik (in Linz), denn sie hatte auch die größeren Konzerte in Linz besucht, eine Gelegenheit und ein Vorwand gewesen, nicht nur sich in der Linzer Parfümerie mit allem möglichen Duftunrat (so mein Vater) einzudecken, es waren diese Theater- und Konzertbesuche ihr auch immer ein Mittel gewesen, uns ihren Kunstverstand und ihr Kulturbedürfnis beweisen zu wollen, vor allem meinen Vater mit diesen Besuchen zu *erniedrigen*, diesen, wie sie immer gesagt hatte, kulturlosen Menschen, der für die hohe Kunst nicht das geringste übrig hat, mit diesen ihren Besuchen, die, so mein Vater, eine Menge Geld kosteten, auf ihre eigene Kultur hinzuweisen. Aber in Wirklichkeit hatte unsere Mutter keine Kultur, nicht die geringste Kultur, und unser Vater, der sich für diese Art von Kultur, wie sie sie im Kopf hatte, tatsächlich überhaupt nichts übrig hatte, und da hatte sie vollkommen recht, er hatte dafür nichts übrig, hatte allein durch den Umstand, daß er für diese ihre Art Kultur nichts übrig hatte, Kultur, so Roithamer. Der Vater hatte wenigstens immer wieder ein sogenanntes gutes Buch gelesen, die Mutter aber hatte, solange ich in ihrer Nähe gewesen bin, so Roithamer, niemals ein gutes Buch gelesen, alles, was mit Büchern, vornehmlich guten Büchern zusammenhing, haßte sie, wie sie selbst sagte, wie die Pest, und sie hatte auch immer alles darangesetzt, uns, also auch meine Geschwister, von den sogenannten guten Büchern, aber grundsätzlich doch von allen Büchern fernzuhalten, die Möglichkeiten, an gute oder überhaupt an Bücher heranzukommen, gar nicht entstehen lassen, und es war bezeichnend gewesen, daß die immerhin drei- oder viertausend Bücher umfassende Bibliothek in Altensam, die noch aus den Zeiten unserer Urgroßeltern und Großeltern stammte, abgesperrt gewesen war und daß wir unsere Mutter, nicht unseren Vater, zu fragen hatten, wollten wir die Bibliothek, die im übrigen sich immer in einem entsetzlichen Verwahrlosungszustand befunden hatte, weil sie niemals aufgeräumt oder gar abgestaubt worden war, Jahrzehnte nicht, und unsere Mutter hatte es niemals für richtig befunden, daß wir lesen wollten, sie hatte uns immer gleich von dem Wunsche, in die Bibliothek gehen zu dürfen um ein Buch, gleich um was für ein Buch, abgedrängt in das Musikzimmer, dort sollten wir uns aufhalten, im Musikzimmer, nicht in der Bibliothek, die Bibliothek war uns verboten, aber in das Musikzimmer, zweifellos das ungefährlichere von beiden, waren wir hineingedrängt worden, obwohl ja unserer Mutter, unseren Eltern bekannt gewesen war, daß wir, auch meine Geschwister, die Musik zwar liebten, aber das Musikmachen haßten, weil wir dazu gezwungen worden waren. Die Bibliothek war uns versperrt, die andern interessierten sich auch weniger als ich dafür, so Roithamer, ich hatte keine Möglichkeit, in die Bibliothek zu kommen, denn die Mutter hatte den Schlüssel dazu in ihrem Schlüsselkasten eingesperrt, Bücher seien für die Erwachsenen, sie schlügen sich wie Krankheiten auf den Kopf, hatte unsere Mutter immer gesagt, Märchen dürften wir lesen, aber Märchen wollten wir nicht lesen, Märchen ja, alles andere nein. Sie hatte Angst, ich vor allem könnte in der Bibliothek die Erfahrung machen, daß die Welt größer sei als Altensam und im Grunde eine ganz und gar andere sei, als die, die ich kannte, ich spreche von der Zeit bis zu meinem achten oder neunten Jahr. Im achten oder neunten Jahr war plötzlich alles anders: da hatte sie, meine Mutter, sich eingebildet, ich solle mich auf die Bibliothek *stürzen*, tagtäglich in die Bibliothek hineingehen, aber jetzt wollte *ich* nicht mehr hinein, ich weigerte mich, auch nur ein einziges Buch zu lesen, ich ließ mich dazu auch nicht zwingen, das alles war meiner Mutter, so Roithamer, naturgemäß unverständlich, zuerst will ich hinein und ich werde nicht hineingelassen, dann soll ich hinein und will nicht mehr hinein. Sie war der weitverbreiteten Meinung gewesen, daß Kinder bis zu acht oder neun Jahren in einer sogenannten Erwachsenenbibliothek nichts zu suchen haben, daß sie aber mit acht oder neun Jahren an die sogenannten Bücher der Erwachsenen *herangeführt* werden sollen, und hatte sich an diese Empfehlungen halten wollen. Aber jetzt interessierte mich die Bibliothek nicht mehr. Es ist ja eine so alte Bibliothek, habe ich gedacht und dazu, daß ich an neue Bücher herangehen werde, wenn ich von Altensam weg bin, nicht jetzt noch an alte, sie hätten mich sicher interessiert, so Roithamer, aber ich hatte mich nicht zwingen lassen. Neue Bücher gab es nicht in Altensam, nur mindestens vierzig oder fünfzig Jahre alte und viel ältere, wenn ich von den Wald-, Forst- und Jagdbüchern meines Vaters absehe, die immer auf dem neuesten Stand der Wald- und Forstwirtschaft und -forschung und Jagd gehalten waren. Versuch einer Beschreibung des Vaters: unser Zutrauen ihm gegenüber war immer das größte gewesen, aber mehr und mehr war er unter dem Einfluß dieser Frau, unserer Mutter, uns entzogen worden, wir hatten fühlen können, wie wir uns mit den Jahren und den Ereignissen in diesen Jahren, die immer nur solche von seiner Frau, unserer Mutter, hervorgerufene Ereignisse in Altensam gewesen sind, auch nichts anderes als Krankheitsprozesse, hervorgerufen durch die Veranlagung dieser Frau, die für Altensam nichts als ein Unglück gewesen ist, wie wir uns mit den Jahren vom Vater entfernt haben, umgekehrt sich der Vater von uns entfernt hat. Diese Frau hat auch auf meinen Vater einen verderblichen Einfluß ausgeübt, aber er war bald, nachdem er anfängliche Widerstandsversuche aufgegeben hatte, vollständig unter ihre Willenskraft geraten und von dieser ihrer Willenskraft beherrscht gewesen, alles in Altensam ist darauf von der Willenskraft dieser Frau, unserer Mutter, die die Tochter eines Eferdinger Fleischhauers ist, beherrscht gewesen, alles in Altensam aufeinmal kränkelnd, angekränkelt, was vorher niemals angekränkelt gewesen war, auch nicht zu Zeiten der ersten Frau meines Vaters, die ich öfter aufsuche, die meinem Vater niemals verziehen hat, verziehen hat können, daß er ihr Leben mehr oder weniger ruiniert hat, indem er in ihr

nur die Gebärerin seiner Kinder gesehen hat, sie für ihn gleich nichts mehr
gewesen ist, nachdem das totgeborene erste Kind meines Vaters ihr Wesen
vollkommen verändert hat, was meinen Vater veranlaßt hat, diese Frau
abzuschieben von Altensam, unter dem Einfluß unserer Mutter, die mein
Vater ganz offen und auch ihr selbst gegenüber als Notlösung bezeichnet
hat, weil er geglaubt hatte, sich der Erstbesten versichern zu müssen, so
mein Vater, so Roithamer, unter dem Einfluß dieser Frau als Notlösung,
Notlösung als Frau, so Roithamer, Notlösung als Frau unterstrichen, die
sofort nach ihrem Auftauchen ihre Kleinbürgerlichkeit und Grobheit und
andererseits Jämmerlichkeit, ihre Ungezogenheit und Unbelehrbarkeit
auf Altensam zu übertragen versucht hat und was ihr gelungen ist, von
diesem Einfluß, der sich gleich auf Altensam und auf alles, das mit Altensam zusammenhängt, verheerend, ja schon vernichtend ausgewirkt hat,
war mein Vater gleich durchsetzt gewesen, diesem Einfluß hatte er sich nur
anfänglich entziehen, später aber, nach kurzjährigem Zusammensein mit
dieser Eferdingerin aber, an die vierzig, aufgegeben, sich selbst aufgegeben,
zuerst Altensam aufgegeben unter dem Einfluß dieser Eferdingerin, so
mein Vater immer, so Roithamer, dann sich selbst aufgegeben, es ist ihm
von einem Augenblick auf den andern wahrscheinlich plötzlich alles in
Altensam gleichgültig gewesen, ich hatte den entscheidenden Fehler meines Lebens gemacht, so mein Vater selbst, so Roithamer, ich hätte die
Eferdingerin, diese Fleischhauerstochter mit ihrer Fleischhauerphysio-
gnomie, so mein Vater immer, so Roithamer, mit ihrem Fleischhauerle-
bensinhalt, nicht heiraten dürfen. Aber es ist schließlich alles gleichgültig,
so mein Vater, so Roithamer. Vor diesem sogenannten Fehler hatte mein
Vater, in Altensam geboren und aufgewachsen, nach den bekannten In-
ternatserfahrungen, dann nach dem Absolvieren der für seine Zwecke
notwendigen mittleren und höheren Schulen in Passau und Salzburg und
Wien, das Leben oder die Existenz geführt, die die Männer immer in
Altensam geführt haben, der forstwirtschaftlichen und landwirtschaftlichen Arbeit einerseits hingegeben, zur Bequemlichkeit andererseits neigend, vor allem der Jagd die ganze mögliche Liebe einer solchen im
Grunde eintönigen Lebensweise zugewendet, hatte er ein solchen Tätigkeiten und Neigungen entsprechendes ruhiges, nicht einmal in Ansätzen
außergewöhnliches Leben geführt bis zu dem Punkte, wo er eingesehen
hatte, daß es ihm unmöglich ist, weiter allein zu sein, nachdem seine
Eltern früh verstorben waren und er sich nach dem Tod seiner Eltern,

meiner Großeltern, ganz der Wirtschaft in Altensam gewidmet hatte, die
ihn ausgefüllt, aber doch nicht befriedigt hatte, denn so sehr eine solche
und auch eine solche herrliche und in ihren wichtigsten Funktionen immer gut intakt gewesene Wirtschaft wie Altensam, eine immer gesund
gewesene, nie in Schwierigkeiten geratene Betriebsmischung aus Land-
und Forstwirtschaft, also auch Holzwirtschaft, Ziegelei-, Schotter- und
Zementwerken, eine solche gesunde Wirtschaftlichkeit einen Mann wie
meinen Vater, mit einer solchen Wirtschaft aufgewachsen und dadurch
vollkommen vertraut, ausfüllen hatte können, befriedigen konnte sie auf
die Dauer selbst ihn nicht. Aber er hatte naturgemäß keine Möglichkeit
der Befriedigung, außer, er hätte das Ganze aufgegeben, aber ein solcher
Mann war er nicht, so hatte er schon um das vierzigste Jahr daran gedacht,
sich zu retten, indem er sich einschränkte und plötzlich, nur aus dem kalt
kalkulierten Nachfolgegedanken heraus, Kinder in die Welt zu setzen beschlossen hatte, nach dem Fehlschlag mit der ersten, wahrscheinlich besser
zu ihm passenden, ihm entsprechenderen Frau, mit der zweiten, die die
denkbar unmöglichste für ihn gewesen war zeitlebens, wie sich sehr rasch
herausgestellt hatte, die ihm aber die gewünschten Kinder auf die Welt
gebracht hatte, die er aber in dem Augenblick, in welchem sie plötzlich da
gewesen waren, gar nicht haben wollte, wie ich jetzt weiß und wie ich
insgeheim immer gefühlt hatte, er hatte die Kinder gebraucht, um schon
in der frühesten Kindheit dieser Kinder nachlassen zu können, in der
Lebensintensität nachlassen zu können in Anbetracht der Kinder, die,
lange bevor ihnen das überhaupt möglich gewesen wäre, *in ihm* schon
seine Nachfolge angetreten hatten. In diesem Nachlassen seinerseits, auf-
gebenden, sich nurmehr noch seinen Neigungen hingebenden Lebensab-
schnitt nach seinem vierzigsten Jahr, hatte sich naturgemäß, weil von ihm
keinerlei Kräfte mehr ausgegangen waren, die Wirksamkeit seiner zweiten
Frau, unserer Mutter, sehr rasch ausbreiten können, aber wie gesagt, es
war ihm *gleichgültig*, gleichgültig unterstrichen, er hatte einen Fehler gemacht und er hatte gleichzeitig nachgelassen und sich aufgegeben, von da
an habe ich meinen Vater nurmehr noch auf die Jagd gehen gesehen, allein
oder mit seinen Jagdfreunden, mit meinen Brüdern sehr oft, aber niemals
mit mir, weil ich, wie gesagt, niemals auch nur eine Verständnisbeziehung
zur Jagd gehabt habe, der Wald als Wald, nicht mehr als Wirtschaftsfaktor,
das Wild interessierten ihn noch, sonst nichts mehr und in diese Interesselosigkeit außerhalb seines einzigen Interesses, das die Jagd gewesen war

bis zu seinem Tode, waren wir, seine Kinder, auch vollkommen eingeschlossen gewesen. Er hatte eine sich von Tag zu Tag steigernde Abneigung
gegen die Eferdingerin, wie er immer sagte, in sich feststellend, diese Frau
schließlich ab dem Grade des Nichtakzeptierenkönnens, Nichtmehrak-
zeptierenwollens, hingenommen, wie etwas, das nicht mehr abzuschaffen
ist, aber mit dem keine andere Beziehung als die über die Abneigung und
den Haß mehr herzustellen ist. Er, unser Vater, war dieser Frau gerade
entgegengesetzt in allem und es war immer deutlicher geworden, daß es
sich nur um eine Zufallsbekanntschaft handelte, gemacht wahrscheinlich
auf einem seiner Freundesbesuche in Eferding, tatsächlich aus Verzweiflung über das Mißlingen alles dessen, was er sich von seiner ersten Frau
erhofft hatte, war er wahrscheinlich tatsächlich, wie er sich ausgedrückt
hat, ohne geringsten Verstand, der Eferdingerin, die überhaupt nichts,
schon vom ersten Augenblick an nur alt und schlampig, dann in noch
verstärkterem Maße in Altensam immer nur das gewesen ist, auf den Leim
gegangen. Aber die ganze Sache einseitig zu beurteilen und die ganze
Schuld daran nur der Eferdingerin in die Schuhe zu schieben, ist auch
unmöglich, unmöglich unterstrichen. Tatsächlich war ja unser Vater sehr
oft in dem Gasthaus in Eferding, aus welchem unsere Mutter stammte
und zu dem auch die Fleischhauerei gehört, die jetzt noch immer von dem
Bruder unserer Mutter betrieben wird, abgestiegen und eines Tages ist er
auch dort abgestiegen und das hatte den Niedergang von Altensam bedeutet oder besser den Niedergang dessen, was in Altensam noch nieder-
gehen konnte, denn tatsächlich war Altensam zu diesem Zeitpunkt schon
in dem Begriffe, niederzugehen, weil mein Vater alles schon aufgegeben
hatte innerlich, er hatte nur noch den einmal gefaßten Entschluß, Kinder
in die Welt zu setzen, schließlich gleich mit welcher Frau, so er selbst,
wahrmachen müssen, aber es war ihn im Grunde schon nichts mehr angegangen. Und von dem Augenblick an, in welchem er nachgelassen und
schließlich aufgegeben hatte, hatte Altensam, was das war, nachgelassen
und war im Grunde aufgegeben. Das Auftreten unserer Mutter in Altensam war dann nur noch das auch nach außenhin sichtbare Zeichen dieses
Nachlassens und Aufgebens gewesen, wir waren schon in diesen längst
eingetretenen Prozeß des Nachlassens und Aufgebens hineingeboren und
allein schon durch diese Tatsache geschwächt gewesen. In diesen Nachlaß-
und Aufgabeprozeß eingeschlossen, hatten wir diesen Nachlaß- und Aufgabeprozeß naturgemäß von allem Anfang unserer Existenz gefühlt und

waren dann weiter immer unter seinem Einfluß gestanden, wir konnten nicht mehr heraus, wir waren mit hinuntergerissen in diese Nachlaß- und Aufgabetendenz meines Vaters. Wie wir auf die Welt gekommen sind, hatte sich unser Vater von Altensam schon abgewendet gehabt, ihm den Rücken gekehrt gehabt, wir erlebten nur noch diesen Zustand, der sich tagtäglich verstärkte, den Zerfallsprozeß, der einerseits von meinem, Altensam schon abgekehrten Vater, andererseits von unserer, dieses Altensam im Grund und aus allen leicht begreiflichen Herkunftsgründen, kleinbürgerliches Milieu, Kleinbürgerlichkeit überhaupt und durch und durch, Eferding etcetera, in geradezu verabscheuungswürdiger Weise beschleunigt war. Naturgemäß ist es so, daß der Sohn, gleich welcher, zu seinem Vater geht, ist er in Bedrängnis, sind Fragen zu stellen, aber ich bin niemals zu meinem Vater gegangen, auch in der höchsten Bedrängnis nicht, und ich habe meinem Vater nie eine entscheidende Frage gestellt, weil ich gewußt habe, daß keine meiner Fragen von ihm beantwortet wird, weil er sich von uns, noch bevor wir dagewesen waren, abgewendet gehabt hatte, und zu meiner Mutter bin ich niemals gegangen, denn die Mutter fürchtete ich. Zum Vater hatte ich keinen Kontakt haben können, obwohl ich zeitlebens immer diesen Kontakt hatte haben wollen, weil der Vater kein Interesse an mir, wie auch nicht an meinen Geschwistern gehabt hat, und die Mutter fürchtete ich, fürchteten wir, aber ich fürchtete sie mehr als meine Geschwister sie fürchteten, weil ich von meiner Mutter mehr als meine Geschwister gehaßt gewesen war, andererseits hatte ich zu meinem Vater doch noch das bessere Verhältnis als meine Geschwister, die eher zu meiner Mutter als zu meinem Vater ihre Elternbeziehung hatten. Nur meine Schwester war von meinem Vater wie kein Mensch geliebt, und das hat sich immer und bei jeder Gelegenheit gezeigt, nach seinem Tode war sie die schutzloseste. Sie, meine Schwester, war auch, ähnlich wie ich, aber vielleicht mit noch viel größerer Beweiskraft, aus dem Vater, ihm verwandt, als ich, der ich mit meinem Vater verwandt gewesen bin, nicht mit meiner Mutter, nichts von der Eferdingerin in mir, an mir, alles oder beinahe alles von meinem Vater, und das alles in noch höherem Maße meine Schwester betreffend, während meine beiden Brüder alles aus der Eferdingerin haben, sie sind ganz das Wesen der Eferdingerin, wenn es sich auch gänzlich anders ausgedrückt hat als an der Eferdingerin, meiner Mutter selbst. Aus diesem Grunde habe ich auch niemals eine engere Beziehung zu meinen Brüdern haben können, weil ich in ihnen immer

Eferding gesehen habe, alles, das mit Eferding und mit der Eferdingerin und mit ihrer Herkunft zusammenhängt, umgekehrt meine Brüder in mir und in meiner (und ihrer) Schwester immer alles, was mit meinem, unserem Vater zusammenhängt, in noch höherem Maße in meiner Schwester, aber mich haßten sie, meine Schwester war diesen immer nur *merkwürdig*, sie verdächtigten sie einer konstanten Verrücktheit, die doch nichts anderes als das Vaterwesen gewesen war, Altensam, weil sie sie, ein Mädchen, nicht wie mich, offen hassen konnten, nichts anderes, das sie im Grunde haßten, unbewußt, in der Art unserer Mutter, die immer alles unbewußt haßte, wie überhaupt in ihr und an ihr alles immer unbewußt wirksam gewesen war, wenn auch in größter Berechnung, denn diese Leute wie meine Mutter sind ja keine Verstandesmenschen, sondern Instinktmenschen, und ihre Gefühle sind tatsächlich nichts als Verfälschungen, gleich in welche Richtung sie ausgerichtet sind, unbewußte Verfälschungen der Natur in eine ihnen entsprechende *Unnatur*, unbewußt. In Wahrheit ist es aber so, daß sich meine Mutter anfänglich immer um mich bemüht hatte, ihr war schon bald aufgegangen gewesen, daß ich, daß alles in mir gegen sie eingestellt gewesen war, deshalb hatte sie nichts unversucht gelassen, mich an sich zu ziehen und unter allen Umständen und mit allen Mitteln, aber als sie gesehen hatte, *ein*gesehen hatte, daß alles, was sie, um ihr Ziel, mich auf ihre Seite zu ziehen, was von Natur aus ganz einfach nicht möglich, vergeblich, unsinniges Bemühen gewesen war, hatte sie ihrer Verachtung und ihrem Haß freien Lauf gelassen. Ich hatte aus meiner Natur nicht heraus und in ihrer Natur aufgehen können, wie sie sich das wahrscheinlich vorgestellt hatte. Von Anfang an ist klar, woraus die gerade geborenen Kinder sind und wohin zurück, denn immer nur ist es eine solche Tendenz zurück, zurücktendieren, in meinem Falle war ich ganz einfach aus meinem Vater und es mußte Wahnsinn sein, das nicht einsehen und ändern zu wollen. Ähnlich mit meiner Schwester, aber diese hat meine Mutter naturgemäß das alles nicht in der schroffen Weise fühlen lassen, dieses schon in der Kindheit zarten Wesen nicht. An ihm hat sich unsere Mutter, obwohl ihr das Kind immer fremd geblieben ist, niemals vergriffen, das getraute sie sich ganz einfach nicht, weil sie es sonst doch mit meinem Vater in nicht ganz auszudenkender Weise zu tun gehabt hätte. So hatten unsere Eltern Kinder in die Welt gesetzt und ganz bewußt, weil ich weiß, aus welchen Beweggründen, aus Gründen der Erbfolge einerseits, meinen Vater betreffend, aus Gründen der Fixierung eines Dauerverhältnisses und was das bedeutete, für sie, unsere Mutter, nämlich Altensam in Besitz zu bekommen, andererseits, ein Verbrechen dadurch begangen, jenes Höchstverbrechen an der Natur, Kinder nur *aus Berechnung* zu zeugen und zu erzeugen, aus Berechnung unterstrichen, die einerseits auf der Seite des Vaters, andererseits auf der Mutterseite geblieben sind, die Brüder auf der Mutterseite, auf der von mir sogenannten Eferdingerseite, so Roithamer, ich und meine Schwester auf der Vaterseite, auf der sogenannten Altensamerseite, so Roithamer. So war von den Eltern schon am Anfang für die zwei tödlichen Hälften, in die Altensam zerfallen war, gesorgt gewesen. Meinem Vater waren alle diese Vorgänge und Zusammenhänge zeitlebens bewußt gewesen, warum ich auch ihn später aus den Augen und auch aus dem Verstand, ja lange Zeit vollkommen aus meinem Erinnerungsvermögen verloren habe, war der Umstand, daß er, und das ist ein plötzlich wieder ganz und gar deutliches Bild vor mir, von dem Augenblick, in welchem wir da gewesen waren, im Grunde nurmehr noch von uns weggegangen ist, uns hinter seinem Rücken alleingelassen hat, und tatsächlich sehe ich meinen Vater so, im grauen Lodenanzug, auf die Jagd oder ganz einfach zu Fluchtzwecken in den Wald hineingehen, von uns weggehend immer, und immer zu Fluchtzwecken von uns weggehend in dem im Grunde von nichts als von schlechtem Gewissen verfinsterten Zustand des Abgeschlossenhabens und der Lebensaufgabe. So viele Jahre hatte ich mich um den Vater bemüht, aber ich bin von ihm immer abgestoßen worden, keine Antworten, nichts als Weggehen von mir, mich nicht zur Kenntnis nehmen. Ein solcher Jahre und Jahrzehnte andauernder Zustand der Zurückweisung und der Abweisung läßt uns dann von einem Augenblick auf den andern, einen solchen Menschen, gleich was wir gerade noch für ihn empfunden haben, herausnehmen aus unserem Denken, wir denken nicht mehr an ihn und es ist, als hätte er niemals existiert, nur ab und zu ist er in uns da, aber wir denken dann gleich wieder etwas anderes. Der Vater ist bis zum vierzigsten Jahr sicher ein leidlich glücklicher Mensch gewesen, vom vierzigsten Jahr an aber sicher das Gegenteil, so Roithamer. Versuch einer Beschreibung von Altensam und über alles, das mit Altensam zusammenhängt, unter besonderer Berücksichtigung des Kegels: in den Abendstunden, Dienstag und Freitag schon an den sogenannten freien Nachmittagen, mich ganz konzentrieren zu können auf die Schrift über Altensam, das Zimmer plötzlich, nachdem es mir für diesen Zweck jahrelang als ungeeignet, völlig unge-

eignet erschienen war, als der ideale Arbeitsplatz, Ausblick auf die meinem
Vorhaben in jedem Falle günstige, in letzter Zeit ununterbrochen nasse
Steinmauer des physikalischen Instituts, ein Zustand, wie er immer in der
höllerschen Dachkammer herrscht, die für meine Zwecke immer ideal
gewesen ist, nur in der höllerschen Dachkammer ist es mir möglich gewesen, den Kegel zu konstruieren, wie es mir jetzt, hier, in meinem Zimmer in Cambridge, ohne eigentlichen Ausblick, der ja nur der Ausblick auf
die feuchte, nasse Institutsmauer ist, die Möglichkeit gibt, mir, nach Vollendung des Kegels, Gedanken über die Arbeit am Kegel zu machen, nach
meiner Rückkehr, bevor ich wieder in meiner wissenschaftlichen Arbeit
völlig aufgegangen bin, von ihr vollkommen in Anspruch genommen bin,
die Möglichkeit, mich nach meiner Rückkehr noch eine Zeitlang für diese
Arbeit, die eine *Schreibarbeit* ist, Schreibarbeit unterstrichen, *zurückgezo-*
gen, zurückgezogen unterstrichen, alles klar zu machen, was geschehen ist
in den letzten sechs Jahren, denn sechs Jahre habe ich ja gebraucht, den
Kegel zu konstruieren und zu bauen, einerseits die verhältnismäßig, auf
mich bezogen, auf meine Herkunft, auf Altensam bezogen, kurze, im
Grunde aber viel zu lange, mich sehr oft und immer wieder an den Rand
des Verrücktseins drängende Zeit. Die Idee und die Verwirklichung der
Idee, die Vollendung der Verwirklichung der Idee des Kegels als Inangriffnehmen und Verwirklichung und Vollendung meines mich in den letzten
Jahren vollkommen beherrschenden Zieles, die Schwierigkeit, mich nicht
nur mir selbst gegenüber verständlich zu machen im Hinblick auf mein
Vorhaben, das immer nur als ein verrücktes und vollkommen aussichtsloses bezeichnet worden ist, auch allen andern an der Verwirklichung und
Vollendung des Kegels Beteiligten klar verständlich zu machen. Unter
Berücksichtigung der Tatsache, daß ich einerseits an England, an Cambridge gebunden, andererseits schließlich gleichzeitig mit meiner ganzen
Energie meinem Vorhaben, im Kobernaußerwald den Kegel zu bauen,
und also dem Schauplatz als Bauplatz des Kegels verpflichtet gewesen bin,
die Schwierigkeit, immer da, in Cambridge oder im Kobernaußerwald, im
richtigen Zeitpunkt zu sein, das eine nicht für das andere die Untergrenze
der Verantwortung zu vernachlässigen. Tatsächlich hätte ich jahrelang in
Cambridge sein sollen, um Cambridge nicht zu vernachlässigen, gleichzeitig im Kobernaußerwald und das heißt, in der Dachkammer des höllerschen Hauses, genau genommen, um den Kegelbau nicht zu vernachlässigen, jetzt, nachdem der Kegel vollendet ist und nachdem ich

Cambridge nicht verloren habe, sehe ich, daß es mir möglich gewesen ist, die Kraft aufzubringen, gleichzeitig den Kegel zu bauen, ohne Cambridge, also, meine Lehrtätigkeit wie meine Studien, zu vernachlässigen, weil es mir möglich gewesen ist, das eine aus dem andern zu tun, Cambridge nicht zu vernachlässigen aus meiner Kegelarbeit heraus, den Kegel nicht zu vernachlässigen aus meiner Arbeit in Cambridge, und beides immer in der höchsten Konzentration auf die entsprechenden Gegenstände. Die Sicherheit, die ich bekommen habe in dem Wechsel meiner Aufenthalte, einmal in Cambridge auf eine Zeit, einmal in der höllerschen Dachkammer, in England einerseits, in Österreich andererseits, den Ortswechsel immer zu dem richtigen Zeitpunkte vorgenommen habe, ohne mir dieser Tatsache bewußt zu sein, Bewußtsein auszuschließen und immer das Richtige zu tun als Geistesgabe, den Ortswechsel, also Cambridge zu verlassen und in den Kobernaußerwald hineinzugehen und umgekehrt, aber auch völlig übergangslos in Gedanken, denn wie oft bin ich in Cambridge gewesen (in Gedanken), und bin in Wirklichkeit im Kobernaußerwald gewesen, wie oft umgekehrt im Kobernaußerwald (in Gedanken) aber in Wirklichkeit in Cambridge. Daß ich mir zeitweise gesagt habe, obwohl ich in Cambridge gewesen bin, ich bin aus Notwendigkeit jetzt im Kobernaußerwald, umgekehrt, aus Notwendigkeit jetzt in Cambridge, obwohl ich in Wirklichkeit im Kobernaußerwald gewesen bin. Die Möglichkeit den Kopf in dem einen sofort auf das andere einstellen zu können, die ich immer gehabt habe, schon als Kind hatte ich mich aus der einen Sache heraus sofort auf eine andere einstellen können. Und gerade die Tatsache, wirksam sein zu können in höchstem Grade gerade in Cambridge für den Kobernaußerwald, im Kobernaußerwald wirksam in höchstem Grade für Cambridge, die Tatsache, daß für das eine die Intensität größer ist, wenn ich in dem andern bin und umgekehrt und die Möglichkeit, dieser Möglichkeit nachzugeben, weil ich diesen Mechanismus beherrscht habe schon von frühester Kindheit an, so Roithamer. Den Kegel zu bauen ohne die Tatsache, daß ich in Cambridge unterrichte und studiere und studiere, wenn ich unterrichte, indem ich unterrichte, studiere, umgekehrt, daß ich in Cambridge meine Leistung durchaus intensivieren hätte können, ohne die Tatsache des Kegelbaues, ist unvorstellbar. Wir kommen in einer (höchst anstrengenden) Arbeit oder Beschäftigung oder Leidenschaft undsofort, so Roithamer, sehr oft dadurch rasch und mit der größten Sicherheit weiter, weil wir gleichzeitig eine andere, ebensolche Arbeit oder

Beschäftigung oder Leidenschaft angegangen sind, betreiben, uns vorgenommen haben und nicht mehr ausgelassen haben, so Roithamer. Die eine Arbeit oder Beschäftigung oder Leidenschaft, die uns sehr oft an den Rand der Verzweiflung bringt, oft allein nur durch die Tatsache einer zweiten solchen Anstrengung. Nur ich habe auf eine solche Idee, einen solchen Kegel zu bauen, also zu planen und tatsächlich zu bauen, kommen können, sagten sie alle, sie haben recht. Über die Ursachen klar werden, die zu dieser Idee geführt haben, denn wahrscheinlich ist alles Ursache für diese Idee gewesen. Die Ursache der Idee und die Verwirklichung der Idee als Wirkung dieser ursprünglichen Ursache, so Roithamer, als Folgerichtigkeit, wie die Verwirklichung der Idee als Ursache der Vollendung der Idee undsofort. Es ist das Schönste, die *höchste Befriedigung*, zu bauen, höchste Befriedigung unterstrichen. Alle haben den Wunsch zu bauen, aber nicht alle haben die Möglichkeit zu bauen, und alle, die bauen, haben diese Befriedigung. Und erst, wenn wir etwas bauen, das noch kein Mensch gebaut hat. *Höchste Befriedigung*, höchste Befriedigung unterstrichen, die Vollendung eines von uns selbst geplanten und von uns selbst ausgeführten Baukunstwerkes. Wir mögen eine philosophische, wir mögen eine schriftstellerische Arbeit vollenden, die die epochemachendste und die wichtigste überhaupt ist, wir haben nicht die höchste Befriedigung, nicht die Befriedigung, die wir haben, wenn uns ein Bauwerk gelungen ist, noch dazu ein Bauwerk, das noch niemand vor uns gebaut hat. Wir haben dann alles erreicht, was menschenmöglich ist. Auch, wenn uns die Vollendung dieses Bauwerks ganz offensichtlich alles gekostet und uns tatsächlich vernichtet hat. Der Preis für ein solches Bauwerk als Kunstwerk, das unser eigenes und das einzige in der Welt ist, kann nur *alles* sein, alles unterstrichen. Zuerst fürchten wir uns, überhaupt an eine solche Idee heranzugehen, von der uns mit der Zeit völlig beherrschenden Idee müssen wir schließlich erdrückt werden, denken wir, so Roithamer, das ist ein ungeheures Auflehnen gegen uns einerseits für die Idee, andererseits gegen die Idee für uns, aber letztenendes ist es doch ein Auflehnen gegen uns für die Idee gewesen. Die Idee fordert von uns, daß wir sie verwirklichen, Realisierung erfordert sie und sie hört nicht mehr auf, von uns die Verwirklichung zu fordern. Wir wollen immer aufgeben, aber wir geben schließlich nicht auf, weil unsere Natur gegen ein solches Aufgeben ist und gehen tatsächlich an die Verwirklichung der Idee heran. Unser Kopf, unser ganzes Wesen ist aufeinmal nurmehr diese Idee. Jetzt kommt uns zugute, worunter wir immer gelitten haben, die Herkunft und alles, was mit unserer Herkunft zusammenhängt, in meinem Falle, alles, das mit Altensam zusammenhängt, alles, das ist vor allem und in erster Linie unsere Herkunftsgeschichte, besteht diese Herkunftsgeschichte für uns auch aus nichts als Marter. Alles ist uns nützlich und das Entsetzlichste am nützlichsten. Wir haben Aussicht, unsere Idee zu verwirklichen, weil wir durch die Marter unserer Herkunft und durch die Marter unserer Gegenwart, denn die Gegenwart empfinden wir nicht nur, ist auch nur Marter wie die Geschichte uns nur Marter ist, weil wir durch diese Geschichts- und Herkunftsmarter in hohem und in höchstem Maße, wenn diese Martern die großen und größten sind, befähigt sind. Je größer die Idee und also je höher das Ziel als Idee, desto größere Geschichts- und Herkunftsmartern sind erforderlich. Plötzlich war ich mir des ungeheuren Kapitals für die Idee aus dem Marterkapital meiner Herkunft und meiner Geschichte und der mit mir zusammenhängenden Geschichte überhaupt bewußt gewesen, und ich habe alle diese mir aufeinmal bei klarem Verstand zur Verfügung stehenden Mittel einsetzen können. Denn was ist Altensam für mich anderes gewesen, als Geschichte als Marter, Herkunft als Marter, Gegenwart als Marter, wenn die wenigen Lichtblicke von mir abgezogen werden, die hier ganz eigenartige Naturverhältnisse beispielsweise, Gesteinsverhältnisse, Tiere, Pflanzen undsofort, als einzige Rückzugsmöglichkeit undsofort, so Roithamer. Menschen-, Natur- und Kunstgeschichte als Marter, als die Möglichkeit, mein Ziel zu erreichen, so Roithamer. Am Endpunkt der Verhältnisse, die hier immer geherrscht haben. Das *Fundament* Altensam, Fundament unterstrichen, auf dem ich meine Idee habe verwirklichen können, den Kegel habe vollenden können, also war Altensam und alles, das mit Altensam zusammenhängt, unbedingt notwendig gewesen, denn immer ist das eine aus allem andern, so Roithamer. Der Kegel, wie er ist, ist ohne Altensam undenkbar, wie alles ohne alles andere undenkbar ist undsofort, so Roithamer. *Die furchterregende Idee*, so Roithamer, die, je furchterregender, desto näher der Verwirklichung. So ist alles am Endpunkt meiner Beobachtungen, die ich in meiner Kindheit und in meiner Jugend in Altensam gemacht habe, notwendig gewesen zur Verwirklichung und Vollendung des Kegels, alles an (und im) Kegel, alles andere undsofort, so Roithamer. Indem ich Altensam studiert habe und meine Schwester studiert habe und versucht habe, Altensam und meine Schwester zu durchdenken und diese Versuche immer noch weiter hinausgetrie-

ben habe, bis sie nicht mehr weiterzutreiben gewesen waren, habe ich den
Kegel bauen und verwirklichen und vollenden können. Weil ich mich in
die Furchtbarkeit des Vorhabens, den Kegel zu bauen, eingelassen habe, in
das Ungeheuerliche, das Ungeheuerliche unterstrichen, meines Lebens, so
Roithamer. Als ob ich vorher, die ganzen Entwicklungsjahre, die nichts als
eine Entwicklung auf den Kegel hin gewesen sind, auf dieses Ungeheuerliche hin gelebt, hin existiert hätte. Man muß das Ungeheuerliche, und
jeder hat in seinem Leben so ein Ungeheuerliches, angehen und verwirklichen und vollenden, oder sich von diesem Ungeheuerlichen vernichten
lassen, bevor man noch in ein solches Ungeheuerliches hineingegangen
ist. So schwanken die Menschen immer an einer bestimmten Stelle ihres
Lebens und zwar immer an der darauf bezogenen entscheidenden Stelle
ihres Lebens, ob sie das Ungeheuerliche ihres Lebens angehen sollen, oder
sich von dem Ungeheuerlichen vernichten lassen sollen, bevor sie es angegangen haben. Die meisten lassen sich von diesem Ungeheuerlichen
lieber vernichten, als daß sie es angehen, weil ihre Natur nicht eine solche
ist, die ihr Ungeheuerliches angehen und verwirklichen und vollenden
kann, die eine Natur ist, die von einem solchen Ungeheuerlichen vernichtet wird, bevor sie es angegangen haben. Schon die entstandene Idee vernichtet die meisten, so Roithamer. Und ein solches Ungeheuerliches als
Kunstwerk, als Lebenskunstwerk, gleich was dieses Ungeheuerliche ist,
und ein jeder Mensch hat die Möglichkeit zu einem solchen, weil seine
Natur selber immer eine solche Möglichkeit ist, ist nur mit dem Ganzen,
das man ist, anzugehen und zu verwirklichen und zu vollenden. Dann
sind wir, wenn wir ein solches Ungeheuerliches angehen, in nichts als in
Schutzlosigkeit und nurmehr noch in uns selbst mit uns selbst und mit
unserer Idee als Ungeheuerlichkeit allein und alles ist gegen uns. Wir
wollen, weil wir glauben, daß wir nicht mehr anders können, immer
wieder aufgeben, weil wir nicht wissen können, daß unsere Natur für ein
solches Ungeheuerliches durchaus befähigt ist, was wir erst sehen, wenn
wir dieses Ungeheuerliche als Idee verwirklicht und vollendet haben, wie
ich nicht gewußt habe, ob ich für den Kegel befähigt bin, bevor der Kegel
vollendet gewesen war. Aber haben wir unser Ziel erreicht, wissen wir
nichts mehr über den Weg zu diesem Ziel und wir können immer wieder
nicht, und mit immer größerem Zweifel zeitlebens nicht, mehr glauben,
daß wir unser Ziel, die Verwirklichung und Vollendung unserer Idee als
Kegel beispielsweise erreicht haben, so Roithamer. Am Ende, wenn wir

unser Ziel erreicht haben, gleich was für ein Ziel, auch wenn dieses Ziel ein sogenanntes Baukunstwerk ist, sind wir darüber Erschrockene. Versuch einer Beschreibung des Höller, der Höllerschen und der höllerschen Dachkammer: bevor ich an das Studium der Statik herangegangen bin, habe ich den Höller aufgesucht, um den Höller zu beobachten, zuerst den Höller zu beobachten und dann das Haus, das er sich aus seinem eigenen Kopf heraus und mit seinen eigenen Händen gebaut hat, studiert, das Studium des Einen setzt immer das Studium eines Andern, aus welchem das Eine ist, voraus. Der Höller hatte mich bereitwilligst in seinem Haus und in seiner Familie aufgenommen, daß es nicht genügte, daß ich, wie üblich, auf kürzer in dem höllerschen Hause auf Besuch sei, hatte ich gemeint, daß ich ungezwungen in Beobachtung seiner Person und seines Bau-Werkes und seiner Familie solange, als es mir notwendig erscheint, *solange es notwendig ist*, in seinem Hause mit ihnen allen zusammen lebte, so existierte, wie ich glaubte, existieren zu müssen, um an die Verwirklichung meiner Idee, den Kegel zu bauen, herangehen zu können. Denn die Idee, den Kegel zu bauen, auch der Höller hatte sich unter einem Kegel nichts vorstellen können und auch der Höller hatte die Idee, den Kegel in die Mitte des Kobernaußerwaldes hineinzubauen, als verrückt empfinden *müssen*, das hatte ich beobachten können an ihm, denn die Idee, den Kegel zu bauen, kann erst verwirklicht werden, wenn ich mir klar über das höllersche Haus bin, hatte ich zum Höller gesagt, und daß es notwendig sei, daß ich in der höllerschen Dachkammer meinen Standpunkt habe, denn schon immer, schon wie ich sie zum erstenmal gesehen habe, war mir die höllersche Dachkammer als der ideale Aufenthalt zu Denkzwecken erschienen. Die Beobachtung und Durchforschung des höllerschen Hauses, des höllerschen Hauses gleichzeitig der höllerschen Person, sei das erste, das ich zu tun hätte, bevor ich an die Verwirklichung meines Planes, die Errichtung des Kegels, herangehe. Ich hatte versucht, mich dem Höller in meinem Vorhaben verständlich zu machen, und er hatte mich sofort verstanden. Und der Höller hatte seine Familie über die Ursache und über die Nützlichkeit meines Aufenthaltes im Höllerhaus unterrichtet, auch den Kindern gesagt, zu welchem Zwecke ich jetzt wochenlang im Höllerhaus mit ihnen leben und existieren werde, ganz aus mir selbst heraus, immer auf meine Idee konzentriert. Daß mir gelingen müsse, das höllersche Haus ganz zu durchdringen, zuerst zu erfassen, dann zu durchdringen, um an die Planung der eigenen Idee herangehen zu können. Zu diesem Zwecke brauchte ich nichts als die Beobachtungsgabe und das richtige Einsetzen meiner Beobachtungsgabe auf den zu beobachtenden Gegenstand, eben das Höllerhaus. So hatte ich nichts mitgenommen, außer das Notwendigste und den Willen, das Höllerhaus erfassen und erforschen zu können, das Höllerhaus zu erfassen und zu erforschen, gleichzeitig den Höller und seine Geistes*verfassung* und die Familie des Höller, und die Dachkammer, in welche ich an einem Apriltag in aller Frühe, weil ich aus Altensam so bald fortgegangen war, damit mich niemand fortgehen sehen hatte können, denn ich hatte ungesehen, unbemerkt, aus Altensam weggehen wollen, was mir gelungen ist; wenn wir etwas Ungewöhnliches und Außergewöhnliches vorhaben, etwas wie die Idee, den Kegel zu bauen, so Roithamer, haben wir in aller Heimlichkeit vorzugehen, möglichst in allen unseren Handlungen unerkannt. So war ich, am Vorabend aus England in Altensam angekommen, *noch am Abend* in das Höllerhaus hinuntergegangen, um mit dem Höller zu sprechen, ob es möglich sei, daß ich gleich am nächsten Morgen in das Höllerhaus einziehe und mein Ziel verfolge, der Höller hatte sofort verstanden, in der unteren Stube, dort, wo sie die Mahlzeiten einnehmen, auch dieser Raum war genau zu dem Zwecke, die Mahlzeiten einzunehmen mit der ganzen Familie, vom Höller in allen Einzelheiten ideal für diesen Zweck konstruiert und verwirklicht worden, wie alle Räume im Höllerhaus, und ich frage mich, woher er die Meisterschaft, die Baukunst, die in jeder Einzelheit seines Hauses zu sehen, wenigstens zu erkennen, wenigstens zu fühlen gewesen war, hatte, in der unteren Stube also, wo sie alle zusammen beim Nachtmahl zusammen gewesen waren, ich war gleichzeitig anklopfend, eingetreten, überrascht über die Schweigsamkeit in der Stube, wo doch alle Höller in der Stube gewesen waren, daß sie während des ganzen Essens kein Wort gesprochen und mir der Höller nur bedeutet hatte, ich solle mich zu ihnen setzen, die Höller war gleich aufgestanden und hatte mir aus der Küche etwas zum Essen hereingebracht, etwas anderes, als sie selbst gegessen haben, ich weiß nicht mehr, was sie gegessen haben, nicht mehr, was sie mir zum Essen gegeben haben, ich erinnere mich nur noch, etwas anderes, aber kein Wort die ganze Zeit, ich hatte zu den Kindern etwas sagen wollen, aber die Kinder hatten es mir allein durch ihre Schweigsamkeit unmöglich gemacht, etwas zu ihnen zu sagen, auch der Höller selbst und die Höller, so hatte ich die ganze Zeit während dieses Nachtmahls den Zweck meines Kommens nicht vorbringen können, ich bin

nichts gefragt worden und ich hatte auch nicht das Gefühl, reden zu
müssen, andererseits war ich ja gerade aus Altensam und an diesem Abend,
von einer Auseinandersetzung mit meiner Mutter, die schließlich eine
heftige Auseinandersetzung aller gegen alle in Altensam gewesen war, nach
meiner Ankunft war sofort ein Streit ausgebrochen über eine, wie ich
glaubte, unnötige, gerade abgeschlossene Färbelung des Wirtschaftsgebäudes, die mir sofort bei meiner Ankunft in Altensam aufgefallen war
und die mich veranlaßt hatte, nachzufragen, warum das Wirtschaftsgebäude, das mir doch außen in einem recht guten Zustand in Erinnerung
sei, plötzlich grundlos neu gefärbelt worden sei, ob meine Mutter diese
Idee gehabt habe und ohne zu sagen, diese verrückte und für meine Mutter charakteristische verrückte und unsinnige und meiner Meinung nach
tatsächlich überflüssige Idee, hatte meine Mutter naturgemäß, weil sie
immer darauf lauerte, gehört, was ich gar nicht gesagt hatte, wie sie immer
alles, das nicht gesagt, aber doch gegen sie gedacht wird, und es ist von mir
immer nur gegen sie gedacht worden, mein ganzes Leben habe ich immer
nur gegen meine Mutter gedacht, wenn auch dieses Gedachte meistens
nicht ausgesprochen, aber sie hörte es immer, auch wenn es nicht ausgesprochen war, dadurch waren fortwährend Streitereien entstanden in
Altensam, kaum war ich angekommen, ein Streit, auch an diesem Nachmittag, ich hatte noch nicht einmal meine Reisetasche in mein Zimmer
gebracht, noch unten in der Halle, hatte ich mich nicht zurückhalten
können und meine Mutter gefragt, wer denn die Idee gehabt habe, das
Wirtschaftsgebäude neu zu färbeln, daß das Wirtschaftsgebäude nicht
gefärbelt werden hätte brauchen, gerade die schon etwas ältere, noch gar
nicht so alte und wie ich glaube, in einem rötlichen Tone gehaltene *alte*
Färbelung hatte besser zu dem Wirtschaftsgebäude gepaßt, zu dem ganzen
Charakter des Wirtschaftsgebäudes an der Ostseite, gegen den Sonnenaufgang, denn die Lage eines solchen Gebäudes zu bedenken ist wichtig,
wenn wir an die Färbelung eines solchen Gebäudes denken, so hätte ich
keinerlei Freude bei dem Anblick des Wirtschaftsgebäudes, hatte ich zu
meiner Mutter gesagt, während ich, wie es noch mit der rötlichen Farbe
gefärbelt gewesen war, immer Freude gehabt hätte bei seinem Anblick,
besonders am Abend, aber jetzt keine Freude mehr, so ich, daß es sich nur
um ihre, die Idee meiner Mutter gehandelt haben könne, das Wirtschaftsgebäude mit dieser grauenhaften grünen Farbe zu färbeln und auch noch
unnötige riesige Färbelungskosten damit verursacht zu haben, ich hatte

meine Mutter nur in Gedanken beschuldigt gehabt, aber sie, hellhörig
gegen alles, was ich dachte, hatte, was ich nur in mir gedacht gehabt hatte,
von mir schon ausgesprochen gehört gehabt, obwohl ich, weil ich mir der
Wirkung ja voll bewußt gewesen war, niemals ausgesprochen hätte, was
ich gedacht hatte, auch hatte ich nicht gleich bei meiner Ankunft aus
England, denn so oft war ich ja auch gar nicht in Altensam, daß ich mir
das hätte gestatten können, eine Auseinandersetzung mit meiner Mutter
heraufzubeschwören, immer hatte ich nach Altensam kommend, je näher
Altensam kommend, mit desto größerer Entschiedenheit, gedacht, nur
keine Auseinandersetzung mit meiner Mutter, alles daransetzen, damit
keine Auseinandersetzung mit meiner Mutter möglich ist, aber kaum war
ich in Altensam angekommen, war auch schon die Auseinandersetzung
mit meiner Mutter da, ich hatte mich meistens noch nicht einmal hingesetzt, da war ich schon tief in irgendeiner Auseinandersetzung mit meiner Mutter, und die Vorwürfe, und oft gleich sehr lauten, die andern
herbeizitierenden, waren nicht mehr einzudämmen, und die ganze gegenseitige Abneigung und der ganze gegenseitige Haß, nur einen oder nur für
ein paar kurze Augenblicke zurückgehalten, waren wieder offen ausgebrochen und verfinsterten die Szene. Nichts fürchtete ich zeitlebens so wie
die Auseinandersetzungen mit meiner Mutter, aber diese Auseinandersetzungen waren immer und zwar immer gleich in den ersten Augenblik-
ken unserer Begegnung ausgebrochen und nicht mehr einzudämmen gewesen. An diesem Nachmittag, an welchem ich vorgehabt hatte, mich in
Altensam auszuruhen, mich nach so vielen anstrengenden Monaten, einem ganzen langen, in dem entsetzlichen englischen Klima längeren und
noch anstrengenderen und dadurch fürchterlicheren halben Jahr, auszu-
spannen in Altensam, einmal längere Zeit, wie ich vorgehabt hatte, längere
Zeit in Altensam, das dazu ja andererseits wie kein anderer Ort geeignet
gewesen wäre, aber doch niemals zu einem solchen Vorhaben wirklich zur
Verfügung gewesen war, hatte ich durch die Tatsache, gleich bei meiner
Ankunft die neue Färbelung des Wirtschaftsgebäudes zu sehen und gleich
zu sehen, daß es sich um eine geschmacklose Färbelung, um eine kopflos
angebrachte Färbelung handelte, die außerdem, wie ich sogleich vermutete, einen Haufen Geld kostete, das schließlich auch mein Geld gewesen
war, sofort diese Auseinandersetzung mit meiner Mutter gehabt, gleich
hatten wir uns gegenseitig alle nur möglichen Beschuldigungen an den
Kopf geworfen, gleichzeitig immer wieder gesagt, und zwar einmal ich zu

ihr, dann wieder sie zu mir, *beruhige dich doch, beruhige dich doch,* immer
wieder ist dieses geradezu perverse *beruhige dich doch, beruhige dich doch*
zwischen uns hinundhergeworfen, wahrscheinlich die Ursache dafür gewesen, daß wir uns immer noch mehr in die Auseinandersetzung vertieft
und schließlich, wie immer, am Ende in dieser Auseinandersetzung völlig
erschöpft hatten, wir waren aus diesen Auseinandersetzungen immer nur
als völlig Erschöpfte hervorgegangen, die sich dann nur noch mit Mühe
und nur durch äußerste Willenskraft überhaupt aufrechthalten konnten,
von meiner Mutter dann, auf dem größten Erschöpfungshöhepunkt dieser Auseinandersetzung, dazu aufgefordert, mit ihr und zwar aus Gründen
der Bequemlichkeit, in der Küche, in welcher an diesem Tage kein
Mensch gewesen war, die Köchin hatte ihren Dienstagausgang, etwas zu
essen und Tee zu trinken, eine kleine Mahlzeit einzunehmen, die sie selbst
für uns beide hergerichtet hatte, sozusagen zu meiner Begrüßung, war ich
meiner Mutter in die Küche gefolgt und hatte schweigend mit ihr eine
Schale Tee getrunken, nichts gegessen naturgemäß, weil ich dazu gar nicht
mehr imstande gewesen war. Da, so in der Küche sitzend nach der Auseinandersetzung, so Roithamer, es ist im Grunde immer das gleiche gewesen, ich komme an, wir haben die Auseinandersetzung, wir gehen Tee-
trinken, sitzen schweigend da, völlig erschöpft, sind wir gar nicht mehr
befähigt, uns zu hassen, wir lassen jetzt ganz einfach, uns gegenübersitzend, alles geschehen, wie es kommt, wie es ist, es ist nicht zu ändern,
verlangte sie dann plötzlich eine Reisebeschreibung, wie die Reise verlaufen sei, ob es in London Schlechtwetter oder Gutwetter sei, was ich in der
Zwischenzeit getan habe, Freunde, Gelehrte, alle diese Punkte kamen an
die Reihe, aber allein wie sie *Cambridge* sagte, wie sie *London* sagte, mußte
mich sofort wieder gegen sie aufbringen, wie sie *Dover* sagte, wie sie *Brüssel*
sagte, *Köln,* mich dann ununterbrochen beobachtend, fragte sie mich mit
Stichworten, die immer die gleichen Stichworte waren, wenn ich von
England nachhause gekommen war, aus, nichts wollte sie auslassen, nichts
sollte ihr entgehen, aber ich war die Kargheit, die Schweigsamkeit wie
immer. Es war nichts herauszubringen aus mir. Ich versuchte ein Brot zu
essen und würgte daran, von ihr beobachtet, in Besitz genommen, wie sie
glaubte. Wie immer, seien meine Geschwister in ihren Zimmern, und ich
dachte, sie warten in ihren Zimmern ab, bis unsere obligate Auseinandersetzung beendet ist, bis wir uns *beruhigt* haben, wie sie glauben, dann
kommen sie, zeigen sie sich ihrem Bruder, der sich ihnen allen, indem er

nach England gegangen war, entzogen hatte. *Wortlos*, wortlos unterstrichen, war ich aufgestanden und hatte meine Mutter in der Küche alleingelassen und war aus Altensam weg, hinunter an die Aurach gegangen, ins Höllerhaus. Aus der Auseinandersetzung mit meiner Mutter, in die Schweigsamkeit der Höller. Am Tisch in der höllerschen Stube sitzend, mit den Höllerschen nachtmahlend, etwas anderes als sie, unterstrichen, unter dem Eindruck der Auseinandersetzung mit meiner Mutter und also in geschwächtem Zustand jetzt von den Höllerschen beobachtet, nachdem ich vorher von meiner Mutter beobachtet gewesen war, von den Höller anders als von meiner Mutter, *wie* anders, wie unterstrichen, kann nicht gesagt werden, aber es handelte sich um eine ganz andere Beobachtungsart, weil um eine ganz andere Beobachtungsgabe, weil die Höller anders sind als die in Altensam, dachte ich, aber sie sind nicht einfacher, die sogenannten einfachen Menschen sind nicht einfach, einerseits unter dem Eindruck der Auseinandersetzung mit meiner Mutter, die neue Färbelung des Wirtschaftsgebäudes betreffend, wie unter dem Eindruck des Schweigens meiner Mutter und mir in der Altensamer Küche, des Schweigezustands zwischen mir und meiner Mutter, in dem Bewußtsein, daß wir auch diesmal wieder die Auseinandersetzung gehabt haben, die wir beide, ich wie meine Mutter, immer fürchteten, war ich angekündigt in Altensam, und die dann auch wieder eingetreten war, einmal ist es die neue Färbelung des Wirtschaftsgebäudes, einmal irgendein Ankauf oder irgendein Abkauf, eine Grundspekulation, mit welcher ich oder mit welcher meine Mutter nicht einverstanden sein kann, oder es ist der nurmehr noch ganz in sich zurückgezogene und schon gar nicht mehr wahrzunehmende Vater die Ursache, andererseits dann das Schweigen in der höllerschen Stube, von welchem ich jetzt betroffen gewesen und zu ebensolcher Schweigsamkeit wie die Höller am Tisch verurteilt gewesen war. Die ganze Zeit kein Wort an dem Höllertisch in der Stube, war das Nachtmahl zuende, standen die Höller auf, auch der Höller selbst, die Höller räumte das Geschirr ab, schweigend, alle gingen aus der Stube hinaus, schweigend, die Kinder zum Waschen in die Küche hinter ihrer Mutter, der Höller ging ins Vorhaus, ich folgte ihm und erst da, nachdem ich mich für das Nachtmahl bedankt hatte, konnte ich den Grund vorbringen, warum ich jetzt am Abend noch in das Höllerhaus gekommen war, daß ich die Absicht habe, mich eine Zeit im Höllerhaus einzuquartieren, ich bitte den Höller darum, mich in der höllerschen Dachkammer eine Zeitlang *hausen* zu lassen, ich bin doch, was ich nicht mehr geglaubt hatte, imstande, eine Erklärung für meinen Wunsch, der für den Höller ganz und gar ein unvermittelt aufgesagter gewesen war, zu geben, indem ich dein Haus anschaue, beobachte, durchforsche, gleichzeitig dich und alles mit dir und deinem Haus Zusammenhängende, sagte ich, bereite ich mich am besten auf meinen Plan, den Kegel zu bauen, vor. Der Höller war mit meinem Vorschlag einverstanden, ich könne am nächsten Morgen in die Dachkammer einziehen, meinte er, ich bringe nur das Notwendigste mit, sagte ich, ich könne solange in der Dachkammer bleiben, als ich wolle, solange wie ich es für notwendig halte, ihm sei es angenehm, daß er eine Zeitlang in meiner Gesellschaft sein könne, allein der Gedanke, so Roithamer. Wir hatten uns nur kurze Zeit im höllerschen Vorhaus aufgehalten, dann mußte der Höller in die Werkstatt, in die Präparatur und ich verabschiedete mich, mir war sehr angenehm zu wissen, nur für kurz, so hatte ich auch die Befürchtung, jetzt unter *diesen*, diesen Umständen unterstrichen, in Altensam bleiben zu müssen, wo ich mich im Grunde entspannen und erholen hatte wollen unter fürchterlichen *Umständen*, wie ich geglaubt hatte längere Zeit, diese Befürchtung also umsonst gehabt, und ich war über einen Umweg, an dem mir von Kindheit an vertrauten Haselhag vorbei, den ich liebte, nach Altensam hinauf und hatte mich in mein Zimmer zurückgezogen, nachdem ich mich kurz meinen Brüdern gezeigt hatte, meine Schwester war in der Stadt gewesen bei einer Freundin. Nach einer, wie in England die ganze letzte Zeit, schlaflosen Nacht war ich schon in aller Frühe, ich glaube um fünf Uhr früh, zu dem Zeitpunkt aber, zu dem der Höller schon aufgewesen und in seiner Werkstatt beschäftigt war, in das Höllerhaus, um es schon im ersten Augenblick in wissenschaftlichen Augenschein zu nehmen, ich hatte mich schon auf die Anschauung und Beobachtung und Durchforschung des Höllerhauses eingestellt und von Anfang an das größte Vergnügen daran gehabt. Vor allem hatte ich sofort die Vergleichsmöglichkeit, indem ich den Höller anschaute und sein Haus anschaute und den Höller studierte und sein Haus studierte und das Charakteristische des Höller war auch das Charakteristische des Höllerhauses, wie das Innere des Höller das Innere des Höllerhauses, dadurch, daß ich das Höllerhaus studierte, hatte ich plötzlich Einblick in den Höller, umgekehrt, indem ich den Höller studierte, Einblick in das Höllerhaus, das eine war gleichzeitig die Erklärung auch des andern. Ich hätte ohne weiteres sagen können, so Roithamer, das Innere

des Höller ist das Innere seines Hauses. Ich hätte sagen können, die Charakterstärke (oder -schwäche) des Höller komme in (und an) seinem Haus
sehr deutlich zum Ausdruck. Und wie die Höller sich dem Höller unter-
ordnet und die Kinder sich ihrem Vater unterordnen, ohne sich jemals
auch nur einen Augenblick aufzugeben, so dachte ich, ordnen sie sich dem
Höllerhaus unter, ohne sich gleichzeitig aufzugeben. Das Höllerhaus ist
dem Höller entsprechend und er und alle anderen Bewohner des Höllerhauses verhalten sich in ihm, seinem Hause, entsprechend. Und woher,
fragte ich mich, hat der Höller die Idee zu diesem seinem Haus, weil mir
völlig bewußt ist, daß ich die Idee, den Kegel für meine Schwester zu
bauen, vom Höller und seinem Haus an der Aurachengstelle habe. Aber
ich habe ihn bis heute nicht gefragt, von wo er die Idee, sich sein Haus zu
bauen, hat, aber er muß die Idee naturgemäß von einem Haus haben, das
ein anderer für sich (oder für einen andern) vor ihm gebaut hat und das
wahrscheinlich in der Nähe steht, denn der Höller ist nicht weit her-
umgekommen. Vielleicht weiß aber der Höller gar nicht, wo ihm die Idee,
sich sein Haus zu bauen und es so zu bauen, wie er es schließlich gebaut
hat, ihm entsprechend und so deutlich sichtbar ihm entsprechend, wie ich
noch kein anderes gesehen habe. Ich werde ihn fragen, wo er seine Idee her
habe, dachte ich und ich fragte den Höller, wo er seine Idee her habe, weil
ich es wissen müßte in Anschauung und Beobachtung und Durchforschung seines Hauses, daß das unumgänglich sei. Aber der Höller kann
sich nicht erinnern, woher er die Idee, sich das Höllerhaus zu bauen, hat.
Wahrscheinlich steht dieses Haus, das ihn, den Höller, auf die Idee gebracht hat, sich das Höllerhaus zu bauen, dachte ich, in nächster Nähe des
Höllerhauses. Andererseits kommt kein Haus dafür in Betracht, dachte
ich, so Roithamer. Es kann auch sein, der Höller hat das Vorbild seines
Hauses gar nicht in der Wirklichkeit gesehen, denn in der Wirklichkeit ist
kein Beispiel für das Höllerhaus in der Nähe des Höllerhauses, dachte ich,
so Roithamer, es muß aus einem Traum sein. Dann aber ist es leicht
möglich, dachte ich, daß der Höller nicht erst das Vorbild seines Hauses
im Traum gesehen hat, sondern gleich das Höllerhaus selbst. Er brauchte
sich nur auf das, was er im Traum gesehen hat, zu verlassen und genau
nachzubauen, was er im Traum gesehen hat, so Roithamer. Da er das
Handwerkliche beherrscht und sich auch aus allen möglichen Büchern,
wie ich weiß, auch aus solchen, die ich selbst mir für meine eigene Idee
angeschafft habe, die noch offenen notwendigen Baukenntnisse angeeig-

net hat, war es dann nurmehr eine Frage der Willenskraft und der Ausdauer in Höller gewesen, das Höllerhaus bauen zu können. Daß er es gerade in die Aurachengstelle hineingebaut hat, ist keine Frage der niedrigen Grundkosten gewesen, im Gegenteil, waren die Grundkosten gerade hier an der Aurachengstelle, wie ich weiß, besonders hoch, es ist nur charakteristisch für den Höller. Wie für mich charakteristisch ist, daß ich den Kegel für meine Schwester in die Mitte des Kobernaußerwaldes hineinbaue. Die Ungeheuerlichkeit, meinen Plan zu verwirklichen, ist mir bewußt, habe ich mir gesagt, nachdem mir die Ungeheuerlichkeit des Höller, sich das Höllerhaus zu bauen, bewußt gewesen war, aber die tatsächliche Ungeheuerlichkeit ist dann eine viel ungeheuerlichere gewesen, als ich mir jemals habe vorstellen können. Aber für mich die gleiche Ungeheuerlichkeit, den Kegel zu bauen und zu verwirklichen und zu vollenden, wie für den Höller, das Höllerhaus zu bauen und zu verwirklichen und zu vollenden, so Roithamer, alles sein Haus, das Höllerhaus, Betreffende, dachte ich, so Roithamer, ist ihm genauso entsprechend, wie mir alles, den Kegel für meine Schwester Betreffende. Und weil mir der Höller immer vertraut gewesen war, war mir jetzt auch das Haus, das er (für sich und die Seinigen) gebaut hatte, vertraut, alles in diesem Haus ist mir vertraut, dachte ich, und ich ging einerseits von oben nach unten, andererseits von unten nach oben in dem Hause, auf meine wissenschaftliche Weise alles in Augenschein nehmend und alles kontrollierend, vor, aber ich sah, daß mir das Innere des Hauses wie das Äußere des Hauses an der Aurachengstelle, also daß mir das ganze Höllerhaus ja schon vertraut war, hundertprozentig vertraut, sagte ich mir. So dachte ich, daß mir auch alles in dem zu bauenden und zu verwirklichenden Kegel vertraut sein müsse, hundertprozentig vertraut oder wenigstens annähernd hundertprozentig, denn mir war meine Schwester, für die ich den Kegel bauen wollte, zuerst *wollte*, dann aber und mit größter Entschiedenheit und Entschlossenheit bauen *mußte*, mußte unterstrichen, hundertprozentig vertraut. Habe ich das Wesen meiner Schwester mit dem Verstande einerseits, mit dem ganzen Gefühlsbewußtsein andererseits vollkommen in mich aufgenommen, kann ich mit dem Bau des Kegels anfangen, so Roithamer. Ich selbst frage mich, warum mich der Höller in der doch, wie ich jetzt sehe, vollkommen Roithamer gehörenden höllerschen Dachkammer einquartierte, doch nicht nur, weil ich Roithamers engster Vertrauter gewesen war und weil ich dem Höller gesagt habe, daß ich mich jetzt, und zwar nur in der

höllerschen Dachkammer, mit dem Nachlaß Roithamers beschäftigen
wolle, wahrscheinlich, weil es ihm ganz natürlich vorgekommen war, daß
ich zu dem Zwecke der Sichtung und des Ordnens des Nachlasses Roithamers in der höllerschen Dachkammer Aufenthalt habe nehmen wollen.
Daß die höllersche Dachkammer ganz von dem Geist Roithamers erfüllt
sei, hatte ich zum Höller gesagt, ich wüßte also keinen geeigneteren Ort,
mich mit dem Nachlaß Roithamers zu beschäftigen, als die höllersche
Dachkammer, die hundertprozentig für die Beschäftigung mit dem roithamerschen Nachlaß geeignet sei, auch sei es mir in der höllerschen Dachkammer möglich, während ich mich mit dem roithamerschen Nachlaß
beschäftigte, Einblick in die Bücher und Schriften zu nehmen, die Roithamer in der höllerschen Dachkammer vor allem für die Kegelbauzwecke
zusammengetragen habe und die in Beziehung gebracht werden müßten
zu dem roithamerschen Nachlaß, was er gelesen habe mit dem, das er
schließlich geschrieben habe, eines sei mit dem andern in Beziehung und
alles zusammen mit Roithamer in Beziehung zu bringen von mir. Das
alles, was ich jetzt in der höllerschen Dachkammer als Roithamer gehörig
und von Roithamer zurückgelassen für meine Arbeit an dem roithamerschen Nachlaß in Augenschein zu nehmen die Möglichkeit hatte, sei so,
wie es Roithamer kurz vor seinem Selbstmord verlassen habe, so der Höller, nichts sei nach dem Weggang Roithamers aus der höllerschen Dachkammer von einem andern berührt worden, er sei der einzige, der die
höllersche Dachkammer betrete, er lasse niemand hinein, nicht einmal die
Höller und seine Kinder nicht, die aus Neugierde immer wieder den
Wunsch geäußert hätten, in die höllersche Dachkammer, die ja im
Grunde schon die roithamersche Dachkammer gewesen war, hineingehen
zu dürfen, aber ihr Vater, der Höller, hatte ihnen den Zutritt immer
verwehrt. Der Kegel, hatte ich bei meiner Ankunft zum Höller gesagt, sei
eine Einmaligkeit nicht nur in Europa, er sei auf der ganzen Welt einmalig,
noch nie vorher habe irgendein Mensch einen solchen Kegel gebaut, im
Laufe der Jahrhunderte, im Laufe der Baugeschichte sei öfter versucht
worden, einen Wohnkegel zu bauen, einen reinen Kegel als Wohnobjekt,
hatte ich zum Höller gesagt, aber das sei nie gelungen, *nicht in Frankreich,
nicht in Rußland*, wie Roithamer schreibt, nicht in Frankreich, nicht in
Rußland unterstrichen. Er, Roithamer, habe in die höllersche Dachkammer gehen müssen, um zu der Möglichkeit zu kommen, den Kegel zu
bauen, er habe die höllersche Dachkammer zu seinem *Konstruktionszim-*

mer für den Kegelbau, Konstruktionszimmer für den Kegelbau unterstrichen, gemacht, denn das eine Großartige könne immer nur aus einem andern Großartigen, also in seinem Falle der Kegel aus dem höllerschen Hause, entstehen. Es hätte *im Grunde*, im Grunde unterstrichen, niemals Verständigungsschwierigkeiten zwischen ihm, Roithamer, und dem Höller gegeben. Versuch einer Beschreibung der Mutter, der Eferdingerin, so Roithamer, in Beziehung zu meiner Schwester: erstens, Wesensmerkmale. In Wahrheit habe ich mehrere Male den Versuch gemacht, mit meiner Mutter zusammenzusein in Altensam, wie sie wahrscheinlich versucht hat, mit mir zusammensein zu können, aber diese Versuche sind schon in ihrem Anfangsstadium immer gescheitert und nichts anderes als solche vergebliche, den Verstand des einen wie des andern zerstörende und schließlich alles in ihnen angreifende und zersetzende und in der Folge alles in ihnen vernichtende Versuche gewesen. Es ist ihr in Wahrheit immer ein Greuel gewesen, mit mir zusammenzusein und umgekehrt, was mich betrifft, mit meiner Arbeit und Leidenschaft meine Arbeit betreffend, Besessenheit und mit nichts sonst, denn tatsächlich war es doch immer so, daß *alles* immer meine Arbeit gewesen ist, alles unterstrichen, die Mutter hatte sich, ganz einfach weil sie meine Mutter ist, immer bemüht, nicht um mich bemüht, aber doch bemüht, wie ich mich nicht um sie nicht bemüht, aber doch bemüht habe, aber es waren immer gleich diese Bemühungen als solche infame Bemühungen *der Ordnung halber* augenfällig gewesen, der Ordnung halber unterstrichen, denn was ihrer Natur verhaßt war, war mir niemals verhaßt gewesen, was ihr angenehm, war mir unangenehm, was ihr Interesse hervorgerufen hatte, hatte mein Interesse niemals hervorgerufen, indem sie empfindlich gewesen war, war ich niemals empfindlich gewesen undsofort, so Roithamer, die Eferdingerin war genau die Natur, die mich abstoßen und die Altensam vernichten mußte, oder wenigstens war ihre Natur jene, die den Zerstörungs- und Vernichtungsprozeß von Altensam beschleunigen mußte, solche Leute als Charaktere oder Charaktere als Naturen kommen aufeinmal wie meine Mutter, die Eferdingerin aus Eferding, aus ihrer Herkunft in die andere, um sie zu zerstören und zu vernichten, gleich, ob ihnen das klar ist oder nicht, der Eferdingerin ist das sehr klar gewesen. Dieser Versuch als Beschreibung oder diese Beschreibung als Versuch und mit der ganzen Unvollkommenheit, Unsicherheit, die alle diese meine Versuche oder Beschreibungen oder Beschreibungsversuche kennzeichnet, bruchstückhaf-

ten Hinweise auf Abweichungen in Altensam undsofort, wie ich sie immer
gemacht habe, um mir über Altensam klar zu werden, dieser Versuch nur,
weil ich von dem sogenannten Muttertag gehört habe, das ist ein Stichwort, Muttertag, Anlaß für diese Notiz. Wie sie, von mir aus, immer
versagen mußte in den kleinsten Kleinigkeiten, sogenannten Nebensächlichkeiten, Disziplinen und Ordnungen, die immer die Disziplinen und
Ordnungen in Altensam gewesen sind, überhaupt zu dem sogenannten
Geistigen hatte sie keinen Zugang, sie machte auch nicht den Versuch,
sich etwas begreiflich zu machen, das sie verachten mußte, hassen mußte,
auch nur eben etwas, gleich was, von dem, das mich beschäftigte und für
das ich mich zeitlebens zu existieren getraut habe und worin der eigentliche Sinn meines Lebens und meiner Existenz bestehen mußte, zu verstehen, sie gab vor, zu verstehen, aber sie verstand nichts, natürlich, auch
ich habe (ihr gegenüber) sehr oft in ihren Beziehungen vorgegeben zu
verstehen, ohne daß ich auch nur die geringste Bereitschaft für ein solches
Verstehen oder gar Verständnis hätte haben können, weil ich eine solche
Bereitschaft auch gar nicht haben wollte, sie verstünde, sagte sie oft, und
verstand nicht, aber sagte sie es, so war es geheuchelt, wie ich immer
geheuchelt habe, alles das Ihrige betreffend, um mir Altensam über weite
Strecken überhaupt in ihrer Gegenwart zu ermöglichen, denn für mich ist
allein der Umstand der schwierigste gewesen, neben der Eferdingerin, und
dazu brauchte ich sie gar nicht sehen, nur ihre Anwesenheit bestätigt
haben, zu existieren, geschweige denn meiner Natur entsprechend, alle
diese Versuche immer, weil ich Altensam noch immer als mein Zuhause
betrachtet habe, auch in meiner ganzen englischen Zeit, aber das Zuhause
ist immer und *in jedem Fall* ein Irrtum, so Roithamer, in jedem Fall
unterstrichen. Sagte die Eferdingerin, sie verstünde, so war es geheuchelt
und sofort als ein Geheucheltes erkennbar gewesen, sie ist nur Gefühl
gewesen, und da ich mit Menschen, die immer nur auf ihr Gefühl bezogen
existierten und handelten, nicht die geringste Beziehung haben wollte, die
sogenannte Gefühlswelt war mir immer verdächtig und immer verhaßt
gewesen, Leute wie die Eferdingerin, meine Mutter, geben andauernd
Verstehen und Verständnis vor, aber sie haben nur ein bestimmtes Gefühl
ohne Verstand, von welchem die anderen abgestoßen sind, und selbst
dieses verstandeslose Gefühl ist nur ein vorgegebenes, keine Wirklichkeit,
diese Art von weiblichen Wesen haben nur die Vorstellung von Gefühlen,
wie überhaupt keine Vorstellung von Verstand, in Wahrheit also weder

Verstand, noch Gefühl und ihr als Gefühl und Verstand Vorgegebenes, ist
nichts anderes als *Geschlechtsheuchelei*, Geschlechtsheuchelei unterstrichen. Während sie die ganze Anfangszeit immer geglaubt hatte, mich in
ihre Gefühlswelt hineinziehen, mich aus meiner eigenen, dieser Gefühlswelt entgegengesetzten verdrängen, aus der meinigen in die ihrige abzudrängen versucht hatte, hatte sie das dann später nicht mehr versucht, weil
ich ihr keine Gelegenheit mehr dazu gegeben hatte, aber lange hatte der
Versuch ihrerseits gedauert, mich aus meiner Welt abzudrängen in die
ihrige, der Versuch meinerseits, sie mit meinen Interessen bekannt zu
machen, ich sage nicht, vertraut zu machen, was ein völlig aussichtsloses
Bemühen gewesen wäre, ihre Mittel, mich mir selbst und in der Folge
auch meinem Vater zu entfremden, waren die vielfältigsten, raffinierte-
sten, mit allen nur möglichen und unmöglichen Finessen hatte sie das
immer wieder versucht, geglaubt, mich mit ihrem biederen, gleichzeitig
gewöhnlichen, derben und in jedem Falle immer der Grobheit nachge-
benden Eferdinger Hausverstand, der mit Verstand nichts zu tun hatte, zu
hintergehen, ihren Zwecken gefügig zu machen, daß es für mich richtiger,
klüger sei, ihr zu folgen, nicht umgekehrt, nicht meinem Vater, ich würde
schon sehen undsofort, aber sie hatte immer wieder einsehen müssen, daß
ihre Bemühungen erfolglos geblieben waren, so Roithamer. Ihre Gemeinheit, durch nichts von der Gemeinheit ihrer Geschlechtsgenossinnen unterschieden, war in späteren Jahren offene Abscheu gegen alles gewesen,
was mich betroffen hat, so Roithamer. Sie hatte niemals in ihrem Leben
die Möglichkeit gehabt, sich zu ändern, ihr hatten für eine solche Änderung ganz einfach der Wille und Instinkt und Geschmack gefehlt und *ihr*
entgegenzukommen, ihr unterstrichen, hätte die Aufgabe alles dessen bedeutet, das ich bin, so Roithamer. Ich hatte immer von England aus, in
den ersten Stunden meines Daseins in Altensam, welches in solchen eigenartigen und im Grunde ungünstigen klimatischen Bedingungen seinen Standort hat, der allein schon die äußersten Willenskräfte zum Überleben erfordert, in den ersten Stunden und Tagen, die meiner Erholung
und Entspannung hätten dienen sollen nach der langen Englandanstren-
gung, gegen sie meistens nicht den geringsten Widerstand geleistet, Altensam zuerst einmal, wie es war, in mich hereingesogen, auf mich wirken
lassen, war mein Widerstand dann, weil ich tatsächlich ununterbrochen
von ihr gereizt worden war, dann wieder der größte, schon nach zwei oder
drei Tagen hatte ich einsehen müssen, daß ich mich in Altensam nicht

erholen und entspannen kann, daß ich dem Irrtum, mich in Altensam
erholen und entspannen zu können, obwohl schon zum hundertsten und
zum tausendsten Male zum Opfer gefallen war, auch diesesmal wieder
zum Opfer gefallen war, in dem Irrtum lebend in England, in Cambridge,
mich ruhig auf das äußerste anstrengen zu können in meiner Geistesarbeit, weil ich mich ja dann in Altensam von dieser Geistesarbeit erholen
und entspannen kann, war ich immer nach Altensam gekommen, aus
Gewohnheit wahrscheinlich nur noch, nicht aus dem geringsten Verstan-
desbedürfnis, aus Gewohnheit, nicht in der Sicherheit, daß sich da, in
Altensam, erfüllt, was ich wünschte und was notwendig gewesen war,
nämlich mich zu erholen und zu entspannen, im Gegenteil, waren meine
Besuche in Altensam, diese fürchterlichen Gewohnheitsbesuche immer
schon zu allem Anfang auf der Wahrheit angetreten gewesen, daß ich mich
in Altensam nicht erholen und entspannen, nur aufregen und krankmachen und verrücktmachen kann durch alle diese im Grunde von meiner Mutter, der Eferdingerin, verursachten und immer von dieser ausge-
henden Umstände, daß ich dann, wenn ich da bin, gleich wieder in die
Streitereien und sogenannten Machtkämpfe in Altensam verwickelt bin,
mit welchen ich im Grunde nichts zu tun haben wollte, tatsächlich war
immer die Eferdingerin, meine Mutter, die Ursache dieser sofort bei meiner Ankunft aufgetretenen Komplikationsstimmung, gleich darauf schon
Katastrophenstimmung, gewesen, aber sehr oft, von ihr ausgegangen allerdings, war auch ich selbst, wie das Beispiel der Färbelung des Wirtschaftsgebäudes zeigt, Verursacher oder Auslöser solcher Streitereien, Katastrophenstimmungen, die immer und in jedem Fall völlig sinnlos
gewesen waren. Während wir in den ersten Augenblicken, muß ich sagen,
die äußerste Rücksicht genommen hatten aufeinander, waren wir schon
nach den ersten Augenblicken wieder in der ganzen Rücksichtslosigkeit
gegeneinander, und es war nurmehr noch eine Frage der Zeit gewesen, daß
wir uns trennten, daß ich aus Altensam weggehe, wohin ich ja gerade erst
gekommen war, die gegenseitige Rücksichtnahme hat immer nur die ersten Minuten gedauert, dann hatten die wirklichen Gefühle, die nichts als
wirkliche Abneigung, ja Haß gewesen sind, wieder freien Lauf gehabt.
Aber diese Versuche in den ersten Augenblicken waren doch interessant
gewesen, weil sie immer wieder und schon so oft unternommen waren von
uns beiden, immer in dem Bewußtsein noch dazu, daß sie schon in der
kürzesten Zeit, noch bevor ich meinen Mantel aufgehängt, meine Tasche

in mein Zimmer bringen hatte können, noch bevor ich mich überhaupt wieder umschauen habe können in Altensam, ich war noch nicht weiter als bis in die Halle vorgedrungen gewesen, zum Scheitern verurteilt sind, denn klar war uns beiden gewesen, daß wir die gleichen bleiben und die gleichen geblieben sind in der Zwischenzeit, daß wir uns nicht verändert hatten, sie, die Eferdingerin nicht in Altensam, ich in England nicht, und allein die Vorstellung und der auf Grund einer solchen Vorstellung unternommene Versuch, uns für uns zu verändern, waren nichts als Verrücktheit, Anmaßung, Größenwahn, wo nichts zu ändern gewesen war, hatten wir nichts zu ändern, weil wir die Mittel dazu gar nicht hatten, sie waren uns beiden nicht angeboren gewesen, im Gegenteil, hatten wir den Versuch gemacht, uns zu ändern, in vollem Bewußtsein, daß wir uns nicht ändern können, war das Resultat dann, wenn diese Vorstellungen zu realisieren gescheitert waren, und das fühlten wir beide gleich nach den ersten Minuten, nach den ersten Begrüßungsworten, aber auch die waren ja schon in dem Tone an uns gerichtet, der zeigte, daß wir wieder verlieren, weil wir bereits verloren haben in dem Augenblick, in welchem wir uns gegenübergestanden waren, um so schlimmer. Zuerst begegneten wir uns immer, als ob wir uns geändert hätten, weil wir glaubten, daß die Zwischenzeit uns verändert hat, aber die Zwischenzeit allein hat uns niemals geändert, ich bin ich geblieben, wie sie sie, die Zwischenzeit, hatten wir vorgegeben, hat aus uns andere gemacht, als die, die wir vor dieser Zwischenzeit gewesen sind, aus einem (ihr) unerträglichen, bin ich ein (ihr) erträglicher Mensch geworden, hatte ich mir eingeredet, wie sie, daß sie in dieser Zwischenzeit (mir) erträglich geworden sei, wo sie (mir) doch vorher immer unerträglich gewesen war, wir hatten uns auch Bemühungen unsererseits eingeredet, wenn wir auch gar nicht mehr wissen konnten, was für Bemühungen, wir hatten nur, so erinnerten wir uns, in Gedanken an Bemühung gedacht gehabt, aber uns in Wirklichkeit überhaupt nicht bemüht gehabt, die Gedanken über Bemühung nicht zu Bemühungen selbst gemacht, machen können, oder wir hätten wenigstens einen (für den andern) akzeptablen Menschen aus uns gemacht in der Zwischenzeit, die eine meistens doch ereignisreiche Zwischenzeit gewesen ist, eine Zwischenzeit der ungeheuerlichsten Veränderungen allerdings in Altensam (durch sie) wie in England (durch mich), aber die Veränderungen waren nur außerhalb von uns vorgegangen, nicht in uns, wir waren geblieben wie und was wir gewesen waren vor dieser jeweiligen Zwischenzeit, im Ge-

genteil, hatten sich unsere Charaktere, wie wir ganz deutlich schon bei der
ersten Berührung feststellen hatten können, nicht nur nicht verändert,
sondern noch verhärtet gehabt und die gegenseitige Verständnisheuchelei
war dann um so lächerlicher. Ich war für sie nicht zu gewinnen gewesen,
wie sie für mich nicht zu gewinnen gewesen war, denn sie war immer
gegen alles, was ich war, eingestellt und durch diese Einstellung in krankhafter Weise hatte sich ihr Charakter noch mehr in ihre eigenen Veran-
lagungen hinein verhärtet gehabt, ob wir wollten oder nicht, das ist ja
schon gleichgültig, waren wir ganz einfach lebenslänglich sie gegen mich,
ich gegen sie, von Natur aus ich ganz auf mich, von Natur aus sie ganz auf
sich eingestellt, auf unsere Interessen bezogen und von diesen Interessen
vollkommen in Beschlag genommen gewesen, wir machten uns nur immer etwas vor, stundenlang, tagelang, wochenlang, bis alles Ablehnende,
Trennende wieder ganz offen sichtbar gewesen war, ohne die kleinste
Rücksicht, bis Altensam, was das heißt durch die Eferdingerin, wie der
durch diese gegenseitige Abneigung, Ablehnung, durch diesen gegenseitigen Haß, wieder in der uns nicht nur störenden, sondern immer *zerstörenden* Weise in Gang gekommen war, dieser Zerstörungsmechanismus, so Roithamer, in welchem mich alles abgestoßen hat, was sie betrifft,
sie abgestoßen hat, was mich betrifft. Und doch waren wir beide immer
unfähig, uns ganz einfach nicht mehr zu sehen, sie schrieb, mich einla-
dend, nach England, und ich kam aus England nach Altensam, als ob sich
etwas geändert hätte, wir waren jedesmal auseinandergegangen in dem
Bewußtsein, uns nicht mehr zu sehen, für immer auseinanderzugehen,
weil uns ja überhaupt nichts verbunden hatte, wir hatten nicht das geringste Gemeinsame, außer Abscheu und Abneigung, nichts, aber nicht
nur, daß wir unseren Entschluß, uns nicht mehr zu sehen, nicht wahrmachen haben können, waren die Abstände, in welchen ich von England
nach Österreich, nach Altensam, gekommen bin, in den letzten Jahren
immer kürzere Abstände gewesen. Und die Peinigungen, welchen wir, war
ich wieder in Altensam, gegenseitig ausgesetzt gewesen waren, waren immer größere, ja schon entsetzliche Peinigungen, denn wir hatten in der
Kunst, uns zu peinigen, schon einen hohen Grad an Selbstverständlichkeit
erreicht gehabt, der gegenseitige Haß war noch tiefer, und alles deutete auf
eine immer noch mögliche Vertiefung dieses Hasses, unsere Mittel waren
mit jedem Besuch meinerseits in Altensam raffiniertere. Es ist aber doch
unvorstellbar, so Roithamer, mit welcher Ungeistigkeit zu existieren Men-

schen wie die Eferdingerin imstande sind, so Roithamer, zu welcher Gefühllosigkeit einerseits, wo doch nur das Gefühl und sonst nichts, ihr
ganzes Wesen, gegen alles zu handeln und in höchstem Maße zuwider-
zuhandeln befähigt ist. Zuerst hatte ich noch denken können, Scheu vor
allem, was Geistigkeit und also doch männliche Kopfverfassung ist, habe
sich in ihr in Abscheu gekehrt gegen alles Geistige, so Roithamer, aber ihr
Haß war mit der Zeit, die allerdings jetzt, nachdem sie in Altensam zweifellos die Oberhand hatte, eine höhere Geschwindigkeit hatte, als vorher,
so weit gegangen, daß sie schon nicht mehr nur das von mir beschriebene,
sondern schon jegliches Papier hassen mußte, jede Art von Papier, sie
betrachtete Papier als Geistesgrundlage, hatte sofort ihren Haß erregt, als
ob sie sich allein schon in ihrem Papierhaß an jedem Tag vollständig
erschöpfte, dachte ich oft, Bleistifte, Federn erregten einen unvorstellbaren Haß in ihr, ganz zu schweigen von Büchern, gehefteten Druckschrif-
ten, Zeitschriften also, selbst Zeitungen haßte sie, weil es sich auch bei
Zeitungen um bedruckte und dadurch in höchstem Maße gefährliche und
vor allem, wie sie glaubte, gegen sie gerichtete Papiere handelte, sie hatte
zeitlebens einen Haß gegen Papiere gehabt und diesen Haß gegen Papiere,
gegen alle Papiere der Welt zu einem tatsächlich ungeheuren Haß gegen
ihre Umwelt, die mit diesen Papieren zusammenhing, gemacht und von
diesem Haß war sie zeitlebens wie von einer oder gar wie von *ihrer*, ihrer
unterstrichen, Todeskrankheit gejagt gewesen, andererseits hatte ich selbst
ständig das Gefühl, daß ich ihr auflauerte, daß ich ihr eine Falle stellte, daß
ich ihr Anlaß gegeben habe immer wieder, sich dieses ihres Hasses als
Todeskrankheit zu erinnern und diesen Haß offen zu zeigen, daß ich ihr
sogenannte Papierfallen stellte, um sie in ihrem Haß gegen Papier zu
ertappen, um mich dann wieder an ihrem offen ausgebrochenen Haß,
Papierhaß, weiden zu können, denn darüber besteht auch kein Zweifel, so
Roithamer, daß ich mich, weil ihr Haß ein so übertriebener Haß gewesen
war, überhaupt ihre Verhaltensweisen derartig übertriebene gewesen waren, mich an diesem ihrem Haß und an diesen übertriebenen Verhaltensweisen weidete, es waren ja in Wahrheit nicht ein paar Minuten vergangen, daß ich sie nicht tadelte oder wenigstens in tadelnden Augenschein
genommen hatte, ihr also sofort bei meinem Auftauchen in Altensam, das
immer ein abruptes Auftauchen gewesen war, eine Falle gestellt habe, und
war sie in dieser Falle, getadelt habe, weil sie in diese Falle gegangen war,
immer hatte ich ihr aufgelauert und sie in irgendeiner mir widerwärtigen

weiblichen Verhaltensweise ertappt und sie zur Rede gestellt, es vergingen
nicht ein paar Minuten, wenn ich in Altensam angekommen war, und ich
tadelte sie wegen einer Kleinigkeit, weil mir im Grund alles an ihr mißfallen, oder noch besser, weil mir alles an ihr doch nichts anderes als
widerwärtig gewesen war, sie konnte im Grunde tun und nicht tun, was sie
wollte, es war mir widerwärtig, anziehen zum Beispiel, was sie wollte, es ist
mir widerwärtig gewesen, sagen, denken, was sie wollte, es war mir immer
nur widerwärtig gewesen, das ist die Wahrheit, so Roithamer, die Ver-
schweigung solcher Tatsachen hätte keinerlei Sinn, also verschweige ich
diese Tatsachen nicht, weil es *die Eferdingerin und mich sehr wohl* klar
kennzeichnende Tatsachen sind, die Eferdingerin und mich sehr wohl
unterstrichen. So fragte ich mich naturgemäß immer wieder, wie es möglich sein kann, daß zwei Menschen, noch dazu Mutter und Sohn, aber
nicht Muttersohn, sondern Vatersohn, davon abgesehen, wie es möglich
ist, daß diese zwei Menschen, die sich solcherart fortwährend peinigen,
gegenseitig mit einer Rücksichtslosigkeit, die beispiellos ist, peinigen und
ihre gegenseitigen Peinigungen immer gerade an die Grenze zur Verrücktheit treiben müssen, immer wieder peinigen und immer wieder und wieder und immer tiefer und immer rücksichtsloser hassen, immer wieder
zusammenkommen. Aber wahrscheinlich waren es gerade diese Peinigungsmöglichkeiten beiderseits, dieser Haß beiderseits, diese Peinigungs-
bereitschaft beiderseits, die mich immer wieder von England nach Altensam haben kommen lassen, so Roithamer. Wahrscheinlich, so Roithamer,
weil ich alles das, was in den letzten Jahren, durch meine Mutter, die
Eferdingerin, zu einem entsetzlichen Altensam geworden war, gebraucht
habe. Und ich bin ja auch immer gleich wieder aus Altensam weg und, wie
ich die Möglichkeit gehabt habe, in die höllersche Dachkammer gegangen, die zuallererst eine Bücherzuflucht, eine sogenannte Bücher- und
Schriftenzuflucht gewesen war, denn ich hatte in der höllerschen Dachkammer alle möglichen mir erreichbaren und meinem Geiste nützlichen,
wie auch alle möglichen mir unentbehrlich gewordenen Bücher und
Schriften für mich in der höllerschen Dachkammer zusammengetragen
gehabt, und aus diesen wichtigsten Büchern und Schriften die mir wichtigsten Seiten herausgetrennt und an die Wände der höllerschen Dachkammer geheftet gehabt, so immer wieder Seiten von Pascal, viel von
Montaigne, sehr viele Seiten von Puschkin und von Schopenhauer, von
Novalis und von Dostojewski, von Valéry hatte ich beinahe alle Seiten

seines *Teste* an die Wände geheftet gehabt, bevor ich die Wände der höllerschen Dachkammer mit den Plänen und Skizzen für den Kegelbau
zugedeckt gehabt habe, zur besseren Übersicht habe ich immer alle mir
wichtigen Papiere an die Wände geklebt oder geheftet, immer auch schon
in meiner Kindheit die Wände meines Altensamer Zimmers mit den mir
wichtigsten Gedanken anderer zugeklebt und zugeheftet gehabt, die Wände der höllerschen Dachkammer also zuerst mit den mir wichtigsten Sätzen von Pascal und Novalis und Montaigne, bevor ich sie mit den Skizzen
und überhaupt allen möglichen Gedanken für den Kegelbau zugeheftet
und zugeklebt gehabt habe, so habe ich immer gleich aus Altensam weg in
die höllersche Dachkammer gehen und in der höllerschen Dachkammer
Zuflucht finden können in diesen Gedanken an den Wänden der höllerschen Dachkammer, die Tatsache, daß ich die Möglichkeit habe, in die
höllersche Dachkammer zu gehen, in welcher ich alles, was ich zu meinem
Denken und *Wider*denken gebraucht habe, vorgefunden habe, alle fremden und durch alle fremden auch alle eigenen Gedanken immer wieder,
war es mir möglich, ohne zu zerbrechen, aus Altensam wegzugehen, so
Roithamer, kaum war ich in Altensam angekommen, habe ich nurmehr
noch daran gedacht, aus Altensam wegzugehen, weil mir das Zusammensein mit der Eferdingerin unerträglich gewesen war vom ersten Augenblick an und ich bin in die höllersche Dachkammer, auch oft über den
Umweg nach Stocket in die höllersche Dachkammer, so Roithamer. Nach
und nach hatte ich alle Bücher und Schriften, die ich in Altensam gehabt
habe, in der höllerschen Dachkammer untergebracht und dort tatsächlich
in Sicherheit gebracht gehabt, denn in Altensam waren alle diese mir
ungemein nützlichen, wahrscheinlich aber überhaupt lebensnotwendigen
Bücher und Schriften, nicht mehr sicher gewesen, ich hatte fortwährend
Angst, die Mutter, die Eferdingerin, heizt eines Tages alle diese Bücher
ein, daß sie einmal vor aller Augen und das heißt, vor den Augen meines
Vaters und meiner Brüder und meiner Schwester ein großes Verbrennen
meiner Schriften veranstaltet, befürchtete ich doch immer, aber sie hatte
diese Befürchtung, die eine berechtigte Befürchtung gewesen war, nicht
wahrgemacht oder nicht mehr wahrmachen können, bevor ich die Bücher
und Schriften alle in der höllerschen Dachkammer in Sicherheit gebracht
hatte, da, in der höllerschen Dachkammer, habe ich von England aus
immer gedacht, sind diese Bücher und Schriften in Sicherheit, da muß ich
nicht fürchten, daß sie einmal von einem Augenblick auf den andern von

meiner Mutter, der Eferdingerin, vernichtet werden, da, in die höllersche Dachkammer gehören alle diese meine Bücher und Schriften, nicht nach Altensam, das ihnen feindlich gesinnt gewesen war. So ist mir der Gedanke, daß ich diese meine nicht vielen, aber doch wichtigsten Bücher und Schriften aus meinem Zimmer in Altensam in der höllerschen Dachkammer in Sicherheit gewußt habe, in England und gleich wo sonst weit weg von Altensam, immer ein guter, mich beruhigender Gedanke gewesen. Denn daß meine Mutter imstande ist, von einem Augenblick auf den andern meine Bücher und Schriften, diese immer wieder und wieder von mir gelesenen und studierten und neu erarbeiteten Bücher und Schriften, zu verbrennen oder auf eine andere Weise zu vernichten, mir ganz einfach zu entziehen und zwar während meiner Abwesenheit in England oder sonstwo, war mir immer klar gewesen. Hatten wir, meine Mutter und ich, so Roithamer, in den ersten Minuten meiner Ankunft in Altensam immer den Versuch gemacht, miteinander auszukommen und hatten auch alles, wenn auch gegen unsere Natur, so doch für diesen Versuch, getan, so taten wir schließlich in der kürzesten Zeit doch alles nurmehr noch als Beweis dafür, daß wir miteinander gar nicht auskommen können, und der chaotische, in jedem Falle Menschen unzumutbare Zustand war eingetreten, daß wir uns gegenseitig unsere Existenz nurmehr noch zu einer gegenseitigen Peinigung machten, vielleicht schon aus Gewohnheit, weil wir schon zu oft gegen unseren Willen zusammengewesen sind und die Gewohnheit der gegenseitigen Peinigung die Hauptrolle in unserem Zusammensein spielen mußte, aber immer, so glaubte ich, hatte *sie* die Initiative für diese Peinigungen ergriffen, obwohl ja ich derjenige war, der nach einiger Zeit, weil ich es ganz einfach nach einer bestimmten Zeit der Anspannung in England nicht mehr ausgehalten habe, in Altensam wieder aufgetaucht war, und immer so, als wäre möglich, was ganz einfach nicht mehr oder niemals möglich gewesen war: daß ich mit meiner Mutter, der Eferdingerin, zusammensein kann, weder die längere, noch die kürzere Zeit, überhaupt nicht. Geistige Interessen hatte sie immer nur heucheln können und darin unterschied sie sich in nichts von allen ihren Geschlechtsgenossinnen, wie ja, glaube ich, alles in ihr und an ihr nur immer ein Geheucheltes gewesen war, aber diese ganze Zeit, in welcher wir heute existieren, ist eine gegen den Geist in Wahrheit und heuchelt Geistiges nur, die Tendenz heute ist gegen den Geist und ist für Geheucheltes, wie überhaupt diese ganze Zeit, in welcher wir existieren, vorgeheuchelt ist, alles ist vorgeheu-

chelt, nichts ist wirklich, alles ist vorgeheuchelt. Meine Schwester haßte
sie, die sogenannte liebevolle Art, in welcher ich, aus ganzer Natur heraus,
über meine tatsächlich wie nichts auf der Welt geliebte Schwester immer
gesprochen habe, weil es mich beinahe ununterbrochen beschäftigte, das
Wesen meiner Schwester zu erforschen, gleichzeitig dieses Wesen ununterbrochen zu lieben und weil ich diesen Vorgang ganz deutlich zeigen mußte
und auch immer zeigte und vor allem wahrscheinlich aus dem Grunde,
weil ich meine Mutter, die Eferdingerin, haßte, vor der Eferdingerin am
offensichtlichsten zu zeigen gezwungen gewesen war, die Liebe und Sorgfalt meiner Schwester gegenüber, die Behutsamkeit, mit welcher ich schon
in Gedanken immer mit ihr beschäftigt gewesen war, erst die Behutsamkeit und Zartheit, mit welcher ich ihr zu begegnen immer bemüht gewesen war, ohne mich tatsächlich um eine solche Behutsamkeit und Zag-
haftigkeit bemühen zu müssen, weil sie ganz natürlich gewesen war meiner
Schwester gegenüber, das haßte die Eferdingerin naturgemäß, alles das,
was mir im Laufe des Lebens an meiner Schwester aufgefallen und mehr
und mehr zu dem eigenartig liebenswerten Menschen geworden war, der
meine Schwester für mich immer gewesen ist, mehr und mehr lieb und
schließlich in Anschauung und Empfindung wie zu einem zweiten und
höheren Wesen als das eigene geworden war, war ihr, der Eferdingerin,
entsetzlich gewesen, sie hatte anfänglich immer versucht gehabt, durch das
Mittel der sogenannten geheuchelten Sympathie für meine Schwester, die
sie genausowenig auf ihrer Seite wußte wie mich, die naturgemäß ganz auf
der Vaterseite gestanden war lebenslänglich und die wie ich über diesen
Umstand immer wenn auch die meiste Zeit in aller Heimlichkeit glücklich gewesen war, mich auf ihre Seite zu ziehen, durch die sogenannte
geheuchelte Sympathie für meine Schwester, trachtete sie, mich zu gewinnen, aber gerade dadurch, weil das Motiv ihrer Sympathie, die dann doch
immer als eine geheuchelte erkennbar gewesen war, ein abstoßendes Motiv gewesen war, war die Wirkung ihrer Bemühungen auf mich immer
eine abstoßende. So hatte meine Schwester immer einen angeborenen,
von ihrem Vater angeborenen Geschmack, während meine Mutter, also
ihre und meine Mutter, überhaupt keinen Geschmack hatte, sie hatte es
niemals verstanden, sich durch Freundlichkeit und Natürlichkeit angenehm freundlich und natürlich zu machen, während das meine Schwester
immer verstanden hat, so Roithamer, sie selbst hatte darunter gelitten und
am Ende einer längeren darauf bezogenen Leidensstrecke, war sie immer

nach Eferding in ihr Vaterhaus, in das Fleischerhaus, geflüchtet, aber natürlich nur, um dann, nach Tagen oder Wochen, zurückzukommen nach
Altensam mit um so größerer Verständnislosigkeit gegenüber Altensam
und um so größerer Verständnislosigkeit für uns. Aber alles das haben
meine Brüder nicht empfunden, denn sie waren ja aus dem Geiste der
Eferdingerin, und diese hatte es in Altensam auch nur deshalb immer
wieder aushalten können, weil ihre eigenen Kinder, unsere Brüder, denn
wir empfanden uns ja nicht als ihre, sondern als die Kinder unseres Vaters,
kann ich ruhig sagen, auf ihrer Seite gewesen waren, weil ganz aus ihrer
Herkunft gewesen waren, meine Brüder waren auch sehr oft in Eferding
gewesen und sie hatten sich nirgends so wohlgefühlt wie in Eferding, das
für mich immer eine Geistes- und Gefühlszumutung gewesen ist, und ich
war nur ein paarmal in Eferding gewesen, gezwungenermaßen zu ganz
gewöhnlichen Anlässen, Hochzeiten Verwandter meiner Mutter, Begräbnisse solcher Verwandter, oder zu dem Zweck, uns aus der Eferdinger
Fleischerei des Vaters unserer Mutter mit Fleisch zu versorgen im Krieg,
aber das war immer so gewesen, daß die Tiere von Altensam hinunter-
gekommen sind nach Eferding, wo sie in der Fleischhauerei des Vaters
meiner Mutter, meines mütterlichen Großvaters, geschlachtet und zube-
reitet worden sind und wir haben dann das in Eferding zubereitete Fleisch
wieder nach Altensam heraufgebracht. Nicht sie, unsere Mutter, hatte sich
Altensam angleichen wollen, was das Natürlichste gewesen wäre, sondern
sie hatte versucht, *uns* Eferding anzugleichen, uns unterstrichen, was ihr
natürlich nicht gelungen ist und unter allen in Altensam herrschenden
Umständen, durch die Tatsache, daß mein Vater immer eine ganz und gar
eigene Natur, wie Altensam eigene Natur gewesen ist, nicht gelungen ist,
freilich kann dieser Vorgang, muß dieser ganze Vorgang als außergewöhnlich bezeichnet werden. Ich kann sagen, sie haßte alles wie sich selbst, weil
sie, einmal in Altensam, alles hassen mußte und dadurch auch sich selbst.
Aber es wäre *voreilig*, sie nur als einen unglücklichen Menschen zu bezeichnen, voreilig unterstrichen. Sie haßte alles und jeden und in diesem
Krankheitsprozeß war alles zu einer heillosen Verkrampfung gegen alles
geworden, natürlich war sie ein unglücklicher Mensch gewesen, in ihrem
Unglück nicht allein in Gesellschaft fast aller Menschen, die sich in keinem Augenblick ihres Lebens über die Ursachen ihres Unglücks klar zu
werden versucht haben, die fortwährend und vor allem die Menschen in
ihrer nächsten Nähe ihres eigenen Unglücks wegen beschuldigen und sich

niemals nach einer einzigen Ursache ihres Unglücks fragen, sie hatte niemals an sich gearbeitet, wenn sie auch immer voller Zweifel über sich selbst gewesen war, aber nicht in dem Ausmaß der zur Ursachenerforschung zwingenden Weise, sie hatte sich immer mehr und mehr in ihr schließlich hoffnungsloses Leben gegen Altensam eingegraben, wie sich meine Brüder in ihrem hoffnungslosen Leben gegen Altensam eingegraben haben, isoliert haben, denn zweifellos haben sich auch meine mit der Eferdingerin gemeinsame Sache machenden Brüder isoliert, tatsächlich selbst, weil sie im Grunde mit ihrer Mutter immer gegen Altensam gearbeitet hatten, aus Altensam mit der Zeit zur Gänze hinausgearbeitet gehabt. In Altensam immer tiefer eingegraben in Isolierung in Altensam, *gleichzeitig aus Altensam hinaus*gearbeitet, so Roithamer, gleichzeitig aus Altensam hinaus unterstrichen. Es ist die logische Folge, daß sie jetzt, nachdem sie immer gegen Altensam gearbeitet hatten, nach dem Tode ihrer Mutter, nach dem Tode der Eferdingerin, Altensam zu verlassen haben, indem ich Altensam abverkaufe, ist dieser Prozeß abgeschlossen, so Roithamer. Auch meine Brüder waren Eferdinger gewesen, so Roithamer, und es hat immer zwei gegeneinander lebende und gegeneinander immer noch intensiver existierende und das in den andern immer zu liquidieren versuchende Gegner gegeben, die Eferdinger einerseits, also meine Mutter und meine Brüder, und andererseits die Altensamer, also meinen Vater, meine Schwester und mich. Durch ihr schließlich menschenfeindliches Wesen und durch ihr umwelt- und selbstzerstörerisches Gemüt, das ein Eferdingergemüt gewesen ist, war ihr Gesicht mit der Zeit zu einem menschenfeindlichen und selbstzerstörerischen Gesicht geworden und sie war jeden Tag schon bei ihrem Aufwachen geradezu panisch in diese Menschenfeindlichkeit und Selbstzerstörung als Gesichtszerstörung hineingegangen, wie in eine unheilbare bösartige Krankheit hinein, mit allen diesen bösartigen, krankhaft-bösartigen Gesichtszügen begegnete sie uns schon in aller Frühe beim Frühstück. Mißtrauisch oder wenigstens auf die verletzendste Weise reserviert, begegnete sie allem und jedem, das sie Altensam zuzurechnen hatte, allen Personen, die nach Altensam kamen und von ihr gleich als solche zu Altensam gehörige klassifiziert worden waren, sie glaubte, ein Recht zu haben darauf, die Menschen zu hassen, weil sie glaubte, von allen gehaßt zu sein, so Roithamer. Nicht eine, nicht eine einzige Stunde meines Lebens habe ich allein mit meiner Mutter *in Harmonie*, in Harmonie unterstrichen, verbracht, so Roithamer. So war es

auch nicht leicht gewesen, mit ihr unter Menschen zu gehn, weil sie allen
diesen Menschen nur mit Mißtrauen und Ablehnung begegnen hatte
können, denn alle diese Menschen gehörten immer wieder zu Altensam,
und Eferding war weit weg, so Roithamer. Kaum war ich mit ihr in meiner
Kindheit mit Menschen zusammengewesen, gleich ob in Stocket oder in
einem anderen unter Altensam gelegenen Ort, waren diese Menschen, was
für einer Natur immer, von ihrem Wesen irritiert gewesen, sie hatten
sofort bemerkt, hier geht etwas gegen sie vor, war ihnen diese Auffälligkeit
bewußt gewesen oder nicht, und sie verabschiedeten sich meistens gleich.
Sie beherrschte die Kunst, mir Menschen zu entziehen, die mir wertvoll
gewesen waren, bald waren nur noch die wenigsten zu mir nach Altensam
heraufgekommen, in der Kindheit gleich wenig Freunde, sogenannte
Spielkameraden aus Stocket beispielsweise, bemerkte sie eine Geistesverwandtschaft zu Altensam, war sie dagegen, so Roithamer. Weil sie sich in
den Kopf gesetzt hatte, Altensam für ihre Zwecke auszunützen, beispielsweise auch, mich zu besitzen, Altensam ganz einfach zu besitzen, war sie
naturgemäß in Altensam immer auf Ablehnung gestoßen, wie meine Brüder, die Eferdinger, immer auf Ablehnung gestoßen waren. Zeigte ich
meiner Schwester einen sie zweifellos interessierenden Artikel, so Roithamer, war meine Schwester sofort *voller Anmut*, voller Anmut unterstrichen, bereit, mit mir den Inhalt des betreffenden Artikels zu besprechen, mit mir sich über den Inhalt des Artikels, dann über die Ursachen
eines solchen Artikels klar zu werden, gerade das, was mich an einem
solchen Artikel gereizt hatte, hatte auch sie gereizt, ich hatte gesagt, was
mich an dem Artikel besonders interessierte, anzog beispielsweise, was
darin richtig oder falsch sei und wir hatten immer eine besonders tiefe
Übereinstimmung feststellen können in gemeinsamer Anschauung der
verschiedensten Gegenstände gleich welcher Natur, meine Schwester war
immer daran interessiert gewesen, meine Meinung zu hören, wie sie ja
immer zuhören hatte können zum Unterschied von unserer Mutter, die
niemals zuhören hat können, wie ich immer daran interessiert gewesen
war, ihre Meinung (zu diesem oder jenem Gegenstand) zu hören. Aber
meine (und meiner Schwester) Mutter war immer allem, das uns interessierte und beschäftigte, gleich in welchem Verstande, interesselos begegnet. Sie hatte zeitlebens vor allem mit der *völligen Interesselosigkeit* auf uns
reagiert, so Roithamer, völligen Interesselosigkeit unterstrichen. Wie
meine Schwester immer Anteil an meiner eigenen wissenschaftlichen,

überhaupt meiner eigenen Geistesarbeit genommen hat, und nicht nur
Interesse hatte sie an dem, das ich dachte und schrieb, an meinen Erfindungen und Phantasien, so hatte ich an allen künstlerischen Erfindungen
meiner Schwester, und an allem, das sie dachte, aber vor allem für ihre
Miniaturmalerei, in welcher sie schon bald große Meisterschaft erlangt
hatte, ihre Miniaturen auf Email und auf Porzellan sind die schönsten, die
sich denken lassen, nicht nur Interesse gehabt, zwischen mir und meiner
Schwester ist immer die größte und die liebevollste Anteilnahme gewesen,
sie, meine Schwester, war immer auf das, das mich betroffen hatte, gänzlich eingegangen, wie ich immer auf das, das sie betroffen hatte, gänzlich
eingegangen war. Tagelang hatten wir uns über ein nacheinander gelese-
nes Buch unterhalten und über dieses Buch unsere Gedanken austauschen und diese Gedanken miteinander vereinbaren können in einem dieses Buch genau charakterisierenden Gedanken, oder ein Kunstwerk, ein
Stück Malerei betreffend, über eine Formulierung in dem Gelesenen tagelang diskutieren und debattieren können, denn uns beiden ist die Lektüre an sich immer das wichtigste Thema gewesen, ohne Lektüre hätte es
weder meine Schwester, noch ich längere Zeit ausgehalten, nicht daß wir
zur Lektüre erzogen worden wären, das Gegenteil ist, wie bekannt, der
Fall, aber aus eigenem hatten wir uns die Leidenschaft für Lektüre, die
Lust am Lesen, die Freude an Erfahrungen durch Lektüre erobern, uns die
mit Lektüre zusammenhängende Geistesdisziplin anerziehen können im
Laufe der Zeit, während wir in meinem oder in ihrem Zimmer aufundab-
gegangen sind, haben wir über alles mögliche Gelesene oder Gehörte oder
Wahrgenommene oder über alle möglichen Entdeckungen, die wir, jeder
für sich, gemacht hatten, sprechen, uns aussprechen können im Gegensatz
ganz zu unserer Mutter, der Eferdingerin, mit welcher alles das niemals
möglich gewesen ist. Ungestört sind wir ganze Nächte auf dem Dachboden oben in Gedanken, Beschäftigung über gerade gelesene, studierte
Bücher zusammen gewesen, ohne zu merken, daß es schon Licht und Tag
geworden war, weil sich solche Besprechungen immer mit der größten
Intensität, gleichzeitig in der größtmöglichen Ruhe, vollzogen hatten. Der
liebste Platz für diese Gespräche, Beurteilungen, Vermutungen undsofort,
war uns beiden, meiner Schwester und mir, immer der Dachboden gewesen, im Sommer sehr oft auch der Platz hinter dem Wirtschaftsgebäude, von welchem man bis nach Stocket hinunterschauen kann. Sehr
oft waren wir durch den Park gegangen, ungezwungen in allem und ge-

rade durch die Verwahrlosung des Parks in Altensam mehr und mehr
angeregt, weil der Park gerade in seiner Verwahrlosung besonders schön
und dadurch unserem Aufundabgehen nützlich gewesen ist. Daß es von
einem bestimmten, nicht mehr genau zu bestimmenden Zeitpunkt ab für
mich das schönste gewesen ist, mich in Lektüre zurückzuziehen, in wissenschaftliche, in naturwissenschaftliche Lektüre, und daß gerade das ein
Greuel für meine Mutter gewesen ist, wie sie, die Eferdingerin, ja auch die
Arbeit meiner Schwester, die Miniaturmalerei, insgeheim haßte, wenn sie
das auch nicht offen zum Ausdruck brachte, denn was und wie meine
Schwester malte, mußte auch meiner Mutter gefallen, und es war im
Gegensatz zu meiner Schreiberei nicht gefährlich, aber sie hatte die Abneigung gegen alles, was Altensam ist, auch in dieser Beziehung nicht ganz
unterdrücken können. Tatsächlich fragte ich mich immer wieder, warum
ich den Verkehr zu meiner Mutter nicht abbreche, sie ganz einfach nicht
mehr aufsuche, aber dann hätte ich Altensam nicht mehr aufsuchen können und an Altensam hing ich doch, wie ich doch auch immer an meiner
Kindheit hing, sie mag gewesen sein, wie immer, Altensam war die Kindheit und die Kindheit ist in jedem Falle ein Hindernis für den *totalen
Bruch*, totalen Bruch unterstrichen. Diese Person, denke ich, so Roithamer, die meine Schwester haßte, weil ich sie liebte und umgekehrt und
die im Grunde auch unseren Vater haßte, weil der uns nicht hassen
konnte, so Roithamer. Wie die beiden immer miteinander gelebt haben,
frage ich mich, Vater und Mutter, ich weiß es nicht, ich vermute nur, daß
sie immer *in dem höchsten Schwierigkeitsgrad* gelebt haben. Zu fragen aber
ist, wie diese beiden überhaupt haben zusammengehen können, heiraten
haben können, wo überhaupt nichts Gemeinsames an ihnen ist, niemals
gewesen ist, daß alles nur auf den unglücklichen Umstand zurückzuführen
sei, daß mein Vater in dem Eferdinger Gasthaus übernachtete, in welchem
meine Mutter zuhause ist, so Roithamer. Daß alles auf eine *totale Kopflosigkeit* meines Vater zurückzuführen sei, totale Kopflosigkeit unterstrichen. Nichts, das eine Verbindung überhaupt gerechtfertigt hat. So fragen
wir uns immer, wenn wir zwei Menschen sehen, die zusammen sind, gar
sich verheiratet haben, wie diese zwei Menschen zu solcher Entschiedenheit und Handlung gekommen sind, daß es sich ja um die Natur handle,
sagen wir uns, daß es sehr oft zwei Menschen sind, die nur zusammen-
gegangen sind, um sich mit der Zeit umzubringen, früher oder später
umzubringen, sich jahrelang und jahrzehntelang gegenseitig zu martern,

um sich schließlich *doch* umzubringen, die, obwohl sie wahrscheinlich
ihre gemeinsame Marterzukunft schon ganz klar sehen, doch zusammengehen, sich gegen alle Vernunft doch verbinden, verheiraten, gegen alle
Vernunft, als ein Naturverbrechen, Kinder in die Welt setzen, die dann die
unglücklichsten sind, die sich denken lassen, wir haben dafür, wo wir
hinschauen mögen, Beweise, so Roithamer. Die, obwohl sie ihre gemeinsame Zukunft nur als gemeinsame lebenslängliche Marter erkennen können, sich doch zusammentun und heiraten, urplötzlich gehen alle diese
Leute als Menschen, Menschen als gemeine Leute, so Roithamer, in eine
Verbindung, in eine Ehe ein, in ihre Vernichtung hinein, Schritt für
Schritt hinunter in das Entsetzlichste, das sich denken läßt, in die Ehe-
vernichtung, was heißt Geistes- und Gefühls- und Körpervernichtung,
wie wir überall sehen können, die ganze Welt ist angefüllt mit Beispielen,
die diese Tatsache bestätigen, so Roithamer, warum, kann ich fragen, diese
unsinnige Besiegelung, wir fragen uns, weil wir ein Beispiel haben, wie ist
es zu diesem Beispiel gekommen?, daß dieser hochintelligente, außerordentliche, außergewöhnliche Mensch diesen ganz und gar gewöhnlichen
und gemeinen, ja auch noch durch und durch ordinären Menschen hat an
sich ziehen und heiraten können und mit diesem Menschen auch noch
Kinder hat machen können, es ist die Natur, sagen wir, immer wieder die
Natur, die uns lebenslänglich unbegreifliche und unverständliche Natur,
in welcher alles Vernunft ist und in welcher gleichzeitig die Vernunft
nichts zu suchen hat, so Roithamer. Zuerst hören wir von allen diesen
Menschen nichts Außergewöhnliches, wenn wir etwas über sie hören und
dann nurmehr noch Abstoßendes, *nurmehr noch Abstoßendes,* so Roithamer, nurmehr noch Abstoßendes unterstrichen, wie wir, wenn es uns
selbst betrifft, unsere Eltern, so Roithamer, zuerst nichts Außergewöhnliches sehen, dann aber nurmehr noch Abstoßendes. Die Natur ist die
unbegreifliche, die Menschen zusammenbringt, sie zusammenstößt mit
Gewalt, mit allen Mitteln, damit diese Menschen sich zerstören und vernichten, umbringen, zugrunderichten, auslöschen, so Roithamer. Dann
stürzen sie sich in eine Felsspalte hinein, oder von einem Brückengeländer
herunter, oder sie erschießen sich, wie mein Onkel, oder sie hängen sich
auf, wie mein anderer Onkel, oder sie werfen sich vor einen Zug, wie mein
dritter Onkel, so Roithamer. Wir selbst sind der Selbstmord*anfälligste,* so
Roithamer, -anfälligste unterstrichen. Und hatte sich nicht unser Vetter,
der einzige Sohn unseres dritten Onkels, auch umgebracht, nachdem er

sich verheiratet hatte mit einer Arzttochter aus Kirchdorf an der Krems, was nicht gutgehen hatte können, so Roithamer, dieser *schöne Mensch*, so Roithamer, schöne Mensch unterstrichen, der sich im Tennengebirge in eine Felsspalte gestürzt hat, über tausend Meter tief in eine finstere Felsspalte. Weil ich die Tiefe dieser Felsspalte habe sehen wollen, bin ich einmal, auf dem Heimweg von England nach Altensam, zu dieser Felsspalte im Tennengebirge, bin hinaufgestiegen in das Hochgebirge, in ständiger und in zunehmender Übelkeit hinaufgestiegen unter Heranziehung aller meiner nicht für das Hochgebirge geeigneten Natur und bin tatsächlich bis zu der Felsspalte gekommen und habe in die Felsspalte hineingeschaut, weil ich nicht glauben habe können, daß es eine so tiefe Felsspalte gibt, aber die Felsspalte ist noch viel tiefer, da, in diese Felsspalte, hat sich also mein Vetter hineingestürzt, habe ich, an der Felsspalte stehend und in die Felsspalte hinunterschauend, gedacht und einen Augenblick habe ich selbst gedacht, ich stürze mich in die Felsspalte hinein, aber plötzlich, auf dem Höhepunkt dieses Gedankens, ist mir dieser Gedanke ein lächerlicher Gedanke gewesen, und ich bin auf und davon. Ich weiß, wie ich das Hochgebirge hasse, aber die Neugierde, die Felsspalte zu sehen, von welcher ich bis dahin nur gehört hatte und deren Tiefe ich nicht geglaubt hatte, hatte mich bis zu der Felsspalte hinaufsteigen lassen. Aber es gehört ein großes, ja das größte Lebensbewußtsein dazu, der größte Lebens- und Existenzwille, sich, an einer solchen tiefen Felsspalte stehend, nicht in die Felsspalte hinunterzustürzen. Aber ich habe mich nicht in die Felsspalte hinuntergestürzt. Er, mein Vetter, hat sich hinuntergestürzt, warum in *diese* Felsspalte, weiß ich nicht, *ich nicht*, so Roithamer, ich nicht unterstrichen. Man hatte die Schuhe am Rand der Felsspalte gefunden, auch seinen Rock, ein halbes Jahr nach dem Auffallen seiner Abgängigkeit, er war seiner jungen Frau zwei Wochen nicht abgegangen, aus der Tatsache, daß am Rand der Felsspalte seine Schuhe und sein Rock gefunden wurden, schließt man, daß er sich in die Felsspalte gestürzt hat, aber es gibt keinerlei Beweis dafür, diese Indizien ja, aber keinerlei Beweis, denn in die Felsspalte kommt kein Mensch hinunter. Viele hatten geglaubt, er sei ins Ausland gegangen, aber da hatten Bergsteiger seine Schuhe und seinen Rock am Rand der Felsspalte gefunden, er hat sich also, denke ich, bevor er sich in die Felsspalte hinunterstürzte, die Schuhe ausgezogen und den Rock, er hat sich *nicht in seinem Rock und in seinen Schuhen in die Felsspalte stürzen wollen*, so Roithamer. Auch so ein *einsamer Mensch*, unterstrichen,

der in seinem unglücklichsten Augenblick an die Frau gekommen ist, die
ihn so weit gebracht hat, daß er sich in die Felsspalte gestürzt hat. Die
Neigung zum Selbstmord als Eigenschaft eines solchen Charakters wie des
Charakters meines Vetters, der sich am Ende in die Felsspalte gestürzt hat,
nicht auf andere Weise umgebracht hat, zuerst hinauf in das Hochgebirge,
um sich in die Tiefe der Felsspalte hinunterzustürzen, so Roithamer. Weil
er so oft darüber gesprochen hat und mit solcher Hingabe und mit solcher
Wissenschaftlichkeit gleichzeitig, hatten sie nicht mehr geglaubt, daß er
tatsächlich Selbstmord machen wird, denn wer soviel darüber spricht wie
unser Vetter, wie übrigens auch die andern, wie sein Vater beispielsweise
immer über den Selbstmord gesprochen hat und immer wieder und mit
immer klarerem Kopf, der bringe sich schließlich nicht um, im Gegenteil,
denn ein solcher mache sich in seinem Kopf den Selbstmord ununterbrochen klar und mache dadurch nicht Selbstmord, *durch dieses Klarmachen in seinem Kopfe und fortwährende Fähigkeit zur Analyse einer solchen
Klarheit, könne er ganz einfach nicht mehr Selbstmord begehen,* weil er sich
den Selbstmord immer klarmache, so Roithamer, wovon er immerfort
redete, wahrmachen, was ihn im Grunde abstoßen mußte, gelänge einem
solchen überhaupt nicht mehr, alle möglichen Argumente, alle möglichen
Gründe, alle möglichen Verneinungen führten zu allem, meistens in eine
Todeskrankheit hinein, nicht zum Selbstmord, so Roithamer, denn alles
sei am Ende immer wieder in einem solchen Kopfe gegen die Selbstvernichtung, es sei aber doch auffallend, mit welcher Regelmäßigkeit ein
solcher über den Selbstmord und über die Selbstvernichtung rede, das
Thema lasse ihm keine Ruhe, verzerre seinen Verstand, den er dann immer
wieder klarmache, aber auffallend ist an unserem Vetter doch gewesen, so
Roithamer, daß er nach seiner Verehelichung mit der Kirchdorfer Arzttochter beinahe ununterbrochen von Selbstmord redete, was aber nicht
ernstgenommen worden war, so Roithamer, kein Mensch hatte mehr
Angst, er begehe Selbstmord, weil er andauernd vom Selbstmord redete,
als redete er über einen ganz und gar klaren, ihn gleichzeitig faszinierenden
Gegenstand, als handelte es sich um einen Kunstgegenstand und immer in
der wissenschaftlichsten Weise. Und wer in solcher wissenschaftlichen
Weise über den Selbstmord redet, wie über einen Kunstgegenstand, und
mit solcher alle in sich nur beschämenden Klarheit, der begehe nicht
Selbstmord. Bis er aber doch Selbstmord begangen hat und sich in die
Felsspalte gestürzt hat, so Roithamer. Aber ich habe ja von Menschenver-

bindungen gesprochen, von Zusammensein und von Ehe, so Roithamer.
Daß nicht wahr sei, was erwiesen ist, so Roithamer, weil es ganz einfach
die Natur ist, daß das weibliche Geschlecht, was heute niemand auszusprechen wagt, weil es weiblich ist, gegen den Geist und nur aus dem
Gefühl für das Gefühl und zwar gegen den Geist in allen seinen Möglichkeiten wie für das Gefühl aus dem Gefühl in allen Möglichkeiten, sagen
sie, so Roithamer. Die Tendenz ist heute das eine, die Natur ist das andere.
Aber diese Zeit ist eine für den Unsinn und für die Verzerrung und für die
Umkehrung aller Begriffe und Tatsachen. Ich selbst weiß aus Erfahrung,
daß der *weibliche Mensch*, so Roithamer, weibliche Mensch unterstrichen,
daß das weibliche Geschlecht über eine erste Willigkeit zum Geistigen
nicht hinauskommt. In unserem Falle, meine Mutter und mich betreffend, handelte es sich um nichts anderes, als mich zu gewinnen um den
Preis der Vernichtung dessen, das meine Persönlichkeit, meinen Charakter, meinen Kopf ausmacht und um den sich immer wiederholenden
Versuch in dieser perversen Richtung, daß es doch einmal möglich sein
müsse, einen solchen in seinen Kopf und in die Erfindungen seines Kopfes
vernarrten Eigensinn wie den meinigen, abzubringen von mir und hinein-
zustoßen in eine plumpe (Eferdinger) Häuslichkeit, so Roithamer. Auf ein
Eferdinger Existenzminimum herunterzudrücken, daß ihr, meiner Mutter, gelingen müsse an mir, was ihr an meinem Vater bis zu einem gewissen
Grade gelungen ist, ihn von sich selbst wenigstens in einem hohen Maße
abzubringen, denn sie hat meinen Vater abgebracht *in einem hohen, be-
denklichen Maße* von sich, was sie weiß und was ihr eine gewisse (Eferdinger) Befriedigung verschaffte zeitlebens. Einerseits die Faszination eines
Menschen, der anders ist als sein Betrachter, Beschauer, Gegner, andererseits alles gegen diesen Menschen und gegen diese seine Faszination, ihm
alles das, das seine Faszination ausmacht, zu entziehen. Die Eferdingerin
haßte im Grunde alles, was ich tat oder nicht tat und alles, was meine
Schwester tat und nicht tat und alles, was mein Vater tat und nicht tat,
Opfer ihres Hasses waren vor allem alle, mit welchen ich geistigen Umgang pflegte, also vor allem alle Naturgelehrten, Schriftsteller, ja selbst
Dichter, Philosophen auf dem Papier in meinen Büchern, in welchen sie
mich zu erkennen glaubte, und in allen meinen Büchern, die ich in meinem Zimmer hatte, glaubte sie mich zu erkennen, in den verschiedensten,
mir gehörenden und von mir andauernd benützten Büchern. In jedem
dieser Bücher *mußte* sie mich erkennen und sie haßte diese Bücher wie

mich, aber sie wagte es nicht, die Bücher zu vernichten, wegzuschaffen wagte sie sie nicht, das getraute sie sich doch nicht, obwohl alles in ihr in diese Richtung dachte und tendierte. Wenn ich nur daran denke, was immer uns auf unseren sogenannten Spaziergängen mit einer Regelmäßigkeit und zeitweiligen Besessenheit zum Streit geworden ist, wir waren nur immer um zu streiten durch die Natur gegangen, durch Wälder, und stritten, durch Wiesen, und stritten, durch unsere Gärten, und stritten, selbst in den Auen, die immer Beispiele größter Ruhe gewesen waren, stritten wir und verwandelten die Auen in kürzester Zeit zu einem lauten, bösartig gewordenen Gelände, in welchem man unsere aufeinander losgehenden Stimmen, nichts als Schimpfwörter, hören konnte, so Roithamer, flußauf, flußab. Und der Anlaß waren immer nur Geringfügigkeiten gewesen, aber alle diese Geringfügigkeiten als Anlässe waren bald zu Ungeheuerlichkeiten geworden gegen unsere Mitmenschen, gegen alles. Selbst in Gesellschaft ist es der Eferdingerin nicht möglich gewesen, sich zu beherrschen, sich zurückzuhalten, und so ist unser Vater mit ihr niemals auf Gesellschaften gegangen, denn die ersten Versuche in dieser Richtung waren kläglich gescheitert. Weil immer der *ganze* Ruf von Altensam auf dem Spiel gestanden war, hatte er seine Frau, unsere Mutter, die Eferdingerin, auf keine Gesellschaft mitgenommen, andererseits wünschte sie nichts mehr, als auf Gesellschaften zu gehen, so war es ihr aber, durch die Standfestigkeit meines Vaters, bald nurmehr noch möglich gewesen, auf *ihre* Gesellschaften zu gehen, auf die sogenannten Eferdinger Gesellschaften und nicht mehr auf die Altensamer Gesellschaften, was wiederum die Eferdingerin nicht interessiert hatte, denn sie hatte ja in die Altensamer Gesellschaft hinein wollen, was ihr aber mein Vater verwehrt hatte, ich habe ihr einen Riegel vorgeschoben, so mein Vater oft, so Roithamer, sie hätte Altensam, das ja zu ihrer Zeit, zur Zeit der Eferdingerin also, schon den Großteil seines Rufes verloren gehabt hatte, auch noch um den *letzten Rest* seines Rufes gebracht, so mein Vater, so Roithamer, letzten Rest unterstrichen, aber die Folge dieser Tatsache, daß sie mein Vater nach den ersten mißglückten Versuchen dann ganz einfach nicht mehr auf die Gesellschaften mitgenommen, zuhause sitzengelassen hat, war dann gewesen, daß unsere Mutter, die Eferdingerin, plötzlich Altensam *wie nichts* haßte, wie nichts unterstrichen. Mein Vater war dem Irrtum verfallen gewesen, er könne aus einem Menschen wie der Eferdingerin, aus einer Eferdingerin also, eine Altensamerin machen, *niemals* ist aus einem Menschen ein anderer Mensch zu machen, so Roithamer, niemals unterstrichen, und schon gar nicht aus einer Eferdingerin eine Altensamerin, aus diesem Irrtum heraus hatte er sie wahrscheinlich auch zu sich genommen und geheiratet, weil er zu spät einsichtig geworden war in dem Punkte, daß nämlich aus einer Eferdingerin und was das heißt, niemals eine Altensamerin gemacht werden kann, niemals aus der einen Natur eine andere. Dann und wann hatte sie es mit einem Buch versucht, *Heuchelei*, Heuchelei unterstrichen, mit einem solchen, von mir sehr hoch eingeschätzten Buch, mit einem solchen Buch, über welches ich in ihrer Gesellschaft etwas gesagt hatte, das dieses Buch hoch achtete, aber diese ihre Versuche waren gleich als Heuchelei durchschaubar gewesen, natürlich hatte die Eferdingerin in Altensam immer einen schweren *Standpunkt* gehabt, sie hätte niemals nach Altensam gehen dürfen, denn geht ein solcher Mensch, der kein Altensamer ist, nach Altensam, so Roithamer, wird er vernichtet, es wird alles getan, um ihn zu vernichten, ihn aus Altensam zu entfernen, weil er ein Mensch ist, der in Altensam nichts zu suchen hat, weil seine *Natur eine andere ist*, Natur eine andere ist unterstrichen, die Eferdingerin hätte das Verbrechen, nach Altensam zu gehen, nicht begehen dürfen, unser Vater hätte sie nicht nach Altensam heraufbringen dürfen, *er hätte die Eferdingerin aufklären müssen*, aber er hatte sie aus Verlegenheit und in Verstandesschwäche nach Altensam heraufgebracht und sie einer Situation ausgesetzt vom ersten Augenblick an, der sie nicht gewachsen gewesen war, auch wenn ihr das niemals bewußt geworden war, war sie, die Eferdingerin, Altensam niemals gewachsen gewesen, hatte wohl die meiste Zeit geglaubt, Altensam gewachsen zu sein, ja geglaubt, Altensam zu beherrschen, die meiste Zeit, aber sie war Altensam nicht gewachsen, sie hatte Altensam tatsächlich beherrscht, so Roithamer, wie ich weiß, tatsächlich beherrscht, aber gewachsen war sie ihm nicht gewesen, so Roithamer, unser Vater hat das Verbrechen der Verehelichung mit einer Eferdingerin teuer zu bezahlen gehabt, so Roithamer, die Eferdingerin das Verbrechen des Heraufkommens nach Altensam mit lebenslänglichem Unglück, denn durch die Tatsache, nach Altensam heraufgekommen zu sein, war die Eferdingerin erst zu einem unglücklichen Menschen geworden, sie war vorher, in Eferding, im Hause ihres Vaters, als Fleischerstochter und Gastwirtstochter niemals unglücklich gewesen, oder sie ist in dieser Zeit niemals als unglücklicher Mensch zu bezeichnen gewesen, aber immer in Altensam. Die Photographien, die ich kenne, die sie zeigen als Eferdinger Fleischerstochter, Gastwirtstochter, zeigen keinen unglücklichen, einen jungen, aber schon alten, aber keinen unglücklichen Menschen, die Bilder, die ich aus Altensam von ihr kenne und die Wirklichkeit, die ich kenne, zeigen einen unglücklichen und immer nur alten Menschen, der andauernd kränkelt. Wir Kinder hatten natürlich auf unsere Mutter *keinerlei* Rücksicht genommen, keinerlei unterstrichen, wir, meine Schwester und ich, so Roithamer, wir Altensamer zum Unterschied von den Eferdingern, unseren Brüdern. Beispielsweise hatte die Eferdingerin am Anfang, wenn ich aus England zurückgekommen bin, sehr oft gesagt, sie ginge gern mit mir nach Stocket hinunter, weil sie wußte, daß ich immer gern nach Stocket hinuntergegangen bin, aber war sie dann mit mir nach Stocket hinuntergegangen, hatte ich bald einsehen müssen, daß sie gar keine Lust gehabt hatte, mit mir nach Stocket hinunterzugehen, weil sie im Grunde dieses Nachstockethinuntergehen mit mir haßte und Stocket haßte und die Menschen unten in Stocket haßte. Oder sie hat vorgegeben, sie interessierte sich für einen wissenschaftlichen Artikel, weil sie wußte, daß ich mich für diesen Artikel interessiert habe, alles *Heuchelei*, Heuchelei unterstrichen, so Roithamer. Bei solchen Gelegenheiten kam ich ihr dann immer mit einer böswilligen, ihre ganze Unverschämtheit zur Schau stellenden Bemerkung und unser Haßzustand ist wieder hergestellt gewesen. Aber es ist nicht wahr, daß wir Harmonie zwischen uns nicht hatten haben *wollen*. Aber sagte ich, ich verachte diesen oder jenen Menschen aus diesem oder jenem Grund, hatte sie sich immer gleich gedankenlos diesem meinem Urteil und also meiner Bemerkung angeschlossen, das mußte mich sogleich wieder abstoßen. Hatte ich eine Vorliebe für ein bestimmtes Schauspiel und lobte ich dieses Schauspiel, so glaubte sie, das Schauspiel ohne es zu kennen, aber nicht mir zuliebe, wie ich weiß, sondern sich selbst zuliebe, loben zu müssen, obwohl sie das Schauspiel nicht kannte, glaubte sie also, auch das Schauspiel loben zu können, das hatte mich abgestoßen. Beispielsweise hatte ich immer wieder gesagt, daß ich die *Wahlverwandtschaften* liebte, aber ich wußte, sie haßte die *Wahlverwandtschaften*, im Grunde war ihr kein zweites Buch in der Weise wie die *Wahlverwandtschaften*, in so hohem Maße, verhaßt gewesen, aber sie liebe auch die *Wahlverwandtschaften*, gab sie vor, das mußte mich abstoßen, so Roithamer. Dann behauptete sie, *Novalis* gelesen zu haben, aber sie hatte niemals auch nur eine Zeile von Novalis gelesen gehabt, aber es war immer wieder nicht die Bemühung, sich mir zu nähern, den Versuch zu machen, eine Harmonie zwischen ihr und mir, zwischen uns herzustellen, als der Versuch, mir eine Falle zu stellen, aber ich war in diese Falle niemals hineingegangen, jedenfalls in späterer Zeit nicht, denn zuerst, in der Kindheit und auch noch in früher Jugend, war ich sehr wohl und sehr oft in ihre Fallen hineingegangen, die Eferdingerin hatte in Altensam immer Fallen gestellt und alle waren immer in diese Fallen hineingegangen. *Die Wahlverwandtschaften als Falle, in die ich hineingehen sollte*, so Roithamer. Sie hatte oft zu verstehen gegeben, sich auch in der gleichen Zeit wie ich mit demselben Geistesgegenstand zu beschäftigen, aber ich war bald dahintergekommen, daß es sich um nichts als um Heuchelei handelte, daß sie mir wieder eine Falle gestellt hatte, in die ich hineingehen hätte sollen. Alle diese Notizen einmal für eine Beschreibung meiner Mutter heranziehen und diese Beschreibung in Beziehung zu meiner Schwester setzen und in Gegensatz zu Vater und Brüdern, so Roithamer. Wir müssen immer alles heranziehen, aufarbeiten. Wenn wir mit einem sogenannten Geistesgegenstand beschäftigt sind und der Geistesgegenstand ist so groß, daß er unsere ganze Faszination hat, müssen wir vollkommen allein in unserem Zimmer (in der höllerschen Dachkammer) oder wo wir gerade sind, auch wenn wir (in Wirklichkeit) nicht in der höllerschen Dachkammer sind, in der höllerschen Dachkammer, den Ort, an dem wir gerade mit einem solchen Geistesgegenstand sind, zu der höllerschen Dachkammer machen, wir dürfen nicht die geringste Ablenkung dulden, und lenkte uns auch der uns am nächsten stehende Mensch (Schwester) ab, wir müssen alles verhindern, das unsere Beschäftigung mit diesem Geistesgegenstand beeinträchtigt oder beeinträchtigen könnte und also diesen unseren Geistesgegenstand, der uns fasziniert, zerstören, vernichten, auslöschen könnte, denn ein solcher Geistesgegenstand ist gleich zerstört und vernichtet und ausgelöscht und es ist immer nur der *einzige* Geistesgegenstand, einzige unterstrichen. Diesen Geistesgegenstand festhalten, bis wir ihn *beherrschen*, so Roithamer, beherrschen unterstrichen. Versuche, Altensam zu begreifen, zu verstehen und nach und nach *alles*, das mit Altensam zusammenhängt, zu begreifen und zu verstehen, insbesondere alles, das meinen Vater betrifft, immer wieder versuchen, auf die Ursachen zu kommen und von den Ursachen auf die Wirkungen dieser Ursachen, daß mit Gedanken- und Gefühlsschärfe einerseits, mit Gedanken- und Gefühlsheuchelei andererseits, nichts vollkommen zu erfassen und zu erklären ist, daß ich mir immer sagen muß, das ist alles *von mir aus*, nicht *von den Andern aus*, immer nur von mir aus, von den Andern aus ist es etwas vollkommen anderes, wahrscheinlich das Entgegengesetzte. Aber das Entgegengesetzte ist nicht *meine* Aufgabe. Ich nähere mich Altensam an, aber ich nähere mich nicht Altensam an, um es aufzuklären, um es *mir* zu erklären, nähere ich mich Altensam an, *meinem* Altensam, dem, das *ich* sehe. Zu ihren Lebzeiten habe ich meine Mutter nicht gefragt, alle diese unbeantworteten Fragen nicht gefragt, niemals auch nur eine einzige entscheidende Frage gestellt, weil ich eine solche Frage niemals habe stellen können, weil ich Angst gehabt habe vor einer Verfälschung einer dieser Fragen, dadurch keine gestellt und dadurch keine Antwort. Jetzt ist die Eferdingerin tot, ich kann sie nicht mehr fragen, sie kann nicht antworten. Aber wäre jetzt alles anders, wenn ich heute fragen könnte, sie könnte antworten? Wir fragen die nicht, die wir lieben, wie wir die nicht fragen, die wir hassen, so Roithamer. Tatsächlich bin ich erschrocken über alles, das ich jetzt ge-schrieben habe, daß alles ganz anders gewesen ist, denke ich, aber ich korrigiere, was ich geschrieben habe, *jetzt* nicht, ich korrigiere dann, wenn der Zeitpunkt für eine solche Korrektur ist, dann korrigiere ich und dann korrigiere ich das Korrigierte und das Korrigierte korrigiere ich dann wie-der undsofort, so Roithamer. Fortwährend korrigieren wir und korrigie-ren uns selbst mit der größten Rücksichtslosigkeit, weil wir in jedem Augenblick erkennen, daß wir alles falsch gemacht (geschrieben, gedacht, getan) haben, falsch gehandelt haben, wie wir falsch gehandelt haben, daß alles bis zu diesem Zeitpunkt eine Fälschung ist, deshalb korrigieren wir diese Fälschung und die Korrektur dieser Fälschung korrigieren wir wie-der und das Ergebnis dieser Korrektur der Korrektur korrigieren wir und-sofort, so Roithamer. Aber *die eigentliche Korrektur* zögern wir hinaus, wie sie andere ohne weiteres von einem Augenblick auf den andern gemacht haben, denke ich, so Roithamer, machen haben *können*, wo sie selbst nicht mehr daran gedacht haben, weil sie Angst gehabt haben, auch nur daran zu denken, dann aber haben sie sich korrigiert, wie mein Vetter, wie dessen Vater, mein Onkel, wie alle andern, die wir gekannt haben, wie wir ge-glaubt haben, durch und durch gekannt haben, aber wir kannten alle diese Menschen als Charaktere nicht, weil wir über ihre Korrektur *überrascht* gewesen sind, sonst wären wir nicht überrascht gewesen über ihre *eigent-liche wesentliche Korrektur, ihren Selbstmord.* Dieser ist nur immer wieder unser Gedanke, aber wir korrigieren uns nicht. Wir sitzen stundenlang auf dem Sessel und denken darüber nach, kann sein, daß wir tagelang auf dem gleichen Sessel sitzen, vor dem Fenster stehen (wie beispielsweise in der höllerschen Dachkammer), hinundhergehen in unserem Zimmer, auf dem Bett liegen, eingeschlossen in die höllersche Dachkammer oder in das Altensamer Zimmer, das mir immer als meine eigentliche *Korrekturzelle*, Korrekturzelle unterstrichen, erschienen ist, aber ich habe die Korrektur immer hinausgeschoben, hinausgezögert, aber diesen Gedanken, mich zu korrigieren, niemals aufgegeben, wir tun es plötzlich, wir gehen ganz plötzlich hinaus, weg, brechen alles ab, einen Schritt vom Weg ab, weg, vorbei, so Roithamer, weil wir den Verstand verloren haben, so Roithamer, oder weil wir plötzlich alles Äußerste *sind*, so Roithamer. Wir sind in der höchsten Konzentration, erlauben uns nicht einmal, ein Kleidungsstück zu wechseln, erlauben uns nichts mehr außer diese Konzentration, aber wir tun es nicht. Wir sind immer ganz nahe daran, uns zu korrigieren, alles zu korrigieren, indem wir uns umbringen, aber wir tun es nicht. Unsere ganze Existenz als eine einzige bodenlose Fälschung und Verfälschung unserer Natur korrigieren, so Roithamer, aber wir tun es nicht. Wie dieser Gedanke immer tiefer geht, sind wir ihm ausgeliefert und geben ihm in jeder Beziehung nach, weil wir nurmehr noch die Konzentration auf diesen Gedanken sind, aber wir tun es nicht. Dann vergessen wir das Thema, korrigieren nicht, existieren weiter, bis wir wieder in diesem Gedanken sind, diesem Gedanken verfallen sind, so Roithamer. Aber eines Tages, von einem Augenblick auf den andern, werden wir tun, was wir tun müssen, und wir unterscheiden uns dann nicht von denen, die ihre Korrektur schon gemacht haben, sich umgebracht haben. Einem Menschen beispielsweise schreiben, weil wir die Einsamkeit nicht mehr ertragen können, das Alleinsein bis zum Äußersten ausgehalten haben, aber nicht mehr weiter aushalten können, damit wir nicht mehr allein, sondern zu zweit sind, der Schwester beispielsweise, daß ich mich freue, wenn sie nach England kommt, *bald, gleich, schreiben wir, dem geliebten Menschen, der uns am tiefsten vertraut ist*, ich schreibe und telegrafiere gleichzeitig, nichts ist intensiver mehr in mir gedacht, als dieser Gedanke, daß meine Schwester in der kürzesten Zeit von Altensam nach England herüber kommt, zu mir kommt, um den Zustand meines Alleinseins, in welchen ich selbst mich *hineinmanövriert* habe, so Roithamer, zu beenden, sie solle herkommen, damit ich gerettet bin, denke ich, schreibe ich aber nicht, aber ich denke, sie *muß* kommen, damit ich gerettet bin, weil alle Ablenkungsmöglichkeiten erschöpft, alle Ablenkungsschliche versagt haben, weil ich nur noch in dem Gedanken, in meinem Zimmer aufhören zu müssen, denke, kommt dieser vertraute, von uns geliebte Mensch nicht, haben wir *keine Möglichkeit* mehr. Tagelang warte ich auf Antwort, dann telegrafiert die Schwester plötzlich, sie kann nicht kommen, jetzt kommen wir doch wieder weiter, wir tun es nicht. Ich stürze mich sofort wieder in meine Arbeit. Jetzt habe ich aufeinmal keine Ursache mehr, mich umzubringen, die Korrektur zu machen. Die Nachricht, daß die Schwester nicht kommt, weil sie nicht kommen kann, genügt, damit ich es *nicht* tue. Aber hätte ich es getan?, frage ich, so Roithamer. Anstatt Selbstmord zu machen, gehen die Menschen in die Arbeit. Das ganze Leben, solange ihre Existenz diesen sich immer wieder wiederholenden Vorgang gestattet, so Roithamer. Der Tod meines Onkels, so Roithamer, war auch für Höller überraschend gekommen, denn der Höller war, wie ich, immer der Ansicht gewesen, daß sich ein Mensch wie mein Onkel, der immer wieder von Selbstmord gesprochen hat, dadurch, daß er immer wieder und beinahe ununterbrochen davon spricht, nicht umbringt, aber er hat sich umgebracht, die Atmosphäre im Höllerhaus ist durch die Überraschung des Selbstmords meines Onkels, er hat sich in Stocket in den Käsereischacht gestürzt, ganz unter dem Eindruck des Selbstmords meines Onkels gestanden, das ganze Höllerhaus, auch die höllersche Dachkammer, denke ich, so Roithamer, die ganze einfache Behausung mit ihren komplizierten Verhältnissen, oder umgekehrt, komplizierte Behausung mit ihren einfachen Verhältnissen, so Roithamer. Sofort bei meinem Eintritt in das Höllerhaus, und also gleich beim Anblick des an der Vorhauswand hängenden ausgestopften schwarzen riesigen Vogels, war mir klar gewesen, daß das ganze Höllerhaus unter dem Eindruck des Selbstmordes meines Onkels steht. Da war mir dann meine letzte Begegnung mit meinem Onkel aus Stocket eingefallen, so Roithamer, und ich frage mich, ob etwas an diesem Menschen damals, bei dieser letzten Begegnung, auf seinen späteren Selbstmord hindeutete, ihn zuerst am Waldrand beobachtend, Gummistiefel, kurzer, alter, ausgefranster Rock, so Roithamer, selbstgeschnittener Haselstock, seinen schwarzen Hut auf dem Kopf, und wahrscheinlich in Anbetracht seiner Unbeweglichkeit, er hatte schon jahrelang ein Holzbein, auch in Anbetracht meiner plötzlichen Gegenwart, mit einem sogenannten philosophischen Gegenstand beschäftigt, sagte ich mir, auf ihn zugehend, die Zeit hat aus ihm nach und nach, weil alles in ihm und an ihm zu einem solchen geführt hatte, einen sogenannten *Na-*

turmenschen gemacht, keine lächerliche Erscheinung, wie wir sie sonst sehr oft sehen, ich kann aus der Natur nicht mehr heraus, sagte alles an ihm, wie ich auf ihn zugegangen bin, wahrscheinlich hatte er gar nicht bemerkt, daß ich auf ihn zugegangen bin, denn alles deutete darauf hin, daß er mich nicht bemerkt hatte, er war ja von seinem philosophischen Gegenstand in Anspruch genommen, von diesem philosophischen Gegenstand, der ein Naturgegenstand gewesen ist. Wenn er redete, war es nur in Andeutung, er war immer *mein Philosoph* gewesen, seinetwegen war ich immer von Altensam nach Stocket hinunter, auf die Idee, zu denken, war ich im zuerst zaghaften, dann bestimmten Zusammensein mit diesem Menschen, der mir immer die höchste Institution gewesen war, gekommen, mein Philosoph hatte mir Denken beigebracht auf die unauffälligste, gleichzeitig entscheidend dauerhafte Weise. Ich bin kein Philosoph, hatte er immer gesagt. Seine Vorliebe war eine solche für abgetragene Kleider, frühes Aufstehen und kaltes Waschen gewesen. Novalis hatte er über alles gestellt. Die Natur, die noch nicht von den Menschen beschmutzt ist, so seine Frühe. Karges Frühstück, dicke, von seiner Schwester gestrickte Wollsokken aus nichtentfetteter Wolle und ein Gedanke des Novalis. Die Zeit ist ihm nur ein Mittel zu fortwährendem Studium der Zeit gewesen. Muß ich mit einem Menschen zusammensein?, beantwortete er immer mit: nein, ich muß mit keinem Menschen zusammensein, diese seine Frage und diese seine Antwort erklären ihn besser als die meinigen, so Roithamer. Wir bewundern einen Menschen wie meinen Onkel, der sich umgebracht hat, weil er *das Unglück der Menschen nicht mehr länger ertragen* hat können, wie er auf den Zettel geschrieben hatte, den man in seiner Rocktasche gefunden hat und der von ihm an dem Tag datiert worden ist, an welchem er sich in den Käsereischacht gestürzt hat, weil er uns die Fähigkeit, Selbstmord zu machen, nicht nur über Selbstmord zu reden, sondern Selbstmord zu machen, voraus hat, so Roithamer. Es sind immer die, an welche wir täglich unsere Hoffnung geknüpft haben, so Roithamer, die sich umgebracht haben, deren Talent und Wesen wir geliebt haben und deren Nähe uns die angenehmste und vertrauteste gewesen ist, so Roithamer. Dann: oft bin ich in der Nacht aufgewacht und habe mich gefragt, wie hoch sind denn tatsächlich die Baukosten?, ob die Baukosten nicht mein Vermögen übersteigen, einerseits, ob die Baukosten nicht mein Geldvermögen übersteigen, andererseits, mein Geistesvermögen. Wie ich oft unerkannt nach Österreich und nach Altensam gekommen und im Kobernaußerwald geblieben bin, in der selbstgezimmerten Holzhütte genau auf dem von mir für den Standort des Kegels bestimmten Platz, genau in der Mitte des Kobernaußerwaldes, so Roithamer. Und sehr oft unerkannt aus England nach Altensam und in den Kobernaußerwald und dort in der Mitte in tagelanger, aber einmal auch wochenlanger Konzentration auf den Kegel und genauso unerkannt wieder nach England, nach Cambridge zurück. *Mehrere Male*, mehrere Male unterstrichen, habe ich einen Brief an meine Schwester zu schreiben angefangen, aber ich hatte diese Briefe niemals zuende geschrieben, weil ich meiner Schwester ja nichts von dem Kegel habe verraten dürfen, und hatte ich ihr eine Andeutung gemacht, und ich hatte mehrere Male Andeutungen in diese Richtung gemacht, war ich von ihr für verrückt gehalten, selbst von meiner geliebten Schwester für verrückt gehalten, so Roithamer, dadurch das konstante Schweigen über den Kegel auch meiner Schwester gegenüber. Das Bauwerk, das mir Befriedigung, aber meiner Schwester höchstes, allerhöchstes Glück bringen sollte, so Roithamer. Denn ein solcher Brief über den Kegel hätte sie erschrecken müssen. Aus was für Ideen der Kegel ist, die alle zusammen die Idee des Kegels sind. Er, Roithamer, sehe ich, fürchtete, er selbst könnte in der Tiefe des Kobernaußerwaldes, genau auf dem von ihm selbst bestimmten geometrischen Punkt in der Mitte des Kobernaußerwaldes, verrückt werden, weil er dazu die *Veranlagung* hatte, Veranlagung unterstrichen. Wie seine Schwester, neigte er zur plötzlichen Verrücktheit, durch plötzliche Überanstrengung des Ganzen, daß er durch Überanstrengung seines Kopfes plötzlich verrückt sei. Im ersten Augenblick hatte er die Größe des Kegels bestimmt und das Innere des Kegels, aber er könne sich nicht mehr an den genauen Zeitpunkt erinnern, diesen Zeitpunkt jetzt, *so viele Jahre später,* so viele Jahre später unterstrichen, zu bestimmen, sei ihm unmöglich. Wir müssen an die Zuschauer denken, die den Augenblick der Schwäche, Geistesschwäche, in einer solchen ungeheuren Anstrengung feststellen und ausnützen und uns töten, so Roithamer. Wir dürfen nicht nachlassen in der Intensität. Die Zeit ist die Verwirklichung, Idee, Verzweiflung, umgekehrt, so Roithamer. Aber ich darf nicht ausschließlich nach meinem Plan und nach einer toten Geometrie handeln, so Roithamer. Zögern ja, aber ohne die geringste Schwäche. Die Gleichwertigkeit, ob es sich um die Idee (als Ganzes) oder den kleinsten Bestandteil der Idee handelt. Tatsächlich immer die Gleichzeitigkeit der Anschauung der Idee, daß ich alles gleichzeitig anschaue und in dieser

Gleichzeitigkeit der Anschauung in der Weise schule, daß ich alles immer deutlicher sehe, nichts weniger scharf, daß das Bauwerk existiert (in meinem Kopf) und daß ich es aus dem (meinem) Kopf in den geometrischen Punkt stellen muß. Die Frage ist, werde ich durch Schweigsamkeit mit meinen Mitteln mein Ziel erreichen oder nicht, oder ist es am Ende nur die Resignation als Tatsache, so Roithamer. Resignation, Schwäche, Leere, Nicht-Verwirklichung. Alles ist Schule und ich bin in dieser Schule Lehrer und Schüler und in der Intensität dazwischen Folgerichtigkeit, der Kegel. Die größte Klarheit in der Nacht, Ausnahmezustand des Kopfes, so Roithamer, in der Frühe zerfällt der Kegel in meinem Kopf. Die Annahme, daß die Konzeption des Kegels genau dem Bedürfnis meiner Schwester, genau ihrem Charakter entspricht, ihrer Natur. Novalis: der Kegel ist nicht, was sie zu dem jetzigen Zeitpunkt ist, er ist alles mit ihr Zusammenhängende. Ihren Augen und Ohren entsprechend, Gehör, Gefühl, Verstand, Wachsamkeit, Aufmerksamkeit. Entsprechend. Es ist die Tatsache, die verblüfft und abtötet, nicht das Andere, so Roithamer. So habe ich auch niemals mit einem einzigen Menschen in Altensam (nicht mit meinem Vater) über den Kegel geredet, obwohl alle wissen, daß ich den Kegel baue, sie haben davon gehört. Ein solcher Bau verändert den Menschen, der ihn baut, in der Weise, wie der Mensch, der ihn baut, ihn vorantreibt, vollendet. Ich bin frei gewesen für alles, bevor ich die Idee (den Kegel zu bauen) gehabt habe, jetzt bin ich nur Opfer dessen, der den Kegel baut. Wenn der Kopf *gewußt* hätte, so Roithamer. Wie der Kopf sich wieder und wieder in die Höchstschwierigkeit einläßt, einlassen muß, zeigen muß, so Roithamer. Gehen wir nicht immer wieder in die Höchstschwierigkeit hinein, sind wir aufgegeben, nichts mehr, so Roithamer. Dann kommt es zur Katastrophe des Abbrechens eines solchen Gegenstandes der Idee, wenn wir in dem, das wir im Schlaf machen, aufgeweckt werden, so Roithamer. Erkennen wir den Vorgang, ist er schon abgebrochen, ein Zerstörer, Getöteter bleibt zurück. Wir ziehen uns auf eine, möglicherweise die einzige Idee zurück, von welcher wir nichts wissen, so Roithamer. Wir suchen den Kontakt zu den Dingen aus unserer Erfahrung durch die Idee. Bin ich zu wenig angestrengt, zerstöre ich, bin ich zuviel angestrengt, zerstöre ich, so Roithamer. Die Frage stellt sich immer, ob der Zeitpunkt der richtige ist. Wir sehen alles in einem lächerlichen Verhältnis, so Roithamer, von England aus, von Altensam aus, mitten im Kobernaußerwald. Wir haben eine Idee, am Ende ist nichts, so Roithamer. Einmal sei er tatsächlich bis vor die Zimmertür seiner Schwester gegangen, um ihr den Kegel einzugestehen, drei Uhr früh, so Roithamer, daß ich sie aufwecken werde für meine Erklärung. Aber um vier Uhr habe ich laut gelacht und bin in mein Zimmer zurückgegangen. Und wenn sich ein Anderer genau an meine Notizen, an meine Pläne, an alles, das ich in bezug auf den Kegel im Kopf habe, hält, ist es doch nicht der gleiche Kegel, so Roithamer. Und aus allen diesen Hunderten und Tausenden von Plänen ist es doch nicht der gleiche Kegel, so Roithamer. Aber hätte ich meine naturwissenschaftliche Arbeit, die Erbänderungen, vernachlässigt, hätte ich auch den Bau des Kegels vernachlässigt, so habe ich, indem ich meine naturwissenschaftliche Lehr- und Studiertätigkeit nicht vernachlässigt habe, auch den Kegelbau nicht vernachlässigt. Denn tatsächlich beschäftigte mich, während ich in Cambridge mit den Erbänderungen am angestrengtesten beschäftigt gewesen bin, der Kegelbau im Kobernaußerwald (am intensivsten) und umgekehrt (3. März). Der Grund der Beschäftigung und Intensivierung des Einen, der Grund der Beschäftigung und Intensivierung des Andern, so Roithamer, die Frage stellte sich mir nicht, ob, weil ich den Kegelbau vorantreibe, ich meine Naturwissenschaft vernachlässige, umgekehrt, die Frage durfte von mir nicht gestellt werden, so Roithamer. Die Zeit war für den Kegelbau so günstig, wie für meine Naturwissenschaft, ich habe *alles Mögliche* erreicht, so Roithamer. Und Naturwissenschaft und Kegel der Natur überlassen, so Roithamer. Wie in den Kegel kein Mensch mehr hineingeht, geht auch in meine Naturwissenschaft niemand mehr hinein. Daß es möglich ist, zwei (scheinbar) entgegengesetzte Gegensätze gleichzeitig zu denken und darin zu handeln, so Roithamer. Den Geisteszustand ausnützen in jedem Fall und in jedem Augenblick und in dieser Richtung niemals nachlassen, so Roithamer. Wir dürfen nicht fragen, wie wir handeln, so Roithamer. Der Verständnislosigkeit meiner Mutter, meiner Eltern, meiner Brüder, meine Verständnislosigkeit gegenüberstellen, so Roithamer. Der Kegel ist teurer, als jedes andere Bauwerk in Österreich, habe ich gehört, mir ausrechnen lassen, so Roithamer. Völlige Abgeschlossenheit in Cambridge wechselte mit völliger Abgeschlossenheit im Kobernaußerwald ab, wo ich mir in der Bauhütte eine Kammer nur für mich eingerichtet habe, wenn es mir unmöglich ist, in der höllerschen Dachkammer zu sein, weil ich auf dem Bauplatz zu sein habe (7. März), so Roithamer. Die Heimlichkeit, mit welcher ich in Cambridge den Kegelbau betrieben habe, die gleiche Heimlichkeit in Altensam, die gleiche Heimlichkeit im Höllerhaus, so Roithamer. In der Nacht aber habe ich, in der Bauhütte wie in der höllerschen Dachkammer, während ich doch ganz mit dem Kegel beschäftigt gewesen bin, in den Erbänderungen gearbeitet, so Roithamer, es ist für den Außenstehenden nicht erkennbar gewesen, daß ich, während ich den Baufortschritt im Kobernaußerwald überwachte, mit den Erbänderungen beschäftigt gewesen war, in Cambridge, während meiner Lehrtätigkeit, Studien, mit dem Kegelbau, so Roithamer. An jedem Tag ein weder mit dem Kegelbau, noch mit meiner Naturwissenschaft zusammenhängender Gedanke, so Roithamer. Der höchste Anspruch, der an die eine gestellt ist, angewendet auf die andere Disziplin, so Roithamer. Ein solches Bauwerk zu bauen und zu verwirklichen und zu vollenden, bedeutet, immer *alles* hören und sehen, das mit dem Bauwerk zusammenhängt, also alles hören und sehen und in der Erfahrung aus diesem Hören und Sehen handeln, so Roithamer. Wie, wenn ich meine Schwester plötzlich über den Kegelbau *aufgeklärt* hätte?, was ich nicht getan habe und mich und mein Vorhaben gerettet habe. Wir verschweigen, was wir wissen, und kommen gut voran, so Roithamer. In der Nacht habe er immer den Holzwurm gehört in Altensam, die Gefräßigkeit der Holzwürmer habe ihn in der Nacht nicht schlafen lassen, überall und in der Nacht naturgemäß durch seine Hellhörigkeit und Überempfindlichkeit seines Kopfes am deutlichsten den Holzwurm an der Arbeit, in den Fußbodenbrettern und unter den Fußbodenbrettern, in den Kästen und Kommoden, in allen Schubladenkästen vor allem, so Roithamer, in den Türen und in den Fensterstöcken, ja in den Uhren und in den Sesseln und Fauteuils, er habe immer genau unterscheiden können, wo und in welchem Gegenstand, Möbel, ein Holzwurm arbeite, tatsächlich hatte sich der Holzwurm auch schon in sein eigenes Bett hineingefressen gehabt, während des Wachliegens im Bett die ganze Nacht, so Roithamer, habe er die Arbeit der Holzwürmer verfolgt, verfolgen müssen, in höchster Aufmerksamkeit, den süßen Geruch des frischen Holzmehls habe er eingeatmet und es sei ihm bedrückend gewesen, feststellen zu müssen, daß sich im Laufe der Jahre Tausende, möglicherweise Zehntausende und Hunderttausende von Holzwürmern an Altensam herangemacht hatten, um, wie er in der Nacht immer habe denken müssen, Altensam aufzufressen, solange Altensam anzufressen und aufzufressen, bis es in einem einzigen, möglicherweise gar nicht mehr so lange auf sich warten lassenden Augenblick in sich zusammenfällt. Es gab keinen ein-

zigen Gegenstand in Altensam, so Roithamer, in welchem nicht der Holzwurm gewesen wäre, und ist es ein neuer Gegenstand gewesen, der angeschafft worden ist, so war auch in diesem neuen Gegenstand in der kürzesten Zeit der Holzwurm, so Roithamer. Nehme ich ein Wäschestück aus
dem Kasten, so Roithamer, muß ich das Wäschestück ausbeuteln, weil in
ihm haufenweise Holzmehl ist, über Nacht haufenweise Holzmehl in
meinen Wäschestücken, so Roithamer, nehme ich ein Taschentuch aus
der Schublade, muß ich es abblasen, selbst das tagtäglich gebrauchte Geschirr muß abgeblasen und abgewischt werden, so Roithamer, weil es
voller Holzmehl ist, und tatsächlich sind in Altensam alle immer voller
Holzmehl, ihre Gesichter voller Holzmehl, ihre Köpfe und Körper voller
Holzmehl, so Roithamer. Ständig hatten immer alle Angst, sie könnten
durch die Fußbodenbretter, weil die Fußbodenbretter schon in bedenklicher Weise nachgaben, einbrechen, weil sich Altensam durch die Arbeit
der Holzwürmer (und des Schwammes natürlich!) ständig veränderte,
hatten sie ständig Angst, denn in Wahrheit ist das Auffallendste und Be-
ängstigendste in Altensam die Arbeit der Holzwürmer gewesen, so Roithamer. Zuerst ist alles gegen die Holzwürmer unternommen worden, aber
schließlich haben wir feststellen müssen, daß gegen die Holzwürmer
nichts zu unternehmen ist, und wir haben nichts mehr gegen die Holzwürmer unternommen. Lebenslänglich sind wir in Altensam Millionen
Holzwürmern gegenübergestanden, ohne uns gegen diese Millionen
Holzwürmer wehren zu können. Ohnmächtig gegenüber den Holzwürmern, so meine Mutter, so Roithamer, lebenslänglich gegen die Holzwürmer gekämpft, aber den Kampf schließlich aufgegeben, so meine Mutter, so Roithamer. Jede Generation hat geglaubt, so Roithamer, mit dem
Holzwurm in Altensam fertig zu werden, *sie* sei es, fürchtete jede, über
welcher Altensam plötzlich zusammenstürzt, weil es vom Holzwurm vollkommen ausgehöhlt ist, so Roithamer. Einmal hat mein Vater einen sogenannten Schädlingsbekämpfer aus Linz nach Altensam heraufkommen
lassen, aber dieser wochenlange Aufenthalt des Linzer Schädlingsbekämp-
fers ist völlig sinnlos gewesen, so Roithamer. So hatten sich alle in Altensam, wegen der Holzwürmer und ihrer jahrhundertelangen Arbeit, die
schon fast ganz Altensam aufgearbeitet hat, einen merkwürdig vorsichtigen Gang angewöhnt gehabt, einen solchen genau auf die Fußböden und
Holzdecken abgestimmten, auch auf die Möbel Rücksicht nehmenden
Gang, einen solchen merkwürdig vorsichtigen, ganz einfach auf Altensam

Rücksicht nehmenden Gang, und wenn wir, so Roithamer, gemeinsam über etwas gesprochen haben, was ja alle Jahre höchstens einmal der Fall gewesen war, so ist über den Holzwurm gesprochen worden. Und ist es in Altensam noch so still und glaubt man, überhaupt nichts zu hören, so hört man doch den Holzwurm in Altensam, so Roithamer. Die Kästen, die Tische stehen schief, die Kommoden, die Sessel, so Roithamer, und die Fußböden sind gesenkt, die Fensterläden passen nicht mehr in die Fensterstöcke hinein, so Roithamer, der Kampf gegen den Holzwurm ist endgültig aufgegeben (9. März), so Roithamer. Plötzlich, nach wochenlanger Geistesarbeit, so Roithamer, bin ich zu Marks & Spencer gegangen, um mir einen Pullover zu kaufen, weil mir der alte, den ich das ganze Jahr über anhatte, aufeinmal zu schäbig vorgekommen ist. Die Oxfordstreet hinunter zu Marks & Spencer als höchstes Glück, so Roithamer, und mit dem neuen Pullover zurück in mein Zimmer (11. März). Er sperre sich in seinem Zimmer ein und versuche, mit der Arbeit über die Allopolyploide anzufangen, unumgänglich, schon sehr weit vorangetrieben, so Roithamer, könne er aus dieser Arbeit in seinem Kopf nicht mehr heraus, aber nachdem er alle Vorbereitungen auf diese Arbeit getroffen habe, die Fensterkontrolle, die Türkontrolle, so Roithamer, die Kontrolle seines Sessels wie die Türkontrolle, alle Wichtigkeiten, den anzugehenden Arbeitsvorgang betreffend, überprüft habe, wozu auch die Überprüfung der einer genauen Geometrie unterworfenen, von ihm eigenhändig auf seinem Tisch und im Umkreis seines Tisches, Arbeitstisches sich befindlichen Gegenstände gehörte, alles hatte seinen Platz und die geringste Veränderung hätte es ihm unmöglich gemacht, mit der Arbeit anzufangen, so Roithamer, wende er jedesmal vor Arbeitsanfang eine nicht geringe Zeit auf, um alle Gegenstände in die seinem anzufangenden Arbeitsvorgang günstige Position zu bringen, auch seine Person ist diesem Ordnungswillen und dieser absoluten Ordnungsstrenge unterworfen, Körperzustand, Kleidung, alles, daß zum Beispiel die oberen Hemdknöpfe geöffnet, die Ärmel *heraufgekrempelt* sind undsofort, so Roithamer, heraufgekrempelt unterstrichen, vor allem aber, daß die Tür seines Arbeitszimmers versperrt ist, der Schlüssel zweimal im Schloß umgedreht, auf diese zweimalige Umdrehung hatte er immer den größten Wert legen müssen, denn die Tatsache allein, es könnte plötzlich die Tür aufgehen und jemand hereinkommen, und zwar in jedem Falle jemand, der stört, hereinkommen, mache ihn arbeitsunfähig, so komme es oft vor, daß er mit der Arbeit

schon angefangen, sich also schon auf den Arbeitsvorgang eingestellt und
an den Tisch gesetzt habe, aber vergessen habe, die Tür zuzusperren, und
er müsse wieder aufspringen und die Tür zusperren, aber dann sei es schon
zu spät, allein diese kurze Unterbrechung, weil er ja schon am Tisch
gesessen war, aufzuspringen also, um die Tür zuzusperren, genügte, um
ihm die Weiterarbeit unmöglich zu machen, oder etwas an den Vorhängen
stimme nicht und er müsse aufspringen und die Unordnung an den Vorhängen in Ordnung bringen, oder ein Geräusch sei es, das ihn aufspringen
lasse und ans Fenster zwinge, oder es sei etwas auf dem Boden Liegendes,
ein Stück Papier oder ein Speiserest oder ein Zwirnfaden oder auch nur
eine tote Fliege, die er übersehen habe und die ihn jetzt aufeinmal fürchterlich irritiere, ganz zum Unterschied von der höllerschen Dachkammer,
so Roithamer, in welcher immer alles so sei, wie er es als *ideal* empfinde,
arbeite er woanders, beispielsweise in seinem englischen Zimmer immer
unter den gerade skizzierten Umständen, die in jedem Falle immer entsetzliche, zeitraubende und auf die Nerven gehende Umstände seien, so
habe er nur immer wieder den Wunsch, wenn er nicht in ihr sein könne, in
der höllerschen Dachkammer zu sein, so Roithamer, oder sei es auch nur
der plötzliche Gedanke an einen eventuellen solchen Gegenstand der Unordnung, nicht ein solcher Gegenstand selbst, nur ein solcher Gedanke an
einen solchen Gegenstand, so Roithamer, sofort müsse er in einem solchen Gedanken vom Schreibtisch aufstehen und sich Klarheit über diesen
Gedanken verschaffen, über seine Vermutung undsofort, so Roithamer,
möglicherweise sei er tief in seiner Arbeit und die Arbeit gehe sehr gut
voran und er entdecke plötzlich eine solche Unordnung in seiner Arbeits-
umgebung und sei es auch nur ein ihn irritierender von einem ordentlichen Gegenstand geworfener Schatten, der diesen Gegenstand in Unordnung brachte, ein solcher von einem Gegenstand auf dem Fensterbrett auf
den Boden oder gar auf den Schreibtisch als Arbeitstisch geworfener
Schatten, so Roithamer, der sich plötzlich alles störend und alles zerstörend auswirke, müsse er vom Schreibtisch aufstehen und diesen Gegenstand erst einmal in Ordnung bringen, weil er Unordnung nicht aushalten
konnte, Klarheit wenigstens über den Störungsfaktor bekommen, so sei es
ihm in Wirklichkeit die meiste Zeit (in Cambridge) nicht möglich, zu
arbeiten, nur jeden dritten oder vierten Tag, weil immer Hindernisse da
seien oder weil, während er mit seiner Arbeit schon angefangen habe und
möglicherweise schon tief in seiner Arbeit sei, sehr tief eingedrungen mög-

licherweise, plötzlich eine Irritierung da sei, ein ihn irritierendes Geräusch oder ein ihn irritierender Gegenstand, die er zuerst möglicherweise, bevor er die Arbeit angefangen hatte, nicht gesehen und nicht gehört hatte, daß er oft aufstehen und aufspringen müsse allein aus dem Grunde der nicht rechtwinkeligen Lage eines Buches auf seinem Schreibtisch, oder weil ihn ein sogenanntes Lesezeichen in einem Buche oder in einer Schrift plötzlich störe, eines der vielen Hunderte von Zeitungsfetzchen, die er als Lesezeichen verwendete, mit welchen er in allen seinen überall herumliegenden Büchern und Schriften Seiten kennzeichnete, denn wenn solche Zeitungsfetzchen als Kennzeichen so aus den Büchern herausstehen, daß es ihm unerträglich gewesen ist, über die erträgliche Länge von sechs oder sieben oder acht Zentimetern hinaus, wenn ihm das plötzlich aufgefallen war, oder es handelte sich nur um einen Fingerabdruck, den er bis dahin nicht bemerkt gehabt hatte, um solche Fingerabdrücke auf den Büchern und Schriften, auf dem Arbeitstisch oder auch an der Zimmertür, an den Fensterstöcken undsofort, so Roithamer, die naturgemäß andere Leute gar nicht wahrnehmen, gar nicht wahrnehmen könnten, oder um einen *ganzen Handflächenabdruck*, so Roithamer, ganzen Handflächenabdruck unterstrichen, auch wenn er nur vermutete, daß ein solcher Fingerabdruck oder ganzer Handflächenabdruck auf der Tür sein könnte, mußte er aufspringen und eine Tür- oder Fensterkontrolle machen, und sei er einmal, wie tief auch schon in sie eingedrungen, in seiner Arbeit irritiert, zuerst nicht in der diese Arbeit beeinträchtigenden Weise, aber dann doch plötzlich mit der größten Rücksichtslosigkeit dem Beobachteten gegenüber in der seine Arbeit sehr wohl beeinträchtigenden, ja aufeinmal zum Stillstand gebrachten Weise, er müsse die Arbeit abbrechen und seiner Vermutung, an der Tür oder am Fensterrahmen undsofort, sei ein Fingerabdruck (von ihm selbst, oder von einer anderen Person) und aufstehen und an die Tür *stürzen*, stürzen unterstrichen, und nachschauen, und tatsächlich finde er immer, was er vermutet hatte, und sei es die unsinnigste Vermutung gewesen, bestätigt, als Tatsache stelle sich immer alles Vermutete heraus, habe er beispielsweise die Vermutung, unter seinem Arbeitstisch sei etwas nicht in Ordnung, was er nicht gleich habe sehen können, weil die Tischplatte seinen klärenden Blick auf den Boden gar nicht zulasse, und gehe er einer solchen Vermutung ohne Rücksicht auf seinen ja schon in Angriff genommenen Arbeitsprozeß nach, stelle sich die Vermutung als eine Tatsache heraus, er breche dann die Arbeit ab, krieche unter den Tisch, finde

die Unordnung oder die Störung undsofort, so Roithamer, *immer* finde
er, krieche er unter den Tisch, einen Störungsanlaß, etwas in Unordnung,
eine solche Vermutung habe sich niemals als falsch erwiesen, so Roithamer, eine solche Unordnung als Tatsache, und er bringe die Unordnung
in Ordnung, indem er selbst seine Geistesarbeit, die er angefangen habe
und durch die Unordnung abbrechen habe müssen, aufs Spiel setze, aber
er sei *gezwungen*, aus der Unordnung unter dem Tisch oder am Fenster
oder gleich wo sonst in seinem Arbeitszimmer Ordnung zu machen, und
ich versuchte, so Roithamer, mich nocheinmal der Tatsache versichernd,
daß ich auch wirklich in meinem Zimmer eingesperrt bin, durch zwei-
maliges Herumdrehen des Schlüssels im Schloß, so Roithamer, hatte ich
die Kontrolle und durch diese Kontrolle die Beruhigung, daß ich tatsächlich eingeschlossen war in meinem Zimmer, und ich *versuchte*, in meiner
Arbeit über die Allopolyploide weiterzukommen (17. März), so Roithamer, versuchte unterstrichen. Ich erinnere mich einer kleinen Arbeit
über den Stechapfel, den sogenannten Datura stramonium, die ihm, nach
dem Tod der Schwester, aus Altensam nach Cambridge zurückgekommen, Gelegenheit zur Beruhigung gewesen ist, während ich in die Tategallery gegangen bin, so Roithamer, allein, weil ich dieses Museum,
mein liebstes Museum, das einzige Museum auf der Welt, das ich nicht
nur aushalten habe können, ertragen, sondern tatsächlich auch habe lieben können, weil ich dieses Museum immer nur allein aufzusuchen imstande gewesen war, während dieses Museumbesuches, so Roithamer,
habe ich mich in der Arbeit am Stechapfel, dem sogenannten Datura
stramonium, beruhigen können, weil ich mich sehr intensiv, während ich
mich in der Tategallery aufgehalten habe, mit dieser kleinen, wie ich
glaube, gelungenen Schrift beschäftigt habe, einerseits mich mit William
Blake beschäftigt, andererseits mit dem Stechapfel beschäftigt habe, beruhigt in dem Zustand, in welchen ich durch den Tod meiner Schwester
hineingekommen war, dieser dumpfe, geiststörende und geist*zer*störende
Zustand, so Roithamer, der mich plötzlich auf die Idee gebracht hat, etwas
über den Stechapfel zu schreiben zu meiner eigenen Ablenkung, zur Ablenkung meines Kopfes vom Tod meiner Schwester, so Roithamer. Die
Studie über den Stechapfel vollkommen unter dem Eindruck der Todesursache meiner Schwester: Vollendung des Kegels, so Roithamer. Zuflucht aus der einen gleich wieder in die andere Wissenschaft, so Roithamer, Kunstgriff, den einen (qualvollen) Gegenstand abbrechen durch

Wiederaufnahme eines andern (alten, uralten) Gegenstandes, so Roithamer (19. März). Der Stechapfel, weil ich die Beschäftigung mit dem
Kegel als abgeschlossen betrachtete, so Roithamer. Aber immer wieder die
Vorstellung, mich mit dem Kegel beschäftigen zu müssen, so Roithamer,
während der Kegel ein abgeschlossenes Kapitel ist, der Kegel ist der Natur
ausgesetzt und der Natur überlassen, so Roithamer. Die Vorstellung, die
ich gleich im ersten Augenblick vom Standort des Kegels gehabt habe:
Mitte des Kobernaußerwaldes, die mit dem jetzigen Standort des Kegels
übereinstimmt. Höchstes Glück, so Roithamer, als augenblickliche Todesursache (meiner Schwester), so Roithamer. Die Vorstellung, einen *er-
rechneten* Mittelpunkt (zweiundvierzig Kilometer von Mattighofen) zu
einem *tatsächlichen* Mittelpunkt zu machen, ununterbrochene Zweifel
(21. März). Zuerst die Naturgeschichte, dann die Statik, oder zuerst die
Statik, dann die Naturgeschichte, Statik als Naturgeschichte undsofort, so
Roithamer. Natur/Mensch/Statik, so Roithamer. Die Menschen beschäftigen wie das eigene Gehirn und mit diesen beschäftigten Menschen umgehen wie mit dem eigenen, auf das Ziel bezogenen Gehirn, umgehen bis
an die Grenze ihrer Leistungsfähigkeit (23. März), so Roithamer. In jedem
Augenblick den ganzen Einsatz aller Möglichkeiten. Leichtigkeit, Unverschämtheit, wir sehen den sich aus unserer Planung entwickelnden Bau,
den verwirklichten Bauplan, *Geschehen, Vollendung des Geschehens*. In England sein, im Kobernaußerwald den Kegel entstehen lassen, aber für alle
Zukunft in England sein. Was wir heimlich machen, gelingt, so Roithamer. Was wir veröffentlichen, ist im Augenblick der Veröffentlichung
vernichtet. Wenn wir sagen, was wir tun, ist es vernichtet. Die Anstrengung geht so weit, daß sie die Vernichtung (des Kopfes) sein muß (des
Körpers), der Natur des Kopfes und des Körpers, so Roithamer. Wir
arbeiten an der Peripherie (England) im Zentrum (Kobernaußerwald). In
Gesellschaft schweigsam, dann plötzlich, aus dieser Schweigsamkeit heraus, reden, immer wieder reden, überzeugen, verzweifeln, reden und immer wieder Angst haben und machen, ein fortwährender Aufklärungs-
prozeß, der alles betrifft, das fürchten sie wie wir selbst, so Roithamer. Bis
das Aufnahmevermögen erschöpft ist. Wer sich mit Statik beschäftigt,
begreift mehr und mehr die Natur, so Roithamer. Zuerst diese Hunderte
von Büchern in meinen Kopf hereinelassen, dann Abscheu vor allen
diesen Büchern, Schriften, die ich plötzlich aufgegeben habe (2. April).
Zuerst binde ich (kette ich) an meinen Kopf, dann an meinen Körper, an

Körper und Kopf gleichzeitig *alles*, alles unterstrichen. Der Kegel ist Folgerichtigkeit meiner (meiner Schwester) Natur. Ich baue den Kegel als Naturwissenschaftler, so Roithamer, von England aus, in Österreich, von Österreich aus, hätte ich nicht die Kraft dazu gehabt, so Roithamer. Zuerst die Idee, den Kegel (nach dem Tod meiner Schwester) zu vernichten, ich werde ihn aber der Natur überlassen, *gänzlich*. Aber das Bauwerk als Kunstwerk ist erst vollendet, indem der Tod eingetreten ist dessen, für den es gebaut und vollendet worden ist, so Roithamer. Wir denken, wir bauen ein Bauwerk, ein Kunstwerk, aber es ist ein anderes, das wir gebaut haben. Die Türen des Kegels gehen alle nach *innen* auf, so Roithamer, innen unterstrichen. Mit achtzehn oder neunzehn hätte ich die Idee *nicht* haben können, mit einundvierzig *nicht mehr* haben können, so Roithamer. Die sogenannten Architekten, so Roithamer, haben mich alle für verrückt gehalten, ein solches Bauwerk könne nicht gebaut werden, es ist aber eine Frage der Gelegenheit, der Verstandesschärfe (3. April). Die Frage ist nicht nur gewesen, wie baue ich den Kegel, sondern ist auch gewesen, wie verheimliche ich den Kegel, den Bau des Kegels, so Roithamer. Die Kräfte waren zur Hälfte auf den Bau des Kegels, zur Hälfte auf die Verheimlichung des Kegels konzentriert gewesen, so Roithamer. Nimmt ein Mensch sich eine solche Ungeheuerlichkeit vor, muß er immer alles beherrschen und alles verheimlichen, so Roithamer. Zuerst auf Grund der Lektüre, dann auf Grund der nicht mehr in Betracht gezogenen Lektüre, so Roithamer. Meine eigenen Gedanken hatten folgerichtig zur Verwirklichung und Vollendung des Kegels geführt, wie meine Schwester tödlich erschrocken gewesen ist, ist der Kegel vollendet gewesen, so Roithamer, ich hätte sie *zu keinem anderen, als zu dem tödlichen Zeitpunkt* in den Kobernaußerwald hineinführen können, sie hatte sich gefürchtet vor diesem Augenblick, wie sie sich am tiefsten gefürchtet hat, habe ich sie hineingeführt und getötet, gleichzeitig den Kegel vollendet gehabt (7. April), so Roithamer. Denn allerhöchstes Glück ist nur im Tod, so Roithamer. Umweg über die Wissenschaften zu höchstem Glück, Tod, so Roithamer. Die Fachleute, die Beurteiler, die Zerstörer, Vernichter, so Roithamer. Wir gehen immer nahe am Abgrund und fürchten uns vor dem Übergewicht, so Roithamer. Nimmt ein Körper nach kurzfristiger Störung des Gleichgewichts sofort seine ursprüngliche Gleichgewichtslage wieder ein, so ist sein Gleichgewichtszustand stabil, so Roithamer. Weist ein Körper dagegen in jeder beliebigen *neuen Lage*, neuen Lage unterstrichen, ohne in die ursprüngliche zurückzukehren, wieder Gleichgewicht auf, so ist sein Gleichgewichtszustand indifferent. Kehrt ein Körper nach kurzfristiger Störung des Gleichgewichts nicht in seine ursprüngliche Gleichgewichtslage zurück, sondern strebt einer anderen zu, so ist sein Gleichgewichtszustand labil, so Roithamer. Der Körperschwerpunkt des Kegels liegt auf der Achse, so Roithamer, durch den Schwerpunkt der Grundfläche und die Spitze des Körpers hindurch in ¼ der Höhe, zur stabilen Stützung eines Körpers ist es notwendig, daß er mindestens drei Auflagepunkte hat, die nicht in einer Geraden liegen, so Roithamer. Wenn wir aufwachen, so schämen wir uns, aufzuwachen in das immer angstmachende Existenzminimum, so Roithamer (9. April). Die Situation ist immer die gleiche, verstandesmäßige: aufwachen, waschen, anziehen, arbeiten, mit der Umwelt einlassen, nicht verzweifeln, den Versuch machen, nicht zu verzweifeln (11. April). Wir akzeptieren (11. April). Wir beantworten die Briefe, die wir bekommen, gleich von wem und gleich von woher, nicht, weil uns in allen diesen Briefen eine Falle gestellt ist (13. April). Wäre ich nicht mit der Baukunst in Berührung gekommen, wäre es *etwas anderes Entsetzliches*. Die Gewöhnlichkeit der Menschen stößt plötzlich immer ab, ihre Niedertracht, Geschmacklosigkeit, Roheit, Gemeinheit. Die Natur begriffen, indem ich mich selbst begriffen habe, nichts. Sie (die Freunde) kommen herein und setzen sich und es ist, wie es immer gewesen ist: über Philosophie, Bauen, Naturgeschichte, Reisen, Naturkatastrophen, Bücher, Vergangenheit, Zukunft, Theater undsofort, es scheint, als sei es jetzt so, wie es immer gewesen ist, aber jetzt ist es aufeinmal tödlich (17. April). *Alles* sei schließlich der Kegel. Wenn ich zuhöre, fällt mir auf, denke ich alles noch weiter als der Denkende, der spricht, so Roithamer. Wahrscheinlich hat der Bau des Kegels bewirkt, daß ihre Todeskrankheit zum Ausbruch gekommen ist, die Schwester hatte immer schon ihre Todeskrankheit, wie jeder immer schon seine Todeskrankheit hat. Zuerst Hinausziehen der Todeskrankheit, des Todes, urplötzlich tritt der Tod ein, so Roithamer. Fichtenstämme: riesige Spargel des Todes, so Roithamer. Der Kobernaußerwald das Ende für sie (meine Schwester), für mich (19. April). Mozart, Webern, sonst nichts mehr (21. April). Einem Menschen, dem geliebtesten Menschen, ein Bauwerk errichten als verrückte Idee und diesen Menschen mit der Vollendung des Bauwerks, des Kegels, vernichten, töten. Zuerst: viele Räume, dann: wenige Räume, dann: entsprechende, ihr entsprechende Räume, so Roithamer. Nicht alle auf einen

Körper einwirkenden Kräfte müssen ein Kippen verursachen, so Roithamer, bezogen auf die Kippkante bewirken sie vielmehr Momente mit unterschiedlichem Drehsinn, wirken also teilweise dem Kippen *entgegen* (23. April). Ein Körper kippt nicht, wenn das Standortmoment größer ist als das Kippmoment, so Roithamer. Materialgerechtigkeit. Wir können vor dem Ziel nicht mehr zurück, so Roithamer. Meine Kenntnisse, das Bauen betreffend, waren zu dem Zeitpunkt, in welchem ich mich entschlossen gehabt habe, meiner Schwester den Kegel zu bauen, noch nicht in dem Maße ausreichend gewesen, daß ich ruhig mit dem Kegelbau hatte anfangen können, ich hatte also in dem Zustand äußerster Nervenanspannung mit dem Bau angefangen, gleichzeitig ein noch umfangreicheres Studium des Bauens anzugehen, zuerst hatte ich an ein solches *einjähriges* Studium gedacht, dann an ein *zweijähriges*, schließlich hatte ich aber *drei Jahre* die Statik und die Festigkeitslehre und das Bauen an sich studieren müssen. Meine Unterhaltungen mit den in Frage kommenden Personen hatten zu nichts geführt, die Lektüre hatte schließlich zu nichts geführt, erst die Gespräche mit dem Höller und dann die vollkommene Selbständigkeit meines Baudenkens, hatten es mir erlaubt, meinen Plan zu verwirklichen, so Roithamer. Die Fachleute hatten mich nur abgelenkt, getäuscht und aufgehalten, fortwährend in Anschauung und im Studium des Höllerhauses hatte ich in meinem Kegeldenken fortschreiten können. Bücher, Schriften, Fachleute waren in meinem Falle ja niemals kompetent gewesen, so Roithamer. Alle diese Fachleute hatten gedacht, es mit einem Verrückten zu tun zu haben, dadurch waren meine Unterhaltungen mit ihnen immer nur Rückschläge in meinem Vorhaben gewesen, so Roithamer. Wenn ich meiner Schwester ein ihr entsprechendes, annähernd hunderprozentiges Bauwerk baue, so hatte ich gedacht, habe ich vor allem das Wesen meiner Schwester zu studieren und dazu die Grundlagen der Statik und Festigkeitslehre, so Roithamer. Je offener ich über mein Vorhaben gesprochen habe, für desto verrückter hatten mich meine Zuhörer gehalten, es kümmerte mich aber schließlich nicht die Meinung aller dieser Leute, die glaubten, Fachleute zu sein, nurmehr noch mein Vorhaben, die Durchführung meines Planes, Verwirklichung meiner Idee, die mir selbst, je tiefer ich in sie eingedrungen bin, immer verrückter vorgekommen war, aber jede Idee ist eine verrückte Idee, so Roithamer. Ich mußte, wie alle, die eine Idee und also verrückte Idee verfolgen, diese verrückte Idee verfolgen, und ich durfte mich von nichts von dieser verrückten Idee

abbringen lassen, vor allem von mir selbst nicht, denn ich hatte die größten Zweifel, je größer meine Zweifel, desto hartnäckiger aber war die
Verfolgung meiner Idee gewesen, und es hatte mich schließlich auch
nichts von meiner Idee abbringen können, ich hätte mich von nichts
abbringen lassen, irritieren hatte ich mich die ganze Zeit lassen, aber nicht
von meiner Idee abbringen, durch die fortwährende Irritierung meiner
Idee hatte ich aber schließlich die größte Gewißheit, daß ich meine Idee
bis zu meinem Ziele verfolgen und verwirklichen und den Kegel vollenden
werde, so Roithamer. Unbeirrbar hatten alle Irritationen nur immer größere Hartnäckigkeit und größere Faszination in mir bewirkt, so Roithamer. Mit zunehmender Irritation mußte ich immer exakter denken und
handeln, so Roithamer. Wer sagt, er baue für seine Schwester einen Kegel,
in welchem sie künftig zu wohnen habe, wird für verrückt gehalten, so
Roithamer. Und wer sagt, er baue den Kegel für seine Schwester in die
Mitte des Kobernaußerwaldes, *in den genauen geometrischen Mittelpunkt*,
den zu errechnen die Fachleute für unmöglich hielten, was ich aber
schließlich beweisen habe können, wird für noch viel verrückter gehalten
und wer sagt, er baue für seine Schwester in der Mitte des Kobernaußerwaldes einen Kegel, *in welchem die Schwester künftig zu wohnen und glücklich zu sein habe, in höchstem Glück zu sein habe*, wird für noch verrückter
gehalten, so Roithamer. Wir dürfen uns aber nicht so irritieren lassen, daß
wir unser Vorhaben abbrechen müssen, so Roithamer, immer nur so weit
irritieren lassen in unserem Vorhaben, daß es für das Vorhaben nützlich
ist, denn die Irritation ist andererseits immer das nützlichste für gleich was
für ein Vorhaben und sei es das verrückteste, so Roithamer. Immer glauben wir, daß wir jetzt in der Weise irritiert sind, daß wir unser Vorhaben,
gleich welches Vorhaben, abbrechen müssen, weil unsere Umwelt ein solches Vorhaben (wie den Kegelbau) nicht duldet, aber wir dürfen uns nicht
in der Weise irritieren lassen, daß wir das Vorhaben abbrechen müssen.
Wo wir hinschauen, sehen wir lauter abgebrochene Vorhaben, denn nichts
anderes sind auch die sogenannten verwirklichten und vollendeten Bauwerke, welche wir überall auf der Welt haben, als abgebrochene Vorhaben,
so Roithamer. Ich aber habe, zum Unterschied von allen diesen Hunderttausenden und Millionen von sogenannten verwirklichten und vollendeten, aber in Wirklichkeit abgebrochenen (Bau-)Vorhaben, die überall auf
der Erdoberfläche herumstehen, mein Vorhaben vollendet, ich habe es in
der größten Irritationsintensität verwirklichen und vollenden können,

denn alles ist nur auf Irritation angelegt, so Roithamer. Jede Idee hat ihre größte Irritation, so Roithamer. Des Planers und Erbauers Kopf, so Roithamer, muß in der größten Irritation sein Ziel erreichen und vollenden, so Roithamer. Zuerst hatte ich von den sogenannten Geologen, die heranziehen zu müssen ich geglaubt hatte, die größte Irritation und Geringschätzung, dann von den sogenannten Architekten die größte, die äußerste Irritation und Geringschätzung, dann auch von den Handwerkern die größte Irritation und Geringschätzung, aber diese größtmögliche Irritation und höchstmögliche Geringschätzung waren notwendig gewesen, so Roithamer, um den Kegel verwirklichen und vollenden zu können, ohne diese Irritation und Geringschätzung hätte ich mein Ziel niemals erreichen können, dann wäre ich ganz einfach zu schwach gewesen dazu. Daß mir alle Voraussetzungen für die Verwirklichung, geschweige denn Vollendung meines Vorhabens fehlten, war mir von allen Seiten gesagt worden, aber jetzt darf ich sagen, daß ich *genau alle diese Voraussetzungen gehabt habe*, denn der Kegel ist vollendet. Wenn auch die Wirkung der Vollendung des Kegels eine andere ist, als die erwartete, so Roithamer, aber die Wirkung der Vollendung ist immer eine andere und immer entgegengesetzte und sehr oft tödliche, so Roithamer. Daß ich wohl Talent, aber nicht die Ausdauer hätte, war mir gesagt worden, aber ich hatte die Ausdauer und ich hatte das Glück, während des ganzen Kegelbaues in dem ununterbrochenen Zustand der Unnachgiebigkeit gegen *alles* zu sein, alles unterstrichen. Aufeinmal hatte ich eingesehen, daß die Umgebung, die ich, weil ich glaubte, sie hätte die größere Erfahrung, für kompetent gehalten hatte, überhaupt keine Kompetenz gehabt hatte, daß die sogenannte Kompetenz niemals und in nichts kompetent ist und daß immer nur der eigene Kopf und in diesem eigenen Kopf auch immer nur das auf das Ziel bezogene Kopfstück kompetent sein kann, so Roithamer, aber dahin ist es ein langwieriger und schmerzhafter Prozeß gewesen. Wer sagt, er baue für seine Schwester ein ihr entsprechendes Bauwerk, in welchem die für sie idealen Luft- und Lichtverhältnisse herrschten, und er nennt auch noch den Standort und sagt, daß er sich von nichts von seinem Plane und von der Verwirklichung seines Planes abhalten lassen werde, ist für alle, die er mit diesem seinem Ziel vertraut macht, ein Verrückter, so hatte ich, so Roithamer, einerseits als Wissenschaftler gelten, andererseits für vollkommen verrückt gehalten werden müssen. Die Umgebung heuchelt Respekt und unternimmt alles, um die Ideen in der Welt zu vernichten, so

Roithamer. So haben wir, wo wir hinschauen, nur immer vernichtete Ideen in der Welt, alles, müssen wir bei Verstand sagen, nur vernichtete Ideen, wie alles immer nur Bruchstück und aufgegebenes Vorhaben ist, so Roithamer. Aber die Welt hat sich damit abgefunden und in sich eingerichtet, so Roithamer. Während sie (die sogenannten Architekten) selbst sich als kompetent betrachteten, Erneuerer der Erdoberfläche, kühne, aufgeschlossene, freie Planer, waren sie doch nichts anderes als fortwährende Ideenaufgeber, Nicht-Verwirklicher, Nicht-Bauer, Nicht-Vollender, immer nur Ausführer von Bruchstücken, so Roithamer, die ganze Erdoberfläche ist mit Bruchstücken angefüllt. Sie waren nicht imstande und gar nicht willens gewesen, meine Idee zu verstehen, sie hatten meine Idee überhaupt niemals angenommen gehabt, Kühnheit, Fortschritt heuchelten sie, so Roithamer. Sie waren meinen Gedanken, waren mir in meinen Gedankengängen nicht die kürzeste Strecke gefolgt, wahrscheinlich weil ihnen unheimlich gewesen war, wohinein sie mir hätten folgen sollen, so hatten sie immer gleich bei dem Vorschlag, mir in meine Gedanken und Gedankengänge hinein zu folgen, aufgegeben, waren zurückgeblieben und hatten mich, schon vor dem Eingang in meine Gedankengänge zurückgeblieben, für verrückt erklärt, indem sie, was ich ihnen angedeutet hatte, als *interessant* bezeichneten, hatten sie mich für verrückt erklärt, so Roithamer. Sie fürchteten, in meinen Gedankengängen ersticken zu müssen, so Roithamer. So hatte ich in Wirklichkeit und in Wahrheit nur den Höller und der war mir von allem Anfang an in meine Gedankengänge gefolgt, er hatte sich getraut, mir in meine Gedankengänge zu folgen, weil die meinigen ihm durch seine eigenen, schon vor mir gegangenen vertraut und nicht nur solche befürchteten finsteren Gedankengänge gewesen waren, vor welchen sich die sogenannten Architekten gefürchtet hatten, es mag dem Höller dabei, in die doch viel längeren meinigen Gedankengänge hineinzugehen, nicht geheuer gewesen sein, so Roithamer, aber für verrückt gehalten hat mich der Höller nicht, niemals, so Roithamer, denn er, der Höller, hatte Erfahrung in solchen Gedankengängen und brauchte sich vor solchen und in solchen Gedankengängen *nicht zu fürchten*, nicht zu fürchten unterstrichen. Man muß aufstehen und weggehen können aus jeder Gesellschaft, die nichts taugt, so Roithamer, und die Gesichter, die nichts sind und die oft grenzenlos dummen Köpfe zurücklassen, und hinaus und hinunter und ins Freie gehen können und alles, das mit dieser untauglichen Gesellschaft zusammenhängt, hinter sich lassen, so Roithamer, die Kraft und den Mut und die Rücksichtslosigkeit auch gegen sich selbst haben, alle diese lächerlichen, nutzlosen, stumpfsinnigen Menschen und Köpfe hinter sich zu lassen und einatmen, das Zurückgelassene alles ausatmen und etwas Neues einatmen, man muß diese nutzlosen, zu nichts als zu Stumpfsinnigkeiten zusammengerotteten Gesellschaften auf dem schnellsten Weg verlassen, um nicht Bestandteil dieser stumpfsinnigen Gesellschaften zu werden, aus solchen Gesellschaften zu sich selbst zurückgehen und in sich selbst Beruhigung und Klarheit finden, so Roithamer. Man muß den Mut und die Kraft haben, eine solche Gesellschaft abzubrechen, Unterhaltungen, Wortgewalttätigkeiten undsofort, in welche man gegen seinen Willen verwickelt worden ist unter allen Umständen, so Roithamer, jede unsäglich dumme Unterhaltung abbrechen können, aus allen diesen unsinnigen, nutzlosen und nichts als gemeingefährlichen Themen aufbrechen und weggehen, um sich zu retten, den eigenen Kopf in die Flucht schlagen können jederzeit, in jedem Augenblick, wo auch immer, ins Freie flüchten, so Roithamer. Wenn wir ehrlich sind, empfinden wir beinahe alle Unterhaltungen, in die wir hineingekommen sind, ohne daß wir wissen wie und aus was für einem Grund, als nutzlose, immer als solche, die für uns nicht zweckmäßig sind, die uns nur abschwächen. Im richtigen Moment müssen wir aus solchen Gesellschaften, Umständen, Zuständen aufstehen und weggehen, naturgemäß in längeres, langes, immer in unendliches Alleinsein hinein, so Roithamer. Es ist tagtäglich ein solches Aufstehen und Weggehen, immer das Verlassen einer uns widerwärtigen Gesellschaft, so Roithamer. Aber in der Konsequenz unseres Weggehens sind wir mehr und mehr verrückt erklärt und gehaßt, und dieser Umstand ist ein sich von Tag zu Tag verstärkender gegen unseren Kopf und gegen unseren Charakter und gegen unser ganzes Wesen, so Roithamer. Daß es sich bei den Menschen, die ich in *Über Altensam und über alles, das mit Altensam zusammenhängt, unter besonderer Berücksichtigung des Kegels* beschrieben habe, um andere als die beschriebenen handelt, ist mir klar geworden, wie ich in London, genau gesagt, auf dem Victoriabahnhof in den Zug und in das Zugabteil Zweiter Klasse gestiegen bin. Der Zug ist noch nicht abgefahren, so Roithamer, und ich habe erkennen müssen, daß alles, das ich in dem Manuskript beschrieben habe, anders ist, daß immer alles anders ist, als beschrieben, das Tatsächliche anders als das Beschriebene, Altensam und alles, das mit Altensam zusammenhängt, anders. Dover, Brüssel, Köln, so mußte ich einsehen, daß ich alles in dem Manuskript falsch gemacht habe, die Charaktere sind andere, der Charakter ist ein anderer, so Roithamer. Wie mir meine Brüder in Stocket entgegengekommen sind, habe ich den Beweis gehabt, daß alles, das ich beschrieben habe, falsch ist. Und ich habe, noch vor Dover, zu korrigieren angefangen gehabt und dann nach und nach alles korrigiert und schließlich eingesehen, daß nichts ist, wie es tatsächlich ist, das Beschriebene entgegengesetzt dem Tatsächlichen, aber ich habe die Konsequenzen daraus gezogen, so Roithamer, mich nicht gescheut, alles nocheinmal zu korrigieren und indem ich alles nocheinmal korrigierte, so Roithamer, habe ich alles vernichtet gehabt. Daß alle nicht seien, was sie sind, daß alles nicht ist, was es sei, so Roithamer, schon auf dem Victoriabahnhof. Die Tatsache des Begräbnisses meiner Schwester einerseits, die Tatsache, daß alles falsch ist, andererseits, von diesen Tatsachen beherrscht über den Kanal auf den Kontinent und durch die ganze verregnete Ebene bis nach Altensam, wo mir die erste Wiederberührung mit meinen Brüdern Beweis gewesen ist für alles Befürchtete, so Roithamer. Ich hatte das Manuskript aus der Reisetasche herausgenommen und sofort gesehen, es ist alles falsch in meinem Manuskript, daß ich nicht nur Teile falsch beschrieben habe, daß ich alles falsch beschrieben habe, denn es ist das Entgegengesetzte, so Roithamer. Plötzlich hatte ich aber wieder Lust, aus dem, das ich gemacht hatte in jahrelanger Anstrengung, wieder ein Anderes zu machen, daß ich aufeinmal, im Zug, wieder in dem gleichen Zustand gewesen bin, in welchem ich immer wieder gewesen war, wenn ich geglaubt habe, mit einer Sache zuende zu sein, daß ich dann weiß, es ist alles anders, und anders zu machen gewillt war. Nach und nach ist dann immer wieder ein anderes Manuskript entstanden, wie jetzt wieder, durch die Vernichtung des alten, ein völlig anderes, neues Manuskript entsteht, daß es aber das Höchste sei, kein neues mehr entstehen zu lassen, nichts mehr zu korrigieren, zu vernichten, so Roithamer. Wenn ich korrigiere, zerstöre ich, zerstöre ich, vernichte ich, so Roithamer. Was er als Verbesserung bezeichnet hatte früher, sei doch nichts anderes als Verschlechterung, Zerstörung, Vernichtung. Jede Korrektur sei Zerstörung, Vernichtung, so Roithamer. Auch dieses Manuskript nichts anderes als eine Verrücktheit, wie vielleicht und *mit Sicherheit*, mit Sicherheit unterstrichen, die Erbauung des Kegels auch nichts anderes als eine Verrücktheit gewesen sei, daß die, die den Kegelbau als Verrücktheit bezeichnet haben immer, im Grunde recht behalten hätten, so sei auch das Manuskript nichts anderes als eine Verrücktheit, aber er müsse für diese Verrücktheit einstehen und sie konsequent durchführen, die größte Verrücktheit, so Roithamer, ist es gewesen, den Kegel zu bauen und dieses Manuskript über Altensam zu schreiben, und diese beiden Verrücktheiten, die eine aus der andern und beide mit der größten Rücksichtslosigkeit, *haben mich umgebracht*, haben mich umgebracht unterstrichen. Wie ich zu meiner Schwester gesagt habe, *der Kegel ist dein Kegel, er gehört dir, ich habe ihn für dich gebaut, und zwar genau in die Mitte des Kobernaußerwaldes gebaut*, so Roithamer, habe ich festgestellt, daß die Wirkung des Kegels auf meine Schwester die vernichtende Wirkung gewesen ist. Was folgte, war Entsetzensfolge, so Roithamer, nichts sonst, Absterben, Einschließen in die Todeskrankheit, nichts sonst, alles hatte von diesem Augenblick an in ihren sicheren Tod geführt (3. Mai). Alle in ihren Zimmern zurückgezogen auf das Nachtmahl wartend, welches immer Anlaß gewesen ist für alle möglichen Beschuldigungen gegenseitig, als ob sich zu diesen Nachtmählern entlade, was sich zweiundzwanzig Stunden aufgespeichert hatte an Haß, Abneigung, doppeltem Haß, doppelter Abneigung, so Roithamer. Zuerst die Schweigsamkeit (aber eine andere, als im Höllerhaus), dann die Anschuldigungen, die Höflichkeit, dann die Verdächtigungen, der offene Haß gegen alles, so Roithamer. Die Eferdingerin, die sich immer mehrere Anschuldigungen vorgenommen hat, Verdächtigungen gegen mich und meine Schwester vor allem, gegen meinen Vater, der in letzter Zeit seine Mahlzeit immer teilnahmslos, nur auf die Tischplatte konzentriert, eingenommen, sich an dem ganzen mittäglichen Wörterunrat gar nicht mehr beteiligt hat, so Roithamer. Dann handelten sie alle aus ihrem Kopfinhalt heraus rücksichtslos zuschlagend, gemein, infam. Die Vorspeise sozusagen als Vorbereitung auf die Anschuldigungen, die Hauptspeise Entladung des Wortgewitters, so Roithamer. Gefühls- und Geistesverletzungen, so Roithamer. Seelenverstümmelung, Gehirnzertrümmerung, so Roithamer. Daß alles das die Vorstellungskraft des Nichtbeteiligten bei weitem übersteigen konnte jeden Tag mit einer Regelmäßigkeit, erschreckend, so Roithamer. Waren Gäste zu Besuch, war die Beherrschung nicht länger als eine Stunde zurückzuhalten, dann genierten wir uns auch vor diesen Gästen nicht mehr, also immer weniger Gäste in Altensam, so Roithamer. Schon in frühester Kindheit das Alleinsein gesucht, abgeschlossen in sich selbst, ist mir die Kindheit immer nur eine neben den andern gewesen. Mit, aber neben den Eltern und Geschwistern, allein, mit, aber neben den Andern in die Schule, mit, aber neben den Andern Studien, Wissenschaft, Verwirklichung, Vollendung, Zerstörung, Vernichtung. In jedem Fall und in jeder Sache in dieser Reihenfolge, so Roithamer. Nur die kürzeste Zeit unter (und mit) Menschen, die Eigenschaft, mich im Augenblick der Annäherung schon wieder entfernend, weggehend (von), schon während der Annäherung an Menschen, so Roithamer. Daß sich Menschen immer nur nähern und annähern, um zu stören, um zu zerstören, aus Erfahrung Distanz bis ans Lebensende, so mein Onkel, so Roithamer. Ein Mensch nähert sich einem andern, hat nichts vor, als ihn zu vernichten, so Roithamer. Weil wir einen Vorteil haben, gehn wir mit Menschen zusammen, wir glauben, einen Vorteil in ihrer Gesellschaft zu haben, wir verschweigen immer den wahren (einzigen) Grund unserer Annäherung, Gesellschaft, wir geben die sogenannte Selbstlosigkeit nur vor, so Roithamer. Nicht lange sehen wir einen sich gut entwickelnden Menschen, dann gehen wir hin und stören ihn und zerstören ihn und vernichten ihn, wenn es uns gelingt. Mit unseren Mitteln, so Roithamer. Die Eltern als die Zuerstzerstörer ihrer Kinder, Vernichter ihrer Kinder und umgekehrt. Auf der Hut vor allem, sind wir schließlich die längste Zeit mit uns selbst allein in völliger Kontaktlosigkeit, Schmerzhaftigkeit, so Roithamer. Wenn wir Kontakt aufnehmen, müssen wir ihn gleich wieder abbrechen, wenn wir Charakter haben, *noch haben*, so Roithamer. Immer mehr nur immer die kürzeste Gesellschaft, so Roithamer. Während des Kegelbaues habe ich alle möglichen Menschen kennengelernt, niemals so viele Menschen kennengelernt und habe mit allen diesen Menschen gearbeitet und bin mit diesen Menschen glücklich gewesen, aber ich war nie so allein gewesen, wie mit allen und unter allen diesen Menschen, so Roithamer. Mit meiner Idee vollkommen allein, so Roithamer. Wir sind anders, als der, welcher beurteilt wird, wenn unsere Person, unser Charakter beurteilt wird, so Roithamer. Wie die Landschaft, die die Natur in (um) uns, das, das wir verwirklicht haben, so Roithamer. Wir sehen eine Landschaft und sehen einen Menschen in dieser Landschaft und Landschaft und Mensch sind immer anders, in jedem Augenblick, obwohl wir annehmen und in diesem Irrtum uns getrauen, weiterzuexistieren, es sei immer das gleiche, so Roithamer. So sind wir niemals als der (oder die), der oder die wir gerade sind, sondern immer nur anders, wenn wir Glück haben, gerade noch, so Roithamer. Wir haben uns entwickelt, indem wir uns nach und nach aufgegeben haben, wir sind gleich geblieben, anders geworden, so Roithamer.

Die Schulen, die wir besucht haben, haben aber nur einen verheerenden Einfluß auf uns gehabt, sie haben mich *deprimiert*, jede Schule, die ich besucht habe, besuchen habe müssen, hat mich *erniedrigt.* Zuerst hörte ich auf alle möglichen Richtungen und bin in alle diese Richtungen hineingegangen, dann nichts mehr, in nichts mehr, so Roithamer. Bald hatte ich das eine, bald das andere System aufgegriffen, bald von dem einen, bald von dem anderen überzeugt gewesen, so Roithamer. In den Schulen wird immer der alte abgestandene Stoff ausgebreitet und zerstört den Geist und zerstört das Gemüt des Lernenden, Studierenden konsequent, wir werden in den Schulen zu den verzweifelten Menschen gemacht, die aus ihrer Verzweiflung nicht mehr herauskommen, so Roithamer, wir treten in die Schule ein, damit wir in dieser Schule zerstört werden, vernichtet werden in der Geschichte, so Roithamer, die Mathematik vernichtet uns, die Unnatur der Schule vernichtet uns, so Roithamer. Wir erholen uns nicht mehr von der Schule, wenn wir die Schule, gleich welche Schule, verlassen haben, wir sind von der Schule gekennzeichnet, das heißt, wir sind zerstört, so Roithamer. Wir treten immer nur in eine Schule ein, um vernichtet zu werden, die Schulen sind gigantische Vernichtungsanstalten, in welchen die Hilfesuchenden vernichtet werden, aber der Staat subventioniert aus gutem Grund die Schulen, so Roithamer, verlassen wir die Schule, ist unser Absterbensprozeß noch weiter fortgeschritten, nichts anderes. Wie die Wahnsinnigen gehen die Hilfebedürftigen im Geiste in die Schule hinein und kommen als Vernichtete wieder heraus, dagegen lehnt sich niemand auf, so Roithamer. Die jungen Menschen, gesunden Charaktere gehen hilfesuchend in die Schulen hinein, kommen zerstört heraus, verkrüppelt, geschwächt auf Lebenszeit, so Roithamer. In den Grundschulen wird schon der junge Mensch zerstört, so Roithamer, erst in den höheren und hohen und höchsten Schulen. Menschenverunstaltungsanstalten, so Roithamer. *Über Altensam und alles, das mit Altensam zusammenhängt, mit besonderer Berücksichtigung des Kegels* habe ich abschließen müssen, um zu erkennen, daß *alles* anders ist, alles unterstrichen. Korrektur der Korrektur der Korrektur der Korrektur, so Roithamer. Anzeichen von Verrücktheit, Schlaflosigkeit, Lebensüberdruß. Mehr und mehr Selbstgespräch, weil wir keinen Menschen mehr haben, außer dem Höller keinen Menschen, mit mir alleingelassen in der höllerschen Dachkammer, ich habe keine Möglichkeit, aus der höllerschen Dachkammer hinauszugehn (7. Mai). Kerker, Selbstgesprächskerker (9. Mai), so Roithamer. Wir lesen ein Buch, wir lesen uns selbst, verabscheuen also dadurch Lektüre, so Roithamer, gehen gar nicht mehr an Lektüre heran, wir gestatten uns nicht mehr, zu lesen. Hören und sehen (11. Mai), so Roithamer. Wir können nicht immer in der höchsten Intensität existieren, deshalb verlangsamen wir plötzlich unser Denken und Handeln (Fühlen), damit wir nach einer Zeit wieder mit noch größerer Intensität denken, handeln können, fühlen; auf diese Weise kommen wir mit der Zeit zu immer größerer Intensität, solange wir die Grenze, die äußerste Grenze, nicht durchstoßen haben, sind wir nicht wahnsinnig, so Roithamer. In Anschauung der gelben Papierrose, nichts sonst (3. Juni). Wir gehen immer zu weit, damit wir nicht zu kurz kommen, wir machen immer wahr, was wir uns vorgenommen haben, die Rücksichtslosigkeit gegen alles und vor allem gegen uns selbst bis zur äußersten Grenze, ohne die Grenze zu durchstoßen, so Roithamer. Alles bis an die äußerste Grenze immer, davor schrecken wir nicht zurück, wie wir vor dem Tod nicht zurückschrecken. Eines Tages, in einem einzigen Augenblick, durchstoßen wir die äußerste Grenze, aber der Zeitpunkt ist noch nicht da. Wir kennen die Methode, aber den Zeitpunkt kennen wir nicht. Es ist gleich, ob ich nach England zurückgehe von Österreich, oder nach Österreich, von England aus, so Roithamer. Wir haben immer noch einen Grund, die äußerste Grenze nicht zu durchstoßen. Wir sind versucht, es zu tun, wir tun es nicht, so Roithamer, fortwährend denken wir, es tun, es nicht tun, Konsequenz, *In*konsequenz, bis wir die äußerste Grenze durchstoßen haben. Die Wissenschaft einerseits, mein Vorhaben, der Kegel, andererseits, höchstes Glück / höchstes Unglück, wir haben nichts erreicht, als was alle andern auch erreicht haben, indem wir das Außerordentliche verwirklicht und vollendet haben, als Alleinsein, so Roithamer. Wirken auf einen Körper zusätzlich zur Eigenlast von außen Kräfte ein, so kippt er dann um eine Seite der Stützfläche, wenn die Wirkungslinie der sogenannten Resultierenden aller aktiven Kräfte die Standebene außerhalb der Stützfläche schneidet, bei stabilem Gleichgewicht greift die sogenannte Resultierende innerhalb der Stützfläche an, bei labilem Gleichgewicht trifft sie genau auf eine Seite der Stützfläche, *genau auf die Kippkante*, genau auf die Kippkante unterstrichen. Immer zu weit gegangen, so Roithamer, damit sind wir immer an die äußerste Grenze gegangen. Aber durchstoßen haben wir sie nicht. Wenn ich sie einmal durchstoßen habe, ist *alles* vorbei, so Roithamer, alles unterstrichen. Wir sind immer auf den *bestimmten Zeitpunkt* bezogen, bestimmten Zeitpunkt unterstrichen. Ist der Zeitpunkt da, wissen wir nicht, daß der Zeitpunkt da ist, aber es ist der richtige Zeitpunkt. Wir können solange in der höchsten Intensität existieren, als wir sind, so Roithamer (7. Juni). Das Ende ist kein Vorgang. Lichtung.

Beton

Von März bis Dezember, schreibt Rudolf, während ich, was in diesem
Zusammenhang gesagt sein muß, große Mengen Prednisolon einzunehmen hatte, um meinem zum dritten Mal akut gewordenen *morbus boeck*
entgegenzuwirken, trug ich alle nur möglichen Bücher und Schriften von
und über Mendelssohn Bartholdy zusammen, suchte alle möglichen und
unmöglichen Bibliotheken auf, um meinen Lieblingskomponisten und
sein Werk von Grund auf kennenzulernen und, so mein Anspruch, mit
dem leidenschaftlichsten Ernst für ein solches Unternehmen wie das Niederschreiben einer größeren wissenschaftlich einwandfreien Arbeit, vor
welcher ich tatsächlich schon den ganzen vorausgegangenen Winter die
größte Angst gehabt habe, alle diese Bücher und Schriften auf das sorg-
fältigste zu studieren, war mein Vorsatz gewesen und erst darauf, endlich,
nach diesem gründlichen, dem Gegenstand angemessenen Studium, genau am siebenundzwanzigsten Jänner um vier Uhr früh diese meine, wie
ich glaubte, alles bisher von mir die sogenannte Musikwissenschaft betreffende von mir aufgeschriebene Veröffentlichte sowie Nichtveröffent-
lichte weit zurück- und unter sich lassende, schon seit zehn Jahren geplante, aber immer wieder nicht zustande gekommene Arbeit angehen zu
können nach der für den Sechsundzwanzigsten bestimmten Abreise meiner Schwester, deren wochenlange Anwesenheit in Peiskam selbst den
geringsten Gedanken an eine Inangriffnahme meiner Arbeit über Mendelssohn Bartholdy in seinen Ansätzen sogleich zunichte gemacht hatte.
Am Abend des Sechsundzwanzigsten, als meine Schwester tatsächlich und
endlich abgereist war, mit allen aus ihrer krankhaften Herrschsucht und
aus ihrem sie selbst am meisten verzehrenden, andererseits sie tagtäglich
neu belebenden Mißtrauen gegen alles und in erster Linie gegen mich,
und den daraus resultierenden Fürchterlichkeiten, war ich mehrere Male
aufatmend durch das Haus gegangen, um es einmal gut durchzulüften
und schließlich in Anbetracht der Tatsache, daß schon der nächste Morgen der Siebenundzwanzigste sein wird, daran gegangen, alles für mein
Vorhaben herzurichten, die Bücher, die Schriften, die Berge von Notizen
und die Papiere, alles auf meinem Schreibtisch genau jenen Gesetzen
unterzuordnen, die schon immer die Voraussetzung waren für einen Ar-

beitsbeginn. Wir müssen allein und von allen verlassen sein, wenn wir eine Geistesarbeit angehen wollen! Wie nicht anders zu erwarten, hatte ich nach den Vorbereitungen, die mich über fünf Stunden, von halbneun Uhr am Abend, bis halbzwei Uhr in der Frühe in Anspruch genommen hatten, den Rest der Nacht nicht geschlafen, vor allem quälte mich fortwährend der Gedanke, meine Schwester könne aus irgendeinem Grund zurück- kommen und meinen Plan zunichte machen, sie war in ihrem Zustand zu allem fähig, der kleinste Zwischenfall, die geringste Störung, sagte ich mir und sie bricht ihre Heimreise ab und kehrt um und ist wieder da, es ist nicht das erste Mal, daß ich sie an den Wiener Zug gebracht und für Monate verabschiedet habe und zwei oder drei Stunden später war sie wieder in meinem Haus um zu bleiben, solange es ihr beliebte. Ich horchte die ganze Zeit wachliegend, ob sie nicht an der Tür sei, abwechselnd horchte ich, ob meine Schwester an der Tür sei und dachte dann wieder an meine Arbeit, vor allem, *wie* ich diese Arbeit beginnen werde, was der erste Satz dieser Arbeit sein wird, denn ich wußte noch immer nicht, wie dieser erste Satz lauten solle und bevor ich nicht weiß, wie der erste Satz lautet, kann ich keine Arbeit anfangen und so quälte es mich die ganze Zeit, zu horchen, ob meine Schwester nicht wieder zurückgekommen sei und was für einen ersten Satz ich über Mendelssohn Bartholdy zu schreiben habe, immer wieder horchte ich und war verzweifelt und immer wieder dachte ich über den ersten Satz meiner Arbeit über Mendelssohn nach, genauso verzweifelt. An die zwei Stunden dachte ich gleichzeitig über den ersten Satz meiner Mendelssohn-Arbeit nach und horchte, ob meine Schwester nicht wieder zurückgekommen sei, um meine Arbeit über Mendelssohn, noch bevor ich sie überhaupt angefangen habe, zunichte zu machen. Schließlich aber mußte ich doch aus Erschöpfung, weil ich immer noch intensiver horchte, ob meine Schwester vielleicht wieder zurückgekom- men ist, gleichzeitig in dem Gedanken, daß sie, *wenn* sie tatsächlich wieder zurückkommt, meine Arbeit über Mendelssohn Bartholdy unweigerlich zunichte macht und dazu, wie der erste Satz meiner Arbeit über Mendels- sohn lautet, eingenickt sein; als ich erschrocken aufwachte, war es fünf Uhr. Ich hatte um vier Uhr mit meiner Arbeit anfangen wollen, jetzt war es fünf, über diese unvorhergesehene Nachlässigkeit, besser noch Diszi- plinlosigkeit, meinerseits, war ich erschrocken. Ich stand auf und wickelte mich in die Decke, in die von meinem Großvater mütterlicherseits ererbte Pferdedecke, ich schnürte die Decke mit dem Ledergurt, den ich genauso wie die Decke von meinem Großvater geerbt habe, so fest als möglich zu, so fest, daß ich gerade noch atmen konnte und setzte mich an den Schreibtisch. Naturgemäß war die Finsternis noch die größte. Ich vergewisserte mich, ob ich auch tatsächlich allein im Hause bin, außer meinem eigenen Pulsschlag hörte ich nichts. Mit einem Glas Wasser schluckte ich die mir von meinem Internisten vorgeschriebenen vier Prednisolontabletten und glättete das Papierblatt, das ich vor mich hingelegt hatte. Ich werde mich beruhigen und anfangen, sagte ich mir. Immer wieder sagte ich mir, ich werde mich beruhigen und anfangen, aber als ich es an die hundertmal gesagt hatte und ganz einfach nicht mehr hatte aufhören können, das zu sagen, gab ich auf. Mein Versuch war mißlungen. In der Morgendämmerung war es mir nicht mehr möglich, mit meiner Arbeit anzufangen. Das Tageslicht zerstörte endgültig meine Hoffnung. Ich stand auf und verließ fluchtartig meinen Schreibtisch. Ich ging ins Vorhaus hinunter, weil ich glaubte, mich da, in der Kälte, zu beruhigen, denn ich war, über eine ganze Stunde am Schreibtisch sitzend, in eine mich beinahe wahnsinnig machende Erregung hineingekommen, in eine solche nicht nur von meiner Geistesangespanntheit, sondern auch von den Prednisolontabletten hervorgerufenen Erregung, die ich gefürchtet hatte. Ich preßte beide Handflächen an die kalte Mauer, eine schon oft bewährte Methode, dieser Erregung Herr zu werden und beruhigte mich tatsächlich. Ich war mir bewußt, daß ich mich einem Thema ausgeliefert habe, das mich möglicherweise vernichten wird, aber ich hatte doch geglaubt, wenigstens den Anfang meiner Arbeit machen zu können an diesem Morgen. Ich hatte mich getäuscht, obwohl sie gar nicht mehr da war, fühlte ich doch an allen Ecken und Enden des Hauses noch meine Schwester, welche das geistfeindlichste Wesen ist, das sich denken läßt. Allein der Gedanke an sie, macht alles Denken in mir zunichte, hat immer alles Denken in mir zunichte gemacht, hat alle meine Geistespläne im Keim erstickt. Sie ist längst fort und beherrscht mich noch immer, dachte ich, meine Hände fest an die kalte Vorhausmauer drückend. Schließlich hatte ich die Kraft, meine Hände von der kalten Vorhausmauer zurückzuziehen und ein paar Schritte zu gehen. Auch in dem Vorhaben, über *Jenufa* etwas zu schreiben, war ich gescheitert, das war Ende Oktober, kurz bevor meine Schwester ins Haus gekommen ist, sagte ich mir, jetzt scheitere ich auch an Mendelssohn Bartholdy und ich scheitere sogar jetzt, wo meine Schwester gar nicht mehr da ist. Selbst die Skizze *Über Schönberg* habe ich nicht zuende gebracht, sie hat sie mir vernichtet, sie hat sie mir zuerst zerstört und dann endgültig vernichtet, indem sie genau in dem Augenblick in mein Zimmer eingetreten ist, in welchem ich glaubte, die Skizze zuende schreiben zu können. Aber gegen einen solchen Menschen wie meine Schwester, der so stark und gleichzeitig so geistfeindlich ist, kann man sich nicht wehren, er kommt und vernichtet, was der Kopf sich in monatelanger wahnsinniger Gedächtnisanstrengung, ja Gedächtnis*über*anstrengung ausgedacht hat, sei es, was es wolle, sei es die kleinste Skizze über den kleinsten Gegenstand. Und nichts ist so zerbrechlich wie die Musik, welcher ich mich tatsächlich in den letzten Jahren ausgeliefert habe, zuerst hatte ich mich der praktischen Musik ausgeliefert, dann der theoretischen, zuerst die praktische bis zum Äußersten praktiziert, dann die theoretische, aber meine Schwester und alle ihr ähnlichen Menschen, deren Unverständnis mich Tag und Nacht verfolgt, hat alle meine Pläne zunichte gemacht, *Jenufa* hat sie mir zerstört, *Moses und Aron*, meine Schrift *Über Rubinstein*, meine Arbeit über *Die Six*, überhaupt alles und jedes, das mir heilig gewesen ist. Es ist furchtbar, kaum bin ich zu einer musikalischen Geistesarbeit fähig, taucht meine Schwester auf und zerstört sie mir. Als ob sie alles darauf richtete, meine Geistesarbeit zu zerstören. Als ob sie in Wien fühlte, daß ich hier, in Peiskam, ein Thema anzugehen im Begriff bin, wenn ich das Thema angehen will, taucht sie auf und zerstört es mir. Die Menschen sind dazu da, den Geist aufzuspüren und ihn zu vernichten, sie fühlen, ein Kopf ist bereit zu einer Geistesanstrengung und reisen herbei, um diese Geistesanstrengung im Keim zu ersticken. Und ist es nicht meine Schwester, die unglückliche, die bösartige, die hinterhältige, so ist es ein anderer ihrer Wesensart. Wieviele Schriften habe ich angefangen und dann, weil meine Schwester aufgetaucht ist, verbrannt. In den Ofen geworfen bei ihrem Auftreten. Kein Mensch sagt so oft wie sie: *ich störe doch nicht?*, ein Hohn, wenn das ein Mensch fortwährend auf der Zunge führt, der immer gestört hat und immer stören wird und dessen Lebensaufgabe es zu sein scheint, zu stören, alles und jedes zu stören und damit zu *zer*stören und letztenendes zu vernichten und immer wieder das zu vernichten, was mir als das allerwichtigste erscheint auf der Welt: *ein Geistesprodukt*. Schon als wir Kinder waren, hatte sie bei jeder Gelegenheit versucht, mich zu stören, mich aus meinem, wie ich es damals genannt habe, Geistesparadies zu vertreiben. Wenn ich ein Buch in der Hand hatte, verfolgte sie mich so lange, bis ich das Buch weglegte, sie hatte ihren

Triumph, wenn ich es ihr voller Wut ins Gesicht schleuderte. Ich erinnere mich genau: hatte ich meine Landkarten ausgebreitet auf dem Boden, meine lebenslängliche Leidenschaft, so trat sie, mich im Augenblick erschreckend, aus ihrem Versteck hinter meinem Rücken und gerade auf die Stelle, auf die ich meine ganze Aufmerksamkeit gerichtet hatte, überall, wo ich meine geliebten Länder und Erdteile ausgebreitet habe, um sie mit meinen kindlichen Phantasien anzufüllen, sehe ich ihren plötzlich und bösartig daraufgesetzten Fuß. Schon mit fünf, sechs Jahren hatte ich mich in unseren Garten zurückgezogen mit einem Buch, einmal war es, ich erinnere mich deutlich, ein blaueingebundener Band mit Gedichten von Novalis gewesen aus der großväterlichen Bibliothek, in welchem ich, ohne ganz eigentlich zu verstehen, was in ihm gedruckt gewesen war, mein ganzes Sonntagnachmittagsglück herausgelesen hatte, Stunde um Stunde, bis mich meine Schwester ausfindig machte und mit Geschrei aus dem Gebüsch stürzte und mir das Novalis-Buch entriß. Unsere jüngere Schwester war ganz anders, aber sie ist seit dreißig Jahren tot und es ist unsinnig, sie heute mit meiner älteren zu vergleichen, die kränkelnde und kranke und schließlich tote, mit der immer gleich gesunden, alles um sie herum beherrschenden. Auch ihr Mann hatte sie nur zweieinhalb Jahre ausgehalten, dann flüchtete er aus ihrer Umklammerung nach Südamerika, nach Peru, um sich nie wieder bei ihr zu melden. Was sie anrührte, zerstörte sie und sie hat zeitlebens versucht, mich zu zerstören. Zuerst unbewußt, später bewußt, hatte sie alles darauf angelegt, mich zu vernichten. Bis zum heutigen Tag mußte ich mich gegen diesen unbändigen Vernichtungswillen meiner älteren Schwester wehren und ich weiß gar nicht, wie es mir bis heute gelungen ist, ihr zu entkommen. Sie tritt auf, wann sie will, sie geht, wann sie will, sie tut, was sie will. Sie heiratete den Realitätenvermittler, ihren Mann, *um* ihn nach Peru zu vertreiben und das Realitätenvermittlungsgeschäft zur Gänze an sich zu reißen. Sie ist ein Geschäftsmensch, darauf war sie schon als ganz kleines Kind angelegt, auf die Geistesverfolgung und die mit dieser eng einhergehende Geldvermehrung. Daß wir dieselbe Mutter haben, habe ich nie begreifen können. Jetzt war sie schon beinahe vierundzwanzig Stunden aus dem Haus und beherrschte mich immer noch. Ich konnte mich ihr nicht entziehen, ich versuchte es verzweifelt, aber es gelang mir nicht. Bei dem Gedanken, daß sie bis heute im Schlafwagen grundsätzlich nur mit den eigenen Leintüchern reist, graust es mich. Ich riß zum drittenmal die Fenster auf, durchlüftete das ganze Haus bis es die hereingebrochene Kälte zu einem einzigen Eiskasten gemacht hatte, in welchem ich zu erfrieren drohte; hatte ich zuerst die Angst gehabt, ersticken zu müssen, so ängstigte mich jetzt der Gedanke, erfrieren zu müssen. Und alles wegen dieser Schwester, unter deren Einfluß ich zeitlebens zu ersticken und zu erfrieren drohte. Tatsächlich liegt sie in ihrer Wiener Wohnung bis halbelf Uhr vormittags im Bett und geht erst gegen halbzwei Uhr ins Imperial oder Sacher essen, wo sie, ihren Tafelspitz zerlegend und schluckweise ihren Rosé trinkend, mit den verkommenen Fürsten und überhaupt allen möglichen und unmöglichen kaiserlichen Hoheiten ihre Geschäfte macht. Mich ekelt vor ihrer heutigen Existenz. Auch an diesem Abreisetag hatte sie ihr Zimmer vollkommen unaufgeräumt hinterlassen, so daß ich mich schon gleich bei seinem Anblick vor der erst am darauffolgenden Wochenende kommenden Frau Kienesberger, die seit über zehn Jahren das Haus in Ordnung hält, genierte; alles lag wild durcheinander auf drei großen Haufen und die Bettdecke auf dem Boden. Und obwohl ich schon, wie gesagt, dreimal gelüftet hatte, war noch immer der Geruch meiner Schwester im Zimmer, tatsächlich war ihr Geruch noch immer im ganzen Haus, mich ekelte vor diesem Geruch. Sie hat auch meine jüngere Schwester auf dem Gewissen, denke ich oft, denn auch sie hatte vor ihrer älteren Schwester fortwährend Angst gehabt, in ihrer letzten Zeit wahrscheinlich tatsächlich Todesangst. Die Eltern machen ein kleines Kind und setzen damit ein Ungeheuer in die Welt, denke ich, das alles, das mit ihm in Berührung kommt, umbringt. Einmal hatte ich eine Schrift über Haydn verfaßt, nicht über Josef, über Michael Haydn, als sie plötzlich auftrat und mir die Feder aus der Hand schlug. Da ich die Schrift nicht fertig hatte, war sie ruiniert. *Jetzt habe ich dir deine Schrift ruiniert!,* rief sie aus voller Entzücken und lief zum Fenster und rief diesen teuflischen Satz mehrere Male ins Freie, *jetzt habe ich dir deine Schrift ruiniert! Jetzt habe ich dir deine Schrift ruiniert!* Dieser grauenhaften Überrumpelung war ich nicht gewachsen. Bei Tisch zerstörte sie jedes Gespräch schon in den Ansätzen, sie unterbrach es ganz einfach mit einem plötzlichen Gelächter oder mit einer grenzenlos dummen Bemerkung, die nichts mit dem gerade angefangenen Gespräch zu tun hatten. Mein Vater hatte sie noch am ehesten bändigen können, aber meine Mutter war ihr erbarmungslos ausgeliefert. Als unsere Mutter gestorben war, hatte meine Schwester, wir waren noch am Grab gestanden, mit gröbster Roheit vor sich hingesagt: *sie hat sich selbst umgebracht, sie war einfach zu schwach zum Leben. Die einen sind stark und die andern sind schwach*, waren ihre Wörter, wie wir aus dem Friedhof herausgegangen sind. Aber ich muß mich von meiner Schwester befreien, sagte ich mir jetzt und ging in den Hof hinaus. Ich atmete tief ein, was augenblicklich einen Hustenanfall bewirkte, sofort trat ich wieder ins Haus und ich mußte mich auf den Sessel unter dem Spiegel setzen, um einer Ohnmacht zuvorzukommen. Nur langsam erholte ich mich von dem Kälteeinbruch in meine Lungen. Ich nahm zwei Glyzerintabletten und in einem vier von den Prednisolonpillen. Ruhe, Ruhe, sagte ich vor mich hin, dabei beobachtete ich die Maserung des Fußbodens, die Lebenslinien der Lärchenbretter. Diese Beobachtung brachte mich wieder ins Gleichgewicht. Vorsichtig stand ich auf und ging wieder in den ersten Stock. Vielleicht gelingt es mir jetzt, mit meiner Arbeit anzufangen, dachte ich. Aber gerade als ich mich hinsetzte, fiel mir ein, daß ich noch nicht gefrühstückt habe und ich stand wieder auf und ging in die Küche hinunter. Ich nahm Milch und Butter aus dem Eiskasten, die englische Marmelade stellte ich dazu auf den Tisch und schnitt mir zwei Brotscheiben vom Wecken herunter. Ich stellte mir das Teewasser auf und setzte mich, dann, als ich alles für mein Frühstück hergerichtet hatte, an den Tisch. Aber diese Tatsache, die aus dem Eiskasten herausgenommene Butter und das aus der Schublade herausgenommene Brot essen zu müssen, deprimierte mich. Ich machte nur einen einzigen Schluck und verließ die Küche. Hatte ich es schon nicht mehr ausgehalten, jeden Tag mit meiner Schwester zu frühstücken, so hielt ich es jetzt nicht aus, allein zu frühstücken. Es ekelte mich vor dem Frühstück mit meiner Schwester genauso, wie es mich jetzt ekelte, allein zu frühstücken. Du bist wieder allein, du bist wieder allein, sei glücklich!, sagte ich mir, aber das Unglück ließ sich auf diese plumpe Weise nicht übertölpeln. So einfach und mit einer solchen geradezu schamlosen Taktik, läßt sich das Unglück nicht zum Glück machen. Mit vollem Magen hätte ich ja überhaupt nicht mit meiner Schrift über Mendelssohn Bartholdy anfangen können, dachte ich, wenn, so nur mit dem leeren Magen. Der Magen muß leer sein, will ich eine Geistesarbeit wie diese über Mendelssohn Bartholdy anfangen. Und tatsächlich hatte ich immer nur mit leerem Magen eine Arbeit wie die über Mendelssohn Bartholdy anfangen können, niemals mit vollem. Wie habe ich auf die Idee kommen können, anzufangen nach dem Frühstück!, sagte ich mir. Der leere Magen ermöglicht das Denken, der volle Magen knebelt es, würgt es von vornherein ab.

Ich ging in den ersten Stock hinauf, aber ich setzte mich nicht gleich an den Schreibtisch, aus einer Entfernung von etwa acht oder neun Metern, durch die offene Tür von dem Neunmetererersterstockzimmer aus, betrachtete ich den Schreibtisch, vor allem, ob auch alles auf meinem Schreibtisch in Ordnung ist. Ja, es ist alles auf dem Schreibtisch in Ordnung, sagte ich mir. Alles. Ich nahm alles auf dem Schreibtisch in Augenschein, unbeweglich, unbestechlich. Ich beobachtete den Schreibtisch so lange, bis ich mich selbst an meinem Schreibtisch sozusagen von hinten sitzen sah, ich sah, wie ich mich, meiner Krankheit entsprechend, vorbeugte, um zu schreiben. Ich sah, daß ich eine krankhafte Körperhaltung habe, aber ich bin ja auch nicht gesund, ich bin ja auch durch und durch krank, sagte ich mir. So wie du da sitzt, sagte ich mir, hast du schon ein paar Seiten über Mendelssohn Bartholdy geschrieben, vielleicht schon zehn oder elf Seiten, so sitze ich am Schreibtisch, wenn ich zehn oder elf Seiten geschrieben habe, sagte ich mir. Ich rührte mich nicht und beobachtete meine Rückenhaltung. Dieser Rücken ist der Rücken meines Großvaters mütterlicherseits, dachte ich, etwa ein Jahr vor seinem Tod. Ich habe dieselbe Rückenhaltung, sagte ich mir. Unbeweglich verglich ich meinen Rücken mit dem Rücken meines Großvaters und ich dachte dabei an eine ganz bestimmte Fotografie, die nur ein Jahr vor dem Tod meines Großvaters gemacht worden ist. Der Geistesmensch ist aufeinmal zu einer solchen krankhaften Rückenhaltung gezwungen und stirbt bald darauf. Ein Jahr darauf, dachte ich. Dann war das Bild weg, ich saß nicht mehr an meinem Schreibtisch, der Schreibtisch war leer, das Blatt Papier darauf war genauso leer. Wenn ich jetzt hingehe und anfange, könnte es mir gelingen, sagte ich mir, aber ich hatte nicht den Mut, hinzugehn, ich hatte die Absicht, aber nicht die Kraft dazu, weder die Körperkraft, noch die Geisteskraft. Ich stand da und schaute durch die Tür auf den Schreibtisch und fragte mich, wann der Moment da sei, an den Schreibtisch zu treten und mich hinzusetzen und mit der Arbeit anzufangen. Ich horchte, aber ich hörte nichts. Obwohl die Nachbarn unmittelbar um das meinige ihre Häuser haben, war nichts zu hören. Als ob in diesem Augenblick alles tot gewesen wäre. Plötzlich war mir dieser Zustand angenehm und ich versuchte, ihn solange als möglich in die Länge zu ziehen. Mehrere Minuten hatte ich diesen Zustand in die Länge ziehen und genießen können, die Vorstellung und die Gewißheit, daß alles tot ist um mich herum. Dann aufeinmal: *du gehst an den Schreibtisch und setzt dich hin und schreibst den ersten Satz deiner Studie auf. Nicht mit Behutsamkeit, mit Entschiedenheit!,* sagte ich mir. Aber ich hatte nicht die Kraft dazu. Ich stand da und getraute mich kaum zu atmen. Setz' ich mich hin, gibt es sofort eine Störung, einen unvorhergesehenen Zwischenfall, jemand klopft an die Tür, ein Nachbar schreit, der Briefträger verlangt meine Unterschrift. Du mußt dich ganz einfach hinsetzen und anfangen, ohne nachzudenken, wie im Schlaf mußt du den ersten Satz zu Papier bringen undsofort. Am Abend, während ich noch mit meiner Schwester zusammen war, hatte ich die Sicherheit, in der Frühe, wenn sie endgültig abgereist ist, mit meiner Arbeit anfangen zu können, von den vielen in Betracht gezogenen ersten Sätzen meiner Mendelssohn-Bartholdy-Arbeit dann ganz einfach den einzigen möglichen und dadurch richtigen auf das Papier zu setzen und die Arbeit voranzutreiben, rücksichtslos, weiter und weiter. Ist erst einmal meine Schwester aus dem Haus, kann ich anfangen, habe ich mir immer wieder gesagt und wieder einmal den Sieg davongetragen. Ist der Unmensch aus dem Haus, entsteht meine Arbeit von selbst, mache ich alle auf diese Arbeit bezogenen Ideen zu einer einzigen, zu meinem Werk. Aber jetzt war meine Schwester schon weit über vierundzwanzig Stunden aus dem Haus und ich war weiter denn je davon entfernt, mit meiner Arbeit anfangen zu können. Sie, meine Vernichterin, hatte mich noch immer in ihrer Gewalt. Sie lenkte meine Schritte und verfinsterte gleichzeitig meinen Kopf. Nach dem Tod unseres Vaters, drei Jahre nach dem Tod unserer Mutter, verschärfte sich ihre Rücksichtslosigkeit mir gegenüber. Sie war sich immer ihrer Stärke, gleichzeitig meiner Schwäche bewußt. Diese Schwäche meinerseits hat sie zeitlebens ausgenützt. Was unsere gegenseitige Verachtung betrifft, so hält sie sich seit Jahrzehnten die Waage. Mich ekelt vor ihren Geschäften, sie ekelt vor meiner Phantasie, ich verachte ihre Erfolge, sie verachtet meine Erfolglosigkeit. Das Unglück ist, daß sie das Recht hat, jederzeit, wann sie will, in meinem Haus ihr Quartier aufzuschlagen, dieser fürchterliche Passus im Testament meines Vaters ist für mich entsetzlich. Sie meldet sich ja meistens überhaupt nicht an, ist aufeinmal da und geht, als ob es zur Gänze ihr gehörte, durch mein Haus, in welchem sie ja nur *ein Wohnrecht* hat, aber dieses Wohnrecht ist ein lebenslängliches und es ist nicht räumlich beschränkt. Und wenn es ihr einfällt, irgendwelche zwielichtigen Freunde mitzubringen, kann ich dagegen nichts tun. Sie breitet sich in meinem Haus, als ob es ihr allein gehörte, aus und verdrängt mich und ich habe nicht die Kraft, mich dagegen zu wehren, ich müßte ein ganz anderer

Charakter, ein ganz anderer Mensch sein. Dann weiß ich nicht, bleibt sie zwei Tage oder zwei Stunden oder vier oder sechs Wochen oder überhaupt mehrere Monate, weil es ihr in der Stadt aufeinmal nicht mehr gefällt und sie sich die Landluft verschrieben hat. Wie sie *mein lieber kleiner Bruder* sagt, davor ekelt es mich. *Mein lieber kleiner Bruder,* sagt sie, *jetzt bin ich in der Bibliothek, nicht du* und sie fordert tatsächlich, daß ich, selbst wenn ich schon eingetreten bin oder überhaupt schon längere Zeit vor ihr in der Bibliothek gewesen bin, die Bibliothek augenblicklich verlasse. *Mein lieber kleiner Bruder, was hast du davon, daß du diesen ganzen Unsinn studiert hast, krank bist du davon, schon fast verrückt, eine traurige, komische Figur,* hat sie am letzten Abend gesagt, um mich zu verletzen. *Seit einem Jahr faselst du von Mendelssohn Bartholdy, wo ist dein Werk?,* sagte sie. *Du gehst nur mit Toten um, ich mit den Lebenden, das ist der Unterschied. In meiner Gesellschaft sind lebendige Menschen, in deiner nur Tote. Weil du vor den Lebendigen Angst hast,* sagt sie, *weil du nicht den geringsten Einsatz zu leisten gewillt bist, den Einsatz, der zu leisten ist, wenn der Mensch mit lebendigen Menschen umgehen will. Du sitzt hier in deinem Haus, das nichts anderes als eine Gruft ist und pflegst den Umgang mit den Toten, mit Mutter und Vater und unserer unglücklichen Schwester und mit allen deinen sogenannten Geistesgrößen! Es ist erschreckend!* Tatsächlich hat sie recht, denke ich jetzt, sie sagt die Wahrheit. Mit der Zeit habe ich mich vollkommen in dieser Gruft, die mein Haus ist, verrannt. Ich stehe in der Frühe *in der Gruft* auf und renne den ganzen Tag in der Gruft hin und her und lege mich spät in der Nacht schlafen in dieser Gruft. *Dein Haus!,* rief sie mir ins Gesicht, *deine Gruft!* Sie hat ja recht, sagte ich mir jetzt, alles, was sie sagt, stimmt, ich gehe mit keinem einzigen lebendigen Menschen um, habe sogar den Kontakt mit den Nachbarn aufgegeben, außer, wenn ich mich mit Lebensmitteln zu versorgen habe, gehe ich ja überhaupt nicht mehr aus dem Haus. Und ich bekomme auch beinahe keine Post mehr, weil ich selbst keine Briefe mehr schreibe. Wenn ich essen gehe, fliehe ich, kaum daß ich eingetreten bin und meine Mahlzeit, vor welcher es mich ekelt, gegessen habe, aus dem Gasthaus. So kommt es, daß ich kaum mehr mit einem Menschen spreche und ab und zu habe ich das Gefühl, ich kann überhaupt nicht mehr sprechen, ich habe das Sprechen verlernt, ungläubig mache ich eine Sprechübung, um festzustellen, ob noch ein Laut aus mir herauskommt, denn selbst mit der Kienesberger rede ich die meiste Zeit nichts. Die macht ihre Arbeit, ich erteile ihr keine Befehle, manchmal habe ich sie überhaupt nicht wahrgenommen und sie ist schon wieder weg. Warum habe ich eigentlich tatsächlich den Vorschlag meiner Schwester, für ein paar Wochen zu ihr nach Wien zu gehen, abgelehnt, rüde, als hätte ich eine bösartige Beleidigung zu parieren gehabt? Was bin ich für ein Mensch geworden seit dem Tod der Eltern?, fragte ich mich. Ich hatte mich auf den Vorhaussessel gesetzt und jetzt fror mich aufeinmal. Das Haus war nicht leer, es war tot. Es ist eine Gruft, dachte ich. Aber sind außer mir noch andere Menschen in ihm, halte ich es überhaupt nicht aus. Wieder sah ich meine Schwester in schlechtem Lichte. Sie hatte doch nur Hohn und Spott für mich übrig. Sie machte mich, wo sie nur konnte, lächerlich, alle Augenblicke und wenn die Gelegenheit dazu da war, vor allen andern. So sagte sie vor einer Woche, am Dienstag, als wir den sogenannten Minister (Landwirtschafts- und Kulturminister in einem!) aufsuchten, der seine Villa von Grund auf hat erneuern lassen und der mir widerlicher ist als alle andern, vor der ganzen Gesellschaft im sogenannten *blauen Salon* (!), *er* (also ich!) *schreibt seit zehn Jahren an einem Buch über Mendelssohn Bartholdy und hat noch nicht einmal den ersten Satz im Kopf.* Schallendes Gelächter aller dieser stumpfsinnigen Leute in ihren widerwärtig-weichen Fauteuils, war die Folge gewesen und tatsächlich fragte einer der Anwesenden, ein Internist aus Vöcklabruck, der Nachbarstadt, wer denn nun eigentlich Mendelssohn Bartholdy sei. Worauf meine Schwester teuflisch lachend das Wort *Komponist* ausgestoßen hat, was wiederum nur ein ekelhaftes Gelächter hervorgerufen hatte bei diesen Leuten, die alle Millionäre und stumpfsinnig und dazu auch noch abgestandene Grafen und senile Barone sind, die jahraus, jahrein in Jahrzehnten durchgestunkene Lederhosen anhaben und ihre armseligen Tage mit Geschwätz über Gesellschaft, Krankheit und Geld ausfüllen. Augenblicklich hatte ich *diese Gesellschaft* verlassen wollen, aber ein Blick meiner Schwester genügte, mein Vorhaben aufzugeben. Ich hätte aufstehen und gehen sollen, dachte ich jetzt, aber ich bin sitzen geblieben und habe diese sich bis in die späte Nacht hineinziehende grauenhafte Erniedrigung über mich ergehen lassen. Es wäre doch unmöglich gewesen, meine Schwester allein zu lassen in dieser Gesellschaft, die ihr in allem und jedem entsprochen hatte, es waren eben alles angesehene Leute mit viel, ja mit unendlich viel Geld im Hintergrund und mit allen möglichen die Welt in Atem haltenden Titeln. Wahrscheinlich, dachte ich jetzt, wittert sie ein Geschäft, sie machte ja die größten Geschäfte mit diesen alten Grafen und alten Baronen, die sehr oft kurz vor dem Lebensende riesige Happen ihrer noch viel riesigeren Besitzungen abstießen, um sich und naturgemäß dadurch auch ihre Erben, zu erleichtern. Natürlich, ein solcher Abend in einem solchen Hause und in einer solchen Gesellschaft kann für meine Schwester ein Millionengeschäft bedeuten, dachte ich, mir bedeutet es nichts, aber ich habe ja immer auf meine Schwester Rücksicht zu nehmen. Sie verschränkt ihre Beine und sagt einem alten Baron einen schmeichelhaften durch und durch verlogenen Satz und verdient sich damit ein ganzes Jahr Lotterleben, dachte ich. Schon als Kind hatte meine Schwester einen unglaublich geschärften Geschäftsgeist. Ich erinnere mich, daß sie unumwunden jeden Gast, der hier auftauchte, um Geld angegangen ist, die Leute fanden das originell für ein Kind von sieben, acht Jahren, obwohl es sie hätte abstoßen müssen, wie es mich damals schon abgestoßen hat. Die Eltern verboten es ihr natürlich, aber sie hielt sich schon damals an keinerlei elterliches Verbot. Auf dieser Gesellschaft, von welcher ich gerade gesprochen habe, ermunterte sie am Ende noch den sogenannten Baron Lederer, der in Wirklichkeit, wie ich weiß, überhaupt kein Baron ist, sie bei seinem nächsten Besuch in Wien, in das Bristol einzuladen; was jedem als eine Unverschämtheit erscheinen mußte, war in Wirklichkeit ein grandioser Schachzug meiner Schwester, die immer genau wußte, wie ihre Geschäfte anzubahnen sind. Und sie hat immer Erfolg gehabt. Wenn sie heute sagt, sie habe nach dem Tod unserer Eltern ihr Vermögen verdreifachen können, so muß ich annehmen, daß sie es nicht nur einmal, sondern wahrscheinlich drei- oder viermal verdreifacht hat, denn in Geschäftsangelegenheiten hat sie mich immer belogen, schon aus Angst, ich könnte eines Tages auf die Idee kommen, etwas von ihr zu fordern. Davor braucht sie keinerlei Angst zu haben. Was ich noch habe, reicht, solange ich lebe, denn ich lebe ja nicht mehr lang, sagte ich mir und stand vom Sessel auf und ging in die Küche. Da ich ja jetzt in meinem Vorhaben, gleich in der Frühe mit meiner Arbeit über Mendelssohn Bartholdy anzufangen, gescheitert bin, sagte ich mir, kann ich mich ja in die Küche setzen und frühstücken. Während ich widerwillig mein Brot aß und den inzwischen kalt gewordenen Tee trank, ich hatte keine Lust, mir einen neuen zu kochen, hörte ich mehrere Male meine Schwester sagen, *komm doch zu mir nach Wien, ein paar Wochen, du wirst sehen, es hilft dir, es reißt dich aus allem heraus, aus dir selbst heraus*, hatte sie mehrere Male betont. Allein die Vorstellung, in Wien mit meiner Schwester zusammensein zu müssen, verursachte mir Übelkeit. Und wenn sie hundertmal recht hat, ich werde das niemals tun. Wien ist mir verhaßt. Ich laufe zweimal die Kärntner-straße und den Graben auf und ab und werfe dann noch einen Blick in den Kohlmarkt hinein, das genügt, daß es mir den Magen umdreht. Seit dreißig Jahren dasselbe Bild, dieselben Menschen, dieselben Stumpfsinnigkeiten, dieselben Infamien, Niederträchtigkeiten, Verlogenheiten. Sie habe sich, im obersten Stockwerk ihres eigenen Hauses auf dem Graben (!) eine dreihundert Meter große vollkommen neue *luxuriöse* Wohnung gebaut, die solle ich mir anschauen. Ich denke nicht daran, dachte ich und kaute an meinem alten Brot. Sie war hergekommen, sagte ich mir, nicht nur, wie sie mir glauben machen wollte, um einen Kranken, möglicherweise einen Todkranken zu behandeln, der ich wahrscheinlich wirklich bin, sondern einen Verrückten, aber das getraute sie sich denn doch nicht auszusprechen. Sie behandelt mich ja vollkommen wie einen Verrückten, so behandelt man nur einen Verrückten, einen Wahnsinnigen, mußte ich mir, mein Brot kauend, sagen. Am Ende hatte sie aber doch ganz deutlich gesagt, *mein Besuch bei dir hat, wie ich sehe, nichts genützt. Immerhin, ich habe ein paar gute Geschäfte mit deinen Nachbarn gemacht,* so sie. Unverfroren, kalt, berechnend. Dir ist nicht zu helfen, dir kann niemand helfen, hat sie bei unserem letzten Mittagessen gesagt. Du verachtest alles, hat sie gesagt, alles auf der Welt, alles das, das *mir* Vergnügen macht, verachtest du. Und vor allem verachtest du dich selbst. *Du bezichtigst alle aller Verbrechen, das ist dein Unglück.* Das hat sie tatsächlich gesagt und ich hatte es nicht in dem ganzen Umfang seiner Unerhörtheit wahrgenommen, erst jetzt ist es mir klar geworden, daß sie sozusagen den Nagel auf den Kopf getroffen hat. Mir macht das Leben Spaß, obwohl auch ich meine Leiden habe, jeder hat diese Leiden, mein lieber kleiner Bruder, aber du verachtest das Leben, das ist dein Unglück, deshalb bist du krank, deshalb stirbst du. Und du stirbst bald, wenn du dich nicht änderst, hat sie gesagt. Ich hörte es jetzt deutlich, deutlicher als in dem Augenblick, in welchem es von ihr mit der ihr entsprechenden Gefühlskälte gesagt war. Meine Schwester, die Hellsichtige, absurd! Wahrscheinlich hat sie recht, daß es gut wäre, eine zeitlang von Peiskam wegzugehen, aber ich habe keine Garantie, daß ich meine Arbeit an einem anderen Ort anfangen kann, geschweige denn vorwärts bringen. Während des Nachtmahls hatte sie mehrere Male *Mendelssohn Bartholdy!* ausgerufen, als wollte sie sich mit diesem Ausruf besonders gründlich belustigen, wahrscheinlich, weil sie genau wußte, daß es mich jedesmal zutiefst treffen mußte. Tatsache ist, daß ich ihr gegenüber schon vor weit über zehn Jahren von der Idee, etwas, ich sagte nicht, ein Buch oder eine Schrift, daß ich *etwas* über Mendelssohn Bartholdy zu schreiben beabsichtigte, gesprochen habe. Damals hatte sie noch niemals etwas von Mendelssohn Bartholdy gehört, jetzt machte sie das unaufhörlich von mir bei jeder Gelegenheit ausgesprochene Wort Mendelssohn Bartholdy verrückt, sie konnte es nicht mehr hören, wenigstens nicht mehr von mir, sie verbot es mir, den Namen Mendelssohn Bartholdy noch einmal in ihrer Gegenwart auszusprechen, wenn Mendelssohn Bartholdy, dann von ihr selbst ausgesprochen, denn das bereitete ihr ein Vergnügen, weil es mich, nach zehnjähriger Erprobung, lächerlich machen mußte. Im übrigen haßt sie die Musik von Mendelssohn Bartholdy, was ganz zu ihr paßt. *Wie kann man diesen Mendelssohn lieben, wenn es Mozart und Beethoven gibt!*, hat sie einmal ausgerufen. Es wäre unsinnig gewesen, ihr jemals eine Erklärung für meine Gründe, mich gerade mit Mendelssohn Bartholdy auseinanderzusetzen, zu geben. Mendelssohn Bartholdy war schon viele Jahre lang das Reizwort zwischen uns beiden geworden, an ihm prallten wir aufeinander mit allen unseren fürchterlichen, krankhaften und dadurch qualvollen Gegensätzlichkeiten. Du liebst diesen Mendelssohn Bartholdy ja nur, weil er Jude ist, sagte sie höhnisch. Und vielleicht hatte sie mit dieser unvermittelt zum erstenmal bei ihrem letzten Besuch ausgesprochenen Bemerkung recht. Sie war aufgetaucht und hatte meine Arbeit und am Ende mich selbst beinahe ruiniert. Die Frauen tauchen auf und klammern sich an einen und ruinieren einen. Aber hatte ich sie nicht gerufen? Hatte ich ihr nicht den Vorschlag gemacht, nach Peiskam zu kommen, auf ein paar Tage? Ich hatte ihr ein Telegramm geschickt, in welchem ich sie aufgefordert habe, nach Peiskam zu kommen. Auf ein paar Tage allerdings nur, nicht auf Monate. Wie weit war ich gekommen, daß ich ihr telegrafiert habe! Tatsächlich erhoffte ich von ihr eine Hilfestellung, nicht meine Zerstörung. Aber es ist immer das gleiche: ich erbitte, ich erflehe geradezu eine Hilfestellung von ihr und sie ruiniert mich! Und obwohl ich das weiß, habe ich ihr wieder telegrafiert, zum hundertstenmal habe ich meine Zerstörerin ins Haus geholt. Es ist wahr, ich habe um ihre Hilfe telegrafiert, es ist unwahr, daß sie gänzlich unaufgefordert nach Peiskam gekommen ist. Die Wahrheit ist doch immer die fürchterlichste, aber es ist doch besser, sich immer wieder an die Wahrheit zu halten, als an die Lüge, an die Selbstbelügung. Aber ich hatte ihr nicht telegrafiert, daß sie monatelang bleiben solle, denn monatelang meine Schwester in meinem Haus, das ist die Hölle und ich habe ihr das auch gesagt, ich habe gesagt, wenn du monatelang da bist, ist es die Hölle, worauf sie gelacht hat. Mein lieber kleiner Bruder, hat sie gesagt, du wärst ja verkommen, wenn ich dich so bald wieder alleingelassen hätte, du hättest möglicherweise nicht einmal überlebt. Darauf schwieg ich, vielleicht weil es mir in diesem Augenblick zu Bewußtsein gekommen war, daß sie recht hatte. Aber was nützt es jetzt, mir meinen Kopf darüber zu zerbrechen, ob ich sie herbeigeholt habe oder nicht, was ja schließlich geklärt ist, die Tatsache ist ja doch, daß sie in dem Augenblick, in welchem ich imstande gewesen war, mit meiner Arbeit über Mendelssohn Bartholdy anzufangen, hätte abreisen sollen, aus Peiskam verschwinden! Aber ein solcher Mensch wie meine Schwester hat kein so feines Ohr für einen solchen Augenblick. Und ich selbst getraute mich naturgemäß nicht, ihr zu sagen, daß der Augenblick, in welchem ich die Studie oder was immer über Mendelssohn, ja doch an die hundertfünfzig Seiten wahrscheinlich oder noch mehr, zu schreiben in der Lage bin, da ist und sie verschwinden solle. So haßte ich sie aufeinmal und sie wußte wahrscheinlich gar nicht, warum, und verfluchte sie und verpaßte so die Gelegenheit, mit der Arbeit über Mendelssohn Bartholdy anzufangen. Aber wahrscheinlich hatte ich mich geschämt, ihr klarzumachen, daß ich sie nur wegen dieser noch nicht angefangenen Arbeit nach Peiskam hatte kommen lassen, also sozusagen als ganz und gar primitives Hilfsmittel für mein Geistesprodukt zu mißbrauchen, durchaus imstande sei. Der sogenannte Geistesmensch geht ja immer wieder über einen Menschen, den er *dafür* getötet und also zur Leiche gemacht hat für seinen Geisteszweck. Im entscheidenden Augenblick hätte ein solcher sogenannter Geistesmensch ohne weiteres einen Menschen, der ihm ein solches Geistesprodukt ermöglicht, für dieses Geistesprodukt geopfert, zutode mißbraucht in seiner teuflischen Spekulation. So hatte ich gedacht, meine Schwester für mein Geistesprodukt mißbrauchen zu können, aber meine Rechnung war nicht aufgegangen. Im Gegenteil, hatte ich die größte Dummheit begangen, indem ich meiner Schwester nach Wien telegrafiert habe: *komm auf ein paar Tage!* Es stellte sich heraus, daß sie selbst ohne meine Aufforderung genau an demselben Tag nach Peiskam gekommen wäre, weil ihr Wien zum Hals heraus hing, plötzlich hatten ihr die fortwährenden Gesellschaften, alle diese haarsträubend stumpfsinnigen Leute den Ekel verursacht, den sie, weil sie

diese Gesellschaften bis auf die Spitze getrieben hatte in den letzten Monaten, verdiente. Ich griff mich an den Kopf, bei dem Gedanken, daß ich
mir mein Telegramm hätte sparen können, denn ohne mein Telegramm
hätte ich wahrscheinlich ohne weiteres den Mut gehabt, ihr nach ein paar
Tagen zu sagen, daß sie jetzt wieder verschwinden solle. So aber hatte ich,
weil ich sie ja nach Peiskam gebeten hatte, diesen Mut nicht, es wäre ja
auch eine Unverschämtheit ohnegleichen gewesen, sie herzubitten und
dann auch gleich wieder aus dem Haus zu werfen. Im übrigen kenne ich
sie zu gut, als daß ich nicht wüßte, daß sie, wenn ich ihr gesagt hätte, daß
sie verschwinden solle, gar nicht daran gedacht hätte, zu verschwinden. Sie
hätte mir ins Gesicht gelacht und sich dann vollkommen im Haus ausgebreitet. Einerseits können wir, Unseresgleichen, nicht allein sein, andererseits halten wir es in Gesellschaft nicht aus, wir halten es in männlicher
Gesellschaft, die uns zutode langweilt, nicht aus, aber in weiblicher auch
nicht, die männliche Gesellschaft habe ich Jahrzehnte überhaupt aufgegeben, weil sie die unergiebigste ist, die weibliche geht mir aber in kürzester Zeit auf die Nerven. Meiner Schwester hatte ich allerdings immer
wieder zugetraut, mich aus der Hölle des Alleinseins zu erretten und ehrlich gesagt, ist es ihr auch sehr oft gelungen, mich aus dem Alleinsein, das
doch die meiste Zeit nichts anderes ist, als ein schwarzer verheerender,
ekelerregender stinkender Sumpf, herauszuziehen, aber in letzter Zeit
hatte auch sie dazu nicht mehr die Kraft, vielleicht auch nicht mehr den
Willen; vielleicht zweifelte sie auch schon zu lange an meiner Ernsthaftig-
keit und dafür ist ja ihre ständige rücksichtslose Hänselei meinerseits mit
Mendelssohn Bartholdy, ein Beweis. Ich hatte seit Jahren keine Schrift
mehr zustande gebracht, wegen meiner Schwester, wie ich immer behaupte, aber vielleicht auch wegen meiner tatsächlichen Unfähigkeit,
überhaupt jemals noch eine Schrift zu schreiben. Wir versuchen alles, um
mit einer solchen Schrift anfangen zu können, wirklich alles und ist es das
Fürchterlichste, wir schrecken vor nichts zurück, das uns eine solche
Schrift schreiben läßt und sei es die größte Unmenschlichkeit und die
größte Perversität und das schwerste Verbrechen. Allein in Peiskam, von
allen diesen kalten Mauern umgeben, mit dem Blick immer nur auf die
Nebelwände, hätte ich keine Chance gehabt. Ich hatte ja die unsinnigsten
Versuche gemacht, mich beispielsweise auf die Treppe, die vom Speisezimmer in den ersten Stock hinaufführt, gesetzt und ein paar Seiten Dostojevski deklamiert, aus dem *Spieler* in der Hoffnung, durch diese Maß-

nahme, meine Arbeit über Mendelssohn Bartholdy anfangen zu können, aber natürlich scheiterte dieser absurde Versuch, er endete mit einem längeren Schüttelfrost und damit, daß ich mich mehrere Stunden schweißtriefend in meinem Bett hin- und herwälzte. Oder ich lief in den Hof hinaus, atmete dreimal tief ein und dreimal tief aus, um dann abwechselnd den rechten und dann den linken Arm soweit als möglich auszustrecken. Aber auch diese Methode erschöpfte mich nur. Ich versuchte es mit Pascal, dann mit Goethe, dann mit Alban Berg, umsonst. Wenn ich einen Freund hätte!, sagte ich mir wieder, aber ich habe keinen Freund und ich weiß, warum ich keinen Freund habe. Eine Freundin!, rief ich aus, so daß es im Vorhaus widerhallte. Aber ich habe keine Freundin, ganz bewußt habe ich keine Freundin, denn dann hätte ich ja meine Geistesambitionen vollkommen aufgeben müssen, man kann nicht eine Freundin haben und gleichzeitig Geistesambitionen, wenn man in einem so schlechten Allgemeinzustand ist wie ich. An eine Freundin *und* an Geistesambitionen ist nicht zu denken! Entweder ich habe eine Freundin, oder ich habe Geistesambitionen, beides zusammen ist unmöglich. Und ich habe mich schon sehr früh für die Geistesambitionen entschieden und gegen die Freundin. Einen Freund hatte ich niemals haben wollen von dem Zeitpunkt an, in welchem ich zwanzig und damit aufeinmal ein selbständiger Denker gewesen bin. Die einzigen Freunde, die ich habe, sind die Toten, die mir ihre Literatur hinterlassen haben, ich habe keine anderen. Und es war mir immer schon schwierig gewesen, überhaupt einen Menschen zu haben, da denke ich gar nicht an ein so von allen mißbrauchtes und unappetitliches Wort wie das Wort Freundschaft. Und schon sehr früh habe ich zeitweise überhaupt keinen Menschen gehabt, alle andern haben einen Menschen gehabt, ich habe keinen gehabt, wenigstens ich wußte, daß ich keinen habe, wenn die andern auch fortwährend behaupteten, ich hätte einen, sagten, du hast einen, wo ich doch durch und durch sicher gewesen war, keinen zu haben und, vielleicht war dieser Gedanke der entscheidende, der vernichtendste, keinen zu brauchen. Ich bildete mir ein, keinen Menschen zu brauchen, ich bilde mir das noch heute ein. Ich brauchte keinen und also hatte ich keinen. Aber naturgemäß brauchen wir einen Menschen, sonst werden wir unweigerlich so, wie ich geworden bin: mühselig, unerträglich, krank, in des Wortes allertiefster Bedeutung unmöglich. Ich glaubte immer nur vollkommen allein, ohne irgendeinen Menschen meine Geistesarbeit verrichten zu können, was sich als Irrtum herausstellen mußte, aber auch, daß wir tatsächlich einen brauchen, ist wieder ein Irrtum, wir brauchen einen Menschen dazu und wir brauchen keinen und einmal brauchen wir einen und einmal brauchen wir keinen und einmal brauchen wir einen und brauchen gleichzeitig keinen, diese absurdeste aller Tatsachen ist mir jetzt, in diesen Tagen, wieder bewußt geworden; wir wissen nie und nicht, brauchen wir einen oder brauchen wir keinen oder brauchen wir gleichzeitig einen und keinen und weil wir nie und niemals wissen, was wir tatsächlich brauchen, sind wir unglücklich und dadurch unfähig, eine Geistesarbeit dann anzufangen, wann wir es wollen, wann es uns richtig erscheint. Ich habe ja *inständig* geglaubt, ich brauche meine Schwester, um die Arbeit über Mendelssohn Bartholdy anfangen zu können, als sie dann da war, wußte ich, ich brauche sie nicht, ich kann nur damit anfangen, wenn sie nicht da ist. Aber jetzt ist sie weg und ich kann erst recht nicht mit meiner Arbeit anfangen. Zuerst war der Grund derjenige, daß sie da war, jetzt ist der Grund, daß sie nicht da ist. Einerseits überschätzen wir den Andern, andererseits unterschätzen wir ihn und wir überschätzen fortwährend uns selbst und unterschätzen uns, und wenn wir uns überschätzen sollten, unterschätzen wir uns, wie wir uns unterschätzen sollen, wenn wir uns überschätzen. Und tatsächlich überschätzen wir vor allem die ganze Zeit das, was wir vorhaben, denn in Wahrheit wird jede Geistesarbeit wie jede andere Arbeit, maßlos überschätzt und es gibt keine Geistesarbeit auf der Welt, auf welche diese alles in allem überschätzte Welt nicht verzichten könnte, wie es keinen Menschen und also keinen Geist gibt, auf den in dieser Welt nicht zu verzichten wäre, wie überhaupt auf alles zu verzichten wäre, wenn wir den Mut und die Kraft dazu hätten. Wahrscheinlich fehlt es mir an der alleräußersten Konzentration, dachte ich und ich setzte mich in das untere große Zimmer, das meine Schwester fortwährend, solange ich zurückdenken kann, den *Salon* genannt hat, was eine fürchterliche Geschmacklosigkeit ist, denn in einem solchen alten Landhaus hat ein Salon nichts zu suchen. Aber auch diese Bezeichnung für das untere Zimmer paßt zu ihr, sie führt überhaupt allzu oft das Wort Salon im Mund, wenngleich sie selbst in Wien naturgemäß tatsächlich einen Salon hat und tatsächlich einen Salon führt, allein *wie* sie diesen Salon führt, darüber könnte ich eine ganze große Abhandlung schreiben, wenn ich Lust dazu hätte. Ich streckte also, im unteren Zimmer, das von meiner Schwester Salon genannt wird, was mich jedesmal zum Erbrechen reizt, die Beine aus, streckte sie so weit aus

als möglich und versuchte, mich auf Mendelssohn Bartholdy zu konzentrieren. Aber natürlich ist es vollkommen falsch, eine solche Arbeit mit:
am dritten Feber achtzehnhundertneun wurde undsofort, zu beginnen. Ich
hasse Bücher oder Schriften, die mit einem Geburtsdatum anfangen.
Überhaupt hasse ich Bücher oder Schriften, in welchen biografisch-
chronologisch vorgegangen wird, das erscheint mir als die geschmackloseste, gleichzeitig die ungeistigste Methode. Wie fange ich an? Es ist das
Einfachste, sagte ich mir und es ist mir unbegreiflich, daß mir dieses
Einfachste bis jetzt nicht gelungen ist. Vielleicht habe ich viel zu viel
Notizen gemacht?, viel zu viel über Mendelssohn Bartholdy aufgeschrieben auf diese Hunderte und Tausende von Zetteln, die sich auf meinem
Schreibtisch auftürmen, habe ich mich viel zu viel überhaupt mit Mendelssohn Bartholdy, mit meinem Lieblingskomponisten, beschäftigt?
Schon oft hatte ich gedacht, ob ich nicht meine Nachforschungen über
Mendelssohn Bartholdy überstrapaziert habe und dadurch jetzt unfähig
bin, mit meiner Arbeit über Mendelssohn Bartholdy anzufangen? Ein
überstrapaziertes Thema kann auf dem Papier nicht mehr verwirklicht
werden, sagte ich mir, ich hatte dafür eine Menge Beweise. Ich will nicht
aufzählen, was alles mir nicht gelungen ist, weil ich es in meinem Kopf
überstrapaziert habe. Andererseits waren ja gerade über Mendelssohn Bartholdy solche jahrelangen, wenn nicht jahrzehntelangen Nachforschungen notwendig. Wenn ich sage, ich habe die ganze Schrift oder was immer
für ein Werk im Kopf, kann ich es naturgemäß auf dem Papier nicht mehr
verwirklichen. So ist es. Ist es so mit Mendelssohn Bartholdy? Der Gedanke machte mich beinahe verrückt, ja schon wahnsinnig, daß ich möglicherweise das Thema überstrapaziert habe und es mir dann auch nichts
nützt, einerseits sozusagen als rettender Engel meine Schwester herbei-
zutelegrafieren, andererseits sie aus dem Haus zu werfen undsofort. Zwei
Wochen war ich in Hamburg gewesen, zwei Wochen in London, und in
Venedig merkwürdigerweise, habe ich die interessantesten Dokumente
über Mendelssohn Bartholdy gefunden. Damit ich am besten geschützt
bin, hatte ich mich schon gleich in das Bauer-Grünwald zurückgezogen,
in ein Zimmer mit dem Blick über die roten Ziegeldächer weg auf die
Markuskirche und habe die mir aus dem erzbischöflichen Palais geliehenen Dokumente studiert. In Turin hatte ich von Mendelssohn Bartholdy eigenhändig geschriebene Blätter über Carl Friedrich Zelter gefunden und in Florenz einen ganzen Stoß von Briefen, die Mendelssohn an

seine Cécile geschrieben hat. Von allen diesen Schriften und Dokumenten
hatte ich mir selbst Kopien gemacht oder herstellen lassen und sie dann
nach Peiskam befördert. Aber diese Forschungsreisen Mendelssohn Bartholdy betreffend, liegen viele Jahre zurück, einige schon über ein Jahrzehnt. In einer eigens nur für diese Mendelssohn Bartholdy betreffenden
Schriften und Dokumente eingerichteten Kammer hatte ich schließlich
alle diese Schriften und Dokumente katalogisiert und mich oft wochenlang nur in dieser Kammer (über dem grünen Ersterstockzimmer!) aufgehalten. Es dauerte nicht lange und meine Schwester taufte die Kammer
auf Mendelssohnkammer. Zuerst, denke ich, hatte sie tatsächlich voller
Hochachtung und Ehrerbietung von dieser Mendelssohnkammer gesprochen, schließlich aber doch mehr spöttisch, höhnisch, mich verletzend. Erst nach Jahren hatte ich angefangen, verschiedene mir dafür wichtig erscheinende Schriften aus der Mendelssohnkammer heraus und auf
meinen Schreibtisch zu transportieren, immer in dem Glauben und in der
Hoffnung, der Zeitpunkt, in welchem ich mit meiner Arbeit anfangen
kann, sei nicht mehr weit. Aber ich hatte geirrt. Meine Vorbereitungen
dauern jetzt schon jahrelang, wie gesagt, über ein Jahrzehnt. Vielleicht, so
denke ich, hätte ich meine Vorbereitungen durch nichts unterbrechen
dürfen, nichts über Schönberg in Angriff nehmen, nichts über Reger, die
Nietzsche-Skizze niemals auch nur in Betracht ziehen, alle diese Abweichungen vom Thema hatten mich letztenendes anstatt für Mendelssohn
reif zu machen, immer noch weiter von Mendelssohn abgebracht. Und
wenn wenigstens diese Themen, die ich ja gar nicht mehr alle aufzählen
kann, etwas gebracht hätten, sie haben mir aber immer wieder nur gezeigt,
wie schwer es ist, eine Geistesarbeit überhaupt zustande zu bringen, und
sei es die kürzeste, scheinbar nebensächlichste, wobei es selbstverständlich ist, daß es überhaupt keine nebensächliche Geistesarbeit geben kann,
nicht in meinem Verstande. Im Grunde waren alle diese Versuche mit
Schönberg, Reger etcetera, nichts anders als Ablenkungen von meinem
Hauptthema gewesen, die außerdem, was mich total schwächen mußte,
sämtlich mißglückt sind. Und es ist gut, daß ich sie alle vernichtet habe,
diese Versuche, die letztenendes in ihren Ansätzen steckengeblieben sind
und an deren Veröffentlichung, wenn ich eine solche gemacht hätte, ich
heute wahrscheinlich zutiefst verletzt wäre. Aber ich habe immer ein gutes
Gefühl dafür gehabt, was zu veröffentlichen ist und was nicht, wobei ich
den Gedanken, daß Veröffentlichen überhaupt ein Unsinn, wenn nicht

gar ein Geistesverbrechen oder besser, ein Kapitalverbrechen am Geiste
ist, immer gehabt habe. Wir veröffentlichen ja nur, um unsere Ruhmsucht
zu befriedigen, aus keinem andern Grund, wenn nicht aus dem noch viel
niederträchtigeren Grunde der Geldbeschaffung, welcher aber durch die
Umstände, in welche ich hineingeboren worden bin, bei mir ausscheidet,
gottseidank! Hätte ich meinen Aufsatz über Schönberg veröffentlicht, ich
getraute mich nicht mehr auf die Straße, auch wenn ich die Schrift über
Nietzsche, wenngleich sie *nicht völlig* mißlungen ist, herausgegeben hätte.
Jede Veröffentlichung ist eine Dummheit und der Beweis für einen
schlechten Charakterzug. Den Geist herauszugeben, ist das schändlichste
aller Verbrechen und ich habe mich nicht gescheut, mehrere Male dieses
schändlichste aller Verbrechen zu begehen. Es war ja nicht einmal nur der
plumpe Mitteilungsdrang gewesen, denn niemals wollte ich mich ja ir-
gendjemandem mitteilen, dazu hatte ich gar keine Beziehung, es war die
reine Ruhmsucht, nichts sonst. Wie gut es ist, Nietzsche und Schönberg,
ganz zu schweigen von Reger, nicht herausgegeben zu haben, ich verziehe
mir nicht. Ekelt es mich schon vor allen anderen Tausenden und Hunderttausenden von Veröffentlichungen, so ekelte es mich vor den eigenen
auf die grauenhafteste Weise. Aber wir entkommen der Eitelkeit nicht, der
Ruhmsucht, wir gehen, wie wenn wir es notwendig hätten, mit hocherhobenem Kopf in sie hinein, obwohl wir wissen, daß unsere Handlungsweise eine unverzeihliche und perverse ist. Und wie steht es mit meiner
Arbeit über Mendelssohn Bartholdy?, ich schreibe sie doch nicht, um sie
nur für mich allein zu schreiben und sie dann, wenn sie fertig ist, liegenzulassen. Ich habe naturgemäß die Absicht, sie zu veröffentlichen, herauszugeben mit allen Konsequenzen. Denn ich glaube tatsächlich, daß diese
Schrift jene ist, von welcher ich sagen kann, daß sie meine gelungenste
oder besser noch, die am wenigsten mißlungene ist. Ich denke sehr wohl
an ihre Veröffentlichung! Aber bevor ich sie veröffentlichen kann, muß ich
sie schreiben, dachte ich und ich bin bei diesem Gedanken in Gelächter
ausgebrochen, in eines jener von mir so genannten Selbstgelächter, die ich
mir im Laufe der Jahre durch das fortwährende Alleinsein angewöhnt
habe. Ja, du mußt die Schrift erst schreiben, um sie veröffentlichen zu
können!, rief ich aus und belustigte mich an diesem Ausruf. Tatsächlich
hatte ich mich durch dieses urplötzliche Gelächter über mich selbst aus
meiner Verkrampfung gelöst und ich war aus dem Sessel aufgesprungen
und zum Fenster. Aber ich sah nichts. Dicker Nebel klebte an den Schei-

ben. Ich stützte mich auf die Fensterbank und versuchte, durch fortgesetzte Konzentration darauf, die Mauer auf der anderen Seite des Hofes
auszumachen, aber selbst in der äußersten Konzentration darauf, gelang es
mir nicht, die Mauer zu erkennen. Nur zwanzig Meter und ich sehe die
Mauer nicht! Allein in einem solchen Nebel zu existieren, ist Wahnsinn! In
einem solchen alles und jedes tausendfach erschwerenden Klima! Es war,
wie immer um diese Jahreszeit, bedrückend. Ich klopfte kurz mit dem
rechten Zeigefinger an die Scheibe, um vielleicht einen Vogel draußen
aufzuschrecken, aber es rührte sich nichts. So wie ich mit dem Zeigefinger
ans Fenster getippt habe, tippte ich mir jetzt an den Kopf und ließ mich
dann wieder in den Sessel fallen. In zehn Jahren *nicht eine gelungene Arbeit!*, dachte ich. Naturgemäß bin ich dadurch unglaubwürdig geworden.
Meine Schwester verbreitet in ganz Wien und gerade dort, wo es die
größte verheerende Wirkung für mich hat, daß ich ein Versager bin. Andauernd höre ich sie zu allen möglichen Leuten sagen: *mein kleiner Bruder
und sein Mendelssohn Bartholdy.* Ungeniert nennt sie mich einen Verrückten vor jedermann. Einen, der im Kopf nicht mehr ganz beieinander ist,
ich weiß, daß sie so über mich redet und einen mir ungemein schädlichen
Ruf von mir verbreitet. Sie schreckt ja vor nichts zurück, um zu Geld zu
kommen, also ihre Geschäfte zu machen und um ihre Gesellschaften nicht
zu stören, würde sie mich alles nennen. Sie ist skrupellos. Und sie kann
gemein sein. Andererseits, ich habe sie immer geliebt, mit allen ihren
Fürchterlichkeiten. Geliebt und gehaßt und einmal liebte ich sie mehr, als
ich sie haßte und umgekehrt, aber die meiste Zeit habe ich sie gehaßt, weil
sie immer gegen mich gehandelt hat, bei vollem Bewußtsein und das
heißt, bei klarem Verstand, der ihr niemals abzusprechen gewesen ist. Sie
ist immer der reale Mensch gewesen, wie ich der phantastische. *Ich liebe
dich, weil du so phantastisch bist*, sagt sie öfter, aber es ist mehr Verachtung
in dieser Bemerkung als das Gegenteil. Bei einem Menschen wie sie, ist es
doch nur die Verlogenheit, wenn sie sagt, ich liebe dich. Oder bin *ich* der
Schauerliche? Zu ihrem Mann hat sie so lange *ich liebe dich* gesagt, bis der
es nicht mehr ausgehalten hat und verschwunden ist. Nach Peru, tatsächlich ans Ende der Welt von hier aus gesehen, aus welchem er nicht mehr
zurückgekommen ist. Die betrogenen und belogenen und zum Narren
gemachten Ehemänner flüchten seit Jahrhunderten nach Südamerika, um
nicht mehr zurückzukommen, diese Tatsache hat Tradition. *Ich bin ein
Mensch für Liebhaber*, so meine Schwester. Ich war schon immer unge-

eignet für die Ehe. Einen Mann ein Leben lang um den Hals zu haben, das war mir als Gedanke allein widerwärtig, so sie. Ich weiß nicht, warum ich schließlich doch geheiratet habe. Vielleicht den Eltern zuliebe?, sagte sie. Das von ihrer Ehe zurückgebliebene Geschäft, in welchem es ausschließlich um die ausgedehntesten und erlesensten Millionenbesitzungen Österreichs ging und geht, hat sie, nachdem ihr Mann sie verlassen hat, in einen Zustand versetzt, den die einen, die Seriösen, als abstoßend, die andern aber als unerhört geglückt bezeichnen. Ich selbst gehöre durchaus zu den ersten, ob das richtig ist oder nicht, für mich ist das Leben, das meine Schwester jetzt führt, beschämend, tatsächlich nurmehr noch auf Profit aufgebaut. Am Jahresende eine Millionenspende an die Caritas, von welcher sie selbst befriedigt in den Zeitungen lesen kann und worüber sie sich wochenlang totlachen kann, wie sie selber sagt, das stößt mich ab. Einen ihr von einem plötzlich an Nierenversagen verstorbenen alten Fürsten Ruspoli, den sie einmal in Rom kennengelernt hat und mit welchem sie jahrzehntelang nicht nur Feste gefeiert und korrespondiert hat und von welchem sie behauptete, daß er mit ihr verwandt sei, zugefallenen Palast in der Nähe von Siena, in welchem allerdings schon jahrzehntelang die Ratten das Regiment führten, hat sie vor zwei Jahren der Kirche für ein Altersheim vermacht, an dessen Ausbau sie sich mit zwei Millionen Schilling beteiligte. Als ich sie fragte, ob sie nicht nach Italien fahren und sich den fertiggestellten Palast anschauen wolle, sagte sie glatt nein, es interessiere sie nicht. Sie habe im Grunde nichts übrig für alte Gebäude. Für alte Menschen ja, sagte sie höhnisch, aber nichts für alte Gebäude. Ich muß mich mit der Kirche gutstellen, mein kleiner Bruder, sagte sie, ich fand diesen Vorgang und was sie dazu zu sagen hatte, in höchstem Maße widerwärtig. Aber so ist sie. Immer kreuzt sie mit irgendwelchen Gecken auf, die nur von Nagy geschusterte und auch noch, wie wir sagen, geeiselte Schuhe anhaben und allein dadurch schon einen abstoßenden unnatürlichen Gang haben und behauptet, diese Leute seien mit ihr und also auch mit mir verwandt. Ich habe keine Verwandtschaft, habe ich immer wieder zu ihr gesagt, ich habe nur eine Geistesverwandtschaft, die toten Philosophen sind meine Verwandten. Darauf hatte sie, wie immer, ihr hinterhältiges Lächeln. Aber mit der Philosophie kannst du dich nicht ins Bett legen, mein kleiner Bruder, sagte sie oft, worauf ich genauso oft erwiderte, selbstverständlich kann ich das, ich beschmutze mich dabei wenigstens nicht. Diese Bemerkung hatte dazu geführt, daß sie einmal in meiner

Gegenwart, in einer Gesellschaft in Mürzzuschlag, wo sie mich nach pau-
senlosen Überredungen hingeschleppt hatte, über mich gesagt hat: mein
kleiner Bruder schläft mit Schopenhauer. Abwechselnd mit Schopenhauer
und mit Nietzsche, worauf sie naturgemäß den erwarteten Erfolg hatte,
wie immer, auf meine Kosten. Im Grunde bewunderte ich aber zeitlebens
die Leichtigkeit, mit welcher meine Schwester eine Konversation zu führen imstande ist, auch heute noch oder mit Sicherheit heute noch mit
einer viel größeren Souveränität, entledigt sie sich der schwierigsten gesellschaftlichen Hindernisse, wenn es für sie solche gesellschaftlichen Hindernisse überhaupt gibt. Woher sie ihr Talent hat, weiß ich nicht, denn
unser Vater war an Gesellschaft überhaupt nicht interessiert und unsere
Mutter liebte das ganze gesellschaftliche Getue, wie unsere Mutter selbst
immer sagte, nicht. Den Geschäftsgeist, der meine Schwester wie nichts
sonst auszeichnet und von welchem niemand, der sie nicht so wie ich
kennt, etwas ahnt, hat sie von unserem Großvater väterlicherseits, der
auch derjenige gewesen war, der unser Vermögen zusammengebracht hat,
durch die kuriosesten Umstände, aber immerhin und ganz gleich, auf
welche Weise, soviel, daß wir, meine Schwester und ich, noch in der
dritten Generation genug zum Existieren haben und wir beide existieren,
alles in allem betrachtet, nicht auf das bescheidenste. Denn lebe ich auch
in Peiskam allein, gebe ich doch soviel Geld aus, wie andere große Familien nicht zur Verfügung haben im Monat, denn, nur um ein Beispiel zu
nennen, wer heizt schon den ganzen Winter über neun Zimmer und nicht
zu kleine, nur für sich allein undsofort. Tatsächlich und selbst wenn ich in
Betracht ziehe, daß ich der Unfähigste in allen sogenannten Geldangele-
genheiten bin, könnte ich noch zwanzig Jahre leben, ohne einen Groschen
verdienen zu müssen und dann bliebe mir immer noch die Möglichkeit,
nach und nach eine Parzelle nach der andern, ohne das Grundstück wesentlich in Mitleidenschaft zu ziehen und dadurch zu entwerten, zu verkaufen, was ich überhaupt nicht notwendig habe und was im Hinblick
auf die Tatsache, daß ich ja nur noch die kürzeste Zeit zu leben habe infolge meiner unaufhörlich und unaufhaltsam fortschreitenden Krankheit,
höchstens ein, zwei Jahre, nicht mehr und nicht länger, zu welchem Zeitpunkt dann auch mein Bedürfnis an Leben und Existenz, was immer auf
dieser Welt, tatsächlich vollkommen verbraucht sein dürfte, absurd ist. Ich
könnte ja, wenn ich wollte, mich selbst als wohlhabend bezeichnen zum
Unterschied von meiner Schwester, die tatsächlich reich ist, denn ihr

Reichtum, den man sieht, ist bei weitem nicht der ganze, aber ich unterscheide mich von ihr beispielsweise ganz deutlich in dem schon einmal erwähnten Punkt: sie spendet, um in den Himmel zu kommen und sich zu amüsieren, Millionenbeträge an die Kirche und andere solcher zweifelhafter Vereinigungen, während ich überhaupt nichts spende und nicht den geringsten Gedanken daran verschwende, etwas zu spenden in einer Welt, die in Milliarden erstickt und Caritas heuchelt, wo nur die geringste Möglichkeit dazu besteht. Ich habe aber auch nicht die Lust, mich durch eine Spende an die Caritas beispielsweise, wochenlang zu amüsieren oder die Gabe, mich an den Zeitungsmitteilungen über meine Großzügigkeit und Nächstenliebe zu ergötzen, weil ich weder an die Großzügigkeit, noch an die Nächstenliebe glaube. Die sogenannte gute Welt ist durch und durch eine geheuchelte und wer das Gegenteil verkündet und sogar noch behauptet, ist ein raffinierter Menschentreter oder ein unverzeihlicher Dummkopf. Wir haben es heute zu neunzig Prozent mit solchen raffinierten Menschentretern und mit zehn Prozent solcher unverzeihlicher Dummköpfe zu tun. Weder den einen, noch den andern ist zu helfen. Die Kirche, weil es mir dazupaßt, nützt beide aus, gleich welche Kirche, aber die katholische kenne ich zu gut, um ihr irgendeinen denkbaren Nachlaß zu gewähren, sie ist die raffinierteste von allen und beutet, wo sie kann, aus und das meiste Geld holt sie sich von den Armen und Ärmsten. Aber auch diesen Armen und Ärmsten kann nicht geholfen werden, die Lüge, man könne das, ist die weitverbreitetste und vor allem die Politiker führen sie im Mund. Die Armut ist unausrottbar und wer daran denkt, sie auszurotten, der hat nichts anderes vor, als daß er die Menschen an sich und also tatsächlich auch die Natur an sich ausrottet. Je größer und je höher die Spenden sind, die meine gewiegte Schwester verteilt, desto größer und infernalischer ist auch ihr Gelächter darüber, wer es jemals in Zusammenhang mit einer ihrer Spenden gehört hat, weiß, worum sich die Welt dreht. Ich habe es so oft gehört, daß ich es gar nicht mehr hören will. Die Menschen reden andauernd davon, daß sie zu den andern und, wie sie mit der ganzen Niedertracht falscher Gefühle auch noch fortwährend sagen, zum Nächsten finden sollen, wo es doch einzig und allein darum geht, zu sich selbst zu finden, jeder finde zuerst zu sich selbst und da bis jetzt kaum noch einer zu sich selbst gefunden hat, ist es auch unvorstellbar, daß irgendeiner von diesen Milliarden von Unglücklichen jemals zu einem Andern oder, wie sie triefend vor Selbstbetrug sagen, zu einem Nächsten gefunden hat. Die Welt ist so reich, daß sie sich tatsächlich alles leisten kann, nur verhindern das bei vollem Bewußtsein die Politiker, die diese Welt beherrschen. Sie schreien um Hilfe, und werfen tagtäglich Milliarden allein für Waffen zum Fenster hinaus und schämen sich nicht. Nein, dieser Welt auch nur irgendeinen Groschen zu geben, weigere ich mich entschieden, denn ich bin auch nicht von dieser gefinkelten Sucht nach Dankbarkeit, wie meine Schwester. Jene Leute, die andauernd sagen, sie seien zu jedem Opfer bereit und sie opferten pausenlos alles, schließlich ihr Leben undsofort, jene Heiligen, die sich zu ihrem Opfertum und zu ihrer Opferbereitschaft wie die Schweine an den Trog drängen und welche es in allen Ländern und Erdteilen gibt, sie mögen alle möglichen und unmöglichen Namen tragen, sie mögen Albert Schweitzer heißen oder Mutter Teresa, sie sind mir zutiefst zuwider. Nichts anderes haben diese Leute im Sinn, als sich auf Kosten derer, die sie angeblich so gut versorgen und die nach ihnen mit ausgestreckten hilfesuchenden Händen schreien, mit Ruhmesblättern überschütten und mit Orden überhäufen zu lassen. Diese gefährlichen, wie keine andern selbstgierigen und selbstherrlichen, im Grunde bis tief hinein in ihre seelischen Zentren machtgierigen Leute, die zwischen dem Heiligen Franz von Assisi bis zur Mutter Teresa in die Millionen gehen, und die sich in unzähligen von religiösen und politischen Vereinen auf der ganzen Welt tagaus, tagein nur in ihrer eigenen Ruhmsucht tummeln, verabscheue ich zutiefst. Das sogenannte soziale Element, von welchem ununterbrochen und bis zum Überdruß geredet wird seit Jahrhunderten, ist die gemeinste Lüge. Ihr verweigere ich mich, selbst auf die Gefahr, mißverstanden zu werden, was mir, ehrlich gesagt, immer schon gleichgültig gewesen ist. Meine Schwester veranstaltet mit anderen sogenannten Damen aus der sogenannten gehobenen und höchsten Gesellschaft einen Bazar und stiftet zu den Einnahmen aus diesem Bazar, zu welchem ununterbrochen auch noch das Christkind aus einem fürchterlichen Lautsprecher zu krächzen hat, fünfhunderttausend Schilling und ist sich nicht zu dumm, mir zu erklären, sie meinte es mit den Ärmsten der Armen gut. Aber sie erkannte sehr bald, auch oder gerade weil ich zu ihrem heuchlerischen Unternehmen schwieg, daß ich sie durchschaut hatte. Dafür genießt sie es, daß ihr der Monsignore und Präsident der Caritas, doch nichts als ein alter Partyfuchs, galant die Hand küßt. Mich würde es vor der Hand dieses Herrn grausen. Vor fünfzehn oder sechzehn Jahren schon, als ich selbst zu diesem Herrn noch einen, wenn auch sehr dürftigen Kontakt hatte, bat er, der Kunst- und Feinsinn, meine Schwester, sie möge ihm für den ihr in die Hand gegebenen Betrag von achthunderttausend Schilling eine Wohnung auf dem Schottenring einrichten, was meine Schwester auch getan hat; mit lauter Renaissancemöbeln aus Florenz und josefinischen Kostbarkeiten aus zwei ihr in die Hände gefallenen Marchfeldschlössern richtete sie dem Monsignore die Wohnung ein. Als sie damit fertig gewesen war, gab sie für ihn eine Gesellschaft für fünfzig ausgewählte Personen, unter welchen der niedrigste ein irländischer Graf war, den sie nur deshalb zusammen mit dem Monsignore für diesen Abend ausgesucht hatte, weil er im Besitz einer Zwirnfabrik an der Grenze zwischen Niederösterreich und dem Burgenland war, die sie unter allen Umständen an sich hatte bringen wollen, was ihr, wie ich weiß, auch gelungen ist, meiner Schwester gelingt auf diesem Gebiete alles. Für achthunderttausend Schilling, die zweifellos aus Kirchenbeitragsgeldern stammten, richtete meine Schwester dem Monsignore die Wohnung auf dem Schottenring ein, auf einer der besten Adressen und tatsächlich hatte ich meiner Schwester auf den Kopf zu gesagt, daß sie dem Monsignore mit Kirchengeldern die Wohnung eingerichtet hat, um achthunderttausend Schilling, das wären heute sechs oder sieben Millionen. Man stelle sich das einmal vor: der Monsignore richtet sich eine Wohnung um achthunderttausend Schilling ein und wirbt gleichzeitig im Rundfunk in einer weinerlichen, bis in die kleinsten Details auf das Betrügerische hin ausgerichteten Sprache, seine Caritasbettelei an die Ärmsten der Armen. Ob sie sich nicht schämte, wollte ich wissen, meine Schwester schämte sich aber nicht, dazu war sie, wie sie selbst sagen würde, zu intelligent und sagte nur: vierhunderttausend sind von mir. Der Monsignore hat nur vierhunderttausend gezahlt. Mich widerte dieser Vorgang an. Aber er ist bezeichnend für die sogenannte Oberschicht, der für immer und ewig anzugehören für meine Schwester zeitlebens der höchste aller Lebenszwecke gewesen ist. Ein Graf mußte schon sehr charmant sein und unendlich viel Geld haben, damit sie sich überhaupt auf eine längere Unterhaltung mit ihm einließ, erst bei den Fürsten fing bei ihr die Normalität an, woher sie diesen fürchterlichen Wahn hat, weiß ich nicht. Ob ein solcher Mensch überhaupt noch das geringste mit der Natur zu tun hat, habe ich mich oft gefragt. Andererseits schlägt jede meiner auf sie gerichteten Betrachtungen irgendwann und zwar von einem Augenblick auf den andern, in Bewunderung um. Der kleine Bruder ist einem solchen strahlenden

Menschen, wie sie sich selbst sehr oft bezeichnet, gegenüber machtlos. Ihr Auftreten verändert jeden Raum, alles, gleich wo und wann sie auftritt, ist alles verwandelt, gleichzeitig nur ihr allein untergeordnet. Dabei ist sie nicht eigentlich schön, ich habe mich oft gefragt, ist sie schön, ist sie es nicht, ich kann nicht sagen, sie ist schön, sie ist es nicht, sie ist anders als alle andern und hat die Fähigkeit, alle um sie herum, wenn nicht auszu-löschen, so doch wenigstens in den Hintergrund, in den Schatten zu drängen. Sie ist also das genaue Gegenteil von mir, der ich zeitlebens unscheinbar gewesen bin. Nicht bescheiden, das wäre das verkehrteste Wort, aber unscheinbar und dazu auch noch fortwährend und im Grunde immer zurückhaltend. Dadurch hatte ich mich mit der Zeit selbst liqui-diert, könnte ich sagen, ich sage es, weil es wahr ist. Es ist deine Tragödie, mein kleiner Bruder, daß du dich immer im Hintergrund hältst, sagt sie sehr oft. Andererseits hat sie einmal gesagt, es sei ihre Tragödie, daß sie immer den Vordergrund aufsuchen muß, ob sie will oder nicht, man drängt sie in diesen Vordergrund, wo immer, in welcher Situation immer. Es ist niemals dumm, was sie sagt, weil es in jedem Falle immer viel gescheiter ist als das, das die andern sagen, aber es ist doch so vieles, das sie sagt, falsch. Manchmal, nicht nur manchmal, immer würde ich am lieb-sten aufheulen über den Unsinn, mit welchem sie zweifellos überall die höchste Bewunderung hervorruft. Naturgemäß geht sie in die Oper und sie läßt keine Wagneroper aus, mit einer Ausnahme, in den *Fliegenden Holländer* geht sie nicht, weil, nach ihren eigenen Wörtern, der Fliegende Holländer keine Wagneroper ist. Und sie meint tatsächlich, wie so viele, damit recht zu haben. Die Kleider, die sie bei diesen Gelegenheiten trägt, sind die allereinfachsten, noch viel einfacher als das einfachste, aber doch ist es immer dasjenige, das die größte Aufmerksamkeit auf sich zieht. Weißt du, die Oper ist für meine Geschäfte das Allerwichtigste, sagt sie immer wieder. Die Leute sind ganz verrückt von der Musik, die sie gar nicht verstehen und kaufen mir meine Ladenhüter ab. Unter ›meine La-denhüter‹ versteht sie Güter nicht unter tausend Hektar. Oder von ihr so genannte *Ersterbezirkobjekte*, an welchen am allermeisten kurzfristig zu verdienen ist. Und tatsächlich ist es ein Vergnügen, ihr bei den Mahlzeiten zuzuschauen. Alle um sie herum sind aufeinmal, wenn schon nicht ordi-när, so doch von der ihr in jedem Falle unterlegenen Art und Weise, zum Beispiel, wie sie die Suppe ißt oder den Salat etcetera. Es müßte schon eine sogenannte uralte Dame aus dem allerbesten Stall sein, die es tatsächlich mit ihr aufnehmen kann. Aber wie entsetzlich, fortwährend der Mittelpunkt und niemals aus den Augen gelassen zu sein, ich kann es nur nachempfinden, aber es ist sicherlich fürchterlicher, als ich es mir vorstellen kann. Ich habe immer die Gabe gehabt, mehr oder weniger unbeobachtet zu sein, auch in der größten Gesellschaft mehr oder weniger mit mir allein zu sein und war dadurch immer in dem Vorteil gewesen, meinen Intentionen, meinen Phantasien und Gedanken nachzugehen wie ich wollte. Die meinige war also für mich durchaus immer die vorteilhaftere, immer nützlichere Haltung in Gesellschaft gewesen, gerade diejenige, die zu mir paßte, im Gegenteil zu der, die zu meiner Schwester paßt. Und immer ist es, wo und wann immer sie auftritt und der Mittelpunkt ist, als sei sie von der größten nur denkbaren Natürlichkeit, wirklich alles ist natürlich an ihr, alles was sie tut, alles was sie sagt, sowie alles, das sie nicht sagt und verschweigt, man könnte glauben, es gäbe überhaupt kein natürlicheres Wesen als meine Schwester. Als brauchte sie sich über nichts und schon gar nichts Gedanken zu machen. Aber das ist genauso natürlich ein Irrtum, ich weiß, wie abgekartet alles ist, das sie unternimmt, wie vorbereitet, was sie schließlich vor allen diesen Leuten auftischt. Auf das Natürlichste gibt sie, obwohl es naturgemäß gar nicht wahr ist, allen diesen Leuten fortwährend zu verstehen, daß sie, wenn schon nicht alles, so doch das meiste gelesen hat, daß sie, wenn schon nicht alles, das meiste gesehen hat, daß sie, wenn schon nicht alle, so doch die meisten wichtigen und berühmten Leute auf die es ankommt, kennengelernt hat und gut kennt. Und sie gibt es zu verstehen, ohne jemals etwas derartiges auszusprechen. Obwohl sie überhaupt nichts versteht von Musik, ja nicht einmal ein oberflächliches Verständnis für die Musik ihr eigen ist, glauben doch alle Leute, sie verstünde sehr viel von Musik und so ist es mit der Literatur, ja selbst mit der Philosophie. Wo andere sich fortwährend anzustrengen haben, um mitzuhalten, braucht sie sich überhaupt um nichts zu kümmern, es kommt alles, wie sie es will, ganz von selbst. Natürlich ist sie sozusagen gebildet, aber das alles ist doch nur oberflächlich, natürlich weiß sie sehr viel, mehr als die meisten, mit welchen sie verkehrt, aber doch nur auf das Oberflächlichste, aber niemand merkt das. Wo die andern fortwährend überzeugen müssen, um nicht unterzugehen und sich lächerlich zu machen und abzusacken, schweigt sie ganz einfach und trägt ihren Triumph davon, oder sagt etwas, das genau in dem richtigen Augenblick gesagt ist, woraus sich dann folgerichtig ergibt, daß sie die Szene

beherrscht. Ich habe meine Schwester niemals in einer Niederlage gesehen. Umgekehrt hat sie sehr oft miterlebt, wie ich in irgendeinem ja
tatsächlich lächerlichen Punkt versagt habe. Wir sind so verschiedene entgegengesetzte Charaktere wie nur denkbar. Wahrscheinlich beziehen wir
gerade daraus unsere Spannung. Ich rede nie von Geld und habe es, sagte
sie einmal, du redest nie von Philosophie und hast sie. Der Satz beweist,
wo wir beide stehen und möglicherweise, wie ich fürchte, zum Stillstand
gekommen sind. Überall im Haus sind noch die Spuren meiner Schwester, wohin immer mein Blick fällt, da war sie, das hat sie verrückt, das hat
sie liegengelassen, dieses Fenster hat sie nicht so geschlossen, wie es sich
gehörte, alle diese herumstehenden, nur halb ausgetrunkenen Gläser hat
sie stehenlassen. Und ich denke nicht daran, alles das wieder in Ordnung
zu bringen, was sie in Unordnung gebracht hat. Auf ihrem Bett fand ich,
wie wütend hingeworfen, Combray von Proust, ich bin sicher, daß sie
nicht weit gekommen ist. Aber ich kann auch nicht sagen, daß sie nichts
oder nur das Minderwertigste liest, für eine Frau ihres Alters und ihres
Standes und überhaupt ihrer Position und Veranlagung, bringt sie es immer wieder auf ein erstaunliches Niveau, was den Lesestoff betrifft. Wer
diese Skizzen jemals lesen sollte, wird sich fragen, was dieses fortwährende
Bohren meine Schwester betreffend, auf sich hat. Ja, weil mich meine
Schwester ganz einfach beherrscht von Kindheit an und, ist sie abgereist,
ich immer mehrere Tage brauche, um sie aufzuarbeiten, sie ist zwar phy-
sisch abgereist, aber doch überall auf die deutlichste und auf die für mich
tatsächlich furchtbarste Weise vorhanden, vor allem war sie das an diesem
letzten Abend, wie ich auf das schmerzhafteste fühlte und es mir durch
ihre noch immer tatsächlich ungeheuere Anwesenheit gerade weil sie
schon abgereist war, immer mehr zur Gewißheit geworden ist, daß ich sie
nicht in ein paar Stunden nach ihrer tatsächlichen Abreise aus dem Haus
drängen kann, sie läßt sich nicht verdrängen, sie bleibt solange da, wie sie
will und sie wollte es an diesem Abend mit ungeheuerer Intensität, *weil* ich
sie aus dem Haus haben wollte, *weil* ich am andern Morgen mit meiner
Arbeit über Mendelssohn Bartholdy anfangen wollte. Der Narr, der geglaubt hat, tatsächlich schon ein paar Stunden nachdem sie abgereist ist,
mit dieser Arbeit anfangen zu können, völlig unvermittelt, bin ich ebenso
tatsächlich. Ich habe immer mehrere Tage nach ihrer Abreise gebraucht,
um mich von meiner Schwester zu befreien. Ich hoffte dieses eine Mal auf
ein besonderes Glück. Aber ich hatte keines. Diese Art von Glück habe ich

nie gehabt. Und hat sie nicht vielleicht recht, indem sie sagt, meine Arbeit
über Mendelssohn Bartholdy ist nur eine Finte, um meinen absurden
Lebenswandel zu rechtfertigen, der, außer daß er etwas schreibt und vollendet, keine andere Rechtfertigung hat. Ich stürzte mich auf Schönberg,
um mich zu rechtfertigen, auf Reger, auf Joachim, ja sogar auf Bach, nur
um mich zu rechtfertigen, wie ich mich jetzt auf Mendelssohn stürze zu
demselben Zweck. Im Grunde habe ich überhaupt kein Anrecht auf
meine Art von Lebenswandel, der tatsächlich so einmalig wie kostspielig
und genauso fürchterlich ist. Andererseits, wem habe ich Rechenschaft
abzugeben außer mir selbst? Wenn es mir nur wenigstens in den nächsten
Tagen gelänge, mit meiner Mendelssohn-Bartholdy-Arbeit anzufangen.
Habe ich denn die besten Voraussetzungen? Ich habe sie und ich habe sie
nicht, einerseits habe ich sie, andererseits habe ich sie nicht, sagte ich mir.
Wenn meine Schwester nicht hergekommen wäre, sagte ich mir, andererseits, gerade *weil* sie nach Peiskam gekommen ist. Wir müssen alles hundertprozentig angehen, hat mein Vater immer gesagt, er sagte es zu jedem,
zu meiner Mutter, zu meinen Schwestern, zu mir, wenn wir es nicht
hundertprozentig angehen, scheitern wir schon, bevor wir überhaupt angefangen haben. Aber was ist in diesem Falle hundertprozentig? Habe ich
nicht hundertprozentig auf diese Arbeit hingearbeitet? Vielleicht habe ich
zweihundertprozentig darauf hingearbeitet, vielleicht sogar dreihundert-
prozentig, das wäre dann eine Katastrophe. Aber dieser Gedanke war
natürlich unsinnig. Dein Fehler ist, hatte meine Schwester gesagt, daß du
dich in deinem Haus vollkommen isolierst, daß du überhaupt keine
Freunde mehr aufsuchst, wo wir doch so viele Freunde haben. Sie sagte die
Wahrheit. Aber was heißt: Freunde! Wir kennen mehrere, vielleicht sogar
viele Leute, einige die noch nicht gestorben oder für immer verzogen sind,
noch aus der Kindheit, wir sind jedes Jahr sehr oft hingegangen, sie sind zu
uns ins Haus gekommen, aber Freunde sind sie deshalb noch lange nicht.
Meine Schwester bezeichnet bald jemanden als Freund, sogar solche
Leute, die sie kaum kennt, wenn es in ihre Berechnung paßt. Wenn ich es
genau überlege, habe ich überhaupt keinen Freund, ich habe, vom Ende
meiner Kindheit an, niemals mehr einen Freund gehabt. Freundschaft,
was für ein aussätziges Wort! Die Leute führen es jeden Tag bis zum
Überdruß im Mund und es ist vollkommen abgewertet, mindestens so
abgewertet wie das zutodegetrampelte Wort Liebe. Dein größter Fehler ist,
daß du nicht mehr spazieren gehst, früher bist du stundenlang aus dem

Haus gegangen, durch die Wälder, über die Felder, an den See und hast
dich wenigstens an deinen eigenen Grundstücken erfreut. Heute gehst du
nicht mehr aus dem Haus, das ist das Schädlichste, sagte sie, gerade sie, die
überall und bei allen als gehfaul bekannt ist und in den drei Wochen, die
sie hier war, nicht ein einzigesmal einen Spaziergang gemacht hat. Aber sie
hat natürlich auch nicht die Krankheit, denke ich, die *ich* habe. *Ich müßte
spazieren gehen.* Aber nichts langweilt mich mehr. Nichts ödet mich mehr
an, legt sich mir qualvoller auf Herz und Lunge, wie Spazierengehen. *Ich
bin kein Naturmensch*, ich war nie ein Naturmensch, ich ließ mich niemals
zu einem solchen Naturmenschen zwingen. Dann weiten sich deine Lungen, sagte sie höhnisch und trank daraufhin ein ganzes Glas Sherry aus,
Agustín Blázquez natürlich, der einzige, der ihr gerade teuer genug ist. Sie
läßt ihn sich von ihren Liebhabern seit Jahrzehnten aus Spanien bringen,
in Wien bekommt man ihn nicht, hier schon gar nicht, in dieser schauerlichen Gegend. Da du nicht katholisch bist, sagte sie lachend, gehst du
auch nicht mehr in die Kirche. Also gehst du überhaupt nicht mehr an die
frische Luft. So verkommst du und stirbst. Mit Vorliebe hatte sie in letzter
Zeit immer wieder zu mir gesagt: *du stirbst.* Das durchbohrte mich jedesmal, obwohl ich mir sage oder wenigstens einrede, daß ich nichts gegen
mein Sterben habe. Und ich habe ihr das oft gesagt, was sie wiederum nur
eine kindische Koketterie nannte. Freilich wäre es vernünftig, frische Luft
einzuatmen, aber jetzt ist ja hier überhaupt keine frische Luft, nur eine
teuflische, dicke, stinkende, die außerdem von der Chemie der nahen
Papierfabrik völlig vergiftet ist. Und manchmal denke ich, ob nicht die
Luft von der Papierfabrik so stark vergiftet ist, daß sie für *mich* tödlich ist,
auf die Dauer, daß ich schon jahrzehntelang diese von der Papierfabrik
vergiftete Luft einatme, gibt mir aufeinmal zu denken und es gab mir auch
an diesem Abend nach der Abreise meiner Schwester zu denken, ob nicht
meine Unfähigkeit, meine Arbeit anzufangen, überhaupt meine Krankheit und mein absehbarer Tod auf diese von der Papierfabrik vergiftete
Luft zurückzuführen ist. Der Mensch erbt einen Besitz von seinen Eltern
und glaubt dann, das ganze Leben auf diesem Besitz sitzenbleiben zu
müssen bis er stirbt und er merkt nicht, daß er so früh stirbt, weil die nahe
Papierfabrik Tag und Nacht die Luft, die er einatmet, vergiftet. Ich ließ
mich aber auf diese Spekulation nicht ein und trat wieder hinaus in das
Vorhaus. Beim Anblick jenes Winkels, in welchem wir, wie wir Kinder
waren, einen Hund gehalten haben, hatte ich denken müssen, wenn ich

mir wenigstens einen Hund halten würde. Aber ich habe Hunde, seit ich erwachsen geworden bin, immer gehaßt. Und wer versorgte einen solchen Hund und wie sollte der Hund aussehen, was für ein Hund sollte das sein? Da müßte ich mir ja gerade nur wegen eines solchen Hundes einen Menschen, der diesen Hund betreut, ins Haus nehmen und ich vertrage keinen Menschen, weder vertrage ich einen Hund, noch einen Menschen. Ich hätte ja längst einen Menschen im Haus, wenn ich einen solchen Menschen aushalten würde, aber ich halte keinen aus, ich halte naturgemäß auch keinen Hund aus. Ich bin nicht auf den Hund gekommen, sagte ich mir und ich werde nicht auf den Hund kommen, ich werde krepieren, aber auf den Hund kommen werde ich nicht. In diesem Winkel, gleich neben der hofseitigen Eingangstür hockte der Hund und wir liebten ihn, aber heute müßte ich ein solches, ständig auf der Lauer liegendes Tier, hassen. Und die Wahrheit ist ja doch, daß ich mein Alleinsein liebe, ich bin ja nicht einsam und ich leide auch nicht darunter, wenn mir das meine Schwester auch fortwährend einzureden versucht, ich leide nicht darunter, ich bin mit meinem Alleinsein glücklich, ich weiß, was ich daran habe, ich beobachte es an den andern, die ein solches Alleinsein nicht haben, sich nicht leisten können, es sich lebenslänglich wünschen, aber nicht haben können. Die Leute haben einen Hund und sind von diesem Hund beherrscht und selbst Schopenhauer ist letztenendes nicht von seinem Kopf, sondern in Wahrheit von seinem Hund beherrscht gewesen. Diese Tatsache ist deprimierender als jede andere. Im Grunde bestimmte nicht der Kopf Schopenhauers dessen Denken, sondern der Hund Schopenhauers, nicht der Kopf hat Schopenhauers Welt gehaßt, sondern der Hund Schopenhauers. Ich muß nicht wahnsinnig sein, um zu behaupten, Schopenhauer habe einen Hund aufgehabt, keinen Kopf. Die Menschen lieben die Tiere, weil sie nicht einmal zur Selbstliebe fähig sind. Die in der Seele zutiefst Gemeinsten, halten sich Hunde und lassen sich von diesen Hunden tyrannisieren und schließlich kaputtmachen. Sie setzen den Hund an die erste und an die oberste Stelle ihrer letztenendes gemeingefährlichen Heuchelei. Lieber würden sie ihren Hund vor dem Fallbeil retten, als Voltaire. Die Masse ist für den Hund, weil sie in ihrem Innersten nicht einmal die Anstrengung auf sich nehmen will, mit sich allein zu sein, was tatsächlich Seelengröße voraussetzt, ich bin nicht die Masse, ich bin mein Leben lang gegen die Masse gewesen und ich bin nicht für den Hund. Die sogenannte Tierliebe hat schon soviel Unheil angerichtet, daß wir, wenn wir tatsächlich mit der größtmöglichen Intensität daran denken würden, augenblicklich ausgelöscht werden müßten vor Erschrecken. Es ist nicht so absurd, wie es zuerst erscheint, wenn ich sage, die Welt verdankt ihre fürchterlichsten Kriege der sogenannten Tierliebe ihrer Beherrscher. Das ist alles dokumentiert und man solle sich diese Tatsache einmal klarmachen. Diese Leute, Politiker, Diktatoren, sind von einem Hund beherrscht und stürzen dadurch Millionen Menschen ins Unglück und ins Verderben, sie *lieben* einen Hund und zetteln einen Weltkrieg an, in welchem Millionen getötet werden wegen dieses einen Hundes. Man denke nur einmal nach, wie die Welt aussehen würde, wenn man diese sogenannte Tierliebe einmal wenigstens um ein paar lächerliche Prozente einschränken würde zugunsten der Menschenliebe, die naturgemäß auch nur eine sogenannte ist. Die Frage kann gar nicht sein, halte ich mir einen Hund oder halte ich mir keinen Hund, ich bin von meinem Kopf aus gar nicht imstande, mir einen Hund zu halten, der außerdem, wie ich weiß, auf intensivere Weise gepflegt und beachtet werden muß, wie jeder Mensch, mehr gepflegt werden und beachtet werden muß, als ich selbst fordere, aber die Menschheit findet gar nichts dabei, daß sie, alle Erdteile eingeschlossen, die Hunde besser pflegt und viel mehr beachtet, als ihre Mitmenschen, ja sie in allen diesen Milliarden von Hundefällen besser pflegt und mehr beachtet, als sich selbst. Ich erlaube mir, eine solche Welt tatsächlich als eine perverse und in höchstem Grade unmenschliche und total verrückte zu bezeichnen. Bin ich da, ist der Hund auch da, bin ich dort, ist der Hund auch dort. Muß der Hund hinaus, muß ich mit dem Hund hinaus etcetera. Ich dulde die Hundekomödie, die wir tagtäglich, wenn wir die Augen aufmachen und uns noch nicht mit der tagtäglichen Blindheit daran gewöhnt haben, sehen, nicht. In dieser Hundekomödie tritt ein Hund auf, der einen Menschen sekkiert, ausnützt und ihm im Verlaufe mehrerer oder weniger Akte, seine harmlose Menschlichkeit austreibt. Der höchste und der teuerste und tatsächlich kostbarste Grabstein, der jemals in der Geschichte errichtet worden ist, soll einem Hund errichtet worden sein. Nein, nicht in Amerika, wie man annehmen muß, in London. Diese Tatsache sich wieder klar zu machen, genügt, um den Menschen in dem richtigen Hundelicht zu zeigen. Die Frage ist auf dieser Welt ja schon lang nicht, wie menschlich einer ist, sondern wie hündisch, nur wird bis heute da, wo im Grunde, wenn der Wahrheit die Ehre gegeben werden soll, wo eigentlich gesagt werden müßte, wie hündisch ist

der Mensch, gesagt, wie menschlich ist er. Und das ist das Abstoßende.
Ein Hund kommt nicht in Frage. Wenn du dir wenigstens einen Hund
halten würdest, hat meine Schwester unmittelbar bevor sie abgereist ist,
gesagt. Nicht zum erstenmal, diese ist eine jener Bemerkungen, mit welchen sie mich seit Jahren aufbringt. Wenigstens einen Hund! Ich brauche
ja keinen Hund, ich habe meine Liebhaber, so sie. Einmal hatte sie, aus
Eigensinn, wie ich glaube, auf Liebhaber verzichtet, da hatte sie einen
Hund, der so klein war, daß er in meiner Phantasie jedenfalls, unter ihren
Stöckelschuhen hätte durchkriechen können. Sie liebte das Groteske an
dieser Tatsache und ließ dem Hund, der diese Bezeichnung überhaupt
nicht verdiente, ein kleines, mit einer Goldborte eingesäumtes Samtwams
machen. Im Sacher bestaunte man den Hund, das war ihr so widerwärtig,
daß sie das Tier ihrer Haushälterin schenkte, die es ihrerseits weitergab,
natürlich. Wie ja meine Schwester immer von allem Ausgefallenen fasziniert ist, aber dann, aus guten Gründen, und weil sie doch einen geho-
beneren Verstand hat, dieses Ausgefallene nicht auf die Spitze treibt, soweit, daß es als tatsächlich lächerlich betrachtet werden könnte. Oder eine
Reise, sagte sie. Du solltest wegreisen. Wenn du nicht bald wegreist, verkommst du, gehst ein. Ich sehe schon, wie du in einem deiner Winkel
zuerst verrückt wirst und dann verkommst. Reisen! Meine Vorliebe früher,
meine einzige Leidenschaft. Aber jetzt bin ich ja für jede Reise viel zu
schwach, sagte ich mir, es ist nicht einmal daran zu denken, wegzureisen.
Und wenn, wohin? Möglicherweise, dachte ich, ist das Meer meine Rettung. Dieser Gedanke setzte sich in mir fest, von diesem Gedanken konnte
ich nicht mehr wegkommen. Ich griff mir an den Kopf und sagte: *das
Meer!* Ich hatte mein Zauberwort. Wenn wir reisen, werden wir, wenn wir
noch so abgestorben sind, wieder lebendig. Aber bin ich denn imstande zu
reisen, gleich wohin? Alle meine Reisen, die ich jemals gemacht habe,
hatten Wunder gewirkt. Unsere Eltern hatten uns Kinder schon sehr früh
auf ihre Reisen mitgenommen und auf diese Weise haben wir schon vor
dem zwölften und dreizehnten Jahr viel gesehen. Wir waren in Italien, in
Frankreich, wir waren in England und in Holland, wir hatten Polen kennengelernt und Böhmen und Mähren und tatsächlich hatten wir schon
mit dreizehn einen Aufenthalt in Nordamerika hinter uns gehabt. Später
habe ich, aus eigenem Antrieb und wann immer es mir nur irgend möglich
gewesen war, größere Reisen gemacht, ich bin in Persien gewesen, in
Ägypten, in Israel, im Libanon. Ich hatte mit meiner Schwester Sizilien

bereist und wochenlang in Taormina verbracht, in dem berühmten Hotel
Timeo unter dem griechischen Theater, ich hatte eine zeitlang in Palermo
gewohnt, auch in Agrigent, ganz in der Nähe des Hauses, in welchem
Pirandello gelebt und geschrieben hat. Ich war mehrere Male in Calabrien
und selbstverständlich auf jeder Italienreise in Rom und Neapel gewesen
und jedes Frühjahr bin ich mit meinen Eltern und mit meiner Schwester
zusammen in Triest und in Abbazia gewesen. Überall hatten wir Verwandte, die wir allerdings immer nur auf das Kürzeste aufgesucht haben,
denn so wie ich, haben auch meine Eltern die größte Vorliebe für den
Hotelaufenthalt gehabt, sie waren, meine Mutter genauso wie mein Vater,
leidenschaftliche Hotelbewohner, in den besten und schönsten fühlten sie
sich genauso wie ich mehr zuhause als daheim. Ich darf gar nicht an alle
diese herrlichen Paläste denken, in welchen wir Station gemacht haben.
Selbst der Krieg hatte uns nicht daran hindern können, zu reisen und *in
den besten Häusern abzusteigen*, wie mein Vater sehr oft gesagt hat. Von
allen diesen Hotels sind mir das Seteais in Sintra und natürlich das Timeo
in der angenehmsten Erinnerung. Als ich nicht lange zurückliegend, meinen Internisten gefragt habe, ob ich an Reisen denken könne, hatte er
gesagt *natürlich, jederzeit*, aber die Art und Weise, *wie* er dieses *natürlich*
gesagt hatte, waren mir unheimlich gewesen. Andererseits sollen wir,
gleichwie unser Zustand ist, jederzeit das tun, das wir tun wollen und
wenn wir reisen wollen, sollen wir reisen und uns um unseren Zustand,
und sei er der schlimmste, nicht kümmern, vor allem, wenn er der
schlimmste ist, denn dann sind wir ja, ob wir reisen oder nicht reisen,
verloren und es ist besser zu sterben und die gewünschte und wie nichts
ersehnte Reise gemacht zu haben, als an diesem Wunsch und an dieser
Sehnsucht zu ersticken. Eineinhalb Jahre hatte ich keine Reise mehr gemacht, das letztemal war ich, weil es mir doch der idealste Ort ist, in
Palma. Im November, wenn uns der Nebel auf die grausamste Weise unter-
und niederdrückt, bin ich im offenen Hemd durch Palma gelaufen und
habe tagtäglich auf der berühmten Borne im Schatten der Platanen meinen Kaffee getrunken; und es war mir gerade in Palma möglich gewesen,
die entscheidenden Notizen über Reger zu machen, die ich allerdings
später verloren habe, ich kann bis heute nicht sagen, wo, eine zwei Monate
lange Geistesanstrengung durch eine Selbstunvorsichtigkeit zunichte gemacht, unverzeihlich. Wenn ich nur daran denke, auf der Terrasse des
Nixe Palace meine Oliven zu essen und mein Glas Wasser zu trinken,

während ich ganz in die Beobachtung dieser Leute, die auf dieser Terrasse ihren Wünschen und Ideen anhängen wie ich, nicht versunken, sondern vernarrt bin! Wir merken oft nicht, daß wir uns von dem Punkt, auf dem wir festkleben, ganz einfach mit aller Gewalt von einem Augenblick auf den andern abreißen müssen, um weiterexistieren zu können. Meine Schwester hat recht, immerfort das Wort Reise im Mund zu führen in meiner Gegenwart, sie peitscht mir das Wort Reise ja ununterbrochen ein, sage ich mir, sie sagt nicht nur alle Augenblicke beiläufig das Wort Reise, sie verfolgt diesen bestimmten Zweck meiner Existenzerrettung. Der Betrachter durchschaut einen Menschen, den er betrachtet, naturgemäß rücksichtsloser und authentischer als der Betrachtete sich selbst, sagte ich mir. Es gibt so viele herrliche Städte auf der Welt, Landschaften, Küsten, die ich in meinem Leben gesehen habe, aber keine von diesen allen ist für mich jemals so ideal gewesen wie Palma. Aber was, wenn ich dann in Palma einen meiner gefürchteten Anfälle bekomme, wenn ich ohne *tatsächliche* ärztliche Hilfe in meinem Hotelbett liege in Todesangst? Wir müssen den fürchterlichsten aller Fälle in Betracht ziehen und diese Reise *trotzdem* machen, sagte ich mir. Aber ich kann doch nicht meine ganzen Notizenhaufen mitnehmen, sagte ich mir gleichzeitig, die schwer in zwei Koffer hineingehen und mehr als zwei Koffer nach Palma mitzunehmen, ist Wahnsinn. Allein die Vorstellung, ich müsse mit zwei oder gar drei Koffern auf die Bahn und in den Zug und vom Zug auf den Flugplatz und da in ein Flugzeug undsofort, machte mich beinahe verrückt. Aber ich gab den Gedanken an Palma und das Meliá, nachdem das Mediterraneo seit Jahren für immer geschlossen ist, nicht mehr auf. Ich hatte mich in diesem Gedanken festgesetzt, umgekehrt dieser Gedanke in mir. Ich ging im Haus hin und her, auf und ab, hinauf und wieder zurück herunter und konnte von dem Gedanken, Peiskam hinter mich zu lassen, nicht mehr getrennt werden; aber tatsächlich machte ich ja nicht den geringsten Versuch, mich von diesem Gedanken an Palma zu befreien, im Gegenteil, schürte ich ihn ununterbrochen und trieb ihn schließlich auf die Spitze, indem ich meine zwei großen Reisekoffer aus der Vorhaustruhe heraushob und sie neben die Truhe hinstellte, als reiste ich tatsächlich ab. Wir dürfen andererseits, sagte ich mir, nicht gleich einem solchen urplötzlich aufgetauchten Gedanken nachgeben, wo kämen wir auf diese Weise hin. Aber der Gedanke war da und ich stellte die Koffer zwischen Truhe und Tür und betrachtete sie von einem für eine solche Betrachtung günstigen Winkel aus. Wie lange habe ich diese Koffer nicht mehr aus der Truhe herausgenommen!, sagte ich mir. Viel zu lange nicht. Tatsächlich waren die Koffer, obwohl die ganze Zeit seit meiner letzten Reise, also meiner letzten Palmareise, in der Truhe verstaubt und ich holte ein Staubtuch und wischte sie ab. Das verursachte mir aber gleich die größte Übelkeit. Ich hatte nicht einmal *einen* Koffer vom Staub gesäubert, mußte ich mich schon an der Truhe aufstützen, eine entsetzliche Atemlosigkeit hatte mich befallen. Und in einem solchen Zustand denkst du daran, nach Palma zu fliegen unter allen diesen entsetzlichen Schwierigkeiten, die eine solche Reise unweigerlich verursacht, die einem Gesunden nicht das geringste ausmacht, die einem Kranken aber zuviel, möglicherweise den Tod zumutet. Nach einiger Zeit wischte ich aber, jetzt vorsichtiger, den zweiten Koffer ab und setzte mich dann in den eisernen Vorhaussessel, der mein Lieblingssessel ist. In den einen Koffer die Schriften über Mendelssohn Bartholdy, sagte ich mir, in den andern Kleider und Wäsche etcetera. In den größeren die Mendelssohn betreffenden Unterlagen, in den kleineren Kleider und Wäsche. Wozu habe ich dieses elegante Reisegepäck, sagte ich mir, das mindestens sechzig Jahre alt ist und aus den letzten Jahren meiner Großmutter mütterlicherseits stammt, die einen guten Geschmack hatte, wie genau wieder diese ihre Reisekoffer beweisen. Die Toscanischen haben einen guten Geschmack, sagte ich mir, das beweist sich immer wieder. Wenn ich weggehe, sagte ich mir auf dem eisernen Sessel, verlasse ich doch nur ein Land, an dessen absoluter Bedeutungslosigkeit ich tagtäglich nur auf das äußerste deprimiert bin. An dessen Stumpfsinnigkeiten ich doch nur tagtäglich zu ersticken drohe, an dessen Dummheiten ich auch ohne meine Krankheiten früher oder später zugrunde gehe. An dessen politischen wie kulturellen Verhältnissen, die in letzter Zeit so chaotisch geworden sind, daß es uns jedesmal, wenn wir aufwachen in der Frühe, noch bevor wir überhaupt aus dem Bett gestiegen sind, den Magen umdreht. An dessen Bedürfnislosigkeit an Geist ein Mensch wie ich schon lange nicht mehr verzweifeln, sondern nurmehr noch erbrechen kann, wenn ich die Wahrheit sage. Ich gehe aus einem Land, sagte ich mir auf dem eisernen Sessel, in welchem alles das, das einem sogenannten Geistesmenschen Vergnügen machte, und wenn schon nicht Vergnügen, so doch wenigstens ganz einfach die Möglichkeit, seiner Existenz nachzugehen, ausgetrieben, ausgemerzt, ausgelöscht ist, in welchem nurmehr noch der primitivste aller Erhaltungstriebe zu herrschen scheint und in welchem der allergeringste Anspruch eines sogenannten Geistesmenschen im Keim erstickt wird. In welchem der korrupte Staat und die ebenso korrupte Kirche gemeinsam an jenem unendlichen Strange ziehen, welchen sie seit Jahrhunderten mit der größten Rücksichtslosigkeit und gleichzeitig Selbstverständlichkeit um den Hals dieses blinden und von seinen Beherrschern tatsächlich in seine Dummheit eingesperrten und tatsächlich dummen Volkes gewickelt haben. In welchem die Wahrheit mit Füßen getreten und die Lüge als einziges Mittel für alle Zwecke von allen offiziellen Stellen geheiligt wird. Ich verlasse ein Land, sagte ich mir auf dem eisernen Sessel sitzend, in welchem die Wahrheit nicht verstanden oder ganz einfach nicht akzeptiert wird und das Gegenteil der Wahrheit einziges Zahlungsmittel für alles ist. Ich verlasse ein Land, in welchem die Kirche heuchelt und der an die Macht gekommene Sozialismus ausbeutet und die Kunst diesen beiden nach dem Mund redet. Ich verlasse ein Land, in welchem sich ein zur Stupidität erzogenes Volk von der Kirche die Ohren und vom Staat den Mund stopfen läßt und in welchem alles das, das mir heilig ist, seit Jahrhunderten in den Mistkübeln seiner Beherrscher endet. Wenn ich weggehe, sagte ich mir auf dem eisernen Sessel, gehe ich ja nur aus einem Land weg, in welchem ich im Grunde nichts mehr zu suchen und in welchem ich auch mein Glück niemals gefunden habe. Wenn ich weggehe, gehe ich aus einem Land weg, in welchem die Städte stinkend und die Bewohner dieser Städte verroht sind. Ich gehe aus einem Land weg, in welchem die Sprache ordinär und der Geisteszustand derer, die diese ordinäre Sprache sprechen, alles in allem unzurechnungsfähig geworden sind. Ich gehe aus einem Land weg, sagte ich mir auf dem eisernen Sessel, in welchem die sogenannten wilden Tiere einziges Vorbild geworden sind. Ich gehe aus einem Land weg, in welchem auch bei hellichtem Tag die finstere Nacht herrscht und in welchem im Grunde genommen nur noch polternde Analphabeten an der Macht sind. Wenn ich weggehe, sagte ich mir auf dem eisernen Sessel, gehe ich ja nur aus dem sich in einem abstoßenden desolaten und ganz einfach unzumutbar schmutzigen Zustand befindlichen Abort Europas hinaus, sagte ich mir. Ich gehe weg, sagte ich mir, auf dem eisernen Sessel sitzend, heißt, ein Land hinter mich lassen, das mich seit Jahren nurmehr noch auf die schädlichste Weise bedrückt und mir bei jeder Gelegenheit, gleich wo und wann, nurmehr noch hinterhältig und böswillig auf den Kopf macht. Aber ist es nicht eine Verrücktheit, in einem Zustand und in einer allgemeinen Körperverfassung, die mir nicht einmal erlaubt, zweihundert Schritte außerhaus zu machen, an eine Palmareise zu denken?, fragte ich mich, auf dem eisernen Sessel sitzend. Und abwechselnd dachte ich, auf dem eisernen Sessel sitzend, an Taormina und das Timeo mit Christina und ihrem Fiat, und an Palma und das Meliá und die Cañellas mit ihrem dreistöckigen Palast und ihrem Mercedes, und ich sah mich, auf dem eisernen Sessel sitzend, aufeinmal schon durch die engen palmanesischen Gassen laufen. *Durchlaufen!*, rief ich auf dem eisernen Sessel aus und griff mich an den Kopf, wo ich im Grunde nicht einmal imstande bin, um mein Haus herumzugehen, geschweige denn, durch Palma zu laufen; ein solcher Gedanke eines Kranken wie ich, grenzt schon nicht nur an Größenwahn, er hat diese Grenze weit überschritten, sich selbst tatsächlich zu einer Verrücktheit gemacht und zwar zu einer solchen, die mir dann ganz einfach nicht mehr aus dem Kopf gehen wollte; ich hatte diese Verrücktheit auf dem eisernen Sessel nicht mehr abbrechen können und auch gar nicht den Versuch gemacht, im Gegenteil, ich trieb sie auf dem eisernen Sessel soweit, daß ich ganz von selbst das Wort *verrückt* ausrufen mußte, das Meliá oder das Timeo, die Christina oder die Cañellas, der Fiat oder der Mercedes, hatte ich die ganze Zeit auf dem eisernen Sessel denken und spekulieren müssen und mich an dieser lächerlichen Spekulation auch noch erfrischt, das Meliá mit seinen Hunderten und Tausenden von Jachten vor dem Fenster, das Großstädtische an Palma, das Timeo mit seinen Bougainvilleen, die am Fenster blühen, der unglaubliche Meereswind am Meliá, das uralte Badezimmer im Timeo, Christina oder die Cañellas, die Bougainvilleen oder der Meereswind, die Kathedrale oder das griechische Theater, dachte ich auf dem eisernen Sessel, die Mallorquiner oder die Sizilianer, der Ätna oder Pollensa, der Ramón Llull und der Rubén Darío, oder der Pirandello. Schließlich sagte ich mir, ich brauche im Augenblick und gerade weil ich mit meinem Mendelssohn Bartholdy anfangen will, *eine großstädtische Atmosphäre*, mehr Menschen, mehr Geschehen, mehr Turbulenz, dachte ich auf dem eisernen Sessel, nicht nur eine einzige Straße und die *ansteigend* und deshalb *anstrengend*, nicht nur ein Kaffeehaus, sondern viele solcher belebter Straßen (und Plätze!) und viele solcher Kaffeehäuser und überhaupt soviel Menschen um mich als möglich, denn nichts brauche ich jetzt mehr, als Menschen um mich; nicht daß ich mit ihnen verkehren will, nicht einmal mit ihnen reden will ich, dachte ich auf dem eisernen Sessel, aber um mich haben muß ich sie und ich entschied mich aus allen diesen begreiflichen Gründen für Palma und gegen Taormina, für die Cañellas außerdem und gegen Christina und alles in allem für ein gerade meinem Zustand in ganz entscheidendem Maße zuträgliches Klima, für ein sommerliches, das ich in Palma schon im Feber zu erwarten habe, nicht aber in Taormina, in welchem es im Feber noch winterlich ist und dazu auch noch die meiste Zeit regnet und den Ätna, dachte ich auf dem eisernen Sessel, sieht man im Feber nur selten und wenn, dann ist er von oben bis unten mit Schnee bedeckt und erinnert mich andauernd und auf die allerschädlichste Weise an die Alpen und also an Österreich und an zuhause, was mir am Ende dann doch nur immer wieder nichts als Übelkeit zu verursachen imstande ist. Aber das alles erschien mir aufeinmal doch nur als eine unsinnige Spekulation, von einem aufgeregten Kranken auf seinem eisernen Sessel angestellt, die mich in erster Linie nur noch trauriger machte, als ich schon war und die tatsächlich mit Niedergeschlagenheit endete. Aber es gab kein Entkommen mehr, obwohl ich mir noch immer auf dem eisernen Sessel sitzend, einredete, ob es nicht vielleicht doch genügte, einfach irgendeinen Nachbarn aufzusuchen. So stand ich auf und zog mich um und ging nach Niederkreut, das ganz in der Nähe liegt, das selbst von mir in meinem erbärmlichen Zustand zu erreichen ist und bei dem es sich um ein vierhundert Jahre altes Gemäuer handelt, feucht und unansehnlich, das von einem ehemaligen Kavallerieoffizier aus dem Ersten Weltkrieg, der sich, wie alle diese Leute, Baron nennt, bewohnt wird, von einem alten Kauz also. Ich ging nicht deshalb hin, weil mich der Mann besonders interessierte, sondern weil er der von mir aus am schnellsten und leichtesten zu erreichende war, absolut eine Menschenkuriosität, wenn ich ihn besuche, trinke ich eine Schale Tee und lasse mir seine Geschichten aus dem Ersten Weltkrieg erzählen, wie er *auf dem Monte Cimone verwundet* worden ist und wie er *drei Monate im Spital in Triest* gelegen ist und dann *die goldene Tapferkeitsmedaille bekommen* hat. Er erzählt im Grunde immer dieselbe Geschichte und er erzählt diese immergleiche Geschichte nicht nur mir, sondern allen, die ihn, wann immer, aufsuchen. Der Mann hat den Vorteil, daß er ausgezeichnet Tee kochen kann und daß er, obwohl er schon so alt ist, gegen fünfundachtzig, keinen üblen Mundgeruch hat, denn vor allem fürchte ich die Besuche bei alten Männern wegen ihres üblen Mundgeruchs. Überhaupt läßt sich der Mann, obwohl, wie gesagt, an die fünfundachtzig, nicht gehen und er sieht durchaus appetitlich aus. Er hat eine Haushälterin, die ihn versorgt, die er Muxi nennt, kein Mensch kann sagen, was das bedeutet und die sich, wenn man ihn aufsucht, in die Küche verzieht. Etwa jede halbe Stunde steckt sie ihren Kopf bei der Tür herein und fragt, ob der Alte etwas will. Nein Muxi, sagt der Alte jedesmal und wenn sie die Tür wieder zugemacht hat, beugt er sich zu einem vor und sagt: *sie ist dumm wie die Nacht!* Es ist immer dasselbe. Ich ging, aus Verzweiflung, muß ich sagen und nur, um mich von dem absurden Gedanken, abzureisen, noch dazu nach Palma abzureisen, was wohl der absurdeste Gedanke überhaupt war in meiner Situation, zu dem Alten nach Niederkreut, ich nützte ihn ganz einfach in meiner fürchterlichen Lage aus, um es kurz zu sagen, er war mir gerade recht, mir mein Palma auszutreiben. Als ich den Glockenzug zog, hörte ich schon die Schritte der Haushälterin, die mir aufsperrte. Der Herr sei da. Ich trat ein. *Ich störe doch hoffentlich nicht,* sagte ich bei meinem Eintreten in sein Zimmer, in welchem ihm die Haushälterin gemütlich, höchst angenehm, eingeheizt hatte und ärgerte mich noch während ich diese Bemerkung machte, darüber, daß ich gerade jene Bemerkung gemacht hatte, die immerfort von meiner Schwester mir gegenüber gemacht wird und die mich wie keine andere Bemerkung aufbringt, denn diese Bemerkung ist eine der verlogensten Bemerkungen, die es gibt. Der Herr war aufgestanden, hatte mir die Hand geschüttelt und sich mit mir wieder niedergesetzt. Ich bin gerade dabei, mir einen Tee zu kochen, sagte er. Er hatte ein Buch in der Hand. Jetzt ist die Zeit des Lesens, sagte er, ein unsinniges Buch, etwas über Marie-Louise, meine Schwester hat es mir geschickt, aber ich finde, es ist doch sehr abgeschmackt. Was die Leute alles zusammenschreiben, kümmern sich keinen Deut um die Fakten und woher nehmen sie überhaupt ihre Kompetenz! Ich hatte keine Lust, in dieser Richtung mit dem Alten ein Gespräch anzufangen, aber schon als ich mich hinsetzte, in Erwartung einer Schale Tee, beobachtete ich, wie ich mich bereits von meinem Reiseplan entfernte. So unmöglich ist es ja hier auch wieder nicht, sagte ich mir und betrachtete die Bilder an der Wand. Das ist mein Großvater, Feldmarschall und Oberbefehlshaber der ganzen adriatischen Südfront, sagte der Alte, aber das habe ich sicher schon Hunderte Male gesagt, während die Haushälterin das Wasser hereinbrachte und wieder verschwand. Die Kriege werden ja heute ganz anders geführt, sagte er. Von Grund auf anders. Alles ist heute anders. Er hob den Teekannendeckel und rührte um und sagte: Es ist alles um alle Grade herumgedreht. Diesen Ausdruck verwendete er immer, kaum ist man mit ihm beisammen, findet er eine Überleitung zu der Bemerkung: *es ist alles um alle Grade herumgedreht*. Es gibt nur noch dreizehn Lebende, die die goldene Tapferkeitsmedaille vom Kaiser persönlich bekommen haben. Nur noch dreizehn, stellen Sie sich vor. Zuerst habe er daran gedacht, seinen Besitz seiner in England lebenden Tochter zu vererben, aber er sei daraufgekommen, daß das Unsinn sei. Dann habe er gedacht, er werde seinen Besitz der Kirche vermachen. Die Kirche habe ihn aber enttäuscht und er wollte daraufhin die staatliche Fürsorge beerben. Aber die staatliche Fürsorge, sagte er jetzt, ist auch eine Gemeinheit. Es gibt überhaupt keine Institution, der ich etwas hinterlassen will. Aber auch keinem Menschen, den ich kenne. So habe ich beschlossen, mir ein Telefonbuch von London schicken zu lassen. Und zu welchem Zweck glauben Sie? Er machte eine Pause, schenkte mir und sich Tee ein und sagte: ich schlug irgendeine Seite auf, nachher stellte ich fest, es ist die Seite zweihundertdrei und drückte, und zwar mit geschlossenen Augen, den Zeigefinger meiner rechten Hand auf eine Stelle. Als ich die Augen aufmachte und genau hinschaute, sah ich, daß meine Fingerspitze auf den Namen *Sarah Slother* gedrückt war. Mir ist es egal, sagte er, wer diese Sarah Slother ist, die Adresse ist Knightsbridge 128. Dieser Adresse, gleich, wer oder was sich dahinter verbirgt, vermache ich alles, was ich habe. Mein lieber Nachbar, das verschafft mir die höchste Befriedigung. Im übrigen habe ich den juristischen Teil dieser kuriosen Angelegenheit schon erledigt. Wenn wir es genau überlegen, können wir doch *nicht einem einzigen Menschen, den wir kennen*, etwas vermachen, sagte er. Jedenfalls ich nicht. Ich war ganz fasziniert von dem Alten, ich hatte ihm so etwas nicht zugetraut. Aber er hatte die Wahrheit gesagt. Alles andere an diesem Nachmittag, der sich dann mit dem üblichen Altersgeschwätz hingezogen hat bis in die Nacht, war nichts mehr gegen diese seine Mitteilung. Aber schweigen Sie darüber, hat er zu mir gesagt, ich habe keinem Menschen etwas davon gesagt. Und es ist tatsächlich kein Scherz. Sie sind der einzige Mensch, von dem ich weiß, daß er, was ich ihm gesagt habe, für sich behalten wird. Ich bin ganz erleichtert. Immerhin, sagte er, Sie wissen, was auf diese Slother zukommt. Mein Gott, hatte er noch gesagt, bin ich hinterhältig und hatte offensichtlich seine Freude an dieser Hinterhältigkeit. Als ich nachhause ging, war ich nicht nur nicht abgebracht von meinem Reiseplan, er erschien mir aufeinmal gar nicht mehr als ein absurder, im Gegenteil, hatte ich plötzlich das Gefühl, ich könne mir keinen besseren Dienst erweisen, als so schnell als möglich abzureisen und natürlich nach Palma. Ich hatte aufeinmal den erfrischenden Gedanken, mich im letzten Moment aus meiner Gruft hinauszukatapultieren, im allerletzten Moment und ich dachte, so sehr ich sie verfluche, wieder hatte meine Schwester den richtigen Gedanken. Ich war aufeinmal ganz besessen von meinem Reiseplan. Auch der Alte in Niederkreut hatte mir aufeinmal wieder die Augen geöffnet, die solange geschlossen waren. Hatte ich ihn aufgesucht, damit er mich von meinem Reiseplan abbringt, so hat er mich im Gegenteil gerade auf diesen Reiseplan hin halb verrückt gemacht. Aus der ganzen Gegend mußt du fort, nicht fortwährend nachdenken, wie dich ablenken, durch alle möglichen und unmöglichen Leute in der Nachbarschaft etcetera, sondern abreisen, weggehen, so bald als möglich. Meine Schwester, die verfluchte, hatte wieder einmal einen guten Riecher gehabt. Ich hatte aber immerhin auch die Wahl, für einige Zeit nach Wien zu gehen, ich muß ja nicht in die Wohnung meiner Schwester, sagte ich mir, ich kann ins *Elisabeth* gehen oder in den *König von Ungarn*, aber soviel ich auch an Wien dachte, Palma beherrschte mich doch vollkommen. Was habe ich in Wien, fragte ich mich und allein wenn ich mir die Namen aller jener vergegenwärtigte, die ich in Wien kenne, graust es mich, mit ganz wenigen Ausnahmen und diese Ausnahmen kamen entweder wegen Krankheit nicht mehr in Frage, oder weil sie längst gestorben sind. Jahrelang hatte ich ja den Paul Wittgenstein, den Neffen des Philosophen, aber der starb endlich, muß ich sagen, an seiner jahrelangen qualvollen Krankheit am Ende doch gerade zu dem richtigen Zeitpunkt, in welchem Wien eigentlich für ihn nichts mehr gewesen ist. Er war schon Jahrzehnte durch Wien gegangen und es hatte mit ihm nichts mehr zu tun. Niemand war so gescheit wie er, keiner war so poetisch, so unbestechlich in allem. Jetzt wo ich ihn verloren habe, habe ich selbst in Wien nichts mehr verloren. Ich habe zwanzig Jahre ununterbrochen in Wien gelebt, wahrscheinlich meine beste, gleichzeitig meine schönste Zeit, aber diese Zeit ist unwiederholbar, alles heutige ist dagegen nurmehr noch ein dürftiger Aufguß, den mitzumachen ich mich zu schämen habe. Wien ist heute eine durch und durch proletarisierte Stadt, für welche ein anständiger Mensch nurmehr noch Spott und Hohn und die tiefste Verachtung übrig haben kann. Was in ihr groß oder auch nur beachtenswert gewesen ist, verglichen mit der übrigen Welt, ist längst tot, die Gemeinheit und die Dummheit und die mit diesen beiden gemeinsame Sache machende Scharlatanerie beherrschen heute die Szene. Mein

Wien wurde von geschmacklosen und geldgierigen Politikern von Grund
auf ruiniert, es ist nicht mehr wiederzuerkennen. An manchen Tagen weht
noch die frühere Luft, aber nur kurze Zeit, dann deckt der Abschaum, der
sich in dieser Stadt in den letzten Jahren breitgemacht hat, wieder alles zu.
Die Kunst ist in dieser Stadt nurmehr noch eine ekelerregende Farce, die
Musik ein abgeleierter Leierkasten, die Literatur ein Alptraum und von
der Philosophie will ich gar nicht reden, da fehlen selbst mir, der ich nicht
zu den allerphantasielosesten gehöre, die Wörter. Lange Zeit hatte ich
gedacht, Wien ist meine Stadt, sogar, daß es mir Heimat ist, aber jetzt
muß ich doch sagen, ich bin doch nicht in einer von den Pseudosozialisten
bis an den Rand mit ihrem Unrat angefüllten Kloake zuhause. Auch ist
mein Interesse, praktisch Musik zu hören, nicht mehr das von früher, ich
lese lieber allein für mich meine Partituren, ist dieses Vergnügen auch
ungemein kostspieliger. Aber was bieten diese Konzerte im Musikverein
und im Konzerthaus heute schon? Die großartigen Kapellmeister von
früher, haben sich in plumpe sensationshaschende Dompteure verwandelt
und die Orchester sind unter diesen Dompteuren schwachsinnig geworden. Die Museen habe ich alle gesehen und das Theater ist das staubigste
in ganz Europa. Das Burgtheater ist heute doch nichts anderes als eine
geschmacklose, wenn auch unfreiwillige Parodie auf das Theater überhaupt, in welcher alles, was mit Geist zu tun hat, fehlt; Provinzialismus,
Farce. Ganz zu schweigen von den andern Theatern, deren tagtäglicher
Dilettantismus gerade für die neue, durch und durch abgeschmackte Gesellschaft recht ist. Und natürlich wäre es mir unerträglich, mit meiner
Schwester unter einem Dach zu hausen, das hat sich ja gerade wie sie jetzt
in Peiskam gewesen ist, gezeigt. Sie machte mir, ich machte ihr die Hölle,
einer brächte den andern in der kürzesten Zeit um. Wir haben nie unter
einem Dach zusammenleben können. Aber es ist ja durchaus möglich, daß
meine Schwester in bestem Sinne an mich und an mein Weiterkommen
gedacht hat, als sie mich zu sich in ihre Wiener Wohnung einlud, was ich
aber letztenendes doch wieder nicht zu glauben imstande bin, weil ich sie
kenne. Andererseits, sagte ich mir, bin ich nicht neugierig genug, nur
deswegen nach Wien zu fahren, um ihre neue Wohnung zu inspizieren, in
welcher sich wahrscheinlich eine Kostbarkeit an die andere reiht und das
durchaus nicht geschmack*los*, im Gegenteil, aber gerade das würde mich
zur Weißglut bringen. Schau mein kleiner Bruder, diese Vase ist aus Ober-
ägypten, ich höre sie, *wie* sie das sagt und darauf wartet, was ich dazu zu

sagen habe, obwohl sie weiß, was ich darauf sagen werde. Wir sind intelligente Geschwister, die ihre Intelligenz in viereinhalb Jahrzehnten sehr weit und sehr gut haben entwickeln können, ein jeder auf seine Weise, jeder in seine ihm eigene Richtung, ich in die meinige, sie in die ihrige bis heute. Nach Wien brauchte ich nur meine Reisetasche mitnehmen, denn an ein Arbeiten ist in Wien nicht zu denken. Jedenfalls nicht bei meiner Schwester. Aber auch nicht, wenn ich im Hotel wohne, denn Wien ist gegen meine Arbeit, ist immer gegen meine Arbeit gewesen, in Wien ist mir niemals eine Arbeit gelungen, viele Arbeiten habe ich in Wien angefangen, aber keine einzige zuende gebracht, was jedesmal einen fürchterlichen Beschämungseffekt in mir bewirkt hat. Einmal, vor fünfundzwanzig Jahren, habe ich in Wien etwas über Webern zuende schreiben können, es aber gleich, wie es fertig gewesen war, verbrannt, weil es mißlungen war. Wien hat sich immer lähmend ausgewirkt auf mich, auch wenn ich das niemals hatte wahrhaben wollen, es lähmte mich in allem und jedem. Und die Menschen, die ich in Wien kennengelernt habe, lähmten mich auch, von zwei, drei Ausnahmen abgesehen. Aber mein Paul Wittgenstein ist, an seiner Verrücktheit, wohlgemerkt, gestorben und meine Malerfreundin Joana hat sich aufgehängt. Wer nach Wien geht und in Wien bleibt und den Zeitpunkt übersieht, zu welchem er aus Wien wieder zu verschwinden hat, ist zum sinnlosen Opfer geworden für eine Stadt, die jedem Menschen alles wegnimmt und überhaupt nichts gibt; es gibt Städte, wie zum Beispiel London oder Madrid, die nehmen auch, aber nicht viel, und geben fast alles, Wien nimmt alles und gibt nichts, das ist der Unterschied. Die Stadt ist darauf angelegt, daß sie die ihr in die Falle Gegangenen aussaugt und solange aussaugt, bis sie tot umfallen. Ich hatte das früh erkannt und Wien nach Möglichkeit gemieden. Nur um ein paar von mir innig geliebte Menschen von Zeit zu Zeit in Wien aufzusuchen, bin ich später, nach diesen beinahe ununterbrochenen Wiener Jahren, nach Wien gefahren. Die wenigsten haben die Kraft, Wien früh genug den Rücken zu kehren, bevor es zu spät ist, sie bleiben an dieser gefährlichen, ja giftigen Stadt kleben und lassen sich schließlich, müde geworden, von ihr erdrükken wie von einer schillernden Schlange. Und wieviele Genies sind in dieser Stadt von ihr erdrückt worden, gar nicht aufzuzählen. Aber denen es gelang, ihr zu dem richtigen Zeitpunkt den Rücken zu kehren, ist doch immer alles oder doch beinahe alles gelungen, wie die Geschichte beweist und was man nicht unbedingt wieder festhalten muß. Ginge ich jetzt nach

Wien, ich langweilte mich vor allem bis zum Selbstekel, habe ich gedacht. Ich zertrümmerte mir sozusagen in der kürzesten Zeit das Wenige, das ich noch habe. Also schied Wien aus. Für kurz tauchte auch Venedig auf, aber bei der Vorstellung, monatelang in diesem zwar prächtigen, aber doch durch und durch perversen Gesteinshaufen sitzen zu müssen, und sei es an dem idealsten Platz, schüttelte es mich. Venedig ist nur für ein paar Tage, wie eine elegante Alte, die man *jedesmal zum letztenmal* aufsucht für ein paar Tage, aber nicht länger. Jetzt war ich nurmehr noch auf Palma fixiert und noch an dem gleichen Abend, an welchem ich von Niederkreut zurückgekommen war, wo mir der Alte seinen letzten Wunsch offenbarte, was mich nach wie vor faszinierte und im Grunde die ganze Zeit am meisten beschäftigte, noch an dem gleichen Abend fing ich an, daran zu denken, was ich in meine beiden Koffer einpacke, die ich inzwischen in den ersten Stock hinaufgetragen hatte, um sie beide zur Gänze geöffnet auf der Kommode in meinem Schlafzimmer liegenzulassen. Zuerst packte ich, immerfort in dem Gedanken, nur das Notwendigste mitzunehmen, mein altes Reiseprinzip, Kleider, Wäsche und Schuhe ein. Nur zwei Jakken, nur zwei Hosen, nur zwei Paar Schuhe, sagte ich mir und ich suchte die entsprechenden zusammen, dabei dachte ich fortwährend, daß es sommerliche Jacken und Hosen sein müssen, sommerliche Schuhe, denn im Jänner ist in Palma schon Sommer, mehr oder weniger schon sommerlich, wie ich mich verbesserte. Alle machen immer den Fehler, daß sie zuviel Kleider auf die Reise mitnehmen und sich beinahe zutode schleppen und am Ende immer nur das gleiche anziehen am Ort, wenn sie einigermaßen vernünftig sind. Nun reise ich aber schon über drei Jahrzehnte auf eigene Faust, habe ich mir gesagt und nehme doch immer wieder im letzten Moment zuviel mit, auf diese Reise, die möglicherweise und mit an Wahrscheinlichkeit grenzender Sicherheit meine letzte sein wird, wie ich dachte, nehme ich nicht zu viel mit, ich hatte wenigstens den Vorsatz. Aber schon bei der Frage, nehme ich zu der dunkelgrauen Hose noch eine dunkelbraune mit oder eine schwarze, war ich im Zwiespalt. Am Ende legte ich doch eine dunkelgraue und eine dunkelbraune und eine schwarze in den Koffer. Dafür war ich mir, was die Röcke betrifft, nicht im Zweifel, daß es nur ein grauer und ein brauner sein wird. Sollte es sich herausstellen, daß ich einen sogenannten dunklen Rock brauche in Palma, kann ich mir ja einen solchen dunklen Rock kaufen, sozusagen den eleganten, obwohl ich mir sicher war, daß ich keinerlei Gelegenheit für einen solchen

sogenannten eleganten Rock haben werde. Wo ein solcher sogenannter
dunkler eleganter Rock gefordert wird, gehe ich ja nicht hin. Und wer
weiß, ob ich überhaupt zu den Cañellas gehe in meinem Zustand, dachte
ich. Ich kenne die Möglichkeiten und die Unmöglichkeiten gesellschaft-
licher Natur in Palma und Umgebung, auf der Insel. Wahrscheinlich liebe
ich die Insel gerade weil sie voller Alter und Kranker ist! Ich werde die
meiste Zeit im Hotel sein und meine Arbeit schreiben. Den zweiten Koffer einzupacken war naturgemäß nicht so leicht, wie den ersten, denn
ich hätte einen doppelt so großen Koffer gebraucht, um alles das unterzubringen, das mir absolut notwendig erschienen ist für meine Arbeit.
Schließlich baute ich zwei Türme mit Büchern und Schriften über Mendelssohn Bartholdy vor mir auf dem Fenstertisch auf: der eine entwickelte
sich aus den unbedingt notwendigen Büchern und Schriften und sonstigen Papieren, der andere aus den *nicht* unbedingt notwendigen, jedenfalls
glaubte ich zu wissen, welche von diesen Büchern und Schriften und
sonstigen Papieren ich für meine Arbeit notwendiger habe als die andern
und schließlich hatte ich tatsächlich zwei etwa gleichgroße Haufen nebeneinander auf dem Tisch vor mir. Ich packte die unbedingt notwendigen Bücher und Schriften und sonstigen Papiere in den zweiten Koffer
und hatte dann noch Platz für etliche nicht unbedingt notwendige, mit
welchen ich den Koffer so anfüllte, daß er beinahe nicht mehr zugegangen
wäre. Schließlich konnte ich, nachdem ich meine Toilettesachen auch
schon in ihm untergebracht hatte, auch noch drei Bücher über Mendelssohn Bartholdy in den Kleiderkoffer stecken. Das alles gleich an dem Tag,
der dem Tag folgte, an dem meine Schwester abgereist und tatsächlich
nicht mehr zurückgekommen ist. Nachdem ich die Koffer gepackt hatte,
war ich vollkommen erschöpft. In der Zwischenzeit hatte mir der Mann
vom Reisebüro, den ich ein paar Stunden vorher angerufen hatte, ob noch
ein Platz im Flugzeug sei, angerufen, daß alles in Ordnung ginge. Er
schicke mir noch nach Geschäftsschluß meine Reisepapiere nach Peiskam
heraus, hatte er gesagt. Mein Abflug von München nach Palma war für
den nächsten Tag am Abend geplant, ich durfte also auf einen relativ
angenehmen Reiseverlauf hoffen. Wie immer, hatte ich mich von einem
Augenblick auf den andern zu einer solchen Reise entschlossen. Für den
frühen Morgen hatte ich die Frau Kienesberger bestellt, um mit ihr zu
besprechen, was zu geschehen habe während meiner Abwesenheit, darauf
wollte ich noch nach Wels zu meinem Internisten. Gleich, was er jetzt für

eine Meinung haben wird, ich reise in jedem Falle ab, sagte ich mir. Ich war jetzt, durch den Reiseentschluß, nicht mehr so schlecht beisammen, wie noch am Vortag, wie noch in der Frühe. Am Abend allerdings wurde ich, gerade als ich ziemlich beruhigt über den Anblick meiner beiden festverschlossenen Koffer im Fauteuil neben meinem Bett saß, schon die Konturen von Palma vor mir, vom Reisebüro angerufen, daß ich erst in zwei Tagen abreisen könne, es habe sich so herausgestellt. Es war mir im Moment nicht unrecht. Ich tat enttäuscht, aber ich war im Grunde froh über diese Verzögerung. Deine mörderische Schnelligkeit hat einen Dämpfer bekommen, das ist gut, dachte ich. Aber hoffentlich, dachte ich gleichzeitig, komme ich inzwischen, bis in zwei Tagen, nicht von meinem jetzt so innigst gewünschten Plan ab und bleibe dabei, hoffentlich. Ich kenne mich zu gut, um nicht zu wissen, wie wankelmütig ich sein kann und in zwei Tagen kann alles vollkommen anders und um alle Grade herumgedreht sein und möglicherweise ein paarmal in zwei Tagen *um alles und um alle Grade*. Aber ich war mir sicher, daß Palma das richtige ist. Jetzt kannst du in Ruhe deinen Internisten aufsuchen, in Ruhe die Bank aufsuchen, in Ruhe hier schlußmachen. Es war, als wäre ein Alptraum zuende. Als ich meine Schwester anrief und ihr sagte: übermorgen bin ich in Palma, ich habe mich blitzartig dazu entschlossen, sagte sie: na siehst du, mein kleiner Bruder. Das ist das Vernünftigste, daß du nach Palma fährst. Dieser Nachsatz hatte gleich wieder meine Verärgerung zur Folge gehabt, denn er war von ihr in einem mich hänselnden Ton gesagt, aber ich ging nicht darauf ein und verabschiedete mich ziemlich kurz von meiner Schwester, nicht ohne ihr zu sagen, daß ich mich, sobald ich in Palma angekommen und im Hotel bin, bei ihr melden werde. Ich bin neugierig, was aus deinem Mendelssohn Bartholdy wird, hat sie noch gesagt und naturgemäß von mir keine Antwort erwarten können. Andererseits hatte sie sich mit einer ganz einfachen Bemerkung, daß ich nämlich auf mich aufpassen solle, von mir verabschiedet, die mich wiederum rührte. Ich wollte aber keinerlei Sentimentalität aufkommen lassen und unterdrückte einen plötzlichen Weinkrampf, als ich den Hörer aufgelegt hatte. Wie zerbrechlich wir sind, habe ich gedacht, wir führen alle so große Wörter im Mund und pochen tagtäglich und fortwährend auf unsere Härte und auf unseren Verstand und kippen von einem Augenblick auf den andern um und müssen ein Weinen in uns erdrücken. Natürlich werde ich, wie immer, wenn ich im Ausland gewesen bin, wöchentlich meine Schwester anrufen, umgekehrt bin ich sicher, daß auch sie mich wöchentlich anruft. Wir haben es immer so gehalten. Wenn du im Meliá bist, das kennst du ja, hatte sie noch gesagt. Natürlich, hatte ich geantwortet. So herrlich die Aussicht jetzt war, schon in zwei Tagen in Palma zu sein, die Angst davor, was in Wahrheit und in Wirklichkeit mich in Palma erwartet, das ich ja nicht habe wissen können, war doch in mir die größte. Nein, wer auf Reisen geht und fährt er immer wieder dorthin, wo ihm, wie er glaubt, schon alles durch und durch bekannt und vertraut ist, kann auf keinerlei Sicherheit rechnen, wenn ich Glück habe, dachte ich, bekomme ich mein Zimmer. Wenn ich Glück habe, überbrücke ich die ersten, was meine Krankheit betrifft, gefährlichen Tage. Wenn ich Glück habe, kann ich in wenigen Tagen mit meiner Arbeit anfangen. Immer, wenn ich eingepackt habe und alles beschlossene Sache ist vor einer Reise und ich im Grunde gar nicht mehr zurückkann, fürchte ich mich davor, alle diese fürchterlichen, mit einer solchen Reise in Zusammenhang stehenden Konsequenzen auch zu ziehen. Am liebsten würde ich dann wieder alles rückgängig machen. Dann sehe ich, daß Peiskam gar nicht so grauenhaft ist, wie ich es mir monatelang gemacht habe, daß es ein herrliches, gemütliches Haus ist mit allen nur denkbaren Vorzügen, nichts, aber auch gar nichts von einer Gruft an sich hat. Dann liebe ich alle Räume, alle Zimmer, alle Möbelstücke besonders eindringlich und ich gehe durch das ganze Haus und betaste die einzelnen Stücke liebevoll. Dann sitze ich erschöpft in meinem Fauteuil in meinem Schlafzimmer und frage mich, ob es denn dafürsteht, aufzubrechen, diese ungeheure Anstrengung auf mich zu nehmen. Aber ich muß fort, sagte ich mir. Gerade weil es vielleicht das letztemal ist, muß ich weg. Ich darf jetzt nicht nachgeben und mich lächerlich machen, vor allem vor mir selbst, mich vor mir selbst zum Narren machen. Du besprichst alles mit der Kienesberger und gehst zum Internisten und nimmst alle notwendigen Medikamente an dich und packst sie ein und verschwindest. Du kehrst dem Haus und allem, das in ihm ist und das dich doch, wie du genau weißt, in den letzten Monaten zu erdrücken und zu ersticken drohte, den Rücken. Du läßt das, das dich rücksichtslos an den Rand deiner Existenz gebracht hat, zurück, ohne Gemütsbewegung. Im Augenblick schämte ich mich der Gefühle für mein Haus, die ich gerade gehabt hatte, die ich aber doch gleich darauf wieder nur als teuflisch bezeichnen konnte. Das Selbstsentimentale, es stieß mich sofort wieder ab. Wäre ich nicht von schnellem Entschluß in allen Dingen, lebenslänglich, wie ich weiß, ich wäre, wie ich genauso weiß, von Anfang an wie gelähmt auf ein und demselben Platz sitzengeblieben und verkommen, so habe ich mich immer selbst überrumpeln können, ob es sich nun um Reisen oder Arbeiten oder alles mögliche Andere handelte, ich mußte immer diesen Überrumpelungseffekt anwenden. Bei dem Besuch des Alten in Niederkreut hatte ich noch daran gedacht, die Reise nach Palma *nicht* zu machen, daß es vielleicht möglich sein wird, durch in Abständen von ein paar Tagen regelmäßig vorgenommene Besuche bei dem Alten in Niederkreut und anderen Alten oder auch Jungen, mich so zu disziplinieren, daß ich *ohne* wegzureisen, meine Arbeit über Mendelssohn Bartholdy anfangen kann. Aber nachdem der Alte die Geschichte mit dem Telefonbuch aus London und über sein damit zusammenhängendes Testament erzählt hatte, war mir klar gewesen, daß ich abzureisen habe. *Sarah Slother*, das prägt sich zweifellos ein. Aber diese Geschichte der Sarah Slother wäre absolut der Höhepunkt dieses noch endlosen österreichischen Winters gewesen und ich wäre bei meinen weiteren Besuchen doch nur zutiefst enttäuscht worden. Und was die andern Nachbarn zu bieten haben, weiß ich, es reicht nicht, mir auf die Beine und also zu meiner Arbeit zu verhelfen. Diese Geschichte des Alten von seiner Slother war nur das auslösende Moment gewesen, mich sofort für die Reise nach Palma zu entschließen, die tatsächlich und wahrscheinlich schon lange von meiner Schwester vorgeplant gewesen war, wie ich jetzt dachte. Sie ist tatsächlich nach Peiskam gekommen, um mich zuerst auf die Idee, schließlich auf die Tatsache, nach Palma zu reisen, zu bringen, mit Sicherheit, mußte ich mir jetzt sagen, nicht nur zu dem Zwecke, um sich zu amüsieren und mich zu tyrannisieren, wie ich die ganze Zeit geglaubt habe, sondern um mich zu retten. Sie hatte ihr Ziel erreicht. Meine große, fürsorgliche Schwester. Im Augenblick verachtete ich mich. Ich war wieder einmal der Schwache. Immer wieder spielte ich, auch wenn ich mich noch so dagegen wehrte, meine Rolle. Wie sie die ihrige. Während sie längst ihren Auftritt in Wien hat, warte ich auf meinen Auftritt in Palma. Tatsächlich war alles an uns auch theatralisch, es war die furchtbare Wirklichkeit, aber theatralisch. In meinem Fauteuil sitzend, den unaufhaltsamen Verfall an meinen Möbelstücken wie im ganzen Zimmer beobachtend, dachte ich mit Schaudern daran, mich jetzt noch den ganzen langen und wie ich weiß, sich bis in den Mai hinein wie in die Unendlichkeit hinziehenden Winter hier in Peiskam verbringen zu müssen, angewiesen

auf die von mir so genannte Nachbarschaftshilfe, auf den Alten von Niederkreut beispielsweise, auf den Minister und derengleichen undsofort.
Mich an allen diesen schon viele Jahre abgestandenen und stumpf und ja
schon in Wahrheit jahrelang unerträglich gewordenen Leuten vorbei
durch die nassen und kalten Nebelmonate, wie wir sagen, wursteln zu
müssen. Dieser Gedanke legte sich jetzt um meinen Kopf wie ein Lei-
chentuch. Mich allen diesen Leuten ausliefern zu müssen und gleichzeitig
doch mit mir und meinem aufeinmal wieder bis in die letzten Winkel
hinein hinterhältigen Peiskam allein zu sein. Mich von einem selbstge-
machten Frühstück zum andern weiterekeln zu müssen, von einem selbst-
gemachten Nachtmahl zum andern, von einer Wetterenttäuschung zur
andern. Die Zeitungen und ihren lokalpolitischen Dreck lesen zu müssen
tagtäglich, ihren stumpfsinnigen Politik- und Wirtschafts- und Feuille-
tonistenschmutz. Mich diesen Zeitungen und ihren ekelerregenden Erzeugnissen nicht entziehen zu können, weil ich andererseits diesen Zeitungsschmutz so begierig in mich hineinfressen muß tagtäglich, wie wenn
ich geradezu an einer perversen Zeitungsgefräßigkeit leiden würde. Mich
überhaupt, obwohl ich den Willen dazu habe, tatsächlich den *Überlebens*willen, mich allen diesen öffentlichen und veröffentlichten Schmut-
zigkeiten nicht entziehen zu können, weil ich mich ihnen aus dieser Gefräßigkeit nach ihnen nicht entziehen kann, allen diesen perversen
Schauermärchen vom Ballhausplatz, wo ein gemeingefährlich gewordener
Kanzler seinen Ministeridioten ebenso gemeingefährliche Befehle gibt.
Allen diesen haarsträubenden Parlamentsnachrichten, die tagtäglich meine Ohren kakophonieren und meinen Verstand beschmutzen und die
in die christliche Heuchelei verpackt sind. Wir müssen so schnell als möglich einpacken und weggehen und dieses Chaos hinter uns lassen, sagte ich
mir und ich beobachtete die Risse in den Mauern und in den Möbeln und
stellte fest, daß die Fenster so schmutzig waren, daß ich nicht einmal mehr
imstande war durchzublicken. Was tut die Kienesberger?, fragte ich mich.
Gleichzeitig mußte ich mir sagen, wir stellen immer zu hohe Ansprüche an
alles und jedes, alles ist uns zu wenig gründlich getan, alles ist uns nichts als
unvollkommen, alles nur Versuch, nichts Vollendung. Meine krankhafte
Sucht zur Perfektion war wieder einmal zum Vorschein gekommen. Daß
wir immer das Höchste fordern, das Gründlichste, das Grundlegendste,
das Außergewöhnlichste, wo es ja doch immer nur das Niedrigste und das
Oberflächlichste und das Gewöhnlichste festzustellen gibt, macht tatsäch-

lich krank. Es bringt den Menschen nicht weiter, es bringt ihn um. Wir
sehen den Niedergang, wo wir den Aufstieg erwarten, wir sehen die Hoffnungslosigkeit, wo wir Hoffnung haben, das ist unser Fehler, unser Unglück. Wir fordern immer alles, wo naturgemäß nur wenig zu fordern ist,
das deprimiert uns. Wir wollen diesen Menschen auf dem Gipfel sehen
und er scheitert schon in den Niederungen, wir wollen tatsächlich alles
erreichen und erreichen tatsächlich nichts. Und wir stellen naturgemäß an
uns selbst die höchsten und die allerhöchsten Ansprüche und lassen dabei
zur Gänze die Menschennatur außer acht, die ja für diese höchsten und
allerhöchsten Ansprüche nicht geschaffen ist. Der Weltgeist überschätzt
sozusagen den menschlichen. Wir scheitern ja auch immer, weil wir den
Maßstab um ein paar hundert Prozent höher angesetzt haben, als uns
angemessen. Und wir sehen, wenn wir sehen, überall und wohin wir
unseren Blick auch richten, nur Gescheiterte, die den Maßstab zu hoch
angesetzt haben. Aber andererseits, denke ich, wohin kämen wir, wenn wir
den Maßstab fortwährend zu niedrig ansetzten? Ich betrachtete meine
Koffer, sozusagen den geistigen und den ungeistigen von meinem Fauteuil
aus und hätte augenblicklich, wenn ich dazu im Moment die Kraft gehabt
hätte, in ein schallendes Gelächter über mich ausbrechen können oder,
ganz im Gegenteil, in Tränen. Ich war wieder einmal in meiner eigenen
Komödie gefangen. Ich hatte das Ruder herumgedreht und es war wieder
nur zum Lachen, oder zum Weinen, je nachdem, aber da ich weder lachen
wollte, noch weinen, stand ich auf und kontrollierte, ob ich auch die
richtigen Medikamente eingepackt habe, ich hatte sie in meinen rotge-
sprenkelten Medikamentensack gesteckt, ob ich genug Prednisolon und
Sandolanid und Aldactone-Saltucin eingepackt habe, ich öffnete den Medikamentensack und schaute hinein und stülpte ihn auf dem Fenstertisch
um. Meiner Rechnung nach muß ich mit dieser Menge an die vier Monate
auskommen, habe ich mir gesagt und die Medikamente wieder in den
Sack gesteckt. Es ekelt uns vor Chemie, sagte ich zu mir selbst, halblaut,
wie ich mir das durch das viele Alleinsein angewöhnt habe, aber wir verdanken dieser wie nichts sonst auf der Welt verachteten Chemie immerhin
unser Leben, unser Dasein, wir wären ohne diese verfluchte Chemie schon
jahrzehntelang auf dem Friedhof oder wo immer hingeworfen, in jedem
Fall nicht mehr auf der Erde. Nachdem die Chirurgen nichts mehr zum
Schneiden haben an mir, bin ich vollkommen auf diese Medikamente
angewiesen und ich danke jeden Tag der Schweiz und ihren Industrien am

Genfer See, daß es sie gibt und durch sie mich, wie wahrscheinlich Millionen jeden Tag diesen wie keine andern heute von allen heruntergemachten Leuten in ihren Glaskästen nahe Vevey und Montreux ihr Dasein und ihre, wenn auch noch so kümmerliche Existenz verdanken. Da beinahe die ganze Menschheit krank ist heute und auf Medikamente angewiesen, solle sie sich gefälligst darüber Gedanken machen, daß sie in dem allerhöchsten Maße ja nur noch ausschließlich von dieser Chemie existiert, die sie so verteufelt. Drei Jahrzehnte mindestens wäre ich nicht mehr da und ich hätte alles, das ich in diesen dreißig Jahren gesehen und erlebt habe, und im Grunde hänge ich an diesem Gesehenen und Erlebten mit meinem ganzen Herzen und mit meiner ganzen Seele, nicht gesehen und nicht erlebt. Aber der Mensch ist gerade darauf so angelegt, daß er am meisten verflucht, was ihn zusammen- und überhaupt am Leben hält. Er frißt die Tabletten, die ihn retten und marschiert alle Augenblicke in stumpfsinnigem Verdammungstrieb durch die heutigen verkommenen Großstädte, um gerade gegen diese ihn rettenden Tabletten zu demonstrieren, er tritt, so abgrundtief dumm ist er, fortwährend und natürlich fortwährend dazu von den Politikern und ihrer Presse aufgeputscht, großmaulig und in jedem Falle ohne auch nur einen Ansatz zum Denken, gegen seine Erhalter auf. Ich selbst verdanke der Chemie, wenn ich es in einem einzigen Satz sage, alles, seit dreißig Jahren alles. Mit dieser Feststellung verstaute ich meinen Medikamentensack, und zwar im sogenannten Geisteskoffer, nicht im Kleiderkoffer. Nicht im geringsten habe ich, dachte ich, mich wieder in den Fauteuil setzend, vor drei Tagen daran gedacht, Peiskam zu verlassen, ich haßte es und es drohte mich zu erdrücken und zu ersticken, aber der Gedanke, einfach aus ihm wegzugehen, war nicht zur Debatte gestanden, wahrscheinlich gerade deshalb nicht, weil meine Schwester immerfort die Andeutungen in diese Richtung, nämlich Peiskam so schnell als möglich zu verlassen, gemacht hatte. Immer wieder hatte sie Namen von Städten genannt, jetzt begreife ich, nur um mich zu reizen, das Wort *Adria*, das Wort *Mittelmeer*, so oft das Wort *Rom* und die Wörter *Sizilien* und schließlich auch mehrere Male *Palma*, was mich aber doch nurmehr noch intensiver daran hatte denken lassen, in Peiskam mit meiner Arbeit anzufangen, immer redet sie und redet sie, habe ich gedacht und geht nicht weg, sie solle, weiß Gott, wohin gehen, meinetwegen in die Südsee, aber so bald als möglich und für lange Zeit, denn sie war mir schon so auf die Nerven gegangen und ich fragte mich, was sie denn eigentlich noch in Peiskam wollte, das sie selbst alle Augenblicke heruntermachte, immerfort als *die Gruft* bezeichnete, als ihr und mein Lebensunglück, daß sie es am liebsten, wäre ich nur dazu bereit, verschleudern würde; die Elternhäuser sind todbringend hat sie gesagt, jedes Elternerbe todbringend und wer die Kraft dazu habe, solle diese ererbten Elternhäuser und Elternerben so schnell er kann, abstoßen und sich von ihnen befreien, denn sie schnüren nur seinen Hals zu und verhindern in jedem Fall seine Entfaltung. Das möchte dir so passen, auch noch aus Peiskam deinen Profit zu machen, hatte ich gesagt und sie, was mich erstaunte, damit nicht einmal verletzt. Jetzt denke ich, daß sie wahrscheinlich tatsächlich gänzlich auf mich eingegangen war, um mir zuhilfe zu kommen, die grauenhafte, als welche ich sie für mich immer bezeichnete, wenn ich Gelegenheit dazu hatte. Es ist ja schon eineinhalb Jahre, daß du nicht mehr aus Peiskam weg bist, sagte sie mehrere Male. Ich war wütend, weil sie keine Ruhe gab, mich aus Peiskam hinauszubringen. Niemand reist so gern wie du und jetzt sitzt du seit eineinhalb Jahren hier herum und gehst ein! Sie sagte es ganz ruhig, wie ein Arzt, denke ich jetzt. Hier wirst du mit deinem Mendelssohn Bartholdy niemals anfangen können, das garantiere ich dir. Du bist an die Unproduktivität festgenagelt. Einerseits ist Peiskam eine Gruft, andererseits ist es ein fortwährend lebensbedrohender Kerker, sagte sie. Und tatsächlich hatte sie darauf aufeinmal lange Zeit vom Timeo geschwärmt, in welchem sie einmal mit mir gewesen ist vor fünfzehn Jahren, *siehst du sie denn nicht, die Bougainvilleen?*, sagte sie. Aber alles, was sie sagte, war mir lästig. Sie redete und redete auf mich ein und dachte nicht daran, abzureisen. Bis es ihr dann doch zu dumm gewesen war, weil sie einsehen mußte, daß ich nicht davon zu überzeugen war, wieder einmal aus Peiskam wegzugehen zu müssen, um mich zu retten und abreiste. Aber jetzt hatte sie ihren Triumph, jetzt war ich ihren Gedanken gefolgt, hatte aufeinmal mit aller Kraft zugegriffen, ich reise tatsächlich ab, dachte ich. Aber um zu diesem Entschluß und zu diesem Ergebnis, nämlich Palma, zu kommen, mußte *sie* vorher abgereist sein. Jetzt tat ich ihr gegenüber so, als wäre, nach Palma zu reisen, mein Einfall, meine Erfindung, mein Entschluß. Damit belog ich nicht nur sie, was naturgemäß gar nicht möglich war, weil sie mich ja durchschaute, sondern am meisten mich selbst. Du bist und bleibst der Verrückte, dachte ich. Am Abreisetag hatte es zwölf Grad minus noch um acht Uhr früh. Am Vortag war die Kienesberger im Haus gewesen und ich hatte alles not-

wendige mit ihr besprochen, vor allem, daß sie das Haus nicht auskühlen
lassen solle, dreimal wöchentlich, wenn auch nicht übermäßig, so doch
ordentlich einheizen, hatte ich zu ihr gesagt, denn es gibt nichts Fürchterlicheres, als in ein vollkommen altes, ausgekühltes Haus zurückzukommen und ich wisse ja nicht, wann ich wieder zurückkäme, ich dachte in
drei Monaten, in zwei Monaten, in vier Monaten und sagte zur Kienesberger in drei oder vier Wochen, ich gab ihr den Auftrag, endlich die
Fenster zu putzen, wenn die Kälte nachgelassen habe, die Möbel zu polieren, die Wäsche zu waschen etcetera, vor allem bat ich sie, den Hof
aufzuräumen und wenn Schnee fällt, ihn möglichst sofort wegzuräumen,
damit die Leute glauben müssen, ich sei da und nicht fort, aus diesem
Grund hatte ich auch in dem obersten Westzimmer eine sogenannte Zeit-
uhr an einer Lampe installiert, die mehrere Stunden am Abend und in der
Frühe Licht macht, das praktiziere ich immer, wenn ich verreise, ich hatte
soviel auf die Kienesberger eingeredet, daß es mich plötzlich vor mir selbst
grauste, denn ich hatte, obwohl ich ihn in Wirklichkeit ja schon abgebrochen gehabt hatte, meinen eigenen entsetzlichen Redeschwall noch im
Ohr, wie die Hemden zu bügeln und aufeinanderzulegen seien und die
Post zu stapeln, die der Briefträger durch das immer offene Fenster auf der
Ostseite, im sogenannten Mostpressenzimmer, hereinwirft, wie sie die
Treppen polieren soll, wie sie die Teppiche ausklopfen soll, wie sie die
überall hinter den Vorhängen und in diesen tief innen versteckten Spinnweben entfernen solle etcetera. Daß sie den Nachbarn nicht sagen solle,
wohin ich gereist sei, das ginge niemanden etwas an, daß ich möglicherweise morgen zurückkomme, jedenfalls meine Rückkehr jeden Augenblick möglich sei, daß sie die Betten abziehen und die Matratzen lüften
und dann alles wieder frisch beziehen solle etcetera. Und daß sie niemals
und in keinem einzigen Fall, etwas auf meinem Schreibtisch berühren
dürfe, aber das habe ich schon tausende Male gesagt und sie hatte sich
immer streng an diese meine Anordnung gehalten. Im Grunde ist die
Kienesberger jahrelang der einzige Mensch, mit welchem ich spreche, sage
ich mir, wenn das auch tatsächlich maßlos übertrieben und sofort zu
widerlegen ist, aber ich habe das Gefühl, sie ist der einzige, mit welchem
ich über längere, ja längste Zeit, ohne Übertreibung sehr oft Monate
ausgiebigeren Sprechkontakt habe. Sie bewohnt mit ihrem taubstummen
(!) Mann ein kleines, ebenerdiges Haus am Waldrand, nicht weit vom Ort
und sie hat nur zehn Minuten zu mir zu gehen. Sie ist selbst sprechbehin-

dert und das ist die Gewähr dafür, daß sie nicht schwätzt, aber sie ist von
Natur aus keine Schwätzerin, vierzehn Jahre kommt sie zu mir und in
diesen vierzehn Jahren hat es keine Mißstimmung gegeben zwischen ihr
und mir, jeder Mensch weiß, was das bedeutet. Und oft denke ich, ich
habe ja nur diesen einzigen verläßlichen Menschen, sonst niemanden.
Und vielleicht ahnt oder weiß sie das auch. Es ist ja nicht so, daß ich ihr
andauernd Befehle gebe und Verhaltensmaßregeln, im Gegenteil, sehr
selten habe ich einen Wunsch und die meiste Zeit lasse ich sie vollkommen
in Ruhe und macht sie, weil das nicht anders möglich ist, bei ihrer Arbeit
Lärm, so verlasse ich auf Stunden das Haus, oder ziehe mich für diese Zeit
ganz einfach in das sogenannte Jägerhaus zurück. Eine Katastrophe, denke
ich, wenn die Kienesberger eines Tages nicht mehr kommt, aus was für
einem Grund immer und alle Augenblick kann ein solcher Grund aufeinmal da sein; aber sie weiß wahrscheinlich genauso gut wie ich, was sie an
mir hat und umgekehrt, so ist es das günstigste Verhältnis, wenn jeder sich
sagen kann, er hat genausoviel von dem andern, der ihn braucht. Sie hat
drei Kinder und erzählt manchmal, im Vorhaus stehend, deren Lebensgeschichte, wie sich ihre Nachkommen entwickeln, was für Krankheiten
sie haben, welche Torturen sie auszustehen haben in der Schule, was sie
beim Schlittenfahren angezogen haben und wann sie einschlafen und wieder aufwachen und was sie am Dienstag und was sie am Samstag zu essen
bekommen und wie sie auf alles und jedes reagieren, die Mütter, muß ich
mir bei dieser Gelegenheit jedesmal sagen, beobachten ihre Kinder eindringlich, wenn sie solche Mütter sind, wie die Kienesberger und sie ver-
hätscheln sie nicht zuviel und nicht zu wenig, sie erzieht ihre Kinder,
indem sie überhaupt nicht über diese Erziehung ihrer Kinder nachdenkt,
sie praktiziert auf die ideale Weise, was andere sich erst ausdenken müssen
in ihrem Spekulationsfanatismus und scheitert nicht, wo die andern scheitern müssen. Im Gegensatz zu allen früheren Hausbesorgerinnen, die alle
nichts anderes, als plumpe Trampel gewesen sind, ist ihre Art die behut-
samste. Wo gibt es das noch?, frage ich mich. Aus dem Fenster schauend,
muß ich mich entschließen, meinen Pelz anzuziehen auf der Reise, warme
Unterwäsche und lange Wollstrümpfe, denn niemand ist so leicht verkühlt und gleich darauf schwer krank, wie ich. Seit der *morbus boeck*
aufgetreten ist, darf ich mir keine Verkühlung mehr erlauben, obwohl ich
jedes Jahr drei- oder viermal stark verkühlt und dadurch immer nahe
daran bin, einzugehen. Durch das Prednisolon sind meine Abwehrkräfte

gleich null. Habe ich mich einmal verkühlt, dauert es viele Wochen, um aus einer solchen Verkühlung wieder herauszukommen. So habe ich vor nichts so Angst, als vor einer Verkühlung. Und ein kleiner Luftzug genügt, um mich für Wochen ins Bett zu werfen, so lebe ich ja auch in Peiskam die meiste Zeit in der Angst, mich zu verkühlen und auch diese bis an den Wahnsinn grenzende Verkühlungsangst ist wahrscheinlich auch mit die Ursache dafür, daß ich so schwer mit irgendeiner längeren Geistesarbeit anfangen kann; wo soviele Ängste aufeinmal in einem Menschen konzentriert sind, ist diesem Menschen alles fortwährend vollkommen am Zerbrechen. Ich ziehe den Pelz an und die wärmste Unterwäsche und die wärmsten Strümpfe, denn ich muß auf die Bahn und in München von der Bahn auf den Flugplatz und wer weiß, sagte ich mir, wie es in Palma ist; als ich vor eineinhalb Jahren im November aus Palma abgeflogen bin, war ein Schneetreiben gewesen und es hatte mich durch und durch gefroren und nach meiner Rückkehr bin ich in Peiskam zwei Monate im Bett gelegen, der Effekt, nach Palma zu fahren, um mich zu erholen, war durch diese Verkühlung mit einem Schlage null und nichtig gemacht, anstatt daß ich frischer und kräftiger zurückgekommen wäre, wie gewünscht und wie ich es auch hatte annehmen müssen, war ich als Todkranker nach Peiskam zurückgekommen und war für die Leute, die mich damals gesehen hatten, nicht wiederzuerkennen gewesen, leider nicht wiederzuerkennen in dem traurigsten Sinne, nicht in dem Sinne, daß ich viel besser ausgeschaut hätte und beisammen gewesen wäre als bei meiner Abreise nach Palma. Den Pelz und die Pelzkappe und den warmen englischen Schal, sagte ich mir. Zwölf Grad minus!, ich war erschrocken. Aber wenn es dann den gewünschten Kontrast hat, sagte ich mir, wenn es in Palma, nicht wie hier zwölf Grad minus, zwölf Grad plus hat oder noch viel mehr plus, vielleicht sogar achtzehn oder gar zwanzig Grad, wie in Palma in dieser Jahreszeit, Ende Jänner, durchaus möglich, wird mein Profit um so größer sein, ich sagte absichtlich nicht Freude, wie bei dieser Gelegenheit üblich, sondern Profit, um den Überschwang meines Wunschgefühls einigermaßen im Zaum zu halten. Dann habe ich, bei achtzehn oder zwanzig Grad in Palma meinen Profit sagte ich, sogar ganz im Tonfall meiner Schwester, die dieses Wort Profit so unvergleichlich ausspricht, ich hatte meinen Tonfall beinahe dem ihrigen angenähert, als ich das Wort Profit sagte in bezug auf die Temperatur in Palma, war es mir so vorgekommen, als hätte sie es ausgesprochen in bezug auf ihre Geschäfte. Ach, das gibt wieder einen anstän-

digen Profit!, sagt sie ja sehr oft und schweigt im übrigen über das tatsächliche Ausmaß und überhaupt über die Art und Weise, auf welche sie
gerade wieder einen Profit gemacht hat. Und wenn es in Palma plötzlich
zu warm ist, sagte ich mir, werde ich den Pelz auf den Arm nehmen, nur
mit dem Lodenmantel abzureisen, wie ich vorgehabt hatte, kam nicht
mehr in Frage. Und ich hängte den Lodenmantel, den ich schon am
Vortag aus dem Kasten herausgenommen hatte, wieder in den Kasten
hinein und nahm meinen Pelz heraus. Wieviele Pelze ich einmal gehabt
habe, dachte ich bei dieser Gelegenheit, aber alle diese Pelze habe ich nach
und nach verschenkt, abgestoßen mit Gewalt, sage ich mir, weil mit jedem
dieser Pelze irgendeine von mir bereiste Stadt in Zusammenhang war, den
einen hatte ich mir in Warschau gekauft, einen andern in Krakau, einen
dritten in Split, einen vierten in Triest, immer gerade da, wo es aufeinmal
unvorhergesehen kalt geworden war und wo ich geglaubt habe, krank zu
werden oder gar ohne Pelz erfrieren zu müssen. Ich verschenkte einen
Großteil dieser Pelze an die Kienesberger. Übrig gelassen hatte ich mir nur
den Pelz, den ich mir vor zweiundzwanzig Jahren in Fiume gekauft habe,
meinen Lieblingspelz. Ich schüttelte ihn aus und legte ihn auf die Kommode. Wielange ich diesen Pelz nicht mehr getragen habe, dachte ich. Er
war nicht so kostbar wie die andern, die ich verschenkt habe, er ist schwer,
aber er ist mein Lieblingspelz. Jahrelang ist er im Kasten, so riecht er auch,
sagte ich mir. Wir lieben ganz bestimmte Kleidungsstücke und trennen
uns, auch wenn sie uns schon beinahe vom Leib fallen, weil sie so schütter
und schäbig geworden sind, weil wir mit diesen Kleidungsstücken an
irgendeine Reise und an eine besonders schöne Reise und ein besonders
schönes Erlebnis erinnert sind, davon ungern. So könnte ich ja von allen
meinen Kleidungsstücken, die ich noch habe, die meisten habe ich ja
abgestoßen, verschenkt, verbrannt, wie immer, eine Geschichte erzählen,
eigentlich immer nur eine schöne Geschichte. Die Kleidungsstücke, die an
ein trauriges oder gar entsetzliches Erlebnis gebunden waren, habe ich alle
nicht mehr, ich trennte mich so rasch als möglich von ihnen, denn ich
ertrug es nicht, den Kasten aufzumachen und beispielsweise durch einen,
wenn auch kostbaren Schal, an eine Furchtbarkeit erinnert zu sein. Ich
behalte seit langem nur Kleidungsstücke, die mich an etwas Erfreuliches
erinnern, wenigstens an etwas Angenehmes, aber ich habe nicht wenige,
die mich an ein ganz hohes Glückgefühl erinnern und die mir bei ihrem
Anblick tatsächlich auch noch nach Jahren, ja nach Jahrzehnten, muß ich

mir sagen, höchstes Glück bedeuten. Aber davon wäre tatsächlich ein
ganzes Buch zu schreiben. Wenn wir einen geliebten Menschen verlieren,
behalten wir doch immer ein Kleidungsstück von ihm wenigstens solange
wir den Geruch des Verlorenen noch an ihm wahrnehmen können und
tatsächlich bis in unseren Tod hinein, weil wir auch dann noch glauben,
seinen Geruch machte uns dieses Kleidungsstück gegenwärtig, wenn das
auch längst nurmehr noch nichts ist als Einbildung. So habe ich immer
noch einen Mantel von meiner Mutter aufbewahrt, aber dieses Geheimnis
niemals verraten, niemandem, auch nicht meiner Schwester. Sie würde
sich über diese Tatsache nur lustig gemacht haben. Der Mantel meiner
Mutter hängt in einem sonst leeren und von mir festverschlossenen
Kasten. Aber es vergeht keine Woche, daß ich nicht den Kasten aufmache und an dem Mantel rieche. Ich schlüpfte in den Pelz und stellte
fest, daß er paßte. *Noch* paßte, mußte ich mir, nachdem ich mich in ihm
vor dem Spiegel gezeigt hatte, sagen, denn ich war in den letzten Jahren
wenigstens auf die Hälfte, wie mir vorgekommen war, abgemagert. Der
wiederausgebrochene *morbus boeck*, die jährlich sich wiederholenden Verkühlungen, der daraus resultierende allgemeine und permanente Schwächezustand und dann immer wieder der gleiche Rhythmus des Aufge-
schwemmtseins durch zuviel Prednisolon und des Abmagerns durch eine
dann immer wieder notwendige Prednisoloneinschränkung, ja -abset-
zung. Ich war jetzt gerade abgemagert und wartete nur darauf, wieder
aufgeschwemmt zu sein, denn ich hatte vor zwei Wochen wieder stark mit
dem Prednisolon angefangen, ich nahm jetzt acht Stück am Tag. Daß
diese Methode, zu überleben, nicht mehr gar solange durchzuhalten sein
wird, war mir jetzt klar. Aber ich verdrängte diesen Gedanken, ich verdrängte ihn, obwohl er ununterbrochen da war, ich verdrängte ihn ununterbrochen, weil er ununterbrochen da war. Ich habe mich daran gewöhnt. Natürlich ist der Pelz aus der Mode gekommen, dachte ich vor
dem Spiegel, aber mir war gerade das, daß er aus der Mode gekommen ist,
angenehm, andererseits habe ich ja niemals modische Kleidung getragen,
verabscheute sie von Anfang an und verabscheue sie auch heute. Er muß
mich wärmen, sagte ich mir, wie er ausschaut, ist im Grunde vollkommen
gleich, er muß seinen Zweck erfüllen wie alles, alles andere ist gleich.
Nein, ich hatte niemals etwas Modisches am Leib, wie ich auch niemals
etwas Modisches im Kopf gehabt habe. Da sagten die Leute lieber zu mir,
er ist altmodisch, als er ist modisch oder gar *modern*, das widerliche Wort.

Ich hatte mich ja immer höchst wenig um die öffentliche Meinung gekümmert, weil ich immer am allerangestrengtesten mit meiner eigenen zu
tun hatte und also für die öffentliche Meinung gar keine Zeit hatte, ich
nahm sie mir nicht und ich nehme sie mir auch heute nicht und ich werde
sie mir nie nehmen. Es interessiert mich, was die Leute sagen, aber es ist
zuallererst überhaupt nicht ernst zu nehmen. So komme ich am besten
vorwärts. Ich sehe mich schon in Palma aus dem Flugzeug steigen und der
warme Afrikawind weht mir ins Gesicht, sagte ich mir. Und ich hänge den
Pelz um die Schultern und habe aufeinmal wieder leichte Füße, einen
klaren Verstand etcetera, nicht diese mich zersetzende Hoffnungslosigkeit
im Kopf und auf meinem ganzen Körper. Natürlich, auch daß sich alles als
ein infamer Trugschluß erweist, ist möglich. Wie oft habe ich das erlebt!
Bin abgereist für Monate und nach zwei Tagen wieder zurückgekommen,
je mehr Gepäck ich mitgenommen habe, desto schneller bin ich wieder
zuhause gewesen, habe ich für mindestens zwei Monate Gepäck mitgenommen, bin ich in zwei Tagen wieder zuhause gewesen undsofort. Und
habe mich vor allem vor der Kienesberger lächerlich gemacht, der ich
gesagt hatte, auf Monate und es waren dann nur zwei Tage, der ich gesagt
habe, auf ein halbes Jahr und es waren doch nur drei Wochen. Da schämte
ich mich und ging dann tagelang nur mit eingezogenem Kopf in Peiskam
hin und her, aber ich schämte mich nur vor der Kienesberger, vor niemandem sonst, denn alle andern sind mir in der Zwischenzeit gleichgül-
tiger als gleichgültig geworden. Dann hatte ich keinerlei Erklärung, denn
das Wort *Verzweiflung* wäre ebenso lächerlich gewesen wie das Wort *verrückt*. Damit konnte ich einem Menschen wie der Kienesberger nicht
kommen, mit solchen Wörtern kann der Mensch sich selbst kaum überzeugen, geschweige denn eine so schwierige Person, wie die Kienesberger,
die alles andere als einfach ist; fortwährend führen alle Leute das Wort vom
einfachen Menschen im Mund und niemand ist schwieriger und in Wahrheit komplizierter, als diese sogenannten einfachen Menschen. Ihnen
kann man mit solchen Wörtern wie *Verzweiflung* und *verrückt* nicht kommen. Die sogenannten einfachen Menschen, sind in Wahrheit die kompliziertesten und es ist mir immer schwieriger, mit ihnen auszukommen,
ich habe in letzter Zeit den Verkehr zu diesen beinahe völlig eingestellt, der
Verkehr zu den Einfachen ist mir schon lange nicht mehr möglich, er geht
über meine Kräfte, den Einfachen kann ich mit mir nicht mehr kommen.
Tatsächlich habe ich den Umgang mit den einfachen Leuten, die, wie

gesagt, die allerschwierigsten sind, vollkommen aufgegeben, weil er mir zu
anstrengend ist und ich mich nicht über den Umweg der Lüge mit ihnen
verständlich machen will. Auch daß die Einfachsten im Grunde die Anspruchsvollsten sind, ist mir auch klar geworden. Niemand ist derartig
anspruchsvoll, wie die einfachen Leute und nun bin ich so weit, daß ich sie
mir nicht mehr leisten kann. Ich kann mir mich selbst kaum mehr leisten.
Ich beschuldige meine Schwester, daß sie abreist für mehrere Wochen oder
für Monate und dann womöglich ein paar Stunden später wieder auftaucht und bin genauso, reise für lange Zeit ab und bin zwei Tage später
wieder da. Mit allen Konsequenzen, die nur fürchterliche sein können.
Beide sind wir so, wir beschuldigen uns der Unmöglichkeiten jahrzehntelang gegenseitig und können diese Unmöglichkeiten nicht aufgeben,
diese Sprunghaftigkeiten, diese Launenhaftigkeiten, diese Unbeständig-
keiten, aus welchen heraus wir beide, meine Schwester wie ich, existieren,
woraus wir immer existiert haben, was allen Leuten immer auf die Nerven
gegangen ist, was diese anderen Leute aber genauso immer wieder fasziniert hat und weshalb sie ja auch immer wieder den Umgang mit uns
suchten, im Grunde wegen dieser Launenhaftigkeit, Sprunghaftigkeit,
Unbeständigkeit, Unzuverlässigkeit, damit zogen wir beide immer alle
anderen an. Die Leute suchen die Aufregenden, die Nervösmachenden,
die Wankelmütigen, die jeden Augenblick Anderen und meistens jeden
Augenblick völlig Umgekehrten. Und das ganze Leben haben wir beide,
meine Schwester und ich, uns gefragt, was wir denn wollen und es nicht
sagen können, haben wir etwas und schließlich alles nur Mögliche gesucht
und nicht gefunden, haben wir immer alles erzwingen wollen und nicht
erreicht, oder erreicht und im gleichen Augenblick wieder verloren. Es ist,
wie ich denke, ein uraltes Erbe, kein väter- oder mütterliches, ein urural-
tes. Aber die Kienesberger ist ja nicht einmal mehr überrascht, wenn sie
mich zwei Tage nach meiner Abreise für drei, vier Monate, wieder aus-
packend im Haus antrifft. Sie ist von nichts mehr, das mich betrifft,
überrascht, ein solcher einfacher Mensch und ein solcher unendlich wach-
samer Seismograph!, denke ich. Aber aufeinmal spricht alles nurmehr für
diese Reise und für Palma und für meine Arbeit: hinaus, weg aus Peiskam,
tatsächlich, ich getraue es mich gar nicht auszusprechen, während ich es
mir doch zu denken getraue, *bis ich diese Arbeit beendet, möglicherweise
sogar vollendet* habe. Dieses Aufbrechen aus Peiskam ist mir das verhaß-
teste. Ich gehe von einem Zimmer ins andere, ich gehe hinunter und

wieder hinauf, ich überquere den Hof, ich rüttle an den diversen Türen und Toren, ich prüfe die Fensterriegel und überhaupt alles, das bei einer derartigen Abreise zu prüfen ist und ich weiß, habe ich die Fenster überprüft, nicht mehr, ob die Türschlösser in Ordnung sind, habe ich die Türschlösser überprüft, nicht, ob die Fenster verriegelt sind, dieses abrupte Abbrechen meines Peiskamer Aufenthalts, und ich breche diese Peiskamer Aufenthalte seit Jahrzehnten immer nur abrupt ab, macht mich wahnsinnig und ich bin froh, daß mich bei dieser Gelegenheit niemand sieht, daß es keinen Zeugen gibt meiner totalen äußeren und inneren Zerrüttung. Wie ideal wäre es, wenn ich jetzt im Augenblick an meinem Schreibtisch mit meiner Arbeit anfangen könnte, dachte ich, wie ideal, mich hinzusetzen und den ersten, alles Weitere auslösenden Satz hinschreiben und mich dann wochenlang, vielleicht monatelang nurmehr noch auf diese Mendelssohn-Bartholdy-Arbeit konzentrieren und sie vorantreiben und vollenden könnte, *wie ideal, wie ideal, wie ideal*, aber der Schreibtisch ist abgeräumt und ich habe mir mit diesem Abräumen alle Voraussetzungen für einen augenblicklichen Arbeitsbeginn genommen, ich habe mich möglicherweise durch diese abrupten Abreisevereinbarungen und Buchungen etcetera, um alles gebracht, möglicherweise nicht nur um meine Mendelssohn-Bartholdy-Arbeit, überhaupt um alles, vielleicht um die allerletzte Chance des Überlebens! Ich hielt mich am Türpfosten meines Arbeitszimmers fest, um mich zu beruhigen, ich kontrollierte meinen Puls, aber ich nahm überhaupt keinen wahr, als ob ich im Moment mein Gehör verloren hätte, war es mir vorgekommen und ich preßte meinen Körper und meinen Kopf so fest an den Türpfosten, daß ich vor Schmerz hätte schreien können. Am Ende, sagte ich mir wieder, noch lange nicht bei klarem Kopf, wenn ich glaube, alles kontrolliert zu haben, vor allem alle Wasserleitungen und die elektrischen, lasse ich mich in den Fauteuil fallen, springe aber sofort wieder auf, weil ich vergessen habe, den Heißwasserspeicher zurückzustellen, was ich von der Kienesberger nicht verlangen kann und ich räume den großen Schmutzwäschekorb aus, um die ganze Schmutzwäsche, Berge in vielen Wochen, wie sich in meiner Lage, in welcher ich tagtäglich mehrere Male total verschwitzt bin, denken läßt, alle diese Wäschestücke außerdem mit dem Geruch der Unmengen von Aldactone-Saltucin, die ich zur Entwässerung und also zur Entlastung meines Herzens einzunehmen habe, es ekelte mich, als ich diese Wäschestücke aus dem Korb herausnahm, um sie auf den Wäschetisch zu

werfen, obwohl oder gerade weil es meine eigene Wäsche war, ich fing,
ohne zu merken, daß das möglicherweise auch schon eine Verrücktheit
ankündigte, an, alle diese Wäschestücke zu zählen, was naturgemäß ein
völliger Unsinn gewesen ist, aber als mir diese Unsinnigkeit zu Bewußtsein gekommen war, hatte ich schon einen Höchstgrad an Erschöpfung
erreicht und ich hatte Mühe, zurück in den ersten Stock hinaufzukom-
men, um mich wieder in meinen Fauteuil zu setzen. Das Unglück der
Menschen ist ja, daß sie sich immer für etwas entscheiden, das ganz *gegen*
ihren Willen ist letztenendes, und wenn ich es jetzt, im Fauteuil sitzend,
genauer betrachtete, war mein abrupter Entschluß, Peiskam hinter mich
zu lassen, um nach Palma, in dem ich allerdings die Cañellas in ihrem
Palast auf der Borne habe, zu fliegen, aufeinmal vollkommen gegen mich
gerichtet, ich verstand meine Entscheidung nicht, aber sie war, das sah ich
ein, jetzt, unter allen diesen nun einmal heraufbeschworenen Umständen,
nicht mehr rückgängig zu machen, ich mußte weg, wenigstens den Versuch machen, in Palma an die Arbeit zu gehen, wenigstens den Versuch
machen, fortwährend sagte ich mir die Wörter vor, wenigstens den Versuch machen, wenigstens den Versuch machen. Warum habe ich mir denn
gerade in den letzten Wochen den Fauteuil mit dem französischen Samt
beziehen lassen, wenn ich mich jetzt nicht daraufsetze und den Fauteuil
genieße, sagte ich mir, was habe ich von der neuen Schreibtischlampe
jetzt, von der neuen Jalousie, wenn ich abreise, möglicherweise in eine
neue Hölle? Ich versuchte, während ich mich vergewisserte, ob ich auch
tatsächlich alles Notwendige, wenigstens alles unbedingt Notwendige eingepackt habe in meine Koffer und in die kleine großväterliche Reisetasche,
ohne die ich niemals reise, mich zu beruhigen, dachte aber gleichzeitig,
wie kann ich, in meiner augenblicklichen Verfassung überhaupt auf die
Idee kommen, mich beruhigen zu können, es war tatsächlich ein absurder
Gedanke von mir, der ich in dem Fauteuil völlig zusammengesunken war
und sogar das Gefühl hatte, nicht mehr aufstehen zu können. Und ein
solcher ja schon halbtoter Mensch fliegt nach Palma, sagte ich mir mehrere Male vor, wieder halblaut, wie es meine nicht mehr auszumerzende
Gewohnheit geworden ist, wie die alten Leute, die jahrelang allein sind
und nur noch darauf warten, daß sie endlich sterben können, ich war
schon so ein alter Mensch, während ich da im Fauteuil saß, ein Greis,
mehr schon auf der anderen Seite, auf der Seite der Gestorbenen, als auf
der der Lebenden, ich mußte einen erbärmlichen und ja mit Sicherheit

einen erbarmungswürdigen Eindruck gemacht haben auf meinen Beobachter, der nicht da war, wenn ich selbst mich schon nicht als diesen Beobachter meiner selbst bezeichnen will, was aber eine Dummheit ist, denn ich bin mein Beobachter, ich beobachte mich tatsächlich seit Jahren, wenn nicht seit Jahrzehnten ununterbrochen selbst, ich lebe nurmehr noch in der Selbstbeobachtung und in der Selbstbetrachtung und naturgemäß dadurch in der Selbstverdammung und Selbstverleugnung und Selbstverspottung. Ich lebe jahrelang in diesem Zustand der Selbstverdammung, der Selbstverleugnung und der Selbstverspottung, zu welcher ich letztenendes immer Zuflucht nehmen muß, um mich zu retten. Nur frage ich mich die ganze Zeit: vor was retten? Ist das denn wirklich so schlimm, vor welchem ich mich andauernd retten will? Nein, es ist nicht so schlimm, sagte ich mir und ich setzte gleich wieder meine Selbstbeobachtung und Selbstverleumdung und Selbstverspottung fort. Ich will ja nichts anderes, als den Zustand, in welchem ich mich befinde, der direkt aus der Welt hinausführt, wie ich dachte, was ich mich aber tatsächlich nicht zu mir selbst zu sagen getraute, hinausziehen, ich spiele mit diesem Zustand und ich spiele solange mit diesem Zustand, wie ich will. Solange, wie ich will, sagte ich mir jetzt vor und dann horchte ich, hörte aber nichts. Die Nachbarn, dachte ich, halten mich seit vielen Jahren für einen Verrückten, diese Rolle, denn eine solche ist es in dem ganzen mehr oder weniger unerträglichen Theater, ist mir erstklassig auf den Leib geschneidert. Solange ich will, sagte ich wieder zu mir, ich hörte mich aufeinmal gern sprechen, was etwas Neues war im Augenblick, denn ich haßte schon jahrelang meine Stimme, verabscheute mein Organ. Wie kann ich auch nur einen Augenblick daran denken, mich zu beruhigen, dachte ich, wenn alles in mir so voller Aufregung ist? Und ich versuchte es mit einer Schallplatte, mein Haus hat die beste Akustik, die sich denken läßt und ich füllte es an mit der Haffnersymphonie. Ich setzte mich und machte die Augen zu. Was wäre alles ohne die Musik, ohne Mozart!, sagte ich mir. Immer wieder ist es die Musik, die mich rettet. Indem ich mir immer wieder selbst mit geschlossenen Augen das mathematische Rätsel der Haffnersymphonie löste, was mir immer das größte aller Vergnügen gemacht hat, beruhigte ich mich tatsächlich. Gerade Mozart ist für meine Arbeit über Mendelssohn Bartholdy der wichtigste, aus Mozart erklärt sich mir alles, denke ich, ich muß von Mozart ausgehen. Habe ich der Kienesberger das ihr zustehende Geld gegeben? Ja. Habe ich auch alle Medikamente einge-

packt? Ja. Habe ich alle notwendigen Bücher und Schriften eingepackt? Ja.
Habe ich das Jägerhaus inspiziert? Ja. Habe ich meiner Schwester gesagt,
daß sie mir den Betrag für das Tapezieren ihres Zimmers in Peiskam, den
ich ursprünglich von ihr gefordert habe, nicht bezahlen muß? Ja. Habe ich
dem Gärtner gesagt, wie er die Bäume zu beschneiden hat im Jänner? Ja.
Habe ich dem Internisten gesagt, daß ich jetzt auch in der Nacht auf der
rechten, nicht nur auf der linken Seite des Brustkorbs Schmerzen habe? Ja.
Habe ich der Kienesberger gesagt, daß sie die ostseitigen Jalousien nicht
aufmachen soll? Ja. Habe ich ihr gesagt, daß sie zwar heizen soll während
meiner Abwesenheit, aber nicht alles *über*heizen? Ja. Habe ich den Schlüssel zum Jägerhaus abgezogen? Ja. Habe ich die Tapeziererrechnung bezahlt? Ja. Ich fragte mich und ich antwortete mir. Aber die Zeit wollte
nicht vergehen. Ich stand auf und ging ins Vorhaus hinunter und begutachtete meine Koffer, ob sie auch fest genug verschlossen sind, wollte ich
wissen und kontrollierte die Verschlüsse. Warum tue ich mir alles das an?,
fragte ich mich. Ich setzte mich in das untere Ostzimmer und betrachtete
das Bild meines Onkels, der einmal Botschafter in Moskau gewesen war,
wie auf dem Bild ersichtlich. Gemalt von Lampi, hat es auch einen höheren künstlerischen Wert, als ich ursprünglich angenommen habe. Ich
liebe dieses Bild, mein Onkel erinnert mich an mich. Aber er ist älter
geworden, als ich werde, dachte ich. Ich hatte schon meine Reiseschuhe
an, alles an mir war mir zuviel, alles war mir zu eng und zu schwer. Und
dann auch noch den Pelz, dachte ich. Wäre es nicht besser, sich in den
Voltaire zu vertiefen, wie ich vorgehabt habe, in den geliebten Diderot, als
aufeinmal wegzugehen und alles, das mir im Grunde so lieb ist, zu verlassen. Ich bin ja nicht der gefühllose Mensch, als der mich so mancher sieht,
weil er mich so sehen will, weil ich mich sehr oft auch so zeige, weil ich
mich sehr oft auch nicht so zu zeigen getraue, wie ich bin. Aber wie bin
ich? Die Selbstspekulation hatte mich wieder eingeholt. Ich weiß nicht,
wieso, aber aufeinmal dachte ich, daß ich vor fünfundzwanzig Jahren, also
so knapp über zwanzig, Mitglied der sozialistischen Partei gewesen bin. Es
war zum Lachen! Meine Mitgliedschaft hat nicht lange gedauert. Wie alles
andere auch, hatte ich sie nach ein paar Monaten aufgekündigt. Daß ich
einmal Mönch werden wollte! Daß ich tatsächlich einmal den Gedanken
gehabt habe, katholischer Priester zu werden! Und daß ich einmal achthunderttausend Schilling für die Hungernden in Afrika gespendet habe!
Und daß das wahr ist! Zu seiner Zeit empfand ich alles das als folgerichtig,

als selbstverständlich. Heute habe ich dazu nicht mehr die geringste Beziehung. Daß ich einmal glaubte, mich verehelichen zu können! Kinder zu haben! Vielleicht Militär!, habe ich sogar einmal gedacht, General, Generalfeldmarschall, wie einer meiner Vorfahren! Absurd. Es gibt nichts, für das ich nicht einmal alles gegeben hätte, sagte ich mir. Aber alle diese Spekulationen haben sich, wenn schon nicht in Nichts, so doch in der Lächerlichkeit aufgelöst. Armut, Reichtum, Kirche, Militär, Parteien, Fürsorgeeinrichtungen, alles lächerlich. Geblieben ist mir letztenendes nur meine eigene Armseligkeit, aus welcher nicht mehr allzuviel herauszuholen ist. Aber es ist gut so. Keine Lehre verfängt mehr, alles, das gesagt und gepredigt wird, fällt der Lächerlichkeit anheim, dazu ist nicht einmal mehr mein Hohn notwendig, nichts mehr, gar nichts. Wenn wir die Welt wirklich kennen, ist sie nurmehr noch eine solche voller Irrtümer. Aber wir trennen uns doch ungern von ihr, weil wir trotz allem ziemlich naiv und kindlich geblieben sind, dachte ich. Wie gut, sagte ich mir, daß ich den Augendruck habe messen lassen. Achtunddreißig! Wir dürfen uns nichts vormachen. Wir können in jedem Augenblick umkippen. Immer mehr Träume, in welchen die Menschen fliegen, zum Fenster hinaus und wieder herein, schöne Menschen, Gewächse, die ich vorher nie gesehen habe, die riesigen Blätter, so groß wie Regenschirme. Wir treffen alle Vorsichtsmaßnahmen, aber nicht für das Leben, für das Sterben. Es war ein plötzlicher Entschluß, meinem Neffen neunhunderttausend zu geben, um auch diese Tatsache jetzt einzugestehen, damit er sich, wie er sagt, eine den heutigen Verhältnissen angepaßte Praxis einrichten kann. Was ist den heutigen Verhältnissen angepaßt? Es war einerseits ein Unsinn, ihm diesen doch ziemlich hohen Betrag zu schenken für nichts, andererseits, was machen wir mit dem Geld? Wenn meine Schwester daraufkommt, daß ich die Grundstücke in Ruhsam verkauft habe, bin ich ja nicht mehr da. Dieser Gedanke beruhigt mich. Ich habe den Voltaire eingepackt, dachte ich und den Dostojevski, eine gute Entscheidung. Früher habe ich zu den einfachen Leuten, die ich seit langem nur die sogenannten einfachen Leute nenne, einen recht guten Kontakt gehabt, ich habe sie beinahe täglich aufgesucht, aber die Krankheit hat alles verändert, jetzt suche ich sie nicht mehr auf, jetzt fliehe ich sie, wo ich kann, verberge mich vor ihnen. Abreisen macht traurig, dachte ich dazwischen. Die sogenannten einfachen Leute, wie zum Beispiel die Holzfäller, hatten mein Vertrauen, sie hatten ihr Zutrauen mir gegenüber. Ich verbrachte halbe Nächte bei den Holzfällern. Jahrzehnte hatten nur sie meine Sympathie! Sie sehen mich gar nicht mehr. Und in Wahrheit drängen wir, die wir im Grunde für alles Einfache ruiniert sind, uns diesen Leuten nur auf, wir nehmen ihnen nur die Zeit, wenn wir mit ihnen zusammen sind, nützen ihnen nicht, schaden ihnen nur. Ich würde ihnen jetzt doch nur alles das ausreden, woran sie hängen, an der sozialistischen Partei beispielsweise oder an der katholischen Kirche, beides heute wie immer skrupellose Vereine zur Ausbeutung der Menschen. Aber es ist grundfalsch, zu sagen, nur der im Geist Schwache wird ausgenützt, alle werden sie ausgenützt, das ist andererseits wieder beruhigend, es ist der Ausgleich, vielleicht geht es nur so weiter. Wenn ich die ekelhaften Zeitungen, die bei uns erscheinen, die gar keine Zeitungen sind, nur Schmutzblätter, die von geldgierigen Emporkömmlingen herausgegeben werden, nicht mehr lesen muß, wenn ich das, was mich hier umgibt, nicht mehr sehen muß!, sagte ich mir. Ein Trugschluß, wie ich jetzt sehe, folgte, während ich in meinem Fauteuil saß bis zur Abreise, dem andern. Ich verlasse ja ein vollkommen ruiniertes Land, ein widerwärtiges Staatsgebilde, vor welchem einem an jedem Morgen graust. Zuerst haben es die sogenannten Konservativen ausgebeutet und weggeworfen, jetzt die sogenannten Sozialisten. Ein renitenter, perfider Dummkopf als alter Kanzler, größenwahnsinnig, unberechenbar, gemeingefährlich. Wenn ein Mensch sagt, die Tage sind gezählt, macht es ihn lächerlich. Warum habe ich eigentlich niemandem mehr geschrieben, mich auch aus meiner Korrespondenz zurückgezogen?, früher habe ich, wenn auch nicht unbedingt gern, so doch regelmäßig geschrieben. Ganz unbewußt geben wir alles auf und es ist weg. War es mein zunehmend sich verschlimmernder Zustand, der meine Schwester solange in Peiskam hat ausharren lassen, nicht, wie ich glaubte, ihr sie aufeinmal langweilendes Wien? Fragte ich sie, hätte ich eine ihrer charmanten Lügen auf dem Kopf. Pred-ni-so-lon, ich sagte es ein paarmal ganz langsam und so, wie ich es gerade hier aufgeschrieben habe, vor mich hin. Die Ärzte gehen nicht viel tiefer, als bis in die Oberfläche. Sie versäumen immer alles, genau das, das Versäumen, werfen sie aber fortwährend ihren Patienten vor. Die Ärzte haben kein Gewissen, sie verrichten nur ihre medizinische Notdurft. Aber wir fliehen doch immer wieder zu ihnen, weil wir nicht an diese Tatsache glauben können. Wenn ich diese Koffer auch nur die kürzeste Strecke selbst trage, kann das mein Ende sein, sagte ich mir. Wir rufen wie in alter Zeit sozusagen das Wort *Träger*, aber es gibt keinen mehr. Die Träger sind ausgestorben. Packe jeder seine Sachen wie er will. Die Welt ist um einige Grade, ich will nicht genau ausrechnen, um wieviele, kälter geworden, die Menschen sind viel grausamer, rücksichtsloser. Aber das ist alles ein vollkommen natürlicher Verlauf, mit dem wir haben rechnen müssen und den wir, weil wir nicht dumm sind, vorausgesehen haben. Die Kranken verbünden sich aber nicht gern mit den Kranken und die Alten nicht gern mit den Alten. Sie rennen voreinander davon. Ins Verderben. Jeder will leben, keiner tot sein, alles andere ist Lüge. Am Ende sitzen sie im Fauteuil, in irgendeinem Ohrensessel und phantasieren sich eine Existenz zusammen, die sie existiert haben und die doch nicht das geringste mit ihrer eigenen Existenz zu tun hat. Es müßte nur glückliche Menschen geben, alle Voraussetzungen dazu sind da, aber es gibt nur unglückliche. Wir begreifen das erst spät. Solange wir jung sind und uns nichts weh tut, glauben wir nicht nur an das ewige Leben, wir haben es. Dann der Bruch, dann der Zusammenbruch, dann die Lamentation darüber und das Ende. Es ist immer dasselbe. Einmal habe ich Lust gehabt, das Finanzamt zu betrügen, nicht einmal mehr dazu habe ich Lust, sagte ich mir. Ich lasse mir von jedem, der es will, in die Karten schaun. Im Augenblick denke ich so. In *diesem* Augenblick. Die Frage ist eigentlich nur, wie wir möglichst schmerzfrei den Winter überstehen. Und das noch viel grausamere Frühjahr. Und den Sommer haben wir immer gehaßt. Der Herbst bringt uns dann wieder um alles. *Dann ließ sie den entzückendsten Busen sehen, den die Welt je gesehen hatte*, Zadig. Ich weiß nicht, warum mir dieser Satz gerade einfiel und mich zum Lachen brachte. Es ist auch nicht notwendig, allein daß ich völlig unvorhergesehen lachte, ist entscheidend. Über einen Gegenstand, unter welchem ich mich nicht zu schämen brauchte. Wir kommen periodisch in Erregungen hinein, die manchmal wochenlang anhalten können und nicht abzustellen sind, aufeinmal sind sie weg, wir existieren schon längere Zeit in einer Beruhigung. Aber wir können nicht mit Bestimmtheit sagen, wann die Beruhigung eingesetzt hat. Es hatte jahrelang genügt, zu den Holzfällern zu gehn und sich mit ihnen über ihre Arbeit zu unterhalten. Warum genügt es jetzt schon lange nicht mehr? Zwei Stunden geradeaus und wieder zurück im Winter, tagtäglich, eine Kleinigkeit, alles heute unmöglich, dachte ich. Die billigen Methoden haben sich alle abgenützt, Besuche, Zeitunglesen etcetera, auch die Lektüre der sogenannten höheren Literatur hat nicht mehr die Wirkung, die sie einmal gehabt hat. Wir fürchteten aufeinmal das Geschwätz, vor allem

das, das die sogenannten bekannten und berühmten, aber um so wider-
licheren Journalisten des Feuilletons ununterbrochen schwätzen. Und von
diesem widerlichen Geschwätz haben wir uns jahrelang, jahrzehntelang
zudecken lassen. Allerdings bin ich nie in die Lage gekommen, meine
Hose versetzen zu müssen, um ein Telegramm aufgeben zu können, wie
Dostojevski, was vielleicht doch ein Vorteil gewesen ist. Relativ unabhängig, könnte ich sagen. Und doch wie alle gefesselt und gefangen. Mehr
vom Ekel getrieben, als von der Neugierde besessen. Wir redeten immer
vom klaren Verstand, hatten aber nie einen, ich weiß nicht, woher ich den
Satz habe, vielleicht von mir selbst, aber irgendwo habe ich ihn gelesen,
vielleicht findet er sich einmal unter meinen Notizen. Wir sagen Notizen,
um uns nicht genieren zu müssen, obwohl wir insgeheim glauben, daß
diese von uns ganz verschämt als Notizen bezeichneten Sätze, mehr sind.
Aber wir glauben von allem, das uns betrifft, immer, daß es mehr ist.
Daran hanteln wir uns über den Abgrund, von welchem wir auch nicht
wissen, wie tief er ist. Das ist auch gleich, wenn er in jedem Fall tödlich ist,
was wir wissen. Ich hatte früher immer Fragen gestellt an die Andern,
solange ich zurückdenken kann, die erste Frage mit Sicherheit an meine
Mutter, die Eltern schließlich mit Fragen an den Rand des Wahnsinns
gebracht, plötzlich fragte ich nurmehr noch mich selbst und auch nur
dann, wenn ich mir sicher war, daß ich schon eine Antwort auf meine
Frage parat habe. Jeder einzelne ist ein Virtuose auf seinem Instrument,
alle zusammen eine unerträgliche Kakophonie. Dieses Wort *Kakophonie*
war übrigens das Lieblingswort meines Großvaters mütterlicherseits. Und
das Wort, das er am meisten und am tiefsten haßte, war das Wort *Denk-*
anstöße. Eines seiner Lieblingswörter war übrigens das Wort *Charakter*.
Zum erstenmal war mir, während dieser Überlegungen, aufgefallen, wie
ungemein bequem mein Fauteuil in Wahrheit ist, vor drei Wochen noch
ein Gerümpel, ist er jetzt, nachdem er beim Tapezierer gewesen ist, ein
Luxusstück. Aber was habe ich davon, wenn ich jetzt wegfahre. Innerlich
wehrte ich mich schon ganz gewaltig gegen meine Abreise. Aber ich
konnte sie tatsächlich nicht mehr rückgängig machen. Und dann wollte
ich auch wieder nicht gerade dem augenblicklichen Gefühl, doch an Peiskam zu hängen, in Wirklichkeit alles andere nur als lästig zu empfinden,
als beschwerlich, nutzlos, nachgeben. Ein Paar schwarze und ein Paar
braune Schuhe, sagte ich mir und ein Paar für absolutes Unwetter. Wenn
ich am Molo entlanglaufe, was ich immer gern getan habe. Aber an Laufen

war natürlich gar nicht zu denken. Du wirst ganz langsam zum Molo
hinuntergehen und deine Beobachtungen machen und sehen, wie weit du
kommst. Die ersten Tage eines solchen radikalen Klimawechsels sind die
gefährlichsten, übernehmen darfst du dich nicht, sagte ich mir. Die Leute,
wie ich es selbst mit Schrecken erlebt habe, kommen um neun Uhr früh
an, stellen sich unter die Dusche und laufen auf eine Tennispartie, fallen
tot um und sind um zwei Uhr nachmittag schon auf dem Friedhof. Der
Süden beseitigt die Toten sofort. Alles langsam, langsam aufstehen, langsam frühstücken, langsam in die Stadt gehen, aber am besten am ersten
Tag nicht gleich in die Stadt, nur zum Molo hinunter. Ich atmete jetzt tief
ein und richtete mich so hoch als möglich auf und ließ mich dann aus
Erschöpfung in den Fauteuil fallen. So alt wir sind, wir erwarten immer
noch eine Wendung, sagte ich mir, immer wieder eine entscheidende
Wendung, weil wir vom klaren Verstand weit entfernt sind. Alle diese
entscheidenden Wendungen liegen Jahrzehnte zurück, nur haben wir sie
damals nicht als solche entscheidenden Wendungen wahrgenommen. Die
Freunde von früher, sind entweder tot und haben ein unglückliches Leben
gelebt, sind verrückt geworden, bevor sie gestorben sind, oder leben irgendwo und gehen mich nichts mehr an. Alle haben sich in ihre Idee
verrannt und sind inzwischen alt geworden, haben im Grunde, auch wenn
sie, wie ich weiß, noch da und dort wild herumschlagen, aufgegeben.
Treffen wir sie, reden sie, als wäre keine Zeit vergangen in den letzten
Jahrzehnten und reden also ins Leere. Es hat eine Zeit gegeben, in welcher
ich tatsächlich Freundschaften, wie gesagt wird, gepflegt habe. Aber das
alles ist irgendwann einmal abgerissen und außer, daß ich ab und zu etwas
von dem einen oder anderen, den ich einmal für unentbehrlich gehalten
habe, etwas in der Zeitung lese, irgendeine Dummheit, eine Geschmacklosigkeit, höre ich von ihnen nichts mehr. Fast alle haben eine Familie
gegründet, wie gesagt wird, ihre Geschäfte gemacht und sich Häuser gebaut und sich in alle Richtungen abzusichern versucht und sind im Lauf
der Zeit uninteressant geworden. Ich sehe sie nicht mehr und wenn, so
haben wir uns nichts mehr zu sagen. Der eine pocht ununterbrochen
darauf, daß er Künstler sei, ein anderer, Wissenschaftler, ein dritter ein
erfolgreicher Kaufmann, dabei wird mir schon schlecht, wenn ich sie nur
sehe und noch lange bevor sie den Mund aufmachen, aus welchem nur
Banales und immer wieder nur Angelesenes und nichts Eigenes herauskommt. Es ist unvorstellbar, daß dieses Haus einmal auch voller Leute

gewesen ist, die *ich selbst* eingeladen habe und die sich hier durch ganze
lange Nächte durchgetrunken und durchgegessen und durchgelacht haben. Daß ich Gesellschaften nicht nur geliebt, sondern auch gegeben
habe, daß ich mich wirklich an solchen Gesellschaften habe amüsieren
können. Aber das ist solange her, daß davon keine Spuren mehr zu erkennen sind. Dieses Haus schreit ja nach Gesellschaft!, hat meine Schwester
erst kürzlich ausgerufen. Du hast es zu einer Gruft gemacht! Ich verstehe
gar nicht, wie du dich in eine solche entsetzliche Richtung hinein hast
entwickeln können. Es war, obwohl pathetisch gesagt, ernstgemeint und
traf mich sogar ins Innerste. Heute gingen mir alle diese Menschen nurmehr noch auf die Nerven. Und tatsächlich war ich es, der alle diese Leute
jahrelang unterhalten und sogar belehrt hat, aber vergeblich. Am Ende
halten sie einen für einen Narren. Ich weiß nicht, war die Krankheit zuerst
da, oder meine plötzliche Abneigung gegen jede Art von Gesellschaft,
hatte ich zuerst die Abneigung dagegen und hat sich aus dieser Abneigung
meinerseits heraus die Krankheit entwickeln können oder war die Krankheit zuerst und aus dieser Krankheit entwickelte sich meine Abneigung
gegenüber dieser Gesellschaft und gegen diese Gesellschaften und gegen
die Gesellschaft überhaupt, ich weiß es nicht. Hatte ich sie vertrieben alle
diese Leute, oder hatten sie sich von mir zurückgezogen? Ich weiß es nicht.
Hatte ich den Verkehr mit ihnen eingestellt oder umgekehrt? Ich weiß es
nicht. Ich hatte ja einmal die Idee gehabt, über diese Leute zu schreiben,
aber dann gab ich den Gedanken auf, er war mir zu unsinnig. Einmal
denken wir über diese Leute wirklich nach und hassen sie aufeinmal, wir
können nicht anders, als sie hassen und entfernen sie oder umgekehrt, weil
wir sie von einem Augenblick auf den andern ganz deutlich sehen, müssen
wir uns von ihnen zurückziehen, oder umgekehrt. Jahrzehntelang war ich
ja in dem Glauben gewesen, daß ich gar nicht allein sein kann, daß ich alle
diese Leute brauche, aber in Wirklichkeit brauche ich alle diese Leute
nicht, ich bin gut ohne sie ausgekommen. Sie kommen ja nur, um sich zu
entlasten und ihr ganzes Elend und ihren ganzen Kummer und den damit
verbundenen Schmutz auf mich abzuladen. Wir glauben, wenn wir sie
einladen, sie bringen uns etwas mit, naturgemäß etwas Erfreuliches oder
Erfrischendes, aber sie nehmen uns nur alles, was wir haben, weg. Sie
drängen uns in unserem eigenen Haus in irgendeinen Winkel, aus welchem es schließlich kein Entkommen mehr gibt und saugen uns auf die
rücksichtsloseste Weise aus, bis nichts mehr in uns ist, als der Ekel über sie;

dann verabschieden sie sich und lassen uns stehen und mit allen unseren Fürchterlichkeiten wieder allein. Indem wir sie uns ins Haus holen, holen wir ja doch nur unsere Peiniger ins Haus, aber wir haben keine andere Wahl, als uns immer wieder gerade die ins Haus kommen zu lassen, die uns vollkommen ausziehen und wenn wir dann nackt vor ihnen stehen, auslachen. Wer so denkt, darf sich natürlich nicht wundern, daß er sich mit der Zeit vollkommen isoliert, daß er eines Tages gänzlich allein dasteht, und was das heißt, in der letzten und allerletzten Konsequenz! Wir ziehen das ganze Leben lang immer wieder einen Schlußstrich, obwohl wir wissen, daß wir dazu gar nicht in der Lage sind. Wenn wir diese Krankheit haben, fällt uns auf, daß alle Leute viel zu laut sind. Und es nicht merken! Sie brutalisieren alles. Sie stehen laut auf und gehen den ganzen Tag laut umher und legen sich auch wieder laut nieder. Und sie reden ununterbrochen viel zu laut. Sie sind so von sich eingenommen, daß sie gar nicht merken, daß sie den Andern, den Kranken, fortwährend verletzen, alles, das sie tun, alles das sie sagen, verletzt Unsereinen. So drängen sie den Kranken mehr und mehr in den Hintergrund, bis er gar nicht mehr wahrgenommen wird. Und der Kranke zieht sich selbst in *seinen* Hintergrund zurück. Aber jedes Leben, jede Existenz gehört nur einem und zwar diesem einzigen und kein anderer hat das Recht, irgendein solches Leben und eine solche Existenz zu verdrängen, abzudrängen, hinauszudrängen aus dem Leben. Wir gehen ganz von selbst, wozu wir wieder ein Recht haben. Naturgemäß. Ich habe den entscheidenden einzigen möglichen Zeitpunkt, nämlich als meine Eltern tot waren, übersehen, ich hätte, wie meine Schwester, Peiskam den Rücken kehren sollen, tatsächlich, ich hätte es verkaufen sollen und mich *dadurch retten*, aber ich hatte nicht die Kraft dazu, jahrelange Niedergeschlagenheit nach dem Tod der Eltern hat es mir unmöglich gemacht, überhaupt irgendeine Initiative zu ergreifen, nicht einmal ein Studium habe ich anfangen können, ja, ich habe mehrere Studien angefangen, *gleichzeitig mehrere* und bin in allen diesen Studien gleich, wie ich es hätte voraussehen können, gescheitert. Ein mathematisches Studium hatte ich mir eingeredet, ein philosophisches, aber bald hatte mich die Mathematik, bald hatte mich die Philosophie abgestoßen, wenigstens die Mathematik, die auf der Universität gelehrt wird, die Philosophie, die dort gelehrt wird und die ja gar nicht gelehrt werden kann. Dann war es aufeinmal die Musik gewesen, die mich im wahrsten Sinne des Wortes begeistert hat und der ich mich kopfüber ausgeliefert habe. Ich

stand von meinem Fauteuil auf und schaute auf die Uhr und setzte mich
wieder, unfähig, noch irgendetwas vor meiner Abreise zu tun, also ließ ich
mich gleich wieder in diese Phantasien fallen. Die Universitäten hatten
mich abgestoßen, ich hatte mich an mehreren einschreiben lassen, das war
selbstverständlich gewesen bei meinem Vater, aber ich hatte sie alle nur die
kürzeste Zeit aufgesucht, Wien, Innsbruck, schließlich Graz, das mir zeitlebens verhaßte, hatte ich in dem absoluten Willen, dort ein Studium
anzufangen und zu beenden, aufgesucht und war schon von Anbeginn an
gescheitert. Einerseits, weil mir diese Universitäten mit ihrem jahrhundertelang abgestandenen Wissensbrei sofort den Magen und gleichzeitig
natürlich den Kopf verdorben haben, andererseits, weil ich alle diese
Städte nicht ausgehalten habe, Innsbruck nicht, Graz nicht, Wien auf die
Dauer nicht. Alle diese Städte, die ich naturgemäß auch schon vorher,
wenn auch nicht gründlich, gekannt habe, deprimierten mich auf das
Niederschmetterndste und es sind ja auch, vornehmlich Graz, widerwärtige Provinznester, jede für sich hält sich für den Nabel der Welt und
glaubt, den Geist gepachtet zu haben, ja, aber es ist nur der ganz primitive
Kleinbürgergeist; die Abgeschmacktheit Philosophie lehrender und Literatur betreibender Schrebergärtner habe ich in diesen Städten kennengelernt, nichts sonst und der üble Geruch bornierter Gemeinheit in diesen
österreichischen Kloaken hat mir von vornherein den Appetit auf einen
längeren, als nur den kürzesten Aufenthalt verdorben. Und in Wien wollte
ich auch nicht länger als unbedingt notwendig sein. Aber, um die Wahrheit zu sagen, verdanke ich doch der Stadt Wien, daß ich auf die Musik
gekommen bin, auf das Alleridealste, muß ich sagen. So sehr ich diese
Stadt verachte und verdamme und so widerwärtig sie mir die meiste Zeit
immer gewesen ist, ihr verdanke ich schließlich den Zugang zu unseren
Komponisten, zu Beethoven, zu Mozart, zu Wagner selbst und natürlich
Schubert, den zwischen gerade diesen aufgezählten zu nennen, mir allerdings schwer fällt, und ich verdanke natürlich vor allem die neuere und
neueste Musik dieser Stadt, von welcher mein Vater nur als von der unverschämtesten gesprochen hat. Schönberg, Berg, Webern etcetera. Und
daß ich in meinen beinahe zwanzig Wiener Jahren durch und durch der
Stadtmensch geworden bin, der ich dann immer zu sein hatte, ob ich
wollte oder nicht, meine Wiener Jahre, zuerst mit meiner Schwester zusammen, dann allein, zuerst in der Inneren Stadt, dann im Hause meines
Döblinger Onkels, in der Hasenauerstraße, wo ich ein ganzes Haus für

mich hatte, meine Wiener Jahre hatten mich für Peiskam endgültig verdorben. Mir Peiskam im Grunde unmöglich gemacht. Ich war ja nie der Naturmensch gewesen, der für ein Leben in Peiskam notwendig ist. Aber die Krankheit hat mich schließlich aus den Konzertsälen heraus nach Peiskam zurückgetrieben, meiner Lunge wegen habe ich mich von Wien und das hieß, von allem, das mir etwas wert gewesen war damals, zu trennen gehabt. Diese Trennung habe ich nie überwunden. Aber wäre ich in Wien geblieben, hätte ich nurmehr noch die allerkürzeste Zeit zu existieren gehabt. Peiskam war beinahe zwanzig Jahre nach dem Tod unserer Eltern leergestanden, es war der Natur überlassen gewesen. Niemand hatte geglaubt, in Peiskam könne jemals wieder ein Mensch einziehen, aber eines Tages war ich doch wieder eingezogen, hatte die Fenster aufgerissen in allen Richtungen und nach Jahren zum erstenmal wieder frische Luft in das Haus hereingelassen und es mit der Zeit bewohnbar gemacht. Aber es blieb mir fremd, wenn ich ehrlich bin, bis heute, dachte ich. Ich hatte gerade in dem Augenblick auf Wien und was alles das für mich bedeutete, nämlich alles, zu verzichten gehabt, in welchem ich glaubte, ein für allemal untrennbar mit dieser Stadt verbunden zu sein, die ich zwar damals schon und, wie ich weiß, immer schon gehaßt, gleichzeitig aber wie keine zweite geliebt habe. Ich neide ja heute nur meiner Schwester, daß sie in Wien leben kann, das ist es, was mich gegen Wien fortwährend aufbringt, der Neid, was mich gegen meine Schwester zu den allergrößten Ungerechtigkeiten und letztenendes sogar Gemeinheiten hinreißen läßt, mein Neid, daß sie in Wien leben kann und noch dazu auf die, wie ich weiß, angenehmste und glücklichste Weise, nicht ich. Wenn überhaupt irgendwo, so denke ich immer, dann nur in Wien, in keiner anderen Stadt der Welt, aber ich habe mir Wien verrammelt, endgültig unmöglich gemacht. Und ich verdiene diese Stadt nicht mehr, dachte ich. Und zum allererstenmal hatte ich in Wien ein Stück von Mendelssohn Bartholdy gehört, nämlich *Die wandernden Komödianten* im Musikvereinssaal, ein Stück und eine Aufführung, die eine elementare Wirkung auf mich gehabt haben. Damals hatte ich noch nicht gewußt, warum dieses Stück so eindringlich gewesen war, heute weiß ich es. Wegen der genialen Unvollkommenheit. Aber es war einmal sogar die Idee in mir aufgetaucht, auf die Montanistische Hochschule in Leoben zu gehen, nicht weil ich mich vielleicht aufeinmal für die Bodenschätze interessiert hätte, sondern wegen der Lage von Leoben, das in den steiermärkischen Bergen und damals wenigstens noch wegen seiner besonders guten Luft bekannt war, die aber heute genauso verpestet ist wie überall. Denn schon als ich noch nicht zwanzig gewesen war, hatten mir die Ärzte dringend geraten, ein Landleben zu führen und kein Stadtleben, aber lieber wäre ich damals gleich auf was für eine Weise in der Stadt gestorben, als daß ich aufs Land gegangen wäre. Die Idee, in Leoben zu studieren, war ja auch nur ein einzigesmal aufgetaucht, allerdings, ich bin nach Leoben gefahren, um über die Möglichkeiten eines montanistischen Studiums mehr als ich darüber schon wußte, in Erfahrung zu bringen, aber schon gleich wie ich in Leoben aus dem Zug gestiegen bin, hatte mich der Ort abgestoßen. In einem solchen Ort kannst du nur zugrunde gehen, aber nicht einen Tag länger existieren als notwendig, hatte ich mir damals gesagt und ich hatte es ja tatsächlich nicht notwendig gehabt, auch nur einen Tag in Leoben zu sein und bin auch denselben Tag wieder nach Wien zurückgefahren, von wo aus ich Leoben in Augenschein hatte nehmen wollen. Schon als ich über dem Semmering gewesen war, hatte mich ein Gefühl der Bedrückung erfaßt, in meinem Kopf und in meinem ganzen Körper. Wie es überhaupt Leute gibt, die es in solchen Kleinstädten wie Leoben aushalten, hatte ich damals gedacht und ein paar Hunderttausende existieren schließlich allein in unserem Land widerspruchslos ihr ganzes Leben in solchen Nestern wie Leoben. Aber die Idee, eventuell ein Studium in Leoben anzugehen, war ja im Grunde nicht zuallererst von mir ausgegangen, diese Idee hatte mein Großvater mütterlicherseits gehabt, der selbst einmal die Montanistik studiert hatte, allerdings nicht in Leoben, sondern in Padua, was sicher ein immenser Unterschied ist. Und einmal hatte ich gedacht, nach England zu gehen, möglicherweise ist es Oxford oder Cambridge, hatte ich gedacht, mich mit dieser Idee gleich in eine Reihe unserer hervorragendsten Geister stellend, deren ein paar von den allerbedeutendsten ja in England und also in Oxford und in Cambridge studiert haben und dann dort unterrichtet haben und da mir die englische Sprache keinerlei Schwierigkeiten machte, glaubte ich, auf dem Weg nach England, auf dem richtigen Weg zu sein. Aber ich hatte nicht mit dem englischen Klima, jedenfalls nicht mit jenem in Oxford und Cambridge gerechnet, das sich noch verheerender auf Krankheitsträger wie mich auswirkt und solchen Leuten von vornherein jede Anstrengung zunichte macht, gleich, in was für eine Richtung sie zu gehen hätte. Ich war nur zehn Tage in England gewesen, während ich mich von meinen Eltern auf mindestens ein halbes Jahr verabschiedet gehabt hatte und noch heute ist mir die Niedergeschlagenheit in ihrer ganzen Wucht gegenwärtig, in der ich gewesen war, wie ich schon zehn Tage nach meinem Aufbruch nach England, wieder in Peiskam war. Damals hatte ich mich wirklich lächerlich gemacht, aber schon damals war daran meine Krankheit, die schon in mir wucherte, wenn sie auch noch nicht zum Ausbruch gekommen war, schuld. Nach diesem Rückschlag, der mir natürlich nichts übriggelassen hatte als eine ziemlich fehlerhafte Vorstellung von England und London, hatte ich alle Auslandsmöglichkeiten aufgegeben und mich ganz auf die mir verbliebenen inländischen konzentriert, aber diese Möglichkeiten zwischen Wien auf der einen, und Innsbruck auf der anderen Seite, waren völlig unakzeptabel gewesen. Da ich auch nicht die Rolle des verkommenen Studenten hatte spielen wollen, zu welcher es gerade solche Leute wie ich, mit einer Herkunft wie ich, nicht selten treibt, entschied ich mich für die meiner Meinung nach beste Möglichkeit, nämlich überhaupt nicht zu studieren, jedenfalls nicht an einer öffentlichen Schule und ich glaubte, stark und charaktervoll genug zu sein, um mich auf diese Weise in einer sogenannten geistigen Spur entwickeln zu können. Dazu hatte ich aufeinmal auch eingesehen, daß mich außer Musik nichts auf der Welt in einem höheren Grade fesselte und daß deshalb alles außerhalb der Musik, für mich Unsinn ist. So erklären sich meine Wiener Jahre. Und was die Musik betrifft, so war ich von dem Augenblick an, in welchem ich sie für mich entdeckt hatte, der Aufnahmefähigste. Einmal hätte ich, durch die Bekanntschaft eines mit meinem Vater befreundeten Redakteurs, in die Redaktion der *Presse* eintreten können, aber mein doch recht guter Instinkt bewahrte mich vor einer solchen Perversität. Ich suchte, während ich mit meiner Schwester zusammen auf dem sogenannten Stubenring wohnte, tagtäglich alle möglichen Bibliotheken auf und traf mich mit den für meine Studienzwecke nützlichen und also entsprechend musikalisch gebildeten Leuten, die sich mehr oder weniger bald von selbst gefunden hatten, weil sie nach und nach meinen Forschungen unentbehrlich geworden waren. Auf diese Weise lernte ich nicht nur die wichtigsten musiktheoretischen Bücher und Schriften, sondern auch eine Reihe derer kennen, die diese Bücher und Schriften verfaßt hatten und ich zog den größten Gewinn daraus. Nebenbei befaßte ich mich mit den künstlerischen Produktionen der Wiener im Allgemeinen und war beinahe jeden Tag im Konzert oder in der Oper. Bald hatte ich einen so hohen Grad der musikalischen Selb-

ständigkeit erreicht, daß ich zuerst meine Opernbesuche, dann auch
meine Konzertbesuche einschränken konnte, mir waren auf den Program-
men auch immer zu viele Wiederholungen des Immergleichen, das war ja
immer schon das Charakteristische an Wien, daß es dem nach dem Neuen
und dadurch tatsächlich Interessanten Begierigen, sehr bald nichts mehr
zu bieten hatte. Es spielten auch nicht, wie früher, tagtäglich aus aller Welt
die verschiedensten, sondern immer die gleichen Orchester in meiner
Wiener Zeit und so gut sie im Grunde waren und sind, ich hatte und habe
doch immer den Eindruck, dieselben Orchester spielten immer das gleiche, wenn sie auch immer etwas anderes spielten und spielen. Aber ein
Mensch, der sich für die Musik entschieden hat, hat naturgemäß auch
heute noch seinen Platz in Wien. Nur ist die Atmosphäre dieser Stadt auf
längere Zeit überhaupt nicht auszuhalten, ganz abgesehen davon, daß mir
die Ärzte schon sehr früh klar gemacht hatten, daß für mich Wien *das
schädlichste Klima überhaupt* sei. Ich habe, alles in allem, über zwanzig
Jahre in Wien zugebracht, genaugenommen, nur mit der Musik zusammen. Plötzlich hatte ich genug und kehrte nach Peiskam zurück. Natürlich führte dieser Schritt in die Sackgasse, für welche auch diese Notizen
ein Zeugnis sind. Hatte es in Peiskam, wo ich um zwei Uhr mittag abgeholt worden bin, noch elf Grad minus gehabt, so zeigte bei meiner
Ankunft in Palma, wo ich diese Notizen aufschreibe, das Thermometer
schon achtzehn Grad plus. Aber mein Zustand hatte sich naturgemäß
durch diese Tatsache nicht gebessert, im Gegenteil. Ich hatte Angst, die
erste Nacht im Hotel nicht zu überleben. Der mit dieser Krankheit Vertraute, weiß, wovon ich spreche. Ich tat gut daran, den ganzen meiner
Ankunft folgenden Tag bei geschlossenen Vorhängen im Bett zu bleiben.
An ein Auspacken der Koffer war nicht zu denken gewesen. Naturgemäß
wußte ich schon vorher, was ein solcher abrupter Klimawechsel bedeutet,
aber einen solchen erbarmungswürdigen Zustand hatte ich nicht erwartet.
Ich beschränkte mich darauf, tatsächlich den ganzen Tag im Bett zu bleiben und zweimal ein Glas Wasser auszutrinken, aber auch das nur, weil ich
meine Tabletten einzunehmen hatte. Wahrscheinlich hatte man an der
Rezeption gleich gesehen, wie schlecht es mir geht und keinerlei Umstände gemacht und mir das gewünschte Zimmer gegeben. Ich werde
meine Koffer *ganz langsam* auspacken, sagte ich mir, während ich, flach
auf dem Bett liegend, die Zimmerdecke beobachtete und meine Phantasien da wieder fortzusetzen imstande war, wo ich sie in Peiskam abge-

brochen hatte. Der Flug war, wie alle vorher schon überstandenen, auch wieder der fürchterlichste aller fürchterlichen gewesen. So, als dürfe ich es eigentlich nicht, stand ich aber dann in der zweiten Nacht gegen drei Uhr früh auf und fing an, meine Koffer auszupacken, dabei stellte ich fest, daß ich gar nicht so schwach war, wie ich geglaubt hatte. Ich liebe diese großen, normalerweise für zwei Personen bestimmten Zimmer, die dazu auch noch ein großes Bad und ein nicht weniger großes Vorzimmer haben und von welchen aus man nicht nur auf die Altstadt, sondern auch gleichzeitig auf das Meer schauen kann. Und die absolut ruhig sind. In der Frühe höre ich nur die Hähne krähen, ein paar dumpfe Schläge von der Schiffswerft herüber, Hundebellen und vielleicht auch noch das Keifen einer Mutter gegen ihr ungezogenes Kind. Ich habe hier nicht den Eindruck, von den Einheimischen isoliert zu sein, obwohl mich, der ich tatsächlich in einem solchen großzügigen Zimmer im Luxus lebe und die in der Altstadt unter mir gerade im Gegenteil von diesem Luxus, doch fast alles von ihnen trennt. Aber meine Krankheit, so denke ich, entschuldigt diesen Luxus. Aber im Grunde habe ich überhaupt keine Skrupel mehr, sage ich mir. Am Lebensende sind Skrupel das Lächerlichste. Nach dem ersten Frühstück fing ich an, meine Koffer auszupacken. Zuerst den Kleider- und Wäschekoffer. Kaum hatte ich ein paar Kleidungs- oder Wäschestücke herausgenommen und im Kasten verstaut, war ich schon wieder auf das Bett niedergeworfen. Eine wie schon lang nicht so heftige Atemnot machte mir die größten Schwierigkeiten. Ich schob diesen Umstand auf den abrupten Klimawechsel, welcher sich ja sogar auf den Gesunden zuerst einmal verheerend auswirkt, geschweige denn auf einen wie ich. Aber schließlich hatte ich den ersten Koffer ausgepackt und ich ging daran, den zweiten auszupacken, also den, in welchem alle Bücher und Schriften waren, die ich für meine Arbeit über Mendelssohn Bartholdy mitgenommen hatte. Zuerst wußte ich nicht, wohin mit den Büchern und Schriften und ich überlegte, wo mit den einen hin und wo mit den andern, bis ich einen Plan aufgestellt hatte, *wie* diese Bücher und Schriften auf dem Tisch und im Kasten unterzubringen sind und nach diesem Plan ging ich während des tatsächlichen Auspackens vor. Ich fragte mich währenddessen, ob es überhaupt einen Sinn hat, eine solche Arbeit wie die über Mendelssohn Bartholdy *noch* anzugehen. Einerseits sagte ich mir, eine solche Arbeit anzugehen, ist sinnlos, andererseits sagte ich mir, *du mußt diese Arbeit angehen, koste es, was es wolle.* Aber rechtfertigen allein die Vorbereitungen von einem Jahrzehnt, denn solange bereitete ich mich ja auf diese Arbeit vor, die Inangriffnahme einer solchen Arbeit, wenn man sich in einem solchen total abgenutzten Zustand befindet, in dem ich mich befinde? Ich sagte abwechselnd, *nichts* rechtfertigt eine solche Arbeit und *alles* rechtfertigt eine solche Arbeit. Es war das beste, die Frage nach Sinn oder Unsinn einer solchen Arbeit weiter zu stellen, aufzugeben und ich gab sie auf und tat so, als sei ich entschlossen, die Arbeit tatsächlich so bald als möglich anzugehn. Sollte ich gerade jetzt, so knapp vor dem Ziel, alles hinwerfen, mir alles zunichte machen, woran letztenendes meine ganze Existenz hing, an dem dünnen Faden von ein bißchen Hoffnung, diese Arbeit am Ende doch noch zustande zu bringen? Ich werde die Arbeit schreiben, wenn ich auch nicht sofort damit anfangen kann, das hatte ich ja vorausgesehen und niemals geglaubt, denn ich bin ja nicht so verrückt, der absoluten Absurdität zu verfallen, wenn nicht heute, so morgen, wenn nicht morgen, so übermorgen, undsofort. Allein wegen dieser Arbeit habe ich ja die Reise auf mich genommen, sagte ich mir. Ich redete mir gut zu, richtete alles auf dem Schreibtisch so her, daß ich jederzeit hätte mit der Arbeit anfangen können und setzte mich auf dem Balkon auf den weißgestrichenen Eisenblechsessel und legte mich dann wieder auf mein Bett und wechselte mehrere Stunden, bis der Tag zuende gegangen war, vom Balkonsessel auf das Bett und umgekehrt. Gegen Abend ging ich in die Stadt hinein. Hatte ich mir ursprünglich vorgenommen, nur bis zum Molo zu gehen, eventuell bis in das Fischrestaurant auf dem Molo, das ich von früher her sehr gut kenne und wo ich immer am besten gegessen habe, so war ich dann doch über die Lonja hinausgegangen bis auf die sogenannte *Borne*, die zu Francos Lebzeiten, also vom Sieg der Faschisten bis zu deren Sturz nur als *Paseo del Generalisimo* bezeichnet wurde und setzte mich, weil es so warm war, aber doch auf die unvorsichtigste Weise, wie ich mir sagen mußte, auf die den Cañellas gegenüberliegende Kaffeehausterrasse, wo ich mir jahrelang, ja schon beinahe jahrzehntelang, mein Buffet zusammengestellt habe, tatsächlich immer das gleiche aus Schinken und Käse und Oliven und einem Glas Wasser bestehend und dachte, in einem jener uralten weißgestrichenen Korbsessel sitzend, während ich einen großen Espresso trank und die Sonne durch die leider noch kahlen Platanen glitzerte, mit geschlossenen Augen aufeinmal über den Namen derjenigen jungen Frau aus München nach, die ich bei meinem letzten Palmaaufenthalt hier auf der *Borne* angesprochen habe und die mir dann, nachdem ich sie eingeladen hatte, mit mir einen Kaffee auf eben dieser Terrasse, auf welcher ich jetzt mit geschlossenen Augen im Korbsessel saß, ihre furchtbare Geschichte erzählte. *Anna Härdtl,* hieß die junge Frau. Und nicht *ich* habe sie auf der Borne angesprochen, sondern umgekehrt, sie mich. Wie auch immer. Ich war mit einer von den Cañellastöchtern, die ich aus Wien kenne, wo sie Musik studiert hat (Klavier bei dem berühmten Wührer), und die gegenüber dem Kaffeehaus eine Parfümerie betreiben, aus einem mir nicht mehr gegenwärtigen Anlaß lachend unter der Platanenallee gegangen und hatte den Namen *Anna* ausgerufen, dieses von mir plötzlich laut ausgerufene *Anna* hatte sich auf ein Mädchen bezogen, das uns durch einen Besuch in Andraitx bekannt geworden war, auf einem der vielen Nachmittagsausflüge, die ich in den letzten Jahren mit den Cañellastöchtern gemacht habe und an den wir uns immer gern erinnerten. Als ich das *Anna* ausgerufen hatte, ich weiß heute nicht mehr, warum so laut, *ruiso!,* und aus diesem Grunde weithin hörbar, drehte sich eine vor uns gehende junge Frau urplötzlich um und sagte: *Ja?* Und dann, in der größten Verlegenheit: *ich heiße Anna.* Sie hatte sich spontan umgedreht, weil sie glaubte, angerufen zu sein. Der plötzliche Anblick der jungen Frau hatte meine und die Stimmung meiner Begleiterin vollkommen geändert. Ich war von dem Anblick der jungen Frau entsetzt gewesen. Offensichtlich trug sie Trauerkleidung und machte einen verstörten und armseligen Eindruck. Es ist nicht meine Art, mit einem fremden Menschen von einem Augenblick auf den andern ein Gespräch anzufangen, dazu fehlen mir alle Voraussetzungen, aber als ich das Gesicht der jungen Frau gesehen hatte, hatte ich augenblicklich und tatsächlich nur aus einem augenblicklichen Gefühl nicht des Mitleids, sondern der unmittelbaren Betroffenheit über ein solches verzweifeltes Gesicht, zu der jungen Frau gesagt, ob sie sich nicht mit uns, also der Cañellastochter und mir, auf die Terrasse setzen wolle auf einen Kaffee; kaum hatte ich die Einladung ausgesprochen gehabt, beschuldigte ich mich, denn ich hatte diese Einladung in einem möglicherweise die junge Frau sogar verletzenden, nicht sie beschützenden Ton gesagt und es tat mir schon leid, die Einladung überhaupt ausgesprochen zu haben, aber ich konnte sie und was ich gesagt hatte, im Augenblick ja nicht mehr rückgängig machen und so wiederholte ich meine Einladung jetzt in einem anderen, wie mir zuerst schien, angemesseneren Ton, der aber auch völlig mißglückt gewesen war, wie ich dann wieder dachte. Zu meiner Überraschung willigte die junge Frau, die sich

als *Anna Härdtl* vorgestellt hatte, sofort ein. Es sei ihr angenehm, nach
Tagen wieder einmal mit Menschen zu sprechen, sagte sie und alles, das sie
daraufhin sagte, war so gesprochen wie von einem in sich vollkommen
verstörten und zerstörten Menschen, sie wohne in Santa Ponsa, hatte sie
gesagt, dann etwas von einem Todesfall, dann etwas von einem geschlossenen Konsulat, dann etwas von einem teuren Mittagessen, von einem
kalten Zimmer, es hörte sich, noch während wir auf das Kaffeehaus zugingen, alles an, wie von einem Menschen gesprochen, der nahe dem
Wahnsinnigwerden ist. Kaum saßen wir zu dritt auf der Terrasse, war ich
mir erst dieser ganzen zuhöchst peinlichen Situation bewußt geworden
und ich wußte überhaupt nicht mehr, wie ich jetzt reagieren sollte, nachdem mich die kleine Cañellas auch gänzlich im Stich gelassen hatte, sie
begriff nichts von dem gerade Vorgefallenen und schaute nur teilnahmslos
durchs Fenster auf die Straße, was ich nicht verstanden habe, denn es war
zu sehen, was für ein Mensch jetzt mit uns am Tisch saß, daß es sich um
den verzweifeltsten handelte, den man sich vorstellen kann. Der jungen
Cañellas, die es, wie überhaupt alle Spanierinnen, nicht gewohnt war,
aufeinmal mit einem fremden Menschen an einem Tisch zu sitzen, war die
ganze Situation peinlich gewesen. Und ich schämte mich, ohne ein Wort
sagen zu können, nach Wörtern suchend, aber nicht ein einziges findend,
und machte mir den Vorwurf, möglicherweise jetzt auf geradezu brutale
Art einen Menschen zu etwas zu zwingen, das er gar nicht will, die junge
Frau will vielleicht weder mit mir, noch mit der Cañellas, die sie nichts
angehen konnte, an einem Tisch sitzen, um Kaffee zu trinken, nur weil ich
sie in einem, wenn schon nicht rüden, aber doch gar nicht feinfühligen
Ton mehr oder weniger vor die Tatsache gestellt hatte durch meine Einladung, mit uns auf der Terrasse Kaffee zu trinken, ich schämte mich und
war nicht imstande, ein Gespräch anzufangen, ein einziges Wort herauszubringen, geschweige denn auf irgendetwas, das die junge Frau in ihrer
höchsten Verzweiflung und Verwirrung vorher gesagt hatte, einzugehen.
Genauso sitzt ein Mensch da, den ich dazu gezwungen habe, dachte ich.
Die junge Cañellas muß es aber in der gleichen Art und Weise empfunden
haben, denn sie hatte eine zeitlang keinen einzigen Blick für mich übrig
gehabt. Aber mit dem Gedanken an meine Scham hatte ich keine Chance,
aus dieser von mir heraufbeschworenen Situation herauszukommen.
Plötzlich fragte ich die junge Frau vor lauter Nervosität um ihren Namen,
obwohl sie mir ihren Namen ja schon gleich, nachdem ich sie auf den

Kaffee eingeladen hatte, gesagt hatte. Aber sie wiederholte bereitwillig: *Anna Härdtl*. Ich war der ganzen Situation nicht gewachsen. So schwiegen wir alle drei und jeder wußte insgeheim, warum und die ganze Peinlichkeit dieser Konstellation war nicht zu übersehen gewesen. Plötzlich hörten wir von der Anna Härdtl folgendes: Ende August sei sie mit ihrem Mann und einem dreijährigen Sohn, weil sie, nach Eröffnung eines Elektrogeschäftes in Trudering, einem östlichen Vorort von München, beide, wie auch das Kind, völlig erschöpft gewesen seien, vor allem wegen der unaufhörlichen sie peinigenden Widerwärtigkeiten der Behörden, die ihnen bei dieser Geschäftseröffnung keine Ruhe gelassen hätten, nach Santa Ponsa gekommen, auf zwei Wochen. Ich könne mir gar nicht vorstellen, hatte sie gesagt, was alles sie in diesem Jahr vor und bis zur Geschäftseröffnung habe durchmachen müssen, es sei das Furchtbarste, sich selbständig machen zu wollen, das Unmöglichste, heute viel viel schlimmer als jemals vorher. Und ihr Mann, das hatte sie gleich von allem Anfang an gesagt, sei der Schwierigste gewesen. Nachdem sie gewesen gesagt hatte, wußte ich aufeinmal, daß sie um ihren Mann trauerte, ich hatte das bis jetzt noch nicht begriffen. Ihr Mann sei erst dreiundzwanzig Jahre alt gewesen, sagte sie, stammte aus Nürnberg, aus einer armen Familie, während sie aus einer, so sie selbst, wohlhabenderen aus der Nähe von Rosenheim gebürtig sei. Ihr Mann habe eine Ingenieursschule in Nürnberg besucht und diese Ingenieursschule auch zum Abschluß gebracht, obwohl sie sich schon gekannt hatten und es dadurch für ihn das Schwierigste gewesen sei, diese Schule weiterzumachen, aber es war ihm schließlich gelungen, denn wenn er die Ingenieursschule aufgehört hätte, wären von ihrem Vater sofort die monatlichen Zahlungen an ihn, die geringsten natürlich, wie sie sagte, eingestellt worden, aber ihr Mann habe alle seine Kräfte zusammengenommen und die Ingenieursschule tatsächlich um ein halbes Jahr früher abschließen können, *mit außerordentlichem Erfolg*, wie sie sagte, als es eigentlich notwendig gewesen wäre. Ihr zuliebe habe er schließlich das Truderinger Geschäft angefangen, was ihre Idee gewesen sei, denn sie hatte Angst davor, ihr Mann verkomme in einem Büro, daß es auch für die gerade gegründete Familie besser sei, ein eigenes Geschäft zu betreiben, als in ein Büro zu gehen, vor allem habe sie das Wort *Selbständigkeit* wie kein zweites fasziniert, aber sie sei dem Wort auf den Leim gegangen. Ihr Mann habe es nicht als Degradierung empfunden, weiterhin ein kleiner Geschäftsmann zu sein und kein, wie in den Vororten immer, angesehener

Beamter, möglicherweise einer öffentlichen Dienststelle, wo ihm ein lebenslängliches Auskommen garantiert sei, im Gegenteil, hatte er den
Wunsch seiner jungen Frau sofort aufgegriffen und gedacht, daß er sich als
Geschäftsmann ja schließlich durch Arbeit und Verstand von einem kleinen unscheinbaren, eines Tages zu einem großen, ja bedeutenden machen
könne, wenn ihm dabei das Glück nicht ausbleibe und er sich auf seine
Frau verlassen könne. Beide hätten sie nach diesem Entschluß das Lokal in
Trudering mieten und herrichten und schließlich eröffnen können. Aber
dieser so rasch aufgeschriebene und von mir auch ebenso rasch auf der
Borne mit geschlossenen Augen in der Abendwärme gesehene Vorgang,
hat über ein Jahr gedauert, das die junge Frau als ein verzweifeltes bezeichnete, denn zu allen behördlichen Fürchterlichkeiten sei dann das Kind
gekommen und dann, als Folge von allem wahrscheinlich, auch noch eine
merkwürdige Krankheit, eine schleichende, wenn auch nicht lebensgefährliche, aber unangenehme und auf ihrem ganzen Körper kleine braune
Flecken erzeugende, von welchen die Ärzte behaupteten, daß sie solche
Flecken auf einem Körper niemals gesehen hätten. Aber schließlich hatten
die beiden, durch die Mithilfe der Eltern der jungen Frau, die mit einem
höheren, von der jungen Frau aber nicht genauer bezeichneten Betrag
ausgeholfen hatten, ihr Geschäft aufmachen können. Als es aber aufgemacht war, begannen erst die Schwierigkeiten so richtig, sagte die junge
Frau, ich hörte es, in dem Sessel auf der Borne sitzend, wieder deutlich,
den Tonfall, alles. Die Lieferanten wollten nicht liefern auf Kredit und das
Lager sollte doch so groß als möglich sein, und wenn sie lieferten, dann
lieferten sie das Verkehrte oder eine mangelhafte Ware, wie sie sich ausdrückte, oft wären eine Reihe von Kisten angekommen, in welchen halb-
zerstörte Apparate gewesen seien, weil die Transporteure so schlampig
gewesen seien und überhaupt heute niemand mehr irgendeine Verantwortung trage für irgendetwas. Einerseits war sie den ganzen Tag mit dem
Kind ausgefüllt, andererseits hätte sie denselben ganzen Tag ihrem Mann
im Geschäft zu helfen gehabt, der, im Unterschied zu ihr, die sie einmal
eine Handelsakademie besucht habe, merkwürdigerweise in Erlangen,
wahrscheinlich, weil sie dort Verwandte hatte, in geschäftlicher Hinsicht
so wenig beschlagen gewesen sei, daß es schon an das Unverantwortliche
grenzte. Aber sie konnte ihrem Mann keinen Vorwurf in dieser Richtung
machen, *sie* hatte ihn ja mehr oder weniger gezwungen, das Geschäft
anzufangen und seinen eigentlichen Beruf, den des Elektroingenieurs,

aufzugeben. Vielleicht war es von mir falsch und der größte Fehler gewesen, sagte sie, meinen Mann von seinem ja schon vorgezeichneten Weg abzubringen und zu diesem Geschäft zu zwingen. Die tatsächlichen Schwierigkeiten hätten sie naturgemäß nicht vorausgesehen, wenn sie sich auch auf die allergrößten gefaßt gemacht hätten und außerdem seien sie so guten Willens und in einer so mutigen Periode der Hoffnung gewesen, mit allen auf sie zukommenden Schwierigkeiten fertig zu werden, gleich als wie groß sie sich erweisen sollten. Aber ihr Mann, das habe sie erst, als es schon zu spät gewesen war, festgestellt, wäre der ungeeignetste für jede Art von Selbständigkeit gewesen. Das hatte sie nicht gewußt, obwohl sie es hätte sehen müssen, denn sie war ja lange genug mit ihm zusammen gewesen vor dem Entschluß, das Truderinger Geschäft aufzumachen, aber vielleicht, so sie, habe ich das alles gesehen, aber nicht sehen wollen. Sie habe es sich so schön vorgestellt, eine Truderinger Geschäftsfrau zu sein, mit keinen höheren Ansprüchen im Grunde und mit ihrem Mann und ihren Kindern ganz einfach glücklich. Ihre Rechnung war nicht aufgegangen. Den Mann hatte sie vom Weg abgebracht und dem Kind fehlte durch ihren Einsatz bei diesem Geschäft, die für eine Erziehung unbedingt erforderliche Aufmerksamkeit und Obhut. Das Kind hat gespürt, wie wir uns verrannt haben, sagte sie. Die Cañellastochter, die sich zuerst hatte verabschieden wollen, die ich aber gebeten hatte, zu bleiben, hörte jetzt aufeinmal doch aufmerksam dem zu, das die junge Anna Härdtl sagte, sie zeigte naturgemäß keinerlei Rührung, was auch zuviel verlangt gewesen wäre, aber sie erschien mir wenigstens als verständnisvoll. Dabei, sagte die junge Frau, sei das Geschäft in einer der besten Straßen von Trudering gelegen. Sie hatte Mühe, nicht in ein Weinen auszubrechen, aber andererseits hatte ich ja wieder nicht die Absicht, sie von ihrem Unglück, das sie bis jetzt in seinem ganzen Ausmaß noch nicht eröffnet hatte, abzulenken, denn ich wollte ja jetzt hören, was wirklich und weiter geschehen war. Die junge Frau war naturgemäß nicht imstande gewesen, einen chronologischen Bericht zu geben und wie ich es jetzt aufschreibe, ist es viel folgerichtiger, als es ihr zu sagen möglich gewesen war. Meine Großeltern waren zu weit weg, als daß sie sich um unser Kind hätten kümmern können, sagte sie. Meine Mutter war nicht gut auf meinen Mann zu sprechen, die Mutter hatte, wie alle Mütter von verheirateten Töchtern, den Wahn, ihr Mann habe ihr ihre Tochter weggenommen, aus den Händen gerissen und zwar vollkommen unrechtmäßig. Wir waren im Grund von allen verlassen und hatten nur die Schwierigkeiten mit dem Geschäft, sagte sie. Da sei sie, auf dem Höhepunkt des Nichtmehraushaltens, so sie selbst, auf die Idee gekommen, mit Mann und Kind nach Mallorca zu fliegen auf ein paar Wochen. Sie habe nicht die allerbilligste, aber doch beinahe die billigste Reise gebucht, das Zimmer soll einen Balkon haben, von dem aus das Meer zu sehen ist, wäre ihr einziger Anspruch gewesen, und sei Ende August, also vor über eineinhalb Jahren, aus München nach Mallorca abgeflogen. Wissen Sie, sagte sie, ich bin ja erst einundzwanzig, hatte sie gesagt und dann nicht weitersprechen können. *Es ist das Hotel Paris*, sagte sie, in dem wir untergebracht waren. Ich hatte mir alles anders vorgestellt. Sie konnte nicht sagen *wie* anders, auch nicht als ich sie fragte, wie anders, sie konnte es nicht. Als sie das erstemal nach ihrer Ankunft in der Frühe mit dem Kind in das Meerwasser gestiegen sei, habe es sie geekelt. Auch das Kind. Sie hätten sich zwei Liegestühle gemietet und seien mehrere Stunden schweigend unmittelbar unterhalb der Hotelmauern in diesen Liegestühlen gesessen, unter eintausend oder zweitausend Menschen. Sie hätten sich gar nicht unterhalten können, denn neben dem Hotel war eine Baustelle, die ihnen jedes Gespräch unmöglich gemacht habe. Sie hatten versucht, aus dem Hotel hinauszukommen, aber das war nicht möglich, sie fanden nirgendwo eine Unterkunft. So hatten sie schließlich schon am zweiten Tag an ihre Rückreise nach München gedacht, aber das konnten sie auch nicht, weil kein Platz im Flugzeug zu bekommen war. Tag und Nacht hatten wir uns die Ohren zustopfen müssen, sagte sie und wir sind vor lauter Ekel überhaupt nicht mehr ans Wasser gegangen, sondern landeinwärts, aber da sind wir beinahe umgekommen vor Hitze und Gestank. Und nicht einen Augenblick sind sie dem Lärm entkommen, haben immer nur aus Erschöpfung einschlafen können in einem Zimmer, dessen Wände so dünn waren, daß sie es hörten, wenn sich im Nebenzimmer jemand im Bett umdrehte. Wie ich die Schranktür aufmachte, sagte sie, sah ich ins Freie, denn die Schrankrückseite war nichts anderes als die vom Wetter schon zerrissene Betonmauer gewesen, nicht dicker als zehn Zentimeter. In der Nacht hat es so gezogen, daß wir uns alle drei verkühlt haben. Auch das Kind ist uns krank geworden. Tagsüber flüchteten wir in die Bar, in welcher es, wenn auch muffig, so doch erträglich gewesen war. Wir hatten Vollpension, sagte sie, aber wir konnten das Essen nicht essen. Am fünften Tag ist es geschehen, sagte sie. Sie sei, wohl wieder aus Erschöpfung, gegen zwei Uhr früh eingeschlafen und dann erst gegen fünf Uhr früh aufgewacht. Erschrocken. Es war ganz trüb, sagte sie. Da mein Mann nicht im Bett war, das Kind schlief, stand ich auf und ging auf den Balkon. Aber auf dem Balkon war mein Mann nicht. Ich legte mich wieder auf das Bett, stand aber sofort wieder auf und ging auf den Balkon und ich hatte schon so eine entsetzliche Ahnung gehabt, sagte sie und schaute vom Balkon in die Tiefe. Auf dem Beton unter dem Balkon lag ein Leichnam, mit einer Decke zugedeckt. Ich wußte sofort, daß das mein Mann ist, sagte die junge Frau. In der Hotelhalle hatten sie ihr gesagt, sie hätten den Leichnam schon um drei Uhr früh auf dem Betonboden gefunden, mit vollkommen zerschmettertem Kopf. Der Hoteldirektor habe ihr gesagt, er habe sie nicht aufwecken und erschrecken wollen und darauf gewartet, daß sie in die Halle herunterkomme, was jetzt geschehen sei. Wenn es tatsächlich ihr Mann sei und darüber bestehe kein Zweifel und sie könne ihn einwandfrei identifizieren, würde er sofort alles Weitere in die Wege leiten. Die junge Frau hatte ihren Bericht aufeinmal ganz ruhig vortragen können und ich hatte den Eindruck, daß sie sich gerade deshalb, weil ich sie dazu gebracht habe, ihren Bericht zu machen, beruhigt habe, dachte ich jetzt. Als ob es gestern gewesen wäre, hörte ich sie wieder sprechen. Sie sei wortlos zu ihrem Kind in den achten Stock hinaufgegangen, der Lift war wie fast immer in den billigen Hotels, ausgefallen und habe das Kind genommen und sei mit dem Kind wieder in die Halle hinuntergegangen. In der Zwischenzeit hatten sich, so sie selbst, schon so viel Neugierige angesammelt gehabt, obwohl es erst gegen sechs war. Ein Arzt sei erschienen, die Polizei, dann habe man den Leichnam ihres Mannes in einen aus Palma herbeigerufenen Leichenwagen geschoben und sei mit ihm abgefahren. Sie sei dann völlig unbeteiligt an den Geschehnissen in der Halle sitzen geblieben, eine halbe Stunde unfähig wieder aufzustehen und habe ihr Kind an sich gedrückt. Dann sei sie in ihr Zimmer gegangen und habe es zwei Tage nicht mehr verlassen. Als sie am zweiten Tag gegen mittag in die Halle hinuntergegangen war, habe man ihr gesagt, daß ihr Mann auf dem Friedhof in Palma bestattet worden sei, und man habe ihr einen Zettel mit der Nummer der Bestattungsstelle in die Hand gedrückt. Das sei alles gewesen. Sie sei mit dem Taxi auf den Friedhof gefahren und habe, nur nach stundenlanger verzweifelter Suche, so sie, die Grabstätte gefunden. Es sei fürchterlich heiß gewesen und sie habe nur einen Wunsch gehabt, augenblicklich zu sterben. Aber dieser Wunsch ist ihr naturgemäß nicht erfüllt worden. Zu ihrem Entsetzen hatte man ihren Mann aber nicht einmal für sich allein bestattet, sondern seinen Leichnam zum Leichnam einer eine Woche vorher verstorbenen *Isabella Fernandez*, die in einem der sieben Etagen hohen überirdischen Betonbestattungskästen, wie sie in den südlichen Ländern aus Platzmangel notwendig und üblich sind, dazugeschoben. So stand sie mit ihrem Kind schon zwei Tage nach dem Tod ihres Mannes, der, niemand wisse, aus welchem Grunde und wie vom Balkon des Hotel Paris in die Tiefe gestürzt war, vor einer längst zubetonierten Grabstätte, auf welcher nicht einmal sein Name verzeichnet gewesen war, nur der Name einer ihr vollkommen fremden, zweiundsiebzigjährigen Frau und die auf die gelbliche Marmortafel aufgepickte Nummer, die die Nummer ihres Mannes gewesen war. Auch diesen Bericht hatte die junge Frau, die sich inzwischen einen zweiten Kaffee hatte kommen lassen, ganz ruhig gegeben. Dann war sie plötzlich aufgestanden und hatte gesagt, daß sie eigentlich im Begriffe gewesen war, auf den Friedhof zu gehen, wie jeden Tag, sie sei jetzt sieben Tage in Palma und gehe jeden Tag auf den Friedhof, in welchem sie sich jetzt schon ganz gut auskenne. Am liebsten würde sie hier in Palma bleiben, in Deutschland wäre sie nur noch unglücklich. Zweimal sei sie in der Zwischenzeit schon in Palma gewesen wegen der auf sie zugekommenen juristischen Seite dieser traurigen Angelegenheit. Zuerst hatte sie geglaubt, sich auf das deutsche Konsulat verlassen zu können, aber dieses Konsulat hatte sie völlig im Stich gelassen, es hatte es schließlich als Zumutung empfunden, von der Anna Härdtl belästigt zu werden und die junge Frau hatte es aufgegeben, sich weiterhin an das Konsulat zu wenden, so war sie aber in die Hände eines gerissenen palmanesischen Advokaten gefallen, der zwar alles erledigte, aber der sie nicht nur ihr ganzes Vermögen, sondern darüber hinaus auch noch einen hohen, bei einer Münchner Bank aufgenommenen Kredit gekostet habe. Das Merkwürdigste der ganzen Angelegenheit war aber gewesen, daß man von seiten der Polizei die Anna Härdtl in diesem Fall überhaupt nicht einvernommen hatte, niemals habe sie mit irgendeinem Menschen von der Polizei gesprochen, nur die Rechnung der Bestattungsfirma sei ihr zugeschickt worden. Viel später hatte mir die Cañellastochter gesagt, daß sie einen Augenblick geglaubt habe, es hätte sich ja auch um Mord handeln können, wenn dieser Gedanke auch als vollkommen absurd erschienen ist und dann auch von uns nicht mehr gedacht worden war. Tatsache war aber, daß die Balkongitter im Hotel Paris in Santa Ponsa nur siebzig

Zentimeter hoch sind und tatsächlich auch nach spanischem Gesetz verboten und allein die Wahrscheinlichkeit die größte ist, daß der junge Härdtl nur für einen Augenblick auf den Balkon gegangen ist, um Luft zu schöpfen, möglicherweise, um sich nur eine Zigarette anzuzünden und, vielleicht auch noch in dem sogenannten Halbschlaf, über das Balkongitter in die Tiefe gestürzt ist, direkt auf den Beton unter dem Balkon. Man habe in der Zwischenzeit ein Verfahren eröffnet, sagte die junge Härdtl jetzt, schon aufgestanden und im Begriffe, auf den Friedhof zu gehen, sie habe aber nicht einmal eine Ahnung davon, *was* für ein Verfahren. Sie habe eine Fotografie ihres Mannes aus München mitgebracht, die sie uns zeigen wolle und sie zeigte uns die Fotografie, auf welcher ein junger dunkelhaariger Mann abgebildet war, ein Jüngling wie Millionen andere auch, ohne irgendetwas Außerordentliches, mager, mit traurigen Gesichtszügen, eher ein südländischer Typus, dachte ich, kein bajuwarischer. Und dann hatte nicht ich die Idee oder die Ungeheuerlichkeit gehabt, die junge Härdtl zu fragen, ob sie etwas dagegen habe, daß wir, die junge Cañellas und ich, sie auf den Friedhof begleiten, sondern die Cañellas. Ich weiß nicht, was diese damit bezwecken wollte, wahrscheinlich hatte sie Beweise haben wollen, die unmittelbare Anschauung quasi der Tragödie, von welcher wir jetzt, wenn auch schon sehr viel, so doch auch wieder nur in eher hilflosen Andeutungen erfahren hatten. Alle drei gingen wir dann die Jaime III hinauf und bestiegen dann ein Taxi zum Friedhof. Der Friedhof in Palma ist riesengroß und wirkt, wenigstens für den mitteleuropäischen Begriff, zuerst einmal ungemein fremdartig und dadurch unheimlich, er erinnert schon mehr an Nordafrika und die Wüste und ich dachte, obwohl ich immer geglaubt habe, es ist mir gleich, wo, *da* will ich nicht begraben sein. Die junge Härdtl hatte nicht mehr gewußt, bei welchem Eingang des Friedhofs das Taxi vorzufahren habe und tatsächlich hatte es gerade dort angehalten, wo es das Verkehrteste gewesen war. So irrte die junge Frau hastig, uns fortwährend verlierend, einmal in die eine, einmal in die andere Richtung, immer die Fotografie ihres toten Mannes in der Hand und fand die Grabstelle nicht. Schließlich bat ich sie, doch die Leute, die vor dem Leichenkühlhaus, aus welchem ein unbeschreiblicher Verwesungsgeruch herauskam, zu fragen, wo sie die Grabstelle ihres toten Mannes finde. Sie war aber dazu gar nicht imstande gewesen. Ich nahm ihr das Foto ab und nannte einem der vor dem Leichenkühlhaus in grauen Plastikmänteln herumstehenden Männer die Grabstellennummer und er

deutete in eine bestimmte Richtung, in die wir dann alle drei gingen, die
junge Härdtl voraus, wir hinter ihr, die Situation hätte gar nicht peinlicher
und abstoßender sein können, aber wir hatten ja alles so haben wollen, so
heraufbeschworen und weniger wie ich glaube, aus Mitgefühl, denn aus
Neugierde, ja wahrscheinlich sogar, aus Sensationshunger, wozu die junge
Cañellas am Ende sehr viel beigetragen hatte. Am Ende standen wir vor
einem dieser Tausende von zubetonierten Marmorvierecken, von welchem wir den gerade frisch hineingemeißelten Namen *Isabella Fernandez*
herunterlesen konnten. Die junge Härdtl hatte jetzt Tränen in den Augen
und versuchte, das von ihr mitgebrachte Foto ihres Mannes, an der Marmortafel zu befestigen, was ihr zuerst nicht gelang. Ich hatte aber zufällig
den Rest einer Klebebandrolle eingesteckt und pickte damit das Foto an
den Marmor. Mit Bleistift hatte die junge Härdtl unter den Namen der
Isabella Fernandez den Namen ihres Mannes, nämlich *Hans Peter Härdtl*
daraufgeschrieben gehabt, der Regen hatte den Namen schon etwas verwischt, aber er war noch deutlich zu lesen. Arme Leute, sagte sie oder
solche, die von einem solchen Unglücksfall urplötzlich getroffen werden,
wie sie und sich nicht richtig verständigen können, kommen, sterben sie,
schon am gleichen Tag in einen solchen überirdischen Betonschacht, der
oft nicht nur für zwei, sondern auch für drei Leichen gedacht ist. Überall
hingen von den einbetonierten Marmortafeln kleinere oder größere Büschel von Plastikblumen herunter. Der ganze Friedhof war angefüllt mit
dem Geruch aus dem Leichenkühlhaus. Zuerst hatte ich gedacht, wir
lassen die junge Härdtl jetzt allein, aber dann war mir vorgekommen, daß
es besser sei, wir bringen sie wieder mit dem Taxi zurück in die Stadt,
verschämt haben wir uns, als sie voll aus sich herausheulte, abgewandt und
auf die Wüste hinter dem Friedhof hinuntergeschaut. Nach etwa fünf
Minuten hatte sie keine Kraft mehr, dazustehen und sie bat uns, wir
mögen mit ihr aus dem Friedhof hinausgehen. Wir gingen hinaus und da
weit und breit kein Taxi zu sehen gewesen war, bestellten wir ein solches
durch den Pförtner des gleich anschließend an den Friedhof in einem
großen palmenüberwachsenen Park stehenden Irrenhauses. Wir fuhren in
die Stadt zurück, entschlossen uns aber dann, die junge Frau, die jetzt den
traurigsten Eindruck machte, den man sich denken kann, in ihr Hotel zu
bringen. Wieder hatte sie sich ein fürchterliches Hotel als Quartier ausgesucht, dachte ich, gleichzeitig aber, daß ihr ja gar nichts anderes übriggeblieben ist, daß sie, weil sie ganz einfach nichts besitzt jetzt, als ihr

fürchterliches Unglück, keine andere Wahl hat, als in dieses entsetzliche *Hotel Zenith* zu gehen, welches das heruntergekommenste in ganz Calamayor ist und in welches vor allem die siebzig- bis neunzigjährigen deutschen Witwen von ihren Kindern aus Deutschland abgeschoben werden mit dem Hintergedanken, sie endgültig und auf die billigste Weise los zu sein. Zwölf Wochen in einem solchen Hotel mit Vollpension kosten nicht soviel wie eine halbe Woche anständig in Deutschland leben, sage ich mir. Zehntausende deutsche Witwen finden jedes Jahr zu Weihnachten unter dem Weihnachtsbaum einen sogenannten *Überwinterungsgutschein*, einen sogenannten *Langzeitaufenthalt*, wie sie die Reisebureaus zu Hunderten in allen möglichen der allerscheußlichsten Hotels in Mallorca anbieten und werden auf die Reise nach Mallorca geschickt, von welcher sie, das ist der insgeheime Wunsch ihrer Kinder und Gutscheinspender, nach Möglichkeit überhaupt nicht mehr und wenn, dann nurmehr noch als sogenannter *Joschi*, was im Reisebureaujargon soviel heißt wie im Kühlsack verpackte Leiche, zurückkommen. Natürlich ist mir auch dieses Mallorca und dieses Palma bekannt. *Im Zenith wohnen*, ist das Deprimierendste, in einem stinkenden, mit aufgerissenen, schmutzigen Plastikmöbeln und mit sich mühselig auf Krücken in den sogenannten Speisesaal, der ein finsteres luftloses Kellerloch ist, hineinbewegenden schon abgestorbenen Greisen und Greisinnen das Frühstück einnehmen und den Meeresblick genießen, indem man auf die unüberwindlichen Betonwände von gleich fünf oder sechs Meter vor dem Fenster in die Höhe gebauten Zinshäusern schaut. *Da wohnen Sie?*, hatte ich gesagt, wie wir die junge Härdtl haben aussteigen lassen. Das hätte ich nicht sagen sollen, denn die Folge meines *Da wohnen Sie?* war ein heftig aus ihr herausquellender Weinkrampf gewesen. Da es unmöglich gewesen war, den Kontakt mit dieser verzweifelten, ja tatsächlich mit ihrem grausamen Unglück alleingelassenen jungen Frau mit diesem Weinkrampf auf immer abzubrechen, hatten wir, die junge Cañellas und ich, beschlossen, die junge Härdtl am nächsten Vormittag an den *Schauplatz*, so ihre eigene Bezeichnung!, ihres Unglücks zu bringen, sie hatte uns darum gebeten und wir hatten nicht nein sagen können, auch wenn wir wußten, wir kommen dadurch immer noch weiter in eine ja jetzt schon kaum zu ertragende Situation. In meinem Hotel hatte ich naturgemäß nicht geschlafen, die Begegnung mit der jungen Frau Härdtl hatte sich zu einem kaum zu überstehenden Alptraum entwickelt. Pünktlich um elf, wie verabredet, holten die junge Cañellas und ich die Härdtl im Hotel

Zenith ab. Wenn man diese Art von Hotels, die ausschließlich aus Geldgier gebaut und betrieben werden, beschreiben wollte, müßte man sich
entschließen, eine Senkgrube für Menschen zu beschreiben, was nicht
meine Absicht ist. Wir fuhren, jetzt im Auto der jungen Cañellas, nach
Santa Ponsa und fuhren gleich bis zum Hotel Paris, welches uns natürlich
nicht bekannt war. Wir gingen zwischen zwei Betonmauern durch, die
nur eineinhalb Meter auseinander und offensichtlich von zwei Besitzern
in eine Zwölf- oder Dreizehnstockhöhe gebaut waren, zwängten uns sozusagen durch und standen aufeinmal an einer Stelle, von welcher aus man
genau zu jenem Balkon hinaufschauen konnte, von welchem der junge
Härdtl in die Tiefe gestürzt ist. Da oben ist der Balkon, sagte die junge
Härdtl und zeigte ihn. Und da unten ist er gelegen, sagte sie. Mehr ist
nicht gesagt worden. Wir hatten uns wieder durch die Mauern zurück-
gezwängt und waren ins Auto gestiegen. Schweigend fuhren wir nach
Palma zurück, um vorher noch die junge Frau an ihrem *Hotel Zenith*
aussteigen zu lassen. Wir haben sie nicht mehr gesehen. Es war uns unmöglich gewesen. Wir hatten mit ihr auch nichts mehr vereinbart. Außerdem wollte sie am nächsten Tag nach München zurückfliegen. Ich sehe
noch ihr Gesicht, als sie sich verabschiedete. Ich werde dieses Gesicht
immer sehen. Die junge Cañellas, das gescheite Mädchen, das es inzwischen, mit vierundzwanzig!, schon zu einem Chopinkonzert in Zaragoza
und zu einem in Madrid gebracht hatte, und auch schon zu einer Einladung zu den Salzburger Festspielen, schlug mir vor, in die Nähe von Inca
zu fahren, um dort zu Abend zu essen. Ich erinnere mich, daß wir bis zwei
Uhr früh ausgewesen sind und daß ich, was ich schon über zwanzig Jahre
nicht mehr getan hatte, mit ihr tanzte. Mit diesem Bild erwachte ich in
meinem Korbsessel auf der Borne und schaute zu den Fenstern der Cañellas hinüber. Sie hatten Licht und waren also zuhause. Aber heute,
gleich heute, melde ich mich nicht, sagte ich mir und wer weiß, ob ich
mich überhaupt melde. Ein Mensch in meinem Zustand! Ich werde sehen.
Die Dämmerung war da, ich stand auf, zahlte und ging ins Hotel zurück,
langsam, wie es sich für einen Kranken gehört. Auf dem Molo habe ich ein
paar Fischer angesprochen. Aber nur kurz, um gleich wieder weiterzugehen. Wir sehen soviel Traurigkeit, sagte ich mir auf dem Weg ins Meliá,
wenn wir sehen, sehen die Traurigkeit und die Verzweiflung der Andern,
während die Andern die unsrige sehen. Sie will nach Palma ziehen, die
junge Unglückliche, habe ich gedacht, um in nächster Nähe ihres toten

jungen Mannes zu sein. Aber wie und von was will sie denn in Palma leben? Wenn sie, wie sie sagt, jetzt in Deutschland nicht mehr leben kann, hier kann sie es schon gar nicht. Ich brachte naturgemäß auch jetzt den Gedanken an diese junge Frau nicht mehr aus meinem Kopf und ich fragte mich, was tatsächlich die Ursache dafür gewesen sein kann, daß ich sofort auf der Borne, also schon gleich wie ich mich in dem straßenseitigen Korbsessel niedergelassen hatte, wieder mit dieser Tragödie konfrontiert gewesen bin, durch was wirklich ich mich mit ihr habe konfrontieren lassen. Ich hätte alle meine Energien auf meinen Mendelssohn Bartholdy konzentrieren sollen, und der Gedanke an diese meine Arbeit war mir aufeinmal durch die Tragödie der Härdtl, die, ja, wie ich gleich wieder denken mußte, schon über eineinhalb Jahre zurückliegt, sie liegt in Wirklichkeit schon über zwei Jahre zurück, und vielleicht trifft mich jetzt diese Tragödie erst richtig, während sie von der jungen Härdtl, dem eigentlichen Opfer und ihrem Sohn möglicherweise zu diesem Zeitpunkt längst überstanden, ja, auch das wäre möglich, dachte ich folgerichtig, bereits vergessen ist, entsetzlich. Tatsächlich hatte ich selbst seit meinem letzten Palmaaufenthalt nicht mehr an die Härdtl und ihr Unglück gedacht, es war mir nie eingefallen. Jetzt aber, durch den Umstand, daß ich mich auf der Borne in dem Korbsessel niedergelassen hatte, um mich zu beruhigen und auch um mich tatsächlich auszuruhen, war es aufeinmal wieder in meinem Kopf gewesen und es bohrte und bohrte und machte mich halb verrückt. Auf dem Weg ins Hotel, zuerst hatte ich noch bei den Cañellas läuten wollen, mich dann aber doch beherrschen können und nicht geläutet, auf dem Weg ins Hotel dachte ich dann, daß ich schon drei-, viermal in Palma mit meinem Mendelssohn Bartholdy habe anfangen wollen und nie ist es mir gelungen. *Nirgends* ist es mir gelungen. Auch in Sizilien nicht, auch am Gardasee nicht, auch in Warschau nicht, in Lissabon nicht und nicht in Mondsee. An allen diesen Plätzen und noch vielen anderen hatte ich immer wieder versucht, meinen Mendelssohn Bartholdy anzufangen, in alle diese Orte war ich im Grunde nur wegen dieser anzufangenden Arbeit gereist und hatte mich in ihnen so lange als möglich aufgehalten, umsonst. Bei diesem Gedanken deprimierte mich naturgemäß mein Weg ins Hotel. Plötzlich war eine dicke stinkende Luft, eine niederdrückende, an einer plötzlichen Atemnot schuld, die mich in dem kleinen Park vor dem Jachtclub stehenbleiben ließ, ich mußte mich sogar auf eine der dortigen Steinbänke setzen, um mich zu beruhigen.

Diese Atemnotanfälle kommen plötzlich, ich weiß nie, warum, aus was für einem momentanen Grund, dann schlucke ich zwei, drei Glyzerinpillen aus dem Glasröhrchen, das ich ununterbrochen, gleich wo, bei mir habe. Aber es dauert immerhin zwei oder drei Minuten, bis sie wirken. Wie verschlechtert hat sich doch mein Zustand gegenüber dem letzten Aufenthalt, dachte ich. Wenn mich die Cañellas sehen, werden sie erschrecken. Andererseits, dachte ich, sieht man mir *meinen wirklichen Zustand,* der kaum mehr schlechter sein kann, nicht an, oder ich bilde mir das wenigstens ein. Alles langsam, alles vorsichtig machen, sagte ich mir, vorsichtig, das war das eindringlichste Wort des Internisten. Aber ich gebe nicht auf, dachte ich. Gerade jetzt nicht. Zuerst ist die Luft herrlich, würzig, ich lebe vollkommen auf, und von einem Augenblick auf den andern schlägt sie mich wie einen Hund zusammen. Ich kenne das. Aber von allen klimatischen Bedingungen, die ich kenne, ist das von Palma das beste. Und die Insel ist immer noch die schönste in Europa, auch die Hunderte von Millionen Deutschen und die genauso fürchterlich um sich schlagenden Schweden und Niederländer haben sie nicht vernichten können. Sie ist heute schöner denn je. Und welcher Ort und welche Gegend und was immer, dachte ich, hat nicht seine Kehrseite? Es ist gut, daß ich aus Peiskam weg bin und in Palma neu begonnen habe. Es ist ein Neuanfang, dachte ich und stand von der Steinbank auf und ging weiter. Die Palmen, die ich so groß in Erinnerung hatte, waren jetzt noch viel größer, an die zwanzig Meter hoch, hatten sie alle ungefähr in der Mitte des letzten Drittels oben, einen leichten Knick. Wie herrlich die Lichter der Passagierschiffe vom großen Hafen herüberglitzerten. *Hotel Victoria,* las ich, auch da hatte ich einmal gewohnt, aber jetzt, in den letzten Jahren, hat sich die ganze widerliche Meute der sogenannten Neureichen daraufgestürzt und es unerträglich gemacht. *Nein, nie wieder in das Victoria,* sagte ich mir. Ich ging jetzt, etwa fünfzehn Minuten nach meinem Atemnotanfall, aufeinmal ganz leicht das Molo entlang und hatte ganz unbewußt, meine alte Gewohnheit wieder aufgenommen: ich zählte die Masten der Segelschiffe und der Jachten, die hier zu Tausenden ankerten, die meisten gehörten Engländern, die ihre Schiffe verkaufen wollten und beinahe an jedem zweiten war ein Schild mit *for sale*; jetzt hat auch England endgültig abgedankt, sagte ich vor mich hin. Der Satz belustigte mich aber, obwohl er mich hätte noch trauriger machen können, als ich schon war. Im Hotel ging ich nicht gleich auf mein Zimmer, sondern blieb in der Halle sitzen.

Sehen wir einen uns unbekannten Menschen, sagte ich mir, von einem
wirklich idealen Platz in der Halle aus, so wollen wir sofort wissen, was er
wohl ist und woher er kommt. Dieser Neugierde kann ich am besten in
den Hotelhallen nachgeben und ich entwickle sie jedesmal bei einem
Hotelaufenthalt zu meinem Lieblingsspiel. Vielleicht ist der ein Ingenieur?, oder, noch präziser, ein Kraftwerkebauer? Vielleicht ist jener ein
Arzt, ein Internist oder ein Chirurg? Und dieser ein Großkaufmann? Und
dieser ein Bankrotteur? Ein Fürst?, in jedem Fall verkommen. So kann ich
stundenlang in der Hotelhalle sitzen und mich fragen, was der und jener
ist, und schließlich alle, die die Halle betreten, sind. Bin ich müde, gehe
ich auf mein Zimmer. An diesem Abend war ich, allein durch den Gang
auf die Borne und wieder zurück und vor allem durch die Katastrophe
dieser Härdtl, die mir die ganze Zeit nicht aus dem Kopf gegangen war,
völlig erschöpft gewesen. Früher hatte ich mir ein Glas Whisky mit aufs
Zimmer genommen, jetzt nur ein Glas Mineralwasser. Ich dachte, ich
werde schlafen, aber ich schlief nicht. Es war doch gut, daß ich meinen
Pelz umgehängt hatte, dachte ich, mit Sicherheit hätte ich mich auf der
Borne sitzend, verkühlt. Wenn wir die Sätze im Kopf haben, dachte ich,
haben wir noch nicht die Sicherheit, sie auch aufs Papier zu bringen. Die
Sätze machen uns Angst, zuerst macht uns der Gedanke Angst, dann der
Satz, dann, daß wir diesen Satz möglicherweise nicht mehr im Kopf haben, wenn wir ihn aufschreiben wollen. Sehr oft schreiben wir einen Satz
zu früh auf, dann wieder einen *zu spät*; wir haben den Satz zu dem richtigen Zeitpunkt aufzuschreiben, sonst ist er verloren. Meine Arbeit über
Mendelssohn Bartholdy ist ja *eine literarische*, sagte ich mir, *keine musikalische*, während es doch durch und durch eine musikalische ist. Wir
lassen uns von einem Thema fesseln und sind viele Jahre lang davon
gefesselt, Jahrzehnte, und lassen uns unter Umständen von einem solchen
Thema erdrücken. Weil wir es nicht früh genug angehen oder weil wir es
zu früh angegangen haben. Die Zeit macht uns alles zunichte, gleich, was
wir tun. Ich richtete mir die für meine Arbeit notwendigen Schriften und
Bücher auf dem mir vom Hotel ins Zimmer gestellten Schreibtisch so
zurecht, daß ich schließlich auf die Richtigkeit, also auf die Gesetzmäßig-
keit ihrer Anordnung vertrauen konnte. Wahrscheinlich habe ich auch nur
deshalb immer wieder mit meiner Arbeit nicht anfangen können, weil die
Bücher und Schriften auf meinem Schreibtisch nicht richtig geordnet
waren, sagte ich mir. Bevor ich ins Zimmer gegangen bin, habe ich allen

ein, wie ich glaube, sehr großzügiges Trinkgeld gegeben, ich hatte den
Eindruck, sie schätzten es ebenso hoch ein wie ich. Sie haben ja immer
alles getan für mich, sie sind so liebenswürdig wie immer. Ich komme
dreißig Jahre nach Palma und seit über zehn Jahren ins Meliá, den Leuten
ist der Österreicher vertraut. Jedesmal habe ich bei meiner Ankunft gesagt,
daß ich eine Arbeit über meinen Lieblingskomponisten schreiben werde,
aber ich habe sie bis heute nicht geschrieben. Wenn ich in mein Zimmer
siebenhundertvierunddreißig komme, ist schon ein Stoß Papier auf dem
Schreibtisch. Reise ich ab, gibt es den Papierstoß nicht mehr, weil ich ihn
vollgeschrieben, aber nach und nach zur Gänze weggeworfen habe. Vielleicht habe ich heuer Glück!, sagte ich mir. Ich trat auf den Balkon, aber
das grelle Licht, mit welchem die Kathedrale angestrahlt ist, blendete mich
und ich zog mich für den Abend endgültig in mein Zimmer zurück, zog
die Vorhänge zu und ich glaubte, wie gesagt, einschlafen zu können und
konnte natürlich nicht einschlafen. Wie sie das erstemal nach dem Tod
ihres Mannes von München nach Palma geflogen war, hatte sie nach ihrer
Rückkehr mit Entsetzen zur Kenntnis nehmen müssen, daß in der Zwischenzeit ihr Geschäft in Trudering ausgeräumt worden war bis auf einige
wertlose Stücke. Die Versicherung, die sie abgeschlossen hatte noch bei
Lebzeiten ihres Mannes, zahlte nicht, weil sie das Geschäft nicht den
Sicherheitsvorschriften gemäß abgesichert gehabt hatte, so die Härdtl.
Daraufhin wurde sie von einer amerikanischen Firma, von welcher sie die
meisten Apparate auf Lager gehabt hatte, verklagt, es ist ein Millionen-
prozeß, so die junge Härdtl. Aber einem solchen Menschen ist, dachte ich,
ich lag schon drei Stunden, ohne einschlafen zu können, im Bett, nicht zu
helfen. Es gibt tatsächlich Millionen solcher unglücklicher Naturen, die
aus ihrem Unglück nicht zu retten sind. Sie fallen, solange sie leben, von
dem einen Unglück ins andere, ohne daß etwas dagegen getan werden
kann. Ein solcher Mensch ist die junge Härdtl, dachte ich. Ich stand auf
und legte das Buch von Moscheles, das auf der rechten Seite des Schreibtischs auf dem Buch von Schubring gelegen war, auf die linke Seite, unter
das Buch von Nadson. Dann legte ich mich wieder ins Bett. Ich dachte an
Peiskam, welches wahrscheinlich völlig eingeschneit und im Frost erstarrt
ist. Wie hatte ich nur glauben können, diesen Winter auch nur ein paar
Wochen in Peiskam bleiben zu können. Ich bin doch recht starrköpfig,
dachte ich. Peiskam und alles, das damit zusammenhängt, habe ich vollkommen ausgeschöpft, dachte ich. *Johann Gustav Droysen nicht vergessen,*

dachte ich. *1874, Violinkonzert e-moll vollendet,* dachte ich. Ich stand auf und notierte mir diesen Satz, um mich gleich darauf wieder niederzulegen. *Erste Aufführung Elias in Birmingham 26. August 1846* fiel mir ein, wieder stand ich auf und ging zum Schreibtisch und machte die betreffende Notiz. Wenn wir einen Menschen treffen wie die Härdtl, dachte ich, der *so* unglücklich ist, sagen wir uns gleich, wir selbst sind gar nicht *so* unglücklich, wie wir glauben, wir haben ja eine Geistesarbeit. Aber was hat diese junge Frau, außer daß sie ein dreijähriges Kind von einem Mann hat, der ihr mit dreiundzwanzig Jahren weggestorben ist, auf was für eine Weise immer? Tatsächlich richten wir uns an einem *noch* unglücklicheren Menschen sofort auf. Und unsere Krankheit, selbst unsere Todeskrankheit, ist beinahe nichts. Anstatt über Mendelssohn, schreibe ich diese Notizen, denke ich und: ich muß Elisabeth, meine Schwester, in Wien anrufen. Bis halb drei Uhr früh schlief ich nicht ein, ich dachte an meine Arbeit, *zehn Jahre aufgeschoben, hinausgeschoben,* dachte ich und wie ich sie am Morgen anfangen werde, mit was für einem Satz, und ich hatte aufeinmal eine Reihe von sogenannten ersten Sätzen im Kopf. Und an die junge Härdtl. Ihr Unglück ist, sagte ich mir, daß sie den jungen Härdtl, ihren Mann, zur Aufgabe seiner Ingenieurslaufbahn und in ein zu ihm gar nicht passendes Geschäft gezwungen, und ihm dann auch noch, aus was für einem Grund immer, die Mallorcareise eingeredet hat. Eine fürchterliche Idee, dachte ich, Ende August nach Palma zu fahren! Die Stadt und die ganze Insel sind nur im Winter schön, aber dann schöner, als alles andere auf der Welt. Ich hatte nur zwei Stunden geschlafen und war um halbsechs Uhr aufgewacht mit diesem Gedanken: ich bin jetzt achtundvierzig Jahre alt und habe genug. Am Ende haben wir weder uns, noch sonst etwas zu rechtfertigen. Wir haben uns nicht gemacht. Und anstatt an den Mendelssohn zu gehn, was ich ja unbedingt vorgehabt hatte und wozu ich im Grunde sogar aufeinmal, wie ich um halb vier Uhr früh geglaubt hatte, die idealen Voraussetzungen gehabt hatte, dachte ich nach dem Aufwachen doch nurmehr noch an die junge Härdtl. Der Fall ließ mir keine Ruhe und ich stieg schon mit einem vielleicht auch mit einem bevorstehenden Wetterumschwung in Zusammenhang stehenden Kopfweh um dreiviertelsechs auf, weil ich mich unter gar keinen Umständen einer voraussehbaren, tatsächlich mit Sicherheit auf mich zukommenden Depression zwischen Liegenbleiben und Aufstehen aussetzen wollte. Die junge Härdtl ließ mir keine Ruhe und ich war naturgemäß an diesem Morgen überhaupt nicht im-

stande, mit meiner Mendelssohn-Arbeit anzufangen. Ich muß so schnell
als möglich auf den Friedhof, sagte ich mir, ich weiß nicht, aus was für
einem Grund aufeinmal mit einer entsetzlichen Entschiedenheit. Ich bestellte noch vor sieben Uhr ein Taxi und fuhr zum Friedhof. Dort hatte ich
keinerlei Schwierigkeiten, die letzte Ruhestätte des jungen Härdtl zu finden. In wenigen Minuten war ich dort. Aber zu meiner Verblüffung standen jetzt auf der betreffenden, in den Beton eingelassenen Marmortafel
nicht mehr, wie vor eineinhalb Jahren noch, die Namen *Isabella Fernandez*
und *Hanspeter Härdtl*, sondern, beide schon eingemeißelt in den Marmor,
Anna und Hanspeter Härdtl. Ich drehte mich augenblicklich um und ging
rasch zu dem neben dem Leichenkühlhaus Dienst versehenden Friedhofs-
pförtner. Nachdem ich diesem meine Frage ganz deutlich und wie ich
sehen konnte, selbst auf spanisch sehr gut verständlich machen hatte können, sagte der Portier nur mehrere Male das Wort *suicidio*. Ich lief zum
Irrenhaus hinüber, um mir ein Taxi kommen zu lassen, was vom Friedhof
aus nicht möglich gewesen war und fuhr sofort ins Hotel zurück. Ich zog
die Vorhänge meines Zimmers zu, schreibt Rudolf, nahm mehrere Schlaftabletten ein und erwachte erst sechsundzwanzig Stunden später in höchster Angst.

Der Untergeher

Roman

Lange vorausberechneter Selbstmord, dachte ich, kein spontaner Akt von Verzweiflung.

Auch Glenn Gould, unser Freund und der wichtigste Klaviervirtuose des Jahrhunderts, ist nur einundfünfzig geworden, dachte ich beim Eintreten in das Gasthaus.

Nur hat der sich nicht wie Wertheimer umgebracht, sondern ist, wie gesagt wird, *eines natürlichen Todes* gestorben.

Viereinhalb Monate New York und immer wieder die *Goldbergvariationen* und *Die Kunst der Fuge*, viereinhalb Monate *Klavierexerzitien*, wie Glenn Gould immer wieder nur in Deutsch gesagt hat, dachte ich.

Vor genau achtundzwanzig Jahren hatten wir in Leopoldskron gewohnt und bei Horowitz studiert und (was Wertheimer und mich betrifft, nicht aber Glenn Gould naturgemäß), während eines völlig verregneten Sommers von Horowitz mehr gelernt, als die acht Jahre Mozarteum und Wiener Akademie vorher. Horowitz hat alle unsere Professoren null und nichtig gemacht. Aber diese fürchterlichen Lehrer waren notwendig gewesen, um Horowitz zu begreifen. Zweieinhalb Monate regnete es ununterbrochen und wir hatten uns in unseren Zimmern in Leopoldskron eingeschlossen und arbeiteten Tag und Nacht, die Schlaflosigkeit (des Glenn Gould!) war zu unserem entscheidenden Zustand geworden, in der Nacht erarbeiteten wir uns, was uns Horowitz am Tag gelehrt hatte. Wir aßen beinahe nichts und hatten auch die ganze Zeit keine Rückenschmerzen, die uns sonst immer gequält hatten, solange wir bei unseren alten Professoren studierten; unter Horowitz kamen diese Rückenschmerzen gar nicht auf, weil wir mit einer solchen Intensität studierten, daß sie nicht aufkommen konnten. Als wir den Unterricht bei Horowitz beendet hatten, war es klar, daß Glenn schon der bessere Klavierspieler war als Horowitz selbst, plötzlich hatte ich den Eindruck gehabt, Glenn spiele besser als Horowitz, und von diesem Augenblick an war Glenn der wichtigste Klaviervirtuose auf der ganzen Welt für mich, so viele Klavierspieler ich auch von diesem Augenblick an hörte, keiner spielte so wie Glenn, selbst Rubinstein, den ich immer geliebt habe, war nicht besser. Wertheimer und ich waren gleich gut, auch Wertheimer hat immer wieder gesagt, Glenn ist der beste, wenn wir auch noch nicht zu sagen gewagt haben, daß er *der beste des Jahrhunderts* sei. Als Glenn nach Kanada zurück ging, hatten wir tatsächlich *unseren kanadischen Freund* verloren, wir dachten nicht, ihn jemals wieder zu sehen, er war von seiner Kunst in einer Weise besessen gewesen, daß wir annehmen mußten, er könne diesen Zustand nicht mehr lange hinausschieben und werde in kurzer Zeit sterben. Aber zwei Jahre, nachdem wir mit ihm bei Horowitz studiert hatten, spielte Glenn bei den Salzburger Festspielen die Goldbergvariationen, die er zwei Jahre vorher mit uns am Mozarteum Tag und Nacht geübt und immer wieder einstudiert hatte. Die Zeitungen schrieben nach seinem Konzert, daß noch *kein Pianist* die Goldbergvariationen so kunstvoll gespielt habe, sie schrieben also nach seinem Salzburger Konzert das, was wir schon zwei Jahre vorher behauptet und gewußt hatten. Wir hatten uns mit Glenn nach seinem Konzert verabredet, im *Ganshof* in Maxglan, einem alten, von mir geliebten Gasthaus. Wir tranken Wasser und redeten nichts. Ohne zu zögern hatte ich bei unserer Wiederbegegnung zu Glenn gesagt, daß wir, Wertheimer (der aus Wien nach Salzburg gekommen war) und ich, nicht einen Augenblick an ein Wiedersehen mit ihm, Glenn, geglaubt hätten, wir hätten immer nur den einzigen Gedanken gehabt, Glenn würde nach seiner Rückkehr aus Salzburg in Kanada rasch zugrunde gehen, an seiner *Kunstbesessenheit*, an seinem *Klavierradikalismus*. Tatsächlich hatte ich das Wort *Klavierradikalismus* zu ihm gesagt. *Mein Klavierradikalismus*, hat Glenn dann immer wieder gesagt und ich weiß, daß er diesen Ausdruck auch in Kanada und in Amerika immer wieder verwendet hat. Schon damals, also beinahe dreißig Jahre vor seinem Tod, hat Glenn keinen anderen Komponisten mehr geliebt als Bach, als zweiten Händel, Beethoven verachtete er, selbst Mozart war nicht jener von mir wie kein anderer geliebte, wenn *er* über ihn redete, dachte ich, als ich ins Gasthaus eintrat. Nicht einen einzigen Ton hat Glenn jemals ohne seine Singstimme angeschlagen, dachte ich, kein anderer Klavierspieler hat diese Gewohnheit jemals gehabt. Von seiner Lungenkrankheit sprach er, als wäre sie seine zweite Kunst. Daß wir zur gleichen Zeit dieselbe Krankheit gehabt haben und dann immer gehabt haben, dachte ich, und letztenendes auch Wertheimer diese unsere Krankheit bekommen hat. Aber Glenn ist nicht an dieser Lungenkrankheit zugrunde gegangen, dachte ich. Die Ausweglosigkeit hat ihn umgebracht, in welche er sich in beinahe vierzig Jahren *hineingespielt* hat, dachte ich. Er hat das Klavierspiel nicht aufgegeben, dachte ich, naturgemäß, während Wertheimer und ich das Klavierspiel aufgegeben haben, weil wir es nicht zu dieser Ungeheuerlichkeit gemacht haben wie Glenn, der aus dieser Ungeheuerlichkeit nicht mehr herausgekommen ist, der auch gar nicht den Willen dazu gehabt hat, aus dieser Ungeheuerlichkeit herauszukommen. Wertheimer ließ seinen *Bösendorfer*flügel im Dorotheum versteigern, ich verschenkte meinen *Steinway* eines Tages an eine neunjährige Lehrertochter aus Neukirchen bei Altmünster, um nicht mehr von ihm gequält zu werden. Das Lehrerkind hat meinen Steinway in der kürzesten Zeit ruiniert, mich schmerzte diese Tatsache nicht, im Gegenteil, ich beobachtete diese stumpfsinnige Zerstörung mit perverser Lust. Wertheimer war, so er selbst immer wieder, in die *Geisteswissenschaft* hineingegangen, ich hatte meinen *Verkümmerungsprozeß* aufgenommen. Ohne die Musik, die ich von einem Tag auf den anderen nicht mehr aushalten konnte, verkümmerte ich, ohne die *praktische* Musik, die *theoretische* hatte vom ersten Augenblick an nur eine verheerende Wirkung auf mich. Von einem Augenblick auf den andern hatte ich das Klavier gehaßt, mein eigenes, mich nicht mehr spielen hören können; ich wollte mich nicht mehr an meinem Instrument *vergreifen*. So suchte ich eines Tages den Lehrer auf, um ihm mein Geschenk anzukündigen, meinen Steinway, ich hätte gehört, daß seine Tochter für das Klavier begabt sei, hatte ich zu ihm gesagt und ihm den Steinwaytransport in sein Haus angekündigt. Ich sei *rechtzeitig* zur Überzeugung gekommen, daß ich selbst nicht für eine Virtuosenlaufbahn geeignet sei, hatte ich zum Lehrer gesagt, da ich in allem immer nur *das Höchste* wolle, müsse ich mich von meinem Instrument trennen, denn auf ihm erreichte ich mit Sicherheit, wie ich plötzlich eingesehen habe, nicht das Höchste, so sei es selbstverständlich, daß ich seiner begabten Tochter mein Klavier zur Verfügung stellte, nicht ein einzigesmal werde ich den Deckel meines Klaviers mehr aufklappen, hatte ich zu dem verblüfften Lehrer gesagt, einem ziemlich primitiven Mann, der mit einer noch primitiveren Frau, ebenfalls aus Neukirchen bei Altmünster, verheiratet ist. Die Transportkosten übernehme ich selbstverständlich! hatte ich zu dem Lehrer gesagt, der mir von Kindheit an bekannt und vertraut ist, eben auch seine Einfältigkeit, um nicht sagen zu müssen Dummheit. Der Lehrer hat mein Geschenk *sofort* angenommen, dachte ich, als ich in das Gasthaus eintrat. Ich hatte nicht einen Augenblick an das Talent seiner Tochter geglaubt; über alle Landkinder von Lehrern wird immer behauptet, sie hätten Talent, vor allem Musiktalent, aber in Wahrheit haben sie für gar nichts Talent, alle diese Kinder sind immer ganz und gar talentlos und wenn ein solches Kind in eine Flöte blasen oder an einer Zither zupfen oder auf einem Klavier klimpern kann, so ist es noch kein Talentbeweis. Ich wußte, daß ich mein kostbares Instrument der absoluten Nichtswürdigkeit ausliefere und gerade deshalb ließ ich es zum Lehrer bringen. Die Lehrertochter hat mein Instrument, eines der besten überhaupt, eines der rarsten und also gesuchtesten und also auch teuersten, in der kürzesten Zeit zugrunde gerichtet, unbrauchbar gemacht. Aber gerade diesen Vorgang der Zugrunderichtung meines geliebten Steinway hatte ich ja haben *wollen*. Wertheimer ist in die Geisteswissenschaften hineingegangen, wie er immer wieder gesagt hat, ich bin in meinen Verkümmerungsprozeß eingetreten und indem ich mein Instrument in das Lehrerhaus geschafft habe, war dieser Verkümmerungsprozeß von mir auf die bestmögliche Weise eingeleitet. Wertheimer hatte aber noch jahrelang, nachdem ich meinen Steinway an die Lehrertochter verschenkt hatte, Klavier gespielt, weil er noch jahrelang geglaubt hat, Klaviervirtuose werden zu können. Er spielte im übrigen tausendmal besser, als die meisten unserer öffentlich auftretenden Klaviervirtuosen, aber schließlich hatte es ihn nicht befriedigt, bestenfalls ein solcher Klaviervirtuose zu sein wie alle anderen in Europa und hatte aufgehört, war in die Geisteswissenschaften eingetreten. Ich selbst hatte, wie ich glaube, noch besser als Wertheimer gespielt, aber ich hätte niemals so gut spielen können wie Glenn und ich habe aus diesem Grund (also aus demselben Grund wie Wertheimer!) das Klavierspiel von einem Augenblick auf den andern aufgegeben. Ich hätte besser spielen müssen als Glenn, das war aber nicht möglich, war ausgeschlossen, also verzichtete ich auf das Klavierspiel. Ich wachte an einem, ich weiß nicht mehr genau an welchem, Apriltag auf und sagte mir, *kein Klavierspiel mehr.* Und ich rührte das Instrument auch nicht mehr an. Ich ging sofort zum Lehrer und kündigte ihm den Klaviertransport an. Dem Philosophischen werde ich mich von jetzt an widmen, dachte ich, wie ich zum Lehrer ging, wenn ich naturgemäß auch nicht die geringste Ahnung haben konnte, was dieses Philosophische sei. Ich bin absolut kein Klaviervirtuose, sagte ich mir, ich bin kein Interpret, ich bin kein reproduzierender Künstler. Überhaupt kein Künstler. Das Verkommene meines Gedankens hatte mich sofort angezogen. Die ganze Zeit auf dem Weg zum Lehrer hatte ich immer wieder diese drei Wörter gesprochen: *überhaupt kein Künstler! Überhaupt kein Künstler! Überhaupt kein Künstler!* Hätte ich Glenn Gould nicht kennengelernt, ich hätte wahrscheinlich das Klavierspiel nicht aufgegeben und ich wäre ein Klaviervirtuose geworden und vielleicht sogar einer der besten Klaviervirtuosen der Welt, dachte ich im Gasthaus. Wenn wir dem Ersten begegnen, müssen wir aufgeben, dachte ich. Glenn habe ich merkwürdigerweise auf dem Mönchsberg kennengelernt, auf meinem Kindheitsberg. Ich hatte ihn zwar schon vorher im Mozarteum gesehen, aber kein Wort mit ihm gesprochen gehabt vor dieser Begegnung auf dem Mönchsberg, der auch der Selbstmordberg genannt wird, weil er wie nichts sonst für den Selbstmord geeignet ist und es stürzen sich ja auch wenigstens drei oder vier allwöchentlich von ihm aus in die Tiefe. Die Selbstmörder fahren mit dem Lift im Innern des Berges auf ihn hinauf, gehen ein paar Schritte und stürzen sich in die Stadt hinunter. Die auf der Straße Aufgeplatzten haben mich immer fasziniert und ich selbst bin (wie übrigens Wertheimer auch!) sehr oft auf den Mönchsberg hinaufgestiegen oder hinaufgefahren in der Absicht, mich von ihm hinunterzustürzen, aber ich habe mich nicht hinuntergestürzt (wie auch Wertheimer nicht!). Mehrere Male hatte ich mich (wie Wertheimer auch!) schon zum Absprung aufgestellt, aber bin, wie Wertheimer, nicht abgesprungen. Ich habe umgedreht. Natürlich haben sich bis jetzt mehr umgedreht, als daß abgesprungen sind, dachte ich. Glenn traf ich auf dem Mönchsberg auf der sogenannten *Richterhöhe*, von wo aus man den besten Blick nach Deutschland hat. Ich hatte ihn angesprochen, ich hatte gesagt, *wir studieren beide bei Horowitz. Ja*, hatte er geantwortet. Wir schauten auf die deutsche Ebene hinunter und Glenn setzte sich sofort mit der *Kunst der Fuge* auseinander. Ich bin an einen hochintelligenten Wissenschaftsmenschen gekommen, hatte ich gedacht. Er habe ein Rockefellerstipendium, sagte er. Im übrigen sei sein Vater ein reicher Mann. Häute, Felle, sagte er, er sprach besser deutsch als unsere Mitstudenten aus der österreichischen Provinz. Ein Glück, daß Salzburg hier und nicht vier Kilometer weiter unten in Deutschland liegt, sagte er, nach Deutschland wäre ich nicht gegangen. Es war vom ersten Augenblick eine *Geistes*freundschaft. Die meisten selbst allerberühmtesten Klavierspieler haben keine Ahnung von ihrer Kunst, sagte er. Aber so ist es in allen Kunstsparten, sagte ich, genauso in der Malerei, in der Schriftstellerei, sagte ich, auch die Philosophen sind sich der Philosophie nicht bewußt. Die meisten Künstler sind sich ihrer Kunst nicht bewußt. Haben eine dilettantische Kunstauffassung, bleiben zeitlebens im Dilettantismus hängen, selbst die allerweltberühmtesten. Wir hatten uns gleich verstanden, waren, das muß ich sagen, vom ersten Augenblick an angezogen von unseren Gegensätzen, die tatsächlich die entgegengesetztesten waren in unserer selbstverständlichen gleichen *Kunstauffassung*. Erst ein paar Tage nach dieser Begegnung auf dem Mönchsberg ist Wertheimer zu uns gestoßen. Glenn, Wertheimer und ich, die wir die ersten zwei Wochen getrennt gewohnt hatten, alle in völlig unzulänglichen Behausungen in der Altstadt, mieteten uns schließlich auf die Dauer unseres Horowitzkurses ein Haus in Leopoldskron, in welchem wir machen konnten, was wir wollten. In der Altstadt hatte alles lähmend auf uns gewirkt, die Luft war nicht einzuatmen, die Menschen waren nicht auszuhalten, die Mauerfeuchtigkeit hatte uns und unseren Instrumenten zugesetzt. Überhaupt hatten wir den Horowitzkurs nur deshalb fortsetzen können, weil wir aus der Stadt ausgezogen sind, die im Grunde die kunst- und geistfeindlichste ist, die man sich denken kann, ein stumpfsinniges Provinznest mit dummen Menschen und kalten Mauern, in welchen mit der Zeit alles zum Stumpfsinn gemacht wird, ausnahmslos. Es ist unsere Rettung gewesen, unsere Habseligkeiten zu packen und nach Leopoldskron hinauszuziehen, das damals noch eine grüne Wiese war, auf welcher die Kühe weideten und Hunderttausende von Vögeln Heimat hatten. Die Stadt Salzburg selbst, die heute, bis in die kleinsten Winkel hinein frisch gestrichen, noch viel scheußlicher ist als damals vor achtundzwanzig Jahren, war und ist gegen alles in einem Menschen und vernichtet es mit der Zeit, das hatten wir sofort erkannt und waren aus ihr weg nach Leopoldskron. Die Salzburger waren immer fürchterlich wie ihr Klima und komme ich heute in diese Stadt, bestätigt sich nicht nur mein Urteil, es ist alles noch viel fürchterlicher. Aber gerade in dieser geist- und kunstfeindlichen Stadt bei Horowitz zu studieren, war sicher der größte Vorteil. Ist die Umgebung, in welcher wir studieren, uns feindlich gesinnt, so studieren wir besser, als in einer solchen uns freundlich gesinnten, der Studierende tut immer gut daran, einen Studienort zu wählen, der ihm feindlich gesinnt ist, keinen, der ihm freundlich gesinnt ist, denn der ihm freundlich gesinnte Ort nimmt ihm einen Großteil der Konzentration auf das Studium, der ihm feindlich gesinnte dagegen ermöglicht ihm ein hundertprozentiges Studium, weil er sich auf dieses Studium konzentrieren *muß*, um nicht zu verzweifeln, insofern ist Salzburg wahrscheinlich wie alle anderen sogenannten schönen Städte für ein Studium absolut zu empfehlen, allerdings nur für einen starken Charakter, ein schwacher geht unweigerlich in der kürzesten Zeit zugrunde. Drei Tage sei Glenn *in den*

Zauber dieser Stadt vernarrt gewesen, dann habe er plötzlich gesehen, daß dieser Zauber, wie gesagt wird, ein fauler sei, daß diese Schönheit im Grunde abstoßend ist und die Menschen in dieser abstoßenden Schönheit gemein seien. Das Voralpenklima macht gemütskranke Menschen, die schon sehr früh dem Stumpfsinn anheim fallen und die *mit der Zeit bösartig* werden, sagte ich. Wer hier lebt, weiß das, wenn er ehrlich ist, wer hierher kommt, sieht es nach kurzer Zeit und er muß, bevor es für ihn zu spät ist, wieder weggehen, will er nicht werden, wie diese stumpfsinnigen Bewohner, wie diese gemütskranken Salzburger, die mit ihrem Stumpfsinn alles abtöten, das noch nicht so ist wie sie selbst. Zuerst habe er gedacht, wie schön es sei, hier aufzuwachsen, aber schon zwei, drei Tage nach seiner Ankunft erschien es ihm als ein Alptraum, hier hereingeboren zu werden und aufzuwachsen, erwachsenwerden zu müssen. Dieses Klima und diese Mauern töten die Sensibilität ab, sagte er. Ich hatte nichts mehr hinzuzufügen. In Leopoldskron konnte uns der Ungeist dieser Stadt nicht mehr gefährlich werden, dachte ich bei meinem Eintritt in das Gasthaus. Im Grunde war es nicht Horowitz allein, der mich das Klavierspiel in seiner höchsten Konsequenz lehrte, es war der während des Studiums bei Horowitz tagtägliche Umgang mit Glenn Gould, dachte ich. Es waren diese zwei, die mir überhaupt die Musik ermöglichten, den Musikbegriff, dachte ich. Mein letzter Lehrer vor Horowitz war Wührer gewesen, einer jener Lehrer, die einen in der Mittelmäßigkeit ersticken, ganz zu schweigen von den vorher absolvierten, die alle, wie gesagt wird, hervorragende Namen haben, alle Augenblicke in den großen Städten auftreten und hochdotierte Lehrstühle an unseren berühmten Akademien haben, aber sie sind nichts anderes als klavierspielende Zugrunderichter, die keine Ahnung vom Musikbegriff haben, dachte ich. Überall spielen und sitzen diese Musiklehrer und ruinieren Tausende und Hunderttausende von Musikschülern, als wäre es ihre Lebensaufgabe, die außerordentlichen Talente junger Musikmenschen im Keim zu ersticken. Nirgendwo herrscht eine solche Verantwortungslosigkeit wie an unseren Musikakademien, die sich neuerdings *Musikuniversitäten* nennen, dachte ich. Von zwanzigtausend Musiklehrern ist nur ein einziger der ideale. Horowitz war dieser ideale, dachte ich. Glenn wäre, wenn er sich dafür hergegeben hätte, ein solcher gewesen. Glenn hatte, wie Horowitz, das ideale Gefühl und den idealen Verstand für diese Lehre, für diesen Kunstvermittlungszweck. Jährlich gehen Zehntausende Musikhochschüler den Weg in den Musikhochschulstumpfsinn und werden von ihren unqualifizierten Lehrern zugrunde gerichtet, dachte ich. Werden unter Umständen berühmt und haben doch nichts begriffen, dachte ich bei meinem Eintritt in das Gasthaus. Werden Gulda oder Brendel und sind doch nichts. Werden Gilels und sind doch nichts. Auch Wertheimer wäre, hätte er Glenn nicht getroffen, sicher einer unserer wichtigsten Klaviervirtuosen geworden, dachte ich, er hätte so wie ich sozusagen das Philosophische, die Geisteswissenschaften nicht mißbrauchen müssen, denn wie ich seit Jahrzehnten die Philosophie oder das Philosophische, mißbrauchte Wertheimer bis zum Schluß die sogenannten Geisteswissenschaften. Er hätte seine Zettel nicht vollgeschrieben, dachte ich, wie ich nicht meine Manuskripte, Geistesverbrechen, wie ich dachte, als ich ins Gasthaus eintrat. Wir treten als Klaviervirtuosen an und werden Stöberer und Wühler in den Geisteswissenschaften und in den Philosophien und verkommen. Weil wir nicht bis zum Äußersten und über das Äußerste hinausgegangen sind, dachte ich, aufgegeben haben im Hinblick auf ein Genie in unserem Fach. Aber wenn ich ehrlich bin, hätte ich ja auch niemals der Klaviervirtuose werden können, weil ich im Grunde niemals ein Klaviervirtuose sein wollte, weil ich dagegen immer die größten Vorbehalte gehabt habe und das Klaviervirtuosentum nur mißbraucht habe in meinem Verkümmerungsprozeß, ja den Klavierspieler immer als lächerlich empfunden habe von Anfang an; verführt von meinem ganz und gar außerordentlichen Talent auf dem Klavier, habe ich es in das Klavierspiel hineingetrieben und dann, nach eineinhalb Jahrzehnten Tortur, verjagt, urplötzlich, skrupellos. Es ist nicht meine Art, der Sentimentalität meine Existenz zu opfern. Ich bin in Gelächter ausgebrochen und habe das Klavier in das Lehrerhaus transportieren lassen und habe mich tagelang an meinem eigenen Gelächter über den Klaviertransport amüsiert, das ist die Wahrheit, mich über meine in einem einzigen Augenblick von mir zerschlagene Klaviervirtuosenlaufbahn lustig gemacht. Und wahrscheinlich war diese aufeinmal von mir zerschlagene Klaviervirtuosenlaufbahn ein notwendiger Teil meines Verkümmerungsprozesses, dachte ich, als ich ins Gasthaus eintrat. Wir probieren alles Mögliche aus und brechen es immer wieder ab, werfen Jahrzehnte urplötzlich auf den Abfallhaufen. Wertheimer war immer langsamer, nie so entschieden in den Entscheidungen wie ich, er hat sein Klaviervirtuosentum erst Jahre nach mir auf den Abfallhaufen geworfen und zum Unterschied von mir, es nicht und niemals überwunden, immer wieder hörte ich

ihn jammern, er hätte das Klavierspiel nicht aufgeben sollen, es weitermachen sollen, *ich* sei zu einem gewissen Grad der Schuldige, immer sein
Vorbild in wichtigen Fragen gewesen, in Existenzentscheidungen, so er
einmal, dachte ich, als ich ins Gasthaus eintrat. Der Besuch des Horowitz-
unterrichts war für mich wie für Wertheimer tödlich, für Glenn jedoch
sein Genie gewesen. Nicht Horowitz hatte Wertheimer und mich, was das
Klaviervirtuosentum und im Grunde genommen überhaupt die Musik
betrifft, getötet, sondern Glenn, dachte ich. Glenn hat uns das Klaviervirtuosentum unmöglich gemacht schon zu einem Zeitpunkt, in welchem
wir beide noch fest an unser Klaviervirtuosentum geglaubt hatten. Noch
jahrelang nach dem Horowitzkurs hatten wir an unser Virtuosentum geglaubt, während es schon tot gewesen war in dem Augenblick, in welchem
wir Glenn kennengelernt hatten. Wer weiß ob ich, wäre ich nicht zu
Horowitz gegangen, hätte ich also auf meinen Lehrer Wührer gehört,
nicht doch heute ein Klaviervirtuose wäre, einer, wie ich dachte, jener
berühmten, die das ganze Jahr über zwischen Buenos Aires und Wien hin-
und herreisen mit ihrer Kunst. Und Wertheimer auch. Sofort sagte ich mir
selbst aber ein entschiedenes Nein, denn ich haßte von Anfang an das
Virtuosentum mit seinen Begleiterscheinungen, ich haßte vor allem den
Auftritt vor der Menge und ich haßte wie nichts den Applaus, ich ertrug
ihn nicht, lange Zeit wußte ich nicht, ertrage ich die schlechte Luft in den
Konzertsälen nicht oder den Applaus oder beides nicht, bis mir klar war,
daß ich *das Virtuosentum* an sich und vor allem das Klaviervirtuosentum
nicht ertragen konnte. Denn ich haßte wie nichts sonst das Publikum und
alles, das mit diesem Publikum zusammenhängt und also haßte ich den
(und die) Virtuosen selbst auch. Und Glenn spielte ja auch nur zwei oder
drei Jahre öffentlich, dann ertrug er es nicht mehr und blieb zuhause und
wurde da, in seinem Haus in Amerika, der beste und der wichtigste aller
Klavierspieler. Als wir ihn vor zwölf Jahren das letzte Mal aufsuchten,
hatte er schon zehn Jahre kein öffentliches Konzert mehr gegeben. Er war
in der Zwischenzeit der hellsichtigste aller Narren geworden. Er hatte den
Gipfel seiner Kunst erreicht und es war nur eine Frage der allerkürzesten
Zeit, daß ihn der Gehirnschlag treffen mußte. Wertheimer hatte damals
das gleiche Gefühl, daß Glenn nurmehr noch die kürzeste Zeit zu leben
habe, daß ihn der Schlag treffen werde, hatte er zu mir gesagt. Wir waren
zweieinhalb Wochen in Glenns Haus, in welchem er sich ein *Studio* eingerichtet hatte. Wie während des Horowitzkurses in Salzburg, spielte er

mehr oder weniger Tag und Nacht Klavier. Jahrelang, ein Jahrzehnt lang. Ich habe vierunddreißig Konzerte gegeben in zwei Jahren, das genügt für mein ganzes Leben, hatte Glenn gesagt. Wertheimer und ich spielten mit Glenn Brahms von zwei Uhr nachmittags, bis ein Uhr in der Nacht. Glenn hatte drei Wärter um sein Haus aufgestellt, die ihm die Leute vom Leib hielten. Zuerst hatten wir ihn nicht belästigen wollen mit einer einzigen Übernachtung, dann aber blieben wir zweieinhalb Wochen und mir und Wertheimer war wieder klar geworden, wie richtig es gewesen ist, das Klaviervirtuosentum aufzugeben. *Mein lieber Untergeher*, hatte Glenn Wertheimer begrüßt, mit amerikanisch-kanadischer Kaltblütigkeit hatte er Wertheimer immer nur als *Untergeher* bezeichnet, mich immer ganz trocken als *Philosoph*, was mir nichts ausmachte. Wertheimer, der *Untergeher*, ging für Glenn immer unter, ununterbrochen unter, ich hatte für Glenn alle Augenblicke und wahrscheinlich in unerträglicher Regelmäßigkeit das Wort *Philosoph* im Mund, so waren wir ganz naturgemäß für ihn der *Untergeher* und der *Philosoph*, dachte ich, in das Gasthaus eintretend. Der *Untergeher* und der *Philosoph* waren nach Amerika gekommen, um den Klaviervirtuosen Glenn wiederzusehen, zu keinem anderen Zweck. Und um viereinhalb Monate in New York zu verbringen. Zum Großteil mit Glenn zusammen. Nach Europa habe er keine Sehnsucht, hatte Glenn gleich zur Begrüßung gesagt. Europa komme für ihn nicht mehr in Frage. Er habe sich in seinem Haus *verrammelt*. Auf lebenslänglich. Den Wunsch nach Verrammelung haben wir drei lebenslänglich immer gehabt. Alle drei waren wir die geborenen Verrammlungsfanatiker. Glenn aber hatte seinen Verrammelungsfanatismus am weitesten vorangetrieben. In New York wohnten wir neben dem Hotel Taft, eine bessere Lage für unsere Zwecke gab es nicht. Glenn hatte sich in einem Hinterzimmer des Taft einen Steinway aufstellen lassen, spielte dort täglich acht bis zehn Stunden, oft auch in der Nacht. Er war keinen Tag ohne Klavierspiel. Wertheimer und ich liebten New York von Anfang an. Es ist die schönste Stadt der Welt, die gleichzeitig die beste Luft hat, sagten wir immer wieder, nirgendwo auf der Welt haben wir eine bessere Luft eingeatmet. Glenn bestätigte, was wir fühlten: New York ist die einzige Stadt auf der Welt, in welcher ein Geistesmensch ungehindert aufatmet, sobald er sie betritt. Alle drei Wochen kam Glenn zu uns, zeigte uns die verborgenen Winkel Manhattans. Das Mozarteum war eine schlechte Schule, dachte ich beim Eintreten in das Gasthaus, andererseits gerade für uns die beste, denn sie hat uns die Augen geöffnet. Alle Hochschulen sind schlecht und die wir besuchen, ist immer die schlechteste, wenn sie uns nicht die Augen öffnet. Was für miserable Lehrer haben wir zu erdulden gehabt, haben sich an unseren Köpfen vergriffen. Kunstaustreiber waren sie alle, Kunstvernichter, Geisttöter, Studentenmörder. Horowitz war eine Ausnahme, Markewitsch, Vegh, dachte ich. Aber ein Horowitz macht noch keine erstklassige Akademie, dachte ich. Die Stümper beherrschten das Gebäude, das wie kein zweites in der Welt berühmt war und auch heute noch ist; sage ich, ich komme vom Mozarteum, gehen den Leuten die Augen über. Wertheimer war wie Glenn Sohn reicher Eltern, nicht nur wohlhabender. Ich selbst hatte auch keinerlei wirtschaftliche Sorgen. Es ist immer von Vorteil, Freunde aus dem gleichen Milieu und in der gleichen wirtschaftlichen Verfassung zu haben, dachte ich, als ich ins Gasthaus eintrat. Da wir im Grunde keine Geldsorgen hatten, war es uns möglich gewesen, uns ausschließlich unseren Studien zu widmen, sie so radikal als nur möglich voranzutreiben, wir hatten auch nichts anderes im Kopf, nur mußten wir fortwährend unsere Entwicklungsverhinderer aus dem Weg räumen, unsere Professoren und deren Minderwertigkeiten und Scheußlichkeiten. Das Mozarteum ist noch heute weltberühmt, aber es ist die denkbar schlechteste Musikhochschule, dachte ich. Aber wäre ich nicht auf das Mozarteum gegangen, ich hätte niemals Wertheimer und Glenn kennengelernt, dachte ich, meine Lebensfreunde. Ich kann heute gar nicht mehr sagen, wie ich auf die Musik gekommen bin, alle in meiner Familie waren sie unmusikalisch, antikünstlerisch, hatten zeitlebens nichts mehr gehaßt als Kunst und Geist, das aber wahrscheinlich war das Ausschlaggebende für mich, mich eines Tages in das zuerst nur gehaßte Klavier zu verlieben und einen alten Familienehrbar gegen einen tatsächlich wunderbaren Steinway einzutauschen, um es der gehaßten Familie zu zeigen, den Weg zu gehen, von welchem sie von Anfang an erschüttert gewesen war. Nicht die Kunst, nicht die Musik, nicht das Klavierspiel ist es gewesen, nur die Opposition gegen die Meinigen, dachte ich. Das Klavierspiel auf dem Ehrbar hatte ich gehaßt, es war mir von den Eltern aufgezwungen gewesen wie allen andern in der Familie, der Ehrbar war ihr Kunstmittelpunkt gewesen und sie hatten es darauf bis zu den letzten Brahms- und Regerstücken gebracht. Diesen Familienkunstmittelpunkt hatte ich *gehaßt*, aber den mir von meinem Vater erzwungenen, unter den fürchterlichsten Umständen aus Paris herbeigeschafften Steinway *geliebt*. Ich

mußte auf das Mozarteum gehen, um es ihnen zu zeigen, ich hatte ja
überhaupt keinen Musikbegriff und das Klavierspiel war mir niemals eine
Leidenschaft, aber ich benützte es als Mittel zum Zweck gegen meine
Eltern und die ganze Familie, ich nützte es aus gegen sie und ich begann es
gegen sie zu *beherrschen*, von Tag zu Tag besser, von Jahr zu Jahr mit einer
noch größeren Virtuosität. Ich bin gegen sie auf das Mozarteum gegangen,
dachte ich im Gasthaus. Unser Ehrbar stand im sogenannten Musikzimmer und war ihr Kunstmittelpunkt, mit welchem sie auftrumpften an den
Samstagnachmittagen. Den Steinway mieden sie, die Leute blieben aus,
der Steinway hatte der Ehrbarzeit ein Ende gemacht. Von dem Tag an, an
welchem ich auf dem Steinway spielte, gab es in meinem Elternhaus keinen Kunstmittelpunkt mehr. Der Steinway, dachte ich im Gasthaus stehend und mich umsehend, war gegen die Meinigen gerichtet. Ich bin auf
das Mozarteum gegangen, um mich an ihnen zu rächen, aus keinem anderen Grund, um sie für die Verbrechen zu bestrafen, die sie an mir
verbrochen hatten. Nun hatten sie einen Künstler als Sohn, eine von
ihnen aus gesehen verabscheuungswürdige Figur. Und ich mißbrauchte
das Mozarteum gegen sie, setzte alle seine Mittel ein gegen sie. Wenn ich
ihre Ziegeleien übernommen und das ganze Leben auf ihrem alten Ehrbar
gespielt hätte, wären sie zufrieden gewesen, so hatte ich mich von ihnen
abgetrennt durch den im Musikzimmer aufgestellten Steinway, der ein
Vermögen gekostet und tatsächlich aus Paris in unser Haus transportiert
werden hatte müssen. Zuerst hatte ich auf dem Steinway bestanden, dann,
wie es sich für den Steinway gehörte, auf dem Mozarteum. Ich duldete,
wie ich heute sagen muß, keinen Widerspruch. Ich war über Nacht zum
Künstler entschlossen gewesen und forderte alles. Ich hatte sie überrumpelt, dachte ich, mich im Gasthaus umsehend. Der Steinway war mein
Bollwerk gegen sie, gegen ihre Welt, gegen den Familien- und gegen den
Weltstumpfsinn. Ich war nicht, wie es Glenn gewesen war, vielleicht sogar
Wertheimer, was ich nicht hundertprozentig sagen kann, zum Klaviervirtuosen geboren, aber ich zwang mich ganz einfach dazu, redete es mir,
spielte es mir ein, muß ich sagen, mit der größten Rücksichtslosigkeit
gegen sie. Mit dem Steinway war es mir aufeinmal möglich gewesen, gegen
sie aufzutreten. Ich hatte mich aus Verzweiflung gegen sie zum Künstler
gemacht, was das Naheliegendste gewesen war, zum Klaviervirtuosen,
möglichst gleich zum Weltklaviervirtuosen, der gehaßte Ehrbar in unserem Musikzimmer hatte mich auf die Idee gebracht und ich habe diese

Idee als Waffe gegen sie ausnützend zur höchsten und allerhöchsten Perfektion gegen sie entwickelt. Aber bei Glenn ist es nicht anders gewesen, auch nicht bei Wertheimer, der nur Kunst und also Musik studiert hat, um seinen Vater vor den Kopf zu stoßen, wie ich weiß, dachte ich im Gasthaus. Daß ich Klavier studiere, ist für meinen Vater eine Katastrophe, hat Wertheimer zu mir gesagt. Glenn sagte es radikaler: sie hassen mich und mein Klavier. Sage ich Bach, sind sie nahe daran, zu erbrechen, sagte Glenn. Er war schon weltberühmt, waren seine Eltern noch unversöhnlich. Aber während er konsequent geblieben war und sie schließlich und endlich doch, wenn auch erst zwei oder drei Jahre vor seinem Tod, von seinem Genie überzeugen konnte, hatten Wertheimer und ich doch unseren Eltern recht gegeben, indem wir in unserem Virtuosentum scheiterten, und schon sehr früh scheiterten, *auf die beschämendste Weise*, wie ich von meinem Vater oft zu hören bekommen habe. Aber mich bedrückte der Umstand meines Scheiterns als Klaviervirtuose nicht so, wie er Wertheimer bedrückte, der zeitlebens bis zum Ende darunter gelitten hat, aufgegeben zu haben, sich den Geisteswissenschaften ergeben zu haben, von welchen er bis zuletzt nicht gewußt hat, was sie eigentlich seien, so wie ich bis heute nicht weiß, was das Philosophische ist, die Philosophie überhaupt. Glenn ist der Triumphator, wir sind die Gescheiterten, dachte ich im Gasthaus. Glenn hat seine Existenz zum einzig richtigen Zeitpunkt beendet, dachte ich. Und er hat sie nicht selbst, also durch eigene Hand, abgetötet, wie Wertheimer, der keine andere Wahl hatte, der sich erhängen hat müssen, dachte ich. Wie Glenns Ende lange vorauszusehen gewesen war, war auch Wertheimers Ende lange vorauszusehen, dachte ich. Glenn soll mitten in den Goldbergvariationen vom Schlag getroffen worden sein. Wertheimer hat den Tod Glenns nicht ertragen. Er schämte sich nach Glenns Tod, noch am Leben zu sein, sozusagen das Genie überlebt zu haben, das peinigte ihn das ganze letzte Jahr, wie ich weiß. Zwei Tage, nachdem wir in der Zeitung gelesen hatten, daß Glenn tot sei, hatten wir von Glenns Vater Telegramme bekommen, worin dieser uns den Tod seines Sohnes mitteilte. Kaum saß er am Klavier, war er auch schon in sich zusammengesunken gewesen, dachte ich, er sah dann aus wie ein Tier, bei näherer Betrachtung wie ein Krüppel, bei noch näherer Betrachtung aber dann wie der scharfsinnige, schöne Mensch, der er gewesen war. Von seiner mütterlichen Großmutter habe er, Glenn, Deutsch gelernt, das er, wie ich schon angedeutet habe, fließend gesprochen hat. Er beschämte mit seiner Aussprache alle unsere deutschen und österreichischen Mitschüler, die eine völlig verwahrloste deutsche Sprache gesprochen haben und diese völlig verwahrloste deutsche Sprache lebenslänglich sprechen, weil sie kein Gefühl für ihre Sprache haben. Aber wie kann ein Künstler kein Gefühl für seine Muttersprache haben! hat Glenn oft gesagt. Er trug jahraus, jahrein die gleiche, wenn auch nicht dieselbe Hose, sein Gang war leicht, mein Vater hätte gesagt: herrschaftlich. Er liebte die klare Definition und haßte das Ungefähre. Ein Lieblingswort von ihm war das Wort *Selbstdisziplin*, immer wieder sagte er es, auch im Unterricht bei Horowitz, wie ich mich erinnere. Am liebsten lief er kurz nach Mitternacht noch auf die Straße oder jedenfalls aus dem Haus hinaus, das hatte ich schon in Leopoldskron beobachtet. Wir müssen uns immerfort frische Luft zuführen, sagte er, sonst hindert es uns, weiterzukommen, lähmt uns in unserem Vorhaben, das Höchste zu erreichen. Er war der rücksichtsloseste Mensch gegen sich selbst. Er gestattete sich keine Ungenauigkeit. Nur aus dem Denken entwickelte er seine Rede. Er verabscheute Menschen, die nicht zuende Gedachtes redeten, also verabscheute er beinahe die ganze Menschheit. Und vor dieser verabscheuten Menschheit hat er sich schließlich schon vor über zwanzig Jahren zurückgezogen. Er war der einzige weltbedeutende Klaviervirtuose, der sein Publikum verabscheute und sich auch von diesem verabscheuten Publikum tatsächlich und endgültig zurückgezogen hat. Er brauchte es nicht. Er kaufte sich das Haus im Wald und richtete sich in diesem Haus ein und perfektionierte sich. Er und Bach bewohnten dieses Haus in Amerika bis zu seinem Tod. Er war ein Ordnungsfanatiker. Alles in seinem Haus war Ordnung. Als ich es mit Wertheimer zum erstenmal betrat, dachte ich nurmehr noch an seinen eigenen *Begriff der Selbstdisziplin*. Nachdem wir in sein Haus eingetreten waren, fragte er uns nicht etwa, ob wir Durst hätten, sondern setzte sich an den Steinway und spielte uns jene Partien aus den Goldbergvariationen vor, die er uns einen Tag vor seiner Abreise nach Kanada in Leopoldskron vorgespielt hatte. Sein Spiel war jetzt genauso perfekt wie damals. Im Augenblick war mir klar, so spielt kein einziger außer ihm auf der ganzen Welt. Er sackte in sich zusammen und fing an. Spielte von unten nach oben sozusagen, nicht wie alle andern, von oben nach unten. Das war sein Geheimnis. Jahrelang hatte ich mich mit dem Gedanken gequält, ob es richtig sei, ihn in Amerika aufzusuchen. Ein erbärmlicher Gedanke. Wertheimer wollte zuerst nicht, ich mußte ihn schließlich überreden. Wertheimers Schwester war dagegen, daß ihr Bruder den weltberühmten, für ihn, wie sie meinte, gefährlichen Glenn Gould aufsucht. Wertheimer hat sich aber schließlich gegen seine Schwester durchgesetzt und ist mit mir nach Amerika und zu Glenn. Immer wieder hatte ich mir gesagt, es ist die letzte Möglichkeit, Glenn zu sehen. Ich erwartete tatsächlich seinen Tod und ich hatte ihn unbedingt nocheinmal sehen wollen, spielen hören wollen, dachte ich, als ich im Gasthaus stand und den schlechten Geruch des Gasthauses einatmete, den ich von früher kannte. Ich kannte Wankham. Ich war immer in Wankham in diesem Gasthaus abgestiegen, wenn ich Wertheimer besuchte, denn bei Wertheimer konnte ich nicht übernachten, er ertrug keinen Übernachtungsgast. Ich schaute mich nach der Wirtin um, aber es war nichts zu hören. Wertheimer haßte Übernachtungsgäste, verabscheute sie. Überhaupt Gäste, gleich welche, er empfing sie und komplimentierte sie, kaum waren sie da, gleich wieder hinaus, nicht daß er auch mich sofort wieder hinauskomplimentiert hätte, dazu war ich doch zu vertraut mit ihm, aber nach ein paar Stunden sah er es doch lieber, daß ich verschwinde, anstatt zu bleiben und zu übernachten. Ich habe niemals bei ihm übernachtet, es wäre mir nie eingefallen, dachte ich, nach der Wirtin Ausschau haltend. Glenn war ein Großstadtmensch wie übrigens ich selbst auch, wie Wertheimer, wir liebten im Grunde alles Großstädtische und haßten das Land, das wir aber (wie übrigens die Großstadt auf ihre Weise auch) bis zum Äußersten ausnützten. Wertheimer und Glenn waren schließlich wegen ihrer kranken Lungen aufs Land gegangen, Wertheimer noch widerwilliger als Glenn, Glenn in letzter Konsequenz, weil er schließlich die ganze Menschheit nicht mehr ertragen konnte, Wertheimer wegen seiner andauernden Hustenanfälle in der Stadt und weil ihm sein Internist gesagt hat, daß er in der Großstadt keine Überlebenschance habe. Wertheimer hat über zwei Jahrzehnte bei seiner Schwester auf dem Kohlmarkt Zuflucht gefunden, in einer der größten und luxuriösesten Wiener Wohnungen. Aber schließlich verheiratete sich seine Schwester mit einem sogenannten Großindustriellen in der Schweiz und ging zu ihrem Ehemann nach Zizers bei Chur. Ausgerechnet in die Schweiz und ausgerechnet mit einem Chemiekonzernbesitzer, wie sich Wertheimer mir gegenüber ausdrückte. Eine katastrophale Verbindung. Sie hat mich im Stich gelassen, jammerte Wertheimer immer wieder. In der plötzlich leeren Wohnung war er die erste Zeit wie gelähmt gewesen, saß nach dem Auszug der Schwester tagelang in einem Sessel bewegungslos, rannte dann wie ein Verrückter durch die Räume, immer wieder hin und zurück und zog sich schließlich in das väterliche Jagdhaus nach Traich zurück. Nach dem Tod seiner Eltern hat er immerhin zwanzig Jahre mit seiner Schwester zusammengelebt und diese Schwester tyrannisiert, wie ich weiß, ihr jahrelang Kontakte zu Männern und überhaupt zur Gesellschaft unmöglich gemacht, sie abgeschirmt, sie an sich gekettet sozusagen. Aber sie ist ausgebrochen und hat ihn stehen lassen in ihren gemeinsam ererbten alten, aus den Fugen geratenen Möbeln. Wie hat sie mir das antun können, hat er zu mir gesagt, dachte ich. Ich habe alles für sie getan, mich für sie aufgeopfert und sie ließ mich stehen, ganz einfach zurück, läuft diesem neureichen Subjekt in die Schweiz nach, diesem grauenhaften Charakter, hat Wertheimer gesagt, dachte ich im Gasthaus. Ausgerechnet nach Chur, in diese fürchterliche Gegend, in welcher der Katholizismus tatsächlich zum Himmel stinkt. Zizers, was für ein scheußlicher Ortsname! hat er ausgerufen und mich gefragt, ob ich jemals in Zizers gewesen sei und ich erinnerte mich, daß ich mehrere Male auf dem Weg nach Sankt Moritz durch Zizers gekommen bin, dachte ich. Stumpfsinn, Klöster und Chemiekonzerne, sonst nichts, sagte er. Er verstieg sich mehrere Male zu der Behauptung, er habe sein Klaviervirtuosentum seiner Schwester zuliebe aufgegeben, *wegen ihr habe ich Schluß gemacht*, meine Karriere geopfert, sagte er, alles aufgeopfert, das mir mein Ein und Alles gewesen ist. So versuchte er, sich aus seiner Verzweiflung herauszulügen, dachte ich. Die Wohnung auf dem Kohlmarkt ging über drei Stockwerke und sie war mit allen nur denkbaren Kunstwerken angestopft, was mich immer bedrückte, wenn ich meinen Freund aufsuchte. Er selbst behauptete, diese Kunstwerke zu hassen, sie seien von seiner Schwester angehäuft worden, er hasse sie, habe nicht das geringste dafür übrig, schob überhaupt sein ganzes Unglück auf seine Schwester, die ihn wegen eines größenwahnsinnigen Schweizers im Stich gelassen habe. Im Ernst hat er mir einmal gesagt, er habe sich vorgestellt, in dieser Kohlmarktwohnung alt zu werden mit seiner Schwester, *mit ihr werde ich hier alt, in diesen Zimmern*, hat er mir einmal gesagt. Es ist anders gekommen, die Schwester ist ihm entglitten, hat ihm den Rücken gekehrt, möglicherweise im allerletzten Moment, dachte ich. Erst Monate, nachdem seine Schwester geheiratet hatte, war er wieder auf die Straße gegangen, war er sozusagen wieder vom Sitzer zum Geher geworden. In seiner besten Zeit ging er vom Kohlmarkt in den Zwanzigsten Bezirk und von diesem in den Einundzwanzigsten und durch die Leopoldstadt zurück in den Ersten und ging dann noch stundenlang im Ersten hin und her, bis er nicht mehr konnte. Auf dem Land war er wie gelähmt. Da ging er kaum ein paar Schritte zum Wald hin. Das Land ödet mich an, sagte er immer wieder. Glenn hat recht, wenn er mich immer auch als *Asphaltgeher* bezeichnet, sagte Wertheimer, *ich gehe nur auf dem Asphalt, auf dem Land gehe ich nicht, es langweilt mich unendlich und ich bleibe in der Hütte sitzen.* Als Hütte bezeichnete er das von den Eltern ererbte Jagdhaus, in welchem vierzehn Zimmer waren. Tatsache ist, daß er sich in diesem Jagdhaus in der Frühe anzog, als hätte er vor, an die fünfzig oder sechzig Kilometer zu gehen, mit hohen Leder-schnürschuhen, dickem Lodenzeug, einer Filzkappe auf dem Kopf. Aber er trat nur hinaus, um festzustellen, daß er keine Lust habe, wegzugehen und zog sich wieder aus und setzte sich im unteren Zimmer hin und starrte auf die ihm gegenüberliegende Wand. Der Internist sagt, ich habe in der Stadt keine Chance, sagte er, aber hier habe ich überhaupt keine Chance. Ich hasse das Land. Andererseits bin ich gewillt, die Anordnungen des Internisten zu befolgen, damit ich mir keine Vorwürfe machen muß. Aber weggehen und überhaupt gehen auf dem Land, kann ich nicht. Es ist mir das Unsinnigste, ich begehe diese Unsinnigkeit nicht, das Verbrechen dieser Verrücktheit begehe ich nicht. Regelmäßig ziehe ich mich an, sagte er, und gehe vor das Haus und kehre um und ziehe mich wieder aus, gleich zu welcher Jahreszeit, es ist immer das gleiche. Wenigstens beobachtet niemand meine Verrücktheit, sagte er, dachte ich im Gasthaus. Wie Glenn, duldete auch Wertheimer keine Menschen um sich. So wurde er mit der Zeit unerträglich. Aber ich selbst, dachte ich, im Gasthaus ste-hend, wäre auch nicht imstande, auf dem Land zu leben, deshalb lebe ich ja auch in Madrid und denke nicht daran, von Madrid wegzugehen, aus dieser herrlichsten aller Städte, in welcher ich alles habe, was die Welt zu bieten hat. Der auf dem Land Lebende verdummt mit der Zeit, ohne daß er es merkt, eine Zeitlang glaubt er, es sei originell und seiner Gesundheit förderlich, aber das Landleben ist überhaupt nicht originell, sondern eine Abgeschmacktheit für jeden, der nicht auf dem und für das Land geboren ist und es ist seiner Gesundheit nur schädlich. Die Leute, die auf das Land gehen, gehen auf dem Land ein und sie führen eine wenigstens groteske Existenz, die sie zuerst in die Verdummung und dann in den lächerlichen Tod führt. Einem Großstadtmenschen empfehlen, auf das Land zu gehen, damit er überlebt, ist eine internistische Gemeinheit, dachte ich. Alle diese

Beispiele von Leuten, die aus der Großstadt auf das Land gegangen sind, um dort besser und länger zu leben, sind nur fürchterliche Beispiele, dachte ich. Aber Wertheimer war ja schließlich nicht nur das Opfer seines Internisten, sondern mehr noch das Opfer seiner Überzeugung, daß seine Schwester nur noch für ihn da sei. Tatsächlich sagte er mehrere Male, daß seine Schwester für ihn geboren worden sei, um bei ihm zu bleiben, sozusagen um ihn zu schützen. Niemand hat mich so enttäuscht, wie meine Schwester! hat er einmal ausgerufen, dachte ich. Er hat sich an die Schwester tödlich gewöhnt, dachte ich. An dem Tag, an welchem ihn seine Schwester verlassen hat, schwor er ihr ewigen Haß und hat alle Vorhänge der Kohlmarktwohnung zugezogen, um sie nie wieder zu öffnen. Immerhin hat er sein Vorhaben vierzehn Tage durchhalten können, am vierzehnten Tag öffnete er die Vorhänge der Kohlmarktwohnung wieder und stürzte wie wahnsinnig auf die Straße, ausgehungert nach Essen und Menschen. Der Untergeher ist aber schon auf dem Graben zusammengebrochen, wie ich weiß. Nur dem Glück, daß ein ihm Verwandter gerade vorbeiging, hatte er es zu verdanken, daß er gleich wieder in seine Wohnung zurückgebracht worden ist, dachte ich, sonst hätten sie ihn wahrscheinlich in die Irrenanstalt am Steinhof eingeliefert, denn sein Aussehen war das eines Irrsinnigen. Nicht Glenn war der Schwierigste von uns, Wertheimer war es. Glenn war stark, Wertheimer war unser Schwächster. Glenn war nicht wahnsinnig, wie immer wieder behauptet worden ist und behauptet wird, sondern Wertheimer war es, wie ich behaupte. Zwanzig Jahre hat er seine Schwester an sich fesseln können, mit Tausenden, ja Hunderttausenden von Fesseln, dann ist sie ihm ausgebrochen und hat, wie ich glaube, sogar eine gute Partie gemacht, wie gesagt wird. Die von Natur aus reiche Schwester hat einen *stein*reichen Schweizer geheiratet. Weder das Wort Schwester noch das Wort Chur könne er mehr hören, so Wertheimer, wie ich ihn zum letztenmal gesehen habe. Nicht einmal eine Karte schrieb sie mir, sagte er, dachte ich im Gasthaus, mich umschauend. Sie war heimlich von ihm weggegangen und hatte alles in der Wohnung liegen und stehen lassen, überhaupt nichts hat sie mitgenommen, sagte er immer wieder. Obwohl sie mir versprochen hat, daß sie mich nicht verlassen wird, niemals, so er, dachte ich. Noch dazu ist meine Schwester *die Übergetretene*, wie er sich ausdrückte, tief katholisch, rettungslos katholisch, sagte er. Aber so sind diese Tief-Religiösen, Tief-Katholischen, Übergetretenen, sagte er, sie schrecken vor nichts und selbst vor dem größten Verbrechen nicht zurück, sie verlassen den eigenen Bruder und werfen sich irgendeinem dahergelaufenen Halbseidenmenschen, der es zufällig und durch Skrupellosigkeit zu Geld gebracht hat, an die Brust, so er bei meinem letzten Besuch, dachte ich. Ich sehe ihn vor mir, höre genau, was er sagt, in diesen abgehackten Sätzen, die er schon immer gebraucht hat, die ganz ihm entsprochen haben. *Unser Untergeher ist ein fanatischer Mensch*, hat Glenn einmal gesagt, *er stirbt beinahe ununterbrochen an Selbstmitleid*, ich sehe Glenn noch, wie er das sagt, höre, wie er es sagt, es war auf dem Mönchsberg, auf der sogenannten Richterhöhe, wo ich sehr oft mit Glenn, aber ohne Wertheimer gewesen war, wenn Wertheimer aus irgendeinem Grund allein sein wollte, ohne uns, sehr oft in beleidigtem Zustand. Als *Der Gekränkte* bezeichnete ich ihn immer wieder. Nach dem Auszug der Schwester hatte er sich in immer kürzeren Abständen nach Traich zurückgezogen, weil mir Traich verhaßt ist, nach Traich, so er. In der Kohlmarktwohnung blieb der Staub liegen, denn er ließ in seiner Abwesenheit niemand hinein. In Traich blieb er oft tagelang im Haus, ließ sich nur eine Kanne Milch bringen von seinem Holzknecht, Butter, Brot, ein Stück Selchfleisch. Und las seine Philosophen, Schopenhauer, Kant, Spinoza. Auch in Traich hatte er fast die ganze Zeit, die er dort war, die Vorhänge zugezogen. Einmal habe ich gedacht, ich kaufe mir wieder einen Bösendorfer, sagte er, aber dann habe ich diese Idee wieder aufgegeben, das wäre doch eine Verrücktheit. Übrigens habe ich seit fünfzehn Jahren kein Klavier mehr angerührt, sagte er, dachte ich im Gasthaus, unschlüssig, ob ich rufen solle oder nicht. Es war der größte Irrtum, zu glauben, ich könne Künstler sein, eine Künstlerexistenz führen. Aber ich hätte mich auch nicht gleich in die Geisteswissenschaften flüchten können, ich mußte diesen Umweg über das Künstlertum machen, sagte er. Glaubst du, ich wäre ein großer Klaviervirtuose geworden? fragte er mich, wartete naturgemäß keine Antwort ab und lachte ein fürchterliches *Niemals* aus sich heraus. Du ja, sagte er, aber ich nicht. Du hattest das Zeug, sagte er, das habe ich ja gesehen, ein paar Takte von dir und das war mir klar, du ja, aber ich nicht. Und bei Glenn war es von vornherein klar, daß der ein Genie ist. Unser amerikanisch-kanadisches Genie. Jeder von uns scheitert aus dem entgegengesetzten Grund, sagte Wertheimer, dachte ich. Ich hatte nichts zu beweisen, nur alles zu verlieren, sagte er, dachte ich. Unsere Vermögen waren wahrscheinlich unser Unglück, sagte er, gleich darauf aber: Glenn hat sein Vermögen nicht umgebracht, es hat ihn das

Genie werden lassen. Ja, wenn wir nicht an den Glenn gekommen wären, sagte Wertheimer. Wenn uns der Name Horowitz nichts bedeutet hätte. Wenn wir überhaupt nicht nach Salzburg gegangen wären! sagte er. In dieser Stadt haben wir uns den Tod geholt, indem wir bei Horowitz studiert und Glenn Gould kennengelernt haben. Unser Freund hat unseren Tod bedeutet. Wir waren ja besser als alle andern, die bei Horowitz studiert haben, aber Glenn war besser als Horowitz selbst, sagte Wertheimer, ich höre ihn noch, dachte ich. Andererseits, sagte er, wir leben noch, er nicht. So viele in seinem Umkreis seien bis jetzt gestorben, so viele Verwandte, Freunde, Bekannte, keiner dieser Todesfälle habe ihn auch nur im geringsten erschüttert, Glenns Tod aber habe ihn *tödlich* getroffen, das *tödlich* war von ihm ungeheuer präzis ausgesprochen. Wir müssen ja nicht mit einem Menschen zusammensein, um mit ihm wie mit keinem andern verbunden zu sein, sagte er. Glenns Tod habe ihn *zutiefst* getroffen, hat er gesagt, dachte ich, im Gasthaus stehend. Obwohl dieser Tod wie kein zweiter vorauszusehen gewesen war, eine Selbstverständlichkeit, so er. Wir begreifen ihn trotzdem nicht, wir verstehen ihn, begreifen ihn nicht. Glenn hatte die größte Vorliebe gehabt für das Wort und für den Begriff Untergeher, ich erinnere mich genau, der Untergeher war ihm in der Sigmund Haffnergasse eingefallen. Wir sehen, wenn wir Menschen anschauen, nur Verstümmelte, sagte Glenn einmal zu uns, außen oder innen oder innen *und* außen verstümmelt, es gibt keine andern, dachte ich. Je länger wir einen Menschen anschauen, desto verstümmelter erscheint er uns, weil er so verstümmelt ist, wie wir nicht wahrhaben wollen, wie es aber der Fall ist. Die Welt ist voller Verstümmelter. Wir gehen auf die Straße und treffen nur Verstümmelte. Wir laden uns einen Menschen ein und wir haben einen Verstümmelten im Haus, so Glenn, dachte ich. Tatsächlich habe ich selbst immer wieder diese Beobachtung gemacht und Glenn nur bestätigen können. Wertheimer, Glenn, ich, alles Verstümmelte, dachte ich. Freundschaft, Künstlerschaft! dachte ich, mein Gott, was für ein Wahnsinn! Ich bin der Übriggebliebene! Jetzt bin ich allein, dachte ich, denn, wenn ich die Wahrheit sage, hatte ich doch nur zwei Menschen in meinem Leben, die mir dieses Leben bedeutet haben: Glenn und Wertheimer. Jetzt sind Glenn und Wertheimer tot und ich habe mit dieser Tatsache fertig zu werden. Das Gasthaus machte auf mich einen verkommenen Eindruck, wie alle Gasthäuser in dieser Gegend war in ihm alles schmutzig und die Luft war, wie gesagt wird, zum Schneiden. Die

Unappetitlichkeit war überall. Ich hätte längst nach der Wirtin, die ich kannte, rufen können, aber ich rief nicht. Wertheimer soll mit der Wirtin mehrere Male geschlafen haben, natürlich in ihrem Gast-, nicht in seinem Jagdhaus, so wird berichtet, dachte ich. Glenn hatte im Grunde doch nur die *Goldbergvariationen* und *Die Kunst der Fuge* gespielt, auch wenn er etwas anderes gespielt hat, Brahms etwa oder Mozart, Schönberg oder Webern, von welchen er die höchste Meinung hatte, aber Schönberg stellte er über Webern, nicht umgekehrt, wie man glauben will. Wertheimer hat Glenn mehrere Male nach Traich eingeladen, aber Glenn war niemals mehr nach Europa gekommen nach seinem Konzert bei den Salzburger Festspielen. Wir korrespondierten auch nicht, denn die paar Karten, die wir uns in den vielen Jahren geschickt haben, kann man nicht als Korrespondenz bezeichnen. Glenn schickte uns regelmäßig seine Schallplatten und wir bedankten uns dafür, das war alles. Im Grunde verband uns das vollkommen Nichtsentimentale unserer Freundschaft, auch Wertheimer war ja völlig unsentimental, wenn es auch oft den Anschein hatte vom Gegenteil. Wenn er jammerte, war es nicht Sentimentalität, sondern Berechnung, Kalkül. Die Idee, nach dem Tod Wertheimers nocheinmal sein Jagdhaus sehen zu wollen, kam mir aufeinmal absurd vor, ich griff mich an den Kopf, ohne das auch wirklich zu tun. Aber meine Handlungsweise ist doch keine sentimentalistische, dachte ich, mich im Gasthaus umschauend. Zuerst hatte ich nur die Wiener Kohlmarktwohnung aufsuchen wollen, mich aber dann entschlossen, zuerst nach Traich zu fahren, um das Jagdhaus nocheinmal in Augenschein zu nehmen, in welchem Wertheimer die zwei letzten Jahre zugebracht hat, wie ich weiß unter den fürchterlichsten Umständen. Nach der Verheiratung seiner Schwester hatte er es nur mit Mühe noch drei Monate in Wien ausgehalten, war durch die Stadt geirrt, wie ich mir denken kann, unter den fortwährenden Verfluchungen gegen seine Schwester bis zu dem Zeitpunkt, in welchem er ganz einfach aus Wien weg mußte, um sich in Traich zu verstecken. Seine letzte Karte nach Madrid hatte mich entsetzt. Seine Schrift war die Schrift eines alten Menschen, Anzeichen von Verrücktheit waren nicht zu übersehen gewesen auf dieser Karte, die Unzusammenhängendes mitteilte. Aber ich hatte nicht die Absicht, nach Österreich zu kommen, in meiner Calle del Prado-Wohnung war ich zu intensiv mit meiner Arbeit *Über Glenn Gould* beschäftigt gewesen, diese Arbeit hätte ich unter keinen Umständen unterbrochen, denn dann wäre sie mir verloren gewesen, was ich nicht riskieren wollte, so antwortete ich Wertheimer gar nicht mehr auf die Karte, die mir sofort als bedenklich erschienen ist während des Lesens. Wertheimer hatte die Idee gehabt, zu Glenns Begräbnis nach Amerika zu fliegen, das hatte ich aber abgelehnt, allein flog er nicht. Erst drei Tage nachdem sich Wertheimer aufgehängt hatte, war ich daraufgekommen, daß er so wie Glenn einundfünfzig geworden ist. Wenn wir das fünfzigste Jahr überschritten haben, kommen wir uns gemein vor und charakterlos, dachte ich, wie lange wir diesen Zustand aushalten, ist die Frage. Viele bringen sich im einundfünfzigsten Jahr um, dachte ich. Viele im zweiundfünfzigsten, aber mehr im einundfünfzigsten. Es ist gleichgültig, ob sie sich im einundfünfzigsten umbringen oder ob sie im einundfünfzigsten eines, wie gesagt wird, natürlichen Todes sterben, gleich, ob sie sterben wie Glenn oder ob sie sterben wie Wertheimer. Die Ursache ist sehr oft die Scham über die Grenzüberschreitung, die der Fünfzigjährige empfindet, wenn er das fünfzigste Lebensjahr hinter sich hat. Denn fünfzig Jahre sind absolut genug, dachte ich. Wir machen uns gemein, wenn wir die fünfzig überschreiten und weiterleben, weiterexistieren. Wir sind grenzüberschreitende Feiglinge, dachte ich, die sich doppelt erbärmlich gemacht haben, wenn sie die fünfzig hinter sich gebracht haben. Jetzt bin ich der Schamlose, dachte ich. Ich beneidete die Toten. Einen Augenblick haßte ich sie wegen ihrer Überlegenheit. Als eine Verirrung betrachtete ich die Tatsache, nach Traich gefahren zu sein aus Neugierde, aus dem billigsten aller Gründe, im Gasthaus stehend, das Gasthaus verabscheuend, verabscheute ich mich selbst am tiefsten. Und wer weiß, dachte ich, ob mich überhaupt jemand in das Jagdhaus hineinläßt, denn zweifellos sind längst die neuen Besitzer da und empfangen niemanden, am wenigsten mich, der ich ihnen immer verhaßt gewesen war, wie ich weiß, denn Wertheimer hatte mir ja seine Verwandten immer so geschildert, daß ich annehmen mußte, sie haßten mich genauso wie ihn selbst und sie betrachten mich jetzt wahrscheinlich mit Recht als den ungehörigsten Eindringling aller, dachte ich. Ich hätte nach Madrid zurückfliegen und diese völlig überflüssige Reise nach Traich nicht unternehmen sollen, dachte ich. Ich habe mich in eine unverschämte Situation begeben, dachte ich. Als Leichenfledderei empfand ich aufeinmal, was ich vorhatte, nämlich das Jagdhaus in Augenschein zu nehmen, in alle Jagdhauszimmer hineinzugehen, nur ja nichts auszulassen und mir meine Gedanken dazu zu machen. Ich bin ein fürchterlicher

Mensch, dachte ich, widerwärtig, abstoßend, als ich die Wirtin rufen wollte, sie aber im letzten Moment nicht rief, aufeinmal hatte ich Angst, sie könne zu früh, also für meine Zwecke zu früh auftauchen, mir meinen Gedankenstrom abschneiden, mir das hier aufeinmal Gedachte zunichte machen, diese Glenn- und Wertheimerabschweifungen, die ich mir aufeinmal gestattete. Tatsächlich hatte ich die Absicht gehabt und habe sie jetzt noch, eventuell von Wertheimer hinterlassene Schriften in Augenschein zu nehmen. Wertheimer redete oft von Schriften, die er verfaßt habe im Laufe der Zeit. Unsinnigkeiten, so er, aber Wertheimer war auch hochmütig, was mich vermuten ließ, daß es sich bei diesen Unsinnigkeiten um Wertvolleres handelte, jedenfalls um Wertheimersche Gedanken, die es wert sind, erhalten zu werden, gesammelt, gerettet, geordnet, dachte ich und ich sah schon einen ganzen Haufen von Heften (und Zetteln) mehr oder weniger mathematisch-philosophischen Inhalts. Aber die Erben werden diese Hefte (und Zettel), alle diese Schriften (und Zettel) nicht herausrücken, dachte ich. Sie werden mich überhaupt nicht in das Jagdhaus hineinlassen. Sie werden fragen, wer ich sei und sage ich, wer ich bin, schlagen sie mir die Tür an den Kopf. Mein Ruf ist der verheerende, der sie ihre Türen gleich wieder zuschlagen und absperren läßt, dachte ich. Diese verrückte Idee, das Jagdhaus aufzusuchen, war mir schon in Madrid gekommen. Möglicherweise hat Wertheimer auch niemandem außer mir von seinen Schriften (und Zetteln) etwas gesagt, dachte ich, und hat sie irgendwo versteckt, so bin ich ihm doch schuldig, diese Hefte und Schriften (und Zettel) aufzustöbern und zu erhalten, gleich unter welchen Umständen. Von Glenn ist tatsächlich nichts erhalten, Glenn hat keinerlei Aufzeichnungen gemacht, dachte ich, Wertheimer aber hat im Gegensatz dazu ununterbrochen geschrieben, jahrelang, jahrzehntelang. Vor allem über Glenn werde ich das eine oder andere Interessante finden, dachte ich, jedenfalls immer wieder etwas über uns drei, über unsere Studienzeit, über unsere Lehrer, über unsere Entwicklung und über die ganze Weltentwicklung, dachte ich im Gasthaus stehend und durch das Küchenfenster schauend, hinter welchem aber nichts zu sehen war, denn die Fensterscheiben waren schwarz vor Schmutz. In dieser schmutzigen Küche wird gekocht, dachte ich, aus dieser schmutzigen Küche wird den Gästen das Essen in das Gastzimmer herausgetragen, dachte ich. Die österreichischen Gasthäuser sind alle verschmutzt und sind unappetitlich, dachte ich, kaum daß man in einem dieser Gasthäuser ein sauberes Tuch auf den

Tisch bekommt, ganz zu schweigen von einer Stoffserviette, in der
Schweiz beispielsweise eine Selbstverständlichkeit. Auch im kleinsten
Gasthaus in der Schweiz ist es sauber und appetitlich, selbst in unseren
österreichischen Hotels ist es schmutzig und unappetitlich. Und erst in
den Zimmern! dachte ich. Oft überbügeln sie die schon gebrauchte Bettwäsche nur einmal für den nächsten Gast und es kommt nicht selten vor,
daß in den Waschbecken noch die Haarbüschel des letzten liegen. Vor den
österreichischen Gasthäusern hat es mich immer geekelt, dachte ich. Das
Geschirr ist nicht sauber und bei näherer Betrachtung ist das Besteck fast
immer schmutzig. Aber Wertheimer ging sehr oft in dieses Gasthaus essen,
wenigstens einmal am Tag will ich Menschen sehen, sagte er, und ist es
auch nur diese verkommene, verwahrloste, dreckige Wirtin. So gehe ich
aus dem einen Käfig in den anderen, so Wertheimer einmal, aus der Kohlmarktwohnung nach Traich und wieder zurück, sagte er, dachte ich. Aus
dem katastrophalen Großstadtkäfig, in den katastrophalen Waldkäfig.
Einmal verstecke ich mich da, einmal dort, einmal in der Perversität des
Kohlmarkts, einmal in der Perversität des Waldes auf dem Land. Ich
schlüpfe aus dem einen heraus, um in den andern hineinzuschlüpfen.
Lebenslänglich. Aber es ist mir dieser Vorgang so zur Gewohnheit geworden, daß ich mir einen anderen gar nicht mehr vorstellen kann, sagte er.
Glenn hat sich in seinen amerikanischen Käfig eingeschlossen, ich mich in
meinem oberösterreichischen, sagte Wertheimer, dachte ich. Er mit seinem Größenwahn, ich mit meiner Verzweiflung. Alle drei mit unserer
Verzweiflung, sagte er, dachte ich. Ich habe Glenn von unserem Jagdhaus
erzählt, sagte Wertheimer, ich bin überzeugt, das war es, was ihn selbst sich
sein Haus im Wald bauen hatte lassen, *sein Studio, seine Verzweiflungs-
maschine,* sagte Wertheimer einmal, dachte ich. Eine solche Verrücktheit,
mir mitten im Wald und abgeschirmt von allen Menschen ein Haus mit
einem Musikstudio einzurichten, kilometerweit weg von allem, macht
sich doch nur ein verrückter Mensch, ein Wahnsinniger, so Wertheimer.
Ich brauchte mir mein Verzweiflungsstudio nicht erst zu bauen, ich hatte
es schon in Traich. Ich erbte es von meinem Vater, der hier jahrelang allein
ausgehalten hat, weniger zimperlich als ich, weniger jämmerlich als ich,
weniger erbärmlich als ich, weniger lächerlich als ich, so Wertheimer einmal. Wir haben eine ideale Schwester für uns und sie verläßt uns im
ungünstigsten Moment, völlig skrupellos, sagte Wertheimer. Geht in die
Schweiz, in welcher alles verkommen ist, die Schweiz ist das charakterlo-

seste Land Europas, sagte er, ich habe in der Schweiz immer das Gefühl gehabt, ich bin in einem Bordell, sagte er. Alles verhurt, ob in den Städten oder auf dem Land, sagte er. Sankt Moritz, Saas Fee, Gstaad, alles offene Häuser, ganz zu schweigen von Zürich, Basel, Weltbordelle, sagte Wertheimer mehrere Male, Weltbordelle, nichts als Weltbordelle. Diese finstere Stadt Chur, in welcher auch heute noch der Erzbischof Gutenmorgen und Gutenacht sagt! rief er aus. Da geht meine Schwester hin, auf der Flucht vor mir, ihrem grausamen Bruder, ihrem Lebens- und Existenzvernichter! sagte Wertheimer, dachte ich. Nach Zizers, wo der Katholizismus zum Himmel stinkt! Glenns Tod trifft mich zutiefst, hörte ich ihn jetzt wieder deutlich sagen, während ich im Gastzimmer stand, immer noch an derselben Stelle, nur meine Tasche hatte ich inzwischen auf den Boden gestellt. Wertheimer mußte sich umbringen, sagte ich mir, er hatte keine Zukunft mehr. Er hatte sich zuende gelebt, war ausexistiert. Es paßt ganz und gar zu ihm, daß er mit der Wirtin in ihrem Haus geschlafen hat, dachte ich, ich schaute auf die Gastzimmerdecke in der Vermutung, daß sich die beiden genau über dem Gastzimmer im Wirtinnenbett vereinigt hatten. Der Überästhet im Dreckbett, dachte ich. Der Sensibilist, der fortwährend glaubte, nur mit Schopenhauer, Kant, Spinoza leben zu können, in mehr oder weniger großen Zeitabständen mit der Wirtin von Wankham unter der groben Hühnerfederndecke. Zuerst hatte ich laut auflachen müssen, dann ekelte es mich. Auch mein Auflachen hatte niemand gehört. Die Wirtin blieb unsichtbar. Die Gaststube wurde unter meiner Beobachtung immer schmutziger, unzumutbarer das ganze Gasthaus. Aber ich hatte keine andere Wahl, es gab und gibt nur *dieses* Gasthaus in der Gegend. Glenn hat, dachte ich, nie Chopin gespielt. Alle Einladungen abgelehnt, alle Höchsthonorare. Er redete allen Menschen immerfort aus, daß er ein unglücklicher Mensch sei, er sei *der glücklichste, der geglückteste. Musik/Besessenheit/Ruhmsucht/Glenn*, hatte ich einmal notiert, in mein erstes Madridheft. Diese Menschen auf der Puerta del Sol, die ich Glenn in einem Brief beschrieben habe neunzehnhundertdreiundsechzig, nachdem ich *Hardy* entdeckt hatte. Beschreibung des Stierkampfs, Retiroparkreflexionen, dachte ich, die mir Glenn niemals bestätigt hat. Wertheimer hat Glenn oft nach Traich eingeladen, daß ihm das Jagdhaus liegen müsse, hat Wertheimer gedacht, Glenn war niemals darauf eingegangen, nicht einmal Wertheimer war ein Jagdhausmensch, schon gar nicht Glenn Gould. Horowitz war kein Mathematiker wie

Glenn Gould es gewesen ist. *Gewesen.* Wir sagen *er ist*, aufeinmal, *er war,* dieses fürchterliche *gewesen,* dachte ich. Wertheimer redete mir hinein, wenn ich mich beispielsweise mit Schönberg auseinandersetzte, Glenn niemals. Er ertrug nicht, daß ein anderer mehr wußte, als er selbst, hielt es nicht aus, daß einer explizierte, wovon er nichts wissen konnte. Unwissenheitsscham, dachte ich, im Gasthaus stehend, die Wirtin erwartend. Andererseits war Wertheimer der Leser, nicht Glenn, nicht ich, ich las nicht sehr viel und wenn, immer dasselbe, die gleichen Bücher derselben Schriftsteller, dieselben Philosophen immer wieder als wären es immer ganz andere. Ich hatte die Kunst, dasselbe immer wieder als etwas ganz anderes in mich aufzunehmen, weit entwickelt, zu einer hohen, phantastisch hohen, weder Wertheimer, noch Glenn hatten diesen Vorzug. Glenn las beinahe gar nichts, er verabscheute Literatur, was ganz zu ihm paßte. Nur was meinem eigentlichen Zweck dient, sagte er einmal, meiner Kunst. Von Bach hatte er alles im Kopf, ebenso von Händel, sehr viel von Mozart, alles auch von Bartók, er konnte sich hinsetzen und stundenlang *interpretieren,* so seine eigene Bezeichnung, fehlerlos selbstverständlich *glenngenial,* wie sich Wertheimer ausdrückte. Im Grunde war mir schon im ersten Augenblick der Begegnung Glenns auf dem Mönchsberg deutlich gewesen, daß es sich um den außerordentlichsten Menschen handelte, den ich jemals in meinem Leben getroffen habe, dachte ich. Der Physiognomiker in mir irrt nicht. Jahre darauf dann sozusagen die Weltbestätigung, die mir aber doch peinlich gewesen ist, wie alles Zeitungsbestätigte. Wir sind, wir haben keine andere Wahl, so Glenn einmal. Völlige Unsinnigkeit, die wir durchmachen, auch er, dachte ich. Auch Wertheimers Tod war vorauszusehen gewesen, dachte ich. Merkwürdigerweise aber hat Wertheimer immer wieder davon gesprochen, daß *ich* mich umbringen werde, im Wald erhängen, *in deinem geliebten Retiropark,* hat er einmal gesagt, dachte ich. Daß ich auf und davon und nach Madrid bin, ohne auch nur ein Wort irgendeinem Menschen zu sagen und alles zurücklassend in Österreich, verzieh er mir nicht. Er hatte sich daran gewöhnt gehabt, daß ich mit ihm durch Wien gegangen bin, jahrelang, ein Jahrzehnt lang, allerdings *seine* Wege, nicht die meinigen, dachte ich. Er ging immer schneller als ich, nur mit Mühe war ich ihm nachgekommen, obwohl *er* der Kranke gewesen ist, nicht ich, gerade weil *er* der Kranke gewesen ist, war er immer vorausgegangen, dachte ich, hatte mich immer schon gleich von Anfang an zurückgelassen. *Der Untergeher* ist eine geniale

Erfindung von Glenn Gould, dachte ich, Glenn hat Wertheimer schon im ersten Augenblick *durchschaut* gehabt, alle Menschen, die er zum erstenmal gesehen hat, sofort *vollkommen durchschaut.* Wertheimer stand um fünf Uhr früh auf, ich um halb sechs, während Glenn immer erst um halb zehn aufgestanden ist, weil er sich erst gegen vier Uhr früh hingelegt hat, nicht um zu schlafen, so Glenn, sondern um *die Erschöpfung ausklingen zu lassen.* Ich mich umbringen, dachte ich, nachdem Glenn tot ist, Wertheimer sich umgebracht hat, während ich mich im Gastzimmer umschaute. Die Feuchtigkeit der österreichischen Gastzimmer fürchtete auch Glenn immer, er hatte Angst, sich in diesen österreichischen Gastzimmern, die immer schlecht oder überhaupt nie gelüftet werden, den Tod zu holen. Tatsächlich holen sich viele in unseren Gasthäusern den Tod, die Gastwirte machen die Fenster nicht auf, nicht einmal im Sommer, so kann sich die Feuchtigkeit für immer in den Mauern festsetzen. Und diese überall sich breitmachende neue Geschmacklosigkeit, dachte ich, die totale Proletarisierung selbst unserer schönsten Gasthäuser, dachte ich, schreitet weiter fort. Kein Wort ist mir ekelhafter geworden, als das Wort *Sozialismus,* wenn ich denke, was aus diesem Begriff gemacht worden ist. Überall ist dieser hundsgemeine Sozialismus unserer hundsgemeinen Sozialisten, die den Sozialismus gegen das Volk ausnützen, es mit der Zeit so gemein gemacht haben, wie sie selbst sind. Überall, wohin wir auch schauen heute, ist dieser *tödliche Gemeinsozialismus* zu sehen, zu fühlen, alles hat er durchdrungen. Die Zimmer in diesem Gasthaus kenne ich, dachte ich, sie sind todbringend. Den Gedanken, daß ich nur zu dem Zweck, das Jagdhaus nocheinmal zu sehen, nach Wankham gegangen bin, empfand ich augenblicklich als einen infamen. Andererseits sagte ich mir sofort wieder, ich bin es Wertheimer schuldig, genau diesen Satz sagte ich vor mich hin, ich bin es Wertheimer schuldig, sagte ich laut vor mich hin. Eine Lüge folgte auf die andere. Die Neugierde, die schon immer mein hervorstechendstes Merkmal gewesen ist, hatte mich wieder voll in Besitz genommen. Möglicherweise haben die Erben das Jagdhaus schon völlig ausgeräumt, dachte ich, daß sie es schon ganz und gar verändert haben, denn Erben gehen oft mit einer Rücksichtslosigkeit schnell vor, von welcher wir uns keine Vorstellung machen. Räumen oft schon Stunden nach dem Tod des Erblassers, wie gesagt wird, alles aus, schaffen alles fort und lassen keinen Menschen mehr überhaupt in die Nähe. Niemand hat seine Verwandten in ein entsetzlicheres Licht gestellt, als Wertheimer, *sie zu Boden geschildert.* Vater, Mutter, die Schwester gehaßt, ihnen allen sein Unglück vorgeworfen. Daß er existieren müsse, ihnen vorgehalten ununterbrochen, daß sie ihn in die fürchterliche Existenzmaschine hineingeworfen haben oben, damit er völlig zerstört unten wieder herauskomme. Wehren nützte nichts, so er immer wieder. Das Kind war in diese Existenzmaschine hineingeworfen worden von der Mutter, der Vater hielt diese Existenzmaschine, die den Sohn konsequent zerstückelte, lebenslänglich in Gang. Eltern wissen ganz genau, daß sie das Unglück, das sie selbst sind, in ihren Kindern fortsetzen, mit Grausamkeit gehen sie vor, indem sie Kinder machen und in die Existenzmaschine hineinwerfen, so er, dachte ich, das Gastzimmer in Augenschein nehmend. Ich habe Wertheimer zum erstenmal in der Nußdorferstraße gesehen, vor der Markthalle. Kaufmann, wie sein Vater, hätte er werden sollen, aber im Grunde ist er ja auch nicht, was er, Wertheimer, wollte, Musiker geworden, sondern *von den sogenannten Geisteswissenschaften zerstört,* so er selbst. Wir fliehen aus dem einen in das andere und zerstören uns, so er. Wir gehen immer nur weg, bis wir aufgehört haben, so er. Vorliebe für die Friedhöfe, wie ich, dachte ich, tagelang nur auf den Friedhöfen in Döbling und in Neustift am Wald, dachte ich. Die lebenslängliche Sehnsucht immer wieder allein sein zu wollen, dachte ich, die auch ich habe. Wertheimer war kein Reisender, wie ich. War kein leidenschaftlicher Ortsveränderer. Einmal mit den Eltern in Ägypten, das war alles. Während ich doch jede Gelegenheit ausgenützt habe, wegzureisen, gleich wohin, ausgebrochen das erstemal nach Venedig mit der großväterlichen Arzttasche und mit einhundertfünfzig Schilling für zehn Tage, die noch dazu angefüllt gewesen waren mit tagtäglichen Accademia-Besuchen und Fenicevorstellungen. *Tancredi* zum erstenmal im *Fenice,* dachte ich, zum erstenmal der Wunsch, es mit Musik *zu versuchen.* Wertheimer war immer nur der Untergeher. Kein Mensch ist so viel Wiener Straßen durchlaufen wie er, in alle aus allen Richtungen und wieder zurück bis zur totalen Erschöpfung. Ablenkungsmanöver, dachte ich. Er hatte einen immensen Schuhverbrauch. *Schuhfetischist* war auch von Glenn zu Wertheimer gesagt, ich glaube, er hatte Hunderte Paar Schuhe in der Kohlmarktwohnung, auch darüber hatte er seine Schwester an den Rand des Wahnsinns getrieben. Er verehrte, ja liebte seine Schwester, dachte ich, und machte sie mit der Zeit wahnsinnig. Im allerletzten Moment entkam sie ihm nach Zizers bei Chur, meldete sich nicht mehr, ließ ihn zurück. Ihre Kleider ließ er so, wie sie sie zurückgelassen hatte in ihren Kasten. Rührte überhaupt nichts von ihr mehr an. Im Grunde habe ich meine Schwester doch *nur zum Umblättern mißbraucht*, sagte er einmal, dachte ich. Niemand hatte so gut umblättern können, ich habe es ihr beigebracht auf meine rücksichtslose Weise, sagte er einmal, sie konnte ja ursprünglich keine Note lesen. *Meine geniale Umblätterin*, hat er einmal gesagt, dachte ich. Er hatte seine Schwester zur Umblätterin degradiert, das hat sie sich auf die Dauer nicht gefallen lassen. Das *sie findet niemals einen Mann*, hat sich als für ihn grausamer Irrtum herausgestellt, dachte ich. Wertheimer hatte einen vollkommen sicheren Kerker für seine Schwester gebaut, einen total ausbruchsicheren und sie ist entkommen, über Nacht, wie gesagt wird. Das hatte auf Wertheimer einen entsetzlichen Beschämungseffekt. In seinem Sessel sitzend, habe ich nur mehr daran gedacht, sich umzubringen, so er selbst, dachte ich, tagelang gegrübelt, auf welche Weise, es aber dann doch nicht getan. Glenns Tod habe in ihm schon den Gedanken an Selbstmord zu einem Dauerzustand werden lassen, der schwesterliche Ausbruch verstärkte diesen Dauerzustand. Mit der ganzen Wucht der Tatsache sei ihm bei Glenns Tod sein Scheitern zu Bewußtsein gekommen. Aber was die Schwester betrifft, sei es ihre Gemeinheit gewesen, ihre Niedertracht, ihn in der äußersten Bedrängnis, allein zu lassen für einen durch und durch minderwertigen Schweizer, der abgeschmackte Regenmäntel mit spitzen Revers anzieht und Ballyschuhe mit einer Schnalle aus Messing trägt, so er, dachte ich. Ich hätte sie nicht zu diesem schauerlichen Internisten Horch (ihrem Arzt!) gehen lassen sollen, sagte er, denn dort hat sie den Schweizer kennengelernt. Die Ärzte paktieren mit den Chemiekonzerninhabern, sagte er, dachte ich. *Nicht gehen lassen sollen*, hat er über seine *sechsundvierzigjährige* Schwester gesagt, dachte ich. Die Sechsundvierzigjährige hatte sich ihre Ausgänge bei ihm zu erbitten, dachte ich, hatte über jeden dieser Besuche Rechenschaft abzugeben. Zuerst habe er, Wertheimer, geglaubt, der Schweizer, den er sofort als nur rücksichtslos berechnenden Menschen eingeschätzt habe, habe sie wegen ihrer Wohlhabenheit geheiratet, aber dann habe sich ja herausgestellt, daß der Schweizer noch viel reicher ist, als sie beide zusammen, also *stein*reich, schweizerreich, was heißt, um ein Vielfaches reicher als österreich-reich, so er. Der Vater dieses Menschen (des Schweizers), so Wertheimer, sei einer der Direktoren der Zürcher Bank Leu gewesen, man stelle sich das vor, so Wertheimer, der Sohn besitze einen der größten Chemiekonzerne! Auf undurchschaubare Weise sei die erste Frau des

Schweizers umgekommen, kein Mensch wisse die Wahrheit. Meine Schwester als zweite Frau eines Emporkömmlings, so Wertheimer, dachte ich. Einmal sei er acht Stunden in der eiskalten Stefanskirche gesessen und habe den Altar angestarrt, der Kirchendiener habe ihn aus der Stefanskirche gewiesen mit den Worten: *mein Herr, es wird zugesperrt.* Im Hinausgehen habe er dem Kirchendiener einen Hundertschillingschein gegeben, eine Kurzschlußhandlung, so Wertheimer. Ich hatte das Verlangen, so lange in der Stefanskirche sitzen zu bleiben, bis ich tot umfalle, so er. Aber es gelang mir nicht, auch nicht in der äußersten Konzentration auf diesen Wunsch. Ich hatte nicht die Möglichkeit der alleräußersten Konzentration darauf, sagte er, und unsere Wünsche erfüllen sich nur, wenn wir die alleräußerste Konzentration darauf haben. Von Kindheit an habe er den Wunsch gehabt, zu sterben, sich umzubringen, wie gesagt wird, aber niemals die alleräußerste Konzentration darauf gehabt. Er habe nicht damit fertig werden können, in eine Welt hineingeboren worden zu sein, die ihm im Grunde in allem und jedem immer nur widerwärtig war von allem Anfang an. Er ist älter geworden und habe geglaubt, dieser Wunsch zu sterben, würde aufeinmal nicht mehr da sein, aber dieser Wunsch sei doch von Jahr zu Jahr intensiver geworden, aber doch nicht mit der alleräußersten Intensität und Konzentration, so er. Meine fortgesetzte Neugierde verhinderte meinen Selbstmord, so er, dachte ich. Dem Vater verzeihen wir nicht, daß er uns gemacht, der Mutter nicht, daß sie uns geworfen hat, sagte er, der Schwester nicht, daß sie fortwährend Zeuge unseres Unglücks *ist.* Existieren heißt doch nichts anderes, als: wir verzweifeln, so er. Stehe ich auf, denke ich mit Abscheu an mich und es graust mich vor allem, das mir bevorsteht. Lege ich mich hin, habe ich keinen anderen Wunsch, als zu sterben, nicht mehr aufzuwachen, aber dann wache ich wieder auf und der entsetzliche Vorgang wiederholt sich, wiederholt sich schließlich fünfzig Jahre, so er. Wenn wir uns vorstellen, daß wir fünfzig Jahre lang nichts anderes wünschen, als tot zu sein und immer noch leben und es nicht ändern können, weil wir durch und durch *in*konsequent sind, so er. Weil wir die Erbärmlichkeit selbst sind, die Niederträchtigkeit selbst. Kein *Musiktalent!* hat er ausgerufen, *kein Existenztalent!* Wir sind so hochmütig, daß wir glauben, Musikstudieren sei es, während wir nicht einmal fähig sind, zu leben, nicht einmal zu existieren imstande sind, denn wir existieren ja nicht, es existiert uns! so er einmal auf der Währingerstraße, nachdem wir viereinhalb Stunden durch die Brigittenau gegangen waren bis zur totalen Erschöpfung. Früher haben wir halbe Nächte in der *Koralle* zugebracht, sagte er, jetzt gehen wir nicht einmal mehr ins *Kolosseum!* so er, *wie sich alles in das absolut Ungünstige hinein geändert hat.* Wir glauben, wir haben einen Freund und sehen doch mit der Zeit, daß wir gar keinen Freund haben, weil wir absolut niemanden haben, das ist die Wahrheit, so er. Angeklammert an den Bösendorfer hat sich doch mit der Zeit alles als Irrtum und entsetzlich herausgestellt. Glenn habe das Glück gehabt, an seinem Steinway zusammenzubrechen, mitten in den Goldbergvariationen. Er unternehme seit Jahren den Versuch, zusammenzubrechen, ergebnislos. Mehrere Male mit der Schwester in der sogenannten Praterhauptallee, um ihren Gesundheitszustand zu verbessern, so er, damit sie frische Luft einatmen könne, aber sie honorierte diese Ausflüge nicht, *warum nur die Praterhauptallee und nicht das Burgenland, warum nur die Praterhauptallee und nicht Kreuzenstein oder Retz,* sie war nie zufriedenzustellen, alles habe ich für sie getan, sie hat sich jedes gewünschte Kleid kaufen können, so er. Ich habe sie verhätschelt, so er. Auf dem Höhepunkt der Verhätschelung, so er, ist sie davongelaufen, nach Zizers bei Chur, in diese entsetzliche Gegend. Alle laufen sie in die Schweiz, wenn sie nicht mehr weiter wissen, so er, dachte ich. Aber die Schweiz ist dann doch für alle der tödliche Kerker, nach und nach ersticken sie in der Schweiz an der Schweiz, wie auch meine Schwester an der Schweiz ersticken wird, er sehe es voraus, Zizers wird sie umbringen, der Schweizer wird sie umbringen, die Schweiz wird sie umbringen, so er, dachte ich. Ausgerechnet nach Zizers, in diese perverse Wortschöpfung! so er, dachte ich. Möglicherweise ist es eine Elternkonzeption, sagte er, ich und meine Schwester auf lebenslänglich, eine Elternrechnung gewesen. Diese Elternkonzeption, diese Elternrechnung ist aber nicht aufgegangen. Wir machen einen Sohn, mögen sich die Eltern gedacht haben, und dazu eine Schwester und die beiden existieren sich dann bis an ihr Lebensende, gegenseitig stützend, gegenseitig vernichtend, möglicherweise war das der elterliche Gedanke, der teuflische Elterngedanke, so er. Die Eltern machen eine Konzeption, aber diese Konzeption kann naturgemäß nicht aufgehen, so er. Die Schwester hat sich nicht an die Konzeption gehalten, sie ist die Stärkere, so er, ich bin immer der Schwache gewesen, der absolute Schwächeteil, so Wertheimer. Er hatte fast keine Luft bergauf und lief mir doch davon. Er konnte keine Stiegen steigen und war doch früher im dritten Stock als ich, alles Selbstmordversuche, dachte ich jetzt, das Gastzimmer beobachtend, vergebliche

Versuche, dem Existieren zu entkommen. Einmal sei er mit der Schwester nach Passau gefahren, weil sein Vater ihm eingeredet habe, Passau sei eine schöne Stadt, eine erholsame Stadt, eine außergewöhnliche Stadt, aber schon als sie in Passau ankamen, hatten sie gesehen, daß es sich bei Passau um eine der häßlichsten Städte überhaupt handle, um eine Salzburg nacheifernde Stadt, die vor Hilflosigkeit und Häßlichkeit und widerwärtiger Plumpheit strotzende Stadt, die sich in perverser Hochmütigkeit Dreiflüssestadt nennt. Sie seien nur ein kurzes Stück in diese Dreiflüssestadt hineingegangen und hätten bald wieder umgedreht und wären, weil binnen Stunden kein Zug nach Wien zurückgefahren sei, mit einem Taxi nach Wien zurückgefahren. Nach diesem Passauerlebnis hätten sie alle Reisevorhaben aufgegeben auf Jahre, dachte ich. Habe die Schwester einen Reisewunsch vorgebracht in den folgenden Jahren, habe Wertheimer zu ihr nur gesagt: *denke an Passau!* und damit jede Reisedebatte zwischen ihm und seiner Schwester schon im Keim erstickt. An die Stelle des versteigerten Bösendorferflügels war ein josefinischer Schreibtisch gestellt worden, dachte ich. Aber wir müssen ja auch nicht immerfort etwas studieren wollen, dachte ich, es genügt ja vollkommen, wenn wir nur denken, nichts als denken und dem Denken ganz einfach freien Lauf lassen. Daß wir der Weltanschauung nachgeben und uns dieser Weltanschauung ganz einfach ausliefern, aber das ist das Schwierigste, dachte ich. Wertheimer war zu einer solchen Vorgangsweise damals, als er den Bösendorferflügel versteigern ließ, noch nicht in der Lage, auch später nicht im Gegensatz zu mir, der ich dazu imstande gewesen bin, dachte ich. Dieser Vorzug hat es mir auch ermöglicht, nur mit einer kleinen Reisetasche eines Tages aus Österreich zu verschwinden, zuerst nach Portugal, dann nach Spanien und mich in der Calle del Prado niederzulassen, gleich neben *Sotheby*. Aufeinmal und sozusagen über Nacht, war ich zum *Weltanschauungskünstler* geworden. Über diese meine augenblickliche Wortschöpfung mußte ich aus mir herauslachen. Ich ging ein paar Schritte auf das Küchenfenster zu, aber ich hatte schon vorher gewußt, durch das Küchenfenster kannst du nicht durchschauen, weil es, wie gesagt, von oben bis unten verschmutzt ist. Die österreichischen Küchenfenster sind alle vollkommen verschmutzt und man kann nicht durchschauen und es ist, so dachte ich, naturgemäß der größte Vorteil, nicht durchschauen zu können, denn dann schaute man ja direkt in die Katastrophe hinein, in das österreichische Küchenschmutzchaos. So ging ich wieder die paar

Schritte, die ich zum Küchenfenster gegangen war, zurück und blieb wieder da stehen, wo ich die ganze Zeit gestanden war. Glenn starb zu dem für ihn günstigsten Zeitpunkt, dachte ich, aber Wertheimer brachte sich nicht in dem für ihn günstigsten Zeitpunkt um, wer sich umbringt, bringt sich niemals in dem für sich günstigsten Zeitpunkt um, aber der sogenannte natürliche Tod ist immer der im günstigsten Zeitpunkt eingetretene. Wertheimer hatte Glenn nacheifern wollen, dachte ich, es gleichzeitig der Schwester zeigen wollen, ihr alles *heimzahlen* wollen, indem er sich ausgerechnet nur hundert Schritte vor ihrem Haus in Zizers erhängt hat. Er hat sich eine Fahrkarte nach Zizers bei Chur gelöst und ist nach Zizers gefahren und hat sich hundert Schritte vor dem Haus der Schwester aufgehängt. Der Aufgefundene ist mehrere Tage nicht als der, der er war, erkannt worden. Erst vier oder fünf Tage nach seiner Auffindung war einem Spitalsbeamten in Chur der Name *Wertheimer* aufgefallen, der brachte den Namen Wertheimer mit der Frau des Chemiekonzernbesitzers in Beziehung, die ihm als frühere Frau Wertheimer bekannt gewesen war und der Beamte hatte, stutzig geworden, in Zizers angefragt, ob eine Beziehung zwischen dem in der Prosektur liegenden Selbstmörder Wertheimer und der Frau des Chemiekonzernbesitzers in Zizers bestehe. Wertheimers Schwester, die gar nicht gewußt hatte, daß sich, hundert Schritte von ihrem Haus entfernt, einer aufgehängt hatte, war gleich nach Chur in die Prosektur gefahren und hatte ihren Bruder identifiziert, wie gesagt wird. Wertheimers Berechnung war aufgegangen: er hat seine Schwester durch die Art und Weise und durch die Wahl des Ortes seines Selbstmords in ein lebenslängliches Schuldgefühl gestürzt, dachte ich. Zu Wertheimer paßt diese Berechnung, dachte ich. Aber er hat sich dadurch erbärmlich gemacht, dachte ich. Er war schon in der Absicht, sich hundert Schritte vor dem Haus der Schwester an einem Baum aufzuhängen, von Traich abgereist, dachte ich. Lange vorausberechneter Selbstmord, dachte ich, kein spontaner Akt von Verzweiflung. Von Madrid aus wäre ich nicht zu seinem Begräbnis nach Chur gefahren, dachte ich, aber da ich schon in Wien gewesen bin, war es eine Selbstverständlichkeit, nach Chur zu fahren. Und von Chur nach Traich. Daran zweifelte ich aber jetzt gehörig, ob es nicht doch besser gewesen wäre, von Chur direkt nach Wien zu fahren und nicht in Traich Station zu machen, es war mir im Augenblick nicht klar, was ich hier suchte, außer dieser ganz und gar billigen Neugierbefriedigung, denn daß ich hier notwendig sei, redete ich mir ein, machte ich

mir vor, ich heuchelte mir diese Notwendigkeit vor. Wertheimers Schwester habe ich ja nicht gesagt, daß ich vorhabe, nach Traich zu fahren, und
ich hatte es in Chur ja auch gar nicht vorgehabt, erst in der Eisenbahn war
ich auf die Idee gekommen, in Attnang-Puchheim auszusteigen und nach
Traich zu fahren, in Wankham zu übernachten, wie ich es ja schon von
meinen früheren Besuchen in Traich gewohnt war, dachte ich. Ich habe
immer gedacht, eines Tages gehe ich auf Wertheimers Begräbnis, ich
wußte naturgemäß niemals wann, aber daß das sein werde, wenn ich auch
niemals über diesen Gedanken gesprochen habe, vor allem nicht mit
Wertheimer selbst, während er, Wertheimer sehr oft zu mir gesagt hat, *er*
werde eines Tages *auf mein* Begräbnis gehen, daran dachte ich, während
ich noch immer die Wirtin erwartete. Und ich war mir sicher gewesen,
daß sich Wertheimer eines Tages umbringen wird, aus allen diesen mir
ununterbrochen gegenwärtigen Gründen. Glenns Tod war für ihn, wie
sich erwiesen hat, nicht ausschlaggebend gewesen für den Selbstmord, die
Schwester mußte ihn verlassen, aber Glenns Tod war schon der Anfang
seines Endes gewesen, auslösendes Moment die Verheiratung der Schwester mit dem Schweizer. Durch pausenloses Gehen durch Wien hatte
Wertheimer sich zu retten versucht, aber dieser Versuch ist gescheitert,
Rettung war nicht mehr möglich, Aufsuchen der von ihm geliebten Ar-
beiterviertel im Zwanzigsten und Einundzwanzigsten Bezirk, der Brigittenau vor allem, von Kaisermühlen vor allem, des Praters mit seinen Un-
züchtigkeiten, die Zirkusgasse, die Schüttelstraße, die Radetzkystraße
etcetera. Monatelang war er durch Wien gelaufen, Tag und Nacht, bis
zum Zusammenbruch. Es nützte nichts mehr. Aber auch das Jagdhaus in
Traich hatte sich, von ihm zuerst noch als existenzerrettend eingeschätzt,
als Trugschluß erwiesen; wie ich weiß, hat er sich zuerst drei Wochen im
Jagdhaus eingesperrt, ist dann zu den Holzknechten gegangen und hat sie
mit seinem Problem belästigt. Die einfachen Leute aber verstehen die
Komplizierten nicht und stoßen sie in sich selbst zurück, rücksichtsloser
als alle andern, dachte ich. Der größte Irrtum ist es, zu glauben, die sogenannten einfachen Leute erretteten einen. Man geht zu ihnen in äußerster Bedrängnis und bettelt sie förmlich an um Errettung und sie stoßen einen nur noch tiefer in die Verzweiflung hinein. Und wie kommen
sie auch dazu, den Extravaganten in seiner Extravaganz zu retten, dachte
ich. Wertheimer hatte gar keine andere Wahl, als sich umzubringen, nachdem ihn die Schwester verlassen hat, dachte ich. Ein Buch hat er veröf-

fentlichen wollen, aber dazu ist es nicht gekommen, weil er sein Manuskript immer wieder geändert hat, so oft und so lange geändert, bis von
dem Manuskript nichts mehr dagewesen ist, die Veränderung seines Manuskripts war nichts anderes, als das völlige Zusammenstreichen des Manuskripts, von dem schließlich nichts als der Titel *Der Untergeher* übriggeblieben ist. Jetzt habe ich nurmehr noch den Titel, sagte er zu mir, das
ist gut so. Ich weiß nicht, ob ich die Kraft habe, ein zweites Buch zu
schreiben, ich glaube nicht, hatte er gesagt, wäre *Der Untergeher* erschienen, sagte er, dachte ich, hätte ich mich umbringen müssen. Aber andererseits war er ein Zettelmensch, schrieb Tausende, Zehntausende Zettel
voll und stapelte diese Zettel in der Kohlmarktwohnung genauso wie im
Traicher Jagdhaus. Vielleicht sind es tatsächlich die Zettel, die dich interessieren und die dich in Attnang-Puchheim aussteigen haben lassen,
dachte ich. Oder nur eine Verzögerungstaktik, weil dich vor Wien graust.
Tausende seiner Zettel aneinandergereiht, dachte ich, und unter dem Titel
Der Untergeher herausgegeben. Unsinn. Die Einschätzung hatte ich, daß
er alle diese Zettel in Traich und Wien vernichtet hat. *Keine Spuren hinterlassen*, ist ja auch einer seiner Aussprüche. Ist der Freund tot, nageln wir
ihn an seinen eigenen Aussprüchen, Äußerungen, fest, töten ihn mit seinen eigenen Waffen. Einerseits lebt er in dem, das er zeitlebens zu uns
(und zu andern) gesagt hat, andererseits töten wir ihn damit. Wir sind die
Rücksichtslosesten (gegen ihn!), was seine Äußerungen betrifft, seine Aufzeichnungen, dachte ich, haben wir keine Aufzeichnungen mehr, weil er
sie *wohlweislich* vernichtet hat, gehen wir an seine Äußerungen, um ihn zu
vernichten, dachte ich. Wir beuten den Nachlaß aus, um den, der ihn uns
hinterlassen hat, noch mehr zu vernichten, den Toten noch mehr zu töten,
und hat er uns nicht den entsprechenden Vernichtungsnachlaß hinterlassen, erfinden wir einen solchen, erfinden ganz einfach Äußerungen gegen
ihn etcetera, dachte ich. Die Erben sind grausam, die Zurückgebliebenen
kennen nicht die geringste Rücksicht, dachte ich. Wir suchen nach Zeugnissen gegen ihn, für uns, dachte ich. Wir plündern alles, was gegen ihn
verwendet werden kann, um unsere Lage zu verbessern, dachte ich, das ist
die Wahrheit. Wertheimer war immer ein Selbstmordkandidat gewesen,
aber er hat sein Konto überzogen, er hätte sich Jahre *vor* seinem tatsächlichen Selbstmord umbringen müssen, lange vor Glenn, dachte ich. So ist
sein Selbstmord peinlich, ein niedriger vor allem in der Tatsache, daß er
sich ausgerechnet vor dem Haus seiner Schwester in Zizers umgebracht

hat, dachte ich vor allem gegen mein schlechtes Gewissen, das mit der Tatsache noch nicht fertig geworden war, Wertheimers Briefe nicht beantwortet zu haben, ihn mehr oder weniger schmählich alleingelassen zu haben, daß ich aus Madrid nicht wegkönne, war ja nur eine gemeine Lüge gewesen, die ich einsetzte, um mich meinem Freund nicht ausliefern zu müssen, der sich von mir, wie ich jetzt sehe, die letzte Möglichkeit des Überlebens erwartet hatte, der mir vor seinem Selbstmord vier Briefe nach Madrid geschrieben hat, die ich nicht beantwortete, erst auf seinen fünften schrieb ich ihm, ich sei absolut unabkömmlich, könne meine Arbeit nicht vernichten nur wegen einer Österreichreise gleich zu welchem Zweck. *Über Glenn Gould* hatte ich vorgeschoben, diesen mißlungenen Versuch, den ich, wie ich jetzt dachte, sofort nach meiner Rückkehr nach Madrid in den Ofen werfen werde, weil er nicht den geringsten Wert hat. Ich habe Wertheimer schmählich alleingelassen, dachte ich, in seiner äußersten Bedrängnis kehrte ich ihm den Rücken. Aber ich verdrängte den Gedanken einer Schuld meinerseits an seinem Selbstmord mit Vehemenz, ich hätte ihm nicht mehr genützt, sagte ich mir, ich hätte ihn nicht erretten können, er war ja schon selbstmordreif. Die Hochschule mußte es sein, dachte ich, noch dazu die Musikhochschule! Zuallererst der Gedanke, berühmt zu werden und zwar auf die einfachste Weise mit der größtmöglichen Geschwindigkeit, wozu naturgemäß eine Musikhochschule das ideale Sprungbrett ist, so hatten wir drei gedacht, Glenn, Wertheimer und ich. Aber nur Glenn ist gelungen, was wir alle drei vorgehabt hatten, Glenn hat selbst uns letztenendes für seinen Zweck mißbraucht, dachte ich, alles mißbraucht, um der Glenn Gould zu werden, wenn auch unbewußt, dachte ich. Wir, Wertheimer und ich, hatten aufgeben müssen, um den Weg freizumachen für Glenn. Diesen Gedanken empfand ich augenblicklich durchaus nicht als den absurden, als der er mir jetzt erscheint, dachte ich. Aber Glenn war schon, als er nach Europa gekommen war und den Horowitzkurs besucht hat, das Genie, wir waren zu derselben Zeit schon die Gescheiterten, dachte ich. Ich hatte im Grunde kein Klaviervirtuose werden wollen, alles mit dem Mozarteum und seinen Zusammenhängen war für mich nur ein Vorwand gewesen, um mich aus meiner tatsächlichen Langeweile gegenüber der Welt zu erretten, aus meinem schon sehr frühen Lebensüberdruß. Und Wertheimer handelte im Grunde wie ich, deshalb ist aus uns, wie gesagt wird, nichts geworden, weil wir gar nicht daran gedacht hatten, etwas werden zu wollen im Gegensatz zu Glenn, der

Glenn Gould werden wollte unter allen Umständen und der nur noch Horowitz zu mißbrauchen nach Europa kommen mußte, um das von ihm wie nichts sonst herbeigesehnte und herbeigewünschte Genie zu sein, sozusagen eine klavieristische *Weltverblüffung.* An diesem Wort *Weltverblüffung* hatte ich meine Freude, wie ich noch immer im Gastzimmer stand und die Wirtin erwartete, die hinter dem Gasthaus, wie ich dachte, wahrscheinlich mit Schweinefüttern beschäftigt gewesen war, den Geräuschen von hinter dem Gasthaus her nach zu schließen. Ich selbst hatte nie *das Bedürfnis nach Weltverblüffung* gehabt, auch Wertheimer nicht, dachte ich. Wertheimers Kopf war dem meinen ähnlicher als der Kopf Glenns, dachte ich, der absolut einen Virtuosenkopf aufgehabt hat zum Unterschied von Wertheimer und mir, die wir Verstandesköpfe waren. Aber wenn ich jetzt sagen müßte, was ein Virtuosenkopf ist, könnte ich es genauso wenig sagen, wie wenn ich sagen solle, was ein Verstandeskopf. Nicht Wertheimer hat sich mit Glenn Gould angefreundet, sondern ich, ich hatte mich Glenn genähert und angefreundet, dann erst ist Wertheimer zu uns gestoßen und im Grunde ist Wertheimer unter uns auch immer ein Außenseiter geblieben. Aber alle drei waren wir, wie gesagt werden kann, eine *Lebensfreundschaft,* dachte ich. Wertheimer hat seiner Schwester allein mit der Tatsache, daß er sich umgebracht hat, schwer geschadet, dachte ich, das Provinznest Zizers wird von jetzt an den Selbstmord des Bruders der Chemiekonzernbesitzersfrau immer in Rechnung stellen, dachte ich, und die Unverschämtheit, sich gegenüber dem schwesterlichen Haus an einem Baum zu erhängen, wirkt sich noch schwerwiegender gegen sie aus. Wertheimer legte keinerlei Wert auf *Begräbnisfeierlichkeiten,* dachte ich, aber er hätte solche in Chur, wo er begraben worden ist, auch nicht bekommen. Bezeichnenderweise fand das Begräbnis um fünf Uhr früh statt, anwesend waren außer den Leuten einer Churer Bestattungsfirma nur Wertheimers Schwester, deren Mann und ich. Ob ich Wertheimer nocheinmal sehen wolle, war ich (merkwürdigerweise von Wertheimers Schwester) gefragt worden, das hatte ich aber sofort abgelehnt. Dieser Vorschlag hatte mich abgestoßen. Wie überhaupt der ganze Vorgang und die an ihm Beteiligten. Es wäre auch besser gewesen, nicht zum Begräbnis nach Chur zu kommen, dachte ich jetzt. Aus dem Telegramm an mich, das Wertheimers Schwester abgeschickt hatte, war nicht zu entnehmen gewesen, daß sich Wertheimer umgebracht hat, nur der Zeitpunkt des Begräbnisses. Zuerst hatte ich gedacht, er sei bei einem

Besuch seiner Schwester *gestorben*. Über einen solchen Besuch war ich naturgemäß verwundert gewesen, denn einen solchen hatte ich mir nicht vorstellen können. Wertheimer hätte seine Schwester in Zizers niemals besucht, dachte ich. Er bestrafte seine Schwester mit der Höchststrafe, dachte ich, zerstörte ihr Gehirn lebenslänglich. Die Fahrt von Wien nach Chur dauerte dreizehn Stunden, die österreichischen Züge sind verwahrlost, in den Speisewagen, wenn überhaupt einer mitgeführt wird, bekommt man das schlechteste Essen. Ich wollte, ein Glas Mineralwasser vor mir, nach zwanzig Jahren wieder einmal *Die Verwirrungen des Zöglings Törleß* von Musil lesen, was mir nicht gelungen ist, Erzählungen ertrage ich nicht mehr, lese eine Seite und bin unfähig, weiterzulesen. Beschreibungen ertrage ich nicht mehr. Andererseits war es mir aber auch nicht möglich, mir mit Pascal die Zeit zu vertreiben, die Pensées kannte ich alle auswendig und der Gefallen an Pascals Stil erschöpfte sich bald. So begnügte ich mich mit der Landschafts*betrachtung*. Die Städte machen, fährt man an ihnen vorbei, einen verkommenen Eindruck, die Bauernhäuser sind alle ruiniert, indem ihre Besitzer die alten Fenster herausgerissen und neue geschmacklose Plastikfenster eingesetzt haben. Nicht mehr die Kirchtürme beherrschen die Landschaft, sondern die importierten Plastiksilos, die überdimensionierten Lagerhaustürme. Die Fahrt von Wien nach Linz ist eine Fahrt durch nichts als durch Geschmacklosigkeit. Von Linz bis Salzburg ist es nicht besser. Und die Tiroler Berge bedrücken mich. Vorarlberg habe ich immer gehaßt, genauso wie die Schweiz, in welcher der Stumpfsinn zuhause ist, wie mein Vater immer gesagt hat, in diesem Punkt widersprach ich ihm nicht. Chur kannte ich von mehrmaligen Aufenthalten mit den Eltern, wenn wir nämlich nach Sankt Moritz zu reisen vorhatten und in Chur übernachteten, in dem immer gleichen Hotel, in welchem es nach Pfefferminztee gestunken hat und wo man meinen Vater kannte und ihm zwanzig Prozent Rabatt gewährte, weil er dem Hotel *über vierzig Jahre treu geblieben* war. Es war ein sogenanntes gutes Hotel in der Mitte der Stadt, ich weiß nicht mehr, wie es geheißen hat, kann aber sein *Zur Sonne*, wenn ich mich nicht doch täusche, obwohl es an der finstersten Stelle der Stadt lag. In den Churer Weinstuben schenkten sie den schlechtesten Wein aus und trugen die geschmacklosesten Würste auf. Mein Vater nachtmahlte mit uns immer im Hotel, bestellte eine sogenannte Kleinigkeit und nannte Chur *eine angenehme Zwischenstation*, was ich nie verstand, denn ich hatte Chur immer als besonders unangenehm empfunden. Genau wie die Salzburger, waren mir die Churer noch verhaßter in ihrem Hochgebirgsstumpfsinn. Ich hatte es immer als Bestrafung empfunden, mit den Eltern, manchmal auch nur mit dem Vater allein, nach Sankt Moritz fahren zu müssen, in Chur Station zu machen, in diesem trostlosen Hotel absteigen zu müssen, dessen Fenster auf eine enge, bis zum zweiten Stock herauf feuchte Gasse hinausgingen. In Chur hatte ich niemals geschlafen, dachte ich, war ich immer nur voller Verzweiflung wachgelegen. Chur ist tatsächlich der trübsinnigste Ort, den ich jemals gesehen habe, nicht einmal Salzburg ist so trübsinnig und letztenendes krankmachend wie Chur. Und die Churer sind dementsprechend. In Chur kann ein Mensch, auch wenn er nur eine einzige Nacht bleibt, für sein Leben ruiniert werden. Aber es ist bis heute nicht möglich, von Wien aus in einem einzigen Tag nach Sankt Moritz zu kommen mit der Eisenbahn, dachte ich. Ich übernachtete außerhalb von Chur, weil ich Chur selbst, wie gesagt, aus der Kindheit in so deprimierender Weise in Erinnerung hatte. Ich ließ mich ganz einfach durch Chur fahren und stieg zwischen Chur und Zizers aus, da wo ich ein Hotelschild entdeckt hatte. *Blauer Adler* las ich am nächsten Morgen, am Begräbnistag, als ich das Hotel verließ. Naturgemäß hatte ich nicht geschlafen. Glenn war noch nicht tatsächlich entscheidend für Wertheimers Selbstmord, dachte ich, erst der Auszug der Schwester, ihre Verheiratung mit dem Schweizer. Glenns Goldbergvariationen hatte ich mir übrigens vor meiner Abreise nach Chur in meiner Wiener Wohnung angehört, immer wieder von vorne. War währenddessen immer wieder von meinem Fauteuil aufgestanden und in meinem Arbeitszimmer auf- und abgegangen in der Vorstellung, Glenn spielte die Goldbergvariationen *tatsächlich* in meiner Wohnung, ich versuchte während meines Hinundhergehens herauszufinden, worin der Unterschied besteht zwischen der *Interpretation* auf *diesen* Platten, und der *Interpretation* achtundzwanzig Jahre vorher unter den Ohren von Horowitz und uns, also Wertheimer und mir, im Mozarteum. Ich stellte keinen Unterschied fest. Glenn hatte schon vor achtundzwanzig Jahren die Goldbergvariationen so gespielt wie auf diesen Platten, die er mir übrigens zu meinem fünfzigsten Geburtstag geschickt hatte, er hat sie meiner New Yorker Freundin nach Wien mitgegeben. Ich hörte ihn die Goldbergvariationen spielen und dachte, daß er geglaubt hat, sich mit dieser Interpretation unsterblich gemacht zu haben, möglicherweise ist ihm das auch gelungen, dachte ich, denn ich kann mir nicht vorstellen, daß es außer ihm jemals noch einen Klavierspieler gibt, der die Goldbergvariationen so spielt wie er, das heißt, so genial wie Glenn. Während ich mir meiner Schrift über Glenn zuliebe, seine Goldbergvariationen anhörte, stellte ich die Verwahrlosung meiner Wohnung noch genauer fest, die ich drei Jahre nicht mehr betreten hatte. Auch kein anderer Mensch war in dieser Zeit in meiner Wohnung, dachte ich. Ich war drei Jahre weg, hatte mich ganz in die Calle del Prado zurückgezogen, mir in diesen drei Jahren eine Rückkehr nach Wien überhaupt nicht mehr vorstellen können und auch niemehr daran gedacht, jemals wieder nach Wien, in die zutiefst gehaßte Stadt, zurückzukehren, nach Österreich, in das zutiefst gehaßte Land. Daß es meine Rettung gewesen ist, aus Wien sozusagen auf endgültig wegzugehen und gerade nach Madrid, das mir zum idealen Existenzmittelpunkt geworden ist, nicht erst mit der Zeit, sondern vom ersten Augenblick an, dachte ich. In Wien wäre ich nach und nach aufgefressen worden, wie Wertheimer immer gesagt hat, von den Wienern erstickt und von den Österreichern überhaupt vernichtet worden. Alles in mir ist so, daß es in Wien ersticken und in Österreich vernichtet werden muß, dachte ich, wie auch Wertheimer dachte, daß ihn die Wiener ersticken, die Österreicher vernichten müssen. Aber Wertheimer war nicht der Mensch, über Nacht nach Madrid zu gehen oder nach Lissabon oder nach Rom, das konnte er zum Unterschied von mir nicht. So hatte er immer nur die Möglichkeit, nach Traich auszuweichen, aber in Traich war alles noch viel schlimmer für ihn. Sozusagen allein mit den Geisteswissenschaften in Traich mußte er zugrunde gehen. Mit seiner Schwester zusammen ja, aber nur mit seinen Geisteswissenschaften allein in Traich, nein, dachte ich. Die Stadt Chur, die er überhaupt nicht gekannt hat, hat er schließlich so gehaßt, allein den Namen der Stadt Chur, das Wort Chur, daß er hinfahren mußte, um sich umzubringen, dachte ich. Das Wort Chur genauso wie das Wort *Zizers* hatten ihn schließlich gezwungen, in die Schweiz zu fahren und sich an einem Baum zu erhängen, naturgemäß an einem Baum unweit des Hauses seiner Schwester. *Abgekartet* war ja auch ein Wort von ihm, auf diesen Selbstmord trifft dieser Begriff tatsächlich zu, dachte ich, *sein Selbstmord war abgekartet*, dachte ich. Alle Anlagen in mir sind tödliche, hat er einmal zu mir gesagt, alles ist in tödlicher Weise in mir angelegt, von meinen Erzeugern, so er, dachte ich. Er hat immer Bücher gelesen, in welchen von Selbstmördern die Rede ist, in welchen von Krankheiten und Todesfällen die Rede ist, dachte ich, im Gastzimmer stehend, in welchen das Menschenelend beschrieben ist, die Ausweglosigkeit, die Sinnlosigkeit, die Nutzlosigkeit, in welchen alles immer wieder verheerend und tödlich ist. Deshalb liebte er Dostojevski und alle seine Nachfolger über alles, überhaupt die russische Literatur, weil sie die tatsächlich tödliche ist, aber auch die deprimierenden französischen Philosophen. Am liebsten und am eindringlichsten las er medizinische Schriften und immer wieder führten ihn seine Wege in die Kranken- und Siechenhäuser, in die Altersheime und in die Totenhallen. Diese Gewohnheit hatte er bis zuletzt gehabt, obwohl er die Krankenhäuser und die Siechenhäuser fürchtete, die Altersheime und Totenhallen, war er doch immer wieder in diese Krankenhäuser und Siechenhäuser und Altersheime und Totenhallen hineingegangen. Und ging er nicht in Krankenhäuser hinein, weil es ihm nicht möglich gewesen war, so las er Schriften oder Bücher über Kranke und über Krankheiten und Bücher oder Schriften über Sieche, wenn er keine Gelegenheit hatte, in Siechenhäuser hineinzugehen oder las Schriften und Bücher über Alte, wenn er nicht in Altersheime gehen konnte und Schriften und Bücher über Tote, wenn er keine Gelegenheit hatte, in Totenhallen zu gehen. Wir wollen naturgemäß den praktischen Umgang mit den uns faszinierenden Gegenständen, sagte er einmal, also vor allem den Umgang mit Kranken und Siechen und Alten und Toten, weil uns der theoretische nicht genügt, aber über lange Perioden sind wir auf den theoretischen Umgang angewiesen, wie wir ja auch sehr lange Zeiten was die Musik betrifft, auf den theoretischen Umgang angewiesen sind, so er, dachte ich. Ihn faszinierten die Menschen in ihrem Unglück, nicht die Menschen selbst hatten ihn angezogen, ihr Unglück und er traf es überall an, wo Menschen waren, dachte ich, er war menschensüchtig, weil er unglückssüchtig war. Der Mensch ist das Unglück, sagte er immer wieder, dachte ich, nur der Dummkopf behauptet das Gegenteil. Geborenwerden ist ein Unglück, sagte er, und solange wir leben, setzen wir dieses Unglück fort, nur der Tod bricht es ab. Das heißt aber nicht, daß wir nur unglücklich sind, unser Unglück ist die Voraussetzung dafür, daß wir auch glücklich sein können, nur über den Umweg des Unglücks können wir glücklich sein, sagte er, dachte ich. Meine Eltern haben mir nichts anderes als das Unglück gezeigt, sagte er, das ist die Wahrheit, dachte ich, und sind doch immer wieder glücklich gewesen, so könne er nicht sagen, seine Eltern seien unglückliche Menschen gewesen, wie auch nicht, daß sie glückliche Menschen gewesen seien, wie er von sich selbst nicht sagen könne, er sei ein glücklicher Mensch oder ein unglücklicher, weil alle Menschen unglücklich und glücklich zugleich sind und einmal ist das Unglück in ihnen größer als das Glück und umgekehrt. Aber Tatsache ist sicher, daß mehr Unglück als Glück in den Menschen ist, sagte er, dachte ich. Er war ein *Aphorismenschreiber*, unzählige Aphorismen gibt es von ihm, dachte ich, es ist anzunehmen, daß er sie vernichtet hat, *ich schreibe Aphorismen*, hat er immer wieder gesagt, dachte ich, das ist eine minderwertige Kunst der geistigen Kurzatmigkeit, von welcher gewisse Leute vor allem in Frankreich gelebt haben und leben von mir, sogenannte Halbphilosophen für den Krankenschwesternnachttisch, ich könnte auch sagen, Kalenderphilosophen für alle und jeden, deren Sprüche wir mit der Zeit von allen ärztlichen Wartezimmerwänden herunterlesen; die sogenannten negativen sind, wie die sogenannten positiven, gleich widerwärtig. Aber ich habe mir dieses Aphorismenschreiben nicht abgewöhnen können, schließlich muß ich fürchten, daß es schon Millionen sind, die ich aufgeschrieben habe, sagte er, dachte ich, und ich tue gut daran, an ihre Vernichtung zu gehen, denn ich habe nicht die Absicht, daß eines Tages die Krankenzimmer und Pfarrhauswände damit tapeziert werden wie mit Goethe, Lichtenberg und Genossen, sagte er, dachte ich. Da ich zum Philosophen nicht geboren bin, habe ich mich, nicht ganz unbewußt, muß ich sagen, zum Aphoristiker gemacht, zu einem dieser widerwärtigen Philosophiepartizipanten, die es zu Tausenden gibt, sagte er, dachte ich. Mit ganz kleinen Einfällen auf die ganz große Wirkung abzielen und die Menschheit betrügen, sagte er, dachte ich. Im Grunde bin ich nichts anderes, als einer dieser gemeingefährlichen Aphoristiker, die sich mit ihrer grenzenlosen Skrupellosigkeit und mit ihrer heillosen Frechheit unter die Philosophen mischen wie die Hirschkäfer unter die Hirsche, sagte er, dachte ich. Wenn wir nichts mehr trinken, verdursten wir, wenn wir nichts mehr essen, verhungern wir, sagte er, auf diese Weisheiten laufen alle diese Aphorismen hinaus, es sei denn, sie sind von Novalis, aber auch Novalis hat viel Unsinn geredet, so er, dachte ich. In der Wüste lechzen wir nach Wasser, so etwa lautet die Pascalsche Maxime, so er, dachte ich. Wenn wir es genau nehmen, bleibt uns von den größten philosophischen Entwürfen nur ein erbärmlicher aphoristischer Nachgeschmack, sagte er, gleich um was für eine Philosophie, gleich um welchen Philosophen es sich handelt, alles zerbröselt, wenn wir mit allen unseren Fähigkeiten und das heißt mit allen unseren Geistesinstrumenten daran gehen, sagte er, dachte ich. Die ganze Zeit rede ich von Geisteswissenschaften und weiß nicht einmal, was diese Geisteswissenschaften sind, habe keine Ahnung davon, sagte er, dachte ich, rede von Philosophie und habe keine Ahnung von Philosophie, rede von Existenz und habe keine Ahnung davon, sagte er. Unsere Ausgangsbasis ist immer nur die, daß wir von nichts etwas wissen und nicht einmal eine Ahnung davon haben, sagte er, dachte ich. Schon gleich, wenn wir etwas angehen, ersticken wir in dem ungeheueren Material, das uns zur Verfügung steht auf allen Gebieten, das ist die Wahrheit, sagte er, dachte ich. Und obwohl wir das wissen, gehen wir unsere sogenannten Geistesprobleme immer wieder an, lassen uns auf das Unmögliche ein: *ein Geistesprodukt zu erzeugen. Das ist ein Wahnsinn!* so er, dachte ich. Grundlegend sind wir zu allem befähigt, ebenso grundlegend scheitern wir an allem, sagte er, dachte ich. Auf einen einzigen gelungenen Satz sind sie zusammengeschrumpft unsere großen Philosophen, unsere größten Dichter, sagte er, dachte ich, das ist die Wahrheit, wir erinnern uns oft nur an einen sogenannten philosophischen Farbton, sonst nichts, sagte er, dachte ich. Wir studieren ein ungeheuerliches Werk, beispielsweise das Werk Kants und es schrumpft mit der Zeit auf den kleinen Ostpreußenkopf Kants und auf eine ganz und gar vage Welt aus Nacht und Nebel zusammen, die in der gleichen Hilflosigkeit endet wie alle andern, sagte er, dachte ich. Eine Welt der Ungeheuerlichkeit hatte es sein wollen und ein lächerliches Detail ist übriggeblieben, sagte er, dachte ich, wie es mit allem geht. Das sogenannte Große ist am Ende an dem Punkt angelangt, an welchem wir nur noch Rührung empfinden über seine Lächerlichkeit, Erbarmungswürdigkeit. Auch Shakespeare schrumpft uns zur Lächerlichkeit zusammen, wenn wir einen hellsichtigen Augenblick haben, sagte er, dachte ich. Die Götter erscheinen uns schon lange nur noch mit Bart auf unseren Bierkrügen, sagte er, dachte ich. Nur der Dumme bewundert, sagte er, dachte ich. Der sogenannte Geistesmensch verzehrt sich in einem, wie er meint, epochemachenden Werk und hat sich am Ende doch nur lächerlich gemacht, er mag Schopenhauer heißen oder Nietzsche, das ist gleichgültig, er mag Kleist gewesen sein oder Voltaire, einen rührenden Menschen sehen wir, der seinen Kopf mißbraucht und sich selbst am Ende ad absurdum geführt hat. Der überrollt und überholt worden ist von der Geschichte. Die großen Denker haben wir in unsere Bücherkasten gesperrt, aus welchen sie uns, für immer zur Lächerlichkeit verurteilt, anstarren, sagte er, dachte ich. Tag und Nacht höre ich das Gejammer der großen Denker, die wir in unsere Bücherkasten gesperrt haben, diese lächerlichen Geistesgrößen als Schrumpfköpfe hinter Glas, sagte er, dachte ich. Alle diese Leute haben sich an der Natur vergriffen, sagte er, das Kapitalverbrechen *am Geiste* haben sie begangen, dafür werden sie bestraft und von uns in unsere Bücherkasten gesteckt für immer. Denn in unseren Bücherkasten ersticken sie, das ist die Wahrheit. Unsere Bibliotheken sind sozusagen Strafanstalten, in welche wir unsere Geistesgrößen eingesperrt haben, Kant naturgemäß in eine Einzelzelle wie Nietzsche, wie Schopenhauer, wie Pascal, wie Voltaire, wie Montaigne, alle ganz Großen in Einzelzellen, alle andern in Massenzellen, aber alle für immer und ewig, mein Lieber, für alle Zeit und in die Unendlichkeit hinein, das ist die Wahrheit. Und wehe, einer von diesen Kapitalverbrechern ergreift die Flucht, bricht aus, sofort wird er sozusagen fertig und lächerlich gemacht, das ist die Wahrheit. Die Menschheit weiß sich gegen alle diese sogenannten Geistesgrößen zu schützen, sagte er, dachte ich. Der Geist wird, wo immer er auftaucht, fertiggemacht und eingesperrt und er wird naturgemäß immer sofort zum *Ungeist* gestempelt, sagte er, dachte ich, während ich die Gastzimmerdecke betrachtete. Aber es ist alles Unsinn, was wir reden, sagte er, dachte ich, gleich, was wir sagen, es ist Unsinn und unser ganzes Leben ist eine einzige Unsinnigkeit. Das habe ich früh begriffen, kaum habe ich zu denken angefangen, habe ich das begriffen, wir reden nur Unsinn, alles, was wir sagen, ist Unsinn, aber auch alles, was uns gesagt *wird*, ist Unsinn, wie alles, was überhaupt gesagt wird, es ist in dieser Welt nur Unsinn gesagt worden bis jetzt und, sagte er, tatsächlich und naturgemäß, nur Unsinn geschrieben worden, was wir an Geschriebenem besitzen, ist nur Unsinn, weil es nur Unsinn sein kann, wie die Geschichte beweist, sagte er, dachte ich. Schließlich *flüchtete ich mich in den Begriff Aphoristiker*, sagte er, und tatsächlich habe ich einmal, als man mich nach meiner Profession fragte, so er, geantwortet, daß ich *Aphoristiker* sei. Aber die Leute haben nicht verstanden, was ich meinte, wie immer, wenn ich etwas sage, verstehen sie nicht, denn was ich sage, heißt ja nicht, daß ich das, was ich gesagt habe, gesagt habe, sagte er, dachte ich. Ich sage etwas, sagte er, dachte ich, und ich sage etwas ganz anderes, so habe ich mein ganzes Leben in Mißverständnissen zubringen müssen, in nichts als in Mißverständnissen, sagte er, dachte ich. Wir werden, um es genau zu sagen, doch nur in Mißverständnisse hineingeboren und kommen, solange wir existieren, aus diesen Mißverständnissen nicht mehr heraus, wir können uns anstrengen wie wir wollen, es nützt nichts. Diese Beobachtung macht aber jeder, sagte er, dachte ich, denn jeder sagt ununterbrochen etwas und wird mißverstanden, in diesem einzigen Punkt verstehen sich dann doch alle, sagte er, dachte ich. Ein Mißverständnis setzt uns in die Welt der Mißverständnisse, die wir als nur aus lauter Mißverständnissen zusammengesetzt zu ertragen haben und mit einem einzigen großen Mißverständnis wieder verlassen, denn der Tod ist das größte Mißverständnis, so er, dachte ich. Wertheimers Eltern waren kleine Menschen, Wertheimer selbst war größer als seine Eltern, dachte ich. Er war ein stattlicher Mensch, wie wir sagen, dachte ich. Allein in Hietzing besaßen die Wertheimer drei Herrschaftsvillen und als es für Wertheimer einmal darum ging, zu entscheiden, ob er eine der Grinzinger Villen seines Vaters überschrieben haben wolle oder nicht, ließ Wertheimer seinen Vater wissen, daß er für diese Villa nicht das geringste Interesse habe, wie überhaupt kein Interesse auch an den anderen Villen seines Vaters, der mehrere Fabriken in der Lobau besessen hat, ganz abgesehen von Betrieben in ganz Österreich und im Ausland, dachte ich. Die Wertheimer haben immer, wie gesagt wird, *auf großem Fuß* gelebt, aber niemand hat es ihnen angemerkt, denn sie hatten es sich niemals anmerken lassen, ihren Reichtum hat man an ihnen nicht ablesen können, wenigstens nicht auf den ersten Blick. Die Geschwister Wertheimer hatten an ihrem elterlichen Erbe im Grunde nicht das geringste Interesse gehabt und Wertheimer wie auch seine Schwester hatten zum Zeitpunkt der Testamentseröffnung überhaupt keine Ahnung von den Ausmaßen des ihnen zugefallenen Besitzes gehabt, die von einem Innenstadtanwalt vorgenommene Vermögensaufstellung hatte beide kaum interessiert, wenn sie auch verblüfft gewesen waren über den *tatsächlichen* Reichtum, der plötzlich ihr eigener war, was sie aber doch mehr als lästig empfunden hatten. Bis auf die Kohlmarktwohnung und das Jagdhaus in Traich hatten sie alles zu Geld machen und in der ganzen Welt anlegen lassen von einem zur Familie gehörenden Anwalt, so Wertheimer, einmal ganz gegen seine Gewohnheit, niemals über seine Vermögensverhältnisse zu sprechen. Dreiviertel des elterlichen Besitzes entfiel auf Wertheimer, ein Viertel auf seine Schwester, auch sie hat ihr Vermögen in verschiedenen Bankhäusern in Österreich, Deutschland und der Schweiz anlegen lassen, dachte ich. Die Geschwister Wertheimer waren abgesichert, dachte ich, wie übrigens ich selbst auch, wenn meine eigenen Vermögensverhältnisse auch nicht mit denen Wertheimers und seiner Schwester zu vergleichen gewesen waren. Wertheimers Urgroßeltern waren noch arme Leute gewesen, dachte ich, die in den Lemberger Vorstädten den Gänsen die Hälse umdrehten. Aber wie ich selbst, war auch er aus einer Kaufmannsfamilie, dachte ich. Zu einem seiner Geburtstage hatte sein Vater einmal die Idee gehabt, ihm ein ursprünglich zum Harrachschen Besitz gehörendes Marchfeldschloß zu schenken, aber der Sohn war nicht bereit, sich das bereits erworbene Schloß überhaupt anzuschauen, worauf es der Vater, naturgemäß wütend über die Kaltschnäuzigkeit seines Sohnes, wieder verkaufte, dachte ich. Die Geschwister Wertheimer führten im Grunde ein bescheidenes Leben, anspruchslos, unauffällig, mehr oder weniger immer im Hintergrund, dagegen wirkten alle andern in ihrer Umgebung immer auftrumpfend. Auch im Mozarteum war Wertheimers Reichtum niemals aufgefallen. Wie übrigens der Reichtum Glenns, und Glenn war reich, auch niemals aufgefallen ist. Im nachhinein war es klar gewesen, daß sich sozusagen die Reichen gefunden hatten, dachte ich, sie hatten ein Gespür für ihren Hintergrund. Das Genie Glenn war dann sozusagen nur noch eine willkommene Draufgabe, dachte ich. Freundschaften, dachte ich, sind letztenendes, wie die Erfahrung zeigt, auf die Dauer nur möglich, wenn sie auf dem entsprechenden Hintergrund der Beteiligten aufgebaut sind, dachte ich, alles andere ist ein Trugschluß. Ich bestaunte aufeinmal die Kaltblütigkeit, mit welcher ich in Attnang-Puchheim ausgestiegen und nach Wankham bin, um nach Traich zu gehen, in Wertheimers Jagdhaus, ohne auch nur einen Augenblick daran gedacht zu haben, mein eigenes Haus in Desselbrunn aufzusuchen, das seit fünf Jahren leersteht und in welchem, wie ich annehme, weil ich die entsprechenden Leute bezahle, alle vier oder fünf Tage gelüftet wird, mit welcher Kaltblütigkeit es mir möglich ist, hier in Wankham in dem scheußlichsten aller mir bekannten Wirtshäuser übernachten zu wollen, während ich doch keine zwölf Kilometer weiter mein eigenes Haus habe, aber dieses Haus unter keinen Umständen aufsuchen werde, wie ich sofort dachte, denn ich hatte mir vor fünf Jahren geschworen, mindestens zehn Jahre nicht mehr nach Desselbrunn zu gehen, und ich hatte keine Schwierigkeiten bis jetzt, diesen Schwur einzuhalten, mich also zu beherrschen. Desselbrunn hatte ich mir eines Tages gründlich verdorben und dann vollkommen unmöglich gemacht, dachte ich, durch andauernde Selbstaufgabe in Desselbrunn. Der Anfang dieser Selbstaufgabe war die Abstoßung meines Steinway gewesen, sozusagen das auslösende Moment für die weitere Unmöglichkeit, es in Desselbrunn auszuhalten. Ich konnte aufeinmal die Desselbrunner Luft nicht mehr einatmen und die Mauern in Desselbrunn machten mich krank und die Zimmer drohten mich zu ersticken, man denke, diese großen Zimmer, diese Neunmalsechsmeter- oder Achtmalachtmeterzimmer, dachte ich. Ich haßte diese Zimmer und ich haßte den Inhalt dieser Zimmer und wenn ich aus dem Haus ging, haßte ich die Menschen vor dem Haus, ich war aufeinmal ungerecht zu allen diesen Leuten, die *nur mein Bestes* wollten, aber gerade das war mir mit der Zeit auf die Nerven gegangen, ihre ununterbrochene *Hilfsbereitschaft*, die mich plötzlich zutiefst abgestoßen hat. Ich verrammelte mich in meinem Arbeitszimmer und starrte zum Fenster hinaus, ohne etwas anderes, als mein eigenes Unglück zu sehen. Ich lief ins Freie und beschimpfte jeden. Ich rannte in den Wald und hockte mich erschöpft unter einen Baum. Um nicht tatsächlich wahnsinnig zu werden, kehrte ich Desselbrunn den Rücken, *wenigstens auf zehn Jahre, wenigstens auf zehn Jahre, wenigstens auf zehn Jahre* hatte ich ununterbrochen zu mir gesagt, wie ich das Haus verlassen und nach Wien gegangen bin, um nach Portugal zu gehen, wo ich Verwandte in Sintra hatte, in der schönsten portugiesischen Gegend, wo die Eukalyptusbäume an die dreißig Meter hoch werden und die beste Luft eingeatmet werden kann. In Sintra werde ich auch wieder zur Musik zurückfinden, die ich mir in Desselbrunn gründlich und sozusagen für alle Zeit ausgetrieben hatte, dachte ich damals, dachte ich, und ich werde mich durch mathematisch ausgeklügeltes Einatmen der Atlantikluft regenerieren. Damals hatte ich auch gedacht, auf dem Steinway meines Sintraonkels da weitermachen zu können, wo ich in Desselbrunn aufgehört habe, aber das war ein unsinniger Gedanke, dachte ich, in Sintra lief ich jeden Tag die sechs Kilometer an die Atlantikküste hinunter und dachte acht Monate lang nicht daran, mich an ein Klavier zu setzen, während mein Onkel und auch alle anderen in seinem Haus fortwährend sagten, ich solle ihnen etwas vorspielen, hatte ich in Sintra niemals auch nur eine Taste angeschlagen, allerdings war ich in Sintra im Laufe dieser zugegeben herrlichen Untätigkeit in der frischen Luft und, wie ich sagen muß, einer der schönsten Gegenden *der Welt*, auf die Idee gekommen, über Glenn etwas zu schreiben, *etwas*, ich konnte nicht wissen, was, *etwas über ihn und seine Kunst*. Mit diesem Gedanken ging ich in Sintra und Umgebung hin und her und verbrachte schließlich ein ganzes Jahr dort, ohne mit diesem *etwas über*

Glenn anzufangen. Eine Schrift anfangen ist das Allerschwierigste und ich bin immer monate- und sogar jahrelang nur mit dem Gedanken an eine solche Schrift umhergelaufen, ohne sie anfangen zu können, so auch Glenn betreffend, der, wie ich damals dachte, beschrieben werden muß, beschrieben allerdings von einem kompetenten Zeugen seiner Existenz wie seines Klavierspiels, einem kompetenten Zeugen seines ganz und gar außerordentlichen Kopfes. Eines Tages getraute ich mich, die Schrift anzufangen, im *Inglaterra*, wo ich nur zwei Tage hatte bleiben wollen, in welchem ich aber dann sechs Wochen, ohne mit der Schrift über Glenn aufzuhören, geblieben war. Am Ende hatte ich aber doch nur Skizzen in der Tasche, als ich nach Madrid übersiedelte, und diese Skizzen vernichtete ich, weil sie mich aufeinmal in meiner Schrift behinderten, anstatt mir nützlich zu sein, ich hatte zu viele Skizzen gemacht, dieses Übel hat mir schon viele Arbeiten verdorben; wir müssen Skizzen zu einer Arbeit machen, aber wenn wir zuviel Skizzen machen, verderben wir alles, dachte ich, so auch damals im *Inglaterra*, pausenlos saß ich in meinem Zimmer und machte Skizzen so lange, bis ich glaubte, verrückt zu sein und erkannte, daß diese Glennskizzen die Ursache meiner Verrücktheit sind und ich hatte die Kraft, diese Glennskizzen zu vernichten. Ich steckte sie ganz einfach in den Papierkorb und beobachtete, wie das Zimmermädchen den Papierkorb packte und aus dem Zimmer hinaustrug und im Müll verschwinden ließ. Das war mir ein angenehmer Anblick, dachte ich, zu sehen, wie das Zimmermädchen meine Glennskizzen, nicht nur Hunderte, sondern Tausende, packte und verschwinden ließ. Ich bin erleichtert, dachte ich. Einen ganzen Nachmittag saß ich auf meinem Sessel vor dem Fenster, in der Dämmerung war es mir möglich, das *Inglaterra* zu verlassen und in Lissabon die *Liberdade* hinunter auf die Rua Garrett zu gehen, in mein Lieblingslokal. Acht solcher Anläufe, die immer mit der Vernichtung der Skizzen geendet haben, hatte ich schließlich hinter mir, als ich in Madrid endlich wußte, *wie* die Schrift *Über Glenn* anfangen, die ich dann ja auch in der Calle del Prado zuende gebracht habe, dachte ich. Aber schon zweifelte ich wieder, ob diese Schrift wirklich etwas wert ist und dachte daran, sie zu vernichten bei meiner Rückkehr, alles Aufgeschriebene, lassen wir es längere Zeit liegen und betrachten es immer wieder von vorne, wird uns naturgemäß unerträglich und wir geben keine Ruhe, bis wir es wieder vernichtet haben, dachte ich. Nächste Woche werde ich wieder in Madrid sein und das erste ist, die *Glennschrift* zu vernichten, um eine neue anzufangen, dachte ich, eine noch konzentriertere, eine noch authentischere, dachte ich. Denn immer glauben wir, wir sind authentisch und sind es in Wirklichkeit nicht und glauben, wir sind konzentriert und sind es in Wirklichkeit nicht. Aber natürlich hat diese Erkenntnis bei mir immer dazu geführt, daß schließlich keine meiner Schriften erschienen ist, dachte ich, nicht eine einzige in achtundzwanzig Jahren, in welchen ich mich mit Schriften befasse, allein mit der Schrift über Glenn befasse ich mich seit neun Jahren, dachte ich. Wie gut, daß alle diese unvollkommenen unfertigen Schriften nicht erschienen sind, dachte ich, hätte ich sie veröffentlicht, was mir keinerlei Schwierigkeiten gemacht hätte, ich wäre heute der Unglücklichste, der sich denken läßt, tagtäglich konfrontiert mit seinen katastrophalen Schriften, die vor Fehlern strotzen, vor Ungenauigkeiten, vor Nachlässigkeiten, vor Dilettantismus. Dieser Bestrafung habe ich mich *durch Vernichtung entzogen*, dachte ich und ich hatte aufeinmal einen großen Genuß an dem Wort *Vernichtung*. Mehrere Male sagte ich es vor mich hin. *In Madrid angekommen, gleich die Glennschrift vernichten*, dachte ich, sie muß so rasch als möglich weg, um mir eine neue zu ermöglichen. Jetzt weiß ich, *wie* diese Schrift angehen, ich habe es nie gewußt, ich habe sie immer zu früh angefangen, dachte ich, dilettantisch. Das ganze Leben laufen wir dem Dilettantismus davon und er holt uns immer wieder ein, dachte ich und wir wünschen nichts mit einer größern Intensität, als dem Dilettantismus zu entkommen lebenslänglich und sind immer wieder von ihm eingeholt. *Glenn und die Rücksichtslosigkeit, Glenn und das Alleinsein, Glenn und Bach, Glenn und die Goldbergvariationen*, dachte ich. *Glenn in seinem Studio im Wald, sein Haß auf die Menschen, sein Haß auf die Musik, sein Musikmenschenhaß*, dachte ich. *Glenn und die Einfachheit*, dachte ich, das Gastzimmer betrachtend. Wir müssen von Anfang an wissen, was wir wollen, dachte ich, schon im Kopf des Kindes muß es klar sein, was der Mensch will, haben will, haben muß, dachte ich. Die Zeit, in welcher ich in Desselbrunn gesessen bin, Wertheimer in Traich, dachte ich, war eine tödliche. Das gegenseitige Aufsuchen und gegenseitige Heruntermachen, dachte ich, das uns zerstört hat. Ich ging zu Wertheimer nach Traich doch nur, um ihn zu zerstören, zu stören und zu zerstören, wie umgekehrt Wertheimer aus keinem anderen Grund zu mir gekommen ist; nach Traich gehen, bedeutete nur, mich aus meinem fürchterlichen Geisteselend abzulenken und Wertheimer zu stören, Austauschen von Jugenderinnerungen, dachte ich, bei einer

Schale Tee, und immer Glenn Gould als Mittelpunkt, nicht Glenn, Glenn Gould, der uns beide vernichtet hat, dachte ich. Wertheimer kam nach Desselbrunn, um mich zu stören, eine angefangene Arbeit meinerseits im Keim zu ersticken in dem Augenblick, in welchem er sich ankündigte. Andauernd sagte er nur, *hätten wir Glenn nicht getroffen*, aber auch, *wäre Glenn früh gestorben, bevor er die Weltberühmtheit geworden ist*, dachte ich. Wir begegnen einem Menschen wie Glenn und sind vernichtet, denke ich, oder gerettet, in unserem Fall hat uns Glenn vernichtet, dachte ich. Auf einem Bösendorfer hätte ich nie gespielt, so Glenn, dachte ich, ich hätte nichts erreicht auf einem Bösendorfer. Die Bösendorfer- gegen die Steinwayspieler, dachte ich, die Steinwayenthusiasten gegen die Bösendorferenthusiasten. Zuerst hatten sie ihm einen Bösendorfer ins Zimmer gestellt, sofort ließ er ihn hinaustragen, auswechseln gegen einen Steinway, dachte ich, das hätte ich mich nicht getraut, eine solche Forderung zu stellen, dachte ich, damals in Salzburg gleich zu Beginn des Horowitzkurses; Glenn war sich schon zu dieser Zeit seiner Sache vollkommen sicher gewesen, ein Bösendorfer kam für ihn nicht in Frage, hätte ihm sein Konzept zerstört. Und sie hatten den Bösendorfer widerspruchslos gegen den Steinway ausgetauscht, dachte ich, obwohl Glenn noch nicht der Glenn Gould gewesen war. Ich sehe noch immer die Arbeiter, die den Bösendorfer hinaus-, und den Steinway hereintragen, dachte ich. Aber Salzburg ist kein Ort für die Entwicklung eines Klavierspielers, hat Glenn oft gesagt, das Klima ist zu feucht, es ruiniert das Instrument und gleichzeitig ruiniert es den Spieler, ruiniert Hände und Hirn des Spielers in der kürzesten Zeit. Aber ich wollte bei Horowitz studieren, sagte Glenn, das war ausschlaggebend. In Wertheimers Zimmer waren die Vorhänge die ganze Zeit zugezogen und die Rolladen heruntergelassen, Glenn spielte bei offenen Vorhängen und offenen Rolladen, ich sogar immer bei offenen Fenstern. Zum Glück hatten wir keine Nachbarhäuser und folglich auch keine aufgebrachten Leute gegen uns, denn die hätten unsere Arbeit zunichte gemacht. Das Haus eines ein Jahr vorher verstorbenen Nazibildhauers hatten wir für die Dauer des Horowitzkurses gemietet gehabt, die *Schöpfungen* des *Meisters*, wie er in der Umgebung bezeichnet worden war, standen noch überall herum, in den fünf bis sechs Meter hohen Räumen. Diese Zimmerhöhe hatte uns dieses Haus *sofort* mieten lassen, die herumstehenden Plastiken störten uns nicht, sie waren der Akustik förderlich, diese an die Wände geschobenen Plumpheiten eines, wie uns gesagt worden war, *weltberühmten Marmorkünstlers,* der jahrzehntelang für Hitler gearbeitet hat. Diese riesigen Marmorauswüchse waren, von den Vermietern für uns tatsächlich an alle Wände geschoben, akustisch ideal, dachte ich. Zuerst waren wir über den Anblick der Plastiken erschrocken gewesen, über diesen stumpfsinnigen Marmor- und Granitmonumentalismus, vor allem Wertheimer war davor zurückgewichen, aber Glenn hatte sofort behauptet, die Zimmer seien *die idealen* und durch die Monumente *noch viel idealer für unseren Zweck.* Die Plastiken waren so schwer, daß wir in dem Versuch, die kleinste zu verschieben, scheiterten, unsere Kräfte reichten nicht aus, dabei waren wir keine Schwächlinge, Klaviervirtuosen sind starke Menschen mit einer ungeheueren Widerstandskraft ganz gegen die öffentliche Meinung. Glenn, von dem noch heute alle annehmen, er sei von der allerschwächsten Konstitution gewesen, war ein athletischer Typus. Am Steinway zusammengesunken spielend, erschien er als Krüppel, so kennt ihn die ganze musikalische Welt, aber diese ganze musikalische Welt ist einer totalen Täuschung unterlegen, dachte ich. Glenn wird, wo immer, als Krüppel und Schwächling abgebildet, als der *Durchgeistigte*, dem man nur die Verkrüppelung und die mit dieser Verkrüppelung gemeinsame Sache machende Hypersensibilität zubilligt, aber er war tatsächlich ein athletischer Typus, viel stärker als Wertheimer und ich zusammen, das hatten wir gleich wieder gesehen, als er daran gegangen war, eine ihm, wie er selbst sich ausdrückte, im Klavierspiel hinderliche Esche vor seinem Fenster umzuschneiden, eigenhändig. Er sägte die Esche, die einen Durchmesser von mindestens einem halben Meter hatte, allein um, ließ uns gar nicht an die Esche heran, zerkleinerte die Esche auch gleich und schichtete die Scheiter an der Hausmauer auf, der typische Amerikaner, hatte ich damals gedacht, dachte ich. Kaum hatte Glenn die ihn angeblich behindernde Esche umgeschnitten, hatte er den Einfall, ganz einfach die Vorhänge seines Zimmers zuzumachen, die Rolladen herunterzulassen. Ich hätte mir das Umschneiden der Esche ersparen können, sagte er, dachte ich. Wir schneiden oft eine solche Esche um, sehr viele solcher Geisteseschen, sagte er, und wir hätten uns das durch einen lächerlichen Kunstgriff ersparen können, sagte er, dachte ich. Schon wie er sich zum erstenmal an den Steinway in Leopoldskron gesetzt hat, hat ihn die Esche vor dem Fenster gestört. Ohne die Besitzer überhaupt zu fragen, ging er in den Geräteschuppen, holte sich Hacke und Säge und fällte die Esche. Wenn ich lange frage, so er, verliere ich doch nur Zeit und Energie, ich fälle die Esche sofort, sagte er, und fällte sie, dachte ich. Kaum lag die Esche auf dem Boden, war ihm eingefallen, daß er nur die Vorhänge zuziehen hätte brauchen, die Rolladen herunterlassen. Die gefällte Esche zerkleinerte er ohne unsere Hilfe, dachte ich, stellte die ihm entsprechende totale Ordnung da her, wo die Esche gestanden war. Hindert uns etwas, müssen wir es wegschaffen, hatte Glenn gesagt, und ist es nur eine Esche. Und wir dürfen nicht erst fragen, ob wir die Esche fällen dürfen, dadurch schwächen wir uns. Wenn wir erst fragen, sind wir schon so geschwächt, daß es uns schädlich ist, kann auch sein, vernichtend, so er, dachte ich. Keiner seiner Zuhörer, seiner Anbeter, wie ich sofort wieder dachte, käme je auf die Idee, daß es diesem Glenn Gould, der auf der ganzen Welt sozusagen als die Urschwäche des Künstlers bekannt und berühmt ist, möglich ist, eine starke, gesunde, einen halben Meter dicke Esche allein und in der kürzesten Zeit zu fällen und die Teile dieser gefällten Esche an einer Hausmauer aufzuschlichten noch dazu unter entsetzlichen klimatischen Bedingungen, dachte ich. Die Anbeter beten ein Phantom an, dachte ich, sie beten einen Glenn Gould an, den es niemals gegeben hat. Aber *mein* Glenn Gould ist der ungemein größere, der anbetungswürdigere, dachte ich, als der ihrige. Als uns gesagt worden war, daß wir das Haus eines berühmten Nazibildhauers bezogen hätten, war Glenn in ein schallendes Gelächter ausgebrochen. Wertheimer hat sich diesem schallenden Gelächter angeschlossen, dachte ich, die beiden hatten ihr Gelächter bis zur totalen Erschöpfung in die Länge gezogen und am Ende eine Flasche Champagner aus dem Keller geholt. Glenn ließ den Pfropfen genau in das Gesicht eines sechs Meter hohen Engels aus Carrara platzen und verspritzte den Champagner auf den Gesichtern der anderen herumstehenden Ungeheuer bis auf einen kleinen Rest, den wir aus der Flasche tranken. Am Ende schleuderte Glenn die Flasche auf den Imperatorkopf in der Ecke mit solcher Wucht, daß wir in Deckung gehen mußten. Keinem dieser Glennanbeter ist überhaupt möglich, zu glauben, daß Glenn Gould so lachen kann, wie er immer gelacht hat, dachte ich. Unser Glenn Gould war zu einem solchen unbändigen Gelächter befähigt, wie kein anderer, dachte ich und dadurch der ernstzunehmendste Mensch. Wer nicht lachen kann, ist nicht ernst zu nehmen, dachte ich, und wer nicht wie Glenn lachen kann, ist nicht so wie Glenn ernst zu nehmen. Gegen drei Uhr früh hockte er völlig erschöpft auf den Füßen des Imperators, er mit den Goldbergvariationen, dachte ich. Immer wieder dieses Bild:

Glenn an die Imperatorwade gedrückt, zu Boden starrend. Er durfte nicht angesprochen werden. In der Frühe war er *neugeboren*, so er. Ich habe jeden Tag einen neuen Kopf auf, so er, während es doch für die Welt der alte ist, so er. Wertheimer lief jeden zweiten Tag um fünf Uhr früh zum Untersberg, zum Glück hatte er eine bis an den Untersberg heranführende Asphaltstraße entdeckt, und wieder zurück, ich selbst ging vor dem Frühstück nur einmal um das Haus, allerdings bei jedem Wetter, völlig unbekleidet vor dem Waschen. Glenn ist nur aus dem Haus gegangen, um zu Horowitz zu gehen und wieder zurück. Im Grunde hasse ich die Natur, sagte er immer wieder. Ich selbst hatte mir diesen Satz zueigen gemacht und sage ihn mir auch heute, werde ihn, wie ich glaube, immer sagen, dachte ich. *Die Natur ist gegen mich*, sagte Glenn in derselben Anschauungsweise wie ich, der ich auch diesen Satz immer wieder sage, dachte ich. Unsere Existenz besteht darin, fortwährend gegen die Natur zu sein und gegen die Natur anzugehen, sagte Glenn, so lange gegen die Natur anzugehn, bis wir aufgeben, weil die Natur stärker ist als wir, die wir uns zu einem *Kunstprodukt* gemacht haben aus Übermut. Wir sind ja keine Menschen, *wir sind Kunstprodukte, der Klavierspieler ist ein Kunstprodukt, ein widerwärtiges*, sagte er abschließend. Wir sind die, die fortwährend der Natur entkommen wollen, aber es gelingt uns nicht, naturgemäß, sagte er, dachte ich, wir bleiben auf der Strecke. Im Grunde wollen wir Klavier sein, sagte er, nicht Menschen sein, sondern Klavier sein, zeitlebens wollen wir Klavier und nicht Mensch sein, entfliehen dem Menschen, der wir sind, um ganz Klavier zu werden, was aber mißlingen muß, woran wir aber nicht glauben wollen, so er. Der ideale Klavierspieler (er sagte niemals *Pianist*!) ist der, der Klavier sein will und ich sage mir ja auch jeden Tag, wenn ich aufwache, ich will der Steinway sein, nicht der Mensch, der auf dem Steinway spielt, der Steinway selbst will ich sein. Manchmal kommen wir diesem Ideal nahe, sagte er, ganz nahe, dann, wenn wir glauben, schon verrückt zu sein, auf dem Weg quasi in den Wahnsinn, vor welchem wir uns wie vor nichts fürchten. Glenn hatte zeitlebens Steinway selbst sein wollen, er haßte die Vorstellung, *zwischen* Bach und dem Steinway zu sein nur als Musikvermittler und eines Tages zwischen Bach und dem Steinway zerrieben zu werden, eines Tages, so er, werde ich zwischen Bach einerseits und dem Steinway andererseits zerrieben, sagte er, dachte ich. Lebenslänglich habe ich Angst, zwischen Bach und Steinway zerrieben zu werden und es kostet mich die größte Anstrengung, dieser Fürchterlichkeit zu entgehen, sagte er. Das Ideale wäre, *ich wäre der Steinway, ich hätte Glenn Gould nicht notwendig*, sagte er, ich könnte, indem ich der Steinway bin, Glenn Gould vollkommen überflüssig machen. Aber es ist noch keinem einzigen Klavierspieler gelungen, sich selbst überflüssig zu machen, indem er Steinway *ist*, so Glenn. Eines Tages aufwachen *und Steinway und Glenn in einem sein*, sagte er, dachte ich, *Glenn Steinway, Steinway Glenn nur für Bach*. Möglicherweise haßte Wertheimer Glenn, haßte möglicherweise auch mich, dachte ich, dieser Gedanke beruhte auf Tausenden, wenn nicht Zehntausenden von Beobachtungen Wertheimer, wie auch Glenn, wie auch mich betreffend. Und ich selbst war nicht frei gewesen von Glennhaß, dachte ich, ich haßte Glenn alle Augenblicke, liebte ihn gleichzeitig mit der äußersten Konsequenz. Es gibt ja nichts Entsetzlicheres, als einen Menschen zu sehen, der so großartig ist, daß seine Großartigkeit uns vernichtet und wir diesen Prozeß anschauen und aushalten und schließlich und endlich auch akzeptieren müssen, während wir tatsächlich nicht an einen solchen Prozeß glauben, noch lange nicht, bis er uns zur unumstößlichen Tatsache geworden ist, dachte ich, wenn es zu spät ist für uns. Wertheimer und ich waren notwendig gewesen für die Entwicklung Glenns, wie alles andere von ihm, Glenn mißbrauchte uns, dachte ich im Gastzimmer. Die Unverschämtheit, mit welcher Glenn an alles herangegangen ist, das fürchterliche Zögern Wertheimers dagegen, meine Vorbehalte gegen alles und jedes, dachte ich. Plötzlich war Glenn *Glenn Gould*, alle hatten den Augenblick der Glenngouldwerdung, wie ich sagen muß, übersehen, auch Wertheimer und ich. Glenn hatte uns in den gemeinsamen Abmagerungsprozeß über Monate hinein mitgerissen, dachte ich, in die Horowitzbesessenheit, denn tatsächlich wäre es ja möglich gewesen, daß ich allein diese zweieinhalb Salzburger Horowitzmonate nicht durchgehalten hätte, Wertheimer schon gar nicht, daß ich aufgegeben hätte ohne Glenn. Selbst Horowitz wäre nicht dieser Horowitz gewesen, hätte Glenn gefehlt, der eine bedingte den andern und umgekehrt. Es war ein Horowitzkurs für Glenn, dachte ich, im Gasthaus stehend, nichts sonst. Glenn hatte aus Horowitz seinen Lehrer gemacht, nicht Horowitz aus Glenn schließlich das Genie, dachte ich. Glenn machte aus Horowitz in diesen Salzburger Monaten den idealen Lehrer für sein Genie durch sein Genie, dachte ich. Wir gehen entweder als Ganzes in die Musik hinein oder gar nicht, hat Glenn oft gesagt, auch zu Horowitz. Aber nur er allein wußte, was das bedeutete, dachte ich. Ein

Glenn muß auf einen Horowitz treffen, dachte ich, und zwar zu dem einzig richtigen Zeitpunkt. Ist dieser Zeitpunkt nicht der richtige, gelingt, was mit Glenn und Horowitz gelungen ist, nicht. Der Lehrer, der kein Genie ist, wird von dem Genie zu seinem genialen Lehrer gemacht zu diesem bestimmten Zeitpunkt auf eine ganz bestimmte Zeit, dachte ich. Aber das eigentliche Opfer dieses Horowitzkurses bin ja nicht ich gewesen, sondern Wertheimer, der sicher ein hervorragender, wahrscheinlich weltberühmter Klaviervirtuose geworden wäre ohne Glenn, dachte ich. Der den Fehler begangen hat, in diesem Jahr nach Salzburg zu gehen zu Horowitz, um von Glenn, nicht von Horowitz, vernichtet zu werden. Wertheimer hatte ja Klaviervirtuose werden *wollen*, ich wollte es gar nicht, dachte ich, für mich war das Klaviervirtuosentum nur ein Ausweg gewesen, eine Verzögerungstaktik für etwas allerdings, das mir niemals klar geworden ist, bis heute nicht; Wertheimer wollte, ich wollte nicht, dachte ich, Glenn hat ihn auf dem Gewissen, dachte ich. Glenn hatte nur ein paar Takte gespielt und Wertheimer hatte schon an Aufgeben gedacht, ich erinnere mich genau, Wertheimer war in das Horowitz zugeteilte Ersterstockzimmer im Mozarteum eingetreten und hatte Glenn gehört und gesehen, war stehengeblieben an der Tür, unfähig, sich zu setzen, mußte von Horowitz aufgefordert werden, sich zu setzen, konnte sich nicht setzen, solange Glenn spielte, erst als Glenn zu spielen aufgehört hatte, setzte sich Wertheimer, hatte die Augen geschlossen, das sehe ich noch ganz genau, dachte ich, redete nichts mehr. Pathetisch gesagt, war es das Ende, das Ende der Wertheimerschen Virtuosenlaufbahn. Wir studieren ein Jahrzehnt lang auf einem Instrument, das wir uns ausgesucht haben und hören dann, nach diesem mühseligen, mehr oder weniger deprimierenden Jahrzehnt, ein paar Takte eines Genies und sind erledigt, dachte ich. Wertheimer hat das nicht zugegeben, jahrelang nicht. Aber diese paar Takte Glennspiel waren sein Ende, dachte ich. Für mich nicht, denn ich hatte schon bevor ich Glenn kennengelernt habe, an Aufhören gedacht, an die Sinnlosigkeit meiner Bemühungen, wo ich hinkam, war ich immer der Beste gewesen, an diesen Zustand gewöhnt, hinderte es mich nicht, an Aufhören zu denken, an Abbrechen einer Unsinnigkeit, gegen alle Stimmen, die mir bestätigten, daß ich zu den Besten gehörte, aber zu den Besten zu gehören genügte mir nicht, ich wollte *der Beste sein oder gar keiner*, so hörte ich auf, verschenkte meinen Steinway an das Altmünsterer Lehrerkind, dachte ich. Wertheimer hatte alles auf die Klaviervirtuosenlaufbahn, wie ich sagen muß, gesetzt, ich hatte nichts auf eine solche Virtuosenlaufbahn gesetzt, das war der Unterschied. *Er* war also *tödlich* getroffen von Glenns Goldbergtakten, *ich nicht*. Der Beste sein oder gar keiner, war immer mein Anspruch gewesen, in jeder Beziehung. So landete ich schließlich auch in der Calle del Prado in der totalen Anonymität, mit schriftstellerischer Unsinnigkeit beschäftigt. Wertheimers Ziel war der Klaviervirtuose gewesen, der der musikalischen Welt seine Meisterschaft unter Beweis zu stellen hat jahraus, jahrein, bis zum Umfallen, wie ich Wertheimer kenne, bis ins hohe Greisenalter hinein. Dieses Ziel war ihm von Glenn aus den Angeln gehoben, dachte ich, wie Glenn sich hingesetzt und die ersten Takte der Goldbergvariationen gespielt hat. Wertheimer hatte ihn hören *müssen*, dachte ich, er hatte von Glenn vernichtet werden *müssen*. Wäre ich damals nicht nach Salzburg gegangen und hätte ich nicht unbedingt bei Horowitz studieren wollen, ich hätte weitergemacht und ich hätte erreicht, was ich wollte, sagte Wertheimer oft. Aber Wertheimer hat nach Salzburg gehen und den Horowitzkurs belegen müssen, wie gesagt wird. Wir sind schon vernichtet und geben doch noch nicht auf, dachte ich, dafür ist Wertheimer ein gutes Beispiel, er hat noch viele Jahre nachdem er von Glenn vernichtet worden ist, nicht aufgegeben, dachte ich. Und nicht einmal er selbst hat die Idee gehabt, sich von seinem Bösendorfer zu trennen, dachte ich, zuerst hatte ich meinen Steinway verschenken müssen, damit er die Möglichkeit hatte, seinen Bösendorfer versteigern zu lassen, er hätte seinen Bösendorfer niemals verschenkt, er mußte ihn im Dorotheum versteigern lassen, das ist charakteristisch für ihn, dachte ich. Ich verschenkte den Steinway, er versteigerte seinen Bösendorfer, dachte ich, damit ist alles gesagt. Alles Wertheimersche ist nicht aus Wertheimer selbst gekommen, sagte ich mir jetzt, alles Wertheimersche war immer nur ein Abgeschautes, ein Nachgemachtes, er schaute sich alles an mir ab, er machte mir alles nach, so hat er auch mein Scheitern von mir abgeschaut und mir nachgemacht, dachte ich. Nur sein Selbstmord war schließlich seine eigene Entscheidung und ganz aus ihm, dachte ich, so mag er am Ende, wie gesagt wird, noch eine triumphale Empfindung gehabt haben. Und möglicherweise hat er mir dadurch, daß er sich sozusagen aus freien Stücken umgebracht hat, alles voraus, dachte ich. Die schwachen Charaktere werden immer auch nur schwache Künstler, sagte ich mir, Wertheimer bestätigt das unmißverständlich, dachte ich. Wertheimers Natur war der Natur Glenns vollkommen entgegengesetzt, dachte ich, er hatte eine sogenannte *Kunstauffassung*, Glenn Gould brauchte keine. Während Wertheimer andauernd Fragen stellte, stellte Glenn überhaupt keine Fragen, niemals habe ich ihn eine Frage stellen gehört, dachte ich. Wertheimer hatte immer Angst, über seine Kräfte hinauszugehen, Glenn hatte nicht einmal die Idee, er könne einmal über seine Kräfte hinausgehen, Wertheimer entschuldigte sich übrigens alle Augenblicke, für etwas, das keinerlei Anlaß für eine Entschuldigung gewesen war, während Glenn den Begriff des Entschuldigens überhaupt nicht kannte, Glenn hat sich nie entschuldigt, obwohl andauernd Anlaß für ein Entschuldigen bestanden hat nach unseren Begriffen. Wertheimer war immer wichtig zu wissen, was die Leute über ihn denken, Glenn legte darauf nicht den geringsten Wert, wie ich selbst auch nicht, mir war es wie Glenn immer gleichgültig gewesen, was die sogenannte Umwelt über mich denkt. Wertheimer redete, auch wenn er nichts zu sagen hatte, nur weil ihm Schweigen gefährlich geworden war, Glenn schwieg auch über die weitesten Strecken, wie ich auch, der ich wie Glenn wenigstens tagelang schweigen konnte, wenn auch nicht wie Glenn, wochenlang. Allein die Angst, nicht ernst genommen zu werden, machte unseren Untergeher geschwätzig, dachte ich. Und es kam wahrscheinlich auch daher, daß er in Wien wie auch in Traich die meiste Zeit völlig auf sich allein angewiesen war damals schon, durch Wien gelaufen ist und, wie er immer sagte, mit seiner Schwester nichts redete, denn mit seiner Schwester sei auch *niemals ein Gespräch zustande* gekommen. Für seine Besitzangelegenheiten hatte er, wie er sie nannte, unverschämte Verwalter, mit welchen er nur schriftlich verkehrte. So war also auch Wertheimer ein Mensch, der durchaus schweigen konnte und möglicherweise sogar länger schweigen konnte als Glenn und ich, aber einmal mit uns zusammen, reden mußte, dachte ich. Er, der auf der besten Innenstadtadresse zuhause gewesen war, lief am liebsten nach Floridsdorf, in den Arbeiterbezirk, der durch seine Lokomotivfabrik Berühmtheit erlangt hat, nach Kagran, nach Kaisermühlen, wo die Ärmsten der Armen zuhause sind, auf den sogenannten Alsergrund oder nach Ottakring hinaus, sicher eine Perversität, dachte ich. Durch die Hintertür in abgetragenen Kleidern in proletarischer Kostümierung, um auf seinen Erkundungsläufen nicht aufzufallen, dachte ich. Stundenlang auf der Floridsdorfer Brücke stehend, beobachtete er die Vorbeigehenden, schaute ins braune, von der Chemie längst vernichtete Donauwasser, auf welchem russische und jugoslawische Frachter in Richtung Schwarzes

Meer trieben. Da habe er oft gedacht, ob es nicht sein größtes Unglück sei, in eine reiche Familie hineingeboren worden zu sein, dachte ich, denn er hat immer gesagt, er fühle sich in Floridsdorf und in Kagran wohler, als im Ersten Bezirk, unter den Floridsdorfmenschen und Kagranmenschen wohler als unter den Ersterbezirkmenschen, die ihm im Grunde immer verhaßt gewesen seien. Er suchte Gasthäuser in der Prager- und Brünnerstraße auf und bestellte sich Bier und Essigwurst, blieb stundenlang sitzen und hörte sich die Leute an, beobachtete sie, bis ihm sozusagen die Luft ausging, er hinausgehen mußte, nachhause, naturgemäß zu Fuß, dachte ich. Aber immer wieder sagte er auch, daß es ein Irrtum sei, zu glauben, als Floridsdorfer wäre er glücklicher, als Kagraner, als Alsergrundmensch, dachte ich, daß es ein Irrtum sei, anzunehmen, diese Leute hätten den Ersterbezirkmenschen wenigstens einen besseren Charakter voraus. Bei näherer Betrachtung, so er, seien auch die sogenannten Benachteiligten, die sogenannten Armen und sogenannten Zurückgebliebenen genauso charakterlos und widerwärtig angelegt in ihrem Wesen und genauso abzulehnen wie die andern, zu denen man gehört und die wir nur aus diesem Grunde als widerwärtig empfinden. Die unteren Schichten sind genauso gemeingefährlich wie die oberen, sagte er, sie gehen mit denselben Scheußlichkeiten vor, sind genauso abzulehnen wie die andern, sie sind anders, aber sie sind genauso scheußlich, sagte er, dachte ich. Der sogenannte Intellektuelle haßt seinen sogenannten Intellektuellismus und glaubt, er findet sein Heil bei den sogenannten Armen und Benachteiligten, die man früher die *Erniedrigten und Beleidigten* genannt hat, sagte er, aber er findet dort anstatt sein Heil, die gleiche Scheußlichkeit, sagte er, dachte ich. Wenn ich zwanzig- oder dreißigmal nach Floridsdorf und oder nach Kagran gegangen bin, so Wertheimer oft, habe ich den Irrtum eingesehen und ich habe mich lieber ins *Bristol* gesetzt und meinesgleichen aufs Korn genommen. Wir machen immer wieder den Versuch, aus uns herauszuschlüpfen, aber wir scheitern in diesem Versuch, lassen uns immer wieder auf den Kopf schlagen, weil wir nicht einsehen wollen, daß wir uns nicht entschlüpfen können, es sei denn durch den Tod. Jetzt ist er sich selbst entschlüpft, dachte ich, auf mehr oder weniger unappetitliche Weise. Mit fünfzig, spätestens mit einundfünfzig aufhören, hat er einmal gesagt. Am Ende hat er sich *ernst* genommen, dachte ich. Wir beobachten einen Mitschüler, wie er den Gang der Hochschule entlanggeht, dachte ich, und sprechen ihn an und haben eine sogenannte Lebensfreundschaft begründet. Wir wissen naturgemäß zuerst nicht, daß es sich um eine sogenannte Lebensfreundschaft handelt, weil wir sie am Anfang nur als Zweckfreundschaft empfinden, die wir im Augenblick haben müssen, um weiterzukommen, aber es ist auch nicht ein xbeliebiger Mensch, den wir angesprochen haben, sondern der einzig mögliche in diesem Augenblick, dachte ich, denn ich hatte ja Hunderte von Möglichkeiten, Mitschüler anzusprechen, die alle am Mozarteum studiert haben und viele, die den Horowitzkurs besucht hatten damals, aber ausgerechnet Wertheimer hatte ich angesprochen und darauf, daß wir uns in Wien schon einmal gesehen und gesprochen hätten, dachte ich, woran er sich erinnerte. Wertheimer hat ja hauptsächlich in Wien studiert, nicht wie ich am Mozarteum, auf der Wiener Akademie, die vom Mozarteum aus betrachtet, immer als die bessere Musikhochschule gegolten hat, wie umgekehrt das Mozarteum von Wien aus immer als das nützlichere Institut, dachte ich. Die an einem Institut Studierenden schätzen ihr eigenes Institut immer geringer ein, als es ist und schielen auf das Konkurrenzinstitut, vor allem die Musikstudierenden sind dafür bekannt, daß sie das Konkurrenzinstitut immer viel höher einschätzen und die Wiener Musikstudierenden dachten und glaubten immer, das Mozarteum sei besser, wie umgekehrt die Mozarteumstudenten, die Wiener Akademie sei die bessere. Im Grunde hatten und haben die Wiener Akademie wie das Mozarteum immer schon bis heute gleichgute oder gleichschlechte Lehrer gehabt, dachte ich, nur auf die Schüler ist es angekommen, diese Lehrer für ihre Zwecke in einem Höchstmaß an Rücksichtslosigkeit auszunützen. Nicht einmal auf die Qualität unserer Lehrer kommt es an, dachte ich, es kommt auf uns selbst an, denn auch schlechte Lehrer haben schließlich immer wieder Genies erzeugt, wie umgekehrt gute Lehrer Genies vernichtet haben, dachte ich. Horowitz hatte den besten Ruf, diesem besten Ruf waren wir gefolgt, dachte ich. Aber wir hatten von Glenn Gould keine Ahnung, was der für uns bedeutete. Glenn Gould war ein Schüler wie jeder andere auch, mit merkwürdigen Allüren ausgestattet zuerst, schließlich mit dem größten Talent, das es in diesem Jahrhundert jemals gegeben hat, dachte ich. Für mich war der Besuch des Horowitzkurses nicht die Katastrophe, die er für Wertheimer gewesen ist, Wertheimer war für Glenn zu schwach. So gesehen, ist Wertheimer, indem er sich für den Horowitzkurs angemeldet hat, in seine *Lebensfalle* gegangen, dachte ich. Die Falle schnappte zu, indem er Glenn zum erstenmal spielen gehört hat, dachte ich. Aus dieser

Lebensfalle ist Wertheimer nicht mehr herausgekommen. Wertheimer hätte in Wien bleiben und an der Wiener Akademie weiter studieren müssen, dachte ich, das Wort Horowitz hat ihn vernichtet, dachte ich, indirekt der *Begriff Horowitz*, wenn ihn auch tatsächlich Glenn vernichtet hat. Als wir in Amerika waren, hatte ich zu Glenn gesagt, daß er Wertheimer vernichtet habe, aber Glenn verstand gar nicht, was ich meinte. Ich hatte ihn dann auch niemehr mit diesem Gedanken belästigt. Wertheimer war nur widerwillig nach Amerika mitgefahren, auf der Reise hatte er mir immer wieder zu verstehen gegeben, daß er im Grunde Künstler verabscheue, die ihre Künstlerschaft, so Wertheimer wörtlich, so weit getrieben haben wie Glenn, die ihre Persönlichkeit vernichten, um Genie zu sein, wie sich Wertheimer damals ausgedrückt hat. Schließlich hätten Menschen wie Glenn sich am Ende zur *Kunstmaschine* gemacht, hätten mit einem Menschen nichts mehr gemein, erinnerten nur noch selten daran, dachte ich. Wertheimer neidete Glenn aber fortgesetzt diese Künstlerschaft, er war nicht fähig, sie neidlos zu bestaunen, wenn auch nicht zu bewundern, wozu auch mir alle Voraussetzungen fehlten und fehlen, ich habe niemals etwas bewundert, aber doch sehr viel im Leben bestaunt und am meisten, darf ich sagen, habe ich in meinem Leben, das möglicherweise doch ein Künstlerleben genannt zu werden verdient, über Glenn gestaunt, staunend habe ich seine Entwicklung beobachtet, staunend bin ich ihm immer wieder begegnet, habe ich seine Interpretationen, wie gesagt wird, aufgenommen, dachte ich. Ich hatte immer die Möglichkeit, meinem Staunen freien Lauf zu lassen, mich durch niemanden und durch nichts in meinem Staunen beschränken, einengen zu lassen, dachte ich. Diese Fähigkeit hatte Wertheimer niemals gehabt, in gar keiner Beziehung, dachte ich. Ich hatte ja auch niemals zum Unterschied von Wertheimer, der sehr wohl gern Glenn Gould gewesen wäre, Glenn Gould sein wollen, ich wollte immer nur ich selbst sein, Wertheimer aber war immer jenen zugehörig, die ständig und lebenslänglich und bis zur fortwährenden Verzweiflung, ein anderer, wie sie immer glauben mußten, Lebensbegünstigter sein wollen, dachte ich. Wertheimer wäre gern Glenn Gould gewesen, wäre gern Horowitz gewesen, wäre wahrscheinlich auch gern Gustav Mahler gewesen oder Alban Berg. Wertheimer war nicht imstande, *sich selbst als ein Einmaliges* zu sehen, wie es sich jeder leisten kann und muß, will er nicht verzweifeln, gleich was für ein Mensch, er ist ein einmaliger, sage ich selbst mir immer wieder und bin gerettet. Wertheimer hatte diesen Rettungsanker, nämlich sich selbst als Einmaligkeit zu betrachten, niemals in Betracht ziehen können, dazu fehlten ihm alle Voraussetzungen. Jeder Mensch ist ein einmaliger Mensch und tatsächlich, für sich gesehen, das größte Kunstwerk aller Zeiten, so habe ich immer gedacht und denken dürfen, dachte ich. Wertheimer hatte diese Möglichkeit nicht, so wollte er immer nur Glenn Gould sein oder eben Gustav Mahler oder Mozart und Genossen, dachte ich. Das stürzte ihn schon sehr früh und immer wieder ins Unglück. Wir müssen kein Genie sein, um einmalig zu sein und das auch erkennen zu können, dachte ich. Wertheimer war ein ununterbrochener *Nacheiferer*, er eiferte allem nach, von dem er glaubte, daß es besser gestellt sei als er, obwohl er nicht die Voraussetzungen dazu hatte, wie ich jetzt sehe, dachte ich, hatte er unbedingt Künstler sein wollen und ist dadurch in die Katastrophe hineingegangen. Daher auch seine Unruhe, sein ständiges, *in*ständiges Gehen, Laufen, Sichnichtruhighaltenkönnen, dachte ich. Und ließ sein Unglück an seiner Schwester aus, die er jahrzehntelang peinigte, dachte ich, in seinen Kopf einsperrte, wie ich dachte, um sie nie wieder hinauszulassen. An den sogenannten *Vortragsabenden*, an welchen die Studenten an den Konzertbetrieb gewöhnt werden, und die sämtliche im sogenannten *Wiener Saal* stattfanden, waren wir einmal zusammen aufgetreten, wie gesagt wird, *vierhändig Brahms*. Wertheimer hatte sich während des ganzen Konzerts durchsetzen wollen und damit das Konzert gründlich zerstört. Ganz bewußt zerstört, wie ich heute sehe. Nach dem Konzert hat er zu mir gesagt, *entschuldige*, nur dieses eine Wort, das war für ihn bezeichnend. Er war unfähig zum Zusammenspiel, er hatte, wie gesagt wird, *brillieren* wollen und, weil ihm das naturgemäß nicht gelungen ist, das Konzert zerstört, dachte ich. Wertheimer hat sich das ganze Leben lang immer wieder durchsetzen wollen, was ihm nie gelungen ist, in keiner Beziehung, unter keinen Umständen. Deshalb hat er sich ja auch umbringen müssen, dachte ich. Glenn hätte sich nicht umbringen müssen, dachte ich, denn Glenn hatte sich niemals durchzusetzen gehabt, er hat sich immer und überall und unter allen Umständen durchgesetzt. Wertheimer wollte immer mehr, ohne die Voraussetzungen dazu zu haben, dachte ich, Glenn hatte für alles alle Voraussetzungen. Ich selbst stelle mich hier nicht in Rechnung, was mich betrifft, kann ich aber sagen, daß ich immer wieder alle Voraussetzungen für alles mögliche gehabt, diese Voraussetzungen aber meistens ganz bewußt nicht ausgenützt habe, immer aus Indolenz,

Hochmut, Faulheit, Überdruß, dachte ich. Aber Wertheimer hatte für alles, das er angegangen ist, niemals die Voraussetzung gehabt, für nichts und wieder nichts, wie gesagt wird. Außer, daß er alle Voraussetzungen gehabt hat, ein unglücklicher Mensch zu sein. Insofern ist es ja nicht verwunderlich, daß sich eben Wertheimer umgebracht hat und nicht Glenn und auch ich nicht, obwohl mir Wertheimer immer wieder *meinen* Selbstmord vorausgesagt hat, wie so viele andere auch, die mir immer wieder zu verstehen geben, *sie* wüßten, daß *ich* mich umbringe. Wertheimers Klavierspiel war tatsächlich besser, als das aller andern am Mozarteum, das zu sagen ist wichtig, aber nachdem er Glenn gehört hatte, genügte ihm diese Tatsache nicht mehr. Wie Wertheimer spielen konnte, gelingt allen, die sich vorgenommen haben, berühmt zu werden, Meisterschaft zu erlangen, wenn sie nur die notwendigen Arbeitsjahrzehnte auf dem Klavier dafür aufwenden, dachte ich, aber wenn sie an einen Glenn Gould kommen und einen *solchen* Glenn Gould spielen gehört haben, sind sie gescheitert, wenn sie sind wie Wertheimer, dachte ich. Wertheimers Begräbnis hat nicht einmal eine halbe Stunde gedauert. Zuerst hatte ich einen sogenannten dunklen Anzug zu seinem Begräbnis anziehen wollen, mich aber dann doch dafür entschieden, in meiner Reisekleidung auf das Begräbnis zu gehn, es war mir aufeinmal lächerlich vorgekommen, mich einer Trauerkleiderordnung zu fügen, die ich schon immer gehaßt habe, wie alle Kleiderordnungen, so ging ich, wie ich die Reise nach Chur unternommen habe, in meinem Alltagsaufzug auf das Begräbnis. Zuerst hatte ich gedacht, ich gehe zu Fuß auf den Churer Friedhof, aber ich bin dann doch in ein Taxi gestiegen und habe mich vor dem Hauptportal absetzen lassen. Das Telegramm von Wertheimers Schwester, die jetzt Duttweiler heißt, hatte ich vorsorglich eingesteckt, denn in ihm war die genaue Begräbniszeit angegeben. Daß es sich um einen Unglücksfall handeln müsse, hatte ich gedacht, daß Wertheimer möglicherweise von einem Auto in Chur überfahren worden ist, da ich von keiner akuten und lebensbedrohenden Krankheit Wertheimers wußte, hatte ich alle möglichen Unglücke, vor allem aber Verkehrsunglücke, wie sie heute alltäglich sind, in Betracht gezogen, aber ich bin nicht auf den Gedanken gekommen, er könne Selbstmord begangen haben. Obwohl dieser Gedanke, wie ich jetzt sehe, dachte ich, der naheliegendste Gedanke gewesen wäre. Daß die Duttweiler das Telegramm an meine Wiener Adresse und nicht nach Madrid geschickt hat, verwunderte mich, denn woher konnte Wertheimers Schwester wissen, daß ich mich in Wien aufhalte und nicht in Madrid, dachte ich. Es ist mir bis jetzt nicht klar, woher sie wußte, daß ich in Wien und nicht in Madrid zu erreichen war, dachte ich. Möglicherweise hatte sie doch noch mit ihrem Bruder Kontakt aufgenommen gehabt vor dessen Selbstmord, dachte ich. Selbstverständlich wäre ich auch aus Madrid nach Chur gekommen, dachte ich, wenn das auch umständlicher gewesen wäre. Oder auch nicht, dachte ich, denn von Zürich nach Chur ist es ein Leichtes. Wieder einmal hatte ich mehrere Interessenten in meine Wiener Wohnung geführt, die ich seit Jahren verkaufen will, ohne einen geeigneten Käufer zu finden, auch die sich jetzt gemeldet hatten, kamen nicht in Frage. Entweder sie wollen den von mir geforderten Preis nicht bezahlen, oder schieden aus anderen Gründen aus. Ich hatte ja die Absicht, meine Wiener Wohnung *wie sie liegt und steht* zu verkaufen, also alles in allem, dazu mußten mir aber die Käufer zu Gesicht stehen und keiner von ihnen stand mir zu Gesicht, wie gesagt wird. Auch dachte ich, ob es nicht unsinnig sei, mich gerade *jetzt in diesen schwierigen Zeiten* von der Wiener Wohnung zu trennen, sie aufzugeben in einer Zeit der absoluten Unsicherheit. Niemand verkauft jetzt, wenn er nicht dazu gezwungen ist, dachte ich, und ich war ja nicht zum Verkauf meiner Wohnung gezwungen. Ich habe Desselbrunn, hatte ich immer gedacht, die Wiener Wohnung brauche ich nicht, denn ich lebe ja in Madrid und ich habe nicht die Absicht, nach Wien zurückzukommen, für alle Zeit nicht, hatte ich immer gedacht, aber dann sah ich alle diese entsetzlichen Käufergesichter, die mir den Gedanken an den Verkauf meiner Wiener Wohnung ausgetrieben haben. Und letztenendes, dachte ich, genügt Desselbrunn ja auf die Dauer nicht, mit einem Fuß in Wien, mit einem in Desselbrunn ist es besser, als nur mit Desselbrunn allein und ich dachte, daß ich im Grunde auch nicht mehr nach Desselbrunn zurückgehen werde, aber verkaufen werde ich auch Desselbrunn nicht. Ich werde die Wiener Wohnung nicht verkaufen und Desselbrunn nicht, ich werde die Wiener Wohnung aufgeben, die ich ja schon aufgegeben habe, wie ich Desselbrunn aufgebe und schon aufgegeben habe, aber weder Wien, noch Desselbrunn werde ich verkaufen, dachte ich, ich habe es nicht notwendig. Wenn ich ehrlich bin, so habe ich tatsächlich genau die Reserven, die es mir ohne weiteres möglich machen, weder Desselbrunn, noch Wien zu verkaufen, überhaupt nichts zu verkaufen. Verkaufe ich, bin ich ein Dummkopf, dachte ich. So habe ich Wien und habe Desselbrunn, wenn ich auch weder Wien, noch Desselbrunn benütze, dachte ich, aber im Hintergrund habe ich Wien und Desselbrunn und meine Unabhängigkeit ist dadurch eine viel größere Unabhängigkeit, als wenn ich Wien oder Desselbrunn nicht hätte, oder Wien *und* Desselbrunn nicht, dachte ich. Um fünf Uhr früh werden jene Begräbnisse angesetzt, die in keiner Weise auffallen sollen, dachte ich, und mit Wertheimers Begräbnis hatten genauso die Duttweiler wie die Friedhofsverwaltung von Chur kein Aufsehen machen wollen. Wertheimers Schwester sagte mehrere Male, daß es sich beim Begräbnis ihres Bruders *um ein vorläufiges* handle, sie habe die Absicht, ihren Bruder eines Tages nach Wien *überführen* zu lassen, um ihn im Wertheimerschen Familiengrab auf dem Döblinger Friedhof beizusetzen. Im Augenblick wäre aber eine Überführung ihres Bruders nicht in Frage gekommen, warum nicht, sagte sie nicht, dachte ich. Die Wertheimergruft ist eine der größten auf dem Döblinger Friedhof, dachte ich. Möglicherweise *im Herbst* hatte Wertheimers Schwester, verehelichte Duttweiler gesagt, dachte ich. Der Herr Duttweiler hat einen Cut angehabt, dachte ich, und Wertheimers Schwester zu der Grube geführt, die ganz am anderen Ende des Churer Friedhofs, also schon am Rand des Müllberges, ausgehoben worden war. Da niemand etwas gesprochen hat und der Sarg mit Wertheimer mit einer unglaublichen Geschicklichkeit der Leichenbestatter ungemein schnell in der Grube versenkt war, hatte das Begräbnis nicht länger als zwanzig Minuten gedauert. Ein schwarzgekleideter Herr, der offensichtlich zur Bestattungsfirma gehörte, mit Sicherheit sogar der Besitzer des Bestattungsunternehmens gewesen war, dachte ich, hatte etwas sagen wollen, aber Herr Duttweiler hatte ihm schon, bevor er noch mit seiner Rede begonnen hatte, seine Rede abgeschnitten gehabt. Ich selbst war unfähig gewesen, Blumen zu besorgen und mitzubringen, das habe ich in meinem Leben nie getan, um so deprimierender war die Tatsache gewesen, daß auch die Duttweiler keine Blumen mitgebracht hatten, wahrscheinlich, denke ich, weil Wertheimers Schwester der Auffassung gewesen war, daß zum Begräbnis ihres Bruders keine Blumen passen, und sie hatte ja mit dieser Auffassung recht gehabt, dachte ich, wenn dieses völlig blumenlose Begräbnis auch einen fürchterlichen Eindruck auf alle Beteiligten gemacht hat. Herr Duttweiler gab den Leichenbestattern noch an der offenen Grube jeweils zwei Geldscheine, was abstoßend wirkte, aber doch zu dem ganzen Begräbnisvorgang paßte. Wertheimers Schwester schaute in die Grube hinein, ihr Mann tat das

nicht, ich auch nicht. Ich ging hinter dem Ehepaar Duttweiler aus dem
Friedhof hinaus. Vor dem Portal drehten sich die beiden nach mir um und
sprachen eine Einladung zum Mittagessen aus, die ich aber nicht angenommen habe. Das war sicher nicht richtig, dachte ich jetzt im Gasthaus.
Wahrscheinlich hätte ich doch von den beiden und insbesondere von
Wertheimers Schwester Wichtiges, mir Nützliches erfahren können,
dachte ich, so verabschiedete ich mich und stand plötzlich allein da. Chur
interessierte mich nicht mehr und ich ging zum Bahnhof und fuhr mit
dem nächsten Zug Richtung Wien. Es ist ganz natürlich, daß wir nach
einem Begräbnis längere Zeit intensiv an den Begrabenen denken, noch
dazu, wenn er ein naher, dazu auch noch ein inniger Freund gewesen ist,
mit welchem wir jahrzehntelang verbunden gewesen sind, und ein sogenannter Mitschüler ist immer ein außerordentlicher Lebens- und Exi-
stenzbegleiter, weil er sozusagen ein *Ur*zeuge unserer Verhältnisse ist,
dachte ich, und ich beschäftigte mich auf der Fahrt über Buchs und die
liechtensteinische Grenze mit nichts anderem als mit Wertheimer. Daß er
in ein tatsächlich riesiges Vermögen hineingeboren, mit diesem riesigen
Vermögen nichts anfangen hatte können zeitlebens, immer unglücklich
gewesen ist in diesem riesigen Vermögen, dachte ich. Daß seine Eltern
unfähig gewesen sind, ihm, wie gesagt wird, die Augen zu öffnen, daß sie
es gewesen sind, die schon das Kind deprimiert haben, dachte ich. *Eine
deprimierende Kindheit habe ich gehabt*, so Wertheimer immer, *eine deprimierende Jugend habe ich gehabt*, so er, *eine deprimierende Studienzeit
habe ich gehabt, einen mich deprimierenden Vater habe ich gehabt, eine mich
deprimierende Mutter, deprimierende Lehrer, eine mich immerfort deprimierende Umwelt*. Daß sie (seine Eltern und Erzieher) seine Gefühle immer
verletzt und seinen Verstand genauso immer vernachlässigt haben, dachte
ich. Daß er niemals ein Zuhause gehabt hat, dachte ich, noch immer im
Gastzimmer stehend, weil seine Eltern ihm kein Zuhause gegeben haben,
weil sie unfähig waren, ihm ein Zuhause zu geben. Daß er wie kein anderer immer von Familie gesprochen hat, weil die Seinigen keine Familie
gewesen sind. Daß er schließlich nichts mehr gehaßt hat, als seine Eltern,
die er immer nur als seine Zugrunderichter und Vernichter bezeichnet hat.
Daß er nach dem Tod seiner Eltern, die mit ihrem Auto in der Nähe von
Brixen in eine Schlucht gestürzt sind, letztenendes niemanden mehr gehabt hat als seine Schwester, weil er alle andern, einschließlich mich, vor
den Kopf gestoßen und die Schwester vollkommen in Besitz genommen

hat, dachte ich, skrupellos. Daß er immer alles gefordert, aber nichts gegeben hat, dachte ich. Daß er immer wieder auf die Floridsdorfer Brücke gegangen ist, um sich hinunterzustürzen, ohne sich tatsächlich hinunterzustürzen, daß er Musik studiert hat, um ein Klaviervirtuose zu werden, ohne ein Klaviervirtuose geworden zu sein, daß er schließlich, wie er selbst immer wieder gesagt hat, in die Geisteswissenschaften geflüchtet ist, ohne zu wissen, was diese Geisteswissenschaften sind, dachte ich. Daß er einerseits seine Möglichkeiten überschätzt, andererseits unterschätzt hat, dachte ich. Daß er auch von mir immer mehr gefordert hat, als er mir gegeben hat, dachte ich. Daß er seine Ansprüche an mich, wie an Andere auch, immer zu hoch angesetzt hat, und diese seine Ansprüche niemals erfüllt werden konnten und er dadurch immer unglücklich zu sein hatte, dachte ich. Wertheimer ist als ein unglücklicher Mensch geboren worden, das hatte er gewußt, aber doch, wie alle andern unglücklichen Menschen auch, nicht einsehen wollen, daß er unglücklich zu sein *habe*, wie er glaubte und die andern nicht, das deprimierte ihn, brachte ihn aus der Verzweiflung nicht mehr heraus. *Glenn ist ein glücklicher Mensch, ich bin ein unglücklicher*, hat er oft gesagt, während ich ihm geantwortet habe, daß nicht gesagt werden könne, Glenn sei ein glücklicher, während er, Wertheimer, tatsächlich ein unglücklicher Mensch sei. Immer ist es zutreffend, wenn wir sagen, dieser oder jener Mensch sei ein unglücklicher Mensch, sagte ich zu Wertheimer, dachte ich, während es niemals zutrifft, wenn wir sagen, dieser oder jener sei ein glücklicher. Aber von Wertheimer aus war Glenn Gould immer ein glücklicher Mensch gewesen, wie auch ich, wie ich weiß, weil er es mir oft genug gesagt hat, dachte ich, mir den Vorwurf gemacht hat, daß ich glücklich sei oder wenigstens glücklicher als er, der sich die meiste Zeit als der Allerunglücklichste einschätzte. Daß Wertheimer aber auch alles getan habe, um unglücklich zu sein, jener unglückliche Mensch zu sein, von welchem er immer gesprochen hat, dachte ich, denn zweifellos hatten seine Eltern ja versucht, ihren Sohn glücklich zu machen, immer wieder, aber Wertheimer hat sie immer zurückgestoßen, wie er auch seine Schwester immer zurückgestoßen hat, wenn sie versuchte, ihn glücklich zu machen. Wie kein Mensch, so war auch Wertheimer nicht ununterbrochen der Unglückliche, der, wie er glaubte, von seinem Unglück vollkommen in Besitz genommen ist. Ich erinnere mich, daß er gerade während des Horowitzkurses glücklich gewesen ist, mit mir (und mit Glenn) Spaziergänge gemacht hat, die ihn glücklich gemacht haben, daß er auch sein Alleinsein in Leopoldskron zu einem glücklichen Zustand zu machen imstande gewesen war, wie meine Beobachtungen beweisen, dachte ich, aber tatsächlich war das alles aus, wie er zum erstenmal Glenn die Goldbergvariationen spielen gehört hat, an die Wertheimer sich, wie ich weiß, dann niemals herangetraut hat. Ich selbst hatte schon früh und lange vor Glenn Gould den Versuch gemacht, die Goldbergvariationen zu spielen, ich hatte niemals vor ihnen Angst gehabt zum Unterschied von Wertheimer, der die Goldbergvariationen sozusagen immer für später hinausgeschoben hat, dachte ich, diese Mutlosigkeit einem solchen ungeheuerlichen Werk wie die Goldbergvariationen gegenüber, hatte ich nie gehabt, unter solcher Mutlosigkeit niemals gelitten, mir über eine solche Unverschämtheit nie den Kopf zerbrochen, ja mir nicht einmal Gedanken darüber gemacht, so daß ich sie ganz einfach einzustudieren begann und schon Jahre vor dem Horowitzkurs zu spielen *wagte*, natürlich auswendig und nicht schlechter, als viele unserer berühmten Leute, aber naturgemäß nicht so, wie es mir wünschenswert gewesen wäre. Wertheimer ist immer der ängstliche Typus gewesen, völlig ungeeignet schon aus diesem gravierenden Grunde für eine Virtuosenlaufbahn noch dazu auf dem Klavier, für welche vor allem eine radikale Furchtlosigkeit gegenüber allem und jedem zu fordern ist, dachte ich. Der Virtuose, noch dazu der Weltvirtuose, darf überhaupt nichts fürchten, dachte ich, gleich, was für ein Virtuose er ist. Wertheimers Angst war immer deutlich, er hatte sie niemals auch nur leicht kaschieren können. Eines Tages mußte sein Konzept zusammenbrechen, dachte ich, wie es ja auch zusammengebrochen ist und nicht einmal dieser Zusammenbruch seines Konzepts als Künstler ist sein eigener gewesen, war erst durch meinen eigenen Entschluß, mich endgültig von meinem Steinway und von einer Virtuosenkarriere zu trennen, ausgelöst worden, dachte ich. Daß er alles von mir übernommen hat oder fast alles, dachte ich, auch alles das, das zwar mir, aber nicht ihm entsprochen hat, vieles, das mir nützlich, ihm aber schädlich sein mußte, dachte ich. Der Nacheiferer eiferte mir in allem nach, auch da, wo es ganz offensichtlich nicht anders als gegen ihn gerichtet gewesen ist, dachte ich. Ich bin Wertheimer immer nur schädlich gewesen, dachte ich, und diesen Vorwurf gegen mich werde ich solange ich lebe, nicht aus meinem Kopf herausbringen, dachte ich. Wertheimer war unselbständig, dachte ich. In vielem feinfühliger als ich, aber, das war sein größter Fehler, letztenendes nur *mit falschen Gefühlen* ausgestattet, tatsächlich ein *Untergeher*, dachte ich. Weil er nicht den Mut gehabt hat, sich das für ihn Wichtige von Glenn abzuschauen, schaute er sich von mir alles ab, was ihm aber nichts nützte, denn von mir hatte er sich nichts für ihn Taugliches abzuschauen, immer nur für ihn Untaugliches, was er aber nicht einsehen wollte, obwohl ich ihn immer wieder darauf aufmerksam gemacht habe, dachte ich. Wenn er Kaufmann und also Betreiber des Imperiums seiner Eltern geworden wäre, dachte ich, wäre er glücklich gewesen, in seinem Sinne glücklich, aber für einen solchen Entschluß hatte ihm auch der Mut gefehlt, *die kleine Kehrtwendung*, von der ich ihm gegenüber öfter gesprochen habe, auf die er aber nie eingegangen ist. Er wollte Künstler sein, *Lebenskünstler* genügte ihm nicht, obwohl doch gerade dieser Begriff alles ist, das uns glücklich macht, wenn wir hellsichtig sind, dachte ich. Schließlich war er in sein Scheitern verliebt, wenn nicht sogar vernarrt gewesen, dachte ich, hatte sich in dieses sein Scheitern verbohrt bis an sein Ende. Tatsächlich könnte ich ja sagen, er war zwar unglücklich in seinem Unglück, aber er wäre noch unglücklicher gewesen, hätte er über Nacht sein Unglück verloren, wäre es ihm von einem Augenblick auf den anderen weggenommen worden, was wiederum ein Beweis dafür wäre, daß er im Grunde gar nicht unglücklich gewesen ist, sondern glücklich und sei es durch und mit seinem Unglück, dachte ich. Viele sind ja, weil sie tief im Unglück stecken, im Grunde glücklich, dachte ich und ich sagte mir, daß Wertheimer wahrscheinlich tatsächlich glücklich gewesen ist, weil er sich seines Unglücks fortwährend bewußt gewesen ist, sich an seinem Unglück erfreuen konnte. Der Gedanke erschien mir aufeinmal gar nicht absurd, nämlich zu denken, daß er Angst hatte, daß er sein Unglück verlieren könne aus irgendeinem mir nicht bekannten Grund und deshalb nach Chur und nach Zizers gefahren ist und sich umgebracht hat. Möglicherweise müssen wir davon ausgehen, daß es den sogenannten unglücklichen Menschen gar nicht gibt, dachte ich, denn die meisten machen wir ja erst dadurch unglücklich, daß wir ihnen *ihr Unglück* wegnehmen. Wertheimer hatte Angst, *sein Unglück* zu verlieren und hat sich aus diesem und keinem anderen Grund umgebracht, dachte ich, durch einen raffinierten Kunstgriff hat er sich der Welt entzogen, sozusagen ein Versprechen eingelöst, an das schon keiner mehr geglaubt hat, dachte ich, genau der Welt entzogen, die ihn wie seine Millionen anderen Leidensgenossen tatsächlich immer nur glücklich machen wollte, was er aber mit der größten Rücksichtslosigkeit gegen sich und gegen alles andere zu verhindern wußte, weil er wie diese anderen auch, sich auf die tödliche Weise, an sein Unglück wie an nichts sonst gewöhnt hatte. Nach Studienabschluß hätte Wertheimer mehrere Konzerte geben können, aber abgelehnt, dachte ich, sie wegen Glenn nicht angenommen, es war ihm unmöglich geworden, öffentlich zu spielen, *allein der Gedanke, auf ein Podium gehen zu müssen, verursacht mir Übelkeit*, hat er gesagt, dachte ich. Zahlreiche Einladungen hat er bekommen, dachte ich, und alle diese Einladungen abgelehnt, nach Italien hätte er fahren können, nach Ungarn, in die Tschechoslowakei, nach Deutschland, denn er hatte sich unter den Agenten, wie gesagt wird, einen guten Namen gemacht allein durch die Vortragsabende im Mozarteum. Alles in ihm aber war nichts als Mutlosigkeit gewesen im Hinblick auf die Art und Weise, wie Glenn mit den Goldbergvariationen triumphiert hat. Wie kann ich jetzt, da ich Glenn gehört habe, auftreten, sagte er oft, während ich ihm immer wieder zu verstehen gegeben habe, daß er besser spiele als alle andern, *wenn auch nicht so gut wie Glenn*, was ich nicht zu ihm sagte, was aber doch immer aus allem, das ich sagte, herauszuhören gewesen war. Der *Klavierkünstler*, sagte ich zu Wertheimer, und ich hatte sehr oft diesen Begriff des Klavierkünstlers gebraucht, wenn ich mit Wertheimer über die Klavierkunst gesprochen habe, um das widerwärtige *Pianist* zu vermeiden, der Klavierkünstler also darf sich durch ein Genie nicht so weit beeindrucken lassen, daß er gelähmt ist, denn Tatsache ist doch, daß du dich so von Glenn beeindrucken hast lassen, daß du jetzt gelähmt bist, du, das außerordentlichste Talent, das jemals auf das Mozarteum gegangen ist, sagte ich, und ich sagte damit die Wahrheit, denn Wertheimer war tatsächlich ein solches außerordentliches Talent und das Mozarteum hat ein solches außerordentliches Talent auch nicht mehr gesehen, wenn Wertheimer, wie gesagt, auch nicht ein Genie gewesen ist wie Glenn. Nicht gleich von einem solchen kanadisch-amerikanischen Wirbelwind umwerfen lassen, hatte ich zu Wertheimer gesagt, dachte ich. Die nicht so außerordentlich wie Wertheimer waren, hatten sich von Glenn nicht in dieser tödlichen Weise irritieren lassen, dachte ich, hatten andererseits auch nicht das Genie Glenn Gould erkannt. Wertheimer hatte den genialen Glenn Gould erkannt und war tödlich getroffen, dachte ich. Und wenn wir zu lange aussetzen und ablehnen, haben wir aufeinmal nicht mehr den Mut und dadurch nicht mehr die Kraft, aufzutreten, dachte ich, und Wertheimer hatte, nachdem er zwei Jahre nach Studienabschluß alle Einladungen abgelehnt hatte, keinerlei Mut mehr, aufzutreten, nicht mehr die Kraft, überhaupt einer Agentur zu antworten, dachte ich. Was sich Glenn leisten konnte, nämlich von einem Augenblick auf den andern den Entschluß wahrzumachen, nicht mehr aufzutreten und doch sich noch weiter zu perfektionieren bis an die äußerste Grenze seiner und im Grunde aller klavierinstrumentalen Möglichkeiten und durch Isolation erst recht zu dem Außerordentlichsten aller Außerordentlichen und schließlich noch dazu der Weltberühmteste zu werden, war Wertheimer naturgemäß nicht möglich. Indem er sich scheute, aufzutreten, verlor er allmählich nicht nur den Zusammenhang mit dem *Konzertbetrieb*, wie ohne weiteres gesagt werden kann, sondern auch seine Fähigkeiten, denn Wertheimer war nicht wie Glenn gerade dadurch, daß er sich isolierte, nocheinmal und in höchstem Maße steigerungsfähig in seiner Kunst, Wertheimer war im Gegenteil durch die Isolation mehr oder weniger erledigt. Was mich betrifft, so spielte ich noch ein paarmal in Graz und Linz, auch einmal in Koblenz am Rhein durch Vermittlung einer Studienkollegin, und hörte ganz auf. Ich hatte mein Vergnügen am Klavierspiel nicht mehr, ich hatte nicht die Absicht, mich lebenslänglich bestätigen zu müssen einer Öffentlichkeit, die mir inzwischen und wie mir schien, ganz natürlich über Nacht, völlig gleichgültig geworden war. Wertheimer war aber diese Öffentlichkeit durchaus nicht gleichgültig, er litt unter einem ununterbrochenen künstlerischen Bestätigungszwang, wie ich sagen muß, wie übrigens Glenn auch und Glenn vielleicht in noch viel höherem Maße als Wertheimer, aber Glenn ist eben gelungen, was Wertheimer sich immer nur erträumt hatte, dachte ich. Glenn Gould war der geborene Virtuose in jeder Beziehung, dachte ich, Wertheimer von vornherein der Gescheiterte, der sein Scheitern nicht einsehen und lebenslänglich nicht begreifen konnte, war er auch einer unserer besten Klavierspieler überhaupt, wie ich ohne Einschränkung sage, so war er doch der typische Gescheiterte, der bei der allerersten tatsächlichen Konfrontation, nämlich mit Glenn, scheiterte, scheitern mußte. Glenn war das Genie, Wertheimer war nichts als Ehrgeiz, dachte ich. Tatsächlich hat Wertheimer später versucht, Anschluß zu finden, wie gesagt wird, aber keinen Anschluß mehr gefunden. Er war aufeinmal von der Klavierkunst *abgetrennt* gewesen, dachte ich. Und ist, wie er selbst immer wieder gesagt hat, in die sogenannten Geisteswissenschaften hineingegangen, ohne zu wissen, was diese Geisteswissenschaften sind, dachte ich. Ist auf den Aphorismus gekommen, böswillig gesagt, auf den Pseudophilosophismus, dachte ich. Hat jahrelang vor sich hin gespielt und dabei mehr oder weniger nichts anderes zustande gebracht als musikalische Gekränktheit, dachte ich. Versuchte es plötzlich nurmehr noch sozusagen als Zweitschopenhauer, Zweitkant, Zweitnovalis und untermalte diese pseudophilosophische Verlegenheit mit Brahms und Händel, mit Chopin und Rachmaninow. Und empfand sich selbst nurmehr noch als abstoßend, jedenfalls hatte ich diesen Eindruck dann, als ich ihn nach Jahren wiedergesehen hatte, gehabt. Der Bösendorfer war ihm nurmehr noch ein Mittel dafür gewesen, seinen Geisteswissenschaftsweg musikalisch *auszugestalten*, hierher paßt dieses häßliche Wort, dachte ich. In zwei Jahren hat er praktisch alles verloren; was er in den zwölf Studienjahren vorher erreicht gehabt hat, dachte ich, war nicht mehr anzuhören gewesen, ich erinnere mich, daß ich ihn in Traich aufgesucht habe vor zwölf oder dreizehn Jahren und erschüttert war über seine *Klimperei*, denn etwas anderes hatte er mir ja nicht vorgeführt in einem Anfall von Kunstsentimentalität, daß er mir mit seinem Vorschlag, etwas vorzuspielen, ganz bewußt seinen totalen Kunstverfall hatte vorführen wollen, glaubte ich nicht, schon eher, daß er die Hoffnung gehabt hat, ich ermunterte ihn nun doch und jetzt erst recht zu einer Karriere, an die er selbst ja schon beinahe ein Jahrzehnt nicht mehr geglaubt hat, aber von Ermunterung meinerseits konnte keine Rede sein, ich hatte ihm ganz klar gesagt, daß er am Ende sei, daß er die Finger vom Klavierspiel lassen soll, eine Peinlichkeit sei es, nichts sonst, ihm zuhören zu müssen, sein Spiel hätte mich in die größte Verlegenheit und in die tiefste Traurigkeit gestürzt. Er klappte den Bösendorferdeckel zu, stand auf und ging ins Freie, kehrte zwei Stunden nicht zurück, sprach den ganzen Abend kein Wort mehr, dachte ich. Das Klavier war ihm nicht mehr möglich gewesen, die sogenannten Geisteswissenschaften waren kein Ersatz, dachte ich. Angetreten, um große Virtuosen zu werden, fristen sie ihr Dasein jetzt schon jahrzehntelang nurmehr noch als Klavierlehrer, dachte ich, unsere ehemaligen Mitschüler, nennen sich akademische Musikpädagogen und existieren eine scheußliche Pädagogenexistenz, sind auf talentlose Schüler und deren größenwahnsinnige und kunsthabgierige Eltern angewiesen und träumen in ihren Kleinbürgerwohnungen von ihrer Musikpädagogenpension. Achtundneunzig Prozent aller Musikhochschulstudenten treten mit dem höchsten Anspruch an unseren Akademien an und verbringen nach dem Hochschulabschluß ihre Lebensjahrzehnte als sogenannte Musikprofessoren aufs lächerlichste, dachte ich. Diese Existenz ist mir und ist auch Wertheimer erspart geblieben, dachte ich, aber auch jene, die ich immer um nichts weniger gehaßt habe und die unsere bekannten und berühmten Klavierspieler von einer Großstadt zur andern und schließlich von einem Kurort zum andern und schließlich von einem Provinznest zum andern führt, bis die Finger erlahmen und die Interpretensenilität von ihnen total Besitz ergriffen hat. Kommen wir in ein kleines Nest, so sehen wir mit Sicherheit auf einem an einen Baum genagelten Plakat den Namen eines unserer ehemaligen Mitschüler, der in dem einzigen Saal des Ortes, meist ist es ein verkommener Wirtshaussaal, Mozart, Beethoven und Bartók spielt, dachte ich, und es dreht uns den Magen um. Ein solches unwürdiges Schicksal ist uns erspart geblieben, dachte ich. Von tausend Klavierspielern gehen nur ein oder zwei nicht diesen erbarmungswürdigen, abstoßenden Weg, dachte ich. Heute weiß kein Mensch, daß ich einmal Klavier studiert habe, wie gesagt werden kann, daß ich eine Hochschule für Musik besucht habe und abgeschlossen habe und tatsächlich einer der besten Klavierspieler Österreichs, wenn nicht Europas gewesen bin, wie auch Wertheimer, dachte ich, heute schreibe ich diese Unsinnigkeiten, von welchen ich mir zu sagen getraue, sie seien *essayistisch*, um auch dieses gehaßte Wort wieder einmal zu gebrauchen auf dem Weg meiner Selbstzerstörung, schreibe diese essayistischen Auslassungen, die ich am Ende doch immer verfluchen und zerreißen und also vernichten muß, und kein Mensch weiß mehr, daß ich einmal selbst die Goldbergvariationen gespielt habe, wenn auch nicht so gut, wie Glenn Gould, den zu beschreiben ich mich seit Jahren bemühe, weil ich mich für authentischer halte in dieser Beschreibung als andere, daß ich auf das Mozarteum gegangen bin, das noch immer als eine der allerersten Musikhochschulen auf der ganzen Welt *gilt* und daß ich selbst Konzerte gegeben habe und nicht nur in Bad Reichenhall und Bad Krozingen, dachte ich. Daß ich einmal ein fanatischer Musikschüler gewesen bin, ein fanatischer Klaviervirtuose, der sich ebenbürtig mit Glenn Gould an Brahms und an Bach und an Schönberg gemessen hat. Während mir persönlich aber diese Verheimlichung immer von Vorteil und also von der größten Nützlichkeit gewesen ist, dachte ich, hat diese Verheimlichung meinem Freund Wertheimer immer zutiefst geschadet, ich habe mich an dieser Verheimlichung immer aufgerichtet, er ist von dieser Verheimlichung immer nur angekränkelt und krank gemacht worden, schließlich, wie ich jetzt ganz fest glaube, *getötet* worden. Mir war die Tatsache, daß ich über fünfzehn Jahre Tag und Nacht Klavier gespielt und es in dieser Übung schließlich zur ganz und gar außerordentlichen Perfektion gebracht habe, immer eine Waffe nicht nur gegen meine Umwelt, sondern auch gegen mich selbst gewesen, Wertheimer hat immer darunter *gelitten*. In allem und jedem ist mir die Tatsache meines Klavierstudiums immer nützlich, will sagen, immer entscheidend gewesen und gerade weil davon niemand mehr etwas weiß, weil es vergessen ist und weil ich es verheimliche. Wertheimer ist aber dieselbe Tatsache immer zum Unglück gewesen, ununterbrochener Anlaß zur Existenzdepression, dachte ich. Ich war viel besser als die meisten andern auf der Akademie, dachte ich, und habe von einem Augenblick auf den andern *aufgehört*, das hat mich stark gemacht, stärker als die, dachte ich, die nicht aufgehört haben und die nicht besser gewesen sind als ich und die in ihrem Dilettantismus eine lebenslängliche Zuflucht gefunden haben, sich Professoren nennen und mit Auszeichnungen und Orden zudecken lassen, dachte ich. Alle diese musikalischen Dummköpfe, die die Akademien abgeschlossen und ihre Konzerttätigkeit aufgenommen haben, wie gesagt wird, dachte ich. Ich habe niemals die Konzerttätigkeit aufgenommen, dachte ich, mein Kopf hat es mir verboten, aber aus einem ganz anderen Grund habe ich die sogenannte Konzerttätigkeit nicht aufgenommen als Wertheimer, der sie, wie gesagt, wegen Glenn Gould nicht aufgenommen hat oder wenigstens schon gleich wieder abgebrochen hat, wie gesagt wird, wegen Glenn Gould, mir hat mein Kopf die Aufnahme der Konzerttätigkeit verboten, Wertheimer war von Glenn Gould daran gehindert worden. Eine Konzerttätigkeit ist das Fürchterlichste, das sich vorstellen läßt, gleich was für eine, spielen wir Klavier vor einem Publikum, ist es entsetzlich, spielen wir Geige vor einem Publikum, ist es entsetzlich, ganz zu schweigen von der Entsetzlichkeit, die wir zu ertragen haben, wenn wir vor einem Publikum singen, dachte ich. Es ist unser größtes Kapital, wenn wir sagen können, wir haben an einer berühmten Hochschule studiert und haben an dieser berühmten Hochschule unseren Abschluß gemacht, wie gesagt wird, und machen nichts daraus und verschweigen das Ganze, dachte ich. Verplempern dieses Vermögen nicht durch jahrelange und jahrzehntelange Konzertauftritte etcetera, dachte ich, sondern betrachten das Ganze als ein abgeschlossenes Kapitel, um es zu verheimlichen. Aber ich selbst bin immer ein Verheimlichungsgenie gewesen, dachte ich, ganz im Gegensatz zu Wertheimer, der im Grunde nichts verheimlichen konnte, auch über alles im-

mer reden hat müssen, alles aus sich heraus veräußern hat müssen, solange
er gelebt hat. Aber natürlich hatten wir zum Unterschied von den meisten
andern, das Glück, kein Geld verdienen zu müssen, weil wir von Anfang
an genug gehabt haben. Während Wertheimer aber jener gewesen ist, der
sich dieses Geldes immer geschämt hat, habe ich selbst mich niemals dieses
Geldes geschämt, dachte ich, denn das wäre doch das Verrückteste, sich
des Geldes zu schämen, in das man hineingeboren ist, wenigstens wäre es
meiner Ansicht nach eine Perversität, auf jeden Fall ein abstoßendes Geheucheltes, dachte ich. Wo wir hinschauen, heucheln die Leute, indem sie
andauernd sagen, sie schämten sich des Geldes, das sie haben und das
andere nicht haben, während es doch in der Natur der Sache ist, daß die
einen Geld haben und die andern keins und einmal haben diese kein Geld
und die andern haben eins und umgekehrt, daran wird sich nichts ändern,
und die einen trifft keine Schuld daran, daß sie Geld haben, wie die
andern, daß sie keins haben etcetera, dachte ich, was aber nicht verstanden
wird, weder von den einen, noch von den andern, weil sie letztenendes
doch nur die Heuchelei kennen und sonst nichts. Ich habe mir niemals
den Vorwurf gemacht, Geld zu haben, dachte ich, Wertheimer machte
sich andauernd diesen Vorwurf, ich habe niemals gesagt, ich leide darunter, reich zu sein wie Wertheimer, der das sehr oft gesagt hat und der auch
vor den unsinnigsten Spendenmanövern nicht zurückschreckte, die ihm
letztenendes nichts genützt haben, diese Millionen nämlich, die er beispielsweise in die afrikanische Sahelzone geschickt hat und die dort, wie er
später erfahren hat, niemals angekommen sind, weil sie von jenen katholischen Organisationen aufgefressen worden sind, an die er sie überweisen hat lassen. Die Unsicherheit des Menschen ist seine Natur, seine
Verzweiflung hat Wertheimer sehr oft und sehr richtig gesagt, nur ist es
ihm nie gelungen, sich an seine eigenen Aussprüche zu halten, sich an
ihnen *fest*zuhalten, er hatte immer ein ungeheures, ein tatsächlich ungeheures *Theoretisches* im Kopf (und in seinen Aphorismen!), dachte ich,
tatsächlich die rettende Lebens- und Existenzphilosophie, aber er war
unfähig, sie sich selbst zuzuführen. In der Theorie meisterte er alle Unbe-
quemlichkeiten des Lebens, alle Verzweiflungszustände, das ganze zer-
mürbende Böse auf der Welt, *aber praktisch war er dazu nicht und niemals
imstande.* So war er ganz gegen seine eigenen Theorien immer weiter
zugrunde gegangen bis in den Selbstmord hinein, dachte ich, bis nach
Zizers, seiner lächerlichen Endstation, dachte ich. Theoretisch hat er im-

mer nur gegen den Selbstmord gesprochen, ihn aber ohne weiteres *mir* zugetraut, ist er immer wieder auf *mein* Begräbnis gegangen, praktisch hat *er* sich umgebracht und *ich* bin auf *sein* Begräbnis gegangen. Theoretisch ist er einer der größten Klaviervirtuosen der Welt geworden, einer der allerberühmtesten Künstler überhaupt (wenn auch nicht ein solcher wie Glenn Gould!), praktisch hat er auf dem Klavier nichts erreicht, dachte ich, und ist auf die erbärmlichste Weise in seine sogenannten Geisteswissenschaften hinein geflohen. Theoretisch war er ein Existenzbeherrscher, praktisch hat er seine Existenz nicht nur nicht beherrscht, sondern ist von ihr vernichtet worden, dachte ich. Theoretisch war er unser, nämlich mein und Glenns Freund, praktisch ist er es nie gewesen, dachte ich, denn wie zu seinem Virtuosentum, hat ihm auch zur *tatsächlichen* Freundschaft, alles gefehlt, wie sein Selbstmord beweist, dachte ich. Fazit ist: *er* hat sich umgebracht, nicht *ich*, dachte ich, ich hob gerade meine Tasche vom Boden auf, um sie auf die Bank zu stellen, da trat die Wirtin ein. Überrascht sei sie, sagte sie, hätte mich nicht gehört, ich dachte, sie belügt mich. Mit Sicherheit hat sie mich sogar in das Gasthaus hereingehen gesehen, mich die ganze Zeit beobachtet, absichtlich das Gastzimmer nicht betreten, die widerwärtige, abstoßende, gleichzeitig anziehende Natur, die ihre Bluse bis zum Bauch herunter offen hatte. Die Gemeinheit dieser Menschen, die sie gar nicht mehr verbergen, dachte ich, offen zur Schau stellen, dachte ich. Die das Verbergen ihrer Gemeinheit, Niedrigkeit nicht notwendig haben, sagte ich mir. Das Zimmer, das ich immer gehabt habe, so sie, sei ungeheizt, aber wahrscheinlich sei es gar nicht notwendig, zu heizen, denn es wehe ein warmer Wind, sie werde die Fenster des Zimmers öffnen und die warme Frühlingsluft hereinlassen, sagte sie, während sie die Absicht hatte, ihre Bluse zuzuknöpfen, ohne die Bluse dann tatsächlich zuzuknöpfen. Wertheimer sei bei ihr gewesen, bevor er nach Zizers abgereist sei. Daß er sich umgebracht habe, habe sie vom Frächter erfahren, der Frächter habe es von einem der Holzknechte gehört, die Wertheimers Besitz betreuen und bewachen, vom Kohlroser (Franz). Es sei nicht klar, wer Traich jetzt in Besitz nehmen wird, sagte sie, die Schwester Wertheimers sicher nicht, meinte sie, die sei für immer in die Schweiz. Sie habe sie nur zweimal in den letzten zehn Jahren gesehen, eine *unzugängliche Frau*, ganz anders als der Bruder, der umgänglich gewesen sei, sie gebrauchte sogar den Ausdruck *leutselig*, was mich verwunderte, denn ich hatte das Wort leutselig niemals mit Wertheimer in Beziehung gebracht. Wertheimer sei zu allen Leuten *gut* gewesen, sagte sie, tatsächlich sagte sie *gut*, im gleichen Atemzug aber auch, er habe Traich *stehenlassen*. In letzter Zeit seien oft Fremde in Traich erschienen, tagelang, ja wochenlang geblieben, ohne daß Wertheimer selbst in Traich aufgetaucht sei, Leute, die von Wertheimer den Schlüssel zu Traich ausgehändigt bekommen hatten, wie sie sagte, Künstler, Musiker, ihr Tonfall bei den Wörtern *Künstler* und *Musiker* war ein verächtlicher. Diese Leute, so sie, hätten Wertheimer und sein Traich nur ausgenützt, sich tagelang und wochenlang auf seine Kosten angetrunken und angegessen, seien bis zu Mittag in den Betten liegen geblieben, durch den Ort gezogen mit lautem Gelächter in verrückten Kleidern, alle verwahrlost, wie sie meinte, hätten sie den schlechtesten Eindruck gemacht. An Wertheimer selbst, meinte sie, sei eine fortschreitende Verwahrlosung festzustellen gewesen, das Wort *Verwahrlosung* hat sie in die Länge gezogen, das hat sie von Wertheimer, dachte ich. In der Nacht habe sie Wertheimer Klavierspielen gehört, sagte sie, oft halbe Nächte bis in die Frühe, unausgeschlafen und in zerknitterten und abgerissenen Kleidern sei Wertheimer zuletzt durch den Ort gegangen, habe sich zu ihr in das Gastzimmer hereingesetzt zu keinem anderen Zweck, als um sich *auszuschlafen*. Die letzten Monate sei er nicht mehr nach Wien gefahren, habe sich nicht einmal mehr für die dort liegende Post interessiert, diese Post sich auch nicht mehr nachschicken lassen. Vier Monate sei er allein in Traich gewesen, ohne das Haus zu verlassen, die Holzknechte versorgten ihn mit Lebensmitteln, so sie, während sie meine Tasche aufhob und damit in mein Zimmer hinauf ging. Sie öffnete sofort das Fenster und sagte, daß den ganzen Winter niemand mehr in diesem Zimmer übernachtet habe, alles sei schmutzig, sagte sie, wenn es mir nichts ausmache, werde sie einen Fetzen holen und aufwischen, wenigstens den Dreck vom Fensterbrett, sagte sie, ich lehnte das aber ab, mir wäre der Dreck gleichgültig. Sie schlug das Bettzeug zurück und meinte, daß es frisch sei, die Luft werde es trocknen. Alle Gäste wollen immer dasselbe Zimmer, sagte sie. Früher habe Wertheimer niemanden in Traich übernachten lassen, aufeinmal sei sein Haus bevölkert gewesen, sagte die Wirtin. Dreißig Jahre war kein Mensch außer Wertheimer selbst in Traich über Nacht gewesen, in den letzten Wochen vor seinem Tod hätten sich Dutzende Stadtleute, so sie, in Traich aufgehalten, in Traich übernachtet, das ganze Haus *auf den Kopf gestellt*, so sie. Die Künstler, sagte sie, seien *eigenartige* Menschen, das Wort *eigenartig* war auch nicht

von ihr, sondern von Wertheimer, der eine Vorliebe für das Wort *eigenartig*
gehabt hat, wie ich dachte. Lange Zeit halten solche Leute wie Wertheimer (wie auch ich!) Abgeschlossenheit aus, dachte ich, dann müssen sie
Gesellschaft haben, zwanzig Jahre hat Wertheimer es ohne Gesellschaft
ausgehalten, dann hat er sein Haus mit allen möglichen Leuten angefüllt.
Und sich umgebracht, dachte ich. Wie mein Haus in Desselbrunn, ist
Traich für das Alleinsein geeignet, dachte ich, für einen Kopf wie ich, wie
Wertheimer, dachte ich, für einen künstlerischen Kopf, einen sogenannten Geisteskopf, aber wenn wir ein solches Haus über eine ganz bestimmte
Grenze hinaus strapazieren, bringt es uns um, ist es absolut tödlich. Zuerst
richten wir ein solches Haus für unsere künstlerischen und geistigen
Zwecke ein, und wenn wir es dafür eingerichtet haben, tötet es uns, dachte
ich, wie die Wirtin mit den bloßen Fingern den Staub von der Kastentür
wischte, völlig ungeniert, im Gegenteil hatte es ihr Spaß gemacht, daß ich
sie dabei beobachtete, sie sozusagen nicht aus den Augen ließ. Jetzt war es
mir aufeinmal nicht mehr unverständlich, daß Wertheimer mit ihr ins
Bett ging. Ich sagte, ich werde wahrscheinlich nur eine Nacht bleiben, ich
hätte aufeinmal das Bedürfnis gehabt, nocheinmal nach Traich zu kommen und also in ihrem Wirtshaus zu übernachten, ob sie sich an den
Namen *Glenn Gould* erinnere, fragte ich sie, ja, war ihre Antwort, *der
Weltberühmte*. Der sei auch wie Wertheimer über fünfzig geworden, sagte
ich, der Klaviervirtuose, der beste auf der ganzen Welt, der einmal in
Traich gewesen ist vor achtundzwanzig Jahren, sagte ich, woran sie sich
wahrscheinlich nicht erinnern könne, was sie aber sofort richtigstellte,
indem sie sagte, sie erinnere sich genau an *diesen Amerikaner*. Aber dieser
Glenn Gould habe sich nicht umgebracht, sagte ich, er sei vom Schlag
getroffen, *tot umgefallen am Klavier*, sagte ich, die Hilflosigkeit, mit welcher ich das sagte, war mir bewußt, aber sie war mir vor der Wirtin weniger
peinlich als vor mir selbst, *tot umgefallen* hörte ich mich noch sagen, als die
Wirtin schon am offenen Fenster gewesen war, um festzustellen, daß der
Gestank der Papierfabrik die Luft verpestete, wie immer bei Föhn, sagte
sie. Wertheimer hat sich umgebracht, sagte ich, *dieser Glenn Gould* nicht,
der sei eines natürlichen Todes gestorben, so geschraubt habe ich nie
vorher etwas gesagt, dachte ich. Möglicherweise hat sich Wertheimer umgebracht, weil *dieser Glenn Gould* gestorben ist. Ein Schlaganfall sei etwas
Schönes, sagte die Wirtin, jeder wünsche sich einen Schlaganfall, einen
tödlichen. Ein plötzliches Ende. Ich werde gleich jetzt nach Traich hin-

über gehen, sagte ich, ob die Wirtin wisse, ob jemand in Traich sei, wer überhaupt das Haus jetzt bewache. Sie wisse es nicht, mit Sicherheit seien aber die Holzknechte in Traich. Ihrer Meinung nach habe sich in Traich seit dem Tode Wertheimers nichts geändert. Wertheimers Schwester, die zweifellos Traich geerbt habe, sei hier nicht erschienen, *auch kein anderer Erbberechtigter*, wie sie sagte. Ob ich auf ein Nachtmahl in ihrem Gasthaus Wert legte, fragte sie, ich sagte, ich könne jetzt noch nicht sagen, was am Abend geschieht, natürlich werde ich bei ihr eine Essigwurst essen, die bekomme ich sonst nirgends, dachte ich, aber ich sagte das nicht, ich dachte das nur. Ihr Geschäft ginge wie immer, die Papierfabriksarbeiter hielten es in Gang, die kommen alle erst am Abend, zu Mittag komme kaum ein Gast, das sei immer so gewesen. Wenn überhaupt, dann sitzen nur die Bierführer und die Holzknechte in der Gaststube, auf eine Speck-wurst, sagte sie. Aber sie habe genug zu tun. Daß sie einmal verheiratet gewesen ist mit einem Papierarbeiter, dachte ich, mit dem sie drei Jahre zusammengelebt hat, bis er in eine der gefürchteten Papiermühlen gefallen und von dieser Papiermühle zermalmt worden ist, und daß sie dann nicht mehr geheiratet hat. Mein Mann ist jetzt schon neun Jahre tot, sagte sie unvermittelt, und setzte sich auf die Fensterbank. Heiraten kommt nicht mehr in Frage, sagte sie, alleinsein ist besser. Aber zuerst setze man alles daran, sich zu verheiraten, einen Mann zu bekommen, sie sagte nicht, dann bin ich froh gewesen, daß er wieder weg war, was sie mit Sicherheit dachte, sie sagte, das Unglück hätte nicht sein müssen, *der Herr Werthei-mer hat mir sehr geholfen die erste Zeit nach dem Begräbnis*. In dem Augen-blick, in dem sie das Zusammenleben mit ihrem Mann schon nicht mehr ausgehalten hat, dachte ich, sie beobachtend, ist er in die Papiermühle hineingefallen und war weg, hat ihr eine, wenn auch nicht ausreichende, so doch regelmäßige Rente hinterlassen. *Mein Mann war ein guter Mensch*, sagte sie, *Sie haben ihn ja gekannt*, obwohl ich mich an den Mann kaum erinnern konnte, nur daß er immer den gleichen Papierfabriksfilzanzug angehabt hat, mit der Papierfabriksfilzkappe auf dem Kopf am Tisch im Gastzimmer gesessen ist, große Selchfleischstücke verzehrend, die ihm seine Frau hingestellt hat. *Mein Mann war ein guter Mensch*, wiederholte sie mehrere Male, schaute zum Fenster hinaus und richtete sich das Haar. Das Alleinsein hat auch was für sich, sagte sie. Sicher sei ich auf dem Begräbnis gewesen, sagte sie und sie wollte sofort alles über das Begräbnis Wertheimers wissen, daß es in Chur stattgefunden hat, wußte sie schon, aber die näheren Umstände, die zum Begräbnis Wertheimers geführt haben, waren ihr noch nicht bekannt, so setzte ich mich auf das Bett und berichtete. Es ist mir naturgemäß nur ein bruchstückhafter Bericht gelungen, ich habe damit angefangen, daß ich in Wien gewesen sei, damit beschäftigt, meine Wohnung aufzulassen, eine große Wohnung, sagte ich, viel zu groß für einen Menschen allein und völlig überflüssig für einen, der sich in Madrid, dieser herrlichsten aller Städte, ansässig gemacht habe, sagte ich. Aber ich verkaufte die Wohnung nicht, sagte ich, wie ich auch nicht daran denke, Desselbrunn zu verkaufen, das ihr ja bekannt sei. Sie sei ja einmal mit ihrem Mann in Desselbrunn gewesen, vor vielen Jahren, *wie die Meierei abgebrannt ist,* sagte ich, in einer Wirtschaftskrise wie heute ist es eine Dummheit, eine Realität zu verkaufen, sagte ich, das Wort *Realität* hatte ich absichtlich mehrere Male gesagt, es war wichtig in meinem Bericht. Der Staat sei bankrott, sagte ich, dazu schüttelte sie den Kopf, die Regierung sei korrupt, sagte ich, die Sozialisten, die jetzt schon dreizehn Jahre an der Macht seien, hätten diese Macht bis zum äußersten ausgenützt und den Staat vollkommen ruiniert. Während ich redete, nickte die Wirtin mit dem Kopf und schaute abwechselnd auf mich und zum Fenster hinaus. Alle wollten sie eine sozialistische Regierung, sagte ich, aber jetzt sehen sie, daß gerade diese sozialistische Regierung alles verpulvert hat, das Wort *verpulvert* hatte ich absichtlich deutlicher als alle andern ausgesprochen und es überhaupt gebraucht zu haben, schämte ich mich nicht einmal, ich wiederholte das Wort *verpulvert* im Hinblick auf den Staatsbankrott unter unserer sozialistischen Regierung noch mehrere Male und sagte auch noch, daß der Kanzler ein gemeiner, durchtriebener, gefinkelter Mann sei, der den Sozialismus nur als ein Vehikel für seine perversen Machtgelüste mißbraucht habe, wie übrigens die ganze Regierung, sagte ich, alle diese Leute sind nichts als nur machtgierig, niederträchtig und skrupellos, der Staat, der sie selbst sind, sei ihnen alles, sagte ich, das Volk, das sie regierten, bedeute ihnen soviel wie nichts. Ich bin und liebe dieses Volk, aber ich will mit diesem Staat nichts zu tun haben, sagte ich. Unser Land habe *noch nie in seiner Geschichte* einen solchen Tiefstand erreicht, sagte ich, noch nie in seiner Geschichte sei es von niedrigeren und also charakterloseren und stumpfsinnigeren Leuten regiert worden. Aber das Volk ist dumm, sagte ich, und ist zu schwach, einen solchen Zustand zu ändern, es fällt gerade auf solche gefinkelten, machtgierigen Leute, wie die jetzt an der Regierung seien, herein. Wahrschein-

lich wird sich auch bei der nächsten Wahl nichts an diesem bedauernswerten Zustand ändern, sagte ich, denn die Österreicher sind Gewohnheitsmenschen und sie gewöhnen sich auch an den Sumpf, in welchem sie
jetzt schon über ein Jahrzehnt lang waten. Das arme Volk, sagte ich. Und
auf das Wort *Sozialismus*, sagte ich, fallen vor allem die Österreicher immer
noch herein, obwohl jeder weiß, daß das Wort *Sozialismus* seinen Wert
verloren hat. Die Sozialisten sind keine Sozialisten mehr, sagte ich, die
heutigen Sozialisten sind die neuen Ausbeuter, alles verlogen! sagte ich zur
Wirtin, die diese unsinnige Abschweifung aber gar nicht hören wollte, wie
ich aufeinmal bemerkte, denn sie lechzte ja nur nach meinem Begräbnisbericht. Also sagte ich, ich wäre in Wien von dem Telegramm aus Zizers
überrascht worden, das Telegramm der Frau Duttweiler, sagte ich, der
Schwester Wertheimers, habe mich in Wien erreicht, ich sei im berühmten
Palmenhaus gewesen, sagte ich, und fand das Telegramm an der Tür. Es
sei mir bis jetzt unklar, woher die Frau Duttweiler wußte, daß ich mich in
Wien aufhielt, sagte ich. Eine häßlich gewordene Stadt, die mit dem Wien
von früher nicht mehr zu vergleichen ist. Eine schreckliche Erfahrung,
nach Jahren im Ausland, in diese Stadt zurückzukommen, überhaupt in
dieses verkommene Land, sagte ich. Daß mir Wertheimers Schwester
überhaupt telegrafiert, daß sie mich überhaupt vom Tod ihres Bruders
verständigt habe, wundere mich. Duttweiler, sagte ich, was für ein entsetzlicher Name! Eine reiche Schweizer Familie, sagte ich, in welche Wertheimers Schwester hineingeheiratet hat, ein Chemiekonzern. Aber wie sie
selbst wisse, sagte ich zur Wirtin, habe Wertheimer seine Schwester immer
unterdrückt, nicht aufkommen lassen, im letzten, im allerletzten Moment
habe die sich ihm entzogen. Wenn die Wirtin jetzt nach Wien fahren
würde, sagte ich, wäre sie entsetzt. Wie sich diese Stadt zu ihrem Nachteil
verändert habe, sagte ich. Keine Spur von Größe, alles Abschaum! sagte
ich. Am besten, man halte sich aus allem heraus, ziehe sich aus allem
zurück, sagte ich. Daß ich schon vor Jahren fort und nach Madrid gegangen sei, hätte ich nicht einen Augenblick bereut. Aber wenn wir die Möglichkeit, wegzugehen, nicht haben und in einem solchen stumpfsinnigen
Land bleiben müssen, in einer solchen stumpfsinnigen Stadt wie Wien,
gehen wir ein, überleben wir ja nicht lange, sagte ich. Zwei Tage habe ich
in Wien Zeit gehabt, über Wertheimer nachzudenken, sagte ich, auf der
Fahrt nach Chur, während der Nacht vor dem Begräbnis. Wie viele Leute
beim Begräbnis Wertheimers gewesen wären, wollte sie wissen. Nur die

Duttweiler, ihr Mann und ich, sagte ich. Und natürlich die Bestattungsleute, sagte ich. Alles sei in nicht einmal zwanzig Minuten vorbei gewesen. Die Wirtin sagte, Wertheimer habe immer davon gesprochen, daß er ihr, sollte er vor ihr sterben, eine Halskette hinterläßt, *eine wertvolle*, sagte sie, *von seiner Großmutter*. Aber sicher habe Wertheimer sie in seinem Testament nicht begünstigt, meinte sie, und ich dachte, daß Wertheimer mit Sicherheit gar kein Testament gemacht hat. Wenn Wertheimer der Wirtin eine Halskette versprochen hat, sagte ich zu ihr, wird sie diese Halskette auch bekommen. Wertheimer habe hin und wieder bei ihr übernachtet, sagte sie mit einem rot gewordenen Gesicht, wenn er sich, wie das öfter vorgekommen sei, in Traich fürchtete, von Wien angekommen, zuerst zu ihr gegangen sei, um zu übernachten, denn im Winter sei er oft überraschend aus Wien nach Traich gekommen und in Traich sei nicht eingeheizt gewesen. Die Leute, die er in der letzten Zeit nach Traich kommen hat lassen, hätten *verrückte Kleider* angehabt, *Schauspieler*, sagte sie, *wie vom Zirkus*. Bei ihr hätten sie nichts konsumiert, sich mit allem Trinkbaren in der Gemischtwarenhandlung eingedeckt. Die haben ihn nur ausgenützt, sagte die Wirtin, haben wochenlang auf seine Kosten in Traich gehaust, alles durcheinandergebracht, Lärm gemacht die ganze Nacht bis in die Frühe. *So ein Gesindel*, sagte sie. Wochenlang seien sie allein in Traich gewesen, ohne Wertheimer, der erst ein paar Tage vor seiner Abreise nach Chur aufgetaucht sei. Oft habe Wertheimer zur Wirtin gesagt, daß er nach Zizers zu seiner Schwester und seinem Schwager fahren werde, es aber immer hinausgeschoben habe. Er habe seiner Schwester viele Briefe nach Zizers geschrieben, sie solle zu ihm nach Traich kommen, sich von ihrem Mann wieder trennen, von welchem er, Wertheimer, nie etwas gehalten habe, so die Wirtin, *von diesem schauerlichen Menschen*, so sie mit diesem Wort Wertheimers, aber die Schwester hatte seine Briefe nicht beantwortet. Wir können keinen Menschen an uns binden, sagte ich, wenn dieser Mensch es nicht will, müssen wir ihn in Ruhe lassen, sagte ich. Wertheimer hat seine Schwester für immer und ewig an sich binden wollen, sagte ich, das war ein Fehler. Er hat seine Schwester verrückt gemacht und ist dabei selber wahnsinnig geworden, sagte ich, denn das ist wahnsinnig, wenn sich einer umbringt. Was geschieht jetzt mit dem vielen Geld? hat die Wirtin gefragt, das Wertheimer hinterlassen hat. Das wisse ich nicht, sagte ich, geerbt hat es sicher die Schwester, meinte ich. *Wo viel Geld ist, kommt wieder viel Geld hin*, sagte die Wirtin, darauf wollte sie mehr vom Begräbnis erfahren, aber ich wußte nicht mehr, was berichten, denn ich hatte ja schon alles über das Begräbnis Wertheimers gesagt, mehr oder weniger alles. Ob es ein *jüdisches Begräbnis* gewesen sei, wollte die Wirtin wissen. Ich sagte, *nein, kein jüdisches Begräbnis,* er ist auf dem schnellsten Weg eingegraben worden, sagte ich, alles ist so schnell gegangen, daß ich es beinahe übersehen habe. Die Duttweiler haben mich nach dem Begräbnis zum Essen eingeladen, sagte ich, ich habe aber abgelehnt, ich wollte nicht mit ihnen zusammen sein. Aber das ist ein Fehler gewesen, sagte ich, ich hätte annehmen und mit ihnen gehen sollen, so stand ich plötzlich allein da und wußte nicht, was ich jetzt tun soll, sagte ich. Chur ist eine häßliche Stadt, sagte ich, finster wie keine andere. Wertheimer ist in Chur nur *vorläufig* begraben, sagte ich plötzlich, sie wollen ihn *endgültig in Wien* begraben, auf dem Döblinger Friedhof, sagte ich, in der Familiengruft. Die Wirtin stand auf und meinte, daß die warme Luft von draußen, das Zimmer schon erwärmen würde bis zum Abend, ich könne beruhigt sein. Die Winterkälte steckt noch herinnen, sagte sie. Tatsächlich hatte ich Angst vor einer Erkältung bei dem Gedanken, in dem Zimmer übernachten zu müssen, in welchem ich schon so viele schlaflose Nächte gehabt habe. Woanders hätte ich aber nicht hingehen können, weil es entweder zu weit weg oder noch viel primitiver ist, dachte ich. Freilich war ich früher viel anspruchsloser, dachte ich, noch nicht so empfindlich wie heute und ich dachte, daß ich mir auf jeden Fall noch zwei Wolldecken von der Wirtin erbitten werde, bevor ich zu Bett gehe. Ob sie mir nicht doch noch einen heißen Tee machen könne, bevor ich nach Traich gehe, sagte ich zur Wirtin, die daraufhin in die Küche hinunter ging, um einen heißen Tee zu machen. Inzwischen packte ich meine Tasche aus und hängte den schwarzgrauen Anzug, den ich sozusagen als Begräbnisanzug nach Chur mitgenommen hatte, in den Kasten. Überall haben sie den abgeschmackten Raffaelengel in ihren Schlafzimmern, dachte ich in Betrachtung des Raffaelengels an der Wand, der schon ganz verschimmelt, dadurch aber schon wieder erträglich geworden war. Ich erinnerte mich, daß mich hier gegen fünf Uhr früh die an den Trog stürzenden Schweine aufgeweckt haben, das rücksichtslose stupide Türzuwerfen der Wirtin. Wenn wir wissen, was uns bevorsteht, dachte ich, ertragen wir es leichter. Im Spiegel, vor dem ich mich zu bücken hatte, um mich sehen zu können, entdeckte ich die Flechte auf meiner Schläfe, die ich wochenlang mit einer chinesischen Salbe behandelt hatte und die schon verschwunden, jetzt aufeinmal wieder da war, diese Feststellung ängstigte mich. Sofort dachte ich an eine bösartige Krankheit, die mir vom Arzt verschwiegen wird und die er mich nur, um mich zu beschwichtigen, mit dieser chinesischen Salbe behandeln läßt, die in Wahrheit, wie ich jetzt festzustellen hatte, wertlos war. Eine solche Flechte kann naturgemäß Ausgangspunkt einer schweren, bösartigen Erkrankung sein, dachte ich und drehte mich um. Daß ich in Attnang-Puchheim ausgestiegen und nach Wankham gefahren bin, um nach Traich zu gehen, kam mir aufeinmal vollkommen unsinnig vor. Dieses grauenhafte Wankham hätte ich mir ersparen können, dachte ich, das habe ich notwendig gehabt, dachte ich, aufeinmal in diesem kalten, muffigen Zimmer zu stehen und mich vor der Nacht zu fürchten, die mir in allen ihren Fürchterlichkeiten vorzustellen, mir nicht schwer fiel. Selbst wenn ich in Wien geblieben und auf das Telegramm der Duttweiler gar nicht reagiert hätte und eben nicht nach Chur gefahren wäre, sagte ich mir, wäre es besser gewesen, als diese Churreise unternommen zu haben, in Attnang-Puchheim ausgestiegen und nach Wankham gegangen zu sein, um nocheinmal Traich zu sehen, das mich ja nichts angeht. Da ich mit den Duttweiler nichts gesprochen und selbst am offenen Grab Wertheimers nicht das geringste empfunden habe, dachte ich, hätte ich der ganzen Tortur ohne weiteres ausweichen können, sie nicht auf mich nehmen müssen. Meine Vorgangsweise war mir widerwärtig. Andererseits, was hätte ich auch mit der Schwester Wertheimers zu besprechen gehabt? fragte ich mich. Mit ihrem Mann, der mich überhaupt nichts anging und der mich tatsächlich abgestoßen hat, noch mehr in der persönlichen Begegnung als durch die Beschreibungen Wertheimers, die ihn ja schon in einem mehr als schlechten Licht gezeigt hatten. Mit solchen Leuten, wie Duttweiler, spreche ich ja nicht, hatte ich gleich gedacht, wie ich den Duttweiler zuerst gesehen hatte. Aber selbst ein solcher Duttweiler hat die Wertheimer ihren Bruder verlassen und in die Schweiz gehen lassen, dachte ich, selbst ein solcher widerwärtiger Duttweiler! Ich schaute wieder in den Spiegel und stellte fest, daß die Flechte sich jetzt schon nicht nur auf meiner rechten Schläfe, sondern auch am Hinterkopf festgesetzt hatte. Möglicherweise geht die Duttweiler jetzt nach Wien zurück, dachte ich, ihr Bruder ist tot, die Kohlmarktwohnung ist für sie frei geworden, sie hat die Schweiz nicht mehr notwendig. Die Wiener Wohnung gehört ihr, ebenso Traich. Wenn es noch dazu ihre Möbel sind in der Kohlmarktwohnung, dachte ich, die sie geliebt, die ihr Bruder, wie er selbst immer gesagt hat, gehaßt hat. Jetzt kann sie mit dem Schweizer gut in Zizers leben, dachte ich, denn sie kann jederzeit nach Wien zurück oder nach Traich. Der Virtuose liegt auf dem Churer Friedhof nahe der Müllhalde, dachte ich einen Augenblick. Wertheimers Eltern waren noch nach dem jüdischen Gesetz bestattet worden, dachte ich, Wertheimer selbst hatte sich die letzten Jahre immer als *religionslos* bezeichnet. Die Wertheimergruft auf dem Döblinger Friedhof, gleich neben der sogenannten Lieben-Gruft und dem Theodor Herzl-Grab, hatte ich mehrere Male mit Wertheimer aufgesucht, es hatte ihn nicht irritiert, daß der riesige Granitblock, in den die Namen der in der Wertheimergruft liegenden Wertheimer hineingemeißelt waren, von einer aus der Gruft herauswachsenden Buche schon zehn oder zwanzig Zentimeter weggeschoben worden war im Laufe der Zeit; seine Schwester habe ihn immer wieder dazu zwingen wollen, die Buche zu entfernen und den Granitblock wieder auf seinen ursprünglichen Platz zu rücken, ihn selbst störte die Tatsache, daß die Buche ungehemmt aus der Gruft herauswachsen und den Granitblock hatte verschieben können, nicht, im Gegenteil, bestaunte er jedesmal, wenn er vor die Gruft getreten war, die Buche und den jedesmal noch weiter weggeschobenen Granitblock. Jetzt wird die Schwester die Buche aus der Gruft entfernen und den Granitblock geraderichten und vorher noch wird sie Wertheimer aus Chur nach Wien *überführen* und in der Gruft bestatten lassen, dachte ich. Wertheimer ist der leidenschaftlichste Friedhofsgeher gewesen, den ich gekannt habe, ein noch leidenschaftlicherer als ich selbst, dachte ich. Mit dem rechten Zeigefinger schrieb ich ein großes W in den Staub auf der Kastentür. Desselbrunn fiel mir bei dieser Gelegenheit ein, für einen Augenblick ertappte ich mich in dem sentimentalen Gedanken, vielleicht doch auch noch nach Desselbrunn zu gehen, tötete diesen Gedanken aber sofort wieder ab. Ich wollte konsequent sein und sagte mir, ich gehe nicht nach Desselbrunn, ich gehe noch fünf oder sechs Jahre nicht nach Desselbrunn. Ein solcher Desselbrunnbesuch schwächt mich sicher auf Jahre hinaus, sagte ich mir, ich kann mir einen Desselbrunnbesuch nicht leisten. Die Landschaft vor dem Fenster war die öde, krankmachende, die mir wohlbekannte Desselbrunnlandschaft, die ich vor Jahren aufeinmal nicht mehr sehen konnte. Wäre ich nicht weggegangen aus Desselbrunn, sagte ich mir, wäre ich zugrunde gegangen, ich existierte nicht mehr, ich wäre *vor* Glenn und *vor* Wertheimer zugrunde gegangen, abgestorben, wie ich sagen muß, denn die Landschaft in und um Desselbrunn ist eine Absterbenslandschaft, wie die Landschaft vor dem Fenster in Wankham, die alle bedroht und langsam erdrückt und niemals aufrichtet, niemals in Schutz nimmt. Wir können uns unseren Geburtsort nicht aussuchen, dachte ich. Wir können aber aus diesem Geburtsort weggehen, wenn er uns zu erdrücken droht, von dem weg- und fortgehen, das uns umbringt, wenn wir den Augenblick des Weg- und Fortgehens übersehen. Ich habe das Glück gehabt und bin im richtigen Augenblick weggegangen, sagte ich mir. Und letztenendes auch aus Wien weggegangen, weil auch Wien mich zu erdrücken und zu ersticken drohte. Immerhin verdanke ich einem väterlichen Bankkonto, daß ich noch am Leben bin, noch existieren *darf*, wie ich mir aufeinmal sagte. Keine lebenspendende Gegend, sagte ich mir. Keine beruhigende Landschaft. Keine angenehmen Menschen. Mir auflauernde, dachte ich. Mich ängstigende. Mich hinters Licht führende. Nie habe ich mich sicher gefühlt in dieser Gegend, dachte ich. Andauernd von Krankheiten heimgesucht, von Schlaflosigkeit schließlich beinahe umgebracht. Wie die Männer aus Altmünster gekommen sind und den Steinway abgeholt haben, Aufatmen, dachte ich, plötzlich befreites Hinundhergehen in Desselbrunn. Die Kunst und was immer diese Bezeichnung ist, ja nicht aufgegeben, indem ich den Steinway an das Lehrerkind in Altmünster verschenkt habe, dachte ich. Den Steinway der Lehrerniedertracht ausgeliefert, dem Lehrerkindstumpfsinn ausgeliefert, dachte ich. Wenn ich dem Lehrer gesagt hätte, was mein Steinway wirklich wert war, er wäre erschrocken, dachte ich, so hatte er keine Ahnung von dem Wert des Instruments. Schon wie ich den Steinway von Wien nach Desselbrunn transportieren hatte lassen, wußte ich, daß er nicht lang in Desselbrunn stehen wird, aber ich hatte naturgemäß keine Ahnung, daß ich ihn an das Lehrerkind verschenken werde, dachte ich. Solange ich den Steinway gehabt habe, war ich in meinen Schriften nicht selbständig, dachte ich, nicht frei wie von dem Augenblick an, in welchem der Steinway endgültig aus dem Haus gewesen ist. Ich mußte mich vom Steinway trennen, um schreiben zu können, ich habe, ehrlich gesagt, vierzehn Jahre geschrieben und tatsächlich nur deshalb immer nur mehr oder weniger Unbrauchbares geschrieben, weil ich mich von meinem Steinway nicht getrennt hatte. Kaum war der Steinway aus dem Haus, hatte ich besser geschrieben, dachte ich. In der Calle del Prado habe ich doch immer daran gedacht, daß der Steinway in Wien (oder in Desselbrunn) steht und ich dadurch nichts Besseres schreiben kann als diese letztenendes in jedem Fall immer mißlungenen Versuche. Kaum hatte ich den Steinway abgestoßen gehabt, schrieb ich anders, vom ersten Moment an, dachte ich. Aber das heißt ja nicht, daß ich mit dem Steinway die Musik aufgegeben hätte, dachte ich. Im Gegenteil. Aber sie hatte nicht mehr die verheerende Gewalt über mich, tat mir ganz einfach nicht mehr weh, dachte ich. Wenn wir in diese Landschaft hineinschauen, bekommen wir Angst. Wir wollen unter keinen Umständen mehr in diese Landschaft zurück. Alles ist immer nur grau und die Menschen machen andauernd einen deprimierenden Eindruck. Dann würde ich mich doch wieder nur in meinem Zimmer verkriechen und auf keinen nützlichen Gedanken kommen, dachte ich. Und werden, wie sie hier alle sind, ich brauche ja nur die Wirtin anschauen, diesen vollkommen von der Natur, die hier alles beherrscht, zerstörten Menschen, der aus seiner Gemeinheit und Niederträchtigkeit nicht mehr herauskommt, dachte ich. In dieser bösartigen Landschaft wäre ich eingegangen. Aber ich hätte ja niemals nach Desselbrunn gehen müssen, dachte ich, das Erbe ja nicht annehmen müssen, darauf verzichten hätte ich können, *stehengelassen habe ich es ja*, dachte ich. Ursprünglich war Desselbrunn von einem meiner Großonkel, der Direktor der Papierfabrik gewesen ist, gebaut worden, als ein herrschaftliches Haus mit vielen Zimmern für die vielen Kinder, die er gehabt hat. Es einfach stehenlassen, das war meine Rettung, sicher. Mit den Eltern zuerst immer nur im Sommer nach Desselbrunn, dann jahrelang in Desselbrunn und in Wankham zur Schule gegangen, dachte ich, dann in das Gymnasium in Salzburg, dann auf das Mozarteum, einmal auch auf ein Jahr die Wiener Akademie, dachte ich, wieder ans Mozarteum, dann nach Wien zurück und schließlich in der Idee, mich für immer dahin zurückzuziehen mit meinen Geistesambitionen, nach Desselbrunn, wo ich sehr bald scheiterte in dem Gefühl, in die Sackgasse gegangen zu sein. Die Klaviervirtuosenlaufbahn als Ausflucht, aber doch bis zur äußersten Perfektion getrieben, dachte ich. Auf dem Höhepunkt des Könnens, wie ich sagen kann, alles aufgegeben, *hingeschmissen*, wie ich sagen *muß*, mir auf den Kopf geschlagen, den Steinway verschenkt. Wenn es hier sechs oder sieben Wochen ununterbrochen regnet und sie in diesem ununterbrochenen Regen wahnsinnig werden, dachte ich, erfordert das die äußerste Willenskraft, sich nicht umzubringen. Aber die Hälfte aller dieser Leute hier bringt sich um, früher oder später, geht nicht von selbst zugrunde, wie gesagt wird. Hat nichts anderes als ihren Katholizismus oder die sozialistische Partei, beides die widerlichsten Einrichtungen unserer Zeit. In Madrid gehe ich wenigstens einmal im Tag aus dem Haus, um zu essen, dachte ich, hier wäre ich nie aus dem Haus gegangen in meinem fortschreitenden rettungslosen Verwahrlosungsprozeß. Aber ernsthaft an Verkauf habe ich auch nie gedacht, damit spekuliert, wie die letzten beiden Jahre, schon, aber naturgemäß ergebnislos. Dabei habe ich niemals irgendeinem dafür zuständigen Menschen versprochen, Desselbrunn *nicht* zu verkaufen, dachte ich. Ohne Realitätenvermittler ist kein Verkauf möglich und vor den Realitätenvermittlern graust es mich, dachte ich. Wir können ein Haus wie Desselbrunn ohne weiteres jahrelang stehenlassen, dachte ich, verkommen lassen, dachte ich, warum nicht. Ich gehe auf keinen Fall nach Desselbrunn, dachte ich. Die Wirtin hatte mir den Tee gekocht und ich ging in das Gastzimmer hinunter. Ich setzte mich an den Fenstertisch, an dem ich auch in den früheren Jahren gesessen bin, aber ich hatte nicht den Eindruck, daß die Zeit stehengeblieben sei. Ich hörte die Wirtin in der Küche arbeiten und ich dachte, daß sie wahrscheinlich für ihr gegen eins oder zwei von der Schule heimkommendes Kind ein Essen macht, ein Gulasch aufwärmt oder doch eine Gemüsesuppe. In der Theorie verstehen wir die Menschen, aber in der Praxis halten wir sie nicht aus, dachte ich, gehen mit ihnen meistens nur widerwillig um und behandeln sie immer von uns aus gesehen. Wir sollten die Menschen aber nicht von uns aus gesehen, sondern von allen Blickwinkeln aus gesehen betrachten und behandeln, dachte ich, mit ihnen auf solche Weise verkehren, daß wir sagen können, wir verkehrten mit ihnen sozusagen vollkommen auf unvoreingenommene Weise, was aber nicht gelingt, weil wir tatsächlich immer jedem gegenüber voreingenommen sind. Die Wirtin war einmal lungenkrank wie ich, dachte ich, diese Lungenkrankheit hat sie, wie ich, aus sich hinausdrängen, liquidieren können, mit ihrer Lebenswillenskraft. Mit Ach und Krach, wie gesagt wird, hat sie die Volksschule abschließen können, dachte ich, und dann von ihrem Onkel, der in einen bis heute nicht zur Gänze aufgeklärten Mordfall verwickelt gewesen und zu zwanzig Jahren Kerker verurteilt worden ist, ein Gasthaus übernommen. Gemeinsam mit einem Nachbarn soll ihr Onkel einen im Gasthaus abgestiegenen Wiener Vertreter für sogenannte *Kurzwaren* in dem Zimmer neben meinem Zimmer erdrosselt haben, um an die horrende Summe zu kommen, die der Wiener Handelsvertreter bei sich gehabt haben soll. Die *Dichtelmühle*, wie das Gasthaus heißt, ist seit diesem Mordfall sozusagen berüchtigt berühmt. Zuerst und also bei Bekanntwerden des Mordfalles, ist es mit der Dichtelmühle bergab gegangen und sie war über zwei Jahre lang zugesperrt gewesen. Das Gericht hat der Nichte des Mörders, ihres Onkels also, dann die Dichtelmühle zugesprochen, dachte ich, die Dichtelmühle ist wieder aufgesperrt und von der Nichte geführt worden, aber sie ist dann nach ihrer Wiedereröffnung naturgemäß nicht mehr dieselbe Dichtelmühle gewesen, wie vor dem Mord. Vom Onkel der Wirtin hat man niemehr etwas gehört, dachte ich, wahrscheinlich aber ist er, wie alle Mörder und zu zwanzig Jahren Verurteilten, doch schon nach zwölf oder dreizehn Jahren freigelassen worden, möglicherweise lebt er auch gar nicht mehr, dachte ich, ich hatte aber nicht die Absicht, mich bei der Wirtin nach ihrem Onkel zu erkundigen, denn ich hatte keine Lust die ganze Mordgeschichte, die sie mir schon mehrere Male und zwar auf meine Aufforderung, erzählt hat, nocheinmal zu hören. Der Mord an dem Wiener Handelsvertreter hatte damals großes Aufsehen gemacht und während des Prozesses waren die Zeitungen täglich voll davon und die Dichtelmühle, längst zugesperrt, war wochenlang von Neugierigen belagert, obwohl es bei der Dichtelmühle nichts Bemerkenswertes zu sehen gegeben hat. Die Dichtelmühle wird seit dem Mordfall nurmehr noch als *Mordhaus* bezeichnet und wenn die Leute sagen wollen, sie gehen *zur Dichtelmühle*, sagen sie auch, sie gehen *zum Mordhaus*, das hat sich eingebürgert. Es handelte sich bei dem Prozeß um einen Indizienprozeß, dachte ich, und tatsächlich nachgewiesen hat man den Mord weder dem Onkel der Wirtin, noch seinem Helfershelfer, dessen Familie ja auch durch die ganze Mordgeschichte ins Unglück gestürzt worden ist, wie gesagt wird. Dem sogenannten Wegmacher habe selbst das Gericht nicht zugetraut, einen solchen gemeinen Mord zu begehen in Gemeinschaft mit dem Onkel der Wirtin, der immer und überall als *leutselig und bescheiden und durch und durch charakterfest* bezeichnet worden war und noch heute als ein solcher leutseliger und bescheidener und charakterfester bezeichnet wird von denjenigen, die ihn gekannt haben, aber die Geschworenen hatten die Höchststrafe, nicht nur was den Onkel der Wirtin betrifft, ausgesprochen gehabt, sondern auch über den ehemaligen Wegmacher, der, wie ich weiß, in der Zwischenzeit gestorben ist, wie seine Frau immer wieder gesagt hat, aus Verzweiflung darüber, tatsächlich unschuldig und Opfer menschenhassender Geschworener geworden zu sein. Die Gerichte gehen, auch wenn sie unschuldige Leute und ihre Familien für ihr Leben vernichtet haben, zur Tagesordnung über, dachte ich, die Geschworenen, die nur immer einer augenblicklichen Laune gefolgt sind in ihrem Urteil, immer aber auch einem hemmungslosen Haß gegen ihresgleichen, werden, auch wenn sie längst eingesehen haben, tatsächlich ein nicht wiedergutzumachendes Verbrechen an unschuldigen Menschen begangen zu haben, sehr rasch mit einem solchen Fehlurteil und mit sich selbst fertig. Die Hälfte aller Geschworenenurteile, habe ich mir sagen lassen, beruht tatsächlich auf einem Fehlurteil, dachte ich, und ich bin mir sicher, daß es sich bei dem sogenannten *Dichtelmühlprozeß* hundertprozentig um einen solchen gehandelt hat, der mit einem Fehlurteil der Geschworenen geendet hat. Die sogenannten österreichischen Kreisgerichte sind dafür bekannt, daß in ihnen jährlich Dutzende von Fehlurteilen von Geschworenen gefällt werden und daß sie also Dutzende Unschuldige auf dem Gewissen haben, die in unseren Strafanstalten eine zumeist lebenslängliche Strafe absitzen, ohne Aussicht zu haben, jemals wieder *rehabilitiert* zu werden, wie gesagt wird. Überhaupt, dachte ich, sitzen in unseren Gefängnissen und Strafanstalten mehr Unschuldige als Schuldige, weil es so viele gewissenlose Richter und menschen- und also ihresgleichen hassende Geschworene gibt, die sich für ihr eigenes Unglück und für ihre eigene Scheußlichkeit an jenen rächen, die durch jene grauenhaften Umstände, die sie vor Gericht geführt haben, ihnen ausgeliefert sind. Die österreichische Gerichtsbarkeit ist eine teuflische, dachte ich, wie wir, wenn wir die Zeitungen aufmerksam lesen, immer wieder feststellen müssen, sie ist aber sicher noch viel teuflischer, wenn wir wissen, daß nur der geringste Teil ihrer Verbrechen ans Tageslicht kommt und veröffentlicht wird. Ich selbst bin überzeugt, daß der Onkel der Wirtin nicht jener Mörder oder besser Mordgehilfe ist, als den man ihn vor dreizehn oder vierzehn Jahren abgestempelt hat, dachte ich. Auch den Wegmacher schätzte ich als einen tatsächlich Unschuldigen ein, ich erinnere mich ja noch ganz genau an die Prozeßberichte und im Grunde hätten die beiden, der Onkel der Wirtin, der sogenannte Dichtelwirt, wie sein Nachbar, der Wegmacher, unbedingt freigesprochen werden müssen, dafür hatte ja auch schließlich sogar der Staatsanwalt plädiert, die Geschworenen hatten aber auf gemeinschaftlichen und gemeinen Mord abgestimmt und den Dichtelwirt und den Wegmacher in der Strafanstalt Garsten verschwinden lassen, dachte ich. Und wenn niemand den Mut und die Kraft und das Geld hat, einen solchen fürchterlichen Prozeß wieder aufzurollen, wie gesagt wird, bleibt ein solches Fehlurteil wie im

Fall des Dichtelwirts und des Wegmachers ganz einfach bestehen, ein solches fürchterliches Unrecht an zwei tatsächlich Unschuldigen, mit welchen man und das heißt die Gesellschaft, schließlich auf alle Zeit nichts mehr zu tun haben will, ob schuldig oder unschuldig, spielt keine Rolle. Der Dichtelmühlprozeß, wie er immer genannt worden ist, war mir eingefallen und hatte mich dann auch die ganze Zeit, die ich am Fenstertisch gesessen war, beschäftigt, weil ich die Fotografie entdeckt hatte, die, an der gegenüberliegenden Wand befestigt, den Dichtelwirt darstellte in seinem Wirtsgewand, pfeiferauchend und ich dachte, daß die Wirtin die Fotografie wahrscheinlich nicht nur aus Dankbarkeit dafür, daß sie ihrem Onkel die Dichtelmühle und also ihre Existenz verdankte dort an die Wand genagelt hat, sondern auch zu dem Zweck, den Dichtelmüller oder besser Dichtelwirt nicht gänzlich in Vergessenheit geraten zu lassen. Aber die meisten, die sich wirklich und eindringlich mit dem Dichtelmühlprozeß beschäftigt gehabt hatten, sind längst gestorben, dachte ich, und die Heutigen können mit der Fotografie nichts mehr anfangen. In der Dichtelmühle ist aber zweifellos dieser gewisse Geruch eines Kapitalverbrechens geblieben, dachte ich, der naturgemäß Leute anzieht. Wir sehen es nicht ungern, wenn Leute in Verdacht kommen und angeklagt und eingesperrt werden, dachte ich, das ist die Wahrheit. Wenn Verbrechen ans Licht kommen, dachte ich im Anblick der Fotografie mir gegenüber. Ich werde, wenn sie wieder aus der Küche herauskommt, die Wirtin fragen, was mit ihrem Onkel geschehen ist, dachte ich und ich sagte mir einmal, ich werde sie danach fragen, einmal, ich werde sie nicht danach fragen, ich frage sie, ich frage sie nicht, so betrachtete ich die ganze Zeit die Fotografie mit dem Dichtelwirt und dachte, ich werde die Wirtin nach ihm ausfragen, ich werde sie nicht nach ihm ausfragen etcetera. Plötzlich wird ein sogenannter einfacher Mensch, der ja niemals ein einfacher Mensch ist, aus seiner Umgebung herausgerissen, tatsächlich über Nacht und in die Strafanstalt gesteckt, dachte ich, aus der er, wenn überhaupt, nurmehr noch als vollkommen zerstörter Mensch herauskommt, als ein Justizwrack, wie ich mir sagen mußte, an welchem schließlich die ganze Gesellschaft schuld ist. In den Zeitungen ist ja schon gleich nach Abschluß des Prozesses die Frage aufgeworfen worden, ob der Dichtelwirt wie der Wegmacher nicht tatsächlich unschuldig seien und es waren auch diesbezügliche Kommentare abgedruckt, aber schon zwei, drei Tage nach Prozeßende war von dem Dichtelmühlprozeß keine Rede mehr gewesen. Aus diesen Kommentaren war herauszulesen gewesen, daß die beiden als Mörder Abgestempelten und Verurteilten den Mord gar nicht begangen haben *konnten*, eine dritte Person muß, oder mehrere dritte Personen müssen den Mord begangen haben, aber die Geschworenen hatten ja ihr Urteil schon gesprochen gehabt und der Prozeß ist nicht mehr aufgerollt worden, dachte ich, tatsächlich hat mich in meinem Leben nur wenig mit einer größeren Leidenschaft beschäftigt, wie die strafrechtliche Seite unserer Welt. Wenn wir diese strafrechtliche Seite unserer Welt und das heißt unserer Gesellschaft verfolgen, erleben wir, wie gesagt wird, jeden Tag unsere Wunder. Als sich die Wirtin mehr oder weniger erschöpft, aus der Küche herausgekommen, an meinen Tisch setzte, sie hatte Wäsche gewaschen und war eine Zeitlang vom Küchendunst verunstaltet, fragte ich sie doch, was aus ihrem Onkel, dem Dichtelwirt, geworden sei, die Frage aber nicht auf die plumpe, sondern doch auf die äußerst vorsichtige Weise stellend. Ihr Onkel sei zu seinem Bruder nach Hirschbach gegangen, sagte sie, Hirschbach sei ein kleiner Ort an der tschechischen Grenze, sie selbst sei nur einmal dort gewesen, das liege aber schon Jahre zurück, damals sei ihr Sohn erst drei Jahre alt gewesen. Sie hätte sich vorgenommen gehabt, dem Onkel ihren Sohn zu zeigen in der Hoffnung, daß er, von dem sie angenommen habe, daß er noch viel davon besitze, ihr in ihrer Not aushelfe, ihr also Geld gebe, nur zu diesem Zweck hätte sie mit ihrem Sohn die Strapazen einer solchen Fahrt nach Hirschbach an die tschechische Grenze unternommen, ein halbes Jahr nach dem Tod ihres Mannes, des Vaters ihres Sohnes, der sich gegen alle widrigen Umstände so gut entwickelt gehabt habe. Aber ihr Onkel habe sie gar nicht empfangen, habe sich von seinem Bruder verleugnen lassen und überhaupt nicht gezeigt so lange, bis sie es aufgegeben hatte, mit ihrem Sohn auf ihn zu warten, und sie nach Wankham zurückgefahren seien, ergebnislos. Wie ein Mensch so hartherzig sein könne, sagte sie, andererseits aber auch, daß sie ihren Onkel verstehe. Der wollte von der Dichtelmühle und von Wankham nichts mehr wissen, sagte sie. Die in der Strafanstalt gewesen sind, gleich wie lange, gehen, wenn sie entlassen worden sind, nicht mehr dahin zurück, wo sie hergekommen sind, sagte ich. Die Wirtin hatte sich von ihrem Onkel oder wenigstens von ihrem zweiten, dem sogenannten Hirschbacher Onkel, Hilfe für ihr Fortkommen erhofft, diese Hilfe aber nicht erhalten genau von jenen zwei Menschen also, die ihre letzten Verwandten waren und noch heute sind und von welchen sie wußte, daß sie, obwohl in ärmlichen Verhältnissen lebend wie in Hirschbach selbstverständlich, noch über ein größeres Vermögen verfügten, die Wirtin hat auch eine Andeutung gemacht, wie hoch sie das Vermögen ihrer beiden Onkel einschätzte, wenn auch keine genaue Summe genannt, eine rührend geringe Summe, dachte ich, die ihr, der Wirtin, aber doch so hoch vorgekommen sein mußte, daß sie sich daraus eine für sie entscheidende Hilfe versprochen hat, dachte ich. Die Alten, auch wenn sie gar nichts mehr brauchen, sind geizig, je älter sie werden, desto geiziger werden sie, lassen nicht das geringste aus und ihre Nachkommen könnten unter ihren Augen verhungern, es genierte sie nicht im geringsten. Die Wirtin hat dann ihre Hirschbacher Reise beschrieben, wie umständlich es ist, von Wankham nach Hirschbach zu kommen, daß sie dreimal umsteigen hatte müssen mit ihrem kranken Kind und daß ihr Hirschbacher Besuch ihr nicht nur kein Geld, sondern eine Halsentzündung eingetragen habe, eine schwere monatelange Halsentzündung, so sie. Nach ihrem Besuch in Hirschbach hatte sie gedacht, sie werde die Fotografie mit dem Onkel von der Wand herunternehmen, aber sie habe sie dann doch nicht von der Wand entfernt wegen der Gäste, die dann sicher gefragt hätten, warum sie die Fotografie von der Wand heruntergenommen habe, sie hatte keine Lust, die ganze Geschichte immer wieder allen Leuten klar zu machen, sagte sie. Dann hätten sie plötzlich wieder alles über den Prozeß wissen wollen, sagte sie, darauf hätte sie sich nicht eingelassen. Aber Tatsache sei, daß sie ihren auf der Fotografie abgebildeten Onkel *vor* der Hirschbachreise geliebt habe, während sie ihn *nach* der Rückkehr aus Hirschbach nurmehr noch hassen könne. Sie habe ihrem Onkel das größte Verständnis entgegengebracht, sagte sie, er ihr nicht das geringste. Schließlich habe *sie* die Dichtelmühle wieder als Gasthaus weitergeführt, sagte sie, unter den widrigsten Umständen und das Haus nicht verkommen lassen, auch nicht verkauft, wozu sie ja Gelegenheit genug gehabt hätte. Ihr Mann habe für den Gastbetrieb nichts übrig gehabt, meinte sie, sie habe ihn auf einer Faschingsveranstaltung in Regau kennengelernt, wohin sie gegangen sei, um ein paar von einem Gasthaus in Regau abgestoßene alte Sessel für ihr Gasthaus zu kaufen. Sie habe gleich gesehen, da sitze ein gutmütiger Mensch völlig allein, ohne Anschluß. Sie habe sich an seinen Tisch gesetzt und ihn nach Wankham mitgenommen, wo er dann gleich geblieben sei. Aber Wirt ist er nie einer gewesen, sagte sie. Hier müßten alle Ehefrauen, tatsächlich gebrauchte sie das Wort *Ehefrauen*, tatsächlich alle Ehefrauen immer damit rechnen, daß ihre Männer in die Papiermühle fallen oder daß ihnen von der Papiermühle wenigstens eine Hand oder mehrere Finger abgerissen werden, sagte sie, im Grunde ist es alltäglich, daß sie sich an den Papiermühlen verletzen, und es liefen ja auch nur solche Männer in der Gegend herum, die von den Papiermühlen verstümmelt worden sind. Neunzig Prozent aller Männer arbeiten hier in der Papierfabrik, sagte sie. Mit den Kindern hätten alle hier nichts anderes vor, als sie wieder in die Papierfabrik zu schicken, sagte sie, seit Generationen derselbe Mechanismus, dachte ich. Und wenn die Papierfabrik eingeht, sagte sie, dann stehen sie alle da. Es sei nur eine Frage der allerkürzesten Zeit, daß die Papierfabrik zusperren wird, meinte sie, alles spreche dafür, da die Papierfabrik ein verstaatlichter Betrieb sei, werde er, weil, wie alle anderen verstaatlichten Betriebe, in Milliardenhöhe verschuldet, bald zusperren müssen. Hier ist alles auf die Papierfabrik aufgebaut und wenn sie zusperrt, ist alles aus. Sie selbst sei dann erledigt, denn ihre Gäste seien zu neunzig Prozent Papierarbeiter, sagte sie, die Papierarbeiter geben wenigstens Geld aus, meinte sie, die Holzknechte dagegen nichts, und die paar Bauern bekomme sie höchstens ein- oder zweimal im Jahr zu Gesicht, die mieden die Dichtelmühle auch seit den Prozeßtagen, gingen nicht mehr herein, ohne unangenehme Fragen zu stellen, so sie. Sie habe sich über diese ausweglose Zukunft schon lange keine Gedanken mehr gemacht, es sei ihr gleichgültig, was komme, schließlich sei ihr Sohn jetzt zwölf und mit vierzehn sind sie ja in dieser Gegend schon immer so weit gewesen, daß sie auf eigenen Beinen stehen konnten. Mich interessiert die Zukunft gar nicht, sagte sie. Der Herr Wertheimer, so sie, sei ihr immer *ein willkommener Gast* gewesen. Aber *solche feinen Herren* wissen gar nicht, was das heißt, so zu leben wie sie, ein solches Gasthaus wie die Dichtelmühle zu führen. Die (die feinen Herren!) redeten immer nur von ihr unverständlichen Zusammenhängen, hätten sich keinerlei Sorgen zu machen und verwendeten ihre ganze Zeit darauf, nachzudenken, was sie mit ihrem Geld und mit ihrer Zeit tun sollen. Sie selbst habe niemals genug Geld und niemals genug Zeit gehabt und sei nicht einmal nur unglücklich gewesen, im Gegensatz zu den von ihr apostrophierten *feinen Herren*, die immer genug Geld und genug Zeit hätten und andauernd von ihrem Unglück redeten. Es sei ihr völlig unverständlich, daß Wertheimer ihr gegenüber immer nur sagte, er sei ein unglücklicher Mensch. Oft sei er bis ein Uhr früh im Gastzimmer gesessen und habe sie angejammert und sie habe sich seiner *erbarmt*, wie sie sagte, und sei mit ihm in ihr Zimmer hinaufgegangen, weil er nicht mehr nach Traich gehen wollte in der Nacht. Daß solche Menschen wie der Herr Wertheimer, doch alle Möglichkeiten, glücklich zu sein, hätten und alle diese Möglichkeiten nicht und niemals ausnützten, sagte sie. Ein so herrschaftliches Haus und so viel Unglück in einem Menschen, sagte sie. Im Grunde sei ihr der Selbstmord Wertheimers keine Überraschung gewesen, aber das hätte er nicht tun dürfen, sich ausgerechnet in Zizers vor dem Haus seiner Schwester an einen Baum hängen, das verzeihe sie ihm nicht. Wie sie *Herr Wertheimer* sagte, war anrührend und widerwärtig zugleich. *Ich bin ihn ja einmal angegangen um Geld, aber der hat mir keins gegeben*, sagte sie, *ich hätte notwendig einen Kredit gebraucht für einen neuen Eiskasten. Da sind sie aber zugeknöpft die reichen Leute*, sagte sie, *wenns um Geld geht.* Und dabei habe Wertheimer die Millionen nur so zum Fenster hinausgeworfen. Auch mich schätze sie so wie Wertheimer ein, wohlhabend, ja reich und unmenschlich, denn sie sagte unvermittelt, daß alle Wohlhabenden und Reichen unmenschlich seien. Aber sei *sie* denn menschlich? hatte ich sie gefragt, worauf sie keine Antwort gab. Sie stand auf und ging den Bierführern entgegen, die mit ihrem großen Lastwagen vor dem Gasthaus stehengeblieben waren. Mich beschäftigte, was die Wirtin gesagt hatte, und ich stand aus diesem Grund nicht gleich auf, um nach Traich zu gehen, sondern blieb sitzen, um die Bierführer und vor allem die Wirtin zu beobachten, die mit den Bierführern zweifellos intimer war, als mit allen andern in ihrem Gasthaus Verkehrenden. Die Bierführer haben mich seit der frühesten Kindheit fasziniert, so auch an diesem Tag. Wie sie die Bierfässer abluden und durch das Vorhaus vor sich herrollten und dann der Wirtin auch noch das erste anschlugen, um sich dann mit ihr an den Nebentisch zu setzen, faszinierte mich. Als Kind hatte ich Bierführer werden und sein wollen, die Bierführer bewundert, dachte ich, mich an den Bierführern nicht satt sehen können. Diesem Kindheitsgefühl war ich am Nebentisch sitzend und die Bierführer beobachtend, gleich wieder verfallen gewesen, aber ich ließ mich nicht auf längere Zeit darauf ein, sondern stand auf und ging aus der Dichtelmühle hinaus nach Traich, nicht ohne der Wirtin gesagt zu haben, daß ich gegen Abend oder auch schon früher, *je nachdem*, wieder zurücksein werde und daß ich auf ein Nachtmahl Wert legte. Im Hinausgehen hörte ich noch, wie die Bierführer die Wirtin gefragt hatten, wer ich sei und da ich so gute Ohren habe wie kein Anderer, hörte ich sie nun auch noch meinen Namen flüstern und dazu sagen, daß ich ein Freund Wertheimers sei, von dem Narren, der sich in der Schweiz umgebracht habe. Im Grunde wäre es mir lieber gewesen, anstatt jetzt nach Traich zu gehen, im Gastzimmer zu sitzen und den Bierführern und der Wirtin zuzuhören, dachte ich im Weggehen, am liebsten am Tisch der Bierführer zu sitzen und mit ihnen ein Glas Bier zu trinken. Immer wieder haben wir die Vorstellung, wir sitzen mit jenen zusammen, zu denen wir uns lebenslänglich hingezogen fühlen, eben zu diesen sogenannten einfachen Leuten, die wir uns naturgemäß ganz anders vorstellen, als sie in Wahrheit sind, denn setzen wir uns tatsächlich mit ihnen zusammen, sehen wir, daß sie nicht so sind, wie wir gedacht haben und daß wir absolut nicht zu ihnen gehören, wie wir uns eingeredet haben und wir holen uns an ihrem Tisch und in ihrer Mitte immer nur das gefürchtete Vordenkopfstoßen, das wir folgerichtig empfinden, wenn wir uns an ihren Tisch gesetzt haben und geglaubt haben, wir gehörten zu ihnen oder wir könnten uns auch nur die kürzeste Zeit zu ihnen setzen ungestraft, was der größte Irrtum ist, dachte ich. Lebenslänglich haben wir Sehnsucht nach diesen Leuten und wollen zu ihnen und werden, wenn wir wahr machen, was wir ihnen gegenüber empfinden, von ihnen zurückgewiesen und zwar auf die rücksichtsloseste Weise. Wertheimer hat oft geschildert, wie er in seinem Bedürfnis, mit den sogenannten einfachen Leuten und also mit dem sogenannten Volk zusammenzusein, dazuzugehören, gescheitert ist und er hat sehr oft berichtet, daß er in die Dichtelmühle eingetreten ist zu dem Zwecke, sich an den Tisch des Volkes zu setzen, um schon gleich beim ersten Versuch in dieser Richtung einsehen zu müssen, daß es ein Irrtum ist, zu glauben, Leute wie er, Wertheimer, oder wie ich, könnten sich ganz einfach an den Tisch des Volkes setzen. Leute wie wir, haben sich schon frühzeitig vom Tisch des Volkes ausgeschlossen, sagte er, wie ich mich erinnere, sind eben schon an einen ganz anderen Tisch geboren worden, sagte er, nicht an den Tisch des Volkes. Aber es zieht Leute wie wir, naturgemäß immer wieder zum Tisch des Volkes hin, sagte er. Aber am Tisch des Volkes haben wir nichts zu suchen, so er, wie ich mich erinnerte. Eine Bierführerexistenz sein, dachte ich, und Tag für Tag Bierfässer auf- und abladen und durch die Wirtsvorhäuser Oberösterreichs rollen und mit allen diesen verkommenen Wirtinnen immer wieder zusammensitzen und jeden Tag todmüde ins Bett fallen, dreißig Jahre, vierzig Jahre lang. Ich atmete tief ein und ging so schnell als möglich nach Traich. Daß wir auf dem Land mit den in alle Zeit und in alle Zukunft unlösbaren Problemen der Welt auf die viel rücksichtslosere Weise konfrontiert sind als in der Stadt, in welcher wir uns ja, wenn wir wollen, vollkommen anonymisieren können, dachte ich, daß uns die Scheußlichkeiten und die Fürchterlichkeiten auf dem Land *direkt* ins Gesicht geschlagen werden und wir ihnen nicht auskommen und daß uns diese Scheußlichkeiten und Fürchterlichkeiten, wenn wir auf dem Land leben, mit Sicherheit in der kürzesten Zeit zugrunde richten, das hat sich nicht geändert, dachte ich, seit ich weg bin. Gehe ich nach Desselbrunn zurück, gehe ich unweigerlich ein, eine Rückkehr nach Desselbrunn kommt nicht mehr in Frage, auch nicht nach fünf, sechs Jahren, sagte ich mir, und je länger ich weg bin, desto notwendiger ist es, nicht mehr nach Desselbrunn zurückzukommen, in Madrid oder in einer anderen Großstadt bleiben, sagte ich mir, nur nicht auf dem Land und niemehr auf dem oberösterreichischen, dachte ich. Es war kalt und windig. Die absolute Verrücktheit, nach Traich zu gehen, in Attnang-Puchheim ausgestiegen zu sein, nach Wankham gegangen zu sein, war mir zu Kopf gestiegen. In dieser Gegend hatte Wertheimer verrückt, ja am Ende wahnsinnig werden *müssen*, dachte ich und ich sagte mir, daß er immer genau *der Untergeher* gewesen ist, von welchem Glenn Gould immer gesprochen hat, ein typischer Sackgassenmensch ist Wertheimer gewesen, sagte ich mir, von der einen Sackgasse heraus ist er mit Sicherheit immer wieder in eine andere Sackgasse hineingegangen, denn Traich war ihm immer schon eine Sackgasse gewesen, wie es später Wien gewesen war, wie natürlich auch Salzburg, denn Salzburg war ihm nichts als eine einzige Sackgasse gewesen, das Mozarteum nichts als eine Sackgasse, wie die Wiener Akademie, wie das ganze Klavierstudium eine Sackgasse, überhaupt haben solche Menschen immer nur die Wahl zwischen der einen Sackgasse und der andern, sagte ich mir, ohne jemals aus diesem Sackgassenmechanismus herauszukommen. *Der Untergeher ist schon als Untergeher geboren worden*, dachte ich, *er ist schon immer der Untergeher gewesen* und wenn wir genau sind in der Beobachtung unserer Umwelt, stellen wir fest, daß diese Umwelt fast nur aus solchen Untergehern zusammengesetzt ist, sagte ich mir, aus solchen Sackgassenmenschen wie Wertheimer, der von Glenn Gould schon im ersten Augenblick als solcher Sackgassenmensch und Untergeher durchschaut war und auch von Glenn Gould als erster als *Untergeher* bezeichnet worden ist auf diese rücksichtslose aber durch und durch offene kanadisch-amerikanische Weise, daß Glenn Gould völlig ungeniert ausgesprochen hat, was die Anderen *auch* dachten, aber niemals ausgesprochen haben, weil ihnen diese rücksichtslose und offene, aber doch heilsame amerikanisch-kanadische Art nicht eigen ist, sagte ich mir, daß sie alle zwar schon immer in Wertheimer den *Untergeher* gesehen, sich aber nicht getraut haben, ihn auch als *Untergeher* zu bezeichnen; aber vielleicht sind sie auch nur in ihrer Phantasielosigkeit nicht auf eine solche treffende Bezeichnung gekommen, dachte ich, die Glenn Gould erzeugt hat in dem ersten Augenblick, in welchem er Wertheimer gesehen hat, scharfsichtig, muß ich sagen, ohne ihn zuerst längere Zeit beobachtet zu haben, ist er gleich auf den *Untergeher* gekommen, nicht wie ich erst nach längerer Beobachtung und nach jahrelangem Zusammensein mit ihm, auf den Begriff des Sackgassenmenschen. Wir haben es immer wieder mit solchen Untergehern und mit solchen Sackgassenmenschen zu tun, sagte ich mir und ging rasch gegen den Wind. Wir haben die größte Mühe, uns vor diesen Untergehern und diesen Sackgassenmenschen zu retten, denn diese Untergeher und diese Sackgassenmenschen setzen alles daran, ihre Umwelt zu tyrannisieren, ihre Mitmenschen abzutöten, sagte ich mir. So schwach sie sind und gerade weil sie so schwach konstruiert und gemacht sind, haben sie die Kraft, auf ihre Umwelt eine verheerende Wirkung auszuüben, dachte ich. Sie gehen rücksichtsloser gegen ihre Umwelt und gegen ihre Mitmenschen vor, sagte ich mir, als wir uns das zuerst vorstellen können und wenn wir auf ihren Antrieb gekommen sind, auf ihren ureigenen Untergeher- und Sackgassenmenschenmechanismus, ist es meistens schon zu spät, ihnen zu entkommen, sie ziehen einen, wo sie nur können, mit aller Gewalt hinunter, sagte ich mir, ihnen ist jedes Opfer recht, und handelt es sich um die eigene Schwester, dachte ich. Aus ihrem Unglück, aus ihrem Untergehermechanismus schlagen sie ihr größtes Kapital, sagte ich mir, auf Traich zugehend, wenn ihnen dieses Kapital aber auch letztenends soviel wie nichts nützt selbstverständlich. Wertheimer ist immer unter falschen Voraussetzungen an sein Leben herangegangen, sagte ich mir, zum Unterschied von Glenn, der immer unter den richtigen Voraussetzungen an seine Existenz herangegangen ist. Wertheimer hat Glenn Gould selbst den Tod geneidet, sagte ich mir, hat selbst den Tod Glenn Goulds nicht ertragen können und sich kurze Zeit darauf umgebracht und in Wahrheit war das auslösende Moment für seinen Selbstmord nicht der Weggang der Schwester in die Schweiz gewesen, sondern die Unerträglichkeit, daß Glenn Gould auf dem Höhepunkt seiner Kunst, wie ich sagen muß, vom Schlag getroffen worden ist. Zuerst hat Wertheimer nicht ertragen, daß Glenn Gould besser Klavier gespielt hat, als er, daß er plötzlich das Genie Glenn Gould gewesen ist, dachte ich, noch dazu weltberühmt und dann auch noch, daß er auf dem Höhepunkt seines Genies und seiner Weltberühmtheit vom Schlag getroffen worden ist, dachte ich. Dagegen gab es für Wertheimer nur den eigenen Tod, den eigenhändigen Tod, dachte ich. In einem Anfall von Größenwahn hat er sich in den Zug nach Chur gesetzt, sagte ich mir jetzt, und ist nach Zizers und hat sich vor dem Haus der Duttweiler aufgehängt, schamlos. Was hätte ich denn mit den Duttweiler zu reden gehabt? fragte ich mich und antwortete mir auch gleich mit einem tatsächlich laut ausgesprochenen: *nichts*. Hätte ich der Schwester sagen sollen, was ich in Wirklichkeit über Wertheimer, ihren Bruder, dachte und denke? dachte ich. Es wäre die größte Unsinnigkeit gewesen, sagte ich mir. Die Duttweiler hätte ich mit meiner Rederei nur belästigt und mich hätte es nicht weitergebracht. Aber ich hätte die Einladung der beiden Duttweiler zum Essen in höflicherem Ton ablehnen sollen, dachte ich jetzt, ich habe ihre Einladung tatsächlich nicht nur in einem unhöflichen, sondern in einem unstatthaften Ton abgelehnt, schroff, sie vor den Kopf gestoßen, was mir jetzt nicht recht sein konnte. Wir handeln ungerecht, stoßen die Leute vor den Kopf, nur um uns im Augenblick einer größeren Anstrengung zu entziehen, einer unangenehmen Konfrontation, dachte ich, denn die Konfrontation mit den Duttweiler nach dem Begräbnis Wertheimers wäre ja sicher alles, nur nicht angenehm gewesen, alles hätte ich wieder zum Vorschein gebracht, das besser nicht mehr zum Vorschein gebracht wird, alles Wertheimer Betreffende und mit der mir schon immer zum Verhängnis gewordenen Ungerechtigkeit und Ungenauigkeit, mit einem Wort Subjektivität, die ich selbst immer gehaßt habe, vor welcher ich aber niemals sicher gewesen bin. Und die Duttweiler hätten auf ihre Weise Wertheimersche Zusammenhänge hergestellt, die ein ebenso falsches und ungerechtes Bild Wertheimers ergeben hätten, sagte ich mir. Wir schildern und beurteilen Menschen immer nur falsch, wir beurteilen sie ungerecht und schildern sie niederträchtig, sagte ich mir, in jedem Fall, gleich, wie wir sie schildern, gleich, wie wir sie beurteilen. Ein solches Mittagessen in Chur mit den Duttweiler hätte nichts als nur Mißverständnisse gebracht und beide Seiten letztenendes zur Verzweiflung, dachte ich. So ist es ganz gut, daß ich ihre Einladung abgelehnt habe und gleich nach Österreich zurückgefahren bin, dachte ich, wenn ich auch nicht in Attnang-Puchheim aussteigen hätte sollen, ich hätte sofort nach Wien zurückfahren sollen, in meine Wohnung gehen, einmal übernachten und nach Madrid, dachte ich. Die sentimentalistische Komponente dieser Fahrtunterbrechung in Attnang-Puchheim für diese widerliche, aber notwendige Übernachtung in Wankham, um das von Wertheimer hinterlassene Traich aufzusuchen, verzieh ich mir nicht. Wenigstens hätte ich die Duttweiler fragen können, wer jetzt in Traich sei, denn ich hatte ja noch auf dem Weg nach Traich nicht die geringste Vorstellung davon, wer jetzt in Traich sein könnte, denn auf die Auskunft der Wirtin durfte ich mich nicht verlassen, die redet immer viel, dachte ich, und wie alle Wirtinnen, Unsinn, Unzutreffendes. Und es kann ja sogar sein, daß die Duttweiler selbst schon in Traich ist, dachte ich, das wäre das Selbstverständlichste, daß sie nämlich nicht wie ich am Abend, möglicherweise schon am Nachmittag oder gar schon zu Mittag von Chur nach Traich abgereist ist. Wer sonst sollte jetzt Traich in die Hand nehmen? dachte ich, wenn nicht die Schwester, die ja jetzt, da Wertheimer tot und in Chur begraben ist, von ihm nichts mehr zu fürchten hat. Ihr Quälgeist ist tot, dachte ich, ihr Zerstörer hat ausgelebt, ist nicht mehr da, wird niemehr, was sie betrifft, etwas zu reden haben. Wie immer, übertrieb ich auch jetzt und es war mir vor mir selbst peinlich, Wertheimer aufeinmal als den Quälgeist und den Zerstörer seiner Schwester bezeichnet zu haben, so, dachte ich, gehe ich immer gegen Andere vor, ungerecht, ja verbrecherisch. An dieser Ungerechtigkeitseigenschaft habe ich immer gelitten, dachte ich. Der Herr Duttweiler, der mir bei der ersten Begegnung so widerwärtig gewesen war und der möglicherweise gar nicht so widerwärtig ist, wie ich jetzt dachte, hat sicher an Traich kein Interesse, überhaupt nicht das geringste Interesse an den Wertheimerschen Interessen, sagte ich mir, er schaut ganz so aus, als interessierte ihn das, was von Wertheimer in Traich und in Wien hinterlassen worden ist, überhaupt nicht, dachte ich, wenn, so hat der Herr Duttweiler nur an dem von Wertheimer zurückgelassenen Geld Interesse, an der sonstigen Wertheimerschen Hinterlassenschaft so gut wie gar keines, aber die Schwester müßte daran das größte haben, denn ich kann mir nicht denken, dachte ich, daß sie sich so radikal und endgültig von ihrem Bruder getrennt hat, indem sie sich mit dem Duttweiler verheiratet hat, daß ihr der Nachlaß ihres Bruders gleichgültig ist, ganz im Gegenteil, vermutete ich jetzt, daß sie sich gerade jetzt, von ihrem Bruder sozusagen durch dessen demonstrativen Selbstmord, in Freiheit entlassen, für alles Wertheimersche auf einmal mit der Intensität interessiert, mit welcher sie sich bis jetzt nicht interessiert hat und daß sie jetzt vielleicht sogar für den sogenannten *geisteswissenschaftlichen Nachlaß* ihres Bruders Interesse zeigt. Im Geiste, wie gesagt wird, sah ich sie jetzt schon in Traich über den Tausenden, wenn nicht Hunderttausenden von Zetteln ihres Bruders sitzen und sie studieren. Dann wieder dachte ich, daß Wertheimer nicht einen einzigen Zettel hinterlassen hat, was ihm mehr entspricht als ein sogenannter literarischer Nachlaß, von welchem er selbst nie etwas gehalten hat, wie ich jedenfalls von ihm immer gehört habe, wenn ich auch nicht sagen kann, daß er es damit ernst gemeint hat, dachte ich. Denn sehr oft sagen die Leute, die an Geistesprodukten arbeiten, sie halten davon nichts und halten davon im Gegenteil sehr viel, geben es nur nicht zu, weil sie sich einer solchen Unterstellung, wie sie es nennen, schämen, machen ihre Arbeit herunter, um sich wenigstens öffentlich nicht schämen zu müssen, Wertheimer könnte mit einem solchen Täuschungsmanöver, seine sogenannte Geisteswissenschaft betreffend, gearbeitet haben, dachte ich, das paßte ganz zu ihm. Dann hätte ich tatsächlich Gelegenheit, in diese seine Geistesarbeit Einblick zu nehmen, dachte ich. Plötzlich war es so kalt geworden, daß ich mir den Rockkragen aufstellen mußte. Immer wieder fragen wir nach der Ursache und kommen nach und nach von einer Möglichkeit auf die andere, dachte ich, daß Glenns Tod die eigentliche Ursache für Wertheimers Tod ist, dachte ich immer wieder, nicht daß Wertheimers Schwester zu dem Duttweiler nach Zizers ist. Die Ursache, sagen wir nicht nur, liegt immer viel tiefer und sie liegt in den Goldbergvariationen, die Glenn in Salzburg während des Horowitzkurses gespielt hat, *das Wohltemperierte Klavier ist die Ursache*, dachte ich, nicht die Tatsache, daß sich Wertheimers Schwester mit sechsundvierzig Jahren von ihrem Bruder getrennt hat. Wertheimers Schwester ist tatsächlich unschuldig an Wertheimers Tod, dachte ich, Wertheimer hat, dachte ich, die Schuld an seinem Selbstmord auf seine Schwester abschieben wollen, um von der Tatsache abzulenken, daß nichts anderes als die von Glenn interpretierten *Goldbergvariationen*, wie auch sein *Wohltemperiertes Klavier* an seinem Selbstmord schuld seien, wie überhaupt an seiner Lebenskatastrophe. Aber der Anfang von Wertheimers Katastrophe war ja schon in dem Augenblick eingetreten, in welchem Glenn Gould zu Wertheimer gesagt hat, er sei *der Untergeher,* das, was Wertheimer schon immer gewußt hatte, war von Glenn urplötzlich und ohne Voreingenommenheit, wie ich sagen muß, auf seine kanadisch-amerikanische Art ausgesprochen worden, Glenn hat Wertheimer *mit seinem Untergeher* tödlich getroffen, dachte ich, nicht weil Wertheimer diesen Begriff dabei zum erstenmal gehört hat, sondern weil Wertheimer, ohne *dieses Wort Untergeher zu kennen, mit dem Begriff Untergeher* längst vertraut gewesen war, Glenn Gould aber *in einem entscheidenden Augenblick das Wort Untergeher ausgesprochen hat,* dachte ich. Wir sagen ein Wort und vernichten einen Menschen, ohne daß dieser von uns vernichtete Mensch in dem Augenblick, in welchem wir das ihn vernichtende Wort aussprechen, von dieser tödlichen Tatsache Kenntnis hat, dachte ich. Noch ahnt ein solcher mit einem solchen tödlichen Wort als tödlicher Begriff Konfrontierter von der tödlichen Wirkung dieses Wortes und seines Begriffs nichts, dachte ich. Glenn hat noch bevor der Horowitzkurs überhaupt angefangen hatte, zu Wertheimer das Wort *Untergeher* gesagt, dachte ich, ich könnte sogar die genaue Stunde bestimmen, in welcher Glenn zu Wertheimer das Wort *Untergeher* gesagt hat. Wir sagen ein tödliches Wort zu einem Menschen und sind uns naturgemäß nicht im Augenblick bewußt, daß wir tatsächlich ein tödliches Wort zu ihm gesagt haben, dachte ich. Achtundzwanzig Jahre, nachdem Glenn im Mozarteum zu Wertheimer gesagt hat, er sei ein *Untergeher* und zwölf Jahre, nachdem er es zu ihm in Amerika gesagt hat, hat sich Wertheimer umgebracht. Selbstmörder sind lächerlich, hat Wertheimer oft gesagt, die sich aufhängen, sind die widerwärtigsten, hat er auch gesagt, dachte ich, auffällig ist natürlich jetzt, daß er sehr oft über Selbstmord gesprochen, sich dabei aber immer über die Selbstmörder mehr oder weniger, wie ich sagen muß, lustig gemacht hat, immer so über den Selbstmord und die Selbstmörder geredet hat, als ginge ihn weder der eine Begriff noch der andere etwas an, daß der eine wie der andere für ihn nicht in Frage komme. *Ich* sei ein Selbstmordmensch, hat er oft gesagt, erinnerte ich mich auf dem Weg nach Traich, *ich* sei der Gefährdete, nicht er. Und er hatte auch seiner Schwester den Selbstmord zugetraut, wahrscheinlich weil er ihre tatsächliche Lage am besten kannte, mit ihrer absoluten Ausweglosigkeit vertraut gewesen war, wie kein Anderer, weil er, wie er oft sagte, sein Geschöpf zu durchschauen glaubte. Aber seine Schwester ist doch, anstatt sich umzubringen, zu Duttweiler in die Schweiz, hat sich mit dem Herrn Duttweiler verheiratet, dachte ich. Wertheimer hat sich schließlich umgebracht auf diese von ihm immer als abstoßend und widerwärtig bezeichnete Weise und ausgerechnet in der Schweiz, seine Schwester also ist in die Schweiz gegangen, um den reichen Chemieduttweiler zu ehelichen, anstatt sich umzubringen, er selbst, um sich an einem Baum in Zizers aufzuhängen, dachte ich. Bei Horowitz hat er studieren wollen, dachte ich und ist von Glenn Gould vernichtet worden. Glenn ist in dem *für ihn idealen* Zeitpunkt gestorben, Wertheimer aber hat sich nicht zu dem für ihn idealen Zeitpunkt umgebracht, dachte ich. Wenn ich meine Beschreibung von Glenn Gould wirklich nocheinmal versuche, dachte ich, dann werde ich in dieser auch *seine* Beschreibung Wertheimers vorzunehmen haben und es ist fraglich, wer der Mittelpunkt dieser Beschreibung sein wird, Glenn Gould oder Wertheimer, dachte ich. Von Glenn Gould werde ich ausgehen, von den *Goldbergvariationen* und vom *Wohltemperierten Klavier*, aber Wertheimer wird in dieser Beschreibung eine entscheidende Rolle spielen, was mich betrifft, denn für mich war Glenn Gould immer mit Wertheimer verbunden gewesen, gleich in was für einer Beziehung und umgekehrt Wertheimer mit Glenn Gould und vielleicht alles in allem spielt doch Glenn Gould in Beziehung auf Wertheimer die größere Rolle, als umgekehrt. Tatsächlicher Ausgangspunkt muß der Horowitzkurs sein, dachte ich, das Bildhauerhaus in Leopoldskron, die Tatsache, daß wir völlig unabhängig voneinander aufeinander auf uns zugegangen sind vor achtundzwanzig Jahren lebensentscheidend, dachte ich. Wertheimers Bösendorfer gegen Glenn Goulds Steinway, dachte ich, *Glenn Goulds Goldbergvariationen gegen Wertheimers Kunst der Fuge*, dachte ich. Glenn Gould verdankt sicher Horowitz nicht sein Genie, dachte ich, aber Wertheimer darf ohne weiteres *Horowitz* für seine Zerstörung und Vernichtung verantwortlich machen, dachte ich, denn Wertheimer war, angezogen von dem Namen Horowitz nach Salzburg gegangen, ohne den Namen Horowitz wäre er niemals nach Salzburg gegangen, jedenfalls nicht in diesem für ihn verhängnisvollen Jahr. Während die *Goldbergvariationen* doch nur zu dem Zweck komponiert worden sind, die Schlaflosigkeit eines lebenslänglich an Schlaflosigkeit Leidenden erträglich zu machen, dachte ich, haben sie Wertheimer umgebracht. *Zur Gemüthsergetzung* waren sie ursprünglich komponiert worden und haben fast zweihundertfünfzig Jahre danach einen hoffnungslosen Menschen, eben Wertheimer, umgebracht, dachte ich auf dem Weg nach Traich. Wäre Wertheimer vor achtundzwanzig Jahren nicht am Zimmer dreiunddreißig im ersten Stock des Mozarteums vorbeigegangen, wie ich mich erinnere, genau um vier Uhr nachmittags, er hätte sich nicht achtundzwanzig Jahre später in Zizers bei Chur erhängt, dachte ich. Wertheimers Verhängnis war, gerade in dem Augenblick am Zimmer dreiunddreißig des Mozarteums vorbeigegangen zu sein, in welchem Glenn Gould in diesem Zimmer die sogenannte *Aria* spielte. Wertheimer berichtete mir von seinem Erlebnis, daß er, Glenn spielen hörend, vor der Tür des Zimmers dreiunddreißig stehengeblieben sei bis zum Ende der *Aria*. Damals ist mir klar gewesen, was ein Schock ist, dachte ich jetzt. Das sogenannte Wunderkind Glenn Gould war uns, Wertheimer und mir, kein Begriff gewesen und wir hätten es auch, wenn wir davon etwas gewußt hätten, nicht ernst genommen, dachte ich. Glenn Gould war kein Wunderkind, er war von Anfang an ein Genie auf dem Klavier, dachte ich, schon als Kind hatte ihm Meisterschaft nicht genügt. Wir, Wertheimer und ich, hatten sozusagen unsere Isolationshäuser auf dem Land und flohen sie. Glenn Gould baute sich seinen Isolationskäfig, wie er sein Studio nannte, in Amerika in Newyorknähe. Wenn *er* Wertheimer den *Untergeher* genannt hat, so will ich ihn, Glenn, als den *Nichtakzeptierer* bezeichnen, dachte ich. Das Jahr 1953 aber muß ich als das *verhängnisvolle* für Wertheimer bezeichnen, denn 1953 hat Glenn Gould in Leopoldskron die *Goldbergvariationen* in unserem Bildhauerhaus für niemanden andern als für Wertheimer und mich gespielt, Jahre, bevor er mit ebendenselben *Goldbergvariationen*, wie gesagt wird, mit einem Schlag die Weltberühmtheit geworden ist. 1953 hat Glenn Gould Wertheimer vernichtet, dachte ich. 1954 hatten wir nichts von ihm gehört, 1955 hat er die *Goldbergvariationen* im Festspielhaus gespielt, Wertheimer und ich hatten ihm vom Schnürboden aus zugehört, zusammen mit einer Reihe von Bühnenarbeitern, die sonst niemals ein Klavierkonzert gehört hatten, von Glenns Spiel aber begeistert gewesen sind. Glenn, der nie anders als *in Schweiß ausgebrochen* war, Glenn, der kanadische Amerikaner, der Wertheimer ungeniert den *Untergeher* genannt hat, Glenn, der im *Ganshof* so gelacht hat, wie ich niemals vorher und niemals nachher einen Menschen lachen gehört habe, dachte ich gegenüber Wertheimer, der das genaue Gegenteil von Glenn Gould gewesen ist, wenn ich dieses Gegenteil auch nicht beschreiben kann, aber ich werde den Versuch machen, dachte ich, wenn ich den *Versuch über Glenn* nocheinmal anfange. Ich werde mich in der Calle del Prado einsperren und über Glenn schreiben und ganz von selbst wird mir Wertheimer deutlich werden, dachte ich. Indem ich über Glenn Gould schreibe, werde ich mir Klarheit über Wertheimer verschaffen, dachte ich auf dem Weg nach Traich. Ich ging viel zu schnell und hatte während des Gehens keine Luft, mein altes Übel, an welchem ich jetzt schon über zwei Jahrzehnte leide. Indem ich über den einen (Glenn Gould) schreibe, werde ich mir über den andern (Wertheimer) Klarheit verschaffen, dachte ich, indem ich die *Goldbergvariationen* (und *Die Kunst der Fuge*) des einen (Glenn) immer wieder höre, um dann über sie schreiben zu können, werde ich über die Kunst (oder Nichtkunst!) des Andern (Wertheimer) immer mehr wissen und auch aufschreiben können, dachte ich und ich sehnte mich aufeinmal nach Madrid und meiner Calle del Prado, nach meinem spanischen Zuhause, wie ich mich noch niemals nach einem Ort gesehnt hatte. Im Grunde war dieser Weg nach Traich ein deprimierender und wird doch, wie ich immer wieder dachte, ein zweckloser sein. Oder wird doch *nicht ganz so zwecklos* sein, wie ich im Augenblick dachte, dachte ich und ging noch schneller auf Traich zu. Das Jagdhaus kannte ich, es hat sich nichts verändert, war mein erster Eindruck, mein zweiter, daß es ein ideales Gebäude für einen Menschen sein müsse, wie Wertheimer, aber dann doch niemals das ideale Gebäude für ihn gewesen war, ganz im Gegenteil. Wie auch mein Desselbrunn für mich niemals das ideale, sondern das Gegenteil gewesen ist und ist, wie ich dachte, wenn auch alles den Anschein hatte, als sei Desselbrunn für mich (und meinesgleichen) ideal. Wir sehen ein Gebäude und glauben, es ist für uns (und für unseresgleichen) ideal und es ist überhaupt nicht ideal für unsere Zwecke und für die Zwecke von unseresgleichen, dachte ich. Wie wir auch immer einen Menschen sehen als den für uns idealen, während er alles ist, nur nicht ideal für uns, dachte ich. Meine Vermutung, daß Traich abgesperrt ist, bewahrheitete sich nicht, das Gartentor war offen, selbst die Haustür, wie ich von weitem sah und ich ging auch gleich durch den Garten und durch das Haustor. Der Holzknecht Franz (Kohlroser), den ich kannte, begrüßte mich. Er habe erst heute früh vom Selbstmord Wertheimers gehört, alle seien sie entsetzt, sagte er. Die Schwester Wertheimers habe ihr Kommen für den nächsten Tag angekündigt, sagte er, die Frau Duttweiler. Ich solle weiter eintreten, er habe inzwischen alle Zimmerfenster aufgemacht, um frische Luft ins Haus hereinzulassen, sagte er, zu allem Unglück sei sein Kollege nach Linz gefahren auf drei Tage, er sei allein in Traich, *ein Glück, daß Sie gekommen sind*, sagte er. Ob ich Wasser trinken wolle, fragte er, er

erinnerte sich sofort, daß ich Wassertrinker bin. Nein, sagte ich, jetzt
nicht, ich hätte im Wirtshaus in Wankham, wo ich zu übernachten vorhabe, Tee getrunken. Wertheimer sei wie immer, nur auf zwei oder drei
Tage weggefahren, er habe allerdings *gesagt*, daß er nach Chur zu seiner
Schwester fahren werde, sagte der Franz. Keinerlei Anzeichen einer Auffälligkeit oder Merkwürdigkeit habe er an Wertheimer festgestellt, als dieser Traich verlassen hat, mit dem Auto, sagte der Franz, mit dem er sich bis
Attnang-Puchheim chauffiert habe, das Auto stehe mit Sicherheit noch
dort am Bahnhofsvorplatz. Der Franz rechnete sich aus, daß es genau
zwölf Tage sind, daß sein Herr in die Schweiz abgereist und daß er, wie er
erst von mir erfahren habe, schon elf Tage tot sei. *Erhängt* hatte ich zum
Franz gesagt. Er, Franz, fürchte, daß sich jetzt, nach dem Tod Wertheimers, seines Brotgebers, in Traich möglicherweise alles ändere, noch dazu,
wo es sich bei der Duttweiler *um eine seltsame Person* handle, er hatte nicht
gesagt, daß er sich jetzt vor dem Auftreten der Frau Duttweiler fürchte,
aber er hat doch zu verstehen gegeben, daß er Angst habe, sie werde unter
dem Einfluß des Schweizers, ihres Mannes, Traich völlig verändern, kann
sein, daß sie Traich verkauft, hat der Franz gesagt, denn was solle sie, die in
die Schweiz geheiratet habe, noch dazu so reich in die Schweiz geheiratet
hat, mit Traich anfangen. Traich sei ja doch ganz das Haus ihres Bruders
gewesen, von diesem vollkommen für seine Zwecke ausgebaut und hergerichtet und eingerichtet worden und so, daß es tatsächlich jedem Andern zuwider sein müsse, wie ich dachte, auf die Wertheimerweise nur für
ihn. Wertheimers Schwester habe sich in Traich ja nie wohlgefühlt und ihr
Bruder, so Franz, habe sie in Traich auch nie *aufkommen* lassen, alle ihre
Traich betreffenden Wünsche seien von ihm nie erfüllt worden, ihre
Ideen, Traich nach ihrem Geschmack zu verändern, habe er, Wertheimer,
immer schon im Keim erstickt gehabt, sie in Traich übrigens immer nur
gepeinigt die Arme, wie sich der Franz ausdrückte. Die Duttweiler müsse ja
Traich geradezu hassen, meinte er, denn sie habe nicht einen glücklichen
Tag in Traich gehabt, so Franz. Er erinnere sich, daß sie einmal, ohne ihn
zu fragen, ob ihrem Bruder das recht sei, die Vorhänge aufgezogen habe in
seinem Zimmer, worauf er sie wütend aus seinem Zimmer gejagt habe.
Wollte sie Gäste einladen, hat er es ihr verboten, sagte der Franz, sie hatte
sich auch nicht kleiden dürfen, wie sie wollte, hatte immer nur die Kleider
zu tragen gehabt, die *er* an ihr sehen wollte, auch bei kältestem Wetter
durfte sie niemals ihren Tirolerhut aufsetzen, denn ihr Bruder haßte Ti-

rolerhüte und haßte, wie auch ich weiß, alles, das mit Tracht zu tun hat, wie er ja auch selber niemals etwas getragen hat, das auch nur im entferntesten an eine Tracht erinnerte, so war er naturgemäß hier, in der Gegend, immer sofort aufgefallen, denn alle tragen sie hier immer Tracht, vor allem die aus Tiroler Loden geschneiderte, die für diese klimatisch so schauerliche Lage im Vorgebirge tatsächlich wie keine andere die ideale Kleidung ist, dachte ich, die Tracht war ihm wie alles, das auch nur an die Tracht erinnerte, zutiefst zuwider. Als seine Schwester ihn einmal um Erlaubnis gebeten hat, auf den sogenannten *Bäckerberg* gehen zu dürfen auf eine Tanzveranstaltung im Zusammenhang mit dem Ersten Mai, mit einer Nachbarsfrau, hat er es ihr verboten, sagte der Franz. Und auf die Gesellschaft des Pfarrers habe sie selbstverständlich verzichten müssen, denn Wertheimer hasse den Katholizismus, dem seine Schwester in den letzten Jahren, wie auch ich wisse, völlig verfallen sei. Eine seiner Gewohnheiten sei es gewesen, die Schwester mitten in der Nacht aufzufordern, in sein Zimmer zu kommen, um ihm auf dem alten Harmonium, das er in seinem Zimmer stehen hat, etwas von Händel vorzuspielen, tatsächlich sagte der Franz *Händel.* Die Schwester habe um ein oder zwei Uhr in der Nacht aufstehen und sich ihren Schlafrock anziehen und in sein Zimmer kommen und sich an das Harmonium setzen müssen in dem kalten Zimmer und Händel spielen, sagte Franz, was natürlich zur Folge gehabt hat, sagte er, daß sie sich verkühlte und in Traich auch andauernd an Verkühlungen gelitten hat. Er, Wertheimer, habe die Schwester nicht gut behandelt, sagte der Franz. Er habe sich von ihr eine Stunde Händel vorspielen lassen auf dem alten Harmonium, sagte der Franz, und ihr dann in der Frühe beim gemeinsamen Frühstück, das sie in der Küche eingenommen hätten, gesagt, daß ihr Harmoniumspiel unerträglich gewesen sei. Er hatte sich von ihr vorspielen lassen, um wieder einschlafen zu können, sagte der Franz, denn der Herr Wertheimer litt ja immer an der Schlaflosigkeit und dann hat er ihr in der Frühe gesagt, sie spiele *wie eine Sau.* Wertheimer habe seine Schwester immer zwingen müssen, nach Traich zu kommen, er, Franz, glaube sogar, daß Wertheimer seine Schwester gehaßt habe, aber ohne sie in Traich nicht existieren habe können und ich dachte, daß Wertheimer immer von Alleinsein geredet hat, ohne tatsächlich allein sein zu können, er war kein *Alleinmensch,* dachte ich, und so hat er seine Schwester, die er im übrigen, obwohl er sie gehaßt hat, auch wie keinen anderen Menschen sonst auf der Welt, geliebt hat, immer nach Traich mitgenommen, um sie auf seine Weise zu *mißbrauchen*. Wenn es kalt wurde, so der Franz, habe er sich von seiner Schwester in seinem Zimmer einheizen lassen, während in ihrem Zimmer nicht geheizt werden durfte. Ihre Spaziergänge hat sie immer nur in die von ihrem Bruder vorgeschriebene Richtung und auch nur in der von ihrem Bruder vorgeschriebenen Länge machen dürfen und sich genau an die Zeit halten müssen, die er für ihre Spaziergänge bestimmt hat, so der Franz. Die meiste Zeit sei sie, so Franz, in ihrem Zimmer gesessen, aber sie habe keine Musik hören dürfen, das vertrug ihr Bruder nicht, daß sie sich, was sie so gern getan hätte, eine Schallplatte auflegte. Er, Franz, erinnerte sich noch genau an die Kinderzeit der beiden Wertheimer, als die beiden noch fröhlich in Traich angekommen seien, lustige Kinder, die zu allem aufgelegt gewesen sind, so Franz. Das Jagdhaus sei der liebste Spielplatz der beiden Wertheimerkinder gewesen. Die Zeit, in welcher die Wertheimerischen in England gewesen sind, in der Nazizeit, so Franz, sei es, während ein Naziverwalter in Traich gehaust habe, auf beängstigende Weise in Traich still gewesen, alles sei in dieser Zeit auch verkommen, nichts ist repariert, alles sich selbst überlassen worden, denn der Verwalter habe sich um nichts gekümmert, ein heruntergekommener Nazigraf habe in Traich gewohnt, aber von nichts etwas verstanden, so Franz, der Nazigraf habe Traich *beinahe ruiniert*. Nachdem die Wertheimer von England zurückgekommen seien, zuerst nach Wien, erst viel später wieder nach Traich, so Franz, hätten sie sich ganz auf sich selbst zurückgezogen gehabt, keinen Kontakt mit der Umgebung mehr aufgenommen. Er, Franz, sei wieder in ihre Dienste getreten, sie hätten ihn immer gut bezahlt und ihm die Tatsache, daß er ihnen auch während der Naziherrschaft und während ihrer ganzen Englandzeit die Treue gehalten habe, *immer gutgeschrieben*, so er. Daß er sich in der sogenannten Nazizeit um Traich mehr gekümmert habe, als den Nazis recht gewesen war, so Franz, habe ihm nicht nur eine Verwarnung der Nazibehörden, sondern auch einen zweimonatigen Gefängnisaufenthalt in Wels eingebracht, seitdem hasse er Wels, fahre nicht mehr hin, selbst zur Volksfestzeit nicht. *Der Herr Wertheimer hat seiner Schwester nicht erlauben wollen, in die Kirche zu gehen*, sagte der Franz, aber sie ging *heimlich in die Abendandacht*. Die Eltern der jungen Wertheimer hätten von Traich nicht mehr viel gehabt, sagte der Franz, mit dem ich in der Küche stand, viel zu früh seien sie verunglückt. Sie wollten nach Meran, sagte der Franz. Der alte Wertheimer wollte ja nicht nach Meran, aber *sie* wollte, sagte er. Das verunglückte Auto hätte man erst zwei Wochen nach dem Absturz in die Schlucht bei Brixen aufgefunden, sagte er. In Meran haben die Wertheimer Verwandte, dachte ich. Schon der Urgroßvater Wertheimers habe ihn, Franz, in Traich angestellt, sagte er. Auch für seinen Vater sei die Anstellung bei den Wertheimer eine Lebensstellung gewesen. Die Herrschaft sei zu ihnen allen immer gut gewesen, habe sich nichts zuschulden kommen lassen, so sei es ganz natürlich auch umgekehrt nie zu Vorwürfen gekommen, so Franz. Er könne sich nicht vorstellen, was jetzt aus Traich werden würde. Was ich über den Herrn Duttweiler denke, wollte der Franz wissen, ich schüttelte nur den Kopf. Möglicherweise, so der Franz, kommt Wertheimers Schwester nach Traich, um Traich zu verkaufen. Das glaube ich nicht, sagte ich, ich könne mir absolut nicht vorstellen, daß die Duttweiler Traich verkaufe, obwohl ich dachte, daß es durchaus möglich sei, daß sie an einen Verkauf von Traich denke, aber ich sagte zum Franz nicht, was ich dachte, ich sagte ganz deutlich, nein, an das glaube ich nicht, daß die Duttweiler Traich verkauft, daran denke ich wirklich nicht. Ich wollte den Franz beruhigen, der sich naturgemäß Sorgen machte, seine Lebensstellung zu verlieren. Ohne weiteres ist es möglich, daß die Duttweiler, Wertheimers Schwester, nach Traich kommt und Traich verkauft, möglicherweise auf schnellstem Wege, dachte ich, sagte aber zum Franz, ich sei überzeugt, daß Wertheimers Schwester, *die Schwester meines Freundes*, betonte ich ausdrücklich, Traich nicht verkauft, die haben so viel Geld, die Duttweiler, sagte ich zum Franz, daß sie es nicht notwendig haben, Traich zu verkaufen, während ich dachte, gerade weil die Duttweiler so viel Geld haben, denken sie vielleicht daran, Traich ganz einfach auf dem schnellsten Weg abzustoßen, sie verkaufen Traich sicher nicht, sagte ich und dachte, sie verkaufen Traich vielleicht sogar sofort und ich sagte zum Franz, er könne sicher sein, daß sich hier in Traich nichts ändere, während ich dachte, in Traich wird sich wahrscheinlich alles ändern. Die Duttweiler kommt her und regelt, was zu regeln ist, sagte ich zum Franz, nimmt die Hinterlassenschaft in die Hand, sagte ich und ich fragte den Franz, ob die Duttweiler allein oder mit ihrem Mann nach Traich komme. Das wisse er nicht, das hätte sie nicht mitgeteilt. Ich trank ein Glas Wasser und dachte während des Trinkens, daß ich in Traich immer das beste Wasser meines Lebens getrunken habe. Bevor Wertheimer in die Schweiz sei, habe er zwei Wochen lang eine Menge Leute nach Traich eingeladen, es habe Tage gedauert, bis er, Franz und sein Kollege, alles wieder in Ordnung gebracht hätten, Wiener, sagte der Franz, die noch nie in Traich gewesen waren, die aber ganz offensichtlich gute Freunde seines Herrn gewesen seien. Von diesen Leuten habe ich schon von der Wirtin gehört, sagte ich, daß diese Leute in der Gegend umhergezogen seien, Künstler, sagte ich, wahrscheinlich Musiker und ich dachte, ob es sich bei diesen Künstlern und Musikern nicht um Leute handelte, mit welchen Wertheimer einmal zur Schule gegangen ist, sozusagen um Hochschulkollegen aus seiner Wiener und Salzburger Akademiezeit. Am Ende erinnern wir uns an alle, die mit uns gemeinsam die Hochschule besucht haben und laden sie ein, nur um festzustellen, daß wir mit ihnen nicht mehr das geringste gemein haben, dachte ich. Auch mich hat Wertheimer eingeladen, dachte ich augenblicklich und mit was für einer Unerbittlichkeit, ich dachte an seine Briefe und vor allem an die letzte Karte an mich nach Madrid, ich hatte naturgemäß jetzt ein schlechtes Gewissen, denn ich brachte diese *Künstlereinladung* seinerseits auch mit mir in Zusammenhang, aber er hat nichts von diesen Leuten geschrieben, dachte ich, und zu allen diesen Leuten wäre ich auch gar nicht nach Traich gekommen, sagte ich mir. Was muß in Wertheimer vorgegangen sein, daß er, der nie jemanden nach Traich eingeladen hat, aufeinmal Dutzende Leute nach Traich kommen läßt, und seien es ehemalige Studienkollegen, die er im übrigen immer gehaßt hat; immer war wenigstens Verachtung zu spüren gewesen, wenn er von solchen ehemaligen Studienkollegen gesprochen hat, dachte ich. Was die Wirtin nur angedeutet hat und wovon sie ja auch nicht mehr wissen konnte, als daß sie sie in dieser auffälligen Künstlerkostümierung, in ihrem auffälligen Künstleraufzug durch die Gegend gehen und lachen und schließlich auch randalieren gesehen hat, war mir aufeinmal klar geworden: Wertheimer hat seine ehemaligen Studienkollegen nach Traich eingeladen und sie nicht gleich wieder verjagt, sondern sich tagelang, ja wochenlang in Traich austoben lassen *gegen sich*. Eine Tatsache, die mir völlig unverständlich erscheinen mußte, denn Wertheimer hat jahrzehntelang von diesen Studienkollegen nichts wissen wollen, niemals etwas von ihnen hören wollen und es wäre ihm nicht im Schlaf eingefallen, sie eines Tages nach Traich einzuladen, was er jetzt offensichtlich getan hatte, und zwischen dieser absurden Einladung und seinem Selbstmord besteht natürlich ein Zusammenhang, dachte ich. Vieles in Traich hatten diese Leute ruiniert, sagte der Franz. Wertheimer sei mit ihnen, was allerdings auch dem Franz aufgefallen war, *ausgelassen* gewesen, ganz und gar verändert habe er sich in diesen Tagen und Wochen in dieser Gesellschaft gezeigt. Auch der Franz sagte, daß die Leute über zwei Wochen in Traich gewesen seien und sich von Wertheimer aushalten ließen, er sagte tatsächlich *aushalten*, genauso wie die Wirtin es gesagt hatte in bezug auf diese Leute aus Wien. Nachdem die ganze Gesellschaft, die keine Nacht zur Ruhe gekommen sei, sich jeden Tag besoffen gemacht habe, weg gewesen sei, habe sich Wertheimer ins Bett gelegt, um zwei Tage und Nächte nicht mehr aufzustehen, so Franz, der in der Zwischenzeit den Schmutz dieser Stadtleute weggeräumt, überhaupt das ganze Haus wieder in einen *menschenwürdigen Zustand* versetzt habe, um dem Herrn Wertheimer den Anblick der Verwüstung von Traich zu ersparen, wenn er wieder aufsteht, so Franz. Was ihm, Franz, aber besonders aufgefallen sei, nämlich daß Wertheimer sich aus Salzburg ein Klavier herbeischaffen hatte lassen, um darauf zu spielen, sei sicher für mich von Bedeutung. Einen Tag bevor die Leute aus Wien angekommen seien, habe er sich in Salzburg ein Klavier *bestellt* und nach Traich bringen lassen und auf diesem Klavier gespielt, zuerst für sich allein, dann, als die ganze Gesellschaft da gewesen war, für diese Gesellschaft, Bach, sagte der Franz, habe Wertheimer ihnen vorgespielt, Händel und Bach, was er ja über ein Jahrzehnt nicht mehr getan hat. Wertheimer habe, so der Franz, pausenlos Bach auf dem Klavier gespielt, sodaß die Gesellschaft es nicht mehr ausgehalten hat und aus dem Haus gegangen ist. Kaum war die Gesellschaft wieder im Haus, hat er wieder angefangen, Bach zu spielen, bis sie wieder hinausgegangen ist. Vielleicht hat er sie mit dem Klavierspiel alle wahnsinnig machen wollen, sagte der Franz, denn kaum waren sie da, hat er ihnen Bach und Händel vorgespielt, solange bis sie davongelaufen sind, ins Freie und wenn sie zurückgekommen waren, hatten sie wieder sein Klavierspiel in Kauf nehmen müssen. So über zwei Wochen lang, sagte der Franz, der bald glauben mußte, daß sein Herr wahnsinnig geworden sei. Er habe gedacht, die Gäste werden das nicht lange aushalten, daß Wertheimer ihnen immer und ununterbrochen auf dem Klavier vorspielt, aber sie seien doch zwei Wochen, *über zwei Wochen* geblieben, ausnahmslos, er, Franz, habe, weil er ja gesehen hat, daß Wertheimer seine Gäste tatsächlich wahnsinnig gemacht hat mit seinem Klavierspiel, den Verdacht, daß Wertheimer die Gäste bestochen hat, ihnen Geld gegeben hat, damit sie in Traich bleiben, denn ohne eine solche

Bestechung, also ohne *Geldzuwendung*, so Franz, wären sie sicher nicht über zwei Wochen geblieben, um sich von Wertheimers Klavierspiel wahnsinnig machen zu lassen und ich dachte, daß der Franz möglicherweise recht hat mit seiner Behauptung, Wertheimer habe den Leuten Geld gegeben, sie tatsächlich bestochen, wenn auch vielleicht nicht mit Geld, so doch mit etwas Anderem, damit sie zwei Wochen, ja *über* zwei Wochen bleiben. Denn sicher hat er es haben wollen, daß sie über zwei Wochen bleiben, dachte ich, denn sonst wären sie nicht über zwei Wochen geblieben, ich kenne Wertheimer zu gut, um ihm nicht eine solche Pression zuzutrauen, dachte ich. Immer nur Bach und Händel, sagte der Franz, ununterbrochen, *bis zur Bewußtlosigkeit*. Schließlich habe Wertheimer für alle diese Leute im großen Speisezimmer unten ein, wie Franz sich ausdrückte, *fürstliches Nachtmahl* auftragen lassen und ihnen gesagt, daß sie am nächsten Morgen verschwunden zu sein hätten, mit seinen eigenen Ohren habe er, Franz, gehört, wie Wertheimer gesagt hat, daß er sie alle am nächsten Morgen nicht mehr zu sehen wünsche. Tatsächlich hat er ihnen allen ohne Ausnahme, für den nächsten Morgen und zwar schon für vier Uhr früh, Taxis bestellen lassen aus Attnang-Puchheim und wären sie alle mit diesen Taxis weggefahren, das Haus in einem katastrophalen Zustand hinterlassend. Er, Franz, habe sofort und ohne Umschweife angefangen, das Haus in Ordnung zu bringen, er habe nicht wissen können, so er, daß sein Herr noch zwei Tage und zwei Nächte im Bett liegen bleibe, das sei aber gut gewesen, denn Wertheimer habe das notwendig gehabt und es hätte ihn zweifellos der Schlag getroffen, so Franz, wenn er gesehen hätte, in was für einem Zustand die Leute das Haus hinterlassen haben, tatsächlich haben sie mutwillig noch eine Reihe von Gegenständen *zerstört*, so Franz, Sessel und sogar Tische umgeworfen, bevor sie Traich verließen und ein paar Spiegel und ein paar Glastüren eingeschlagen wahrscheinlich aus Übermut, so Franz, aus Wut darüber, von Wertheimer mißbraucht worden zu sein, dachte ich. Tatsächlich stand da, wo ein Jahrzehnt lang keins mehr gestanden war, jetzt ein Klavier, wie ich sah, nachdem ich mit dem Franz in den ersten Stock hinaufgegangen war. Ich interessierte mich für Wertheimers Aufzeichnungen, hatte ich noch unten in der Küche zum Franz gesagt, der mich daraufhin anstandslos in den ersten Stock hinaufgeführt hatte. Das Klavier war *ein Ehrbar* und nichts wert. Und es war, wie ich gleich festgestellt hatte, vollkommen verstimmt, durch und durch ein Dilettanteninstrument, dachte ich. Und ich sagte zum Franz, der hinter mir stand, mich umdrehend, auch noch, *durch und durch ein Dilettanteninstrument*. Ich hatte mich nicht beherrschen können und mich an das Klavier gesetzt, und seinen Deckel gleich wieder zugeschlagen. Für die Zettel, die Wertheimer vollgeschrieben habe, interessierte ich mich, sagte ich zum Franz, ob er mir sagen könne, wo diese Zettel seien. Er wisse nicht, was für Zettel ich meinte, sagte der Franz, um dann doch von der Tatsache zu berichten, daß Wertheimer an dem Tag, an welchem er sich in Salzburg, *im Mozarteum*, sagte er, das Klavier bestellt habe, also einen Tag, bevor die vielen Leute nach Traich gekommen sind, die Traich mehr oder weniger verwüstet haben, ganze Haufen von Zetteln im sogenannten unteren Ofen, also im Speisezimmerofen, verbrannt habe. Er, Franz, habe seinem Herrn dabei geholfen, denn die Zettelstöße seien so groß und schwer gewesen, daß Wertheimer selbst sie nicht hinunterschleppen habe können. Er habe aus allen Laden und Kasten Hunderte und Tausende Zettel herausgenommen und mit ihm, Franz, in das Speisezimmer hinuntergeschleppt, um sie zu verbrennen, allein zu diesem Zweck, die Zettel zu verbrennen, habe er an diesem Tag schon um fünf Uhr früh von Franz den Speisezimmerofen heizen lassen, sagte der Franz. Wie die Zettel alle verbrannt waren, *alles Geschriebene*, wie sich der Franz ausdrückte, habe er, Wertheimer, nach Salzburg telefoniert und das Klavier bestellt und der Franz erinnerte sich noch genau, daß sein Herr während dieses Telefonats immer wieder betont habe, man solle ihm *einen völlig wertlosen, einen entsetzlich verstimmten Flügel* nach Traich schicken. *Ein völlig wertloses Instrument, ein entsetzlich verstimmtes Instrument*, soll Wertheimer immer wieder am Telefon gesagt haben, so der Franz. Schon Stunden später hätten vier Leute das Klavier in Traich abgeliefert und in das frühere Musikzimmer gestellt, so Franz, und Wertheimer habe den Männern, die das Klavier in das Musikzimmer gestellt hatten, *ein horrendes Trinkgeld* gegeben, wenn er sich nicht geirrt habe, und er habe sich nicht geirrt, sagte er, *zweitausend Schilling*. Die Klavierbringer waren noch nicht weggewesen, so der Franz, habe sich Wertheimer an das Klavier gesetzt und habe zu spielen angefangen. Es sei entsetzlich gewesen, so Franz. Da habe er, Franz, den Eindruck gehabt, sein Herr sei wahnsinnig geworden. Aber an ein Wahnsinnigwerden Wertheimers habe er, Franz, doch nicht glauben wollen und das immerhin merkwürdige Verhalten Wertheimers, seines Herrn, nicht ernst genommen. Wenn ich mir etwas davon verspreche, sagte der Franz zu mir, werde er mir schon einmal die Tage und Wochen schildern, die sich darauf in Traich abgespielt haben. Ich bat den Franz, mich für einige Zeit in Wertheimers Zimmer allein zu lassen und legte mir Glenns *Goldbergvariationen* auf, die ich auf Wertheimers Plattenspieler liegen gesehen hatte, der noch offen war.

Holzfällen

Eine Erregung

Da ich nun einmal nicht imstande war, die Menschen vernünftiger zu machen, war ich lieber fern von ihnen glücklich.

Voltaire

Während alle auf den Schauspieler warteten, der ihnen versprochen hatte, nach der Aufführung der *Wildente* gegen halbzwölf zu ihrem Abendessen in die Gentzgasse zu kommen, beobachtete ich die Eheleute Auersberger genau von jenem Ohrensessel aus, in welchem ich in den frühen Fünfzigerjahren beinahe täglich gesessen war und dachte, daß es ein gravierender Fehler gewesen ist, die Einladung der Auersberger anzunehmen. Zwanzig Jahre hatte ich die Auersberger nicht mehr gesehen und ausgerechnet am Todestag unserer gemeinsamen Freundin *Joana* habe ich sie auf dem *Graben* getroffen und ohne Umschweife habe ich ihre Einladung zu ihrem *künstlerischen Abendessen*, so die auersbergerischen Eheleute über ihr Nachtmahl, angenommen. Zwanzig Jahre habe ich von den Eheleuten Auersberger nichts mehr wissen wollen und zwanzig Jahre habe ich die Eheleute Auersberger nicht mehr gesehen und in diesen zwanzig Jahren hatten mir die Eheleute Auersberger allein bei Nennung ihres Namens durch Dritte Übelkeit verursacht, dachte ich auf dem Ohrensessel, und jetzt konfrontieren mich die Eheleute Auersberger mit ihren und mit meinen Fünfzigerjahren. Zwanzig Jahre bin ich den Eheleuten Auersberger aus dem Weg gegangen, zwanzig Jahre habe ich sie nicht ein einziges Mal getroffen und ausgerechnet jetzt habe ich ihnen auf dem Graben begegnen müssen, dachte ich; daß es tatsächlich eine verheerende Dummheit gewesen ist, gerade an diesem Tag auf den Graben zu gehen und auch noch, wie es meine Gewohnheit geworden ist allerdings seit ich aus London nach Wien zurückgekommen bin, auf dem Graben mehrere Male hin und her zu gehen, wo ich es mir hätte ausrechnen können, daß ich die Auersberger einmal treffen *muß*, und nicht nur die Auersberger, sondern auch alle anderen von mir in den letzten Jahrzehnten gemiedenen Leute, mit welchen ich in den Fünfzigerjahren einen intensiven, wie die Auersberger zu sagen pflegten, intensiven *künstlerischen Verkehr* gehabt habe; den ich aber schon vor einem Vierteljahrhundert aufgegeben habe, also genau zu dem Zeitpunkt, in welchem ich von den Auersberger weg nach London gegangen bin, weil ich mit allen diesen Wiener Leuten von damals gebrochen habe, wie gesagt wird, sie nicht mehr sehen und mit ihnen absolut nichts mehr zu tun haben wollte. Auf den Graben gehen heißt ja nichts anderes, als direkt in die Wiener Gesellschaftshölle zu gehen und gerade jene Leute zu treffen, die ich nicht treffen will, deren Auftauchen mir auch heute noch alle möglichen Körper- und Geisteskrämpfe verursacht, dachte ich auf dem Ohrensessel sitzend, und ich hatte aus diesem Grunde schon in den letzten Jahren meiner Wienbesuche von London aus den Graben gemieden und bin andere Wege gegangen, auch nicht auf den Kohlmarkt, selbstverständlich auch nicht auf die Kärntnerstraße, die Spiegelgasse habe ich gemieden genauso wie die Stallburggasse und die Dorotheergasse und ebenso die von mir immer gefürchtete Wollzeile und die Operngasse, auf welcher ich so oft in die Falle gerade jener Menschen gegangen bin, die ich immer am meisten gehaßt habe. Aber in den letzten Wochen, dachte ich auf dem Ohrensessel, hatte ich aufeinmal ein großes Bedürfnis gehabt, gerade auf den Graben und auf die Kärntnerstraße zu gehen, wegen der guten Luft und dem mir aufeinmal angenehmen vormittägigen Menschenwirbel gerade dort und gerade auch auf dem Graben *und* auf der Kärntnerstraße, wahrscheinlich, weil ich endlich und entschieden dem monatelangen Alleinsein in meiner Währinger Wohnung, meiner mich ja schon stumpfsinnig machenden Isolation entkommen, entgehen wollte. Ich habe es in den letzten Wochen immer als Geistes- und Körperberuhigung empfunden, die Kärntnerstraße und den Graben entlang und also den Graben und die Kärntnerstraße hin und wieder zurück zu gehen; meinem Kopf hat dieses Hinundhergehen genauso gut getan, wie meinem Körper; als ob ich in letzter Zeit dieses Hinundhergehen auf dem Graben und auf der Kärntnerstraße wie nichts notwendig gehabt hätte, lief ich *tagtäglich* in den letzten Wochen die Kärntnerstraße und den Graben hinauf und wieder herunter; auf der Kärntnerstraße und auf dem Graben war ich aufeinmal, offen gesagt, nach monatelanger Geistes- und Körperschwäche, wieder in Gang und zu mir gekommen; es erfrischte mich, wenn ich die Kärntnerstraße hinauflief und den Graben und wieder zurück; *nur dieses Hinundherlaufen*, habe ich dabei immer gedacht, und es ist doch mehr gewesen; nur dieses Hinundherlaufen, sagte ich mir immer wieder, und es hat mich tatsächlich wieder denken und tatsächlich wieder philosophieren, mich wieder mit Philosophie und mit Literatur beschäftigen lassen, die in mir schon so lange Zeit unterdrückt, ja abgetötet gewesen waren. Gerade dieser lange krankmachende Winter, den ich unglücklicherweise, wie ich jetzt denke, in Wien und nicht, wie die vorausgegangenen, in London verbracht habe, hat in mir alles Lite-

rarische und alles Philosophische abgetötet gehabt, dachte ich auf dem
Ohrensessel; durch dieses Hinundherlaufen auf dem Graben und auf der
Kärntnerstraße habe ich es mir selbst wieder möglich gemacht, und ich
führte tatsächlich diesen meinen Wiener Geisteszustand, den ich aufeinmal als einen sozusagen *geretteten Geisteszustand* bezeichnen durfte, auf
diese Graben-Kärntnerstraßentherapie zurück, die ich mir verordnet hatte
ab Mitte Jänner. Diese entsetzliche Stadt Wien, dachte ich, die mich tief in
die Verzweiflung und tatsächlich wieder einmal in nichts als in Ausweglosigkeit gestürzt hat, ist plötzlich der Motor, der meinen Kopf wieder
denken, der meinen Körper wieder wie einen lebendigen reagieren läßt;
von Tag zu Tag beobachtete ich in Kopf und Körper diese fortschreitende
Wiederbelebung alles dessen, das in mir den ganzen Winter über schon
abgestorben gewesen war; hatte ich den ganzen Winter Wien die Schuld
an meinem geistigen und körperlichen Absterben gegeben, so war es jetzt
dasselbe Wien, dem ich meine Wiederbelebung verdankte. Ich saß auf
dem Ohrensessel und lobte also die Kärntnerstraße und den Graben und
führte meine geistige und körperliche Wiederherstellung auf diese meine
Kärntnerstraßen- und Grabentherapie zurück, auf nichts sonst und ich
sagte mir, daß ich naturgemäß für diese erfolgreiche Therapie einen Preis
zu zahlen habe und dachte, daß die Eheleute Auersberger auf dem Graben
getroffen zu haben, der Preis ist für diese gelungene Therapie und ich
dachte, daß dieser Preis ein sehr hoher Preis ist, daß ich aber auch einen
viel höheren Preis hätte zu bezahlen gehabt unter Umständen, denn ich
hätte ja noch viel schlimmere Leute auf dem Graben treffen können, als
die Auersbergerischen, denn, alles in allem betrachtet, sind die Auersbergerischen nicht die schlimmsten, wenigstens nicht die allerschlimmsten;
aber schlimm genug ist es doch, gerade die Eheleute Auersberger auf dem
Graben getroffen zu haben, dachte ich auf dem Ohrensessel. Ein starker
Mensch und ein ebenso starker Charakter, dachte ich, hätte ihre Einladung abgelehnt, ich aber bin weder ein starker Mensch, noch ein starker
Charakter, im Gegenteil, bin ich der schwächste Mensch und der
schwächste Charakter und mehr oder weniger allen Leuten ausgeliefert.
Und ich dachte wieder, daß es ein gravierender Fehler gewesen ist, die
Einladung der Eheleute Auersberger angenommen zu haben, denn ich
wollte ja mein ganzes Leben nichts mehr mit den Eheleuten Auersberger
zu tun haben und ich gehe über den Graben und sie sprechen mich an,
sagen, ob ich vom Tod der Joana gehört habe, daß sich die Joana aufge-

hängt habe und sage zu, nehme ihre Einladung an. Daß ich mich einen
Augenblick auf die schamloseste Weise sentimental gemacht habe, dachte
ich und daß die Eheleute Auersberger diese meine Sentimentalität sofort
ausgenützt haben und dachte, daß sie den Selbstmord unserer gemeinsamen Freundin Joana genauso ausgenützt haben für eine Einladung, die ich
ebenso blitzartig angenommen habe, obwohl es vernünftiger gewesen
wäre, ihre Einladung abzulehnen; aber dazu hatte ich keine Zeit, dachte
ich auf dem Ohrensessel, sie hatten mich *von hinten angesprochen* und
gesagt, was ich schon wußte, daß sich nämlich die Joana aufgehängt habe,
in Kilb, in ihrem Elternhaus, und daß sie mich einladen zu einem Abendessen, zu einem *durch und durch künstlerischen Abendessen*, wie die Eheleute Auersberger ganz ausdrücklich betonten, *alles Freunde von früher*,
sagten sie. Sie waren ja tatsächlich schon wieder im Weggehen von mir, als
sie die Einladung ausgesprochen haben, dachte ich und sie waren schon
ein paar Schritte weitergegangen, als ich *ja* gesagt habe, also zugesagt habe,
zu ihrem Abendessen in die Gentzgasse zu kommen, in diese scheußliche
Wohnung. Die Eheleute Auersberger hatten mehrere in Packpapier eingepackte Schachteln berühmter Innenstadtgeschäfte an ihren Armen hängen und sie hatten dieselben englischen Mäntel angehabt, die sie schon vor
dreißig Jahren angehabt hatten zu Einkaufszwecken in der Inneren Stadt,
alles an ihnen war, wie gesagt wird, *nobel abgewetzt*. Tatsächlich hat ja auf
dem Graben nur die Auersberger gesprochen, ihr Mann, *der Komponist in
der Webern-Nachfolge*, wie gesagt wird, hat die ganze Zeit nichts zu mir
gesagt, mit seinem Schweigen hat er mich aber durchaus verletzen wollen,
dachte ich jetzt auf dem Ohrensessel. Sie hätten noch keine Ahnung,
wann das Begräbnis der Joana in Kilb sei, sagten sie. Ich selbst war kurz
bevor ich an diesem Tag auf die Straße gegangen war, von der Kilber
Kindheitsfreundin der Joana verständigt worden, daß sich die Joana aufgehängt habe; zuerst hatte diese Freundin, eine Kilber Gemischtwarenhändlerin, am Telefon nicht sagen wollen, daß sich die Joana *aufgehängt*
hat, sie sei *gestorben* hatte die Freundin am Telefon gesagt, aber ich hatte
ihr auf den Kopf zugesagt, daß die Joana *nicht gestorben* sei, sondern *sich
umgebracht* habe, auf welche Weise, wisse sie, die Freundin, sicher, sage es
mir nur nicht; die Leute auf dem Land haben noch mehr Hemmung wie
die in der Stadt, klar zu sagen, daß sich *ein Mensch umgebracht* hat, sie tun
sich am schwersten, zu sagen, auf welche Weise; ich hatte sofort gedacht,
die Joana hat sich aufgehängt, tatsächlich hatte ich am Telefon ja auch zur

Gemischtwarenhändlerin gesagt, *die Joana hat sich aufgehängt*, das hatte die Gemischtwarenhändlerin verblüfft, sie hatte nur *ja* gesagt. Leute wie die Joana hängen sich auf, hatte ich am Telefon gesagt, sie stürzen sich nicht in einen Fluß oder vom vierten Stock hinunter, sie holen sich einen Strick, knüpfen ihn geschickt und lassen sich in die Schlinge fallen. *Ballerinen, Schauspielerinnen*, hatte ich zur Gemischtwarenhändlerin am Telefon gesagt, *hängen sich auf*. Daß ich so lange nichts von der Joana gehört hatte, dachte ich auf dem Ohrensessel, war mir ja schon die längste Zeit verdächtig gewesen, ob sie nicht eines Tages Selbstmord machen wird, die Betrogene, die Verlassene, die Verhöhnte, die tödlich Verletzte, hatte ich in letzter Zeit oft gedacht. Aber ich hatte vor den Auersbergerischen auf dem Graben *so getan*, als wüßte ich nichts vom Selbstmord der Joana und ich spielte ihnen meine totale Überraschung, gleichzeitig Erschütterung vor, obwohl ich um elf Uhr vormittag auf dem Graben von dem Unglück nicht mehr überrascht und auch nicht mehr erschüttert gewesen war, denn ich hatte davon schon um sieben Uhr früh erfahren gehabt und ich hatte tatsächlich den Selbstmord der Joana durch das mehrmalige Aufundabgehen auf dem Graben und auf der Kärntnerstraße schon *ertragen* können, aushalten können in der kalt-frischen Grabenluft. Tatsächlich wäre es besser gewesen, der auersbergerischen Mitteilung vom Selbstmord der Joana die Wirkung der totalen Überraschung zu nehmen, indem ich nämlich gleich hätte sagen sollen, ich wisse längst, daß sich die Joana umgebracht habe, selbst *wie* sie sich umgebracht habe, die genauen Umstände, dachte ich, hätte ich ihnen sagen sollen und sie damit um ihren Mitteilungstriumph bringen, den sie tatsächlich auf die gemeinste Weise ausgenützt und also genossen haben, wie ich feststellte vor dem offenen Knizegeschäft; anstatt so zu tun, als wisse ich überhaupt nichts vom Tod der Joana, die Rolle des absolut Überraschten, Vordenkopfgestoßenen, mit der grauenhaften Nachricht Überfallenen spielend, versetzte ich die Auersbergerischen in die Verzückung plötzlicher Unheilsbringer, was gar nicht meine Absicht gewesen sein konnte naturgemäß, was ich aber durch Ungeschicklichkeit selbst verursacht hatte, indem ich vorgab, vom Selbstmord der Joana zu dem Zeitpunkt des Zusammentreffens mit den Auersbergerischen nichts zu wissen, nicht das geringste; die Ahnungslosigkeit spielte ich die ganze Zeit, während ich, mehr oder weniger schon alles über den Selbstmord der Joana wissend, mit den Auersbergerischen zusammengestanden war. Ich wußte nicht, woher sie wußten, daß sich die Joana

aufgehängt hat, wahrscheinlich eben auch von der Gemischtwarenhändlerin aus Kilb und sicher hatte ihnen die Kilber Freundin dasselbe gesagt wie
mir, aber *nicht so viel wie mir,* dachte ich, denn sonst hätten die Auersbergerischen zu mir viel mehr gesagt, als sie zu mir gesagt haben über den
Selbstmord der Joana. Selbstverständlich werden sie auf dem Begräbnis in
Kilb sein, sagte die Auersberger, dachte ich, und sie sagte es so, als wäre es
mir gar nicht selbstverständlich, zum Begräbnis der Joana zu gehen, als
mache sie mir schon gleich jetzt den Vorwurf, daß ich, obwohl ja genauso
wie sie mit der Joana *so viele Jahre, ja Jahrzehnte auf das innigste befreundet*
gewesen, möglicherweise *nicht* auf das Begräbnis der Joana gehen, mich
dem Begräbnis der *mit uns allen befreundeten* Joana tatsächlich sogar aus
Bequemlichkeit entziehen könnte und die Art und Weise, wie sie sagte,
was sie zu mir sagte, dachte ich, war ja tatsächlich im Grunde eine beleidigende gewesen, wie, daß die Auersberger mich zwar auf dem Begräbnis
der Joana in Kilb sehen werde, unabhängig davon, mich aber schon heute
und jetzt und hier auf dem Graben für den nächsten Dienstag, also dem
Begräbnistag der Joana, zu ihrem sogenannten *künstlerischen Abendessen* in
der Gentzgasse einlade, auch. In Wahrheit habe ich die Joana durch den
Auersberger kennen gelernt, auf einem Geburtstagsfest für den Mann der
Joana auf dem Sebastiansplatz im Dritten Bezirk vor über dreißig Jahren;
es war ein sogenanntes *Atelierfest* gewesen, zu dem beinahe alle Wiener
Künstler, die einen Namen hatten, gekommen waren. Joanas Mann war
ein sogenannter Tapisseriekünstler, also ein Teppichweber, ursprünglich
Maler, der Mitte der Sechzigerjahre einmal den großen Preis der Biennale
von São Paulo bekommen hat für einen seiner Teppiche. Alles hätten sie
erwartet von der Joana, nur nicht, daß sie Selbstmord machen wird, sagten
die Eheleute Auersberger auf dem Graben und bevor sie weiterliefen mit
ihren Paketen, meinten sie, daß sie sich *alles von Ludwig Wittgenstein*
gekauft hätten, um sich *die nächste Zeit mit Wittgenstein zu befassen.* Wahrscheinlich haben sie Wittgenstein in dem kleinsten ihrer Pakete, das auf
dem rechten Unterarm der Auersberger hing, dachte ich. Und wieder
dachte ich, daß es ein gravierender Fehler gewesen ist, die Einladung der
Auersbergerischen Eheleute anzunehmen, wo mir ja überhaupt alle derartigen Einladungen verhaßt sind und solchen zu *künstlerischen Abendessen*
gehe ich ja schon so viele Jahrzehnte aus dem Weg, denn ich habe sie bis in
meine Vierzigerjahre zur Genüge aufgesucht und gründlich kennen gelernt und ich kenne kaum etwas Abstoßenderes. Tatsächlich haben sich

diese auersbergerischen Einladungen nicht geändert, dachte ich, auf dem
Ohrensessel sitzend, sie sind wie in den Fünfzigerjahren, wie vor dreißig
Jahren, wo sie mich am Ende tatsächlich nurmehr noch nicht nur ange-
ödet, sondern halbverrückt gemacht haben. Zwanzig Jahre sind dir die
Eheleute Auersberger verhaßt, dachte ich auf dem Ohrensessel und dann
triffst du sie auf dem Graben und nimmst ihre Einladung an und gehst
tatsächlich zu dem angegebenen Zeitpunkt in die Gentzgasse. Und du
kennst alle diese zu diesem Abendessen Eingeladenen und gehst trotzdem
hin. Und ich dachte, daß es besser gewesen wäre, an diesem Abend und
meinetwegen auch noch die ganze Nacht Pascal oder Gogol oder Dostojewskij oder Tschechow zu lesen, als auf dieses abstoßende *künstlerische
Abendessen* in der Gentzgasse zu gehen. Die Eheleute Auersberger haben
deine Existenz, ja dein Leben zerstört, sie haben dich in diesen entsetzlichen Geistes- und Körperzustand Anfang der Fünfzigerjahre hineingetrieben, in deine Existenzkatastrophe, in die äußerste Ausweglosigkeit, die
dich letztenendes damals sogar nach Steinhof gebracht hat und du gehst
hin. Hättest du ihnen nicht im entscheidenden Moment den Rücken
gekehrt, wärst du von ihnen vernichtet gewesen, dachte ich. Sie hätten
dich zuerst zerstört und dann vernichtet, wenn du ihnen nicht im entscheidenden und im allerletzten Moment davongelaufen wärst. Wenn ich
nur ein paar Tage länger in ihrem Haus in Maria Zaal geblieben wäre,
dachte ich auf dem Ohrensessel, es hätte meinen sicheren Tod bedeutet.
Sie hätten dich ausgequetscht, dachte ich auf dem Ohrensessel, und weggeworfen. Du triffst deine grauenhaften Zerstörer und Umbringer auf
dem Graben und bist einen Augenblick sentimental und läßt dich in die
Gentzgasse einladen und gehst auch noch hin, dachte ich auf dem Ohrensessel. Und daß es besser gewesen wäre, dachte ich wieder, meinen
Pascal oder meinen Gogol oder meinen Montaigne zu lesen oder den Satie
oder den Schönberg selbst auf dem alten, verstimmten Klavier zu spielen.
Du läufst auf den Graben, um frische Luft einzuatmen und dich wieder-
zubeleben und läufst gerade in die Hände deiner ehemaligen Zerstörer
und Vernichter. Und du sagst ihnen auch noch, wie du dich freust auf
ihren Abend, auf ihr *künstlerisches Abendessen*, das doch nur abgeschmackt
sein kann, wie alle Abende, wie alle Abendessen bei ihnen, an die du dich
erinnerst. Nur ein charakterloser Dummkopf kann eine solche Einladung
annehmen, dachte ich auf dem Ohrensessel. Dreißig Jahre ist es her, daß
sie dich in die Falle gelockt haben und daß du in ihre Falle hineingegangen

bist, dachte ich auf dem Ohrensessel. Dreißig Jahre ist es her, daß sie dich tagtäglich erniedrigt und daß du dich ihnen auf gemeine Weise unterworfen hast, dachte ich auf dem Ohrensessel, dreißig Jahre, daß du dich ihnen mehr oder weniger auf die niederträchtigste Weise *verkauft* hast. Dreißig Jahre, daß du ihnen den Narren gemacht hast, dachte ich auf dem Ohrensessel. Und genau sechsundzwanzig Jahre ist es her, daß du ihnen (im letzten Moment) entkommen bist. Und zwanzig Jahre hast du sie nicht mehr gesehen und gehst aufeinmal völlig ahnungslos auf den Graben und läufst ihnen in die Hände und läßt dich von ihnen in die Gentzgasse einladen und gehst auch noch hin in die Gentzgasse und sagst auch noch, daß du dich auf ihr *künstlerisches Abendessen* freust, dachte ich auf dem Ohrensessel. Fortwährend redete die Auersberger von dem *grandiosen Schauspieler,* der in dieser *Wildente* den Höhepunkt seiner Karriere erreicht habe, die Gäste, die schon zwei Stunden vor Mitternacht gekommen waren, von einer Viertelstunde auf die andere vertröstend mit einer Champagnerflasche nach der andern, die sie in die ihr von allen diesen mehr oder weniger widerlichen Leuten hingehaltenen Gläser leerte. Sie hatte das gelbe Kleid an, das ich schon kannte, möglicherweise hatte sie dieses gelbe Kleid *für mich* angezogen, dachte ich, denn ich hatte ihr vor dreißig Jahren immer Komplimente gemacht wegen dieses Kleides, das mir damals so außerordentlich gefallen hatte an ihr, während es mir jetzt überhaupt nicht mehr gefiel, im Gegenteil, tatsächlich geschmacklos vorgekommen ist, das jetzt einen schwarzen Samtkragen hatte, anstatt eines roten vor dreißig Jahren. Immer wieder sagte die Auersberger die Wörter *grandioser Schauspieler* und *hinreißende Wildente* mit jener Stimme, die mir auch vor dreißig Jahren auf die Nerven gegangen war, nur hatte ich damals, vor dreißig Jahren, geglaubt, diese mir auf die Nerven gehende Stimme sei eine interessante Stimme, während ich diese Stimme jetzt nurmehr noch als vulgär und widerwärtig empfand. Wie die Auersberger *der bedeutendste Schauspieler überhaupt* und *der erste aller lebenden Schauspieler* sagte, war für mich nichts als abstoßend. Ich hatte ihre Stimme nie leiden können, aber jetzt, da diese Stimme auch noch alt und brüchig geworden war und andauernd auch noch einen hysterischen Unterton hatte, tatsächlich auch, wie gesagt wird, in höchstem Maße ausgesungen und verbraucht war, empfand ich sie als auf die Dauer unerträglich. Mit dieser Stimme hat die Auersberger einmal Purcell gesungen, dachte ich, das *Liederbuch der Anna Magdalena Bach,* und ihr Mann, mein Freund, der Komponist in der Webern-Nachfolge, wie die Experten immer gesagt haben, hat sie so auf dem Steinway begleitet, daß mir, ehrlich gesagt, die Tränen gekommen sind. Damals war ich zweiundzwanzig Jahre alt und in alles, das Maria Zaal und die Gentzgasse gewesen ist, verliebt und schrieb Gedichte. Jetzt ekelte mich aber vor den widerlichen Bildern, die ich selbst vor dreißig Jahren ungeniert mitgemacht habe. Alle vierzehn Tage wechselte ich damals mit den Eheleuten Auersberger von Maria Zaal in die Gentzgasse und zurück, jahrelang, bis zum Äußersten, dachte ich auf dem Ohrensessel und ich hatte in der kürzesten Zeit mehrere Gläser Champagner getrunken. In Beobachtung der Auersberger dachte ich auf dem Ohrensessel, daß *sie* dich auf dem Graben angesprochen hat, nicht ihr Mann, und du hast ihre Einladung sofort angenommen. *Sie* haben dich *von hinten angesprochen*, dachte ich, wahrscheinlich hatten sie dich schon eine Weile *von hinten beobachtet* und sind *hinter dir hergegangen in Beobachtung* und haben dich *im entscheidenden Moment blitzartig* angesprochen. Ich selbst habe ja vor Jahren, dachte ich auf dem Ohrensessel, den seit dreißig Jahren nur noch betrunkenen Auersberger dabei beobachtet, wie er mit einer mir nicht bekannten etwa vierzigjährigen, tatsächlich verkommenen, ja ganz offensichtlich verwahrlosten Frau mit langen Haaren und abgetretenen Lederstiefeln durch die Rotenturmstraße gegangen ist, habe den Auersberger hinter ihm her gehend beobachtet, alles an ihm und an seiner Begleiterin mehr oder weniger durch und durch beobachtet und habe die ganze Zeit gedacht, ob ich ihn ansprechen solle oder nicht und habe ihn schließlich *nicht* angesprochen, mein Instinkt hat mir gesagt, du darfst ihn nicht ansprechen, sprichst du ihn an, macht er eine widerliche Bemerkung und zerstört dich auf Tage und ich habe ihn auch nicht angesprochen, habe mich beherrscht, ihn beobachtend bis auf den Schwedenplatz hinunter, wo er mit dieser Frau in einem alten abbruchreifen Haus verschwunden ist. Die Scheußlichkeit seiner Beine habe ich die ganze Zeit beobachtet, die in grobgestrickten grauen Trachtenstutzen steckten, seinen von nichts als von Perversität rhythmisierten Gang, seinen haarlosen Hinterkopf. Er paßte sehr gut zu seiner total verkommenen Begleiterin, einer Künstlerin wahrscheinlich, ausgemergelten Sängerin, arbeitslosen Kellerschauspielerin, wie ich damals dachte, dachte ich im Ohrensessel. Ich erinnerte mich im Ohrensessel, daß ich mich von Ekel geschüttelt umdrehte Richtung Stephansplatz, als die beiden in dem Abbruchhaus auf dem Schwedenplatz verschwunden waren, tatsächlich hatte ich meine Abscheu gegenüber den beiden so weit getrieben, daß ich mich, um zu übergeben, an die Wand vor dem *Aida*kaffeehaus gedreht hatte; aber da schaute ich in einen der *Aida*kaffeehausspiegel und sah direkt in mein eigenes verkommenes Gesicht und sah meinen eigenen verkommenen Körper und es ekelte mich vor mir selbst viel mehr, als mich vor dem Auersberger und seiner Begleiterin geekelt hatte und ich drehte mich wieder um und ging, so schnell ich konnte, auf den Stephansplatz und auf den Graben und auf den Kohlmarkt und schließlich in das Café *Eiles*, um mich auf einen Haufen Zeitungen zu stürzen, um die Begegnung mit dem Auersberger und seiner Begleiterin und die Begegnung mit mir selbst zu vergessen, dachte ich auf dem Ohrensessel. Dieser Trick mit dem Café *Eiles* glückte immer, ich trat ein, holte mir einen Stoß Zeitungen und beruhigte mich. Und es mußte nicht unbedingt das Café *Eiles* sein, auch das *Museum* und das *Bräunerhof* hatten immer ihre Wirkung getan. Wie andere in den Park oder in den Wald, lief ich immer ins Kaffeehaus, um mich abzulenken und zu beruhigen, mein ganzes Leben. So hatten die Eheleute Auersberger wahrscheinlich schon die längste Zeit genauso mich beobachtet gehabt, bevor sie mich schließlich angesprochen haben, dachte ich auf dem Ohrensessel, wie ich damals auf dem Weg durch die Rotenturmstraße den Auersberger beobachtet hatte, mit der gleichen Rücksichtslosigkeit wahrscheinlich, mit der gleichen Infamie, mit der gleichen Unmenschlichkeit. Wir lernen viel, wenn wir Leute von hinten beobachten, die nicht wissen, daß wir sie beobachten und die wir, solange als möglich, von hinten beobachten und solange als möglich in dieser rücksichtslosen und infamen Beobachtung nicht ansprechen, dachte ich auf dem Ohrensessel, wenn wir uns noch dazu beherrschen können, sie überhaupt nicht anzusprechen, sondern die Fähigkeit haben, uns ganz einfach umzudrehen und von ihnen im wahrsten Sinne des Wortes abzugehen, wie ich damals am Ende der Rotenturmstraße und also auf dem Schwedenplatz die Fähigkeit und die Schläue gehabt habe, mich umzudrehen und von ihnen abzugehen. Diese Beobachtungsvorgangsweise ist genauso für Menschen anzuwenden, die wir lieben, wie für die, die wir hassen, dachte ich auf dem Ohrensessel sitzend, die Auersberger beobachtend, die fortwährend auf die Uhr schaute und die Gäste vertröstete, die mit dem Nachtmahl solange warten müssen, dachte ich, bis der Schauspieler aufgetreten ist. Tatsächlich habe ich den erwarteten Schauspieler einmal vor vielen Jahren auf dem Burgtheater in einer dieser ekelhaften englischen Gesellschaftspossen gesehen, in welchen die Dummheit nur dadurch erträglich ist, weil sie englisch und nicht deutsch oder österreichisch ist und die auf dem Burgtheater im letzten Vierteljahrhundert immer wieder mit entsetzlicher Regelmäßigkeit gespielt werden, weil sich das Burgtheater in diesem letzten Vierteljahrhundert vor allem auf die englische Dummheit spezialisiert und das Wiener Burgtheaterpublikum an diese Spezialisierung gewöhnt hat und er ist mir tatsächlich als Burgschauspieler in Erinnerung, als ein Schauspieler also, ein sogenannter Wiener Publikumsliebling und Burgtheatergeck, der in Grinzing oder in Hietzing eine Villa hat und auf dem Burgtheater jener österreichischen theatralischen Dummheit den Narren macht, die nun schon seit einem Vierteljahrhundert auf dem Burgtheater zuhause ist, als einer jener geistlosen Brüller, die aus der sogenannten *Burg* in diesem letzten Vierteljahrhundert unter Mitwirkung aller an ihr engagierten Direktoren eine theatralische Dichtervernichtungs- und Schreianstalt der absoluten Gehirnlosigkeit gemacht haben. Das Burgtheater ist künstlerisch schon so lange bankrott, dachte ich auf dem Ohrensessel, daß gar nicht mehr ausgemacht werden kann, wann dieser künstlerische Bankrott eingetreten ist und die Schauspieler, die auf dem Burgtheater auftreten, sind die allabendlich auf dem Burgtheater auftretenden Bankrotteure. Aber einen solchen dramatischen Schreihals zu einem Nachtmahl einzuladen, zu einem sogenannten *künstlerischen Abendessen*, dachte ich auf dem Ohrensessel, die Auersberger und ihre Gäste beobachtend, ist für ein solches Ehepaar, wie die Auersberger in der Gentzgasse, immer noch eine österreichische Großartigkeit als ganz spezielle österreichische Perversität, wie ich auf dem Ohrensessel dachte, und wie groß tatsächlich diese Großartigkeit für die Auersbergerischen gewesen ist an diesem Abend, erfuhr ich dadurch, daß mit dem auersbergerischen Nachtmahl über eine geschlagene Stunde länger, als angekündigt, gewartet worden war, nämlich solange, bis der Schauspieler um halbein Uhr läutete und mit seinem schamlosen Burgtheatergehuste in die Gentzgassenwohnung der Auersberger eingetreten ist. Schauspieler habe ich insgeheim immer gehaßt und die Burgschauspieler haben immer meinen ganz besonderen Haß auf sich gezogen, abgesehen von diesen ganz großen, wie die Wessely und die Gold, die ich zeitlebens innig geliebt habe, und der an diesem Abend von den auersbergerischen Eheleuten in die Gentzgasse eingeladene Burgschauspieler ist sicher einer der widerwärtigsten, die mir jemals begegnet sind. Als gebürtiger Tiroler, der sich im Laufe dreier Jahrzehnte *mit Grill-parzer in die Herzen der Wiener gespielt hat*, wie ich einmal über ihn gelesen habe, verkörpert er für mich ein Musterbeispiel von Antikünstler über-haupt, dachte ich auf dem Ohrensessel, ist er der Prototypus des durch und durch phantasielosen und also völlig geistlosen Poltermimen, wie er auf dem Burgtheater und also in Österreich überhaupt immer beliebt gewesen ist, einer dieser grauenvollen Pathetiker, wie sie auf dem Burg-theater allabendlich scharenweise über jede dort aufgeführte Dichtung mit ihrem pervers-provinziellen Händeringen und ihren brutalen Sprech-keulen herfallen und sie zertrümmern und vernichten. Alles wird von die-sen Leuten auf dem Burgtheater seit Jahrzehnten mit ihrer mimischen Brachialgewalt vernichtet, dachte ich auf dem Ohrensessel, nicht nur der zarte Raimund, nicht nur der nervöse Kleist wird auf dem Burgtheater seit Jahrzehnten zertrümmert und vernichtet, selbst der große Shakespeare fällt da, wo man sich einbildet, die gesamte Theaterkunst in die Ewigkeit hinein gepachtet zu haben, den Burgtheaterschlächtern zum Opfer. Aber hier, in diesem Land, dachte ich auf dem Ohrensessel, ist tatsächlich der Burgschauspieler das Höchste und mit einem Burgschauspieler auch nur sozusagen über die Gasse bekannt sein oder einen solchen Burgschauspie-ler im Hause und zum Nachtmahl zu haben, empfindet der Österreicher, insbesondere aber der Wiener, als eine Außerordentlichkeit ohnegleichen, was ihn, den Österreicher und besonders den Wiener, wie ich auf dem Ohrensessel dachte, für mich auf abstoßende Weise immer lächerlich macht; sagt er, er sei mit einem Burgschauspieler bekannt, oder sagt er, es sei ein Burgschauspieler zu einem seiner Nachtmähler gekommen. Die Burgschauspieler sind kleinbürgerliche Popanze, die von der theatrali-schen Kunst nicht die geringste Ahnung haben und die aus dem Burg-theater längst ein Siechenhaus ihres dramatischen Dilettantismus gemacht haben. Nicht umsonst hatte ich mir schon in den Fünfzigerjahren diesen Ohrensessel, der noch immer auf demselben Platz stand, ausgesucht, denn in diesem Ohrensessel, den die Auersbergerischen inzwischen überziehen haben lassen, sehe ich alles, höre ich alles, entgeht mir nichts, dachte ich. In meinem schwarzen, viel zu eng gewordenen sogenannten *Begräbnisan-zug*, den ich mir vor genau dreiundzwanzig Jahren in Graz gekauft habe, auf dem Weg nach Triest, und den ich auf dem Begräbnis der Joana, das erst am späten Nachmittag in Kilb zuende gegangen war, getragen hatte, saß ich da und dachte, daß ich wieder einmal im Begriff bin, mich gegen meine Überzeugung gemein und niederträchtig zu machen, indem ich die auersbergerische Einladung zu ihrem Nachtmahl angenommen und nicht abgelehnt habe, indem ich auf dem Graben für einen Augenblick weich und schwach geworden bin und alles in mir verleugnet habe, daß ich an diesem Abend und in dieser Nacht nicht allein meinen Charakter, sondern gleich alles in mir auf den Kopf gestellt habe. Nur in Anbetracht des Selbstmordes der Joana hat es zu diesem für mich verheerenden Kurzschluß kommen können, selbstverständlich hätte ich die Einladung der Auersberger abgelehnt, wäre ich nicht durch den Selbstmord der Joana auf geradezu vernichtende Weise konsterniert gewesen, dachte ich jetzt auf dem Ohrensessel, wie mich die Eheleute Auersberger eingeladen haben auf dem Graben mit der für sie charakteristischen abrupten Direktheit und überfallsartigen Unverschämtheit, die mich an ihnen schon immer abgestoßen gehabt hat. Fast alle zu dem Nachtmahl Gekommenen hatten noch ihre schwarzen Begräbniskleider an, dachte ich auf dem Ohrensessel, nur ein oder zwei hatten sich für das Nachtmahl umgezogen, also fast alle waren in Schwarz erschienen, tatsächlich so wie ich von den Strapazen in Kilb, wo es ausgerechnet während der Begräbniszeremonie stark geregnet hatte, erschöpft. Und der Inhalt ihrer von mir nur in Bruchstücken aufgenommenen Unterhaltung war natürlich nichts anderes gewesen, als das Begräbnis der Joana, *ihr Lebensunglück*, in das sie der Mann, der sie schon sieben oder acht Jahre vor ihrem Selbstmord Richtung Mexiko verlassen hat, gestürzt hatte. Die vereinzelt da und dort an den Wänden der Auersberger hängenden Tapisserien jenes Mannes, der, wie sie alle sagten, den Selbstmord der Joana *auf dem Gewissen* habe, verdüsterten, ihren Schöpfer anklagend, die Szene, die ohnehin nur notdürftig beleuchtet gewesen war von schwachen, dem Empire nachempfundenen Lampen. Ausgerechnet mit der besten Freundin seiner Frau sei der Tapisserist, so hörte ich es mehrere Male in dem Gentzgassenhalbdunkel, nach Mexiko durchgegangen und habe die *unglückliche Joana* alleingelassen. Ausgerechnet nach Mexiko und ausgerechnet in dem Moment, in welchem es die Joana *tödlich treffen* mußte. Alleingelassen die Zweiundfünfzigjährige in dem Sebastiansplatzatelier ohne den geringsten finanziellen Rückhalt, mehr oder weniger ohne alles. Mehrere Male wurde gesagt, daß es verwunderlich sei, daß sich die Joana nicht im Atelier auf dem Sebastiansplatz, sondern in ihrem Elternhaus in Kilb, also nicht in der Großstadt, sondern auf dem Land aufgehängt habe. Die Sehnsucht nach dem Elternhaus habe

sie nach Kilb getrieben, so hörte ich es mehrere Male, aus Wien weg nach
Kilb, aus dem *Großstadtmorast* in die *Landidylle*. Nicht ohne perversen
Unterton hatte ich tatsächlich die Wörter *Großstadtmorast* und *Landidylle*
gehört, ich glaube, es war der Auersberger gewesen, der diese Wörter immer wieder ausgesprochen hat, während ich auf dem Ohrensessel seine
Frau beobachtete, die von Zeit zu Zeit immer wieder in ihr hysterisches
Lachen ausgebrochen ist, wenn sie versuchte, die Leute bei Stimmung zu
halten bis zum Auftreten des Burgschauspielers. Die Gentzgassenwohnung ist eine Dritterstockwohnung, sieben oder acht Zimmer, vollgestopft mit josefinischen und biedermeierlichen Möbeln, machen sie aus; in
ihr hatten die Eltern der Auersberger gewohnt; ihr Vater war ein mehr oder
weniger schwachsinniger Arzt, der aus Graz stammte, der hier in der
Gentzgasse seine Ordination hatte, ohne jemals irgendeine medizinische
Karriere zu machen, die Mutter der Auersberger war eine Steiermärkerin,
eine unförmige Frau, ein pausbäckiges Kleinlandadelsgeschöpf, das infolge einer ihr von ihrem Mann verordneten Influenzatherapie schon mit
vierzig sämtliche Haare für immer verloren hat und sich deshalb schon
sehr früh aus allem Gesellschaftlichen zurückgezogen hat. Im Grunde
lebten die Eltern der Auersberger in der Gentzgasse vom Vermögen der
Frau, das diese aus den steiermärkischen Gütern *ihrer* Eltern geerbt hatte.
Die Frau kam für alles auf, der Mann als Arzt verdiente nichts. Er war ein
Gesellschaftsmensch, ein sogenannter Schönling, der in der Faschingszeit
alle größeren Wiener Bälle aufsuchte und bis an sein Lebensende die
Fähigkeit gehabt hat, seine Dummheit hinter und unter seiner gefälligen
Schlankheit zu verbergen. Die Mutter der Auersberger hatte unter ihrem
Mann zeitlebens nichts zu lachen gehabt, sie hat sich aber mit ihrer be-
scheidenen Rolle, die weniger adelig, als durch und durch kleinbürgerlich
gewesen war, zufrieden gegeben. Ihr Schwiegersohn, fiel mir auf dem
Ohrensessel aufeinmal ein, hatte ihr hin und wieder, wenn er dazu aufgelegt gewesen war, gleich ob in der Gentzgasse oder im steiermärkischen
Maria Zaal, die Perücke versteckt, und die Arme hat nicht ausgehen können. Es machte dem Auersberger Spaß, im Zuge des Perückenversteckens,
seine Schwiegermutter, wie in Österreich gesagt wird, *aus dem Häuschen
zu bringen*, er hat ihre Perücken, denn schließlich hatte sie sich mehrere
zugelegt, auch noch wie er schon an die vierzig Jahre alt gewesen war,
versteckt, perverses Zeichen seiner Infantilität. Ich selbst war öfter Zeuge
dieses Versteckenspiels in Maria Zaal und in der Gentzgasse gewesen und

hatte mich, ehrlich gesagt, damit auch ohne die geringste Scham amüsiert. Besonders an den hohen Fest- und Feiertagen war die Schwiegermutter des Auersberger gezwungen, zuhause zu bleiben, weil ihr Schwiegersohn ihre Perücken versteckt hatte. Erst wenn er dazu Lust hatte, warf ihr der Auersberger die zuerst versteckten Perücken ins Gesicht. Er brauchte die Demütigung seiner Schwiegermutter, dachte ich auf dem Ohrensessel sitzend und ihn im Hintergrund des Musikzimmers beobachtend, wie er seinen dadurch auf geradezu infernalische Weise erzeugten Triumph brauchte. Wie der Auersberger gerade eine kleine Fingerübung auf seinem Klavier praktizierte und dabei den bleichen, vom Alkohol gläsern und stumpfsinnig gemachten Kopf in die Höhe hob und die Zungenspitze aus seinem bläulich angelaufenen Mündchen streckte, stieß mich ab. Giovanni Gabrieli hat er für diesen perversen Augenblick gewählt, dachte ich. Und ich dachte, daß ich in der Zeit, in welcher meine Freundschaft zu den Eheleuten Auersberger die innigste, ja tatsächlich tiefste gewesen ist, sehr oft an dem auersbergerischen Steinway gestanden bin, um in einer, von jetzt aus gesehen perversen Selbstüberschätzung, italienische und deutsche und englische Arien zu singen in der Tatsache, die sogenannte Akademie für Musik und darstellende Kunst Mozarteum in Salzburg absolviert zu haben, ohne diese Tatsache jemals auszubeuten, im Gegenteil, hatte ich doch als ganz und gar aussichtsloser tiefer Baßbariton das Mozarteum absolviert, um dann niemehr auch nur den geringsten Gedanken zu haben, ausübender Musikkünstler sein zu wollen. Aber die Nachmittage in Maria Zaal waren lang und die Gentzgassennachmittage und -nächte genauso und so hatte sich der Auersberger mehr oder weniger täglich an den Flügel gesetzt und ich hatte mich daneben gestellt und wir hatten musiziert, in mehreren Wochen, wie ich mich jetzt auf dem Ohrensessel erinnerte, die ganze klassische italienische und deutsche und englische Arien- und Liederliteratur auf und ab. Der Auersberger, den ich einmal einen *Novalis der Töne* genannt habe, ist immer ein erstklassiger Klavierspieler gewesen, dachte ich jetzt auf dem Ohrensessel, und er brauchte auch jetzt nur zwei, drei Minuten am Steinway zu sitzen, um selbst in besoffenem Zustand diese seine Kunst unter Beweis zu stellen. Aber er ist verkommen, hat alles in ihm, selbst das Musikalische, das ihm einmal das Höchste gewesen war, mit den Jahren seiner krankhaften Trunksucht, verludern lassen, dachte ich, auf dem Ohrensessel sitzend. Wir wissen jahrzehntelang, daß ein Mensch, der uns nahe steht, ein lächerlicher Mensch ist, aber wir *sehen* es erst plötzlich nach Jahrzehnten, dachte ich auf dem Ohrensessel, wie ich es jetzt aufeinmal mit aller Deutlichkeit sehe, daß der Auersberger in der sogenannten Webern-Nachfolge ein lächerlicher Mensch ist, und wie der ununterbrochen betrunkene Auersberger auf seine Weise ein lächerlicher Mensch ist und wahrscheinlich immer gewesen ist, dachte ich jetzt auf dem Ohrensessel, ist auch seine Frau ein lächerlicher Mensch, und immer ein lächerlicher Mensch gewesen. In diese lächerlichen Menschen bist du einmal verliebt, ja vernarrt gewesen, sagte ich mir jetzt auf dem Ohrensessel, in diese lächerlichen und gemeinen und niederträchtigen Menschen, die dich aufeinmal nach zwanzig Jahren das erste Mal wieder gesehen haben ausgerechnet auf dem Graben und ausgerechnet an dem Tag, an welchem sich die Joana umgebracht hat und die dich angesprochen haben und in die Gentzgasse eingeladen haben zu ihrem *künstlerischen Abendessen mit dem berühmten Burgschauspieler.* Was für lächerliche und gemeine Menschen, dachte ich, auf dem Ohrensessel sitzend, und gleich darauf, was für ein gemeiner und lächerlicher Mensch ich selbst bin, der ich ihre Einladung angenommen und mich ganz ungeniert, als ob nichts geschehen wäre, in ihren Gentzgassenohrensessel gesetzt habe, meine Beine ganz ausgestreckt übereinandergeschlagen und sicher schon das dritte oder vierte Champagnerglas ausgetrunken und ich dachte, daß ich selbst noch viel gemeiner und niederträchtiger bin als diese Auersberger, die dich mit ihrer Einladung, die du angenommen hast, übertölpelt haben. Sie warteten zwar auf den Schauspieler, waren aber vom Selbstmord der Joana *beherrscht*, deren nachmittägiges Begräbnis war nicht spurlos an ihnen vorüber gegangen. Auf dem Ohrensessel hatte ich mehr oder weniger die ganze Zeit, die ich von den Auersbergerischen so wie alle andern bis nach Mitternacht hingehalten worden bin in Erwartung des Burgschauspielers, doch nur immer an das Joanabegräbnis gedacht und an die Umstände, die zu diesem fürchterlichen Begräbnis geführt hatten, an die Ursachen eines solchen durch und durch verzweifelten Lebensendes. Auf dem Ohrensessel war ich ja immer in Ruhe gelassen, denn er stand hinter der Tür, durch welche Ankommende eintraten und auch genau in dem Halbdunkel, in welchem sich meine Phantasie und meine Gedanken schon immer am besten auf die in Frage kommenden Gegenstände konzentrieren und entfalten konnten; traten Gäste ein, so sahen sie mich erst, wenn sie schon an mir vorbeigegangen waren und auch da nur, wenn sie sich nach der Tür umdrehten, was die wenigsten getan haben; die meisten gingen gleich und rasch durch das Vorzimmer, in welchem ich mich auf den Ohrensessel gesetzt hatte, in das sogenannte Musikzimmer, dessen Tür immer offen stand; solange ich mich erinnere, war die Tür vom Vorzimmer in das sogenannte Musikzimmer niemals geschlossen gewesen, auch wenn die Eheleute Auersberger mit mir allein waren, hatten sie niemals diese Tür zum Musikzimmer zugemacht, wie ich mich erinnere; schon wegen der ganz ausgezeichneten Akustik, die die offene Musikzimmertür ermöglichte, auf die also der Auersberger größten Wert legte, eine Selbstverständlichkeit für einen Komponisten. Ich sah, auf dem Ohrensessel sitzend, die Leute im Musikzimmer, umgekehrt sahen die Gäste, die sich im Musikzimmer aufhielten, mich nicht. Alle traten durch die Wohnungstür und gingen sofort in das Musikzimmer, so war es immer und an diesem Abend traten sie, wie mir vorgekommen war, mit Vehemenz durch die Wohnungstür und stürzten förmlich durch das Vorzimmer in das Musikzimmer, in welchem die Auersberger stand, um sie zu empfangen, mit ausgebreiteten Armen, so, als habe *sie* die Beileidskundgebungen die Joana betreffend, entgegen zu nehmen, als ob *sie* den Tod der Joana jetzt, zu diesem Abendessenempfang, ausnützte für ihre Zwecke. Da sich die meisten gerade erst am Nachmittag in Kilb gesehen hatten, genügte ihnen eine kurze Umarmung, um sich dann auf einem der Sessel im Musikzimmer niederzulassen mit einem Champagnerglas. Während die Auersberger immer wieder von dem *großen* und *größten* und *eigenartigsten* und *genialsten Schauspieler* gesprochen hat, war von den Gästen mehr oder weniger die ganze Zeit nur der Name *Joana* zu hören gewesen, der tatsächlich immer einen guten Klang gehabt hat, der für die *Elfriede Slukal* aus Kilb selbst aber immer nur jener Künstlername gewesen ist, der ihr schließlich und endlich nichts genützt hat, denn die Elfriede Slukal hat zwar mit dem Namen *Joana* Karriere machen wollen in Wien, damit aber niemals Karriere gemacht; ein ehemaliger Tänzer und Choreograph, der sogar einmal ein Ballett an der Staatsoper choreographiert hat, hatte der völlig ahnungslos aus Kilb nach Wien gekommenen Elfriede, die unbedingt zum Theater, schließlich zum Ballett hatte gehen wollen, geraten, sich den jedenfalls in Wien exotischen Namen *Joana* zuzulegen, was *das Elfriedekind*, so ihre Mutter immer, augenblicklich getan hatte in der Hoffnung, als Joana die Karriere machen zu können, die ihr als Elfriede und noch dazu als Elfriede Slukal in jedem Falle verwehrt gewesen wäre. Sie hatte sich aber gründlich verrechnet, dachte ich auf dem Ohrensessel,

auch mit dem Namen Joana hat die Elfriede Slukal keine Karriere gemacht, wie man sieht, aber jetzt, hier, an diesem Abend in der Gentzgasse,
hatten die zu dem *künstlerischen Abendessen* Gekommenen fortwährend
den Namen Joana so ausgesprochen, als verberge sich dahinter ein Men-
schenwunder. Alle sprachen, so weit ich das von meinem Ohrensessel aus
hören konnte, vom *Tod* der Joana, keiner von ihrem *Selbstmord* und das
Wort *erhängt* oder gar das Wort *aufgehängt* hatte ich nicht ein einziges Mal
gehört. An die sechzehn oder siebzehn Personen müssen zu dem *künstlerischen Abendessen* in der Zwischenzeit gekommen sein, dachte ich auf
dem Ohrensessel, die meisten waren mir bekannt, und ich hatte sie kurz
nickend, im Ohrensessel sitzen geblieben, begrüßt, fünf oder sechs kannte
ich nicht, zwei sahen aus wie junge Schriftsteller. Ich habe die Gabe, so
agieren zu können, daß es mir vergönnt ist, allein zu bleiben, wann ich will
und auf dem Ohrensessel sitzend, beherrschte ich diese Kunst, für mich
allein zu bleiben, ausgezeichnet; die Leute erkannten mich in der Vorzim-
merdüsternis, sie wollten ein Gespräch mit mir anfangen, ich aber wie-
gelte alles sofort ab, indem ich ganz einfach im Ohrensessel sitzen blieb
und so tat, als verstünde ich nicht, was sie zu mir sagten, auch genau in
dem entscheidenden Augenblick zu Boden schaute und nicht in ihr Gesicht, an diesem Abend ganz einfach so tat, als wäre ich tatsächlich noch
vollkommen von dem Selbstmord der Joana beherrscht, agierte in einer
erfolgversprechenden Geistesabwesenheit auf dem Ohrensessel immer
dann, wenn Gefahr bestand, einer der Gäste könne auf die Idee kommen,
mir Gesellschaft zu leisten, was ich an diesem Abend unter allen Umständen zu verhindern versuchte. Ich nahm sogar in Kauf, daß die Leute mich
nicht nur für, wie in Wien gesagt wird, unliebenswürdig, sondern sogar
für abweisend, wenn nicht gar abstoßend hielten; es ist ganz gegen meine
Natur, mich in Gesellschaft ungezogen zu geben, aber an diesem Abend
gab ich mich ungezogen, ablehnend, vor den Kopf stoßend, muß ich
sagen. An einige dieser Gästeohren war inzwischen meine Eigenartigkeit,
Seltsamkeit, Merkwürdigkeit, ja *gefährliche Exzentrik* als Bekanntheit gedrungen, durch meinen Londonaufenthalt ein *geradezu irritierendes Verrücktes,* wie mir einmal gesagt worden ist, und sie haßten mich und meine
Schriften und biederten sich gleichzeitig auf das gemeinste an, sahen sie
mich. Ich wehrte mich aber schon die ganze Zeit, die ich aus London
zurück und in Wien bin, gegen sie und überhaupt gegen alle von früher,
aber vornehmlich doch gegen alle diese sogenannten *künstlerischen Leute*

aus den Fünfzigerjahren und im besonderen gegen jene, die jetzt hier zu diesem *künstlerischen Abendessen* in die Gentzgasse gekommen waren. Sie traten ein und waren auch schon mehr oder weniger in meine Falle gegangen, denn sie gaben sich bei ihrem Eintreten so, als beobachtete ich sie nicht, während ich sie doch am eindringlichsten beobachtete von meinem Ohrensesselsitzplatz aus. Sie gingen auf die Auersberger zu, die im offenen Türrahmen des Musikzimmers stand und ließen sich von der Auersberger umarmen. Ausnahmslos waren sie alle vorzügliche Theatermacher, die den *Fall Joana* weidlich auszunützen verstanden. Die Eheleute Auersberger waren immer sogenannte *gute Gastgeber* gewesen, jedenfalls, was den äußeren Schein betrifft und sie waren wie keine zweiten, unverschämt spendabel in ihrem Gesellschaftsfimmel und in ihrer ununterbrochenen Kunst- und Kulturbeflissenheit und also auch fortwährend unverschämt auf der Jagd nach Bekannt- und Berühmtheiten. Natürlich haben sie auch in ihrer Scheußlichkeit und Widerwärtigkeit, was gesagt sein muß, sozusagen ihren *österreichischen Charme* gehabt. Aber dieser *österreichische Charme* ist es nicht gewesen, dachte ich auf dem Ohrensessel, der mich die auersbergerische Einladung hat annehmen lassen, allein ihre unvermittelt an mir praktizierte Einladungsunverschämtheit auf dem Graben, dachte ich, während ich den Auersberger beobachtete, wie er, am Steinway sitzend, wegen seiner Kurzsichtigkeit weit nach vorne gebeugt, in einem Notenheft blätterte, das sich mir schließlich als das mir sehr wohl vertraute *Antonvonwebernalbum* herausstellte; der Auersberger richtete schon die Noten her für eine kurze Gesangskunstprobe seiner Frau. Merkwürdigerweise habe ich mir meine Sehschärfe bis in dieses doch meistens schon von rasch fortschreitender Kurzsichtigkeit beherrschte Alter erhalten, dachte ich auf dem Ohrensessel, Mitte vierzig fangen die Leute an, schlecht zu sehen, bemerken, daß sie die Zeitung einen halben Meter weit weghalten müssen, um darin lesen zu können; ich war von diesen Sehschwächenerscheinungen noch verschont, sah, so dachte ich, besser denn je, schärfer denn je, rücksichtsloser denn je; also mit Londoner Augen, denke ich. Es ist kein allererster Champagner, dachte ich auf dem Ohrensessel, den die Auersbergerischen an diesem Abend kredenzen, aber doch einer der drei, vier teuersten, dem Auftreten eines Burgschauspielers angemessen, wie sie denken mochten. Beim Begräbnis der Joana war ich naturgemäß ins Schwitzen gekommen und da ich mich nicht mehr umziehen hatte wollen für dies *künstlerische Abendessen*, hatte ich mir Eau de Cologne auf meine

Kleider gespritzt, zu viel, wie ich im Augenblick dachte, die Widerwärtigkeit nach Eau de Cologne zu stinken, habe ich mir niemals verziehen. An
diesem Abend fiel mein Gestank aber gar nicht auf, denn alle hatten, wie
ich dachte, zu viel Parfum auf ihre Kleider geschüttet und der Geruch in
der auersbergerischen Wohnung war danach. Von Zeit zu Zeit steckte die
auersbergerische Köchin ihren Kopf aus der Küche durch den Türspalt ins
Musikzimmer, wie ich sehen konnte, um festzustellen, ob mit dem Nachtmahl begonnen werden könne, aber der Burgschauspieler war ja noch
immer nicht da. Die Auersberger saß auf jenem zierlichen Empiresessel,
dessen Lehne nichts anderes ist, als eine kunstvoll geschnitzte Lyra aus
Nußholz und vertröstete die Gäste. Die meisten rauchten und tranken wie
ich Champagner und knabberten an dem Gebäck, das die Auersberger in
kleinen alten Herendschüsselchen in der ganzen Wohnung verteilt hatte,
auch neben mir stand ein solches Herendschüsselchen, ich haßte aber
schon immer alle Herendschüsselchen und auch alles Knabbern und
knabberte nicht, habe nie eine Vorliebe für Bäckerei gehabt, schon gar
nicht für Salzbäckerei und schon gar nicht für japanische Salzbäckerei, die
in den letzten Jahren auch in Wien auf allen Empfängen Mode geworden
ist. Eine Unverschämtheit im Grunde, sagte ich mir, die Gäste auf den
Schauspieler warten zu lassen, alle diese Gäste einschließlich mir, durch
dieses Auf-den-Schauspieler-Warten zur Kulisse für den Burgschauspieler
zu machen und in Grund und Boden zu degradieren. Der Auersberger
sagte einmal kurz, daß er das Theater hasse, immer wenn er mehr, als ihm
von seiner Frau zugestanden, getrunken hatte, kehrte er aufeinmal, wie ich
sagen muß, sein Innerstes blitzartig nach außen, war also plötzlich als
dieser noch gar nicht da gewesen war, auf den Schauspieler losgegangen,
hatte das Burgtheater berechtigterweise, muß ich sagen, einen *Saustall* und
den erwarteten Schauspieler einen *größenwahnsinnigen Stichwortbringer*
genannt, war aber sofort von seiner Frau, der Auersberger, zurechtgewie-
sen worden; er solle sich an den Flügel setzen, wo sein Platz sei und Ruhe
geben, sagte sie und ihre Augen machten die Runde, wie gesagt wird. Die
Auersbergerischen haben sich nicht geändert, sagte ich mir auf dem Ohrensessel, sie zittert um die Harmonie ihres *künstlerischen Abendessens*, er
droht, dieses *künstlerische Abendessen* zu zertrümmern. Sie ziehen an demselben Strang, nämlich am Gesellschaftsstrang, dachte ich, aber er mimt
zu fortgeschrittener Stunde das Ausbrechen, besinnt sich sozusagen nach
ein paar Gläsern Champagner seiner Künstlerpersönlichkeit. Im Grunde

haben sie beide nichts im Kopf, als die Gesellschaft, ohne die sie nicht existieren können, immer die sogenannte bessere Gesellschaft, weil es zur besten nie reichte, ohne andererseits jemals auf ihr Künstlertum und also auf die Webern und Berg und Schönberg zu verzichten, auf das und auf die sie in ihrem unheilvollen Gesellschaftswahn als Gesellschaftsverrücktheit auf alle Fälle und bei jeder Gelegenheit mit der größten Vehemenz pochen mußten. Die Joana war nicht die beste Freundin des Auersberger, wie damals sehr oft behauptet worden ist, aber mit Sicherheit doch *die* künstlerische, dachte ich auf dem Ohrensessel, und ich habe sie durch ihn kennen gelernt, wie schon gesagt, in dem Atelier auf dem Sebastiansplatz. Die Joana war ein von ihrer Mutter, die mit einem Kilber Eisenbahner verheiratet gewesen war, verzogenes Landkind, dem die Eltern jeden Wunsch sozusagen von den Lippen abgelesen und nach Möglichkeit auch erfüllt haben, was sicher *auch* Ursache des Selbstmords der Joana ist, wie ich jetzt dachte, diese ununterbrochene *Landverhätschelung*, wie sie unter den kleinen Marktgemeindefamilien üblich ist, vornehmlich in Niederösterreich. Was für ein schönes Dorf ist Kilb, dachte ich, ich habe viele Nachmittage und Abende und sogar Nächte dort verbracht, sehr oft nicht in dem kleinen, ebenerdigen, wenn auch feuchten, so doch recht gemütlichen Elternhaus der Joana, im Slukalhaus, weil dort kein Platz gewesen war, sondern im Gasthof *Zur Eisernen Hand* übernachtet, stundenlange Spaziergänge mit der Joana gemacht und mit ihr vor allem über ihr sogenanntes *Bewegungsstudio* in Wien und also über die Tanzkunst gesprochen. Die Joana hatte es schon von frühester Kindheit, noch als sie in die Kilber Volksschule gegangen ist, zu einer berühmten Schauspielerin oder Ballerina bringen wollen, es war ihr nie ganz klar geworden, was für sie richtiger ist, Schauspielerin oder Ballerina; schließlich hatte sie sich *Choreographin* genannt und auf diversen Wiener Kleinbühnen Auftritte in Märchenspielen arrangiert, in sogenannten Schattenspielen große Zeitungserfolge gehabt und endlich im Burgtheater einmal einen *Kurs in Gehen* abgehalten. Aber es war natürlich völlig sinnlos, zu glauben, sie könne den Burgschauspielern, die nicht gehen können, das Gehen beibringen, denn den Burgschauspielern kann von niemandem Gehen beigebracht werden, genauso wenig wie Sprechen. Durch Vermittlung eines höheren Beamten der sogenannten Bundestheaterverwaltung hatte sie Mitte der Fünfzigerjahre einmal den Auftrag bekommen, den Burgschauspielern Gehen beizubringen. Ihr Kurs scheiterte an dem totalen Desinteresse der Burgschauspieler, schließlich an ihrem eigenen. Aber sie hatte ein Jahr lang dafür ein respektables Honorar bekommen. Im Grunde hat sie sich nie entscheiden können, ob sie nun Schauspielerin sein wolle oder Ballerina; so tanzte und schauspielerte sie die Kindheit entlang und ging nach Wien und studierte bis zur Abschlußprüfung tatsächlich die höhere Schauspielkunst auf dem Reinhardtseminar, aber war nie in ein Engagement gegangen. Auf dem Höhepunkt ihrer Entscheidungslosigkeit, den sie selbst immer wieder als *künstlerische Krise* bezeichnete, heiratete sie den Teppichkünstler, den *Tapisseristen*, wie sie ihn bezeichnete, dachte ich auf dem Ohrensessel. Über zehn Jahre lebten die Joana und ihr Tapisserist im Dritten Bezirk auf dem Sebastiansplatz in einem Patrizierhaus aus dem Jahr achtundachtzig, in einem dreihundert Quadratmeter großen Atelier auf dem Dach unter drei riesigen Glaskuppeln, unter welchen die Wandteppiche entstanden, die den Tapisseristen in der Zwischenzeit nicht nur in Europa berühmt gemacht haben. Der aus einer alten jüdischen Familie stammende Maler, für den die Webe- und also Gobelinkunst *die Rettung* gewesen war, wie er immer wieder beteuerte, war gerade im richtigen Augenblick an die Joana gekommen, denn ihre Ursprünglichkeit und Schönheit hatten in kurzer Zeit das Atelier auf dem Sebastiansplatz zu einem Kunstmittelpunkt der Wiener Gesellschaft gemacht, er webte die Teppiche, sie verkaufte sie. Der Charme der Joana hat die Teppiche ihres Tapisseristen zuerst in Wien, dann in Europa, schließlich auch in Amerika berühmt gemacht, dachte ich auf dem Ohrensessel und gleich darauf, daß der Tapisserist genau auf dem Höhepunkt seiner Berühmtheit (die er zweifellos der Joana verdankte!) mit der besten Freundin der Joana, wie gesagt wird, durchgegangen ist bis nach Mexiko. Diese Freundin hat der Tapisserist in Mexikocity geheiratet, sich aber schon nach einem Jahr wieder von ihr scheiden lassen, um eine Mexikanerin (mexikanische Ministerstochter!) zu ehelichen, mit welcher er noch heute verheiratet ist. Tatsächlich war die Joana von Anfang an und bis an ihr Lebensende ein *unglückliches Kind*, dachte ich auf dem Ohrensessel. Ausgerechnet an dem Tag, an welchem sich die Joana umgebracht hat, bin ich auf den Graben gegangen und habe die Eheleute Auersberger getroffen, daß das ein Zufall ist, glaube ich nicht, dachte ich auf dem Ohrensessel. Ich habe mich über zehn Jahre nicht mehr um die Joana gekümmert, dachte ich, sie jahrelang völlig aus den Augen verloren, auch nichts mehr von ihr gehört. Jetzt in Kilb erfuhr ich, daß sie in den letzten Lebensjahren einen sogenannten

Lebensgefährten an ihrer Seite hatte, also wieder auf einen Lebensgefährten zurückgekommen ist, diesen Lebensgefährten habe ich, dachte ich, zum erstenmal in der *Eisernen Hand* gesehen, einen aus dem finstersten Salzburg, der sich andauernd um ein Hochdeutsch bemühte, das aus seinem Mund herausgekommen, das unglücklichste gewesen war, das ich jemals gehört habe. Der Mann hatte sich einen schwarzen, knöchellangen Mantel zum Begräbnis seiner Lebensgefährtin angezogen und einen schwarzen breitkrempigen Hut aufgesetzt, einen sogenannten Schlapphut, wie er heute wieder vor allem unter den Provinzschauspielern hochmodern ist. Natürlich können wir Menschen nicht nur nach ihrer Kleidung beurteilen, dachte ich, diesen Fehler habe ich nie gemacht, aber zuerst hat mich alles an diesem Lebensgefährten der Joana, der mit ihr acht Jahre zusammengelebt haben soll, abgestoßen, wie er redete, was er sagte, wie er ging, vor allem, wie er gegessen hat in der *Eisernen Hand*. Die Tatsache erschütterte mich, daß die Joana schließlich an einen solchen *verkommenen* Menschen geraten ist, der zuletzt, nachdem er auf einer Josefstädter Kleinbühne gespielt hatte, als Vertreter für billige Ohrringe aus Hongkong durch die Gegend gefahren ist; er wirkte selbst als Vertreter schäbig, erinnerte an die Marktfahrer und da auch an einen der alleruntersten Kategorie. Wie er *Kartoffelsalat* gesagt hat zur Kellnerin in der *Eisernen Hand*, hatte mir beinahe Übelkeit verursacht, dachte ich auf dem Ohrensessel, von welchem aus ich die Gäste im Musikzimmer beobachtete, die wie auf einer Bühne agierten im Hintergrund, einer beweglichen Photographie ähnlich durch den Zigarettenrauchschleier, den die Gäste durch fortwährendes Rauchen erzeugt hatten in der Zwischenzeit. Die Auersbergerischen meinten aufeinmal, daß sie nurmehr noch eine Viertelstunde warten würden mit dem Abendessen, *höchstens bis halbeins,* so die Auersberger zur feist und fett und häßlich gewordenen Schriftstellerin Jeannie Billroth, mit welcher sie sich schon eine Zeitlang unterhielt, naturgemäß über die Joana, mit welcher die Schriftstellerin Jeannie Billroth, die sich immer als die Virginia Woolf von Wien vorgekommen ist, während sie es doch höchstens bis zu einer sentimentalen geschraubten Schwätzerin und ganz üblen Kitschproduzentin auf dem Papier gebracht hat in ihren Romanen und Erzählungen. Die in einem schwarzen selbstgestrickten Wollkleid in der Gentzgasse erschienene Schriftstellerin Jeannie Billroth war auch eine Freundin der Joana, wohnte im Zweiten Wiener Gemeindebezirk ganz in der Nähe der Praterhauptallee und existierte tatsächlich schon jahrzehntelang in der Einbildung, *die größte Schriftstellerin, ja Dichterin Österreichs* zu sein, auch an diesem Abend, besser, in dieser Nacht in der Gentzgasse, hatte sie nicht einen Augenblick gezögert, der Auersberger zu versichern, daß sie in ihrem letzten Roman *einen Schritt weiter gegangen* sei als die Virginia Woolf, was ich hörte, weil ich so gute Ohren habe, vornehmlich in der Nacht, ihr Buch übertreffe bei weitem Virginia Woolfs *Wellen*, meinte sie und zündete sich eine Zigarette an und kreuzte die Beine. Sie werde sich die in der Presse so hochgelobte *Wildente ein zweitesmal* anschauen, *diesen hintergründigen Ibsen*, sagte sie zur Auersberger, ihr Versuch allerdings, die *Wildente* in einer Wiener Buchhandlung zu *erstehen*, sei gescheitert, keine einzige Buchhandlung in der Inneren Stadt habe die *Wildente auf Lager gehabt*, nicht einmal eine Ausgabe in der Reclam-Universalbibliothek habe sie *auftreiben* können. Aber sie kenne natürlich die *Wildente*, liebe Ibsen, vor allem den *Peer Gynt*, meinte sie in die Nebelschwaden hinein, die sie selbst erzeugte. Sie war eine starke Raucherin und hatte vom Rauchen eine rauhe Stimme und vom Weißweintrinken ein aufgequollenes Gesicht. In der Zeit, in welcher ich intensiv mit den Eheleuten Auersberger verkehrt hatte, war ich auch sehr viel mit der Schriftstellerin Jeannie Billroth zusammen gewesen, viel zuviel und mit beinahe selbstmörderischer Intensität, wie ich denke, in ihrer Gemeindewohnung, in welcher sie mit einem Chemiker, dem Ernstl, zusammenwohnte, der sie oder den sie über ein Jahrzehnt nicht geheiratet hat. Der Ernstl verdiente das Geld, die Jeannie hatte die Reputation, zog Künstler und Pseudokünstler, ja Wissenschaftler und Pseudowissenschaftler an, brachte, so die Joana sehr oft, *Farbe in die öde Gemeindewohnung*, die vollgestopft war mit Kleinbürgerlichkeit. Auch die Schriftstellerin Jeannie ist nichts als eine Kleinbürgerin, die sich in ihrem Kleinbürgerkopf eingenistet hat mit der Zeit, dachte ich auf dem Ohrensessel. Nach dem Tod meines Freundes Josef Maria, der sich, genau wie die Joana, aufgehängt hat, und der nach dem Krieg, Anfang der Fünfzigerjahre, die erste offizielle *Literaturzeitschrift* Österreichs herausgebracht hat, hatte die Jeannie diese *Literatur in der Zeit* als Herausgeberin übernommen, von da an war diese Zeitschrift nicht mehr zum Lesen gewesen, im Grunde ein völlig wertloses und also kopfloses und durch und durch langweiliges Blatt geworden, das dieser scheußliche, widerliche und konfuse Staat subventionierte und in welchem immer nur das Abgeschmackteste und Dümmste abgedruckt gewesen ist, vor allem immer wieder die Gedichte der Jeannie

Billroth selbst, die ja nicht nur in dem Glauben gewesen war, eine Nachfolgerin und ja sogar eine Übertrefferin der Virginia Woolf zu sein, sondern auch noch, sie sei eine direkte *Nachfolgerin und Übertrefferin* der Droste und schreibe *die besten Gedichte Österreichs*. Aber sie schrieb nur schlechte Gedichte, in welchen weder Gefühle noch Gedanken auch nur den geringsten literarischen Wert hatten. Fünfzehn Jahre gab sie die stumpfsinnige *Literatur in der Zeit* heraus, bis man sie ihr mit dem Versprechen, ihr eine lebenslängliche Rente auszuzahlen, aus der Hand genommen hat. Aber die Zeitschrift ist dadurch auch nicht besser geworden, dachte ich, im Gegenteil, der jetzige Herausgeber ist noch viel dümmer und inkompetenter. Unglücklicherweise bin ich an diesem vierzehnten März auf den Graben gegangen in der Absicht, mir eine Krawatte zu kaufen, auf dem Kohlmarkt oder in der Naglergasse, immer habe ich meine Krawatten auf dem Kohlmarkt oder in der Naglergasse gekauft und bin den Auersbergerischen in die Arme gelaufen, dachte ich auf dem Ohrensessel. Wahrscheinlich hätten mich die Auersbergerischen nicht angesprochen, wenn sie nicht den Vorwand gehabt hätten, mir den Tod der Joana mitzuteilen, dachte ich jetzt, und ich selbst hätte niemals ihre Einladung zu ihrem Nachtmahl angenommen, wenn ich nicht durch den Tod der Joana an diesem Tag doch sozusagen *aus dem Gleichgewicht* gewesen wäre. Die Kilber Gemischtwarenhändlerin hatte ich naturgemäß am Telefon nicht gleich erkannt, ihre Stimme nicht, denn ich hatte diese Stimme ja immer nur in Kilb gehört und auch nur vor wenigstens zwanzig Jahren zum letztenmal in der *Eisernen Hand*, wohin ich mit der Joana und ihrer Kilber Freundin auf eine Essigwurst gegangen war, sozusagen auf eine ausgelassene Stimmung, wie ich mich genau erinnerte auf dem Ohrensessel. Zwischen drei und vier Uhr früh müsse sich die Joana aufgehängt haben, sagte die Gemischtwarenhändlerin am Telefon, so der Arzt, der sie übrigens eigenhändig aus dem Strick geschnitten haben soll, den die Joana auf einem Dachbalken über dem Vorhauseingang befestigt gehabt hat. Die Landärzte sind nicht zimperlich, dachte ich. Ich hatte diesen Arzt auch auf dem Kilber Friedhof gesehen, er war ein Kindheitsfreund der Joana. Das Begräbnis war eine Groteske. Ich fuhr mit dem Zug nach Sankt Pölten und stieg um in die Maria-Zeller-Bahn, die um halbelf in Kilb ankam. Um vor halbelf in Kilb anzukommen, das Begräbnis war für halbzwei angesetzt, hatte ich schon um halbacht Uhr früh auf dem Wiener Westbahnhof sein müssen; ich hatte alle Vorschläge von Freunden, mit ihnen zum Begräbnis nach Kilb zu fahren, abgelehnt, Unabhängigkeit geht mir über alles und ich hasse beinahe nichts mehr, als mich Leuten mit einem Auto anzuschließen und diesen Leuten dann auf Gedeih und Verderb ausgeliefert zu sein. Die Landschaft zwischen Sankt Pölten und Kilb hatte ich in guter Erinnerung, sie enttäuschte mich auch bei dieser traurigen Gelegenheit nicht. Naturgemäß rekapitulierte ich auf dieser Fahrt durch das niederösterreichische Hügelland meine früheren Besuche bei der Joana, die ich zum Großteil mit ihrem Mann, dem Tapisseristen, oder mit den Eheleuten Auersberger zusammen gemacht hatte. Aber ich war auch öfter allein nach Kilb gefahren, immer wieder während meiner Österreich-Besuche in meiner Englandzeit; diese Überlandreisen nach Kilb hatte ich in der erfreulichsten Erinnerung. Am liebsten reise ich, gleich wohin, allein, wie ich auch am liebsten allein *gehe*. Aber am Ziel meiner Reise nach Kilb die Joana in ihrem kleinen, ebenerdigen Elternhaus zu wissen, hatte mir immer die größte Freude gemacht. Meine Kilbfahrten unternahm ich im Frühjahr und im Herbst, niemals im Sommer, niemals im Winter. Die Landmädchen streben schon, sobald sie denken können, nach Wien, in die Hauptstadt, dachte ich auf dem Ohrensessel, das hat sich bis heute nicht geändert, die Joana mußte nach Wien, denn sie wollte unter allen Umständen *Karriere* machen. Sie hatte es nicht erwarten können, eines Tages für immer sozusagen den Zug nach Wien zu besteigen. Aber Wien hat ihr mehr Unglück als Glück gebracht, dachte ich auf dem Ohrensessel. Die jungen Leute brechen auf in die Hauptstadt und verunglücken im wahrsten Sinne des Wortes da, wo sie sich alles erhofft hatten, an der Widerwärtigkeit der Gesellschaft, an der Rücksichtslosigkeit der Gesellschaft, an der eigenen Natur, die der menschenfressenden Großstadt Wien meistens nicht gewachsen ist. Schließlich hatte ja auch der Auersberger in Wien Karriere machen wollen, dachte ich auf dem Ohrensessel, und hat sie genauso wenig wie die Joana in Wien gemacht, ist einer Karriere nachgelaufen, die ihm andauernd davongelaufen ist bis heute. Er hat es sich zu leicht gemacht, dachte ich jetzt auf dem Ohrensessel sitzend, wie es sich letztenendes auch die Joana zu leicht gemacht hat, denn von selbst geschieht im Hinblick auf eine Karriere in einer großen Stadt gar nichts und in Wien noch weniger als woanders. Das war beider Irrtum gewesen, dachte ich jetzt auf dem Ohrensessel, daß sie gedacht haben, die Großstadt Wien werde ihnen sozusagen unter die Arme greifen; die Großstadt greift niemandem, wie gesagt wird, unter die

Arme, sie versucht im Gegenteil, die in sie hereingekommenen Unglücklichen, Karrieresuchenden fortwährend abzustoßen, zu zerstören, zu vernichten und sie hat die Joana zerstört und vernichtet wie den Auersberger,
der ja einmal geglaubt hat, sich in Wien zum großen, ja bedeutenden, ja
weltbedeutenden Komponisten entwickeln zu können, während er doch,
um die Wahrheit zu sagen, sich in Wien nicht nur nicht entwickeln hat
können, sondern von Wien tatsächlich völlig ruiniert worden ist; das
steiermärkische Genie, das in Anzeichen in ihm gewesen ist vor dreißig
Jahren, dachte ich jetzt, ist in Wien sehr bald verkümmert, zuerst ist ihm
auf den Kopf geschlagen worden und dann ist es verkümmert, wie vor ihm
Tausende und Abertausende von Genies, vor allem musikalische. Wien
hat ihn zum sogenannten *Webern-Nachfolger* verkümmern, und für alle
Zeit dieser *Webern-Nachfolger* bleiben lassen. Und die Joana hat zeitlebens
von einer Ballerinenkarriere an der Oper geträumt, schließlich von einer
gefeierten Burgschauspielerin, die sie hatte werden wollen; sie ist zeitlebens nichts als eine tanzende und schauspielende Dilettantin, sozusagen
privatunterrichtende Bewegungstherapeutin geblieben. Es ist schon fünfundzwanzig Jahre her, dachte ich, daß ich für sie kleine Theaterstücke
geschrieben habe, die sie mir an den Nachmittagen und an den Abenden
in ihrem Turm auf der Simmeringer Hauptstraße vorgespielt hat, die auf
Tonband aufgenommen worden sind von uns sozusagen für die Ewigkeit.
Dutzende Zweipersonenstücke, in welchen sie zu beweisen versuchte, wie
groß ihr Talent sei und in welchen ich meine eigenen Talente unter Beweis
stellen wollte, mein schauspielerisches und mein schriftstellerisches. Diese
Stücke sind verloren gegangen, literarisch waren sie nichts wert, aber sie
hatten mich und die Joana jahrelang am Leben gehalten, wie ich jetzt auf
dem Ohrensessel dachte. Von meiner Wohnung im Achtzehnten Bezirk
aus bin ich jahrelang beinahe jeden zweiten oder dritten Nachmittag
schließlich mit dem *Einundsiebziger* in die Simmeringer Hauptstraße hinausgefahren, um in der Spirituosenhandlung Dittrich, die dem Turm der
Joana gegenüber gelegen war, drei oder vier Zweiliterflaschen billigsten
Weißweins einzukaufen und mit diesen Weißweinflaschen in den Turm
hinein und mit dem Lift hinauf in den elften Stock zur Joana. Wir tranken
und übten uns in der *totalen dramatischen Kunst*, in der Schauspielkunst
und in der Bühnenschriftstellerei mehr oder weniger an Hand der Weißweinflaschen bis zur vollkommenen Erschöpfung. Wenn wir selbst nicht
mehr imstande waren, zu agieren, ließen wir ganz einfach die gerade von

uns bespielten Tonbänder laufen und berauschten uns daran bis in die tiefe Nacht hinein, bis in die Frühe. Für meine eigene Entwicklung, dachte ich auf dem Ohrensessel, hat meine Beziehung zur Joana eine große Rolle gespielt, die Joana ist es gewesen, die mich schließlich wieder zum Theater zurückgebracht hat, von welchem ich nach meinem Akademieabschluß nichts mehr wissen wollte, ich ging, dachte ich jetzt, aus der Akademie hinaus mit meinem Zeugnis und hatte noch auf der Akademietreppe im Hinuntergehen gedacht, daß ich meine Theaterstudien jetzt abgeschlossen, daß ich aber zeitlebens nichts mehr mit dem Theater zu tun haben will. Und ich hatte auch jahrelang nichts mehr mit dem Theater zu tun gehabt, bis ich mit der Joana bekanntgemacht worden bin durch den Auersberger. Die Joana hatte mich schon im ersten Augenblick meiner Begegnung mit ihr auf die Idee gebracht, für sie kurze Stücke zu schreiben, also kleine dramatische Skizzen sozusagen, sie hatte die dafür geeignete Stimme. Nicht *wie sie ausschaute*, hatte mich gereizt, sondern wie sie *gesprochen* hat. Und tatsächlich war es die Bekanntschaft und schließlich die Freundschaft mit der Joana gewesen, die mich ganz einfach, nach so langer Zeit des Widerwillens dafür, wieder mit der Kunst und dem Künstlerischen überhaupt in Berührung gebracht hat. Sie und alles an ihr war für mich Theater gewesen, und ihr Mann malte, das faszinierte mich, hatte mich von Anfang an angezogen gehabt, dachte ich auf dem Ohrensessel. Glückliche Umstände hätten aus ihr wahrscheinlich eine der größten Künstlerinnen, Tänzerinnen oder Schauspielerinnen machen können, dachte ich jetzt auf dem Ohrensessel, wenn sie nicht an ihren künstlerischen Fritz, den Maler und späteren Tapisseristen gekommen wäre, sich also nicht gleich hätte fallen lassen unter den ersten größeren Widerständen. Andererseits haben es ihre Kolleginnen vom Reinhardtseminar, die tatsächlich Josefstadt- oder Burgschauspielerinnen geworden sind und berühmt, zu nichts anderem als zu mehr oder weniger lächerlichen und im Grunde absolut nutzlosen Schauspielfiguren gebracht, die einmal im Jahr in einem Shakespeare, einmal in einem Nestroy, einmal in einem Grillparzer auftreten und mit Sicherheit tausendmal dümmer sind, als ihr Leben lang die Joana. Es ist zwar als ein *künstlerisches Abendessen* für den Schauspieler gedacht, sagte ich mir jetzt, aber im Grunde ist es doch nichts anderes, als eine Art Requiem für die Joana; der Geruch des nachmittägigen Begräbnisses in Kilb war jetzt aufeinmal in der Gentzgasse, der Kilber Friedhofsgeruch hier in der Wohnung der Eheleute Auersberger. Im Grunde ist dieses sogenannte *künstlerische Abendessen* nichts anderes als ein Leichenschmaus, dachte ich und darauf gleich, daß von allen zu dem Nachtmahl Gekommenen allein der erwartete Burgschauspieler, wie ich weiß, die Joana *nicht* gekannt hat. Das *künstlerische Abendessen* war schon bevor sich die Joana umgebracht hat, ausgemacht und also vor allem mit dem Schauspieler, dem Burgschauspieler, abgesprochen gewesen, eine verspätete Premierenfeier aus Anlaß der *Wildente* im Akademietheater, wie die Eheleute Auersberger ein paarmal gesagt hatten. Der Tod der Joana kam ihnen, den Auersbergerischen, dazwischen. Sie sagten den Eingeladenen, für den Schauspieler, für den Burgschauspieler, und fügten dann, ohne das tatsächlich auszusprechen, hinzu: für die Joana. Der Schauspieler ist sich sicher, daß dieses *künstlerische Abendessen* für ihn gegeben wird, das genügt den Eheleuten Auersberger, die ihr *künstlerisches Abendessen* allerdings, weil es an Joanas Begräbnistag stattfindet, mehr noch für die Joana veranstalten, dachte ich auf dem Ohrensessel. Im übrigen fiel mir im Augenblick ein, daß ich selbst am Vortag in der *Wildente* lesen wollte, um dem Schauspieler gewachsen zu sein und ich hatte geglaubt, ich brauchte nur in meinen Bücherkasten zu greifen und die *Wildente* herauszuziehen, was ein Irrtum gewesen war; ich besaß die *Wildente* gar nicht, obwohl ich mir sicher gewesen war, daß ich sie besitze, denn selbstverständlich habe ich die *Wildente*, hatte ich gedacht, als ich den Bücherkasten aufmachte und die *Wildente* herausziehen wollte, denn ich habe die *Wildente* mehrere Male in meinem Leben gelesen, dachte ich, und ich erinnere mich auch ganz genau, in was für Ausgaben, aber ich hatte sie tatsächlich nicht und ich wollte sie mir, wie die Schriftstellerin Jeannie, in der Stadt kaufen, bekam sie aber nicht. Ich erinnerte mich aber auf dem Ohrensessel, daß ein *alter Ekdal* in der *Wildente* auftritt, der einen Sohn, also den *jungen Ekdal*, hat, der Photograph ist. Und daß der erste Akt des Dramas im Hause eines Konsuls Werle spielt. Ekdals Atelier, der Dachboden, sagte ich mir und ich erinnerte mich nach und nach an das Stück und suchte nicht mehr danach. Was kann diese *Wildente* schon wert sein, *wenn sie das Burgtheater spielt*, dachte ich auf dem Ohrensessel und ich dachte wieder an die *Eiserne Hand*, wohin ich mit der ganz in Schwarz gekleideten Gemischtwarenhändlerin gegangen bin gleich nach meiner Ankunft in Kilb. Nur für kurz war ich in die Gemischtwarenhandlung eingetreten, um zu sagen, daß ich da sei und die Gemischtwarenhändlerin hatte sich einen schwarzen Mantel angezogen und war mit mir in die *Eiserne Hand* gegangen, sozusagen in den Gefechtsstand, das Joanabegräbnis betreffend. In der *Eisernen Hand* hatte ich mir, genau wie die Gemischtwarenhändlerin, ein kleines Gulasch bestellt und mit der Gemischtwarenhändlerin auf den Lebensgefährten der Joana gewartet. Gegen halbzwölf war der Lebensgefährte der Joana eingetreten und hatte sich an unseren Tisch gesetzt. Sind Leute schwarz angezogen, wirken sie noch bleicher als sonst und so hatte der Lebensgefährte der Joana (die Gemischtwarenhändlerin hatte übrigens immer nur *Elfriede* gesagt) ein so bleiches Gesicht gehabt, daß es den Anschein hatte, er müsse jeden Augenblick erbrechen. In Wahrheit war ihm auch, als er an den Tisch gekommen war, zum Erbrechen gewesen: denn er kam direkt aus der Leichenkammer neben der Kirche, wo er, wie er sagte, zutiefst erschrocken über alles plötzlich Gesehene, *die Joana, in einen Plastiksack gesteckt,* habe *ertragen* müssen, der Leichenbestatter, wie üblich, der ortsansässige Tischlermeister, habe, da er keine ausdrückliche Order in bezug auf die Art und Weise der Bestattung bekommen hatte bis zum Auftauchen des Lebensgefährten am Vormittag, die Leiche, der billigsten Art entsprechend, ganz einfach nur in einen Plastiksack gesteckt und auf einem Bretterschragen in der Leichenkammer der Kilber Kirche liegen gelassen. Dem Lebensgefährten, so er in der *Eisernen Hand*, sei beim Anblick des Plastiksackes übel geworden und er habe dem Kirchendiener den Auftrag gegeben, der Leiche ein Totenhemd anzuziehen und sie in einen Buchensarg zu legen, was inzwischen geschehen sei unter seiner Mitwirkung. Während er so wie wir ein Gulasch gegessen hat, sagte er, er könne den Vorgang, nämlich die Leiche der Joana aus dem Plastiksack herauszuziehen und in ein Leichenhemd hineinzustecken, nicht beschreiben, so *schauerlich* sei er gewesen. Schließlich habe er den teuersten Sarg für die Joana ausgesucht, den der Ortstischler auf Lager gehabt habe. Nachdem er schon die Hälfte von seinem Gulasch gegessen hatte, ging er auf den Gasthausgang hinaus, um sich die Hände zu waschen; als er zurückkam, entdeckte ich Tränen in seinen Augen. Die Joana habe ja keinerlei Verwandte mehr, sagte er, alle seien ihr längst *weggestorben* gewesen, so sei alles mit dem Begräbnis Zusammenhängende *auf ihn gefallen*, so der Lebensgefährte. Er habe gedacht, die Gemischtwarenhändlerin hätte sich um die tote Joana und alles nach deren Selbstmord Folgende gekümmert, die Gemischtwarenhändlerin hatte aber nur ihren Kopf geschüttelt darauf, sie habe nicht auf eine Stunde ihr Geschäft verlassen können und geglaubt, er, der Lebensgefährte, hätte alles sozusagen in die Hand genommen. Wie auch immer. Der Lebensgefährte hat sein Gulasch so hastig gegessen, daß er schon damit fertig gewesen war, wie ich erst die Hälfte von meinem Gulasch gegessen hatte. Sein gestärktes weißes Hemd hatte er sich mit dem Gulaschsaft angespritzt, tatsächlich seine gestärkte weiße Hemdbrust, denn er hatte gar kein Hemd an, nur eine Hemdbrust über ein wollenes Leibchen gezogen, wie ich festgestellt habe, dachte ich auf dem Ohrensessel. Diese mit Gulaschsaft bespritzte gestärkte Hemdbrust bestätigt mehr oder weniger den Eindruck, daß es sich bei dem Lebensgefährten der Joana um einen total verkommenen Menschen handelt, dachte ich auf dem Ohrensessel. Nachdem er sein Gulasch gegessen hatte, wartete er ungeduldig darauf, daß die Gemischtwarenhändlerin und ich mit dem Essen aufhörten, aber es war der Gemischtwarenhändlerin wie mir nicht möglich, schneller zu essen, als auf die langsamste Art und Weise. Schließlich ließ ich fast die Hälfte von meinem Gulasch stehen, die Gemischtwarenhändlerin würgte aber ihr ganzes Gulasch in sich hinein. Wenn niemand dafür aufkommt, sagte der Lebensgefährte der Joana, wird die Leiche ganz einfach in einen Plastiksack gesteckt. Und darauf sagte er, die Leichenkammer habe fürchterlich *gestunken*. Durch das Wirtshausfenster sah ich mehrere Autos mit Leuten vorbeifahren, die mir bekannt waren und die ganz offensichtlich zum Begräbnis der Joana nach Kilb gekommen waren, alle fuhren sie Richtung Friedhof. Wie gut, daß ich meinen englischen Schirm mitgenommen habe, dachte ich, als es zu regnen begann. Die Straße verfinsterte sich, umso mehr die Wirtsstube. Die Schriftstellerin Jeannie Billroth mit Gefolge, alles junge Leute unter zwanzig, ging draußen vorbei. Tatsächlich *im Turm* habe ich die Joana zum letzten Mal gesehen, sie hatte ein aufgedunsenes Gesicht und krankhafte Wasserbeine, sagte ich mir in der *Eisernen Hand*, dachte ich auf dem Ohrensessel. *Eine versoffene Stimme*, hätte jeder gesagt. Ein schon völlig verstaubter Wandteppich ihres geschiedenen Mannes über ihrem Bett erinnerte damals noch daran, daß sie mit diesem Mann einmal glücklich gewesen war. Ihre Wohnung war voller Schmutzwäsche und Gestank. Der Tonbandapparat, den sie neben dem Bett stehen hatte, in welchem sie mehr oder weniger, wie ich sah, auch den ganzen Tag lag, war kaputt. Alles war staubig. Auf dem Boden standen und lagen Dutzende leerer Weißweinflaschen. Ich hatte die kurze Szene vom Tonband abhören wollen, in welcher ich einen König und die Joana eine Prinzessin gespielt hatte, vier, fünf Jahre vor meinem überraschenden Besuch bei ihr in ihrem Turm, aber das Tonband war nicht mehr aufzufinden gewesen, es hätte auch nichts genützt, wenn wir es noch gefunden hätten, denn wir hätten es auf dem kaputten Tonbandapparat nicht abspielen können. *Natürlich eine nackte Prinzessin*, hatte ich zu der auf ihrem Bett liegenden Joana gesagt. *Du als nackter König*, hatte sie geantwortet und hatte lachen wollen, es gelang ihr nicht. Mein Besuch hatte nichts Rührendes, nichts Sentimentales an sich, er hat mich abgestoßen, dachte ich auf dem Ohrensessel. Spuren ihres Lebensgefährten waren schon auszumachen, dachte ich auf dem Ohrensessel, da eine Zigarettenpackung, dort eine alte Krawatte, ein schmutziger Socken etcetera. Ich hätte sie enttäuscht, sagte sie mehrere Male; sie hatte sich kaum in ihrem Bett aufrichten können, sie hatte es mehrere Male versucht, sie war gleich wieder umgefallen. *Enttäuscht, enttäuscht*, hatte sie immer wieder gesagt. In den letzten Jahren habe sie vom Verkauf jener Teppiche, also Tapisserien, gelebt, die ihr der Fritz, ihr Mann, zurückgelassen habe. Im übrigen habe sie nichts mehr von ihrem Fritz gehört. Und von den Andern, sie meinte *die ganze Künstlerschaft*, auch nichts mehr, *von allen nichts mehr*. Sie bat mich, zum Dittrich hinunter zu gehen um zwei Zweiliterflaschen Weißwein. *Geh*, hatte sie gesagt, wie früher. *Geh! Geh!* Sie kommandierte mich hinunter und ich befolgte ihren Befehl wie zwanzig, wie fünfundzwanzig Jahre vorher. Vom Dittrich zurückgekommen, stellte ich ihr die zwei Zweiliterflaschen neben das Bett und verabschiedete mich. Es hätte ja keinen Sinn gehabt, mit ihr ein weiteres Wort zu sprechen, sagte ich mir auf dem Ohrensessel. Ich hatte gedacht, daß sie am Ende sei. Aber sie hat noch viele Jahre gelebt, das verblüffte mich jetzt am meisten. Als ich von ihrem Tod gehört habe, war ich der Meinung gewesen, sie sei schon längst, also viele Jahre, tot, das ist die Wahrheit. Indem ich so viele Jahre nichts mehr von ihr gehört und gesehen hatte, war sie von mir ganz einfach vergessen worden, dachte ich auf dem Ohrensessel. Wir sind mit Menschen so innig zusammen, daß wir glauben, es ist eine Bindung für das ganze Leben, und verlieren sie aufeinmal über Nacht aus den Augen und aus dem Gedächtnis, das ist die Wahrheit, dachte ich auf dem Ohrensessel. Die Schauspieler haben es an sich, sagte ich mir auf dem auersbergerischen Ohrensessel, daß sie erst gegen Mitternacht ihr Abendessen einnehmen, oft auch erst *nach* Mitternacht und die, die mit ihnen zusammen sein wollen, haben diese fürchterliche Tatsache zu büßen. Wenn wir mit Schauspielern in ein Restaurant

gehen, um zu Abend zu essen, wird uns frühestens um halbzwölf Uhr die
Suppe auf den Tisch gestellt und den Kaffee trinken wir mit ihnen erst
gegen halbzwei. Die *Wildente* ist ja ein verhältnismäßig kurzes Stück, sagte
ich mir, aber vom Akademietheater in die Gentzgasse ist es immerhin
wenigstens eine halbe Stunde und wenn die Vorstellung um halbelf Uhr
zuende ist, dauert es immer noch eine halbe Stunde, bis sich die Schauspieler, die sich ja am Ende der Vorstellung noch verneigen müssen und
die, wie ich gehört habe, mit dieser *Wildente* einen großen Erfolg haben
und dafür einen ziemlich lange andauernden Applaus erhalten, abge-
schminkt haben, und in die Gentzgasse kann also der Schauspieler, für den
dieses *künstlerische Abendessen* schließlich gegeben wird, nicht vor halbein
Uhr kommen. Die Eheleute Auersberger haben ihre Gäste für halbelf
eingeladen, das ist eine Unverschämtheit, sagte ich mir auf dem Ohrensessel, denn die Eheleute Auersberger haben wissen müssen, daß die *Wildente* bis elf Uhr dauert und ihr Ekdal nicht vor halbein Uhr in der Gentzgasse sein kann. Wenn ich mir genau überlegt hätte, wann wirklich dieses
künstlerische Abendessen anfängt, wäre ich mit Bestimmtheit nicht in die
Gentzgasse gekommen, dachte ich. Nur eine Krawatte auf dem Graben
gesucht und naturgemäß nicht gefunden, dachte ich, und die Auersbergerischen getroffen im ungünstigsten Moment. Als ob die Zeit stehen
geblieben wäre, dachte ich in Anbetracht der Tatsache, daß alle zu diesem
künstlerischen Abendessen in die Gentzgasse Eingeladenen genau jene en-
geren und innigsten Freunde des Ehepaares Auersberger sind, die es schon
vor dreißig Jahren und also in den Fünfzigerjahren waren und alle diese
Freunde haben, wie sich jetzt zeigte, ihre Freundschaft zu den Eheleuten
Auersberger bis heute nicht ein einziges Mal unterbrochen gehabt, haben
diese ihre Freundschaft zu den Auersbergerischen, wie gesagt wird, diese
ganzen vollen zwanzig oder gar dreißig Jahre, die ich mit den Eheleuten
Auersberger keinerlei Kontakt mehr gehabt habe, durchgehalten. Als ein
Abtrünniger kam ich mir plötzlich vor, als ein Verräter, als ein Verräter an
den Auersbergerischen und an allem, das für mich mit den Auersbergerischen zusammenhängt, dachte ich, und die Auersbergerischen selbst wie
auch ihre Gäste hatten ebenso gedacht wie ich, dachte ich. Aber das störte
mich nicht, im Gegenteil, denn mir waren ja selbst jetzt, da ich in ihrer
Wohnung auf ihrem Ohrensessel saß, die Eheleute Auersberger zutiefst
zuwider, genauso ihre Gäste, ja ich haßte sie alle, denn sie waren mir um
alles in der Welt *entgegengesetzt* und ich hatte jetzt, da ich in der auersber-

gerischen Wohnung saß und mich mit ein paar Gläsern Champagner betäubt mehr oder weniger über die Runden zu bringen versuchte, das Gefühl, daß meine Abneigung gegen sie in Wahrheit doch immer schon Haß gewesen ist, Haß gegen alles sie Betreffende. Wir sind auf die innigste Weise mit Menschen befreundet, und wir glauben tatsächlich, auf lebenslänglich und werden eines Tages von diesen von uns über alles andere geschätzten, ja bewunderten, schließlich sogar geliebten Menschen enttäuscht und verabscheuen sie und hassen sie und wollen mit ihnen nichts mehr zu tun haben, dachte ich auf dem Ohrensessel; da wir sie nicht lebenslänglich mit unserem Haß verfolgen wollen, wie ursprünglich mit unserer Zuneigung und Liebe, streichen wir sie ganz einfach aus unserem Gedächtnis. Tatsächlich ist es mir ja gelungen, mich den auersbergerischen Eheleuten über zwei Jahrzehnte zu entziehen, niemals Gefahr zu laufen, ihnen zu begegnen, denn es war schon eine ganz genau von mir ausgedachte und ausgearbeitete Strategie gewesen, nicht mehr *mit diesen Unmenschen*, wie ich sie für mich bezeichnen mußte, zusammenzukommen, also kein Zufall, ihnen über zwanzig Jahre entkommen zu sein, dachte ich auf dem Ohrensessel; allein der Selbstmord der Joana ist schuld, daß ich aufeinmal und zwar urplötzlich die auersbergerischen Eheleute dann doch getroffen habe auf dem Graben. Ihre abrupt vorgebrachte Einladung zu ihrem Abendessen zu Ehren des *Wildentekünstlers,* meine ebenso abrupte Annahme ihrer Einladung, eine klassische Kurzschlußhandlung, dachte ich. Schließlich hätte ich ja, obwohl ich sie angenommen habe, der Einladung nicht Folge leisten müssen, noch dazu, wo ich niemals zimperlich gewesen bin in der Einhaltung versprochener Besuche, dachte ich. Tatsächlich habe ich ja die ganzen Tage zwischen der Einladung zu diesem *künstlerischen Abendessen* und dem Tag, an dem es dann stattfinden sollte, überlegt, ob ich auch wirklich zu den Auersbergerischen gehe, einmal dachte ich, ich gehe zu den Auersbergerischen, einmal dachte ich, ich gehe nicht zu den Auersbergerischen, einmal sagte ich mir, ich gehe hin, einmal, ich gehe nicht hin, ich gehe hin, ich gehe nicht hin, war diese ganzen Tage als ein mich beinahe verrückt machendes Wortspiel in meinem Kopf gewesen und es war mir selbst noch am Abend, also kurz, bevor ich dann doch in die Gentzgasse gegangen bin, noch nicht klar gewesen, ob ich tatsächlich in die Gentzgasse gehe. Da dir die Auersbergerischen, wie du ja gleich wieder auf dem Kilber Begräbnis gesehen hast, nach wie vor widerlich sind, hatte ich noch ein paar Minuten, bevor ich

mich dann doch entschlossen hatte, hinzugehen, gedacht, du gehst natürlich *nicht* hin, die Eheleute Auersberger sind widerliche Leute, *sie* haben
dich verraten, nicht du sie, hatte ich die ganze Zeit gedacht, während ich
mich in meinem Badezimmer dadurch zu erfrischen versuchte, daß ich aus
dem Waschbeckenhahn über meine Handgelenke eiskaltes Wasser laufen
ließ und auch einmal das Gesicht unter den Wasserstrahl hielt, um es
abzukühlen; die Eheleute Auersberger haben dich in diesen zwanzig Jahren überall, wo es ihnen nur möglich gewesen ist, ausgerichtet, heruntergemacht, alles dich Betreffende verfälscht, an dir mehr oder weniger
immer wieder bei jeder Gelegenheit Rufmord begangen, dachte ich, Geschichten über dich erzählt, die nicht wahr sind, Lügen verbreitet, gemeine Lügen, immer mehr Lügen, wie du weißt, Hunderte, Tausende von
Lügen in diesen zwanzig Jahren über dich, daß *du* sie ausgenützt hast in
Maria Zaal, nicht sie dich, daß *du* der Unverschämte gewesen bist, nicht
sie, daß *du* sie verleumdet hast, nicht sie dich, daß *du* ihr Verräter bist,
nicht sie der deine etcetera. Alles hatte ich gegen einen Besuch bei den
Auersbergerischen in Rechnung gestellt, nichts hat für einen solchen Besuch bei ihnen nach zwanzig Jahren Kontaktlosigkeit gesprochen und
trotzdem habe ich schließlich, tatsächlich mit der größten Abneigung, ja
mit dem größten Haß gegen sie, den Entschluß gefaßt, sie aufzusuchen
und ich bin in meinen Mantel geschlüpft und in die Gentzgasse gegangen.
Ich bin, obwohl ich auf keinen Fall in die Gentzgasse hatte gehen wollen,
in die Gentzgasse gegangen, sagte ich mir auf dem Ohrensessel, alles war
gegen einen solchen Besuch in der Gentzgasse, alles gegen ein solches
lächerliches *künstlerisches Abendessen* und ich bin hingegangen, *noch auf*
dem Weg in die Gentzgasse habe ich mir die ganze Zeit gesagt, ich bin gegen
diesen Besuch in der Gentzgasse, ich bin gegen die Auersbergerischen, ich bin
gegen alle diese Leute, die an diesem Abendessen teilnehmen, ich hasse sie, ich
hasse sie alle und bin doch immer weiter in die Gentzgasse hineingegangen
und habe schließlich an der auersbergerischen Wohnungstür geläutet. Alles ist
gegen mein Auftreten in der Gentzgasse gewesen und ich bin doch in der
Gentzgasse aufgetreten, sagte ich mir auf dem Ohrensessel. Und ich
dachte wieder, daß es viel besser gewesen wäre, meinen Gogol und meinen
Pascal und meinen Montaigne zu lesen oder den Schönberg oder den Satie
zu spielen, oder auch nur, ganz einfach durch die Wiener Straßen zu
laufen. Und tatsächlich waren die Auersbergerischen über mein Auftreten
in der Gentzgasse noch mehr überrascht gewesen, als ich selbst, dachte ich,

das sah ich in der Art und Weise, wie mich die Auersberger empfangen
hatte, noch mehr, wie mich ihr Mann empfing. Du hättest nicht in die
Gentzgasse gehen sollen, hatte ich mir schon in dem Augenblick gesagt, in
welchem ich der Auersberger gegenüber gestanden war, eine Wahnsinnstat, hatte ich mir gesagt, wie ich dem Auersberger die Hand geben wollte
und der sie nicht genommen hat, weil er besoffen und/oder auf das Gemeinste infam gewesen war, kann ich nicht sagen, dachte ich auf dem
Ohrensessel. Daß sie ihre Einladung auf dem Graben mir gegenüber in
dem Glauben ausgesprochen hatten, ich käme ja doch nicht, unter keinen
Umständen, dachte ich auf dem Ohrensessel, daß sie selbst nicht gewußt
hatten, warum wirklich sie mich zu dem Abendessen eingeladen haben,
das die Auersbergerischen auch gleich fatalerweise als *künstlerisches Abendessen* bezeichnet hatten auf dem Graben, und sich damit vor mir lächerlich
gemacht hatten, dachte ich. Die Auersbergerischen hätten es aber unterlassen können, mich auf dem Graben anzusprechen, dachte ich, sie hätten
mich ja ignorieren können, wie sie mich jahrzehntelang ignoriert haben,
wie auch ich sie jahrzehntelang ignoriert habe, dachte ich auf dem Ohrensessel. Schuld an dieser Einladung ist die Joana, dachte ich, sie hat
diesen Kurzschluß verursacht, die Tote hat diese widerwärtige Fatalität auf
dem Gewissen, dachte ich und ich dachte gleichzeitig, wie unsinnig der
Gedanke ist, aber ich dachte ihn immer wieder, immer wieder dachte ich
diesen unsinnigen Gedanken, daß die tote Joana an dem *Grabenkurz-
schluß* schuld ist, der mich letztenendes gegen alles in mir in die Gentzgasse hat gehen lassen zu diesem *künstlerischen Abendessen*. Durch den Tod
der Joana hatten die Eheleute Auersberger ganz einfach in dem Augenblick auf dem Graben, in welchem sie mich gesehen hatten, die zwanzig
Jahre unserer absoluten Kontaktlosigkeit gestrichen und ihre Einladung
ausgesprochen, wie ich aus demselben Grund ihre Einladung angenommen habe. Und noch dazu hatten die Eheleute Auersberger ja gesagt, daß
es sich um die *Einladung für den Burgschauspieler* handelt, der *in der Wildente Triumphe feiert*, so die Auersberger auf dem Graben, und ich hatte
zugesagt. Niemals in den letzten zehn oder fünfzehn Jahren habe ich eine
Einladung angenommen zu einem Abendessen, zu welchem ein Schauspieler eingeladen ist, dachte ich auf dem Ohrensessel, niemals bin ich
überhaupt dahin gegangen, wo auch ein Schauspieler hingegangen ist und
plötzlich wird gesagt, ein Schauspieler, noch dazu ein Burgschauspieler,
kommt zu einem Abendessen und noch dazu zu einem Abendessen bei

den Auersbergerischen in der Gentzgasse und ich gehe hin. Es hatte keinen Sinn, sich jetzt an den Kopf zu greifen. Tatsächlich verberge ich ja meine Abneigung gegen alle diese Leute, auch gegen die Auersbergerischen selbst, nicht, sagte ich mir auf dem Ohrensessel, im Gegenteil, alle fühlen, daß ich sie verabscheue, daß ich sie hasse. Sie sehen, daß ich sie hasse, sie hören es. Umgekehrt hatte ich den Eindruck, daß alle diese Leute gegen mich sind, in allem, das ich an ihnen sah und in allem, das ich von ihnen hörte, war Abneigung gegen mich, sicher sogar Haß. Die Eheleute Auersberger haßten mich, sie hatten begriffen: ich war der voreilig eingeladene Schönheitsfehler dieses Abendessens und sie fürchteten nur den Augenblick, in welchem der Burgschauspieler eintritt und sie alle zu Tisch bitten und mit dem Abendessen anfangen. Sie sahen: ich bin ihr Beobachter, der widerwärtige Mensch, der es sich im Ohrensessel bequem gemacht hat und im Schutze des Halbdunkels des Vorzimmers sein ekelhaftes Spiel treibt, die auersbergerischen Gäste mehr oder weniger *auseinanderzunehmen*, wie gesagt wird. Das hatten sie mir immer verübelt, daß ich sie immer auseinandergenommen habe bei jeder Gelegenheit, tatsächlich skrupellos, aber ich hatte immer einen Milderungsgrund; ich nahm mich selbst noch viel mehr auseinander, verschonte mich nie, zerlegte mich selbst bei jeder Gelegenheit *in alle Bestandteile*, wie sie sagen würden, sagte ich mir auf dem Ohrensessel, mit derselben Ungeniertheit, mit derselben Gemeinheit, mit derselben rücksichtslosen Vorgangsweise. Dann ist von mir selbst immer noch viel weniger übrig geblieben, als von ihnen, sagte ich mir. Ich hatte einen Trost: nicht nur *ich* verfluchte es, in die Gentzgasse gegangen zu sein, diese Dummheit, diese Charakterlosigkeit begangen zu haben, die Eheleute Auersberger umgekehrt, verfluchten *sich*, mich eingeladen zu haben. Aber nun war ich da, es war nicht zu ändern. In dieser Wohnung bin ich vor dreißig Jahren mit ihnen, als wäre es auch mein Zuhause gewesen, aus- und eingegangen, dachte ich auf dem Ohrensessel sitzend und die Vorgänge im Musikzimmer beobachtend, die gerade so gut beleuchtet waren, daß mir nichts entgehen konnte, während ich selbst andererseits völlig im Dunkel geblieben war die ganze Zeit, also gerade in der Position, die für mich in dieser widerlichen Lage zweifellos noch die günstigste gewesen war, die Gäste, die zu diesem *künstlerischen Abendessen* gekommen waren, kannte ich ja wie die Eheleute Auersberger selbst seit Jahrzehnten mehr oder weniger, bis auf die jungen Leute, vor allem die zwei jungen Schriftsteller, die mich aber nicht interessierten; ich kannte sie nicht und ich hatte also überhaupt keinen Grund, mich mit ihnen, außer daß ich sie beobachtete, zu befassen, ich hatte nicht das geringste Bedürfnis, auch nur einmal aufzustehen und zu ihnen hin zu gehen, um mich mit ihnen zu unterhalten, sie zu einem Gespräch aufzufordern, zu einem Disput, wahrscheinlich war ich auch zu müde dazu, denn die Begräbnisstrapazen hatten mich völlig erschöpft, alles, das ich in Kilb hatte erleben müssen in Zusammenhang mit der Joana, diese Fürchterlichkeiten vor allem *nach* dem Begräbnis, dachte ich, die so unglaublich gewesen sind, daß ich erst nach und nach imstande sein werde, sie zu begreifen; noch hatte ich nicht die Klarheit in meinem Kopf, die für ein solches Begreifen notwendig ist und ich dachte, daß ich mich zuerst einmal richtig ausschlafen muß, um zu einer solchen Klarheit zu kommen, schon auf dem Ohrensessel dachte ich, daß ich mich zuhause gleich hinlege und dann den ganzen Tag nicht mehr aufstehen werde, auch die folgende Nacht nicht und vielleicht sogar den nächsten Tag auch nicht und die darauffolgende Nacht auch nicht, so erschöpft, ja *erledigt* war ich jetzt auf dem Ohrensessel. Wir glauben, wir sind zwanzig und handeln danach und sind in Wirklichkeit über fünfzig und sind total erschöpft, dachte ich, gehen mit uns wie mit zwanzig um und ruinieren uns und gehen mit allen andern auch so um, als wären wir zwanzig und sind fünfzig und halten in Wirklichkeit gar nichts mehr aus, vergessen auch, daß wir ein Leiden haben, mehrere, viele Leiden zusammen, sogenannte *Todeskrankheiten*, mit welchen wir schon die längste Zeit zu existieren haben, was wir aber ignorieren und gar nicht für wahr halten die längste Zeit, während es doch immer da ist, fortwährend, lebenslänglich und uns eines Tages umbringt, ja gehen mit uns um, als hätten wir noch die Kräfte, die wir vor dreißig Jahren gehabt haben, während wir nicht einmal mehr einen Bruchteil dieser Kräfte vor dreißig Jahren haben, nichts mehr von diesen Kräften, dachte ich auf dem Ohrensessel. Denn vor dreißig Jahren hat es mir nicht das geringste ausgemacht, zwei, drei Nächte hintereinander auf zu sein und beinahe ununterbrochen zu trinken, gleich was, und mich als *Unterhaltungsmaschine* zu produzieren, mehrere Nächte allen möglichen Leuten, die damals alle Freunde gewesen sind, den Narren zu machen rund um die Uhr, wie gesagt wird, ohne den geringsten Schaden zu nehmen und ich bin ja tatsächlich viele Jahre, so denke ich jetzt, erst um drei oder vier Uhr früh nach Hause gekommen, also erst im Vogelgezwitscher ins Bett, ohne daß es mir im geringsten geschadet hätte. Jahrelang habe ich den *Apostelkeller* und alle möglichen unterirdischen Lokale in der Inneren Stadt gegen elf aufgesucht, um sie nicht vor drei oder vier Uhr früh zu verlassen und ich habe mich in diesen Nächten immer voll und also völlig verausgabt, wie gesagt werden kann, mit jener äußersten Rücksichtslosigkeit, die mir damals zueigen gewesen ist und die mir damals, wie ich heute denke, überhaupt nicht geschadet hat. Und gerade mit der Joana habe ich so viele Nächte verplaudert und vertrunken, daß sie gar nicht gezählt werden können, dachte ich auf dem Ohrensessel. Tatsächlich hatte ich überhaupt kein Geld und auch sonst nichts und habe doch jahrelang die Nächte bis zum äußersten verplaudert und vertrunken, verredet und vertanzt, kann ich sagen, gerade mit der Joana und ihrem Mann und mit der Jeannie Billroth und vor allem immer wieder mit dem Ehepaar Auersberger. Damals habe ich alle Kräfte, die ein junger Mensch haben kann, gehabt und mich skrupellos von allen, die etwas gehabt haben, aushalten lassen, dachte ich auf dem Ohrensessel. Ich habe keinen Groschen in der Tasche gehabt und habe mir doch alles leisten können, dachte ich auf dem Ohrensessel, die Gäste im Musikzimmer beobachtend. Und so viele Jahre bin ich tagtäglich, muß ich sagen, schon am späteren Nachmittag zur Joana in die Simmeringer Hauptstraße hinaus, vorher noch zum Dittrich um die Weinflaschen aufzunehmen in meinen Armen, um mit der Joana zusammen zu sein bis in der Frühe und mit dem ersten *Einundsiebziger* in die Stadt zurück zu fahren oder ganz einfach von ihr aus zu Fuß die Simmeringer Hauptstraße zurück, den Rennweg hinunter, über den Schwarzenbergplatz bis nach Währing. Das waren noch Zeiten, dachte ich auf dem Ohrensessel, wie noch die Pferdewagen vor den Milchgeschäften Halt gemacht haben in der Nacht und ich mitten auf dem Rennweg und quer über den Schwarzenbergplatz und den vollkommen leeren Ring entlang nach Hause gehen habe können ohne fürchten zu müssen, überfahren zu werden. Wenn überhaupt einen Menschen, so bin ich bei diesen Gelegenheiten doch nur Meinesgleichen und das heißt, einem Betrunkenen begegnet, und ein die Nacht durchkreuzendes Automobil war eine Seltenheit. Niemehr im Leben habe ich so viele italienische Arien gesungen, wie damals auf dem Weg von der Simmeringer Hauptstraße auf den Rennweg und über den Schwarzenbergplatz nach Währing, dachte ich auf dem Ohrensessel. Damals hatte ich die Kraft, zu gehen *und* zu singen, dachte ich auf dem Ohrensessel, heute habe ich nicht mehr die Kraft, *zu gehen und zu sprechen*, das ist der Unterschied. Dreißig Jahre ist es her, daß ich ohne weiteres an die fünfzehn Kilometer in der Nacht nach Hause gegangen bin, dachte ich auf dem Ohrensessel, *singend, in meiner damaligen Mozart- und Verdibegeisterung dem Rausch freien Lauf lassend.* Dreißig Jahre ist es her, dachte ich auf dem Ohrensessel, daß ich auf diese Weise Operngeschichte gemacht habe, dreißig Jahre. Tatsächlich hätte ich ohne die Joana, dachte ich jetzt auf dem Ohrensessel, einen anderen Weg genommen, wäre möglicherweise den entgegengesetzten gegangen, wenn ich, diesen Gedanken noch weiter zurück verfolgend, den Auersberger nicht kennen gelernt hätte. Denn den Auersberger kennen gelernt zu haben, bedeutete im Grunde die Umkehr zum Künstlerischen, von welchem ich mich ja nach dem Abschluß des Mozarteums schon gänzlich und, wie ich damals glaubte, für immer abgekehrt hatte; damals, mit dem Mozarteumsabgang, hatte ich ja plötzlich mit dem sogenannten Künstlerischen nichts mehr zu tun haben wollen, mich für das Gegenteil dessen, das ich als *das Künstlerische* bezeichne, entschieden gehabt, während die Begegnung mit dem Auersberger, wie ich jetzt auf dem Ohrensessel wieder dachte, noch einmal eine totale Kehrtwendung verursacht hatte in mir. Und erst die Begegnung mit der Joana, mit diesem Ausbund des Künstlertums, dachte ich. Für das Künstlerische, nicht für die Kunst, immer nur für *das Künstlerische* hatte ich mich damals vor fünfunddreißig Jahren entschieden, endgültig, dachte ich auf dem Ohrensessel, *wenn ich auch gar nicht wußte, was das ist, das Künstlerische,* aber ich hatte mich für *das Künstlerische* entschieden, wenn ich auch nicht wußte, für was für ein Künstlerisches. Ich hatte mich ganz einfach für den Auersberger entschieden, für jenen Auersberger, der er damals, vor fünfunddreißig, vor vierunddreißig, ja noch vor dreiunddreißig Jahren gewesen ist, *der künstlerische Auersberger.* Und für die Joana, die durch und durch *künstlerische Joana.* Und für Wien. Und für die künstlerische Welt, dachte ich auf dem Ohrensessel. Dem Auersberger verdanke ich, daß ich die Kehrtwendung in die künstlerische Welt gemacht habe, dachte ich jetzt auf dem Ohrensessel, und der Joana und allem, das damals, eben vor fünfunddreißig Jahren und vor zweiunddreißig Jahren noch, mit dem Auersberger und mit der Joana zusammenhing, das ist die Wahrheit, dachte ich auf dem Ohrensessel. Mehrere Male sagte ich *die künstlerische Welt* vor mich hin, auch *das künstlerische Leben,* tatsächlich laut und so, daß es die Leute im Musikzimmer hören mußten und auch gehört haben, denn sie schauten aufeinmal alle auf mich, aus dem Musikzimmer heraus in das Vorzimmer, ohne mich tatsächlich sehen zu können, weil sie mich gehört hatten, wie ich *das künstlerische Leben* gesagt habe und *die künstlerische Welt* und diese Wörter immer wieder wiederholt hatte, und ich dachte, was diese Begriffe *künstlerische Welt* und *künstlerisches Leben* für mich damals bedeutet haben und mir im Grunde ja auch heute noch bedeuten, mehr oder weniger *alles*, dachte ich jetzt auf dem Ohrensessel, und wie abgeschmackt es doch von den Auersbergerischen ist, ihr Abendessen, besser, ihr Nachtmahl, wie in Wien gesagt wird, ein *künstlerisches Abendessen* zu nennen. Wie heruntergekommen sie sind, die Auersbergerischen, dachte ich auf dem Ohrensessel, die Auersbergerischen, die in meinen Augen längst und schon vor Jahrzehnten künstlerischen und überhaupt geistigen und tatsächlich ja auch seelischen Bankrott gemacht haben. Aber alle diese Leute im Musikzimmer hatten ja, wie ich *künstlerische Welt* gesagt hatte und *künstlerisches Leben* es so gehört, wie wenn ich gesagt hätte, *künstlerisches Abendessen* wie die Eheleute Auersberger und es war ihnen, außer der Lautstärke, mit welcher ich *künstlerische Welt* und *künstlerisches Leben* gesagt hatte, nichts aufgefallen, sie merkten die Bedeutung gar nicht, die dieses *künstlerische Leben* und *künstlerische Welt* für mich gehabt hat, während ich es ausgesprochen habe. Alle diese Leute waren ja einmal tatsächlich Künstler oder wenigstens *Kunsttalente*, dachte ich jetzt auf dem Ohrensessel, jetzt sind sie alle nurmehr noch ein einziges *Kunstgesindel*, das mit Kunst und also mit künstlerisch eben nicht mehr gemeinsam hat, als das Abendessen der Eheleute Auersberger. Alle diese Leute, die einmal tatsächlich Künstler oder wenigstens künstlerisch gewesen sind, dachte ich auf dem Ohrensessel, sind nurmehr noch die Larven und die Hülsen derer, die sie einmal gewesen sind; ich brauche nur zu hören, was sie sagen, ich brauche sie nur anzuschauen, ich brauche nur mit ihren Erzeugnissen in Kontakt zu kommen, ich empfinde das gleiche, das ich jetzt in Zusammenhang mit diesem Nachtmahl empfinde, mit diesem abgeschmackten *künstlerischen Abendessen*. Was in diesen dreißig Jahren aus allen diesen Leuten geworden ist, dachte ich, was alle diese Menschen in diesen dreißig Jahren aus sich gemacht haben. Und was ich selbst in diesen dreißig Jahren aus mir gemacht habe, dachte ich. In jedem Fall ist es deprimierend, was diese Leute in diesen dreißig Jahren aus sich gemacht haben, was ich aus mir gemacht habe, aus allen diesen einmal glücklichen Zuständen und Umständen haben alle diese Leute deprimierende Zustände und deprimierende Umstände gemacht, dachte ich auf dem Ohrensessel, alles haben sie zu etwas

durch und durch Deprimierendem gemacht, ihr ganzes Glück zu einer
einzigen Depression, dachte ich auf dem Ohrensessel, wie ich selbst aus
meinem Glück eine einzige Depression gemacht habe. Denn zweifellos
waren alle diese Leute einmal, das heißt damals, vor dreißig, ja noch vor
zwanzig Jahren, glückliche Menschen gewesen, glücklich gewesen, jetzt
sind sie nurmehr noch deprimierende Menschen, deprimierend, wie ich
letztenendes nurmehr noch deprimierend und nicht glücklich bin, dachte
ich auf dem Ohrensessel. Aus einem einzigen Glück haben sie eine einzige
Katastrophe gemacht, dachte ich auf dem Ohrensessel, aus lauter Hoffnung lauter Hoffnungslosigkeit. Denn schaute ich in das Musikzimmer
hinein, schaute ich doch geradezu in nichts als in Hoffnungslosigkeit
hinein, dachte ich auf dem Ohrensessel, in nichts als in menschliche und
sozusagen in nichts als in künstlerische Hoffnungslosigkeit, das ist die
Wahrheit. Alle diese Leute waren einmal in den Fünfzigerjahren und also
vor dreißig oder gar schon vor vierzig Jahren nach Wien gekommen in der
Hoffnung, es in Wien zu etwas zu bringen, wie gesagt wird, und haben es
tatsächlich in Wien zu nichts als zu mehr oder weniger hoch dekorierten
Provinzkünstlern gebracht und es ist die Frage, ob sie es in einer anderen
sogenannten Großstadt zu etwas gebracht hätten, wahrscheinlich hätten
sie es nirgendwo zu etwas gebracht, dachte ich. Aber wenn ich denke, sie
haben es in Wien zu nichts gebracht, überhaupt zu nichts gebracht, so
denke ich das in dem Bewußtsein, daß sie selbst gar nicht wissen, daß sie es
zu nichts gebracht haben, dachte ich, denn sie geben sich alle nicht so, als
wüßten sie, daß sie es zu nichts gebracht haben, sie geben sich im Gegenteil alle so, als hätten sie es zu etwas gebracht in Wien, wären etwas geworden in Wien, also, daß sich ihre auf Wien gesetzten Hoffnungen
durchaus erfüllt haben, denken sie, dachte ich, oder wenigstens glauben
sie die meiste Zeit, daß sie es zu etwas gebracht haben und glauben inständig die meiste Zeit, etwas geworden zu sein, obwohl sie nichts geworden sind, wie ich denke. Sie glauben, weil sie sich *einen Namen* gemacht haben und *viele Preise* bekommen haben und viele Bücher
veröffentlicht und ihre Bilder an viele Museen verkauft haben und ihre
Bücher in den besten Verlagshäusern veröffentlicht haben und ihre Bilder
in den besten Museen untergebracht haben und daß ihnen dieser widerwärtige Staat alle nur möglichen Preise verliehen und alle nur möglichen
Orden an ihre Brüste geheftet hat, daß sie etwas geworden sind, aber sie
sind nichts geworden, dachte ich. Sie alle sind, wie gesagt wird, *bekannte,*

ja berühmte Künstler und sie sitzen als Senatoren im sogenannten *Kunstsenat* und sie nennen sich Professoren und haben alle möglichen Lehrstühle an unseren Akademien inne und sind einmal von dieser, einmal von jener Hochschule oder Universität eingeladen und sie sprechen einmal auf diesem und einmal auf jenem Symposion und sie reisen einmal nach Brüssel und einmal nach Paris und einmal nach Rom und in die Vereinigten Staaten von Amerika und nach Japan und die Sowjetunion oder nach China, wohin sie alle mit der Zeit eingeladen worden sind und eingeladen werden, und halten Vorträge über sich selbst und eröffnen Ausstellungen ihrer Bilder und sind doch, wie ich denke, nichts geworden. Sie alle haben ganz einfach nicht *das Höchste* erreicht und *nur dieses Höchste*, denke ich, dachte ich, *ist Befriedigung.* Die Kompositionen des Auersberger sind ja nicht unaufgeführt, dachte ich jetzt auf dem Ohrensessel, *der Webern-Nachfolger Auersberger ist ja nicht verkannt,* dachte ich, im Gegenteil, alle Augenblicke wird von ihm etwas gesungen, geblasen, gezupft (dafür sorgt er schon!), alle Augenblicke etwas von ihm geschlagen oder gestrichen, einmal in Basel, einmal in Zürich, einmal in London, einmal in Klagenfurt (dafür sorgt er schon!), da ein Duett, dort ein Terzett, da ein Vierminutenchor, da eine Zwölfminutenoper, dort eine Dreiminutenkantate, da eine Sekundenoper, dort ein Minutenlied, da eine Zwei-, dort eine Vierminutenarie; einmal hat er sich englischer, einmal französischer, einmal italienischer Interpreten versichert, einmal spielt ihn ein polnischer, einmal ein portugiesischer Geiger, einmal eine chilenische, einmal eine italienische Klarinettistin. Kaum ist er in der einen Stadt angekommen, denkt er schon an die andere, unser rastloser Webern-Nachfolger, denke ich, unser vielgereister trippelnder Auersberger, unser rastloser Webern- und Grafenkopist, unser Snob- und Geckmusikschreiber aus der Steiermark. Wie Bruckner unerträglich monumental, so ist Webern unerträglich dürftig und noch hundertmal dürftiger als der dürftige Anton von Webern ist der Auersberger, den ich, wie die stumpfsinnigen Literaten den Paul Celan sozusagen als *beinahe wortlosen* Dichter, als *beinahe tonlosen* Komponisten bezeichnen muß. Der steiermärkische Epigone ist ja nicht unaufgeführt, denke ich, aber er ist schon vor dreißig Jahren, also schon in der Mitte der Fünfzigerjahre in der Webernnachfolge steckengeblieben; keine drei Töne sind von ihm, denke ich, aus dem nichts geworden ist. Den Kompositionen des Auersberger fehlt der Auersberger, denke ich, seine sogenannte aphoristische Musik (so meine ei-

gene Bezeichnung für sein Kopieren als Komponieren in den Fünfzigerjahren!) ist nichts als ein *unerträglicher epigonaler* Webern, der ja selbst, wie
ich jetzt weiß, kein Genie, nur ein plötzlicher, wenn auch genialer Schwächeanfall der Musikgeschichte gewesen ist. In Wirklichkeit, denke ich
jetzt voller Selbstscham auf dem auersbergerischen Ohrensessel, ist der
Auersberger nie ein Genie gewesen, auch wenn ich das in den Fünfzigerjahren wie nichts geglaubt habe, nur ein armseliger talentierter Spießbür-
ger, der schon in den ersten Wochen in Wien sein Talent im wahrsten
Sinne des Wortes *verspielt* hat. Wien ist eine fürchterliche Genievernich-
tungsmaschine, dachte ich auf dem Ohrensessel, eine entsetzliche Talen-
tezertrümmerungsanstalt. Alle diese vernichteten und getöteten Genies
und Talente, die ich jetzt durch ihren eigenen, widerwärtigen Zigarettenrauch beobachtete, sind vor dreißig und vor fünfunddreißig Jahren nach
Wien gekommen, in der Hoffnung, es zu etwas zu bringen und sind in
Wahrheit von Wien vernichtet und getötet worden, alle diese Genies und
Talente, die alljährlich auf dem österreichischen Land zu Hunderten,
wenn nicht zu Tausenden geboren werden. Sie selbst mögen denken, daß
sie es zu etwas gebracht haben, aber ich dachte auf dem Ohrensessel, sie
haben es zu nichts gebracht, weil sie in Wien geblieben sind und sich mit
Wien zufrieden gegeben haben und nicht zu dem einzigen entscheidenden
Augenblick aus Wien weggegangen sind in das Ausland, wie jene, die im
Ausland tatsächlich etwas geworden sind; alle in Wien gebliebenen sind
nichts geworden, alle ins Ausland gegangenen sind etwas geworden, das
darf ich ohne weiteres sagen. Weil ihnen Wien genügt hat, sind sie nichts
geworden zum Unterschied von denen, denen Wien nicht genügt hat und
die im entscheidenden Augenblick aus Wien weg in das Ausland gegangen
sind, dachte ich auf dem Ohrensessel. Ich will mich nicht auf die Spekulation einlassen, was alles aus diesen Leuten, die da im Musikzimmer
auf den Schauspieler und also auf das *künstlerische Abendessen* gewartet
haben, geworden wäre, wenn alle diese Leute zu ihrem einzigen entscheidenden Zeitpunkt aus Wien weggegangen wären. Ein kleiner Erfolg, also
eine kleine positive Zeitungsbesprechung über ihren ersten Roman, genügte der Schriftstellerin Jeannie Billroth, in Wien sitzen zu bleiben, der
Ankauf zweier Bilder durch die staatlichen Museen genügte dem Maler
Rehmden, um in Wien sitzen zu bleiben, ein paar dumme lobende Erwäh-
nungen, im *Kurier* oder in der *Presse*, genügten der Schauspielerin, um in
Wien sitzen zu bleiben. Lauter in Wien Sitzengebliebene stehen da im

Musikzimmer, dachte ich auf dem Ohrensessel, lauter in Wien Sitzengebliebene, in ihrem kleinbürgerlichen Wohlleben schon beinahe Erstickte,
sind auf dem Kilber Friedhof hinter dem Sarg mit der Joana hergegangen,
dachte ich. Was für einen deprimierenden Eindruck hat auf mich das
Kilber Begräbnis allein schon aus diesem Grunde gemacht, dachte ich auf
dem Ohrensessel gerade in der Beobachtung dieser Leute, weniger die
Tatsache, daß die Joana begraben worden ist, hat mich in Kilb deprimiert,
mehr noch die Tatsache, daß hinter dem Sarg der Joana lauter künstlerische Leichen einhergegangen sind, lauter Gescheiterte, in Wien Gescheiterte, lebende Kunstleichname, Schriftsteller, Maler, Schauspieler, Tänzer
und ihr Anhang, als lebende Leichen, als lebende, *noch* lebende Kunstlei-
chen, vom pausenlos niederprasselnden Regen auch noch in der erbärmlichsten Weise zugerichtet bis zur Lächerlichkeit. Der Anblick war weniger
traurig als unappetitlich, dachte ich. Diese grauenhaften, verlogenen gescheiterten Kunstnieten, hatte ich die ganze Zeit gedacht, die hinter dem
Sarg hergehen, durch den Friedhofsmorast stapfen in widerwärtiger
Trauerkörperhaltung, sagte ich mir auf dem Ohrensessel. Weniger das
Begräbnis hat mich aufgebracht in Kilb, mehr das Auftreten dieser Trauergäste, die mit ihren protzigen Automobilen aus Wien angefahren waren.
Nicht die tote Joana hat mich so aufgeregt in Kilb, daß ich mehrere
Herztabletten hatte einnehmen müssen, sondern die Art und Weise, *wie*
diese Kunstmenschen als Künstlerattrappen in Kilb aufgetreten sind,
dachte ich und ich dachte, daß mein eigenes Auftreten in Kilb wahrscheinlich als ebenso widerwärtig zu bezeichnen ist, widerwärtig in jeder Beziehung. Schon allein, daß ich mir den schwarzen Anzug angezogen hatte,
war eine Widerwärtigkeit gewesen, sagte ich mir jetzt, wie ich mein Gulasch in der *Eisernen Hand* gegessen und mit dem Lebensgefährten der
Joana in der *Eisernen Hand* geredet habe; als ob ich der einzige gewesen
wäre, der der Joana tatsächlich nahe gestanden sei, agierte ich, als ob ich als
einziger ein Anrecht auf die Joana gehabt hätte. Meine Überlegungen,
dieses Joanabegräbnis betreffend, förderten nur immer wieder neue Widerwärtigkeiten (meinerseits) zutage, gleich, was ich diesbezüglich dachte,
gleich, was ich mir sozusagen ins Gedächtnis zurückkommandierte, es war
nur Widerwärtiges. Indem ich die Anderen als widerwärtig empfunden
habe, war ich selbstverständlich gezwungen, mich selbst als widerwärtig zu
empfinden, dachte ich, und ich empfand mich jetzt umso widerwärtiger,
alles mit dem Joanabegräbnis Zusammenhängende in Betracht ziehend.

Es war eine Widerwärtigkeit gewesen, *allein* nach Kilb zu fahren, obwohl
mir, ehrlich gesagt, mehrfach angeboten worden war, nach Kilb *mit*-
zufahren, dachte ich, eine Widerwärtigkeit, daß ich mich mit der Gemischtwarenhändlerin, der Freundin der Joana, so unterhalten habe, als
sei *ich* der Joana am nächsten gewesen, daß ich der Gemischtwarenhändlerin nicht die Zeit gelassen hatte, sich um die andern zum Joanabegräbnis
Gekommenen zu kümmern, indem ich sie sozusagen von Anfang an rücksichtslos für mich allein in Beschlag genommen habe, dachte ich. *Ich* habe
mir in Kilb *die Begräbniskrone* aufgesetzt, sagte ich mir und das war widerwärtig, dachte ich jetzt. Ich hatte den Lebensgefährten der Joana abgewertet, dachte ich jetzt, alle zu diesem Begräbnis Gekommenen abgewertet, mich aufgewertet, dachte ich, das war niederträchtig. Andererseits
hatte ich auf dem Begräbnis geglaubt, daß ich mich auf dem Begräbnis
richtig verhalten habe, während des Begräbnisses war ich mir keiner
Schuld bewußt, erst jetzt, auf dem Ohrensessel, erlangte ich sozusagen
mein Schuldbewußtsein, das Begräbnis in Kilb betreffend. Der Tod der
Joana, ihr Selbstmord, hat mich in Kilb nicht trauriger gemacht, dachte
ich auf dem Ohrensessel, sondern gegen ihre Freunde aufgebracht, ohne
daß ich imstande gewesen wäre, mir zu klären, warum. In Wahrheit hat
mich das Telefonat, in welchem mir die Gemischtwarenhändlerin den
Selbstmord der Joana mitgeteilt hat, gar nicht erschüttert, ich *tat* erschüttert, dachte ich jetzt, ich *war* es nicht, ich war *neugierig, aber nicht
erschüttert*, ich machte der Gemischtwarenhändlerin nur eine Erschütterung meinerseits *vor*, aber ich war nichts als neugierig und ich wollte von
der Gemischtwarenhändlerin sofort alles wissen über den Selbstmord der
Joana, mit einer Rücksichtslosigkeit ohnegleichen, dies erschütterte mich
erst jetzt auf dem Ohrensessel, daß ich nicht traurig, sondern neugierig
gewesen war und aus der Gemischtwarenhändlerin mehr herausgepreßt
hatte am Telefon, als ihr lieb gewesen war, weil sie Anstand hatte zum
Unterschied von mir, dem jeder Anstand in diesem Augenblick des Telefonats gefehlt hat. Natürlich war die Joana durch so viele Jahre der
Kontaktlosigkeit schon so weit weg gewesen von mir, daß das Telefonat
der Gemischtwarenhändlerin kein Schock für mich sein konnte, wie gesagt, auch keine unmittelbare Traurigkeit meinerseits zur Folge haben
konnte, nur die Neugierde und diese hatte aus der Gemischtwarenhändlerin gleich alles den Selbstmord der Joana Betreffende aus der Gemischtwarenhändlerin herausgepreßt. Die Umstände interessierten mich, nicht

die Tatsache. Erst nach dem Ende des Telefonats kam mir die ganze Trag-
weite des Telefonats zu Bewußtsein, ich war aufeinmal nicht mehr neugierig, ich *war traurig*. Ich war *tatsächlich traurig* und ich war in dieser
Traurigkeit in die Stadt gelaufen, auf den Graben, auf die Kärntnerstraße,
auf den Kohlmarkt, in die Spiegelgasse in das *Bräunerhof,* wo ich, meiner
jahrelangen Gewohnheit gehorchend, den *Corriere, Le Monde* und die
Zürcher Zeitung, sowie die *Frankfurter* durchgeschaut habe, um dann, von
diesen schamlosen Blättern angewidert, wieder auf den Graben zu gehen,
um mir eine Krawatte zu kaufen, und anstatt mir eine Krawatte zu kaufen,
habe ich die Eheleute Auersberger getroffen, die mir ihrerseits den Selbstmord der Joana mitgeteilt hatten. Ich wußte zu diesem Zeitpunkt schon
viel mehr als die Eheleute Auersberger über den Selbstmord der Joana und
tat doch vor den Eheleuten Auersberger so, als wüßte ich darüber gar
nichts, nicht das geringste; ich hatte so ahnungslos getan, daß die Eheleute
Auersberger das Gefühl haben mußten, ich sei über den Selbstmord der
Joana schockiert, während ich den Schock über den Selbstmord der Joana
gegenüber den Eheleuten Auersberger auf dem Graben *nur gespielt* hatte,
dachte ich jetzt auf dem Ohrensessel. Ich war in tatsächlicher Traurigkeit
über den Selbstmord der Joana in der Stadt hin und her gegangen und
hatte aufeinmal den Eheleuten Auersberger einen schamlosen Schock über
den Selbstmord der Joana vorgespielt. Da mein Schockiertsein ein gespiel-
tes gewesen war, hatte ich die Annahme der Einladung der Auersberger zu
ihrem *künstlerischen Abendessen* auch gespielt, weil alles gegenüber den
Auersbergerischen auf dem Graben gespielt gewesen war von mir, und ich
dachte auf dem Ohrensessel, ich hatte ihnen einen Schock über den
Selbstmord der Joana *vorgespielt* und ich hatte ihnen meine Zusage zu
ihrem *künstlerischen Abendessen* vorgespielt. Ich hatte ihnen alles vorgespielt. Ich habe ihnen die Annahme ihrer Einladung nur vorgespielt,
dachte ich jetzt, und bin trotzdem ihrer Einladung in Wirklichkeit gefolgt,
der Gedanke ist grotesk, dachte ich, und ich amüsierte mich über diesen
Gedanken schon während ich ihn dachte. Im Grunde, dachte ich auf dem
Ohrensessel, habe ich den auersbergerischen Eheleuten alles nur vorgespielt und ich sitze jetzt in ihrem Ohrensessel und spiele ihnen wieder alles
vor; ich bin nicht in Wahrheit und in Wirklichkeit hier bei ihnen in der
Gentzgasse, sondern ich spiele ihnen nur vor, daß ich in der Gentzgasse
und also bei ihnen in ihrer Wohnung bin, sagte ich mir. Ich habe ihnen
immer alles vorgespielt, sagte ich mir. Ich habe allen alles immer nur

vorgespielt, ich habe mein ganzes Leben nur gespielt und *vor*gespielt, sagte ich mir auf dem Ohrensessel, ich lebe kein tatsächliches, kein wirkliches, ich lebe und existiere nur *ein vorgespieltes*, ich habe immer *nur ein vorgespieltes Leben gehabt*, niemals ein tatsächliches, wirkliches, sagte ich mir, und ich trieb diese Vorstellung so weit, daß ich schließlich an diese Vorstellung *glaubte*. Ich atmete tief ein und sagte mir und zwar so, daß es die Leute im Musikzimmer hören mußten, *du hast nur ein vorgespieltes Leben, kein wirkliches gelebt, nur eine vorgespielte Existenz, keine tatsächliche, alles, was dich betrifft und alles, das du bist, ist immer nur ein vorgespieltes, kein tatsächliches und kein wirkliches gewesen.* Ich mußte diese Spekulation aber abbrechen, um nicht verrückt zu werden, wie ich auf dem Ohrensessel dachte, und machte wieder einen kräftigen Schluck aus dem Champagnerglas. Während ich selbst andauernd nur Champagner getrunken hatte die ganze Zeit, hatten sich die Leute im Musikzimmer, wie ich gesehen habe, schließlich mit Cherry und mit purem Wasser zufrieden gegeben, denn sie wollten sich vor dem Nachtmahl und also vor dem sogenannten *künstlerischen Abendessen* nicht so hemmungslos betrinken wie der Auersberger, *ich* hatte keinerlei Angst, zu viel zu trinken und trank. Aber naturgemäß trank ich nicht so hemmungslos in mich hinein wie der Auersberger selbst, daß ich also wie er betrunken gewesen wäre, ich trank, aber ich machte nur alle zehn oder gar alle fünfzehn Minuten einen Schluck, das ist die Wahrheit; ich war ja nicht mehr zwanzig, sondern zweiundfünfzig, was ich an diesem Abend in der Gentzgasse nicht vergessen habe. In Kilb hatten diese *künstlerischen Menschen* einen grotesken Eindruck gemacht, wenigstens auf mich wirkten sie wie von ihren *künstlerischen Vorhaben* und von ihrer *künstlerischen Tätigkeit* verunstaltet, sie hatten einen *künstlichen Gang*, und sie hatten eine *künstliche Stimme, alles* an ihnen war *künstlich*, während ich den Friedhof als das Natürlichste von der Welt empfunden habe. Beugten sie sich vor, beugten sie sich *zu weit* vor, standen sie auf, standen sie *zu früh* (oder zu spät) auf, setzten sie sich nieder, setzten sie sich *zu spät* (oder zu früh) nieder, fingen sie an, zu singen, sangen sie *zu früh* (oder zu spät), nahmen sie ihre Kopfbedeckungen vom Kopf, nahmen sie sie *zu früh* (oder zu spät) vom Kopf, hatten sie etwas zum Pfarrer gesagt, hatten sie es *zu früh* (oder zu spät) gesagt. Während die Kilber Bevölkerung, die, wie gesagt wird, *sehr zahlreich* zum Begräbnis der Joana gekommen war, alles natürlich gemacht hat, alles natürlich gesagt hat, alles natürlich gesungen hat, immer natürlich gegangen ist und natürlich

aufgestanden und sich natürlich hingesetzt hat und immer alles weder zu
spät, noch zu früh, noch zu kurz, noch zu lang. Und während die künstlerischen Leute aus Wien auf die grotesk-lächerliche Weise zu diesem
Begräbnis angezogen waren, war die Kilber Bevölkerung ganz und gar
richtig dazu angezogen, dachte ich auf dem Ohrensessel. Die Kilber Bevölkerung paßte nach Kilb und auf den Kilber Friedhof, die Künstlerischen aus Wien paßten nicht nach Kilb und nicht auf den Kilber Friedhof.
Das Städtische der Trauergäste aus Wien paßte nicht auf den Kilber Friedhof, hatte ich, noch während ich selbst in dem langen Trauerzug mitgegangen war, gedacht. Jeder einzelne dieser Trauergäste aus Wien ist in Kilb
ein Fremdkörper, hatte ich gedacht, wie ich hinter dem Sarg her gegangen
bin, zwischen der Gemischtwarenhändlerin und dem unglücklichen Lebensgefährten der Joana, der auf der ganzen Strecke von der Kirche auf
den Friedhof, die sicher zwei Kilometer lang ist, so gehustet hat, als wäre er
lungenkrank. Die Tatsache, daß der neben mir gehende Lebensgefährte
der Joana lungenkrank sein könne, irritierte mich und ich hielt jedesmal,
wenn er hustete, den Atem an, um mich nicht anzustecken, bis ich plötzlich dachte, daß ich ja selbst lungenkrank bin und wahrscheinlich viel
lungenkranker als der Lebensgefährte der Joana und aufeinmal noch mehr
hustete, als der neben mir gehende Lebensgefährte der Joana, der, sobald
ich zu husten angefangen hatte, mit seinem Husten aufhörte und so tat, als
hätte er begriffen, daß *ich* lungenkrank sei und daß *ich* ihn anstecken
könne, denn er hielt sich, sobald *ich* jetzt zu husten angefangen hatte, ein
Papiertaschentuch vor die Nase und ging mit von mir abgewandtem Gesicht. Die Gemischtwarenhändlerin hatte einen grauen Wetterfleck an,
das war das vernünftigste Kleidungsstück, das ich auf dem Begräbnis gesehen habe, dachte ich auf dem Ohrensessel. Die Kilber hatten aber alle
vernünftige Kleidungsstücke angehabt, nur die Leute aus Wien nicht, sie
sind auch alle naß geworden und die, die in Pelzmänteln gekommen
waren, weil sie glaubten, es sei kalt, während es doch ziemlich warm
gewesen war, hatten sich nicht nur durch ihre auftrumpfenden Pelzmäntel
grotesk und lächerlich, sondern auch gleich durch den Regen schmierig
gemacht; auf allen ihren Pelzmänteln hatte sich bald eine schmutzige
Sauce gebildet, die an ihnen herunterrann. Ihre aufgespannten Regenschirme waren bald von einem Windstoß, der schon gleich, wie der Trauerzug am Friedhof angekommen war, aus dem Gebirge über die Gräber
gestoßen war, umgestülpt, zerbrochen und unbrauchbar gemacht. Wie

immer bei solchen Gelegenheiten, dachte ich auf dem Ohrensessel, hielt
ein Pfarrer eine unappetitliche Rede. Und doch haben sich die Zeiten
geändert, hatte ich am offenen Grab gedacht, dachte ich auf dem Ohrensessel, *wenigstens hielt ein Pfarrer eine Rede* auf die Joana, noch vor zehn
oder zwölf Jahren hätte nicht ein einziger Pfarrer auf einem österreichischen Friedhof einer Selbstmörderin am offenen Grab eine Rede gehalten.
Die Rede war so primitiv, wie alle Reden, die ich bis jetzt an offenen
Gräbern gehört hatte, sie war durch die unangenehme Stimme des Pfarrers, der anscheinend an einer Rachenverletzung zu leiden hatte, in der
Höhe derartig verschnitten, daß es mich in den Ohren schmerzte. Leider
war die Rede des Pfarrers aber auch noch verständlich gewesen, sie enthielt
alles Verlogene und Geheuchelte, das die katholische Kirche zu bieten hat
bei solchen Gelegenheiten. Am Ende seiner Rede hatte der Pfarrer gesagt,
daß er als Kind mit der Joana in die Dorfschule in Kilb gegangen sei und er
sich gern an das *nette Kilber Mädel* erinnere. Die Wiener Zeit der Joana
hatte er mit den Wörtern *Sumpf der Großstadt* gekennzeichnet. Er hatte
ein Gesicht, wie es kleine Beamte in Marktgemeindeämtern haben, kein
typisches Bauerngesicht; auch wenn wir in ländliche Lagerhäuser eintreten
und nach einem Hammer oder nach einer Hacke fragen, nach Gummistiefeln oder nach Ausreibefetzen, schauen wir in ein solches Gesicht,
dachte ich auf dem Ohrensessel, ein verschlagenes, ein mißtrauisches Gesicht, in welches wir nur die kürzeste Zeit zu schauen wagen. Diese ganze
künstlerische Gesellschaft aus Wien, dachte ich auf dem Ohrensessel, un-
terwarf sich auf dem Kilber Friedhof einem katholischen Zeremoniell, das
sie nicht nur nicht mehr (oder auch nie) beherrschte, das ihnen tatsächlich
völlig unbekannt war oder völlig unbekannt geworden war mit der Zeit,
wie mir, der ich schon viele Jahrzehnte keinerlei Beziehung mehr zu diesem Zeremoniell habe und wirkte allein dadurch so verlogen; sie tat, als
wisse sie, wann aufzustehen sei, wann nicht, was wann zu beten sei, was zu
singen und hatte doch nicht die geringste Ahnung davon, wie ich. So
betete diese künstlerische Gesellschaft aus Wien nur halblaut und also
unverständlich, sang auch nur halblaut und unverständlich, wie sie sich
auch eine Sekunde später als die Kilber selbst hinsetzte, eine Sekunde
später als die Kilber selbst aufstand etcetera. Die künstlerische Gesellschaft
aus Wien bewegte nur den Mund und genügte also nur einem theatralischen Effekt, dachte ich, wie auch ich die ganze Zeit auf dem Kilber
Friedhof nur einem theatralischen Effekt genügte. Oder nicht genügte,

wie immer. Mein Gedanke war während des Begräbnisses immer der
gewesen, was nun der Inhalt des Joanasarges tatsächlich sei, *wie* er ausschaute. Ich hatte mich während des ganzen Begräbnisses nur auf diesen
einen einzigen Gedanken konzentriert, war, wie gesagt wird, von diesem
abscheulichen Gedanken gefesselt gewesen. Unter Berücksichtigung alles
dessen, das der Lebensgefährte der Joana in der *Eisernen Hand* gesagt
hatte, was er in der Leichenkammer *erlebt* hatte, beschäftigte mich ein
durch und durch Grausiges während des ganzen Begräbnisses, von welchem ich nicht abzubringen gewesen war, so sehr ich es auch versuchte,
denn in Wahrheit wollte ich diesen Gedanken wirklich nicht, selbstverständlich nicht, dachte ich auf dem Ohrensessel und dachte, daß die
Ungeniertheit des Lebensgefährten der Joana, der von der Gemischtwarenhändlerin immer als *John* angesprochen worden war in der *Eisernen
Hand*, ohne daß ich bis zu diesem Zeitpunkt darauf gekommen war,
weshalb, daß der abscheuliche Bericht, den dieser John als Lebensgefährte
der Joana in der *Eisernen Hand* gegeben hatte, nachdem er in der Lei-
chenhalle die sogenannte Umbettung der Leiche der Joana veranlaßt
hatte, Ursache für meinen Gedanken an den Sarginhalt gewesen war. Der
Lebensgefährte John, dachte ich auf dem Ohrensessel, hätte nicht aus der
Kilber Leichenkammer zurückkommen und während des Gulaschessens
diesen Bericht geben dürfen, andererseits bewunderte ich ihn jetzt wegen
gerade dieser seiner Ungeniertheit und dem zweifellosen sogenannten
Wahrheitsgehalt seiner Aussagen und dachte, daß es mir, wie überhaupt
keinem dieser künstlerischen Leute, möglich gewesen wäre, mit dieser
Ungeniertheit von der Umbettung zu berichten. Allein das Wort *Plastiksack* hatte mir ja Übelkeit verursacht, wie der Lebensgefährte der Joana
auch nichts ausgelassen hatte in seiner Beschreibung der Umbettungsprozedur in der Leichenkammer. Eben ein solcher nichtkünstlerischer
Mensch ist imstande, dachte ich, völlig ungeniert einen derartigen graus-
lichen Bericht zu geben, ohne tatsächlich unanständig zu wirken, denn der
Lebensgefährte war nicht unanständig, als er sagte, was er sagte, während
jeder andere, der das gleiche berichtet und geschildert hätte, unanständig
gewesen wäre; ich dachte, von mir wäre es unanständig, ja gemein und
niederträchtig gewesen, den gleichen Bericht, den der Lebensgefährte
John von der Leichenumbettung gegeben hatte, zu geben. Dieser John hat
während des ganzen Begräbnisses geschwiegen, während alle andern wenigstens irgendwann einmal etwas getuschelt hatten, dachte ich. Daß er als

Erster an das offene Grab getreten war, um von der ihm vom Pfarrdiener hingehaltenen Schaufel ein Häuflein Erde auf den schon in der Tiefe liegenden Sarg zu werfen, empfanden alle Umstehenden als merkwürdig, wenn auch wahrscheinlich keiner hätte sagen können, warum, aber es war doch logisch gewesen, nachdem der Fritz, der erste Mann der Joana, der Tapisseriekünstler, nicht zum Begräbnis erschienen war und die Joana allem Anschein nach tatsächlich keine Verwandten mehr hatte. Der Lebensgefährte der Joana war, wie er am offenen Grab seiner Lebensgefährtin stand, häßlich und rührend zugleich, seine Betrachter waren zutiefst irritiert gewesen, ich selbst war von ihm tatsächlich abgestoßen, obwohl ich für mich und naturgemäß ohne das jemals auszusprechen oder auch nur anzudeuten, ihn betreffend, den Begriff des *guten Menschen* parat hatte, *ein guter Mensch*, hatte ich mir am Grab gesagt, wie ich den Lebensgefährten der Joana so stehen sah, ich wußte nicht, wie ich darauf gekommen war, das war auch gleichgültig. Noch am offenen Joanagrab hatte mich die Auersberger angesprochen, ob ich nicht mit ihnen nach Wien zurückfahren wolle, ich hatte schlagartig abgelehnt mit jener Rücksichtslosigkeit, die alle ausnahmslos verletzt, wenn ich sie anwende. Ich hatte *nein* gesagt, dann nichts mehr. In der *Eisernen Hand* hatten sich dann die meisten der aus Wien Gekommenen getroffen, an einem großen, langen Tisch, an den ich mich zu setzen hatte, nachdem mich die Eheleute Auersberger mehr oder weniger dazu gezwungen hatten auf ihre Weise, indem sie mich nämlich vor allen andern so anredeten, daß ich gar nicht anders konnte, als mich mit ihnen an ihren Tisch zu setzen. Viel lieber hätte ich mich gleich an den Tisch gesetzt, an welchem der Lebensgefährte der Joana gesessen war mit der Gemischtwarenhändlerin und ein paar anderen aus Kilb, die mit der Joana von Kindheit an befreundet waren. So hatten mich die Eheleute Auersberger durch die Art und Weise, *wie* sie mich aufgefordert hatten, an ihrem Tisch Platz zu nehmen, gezwungen, etwas zu tun, das ich die ganze Begräbniszeit gefürchtet hatte: mit ihnen auch nur die kürzeste Zeit *schon in Kilb* zusammen zu sein, wo ich doch für den Abend zu ihnen in die Gentzgasse eingeladen war zu ihrem *künstlerischen Abendessen*. Ich tat, als hätte mir die Trauer über den Selbstmord der Joana die Rede verschlagen und sagte die ganze Zeit, während der die Auersbergerischen und die andern ein ebensolches Gulasch nach dem Begräbnis gegessen haben, wie ich vorher, nichts. Ich hatte mir eine Essigwurst mit viel Zwiebel bestellt und aß aus lauter Nervosität zwei Semmeln dazu, was ich vorher noch nie getan hatte. Die Auersbergerischen redeten immer von ihrem *künstlerischen Abendessen*, zu welchem sie den Schauspieler, den Burgschauspieler, eingeladen hatten und sie sagten immer wieder, wie gut ihnen dieser *Tragöde* (so die Auersberger immer wieder) in der *Wildente* gefallen habe. Immer wieder wollte die Auersberger sagen, *als was* der Schauspieler in der *Wildente* aufgetreten sei und einen so großen Erfolg gehabt habe, aber sie konnte es nicht sagen, solange nicht, bis *ich Ekdal* sagte, worauf sie mehrere Male in Hysterie ausgebrochen das Wort *Ekdal* in den Wirtshaussaal hineinschrie, so, daß es peinlich gewesen war, immer wieder schrie sie *Ekdal, Ekdal, Ekdal, richtig, Ekdal*, bis der Auersberger sagte, sie solle ruhig sein. Der kleine, dickbauchige Auersberger war natürlich auch an diesem Tag betrunken, hatte also schon in betrunkenem Zustand am Begräbnis teilgenommen, dachte ich jetzt auf dem Ohrensessel, er ist, seit ich ihn kenne, beinahe immer betrunken und es ist ein Wunder, daß der Mensch immer noch lebt; zweimal im Jahr in die Entziehungsanstalt Kalksburg, dachte ich, anscheinend genügt das, um ihn am Leben zu erhalten. Er hatte das gleiche aufgedunsene Gesicht, wie zwanzig Jahre vorher, kaum Falten, das typische Gelatinegraugesicht, blau-glasig die Augen wie immer, dachte ich. *Ekdal, Ekdal,* hatte die Auersberger mehrere Male geschrien, keiner im Saal in der *Eisernen Hand* wußte, was ihr Geschrei bedeutete. Da mir die Auersberger so widerlich gewesen war in dem Augenblick, in welchem sie *Ekdal, Ekdal* geschrien hatte, fragte ich ganz gemein: *was für ein Ekdal?* Worauf sie zurückfragte: *Ja, was für ein Ekdal?* Worauf ich sagte: *der alte oder der junge Ekdal?* Worauf eine Pause eingetreten war, in welcher alle auf die Auersberger schauten, die sich von mir zugegeben auf niederträchtige Weise gehänselt vorgekommen ist und die Auersberger sagte, ohne von ihrem Gulasch aufzublicken: *der alte.* Die Auersberger hat mich jetzt gehaßt, dachte ich auf dem Ohrensessel, ich hätte sie ohrfeigen können, als ihr Mann, der nach kurzer Zeit schon den Eindruck eines Volltrunkenen machte, plötzlich sein Gulasch in die Tischmitte schob und gegen die Küchentür schrie: *ein scheußliches Essen!* Mit der ganzen Niedertracht des Emporkömmlings in der Stimme hatte er dieses *ein scheußliches Essen* gegen die Küchentür geschleudert, während ich selbst gerade dieses Kilber Gulasch vor dem Begräbnis als ein ganz und gar vorzügliches gegessen hatte und alle noch Gulaschessenden waren meiner und nicht der Meinung des Auersberger gewesen, jenes Auersberger, der immer, solange ich ihn kenne, alle Speisen

in allen Gasthäusern und Restaurants bekrittelt hat, und waren es die
vorzüglichsten; wenigstens eine Ungehörigkeit war es gewesen, sich auf
diese, wie mir vorgekommen war, ordinäre Weise in Szene zu setzen gerade in einem solchen alles in allem, wie ich weiß, gut geführten Gasthaus
wie die immer erstklassige *Eiserne Hand* in Kilb, dachte ich auf dem
Ohrensessel von dem Auersberger, der sich, seit er mit der Auersberger
verheiratet ist, von dieser aushalten hat lassen, in allen Gasthäusern und
Restaurants immer auf das Ungehörigste benommen hat in widerlichster
Weise. Nachdem er sein *ein scheußliches Essen* gegen die Küchentür geschleudert hatte, lehnte er sich auf seinem Sessel zurück und streckte seiner Frau die Zunge heraus. Da sich die Auersberger im Laufe ihrer Ehe
mit dem Auersberger schon an so viele abgeschmackte Scherze ihres Mannes gewöhnt hatte, war sie über diese Zungenvorstellung des Auersberger
nicht überrascht gewesen. Sie senkte ganz einfach ihren Kopf und versuchte, das Gulasch, das ihr ihr Mann verderben hatte wollen, zuende zu
essen. Die Art und Weise, wie sie aß, war nicht unelegant, aber auch nicht
die allerfeinste, während die Art und Weise, wie ihr Mann, der Auersberger, aß, immer nur komisch gewesen ist, wie ich auf dem Ohrensessel
aufeinmal dachte. Der Emporkömmling hatte sich eine aristokratische
Eßweise angewöhnen wollen und ist in einem grotesk-komischen Besteck-
gebrauch steckengeblieben. Es war immer lächerlich, wenn er aß, dachte
ich jetzt auf dem Ohrensessel, wie alles, was er tat, immer lächerlicher
gewesen ist mit der Zeit, weil er in eben diesem Lauf der Zeit immer mehr
und mehr versucht hat, es zu verfeinern, also sich selbst zu verfeinern, das
sogenannte aristokratische Abgeschaute selbst anzuwenden in allem und
jedem, was ihn mit der Zeit nicht nur immer grotesker und immer komischer gemacht hat, sondern auch immer widerlicher, dachte ich auf
dem Ohrensessel. Nachdem er sein *ein scheußliches Essen* gegen die Küchentür geschleudert und sich dann in seinem Sessel zurückgelehnt und
seiner Frau die Zunge herausgestreckt hatte und eine Pause eingetreten
war, sagte er plötzlich *ich mag Strindberg gar nicht* und blickte sich in der
Runde um. Ich sprang auf und setzte mich demonstrativ an den John- und
Gemischtwarenhändlerinnentisch. Nein, hatte ich noch im Aufspringen
gedacht, mit dieser Gesellschaft will ich nichts zu tun haben. Als ich mich
schon an den Tisch, an welchem der Lebensgefährte der Joana und die
Gemischtwarenhändlerin saßen, gesetzt hatte, hörte ich aufeinmal, wie die
Auersberger sagte: *die Wildente ist von Ibsen.* Daraufhin ignorierte ich ganz

einfach den Künstlertisch und bestellte mir an den John- und Gemischtwarenhändlerinnentisch ein Glas Bier. Ich hatte die Absicht, aus dem
sogenannten John mehr herauszubringen, als ich schon aus ihm herausgebracht hatte, nicht nur in bezug auf die Umbettungsprozedur in der
Kilber Leichenkammer, sondern überhaupt alles die Joana Betreffende,
und die Gemischtwarenhändlerin war genauso begierig wie ich, von dem
John endlich zu erfahren, wie wirklich er mit der Joana zusammengelebt
hat. Der Lebensgefährte hatte die Joana in ihrer Wohnung in der Simmeringer Hauptstraße kennen gelernt, die die Joana Mitte der Sechzigerjahre tatsächlich in ein von ihr selbst so bezeichnetes *Bewegungsstudio*
umgewandelt hatte. Eine Freundin von ihm, die schon längere Zeit bei der
Joana Unterricht genommen hatte, war eines Tages mit ihm bei der Joana
in der Simmeringer Hauptstraße aufgetaucht, damit er sehen könne, was
für eine patente Person diese Joana sei, was für eine Künstlernatur, so der
John, dachte ich auf dem Ohrensessel. Er sei ein zweites Mal und ein
drittes Mal mit seiner Freundin zur Joana gegangen und schließlich immer
öfter und aufeinmal allein, ohne seine Freundin, von welcher er sich *wegen
der Joana* über Nacht getrennt habe. Er habe aber, so der John, bei der
Joana nicht Bewegungsunterricht genommen, sondern an ihr *einen Halt
gefunden*, so er, wie umgekehrt die Joana an ihm *Halt gefunden* habe. Im
Grunde habe er, der John, von dem von der Joana so genannten Bewegungsstudio nichts gehalten, wäre schon gleich im ersten Moment der
Überzeugung gewesen, daß es sich bei diesem sogenannten Bewegungsstudio nur um eine Möglichkeit der Joana handelte, sich *über Wasser zu
halten, persönlich*, wie er sich ausdrückte, *geistig, finanziell* sei aus dem
Bewegungsstudio in der Simmeringer Hauptstraße nichts herauszuholen
gewesen, es seien auch nur mehr oder weniger mittellose Leute zur Joana
in dieses Bewegungsstudio gekommen, junge angehende Schauspieler, ältere dilettierende Theaterleute, die noch mit fünfzig und mit sechzig an
eine Karriere glaubten, die aber überhaupt keine Aussicht, nicht die geringste Chance auf eine solche Karriere mehr gehabt hätten naturgemäß.
Schließlich habe sich der John bei der Joana eingemietet, nachdem er
mehrere Male mit ihr geschlafen hatte. In Wirklichkeit heiße er *Friedrich*,
was die Joana aber abgestoßen habe und sie habe ihn von Anfang an *nicht
Friedrich, sondern John* genannt, für alle sei er von da an *der John* gewesen.
Er stamme aus Schwarzach Sankt Veit, einem mir bestens bekannten salzburgischen Eisenbahnknotenpunkt, sein Vater sei, wie auch anders, Ei-

senbahner, er habe die Hauptschule in Sankt Johann besucht und schließlich eine höhere technische Lehranstalt in der Stadt Salzburg. Mit dreiundzwanzig Jahren sei er nach Wien gegangen, um in Wien existieren zu
können, habe er bei einer Filmgesellschaft in Sievering gearbeitet und dort
seine frühere Freundin kennen gelernt, die ihn mit der Joana bekannt
gemacht hat, dachte ich auf dem Ohrensessel. Zuerst habe er der Joana
vorgemacht, er interessiere sich für ihre Bewegungslehre, aber diese hatte
ihn nicht im geringsten interessiert, um zu beweisen, daß er großes Interesse an dieser Bewegungslehre der Joana habe, sei er, so seine Wörter, mit
seiner Freundin *ein paarmal mitgehüpft*, habe das aber dann aufgegeben,
indem er der Joana schon sehr bald zu verstehen gegeben habe, daß er an
ihr, nicht aber an ihrer Bewegungslehre interessiert sei. Sie war gar nicht
enttäuscht gewesen, so der John, dachte ich auf dem Ohrensessel. Da die
Joana in Wirklichkeit nichts verdiente und bereits ziemlich alles, das sie
besessen hatte, von ihr verkauft war, auch von ihrem Tapisseristen hat sie
nicht die geringste Unterstützung mehr bekommen, von dem überhaupt
nichts mehr gehört, denn sie wußte ja die ganze Zeit nicht einmal, ob sich
ihr Tapisserist noch in Mexiko aufhalte oder nicht, wo überhaupt aufhalte
und auch nicht, ob er noch mit ihrer Freundin zusammen sei, die er nach
Mexiko mitgenommen habe, *entführt*, wie die Joana immer wieder zu ihm
gesagt habe, so er, sei schließlich der John auch für den Unterhalt der
Joana aufgekommen. Zwei Jahre habe sie ihr Bewegungsstudio auch noch
nach seinem Einzug in die Simmeringer Hauptstraße betrieben, schließlich, auf seinen Befehl hin, dieses Bewegungsstudio, das nur Unglück über
und in alles gebracht habe, immerfort Ärger und Zwietracht, aufgegeben.
Er habe ihr das Trinken abgewöhnen wollen, ihr *sieben Aufenthalte in der
Kalksburger Anstalt* bezahlt, erfolglos, die Joana habe immer wieder gleich
nach ihrer Rückkehr aus Kalksburg zu trinken angefangen und sich
schließlich und endlich *völlig versoffen*, so der John. Er aber habe sie nicht
im Stich gelassen. Er habe sie *wirklich geliebt*, so seine Wörter, dachte ich
auf dem Ohrensessel sitzend und in das Musikzimmer hineinschauend,
habe ihr *ein guter Lebensgefährte* sein wollen, *diesem Unglückskind*, wie er
sich ausdrückte in der *Eisernen Hand. Die Joana ist immer ein Unglückskind gewesen*, sagte er, dachte ich im Ohrensessel, mehrere Male hatte der
John diesen Satz gesagt, das empfand ich nicht so, denn ich kannte die
Joana auch als glücklichen Menschen, jedenfalls war sie in den Fünfzigerjahren glücklich, dachte ich, auch noch bis in die Mitte der Sechzigerjahre,

jedenfalls bis zu dem Zeitpunkt, in welchem sie von ihrem Fritz, dem Tapisseriekünstler, verlassen worden ist. Da war das Unglück über sie hereingebrochen, dachte ich. Aber der John kannte sie wahrscheinlich wirklich nur als unglückliches Kind, das er hatte glücklich machen wollen, was ihm nicht gelungen ist, wie ich dachte. *Ich habe sie glücklich machen wollen, die Joana*, sagte er mehrere Male, aber es ist mir nicht geglückt. Die ganze Hilflosigkeit seiner Lage war in dieser Äußerung gewesen, dachte ich auf dem Ohrensessel. Oft sei sie nach Kilb gefahren, nicht immer mit ihm, sehr oft allein in ihr Elternhaus, um dann wieder enttäuscht nach Wien zurückzukommen. *Zuerst* habe er es *mit Behutsamkeit* versucht, dann mehr *mit Nachdruck*, so seine Wörter, dachte ich. Schließlich habe er eingesehen, daß die Joana nicht zu retten sei. Sie habe sich am Abend ihres Selbstmords, wie immer, wenn sie nach Kilb gefahren ist, so er, von ihm verabschiedet. Um sechs Uhr früh schon habe ihn die Gemischtwarenhändlerin in Wien angerufen, die Joana habe sich aufgehängt, habe die Gemischtwarenhändlerin zu ihm *sofort* gesagt, *ohne Umschweife*, ganz im Gegensatz zu mir, dem sie es nicht sofort, sondern nur nach und nach und erst auf mein Bohren hin, gesagt hatte. Die Gemischtwarenhändlerin hat dem John sofort gesagt, die Joana hat sich umgebracht, hat sich aufgehängt, mir *nicht* sofort. Diese Tatsache war Ursache einer längeren Spekulation meinerseits auf dem Ohrensessel gewesen. Der John ist ihr vertrauter als ich, habe ich mir, mit dem John und der Gemischtwarenhändlerin am Tisch in der *Eisernen Hand* sitzend, gedacht, dachte ich auf dem Ohrensessel, ihm vertraute sie sich sofort an, spricht, wie sie denkt, mit mir nicht, spricht mit mir umständlich, ja tatsächlich geschraubt, wie Landleute mit Stadtleuten sprechen, sogenannte Ungebildete mit sogenannten Gebildeten, Niedrigere, wie sie glauben, mit sogenannten Höherstehenden. Er sei nicht überrascht gewesen, sagte der John aufeinmal am Tisch zur Gemischtwarenhändlerin, mit welcher er, wie ich sah, schon längere Zeit einen innigeren Kontakt haben mußte, dachte ich auf dem Ohrensessel. Er habe seinen Wintermantel angezogen und sich seine schwarze Tasche umgehängt und sei nach Kilb herausgefahren. Alles Weitere sei das Unerfreulichste, meinte er. Wenn es einen tatsächlich um die Joana Trauernden, ja sogar über ihren Selbstmord Erschütterten an diesem Tag in Kilb gegeben hat, dann diesen John, dachte ich, der gar nicht so verkommen ist, wie ich die ganze Zeit gedacht hatte; bei eingehender Betrachtung sah ich aufeinmal so viele Vorzüge an diesem Menschen, daß

ich bald der Meinung gewesen war, er sei, obwohl sie sich letztenendes
doch umgebracht hat, für die Joana die Rettung gewesen, ein tatsächlicher
Zufluchtsmensch, an den sie hatte glauben können, immerhin sieben, acht
Jahre, sagte ich mir, denn ohne diesen von mir so genannten *Zufluchts*
menschen hätte sich die Joana wahrscheinlich schon Jahre vorher umgebracht, dachte ich jetzt auf dem Ohrensessel. Die Joana habe es in der
Stadt zu etwas Besonderem bringen wollen, sich aber niemals von Kilb
lösen können, so der John, dachte ich auf dem Ohrensessel, wie sie an den
Tapisseriekünstler Fritz gekommen ist, weiß ich nicht mehr. Wie ich die
Joana kennen gelernt habe, war sie schon viele Jahre mit ihrem Fritz
verheiratet gewesen und, wie ich damals immer glaubte, auf die glücklichste Weise, jedenfalls hatte ich diesen Eindruck immer gehabt bei meinen
Besuchen auf dem Sebastiansplatz. Tatsächlich hatte ich auch den Sebastiansplatz zeitweise als mein Zuhause empfunden, das große Atelier, in
welchem ich mehr oder weniger immer tun und lassen hatte können, was
ich wollte; der Fritz und seine Frau Joana, die geborene Elfriede, waren in
Wien ein *Künstlermittelpunkt* gewesen, in welchem für mich die sogenannte dramatische und die sogenannte bildende Kunst eine ideale Ehe
eingegangen waren, überhaupt also die Kunst oder wenigstens das, was ich
damals als eine solche betrachtete, ein Zentrum hatte. In dem Atelier auf
dem Sebastiansplatz hatte ich Mitte der Fünfzigerjahre mehr oder weniger
alle bedeutenden, wenn damals auch noch nicht unbedingt berühmten so
doch schon bekannten Wiener Künstler und Wissenschaftler und Pseudokünstler und Pseudowissenschaftler kennen gelernt und mich mit der
Zeit, sozusagen als mit und an ihnen werdender Schriftsteller, selbst als ein
solcher Künstler empfunden. In der Nußdorferstraße im Achtzehnten
Bezirk hatte ich mein Quartier, hatte ich mich ausgeschlafen, auf dem
Sebastiansplatz im Dritten Bezirk hatte ich meinen *Kunsttempel*, den ich
gegen fünf Uhr nachmittag betreten und meistens erst gegen drei Uhr früh
wieder verlassen habe. In riesigen sechs oder sieben Meter hohen Räumen
standen die Webstühle des Fritz, an welchen er mit zwei oder drei Gehilfinnen arbeitete; mit diesen Webstühlen entstanden seine damals schon in
ganz Europa jedenfalls bei den Experten gesuchten und gerühmten Teppiche. Durch Zufall sei der Fritz vom Ölmaler, wie er sich sehr einfach
ausgedrückt hat, zum Tapisseriekünstler geworden. Er machte immer den
Eindruck eines ruhigen Menschen, der mit seinem Verstand nicht hausieren geht und sich eine ganz präzise Arbeitseinteilung zum Um und Auf

seiner Existenz gemacht hat, durch nichts und durch niemanden hat er sich seinen Achtstundenarbeitstag stören lassen, solange ich ihn gekannt habe, dachte ich auf dem Ohrensessel. Er hatte eine englische Kurzpfeife im Mundwinkel, die er auch dann nicht aus seinem Mund herausnahm, wenn er mit einem gesprochen hat, was er, während er webte, immer ungern, aber doch mit größtem Gleichmut, wie gesagt wird, getan hat. Diese englische Kurzpfeife hat er auch in völlig erkaltetem Zustand im Mund gehabt. Sein Bruder war ein in Wien angesehener Architekt, der sogenannte Wohn-Großbauten an der Peripherie baute und der von seinem Bruder niemals anders als *der geniale Stadtzerstörer* bezeichnet worden ist. Aufgewachsen in einer vermögenden Familie mit Stadthaus und mehr oder weniger fürstlichem Landbesitz in der Badener Weingegend, war der Fritz aber durch und durch *ein bescheidener Mensch* gewesen, so jedenfalls hatte es den Anschein bis zu dem Zeitpunkt, da er, wie schon gesagt, *nach Mexiko durchgegangen ist.* Auf den Sebastiansplatz sind aber nicht nur Künstler gekommen, sondern alle möglichen, sogenannten wichtigen Leute, die von der Joana ausfindig und auf den Sebastiansplatz eingeladen worden sind allein zu dem Zweck, ihr ja schon krankhaftes Gesellschaftsbedürfnis zu befriedigen einerseits, andererseits, um die Tapisserien ihres Mannes immer noch bekannter und berühmter und immer noch teurer zu machen; so war es ganz selbstverständlich, daß alle Augenblicke auch Zeitungskritiker und Politiker auf dem Sebastiansplatz zu Gast waren, im Grunde genau diese Menschenmischung, die ich als junger Mensch mit dem größten Bedürfnis nach Welt, wie ich heute denke, notwendig gehabt habe wie nichts sonst. Auf dem Sebastiansplatz ist mir sozusagen ein idealer Querschnitt der Stadtmenschheit, die für einen werdenden Künstler, wie gesagt, vor allem für einen werdenden Schriftsteller, als welcher ich mich damals schon mit allen Kräften empfunden habe, notwendig, ja unerläßlich sind, vorgeführt worden, und ich kann ohne weiteres sagen, daß der Sebastiansplatz mir aufeinmal ein wichtiges Fundament auch für meine Geistesentwicklung gewesen ist, die damals, schon in den frühen Fünfzigerjahren, wie gesagt wird, aufeinmal für immer entschieden war. Die Joana war so anziehend, wie schöne Frauen aus dem Wiener Umland nur sein können und hatte für ihre Zwecke den idealen Geschmack gehabt und auf die Wiener Künstler- und Wissenschafts- und Politikgesellschaft eine große Anziehungskraft ausgeübt. In langen selbstentworfenen, wenn auch nicht selbstgenähten Kleidern, die einmal den indischen, einmal den ägyptischen, einmal den spanischen, einmal den römischen Stil kopierten, empfing sie ihre Gäste auf dem Sebastiansplatz. Sie zeigte auf allen diesen Empfängen immer ein heiteres Wesen, das auch noch den Reiz einer ganz besonders eigensinnigen Intelligenz hatte, sozusagen das wienerische Künstlertum an sich verkörperte, was naturgemäß allen, die auf den Sebastiansplatz gekommen waren, immer gefallen hat. Zwei, drei ihrer Empfänge, deren Vermittler der Auersberger gewesen war, hatte ich hinter mir, als ich aufeinmal sozusagen ihr bevorzugter Dauergast sein durfte. Damals hat mich keine Wiener Adresse mehr angezogen gehabt, als der Sebastiansplatz, und ich liebte schließlich das Atelier und den Tapisseriekünstler Fritz und die Joana. Vor dem Sebastiansplatz hatte ich ja noch niemals ein solches Atelier, hatte ich noch niemals einen solchen großen tatsächlichen *Kunstschauplatz* kennen gelernt gehabt, und einfach alles auf dem Sebastiansplatz, der viele Jahre mein Wiener Zentrum gewesen ist, hatte mich fasziniert. Nach und nach hatte ich auf dem Sebastiansplatz einen sogenannten *Kunstbegriff* bekommen, die Künstler kennen gelernt, die Genies und die, die es unter allen Umständen sein und werden wollten. Ich hatte, indem ich die Joana beobachtete auf dem Sebastiansplatz, sehen können, wie sich die Gesellschaft *gibt* und wie sie sich entwickelt und wie man eine solche Gesellschaft an sich zieht und pflegt und immer wieder hegt und pflegt und sich gefügig macht und schließlich mißbraucht und ausnützt. Ich hatte auf dem Sebastiansplatz, einfach gesagt, die Gesellschaft, nicht nur die Kunst- und Künstlergesellschaft, studiert, und sie mir deutlich und klar gemacht. Auf dem Sebastiansplatz habe ich zum ersten Mal richtig gesehen, *was* Künstler sind, *wie* sie sind, *wodurch* sie sind und was sie nicht sind, nicht sein können zeitlebens. Auf dem Sebastiansplatz habe ich sie völlig ungestört so studieren können, wie niemals nachher, mit größtmöglicher Intensität und also mit der größtmöglichen Aufnahmebereitschaft, denn ich bin damals der aufnahmebereiteste und der intensivste Mensch gewesen. Auf dem Sebastiansplatz habe ich die Menschen erst richtig kennen gelernt, kann ich sagen, ich kannte sie vorher schon, ich kannte sie besser, als andere Meinesgleichen, aber auf dem Sebastiansplatz habe ich sie erst richtig kennen gelernt, indem ich sie mit Bewußtsein studiert habe, alle Menschenarten. Auf dem Sebastiansplatz habe ich angefangen, meine Methode der Menschenbetrachtung und -Beobachtung zu einer meiner eigenen Künste zu machen und mir diese Kunst zur Gewohnheit zu machen auf lebenslänglich. Auf dem Sebastiansplatz habe ich mir nicht nur die Bewunderung, sondern auch gleich die Verachtung für die Menschen und die Menschengesellschaft geholt, dachte ich, zur ungeheueren Beglückung über sie, auch gleich die Verabscheuung sozusagen diese und überhaupt alle Menschen betreffend. Die Macht und die Hilflosigkeit der Künstler und überhaupt der Menschen sind mir auf dem Sebastiansplatz zum ersten Mal deutlich geworden, als hätte ich auf dem Sebastiansplatz den undurchdringlichen Nebel, der bis dahin die sogenannte künstlerische Gesellschaft zugedeckt gehabt hatte, heben können, dachte ich. Niemals vorher und auch niemals nachher, hatte ich so viele Künstler auf einem Haufen gesehen beinahe jeden Tag und beinahe jede Nacht, wie auf dem Sebastiansplatz, und alle diese Künstler, die wahrscheinlich zum größten Teil tatsächlich alle von mir so genannte *Nichtkünstler* gewesen und geblieben sind, wie ich heute denke, sind tagtäglich auf dem Sebastiansplatz aus- und eingegangen, während ich damals die meiste Zeit auf dem Sebastiansplatz *geblieben* bin, den vor seinen Tapisserien sitzenden, mit der größten Ausdauer an diesen Tapisserien arbeitenden Fritz bewundernd, die in dem größten aller Wiener Ateliers von ihrer Berühmtheit träumende Joana liebend. Wenn ich heute einen sogenannten bedeutenden oder berühmten Namen in der Zeitung lese, ist es beinahe eine Selbstverständlichkeit, daß ich denke, daß ich den Träger dieses Namens auf dem Sebastiansplatz kennen gelernt habe. Während die Kolleginnen der Joana, die mit ihr das Reinhardtseminar besucht und abgeschlossen hatten, längst in den Senkgruben der damals noch zahlreichen Wiener Bühnen verschwunden waren, hatte die Elfriede Slukal sich an irgendeinem, wie sie selbst geglaubt haben wollte, hellsichtigen Tag, zur Joana und auch gleich zur Frau des Tapisseriekünstlers Fritz gemacht. Während ihre Kolleginnen auf allen möglichen und auf allen unmöglichen Theatern schon jahrelang mühselig und nervenaufreibend, wie gesagt wird, einem unersättlich nach Vergnügen und Unterhaltung krankenden Publikum die verlogenen Narren einer insgesamt, wie ich denke, heillos hilflosen Literatur zu machen hatten, hatte die Joana möglicherweise schon den Traum von einer eigenen Karriere aufgegeben und sich voll und ganz auf die Karriere ihres Tapseriekünstlers konzentriert. Ihr ganzes Talent, das nicht nur ein Künstlertalent gewesen ist, sondern ebenso ein, wie gesagt wird, *phänomenales Gesellschaftstalent*, hat sie für den ihr völlig ergebenen Fritz eingesetzt und zwar von Anfang an erfolgreich. Denn der Fritz wäre ohne die Joana niemals der, wie gesagt wird, *internationale Tapisseriekünstler* geworden, der er heute ist und er hätte mit Sicherheit auch nicht den großen Preis von São Paulo für sein *Assoziatives Gebirge* bekommen und er wäre heute, alles in allem, ohne die Joana auch nicht der Staatsprofessor, als der er von Zeit zu Zeit in Zeitungen und Zeitschriften von sich reden macht, wie gesagt wird. Die Joana hat sich für den Fritz aufgegeben, denke ich, diese Tatsache aber niemals überwunden, wahrscheinlich sie nur immer zum Anlaß genommen für eine tatsächlich lebenslängliche Verzweiflung, die sie aushalten mußte, niemals außen gezeigt hat, und an welcher sie wahrscheinlich, so denke ich, wie gesagt wird, zerbrochen ist, wenn auch erst acht oder neun Jahre, nachdem ihre Ehe erledigt gewesen war und sie sich mit dem Handelsagenten John hatte trösten wollen, die Unglückliche. Sie hat aus dem Fritz gemacht, was sie aus sich selbst hatte machen wollen, aber nicht hatte machen können, eine angesehene, eine berühmte, ja eine schließlich weltberühmte Künstlerpersönlichkeit. Sie hat den Fritz in die Höhe gezwungen, weil sie sich selbst nicht hat in die Höhe zwingen können, *der Fritz* war also tatsächlich für die Weltberühmtheit geeignet gewesen, nicht sie. In dem Augenblick, in welchem sie eingesehen hatte, daß sie für die sogenannte Karriere, und gar für die sogenannte Weltkarriere und Weltberühmtheit, nicht geeignet ist, hat sie den Fritz in die Karriere und in die sogenannte Weltkarriere hineingezwungen, in eine Art von Weltkarrierezwangsjacke, wie ich denke, was ihr aber nur auf Zeit und nicht für die Ewigkeit, wie gesagt wird, Befriedigung sein konnte. Der Fritz wäre ohne die Joana immer nur der liebenswürdige pfeifenrauchende Maler und Teppichweber für die Mittelklasse geblieben, denke ich, der leutselige Mensch, der mit seiner Arbeit und der Pfeife und einem Glas Wein vor dem Zubettgehen, allein oder zu zweit, zufrieden ist. Die Joana hat ihn tatsächlich aus der sogenannten Mittelmäßigkeit mehr oder weniger aufgeschreckt, ihn zuerst zum künstlerischen Zappeln und dann zum künstlerischen Blühen gebracht. Aber auf die Dauer hatten die Joana die in allen bedeutenden Museen Europas und in allen wichtigen Chefetagen großer Industriekonzerne und Versicherungsgesellschaften und Banken an der Wand hängenden Tapisserien des Fritz nicht befriedigen können; je bekannter und berühmter sein Name und seine Kunst geworden waren, desto niedergeschlagener mußte sie, die Schöpferin dieses Aufschwungs, sein. Auf dem Höhepunkt des Fritz war die Joana selbst die Niedergeschlagenste naturgemäß, aber sie konnte ihr Werk, den Auf-

bau und sozusagen die Vollendung ihres Fritz genau auf diesem Höhepunkt, der für sie die tiefste Niedergeschlagenheit bedeutete, nicht mehr
abbrechen; so betrieb sie ihr Kunstwerk Fritz nach außen hin noch ein
Stück und immer noch ein Stück höher in die Höhe, während sie selbst es
schon in ihrem tiefsten Inneren, wie gesagt wird, schon so lange Zeit
haßte. An diesem Vorgang, daß sie ihr Kunstwerk Fritz noch immer in
eine höhere Höhe zu treiben gezwungen war und sich selbst damit in eine
immer tiefere Tiefe drückte, ist sie zugrunde gegangen, denke ich. Die
Joana ist schließlich von der Wucht des gewaltigen Kunstwerkes Fritz, das
sie selbst geschaffen und mehr oder weniger vollendet und auf dem Gewissen hatte und damit auch, genau betrachtet, ihren innigst geliebten
Fritz, erdrückt worden, denke ich. Was sie an sich selbst nicht hatte vollziehen können, die Geburt eines großen, wenn nicht gar eines sogenannten Großkünstlers, hatte sie mit dem Fritz vollzogen, bis es tatsächlich
Wirklichkeit gewesen war, und wie sie gesehen hat, was sie angestellt hat,
ist sie zutode erschrocken und davon getötet worden, denke ich. Wenn wir
schon nicht selbst sein und werden können, was wir sein und werden
wollen, hatte sie gedacht, machen wir aus einem Anderen, notgedrungen
aus unserem Nächsten, das, das wir aus uns selbst nicht haben machen
können, hatte die Joana wahrscheinlich gedacht und den Fritz zu diesem
überdimensionierten Werk gemacht, von dem sie am Ende zerstört und
vernichtet worden ist, denke ich. Jeder, der den Fritz kannte, hat es nicht
für möglich gehalten, daß aus diesem Fritz ein so berühmter, ja weltberühmter Künstler, daß seine Arbeit eine so weltberühmte Arbeit werden
könne, denn alles an ihm und in ihm war genau *gegen* eine solche Berühmtheit und Weltberühmtheit angelegt gewesen, für jeden offensichtlich. Die Joana aber hat aus ihm diesen Berühmten und Weltberühmten
gemacht, denke ich, gegen alles Andersgedachte. Die Joana hat aus dem
biederen Fritz den weltberühmten Weltmann gemacht, als der unser Tapisseriekünstler heute geehrt wird, denke ich, weil sie in ihn ungeniert alles
das mit totaler Besessenheit hatte investieren können, das sie sich selbst
verweigern mußte, eine tatsächlich unbändige unstillbare Ruhmsucht.
Der Fritz ist das Werk der Joana, kann ich ohne weiteres sagen und ich
kann noch weiter gehen und sagen, auch die Kunst des Fritz, also die
Kunstwerke des Fritz, alle diese in den berühmten Museen auf der ganzen
Welt hängenden Tapisserien des Fritz, sind in Wahrheit die der Joana, wie
alles, was der Fritz heute ist, von der Joana ist, die Joana ist. Aber ein

solcher Gedanke wird nicht ernst genommen, denke ich, obwohl es doch, wie ich weiß, immer nur solche nicht ernst genommenen Gedanken sind und sein werden, es gibt überhaupt immer nur *solche* nicht ernst genommenen Gedanken, die die ernsten sind. Wir denken nur mit solchen nicht ernst genommenen ernsten Gedanken, um überleben zu können, denke ich. Was suche ich in dieser Gesellschaft, mit der ich seit zwanzig Jahren keinen Kontakt mehr gehabt habe und zu welcher ich seit zwanzig Jahren keinen Kontakt haben wollte, und die ihren Weg gegangen ist, wie ich den meinigen? sagte ich mir auf dem Ohrensessel. Was also suche ich in der Gentzgasse? fragte ich mich, und ich sagte mir, daß ich *einer augenblicklichen Sentimentalität nachgegeben* habe auf dem Graben und daß ich einer solchen verabscheuungswürdigen Sentimentalität niemals hätte nachgeben dürfen. Daß ich auf dem Graben einen Augenblick schwach geworden bin und mich gemein gemacht habe, indem ich die Einladung der von mir schließlich schon seit so vielen Jahren verachteten und verhaßten Eheleute Auersberger angenommen habe, sagte ich mir auf dem Ohrensessel. Wir werden und wir machen uns einen Augenblick sentimental auf die ekelhafteste Weise, sagte ich mir auf dem Ohrensessel, und begehen das Verbrechen der Dummheit und gehen dahin, wohin wir niemals hätten gehen dürfen, gehen sogar zu von uns Verachteten und Gehaßten, dachte ich auf dem Ohrensessel, ich gehe tatsächlich in die Gentzgasse, was zweifellos nicht nur eine Dummheit meinerseits ist, sondern auch eine gehörige Niederträchtigkeit. Wir werden schwach und gehen in die Falle, gehen in die Gesellschaftsfalle hinein, dachte ich auf dem Ohrensessel, denn nichts anderes ist ja diese Gentzgassenwohnung jetzt für mich, als eine Gesellschaftsfalle, in die ich hineingegangen bin. Denn zweifellos ist es ja auch nichts anderes als Haß, den die Eheleute Auersberger für mich übrig haben, wie alle diese Leute, die da in dem von ihnen schon recht übel riechenden Musikzimmer versammelt sind und auf den Burgschauspieler warten, der in der *Wildente einen so großen Erfolg* hat, wie die Auersberger immer wieder zu sagen nicht müde wird, dachte ich auf dem Ohrensessel. Auf den Schauspieler warten sie so lange, wie sie auf mich niemals gewartet hätten, dachte ich. Der Burgschauspieler muß ihnen den Höhepunkt machen, dachte ich, dieser aufgeblasene theatralische Dummkopf! Allein wegen diesem widerlichen Menschen lassen sie sich schon zwei Stunden mit einem Nachtmahl hinhalten, das die Auersberger immer wieder als *künstlerisches Abendessen* bezeichnet hat, weil sie, wie ich jetzt auf dem

Ohrensessel dachte, wahrscheinlich alle ihre Abendessen immer wieder als solche *künstlerischen Abendessen* bezeichnet, die ich übrigens sehr wohl in Erinnerung habe als *widerliche Abendessen.* Ob in Maria Zaal oder in der Gentzgasse, bei den Eheleuten Auersberger hat es immer nur mehr oder weniger widerliche Abendessen gegeben; sie hatten immer die großartigsten geben wollen und waren auch immer davon überzeugt gewesen, daß es die großartigsten Abendessen oder besser auf österreichisch, die großartigsten Nachtmähler, sind, aber es waren doch immer nur widerliche, lächerliche, ganz und gar urkomische, ja tatsächlich unappetitliche Nachtmähler gewesen, dachte ich auf dem Ohrensessel. Die feinsten sollten es immer sein und die abgeschmacktesten sind es immer gewesen, die großartigsten, wie gesagt, und waren doch immer nur mißglückte, heillos mißglückte, wie ich mich auf dem Ohrensessel erinnerte. Das Allerbeste sollte immer aufgetischt werden, und es ist doch immer nur ein Unzureichendes gewesen, dachte ich, den Willen zu etwas ganz und gar Großartigem hatten sie immer in bezug auf ihre Nachtmähler, und haben doch immer wieder nur minderwertige, ja peinliche zustande gebracht. Im Grunde hat, ihre Nachtmähler betreffend, nichts entsprochen, weder waren die Speisen besonders gut, wenn auch oft *ganz* gut, noch die Getränke, die niemals besonders gut, aber auch niemals *ganz* gut waren, weil sie immer schlecht waren, qualitativ schlecht oder entweder zu warm oder zu kalt, zu süß oder zu sauer, wie ich mich auf dem Ohrensessel erinnerte, und die Eheleute Auersberger selbst als Gastgeber waren schon immer gleich zu Beginn ihrer Nachtmähler oder Abendessen, wie gesagt wird, *aus dem Leim gegangen,* sind ihren eigenen scheußlichen Provokationen immerfort ausgeliefert gewesen schon nach den ersten Bissen, nach den ersten Schlucken und haben ihre Gäste in ihr chaotisches Verhältnis hineingezogen, ob diese Gäste wollten oder nicht und haben niemals auf ihre Gäste Rücksicht genommen, diese Gäste schließlich hemmungslos mit ihrem Eheschmutz beworfen, wenn ihnen die eigene gegenseitige Beschmutzung nicht mehr genügte, hatten zu dem tatsächlich immer unzureichenden Essen auch noch ihre perversen Innereien vor ihren Gästen aufgetischt und diese ihre mehr oder weniger immer vor den Kopf gestoßenen Gäste endlich mit ihren ordinären Ehestreitereien, wüsten Beschimpfungen, Beschuldigungssturzbächen, vertrieben. Ich erinnere mich kaum an ein Nachtmahl bei ihnen, ob in Maria Zaal, ob in der Gentzgasse, das, wie gesagt wird, ohne Eheexplosion zuende gegangen wäre, alle ihre Abendessen, vielmehr

Nachtmähler, sind am Ende explodiert und haben im wahrsten Sinne des
Wortes in der Gentzgasse immer, in Maria Zaal meistens ein eheliches
Trümmerfeld und einen entsetzlichen Ehe-Gestank hinterlassen, dachte
ich auf dem Ohrensessel, in das Musikzimmer hineinschauend. Die Eheleute Auersberger hatten, wohl in dem perversen Bewußtsein, gesellschaftlich minderbemittelt zu sein, *die* Auersberger, weil sie nur ein Ablegerkind
eines mehr oder weniger doch lächerlichen steiermärkischen Gebirgsadels-
geschlechtes ist, *der* Auersberger selbst, weil seine Mutter eine Feldbacher
Fleischergehilfentochter, sein Vater ein kleiner Gemeindebediensteter gewesen war, immer das Gefühl gehabt, sich gesellschaftlich in die Höhe
stemmen zu müssen, was schließlich ihre ganze Anstrengungskraft erforderte und was ihnen bei geschärfterem Blick auch jederzeit anzumerken
gewesen war, wie ich auf dem Ohrensessel dachte, daß nämlich die Auersberger fortwährend und auf lebenslänglich, aus ihrer Herkunft genauso
immer herauswollte, wie ihr Mann, der Auersberger, aus der seinigen, wie
die Auersberger aus dem steiermärkischen Idylleadel, so ihr Mann aus dem
Gemeindebedienstetenschicksal seines Vaters, aus dem Fleischhauergehil-
fentief seiner Mutter, was aber immer nur einen urkomischen Eindruck
machen konnte auf die sehende und denkende Umgebung. Die Auersberger hat immer mit allen Mitteln versucht, aus dem von mir so genannten Idylleadel, der ja doch mehr abstoßend-rührend, als etwas anderes ist, eine Stufe höher zu steigen, also wenigstens die Sprosse zu den
landadeligen Baronen und Grafen zu nehmen, worin sie sich aber die
vielen Jahrzehnte, die mir von ihnen bekannt sind, vergeblich bemüht hat,
denn immer, wenn sie diese höhere Landadelssprosse wenigstens mit ihren
Händen erreicht hatte, war sie von den von ihr so inständig ersehnten
Inhabern dieser schließlich von ihr erreichten Sprosse, von dieser
Wunschsprosse, gestoßen worden, hart und brutal, so daß es immer weh
getan hat, wie ich weiß. Alle Versuche, diese höhere Landadelssprosse zu
erklimmen und sich an ihr festzuklammern für längere, wenn auch nicht
gleich für alle Zeit, waren ihr immer mißlungen, dachte ich auf dem
Ohrensessel. Ihre Kostümierungen haben ihr nichts genützt, dachte ich
auf dem Ohrensessel, wie sie ihrem Mann, dem Auersberger, auch niemals
genützt haben, dieser war in seinen Bemühungen, aufzusteigen, Aristokrat
zu sein, nichts weniger hatte er ja sein wollen zeitlebens, soviel ich weiß,
mehr noch stupider Aristokrat, als ein guter Komponist, das ist die Tatsache, noch viel tiefer und auf die noch viel nichtswürdigere Weise ge-

scheitert. Er kleidete sich, solange ich ihn kenne, immer wie die steiermärkischen Grafen und hatte naturgemäß auf einen pompösen Siegelring an seiner linken Hand nicht verzichten können und war tatsächlich immer nur eine lächerliche Erscheinung, nicht unwitzig, wie immer gesagt worden ist, aber doch abgrundtief lächerlich. Der Auersberger ist ja nicht dumm, im Gegenteil, dachte ich auf dem Ohrensessel, aber in diesem einen einzigen Punkt, Aristokrat und wenigstens Graf sein zu wollen und sonst nichts, war er immer der dümmste aller sogenannten *Kronenkraxler* gewesen, dachte ich auf dem Ohrensessel. Wie er in Kilb *ein scheußliches Essen* gesagt hat, dachte ich jetzt, und sich damit lächerlich und gemein gemacht hat vor allen, so hat er sich in meiner Gegenwart Hunderte, ja Tausende Male lächerlich und gemein gemacht. Wenn er den Kopf in die Höhe reckte und sein Mündchen spitzte zu einem Todesurteil über Essen und Trinken oder irgendeine andere Nebensächlichkeit, war das so wenig witzig wie rührend, nur dumm und unappetitlich. Und das Unappetitlichste an dem Auersberger war doch, so dachte ich jetzt auf dem Ohrensessel, daß er, der offiziell Auersberger heißt und für mich selbstverständlich auch immer nur Auersberger geheißen hat, sich in einem Anfall von Gesellschaftsgrößenwahnsinn aufeinmal, anstatt Auersberger, *Auersberg* genannt hat, indem er in dem Augenblick, in welchem er in der Gentzgasse an seine landadelige, spätere Ehefrau, damalige Zimmervermieterin, wie ich weiß, gekommen war, den Schwanz und also die letzte Silbe seines Familiennamens einfach abgehackt und sich, anstatt Auersberger, von da an nurmehr noch *Auersberg* genannt hat, um wenigstens in den Geruch eines jahrhundertealten österreichischen Fürstengeschlechts zu kommen. Wäre Widerlichkeit nicht doch das einzig richtige Wort für diese perverse Namenskastrierung, müßte man sie unter Mißachtung aller notwendigen Spielregeln doch wenigstens als armselig bezeichnen, dachte ich auf dem Ohrensessel. In Kilb hat sich der Auersberger nicht anders aufgeführt, als ich es schon von meinem Zusammensein mit ihm in den Fünfzigerjahren kannte. Er hat sich nicht im geringsten geändert, dachte ich auf dem Ohrensessel. Nach zwei, drei Gläsern hat er allen am Tisch in der *Eisernen Hand* den Narren gemacht und seinen infantilen Auersbergzirkus abgezogen, dachte ich, war er sich gleich wieder seiner Zentrumsrolle bewußt geworden und hatte, wie gesagt wird, *alle andern an die Wand gespielt.* Und ich hatte mich ja, wie er *ein scheußliches Essen* gesagt hat in der *Eisernen Hand*, an den Tisch des John und der Gemischtwarenhändlerin

gesetzt, weil mir die beiden Auersberger, jeder auf seine Weise, schon
unerträglich waren allein durch ihre Anwesenheit. Kaum hatte ich sie in
ihren abgeschmackten Kleidern gesehen, sie in ihrem steiermärkischen
Blaudruckdirndl, ihn in seiner steiermärkischen Leinenjoppe, war mir
übel geworden, denn ich hatte sofort gewußt, daß sich die beiden nicht
geändert haben in der Zwischenzeit, daß die letzten zwanzig Jahre, die so
Ungeheuerliches über und in die Welt gebracht haben, an den Eheleuten
Auersberger tatsächlich spurlos vorübergegangen sind. Wie armselig abstoßend waren diese Auersberger an diesem Tisch in der *Eisernen Hand*
und trotzdem hatten sich auch hier alle ihre Freunde von früher um sie
geschart, sich von den Auersbergerischen wie von einem magischen Mittelpunkt anziehen lassen, dachte ich auf dem Ohrensessel. So lächerlich
und nichtswürdig die Auersbergerischen sind, dachte ich auf dem Ohrensessel, sie haben immer noch die Gesellschaftsmeute von vor dreißig und
zwanzig Jahren um sich, die Gesellschaftsmeute der Fünfzigerjahre. Als ob
sich tatsächlich nichts in diesen zwanzig Jahren geändert hätte, saßen die
Eheleute Auersberger wieder im Zentrum jener Künstlerschaft, die schon
vor dreißig Jahren um sie herum gesessen war. Was kann der Grund sein
für diese Tatsache? dachte ich auf dem Ohrensessel. Ich kam zu keinem
Ergebnis. Das Phänomen beschäftigte mich aufeinmal auf dem Ohrensessel: wie es möglich ist, daß die Eheleute Auersberger, da sie doch noch
nie etwas verdient haben, noch immer existieren und ich dachte, wie
unerschöpflich ihr Reichtum ursprünglich gewesen sein muß, daß sie auch
noch nach fünfunddreißig Jahren, die seit ihrer Verehelichung vergangen
sind, von diesem Reichtum nicht nur geschützt und erhalten, sondern
heute noch tatsächlich, wie ich sehe, in einem hohen Maße verwöhnt
werden. Der Auersberger hatte nichts als sein ursprüngliches Genie,
dachte ich auf dem Ohrensessel, eine ganz und gar außerordentliche Musikalität, so dachte ich, eine ungeheuere Sprachbegabung, eine, wenn auch
immer nahe der Verrücktheit agierende, so doch und gerade aus diesem
Grunde außergewöhnliche Intelligenz, aber nicht einen Groschen, wenn
ich davon absehe, daß er vor seiner Verehelichung jahrelang Lehrer an
einem Wiener Konservatorium gewesen ist, was ihm aber doch nur das
Gehalt eines Kleinstbeamten eingebracht haben konnte, während die Auersberger, die vorher *von Reyer* hieß, aus einem, wie ich immer geglaubt
habe, wohlhabenden, wie ich jetzt aber weiß, tatsächlich reichen Hause
stammte. Die Quelle ihres Reichtums waren unter anderem eine Reihe

von Grundstücken, die ihr Vater noch um einen Pappenstiel zwischen den beiden Weltkriegen in der Gegend von Maria Zaal gekauft hatte, darunter auch jenen sogenannten *Ansitz*, ein fünfhundert Jahre altes ehemaliges salzburgisches Pflegegerichtsgebäude, in welchem die Auersbergerischen den Sommer über zu Hause sind, wenn es ihnen in der Gentzgasse zu schwül und zu muffig geworden ist und sie, wie alle wohlhabenderen Wiener, Ende Juli auf das Land geflüchtet sind, die Eheleute Auersberger schon Ende Mai. Diese Grundstücke liegen alle um den Ort Maria Zaal, der einmal einer der schönsten steiermärkischen Orte gewesen ist, berühmt vor allem durch eine große Wallfahrtskirche, die von den Einheimischen respektvoll *Dom* genannt wird, tatsächlich eine romanisch-gotische architektonische Kostbarkeit. Aus diesen Grundstücken existieren die Auersbergerischen jetzt schon beinahe fünfunddreißig Jahre, dachte ich auf dem Ohrensessel, aus dem Verkauf dieser Grundstücke. Nach und nach hat ein Onkel der Eheleute Auersberger, der ein berühmter steiermärkischer Anwalt ist, die Grundstücke der Auersbergerischen parzellieren lassen und verkauft, und er verkauft sie noch heute. Es ist ein Jammer, was durch den Verkauf der auersbergerischen Grundstücke aus Maria Zaal geworden ist, dachte ich auf dem Ohrensessel. Da, wo noch vor zwanzig Jahren die schönsten Wiesen und Weiden gewesen sind, stehen jetzt Dutzende sogenannter Einfamilienhäuser, eines häßlicher als das andere, zum Großteil sogenannte Fertighäuser, die ihre Erwerber direkt aus den Lagerhäusern der Umgebung bestellen konnten, schauerliche Betonwürfel, auf die von schlampigen Spenglermeistern billige Welleternitdächer genagelt worden sind. Da, wo ein Wäldchen war, da, wo ein Garten aufblühte im Frühjahr und in seinen allerschönsten Farben zur herbstlichen Verwelkung gekommen war, wuchern jetzt die Betongeschwüre unserer Zeit, die auf Landschaft, überhaupt auf Natur, keinerlei Rücksicht mehr nimmt, und die nur von der politisch motivierten Geldgier beherrscht ist, von der gemeinproletarischen Betonhysterie, dachte ich auf dem Ohrensessel. Jedes Jahr wird eines, oder werden mehrere dieser Maria Zaaler Grundstücke der Eheleute Auersberger an jene Leute in der Maria Zaaler Gegend verkauft, die durch ihre primitiv-niederträchtige Baugesinnung dieses Maria Zaal nach und nach völlig ruinieren und die ja Maria Zaal schon ruiniert haben, denn ich bin ja einmal vor zwei oder drei Jahren in Maria Zaal gewesen, sozusagen incognito, auf dem Weg von Italien nach Wien und habe meinen Augen nicht getraut, dachte ich auf dem Ohrensessel, wie weit die Zerstörung von Maria Zaal allein durch den perversen Grundstückeverkauf der Eheleute Auersberger schon vernichtet ist. Jeder Verkauf eines Grundstücks der Auersbergerischen, die kein Geld verdienen, weil sie es nicht notwendig haben, wie sie denken mögen, vernichtet ein Stück Maria Zaaler Natur, und hat bereits, wie ich mit eigenen Augen gesehen habe, Maria Zaal vernichtet; denn war Maria Zaal tatsächlich vor zwanzig Jahren noch einer der allerschönsten steiermärkischen Orte, so ist es jetzt, durch die Gewissenlosigkeit der Auersbergerischen, einer der häßlichsten, das ist die Wahrheit, dachte ich auf dem Ohrensessel; die Auersbergerischen haben dieses steiermärkische Juwel auf dem Gewissen, dachte ich auf dem Ohrensessel und aufeinmal dachte ich, daß es ja nicht diese von dieser widerwärtigen Zeit in die Bauhysterie getriebenen kleinen Leute in der Maria Zaaler Gegend sind, die die Maria Zaaler Landschaft vernichtet haben, sondern die Eheleute Auersberger, nicht die sind es, denen man es vorwirft, deren abscheuliche Häuser schon beinahe die ganze Gegend des einstmals so wunderlichen Maria Zaal verschandelt und ruiniert haben, die wie überall in Österreich ihre Häuser einfach in die Gegend *geschissen* haben, weil ihnen niemand gesagt hat, wie sie sie *bauen* sollen, sondern die Eheleute Auersberger im Hintergrund, die ihren Anwaltonkel alljährlich zum Abverkauf auch ihrer noch allerletzten Grundstücke antreiben und der auch ihre allerletzten Grundstücke verkaufen wird, damit sie, ohne auch nur einen Finger rühren zu müssen, ihr mehr oder weniger nichtsnutzes gesellschaftliches Leben fortführen können, dachte ich auf dem Ohrensessel. *Perfide Gesellschaftsonanisten*, dachte ich auf dem Ohrensessel sitzend, was für ein wahres Wort, das der Tapisserist Fritz ihnen einmal ins Gesicht gesagt hat, wie ich mich auf dem Ohrensessel erinnerte. Komponist hat der Auersberger sein wollen, und es ist doch nichts anderes aus ihm geworden, als ein verkommener, vom Vermögen seiner Frau stumpfsinnig gewordener *Gesellschafts-Kopist* als Webern-Nachfolger. Selten bin ich gegen die Auersbergerischen so wütend gewesen, wie an diesem Abend. Menschen wie die Joana bringen sich um, dachte ich auf dem Ohrensessel, und Parasiten und Gesellschafts-Kopisten wie die Auersbergerischen leben und leben und leben und langweilen sich im Grunde durch ihr ganzes Leben und werden älter und älter und älter und sind nichts als nutzlos. Menschen wie die Joana enden an einem von ihnen selbst um ihren Hals geschlungenen Strick und werden in einen Plastiksack gesteckt und auf die billigste Art und Weise eingegraben, und

Leute wie die Eheleute Auersberger wissen nicht, wieviel Abendessen sie wieviel Burgschauspielern geben sollen aus ekelerregender Langeweile und stupidem Weltüberdruß, dachte ich auf dem Ohrensessel. Menschen wie die Joana haben jahrelang nur das Notdürftigste und bringen sich schließlich um, während Menschen wie die Auersbergerischen alles im Überfluß haben und alt und uralt werden und für gar nichts sind, dachte ich. Einen Menschen wie die Joana verlassen sie schließlich alle und kümmern sich nicht mehr um ihn, während sie sich heute, genauso wie vor zwanzig Jahren und vor dreißig Jahren, um Menschen wie die Eheleute Auersberger scharen. Nur eine perverse Gewohnheit sind die auersbergerischen Abendessen, sagte ich mir auf dem Ohrensessel. Diese Leute haben ein Landhaus und öffnen es diesem künstlerischen Stadtgesindel nicht aus Menschenliebe, naturgemäß nicht, sondern aus ekelerregender Langeweile und stupidem Eigennutz und mißbrauchen dieses nach Landluft schnappende künstlerische Stadtgesindel, das noch immer unter dem Deckmantel der Jugendfreundschaft auftritt, stoßen es vor den Kopf, höhlen es aus und brüskieren es, wie sie mich jahrelang vor den Kopf gestoßen und ausgehöhlt haben und brüskiert haben und dieses künstlerische Stadtgesindel, als welches ich jetzt alle diese im Musikzimmer herumsitzenden und herumstehenden Leute für mich bezeichnete, kommt auch noch in die Gentzgasse, um sich dafür *zu bedanken*. Alle diese jetzt im Musikzimmer herumstehenden und herumsitzenden Leute, ich selbst eingeschlossen, waren jahrelang, jahrzehntelang in Maria Zaal Gast der Eheleute Auersberger gewesen und sind dort von den Eheleuten Auersberger ausgenützt worden, haben mitgeholfen, ihnen ihre auersbergerische Landlangeweile und ihre Landextravaganzen zu überbrücken, tagelang, wochenlang, monatelang, jahrelang, und haben nicht gemerkt, daß sie von den Auersbergerischen nur vergewaltigt und ausgenützt und mißbraucht worden sind; sie waren eingeladen worden, um sich mißbrauchen zu lassen, nicht, wie ihnen die Eheleute Auersberger immer zu verstehen gegeben haben, aus Freundschaft, Liebe, was Verlogen-Absurdes immer, dachte ich auf dem Ohrensessel. Um ihre in die Brüche gegangene Ehe zu kitten, hatten mich die Eheleute Auersberger zu sich nach Maria Zaal eingeladen, nicht um mir einen *Ferienaufenthalt* zu ermöglichen, wie sie mir vorgemacht hatten, damit ich ihnen ihr Ehezerwürfnis entwirre, wie sie gedacht, aber naturgemäß nichts davon gesagt haben, nicht, um mich ein paar Wochen oder Monate, ja *ein ganzes Jahr*, ja *zwei* Jahre zu verwöhnen, wie sie sagten. Sie hatten mich das erste Mal nicht nach Maria Zaal eingeladen, um mich, der ich auf sie einen verwahrlosten und verkommenen und halbverhungerten Eindruck gemacht habe wahrscheinlich, in selbstloser Weise aufzupäppeln, sondern tatsächlich skrupellos in ihre Maria Zaaler Falle gelockt, um ihnen ihre Ehehölle erträglich zu machen, nicht sozusagen als unterernährten Jüngling, der ihrer Behutsamkeit und Liebe bedurfte, sondern als salzburgisches närrisches Mittel zum Zweck, das *sie* aus dieser ihrer Ehehölle erretten sollte. Und ich war naiv genug gewesen, die Falle, die sie mir gestellt hatten, nicht gleich als Falle zu erkennen und bin hineingetappt in diese Falle und habe ihnen schon gleich und dann immer noch intensiver den salzburgischen Narren gemacht in ihrer fürchterlichen Steiermark, wie ich jetzt auf dem Ohrensessel dachte. Aus dem Mozarteum entlassen, mit dem mit beiden Händen wütend zu einem klebrigen Papierballen zusammengedrückten Abschlußzeugnis noch in der Hosentasche, wie ich mich erinnere, haben sie mich auf dieser gewissen Geburtstagsfeier auf dem Sebastiansplatz nach Maria Zaal eingeladen, dachte ich jetzt auf dem Ohrensessel, und ich habe ihre Einladung angenommen, weil ich nicht gewußt habe, daß mich die Eheleute Auersberger in ihre Ehehölle nach Maria Zaal eingeladen haben. Auf den naiven Salzburger Jüngling hatten sie sich gestürzt mit ihrer Infamie und mich auf ihren Ansitz nach Maria Zaal eingeladen. Und ich habe ihre Einladung angenommen, was, wie ich leider erst später darauf gekommen bin, ein Wahnsinn gewesen war. Leute wie die Eheleute Auersberger sagen, sie haben Geld und ein schönes großes, ja riesiges Stück Land und ein ebenso schönes und großes, ja riesiges Haus und wir, die wir das alles nicht haben, gehen ihnen in die Falle, dachte ich. Wir lassen uns von ihrem Überfluß beeinflussen und gehen in ihre Falle. Wir sehen nur ihre Fassade und hören nur die Oberfläche von dem, das sie sagen und gehen in ihre Falle. Wir lassen uns von ihrem Auftrumpfen beeindrucken und gehen in ihre Falle, dachte ich auf dem Ohrensessel. Sie reden etwas von einem großen alten Haus mit schönen großen Gewölben und etwas von langen Spaziergängen über lauter Grundstücke, die ihnen gehören und von köstlichen Mahlzeiten in ihrem Garten und ihren tagtäglichen Autoausflügen von einem Schloß zum andern, und wir sind beeindruckt und gehen in ihre Falle. Sie machen uns eine absolute ländliche Luxuswelt vor, und wir sind beeindruckt und gehen in ihre Land-Luxusfalle, dachte ich auf dem Ohrensessel. Immer wieder reden sie von dem, das sie besitzen, *von ihrem grenzenlosen Reichtum*, ohne tatsächlich davon zu reden, und wir lassen uns beeindrucken und gehen in ihre Falle. Von ihren gutausgestatteten Küchen und ihren vollen Kellern und von ihren zehntausendbändigen Bibliotheken reden sie, und wir lassen uns beeindrucken und gehen in ihre Falle. Ihre Fischwässer erwähnen sie und ihre Mühlen und Sägewerke, nicht aber ihre Betten, und wir sind von ihnen beeindruckt und gehen in ihre Falle und in ihre Betten, dachte ich. Und da wir selbst mehr oder weniger an einem Ende angelangt sind, weil wir, wie ich damals Anfang der Fünfzigerjahre, nicht weiter gewußt haben, nicht weiter wissen, lassen wir uns *auf das tiefste von ihnen beeindrucken* und gehen bereitwilligst in ihre Falle. Ich hatte nicht aus und ein gewußt, als ich das Mozarteum verlassen hatte und bin nach Wien und Wien war kein Ausweg für mich gewesen, sondern nichts als die kalte, brutale Hoffnungslosigkeit, und ich bin natürlich in die auersbergerische Falle gegangen, in ihre Falle, die beinahe meine Schicksalsfalle gewesen wäre, dachte ich auf dem Ohrensessel. Ihr Instinkt hat auf mich gezeigt, dachte ich auf dem Ohrensessel, ihr Instinkt hat ins Schwarze getroffen, dachte ich, denn ich war damals, am Anfang der Fünfzigerjahre, die beste aller Möglichkeiten für die Eheleute Auersberger, die ich, plötzlich weiß ich gar nicht mehr wie und wo, kennen gelernt habe. Zwar weiß ich, dachte ich auf dem Ohrensessel, daß ich durch die Jeannie Billroth die Joana auf dem Sebastiansplatz kennen gelernt habe, dachte ich jetzt, aber ich weiß nicht mehr, wo ich *sie*, die Eheleute Auersberger selbst, kennen gelernt habe und ich fragte mich plötzlich, wo eigentlich habe ich die Auersbergerischen kennen gelernt? und es fiel mir nicht ein, nicht mehr ein, ich hatte es vergessen. Ich dachte immer wieder nach, aber es fiel mir nicht ein. Solche momentane Schwächezustände, Geistesschwächezustände, habe ich oft in letzter Zeit, dachte ich auf dem Ohrensessel, bei allen meinen Krankheiten, Nervenkrankheiten, nicht verwunderlich nach dem, was ich an diesem Tag schon alles mitgemacht hatte, selbstverständlich, dachte ich. Und ich sagte mir, daß ich in diesem Jahr, das noch gar nicht so lang ist, schon *fünfmal* auf dem Begräbnis eines Freundes oder einer Freundin gewesen bin. Aufeinmal sterben sie alle weg, dachte ich, die meisten durch die eigene Hand, sagte ich mir. Sie rennen plötzlich aufgeregt aus einem Kaffeehaus hinaus auf die Straße und werden überfahren, oder hängen sich auf, oder es trifft sie der Schlag. Sind wir über fünfzig, gehen wir alle Augenblicke auf ein Begräbnis, dachte ich. Bald habe ich mehr Freunde und Freundinnen auf dem Friedhof, als in der Stadt, dachte ich. Die auf dem Land geboren worden sind, gehen, um sich umzubringen, auf das Land, dachte ich. Sie bevorzugen für den Selbstmord ihr Elternhaus, dachte ich. Und im Grunde sind sie alle krank, ausnahmslos. Wenn sie sich nicht umbringen, sterben sie an ihren Krankheiten, die sie sich durch Unachtsamkeit zugezogen haben, ein paarmal sagte ich das Wort *Unachtsamkeit* vor mich hin, als ob es mir ein Vergnügen machte auf dem Ohrensessel, sagte ich immer wieder das Wort *Unachtsamkeit*, bis es den Leuten im Musikzimmer aufgefallen war, daß ich fortwährend das Wort *Unachtsamkeit* gesagt hatte, und ich sagte es nicht mehr, als ich bemerkte, daß sie aufeinmal zu mir aus dem Musikzimmer herausschauten in das Vorzimmer. Mit ihnen allen bin ich vor dreißig, ja noch vor fünfundzwanzig Jahren befreundet gewesen, dachte ich, verstand das nicht mehr. Eine Zeitlang gehen wir mit Menschen in eine Richtung, dann wachen wir auf und kehren ihnen den Rücken. Ich habe ihnen den Rücken gekehrt, nicht sie mir, dachte ich. Wir ketten uns an sie und verabscheuen sie aufeinmal und lassen sie los. Wir rennen jahrelang hinter ihnen her und betteln um ihre Zuneigung, dachte ich, und haben wir aufeinmal ihre Zuneigung, wollen wir ihre Zuneigung gar nicht mehr. Wir flüchten vor ihnen, sie holen uns ein und reißen uns an sich und wir unterwerfen uns ihnen, jedem ihrer Diktate, dachte ich, und geben uns in ihnen auf, bis wir entweder absterben oder ausbrechen. Wir fliehen sie und sie holen uns ein und erdrücken uns. Wir laufen ihnen nach, wir flehen sie an, uns aufzunehmen und sie nehmen uns auf und bringen uns um. Oder wir gehen ihnen von Anfang an aus dem Weg und es gelingt uns lebenslänglich, ihnen aus dem Weg zu gehen, dachte ich. Oder wir gehen in ihre Falle und ersticken. Oder wir entkommen ihnen und machen sie herunter, verleumden sie, verbreiten Lügen über sie, dachte ich, um uns zu retten, verleumden sie, wo wir nur können, um uns aus ihnen zu erretten, laufen ihnen um unser Leben davon und bezichtigen sie überall, *sie* hätten *uns* auf dem Gewissen. Oder sie entkommen uns und verleumden uns und bezichtigen uns, verbreiten alle möglichen Lügen über uns, um sich zu erretten, dachte ich. Wir glauben, wir sind schon tot und begegnen ihnen und sie retten uns, aber wir sind ihnen nicht dankbar dafür, daß sie uns gerettet haben, im Gegenteil, wir verfluchen sie, wir hassen sie dafür, wir verfolgen sie lebenslänglich mit unserem Haß dafür, daß sie uns gerettet haben. Oder wir biedern uns ihnen an, sie stoßen uns weg, wir rächen uns und verleumden sie, machen sie überall herunter, verfolgen sie mit unserem Haß letztenendes bis ins Grab. Oder sie helfen uns im entscheidenden Moment auf die Beine und wir hassen sie, weil sie uns auf die Beine geholfen haben, wie sie uns hassen, weil wir ihnen auf die Beine geholfen haben, dachte ich auf dem Ohrensessel. Wir haben ihnen einmal einen Gefallen getan und wir glauben dann, ein Recht auf ihre lebenslängliche Dankbarkeit zu haben, dachte ich auf dem Ohrensessel. Wir sind jahrelang mit ihnen befreundet und sind es aufeinmal lebenslänglich nicht und wissen gar nicht, warum aufeinmal nicht mehr. Wir lieben sie so inständig, daß wir krank werden in dieser Liebe und sie stoßen uns ab, hassen unsere Liebe, dachte ich. Wir bekommen von ihnen alles und hassen sie dafür. Wir sind nichts und sie machen etwas aus uns und wir hassen sie dafür. Wir kommen aus dem Nichts, wie gesagt wird, und sie machen aus uns unter Umständen ein Genie und wir verzeihen ihnen nie, daß sie aus uns ein Genie gemacht haben, wie wenn sie einen Schwerverbrecher aus uns gemacht hätten, dachte ich auf dem Ohrensessel. Wir bekommen von ihnen alles, dachte ich auf dem Ohrensessel, und wir bestrafen sie dafür lebenslänglich mit Verachtung und Haß. Wir verdanken ihnen alles und wir verzeihen ihnen nie, daß wir ihnen alles verdanken, dachte ich. Wir glauben, Rechte zu haben und haben keinerlei Rechte, dachte ich. Niemand hat irgendein Recht, dachte ich. Die Welt, alles ist *die* Ungerechtigkeit, dachte ich. Die Menschen sind das Unrecht und das Unrecht ist alles, das ist die Wahrheit, dachte ich. Wir verfügen nur über das Unrecht, dachte ich. Den Anschein von allem haben sich diese Leute immer gegeben, wirklich gewesen sind sie nichts und einmal geben sie sich den Anschein, gebildet zu sein und sind es nicht, und einmal den Anschein, wie gesagt wird, musisch zu sein und sind es nicht, und einmal den Anschein, menschlich zu sein und sind es nicht, dachte ich. Und sie haben sich auch immer nur den Anschein gegeben, liebenswürdig zu sein, denn sie sind ja nicht liebenswürdig. Und vor allem geben sie sich den Anschein, natürlich zu sein und sind niemals natürlich gewesen, alles an ihnen war immer nur die Künstlichkeit selbst und wenn sie behaupteten und sich also den Anschein gaben, sie seien philosophisch, so waren sie doch nichts als verschroben, und es fiel mir wieder ein, mit welcher Widerwärtigkeit sie zu mir auf dem Graben gesagt hatten, sie hätten jetzt *alles von Wittgenstein*, genauso wie sie fünfundzwanzig Jahre vorher gesagt hatten, sie hätten jetzt *alles von Ferdinand Ebner*, damals hatten sie mit derselben Abgeschmacktheit ein Philosophisches, wenigstens ein philosophisches Interesse vorgegeben, weil sie geglaubt hatten, sie müßten das in meiner Gegenwart, vor mir, der, wie sie damals geglaubt hatten und wie sie wahrscheinlich auch noch heute glauben, ein philosophischer Mensch sei, ein Philosophierender, was ich aber nicht bin, denn im Grunde weiß ich ja selbst bis heute gar nicht, was das ist, *ein Philosoph* und ich weiß also auch nicht, was das ist *philosophierend*. Einmal haben sie sich den Anschein gegeben, sie verstünden etwas von der französischen, einmal, sie verstünden etwas von der spanischen, einmal, sie verstünden etwas von der deutschen Literatur und es ist ja wahr, daß ich sehr viel spanische und französische Dichter und die meisten deutschen bei ihnen und also durch sie kennen gelernt habe in Maria Zaal vor allem, wo sie eine große Bibliothek haben, eine viel größere noch, als in der Gentzgasse, die ja schon ziemlich groß und als repräsentativ bezeichnet werden kann, ja sogar als wissenschaftliche Bibliothek, die sich der Urgroßvater der Auersberger angelegt hat, auch aus dem Grunde des Anscheins und aus welcher dessen Nachkommen, die Eheleute Auersberger also, wahrscheinlich in dreißig Jahren nicht mehr als zwanzig- oder dreißigmal einen Band herausgenommen haben, während ich mich auf diese Bibliotheken in der Gentzgasse und in Maria Zaal förmlich gestürzt hatte, wie gesagt werden kann, mit der Leidenschaft des Unwissenden, wie ich sagen muß, dachte ich jetzt. Und vielleicht waren es sogar weniger die Auersbergerischen selbst gewesen, die mich zuerst an die Gentzgasse und dann auch an Maria Zaal gekettet haben, sondern deren von ihren Vorfahren groß angelegte Bibliotheken, die ja von diesen ihren Vorfahren auch nur angelegt worden sind, um einen Anschein zu wecken, den Anschein der Wissenschaftlichkeit, der Bildung, des großstädtischen Alleswissens, das immer in Mode gewesen ist. Das Alleswissen, denke ich, ist zu allen Zeiten Mode gewesen und ist es auch in den beiden letzten Jahrzehnten etwas aus der Mode gekommen, so ist es jetzt wieder die höchste Mode. Den Anschein haben sie sich immer gegeben, weil sie zu einem Wirklichen niemals befähigt gewesen sind, dachte ich, alles an ihnen war und ist immer nur Anschein gewesen, selbst das Gesellschaftliche, selbst ihre eigene Beziehung, selbst ihre eigene Ehe ist nichts als Anschein gewesen, sie haben sich den Anschein einer Ehe gegeben, weil sie keine wirkliche führen konnten und können, dachte ich auf dem Ohrensessel, und nicht nur die Eheleute Auersberger leben, seit sie leben, vom Anschein, alle diese Leute im Musikzimmer lebten immer nur dem Anschein nach, niemals wirklich, nicht einen Augenblick Wirklichkeit haben sie gelebt, dachte ich. Dazu hatten alle diese Leute niemals den Mut und niemals die Kraft und niemals die Wahrheitsliebe, die dazu notwendig ist, dachte ich. Sie haben alle immer gerade *nur in der Mode gelebt*, dachte ich, sich immer die Mode als Anschein übergezogen und sich diesem Überzug auf das Totalste unterworfen, dachte ich, und wie es Mode gewesen ist, Ferdinand Ebner zu lesen in Wien, haben sie Ferdinand Ebner gelesen, wie es heute Mode ist, Wittgenstein zu lesen, lesen sie Wittgenstein, aber sie lasen natürlich niemals Ferdinand Ebner und sie lesen heute nicht Wittgenstein, sie hatten vor dreißig Jahren die Ebnerbände nachhause getragen, wie jetzt die Wittgensteinbände, und reden darüber und lesen sie nicht, reden solange darüber und lesen sie nicht, bis das, über das sie andauernd und unter Umständen jahrelang reden, aufeinmal aus der Mode gekommen ist und sie deshalb aufeinmal nicht mehr darüber reden. Und weil jetzt soviel von Wittgenstein die Rede ist, wie einmal in Wien von Ferdinand Ebner die Rede gewesen war, denke ich, daß doch der Wittgenstein mehr Philosoph als Lehrer und der Ferdinand Ebner mehr Lehrer als Philosoph gewesen ist und daß der Wittgenstein überleben und als Philosoph in die Geschichte eingehen wird, nicht aber der Ferdinand Ebner, der nur als Lehrer in die Geschichte eingegangen ist. Die Eheleute Auersberger haben sich immer den Anschein der Großartigkeit gegeben, wie sie sich den Anschein des Künstlertums gegeben haben und natürlich zuallererst den Anschein der Menschlichkeit, wenn nicht gar der Übermenschlichkeit, dachte ich, während sie unter diesem ihrem Anschein immer nur die Armseligkeit selbst sein *konnten* und niemals das, was sie in Wahrheit und in Wirklichkeit sein *wollten*: Erste Klasse, Aristokraten, *Hoch*aristokraten, wenn schon. Das war das Groteske an ihnen, daß sie lebenslänglich an diesem abstoßend-komischen Weltbild festgehalten und sich daran Tag und Nacht aufgerieben haben, denke ich. Die Eheleute Auersberger haben sich aber auch den Anschein des Mäzenatentums gegeben, dachte ich, und wenn sie, gleich wen, außerhalb der Aristokratie, eingeladen haben, so war es für sie etwas Mäzenatisches. Schließlich hatten sie den Titel *Landmäzene* von mir verliehen bekommen, mehr oder weniger wie einen Faschingsorden und hatten meinen bitteren Scherz ernst genommen. Anstatt daß sie *gründliche* Reisen gemacht und sich auf diesen *gründlichen* Reisen in jeder Weise verbessert hätten, verschwendeten sie, die so viel Geld gehabt haben immer, daß sie sich alle nur möglichen

gründlichen Reisen hätten leisten können, ihre Zeit und also ihre Jahrzehnte damit, die sogenannte erste Klasse zu kopieren, Aristokraten sein
zu wollen. Erschöpften sich als Aristokraten-Kopisten in ihrem Aristo-
kratenfimmel, von welchem sie durch nichts geheilt werden konnten, ja
geheilt werden wollten, wie ich dachte. Gaben sich den Künstleranschein,
dachte ich, und waren doch nur Kleinbürger, weil viel zu schwach selbst
zum tatsächlichen bürgerlichen, geschweige denn großbürgerlichen Auftreten, das sie verachteten aus dieser ihrer Schwäche heraus, dachte ich. So
plünderten sie die, die ihnen in die Falle gegangen sind jemals, aus bis zum
letzten, dachte ich. Aber die Ausgeplünderten hatten an ihrer Ausplünderung selbst Schuld, dachte ich, denn sie ließen sich von den Eheleuten
Auersberger bei vollem Bewußtsein ausplündern und hatten aus diesen
Ausplünderungen die größten Vorteile, ja, die auersbergerischen Ausplün-
derungsopfer genossen ihre Ausplünderung in Wahrheit, wie ich selbst
meine jahrelange Ausplünderung durch die Eheleute Auersberger genossen habe, letztenendes wie eine heilsame Kur genossen habe, das ist die
Wahrheit, und an dieser heilsamen auersbergerischen Ausplünderungskur
tatsächlich gesund und letztenendes im wahrsten Sinne des Wortes geheilt
worden bin; denn ich war krank gewesen, wie ich an die Eheleute Auersberger gekommen bin, krank durch und durch, Körper und Kopf waren
eine einzige Krankheit gewesen, dachte ich. Die auersbergerische Ausplünderungskur hat mich damals, vor dreißig Jahren, gesund (wenn auch
nicht glücklicher) gemacht, dachte ich. Aber ich verachte sie und ich hasse
sie, obwohl sie mich damals vor dreißig Jahren gesund gemacht haben,
dachte ich jetzt auf dem Ohrensessel. Obwohl sie mich damals, vor dreißig
Jahren, gerettet haben, dachte ich, ich habe sie gerettet und sie haben mich
gerettet damals, dachte ich, das ist die Wahrheit. Jetzt geben sie sich den
Anschein, für die Künstler ihr *künstlerisches Abendessen* zu geben und geben es in Wahrheit doch nur ihrer eigenen Erbärmlichkeit, geben es zwar,
wie sie vorgeben, dem Schauspieler, der sich als Burgschauspieler überall
feiern läßt, wie alle Burgschauspieler sich immer und überall und in den
hintersten Winkeln dieser Stadt feiern lassen, dem erfolgreichen, applaus-
überschütteten *Wildentenhauptdarsteller*, dem Ekdal, und geben es doch
nur sich selbst, geben es den Eingeladenen und geben es tatsächlich wie
immer nur sich selbst, dachte ich auf dem Ohrensessel. Haben eine Unmenge eingekauft, um es den Künstlerischen aufzukochen und dann auf-
zutischen und kauften doch nur für sich selbst ein, kochten doch nur für

sich selbst und bezeichnen am Ende dieses ihr *künstlerisches Abendessen* als mäzenatisch. Reden wochenlang in Wien davon, daß sie dem Ekdal der *Wildente* ein Abendessen gegeben haben, sagen nicht, daß der Schauspieler als Burgschauspieler zu ihnen gekommen ist, weil sie ihn wochenlang um seinen Besuch angebettelt haben, sich um ihn beinahe zerfleischt haben, wie in Wien gesagt wird, sagen, sie hätten dem Burgschauspieler ein Abendessen gegeben, ein *künstlerisches Abendessen*, und auch gleich noch einem Haufen anderer Künstler, sozusagen nicht ganz so großartiger wie der Burgschauspieler, großer Künstler, auch Künstler, wie Auchkünstler, denke ich. Sie sagen, sie geben dem Burgschauspieler ein Abendessen und in Wirklichkeit haben sie möglicherweise diesen Burgschauspieler zu diesem ihrem Abendessen erpreßt, denn alle ihre Einladungen sind schließlich immer Erpressungen gewesen, dachte ich auf dem Ohrensessel. Sie haben sich schließlich ihr Gesellschaftliches immer erpreßt, dachte ich, gleich auf was für eine Weise sie sich gesellschaftlich in Szene gesetzt haben und sich in Szene setzen, es war und ist immer nur ein Erpreßtes gewesen, dachte ich. Auch wenn die Leute mehr oder weniger freiwillig zu ihren Abendessen gehen, dachte ich, sind sie doch von den Eheleuten Auersberger dazu erpreßt worden. Lieber hätten sie Aristokraten, also Leute, von welchen sie, die Auersberger, glaubten, daß sie Aristokraten seien, also was sie, die Auersberger, darunter verstehen, jetzt an ihrem Tisch in der Gentzgasse, nicht die, die an diesem Abend tatsächlich zu ihnen gekommen sind, dachte ich auf dem Ohrensessel, lieber einen heruntergekommenen Fürsten, einen verlotterten Grafen und dessen Anhang, als *diese Künstlerischen*, vor welchen ihnen ja im Grunde genommen graute, denn sie hielten im Grunde von allem Künstlerischen nichts, hatten sich ja immer nur den Anschein des Künstlerischen gegeben, wie sie sich auch dieses Nachtmahl wieder als *künstlerisches Abendessen* und also als Anschein geben, dachte ich. Aber wenn schon keinen Fürsten und keinen Grafen an ihrem Tisch, so doch *wenigstens einen Burgschauspieler*, mögen sie denken, dachte ich auf dem Ohrensessel, gerade in dem Augenblick, in welchem der Schauspieler, der immer nur *Burgschauspieler* genannt worden ist, weil er seit dreißig oder vierzig Jahren auf dem Burgtheater engagiert ist, seit dreißig oder vierzig Jahren als Burgschauspieler bezeichnet wird, eingetreten ist. Ausgerechnet der Schriftstellerin Jeannie Billroth haben mich die Auersbergerischen gegenübergesetzt, gerade also jener Person genau gegenüber, von welcher ich am Nachmittag in Kilb ganz be-

sonders abgestoßen gewesen war. Sie hatten schon alle im Speisezimmer
Platz genommen gehabt, bevor sie mich gerufen und aufgefordert haben,
in das Speisezimmer zu kommen und Platz zu nehmen, so spät aufgefordert, daß ich annehmen mußte, sie hätten auf mich vergessen und wahrscheinlich hatten sie auch auf mich vergessen gehabt, wie ich denke. Tatsächlich war ich einen Augenblick oder mehrere Augenblicke auf dem
Ohrensessel eingenickt gewesen aus Erschöpfung, denn ich wachte auf, als
sie mich aufforderten, in das Speisezimmer zu kommen, in ihre perfekte
Empirescheußlichkeit. Die Auersberger hatte mich, wie sie aus dem Musikzimmer heraus, in das Vorzimmer getreten war, gerufen, ich mußte sie
aber längere Zeit nicht gehört haben, denn als ich sie zum ersten Mal
meinen Namen rufen hörte, wußte ich sofort, daß sie mich schon mehrere
Male gerufen hat. Tatsächlich glaubte sie, mich an der Schulter wachrüt-
teln zu müssen, aber ich war ihr zuvorgekommen, indem ich, noch bevor
ihre Hand an meiner Schulter gewesen war, ihre Hand zurückgestoßen
habe, vielleicht eine Spur zu abrupt. Im Halbdunkel des Vorzimmers hatte
ich ihren Gesichtsausdruck nicht sehen können, aber meine rigorose Abweisung mußte sie verletzt haben, denke ich. Ich stand aber sofort auf,
muß ich sagen, und folgte ihr in das Speisezimmer, in welchem, wie
gesagt, schon alle am Tisch saßen, mehr oder weniger in der Mitte der
Burgschauspieler, dessen Auftreten ich verschlafen hatte, wie ich jetzt denken mußte. Ich hatte ihn nicht hereinkommen gehört, da er aber an mir
vorbei gehen hatte müssen, wenn er ins Speisezimmer wollte, unmittelbar
an mir vorbei und ich ihn nicht gehört hatte, mußte ich tatsächlich eingenickt gewesen sein, möglicherweise war ich sogar mehrere Minuten, wie
ich annehmen muß, fast eine halbe Stunde, kann sein noch länger, eingeschlafen. Ganz benommen hatte ich mich an den Speisetisch gesetzt. Ich
sah, wie die Köchin die Suppe aufgetragen hat, absurder Vorgang um
dreiviertelein Uhr in der Nacht, dachte ich. Alle aßen hastig und hörten,
was der Burgschauspieler zu sagen hatte, während er seine Suppe löffelte.
Es sei heute *kein guter Abend* gewesen, sagte der Burgschauspieler, nicht
mein bester Abend, wie er sich ausdrückte, mehrere Male hätten die Zuschauer im Akademietheater *lauter, lauter* gerufen, weil er wahrscheinlich
zu leise gesprochen habe, er wisse nicht, wieso und warum, das komme
vor, daß ein Schauspieler, sozusagen ganz aufgegangen in seiner Kunst,
nämlich während seines Auftritts ganz auf das Publikum vergesse, das
tatsächlich zusätzlich zu dem, das es von ihm sehe, auch noch etwas Ver-

ständliches von ihm hören wolle. Er ißt seine Suppe so schlampig, wie er
auftritt, dachte ich, nicht ihn, sondern die Schriftstellerin Jeannie Billroth
beobachtend, die ihrerseits naturgemäß den Schauspieler als Burgschauspieler beobachtete und alles von dem Schauspieler als Burgschauspieler
hastig Gelöffelte und Gesagte wie etwas ganz und gar Außergewöhnliches,
Außerordentliches, Einmaliges in sich aufzunehmen schien. Nun saß ich
der Wiener Virginia Woolf gegenüber, dieser abgeschmackten Gedichte-
und Prosaschöpferin, die, das war jetzt aufeinmal klar, zeitlebens nur in
ihrem kleinbürgerlichen Kitsch gebadet hat, wie ich denke. Und eine
solche Person getraut sich ohne weiteres zu sagen, daß sie noch besser
schreibe als die Virginia Woolf, die von mir, seit ich in schriftstellerischem
Denken geschult bin, immer als die erste aller Dichterinnen bewundert
gewesen ist, daß sie, die Billroth, in ihren Romanen *weiter* sei als *Die
Wellen*, weiter als *Orlando*, weiter als *Die Fahrt zum Leuchtturm*. In Kilb
hat sich die Jeannie wieder einmal von ihrer Biederseite gezeigt, dachte ich
jetzt, ihr gegenüber sitzend, dieses *künstlerische Abendessen*, das aufeinmal
tatsächlich und im wahrsten Sinne des Wortes durch den Burgschauspieler
zu einem *künstlerischen Nachtmahl* geworden ist, verfluchend, es als genauso grotesk und abstoßend zu empfinden, wie es gewesen ist, denke ich.
Um dreiviertelein Uhr in der Nacht Kartoffelsuppe auftragen zu lassen
und einen gekochten Fogosch anzukündigen, ist schon eine Perversität, zu
welcher allein die auersbergerischen Eheleute fähig sind, sagte ich mir, der
Jeannie gegenüber sitzend, die ihre Suppe wie immer auf ihre Weise gegessen hat, mit dem bei jeder Mahlzeit immer wenigstens um einen Zentimeter zu weit abstehenden kleinen Finger ihrer rechten Hand. Einen
Fogosch um dreiviertelein Uhr nachts wegen eines Burgschauspielers, in
dessen Barthaaren sich jetzt, da er seine Kartoffelsuppe mit der größten
Geschwindigkeit, also *wie ausgehungert*, halb ausgelöffelt hatte, diese Kartoffelsuppe verfangen hatte. Der Ekdal, sagte er und löffelte die Suppe, der
Ekdal ist schon jahrzehntelang *meine Wunschrolle* gewesen, und er sagte,
wieder Suppe löffelnd, und zwar alle zwei Wörter einen Löffel Suppe
nehmend, also er sagte *der Ekdal* und löffelte Suppe und sagte *war schon*
und löffelte Suppe und *immer meine* und löffelte Suppe und sagte *Lieblingsrolle gewesen* und löffelte Suppe und er hatte auch noch zwischen zwei
Suppenlöffeln *seit Jahr-* und dann wieder nach zwei Suppenlöffeln *zehnten*
gesagt und das Wort *Wunschrolle* genauso, als redete er von einer Mehlspeise, denke ich. Mehrere Male sagte er *der Ekdal ist meine Lieblingsrolle,*

und ich fragte mich sofort, ob er auch dann immer wieder von dem Ekdal als seiner Lieblingsrolle gesprochen hätte, wenn er keinerlei Erfolg mit seinem Ekdal gehabt hätte. Hat ein Schauspieler in einer Rolle Erfolg, sagt er, es sei seine Lieblingsrolle, hat er mit seiner Rolle keinen Erfolg, sagt er nicht, daß es seine Lieblingsrolle ist, dachte ich. Immer wieder löffelte der Burgschauspieler die Kartoffelsuppe und sagte, der Ekdal sei seine Lieblingsrolle. Als ob nur er etwas zu sagen hätte, sagten alle anderen lange Zeit nichts, löffelten ihre Suppe und starrten den Burgschauspieler an. Löffelte der Burgschauspieler seine Suppe schnell, löffelten auch sie ihre Suppe schnell, löffelte er sie langsamer, löffelten auch sie sie langsamer und wie er aufgehört hatte, seine Suppe auszulöffeln, hatten auch sie ihre Suppe ausgelöffelt. Sie waren längst mit dem Suppenauslöffeln fertig, da hatte ich noch den halben Teller voll Suppe. Sie schmeckte mir übrigens nicht und ich ließ sie stehen. In der *Wildente* habe er endlich spielen können, wie er immer spielen habe wollen, sagte der Burgschauspieler pathetisch. Wenn er noch bessere und also ideale Partner gehabt hätte, sagte er, denn er habe nicht die besten, nicht die idealen Partner gehabt, eine *Verlegenheitsbesetzung* seien alle außer ihm in der *Wildente* gewesen, wäre diese *Wildente* nicht nur was ihn selbst betrifft, sondern *als Ganzes ein ungeheuerer Erfolg geworden*, so er. So habe sich alles auf ihn konzentriert und die Zeitungen hätten insgesamt nur über ihn geschrieben, nicht die *Wildente* sei ein Ereignis gewesen, er, sein Ekdal, sei das Ereignis gewesen, nicht die Aufführung, so er. Und was wäre diese *Wildente, dieser ganze Ibsen*, hätten sie alle zusammen mehr oder weniger versteckt geschrieben, wenn nicht er gewesen wäre. Er persönlich halte sehr viel von Ibsen, wie er auch von Strindberg viel halte, überhaupt viel von den sogenannten nordischen Dichtern, aber tatsächlich, was wären diese Dichter ohne solche Schauspieler wie er, das sage er in aller Bescheidenheit doch ganz und gar offen heraus. Aber in diesen Dichtern steckte doch mehr, als die Zeitungen schrieben, so seine Meinung, und *grandioser Schauspieler hin, grandioser Schauspieler her*, Ibsen sei tatsächlich ein Dichter, wie Strindberg auch, wie beide *ganz große Genies der Literaturgeschichte, aber was wären sie tatsächlich ohne grandiose Schauspieler.* Der Burgschauspieler hat schon wenigstens zwei oder drei Gläser Champagner getrunken bei seinem Eintritt in die Gentzgassenwohnung, dachte ich, als er sagte, die Dichtung wird ja erst lebendig, *wenn ein guter Schauspieler sie zum Leben erweckt.* Darauf legte er beide Hände auf den Tisch und reckte seinen Schauspielerkopf in die Höhe und sagte zum Auersberger: *Ihre Komposition, lieber Freund,* *habe ich sehr genossen.* Worauf der Auersberger seinen Kopf senkte, also der Webern-Nachfolger Auersberger hatte seinen Kopf in dem Augenblick gesenkt, in welchem ihn der Burgschauspieler in die Höhe gereckt hatte, als er sagte *Ihre Komposition, lieber Freund, habe ich sehr genossen.* Darauf hatten alle geschwiegen und gedacht, der Fogosch werde aufgetragen, aber sie irrten, die Köchin war ohne jede Speise hereingetreten und hatte nur gefragt, ob der Fogosch serviert werden könne. Die Auersberger bedeutete der Köchin, der Fogosch könne aufgetragen werden. Wir Schauspieler sind an das späte Essen gewöhnt, sagte der Burgschauspieler, wir essen meistens erst nach Mitternacht. Das ist charakteristisch für uns Schauspieler, sagte der Burgschauspieler, daß wir erst nach Mitternacht essen. Ein ungesundes Leben, das Bühnenleben, sagte er darauf und brach sich eine Salzstange in der Mitte auseinander. Der Schauspieler gewöhnt sich aber an diese Nachmitternachtsessen, sagte der Burgschauspieler und gleich darauf wieder, daß der Ekdal wie keine andere seine Wunschrolle sei. Große Dichtung muß es sein, um sich in beste Szene zu setzen, sagte der Burgschauspieler. Er habe ein halbes Jahr lang den Ekdal studiert, sich für dieses *Ekdalstudium* sogar einmal auf drei Wochen *auf eine einsame* *Berghütte in den Tiroler Alpen* zurückgezogen, da, *in dieser tatsächlichen* *Einsamkeit,* sagte der Burgschauspieler, sei ihm dieser Ekdal erst *richtig* *aufgegangen.* Die Schauspieler gehen entweder zu früh oder zu spät an eine Rolle heran, an eine Rolle wie der Ekdal, müsse aber *zu dem einzig richtigen Zeitpunkt herangegangen werden,* meinte er, *an große Dichtung, an* *ganz große Rollen immer im einzigen richtigen Zeitpunkt.* Der Ekdal war immer meine Wunschrolle, sagte er, aber ich hatte den Ekdal nie richtig verstanden. Erst als ich in der Berghütte mich auf nichts anderes als auf den Ekdal konzentrierte, begriff ich, was dieser Ekdal ist, überhaupt, was die *Wildente* ist. *Überhaupt, was Ibsen ist,* rief er aus. Die Berghütte sei es gewesen, die ihm *das Ekdallicht* habe aufgehen lassen, *da, in der Berghütte,* *ist mir das Licht aufgegangen,* sagte der Burgschauspieler und lehnte sich zurück und sagte, daß er Fogosch immer sehr gern gegessen habe, *am* *liebsten den Plattenseefogosch, den echten Plattenseefogosch* und die Auersberger sagte, ihn tatsächlich unterbrechend in seiner Ekdalstudie, daß sie natürlich nur einen echten Plattenseefogosch auftischen werde, was für einen Fogosch auch sonst. Der Ekdal muß mit der größten Behutsamkeit angegangen werden, sagte der Burgschauspieler. Wir rennen monatelang in der Stadt umher und zerbrechen uns den Kopf und verstehen den Ekdal nicht und haben gar keine Beziehung zu dem Ekdal, obwohl wir immer gedacht haben, daß er uns so liegt, wie keine andere Figur der Weltliteratur, und wir verzweifeln am Ende schon und werfen alles hin, sagte er, und dann gehen wir auf den Berg und quartieren uns in der Berghütte ein und es ist uns das Licht aufgegangen. *Mit Prospero ist es mir genauso gegangen*, sagte der Burgschauspieler. *Sollte ich doch noch den Lear machen*, sagte er, *werde ich wieder auf die Berghütte gehen, aber vorher nicht monatelang hier, in dieser grauenhaften Stadt, warten, bis mir die Erleuchtung kommt.* Das Tirolische sei es, das ihm den Ekdal *aufgemacht* habe, sagte der Burgschauspieler. Über tausendachthundert Meter hoch gelegene Hütte, sagte er. Fern aller Zivilisation. *Kein elektrisches Licht. Kein Gas. Keine Konsumwelt!* rief er aus, wie ihm der angewärmte Teller hingestellt und er aufgefordert worden war, sich von dem Fogosch zu nehmen. *Wir müssen in die Alpenhöhe steigen, um den richtigen Weltblick zu bekommen*, sagte er und nahm sich noch ein zweites Fogoschstück. Übrigens habe er niemals vorher eine Ibsenrolle *verkörpert*, eine Strindbergrolle ja, den Edgar im sogenannten *Todestanz*, aber *nie eine Ibsenrolle*, nicht einmal den Peer Gynt in der Jugend, was doch eigentlich das Selbstverständlichste gewesen wäre. Wir kommen an so viele Regisseure, sagte er, und bekommen nie die Rollen, die wir tatsächlich spielen wollen. Und auch nicht die Dichter, die uns *am Herzen liegen.* Wir wollen einen spanischen Dichter spielen und müssen uns mit einem französischen einlassen, sagte er, wir wollen Goethe spielen und man verurteilt uns zu Schiller, wir wollen in einer Komödie auftreten und man verpflichtet uns für eine Tragödie. Selbst die Berühmtheit macht es nicht möglich, immer das zu spielen, was man spielen will, sagte der Burgschauspieler. Und wie oft kommt es vor, sagte er, daß man endlich eine Rolle versprochen bekommen hat, die man als eine seiner Lieblingsrollen bezeichnen kann und diese Lieblingsrolle wird am Ende doch mit einem anderen Schauspieler besetzt. In den Theatern, sagte er, geht nichts planmäßig vor sich, kein Plan wird am Ende so verwirklicht auf dem Theater, wie er ursprünglich geplant worden ist. Was wir endlich aufführen und was endlich zu sehen ist, ist immer nur ein Kompromiß, ein fauler. In seinem Alter habe ein Schauspieler wie er, sich aber an diese Tatsache längst gewöhnt, lebe mit dieser Tatsache, sagte er. *Selbst auf dem Burgtheater, der ersten Bühne Europas*, wie er sich ausdrückte, *kämen am Ende nur Kompromisse zustande. Aber was für Kom-*

promisse, sagte er und meinte damit, daß diese *Kompromisse auf dem Burgtheater immer noch großes Theater* seien; alles Mißglückte auf dem Burgtheater sei schließlich doch immer wieder Burgtheater, womit er meinte,
daß es schließlich und endlich doch immer wieder selbst in seinem Scheitern das von ihm so bezeichnete *große Theater als Burgtheater* sei. Es war
lächerlich, was er sagte. Während ich selbst vor Müdigkeit kaum meine
Augen offen halten konnte, war der Burgschauspieler offensichtlich aufeinmal überhaupt nicht müde, alle waren müde, von dem anstrengenden
Tag, vor allem vom Joanabegräbnis und dann von dem nervenaufreiben-
den Warten auf den Schauspieler, auf den über zwei Stunden gewartet
worden ist. Daß für eine solche Rolle wie der Ekdal beinahe ein ganzes
halbes Jahr aufzubringen sei, sagte der Burgschauspieler und in diesem
ganzen halben Jahr auf alles andere verzichtet werden müsse, also *ein
solcher Ekdal einen vollkommen in Anspruch nimmt*, alle Bequemlichkeiten
wegnimmt, *während man ihn probt*, wie er sich ausdrückte, und es ja
letztenendes auch kein Vergnügen sei wochenlang auf einer tirolischen
Berghütte und sich in diese Berghütte einzusperren wegen eines solchen
Ekdals mehr oder weniger bei Wasser und Brot und Erbsensuppe und in
einem schlechten Bett und in mehr oder weniger die ganze Zeit unge-
waschenem Zustand und die Leute dann, die Zuschauer, wie er sagte,
davon überhaupt keine Ahnung hätten und das überhaupt nicht honorier-
ten. *Und selbst wenn sie klatschen und es ein großer Erfolg ist, wie dieser
Ekdal*, sagte der Burgschauspieler, *ist der Preis für eine solche Hingebung, ja,
ich darf sagen, Aufopferung*, so er, *zu hoch*. Aber das Schauspielerschicksal
sei eben nichts anderes als ein *Opferschicksal*, so er, der diese Bemerkung
ironisieren hatte wollen, was ihm aber nicht gelungen ist, es war doch allen
ganz klar, daß er sie ernst gemeint hatte. Ein solcher Ekdal, sagte er,
fordere alles von einem Schauspieler. *Zuerst in die Dichtung eindringen*,
sagte er, *aber wie. Dann den Dichter wirklich verstehen und dann die Rolle
wirklich verstehen und dann die lange Probenzeit*, die ihn den ganzen
Herbst und den ganzen Winter gekostet habe. Wir fangen Ende August
an, zu proben, sagte er, und wissen, wenn wir mit den Proben fertig sind,
gar nicht, daß es schon wieder Frühjahr ist. Ja, bei Shakespeare ist es etwas
ganz anderes, sagte er, ohne darauf zu sagen, *warum* etwas ganz anderes als
bei Ibsen. Oder bei Strindberg. Während der Probenzeit, wenn er nicht
gerade in einem anderen Stück aufzutreten und also Vorstellung habe,
gehe er um zehn Uhr am Abend zu Bett und stehe um sechs Uhr früh auf.

Er *memoriere* übrigens den Text vor dem *offenen Fenster*, gehe in seinem Schlafzimmer hin und her. Es ist immer ein Vorteil gewesen, daß ich unverheiratet bin, sagte er plötzlich. Ich gehe von sieben bis elf Uhr mehr oder weniger in meinem Schlafzimmer hin und her und memoriere den Text. Ich komme mit vollständig gelerntem Text auf die Probe, sagte er. Vom ersten Probenaugenblick an, kann ich den Text vollständig, das verblüfft die Regisseure immer, sagte der Burgschauspieler. Die meisten Schauspieler kommen auf die Probe und können ihren Text nicht, sagte er. Ich habe meinen Text immer vollständig im Gedächtnis, wenn die Probe beginnt. Aber es ist ekelhaft, wenn die Kollegen ihren Text nicht können. Das ist ekelhaft, wiederholte er und nahm sich noch ein Stück Fogosch, der zu einer mit viel zu viel Kapern angereicherten Sauce serviert wurde. Wenn ich mir nicht in Grinzing mein Haus gebaut hätte vierundfünfzig, sagte er, wer weiß, ob ich nicht doch einmal auf eine deutsche Bühne gegangen wäre, sagte der Burgschauspieler. Die Angebote waren *zahlreich*. Ich hätte nach Berlin gehen können, nach Köln, nach Zürich. Aber was sind alle diese Städte gegen Wien, sagte er. Wir hassen diese Stadt und lieben sie doch, wie keine andere, sagte er. Wie wir, zugegeben, auch das Burgtheater hassen und doch lieben wir kein anderes. Während er sagte, *dieser Ekdalerfolg war ja überhaupt nicht vorauszusehen*, beobachtete ich die Schriftstellerin Jeannie Billroth, die schon unruhig geworden war, weil sie sich zurückgesetzt fühlte, an diesem Abend nicht der Mittelpunkt sein konnte, der sie immer hatte sein wollen, durch die Bemerkungen des Burgschauspielers nicht zum Reden gekommen war bis jetzt, obwohl sie andauernd etwas sagen hatte wollen und es nicht sagen hatte können. Immer wieder hatte sie auf eine Bemerkung des Burgschauspielers eine eigene Bemerkung machen wollen, aber der Burgschauspieler hat ihr dazu keine Möglichkeit gegeben. Aber jetzt, als der Burgschauspieler gesagt hatte, daß der Ekdal die schwierigste Rolle sei, die er jemals einstudiert und gespielt habe, sagte sie, daß sie finde, der strindbergsche Edgar sei doch die schwierigere Rolle, *der Edgar ist doch viel schwieriger*, sagte sie, *als der Ekdal*, sie habe jedenfalls immer den Eindruck, wenn sie den Edgar lese, daß der Edgar viel schwieriger sei, als der Ekdal, den Ekdal habe sie niemals als eine schwierige Rolle betrachtet, wenn sie davon absehe, daß alle Rollen, also gleich welche, schwierige seien, wenn sie gut gespielt werden wollen und gut gespielt werden, sie empfinde beim Lesen immer, daß der Edgar viel schwieriger sei als der Ekdal. *Nein!* rief der

Burgschauspieler, *die schwierigere Rolle ist der Ekdal, das ist doch ganz klar.* Da könne sie dem Burgschauspieler nicht zustimmen, meinte die Jeannie Billroth, und sie ließ durchblicken, daß sie einmal Theaterwissenschaft studiert habe, *übrigens bei dem berühmten Professor Kindermann,* also auch an diesem Abend wieder das gesagt hatte, was sie immer bei solchen Gelegenheiten gesagt hat, daß sie eine Schülerin Kindermanns sei; vielleicht müsse ein Schauspieler, sagte die Jeannie Billroth, denken, der Ekdal sei die schwierigere Rolle, während es doch die des Edgar sei. Nein wissen Sie, sagte der Burgschauspieler zur Schriftstellerin Jeannie Billroth, wenn man so, wie ich, Jahrzehnte Schauspieler ist und noch dazu auf dem Burgtheater und seit man überhaupt zurückdenken kann, nur erste Rollen spielt, weiß man doch, wovon man redet. Natürlich, als Theaterwissenschaftler hat man von dem Theater überhaupt andere Ansichten, sagte der Burgschauspieler, aber es sei doch gar keine Frage, daß der Ekdal die schwierigere, der Edgar die viel leichtere Rolle sei, leichter, was das Spielen einer solchen Rolle betrifft, vergessen Sie das nicht, sagte der Burgschauspieler zur Jeannie Billroth. Diese gab sich mit dem, das der Burgschauspieler gesagt hatte, nicht zufrieden und sagte, daß es doch, seit es den Edgar und den Ekdal gebe, immer erwiesen gewesen sei, daß der Ekdal die leichter zu spielende Rolle sei, nicht der Edgar. Das habe Kindermann, ihr Lehrer, ja auch in einer Schrift ganz eindeutig klar gestellt, die Kindermannsche Schrift trage den Titel *Edgar und Ekdal, ein Vergleich,* ob der Burgschauspieler diese Schrift denn nicht gelesen habe, fragte ihn die Jeannie Billroth, worauf der Burgschauspieler sagte, er kenne diese Kindermannsche Schrift nicht. Das sei bedauerlich, meinte die Jeannie Billroth, denn wenn der Burgschauspieler die Kindermannschen Ausführungen über Edgar (von Strindberg) und Ekdal (von Ibsen) gelesen hätte, bevor er den Ekdal zu probieren angefangen habe, hätte er sich *sehr viel Unangenehmes,* die Erarbeitung der *Wildente* betreffend, erspart, und der Auersberger, der schon die ganze Zeit auf der Lauer gesessen war, um auch einmal etwas zu sagen, sagte plötzlich: *und den wochenlangen Aufenthalt auf der Berghütte!* worauf der Burgschauspieler selbst aufeinmal ein anderes Thema wünschte, denn er sagte, daß er auf dem Weg in die Gentzgasse einen seiner Handschuhe verloren habe. Wäre er nicht schon zu spät in die Gentzgasse unterwegs gewesen, er wäre umgekehrt, um den verlorenen Handschuh zu suchen. So aber habe er nicht umkehren können, um die Auersbergerischen nicht noch mehr *auf die Folter zu spannen.* Die

Leute wüßten gar nicht, in was sie sich einlassen, so er, wenn sie ihn zum Abendessen einladen. Eine solche Einladung ist leicht ausgesprochen, aber was sie bedeutet, erfahren die Gastgeber erst, wenn sie merken, daß der Eingeladene um halbeins noch immer nicht aufgetreten ist. *Ja, die Schauspielerei hat es in sich*, sagte der Burgschauspieler so, als wäre das einer jener Sätze, die er immer wieder sagt, wenn er in Verlegenheit ist. Die Auersberger, die einen zweiten Fogoschgang an den Tisch hatte bringen lassen, meinte, daß es doch bedauerlich sei, daß der Burgschauspieler auf dem Weg in die Gentzgasse einen seiner Handschuhe verloren habe, *einen* Handschuh verlieren, meinte sie, sei doch genauso schlimm, wie alle beide, denn ein einziger Handschuh sei wertlos. Ja, meinten alle am Tisch, alle hätten sie schon einmal einen Handschuh verloren und das gleiche gedacht. Möglicherweise habe aber der Finder des Handschuhs diesen abgegeben. *Ja, wo denn abgegeben?* fragte der Auersberger seine Frau und war auch schon in ein Gelächter ausgebrochen, das gleich auch alle andern zu einem eigenen Gelächter herausgefordert hatte und sie lachten über die auersbergerische Frage an seine Frau, wer denn wo diesen verlorenen Handschuh abgegeben habe oder noch abgeben könnte und darauf berichtete tatsächlich jeder an dem Tisch Sitzende *seine* Handschuhgeschichte, denn jeder am Tisch hatte schon einmal einen seiner Handschuhe verloren und den Verlust eines seiner Handschuhe genauso schmerzlich empfunden, wie den Verlust von einem ganzen Handschuhpaar. Im übrigen hätten sie alle ihren verlorenen Handschuh nie mehr gefunden, keiner dieser verlorenen Einzelhandschuhe sei jemals wieder abgegeben worden, meinten sie. Ach, wenn es nur ein Paar Handschuhe sind, meinte die Auersberger und erzählte noch eine eigene Handschuhgeschichte. Sie sei, vor etwa zwanzig Jahren, in der Toilette des Josefstädter Theaters gewesen und habe dort ihre schwarzen Abendhandschuhe liegen gelassen. *Beide Abendhandschuhe*, meinte sie und blickte in die Runde. *Der Zerrissene* sei gespielt worden, *übrigens eines der besten Nestroystücke*, wie sie meinte. In der Pause habe sie ihre Abendhandschuhe in der Toilette liegen gelassen und nach Ende der Vorstellung sei sie rasch in die Toilette gegangen in der Annahme, ihre Abendhandschuhe lägen noch auf dem Toilettentisch. *In der Josefstadt habe ich natürlich mit Sicherheit glauben dürfen*, sagte sie, *daß meine Handschuhe noch da sind. Aber sie waren weg.* Die Toilettenfrau wußte nichts von liegengebliebenen Handschuhen, sagte die Auersberger. Und stellen Sie sich vor, sagte sie, zwei Wochen nach diesem

Zerrissenen sind mir meine Abendhandschuhe zugeschickt worden. Anonym, sagte sie, sich für einen Augenblick in ihren Empiresessel zurück-
lehnend, anonym und mit einem kleinen Kärtchen, auf dem geschrieben
stand, *herzliche Grüße*. Bis heute weiß ich nicht, wer mir meine Abendhandschuhe geschickt hat, sagte sie; kurz darauf der Burgschauspieler direkt zu ihr: *ein ausgezeichneter Fogosch, ein echter Plattenseefogosch*, die
Übrigen gaben zu verstehen, daß sie denselben Eindruck haben, daß es
sich bei dem Fogosch, den sie gerade essen, um einen echten Plattenseefogosch handle. Wissen Sie, sagte der Burgschauspieler, der sich von Zeit
zu Zeit mit seiner in den Hemdkragen gesteckten Serviette den bärtigen
Mund abwischte, die Schauspielerei hat es in sich. Wie ich einmal in
München aufgetreten bin, vor über zwanzig Jahren, *eingesprungen bin, wie
gesagt wird*, sagte er, im Grunde nicht der Rede wert, als Heinrich, sagte er,
traf ich dort in der Kaufingerstraße einen Kollegen, den ich von früher
kannte, aus der Vorkriegszeit, mit dem ich übrigens einmal in der Ler-
chenfelderstraße ein Untermietzimmer geteilt habe, ungeheizt, wie sich
denken läßt, Ratten waren da, nichts zu essen, sagte er, Sie wissen ja, wie
das damals war, Amerikaner noch nicht da, Russen schon da, Renner an
der Macht, Sie wissen, da habe ich diesen Kollegen gefragt, warum er aus
Wien weg ist. Ja, hat der Kollege gesagt, weil mir Wien zum Hals heraushängt. Ja und München? fragte ich den Kollegen, sagte der Burgschauspieler, der sich wieder den bärtigen Mund abgewischt hatte. Da sagte der
Kollege zu mir: München hängt mir auch zum Hals heraus! Dann hättest
du ja gleich in Wien bleiben können, wenn dir München auch zum Hals
heraushängt! hatte ich zu dem Kollegen gesagt, sagte der Burgschauspieler.
Im übrigen ist dieser Kollege damals auf dem Residenztheater engagiert
gewesen, ähnliches Rollenfach, sagte der Burgschauspieler, vielleicht zu
hohe Stimme für sein Fach, Strindbergstimme, denke ich, sagte der Burgschauspieler, durchaus Strindbergstimme, keine Ibsenfigur, Goethe ja,
Shakespeare nein, keine Ibsenfigur, etwas für Molière, aber nicht für Nestroy, Nestroy nein, sagte er, vielleicht auch immer etwas zu dick, undis-
ziplinierter Lebensstil, sagte der Burgschauspieler, aus Vöcklabruck gebürtig, Provinzler im Grunde, aber gutmütig, etwas zu hohe Stimme, früh
geheiratet, erstes Kind und geschieden, war lange Zeit am Volkstheater
engagiert, sagte der Burgschauspieler. Dann hättest du ja gleich in Wien
bleiben können, sagte ich zu ihm, sagte der Burgschauspieler. Im Gesicht
hatte er so ein merkwürdiges Zucken, durchaus humorvoller Mensch,

aber immer alles ausgegeben, lockerer, sehr lockerer Typus, sagte der Burgschauspieler. Ich sagte, ich probiere den Edgar. Ja, den Edgar, sagte er. Interessiert mich nicht, sagte er. Interessiert dich nicht, interessiert dich nicht, sagte ich. Es war so kalt, ich hatte keine Handschuhe bei mir, die ganze Zeit fror mich. Ich probiere den Edgar, sagte ich noch einmal, aber er hörte mir gar nicht mehr zu. Den Edgar probiere ich! schrie ich ihn an, sagte der Burgschauspieler. Da drehte ich mich um und ließ ihn stehen. Ein lieber Mensch, sagte der Burgschauspieler und nahm einen Löffel voll Fogoschsauce. Am nächsten Tag habe ich in der *Abendzeitung* gelesen, daß der sich umgebracht hat. In der Kaufingerstraße, wo er gewohnt hat, was ich nicht wußte. *Aufgehängt!* skandierte der Burgschauspieler. Schauspieler sind prädestiniert, sich umzubringen, aufzuhängen! sagte der Burgschauspieler. Ich bin kein Selbstmördertypus, sagte er, nein, durchaus nicht, durchaus nicht, durchaus nicht. Aber wenn ich denke, wieviele sich schon umgebracht haben aus meiner Zunft! Durchaus talentiert, durchaus, sagte der Burgschauspieler, *alles Zeug zum Großkomödianten*, sagte er, und bringt sich um. Ich war der Letzte, der mit ihm geredet hat, sagte der Burgschauspieler. Ein Jugendfreund. Die Besten bringen sich um, sagte er und machte einen Schluck aus dem Weißweinglas. Das Wetter spielt dabei immer eine ganz große Rolle, wenn sich einer umbringt, sagte er. Im übrigen, sagte der jetzt durch seine Erzählung über den Schauspieler, der sich in München umgebracht hat, melancholisierte Burgschauspieler an die Tatsache erinnert, daß sich die, wenn auch nicht ihm, so doch allen andern am Tisch bekannte Joana, umgebracht hat in der vergangenen Woche und erst am Nachmittag in Kilb begraben worden war, (wovon er sicher von den Auersberger gehört hat, wie ich denke), *habe ich diese Joana doch einmal gesehen, wie sie nämlich im Burgtheater einen Vortrag über ihre sogenannte Bewegungskunst gehalten hat.* Ich habe sie ganz deutlich in Erinnerung, sagte er, aufeinmal eine Art Trauerhaltung annehmend, auch seine Stimme auf Trauerton einstellend, eine begabte Person, meinte er, aber auf dem Burgtheater vollkommen fehl am Platz. Dieser Kurs war eine unglückliche Veranstaltung, sagte der Burgschauspieler und meinte, daß er in diesem Jahr schon mehrere Male auf das Begräbnis eines seiner Kollegen gegangen sei, *ein Schauspielersterben wie noch nie*, sagte er, *auch ein großes Kabarettistensterben*, fügte er an. Achja, sagte er zur Schriftstellerin Jeannie Billroth direkt, eine Lebensfreundin verlieren, ich weiß, was das heißt. Aber in einem gewissen Alter verlieren wir alle, die uns etwas

bedeuten, die wir lieben. Er machte einen Schluck aus seinem Weißweinglas und die Auersberger schenkte ihm ein. Wenn es nur ein rascher Tod
ist, sagte er, nichts ist widerwärtiger, als das langwierige Siechtum. Umfallen und tot sein, das ist ein Glück, sagte er. Aber ich bin kein Selbstmordtypus, wiederholte er. Es bringen sich mehr Frauen um, als Männer,
sagte er, worauf die Schriftstellerin Jeannie Billroth sagte, das stimme
nicht, statistisch sei erwiesen, daß sich jährlich genau doppelt so viele
Männer umbrächten, als Frauen. Der Suizid ist Männersache, sagte sie.
Sie habe eine Studie über den Suizid in Österreich gelesen, aus dieser
Studie gehe hervor, daß sich in Österreich *prozentuell zur Einwohnerzahl*,
wie sie sagte, jährlich mehr Leute umbringen, als in irgendeinem anderen europäischen Land. Ungarn habe die zweithöchste Selbstmordrate,
Schweden die dritthöchste. Und in Österreich sind es vor allem die Salzburger, die sich umbringen, interessanterweise gerade die Leute, die in den
sozusagen schönsten Gegenden lebten, begingen am häufigsten Selbstmord. *Die Steiermärker sind recht selbstmordlustig*, meinte der Auersberger,
der zu diesem Zeitpunkt schon mehr oder weniger volltrunken gewesen
und tatsächlich schon die Unruhe selbst gewesen war, wie ich sagen muß.
Er sagte zum Burgschauspieler, daß es ihn, den Auersberger, wundere, daß
sich so wenige Burgschauspieler umbrächten, wo sie doch allen Grund
dazu hätten. Der Auersberger war, noch während er das sagte, in ein
Gelächter ausgebrochen, über das, was er gerade gesagt hatte, was allen
anderen aber nur peinlich gewesen war, denn sie straften ihn sozusagen
mit ihren Blicken, ich selbst hatte auch kurz aufgelacht und gedacht, daß
an dem Auersberger, so widerlich er sich immer gibt, doch ab und zu ein
gewisser komödiantischer Witz ist, der selbst mich, der ich für Witze an
sich nicht immer aufgelegt bin, zum Lachen bringt. Wie meinen Sie das?
hatte der Burgschauspieler dann den Auersberger gefragt. Ganz einfach,
antwortete der Auersberger dem Burgschauspieler, wenn die Burgschauspieler sehen würden, wie miserabel sie Theater spielen, müßten sie sich
doch alle umbringen. Mit Ausnahme Ihrer Person, sagte der Auersberger
und leerte sein Glas. Ja, wissen Sie, sagte darauf der Burgschauspieler,
wenn Sie eine solche Ansicht vom Burgtheater haben, warum gehen Sie
denn dann überhaupt hin? Worauf der Auersberger sagte, daß er schon
zehn Jahre nicht mehr im Burgtheater gewesen sei. Die Auersberger verbesserte ihren Mann aber augenblicklich und meinte, sie sei mit ihm erst
vor zwei Wochen *im Verschwender* gewesen. *Achja, im Verschwender*, sagte

darauf der Auersberger, *in einer so schlechten Vorstellung, daß es mir den Magen umgedreht hat und daß ich sie auch gleich wieder vergessen habe.* Der Burgschauspieler hatte nicht gleich gewußt, wie er auf den Auersberger reagieren solle. Das Burgtheater hat immer Feinde gehabt, wie alles, das letztenendes doch das Beste ist, sagte er. Das Burgtheater ist immer vor allem von denen angefeindet worden, die unbedingt an das Burgtheater wollten, die das Burgtheater aber abgelehnt hat. Alle Schauspieler, die nicht am Burgtheater engagiert sind, sagte der Burgschauspieler, schimpfen solange auf das Burgtheater, bis sie am Burgtheater engagiert werden. Das war immer so. Das Außerordentliche zieht immer Feindschaft auf sich, sagte er. Der Burgtheaterhaß ist ein alter Hut der Wiener, sagte er, wie der Staatsopernhaß. Selbst die Theaterdirektoren hassen das Burgtheater und verspotten es solange, bis sie es selbst durch fortgesetztes gemeines, skrupelloses Betreiben dahin, zum Burgtheaterdirektor, gebracht haben, sagte er. Neinnein, sagte der Burgschauspieler dann, wo sehen Sie denn eine solche *Wildente*, wie die, die wir gerade im Akademietheater spielen, nirgends, da können Sie hingehen, wo Sie wollen, eine solche *Wildente* wird nirgendwo gespielt. Nirgendwo, sagte der Auersberger darauf, wenn Sie doch selbst gerade vorher gesagt haben, daß diese *Wildente* im Akademietheater mißglückt ist, daß nur Ihr Ekdal gelungen sei, wie die Kritiker schreiben, Ihr Ekdal ein grandioser Ekdal ist, die Aufführung aber überhaupt nichts wert. So kann man es auch nicht sagen, sagte der Burgschauspieler darauf, man kann nicht sagen, diese *Wildente* ist nichts wert, wenn sie auch mißglückt ist. Aber selbst diese mißglückte *Wildente* ist noch *um vieles besser, als alle andern Wildenten, die ich jemals gesehen habe, und ich habe alle Wildenten, die in den letzten Jahrzehnten aufgeführt worden sind, gesehen.* Ich habe die *Wildente* seinerzeit in Berlin gesehen, *die erste Nachkriegswildente,* sagte der Burgschauspieler, in der *Freien Volksbühne,* aber auch die *Wildente* im *Schillertheater.* Lauter mißglückte Aufführungen, sagte der Burgschauspieler, auch in München und in Stuttgart. Das deutsche Theater wird doch nur von ganz inkompetenten Leuten gelobt, die selbst nicht wissen, was das Theater überhaupt ist. *Alles Modejournalismus* unausgegorener Leute, sagte der Burgschauspieler. Neinnein, diese *Wildente* im Akademietheater ist die beste *Wildente,* die ich jemals gesehen habe und ich bin nicht voreingenommen, sagte er, wenn ich auch in dieser *Wildente* den Ekdal spiele, sie ist mit Abstand die beste *Wildente.* Ich habe einmal die *Wildente* in Stockholm gesehen, sagte der Burgschauspieler, *Vildanden* heißt die *Wildente* auf schwedisch. Sie gefiel mir gar nicht. Ich glaubte, nach Stockholm reisen zu müssen, *um die beste Wildente zu sehen, die zu sehen ist*, aber diese *Wildente* war eine einzige Enttäuschung. Es ist nicht so, daß die nordischen Theater die nordischen Stücke am besten spielen. Ich habe einmal eine *Wildente* in Augsburg gesehen, die hat mir viel besser gefallen. Natürlich hängt in der *Wildente* alles vom Ekdal ab. Ist der Ekdal schlecht, ist das ganze Stück schlecht, ist die ganze Aufführung schlecht. Glauben Sie ja nicht, daß Sie in Salzburg oder in Wien den idealen Mozart zu hören und zu sehen bekommen. Diesem Irrtum verfallen die Leute immer, daß sie glauben, da, wo die Stücke herkommen, werden sie auch am besten aufgeführt, nein gar nicht, ganz im Gegenteil. Ich habe einmal einen Molière in Hamburg gesehen, wie er in Paris niemals gespielt worden ist. Und einen Shakespeare in Köln, der alle englischen Shakespeareaufführungen weit in den Schatten gestellt hat. Natürlich können Sie nur hier in Wien einen guten Nestroy sehen, sagte der Burgschauspieler, worauf der Auersberger sagte, *aber doch nicht auf dem Burgtheater*. Worauf der Burgschauspieler sagte, *da mögen Sie recht haben. Da muß ich Ihnen recht geben. Auf dem Burgtheater ist noch nie ein guter Nestroy gelungen. Aber wo gelingt schon ein guter Nestroy, doch nicht im Volkstheater, wo er hingehörte. Natürlich nicht im Volkstheater*, sagte der Auersberger. *Im Karltheater*, sagte der Auersberger, *aber das Karltheater ist schon vor beinah dreißig Jahren abgerissen worden*. Ja, sagte der Burgschauspieler, das ist schade, daß das Karltheater abgerissen worden ist. In gewisser Weise haben sie, indem sie das Karltheater abgerissen haben, gleich den Nestroy mit abgerissen, meinte der Burgschauspieler nicht ohne Witz und meinte damit die stumpfsinnigen Verantwortlichen der Wiener Stadtverwaltung, die so gut wie alle abgerissenen Theater in Wien auf dem Gewissen haben. Nach dem Krieg sind mehr als die Hälfte der Wiener Theater abgerissen worden, sagte der Auersberger. Ja, und aus fadenscheinigen Gründen, meinte der Burgschauspieler darauf. Die besten Theater sind abgerissen worden, sagte der Auersberger. Leider, leider, sagte der Burgschauspieler, wie recht Sie haben. In Wien wird immer das Beste abgerissen, sagte der Auersberger, die Wiener reißen immer das Beste ab, aber sie merken nicht, wenn sie das Beste abreißen, daß sie das Beste abreißen, sie merken es immer erst, nachdem sie es schon abgerissen haben, das Beste. Die Wiener sind insgesamt Abreißer, sagte der Auersberger, Abreißer und Niederreißer. Wie recht Sie haben, sagte der Burgschauspieler und hatte zu essen aufgehört, sich aber noch ein Glas Wein einschenken lassen von der Auersberger. Ist in Wien ein Gebäude besonders schön, wird es mit Sicherheit in Kürze abgerissen, sagte der Burgschauspieler. Gleich, ob es sich um ein Gebäude handelt oder um eine Institution, die besonders schön oder besonders gelungen sind, die Wiener geben nicht eher Ruhe, als bis dieses Gebäude oder diese Institution abgerissen ist. Und mit Leuten machen es die Wiener genauso, sagte der Burgschauspieler, sie können nicht sehen, daß einer gut ist, daß einer bedeutend ist, sie reißen ihn von einem Tag auf den andern nieder, wie ein Denkmal, von dem sie aufeinmal gar nicht mehr wissen, daß sie selbst es aufgestellt haben. *Mein Ekdal ist in gewisser Weise philosophisch gesehen*, sagte der Burgschauspieler. *Aber wenn man die Schriften über Ibsen liest, wird man nicht gescheiter, im Gegenteil, sie machen einem nur einen verrückten Kopf. Und mit einem verrückten Kopf kann man nicht an eine so heikle Rolle herangehen*, sagte der Burgschauspieler. Der junge Werle, der Gregers, sagte der Burgschauspieler, das wäre eine Rolle für mich gewesen vor dreißig Jahren, vielleicht auch noch vor zwanzig. Den hätte ich gar zu gerne gespielt, sagte der Burgschauspieler, aber immer, wenn es so weit war, ist die *Wildente* abgesetzt worden. Der Gregers hätte mir ja noch mehr entsprochen, sagte der Burgschauspieler und schaute sich in der Runde um. Ich hatte den Eindruck, daß, außer der Jeannie Billroth, die ja gerade zugegeben hatte, daß sie die *Wildente* erst kürzlich gelesen und gesehen hat, niemand wußte, wovon der Burgschauspieler eigentlich sprach. Der Gregers wäre es gewesen im Grunde, nicht der Ekdal, sagte der Burgschauspieler und alle am Tisch wußten mit Sicherheit nicht, was er meinte, wovon er sprach. Tatsächlich, der Gregers war mein Traum. Ich hatte ein Angebot, den Gregers in Düsseldorf zu spielen, aber ich hatte abgelehnt damals, weil ich nicht aus Wien weg wollte. Wer weiß, wenn ich nach Düsseldorf gegangen wäre, um dort den Gregers zu spielen, hätte ich möglicherweise mein Burgtheaterengagement verloren. Ich mußte ja froh sein, Burgschauspieler geworden zu sein, sagte er. Aber es tat mir doch lebenslänglich leid, auf den Gregers verzichtet zu haben. Nur einmal ist mir der Gregers angeboten worden. Immer habe ich gedacht, eines Tages spiele ich den Gregers. Aber es ist nicht mehr dazu gekommen. Wenn wir einmal eine solche Chance ausschlagen, sagte der Burgschauspieler, kommt sie kein zweites Mal. *Psychologisches Theater*, sagte der Burgschauspieler dann und lehnte sich zurück, nachdem ihm eine Zigarre angeboten

worden war von der Auersberger und er sich diese Zigarre selbst angezündet hatte, es mehr oder weniger schroff abgelehnt hatte, sich die Zigarre
anzünden zu lassen, wozu die Auersberger schon bereit gewesen war. Wir
wollen immer das Höchste, erreichen es aber dadurch, daß wir es wollen,
nicht, sagte der Burgschauspieler und er sagte diesen Satz so, als wäre er gar
nicht von ihm, sondern ein Zitat gewesen, möglicherweise aus irgendeinem Stück. Während er jetzt den Ekdal mit so großem Erfolg spiele,
bereite er sich schon auf die nächste Rolle vor, sagte er. Ein englisches
Stück, sagte er, ein englischer Regisseur komme aus London nach Wien,
die Proben begännen schon die kommende Woche. Englisches Konversationsstück, aber kein Oscar Wilde, sagte er, neinnein. Auch kein Shaw.
Natürlich nicht. *Zeitgenössisches!* rief er aus, *Zeitgenössisches!* Zum Lachen,
aber tiefgründig! Theatermilieu übrigens. Er spiele einen Schriftsteller, der
in den Hochadel eingeheiratet habe. Nicht unbedingt allererste Klasse,
sagte er, aber unterhaltsam und nicht dumm, durchaus nicht dumm, ganz
einfach die englische Art: viel Unterhaltung, wenig Kopfzerbrechen, sagte
er. Schlampige Übersetzung, sagte er, aber ich stutze mir den Text schon
zurecht. *Wenn wir nur einen Dichter hätten!* rief der Burgschauspieler
plötzlich aus, *aber wir haben keinen,* in ganz Deutschland haben wir keinen, ganz zu schweigen von Österreich, nicht zu reden von der Schweiz.
So kommen immer nur Ausländer auf die Bühne, Engländer, Franzosen,
Polen, sagte der Burgschauspieler. Es ist ein Jammer, lamentierte er. In
zwanzig Jahren nicht ein einziges lesenswertes Stück, sagte er. Die dramatischen Talente in deutscher Sprache sind ausgestorben, sagte er und
lehnte sich zurück und blies den Zigarrenrauch gegen den Auersberger,
der daraufhin zu husten anfing. Wahrscheinlich ist unsere Zeit keine Zeit
für Stückeschreiber, sagte er. Taucht ein Talent auf, stellt sich nach kurzer
Zeit heraus, daß es gar keines ist, sagte er. Was für ein Dreck doch von der
Presse gelobt wird, sagte er. Unglaublich, was alles heute als Talent bezeichnet wird, überhaupt, was heute für dramatische Kunst gehalten wird.
Es war widerlich, was er sagte. Wissen Sie, das ahnen Sie ja nicht, was es
heißt, mit unbegabten Menschen auf die Probe zu müssen und sich wochenlang und unter Umständen monatelang abplagen zu müssen. Die
jungen Leute auf dem Theater sind heute alle verzogen, sagte er, die
Zeitungen schreiben alle Augenblicke, diese jungen Leute seien talentiert,
sie seien Genies, während sie doch nichts anderes als unbegabt sind, tatsächlich nicht das geringste Talent haben und das Hervorstechendste an

ihnen doch nur die Faulheit ist. Wie ja überhaupt diese heutige Jugend
durch und durch *verzogen ist, verwöhnt worden ist auf die dümmste Weise*,
sagte der Burgschauspieler. Gerade während der Wildentearbeit habe ich
gesehen, wo es dieser Jugend fehlt. Disziplinlosigkeit, oberstes Prinzip
anscheinend, sagte der Burgschauspieler. Aber der Gregers ist doch ganz
hervorragend, sagte die Jeannie Billroth jetzt, worauf der Burgschauspieler
entgegnete, alle sagen sie, dieser Gregers sei gut, ich verstehe nicht, was die
Leute an diesem Gregers finden, ein durchschnittlicher Gregers, wie ich
finde, ganz und gar ein durchschnittlicher Gregers, sagte der Burgschauspieler, geradezu eine Fehlbesetzung. Da nur die Schriftstellerin Jeannie
die *Wildente* im Akademietheater gesehen hatte und die übrigen überhaupt nicht gewußt hatten, was die *Wildente* eigentlich ist, erst mit der
Zeit, daß es sich um ein Theaterstück handle, waren sie zum Schweigen
verurteilt, ab und zu nickten sie, schauten direkt in das Gesicht des Burgschauspielers oder augenblicklich von diesem weg auf die Tischdecke,
oder ganz einfach in ihrer Ausweglosigkeit in ihr Gegenüber; sie hatten gar
keine Chance, sich an dem zu beteiligen, das der Burgschauspieler zum
besten gegeben hat, deshalb so ungeniert, weil ihn kein Mensch daran
gehindert, im Gegenteil, die Auersberger ihn immer wieder dazu aufgefordert hatte, zu reden, und da er gerade aus der *Wildente* gekommen war,
redete er naturgemäß andauernd von der *Wildente* im Akademietheater
und ihren Zusammenhängen. Es sei ja auch ein Wunder, daß die *Wildente*
in Wien angesetzt worden ist, mehrere Male sagte er *angesetzt worden ist*,
denn in Wien sei, *die Wildente ansetzen, ein Wagnis*. Schließlich sei die
Wildente ein modernes Stück, sagte er, er entblödete sich nicht, das zu sagen
über ein Stück, das gerade hundert Jahre alt geworden war und auch noch
nach hundert Jahren so großartig ist wie zur Zeit seiner Entstehung, aber
es als modern zu bezeichnen, ist doch ein Unfug. Dem Wiener Publikum
die *Wildente* vorzusetzen, sei nicht nur ein *Wagnis*, sagte der Burgschauspieler, es sei *ein ganz großes Risiko*. Die Wiener gingen ganz einfach *mit
der Moderne*, wie er sich ausdrückte, *nicht mit*, seien niemals mit der
sogenannten Moderne mitgegangen und gingen am liebsten immer wieder nur in die klassischen Stücke und die *Wildente* sei kein klassisches
Stück, sondern ein modernes, allerdings, meinte er, könne es sein, daß die
Wildente einmal ein klassisches Stück *werde*, daß Ibsen ein Klassiker *werde*,
wie Strindberg, sagte der Burgschauspieler. Er habe manchmal das Gefühl, Strindberg sei der größere Dramatiker, nicht Ibsen, ebenso manch-

mal aber auch das Gefühl, daß es sich genau umgekehrt verhalte, daß Ibsen Strindberg überlegen sei, daß Ibsen mehr Aussicht darauf habe, einmal Klassiker zu sein, als Strindberg. Einmal denke ich, das *Fräulein Julie* ist es, dann wieder, ein Stück wie die *Wildente* ist es. Aber wenn wir auf Strindberg zuviel geben, sagte er, machen wir uns an Ibsen schuldig, wie wir uns an Strindberg schuldig machen, wenn wir auf Ibsen zuviel geben. Er persönlich, sagte er, liebe *die nordische Art zu dichten, Theater zu machen.* Er habe auch Edvard Munch immer geliebt, *den Schrei habe ich immer geliebt,* sagte er, *den Schrei, den Sie doch alle kennen,* sagte er, *was für ein außerordentliches Kunstwerk.* Ich bin extra nach Oslo gefahren, um mir den Schrei anzuschauen, sagte er, damals, wie der Schrei noch in Oslo gewesen ist. Das heißt nicht, daß ich eine Vorliebe für die skandinavischen Länder hätte, sagte er. Ich hatte dort immer Sehnsucht nach dem Süden, wenigstens nach Deutschland, sagte er. Stockholm, was für eine öde Stadt, ganz zu schweigen von Oslo, enervierend, sagte er, nervenzerstörend. Kopenhagen, nun ja. Die jungen Schauspieler drängen an die Burg, sagte er und werden, auch wenn sie kein Talent haben, aufgenommen, weil sie Beziehungen haben, weil einer ihrer Onkel Verwaltungsdirektor der Volksoper oder Beamter der Bundestheaterverwaltung ist, sagte er. Eine Tante sitzt im Unterrichtsministerium und der Neffe wird gleich nach dem Reinhardtseminar an die Burg engagiert, sagte der Burgschauspieler, obwohl er nicht das geringste Talent hat. Dann sitzen diese Zwanzigjährigen in den Proberäumen herum und verstellen einem überall den Weg und sind nichts als ärgerlich. *Bestenfalls Halbbegabungen,* sagte der Burgschauspieler, die nur verkümmern mit der Zeit auf unserer ersten Bühne, und den wirklich begabten den Platz wegnehmen. Ich kann einem wirklich begabten jungen Menschen nur raten, niemals an das Burgtheater zu gehen, denn dann geht er schon gleich am Anfang seiner Entwicklung direkt in seine totale Zerstörung hinein, sagte der Burgschauspieler, und nahm sich von der Mehlspeise, einem sogenannten *Mohren im Hemd,* von welchem ich nur einen einzigen Bissen gegessen und mir dabei gedacht habe, daß ein solcher *Mohr im Hemd* viel zu schwer ist für ein so spätes Nachtmahl. Die andern aßen aber alle ihren *Mohren im Hemd* auf, auch der Burgschauspieler, der, nachdem er schon die Hälfte seines *Mohren im Hemd* gegessen hatte, wieder auf die *Wildente* zurückgekommen war. Eigentlich hätte ich *Wallenstein* spielen sollen, ursprünglich sogar in dem neuen *Calderón,* aber daraus ist nichts geworden, gottseidank, muß ich jetzt sagen. Ich selbst habe nicht an einen solchen Erfolg gedacht, *an einen so durchschlagenden Erfolg,* sagte der Burgschauspieler. *Die Wildente* im Akademietheater und ein Erfolg, er selbst sei *der total Überraschte.* Im April mache ich meine obligate Spanienreise, sagte er, Andalusien, Sevilla, Granada, Ronda, sagte er und aß seinen *Mohren im Hemd* auf. *Meine spanische Sehnsucht,* sagte er, noch den letzten Bissen seines *Mohren im Hemd* im Mund; es war beinahe unverständlich, was er mit vollem Mund gesagt hatte, auch noch, als er, über sich selbst erschrocken, sagte, verzeihen Sie, und den Mohren-im-Hemd-Bissen hinunterwürgte. In den letzten Jahren habe ich mir angewöhnt, eine Spanienreise zu machen, habe sozusagen Italien den Rücken gekehrt. Spanien ist noch ein unberührtes Land, große Teile betreffend, *karg,* sagte er und wischte sich nicht nur den bärtigen Mund, sondern auch gleich den ganzen Bart und die Stirn mit der Serviette ab. Karl der Fünfte, Prado, sagte er und schaute sich um. *Ich bin ja kein Kunstkenner,* sagte er, *nur ein Kunstliebhaber, das ist der Unterschied.* Allein wenn ich an Italien denke, wird mir übel, sagte er, dagegen habe ich direkt ein Lustgefühl bei dem Gedanken an Spanien. In Italien schreit alles mehr oder weniger zum Himmel, sagte er, in Spanien gibt es noch diese Geschichtskargheit, diese Geschichtsruhe, wissen Sie. Ein Schauspieler tut gut daran, einmal im Jahr eine größere Reise zu unternehmen, aber es muß ja nicht Afrika sein, auch nicht die Karibik muß es sein, für mich ist es Spanien, insbesondere das der Mancha, das mich regeneriert. Und ob Sie es glauben oder nicht, sagte er, ich habe eine große Vorliebe für den Stierkampf. *Eine Hemingwayähnlichkeit,* sagte er, *tatsächlich eine Hemingwayähnlichkeit.* Aber ich bin nicht ein solcher Romantiker, wie Hemingway einer gewesen ist, doch mehr Verstandesmensch, sagte der Burgschauspieler, ich habe keine romantisch-amerikanische Auffassung vom Stierkampf, ich habe eine mehr wissenschaftliche Betrachtungsweise. Das Abgründige ist ja nicht romantisch, sagte er. Alles Abgründige ist nicht romantisch. Ja, sagte er plötzlich, der Selbstmord ist eine Modekrankheit unserer Zeit. *Ich* bin kein Selbstmordtypus. *Joana, ein spanischer Name,* zweimal sagte er, *Joana, ein spanischer Name,* dann lehnte er sich zurück und wollte vom Auersberger wissen, ob seine letzte Kantate schon gedruckt sei, die *Universaledition druckt doch alle Ihre Kompositionen,* sagte der Burgschauspieler. Der Auersberger sagte *ja, sie hat auch meine letzte Kantate gedruckt.* Wird Ihre Kantate auch in Wien aufgeführt? fragte der Burgschauspieler und der Webern-Nachfolger Auersberger antwortete, *wahrscheinlich nein*, denn in Wien könne seine *komplizierte Kantate* nicht erstklassig besetzt werden. *Weder im Konzerthaus, noch im Musikverein*, sagte der Webern-Nachfolger Auersberger mit hocherhobenem Kopf. *In ganz Österreich gibt es keinen Flötisten, der das spielen kann*, sagte der Auersberger. Aber in London ist es doch eine sehr gute Aufführung gewesen, wie ich höre, meinte der Burgschauspieler. *Ja*, sagte der Webern-Nachfolger Auersberger, *in London allein* sei es möglich, seine Kantate *so* aufzuführen, wie er, der Auersberger, sich das vorstelle, *ideal*, und die Auersberger sagte gleich darauf auch *ideal*, beide sagten mehrere Male das Wort *ideal*, als ob aufeinmal *alle* das Wort *ideal* gesagt hätten, nur die Jeannie Billroth nicht. Die saß da und beobachtete mich die ganze Zeit, während der Burgschauspieler gesprochen hatte und es war diese ganze Zeit nichts anderes, als Haß gegen mich in ihr gewesen. Daß ich ihr vor dreißig und noch vor fünfundzwanzig Jahren Gedichte von Éluard vorgelesen und ihr gleichzeitig die Fußsohlen gekrault habe auf ihrem Sofa, war jetzt schon unvorstellbar, ihr Molièreszenen vorgespielt habe in ihrem Schlafzimmer, während sie mehr oder weniger nackt auf ihrem Bett gesessen war, immer wieder diese kurzen Molièreszenen, die sie von mir verlangt hat, nachdem ich sie offensichtlich mit meinen Joyce- und Valéryvorlesungen gelangweilt gehabt hatte, ihr jene Briefe vorgelesen habe, die ihr der sogenannte Ernstl aus dem Salzkammergut geschrieben hatte; sie hatte diese Briefe, *die vertraulichsten*, wie sie immer gesagt hatte und die sich denken lassen, nur von mir vorgelesen hören wollen, dachte ich jetzt, während sie mich, wie gesagt wird, *mit ihren Blicken durchbohrte*. Daß ich ihr stundenlang aus einem ihrer Romane vorgelesen habe, was sie genauso stundenlang in höchstem Grade befriedigt, wie mich enerviert hat und daß ich jener gewesen bin, dem der Titel zu diesem ihrem Roman eingefallen ist, nämlich *Die Wildnis der Jugend*, unter welchem Titel dieser Roman auch später erschienen ist, unglücklicherweise, dachte ich. Daß ich mit der Jeannie stundenlang im Prater spazierengegangen bin, mit ihr sogar einmal auf dem Riesenrad gefahren bin, während ich mit ihr über Pavese, Ungaretti und Pirandello gesprochen habe, mehrere Male in Kagran mit ihr gewesen bin, in Kaisermühlen, weil es mich mit ihr immer über die sogenannte Reichsbrücke und also ans nördliche Donauufer getrieben hat, dachte ich. Daß sie *der erste Kunstmensch* gewesen ist, den ich nach meinem Hochschulabschluß in Salzburg in Wien kennen gelernt habe, dachte ich. Daß *sie* die erste gewesen ist, der ich in Wien *meine*

Gedichte vorgelesen habe und die diese Gedichte nicht gleich, wie ich es
von zuhause gewohnt gewesen war, abgelehnt hat, die mir also, wie gesagt
werden kann, als erste literarischen Mut gemacht hat, gleich aus was für
einem Grund, dachte ich jetzt. Daß ich die Jeannie Billroth einmal geliebt
habe und jetzt schon länger als zwanzig Jahre hasse, wie umgekehrt sie
mich. Die Menschen treffen aufeinander und gehen eine Freundschaft
ein, halten diese Freundschaft jahrelang nicht nur aus, sondern intensivieren sie bis zum Zerreißen und hassen sich fortan jahrzehntelang, unter
Umständen lebenslänglich, dachte ich. Jahrelang bin ich ja auch zur
Jeannie Billroth gegangen, dachte ich, während der Burgschauspieler jetzt
aufeinmal Anekdoten zum besten gab, sogenannte Theateranekdoten, wie
sie in Wien beliebt sind und jede Wiener Gesellschaft, die sonst an ihren
Lähmungserscheinungen sehr bald abzusterben drohte, am Leben erhalten. Die meisten Wiener Gesellschaften halten sich nur deshalb über ein
paar abendliche Stunden, weil in ihnen fortwährend diese Theateranekdoten aufgetischt werden, so auch diese Gesellschaft in der Gentzgasse, die
sich als *künstlerisches Abendessen* deklariert hat, dachte ich. Die Jeannie
Billroth ist es schließlich gewesen, durch die ich die Auersberger, durch die
ich schließlich auch die Joana kennen gelernt habe, dachte ich. Und die
sogenannte Philosophennichte Jeannie Billroth habe ich durch einen Philosophen kennen gelernt, der mit meinem Großvater befreundet gewesen
war und den ich damals, vor dreißig Jahren, in höchster Not und schon
fast am Verhungern, wie ich sagen muß, in der Hietzinger Maxinggasse
aufgesucht habe. Damals war auch die Hietzinger Maxinggasse meine
Rettung gewesen, sagte ich mir, das sogenannte *Johannstraußhaus*, in welchem dieser mit meinem Großvater befreundete Philosoph gewohnt hat
als Bruder eines Fagott und Horn blasenden Philharmonikers. Wie es mir,
nachdem ich in Wien angekommen bin ohne einen Groschen, zum Verhungern und tatsächlich zum Selbstabtöten gewesen war, war ich doch
mit letzter Kraft bis in die Maxinggasse gekommen, bis zu jener Adresse,
die mir von meinem Großvater bekannt war und von welcher ich Rettung
erhoffte, letztmögliche Existenzerrettung, dachte ich jetzt wieder, und die
Maxinggasse hatte mich gerettet, zuerst mit einem Schluck Milch, dann
mit einem Abendessen und schließlich mit der Vermittlung an eine
Schriftstellerin auf der Linken Wienzeile, die mich ihren Keller an der
Kettenbrücke hatte ausräumen lassen und mir dafür soviel Geld gegeben
hat, daß ich mich davon drei Tage über Wasser halten hatte können.

Durch diese Schriftstellerin habe ich die Jeannie Billroth kennen gelernt, dachte ich jetzt, durch diese frühverstorbene Dichterin, von welcher ich damals ein paar Gedichte gelesen habe, die auf mich nicht ohne Wirkung geblieben sind. Daß ich mit der Jeannie sehr oft in Kilb gewesen bin, dachte ich, um mit ihr gemeinsam die Joana aufzusuchen; gemeinsam mit der Joana und der Jeannie und dem Fritz haben wir in Kilb unter anderem auch immer wieder die *Eiserne Hand* aufgesucht, zum Essen, zum Trinken, zum Kartenspiel, *zur Ausgelassenheit*, dachte ich. Die Jeannie ist es schließlich gewesen, die mich mit fast allen großen Schriftstellern des Zwanzigsten Jahrhunderts bekannt gemacht hat, sie mir also zum Lesen gegeben hat, die Jeannie von damals, dachte ich, nicht die, die jetzt mir gegenüber saß und mich schweigend haßte, dafür, daß ich mich ihr eines Tages entzogen habe, um nicht von ihr verschlungen zu werden, wie ich jetzt wieder dachte. Hätte ich mich der Jeannie nicht entzogen, sozusagen auf dem Höhepunkt meiner Beziehung zu ihr, ich wäre unweigerlich von ihr verschlungen und also vernichtet worden, denke ich. So bin ich von einem Tag auf den andern nicht mehr zu ihr gegangen, sie hatte auf mich gewartet, vergeblich. Hunderte Nachmittage, in welchen ihr Ernstl in seinem sogenannten *Chemischen Institut* gearbeitet hat, habe ich bei ihr verbracht, hinter zugezogenen Vorhängen ihr die großen Werke der großen Schriftsteller des Zwanzigsten Jahrhunderts vorlesend oder ihr zuhörend, wenn sie mir diese großen Werke der großen Schriftsteller des Zwanzigsten Jahrhunderts vorgelesen hat, dachte ich jetzt. Um dann, wenn ihr Ernstl nachhause gekommen ist, mit den beiden ein sogenanntes *kaltes Nachtmahl* oder ganz einfach ein zum wiederholten Male aufgewärmtes und dadurch unübertrefflich gutes Gulasch zu essen. Und wenn der Ernstl müde war und sich schon ins Bett gelegt hatte, verlangte sie von mir, daß ich ihr nocheinmal Joyce vorlese oder Saint-John Perse oder die Virginia Woolf, solange, bis ich vollkommen erschöpft gewesen war, dachte ich jetzt. Und ich bin von der Jeannie auch immer erst gegen zwei Uhr früh nachhause gegangen, den Kopf voller Weltliteratur durch die Radetzkystraße am Donaukanal entlang bis nach Währing. Wir hängen uns jahrelang an einen Menschen, dachte ich, der Jeannie jetzt ins Gesicht schauend, sind von diesem uns faszinierenden Menschen vollkommen abhängig schließlich und ihm nicht nur mit Haut und Haaren, wie gesagt wird, verfallen, sondern ihm tatsächlich vollkommen ausgeliefert, wenn wir ihn verlassen, wie wir glauben und wie ich damals geglaubt habe,

erledigt und gehen doch eines Tages nicht mehr hin, geben gar keinen
Grund an, warum, suchen ihn nicht mehr auf, diesen Menschen und
meiden ihn von da an, fangen an, ihn zu verachten, ja zu hassen, treffen ihn
nicht mehr. Und dann treffen wir ihn und kommen in eine fürchterliche
Erregung hinein, dachte ich jetzt, und können dieser Erregung nicht Herr
werden. Alle diese auf dem Begräbnis in Kilb angetroffenen Leute sind mir
mehr oder weniger gleichgültig gewesen, dachte ich jetzt, selbst die auersbergerischen Eheleute, aber daß ich die Jeannie getroffen habe, hat mich
doch vom ersten Moment an aufgeregt. An alle hatte ich gedacht, wie ich
nach Kilb gefahren bin, nur nicht an die Jeannie und naturgemäß nicht an
die *fürchterliche Tatsache eines Zusammentreffens* mit ihr. Da war sie und
gab mir sogar die Hand auf dem Kilber Friedhof, hatte sogar ein Lächeln
für mich übrig gehabt, dachte ich jetzt, aber ein mehr oder weniger *vernichtendes*. Aber möglicherweise war ich ihr mit einem ebensolchen
vernichtenden Lächeln auf dem Kilber Friedhof begegnet. Ich haßte sie,
wie sie am offenen Grab stand und da ihre Lebensfreundinnenrolle spielte, dachte ich jetzt, so nahe an das Grab herangegangen war, wie kein Anderer, mit raffinierter Handbewegung ihre Erde aus der Kirchendiener-
schaufel in die offene Grube geworfen hat. Bevor sie mich umbringt, habe
ich damals, vor bald dreißig Jahren, gedacht, entziehe ich mich ihr, gehe
ich nicht mehr in ihre Wohnung und ich hatte mich, wie gesagt werden
kann, *aus dem Staub gemacht.* Ich war aber nicht, wie es den Anschein
haben könnte, schäbig gewesen, ich hatte aus Notwehr gehandelt, aus
Überlebensangst, dachte ich jetzt und gab mir auch gleich eine Entschuldigung, die ich von niemand anderem als von mir selbst erwarten konnte,
auch nicht forderte. Wir treffen auf einen Menschen im richtigen Zeitpunkt und nehmen alles für uns Wichtige von diesem Menschen auf,
dachte ich und verlassen diesen Menschen wieder zum richtigen Zeitpunkt, dachte ich. Ich bin genau im richtigen Zeitpunkt mit der Jeannie
Billroth zusammengetroffen und habe sie zu demselben richtigen Zeitpunkt wieder verlassen, dachte ich. Wie ich immer alle zu dem genau
richtigen Zeitpunkt wieder verlassen habe, dachte ich jetzt. Wir folgen
dem Geisteszustand eines Menschen wie der Jeannie, ihrem Gefühls- und
Geisteszustand und nehmen eine Zeitlang nur diesen Geistes- und Gefühlszustand in uns auf und wenn wir glauben, daß wir davon genug
aufgenommen haben und also davon genug haben, brechen wir die Beziehung zu diesem Menschen ab, wie ich die Beziehung zur Jeannie dann

einfach abgebrochen habe. Wir saugen aus einem solchen Menschen jahrelang alles heraus und sagen aufeinmal, er, dieser Mensch, den wir beinahe zur Gänze ausgesaugt haben, sauge *uns* aus. Und mit dieser Gemeinheit müssen wir dann lebenslänglich fertig werden, dachte ich jetzt. Und wie ich mich von der Jeannie getrennt hatte, bin ich sozusagen *mit fliegenden Fahnen zu den Auersbergerischen übergelaufen* und tatsächlich zur Joana, hatte mit der Jeannie, der ich damals beinahe alles verdankte, gebrochen, sie ganz einfach stehengelassen für die Auersbergerischen und für die Joana, zuerst zwei, drei Jahre für die mich sogleich faszinierenden Auersbergerischen, dann für die Joana, denn Tatsache ist ja, daß ich in dem Augenblick, in dem ich auch die Auersbergerischen stehengelassen habe, mich ihnen sozusagen entzogen habe, mich voll und ganz, wie ich sagen muß, auf die Joana gestürzt habe, also nach dem zuerst inneren, dann auch äußeren Aufgeben der Gentzgasse und Maria Zaals, auf den Sebastiansplatz, nachdem ich bei der Jeannie und durch die Jeannie die Literatur des Zwanzigsten Jahrhunderts kennen gelernt hatte, wie ich sagen muß, und diese Kenntnisse dann durch die Auersbergerischen mir auf das Unglaublichste hatte erweitern können, mir also durch die Jeannie und die Auersbergerischen die sogenannte Dichtkunst und vor allem die Dichtkunst des Zwanzigsten Jahrhunderts, aufeinmal kein Geheimnis mehr gewesen ist, habe ich mich auf die sogenannte *Bildende Kunst* gestürzt, habe ich mein ganzes Interesse auf diese sogenannte Bildende Kunst gerichtet und auf die *Schauspielerei* und naturgemäß, weil die Joana ja allein darin in ihrem eigentlichen Element gewesen ist, auf die *Bewegungskunst*, auf den *Tanz*, auf das *Choreographische*, dachte ich jetzt. Rückblickend habe ich also doch eine für mich *ideale Entwicklung* genommen, dachte ich jetzt, der Jeannie gegenüber sitzend, und ich dachte, ich habe mir diese Entwicklung genommen, also nicht, ich habe diese Entwicklung, die absolut eine ideale ist, genommen, sondern ich selbst habe mir diese ideale Entwicklung genommen, diese für mich ideale künstlerische Entwicklung, wie ich jetzt dachte. Und ich hatte Gefallen an diesem Gedanken vor allem wegen dieses mir aufeinmal selbst ganz geläufigen Begriffes der *künstlerischen Entwicklung*, denke ich. Meine Entwicklung hätte ja nicht idealer sein können, folgerichtiger, dachte ich jetzt, also zuerst auf die Schriftstellerin Jeannie Billroth, dann auf die Auersbergerischen und schließlich auf die Joana zu kommen und mit der Jeannie gleichzeitig auf ihren *chemischen Ernstl* und mit der Joana auf ihren Ta-

pisseristen Fritz; ich hätte keinen glücklicheren Weg als idealen Weg nehmen können, dachte ich jetzt. Und doch haßte ich jetzt die Jeannie, die,
mir gegenüber sitzend, auch mich haßte. Einen Haß haßte, der natürlich
genau zu analysieren wäre, wie ich dachte, aber den zu analysieren, ich
keinerlei Lust habe, wie ich dachte, den möglicherweise aber die Jeannie
für sich längst analysiert hat. Und ein solcher Mensch schreibt am Ende
eine wertlose sentimentale Prosa und genauso wertlose sentimentale Gedichte und ist am Ende ganz und gar in die allgemeine Senkgrube der
Kleinbürgerlichkeit hinein gefallen, dachte ich. Wir verehren einen Menschen und verehren ihn jahrelang, bis wir ihn plötzlich hassen und wir
wissen zuallererst gar nicht *warum*, dachte ich. Und wir empfinden es als
nichts anderes, als eine gemeine Unerträglichkeit, daß dieser Mensch, den
wir so lange verehrt, wenn nicht gar wirklich geliebt haben und der uns
sozusagen die Augen und die Ohren für alles und also die ganze Welt, und
vor allem für die künstlerische Welt geöffnet hat, am Ende eine so miserable eigene Kunst gemacht hat, einen fürchterlichen Dilettantismus betrieben hat selbst, während er ununterbrochen nur von dem *höchsten* und
von dem *allerhöchsten Anspruch* gesprochen und uns selbst in diesem höchsten und allerhöchsten Anspruch gelenkt und erzogen hat so viele Jahre.
Das verstehen wir ganz einfach nicht, daß ein solcher Mensch selbst am
Ende nur das Wertloseste und also Abstoßendste gemacht hat, dachte ich
jetzt und wir verzeihen ihm nicht, weil er uns dadurch ja tatsächlich
hintergangen und betrogen und uns diesen sogenannten allerhöchsten
Anspruch nur vorgemacht hat. Durch ihren eigenen Dilettantismus hat
dich die Jeannie hintergangen und betrogen, sagte ich mir, während ich
zuschaute, wie sie jetzt auch voller Abneigung und Haß, das über sich
ergehen ließ, das der Burgschauspieler noch immer zum besten gab, zurückgelehnt in seinem Sessel wie die Anderen, darauf wartend wahrscheinlich, wie ich dachte, daß die Auersberger die doch schon steife und starre
Tischgesellschaft auflösen und in das Musikzimmer zurückbitten wird.
Nichts ist mir widerwärtiger, als die Wiener ihre Anekdoten erzählen zu
hören und jetzt muß ich auch diese Perversität noch über mich ergehen
lassen, dachte ich. Wie eine Aufbahrungshalle empfand ich aufeinmal das
auersbergerische Speisezimmer, wahrscheinlich auch vor allem deshalb,
weil die Auersberger inzwischen das elektrische Licht vollkommen ausgedreht hatte und nurmehr noch die Empirelampen mit ihren echten
Wachskerzen auf dem Speisezimmertisch leuchteten. Von der ganzen

Speisezimmereinrichtung sah man jetzt nurmehr noch die Konturen, nicht mehr, wie pervers-schön es in Wirklichkeit war, zu schön, wie ich immer gedacht habe, also nurmehr noch seine traurig-theatralische Düsternis, die zu dieser ganzen Gesellschaft paßte, die jetzt tatsächlich nurmehr noch gespannt auf das Zeichen der Auersberger zum Aufbruch auf die bequemeren Sessel im Musikzimmer wartete, und in einer durch den Tod der Joana vor allem, aber auch durch die späte Stunde erzeugten Trauerstimmung mehr oder weniger, wie ich dachte, schon zu Boden gedrückt war. Tatsächlich hatte jetzt nicht einmal mehr der Burgschauspieler Lust, etwas zu sagen. Er lockerte sich die Krawatte, indem er sich den obersten Hemdknopf öffnete und etwas von frischer Luft murmelte, worauf die Auersberger sofort aufgesprungen ist, um ein Fenster zu öffnen. Sie öffnete das hofseitige Fenster, weil sie sich von da herein eine frischere Luft erwartete, als von der Straßenseite und ging ins Musikzimmer hinaus und kehrte von dort wieder ins Speisezimmer zurück und setzte sich wieder an den Speisezimmertisch. Alles habe sie der Joana zugetraut, nur nicht, daß die sich umbringt, sagte die Auersberger, nachdem sie sich wieder an den Speisezimmertisch gesetzt hatte. Der Burgschauspieler kam wieder auf seinen nach München gegangenen Kollegen zu sprechen, der *von Anfang an ein unglücklicher Mensch* gewesen sei, wie er sagte, alle diese Selbstmörder, sagte der Burgschauspieler, seien immer schon von Anfang an unglückliche Menschen, einmal mehr und einmal weniger unglücklich, aber doch immer unglücklich, schließlich bringen sie sich um, das sei in Wahrheit noch bei keinem eine Überraschung gewesen, meinte er. Er habe die Idee, daß die Joana den Burgschauspielern das Gehen beibringen sollte auf Betreiben der Bundestheaterverwaltung, damals als verrückte Idee empfunden. Die Bundestheaterverwaltungsbeamten kommen immer auf solche verrückten Ideen, sagte er, sie wollen solchen Leuten, wie der Joana, helfen, sagte er, aber kommen dabei nur auf eine verrückte Idee. Die Burgschauspieler können gehen, sie können auch stehen und sitzen und liegen, sagte er, er erinnere sich genau an Bemerkungen eines Wiener *Kritikasters*, so drückte er sich aus, die dieser Kritikaster in der *Presse* veröffentlicht habe, in welcher davon die Rede gewesen sei, daß die Burgschauspieler *nicht gehen und nicht sprechen* könnten oder *wenigstens nicht gleichzeitig gehen und sprechen*. Schreibt ein Kritiker einen solchen Unsinn, sagte der Burgschauspieler, greift ihn die Bundestheaterverwaltung sofort auf und engagiert jemanden, der den

Burgschauspielern gehen und sprechen beibringen solle, sagte er, sie haben ja auch eine *Sprechkraft* engagiert damals, damit die Burgschauspieler
sprechen lernen, absurd, so der Burgschauspieler. Aber wenn es unserer
lieben Toten geholfen hat, sagte der Burgschauspieler, hat es ja seinen Sinn
gehabt. Während der Burgschauspieler das gesagt hatte, war mir eingefallen, wie niederträchtig sich die Jeannie nach dem Begräbnis in Kilb benommen hat; wie sie nämlich, nachdem das Begräbnis zuende gewesen
war, zur Gemischtwarenhändlerin hingegangen ist und dieser einen Hundertschillingschein in die Hand gedrückt hat für die Telefonate, die die
Gemischtwarenhändlerin von Kilb aus mit ihr, der Jeannie, geführt habe,
um ihr, der Jeannie, den Tod der Joana mitzuteilen. Keine zehn Schritte
vom offenen Grab entfernt, hat die Jeannie der Gemischtwarenhändlerin
den Hundertschillingschein in die Hand gedrückt, dachte ich, auf die
geschmackloseste Weise den Hundertschillingschein ihr *so* in die Hand
gedrückt, daß sich die Gemischtwarenhändlerin hatte beleidigt fühlen
müssen und die durch diese abstoßende Handlungsweise der Jeannie auch
beleidigt gewesen ist, denn einem Menschen wie der Gemischtwarenhändlerin, fällt es niemals ein, für ein Telefonat, in welchem sie den Tod
ihrer Freundin sozusagen einer anderen Freundin der Toten mitteilt und
nichts als das, Geld abzuverlangen. Aber Geschmacklosigkeiten wie diese,
hat sich die Jeannie immer geleistet, dachte ich, sie ist dieselbe geblieben.
Aber nicht genug, ist die Jeannie, nachdem ich mit der Gemischtwarenhändlerin in die *Eiserne Hand* gegangen war nach dem Begräbnis, um mit
der Gemischtwarenhändlerin noch einmal über die Joana zu sprechen,
dort erschienen und hat die Unverfrorenheit gehabt, bei den in der *Eisernen Hand* anwesenden Begräbnisteilnehmern für den armen John zu betteln, der jetzt *allein dastehe* und der alles mit dem Begräbnis der Joana
Zusammenhängende *zu bezahlen habe*, der keinen Groschen Geld besitze,
aber für alles, Joanas Begräbnis Betreffende, aufkommen müsse; sie selbst
gebe als Erste und *fürs erste*, wie sie sagte, fünfhundert Schilling. Immer
hat sich die Jeannie als Samariterin aufgespielt, dachte ich jetzt und sich
dadurch bei mir abstoßend gemacht, denn es war kein echtes Samariter-
tum, von dem sie gelenkt war, immer nur eine widerliche Abart von mit
dem Sozialen spielender Inszenesetzung, die sie praktizierte. Sie hatte die
Eigenschaft, alle Andern ins Unrecht setzen zu wollen, lebenslänglich
einen schwankenden und schlechten Charakter und dazu war ihr immer
jedes Mittel recht gewesen, so auch in Kilb nach dem Joanabegräbnis. Sie

hatte sich nicht *entblödet*, wie gesagt werden kann, eine leere Zigarrenschachtel in die Hand zu nehmen und ihren eigenen Fünfhundertschil-
lingschein wieder hineinzulegen und damit von einem zum anderen Trauergast absammeln und also hausieren zu gehen, mit einem Ausdruck im
Gesicht, der Ohrfeigen, aber kein Geld für den möglicherweise tatsächlich
armen John verdient hätte. Von einem zum andern Trauergast ging sie, die
Zigarrenschachtel hinhaltend und genau darauf achtend, was für eine
Summe ihr Opfer hineinzulegen bereit gewesen war und schließlich hin-
einlegte. Alle hatten diesen Auftritt der Jeannie als geschmacklos empfunden und merkwürdigerweise war es gerade und ausgerechnet der Auersberger gewesen, der das auch ausgesprochen hat, dachte ich jetzt, denn er
sagte damals aufeinmal der Jeannie ins Gesicht, *wie geschmacklos, wie geschmacklos, wie geschmacklos du bist.* Tatsächlich hatte der Auersberger
dieses *wie geschmacklos,* zweimal wiederholt, also dreimal gesagt und ihr
einen Tausendschillingschein in die Zigarrenschachtel geworfen. Am
Ende war eine Summe von mehreren Tausenden von Schillingen und
einhundertzwanzig Pfund meinerseits in der Zigarrenschachtel gewesen
und die Jeannie ist an den Tisch getreten, an welchem der John und die
Gemischtwarenhändlerin und ich gesessen waren und hat die Zigarrenschachtel vor dem John auf dem Tisch umgekippt und dabei so getan, als
wäre es *ihr* Geld, also *ihr* Werk; ihr *geschmackloses Werk* ist das ja tatsächlich
gewesen, dachte ich jetzt, aber ihr Geld durchaus nicht, ihre Geschmacklosigkeit, aber nicht ihr Geld, hatte ich mir damals gesagt, mich aber
zurückgehalten, ihr das Wort ins Gesicht zu sagen, das ich schon auf der
Zunge gehabt habe, das zutreffende Wort *widerlich.* Die Virginia Woolf
von Wien, habe ich damals gedacht, die den John dazu benutzt hat, sich
wieder einmal in soziale Szene zu setzen und die diesen John damit in eine
der größten Verlegenheiten seines Lebens gestürzt hat; am liebsten hätte
der John sich damals, wie ich mich genau erinnere, unter dem Tisch in der
Eisernen Hand verkrochen, aber das war ihm nicht möglich. Leute wie die
Jeannie Billroth, die doch einmal wenigstens einen hohen Kunstverstand
gehabt haben, sind, was das reale Leben betrifft und also den realen Umgang mit Menschen, vollkommen instinktlos, dachte ich. Und es ist nicht
nur etwas daran an der Tatsache, daß sich die Jeannie im Laufe zweier
Jahrzehnte von einer möglicherweise ursprünglich sogar begabten, ja
durch und durch talentierten Künstlerin, zu einer kleinbürgerlichen skrupellosen Sozialheuchlerin scheußlichster Prägung entwickelt hat, dachte

ich jetzt. Aber diese Sozialheuchelei ist schon immer in ihr gewesen, dachte ich, nur war mir damals, vor dreißig und noch vor zwanzig Jahren, die ganze Widerwärtigkeit dieses Begriffs an ihr noch nicht in so deprimierender Weise aufgefallen wie heute, dachte ich, waren mir überhaupt damals ihre Schwächen und also generellen Übelkeiten nicht aufgefallen. Wir sehen lange Zeit nur eine Seite eines Menschen, weil wir eine andere gar nicht sehen wollen aus Selbsterhaltungstrieb, dachte ich, bis wir aufeinmal alle Seiten eines solchen Menschen sehen und davon abgestoßen sind, dachte ich. Über zwei Stunden bin ich in der *Eisernen Hand* gesessen, dann habe ich mich verabschiedet, nachdem kurz vorher die Jeannie mit den Auersbergerischen nach Wien zurückgefahren ist. Wieder sah ich jetzt diesen auftrumpfenden Fichtenkranz, an den eine silbrig-glänzende Schleife mit dem Aufdruck *Von Jeannie* geheftet gewesen war, den der Kirchendiener genau so auf den Blumenhaufen am offenen Grab gelegt hat, daß alle nur diesen einen Namen *Jeannie* zu Gesicht bekommen haben; nicht, daß ich glaube, die Jeannie habe den Kirchendiener dazu veranlaßt, ihren Kranz in das beste Licht zu rücken, das glaube ich wirklich nicht, aber die Tatsache, daß ausgerechnet der Kranz der *Jeannie* mit dem *Von Jeannie* von dem Kirchendiener in das beste Licht gerückt war, empfand ich doch als charakteristisch für den ganzen Auftritt der Jeannie in Kilb. Sie war auch die einzige gewesen, die mit den Einheimischen laut mitgebetet hat, was ich auch als beinahe unerträglich empfunden habe, wenn ich in Betracht ziehe, daß die Jeannie ja gar nicht katholisch ist und zur christlichen Religion wenigstens mir gegenüber immer nur eine heruntermachende Einstellung gehabt hat. Sie gab sich fromm, das war das in erster Linie Abstoßende an der Zeremonie, kein Anderer hatte sich in dieser widerlichen Weise fromm gegeben wie sie, dachte ich. Überhaupt war sie so aufgetreten in Kilb, als wäre *sie die beste Freundin der Joana* gewesen, während sie, wie ich weiß, in Wirklichkeit die Joana schon an die zehn Jahre vor deren Tod im Stich gelassen hat, sich von der Joana genau in dem Augenblick zurückgezogen hat, in welchem sie ihr Fritz, der Paradekünstler vom Sebastiansplatz, verlassen hat. In dem Augenblick, in welchem es auf dem Sebastiansplatz sozusagen finster geworden ist, keine Feste mehr gegeben hat, auf dem Sebastiansplatz nichts mehr zu holen gewesen ist. Sie gab sich als die allerinnigste Freundin, während sie doch im Grunde schon an die zehn Jahre lang eine Abtrünnige der Joana gewesen war. Jetzt ließ sie diese perverse *Von Jeannie*-Schleife an ihren Kranz

heften und glaubte, damit das Jahrzehnt ihrer Untreue wegwischen zu
können, dachte ich und ich dachte, sie haßt mich, weil ich, gegen ihren
Willen, schließlich doch Schriftsteller geworden bin, gleich was für ein
Schriftsteller, aber doch Schriftsteller, also ein Konkurrent und nicht
Schauspieler oder Regisseur oder Dramaturg, wie sie es sich gewünscht
hatte und aus welchem Grunde sie mich wahrscheinlich ja ursprünglich
mit der Joana eines Tages bekannt gemacht hat, dachte ich; sie hatte unter
allen Umständen verhindern wollen, daß ich Schriftsteller werde, dachte
ich, jetzt war ich Schriftsteller geworden und sie haßte mich dafür. In
ihren Augen hatte ich ein Kapitalverbrechen begangen, indem ich doch
Schriftsteller geworden bin, doch, doch, doch, immer wieder muß ich
sagen, doch, wo sie es immer wieder verhindern hatte wollen, dachte ich.
Und ich dachte, mit was für einem Haß sie mich in den letzten zwanzig
Jahren in ihrer *Literatur in der Zeit* verfolgt hat, alles von mir Veröffentlichte in der *Literatur in der Zeit* niedergemacht hat, wenigstens immer
versucht hat, es niederzumachen. Und hat sie selbst meine Arbeiten nicht
niederzumachen versucht in ihrer *Literatur in der Zeit* mit infamen Arti-
keln, in verleumderischen Aufsätzen, so hat sie sich nicht gescheut, Andere, auf sie angewiesene brotsuchende Schreiber gegen mich einzuspan-
nen, dachte ich jetzt. Aber meine Aufregung war lächerlich, ich machte
mich, indem ich mich über einen solchen Unsinn aufregte, tatsächlich vor
mir selbst lächerlich und ich sagte mehrere Male zu mir, aber doch so, daß
nur *ich* es hören habe können, *du machst dich lächerlich, du machst dich vor
dir lächerlich, du hast dich vor dir lächerlich gemacht. Was für ein widerlicher
Mensch bist du*, sagte ich mir und gleichzeitig in mich hinein, so, daß es
niemand hören konnte und immer wieder und wieder in einer immer
größeren Erregung. *Du hast die Jeannie verraten, nicht sie dich*, sagte ich
mir mehrere Male und wiederholte dieses Zumirgesagte immer wieder,
solange, bis ich vollkommen erschöpft gewesen war. Es war schon halb
drei Uhr früh und die Leute saßen alle noch im Speisezimmer. Und der
Burgschauspieler redete und alle Anderen hörten zu und in Wahrheit hat
während dieses ganzen *künstlerischen Abendessens* im Grunde nur der
Burgschauspieler geredet, weil die Andern viel zu müde waren, um auch
zu reden und nur die Jeannie Billroth hatte ab und zu etwas gesagt, etwas
meiner Meinung nach immer Unzutreffendes, Hilfloses, aber auch mehrere Male eine Gemeinheit, eine Niederträchtigkeit, wie auch der Auersberger und die Auersberger, aber von den Andern, immerhin waren ja

noch sieben oder acht oder zehn oder zwölf Andere zu dem *künstlerischen Abendessen* gekommen, hatte keiner etwas gesagt die ganze Zeit, lange Zeit wußte ich gar nicht, wieviele überhaupt gekommen waren und ob ich auch alle kenne, natürlich kannte ich sie alle, aber ich habe mich mit ihnen nicht beschäftigt, sie waren die ganze Zeit Kulisse geblieben, dachte ich. Die meisten Menschen interessieren einen wirklich nicht, habe ich die ganze Zeit gedacht, fast alle, denen wir begegnen, interessieren uns nicht, sie haben uns nichts zu bieten als ihre Massenarmseligkeit und ihre Massendummheit und langweilen uns dadurch immer und überall und wir haben naturgemäß für sie nicht das geringste übrig. Ganz von selbst haben sie sich uns gegenüber unsinnig und uninteressant gemacht, dachte ich, zu Tausenden, zu Zehntausenden, zu Millionen, wenn wir in die Geschichte zurückblicken. Wie nichtssagend und nur auf die Nerven gehend eine Berühmtheit, wie der Burgschauspieler, sein kann, dachte ich jetzt, als ich den Burgschauspieler aufeinmal gähnen gesehen habe und darauf auch die Auersberger gähnen gesehen habe und darauf auch den Auersberger und wahrscheinlich hatten sie aufeinmal alle gegähnt, nur die Jeannie nicht und ich nicht, die wir uns gegenseitig nicht mehr aus den Augen gelassen haben. Die Virginia Woolf von Wien, die letztenendes doch nur die Frau ihres Ernstl und also die Chemikerfrau geblieben ist, schon alt geworden mit sechzig, wie andere erst mit siebzig oder gar achtzig, dachte ich. Die *Wildnis der Jugend* fiel mir ein und der Unsinn, den sie in diese *Wildnis der Jugend* hineingeschrieben hatte in der Meinung, es sei Weltliteratur, während es doch nur ihr Kleinbürgerkitsch gewesen ist. Sie haßt dich, sagte ich mir, und du verachtest sie, das ist die Wahrheit. Sie haßt dich aber nicht nur, weil du sie damals vor über zwanzig Jahren, ja schon fünfundzwanzig Jahren, verlassen hast und weil du Schriftsteller bist, sondern weil du zehn Jahre jünger bist als sie, das verzeihen solche Frauen nicht, daß sie zehn Jahre älter sind, dachte ich. Daß ich sie stehengelassen habe mit ihrem Ernstl in ihrer Zweiterbezirkswohnung und zur Joana übergewechselt bin, von der zehn Jahre älteren Schriftstellerin zur nur sechs Jahre älteren Bewegungskünstlerin, die anstatt einen Ernstl, einen Fritz gehabt hat. Aber immerhin hat die Jeannie noch heute ihren Ernstl, während die Joana schon zehn Jahre vor ihrem Tod ihren Fritz nicht mehr gehabt hat, dachte ich. Jetzt haßt sie mich mit einem noch viel größeren Haß, als vor fünfundzwanzig oder vor zwanzig Jahren, dachte ich. *Sie haßt dich auf beispiellose Weise*, sagte ich mir. Nein, nein, wenn die Auersbergerischen gesagt hätten, daß sie zu ihrem *künstlerischen Abendessen* auch die Jeannie eingeladen haben, wäre ich nicht in die Gentzgasse gekommen, dachte ich. Immer mache ich den Fehler, die Einladenden nicht zu fragen, was für Gäste sie außer mir noch eingeladen haben, dachte ich. Hätten sie gesagt, wir haben auch die Jeannie Billroth eingeladen, wäre ich auf keinen Fall in die Gentzgasse gegangen, so bin ich gleich doppelt in die Gentzgassenfalle gegangen, dachte ich, gleich dreifach, gleich vierfach, tausendfach, wie ich dachte. Ich hätte das wissen müssen, daß zu einem solchen *künstlerischen Abendessen* in der Gentzgasse, noch dazu am Tag des Begräbnisses der Joana, selbstverständlich auch die Jeannie kommt, dachte ich, und ebenso selbstverständlich ohne den Ernstl, den sie ja nie mitgenommen hat zu den Künstlern, dachte ich. Und der auch kein Interesse an den Künstlern und an allem, das mit diesen zusammenhängt, hatte; niemals auch nur das geringste Interesse an dem gehabt hat, das die Jeannie interessiert hat, wie ich sagen muß, an nichts, das die Jeannie interessiert, hat ihr Ernstl jemals Interesse gehabt, er interessierte sich nur für seine Chemie und für die Jeannie selbst, für nichts anderes, tatsächlich ausschließlich für seine Chemie und das gemeinsame Bett mit der Jeannie. Und ich dachte, daß ich mich gerade an einem solchen Tag wie dem heutigen, der Jeannie nicht aussetzen hätte dürfen, denn sie hat jetzt eine nicht nur zerstörende, sondern schon vernichtende Wirkung auf mich gehabt und das auch sofort begriffen und mich nicht mehr in Ruhe gelassen; ich hatte keine Möglichkeit mehr, ihr zu entkommen, ich hätte auf- und davongehen können, aber dazu war ich in dieser Nacht schon zu schwach gewesen und andererseits hatte ich gedacht, daß ich auch diese Nacht in der Gentzgasse überstehe, wie ich schon viele Hunderte solcher Nächte, also solcher Gesellschaftsnächte, solche sozusagen unerträglichen Gentzgassennächte überstanden habe. Schließlich habe ich bis jetzt noch jede Gesellschaft überstanden, dachte ich. Der Burgschauspieler hatte sich im Musikzimmer in einen Fauteuil gesetzt, er hatte sich naturgemäß als Erster in einen Fauteuil gesetzt, erst nach ihm hatten die Anderen in den verschiedenen Winkeln des Musikzimmers Platz genommen gehabt. Achja, habe ich gedacht, wie ich tatsächlich wieder als Letzter aus dem Speisezimmer in das Musikzimmer gegangen bin, mich mehr oder weniger aus dem Speisezimmer in das Musikzimmer geschleppt habe, jetzt wird womöglich die Auersberger noch ein, zwei Arien singen, aber ich hoffte doch, da es ja schon drei Uhr war inzwischen, daß sie auf ihre Gesangskunst verzichtet, also, daß sie jetzt nicht mehr singt, was ihr der Auersberger vorher schon aufgeschlagen hatte, *das Purcell-Notenbuch.* Tatsächlich verschonte mich die Auersberger mit ihrem Gesang, der ja, wie ich sagen muß, immer von großem Reiz gewesen ist, zugegeben, daß die Auersberger in Wahrheit immer eine besonders schöne Stimme gehabt hat, wahrscheinlich sogar eine Stimme, die ich ohne weiteres als eine allererste bezeichnen hätte können jederzeit, dachte ich, als ich mich als Letzter in einen der Musikzimmerfauteuils setzte; auch das Musikzimmer war in Empire eingerichtet, noch immer so, wie vor dreißig Jahren, wie gesagt werden kann, mit Kostbarkeiten angefüllt, die heute gar nicht mehr zu bezahlen wären, mit lauter Erbstücken, die ihr Vater entweder aus der Steiermark nach Wien bringen hatte lassen, aus dem Maria Zaaler Besitz, oder sich in Wien angeschafft hatte unter den allergünstigsten Umständen, weil er mit einem Antiquitätenhändler im Dritten Bezirk wohlbekannt gewesen war, wie ich weiß, der sich aus vielen Gründen nur als *Altwarenhändler* bezeichnete, obwohl er im Grunde immer nur mit Kostbarkeiten gehandelt hat und der mit dem Vater der Auersberger jahrelang in Tauschgeschäften in Beziehung gestanden war; der Vater der Auersberger behandelte die Krankheiten des sogenannten Altwarenhändlers, der seinerseits als Gegenleistung dem Vater der Auersberger alles mögliche Josefinische und überhaupt alles Empiremöbelwerk, aber auch die schönsten Biedermeierstücke verschaffte, ohne daß der Vater der Auersberger dafür auch nur einen Groschen zu zahlen hatte. Damals vor dreißig Jahren, dachte ich, habe ich dieses Musikzimmer geliebt, es immer für mich als das schönste josefinische Zimmer, das ich jemals gesehen habe, bezeichnet. Aber wie gesagt, war es doch, wie ich später aufeinmal dachte, *zu* schön, *zu* perfekt eingerichtet, und dadurch unerträglich. Jetzt in ihm mich umschauend, war ich nurmehr noch abgestoßen davon, wahrscheinlich auch deshalb, weil ich inzwischen, also im Laufe der vergangenen Jahrzehnte auf derartige, wie gesagt wird, *antik* eingerichtete Zimmer nicht mehr denselben großen Wert legte, sich überhaupt meine frühere größte Begeisterung für alte Möbelstücke längst abgeschwächt, ja sich beinahe schon in Abneigung und Haß gegen sie umgekehrt hatte. Die Leute richten sich alt ein, umgeben sich mit Möbeln einer schon Jahrhunderte vergangenen Zeit, die sie überhaupt nichts angeht und sind allein dadurch schon verlogen, dachte ich. In Wirklichkeit sind sie gegenüber ihrer eigenen Zeit so schwach, daß sie sich mit den Möbeln einer längst vergangenen, längst abgestorbenen und längst toten Zeit umgeben müssen, um sich über Wasser halten zu können, wie gesagt werden kann, dachte ich, also Ausdruck eines ganz und gar üblen Schwächezustandes ist es im Grunde immer, wenn sich Leute mit Möbeln einrichten aus den vergangenen Zeiten, nicht mit solchen *ihrer* Zeit, deren Härte und Brutalität sie nicht ertragen, dachte ich. Sie umgeben sich mit der Weichheit des Abgestorbenen, aus welchem jeder Widerspruch unmöglich geworden ist, denke ich. Die Auersbergerischen, denen immer ein sogenannter guter Geschmack nachgesagt worden ist, haben im Grunde niemals einen guten Geschmack gehabt, nur einen nachempfundenen guten Geschmack, wie sie ja überhaupt nie etwas eigenes gehabt haben, immer nur ein Nachempfundenes, auch kein eigenes Leben haben, keine eigene Existenz haben im Grunde, nur eine nachempfundene. Das ist das Widerliche an den Auersbergerischen, dachte ich. Nicht sie selbst sind im Grunde immer der Mittelpunkt ihrer Gesellschaften gewesen, sondern nur ihre Möbel und anderen Kostbarkeiten aus früheren Jahrhunderten, nicht sie selbst haben sie immer sprechen lassen in ihren Behausungen, sondern ihre Möbel und anderen Kunstgegenstände und ihr Geld, dachte ich, wie sie ja auch an diesem Abend und in dieser Nacht nicht sich selbst sprechen lassen, sondern ihre Einrichtung und ihr Geld, dachte ich. Bei diesem Gedanken ist mir ihre ganze Armseligkeit bewußt geworden. Sie, die Auersbergerischen, glauben immer, daß sie selbst von den Leuten bewundert werden, während die Leute, die zu ihnen kommen, im Grunde nur ihre Möbel und ihre anderen Kunstgegenstände bewundern und das raffinierte Arrangement, mit welchem die Auersbergerischen ihre Möbel und anderen Kunstgegenstände in ihren Behausungen aufgestellt haben. Sie glauben, die Leute bewundern *sie*, während sie nur ihre polierten Kasten und Kredenzen und Tische und Stühle und Sesselchen und ihre zahllosen Ölgemälde an den Wänden und ihr Geld bewundern, dachte ich. Wie es ja durchaus nicht ein abwegiger Gedanke ist, zu denken, daß es ihr Reichtum und der aus diesem ihrem Reichtum möglich gewordene mehr oder weniger unverschämte Lebensrhythmus ist, den die Leute bewundern, der alle Leute anzieht in Bewunderung für sie. Nicht nur Kleider machen Leute, auch Möbel und jahrhundertealte Kostbarkeiten, dachte ich. Aber in der Düsternis, die hier herrscht, ist es ja gar nicht möglich, auch nur eine dieser Musikzimmer-Kostbarkeiten zu sehen, dachte ich und ich hatte sie auch gar nicht sehen wollen, denn mit Sicherheit wäre ich jetzt davon abgestoßen gewesen. Wie ich an diesem Abend und in dieser Nacht von dieser ganzen, wie mir auch jetzt wieder schien, perversen Gentzgassenwohnung abgestoßen gewesen war. Diese überall einem gar zu aufdringlich in die Augen springende Perfektion ist ja auch nichts als abstoßend, habe ich gedacht, wie überhaupt Wohnungen, in welchen, wie gesagt wird, *alles stimmt*, nichts und rein gar nichts aus dem Rahmen fällt und auch niemals aus dem Rahmen fallen darf, widerwärtige Wohnungen sind. Wir sind von diesen Wohnungen abgestoßen und würden uns in ihnen niemals zuhause fühlen, dachte ich, es sei denn, wir wären so, wie ich vor dreißig Jahren gewesen bin, wie ich zum ersten Mal in diese Wohnung gekommen bin, mehr oder weniger geistesabwesend. Ausgerechnet zwischen dem Schauspieler und dem Auersberger hatte ich mich im Musikzimmer niedergesetzt. Der Burgschauspieler schaute jetzt aus, wie ein pensionierter Infanteriegeneral und ich dachte, der volle Magen lähmt sogar seine Geschwätzigkeit, denn der Burgschauspieler war aufeinmal still gewesen, sein ganzes Gehabe war aufeinmal nurmehr noch ein militärisches, dachte ich, wie der Burgschauspieler die Beine ausstreckte. Solche exakte Bügelfalten haben nur Offiziershosen, dachte ich, Generalshosen, Generalfeldmarschallshosen. Die Auersberger ging mit einem Glaskrug voll Weißwein von einem zum andern, die ganze Gesellschaft war aber aufeinmal so müde geworden, daß sie kaum mehr an Wein oder anderen Getränken Interesse zeigte, nur der Auersberger selbst trank auch jetzt noch, wie gesagt werden kann, ununterbrochen. Daß wahrscheinlich seine Aufnahme in die sogenannte Trinkerheilstätte Kalksburg wieder einmal kurz bevorstehe, dachte ich, ihn von der Seite betrachtend, seine eingefallenen Schläfen, an welchen dicke wässerige Backen hingen; wenn dieser Anblick nicht so abstoßend gewesen wäre, hätte ich ihn ganz einfach als grotesk empfunden, aber das konnte ich nicht, denn in Wahrheit bedauerte ich doch den Zustand des Auersberger aufs tiefste. Diesen Menschen hast du einmal mehr oder weniger geliebt, habe ich, ihn von der Seite betrachtend, gedacht, du bist diesem Menschen einmal, wie gesagt werden kann, vollkommen verfallen gewesen. Jetzt saß dieser Mensch aufgeblasen und aufgeschwemmt neben mir und hatte nurmehr noch die Möglichkeit, durch zeitweiliges Lallen auf sich aufmerksam zu machen. Wieder hat er diese grotesken Strickstrümpfe an, dachte ich, diese letztenendes doch nur geschmacklose gewalkte Bauernjacke, dieses an ihm noch mehr als an einem Andern lächerliche buntbestickte Naturleinenhemd mit dem Stehkragen. Die Auersberger litt ganz offensichtlich an dem pervers-geisteskranken Zustand ihres Mannes, konnte diesen Zustand nicht ändern, sie hatte den Auersberger eine Stunde vorher schon aus der Gesellschaft hinaus und zu Bett bringen wollen, aber es war ihr nicht geglückt, ein weiterer Versuch, ihren Mann, den alles in allem durch Trunksucht infantilen Auersberger, aus dem Fauteuil und also aus dem Musikzimmer hinaus und ins Bett zu bringen, scheiterte jetzt; der Auersberger hat sie mit dem vollen Weinglas in der Hand weggestoßen und sie dabei am Auge verletzt und außerdem den ganzen Wein auf dem Boden verschüttet und sie, wie schon den ganzen Abend, immer nur eine *dumme Gans* genannt wie vor dreißig Jahren. Mir waren diese Auersbergerszenen vertraut, ich kenne sie; diese war ja noch harmlos. Meistens endeten solche Abende damit, daß der Auersberger sein Weinglas an eine der auersbergerischen Wände geworfen und dazu auch noch an einer dieser Wände einen jener zierlichen und unbezahlbaren Empiresessel zertrümmert hat, die alle Augenblicke bei einem Innenstadtrestaurator waren, den die Auersbergerischen auf diese und auch auf andere zerstörungswütige Weise viel beschäftigt haben. Ab und zu war der Auersberger ja noch in der Lage, etwas zu sagen, sogar ganze Sätze gelangen ihm noch, etwa der Satz *Die Menschheit gehört ausgerottet*, mit welchem er jetzt mehrere Male die Aufmerksamkeit dieser Musikzimmergesellschaft auf sich gezogen hatte, den er immer wiederholte, als Musiker mit exakt-mathematischer Rhythmisierung. Oder den Satz *Die Gesellschaft gehört abgeschafft* oder den Satz *Wir sollten uns alle gegenseitig umbringen*. Diese Sätze kannte ich zu gut, um sie noch als originell zu empfinden, aber sie waren mir an diesem Abend auch nicht mehr peinlich gewesen, wie vielleicht den Andern, die diese Sätze noch nicht von ihm gehört hatten, noch nicht von ihm kannten, wie der Burgschauspieler, der diese auersbergerischen Sätze offensichtlich vor diesem Abend noch nicht gehört hatte und für den sie peinlich gewesen waren, wie ich feststellte. *Aber mein lieber Auersberger, was haben Sie denn?* sagte der Burgschauspieler aufeinmal, *was regen Sie sich denn so auf? die Welt ist doch eine schöne Welt und die Menschen sind doch gute Menschen. Was regen Sie sich denn so auf und machen alles herunter, wo doch im Grunde alles seine Ordnung und seinen großen Reiz hat?* sagte der Burgschauspieler und darauf: *was betrinken Sie sich denn beinahe bis zur Bewußtlosigkeit* und er schüttelte den Kopf und zog dann wieder an seiner Zigarre, die ihm die Auersberger angezündet hatte. Die Jeannie Billroth saß auch im Musikzimmer mir gegenüber, sie sagte nichts, beobachtete die Szene zwischen dem Auersberger, in den sie damals, vor dreißig Jahren, noch vor fünfundzwanzig Jahren, mehr noch als in mich, verliebt gewesen war und dem Burgschauspieler, von welchem sie sich noch im Speisezimmer eine sogenannte *geistige Unterhaltung*, wie sie das immer bezeichnet hat, gewünscht hatte, die aber nicht zustande gekommen war, weil der Burgschauspieler tatsächlich auf keine ihrer Fragen eingegangen ist, sich mit ihr überhaupt nicht in ein Gespräch eingelassen hat, ihr nicht die geringste Chance gegeben hat, eine *geistige Unterhaltung* mit ihr zu führen, der Burgschauspieler hatte es vorgezogen, sich dem echten Fogosch zu widmen und sich ganz auf seine Witze und Anekdoten zurückzuziehen. Die Jeannie hatte immer eine von ihr so genannte *geistige Unterhaltung* haben wollen, das auch immer bei jeder Gelegenheit betont, daß es ihr im Menschenumgang immer nur um eine solche *geistige Unterhaltung* ginge, sie nur aus diesem einen und einzigen Grunde überhaupt Gesellschaften aufsuche, aber sie selbst hatte kaum jemals eine exakte, meistens nicht einmal eine ungefähre Vorstellung gehabt von dem, das sie als *geistige Unterhaltung* bezeichnete. Ein Burgschauspieler, mochte sie gedacht haben, wäre für eine solche *geistige Unterhaltung* recht, aber sie hatte sich getäuscht, der Burgschauspieler hatte alles an diesem Abend wollen, nur keine sogenannte *geistige Unterhaltung*, ja nicht einmal über Alltägliches sogenanntes Geistiges hatte er reden wollen, sich nicht einmal mit dem, das als sein Metier bezeichnet werden könnte, eingelassen. Immer wieder hatte die Jeannie versucht, den Burgschauspieler, wie gesagt werden kann, aus seiner Reserve zu locken, weil sie nicht gewußt hat, daß der Burgschauspieler gar keine Reserve hat, gar keine Reserve haben konnte, wie ich dachte, weil es sich bei dem Burgschauspieler im Grunde und letztenendes doch nur um einen von allen diesen auf dem Burgtheater engagierten und agierenden Dummköpfen handelt, die in geistiger Beschränktheit und tatsächlich insgesamt immer in Geistlosigkeit auf dem Burgtheater in die Jahre wachsen und alt werden. Auch im Gesicht *dieses* Burgschauspielers ist nichts, das auch nur im geringsten als geistig bezeichnet werden könnte, sagte ich mir, die Jeannie sah das nicht. Aber es war ja auch ziemlich instinktlos von ihr gewesen, gerade einen Schauspieler aufzufordern, über Theater zu reden, über Schauspielerei, also über seinen Lebensinhalt, was kein Mensch gern hat und im Grunde kein Mensch akzeptieren will, also duldet, Stellung zu nehmen zu dem, mit welchem er existieren und leben muß und das als sein

Beruf oder auch, wie gesagt wird, als seine Berufung bezeichnet werden kann. Sie selbst hat es immer abgelehnt, über Schriftstellerei zu reden, wie ich auch, denn naturgemäß ist mir, als Schriftsteller, nichts so verhaßt, als über Schriftstellerei reden zu müssen und ich habe es auch immer abgelehnt, darüber zu reden, damit sehr viele Leute immer wieder vor den Kopf gestoßen, aber dieses Vordenkopfstoßen haben alle diese Leute verdient in ihrer Instinktlosigkeit, dachte ich, daß ich tatsächlich vor nichts einen größeren Ekel empfinde, dachte ich, als über Schriftstellerei zu reden und am ekelhaftesten ist es mir, von meiner eigenen Schriftstellerei zu reden und die Jeannie glaubte, mit dem Burgschauspieler über Burgschauspielerei reden zu können, dachte ich. Neben der Jeannie saß die Gymnasiallehrerin Anna Schreker, die ich ebenso lange kenne, wie die Auersbergerischen und die ich immer mit den Auersbergerischen zusammen gesehen habe, immer nur bei ihnen in der Gentzgasse, nie in Maria Zaal und immer mit ihrem dichtenden Lebensgefährten zusammen, dachte ich, und die schon damals vor dreißig Jahren ihre abstoßende, zischende Aussprache gehabt hat. Von der Gymnasiallehrerin Anna Schreker ist immer gesagt und behauptet worden, sie sei die österreichische Gertrude Stein oder die österreichische Marianne Moore, während sie doch immer nur die österreichische Schreker gewesen ist, eine größenwahnsinnige Wiener Lokalschriftstellerin, und ich dachte jetzt, daß die Gymnasiallehrerin Schreker auch in den Fünfzigerjahren zu schreiben angefangen hat und mehr oder weniger denselben Weg gegangen ist, wie die Jeannie Billroth, also den Weg vom jungen Talent, zur abstoßenden Staatskünstlerin, von der schreibenden epigonalen Jungfrau, zur schreibenden epigonalen Matrone, den mittelmäßigen, nicht den Genie-Weg, wie ich jetzt denke, wie die Jeannie also von der Virginia Woolf-Besessenheit zur Virginia Woolf-Pose, so die Schreker von der Marianne Moore- und Gertrude Stein-Besessenheit zur Marianne Moore- und Gertrude Stein-Pose. Beide, die Jeannie, wie die Schreker und deren Lebensgefährte, sind von ihren literarischen Ausgangsvisionen und Ausgangsintentionen und Ausgangsleidenschaften sehr bald und leider sehr gründlich eingeschwenkt in die verabscheuungswürdige Staatsanbiederungskunst als Literatur und haben sich, alle drei auf dieselbe abstoßende Weise, gemein gemacht mit den verschiedensten Stadträten und Ministern und sonstigen öffentlichen sogenannten Kulturbeamten und sind aufeinmal Anfang der Sechzigerjahre, wie ich denke, für mich an einem ihnen allerdings ange-

borenen Charakterversagen über Nacht gestorben und haben sich sozusagen über Nacht genau zu jenen Widerwärtigen und Abstoßenden gemacht, von welchen sie selbst in bezug auf Andere immer nur mit der
größten Verachtung gesprochen haben. Die Schreker wie die Jeannie haben, so denke ich, durch ihre mir aufeinmal augenfälligen Anbiederungen
an den Staatsapparat, nicht nur sich selbst, sondern die ganze Literatur
verraten, wie ich damals gedacht habe und wie ich heute denke und das
verzeihe ich ihnen nicht und nie und es ist nicht klar, welche der beiden
mit einer größeren Niederträchtigkeit. Genau in die *Schweinerei*, von welcher die beiden mir gegenüber in den Fünfzigerjahren immer gepredigt
hatten, daß es die größte und unappetitlichste sei, sind die Jeannie Billroth
wie die Anna Schreker aufeinmal schon Anfang der Sechzigerjahre auf ihre
abstoßende opportunistische Weise selbst geradezu *hineingekrochen*. Dem
Staat, den sie beide mir in den Fünfzigerjahren, also wie ich noch zwanzig
gewesen war, immer als das, das er tatsächlich bis heute ist, als ein elementares Unglück für dieses unser ahnungsloses Volk, hingestellt haben,
wie ich sagen muß, haben sie sich schon Anfang der Sechzigerjahre skrupellos unterworfen, sich in ihm aufgegeben auf verräterische Weise, denke
ich. Die Schreker wie die Billroth, denke ich, haben sich, wie ich sagen
muß, schon in den frühen Sechzigerjahren diesem scheußlichen und lächerlichen Staat mit Haut und Haaren verkauft und ich habe ja auch aus
diesem Grunde vor allem mit der Jeannie ab diesem Zeitpunkt nichts
mehr zu tun haben wollen. Die Schreker war mir immer nur eine sogenannte Randerscheinung gewesen, aber sie ist mir doch immer wie eine
geistige und charakterliche Schwester der Jeannie vorgekommen. Hatte
die Jeannie immer den Virginia Woolf-Wahn gehabt und also an einer Art
wienerischer Virginia Woolf-Krankheit gelitten, so hatte die Schreker immer schon den Marianne Moore-Wahn und den Gertrude Stein-Wahn
gehabt und hat an der Marianne Moore-Krankheit und an der Gertrude
Stein-Krankheit gelitten. Und beide, die Jeannie Billroth wie die Anna
Schreker, haben aufeinmal Anfang der Sechzigerjahre diesen ihren literarischen Wahnsinn und diese ihre literarischen Krankheiten, die damals in
den Fünfzigerjahren wahrscheinlich ein ganz und gar *echter* Wahnsinn
und ganz und gar *echte* Krankheiten gewesen waren, urplötzlich zur Pose,
zur literarischen Zweck-Pose, zur literarischen Mehrzweckpose für gebe-
freudige Politiker gemacht und haben mehr oder weniger skrupellos über
Nacht die Literatur in sich umgebracht für ihre absolut niederträchtigen

Staatspfründnerexistenzen. Denn als zwei raffinierte Staatspfründnerinnen muß ich die beiden doch bezeichnen, die in den letzten Jahrzehnten keine Gelegenheit ausgelassen haben, um sich dem von ihnen zuerst so viele Jahre geschmähten Staat und seiner perversen Gebefreudigkeit opportunistisch geschmeidig zu machen und die überall dort und an allen Ecken und Enden in diesen fünfzehn Jahren zu sehen gewesen sind, *wo etwas zu holen ist*, wie hier gesagt wird, und die auf gar keiner offiziellen staatlichen oder städtischen Feier ihren Sessel leer gelassen haben; überall da, wo die in diesem Land sozusagen mit der größten Infamie und mit der unverschämtesten Brutalität in Kultur agierenden Politiker mit vollen Staatsgeldsäcken aufgetreten sind und auftreten, sind sie, sitzen sie. So sind mir die Jeannie Billroth und die Anna Schreker, die zwei Literatur- und Kunst- und überhaupt Kulturdamen meiner Jugend, auf welche ich mehr oder weniger jahrzehntelang, wie gesagt wird, *alles* gegeben habe, mit dieser Zeit nichts weniger als verhaßt geworden, denke ich. Aber die Jeannie naturgemäß mehr als die Schreker, denn mit der Schreker hatte ich ja niemals einen so engen Kontakt (und Konflikt!) gehabt, wie mit der Jeannie. Da zeigte es sich schon Anfang der Sechzigerjahre, daß meine beiden großen, von mir mehr oder weniger angehimmelten Dichterinnen der frühen Fünfzigerjahre doch immer nichts anderes gewesen sind, als zwei nur ihre verlogene Denkdürftigkeit aufschreibende Kleinbürgerinnen; jetzt saßen die beiden mir nurmehr noch als *die* zwei weiblichen Wiener Mißgestalten der österreichischen Literatur gegenüber, widerwärtig nebeneinander in ihrer aufgeblasenen Literaturpräpotenz. Die Marianne Moore und die Gertrude Stein und die Virginia Woolf von Wien sitzen da, dachte ich, und sind nichts als kleine, gefinkelte, ehrgeizige Staatspfründnerinnen, die die Literatur und die Kunst überhaupt verraten haben für ein paar lächerliche Preise und eine zugesicherte Rente und die sich dem Staat und seinem Kulturbeamtengesindel gemein und die sich in der Zwischenzeit ihren epigonalen Kitsch mit der gleichen Infamie zur Gewohnheit gemacht haben, wie das Treppensteigen in den subventionsgebenden Ministerien. Wie hat die Schreker immer gegen den sogenannten *Kunstsenat* gewettert, ja gegeifert und hat sich doch vor einem Jahr von demselben *Kunstsenat* mit dem sogenannten *Großen Österreichischen Staatspreis für Literatur* beglücken lassen. Es ist schon widerwärtig, zuschauen zu müssen, dachte ich, wie sich Leute, wie die Schreker und die Billroth, gerade jenem früheren Präsidenten und heutigen Ehrenpräsiden-

ten des sogenannten *Kunstsenats* aufeinmal an den Hals werfen, den sie
jahrzehntelang wegen seiner Scheußlichkeit und Schädlichkeit beschimpft
haben, nur weil sie von diesem Präsidenten und Ehrenpräsidenten des sogenannten Kunstsenats, den sogenannten *Großen Österreichischen Staatspreis* verliehen bekommen wollen, sich aufeinmal vollkommen skrupellos gemein machen genau mit jenem Mann und mit jenen Leuten seiner Umgebung, der und die diesen Preis und die damit verbundene
Geldsumme, wie gesagt wird, flüssig machen. Jahrzehntelang war dieser
Präsident des Kunstsenats für die beiden nur eine ekelhafte Person gewesen, jetzt umarmt ihn die Schreker aufeinmal im sogenannten Audienzsaal des Kulturministeriums mit dem Scheck in der Hand und hält
auch noch eine abgeschmackte Dankrede. Neunzig Jahre ist dieser frühere
Präsident und jetzige Ehrenpräsident des Österreichischen Kunstsenats
heute alt und allein von ihm hängt es immer noch ab, wer in diesem Lande
mit der höchsten Auszeichnung ausgezeichnet wird und wer nicht; von
diesem stumpfsinnigen, ordinären, erzkatholischen Kunstmißbraucher,
der seit vielen Jahrzehnten der größte aller kulturellen Umweltverschmut-
zer in diesem Lande ist, denke ich, und die Schreker hat ihn, endlich ihren
Preis in Händen, auch noch auf die Wange geküßt, daß mir noch immer
übel wird bei dem Gedanken. Und es wird nicht lange dauern, und die
Billroth und dann auch noch der Lebensgefährte der Schreker werden in
den sogenannten Audienzsaal des Kulturministeriums marschieren und
den *Großen Österreichischen Staatspreis* aus den Händen dieses widerwärtigen Mannes entgegennehmen und sich nicht daran hindern lassen, ihn
auf die Wange zu küssen und eine abgeschmackte Dankrede zu halten.
Aber nicht nur die Schreker (und ihr Lebensgefährte) und die Billroth
machen sich seit Jahrzehnten fortwährend auf die niederträchtigste Weise
gemein in diesem Land mit allen sogenannten Staatsgeld und Staatsehren
verwaltenden Leuten, mehr oder weniger alle österreichischen Künstler
gehen, sobald sie, wie gesagt wird, *in die Jahre gekommen* sind, diesen Weg,
verleugnen alles, das sie bis fünfundzwanzig oder bis dreißig mit der größten Entschiedenheit und mit der größten Lautstärke sozusagen als die
notdürftigste Moral des Künstlertums hochgehalten und propagiert haben, wo immer, und verbrüdern sich mit den staatlichen Geld- und Or-
dens- und Rentengebern. Alle österreichischen Künstler lassen sich
schließlich vom Staat und seinen niederträchtigen politischen Absichten
kaufen und verkaufen sich diesem skrupellosen, gemeinen und nieder-

trächtigen Staat, und die meisten schon gleich von Anfang an. Ihr Künstlertum besteht aus nichts anderem, als aus dem Gemeinmachen mit dem Staat, das ist die Wahrheit. Die Schreker und ihr Lebensgefährte und die Billroth sind ja nur drei Beispiele für die sogenannte allgemeine Kunstwelt in Österreich. Künstlertum heißt in Österreich für die meisten, sich dem Staat, gleich welchem, gefügig zu machen und sich von ihm aushalten zu lassen lebenslänglich. Das österreichische Künstlertum ist ein gemeiner und verlogener Weg des Staatsopportunismus, der mit Stipendien und Preisen gepflastert und mit Orden und Ehrenzeichen tapeziert ist und der in einem Ehrengrab auf dem Zentralfriedhof endet. Die Schreker, die nicht imstande ist, einen einfachen Gedanken zu entwickeln und die seit Jahrzehnten nur Unsinn geschrieben hat, gilt als intellektuelle Schriftstellerin genauso, wie die Billroth, die noch viel dümmer ist, denke ich, dachte ich; diese Tatsache charakterisiert nicht nur unser gegenwärtiges *verkommenes österreichisches Geistesleben*, sondern das allgemeine Geistesleben überhaupt. Aber in Österreich ist dieser katastrophale Zustand, wenn wir ihn, weil wir aus England gekommen sind, aus der Vogelperspektive betrachten, noch katastrophaler. Das Widerwärtige war hier schon immer widerwärtiger, das Abgeschmackte schon immer abgeschmackter und das Lächerliche schon immer lächerlicher. Aber was oder wo wären wir, denke ich, wenn alles anders wäre? Die Schreker und ihr Lebensgefährte, wie die Jeannie, die der Jugend schon seit zwanzig Jahren Aufsässigkeit, Revolution und Fortschrittlichkeit vormachen und die in Wirklichkeit in diesen zwanzig Jahren nichts anderes mit größerer Energie betrieben haben, als die Hintertreppen der geldgebenden Ministerien auf- und abzurennen, waren immer schon geistesverwandt; mir waren sie in ihrer Kunst, die Jugend zu täuschen und die stumpfsinnigen Ministerien zu erpressen, schon immer widerwärtig gewesen. Jetzt sitzt die Anna Schreker neben der Jeannie Billroth, dachte ich und ich beobachtete die beiden als die tatsächlichen geistig-verkommenen *Charaktergeschwister*. Die Schreker wie die Billroth, wie der Lebensgefährte der Schreker verkörpern heute diese Art von epigonaler scheinintellektueller Geschwätzigkeitsliteratur, die mir immer verhaßt gewesen ist und die von fanatisch-modischen, immer brillierenden, in ihrer literaturwissenschaftlichen Pubertät stecken gebliebenen Lektoren geliebt und von den senilen Beamten des Kulturministeriums auf dem Minoritenplatz eifrig subventioniert wird. An diesem Abend, zu diesem *künstlerischen Abendessen*, ist die Schreker, wie immer, ganz in

Schwarz gekommen, dachte ich. Jetzt saß sie aufeinmal völlig im Hintergrund neben dem einarmigen Maler Rehmden, einem Mann der sogenannten *Zweiten surrealistischen Wiener Schule* und natürlich Professor und Lehrstuhlinhaber der Malerakademie auf dem Schillerplatz, *der Naturziselierer mit dem feinen Strich.* Der Auersberger, den ich allen Ernstes einmal als einen *Novalis der Töne* bezeichnet habe, wie ich jetzt mit Abscheu vor mir selbst denke, war längst *unzurechnungsfähig* gewesen und lallte von Zeit zu Zeit nurmehr noch Unverständliches, nachdem er, wahrscheinlich, um ein letztes Mal die Aufmerksamkeit der Gesellschaft im Musikzimmer auf sich zu ziehen, urplötzlich sein Unterkiefergebiß aus dem Mund genommen und dem Burgschauspieler wie eine Trophäe vor das Gesicht gehalten hat mit der Bemerkung, das Leben sei kurz, der Mensch hinfällig, der Tod nicht mehr weit, was den Burgschauspieler mehrere Male das Wort *geschmacklos* hatte sagen lassen, während der Auersberger sein Gebiß wieder in seinen Mund zurücksteckte, die Auersberger aber naturgemäß wieder einmal in ihrem Sessel aufspringen hatte lassen in der Absicht, ihren Mann aus dem Musikzimmer in das Schlafzimmer zu befördern, was ihr aber wieder nicht gelungen war; der Auersberger drohte seiner Frau jetzt mit dem Umbringen, stieß sie weg, so daß sie gegen den Burgschauspieler stolperte, der sie aber aufgefangen und in seine Arme genommen hat. *Ach, wie geschmacklos!* hatte der Auersberger selbst ein paarmal ausgerufen und war dann in seiner Bauernlodenjoppe eingenickt. Zu diesem *künstlerischen Abendessen* waren auch zwei junge Männer mit steiermärkischem Dialekt gekommen, die mit dem Auersberger wahrscheinlich verwandt und sozusagen als heimatliche Naturburschen, sogenannte steiermärkische *Kraftlackeln* von den Auersbergerischen zu diesem *künstlerischen Abendessen* im wahrsten Sinne des Wortes zugezogen worden sind, um dieses ihr *künstlerisches Abendessen aufzufetten*, wie gesagt wird, dachte ich, und die, solange ich sie beobachtete, mit niemandem, außer mit sich selbst, geredet haben, wie ja auch ich selbst, wenn überhaupt, nur mit mir selbst geredet habe und zu diesem *künstlerischen Abendessen* zwar gekommen, aber doch die ganze Zeit während dieses *künstlerischen Abendessens* vollkommen teilnahmslos gewesen war, wie ich jetzt denke; mich im Grunde also genauso benommen habe auf diesem *künstlerischen Abendessen*, wie die beiden steiermärkischen jungen Männer, sogenannte Ingenieursanwärter, die wenigstens ab und zu von ihren Sesseln aufgestanden sind und sich wieder hingesetzt haben, gleich, aus was für einem Grund, während ich selbst zuerst ja nur im Vorzimmerohrensessel und dann im Speisezimmer gesessen bin, tatsächlich die ganze Zeit wortlos, wenn ich davon absehe, daß ich einmal den Burgschauspieler gefragt habe, ob es ihm, wie gesagt wird, nicht zum Halse heraus hinge nach vier oder fünf Jahrzehnten, immer wieder nur klassische Rollen gespielt zu haben auf dem Burgtheater, Goethe *oder* Shakespeare und Grillparzer, also *zweimal im Jahr Goethe oder Shakespeare* und *alle drei Jahre einmal Grillparzer* und nur alle fünf oder sechs Jahre eine Rolle wie den Ekdal in der *Wildente*, oder eben eine solche in einer dieser stupiden englischen Gesellschaftskomödien, die das Burgtheater gerade einstudiere, worauf ich von dem Burgschauspieler aber keine Antwort bekommen habe, und wenn ich davon absehe, daß ich dem Auersberger, wenn auch völlig überflüssigerweise wieder einmal gesagt habe, daß er sein Leben verpfuscht und einer reichen Frau und dem Wohlleben zuliebe, sein Genie in den Schmutz gezogen und sich selbst damit vernichtet und die Trunksucht sozusagen zu seinem eigentlichen Lebensinhalt gemacht habe, ein Unglück, also sein Jugendunglück, eingetauscht habe für ein zweites, für sein Altersunglück, die Hilflosigkeit der Jugend für die Trunksucht des Alters, das musikalische Genie schließlich für die Gesellschaftswiderwärtigkeit, die Freiheit des Geistes für den Kerker des Reichtums und daß ich mehrere Male zu ihm gesagt habe, daß mir seine Bauernlodenjoppe widerwärtig sei, genauso wie sein Bauernleinenhemd und daß mir überhaupt alles an ihm widerwärtig sei. Ich war zwar zu diesem *künstlerischen Abendessen* in die Gentzgasse gekommen, aber die ganze Zeit wie die zwei Naturburschen aus der Steiermark, vollkommen teilnahmslos gewesen, ich habe dieses *künstlerische Abendessen* in der Gentzgasse zwar beobachtet, tatsächlich daran aber nicht teilgenommen, denke ich. Im Hintergrund saßen noch ein paar Leute, die ich selbst im Speisezimmer, das doch viel besser beleuchtet gewesen war, als jetzt das Musikzimmer, nicht erkennen habe können; und die beiden jungen Schriftsteller, die sich nur immer wieder mit einem schallenden Auflachen bemerkbar gemacht haben, das mir nie auch nur den geringsten Sinn ergeben hat. Dieses Auflachen war mir schon die ganze Zeit, bevor der Burgschauspieler in der Gentzgasse aufgetreten war, auf die Nerven gegangen, war es doch ein vollkommen hohles und gleichzeitig stumpfsinniges Auflachen, wie wir es heute, wenn wir mit jungen Leuten zusammen sind, sehr oft hören: hohl, dumm und stumpfsinnig. Zu sagen gehabt hatten auch die beiden jungen Schriftsteller mehr oder weniger nichts, dachte ich jetzt, tranken von Anfang an, aßen alles auf, was ihnen vorgesetzt worden ist und waren, obwohl sie ja, wahrscheinlich vom Auersberger, wie ich denke, eingeladen worden waren zu diesem *künstlerischen Abendessen*, sozusagen als *die künstlerische intellektuelle Jugend am Tisch* wie die steiermärkischen Naturburschen von der Technik, die ganze Zeit völlig teilnahmslos. Aber was haben auch junge Schriftsteller zu sagen, dachte ich, die sich einbilden, alles zu wissen und die doch nur imstande sind, alles lächerlich zu finden, ohne daß sie begründen könnten, *warum* lächerlich. Daraufkommen sie erst viel später, dachte ich; zuerst finden sie alles lächerlich, ohne zu wissen, warum, das sind sie, erst später wissen sie warum, sagen es aber dann nicht mehr, weil sie dazu keinen Grund mehr haben. Es ist das ganz und gar charakteristische dumme und hohle und stumpfsinnige Auflachen dieser Jugend unserer perversen und stupiden und gefährlichen Achtzigerjahre, das die beiden gelacht haben, dachte ich. Sie lachen auf und finden alles lächerlich und haben noch nicht einmal ein einziges Buch veröffentlicht, dachte ich, wie du vor dreißig Jahren. Sie haben nur ihr Auflachen, sonst nichts und geben sich mit diesem ihrem Auflachen zufrieden. Sie haben nur dieses Auflachen und die ganze Lebenskatastrophe noch vor sich, dachte ich. Sie haben nur dieses Auflachen und nicht einmal eine Begründung dazu. Und ich erinnerte mich, daß ich genauso wie diese beiden jungen Schriftsteller, als junger Schriftsteller auch in solchen Gesellschaften wie dieser als *künstlerisches Abendessen* bezeichneten, gesessen bin und immer nur aufgelacht und alles lächerlich gefunden habe. Und keine Begründung für mein Auflachen gegeben habe. Und mich an nichts auf diesen Gesellschaften beteiligt habe, nur getrunken und gegessen und eben aufgelacht habe. Die beiden waren mir so uninteressant gewesen, wie ich damals uninteressant gewesen bin, daß ich mit ihnen keinen Kontakt aufgenommen habe, wie mit mir damals niemand einen Kontakt aufgenommen hat, sagte ich mir. Wir erfahren nichts, das uns wirklich interessiert, wenn wir mit diesen jungen Leuten unserer Achtzigerjahre reden, wir reden und reden und reden und sie verstehen nicht, was wir reden und sie reden und reden und reden und wir verstehen davon nichts, wollen davon nichts verstehen, sagte ich mir. Mit jungen Leuten reden, führt zu nichts, dachte ich, wer das Gegenteil behauptet, ist ein Heuchler, denn die jungen Leute sagen den Älteren und Alten nichts, das ist die Wahrheit; es ist absolut uninteressant, was junge Leute alten Leuten sagen, absolut, dachte ich, und es ist die größte Heuchelei, das Gegenteil zu behaupten. Es ist immer modern gewesen, zu sagen, die Alten sollen mit den Jungen reden, weil die Jungen den Alten sehr viel zu sagen hätten, aber das Gegenteil ist der Fall: die Jungen haben den Alten überhaupt nichts zu sagen. Selbstverständlich hätten die Alten den Jungen etwas zu sagen, aber die Jungen verstehen ja nicht, was die Alten zu ihnen sagen, weil sie es gar nicht verstehen können und deshalb auch gar nicht verstehen wollen. Der Auersberger hat immer junge Schriftsteller um sich und in seinem Bett gehabt, ich bin einer der ersten gewesen, die er nach Maria Zaal eingeladen hat, dachte ich jetzt. Einer der ersten, die ihm in die Falle gegangen sind, sagte ich mir. Einer der ersten, die ihm den Narren gemacht haben. Das Wort *Ehekitter* sagte ich wieder vor mich hin und in Betrachtung der beiden jungen Schriftsteller und der beiden Ingenieursanwärter *die zweifachen Ehekitter.* Nicht nur junge Männer mußten es sein, die der Auersberger immer an sich und in sein Bett gezogen hat, dachte ich, sondern immer *nur junge Schriftsteller;* nie einen jungen Maler, nie einen jungen Bildhauer hat der Auersberger nach Maria Zaal und in sein Bett eingeladen, immer nur einen jungen Schriftsteller. Er lud ihn nach Maria Zaal und in sein Bett ein, um ihn aufzufressen, dachte ich jetzt, bezahlte ihm die Fahrkarte nach Maria Zaal, gleich von wo und holte ihn von der Bahnstation ab und führte ihn in sein vorbereitetes Zimmer und versuchte, ihn gleich am ersten Tag aufzufressen. Dieser Gedanke, jahrelang, ja jahrzehntelang peinigend abstoßend für mich, war es aufeinmal nicht mehr. *Der Auersberger, der geile Schriftstellerverschlinger,* dachte ich jetzt und ich hätte über diese meine Wortschöpfung im Augenblick auflachen können, wäre ich nicht zu müde gewesen dazu. *Der Auersberger und die jungen Schriftsteller,* dachte ich, damit hätte ich ein Thema für einen kürzeren oder auch längeren Aufsatz, *der sich gewaschen hat,* wie gesagt wird. Den Ekdal spiele ich sicher noch an die fünfzigmal, sagte der Burgschauspieler aufeinmal; er hatte sich in seinem Fauteuil ganz zurückgelehnt und die Augen geschlossen. Wenn ich nur einen besseren Gregers bekommen hätte. Ich hätte den Gregers selbst spielen müssen, aber das ist doch absurd, zu denken, den Ekdal spielen und gleichzeitig auch den Gregers! Das ist doch absurd! Absurd ist das! sagte der Burgschauspieler. Inzwischen hatte die Auersberger eine Schallplatte mit dem Bolero aufgelegt, genau jenes Musikstück, das von der Joana am meisten geliebt worden war. Die Auersberger hat mit dem Bolero wieder an die Joana erinnern wollen und mit Absicht den Bolero auf den Plattenspieler gelegt, sagte ich mir. Und tatsächlich dachte ich, durch die ersten Takte des Bolero dazu angeregt, wieder an die Joana, an ihr Begräbnis vor allem. Zuerst hatte ich die Tatsache, daß die Auersberger gerade jetzt den Bolero aufgelegt hat, als geschmacklos empfunden, möglicherweise war es das nicht, sondern eine, wenn auch abgefeimte, so doch gute Idee von ihr gewesen, dieses doch mehr oder weniger scheußliche Nachtmahl als *künstlerisches Abendessen* am Ende schließlich noch zu einem Gedenken für die Joana zu machen. Während ich, bevor die Auersberger den Bolero aufgelegt hat, schon aufstehen und gehen hatte wollen, war ich jetzt sogar gern sitzen geblieben, in einem sehr schönen Zustand der Gleichgültigkeit aufeinmal, die Begräbnisbilder in Kilb an mir vorüberziehen lassend, die Aufenthalte in der *Eisernen Hand*, das Gesicht der Gemischtwarenhändlerin, das Gesicht des John nocheinmal deutlich vor Augen, Kilb, den schönen beruhigenden niederösterreichischen Marktflecken. Meine diesen ganzen fürchterlichen Abend und diese ganze fürchterliche Nacht in der Gentzgasse andauernde *Erregung* war aufeinmal von einer *Beruhigung* abgelöst worden. Ich selbst habe den Bolero immer gern gehört, und die Joana spielte ihn immer dann in ihrem sogenannten Bewegungsstudio, wenn sie mit ihren talentierteren Schülern arbeitete; im Grunde war der Bolero die Musik, an welcher sich ihre ganze Bewegungskunst und Bewegungslehre orientierte, dachte ich, den Bolero hörend mit geschlossenen Augen. Wie schön das ist, sich ab und zu sentimental zu machen, dachte ich und ich hatte nicht die geringste Schwierigkeit, jetzt die Joana zu sehen, die Bewegungskünstlerin, die alle Möglichkeiten gehabt hat, glücklich zu sein und die am Ende doch nichts als unglücklich gewesen ist. Ich hörte ihre Stimme und erfreute mich an ihren Sätzen, an ihrem Lachen, an ihrer *Empfänglichkeit für alles Schöne*, denn die Joana hatte diese Gabe wie kein zweiter Mensch in meinem Leben gehabt, immerfort auch das Schöne zu sehen, neben der lebenslänglichen grausamen, zerstörenden und vernichtenden Häßlichkeit, eine Gabe also, die die wenigsten Menschen besitzen. Aber auch diese Gabe hat ihr nichts genützt, dachte ich. Sie ist nach Wien und hat sich von Wien verschlingen lassen, ist aus Wien nachhause gerannt, um sich aufzuhängen, dachte ich und an den Umstand, daß die Nachbarin, die während ihrer Abwesenheit ihr Haus immer unter Kontrolle gehalten hat, sie schon kurz vor sechs Uhr früh in dem von der Joana eigenhändig gebundenen und geknüpften Strick hängen gesehen hat; die Gemischtwarenhändlerin hatte sich in der

Eisernen Hand nicht beherrschen können und gesagt, die Nachbarin habe zuerst die Füße der Joana über der Vorhausstiege *baumeln* gesehen, dann erst, nähergetreten, die Beine, dann den ganzen schweren, in dem Strick hängenden, von der jahrelangen Trunksucht total aufgeschwemmten Körper, der durch das Öffnen der Vorhaustür durch die Nachbarin in Bewegung gekommen war, *grotesk*, gleichzeitig *grauenhaft* anzuschauen, so die Gemischtwarenhändlerin. Nicht mit einem Aufschrei, nein, *ganz ruhig* sei die Nachbarin sogleich zur Gemischtwarenhändlerin als der besten Freundin der Joana, so die Nachbarin, gegangen, um ihr ihre Entdeckung mitzuteilen. Es war noch nicht Tag gewesen. Gleich um sieben Uhr hat mich die Gemischtwarenhändlerin in Wien angerufen, nicht als Ersten, aber doch schon binnen einer Stunde nach Auffindung der Selbstmörderin. Der Bolero brachte mir langsam alle möglichen Existenzstationen der Joana zum Vorschein, immer wieder sah ich sie abwechselnd auf dem Sebastiansplatz, in Kilb, in Maria Zaal, wo auch sie sehr oft Gast gewesen war. Sie hat mit Vorliebe diese ihre selbstentworfenen Kleider getragen, dachte ich, alte ägyptische Arm- und persische Ohrringe, wie sie überhaupt eine sehr starke und sehr frauliche Beziehung zu den altafrikanischen, altasiatischen Kulturen gehabt hat, darüber auch alle nur möglichen Bücher und Schriften gelesen hat; und sie hat sich auch immer in indische Seidentücher gewickelt und die Ketten an ihrem Hals waren afghanische, chinesische, türkische. Kein Mensch außer ihr, hat soviel über seine Träume gesprochen und versucht, diese Träume zu *erforschen*, ihnen auf die Spur zu kommen, ganze Nächte bin ich mit ihr zusammen gewesen in der Erforschung dieser ihrer Träume; die Träume Anderer interessierten sie immer und sie studierte sie sozusagen, hatte die Traumerforschung zu ihrer zweiten Kunst gemacht, dachte ich. Sehr oft hat sie über sich selbst gesagt, sie sei nichts als *traumwandlerisch*, ihre Existenz sei eine *traumwandlerische*. Daß sie sich vor allem immer mit jungen Menschen umgeben hat, dachte ich, *am liebsten mit ganz jungen, die noch traumwandlerisch sind*, wie sie selbst es bezeichnet hat, die *noch nicht durch Kultur und Bildung verdorben und ruiniert sind*. Naturgemäß hatte sie eine phantastische Beziehung zu den Märchen und sie selbst hat am liebsten Märchen gelesen, auch *vor*gelesen, auch öffentlich vorgelesen bei Gelegenheit. Träume und Märchen waren ihr eigentlicher Lebensinhalt, dachte ich jetzt. Deshalb hat sie sich auch umgebracht, dachte ich, weil ein Mensch, der nur Träume und Märchen sich zu seinem Lebensinhalt gemacht hat, in dieser Welt nicht überleben kann, nicht überleben darf, dachte ich. Sie selbst war eine Märchenfigur, dachte ich, und sie glaubte wahrscheinlich zeitlebens selbst, daß sie eine Märchenfigur sei, die Elfriede Slukal, die ihr Märchen *Joana* genannt hat, dachte ich. Der Bolero war immer ihr Musikstück gewesen, ich muß sagen, ihr Existenzmittelpunkt. Wir sollten uns von Zeit zu Zeit nicht scheuen, uns von einer Sentimentalität beherrschen zu lassen, dachte ich und ich ließ mich jetzt von dem Bolero beherrschen, hatte mich und hatte also meine Gefühle für die Joana in diesem Bolero vollkommen gehen lassen bis zu dem Augenblick, in welchem die Jeannie Billroth zum Burgschauspieler, der neben mir, aber der Jeannie gegenüber saß, die Frage stellte, was er denn davon halte, daß *ein neuer Burgtheaterdirektor in das Haus am Ring stehe*, daß bald ein neuer und, wie die Leute jetzt glaubten, ein frischer Wind gegen das Burgtheater blasen und aus dem Burgtheater alles Fürchterliche, Abgestandene, längst Tote, also alles mit den Jahren nur noch widerlich und abstoßend und ganz einfach scheußlich Gewordene aus dem Burgtheater hinausblasen werde. Daß *einer der besten Theaterleute* in das Burgtheater einziehen werde, *ein deutsches Genie, ein deutsches Theatergenie ersten, ja allerersten Ranges*, wie sich die Jeannie ausdrückte, *ein Theaterbesessener erster Klasse*, wie sie sagte oder besser, wie sie zitierte, denn sie zitierte ja nur, sagte nicht aus sich selbst heraus, was dieser neue Mann aus Deutschland sei, zitierte nur, was sie in den Zeitungen über diesen neuen Mann gelesen habe, gehört habe, den sie nicht kenne, von dem sie selbst also auch nicht überzeugt sein könne, der für sie, wie sie sagte, ein sogenanntes unbeschriebenes Blatt sei; *ein Theaterberserker* hätten die Zeitungen geschrieben, *ein elementarer Theatermensch, wie ihn das Burgtheater seit hundert Jahren nicht mehr gesehen habe*, ziehe in das Burgtheater, wenn sie sich also zu zitieren getraue, was die Zeitungen schrieben, ein. Mit dieser plötzlichen Frage hatte die Billroth den Burgschauspieler, der kurz eingenickt gewesen war, plötzlich aufgeschreckt. *Ja was sagen Sie denn zu diesem neuen Mann, der Ihnen ins Haus steht?* bohrte die Jeannie Billroth so, als habe sie in dem Burgschauspieler aufeinmal doch noch ein Opfer für ihre den ganzen Abend lang auf der Lauer gelegene Bosheit entdeckt und aufeinmal gewußt, wie dieses Opfer zu erlegen, zur Strecke zu bringen sei. Mehrere Male sagte sie zum Burgschauspieler, *Sie haben doch sicher eine Meinung über diesen neuen Mann*, was den Burgschauspieler tatsächlich aufgebracht hat. Der Burgschauspieler erhob sich, zog die Beine an, streckte seinen

Kopf in die Höhe und sagte, schön, gut, ein neuer Mann kommt in das Haus, aber das interessiere ihn gar nicht, habe ihn gar nicht mehr zu interessieren. Er selbst habe schon so viele Burgtheaterdirektoren ihr Amt antreten und wieder verlieren gesehen, daß ihn auch dieser Mann nicht interessiere. Sie kommen und gehen, sie werden mit offenen Armen aufgenommen und mit Schimpf und Schande wieder aus dem Hause gejagt, das sei immer so gewesen, auch dieser neue Mann werde keine Ausnahme sein, sagte er. Ja, der neue Mann, sagte er, mag sein, ein Genie, wie Sie sagen, worauf die Jeannie sofort antwortete, *sie* habe ja gar nicht gesagt, der neue Mann sei ein Genie, *die Zeitungen* hätten geschrieben, der neue Mann sei ein Genie, nicht *sie* habe das gesagt, *die Zeitungen* hätten das geschrieben, alle Tage schrieben jetzt die Zeitungen von diesem Genie aus Deutschland, *sie* habe das nicht gesagt und der Burgschauspieler sagte, gleich ob es die Zeitungen schreiben oder Sie es sagen, meine Liebe, mir ist es vollkommen gleichgültig, wer der neue Mann ist, der ins Haus kommt; ihm sei das immer gleich gewesen, er habe *zehn oder elf Burgtheaterdirektoren überlebt*, sagte der Burgschauspieler, *alle sind sie verschwunden*, kein Mensch erinnere sich heute überhaupt noch an die Namen dieser Leute; sie werden von einem Minister eingesetzt, der keine Ahnung vom Theater hat, nur seinem politischen Instinkt folgt und *arbeiten ein Jahr lang und werden abgesägt*, so drückte sich der Burgschauspieler, aufeinmal wieder in eine Erregung hinein gekommen, aus. Der Minister bestellt irgendeinen, von dem er glaubt, der sei ihm von allen der Nützlichste, natürlich *immer nur aus politischen Gründen, niemals aus künstlerischen*, so der Burgschauspieler und kaum hat dieser neue Mann seinen Vertrag unterschrieben, wird er angefeindet und es wird alles daran gesetzt, daß er sobald als möglich wieder verschwindet. Zwei, drei Inszenierungen werden gelobt von der Presse, sagte der Burgschauspieler, dann fangen sie an, den neuen Mann, den sie gerade erst ein ganzes Jahr lang, bevor er seinen Vertrag unterschrieben hat, in den Himmel gelobt haben, zu verdammen und zu vernichten, *an dem Ast zu sägen, auf welchem der neue Mann sitzt*. Und der neue Mann merkt es lange nicht, daß an seinem Ast schon gesägt worden ist, bevor er noch seinen Vertrag unterschrieben hat, sagte der Burgschauspieler. Der neue Mann kann tun, was er will, er ist, indem er seinen Vertrag unterschrieben hat und also Burgtheaterdirektor geworden ist, *ein toter Mann*. Haben die Zeitungen zuerst, *bevor* er seinen Vertrag unterschrieben und dann seinen Posten angetreten hat, geschrieben, er sei ein

Genie, so schreiben sie, *nachdem* er seinen Vertrag unterschrieben hat und seinen Posten angetreten, er sei ein Idiot. Gleich, was er spielt, es wird mit der Zeit immer weniger wert, in zwei, drei Jahren ist dieser Mann überhaupt nichts mehr wert, er hat tun können, was immer, sagte der Burgschauspieler; führt er Klassiker auf, ist es eine Dummheit, führt er sogenannte moderne Stücke auf, ist es eine Dummheit, spielt er inländische Autoren, ist es falsch und nichts wert, spielt er ausländische, ist es falsch und nichts wert, hat er, bevor er nach Wien ans Burgtheater gekommen ist, zu hören bekommen, sein Shakespeare sei *überwältigend und überhaupt der beste Shakespeare überhaupt*, den sie, die Kritiker, *jemals* gesehen haben, so hört er, sobald er Burgtheaterdirektor *ist*, sein Shakespeare sei eine Katastrophe. Die Burgtheaterdirektormacher werden, sobald sie ihr Ziel erreicht haben und der neue Burgtheaterdirektor seinen Vertrag unterschrieben hat, sagte der Burgschauspieler, augenblicklich zu Burgtheaterdirektorvernichtern. Ach, wissen Sie, sagte der Burgschauspieler zur Jeannie Billroth, wenn man ein guter Schauspieler ist, kann es einem ganz gleich sein, wer gerade der Direktor in diesem Hause ist. Ein neuer Direktor hat immer nur die kürzeste Zeit seinen Reiz. Kaum wird er mehrere Male auf der Kärntnerstraße gesehen und kaum hat er ein paarmal im Sacher oder im Imperial gegessen und ist dabei beobachtet worden, ist er erledigt. Es hat immer Lieblingsburgschauspieler gegeben, meine Liebe, sagte der Burgschauspieler, aber niemals einen Lieblingsburgtheaterdirektor. Wenn Sie mich fragen, mir ist es ganz gleichgültig, wer der Nachfolger unseres derzeitigen Direktors ist, sagte der Burgschauspieler; alle hörten aufeinmal mit dem größten Interesse, was der Burgschauspieler aufeinmal nicht mehr nur noch Zigarren rauchend, sondern auch wieder Weißwein trinkend, sagte. Die Burgschauspieler setzen sich in dieser Stadt fest, sagte er, kaufen sich in Grinzing und in Hietzing und in Sievering und in Neustift am Walde an und verbringen in ihren geschmacklosen Villen ihr geschmackloses Leben bis in ihren geschmacklosen Lebensabend hinein, aber die Burgtheaterdirektoren haben nicht die geringste Chance, sich in dieser schönen Stadt festzusetzen. Wehe, es kauft sich ein Burgtheaterdirektor ein Haus in dieser Stadt, er ist noch nicht eingezogen, wird er schon wieder hinausgeekelt und hinausgeworfen. Die Burgtheaterdirektorengeschichte ist eine mehr als skandalöse, sagte der Burgschauspieler, möglicherweise ist es die traurigste Wiener Geschichte überhaupt, sagte der Burgschauspieler. Dieses Wien ist ja im wahrsten Sinne des Wortes eine

Kunstmühle, tatsächlich ist es die größte Kunstmühle der Welt, in welcher jahraus, jahrein die Künste und die Künstler zermahlen und zermalmt werden, ganz gleich, was für Künste, ganz gleich, was für Künstler, die Wiener Kunstmühle zermalmt sie in jedem Falle immer total. *Alles* wird von dieser Wiener Kunstmühle zermalmt, *alles*, sagte der Burgschauspieler, *rettungslos*. Und das Kuriose ist ja, sagte der Burgschauspieler, daß alle diese Leute auch noch völlig freiwillig in diese Kunstmühle hineinspringen, von der sie total zermalmt werden. Auch die Burgtheaterdirektoren springen ja vollkommen freiwillig in diese Wiener Kunstmühle hinein. Betreiben unter Umständen lebenslänglich nichts anderes mit größerer Vehemenz, als in diese Kunstmühle hineinspringen zu können, reißen sich förmlich um den Sprung in diese Kunstmühle, in der sie total zermalmt werden. *Total zermalmt, total zermalmt, total zermalmt!* rief der Burgschauspieler aus. Dann sagte er: Mich haben diese Aufregungen und Skandale um einen alten oder neuen Burgtheaterdirektor aber nie berührt. Sehen Sie, meine Liebe, sagte er zur Jeannie Billroth, ich hätte unter jedem Direktor diesen Ekdal gespielt, glauben Sie mir das. Und im übrigen, sagte der Burgschauspieler, als wollte er das Thema damit abschließen, gehe ich ja in Pension, noch bevor der neue Direktor sein Amt antritt. Ich bin gar nicht mehr an diesem Hause, wenn er sein Amt antritt, sagte der Burgschauspieler und wandte sich dem Auersberger zu, der die ganze Zeit schon eingenickt gewesen war und der von dem, das der Burgschauspieler auf die Frage der Billroth geantwortet hatte, gar nichts gehört hatte und sagte zum Auersberger, wissen Sie, wenn ich in Pension bin, lese ich zwei- oder dreimal im Jahr Rilke im Konzerthaus oder den alten Goethe, das genügt mir. Im Grunde interessiert mich das heutige Theater auch gar nicht mehr. Am liebsten wäre ich ja schon in Pension, denn es ist alles, das mit dem Theater zusammenhängt heute, nurmehr noch unerträglich. Früher war es eine Lust, Theater zu spielen, tatsächlich eine Lebensaufgabe, sagte der Burgschauspieler, heute gibt es mir nichts mehr. Daß ich noch den Ekdal spiele und daß ich mit diesem Ekdal so viel Erfolg habe, überrascht mich selbst am meisten, sagte er. In Wahrheit hat das Theater mein Interesse verloren, sagte der Burgschauspieler. Sehen Sie, sagte er zur Jeannie, ich habe ja so viele glückliche Jahrzehnte auf dem Theater verbringen dürfen, und ich bereue nicht einen Tag dieser meiner glücklichen Theaterzeit, also ich bereue tatsächlich nicht eine Stunde dieser meiner glücklichen Theaterzeit auf dem Burgtheater. Aber heute gibt es mir

nichts mehr, schon lange nichts mehr, sagte der Burgschauspieler, worauf
die Jeannie sagte, daß dem Burgschauspieler ihrer Meinung nach deshalb
das Theater schon so lange Zeit nichts mehr gebe, weil er, der Burgschauspieler, sich niemals vom Burgtheater habe trennen können, *weil Sie sich
in Grinzing angekauft haben*, sagte die Jeannie, *deshalb sagt Ihnen das Theater schon so lange Zeit nichts mehr*, sagte die Jeannie zum Burgschauspieler,
*weil Sie jeden Tag in das Sacher essen gegangen sind, jeden Tag in das Mozart
einen Kaffee trinken.* Wenn Sie vom Burgtheater weggegangen wären und
überhaupt aus Wien weggegangen wären, Sie würden jetzt nicht sagen,
daß Ihnen das Theater schon so lange Zeit nichts mehr gibt, meinte die
Jeannie. Möglicherweise haben Sie in der Tatsache, daß Sie sich in Grinzing angekauft haben, die Lust am Theater verloren, am Theaterspiel
überhaupt, bohrte die Jeannie. Möglicherweise, antwortete der Burgschauspieler, haben Sie recht, meine Liebe, aber wahrscheinlich haben Sie
nicht recht. Das Theater ist allgemein herunter gekommen, sagte der
Burgschauspieler, ob Sie in Wien sind oder nicht, Sie finden kein gutes
Theater mehr, es fasziniert nicht mehr. Das glaube er nicht, sagte der
Auersberger plötzlich, von dem alle geglaubt hatten, er schlafe schon die
längste Zeit, seiner Meinung nach, sei das Theater so lebendig wie eh und
je, nur in Wien sei es abgestanden und schon lange nicht nur zum Tod
verurteilt, sondern längst *tatsächlich tot, tatsächlich tot, tatsächlich tot*, rief
der Auersberger aus und wiederholte dieses *tatsächlich tot* mehrere Male
lallend. Was auch die beiden jungen Schriftsteller, weil dieses Lallen so
komisch gewesen war, zum Lachen gebracht hat. Sie hatten, obwohl die
ganze Zeit wie gar nicht anwesend, nachdem der Auersberger mehrere
Male *tatsächlich tot* ausgerufen hatte, laut aufgelacht. *Mein Gott!* hat der
Burgschauspieler plötzlich ausgerufen, *was soll denn das heißen, ein Theatergenie! Ein Direktor und ein Genie, das ist doch eine Absurdität!* rief er aus.
Wissen Sie, sagte er zur Jeannie Billroth, die Zeitungen führen schon eine
infame Sprache und alles, das in ihnen steht, ist nichts anderes, als infam.
Gleich was für eine Zeitung Sie aufmachen, Sie sind mit Infamie konfrontiert, sagte der Burgschauspieler. Nein, sagen wir, es geht uns nichts
an, was in den Zeitungen steht, und sind doch wie tödlich getroffen
davon, sagte er. Nun sind aber doch die österreichischen Zeitungen die
allerschlechtesten auf der Welt, und tatsächlich ist in ihnen die Niedertracht auf die höchste Höhe gebracht, sagte er, es gibt keine anderen mit
einer größeren Niedertracht. An der Scheußlichkeit dieser Blätter hat die

österreichische, ja, hat die Weltgeschichte immer zu leiden gehabt, sagte der Burgschauspieler. Obwohl sie mich immer gelobt haben, meinte er, sind sie doch die scheußlichsten Blätter der Welt mit dem infamsten und gleichzeitig dümmsten Inhalt. Aber wir lesen sie alle Tage und fressen alles, das in ihnen steht, gierig in uns hinein, sagte er, das ist doch die Wahrheit. Von Kindheit an habe ich den österreichischen Zeitungsdreck in mich hineingefressen, aber ich existiere noch immer. Der österreichische Magen ist ein guter Magen, die Österreicher insgesamt haben einen guten Magen, wenn ich bedenke, was für eine geschmacklose und gleichzeitig fürchterliche Geschichte sie im Laufe der Zeit in sich hineingefressen haben. Die österreichischen Zeitungen, wenn es überhaupt solche sind, sagte der Burgschauspieler, sind die schlechtesten der Welt, aber gerade deshalb sind sie vielleicht die besten. Gerade weil sie die schlechtesten sind, sind sie wahrscheinlich die besten, sagte der Burgschauspieler und der Auersberger lallte, *da haben Sie aber recht, da haben Sie aber recht, wie recht Sie da haben* und die zwei jungen Schriftsteller lachten laut auf. Wir leben ja ununterbrochen in Absurdität, sagte der Burgschauspieler aufeinmal, in nichts anderem. Bedenken Sie doch, daß *alles* absurd ist. Der absurde Gedanke ist der einzig wahre Gedanke, sagte der Burgschauspieler, bedenken Sie, daß die absurde Welt die einzig wahre Welt ist. Alles, das ist, ist absurd, sagte der Burgschauspieler aufeinmal pathetisch und lehnte sich zurück. Absurd und pervers, sagte er dann. Zur Auersberger sagte er gleich darauf *und ich habe mich so auf eine Kostprobe Ihrer Kunst gefreut.* Aber das macht nichts. Das nächste Mal. Was hätten Sie denn gesungen? fragte der Burgschauspieler und die Auersberger sagte nur ein kurzes *Purcell.* Ah Purcell, sagte der Burgschauspieler. Purcell ist hoch in Mode. Überhaupt alte Musik. Die ganze Welt hört den ganzen Tag alte Musik, habe ich nicht recht? worauf der Auersberger lallte: *da haben Sie recht, da haben Sie recht, da haben Sie recht.* Purcell, sagte der Burgschauspieler, das ist ganz große englische Lied- und Arienkunst. Ja, sagte er, mir ins Gesicht schauend, ein solcher schön gesungener Purcell ist eine Kostbarkeit. Der Bolero, mein Gott, sagte der Burgschauspieler aufeinmal, wissen Sie, der Bolero ist mir früher immer auf die Nerven gegangen. Jetzt liebe ich ihn. Lange Zeit ist es eine uns auf die Nerven gehende Kunst, sagte er, plötzlich lieben wir sie. Haben Sie diese Beobachtung nicht auch schon gemacht? fragte er die Jeannie, die antwortete aber nicht, sagte zum Burgschauspieler gänzlich unvermittelt, daß eine neue Ära auf dem Burgtheater heranbreche, tatsächlich hatte sie das Wort *heranbreche* ausgesprochen, eine neue Ära, die die alte *wegwische, die die alte wegwischt*, so die gehässige Jeannie Billroth. Lauter neue Namen werden auftreten, sagte sie, ganz andere Stücke werden gespielt werden. Ja, das ist gut, lallte der Auersberger jetzt, daß wieder neue Namen auftreten und neue Stücke gespielt werden. *Abschiednehmen von dem Gewohnten* lallte er, von den *Theaterladenhütern, von den Theaterladenhütern* hat er dreimal hintereinander gesagt, weil es ihm selbst gefallen hat, denke ich. Die Auersberger hat diese Bemerkung ihres betrunkenen Mannes wahrscheinlich doch als peinlich empfunden, denn sie machte einen weiteren Versuch, den Auersberger, dessen Kopf schon ganz in die Lodenbauernjacke eingesunken war, aus dem Sessel zu heben, was ihr aber nicht gelang; der Auersberger hatte noch immer die Kraft, sie mit einem Tritt in die Wade daran zu erinnern, wer hier in der Gentzgasse Herr im Hause ist. Ein Buch über Palladio gelesen, sagte der Burgschauspieler aufeinmal, wieder die Brentavillen bewundert, sagte er. Einmal für Jahrhunderte in Vergessenheit Geratenes, sagte er, plötzlich wieder ganz große Mode, sozusagen Weltinteressemittelpunkt. Spanien, sagte er, wenn ich in Pension bin, nicht nur auf kurze Zeit, wie in den letzten Jahren, sondern ausgiebig, monatelang. Wenn einer dem Theater so lange gedient hat, wie ich, sagte er. Komödiant, sagte er, Imitator, Schauspielgehilfe. Mein großes Glück ist ja gewesen, daß ich mich niemals verheiratet habe, das größte Glück für einen Schauspieler ist es, keine Ehe einzugehen, allein zu bleiben mit seiner Kunst, der Schauspielerei. Durchsetzungsvermögen habe ich immer gehabt, sagte er, war nie krank merkwürdigerweise, nicht ein einziges Mal, abgesehen von kleinen Unpäßlichkeiten, dadurch hatte ich auch niemals absagen müssen, nicht ein einziges Mal, während doch die Kollegenschaft immer alle Augenblicke abgesagt hat, tatsächlich sogar mit der Zeit einen gewissen Absagehysterismus entwickelt hat. *Nie ein sogenannter nervöser Schauspieler gewesen*, sagte er, *Pedant vielleicht*, aber nie nervös, leistete mir auch keine künstlerischen Unpäßlichkeiten. Wissensbegierde, vielleicht ist es das gewesen, sagte er. Studierte jede Rolle auf die wissenschaftliche Weise, bin in diesem Bedürfnis allerdings immer allein gewesen. Tatsächlich kein Luxusmensch, nein, ganz im Gegenteil. Aber auch nicht einfach, die Simplizität ist mir immer verhaßt gewesen. Aber in Wahrheit, sagte der Burgschauspieler jetzt, sind die Ansprüche, die hier in Wien an die Kunst, aber vor allem an die Musik und an die Schauspielerei gestellt werden, die höchsten, die allerhöchsten in Europa und die Leute, die hier in die Konzertsäle gehen und in die Theater, vornehmlich in das Burgtheater, sagte er, sind die verzogensten und letztenendes anspruchsvoller und kritischer als irgendwo sonst in Europa, ja, ich kann sagen, auf der ganzen Welt. Es gibt keine besseren Schauspieler, wie es auch keine besseren Musiker gibt, als hier in Wien, das ist die Wahrheit. Fahren Sie hin, wo Sie wollen, sagte er, gehen Sie in die Mailänder Scala oder in die Metropolitan Oper in New York oder gehen Sie in das Londoner Nationaltheater oder in die Comédie Française, alles nichts gegen Wien, alles letztenendes stümperhaft, dilettantisch, das ist die Wahrheit. Das Wiener Publikum ist das verzogenste und das mit dem besten Geschmack, das Theater genauso betreffend, wie die Musik, allerdings auch das infamste, das rücksichtsloseste. Wie lächerlich geradezu ist alles, was wir in Deutschland auf dem Theater vorgesetzt bekommen, wie lächerlich ist das englische, wie lächerlich das französische Theater dagegen. Aber wehe, man sagt diese Wahrheit in Wien, sagte der Burgschauspieler, da ist man erledigt. So schlecht kann das Burgtheater gar nicht spielen, sagte er, daß es nicht noch immer viel besser ist, als auf den deutschen Bühnen, gleich was für eine. Nein, nein, sagte der Burgschauspieler, ein dilettantisches, ein abgeschmacktes Theater wird in Deutschland gespielt, letztenendes ein dummes Theater, in das die Deutschen schon immer vernarrt gewesen sind. Hilflos und dilettantisch ist das deutsche Theater immer gewesen, das ist die Wahrheit. Immer nur modisch und immer geistlos, das ist die Wahrheit. Ohne Witz, das ist es. Ohne Phantasie, das ist es. Ohne die geringste Genialität, das ist es. Auf den deutschen Theatern sehen wir Schauspieler wie Schullehrer, Schauspieler wie Mittelschullehrer agieren, das ist es. Selbst der letzte Kabarettist in Wien ist besser, als der berühmteste deutsche Schauspieler, sagte er, das ist die Wahrheit. Aber sagen Sie diese Wahrheit in Wien, werden Sie gesteinigt. Jede Montagvorstellung im Burgtheater oder in der Oper, sagte der Burgschauspieler, ist besser, als alles in der übrigen Welt. Aber sagen Sie das nur nicht in Wien, sagte der Burgschauspieler. Es ist doch schön, den Ekdal zu spielen und Erfolg zu haben, sagte der Burgschauspieler darauf, und aufzuhören mit dem Ekdal und mit diesem Erfolg. Denn diese englische Rolle, die ich gerade erarbeite, betrachte ich nicht mehr als zu meiner Entwicklung gehörend, durchaus etwas Nebensächliches, nicht ernst zu Nehmendes, sagte er, kein Lear, meinte er. Ein langgezogenes *Paradox* sagte er dann. Das Alter und die Gleichgültigkeit decken sich in gewisser Weise, sagte er. Im übrigen möchte ich keinen Tag mehr jung sein, die Jugend ist das Entsetzliche, nicht das Alter. Überhaupt möchte ich keinen Tag meines Lebens mehr leben, ich bin froh, daß das nicht möglich ist. Ja, wissen Sie, sagte der Burgschauspieler zuerst zur Auersberger und dann auch zur Jeannie, der alte Mensch ist in seinen Rückzug verliebt, glauben Sie mir. Die Leute reden über alles mögliche, lachen auch über alles mögliche, regen sich über alles mögliche auf, das berührt mich gar nicht mehr. In gewisser Weise nach soviel Kunst auf dem Theater etcetera, eine Alterskunst entwickeln, sagte der Burgschauspieler, das ist wahrscheinlich das allergrößte Vergnügen. Als der Bolero zuende war, stand die Auersberger auf, ging durch das Speisezimmer in die Küche, um Kaffee zu holen. Diese Abwesenheit der Auersberger benützte die Jeannie, um sich noch einmal in Szene zu setzen, sie sagte zu dem schon längere Zeit vor sich zu Boden schauenden, wie gesagt wird, *gedankenverlorenen* und jetzt aufeinmal total ermüdeten Burgschauspieler auf ihre geschmacklose Weise, ob er, der ja jetzt mehr oder weniger *schon bald an seinem Lebensende angelangt* sei, an diesem seinem Lebensende sagen könne, daß er in seiner Kunst sozusagen *eine Erfüllung gefunden* habe; genau mit diesen geschmacklosen Wörtern konfrontierte sie den alten, müde gewordenen Mann, der mir ja alles, nur nicht sympathisch gewesen ist an diesem Abend und in dieser Nacht, der aber doch, allein, wenn ich in Betracht ziehe, daß er ja an demselben Abend schließlich, also ein paar Stunden vorher noch als Ekdal auf der Bühne des Akademietheaters gestanden ist, jetzt Schonung verdient hat. *Glauben Sie, daß Sie an Ihrem Lebensende Erfüllung in Ihrer Kunst gefunden haben?* fragte die Jeannie ein zweites Mal, so, als glaubte sie, der Burgschauspieler habe sie, als sie das erste Mal dieselbe Frage gestellt hat, nicht gehört, obwohl der Burgschauspieler selbstverständlich gehört hat, was die Jeannie gefragt hatte, ihre Unverschämtheit, Rücksichtslosigkeit war ihm naturgemäß nicht entgangen, sie hatte ja schließlich dreimal die Frage an ihn gerichtet *Können Sie sagen, daß Sie an Ihrem Lebensende von Ihrer Kunst erfüllt gewesen sind?*, dreimal ist dem Burgschauspieler ihre Unverschämtheit nicht entgangen, wie ich sofort gesehen habe, er dachte aber, die Jeannie, die der Burgschauspieler ja nur auf die oberflächlichste Weise kannte und die sich ihm gegenüber also überhaupt nichts, also schon gar keine solche Unverschämtheit hätte herausnehmen dürfen, würde ihn in Ruhe lassen, worin der Burgschauspieler sich aber gründlich getäuscht hatte; die Jeannie Billroth gab im Gegenteil keine Ruhe und fragte noch mehrere Male, ob der Burgschauspieler *an seinem Lebensende sagen* könne, daß *seine Kunst für ihn Erfüllung* gewesen sei, auf ihre schamlose Art und Weise insistierte sie und hatte nicht eher mit ihrem rücksichtslosen Fragen aufgehört, bis der Burgschauspieler dann endlich doch auf ihre Frage eingegangen ist, darauf eingehen hatte müssen, und es war doch merkwürdig, daß dieser mir im Grunde durch und durch widerwärtige Mensch, den ich die ganze Zeit doch mit nichts anderem, als mit der größten Abscheu betrachtet und beobachtet habe, ihr aufeinmal tatsächlich die entsprechende Antwort gegeben hat, indem er nämlich sagte, daß es mehr oder weniger eine Unerhörtheit sei, ihm *eine so dumme Frage* zu stellen, *denn Ihre Frage ist ganz einfach nichts als dumm* und daß sie, die Jeannie Billroth, doch nicht erwarten könne, auf ihre dumme Frage eine intelligente Antwort zu bekommen, auf ihre *unverschämte Frage*, wie der Burgschauspieler sagte, *ich glaube, Sie haben sich doch im Ton vergriffen*, sagte der Burgschauspieler nur und war gerade im Begriff, aufzustehen, so, als wolle er jetzt aufeinmal ohne weitere Umstände die Gentzgassenwohnung der Auersbergerischen verlassen, weil ihm die Fragerei und also die Unverschämtheit der Jeannie zu viel geworden war; aber als er die Auersberger mit dem Kaffee hereinkommen sah, setzte er sich wieder in seinen Fauteuil und sagte gleichzeitig, daß er es nicht notwendig habe, auf derartige dumme Fragen zu antworten, *derartige Geschmacklosigkeiten als Fragen*, sagte der Burgschauspieler wörtlich zu der jetzt tatsächlich verblüfften Jeannie, müßten selbstverständlich ohne seine Antwort auskommen. *Was für ein unbotmäßiges Gefasel von Lebensende*, sagte der Burgschauspieler, *was für eine Unverschämtheit an Fragestellung*, sagte er, *was für eine Gemeinheit überhaupt, mich mit Ihrer Dummheit zu konfrontieren*, sagte der Burgschauspieler, worauf die Jeannie, eine Schale Kaffee aus der Hand der Auersberger entgegennehmend, plötzlich ruhig war, gar nicht aufgebracht, wie ich erwartet hatte; bei ähnlichen Gelegenheiten, dachte ich, ist sie immer aufgesprungen, wie ich mich erinnere und hat augenblicklich den Schauplatz ihrer Borniertheit verlassen, jetzt nicht, sie blieb, mit ihrem, wenn auch sogar unter ihrer dick aufgetragenen Schminke hochrot gewordenen Gesicht, sitzen, bewegte sich minutenlang nicht mehr, während der Burgschauspieler, plötzlich wieder bei Kräften, etwa Folgendes für mich tatsächlich an ihm, dem ich das niemals zugetraut hatte, Erstaunliches sagte: es sei widerwärtig, sich unter Menschen zu begeben, die einen nur aus-

horchten und schließlich auf die gemeinste Weise heruntermachten, die
nur dazu da seien, einen, wie er es nannte, auseinanderzunehmen, *in alle
Teile zu zerlegen*, noch dazu nach Mitternacht sei das eine umso größere
Gemeinheit, er sprach das Wort *Gemeinheit* ungeniert aus, während er die
Kaffeeschale, wie ich mit größtem Erstaunen sah, ohne zu zittern, in der
Hand hielt, um von Zeit zu Zeit einen kleinen Schluck daraus zu machen.
Wir kommen in ein Haus und denken, es ist ein freundliches, sagte er und
da er sich dabei so erregt hatte, war auch der Auersberger wieder wach
geworden und hörte sich an, was der Burgschauspieler jetzt sagte, auch die
Anna Schreker war aufmerksam geworden, auch die beiden jungen
Schriftsteller und alle andern auch, denn der Burgschauspieler hatte wieder das ganze Interesse an sich gerissen allein schon durch die kräftigen
Wörter, die er jetzt gebrauchte, Wörter wie *niederträchtig, gemein, unbot-
mäßig, verlogen, infam, größenwahnsinnig, dumm* prasselten plötzlich auf
die Gentzgassengesellschaft und insbesondere auf die Jeannie nieder; daß
es nicht nur eine Ungezogenheit, sondern eine tatsächliche Niederträchtigkeit sei, ihn mit solchen dummen Fragen zu konfrontieren wie gerade
diese Person, so bezeichnete er aufeinmal die Jeannie, *diese Person*, sagte er
immer wieder, *hat mir noch gefehlt, diese Person, die mir von Anfang an
verhaßt gewesen ist, denn diese Person ist absolut eine dumme Person*, wenn
ich gewußt hätte, daß auch diese Person hierher kommt, wäre ich niemals
Ihrer Einladung gefolgt, sagte der Burgschauspieler zu den Auersbergerischen pathetisch, ich hasse Leute wie diese Person, die nur dazu da sind,
alles herunterzumachen, die andauernd über Kunst reden und keine Ahnung von Kunst haben, die über alles reden und keine Ahnung davon
haben, diese Leute, die alle diese Abende zerreden und zerschwätzen und
deren Geistlosigkeit tatsächlich zum Himmel stinkt, so der Burgschauspieler in höchster Erregung. *Wie ich diese Person hier sitzen gesehen habe,
habe ich gedacht, ich drehe sofort wieder um und gehe wieder weg, aber der
Anstand hat mir eine solche Vorgangsweise verboten*, sagte der Burgschauspieler, *der Anstand, der Anstand*, wiederholte er mehrere Male und lehnte
sich zurück, daß es ihn erleichterte, wie ich gedacht habe, was aber ein
Irrtum gewesen ist, denn der Burgschauspieler setzte sich sofort wieder
ganz gerade und aufeinmal von einer plötzlichen Atemlosigkeit überfallen,
sagte er in das Gesicht der Jeannie: Sie gehören zu diesen Leuten, die
nichts wissen und die nichts wert sind und deshalb alles Andere hassen, so
einfach ist das, Sie hassen alles, weil Sie sich selbst hassen in Ihrer Erbärm-

lichkeit. Sie reden andauernd von Kunst und haben keine Ahnung, was das ist, wollte er der Jeannie ins Gesicht schreien, konnte das aber wegen seiner Atemlosigkeit nicht, die es ihm nur erlaubte, den Satz beinahe vollkommen tonlos zu sagen und darauf *Sie sind ein dummer zerstörerischer Mensch und schämen sich nicht einmal,* worauf er schwieg. Dieser Angriff des Burgschauspielers auf die Jeannie war für mich, zugegeben, ein großer Genuß gewesen, denn ich habe es, wenn auch, so doch sehr selten erlebt, daß jemand der Jeannie etwas Derartiges ins Gesicht gesagt hat, daß irgendein Mensch mit solcher Schärfe eine ihrer Unverschämtheiten quittiert hat, das brachte dem Burgschauspieler, der mir aber nach wie vor doch zuwider gewesen war, im Augenblick meine Hochachtung ein. Der Jeannie Billroth ist nie gesagt worden, wie unzuständig sie im Grunde immer ist, immer gewesen ist, dachte ich, es ist ihr nie gesagt worden, daß sie schon längst in allen Begriffen immer die Inkompetenteste ist, dachte ich. Der Jeannie ist nie gesagt worden, daß sie gemein, ja vulgär ist, wie es ihr der Burgschauspieler ohne weiteres ins Gesicht gesagt hat. Wir empfinden großen Genuß, wenn wir glauben, einem Menschen widerfährt sozusagen Gerechtigkeit, indem ihm seine eigene Niedertracht und seine eigene Schamlosigkeit und seine eigene Stumpfsinnigkeit und Inkompetenz vorgehalten werden, dachte ich, noch dazu, wenn wir jahrzehntelang darauf haben warten müssen. Niemals ist der Jeannie gesagt worden, daß sie letztenendes doch ein ganz kleiner, gemeiner Mensch ist, ja ein niedriger Charakter, der Burgschauspieler hat es ausgesprochen. Und ich hatte den Eindruck, daß das alle, die Zeuge dieses Ausbruchs des Burgschauspielers gewesen waren, nicht nur im Augenblick gefreut hat, sondern ihnen allen eine größere, doch länger als nur die kürzeste Zeit anhaltende Genugtuung gewesen ist. Natürlich, sie haben dieses ihr Gefühl *nicht ausgesprochen,* dazu hatten sie auch keine Veranlassung und sie hätten es sich auch nicht leisten können. Der Burgschauspieler aber konnte es sich leisten genauso, wie ich es mir habe leisten können, allein durch mein Schweigen dem Burgschauspieler gegenüber in allem, das er gegen die Jeannie vorgebracht hat, recht zu geben. Endlich, nach Jahren, nach Jahrzehnten, sagt ein Mensch jenem die Wahrheit ins Gesicht, dem wir sie wünschen, jahrzehntelang wünschen, genau die Wahrheit, die er vorher nie gehört hat, weil es bis dahin niemand gewagt hat, diesem Menschen die Wahrheit ins Gesicht zu sagen und ich dachte, allein wegen dieser von dem Burgschauspieler der Jeannie ins Gesicht gesagten Wahrheit, was immer diese Wahrheit sein mag oder nicht sein mag, hat es sich schließlich doch ausgezahlt, die Einladung zu dem *künstlerischen Abendessen* anzunehmen. *Sie sind eine ganz und gar verlogene Person* hatte der Burgschauspieler im übrigen auch noch zur Jeannie gesagt, *Sie lauern ja geradezu stundenlang darauf, einen Menschen erniedrigen zu können* und er hatte auch gesagt *Menschen wie Sie, sind gefährliche Menschen* und *man tut gut daran, mit solchen Menschen wie Sie, keinen Umgang zu pflegen.* Wenn ich diese Sätze des Burgschauspielers nicht noch genau im Ohr hätte, ich würde sie ja heute noch nicht für möglich halten, aber der Burgschauspieler hatte sie genauso gesprochen an diesem Abend, wie sie hier stehen. Wahrscheinlich, dachte ich, hat die Jeannie die ganze Zeit, die ich ja noch gar nicht im Musikzimmer und also noch im Speisezimmer gewesen war, schon Unverschämtheiten gegen den Burgschauspieler vorgebracht gehabt, sich ihm gegenüber also schon vorher als jene widerliche Jeannie Billroth aufgeführt gehabt, die mir nur zu gut bekannt ist aus jener Zeit, in welcher ich mit der Jeannie Billroth noch, kurz gesagt, mein Verhältnis hatte. Sie hat sich nicht geändert. Ist sie nicht der Mittelpunkt einer Gesellschaft, setzt sie alles daran, der Mittelpunkt zu werden, indem sie den eigentlich für einen solchen Mittelpunkt wie den für dieses sogenannte *künstlerische Abendessen* bestimmten, also in diesem Falle den Burgschauspieler, wenigstens frontal angehend, wie gesagt werden kann, beleidigt. Und sie mußte den Burgschauspieler schon lange bevor ich ins Speisezimmer gekommen war, immer wieder, wie es ihre Art ist, gereizt und beleidigt haben, denn sonst wäre ja dieses geradezu explosive Aufbrausen des Burgschauspielers nicht verständlich gewesen. Jetzt war mir die Ursache jener merkwürdigen Ausbrüche des Burgschauspielers klar geworden, die ich aufeinmal, noch im Vorzimmer sitzend, den Burgschauspieler aus dem Musikzimmer aus sich herausschreien gehört hatte, diese mir da noch unverständlichen *achwas Ekdal* und *achwas Gregers* und *achwas Wildente*, die also, wie ich jetzt wußte, der den Burgschauspieler attackierenden Jeannie gegolten hatten. Ja, sagte der Burgschauspieler, indem er von seinem Platz aufstand und gehen wollte und der Auersberger, die mit ihm aufgestanden war, die ausgetrunkene Kaffeeschale in die Hand drückte, *wie hasse ich im Grunde solche Gesellschaften, die es nur darauf abgesehen haben, alles das, das mir etwas bedeutet, herunterzumachen, tatsächlich alles, das mir immer etwas wert gewesen ist, in den Schmutz zu ziehen, wo doch nur mein Name und die Tatsache, daß ich Burgschauspieler bin, ausgenützt werden und wie sehne ich mich in Wirklichkeit nicht einmal so sehr nach Ruhe, als nach dem tatsächlichen Inruhegelassensein. Ja, habe ich immer gedacht, wenn ich als ein Anderer, als der ich es schließlich bin, geboren worden wäre, und überhaupt ein ganz Anderer geworden wäre, als der, der ich schließlich geworden bin, wenn ich doch endlich ein Inruhegelassener geworden wäre. Aber dazu hätte ich nicht von meinen, sondern von ganz anderen Eltern geboren werden und ich hätte in ganz anderen Verhältnissen aufwachsen müssen, in der freien Natur, wie ich immer gewünscht habe, nicht in der eingesperrten, überhaupt in der Natur, nicht in der Künstlichkeit. Denn wir alle sind in der Künstlichkeit aufgewachsen, in dem heillosen Wahnsinn der Künstlichkeit, nicht nur ich, der ich zeitlebens darunter gelitten habe,* sagte der Burgschauspieler aufeinmal, *alle hier,* sagte er, und er drehte sich nach der Jeannie um und sagte zu ihr, *auch Sie, meine Liebe, die Sie mich mit Ihrem Haß verfolgen und mich verachten.* Er wendete sich zuerst, ohne zu mir etwas zu sagen, mir zu, dann dem Auersberger und sagte zu dem total besoffenen, im Fauteuil eingeschlafenen Auersberger, daß es überhaupt ein Unglück sei, geboren zu sein, *aber als ein solcher Mensch, wie der Herr Auersberg geboren worden zu sein,* sei das größte. In die Natur hineingehen und in dieser Natur ein- und ausatmen und in dieser Natur nichts als tatsächlich und für immer zuhause zu sein, das empfände er als das höchste Glück. *In den Wald gehen, tief in den Wald hinein,* sagte der Burgschauspieler, *sich gänzlich dem Wald überlassen,* das ist es immer gewesen, der Gedanke, nichts anderes, als selbst Natur zu sein. *Wald, Hochwald, Holzfällen, das ist es immer gewesen,* sagte er plötzlich aufgebracht und wollte endgültig gehen. Obwohl alle viel getrunken hatten, war am Ende doch, wie vor dreißig und wie vor fünfundzwanzig und vor zwanzig Jahren, nur der Auersberger total betrunken gewesen, er hatte, in seinem Fauteuil vollkommen eingesunken, gar nicht mehr wahrgenommen, daß alle Gäste aufgestanden waren, um zu gehen. Während ich selbst aufgestanden bin, hatte ich gedacht, daß der Burgschauspieler schon im Verlauf des Fogoschessens und dann auch noch immer wieder einmal im Musikzimmer, diese drei Wörter *Wald, Hochwald, Holzfällen* gesagt hatte, ohne daß ich zuerst schon gewußt hätte, was er damit meinte. Meine Aufmerksamkeit während des Essens und auch danach im Musikzimmer, hatte sich ja lange Zeit naturgemäß nicht auf den Burgschauspieler, sondern auf die Jeannie Billroth konzentriert gehabt; während des Essens hatte ich die Jeannie mehr oder weniger nicht aus den Augen gelassen, gar nicht hingehört die meiste Zeit, was der Burgschauspieler gesagt hat, nur ab und zu einen halben, im Grunde niemals einen ganzen Satz von ihm gehört; es hatte mich auch nicht im geringsten interessiert, was der Burgschauspieler während des Essens gesagt hatte, erst viel später, erst im Musikzimmer, also, nachdem der Burgschauspieler schon mehr, als ihm im Grunde zuträglich gewesen ist, getrunken hatte, war er auch für mich interessant geworden, weil er sich, wie ich jetzt denke, in der Zwischenzeit völlig verändert hatte; es war doch alles, was er noch im Speisezimmer gesagt hatte, Unsinn gewesen, Geplauder und Geplapper, wie wir es von alten, ja schon greisen Schauspielern gewohnt sind, denen ich ja auch immer wieder aus dem Weg gehe, weil ich nicht hören kann, was sie sagen, weil mir ihre sogenannte Altersweisheit, die doch nur eine abstoßende Altersborniertheit ist, eine Altersdummheit, um es ganz deutlich zu sagen, auf die Nerven geht. Alte Schauspieler gehen nurmehr noch auf die Nerven, habe ich immer wieder gedacht, und ich habe es immer verhindert, mit ihnen zusammen zu kommen; aber als der Burgschauspieler schon mehr getrunken gehabt hat, als ihm im Grunde zuträglich, war er aufeinmal interessant geworden durch seine Veränderung, durch ein plötzlich aus ihm zum Vorschein gekommenes merkwürdig Alt-Philosophisches genau da, wo er angefangen hatte, fortwährend die Wörter *Wald, Hochwald* und *Holzfällen* auszusprechen, die, wie ich jetzt weiß, nicht nur seine, sondern vieler solcher Menschen wie der Burgschauspieler und Millionen Anderer Lebensstichwörter sind; plötzlich ist mir am Ende dieses *künstlerischen Abendessens* zu Bewußtsein gekommen, was der Burgschauspieler mit diesen seinen Lebensstichwörtern sagen wollte, sich selber immer wieder sagen, den Anderen sagen, ja allen sagen wollte und ich habe angefangen, ihm aufmerksam zuzuhören; aufeinmal, denke ich, ist dieser für mich zuerst so uninteressante, mir, wie gesagt, doch nur auf die Nerven gehende Mensch, für kurze Zeit interessant geworden, hat er, wenn auch nur für diese kurze Zeit, meine ganze Aufmerksamkeit auf sich gezogen und es interessierte mich aufeinmal nicht mehr, was die Jeannie Billroth sagte oder die Anna Schreker, sondern nurmehr noch, was der Burgschauspieler gesagt hat und ich hatte mich dann auch von der Jeannie und von der Schreker ab- und dem Burgschauspieler zugewandt, ganz abgesehen von den Andern während dieses *künstlerischen Abendessens,* die mich von Anfang an nicht interessiert hatten und denen ich auch niemals zugehört habe, nicht einmal das Wenige, das sie gesagt haben, habe ich gehört, dachte ich. Der anfängliche Schwätzer, der nur durch seine faulen Witze und abgestandenen Anekdoten Eindruck hatte machen wollen zu Beginn, war im Laufe dieses *künstlerischen Abendessens* aufeinmal zur interessanten, ja sogar zur *philosophischen Figur* dieses *künstlerischen Abendessens* geworden, dachte ich und ich denke, daß wir das nicht an sehr vielen Menschen, aber doch ab und zu an alten beobachten können, daß solche Leute am Anfang als Schwätzer und als widerwärtige Witze- und Anekdotenerzähler auftreten wie der typische sogenannte künstlerische oder intellektuelle Wiener und dann nach und nach geradezu eine philosophische Entwicklung nehmen während eines Abends, während eines Abendessens, wie im Zuge dieses *künstlerischen Abendessens* bei den Auersbergerischen in der Gentzgasse, daß sie zuerst nur durch Lächerlichkeit und Dummheit und Aufgeblasenheit auffallen und dann mit der Zeit, wenn sie etwas und etwas mehr, als ihnen gut tut, getrunken haben, plötzlich unsere Abneigung gegen sie zu einer Zuneigung machen können, weil sie ein durchaus geistiges, wenn nicht gar philosophisches Element ins Spiel bringen. Der Burgschauspieler war ja, wie ich denke, als nichts anderes, als der Burgschauspieler aufgetreten zuerst und hatte auch noch seinen sogenannten *echten Fogosch* als Burgschauspieler, was für mich heißt, als abstoßende Figur, gegessen, sich die ganze Zeit während des Fogoschessens als die mich abstoßende Figur in Szene gesetzt, ist aber aufeinmal, nachdem er mit dem Fogoschessen zuende gewesen war und zwei, drei Zigarren geraucht und ein paar Gläser Weißwein getrunken hatte, geradezu zum geistigen, ja zum philosophischen Menschen geworden, also von einer widerlichen Figur, zu einem philosophischen Menschen, von einer Figur zu einem Menschen, also genau umgekehrt wie üblich, wenn sich die Leute zuerst als Menschen geben und schließlich und endlich, weil ihnen etwas anderes gar nicht möglich ist, mit der Zeit, wenn sie gegessen und getrunken haben, zur widerlichen Figur machen; diese Beobachtung ist unsere alltägliche, daß wir Menschen treffen auf einer Gesellschaft und diese Menschen sich mit der Zeit abstoßend und zu widerlichen Figuren gemacht haben, wie sich diese ganzen Gesellschaften, je mehr sie in den Abend hinein essen und trinken, widerlich und abstoßend machen, wie wir wissen. Der Burgschauspieler hat in dieser Nacht die genau umgekehrte Entwicklung genommen; er hat sich von der widerlichen Figur, zum philosophierenden Menschen gemacht, wenn auch nicht tatsächlich vom Schwätzer zum Philosophen. Am Ende war ich von dem für mich lange

Zeit abstoßenden, mich durch seine Widerwärtigkeit für mich, allein durch sein Gehabe in Erregung und sogar in Wut versetzenden Menschen, *eingenommen*, wie gesagt wird, *nicht mehr abgestoßen und aufgebracht, sondern eingenommen* ganz im Gegensatz zur Jeannie Billroth, die, wie ich denke, zuerst von dem Burgschauspieler eingenommen gewesen war und die dann nach und nach und schon während des Fogoschessens durch ihn aufgebracht gewesen ist und ihn schließlich gehaßt hat. Am Ende war ich vom Burgschauspieler eingenommen gewesen und die Jeannie Billroth hat ihn gehaßt, denke ich, das sagt alles. *Wie* er *Wald, Hochwald, Holzfällen* gesagt hat, das war nicht alterssentimental, sondern hellsichtig, denke ich. Wie er der Jeannie entgegengetreten ist, das war alles andere, als alt, alles andere als Altersopportunismus, denke ich. Ein ganzes langes Nachtmahl sitzen wir mit einem jener Wiener Kunstpopanze zusammen, mit einem dieser perversen Pseudokünstler, wie sie uns in dieser Stadt zu Hunderten immer wieder begegnen und wie wir sie zu Hunderten kennen, alle diese widerwärtigen Wiener Maler und Bildhauer und Schriftsteller und Musikmacher und Schauspieler, alle diese widerlichen Wiener Provinzkünstler und sitzen noch dazu einem Burgschauspieler, geradezu dem Prototypus des Wiener Kunstpopanzen und Pseudokünstlers gegenüber dieses ganze lange, im Grunde völlig mißglückte und überflüssige Nachtmahl der Auersbergerischen, denke ich und machen aufeinmal die Beobachtung, daß sich ein uns von Anfang an nur in abschreckender Weise produzierender, schließlich tatsächlich auf uns eine abstoßende Wirkung ausübender Mensch, zu einem unser Interesse erweckenden Philosophierenden macht, zu einem Interesse erweckenden *Augenblicksphilosophen*, wie gesagt werden kann. Es ist natürlich nicht wahr, daß alle Alten Philosophen sind, aber philosophisch sind sie, ich kenne keine größere Dummheit, als die, die behauptet, alle Alten seien Philosophen, während sie naturgemäß philosophisch *sind* und in jedem Falle machen sich alte Menschen ab und zu wenigstens für ein paar Augenblicke philosophisch oder wenigstens zu einem Philosophierenden auf Augenblicke und also im Verlaufe dieses *künstlerischen Abendessens* der Burgschauspieler zum Augenblicks-Philosophierenden, zum *Augenblicksphilosophen*, durch was immer an- oder aufgeregt. Die Ernüchterung, also schon der nächste Morgen, macht ihn naturgemäß wieder zu dem grotesken Stumpfsinnigen, Unerträglichen, als den wir ihn kennen gelernt haben, denke ich. Gerade eine solche Gesellschaft, wie die in dieser Nacht in der Gentzgasse, hatte eine solche ihn für Augenblicke philosophisch machende Wirkung auf den Burgschauspieler, dachte ich, nicht auf die Anderen naturgemäß, auf die ja *niemals etwas* eine philosophische Wirkung haben kann. Auf die Auersbergerischen nicht und auf die Anna Schreker nicht und auf die Übrigen schon gar nicht, vor allem auf die beiden jungen Schriftsteller nicht, die ja zu einem sogenannten philosophischen Zustand noch gar nicht befähigt sind allein ihres Alters wegen. Dazu muß es sich schon um einen Menschen mit einer, wie gesagt werden kann, immer *sehr weit in die Geschichte zurück zu verfolgenden und immer wieder durch diese Geschichte erzeugten Lebenserfahrung* handeln, denke ich, was auf den Burgschauspieler zutrifft, denn auf die Alten, besonders auf die Sehralten, trifft das zu und ich denke, daß ich zeitlebens mein Interesse immer mehr den Alten und den Sehralten zugewendet habe, als den Jungen, immer mehr den Verkehr mit den Alten und Sehralten gesucht habe, nicht mit den Jungen, auch immer mehr mit den Alten und Sehralten zusammen gewesen bin, als mit den Jungen, die Jugend war ich ja damals, als ich jung gewesen bin, selbst, denke ich, das Alter nicht, also hatte mich das Alter interessiert, nicht die Jugend. *Alles aus dem Alter,* habe ich immer gedacht und ich habe daraus den größten Nutzen gezogen, ich scheue mich nicht, zu sagen, damit immer den größten Profit gemacht. Das Alter hat immer meine Neugierde auf sich gezogen, nicht die Jugend, die ich ja aus der unmittelbarsten Unmittelbarkeit kannte, denke ich. Der Burgschauspieler, denke ich, ist ein Mensch, in welchem das Philosophische, das sich in ihm mit der Zeit und also im Laufe seines Lebens und seiner und unserer und aller Geschichte entwickelt hat, von ihm selbst fortwährend unterdrückt ist. So haben wir es ja fast ausschließlich mit Menschen zu tun, die ihr Philosophisches unterdrücken, es solange unterdrücken, bis es aufeinmal abgestorben und tot ist. Nur ab und zu haben wir die Gelegenheit, dieses Philosophische in und an ihnen *wahrzunehmen*, wie ich es bei diesem Nachtmahl an diesem Burgschauspieler wahrgenommen habe, wie er selbst es aber wahrscheinlich gar nicht wahrgenommen hat, denke ich, weil er davon nichts *weiß*. Aufeinmal hat mich der Burgschauspieler fasziniert, denke ich, allein wie er die Wörter *Wald, Hochwald, Holzfällen* ausgesprochen und dann mehrere Male wiederholt hat. Aber das heißt nicht, daß mir der Burgschauspieler jetzt sympathisch wäre. Der unsympathische letztenendes doch nichts als oberflächliche theatralische Mensch, der er mir von Anfang an gewesen ist, ist er mir geblieben. Schon

wie er sich verabschiedet und der Auersberger die Hand geküßt hat auf
seine *österreichische Burgtheaterweise*, hat mich wieder abgestoßen. Wie er
dann auch noch der Jeannie Billroth ein Kompliment gemacht hat, ein
völlig überflüssiges, unsinniges Kompliment, ein unverschämtes, indem er
ihr, während er ihr die Hand küßte, gesagt hat, daß ihm ihr *geistiger
Wagemut* gefalle, tatsächlich, er hat gesagt, *Ihr geistiger Wagemut gefällt mir*,
war er mir wieder der widerliche Mensch und widerliche Burgschauspieler
geworden, der er mir von allem Anfang an gewesen war. Ich hatte auch viel
getrunken, mehr als mir gut tut, denke ich, aber doch nicht so viel, wie der
Burgschauspieler, ganz zu schweigen vom Auersberger, der gar nicht mehr
aufgewacht ist, bevor sie alle die Gentzgasse verlassen hatten, auch die
beiden jungen Schriftsteller, die nur immer von ihrer Aufmüpfigkeit ge-
faselt hatten, ohne sagen zu können, gegen was sie denn aufmüpfig sind,
waren schließlich total betrunken gewesen und hatten Mühe, von ihren
Sitzplätzen aufzustehen. Am Ende war der Burgschauspieler allein jener,
der von allen noch die Kraft und dazu auch noch die Fähigkeit gehabt
hatte, sich nicht nur ordentlich, sondern auf die höflichste Weise, wie
gesagt werden kann, aus der Gentzgasse zurückzuziehen, denn alle Anderen waren dazu nicht mehr imstande gewesen. *Was für ein ausgezeichneter Fogosch* es doch gewesen sei, meinte der Burgschauspieler am Ende
zur Auersberger und ging dann als Erster und ganz allein die Vorhaustreppe hinunter, während ihm die Auersberger noch lange Zeit nach-
schaute. Er torkelt nicht einmal, dachte ich, wie ich den die Vorhaustreppe hinuntergehenden Burgschauspieler von oben, also noch an der
Wohnungstür stehend, beobachtete. Da ich Gesellschaften grundsätzlich
allein verlassen will, wartete ich solange an der Wohnungstür und also
neben der Auersberger, bis alle Anderen die Treppe hinunter gegangen
waren. Ja, sagte ich zur Auersberger, als sie alle weg waren, ein trauriger
Tag, nicht wahr, damit noch einmal wenigstens an die Joana erinnernd.
Wahrscheinlich ist es das Beste für sie, daß sie sich umgebracht hat, sagte
ich, *wahrscheinlich* ist es der beste Zeitpunkt für sie gewesen, sagte ich zur
Auersberger und die Peinlichkeit dessen, das ich gerade gesagt hatte, war
mir bewußt, die Widerwärtigkeit dieses Satzes, der sehr oft gesagt wird,
wenn sich ein Mensch umgebracht hat. Wir wollen etwas Zureichendes
sagen, dachte ich augenblicklich, und sagen etwas vollkommen Unzureichendes, ja etwas Peinliches, Widerwärtiges, Dummes. Was hätte sie
schon gehabt von ihrem künftigen Leben, sagte ich auch noch und damit

eine Peinlichkeit, eine Widerwärtigkeit mehr. Jeder Mensch soll machen, was er will, sagte ich darauf und hatte damit doch wieder nur eine Peinlichkeit und Widerwärtigkeit gesagt. So war es am besten, nichts mehr zu sagen. Ich lief die Vorhaustreppe hinunter, als wäre ich zwanzig Jahre jünger, zwei, drei, ja vier Stufen aufeinmal nehmend. Im Vorhaus unten sagte ich mir, daß es unsinnig gewesen ist, der Auersberger zum Abschied die Stirn zu küssen, wie vor dreißig Jahren, dachte ich, so unsinnig wie vor dreißig Jahren, habe ich ihr die Stirn geküßt, genauso wie in den Fünfzigerjahren; mich ärgerte diese Tatsache auf dem ganzen Weg aus der Gentzgasse in die Stadt. Zwanzig Jahre habe ich die Auersberger nicht mehr gesehen und im Grunde hasse ich sie ja, wie ich mir sagen muß, und ich küsse ihr zum Abschied auch noch die Stirn. Die Stirn hast du ihr geküßt, *wenigstens nur die Stirn,* sagte ich mir dann die ganze Zeit auf meinem Weg durch die noch finstere Stadt und ärgerte mich über diese Tatsache. Und ich dachte, wäre ich doch mit den Anderen weggegangen, dann wäre mir diese Peinlichkeit erspart geblieben. Aber ich hatte ja nicht mit den Anderen weggehen wollen, vor allem vermeiden wollen, noch einmal mit der Jeannie zusammen zu treffen, noch dazu auf der Straße und noch dazu in diesem Augenblick; denn mit ihr zusammen auf der Straße wäre es sicher zu einer entsetzlichen Auseinandersetzung gekommen, *zu viel* hätte ich ihr sagen müssen, *zu viel* vorhalten, *zu viel* an den Kopf stoßen müssen, dachte ich, wie umgekehrt sie mir auch und so hatte ich doch gut daran getan, zurückzubleiben oben im Vorhaus und die Anderen vorausgehen zu lassen; mit der Auersberger allein war es sicher noch erträglicher gewesen, als mit der Jeannie allein, dachte ich, mit der Jeannie allein auf der Straße wäre es sicher jedenfalls für mich, eine Katastrophe gewesen, dachte ich, mit der Auersberger allein im Vorhaus oben, jedenfalls erträglich; aber ich hielt mir doch jetzt vor, der Auersberger einen Kuß auf die Stirn gegeben zu haben, nach zwanzig Jahren, vielleicht sogar nach zwei- oder dreiundzwanzig Jahren, in welchen ich sie nichts weniger als gehaßt habe, mit dem gleichen Haß, mit dem ich in diesen Jahren auch ihren Mann gehaßt habe und daß ich ihr auch noch vorgelogen habe, ihr sogenanntes *künstlerisches Abendessen* sei mir ein *Vergnügen* gewesen, wo es mir doch nichts weniger als abstoßend gewesen war. Um uns aus einer Notsituation zu erretten, denke ich, sind wir selbst genauso verlogen wie die, denen wir diese Verlogenheit andauernd vorwerfen und derentwegen wir alle diese Leute fortwährend in den Schmutz ziehen und verachten, das ist die Wahrheit; wir sind überhaupt um nichts besser, als diese Leute, die wir andauernd nur als unerträgliche und widerliche Leute empfinden, als abstoßende Menschen, mit welchen wir möglichst wenig zu tun haben wollen, während wir doch, wenn wir ehrlich sind, andauernd mit ihnen zu tun haben und genauso sind wie sie. Wir werfen allen diesen Leuten alles mögliche Unerträgliche und Widerwärtige vor und sind selbst um nichts weniger unerträglich und widerwärtig und sind vielleicht noch viel unerträglicher und widerwärtiger als sie, denke ich. Ich habe zur Auersberger gesagt, daß ich froh bin darüber, die Verbindung zu ihnen, den Eheleuten Auersberger, wieder aufgenommen zu haben, nach zwanzig Jahren wieder bei ihnen in der Gentzgasse gewesen zu sein und ich hatte, während ich das zu ihr gesagt habe, gedacht, was für ein gemeiner, verlogener Mensch ich bin, der tatsächlich vor nichts, aber auch schon vor gar nichts, nicht vor der gemeinsten Lüge, zurückschreckt. Daß mir der Burgschauspieler gefallen habe, daß mir die Anna Schreker gefallen habe, selbst daß mir die beiden jungen Schriftsteller und die zwei Ingenieursanwärter gefallen hätten, sagte ich zur Auersberger im Vorhaus oben stehend, während die anderen Gäste die Treppe hinunter gingen, ich sie also als abstoßend empfunden habe, während sie die Treppe hinunter gingen, während ich gleichzeitig zur Auersberger gesagt habe, sie hätten mir alle sehr gut gefallen. Daß ich zu einer solchen ganz gemeinen Verlogenheit fähig bin, dachte ich, während ich noch mit der Auersberger gesprochen habe, dazu fähig bin, ihr ganz offen ins Gesicht zu lügen, daß ich imstande bin, ihr genau das Gegenteil von dém, das ich gerade empfand, nur weil es mir den Augenblick erträglicher machte, ins Gesicht zu sagen und ich hatte ihr auch noch ins Gesicht gesagt, daß es mir leid täte, daß ich an diesem Abend ihre Stimme nicht gehört habe, keine ihrer immer *so schön, ja so vorzüglich, ja so einzigartig gesungenen Purcellarien* und daß es mir überhaupt alles in allem leid täte, daß ich zwanzig Jahre lang den Kontakt zu ihr und zu ihrem Mann, dem Auersberger, unterbrochen habe, was wieder nichts als nur gelogen und tatsächlich eine meiner gemeinsten und niederträchtigsten Lügen gewesen war. Daß ich es als besonders bedauerlich empfände, daß die Joana an diesem Abend nicht anwesend sein konnte, hatte ich auch noch gesagt und daß es wahrscheinlich ganz im Sinne der Joana sei, daß wir, also ich und die Auersberger, jetzt, da ich aus London mehr oder weniger, auf lange, wenn nicht endgültig zurück sei, wieder Kontakt haben und in

Zukunft wahrscheinlich wieder einen solchen Kontakt *pflegen* werden, log
ich der Auersberger direkt ins Gesicht, während die Anderen gerade das
Haus verließen, wie ich von oben, mit der Auersberger im Vorhaus stehend, hören konnte. *Die Joana hat sterben müssen, hat sich umbringen
müssen, damit wir wieder zusammenkommen*, habe ich auch noch zur Auersberger gesagt und sie dann kurz umarmt und ihr, wie gesagt, einen Kuß
auf die Stirn gegeben und war hinunter gelaufen über die Treppe und auf
die Straße, fortan durch alle jetzt von mir gegangenen Straßen damit
gepeinigt, der Auersberger alles Gesagte nur vorgelogen zu haben und
ganz bewußt ihr alles und jedes Gesagte vorgelogen zu haben. Denn ich
haßte die Auersberger in Wahrheit nach diesem *künstlerischen Abendessen*
genauso, wie ich sie vorher gehaßt habe und den Auersberger, den *Novalis
der Töne* und den schon in den Fünfzigerjahren steckengebliebenen Webern-Nachfolger, mit ihr mit einem vielleicht noch intensiveren Haß, mit
diesem *Auersbergerhaß*, mit dem ich die Auersbergerischen jetzt schon seit
zwanzig Jahren hasse, wie ich denke, weil sie mich damals, vor zwanzig
Jahren, in so niederträchtiger Weise hintergangen und ausgerichtet haben,
heruntergemacht haben bei jeder Gelegenheit vor allen Leuten, mich so
schlecht gemacht haben, nachdem ich sie verlassen hatte, nur um mich
selbst zu retten, nur, um nicht aufgefressen zu werden von ihnen, nachdem *ich ihnen den Rücken gekehrt hatte, nicht sie mir*, wie sie es immer
behaupteten und nach wie vor behaupten, wie sie es diese ganzen zwanzig
Jahre bis heute immer behauptet haben und behaupten, *ich* hätte sie
ausgenützt, *sie* hätten mich jahrelang ausgehalten, *sie* hätten mich jahrelang am Leben erhalten, während es doch in Wahrheit so ist und so gewesen ist, daß *ich sie am Leben erhalten* habe, daß *ich sie gerettet* habe, daß
ich sie, wenn auch nicht mit Geld, so doch mit meinen Fähigkeiten insgesamt, ausgehalten habe, nicht umgekehrt und ich lief durch die Gassen,
als wäre ich einem Alptraum davongelaufen, schneller und schneller in die
Innere Stadt hinein und ich wußte, während ich lief, nicht, warum in die
Innere Stadt hinein, während ich doch genau in die der Inneren Stadt
entgegengesetzte Richtung hätte laufen sollen, wenn ich nachhause wollte,
aber wahrscheinlich wollte ich jetzt gar nicht nachhause und ich sagte mir,
wäre ich doch auch diesen Winter in London geblieben und es war vier
Uhr früh und ich lief in die Innere Stadt hinein, obwohl ich nachhause
hätte laufen sollen und sagte mir, daß ich unter allen Umständen in London hätte bleiben sollen und lief in die Innere Stadt hinein, ohne zu

wissen, warum in die Innere Stadt und nicht nachhause und sagte mir, daß mir London immer Glück, Wien aber immer nur Unglück gebracht hat und ich lief und lief und lief, wie wenn ich jetzt in den Achtzigerjahren nocheinmal den Fünfzigerjahren davon liefe in die Achtzigerjahre hinein, in diese gefährlichen und hilflosen und stumpfsinnigen Achtzigerjahre hinein und ich dachte wieder, daß ich, anstatt auf dieses abgeschmackte *künstlerische Abendessen* zu gehen, lieber in meinem Gogol oder in meinem Pascal oder in meinem Montaigne hätte lesen sollen und ich dachte, während ich lief, daß ich dem auersbergerischen Alptraum davon laufe und lief tatsächlich mit immer größerer Energie diesem auersbergerischen Alptraum davon in die Innere Stadt und dachte während des Laufens, daß diese Stadt, durch die ich laufe, so entsetzlich ich sie immer empfinde, immer empfunden habe, für mich doch die beste Stadt ist, dieses verhaßte, mir immer verhaßt gewesene Wien, mir aufeinmal jetzt wieder doch das beste, mein bestes Wien ist und daß diese Menschen, die ich immer gehaßt habe und die ich hasse und die ich immer hassen werde, doch die besten Menschen sind, daß ich sie hasse, aber daß sie rührend sind, daß ich Wien hasse und daß es doch rührend ist, daß ich diese Menschen verfluche und doch lieben muß und daß ich dieses Wien hasse und doch lieben muß und ich dachte, während ich schon durch die Innere Stadt lief, daß diese Stadt doch meine Stadt ist und immer meine Stadt sein wird und daß diese Menschen meine Menschen sind und immer meine Menschen sein werden und ich lief und lief und dachte, daß ich, wie allem Fürchterlichen, auch diesem fürchterlichen sogenannten *künstlerischen Abendessen* in der Gentzgasse entkommen bin und daß ich über dieses sogenannte *künstlerische Abendessen* in der Gentzgasse schreiben werde, ohne zu wissen, was, ganz einfach *etwas* darüber schreiben werde und ich lief und lief und dachte, ich werde *sofort* über dieses sogenannte *künstlerische Abendessen* in der Gentzgasse schreiben, egal was, nur *gleich* und *sofort* über dieses *künstlerische Abendessen* in der Gentzgasse schreiben, *sofort*, dachte ich, *gleich* immer wieder, durch die Innere Stadt laufend, *gleich* und *sofort* und *gleich* und *gleich*, bevor es zu spät ist.

Alte Meister

Komödie

Die Strafe entspricht der Schuld: aller Lust zum Leben beraubt zu werden, zum höchsten Grad von Lebensüberdruß gebracht zu werden.

Kierkegaard

Erst für halb zwölf Uhr mit Reger im *Kunsthistorischen Museum* verabredet, war ich schon um halb elf Uhr dort, um ihn, wie ich mir schon längere
Zeit vorgenommen gehabt hatte, einmal von einem möglichst idealen
Winkel aus ungestört beobachten zu können, schreibt Atzbacher. Da er
im sogenannten Bordone-Saal gegenüber Tintorettos *Weißbärtigem Mann*
seinen Vormittagsplatz hat, auf der samtbezogenen Sitzbank, auf welcher
er mir gestern nach dem Erläutern der sogenannten *Sturmsonate* seinen
Vortrag über die *Kunst der Fuge* fortgesetzt hat, von *vor* Bach bis *nach*
Schumann, wie er es bezeichnet und dabei doch nur immer mehr von
Mozart und nicht von Bach zu sprechen in Laune gewesen war, mußte ich
im sogenannten Sebastiano-Saal Aufstellung nehmen; ich mußte also,
ganz gegen meinen Geschmack, Tizian in Kauf nehmen, um Reger vor
dem *Weißbärtigen Mann* von Tintoretto beobachten zu können und zwar
stehend, was kein Nachteil war, denn ich stehe lieber, als daß ich sitze, vor
allem in der Menschenbeobachtung und ich beobachte zeitlebens immer
stehend besser, als sitzend, und da ich ja aus dem Sebastiano-Saal hinaus-
in den Bordone-Saal hineinschauend schließlich unter Anwendung der
äußersten Sehschärfe tatsächlich die ganze, nicht einmal durch die Sitz-
bankrückenlehne beeinträchtigte Seitenansicht Regers, der gestern ohne
Zweifel durch den in der vorausgegangenen Nacht eingetretenen Wetter-
sturz arg in Mitleidenschaft gezogen, die ganze Zeit seinen schwarzen Hut
auf dem Kopf behalten hat, sehen konnte, also die ganze mir zugewandte
linke Seite Regers, war mein Vorhaben, Reger einmal ungestört in Augenschein zu nehmen, geglückt. Da Reger (im Wintermantel) auf den zwischen seine Knie geklemmten Stock gestützt, wie mir schien, vollkommen
auf den Anblick des *Weißbärtigen Mannes* konzentriert gewesen war, hatte
ich keinerlei Angst zu haben, in meiner Betrachtung Regers, von diesem
entdeckt zu werden. Der Saaldiener Irrsigler (Jenö!), mit welchem Reger
schon eine über dreißigjährige Bekanntschaft verbindet und mit welchem
ich selbst (auch schon über zwanzig Jahre lang) immer einen guten Kontakt gehabt habe bis heute, war durch ein Handzeichen meinerseits darauf
aufmerksam gemacht gewesen, daß ich einmal ungestört Reger beobachten wollte, und jedesmal, wenn Irrsigler auftauchte, mit der Regelmäßig-

keit eines Uhrwerks, tat er so, als wäre ich gar nicht da, wie er auch so tat, als wäre Reger gar nicht da, während er, Irrsigler, seinen Auftrag erfüllend, die Galeriebesucher, die ja, unverständlich an diesem kostenlosen Samstag, nicht zahlreich gewesen waren, in seinen gewohnten, für jeden, der ihn nicht kannte, unangenehmen Augenschein nahm. Irrsigler hat den lästigen Blick, den Aufseher in den Museen anwenden, um die ja, wie man weiß, mit allen Ungezogenheiten ausgestatteten Museumsbesucher einzuschüchtern; seine Art, unvermittelt und völlig lautlos um die Ecke gleich welchen Saales einzutreten, um Nachschau zu halten, ist tatsächlich widerwärtig für jeden, der ihn nicht kennt; in seiner grauen, schlecht geschneiderten, aber doch für die Ewigkeit bestimmten Uniform, die, von großen schwarzen Knöpfen zusammengehalten, an seinem mageren Körper herunter hängt wie von einem Kleiderständer, und mit seiner aus eben demselben grauen Stoff geschneiderten Schildkappe auf dem Kopf, erinnert er an die Aufseher in unseren Strafanstalten mehr, als an einen vom Staat eingestellten Hüter von Kunstwerken. Irrsigler ist, seit ich ihn kenne, immer gleich bleich, obwohl er nicht krank ist, und Reger bezeichnet ihn seit Jahrzehnten als *einen Staatstoten, der seit fünfunddreißig Jahren im Kunsthistorischen Museum Dienst macht.* Reger, der seit über sechsunddreißig Jahren das Kunsthistorische Museum aufsucht, kennt Irrsigler vom ersten Tag seines Dienstantritts an und steht zu ihm in einem durchaus freundschaftlichen Verhältnis. *Es bedurfte nur einer ganz kleinen Bestechungssumme, um mir die Sitzbank im Bordone-Saal für immer zu sichern,* so Reger einmal vor Jahren. Reger ist mit Irrsigler ein Verhältnis eingegangen, das den beiden schon seit über dreißig Jahren zur Gewohnheit geworden ist. Will Reger, was nicht selten der Fall ist, in der Betrachtung des *Weißbärtigen Mannes* von Tintoretto allein sein, so sperrt Irrsigler ganz einfach den Bordone-Saal für Besucher, er stellt sich dann ganz einfach in den Eingang und läßt keinen passieren. Reger braucht nur sein Handzeichen zu geben und Irrsigler sperrt den Bordone-Saal, ja er scheut sich nicht, im Bordone-Saal stehende Besucher aus dem Bordone-Saal hinauszudrängen, weil Reger das wünscht. Irrsigler hat eine Tischlerlehre in Bruck an der Leitha absolviert, die Tischlerei aber schon *vor* der Freisprechung als Tischlergehilfe aufgegeben, um Polizist zu werden. Die Polizei hat Irrsigler aber abgewiesen wegen *physischer Schwäche.* Ein Onkel von ihm, Bruder seiner Mutter, der im Kunsthistorischen Museum Aufseher war schon seit dem Jahr vierundzwanzig, verschaffte ihm den Posten im Kunsthistorischen Museum, *den unterbezahltesten, aber sichersten,* wie Irrsigler sagt. Auch zur Polizei hatte Irrsigler ja nur gehen wollen, weil ihm mit dem Beruf als Polizist das Kleiderproblem als gelöst erschien. Lebenslänglich in dasselbe Gewand zu schlüpfen und dieses lebenslängliche Gewand nicht einmal selber bezahlen zu müssen, weil es der Staat zur Verfügung stellt, sei ihm als ein Ideal erschienen, so habe auch der Onkel, der ihn ins Kunsthistorische Museum gebracht habe, gedacht und es sei, dieses Ideal betreffend, ja auch kein Unterschied, ob er bei der Polizei oder im Kunsthistorischen Museum angestellt sei, die Polizei bezahle allerdings mehr, das Kunsthistorische Museum weniger, aber der Dienst im Kunsthistorischen Museum sei dafür auch nicht mit dem Polizeidienst zu vergleichen, einen *verantwortungsvolleren, gleichzeitig aber auch leichteren Dienst* als im Kunsthistorischen Museum könne er, Irrsigler, sich nicht vorstellen. Der Polizeidienst sei ja tagtäglich lebensgefährlich, so Irrsigler, der Dienst im Kunsthistorischen Museum nicht. Wegen der Eintönigkeit in seinem Beruf solle man sich keine Gedanken machen, er liebe diese Eintönigkeit. Im Tag gehe er an die vierzig bis fünfzig Kilometer, das sei seiner Gesundheit zuträglicher, als beispielsweise der Polizeidienst, wo die Hauptbeschäftigung darin bestehe, auf einem harten Kanzleisessel zu sitzen, lebenslänglich. Er beschatte *lieber Museumsbesucher als normale Menschen,* denn Museumsbesucher seien immerhin *höhergestellte Menschen, die einen Kunstsinn haben.* Er selbst habe sich mit der Zeit einen solchen Kunstsinn angeeignet, er wäre jederzeit imstande, eine Führung durch das Kunsthistorische Museum zu machen, jedenfalls durch die Gemäldegalerie, sagt er, aber das habe er nicht notwendig. Die Leute nehmen ja gar nicht auf, was ihnen gesagt wird, sagt er. *Seit Jahrzehnten wird von den Museumsführern immer dasselbe gesagt und natürlich sehr viel Unsinn, wie Herr Reger sagt,* sagt Irrsigler zu mir. *Die Kunsthistoriker überschütten die Besucher nur mit ihrem Geschwätz,* sagt Irrsigler, der mit der Zeit viele, wenn nicht gar alle Sätze Regers wortwörtlich übernommen hat. Irrsigler ist das Sprachrohr Regers, fast alles, das Irrsigler sagt, hat Reger gesagt, seit über dreißig Jahren redet Irrsigler das, was Reger gesagt hat. Wenn ich genau hinhöre, höre ich Reger durch Irrsigler sprechen. *Wenn wir den Führern zuhören, hören wir doch nur immer das Kunstgeschwätz, das uns auf die Nerven geht, das unerträgliche Kunstgeschwätz der Kunsthistoriker,* sagt Irrsigler, weil es Reger so oft sagt. *Alle diese Gemälde sind großartig, aber kein einziges ist vollkommen,* so Irrsigler nach Reger. Die Leute gehen ja nur in das Museum, weil ihnen gesagt worden ist, daß es ein Kulturmensch aufzusuchen hat, nicht aus Interesse, die Leute haben kein Interesse an der Kunst, jedenfalls neunundneunzig Prozent der Menschheit hat keinerlei Interesse an Kunst, so Irrsigler wortwörtlich nach Reger. Er, Irrsigler, habe eine schwere Kindheit gehabt, eine krebskranke, schon mit sechsundvierzig Jahren verstorbene Mutter, einen untreuen, lebenslänglich betrunkenen Vater. Und *Bruck an der Leitha ist auch so ein häßlicher Ort wie die meisten burgenländischen Orte.* Wer kann, geht aus dem Burgenland weg, sagt Irrsigler, aber die meisten können nicht, sie sind zu lebenslänglichem Burgenland verurteilt, was wenigstens so fürchterlich ist, wie zu lebenslänglicher Kerkerhaft in Stein an der Donau. Die Burgenländer sind Sträflinge, sagt Irrsigler, ihr Heimatland ist eine Strafanstalt. Sie selbst reden sich ein, sie hätten eine recht schöne Heimat, aber in Wirklichkeit ist das Burgenland fad und häßlich. Im Winter ersticken die Burgenländer im Schnee und im Sommer werden sie von den Gelsen aufgefressen. Und im Frühling und im Herbst waten die Burgenländer nur in ihrem eigenen Schmutz. In ganz Europa gibt es kein ärmeres und kein schmutzigeres Land, so Irrsigler. Die Wiener reden den Burgenländern immer ein, daß das Burgenland ein schönes Land sei, denn die Wiener sind in den burgenländischen Schmutz und in den burgenländischen Stumpfsinn, weil sie diesen burgenländischen Schmutz und diesen burgenländischen Stumpfsinn *als romantisch* empfinden, weil sie auf ihre wienerische Weise pervers sind, verliebt. Das Burgenland hat ja auch *außer dem Herrn Haydn, wie Herr Reger sagt,* nichts hervorgebracht, so Irrsigler. Ich komme aus dem Burgenland, heißt ja doch nichts anderes, als ich komme aus der Strafanstalt Österreichs. Oder aus dem Irrenhaus Österreichs, so Irrsigler. *Die Burgenländer gehen nach Wien wie in die Kirche,* sagte er. Der größte Wunsch des Burgenländers ist, in die Wiener Polizei einzutreten, sagte er vor ein paar Tagen, mir ist es nicht geglückt, weil ich zu schwach gewesen war, wegen *physischer Schwäche.* Aber ich bin immerhin Aufseher im Kunsthistorischen Museum und ebenso Staatsbeamter. Am Abend, nach sechs Uhr, sagte er, sperre ich keine Verbrecher ein, sondern Kunstwerke, ich sperre den Rubens ein und den Bellotto. Seinen Onkel, der schon gleich nach dem Ersten Weltkrieg in die Dienste des Kunsthistorischen Museums eingetreten sei, hätten alle in seiner Familie beneidet. Wenn sie ihn alle paar Jahre einmal im Kunsthistorischen Museum besuchten, an den kostenlosen Samstagen oder Sonntagen, wären sie ihm immer *voll-*

kommen eingeschüchtert durch die Säle mit den großen Meistern gefolgt und hätten fortwährend *seine Uniform* bewundert. Natürlich sei sein Onkel auch schon bald Oberaufseher gewesen und habe den kleinen Messingstern auf dem Revers seiner Uniform getragen, so Irrsigler. Vor Hochachtung und Bewunderung hätten sie, wenn er sie durch die Säle geführt habe, nichts von dem, das er zu ihnen gesagt habe, verstanden. Es hätte auch keinen Sinn gehabt, ihnen den Veronese zu erklären, so Irrsigler vor ein paar Tagen. Die Kinder meiner Schwester haben meine weichen Schuhe bestaunt, so Irrsigler, meine Schwester ist vor dem Reni stehen geblieben, ausgerechnet vor diesem geschmacklosesten aller hier ausgestellten Maler. Reger haßt Reni, also haßt auch Irrsigler Reni. Irrsigler hat schon eine sehr hohe Meisterschaft im Aneignen der Regerschen Sätze erreicht, er spricht sie auch schon beinahe perfekt in dem charakteristischen Regerton, denke ich. Meine Schwester besucht *mich und nicht das Museum,* sagte Irrsigler. Meine Schwester hat für Kunst überhaupt nichts übrig. Ihre Kinder aber staunen über alles, das sie sehen, wenn ich sie durch die Säle führe. Vor dem Velázquez bleiben sie stehen und wollen nicht mehr weggehen, sagte Irrsigler. Herr Reger hat mich und meine Familie einmal in den Prater eingeladen, sagte Irrsigler, *der großzügige Herr Reger, an einem Sonntagabend. Wie seine Frau noch gelebt hat,* sagte Irrsigler. Ich stand da und beobachtete Reger, der noch immer in den Anblick des *Weißbärtigen Mannes* von Tintoretto *vertieft* war, wie gesagt wird, und sah gleichzeitig Irrsigler, der ja gar nicht im Bordone-Saal war, wie er mir aus seiner Lebensgeschichte berichtet, also die Bilder mit Irrsigler aus der vergangenen Woche gleichzeitig mit Reger, der auf der Samtsitzbank saß und mich naturgemäß noch nicht bemerkt hatte. Irrsigler hat gesagt, schon als kleines Kind sei sein höchster Wunsch gewesen, der Wiener Polizei beizutreten, Wachmann zu sein. Er habe nie einen anderen Berufswunsch gehabt. Als man ihm, er war damals dreiundzwanzig, in der Rossauerkaserne *physische Schwäche* bescheinigte, sei ihm tatsächlich *eine Welt zusammen gebrochen.* In dem Zustand der äußersten Ausweglosigkeit habe ihm aber dann sein Onkel die Aufseherstelle im Kunsthistorischen Museum verschafft. Er sei nur mit einer kleinen abgewetzten Handtasche nach Wien gekommen in die Wohnung seines Onkels, der ihn vier Wochen bei sich hatte wohnen lassen, dann sei er, Irrsigler, in ein Untermietzimmer auf der Mölkerbastei gezogen. In diesem Untermietzimmer habe er zwölf Jahre gewohnt. Er habe die ersten Jahre von Wien gar nichts gese-

hen, er sei schon am frühen Morgen gegen sieben ins Kunsthistorische
Museum und am Abend, nach sechs, wieder nach Hause, seine Mittags-
mahlzeit habe in allen diesen Jahren immer nur aus einem Wurst- oder
Käsebrot bestanden, das er mit einem Glas Wasser aus der Wasserleitung
in einem kleinen Ankleideraum hinter der öffentlichen Garderobe gegessen habe. Die Burgenländer sind die Anspruchslosesten, ich selbst habe ja
in meiner Jugend mit Burgenländern auf verschiedenen Baustellen gearbeitet und mit Burgenländern in verschiedenen Baubaracken gehaust
und weiß, wie anspruchslos die Burgenländer sind, sie brauchen nur das
Allernotwendigste und sie sparen sich bis zum Monatsende tatsächlich
achtzig Prozent ihres Lohnes und noch mehr. Während ich Reger in
Augenschein nahm und auch tatsächlich eingehend beobachtete, so, wie
ich ihn noch nie vorher beobachtet habe, sah ich Irrsigler vor einer Woche
mit mir im Battoni-Saal stehen, ihm zuhörend. Der Mann einer seiner
Urgroßmütter stamme aus Tirol, daher der Name Irrsigler. Er habe zwei
Schwestern gehabt, die jüngere sei erst in den Sechzigerjahren mit einem
Friseurgehilfen aus Mattersburg nach Amerika ausgewandert und dort an
Heimweh gestorben, mit fünfunddreißig Jahren. Drei Brüder habe er, alle
lebten heute im Burgenland als Hilfsarbeiter. Zwei von ihnen seien, wie
er, nach Wien, um in den Polizeidienst einzutreten, waren aber nicht
angenommen worden. Und für den Museumsdienst sei ja *eine gewisse
Intelligenz unbedingt erforderlich.* Von Reger habe er viel gelernt. Es gebe
Leute, die sagten, Reger sei verrückt, denn nur ein Verrückter könne über
Jahrzehnte jeden zweiten Tag, außer Montag, in die Gemäldegalerie des
Kunsthistorischen Museums gehen, aber das glaube er nicht, *Herr Reger ist
ein gescheiter, gebildeter Mann,* so Irrsigler. Ja, hatte ich zu Irrsigler gesagt,
Herr Reger ist nicht nur ein gescheiter und gebildeter, sondern auch ein
berühmter Mann, immerhin hat er in Leipzig und Wien Musik studiert
und Musikkritiken für die *Times* geschrieben und schreibt noch heute für
die Times, sagte ich. Kein gewöhnlicher Schreiber, sagte ich, kein Schwätzer, ein Musikwissenschaftler im eigentlichsten Sinne des Wortes und mit
dem ganzen Ernst einer großen Persönlichkeit. Reger ist mit allen diesen
musikfeuilletonistischen Schwätzern, wie sie hier tagtäglich in den Tageszeitungen ihren Geschwätzschmutz ausbreiten, nicht zu vergleichen. Reger ist tatsächlich Philosoph, habe ich zu Irrsigler gesagt, Philosoph in aller
Deutlichkeit dieses Begriffs. Seit über dreißig Jahren schreibt Reger seine
Kritiken für die Times, diese kleinen musikphilosophischen Aufsätze, die

eines Tages sicher in einem Buch gesammelt erscheinen werden. Dieser Aufenthalt im Kunsthistorischen Museum ist zweifellos eine der Voraussetzungen dafür, daß Reger *so* für die Times schreiben kann, wie er für die Times schreibt, sagte ich zu Irrsigler, ganz gleich, ob mich nun Irrsigler verstanden hat oder nicht, wahrscheinlich hat mich Irrsigler gar nicht verstanden, dachte ich und denke ich genauso jetzt. Davon, daß Reger für die Times seine Musikkritiken schreibt, weiß in Österreich niemand, höchstens ein paar Leute wissen davon, sagte ich zu Irrsigler. Ich könnte auch sagen, *Reger ist ein Privatphilosoph,* sagte ich zu Irrsigler, ungeachtet der Tatsache, daß es eine Dummheit gewesen ist, das zu Irrsigler zu sagen. Im Kunsthistorischen Museum findet Reger das, das er sonst nirgends findet, sagte ich zu Irrsigler, alles Wichtige, alles Nützliche für sein Denken und für seine Arbeit. Die Leute mögen Regers Verhalten als verrückt bezeichnen, das ist es nicht, sagte ich zu Irrsigler, hier in Wien und in Österreich nimmt man Reger nicht wahr, sagte ich zu Irrsigler, aber in London und in England und selbst in den Vereinigten Staaten weiß man, wer Reger ist, um was für eine Kapazität es sich bei Reger handelt, sagte ich zu Irrsigler. Und vergessen Sie nicht die ideale Temperatur von achtzehn Grad Celsius, die hier im Kunsthistorischen Museum ganzjährig herrscht, sagte ich auch wieder zu Irrsigler. Irrsigler nickte nur mit dem Kopf. Reger ist eine in der ganzen musikwissenschaftlichen Welt hochgeachtete Persönlichkeit, sagte ich zu Irrsigler gestern, nur hier, in seinem Heimatland, will niemand etwas davon wissen, im Gegenteil, hier, wo er zu Hause ist, wird Reger, der doch alle andern in seinem Fach weit hinter sich gelassen hat, diese ganze widerwärtige provinzielle Stümperhaftigkeit, gehaßt, nichts weniger als gehaßt wird Reger in seiner Heimat Österreich, sagte ich zu Irrsigler. Ein Genie wie Reger wird hier gehaßt, sagte ich zu Irrsigler ohne Rücksicht darauf, daß Irrsigler gar nicht verstanden hatte, was ich damit meinte, indem ich zu ihm gesagt habe, ein Genie wie Reger wird hier gehaßt und ohne Rücksicht darauf, ob es tatsächlich richtig ist, von Reger als von einem Genie zu sprechen, *ein wissenschaftliches Genie, ja sogar ein menschliches Genie,* dachte ich, ist Reger sicher. Genie und Österreich vertragen sich nicht, sagte ich. In Österreich muß man die Mittelmäßigkeit sein, um zu Wort zu kommen und ernst genommen zu werden, ein Mann der Stümperhaftigkeit und der provinziellen Verlogenheit, ein Mann mit einem absoluten Kleinstaatenkopf. Ein Genie oder ja schon ein außerordentlicher Geist wird hier auf entwürdigende Weise über kurz

oder lang *umgebracht,* sagte ich zu Irrsigler. Nur Leute wie Reger, die man
an einer einzigen Hand abzählen kann in diesem fürchterlichen Land,
überstehen diesen Zustand der Herabsetzung und des Hasses, der Unterdrückung und der Ignoration, der allgemeinen geistesfeindlichen Gemeinheit, der hier in Österreich überall herrscht, nur Leute wie Reger, die
einen großartigen Charakter haben und tatsächlich einen scharfen unbestechlichen Verstand. Obwohl Herr Reger zur Direktorin dieses Museums
eine nicht unglückliche Beziehung hat und obwohl er diese Direktorin gut
kennt, sagte ich zu Irrsigler, wäre es ihm niemals im Traum eingefallen,
diese Direktorin um irgend etwas ihn und dieses Museum Betreffendes zu
bitten. Gerade als Herr Reger die Absicht gehabt hat, der Direktion und
das heißt, der Direktorin den schlechten Zustand der Sitzbanküberzüge in
den Sälen mitzuteilen und sie möglicherweise zu veranlassen, neue Sitz-
bankbezüge herstellen zu lassen, wurden die Sitzbänke neu überzogen;
und durchaus geschmackvoll, sagte ich zu Irrsigler. Ich glaube nicht, sagte
ich zu Irrsigler, daß die Direktion des Kunsthistorischen Museums davon
Kenntnis hat, daß Herr Reger seit mehr als dreißig Jahren jeden zweiten
Tag hier in das Museum hereinkommt, um auf der Sitzbank im Bordone-
Saal Platz zu nehmen, das glaube ich nicht. Das wäre ja auch sicher bei
irgendeinem der Zusammentreffen Regers mit der Direktorin zur Sprache
gekommen, soviel ich weiß, weiß die Direktorin nichts davon, weil Herr
Reger nie davon gesprochen hat und weil Sie, Herr Irrsigler, immer darüber geschwiegen haben, weil es der Wunsch Herrn Regers ist, daß Sie
über die Tatsache, daß Reger seit über dreißig Jahren jeden zweiten Tag
außer Montag das Kunsthistorische Museum aufsucht, schweigen. Ver-
schwiegenheit, das ist Ihre große Stärke, habe ich zu Irrsigler gesagt,
dachte ich, während ich Reger betrachtete, der den *Weißbärtigen Mann*
von Tintoretto betrachtete, der seinerseits wieder von Irrsigler in Augenschein genommen wurde. Reger ist ein außergewöhnlicher Mensch und
mit außergewöhnlichen Menschen müsse man behutsam umgehen, habe
ich gestern zu Irrsigler gesagt. Daß wir, nämlich Reger und ich, gleich an
zwei aufeinanderfolgenden Tagen das Museum aufsuchten, sei undenkbar, habe ich gestern zu Irrsigler gesagt und habe es doch ausgerechnet
heute, weil Reger das ebenso ausgerechnet wünschte, wieder aufgesucht,
aus was für einem Grund Reger heute da ist, weiß ich nicht, dachte ich, ich
werde es bald wissen. Irrsigler war auch ganz erstaunt gewesen, als er mich
heute sah, denn ich hatte ja erst gestern zu ihm gesagt, daß es ausge-

schlossen sei, daß ich einmal gleich zwei Tage hintereinander in das Kunsthistorische Museum gehen werde, so wie es für Reger bis jetzt ausgeschlossen gewesen ist. Und jetzt sind wir beide, Reger wie ich, heute wieder im Kunsthistorischen Museum, in dem wir erst gestern gewesen waren. Das mußte Irrsigler irritiert haben, dachte ich, denke ich. Daß es möglich ist, sich einmal zu irren und also gleich am nächsten Tag wieder ins Kunsthistorische Museum zu gehen, dachte ich, aber, überlegte ich, doch nur, daß sich *Reger allein* irrt oder daß *ich allein* mich in dieser Tatsache irre, aber doch nicht, daß *wir beide, Reger und ich,* in dieser Tatsache irren. Reger hat gestern ausdrücklich zu mir gesagt, *kommen Sie morgen hierher,* ich höre ja noch, wie das Reger sagt. Aber Irrsigler hat natürlich davon nichts gehört und wußte davon nichts und hat sich naturgemäß gewundert, daß Reger und ich heute schon wieder im Museum sind. Hätte Reger gestern zu mir nicht gesagt, kommen Sie morgen hierher, ich wäre heute nicht ins Kunsthistorische Museum gegangen, möglicherweise erst in der kommenden Woche, denn zum Unterschied von Reger, der tatsächlich jeden zweiten Tag ins Kunsthistorische Museum geht und das seit Jahrzehnten, gehe ich nicht jeden zweiten Tag ins Kunsthistorische Museum, sondern nur, wenn ich Lust und Laune habe. Und will ich Reger treffen, muß ich ja nicht unbedingt ins Kunsthistorische Museum gehen, ich brauche nur das Hotel *Ambassador* aufzusuchen, in das er ja immer, nachdem er das Kunsthistorische Museum verlassen hat, geht. Im Ambassador treffe ich Reger ja, wenn ich will, täglich. Im Ambassador hat er seine Fensterecke und zwar den Tisch neben dem *sogenannten Judentisch,* der vor dem *Ungarntisch* steht, der hinter dem *Arabertisch* steht, wenn man von Regers Tisch aus gegen die Hallentür blickt. Ich gehe natürlich viel lieber ins Ambassador, als ins Kunsthistorische Museum, aber wenn ich es nicht erwarten kann, bis Reger ins Ambassador kommt, gehe ich schon gegen elf ins Kunsthistorische Museum, um ihn zu treffen, meinen Gedankenvater. Den Vormittag verbringt Reger im Kunsthistorischen Museum, den Nachmittag im Ambassador, gegen halb elf geht er ins Kunsthistorische Museum, gegen halb drei ins Ambassador. Bis zu Mittag ist ihm die Achtzehngradtemperatur im Kunsthistorischen Museum die angenehme, am Nachmittag fühlt er sich wohler im warmen Ambassador, in welchem es immer eine Temperatur von dreiundzwanzig Grad hat. Am Nachmittag denke ich nicht mehr so gern und nicht mehr so intensiv nach, sagt Reger, da kann ich mir das Ambassador leisten. Das

Kunsthistorische Museum ist seine *Geistesproduktionsstätte,* so er, das Ambassador ist sozusagen meine *Gedankenaufbereitungsmaschine.* Im Kunsthistorischen Museum fühle ich mich ausgesetzt, im Ambassador geborgen, so er. Dieser Gegensatz, Kunsthistorisches Museum-Ambassador, ist es, den mein Denken wie nichts sonst braucht, das Ausgesetztsein einerseits, die Geborgenheit andererseits, die Atmosphäre im Kunsthistorischen Museum einerseits und die Atmosphäre im Ambassador andererseits, das Ausgesetztsein einerseits, die Geborgenheit andererseits, mein lieber Atzbacher; mein Denkgeheimnis beruht darauf, sagte er, daß ich den Vormittag im Kunsthistorischen Museum und den Nachmittag im Ambassador verbringe. Und was gibt es Gegensätzlicheres, als das Kunsthistorische Museum, also die Gemäldegalerie des Kunsthistorischen Museums, und das Ambassador. Ich habe mir das Kunsthistorische Museum genauso zur Geistesgewohnheit gemacht, wie das Ambassador, sagte er. Die Qualität meiner Kritiken für die Times, an der ich übrigens schon vierunddreißig Jahre mitarbeite, sagte er, beruht tatsächlich darauf, daß ich das Kunsthistorische Museum und das Ambassador aufsuche, das Kunsthistorische Museum jeden *zweiten* Vormittag, das Ambassador jeden Nachmittag. Allein diese Gewohnheit hat mich nach dem Tod meiner Frau gerettet. Mein lieber Atzbacher, ohne diese Gewohnheit wäre ich auch schon gestorben, sagte Reger gestern. Jeder Mensch braucht eine solche Gewohnheit zum Überleben, sagte er. Und ist es die verrückteste aller Gewohnheiten, er braucht sie. Regers Verfassung scheint sich gebessert zu haben, seine Sprechweise ist wieder die gleiche wie vor dem Tod seiner Frau. Zwar sagt er, daß er jetzt den sogenannten *toten Punkt* überwunden habe, aber er wird doch zeitlebens darunter leiden, von seiner Frau allein gelassen zu sein. Immer wieder sagt er, daß er in dem lebenslänglichen Irrtum gewesen sei, *er* lasse seine Frau zurück, *er* sterbe früher als sie, weil ihr Tod doch so plötzlich gekommen war, war er noch ein paar Tage vor ihrem Tod felsenfest davon überzeugt gewesen, *sie* werde ihn überleben; *sie* war die Gesunde, *ich* war der Kranke, so, in dieser Meinung und in diesem Glauben, lebten wir immer, sagte er. Kein Mensch ist je so gesund gewesen, wie meine Frau, *sie lebte ein Leben in Gesundheit, während ich immer eine Existenz in Krankheit, ja eine Existenz in Todeskrankheit geführt habe,* sagte er. Sie war die Gesunde, sie war die Zukunft, ich war immer der Kranke, ich war die Vergangenheit, sagte er. Daß er einmal ohne seine Frau und tatsächlich allein zu leben habe, sei ihm nie zu Bewußtsein gekommen, das war kein Gedanke für mich, so er. Und wenn sie schon vor mir stirbt, so sterbe ich ihr nach, möglichst rasch, habe er immer gedacht. Jetzt müsse er einerseits mit dem Irrtum, daß sie nach ihm sterbe, genauso fertig werden, wie mit der Tatsache, daß er sich nach ihrem Tod nicht umgebracht habe, ihr also nicht, wie er es vorgehabt habe, nachgestorben sei. Da ich immer gewußt habe, daß sie alles ist für mich, habe ich naturgemäß an ein Weiterexistieren nach ihr nicht denken können, mein lieber Atzbacher, sagte er. Aus dieser menschlichen und tatsächlich menschenunwürdigen Schwäche heraus, aus dieser Feigheit heraus, bin ich ihr nicht nachgestorben, sagte er, habe ich mich nicht umgebracht nach ihrem Tod, bin ich im Gegenteil, wie es mir jetzt scheint (so er gestern!), stark geworden, manchmal kommt mir in letzter Zeit vor, als wäre ich jetzt stärker denn je. Ich hänge jetzt noch mehr an meinem Leben, als vorher, ob Sie es glauben oder nicht, ich bin tatsächlich mit der größten Unbändigkeit angeklammert an das Leben, so er gestern. Ich will es nicht wahrhaben, aber ich lebe mit einer noch größeren Intensität als vor ihrem Tod. Freilich, ich habe über ein Jahr gebraucht, um überhaupt diesen Gedanken denken zu können, aber jetzt denke ich diesen Gedanken gänzlich ungeniert, so er. Was mich so außerordentlich bedrückt, ist ja doch die Tatsache, daß ein solcher aufnahmefähiger Mensch, wie meine Frau einer gewesen ist, *mit dem ganzen ungeheuerlichen Wissen, das ich ihm vermittelt habe,* gestorben ist, also dieses ungeheuerliche Wissen mit in den Tod genommen hat, das ist das Ungeheuerliche, noch viel ungeheuerlicher ist diese Ungeheuerlichkeit, als die Tatsache, daß sie tot ist, so er. Wir stecken und wir stopfen alles aus uns in einen solchen Menschen hinein und er verläßt uns, stirbt uns weg, für immer, so er. Und *das Unvermittelte* kommt noch dazu, die Tatsache, daß wir den Tod dieses Menschen nicht vorhergesehen haben, nicht einen Moment habe ich den Tod meiner Frau vorausgesehen, so, als hätte sie ein ewiges Leben, habe ich sie betrachtet, nie an ihren Tod gedacht, sagte er, so, als lebte sie tatsächlich *mit meinem Wissen in die Unendlichkeit hinein als Unendlichkeit,* so er. Tatsächlich ein überstürzter Tod, sagte er. Wir nehmen einen solchen Menschen für die Ewigkeit, das ist der Irrtum. Hätte ich gewußt, daß sie mir wegsterben wird, ich hätte völlig anders gehandelt, so wußte ich nicht, daß sie mir weg- und voraussterben wird und handelte gänzlich unsinnig, so, als existierte sie unendlich in die Unendlichkeit hinein, während sie gar nicht für die Unendlichkeit gemacht war, sondern für die Endlichkeit, wie wir alle. Nur wenn wir einen Menschen mit einer so hemmungslosen Liebe lieben, wie ich meine Frau geliebt habe, glauben wir tatsächlich, er lebt ewig und in die Unendlichkeit hinein. Noch nie hat er, auf der Sitzbank im Bordone-Saal sitzend, den Hut aufgehabt, und genauso wie mich die Tatsache, daß er mich für heute ins Museum bestellt hat, beunruhigte, weil diese Tatsache tatsächlich die ungewöhnlichste ist, wie ich dachte, die ich mir denken kann, ist die Tatsache, daß er auf der Sitzbank im Bordone-Saal seinen Hut auf dem Kopf aufbehalten hat, die ungewöhnlichste, ganz abgesehen von einer Reihe anderer ungewöhnlicher Tatsachen in diesem Zusammenhang. Irrsigler war in den Bordone-Saal eingetreten und hätte, zu ihm hingehend, Reger etwas ins Ohr geflüstert, um gleich darauf wieder aus dem Bordone-Saal hinauszugehen. Die Mitteilung Irrsiglers hatte aber auf Reger, wenigstens von außen betrachtet, keinerlei Wirkung, Reger war nach der Mitteilung Irrsiglers genauso auf der Sitzbank sitzen geblieben, wie vor der Mitteilung Irrsiglers. Es beschäftigte mich aber doch, was Irrsigler zu Reger gesagt haben könnte. Ich gab aber den Gedanken, was Irrsigler zu Reger gesagt haben könnte, gleich wieder auf und beobachtete Reger, gleichzeitig hörte ich ihn zu mir sagen: die Leute gehen ins Kunsthistorische Museum, weil es sich gehört, aus keinem anderen Grund, sie reisen sogar aus Spanien und Portugal nach Wien und gehen ins Kunsthistorische Museum, um zu Hause in Spanien und Portugal sagen zu können, daß sie im Kunsthistorischen Museum in Wien gewesen sind, was doch lächerlich ist, denn das Kunsthistorische Museum ist nicht der Prado und es ist auch nicht das Museum in Lissabon, davon ist das Kunsthistorische Museum weit entfernt. Das Kunsthistorische Museum hat ja nicht einmal einen Goya und es hat nicht einmal einen El Greco. Ich sah Reger und beobachtete ihn und hörte gleichzeitig, was er am Vortag zu mir gesagt hatte. *Das Kunsthistorische Museum hat nicht einmal einen Goya, nicht einmal einen El Greco hat es.* Natürlich kann es auf den El Greco verzichten, denn El Greco ist kein wirklich großer, kein allererster Maler, sagte Reger, aber keinen Goya zu haben, ist für ein Museum wie das Kunsthistorische Museum geradezu tödlich. Keinen Goya, sagte er, das sieht den Habsburgern ähnlich, die ja, wie Sie wissen, keinen Kunstverstand gehabt haben, ein Gehör für Musik ja, aber keinen Kunstverstand. Beethoven haben sie gehört, aber Goya haben sie nicht gesehen. Goya wollten sie nicht haben. Beethoven ließen sie die Narrenfreiheit, denn die Musik war ihnen ungefährlich, aber Goya durfte nicht herein nach Österreich. Nun ja, die Habsburger haben genau den dubiosen katholischen Geschmack, der in diesem Museum zu Hause ist. Das Kunsthistorische Museum ist genau der dubiose habsburgische Kunstgeschmack, der schöngeistige, widerliche. Was reden wir nicht alles mit Leuten, die uns nicht das geringste angehen, sagte er, weil wir Zuhörer brauchen. Wir brauchen Zuhörer und ein Sprachrohr, sagte er. Lebenslänglich haben wir den Wunsch nach dem idealen Sprachrohr und finden es nicht, denn das ideale Sprachrohr gibt es nicht. Wir haben einen Irrsigler, sagte er, und sind doch die ganze Zeit auf der Suche nach einem Irrsigler, nach dem idealen Irrsigler. Wir machen einen ganz einfachen Menschen zu unserem Sprachrohr, und wenn wir diesen ganz einfachen Menschen zu unserem Sprachrohr gemacht haben, suchen wir ein anderes Sprachrohr, einen anderen dafür, für unser Sprachrohr, geeigneten Menschen, sagte er. Nach dem Tod meiner Frau habe ich wenigstens den Irrsigler, sagte er. Irrsigler war, wie alle Burgenländer, doch nur ein burgenländischer Dummkopf, bevor er auf mich gekommen ist, sagte Reger. Wir brauchen einen Dummkopf als Sprachrohr. Ein burgenländischer Dummkopf ist ein ganz und gar geeignetes Sprachrohr, sagte Reger. Verstehen Sie mich richtig, ich schätze Irrsigler, ja ich brauche ihn jetzt wie einen Bissen Brot, ich habe ihn jahrzehntelang gebraucht, aber nur ein Dummkopf wie Irrsigler ist als Sprachrohr brauchbar, sagte Reger gestern. Wir nützen einen solchen Dummkopf als Menschen natürlich aus, sagte er, aber andererseits machen wir ja gerade dadurch, daß wir ihn ausnützen, *aus einem solchen Dummkopf einen Menschen,* indem wir ihn zu unserem Sprachrohr machen und unsere Gedanken in ihn hineinpressen, zugegeben ziemlich rücksichtslos am Anfang, machen wir aus einem burgenländischen Dummkopf, wie Irrsigler einer war, einen burgenländischen Menschen. Irrsigler hat doch, bevor er auf mich gestoßen ist, beispielsweise von Musik keine Ahnung gehabt, von keiner Kunst, im Grunde von gar nichts, selbst von seiner Dummheit nicht. Jetzt ist Irrsigler weiter, als alle diese kunsthistorischen Schwätzer, die Tag für Tag hier hereinkommen und den Leuten die Ohren volltrommeln mit ihrem kunsthistorischen Schwachsinn. Irrsigler ist weiter als diese kunsthistorischen Redeschweine, die jeden Tag Dutzende von Schulklassen, die sie vor sich hertreiben, für ihr Leben vernichten mit ihrem Geschwätz. Die Kunsthistoriker sind die eigentlichen Kunstvernichter, sagte Reger. Die Kunsthistoriker schwätzen so lange über die Kunst, bis sie sie zu Tode geschwätzt haben. Von den

Kunsthistorikern wird die Kunst zu Tode geschwätzt. Mein Gott, denke ich oft, hier auf der Bank sitzend, wenn die Kunsthistoriker ihre hilflosen Herden an mir vorbeitreiben, wie schade um alle diese Menschen, denen von eben diesen Kunsthistorikern die Kunst ausgetrieben wird, endgültig ausgetrieben wird, sagte Reger. Das Geschäft der Kunsthistoriker ist das übelste Geschäft, das es gibt, und ein schwätzender Kunsthistoriker, und es gibt ja nur schwätzende Kunsthistoriker, gehört mit der Peitsche verjagt, aus der Kunstwelt hinausgejagt, sagte Reger, hinausgejagt aus der Kunstwelt gehörten alle Kunsthistoriker, denn die Kunsthistoriker sind die eigentlichen Kunstvernichter und wir sollten uns die Kunst nicht von den Kunsthistorikern als Kunstvernichter vernichten lassen. Wenn wir einem Kunsthistoriker zuhören, wird uns übel, sagte er, indem wir einem Kunsthistoriker zuhören, sehen wir, wie die Kunst, die er beschwätzt, vernichtet wird, mit dem Geschwätz des Kunsthistorikers schrumpft die Kunst und wird vernichtet. Tausende, ja Zehntausende Kunsthistoriker verschwätzen und vernichten die Kunst, sagte er. Die Kunsthistoriker sind die tatsächlichen Kunsttöter, hören wir einem Kunsthistoriker zu, nehmen wir an der Kunstvernichtung teil, wo ein Kunsthistoriker auftritt, wird die Kunst vernichtet, das ist die Wahrheit. So habe ich in meinem Leben kaum etwas mit einem tieferen Haß gehabt, als die Kunsthistoriker, sagte Reger. Irrsigler zuzuhören, wenn er einem Ahnungslosen ein Bild erklärt, ist eine reine Freude, sagte Reger, denn er ist im Zustande des Erklärens eines Kunstwerkes niemals geschwätzig, er ist kein Schwätzer, nur der bescheidene Aufklärer und Berichterstatter, der dem Betrachter das Kunstwerk offen läßt, es ihm nicht durch Geschwätz verschließt. Das habe ich ihm, Irrsigler, im Laufe von Jahrzehnten beigebracht, wie Kunstwerke zu erklären sind als Betrachtung. Aber es ist natürlich alles, das Irrsigler sagt, von mir, sagte Reger dann, er hat naturgemäß nichts Eigenes, aber doch das Beste aus meinem Kopf, wenn auch angelernt, ist es doch von Fall zu Fall nützlich. Die sogenannte Bildende Kunst ist für einen Musikwissenschaftler, wie ich einer bin, von höchster Nützlichkeit, sagte Reger, je mehr ich mich auf die Musikwissenschaft konzentriert und tatsächlich je mehr ich mich in die Musikwissenschaft verrannt habe, desto eindringlicher beschäftigte ich mich mit der sogenannten Bildenden Kunst; umgekehrt denke ich, daß es für einen Maler beispielsweise von größtem Vorteil ist, wenn er sich der Musik widmet, also daß er, der sich vorgenommen hat, lebenslänglich zu malen, auch lebenslänglich musi-

kalische Studien betreibt. Die Bildende Kunst ergänzt auf wunderbare
Weise die musikalische und die eine ist immer gut für die andere, sagte er.
Ich könnte mir meine musikwissenschaftlichen Studien ohne die Auseinandersetzung mit der sogenannten Bildenden Kunst, insbesondere mit der
Malerei, gar nicht vorstellen, sagte er. Ich betreibe mein Musikgeschäft
deshalb so gut, weil ich mich gleichzeitig, und mit nicht weniger Enthusiasmus und mit nicht weniger Intensität überhaupt, mit der Malerei
beschäftige. Nicht umsonst gehe ich seit über dreißig Jahren in das Kunsthistorische Museum. Andere gehen am Vormittag in ein Wirtshaus und
trinken drei oder vier Gläser Bier, ich setze mich hier herein und betrachte
den Tintoretto. Eine Verrücktheit vielleicht, wie Sie denken müssen, aber
ich kann nicht anders. Dem einen ist es die liebste jahrzehntelange Gewohnheit, seine drei oder vier Gläser Bier in einer Vormittagskaschemme
zu trinken, ich gehe ins Kunsthistorische Museum. Der eine nimmt gegen
elf Uhr vormittag ein Vollbad, um über die Tageshürde zu kommen, ich
gehe ins Kunsthistorische Museum. Wenn wir dann auch noch einen
Irrsigler haben, sind wir gut bedient, sagte Reger. Tatsächlich habe ich von
Kindheit an nichts mehr gehaßt, als die Museen, sagte er, ich bin von
Natur aus ein Museenhasser, aber ich gehe wahrscheinlich gerade aus
diesem Grunde seit über dreißig Jahren hier herein, ich leiste mir diese
zweifellos geistesbedingte Absurdität. Wie Sie wissen, gehe ich ja nicht in
den Bordone-Saal wegen Bordone, ja nicht einmal wegen Tintoretto,
wenngleich ich den *Weißbärtigen Mann* doch für eines der großartigsten
Gemälde, die je gemalt worden sind, halte, ich gehe wegen dieser Sitzbank
in den Bordone-Saal und wegen des idealen Lichteinflusses auf mein Gemütsvermögen, tatsächlich wegen der idealen Temperaturverhältnisse gerade im Bordone-Saal, und wegen Irrsigler, der nur im Bordone-Saal der
ideale Irrsigler ist. Und ich hielte es in Wahrheit auch niemals in der Nähe
beispielsweise von Velázquez aus. Ganz abgesehen von Rigaud und Largilliere, die ich wie die Pest meide. Hier im Bordone-Saal habe ich die
beste Meditationsmöglichkeit, und sollte ich einmal Lust haben, hier auf
der Bank etwas zu lesen, beispielsweise meinen geliebten Montaigne oder
meinen vielleicht noch mehr geliebten Pascal oder meinen noch viel mehr
geliebten Voltaire, wie Sie sehen, sind meine geliebten Schriftsteller alle
Franzosen, nicht ein einziger Deutscher, kann ich es hier auf die angenehmste und auf die nützlichste Weise. Der Bordone-Saal ist mein Denk-
wie mein Lesezimmer. Und habe ich einmal Lust auf einen Schluck Was-

ser, so bringt mir Irrsigler ein Glas, ich brauche nicht einmal aufzustehen. Manchmal staunen die Leute, wenn sie sehen, daß ich hier, auf der Sitzbank sitzend, meinen Voltaire lese und dazu ein Glas klaren Wassers trinke, sie wundern sich, schütteln den Kopf und gehen wieder und es ist, als hielten sie mich für einen Verrückten mit besonderer staatlich erlaubter Narrenfreiheit. Zu Hause lese ich schon seit Jahren kein Buch mehr, hier im Bordone-Saal habe ich schon Hunderte Bücher gelesen, aber das heißt nicht, daß ich alle diese Bücher im Bordone-Saal *aus*gelesen hätte, ich habe niemals in meinem Leben ein einziges Buch *aus*gelesen, meine Art zu lesen ist die eines hochgradig talentierten Umblätterers, also eines Mannes, der lieber umblättert, als liest, der also Dutzende, unter Umständen Hunderte von Seiten umblättert, bevor er eine einzige liest; aber wenn der Mann eine Seite liest, so liest er sie so gründlich, wie keiner und mit der größten Leseleidenschaft, die sich denken läßt. Ich bin mehr Umblätterer als Leser, müssen Sie wissen, und ich liebe das Umblättern genauso wie das Lesen, ich habe in meinem Leben millionenmal mehr umgeblättert, als gelesen, aber am Umblättern immer wenigstens so viel Freude und tatsächliche Geisteslust gehabt, wie am Lesen. Es ist doch besser, wir lesen alles in allem nur drei Seiten eines Vierhundertseitenbuches tausendmal gründlicher als der normale Leser, der alles, aber nicht eine einzige Seite gründlich liest, sagte er. Es ist besser, zwölf Zeilen eines Buches mit höchster Intensität zu lesen und also zur Gänze zu durchdringen, wie gesagt werden kann, als wir lesen das ganze Buch *wie der normale Leser,* der am Ende das von ihm gelesene Buch genauso wenig kennt, wie ein Flugreisender die Landschaft, die er überfliegt. Er nimmt ja nicht einmal die Konturen wahr. So lesen heute die Leute alle alles im Flug, sie lesen alles und kennen nichts. Ich betrete ein Buch und lasse mich darauf nieder, mit Haut und Haaren, müssen Sie denken, auf ein oder zwei Seiten einer philosophischen Arbeit, als wäre ich dabei, eine Landschaft zu betreten, eine Natur, ein Staatsgebilde, ein Erddetail, wenn Sie wollen, um ganz und nicht nur mit halber Kraft und mit halbem Herzen, in dieses Erddetail einzudringen, es zu erforschen und um dann, ist es erforscht mit aller mir zur Verfügung stehenden Gründlichkeit, auf das Ganze zu schließen. Wer alles liest, hat nichts begriffen, sagte er. Es ist nicht notwendig, den ganzen Goethe zu lesen, den ganzen Kant, auch nicht notwendig, den ganzen Schopenhauer; ein paar Seiten Werther, ein paar Seiten Wahlverwandtschaften und wir wissen am Ende mehr über die beiden Bücher, als wenn wir sie von Anfang zum Ende gelesen hätten, was uns in jedem Fall um das reinste Vergnügen bringt. Aber zu dieser drastischen Selbstbeschränkung gehört so viel Mut und so viel Geisteskraft, daß sie nur sehr selten aufgebracht werden kann und daß wir selbst sie nur selten aufbringen; der lesende Mensch ist wie der fleischfressende auf die widerwärtigste Weise gefräßig und verdirbt sich wie der fleischfressende den Magen und die gesamte Gesundheit, den Kopf und die ganze geistige Existenz. Selbst eine philosophische Abhandlung verstehen wir besser, wenn wir sie nicht *zur Gänze* auffressen in einem Zug, sondern uns nur ein Detail herauspicken, von welchem wir dann auf das Ganze kommen, wenn wir Glück haben. Die höchste Lust haben wir ja an den Fragmenten, wie wir am Leben ja auch dann die höchste Lust empfinden, wenn wir es als Fragment betrachten, und wie grauenhaft ist uns das Ganze und ist uns im Grunde das fertige Vollkommene. Erst wenn wir das Glück haben, ein Ganzes, ein Fertiges, ja ein Vollendetes, zum Fragment zu machen, wenn wir daran gehen, es zu lesen, haben wir den Hoch- ja unter Umständen den Höchstgenuß daran. Unser Zeitalter ist als Ganzes ja schon lange Zeit nicht mehr auszuhalten, sagte er, nur da, wo wir das Fragment sehen, ist es uns erträglich. Das Ganze und das Vollkommene ist uns unerträglich, sagte er. So sind mir im Grunde auch alle diese Bilder hier im Kunsthistorischen Museum unerträglich, wenn ich ehrlich bin, sind sie mir fürchterlich. Um sie ertragen zu können, suche ich in und an jedem einzelnen einen sogenannten *gravierenden Fehler,* eine Vorgangsweise, die bis jetzt immer zum Ziel geführt hat, nämlich aus jedem dieser sogenannten vollendeten Kunstwerke ein Fragment zu machen, sagte er. Das Vollkommene droht uns nicht nur ununterbrochen mit unserer Vernichtung, es vernichtet uns auch, alles, das hier unter dem Kennwort *Meisterwerk* an den Wänden hängt, sagte er. Ich gehe davon aus, daß es das Vollkommene, das Ganze, gar nicht gibt und jedesmal, wenn ich aus einem solchen hier an der Wand hängenden sogenannten vollkommenen Kunstwerk ein Fragment gemacht habe, indem ich so lange an und in diesem Kunstwerk nach einem gravierenden Fehler, nach dem entscheidenden Punkt des Scheiterns des Künstlers, der das Kunstwerk gemacht hat, gesucht habe, bis ich ihn gefunden habe, komme ich einen Schritt weiter. Noch in jedem dieser Bilder, sogenannten Meisterwerke, habe ich einen gravierenden Fehler, habe ich das Scheitern seines Schöpfers gefunden und aufgedeckt. Über dreißig Jahre ist mir diese, wie Sie meinen mögen, infame Rechnung, aufgegangen. Keines dieser weltberühmten Meisterwerke, gleich von wem, ist tatsächlich ein Ganzes und vollkommen. Das beruhigt mich, sagte er. Das macht mich im Grunde glücklich. Erst wenn wir immer wieder darauf gekommen sind, daß es das Ganze und das Vollkommene nicht gibt, haben wir die Möglichkeit des Weiterlebens. Wir halten das Ganze und das Vollkommene nicht aus. Wir müssen nach Rom fahren und feststellen, daß die Peterskirche ein geschmackloses Machwerk ist, der Berninialtar eine architektonische Stumpfsinnigkeit, sagte er. Wir müssen den Papst von Angesicht zu Angesicht sehen *und persönlich feststellen*, daß er alles in allem ein genauso hilflos-grotesker Mensch ist, wie alle anderen auch, um es aushalten zu können. Wir müssen Bach hören und hören, wie er scheitert, Beethoven hören und hören, wie er scheitert, selbst Mozart hören und hören, wie er scheitert. Und so haben wir auch mit den sogenannten großen Philosophen zu verfahren, sind es selbst unsere Lieblingsgeisteskünstler, sagte er. Wir lieben ja Pascal nicht, weil er so vollendet ist, sondern weil er im Grunde so hilflos ist, wie wir Montaigne wegen seiner lebenslänglich suchenden und nicht findenden Hilflosigkeit lieben, Voltaire wegen seiner Hilflosigkeit. Wir lieben die Philosophie und die ganze Geisteswissenschaft insgesamt ja nur, weil sie absolut hilflos ist. Nur die Bücher lieben wir in Wahrheit, die kein Ganzes, die chaotisch, die hilflos sind. So ist es mit allem und jedem, sagte Reger, auch einem Menschen hängen wir ja nur deshalb ganz besonders an, weil er hilflos ist und kein ganzer, weil er chaotisch ist und nicht vollkommen. Ja, sage ich, El Greco, schön, aber der gute Mann hat keine Hand malen können!, und ich sage Veronese, schön, aber der gute Mann hat kein natürliches Gesicht malen können. Und was ich Ihnen heute über die Fuge gesagt habe, sagte er gestern, kein einziger von allen Komponisten und seien es die größten, hat die vollendete komponiert, selbst Bach nicht, der doch die Ruhe selbst gewesen ist und die reine kompositorische Klarheit. Es gibt kein vollendetes Bild und es gibt kein vollendetes Buch und es gibt kein vollendetes Musikstück, sagte Reger, das ist die Wahrheit und diese Wahrheit ermöglicht es, daß ein Kopf wie mein Kopf, der doch zeitlebens nichts anderes ist, als ein verzweifelter Kopf, weiterexistiert. Der Kopf hat ein suchender Kopf zu sein, ein nach den Fehlern, nach den Menschheitsfehlern suchender Kopf, ein das Scheitern suchender Kopf zu sein. Der menschliche Kopf ist nur dann tatsächlich ein menschlicher Kopf, wenn er nach den Menschheitsfehlern sucht. Der menschliche Kopf ist kein menschlicher

Kopf, wenn er sich nicht auf die Suche nach den Menschheitsfehlern macht, sagte Reger. Ein guter Kopf ist ein nach den Menschheitsfehlern suchender Kopf, und ein außerordentlicher Kopf ist ein Kopf, der diese Menschheitsfehler findet, und ein genialer Kopf ist ein Kopf, der auf diese aufgefundenen Fehler, nachdem er sie gefunden hat, hinweist und mit allen ihm zur Verfügung stehenden Mitteln auf diese Fehler *zeigt*. Auch in diesem Sinne, sagte Reger, bewahrheitet sich der an sich doch immer nur kopflos ausgesprochene Spruch, *wer suchet, der findet*. Wer hier in diesem Museum in diesen Hunderten von sogenannten Meisterwerken nach Fehlern sucht, der findet sie auch, sagte Reger. Kein Werk in diesem Museum ist fehlerfrei, sage ich. Das mögen Sie belächeln, sagte er, das mag Sie erschrecken, mich selbst beglückt es. Und es hat ja auch seinen Grund, warum ich über dreißig Jahre *in das Kunsthistorische Museum* gehe und nicht *in das Naturhistorische Museum* gegenüber. Er saß noch immer mit dem schwarzen Hut auf dem Kopf auf der Sitzbank, tatsächlich unbewegt und es war klar, daß er jetzt schon die längste Zeit nicht den *Weißbärtigen Mann* betrachtete, sondern etwas ganz anderes *hinter* dem *Weißbärtigen Mann*, nicht den Tintoretto, sondern etwas weit außerhalb des Museums, während ich selbst zwar Reger und den *Weißbärtigen Mann* beobachtete und doch dahinter den Reger sah, der mir gestern die Fugen erklärt hatte. Ich hatte ihn schon so oft die Fugen erklären hören, daß ich gestern keine Lust hatte, ihm aufmerksam zuzuhören, ich verfolgte zwar, was er sagte, und es war hochinteressant, was er beispielsweise über die Fugenversuche Schumanns zu sagen hatte, aber ich war mit meinen Gedanken doch ganz woanders gewesen. Ich sah Reger auf der Sitzbank sitzen und den *Weiß-bärtigen Mann* dahinter und sah den Reger, der mir wieder einmal, mit noch viel größerer Liebe dazu wie bisher, die Fugenkunst aufzuklären versuchte, und hörte, was Reger sagte und sah doch in meine Kindheit hinein und hörte die Stimmen meiner Kindheit, die Stimmen meiner Geschwister, die Stimme meiner Mutter, die Stimmen meiner Großeltern auf dem Land. Ich bin als Kind auf dem Land recht glücklich gewesen, aber glücklicher war ich doch immer wieder in der Stadt, wie ich auch später und jetzt viel glücklicher in der Stadt bin, als auf dem Land. Wie ich ja immer viel glücklicher in der Kunst, als in der Natur gewesen bin, die Natur ist mir zeitlebens *unheimlich* gewesen, in der Kunst habe ich mich immer *geborgen* gefühlt. Schon in der Kindheit, die ich vornehmlich in der Obhut meiner Großeltern mütterlicherseits verbringen durfte und in welcher ich, alles in allem genommen, doch tatsächlich glücklich gewesen bin, war ich doch da immer geborgen und in der sogenannten Kunstwelt gut aufgehoben gewesen, nicht in der Natur, die ich zwar immer bestaunt, aber genauso immer gefürchtet habe, was sich bis heute nicht geändert hat, ich bin nicht einen einzigen Augenblick in der Natur zu Hause, aber immer in der Welt der Kunst, am geborgensten in der Welt der Musik. So weit ich zurückdenken kann, habe ich nichts mehr geliebt auf der Welt, als die Musik, dachte ich, durch Reger durch, aus dem Museum hinaus- und in meine Kindheit hineinschauend. Diese Durchblicke in die längst vergangene Kindheit liebe ich immer und ich gebe mich ganz und gar hin und ich nutze sie aus, wie ich nur kann, möge dieser Blick in die Kindheit nie aufhören, denke ich immer. Was hat Reger für eine Kindheit gehabt? dachte ich, ich weiß nicht viel darüber, die Kindheit betreffend, ist Reger nicht gesprächig. Und Irrsigler? Er redet nicht gern davon und er blickt auch nicht gern auf sie zurück. Gegen Mittag kommen immer mehr Leute in Gruppen in das Museum, in letzter Zeit außerordentlich viele aus den osteuropäischen Ländern, mehrere Tage hintereinander habe ich Gruppen aus Georgien gesehen, die von russisch sprechenden Führern durch die Galerie getrieben worden *sind, getrieben* ist das richtige Wort, denn diese Gruppen gehen nicht durch das Museum, sie laufen durch, gehetzt, im Grunde völlig uninteressiert, vollkommen ermüdet von allen Eindrücken, die sie auf ihrer Reise nach Wien schon haben über sich ergehen lassen müssen. Einen Mann aus Tiflis habe ich in der Vorwoche beobachtet, wie er sich aus einer der kaukasischen Gruppen gelöst und allein seinen Museumsweg hatte gehen wollen, ein Maler, wie sich herausstellte, der mich nach Gainsborough gefragt hat; bereitwillig habe ich ihm sagen können, wo er Gainsborough findet. Schließlich war seine Gruppe schon wieder aus dem Museum hinausgegangen, als er auf mich zugegangen war, um mich nach dem Hotel *Wandl* zu fragen, in welchem seine Gruppe untergebracht war. Eine halbe Stunde habe er vor der *Gegend von Suffolk* verbracht, ohne auch nur einen Augenblick an seine Gruppe zu denken, er sei das erste Mal in Mitteleuropa und er habe zum ersten Mal ein Gainsborough-Original gesehen. Dieser Gainsborough sei der Höhepunkt seiner Reise, sagte er, merkwürdig gut in deutsch, bevor er sich umdrehte und aus dem Museum hinausging. Ich hatte ihm bei der Suche nach dem Hotel *Wandl* behilflich sein wollen, aber er hatte abgelehnt. Ein junger, etwa dreißigjähriger Maler reist mit einer Gruppe von Tiflis nach Wien und schaut sich die *Gegend von Suffolk* an und sagt, die Betrachtung der *Gegend von Suffolk* von Gainsborough sei der Höhepunkt seiner Reise. Die Tatsache hat mich den ganzen darauffolgenden Nachmittag bis in den Abend hinein nachdenklich gemacht. Wie malt der Mann in Tiflis? hatte ich mich die ganze Zeit gefragt und diesen Gedanken schließlich seiner Unsinnigkeit wegen aufgegeben. In letzter Zeit besuchen mehr Italiener als Franzosen, mehr Engländer als Amerikaner das Kunsthistorische Museum. Die Italiener mit ihrem angeborenen Kunstverstand treten immer auf, als wären sie die von Geburt an Eingeweihten. Die Franzosen gehen eher gelangweilt durch das Museum, die Engländer tun so, als wüßten und kennten sie alles. Die Russen sind voll Bewunderung. Die Polen betrachten alles mit Hochmut. Die Deutschen schauen im Kunsthistorischen Museum die ganze Zeit in den Katalog, während sie durch die Säle gehen, und kaum auf die an den Wänden hängenden Originale, sie folgen dem Katalog und kriechen, während sie durch das Museum gehen, immer tiefer in den Katalog hinein, so lange, bis sie auf der letzten Katalogseite angelangt und also wieder aus dem Museum draußen sind. Österreicher, insbesondere Wiener, gehen nur wenige ins Kunsthistorische Museum, wenn ich von den Tausenden von Schulklassen absehe, die jedes Jahr ihren Pflichtbesuch im Kunsthistorischen Museum absolvieren. Die Schulklassen werden von ihren Lehrern oder Lehrerinnen durch das Museum geführt, was auf die Schüler eine verheerende Wirkung ausübt, denn die Lehrer würgen bei diesen Besuchen im Kunsthistorischen Museum jede Empfindsamkeit in diesen Schülern der Malerei und ihren Schöpfern gegenüber mit ihrer schulmeisterlichen Beschränktheit ab. Stumpfsinnig, wie sie im allgemeinen sind, töten sie in den ihnen anvertrauten Schülern sehr bald jedes Gefühl nicht nur für die Malkunst, und der von ihnen angeführte Museumsbesuch ihrer sozusagen unschuldigen Opfer wird durch ihre Stumpfsinnigkeit und dadurch stumpfsinnige Geschwätzigkeit meistens zum letzten Museumsbesuch jedes einzelnen Schülers. Einmal mit ihren Lehrern in das Kunsthistorische Museum hineingegangen, gehen diese Schüler dann ihr ganzes Leben nicht mehr hinein. Der erste Besuch aller dieser jungen Menschen ist zugleich ihr letzter. Die Lehrer vernichten bei diesen Besuchen das Kunstinteresse der ihnen anvertrauten Schüler für immer, das ist eine Tatsache. Die Lehrer verderben die Schüler, das ist die Wahrheit, das ist eine jahrhundertealte Tatsache, und die österreichischen Lehrer insbesondere verderben in den Schülern vor allem von Anfang an den Kunstgeschmack; alle jungen Menschen sind ja zuerst aufgeschlossen allem gegenüber, also auch der Kunst, aber die Lehrer treiben ihnen die Kunst gründlich aus; die in der Überzahl stumpfsinnigen Köpfe der österreichischen Lehrer gehen auch heute immer rücksichtslos vor gegen die Sehnsucht ihrer Schüler nach Kunst und überhaupt nach dem Künstlerischen, von welchem alle jungen Menschen von Anfang an auf die natürlichste Weise fasziniert und begeistert sind. Die Lehrer sind aber durch und durch kleinbürgerlich und gehen instinktiv gegen die Kunstfaszination und Kunstbegeisterung ihrer Schüler vor, indem sie die Kunst und überhaupt alles Künstlerische auf ihren eigenen deprimierenden stupiden Dilettantismus herunterdrücken und in den Schulen die Kunst und das Künstlerische überhaupt zu ihrem ekelhaften Flöten- und genauso ekelhaften wie stümperhaften Chorgesang machen, was die Schüler abstoßen muß. So versperren die Lehrer schon von Anfang an ihren Schülern die Zugänge zur Kunst. Die Lehrer wissen nicht, was Kunst ist, also können sie es auch ihren Schülern nicht sagen und ihnen nicht beibringen, was Kunst ist und sie führen sie nicht auf die Kunst *zu,* sondern drängen sie von der Kunst *ab* in ihr widerliches, sentimentales gesangliches und instrumentales *Kunstgewerbe,* das ihre Schüler abstoßen muß. Es gibt keinen billigeren Kunstgeschmack, als den der Lehrer. Die Lehrer verderben schon in der Volksschule den Kunstgeschmack der Schüler, sie treiben ihren Schülern von Anfang an die Kunst aus, anstatt ihnen die Kunst und insbesondere die Musik aufzuklären und zu einer Lebensfreude zu machen. Aber die Lehrer sind ja nicht nur, was die Kunst betrifft, die Verhinderer und die Vernichter, die Lehrer sind alles in allem ja schon immer die Lebens- und Existenzverhinderer gewesen, anstatt die jungen Menschen das Leben zu lehren, ihnen das Leben aufzuschlüsseln, ihnen das Leben zu einem tatsächlich unerschöpflichen Reichtum ihrer eigenen Natur zu machen, töten sie es in ihnen ab, sie tun alles, um es in ihnen abzutöten. Die meisten unserer Lehrer sind armselige Kreaturen, deren Lebensaufgabe darin zu bestehen scheint, den jungen Menschen das Leben zu verrammeln und schließlich und endlich zu einer fürchterlichen Deprimation zu machen. In den Lehrerberuf drängen ja auch nur die sentimentalen und perversen Kleinköpfe aus dem unteren Mittelstand. Die Lehrer sind die Handlanger des Staates und wo es sich wie bei diesem österreichischen Staat heute um einen geistig und moralisch total verkrüppelten handelt, um einen, der nichts als die Verrohung und Verrottung und das gemeingefährliche Chaos lehrt, sind naturgemäß auch die Lehrer geistig und moralisch verkrüppelt und verroht und verrottet und chaotisch. Dieser *katholische* Staat hat keinen Kunstverstand und also haben auch die Lehrer dieses Staates keinen oder haben keinen zu haben, das ist das Deprimierende. Diese Lehrer lehren, was dieser katholische Staat ist und ihnen zu lehren aufträgt: die Engstirnigkeit und die Brutalität, die Gemeinheit und die Niederträchtigkeit, die Verworfenheit und das Chaos. Von diesen Lehrern haben die Schüler nichts zu erwarten, als die Verlogenheit des katholischen Staates und der katholischen Staatsmacht, dachte ich, während ich Reger beobachtete und gleichzeitig durch den *Weißbärtigen Mann* von Tintoretto wieder in meine Kindheit hinein schaute. Ich selbst habe ja auch diese fürchterlichen, skrupellosen Lehrer gehabt, zuerst die Landlehrer, dann die Stadtlehrer und immer wieder abwechselnd die Stadtlehrer und die Landlehrer und bin von allen diesen Lehrern bis weit in die Lebensmitte hinein ruiniert worden, für Jahrzehnte vorausruiniert hatten mich meine Lehrer, denke ich. Sie gaben auch mir und meiner Generation nichts als die Scheußlichkeiten des Staates und der durch diesen Staat verdorbenen und zerstörten Welt. Sie gaben auch mir nichts als die Widerwärtigkeiten des Staates und der von diesem Staat gezeichneten Welt. Sie gaben auch mir wie den heutigen jungen Menschen nichts anderes als ihren *Un*verstand, ihr *Un*vermögen, ihren Stumpfsinn, ihre Geistlosigkeit. Auch mir haben meine Lehrer nichts anderes gegeben, als ihr *Un*vermögen, denke ich. Sie haben auch mich nichts anderes gelehrt, als das Chaos. Auf Jahrzehnte hinaus haben sie auch in mir alles mit der größten Rücksichtslosigkeit vernichtet, das ursprünglich zu dem Zweck, mich mit allen Möglichkeiten meines Verstandes tatsächlich meiner Welt zuliebe zu entwickeln, in mir gewesen war. Ich selbst habe diese grauenhaften, engstirnigen, verluderten Lehrer gehabt, die eine ganz und gar niedrige Auffassung von den Menschen und der Menschenwelt haben, die niedrigste, vom Staat verordnete Auffassung, nämlich daß die Natur in den neuen jungen Menschen auf jeden Fall immer zu unterdrücken und schließlich abzutöten sei für die Zwecke des Staates. Auch ich habe diese Lehrer mit ihrem perversen Flötenspiel und mit ihrem perversen Gitarrengezupfe gehabt, die mich gezwungen haben, ein stupides sechzehnstrophiges Schillergedicht auswendig zu lernen, was ich immer als eine der fürchterlichsten Bestrafungen empfunden habe. Auch ich habe diese Lehrer mit ihrer insgeheimen Menschenverachtung als

Methode gegenüber ihren machtlosen Schülern gehabt, diese sentimental-
pathetischen Staatshandlanger mit dem erhobenen Zeigefinger. Auch ich
habe diese schwachsinnigen Staatsvermittler gehabt, die mir wöchentlich
mehrere Male mit dem Haselnußstock die Finger geschwollen geschlagen
und meinen Kopf an den Ohren in die Höhe gezogen haben, so daß ich
aus den heimlichen Weinkrämpfen nicht mehr herausgekommen bin.
Heute ziehen die Lehrer nicht mehr an den Ohren und sie schlagen auch
nicht mehr mit Haselnußstöcken auf die Finger, aber ihr Ungeist ist derselbe geblieben, ich sehe nichts anderes, wenn ich die Lehrer mit ihren
Schülern hier im Museum an den sogenannten Alten Meistern vorbeiziehen sehe, es sind die gleichen, denke ich, die ich gehabt habe, die gleichen,
die mich für mein Leben zerstört und für mein Leben vernichtet haben. So
hat es zu sein, so ist es, sagen die Lehrer und dulden nicht den geringsten
Widerspruch, weil dieser katholische Staat nicht den geringsten Widerspruch duldet und sie lassen ihren Schülern nichts und schon gar nichts
Eigenes übrig. In diese Schüler wird nur der Staatsmüll hineingestopft,
nicht anders, wie der Kukuruz in die Gänse, und der Staatsmüll wird so
lange in die Köpfe hineingestopft, bis diese Köpfe erstickt sind. Der Staat
denkt, *die Kinder sind die Kinder des Staates* und handelt entsprechend und
tut seit Jahrhunderten seine verheerende Wirkung. *Der Staat* gebiert in
Wahrheit die Kinder, *nur Staatskinder werden geboren,* das ist die Wahrheit. Es gibt kein freies Kind, es gibt nur das Staatskind, mit dem der Staat
machen kann, was er will, der Staat bringt die Kinder auf die Welt, den
Müttern wird nur eingeredet, daß sie die Kinder auf die Welt bringen, *es ist
der Staatsbauch, aus dem die Kinder kommen,* das ist die Wahrheit. Hunderttausende kommen alljährlich aus dem Staatsbauch als Staatskinder,
das ist die Wahrheit. Die Staatskinder kommen aus dem Staatsbauch auf
die Welt und gehen in die Staatsschule, wo sie von den Staatslehrern in die
Lehre genommen werden. Der Staat gebiert seine Kinder in den Staat, das
ist die Wahrheit, der Staat gebiert seine Staatskinder in den Staat und läßt
sie nicht mehr aus. Wir sehen, wohin wir schauen, nur Staatskinder,
Staatsschüler, Staatsarbeiter, Staatsbeamte, Staatsgreise, Staatstote, das ist
die Wahrheit. Der Staat macht und ermöglicht nur Staatsmenschen, das
ist die Wahrheit. Den natürlichen Menschen gibt es nicht mehr, es gibt
nur noch den Staatsmenschen und wo es noch den natürlichen Menschen
gibt, wird er verfolgt und zu Tode gehetzt und/oder zum Staatsmenschen
gemacht. Meine Kindheit war genauso eine schöne, wie eine grausame

und grauenhafte Kindheit, denke ich, in welcher ich bei den Großeltern der natürliche Mensch sein durfte, während ich in der Schule der staatliche zu sein hatte, zu Hause bei den Großeltern war ich der natürliche, in der Schule war ich der staatliche, einen halben Tag war ich der natürliche, einen halben Tag der staatliche, einen halben Tag und also am Nachmittag war ich der natürliche und dadurch der glückliche, einen halben Tag und also am Vormittag war ich der staatliche und der dadurch unglückliche Mensch. Am Nachmittag war ich der glücklichste, am Vormittag aber war ich der unglücklichste Mensch, der sich denken läßt. Viele Jahre war ich am Nachmittag der allerglücklichste, am Vormittag der allerunglücklichste Mensch, denke ich. Bei den Großeltern zu Hause war ich der natürliche glückliche, in der Schule unten, in der Kleinstadt, war ich der unnatürliche unglückliche Mensch. Ging ich in die Kleinstadt hinunter, ging ich ins Unglück (des Staates!), ging ich auf den Berg zu den Großeltern nach Hause, ging ich in das Glück. Ging ich zu den Großeltern auf den Berg, ging ich in die Natur und in das Glück, ging ich in die Kleinstadt hinunter und in die Schule, ging ich in die Unnatur und in das Unglück. Ich ging in der Frühe direkt in das Unglück hinein und kehrte zu Mittag oder am frühen Nachmittag in das Glück zurück. Die Schule ist die Staatsschule, in welcher die jungen Menschen zu Staatsmenschen und also zu nichts anderem als zu Staatshandlangern gemacht werden. Ging ich in die Schule, ging ich in den Staat und da der Staat die Menschen vernichtet, ging ich in die Menschenvernichtungsanstalt. Viele Jahre *bin ich* aus dem Glück (der Großeltern!) in das Unglück (des Staates!) und wieder zurück gegangen, aus der Natur in die Unnatur und wieder zurück, meine ganze Kindheit war nichts anderes als dieses Hinundzurück. In diesem Kindheitshinundzurück bin ich aufgewachsen. Aber gewonnen hat in diesem teuflischen Spiel nicht die Natur, sondern die *Un*natur, die Schule und der Staat, nicht das Großelternhaus. Der Staat hat mich, wie alle andern auch, in sich hineingezwungen und mich für ihn, den Staat, gefügig gemacht und aus mir einen Staatsmenschen gemacht, einen reglementierten und registrierten und trainierten und absolvierten und pervertierten und deprimierten, wie alle andern. Wenn wir Menschen sehen, sehen wir nur Staatsmenschen, Staats*diener*, wie ganz richtig gesagt wird, keine natürlichen Menschen sehen wir, sondern durch und durch unnatürlich gewordene Staatsmenschen als Staats*diener*, die ihr ganzes Leben dem Staat dienen und also ihr ganzes Leben der Unnatur dienen. Wenn wir Menschen sehen, sehen wir nur Staatsmenschen als unnatürliche Menschen, die dem Staatsstumpfsinn anheim gefallen sind. Wenn wir Menschen sehen, sehen wir nur dem Staat ausgelieferte und dem Staat dienende Menschen, die dem Staat zum Opfer gefallen sind. Die Menschen, die wir sehen, sind Staatsopfer und die Menschheit, die wir sehen, ist nichts anderes als das Staatsfutter, mit welchem der immer gefräßiger werdende Staat gefüttert wird. Die Menschheit ist nurmehr noch eine Staatsmenschheit und hat schon seit Jahrhunderten, also seit es den Staat gibt, ihre Identität verloren, denke ich. Die Menschheit ist heute nurmehr noch eine *Un*menschheit, die der Staat ist, denke ich. Heute ist der Mensch nur noch Staatsmensch und also ist er heute nurmehr noch der vernichtete Mensch und der Staatsmensch als der einzige menschenmögliche Mensch, denke ich. Der natürliche Mensch ist gar nicht mehr möglich, denke ich. Wenn wir die in den Großstädten zusammengerotteten Millionen von Staatsmenschen sehen, wird uns übel, weil uns auch, wenn wir den Staat sehen, übel wird. Jeden Tag, wenn wir aufwachen, wird uns vor diesem unserem Staat übel und wenn wir auf die Straße gehen, wird uns vor den Staatsmenschen übel, die diesen Staat bevölkern. Die Menschheit ist ein gigantischer Staat, vor welchem uns, wenn wir ehrlich sind, wenn wir aufwachen, jedesmal übel wird. Wie alle Menschen, lebe ich in einem Staat, vor welchem mir übel wird, wenn ich aufwache. Die Lehrer, die wir haben, lehren den Menschen den Staat und lehren sie alle Fürchterlichkeiten und Grauenhaftigkeiten des Staates, alle Verlogenheiten des Staates, nur nicht, daß der Staat alle diese Fürchterlichkeiten und Grauenhaftigkeiten und Verlogenheiten *ist*. Die Lehrer nehmen seit Jahrhunderten ihre Schüler in die Staatszange und martern sie jahre- und jahrzehntelang und zerquetschen sie. Da gehen diese Lehrer im Staatsauftrag mit ihren Schülern durch das Museum und verleiden ihnen mit ihrer Stumpfsinnigkeit die Kunst. Aber was ist diese Kunst an diesen Wänden anderes, als *Staatskunst,* denke ich. Reger redet nur von *Staatskunst,* wenn er über die Kunst redet, *und wenn er über die sogenannten Alten Meister redet, redet er immer nur über die alten Staatsmeister.* Denn die an diesen Wänden hängende Kunst ist ja nichts anderes, als eine Staatskunst, wenigstens die hier in der Gemäldegalerie des Kunsthistorischen Museums hängende. Alle diese hier an den Wänden hängenden Bilder sind ja nichts anderes als Bilder von Staatskünstlern. *Katholische Staatskunst gefällige, nichts anderes.* Immer wieder nur ein Antlitz, wie Reger sagt, kein Gesicht.

Immer wieder nur ein Haupt, kein Kopf. Alles in allem immer nur die Vorderseite ohne die Kehrseite, immer wieder doch nur die Lüge und die Verlogenheit ohne die Wirklichkeit und die Wahrheit. Alle diese Maler waren doch nichts als durch und durch verlogene Staatskünstler, die der Gefallsucht ihrer Auftraggeber entsprochen haben, da macht nicht einmal Rembrandt eine Ausnahme, sagt Reger. Sehen Sie sich den Velázquez an, nichts als Staatskunst, den Lotto, den Giotto, doch immer nur Staatskunst, wie dieser schreckliche Ur- und Vor-Nazi Dürer, der die Natur an die Leinwand gestellt und getötet hat, *dieser schauerliche Dürer,* wie Reger sehr oft sagt, weil er Dürer tatsächlich zutiefst haßt, *diesen Nürnberger Ziselierkünstler.* Als Staatsauftragskunst bezeichnet Reger die hier an den Wänden hängenden Bilder, zu welcher *selbst der Weißbärtige Mann zählt.* Die sogenannten Alten Meister haben immer nur dem Staate gedient oder der Kirche gedient, was auf das gleiche hinausläuft, so Reger immer wieder, einem Kaiser oder einem Papst, einem Herzog oder einem Erzbischof. So wie der sogenannte freie Mensch eine Utopie ist, ist der sogenannte freie Künstler immer eine Utopie gewesen, ein Wahnsinn, so Reger oft. Die Künstler, die sogenannten großen Künstler, so Reger, denke ich, sind außerdem die skrupellosesten aller Menschen, sie sind noch viel skrupelloser als die Politiker. Die Künstler sind die Verlogensten, noch viel verlogener als die Politiker, also die Kunstkünstler sind noch viel verlogener als die Staatskünstler, höre ich jetzt wieder Reger. Diese Kunst wendet sich doch immer dem Allmächtigen und den Mächtigen zu und von der Welt ab, so Reger oft, das ist ihre Niedertracht. Armselig ist diese Kunst, weiter nichts, höre ich jetzt Reger gestern sagen, während ich ihn heute vom Sebastiano-Saal aus beobachte. Warum malen die Maler eigentlich, wo es doch die Natur gibt? fragte sich Reger gestern wieder einmal. Selbst das außerordentlichste Kunstwerk ist doch nur eine armselige völlig sinn- und zwecklose Mühe, die Natur nachzumachen, ja nachzuäffen, sagte er. Was ist Rembrandts gemaltes Gesicht seiner Mutter, gegen das tatsächliche Gesicht meiner eigenen? fragte er wieder. Was sind die Donauauen, durch die ich *gehen* kann, während ich sie *sehen* kann, gegen die *gemalten?* sagte er. Es gibt nichts Widerlicheres für mich, sagte er gestern, als die gemalte Herrschaft. Herrschaftsmalerei, sonst nichts, sagte er. *Festhalten,* sagen die Leute, *dokumentieren,* aber es wird ja doch, wie wir wissen, nur Verlogenes, Unwahres, es wird nur die Unwahrheit und die Verlogenheit festgehalten und dokumentiert, die Nachwelt hat nur Unwahrheit und Verlogenheit an den Wänden hängen, nur Unwahrheit und Verlogenheit ist in den Büchern, die uns die sogenannten großen Schriftsteller hinterlassen haben, nur Unwahrheit und Verlogenheit in den Bildern, die an diesen Wänden hängen. Der da an der Wand hängt, ist ja niemals der, den der Maler gemalt hat, sagte Reger gestern. Der an der Wand hängt, ist nicht der, der gelebt hat, sagte er. Natürlich, sagte er, werden Sie sagen, es ist *die Ansicht des Künstlers,* der das Bild gemalt hat, das stimmt, wenngleich es eine verlogene Ansicht ist, es ist, wenigstens was die Bilder in diesem Museum betrifft, immer nur *die katholische Staatsansicht des jeweiligen Künstlers,* denn alles, das hier hängt, ist ja nichts anderes, als katholische Staatskunst und dadurch, wie ich sagen muß, eine gemeine Kunst, sie kann so großartig sein, wie sie will, es ist nur eine gemeine katholische Staatskunst. Die sogenannten Alten Meister sind, vor allem, wenn man mehrere nebeneinander betrachtet, also ihre Kunstwerke nebeneinander betrachtet, Verlogenheitsenthusiasten, die sich dem katholischen Staat und das heißt, dem katholischen Staatsgeschmack angebiedert und verkauft haben, so Reger. Insofern haben wir es nur mit einer durch und durch deprimierenden katholischen Kunstgeschichte zu tun, mit einer durch und durch deprimierenden katholischen Malereigeschichte, die ihr Thema immer im Himmel und in der Hölle, aber niemals auf der Erde gefunden und gehabt hat, sagte er. Die Maler haben nicht gemalt, was sie hätten malen müssen, sondern nur, was ihnen aufgetragen worden ist oder was sie zu Geld oder Berühmtheit befördert oder gebracht hat, sagte er. Die Maler, alle diese Alten Meister, vor welchen es mich die meiste Zeit wie vor nichts ekelt und schon immer gegraust hat, sagte er, haben immer nur einem Herren gedient, niemals sich und also der Menschheit selber. Sie malten doch immer eine von ihnen von innen heraus geheuchelte Welt, für die sie sich Geld und Ruhm erhofften; alle haben sie nur in dieser Hinsicht gemalt, aus Geldsucht und aus Ruhmsucht, nicht, weil sie Maler hatten sein wollen, sondern nur, weil sie Ruhm haben wollten oder Geld oder Ruhm und Geld zusammen. In Europa haben sie immer nur einem katholischen Gott in die Hände und an den Kopf gemalt, sagte er, einem katholischen Gott und seinen katholischen Göttern. Jeder wenn auch noch so geniale Pinselstrich dieser sogenannten Alten Meister ist eine Lüge, sagte er. Weltausschmückungsmaler nannte er gestern die im Grunde tatsächlich von ihm Gehaßten, von welchen er gleichzeitig immer und zwar sein ganzes armseliges Leben lang fasziniert gewesen ist. Religionsverlogene Dekorationsgehilfen der europäischen katholischen Herrschaften, nichts anderes sind diese Alten Meister, das sehen Sie in jedem Tupfen, den diese Künstler ungeniert auf ihre Leinwände gedrückt haben, mein lieber Atzbacher, sagte er. Sie müssen natürlich sagen, daß es die größte Malkunst ist, sagte er gestern, aber vergessen Sie nicht dabei, auch zu erwähnen oder wenigstens zu denken, wenigstens für sich zu denken, daß es auch die infame Malkunst ist, das Infame dieser Kunst ist gleichzeitig das Religiöse, das ist das Widerwärtige daran. Wenn Sie sich, wie ich vorgestern, eine Stunde lang vor dem Mantegna aufstellen, haben Sie plötzlich Lust, diesen Mantegna von der Wand herunter zu reißen, denn Sie empfinden ihn auf einmal als eine ganz große gemalte Gemeinheit. Oder wenn Sie eine Zeitlang vor dem Biliverti oder vor dem Campagnola gestanden sind. Diese Leute malten doch nur um ihr Überleben und um Geld und um in den Himmel zu kommen und nicht in die Hölle, vor welcher sie sich ihr ganzes Leben lang wie vor nichts fürchteten, obwohl sie doch sehr gescheite Köpfe, aber doch sehr schwache Charaktere gewesen sind. Die Maler insgesamt haben keinen guten, sie haben sogar immer einen sehr schlechten Charakter, und deshalb im Grunde auch immer einen sehr schlechten Geschmack gehabt, sagte Reger gestern, nicht einen einzigen sogenannten großen Malkünstler oder sagen wir sogenannten Alten Meister finden Sie, der einen guten Charakter *und* einen guten Geschmack gehabt hatte, und ich verstehe unter einem guten Charakter ganz einfach einen unbestechlichen. Alle diese Künstler als Alte Meister waren bestechlich und dadurch ist mir ihre Kunst so widerwärtig, so Reger. Ich verstehe sie alle und sie sind mir zutiefst widerwärtig. Zuwider ist mir alles, das sie gemalt haben und das hier aufgehängt ist, denke ich oft, sagte er gestern, und ich komme doch seit Jahrzehnten nicht davon ab, es zu studieren. Das ist ja das Fürchterliche, sagte er gestern, daß ich diese Alten Meister als zutiefst widerwärtig empfinde und sie doch immer wieder studiere. Aber sie sind abstoßend, das ist ganz klar, sagte er gestern. Die Alten Meister, wie sie jetzt schon seit Jahrhunderten genannt werden, halten nur der oberflächlichen Betrachtung stand, *betrachten wir sie eingehend*, verlieren sie nach und nach und am Ende, wenn wir sie wirklich und wahrhaftig und das heißt, so gründlich wie möglich die längste Zeit studiert haben, lösen sie sich auf, sind sie uns zerbröckelt und lassen nur einen faden, ja meistens einen ganz üblen Geschmack in unserem Kopf zurück. Das größte und das bedeutendste Kunstwerk liegt uns am Ende

doch schwer als ein riesiger Klumpen Gemeinheit und Lüge im Kopf, wie
ein viel zu großer Klumpen aus Fleisch im Magen. Wir sind von einem
Kunstwerk fasziniert und es ist am Ende doch lächerlich. Wenn Sie sich
Zeit nehmen und einmal Goethe eindringlicher als normalerweise und
mit einer viel größeren Intensität als normalerweise und mit einer viel
größeren Unverschämtheit als normalerweise lesen, kommt Ihnen am
Ende das Gelesene lächerlich vor, ganz gleich, was es ist, Sie brauchen es
nur öfter als normalerweise lesen, es wird unweigerlich lächerlich und
selbst das Gescheiteste ist am Ende eine Dummheit. Wehe, Sie lesen eindringlicher, Sie ruinieren sich alles, was Sie lesen. Es ist ganz gleich, was Sie
lesen, es wird am Ende lächerlich und ist am Ende nichts wert. Hüten Sie
sich vor dem Eindringen in Kunstwerke, sagte er, Sie verderben sich alles
und jedes, selbst das Geliebteste. Schauen Sie ein Bild nicht lang an, lesen
Sie ein Buch nicht zu eindringlich, hören Sie ein Musikstück nicht mit der
größten Intensität, Sie ruinieren sich alles und damit das Schönste und das
Nützlichste auf der Welt. Lesen Sie, was Sie lieben, aber dringen Sie nicht
total ein, hören Sie, was Sie lieben, aber hören Sie es nicht total, schauen
Sie, was Sie lieben, an, aber schauen Sie es nicht total an. Weil ich alles
immer total angeschaut habe, immer alles total gehört habe, immer alles
total gelesen habe oder wenigstens immer den Versuch gemacht habe, alles
total zu hören und zu lesen und anzuschauen, habe ich mir schließlich und
endlich alles vergraust, ich habe mir dadurch die ganze Bildende Kunst
und die ganze Musik und die ganze Literatur vergraust, sagte er gestern.
Wie ich mir mit dieser Methode schließlich und endlich die ganze Welt
vergraust habe, einfach alles. Jahrelang habe ich mir einfach alles vergraust
und habe es, was ich zutiefst bereue, auch meiner Frau vergraust. Jahrelang, sagte er, habe ich nur in und durch diese Vergrausungsmethode
existieren können. Jetzt weiß ich aber, daß ich nicht total lesen und daß
ich nicht total hören und nicht total betrachten und anschauen darf, will
ich weiter leben. Es ist eine Kunst, nicht total zu lesen und nicht total zu
hören und nicht total zu betrachten und zu schauen, sagte er. Noch beherrsche ich diese Kunst nicht ganz, sagte er, denn meine Veranlagung ist
ja die, alles total anzugehen und ebenso total durchzuhalten und total zu
Ende zu führen, das ist, müssen Sie wissen, mein eigentliches Unglück,
sagte er. Jahrzehntelang habe ich alles total tun wollen, das war mein
Unglück, sagte er. Dieser höchstpersönliche, immer auf das Totale gerichtete Zersetzungsmechanismus, sagte er. Für solche Leute wie mich haben

diese Alten Meister ja auch nicht gemalt und haben die großen alten Komponisten auch nicht komponiert und haben die großen alten Schriftsteller auch nicht geschrieben, naturgemäß nicht für Leute wie mich, niemals hätte einer von ihnen für einen Menschen wie mich gemalt oder geschrieben oder komponiert, sagte er. Kunst ist nicht für die totale Betrachtung und für das totale Hören und für das totale Lesen gemacht, sagte er. Diese Kunst ist für den armseligen Teil der Menschheit gemacht, für den alltäglichen, für den normalen, ja ich muß sagen, für keinen anderen als für den gutgläubigen. Ein großes Bauwerk, sagte er, wie rasch verkleinert es sich unter der Betrachtung eines Auges wie dem meinigen und ist es noch so berühmt und gerade und genau dann schrumpft es doch über kurz oder lang auf eine lächerliche Architektur zusammen. Ich bin auf Reisen gegangen, sagte er, um große Architektur zu sehen, naturgemäß zuerst nach Italien und nach Griechenland und nach Spanien, aber die Kathedralen sind unter meinem Auge bald zusammengeschrumpft auf nichts weniger als hilflose, ja lächerliche Versuche, dem Himmel so etwas wie einen *zweiten* Himmel entgegenzusetzen, von einer Kathedrale zur andern immer einen noch großartigeren *zweiten* Himmel, von einem Tempel zum andern immer noch etwas Großartigeres, sagte er, und es ist doch immer nur etwas Stümperhaftes herausgekommen dabei. Ich habe naturgemäß die größten Museen aufgesucht und nicht nur in Europa und habe ihre Inhalte studiert, mit der größten Intensität studiert, glauben Sie mir, und es ist mir bald vorgekommen, als beinhalteten alle diese Museen nichts anderes als die gemalte Hilflosigkeit, die gemalte Unfähigkeit, das gemalte Scheitern, den stümperhaften Teil der Welt, alles in diesen Museen ist ja gescheitert und stümperhaft, sagte er gestern, gleich in was für ein Museum Sie eintreten und anfangen zu betrachten und zu studieren, Sie studieren nur Gescheitertes und Stümperhaftes. Mein Gott, der Prado, sagte er, sicher das bedeutendste Museum der Welt, was die Alten Meister betrifft, aber jedesmal, wenn ich gegenüber im Ritz sitze und meinen Tee trinke, denke ich doch, daß auch der Prado nur Unvollkommenes, Gescheitertes, letzten Endes nur Lächerliches und Dilettantisches enthält. Manche Künstler werden zu gewissen Zeiten, wenn es Mode ist, sagte er, ganz einfach bis zu einer welterregenden Ungeheuerlichkeit aufgeblasen; dann sticht plötzlich ein unbestechlicher Kopf in diese welterregende Ungeheuerlichkeit hinein und diese welterregende Ungeheuerlichkeit zerplatzt und ist nichts, genauso urplötzlich, sagte er. Velázquez, Rembrandt,

Giorgione, Bach, Händel, Mozart, Goethe, sagte er, ebenso Pascal, Voltaire, lauter solche aufgeblasenen Ungeheuerlichkeiten. *Dieser Stifter,* sagte er gestern, den ich selbst immer so ungeheuerlich verehrt habe, daß es schon mehr gewesen war als Kunsthörigkeit, ist doch genauso ein schlechter Schriftsteller bei eingehender Beschäftigung wie Bruckner bei eindringlicherem Hören ein schlechter, wenn nicht gar miserabler Komponist. Stifter schreibt einen fürchterlichen Stil, der noch dazu grammatikalisch unter jeder Kritik ist, genauso ist ja auch Bruckner mit seinem chaotisch-wilden, auch noch im hohen Alter religiös-pubertären Notenrausch durchgegangen. Stifter habe ich Jahrzehnte verehrt, ohne mich tatsächlich präzise und radikal mit ihm zu beschäftigen. Als ich mich vor einem Jahr präzise und radikal mit Stifter beschäftigte, traute ich meinen Augen und Ohren nicht. Ein so fehlerhaftes und stümperhaftes Deutsch oder Österreichisch, wie Sie wollen, habe ich vorher in meinem ganzen Geistesleben nicht gelesen bei einem solchen ja heute tatsächlich gerade wegen seiner gestochenen und klaren Prosa berühmten Autor. Stifters Prosa ist alles andere als gestochen und sie ist die unklarste, die ich kenne, sie ist vollgestopft mit schiefen Bildern und falschen und verqueren Gedanken und ich wundere mich wirklich, warum dieser Provinzdilettant, der immerhin Schulrat in Oberösterreich gewesen ist, heute gerade von den Schriftstellern und vor allem von den jüngeren Schriftstellern und nicht von den unbekanntesten und unauffälligsten so hoch geehrt wird. Ich glaube, alle diese Leute haben Stifter niemals wirklich gelesen, sondern immer nur blind verehrt, haben von Stifter immer nur gehört, ihn aber niemals wirklich gelesen, wie ich. Wie ich Stifter wirklich gelesen habe vor einem Jahr, diesen *Großmeister der Prosa,* als welcher er ja auch bezeichnet wird, war ich mir selber widerwärtig in der Tatsache, diesen stümperhaften Schreiber jemals verehrt, ja geliebt zu haben. Ich habe Stifter in meiner Jugend gelesen und hatte eine auf diesen Leseerlebnissen begründete Erinnerung an ihn. Ich hatte Stifter mit zwölf und mit sechzehn Jahren gelesen, in einem für mich völlig unkritischen Zeitalter. Ich habe danach aber Stifter niemals überprüft. Stifter ist auf den längsten Strecken seiner Prosa ein unerträglicher Schwätzer, er hat einen stümperhaften und, was das Verwerflichste ist, schlampigen Stil und er ist tatsächlich außerdem auch noch der langweiligste und verlogenste Autor, den es in der deutschen Literatur gibt. Stifters Prosa, die als prägnant und präzise und klar bekannt ist, ist in Wirklichkeit verschwommen, hilf- und verantwortungslos und von einer kleinbürgerlichen Sentimentalität und kleinbürgerlichen Unbeholfenheit, daß es einem beim Lesen etwa des *Witiko* oder der *Mappe meines Urgroßvaters* den Magen umdreht. Gerade diese *Mappe meines Urgroßvaters* ist schon in den ersten Zeilen ein stümperhafter Versuch, eine leichtfertig in die Länge gezogene, sentimentale, fade Prosa voll innerer und äußerer Fehler als ein Kunstwerk auszugeben, das doch nichts ist als ein kleinbürgerliches Linzer Machwerk. Es wäre ja auch undenkbar, daß aus dem kleinbürgerlichen Provinzloch Linz, das seit Keplers Zeiten ein tatsächlich zum Himmel schreiendes Provinzloch geblieben ist, das eine Oper hat, in der die Leute nicht singen können, ein Schauspiel, in dem die Leute nicht spielen können, Maler, die nicht malen, und Schriftsteller, die nicht schreiben können, auf einmal ein Genie hervorgegangen wäre, als welches doch Stifter allgemein bezeichnet wird. Stifter ist kein Genie, Stifter ist ein verkrampft lebender Philister und ein ebenso verkrampft schreibender muffiger Kleinbürger als Schulmann, der nicht einmal den geringsten Anforderungen an die Sprache entsprochen hat, geschweige denn darüber hinaus befähigt gewesen wäre, Kunstwerke hervorzubringen, sagte Reger. Stifter ist, alles in allem, sagte er, geradezu eine meiner größten künstlerischen Lebensenttäuschungen. Jeder dritte oder wenigstens jeder vierte Satz von Stifter ist falsch, jedes zweite oder dritte Bild in seiner Prosa ist verunglückt, und der Geist Stifters überhaupt ist, wenigstens in seinen literarischen Schriften, ein durchschnittlicher. Stifter ist in Wahrheit einer der phantasielosesten Schriftsteller, die jemals geschrieben haben und einer der anti- und unpoetischsten gleichzeitig. Aber die Leser und die literarischen Wissenschaftler sind auf diesen Stifter immer hereingefallen. Daß sich der Mann am Ende seines Lebens umgebracht hat, ändert an seiner absoluten Mittelmäßigkeit nichts. Ich kenne keinen Schriftsteller auf der Welt, der so dilettantisch und stümperhaft ist und noch dazu so borniert engstirnig wie Stifter und so weltberühmt gleichzeitig. Mit Anton Bruckner ist es ähnlich, sagte Reger, der ist in seiner perversen Gottesfurcht katholizismusbesessen aus Oberösterreich nach Wien gegangen und hat sich dem Kaiser und Gott total ausgeliefert. Auch Bruckner war kein Genie. Seine Musik ist konfus und genauso unklar und genauso stümperhaft wie die Prosa von Stifter. Aber während Stifter heute, streng genommen, nurmehr noch totes Germanistenpapier ist, rührt Bruckner inzwischen alle Leute zu Tränen. Der Brucknersche Töneschwall hat die Welt erobert, kann man sagen, die Sentimentalität und die verlogene Pompösität feiern in Bruckner Triumphe. Bruckner ist ein genauso schlampiger Komponist wie Stifter ein schlampiger Schriftsteller, diese oberösterreichische Schlampigkeit haben die beiden gemeinsam. Beide machten sie eine sogenannte gottergebene und gemeingefährliche Kunst, sagte Reger. Nein, Kepler war ein toller Bursche, sagte Reger gestern, aber der war ja auch kein Oberösterreicher, sondern aus Württemberg; Adalbert Stifter und Anton Bruckner haben letzten Endes nur literarischen und kompositorischen Müll erzeugt. Wer Bach und Mozart schätzt und Händel und Haydn, sagte er, der muß Leute wie Bruckner auf die selbstverständlichste Weise ablehnen, er muß sie nicht verachten, aber ablehnen muß er sie. Und wer Goethe schätzt und Kleist und Novalis und Schopenhauer, der muß Stifter ablehnen und er braucht auch Stifter nicht verachten. Wer Goethe liebt, kann nicht gleichzeitig Stifter lieben, Goethe hat es sich schwer, Stifter doch immer zu leicht gemacht. Das Verwerfliche ist ja, sagte Reger gestern, daß ausgerechnet Stifter ein gefürchteter Schulmann gewesen ist und noch dazu Schulmann in gehobener Position und der so schlampig geschrieben hat, wie man es einem seiner Schüler niemals hätte durchgehen lassen. Eine Seite von Stifter von einem seiner Schüler Stifter vorgelegt, wäre von Stifter total mit dem Rotstift zerkritzelt worden, sagte er, das ist die Wahrheit. Wenn wir Stifter mit dem Rotstift zu lesen anfangen, kommen wir aus dem Korrigieren nicht heraus, sagte Reger. Hier hat kein Genie zur Feder gegriffen, sagte er, sondern ein übler Stümper. Wenn es je den Begriff einer geschmacklosen, faden und sentimentalen und zwecklosen Literatur gegeben hat, so trifft er genau auf das zu, das Stifter geschrieben hat. Stifters Schreiben ist keine Kunst, und was er zu sagen hat, ist auf die widerlichste Weise unehrlich. Nicht umsonst lesen vor allem die in ihren Wohnungen gelangweilt den Tagesablauf begähnenden Beamtenweiber und -witwen Stifter, sagte er, und die Krankenschwestern in ihrer Freizeit und die Nonnen in ihren Klöstern. Ein tatsächlich denkender Mensch kann Stifter nicht lesen. Ich glaube, daß die Leute, die Stifter so hoch und so ungeheuer hoch schätzen, keine Ahnung von Stifter haben. Alle unsere Schriftsteller, ohne Ausnahme, reden und schreiben heute immer nur begeistert von Stifter und hängen ihm an, als wäre er der Schriftstellergott der Jetztzeit. Entweder diese Leute sind dumm und haben keinerlei Kunstgeschmack und verstehen von Literatur nicht das geringste, oder sie haben eben, was ich leider zuerst glauben muß, Stifter nicht gelesen, sagte er. Mit Stifter und Bruckner, hat er gesagt, dürfen Sie mir nicht kommen, jedenfalls nicht in Zusammenhang mit Kunst und was ich unter Kunst verstehe. Prosaverwischer, sagte er, der Eine, Musikverwischer der Andere. Armes Oberösterreich, sagte er, das tatsächlich glaubt, zwei der größten Genies hervorgebracht zu haben, während es doch nur zwei maßlos überschätzte Blindgänger erzeugt hat, einen literarischen und einen kompositorischen. Wenn ich bedenke, wie die österreichischen Lehrerinnen und Nonnen ihren Stifter auf dem katholischen Nachtkästchen liegen haben als Kunstikone neben ihrem Kamm und neben ihrer Zehenschere, und wenn ich bedenke, wie die Staatsoberhäupter beim Anhören einer Brucknersymphonie in Tränen ausbrechen, wird mir übel, sagte er. Die Kunst ist das Höchste und das Widerwärtigste gleichzeitig, sagte er. Aber wir müssen uns einreden, daß es die hohe und die höchste Kunst gibt, sagte er, sonst verzweifeln wir. Auch wenn wir wissen, daß jede Kunst in der Unbeholfenheit und in der Lächerlichkeit und im Müll der Geschichte endet, wie alles andere auch, müssen wir *geradezu selbstsicher* an die hohe und an die höchste Kunst glauben, sagte er. Wir wissen, was sie ist, eine stümperhafte, gescheiterte, aber wir dürfen dieses Wissen nicht immer wahrhaben, weil wir dann zugrunde gehen unweigerlich, sagte er. Um noch einmal auf Stifter zurückzukommen, sagte er, es gibt heute eine große Anzahl von Schriftstellern, die sich auf Stifter berufen. Diese Schriftsteller berufen sich auf einen absoluten Schreibdilettanten, der zeit seines Schriftstellerlebens nichts anderes getan hat, als die Natur zu mißbrauchen. Ein absoluter Naturmißbrauch ist Stifter vorzuwerfen, sagte Reger gestern. Ein Sehender hat er als Schriftsteller sein wollen und ein Blinder ist er als Schriftsteller in Wirklichkeit gewesen, sagte Reger. Alles an Stifter ist betulich, jungfernhaft tolpatschig, eine unerträgliche provinzielle Zeigefingerprosa hat Stifter geschrieben, sagte Reger, keine andere. Die Naturbeschreibung wird an Stifter gerühmt. Niemals ist die Natur so falsch konstruiert, wie sie Stifter beschreibt und ebensowenig ist sie so langweilig, wie er uns auf seinem geduldigen Papier glauben macht, sagte Reger. Stifter ist nichts als ein literarischer Umstandsmeier, dessen kunstlose Feder selbst da die Natur und naturgemäß dadurch auch den Leser lähmt, wo sie in Wirklichkeit und in Wahrheit lebendig und ereignisreich ist. Stifter hat auf alles seinen Kleinbürgerschleier gelegt und es beinahe erstickt, das ist die Wahrheit. Er kann in Wahrheit keinen Baum beschreiben, keinen singenden Vogel, keinen reißenden Fluß, das ist die Wahrheit. Er will uns etwas anschaulich

machen und lähmt es nur, er will Glanz erzeugen und stumpft nur ab, das
ist die Wahrheit. Stifter macht uns die Natur eintönig und die Menschen
gemütsarm und geistlos, er weiß nichts und er erfindet nichts, und das, das
er beschreibt, denn einzig und allein ein Beschreiber ist er, beschreibt er
grenzenlos bieder. Er hat die Qualität schlechter Maler, sagte Reger, die
aus weiß was für einem unerfindlichen Grund zu Ruhm gekommen sind
und die ja auch hier in diesem Haus überall an den Wänden hängen,
denken Sie nur an Dürer und an diese vielen Hunderte von mittelmäßigen
Erzeugnissen, von welchen der Rahmen, in den sie gerahmt sind, viel
mehr wert ist, als sie selbst. Alle diese Bilder werden bestaunt, aber die
Bestauner wissen nicht, warum, wie Stifter gelesen und bestaunt wird,
ohne daß seine Leser wissen, warum. Das Rätselhafteste an Stifter ist seine
Berühmtheit, sagte Reger, denn seine Literatur ist alles andere als rätselhaft. Die sogenannten Großen lösen wir auf, zersetzen sie mit der Zeit,
heben sie auf, sagte er, die großen Maler, die großen Musiker, die großen
Schriftsteller, weil wir mit ihrer Größe nicht leben können, weil wir denken und alles zu Ende denken, sagte er. Aber Stifter war und ist ja kein
Großer und er ist also für diesen Vorgang kein Beispiel. Stifter ist nur ein
Beispiel dafür, wie ein Künstler jahrzehntelang als ein Großer verehrt, ja
geliebt werden kann von einem Menschen, tatsächlich von einem verehr-
ungs- und liebes*süchtigen* Menschen und doch nie ein Großer gewesen
ist. In der Enttäuschung, die wir empfinden, wenn wir darauf gekommen
sind, daß die Größe des Verehrten und Bewunderten und Geliebten gar
keine Größe ist und auch niemals eine solche Größe gewesen ist, nur eine
eingebildete Größe und eine tatsächliche Kleinheit, ja Niedrigkeit, fühlen
wir den rücksichtslosen Schmerz des Betrogenen. Es rächt sich ganz einfach, sagte Reger, wenn wir uns dazu hergeben, ein Objekt einfach blind
zu akzeptieren noch dazu über Jahre und Jahrzehnte und möglicherweise
über ein ganzes Leben lang, ja gar verehren und lieben, ohne es immer
wieder einmal auf die Probe gestellt zu haben. Hätte ich nur einmal wieder, sagen wir, vor dreißig oder vor zwanzig Jahren wenigstens oder vor
fünfzehn, Stifter auf die Probe gestellt, diese späte Enttäuschung wäre mir
doch erspart geblieben. Wir dürfen überhaupt nicht sagen, dieser oder
jener ist es und ist es dann für alle Zeit, wir müssen alle Künstler immer
wieder auf die Probe stellen, denn wir entwickeln ja unsere Kunstwissen-
schaft und unseren Kunstgeschmack, das ist außer Zweifel. Von Stifter
sind nur die Briefe gut, sagte Reger, alles andere ist nichts wert. Aber die

Literaturwissenschaft wird sich sicher noch lange mit Stifter beschäftigen, sie ist ja ganz besessen von solchen Schreibidolen wie Adalbert Stifter, die, wenn sie schon nicht in die *Prosaewigkeit* eingehen werden, diesen Wissenschaftlern doch noch lange Zeit auf die angenehmste Weise zu ihrem zähen Brot verhelfen. Manchmal habe ich mir die Mühe gemacht und habe verschiedenen Leuten, sehr gescheiten und weniger gescheiten, sehr hellhörigen und weniger hellhörigen, ein Buch von Stifter zum Lesen gegeben, die *Bunten Steine* beispielsweise, den *Kondor* oder *Brigitta* oder eben die *Mappe meines Urgroßvaters* und habe die Leute dann gefragt, ob ihnen das Gelesene gefallen habe, ich forderte eine ehrliche Antwort. Alle diese Leute haben, von mir zu einer ehrlichen Antwort gezwungen, gesagt, es habe ihnen *nicht* gefallen, es habe sie *unendlich enttäuscht* und ihnen im Grunde nichts, aber auch gar nichts gesagt, sie wunderten sich alle nur darüber, daß ein Mann, der so kopflose Schriften schreibt und dazu auch noch gar nichts zu sagen hat, so berühmt sein kann. Dieses *Stifterexperiment* hat mir eine Zeitlang immer wieder Vergnügen gemacht, sagte er, daß ich eben die von mir so genannte *Stifterprobe* gemacht habe. Genauso frage ich manchmal die Leute, ob ihnen der Tizian, also beispielsweise die *Kirschenmadonna,* wirklich gefalle. Keinem einzigen der Befragten hat das Bild je gefallen, alle bestaunten es nur wegen seiner Berühmtheit, keinem sagte es wirklich etwas. Aber ich will nicht sagen, daß ich Stifter mit Tizian vergleiche, das wäre ja gänzlich absurd, sagte Reger. Die Literaturwissenschaftler sind in Stifter nicht nur verliebt, sie sind in Stifter vernarrt. Ich glaube, die Literaturwissenschaftler legen, was Stifter betrifft, absolut einen unzureichenden Maßstab an. Sie schreiben über Stifter immer soviel, wie über keinen anderen Schriftsteller seiner Zeit, und wenn wir lesen, *was* sie über Stifter schreiben, müssen wir annehmen, daß sie von Stifter überhaupt nichts oder wenigstens alles nur gänzlich oberflächlich gelesen haben. Die Natur ist jetzt hoch in Kurs, sagte Reger gestern, das ist auch ein Grund, warum Stifter jetzt hoch in Kurs ist. Alles, das mit Natur zusammenhängt, ist jetzt höchste Mode, sagte Reger gestern, also ist Stifter jetzt höchste, ja allerhöchste Mode. Der Wald ist jetzt höchste Mode, die Gebirgsbäche sind jetzt höchste Mode, also ist Stifter jetzt höchste Mode. Stifter langweilt alle tödlich und ist auf fatale Weise jetzt höchste Mode, sagte Reger. Die Sentimentalität überhaupt ist jetzt, das ist das Fürchterliche, höchste Mode, wie ja auch alles, das Kitsch ist, jetzt höchste Mode ist; ab der Mitte der Siebzigerjahre und bis heute in die Mitte der Achtzigerjahre sind Sentimentalität und Kitsch höchste Mode, höchste Mode in der Literatur, in der Malerei, auch in der Musik. Noch nie ist so viel sentimentaler Kitsch geschrieben worden, wie in den Achtzigerjahren heute, noch nie ist so kitschig *und* sentimental gemalt worden und die Komponisten übertreffen sich gegenseitig in Kitsch und Sentimentalität, gehen Sie nur in die Theater, dort wird heute nichts als gemeingefährlicher Kitsch geboten, nichts als Sentimentalität und selbst wenn es brutal und wild zugeht auf dem Theater, ist es doch nur die gemeine kitschige Sentimentalität. Gehen Sie in die Ausstellungen, es wird Ihnen nur äußerster Kitsch und allerwiderwärtigste Sentimentalität gezeigt. Gehen Sie in die Konzertsäle, Sie hören auch dort nur Kitsch und Sentimentalität. Die Bücher sind heute vollgestopft mit Kitsch und Sentimentalität, das ist es, was Stifter in den letzten Jahren so in Mode gebracht hat. Stifter ist ein Kitschmeister, sagte Reger. Auf einer xbeliebigen Seite Stifter ist so viel Kitsch, daß mehrere Generationen von poesiedurstigen Nonnen und Krankenschwestern damit befriedigt werden können, sagte er. Und tatsächlich ist ja auch Bruckner nur sentimental und kitschig, nichts als ein stupides, monumentales orchestrales Ohrenschmalz. Die jungen und die jüngeren Schriftsteller, die heute schreiben, schreiben zum Großteil nur geistlosen und kopflosen Kitsch und sie entwickeln in ihren Büchern eine geradezu unerträgliche pathetische Sentimentalität, es ist also durchaus zu verstehen, daß auch bei ihnen Stifter die große Mode ist. Stifter, der den geistlosen und kopflosen Kitsch in die große und hohe Literatur eingeführt und der mit einem kitschigen Selbstmord geendet hat, ist jetzt höchste Mode, sagte Reger. Es ist gar nicht so unverständlich, daß jetzt, wo das Wort *Wald* und das Wort *Waldsterben* so in Mode gekommen sind und überhaupt der *Begriff Wald* der am meisten gebrauchte und *miß*brauchte ist, der *Hochwald* von Stifter so viel gekauft wird, wie noch nie. Die Sehnsucht der Menschen ist heute, wie nie zuvor, *die Natur* und da alle glauben, Stifter habe die Natur beschrieben, laufen sie alle zu Stifter. Stifter hat aber die Natur gar nicht beschrieben, er hat sie nur verkitscht. Die ganze Dummheit der Menschen zeigt sich in der Tatsache, daß sie jetzt alle zu Stifter pilgern zu Hunderttausenden und sich niederknien vor jedem einzelnen seiner Bücher, als wäre jedes einzelne ein Altar. Gerade in solchem Pseudoenthusiasmus ist mir die Menschheit widerlich, sagte Reger, ist sie mir absolut abstoßend. Schließlich fällt am Ende alles der Lächerlichkeit oder wenigstens der Armseligkeit anheim, es mag so groß und bedeutend sein, wie es will, sagte er. Tatsächlich erinnert mich Stifter immer wieder an *Heidegger,* an diesen lächerlichen nationalsozialistischen Pumphosenspießer. Hat Stifter die hohe Literatur auf die unverschämteste Weise total verkitscht, so hat Heidegger, der Schwarzwaldphilosoph Heidegger, die Philosophie verkitscht, Heidegger und Stifter haben jeder für sich, auf seine Weise, die Philosophie und die Literatur heillos verkitscht. Heidegger, dem die Kriegs- und Nachkriegsgenerationen nachgelaufen sind und den sie mit widerwärtigen und stupiden Doktorarbeiten überhäuft haben schon zu Lebzeiten, sehe ich immer auf seiner Schwarzwald-hausbank sitzen neben seiner Frau, die ihm in ihrem perversen Strickenthusiasmus ununterbrochen Winterstrümpfe strickt mit der von ihr selbst von den eigenen Heideggerschafen heruntergeschorenen Wolle. Heidegger kann ich nicht anders sehen, als auf der Hausbank seines Schwarzwaldhauses, neben sich seine Frau, die ihn zeitlebens total beherrscht und die ihm alle Strümpfe gestrickt und alle Hauben gehäkelt hat und die ihm das Brot gebacken und das Bettzeug gewebt und die ihm selbst seine Sandalen geschustert hat. Heidegger war ein Kitschkopf, sagte Reger, genauso wie Stifter, aber doch noch viel lächerlicher als Stifter, der ja tatsächlich *eine tragische Erscheinung* gewesen ist zum Unterschied von Heidegger, der *immer nur komisch* gewesen ist, ebenso kleinbürgerlich wie Stifter, ebenso verheerend größenwahnsinnig, ein Voralpenschwachdenker, wie ich glaube, gerade recht für den deutschen Philosophieeintopf. Den Heidegger haben sie alle mit Heißhunger ausgelöffelt jahrzehntelang, wie keinen anderen und sich den deutschen Germanisten- und Philosophenmagen damit vollgeschlagen. Heidegger hatte ein gewöhnliches, kein Geistesgesicht, sagte Reger, war durch und durch ein ungeistiger Mensch, bar jeder Phantasie, bar jeder Sensibilität, ein urdeutscher Philosophiewiederkäuer, eine unablässig trächtige Philosophiekuh, sagte Reger, die auf der deutschen Philosophie geweidet und darauf jahrzehntelang ihre koketten Fladen fallen gelassen hat im Schwarzwald. Heidegger war sozusagen ein philosophischer Heiratsschwindler, sagte Reger, dem es gelungen ist, eine ganze Generation von deutschen Geisteswissenschaftlern auf den Kopf zu stellen. Heidegger ist eine abstoßende Episode der deutschen Philosophiegeschichte, sagte Reger gestern, an der alle Wissenschaftsdeutschen beteiligt waren *und noch beteiligt sind.* Heute ist Heidegger noch immer nicht ganz durchschaut, die Heideggerkuh ist zwar abgemagert, die Heideggermilch wird aber noch immer gemolken. Heidegger in seiner verfilzten Pumphose vor dem verlogenen Blockhaus in Todtnauberg ist mir ja nurmehr noch als Entlarvungsfoto übriggeblieben, der Denkspießer mit der schwarzen Schwarzwaldhaube auf dem Kopf, in welchem ja doch nur immer wieder der deutsche Schwachsinn aufgekocht worden ist, so Reger. Wenn wir alt sind, haben wir ja schon sehr viele mörderische Moden mitgemacht, alle diese mörderischen Kunstmoden und Philosophiemoden und Gebrauchsartikelmoden. Heidegger ist ein gutes Beispiel dafür, wie von einer Philosophiemode, die einmal ganz Deutschland erfaßt gehabt hat, nichts übrigbleibt, als eine Anzahl lächerlicher Fotos und eine Anzahl noch viel lächerlicherer Schriften. Heidegger war ein philosophischer Marktschreier, der nur Gestohlenes auf den Markt getragen hat, alles von Heidegger ist aus zweiter Hand, er war und ist der Prototyp des *Nach*denkers, dem zum Selbstdenken alles, aber auch wirklich alles gefehlt hat. Heideggers Methode bestand darin, fremde große Gedanken mit der größten Skrupellosigkeit zu eigenen kleinen Gedanken zu machen, so ist es doch. Heidegger hat alles Große so verkleinert, daß es *deutschmöglich* geworden ist, verstehen Sie, *deutschmöglich*, sagte Reger. Heidegger ist der Kleinbürger der deutschen Philosophie, der der deutschen Philosophie seine kitschige Schlafhaube aufgesetzt hat, die kitschige schwarze Schlafhaube, die Heidegger ja immer getragen hat, bei jeder Gelegenheit. Heidegger ist der Pantoffel- und Schlafhaubenphilosoph der Deutschen, nichts weiter. Ich weiß nicht, sagte Reger gestern, immer wenn ich an Stifter denke, denke ich auch an Heidegger und umgekehrt. Es ist doch kein Zufall, sagte Reger, daß Heidegger ebenso wie Stifter vor allem immer bei den verkrampften Weibern beliebt gewesen ist und noch heute beliebt ist, wie die betulichen Nonnen und die betulichen Krankenschwestern den Stifter sozusagen als Lieblingsspeise essen, essen sie auch den Heidegger. Heidegger ist noch heute der Lieblingsphilosoph der deutschen Frauenwelt. *Der Frauenphilosoph* ist Heidegger, der für den deutschen Philosophieappetit besonders gut geeignete Mittagstischphilosoph direkt aus der Gelehrtenpfanne. Wenn Sie in eine kleinbürgerliche oder aber auch in eine aristokratisch-kleinbürgerliche Gesellschaft kommen, wird Ihnen sehr oft schon vor der Vorspeise Heidegger serviert, Sie haben Ihren Mantel noch nicht ausgezogen, wird Ihnen schon ein Stück Heidegger angeboten, Sie haben sich noch nicht hingesetzt, hat die Hausfrau Ihnen schon sozusagen mit dem Sherry Heidegger auf dem Silbertablett hereingebracht. Heidegger ist eine immer gut zubereitete deutsche

Philosophie, die überall und jederzeit serviert werden kann, sagte Reger, in jedem Haushalt. Ich kenne keinen degradierteren Philosophen heute, sagte Reger. Für die Philosophie ist Heidegger ja auch erledigt, wo er noch vor zehn Jahren der große Denker gewesen ist, spukt er jetzt nurmehr noch sozusagen in den pseudointellektuellen Haushalten und auf den pseudointellektuellen Gesellschaften herum und gibt ihnen zu ihrer ganzen natürlichen Verlogenheit, noch eine künstliche. Wie Stifter, ist auch Heidegger ein geschmackloser, aber ohne Schwierigkeiten verdaulicher Lesepudding für die deutsche Durchschnittsseele. Mit Geist hat Heidegger ebenso wenig zu tun, wie Stifter mit Dichtung, glauben Sie mir, diese beiden sind, was Philosophie und was Dichtung betrifft, soviel wie nichts wert, wobei ich aber doch Stifter höher einschätze als Heidegger, der mich ja immer abgestoßen hat, denn alles an Heidegger ist mir immer widerwärtig gewesen, nicht nur die Schlafhaube auf dem Kopf und die selbstgewebte Winterunterhose über seinem von ihm selbst eingeheizten Ofen in Todtnauberg, nicht nur sein selbstgeschnitzter Schwarzwaldstock, eben seine selbstgeschnitzte Schwarzwaldphilosophie, alles an diesem tragikomischen Mann war mir immer widerwärtig gewesen, stieß mich immer zutiefst ab, wenn ich nur daran dachte; ich brauchte nur eine Zeile von Heidegger zu kennen, um abgestoßen zu sein und erst beim Heideggerlesen, sagte Reger; Heidegger habe ich immer als Scharlatan empfunden, der alles um sich herum nur ausgenützt und sich in diesem seinem Ausnützen auf seiner Todtnaubergbank gesonnt hat. Wenn ich denke, daß selbst übergescheite Leute auf Heidegger hereingefallen sind und daß selbst eine meiner besten Freundinnen eine Dissertation über Heidegger gemacht hat, und diese Dissertation auch noch *im Ernst* gemacht hat, wird mir heute noch übel, sagte Reger. Dieses *nichts ist ohne Grund,* ist das Lächerlichste, so Reger. Aber den Deutschen imponiert das Gehabe, sagte Reger, ein *Gehabeinteresse* haben die Deutschen, das ist eine ihrer hervorstechendsten Eigenschaften. Und was die Österreicher betrifft, so sind sie in allen diesen Punkten noch viel schlimmer. Ich habe eine Reihe von Fotografien gesehen, die eine zuhöchst talentierte Fotografin von Heidegger, der immer ausgesehen hat wie ein pensionierter feister Stabsoffizier, gemacht hat, sagte Reger, und die ich Ihnen einmal zeigen werde; auf diesen Fotografien steigt Heidegger aus seinem Bett, steigt Heidegger in sein Bett wieder hinein, schläft Heidegger, wacht er auf, zieht er seine Unterhose an, schlüpft er in seine Strümpfe, macht er einen Schluck Most, tritt er aus seinem Blockhaus hinaus und schaut auf den Horizont, schnitzt er seinen Stock, setzt er seine Haube auf, nimmt er seine Haube vom Kopf, hält er seine Haube in den Händen, spreizt er die Beine, hebt er den Kopf, senkt er den Kopf, legt er seine rechte Hand in die linke seiner Frau, legt seine Frau ihre linke Hand in seine rechte, geht er vor dem Haus, geht er hinter dem Haus, geht er auf sein Haus zu, geht er von seinem Haus weg, liest er, ißt er, löffelt er Suppe, schneidet er sich ein Stück (selbstgebackenes) Brot ab, schlägt er ein (selbstgeschriebenes) Buch auf, macht er ein (selbstgeschriebenes) Buch zu, bückt er sich, streckt er sich und so weiter, sagte Reger. Es ist zum Kotzen. Sind die Wagnerianer schon nicht zum Aushalten, erst die Heideggerianer, sagte Reger. Aber natürlich ist Heidegger nicht mit Wagner zu vergleichen, der ja tatsächlich ein Genie gewesen ist, auf den der *Begriff Genie* tatsächlich zutrifft wie auf keinen andern, während Heidegger doch nur ein kleiner philosophischer Hintermann gewesen ist. Heidegger war, das ist klar, der verhätscheltste deutsche Philosoph in diesem Jahrhundert, gleichzeitig ihr unbedeutendster. Zu Heidegger pilgerten vor allem jene, die die Philosophie mit der Kochkunst verwechseln, die die Philosophie für ein Gebratenes und Gebackenes und Gekochtes halten, was ganz und gar dem deutschen Geschmack entspricht. Heidegger hielt in Todtnauberg Hof und ließ sich auf seinem philosophischen Schwarzwaldpodest jederzeit wie eine heilige Kuh bestaunen. Selbst ein berühmter und gefürchteter norddeutscher Zeitschriftenherausgeber kniete andachtsvoll vor ihm mit offenem Mund, als erwartete er in der untergehenden Sonne von dem auf seiner Hausbank sitzenden Heidegger sozusagen die Geisteshostie. Alle diese Leute pilgerten nach Todtnauberg zu Heidegger und machten sich lächerlich, sagte Reger. Sie pilgerten sozusagen in den philosophischen Schwarzwald und auf den heiligen Heideggerberg und knieten sich vor ihr Idol. Daß ihr Idol eine totale Geistesniete war, konnten sie in ihrem Stumpfsinn nicht wissen. Sie ahnten es nicht einmal, sagte Reger. Die Heideggerepisode ist aber doch als Beispiel für den Philosophenkult der Deutschen aufschlußreich. Sie klammern sich immer nur an die falschen, sagte Reger, an die ihnen entsprechenden, an die stupiden und dubiosen. Aber das Fürchterliche ist ja, sagte er dann, daß ich mit den beiden verwandt bin, mit Stifter von der Mutterseite her, mit Heidegger von der Vaterseite her, das ist ja geradezu grotesk, sagte Reger gestern. Selbst mit Bruckner bin ich verwandt, wenn auch um viele Ecken, wie gesagt wird, aber doch verwandt. Aber ich bin natürlich nicht so dumm, mich dieser Verwandtschaften zu schämen, das wäre ja doch das Allerdümmste, sagte Reger, wenn ich auch nicht unbedingt über diese Verwandtschaftstatsache so begeistert bin, wie meine Eltern es immer gewesen sind und wie meine Familie es immer gewesen ist. Die meisten meiner Vorfahren, gleich aus was für einer oberösterreichischen oder überhaupt österreichischen oder deutschen *Strömung*, sagte er, waren Kaufleute, Industrielle wie mein Vater, Bauern naturgemäß in früherer Zeit, mehr aus Böhmen als von woanders her, weniger aus den Alpen, mehr aus dem Alpenvorland und es hat auch einen kräftigen jüdischen Einschlag gegeben. Unter meinen Vorfahren hat es auch einen Erzbischof gegeben und einen Doppelmörder. Nein, habe ich mir immer gesagt, ich werde nicht genauer nachforschen, wo ich herkomme, denn dann grübe ich mit der Zeit möglicherweise noch mehr entsetzliche Fürchterlichkeiten aus, vor welchen ich, zugegeben, Angst habe. Die Leute graben ihre Vorfahren aus und wühlen und wühlen in ihrem Ahnenhaufen, bis sie alles durchwühlt haben und erst recht unzufrieden und dadurch doppelt vor den Kopf gestoßen und verzweifelt sind, sagte er. Ich bin niemals ein sogenannter Ahnenwühler gewesen, dazu fehlt mir jede Voraussetzung, aber nach und nach stellen sich selbst einem Menschen wie mir auf einmal die merkwürdigsten Exemplare von Ahnen in den Weg, diesem Umstand entkommt kein Mensch, er mag sich noch so sträuben gegen diese sogenannte Ahnenausgrabung, er gräbt und gräbt. Alles in allem bin ich aus einer *durchaus interessanten Mischung, sozusagen ein Querschnitt durch alles bin ich.* Weniger als ich weiß, zu wissen, wäre in dieser Beziehung immer besser gewesen, aber das Alter bringt eben vieles ans Tageslicht, ungerufen, sagte er. Am liebsten habe ich den Tischlerlehrling, der achtzehnhundertachtundvierzig auf Cattaro Lesen und Schreiben gelernt hat und das in einem Brief stolz seinen Eltern in Linz mitgeteilt hat, sagte er. Dieser Tischlerlehrling aus der Mutterseite war auf der Festung Cattaro, dem heutigen Kotor, als Kanonier stationiert gewesen und ich besitze noch diesen Brief, den er, wie gesagt wird, achtzehnjährig freudestrahlend seinen Eltern aus Cattaro nach Linz geschrieben hat und auf welchem von der amtlichen kaiserlichen Post vermerkt ist, daß sein *Inhalt bedenklich* sei. Wir sind alles aus unseren Vorfahren, sagte Reger, alles zusammen und dazu noch das Eigene. Mit Stifter verwandt zu sein, war mir mein ganzes Leben eine kostbare Ungeheuerlichkeit gewesen, bis ich darauf gekommen bin, daß Stifter nicht der große Schriftsteller oder

Dichter, wie immer, ist, als den ich ihn lebenslänglich verehrt gehabt habe. Daß ich mit Heidegger verwandt bin, habe ich auch immer gewußt, denn die Eltern haben das bei jeder Gelegenheit ausgeplaudert. Mit Stifter sind wir verwandt, mit Heidegger sind wir auch verwandt, und mit Bruckner auch, haben meine Eltern bei jeder Gelegenheit gesagt, so daß es mir oft peinlich gewesen war. Mit Stifter verwandt zu sein, empfinden die Leute immer als etwas Ungeheuerliches jedenfalls in Oberösterreich, aber selbst in ganz Österreich und es gilt der Gesellschaft immer wenigstens soviel, als wenn jemand sagt, er sei mit dem Kaiser Franz Josef verwandt, aber mit Stifter *und* mit Heidegger verwandt zu sein, ist das Außergewöhnlichste und das Bestaunenswerteste, das man sich in Österreich, aber auch in Deutschland, vorstellen kann. Und wenn dann, im geeigneten Augenblick, sagte Reger, auch noch gesagt worden ist, daß man auch noch mit Bruckner verwandt sei, dann sind die Leute ganz einfach nicht mehr aus dem Staunen herausgekommen. Unter den Verwandten einen berühmten Dichter zu haben, ist schon etwas Besonderes, dazu aber auch noch einen berühmten Philosophen unter den Verwandten zu haben, ist naturgemäß noch ungeheuerlicher, sagte Reger, aber dazu auch noch mit Anton Bruckner verwandt zu sein, ist das Höchste. Die Eltern haben diese Tatsache oft ausgespielt und natürlich ihre Vorteile daraus gezogen. Es kam nur darauf an, diese Verwandtschaften an der richtigen Stelle vorzubringen, natürlich war es selbstverständlich, daß sie von ihrem Verwandten Adalbert Stifter sprachen, wenn sie einen oberösterreichischen Vorteil haben wollten etwa bei der Landesregierung, auf die jeder Oberösterreichischer immer wieder angewiesen ist, oder von Anton Bruckner, den sie meistens dann herangezogen haben, wenn sie ein Wiener Problem hatten, so Reger, im Falle eines Linzer oder Welser oder eines Eferdinger Problems, also eines oberösterreichischen, haben sie natürlich gesagt, sie seien mit Stifter verwandt; hatten sie jedoch ein Wiener Problem, Bruckner sei ein Verwandter von ihnen und reisten sie durch Deutschland, sagten sie an jedem Tag hunderte Male, daß Heidegger ein Verwandter von ihnen sei und sie sagten dann immer, Heidegger sei *ein naher Verwandter* von ihnen, ohne ehrlich zu sagen, wie nahe wirklich Heidegger ihnen sei, denn Heidegger ist tatsächlich mit ihnen und also auch mit mir verwandt, aber doch, wie gesagt wird, *weit entfernt*. Mit Stifter sind wir aber *sehr nahe* und mit Bruckner auch *näher* verwandt, sagte Reger gestern. Daß sie auch mit einem Doppelmörder verwandt sind, der die erste Hälfte seines reiferen

Lebens in Stein an der Donau und die zweite Hälfte davon in Garsten bei
Steyr, also in den zwei größten österreichischen Strafanstalten, zugebracht
hat, sagten sie naturgemäß niemals, obwohl sie es doch hätten ebenso
immer sagen sollen. Ich selbst habe mich nie gescheut, zu sagen, ein Verwandter von mir habe in Stein und in Garsten eingesessen, was wohl das
Schlimmste ist, das ein Österreicher über seine Verwandtschaft sagen
kann, im Gegenteil, ich habe es öfter gesagt, als notwendig, was natürlich
auch wieder als Charakterschwäche ausgelegt werden kann, sagte Reger.
Ich habe ja auch niemals verschwiegen, daß ich lungenkrank war und
immer lungenkrank gewesen bin, sagte er, ich habe niemals in meinem
Leben diese Fehler- und Mängelangst gehabt. Ich bin mit Stifter verwandt
und mit Heidegger und mit Bruckner und mit einem Doppelmörder, der
in Steyr und in Stein seine Strafe abgebüßt hat, habe ich sehr oft gesagt,
auch wenn man mich nicht danach gefragt hat, sagte Reger gestern. Wir
haben mit unserer Verwandtschaft zu leben, ist sie wie immer, sagte er.
Wir *sind* ja diese Verwandtschaft, sagte er, *ich in mir bin ja alle zusammen.*
Reger liebt den Nebel und das Düstere, er scheut das Licht, deshalb geht er
ja auch ins Kunsthistorische Museum und deshalb geht er ja auch in das
Ambassador, denn im Kunsthistorischen Museum ist es genauso düster
wie im Ambassador und während er vormittags im Kunsthistorischen
Museum die für ihn ideale Temperatur von achtzehn Grad Celsius genießen kann, genießt er die für ihn ideale Nachmittagstemperatur von dreiundzwanzig Grad Celsius im Ambassador, abgesehen von allem andern,
das ihm einerseits im Kunsthistorischen Museum, andererseits im Ambassador entgegenkommt, ihm, wie er sagt, etwas wert ist. In das Kunsthistorische Museum kann die Sonne genausowenig eindringen, wie ins
Ambassador, das entspricht ihm, denn er liebt keine Sonneneinstrahlung.
Er geht der Sonne aus dem Weg, nichts flieht er so, wie die Sonne. *Ich hasse
die Sonne, Sie wissen, ich hasse die Sonne wie nichts sonst auf der Welt,* sagt er.
Am liebsten hat er Nebeltage, an den Nebeltagen geht er schon sehr früh
aus dem Haus, macht er sogar Spaziergänge, die er sonst nicht macht,
denn im Grunde haßt er das Spazierengehen. Ich hasse das Spazierengehen, sagt er, es kommt mir sinnlos vor. Ich gehe und gehe während des
Spazierengehens und denke nur immer wieder, daß ich das Spazierengehen hasse, ich habe dabei keinen andern Gedanken, ich verstehe gar nicht,
daß es Leute gibt, die beim Spazierengehen denken können, etwas anderes
denken können, als das, daß das Spazierengehen sinnlos und zwecklos ist,

sagt er. Am liebsten gehe ich in meinen Zimmern hin und her, sagt er, dabei habe ich die besten Einfälle. Ich kann stundenlang am Fenster stehen und auf die Straße hinunter schauen, das ist eine Gewohnheit von mir, die ich mir in der Kindheit angewöhnt habe. Ich schaue auf die Straße hinunter und beobachte die Leute und frage mich, was diese Leute sind, was sie da unten auf der Straße bewegt, in Gang hält, das ist sozusagen meine Hauptbeschäftigung. Ich habe mich immer ausschließlich mit Menschen befaßt, die Natur an sich hat mich ja nie interessiert, alles in mir war immer auf die Menschen bezogen, ich bin sozusagen ein Menschenfanatiker, sagte er, naturgemäß kein Menschheitsfanatiker, aber ein Menschenfanatiker. Mich haben immer nur die Menschen interessiert, sagte er, weil sie mich von Natur aus abgestoßen haben, ich bin von nichts intensiver angezogen als von den Menschen, gleichzeitig von nichts gründlicher abgestoßen als von den Menschen. Ich hasse die Menschen, aber sie sind gleichzeitig mein einziger Lebenszweck. Wenn ich in der Nacht nach Hause komme von einem Konzert, stehe ich sehr oft bis ein oder zwei Uhr früh am Fenster und schaue auf die Straße hinunter und beobachte die Menschen, die unten vorbeigehen. In dieser Beobachtung entwickle ich nach und nach meine Arbeit. Ich stehe am Fenster und schaue auf die Straße hinunter und arbeite gleichzeitig an meinem Aufsatz. Gegen zwei Uhr früh gehe ich nicht etwa ins Bett, sagte er, ich setze mich an den Schreibtisch und schreibe den Aufsatz. Gegen drei Uhr früh gehe ich zu Bett, aber ich stehe gegen halb acht Uhr wieder auf. In meinem Alter brauche ich naturgemäß nicht mehr viel Schlaf. Manchmal schlafe ich nur drei oder vier Stunden, das genügt durchaus. *Jeder Mensch hat einen Brotgeber,* sagte er heuchlerisch, *mein Brotgeber ist die Times.* Wenn wir einen Brotgeber haben, ist es gut, wenn wir *einen heimlichen Brotgeber* haben, ist es noch besser, die Times ist mein heimlicher Brotgeber, sagte er gestern. Ich beobachtete ihn die längste Zeit, ohne ihn tatsächlich zu sehen. Er sagte gestern, daß er naturgemäß nicht alle, aber doch sehr viele Möglichkeiten gehabt habe in der Kindheit und in der auf die Kindheit folgenden Jugend und daß er sich schließlich für keine einzige dieser Möglichkeiten als Berufsweg entschieden habe. Da er nicht gezwungen gewesen war, sich seinen Lebensunterhalt zu verdienen, weil er das nicht zu unterschätzende Erbe seiner Eltern angetreten habe, ist er jahrelang ungestört nur seinen Ideen nachgegangen, seinen Vorlieben, seinen Neigungen. Die Natur sei es von Anfang an nicht gewesen, die ihn angezogen habe, im Gegenteil, die Natur habe er gemieden, wo er nur konnte, die Kunst habe ihn angezogen, *alles Künstliche,* so er gestern, *durchaus alles Künstliche.* Von der Malerei sei er schon früh enttäuscht gewesen, sie war ihm von Anfang an die ungeistige unter den Künsten. Er las viel und leidenschaftlich, aber auf die Idee, selbst zu schreiben, sei er niemals gekommen, er hatte es sich nie zugetraut. Die Musik liebte er von Anfang an, in der Musik fand er schließlich zusätzlich, was er in der Malerei wie auch in der Literatur vermißte. Ich entstamme ja keiner musikalischen Familie, so er, im Gegenteil, meine Leute waren alle unmusikalisch und alles in allem total kunstfeindlich. Erst nachdem meine Eltern tot waren, hatte ich mich der Kunst als meiner ersten Vorliebe hingeben können. Die Eltern mußten gestorben sein, damit ich tatsächlich tun konnte, was ich wollte, sie hatten mir den Zugang zu den Vorlieben, zu meinen Leidenschaften immer versperrt gehabt. Mein Vater war ein unmusikalischer Mensch, sagte er, meine Mutter war musikalisch, wie ich glaube, sogar hochmusikalisch, aber ihr Mann hatte ihr mit der Zeit die Musikalität *ausgetrieben.* Meine Eltern waren *entsetzliche Eheleute,* sagte er, sie haßten sich insgeheim, konnten sich aber nicht trennen. Besitz und Geld hielten sie zusammen, das ist die Wahrheit. Wir hatten viele, schöne, teure Bilder an unseren Wänden hängen, sagte er, aber sie haben sie jahrzehntelang nicht ein einziges Mal angeschaut, wir hatten viele Tausende von Büchern in den Regalen stehen, aber sie haben in Jahrzehnten nicht ein einziges dieser Bücher gelesen, wir hatten einen Bösendorferflügel stehen, aber es ist jahrzehntelang nicht auf ihm gespielt worden. Wäre der Deckel dieses Flügels zugeschweißt gewesen, sie hätten es jahrzehntelang nicht bemerkt, sagte er. Meine Eltern hatten Ohren, aber sie hörten nichts, sie hatten Augen, aber sie sahen nichts, sie hatten wohl ein Herz, aber sie fühlten nichts. In dieser Kälte bin ich aufgewachsen, sagte er. Ich hatte keine Not zu leiden, aber ich war doch jeden Tag zutiefst verzweifelt, sagte er. Die ganze Kindheit war nichts anderes gewesen als eine Verzweiflungszeit. Meine Eltern liebten mich nicht und ich liebte sie auch nicht. Sie verziehen mir nicht, daß sie mich gemacht hatten, lebenslänglich verziehen sie mir nicht, daß sie mich gemacht hatten. Wenn es eine Hölle gibt, und natürlich gibt es die Hölle, sagte er, dann ist meine Kindheit die Hölle gewesen. Wahrscheinlich ist die Kindheit immer eine Hölle, die Kindheit ist *die* Hölle, sagte er, gleich was für eine Kindheit, sie ist die Hölle. Die Leute sagen, sie haben eine schöne Kindheit gehabt, aber es war doch die

Hölle. Die Leute verfälschen alles, sie verfälschen auch die Kindheit, die sie gehabt haben. Sie sagen, ich habe eine schöne Kindheit gehabt, und sie haben doch nur die Hölle gehabt. Je älter die Leute werden, desto leichter sagen sie, sie hätten eine schöne Kindheit gehabt, wo es doch nichts anderes gewesen ist als die Hölle. *Die Hölle kommt nicht, die Hölle war,* sagte er, *denn die Hölle ist die Kindheit.* Was es mich gekostet hat, aus dieser Hölle herauszukommen! sagte er gestern. Solange meine Eltern gelebt haben, war es für mich die Hölle. Meine Eltern haben alles in mir und an mir verhindert, sagte er. Sie haben mich in einem fortwährenden Unterdrückungsmechanismus beinahe zu Tode beschützt, sagte er. Die Eltern mußten tot sein, damit ich leben konnte, als die Eltern starben, lebte ich auf. Am Ende war es tatsächlich die Musik, die mich lebendig gemacht hat, sagte er gestern. Aber ich wollte und ich konnte natürlich nicht schöpferischer, aber auch nicht ausübender Künstler sein, sagte er, jedenfalls kein schöpferischer oder ausübender Musikkünstler, sondern nur ein *kritischer. Ich bin ein kritischer Künstler,* sagte er, ich bin zeitlebens ein kritischer Künstler gewesen. Schon in meiner Kindheit war ich kritischer Künstler, sagte er, die Umstände meiner Kindheit haben mich auf ganz natürliche Weise zum kritischen Künstler gemacht. Ich empfinde mich ja durchaus als Künstler, eben als kritischer Künstler und als kritischer Künstler bin ich naturgemäß auch ein schöpferischer, das ist klar, also *ausübender und schöpferischer kritischer Künstler,* sagte er. Und noch dazu schöpferischer und ausübender kritischer Künstler der Times, sagte er. Ich betrachte meine kurzen Berichte an die Times durchaus als Kunststücke, und ich denke, daß ich als Verfasser dieser Kunststücke immer Maler und Musiker und Schriftsteller zugleich und in einem bin. Das ist mein höchster Genuß, zu wissen, daß ich als Verfasser dieser Kunststücke an die Times, Maler und Musiker und Schriftsteller in einem bin, das ist mein *Hoch*genuß. Ich bin also nicht, wie die Maler, nur Maler und ich bin nicht, wie die Musiker, nur Musiker und ich bin nicht, wie die Schriftsteller, nur Schriftsteller, müssen Sie wissen, *ich bin Maler und Musiker und Schriftsteller in einem.* Das empfinde ich doch als das höchste Glück, sagte er, *ein Künstler in allen Künsten* und doch in einer zu sein. Möglicherweise, sagte er, ist der kritische Künstler der, der in allen Künsten seine einzige betreibt und sich dessen bewußt ist, ganz und gar bewußt. In diesem Bewußtsein bin ich glücklich. Insofern bin ich seit über dreißig Jahren glücklich, sagte er, wenngleich ich von Natur aus ein unglücklicher Mensch bin. Der

denkende Mensch ist von Natur aus ein unglücklicher Mensch, sagte er
gestern. Aber selbst dieser unglückliche Mensch kann glücklich sein, sagte
er, immer einmal wieder im wahrsten Sinne des Wortes und des Begriffs
zum Zeitvertreib. Die Kindheit ist das finstere Loch, in das man von den
Eltern hinuntergestoßen worden ist und aus dem man ohne jede Hilfe
wieder herauskommen muß. Den meisten Menschen gelingt es ja nicht,
aus diesem Loch, das die Kindheit ist, wieder herauszukommen, lebenslänglich sind sie in diesem Loch und kommen nicht heraus und sind
verbittert. Deshalb sind die meisten Menschen verbittert, die aus ihrem
Kindheitsloch nicht herauskommen. Es erfordert schon die übermenschliche Anstrengung, um aus dem Kindheitsloch herauszukommen. Und
wenn wir nicht früh genug aus dem Kindheitsloch herauskommen, aus
diesem finstersten Loch überhaupt, kommen wir nie heraus, sagte er. Die
Eltern mußten tot sein, um aus diesem finsteren Kindheitsloch herauszukommen, sagte er, sie mußten *endgültig tot* sein, *tatsächlich für immer,*
wissen Sie, um aus dem Kindheitsloch herauszukommen. Am liebsten
hätten mich meine Eltern gleich nach der Geburt in ihren Panzerschrank
gesteckt zu ihren Schmuckstücken und Wertpapieren, sagte er. Ich hatte
verbitterte Eltern, sagte er, die an ihrer Verbitterung lebenslänglich gelitten haben. In allen Bildern, die ich von meinen Eltern besitze und immer,
wenn ich sie sehe, sehe ich ihre Verbitterung. Es gibt fast nur Kinder von
verbitterten Eltern, deshalb schauen alle Eltern so verbittert aus. Verbitterung und Enttäuschung prägen alle diese Gesichter, Sie finden kaum ein
anderes, Sie können stundenlang durch Wien gehen beispielsweise und
sehen nur Verbitterung und Enttäuschung in allen diesen Gesichtern, und
auf dem Land ist es nicht anders, auch die Landgesichter sind voll Verbitterung und Enttäuschung. Meine Eltern haben mich gemacht und wie
sie gesehen haben, *was* sie gemacht haben, sind sie erschrocken und hätten
mich am liebsten ungeschehen gemacht. Und da sie mich nicht in ihren
Panzerschrank stecken haben können, haben sie mich in das finstere
Kindheitsloch hineingestoßen, aus welchem ich zu ihren Lebzeiten nicht
mehr herausgekommen bin. Die Eltern machen ihre Kinder immer auf
verantwortungslose Weise und wenn sie sehen, was sie gemacht haben,
sind sie erschrocken, so sehen wir doch immer, wenn Kinder geboren
werden, nur erschrockene Eltern. Ein Kind machen und ein Leben schenken, wie das so heuchlerisch heißt, ist ja doch nichts anderes, als ein
gravierendes Unglück auf die Welt bringen und in die Welt setzen und

über dieses gravierende Unglück sind dann alle immer wieder erschrok-
ken. Die Natur hat schon immer aus den Eltern Narren gemacht, sagte er,
und aus diesen Narren unglückliche Kinder in finsteren Kindheitslöchern.
Ganz ungeniert sagen die Leute, sie haben eine glückliche Kindheit gehabt, während sie doch eine unglückliche gehabt haben, der sie nur unter alleräußerster Anstrengung entkommen sind und sagen aus *diesem*
Grunde, sie hätten eine glückliche Kindheit gehabt, weil sie der Kindheits-
hölle entkommen sind. Der Kindheit entkommen sein, heißt ja nichts
anderes, als der Hölle entkommen zu sein und dann wird gesagt, der und
der habe eine glückliche Kindheit gehabt und schont damit seine Erzeuger, die Eltern, die nicht zu schonen sind, sagte er. Zu sagen, man habe
eine glückliche Kindheit gehabt und dabei die Eltern schonend, ist ja doch
nichts anderes, als eine gesellschaftspolitische Gemeinheit, sagte er. Wir
schonen die Eltern, anstatt sie anzuklagen lebenslänglich des Verbrechens
der Menschenerzeugung, sagte er gestern. Fünfunddreißig Jahre war ich
von den Eltern in das Kindheitsloch eingesperrt gewesen, sagte er. Fünfunddreißig Jahre haben sie mich mit allen ihnen möglichen Mitteln unterdrückt, haben sie mich mit ihren entsetzlichen Methoden gepeinigt.
Ich habe nicht die geringste Rücksicht zu nehmen auf meine Eltern, sie
verdienen nicht die geringste Rücksicht, sagte er. Sie haben zwei Verbrechen an mir begangen, zwei Schwerstverbrechen, sagte er, sie haben mich
erzeugt und sie haben mich unterdrückt, sie haben mich, ohne mich zu
fragen, erzeugt und sie haben mich, wie sie mich erzeugt und in die Welt
gestürzt hatten, unterdrückt, sie haben das Erzeugungsverbrechen an mir
begangen und das Unterdrückungsverbrechen. Und sie haben mich in das
finstere Kindheitsloch hineingestoßen mit der größtmöglichen elterlichen
Rücksichtslosigkeit. Ich hatte ja, wie Sie wissen, eine Schwester, diese
frühverstorbene, sagte er, die den Eltern nur durch ihren frühen Tod
entkommen ist, sie hatten die Eltern mit derselben Rücksichtslosigkeit
behandelt wie mich, mit ihrem Enttäuschungstrauma haben sie mich und
meine Schwester unterdrückt, die Schwester hat es nicht lange ausgehalten, sie ist ihnen plötzlich an einem Apriltag weggestorben, völlig unerwartet, wie das nur bei Halbwüchsigen möglich ist, sie war neunzehn, an
dem sogenannten Sekundenherzschlag, müssen Sie wissen, während die
Mutter im ersten Stock alles für das Geburtstagsfest meines Vaters hergerichtet hat, hin und her gerannt ist im ersten Stock, um nur ja keinen
Geburtstagsfestfehler zu machen, hin und her gerannt ist mit allen mög-

lichen Tellern und Gläsern und Tüchern und Bäckereien und sie mich
und meine Schwester beinahe wahnsinnig gemacht hat mit ihrer Geburts-
tagsfestvorbereitung, von welcher sie schon in aller Frühe besessen gewesen war, unmittelbar nachdem der Vater aus dem Haus gegangen war,
hatte die Mutter mit aller nur möglichen Hysterie mit ihrer uns ja schon
bekannten Geburtstagsfestraserei angefangen, während sie mich und
meine Schwester die Treppen auf und ab und in die Keller und in die
verschiedenen Vorhäuser hinaus und hinein und wieder zurück gejagt hat,
ununterbrochen darauf bedacht, keinen Fehler zu machen, sie meine
Schwester und mich also im ganzen Haushalt hin und her gejagt hat in
diese Geburtstagsfestvorbereitungen, habe ich, das erinnere ich mich ganz
genau, die ganze Zeit gedacht, ist es nun der achtundfünfzigste oder der
neunundfünfzigste Geburtstag unseres Vaters; die ganze Zeit bin ich
durch das Haus und durch alle unsere Zimmer gelaufen und habe gedacht,
ist es der achtundfünfzigste, ist es der neunundfünfzigste, oder ist es gar
der sechzigste, der es aber doch nicht gewesen war, es war der neunundfünfzigste Geburtstag meines Vaters, sagte Reger. Ich hatte den Auftrag,
alle Fenster aufzumachen und frische Luft hereinzulassen, schon damals,
schon in der Kindheit und in der Jugend habe ich die Zugluft gehaßt und
ich mußte auf Befehl unserer Mutter alle Augenblicke alle Fenster aufmachen und die Luft hereinlassen, sagte er, also ich hatte immer etwas zu
tun, das ich gehaßt hatte, und ich hatte nichts mehr gehaßt, als frische Luft
durch alle Fenster in das Haus hereinzulassen, nichts mehr als die von
allen Seiten in das Haus hereinströmende *Zug*luft, sagte er, aber ich hatte
naturgemäß nichts gegen die elterlichen Befehle tun können, ich hatte
immer alle elterlichen Befehle strikt ausgeführt, ich hätte mich niemals
getraut, einen elterlichen Befehl nicht auszuführen, gleichgültig, ob es sich
um einen mütterlichen oder einen väterlichen Befehl handelte, ich führte
automatisch jeden elterlichen Befehl strikt aus, sagte Reger, denn ich hatte
der elterlichen Bestrafung entgehen wollen und die elterliche Bestrafung
war immer die entsetzliche, die grausame, die elterliche Folter fürchtete
ich und so führte ich immer alle elterlichen Befehle naturgemäß strikt aus,
sagte er, gleich was für ein Befehl und ist es der meiner Meinung nach
unsinnigste Befehl gewesen, also auch, daß ich alle Fenster an diesem
Geburtstag unseres Vaters aufmachte und die Zugluft hereinströmen ließ
in das Haus, war selbstverständlich. Die Mutter hat alle unsere Geburtstage gefeiert, nicht ein einziger unserer Geburtstage wurde nicht gefeiert,

ich haßte diese Geburtstagsfeiern, wie Sie sich denken können, wie ich alles Feierliche hasse, ich hasse alles Festliche, alles Feierliche bis heute, mir ist nichts widerlicher als das Feiern und das Gefeiertwerden, ich bin ein Festivitätenhasser, sagte er, von Kindheit an haßte ich alles festen und feiern und vor allem haßte ich es, wenn ein Geburtstag gefeiert wurde, gleich was für ein Geburtstag und am meisten haßte ich es, wenn ein elterlicher Geburtstag gefeiert wurde; wie kann der Mensch einen und seinen Geburtstag feiern, habe ich immer gedacht, wo es doch nichts als ein Unglück ist, überhaupt auf der Welt zu sein, ja, habe ich immer gedacht, wenn die Menschen eine Gedenkstunde einsetzen würden an ihrem Geburtstag, sozusagen als Gedenkstunde *für die Untat, die ihnen von ihren Erzeugern angetan worden ist,* dafür hätte ich Verständnis, aber doch nicht für einen Feiertag! sagte er. Und die Geburtstage unseres Vaters wurden mit allem widerlichen Pomp gefeiert, dazu waren immer alle möglichen von mir gehaßten Leute eingeladen und es wurde viel gegessen und getrunken und das Abstoßendste waren natürlich die Ansprachen, die auf den Gefeierten gesprochen wurden, und die Geschenke, die an den Gefeierten geschenkt wurden. Es gibt ja nichts Verlogeneres, als diese Geburtstagsfeiern, zu welchen sich die Menschen hergeben, nichts Widerwärtigeres als die Geburtstagsverlogenheit und die Geburtstagsheuchelei, sagte er. Es war tatsächlich der neunundfünfzigste Geburtstag unseres Vaters, an welchem meine Schwester gestorben ist, sagte Reger. Ich stand in einem Winkel des ersten Stocks und beobachtete, während ich mich vor der kalten Zugluft zu schützen versuchte, meine Mutter, wie sie mit geburtstagshysterischer Geschwindigkeit durch alle Räume gelaufen ist, einmal eine Vase aus dem einen Zimmer heraus in ein anderes Zimmer hinein transportierend, einmal eine Zuckerdose von dem einen auf einen anderen Tisch, eine Tischdecke dahin, eine andere Tischdecke dorthin, ein Buch dahin, ein anderes Buch dorthin, einen Blumenstrauß dahin, einen anderen dorthin, als ich plötzlich von unten herauf, von ebenerdig herauf, einen dumpfen Knall hörte, sagte Reger. Die Mutter war stehengeblieben, denn auch sie hatte den dumpfen Knall von unten herauf gehört. Die Mutter blieb auf der Stelle, auf der sie war, urplötzlich, nachdem sie den dumpfen Knall gehört hatte, stehen und ihr Gesicht ist bleich geworden, sagte Reger. Etwas Fürchterliches war vorgefallen, das war genauso mir wie meiner Mutter in diesem Augenblick klar gewesen. Ich ging aus dem ersten Stock in das Vorhaus hinunter und fand meine Schwester tot im Vorhaus liegend. Ja, ja, sagte Reger, der Sekundenherzschlag ist ein beneidenswerter Tod. Hätten wir selbst nur einmal den Sekundenherzschlag, wir hätten das größte Glück, sagte er. Wir wünschen einen raschen, schmerzlosen Tod und kommen doch unter Umständen in ein langes, jahrelanges Siechtum hinein, sagte Reger gestern und dann, daß es doch ein Trost sei, daß seine Frau nicht lange gelitten habe, nicht jahrelang, wie es unter Umständen der Fall ist, sagte er, nur wochenlang. Aber es gibt natürlich keinen Trost für den Verlust des Menschen, der einem zeitlebens der nächste gewesen ist. Es ist ja auch eine Methode, sagte er gestern, während ich ihn jetzt, einen Tag später also, von der Seite betrachtete und dahinter den Irrsigler, der einen Augenblick in den Sebastiano-Saal hereingeschaut hatte, ohne von mir Notiz zu nehmen, während ich also noch immer Reger beobachtete, der noch immer den *Weißbärtigen Mann* von Tintoretto betrachtete, es ist ja auch eine Methode, sagte er, alles zur Karikatur zu machen. Ein großes bedeutendes Bild, sagte er, halten wir nur dann aus, wenn wir es zur Karikatur gemacht haben, einen großen Menschen, eine sogenannte bedeutende Persönlichkeit, wir ertragen den einen nicht als großen Menschen, die andere nicht als bedeutende Persönlichkeit, sagte er, wir müssen sie karikieren. Wenn wir längere Zeit ein Bild betrachten und ist es das ernsthafteste, wir müssen es zur Karikatur gemacht haben, sagte er, um es auszuhalten, also auch die Eltern zur Karikatur, die Vorgesetzten, so wir welche haben, zur Karikatur, die ganze Welt zur Karikatur, sagte er. Schauen Sie längere Zeit das Selbstbildnis von Rembrandt an, gleich welches, es wird Ihnen ganz sicher mit der Zeit zur Karikatur und Sie wenden sich ab. Schauen Sie längere Zeit in das Gesicht Ihres Vaters, er wird Ihnen zur Karikatur und Sie wenden sich ab von ihm. Lesen Sie Kant *eindringlich und immer noch eindringlicher* und Sie werden plötzlich einen Lachkrampf bekommen, sagte er. Jedes Original ist ja eigentlich an sich schon eine Fälschung, sagte er, Sie verstehen doch, was ich meine. Natürlich gibt es Erscheinungen in der Welt, in der Natur, wie Sie wollen, die wir nicht lächerlich machen *können,* aber in der Kunst kann *alles lächerlich* gemacht werden, jeder Mensch kann lächerlich und zur Karikatur gemacht werden, wenn wir wollen, wenn wir es notwendig haben, sagte er. Wenn wir in der Lage sind, lächerlich zu machen, immer sind wir nicht in der Lage, dann holt uns die Verzweiflung und danach der Teufel, sagte er. Gleich welches Kunstwerk, es kann lächerlich gemacht werden, sagte er, es kommt Ihnen groß daher und Sie machen es von einem Augenblick auf den andern lächerlich, wie einen Menschen auch, den Sie lächerlich machen müssen, weil Sie nicht anders können. Aber die meisten Menschen *sind* ja lächerlich und die meisten Kunstwerke *sind* ja lächerlich, sagte Reger, und Sie ersparen sich das Lächerlichmachen und die Karikatur. Die meisten Menschen sind aber zum Karikieren unfähig, sie betrachten alles bis ans Ende mit ihrem fürchterlichen Ernst, sagte er, sie kommen gar nicht auf die Idee einer Karikatur, sagte er. Sie gehen auf eine Papstaudienz, sagte er, und nehmen den Papst und die Audienz ernst und zwar auf lebenslänglich; lächerlich, lauter Karikaturen füllen die Papstgeschichte, sagte er. Natürlich ist Sankt Peter groß, sagte er, aber es ist doch lächerlich. Gehen Sie doch in Sankt Peter hinein und machen Sie sich vollkommen frei von den Hunderten und Tausenden und Millionen von katholischen Geschichtslügen, Sie brauchen gar nicht lange zu warten und ganz Sankt Peter wird Ihnen lächerlich. Gehen Sie auf eine Privataudienz und erwarten Sie den Papst, noch bevor er kommt, kommt er Ihnen lächerlich vor und er ist ja auch lächerlich, wenn er auftritt in seiner weiß verkitschten Reinseidenrobe. Sie können sich umschauen, wo Sie wollen, im Vatikan ist alles lächerlich; wenn Sie sich frei gemacht haben von den katholischen Geschichtslügen und von der katholischen Geschichtssentimentalität, von der katholischen Weltgeschichtsbetulichkeit, sagte Reger. Wissen Sie, der katholische Papst sitzt als geschminkte gefinkelte Weltreisepuppe unter seiner kugelsicheren Glasglocke, umgeben von seinen geschminkten und gefinkelten Ober- und Unterpuppen, wie abstoßend lächerlich. Sprechen Sie mit einem unserer letzten lamentierenden Könige, wie lächerlich, mit einem unserer borniertern Kommunistenführer, wie lächerlich. Gehen Sie auf den Neujahrsempfang unseres redseligen, alles und jedes mit seinem senilen Staatsvatergefasel zerredenden Bundespräsidenten, es wird Ihnen übel vor Lächerlichkeit. Die Kapuzinergruft, die Hofburg, was für unappetitliche Lächerlichkeiten, sagte er. Gehen Sie in die Malteserkirche und schauen Sie sich die Malteser an, die da in ihren schwarzen Malteserroben ihre weißen, pseudoaristokratischen Dummköpfe glitzern lassen unter den Kirchenlampen, Sie empfinden dabei nichts als Lächerlichkeit. Gehen Sie in einen Vortrag des katholischen Kardinals, wohnen Sie einer Inauguration in der Universität bei, wie lächerlich. Wohin immer wir heute in diesem Lande schauen, wir schauen in eine Senkgrube der Lächerlichkeit, sagte Reger. An jedem Morgen steigt uns die Schamröte ins Gesicht vor soviel Lächerlichkeit, mein lieber Atzbacher, das ist die Wahrheit. Gehen Sie auf eine Preisverleihung, Atzbacher, wie lächerlich; lächerliche Figuren; je pompöser aufgetreten wird, desto lächerlicher, sagte er, alles nichts als Karikatur, sagte er, einfach alles. Da nennen Sie einen guten Mann Ihren Freund und dann läßt er sich plötzlich zum Ehrenprofessor machen und nennt sich von da an Professor und läßt auf sein Briefpapier den *Professor* drucken und seine Frau tritt beim Fleischhauer auf einmal als *Frau Professor* auf, damit sie nicht so lange warten muß, wie die andern, die keinen Professor zum Mann haben. Wie lächerlich, sagte er. Goldene Treppen, goldene Sessel, goldene Sitzbänke in der Hofburg, sagte er, und lauter pseudodemokratische Idioten darauf, wie lächerlich. Sie gehen die Kärtnerstraße entlang und alles kommt Ihnen lächerlich vor, alle Leute sind nur lächerlich, nichts anderes, Sie gehen durch ganz Wien, kreuz und quer, und ganz Wien ist Ihnen auf einmal lächerlich, alle Leute, die auf Sie zukommen, sind lächerliche Leute, alles, das auf Sie zukommt, ist lächerlich, Sie leben in einer durch und durch lächerlichen und in Wirklichkeit verkommenen Welt, sagte er. Sie haben die ganze Welt auf einmal zur Karikatur zu machen. Sie haben die Kraft, die Welt zur Karikatur zu machen, sagte er, die Höchstkraft des Geistes, sagte er, die dazu notwendig ist, diese einzige Überlebenskraft, sagte er. Nur was wir am Ende lächerlich finden, beherrschen wir auch, nur wenn wir die Welt und das Leben auf ihr lächerlich finden, kommen wir weiter, es gibt keine andere, keine bessere Methode, sagte er. Im Zustand der Bewunderung halten wir es nicht lange aus und wir gehen zugrunde, wenn wir ihn nicht zeitgerecht abbrechen, sagte er. Ich war ja zeitlebens immer weit davon entfernt, ein Bewunderer zu sein, Bewunderung ist mir fremd, da es das Wunder nicht gibt, ist mir Bewunderung immer fremd gewesen und nichts stößt mich so ab, wie wenn ich Leute beobachte, die bewundern, die an irgendeiner Bewunderung erkrankt sind. Sie gehen in eine Kirche und die Leute bewundern, sie gehen in ein Museum und die Leute bewundern. Sie gehen in ein Konzert und die Leute bewundern, das ist abstoßend. Der eigentliche Verstand kennt die Bewunderung nicht, er nimmt zur Kenntnis, er respektiert, er achtet, das ist alles, sagte er. Die Leute gehen wie mit einem Rucksack voll Bewunderung in alle Kirchen und in alle Museen hinein und haben aus diesem Grunde immer diesen widerwärtigen gebückten Gang, den sie ja alle in den Kirchen und in den Museen haben, sagte er. Ich habe noch keinen Menschen völlig normal in eine Kirche oder in ein

Museum hineingehen gesehen und am widerwärtigsten ist es, die Leute in Knossos oder in Agrigent zu beobachten, wenn sie am Ziel ihrer Bewunderungsreise angelangt sind, denn nichts anderes reisen diese Leute, als eine Bewunderungsreise, sagte er. Bewunderung macht blind, sagte Reger gestern, sie macht den Bewunderer stumpfsinnig. Die meisten Leute kommen, wenn sie einmal in die Bewunderung hineingekommen sind, nicht mehr aus der Bewunderung heraus, und sind dadurch stumpfsinnig. Die meisten Leute sind lebenslänglich allein dadurch stumpfsinnig, daß sie bewundern. Es gibt nichts zu bewundern, sagte Reger gestern, nichts, gar nichts. Weil den Leuten die Respektierung und die Achtung zu schwierig ist, bewundern sie, das ist ihnen billiger, sagte Reger. Bewunderung ist leichter als Respektierung, als Achtung, Bewunderung ist Eigenschaft des Dummkopfs, sagte Reger. Nur der Dummkopf bewundert, der Gescheite bewundert nicht, er respektiert, achtet, versteht, das ist es. Aber zu Respektierung und Achtung und Verständnis gehört doch Geist und Geist haben die Leute nicht, ungeistig und tatsächlich völlig geistlos reisen sie zu den Pyramiden und an die sizilianischen Säulen und vor die persischen Tempel und berieseln sich und ihre Stumpfsinnigkeit mit Bewunderung, sagte er. Der Zustand der Bewunderung ist ein Zustand der Geistesschwäche, sagte Reger gestern, in diesem Zustand der Geistesschwäche existieren fast alle. In diesem Zustand der Geistesschwäche kommen sie alle auch in das Kunsthistorische Museum herein, sagte er. Die Leute schleppen schwer an ihrer Bewunderung, sie haben nicht den Mut, ihre Bewunderung genauso an der Garderobe unten abzugeben wie ihren Mantel. So schleppen sie sich mühselig vollgepackt mit Bewunderung durch alle diese Säle, sagte Reger, so daß es einem den Magen umdreht. Die Bewunderung ist aber nicht nur Kennzeichen des sogenannten Ungebildeten, ganz im Gegenteil, sie ist es in ganz fürchterlichem, ja tatsächlich furchterregendem Ausmaße auch vor allem der sogenannten Gebildeten, was noch viel abstoßender ist. Der Ungebildete bewundert, weil er ganz einfach zu dumm ist, nicht zu bewundern, der Gebildete aber ist dazu zu pervers, sagte Reger. Die Bewunderung der sogenannten Ungebildeten ist ganz natürlich, die Bewunderung der sogenannten Gebildeten aber ist eine geradezu perverse Perversität, sagte Reger. Sehen Sie, Beethoven, der Dauerdepressive, der Staatskünstler, der totale Staatskomponist, die Leute bewundern ihn, aber im Grunde ist Beethoven doch eine durch und durch abstoßende Erscheinung, alles an Beethoven ist mehr

oder weniger komisch, eine komische Hilflosigkeit hören wir fortwährend, wenn wir Beethoven hören, das Grollende, das Titanenhafte, den
Marschmusikstumpfsinn selbst in seiner Kammermusik. Wenn wir Beet-
hovens Musik hören, hören wir mehr Getöse als Musik, das staatsdumpfe
Marschieren der Noten, sagte Reger. Ich höre eine Zeitlang Beethoven,
beispielsweise die *Eroica,* und höre aufmerksam und ich komme tatsächlich in einen philosophisch-mathematischen Zustand hinein und befinde
mich auch lange Zeit in einem philosophisch-mathematischen Zustand,
sagte Reger, bis ich auf einmal den Schöpfer der Eroica *sehe* und mir alles
zerbrochen ist, weil *in Beethoven tatsächlich alles marschiert,* ich höre die
Eroica, die ja tatsächlich eine philosophische Musik ist, eine durch und
durch philosophisch-mathematische, sagte Reger, und auf einmal ist mir
alles verleidet und zerbrochen, weil ich, während die Philharmoniker das
so selbstverständlich spielen, von einem Augenblick auf den andern, Beet-
hovens Scheitern höre, sein Scheitern *höre,* seinen Marschmusikkopf *sehe,*
verstehen Sie, sagte Reger. Dann ist mir Beethoven unerträglich, wie es
mir ja auch unerträglich ist, wenn ich einen unserer Dick- oder Dünn-
bauchsänger die *Winterreise* zersingen höre, wissen Sie, denn der liedsin-
gende Sänger, der einen Frack anhat und auf den Flügel gestützt die *Krähe*
singt, ist mir ja immer unerträglich und lächerlich, er ist von vornherein
Karikatur, es gibt ja nichts Lächerlicheres, sagte Reger, als einen im Frack
am Flügel stehenden Lieder- oder Ariensänger. Wie großartig ist die Schu-
bertsche Musik, wenn wir nicht sehen, wie sie musiziert wird, wenn wir
diese abgrundtief schwachsinnigen eitel gelockten Interpreten nicht sehen, aber wir sehen sie natürlich, wenn wir im Konzertsaal sind und alles
ist dadurch nur peinlich und lächerlich und eine Hör- und Sehkatastro-
phe. Ich weiß nicht, sagte Reger, sind die Klavierspieler lächerlicher und
peinlicher als die Sänger am Klavier, es ist eine Frage des Geisteszustandes,
in dem wir uns gerade befinden. Natürlich ist, was wir, wenn Musik
gemacht wird, sehen, lächerlich, Karikatur und infolgedessen peinlich,
sagte er. Der Sänger ist lächerlich und peinlich, er kann singen wie er will,
ist er Tenor oder Bassist, alle Sängerinnen sind immer nur lächerlich und
peinlich, sie mögen angezogen sein und singen wie sie wollen, sagte er. Ein
Streichender, ein Zupfender auf dem Podium, es ist zu lächerlich, sagte er.
Selbst der *dicke stinkende* Bach an der Thomasorgel ist nur eine lächerliche
und zutiefst peinliche Erscheinung gewesen, darüber gibt es doch nichts
zu debattieren. Nein, nein, die Künstler und sind es die wichtigsten und

sozusagen die größten, sind nichts als kitschig und peinlich und lächerlich. Toscanini, Furtwängler, der eine zu klein, der andere zu groß, lächerlich und kitschig. Und gehen Sie ins Theater, wird Ihnen vor Lächerlichkeit und Peinlichkeit und Kitsch geradezu übel. Was und wie die Leute sprechen, es wird Ihnen übel. Sprechen sie Klassisches, wird Ihnen übel, sprechen sie Volkstümliches, wird Ihnen übel. Und was sind alle diese klassischen und modernen sogenannten hohen und volkstümlichen Schauspiele anderes, als theatralische Lächerlichkeiten und kitschige Peinlichkeiten, sagte er. Die ganze Welt ist heute eine lächerliche und dazu zutiefst peinliche und kitschige, das ist die Wahrheit. Irrsigler trat zu Reger und flüsterte ihm wieder etwas ins Ohr. Reger stand auf, er sah sich um und ging mit Irrsigler aus dem Bordone-Saal hinaus. Ich schaute auf die Uhr, es war zehn vor halb zwölf. Ein Grund, warum ich schon um halb elf ins Museum gegangen war, war ja der, tatsächlich pünktlich zu sein, denn Reger forderte nichts mehr als Pünktlichkeit, wie ich selbst auch immer nichts mehr fordere, als Pünktlichkeit, die Pünktlichkeit ist mir tatsächlich im Menschenumgang das Allerwichtigste. Ich ertrage nur die Pünktlichen, ich vertrage keinen Unpünktlichen. Die Pünktlichkeit ist ein wesentliches Merkmal Regers wie auch eines meiner wesentlichen Merkmale, habe ich eine Verabredung, so halte ich sie *tatsächlich pünktlich* ein, wie auch Reger alle seine Verabredungen pünktlich einhält, über die Pünktlichkeit hat er mir schon viele Vorträge gehalten, genauso über die Verläßlichkeit, Pünktlichkeit und Verläßlichkeit sind das Wichtigste eines Menschen, so Reger sehr oft. Ich kann sagen, daß ich durch und durch ein pünktlicher Mensch bin, Unpünktlichkeit ist mir immer verhaßt gewesen und ich hatte sie mir auch niemals leisten können. Reger ist der pünktlichste Mensch, den ich kenne. Er ist noch *nie im Leben zu spät gekommen, wenigstens nicht selbstverschuldet,* wie er sagt, wie auch ich in meinem Leben, wenigstens nicht in meinem Erwachsenenleben, jemals selbstverschuldet zu spät gekommen bin, die Unpünktlichen sind die mir Widerwärtigsten, mit den Unpünktlichen habe ich nichts gemeinsam, mit den Unpünktlichen pflege ich keinen Verkehr, mit den Unpünktlichen habe ich nichts zu tun, will ich nichts zu tun haben. Die Unpünktlichkeit ist eine grobfahrlässige Eigenschaft, die ich verachte und verabscheue, die den Menschen nichts als Verwahrlosung und Unglück bringt. *Die Unpünktlichkeit ist eine Krankheit, die zum Tode des Unpünktlichen führt,* so Reger einmal. Reger ist aufgestanden und aus dem Bordone-Saal hinausgegan-

gen, gerade während eine Gruppe von alten Männern, Russen, wie ich
gleich feststellen habe können, angeführt von einer, wie ich ebenso schnell
festgestellt hatte, ukrainischen Dolmetscherin, in den Bordone-Saal eingetreten war, an mir vorbei, und zwar so an mir vorbei, daß sie mich auf
die Seite und in den Winkel gedrängt hat. Die Leute drängen sich in den
Saal und stoßen einen weg und entschuldigen sich nicht einmal, dachte
ich, und ich fand mich auch schon an die Wand gedrängt. Reger war aus
dem Bordone-Saal hinausgegangen, nachdem ihm Irrsigler etwas ins Ohr
geflüstert hatte und gleichzeitig war die russische Gruppe in den Bordone-
Saal eingetreten und hatte im Bordone-Saal Aufstellung genommen und
war so in den Bordone-Saal eingetreten und hatte so im Bordone-Saal
Aufstellung genommen, daß ich selbst gar nicht mehr aus dem Sebastiano-
Saal in den Bordone-Saal hineinschauen habe können, die russische
Gruppe hatte mir den Blick in den Bordone-Saal vollkommen verstellt.
Ich sah nur die Rücken der russischen Gruppe und hörte, was die ukrainische Dolmetscherin zum besten gab, sie redete, wie alle anderen Führer
im Kunsthistorischen Museum Unsinn, es war nichts als das übliche üble
Kunstgeschwätz, das sie in die Köpfe ihrer russischen Opfer hineinstopfte.
Da sehen Sie, sagte sie, *sehen Sie den Mund, da, sehen Sie,* sagte sie, *diese
weitausladenden Ohren, da, sehen Sie dieses zarte Rosa auf der Engelswange,
da, sehen Sie im Hintergrund den Horizont,* als ob nicht jeder auch ohne
diese stupiden Bemerkungen alles das auf den Tintorettobildern gesehen
hätte. Die Führer in den Museen behandeln die ihnen Anvertrauten doch
immer nur als Dummköpfe, immer als die größten Dummköpfe, während sie doch niemals solche Dummköpfe sind, sie erklären ihnen vornehmlich immer das, was ja naturgemäß ganz und gar deutlich zu sehen ist
und das also gar nicht erklärt zu werden braucht, aber sie erklären und
erklären und zeigen und zeigen und reden und reden. Die Führer in den
Museen sind nichts anderes als eitle Geschwätzmaschinen, die sie selbst so
lange angestellt haben, solange sie eine Gruppe durch das Museum führen, diese Geschwätzmaschine redet immer dasselbe jahraus, jahrein. Die
Museumsführer sind nichts anderes als eitle Kunstschwätzer, die von der
Kunst nicht die geringste Ahnung haben, die die Kunst auf ihre widerwärtige Geschwätzweise skrupellos ausnützen. Die Führer in den Museen
schnarren das ganze Jahr über ihr Kunstgeschwätz ab und kassieren dafür
einen Haufen Geld. Ich war von der russischen Gruppe in den Winkel
abgedrängt und sah nichts mehr als die russischen Rücken, und das heißt,

nichts mehr als lauter schwere russische Wintermäntel, die alle einen pe-
netranten Naphthalingeruch ausdampften, denn die russische Gruppe
hatte offensichtlich ihren Weg ins Museum direkt vom Autobus in die
Gemäldegalerie bei Nieselregen zurückzulegen gehabt. Da ich seit Jahrzehnten unter Atemnot leide und ohnehin jeden Tag mehrere Male
glaube, *ersticken zu müssen,* selbst im Freien, waren mir diese Augenblicke,
die doch tatsächlich Minuten gewesen waren, hinter der russischen
Gruppe widerwärtig, ich sog, in den Bordone-Saal-Winkel gedrückt, andauernd eine nach Naphthalin stinkende Luft ein, die viel zu schwer war
für meine schwachen Lungenflügel. Ich habe es ja an und für sich schon
sehr schwer, im Kunsthistorischen Museum zu atmen, geschweige denn
unter solchen Umständen wie beim Auftreten der russischen Gruppe. Die
ukrainische Führerin redete zu der russischen Gruppe ein sogenanntes
klassisches Moskowiter Russisch und ich verstand es zum Großteil, allerdings hatte sie eine fürchterliche geradezu stechende Aussprache, sagte sie
etwas in deutsch, *wie* sie das Wort *Engelskopf* sagte, war doch nur grauenhaft. Ich konnte zuerst nicht sagen, ob die Dolmetscherin mit der russischen Gruppe aus Rußland angereist war oder ob es sich bei ihr um eine
jener russischen Emigrantinnen handelte, die nach dem Krieg nach Wien
gekommen sind und die auch heute noch nach Wien kommen, jene jüdischen russischen Emigrantinnen, die hochintelligent sind und die in
Wien schon immer den Ton angegeben haben im Hintergrund, was der
Wiener Geistesgesellschaft immer zum Vorteil gewesen ist. Diese russischen jüdischen Emigrantinnen sind ja die eigentliche intellektuelle
Würze des Wienerischen Gesellschaftslebens, sie sind es immer gewesen,
ohne sie wäre das Wiener Gesellschaftsleben uninteressant. Freilich gehen
einem diese Leute, wenn sie sozusagen größenwahnsinnig werden und
alles und jedes zu beherrschen versuchen, auch bald auf die Nerven, aber
diese Dolmetscherin ist ja nicht gerade ein Musterbeispiel für diese Art
von russischen Emigrantinnen gewesen, die ich meine, wenn sie, wie gesagt, überhaupt eine solche russische Emigrantin ist, eher scheint sie doch
mit der russischen Gruppe aus Rußland nach Wien gekommen zu sein,
die Art und Weise, wie sie vor der russischen Gruppe *ihr Russisch* gesprochen hat, spricht gegen die Annahme, sie sei eine russische Emigrantin,
dafür, daß sie mit der russischen Gruppe nach Wien gekommen ist und
möglicherweise gerade an diesem Tag erst von Rußland nach Wien gekommen ist, wenigstens hatte ich gleich diese Meinung, nachdem ich ihre

Kleider in Augenschein genommen hatte, ihre Stiefel vor allem, sie hatte tatsächlich nicht das geringste Westliche an sich, wahrscheinlich ist sie eine kunsthistorisch ausgebildete Kommunistin, dachte ich, sie in dem Augenblick, in welchem ich dazu Gelegenheit gehabt habe, sozusagen von oben bis unten betrachtend. Die russischen Emigrantinnen in Wien, von welchen ich vorher gesprochen habe, kleiden sich ja vornehmlich westlich, wenn auch nicht *so* westlich wie die eigentlichen Westlichen, aber doch westlich. Nein, die Dolmetscherin ist keine russische Emigrantin, dachte ich, sie ist in der Nacht mit der russischen Gruppe über die Grenze gekommen und hat die vergangene Nacht nicht einmal geschlafen, wie die ihr anvertraute russische Gruppe auch nicht, sozusagen direkt aus Rußland und direkt aus dem schmutzigen Autobus ist die Gruppe ins Museum hereingegangen, dachte ich, so sieht sie aus, so sieht die Dolmetscherin aus, so sieht die Gruppe aus. Ich konnte, weil die russische Gruppe mir den Blick verstellte, jetzt nicht einmal die Samtsitzbank im Bordone-Saal sehen, also nicht sehen, ob Reger noch immer hinausgegangen oder doch schon wieder hereingekommen war. Der Sebastiano-Saal, in welchem ich an die Wand gedrückt war, ist der am schlechtesten gelüftete Saal im Kunsthistorischen Museum, ausgerechnet im Sebastiano-Saal mußte ich von der russischen Gruppe an die Wand gedrückt werden, dachte ich, ausgerechnet auch noch von solchen nach Knoblauch und Kot und Nässe stinkenden Leuten, dachte ich. Menschenansammlungen sind mir immer verhaßt gewesen, ich habe sie lebenslänglich gemieden, nie bin ich auf gleich was für eine Versammlung gegangen wegen meines Massehasses, wie übrigens Reger auch nicht, ich hasse nichts tiefer als die Masse, die Menge, andauernd glaube ich ja, ohne daß ich sie aufsuche schon, von der Masse oder von der Menge erdrückt zu werden. Schon als Kind bin ich ihr aus dem Weg gegangen, der Masse, habe ich die Menge gehaßt, die Menschenansammlung, die Konzentration von Gemeinheit und Kopflosigkeit und Lüge. So sehr wir jeden einzelnen lieben *müßten,* denke ich, so sehr hassen wir die Masse. Diese russische Gruppe war aber natürlich nicht die erste, die ich im Kunsthistorischen Museum erlebt habe und die mich sozusagen im Kunsthistorischen Museum überfallen und an die Wand gedrückt hat, in letzter Zeit häufen sich die russischen Gruppen im Kunsthistorischen Museum, ja es scheint, als kämen jetzt sogar mehr russische Gruppen ins Kunsthistorische Museum als italienische. Die Russen und die Italiener treten im Kunsthistorischen Museum immer in Gruppen auf,

während die Engländer nie in Gruppen, sondern immer nur allein auftreten, auch die Franzosen treten immer allein auf. An manchen Tagen
schreien die russischen Führer und Führerinnen mit den italienischen um
die Wette, und das Kunsthistorische Museum ist dadurch ein Schreihaus.
Das ist natürlich meistens am Samstag der Fall, genau an dem Tag, an
welchem Reger und ich *nie* ins Kunsthistorische Museum gehen, denn
daß ich und Reger heute, Samstag, ins Kunsthistorische Museum gegangen sind, ist ja eine Ausnahme von der Regel und wie man sieht, haben wir
immer gut daran getan, an Samstagen nicht ins Kunsthistorische Museum
zu gehen, wenngleich es am Samstag kostenlos aufzusuchen ist wie am
Sonntag. Lieber zahle ich die zwanzig Schilling für eine Eintrittskarte, so
Reger einmal, und ich muß diese grauenhaften Besuchergruppen nicht
über mich ergehen lassen. Museumsbesucher in Gruppen über sich ergehen zu lassen, ist eine Gottesstrafe, ich kenne nichts Fürchterlicheres, so
Reger einmal. Sicher war es ihm eine wenn auch sozusagen selbstver-
schuldete Strafe Gottes, daß er sich ausgerechnet an diesem Samstag mit
mir im Kunsthistorischen Museum verabredet hat, dachte ich und fragte
mich, zu welchem Zweck? und konnte mir keine Antwort geben. Auch
hätte ich natürlich gern gewußt, was Irrsigler jetzt schon zum zweiten Mal
Reger ins Ohr geflüstert hat, zum ersten Mal etwas, das ihn anscheinend
nicht im geringsten berührt hat, zum zweiten Mal allerdings etwas, das
Reger sofort von der Bordone-Saal-Sitzbank aufstehen und aus dem Bordone-Saal hinausgehen hatte lassen. Irrsigler sagt bei jeder Gelegenheit, er
habe eine *Vertrauensstellung,* es ist rührend, wenn er das sagt, und er sagt es
so oft, daß es mit der Zeit immer rührender wird. Irrsigler nickt, wenn
Reger kommt und er ihn entdeckt, mit dem Kopf, das tut er nicht, wenn
ich komme und wenn er *mich* sieht. Irrsigler hat von Reger schon dreimal
zum Zwecke einer Wohnungseinrichtung einen Kredit bekommen auf
mehrere Jahre, den er dann an Reger nicht zurückzahlen hat müssen.
Reger hat Irrsigler schon mehrmals von ihm nicht mehr getragene Kleider
geschenkt, tatsächlich erstklassige Kostbarkeiten aus den vorzüglichsten
Tweedstoffen, wie Reger einmal zu mir gesagt hat, *ist alles, was ich trage,*
von den Hebriden. Aber Irrsigler hat kaum Gelegenheit, die Regerschen
Kleiderkostbarkeiten zu tragen, weil er die ganze Woche im Kunsthistorischen Museum Dienst macht in seiner Uniform, außer Montag, aber am
Montag läuft er zu Hause doch nur im Schlosseranzug umher, denn der
Montag ist bei ihm immer nur angefüllt mit Hausarbeiten. Er macht alles

selbst. Er malt selbst aus, er zimmert alles selbst, er nagelt und bohrt und schweißt sogar alles selbst. Achtzig Prozent der Österreicher gehen in ihrer Freizeit in ihren Schlosseranzügen umher, behauptet Reger, und die meisten von ihnen selbst an Sonn- und Feiertagen, der Großteil der Österreicher läuft an Sonn- und Feiertagen im Arbeitsanzug umher und streicht und nagelt und schweißt. Die Freizeit der Österreicher ist ihre eigentliche Arbeitszeit, behauptet Reger. Die meisten Österreicher wissen mit ihrer Freizeit nichts anzufangen und zerarbeiten sie stumpfsinnig. Die ganze Woche sitzen sie in ihren Ämtern und stehen auf ihren Arbeitsplätzen, sagt Reger, an Sonn- und Feiertagen sieht man sie ausnahmslos in ihre Schlosseranzüge geschlüpft Hausarbeiten verrichten, sie streichen ihre eigenen vier Wände oder nageln auf ihrem Dach herum oder waschen ihr Auto. Irrsigler sei so ein typischer Österreicher, sagt Reger, und die Burgenländer sind die typischsten Österreicher. Der Burgenländer schlüpft nur einmal in der Woche für zwei oder höchstens für zweieinhalb Stunden in seinen Sonntagsanzug, um in die Kirche zu gehen, die übrige Zeit hat er den Schlosseranzug als Arbeitsanzug an, sagt Reger, lebenslänglich. Der Burgenländer arbeitet die ganze Woche im Schlosseranzug, schläft ausgesprochen wenig, aber gut und geht an Sonn- und Feiertagen im Sonntagsanzug in die Kirche, um dem Herrgott ein Lied zu singen, und um gleich darauf wieder den Sonntagsanzug aus- und den Schlosseranzug anzuziehen. Der Burgenländer ist auch in der heutigen Industriegesellschaft noch ein ausgesprochener Bauer, auch wenn der Burgenländer schon seit Jahrzehnten in die Fabrik arbeiten geht, ist er doch der Bauer geblieben, der seine Vorfahren waren, der Burgenländer wird immer ein Bauer sein, sagte Reger. Irrsigler ist schon so lange in Wien und ist doch ein Bauer geblieben, so Reger. Dem Bauern hat die Uniform, gleich welche, übrigens immer gepaßt, sagte Reger. Der Bauer ist entweder Bauer, oder in die Uniform geschlüpft, sagte Reger. Waren mehrere Kinder da, so ist einer Bauer geworden und Bauer geblieben und die übrigen sind in die staatliche oder in die christlich-katholische Uniform geschlüpft, das ist immer so gewesen, so Reger. Ein Burgenländer ist entweder Bauer, oder er schlüpft in eine Uniform, kann er weder Bauer sein, noch in eine Uniform hineinschlüpfen, geht er unweigerlich zugrunde, so Reger. Das Bauerntum ist seit Jahrhunderten, wenn aus dem Bauerntum heraus, in die Uniform geflüchtet, sagte Reger. Irrsigler habe, seiner eigenen Meinung zufolge, Glück gehabt, denn die Anstellung als staatsbeamteter Aufseher im

Kunsthistorischen Museum wird nur alle paar Jahre einmal vergeben, nämlich nur dann, wenn einer der Aufseher in Pension geht oder stirbt. Die Burgenländer werden gern als Aufseher in den Museen angestellt, warum, könne er, Irrsigler, nicht sagen, aber es sei eine Tatsache, der Großteil der Wiener Museumsaufseher sei aus dem Burgenland. Wahrscheinlich, so Irrsigler einmal, weil die Burgenländer als besonders ehrlich, aber auch als besonders dumm bekannt sind und als bescheiden. Weil sie, die Burgenländer, einen selbst heute noch *intakten Charakter* hätten. Wenn er verfolge, wie es bei der Polizei zugehe, sei er froh darüber, daß ihn die Polizei nicht angenommen habe. Er erwähnte auch, daß er einmal den Gedanken gehabt habe, in ein Kloster einzutreten, auch da werde ja die Kleidung beigestellt und heute suchten die Klöster ja Nachschub wie nie zuvor, aber *als Laienbruder* wäre er doch im Kloster *nur ausgenützt worden von den Höhergestellten,* wie er sich ausdrückte, *von den Priestern, die sich in den Klöstern doch ein recht schönes Leben machen auf Kosten der ihnen vollkommen hörigen Laienbrüder.* Er hätte da doch nur *Holz hacken und Schweine füttern* müssen und im Sommer in der brennenden Sonne die Krautköpfe aussortieren und im Winter die Klosterwege auszuschaufeln gehabt, sagte er. Die Laienbrüder in den Klöstern sind arme Würmer, so Irrsigler einmal, er habe kein armer Wurm sein wollen. Obwohl es seine Eltern gern gesehen hätten, wenn er in ein Kloster eingetreten wäre, *ich hätte ja sofort eintreten können,* sagte er, man habe ihn schon in Tirol erwartet. Laienbruder, das sei noch ärger als Gefangener in einer Strafanstalt, so Irrsigler. *Die priesterlichen Mönche haben es schön,* so er, *aber die Laienbrüder* seien *nichts als Sklaven.* In den Klöstern herrsche, so er, was die Laienbrüder betrifft, immer noch die mittelalterliche Sklaverei, die Laienbrüder haben nichts zu lachen und beim Essen bekommen sie auch nur, was übrig bleibt. Er habe nicht ausgefressenen Theologen, wie Reger sagt, *Gottmißbrauchern,* die in den Klöstern ihr Leben in Überfluß genießen, dienen wollen, er habe rechtzeitig *nein* gesagt. Reger sei mit der Familie Irrsigler einmal in den Prater gegangen, da war Regers Frau schon schwer krank gewesen. Im Umgang mit Kindern sei er, Reger, immer empfindlich gewesen, habe Kinder immer nur die kürzeste Zeit ausgehalten, er durfte nicht mitten in einem *Arbeitsprozeß* sein, wenn er zu Kindern ging, ein Abenteuer sei es gewesen, die Irrsiglerfamilie eines Tages auf einen Praterbesuch einzuladen, er, Reger, habe schon längere Zeit, jahrelang, wie er sich ausdrückte, das Gefühl gehabt, Irrsigler etwas zu schulden, *denn tatsächlich beanspruche ich ja im Kunsthistorischen Museum etwas, das mir nicht zusteht, ich setze mich stundenlang auf die Sitzbank im Bordone-Saal,* so Reger, *um zu denken, um nachzudenken und sogar, um Bücher und Schriften zu lesen, ich sitze auf der Sitzbank im Bordone-Saal, die für die normalen Museumsbesucher dort aufgestellt ist, nicht für mich und schon gar nicht für mich seit mehr als dreißig Jahren,* so Reger. Ich verlange von Irrsigler, daß er mich jeden zweiten Tag auf der Bordone-Saal-Sitzbank Platz nehmen läßt, ohne das verlangen zu können, schließlich wollen sich sehr oft im Bordone-Saal Leute auf die Bordone-Saal-Sitzbank setzen und können sich nicht hinsetzen, weil *ich* auf der Bordone-Saal-Sitzbank sitze, sagte Reger. Die Bordone-Saal-Sitzbank ist ja mehr oder weniger schon geradezu zur Voraussetzung für mein Denken geworden, so Reger gestern wieder einmal, viel mehr als im Ambassador, wo ich ja auch einen idealen Sitzplatz zum Denken habe, kommt mir doch die Bordone-Saal-Sitzbank entgegen, ich denke auf der Bordone-Saal-Sitzbank mit einer viel größeren Intensität als im Ambassador, wo ich ja auch denke, denn ich breche ja das Denken niemals ab, so Reger, wie Sie wissen, *denke ich die ganze Zeit,* ja ich denke auch im Schlaf, aber auf der Bordone-Saal-Sitzbank denke ich so, wie ich zu denken habe, also setze ich mich zum Denken auf die Bordone-Saal-Sitzbank. Jeden zweiten Tag nehme ich auf der Bordone-Saal-Sitzbank Platz, so Reger, naturgemäß nicht jeden Tag, das wäre dann tatsächlich doch das Zerstörerische, und also wenn ich mich täglich auf die Bordone-Saal-Sitzbank setzen würde, damit würde ich mir alles das zerstören, das mir etwas wert ist und mir ist naturgemäß nichts mehr wert, als das Denken, ich denke, also lebe ich, ich lebe, also denke ich, so Reger, also setze ich mich jeden Tag auf die Bordone-Saal-Sitzbank und bleibe mindestens drei oder vier Stunden auf der Bordone-Saal-Sitzbank sitzen, was aber nichts anderes heißt, als daß ich diese drei oder vier, ja manchmal sogar fünf Stunden die Bordone-Saal-Sitzbank ausschließlich für mich besetze und kein Mensch auf der Bordone-Saal-Sitzbank Platz nehmen kann. Für die erschöpften Museumsbesucher, die hier völlig erschöpft in den Bordone-Saal hereinkommen und sich auf die Bordone-Saal-Sitzbank setzen wollen, ist es natürlich ein Unglück, daß ich auf der Bordone-Saal-Sitzbank sitze, aber ich kann nicht anders, ich denke ja schon im Aufwachen zu Hause, daß ich mich möglichst bald auf die Bordone-Saal-Sitzbank setzen werde, um nicht verzweifeln zu müssen; könnte ich einmal nicht auf der Bordone-Saal-Sitzbank sitzen, ich wäre der verzweifeltste

Mensch, so Reger. In diesen über dreißig Jahren hat mir Irrsigler die
Bordone-Saal-Sitzbank immer frei gehalten, so Reger, nur einmal kam ich
in den Bordone-Saal und die Bordone-Saal-Sitzbank war besetzt, ein Engländer in Pumphose hatte auf der Bordone-Saal-Sitzbank Platz genommen gehabt und war nicht dazu zu bringen, von der Bordone-Saal-Sitzbank aufzustehen, auch nicht auf eindringliche Bitten Irrsiglers hin, auch
nicht auf meine Bitten hin, es nützte alles nichts, der Engländer blieb auf
der Bordone-Saal-Sitzbank sitzen, so Reger, und scherte sich nicht um
mich und um Irrsigler. Er sei extra aus England, genauer, aus Wales, nach
Wien ins Kunsthistorische Museum gekommen, um sich den *Weißbärtigen Mann* von Tintoretto anzuschauen, sagte der Engländer aus Wales,
so Reger, und er sehe nicht ein, warum er von der Sitzbank, die ja dazu da
sei, daß sich Museumsbesucher, die sich gerade für den *Weißbärtigen
Mann* von Tintoretto interessierten, darauf setzten, aufstehen solle. Ich
hatte lange Zeit auf den Engländer eingeredet, aber der Engländer hat mir
schließlich gar nicht mehr zugehört, es interessierte ihn folglich gar nicht
mehr, was ich gesagt habe, um ihm klar zu machen, wie wichtig für mich
das Sitzen auf der Bordone-Saal-Sitzbank sei, was für eine Bedeutung die
Bordone-Saal-Sitzbank für mich habe, Irrsigler hat zu dem Engländer, der
im übrigen eine erstklassige schottische Jacke angehabt hat, so Reger,
mehrere Male gesagt, daß die Bank, auf der er sitze, für mich reserviert sei,
was ja ganz gegen die Vorschrift war, denn keine einzige Bank im Kunsthistorischen Museum kann jemals eine reservierte Bank sein, mit dieser
Äußerung hat sich Irrsigler, so Reger, ins Unrecht gesetzt, aber er sagte
tatsächlich, die Bank sei reserviert; der Engländer hat aber in der Folge
weder von dem, das Irrsigler, noch von dem, das ich in bezug auf die
Bordone-Saal-Sitzbank zu ihm gesagt habe, Kenntnis genommen, er hatte
uns ruhig reden lassen und sich in einem kleinen Notizblock Notizen
gemacht, wahrscheinlich, wie ich annehme, den *Weißbärtigen Mann* betreffend. Der Engländer aus Wales ist *unter Umständen ein interessanter
Mann,* habe ich gedacht, so Reger, und ich dachte, bevor ich mich stehend
in eine doch längst sinn- und zwecklos gewordene Auseinandersetzung
mit ihm über die Bordone-Saal-Sitzbank einlasse, deren Bedeutung für
mich ich ihm ja niemals klar machen kann, setze ich mich gleich neben
ihn auf die Bank, daß ich mich ganz einfach in aller Höflichkeit, versteht
sich, neben den Engländer aus Wales auf die Bank setze, habe ich gedacht,
und ich habe mich ganz einfach neben ihn auf die Bank gesetzt. Der

Engländer aus Wales rückte ein paar Zentimeter weiter nach rechts, so daß
ich links Platz nehmen konnte. Ich war noch niemals sozusagen zu zweit
auf der Bordone-Saal-Sitzbank gesessen, jetzt zum ersten Mal. Irrsigler war
offensichtlich froh darüber, daß ich, durch mein Niedersetzen auf der
Bordone-Saal-Sitzbank, die Situation entschärft hatte und er verschwand
auch gleich auf ein kurzes Zeichen von mir, so Reger, während ich, ebenso
wie der Engländer aus Wales, wieder einmal den *Weißbärtigen Mann* in
Augenschein nahm. Interessiert Sie denn dieser *Weißbärtige Mann* wirklich? habe ich den Engländer gefragt und als sozusagen verzögerte Antwort
ein kurzes Nicken seines englischen Kopfes bekommen. Meine Frage war
unsinnig gewesen und es tat mir augenblicklich leid, sie gestellt zu haben,
ich dachte, so Reger, jetzt habe ich eine der dümmsten Fragen gestellt, die
sich überhaupt stellen lassen, und ich beschloß, nichts mehr zu sagen und
völlig schweigsam darauf zu warten, daß der Engländer aufsteht und geht.
Der Engländer dachte aber nicht daran, aufzustehen und zu gehen, im
Gegenteil, er nahm ein dickeres, in schwarzes Leder gebundenes Buch aus
der Jackentasche und las darin; abwechselnd las er in seinem Buch und
schaute er auf den *Weißbärtigen Mann,* währenddessen mir aufgefallen
war, daß er *Aqua brava* verwendete, ein Duftwasser, das mir nicht unangenehm ist. Wenn der Engländer *Aqua brava* verwendet, dachte ich, hat er
einen guten Geschmack. Die Leute, die *Aqua brava* verwenden, haben alle
einen guten Geschmack, ein Engländer, noch dazu ein Engländer aus
Wales, der *Aqua brava* verwendet, ist mir naturgemäß nicht unsympathisch, dachte ich, so Reger. Ab und zu tauchte Irrsigler auf, um nachzuschauen, ob der Engländer schon verschwunden sei, so Reger, aber der
Engländer dachte nicht daran, zu verschwinden, er las immer mehrere
Seiten in seinem schwarzledernen Buch und schaute dann wieder mehrere
Minuten auf den *Weißbärtigen Mann* und umgekehrt und es sah ganz so
aus, als habe er die Absicht, *sehr lange auf der Bordone-Saal-Sitzbank sitzen
zu bleiben.* Die Engländer gehen alles, das sie angehen, gründlich an,
genauso wie die Deutschen, wenn es sich um Kunst handelt, so Reger, und
einen gründlicheren Engländer, Kunst betreffend, habe ich in meinem
Leben nicht gesehen. Zweifellos saß ein sogenannter Kunstfachmann neben mir und ich dachte, so Reger, die Kunstfachmänner hast du doch
immer gehaßt, und jetzt sitzt du neben einem solchen Kunstfachmann
und findest ihn noch dazu sympathisch nicht nur, weil er *Aqua brava*
verwendet, nicht nur wegen seiner erstklassigen schottischen Kleidung,

nach und nach überhaupt sympathisch, so Reger. Kurz und gut, so Reger, der Engländer las mindestens eine halbe Stunde oder noch länger in seinem schwarzledernen Buch und schaute ebenso lange auf den *Weißbärtigen Mann* von Tintoretto, also eine ganze Stunde saß er auf der Bordone-Saal-Sitzbank neben mir, bis er plötzlich aufstand und sich nach mir umdrehte und mich fragte, was *ich* denn hier im Bordone-Saal suchte, es sei doch recht ungewöhnlich, daß sich jemand über eine ganze Stunde in einem Saal wie dem Bordone-Saal aufhalte, *auf dieser äußerst unbequemen Sitzbank* sitze und den *Weißbärtigen Mann* anstarre. Da war ich natürlich vollkommen verblüfft, so Reger, und ich hatte im Augenblick nicht gewußt, was ich dem Engländer antworten sollte. Ja, sagte ich, ich weiß es selbst nicht, was ich hier suche, habe ich zu dem Engländer aus Wales gesagt, es ist mir nichts anderes eingefallen. Der Engländer schaute mich irritiert an, so, wie wenn ich für ihn absolut ein Narr gewesen wäre. *Bordone,* sagte der Engländer, *unbedeutend, Tintoretto, nun ja,* sagte er. Der Engländer nahm sein Taschentuch aus der linken Hosentasche und steckte es in die rechte. Eine typische Verlegenheitslösung sagte ich mir, und da der Engländer, an dem ich auf einmal Gefallen gefunden hatte, gehen hatte wollen, nachdem er sein schwarzledernes Buch und seinen Notizblock längst wieder eingesteckt gehabt hatte, forderte ich ihn auf, noch einmal auf der Bordone-Saal-Sitzbank Platz zu nehmen und mir noch eine kurze Zeit Gesellschaft zu leisten, er interessiere mich, sagte ich unumwunden, eine gewisse Faszination ginge für mich von ihm aus, hatte ich zu ihm gesagt, so Reger zu mir. So lernte ich zum ersten Mal einen Engländer aus Wales kennen, der mir absolut sympathisch gewesen ist, sagte Reger, denn die Engländer im allgemeinen sind mir nicht sympathisch, wie die Franzosen übrigens auch nicht, wie die Polen auch nicht, wie die Russen auch nicht und ganz zu schweigen von den Skandinaviern, die mir immer unsympathisch gewesen sind. Ein sympathischer Engländer ist eine Kuriosität, hatte ich bei mir gedacht, wie ich mich, nachdem ich ja, wie sich der Engländer erhoben hatte, mit diesem aufgestanden war, wieder mit diesem gesetzt hatte. Es interessierte mich, ob der Engländer tatsächlich nur wegen des *Weißbärtigen Mannes* ins Kunsthistorische Museum gegangen sei, so Reger, und ich fragte ihn also, ob das tatsächlich der Grund sei und der Engländer nickte mit dem Kopf. Er sprach übrigens englisch, was mir angenehm gewesen war, dann aber auf einmal deutsch, ein sehr gebrochenes Deutsch, dieses von den Engländern gebrochene

Deutsch, das alle Engländer sprechen, wenn sie glauben, sie können
Deutsch, was aber niemals der Fall ist, so Reger, wahrscheinlich wollte der
Engländer, um in der deutschen Sprache weiter zu kommen, deutsch
sprechen und nicht englisch, warum auch nicht, im Ausland spricht man
am liebsten die ausländische Sprache, wenn man kein Dummkopf ist, so
sprach er also in seinem englisch gebrochenen Deutsch davon, daß er
tatsächlich nur wegen des *Weißbärtigen Mannes* nach Österreich und nach
Wien gekommen sei, nicht wegen Tintoretto, sagte er, sagte Reger, sondern nur wegen des *Weißbärtigen Mannes,* das ganze Museum interessiere
ihn nicht, überhaupt nicht, er habe für Museen nicht das geringste übrig,
er hasse Museen und sei immer nur widerwillig in Museen hineingegangen, in das Wiener Kunsthistorische Museum sei er ja nur hereingegangen, um den *Weißbärtigen Mann* zu studieren, denn er habe bei sich *zu
Hause einen ebensolchen Weißbärtigen Mann* über dem Kamin seines
Schlafzimmers in Wales hängen, *tatsächlich denselben Weißbärtigen Mann,*
sagte der Engländer, sagte Reger. Ich habe gehört, hat der Engländer
gesagt, sagte Reger, daß im Wiener Kunsthistorischen Museum ein ebensolcher *Weißbärtiger Mann* hängt, wie in meinem Schlafzimmer in Wales,
das hat mir keine Ruhe gelassen und ich bin nach Wien gefahren. Zwei
Jahre habe ich in meinem Schlafzimmer in Wales keine Ruhe mehr gehabt, in dem Gedanken, daß möglicherweise tatsächlich ein ebensolcher
Weißbärtiger Mann von Tintoretto im Kunsthistorischen Museum in
Wien hängt wie in meinem Schlafzimmer und so bin ich gestern nach
Wien gereist. Ob Sie es glauben oder nicht, so der Engländer, so Reger zu
mir, der gleiche *Weißbärtige Mann* von Tintoretto, der in meinem Schlafzimmer in Wales hängt, hängt auch hier. Ich traute meinen Augen nicht,
sagte der Engländer selbstverständlich auf englisch, als ich die Gewißheit
hatte, daß dieser *Weißbärtige Mann* der gleiche wie in meinem Schlafzimmer ist, bin ich natürlich zutiefst erschrocken gewesen. Dieses Ihr Erschrecken haben Sie aber gut verbergen können, habe ich zu dem Engländer gesagt, so Reger zu mir. Die Engländer sind ja schon immer Meister
gewesen in der Beherrschung, habe ich zu dem Engländer aus Wales gesagt, sagte Reger, selbst in der äußersten Erregung bewahren sie eine kalt-
blütige Ruhe, habe ich zu dem Engländer gesagt, sagte Reger zu mir. Ich
verglich die ganze Zeit meinen *Weißbärtigen Mann* von Tintoretto, der in
meinem Schlafzimmer in Wales hängt, mit dem *Weißbärtigen Mann* von
Tintoretto hier in diesem Saal, sagte der Engländer und er zog sein

schwarzledernes Buch aus der Jackentasche und zeigte mir darin die Ab-
bildung *seines* Tintoretto. Tatsächlich, sagte ich zu dem Engländer, der in
dem Buch abgebildete Tintoretto ist der gleiche, wie der, der hier an der
Wand hängt. Ja, sehen Sie, auch Sie sagen es! sagte der Engländer aus
Wales. Bis ins kleinste Detail ist es das gleiche Bild, sagte ich, der *Weiß-*
bärtige Mann von Tintoretto hier in Ihrem Buch ist der gleiche wie der
hier an der Wand hängende. Sie können, wie gesagt wird, tatsächlich bis
ins kleinste Detail gehen, Sie müssen sagen, alles deckt sich auf die verblüffendste Weise, als ob es sich tatsächlich um ein und dasselbe Bild
handelte, sagte ich, sagte Reger zu mir. Der Engländer war aber gar nicht
aufgeregt, sagte Reger, mich hätte die Tatsache, daß das Bild im Bordone-
Saal tatsächlich identisch ist mit dem Bild in meinem Schlafzimmer, nicht
so kalt gelassen, sagte Reger, der Engländer schaute in sein schwarzledernes Buch, in welchem ganzseitig und in Farbe, wie gesagt wird, der *Weiß-*
bärtige Mann aus seinem Schlafzimmer in Wales abgebildet ist und wieder
auf den *Weißbärtigen Mann* im Bordone-Saal. Ein Neffe von mir ist vor
zwei Jahren in Wien gewesen und weil er nicht jeden Tag in das Konzerthaus gehen hat wollen, ist er, ohne daß ihn das wirklich interessiert hätte,
an einem Dienstag in das Kunsthistorische Museum gegangen, sagte der
Engländer, so Reger, einer meiner vielen Neffen, die jedes Jahr ihre großen
Reisen machen durch Europa oder Amerika oder Asien, wie immer, und
da sah er im Kunsthistorischen Museum den *Weißbärtigen Mann* von
Tintoretto an der Wand, ganz aufgeregt ist er zu mir gekommen und hat
gesagt, er habe sozusagen *meinen Tintoretto im Kunsthistorischen Museum*
hängen gesehen. Das glaubte ich natürlich nicht und ich lachte meinen
Neffen aus, sagte der Engländer, sagte Reger, ich hielt das Ganze für einen
üblen Scherz, für einen jener üblen Scherze, mit welchen mich meine
Neffen das ganze Jahr über konfrontieren und an welchen sie ihre Freude
haben. *Mein Tintoretto in Wien im Kunsthistorischen Museum?* sagte ich,
und ich sagte meinem Neffen, er sei einem Phantom aufgesessen, er solle
sich diese Absurdität aus dem Kopf schlagen. Der Neffe bestand aber
darauf, in Wien im Kunsthistorischen Museum meinen Tintoretto an der
Wand hängen gesehen zu haben. Natürlich bohrte diese unglaubliche
Mitteilung meines Neffen in mir, sagte der Engländer, sagte Reger, sie ließ
mir im Grunde keine Ruhe. Mein Neffe ist einem Irrtum aufgesessen,
habe ich die ganze Zeit gedacht. Aber ich brachte die Sache doch nicht
mehr aus meinem Kopf. Mein Gott, sagte der Engländer, Sie können sich

nicht vorstellen, wieviel wert dieser Tintoretto ist, ein Erbstück, eine Großtante mütterlicherseits, meine sogenannte Glasgow-Tante, hat mir den Tintoretto vermacht, sagte der Engländer, sagte Reger. Ich habe das Bild im Schlafzimmer hängen, weil es mir da am gesichertsten erscheint, da hängt es über meinem Bett, *schlechtester Lichteinfluß, der sich denken läßt,* sagte der Engländer, sagte Reger. In England werden täglich Tausende von Alten Meistern gestohlen, sagte der Engländer, sagte Reger, es gibt in England Hunderte von organisierten Gruppen, die sich auf den Diebstahl von Alten Meistern spezialisiert haben, vor allem auf die Italiener, die ja in England besonders beliebt sind. Ich bin kein Kunstkenner, mein Herr, so der Engländer, sagte Reger, ich verstehe absolut nichts von Kunst, aber ein solches Meisterwerk weiß ich natürlich zu schätzen. Ich hätte es schon oft verkaufen können, aber noch habe ich das nicht notwendig, noch nicht, sagte der Engländer, sagte Reger, aber es kann natürlich der Augenblick kommen, in welchem ich den *Weißbärtigen Mann* verkaufen muß. Ich habe ja nicht nur den *Weißbärtigen Mann* von Tintoretto, ich besitze mehrere Dutzend Italiener, einen Lotto, Crespi, Strozzi, Giordano, einen Bassano, wissen Sie, durchaus ganz große Meister. Alle von dieser Glasgow-Tante, sagte der Engländer, sagte Reger. Ich wäre nie nach Wien gekommen, wenn mich nicht der Verdacht, mein Neffe könne möglicherweise doch damit recht haben, daß mein Tintoretto im Kunsthistorischen Museum in Wien hängt, fortwährend gequält hätte, ich habe mich nie für Wien interessiert, denn ich bin ja auch kein Musik*kenner,* nicht einmal ein Musik*liebhaber,* sagte der Engländer, sagte Reger, mich hätte nichts nach Österreich kommen lassen, wenn nicht dieser Verdacht. Und da sitze ich jetzt und sehe, daß tatsächlich mein Tintoretto hier im Kunsthistorischen Museum an der Wand hängt. Sehen Sie doch selbst, dieser *Weißbärtige Mann,* der hier abgebildet ist und der in meinem Schlafzimmer in Wales hängt, ist der Tintoretto, der hier im Kunsthistorischen Museum an der Wand hängt, sagte der Engländer, sagte Reger, und der Engländer hielt mir noch einmal das aufgeschlagene schwarzlederne Buch vor die Augen. Es ist, als ob es nicht nur das gleiche, sondern absolut dasselbe wäre, sagte der Engländer, sagte Reger. Der Engländer stand von der Sitzbank auf und ging ganz nahe an den *Weißbärtigen Mann* heran und blieb eine Weile vor dem *Weißbärtigen Mann* stehen. Ich beobachtete den Engländer und bestaunte ihn gleichzeitig, denn ich hatte noch nie einen Menschen mit einer solchen geradezu übermenschlichen

Beherrschung gesehen, sagte Reger, ich beobachtete den Engländer aus Wales und ich dachte, ich selbst hätte in Anbetracht einer solchen Ungeheuerlichkeit, daß nämlich im Kunsthistorischen Museum haargenau dasselbe Bild hängt, wie in meinem Schlafzimmer über meinem Bett in Wales, vollkommen die Beherrschung verloren. Ich beobachtete den Engländer, wie er ganz nahe auf den *Weißbärtigen Mann* zuging und ihn anstarrte, naturgemäß konnte ich, da ich ihn ja von rückwärts beobachtete, nicht von vorne sehen, sagte Reger zu mir, aber ich wußte natürlich, auch wenn ich ihn von hinten beobachtete, daß er den *Weißbärtigen Mann* anstarrte und zwar doch mehr oder weniger fassungslos. Der Engländer drehte sich lange Zeit nicht um und wie er sich umdrehte, war sein Gesicht kreidebleich, sagte Reger. Ein so kreidebleiches Gesicht habe ich in meinem Leben selten gesehen, so Reger, ein englisches schon gar nicht. Der Engländer hatte ja, bevor er aufgestanden war und den *Weißbärtigen Mann* angestarrt hatte, *dieses typische gerbrote Engländergesicht,* jetzt war sein Gesicht nurmehr noch kreidebleich, so Reger über den Engländer. Fassungslos ist nicht einmal der angemessene Ausdruck, sagte Reger über den Engländer. Irrsigler hat die Szene die ganze Zeit beobachtet, sagte Reger, schweigend war Irrsigler an jener Ecke gestanden, wo es zu den Veronese-Bildern geht, so Reger. Der Engländer setzte sich wieder auf die Bordone-Saal-Sitzbank, auf der ich die ganze Zeit sitzen geblieben war, und sagte, daß es tatsächlich *ein und dasselbe Gemälde* sei, nämlich das, das in seinem Schlafzimmer in Wales über seinem Bett hängt, und das hier an der Wand im Kunsthistorischen Museum im Bordone-Saal. Er logiere im *Hotel Imperial,* das ihm sein Neffe empfohlen habe, sagte der Engländer, sagte Reger. Ich hasse diesen Luxus, aber ich genieße ihn gleichzeitig, wenn ich darauf Lust habe. Er steige nur in den besten Hotels ab, sagte der Engländer, sagte Reger, *also selbstverständlich in Wien im Imperial, wie in Madrid im Ritz, wie in Taormina im Timeo.* Aber ich verreise sehr ungern, nur alle paar Jahre einmal und meistens ist der Grund kein Vergnügen, sagte der Engländer, sagte Reger. Es ist ganz klar, daß eines dieser Tintorettogemälde eine Fälschung ist, sagte der Engländer dann, sagte Reger, entweder ist das hier gefälscht, das hier im Kunsthistorischen Museum, oder meins, das über meinem Bett hängt in meinem Schlafzimmer in Wales. *Eins von beiden muß eine Fälschung sein,* sagte der Engländer und drückte seinen kräftigen Körper für kurze Zeit an die Bordone-Saal-Sitzbankrückenlehne; gleich richtete er sich aber wieder auf und sagte, da hat mein Neffe also doch recht gehabt. Ich habe meinen Neffen verflucht, denn ich war mir doch sicher, daß er mir einen Unsinn erzählt hat, wie es die Art dieses Neffen ist, mich nämlich von Zeit zu Zeit zu beunruhigen in irgendeiner Sache oder mich vor den Kopf zu stoßen; er ist übrigens mein Lieblingsneffe, obwohl er mir zeit seines Lebens auf die Nerven geht und im Grunde nichts wert ist. Aber er ist mein Lieblingsneffe. Er ist der fürchterlichste aller meiner Neffen, aber mein Lieblingsneffe. Er hat richtig gesehen, sagte der Engländer, tatsächlich, der Tintoretto hier ist mit meinem in Wales identisch. *Aber es gibt zwei Tintorettos,* sagte der Engländer dann und lehnte sich wieder an der Bordone-Saal-Sitzbank an, um sich gleich wieder aufzurichten. Einer von beiden ist falsch, sagte er, und ich frage mich natürlich, ist meiner falsch, oder der hier im Kunsthistorischen Museum. Möglich ist es ja, daß das Kunsthistorische Museum eine Fälschung besitzt und daß mein Tintoretto echt ist, das ist sogar, wie ich die Zusammenhänge meiner Glasgow-Tante kenne, wahrscheinlich. Schon kurz nachdem Tintoretto diesen *Weißbärtigen Mann* gemalt hat, ist dieser *Weißbärtige Mann* ja nach England verkauft worden, zuerst an die Familie des Herzogs von Kent, dann an meine Glasgow-Tante. Übrigens ist der heutige Herzog von Kent mit einer Österreicherin verheiratet, das wissen Sie doch, sagte der Engländer plötzlich zu mir, sagte Reger, einer kurzen Ablenkung zuliebe, um dann gleich darauf zu sagen, daß mit Sicherheit der Tintoretto hier, also der *Weißbärtige Mann* hier im Kunsthistorischen Museum, eine Fälschung sei. *Eine ganz ausgezeichnete Fälschung,* sagte der Engländer dann. Ich werde sehr bald herausbekommen, welcher *Weißbärtige Mann* von Tintoretto nun der echte und welcher der gefälschte ist, sagte der Engländer, sagte Reger, und dann, daß es aber auch durchaus möglich sei, daß beide *Weißbärtigen Männer* echt sind, also von Tintoretto und echt sind. Nur einem so großen Künstler wie Tintoretto mag es, so der Engländer, so Reger, tatsächlich gelungen sein, ein zweites Gemälde nicht *als ein vollkommen gleiches, sondern als vollkommen dasselbe zu malen. Das wäre dann immerhin eine Sensation,* sagte der Engländer, sagte Reger, und ging aus dem Bordone-Saal hinaus. Er hat sich nur mit einem kurzen *Good bye* von mir verabschiedet, mit dem gleichen *Good bye* auch noch von Irrsigler, der Zeuge der ganzen Szene gewesen war, so Reger zu mir. Wie die Sache ausgegangen ist, weiß ich nicht, sagte Reger, ich habe mich nicht mehr darum gekümmert. Jedenfalls, der Engländer war derjenige, so Reger, der einmal auf der Bordone-Saal-Sitzbank gesessen ist, wie ich in den Bordone-Saal eingetreten bin. Kein anderer. Reger bildet sich die Bordone-Saal-Sitzbank seit über dreißig Jahren ein, er behauptet, daß er nicht ordentlich, das heißt, *nicht seinem Kopf entsprechend denken* könne, wenn er nicht auf der Bordone-Saal-Sitzbank sitzt. Im Ambassador habe ich sehr gute Gedanken, so Reger immer wieder einmal, auf der Bordone-Saal-Sitzbank im Kunsthistorischen Museum aber habe ich die besseren, zweifellos immer die besten Gedanken, kommt im Ambassador kaum ein sogenanntes philosophisches Denken in Gang, ist es doch auf der Bordone-Saal-Sitzbank eine Selbstverständlichkeit. Im Ambassador denke ich wie jeder andere auch denkt, das Alltägliche und das alltäglich Notwendige, auf der Bordone-Saal-Sitzbank aber denke ich immer mehr das Außergewöhnliche und das Außerordentliche. Beispielsweise sei es ihm im Ambassador nicht möglich, die *Sturmsonate* in derselben konzentrierten Weise wie auf der Bordone-Saal-Sitzbank zu erläutern und einen Vortrag zu halten wie den über die Kunst der Fuge in allen seinen Tiefen und in allen seinen Besonder- und Absonderheiten, sei ihm im Ambassador völlig unmöglich, *dazu fehlt im Ambassador jede Voraussetzung,* so Reger. Auf der Bordone-Saal-Sitzbank sei es ihm möglich, selbst die kompliziertesten Gedanken aufzugreifen und zu verfolgen und schließlich zu einem interessanten Ergebnis zusammenzubringen, im Ambassador nicht. Aber das Ambassador hat natürlich eine Reihe von Vorzügen, die das Kunsthistorische Museum nicht hat, sagte Reger, ganz abgesehen davon, daß ich jedesmal von der Toilette im Ambassador begeistert bin, seit diese Toilette kürzlich neugebaut worden ist, wissen Sie, das ist in Wien, wo ja tatsächlich alle Toiletten so verwahrlost sind wie in keiner anderen größeren Stadt Europas, doch eine Seltenheit, eine Toilette vorzufinden, in welcher es einem nicht den Magen umdreht und in welcher man sich nicht die ganze Zeit, während man sich in ihr aufhält, Augen und Nase unbedingt zuhalten muß; die Wiener Toiletten sind insgesamt ein Skandal, selbst auf dem unteren Balkan finden Sie nicht eine einzige solche verwahrloste Toilette, sagte Reger. Wien hat keine Toilettenkultur, sagte er, Wien ist ein einziger Toilettenskandal, selbst in den berühmtesten Hotels der Stadt befinden sich skandalöse Toiletten, die scheußlichsten Aborte finden Sie in Wien, so scheußlich wie in keiner anderen Stadt, wenn Sie Wasser ablassen müssen, erleben Sie Ihr Wunder, sagte er. Wien ist ganz oberflächlich wegen seiner Oper berühmt, aber tatsächlich gefürchtet und verabscheut wegen seiner skandalösen Toiletten. Die Wiener, ja die Österreicher insgesamt, haben keine Toilettenkultur, auf der ganzen Welt finden Sie keine derartig verschmutzten und übelriechenden Aborte, sagte Reger. In Wien auf den Abort gehen zu müssen, ist meistens eine Katastrophe, man macht sich in ihnen, wenn man kein Akrobat ist, schmutzig und der Gestank in ihnen ist so groß, daß er sich oft auf Wochen in den Kleidern festsetzt. Überhaupt, sagte Reger, sind die Wiener schmutzig, es gibt keine europäischen Großstädter, die schmutziger sind, wie es ja bekannt ist, daß die schmutzigsten europäischen Wohnungen die Wiener Wohnungen sind, die Wiener Wohnungen sind noch viel schmutziger als die Wiener Toiletten. Die Wiener sagen andauernd, auf dem Balkan ist es so schmutzig, überall hören Sie das Gerede, aber in Wien ist es noch hundertmal schmutziger als auf dem Balkan, so Reger. Wenn Sie mit einem Wiener in seine Wohnung gehen, bleibt Ihnen meistens vor Schmutz der Verstand stehen. Natürlich gibt es Ausnahmen, aber die Regel ist doch, daß die Wiener Wohnungen die schmutzigsten Wohnungen auf der Welt sind. Immer denke ich, was denken sich die Ausländer, wenn sie auf die Toilette gehen müssen in Wien, was denken sich diese Leute, die ja doch saubere Toiletten gewohnt sind, wenn sie in diese schmutzigsten Toiletten von ganz Europa gehen müssen. Die Leute gehen nur schnell ihr Wasser ablassen und kommen entsetzt vor soviel Schmutz im Pissoir zurück. Überall dieser übelstinkende Geruch auch in allen öffentlichen Aborten, gleich, ob Sie auf den Bahnhöfen auf den Abort gehen oder weil es Sie in der Untergrundbahn dazu nötigt, Sie müssen einen der schmutzigsten Aborte von Europa aufsuchen. Auch und vor allem in den Wiener Kaffeehäusern sind die Toiletten so schmutzig, daß es einen ekelt, sagte Reger. Einerseits dieser größenwahnsinnige gigantische Mehlspeisenkult, andererseits diese fürchterlich schmutzigen Toiletten, sagte er. In vielen dieser Toiletten kommt es einem vor, als wäre in ihnen schon jahrelang nicht mehr geputzt worden. Die Kaffeehausbesitzer schützen einerseits ihre Mehlspeisen vor der geringsten Zugluft, was den Mehlspeisen natürlich zugute kommt, legen andererseits aber nicht den geringsten Wert auf die Sauberkeit in ihren Aborten. Wehe, sagte Reger, wenn man einmal bevor man noch mit dem Mehlspeiseessen begonnen hat, auf die Toilette gehen muß in einem dieser zum Großteil doch recht berühmten Kaffeehäuser, da vergeht es einem, wenn man aus der Toilette herauskommt, gründlich, auch nur einen Bissen von der angebotenen oder gar schon servierten Mehlspeise zu essen. Aber auch die

Wiener Restaurants sind schmutzig, ich behaupte, sie sind die schmutzigsten in ganz Europa. Alle Augenblicke sind Sie mit einem vollkommen bekleckerten Tischtuch konfrontiert und wenn Sie den Kellner darauf aufmerksam machen, daß das Tischtuch bekleckert ist und Sie nicht die Absicht haben, auf einem von vorn bis hinten bekleckerten Tischtuch Ihre Mahlzeit einzunehmen, wird dieses vollkommen bekleckerte Tischtuch nur widerwillig weggenommen und durch ein neues ersetzt, Sie ziehen, wenn Sie die Entfernung eines schmutzigen Tischtuchs verlangen, doch nur wütende und tatsächlich gemeingefährliche Blicke auf sich. In den meisten Gasthäusern bekommen Sie ja nicht einmal ein Tischtuch auf den Tisch und wenn Sie darum bitten, man möge doch den ärgsten Schmutz von der schmutzigen, sehr oft tatsächlich biernassen Platte wischen, bekommen Sie eine ungezogene Maulerei zu hören, sagte Reger. Die Toilettenfrage und die Tischdeckenfrage sind in Wien nicht gelöst, sagte Reger. In jeder Großstadt der Welt, und ich habe schließlich beinahe alle bereist und die meisten von ihnen mehr als nur oberflächlich kennen gelernt, bekommen Sie als Selbstverständlichkeit ein sauberes Tischtuch auf den Tisch, bevor Sie mit Ihrer Mahlzeit anfangen. In Wien ist ein sauberes Tischtuch oder wenigstens eine saubere Tischplatte durchaus keine Selbstverständlichkeit. Und mit den Toiletten verhält es sich genauso, die Wiener Toiletten sind die ekelerregendsten nicht nur in Europa, sondern in der ganzen Welt. Was haben Sie vor einem vorzüglichen Essen, wenn Ihnen schon bevor Sie zu essen anfangen, in der Toilette der Appetit vergeht und was haben Sie nach einem vorzüglichen Essen, wenn es Ihnen dann in der Toilette den Magen umdreht, sagte er. Die Wiener haben, wie die Österreicher insgesamt, keine Toilettenkultur, ein österreichischer Abort ist immer eine Katastrophe gewesen, sagte Reger. So berühmt Wien für seine zum Großteil ja wirklich exzellente Küche ist, wenigstens was die Mehlspeisen anlangt, so unrühmlich ist sein Ruf, seine Toiletten betreffend. Das Ambassador hat auch bis vor kurzem noch eine Toilette gehabt, die jeder Beschreibung spottete. Eines Tages hat sich die Direktion aber doch besonnen und eine neue gebaut, eine außerordentlich gut gelungene, tatsächlich eine *nicht nur architektonisch, sondern auch sanitärsoziologisch bis in die kleinsten Einzelheiten hinein perfekte.* Tatsächlich sind die Wiener die schmutzigsten Leute in Europa und es ist wissenschaftlich festgestellt, daß der Wiener nur einmal in der Woche ein Stück Seife verwendet, wie es ebenso wissenschaftlich festgestellt ist, daß er seine

Unterhosen nur einmal wöchentlich wechselt, wie er seine Hemden auch höchstens zweimal in der Woche wechselt und die meisten Wiener wechseln ihre Bettwäsche nur monatlich einmal, so Reger. Die Socken oder Strümpfe hat der Wiener im Durchschnitt gar zwölf Tage hintereinander an, sagte Reger. So gesehen, machen die Seifenfabrikanten und die Wäscheerzeuger nirgendwo in Europa ein so schlechtes Geschäft wie in Wien und natürlich in ganz Österreich, so Reger. Dafür verbrauchen sie Unmengen von Duftwasser der billigsten Kategorien, sagte Reger, und alle stinken sie schon von weitem penetrant nach Veilchen oder Nelken oder Maiglöckchen oder Buchsbaum. Und es ist natürlich konsequent, von dem äußeren Schmutz der Wiener, auf ihren inneren Schmutz zu schließen, so Reger, und tatsächlich sind die Wiener innen nicht viel weniger schmutzig als außen und möglicherweise, sagte Reger, ich sage möglicherweise, also nicht ganz mit Sicherheit, verbesserte er sich, sind die Wiener innen noch viel schmutziger, als sie außen sind. Alles spricht dafür, daß sie innen noch viel schmutziger sind, als außen. Darüber nachzudenken habe ich aber keine Lust, sagte er dann, das wäre durchaus eine Aufgabe für sogenannte Soziologiker, darüber eine Studie zu schreiben. In dieser Studie müßten wahrscheinlich doch die Wiener als die allerschmutzigsten Menschen Europas beschrieben werden, meinte Reger. Wie froh bin ich, sagte er, daß es im Ambassador eine neugebaute Toilette gibt, im Kunsthistorischen Museum ist es noch immer die alte. Da ich ja immer älter und nicht jünger werde, muß ich in letzter Zeit auch im Kunsthistorischen Museum immer öfter den Abort aufsuchen, sagte Reger, das ist unter den Umständen, die hier immer noch herrschen, jeden Tag eine mir auf die Nerven gehende Unannehmlichkeit, denn der Abort im Kunsthistorischen Museum ist unter aller Kritik. Wie ja auch der Abort im Musikverein unter aller Kritik ist. Ich habe mir sogar einmal den Scherz erlaubt, in eine meiner Kritiken für die Times einfließen zu lassen, daß der Abort im Musikverein, also in dem obersten aller obersten Wiener Musentempel, jeder Beschreibung spottet und daß es mich jedesmal eine Überwindung kostet, in den Musikverein hineinzugehen aus diesem Grunde, aus diesem skandalösen Abortgrund, sagte Reger, und daß ich mir sehr oft zu Hause überlege, ob ich in den Musikverein gehe oder nicht, denn ich muß ja in meinem Alter und mit meinen Nieren wenigstens zweimal während eines Musikvereinsabends auf den Abort. Ich bin aber doch immer wieder in den Musikverein gegangen wegen Mozart und

Beethoven, wegen Berg und Schönberg, wegen Bartók und Webern und
habe meine Abortangst überwunden. Wie außerordentlich muß die Musik sein, die im Musikverein gespielt wird, sagte Reger, daß ich sogar
hingehe, obwohl ich wenigstens zweimal abendlich den Abort des Musik-
vereins aufsuchen muß. Die Kunst kennt kein Erbarmen, sage ich mir
jedesmal, wenn ich in den Musikvereinsabort hineingehe und gehe hinein,
sagte Reger. Mit geschlossenen Augen und mit nach Möglichkeit zuge-
haltener Nase lasse ich im Musikvereinsabort mein Wasser ab, sagte er, das
ist eine ganz spezielle Kunst an sich, die ich aber schon längere Zeit virtuos
beherrsche. Abgesehen davon, daß die Wiener Toiletten und die Wiener
Aborte insgesamt die schmutzigsten auf der Welt sind, die sogenannten
Entwicklungsländer ausgenommen, funktioniert in ihnen auch nichts,
was das Sanitäre betrifft, entweder es fließt kein Wasser zu, oder es fließt
kein Wasser ab, oder es fließt weder zu noch ab, monatelang unter Umständen kümmert sich niemand darum, ob die Toiletten und Aborte funktionieren, sagte Reger. Wahrscheinlich ist dieser entsetzliche Zustand der
Wiener Toiletten und überhaupt aller Wiener Aborte nur zu verbessern,
indem die Stadt oder der Staat, wer auch immer, die schärfsten *Toiletten-
und Abortgesetze* erläßt, so rigoros scharfe, daß die Hoteliers und die Gastwirte und die Kaffeehausbesitzer ihre Toiletten und Aborte tatsächlich in
Ordnung halten müssen. Die Hoteliers und die Gastwirte und die Kaffeehausbesitzer ändern den Zustand nicht, sie prolongieren diese ganze
Toiletten- und Abortschweinerei sicher in alle Ewigkeit, wenn sie nicht
von stadt- oder staatswegen dazu gezwungen werden, die Toiletten und
die Aborte in Ordnung zu bringen. Wien ist die Stadt der Musik, habe ich
einmal in der Times geschrieben, aber auch die Stadt der ekelerregendsten
Toiletten und Aborte. In London weiß man das inzwischen, in Wien
naturgemäß nicht, denn die Wiener lesen die Times nicht, sie begnügen
sich mit den primitivsten und allerscheußlichsten Blättern, die auf der
Welt überhaupt nur zum Verdummungszweck gedruckt werden, also mit
dem perversen Wiener Gefühls- und Geisteszustand geradezu ideal angemessenen Blättern. Die russische Gruppe war weg, die Sitzbank im Bordone-Saal war leer. Reger war, das hatte ich ja noch gesehen, nachdem ihm
Irrsigler etwas ins Ohr geflüstert hatte, aufgestanden und hinausgegangen
mit dem schwarzen Hut auf dem Kopf, den er die ganze Zeit aufbehalten
hatte. Es war jetzt zwei Minuten vor halb zwölf. Die russische Gruppe
stand im sogenannten Veronese-Saal, die ukrainische Dolmetscherin re-

dete jetzt über Veronese, aber was sie über Veronese redete, hatte sie vorher schon über Bordone und Tintoretto geredet, die gleichen Unwichtigkeiten, das gleiche Geschwätz, in derselben Tonart mit derselben unangenehmen Stimme, nicht nur das übliche unangenehme weiblich-russische, das grundsätzlich immer auf die Nerven geht, hat sie geredet, sie redete vor allem unausgesetzt in einer mir beinahe unerträglichen sogenannten Schneidetonhöhe, so daß ich tatsächlich die ganze Zeit an einem stechenden Schmerz in meinen Gehörgängen zu leiden hatte. Ein Gehör wie das meinige ist empfindlich und es hält vor allem häßliche Frauenstimmen in dieser bestimmten Schneidetonhöhe kaum aus. Warum auch Irrsigler jetzt schon längere Zeit nicht mehr zu sehen war, obwohl er doch sonst immer alle Augenblicke, ganz der Vorschrift entsprechend, auch in den Bordone-Saal hineinzuschauen hatte, wußte ich auch nicht, es kam mir doch sehr merkwürdig vor, daß er und Reger zusammen aus dem Bordone-Saal hinausgegangen und so lange nicht mehr zurückgekommen waren. Aber da ich für halb zwölf Uhr mit Reger eben in diesem Bordone-Saal verabredet war und Reger der pünktlichste und verläßlichste Mensch ist, den ich kenne, wird Reger genau um halb zwölf in den Bordone-Saal zurückkommen, dachte ich, und kaum hatte ich das gedacht, ist Reger auch schon in den Bordone-Saal zurückgekommen, nicht ohne sich bevor er sich dann endgültig wieder auf die Bordone-Saal-Sitzbank setzte, nach allen Richtungen umzuschauen, das voraussehend hatte ich mich ja gleich, wie ich ihn in den Bordone-Saal zurückkommen gehört hatte, in den Sebastiano-Saal zurückgezogen, ich stellte mich im Sebastiano-Saal wieder in den Winkel, in welchen ich von der rabiaten russischen Gruppe abgedrängt worden war, von wo aus ich aber den wieder in den Bordone-Saal zurückgekehrten Reger gut beobachten konnte, diesen mißtrauischen Reger, wie ich dachte, der sich immer überallhin umschaute, um ja sicher zu sein, und der unter anderem ja auch zeitlebens an einem geradezu tödlichen Verfolgungswahn gelitten hat, der ihm naturgemäß immer nützlich gewesen ist, ohne ihm und anderen wirklich gefährlich zu werden. Reger saß jetzt wieder auf der Bordone-Saal-Sitzbank, den *Weißbärtigen Mann* von Tintoretto betrachtend. Punkt halb zwölf schaute er auf die von ihm blitzschnell aus der Jacke gezogene Taschenuhr, in demselben Augenblick trat ich selbst aus dem Sebastiano-Saal hinaus und in den Bordone-Saal hinein und stellte mich vor Reger. *Wie schrecklich, diese russischen Gruppen,* sagte Reger, *wie schrecklich. Ich hasse diese russischen Gruppen,* wiederholte er. Er befahl mir förmlich, mich auf die Bordone-Saal-Sitzbank zu setzen, *setzen Sie sich ruhig neben mich,* sagte er. *Ich bin über jeden pünktlichen Menschen glücklich,* sagte er. *Die Mehrzahl der Menschen ist unpünktlich, das ist entsetzlich. Aber Sie waren ja immer pünktlich,* sagte er, *das ist einer Ihrer großen Vorzüge.* Ach, sagte er darauf, wenn Sie wüßten, was ich für eine schlechte Nacht gehabt habe, ich habe doppelt so viele Tabletten geschluckt wie sonst und habe so schlecht geschlafen. Fortwährend habe ich von meiner Frau geträumt, ich komme aus diesen Alpträumen, in welchen ich von meiner Frau träume, nicht mehr heraus. Und ich habe über *Sie* nachgedacht, wie Sie sich in den letzten Jahren entwickelt haben. Merkwürdig, wie Sie sich entwickelt haben, sagte er. Im Grunde führen Sie eine rare Existenz, mehr oder weniger total unabhängig, wenn ich in Betracht ziehe natürlich, daß es überhaupt keinen unabhängigen Menschen auf der Welt gibt, schon gar nicht den total unabhängigen. Wenn ich das Ambassador nicht hätte, sagte er, die Nachmittage überlebte ich nicht. In letzter Zeit kommen so viele Araber hin, bald wird es ein *Araberhotel* sein, wo es doch immer ein *Judenhotel* gewesen ist, *Juden und Ungarn, vor allem ungarische Juden,* das macht mir das Hotel seit Jahrzehnten so angenehm, sagte er, mir sind ja nicht einmal die persischen Teppichhändler lästig, die im Ambassador ihre Teppiche handeln. Aber glauben Sie nicht auch, daß es mit der Zeit gefährlich ist, im Ambassador zu sitzen, könnte nicht jeden Augenblick eine Bombe explodieren im Ambassador, wenn Sie sich vorstellen, daß das Haus fortwährend von israelischen Juden und von ägyptischen Arabern bevölkert ist. Mein Gott, sagte er, es ist ja auch ganz gleich, ob ich in die Luft gehe, wenn es nur augenblicklich geschieht. Den Vormittag im Kunsthistorischen Museum, den Nachmittag im Ambassador und zu Mittag im Astoria oder im Bristol gut essen, sagte er, das schätze ich. Von der Times allein könnte ich natürlich kein Leben wie dieses führen, heuchelte er, die Times befördert mir ja mehr oder weniger nur mein Taschengeld nach Österreich. Aber die Aktien stehen nicht gut, der Aktienmarkt ist eine Katastrophe. Und in Österreich existieren wird von Tag zu Tag teurer. Andererseits habe ich mir ausgerechnet, daß ich ohne weiteres, wenn kein sogenannter *Dritter Weltkrieg* ausbricht, ruhig noch an die zwei Jahrzehnte leben könnte mit dem, das ich habe. Das ist beruhigend, wenngleich doch alles tagtäglich zusammenschrumpft. Sie sind der typische Privatgelehrte, Atzbacher, sagte er zu mir, ja, Sie sind der Inbegriff des Privatgelehrten, Sie sind überhaupt der Inbegriff des Privat*menschen,* ganz und gar unzeitgemäß, sagte Reger. Das habe ich heute, wie ich wieder so mühselig diese fürchterliche Treppe hier herauf in den Bordone-Saal gegangen bin, gedacht, daß Sie *der eigentliche und typische Privatmensch* sind, wahrscheinlich der einzige, den ich kenne und ich kenne so viele Menschen, die alle Privatmenschen sind, aber *Sie sind der typische, der eigentliche.* Daß Sie es aushalten, Jahrzehnte an einem einzigen Werk zu arbeiten und daraus nicht das geringste zu veröffentlichen. Ich könnte das nicht. Ich muß wenigstens einmal im Monat in den Genuß einer Veröffentlichung meiner Arbeit kommen, sagte er, diese Gewohnheit ist mir ein unabdingbares Bedürfnis und dafür lobe ich die Times, daß sie mir in dieser Gewohnheit regelmäßig entgegenkommt und mich auch noch dafür bezahlt. Das Schreiben macht mir ja ausgesprochen Vergnügen, sagte er, diese kurzen Kunststücke, die jeweils nicht länger sind als zwei Seiten, das sind immer dreieinhalb Spalten in der Times, sagte er. Haben Sie nie daran gedacht, wenigstens einen kleineren Abschnitt aus Ihrer Arbeit herauszugeben? sagte er, irgendein Bruchstück, es hört sich alles so ausgezeichnet an, das Sie andeuten, Ihre Arbeit betreffend, andererseits ist es auch *ein Hochgenuß, nichts zu veröffentlichen, gar nichts,* sagte er. Aber irgendwann werden Sie doch die Wirkung wissen wollen, die Ihre Arbeit hervorruft, sagte er, und Sie werden wenigstens einen Teil Ihrer Arbeit veröffentlichen. Einerseits ist es großartig, eine sozusagen lebenslängliche Arbeit das ganze Leben zurückzuhalten und nicht zu veröffentlichen, andererseits ist es genauso großartig, zu veröffentlichen. Ich bin der geborene Veröffentlicher, während Sie der geborene Nichtveröffentlicher sind. Wahrscheinlich ist Ihre Arbeit und sind Sie, und also Ihre Arbeit aus Ihnen und Sie auf Ihre Arbeit bezogen, wie Sie wollen, zur Nichtveröffentlichung verurteilt, denn Sie leiden ja sicher immer darunter, daß Sie an Ihrer Arbeit arbeiten, diese Arbeit aber nicht veröffentlichen, das ist die Wahrheit, denke ich, Sie geben es nur nicht zu, nicht einmal sich selbst, daß Sie unter diesem sogenannten Nichtveröffentlichungszwang leiden. Ich würde darunter leiden, meine schriftstellerische Arbeit nicht zu veröffentlichen. Aber natürlich ist Ihre Arbeit nicht mit meiner Arbeit vergleichbar. Ich kenne allerdings keinen Schriftsteller oder jedenfalls keinen schreibenden Menschen, der es überhaupt längere Zeit aushält, sein Geschriebenes *nicht* zu veröffentlichen, der nicht neugierig darauf ist, was die Öffentlichkeit zu seinem Geschriebenen sagt, ich brenne immer darauf, sagte Reger, obwohl ich

immer sage, ich brenne nicht darauf, es interessiert mich nicht, ich bin auf
die Meinung der Öffentlichkeit nicht neugierig, brenne ich darauf, ich
lüge natürlich, wenn ich sage, ich brenne nicht darauf, wo ich doch immerfort darauf brenne, ich gebe zu, ich brenne immer darauf, unausgesetzt, sagte er. Ich will wissen, was die Leute zu dem, das ich geschrieben
habe, sagen, sagte er, jederzeit und von allen will ich es wissen, während
ich doch immerzu sage, es interessiert mich nicht, was die Leute dazu
sagen, ich sage, es interessiert mich nicht, es läßt mich kalt, brenne ich
doch die ganze Zeit darauf und erwarte nichts mit einer größeren Angespanntheit, sagte er. Ich lüge, wenn ich sage, mich interessiert die öffentliche Meinung nicht, mich interessieren meine Leser nicht, ich lüge, wenn
ich sage, ich will gar nicht wissen, was über das, das ich schreibe, gedacht
wird, ich lese nicht, was darüber geschrieben wird, da lüge ich, da lüge ich
auf die ganz gemeine Weise, sagte er, denn ich brenne ununterbrochen
darauf, was die Leute über das, das ich geschrieben habe, sagen, ich will es
immer und jederzeit wissen und ich bin, gleich was die Leute über mein
Geschriebenes sagen, betroffen davon, das ist die Wahrheit. Natürlich, ich
höre nur, was die Timesleute dazu sagen und nicht immer sagen sie nur
das Schmeichelhafte, sagte Reger, aber was Sie betrifft, sozusagen als philosophierender Schriftsteller, müßte es Sie doch genauso brennend interessieren, was die Leute über Ihr philosophierendes Geschriebenes sagen,
was sie darüber denken, das verstehe ich nicht, daß Sie Ihr Geschriebenes
nicht wenigstens auszugsweise veröffentlichen, nur um einmal in Erfahrung zu bringen, was die Öffentlichkeit, was sozusagen die öffentliche
Kompetenz darüber denkt, auch wenn ich gleichzeitig sage, daß es eine
solche öffentliche Kompetenz nicht gibt, Kompetenz gibt es ja nicht einmal, hat es nie gegeben, wird es nie geben; aber bedrückt es Sie denn nicht,
zu schreiben und zu schreiben und zu denken und zu denken und das
Gedachte zu schreiben und immer wieder zu schreiben und alles ganz
ohne Echo? sagte er. Sicher entgeht Ihnen durch das borniette Nichtver-
öffentlichen vieles, sagte er, und vielleicht sogar das Entscheidende. Sie
schreiben jetzt schon Jahrzehnte an Ihrer Arbeit und Sie sagen, Sie schreiben diese Arbeit *nur für sich selbst, das ist ja fürchterlich,* niemand schreibt
eine Schreibarbeit für sich selbst, das ist gelogen, wenn einer sagt, er
schreibt sein Geschriebenes nur für sich selbst, aber Sie wissen genausogut
wie ich, daß niemand verlogener ist, als die Schreibenden, die Welt kennt,
seit sie besteht, keinen Verlogeneren als den Schreibenden, keinen Eitleren

und keinen Verlogeneren, sagte Reger. Wenn Sie wüßten, was das wieder für eine entsetzliche Nacht gewesen ist, immer wieder aufgestanden mit fürchterlichen Krämpfen von den Zehen über die Waden herauf bis in den Brustkorb hinein wegen der herzbedingten Entwässerungspillen, die ich einnehmen muß. Ich befinde mich in einem Teufelskreis, sagte er. Jede Nacht ist mir vergraust, immer, wenn ich glaube, jetzt kann ich einschlafen, habe ich wieder diese Krämpfe und ich muß aufstehen und im Zimmer hin und her gehen. Die ganze Nacht bin ich mehr oder weniger hin und her gegangen und habe ich nicht einschlafen können, bin ich gleich wieder von diesen Alpträumen, die ich Ihnen angedeutet habe, aufgewacht. In diesen Alpträumen träume ich von meiner Frau, es ist entsetzlich. Seit ihrem Tod habe ich diese Alpträume, unausgesetzt, ich habe sie jede Nacht. Glauben Sie mir, ich denke beinahe immer, ob es nicht besser gewesen wäre, ich hätte mit dem Tod meiner Frau selbst Schluß gemacht. Diese Feigheit verzeihe ich mir nicht. Dieses fortgesetzte, ja schon krankhafte Selbstbejammern ist mir unerträglich, aber ich komme nicht heraus, sagte er. Wenn es wenigstens ein anständiges Konzert im Musikverein gäbe, sagte er, aber das Winterprogramm ist entsetzlich, es wird nur Abgestandenes, Abgedroschenes gespielt, immer wieder diese mir schon auf die Nerven gehenden Mozartkonzerte und Brahmskonzerte und Beethovenkonzerte, alle diese Mozart- und Brahms- und Beethovenzyklen sind ja nicht mehr auszuhalten. Und in der Oper herrscht der Dilettantismus. Wenn die Oper wenigstens interessant wäre, aber im Augenblick ist sie vollkommen uninteressant, schlechte Stücke, schlechte Sänger und ein miserables Orchester dazu. Was waren doch die Philharmoniker noch vor zwei oder drei Jahren! sagte er, und was sind sie heute, *ein Allerweltsorchester*. Stellen Sie sich vor, letzte Woche habe ich mir die *Winterreise* angehört von einem Leipziger Bassisten, ich nenne den Namen gar nicht, denn er sagt Ihnen nichts im Grunde, Sie sind ja an der *theoretischen Musik* überhaupt nicht interessiert, sind Sie froh, sagte er, dieser Bassist war eine Katastrophe. Immer wieder die *Krähe*, sagte er, das ist nicht mehr auszuhalten. Ein solches Konzert ist das Umziehen nicht wert, mir hat es um mein frisches Hemd leid getan. *Über einen solchen Dreck schreibe ich doch nicht in der Times*, sagte er. *Mahler, Mahler, Mahler,* sagte er, *das ist auch enervierend.* Aber die Mahlermode hat ihren Höhepunkt schon überschritten, gottseidank, sagte er, Mahler ist ja doch der überschätzteste Komponist des Jahrhunderts. Mahler war ein vorzüglicher

Kapellmeister, aber er ist ein mittelmäßiger Komponist, wie alle guten
Kapellmeister, wie Hindemith zum Beispiel, wie Klemperer. Die Mahlermode ist mir die ganzen Jahre entsetzlich gewesen, die ganze Welt war in
einem richtigen Mahlertaumel, das war schon unerträglich. Wissen Sie
überhaupt, daß das Grab meiner Frau, in das ja auch ich hineinkomme,
sagte er, unmittelbar neben dem Grab Mahlers liegt? Ach ja, auf dem
Friedhof kann es einem wirklich gleichgültig sein, neben wem man liegt,
selbst neben Mahler zu liegen, regt mich nicht auf. *Das Lied von der Erde*
mit der Kathleen Ferrier vielleicht, sagte Reger, alles andere Mahlerische
lehne ich ab, ist nichts wert, hält keiner genaueren Prüfung stand. Da ist
Webern wirklich ein Genie dagegen, ganz zu schweigen von Schönberg
und Berg. Nein, Mahler war eine Verirrung. Mahler ist der typische Ju-
gendstil-Modekomponist, natürlich noch viel schlechter als Bruckner, der
ja mit Mahler sehr viel kitschige Ähnlichkeiten hat. In dieser Jahreszeit
bietet Wien einem geistig interessierten Menschen nichts, einem musikalisch interessierten leider auch nur sehr wenig, sagte er. Aber die Fremden, die in die Stadt kommen, sind natürlich bald mit etwas zufrieden, die
gehen auf jeden Fall in die Oper, ganz gleich, was gespielt wird und ist es
der größte Schmarren und sie suchen die grauenhaftesten Konzerte auf
und klatschen sich die Hände durch und sie strömen, wie Sie sehen, sogar
in das Natur- und in das Kunsthistorische Museum. Der Kulturhunger
der zivilisierten Menschheit ist gewaltig, die Perversität, die in dieser Tatsache zu suchen ist, weltweit. Wien ist ein Kulturbegriff, sagte Reger, auch
wenn in Wien schon lange fast keine Kultur mehr ist, und eines Tages wird
in Wien wirklich keinerlei Kultur mehr sein, und es ist dann noch immer
ein Kulturbegriff. Wien wird immer ein Kulturbegriff sein, es wird ein um
so hartnäckigerer Kulturbegriff sein, um so weniger Kultur in ihm ist.
Und bald ist ja tatsächlich gar keine Kultur mehr in dieser Stadt, sagte er.
Diese immer dümmer werdenden Regierungen, die wir hier in Österreich
haben, werden schon mit der Zeit dafür sorgen, daß es in Österreich bald
keinerlei Kultur mehr gibt, nur noch das Banausentum, sagte Reger. Die
Atmosphäre hier in Österreich wird immer kulturfeindlicher, von Jahr zu
Jahr wird sie kulturfeindlicher und alles spricht dafür, daß in nicht allzu
langer Zeit Österreich ein vollkommen kulturloses Land ist. Aber diesen
deprimierenden Endpunkt erlebe ich ja nicht mehr, *Sie vielleicht,* sagte
Reger, Sie vielleicht, aber ich nicht, ich bin schon so alt, daß ich den
endgültigen Niedergang und die tatsächliche Kulturlosigkeit in Öster-

reich nicht mehr erlebe. Das Kulturlicht wird ausgelöscht in Österreich, das sage ich Ihnen, der Stumpfsinn, der in diesem Land schon so lange herrscht, löscht in nicht allzu langer Zeit das Kulturlicht aus. Dann ist es finster in Österreich, sagte Reger. Aber Sie können sagen, was Sie wollen in dieser Hinsicht, Sie werden nicht gehört und wenn Sie gehört werden, hält man Sie für einen Narren. Was hat es für einen Sinn, wenn ich in der Times schreibe, was ich über Österreich denke und was über kurz oder lang, aber doch in absehbarer Zeit, mit Österreich geschieht? Keinen, sagte Reger, nicht den geringsten. Schade, daß ich das nicht mehr erlebe, wie nämlich die Österreicher im Finstern tappen, weil ihr Kulturlicht ausgegangen ist. Schade, daß ich daran nicht mehr teilnehmen kann, sagte er. Sie werden sich fragen, warum ich Sie für heute schon wieder hierher beordert habe, Sie gebeten habe, heute schon wieder hierher zu kommen. Es hat seinen Grund. Aber diesen Grund sage ich Ihnen erst später. Ich weiß nicht, *wie* ich Ihnen diesen Grund sagen soll. Ich weiß es nicht. Ich denke die ganze Zeit darüber nach und weiß es nicht. Ich bin ja schon stundenlang da und denke darüber nach und weiß es nicht. Irrsigler ist mein Zeuge, sagte Reger, ich sitze schon stundenlang hier auf der Sitzbank und denke darüber nach, *wie* ich es Ihnen sagen soll, *warum* ich Sie *auch für heute* ins Kunsthistorische Museum gebeten habe. *Später, später,* sagte Reger, *lassen Sie mir Zeit.* Wir begehen ein Verbrechen und sind nicht imstande, es ganz einfach umständelos mitzuteilen, sagte Reger. Lassen Sie mir Zeit, bis ich mich beruhigt habe, sagte er, Irrsigler habe ich es schon gesagt, aber Ihnen kann ich es noch nicht sagen, sagte er, es ist wirklich blamabel. Im übrigen, was ich Ihnen gestern über die sogenannte *Sturmsonate* gesagt habe, ist sicher interessant und ich bin auch sicher, daß, was ich Ihnen über diese sogenannte *Sturmsonate* gesagt habe, stimmt, aber es ist doch wahrscheinlich für mich selbst interessanter, als für Sie. So ergeht es einem ja immer, daß man über ein Thema spricht, weil einen dieses Thema fasziniert, aber es fasziniert einen selber mehr als den, dem wir es letzten Endes doch mit aller krampfhaften Rücksichtslosigkeit, zu der wir fähig sind, aufzwingen. Ich habe Ihnen diese Ansichten über die soge-nannte *Sturmsonate* gestern aufgezwungen, das ist eine Tatsache. Im Zu-sammenhang mit meinem Vortrag über die Kunst der Fuge, sagte er, habe ich es für notwendig befunden, mich auch mit der *Sturmsonate* auseinan-der zu setzen und ich habe mich gestern dazu gerade ideal imstande ge-sehen und *Sie zum Opfer meiner musikwissenschaftlichen Leidenschaft* ge-

macht, wie ich ja sehr oft Ihre Person zum Opfer meiner musikwissenschaftlichen Leidenschaften mache, weil ich keine andere dafür so geeignete Persönlichkeit habe. Sehr oft denke ich, *Sie sind mir gerade recht
gekommen, was täte ich nur ohne Sie!* sagte er. Ich habe Sie gestern mit der
Sturmsonate belästigt, wer weiß, mit welchem Musikstück ich Sie übermorgen belästige, sagte er, es sind so viele musikwissenschaftliche Themen
in meinem Kopf, die zu erläutern ich größte Lust habe; aber ich brauche
einen Zuhörer, ein Opfer sozusagen für meinen musikwissenschaftlichen
Redezwang, sagte er, denn tatsächlich ist ja mein fortwährendes Reden
über Musikwissenschaftliches *eine Art von musikwissenschaftlichem Redezwang.* Jeder hat seinen eigenen, seinen *ur*eigenen Redezwang, und ich
habe den musikwissenschaftlichen. Ich habe diesen musikwissenschaftlichen Redezwang schon mein ganzes musikwissenschaftliches Leben, denn
ohne Zweifel ist mein Leben ja nichts anderes, als ein musikwissenschaftliches Leben, wie das Ihre ein philosophierendes, das ist doch klar. Natürlich kann ich heute auch sagen, daß alles *heute* Unsinn ist, was ich
gestern über die *Sturmsonate* gesagt habe, so wie ja alles Unsinn ist, was
gesagt wird, *aber wir sagen diesen Unsinn doch überzeugend,* sagte Reger.
Alles Gesagte stellt sich über kurz oder lang als Unsinn heraus, aber wenn
wir es überzeugend sagen, mit der unglaublichsten Vehemenz, die uns
möglich ist, ist es ja kein Verbrechen, sagte er. Was wir denken, wollen wir
auch sagen, sagte Reger, und wir geben im Grunde so lange keine Ruhe,
bis wir es gesagt haben, wenn wir es verschweigen, ersticken wir daran. Die
Menschheit wäre längst erstickt, wenn sie ihren im Verlauf ihrer Geschichte gedachten Unsinn verschwiegen hätte, jeder einzelne, der zu
lange schweigt, erstickt, auch die Menschheit kann nicht zu lange schweigen, denn dann erstickt sie, auch wenn es doch nur immer Unsinn ist, das
der einzelne denkt, das die Menschheit denkt und das der einzelne jemals
gedacht hat und das die Menschheit jemals gedacht hat. Einmal sind wir
Redekünstler, einmal Schweigekünstler und wir perfektionieren diese
Kunst bis zum Äußersten, sagte er, unser Leben ist genau in dem Grade
interessant, in dem wir unsere Redekunst wie unsere Schweigekunst haben
entwickeln können. *Die Sturmsonate ist ja kein großes Stück,* sagte Reger,
bei naher Betrachtung ist es doch nur eines der vielen sogenannten Ne-
benwerke, im Grunde ein Kitschstück. Die Qualität dieses Stückes liegt
mehr darin, sehr gut darüber diskutieren zu können, als in ihm selbst.
Beethoven war absolut der eintönige Krampf-Künstler als Gewaltmensch,

nicht unbedingt das, was ich am höchsten schätze. Die *Sturmsonate* zu charakterisieren hat mir immer Spaß gemacht, sie ist das verhängnisvollste Beethovenstück, durch die *Sturmsonate* kann Beethoven klar gemacht werden, sein Wesen, sein Genie, sein Kitsch werden dabei deutlich, seine Grenzen werden gezogen. Aber ich habe ja nur deshalb von der *Sturmsonate* gesprochen, weil ich Ihnen die Kunst der Fuge weiter und noch intensiver aufklären wollte gestern, dazu war es notwendig, die *Sturmsonate* heranzuziehen, sagte Reger. Ich hasse im übrigen solche Bezeichnungen wie *Sturmsonate* oder *Eroica* oder *Unvollendete* oder *Mit dem Paukenschlag,* derartige Bezeichnungen sind mir widerwärtig. Wie wenn man sagt *Der Magus des Nordens,* das ist mir zutiefst widerwärtig, sagte Reger. Gerade weil Sie *theoretisch* an Musik tatsächlich gar nicht interessiert sind, sind Sie das ideale Opfer meiner Auseinandersetzungen mit der Musik, sagte Reger. Sie *hören aufmerksam zu und widersprechen nicht,* sagte er, Sie lassen mein Reden in Ruhe, das brauche ich, gleich was es wert ist, was ich sage, es ebnet mir nur den Weg durch diese fürchterliche, glauben Sie mir, doch tatsächlich sehr selten glücklich machende musikalische Existenz. Was ich denke, ist aufreibend, zugrunderichtend, sagte er, andererseits reibt es mich schon so lange auf, richtet es mich schon so lange zugrunde, daß ich davor keine Angst mehr zu haben brauche. Ich dachte, Sie werden pünktlich sein und Sie sind pünktlich, sagte er, von Ihnen erwarte ich ja nichts anderes, als Pünktlichkeit und die Pünktlichkeit, das wissen Sie ja, schätze ich über alles, da wo Menschen sind, muß die Pünktlichkeit und die mit der Pünktlichkeit gemeinsame Sache machende Verläßlichkeit herrschen, sagte er. Halb zwölf, und Sie sind aufgetreten, sagte er, ich schaute auf die Uhr und es war halb zwölf und Sie sind auch schon vor mir gestanden. Ich habe *keinen nützlicheren Menschen außer Ihnen,* sagte er. Wahrscheinlich ist mir das Überleben nur durch Sie möglich. Das hätte ich nicht sagen sollen, sagte Reger, das ist eine Unverschämtheit, das zu sagen, sagte er, eine Unverschämtheit sondergleichen, aber ich habe es gesagt, Sie sind jener Mensch, der mich weiterexistieren läßt, ich habe tatsächlich keinen andern. Und wissen Sie überhaupt, daß meine Frau Sie sehr geliebt hat? Sie hat es Ihnen nie gesagt, aber mir hat sie es gesagt, nicht nur einmal. Sie haben einen freien Kopf, sagte Reger, das ist das Kostbarste, das es auf der Welt gibt. Sie sind ein Einzelgänger und haben sich Ihr Einzelgängertum bewahrt, bewahren Sie es sich, solange Sie leben, sagte Reger. Ich bin in die Kunst hineingeschlüpft, um dem Leben zu entkommen, so könnte ich es ja auch sagen, sagte er. Ich habe mich in die Kunst davongeschlichen, sagte er. Ich habe den günstigsten Augenblick abgewartet und diesen günstigsten Augenblick ausgenützt und habe mich aus der Welt in die Kunst davongeschlichen, in die Musik, sagte er. Wie sich andere in die sogenannte Bildende Kunst davonschleichen, in die Schauspielkunst, sagte er. Diese Leute, die so wie ich im Grunde *tatsächlich Welthassende* sind, schleichen sich von einem Augenblick auf den andern aus der gehaßten Welt davon in die Kunst, die ja ganz und gar außerhalb dieser gehaßten Welt ist. Ich habe mich in die Musik davongeschlichen, sagte er, in aller Heimlichkeit. Weil ich die Möglichkeit dazu gehabt habe, während doch die meisten Menschen diese Möglichkeit gar nicht haben. Sie haben sich in die Philosophie und in die Schriftstellerei davongeschlichen, sagte Reger, aber Sie sind weder Philosoph, noch Schriftsteller, das ist ja das gleichzeitig Interessante wie Fatale *an und in* Ihnen, denn Philosoph sind Sie eigentlich doch nicht und Schriftsteller eigentlich auch nicht, denn zum Philosophen fehlt Ihnen alles, das das Kennzeichen des Philosophen ist, und zum Schriftsteller genauso alles, obwohl Sie doch das genau sind, was ich den philosophischen Schriftsteller nenne, Ihre Philosophie ist keine eigentliche und Ihre Schriftstellerei ist auch keine eigentliche, wiederholte er. Und ein Schriftsteller, der nichts veröffentlicht, ist ja im Grunde auch wirklich kein Schriftsteller. Sie leiden wahrscheinlich an *Veröffentlichungsangst,* sagte Reger, *ein Herausgabetrauma ist daran schuld, daß Sie nichts veröffentlichen.* Im Ambassador hatten Sie gestern einen so gutgeschnittenen Schafspelzmantel an, der mit Sicherheit aus Polen stammt, sagte er plötzlich, und ich sagte, ja, Sie haben recht, ich hatte einen polnischen Schafspelzmantel an, ich war ja, wie Sie wissen, sagte ich zu Reger, mehrere Male in Polen, Polen ist eines meiner zwei Lieblingsländer, ich liebe Polen und ich liebe Portugal, sagte ich, aber wahrscheinlich Polen noch mehr als Portugal und bei meinem letzten Besuch in Krakau, das ist aber schon acht oder neun Jahre her, daß ich in Krakau gewesen bin, habe ich mir diesen Pelzmantel gekauft, ich bin eigens an die russische Grenze gefahren, um ihn zu kaufen, denn nur an der polnisch-russischen Grenze haben sie diese Schafspelzmäntel mit diesem Schnitt. Ja, sagte Reger, es ist tatsächlich ein Vergnügen, ab und zu einen gutangezogenen Menschen zu sehen, einen gutangezogenen, gutaussehenden Menschen, gerade wenn das Wetter so trübe ist und der Kopf mehr oder weniger verfinstert und die Laune überhaupt die schlechteste.

Manchmal sehen Sie ja jetzt auch in diesem verkommenen Wien gutangezogene und gutaussehende Menschen, viele Jahre haben Sie in Wien doch nur an allen Leuten die geschmacklose Kleidung gesehen, diese deprimierende Massenware. Jetzt scheint doch wieder auch etwas Farbe in die Kleidung hinein zu kommen, sagte er, aber es gibt *so wenige gutgewachsene Menschen,* Sie gehen stundenlang durch dieses verkommene Wien und sehen doch *nur deprimierende Gesichter und geschmacklose Kleider,* als gingen immer wieder *nur verkrüppelte Menschen* an Ihnen vorüber. Die Geschmacklosigkeit und die Eintönigkeit der Wiener haben mich jahrzehntelang deprimiert. Ich habe immer gedacht, nur in Deutschland sind sie eintönig und geschmacklos, aber die Wiener sind ebenso eintönig und geschmacklos. Erst in jüngster Zeit ändert sich das Bild, die Leute sehen durchaus besser aus, tragen wieder individuellere Kleider, sagte er, wenn Sie diesen Schafspelzmantel anhaben, machen Sie einen stattlichen Eindruck, sagte Reger. Man sieht so wenige gutangezogene *und* intelligente Menschen, sagte er. Viele Jahre bin ich ja nur mit eingezogenem Kopf durch dieses verkommene Wien gegangen, weil ich den Anblick von soviel Massen-Häßlichkeit in den Straßen nicht ertragen habe, diese Massen von geschmacklosen Menschen, die einem entgegengekommen sind, waren einfach unerträglich. Diese Hunderttausende von Industrieangezogenen, die mir schon mit den ersten Schritten auf der Straße die Luft genommen haben, sagte er. Und nicht nur in den sogenannten proletarischen Bezirken, auch in der sogenannten Inneren Stadt, haben mir diese grauen Industriekleidermassenmenschen die Luft genommen, gerade in der Inneren Stadt, sagte er. Aber jetzt scheint sich das zu ändern, die Leute haben wieder den Mut, sich individuell zu kleiden, sagte er. Die jungen Leute gehen jetzt, wenn auch noch immer geschmacklos, so doch sehr farbenfroh auf die Straße, wie wenn alle diese Leute erst jetzt, vierzig Jahre nach seinem Ende, den Krieg überwunden hätten, das Kriegstrauma, sagte Reger, das die Menschen beinahe vierzig Jahre so grau und unansehnlich erscheinen hat lassen. Aber Sie sehen natürlich, wie gesagt wird, nur alle heiligen Zeiten einen *gut*angezogenen Menschen in diesem verkommenen Wien. Das ist *natürlich ein beglückendes Gefühl,* sagte er, und dann: *die Sturmsonate hat auch nur Gould wirklich gut gespielt und erträglich gemacht, kein anderer.* Jeder andere hat sie mir unerträglich gemacht. *Sie ist ja sehr plump, die Sturmsonate,* sagte Reger, wie vieles, das Beethoven geschrieben hat. Aber selbst Mozart ist ja dem Kitsch nicht entkommen, vor allem in den Opern ist soviel Kitsch, das Neckische und das Betuliche überschlagen sich auch in der Musik dieser oberflächlichen Opern oft auf unerträgliche Weise. Ein Turteltäubchen da, ein Turteltäubchen dort, ein erhobener Zeigefinger da, ein erhobener Zeigefinger dort, sagte Reger, das ist ja *auch* Mozart. Mozarts Musik ist auch voller Unterröckchen- und Höschenkitsch, sagte er. Und der Staatskomponist Beethoven ist, wie vor allem die *Sturmsonate* zeigt, *geradezu lächerlich ernst.* Aber wo kämen wir hin, wenn wir alles und jedes dieser tödlichen Betrachtungsweise unterzögen, sagte Reger. Die Betulichkeit und der Kitsch sind ja die zwei Haupteigenschaften des sogenannten zivilisierten, in Jahrhunderten und Jahrtausenden zu einer einzigen Menschengroteske hochstilisierten Menschen, sagte er. Alles Menschliche ist kitschig, sagte er, darüber besteht kein Zweifel. Auch die hohe und die höchste Kunst ist es. Von London nach Wien zurückzukommen, sei für ihn, der sich schließlich in London mehr zu Hause gefühlt habe als in Wien, ein richtiger Schock gewesen. Aber in London hätte ich unter keinen Umständen bleiben können schon wegen meiner labilen Gesundheit, die ja immer nahe daran war, in eine gefährliche Krankheit umzukippen, in eine Todeskrankheit, so Reger. In London hatte ich gelebt, in Wien habe ich nie wirklich gelebt, in London hat sich mein Kopf wohlgefühlt, in Wien hat sich mein Kopf nie wirklich wohlgefühlt, in London habe ich die besten Einfälle gehabt, sagte er. Meine Londoner Zeit ist die beste Zeit gewesen, sagte er. In London hatte ich immer alle Möglichkeiten gehabt, die ich in Wien nie gehabt habe, sagte er. Nach dem Tod meiner Eltern war es selbstverständlich für mich, nach Wien zurückzukehren, in diese graue, vom Krieg niedergedrückte, geistlose Stadt, in welcher ich zuerst mehrere Jahre nur erschrocken existiert habe, sagte er. Aber in dem Augenblick, in welchem ich nicht mehr weiter gewußt habe, habe ich meine Frau kennengelernt, sagte er. Meine Frau hat mich gerettet, immer habe er das weibliche Geschlecht gefürchtet und *die Frauen tatsächlich* sozusagen *mit Leib und Seele gehaßt* und doch habe ihn seine Frau gerettet. Und wissen Sie, wo ich meine Frau kennengelernt habe? sagte er, habe ich Ihnen das jemals gesagt? sagte er, und ich dachte, daß er es mir schon oft gesagt hat, sagte das aber nicht und er sagte, *ich habe meine Frau im Kunsthistorischen Museum kennengelernt. Und wissen Sie wo im Kunsthistorischen Museum?* fragte er, und ich dachte, natürlich weiß ich, wo im Kunsthistorischen Museum und er sagte, *hier im Bordone-Saal, auf dieser Sitzbank,* er sagte das so, als hätte er tatsächlich nicht mehr gewußt, daß er mir schon Hunderte Male gesagt hat, daß er seine Frau auf der Bordone-Saal-Sitzbank kennengelernt hat und ich tat, als er es wieder gesagt hatte, so, als hätte ich es von ihm *noch nie* gehört. *Es war ein trüber Tag,* sagte er, *ich war verzweifelt, ich beschäftigte mich damals sehr eindringlich mit Schopenhauer, nachdem ich an Descartes die Lust verloren hatte, damals überhaupt an den französischen Geistern und ich saß hier auf dieser Bank und sinnierte über einen bestimmten schopenhauerischen Satz, ich kann nicht mehr sagen, über welchen Satz,* sagte er. Da setzte sich plötzlich eine störrische Frau neben mich auf die Bank und stand nicht mehr auf. Ich hatte Irrsigler ein Zeichen gegeben, aber Irrsigler verstand zuerst nicht, was mein Zeichen zu bedeuten habe und war dann auch nicht fähig, die neben mir sitzende Frau zum Aufstehen und Weggehen zu bringen, die Frau saß da und starrte den *Weißbärtigen Mann* an, sagte Reger, und ich glaube, sie starrte den *Weißbärtigen Mann* eine Stunde lang an. Gefällt Ihnen denn dieser *Weißbärtige Mann* von Tintoretto so gut? habe ich die neben mir Sitzende gefragt, sagte Reger, *und ich bekam zuerst keine Antwort auf meine Frage.* Erst nach längerer Zeit sagte die Frau ein mich tatsächlich faszinierendes *Nein, ein solches Nein hatte ich bis zu diesem Nein noch nicht gehört,* sagte Reger. Der *Weißbärtige Mann* von Tintoretto gefällt Ihnen also gar nicht? habe ich die Frau gefragt. Nein, er gefällt mir nicht, hat mir die Frau geantwortet. Es entspann sich, wie gesagt wird, ein Gespräch über Kunst, Malerei insbesondere, über die Alten Meister, sagte Reger, das abzubrechen ich auf einmal lange Zeit keine Lust hatte, mich interessierte während des ganzen Gesprächs nicht sein Inhalt, sondern *wie es geführt worden war.* Am Ende, nachdem ich lange Zeit hin und her überlegt hatte, schlug ich der Frau ein gemeinsames Mittagessen im *Astoria* vor und sie hat angenommen und nicht viel später haben wir geheiratet. Da hat sich herausgestellt, daß sie auch noch sehr vermögend gewesen war, mehrere Innenstadtgeschäfte, auch Zinshäuser in der Singerstraße und in der Spiegelgasse, ja sogar eins auf dem Kohlmarkt besessen hat, sagte er. Abgesehen von allem übrigen. *Eine intelligente vermögende Kosmopolitin hatte ich auf einmal zur Frau,* sagte Reger, die mich mit ihrer Intelligenz und mit ihrem Vermögen gerettet hat, denn meine Frau hat mich gerettet, ich war, wie gesagt wird, *am Boden zerstört,* wie ich meine Frau kennengelernt habe, sagte er. Sie sehen, ich verdanke diesem Kunsthistorischen Museum nicht wenig, sagte er. Vielleicht ist es sogar Dankbarkeit, die mich jeden zweiten Tag ins Kunsthistorische Museum

gehen läßt, sagte er lachend, aber natürlich ist es das nicht. Wissen Sie, daß
es im sogenannten Himmelstraßenhaus meiner Frau, auf der sogenannten
Himmelstraße in Grinzing, einen Safe gegeben hat, in den mehrere Leute
ohne weiteres hineingehen haben können? sagte er. In diesem Safe hatte
sie die kostbarsten Stradivari, Guarneri, Maggini, sagte er. Abgesehen von
allem andern. Den Krieg hat meine Frau ebenso wie ich in London verbracht und es ist höchst verwunderlich, daß ich sie nicht schon in London
kennengelernt habe, denn meine Frau verkehrte damals, also zur gleichen
Zeit, in derselben Londoner Gesellschaft wie ich. Jahrelang sind wir in
London aneinander vorbeigegangen, sagte Reger. Übrigens hat meine
Frau, noch bevor wir verheiratet waren, mehrere Bilder dem Kunsthistorischen Museum zum Geschenk gemacht, sagte Reger, darunter einen sehr
wertvollen, gar nicht so arg mißglückten Furini, den finden Sie übrigens
gleich neben dem Cigoli und dem Empoli, also genau zwischen dem
Empoli und dem Cigoli, den ich übrigens gar nicht mag. Nach der Heirat
hat meine Frau keine Bilder mehr verschenkt, sagte er, ich habe ihr klargemacht, daß es keinen Zweck hat, Geschenke zu machen, das Geschenkemachen an sich ist eine Widerlichkeit, sagte er. Stellen Sie sich vor,
meine Frau hat, vor unserer Verehelichung, eine biedermeierliche Stadt-
ansicht von Wien, ich glaube von Gauermann, einer ihrer Nichten geschenkt. Als sie ein Jahr später einmal mehr aus Zufall denn aus Interesse
daran, im *Museum der Stadt Wien* einen Rundgang machte, sozusagen um
sich zwischen zwei Mahlzeiten die Zeit zu vertreiben, entdeckte sie in
diesem *Museum der Stadt Wien,* das ja überhaupt nichts wert ist, wie ich
meine, den der Nichte geschenkten Gauermann. Sie können sich vorstellen, daß das ein Schock für sie gewesen ist. Sie war sofort in die Direktion
des Museums gegangen und hat dort in Erfahrung gebracht, daß ihre
Nichte das Bild schon wenige Wochen, wenn nicht schon ein paar Tage
nachdem sie es von ihrer Tante, meiner späteren Frau, geschenkt bekommen hatte, für Zweihunderttausend an das *Museum der Stadt Wien verkauft* hat. Geschenke machen ist eine der größten Unsinnigkeiten, sagte
Reger. Das habe ich meiner Frau sehr bald klargemacht und sie hat keinerlei Geschenke mehr gemacht. Wir reißen uns einen uns lieben, wie
gesagt wird, ans Herz gewachsenen Gegenstand, ein Kunstwerk aus unserem Leben heraus und der Beschenkte geht her und verkauft es um eine
unverschämte, horrende Summe, sagte Reger. Das Geschenkemachen ist
eine fürchterliche Gewohnheit, natürlich aus dem schlechten Gewissen

und auch sehr oft aus der landläufigen Vereinsamungsangst heraus vollzogen, sagte Reger, eine böse Unart, das Geschenk und also das Ge-
schenkte wird nicht geschätzt, es hätte immer mehr sein sollen und immer
noch mehr und es erzeugt am Ende nur Haß, sagte er. Ich habe in meinem
Leben niemals Geschenke gemacht, sagte er, ich habe es aber auch immer
abgelehnt, Geschenke zu empfangen, ja ich fürchtete mich zeitlebens vor
dem Beschenkt*werden*. Und wissen Sie, sagte Reger, daß Irrsigler auch
seinen Anteil an dieser Ehe hat? Irrsigler hat, wie sich später herausstellte,
zu meiner Frau im Sebastiano-Saal, wo sie sich plötzlich völlig erschöpft
an die Wand gelehnt hat, gesagt, sie solle doch im Bordone-Saal auf der
Bordone-Saal-Sitzbank Platz nehmen, Irrsigler hat sie aus dem Sebastiano-Saal in den Bordone-Saal geführt, auf sein Anraten hat sie sich auf
die Bordone-Saal-Sitzbank gesetzt, sagte Reger. Hätte Irrsigler sie nicht in
den Bordone-Saal geführt, ich hätte sie wahrscheinlich nie kennengelernt,
sagte Reger. Sie wissen, ich glaube nicht an Zufälle, sagte er. So gesehen ist
Irrsigler unser Ehestifter, sagte Reger. Lange Zeit hatten ich und meine
Frau nicht daran gedacht, daß im Grunde Irrsigler der Stifter unserer Ehe
gewesen ist, bis wir eines Tages, infolge einer Rekonstruktion unserer
Beziehung, darauf gekommen sind. Irrsigler hat einmal gesagt, er habe
meine spätere Frau damals längere Zeit im Sebastiano-Saal *beobachtet,* es
sei ihm nicht klar gewesen, was der Grund gewesen sei für ihr ihm von
Anfang an *merkwürdiges Verhalten,* ja er habe sogar den Gedanken gehabt,
sie sei im Begriff, eines der im Sebastiano-Saal hängenden Gemälde zu
fotografieren, was strikt verboten ist, sie verberge vor ihm in ihrer außergewöhnlich großen, *im Museum ja verbotenen* Handtasche einen Fotoapparat, habe er zuerst gedacht, erst später, daß sie ganz einfach völlig
erschöpft gewesen war. Die Leute begehen in den Museen ja immer den
Fehler, daß sie sich zuviel vornehmen, daß sie *alles* sehen wollen, so gehen
sie und gehen sie und schauen und schauen und brechen dann plötzlich,
weil sie sich ganz einfach an Kunst überfressen haben, zusammen. So auch
meine spätere Frau, die Irrsigler am Arm genommen und in den Bordone-
Saal hineingeführt hat, wie wir später festgestellt hatten, auf die liebenswürdigste Weise, so Reger. Der Kunstlaie geht in das Museum und vergraust es sich durch das Zuviel, sagte Reger. Aber natürlich kann kein
Ratschlag gegeben werden, was den Museumsbesuch betrifft. Der Kenner
geht in das Museum, um höchstens *ein* Bild in Augenschein zu nehmen,
eine Statue, *einen* Gegenstand, sagte Reger, er geht in das Museum, um

einen Veronese, um *einen* Velázquez anzuschauen, zu begutachten, sagte Reger. Diese Kunstkenner sind mir aber alle zutiefst zuwider, sagte Reger, sie gehen geradeaus auf ein einziges Kunstwerk zu und überprüfen es auf ihre schamlose skrupellose Weise und gehen wieder aus dem Museum hinaus, ich hasse diese Leute, sagte Reger. Umgekehrt dreht es mir auch den Magen um, wenn ich den Laien im Museum sehe, wie er alles kritiklos in sich hineinfrißt, an einem einzigen Vormittag möglicherweise die ganze Abendländische Malkunst, was wir ja tagtäglich hier erleben. Meine Frau hatte an dem Tag, an dem ich sie kennengelernt habe, einen sogenannten Gewissenskonflikt, sie wußte, mehrere Stunden durch die Innere Stadt laufend, nicht, ob sie sich bei der Firma Braun einen Mantel oder bei der Firma Knize ein Kostüm kaufen solle. So zwischen der Firma Braun und der Firma Knize hin- und hergerissen, entschied sie sich schließlich, weder bei der Firma Braun einen Mantel, noch bei der Firma Knize ein Kostüm zu kaufen und statt dessen das Kunsthistorische Museum aufzusuchen, in welchem sie bis zu diesem Zeitpunkt nur einmal in ihrem Leben gewesen war, in ihrer frühen Kindheit an der Hand ihres Vaters, der ein sehr kunstsinniger Mann gewesen war. Irrsigler ist sich natürlich seiner Funktion als Ehestifter bewußt, sagte Reger. Wenn Irrsigler eine ganz andere Frau in den Bordone-Saal geführt hätte, denke ich oft, sagte Reger, eine ganz andere Frau, wiederholte Reger, *eine Engländerin oder eine Französin, nicht auszudenken,* sagte er. Wir sitzen von allen guten Geistern verlassen auf dieser Bank, sagte Reger, und sind mehr oder weniger die Deprimation selbst, die Hoffnungslosigkeit, meinte Reger, und es wird uns eine Frau neben uns gesetzt und wir heiraten sie und sind gerettet. Millionen Eheleute haben sich auf einer Bank kennengelernt, sagte Reger, diese Tatsache ist ja eine der abgeschmacktesten, die es überhaupt gibt, und genau dieser abgeschmackten Lächerlichkeit verdanke ich meine Existenz, denn ohne meine Frau kennengelernt zu haben, hätte ich ja nicht weiterexistieren können, das ist mir heute klarer denn je. Jahrelang bin ich auf dieser Bank mehr oder weniger in der tiefsten Verzweiflung gesessen und plötzlich bin ich gerettet worden. Irrsigler verdanke ich also so ziemlich alles, das ich bin, denn ohne Irrsigler wäre ich ja schon lange nicht mehr, sagte Reger in dem Augenblick, in welchem Irrsigler aus dem Sebastiano-Saal in den Bordone-Saal hereinschaute. Gegen zwölf ist das Kunsthistorische Museum meistens schon ziemlich leer, auch an diesem Tag waren nicht mehr viel Leute zu sehen und in der sogenannten *italienischen Ab-*

teilung hielt sich außer uns niemand mehr auf. Irrsigler trat einen Schritt aus dem Sebastiano-Saal heraus in den Bordone-Saal herein, als wolle er Reger die Gelegenheit geben, einen Wunsch zu äußern, aber Reger hatte keinen Wunsch und so zog sich Irrsigler gleich wieder in den Sebastiano-Saal zurück, er ging tatsächlich mit dem Rücken zuerst aus dem Bordone-Saal in den Sebastiano-Saal. Irrsigler sei ihm verbundener als jemals ein naher Verwandter, meinte Reger, *mich verbindet mit diesem Menschen mehr als mich jemals mit einem meiner Verwandten verbunden hat,* sagte er. Unsere Beziehung haben wir immer im idealen Gleichgewicht halten können, sagte Reger, *über Jahrzehnte schon in diesem idealen Gleichgewicht.* Irrsigler hat immer das Gefühl, er ist von mir beschützt, wenn er auch nicht genau weiß, in welchem Zusammenhang durch mich geschützt, wie umgekehrt ich selbst immer das Gefühl habe, von Irrsigler beschützt zu sein, *naturgemäß auch ohne zu wissen, in welchem tatsächlichen Zusammenhang,* sagte Reger. Ich bin auf die idealste Weise mit Irrsigler verbunden, sagte Reger, *es ist ein durch und durch ideales Distanzverhältnis,* meinte er. Natürlich weiß Irrsigler über mich nichts, sagte Reger jetzt, und es wäre auch völlig unsinnig, ihm mehr über mich mitzuteilen, *gerade weil er nichts über mich weiß, ist unsere Beziehung so ideal, gerade weil ich selbst über ihn soviel wie nichts weiß,* sagte Reger, denn ich kenne von Irrsigler ja nur die banalsten Äußerlichkeiten, wie er umgekehrt auch mich nur von außen kennt auf die banalste Weise. Wir dürfen in einen Menschen, zu welchem wir ein ideales Verhältnis haben, nicht mehr eindringen, als wir schon eingedrungen sind, sonst zerstören wir dieses ideale Verhältnis, sagte Reger. Irrsigler gibt hier den Ton an, sagte Reger, und ich bin ihm vollkommen ausgeliefert, wenn Irrsigler heute sagt, Herr Reger, Sie setzen sich ab heute nicht mehr auf diese Bank, kann ich dagegen nichts tun, sagte Reger, denn es ist ja doch mehr als eine Verrücktheit, über dreißig Jahre ins Kunsthistorische Museum zu gehen und diese Sitzbank im Bordone-Saal zu besetzen. Ich glaube nicht, daß Irrsigler jemals von dem Umstand, daß ich seit dreißig Jahren in das Kunsthistorische Museum gehe und mich jeden zweiten Tag auf die Bordone-Saal-Sitzbank setze, seinen Vorgesetzten Mitteilung gemacht hat, das hat er sicher nicht, wie ich ihn kenne, weiß er, daß er das nicht tun *darf,* daß die Direktion davon nichts wissen *darf.* Die Leute sind ja gleich dabei, einen Menschen wie mich ins Irrenhaus zu schicken, also nach Steinhof zu schicken, wenn sie erfahren, daß dieser Mensch seit dreißig Jahren jeden zweiten Tag ins Kunsthistorische

Museum geht, um auf der Bordone-Saal-Sitzbank Platz zu nehmen. Für die psychiatrischen Ärzte wäre ich ja ein gefundenes Fressen, sagte Reger. Um ins Irrenhaus zu kommen, braucht ein Mensch nicht über dreißig Jahre lang jeden zweiten Tag auf der Bordone-Saal-Sitzbank zu sitzen vor dem *Weißbärtigen Mann* von Tintoretto, dazu genügte es vollkommen, wenn ein Mensch *nur zwei oder drei Wochen diese Gewohnheit hat, ich aber habe diese Gewohnheit schon über dreißig Jahre,* sagte Reger. *Und ich habe diese Gewohnheit auch nicht aufgegeben, wie ich geheiratet habe, im Gegenteil, habe ich meine Gewohnheit, jeden zweiten Tag ins Kunsthistorische Museum zu gehen und mich auf die Bordone-Saal-Sitzbank zu setzen, mit meiner Frau noch intensiviert.* Für die psychiatrischen Ärzte wäre ich *ein Fressen und eine Fundgrube,* wie gesagt wird, aber die psychiatrischen Ärzte bekommen nicht die Gelegenheit, mich zu ihrem Fressen und zu ihrer Fundgrube zu machen, sagte Reger. In den psychiatrischen Krankenhäusern sind ja Tausende von Leuten, die sozusagen eine Verrücktheit begangen haben, die nicht annähernd so verrückt ist, wie die meinige, sagte Reger. In den psychiatrischen Krankenhäusern sind Leute festgehalten, die nur einmal *nicht* die Hand gehoben haben, wo sie sie hätten hochheben sollen, sagte Reger, die nur einmal anstatt Schwarz Weiß gesagt haben, sagte Reger, das müssen Sie sich einmal vorstellen. Aber ich bin ja nicht verrückt, sagte er, ich bin nur ein außerordentlicher Gewohnheitsmensch, der eine außergewöhnliche Gewohnheit hat, nämlich die außergewöhnliche Gewohnheit, seit dreißig Jahren jeden zweiten Tag ins Kunsthistorische Museum zu gehen und auf der Bordone-Saal-Sitzbank Platz zu nehmen. War es meiner Frau *zuerst eine fürchterliche,* so war es ihr *dann schließlich eine liebe* Gewohnheit, in den letzten Jahren hat sie, wenn ich sie danach gefragt habe, immer gesagt, es sei ihr eine liebe Gewohnheit, mit mir ins Kunsthistorische Museum zu unserem *Weißbärtigen Mann* von Tintoretto zu gehen und auf der Bordone-Saal-Sitzbank Platz zu nehmen, sagte Reger. Tatsächlich denke ich, daß das Kunsthistorische Museum der einzige Fluchtpunkt ist, der mir geblieben ist, sagte Reger, *zu den Alten Meistern muß ich gehen, um weiterexistieren zu können, genau zu diesen sogenannten Alten Meistern,* die mir ja längst und schon seit Jahrzehnten verhaßt sind, denn nichts ist mir im Grunde mehr verhaßt, als diese sogenannten Alten Meister hier im Kunsthistorischen Museum und die Alten Meister überhaupt, alle Alten Meister, sie mögen heißen, wie sie wollen, sie mögen gemalt haben, wie sie wollen, sagte Reger, und doch sind sie es, die mich am Leben halten. So gehe ich durch die Stadt und denke, daß ich diese Stadt nicht mehr aushalte und daß ich nicht nur die Stadt nicht mehr aushalte, daß ich die ganze Welt und in der Folge eben die ganze Menschheit nicht mehr aushalte, denn die Welt und die ganze Menschheit sind ja mittlerweile so entsetzlich geworden, daß sie bald nicht mehr auszuhalten sind, wenigstens nicht für einen Menschen wie mich. Für einen Verstandesmenschen wie für einen Gefühlsmenschen wie mich ist die Welt und ist die Menschheit bald nicht mehr auszuhalten, wissen Sie, Atzbacher. Ich finde in dieser Welt und unter diesen Menschen nichts mehr, das mir etwas wert ist, sagte er, in dieser Welt ist alles stumpfsinnig und in dieser Menschheit ist alles ebenso stumpfsinnig. Diese Welt und die Menschheit haben heute einen Grad von Stumpfsinnigkeit erreicht, den sich ein Mensch wie ich nicht mehr leisten kann, sagte er, eine solche Welt darf ein solcher Mensch nicht mehr mitleben, eine solche Menschheit darf ein solcher Mensch wie ich nicht mehr mitexistieren, sagte Reger. Alles in dieser Welt und in dieser Menschheit ist bis auf die niedrigste Stufe herunter abgestumpft, sagte Reger, alles in dieser Welt und in dieser Menschheit hat einen Grad von Gemeingefährlichkeit und niedriger Brutalität erreicht, daß es mir ja schon beinahe unmöglich ist, wenigstens immer wieder nur einen einzigen Tag in dieser Welt und in dieser Menschheit weiter zu kommen. Einen solchen Grad von niedriger Stumpfsinnigkeit haben selbst die hellsichtigsten Denker der Geschichte nicht für möglich gehalten, sagte Reger, nicht Schopenhauer, nicht Nietzsche, von Montaigne ganz zu schweigen, sagte Reger, und was unsere hervorragenden Welt- und Menschheits-Dichter betrifft, so ist das, das sie der Welt und der Menschheit vorausgesagt und vorausgeschrieben haben an Scheußlichkeit und Niedergang, nichts gegen den jetzigen Zustand. Dostojewski selbst, einer unserer größten Hellseher, hat die Zukunft nur als eine lächerliche Idylle beschrieben, genauso wie Diderot nur eine lächerliche Zukunftsidylle beschrieben hat, die entsetzliche Hölle des Dostojewski ist so harmlos gegen die, in welcher wir uns heute befinden, daß es einem nurmehr noch eiskalt über den Rücken läuft, wenn wir daran denken, die Höllen, die Diderot vorausgesagt und vorausgeschrieben hat, ebenso. Der eine von seinem russischen und weltöstlichen Standpunkt aus hat diese absolute Hölle ebensowenig vorausgesehen und vorausgesagt und vorausgeschrieben, wie sein weltwestlicher Gegendenker und Gegenschreiber Diderot, sagte Reger. Die Welt und die Menschheit sind in einem Höllenzustand angelangt, in welchem die Welt und die Menschheit noch niemals in der Geschichte angelangt waren, das ist die Wahrheit, so Reger. Es ist ja geradezu idyllisch, was diese großen Denker und diese großen Schriftsteller alles vorausgeschrieben haben, sagte Reger, alle zusammen haben sie, obwohl sie der Meinung gewesen waren, die Hölle beschrieben zu haben, doch nur eine Idylle beschrieben, die gegen die Hölle, in welcher wir heute existieren, ja geradezu eine idyllische Idylle gewesen ist, so Reger. Alles Heutige ist voller Gemeinheit und voller Bosheit, Lüge und Verrat, sagte Reger, so unverschämt und perfide wie heute ist die Menschheit nie gewesen. Wir können anschauen, was wir wollen, wir können hingehen, wohin wir wollen, wir schauen nur in Bosheit und Niedertracht und in Verrat und Lüge und in Heuchelei und immer nur in nichts als in die absolute Niedrigkeit hinein, gleich was wir anschauen, gleich, wo wir hingehen, wir sind mit Bosheit und mit Lüge und Heuchelei konfrontiert. Was sehen wir anderes, als Lüge und Bosheit, als Heuchelei und Verrat, als die niedrigste Niedrigkeit, wenn wir hier auf die Straße gehen, *wenn wir uns wagen, auf die Straße zu gehen,* sagte Reger. Wir gehen auf die Straße und wir gehen in Niedrigkeit hinein, sagte er, in Niedrigkeit und in Schamlosigkeit, in Heuchelei und in Bosheit. Wir sagen, es gibt kein verlogeneres und kein verheuchelteres und kein boshafteres Land als dieses Land, aber wenn wir aus diesem Land hinausgehen oder auch nur hinausschauen, sehen wir, daß auch außerhalb unseres Landes nur Bosheit und Heuchelei und Lüge und Niedrigkeit den Ton angeben. Wir haben die widerwärtigste Regierung, die man sich nur vorstellen kann, die verheucheltste, die boshafteste, die gemeinste und gleichzeitig dümmste, sagen wir, und es stimmt natürlich, was wir denken und wir sagen das ja auch alle Augenblicke, sagte Reger, aber wenn wir aus diesem niedrigen verheuchelten und bösartigen und verlogenen und dummen Land hinausschauen, sehen wir, daß die anderen Länder genauso verlogen und verheuchelt und alles in allem genauso niedrig sind, sagte Reger. Aber diese anderen Länder gehen uns wenig an, sagte Reger, *nur unser Land geht uns etwas an* und deshalb schlägt es uns tagtäglich *so* auf den Kopf, daß wir mittlerweile schon lange *tatsächlich ohnmächtig* in einem Land zu existieren haben, in welchem die Regierung gemein und stumpfsinnig und verheuchelt und verlogen und dazu auch noch abgrundtief dumm ist. Jeden Tag empfinden wir doch, wenn wir denken, nichts anderes, als daß wir von einer verheuchelten und verlogenen und gemeinen Regierung regiert werden, die dazu auch noch die dümmste Regierung ist, die man sich vorstellen kann, sagte Reger, und wir denken, daß wir daran nichts ändern können, das ist ja das Fürchterliche, daß wir daran nichts ändern können, daß wir ganz einfach ohnmächtig zuschauen müssen, wie diese Regierung mit jedem Tag immer noch verlogener und verheuchelter und gemeiner und niedriger wird, daß wir mehr oder weniger in einem dauerhaft fassungslosen Zustand zuschauen müssen, wie diese Regierung immer schlimmer und immer unerträglicher wird. Aber nicht nur die Regierung ist verlogen und verheuchelt und gemein und niedrig, auch das Parlament ist es, sagte Reger, und manchmal kommt mir vor, als wäre das Parlament noch viel verheuchelter und verlogener als die Regierung und wie verlogen und wie gemein ist schließlich die Justiz in diesem Land und ist die Presse in diesem Land und ist schließlich die Kultur in diesem Land und ist schließlich alles in diesem Land; in diesem Land herrschen schon seit Jahrzehnten nur die Verlogenheit und die Heuchelei und die Gemeinheit und die Niedrigkeit, sagte Reger. Tatsächlich ist dieses Land jetzt auf einem absoluten Tiefpunkt angelangt, sagte Reger, und bald hat es seinen Sinn und Zweck und seinen Geist aufgegeben. Und überall dieses ekelerregende Demokratiegefasel! Sie gehen auf die Straße, meinte er, und müssen sich fortwährend Augen und Ohren und auch die Nase zuhalten, um in diesem Land, das letzten Endes ein ganz gemeingefährlicher Staat geworden ist, überleben zu können, sagte Reger. Jeden Tag trauen Sie Ihren Augen nicht und trauen Ihren Ohren nicht, sagte er, jeden Tag erleben Sie den Niedergang dieses zerstörten Landes und dieses korrupten Staates und dieses verdummten Volkes mit immer größerem Erschrecken. Und die Menschen in diesem Land und in diesem Staat tun nichts dagegen, sagte Reger, das ist es, das einen Menschen wie mich tagtäglich peinigt. Die Menschen sehen oder fühlen natürlich, wie dieser Staat sich jeden Tag niedriger und jeden Tag gemeiner macht, aber sie tun nichts dagegen. Die Politiker sind die Mörder, ja die Massenmörder eines jeden Landes und eines jeden Staates, sagte Reger, seit Jahrhunderten morden die Politiker die Länder und die Staaten und niemand hindert sie daran. Und wir Österreicher haben die gefinkeltsten, gleichzeitig gedankenlosesten Politiker als Landes- und Staatenmörder, sagte Reger. An der Spitze unseres Staates stehen Politiker als Staatenmörder, in unserem Parlament sitzen Politiker als Staatenmörder, sagte er, das ist die Wahrheit. Jeder Kanzler und jeder Minister ist ein Staatenmörder und damit auch ein Landesmörder, sagte Reger, und geht der Eine, kommt der Andere, sagte Reger, geht der eine Mörder als Kanzler, kommt schon der andere Kanzler als Mörder, geht der eine Minister als Staatenmörder, kommt schon der andere. Das Volk ist immer nur ein von den Politikern gemordetes, sagte Reger, aber das Volk sieht das nicht, es fühlt zwar, daß es so ist, aber es sieht davon nichts, das ist die Tragödie, so Reger. Sind wir froh, daß der eine Staatenmörder als Kanzler weg ist, ist schon der andere da, sagte Reger, das ist fürchterlich. Die Politiker sind Staatenmörder und Landesmörder, sagte Reger, und sie morden, solange sie an der Macht sind, ungeniert und die Justiz im Staat unterstützt ihr gemeines und niederträchtiges Morden, ihren gemeinen und niederträchtigen Mißbrauch. Aber jedes Volk und jede Gesellschaft verdienen natürlich den Staat, den sie haben und sie verdienen also auch seine Mörder als Politiker, sagte Reger. Was für gemeine und stumpfsinnige Staatsmißbraucher und gemeine und perfide Demokratiemißbraucher rief er aus. Die Politiker beherrschen die österreichische Szene absolut, sagte Reger dann, die Staatenmörder beherrschen die österreichische Szene absolut. Die politischen Verhältnisse in diesem Land sind im Augenblick so deprimierend, daß sie einem nurmehr noch schlaflose Nächte gestatten müßten, aber auch alle anderen österreichischen Verhältnisse sind heute genauso deprimierend. Wenn Sie einmal mit der Justiz in Berührung kommen, dann sehen Sie, daß es nur eine korrupte und gemeine und niedrige Justiz ist, abgesehen davon, daß sich in den letzten Jahren die sogenannten *Justizirrtümer* in erschreckendem Ausmaße häufen, es vergeht keine Woche, in welcher nicht ein längst abgeschlossenes Verfahren *wegen gravierender Verfahrensmängel* wieder aufgenommen und das sogenannte *Ersturteil wieder aufgehoben* wird, ein sehr hoher, diese perfide Justiz kennzeichnender Prozentsatz der Urteile, die die österreichische Justiz in den letzten Jahren gefällt hat, sind sogenannte *politische* Fehlurteile gewesen, so Reger. Wir haben es in Österreich heute nicht nur mit einem durch und durch verkommenen und *dämonischen* Staat, sondern auch mit einer durch und durch verkommenen und *dämonischen* Justiz zu tun, so Reger. Die österreichische Justiz ist schon seit vielen Jahren nicht mehr glaubwürdig, sie *agiert verwerflich politisch, nicht unabhängig,* wie das sein sollte. Von einer unabhängigen Justiz in Österreich zu sprechen, heißt ja nichts anderes, als der Wahrheit den Hohn ins Gesicht zu spotten, sagte Reger. Die Justiz in Österreich ist heute eine politische Justiz, keine unabhängige. Die heutige österreichische Justiz ist tatsächlich eine gemeingefährlich-politische geworden, so Reger, ich weiß, wovon ich rede, sagte er. Die Justiz macht mit der Politik heute gemeinsame Sache, sagte Reger, da brauchen Sie sich nur einmal näher mit dieser katholisch-nationalsozialistischen Justiz zu beschäftigen und sie mit klarem Kopf zu studieren, so Reger. Österreich ist heute nicht nur in Europa, sondern weltweit *das* Land mit den meisten sogenannten *Justizirrtümern,* das ist das Katastrophale. Kommen Sie mit der Justiz in Berührung, und ich selbst bin ja, wie Sie wissen, schon sehr oft mit der Justiz in Berührung gekommen, stellen Sie fest, daß die österreichische Justiz eine gefährliche katholisch-nationalsozialistische Menschenmühle ist, die nicht vom Recht, wie es zu fordern wäre, in Gang gehalten ist, sondern vom Unrecht und in welcher die chaotischsten Zustände herrschen, es gibt keine chaotischere Justiz in Europa als die österreichische, keine korruptere, keine gemeingefährlichere perfidere, sagte Reger, nicht die Zufälligkeiten der Dummheit, sondern die Absichten der politischen Gemeinheit beherrschen die katholisch-nationalsozialistische österreichische Justiz heute, so Reger. Wenn Sie in Österreich vor Gericht gebracht werden, sind Sie einer durch und durch chaotischen katholisch-nationalsozialistischen Justiz ausgeliefert, die die Wahrheit und die Wirklichkeit auf den Kopf stellt, so Reger. Die österreichische Justiz ist nicht nur eine Willkür, sondern eine perfide Menschenzermahlmaschine, so Reger, in welcher das Recht von den absurden Mühlsteinen des Unrechts zermalmt wird. Und erst was die Kultur in diesem Land betrifft, sagte Reger, da ist der Magen nurmehr noch zum Umdrehen da. Was die sogenannte *Alte Kunst* betrifft, so ist sie abgestanden und ausgelaugt und ausverkauft und sie verdient es schon lange gar nicht mehr, daß sie unsere Aufmerksamkeit auf sich zieht, das wissen Sie so gut wie ich, was aber die sogenannte zeitgenössische Kunst betrifft, so ist sie *keinen Schuß Pulver wert,* wie gesagt wird. Die österreichische zeitgenössische Kunst ist so billig, daß sie nicht einmal unsere Scham verdient, sagte Reger. Jahrzehntelang wird von den österreichischen Künstlern nurmehr noch kitschiger Mist erzeugt, der tatsächlich, wenn es nach mir ginge, auf den Misthaufen gehörte. Die Maler malen Mist, die Komponisten komponieren Mist, die Schriftsteller schreiben Mist, sagte er. Den größten Mist machen die österreichischen Bildhauer, sagte Reger. Die österreichischen Bildhauer machen den größten Mist und ernten dafür die größte Anerkennung, so Reger, das ist charakteristisch für diese stupide Zeit. Die heutigen österreichischen

Komponisten sind alles in allem doch nur kleinbürgerliche Ton-Idioti-sten, deren Konzertsaalmist zum Himmel stinkt. Und die österreichischen Schriftsteller insgesamt haben überhaupt nichts zu sagen und können das, das sie nicht zu sagen haben, nicht einmal schreiben. Keiner von diesen heutigen österreichischen Schriftstellern kann schreiben, alle lügen sich eine widerwärtig-sentimentale Epigonenliteratur in die Tasche, sagte Reger, sie schreiben, gleich wo sie schreiben, nur Mist, sie schreiben stei-ermärkischen und salzburgischen und kärntnerischen und burgenländi-schen und niederösterreichischen und oberösterreichischen und tiroli-schen und vorarlbergischen Mist und schaufeln diesen Mist schamlos und ruhmsüchtig zwischen die Buchdeckel, so Reger. Sie sitzen in Wiener Gemeindewohnungen oder in kärntnerischen Gelegenheits- und Verle-genheitshuben oder in steiermärkischen Hinterhöfen und schreiben Mist, den epigonalen, stinkenden, kopf- und geistlosen österreichischen Schrift-stellermist, sagte Reger, in *welchem die pathetische Dummheit dieser Leute zum Himmel stinkt,* so Reger. Ihre Bücher sind nichts als der Mist zweier oder schon gar dreier Generationen, die das Schreiben nie gelernt haben, weil sie das Denken nie gelernt haben, einen totalen geistlosen und phi-losophie- und heimatheuchelnden epigonalen Mist schreiben alle diese Schriftsteller, sagte Reger. Alle diese Bücher dieser mehr oder weniger ekelhaft staatsopportunistischen Schriftsteller sind *nichts als abgeschriebene Bücher,* sagte Reger, *jede Zeile in ihnen ist eine gestohlene, jedes Wort ein geraubtes.* Diese Leute schreiben seit Jahrzehnten nur eine gedankenlose Literatur, die nur der Gefallsucht zuliebe geschrieben wird und die auch nur aus Gefallsucht veröffentlicht wird, so Reger. Sie tippen ihre abgrund-tiefe Dummheit in die Maschine und heimsen für diese abgrundtiefe abgeschmackte Dummheit alle nur möglichen Preise ein, sagte Reger. Da war ja selbst Stifter noch eine ganz große Erscheinung, sagte Reger, wenn ich nun einmal Stifter mit allen diesen österreichischen Dummköpfen, die heute schreiben, vergleiche. Philosophie- und Heimatheuchelei, diese im Augenblick große Mode, beinhaltet der Mist dieser Leute, sagte Reger, die zu keinem einzigen eigenen Gedanken befähigt sind. Die Bücher dieser Leute gehörten nicht in die Buchhandlungen, sondern gleich auf den Misthaufen, sagte Reger. Wie ja überhaupt die ganze heutige österreichi-sche Kunst auf den Misthaufen gehört. Denn was wird in der Oper an-deres gespielt, als Mist, was im *Musikverein* anderes, als Mist und was sind die Erzeugnisse dieser brutalen proletarisch-gemeinen Gewaltmänner mit dem Meißel, die sich geradezu präpotent-unverschämt Bildhauer nennen, anderes, als Marmor- und Granitmist! Es ist fürchterlich, ein halbes Jahrhundert immer wieder nur diese deprimierende Mittelmäßigkeit, sagte Reger. Wenn Österreich wenigstens ein Narrenhaus wäre, aber es ist ein Siechenhaus, sagte er. Die Alten haben nichts zu sagen, sagte Reger, aber die Jungen haben noch weniger zu sagen, das ist der heutige Zustand. Und natürlich geht es allen diesen kunstmachenden Leuten zu gut, sagte er. Alle diese Leute werden mit Stipendien und mit Preisen vollgestopft und alle Augenblicke gibt es da einen Ehrendoktor und dort einen Ehrendoktor und da eine Ehrennadel und dort eine Ehrennadel und alle Augenblicke sitzen sie neben dem einen Minister und kurz darauf neben dem andern und heute sind sie beim Bundeskanzler und morgen beim Parlamentspräsidenten und heute sitzen sie im sozialistischen Gewerkschaftsheim und morgen im katholischen Arbeiterbildungshaus und lassen sich feiern und aushalten. Diese heutigen Künstler sind ja nicht nur in ihren sogenannten Werken so verlogen, sie sind in ihrem Leben genauso verlogen, sagte Reger. Verlogene Arbeit wechselt bei ihnen fortwährend mit verlogenem Leben ab, was sie schreiben, ist verlogen, was sie leben, ist verlogen, sagte Reger. Und dann machen diese Schriftsteller sogenannte *Lesereisen* und reisen kreuz und quer durch ganz Deutschland und durch ganz Österreich und durch die ganze Schweiz und sie lassen kein noch so stumpfsinniges Gemeindeloch aus, um aus ihrem Mist vorzulesen und sich feiern zu lassen und lassen sich ihre Taschen mit Mark und mit Schillingen und mit Franken vollstopfen, so Reger. Nichts ist widerlicher, als eine sogenannte *Dichterlesung,* sagte Reger, mir ist kaum etwas verhaßter, aber alle diese Leute finden nichts dabei, überall ihren Mist vorzulesen. Keinen Menschen interessiert im Grunde, was diese Leute sich zusammengeschrieben haben auf ihren literarischen Beutezügen, aber sie lesen es vor, sie treten auf und lesen es vor und machen einen Buckel vor jedem debilen Stadtrat und vor jedem stumpfsinnigen Gemeindevorstand und vor jedem germanistischen Maulaffen, so Reger. Sie lesen von Flensburg bis Bozen ihren Mist vor und lassen sich ohne geringste Skrupel auf schamlose Weise aushalten. Es gibt nichts Unerträglicheres für mich, als eine sogenannte Dichterlesung, sagte Reger, es ist abstoßend, sich hinzusetzen und den eigenen Mist vorzulesen, denn nichts anderes lesen ja alle diese Leute vor, als Mist. Wenn sie noch recht jung sind, geht es ja noch, sagte Reger, aber wenn sie älter sind und schon in die Fünfzig gehen

und darüber, ist das nur ekelerregend. Aber gerade diese älteren Schreiber
lesen ja, sagte Reger, überall vor und sie steigen auf jedes Podium und sie
setzen sich an jeden Tisch, um ihren Gedichtemist vorzutragen, ihre
stumpfsinnige senile Prosa, so Reger. Selbst wenn ihr Gebiß keines ihrer
verlogenen Wörter mehr in der Mundhöhle halten kann, steigen sie auf
das Podium gleich welchen Stadtsaales und lesen ihren scharlatanistischen
Blödsinn, so Reger. Ein Sänger, der Lieder singt, ist ja schon eine Unerträglichkeit, aber ein Schriftsteller, der seine eigenen Erzeugnisse zum
besten gibt, ist noch viel unerträglicher, so Reger. Der Schriftsteller, der
ein öffentliches Podium besteigt, um seinen opportunistischen Mist vorzulesen, und sei es selbst in der Frankfurter Paulskirche, ist ein miserabler
Schmierenkomödiant, sagte Reger. Es wimmelt vor lauter solchen opportunistischen Schmierenkomödianten, sagte Reger. In Deutschland und in
Österreich und in der Schweiz wimmelt es vor lauter solchen opportunistischen Schmierenkomödianten, so Reger. Ja, ja, sagte er, die logische
Folge wäre immer die totale Verzweiflung *über alles*. Aber gegen diese
totale Verzweiflung *über alles* wehre ich mich. Ich bin jetzt zweiundachtzig
und wehre mich mit Händen und Füßen gegen diese totale Verzweiflung
über alles, so Reger. In dieser Welt und in dieser Zeit, sagte er, in der doch
alles möglich ist, ist bald gar nichts mehr möglich. Irrsigler erschien und
Reger nickte ihm, als wenn er sagen wollte, du hast es besser als ich, zu,
und Irrsigler drehte sich um und verschwand wieder. Reger war auf den
zwischen seinen Knien eingeklemmten Stock gestützt, als er sagte: bedenken Sie doch, Atzbacher, was es heißt, den Ehrgeiz zu haben, die am
längsten dauernde Symphonie der Musikgeschichte zu komponieren. Keinem anderen wäre eine solche Unsinnigkeit eingefallen, als Mahler. Manche Leute sagen, Mahler sei der letzte große österreichische Komponist
gewesen, das ist lächerlich. Ein Mann, der bei vollem Bewußtsein fünfzig
Streicher streichen läßt, nur um Wagner zu übertrumpfen, ist lächerlich.
Mit Mahler hat die österreichische Musik ihren absoluten Tiefstand erreicht, sagte Reger. Reinster Massenhysterie erzeugender Kitsch, so wie
Klimt auch, sagte er. Schiele ist der bedeutendere Maler. Heute kostet
selbst ein schwaches Klimtkitschgemälde mehrere Millionen Pfund, sagte
Reger, das ist widerwärtig. Schiele ist nicht Kitsch, aber ein ganz großer
Maler ist Schiele natürlich auch nicht. In der Qualität Schieles hat es ja in
diesem Jahrhundert mehrere österreichische Maler gegeben, aber außer
Kokoschka keinen einzigen wirklich bedeutenden, sozusagen wirklich

großen. Andererseits müssen wir zugeben, daß wir ja gar nicht wissen können, was wirklich große Malerei ist. Sogenannte große Malerei haben wir ja hier im Kunsthistorischen Museum zu Hunderten, sagte Reger, aber sie erscheint uns mit der Zeit nicht mehr als groß, nicht mehr als *so* bedeutend, weil wir sie zu genau studiert haben. Was wir genau studieren, verliert in uns an Wert, sagte Reger. Also, wir sollten uns davor hüten, überhaupt etwas *genau* zu studieren. Aber wir können nicht anders, als alles genau zu studieren, das ist unser Unglück, damit lösen wir alles auf und machen wir uns alles zunichte, haben wir uns schon beinahe alles zunichte gemacht. Eine Zeile von Goethe, sagte Reger, sie wird von uns so lange studiert, bis sie uns nicht mehr so großartig vorkommt wie zuerst, nach und nach verliert sie ihren Wert für uns und was uns am Anfang möglicherweise als die großartigste Zeile überhaupt vorgekommen ist, ist uns am Ende eine elementare Enttäuschung. Von allem, das wir genau studieren, sind wir am Ende enttäuscht. Zerlegungs- und Zersetzungsmechanismus, sagte Reger, das ist es, das ich mir angewöhnt habe schon in frühen Jahren, ohne zu wissen, daß das mein Unglück ist. Selbst Shakespeare zerbröckelt uns ganz, wenn wir uns längere Zeit *studierend* mit ihm beschäftigen, die Sätze gehen uns auf die Nerven, die Figuren zerfallen *vor* den Dramen und machen uns alles zunichte, sagte er. Wir haben schließlich überhaupt kein Vergnügen mehr an der Kunst, wie auch am Leben nicht und sei es noch so natürlich, weil wir mit der Zeit die Naivität und mit ihr die Dummheit verloren haben. Aber wir haben uns statt dessen nur das Unglück zu eigen gemacht, sagte Reger. Heute ist es mir schon absolut unmöglich, Goethe zu lesen, sagte Reger, Mozart zu hören, Leonardo, Giotto anzuschauen, dazu fehlt mir jetzt schon jede Voraussetzung. Kommende Woche werde ich mit Irrsigler wieder einmal in das *Astoria* essen gehen, sagte Reger, solange meine Frau gelebt hat, bin ich mit ihr und mit Irrsigler wenigstens dreimal im Jahr ins *Astoria* essen gegangen, das bin ich Irrsigler schuldig, daß ich diese Astoriaessen fortsetze, sagte er. Wir dürfen Leute wie Irrsigler nicht nur ausnützen, wir müssen ihnen auch ab und zu eine Gefälligkeit erweisen. Und das beste ist, ich gehe mit Irrsigler ins *Astoria* essen. Ich könnte ja öfter mit seiner Familie in den Prater gehen, aber dazu habe ich nicht die Kraft, die Irrsiglerkinder hängen wie die Kletten an mir und reißen mir vor Überschwenglichkeit beinahe meine Kleider vom Leib, sagte er. Und mir ist der Prater so widerwärtig, wissen Sie, der Anblick aller dieser besoffenen Männer und

Weiber, die vor den Schießbuden ihre billigen Witze machen und ihrer entsetzlichen Primitivität freien Lauf lassen, ich komme mir dann von oben bis unten beschmutzt vor, wenn ich im Prater gewesen bin. Der Prater von heute ist ja nicht mehr der Prater, der er in meiner Kindheit gewesen ist, der turbulente Vergnügungspark; heute ist der Prater eine widerwärtige Ansammlung ordinärer Leute, eine Ansammlung von kriminellen Existenzen. Der ganze Prater stinkt nach Bier und Verbrechen und wir begegnen in ihm nur der Brutalität und dem schamlosen Schwachsinn des gemeinen rotzigen Wienertums. Kein Tag, an dem nicht ein Pratermord in der Zeitung steht, täglich eine, meistens mehrere Pratervergewaltigungen. In meiner Kindheit war der Pratertag immer ein Freudentag gewesen und es duftete da im Frühling wirklich nach Flieder und Kastanien. Heute stinkt dort die proletarische Perversität zum Himmel. Der Prater, diese liebenswürdigste aller Vergnügungserfindungen, sagte Reger, ist heute nurmehr noch ein gemeiner Rummelplatz der Vulgarität. Ja, wenn der Prater noch so wäre, wie er in meiner Kindheit gewesen ist, sagte Reger, ginge ich mit der Irrsiglerfamilie hin, aber so gehe ich nicht hin, ich kann mir das nicht leisten; gehe ich mit der Irrsiglerfamilie in den Prater, bin ich auf Wochen hinaus zerstört. Noch meine Mutter ist mit ihren Eltern in der Kutsche in den Prater kutschiert worden und die Praterhauptallee entlanggelaufen im luftigen Seidenkleid. Diese Bilder sind Geschichte, sagte Reger, das ist alles vorbei. Heute müssen Sie froh sein, wenn Ihnen im Prater nicht in den Rücken geschossen wird, sagte Reger, ins Herz gestochen oder wenigstens die Brieftasche aus dem Rock gezogen. Die heutige Zeit ist eine durch und durch brutalisierte Zeit. Mit den Irrsiglerkindern im Prater, das habe ich nur einmal gemacht, nie wieder. Sie hängen an mir wie die Kletten und reißen mir die Kleider vom Leib und verlangen alle Augenblicke, daß ich mit ihnen auf der Geisterbahn fahre oder mit dem automatischen Ringelspiel. Mir ist dabei übel geworden, sagte Reger. Ich habe natürlich nichts gegen die Irrsiglerkinder, sagte Reger, aber ich halte sie nicht aus. Irrsigler allein, das geht, aber die ganze Irrsiglerfamilie, das geht nicht. Mit Irrsigler im Astoria an meinem Ecktisch mit dem Blick auf die leere Maysedergasse, das geht, aber mit der Irrsiglerfamilie in den Prater, das geht nicht. Jedesmal erfinde ich eine andere Ausrede, um nicht mit der Irrsiglerfamilie in den Prater zu müssen. Ein Praterbesuch mit der Irrsiglerfamilie erscheint mir wie ein Höllenbesuch. Ich vertrage auch die Stimme der Frau Irrsigler nicht, sagte

Reger, ich halte diese Stimme nicht aus. Auch die Irrsiglerkinder haben ja
fürchterliche Stimmen im Grunde, wehe, wenn diese Stimmen erwachsen
werden, sagte er. So ein ruhiger angenehmer Mensch wie Irrsigler und eine
so laute Frau wie die Irrsigler und so laute Kinder wie die Irrsiglerkinder.
Einmal hat mir Irrsigler den Vorschlag gemacht, ich möge doch mit seiner
Familie aufs Land fahren, in die Umgebung. Auch das habe ich abgelehnt
und ich winde mich seit Jahren, um einem solchen *Umgebungsausflug* mit
der Irrsiglerfamilie zu entkommen. Stellen Sie sich vor, ich wandere mit
der Irrsiglerfamilie durch die Umgebung, möglicherweise fangen die Ir-
siglerkinder auch noch zu singen an. Das hielte ich nicht aus, daß die
Irrsiglerkinder von mir verlangen, daß ich mit ihnen durch die Umge-
bungswälder ziehe, vorne die Irrsigler und hinten der Irrsigler und mit
mir, womöglich händehaltend, die Irrsiglerkinder. Und die Irrsiglerfamilie verlangt dann möglicherweise auch noch von mir, daß ich mitsinge.
Die einfachen Leute haben den Drang in die Natur, den Drang ins Freie,
ich habe diesen Drang nie gehabt, so Reger. Nichts Grauenhafteres
könnte mir passieren, als mit der Irrsiglerfamilie durch die Umgebung von
Wien zu spazieren und dann auch noch einen Gasthausgarten aufzusuchen. Mich ekelte doch nur vor der Tatsache, daß die Irrsiglerfamilie
gebackene Schnitzel ißt in meiner Gegenwart und sich mit Wein und Bier
und Apfelsaft die Bäuche vollschlägt auf meine Kosten. Mit Irrsigler im
Astoria, das ist, was auch mir Vergnügen macht, ich habe dazu keinerlei
Verstellung notwendig, dreimal im Jahr mit Irrsigler im *Astoria* essen, ein
Glas Wein dazu, sagte Reger, das geht, alles andere geht nicht. Der Prater
ist absolut unmöglich, auch die Umgebung von Wien ist absolut unmöglich. Wenn Irrsigler nur einen Funken Musikalität in sich hätte, sagte
Reger, so nähme ich ihn ab und zu in ein Konzert mit oder ich überließe
ihm überhaupt meine Rezensentenkarten, aber Irrsigler hat für Musik
nicht das geringste Gespür, er leidet Qualen, wenn er Musik hören muß.
Jeder Andere setzte sich auch dann, wenn es ihm eine Qual ist, im Musikverein in die dritte oder vierte Reihe, um die Fünfte von Beethoven
anzuhören, weil da wie nirgends sonst alles der Eitelkeit des Menschen
entgegen kommt; nicht Irrsigler, er hat es immer abgelehnt, in den Musikverein zu gehen und immer mit der einfachen Feststellung: *ich mag
Musik nicht, Herr Reger,* so Reger. Seit drei Jahren wartet die Irrsiglerfamilie, daß ich mit ihr in den Prater gehe, sagte Reger, und einmal sage ich,
ich habe Kopfschmerzen und einmal, ich habe Halsschmerzen und ein-

mal, ich bin tief in Arbeit und einmal, ich habe soviel Korrespondenz zu erledigen und jedesmal ist es mir widerwärtig, das sagen zu müssen. Irrsigler weiß sehr wohl, warum ich nicht mit seiner Familie in den Prater gehe, ich habe ihm nicht gesagt, warum, aber Irrsigler ist ja nicht dumm, sagte Reger. Im *Astoria* bestellt er immer den gleichen Tafelspitz, weil *ich* immer den gleichen Tafelspitz bestelle. Er wartet, bis ich mir einen Tafelspitz bestellt habe und bestellt sich dann auch einen Tafelspitz, so Reger. Aber während ich doch nur Mineralwasser trinke, trinkt Irrsigler ein Glas Wein zum Tafelspitz. Der Tafelspitz im *Astoria* ist nicht immer erster Klasse, aber ich esse ihn ganz einfach am liebsten im *Astoria.* Irrsigler ißt langsam, das ist das Außergewöhnliche an ihm. Ich selbst esse meinen Tafelspitz so langsam, daß ich denke, ich esse ihn noch langsamer als Irrsigler, aber Irrsigler ißt, auch wenn ich meinen Tafelspitz so langsam wie möglich esse, den seinigen noch viel langsamer. Ach Irrsigler, habe ich letztes Mal im *Astoria* zu ihm gesagt, ich verdanke Ihnen so vieles, wahrscheinlich alles, das hat er naturgemäß nicht verstanden. Nach dem Tod meiner Frau stand ich ja plötzlich allein da, ich hatte zwar einen Haufen Leute, aber doch keinen Menschen und Sie wollte ich ja auch nicht belästigen in meinem entsetzlichen Zustand. Ein halbes Jahr lang habe ich jeden Kontakt zu allen Leuten gemieden, schon weil ich ihren fürchterlichen Fragen auskommen wollte, *die Leute fragen ja diese entsetzlichen Todesfallfragen immer ungeniert* und bei jeder Gelegenheit; dem wollte ich entkommen, so hatte ich nur den Irrsigler. Und ich bin ja beinahe ein halbes Jahr nach dem Tod meiner Frau noch immer nicht ins Kunsthistorische Museum gegangen, erst seit einem halben Jahr gehe ich wieder hier herein, und die erste Zeit natürlich nicht jeden zweiten Tag wie gewohnt, sondern höchstens einmal in der Woche. Aber jetzt gehe ich schon wieder über ein halbes Jahr jeden zweiten Tag ins Kunsthistorische Museum. Irrsigler war, weil er mich überhaupt nichts gefragt hat, der einzige mögliche Mensch, sagte Reger. Ich überlege ja immer, gehe ich mit Irrsigler *ins Astoria* oder *ins Imperial,* auf jeden Fall in eines der allerersten Restaurants, aber im *Imperial* fühlt er sich nicht so wohl wie im *Astoria,* die absolute Großartigkeit im *Imperial* erträgt ein solcher Mensch wie Irrsigler nicht, so Reger. Und das *Astoria* ist ja auch viel zurückhaltender. So hoffe ich doch immer wieder von Zeit zu Zeit meinen Dank abstatten zu können an Irrsigler, der für mich so wichtig ist, sagte Reger. Irrsigler hat die angenehme Eigenschaft, zuhören zu können und zwar zuhören zu können auf ganz und gar unaufdringliche Weise. Ist mir Irrsigler selbst der angenehmste Mensch, so ist mir die ganze Irrsiglerfamilie die unangenehmste. Wie kommt ein Mensch wie Irrsigler, so Reger, an eine Frau wie die Irrsigler, die eine so kreischende Stimme und einen so hennenhaften Gang hat. Wir fragen uns ja oft, wie kommen diese Leute zusammen, die sich vollkommen entgegengesetzt sind, so Reger. Eine Frau mit einer so hysterischen Tierstimme und mit einem so hennenhaften Gang und ein Mann wie Irrsigler, der so ausgeglichen und so angenehm ist. Und natürlich haben die Irrsiglerkinder fast alles von der Mutter, fast nichts vom Vater. Eines mißglückter als das andere, so Reger. Die Irrsiglerkinder sind alle mißglückt, sagte Reger, *aber natürlich glauben die Eltern, sie haben geglückte Kinder, das glauben ja alle Eltern.* Es ist ja geradezu fürchterlich, zu denken, was aus diesen Irrsiglerkindern eines Tages wird, sagte Reger, wenn ich diese Irrsiglerkinder sehe, sehe ich heute schon ganz und gar nicht einmal durchschnittliche, sondern weit unterdurchschnittliche Menschen mit einem wenigstens zwiespältigen Charakter. *Der Begriff der dummen Brut* fällt mir dabei immer ein, sagte Reger, das ist das Unerfreuliche an der Irrsiglerfamilie. Ein so ausgezeichneter Mann und ein so charaktervoller gelungener Mensch und eine so mißratene Familie. Das Ganze ist durchaus alltäglich, sagte Reger. Die Österreicher, als die geborenen Opportunisten, sind Duckmäuser, sagte er jetzt, und sie leben vom Vertuschen und Vergessen. Keine noch so große politische Scheußlichkeit, die sie nicht schon eine Woche darauf vergessen haben, kein noch so großes Verbrechen. Der Österreicher ist ja geradezu der geborene Verbrechen*decker*, sagte Reger, der Österreicher deckt jedes Verbrechen und sei es das gemeinste, denn er ist ja, wie gesagt, der geborene opportunistische Duckmäuser. Jahrzehntelang begehen unsere Minister grauenhafte Verbrechen und werden von diesen opportunistischen Duckmäusern gedeckt. Jahrzehntelang betrügen diese Minister *mörderisch* und werden von diesen Duckmäusern gedeckt. Jahrzehntelang belügen und betrügen diese skrupellosen österreichischen Minister die Österreicher und werden doch von diesen Duckmäusern gedeckt. Es ist schon ein Wunder, wenn ab und zu einmal ein solcher verbrecherischer und betrügerischer Minister zum Teufel gejagt wird, sagte Reger, weil ihm jahrzehntelang begangene Schwerverbrechen vorgeworfen werden, aber schon nach einer Woche ist die ganze Affaire vergessen, weil die Duckmäuser die Affaire vergessen haben. Der Zwanzigschillingdieb wird von der Justiz verfolgt und einge-

sperrt, der Millionen- und Milliardenbetrüger im Ministerrang wird bestenfalls mit einer Riesenpension verjagt und auch schon vergessen, so
Reger. Es ist ja tatsächlich ein Wunder, so Reger dann, daß jetzt wieder
einmal ein Minister verjagt worden ist, aber sehen Sie, kaum ist er abgesetzt und verjagt worden und kaum haben die Zeitungen geschrieben, er
sei ein Milliardenbetrüger und kaum haben dieselben Zeitungen geschrieben, dieser Minister ist ein Schwerverbrecher und er gehört vor
Gericht gestellt, ist er auch schon für alle Zeit von denselben Zeitungen
und dadurch auch von der ganzen Öffentlichkeit vergessen. Während der
Minister angeklagt und vor Gericht gestellt und eingesperrt gehörte, seinem Verbrechen entsprechend, wie ich doch sagen darf, auf *lebenslänglich,*
verzehrt er in seiner Villa auf dem Kahlenberg seine fette Pension und kein
Mensch denkt mehr daran, ihn dabei zu stören. Er lebt ein sogenanntes
Sausundbrausleben als pensionierter Minister und wenn er eines Tages
stirbt, bekommt er noch ein Staatsbegräbnis und ein Ehrengrab auf dem
Zentralfriedhof, so Reger, neben seinen ihm vorausgestorbenen Minister-
kollegen, die ebensolche Verbrecher gewesen sind wie er. Der Österreicher
ist der geborene opportunistische Duckmäuser und der geborene Vertuscher und Vergesser, was Scheußlichkeiten und Verbrechen der Minister
und aller anderen Regierenden betrifft, so Reger. Der Österreicher duckt
sich lebenslänglich und deckt lebenslänglich die größten Scheußlichkeiten
und Verbrechen, um überleben zu können, das ist die Wahrheit, sagte
Reger. Die Zeitungen stellen bloß fest und klagen an und bauschen natürlich auf, aber sie annullieren auch gleich wieder opportunistisch und
haben opportunistisch vergessen. Die Zeitungen sind die Aufdecker und
die Aufhetzer und gleichzeitig die Vertuscher und Zudecker und Unterdrücker, was politische Scheußlichkeiten und Verbrechen betrifft, so Reger. Wie haben die Zeitungen über den zurückgetretenen Minister gewettert und ihm die allerschwersten Vorwürfe gemacht und ihn, wie
gesagt wird, *fertiggemacht* und den Bundeskanzler gezwungen, diesen verbrecherischen Minister zu entlassen und kaum hatte der Bundeskanzler
diesen Minister entlassen, haben die Zeitungen denselben Minister vergessen gehabt und mit ihm die Scheußlichkeiten und Verbrechen, die er ja
tatsächlich begangen hat, so Reger. Die österreichische Justiz ist eine von
den österreichischen Politikern gefügig gemachte Justiz, sagte Reger, alles
andere ist Lüge. Die Tatsache, daß diese Affaire nicht nur von der Regierung, sondern auch von den Zeitungen vertuscht worden ist, läßt mir

keine Ruhe, sagte Reger. Aber Sie kommen als Österreicher ja schon jahrelang nicht mehr zur Ruhe, weil in den letzten Jahren kein Tag vergangen ist ohne politischen Skandal und die politischen Schweinereien ein Ausmaß angenommen haben, wie es noch vor Jahren unvorstellbar gewesen ist, so Reger. Gleich mit was mein Kopf beschäftigt ist, diese politischen Skandale sind andauernd in ihm und regen ihn auf. Ich kann tun, was ich will, in meinem Kopf sind diese politischen Skandale, sagte Reger, ich kann mich mit was immer beschäftigen, diese politischen Skandale sind in meinem Kopf, so Reger. Wenn wir die Zeitung aufmachen, haben wir wieder einen politischen Skandal, sagte Reger, tagtäglich einen Skandal, in den Politiker dieses schon *bis zur Unkenntlichkeit verstümmelten Staates* verwickelt sind, die ihr Amt mißbraucht, die sich mit der Kriminalität gemein gemacht haben. Wenn Sie die Zeitung aufmachen, denken Sie, Sie leben in einem Staat, in dem die politische Scheußlichkeit und in dem das politische Verbrechertum zur tagtäglichen Gewohnheit geworden sind. Zuerst habe ich mir gedacht, ich rege mich nicht auf, denn dieser Staat ist heute nurmehr noch durch und durch indiskutabel, aber es ist mir jetzt in diesem fürchterlichen, ja tagtäglich furchterregenden Staat auf einmal gar nicht möglich, mich *nicht* aufzuregen; wenn Sie die Zeitung aufmachen in der Frühe, regen Sie sich schon ganz automatisch über die Scheußlichkeiten und die Verbrechen unserer Politiker auf. Da haben Sie ganz automatisch den Eindruck, daß alle Politiker kriminelle Erscheinungen sind und von Grund auf verbrecherisch und eine Horde von Schweinehunden, so Reger. So habe ich es mir in letzter Zeit abgewöhnt, in der Frühe die Zeitung zu lesen, wie es Jahrzehnte meine Gewohnheit gewesen ist, es genügt, wenn ich sie am Nachmittag aufmache. Wenn der Zeitungsleser die Zeitung in der Frühe aufmacht, verdirbt sich der Zeitungsleser schon in der Frühe den Magen und den ganzen Tag und auch noch die darauffolgende Nacht, so Reger, weil er mit einem immer noch größeren politischen Skandal konfrontiert ist, mit einer immer noch größeren politischen Schweinerei, so Reger. Der Zeitungsleser liest in diesem Land ja schon jahrelang in der Zeitung nurmehr noch Skandale, auf den ersten drei Seiten die politischen und auf den folgenden Seiten die übrigen, aber er liest nurmehr noch Skandale, weil die österreichischen Zeitungen nurmehr noch von Skandalen und von Schweinereien schreiben, von sonst nichts. Die österreichischen Zeitungen haben einen solchen Niedrigkeitsgrad erreicht, daß auch das ein Skandal ist, sagte Reger, es gibt

keine niedrigeren und gemeineren und abstoßenderen Zeitungen auf der
Welt als die österreichischen, aber diese österreichischen Zeitungen sind ja
notgedrungen so scheußlich und so niedrig, weil die österreichische Gesellschaft und vor allem die politische österreichische Gesellschaft und
weil eben dieser Staat so scheußlich und so niedrig ist. Noch nie hat es eine
so scheußliche und niedrige österreichische Gesellschaft mit einem so
scheußlichen und niedrigen Staat in diesem Land gegeben, sagte Reger,
aber niemand in diesem Staat und in diesem Land empfindet das als
Schande, niemand lehnt sich wirklich dagegen auf, so Reger. Der Österreicher hat immer alles hingenommen, gleich was es war und war es die
größte Scheußlichkeit und die größte Niedrigkeit und war es die ungeheuerlichste aller Ungeheuerlichkeiten, so Reger. Der Österreicher ist alles
andere als ein Revolutionär, weil er überhaupt kein Wahrheitsfanatiker ist,
der Österreicher lebt seit Jahrhunderten schon mit der Lüge und hat sich
daran gewöhnt, so Reger, der Österreicher ist schon jahrhundertelang mit
der Lüge die Ehe eingegangen, mit jeder Lüge, so Reger, aber mit der
Staatslüge zutiefst und zuallererst. Die Österreicher leben ganz selbstverständlich ihr gemeines und niedriges Österreicherleben mit der Staatslüge,
sagte Reger, das ist an ihnen das Abstoßende. Der sogenannte liebenswürdige Österreicher ist ein abgefeimter opportunistischer Fallensteller,
so Reger, der immer und überall seine opportunistischen Fallen stellt, der
sogenannte liebenswürdige Österreicher ist der Meister der hundsgemeinen Gemeinheit, unter seiner sogenannten Liebenswürdigkeit ist er der
niederträchtige und schamlose und rücksichtslose Mensch und ist eben
dadurch der verlogenste, so Reger. Bin ich zeitlebens ein fanatischer Zeitungsleser gewesen, so Reger, ist es mir jetzt schon beinahe unerträglich,
die Zeitungen aufzumachen, weil sie doch nur voller Skandale sind. Aber
wie die Zeitungen, so die Gesellschaft, die die Zeitungen abdrucken, so
Reger. Da können Sie ein ganzes Jahr danach suchen, Sie werden keinen
geistvollen Satz in irgendeinem dieser Scheißblätter finden, sagte Reger.
Aber was sage ich Ihnen, wo Sie doch mit allem Österreichischen so
vertraut sind, sagte Reger. Ich bin aufgewacht heute und habe an den
Ministerskandal gedacht und ich bringe diesen Ministerskandal nicht aus
meinem Kopf, das ist ja die Tragödie meines Kopfes, sagte Reger, daß ich
diese Skandale und vor allem diese politischen Skandale nicht aus meinem
Kopf herausbringe, diese Skandale fressen sich immer tiefer in meinen
Kopf hinein, das ist die Tragödie. Ich denke, ich muß alle diese Skandale

und Scheußlichkeiten aus meinem Kopf herausbringen und diese Scheußlichkeiten und Skandale fressen sich immer tiefer in meinen Kopf hinein.
Aber natürlich beruhigt es mich, wenn ich mit Ihnen über alles das und
gerade auch über diese politischen Scheußlichkeiten und Skandale debat-
tiere, jeden Tag in der Frühe denke ich, wie gut, daß ich das Ambassador
habe, um mit Ihnen debattieren zu können und natürlich nicht nur über
die Skandale und über die Scheußlichkeiten, denn naturgemäß gibt es ja
auch noch etwas anderes, etwas Erfreulicheres, die Musik beispielsweise,
so Reger. Solange ich noch Lust habe, über die *Sturmsonate* zu sprechen
oder über die Kunst der Fuge, so lange gebe ich ja nicht auf, sagte Reger.
Die Musik rettet mich ja immer wieder, die Tatsache, daß die Musik in
mir immer noch lebt und sie lebt ja in mir wie am ersten Tag, so Reger.
Durch die Musik aus allen Scheußlichkeiten und Widerwärtigkeiten jeden Tag aufs neue herausgerettet, sagte er, das ist es, durch die Musik jeden
Tag in der Frühe doch wieder zu einem denkenden und fühlenden Menschen gemacht, verstehen Sie! sagte er. Ach ja, sagte Reger, wenn wir sie
auch verfluchen und wenn sie uns auch manchmal als völlig überflüssig
erscheint und wenn wir sagen müssen, sie ist ja auch nichts wert, die
Kunst, wenn wir wie hier, diese Bilder dieser sogenannten Alten Meister
betrachten, die uns sehr oft und naturgemäß mit den Jahren immer
gründlicher als nutz- und zwecklos erscheinen, auch als nichts anderes als
hilflose Versuche, sich an der Erdoberfläche kunstvoll zu etablieren, so
rettet Unsereinen doch nichts anderes als eben diese verfluchte und ver-
dammte und oft bis zum Erbrechen widerwärtige und fatale Kunst, so
Reger. Der Österreicher ist immer ein gescheiterter Mensch, sagte Reger,
und er ist sich zutiefst bewußt, daß er das ist. Das ist die Ursache aller seiner Widerwärtigkeiten, seiner Charakterschwäche, denn vor allen
anderen Widerwärtigkeiten ist der Österreicher charakterschwach. Das
macht ihn aber auch viel interessanter als alle andern, so Reger. Der Österreicher ist tatsächlich der interessanteste Mensch von allen europäischen
Menschen, denn er hat von allen anderen europäischen Menschen alles
und seine Charakterschwäche dazu. Das ist das Faszinierende am Österreicher, sagte Reger, daß in ihm alle Eigenschaften aller anderen schon von
Geburt an enthalten sind und sein eigenes Charakterschwaches noch
dazu. Wenn wir zeitlebens in Österreich bleiben, sehen wir den Österreicher ja nicht, wie er wirklich ist, aber wenn wir, sagen wir, nach langer
Abwesenheit wie eben ich selbst aus London nach Österreich zurückkom-

men, sehen wir ihn deutlich, dann kann er uns nichts vormachen. Der Österreicher ist der geniale Vormacher, der genialste Theatermacher überhaupt, sagte Reger, er macht alles vor, ohne es jemals in Wahrheit zu sein, das ist das Allercharakteristischste an ihm. Der Österreicher ist in der ganzen Welt beliebt, wenigstens bis heute ist er das und die ganze Welt hat sozusagen immer einen Narren gefressen an ihm, eben weil er *der interessanteste europäische Mensch* ist, gleichzeitig ist er aber doch immer auch *der gefährlichste.* Der Österreicher ist mit großer Wahrscheinlichkeit der gefährlichste Mensch überhaupt, gefährlicher als der deutsche, gefährlicher als alle anderen Europäer, der Österreicher ist unbedingt der allergefährlichste politische Mensch, das hat die Geschichte bewiesen und das hat ja auch immer wieder das größte Unglück in Europa und tatsächlich sehr oft auch in die ganze Welt gebracht. Einen Österreicher, der immer ein gemeiner Nazi oder ein stupider Katholik ist, dürfen wir als noch so interessant und einzigartig empfinden, an das politische Ruder dürfen wir ihn nicht lassen, sagte Reger, denn ein Österreicher am Ruder steuert unweigerlich immer alles in den totalen Abgrund. Eine schlaflose Nacht und immer nur von diesen politischen Skandalen in die allergrößte Erregung versetzt, sagte Reger dann. Ja, habe ich in aller Frühe gedacht, du triffst dich mit Atzbacher im Kunsthistorischen Museum, um ihm einen Vorschlag zu machen, und weißt ganz genau, daß du ihm einen völlig unsinnigen Vorschlag machst und wirst diesen Vorschlag machen. Eine Lächerlichkeit, die doch eine Ungeheuerlichkeit ist, so Reger. Zwei Monate lang ist Reger nach dem Tod seiner Frau nicht mehr aus seiner Wohnung in der Singerstraße herausgegangen, ein ganzes halbes Jahr hat er sich nach dem Tod seiner Frau mit keinem Menschen getroffen. Dieses ganze halbe Jahr hat er sich von der *ordinären und entsetzlichen* Haushälterin betreuen lassen und ist nicht ein einziges Mal in das Kunsthistorische Museum gegangen, in dem er jahrzehntelang jeden zweiten Tag mit seiner Frau gewesen ist, denke ich. Die Haushälterin hat ihm gekocht und hat ihm die Wäsche gewaschen, zwar *alles haarsträubend schlampig,* so Reger immer wieder, aber doch so, daß er nicht gänzlich verkommen ist. Der plötzlich alleingelassene Mensch verkommt ja sehr schnell, so Reger selbst, ich aß monatelang nichts als Grieskoch, so Reger, weil ich mit meinen nichtreparierten Zähnen kein Fleisch, aber auch kein Gemüse mehr essen konnte. Die Singerstraßenwohnung ist totenstill und leer geworden, so Regers eigene Zustandsschilderung, wie ich ihn nach dem Tod seiner Frau zum

ersten Mal wieder getroffen habe im Ambassador, abgemagert, bleich, fast
die ganze Zeit schweigend auf seinen Stock gestützt, mit nicht zugeknöpften Schuhbändern, die Winterunterhose war ihm aus den Hosenröhren
gerutscht. Wir wollen gar nicht mehr weiterleben, wenn wir den uns am
nächsten stehenden Menschen verloren haben, so er damals im Ambassador, aber wir müssen weiterleben, wir bringen uns nicht um, weil wir zu
feig dazu sind, wir versprechen noch am offenen Grab, daß wir bald
nachfolgen werden und dann leben wir ein halbes Jahr später noch immer
und es graust uns vor uns selbst, so Reger damals im Ambassador. Siebenundachtzig Jahre alt ist seine Frau geworden, aber sie hätte sicher weit über
hundert Jahre alt werden können, wenn sie nicht gestürzt wäre, so Reger
damals im Ambassador. Die Stadt Wien und der Staat Österreich und die
katholische Kirche, sagte Reger damals im Ambassador, sind schuld an
ihrem Tod, denn hätte die Stadt Wien, der der Weg zum Kunsthistorischen Museum gehört, auf dem Weg zum Kunsthistorischen Museum
Sand gestreut, wäre meine Frau nicht hingefallen und hätte das Kunsthistorische Museum, das dem Staat gehört, sofort und nicht erst nach
einer halben Stunde, die Rettung verständigt, wäre meine Frau nicht erst
eine Stunde nach ihrem Sturz ins Krankenhaus der Barmherzigen Brüder
gekommen und hätten die Chirurgen im Krankenhaus der Barmherzigen
Brüder, das der katholischen Kirche gehört, nicht die Operation verpfuscht, so Reger damals im Ambassador. Die Stadt Wien und der österreichische Staat und die katholische Kirche sind am Tod meiner Frau
schuld, sagte Reger im Ambassador, dachte ich neben ihm auf der Bordone-Saal-Sitzbank sitzend, denke ich. Die Stadt Wien streut den Weg
zum Kunsthistorischen Museum nicht an einem Tag, an welchem alles
eisglatt ist und das Kunsthistorische Museum verständigt die Rettung nur
nach wiederholter Aufforderung und die Chirurgen der Barmherzigen
Brüder verpfuschen schließlich die Operation und am Ende ist meine
Frau tot, sagte Reger im Ambassador. Wir verlieren den Menschen, den
wir am innigsten von allen Menschen geliebt haben nur durch die Nachlässigkeit der Stadt Wien und durch die Nachlässigkeit des österreichischen Staates und durch die Fahrlässigkeit der katholischen Kirche, sagte
Reger damals im Ambassador. Wir verlieren unseren wichtigsten Menschen, weil Stadt und Staat und Kirche fahrlässig und gemein gehandelt
haben, so Reger damals im Ambassador. Es stirbt uns der Mensch, mit
dem wir beinahe vierzig Jahre mit der größten Selbstverständlichkeit und

in Ehrfurcht und Liebe unser Leben geteilt haben, weil Stadt und Staat und Kirche fahrlässig und gemein gehandelt haben, so Reger damals im Ambassador. Unser einziger Mensch stirbt uns, weil Stadt und Staat und Kirche fahrlässig und gemein vorgegangen sind, so Reger damals im Ambassador. Wir werden von dem einzigen Menschen, den wir im Grunde gehabt haben, plötzlich alleingelassen, weil Stadt und Staat und Kirche kopflos und unverantwortlich gehandelt haben, so Reger damals im Ambassador. Wir sind urplötzlich von dem Menschen getrennt, dem wir *im Grunde alles* verdanken und der uns tatsächlich alles gegeben hat, sagte Reger damals im Ambassador. Wir sind auf einmal ohne den Menschen in unserer Wohnung allein, der uns mit der größten Sorgfalt jahrzehntelang am Leben erhalten hat, weil Stadt und Staat und katholische Kirche das Verbrechen der Nachlässigkeit begangen haben, so Reger damals im Ambassador. Wir stehen auf einmal am offenen Grab jenes Menschen, ohne den zu leben, wir uns niemals haben vorstellen können, sagte Reger damals im Ambassador, denke ich. Die Stadt Wien und der Staat Österreich und die katholische Kirche sind schuld daran, daß ich jetzt allein bin und lebenslänglich allein zu bleiben habe, sagte Reger damals im Ambassador. Der Mensch, der immer gesund gewesen ist und der alle nur denkbaren Vorzüge eines intelligenten *und* weiblichen Menschen gehabt hat und tatsächlich der liebevollste in meinem Leben gewesen ist, stirbt mir weg, nur weil die Stadt Wien den Weg zum Kunsthistorischen Museum nicht streut, nur weil das Kunsthistorische Museum, das dem Staat gehört, die Rettung nicht zeitgerecht verständigt und weil die Chirurgen des Krankenhauses der Barmherzigen Brüder die Operation verpfuschen, so Reger damals im Ambassador. Über hundert Jahre hätte meine Frau leben können, davon bin ich überzeugt, wenn die Stadt Wien den Weg zum Kunsthistorischen Museum gestreut hätte, so Reger damals im Ambassador. Und sie wäre sicher heute noch am Leben, wenn das Kunsthistorische Museum die Rettung zeitgerecht verständigt hätte und wenn die Chirurgen im Krankenhaus der Barmherzigen Brüder die Operation nicht verpfuscht hätten. Im Grunde hätte ich ja das Kunsthistorische Museum gar nicht mehr betreten dürfen, so Reger, nachdem er es sieben Monate nach dem Tod seiner Frau wieder betreten hatte. Jetzt wird der Weg zum Kunsthistorischen Museum gestreut, jetzt, wo meine Frau tot ist, sagte Reger. Ausgerechnet in das Krankenhaus der Barmherzigen Brüder haben sie meine Frau gebracht, ausgerechnet in dieses Krankenhaus, von welchem ich niemals etwas Gutes gehört habe, so Reger. Alle diese Krankenhäuser, die in ihrem Titel das Wort *Barmherzigkeit* haben, sind mir zutiefst zuwider, so Reger. Das Wort *Barmherzigkeit* wird wie kaum ein anderes Wort mißbraucht, sagte Reger. Die barmherzigen Krankenhäuser sind die unbarmherzigsten, die ich kenne, so Reger, in ihnen herrscht doch meistens nur die Kunstlosigkeit und die Habgier neben der ganz gemeinen und niedrigen Gottesheuchelei, so Reger damals im Ambassador. Jetzt ist mir nurmehr noch das Ambassador geblieben, so Reger damals im Ambassador, diese Sitzecke, an die ich mich im Laufe der Jahrzehnte gewöhnt habe. Zwei Punkte habe ich, in die ich fliehen kann, wenn ich nicht mehr weiter weiß, so Reger damals im Ambassador, diese Sitzecke hier im Ambassador und die Sitzbank im Kunsthistorischen Museum. Aber wenn Sie ganz allein hier im Ambassador in dieser Sitzecke sitzen, ist es auch fürchterlich, sagte Reger damals im Ambassador. Mit meiner Frau hier zu sitzen war eine meiner Lieblingsgewohnheiten, nicht daß ich allein hier sitze, nicht allein hier, mein lieber Atzbacher, so Reger damals im Ambassador, und im Kunsthistorischen Museum auf der Bordone-Saal-Sitzbank allein zu sitzen, ist auch entsetzlich, wo ich doch über drei Jahrzehnte lang mit meiner Frau darauf gesessen bin. Gehe ich durch die Stadt Wien, denke ich die ganze Zeit, daß die Stadt Wien am Tod meiner Frau schuld ist und daß der österreichische Staat an ihrem Tod schuld ist und daß die katholische Kirche an ihrem Tod schuld ist, ich kann hier gehen, wo und wann ich nur will, ich bringe diesen Gedanken nicht mehr aus meinem Kopf, so Reger. Es ist an mir ein Verbrechen begangen worden, eine städtisch-staatlich-katholisch-kirchliche Ungeheuerlichkeit, gegen die ich nichts tun kann, das ist das Fürchterliche, so Reger. Im Grunde, so Reger damals im Ambassador, bin ich ja in dem Augenblick, in dem mir meine Frau gestorben ist, auch gestorben. Die Wahrheit ist ja, daß ich mir vorkomme, wie ein Toter, wie ein Toter, der noch zu leben hat. Das ist mein Problem, sagte Reger damals im Ambassador. Die Wohnung ist leer und ausgestorben, sagte Reger damals im Ambassador mehrere Male. Ich war nur zweimal in den ganzen zwanzig Jahren in der Regerwohnung in der Singerstraße, die eine Zehn- bis Zwölfzimmerwohnung in einem Jahrhundertwendehaus ist, das jetzt, nach dem Tod seiner Frau, Reger gehört. Angefüllt mit den Möbeln der Familie seiner Frau, ist die Regersche Singerstraßenwohnung ein Musterbeispiel einer sogenannten Jugendstilwohnung, in welcher tatsächlich haufenweise Klimt und Schiele und Gerstl und Kokoschka an den Wänden hängen, *alles Bilder, die meine Frau hoch geschätzt hat,* so Reger einmal, *die mich selbst aber immer zutiefst abgestoßen haben.* Jedes einzelne Zimmer dieser Regerschen Singerstraßenwohnung ist um die Jahrhundertwende *von einem berühmten slowakischen Holzkünstler* tatsächlich zu einem Kunstwerk zusammengebaut worden, *ich glaube kaum, daß es in Wien noch eine zweite Wohnung gibt, in welcher die slowakische Holzhandwerkskunst mit einer solchen Geschicklichkeit und mit dem allerhöchsten Qualitätsanspruch so total gelungen ist,* Atzbacher. Reger selbst schätzt ja, das sagt er immer wieder, den sogenannten Jugendstil gar nicht, er haßt ihn, *denn der ganze Jugendstil ist nichts als Kitsch* und er genoß zwar, wie er immer wieder sagte, *die Gemütlichkeit der Singerstraßenwohnung* seiner Frau, *die gelungene Proportion aller Räumlichkeiten* in ihr, die Ausmaße seines Arbeitszimmers vor allem, aber da er, wie gesagt, für den sogenannten Jugendstil als Kitsch überhaupt nichts übrig hat, schätzte er immer nur *die Bequemlichkeit der Singerstraßenzimmer,* die ihm immer *ideal für uns beide* gewesen sei, nicht ihre Einrichtung. Wie ich das erste Mal in der Singerstraßenwohnung der Reger gewesen bin und Reger mich empfangen hatte, weil seine Frau nach Prag gefahren war, führte er mich kurz durch die ganze Wohnung, *hier also existiere ich,* hat er damals gesagt, *sehen Sie, hier, in diesen Räumen, die mir sehr entgegen kommen, wenngleich diese scheußlichen, unbequemen Möbel gar nicht meinem Geschmack entsprechen.* Alles das ist der Geschmack meiner Frau, nicht der meinige, so Reger damals, und wenn ich auf die Gemälde an den Wänden schaute, sagte er immer wieder nur, *ach ja, ich glaube, das ist ein Schiele, ach ja, ich glaube, das ist ein Klimt, ach ja, ich glaube, das ist ein Kokoschka. Die Jahrhundertwendemalerei ist nur Kitsch und liegt mir nicht,* sagte er mehrere Male, *während meine Frau davon immer angezogen gewesen ist, wenn auch nicht tatsächlich fasziniert, angezogen davon, das ist der richtige Ausdruck,* so Reger damals. *Schiele vielleicht, aber Klimt nicht, Kokoschka ja, Gerstl nein,* so seine Bemerkungen. *Angeblich* Loos, *angeblich* Hoffmann, sagte er, wie ich gesagt hatte, das sei doch ein Tisch von Adolf Loos, das sei doch ein Sessel von Josef Hoffmann. Wissen Sie, sagte Reger bei dieser Gelegenheit, ich bin immer abgestoßen von diesen Sachen, die gerade modern sind und Loos und Hoffmann sind jetzt so modern, daß ich *ganz natürlich davon abgestoßen* bin. Und Schiele und Klimt, diese Kitschisten, sind ja heute die Allermodernsten, deshalb stoßen mich im Grunde Klimt und Schiele so ab. Die Leute hören ja heute auch vornehmlich Webern und

Schönberg und Berg und deren Nachäffer, dazu auch noch Mahler, das stößt mich ab. Alles, das in Mode ist, hat mich immer abgestoßen. Wahrscheinlich leide ich auch an dem von mir so genannten *Kunstegoismus,* ich will, was die Kunst betrifft, alles nur für mich allein haben, ich will meinen Schopenhauer allein besitzen, meinen Pascal, meinen Novalis und meinen innigst geliebten Gogol, *nur ich allein* will diese Kunstprodukte besitzen, diese genialen künstlerischen Ausfälligkeiten, *ich allein* will Michelangelo besitzen, Renoir, Goya, sagte er, ich ertrage es kaum, daß außer mir auch noch ein Anderer die Erzeugnisse dieser Künstler, dieser Genies besitzt und genießt, allein der Gedanke ist mir unerträglich, daß außer mir noch ein zweiter Janáček auch nur schätzt, Martinu oder Schopenhauer oder Descartes, das ist mir beinahe unerträglich, *ich will der einzige sein, das ist natürlich eine grauenhafte Einstellung,* hat Reger damals gesagt. *Ich bin ein Besitzdenker,* so Reger damals in seiner Wohnung. *Ich wäre gern in dem Glauben, Goya habe nur für mich allein gemalt, Gogol und Goethe hätten nur für mich allein geschrieben, Bach habe nur für mich allein komponiert.* Da das ein Trugschluß ist und eine abgründige Gemeinheit obendrein, bin ich im Grunde immer unglücklich, das verstehen Sie sicher, hat Reger damals gesagt. Auch wenn das Unsinn ist, so Reger damals, wenn ich ein Buch lese, habe ich doch das Gefühl und den Verstand, das Buch ist nur für mich geschrieben worden, wenn ich ein Bild anschaue, das Gefühl und den Verstand, es ist nur für mich gemalt worden, die Komposition, die ich höre, sie ist nur für mich komponiert worden. Ich lese dann und höre dann und schaue dann naturgemäß in einen großen Irrtum, aber doch mit einem sehr hohen Genuß, so Reger damals. Hier auf diesem Sessel, sagte Reger damals zu mir und zeigte mir einen sogenannten *scheußlichen Loos-Sessel, den Loos übrigens in Brüssel entworfen hat und auch in Brüssel herstellen hat lassen,* habe ich meine Frau vor dreißig Jahren in die Kunst der Fuge eingeführt. Der *scheußliche Loos-Sessel* steht noch immer auf demselben Platz. Und da, auf dieser *scheußlichen Loos-Sitzbank,* er hatte mich aufgefordert, auf dieser *scheußlichen Loos-Sitzbank,* die singerstraßenseitig vor einem Fenster stand, Platz zu nehmen, habe ich meiner Frau ein Jahr lang Wieland vorgelesen, *Wieland, den großen Unterschätzten der deutschen Literatur, den Wieland, den Goethe aus Weimar hinausgeekelt hat, wobei Schiller eine widerliche Rolle gespielt hat,* so Reger; nach einem Jahr war meine Frau eine *Wielandexpertin, schon nach einem einzigen Jahr!* hat Reger damals ausgerufen. Und da, auf diesem *genauso scheußlichen wie un-*

bequemen Loos-Schemel, angeblich hat auch diesen Schemel *der unerträg-liche Pathetiker* Loos entworfen, saß meine Frau und las mir in den Jahren Sechsundsechzig und siebenundsechzig zwischen ein und zwei Uhr früh den ganzen Kant vor. Zuerst hatte ich die größte Mühe, meine Frau in die Welt der Literatur und der Philosophie und der Musik einzuführen, so Reger damals. Es ist ja klar, daß Literatur ohne Philosophie und umge-kehrt und Philosophie ohne Musik und Literatur ohne Musik und umge-kehrt nicht denkbar sind, sagte er, das dauerte Jahre, bis das meine Frau begriff, so Reger damals in der Singerstraßenwohnung. Ich mußte mit meiner Frau ganz von vorn anfangen, obgleich sie doch schon ihrer Her-kunft entsprechend hoch gebildet war, als ich sie kennenlernte. *Zuerst hatte ich ja gedacht, ein Zusammenleben sei unmöglich, aber dann war es doch möglich,* so Reger, *weil meine Frau sich unterordnete naturgemäß,* denn das war ja die Voraussetzung für unser Zusammenleben, das ich doch schließlich als ideales Zusammenleben bezeichnen konnte. Eine Frau wie meine Frau lernt nur in den ersten Jahren einer solchen Schulung schwer, ab dann lernt sie leicht und immer leichter, so Reger. Auf diesem *unbe-quemen scheußlichen Loos-Schemel* ist meiner Frau sozusagen das philoso-phische Licht aufgegangen, sagte Reger damals in der Singerstraßenwoh-nung. Wir gehen jahrelang den falschen Weg der Aufklärung eines Menschen, bis wir von einem Augenblick auf den anderen den richtigen *sehen,* von da an geht alles sehr schnell, von da an hat meine Frau alles sehr rasch begriffen, aber natürlich hätte ich sicher noch jahrelang, wenn nicht jahrzehntelang an ihr arbeiten können, so Reger damals in der Singer-straßenwohnung. Wir nehmen eine Frau und wissen nicht, warum wir sie genommen haben, doch nicht nur, daß sie uns immer in ihrer Haushalts-betulichkeit lästig ist, eben auf ihre weibliche Weise, so Reger damals in der Singerstraßenwohnung, wir nehmen sie doch, weil wir sie mit dem eigentlichen Wert des Lebens bekannt machen wollen, sie darüber auf-klären wollen, was das Leben sein kann, *wenn es geistig geführt wird.* Wir dürfen natürlich nicht in den Fehler verfallen, einer solchen Frau das Geistige in ihren Kopf hineinzutrommeln, wie ich das am Anfang versucht habe, worin ich naturgemäß scheitern mußte, die Behutsamkeit ist es auch da, die zum Ziel führt, sagte Reger damals in der Singerstraßenwohnung. Alles, das meine Frau geliebt hat, bevor ich sie kennenlernte, hat sie, nachdem ich sie aufgeklärt habe, nicht mehr geliebt, außer in dieser Jugendstilhysterie diesen sogenannten Jugendstil, diesen abstoßenden

Kunst-Kitsch, diese ekelhafte Jugendstil-Geschmacksverirrung; da hatte ich keine Chance. Aber ich habe ihr natürlich mit der Zeit die falsche und also die wertlose Literatur austreiben können und die falsche und wertlose Musik, sagte Reger, und ich habe sie *mit wesentlichen Teilen der Weltphilosophie* bekannt gemacht. Der weibliche Kopf ist der widerspenstigste, so Reger damals in der Singerstraßenwohnung, wir glauben, er ist zugänglich, während er doch unzugänglich ist. So viele unsinnige Reisen hat meine Frau gemacht, bevor ich sie geheiratet habe, so Reger damals, die sie mit der Zeit nicht mehr gemacht hat, sie hatte ja, wie die meisten Frauen heute, den Reisewahn, heute dahin, morgen dorthin, das ist ihre Parole und im Grunde erleben sie nichts, sehen sie nichts, bringen sie nichts als die leere Geldtasche mit nach Hause. Nach unserer Hochzeit hat meine Frau keine Reise mehr gemacht, so Reger, nurmehr noch *diese Geistesreisen,* die ich mit ihr unternommen habe, wir sind in den Schopenhauer gereist und in den Nietzsche und in den Descartes und in den Montaigne und in den Pascal und zwar immer für Jahre, so Reger. Hier, sehen Sie, sagte Reger damals in der Singerstraßenwohnung und setzte sich selbst auf einen Sessel, der ein *scheußlicher Ottowagnersessel* ist, auf diesem *scheußlichen Ottowagnersessel* hat meine Frau mir gestanden, daß sie, obwohl ich ihr ein ganzes Jahr Unterricht in Schleiermacher erteilt habe, Schleiermacher nicht verstanden habe. Da sie selbst mir aber im Laufe dieses Unterrichts in Schleiermacher den Schleiermacher verleidet hatte und ich dann auch plötzlich nicht mehr das geringste Interesse an Schleiermacher gehabt habe, habe ich ganz einfach zur Kenntnis genommen, daß sie Schleiermacher nicht verstanden hat und ich habe mich nicht mehr mit Schleiermacher beschäftigt; wir müssen dann ganz einfach einen solchen von unserer Frau nicht verstandenen Philosophen, eben einen solchen Schleiermacher, völlig skrupellos links liegenlassen, wie gesagt wird, und weiter gehen. Ich begann gleich mit einer Unterweisung in Herder, das empfanden wir beide als Erholung, so Reger damals in der Singerstraßenwohnung. Nach dem Tod meiner Frau hatte ich gedacht, ich werde aus der gemeinsamen Wohnung ausziehen, aber ich bin dann doch nicht ausgezogen, weil ich ganz einfach zu alt dazu bin. Eine Übersiedlung geht über meine Kräfte, so Reger. Zwei Räume genügten natürlich, so Reger, aber wenn wir nicht mehr ausziehen können, müssen wir uns mit zehn oder zwölf, wie sie die Singerstraßenwohnung hat, abfinden. Alles in dieser Wohnung erinnert mich an meine Frau, sagte Reger, ich kann hinschauen wo ich will, immer steht sie da, sitzt sie dort, kommt sie aus dem einen oder anderen Zimmer auf mich zu, es ist entsetzlich, wenn es auch herzzerreißend zugleich ist, tatsächlich, es ist herzzerreißend, sagte Reger. Damals, als ich zum ersten Mal in der Singerstraßenwohnung gewesen bin und seine Frau noch gelebt hat, hat er zu mir gesagt, während er auf die Singerstraße hinunter geschaut hat, wissen Sie, Atzbacher, nichts fürchte ich so, als wenn ich plötzlich von meiner Frau verlassen und allein wäre, das Fürchterlichste, das mir zustoßen kann, ist, daß sie stirbt und mich allein läßt. Aber meine Frau ist gesund und sie überlebt mich um viele Jahre, so Reger damals. Wenn wir einen Menschen so innig lieben, wie ich meine Frau, können wir uns seinen Tod nicht vorstellen, wir ertragen nicht einmal den Gedanken daran, so Reger damals. Wie ich zum zweiten Mal in seiner Singerstraßenwohnung gewesen bin, ich hatte mir einen alten Spinozaband abgeholt, den er mir zu einem günstigeren Preis als normal verschafft hatte, eben nicht durch eine offizielle Buchhandlung, sondern *durch einen illegalen Händler,* veranlaßte er mich gleich bei meinem Eintreten in die Singerstraßenwohnung, auf dem erstbesten Sessel, der auch ein *scheußlicher Loos-Sessel* ist, Platz zu nehmen und er verschwand in seiner Bibliothek, um kurz darauf mit einem Band mit Novalis-Sätzen zurückzukommen. Ich lese Ihnen jetzt eine Stunde Novalis-Sätze vor, sagte er zu mir, und er blieb, während ich doch auf dem *scheußlichen Loos-Sessel* sitzen hatte müssen, stehen und las mir tatsächlich eine Stunde lang Novalis-Sätze vor. Novalis habe ich von Anfang an geliebt, sagte er, nachdem er das Buch mit den Novalis-Sätzen wieder zugeklappt hatte nach einer Stunde, und ich liebe ihn noch heute. Novalis ist der Dichter, den ich zeitlebens immer gleich und immer gleich-inständig geliebt habe, wie keinen andern. Alle sind sie mir mit der Zeit immer mehr oder weniger auf die Nerven gegangen, haben mich zutiefst enttäuscht, haben sich als unsinnig oder als zwecklos oder eben wie so oft als letzten Endes unerheblich und unbrauchbar herausgestellt, Novalis alles das nicht. Ich habe nie geglaubt, daß ich einen Dichter, der zugleich auch ein Philosoph ist, lieben kann, Novalis liebe ich, ich liebte ihn immer und allezeit und werde ihn auch in Zukunft mit derselben Innigkeit lieben, mit der ich ihn immer geliebt habe, so Reger damals. Alle Philosophen altern mit der Zeit, Novalis nicht, so Reger damals. Aber es ist doch eigenartig, daß meine Frau nicht einmal eine Vorliebe für Novalis gehabt hat, nicht einmal eine *Vor*liebe, während ich doch Novalis immer *ganz* geliebt habe.

Von so vielem habe ich meine Frau mit der Zeit überzeugen können, von Novalis nicht, obwohl gerade Novalis der ist, von dem sie am meisten gehabt hätte, sagte er. Zuerst hat sie sich geweigert, mit mir ins Kunsthistorische Museum zu gehen, sagte Reger jetzt, sie hat sich sozusagen mit Händen und Füßen dagegen gewehrt, aber dann ist sie doch hineingegangen mit mir, mit derselben Regelmäßigkeit wie ich und ich bin überzeugt, daß sie, wenn sie mich überlebt hätte und nicht ich sie, wie es der Fall ist, genauso wie ich jetzt, und zwar allein ohne sie, wieder in das Kunsthistorische Museum gehen würde, allein, ohne mich. Reger schaute jetzt wieder auf den *Weißbärtigen Mann* und sagte: vierzig Jahre nach Kriegsende haben die österreichischen Verhältnisse wieder ihren finstersten moralischen Tiefpunkt erreicht, das ist das Deprimierende. Ein so schönes Land, sagte Reger, und ein so abgrundtiefer moralischer Morast, sagte er, ein so schönes Land und eine so durch und durch brutale und gemeine und selbstzerstörerische Gesellschaft. Das Fürchterliche ist ja nur, daß man hier dieser Katastrophe nur ein auf den Kopf gestoßener Zuschauer sein und nichts dagegen tun kann, so Reger. Reger schaute den *Weißbärtigen Mann* an und sagte: jeden zweiten Tag gehe ich an das Grab meiner Frau, also wenn ich nicht ins Kunsthistorische Museum gehe, gehe ich ans Grab meiner Frau und ich stehe eine halbe Stunde an ihrem Grab und empfinde nichts. Das ist das Merkwürdige, daß ich die ganze Zeit mehr oder weniger nur an meine Frau denke und wenn ich an ihrem Grab stehe, empfinde ich nichts sie Betreffendes. Ich stehe da und empfinde tatsächlich nichts sie Betreffendes. Erst wenn ich von ihrem Grab wieder weggehe, empfinde ich wieder die Fürchterlichkeit, daß sie mich alleingelassen hat. Immer glaube ich, ich gehe an ihr Grab, um ihr besonders nahe zu sein, aber wenn ich an ihrem Grab stehe, empfinde ich nicht einmal etwas sie Betreffendes. Dann reiße ich Gräser aus, die da wachsen und schaue zu Boden, aber empfinde nichts. Aber ich habe es mir zur Gewohnheit gemacht, jeden zweiten Tag zum Grab meiner Frau zu gehen, das ja einmal auch mein Grab sein wird, so Reger. Wenn ich an diese Grauenhaftigkeiten denke, die mit ihrem Begräbnis zusammenhängen, sagte er, wird mir noch heute übel. Immer wieder hat die Druckerei den Partezettel, den ich in Auftrag gegeben habe, falsch gedruckt, einmal zu fett, einmal zu mager, einmal mit zuviel, einmal mit zuwenig Beistrichen, sagte er, jedesmal, wenn ich mir den Andruck habe vorlegen lassen, war alles falsch, das war tatsächlich zum Verzweifeln. Auf dem Höhepunkt der Verzweiflung habe ich dem Drucker gesagt, daß ich doch eine ganz genaue Vorlage gemacht habe, daß sich aber der Andruck nie an meine Vorlage hält und daß immer alles falsch ist auf dem Andruck. Darauf hat der Drucker zu mir gesagt, *er wisse, wie ein solcher Partezettel zu drucken sei, nicht ich, er* wisse, wie der Text zu setzen sei, *nicht ich, er* wisse, wohin die Beistriche gehörten, *nicht ich.* Aber ich habe keine Ruhe gegeben und ich habe schließlich genau den Partezettel in Händen gehabt, den ich haben wollte; aber ich habe fünfmal in die Druckerei gehen müssen, sagte Reger, um zu einem Partezettel zu kommen, wie ich ihn haben wollte. Die Drucker sind eingebildete Leute, die auch dann immer noch behaupten, sie hätten recht, wenn sie selbst längst eingesehen haben, daß sie nicht recht haben. Mit den Druckern dürfen Sie sich nicht anlegen, sagte Reger, sie werden sofort aufsässig und drohen Ihnen, alles hinzuwerfen, wenn Sie sich ihrer Borniertheit nicht beugen. Aber ich habe mich den Druckern nie gebeugt, so Reger. Auf dem Partezettel ist nur ein einziger Satz gestanden, so Reger, nur Ort und Zeit des Todes meiner Frau, und doch habe ich fünfmal in die Druckerei gehen und mich auch noch mit dem Drucker anlegen müssen. Meine Frau hat ja gar keinen Partezettel haben wollen, das hatte ich mit ihr besprochen gehabt, aber ich habe doch einen Partezettel drucken lassen, so Reger, aber dann habe ich doch keinen einzigen Partezettel abgeschickt, weil es mir plötzlich, wie ich sie hatte abschicken wollen, unsinnig vorgekommen ist, die Partezettel abzuschicken. Ich setzte nur einen einzigen kurzen Satz in die Zeitung, eben daß meine Frau gestorben ist, sagte Reger. Die Leute treiben einen entsetzlichen Aufwand, wenn einer von ihnen stirbt, ich habe alles so einfach wie nur möglich gehalten, so Reger, wenngleich ich heute natürlich nicht weiß, ob ich richtig gehandelt habe, andauernd habe ich Zweifel in dieser Richtung, diese Zweifel kommen mir jeden Tag seit dem Tod meiner Frau, kein Tag ohne diese Zweifel, das zermürbt mit der Zeit, so Reger. Mit dem Nachlaß gab es nicht die geringste Schwierigkeit, denn sie setzte mich in ihrem Testament sozusagen als *Universalerben* ein, wie umgekehrt ich sie als *Universalerben* einsetzte in meinem Testament. Ein solcher Todesfall, geht er noch so tief und glaubt man tatsächlich an ihm ersticken zu müssen, hat auch seine lächerliche Seite, so Reger. Das Fürchterliche ist ja auch immer lächerlich, so Reger. Im Grunde ist das Begräbnis meiner Frau nicht nur ein einfaches, sondern tatsächlich auch ein deprimierendes gewesen, sagte Reger. Wir wollen ein einfaches, auch mit möglichst wenig Leuten, sagte Reger, und haben dann doch nichts anderes, als ein deprimierendes arrangiert. Keine Musik, sagen wir, keine Ansprache sagen wir und denken, dann ist es das einfachste und wir selbst überstehen es so am besten und es deprimiert uns doch zutiefst, so Reger. Nur sieben oder acht Leute, wirklich nur die allernächsten, möglichst keine Verwandtschaft und nur die allernächsten, denken wir und dann kommen nur diese allernächsten, denen wir auch noch gesagt haben, *keine Blumen, nichts,* und dann ist alles doch sehr deprimierend. Wir gehen hinter dem Sarg her und alles ist deprimierend. Es geschieht alles schnell, nicht eine Dreiviertelstunde dauert es und es deprimiert uns und wir glauben, es hat eine Ewigkeit gedauert, sagte Reger. Ich gehe an das Grab meiner Frau und empfinde gar nichts. Zu Hause ist mir noch heute jeden Tag mindestens einmal zum Heulen, sagte er, ob Sie es glauben oder nicht, aber am Grab meiner Frau empfinde ich gar nichts. Ich stehe da und zupfe Gräser aus, mache diese nervösen, lächerlichen Zupfbewegungen, von welchen ich weiß, daß sie nur eine krankhafte Nervenbefriedigung sind und schaue auf die übrigen geschmacklosen Gräber überall, ein Grab ist geschmackloser als das andere, so Reger. Auf den Friedhöfen sehen wir ganz brutal die äußerste Geschmacklosigkeit der Menschheit. Auf unserem Grab wächst nur Gras und es steht kein Name auf unserem Grab, so Reger, das habe ich mit meiner Frau vereinbart. Kein Spruch, nichts. Die Steinmetze verunstalten die Friedhöfe und die sogenannten Bildenden Künstler setzen ihnen überall die Kitschkrone auf, sagte Reger. Aber natürlich haben Sie vom Grab meiner Frau aus einen herrlichen Blick auf Grinzing und den dahinter liegenden Kahlenberg. Und auf die Donau hinunter. Das Grab liegt so hoch, daß Sie von ihm aus auf Wien hinunter schauen können. Sicher ist es egal, wo der Mensch begraben wird, aber wenn er schon ein Grab *auf Friedhofsdauer besitzt,* wie ich und meine Frau, dann soll er sich auch in seinem Grab begraben lassen. *Überall, nur nicht auf dem Zentralfriedhof,* möchte ich begraben sein, hat meine Frau oft gesagt, so Reger, und ich selbst möchte ja auch nicht auf dem Zentralfriedhof begraben sein, obwohl es letzten Endes, wie gesagt, gleichgültig ist, wo der Mensch begraben ist. Mein Leobener Neffe, der einzige Verwandte, den ich noch habe, sagte Reger, weiß, daß ich nicht auf dem Zentralfriedhof begraben sein will, sondern *in meinem Grab, das ja auf Friedhofsdauer mein Eigentum ist,* so Reger, aber natürlich, wenn ich weiter als dreihundert Kilometer von Wien weg sterbe, dann *an Ort und Stelle, innerhalb des Dreihundertkilometerradius, in Wien, anderenfalls an Ort und*

Stelle, habe ich zu meinem Leobener Neffen gesagt; der wird sich an das, das ich ihm gesagt habe, halten, denn er ist mein Erbe, so Reger. Reger schaute den *Weißbärtigen Mann* an und sagte: noch vor einem Jahr, noch kurz vor dem Tod meiner Frau, bin ich gern ein paar Stunden durch Wien gelaufen, dazu habe ich jetzt keine Lust mehr. Der Tod meiner Frau hat mich doch sehr geschwächt, ich bin nicht mehr derselbe wie vor ihrem Tod. Und Wien ist ja auch so häßlich geworden, sagte er. Im Winter denke ich, das Frühjahr wird mich retten und im Frühjahr denke ich, der Sommer wird mich retten und im Sommer denke ich, der Herbst und im Herbst, der Winter, das ist immer dasselbe, daß ich von einer Jahreszeit auf die andere hoffe. Aber das ist natürlich eine unglückliche Eigenschaft, diese Eigenschaft ist mir angeboren, ich sage nicht, *wie gut, es ist Winter, der Winter ist genau für dich, wie ich nicht sage, das Frühjahr, es ist genau für dich, wie der Herbst, er ist genau für dich, der Sommer und immer wieder so.* Ich schiebe mein Unglück immer auf die Jahreszeit, in der ich leben *muß, das* ist das Unglück. Ich gehöre nicht zu den Leuten, die die Gegenwart genießen, das ist es, ich gehöre zu diesen Unglücklichen, die die Vergangenheit genießen, das ist die Wahrheit, die die Gegenwart immer nur als Beleidigung empfinden, das ist die Wahrheit, sagte Reger, ich empfinde die Gegenwart als Beleidigung und als Zumutung, das ist mein Unglück. Aber ganz so ist es naturgemäß auch wieder nicht, sagte Reger, denn ich bin ja doch immer wieder auch imstande, die Gegenwart zu sehen, wie sie ist und sie ist naturgemäß nicht immer nur die unglückselige, unglücklich machende, das weiß ich, wie die Vergangenheit nicht die ist, die, wenn man an sie denkt, glücklich macht, das weiß ich. Ein großes Unglück ist ja auch der Umstand, daß ich keinen Arzt habe, dem ich vertrauen kann, ich habe so viele Ärzte in meinem Leben gehabt, aber keinem dieser Ärzte habe ich letzten Endes vertraut, alle haben mich schließlich enttäuscht, sagte Reger. Ich fühle mich durch und durch angegriffen und habe alle Augenblicke das Gefühl, zusammenzubrechen. Wenn ich sage, *mich trifft der Schlag,* so glaube ich tatsächlich, daß mich der Schlag trifft, auch wenn ich es schon Tausende Male sagte, sagte Reger, mir selbst geht es schon auf die Nerven, alle Augenblicke sage ich, *mich trifft der Schlag* und er hat mich nicht getroffen, sagte Reger. Auch in Ihrer Gegenwart habe ich ja schon oft gesagt, daß ich denke, mich trifft der Schlag und er hat mich doch nicht getroffen, ich sage das durchaus nicht aus Gewohnheit, sondern *weil ich das tatsächliche Gefühl habe, daß mich der Schlag trifft.* Meinen Körper betreffend, ist in mir nichts mehr in Ordnung, sagte Reger. Wenn ich einen guten Arzt hätte, aber ich habe keinen guten Arzt. In der Singerstraße hätte ich ja vier praktische und zwei internistische Ärzte, aber alle diese Ärzte sind nichts wert. Meine Augen sind so schlecht, daß ich bald nichts mehr sehe, aber ich habe keinen guten Augenarzt. Aber natürlich gehe ich auch deshalb zu keinem Arzt, weil ich Angst habe, der Arzt könne mir *bestätigen, was ich vermute, daß ich todkrank bin.* Ich bin seit Jahren todkrank, das habe ich meiner Frau immer schon gesagt, sagte Reger, und ich habe mit Sicherheit angenommen, daß *ich zuerst sterbe, nicht sie,* doch dann ist *sie,* durch alle diese fürchterlichen Umstände, doch *vor mir* gestorben; ich habe zeitlebens eine große Ärzteangst gehabt. Ein guter Arzt ist das beste, das wir haben können, sagte Reger, aber kaum jemand hat einen guten Arzt, wir haben es ja doch immer nur mit medizinischen Stümpern und Scharlatanen zu tun, sagte er, und glauben wir einmal, jetzt haben wir einen guten Arzt gefunden, so ist er entweder zu alt oder zu jung, entweder er versteht etwas von der neuesten Medizin und hat keine Erfahrung oder er hat Erfahrung und versteht nichts von der neuesten Medizin, so ist es, sagte Reger. Der Mensch braucht ganz dringend einen Körperarzt und einen Seelenarzt und beide findet er nicht, lebenslänglich ist er auf der Suche nach einem guten Körperarzt und nach einem guten Seelenarzt und beide gibt es für ihn nicht, das ist die Wahrheit. Wissen Sie, was mir die Ärzte im Krankenhaus der Barmherzigen Brüder gesagt haben, wie ich sie mit der Tatsache konfrontiert habe, daß sie den Tod meiner Frau verschuldet und also auf ihrem Gewissen haben?, sie haben gesagt, *die Uhr ist abgelaufen,* diesen banalen Satz haben sie zu mir gesagt und nicht nur der, der die Operation an meiner Frau verpfuscht hat, hat diesen Satz gesagt, alle Ärzte im Krankenhaus der Barmherzigen Brüder haben diesen banalen Satz gesagt, *die Uhr ist abgelaufen, die Uhr ist abgelaufen, die Uhr ist abgelaufen,* haben sie immer wieder gesagt, wie wenn dieser Satz ihr Standardsatz wäre, so Reger. Wenn wir einen Arzt haben, dem wir vertrauen können und unter dessen Aufsicht wir uns geborgen fühlen können, sagte Reger, haben wir das Wichtigste im Alter, aber diesen Arzt haben wir nicht. Jetzt suche ich diesen Arzt auch gar nicht mehr, denn es ist mir völlig gleichgültig, wann ich sterbe, mir ist jeder Augenblick recht, aber wie alle Menschen, will ich einen möglichst raschen und gleichzeitig möglichst schmerzlosen Tod haben. Meine Frau hat ja nur ein paar Tage gelitten, sagte Reger, *ein paar Tage gelitten und ein paar Tage im Koma,* sagte er. Die Leute verlangten ein Totenkleid, aber ich habe sie nur in ein frisches Leintuch wickeln lassen, so Reger. Der Mann auf dem Magistrat, der die Abwicklung des Begräbnisses durchführte, machte seine Sache ganz ausgezeichnet. Es ist gut, wenn wir alles mit dem Begräbnis Zusammenhängende *selbst* machen, denn dann haben wir gar keine Zeit, zu Hause zu sitzen und abzuwarten, bis wir in Verzweiflung erstickt sind. Acht Tage bin ich in Begräbnisangelegenheiten in Wien hin und her gelaufen, von einem Amt zum andern, da habe ich den Staat wieder einmal in seiner ganzen bürokratischen Brutalität kennengelernt, so Reger. Die Ämter, die wir in Wien im Begräbnisfall aufsuchen müssen, liegen weit auseinander und wir brauchen mindestens eine ganze Woche, bis wir alles das erledigt haben, das für ein Begräbnis notwendig ist. Immer und überall habe ich gesagt, ich will *nur das einfachste Begräbnis* für meine Frau, was sie nicht verstanden haben, denn alle andern wollen ja, wie ich weiß, immer ein aufwendiges. Was es mich für Kräfte gekostet hat, schließlich doch *das einfachste Begräbnis durchzusetzen,* sagte Reger. Nur der Mann auf dem Währinger Magistrat hat mich verstanden, der Mann war der einzige, der mich verstand, als ich sagte, *ein einfaches Begräbnis,* daß ich kein billiges, wie die andern alle glaubten, haben wollte, sondern *ein einfaches,* alle hatten sie immer geglaubt, ich wolle *ein billiges, wenn ich sagte, ein einfaches,* nur der Mann im Währinger Magistrat hat mich sofort verstanden, als ich sagte, *ein einfaches, und eben ein einfaches und kein billiges meinte.* Man glaubt es ja immer wieder nicht, wie dumm tatsächlich die Leute sein können, mit welchen man es auf den Ämtern zu tun hat, sagte Reger. Ich habe ja nicht geglaubt, daß ich diesen Winter erleben, geschweige denn überstehen werde, sagte er jetzt. Tatsache ist ja doch, daß ich das ganze Jahr in völliger Interesselosigkeit existiert habe, abgesehen von meinen Konzertverpflichtungen und eben abgesehen von meinen Kunststückchen für die Times, hat mich ja seit dem Tod meiner Frau nichts mehr interessiert; die Wahrheit ist, kein einziger Mensch, auch Sie eingeschlossen, sagte Reger, ich interessierte mich monatelang nicht einmal für Sie. Ich las fast nichts und ich ging auch nicht aus dem Haus, nur in die Konzerte, aber gerade in diesem vergangenen Jahr waren alle diese Konzerte den Besuch nicht wert und dementsprechend waren natürlich auch meine Kunststücke für die Times. Manchmal frage ich mich ja, warum ich eigentlich *noch immer aus Wien für die Times* berichte, wo es doch hier in diesem kopflosen Wien auch auf musikalischem Gebiet zu

einem geradezu angsterregenden Niedergang gekommen ist, denn hier in
Wien wird ja weder im Konzerthaus, noch im Musikverein noch etwas
Außerordentliches geboten, die Wiener Konzerte haben längst ihre Einmaligkeit verloren, das gleiche, das Sie hier hören, hätten Sie schon viel
früher in Hamburg oder in Zürich oder in Dinkelsbühl hören können,
sagte Reger. Meine Schreiblust ist die größte, aber was die Wiener Konzerte bieten, ist immer weniger wert. Konzertfanatiker, der ich einmal
gewesen bin, bin ich schon lange Zeit nicht mehr, sagte er, *ein Musikfa-
natiker ja, aber kein Konzertfanatiker mehr,* es ist mir auch immer müh-
seliger, in den Musikverein zu gehen oder ins Konzerthaus, beide sind ja
für mich gar nicht leicht erreichbar zu Fuß und ein Taxi nehme ich nicht
und eine Straßenbahn führt von der Singerstraße aus ja nicht hin. Und das
Konzerthauspublikum ist ja in letzter Zeit, genauso wie das Musikvereins-
publikum, sehr gewöhnlich und provinziell geworden, ich muß sagen, es
ist abgestumpft und gibt sich schon viele Jahre nicht mehr fachmännisch,
was zu bedauern ist. Die Zeiten, in welchen der Sänger aller Sänger,
George London, den *Don Giovanni* gesungen hat in der Oper oder die
Fleischerstochter Lipp die *Königin der Nacht,* sind endgültig vorbei, auch
die Zeiten, in welchen der sechzigjährige Menuhin im Konzerthaus und
der fünfzigjährige Karajan im Musikverein dirigiert haben. Wir hören nur
noch die Mittelmäßigen, die Wertlosen. Die Idole, die Ersten, die Idealsten und Kompetentesten sind alt und inkompetent geworden, sagte Reger. Diese heutige Generation stellt merkwürdigerweise nicht mehr diese
höchsten Ansprüche an die Musik, die noch vor fünfzehn und zwanzig
Jahren an die Musik gestellt worden sind. Das liegt daran, daß das Musikhören *zu einer banalen Alltäglichkeit geworden ist durch die Technik.* Das
Musikhören ist nichts Außergewöhnliches mehr, überall hören Sie heute
Musik, gleich wo Sie sich aufhalten, Sie sind geradezu gezwungen, Musik
zu hören, in jedem Kaufhaus, in jeder Arztordination, auf jeder Straße, Sie
können heute der Musik gar nicht mehr *entkommen,* Sie wollen ihr ent-
fliehen, aber Sie können ihr nicht entfliehen, *dieses Zeitalter ist total von
Musik untermalt,* das ist die Katastrophe, so Reger. In unserer Zeit ist die
totale Musik ausgebrochen, überall zwischen Nordpol und Südpol müssen
Sie sie hören, ob in der Stadt oder auf dem Land, auf dem Meer oder in der
Wüste, so Reger. Die Menschen werden tagtäglich mit Musik vollgestopft
schon so lange, daß sie längst jedes Gefühl für Musik verloren haben.
Diese Fürchterlichkeit wirkt sich natürlich auch auf die Konzerte aus, die

Sie heute hören, das Außerordentliche gibt es nicht mehr, denn die ganze
Musik auf der ganzen Welt ist außerordentlich, und wo alles außerordentlich ist, gibt es naturgemäß nichts Außerordentliches mehr, da ist es direkt
rührend, so Reger, wenn sich noch immer ein paar lächerliche Virtuosen
die Mühe geben, außerordentlich zu sein, sie sind es nicht mehr, weil sie es
nicht mehr sein können. Die Welt ist durch und durch *von totaler Musik
durchdrungen,* sagte Reger, das ist das Unglück, an jeder Straßenecke hören Sie außerordentliche und perfekte Musik in einem Ausmaß, daß Sie
sich eigentlich längst alle Gehörgänge zustopfen müßten, um nicht wahnsinnig zu werden. Die heutigen Menschen leiden, weil sie sonst nichts
mehr haben, an einem krankhaften Musikkonsumatismus, so Reger, diesen Musikkonsumatismus wird die Industrie, die die heutigen Menschen
lenkt, so weit treiben, bis sie alle Menschen zugrunde gerichtet hat; man
redet heute so viel von Müll und von der Chemie, die alles zugrunde
richteten, aber die Musik richtet noch mehr zugrunde als der Müll und die
Chemie, die Musik ist es, die schließlich alles und jedes *total* zugrunde
richten wird, das sage ich Ihnen. Zuerst werden von der Musikindustrie
die Gehörgänge der Menschen zugrunde gerichtet und dann, als logische
Folge, die Menschen selbst, das ist die Wahrheit, so Reger. Den von der
Musikindustrie total vernichteten Menschen sehe ich schon, sagte Reger,
diese Massen von Musikindustrieopfern, die die Erdteile schließlich mit
ihrem musikalischen Leichengestank bevölkern, mein lieber Atzbacher,
die Musikindustrie hat die Menschen einmal auf dem Gewissen, hat am Ende
mit der größten Wahrscheinlichkeit die gesamte Menschheit auf dem Gewissen, nicht nur die Chemie und der Müll, das sage ich Ihnen. Die
Musikindustrie ist der Menschenmörder, die Musikindustrie ist der eigentliche Massenmörder der Menschheit, die, wenn die Musikindustrie so
weiter macht, wie bisher, schon in Jahrzehnten keine einzige Chance mehr
hat, mein lieber Atzbacher, so Reger erregt. Einem Menschen mit einem
empfindlichen Gehör ist es ja bald nicht mehr möglich, auf die Straße zu
gehen; gehen Sie doch in ein Kaffeehaus, gehen Sie in ein Gasthaus, gehen
Sie in ein Kaufhaus, überall müssen Sie, ob Sie wollen oder nicht, Musik
hören und fahren Sie mit der Bahn und fliegen Sie mit dem Flugzeug, die
Musik verfolgt Sie heute überall hin. Diese pausenlose Musik ist das Brutalste, das die derzeitige Menschheit zu ertragen und zu erdulden hat, so
Reger. Von der Frühe bis in die Nacht hinein wird die Menschheit mit
Mozart und Beethoven, mit Bach und Händel vollgestopft, sagte Reger,

Sie können hingehen, wo Sie wollen, Sie entkommen dieser Tortur nicht. Es ist ja geradezu ein Wunder, sagte Reger, daß nicht auch schon im Kunsthistorischen Museum pausenlos Musik zu hören ist, das fehlte gerade noch. *Nach dem Begräbnis meiner Frau habe ich mich sechs Wochen in der Singerstraßenwohnung eingesperrt und nicht einmal die Haushälterin hereingelassen,* so Reger. Unmittelbar nach dem Begräbnis war er in den nahegelegenen Tempel gegangen und hatte eine Kerze angezündet, ohne zu wissen, warum eigentlich und das Merkwürdige ist, daß er aus dem Tempel heraus gleich in die Stefanskirche hineingegangen ist und auch dort eine Kerze angezündet hat, ohne auch in diesem Fall zu wissen, warum eigentlich. Nachdem er in der Stefanskirche eine Kerze angezündet gehabt hatte, war er ein Stück die Wollzeile hinunter gegangen in dem Gedanken, sich umzubringen. Ich hatte aber keine genaue Vorstellung davon, *wie* mich umbringen und schließlich habe ich den Gedanken, mich umzubringen, wenigstens auf kurze Zeit aus meinem Kopf *vertreiben können,* so Reger zu mir. *Ich hatte die Wahl zwischen einem tagelangen und vielleicht wochenlangen Hinundhergehen in der Stadt, oder einem wochenlangen Eingesperrtsein,* so Reger zu mir, *ich entschied mich für das wochenlange Eingesperrtsein.* Er habe nach dem Begräbnis seiner Frau keinen einzigen Menschen mehr sehen und zuerst auch gar nichts mehr essen wollen, aber tagelang nur klares Wasser zu trinken, hält kein Mensch länger aus als drei, vier Tage, und er war auch tatsächlich sehr schnell abgemagert und hatte in der Frühe auf einmal *kaum mehr die Kraft aufzustehen, das war ein Signal,* so Reger zu mir, und ich habe wieder zu essen angefangen und ich habe dann auch wieder angefangen, mich mit Schopenhauer zu beschäftigen, gerade mit Schopenhauer waren ich und meine Frau ja beschäftigt gewesen, wie sie hinter mir gestürzt ist und sich *den sogenannten Schenkelhals gebrochen hat,* so Reger nachdenklich. Ich führte in diesen sechs Wochen Eingesperrtsein nur ein paar Telefongespräche mit meinem Vermögensverwalter und las Schopenhauer, das rettete mich wahrscheinlich, so Reger, wenngleich ich mir nicht sicher bin, ob es richtig gewesen ist, daß ich mich gerettet *habe,* wahrscheinlich, so Reger, wäre es besser gewesen, ich hätte mich *nicht* gerettet, ich hätte mich umgebracht. Aber allein die Tatsache, daß ich soviel Laufereien im Zusammenhang mit dem Begräbnis gehabt habe, hat mir ja gar keine Zeit gelassen, mich umzubringen. Wenn wir uns nicht *gleich* umbringen, bringen wir uns ja nicht mehr um, das ist das Entsetzliche, sagte er. Wir haben das

Verlangen, genauso wie unser geliebtester Mensch, tot zu sein, aber wir bringen uns doch nicht um, wir denken daran, aber wir tun es doch nicht, sagte Reger. Merkwürdigerweise habe ich in diesen sechs Wochen keinerlei Musik vertragen, ich habe mich nicht ein einziges Mal ans Klavier gesetzt, *einmal in Gedanken einen Versuch gemacht mit einem Stück aus dem Wohltemperierten Klavier, aber diesen Versuch gleich wieder aufgegeben,* die Musik war es nicht, die mich in diesen sechs Wochen gerettet hat, *Schopenhauer war es, immer wieder ein paar Zeilen Schopenhauer,* so Reger. *Auch Nietzsche war es nicht, nur Schopenhauer.* Ich setzte mich im Bett auf und las ein paar Zeilen Schopenhauer und dachte darüber nach und las wieder ein paar Schopenhauer-Sätze und dachte darüber nach, so Reger. Nach vier Tagen nur Wassertrinken und Schopenhauerlesen, aß ich zum ersten Mal ein Stück Brot, das so hart gewesen ist, daß ich es mit einer Fleischhacke vom Wecken herunterhacken habe müssen. Ich setzte mich auf den singerstraßenseitigen Fensterschemel, diesen scheußlichen Loos-Sessel, und schaute auf die Singerstraße hinunter. Stellen Sie sich vor, Ende Mai und es war ein Schneetreiben, sagte er. Ich scheute die Menschen. Ich betrachtete sie von der Wohnung aus in der Singerstraße unten hin- und herlaufend, vollbepackt mit Kleidungsstücken und Lebensmitteln und es ekelte mich vor ihnen. Ich dachte, ich will nicht mehr zu diesen Menschen zurück, *zu diesen Menschen nicht* und andere gibt es ja nicht, so Reger. Im Hinunterschauen auf die Singerstraße ist es mir bewußt geworden, daß es andere, als die da unten auf der Singerstraße hin- und herlaufenden Menschen, nicht gibt. Ich schaute auf die Singerstraße hinunter und haßte die Menschen und ich dachte, ich will nicht mehr zu diesen Menschen zurück, so Reger. In diese Gemeinheit und in diese Armseligkeit will ich nicht mehr zurück, sagte ich mir, so Reger. Ich zog mehrere Laden aus mehreren Kommoden und schaute hinein und nahm immer wieder Bilder und Schriften und Korrespondenzen meiner Frau heraus und legte alles nacheinander auf den Tisch und schaute nach und nach alles an, mein lieber Atzbacher, da ich ehrlich bin, muß ich sagen, daß ich dabei weinte. Ich ließ meinem Weinen plötzlich freien Lauf, Jahrzehnte habe ich nicht mehr geweint und auf einmal ließ ich meinem Weinen freien Lauf, so Reger. Ich saß da und ließ meinem Weinen freien Lauf und ich weinte und weinte und weinte und weinte, so Reger. Jahrzehnte habe ich nicht geweint, seit der Kindheit nicht mehr und auf einmal ließ ich meinem Weinen freien Lauf, sagte Reger zu mir im Ambassador. Ich habe ja nichts zu verbergen und nichts zu verschweigen, sagte er, *mit meinen zweiundachtzig Jahren habe ich nicht das geringste mehr zu verbergen und zu verschweigen,* sagte Reger, so habe ich auch nicht zu verschweigen, daß ich mich auf einmal ausgeweint habe und immer wieder ausgeweint, tagelang habe ich mich ausgeweint, so Reger. Ich saß da und schaute die Briefe an, die meine Frau mir im Laufe der Zeit geschrieben hat und las die Notizen, die sie im Laufe der Zeit gemacht hat und weinte mich aus. Wir gewöhnen uns natürlich in Jahrzehnten an einen Menschen und lieben ihn Jahrzehnte und lieben ihn schließlich mehr als alles andere und ketten uns an ihn und wenn wir ihn verlieren, ist es tatsächlich so, als hätten wir *alles* verloren. Immer habe ich geglaubt, die Musik ist es, die mir alles bedeutet, manchmal ja auch, die Philosophie ist es, die hohe und die höchste und die allerhöchste Schriftstellerei, wie überhaupt, daß es ganz einfach die Kunst ist, aber alles das, die ganze Kunst, wie auch immer, ist nichts gegen diesen einen einzigen geliebten Menschen. Was haben wir diesem einen einzigen geliebten Menschen alles angetan, sagte Reger, in wieviele Tausende und Hunderttausende von Leiden haben wir diesen Menschen, den wir so, wie keinen andern, geliebt haben, hineingestürzt, wie haben wir diesen Menschen gepeinigt und haben ihn doch wie keinen zweiten geliebt, sagte Reger. Wenn der von uns wie kein zweiter auf der Welt geliebte Mensch tot ist, läßt er uns mit einem fürchterlichen schlechten Gewissen zurück, sagte Reger, mit einem entsetzlichen schlechten Gewissen, mit welchem wir nach seinem Tod existieren müssen und in welchem wir eines Tages ersticken werden, sagte Reger. Alle diese Bücher und Schriften, die ich in meinem Leben gesammelt und die ich in die Singerstraßenwohnung gebracht habe, um alle diese Regale damit vollzustopfen, haben am Ende nichts genützt, ich war von meiner Frau alleingelassen und alle diese Bücher und Schriften waren lächerlich. Wir glauben, wir können uns dann an Shakespeare oder an Kant anklammern, aber das ist ein Trugschluß, Shakespeare und Kant und alle andern, die wir im Laufe unseres Lebens als die von uns so genannten Großen aufgebaut haben, lassen uns genau in dem Augenblick im Stich, in welchem wir sie so notwendig gehabt hätten, so Reger, sie sind uns keine Lösung und sie sind uns kein Trost, sie sind uns auf einmal nur ekelhaft und fremd, alles, das diese sogenannten Großen und Bedeutenden gedacht und dann auch noch geschrieben haben, läßt uns kalt, so Reger. Wir glauben immer, wir können uns auf diese sogenannten Bedeutenden und

Großen, wie immer, im entscheidenden Augenblick, also im lebensentscheidenden Augenblick, verlassen, aber das ist ein Irrtum, genau im lebensentscheidenden Augenblick sind wir von allen diesen Bedeutenden
und Großen und, wie gesagt wird, *Unsterblichen,* alleingelassen, sie geben
uns nicht mehr in einem solchen lebensentscheidenden Augenblick, als
die Tatsache, daß wir *auch mitten unter ihnen allein* sind, uns selbst ausgeliefert sind in einem ganz und gar fürchterlichen Sinn, so Reger. Einzig
und allein Schopenhauer hat mir geholfen, *weil ich ihn ganz einfach für
meinen Überlebenszweck mißbraucht habe,* so Reger zu mir im Ambassador. Hat mich vor allen andern, Goethe, Shakespeare, Kant beispielsweise
eingeschlossen, geekelt, so habe ich mich einfach auf Schopenhauer gestürzt in meiner Verzweiflung und habe mich mit Schopenhauer auf den
singerstraßenseitigen Schemel gesetzt, um überleben zu können, denn ich
wollte ja auf einmal überleben und nicht sterben, meiner Frau nicht
*nach*sterben, sondern *da*bleiben, *auf der* Welt bleiben, hören Sie, Atzbacher, so Reger im Ambassador. Aber natürlich habe ich auch bei Schopenhauer nur deshalb eine Überlebenschance gehabt, weil ich ihn für
meine Zwecke mißbraucht *und tatsächlich auf die gemeinste Weise verfälscht*
habe, so Reger, indem ich ihn ganz einfach zu einem Überlebensmedi-
kament gemacht habe, das er in Wirklichkeit ja gar nicht ist, wie die
andern, die ich schon genannt habe, auch. Wir verlassen uns lebenslänglich auf die großen Geister und auf die sogenannten Alten Meister, so
Reger, und sind dann tödlich enttäuscht von ihnen, weil sie ihren Zweck
nicht erfüllen im entscheidenden Augenblick. Wir horten die großen
Geister und die Alten Meister und glauben, wir können sie dann, im
entscheidenden Überlebensaugenblick für unsere Zwecke gebrauchen,
was ja nichts anderes heißt, als für unsere Zwecke *miß*brauchen, was sich
als tödlicher Irrtum herausstellt. Wir füllen unseren Geistessafe mit diesen
großen Geistern und Alten Meistern an und greifen im lebensentscheidenden Augenblick auf sie zurück; aber wenn wir diesen Geistessafe öffnen, ist er leer, das ist die Wahrheit, wir stehen vor diesem leeren Geistessafe und sehen, daß wir allein und tatsächlich vollkommen mittellos
sind, so Reger. Der Mensch hortet auf allen Gebieten lebenslänglich und
steht am Ende doch leer da, so Reger, auch was sein Geistesvermögen
betrifft. Was habe ich doch für ein ungeheures Geistesvermögen gehortet,
so Reger im Ambassador, und stehe doch am Ende völlig leer da. Nur
durch einen gemeinen Trick, ist es mir gelungen, Schopenhauer für mei-

nen Zweck, also für meinen Überlebenszweck, zu mißbrauchen, so Reger. Plötzlich wissen Sie, was das ist, Leere, wenn Sie unter Tausenden und Abertausenden von Büchern und Schriften stehen, die Sie vollkommen alleingelassen haben, die Ihnen auf einmal nichts sind, als eben diese fürchterliche Leere, so Reger. Wenn Sie den nächsten Menschen verloren haben, ist Ihnen alles leer, Sie können hineinschauen, wo Sie wollen, alles ist leer und Sie schauen und schauen und Sie sehen, alles ist *wirklich leer* und zwar für immer, so Reger. Und Sie erkennen, nicht diese großen Geister und nicht diese Alten Meister sind es, die Sie Jahrzehnte am Leben erhalten haben, sondern daß es nur dieser eine einzige Mensch, den Sie wie keinen zweiten geliebt haben, gewesen ist. Und in diesem Erkennen und mit diesem Erkennen sind Sie allein und es hilft Ihnen nichts und niemand, so Reger. Sie sperren sich in Ihre Wohnung ein und verzweifeln, so Reger, und Sie verzweifeln von Tag zu Tag tiefer und Sie kommen von Woche zu Woche in eine noch verzweifeltere Verzweiflung hinein, so Reger, aber auf einmal gehen Sie aus dieser Verzweiflung heraus. Sie stehen auf und gehen aus dieser tödlichen Verzweiflung heraus, noch haben Sie die Kraft, aus dieser tiefsten Verzweiflung herauszugehen, so Reger, ich bin plötzlich von dem singerstraßenseitigen Schemel aufgestanden und aus meiner Verzweiflung herausgegangen und auf die Singerstraße hinuntergegangen, so Reger, und ein paar hundert Meter in die Innere Stadt hineingegangen; ich bin vom singerstraßenseitigen Schemel aufgestanden und aus der Wohnung hinaus- und in die Innere Stadt hineingegangen in dem Gedanken, jetzt noch einen einzigen Versuch, einen Überlebensversuch zu machen, so Reger. Ich bin aus der Singerstraßenwohnung hinausgegangen und habe gedacht, ich mache noch einen einzigen Überlebensversuch und bin in diesem Gedanken in die Innere Stadt hineingegangen, so Reger. Und dieser Überlebensversuch ist geglückt, wahrscheinlich bin ich im entscheidenden und wahrscheinlich im allerletzten Moment von meinem singerstraßenseitigen Schemel aufgestanden und auf die Singerstraße hinunter- und in die Innere Stadt hineingegangen, so Reger. Natürlich habe ich dann, wieder zu Hause in meiner Wohnung, einen Rückschlag nach dem andern erlitten, *das können Sie sich denken, daß es nicht mit diesem einen einzigen Versuch, zu überleben, getan war, ich mußte viele Hunderte solcher Überlebensversuche machen dann,* aber ich habe sie immer wieder gemacht und ich bin immer wieder vom singerstraßenseitigen Schemel aufgestanden und auf die Straße gegangen und tatsächlich dann auch wieder unter Menschen, unter *die* Menschen gegangen und habe mich schließlich gerettet, so Reger. Natürlich frage ich mich, ob es richtig und eben nicht doch falsch gewesen ist, daß ich mich gerettet habe, aber darum geht es nicht, so Reger. Wir wollen inständig *nach*sterben und wollen es dann doch wieder nicht, so Reger, in dieser Verzweiflungstortur existiere ich, müssen Sie wissen, jetzt schon über ein Jahr. Wir hassen die Menschen und wollen doch mit ihnen zusammensein, weil wir nur mit den Menschen und unter ihnen eine Chance haben, weiterzuleben und nicht verrückt zu werden. Mit dem Alleinsein halten wir es ja nicht gar so lang aus, so Reger, wir glauben, wir können allein sein, wir glauben, wir können verlassen sein, wir reden uns ein, wir können allein weiterkommen, so Reger, aber das ist ein Hirngespinst. Wir glauben, ohne Menschen auskommen zu können, ja *wir glauben sogar, ohne einen einzigen Menschen auskommen zu können* und bilden uns ja auch ein, wir haben nur eine Chance, wenn wir nur mit uns selbst allein sind, aber das ist ein Hirngespinst. Ohne Menschen haben wir nicht die geringste Überlebenschance, sagte Reger, wir können uns noch so viele große Geister und noch so viele Alte Meister als Gefährten genommen haben, *sie ersetzen keinen Menschen, so Reger, am Ende sind wir vor allem von diesen sogenannten großen Geistern und von diesen sogenannten Alten Meistern alleingelassen und wir sehen, daß wir von diesen großen Geistern und Alten Meistern auch noch auf die gemeinste Weise verhöhnt werden* und wir stellen fest, daß wir mit allen diesen großen Geistern und allen diesen Alten Meistern immer nur in einem Verhöhnungsverhältnis existiert haben. Zuerst habe er in der Singerstraßenwohnung, wie gesagt, nur Brot und Wasser gegessen, dann, etwa am achten oder neunten Tag, etwas Dosenfleisch, das er selbst sich in der Küche aufgekocht habe, gedörrte Zwetschgen habe er sich aufgeweicht und zu mit heißem Wasser abgebrühten Nudeln gegessen, worauf ihm aber jedesmal übel geworden sei. Am achten oder neunten Tag habe er dann doch wieder die Haushälterin zu sich beordert und habe sie in das seiner Wohnung gegenüberliegende Hotel Royal um Essen geschickt. *Wie ein Hund saß ich da und aß,* so Reger. Mit dem Hotel Royal habe er ein günstiges Abkommen getroffen, *es lieferte mir ab Ende Mai täglich durch die Haushälterin, die von uns immer nur Stella gerufen worden ist, obwohl sie Rosa geheißen hat!,* so Reger, *Suppe und Hauptspeise in eigens zu diesem Zweck gekauften Aluminiumschüsseln. Ich bezahlte zwei Portionen,* so Reger zu mir im Ambassador, *eine halbe habe ich gegessen, eineinhalb Portionen* *hat die Haushälterin gegessen,* so Reger. Ich aß das Royalessen mit einem gewissen Widerwillen, so Reger, aber ich aß es, weil mir nichts anderes übrig blieb, ich aß es, weil ich es essen mußte, so Reger, aber mir wäre an dem Essen ja schon durch den Anblick der Haushälterin, die mir beim Essen naturgemäß gegenüber gesessen ist, übel geworden, ich habe die Haushälterin nie leiden können, sie ist ja auch immer die Haushälterin meiner Frau gewesen, ich hätte diese Person nie engagiert, so Reger, diese stupide, verlogene Person, so Reger, die tatsächlich mir gegenüber gesessen ist und eineinhalb Portionen von dem Royalessen gegessen hat, während ich selbst nur eine halbe gegessen habe. Haushälterinnen nehmen wir in Kauf, weil wir sonst in unserem Schmutz ersticken müßten, sagte Reger im Ambassador, aber sie sind im großen und ganzen immer widerlich. Wir sind auf die Haushälterin angewiesen, das ist es, so Reger. Sie ist auch immer mit einem Essen aus dem Royal herübergekommen, das *sie* essen wollte, das sie *für sich* ausgesucht hat, nicht mit einem Essen, das mir geschmeckt hätte. Sie ißt Schweinefleisch am liebsten, also brachte sie immer Schweinefleisch mit, ich esse aber nur Rindfleisch, wenn man mich fragt, so Reger. Ich bin immer ein Rindfleischesser gewesen, die Haushälterinnen sind durchweg Schweinefleischesserinnen. Nach dem Tod meiner Frau und zwar schon unmittelbar nach dem Begräbnis, so Reger, machte mich die Haushälterin darauf aufmerksam, daß ihr meine Frau das und das *vermacht* habe, so Reger, obwohl ich weiß, daß meine Frau der Haushälterin überhaupt nichts vermacht hat, denn meine Frau dachte nie daran, sterben zu müssen und hat *mit niemandem über zu Vermachendes oder über zu Vererbendes* gesprochen, nicht einmal mit mir, geschweige denn mit der Haushälterin. Die Haushälterin aber war schon gleich nach dem Begräbnis zu mir gekommen und hat zu mir gesagt, meine Frau habe ihr das und das, Kleider, Schuhe, Geschirr, Stoffe etcetera, vermacht. Die Haushälterinnen schrecken ja vor keiner Peinlichkeit zurück, sagte Reger im Ambassador. Sie sind völlig schamlos in ihren Forderungen. Immer und überall werden die Haushälterinnen gelobt, obwohl die Leute genau wissen, daß die heutigen Haushälterinnen nicht lobenswert sind, die heutigen Haushälterinnen sind widerwärtig in ihren Forderungen und durch und durch schlampig in ihrer Arbeit, aber die Leute heucheln, die Haushälterinnen seien lobenswert, weil sie auf sie angewiesen sind, sagte Reger im Ambassador. Niemals hat meine Frau auch nur einen Augenblick daran gedacht, der Haushälterin etwas zu vermachen, meine Frau hat ja noch zwei Tage vor ihrem Tod nicht geahnt, daß sie sterben muß, wie hat sie da der Haushälterin etwas versprechen können?, so Reger. Sie lügt, habe ich gedacht, wie die Haushälterin mich darauf aufmerksam gemacht hat, daß ihr meine Frau verschiedene Gegenstände versprochen habe, die Begräbnisbesucher waren noch gar nicht aus dem Friedhof weggegangen, ist die Haushälterin schon vor mir gestanden und hat gesagt, meine Frau habe ihr das und das versprochen. Wir nehmen die Menschen immer wieder in Schutz, weil wir nicht glauben können und auch gar nicht glauben wollen, daß sie so gemein sein können, bis wir immer wieder die Erfahrung machen, daß sie ebenso gemein sind, wie wir es gar nicht für möglich halten. Mehrere Male hat die Haushälterin, ich bin noch am offenen Grab gestanden, das Wort *Bratpfanne* gesagt, so Reger, stellen Sie sich vor, immer wieder das Wort *Bratpfanne,* während ich noch am offenen Grab gestanden bin. Wochenlang ist mir die Haushälterin in den Ohren gelegen mit der infamen Lüge, meine Frau habe ihr *Vieles* versprochen. Ich habe aber, wie gesagt wird, *nicht hingehört.* Erst drei Monate nach dem Tod meiner Frau, habe ich zur Haushälterin gesagt, sie solle sich von den Kleidern, die ich ja den Nichten meiner Frau zugedacht habe, *etliche aussuchen,* auch solle sie sich von den Küchentöpfen nehmen, was ihr für sie brauchbar erscheint. Was denken Sie, wie sich die Haushälterin daraufhin aufgeführt hat!, so Reger, die Person hat ganze Arme voll Kleidungsstücke an sich gerissen und in von ihr bereitgestellte große Hundertkilosäcke gestopft und immer wieder ganze Arme voll Kleider meiner Frau in diese Hundertkilosäcke hineingestopft, bis nichts mehr in diesen Säcken Platz gehabt hat. Fassungslos bin ich dagestanden und habe die Szene beobachtet. Wie wahnsinnig ist die Haushälterin durch die Wohnung gerannt und hat alles zusammengerafft, was sie nur zusammenraffen hat können. Am Ende hatte sie fünf Hundertkilosäcke vollgestopft und in drei große Koffer alles hineingezwängt, das sie nicht in die Hundertkilosäcke hineinstopfen hat können. Am Ende ist dann auch noch ihre Tochter erschienen, um mit ihr gemeinsam die Säcke und die Koffer auf die Singerstraße hinunterzutragen, wo die Tochter mit einem ausgeliehenen Lastwagen vorgefahren war. Wie die beiden alle Säcke und Koffer auf die Singerstraße hinuntergetragen hatten, stellte die Haushälterin auch noch Dutzende von Küchentöpfen auf dem Boden zusammen, ohne mich überhaupt zu fragen, ob es mir recht sei, daß sie auch noch diese Töpfe mitnimmt. Diesen oder jenen Topf *lasse sie mir* ja noch, sagte sie, während sie diese Töpfe mit durch die Topfhenkel gezogenen Spagatschnüren zusammenband, um sie besser auf die Singerstraße hinuntertragen zu können. Fassungslos stand ich da und beobachtete die Haushälterin und ihre Tochter, wie sie wie besessen auch noch diese Töpfe aus der Wohnung hinausschleppten. Meine Frau hat die Tochter der Haushälterin ja nie gesehen, so Reger, wenn sie sie nur ein einziges Mal gesehen hätte in den vielen Jahren, die die Haushälterin schon bei uns im Dienst war, sie wäre über den Anblick entsetzt gewesen, so Reger. Je mehr wir in die Menschen hineinlegen, wie gesagt wird, und je besser wir zu ihnen sind, desto fürchterlicher wird es uns heimgezahlt, sagte Reger im Ambassador. Dieses Erlebnis mit der Haushälterin und deren Tochter hat mich tatsächlich wieder gelehrt, wie abgrundtief scheußlich der Mensch sein kann, so Reger. Die sogenannten unteren Klassen sind, das ist doch die Wahrheit, genauso gemein und niederträchtig und genauso verlogen, wie die oberen. Das ist ja eines der abstoßendsten Kennzeichen dieser Zeit, daß immer behauptet wird, die sogenannten einfachen und die sogenannten unterdrückten Menschen seien gut, die anderen schlecht, das ist eine der widerlichsten Verlogenheiten, die mir bekannt sind, so Reger. Die Menschen sind insgesamt gleich niederträchtig und gemein und verlogen, so Reger. Die sogenannte Haushälterin ist um nichts besser als die sogenannte Herrschaft und tatsächlich ist es ja heute geradezu umgekehrt, wie ja alles heute umgekehrt ist, sagte Reger, die Haushälterin ist ja die Herrschaft heute, nicht umgekehrt. Die sogenannten Ohnmächtigen sind ja heute die Mächtigen, nicht umgekehrt, sagte Reger im Ambassador. Während er auf den *Weißbärtigen Mann* schaute, hörte ich, was er im Ambassador zu mir gesagt hat, daß heute alles umgekehrt sei, immer wieder *heute ist alles umgekehrt*. Ich war noch am offenen Grab gestanden, da redete die Haushälterin auf mich ein und behauptete, meine Frau habe ihr den grünen Wintermantel, den sie sich einmal in Badgastein gekauft habe, vermacht. Ausgerechnet dieses schöne teure Stück soll meine Frau der Haushälterin vermacht haben, sagte Reger aufgebracht. Diese Leute nützen jede Situation aus und schrecken vor nichts zurück, so dumm diese Leute sind, sie machen alles, selbst das Widerwärtigste, zu ihrem Vorteil. Und wir fallen immer wieder auf diese Leute herein, weil sie uns in den alltäglichen Widerwärtigkeiten naturgemäß überlegen sind, so Reger. Die Volksheuchelei ist ja auch widerwärtig, sagte Reger, das dem Volk Anheischigmachen, das so charakteristisch ist für die Politiker beispielsweise. Haben wir eine idealistische Vorstellung, so stellt es sich doch immer recht bald heraus, daß diese Vorstellung doch nichts anderes als eine unsinnige Vorstellung ist, so Reger, und er sagte, wir müssen alt werden können, es gibt nichts Widerlicheres, als die Anbiederung an die Jugend, das hat mich immer zutiefst abgestoßen, wenn ein alter Mensch sich der Jugend anbiedert, mein lieber Atzbacher, und er sagte, der heutige Mensch ist der ausgelieferte, der schutzlose, einen total ausgelieferten und einen total schutzlosen Menschen haben wir heute, noch vor einem Jahrzehnt haben sich die Menschen noch einigermaßen beschützt gefühlt, aber heute sind sie der totalen Schutzlosigkeit preisgegeben, sagte Reger im Ambassador. Sie können sich nicht mehr verstecken, es gibt kein Versteck mehr, das ist das Furchtbare, so Reger, alles ist total durchschaubar und damit total schutzlos geworden; das heißt, daß es heute gar keine Fluchtmöglichkeit mehr gibt, die Menschen werden heute überall, gleich, wo sie sind, gehetzt und aufgehetzt und flüchten und fliehen und finden kein Loch mehr, in das sie entkommen könnten, es sei denn, sie gehen in den Tod, das ist die Tatsache, so Reger, das ist das Unheimliche, denn die Welt ist keine heimliche mehr, nurmehr noch eine unheimliche. Mit dieser unheimlichen Welt müssen Sie sich abfinden, Atzbacher, ob Sie wollen oder nicht, *Sie sind mit Haut und Haaren dieser unheimlichen Welt ausgeliefert* und wenn Ihnen eingeredet wird, das ist nicht so, dann wird Ihnen eine Lüge eingeredet, diese heutige ununterbrochen in Ihre Ohren hineingetrommelte Lüge, auf die sich vor allem die Politiker und die politischen Schwätzer spezialisiert haben, so Reger. Die Welt ist eine einzige Unheimlichkeit, in welcher kein Mensch mehr Schutz findet, kein einziger, so Reger im Ambassador. Jetzt schaute Reger auf den *Weißbärtigen Mann* und sagte, der Tod meiner Frau ist ja nicht nur mein größtes Unglück, er hat mich auch befreit. Mit dem Tod meiner Frau bin ich frei geworden, sagte er, und wenn ich sage frei, so meine ich *gänzlich frei, zur Gänze frei, vollkommen frei,* wenn Sie wissen oder wenigstens ahnen, was das heißt. Ich warte nicht mehr auf den Tod, er kommt von selbst, ohne daß ich daran denke, kommt er, mir ist es völlig gleich, wann. Der Tod des geliebten Menschen ist ja auch die ungeheure Befreiung unseres ganzen Systems, sagte Reger jetzt. Mit diesem Gefühl, daß ich jetzt vollkommen frei bin, existiere ich jetzt schon längere Zeit. *Ich kann jetzt alles an mich herankommen lassen, wirklich alles, ohne daß ich mich dagegen wehren muß, ich wehre mich nicht mehr, das ist es,* so Reger jetzt. Den *Weißbärtigen Mann* anschauend, sagte er, den *Weißbärtigen Mann* habe ich tatsächlich immer geliebt, Tintoretto habe ich nie geliebt, aber doch den *Weißbärtigen Mann* von Tintoretto. Über dreißig Jahre schaue ich das Bild an und es ist mir immer noch möglich, es anzuschauen, kein anderes Bild hätte ich über dreißig Jahre lang anschauen können. Die Alten Meister ermüden rasch, wenn wir sie skrupellos anschauen und sie enttäuschen immer, wenn wir sie einer eingehenderen Betrachtung unterziehen, wenn wir sie sozusagen zu einem rücksichtslosen Objekt unseres kritischen Verstandes machen. Dieser tatsächlichen kritischen Betrachtungsweise hält ja keiner dieser sogenannten Alten Meister stand, so Reger jetzt. Leonardo, Michelangelo, Tizian, das zerfließt uns ja unglaublich schnell in den Augen und stellt sich am Ende doch nur als eine wenn auch noch so geniale dürftige Überlebenskunst als dürftiger Überlebensversuch heraus. Goya ist da schon ein hartnäckigerer Brocken, sagte Reger, aber auch Goya nützt uns und bedeutet uns am Ende nichts. Alles hier im Kunsthistorischen Museum, das ja gar keinen Goya hat, sagte Reger jetzt, bedeutet uns am Ende, nämlich *an dem entscheidenden Punkte unserer Existenz,* nichts mehr. An allen diesen Bildern stellen wir doch, wenn wir sie eindringlich studieren, früher oder später, eine Unbeholfenheit, ja tatsächlich selbst in den allergrößten und allerbedeutendsten Schöpfungen einen Fehler, wenn wir unnachgiebig sind, *einen gravierenden Fehler* fest, der uns alle diese Bilder nach und nach verleidet, wahrscheinlich weil wir unseren Anspruch zu hoch angesetzt haben, so Reger. Die Kunst insgesamt ist ja auch nichts anderes als eine Überlebenskunst, diese Tatsache dürfen wir nicht außer acht lassen, sie ist der alles in allem doch immer wieder auf selbst den Verstand rührende Weise gemachte Versuch, mit dieser Welt und ihren Widerwärtigkeiten fertig zu werden, was ja, wie wir wissen, vor allem immer wieder nur durch den Gebrauch von Lüge und Verlogenheit, von Heuchelei und Selbstbetrug möglich ist, so Reger. Diese Bilder sind voller Lüge und Verlogenheit und voller Heuchelei und Selbstbetrug, es ist, wenn wir von ihrer sehr oft genialen Kunstfertigkeit absehen, nichts anderes in ihnen. Alle diese Bilder sind außerdem Ausdruck der absoluten Hilflosigkeit des Menschen, mit sich und dem, das ihn zeitlebens umgibt, fertig zu werden. Das drükken ja alle diese Bilder aus, diese einerseits den Kopf beschämende, andererseits denselben Kopf bestürzende und zu Tode rührende Hilflosigkeit, so Reger. Der *Weißbärtige Mann* hat über dreißig Jahre meinem Verstand und meinem Gefühl standgehalten, so Reger, für mich ist er aus diesem Grunde das Kostbarste, das hier im Kunsthistorischen Museum ausgestellt ist. Als ob ich das vor über dreißig Jahren schon gewußt hätte, habe ich mich vor über dreißig Jahren zum ersten Mal auf diese Bank hier gesetzt, *genau dem Weißbärtigen Mann gegenüber. Alle diese sogenannten Alten Meister sind ja Gescheiterte, ohne Ausnahme sind sie alle zum Scheitern verurteilt gewesen und in jeder Einzelheit ihrer Arbeiten kann der Betrachter dieses Scheitern feststellen, in jedem Pinselstrich, so Reger, in dem kleinsten und aller kleinsten Detail.* Davon ganz abgesehen, daß alle diese sogenannten Alten Meister immer doch nur ein Detail ihrer Bilder wirklich genial gemalt haben, kein einziger von ihnen hat hundertprozentig ein geniales Bild gemalt, das ist keinem von diesen sogenannten Alten Meistern jemals gelungen; entweder sie scheiterten am Kinn oder am Knie oder an den Augenlidern, so Reger. Die meisten scheiterten an den Händen, es gibt im Kunsthistorischen Museum nicht ein einziges Bild, auf dem eine genial gemalte oder auch nur außerordentlich gemalte Hand zu sehen wäre, nur immer wieder diese auf so tragikomische Weise mißglückten Hände, so Reger, sehen Sie hier auf allen diesen Portraits, selbst auf den berühmtesten. Ein auch nur außerordentliches Kinn oder ein tatsächlich gelungenes Knie zu malen, ist auch keinem dieser sogenannten Alten Meister gelungen. El Greco hat niemals auch nur eine einzige Hand malen können, El Grecos Hände schauen immer aus wie schmutzige nasse Waschlappen, sagte Reger jetzt, aber El Greco gibt es im Kunsthistorischen Museum ja gar keinen. Und Goya, den es ja auch im Kunsthistorischen Museum gar nicht gibt, hat sich davor gehütet, auch nur eine einzige Hand *deutlich* zu machen, was die Goyahände betrifft, ist selbst Goya im Dilettantismus steckengeblieben, dieser fürchterliche ungeheuerliche Goya, den ich über alle Maler stelle, die jemals gemalt haben, so Reger. Und dann ist es ja geradezu deprimierend, hier in diesem Kunsthistorischen Museum immer nur eine Kunst zu sehen, die als Staatskunst zu bezeichnen ist, als eine geistfeindliche habsburgisch-katholische Staatskunst. Seit Jahrzehnten ist es immer das gleiche, ich gehe ins Kunsthistorische Museum und denke, das Kunsthistorische Museum hat nicht einmal einen Goya! Daß es keinen El Greco hat, ist ja, was mich und meine Kunstauffassung betrifft, kein Unglück, aber daß das Kunsthistorische Museum keinen Goya hat, ist tatsächlich ein Unglück, so Reger. Wenn wir den Weltmaßstab anlegen, so Reger, müssen wir sagen, daß das Kunsthistorische Museum, ganz im Gegensatz zu seinem Ruf, gar kein erstklassiges Museum ist, denn es hat ja nicht einmal den großen, alles überragenden Goya. Dazu kommt, daß das Kunsthistorische Museum total dem Kunstgeschmack der Habsburger entspricht, den Habsburgern, die ja, wenigstens was die Malerei betrifft, einen abstoßenden, völlig geistlosen katholischen Kunstgeschmack gehabt haben. Für die Malerei haben die katholischen Habsburger nicht viel mehr übrig gehabt als für die Literatur, weil ihnen Malerei und Literatur immer als die *gefährlichen Künste erschienen sind zum Unterschied von der Musik,* die ihnen niemals gefährlich werden konnte und die sie gerade weil sie so geistlos gewesen sind, die katholischen Habsburger, *sich zur vollen Blüte haben entfalten lassen,* wie ich einmal in einem sogenannten *Kunstbuch* gelesen habe. Habsburgische Verlogenheit, habsburgischer Schwachsinn, habsburgische Glaubensperversität hängt an allen diesen Wänden, das ist die Wahrheit, so Reger. Und in allen diesen Bildern, selbst in den Landschaften, dieser perverse katholische Glaubensinfantilismus. Gemeine Kirchenheuchelei selbst in den Bildern mit dem höchsten, ja allerhöchsten Malanspruch, das ist das Widerwärtige. Alles im Kunsthistorischen Museum Ausgestellte hat einen katholischen Heiligenschein, da nehme ich auch Giotto nicht aus, so Reger. Diese widerlichen Venezianer, die sich mit jeder Pfote, die sie gemalt haben, an den katholischen Voralpenhimmel anklammern, sagte er jetzt. Sie können im Kunsthistorischen Museum *kein einziges gemaltes natürliches Gesicht* sehen, *immer wieder nur ein katholisches Antlitz.* Betrachten Sie doch einmal einen gutgemalten Kopf hier längere Zeit, am Ende ist es doch nur ein katholischer, so Reger. Selbst das Gras auf diesen Gemälden wächst als ein katholisches und selbst die Suppe in den holländischen Suppenschüsseln ist nichts als die katholische Suppe, sagte Reger jetzt. Unverschämter gemalter Katholizismus ist das, nichts anderes, so Reger. Diese sechsunddreißig Jahre bin ich ja nur deshalb ins Kunsthistorische Museum gegangen, weil hier das ganze Jahr über die ideale Temperatur von achtzehn Grad Celsius herrscht, die nicht nur der Leinwand dieser Kunstwerke, sondern auch meiner Haut und vor allem auch meinem hochempfindlichen Kopf die beste ist, so Reger. *Eingehende Kunstbetrachtung, selbstmörderische Methode, eine gewisse Altersmeisterschaft erlangt,* sagte Reger jetzt. *Kein Gewohnheitsrecht im Kunsthistorischen Museum,* sagte er, *Kunsthaß im Grunde, Kunstwahnsinn irreparabler.* Zweifellos, mein lieber Atzbacher, wir sind schon beinahe auf dem Höhepunkt unserer Chaos- und Kitschepoche, sagte er und: dieses ganze Österreich ist ja nichts anderes, als ein Kunsthistorisches Museum, ein katholisch-nationalsozialistisches, fürchterliches. *Demokratieheuchelei,* sagte er. Ein chaotischer Mist ist dieses heutige Österreich, dieser lächerliche Kleinstaat, der vor Selbstüberschätzung trieft und der jetzt, vierzig Jahre nach dem sogenannten *Zweiten Weltkrieg,* nur als ein total amputierter seinen absoluten Tiefpunkt erreicht hat; dieser lächerliche Kleinstaat, in dem das Denken ausgestorben und in welchem schon seit einem halben Jahrhundert nurmehr noch der niedrige staatspolitische Stumpfsinn und die staatsgläubige Dummheit herrschen, so Reger. Konfuse, brutale Welt, sagte er. Zu alt, um zu verschwinden, sagte er, ich bin zu alt, um weg zu gehn, Atzbacher, zweiundachtzig, hören Sie! Immer allein gewesen! Jetzt bin ich endgültig in der Falle, Atzbacher. Wohin wir heute in diesem Land schauen, wir schauen in eine Senkgrube der Lächerlichkeit, sagte Reger. Massenwahnsinn katastrophaler, sagte er. Alle sind mehr oder weniger depressiv, wissen Sie, und wir haben ja mit Ungarn die höchste Selbstmordrate in ganz Europa. Oft habe ich gedacht, ich gehe in die Schweiz, aber die Schweiz wäre für mich noch viel schlimmer. Sie können nicht wissen, *wie* ich unser Land liebe, sagte Reger, aber ich hasse diesen gegenwärtigen Staat zutiefst; mit *diesem* Staat will ich in Zukunft nichts mehr zu tun haben, er ist an jedem Tag ekelerregend. Alle heute in diesem Staat agierenden und regierenden Leute haben nur entsetzliche primitiv-geistlose Gesichter, Sie sehen in diesem bankrotten Land nurmehr noch einen gigantischen Haufen von erschreckendem Physiognomiemüll, sagte er. Was denken wir und was reden wir nicht alles und glauben, wir sind kompetent und sind es doch nicht, *das ist die Komödie,* und wenn wir fragen, wie soll es weitergehn? *ist es die Tragödie,* mein lieber Atzbacher. Irrsigler erschien und brachte die Times, um die Reger ihn gebeten hatte, er brauchte ja nur vom Kunsthistorischen Museum aus über die Straße zu gehen, dort ist ein Zeitungsstand. Reger nahm die Times an sich und stand auf und ging aus dem Bordone-Saal hinaus und mit, wie ich dachte, forscheren Schritten als sonst, die große Mitteltreppe hinunter und ins Freie, ich folgte ihm. Vor dem vulgären Maria-Theresia-Denkmal blieb er stehen und sagte, daß ich wahrscheinlich doch sehr verwundert sei über die Tatsache, daß er mir bis jetzt noch immer nicht den *eigentlichen* Grund gesagt habe, *warum* er mich *schon heute wieder* im Kunsthistorischen Museum zu treffen wünschte. Ich glaubte, meinen Ohren nicht zu trauen, als er sagte, er habe *zwei Eintrittskarten, ausgezeichnete Parkettplätze für den Zerbrochenen Krug im Burgtheater* gekauft und der *eigentliche* Grund, warum er mich heute schon wieder ins Kunsthistorische Museum gebeten habe, sei der, mir den Vorschlag zu machen, mit ihm zusammen den *Zerbrochenen Krug* im Burgtheater anzuschauen. Sie wissen, ich bin Jahrzehnte nicht mehr im Burgtheater gewesen und ich hasse nichts mehr, als das Burgtheater, *tatsächlich nichts mehr, als die Dramatische Kunst überhaupt,* sagte er, aber ich dachte gestern, ich gehe morgen ins Burgtheater und schaue mir den *Zerbrochenen Krug* an. Mein lieber Atzbacher, so Reger, ich weiß nicht, wie ich auf die Idee gekommen bin, heute und zwar mit Ihnen und mit keinem anderen Menschen, ins Burgtheater zu gehen, um den *Zerbrochenen Krug* anzuschauen. Halten Sie mich ruhig für verrückt, sagte Reger jetzt, meine Tage sind ja gezählt; ich habe tatsächlich gedacht, Sie gehen mit mir heute ins Burgtheater, schließlich ist der *Zerbrochene Krug* das beste deutsche Lustspiel und das Burgtheater ist dazu auch noch die erste Bühne der Welt. Drei Stunden hat mich der Gedanke gequält, Ihnen sagen zu müssen, daß Sie mich in den *Zerbrochenen Krug* begleiten sollen, denn allein gehe ich nicht in den *Zerbrochenen Krug,* sagte Reger jetzt, schreibt Atzbacher, drei qualvolle Stunden habe ich überlegt, wie ich Ihnen sage, daß ich zwei Karten für den *Zerbrochenen Krug* gekauft und dabei *nur an mich und an Sie gedacht* habe, denn jahrzehntelang haben Sie von mir nichts anderes gehört, als daß das Burgtheater die scheußlichste Bühne auf der Welt ist und jetzt auf einmal sollen Sie gar mit mir *in den Zerbrochenen Krug im Burgtheater* gehen, eine Tatsache, die selbst Irrsigler nicht begreift. *Nehmen Sie die zweite Karte,* sagte er *und gehen Sie mit mir heute abend ins Burgtheater, teilen Sie mit mir das Vergnügen dieser perversen Verrücktheit, mein lieber Atzbacher,* sagte Reger, schreibt Atzbacher. Ja, sagte ich zu Reger, schreibt Atzbacher, *wenn es Ihr ausdrücklicher Wunsch ist,* und Reger sagte, *ja, es ist mein ausdrücklicher Wunsch* und gab mir die zweite Karte. Tatsächlich bin ich am Abend mit Reger in das Burgtheater und in den *Zerbrochenen Krug* gegangen, schreibt Atzbacher. Die Vorstellung war entsetzlich.

Auslöschung

Ein Zerfall

*Ich fühle, wie der Tod mich beständig
in seinen Klauen hat. Wie ich mich auch
verhalte, er ist überall da.*

Montaigne

Das Telegramm

Nach der Unterredung mit meinem Schüler Gambetti, mit welchem ich mich am Neunundzwanzigsten auf dem Pincio getroffen habe, schreibt Murau, Franz-Josef, um die Mai-Termine für den Unterricht zu vereinbaren und von dessen hoher Intelligenz ich auch jetzt nach meiner Rückkehr aus Wolfsegg überrascht, ja in einer derart erfrischenden Weise begeistert gewesen bin, daß ich ganz gegen meine Gewohnheit, gleich durch die Via Condotti auf die Piazza Minerva zu gehen, auch in dem Gedanken, tatsächlich schon lange in Rom und nicht mehr in Österreich zuhause zu sein, in eine zunehmend heitere Stimmung versetzt, über die Flaminia und die Piazza del Popolo, den ganzen Corso entlang in meine Wohnung gegangen bin, erhielt ich gegen zwei Uhr mittag das Telegramm, in welchem mir der Tod meiner Eltern und meines Bruders Johannes mitgeteilt wurde. *Eltern und Johannes tödlich verunglückt. Caecilia, Amalia.* Das Telegramm in Händen, trat ich ruhig und mit klarem Kopf an das Fenster meines Arbeitszimmers und schaute auf die vollkommen menschenleere Piazza Minerva hinunter. Ich hatte Gambetti fünf Bücher gegeben, von welchen ich überzeugt gewesen bin, daß sie ihm für die nächsten Wochen nützlich und notwendig sein werden, und ihm aufgetragen, diese fünf Bücher auf das aufmerksamste und mit der in seinem Falle gebotenen Langsamkeit zu studieren: *Siebenkäs* von Jean Paul, *Der Prozeß* von Franz Kafka, *Amras* von Thomas Bernhard, *Die Portugiesin* von Musil, *Esch oder Die Anarchie* von Broch und dachte jetzt, nachdem ich das Fenster geöffnet hatte, um besser atmen zu können, daß meine Entscheidung richtig gewesen war, Gambetti gerade diese fünf Bücher zu geben und keine andern, weil sie im Laufe unseres Unterrichts ihm immer wichtiger sein werden, daß ich ganz unauffällig die Andeutung gemacht habe, mich das nächste Mal mit ihm über die *Wahlverwandtschaften* und nicht über *Die Welt als Wille und Vorstellung* auseinanderzusetzen. Mit Gambetti zu sprechen, war mir auch an diesem Tag wieder ein großes Vergnügen gewesen nach den mühevollen, schwerfälligen, nur auf die alltäglichen ganz und gar privaten und primitiven Bedürfnisse beschränkten Unterhaltungen mit der Familie in Wolfsegg. Die deutschen Wörter hängen wie Bleigewichte an der deutschen Sprache, sagte ich zu Gambetti,

und drücken in jedem Fall den Geist auf eine diesem Geist schädliche
Ebene. Das deutsche Denken wie das deutsche Sprechen erlahmen sehr
schnell unter der menschenunwürdigen Last seiner Sprache, die alles Gedachte, noch bevor es überhaupt ausgesprochen wird, unterdrückt; unter
der deutschen Sprache habe sich das deutsche Denken nur schwer entwickeln und niemals zur Gänze entfalten können im Gegensatz zum romanischen Denken unter den romanischen Sprachen, wie die Geschichte
der jahrhundertelangen Bemühungen der Deutschen beweise. Obwohl
ich das Spanische, wahrscheinlich, weil es mir vertrauter ist, höher schätze,
gab mir doch Gambetti an diesem Vormittag wieder eine wertvolle Lek-
tion der Mühelosigkeit und Leichtigkeit und *Unendlichkeit* des Italienischen, das zum Deutschen in demselben Verhältnis stehe, wie ein völlig
frei aufgewachsenes Kind aus wohlhabendem und glücklichem Hause zu
einem unterdrückten, geschlagenen und dadurch *ver*schlagenen aus dem
armen und ärmsten. Um wie vieles höher also, sagte ich zu Gambetti, seien
die Leistungen *unserer* Philosophen und Schriftsteller einzuschätzen. Jedes
Wort, sagte ich, zieht unweigerlich ihr Denken herunter, jeder Satz
drückt, gleich was sie sich zu denken getraut haben, zu Boden und drückt
dadurch immer *alles* zu Boden. Deshalb sei auch ihre Philosophie und sei
auch, was sie dichten, wie aus Blei. Plötzlich habe ich Gambetti einen
Schopenhauerschen Satz aus der *Welt als Wille und Vorstellung* zuerst auf
Deutsch, dann auf Italienisch vorgesprochen und ihm, Gambetti, zu beweisen versucht, wie schwer sich die Waagschale auf der mit meiner linken
Hand vorgetäuschten deutschen Waagschale senkte, während sie sozusagen auf der italienischen mit meiner rechten Hand in die Höhe schnellte.
Zu meinem und zu Gambettis Vergnügen sagte ich mehrere Schopenhau-
ersche Sätze zuerst in Deutsch, dann in meiner eigenen italienischen
Übersetzung und legte sie sozusagen für alle Welt, aber vor allem für
Gambetti, deutlich sichtbar auf die Waagschale meiner Hände und entwickelte daraus mit der Zeit ein von mir auf die Spitze getriebenes Spiel,
das schließlich mit Hegelsätzen und mit einem Kantaphorismus endete.
Leider, sagte ich zu Gambetti, sind die schweren Wörter nicht immer die
gewichtigsten, wie die schweren Sätze nicht immer die gewichtigsten sind.
Mein Spiel hatte mich bald erschöpft. Vor dem Hotel Hassler stehengeblieben, gab ich Gambetti einen kurzen Bericht von meiner Wolfsegg-
reise, der mir selbst am Ende zu ausführlich, ja tatsächlich zu geschwätzig
gewesen ist. Ich hatte versucht, ihm gegenüber einen Vergleich anzustellen

zwischen unseren beiden Familien, das deutsche Element der meinigen dem italienischen der seinigen entgegenzusetzen, aber ich spielte letzten Endes doch nur die meinige gegen die seinige aus, was meinen Bericht verzerren und Gambetti, anstatt aufklärend belehren, auf unangenehme Weise stören mußte. Gambetti ist ein guter Zuhörer und er hat ein sehr feines, durch mich geschultes Ohr für den Wahrheitsgehalt und für die Folgerichtigkeit eines Vortrags. Gambetti ist mein Schüler, umgekehrt bin ich selbst der Schüler Gambettis. Ich lerne von Gambetti wenigstens ebenso viel, wie Gambetti von mir. Unser Verhältnis ist das ideale, denn einmal bin ich der Lehrer Gambettis und er ist mein Schüler, dann wieder ist Gambetti mein Lehrer und ich bin sein Schüler, und sehr oft ist es der Fall, daß wir beide nicht wissen, ist jetzt Gambetti der Schüler und bin ich der Lehrer oder umgekehrt. Dann ist unser *Idealzustand* eingetreten. Offiziell bin ich aber immer der Lehrer Gambettis, und ich werde für meine Lehrtätigkeit von Gambetti, genau gesagt, von Gambettis wohlhabendem Vater, bezahlt. Zwei Tage nach der Rückkehr von der Hochzeit meiner Schwester Caecilia mit dem Weinflaschenstöpselfabrikanten aus Freiburg, ihrem Mann, meinem jetzigen Schwager, muß ich die erst am Vortag ausgepackte Reisetasche, die ich noch gar nicht weggeräumt und auf dem Sessel neben meinem Schreibtisch liegen gelassen habe, wieder einpacken und in das mir in den letzten Jahren tatsächlich alles in allem mehr oder weniger widerwärtig gewordene Wolfsegg zurück, dachte ich, noch immer vom offenen Fenster aus auf die menschenleere Piazza Minerva hinunterschauend, und der Anlaß ist jetzt kein lächerlicher und grotesker, sondern der furchtbare. Anstatt mich mit Gambetti über den *Siebenkäs* und über die *Portugiesin* zu unterhalten, werde ich mich meinen in Wolfsegg auf mich wartenden Schwestern ausliefern müssen, sagte ich mir, anstatt mit Gambetti über die *Wahlverwandtschaften,* werde ich mit meinen Schwestern über das Begräbnis der Eltern und des Bruders und deren Hinterlassenschaft reden müssen. Anstatt mit Gambetti auf dem Pincio hin und her, werde ich auf das Bürgermeisteramt und auf den Friedhof und in den Pfarrhof zu gehen haben und mich mit meinen Schwestern über die Begräbnisformalitäten streiten. Während ich die Wäschestücke, die ich erst am Vorabend ausgepackt hatte, wieder einpackte, versuchte ich mir die Konsequenzen klar zu machen, die der Tod der Eltern und der Tod des Bruders nach sich ziehen werden, ohne zu einem Ergebnis zu kommen. Aber ich war mir naturgemäß doch der Tatsache bewußt, was der Tod dieser drei mir wenigstens auf dem Papier am nächsten stehenden Menschen jetzt von mir forderte: meine ganze Kraft, meine ganze Willensstärke. Die Ruhe, mit welcher ich nach und nach die Tasche mit meinen Reisenotwendigkeiten vollgestopft, gleichzeitig meine durch dieses zweifellos fürchterliche Unglück erschütterte unmittelbare Zukunft schon in Rechnung gestellt hatte, war mir erst lange, nachdem ich die Tasche wieder zugemacht hatte, unheimlich gewesen. Die Frage, ob ich meine Eltern und meinen Bruder geliebt und sogleich mit dem Wort *natürlich* abgewehrt hatte, blieb nicht nur im Grunde, sondern tatsächlich unbeantwortet. Ich hatte schon lange weder zu meinen Eltern, noch zu meinem Bruder ein sogenanntes gutes, nurmehr noch ein gespanntes, in den letzten Jahren nurmehr noch ein gleichgültiges Verhältnis. Ich wollte von Wolfsegg und also auch von ihnen schon lange nichts wissen, umgekehrt sie nichts von mir, das ist die Wahrheit. Von diesem Bewußtsein war unser gegenseitiges Verhältnis nur mehr noch auf eine mehr oder weniger existenznotwendige Grundlage gestellt gewesen. Ich dachte, die Eltern haben dich vor zwanzig Jahren nicht nur aus Wolfsegg, an das sie dich lebenslänglich ketten wollten, sondern auch gleich aus ihren Gefühlen entlassen. Der Bruder neidete mir in diesen zwanzig Jahren unausgesetzt mein Fortgehen, meine *größenwahnsinnige Selbständigkeit,* wie er sich mir gegenüber einmal ausdrückte, die *rücksichtslose Freiheit,* und haßte mich. Die Schwestern waren in ihrem Argwohn mir gegenüber immer weiter gegangen, als es zwischen Geschwistern erlaubt ist, sie verfolgten mich von dem Zeitpunkt an, in welchem ich Wolfsegg und damit auch ihnen den Rücken gekehrt habe, auch mit Haß. Das ist die Wahrheit. Ich hob die Tasche auf, sie war, wie immer, zu schwer, ich dachte, daß sie im Grunde völlig überflüssig ist, denn ich habe in Wolfsegg alles. Wozu schleppe ich die Tasche mit? Ich beschloß, ohne Tasche nach Wolfsegg zu reisen, und packte das Eingepackte wieder aus und verstaute es nacheinander im Kasten. Wir lieben naturgemäß unsere Eltern und genau so naturgemäß unsere Geschwister, dachte ich, wieder am Fenster stehend und auf die Piazza Minerva hinunterschauend, die noch immer menschenleer war, und bemerken nicht, daß wir sie von einem bestimmten Augenblick an hassen, gegen unseren Willen, aber auf dieselbe natürliche Weise, wie wir sie vorher geliebt haben aus allen diesen Gründen, die uns erst Jahre, oft auch erst Jahrzehnte später, bewußt geworden sind. Den genauen Zeitpunkt, in welchem wir die Eltern und die Geschwister nicht mehr lieben, sondern hassen, können wir nicht mehr bezeichnen und wir bemühen uns auch nicht mehr, den genauen Zeitpunkt ausfindig zu machen, weil wir im Grunde Angst haben davor. Wer die Seinigen gegen deren Willen verläßt und noch dazu auf die unerbittlichste Weise, wie ich es getan habe, muß mit ihrem Haß rechnen und je größer zuerst ihre Liebe zu uns gewesen ist, desto größer ist, wenn wir wahrgemacht haben, was wir geschworen haben, ihr Haß. Ich habe Jahrzehnte unter ihrem Haß gelitten, sagte ich mir jetzt, aber ich leide schon jahrelang nicht mehr darunter, ich habe mich an ihren Haß gewöhnt und er verletzt mich nicht mehr. Und unweigerlich hat ihr Haß gegen mich meinen Haß gegen sie hervorgerufen. Auch sie litten in den letzten Jahren nicht mehr unter meinem Haß. Sie verachteten *ihren Römer,* wie ich sie als *die Wolfsegger* verachtete, und sie dachten im Grunde überhaupt nicht mehr an mich, wie ich die meiste Zeit überhaupt nicht mehr an sie dachte. Sie hatten mich immer nur einen *Scharlatan* und *Schwätzer* genannt, einen sie und die ganze Welt ausnützenden Parasiten. Ich hatte für sie nur das Wort *Dummköpfe* zur Verfügung. Ihr Tod, es kann nur ein Autounfall sein, sagte ich mir, ändert an dieser Tatsache nichts. Ich hatte keinerlei Sentimentalität zu fürchten. Mir zitterten nicht einmal die Hände beim Lesen des Telegramms und mein Körper bebte nicht einen Augenblick. Ich werde Gambetti Mitteilung davon machen, daß meine Eltern und mein Bruder tot sind und daß ich ein paar Tage mit dem Unterricht aussetzen muß, dachte ich, nur ein paar Tage, denn länger als nur ein paar Tage werde ich mich nicht in Wolfsegg aufhalten; eine Woche wird genug sein, selbst bei sich unvorhergesehen komplizierenden Formalitäten. Einen Augenblick habe ich daran gedacht, Gambetti mitzunehmen, weil ich Angst hatte vor der Übermacht der Wolfsegger und ich wenigstens einen Menschen an meiner Seite haben wollte, mit welchem ich mich gegen den Wolfsegger Ansturm zu wehren in der Lage sei, *einen mir entsprechenden Menschen* und Partner in verzweifelter, möglicherweise aussichtsloser Lage, aber ich gab diesen Gedanken gleich wieder auf, weil ich Gambetti die Konfrontation mit Wolfsegg ersparen wollte. Dann würde er sehen, daß alles das, das ich ihm in den letzten Jahren über Wolfsegg gesagt habe, harmlos sei gegenüber der Wahrheit und der Wirklichkeit, die er zu sehen bekommt, dachte ich. Einmal dachte ich, ich nehme Gambetti mit, einmal, ich nehme ihn nicht mit. Ich entschied mich am Ende, ihn nicht mitzunehmen. Mit Gambetti mache ich in Wolfsegg auch zu viel und ein, mir doch alles in allem wahrscheinlich widerwärtiges sensationelles Aufsehen, dachte ich. Einen Menschen wie Gambetti verstehen sie in Wolfsegg schon gar nicht. Schon ganz und gar harmlosen Fremden sind sie in Wolfsegg immer nur mit Abscheu und Haß begegnet, alles Fremde haben sie immer abgelehnt, sich niemals mit etwas Fremdem oder mit einem Fremden von einem Augenblick auf den andern, wie es meine Gewohnheit ist, *eingelassen.* Gambetti nach Wolfsegg mitzunehmen, bedeutete, Gambetti ganz bewußt vor den Kopf zu stoßen und ihn letztenendes zutiefst verletzen. Ich selbst bin kaum in der Lage, mit Wolfsegg fertig zu werden, geschweige denn ein Mensch und ein Charakter wie Gambetti. Die Konfrontation Gambettis mit Wolfsegg könnte tatsächlich in eine Katastrophe führen, dachte ich, deren entscheidendes Opfer dann niemand anderer wäre als Gambetti selbst. Ich hätte Gambetti ja schon früher einmal nach Wolfsegg mitnehmen können, dachte ich, aus gutem Grund unterließ ich es aber immer, obwohl ich mir sehr oft sagte, daß es ja nicht nur für mich nützlich sein könnte, mit Gambetti nach Wolfsegg zu reisen, sondern auch für Gambetti selbst. Meine Berichte über Wolfsegg hätten so, durch den persönlichen Augenschein Gambettis, eine ihm gegenüber durch nichts sonst erreichte Authentizität. Ich kenne Gambetti jetzt fünfzehn Jahre und ich habe ihn nicht ein einziges Mal nach Wolfsegg mitgenommen, dachte ich. Möglicherweise denkt Gambetti über diese Tatsache anders als ich, sagte ich mir jetzt, auf Grund der Ungewöhnlichkeit, die es naturgemäß ist, einen Menschen, mit welchem ich fünfzehn Jahre einen mehr oder weniger vertrauten Umgang pflege, nicht ein einziges Mal in diesen fünfzehn Jahren in jenen Ort einzuladen und mitzunehmen, der mein Ursprungsort ist. Warum tatsächlich habe ich diese ganzen langen fünfzehn Jahre Gambetti nicht *in die heimatlichen Karten* schauen lassen? dachte ich. Weil ich immer Angst davor gehabt habe und noch immer Angst davor habe. Weil ich mich schützen will gegen sein Wissen über Wolfsegg und also gegen sein Wissen über meine Herkunft einerseits, weil ich selbst *ihn* schützen will gegen ein solches Wissen, das möglicherweise doch nur eine verheerende Wirkung auf ihn ausüben kann. Ich wollte Gambetti in diesen fünfzehn Jahren unseres Verhältnisses niemals Wolfsegg aussetzen. Obwohl es mir immer wieder das angenehmste gewesen wäre, nicht allein, sondern in Begleitung Gambettis nach Wolfsegg zu reisen und mit Gambetti meine Wolfsegger Tage zu verbringen, habe ich mich immer geweigert, Gambetti mitzunehmen. Natürlich wäre Gambetti jederzeit mit nach Wolfsegg gekommen. Er wartete ja immer auf meine Einladung. Aber ich lud ihn nicht ein. Ein Begräbnis ist nicht nur ein trauriger, sondern auch ein ganz und gar widerwärtiger Anlaß, sagte ich mir jetzt, gerade zu diesem Anlaß werde ich Gambetti nicht auffordern, mit mir nach Wolfsegg zu kommen. Ich werde ihm Mitteilung davon machen, daß meine Eltern tot sind, ohne daß ich die Bestätigung habe, werde ich sagen, daß sie bei einem Autounfall umgekommen sind mit meinem Bruder, aber ich werde nicht mit einem Wort sagen, daß er mitkommen soll. Noch vor zwei Wochen, bevor ich nach Wolfsegg zur Hochzeit meiner Schwester gefahren bin, habe ich Gambetti gegenüber mit der größten Roheit über meine Eltern gesprochen und meinen Bruder einen mehr oder weniger schlechten Charakter und einen unbelehrbaren Dummkopf genannt. Wolfsegg beschrieben als einen Hort des Stumpfsinns. Das grauenhafte Klima, das in der Gegend von Wolfsegg immer geherrscht und immer alles beherrscht hat, auf die Menschen übertragen, die in Wolfsegg zu leben oder besser noch, zu existieren gezwungen seien und wie dieses Klima von einer geradezu menschenvernichtenden Rücksichtslosigkeit sind. Aber ich habe dabei auch die absoluten Vorzüge von Wolfsegg erwähnt, die schönen Herbsttage, die von mir wie keine zweite geliebte Winterkälte und Winterstille in den umliegenden Wäldern und Tälern. Daß dort zwar eine rücksichtslose, aber auch durch und durch klare und großartige Natur sei. Daß diese durch und durch klare und großartige Natur aber von den Menschen, die sie bewohnen, gar nicht mehr zur Kenntnis genommen werde, weil sie in ihrem Stumpfsinn dazu nicht mehr imstande sind. Gäbe es die Meinigen nicht und nur die Mauern, in welchen sie leben, hatte ich damals zu Gambetti gesagt, ich müßte Wolfsegg als den Glücksfall eines Ortes für mich empfinden, denn er sei wie kein zweiter meinem Geiste entsprechend. *Aber ich kann die Meinigen ja nicht, weil ich es will, abschaffen,* hatte ich gesagt. Deutlich höre ich mich diesen Satz sprechen und die Furchtbarkeit, die er jetzt durch den tatsächlichen Tod meiner Eltern und meines Bruders in sich hatte, ließ mich diesen Satz, noch immer am Fenster stehend und auf die Piazza Minerva hinunter schauend, noch einmal laut aussprechen. Da ich den damals Gambetti gegenüber mit der größten Abneigung gegen die Betroffenen ausgesprochenen Satz *Aber ich kann die Meinigen ja nicht, weil ich es will, abschaffen,* jetzt ziemlich laut und geradezu mit einem theatralischen Effekt wiederholte, so, als sei ich ein Schauspieler, der den Satz zu proben hat, weil er ihn vor einem größeren öffentlichen Auditorium vorzutragen hat, entschärfte ich ihn augenblicklich. Er war auf einmal nicht mehr vernichtend. Dieser Satz *Aber ich kann die Meinigen ja nicht, weil ich es will, abschaffen,* hatte sich jedoch bald wieder in den Vordergrund gedrängt und beherrschte mich. Ich bemühte mich, ihn zum Verstummen zu bringen, aber er ließ sich nicht abwürgen. Ich sagte ihn nicht nur, ich plapperte ihn mehrere Male vor mich hin, um ihn lächerlich zu machen, aber er war nach meinen Versuchen, ihn abzuwürgen und lächerlich zu machen, nur noch bedrohlicher. Er hatte auf einmal das Gewicht, das noch kein Satz von mir gehabt hat. Mit diesem Satz kannst du es nicht aufnehmen, sagte ich mir, mit diesem Satz wirst du leben müssen. Diese Feststellung führte urplötzlich zu einer Beruhigung meiner Situation. Ich sprach den Satz *Aber ich kann die Meinigen ja nicht, weil ich es will, abschaffen,* jetzt noch einmal so aus, wie ich ihn Gambetti gegenüber ausgesprochen hatte. Jetzt hatte er dieselbe Bedeutung wie damals Gambetti gegenüber. Auf der Piazza Minerva war, außer Tauben, kein Leben. Plötzlich war mir kalt und ich schloß das Fenster. Ich setzte mich an den Schreibtisch. Auf meinem Schreibtisch lag noch die Post, darunter ein Brief Eisenbergs, ein Brief Spadolinis, des Erzbischofs und *Liebhabers* meiner Mutter, und ein Zettel Marias. Die Einladungen der verschiedenen römischen Kulturinstitute und auch alle anderen privaten Einladungen habe ich sofort in den Papierkorb geworfen, auch ein paar Briefe, die sich mir schon nach der oberflächlichsten Betrachtung als Droh- oder Bettelbriefe herausgestellt hatten, von Leuten, die entweder von mir Geld oder Aufklärung darüber haben wollten, was wirklich ich mit meiner Denk- und Lebensweise zu bezwecken beabsichtigte, die sich auf ein paar Zeitungsartikel beziehen, die ich in letzter Zeit veröffentlicht habe und die diesen Leuten nicht passen, weil sie naturgemäß gegen alle diese Leute gedacht und geschrieben sind, natürlich Briefe aus Österreich, von Leuten geschrieben, die mich bis nach Rom mit ihrem Haß verfolgen. Seit Jahren bekomme ich diese Briefe, die durchaus nicht, wie ich zuerst geglaubt hatte, von Verrückten geschrieben sind, sondern von tatsächlich mündigen, juristisch einwandfreien Personen sozusagen, die mir für meine Veröffentlichungen in den verschiedensten Zeitungen und Zeitschriften nicht nur in Frankfurt und Hamburg, auch in Mailand und Rom, unter anderem meine Verfolgung und Tötung androhen. Ich ziehe Österreich andauernd in den Schmutz, sagen diese Leute, die Heimat mache ich auf die unverschämteste Weise herunter, ich unterstellte den Österreichern eine gemeine und niederträchtige katholisch-national-sozialistische Gesinnung wann und wo ich nur könne, wo es in Wahrheit diese gemeine und niederträchtige katholisch-nationalsozialistische Gesinnung in Österreich gar nicht gäbe, wie diese Leute schreiben. Österreich sei nicht gemein und es sei nicht niederträchtig, es sei *immer nur schön* gewesen, schreiben diese Leute, und das österreichische Volk sei ein ehrbares. Diese Briefe habe ich immer sofort weggeworfen, auch heute früh. Behalten habe ich nur Eisenbergs Brief, die Einladung meines Studienfreundes, des jetzigen Wiener Rabbiners, zu einem Treffen in Venedig, wo er Ende Mai zu tun habe, wie er schreibt, und mit mir in das *Teatro Fenice* zu gehen beabsichtige, nicht wie vor einem Jahr, wie er schreibt, in *so etwas wie Strawinskis Geschichte vom Soldaten,* sondern in Monteverdis *Tancredo.* Eisenbergs Einladung nehme ich selbstverständlich an, ich werde ihm sofort antworten, dachte ich, aber *sofort* bedeutet, *nach meiner Rückkehr aus Wolfsegg.* Mit Eisenberg durch Venedig zu gehen ist mir immer ein großes Vergnügen gewesen, dachte ich, überhaupt mit Eisenberg zusammen zu sein. Kommt er nach Italien, und sei es auch nur nach Venedig auf ein paar Tage, kündigt er es an, dachte ich, lädt er mich ein und immer auf ein, wie er selbst sagt, *hochkünstlerisches Vergnügen,* zweifellos ist der *Tancredo* im Fenice ein solches, dachte ich. Ein Belegexemplar des *Corriere della Sera* hatten sie mir zugeschickt, in welchem mein kurzer Aufsatz über Leoš Janáček abgedruckt ist. Ich machte die Zeitung voller Erwartung auf, aber mein Aufsatz war erstens nicht an hervorragender Stelle plaziert, was mich gleich verstimmt hat, zweitens entdeckte ich in ihm schon beim ersten kurzen Durchlesen eine Reihe von unverzeihlichen Druckfehlern, also das Fürchterlichste, das mir passieren kann. Ich warf den *Corriere* weg und las noch einmal, was mir Maria auf den Zettel geschrieben hat, den sie in meinen Briefkasten geworfen hat. Meine große Dichterin schreibt, daß sie Samstag abend mit mir essen gehen will, *mit dir allein,* sie habe im übrigen neue Gedichte geschrieben *für dich,* wie sie schreibt. Meine große Dichterin ist in letzter Zeit recht produktiv, dachte ich und ich zog die Lade heraus, in der ich ein paar Fotografien meiner Familie verwahrt hatte. Ich betrachtete eindringlich die Fotografie, auf welcher meine Eltern gerade auf dem Victoriabahnhof in London den Zug nach Dover besteigen. Ich hatte die Fotografie von ihnen gemacht, ohne ihr Wissen. Sie hatten mich, der ich neunzehnhundertsechzig in London studiert habe, besucht und waren nach einem vierzehntägigen

Englandaufenthalt, der sie bis nach Glasgow und Bristol geführt hatte, nach Paris gereist, wo sie von meinen Schwestern erwartet worden waren, die ihrerseits von Cannes aus, wo sie unseren Onkel Georg besuchten, nach Paris gekommen waren, um meine Eltern zu treffen. Neunzehnhundertsechzig hatte ich durchaus noch ein wenigstens erträgliches Verhältnis zu meinen Eltern gehabt, dachte ich. Ich hatte gewünscht, in England zu studieren, und sie hatten sich nicht im geringsten dagegen gestellt, weil sie annehmen mußten, ich werde nach meinem Studium in England nach Wien zurückkehren und schließlich nach Wolfsegg, um ihren Wunsch, zusammen mit meinem Bruder Wolfsegg zu lenken und zu betreiben, zu erfüllen. Aber ich hatte schon damals nicht die Absicht gehabt, nach Wolfsegg zurückzukehren, ich war tatsächlich nur mit dem einzigen Gedanken aus Wolfsegg nach England und nach London gegangen, niemehr nach Wolfsegg zurückzukommen. Ich haßte die Landwirtschaft, die Leidenschaft meines Vaters und meines Bruders. Ich haßte alles, das mit Wolfsegg zusammenhing, denn es war in ihm immer nur auf den wirtschaftlichen Vorteil für die Familie angekommen, auf nichts sonst. In Wolfsegg hatten sie, solange es besteht und in den Händen meiner Familie gewesen ist, für nichts anderes etwas übrig gehabt, als für seine Wirtschaftlichkeit und wie mit der Zeit ein immer noch größerer Gewinn aus seinen Produktionsstätten, also aus seiner Landwirtschaft, die immerhin auch heute noch zwölftausend Hektar umfaßt, und aus den Bergwerken herauszuschlagen ist. Sie hatten nichts anderes im Kopf als die Ausbeutung ihres Besitzes. Sie heuchelten zwar immer, auch etwas anderes zu betreiben als nur ihre wirtschaftliche Gewinnsucht, daß sie für Kultur, ja sogar für die Künste etwas übrig hätten, aber die Wirklichkeit war schon immer eine deprimierende und beschämende gewesen. Sie hatten zwar Tausende von Büchern in den Bibliotheken in Wolfsegg, das fünf Bibliotheken beherbergt, und diese Bücher in absurder Regelmäßigkeit drei- oder viermal jährlich abgestaubt, aber sie hatten diese Bücher aus diesen ihren Bibliotheken niemals gelesen. Sie hielten die Bibliotheken immer auf Hochglanz, damit sie sie, ohne sich schämen zu müssen, ihren Besuchern vorzeigen und vor diesen Besuchern prahlen und ihre gedruckten Kostbarkeiten herzeigen konnten, aber sie machten von allen diesen Tausenden, ja Zehntausenden von Kostbarkeiten persönlich niemals den Gebrauch, der selbstverständlich gewesen wäre. Die fünf Bibliotheken in Wolfsegg, vier im Haupthaus, eine in den Nebengebäuden, waren schon von meinen Urururgroßeltern angelegt worden, meine Eltern hatten nicht einen einzigen Band dazu angeschafft. Es heißt, unsere Bibliotheken seien zusammen ebenso kostbar wie die Stiftsbibliothek von Lambach, die weltberühmt ist. Mein Vater las kein Buch, meine Mutter blätterte nur ab und zu in alten naturwissenschaftlichen Büchern, um sich an den farbenprächtigen Stichen, die diese Bücher schmücken, zu ergötzen. Meine Schwestern betraten die Bibliotheken überhaupt nicht, es sei denn, sie zeigten sie Besuchern, die den Wunsch geäußert hatten, unsere Bibliotheken sehen zu wollen. Die Fotografie, die ich von meinen Eltern auf dem Victoriabahnhof gemacht hatte, zeigt meine Eltern in einem Alter, in welchem sie noch Reisen gemacht haben und von keiner Krankheit gequält waren. Sie trugen gerade erst bei Burberry gekaufte Regenmäntel und hatten an ihren Armen neue, ebenso bei Burberry gekaufte Schirme hängen. Als typische Kontinentler gaben sie sich noch englischer als die Engländer und machten dadurch einen eher grotesken, denn feinen und vornehmen Eindruck und ich hatte ja jedesmal beim Anblick dieser Fotografie lachen müssen, jetzt aber war mir das Lachen darüber vergangen. Meine Mutter hatte einen etwas zu langen Hals, welcher nicht mehr als schön empfunden werden konnte und in dem Augenblick, als ich das Foto von ihr gemacht habe, streckte sie ihn, da sie gerade den Zug bestieg, noch um ein paar Zentimeter weiter als sonst vor und machte dadurch die einfache Lächerlichkeit des Bildes zu einer doppelten. Die Körperhaltung meines Vaters war immer die eines Menschen, der sein schlechtes Gewissen der ganzen Welt gegenüber nicht verbergen kann und darüber unglücklich ist. Er trug damals, als ich das Foto machte, seinen Hut etwas tiefer als sonst in der Stirn, was ihn auf meinem Foto viel unbeholfener erscheinen läßt, als er in Wirklichkeit war. Warum ich gerade dieses Foto meiner Eltern aufgehoben habe, weiß ich nicht. Eines Tages werde ich auf den Grund kommen, dachte ich. Ich legte das Foto auf den Schreibtisch und suchte nach jenem am Ufer des Wolfgangsees erst vor zwei Jahren gemachten, das meinen Bruder auf seinem Segelschiff, das er das ganze Jahr über in Sankt Wolfgang in einer Pachthütte der Fürstenberg stehen hat, zeigt. Der Mann auf dem Foto ist ein verbitterter Mensch, den das Alleinsein mit seinen Eltern ruiniert hat. Die sportliche Kleidung verdeckt nur mühselig die Krankheiten, die ihn bereits vollkommen in Besitz genommen haben. Sein Lächeln ist, wie gesagt wird, verquält und das Foto kann nur sein Bruder gemacht haben, nämlich ich. Als ich ihm eine Kopie des Fotos gegeben habe, zerriß er sie kommentarlos. Ich legte das Foto, das meinen Bruder zeigt, neben das Foto, auf welchem meine Eltern in London den Zug nach Dover besteigen und betrachtete beide längere Zeit. Du hast diese Menschen solange geliebt, wie sie dich geliebt haben und dann von dem Augenblick an gehaßt, von welchem an sie dich gehaßt haben. Daß ich sie überleben werde, habe ich naturgemäß niemals gedacht, im Gegenteil war ich immer der Meinung gewesen, *ich* werde eines Tages der Erstverstorbene sein. Die jetzt eingetretene Situation ist die, an die ich *niemals* gedacht habe, an alle anderen möglichen habe ich immer wieder gedacht, niemals an diese. Ich hatte mir sehr oft vorgestellt und auch sehr oft davon geträumt, zu sterben, sie hinter mir zu lassen, allein zu lassen ohne mich, sie durch meinen Tod von mir befreit zu haben, niemals davon, von ihnen zurückgelassen zu sein. Die Tatsache, daß *sie* jetzt tot waren und nicht *ich,* war im Augenblick für mich nicht nur die denkbar unvorhergesehene, sie war für mich das *Sensationelle.* Dieses sensationelle Element, dieses sensationelle Elementare war es, das mich schockierte, nicht eigentlich die Tatsache an sich, daß sie jetzt tot und zwar unwiderruflich tot waren. Meine Eltern als ein wenn auch tatsächlich immer in allem hilfloses, so doch für mich lebenslänglich dämonisches Paar, waren auf einmal über Nacht auf dieses groteske und lächerliche Foto zusammengeschrumpft, das ich jetzt auf dem Schreibtisch liegen hatte und mit der größten Eindringlichkeit und Schamlosigkeit betrachtete. Genauso das Foto meines Bruders. Vor diesen Menschen hast du dich zeitlebens so gefürchtet wie vor nichts anderem, dachte ich, und du hast diese Furcht zu der größten Ungeheuerlichkeit deines Lebens gemacht, sagte ich mir. Diesen Menschen hast du dich zeitlebens, obwohl du immer wieder den Versuch gemacht hast, nicht entziehen können, alle deine Versuche in dieser Richtung sind letzten Endes gescheitert, du bist nach Wien, um ihnen zu entkommen, nach London, um ihnen zu entkommen, nach Paris, nach Ankara, nach Konstantinopel, schließlich Rom, zwecklos. Sie mußten tödlich verunglücken und zu diesem lächerlichen Papierfetzen, der sich Fotografie nennt, zusammenschrumpfen, um dir nicht mehr schaden zu können. Der Verfolgungswahn ist zuende, dachte ich. Sie sind tot. Du bist frei. Zum ersten Mal empfand ich beim Anblick der Fotografie, die ihn in Sankt Wolfgang auf seinem Segelboot zeigt, Mitleid mit meinem Bruder. Er sah jetzt auf dem Foto noch viel komischer aus als bei früherer Betrachtung. Meine Unbestechlichkeit, diese Betrachtung betreffend, erschreckte

mich. Auch die Eltern waren auf dem Foto, das sie auf dem Victoriabahnhof zeigt, komisch. Alle drei waren sie jetzt, vor mir auf dem Schreibtisch,
keine zehn Zentimeter groß und in modischer Kleidung und grotesker
Körperhaltung, die auf eine ebenso groteske Geisteshaltung schließen
läßt, noch komischer als bei früherer Betrachtung. Die Fotografie zeigt
nur den grotesken und den komischen Augenblick, dachte ich, sie zeigt
nicht den Menschen, wie er alles in allem zeitlebens gewesen ist, die Fotografie ist eine heimtückische perverse Fälschung, jede Fotografie, gleich
von wem sie fotografiert ist, gleich, wen sie darstellt, sie ist eine absolute
Verletzung der Menschenwürde, eine ungeheuerliche Naturverfälschung,
eine gemeine Unmenschlichkeit. Andererseits empfand ich die beiden
Fotos als geradezu ungeheuer charakteristisch für die darauf Festgehaltenen, für meine Eltern genauso wie für meinen Bruder. Das sind sie, sagte
ich mir, wie sie wirklich sind, das waren sie, wie sie wirklich waren. Ich
hätte auch andere Fotografien meiner Eltern und meines Bruders aus
Wolfsegg mitnehmen und mir behalten können, ich habe diese mitgenommen und behalten, weil sie die Eltern wie meinen Bruder genauso
wiedergeben in dem Augenblick, in welchem diese Fotografien von mir
gemacht worden sind, wie meine Eltern wirklich sind, wie mein Bruder
wirklich ist. Ich hatte nicht die geringste Scham bei dieser Feststellung.
Nicht zufällig hatte ich gerade diese Fotografien nicht vernichtet und
sogar nach Rom mitgenommen und in meinem Schreibtisch aufbewahrt.
Hier habe ich keine idealisierten Eltern, sagte ich mir, hier habe ich meine
Eltern, wie sie sind, wie sie waren, verbesserte ich mich. Hier habe ich
meinen Bruder, wie er gewesen ist. Sie waren alle drei so scheu, so gemein,
so komisch. Ich hätte ja, dachte ich, keine Verfälschung meiner Eltern und
meines Bruders in meinem Schreibtisch geduldet. Nur die tatsächlichen,
die wahren Abbilder. Nur das absolut Authentische, und ist es noch so
grotesk, möglicherweise sogar widerwärtig. Und genau diese Fotos mit
meinen Eltern darauf und meinem Bruder habe ich Gambetti einmal
gezeigt, vor einem Jahr, ich weiß noch wo, im Café auf der Piazza del
Popolo. Er hatte sich die Fotos angeschaut und keinerlei Kommentar
abgegeben. Ich erinnere mich nur, daß er, nachdem er die Fotos angeschaut hatte, fragte: *sind deine Eltern sehr reich?* Ich hatte darauf geantwortet: *ja.* Ich weiß auch noch, daß es mir nachher peinlich gewesen ist,
ihm die Fotos überhaupt gezeigt zu haben. Du hättest ihm gerade *diese*
Fotos niemals zeigen dürfen, sagte ich mir damals. Es war eine Dummheit

gewesen. Es gab und gibt zahllose Fotografien, auf welchen meine Eltern
tatsächlich, wie gesagt wird, *seriös* dargestellt sind, aber sie entsprechen
nicht dem Bild, das ich mir von meinen Eltern zeitlebens gemacht habe.
Auch von meinem Bruder gibt es solche seriösen Fotografien, auch sie sind
Verfälschungen. Gambetti hätte ich keine dieser Verfälschungen jemals
gezeigt. Im übrigen hasse ich beinahe nichts auf der Welt mehr, als das
Herzeigen von Fotografien. Ich zeige keine und ich lasse mir keine zeigen.
Daß ich Gambetti das Foto mit den Eltern auf dem Victoriabahnhof
gezeigt habe, war eine Ausnahme. Was bezweckte ich damit? Gambetti
seinerseits hatte mir niemals Fotografien gezeigt. Natürlich, seine Eltern
und seine Geschwister kenne ich und es hätte gar keinen Sinn, mir Fotos,
auf welchen sie dargestellt sind, zu zeigen, er wäre auch nie auf die Idee
gekommen. Im Grunde hasse ich Fotografien und ich selbst bin nie auf die
Idee gekommen, Fotografien zu machen, von dieser Londoner Ausnahme
abgesehen, von Sankt Wolfgang, von Cannes, zeitlebens habe ich keinen
Fotoapparat besessen. Ich verachte die Leute, die fortwährend am Fotografieren sind und die ganze Zeit mit ihrem Fotoapparat um den Hals
umherlaufen. Fortwährend sind sie auf der Suche nach einem Motiv und
sie fotografieren alles und jedes, selbst das Unsinnigste. Fortwährend haben sie nichts im Kopf, als sich selbst darzustellen und immer auf die
abstoßendste Weise, was ihnen selbst aber nicht bewußt ist. Sie halten auf
ihren Fotos eine pervers verzerrte Welt fest, die mit der wirklichen nichts
als diese perverse Verzerrung gemein hat, an welcher sie sich schuldig
gemacht haben. Das Fotografieren ist eine gemeine Sucht, von welcher
nach und nach die ganze Menschheit erfaßt ist, weil sie in die Verzerrung
und die Perversität nicht nur verliebt, sondern vernarrt ist und tatsächlich
vor lauter Fotografieren mit der Zeit die verzerrte und die perverse Welt
für die einzig wahre nimmt. Die fotografieren begehen eines der gemeinsten Verbrechen, die begangen werden können, indem sie die Natur auf
ihren Fotografien zu einer perversen Groteske machen. Die Menschen
sind auf ihren Fotografien lächerliche, bis zur Unkenntlichkeit verschobene, ja verstümmelte Puppen, die erschrocken in ihre gemeine Linse
starren, stumpfsinnig, widerwärtig. Das Fotografieren ist eine niederträchtige Leidenschaft, von welcher alle Erdteile und alle Bevölkerungsschichten erfaßt sind, eine Krankheit, von welcher die ganze Menschheit befallen
und von welcher sie nie mehr geheilt werden kann. Der Erfinder der
fotografischen Kunst ist der Erfinder der menschenfeindlichsten aller

Künste. Ihm verdanken wir die endgültige Verzerrung der Natur und des
in ihr existierenden Menschen zu ihrer und seiner perversen Fratze. Ich
habe noch auf keiner Fotografie einen natürlichen und das heißt, einen
wahren und wirklichen Menschen gesehen, wie ich noch auf keiner Fotografie eine wahre und wirkliche Natur gesehen habe. Die Fotografie ist
das größte Unglück des zwanzigsten Jahrhunderts. Bei der Betrachtung
von Fotografien hat es mich immer wie bei nichts sonst geekelt. Aber,
sagte ich mir jetzt, so verzerrt die Eltern und mein Bruder auf diesen
einzigen von mir gemachten Fotografien mit dem meinem Bruder gehörenden Fotoapparat sind, sie zeigen, je länger ich sie betrachte, hinter der
Perversität und der Verzerrung doch die Wahrheit und die Wirklichkeit
dieser sozusagen Abfotografierten, weil ich mich nicht um die Fotos kümmere und die darauf Dargestellten nicht, wie sie das Foto in seiner gemeinen Verzerrung und Perversität zeigt, sehe, sondern wie *ich* sie sehe.
Meine Eltern auf dem Victoriabahnhof in London habe ich auf die Rückseite
des Fotos geschrieben. Auf das zweite, das meinen Bruder in Sankt Wolfgang zeigt, *Mein Bruder beim Segeln in Sankt Wolfgang.* Ich griff in die
Lade und holte ein Foto heraus, auf welchem meine Schwestern Amalia
und Caecilia vor jener Villa in Cannes in Pose stehen, die sich mein Onkel
Georg, der Bruder meines Vaters, von dem Geld gekauft hat, mit welchem
ihn sein Bruder nach dem Tod meiner Großeltern ein für allemal, wie
gesagt wird, ausgezahlt hat und der mehrere Aktienpakete so geschickt in
vielen Teilen Frankreichs angelegt hat, daß er davon immer nicht nur
recht gut, sondern sogar in einem gewissen ihm entsprechenden Luxus
leben konnte. Er hat, dachte ich jetzt bei Betrachtung der Fotografie, auf
welcher meine Schwestern ihre mehr oder weniger spöttischen Gesichter
zeigen, das bessere Los gezogen im Gegensatz zu seinem Bruder, meinem
Vater. Der Onkel Georg ist vor vier Jahren ebenso plötzlich gestorben wie
sein Bruder, mein Vater, allerdings in der Folge eines Herzanfalls, der ihn
im Park seiner Villa überrascht hat, während er gerade im Begriff gewesen
war, seine Rosen zu inspizieren, die im Laufe seines späteren Lebens seine
einzige Leidenschaft geworden waren. Mit fünfunddreißig hatte er sich
schon aus Wolfsegg absetzen und an die Riviera zurückziehen können mit
einer Menge Geld und mit einem Haufen von Büchern. Er liebte die
französische Literatur und das Meer und war ganz in diesen beiden Vorlieben aufgegangen. Oft denke ich, daß ich viel von meinem Onkel Georg
habe, mehr jedenfalls als von meinem Vater. Auch ich habe zeitlebens die

Literatur und die Bücher und das Meer geliebt. Auch ich bin aus Wolfsegg weggegangen, sogar schon in jüngeren Jahren als er. *Meine Schwestern Amalia und Caecilia vor Onkel Georgs Villa* habe ich auf die Fotografie geschrieben. Das letzte Mal war ich neunzehnhundertachtundsiebzig in Cannes gewesen. Mindestens einmal im Jahr suchte ich den Onkel Georg auf. Ein paar Tage mit ihm in seiner Villa zusammen hatten mir immer gut getan. Zu seinem Universalerben hat er, zum Entsetzen unserer Familie, seinen Hausmeister gemacht, der ihm immer treu gedient und den er immer liebevoll *mein guter Jean* genannt hat. Mehrere Male ist mein Onkel Georg in Rom gewesen, in der Stadt, die er genauso wie ich, von allen Städten der Welt, am meisten liebte, am höchsten schätzte. Gambetti und mein Onkel Georg haben sich gut verstanden, viele Abende im Freien auf der Piazza del Popolo oder, wenn es regnete, im Café Greco, Gespräche geführt *über alles mögliche,* vor allem über Kunst, Malerei. Mein Onkel Georg war ein passionierter Kunstsammler und wie ich weiß, hat er die Zinsen seines Vermögens zum Großteil für die Anschaffung von Bildern und Plastiken zeitgenössischer Künstler ausgegeben. Da er einen guten Geschmack und einen ganz und gar außergewöhnlichen Instinkt, den Wert der von ihm bevorzugten Kunstwerke betreffend, hatte, war er in seiner Sammelleidenschaft bald neben seinem eigentlichen, zu einem zweiten bedeutenden Vermögen gekommen, das ruhig als ein Millionenvermögen bezeichnet werden kann. Die unbekannten Künstler, die er förderte, waren bald, nachdem er sie mehr oder weniger entdeckt und indem er ihre Arbeiten angekauft und gleichzeitig bekannt gemacht hat, berühmt geworden. Mein Onkel Georg hatte für den *primitiven Geschäftsgeist* meiner Familie nichts übrig, er haßte im Grunde die alljährlich ausgebeutete Natur auf dem Land und er verachtete die jahrhundertealten Traditionen von Wolfsegg insgesamt, ob es sich nun um die Produktion von Fleisch und Fett, Haut und Holz und Kohle oder um die Jagd handelte, die er am tiefsten haßte, die aber von seinem Bruder, meinem Vater, und seinem Neffen, meinem Bruder, als die erste aller möglichen Leidenschaften betrieben wurde. Die Jagd haßte er von allen hassenswerten Leidenschaften am *aller*tiefsten. Während seine Eltern, meine Großeltern, der Jagd verfallen waren, wie auch mein Vater, sein Bruder, der Jagd verfallen war, hatte sich mein Onkel Georg immer geweigert, auf die Jagd zu gehen. Er aß auch wie ich kein Wild und hatte sich, während die übrige Familie auf der Jagd gewesen war, in eine der Bibliotheken eingesperrt,

um sich durch intensive Lektüre von den Jagdexzessen der Familie abzulenken, *während sie die Hirsche abschossen, saß ich in der Bibliothek hinter*
festverschlossenen Fensterbalken, um ihre Schüsse nicht hören zu müssen, sagte
er, *und las Dostojewski.* Mein Onkel Georg liebte die russische Literatur
wie ich, vor allem Dostojewski und Lermontow, und er hat oft sehr Kluges
über diese russischen Dichter gesagt und sich immer wieder mit den beiden Revolutionären Kropotkin und Bakunin auseinandergesetzt, die er,
was die sogenannte Memoirenliteratur betrifft, als die höchsten einschätzte, und er war es, der mich in die russische Literatur eingeführt hat
als ein ganz und gar in der russischen Literatur beschlagener Fachmann,
dem das Russische so geläufig war wie das Französische und dem ich selbst
meine Liebe zur russischen, später auch zur französischen Literatur, verdanke. Wie ich ja überhaupt einen Großteil meines Geistesvermögens
meinem Onkel Georg verdanke. Er, mein Onkel Georg, hatte mir schon
sehr früh sozusagen die Augen für die übrige Welt geöffnet, mich darauf
aufmerksam gemacht, daß es außer Wolfsegg und daß es außerhalb Österreichs auch noch etwas anderes gibt, etwas noch viel Großartigeres, etwas
noch viel Ungeheuerlicheres und daß die Welt nicht nur, wie allgemein
üblich angenommen wird, aus einer einzigen Familie, sondern aus Millionen Familien besteht, aus nicht nur einem einzigen Ort, sondern aus
Millionen solcher Orte und nicht nur aus einem einzigen Volk, sondern
aus vielen Hunderten und Tausenden von Völkern und nicht nur aus
einem einzigen Land, sondern aus vielen Hunderten und Tausenden von
Ländern, die alle jeweils die schönsten und wichtigsten sind. Die ganze
Menschheit ist eine unendliche mit allen Schönheiten und Möglichkeiten, sagte mein Onkel Georg. Nur der Stumpfsinnige glaubt, die Welt
höre da auf, wo er selbst aufhört. Mein Onkel Georg hat mich aber nicht
nur in die Literatur eingeführt und mir die Literatur als *das Paradies ohne*
Ende geöffnet, er hat mich auch in die Welt der Musik eingeführt und mir
für alle Künste die Augen geöffnet. Erst wenn wir einen ordentlichen
Kunstbegriff haben, haben wir auch einen ordentlichen Naturbegriff,
sagte er. Erst wenn wir den Kunstbegriff *richtig anwenden und also genie-*
ßen können, können wir auch die Natur richtig anwenden und genießen.
Die meisten Menschen kommen niemals zu einem Kunstbegriff, nicht
einmal zu dem einfachsten und begreifen dadurch auch niemals die Natur.
Die ideale Anschauung der Natur setzt einen idealen Kunstbegriff voraus,
sagte er. Die Menschen, die vorgeben, die Natur zu sehen, aber keinen

Kunstbegriff haben, sehen die Natur nur oberflächlich und niemals ideal und das heißt, in ihrer ganzen unendlichen Großartigkeit. Der Geistesmensch hat die Chance, zuerst, über die Natur, zu einem idealen Kunstbegriff zu kommen, um auf die ideale Naturanschauung zu kommen über den idealen Kunstbegriff. Mein Onkel Georg lief mit mir nicht, wie mein Vater, auf unseren Italienreisen von einer Säule zur andern, von einem Denkmal zum andern, von einer Kirche zur andern, von einem Michelangelo zum andern, er hat mich überhaupt nie zu irgendeinem Kunstwerk geführt. Gerade deshalb verdanke ich aber meinem Onkel Georg mein Kunstverständnis, weil er mich nicht von einer Kunstberühmtheit zur andern drängte, wie meine Eltern, sondern mit allen diesen Kunstwerken immer in Ruhe ließ, mich immer nur aufmerksam machte darauf, daß es sie gibt und wo sie zu finden seien, aber nicht, wie meine Eltern es mit mir getan haben, meinen Kopf alle Augenblicke an eine Säule oder an eine römische oder griechische Mauer stieß. Dadurch, daß die Meinigen, außer meinem Onkel Georg, meinen Kopf schon in früher Kindheit an die sogenannten berühmten Altertümer der Welt gestoßen haben, mit der ihnen eigenen plumpen Rücksichtslosigkeit, haben sie meinen Kopf sehr bald völlig unempfindlich gemacht für jede Art von Kunst, sie hatten sie mir dadurch nicht nahe gebracht, sondern verekelt. Ich hatte viele Jahre darauf zu verwenden gehabt, meinen von ihnen an diesen Hunderten und Tausenden von Kunstwerken stumpfsinnig gestoßenen Kopf wieder in Ordnung zu bringen. Wäre ich nur schon als Kind, in welches bis zum äußersten Überdruß alles völlig wahllos hineinzutopfen meine Eltern sich niemals zurückgehalten hatten, unter dem Einfluß meines Onkels Georg gestanden, dachte ich, ich hätte einen großen Vorteil gehabt. Zuerst aber mußte ich, kurz gesagt, von meinen Eltern fast zur Gänze vernichtet werden, um dann, als ich schon über zwanzig gewesen war und, wie es schien, rettungslos verloren, von meinem Onkel Georg doch noch geheilt zu werden. Mit Bedacht und mit Behutsamkeit. Als ich begriff, was mein Onkel Georg für mich und mein Weiterkommen und für meine ganze Entwicklung bedeutete, war es für eine Behandlung schon fast zu spät gewesen. Meiner Willensstärke, aus dem Unheil von Wolfsegg, also aus dem von meinen Eltern in mir angerichteten Unheil herauszukommen, sowie der Hellsichtigkeit meines Onkels Georg verdanke ich aber letzten Endes meine Rettung. Daß ich keine Existenz zu führen hatte als Erwachsener, wie die Meinigen alle, außer meinem Onkel Georg, sondern die ihnen entgegengesetzte, wie mein Onkel Georg. Zeitlebens haben sie meinen Onkel Georg gehaßt, gar nicht mehr versteckt in den letzten Jahrzehnten, sie haben ihn mit der Zeit genauso behandelt wie mich, so gedacht über ihn, wie über mich, ihn so hintergangen, wie mich. Aber er war auf ihre Bedachtnahme nicht angewiesen. Eines Tages hatte er sich in den Zug gesetzt, nachdem er seine Finanzen geordnet hatte und war nach Nizza. Dort hatte er sich erst einmal ein paar Wochen ausgeschlafen, um sich dann in aller Frische, wie er immer wieder gesagt hat, nach einem für ihn günstigen Platz umzusehen. Am Meer mußte dieser Platz sein, in einem großen Garten, in der besten Luft, in der andererseits verkehrsgünstigsten Lage. Mit Verbitterung hatten sie in Wolfsegg seine ersten Ansichtskarten in Empfang genommen. Sie sahen den Onkel Georg sich in der Sonne räkeln, in allen möglichen selbstverständlich maßgeschneiderten Pariser Leinenanzügen am Meeresufer promenieren, und in ihren Träumen, die naturgemäß immer nur Alpträume gewesen waren, betrat er, den sie zeitlebens nur einen *nichtsnutzen Schurken* genannt haben, immer wieder die Bankportale in den Rivieranobelorten, um sich die Zinsen seines sich von Tag zu Tag ganz von selber vergrößernden Vermögens abzuheben. Sie waren zu dumm, um an eine Geistesexistenz auch nur zu glauben. Mein Onkel Georg führte eine Geistesexistenz, wie ein paar Hundert vollgeschriebene Notizbücher beweisen. Die Beschränktheit des Mitteleuropäers, der, wie ja gesagt wird, lebt, um zu arbeiten, anstatt zu arbeiten, um zu leben, wobei es ganz und gar gleichgültig ist, was unter Arbeit zu verstehen ist, war meinem Onkel Georg schon sehr früh auf die Nerven gegangen und er hatte die Konsequenz aus seinen Überlegungen gezogen. Das Aufderstelletreten war seine Sache nicht. In seinen Kopf muß der Mensch frische Luft hereinlassen, sagte er immer wieder, das heißt, er muß immer wieder, und zwar tagtäglich, die Welt in seinen Kopf hereinlassen. In Wolfsegg haben sie niemals frische Luft in ihren Kopf und also auch nicht die Welt in ihn hineingelassen. Starr und steif saßen sie, so wie sie darauf gemacht worden sind, auf ihrem Erbe zu keinem anderen Zweck, als immer nur darauf zu achten, daß sich dieses Erbe als gigantischer Besitzklumpen nur noch mehr und mehr verfestigte, ja nicht auflöste. Mit der Zeit hatten sie alle nach und nach die Starre und die Festigkeit und die absolute Härte dieses Besitzklumpens angenommen, ohne es selbst zu merken. Sie waren immer mit diesem Besitzklumpen zu einer furcht- und ekelerregenden Einheit verschmolzen und merk-

ten es nicht. Mein Onkel Georg merkte es aber. Er wollte mit diesem
Besitzklumpen nichts zu tun haben. Er wartete nur den geeigneten, wahrscheinlich sogar idealen Augenblick ab, um sich von diesem Wolfsegger
Besitzklumpen loszureißen. Sie hatten ihm ja, wie ich weiß, den Vorschlag
gemacht, sein Erbe nicht aus Wolfsegg abzuziehen, sondern sich mit einer
quasi sicheren Rente zufriedenzugeben. Seine Hellsicht bewahrte meinen
Onkel vor einer solchen Dummheit. Leute wie die Meinigen sind am
skrupellosesten vor allem gegen ihre Familienmitglieder, wenn es darauf
ankommt. Sie scheuen letzten Endes vor keiner Infamität zurück. Unter
dem Mantel ihrer Christlichkeit und Großartigkeit und Gesellschaftlich-
keit sind sie nichts als habgierig und gehen, wie gesagt wird, über Leichen.
Mein Onkel Georg hatte von Anfang an nicht in ihre Pläne gepaßt. Tatsächlich fürchteten sie ihn, weil er sie früh durchschaut hatte. Er hatte sie
schon als Kind bei ihren Scheußlichkeiten ertappt und sie immer, furchtlos, auf diese ihre Scheußlichkeiten aufmerksam gemacht, ihnen diese
Scheußlichkeiten tapfer vorgehalten, er soll, wie gesagt wird, auf Wolfsegg
das gefürchtetste Kind gewesen sein. Hellsichtig von Anfang an, soll er es
sich schon zur frühen Leidenschaft gemacht haben, die Seinigen bloßzu-
stellen. Er lauerte ihnen schon als kleines Kind auf und konfrontierte sie
mit ihren Widerwärtigkeiten. Kein Kind soll auf Wolfsegg so viele Fragen
gestellt, so viele Antworten gefordert haben. Mir selbst haben die Meinigen immer vorgeworfen, ich würde werden wie mein Onkel Georg. Als ob
es sich um den abschreckendsten aller Menschen handelte, sagten sie alle
Augenblicke zu mir: *du wirst wie dein Onkel Georg.* Aber es fruchtete
nichts, wenn sie mich vor meinem Onkel Georg warnten, denn ich hatte
von Anfang an niemand andern mehr geliebt in Wolfsegg als den Onkel
Georg. Dein Onkel Georg ist ein Unmensch! haben sie oft gesagt. Dein
Onkel Georg ist ein Parasit! Dein Onkel Georg ist eine Schande für uns!
Dein Onkel Georg ist ein Verbrecher! Die Liste der Schauertitel, die sie für
meinen Onkel Georg ständig parat hatten, hatte auf mich niemals die von
ihnen gewünschte Wirkung gehabt. Alle paar Jahre besuchte er uns von
Cannes aus auf ein paar Tage, selten auf ein paar Wochen, dann war ich
der glücklichste Mensch gewesen. Es war meine große Zeit, wenn der
Onkel Georg in Wolfsegg war. Plötzlich war Wolfsegg etwas anderes als
das alltägliche. Großstädtisch ging es dann in Wolfsegg zu. Die Bibliotheken waren auf einmal gelüftet, Bücher wanderten hin und her, Musik
erfüllte die Räume, die sonst nur kalte, finstere, völlig lautlose Höhlen

waren. Plötzlich waren die Zimmer, die allgemein als abstoßend empfunden wurden, gemütlich, anheimelnd. Die Stimmen, die sonst in Wolfsegg immer nur in einem barschen Ton zu hören waren, barsch oder unterdrückt, klangen auf einmal völlig natürlich. Es durfte gelacht werden, auch in Unterhaltungen in normaler Lautstärke gesprochen werden, nicht nur dann, wenn es galt, dem Personal Befehle zu erteilen. Warum redet ihr denn immer, wenn das Personal da ist, französisch? herrschte mein Onkel Georg meine Eltern an, das ist doch lächerlich. Ich war unter solchen Bemerkungen seinerseits der glücklichste Mensch. Warum macht ihr denn bei diesem herrlichen Wetter die Fenster nicht auf? sagte er. Während sonst und besonders deprimierend in den letzten Jahren bei Tisch immer nur über Schweine und Rinder, über Holzfuhren und die günstigeren oder ungünstigeren Lagerhauspreise gesprochen wurde, fielen auf einmal Wörter wie Tolstoi oder Paris oder New York oder Napoleon oder Alfons der Dreizehnte oder Meneghini, Callas, Voltaire, Rousseau, Pascal, Diderot. Ich sehe ja mein Essen gar nicht, hatte mein Onkel ganz ungeniert gesagt, worauf meine Mutter vom Tisch aufgesprungen ist und die Fensterläden geöffnet hat. Du mußt die Fensterläden noch weiter öffnen, hat mein Onkel Georg zu ihr gesagt, damit ich meine Suppe sehen kann. Wie könnt ihr denn die ganze Zeit in diesem Halbdunkel existieren? fragte er. Ihr lebt ja in einem Museum! sagte er. Alles schaut aus, als wäre es jahrelang unbenützt. Wozu habt ihr denn das herrliche Geschirr in den Kästen, wenn darauf nicht gegessen wird? Euer kostbares Silber? Ich bewunderte den Onkel Georg. Mit ihm konnte in keinem Fall eine wie immer geartete Langeweile aufkommen. Er saß nicht, wie die andern, starr und steif bei Tisch, er wandte sich alle Augenblicke an einen von uns, um ihn etwas zu fragen oder um ihm irgendeine Wahrheit zu sagen oder irgendein Kompliment zu machen. Du mußt mehr Blau tragen, sagte er zu meiner Mutter, das Grau steht dir nicht. Es sieht aus, als wenn du in Trauer wärst. Dabei ist es schon fünfzehn Jahre her, daß unser Vater gestorben ist. Du, sagte er zu meinem Vater, wirkst, als wärst du bei dir selbst *angestellt*. Darauf hatte ich hell auflachen müssen. Wurde das Essen aufgetragen, was bei uns immer beinahe in völligem Stillschweigen vor sich gegangen war, scherzte er mit den Mädchen, die das Essen auftrugen, was meine Mutter nur schwer ertragen konnte. Es wird nicht mehr lange dauern, sagte er, unbekümmert um die Anwesenheit der das Essen auftragenden Mädchen, daß niemand mehr da ist, der euch bedient. Dann werdet ihr auf einmal lebendig werden. Es liegt so etwas Revolutionäres in der Luft, sagte er. Ich habe so ein Gespür, es wird etwas kommen, das alles wieder ein wenig zum Leben erweckt. Mein Vater schüttelte auf solche Bemerkungen den Kopf, meine Mutter blickte nur starr ins Gesicht meines Onkels, als hätte sie keinerlei Skrupel, ihm ihre Abneigung zu zeigen. In den mediterranen Ländern, so mein Onkel Georg, ist alles ganz anders, sagte er. Näher erklärte er sich nicht. Als ich, damals vielleicht siebzehn oder achtzehn Jahre alt, wissen wollte, was in den sogenannten mediterranen Ländern anders als bei uns in Mitteleuropa sei, sagte er, daß er es mir eines Tages klarmachen werde, wenn ich selbst diese mediterranen Länder aufsuchte. In den mediterranen Ländern ist das Leben hundertmal mehr wert als hier, sagte er. Ich war naturgemäß begierig, zu erfahren, warum. Die Mitteleuropäer treten wie Puppen auf, nicht wie Menschen, alles ist verkrampft, sagte mein Onkel Georg. Sie bewegen sich niemals natürlich, alles ist steif an ihnen und letzten Endes lächerlich. Und unerträglich. Wie ihre Sprache, die die unerträglichste ist. Das Deutsche ist das Unerträglichste, sagte er. Ich war begeistert, wenn er *Die mediterranen Länder* sagte. Es ist ein Schock, sagte er, hierher zurückzukommen. Es störte ihn nicht im geringsten, daß er mit seinen Bemerkungen den Zuhörern den Appetit verdorben hatte. Und was für eine abscheuliche Küche! rief er aus. In Deutschland und Österreich und auch in der sogenannten deutschen Schweiz ist es kein Essen, es ist ein Fraß! Die vielgerühmte österreichische Küche ist nichts anderes als eine Zumutung. Eine Vergewaltigung des Magens wie des ganzen Körpers. Ich brauche Wochen, um mich in Cannes von der österreichischen Küche zu erholen. Und was ist ein Land ohne Meer! rief er aus, ohne den Gedanken weiterzuführen. Wenn er einen Schluck Wein trank, rümpfte er die Nase. Wie ich deutlich sehen konnte, hatte er auch an den österreichischen Mineralwassern etwas auszusetzen, die sonst allgemein als sehr gut bezeichnet werden, aber er gab keinen Kommentar dazu ab. Es mußte ihn, so dachte ich schon damals, in Wolfsegg unendlich langweilen, denn zu dem, wozu er immer die größte Lust gehabt hat, nämlich ein anregendes Gespräch zu führen, war er in Wolfsegg niemals gekommen. Manchmal machte er, wenigstens in den ersten Tagen seines Aufenthalts, einen Versuch, warf er beispielsweise das Wort Goethe mehr oder weniger unvermittelt auf den Tisch; aber sie konnten damit nichts anfangen. Geschweige denn mit Wörtern wie Voltaire, Pascal, Sartre. Da sie mit ihm nicht mithalten konnten, wie sie unausgesetzt fühlten, begnügten sie sich mit ihrer Abneigung gegen ihn, die sich von Tag zu Tag steigerte, die schließlich gegen Ende seines Aufenthalts immer in offenen Haß umschlug. Fortwährend gaben sie ihm zu verstehen, daß sie schwer arbeiteten, während er das absolute Nichtstun und die Spekulation mit diesem Nichtstun zu seinem Tagesinhalt und, wie es schien, lebenslänglichen Ideal gemacht habe. Weißt du, hat er einmal zu mir gesagt, ich komme ja nicht wegen der Familie nach Wolfsegg, nur wegen der Mauern und der Landschaft, die mir meine Kindheit vergegenwärtigen. Und wegen dir, sagte er nach einer Pause. In seinem Testament hatte er bestimmt, daß er nicht, wie die Seinigen und die Meinigen geglaubt haben, in Wolfsegg, sondern in Cannes begraben wird. Er wollte am Meer begraben sein. Mehr oder weniger pompös und also ganz und gar provinziell aufgeputzt, waren sie zu seinem Begräbnis nach Cannes geeilt in Erwartung eines ungeheuerlichen Vermögens und mußten, wie ich schon angedeutet habe, *die größte Enttäuschung ihres Lebens,* so meine Mutter immer wieder, zur Kenntnis und mit nachhause nehmen. Der gute Jean, Sohn eines armen Fischerehepaars aus Marseille, hatte nicht weniger als vierundzwanzig Millionen Schilling in Aktien und ein mindestens doppelt so hohes Vermögen an realem Besitz geerbt. Die Kunstsammlung hatte mein Onkel Georg den Museen in Cannes und Nizza vermacht. Auf seinem Grabstein, den ihm der gute Jean hatte setzen lassen, sollten nur sein Name und folgende Wörter stehen: *der zu dem richtigen Zeitpunkt die Barbaren hinter sich gelassen hat.* Jean hat sich streng an die Anweisung meines Onkels Georg gehalten. Als meine Eltern vor einem Jahr auf dem Weg nach Spanien einen Besuch an seinem Grab machten, sollen sie sich so aufgeregt haben, daß meine Mutter danach geschworen habe, Onkel Georgs Grab niemehr aufzusuchen, sie empfand seinen Grabspruch als eine ungeheuerliche Schande und soll nach ihrer Rückkehr nach Wolfsegg immer nur von einem Verbrechen ihres Schwagers, meines Onkels Georg, gesprochen haben. Mit dem Onkel Georg habe ich die weitesten und interessantesten Spaziergänge in der Umgebung Wolfseggs gemacht, mit ihm bin ich zu Fuß bis nach Ried im Innkreis in der einen und bis nach Gmunden in der anderen Richtung gegangen. Er hatte sich immer Zeit genommen für mich. Daß es auf der Welt auch noch etwas anderes als Kühe, Dienstboten und streng einzuhaltende gesetzliche Feiertage gibt, diese Erkenntnis habe ich ihm zu verdanken. Ihm verdanke ich die Tatsache, daß ich nicht nur lesen und schreiben, sondern auch tatsächlich

denken und phantasieren gelernt habe. Es ist sein Verdienst, daß ich Geld
zwar sehr hoch, aber nicht am allerhöchsten einschätze und daß ich die
Menschheit außerhalb Wolfseggs nicht nur als ein notwendiges Übel betrachte, wie zeitlebens die Meinigen, sondern als einen lebenslänglichen
Ansporn, mich mit ihr auseinanderzusetzen als der größten und span-
nendsten Ungeheuerlichkeit. Mein Onkel Georg hat mir die Musik und
die Literatur aufgeschlüsselt und mir die Komponisten und die Dichter als
lebendige Menschen nahegebracht, nicht nur als jährlich drei- oder viermal abzustaubende Gipsfiguren. Ihm verdanke ich, daß ich unsere, wie es
schien, für immer und ewig verschlossenen Bücher in unseren Bibliotheken aufmachte und in ihnen zu lesen angefangen habe und mit diesem
Lesen bis heute nicht aufgehört habe, daß ich schließlich zu philosophieren gelernt habe. Meinem Onkel Georg verdanke ich, daß ich schließlich
nicht nur ein mechanisch sich in die Wolfsegger Geld- und Wirtschafts-
mühle fügender, sondern ein durchaus als frei zu bezeichnender Mensch
geworden bin. Daß ich nicht nur stumpfsinnige sogenannte Bildungsreisen gemacht habe, wie sie meine Eltern gewohnt waren und wie ich sie
auch die ersten Jahre mit meinen Eltern gemacht habe, nach Italien und
nach Deutschland beispielsweise, nach Holland und nach Spanien, sondern daß ich die Wissenschaft des Reisens als eines der größten Vergnügen, die die Welt anzubieten hat, erlernt und bis heute genossen habe. Ich
habe durch meinen Onkel Georg keine toten, sondern sehr lebendige
Städte kennengelernt, keine toten Völker aufgesucht, sondern lebendige,
keine toten Schriftsteller und Dichter gelesen, sondern lebendige, keine
tote Musik gehört, sondern eine lebendige, keine toten Bilder gesehen,
sondern lebendige. Er, niemand anderer, hat mir die großen Namen der
Geschichte nicht als fade Abziehbilder einer ebenso faden Geschichte auf
die Innenwände meines Gehirns geklebt, sondern sie mir immer als lebendige Menschen auf einer lebendigen Bühne vorgeführt. Während mir
meine Eltern die Welt tagtäglich als eine durch und durch langweilige,
meinen Kopf nach und nach lähmende vorgezeigt haben, als eine, auf
welcher es sich im Grunde gar nicht auszahlt zu existieren, hatte mir mein
Onkel Georg im Gegenteil dieselbe Welt als eine immerfort und allezeit
hochinteressante vorgeführt. So hatte ich schon als ganz kleines Kind
immer die Wahl zwischen zwei Welten gehabt, zwischen der der Eltern,
die ich immer als uninteressant und als nichts anderes als lästig empfunden
habe, und der meines Onkels Georg, die überhaupt nur aus ungeheuer-

lichen Abenteuern zu bestehen schien, in welcher es einem niemals langweilig werden konnte und in welcher man tatsächlich immer Lust hatte, ewig zu leben, in welcher es eine Selbstverständlichkeit war, zu denken, sie möge niemals aufhören, was wiederum automatisch zur Folge hatte, daß ich in ihr ewig und das heißt, unendlich leben wollte. Meine Eltern hatten, vereinfacht gesagt, immer alles hingenommen, mein Onkel Georg hatte niemals etwas hingenommen. Meine Eltern hatten von Geburt an immer nur nach den ihnen von ihren Vorgängern vorgeschriebenen Gesetzen gelebt und waren niemals auf die Idee gekommen, sich einmal eigene, neue Gesetze zu machen, um nach diesen von ihnen gemachten neuen Gesetzen zu leben, mein Onkel Georg hatte nur nach seinen eigenen, von ihm gemachten Gesetzen gelebt. Und diese von ihm selbst gemachten Gesetze hatte er alle Augenblicke umgestoßen. Meine Eltern waren immer nur den ihnen vorgeschriebenen Weg gegangen und es wäre ihnen niemals eingefallen, diesen Weg auch nur für einen Augenblick zu verlassen, mein Onkel Georg ist nur seinen eigenen Weg gegangen. Meine Eltern, um noch ein Beispiel für den Gegensatz anzuführen, in welchem sie zu meinem Onkel Georg standen, haßten das sogenannte Nichtstun, weil sie sich nicht vorstellen konnten, daß ein Geistesmensch das Nichtstun gar nicht kennt, es sich gar nicht leisten kann, daß ein Geistesmensch gerade dann in der äußersten Anspannung und in dem allergrößten Interesse existiert, wenn er sozusagen dem Nichtstun frönt, weil sie mit ihrem tatsächlichen Nichtstun gar nichts anfangen konnten, weil in ihrem Nichtstun tatsächlich gar nichts vorging, weil sie in Wahrheit und in Wirklichkeit überhaupt nicht denken, geschweige denn einen Geistesprozeß zu führen imstande waren. Dem Geistesmenschen ist das sogenannte Nichtstun ja gar nicht möglich. Ihr Nichtstun allerdings war ein tatsächliches Nichtstun, denn es tat sich in ihnen nichts, wenn sie nichts taten. Der Geistesmensch ist aber genau im Gegenteil am allertätigsten, wenn er sozusagen nichts tut. Aber das ist den tatsächlichen Nichtstuern, wie meinen Eltern und überhaupt den Meinigen, nicht plausibel zu machen. Andererseits hatten sie aber doch eine Ahnung von der Art und Weise des Nichtstuns meines Onkels Georg, denn gerade weil sie eine Ahnung davon hatten, haßten sie ihn, denn sie ahnten, daß sein Nichtstun ihnen, weil es ein anderes, ja ein dem ihrigen genau entgegengesetztes Nichtstun war, nicht nur gefährlich werden konnte, sondern immer gefährlich war. Der Nichtstuer als der Geistesmensch ist tatsächlich in den

Augen derer, die unter nichts tun, tatsächlich nichts tun verstehen und die
als Nichtstuer auch tatsächlich gar nichts tun, weil in ihnen während des
Nichtstuens gar nichts vorgeht, die größte Gefahr und also der Gefährlichste. Sie hassen ihn, weil sie ihn naturgemäß nicht verachten können.
Schon mit vier Jahren soll mein Onkel Georg allein in die neun Kilometer
entfernte Ortschaft Haag gegangen sein, um dort wildfremden Menschen
zu erklären, daß er aus Wolfsegg sei, aber nicht die Absicht habe, wieder
nach Wolfsegg zurückzukehren. Die über das seltsame Kind verständlicherweise fassungslosen Haager sollen den kleinen Georg als den Widerspenstigsten, den man sich vorstellen kann, zu seinen Eltern nach Wolf-
egg zurückgebracht haben. Die meiste Zeit hatten seine Eltern und die
anderen Aufsichtspersonen ihn mehr oder weniger wie einen kleinen
Hund an Wolfsegg anketten müssen, um sein Verschwinden zu verhindern. Er habe schon in der frühesten Kindheit den Entschluß gefaßt, nur
so lange, als unbedingt notwendig, in Wolfsegg zu bleiben. Ich wartete
aber natürlich den Augenblick ab, sagte er einmal in Cannes zu mir, in
welchem ich mich tatsächlich ohne Krampf und das heißt, mit allen für
die totale Freiheit notwendigen Mitteln ausgestattet, von Wolfsegg befreien konnte. Wolfsegg an sich ist ja etwas Wunderbares, sagte er, aber die
Unsrigen haben es mir immer vergraust. Mein Bruder, dein Vater, sagte er
einmal, ist ja ein schwacher Charakter. Tatsächlich ist er ein lieber
Mensch, aber nicht auszuhalten. Und deine Mutter, meine Schwägerin,
ist eine habgierige Person, die deinen Vater nur aus Berechnung geheiratet
hat. Sie kommt ja tatsächlich aus dem Garnichts. Daß sie einmal, wie
gesagt wird, hübsch gewesen ist, sieht man ihr heute nicht mehr an. Dein
Vater ist im Grunde nicht geldgierig. Sie, deine Mutter, hat in ihm erst die
primitive Geldgier geweckt. Aber ich habe mich auch bevor dein Vater
deine Mutter kennengelernt hat, nicht mit ihm verstanden, wir waren uns
in allem entgegengesetzt. Sicher, er ist gutmütig, auch heute noch, aber,
sei mir nicht böse, er ist ein dummer Mensch. Deine Mutter hat ihn
vollkommen in der Hand. Dabei war er als Schüler der bessere. Alles war
ausgezeichnet, was er machte. Er lieferte die besten Arbeiten ab. Er war
beliebt, ich nicht. Er hatte immer die besseren Noten. Aber obwohl wir die
gleichen Kleider anhatten, habe ich immer eleganter als er ausgesehen. Ich
weiß nicht warum. Aber das sage ich nur, weil ich deinen Vater, meinen
Bruder, im Grunde immer geliebt habe, sagte der Onkel Georg. Tatsächlich hatte er auch, als er das letzte Mal in Rom war, nur davon gesprochen,

daß er seinen Bruder wie keinen zweiten Menschen auf der Welt geliebt habe, ja immer noch liebe, wenn nur diese Frau, deine Mutter, sagte er, nicht aufgetaucht wäre. Die Frauen tauchen auf und bringen den Mann, den sie schließlich selbst gegen den Willen dieses Mannes heiraten, von seinen guten Eigenschaften, ja von seinem ganzen guten Charakter ab und vernichten ihn oder machen ihn wenigstens zu ihrem Hampelmann. Deine Mutter hat deinen Vater zu ihrem Hampelmann gemacht. Mein Gott, hat mein Onkel Georg ausgerufen, wie hätte sich dein Vater entwickeln können, wenn er an eine andere Frau gekommen wäre! Ich kenne keinen amusischeren Menschen als deine Mutter, sagte er. Sie geht in die Oper, aber sie versteht nicht das geringste von Musik. Sie schaut ein Bild an, aber sie versteht nichts von Malerei. Sie lügt und gibt vor, Bücher zu lesen, aber sie liest keins. Und doch plappert sie fortwährend bei Tisch, sagte er, und redet alles um sie herum nieder mit ihrem kompletten Unsinn. Dabei müßte sie wissen, wie man es anstellt, daß sich das Geld ganz von selbst macht, nicht auf diese stupide krankhafte Weise, wie sie das praktiziert und wie es sich dein Vater zu eigen gemacht hat. Der Onkel Georg hatte damit seine eigene Kunst, Geld zu machen und ständig zu vermehren, angedeutet. Es ist kaum zu glauben, daß wir aus ein- und demselben Stall sind, dein Vater und ich, sagte er oft. Ich habe immer viele Ideen gehabt, sagte er, dein Vater hat nie eine Idee gehabt. Ich habe Reisen gemacht, weil ich die Lust dazu hatte und die Leidenschaft, dein Vater hat nie auch nur das geringste Bedürfnis gehabt zu reisen, er ist immer, weil es sich so gehörte, gereist, nach stumpfsinnigen Plänen, die ihm andere gemacht haben, lauter widerwärtige Leute, die sich immer Kunstkenner nannten. Du mußt nach Rom fahren und in die Sixtinische Kapelle gehen, haben sie zu ihm gesagt und er ist in den Zug gestiegen und nach Rom gefahren und in die Sixtinische Kapelle hineingegangen. Du mußt den Giorgione sehen, der in der Accademia hängt und *La Tempesta* heißt, haben sie zu ihm gesagt und er ist in den Zug gestiegen und nach Venedig gefahren und hat sich das Bild von Giorgione angeschaut, das *La Tempesta* heißt. Sie haben gesagt, du mußt nach Verona fahren, und dir das Grab von Romeo und Julia anschauen und er ist hingefahren und hat es sich angeschaut. Die Akropolis, haben sie gesagt, mußt du unbedingt sehen und er ist nach Athen gefahren und hat sich die Akropolis angeschaut. Du mußt Rembrandt sehen, haben sie gesagt, du mußt Vermeer sehen, du mußt das Straßburger Münster sehen und die Kathedrale von Metz. Über-

all ist er hingefahren und hat sich das angeschaut, was sie ihm empfohlen
haben, seine sogenannten Kunstkenner. Und was waren das immer für
entsetzliche Leute, die ihm das alles empfohlen haben, sagte der Onkel
Georg, diese fürchterlichen Kleinbürgerköpfe mit dem Professortitel, die
sich nur an ihn herangemacht haben, um ein paar kostenlose Tage in
unserem schönen Wolfsegg zu verbringen. Diese grauenhaften Erscheinungen aus Wien, die er sich immer eingeladen hat, Universitätsprofes-
soren, Kunstgeschichtler etcetera, weil er geglaubt hat, das seien Kultur-
menschen. Diese Scheußlichkeiten aus Salzburg und Linz, die an den
Wochenenden Wolfsegg mit ihrem widerwärtigen Geruch verpestet haben, sogenannte Philosophen, Gelehrte, Rechtsanwälte, die ihn alle nur
ausgenützt haben. Mit Kind und Kegel sind sie heraufgekommen zu uns
und haben sich über das Wochenende angefressen und bei Tisch ihren
pseudowissenschaftlichen Unsinn verzapft. Und dann diese ekelhaften
Ärzte, die er sich kommen hat lassen von Vöcklabruck oder von Wels. Die
ihn nur ruiniert haben geistig. Dein Vater war immer der irrigen Meinung
gewesen, hochtrabende akademische Titel seien die Gewähr für ein ge-
wisses ansehnliches Geistesvermögen. Darin hat er immer geirrt. Ich habe
zeitlebens immer alle diese Titel und die, die diese Titel tragen, gehaßt. Sie
sind mir so widerwärtig, wie nichts sonst. Wenn ich das schon höre:
Universitätsprofessor! wird mir schlecht. Ein solcher Titel ist ja geradezu
meistens der Beweis für einen besonders außerordentlichen Dummkopf.
Je ungeheuerlicher sich ein solcher Titel anhört, ein desto größerer
Dummkopf trägt ihn. Und dazu auch noch seine Frau, deine Mutter! Sie
kommt ja gerade daher, wo der Geist immer mit Füßen getreten worden
ist. Und sie hat in den Jahrzehnten, in welchen sie mit deinem Vater
verheiratet ist, diese ihre Kunst noch um vieles perfektioniert. Aber dein
Vater ist niemals ein selbständig denkender Mensch gewesen, er hatte gar
nicht die Möglichkeiten dazu. Er bewunderte immer die andern, von
welchen er glaubte, daß sie denken, und ließ diese andern für sich denken.
Er hat es sich natürlich immer recht bequem gemacht. Aber diese Bequemlichkeit ist nicht spurlos an ihm vorübergegangen. Er hat sich nicht
entwickelt. Es tut mir leid, sagte mein Onkel Georg, aber dein Vater ist ein
besonders dummer Mensch. Und gerade einen solchen besonders dummen Menschen hat deine Mutter, die immer raffiniert war, gebraucht. So
gesehen, waren deine Eltern immer ein ideales Paar, sagte er. Ich höre es
noch ganz genau, wir saßen im Freien auf der Piazza del Popolo, der Onkel

Georg war am späten Nachmittag so gesprächig geworden wie noch nie, weil er, ganz gegen seine Gewohnheit, mehrere Gläser Weißwein schon am Nachmittag getrunken hatte. Gerade weil ich deinen Vater, meinen Bruder, immer geliebt habe und auch heute noch liebe, erlaube ich mir, so über ihn zu sprechen, sagte der Onkel Georg, das weißt du. Ich hatte deinem Vater immer eine andere Frau als deine Mutter gewünscht, aber schließlich, sagte er plötzlich und blickte mich dabei konsterniert an, ist sie ja deine Mutter. Vielleicht ist es ein Fehler gewesen, sagte er, daß du an mich gekommen bist. Vielleicht wärst du glücklicher ohne mich, wer weiß. Darauf hatte ich nur *nein* gesagt. Er wohnte im Hotel de la Ville, seinem Lieblingshotel an der Spanischen Treppe, von welchem aus er nur ein paar Schritte hinunter hatte ins Café Greco. Mindestens einmal im Jahr kam er nach Rom, wenn mir Cannes auf die Nerven gegangen ist, sagte er jedesmal. Einmal im Jahr ging ihm Cannes auf die Nerven. Paris mag ich nicht, sagte er oft, Rom mag ich immer. Auch weil ich weiß, daß du in Rom bist. In einer geliebten Stadt hat man immer einen Menschen, den man liebt, sagte er. Schade, daß Rom so laut geworden ist. Aber alle Städte sind laut geworden. Obwohl der Onkel Georg auf dem Foto, das meine Schwestern Amalia und Caecilia vor seiner Villa zeigt, gar nicht zu sehen war, hatte ich doch in Betrachtung der Fotografie fortwährend mehr oder weniger nur an ihn gedacht. Mich mit ihm beschäftigt. Mich durch ihn von dem Telegramm aus Wolfsegg, dessen ganze Furchtbarkeit ich noch nicht ermessen hatte können, abzulenken versucht. Die Eltern tot, endgültig tot, mein Bruder Johannes tot. Zur Auseinandersetzung mit dieser Tatsache und deren Auswirkungen war ich noch nicht imstande. Ich schob sie hinaus. Mein Onkel Georg wäre mir in diesen Stunden der beste Beistand gewesen. Ich hatte keinen. Der Gedanke, was jetzt auf mich zukommt, durfte nicht gedacht werden. Ich legte die drei Fotografien jetzt so übereinander auf den Schreibtisch, daß, obwohl er darauf gar nicht abgebildet ist, weil das Foto ja nur meine beiden Schwestern in Cannes zeigt, mein Onkel Georg zuoberst und also über meinen Eltern sozusagen als erster eingeordnet war, unter meinen Eltern mein Bruder Johannes. Mit einem Schlag waren jetzt alle tot. Was, fragte ich mich, hat sie miteinander und mit mir verbunden? Im Hotel de la Ville, wo er natürlich das beste und schönste von allen Zimmern bewohnte, hat mein Onkel einmal zu mir gesagt, daß er seine Familie lieben müsse, obwohl er sie zu hassen gezwungen sei. Genau mit diesen Wörtern hatte er sein Verhältnis zu den

Seinigen und Meinigen charakterisiert. Den Bruder, meinen Vater, liebte
er und verachtete ihn gleichzeitig. Seine Schwägerin, meine Mutter, haßte
er zwar als seine Schwägerin, respektierte sie aber als meine und meines
Bruders Johannes Mutter. Sie werden uralt werden, hat er einmal gesagt,
diese Menschen werden uralt, ihr Stumpfsinn legt sich wie ein schützen-
der Panzer mit den Jahrzehnten um sie, sie fallen nicht plötzlich um wie
Unseresgleichen. Er hat geirrt. Sie haben lebenslängliche, ihr Leben immer noch mehr verlängernde, anstatt abkürzende Krankheiten, mögen sie
noch so lästig sein, keine Todeskrankheiten, die auftreten und den Menschen umwerfen. Ihre Interessen reiben sie nicht auf, ihre Leidenschaften
machen sie nicht verrückt, weil sie gar keine haben. Ihr Gleichmut und
schließlich ihre Gleichgültigkeit regeln ihre Verdauung tagtäglich, so daß
sie mit einem Greisenalter rechnen können. Im Grunde zieht sie nichts auf
der Welt an und stößt sie nichts auf der Welt ab. Sie treiben überhaupt
nichts so weit, daß es sie im geringsten schwächen könnte. In dem Augenblick, in welchem sie bemerkt haben, daß ich unter ihnen ein störendes
Element bin, sagte mein Onkel Georg, schlossen sie mich aus ihrer Gemeinschaft aus, zuerst im geheimen, später offen. Im Grunde hätten sie
schließlich jeden, auch den höchsten Preis bezahlt, um mich los zu sein.
Ganz von selbst hatte ich eine Funktion übernommen in Wolfsegg, die sie
nicht akzeptieren konnten, ich war derjenige, der sie fortwährend auf ihre
Fehler aufmerksam machte, dem nichts von ihrer Charakterschwäche ent-
ging, der sie bei jeder Gelegenheit als charakterschwach ertappte. Wie
verwundert waren sie, sagte mein Onkel Georg, als ich sie eines Tages
darauf aufmerksam machte, daß sie unsere Bibliotheken ein halbes Jahr
nicht mehr aufgesperrt hatten und daß ich Einlaß in die Bibliotheken
verlangte. Wenn ich *unsere Bibliotheken* sagte, waren die Leute immer
verwundert, denn alle andern hatten bestenfalls *unsere Bibliothek* sagen
können, weil sie nur eine Bibliothek hatten, wir hatten fünf, aber mit
diesen fünf Bibliotheken waren wir doch in noch viel beschämenderer
Weise auf der Geistesstrecke geblieben, sagte mein Onkel Georg, als jene,
die nur eine einzige Bibliothek hatten. Einer unserer Ururgroßväter
hatte jene fünf Bibliotheken angelegt, auf die auch ich zeitlebens so stolz
gewesen bin, sicher kein Verrückter, wie in Wolfsegg immer gesagt wurde,
ein *Geistesnarr,* welcher es sich leisten konnte und wollte, anstatt überall
nur der Ausbreitung der Langeweile und des Stumpfsinns dienende Salons
anzulegen in unseren Gebäuden, dort Bibliotheken einrichtete und zwar

mit dem größten Literaturverständnis. Eines Tages, so mein Onkel Georg, war ich sozusagen in diese verschlafenen Bibliotheken eingebrochen, was sie mir lebenslänglich nicht verziehen haben. Aber nach meinem Weggang aus Wolfsegg haben sie die Bibliotheken wieder abgesperrt und selbst nicht mehr betreten jahrelang, bis es sich herumgesprochen hatte, daß es sie gibt und sie sie den Neugierigen, um ihr Gesicht nicht zu verlieren, zeigen mußten. In Wolfsegg wurde nichts benützt, sagte mein Onkel Georg, bis *ich* auf einmal alles benützte. Ich setzte mich auf die Sessel, auf die sich jahrzehntelang niemand gesetzt hatte, ich öffnete die Kastentüren, die jahrzehntelang niemand geöffnet hatte, ich trank aus Gläsern, aus welchen jahrzehntelang niemand getrunken hatte. Ja ich ging durch Gänge, durch die jahrzehntelang niemand gegangen ist. Von Anfang an war ich der Neugierige, vor welchem sie sich zu fürchten hatten, sagte der Onkel Georg. Und ich hatte angefangen, in unseren jahrhundertealten Schriften zu blättern, die in großen Kisten auf den Dachböden gelagert waren, von welchen sie immer Kenntnis gehabt, die sie aber niemals näher in Augenschein genommen haben. Sie fürchteten unliebsame Entdeckungen. Mich, sagte der Onkel Georg, hatte immer alles interessiert und naturgemäß interessierten mich vor allem unsere Zusammenhänge. Die Geschichte interessierte mich, aber nicht so, wie *sie* sich für unsere Geschichte interessierten, sozusagen nur für die als zu Hunderten und zu Tausenden aufeinandergelegten Ruhmesblätter, sondern als Ganzes. Was sie niemals gewagt hatten, in ihre fürchterlichen Geschichtsabgründe hinein und hinunter zu schauen, hatte ich gewagt. Das brachte sie gegen mich auf. *Der Georg* war schließlich auf Wolfsegg zu einem Schreckenswort für sie alle geworden, sagte mein Onkel. Sie hatten Angst, das Kind, das ich war, könnte sie beherrschen, nicht umgekehrt. Meine Eltern, deine Großeltern, sagte er, ketteten mich an Wolfsegg und knebelten mich. Genau das hätten sie niemals tun dürfen. Und deine Eltern haben aus dem Versagen meiner Eltern, also deiner Großeltern, nichts gelernt, im Gegenteil, sie hatten noch viel unglücklichere Methoden, mit dir umzugehen. Aber andererseits, sagte er, was wäre aus dir geworden, wenn sie sich nicht so verhalten hätten dir gegenüber, wie sie sich verhalten haben? Diese Frage mußte nicht beantwortet werden, sie beantwortete sich von selbst. Wenn ich dich sehe, sagte mein Onkel Georg, sehe ich im Grunde immer mich. Du hast genau die gleiche Entwicklung genommen. Du hast dich von ihnen getrennt, du bist ihnen aus dem Weg gegangen, du hast ihnen den

Rücken gekehrt, du hast dich ihnen zu dem richtigen Zeitpunkt entzogen. Wie sie mir nicht verziehen haben, verzeihen sie dir nicht. Mein Gott, sagte er, was für mich Cannes, ist für dich Rom. So können wir mit Wolfsegg fertig werden, aus der Ferne. Wenn ich an diese lähmenden Abende mit den Meinigen denke, in welchen die herrlichsten Stichwörter schon in dem Augenblick, in welchem sie ausgesprochen werden, verpuffen. Was man auch sagt, es wird nicht verstanden. Was auch angeregt wird, es wird gar nicht zur Kenntnis genommen. Wenn er eine Zeitung liest, dein Vater, ist es die *Oberösterreichische Landwirtschaftszeitung,* wenn er ein Buch liest, ist es das *Bilanzbuch.* Und dann fahren sie, weil sie das Abonnement auszunützen haben, nach Linz ins Theater und gehen in eine scheußliche Komödie und schämen sich nicht, und gehen in diese lächerlichen Konzerte im sogenannten Brucknerhaus, in welchem mit der größten Lautstärke die falschen Töne herrschen. Diese Leute, ich meine deine Eltern, sagte er, haben nicht nur ein Abonnement für das Theater und für das Konzert genommen, sie leben ihr Leben auf Abonnement, sie gehen auch tagtäglich in ihr Leben, wie in das Theater, in eine scheußliche Komödie, und schämen sich nicht, in ihr Leben zu gehen, wie in ein abstoßendes Konzert, in welchem nur die falschen Töne die beherrschenden sind und sie leben, weil es sich gehört, nicht weil sie es haben wollen, weil es ihre Leidenschaft ist, ihr Leben, nein, weil es abonniert ist von ihren Eltern. Und wie im Theater an den falschen Stellen, klatschen sie auch in ihrem Leben an den falschen Stellen und jubeln wie im Konzert in ihrem Leben andauernd da, wo überhaupt nichts zu jubeln ist, und verziehen da auf die abstoßendste Weise ihr arrogantes Gesicht, wo sie herzhaft lachen sollten. Und wie die Stücke, die sie auf ihr Abonnement aufsuchen, eine Katastrophe und das niedrigste Niveau sind, ist auch ihr Leben eine Katastrophe und das niedrigste Niveau. Andererseits, sagte er, sollte es uns langsam gleich sein, was sie tun, was sie aus ihrer Existenz gemacht haben, es geht uns nichts an. Und wer sagt, daß wir selbst den richtigen Weg gegangen sind? Wir selbst sind auch nicht die Glücklichsten. Und immer nur auf der Suche nach dem Idealen gewesen, ohne es zu finden. Tatsache ist, daß wir alle immer einen Weg gesucht haben, uns näher zu kommen und uns dabei immer mehr voneinander entfernt haben, je größer unsere Versuche gewesen sind, uns wieder zu nähern, desto weiter haben wir uns voneinander entfernt. Unsere Versuche in dieser Richtung, sagte er, endeten immer nur in Verbitterung. Wir haben unsere

Versuche immer nur deshalb aufgegeben, weil wir sonst an unseren Vorwürfen erstickt wären, sagte er. Unser Fehler ist, daß wir uns niemals damit abgefunden haben, daß uns Wolfsegg nichts mehr angeht, es ist *ihr* Wolfsegg, sagte er, *nicht unser Wolfsegg.* Wir haben ihnen immer ein Wolfsegg aufdrängen und aufzwingen wollen, das unser Wolfsegg ist, aber nicht das ihrige, anstatt sie in Ruhe zu lassen. Wir haben uns immer hineingemischt in ihr Wolfsegg, wo wir besser daran getan hätten, sie gehen zu lassen. Sie haben uns ausgezahlt, damit hätten wir uns ein für allemal zufrieden geben sollen. Wir haben kein Recht mehr auf Wolfsegg, sagte er. Ich betrachtete eingehend die Fotografie, auf welcher meine Schwestern etwa zweiundzwanzig oder dreiundzwanzig Jahre alt sind. Ihre spöttischen Gesichter haben sich an ihnen gerächt, dachte ich. Sie sind allein geblieben, sie haben nicht die Kraft gehabt, aus Wolfsegg auszubrechen. Diese spöttischen Gesichter waren ihre einzige Waffe, gegen ihre Umwelt, gegen ihre Eltern, denen sie nicht entkommen konnten, vor welcher aber auch die Männer, die sie haben wollten, zurückgeschreckt sind. Meine Schwestern waren nicht schön, niemals, zu keinem Zeitpunkt, dachte ich. Sie waren aber auch nicht interessant. Sie haben sich nicht entwickelt, sie sind die dummen Landpomeranzen geblieben, die sie damals waren. Nur um zwanzig Jahre älter, die spöttischen Gesichter sind nicht mehr frisch, sondern von den vielen Falten der Verbitterung zusammengezogen. Mehr oder weniger sind sie häßlich. Vielleicht ist Caecilia gutmütiger als Amalia. Zu der von ihrer Mutter stammenden Habgier ist dann die Verbitterung dazugekommen. Zuerst waren sie beide musikalisch und mein Onkel Georg hatte versucht, aus ihnen Musikerinnen zu machen, ein kläglicher Versuch, der scheitern mußte. Es fehlte ihnen an Ausdauer, sie hielten auch nichts von Musik, dadurch ging ihre Musikalität selbstverständlich verloren, es reichte nurmehr noch für die zweite Besetzung auf dem Kirchenchor. Sie waren schon mit vier, fünf Jahren von ihrer Mutter in immer gleichgeschneiderte gleichgemusterte Dirndlkleider gesteckt worden, in welchen sie mit der Zeit verkümmern mußten. Beide kränkeln, aber es ist das von ihrer Mutter ererbte Kränkeln, das auf eine lange Lebenszeit hindeutet. Fortwährend husten sie, ich kenne sie nicht anders, einmal husten sie in Wolfsegg von oben herunter und dann wieder von unten herauf, aber dieser Husten ist kein ernstzunehmender, kein tödlicher, es ist, als wäre dieser Husten ihre einzige Leidenschaft, ihre bequemlichste Lebensunterhaltung. In diesem Husten hat sich, scheint es, ihr musikalisches Talent zurückgezogen. Auch in Gesellschaft husten sie fortwährend. Sie haben nichts zu sagen, aber sie husten andauernd. Sie haben jede eine von unserer Großmutter ererbte Silberkette um den Hals und wenn sie gefragt werden, was sie sind, sagen sie zuallererst das Wort *katholisch*. Sie sind beide auf Kochkurse nach Bad Ischl geschickt worden, weil gedacht worden war, sie erlernten dort die kaiserliche Küche, aber keine von ihnen hat in Bad Ischl kochen gelernt, sie kochen noch schlechter als unsere Mutter, die sich dann, wenn die Köchin in Aschau an der Donau auf Urlaub ist, immer bloßstellt. Kartoffelsuppe ist das einzige, was unsere Mutter gut kochen kann. Aber niemand von uns mag Kartoffelsuppe. Nur mein Vater ißt sie leidenschaftlich, er behauptet das jedenfalls. Meine Schwestern waren immer, wie gesagt wird, wohlerzogen, was nichts daran ändert, daß sie immer auch die durchtriebensten waren, die sich denken lassen. Nahm eine einmal ein Buch in die Hand, wurde es ihr von der andern aus der Hand geschlagen. Man sah sie nie allein, immer zu zweit. Sie sind ein Jahr auseinander, aber sie treten auf wie Zwillinge. Wenn ich sage, ich habe sie immer geliebt, so bedeutet das nicht, daß ich sie nicht ebenso immer gehaßt habe. Wie wir erwachsen waren, habe ich sie naturgemäß mehr gehaßt als geliebt, möglicherweise, denke ich jetzt, ist nurmehr noch der Haß übrig geblieben. Sie waren von mir immer enttäuscht gewesen. Sie hatten über ihren Bruder, wie ich weiß, immer nur schlecht geredet, vor allem in Gesellschaft, wenn es, wie sie annehmen mußten, gegen mich eine verheerende Wirkung haben mußte. Was sie nicht alles über mich erfunden haben, um mich herabzusetzen! Die dummen Menschen haben immer eine viel verheerendere Wirkung als die andern, denke ich. Ich habe sie immer geliebt, heißt nicht, daß ich sie nicht immer auch verflucht habe. Ihre Mutter hat sie, von Anfang an, an sich gekettet und nicht mehr ausgelassen. Sie durften keine Reisen machen, sie durften keinen Ball besuchen, sie mußten, selbst als sie schon an die zwanzig waren, noch immer um Erlaubnis bitten, wenn sie nach Lambach auf den sogenannten *Donnerstagmarkt* gehn wollten. Sie bekamen immer nur so viel Taschengeld, daß ihre Sprünge nicht zu groß sein konnten, es reichte meistens nur für ein Getränk und ein Stück Brot dazu. Ihre Schuhe waren grundsätzlich nur von dem Schwanenstädter Schuster angemessen und gemacht worden, von welchem auch schon die Schuhe unserer Großeltern geschustert worden sind, und waren dadurch immer aus der Mode und hatten mit der Zeit dazu geführt, daß meine Schwestern

einen ziemlich tölpelhaften Gang bekamen, den sie auch später, wie sie
dann die Gelegenheit hatten, sich Schuhe in Wien anzuschaffen, beibehalten haben. Ich kann nicht sagen, welche der beiden die intelligentere
ist. Ich kann nicht sagen, Caecilia hat einen besseren Geschmack als Amalia. Ich kann nicht sagen, Amalia weiß mehr als Caecilia. Ihre Stimmen
sind so ähnlich, daß es schwer ist, zu erkennen, welche von beiden gerufen
hat, wenn eine von beiden ruft. Da sie grundsätzlich immer zusammen
aufgetreten sind und keine von beiden jemals, so scheint es, das Bedürfnis
gehabt hat, sich von der andern loszureißen, haben sie auch so lange
keinen *entsprechenden* Mann gefunden. Ja, ich glaube sogar, sie dachten
niemals daran, sich zu verheiraten, bis Caecilia im Vorjahr die Schwarz-
waldreise gemacht hat. Nach Titisee, wo unsere alte Tante lebt. Dort hat
sie den Weinflaschenstöpselfabrikanten kennengelernt. Caecilia heiratete
und hatte dadurch den Haß ihrer Schwester Amalia auf sich gezogen.
Amalia ist aus dem Haupthaus aus- und in das Gärtnerhaus eingezogen.
Nur kurz ist sie nach der Hochzeitszeremonie in der Kirche noch bei dem
daran anschließenden sogenannten Festmahl erschienen, gleich wieder
aufgebrochen und nicht mehr gesehen worden. Wie ich sie kenne, denke
ich, hat sie das Gärtnerhaus dann nicht mehr verlassen. Bis zur Todesnachricht. Da ihr Theatralisches viel stärker ausgeprägt ist, als das ihrer
Schwester, ist sie sicher schreiend aus dem Gärtnerhaus herausgestürzt
und ins Haupthaus hinüber gelaufen, denke ich. Aber natürlich kann ich
nicht wissen, wie es wirklich gewesen ist. Wahrscheinlich ist zum Zeitpunkt des Unglücks Caecilias Mann noch in Wolfsegg gewesen, denn er
hatte ja vor, erst in vierzehn Tagen in den Schwarzwald und nach Freiburg
zurückzufahren, dachte ich. Es heißt, unsere Tante in Titisee habe, wie
gesagt wird, Caecilias Ehe *gestiftet*. Es ist typisch, daß Caecilia glaubte,
auch nach der Hochzeit in Wolfsegg bleiben zu können. Was für eine
Überwindung muß es meine Mutter gekostet haben, ihr zuzureden, mit
ihrem Mann nach Freiburg zu gehen, wo unsere Mutter insgeheim geschworen hatte, keine der Schwestern jemals aus Wolfsegg weggehen zu
lassen, weil sie sich zeitlebens vor der Vereinsamung fürchtete. Alle zwei
Töchter sollten bei ihr in Wolfsegg bleiben, damit sie immerhin irgendwann, wie sie denken mußte, eine der beiden verlieren könne, ohne daraufhin gänzlich allein sein zu müssen. Unsere Mutter hatte immer weit
vorausgeschaut und vor allem immer, in erster Linie, was ihre eigene
Zukunft betrifft, alles in Betracht gezogen. Den Mann, meinen Vater, zu

verlieren, hatte sie schon immer einkalkuliert gehabt, *dann habe ich immer noch meine Töchter, sollten beide Söhne einmal nicht mehr in Wolfsegg sein.* So ihr Gedanke, den sie noch weiter verfolgt hatte: *ist die eine Tochter weg, habe ich noch die andere.* Sie war böse auf Caecilia und ließ es sie auch während dieser ganzen Hochzeitstage merken, aber sie hütete sich, schlau, wie sie ist, nein, wie sie war, ihre Bosheit und ihren plötzlichen Haß auf die Abtrünnige offen zu zeigen, im Gegenteil, heuchelte sie bei jeder Gelegenheit, wie sehr sie sich über *diese glückliche Verbindung,* wie sie sich alle Augenblicke ausdrückte, freue. Erst jetzt sei sie die glückliche Mutter, die sie immer schon sein wollte, sagte sie, es war tatsächlich abstoßend für den Eingeweihten. An allen Ecken und Enden von Wolfsegg ließ sie sich dann auch noch von ihrem Schwiegersohn fotografieren, sie, die sich niemals sozusagen von einem Fremden fotografieren hatte lassen, in allen möglichen lächerlichen, ja unverschämten Posen, wie ich denke, und alle Augenblicke umarmte sie den Schwiegersohn und forderte den einen oder anderen Umstehenden dazu auf, ein Foto von dieser Umarmung zu machen. Ihre Schauspielkunst hatte zweifellos bei dieser Hochzeit die höchsten Höhepunkte. Und gerade aus dem Schwarzwald! rief sie aus. Ich habe Freiburg immer geliebt! Und Titisee! Ihre Geschmacklosigkeit kannte keine Grenzen. Insgeheim wünschte sie nichts sehnlicher als eine baldige Auflösung der Verbindung Caecilias mit ihrem mehr oder weniger tolpatschigen Ehemann, der wahrscheinlich selbst nicht weiß, wie er zu dem Ganzen gekommen ist, gleich durch was. Sie war in ihren Gedanken niemals zimperlich gewesen. Es kann gut sein, denke ich, daß sich unsere Titiseetante an meiner Mutter gerächt hat, indem sie ihre Nichte Caecilia mit dem Weinflaschenstöpselfabrikanten verheiratet hat, denn es ist nichts klarer, als daß unsere Tante in Titisee an dieser grotesken Ehe schuld ist. Sie hatte meine Mutter nie leiden mögen, jetzt hatte sie ihren Triumph. Während sich meine Mutter andauernd auf die widerwärtigste Weise bei dieser Hochzeit in Pose stellte, hat sie sicher schon im Auge gehabt, wie diese unwillkommene Ehe von ihr auf schnellstem Wege zu zerstören sei, denke ich. In ihrem Kopf arbeitete bereits dieser Zerstörungsmechanismus, während sie der anwesenden Hochzeitsgesellschaft das Bild der über diese Ehe überglücklichen Mutter zeigte. Daß der Onkel Georg das nicht mehr erleben darf! hat sie ausgerufen. Mein Vater hatte sich während dieser ganzen Tage ziemlich gleichgültig verhalten, war seinen Geschäften nachgegangen, die meiste Zeit in der Meierei und im Wald, ihn hatten

solche Feste immer angewidert und er hatte sie immer nur seiner Frau
zuliebe und weil die ihn immer dazu gezwungen hat, über sich ergehen
lassen. Er war, wie gesagt wird, die ganze Zeit, die Ruhe selbst. Fortwährend habe ich gedacht, daß er auf einmal alt geworden ist, kraftlos, gänzlich interesselos. Aber ich kann nicht sagen, ich habe Mitleid mit ihm
gehabt. Mit den Schwestern habe ich, denke ich, ein normales, wenn auch
kein besonders gutes Kinderverhältnis gehabt, immer ein schlechtes Er-
wachsenenverhältnis und ich fürchtete jetzt nach dem Tod der Eltern und
von Johannes die Konfrontation mit ihnen. Sie werden mir die größten
Schwierigkeiten machen, dachte ich. Ihre auf dem Foto spöttischen, dann
verbitterten Gesichter werde ich nicht aushalten können, ihre Art zu reden, ihre Art zu gehen, ihre Art, sich anzuziehen und bei jeder Gelegenheit
in Beschuldigungen gegen mich auszubrechen, wo nichts zu beschuldigen
ist. Daß ich Wolfsegg weggeworfen habe, daß ich die Eltern vor den Kopf
gestoßen, sie mehr oder weniger tödlich verletzt habe, warfen sie mir
immer vor, jetzt, nach dem Tod der Eltern, sicher mit einer noch größeren
Unverschämtheit. Sie werden vor keiner Anschuldigung, sei es die absurdeste, die gemeinste, zurückschrecken, dachte ich. Es wird nichts nützen,
mich zurückzuhalten, ihnen so viel wie möglich aus dem Weg zu gehen,
fortwährend werden sie da sein und mir das ganze Unglück in die Schuhe
schieben. Mir und, sogar noch so lange nach seinem Tod, dem Onkel
Georg. Bei jeder Gelegenheit werden sie sagen, ich hätte die Eltern verrückt gemacht, wahnsinnig, tödlich verletzt. Auch wenn es gar nichts mit
mir zu tun hat. Schon zu ihren Lebzeiten war ich fortwährend an ihrem
Unglück schuld gewesen und nicht nur am Unglück der Eltern, auch an
ihrem eigenen. Daß ich, so ihre Theorie, aus Wolfsegg weggegangen und
Wolfsegg den Rücken gekehrt habe, sei unter anderem auch daran schuld,
daß sie an Wolfsegg gekettet worden sind, daß sie in Wolfsegg verkümmern mußten, daß sie sich überhaupt nicht entwickeln durften, nicht
heiraten durften etcetera. Daß sich die ganze Wolfsegger Atmosphäre in
den letzten beiden Jahrzehnten, eben genau von dem Zeitpunkt an, in
welchem ich aus Wolfsegg weg und schließlich nach Rom gegangen bin,
verfinstert habe, auf entsetzliche Weise. Daß der Vater und auch daß
Johannes krank geworden seien und daß die Mutter zu ihrer lebenslänglichen Migräne auch noch die Magen- und die Nierenkrankheit bekommen habe. Daß sich ihrer aller Gesundheitszustand so verschlechtert habe.
Daß in Wolfsegg nichts mehr erneuert worden ist. Selbst daß in diesen

zwei Jahrzehnten keine Dachreparaturen mehr gemacht worden sind, wäre meine Schuld, immer, wenn es hereinregnete, gaben sie mir die Schuld, wenn sie mit ihren Fetzen und Kübeln auf den Dachboden zu laufen hatten, um die Nässe aufzuwischen. Früher als ich noch in Wolfsegg gewesen bin, sei es immer so lustig gewesen, von dem Zeitpunkt meines Verschwindens nach Rom an nicht mehr. Schlagartig hätten sie in Wolfsegg keine Musik mehr gehört beispielsweise. Wolfsegg sei verstummt, so Amalia einmal zu mir, wegen dir, wegen deiner Dickköpfigkeit, die dich nach Rom getrieben hat, weil ich, wie sie sich zu sagen getraute, kein Verantwortungsgefühl hätte, es mir an Elternliebe fehle, ich die Eltern immer gehaßt hätte, die Eltern *immer gehaßt* hätte, während sie sie *immer geliebt* hätten. Ihr ganzes Geld, das auch ihnen zugestanden wäre, hätten die Eltern in mich sozusagen hineingesteckt und ihnen entzogen. Ich hätte durch meinen teuren Lebenswandel, so Caecilia, ihren Lebensunterhalt geschmälert, schließlich die Schuld an der immer fataleren Wertlosigkeit ihres Erbes etcetera. Sie verstiegen sich sogar zu der Äußerung, ich hätte aus keinem anderen Grund studiert und mir zu diesem Zwecke die teuersten Studienplätze in Europa ausgesucht, um sie möglichst kurz zu halten. Warum muß es London sein, Oxford, fragten sie immer wieder, wo es doch Innsbruck auch täte. Sie nannten mich fortwährend, solange ich zurückdenken kann, ihren größenwahnsinnigen Bruder, der ihr Geld verwirtschafte, obwohl es sich um mein Geld handelte, bestenfalls kann gesagt werden, um das Geld der Eltern. Ich liefe immer nur in den teuersten Kleidern herum, während sie das Einfachste zu tragen gezwungen seien wegen meiner Großmannssucht. An unseren Fetzen bist *du* schuld, hatte meine Schwester Amalia einmal gesagt. Zuerst hatten sie alle Schuld meinem Onkel Georg in die Schuhe geschoben, dann mir. Selbst mein Bruder hatte sich nicht entblödet, mir meinen Lebenswandel vorzuhalten, Wolfsegg sei nicht in der Lage, mich in einer derartig aufwendigen Weise zu finanzieren, so seine Worte. Ich hatte meinen Ohren nicht getraut, aber ich hatte durchaus richtig gehört. Meine Geschwister gaben zum Großteil nur die Bemerkungen der Eltern wieder, die sie das ganze Jahr anzuhören hatten, war ich in Wolfsegg, ließen sie ihrer bösartigen Geschwätzigkeit gegen mich freien Lauf, hielten sie sich nicht zurück. Meine Geschwister hatten mein Leben alle Augenblicke als ein unnützes und meine Existenz ganz offen als die überflüssigste bezeichnet und versucht, die Eltern davon abzuhalten, mir den Monatswechsel zu überweisen, ihn jedenfalls einer drastischen Kürzung zu unterziehen, hatten sie von den Eltern gefordert. Sie waren ihnen die ganze Zeit in den Ohren gelegen, mit mir, wie ich einmal selbst gehört hatte, *kurzen Prozeß* zu machen, sich von mir nicht an der Nase herumführen zu lassen, so meine Schwester Caecilia einmal während eines mit meiner Mutter in dem sogenannten Salettl eingenommenen Nachmittagstees, zu welchem ich ganz durch Zufall früher, als angekündigt, gekommen war. Andauernd hatte ich Zeuge ihrer Unverschämtheiten gegen mich zu sein, heimlich oder nicht, quälte sie, solange ich zurückdenken kann, der Gedanke, ich erhalte mehr als sie und als mir zustünde und führte ein, ihrer Meinung nach, besseres und angenehmeres Leben, was mir, ihrer Meinung nach, niemals zustünde. *Was ist er denn?* fragten sie alle Augenblicke, *was bildet er sich ein?* Schwieg ich bei Tisch, war es ihnen nicht recht, redete ich bei Tisch, war es ihnen auch nicht recht. Andauernd *schweigst* du, warfen sie mir vor oder, andauernd redest *du.* Blieb ich im Haus, sagten sie die ganze Zeit, warum gehst du nicht fort? ging ich fort, sagten sie die ganze Zeit, warum bleibst du nicht zuhaus? Zog ich mir einen hellen Anzug an, wünschten sie, daß ich einen dunklen anhabe, hatte ich einen dunklen an, wünschten sie an mir einen hellen. Unterhielt ich mich mit dem Arzt im Ort, sagten sie vorwurfsvoll, er unterhält sich andauernd mit dem Arzt und redet mit dem Arzt gegen uns. Redete ich nicht mit dem Arzt, sagten sie, er redet nicht einmal mit dem Arzt. Sagte ich, Rom sei mir lieber als Paris, sagten sie sofort darauf, ich lobte Rom nur, weil sie es haßten. Sagte ich, ich wolle keine Mehlspeisen, bezogen sie diese Äußerung über die Mehlspeisen auf sich, obwohl ich, als ich mich über die Mehlspeisen geäußert habe, gar nicht an sie gedacht habe, gleich was ich sagte, ich sagte es in ihren Ohren immer gegen sie. Mit der Zeit hatte ich es schon aus diesem Grunde nicht mehr in Wolfsegg aushalten können. Hatte ich Lust, an den See zu fahren, beschuldigten sie mich, ich führe andauernd an den See, was absurd war, denn ich hatte höchstens einmal im Jahr Lust, an den See zu fahren, zum Unterschied von meinem Bruder, der tatsächlich andauernd an den See fuhr, nämlich alle zwei, drei Tage, im Sommer noch öfter, aber meinen Bruder zu beschuldigen, kamen sie gar nicht auf die Idee. Ging ich in den Wald, war ich in ihren Augen ein Verrückter, ging mein Bruder in den Wald, fanden sie das völlig normal. Bestellte ich mir *einmal* im Gasthaus einen Martini, sagten sie sogleich, er bestellt *immer einen teuren Martini.* Schickte ich ihnen aus irgendeinem Ort eine Ansichtskarte, so sagten sie sofort, er schickt uns die Ansichtskarte nur, um uns zu kränken. Er kann es sich leisten, nach Cannes zu fahren, nach Lissabon, nach Madrid, nach Dubrovnik, wir nicht. So habe ich es mir schon früh abgewöhnt, ihnen Ansichtskarten zu schicken. Als sie aber keine Ansichtskarten mehr bekommen haben von mir, sagten sie, er schickt uns keine Ansichtskarten, er ist zu geizig dazu. Ganze fünf oder sechs Tage waren sie böse auf mich, weil ich in größter Winterkälte meine Zimmer gelüftet habe, um nicht ersticken zu müssen, sie warfen mir vor, ich verschleuderte, indem ich die Fenster öffnete, um frische Luft hereinzulassen, ihr Geld in einer Zeit, in welcher Geld so knapp sei und Holz so teuer. Sie verzeihen mir niemals, daß ich meine Zimmer lüfte im Winter, weil ich in ungelüfteten Zimmern nicht existieren und schon gar nicht meiner Geistesarbeit nachgehen kann. Lieber ersticken sie selbst beinahe, als daß sie Verständnis dafür hätten, daß ich meine Zimmer lüfte, bin ich in Wolfsegg, wo sie ohne weiteres für tausend Jahre Holz haben, um zu heizen. Als ich das erste Mal aus Rom nach Wolfsegg gekommen bin, in dem Glauben, auf das freudigste erwartet zu sein, hatte ich schon in den ersten Augenblicken erwähnt, wie herrlich Rom im Feber ist, in welchem man in ganz leichter Kleidung vor den Kaffeehäusern im Freien sitzen und einen Kaffee trinken kann. Sofort waren sie böse gewesen über die Tatsache, daß ich im Feber in Rom im Freien einen Kaffee trinke und haben mir die ganze Zeit vorgehalten, daß ich *immer* im Freien sitze und Kaffee trinke, während sie selbst nicht nur im Feber, sondern das ganze Jahr *schwer zu arbeiten* hätten. Was glaubst du, was wir in Wolfsegg zu arbeiten haben! sagten sie alle Augenblicke. Wir können uns nichts, aber auch schon gar nichts leisten. Du lebst im Luxus, während wir hier schuften, um Wolfsegg erhalten zu können! Meine Schwestern haben sich in den zwei Jahrzehnten, die ich aus Wolfsegg weg bin, einen widerwärtigen Ton der Bevormundung mir gegenüber angewöhnt, den ich ganz einfach nicht akzeptieren kann. Mußt du fliegen, wo doch die Bahn nur ein Drittel kostet, hat mich meine Mutter das letzte Mal aufgeklärt und meine Schwestern haben in diesen lächerlichen Vorwurf sofort mit aller Gemeinheit eingestimmt. Wie sie schon als kleine Kinder mit ihrer Mutter gemeinsam mit ihren hellen und kreischenden Stimmen gegen mich vorgegangen sind, gehen sie jetzt mit ihren widerlichen Altersstimmen, die mir jedesmal, wenn ich sie anzuhören habe, den Kopf durchschneiden, gegen mich vor. Die Mutter sagte eine Gemeinheit und die Schwestern nahmen diese Gemeinheit, ohne nachzudenken, auf und verdreifachten sie. Niemals hätte ich Gambetti dieses entsetzliche Wolfsegg vorzuführen gewagt, denke ich und hütete mich die ganzen Jahre davor, ihn jemals nach Wolfsegg einzuladen. Was ich ihm bis jetzt über Wolfsegg gesagt habe, denke ich, ist eine perverse Harmlosigkeit gegen die dort herrschenden wirklichen und tatsächlichen Zustände. In diese wahnwitzige Hölle hätte ich Gambetti niemals hineinschauen lassen dürfen. Im Ort waren meine Schwestern auch nicht beliebt, ich hörte, wenn ich mich umhörte, nur das Widerwärtigste über sie. Meine Mutter war auch nicht gern gesehen im Ort. Den Vater schätzten die Leute aber und bedauerten insgeheim, daß er mit dieser Frau und mit diesen Töchtern zu existieren habe. Mit meinem Bruder Johannes mußten sie zusammenarbeiten in unserer Land- und Forstwirtschaft und in den Kohlengruben, ob sie es gern getan haben, weiß ich nicht. Aber er war kein vollkommen unzugänglicher Mensch. Er war im Grunde auch nicht so hochmütig, wie ihm immer nachgesagt worden ist. Er hatte allerdings keine angenehme Art. Mehr aus Scheu, denn aus Hochmut, gab er sich die meiste Zeit arrogant, was er aber nicht war. Zum Unterschied von meiner Mutter und meinen Schwestern hatte er, wie mein Vater und wie ich selbst übrigens auch, immer eine gute Beziehung zur Bevölkerung gehabt und es vor allem verstanden, sie für sich einzusetzen. Meine Schwestern aber waren, das darf ich ruhig sagen, bei allen Leuten unbeliebt. Sie hatten auch niemals den Versuch gemacht, sich beliebt zu machen. Es war nicht nur komisch, daß sie auch in höherem Alter noch immer zu zweit aufgetreten sind, sondern abstoßend, nicht nur grotesk, sondern tatsächlich widerwärtig. Und daß sie sich auch im höheren Alter noch auf die gleiche Weise gekleidet haben. Sie sind auch heute noch durch und durch die mit entsetzlich kreischenden Stimmen ausgestatteten Marionetten ihrer Mutter. Wenn sie sich einmal dazu bequemten, mir die Strümpfe zu stopfen, so stopften sie sie so großmaschig, daß die Strümpfe nicht mehr zu tragen gewesen sind und außerdem mit einer überhaupt nicht zur Farbe der Strümpfe passenden Farbe, sie stopften mir grüne Socken ohne weiteres mit roter Wolle beispielsweise und waren zutiefst gekränkt, wenn ich ihnen ihr scheußliches Werk, anstatt ihnen zu danken, voller Abscheu ins Gesicht geworfen habe. Ich mußte es auch immer als besonders dumm empfinden, meine Schwestern fortwährend in seltsam geschmackloser oberösterreichischer Tracht umherlaufen zu sehen, auch die sogenannten Dirndlkleider, die sie sich zweimal jähr-

lich von der Schneiderin unserer Mutter schneidern zu lassen hatten,
stießen mich immer ab. Wenn ich aus Rom nach Wolfsegg kam und sie
liefen mir in diesen Dirndlkleidern entgegen, hatte ich mich jedesmal
beherrschen müssen, um nicht gleich in der ersten Sekunde ausfällig zu
werden. Als kleine Mädchen hatten sie Zöpfe, später steckten sie sich die
Haare auf dem Hinterkopf zu einer Rolle. Die blonde Rolle ist ihnen
inzwischen grau geworden. Ich erinnere mich der Tatsache, daß sie es
schon als kleine Mädchen nicht duldeten, wenn ich mit einem Buch im
Garten saß. Sie ließen mir keine Ruhe, nannten mich, was ich immer als
äußerst widerwärtig empfunden habe, ein *verkrachtes Genie,* was sie aus
dem Sprachschatz unserer Mutter übernommen hatten und schrien mir
diese schamlose Bezeichnung so lange in die Ohren, bis ich mein Buch
wegwarf und aufsprang und mich in mein Zimmer verkroch. Ich suche,
meine Schwestern betreffend, nach Erfreulichkeiten, aber ich finde keine.
Sicher könnte ich mit der Zeit einiges über sie berichten, das sie in einem
helleren Licht zeigt, aber das ist so wenig gegen das Fürchterliche, das
mich mit ihnen verbindet, daß es gar nicht der Erwähnung wert ist. Ich
muß sagen, daß mich meine Wahrheit über sie, die mich zeitlebens nur
gepeinigt haben und mir selbst meine Atemzüge geneidet haben, nicht
einmal erschreckt. Ich machte mich einer groben Fälschung schuldig,
wenn ich alle diese Gemeinheiten und Peinigungen ihrerseits gegen mich
jetzt verschweigen würde. Das verdienten sie nicht und das verdiente ich
selbst nicht. Ich habe mir immer ein paar Mal im Jahr zu meiner Erfrischung und zu meiner eigenen Belustigung einen jener römischen Stroh-
hüte gekauft, die in Trastevere immer um einen Pappenstiel angeboten
werden und die, weil sie leichter als alle anderen sind, am besten gegen die
römische Hitze, die an manchen Tagen tatsächlich unerträglich sein kann,
schützen. Als ich einmal mit einem solchen billigen Strohhut nach Wolfsegg und also, wie ich damals noch geglaubt hatte, *nachhause* gekommen
bin, stellte meine Mutter mich wegen nichts anderem als genau wegen
eines solchen Strohhutes, den ich aufgehabt habe, zur Rede. Ob es sein
müsse, mir einen solchen teuren Strohhut zu kaufen, wo doch jetzt eine
katastrophale Wirtschaftskrise und Wolfsegg kaum zu erhalten sei. Dies
nur als Beispiel für die Ungeheuerlichkeiten der Meinigen, die die Wörter
Scham, Sensibilität, Rücksicht, wenn ich nachdenke, kaum gekannt haben. Und die niemals auch nur das geringste Bedürfnis gehabt haben, sich
zu verbessern, die alle schon vor Jahrzehnten stehengeblieben sind und

sich damit zufrieden gegeben haben. Während ich immer alles daran gesetzt habe, mich zu verbessern, alles aufzunehmen und an mich zu ziehen, was aufzunehmen und an mich zu ziehen gewesen war, hätten sie nicht die geringsten Anstrengungen in dieser Richtung unternommen. Wie die meisten Akademiker glauben, mit dem Abschluß ihres akademischen Studiums ihrer Existenz Genüge getan zu haben und sich nicht mehr um eine Erweiterung ihrer Kenntnisse und Erkenntnisse und ihres Charakters bemühen zu müssen, weil sie glauben, ja schon den Höhepunkt ihrer Existenz erreicht zu haben, wie ein Großteil der Ärzte beispielsweise, die ich kenne, haben sich die Meinigen, nachdem sie das Gymnasium, das sogenannte humanistische, abgeschlossen hatten, um nichts mehr bemüht und sind für ihr ganzes Leben auf diesem tatsächlich vollkommen unbefriedigenden Standpunkt stehengeblieben. Diese Einstellung ist aber widerwärtig, zu glauben, daß Geistesbereicherung nicht mehr notwendig ist, eine Erweiterung der Kenntnisse, gleich welcher, überflüssig, eine stete Weiterschulung des Charakters Zeitverschwendung. Sie haben schon sehr früh aufgehört, ihre Kenntnisse zu erweitern und ihren Charakter zu schulen, indem sie das Gymnasium verlassen haben, also noch unter dem zwanzigsten Lebensjahr haben sie Arbeit an sich aufgegeben und sich mit dem Erreichten zufrieden gegeben in plumper Selbstüberschätzung. Während mein Onkel Georg beispielsweise das ganze Leben bestrebt gewesen ist, seine Kenntnisse zu erweitern, seinen Charakter zu stärken, seine Möglichkeiten vollkommen auszunützen bis zum Äußersten, hatten sie dafür nicht das geringste übrig gehabt zu einem Zeitpunkt, in welchem sie noch nicht einmal die unterste zu akzeptierende Stufe ihrer Entwicklung erreicht hatten. Schon um das zwanzigste Lebensjahr hatten sie aufgegeben, muß ich sagen, nichts mehr in sich hineingelassen, sich keinerlei Mühe mehr unterzogen, jede Anstrengung gescheut, sich zu verbessern. Dabei ist es eine Selbstverständlichkeit, so lange die Kenntnisse zu erweitern und den Charakter zu bilden und zu stärken, solange man existiert. Denn wer aufhört, seine Erkenntnisse zu erweitern und seinen Charakter zu stärken, also an sich zu arbeiten, um soviel wie möglich aus sich zu machen, hat aufgehört zu leben und sie hatten alle schon um das zwanzigste Jahr zu leben aufgehört, von da an vegetierten sie nurmehr noch dahin, wie ich sagen muß, naturgemäß sich selbst zum Überdruß. Alle hundert Jahre, denke ich, haben sie nur einen solchen Menschen wie meinen Onkel hervorgebracht, einen solchen außerordentlichen Charakter und gerade diesen außerordentlichen Menschen und Charakter verfolgten sie mit Abneigung und Haß, solange er lebte. In Betrachtung der Fotografien, auf welchen sie abgebildet sind, denke ich, daß sie sehr vieles und möglicherweise das Allerhöchste aus sich hätten machen können und doch nichts aus sich gemacht haben aus purer Bequemlichkeit. Sie begnügten sich mit dem tagtäglichen Trott, welcher von ihnen nicht mehr als den traditionellen Stumpfsinn forderte, der ihnen angeboren war. Sie setzten nichts aufs Spiel, sie riskierten nichts, sie ließen sich immer schon in jüngsten Jahren, wie gesagt wird, fallen. Sie hatten von ihren Möglichkeiten, die sie zweifellos, wie alle Menschen, immer gehabt hatten, niemals Gebrauch gemacht. Und machte einer von ihnen einmal von seinen und ihren Möglichkeiten Gebrauch, wie mein Onkel Georg, um nicht gleich wieder von mir sprechen zu müssen, peinigten sie ihn mit ihrem Unverständnis und mit ihrer Mißgunst. Meine Schwestern waren in dem Augenblick stehengeblieben, in welchem sie aus dem Gymnasium entlassen waren. Mit hocherhobenen Köpfen waren sie aus dem Gymnasium herausgetreten, ihr Abschlußzeugnis in der Hand wie einen lebenslänglich gültigen Garantieschein für etwas Außerordentliches, wo es sich doch nur bestenfalls um den Garantieschein für eine außerordentliche Beschränktheit handelte und blieben stehen. Heute mit ihren beinahe vierzig Jahren sind sie auf der Stufe ihrer neunzehn Jahre stehengeblieben und alles an ihnen ist mehr oder weniger lächerlich und, in ihrem Alter naturgemäß, gar nicht bedauerlich, sondern abgeschmackt. Aber auch unser Vater ist schon sehr früh stehengeblieben, nach dem Abschluß der sogenannten Holzfachschule, die er in Wiener Neustadt besucht hat, glaubte er, den Höhepunkt seiner Existenz erreicht zu haben und baute von da an nurmehr noch ab. Mit zweiundzwanzig war er stehengeblieben, um nurmehr noch zu erstarren und zu verkümmern. Und mein Bruder Johannes ist auch an dem Tag stehengeblieben, an welchem er die Forstschule in Gmunden absolviert hat, und hat sich nicht mehr weiter entwickelt. Wie neunzig Prozent der Menschheit, glaubte auch er, das gutausgestattete Abschlußzeugnis seiner letztbesuchten Schule sei sein Lebenshöhepunkt. So halten es die meisten Menschen, daß es zum Verrücktwerden ist. Sie gehen aus der Schule heraus und bleiben stehen und strengen sich nicht mehr an. Und fallen in sich, wie gesagt werden kann, zusammen. Und der anstrengungslose Mensch ist zweifellos der widerwärtige, den wir, wenn wir ihn betrachten, nicht ohne die größte Abscheu betrachten können. Er deprimiert uns, macht uns mit der Zeit nicht nur unglücklich, sondern wütend. Wir gehen gegen ihn vor, ohne daß es das geringste nützt. Die Menschheit, so scheint es, strengt sich nur so lange an, als sie stumpfsinnige Zeugnisse zu erwarten hat, mit welchen sie vor der Öffentlichkeit auftrumpfen kann, hat sie genug solcher stumpfsinniger Zeugnisse in der Hand, läßt sie sich gehen. Sie lebt zum Großteil nur, um Zeugnisse und Titel zu erreichen, aus keinem anderen Grund und hat sie die ihrer Meinung nach ausreichende Zahl von Zeugnissen und Titeln erreicht, läßt sie sich in das weiche Bett dieser Zeugnisse und Titel fallen. Sie hat, scheint es, gar keinen anderen Lebenszweck. Sie hat, wie es scheint, gar kein Interesse an einem eigenen, unabhängigen Leben, an einer eigenen, unabhängigen Existenz, nur an diesen Zeugnissen und Titeln, unter welchen die Menschheit schon jahrhundertelang zu ersticken droht. Sie drängen nicht nach Unabhängigkeit und Selbständigkeit überhaupt, nicht nach ihrer eigenen natürlichen Entwicklung, sondern nur nach diesen Zeugnissen und Titeln und sie würden für diese Zeugnisse und Titel jederzeit sterben, wenn man sie ihnen voraussetzungslos aushändigen und geben würde, das ist die entlarvende und deprimierende Wahrheit. So gering schätzen sie das Leben an sich, daß sie nur die Zeugnisse und Titel sehen und sonst nichts. Sie hängen sich die Zeugnisse und Titel in ihren Wohnungen an die Wand, in den Wohnungen der Metzgermeister und der Philosophen, der Küchengehilfen und der Rechtsanwälte und Richter hängen die Zeugnisse und Titel und sie starren diese ihre Zeugnisse und Titel ihr ganzes Leben lang mit den gierigen Augen an, die sie von diesem fortwährenden gierigen Starren auf diese Zeugnisse und Titel bekommen haben. Sie sagen im Grunde über sich selbst nicht, ich bin der und der Mensch, sondern ich bin der und der Titel, ich bin das und das Zeugnis. Und sie pflegen den Umgang nicht mit dem und dem Menschen, sondern nur mit dem und dem Zeugnis und dem und dem Titel. So können wir ohne weiteres sagen, daß in der Menschheit nicht die Menschen unter sich verkehren, sondern nur die Zeugnisse und Titel, die Menschen sind in der Menschheit, grob gesprochen, gleichgültig, wichtig sind nur die Titel und Zeugnisse. Nicht die Menschen werden seit Jahrhunderten gesehen, sondern nur Titel und Zeugnisse. Nicht Herrn Huber treffen sie im Kaffeehaus, sondern den Doktortitel Huber, nicht mit dem Herrn Maier gehen sie essen, sondern mit dem Diplomingenieur desselben Namens. Erst dann, scheint es, haben sie ihr Ziel erreicht, wenn sie nicht mehr der

Mensch, sondern der Diplomingenieur sind, wenn sie nicht mehr, wie sie glauben, *nur* die Frau Müller, sondern die Frau Gerichtsrat sind. Und sie empfangen in ihren Büros auch nicht das Fräulein, sondern das ausgezeichnete Zeugnis. Diese Zeugnis- und Titelsucht ist zwar in ganz Europa verbreitet, aber sie hat zweifellos in Deutschland und vor allem in Österreich einen Grad von Ungeheuerlichkeit und Groteske erreicht, der niederschmetternd ist. Erst neulich habe ich zu Gambetti gesagt, die Österreicher und die Deutschen schätzen nicht die Menschen, sondern nur die Titel und Zeugnisse, ja, sie gehen so weit, zu glauben, der Mensch entstehe erst in dem Augenblick, in welchem er ein Zeugnis erhalten oder einen Titel erlangt habe, vorher sei er gar kein Mensch. Gambetti fand diese Feststellung meinerseits als zu krass, übertrieben nannte er sie, aber ich werde ihm im Laufe unseres Unterrichts schon noch beweisen, daß ich durchaus nicht übertreibe und daß es sich nicht nur in Österreich so verhält, wie ich gerade wieder denke, sondern in ganz Europa und mit der Zeit mit erschreckender Schnelligkeit auch in der ganzen Welt. Aber diese Zeugnis- und Titelsucht ist natürlich keine Erfindung dieses Jahrhunderts, die Menschen waren schon immer danach aus. Da sie sich selbst viel zu gering schätzten, gaben sie sich eines Tages, vor Jahrhunderten schon, als Zeugnis und Titel aus, um vor sich selbst bestehen zu können. Mein Onkel Georg sagte sehr oft, immer wenn ich nach Österreich fahre, glaube ich, wenn ich in der Eisenbahn sitze, es sitzen nur Professoren- und Doktortitel im Coupé, keine Menschen, es gingen nur Horden von Zeugnissen auf den Straßen, keine jungen Menschen, nur Hofräte, keine Alten. Wie mein Vater das Abschlußzeugnis der Holzfachschule, hatte sich mein Bruder, sein Sohn Johannes, auch sein Abschlußzeugnis der Gmundner Forstschule über seinem Schreibtisch in einem dicken Rahmen an die Wand gehängt, als handelte es sich um Altarbilder. Sie empfanden den Abschluß dieser ihrer zweifellos notwendigen, aber doch durch und durch lächerlichen Schulen als ihren Lebenshöhepunkt. Und die Schwestern gicksten alle Augenblicke das Wort *Gymnasium* aus sich heraus, ohne daß sie darum gefragt worden wären. Die ganze Welt leidet unter der Zeugnis- und Titelkrankheit, unter welcher kein natürliches Leben möglich ist. Aber in den romanischen Ländern ist absolut dieser äußerste deprimierende österreichische und deutsche Zustand in dieser Sache noch nicht erreicht, sagte mein Onkel Georg. Und ich glaube, dort wird sich auch dieser deutsch-österreichische Zustand nicht durchsetzen. Diese Völker waren und sind nicht so beschränkt. In diesen Völkern ist das natürliche Leben noch weit verbreitet, während es bei uns schon beinahe gänzlich ausgestorben ist. Jahrhundertelang ist ein tatsächliches natürliches Leben in Deutschland und Österreich nicht mehr möglich, weil es von der Zeugnis- und Titelsucht aufgefressen und ausgelöscht worden ist. Mit meinem Bruder Johannes hatte ich ein gutes frühes Kindheitsverhältnis, nur ein Jahr auseinander, er ist, nein, er war der Ältere, waren wir, bis wir in die Schule eingetreten und unsere Schwestern geboren worden sind, gute Freunde gewesen. Aber schon in der Schule haben sich unsere Wege getrennt. Schon mit sechs Jahren, denke ich, ist jeder von uns beiden in die dann sein ganzes Leben bestimmende Richtung gegangen, tatsächlich jeder von uns genau in die entgegengesetzte des anderen. Während Johannes immer noch tiefer und tiefer in Feld und Wald und Forst hineingegangen ist, habe ich mich mit der gleichen Entschiedenheit gerade aus Feld und Wald und Forst entfernt und also ist er immer tiefer in Wolfsegg eingedrungen, während ich mich immer weiter aus Wolfsegg entfernt habe, er ist schließlich von Wolfsegg nicht nur durchdrungen, sondern bald beherrscht und, wie ich meine, aufgesaugt und aufgefressen gewesen, ich war es schließlich von der Welt außerhalb von Wolfsegg. Während die Lieblingswörter meines Bruders nach und nach keine anderen waren, als *Getreide, Schweine, Fichten* und *Föhren* etcetera, waren die meinigen *Paris, London, Kaukasus, Tolstoi, Ibsen,* etcetera und es hatte bald nichts mehr genützt, daß er immer wieder versucht hatte, mich an seinen Lieblingswörtern zu begeistern, wie es mir nichts genützt hat, ihn an meinen zu interessieren. Während ich mich, nach dem Vorbild unseres Onkels Georg, die meiste Zeit in unseren Bibliotheken aufhielt, war er die meiste Zeit in den Stallungen anzutreffen, er wartete im Stall darauf, daß eine Kuh endlich kalbte, während ich in der Bibliothek mit der Aufschlüsselung eines Satzes von Novalis beschäftigt war und genauso wie er im Stall die Geburt des Kalbes, erwartete ich mit derselben Ungeduld die Geburt des Novalisschen Gedankens in meinem Kopf. Zum Gymnasiumsabschluß hatte er sich ein Segelboot gekauft, während ich meinen Geldbetrag für den gelungen vollzogenen Schulabschluß dazu verwendete, mit meinem Onkel Georg nach Anatolien zu reisen. Während ich jede freie Minute dazu verwendete, solange er noch in Wolfsegg gewesen war, mit meinem Onkel Georg zusammen zu sein, hatte mein Bruder kaum ein Interesse an meinem Onkel, er hatte sich immer meinem Vater ange-

schlossen, den Vater auf die Felder begleitet, in die Wälder, in die Bergwerke, zu den Ämtern in den umliegenden Kleinstädten. Von Anfang an
hatte ich in unserem Onkel Georg meinen Lehrer gesehen, er, Johannes,
den seinigen, in unserem Vater. Auch war ich nicht ständig in der Nähe
meiner Mutter wie mein Bruder und ich habe es geradezu gehaßt, wenn er
als kleines Kind an ihrem Rock hing unausgesetzt. Ich habe mich nie an
den Rockschoß meiner Mutter gehängt und meinen Kopf immer vor ihr
zurückgezogen, wenn sie Anstalten machte, mich zu küssen. Er verlangte
andauernd, von der Mutter geküßt zu werden. Unser gemeinsames Zimmer verließ ich oft in der Nacht, während er schlief, um zu unserem Onkel
Georg zu gehen und mir ein Märchen erzählen zu lassen, von welchen er
mir zuliebe Hunderte erfunden und erzählt hat. Mein Bruder getraute sich
nicht, die Vorschriften in Wolfsegg zu umgehen, ich umging sie fortwährend. Ich ging von zuhause fort, wann ich wollte, er nicht, ich lief, wann
ich wollte, in den Ort hinunter, um die Leute, die dort lebten, beobachten
zu können, unter ihnen zu sein, er nicht. Ich redete mit den Dörflern,
wann ich wollte, er redete nicht mit ihnen, wenn es ihm nicht erlaubt war.
Schließlich richtete ich mir schon sehr früh ein eigenes Zimmer nach
meinem Geschmack ein, er wäre nie auf die Idee gekommen, dasselbe zu
tun. Seine Schulbücher waren immer sauber, seine Schrift in den Schulheften war wie gestochen, meine Schulbücher waren schmutzig, meine
Schrift war schlampig, beinahe unleserlich. Zu den Mahlzeiten erschien
mein Bruder immer pünktlich, während ich immer Schwierigkeiten hatte
mit der Pünktlichkeit. Ich stiftete ihn zu Abenteuern an, er mich umgekehrt nie. Die Abenteuer, zu welchen ich ihn anstiftete, endeten meistens
mit einer Verletzung und mit einem Geschrei seinerseits, denn er war
immer der Ungeschicktere gewesen, fiel oft in einen Bach, in einen Teich,
stolperte über einen Wurzelstock, riß sich an Sträuchern das Gesicht oder
die Beine auf, ich nie. Sagte ich, siehst du das oder das in der Ferne, sah er
es nicht, denn er war kurzsichtig im Gegensatz zu mir, der ich immer sehr
gut gesehen habe. Ich lernte, wie gesagt wird, spielend und von einem
Moment auf den andern Radfahren, er brauchte lange Zeit, um sich überhaupt auf dem Fahrrad halten zu können. Im Laufen kam er mir nicht
nach. Hatten wir schwimmend einen Fluß zu überqueren, scheiterte er
meistens und gab auf. So hatte sich sehr früh nicht schon Haß, aber doch
ein starkes Gefühl des Zurückgesetztseins in ihm festgesetzt gehabt gegen
mich, an welchem er immer gelitten hat, das schließlich in einen von Zeit

zu Zeit ganz und gar offensichtlichen, ziemlich *hemmungslosen Haß* gegen mich ausartete. Ich war beispielsweise in drei Minuten in den Ort hinunter gelaufen, er brauchte dazu fünf. In der Schule war er der Aufmerksamste und wenn er vom Lehrer gerufen wurde, sprang er immer sofort auf, während ich, wie gesagt wird, immer der Zerstreuteste gewesen bin und es, wenn mich der Lehrer gerufen hat, meistens überhört habe, was naturgemäß eine Bestrafung zur Folge gehabt hat. Freunde hatten wir beide in den ersten Schuljahren nicht, denn wir durften keine Mitschüler nachhause bringen. Nach Schulschluß hatten wir sofort aus dem Ort nach Wolfsegg hinauf zu gehn. Aber in späteren Jahren, als wir Freunde nach Wolfsegg mitbringen durften, hatten wir beide genau die unseren Anlagen entsprechenden, so wie wir selbst waren, die entgegengesetzten. Mein Bruder schlief immer sehr fest und war am Morgen immer ausgeschlafen, ich litt schon als Kind unter Schlaflosigkeit. Ich hatte die wildesten, aufregendsten Träume, er nicht. Auf der Landkarte mußte er lange suchen, um einen bestimmten Ort zu finden, ich nicht. Ich liebte Landkarten über alles. Ich breitete sie vor mir aus und machte große Reisen, suchte die berühmtesten Städte auf und befuhr mit meinen geträumten Schiffen die Meere. Meinen Bruder interessierte ganz etwas anderes: er kauerte in der Pferdestallecke und beobachtete die Tiere. Als der Zirkus Medrano im Ort unten sein Zelt aufgeschlagen hatte, wir waren fünf oder sechs Jahre alt, ließ ich keine Gelegenheit aus, im Ort zu sein und die Zirkusleute zu beobachten, vor allem interessierten mich die Trapezkünstler. Ich saß stundenlang in einem uneinsehbaren Winkel und bewunderte sie bei den Übungen ihrer aufregenden Kunst. Mein Bruder hatte sich für den Zirkus gar nicht interessiert. Im Winter beobachtete ich, bis ich halb erfroren war, die Eisschützen im Ort und ich erbat mir sehr bald einen eigenen Eisstock, um selbst an den Eisschießen teilnehmen zu können, was mir anfänglich streng verboten war, aber ich hatte das Verbot sehr bald hintergangen und war auf eigene Faust, wie gesagt wird, in den Ort hinunter. Jede Gelegenheit benützte ich, um den Ort aufzusuchen, ich war, sobald ich gehen hatte können, von ihm fasziniert gewesen, von den für mich neuen, anderen Menschen. Mein Bruder hatte dieses Interesse nicht, er war unter keinen Umständen dazu zu bewegen, mich auf meinen Ortsbesuchen zu begleiten. Er hätte eine Übertretung begehen müssen, was er sich nicht getraute und schon sehr früh aus Prinzip ablehnte. Ich ging ungeniert in alle Häuser des Ortes hinein und stellte mich vor und redete mit den Leuten. Ich freundete mich mit ihnen an, beobachtete ihren Tagesablauf, nahm an ihren Vergnügungen genauso Anteil wie an ihren Geschäften und je mehr Leute ich auf meinen Streifzügen durch den Ort, der mehr als vier Kilometer lang ist, kennenlernte, desto besser. Vor allem lernte ich die einfachen Leute kennen und wie sie lebten und arbeiteten und ihre Feste feierten. Bis zu meinem vierten oder fünften Lebensjahr hatte ich nicht gewußt, daß es noch andere als die in Wolfsegg gibt, immer mehr andere, Hunderte, Tausende, Hunderttausende, Millionen, wie ich bald darauf gekommen war. Ich suchte die Handwerker auf und beobachtete sie bei ihrer Arbeit, den Drechsler, den Schuhmacher, den Fleischhauer, den Schneider. Ich ging zu den armen Leuten und war überrascht, wie freundlich sie zu mir gewesen sind, denn ich hatte immer geglaubt, sie sind unduldsam, wie es mir die Meinigen immer geschildert hatten, borniert, unzugänglich, verstockt, hinterhältig und hinterlistig. Aber ich entdeckte, daß sie liebenswürdiger waren, als wir in Wolfsegg oben, daß *sie* die Liebenswürdigen und die Zugänglichen sind, nicht wir, daß *sie* die Fröhlichen sind und nicht wir, die mir auf einmal im Gegensatz zu den Dorfleuten unzugänglich, verstockt, hinterhältig und hinterlistig vorgekommen sind. Die Meinigen hatten das Dorf als für mich gefährlich bezeichnet und ich hatte entdeckt, daß nicht die geringste Gefahr für mich bestand im Dorf. Ich ging ganz ungeniert bei allen Türen hinein und schaute durch alle Fenster und meine Neugierde kannte keine Grenzen. Mein Bruder hatte an meinen Streifzügen niemals teilgenommen, sondern, im Gegenteil, mich bei meinen Eltern angezeigt, *er war wieder im Dorf unten,* hatte er gesagt, und sich nicht geschämt, ruhigen Auges zuzuschauen, wenn ich für mein Vergehen bestraft wurde, meine Mutter verprügelte mich mit einem immer bereitliegenden Ochsenziemer, mein Vater ohrfeigte mich. Während ich sehr oft mit dem Ochsenziemer geschlagen worden bin, kann ich mich nicht erinnern, daß mein Bruder jemals damit geschlagen worden wäre, auch nicht, daß er einmal eine Ohrfeige von meinem Vater bekommen hätte. Mich hatte immer das Andere interessiert, meinen Bruder nicht, dachte ich beim Anblick des Fotos, das ihn auf seinem Segelboot am Wolfgangsee zeigt. Gambetti habe ich einmal gesagt, mein Bruder sei immer anhänglich gewesen, ich niemals. Ich hatte Gambetti erklärt, was ich unter *anhänglich* in diesem Falle verstehe. Bei Tisch *hat* sich mein Bruder immer ruhig verhalten und sich niemals getraut, eine Frage zu stellen, während ich alle Augenblicke Fragen stellte bei Tisch, wie meine Eltern mir immer vorhielten, *die unmöglichsten Fragen. Alles* wollte ich wissen, nichts sollte unbeantwortet bleiben. Mein Bruder aß sehr ruhig, ich habe immer hastig gegessen, bis zum heutigen Tag. Mein Gang war der schnelle, der immer möglichst rasch zum Ziel führen sollte, der meines Bruders langsam, um nicht *bedächtig* sagen zu müssen. Auch wenn ich schrieb, schrieb ich immer schnell und dadurch schlampig und, wie gesagt, beinahe unleserlich, er schrieb immer langsam, ruhig. Wenn wir beichten gingen, war er immer lange im Beichtstuhl gewesen, während ich, kaum war ich hineingegangen, wieder heraußen gewesen war. Ich hatte die vielen Sünden, die ich, wie ich glauben mußte, hatte, sehr schnell aufgezählt gehabt, er brauchte für seine wenigen mindestens doppelt so lange. Ich hatte mich auch immer sehr schnell angezogen in der Frühe, erinnere ich mich, als wir noch ein Zimmer teilten, etwa bis zum siebenten Jahr, kaum war ich aufgestanden, war ich auch schon gewaschen und angezogen, er brauchte immer mindestens dreimal so lang. Er ist tatsächlich in allem unserem Vater ähnlicher gewesen, als unserer Mutter, während ich mehr der Mutter nach gewesen bin von Anfang an, jedenfalls was die Schnelligkeit, die Unruhe, was die Neugierde und die Auffassungsgabe betrifft. Es war selbstverständlich, daß meine Aufsätze bereits in der Volksschule besser waren als die seinigen, aber das bedeutete nicht, daß ich auch die besseren Noten dafür bekommen hätte, im Gegenteil, für meine zweifellos besseren Aufsätze habe ich immer die schlechteren Noten bekommen, was bei den Lehrern, die wir gehabt haben und die allgemein mehr Wert auf die äußere Form als auf den Inhalt legen, was Aufsätze betrifft, nicht verwunderlich war. Ich hatte immer interessante, wie ich selbst immer sagte, exotische Themen, wenn diese freigestellt waren, mein Bruder die einfachsten, die er auch ganz einfach entwickelt und ausgeführt hat, aber nicht nur einfach, sondern auch langweilig und umständlich, während die meinigen tatsächlich immer kompliziert *und* interessant abgefaßt waren, wie jederzeit aus den auf unseren Dachböden in Wolfsegg in Kisten und Kartons verstreut umherliegenden Schulheften zu beweisen ist. Mein Bruder war weniger daran interessiert, mehr und mehr Wissen aufzunehmen in seinen Kopf, um auf diese Weise immer gescheiter zu werden, er trachtete vornehmlich danach, sich bei dem jeweiligen Lehrer gut zu stellen, was niemals meine Absicht gewesen war, im Gegenteil, war ich bei meinen Lehrern niemals gut dagestanden, wie gesagt wird. Die Lehrer liebten mich auch nicht, weil ihnen

der Umgang mit mir viel zu schwierig gewesen ist, während sie meinen
Bruder immer geliebt haben, seine Unkompliziertheit. Und auch, weil er
immer in jedem Falle auf der Stelle gehorchte. Ich war sehr oft ungeduldig
und renitent den Lehrern gegenüber und auch nicht auf den Mund gefallen, er hatte sich immer allen Befehlen gefügt und niemals aufgemuckt,
während ich beinahe täglich aufgemuckt und mir dadurch geradezu die
Feindschaft der Lehrer zugezogen habe. Wie die Meinigen zuhause, hatte
ich auch die Lehrer immer alles mögliche gefragt und sie damit zur Raserei
gebracht, wie ich heute weiß, aber fast immer überfordert. Mit dem Argwohn, mit welchem ich ihnen gegenübergetreten bin, begegneten sie naturgemäß auch mir. Ich hatte, zum Unterschied von meinem Bruder, der
immer an ihre Autorität geglaubt hat, niemals an ihre Autorität geglaubt,
mein Onkel Georg hatte mir die Lehrer schon sehr früh als das bezeichnet,
was sie in Wahrheit tatsächlich sind, verkrampfte Duckmäuser, die an
ihren Schülern nur ihre perversen Launen auslassen, die sie zuhause bei
ihren Ehefrauen nicht auslassen können. Die Lehrer sind von allen sogenannten Gebildeten die gefährlichsten und die niederträchtigsten, hat mir
mein Onkel Georg schon früh eingeimpft, sie stehen, was ihre Gemeinheit
betrifft, auf gleicher Stufe mit den Richtern, die alle auf einer sehr niedrigen Stufe der menschlichen Gesellschaft stehen. Die Lehrer und die
Richter sind die gemeinsten Knechte des Staates, sagte mein Onkel Georg,
merke dir das. Er hat recht gehabt, ich habe diese Erfahrung oft und nicht
hunderte, sondern tausende Male gemacht. Keinem Lehrer ist, wie keinem Richter, über den Weg zu trauen, sie vernichten bedenken- und
hemmungslos, aus widerlicher Launenhaftigkeit und lauter Rachegelüsten
über ihr unglückseliges verpfuschtes Leben, tagtäglich viele der ihnen ausgelieferten Existenzen und werden dafür auch noch bezahlt. Die Objektivität der Lehrer ist, wie die Objektivität der Richter, eine gemeine und
heuchlerische Lüge, sagte mein Onkel Georg, er hatte recht. Wenn wir uns
mit einem Lehrer unterhalten, kommen wir bald darauf, daß er ein aus
Unzufriedenheit mit sich selbst, menschenzerstörender, ja letzten Endes
weltzerstörender Charakter ist, genauso, wenn wir uns mit einem Richter
unterhalten. Mein Bruder hatte allen Menschen zuerst immer Vertrauen
geschenkt und war dann immer vor den Kopf gestoßen gewesen, wenn sie
sein Vertrauen in beinahe allen Fällen enttäuscht hatten, ich habe umgekehrt beinahe niemandem zuerst Vertrauen geschenkt und bin dadurch
selten in meinem Vertrauen enttäuscht worden. Vor lauter enttäuschtem

Vertrauen hatte sich sein Gefühlszustand schon früh verbittert gehabt und er hat auch recht bald die Gesichtszüge seines verbitterten und alles in allem vom Leben enttäuschten Vaters angenommen, *übernommen*, muß ich sagen, wie wenn ein Mensch einen Besitz übernimmt. Überhaupt ist er sehr rasch seinem Vater in allem und jedem ähnlich gewesen. Wie oft habe ich gedacht, dein Bruder geht ja wie dein Vater, er sitzt wie dein Vater, er steht auf wie dein Vater, er ißt wie dein Vater und setzt auch die Wörter in seinen langen, umständlichen Sätzen genau wie sein Vater. In dreißig Jahren, habe ich oft gedacht, *ist* er wie dein Vater. Er hatte überhaupt alle Gewohnheiten seines und also auch meines Vaters angenommen. Er war, wie sein und mein Vater, sehr bald *ein bequemlicher Mensch* geworden, der nur immer vormachte, er sei tätig, während er in Wirklichkeit die Untätigkeit selbst gewesen ist, er stellte einen Menschen zur Schau, von welchem gesagt werden mußte, daß er ununterbrochen tätig sei, rastlos arbeite, niemals sich einen Augenblick der Ruhe gönne und alles das natürlich für nichts anderes, als für die Familie, die ihn immer so, wie er sich darstellte, zu sehen wünschte, aber die Familie nahm, was er darstellte, ernst und erkannte nicht, oder wollte ganz einfach nicht erkennen, daß sie nur einem Schauspieler zuschaute, keinen Augenblick dem, welcher sich hinter dem Schauspieler in seiner angeborenen Bequemlichkeit verschanzte; in Wirklichkeit arbeitete mein Bruder genauso wenig wie mein Vater, er stellte nur immer diese von allen bewunderte ununterbrochene Arbeit und diesen ununterbrochenen Arbeitseifer dar, der sie zufriedenstellte und der schließlich auch ihn selbst zufriedenstellte, weil er selbst auf einmal nicht mehr in der Lage gewesen war, einzusehen, daß er seinen Arbeitseifer für die Familie nur schauspielerte, aber gar nicht wirklich hatte. Mein Vater schauspielerte lebenslänglich den ungeheuer arbeitsamen, wenn nicht arbeitswütigen Landwirt, der niemals auch nur einen einzigen Augenblick zur Ruhe kommt, weil er sich eine solche Ruhe gar nicht gönnen kann aus lauter *Familiensinn,* genauso mein Bruder, der diese Schauspielerei von meinem Vater vollkommen naturgetreu übernommen hat, beide hatten sie bald begriffen, daß es genügt, Arbeit zu spielen, ohne sie wirklich zu tun. Im Grunde taten sie nichts, als ihre als Arbeit ausgegebene Schauspielerei möglichst zu perfektionieren, lebenslänglich, und sie erreichten ein hohes Maß an Könnerschaft auf diesem Gebiete, um nicht zu sagen, in dieser Kunst. Der Großteil der Menschheit, vor allem in Mitteleuropa, heuchelt Arbeit, schauspielert ununter-

brochen Arbeit vor und perfektioniert bis ins hohe Alter diese geschau-
spielerte Arbeit, die mit wirklicher Arbeit genauso wenig zu tun hat, wie
das wirkliche und tatsächliche Schauspiel mit dem wirklichen und tatsächlichen Leben. Da die Menschen aber immer lieber das Leben als Schauspiel sehen als das Leben selbst, das ihnen letzten Endes viel zu mühsam
und trocken vorkommt, als eine unverschämte Demütigung, schauspielern sie lieber, als daß sie leben, schauspielern sie lieber, als daß sie arbeiten. So habe ich die Arbeit meines Vaters, die von allen Leuten immer sehr
hoch eingeschätzt worden ist, niemals sehr hoch eingeschätzt, denn sie war
doch meistens nichts anderes als Schauspielerei, wie die Arbeit meines
Bruders, der sich mit größter Raffinesse diese Schauspielerei von seinem
Vater abgeschaut hat, um sie selbst mit einer noch größeren Perfektion der
bewundernden Umwelt vorzuführen. Aber nicht nur in den sogenannten
höheren Ständen wird die Arbeit heute meistens nur mehr noch geschauspielert, denn wirklich getan, auch unter dem sogenannten einfachen Volk
ist diese Schauspielerei weit verbreitet, die Leute schauspielern an allen
Ecken und Enden Arbeit, schauspielern Tätigkeit, wo sie in Wirklichkeit
nichts als faulenzen und gar nichts tun und meistens auch noch, anstatt
sich nützlich zu machen, den größten Schaden anrichten. Die meisten
Arbeiter und Handwerker glauben heute, daß es genug ist, wenn sie den
blauen Arbeitsanzug anziehen, ohne auch nur irgend etwas zu tun, von
einer nützlichen Tätigkeit ganz zu schweigen, sie schauspielern Arbeit und
ihr Kostüm ist der den ganzen Tag penetrant getragene blaue Arbeitsanzug, mit diesem rennen sie ununterbrochen umher und kommen tatsächlich sehr oft auch in Schweiß darin, aber dieser Schweiß ist ein falscher
und deshalb perverser und beruht nur auf geschauspielerter Arbeit, keiner
wirklichen. Auch das Volk ist längst daraufgekommen, daß geschauspie-
lerte Arbeit einträglicher ist, als wirklich getane, wenn auch bei weitem
nicht gesünder, im Gegenteil, und schauspielert Arbeit nur noch, anstatt
sie tatsächlich zu verrichten, wodurch die Staaten auf einmal, wie wir
sehen, vor dem Ruin stehen. In Wahrheit und in Wirklichkeit gibt es
nurmehr noch Schauspieler auf der Welt, die Arbeit spielen, keine Arbeiter. Alles wird geschauspielert, nichts mehr wird wirklich getan. Wenn ich
meinen Vater bei der Arbeit beobachtete, dachte ich sehr oft, er schauspielert ja nur, er arbeitet gar nicht, genauso ist es, was meinen Bruder
betrifft. Ich mache ihnen ja keinen Vorwurf daraus, daß sie, in Wirklichkeit, ihre Arbeit nur vortäuschen und ihre Umwelt an der Nase herum-

führen, so wie die übrige Menschheit ihre Umwelt auch, aber sie sollten, sagte ich mir immer, nicht bei jeder Gelegenheit behaupten, sie arbeiteten sich *zutode*. Und das auch noch ausgerechnet *für die Familie* und bei besonderen Gelegenheiten auch noch *für das Vaterland*. Ich kann ruhig sagen, unser Vater hat die Arbeit auf Wolfsegg immer mit leichter Hand getan, genauso mein Bruder. Sie haben sich nicht übernommen. Wolfsegg ist in ihren Händen in Wahrheit ein in jeder Beziehung verkommenes Wolfsegg geworden. Mein Onkel Georg hatte recht, als er einmal zu mir sagte: dein Vater und dein Bruder sind ganz ausgekocht; sie machen der Welt vor, die Familienroboter zu sein, während sie sich in Wirklichkeit Wolfsegg nur als ihre doch recht gemütliche ländliche Bühne aufgeschlagen haben, auf welcher sie uns zum Narren halten. Nicht wir nützen sie aus, sondern sie uns. Und wir fallen auch noch auf ihre Verlogenheit herein. Dem Landwirt genügt es oft, sein Hoftor aufzumachen und ein bißchen Schweinegrunzen sozusagen wie aus dem Radio aufzudrehen und durch dieses geöffnete Hoftor aus der Welt des schlechten Gewissens hinauszulassen, und er gilt als rechtschaffen und arbeitsam. Und die Menschheit ist tatsächlich so dumm, daß sie auf diese Methoden hereinfällt. Millionen schlüpfen am Morgen in ihren Drillich und werden für voll und das heißt für arbeitende Menschen gehalten, während sie nichts anderes als eine Armee von raffinierten Nichtstuern sind, die nur Schaden anrichten und die Welt zugrunde, und die nur ihren Bauch im Auge haben, nichts sonst. Aber die Intellektuellen sind wahrlich zu dumm dazu, das zu sehen, sagte mein Onkel Georg. Für sie ist der allerbilligste Auftritt eines faulen Arbeiters oder Handwerkers, wenn er nur sein blaues Kostüm anhat auf der durch und durch verlogenen Arbeitsbühne, schon ein Grund für schlechtes Gewissen. Die Intellektuellen sind die nichtssagenden, völlig einflußlosen Episodisten auf dieser skrupellosen, alles krank machenden Arbeitsbühne, auf welcher schon über ein halbes Jahrhundert auf die raffinierteste Weise fortwährend und auftrumpfend Arbeit und Tätigkeit *so* gespielt wird, daß es einem nur noch kalt über den Rücken läuft. Aber ich habe gar nichts dagegen, so mein Onkel Georg, daß die Leute nicht arbeiten wollen, daß die Menschheit nicht arbeiten will, nur soll sie ihre Faulheit ganz offen zugeben und nicht tagtäglich ihr widerwärtiges Arbeitstheater spielen. Dein Vater und dein Bruder sind auf dieser Arbeitsbühne ganz und gar hervorragende Protagonisten. Und deine Mutter ist, Wolfsegg betreffend, die Regisseurin des Ganzen. Meine Schwestern, denke ich, haben sich schon als kleine Kinder dieses hysterische Hüpfen angewöhnt, das sie schließlich im Alter zu einer ihrer auffälligsten Eigenschaften gemacht haben, sie hüpfen den ganzen Tag, sie gehen nicht, sie hüpfen aus der Küche heraus und auf den Gang und zurück und in den sogenannten Salon hinein und wieder zurück, sie gehen tatsächlich nicht, sie hüpfen, ich sehe, daß sie hüpfen und die Kinder geblieben sind, die sie vor dreißig Jahren noch waren, während sie in Wirklichkeit natürlich gehen, aber ich sehe sie immer hüpfen, wenn sie gehen, ich kann sie nicht gehen sehen, ohne daß ich sehe, daß sie im Grunde noch immer genauso hysterisch hüpfen, wie als ganz kleine Kinder, als Mädchen, die den ganzen Tag auf Wolfsegg herumgehüpft sind mit ihren langen Zöpfen. Sie sind vierzig Jahre alt und grau geworden und ich sehe sie immer noch hüpfend. War ich ihnen endlich entkommen, überraschten sie mich plötzlich hüpfend und ließen mir keine Ruhe, kicherten in mich hinein und machten mich mit ihrem Kichern halb verrückt. Sie sangen nicht nur den ganzen Tag genau die Lieder, die ich haßte, sie machten immer alles gegen mich, gleich, was es war. Als ob sie von meinen Eltern *ganz bewußt gegen mich* erzeugt worden wären, tanzten sie immer um mich herum, kreisten sie mich ein, stürzten sie sich selbst in meinen Träumen auf mich. Oft war ich aufgewacht aus einem Traum, in welchem sie mich töten wollten. Meinen Bruder ließen sie in Ruhe, es reizte sie nicht, ihn zu peinigen, während sie keine größere Lust kannten, als mich zur Verzweiflung zu bringen. Ihre Einstellung zu mir war immer nur eine bösartige gewesen und sie hatten sich diese bösartige Einstellung gegen mich zur Methode gemacht. Ich war ihnen lange Zeit rettungslos ausgeliefert gewesen. Sie bespitzelten mich auch fortwährend und weideten sich an den Bestrafungen, die ich durch ihre Anzeigen bei meinen Eltern durch diese zu erleiden hatte, sie beobachteten schadenfroh, wenn meine Mutter mir mit dem Ochsenziemer über den Kopf schlug, wenn mein Vater mich ohrfeigte, sie hatten während dieser Züchtigungen ihr gemeines Kichern nicht verbergen können. Ich kann nicht sagen, welche meiner Schwestern die teuflischere gewesen ist, denn einmal war Amalia von Caecilia, einmal Caecilia von Amalia gegen mich aufgestachelt worden. Das sogenannte schwache Geschlecht war mir damals schon als das in Wahrheit viel stärkere und rücksichtslosere bewußt geworden, indem es mich mehr oder weniger hemmungslos zu peinigen die größte Lust hatte. Die Erfindungsgabe meiner Schwestern, mich zu peinigen, war die unerschöpfliche, die jeden Tag neue Peinigungsmöglichkeiten zu produzieren imstande gewesen war mit immer noch größerer Raffinesse, mit immer noch größerer Infamie. Schon sehr früh waren meine Schwestern eine Verschwörung gegen mich. Ihnen wurde geglaubt, nicht mir, ihr Wort hatte gegolten, nicht das meinige. So sann ich selbst auf Rache. Ich sperrte sie in die finstere luftlose Speisekammer, ich stieß sie in den Teich, ich gab ihnen einen Stoß, so daß sie in ihren weißen Sonntagskleidern der Länge nach hinfielen und von oben bis unten schmutzig und blutig waren. Die Aussicht auf fürchterliche Bestrafung hinderte mich nicht, mich auf die eine oder andere grausame Weise für ihre Gemeinheit zu rächen. Ich führte sie in den Wald und lief davon, sie alleinlassend in Todesangst, mich nicht um ihre Schreie kümmernd. Aber die Grausamkeiten, die sie mir zugefügt haben, waren die ersten gewesen und ungeheuerlicher von Anfang an, als die meinigen. Auf dem Foto sehe ich alle diese Grausamkeiten ganz deutlich, in ihren Gesichtern ist ihre Geschichte, ist alles, das sie sind. Die grausamen Kinder waren nach und nach zu ebenso grausamen Erwachsenen geworden. Die Kinder waren schon nicht schön, als Erwachsene sind sie nurmehr noch häßlich. Es ist nicht ganz auszumachen, welche von beiden mehr dem Vater, welche mehr der Mutter ähnelt, beide haben sie naturgemäß *alles* von den Eltern, vergröberter. Bei Tisch sitzen sie wie Puppen, von ihrem jahrzehntelang immer gleichen Geplapper beherrscht. Sie setzen sich gleichzeitig hin und springen gleichzeitig auf und wenn die eine auf den Abort geht, rennt auch die andere. Die Weiber können nicht allein sein, selbst auf dem Abort nicht. Im Winter sitzen sie die meiste Zeit auf dem Sofa in ihrem Zimmer und stricken an jenen Westen für uns, die keinem passen und immer mißlungen sind und die auch immer die häßlichsten waren, die ich jemals gesehen habe. Entweder die Ärmel waren ungleich lang, oder der Rücken zu weit, die Taille viel zu eng, wie der Kragenausschnitt und das Ganze auch noch zu großmaschig und schlampig gestrickt, denn sie hatten sich naturgemäß niemals konzentrieren können. Die Farbe der Wolle, die sie für ihr Strickzeug aussuchten, war immer die geschmackloseste gewesen. Sie zwangen meinen Bruder und mich, in diese halbfertigen Pullover zum Anprobieren hinein und zerrten und zogen in allen Richtungen und behaupteten, daß ihr Strickzeug *gelungen* sei, während es ganz offensichtlich von einem unbeschreiblichen Dilettantismus verpfuscht gewesen war schon von Anfang an. Zu Weihnachten hatten dann alle unter dem Christbaum ihr grausliches Strickzeug liegen und

es mußte unter den unglaublichsten Verrenkungen unserer widerspensti-
gen Körper angezogen und auch noch bewundert werden. Die Weih-
nachtsnacht sitzen sie in Wolfsegg immer alle mit diesem verpfuschten
Strickzeug unserer Schwestern herum wie verstümmelt. Als ob es meine in
ihr Strickzeug vernarrten Schwestern darauf angelegt hätten, uns mit diesem ihrem geschmacklosen Strickzeug lächerlich zu machen. Als ob sie mit
der Wolle wochen- und monatelang Unzucht getrieben hätten. Monatelang beherrschte im Winter vor Weihnachten nichts anderes Wolfsegg,
als die Wolle. Am Weihnachtsabend wurden wir von den Schwestern alle
in ihre scheußliche Wolle gesteckt und hatten ihnen dafür auch noch
herzlichen Dank zu sagen. Ich habe Selbstgestricktes immer gehaßt, wie
Selbstgekochtes, wie alles Selbstgemachte im Haushalt überhaupt. Mir
sind auch Einsiedegläser ein Alptraum und in Wolfsegg sind nicht nur in
den Speisekammern, sondern auch in den Zimmern auf den Kasten immer Hunderte von Einsiedegläsern gestanden. Die Aussicht, die in diesen
Gläsern gehortete, von meiner Mutter und meinen Schwestern beschrif-
tete Marmelade in den nächsten Jahrzehnten aufessen zu müssen, hatte
sich in mir schon sehr früh als permanenter Haß gegen alles Eingekochte
und insbesondere gegen Marmelade überhaupt festgesetzt. In den Speisekammern hatten wir auch immer Hunderte von Gläsern mit Hühner-,
Fasanen- und Taubenschenkeln, vor deren trübem Gelb es mich jedesmal,
wenn ich ihrer ansichtig wurde, ekelte. Obwohl mit der Zeit immer weniger Marmelade gebraucht, immer weniger sogenanntes Eingewecktes
gegessen worden ist in Wolfsegg, haben meine Mutter und meine Schwestern immer mehr eingekocht und eingeweckt; sie waren tatsächlich von
einem Einkoch- und Einweckwahn besessen, solange ich denken kann
und von diesem Einkoch- und Einweckwahn nicht mehr zu heilen gewesen. Aus altgewordenem Brot hatten sie jede Woche Brösel gemacht
und ganze Galerien von Gläsern mit Bröseln aufgehoben, die niemals
gebraucht wurden, weil in Wolfsegg kaum mehr paniert worden ist, weil
wir keine Schnitzel mehr gegessen haben ganz einfach, die Wiener Art
nicht mehr gefragt und nicht mehr gegessen wurde. Aber das meiste auf
Pariser Art nach dem Geschmack unserer Mutter, die in allem und jedem
ihren Geschmack durchgesetzt hat in Wolfsegg. Nahm man Wolfsegg in
Augenschein, so war deutlich der Geschmack meiner Mutter der vorherr-
schende. Sie hatte gleich bei ihrem Einzug in Wolfsegg alles Väterliche
abgeschafft und das Ihrige durchgesetzt, so war mein *Vaterhaus,* muß ich

sagen, sehr bald zu einem *Mutterhaus* geworden, nicht zu seinem Vorteil, wie die zahllosen Verirrungen in allen Räumlichkeiten von Wolfsegg beweisen und nicht nur die Räumlichkeiten, alles in Wolfsegg, auch die Gärten, sind nach und nach unter den Einfluß meiner Mutter geraten und letzten Endes schon lange unter ihrem Geschmack verkommen. Jahrhundertelang waren die Gärten in Wolfsegg eine nach streng eingehaltenen Plänen gepflegte Anlage, bis meine Mutter auch sie von Grund auf veränderte, aus einer, wie ich weiß und wie alte Stiche beweisen, weitläufigen und großzügigen Natur, um Wolfsegg herum, ist eine ziemlich konventionelle, stupid-langweilige Anlage geworden, um nicht sagen zu müssen, eine kleinbürgerliche. Alles trägt sozusagen die Handschrift meiner Mutter. Ihr Größenwahn, muß ich sagen, hat nach und nach alles verkleinert. Eine sozusagen von unten heraufgekommene Frau muß für einen solchen Besitz wie Wolfsegg nicht immer eine Katastrophe sein, meine Mutter aber war eine solche. Mein Vater als Schwächling hatte niemals die Kraft und auch niemals den Charakter gehabt, dem Größenwahn und der Unsinnigkeit seiner Frau Einhalt zu gebieten. Im Gegenteil, hatte er immer alles, was diese Frau, unsere Mutter, wünschte, gutgeheißen und für der Weisheit letzten Schluß gehalten, jede ihrer Geschmacksverirrungen als etwas Gutes, Hervorragendes, wenn nicht gar Großartiges begrüßt und bejubelt und sie so mehr und mehr zu dem Glauben berechtigt, *die Retterin von Wolfsegg* zu sein, als welche sie sich dann immer aufspielte. Während unsere Mutter in Wahrheit für Wolfsegg immer der größte Schädling gewesen ist. Und meine Schwestern hat meine Mutter schon sehr früh zu ihren bedingungslos gehorsamen Gehilfinnen gemacht, die die Geschmacklosigkeiten ihrer Mutter, wo sie nur Gelegenheit dazu hatten, verbreiteten und durchsetzten. Meine Schwestern hatten sich mit der Zeit zu den zwei gefährlichsten Sprachrohren unserer Mutter entwickelt. Diese Sprachrohre standen, lagen und saßen ununterbrochen auf der Lauer. Solche Schwestern sind imstande, eine an sich glückliche Szene vollkommen zu verfinstern, habe ich einmal zu Gambetti gesagt. Eine solche Mutter und solche charakterlosen Schwestern können auf einem solchen Besitz wie Wolfsegg, jeden Tag, wann sie es wünschen, zur Nacht machen. Und sie haben zusammen soviele Tage, ja Jahre in Wolfsegg verfinstert. Uns allen ganz einfach, weil sie es wollten, das Licht ausgedreht. Ein Mann wie mein Vater, hatte ich zu Gambetti gesagt, heiratet eine Frau und dreht sich damit das Licht aus. Er lebt dann nicht mehr wie vorher, sondern tappt nurmehr noch ziemlich tolpatschig in der Finsternis umher, woran sich die Urheber dieser Verfinsterung nur ergötzen. Zuerst zögern solche Männer wie mein Vater eine Verbindung und gar eine Verehelichung hinaus, immer noch mehr hinaus, bis sie dann plötzlich, weil sie glauben, sonst verloren und zum Gespött geworden zu sein, in die Falle einer durchtriebenen Frau laufen, die gleich zugeschnappt, sich als eine tödliche Falle erweist, sagte ich zu Gambetti. Mein Vater war zum Unterschied von meinem Onkel Georg naturgemäß für die Ehe geschaffen, sagte ich, aber niemals mit einer solchen Frau, wie meine Mutter. Er heiratete seine Vernichterin und Verräterin. Wir lieben unsere Mutter natürlich, sagte ich zu Gambetti, aber wir sehen doch ihre Gemeinheit und ihren Vernichtungswillen. Das infame Element kommt zum Zuge, sagte ich zu Gambetti, das Moralische wird lächerlich. Aber es gibt natürlich auch das umgekehrte Beispiel: eine Frau tritt auf und rettet tatsächlich *alles*. Aber *diese Frau, unsere Mutter,* war nichts anderes als die Vernichterin. Andererseits, sagte ich zu Gambetti, ist es ja möglich, daß ich so denke, während es sich doch ganz und gar anders, womöglich umgekehrt verhält, daß ohne diese Frau, meine Mutter, das Unglück, das über Wolfsegg gekommen ist, *ein noch größeres wäre.* Mein Onkel Georg nannte sehr oft die Zustände, die durch meine Mutter über Wolfsegg gekommen sind, *sein größtes Glück. Meine Rechnung ist durchaus aufgegangen,* sagte er oft. Und ich selbst muß mir sagen, daß meine eigene Rechnung ebenfalls aufgegangen ist. Schließlich ist es wahrscheinlich, daß auch ich mich vollkommen anders entwickelt hätte, hätte sich Wolfsegg anders entwickelt, also ohne meine Mutter, mit einer anderen Frau meines Vaters. Ich wäre nicht der, der ich bin, wenn Wolfsegg ein anderes wäre. Da ich mich im großen und ganzen, vor allem mit der Möglichkeit, in Rom zu leben, als einen durchaus glücklichen Menschen bezeichnen kann, sagte ich zu Gambetti, habe ich keinerlei Ursache, fortwährend über Wolfsegg als über eine Katastrophe zu reden. Möglicherweise, sagte ich zu Gambetti damals, doch aus einem Schuldgefühl heraus, aus dem einfachen Grund, unabhängig zu sein aus Wolfsegg, wie es ist, mit einer, wie ich zugeben muß, ziemlich ausgeprägten Rücksichtslosigkeit. Wir hassen, wie wir wissen, unsere Ernährer, also hasse ich mehr oder weniger aus diesem Grund Wolfsegg, sagte ich zu Gambetti, denn Wolfsegg ernährt mich ja, habe ich nun ein Recht darauf oder nicht, das ist gleichgültig. Wir hassen ja nur, wenn und weil wir im Unrecht sind. Es ist mir zur Gewohnheit geworden, fortwährend zu denken (und zu sagen!), meine Mutter ist widerwärtig, meine Schwestern sind es ebenso und dumm, der Vater ist schwach, der Bruder ist ein armer Narr, alle sind sie Dummköpfe. Diese Gewohnheit ist eine Waffe, die im Grunde Infamie ist, mit welcher wahrscheinlich nur ein schlechtes Gewissen befriedigt werden muß. Ebenso, sagte ich zu Gambetti, könnten sie über mich herziehen, mich fortwährend an den Pranger stellen, mich zu dem Bösartigen machen, zu welchem ich sie im Laufe der Zeit gemacht habe. Sehr leicht und sehr schnell gewöhnen wir uns an, zu hassen, zu verdammen, ohne zu fragen, ob unser Hassen und Verdammen auch nur noch die geringste Berechtigung hat mit der Zeit. Alles in allem sind es doch *die armen Menschen,* mit welchen wir, weil wir uns selbst kennen, vor allem Mitleid haben müßten, weil sie, wie wir, auf die erbarmungswürdige Weise am Leben sind, ihre erbarmungswürdige Existenz führen müssen, ob sie wollen oder nicht. Damit fertig werden müssen, sagte ich zu Gambetti. Warum verbeißen wir uns sozusagen immer eher und mehr an den Unzulänglichkeiten, an den Fehlern, als an den Vorzügen, wenn es sich um die andern handelt, hatte ich zu Gambetti gesagt. Die Betrachtung der Fotos aber ließ mich gleich wieder rückfällig werden, die Schwestern erschienen mir ganz einfach als die lächerlichen, die sie sind. Ich zweifelte nicht an ihrer Lächerlichkeit. Aber verdienen sie, daß du sie *widerlich* nennst? sagte ich mir. In dieser Stunde? Ich schämte mich, aber gleich darauf mußte ich mir sagen, daß wir ja nicht aus unserem Kopf heraus können und ich beharrte darauf, daß meine Schwestern *lächerliche und widerliche* sind. Eine sogenannte Familientragödie, sagte ich mir, rechtfertigt ja nicht, daß wir das Bild dieser Familie von Grund auf verfälschen. Daß wir einer urplötzlichen sentimentalen Attitüde nachgeben und in dieser mehr oder weniger sogar aufgeben tatsächlich auch wieder nur aus Egoismus. Ein Unglücksfall, und sei es der fürchterlichste, berechtigt uns ja nicht, den Kopf zu verfälschen, die Welt zu verfälschen, alles zu verfälschen, uns, kurz gesagt, mit der Heuchelei gemein zu machen. Ich habe es oft erlebt, daß über Gestorbene, die zeitlebens als widerwärtig und abstoßend empfunden worden waren, plötzlich so gesprochen worden ist, als wären sie niemals in ihrem Leben widerwärtig oder abstoßend gewesen. Diese Geschmacklosigkeiten habe ich immer als peinlich empfunden. Der Tod eines Menschen macht ja aus ihm keinen andern, er macht aus ihm keinen besseren Charakter, er macht aus ihm kein Genie, wenn er ein Dummkopf gewesen ist, keinen Heiligen, wenn er zeitlebens ein Unmensch war. Wir haben ein solches Unglück *naturgemäß* auszuhalten, zu ertragen mit allen Fürchterlichkeiten, auch mit der Gewißheit, daß es die Menschen, die tödlich verunglückt sind, in ihrem Wahrheitsbild nicht verändert hat. Über einen Toten soll nichts Schlechtes geredet werden, sagen die Leute, es ist geheuchelt und verlogen. Wie kann ich über einen zeitlebens immer scheußlich gewesenen Menschen, der durch und durch ein niederträchtiger Charakter gewesen ist, nach seinem Tod plötzlich behaupten, er wäre kein scheußlicher Mensch, kein niederträchtiger Charakter gewesen, sondern auf einmal ein guter Mensch. Diese Geschmacklosigkeit erleben wir jeden Tag, wenn einer gestorben ist. Wie wir uns nicht scheuen sollten, bei seinem Tode zu sagen, der gute Mensch ist tot, sollten wir uns auch nicht scheuen, zu sagen, der gemeine, der niederträchtige ist tot. Mit allen seinen Fehlern ist er tot, sollten wir sagen, *und* mit seiner ganzen Erfreulichkeit, mit allen seinen Wundern in jedem Fall. Sein Tod soll unser Bild, das wir von einem Menschen haben, in keiner Weise zurechtbiegen. Er ist in uns, wie er war, sollten wir uns sagen und ihn in Ruhe lassen. Zu Gambetti habe ich gesagt, ich werde lange Zeit nicht nach Wolfsegg fahren, und *jetzt muß ich augenblicklich zurück.* Ich kann Wolfsegg nicht mehr sehen, habe ich gesagt, die Mauern vertrage ich nicht mehr, die Menschen ebensowenig wie die Mauern, und das Klima ist mir endgültig unmöglich geworden. Ich hatte nicht gedacht, daß es mir so schnell unmöglich sein wird, habe ich zu ihm gesagt. Die Eltern vertrage ich nicht mehr, aber auch nicht mehr die Geschwister, am meisten, habe ich gesagt, gehen mir die Schwestern auf die Nerven. Ich bin schon zu lange Zeit in Rom, überhaupt im Ausland, ich bin ein Ausländer geworden, es ist mir unerträglich, auch nur eine Stunde ohne Widerwillen in Wolfsegg zu sein. Ich könne mir nicht vorstellen, jemals wieder auf längere Zeit in Wolfsegg zu sein. Ich habe keine Beziehung mehr zu Wolfsegg. Ich verabscheue alles, das mit Wolfsegg zusammenhängt. Die Geschichte von Wolfsegg belastet mich *in einer vernichtenden Weise,* der ich mich nicht mehr aussetzen werde. Und jetzt muß ich augenblicklich nach Wolfsegg zurück. Unter welchen Umständen! Unter was für fürchterlichen Umständen!, sagte ich mir. Es sind noch keine vier Stunden her, daß ich zu Gambetti gesagt habe, am liebsten würde ich nie mehr nach Wolfsegg fahren. Es ist mir unmöglich geworden. Alles ist Lüge dort, Gambetti, habe ich gesagt, eine unerträgliche Künstlichkeit herrscht dort, die Sie sich nicht vorstellen können, Gambetti. Diese Menschen sind für alles taub, das mir so viel bedeutet, für Natur, Kunst, für alles Wesentliche. Sie lesen keine Bücher, sie hören keine Musik, sie reden den ganzen Tag nur das Überflüssigste, das Banalste. Es ist mit ihnen nicht die geringste nützliche Unterhaltung möglich, nur die deprimierendste. Sage ich etwas, verstehen sie nicht, was ich sage. Ich erkläre ihnen etwas und sie starren mich völlig teilnahmslos an. Sie haben nicht den geringsten Geschmack. Wenn ich von Rom spreche, das doch ein Mittelpunkt der Welt ist, sagte ich zu Gambetti, langweilt es sie. Wenn ich von Paris spreche, wenn ich über Literatur spreche, über Malerei. Ich kann keinen mir wichtigen Namen erwähnen, ohne fürchten zu müssen, daß sie ihn noch nie gehört haben. Alles ist dort lähmend und in einer Weise selbst im Sommer kalt, daß es mich andauernd friert. Sie wissen nicht, daß diese Leute nichts als nur das Allerprimitivste im Kopf haben. Geld, Jagd, Gambetti, Gemüse, Getreide, Kartoffeln, Holz, Kohle, sonst nichts. Meine Mutter redet andauernd von ihren Aktien, die sie, wie sie fortwährend sagt, *auf die unglücklichste Weise* angelegt hat, mein Vater führt ununterbrochen das Wort *Lagerhaus* im Mund, mein Bruder glaubt, daß der Mittelpunkt der Welt sein Segelboot ist und sein *Jaguar.* Sie müssen sich vorstellen, daß dort nur die widerwärtigsten Leute aus- und eingehen, stupide, lächerliche, uninteressante Leute aus diesen scheußlichen Kleinstädten, mit welchen man nicht das geringste Gespräch führen kann, keinen Gegenstand kann man mit diesen Leuten angehen, ohne schon von Anfang an zu scheitern. *Ich gehe, wenn möglich, nicht vor einem Jahr nach Wolfsegg zurück,* sagte ich zu Gambetti, *auch zu Weihnachten nicht, auch diese Gewohnheit ist mir widerwärtig geworden, denn zu Weihnachten ist die Verlogenheit auf Wolfsegg die größte. Mindestens ein Jahr werde ich nicht nach Wolfsegg gehen, höchstens zum Geburtstag meines Vaters!* hatte ich gesagt, wie wir vor dem Hotel Hassler stehengeblieben sind. *Auch dieses Mal habe ich Wolfsegg fluchtartig verlassen und ich habe die Meinigen vor den Kopf gestoßen,* sagte ich, *obwohl man diese Leute ja gar nicht vor den Kopf stoßen kann, denn sie merken es nicht einmal, die Unsensibilität, die dort herrscht, ist die unbeschreibliche, Gambetti. Mir ist inzwischen alles Österreichische genauso wie alles Deutsche unerträglich geworden. Ich habe mir in Rom meinen Kopf für Wolfsegg verdorben,* sagte ich zu Gambetti. Rom hat mir Wolfsegg unmöglich gemacht. Schon London hat mir den Kopf für Wolfsegg unmöglich gemacht, dann Oxford, dann Paris, dann Rom endgültig. Ich verstehe nicht, daß ich jemals ein schlechtes Gewissen haben konnte, nicht nach Wolfsegg gefahren zu sein, weil sie es so haben wollten, denn sie verdienten es ja nicht, daß ich jemals wieder nach Wolfsegg fuhr. Flog, sagte ich, flog, um von ihnen bloßgestellt zu werden. Mein Auftauchen in Wolfsegg allein ist schon immer ein Bloßstellen meinerseits gewesen. Ich kam an und sie stellten mich bloß. Ich betrat Wolfsegg und ich war bloßgestellt. Dort ist alles niederträchtig, sagte ich, und gemein, wenn ich die wenigen Augenblicke abziehe, die ich als erträglich bezeichnen kann. Ich hatte mich Gambetti gegenüber in eine ungeheure Erregung gegen Wolfsegg hineingesteigert, ich empfand diese Erregung aus der Beschimpfung Wolfseggs heraus tatsächlich auf einmal als geradezu pervers, als unerträglich, aber ich hatte ihr nicht mehr entkommen können und mußte ihr freien Lauf lassen, so glücklich war ich gewesen über die Wiederkehr nach Rom, noch niemals vorher in einer solchen aufregenden Weise glücklich, ich hatte mich nicht beherrschen können und Gambetti zum wehrlosen Opfer meiner Wolfseggbeschimpfung gemacht, die tatsächlich zu einer Beschimpfung alles Österreichischen und schließlich dazu auch noch alles Deutschen, ja letzten Endes alles Mitteleuropäischen geworden war. Der Norden ist mir vollkommen unerträglich geworden, Gambetti, sagte ich, je nördlicher ich fahre, desto unerträglicher ist es mir und Wolfsegg liegt für mich schon im Hohen Norden, in der äußersten Unerträglichkeit. Diese endlosen, langweiligen Abende, sagte ich, dieses geschmacklose Essen, diese ungenießbaren Weine und diese mühseligen Unterhaltungen, deren Gequältheit Ihnen gar nicht geschildert werden kann, dazu bin ich gar nicht fähig, mein lieber Gambetti. Wieder in Rom zu sein, Sie wissen nicht, was das für mich bedeutet, wieder auf dem Pincio zu sein, die Borghese-Gärten, der Blick von hier aus hinunter auf mein geliebtes Rom. Auf mein verehrtes Rom. Auf mein wunderbares Rom! Wer so lange wie ich in Rom ist, hat sich den Zugang zu einem Ort wie Wolfsegg ganz einfach vermauert, er kann gar nicht mehr zurück, es ist ihm unmöglich geworden. Tagelang laufe ich in den Gebäuden umher, um mich zu beruhigen, und es ist mir nicht möglich, tagelang gehe ich in meinen Zimmern auf und ab, um es auszuhalten und ich halte es naturgemäß immer weniger aus, tagelang suche ich eine Möglichkeit, Wolfsegg ertragen zu können, ohne alle Augenblicke das Gefühl zu haben, wahnsinnig werden zu müssen und ich finde sie nicht. Fünf Bibliotheken, sagte ich zu Gambetti, und eine solche Geistfeindlichkeit. In den romanischen Ländern haben die allereinfachsten Leute Geschmack, Kultur, sagte ich, in Wolfsegg hat niemand auch

nur den geringsten Geschmack. Die Österreicher haben nicht den geringsten Geschmack, jedenfalls schon lange Zeit nicht mehr, wo man hinschaut, herrscht die allergrößte Geschmacklosigkeit. Und was für eine
allgemeine Interesselosigkeit. Als ob der Mittelpunkt nur der Magen sei,
sagte ich, und der Kopf völlig ausgeschaltet. Ein so dummes Volk, sagte
ich, und ein so herrliches Land, dessen Schönheit andererseits unüber-
troffen ist. Eine Natur wie keine zweite und so an dieser Natur desinter-
essierte Menschen. Eine so hohe Kultur von alters her, sagte ich, und eine
solche barbarische Kulturlosigkeit heute, eine verheerende Unkultur.
Ganz zu schweigen von den deprimierenden politischen Verhältnissen.
Was für scheußliche Kreaturen in diesem Österreich heute die Macht
haben! Die Niedrigsten sitzen jetzt oben. Die Widerwärtigsten und die
Gemeinsten haben alles in der Hand und sind drauf und daran, alles, das
etwas ist, zu zerstören. Leidenschaftliche Zerstörer sind am Werk, rücksichtslose Ausbeuter, die sich den Mantel des Sozialismus umgehängt haben. Die Regierung betreibt eine ungeheuerliche Vernichtungsmaschine,
in welcher tagtäglich alles vernichtet wird, das mir lieb ist. Unsere Städte
sind nicht wiederzuerkennen, sagte ich, unsere Landschaft ist in großer
Breite eine unansehnliche geworden. Die schönsten Gebiete sind der Geld-
und Machtgier der neuen Barbaren zum Opfer gefallen, wo ein großer
schöner Baum steht, wird er umgeschnitten, wo ein herrliches altes Gebäude steht, wird es niedergerissen, wo ein köstlicher Bach zu Tal rinnt,
wird er ruiniert. Wie überhaupt alles Schöne mit Füßen getreten wird.
Und alles im Namen des Sozialismus mit der widerwärtigsten Heuchelei,
die man sich vorstellen kann. Alles, das auch nur im geringsten mit Kultur
zu tun hat, wird beargwöhnt und so lange in Frage gestellt, bis es ausgelöscht ist. Die Auslöscher sind am Werk, die Umbringer. Wir haben es mit
Auslöschern und mit Umbringern zu tun, an allen Ecken und Enden
verrichten sie ihre mörderische Arbeit. Die Auslöscher und die Umbringer
bringen die Städte um und löschen sie aus und bringen die Landschaft um
und löschen sie aus. Sie sitzen auf ihren dicken Ärschen in den Tausenden
und Hunderttausenden von Ämtern in allen Winkeln des Staates und
haben nichts als die Auslöschung und das Umbringen im Kopf, sie denken
nichts anderes, als wie sie alles zwischen dem Neusiedlersee und dem
Bodensee gründlich auslöschen und umbringen können. Wien ist schon
beinahe umgebracht, Salzburg, alle diese herrlichen Städte, sagte ich zu
Gambetti, die Sie nicht kennen, aber die tatsächlich zu den schönsten der

Welt zählen. Die Landschaft, die wir heute von Wien aus durch Österreich queren, sagte ich, ist auch schon beinahe völlig umgebracht und ausgelöscht, eine Scheußlichkeit wechselt mit der anderen ab, eine Häßlichkeit nach der andern drängt sich uns auf der Fahrt vor die Augen und es ist schon eine perverse Lüge, heute noch von Österreich als von einem schönen Land zu sprechen, es ist in Wahrheit längst nurmehr noch ein zerstörtes, ein mutwillig verheertes und verunstaltetes, ein perfiden Geschäften zum Opfer gefallenes, in welchem es tatsächlich schon das schwierigste ist, einen unversehrten Winkel zu finden. Es ist eine Lüge, zu sagen, dieses Land ist ein schönes Land, denn es ist in Wahrheit ein umgebrachtes. Haben wir es notwendig gehabt, fragte ich Gambetti, daß die Menschheit sich an dieser schönsten aller Welten vergriffen hat in diesem Jahrhundert, um sie umzubringen und auszulöschen? Die Dörfer, Gambetti, sagte ich, sie sind nicht mehr wiederzuerkennen, wenn wir sie nach Jahren aufsuchen, genauso wie die Menschen, die diese Dörfer bewohnen. Was waren das, vor wenigen Jahren noch, für Menschen und was sind diese Menschen heute! In einem jeden hat sich die Charakterlosigkeit wie eine Todeskrankheit festgesetzt, die Habgier, die Rücksichtslosigkeit, die Infamie, die Lüge, die Heuchelei, die Niedertracht. Alles tun diese Menschen heute, um ihre Niedertracht mit der größten Rücksichtslosigkeit durchzusetzen. Sie gehen in diese Dörfer mit der größten Wiedersehensfreude hinein und kehren ihnen bald abgestoßen von soviel Gemeinheit den Rücken. Sie suchen alle diese ehemals schönen Städte auf und sind niedergeschlagen, wenn Sie sie mit einem gedemütigten Kopf verlassen in der Gewißheit, daß alle diese Städte verloren sind. Der Ungeist von heute hat sie verunstaltet, hat sie vernichtet, Sie müssen sie in den alten Büchern, auf den alten Stichen suchen, um sie zu finden, die Wirklichkeit hat sie längst ausgelöscht. Alle diese herrlichen Häuser in Oberösterreich beispielsweise, in Salzburg, in Niederösterreich, haben ihr Gesicht verloren, man hat ihnen in blinder Modewut diese jahrhundertealten herrlichen Gesichter verstümmelt, alles aus ihnen herausgerissen, was an ihnen schön gewesen ist, gänzlich verkrüppelt zeigen sie sich mehr oder weniger höhnisch dem Erschrockenen, der noch ihr ursprüngliches Gesicht im Kopf gehabt hat. Lauter ruinierte Fassaden, sagte ich zu Gambetti, wie wenn alle diese Städte von einem fürchterlichen Aussatz befallen worden wären, einem tödlichen Aussatz, der bis jetzt nicht bekannt gewesen ist. Andererseits, sagte ich zu Gambetti, hat man ganzen Stadtteilen ganz einfach die Eingeweide herausgerissen und sie auf diese Weise für immer verstümmelt, ruiniert. Die Architekten haben unsere Erdoberfläche verunstaltet, sagte ich, die Architekten, die von den rücksichtslosen Politikern zu dieser Verunstaltung aufgestachelt und angezettelt worden sind. Zuerst hat es so ausgesehen, als hätten die Kriege unsere Städte und unsere Landschaften ruiniert, aber mit einer viel größeren Gewissenlosigkeit sind sie in den letzten Jahrzehnten von diesem perversen Frieden ruiniert worden, von der skrupellosen Geschäftemacherei der Mächtigen, die den Architekten, ihren Mordbuben, freie Bahn gegeben haben. Und wie die Architekten gewütet haben in diesen Jahrzehnten! Dagegen ist ja die Zerstörung durch die Kriege eine harmlose, sagte ich zu Gambetti. Und in keinem Land ist die Zerstörung auf diese erschreckende Weise zustande gekommen wie in Österreich. Nicht in einem einzigen Land in Europa mit einer größeren Infamie. Man hat das Volk für dumm verkauft und sein Land und seine Städte verstümmelt und mehr oder weniger ausgelöscht, sagte ich zu Gambetti. Man hat jahrzehntelang die größte Geschmacklosigkeit gepredigt und durchgesetzt. Wir haben in den letzten Jahrzehnten so viele gemeine und skrupellos geschäftemachende Minister gehabt, die so lange auf ihren Ministersesseln sitzen geblieben sind, bis sie die Zerstörung und die Vernichtung unserer Landschaft und unserer Städte durchgesetzt und verwirklicht haben, so viele Auslöscher unseres Staates und also unseres Landes, sagte ich zu Gambetti, man darf gar nicht daran denken. Aber in einem Land, in welchem seit Jahrzehnten die Gemeinheit und die Geschmacklosigkeit auf das eindringlichste herrschen, ist es kein Wunder, daß wir jetzt ein solches niederschmetterndes Ergebnis auf allen Gebieten haben. Denn zur gleichen Zeit, in welchem diese Leute als Mächtige die Landschaft und die Städte zerstört und ruiniert und mehr oder weniger ausgelöscht haben, haben sie auch die Seele dieses Volkes zerstört, den Charakter, habe ich zu Gambetti gesagt. Die Seele meiner Landsleute ist ruiniert, sagte ich, ihr Charakter niedrig und gemein geworden, es herrscht überall nurmehr noch eine bösartige Atmosphäre, wohin Sie gehen, Sie sind mit diesem bösartigen und gemeinen Charakter konfrontiert. Sie glauben, Sie sprechen mit einem guten Menschen, wie früher, und Sie stellen fest, daß es sich um den gemeinsten handelt, um den niedrigsten, denn der frühere gute ist inzwischen, dem allgemeinen Charakterumschwunge entsprechend, ein gemeiner und niedriger geworden, der in allem und jedem seine Gemeinheit und seine Niedrigkeit zu verstehen gibt, diese Gemeinheit und Niedrigkeit nicht einmal unterdrückt, sondern ganz offen zeigt. Sie gehen in ein Dorf hinein, das Sie als freundlich und aufgeschlossen in Erinnerung haben, aber Sie sehen sehr bald, daß es sich inzwischen um ein böswilliges handelt, das keinerlei Aufgeschlossenheit zeigt, nurmehr noch den gemeinen Argwohn. Ganz Österreich ist zu einem skrupellosen Geschäft geworden, in welchem nurmehr noch um alles gefeilscht und in welchem jeder um alles betrogen wird. Sie glauben, in ein schönes Land zu reisen und reisen in Wahrheit und in Wirklichkeit in ein pervers geführtes Geschäftshaus. Sie glauben, in das Land der Kultur zu reisen und sind vor den Kopf gestoßen von der Primitivität, die Ihnen überall begegnet. Eine stumpfsinnige Atmosphäre läßt Sie von Anfang an nur schwer Atem schöpfen, hatte ich zu Gambetti gesagt. Es ist, hatte ich zu Gambetti gesagt, als schauten die Denkmäler, die noch im vorigen Jahrhundert überall aufgestellt worden sind, vor den Kopf gestoßen auf das unbeschreibliche Chaos herunter, das uns die heutigen Machthaber geschaffen haben. Wie abscheulich das alles geworden ist, Gambetti, hatte ich gesagt, und abgeschmackt, das können Sie sich nicht vorstellen. Eine solche Abscheulichkeit und eine solche Abgeschmacktheit wären in Italien nicht möglich, sagte ich, auch in Spanien nicht. In keinem anderen Land haben sie die stumpfsinnigen Parolen vom Fortschritt so bitter ernst genommen, wie in Österreich, sagte ich, und damit alles ruiniert. Wie sie in Österreich immer alles Stumpfsinnige ernst genommen haben, sagte ich zu Gambetti, todernst, und Sie wissen, was das bedeutet. Bis jetzt habe ich immer geglaubt, dieser sogenannte Sozialismus sei eine harmlose, vorübergehende politische Nervenkrankheit, hatte ich zu Gambetti gesagt, aber in Wahrheit und tatsächlich ist er tödlich. Ich meine *den heute herrschenden Sozialismus,* der nur geheuchelt ist, Gambetti, den verlogenen, den impertinent vorgetäuschten. Wir haben heute keinen tatsächlichen Sozialismus, nirgendwo auf der Welt, nur diesen verlogenen, geheuchelten, vorgetäuschten, das sollten Sie wissen. Wie diese heutigen Sozialisten keine tatsächlichen sind, sondern geheuchelte, verlogene, vorgetäuschte. Dieses Jahrhundert hat es zustande gebracht, das Ehrenwort Sozialismus in einer Weise in den Schmutz zu ziehen, daß es geradezu zum Erbrechen ist, hatte ich zu Gambetti gesagt. Die an den tatsächlichen Sozialismus gedacht und an ihn geglaubt haben und geglaubt haben, daß sie ihn gegründet haben für die Ewigkeit, würden sich im Grabe umdrehen, wenn sie sehen könnten, was ihre wider-

wärtigen Nachfolger aus ihm gemacht haben. Im Grabe drehten sie sich
um, wenn sie noch einmal ihre Augen aufmachen könnten und alles das
sehen, was heute unter ihrem Ehrenwort Sozialismus verkauft und unter
die Völker gebracht wird. Im Grabe umdrehen, wenn sie sehen könnten,
was mit diesem ihrem Ehrenwort für Schindluder getrieben wird in Europa und auf der ganzen Welt. Im Grabe umdrehen über diesen gigan-
tischsten aller politischen Mißbräuche. Im Grabe umdrehen, im Grabe
umdrehen, hatte ich mehrere Male zu Gambetti gesagt. In dieses Land
werde ich lange, mindestens ein Jahr nicht zurückkehren, hatte ich zu
Gambetti gesagt, und jetzt habe ich augenblicklich zurückzukehren. Mein
Bruder hat auf der Fotografie eine gedrückte Haltung, er ist geduckt, sagte
ich mir, obwohl er durchaus einen eleganten Eindruck macht, er ist ein
Landmensch, während ich doch ein Stadtmensch bin, ein Großstadtmensch immer gewesen bin, er ist sofort als Landmensch zu erkennen,
wenn er sich noch so städtisch kleidet. Wie sein Vater, der die meiste Zeit,
wie mein Bruder, städtisch gekleidet und doch immer sofort als Landmensch zu erkennen gewesen ist. Dann fahren sie, fuhren sie, weil unsere
Mutter es wünschte, nach Wien und gingen in die Oper, zu Ostern in
Parsifal und soupierten im Sacher, sie aßen in Wien nicht, sie *soupierten,*
am Abend soupierten sie, zu Mittag *speisten* sie, sie nahmen ihr Frühstück
ein und spazierten zu dritt oder, wenn sie generös aufgelegt waren, zu viert
mit meiner Wiener Tante Elisabeth über den Graben und die Kärntnerstraße entlang auf den Ring. In Großstadtkleidung, aber sofort als vom
Land erkennbar. Sie suchten die berühmtesten Geschäfte auf, in welchen
sich meine Mutter die allerbesten, gleichzeitig aber auch allergeschmack-
losesten Kleider aussuchte, es waren Mailänder und Pariser Modelle, in
welchen sie dann nach Linz fuhr und ins Theater ging, oder nach Salzburg
in die Konzerte, auf welche sie seit Jahrzehnten abonniert war. Mein
Bruder schaut auf dem Foto gesünder aus, als er in Wirklichkeit war, er
hatte schon alle väterlichen Krankheiten in sich, sie waren aber noch nicht
so, wie bei unserem Vater, im Vordergrund, sie hatten noch abgewartet,
waren noch nicht ausgebrochen, aber ich sah sie bereits auf diesem Foto in
seinem Gesicht, in seiner ganzen alles in allem unglückseligen Körperhaltung. Zu Gambetti habe ich einmal gesagt, sie haben alle eine unglückselige Körperhaltung, eine unglückselige Geisteshaltung und eine unglückselige Körperhaltung. Alles an ihnen und in ihnen ist unglückselig
und ich erklärte Gambetti den Begriff unglückselig, der in Italien nicht

bekannt ist, das Italienische kennt ihn nicht, er ist auch nicht übersetzbar. Sie gingen in die Oper oder in ein Schauspiel und langweilten sich im Grunde entsetzlich, obwohl sie am Ende der Vorstellungen immer mit großer Begeisterung geklatscht haben, gar nicht um Vornehmheit bemüht, weil sie für die Vorstellungen immer so viel bezahlt hatten, die regulären Preise, was keinem Wiener eingefallen wäre, die Wiener zahlen die regulären Preise nicht, sie zahlen bestenfalls die halben, die regulären Preise überlassen sie den Ausländern und den Provinzlern und diese klatschen, weil sie die hohen regulären Preise zu bezahlen hatten, immer am meisten. Vor den Auslagen der berühmten, nicht immer der besten Geschäfte, hatten wir mit unserer Mutter immer stehenzubleiben. Sie betrat diese Geschäfte mit hoch erhobenem Kopf und ich habe es nie erlebt, daß sie ohne etwas gekauft zu haben ein solches berühmtes Geschäft verlassen hätte, schon nach zwei, drei Geschäften hatten die Meinigen und ich große Pakete an ihrer Seite zu schleppen und erst, als uns die Pakete tatsächlich zu schwer geworden sind, gab sie nach und auf und ließ sich erschöpft im Sacher, oder im Bristol, wo wir meistens wohnten, nieder. Am liebsten hätte sie alles aufgekauft und nach Wolfsegg gebracht. Was machst du denn mit allen diesen Sachen? hat mein Vater dann immer gesagt, du ziehst sie doch nicht an, in Wolfsegg kannst du sie nicht tragen, weil es lächerlich wäre, in Salzburg erkennen sie gar nicht, daß es sich um solche Kostbarkeiten handelt, auch nicht in Linz und schon gar nicht in Wels, alles hängt in den Kästen und kommt aus der Mode und du wirfst es weg und verschenkst es. Aber meine Mutter war unbelehrbar. Aus Wien kam sie immer mit mindestens einem Dutzend Paketen zurück und wenigstens ein halbes Dutzend wurde ihr von den Geschäften noch nachgeschickt, jene Kleidungsstücke nämlich, die sie in Wien heimlich gekauft hat, ohne die Zeugenschaft der Meinigen. Ein Vermögen hat unsere Mutter immer ausgegeben für Kleider, die sie aber alle nicht getragen hat und wenn, dann nur zwei- oder dreimal, um sie danach wegzuwerfen oder herzuschenken. Aber wehe, wenn meine Schwestern Lust auf solche, wie gesagt wurde, Modellkleider hatten, sie durften sich in Wien niemals auch nur ein einziges Kleid kaufen, auch mit vierzig noch nicht, auch mit vierzig kamen sie höchstens auf ein oder zwei sogenannte Ausverkaufskleider in Wels, denn nach wie vor war unser Lambacher Schneider der Hauptlieferant ihrer Ausstattung, die, wie gesagt, nur aus den ekelhaften Dirndlkleidern bestand, die ihnen ihre Mutter jährlich zweimal anmessen hatte lassen und deren Stoffe sie nicht einmal selbst aussuchen durften, weil ihre Mutter fand, daß sie nicht einmal dafür den notwendigen Geschmack hätten, wo doch unsere Mutter selbst niemals auch nur den geringsten Geschmack gehabt hat. Entweder waren die Muster dieser Dirndlkleider zu groß oder zu klein ausgefallen, oder die Farben schlugen sich, die Kragen waren zu weit oder zu eng, die Ärmel zu lang oder zu kurz, die Röcke in jedem Fall immer um mindestens zwanzig Zentimeter zu lang und die Schürzen niemals zu den Kleidern passend. Meine Mutter hat ihre Töchter immer wie Puppen angezogen, weil sie sie letzten Endes auch immer wie Puppen behandelt hat, sie hat in ihren Töchtern nie etwas anderes als Puppen gesehen. Wie so viele Mütter, betrachtete sie ihre Töchter von Anfang an als Puppen und sie hatte ihre Töchter wahrscheinlich, das ist nicht übertrieben, auch als Puppen auf die Welt gebracht, nicht als Menschen, sie wollte auch als Erwachsene noch eine oder mehrere Puppen haben. Ihre Töchter waren nie etwas anderes gewesen als Puppen für ihre Spielleidenschaft, deshalb hatte sie sie auch nie aus der Hand gegeben und sie hatten immer wie Puppen zu reagieren und zu parieren und wie Puppen hatte sie sie jeden Tag angezogen und gefüttert und ausgeführt und am Abend ins Bett gelegt. Noch mit vierzig sind diese Puppen, meine Schwestern, diesem Spieltrieb ihrer Mutter untergeordnet, denke ich. Aber auch mein Bruder hat zeitlebens nur ein Puppendasein geführt, er war sozusagen der Kaspar meiner Mutter, sie hatte sich ihn von Anfang an als eine Art von Ersatzhampelmann für die Zeit erzogen, in welcher ihr Mann, der erste Hampelmann, ausfällt. Meine Schwestern waren meiner Mutter, die einen Puppentrieb hatte, tatsächlich sprechende Puppen, die sie, wann sie wollte, zum Lachen oder zum Weinen bringen konnte, die sie verjagen konnte, wann sie wollte, herbefehlen konnte, wann sie wollte, an- und ausziehen, wann und wie sie wollte und ihr Mann, mein Vater, und mein Bruder, ihr Sohn, waren die Hampelmänner, an welchen sie nach Lust und Laune zog. Meine Mutter war von einem durchaus perversen Spieltrieb besessen. Sie hatte sich aus Wolfsegg eine perfekt funktionierende Puppenwelt gemacht, in welcher alles auf das präziseste ihren Befehlen gehorchte. Wolfsegg war ihr Puppenhaus, die Umgebung ihre Puppenwelt. Da ich keine Puppe in diesem Puppenhaus und in dieser Puppenwelt sein wollte, hatte ich mich schon früh aus diesem Puppenhaus und aus dieser Puppenwelt entfernt. Und von außen und von weit weg betrachtet, wirkt dieses Puppenhaus und wirkt diese

Puppenwelt noch viel beklemmender, noch viel fürchterlicher. Wolfsegg ist ein Puppenhaus, habe ich zu Gambetti gesagt, seine Umwelt nichts anderes als eine Puppenwelt, die von meiner Mutter geführt wird, rücksichtslos, unmenschlich, ja grauenhaft. Gambetti hatte laut aufgelacht und mich einen maßlosen Übertreiber genannt, mich als typisch österreichischen Schwarzmaler bezeichnet, als grotesken Negativisten. Daraufhin hatte ich gesagt, daß meine *Über*treibungen in Wahrheit und in Wirklichkeit maßlose *Unter*treibungen seien, daß Wolfsegg, so wie ich es ihm beschreibe, in Wirklichkeit noch eine Idylle sei gegen das, was Wolfsegg wirklich ist. Gambetti, sagte ich, Sie können sich Wolfsegg nicht vorstellen, Sie hatten nie Gelegenheit, ein solches grauenhaftes Puppenhaus zu betreten, eine solche grauenhafte Puppenlandschaft gibt es nicht ein zweites Mal. Mein Vater, sagte ich, eine weit über siebzigjährige Puppe, deren Glieder todkrank sind und deren Kopf, von dem lebenslänglichen Ziehen daran, stumpf und hart geworden ist. Mein Bruder, hatte ich zu Gambetti gesagt, eine vierzigjährige Puppe, die sich auch nicht gegen das Ziehen daran wehrt, die es auch schon aufgegeben hat, sich zur Wehr zu setzen gegen diese infame Puppenmutter. Die Deutschen haben einen Mutterkomplex, sagte ich, wie die Österreicher, an den Müttern darf nicht gerüttelt werden, sagte ich zu Gambetti, die Mütter sind in diesen Ländern heilig, aber in Wahrheit sind die meisten von ihnen perverse Puppenmütter, die an ihren Kindern und an ihrer Familie ziehen wie an Puppen, so lange daran ziehen, bis sie diese Kinder zutode gezogen haben, genauso zutode gezogen wie ihre Männer. Es gibt in Deutschland und in Österreich keine Mütter wie in den romanischen Ländern, wo die Mütter natürlich und keine Puppenmütter sind, sagte ich, hier wie da gibt es nur Puppenmütter, und diese Puppenmütter tun nichts anderes, solange sie leben, als so lange mit der größten Rücksichtslosigkeit an ihren Puppenmännern und Puppenkindern zu ziehen, bis diese Puppenmänner und Puppenkinder von ihnen zutode gezogen sind. In Mitteleuropa gibt es keine natürliche Mutter mehr, nur noch die Kunstmütter, sozusagen künstliche Mütter, sagte ich, Puppenmütter, die von vornherein Kunstkinder, das heißt, mehr oder weniger künstliche Kinder, Kunstkinder auf die Welt bringen. Auch in den entlegensten Gebirgstälern finden Sie keine natürliche Mutter mehr, nur noch die Kunstmutter. Und diese Kunstmutter bringt selbstverständlich nur immer ein Kunstkind auf die Welt und dieses Kunstkind schließlich auch wieder nur ein Kunstkind, auf diese Weise gibt es ja heute schon nurmehr noch Kunstmenschen, künstliche Menschen, keine natürlichen, es ist ein Irrtum, wenn wir den Menschen als natürlichen bezeichnen, den gibt es ja gar nicht mehr, es ist der künstliche, der Kunstmensch, der uns heute begegnet und mit dem wir es zu tun haben, deshalb erschrecken wir ja schon, wenn wir noch einmal einem natürlichen Menschen begegnen, weil wir das gar nicht mehr erwartet haben, weil wir ja schon so lange Zeit nur noch mit dem Kunstmenschen, mit dem künstlichen Menschen konfrontiert sind, der schon so lange Zeit die Welt beherrscht, die ja auch längst keine natürliche, sondern durch und durch nurmehr noch eine künstliche ist, Gambetti, eine Kunstwelt. Die Kunstwelt hat den Kunstmenschen hervorgebracht, umgekehrt der Kunstmensch die Kunstwelt, der künstliche Mensch die künstliche Welt und umgekehrt. Es ist gar nichts mehr natürlich, hatte ich zu Gambetti gesagt, nichts, überhaupt nichts mehr. Wir gehen aber immer noch davon aus, hatte ich zu Gambetti gesagt, daß alles natürlich ist, das ist ein Irrtum. Alles ist künstlich, alles ist Kunst. Es gibt keine Natur mehr. Wir gehen immer noch von der Naturbetrachtung aus, wo wir doch schon lange nurmehr noch von der Kunstbetrachtung ausgehen sollten. Dadurch, hatte ich zu Gambetti gesagt, ist alles so chaotisch. So falsch. So unglücklich. So tödlich konfus. Wo keine Natur mehr ist, kann auch keine Naturbetrachtung mehr stattfinden, Gambetti, das ist doch logisch, hatte ich zu Gambetti gesagt. Das Foto, auf welchem mein Bruder genau in dem Augenblick abgebildet ist, in welchem er sein Segelboot auf dem Wolfgangsee besteigt, zeigt ihn in der Pose des glücklichen Menschen, aber er ist doch der unglücklichste Mensch auf diesem Foto, den man sich vorstellen kann. Meine Schwestern sind auf dem Foto, das sie in Cannes vor der Villa meines Onkels Georg zeigt, zu einer Glücksmiene erstarrt, und sehen dadurch noch viel unglücklicher aus, als sie in Wirklichkeit sind. Mein Vater und meine Mutter sehen auf dem Foto, das sie auf dem Victoriabahnhof in London zeigt, so unglücklich aus, wie sie sind, obwohl sie sich Mühe gegeben haben, glücklich auszusehen. Was bringt die Menschen, die sich fotografieren lassen, immer auf den Gedanken, glücklich aussehen zu wollen auf den Fotografien, die sie zeigen, jedenfalls nicht so unglücklich, wie sie sind? denke ich. Jeder will als ein glücklicher Mensch abgebildet sein, niemals als ein unglücklicher, immer als ein total verfälschter, niemals als der, der er in Wirklichkeit ist, nämlich immer der unglücklichste von allen. Alle wollen sie fortwährend als schön und als

glücklich abgebildet sein, während sie doch alle häßlich sind und unglücklich. Sie flüchten hinein in die Fotografie, schrumpfen mutwillig auf die
Fotografie zusammen, die sie in totaler Verfälschung als glücklich und
schön oder mindestens als weniger häßlich und weniger unglücklich zeigt,
als sie sind. Sie fordern von der Fotografie ihr Wunsch- und Idealbild, und
es ist ihnen jedes Mittel, und sei es die grauenhafteste Verzerrung, recht,
dieses Wunschbild und dieses Idealbild auf einem Foto herzustellen. Sie
merken gar nicht, wie schrecklich und wie fürchterlich in jedem Falle sie
sich kompromittieren. Der schöne Mensch auf der Fotografie ist in jedem
Falle der häßlichste, der glücklichste darauf in jedem Fall der unglücklichste. In ihren Wohnungen hängen sie sich die Fotografien auf, die sie von
sich machen haben lassen, als eine schöne und glückliche Welt, die in
Wahrheit die häßlichste und unglücklichste und verlogenste ist. Lebenslänglich starren sie ihre schönen und ihre glücklichen Bilder auf ihren
Wänden an und empfinden dabei Befriedigung, wo sie doch nur Abscheu
dabei empfinden müßten. Aber sie denken nicht, und das bewahrt sie vor
der fürchterlichen Erkenntnis, daß sie häßlich, unglücklich und verlogen
sind. Sie gehen so weit, daß sie den Besuchern ihrer Wohnungen, die sie,
die Einladenden, als häßliche und unglückliche und stumpfsinnige und
gemeine Menschen kennen, diese Fotos zeigen, auf welchen sie, wie sie
glauben, als glückliche und schöne Menschen abgebildet sind, sie schämen
sich nicht, diese Fotografien auch denen zu zeigen, die sie in Wirklichkeit
kennen und also auf dem Foto selbstverständlich als Lügner und tatsächlich durch und durch Verlogene und Verlorene kennen. Wir leben in zwei
Welten, sagte ich zu Gambetti, in der wirklichen, die traurig und gemein
ist und letzten Endes tödlich und in der fotografierten, die durch und
durch verlogen, aber für den Großteil der Menschheit, die gewünschte
und die ideale ist. Nimmt man dem Menschen heute die Fotografie, reißt
man sie ihm von den Wänden herunter, hatte ich zu Gambetti gesagt, und
vernichtet sie, ein für allemal, nimmt man ihm heute mehr oder weniger
alles. So kann folgerichtig gesagt werden, daß die Menschheit an nichts
mehr hängt, sich an nichts mehr anklammert und schließlich auch von
nichts mehr abhängt, als von der Fotografie. Die Fotografie ist ihre Rettung, Gambetti, hatte ich gesagt, worauf Gambetti gelacht und mich
einen *Vormittagsphantasten* genannt hat, einen Ausdruck also verwendet
hatte, den ich noch niemals gehört hatte, was meinerseits ein Gelächter zur
Folge hatte, in welches Gambetti selbstverständlich einstimmen mußte

und das von uns eine ganze Zeit lang mit dem größten Vergnügen ausge-
kostet wurde. Wenn wir unsere Übertreibungskunst nicht hätten, hatte
ich zu Gambetti gesagt, wären wir zu einem entsetzlich langweiligen Leben verurteilt, zu einer gar nicht mehr existierenswerten Existenz. Und ich
habe meine Übertreibungskunst in eine unglaubliche Höhe entwickelt,
hatte ich zu Gambetti gesagt. Um etwas begreiflich zu machen, müssen
wir übertreiben, hatte ich zu ihm gesagt, nur die Übertreibung macht
anschaulich, auch die Gefahr, daß wir zum Narren erklärt werden, stört
uns in höherem Alter nicht mehr. Es gibt nichts Besseres, als in höherem
Alter zum Narren ernannt zu sein. Das höchste Glück, das ich kenne,
hatte ich zu Gambetti gesagt, ist das des Altersnarren, der gänzlich unabhängig seinem Narrentum nachgehen kann. Wenn wir die Möglichkeit
dazu haben, sollten wir uns spätestens mit vierzig zum Altersnarren ausrufen und versuchen, unser Narrentum auf die Spitze zu treiben. Das
Narrentum ist es, das uns glücklich macht, hatte ich zu Gambetti gesagt.
Ich legte die Fotografie, die meinen Bruder Johannes zeigt, an die erste
Stelle und die, auf welcher meine Eltern auf dem Victoriabahnhof abgebildet sind, zuunterst, was im Augenblick einen verblüffenden Effekt
machte: der Bruder oben und die Eltern unten standen jetzt für mich in
einem ganz anderen Verhältnis zu den Schwestern in der Mitte. Diese
hatten zu meinem Bruder immer ein abwehrendes Verhältnis gehabt, aber
kein solches offensichtliches wie zu mir, es war meinem Bruder gegenüber
ein verstecktes. Den Bruder brauchten sie, mich brauchten sie nicht. Der
Bruder war immer schon ihr unmittelbarer zukünftiger Ernährer gewesen,
also hatten sie sich ihm gegenüber immer ganz anders zu verhalten, als mir
gegenüber, von welchem sie letzten Endes nichts zu fürchten hatten. Die
Eltern als die unmittelbaren Ernährer und Erhalter hatten sie ununterbrochen als diese zu achten und zu beachten und ihnen auch zu dienen aus
diesem Grunde, den Bruder als den mittelbaren Ernährer und Erhalter zu
achten und zu beachten nicht ununterbrochen, sondern nur, wenn es
darauf ankam, mich hatten sie überhaupt nicht zu beachten und zu achten, weil ich niemals als ihr Ernährer und ihr Erhalter in Betracht gekommen bin. Mit mir hatten sie es am leichtesten, denn ich war auch in den
Augen der Eltern immer der gewesen, der nicht zu achten ist, wenn auch
doch immer zu *be*achten, aber aus einem ganz anderen Grund, aus dem
Grund, sich unmittelbar gegen mich schützen zu müssen, weil ich ihnen
doch immer als unberechenbar und undurchschaubar erschienen bin, aber

ich war niemals die wesentliche Person gewesen, von der sie abhingen und eines Tages abhängen werden, wie sie gedacht hatten. Von meinem Bruder würden sie eines Tages abhängen, von mir nicht, von den Eltern hingen sie ab, ganz von selbst ergab sich so ihre Achtung und Beachtung, ihr Dienen etcetera. Mich achteten sie nicht, mich beachteten sie nicht, vor mir nahmen sie sich nur immer *in acht.* Das Foto meines Bruders oben bedeutete jetzt, daß er schon der Wichtigste der Familie war, die Eltern unten schon weit weniger wichtig. Und die Schwestern hatten es mit den Eltern wie mit meinem Bruder schwer, mit den gegenwärtigen, bald einmal abtretenden, mit dem zukünftigen, in Kürze antretenden Bruder als Ernährer, Erhalter etcetera. Mich beachteten und achteten sie überhaupt nicht, mich hatten sie immer gefürchtet, aber auch nur bis zu dem Zeitpunkt, in welchem ich aus Wolfsegg praktisch für immer weggegangen bin. Ich jagte ihnen von Rom aus keinen Schrecken ein, natürlich nicht, schon von London aus nicht, von Wien aus. Ich kam für sie schon lange, wie gesagt wird, nicht mehr in Frage. Und jetzt, dachte ich, ihre beiden spöttischen Gesichter betrachtend, ist die Katastrophe über sie hereingebrochen, denn jetzt bin *ich* derjenige, von dem sie abhängen, zweifellos. Mit dem Tod der Eltern und des Bruders ist Wolfsegg mir zugefallen. Juristisch, wie ich weiß. Zu Gambetti hatte ich vor drei Wochen gesagt, wenn ich jetzt von der Hochzeit meiner Schwester Caecilia zurückkomme, werde ich lange nicht nach Wolfsegg reisen. Wolfsegg ist für mich abgeschlossen. Ich habe keinen Grund mehr, nach Wolfsegg zu reisen, ich brauche Wolfsegg nicht mehr, die Wolfsegger brauchen mich nicht mehr. Was ein *Weinflaschenstöpselfabrikant* sei, hatte mich Gambetti gefragt, ich habe es ihm zu erklären versucht, gesagt, Freiburg sei eine entsetzliche Stadt, kleinbürgerlich, katholisch, unerträglich. Der Weinflaschenstöpselfabrikant meiner Schwester Caecilia sei ebenso kleinbürgerlich, katholisch, unerträglich. Aber möglicherweise, hatte ich zu Gambetti gesagt, paßt er gut zu meiner Schwester Caecilia. Vielleicht ist dieser Mann sogar die Rettung für sie. Ich hatte nicht gedacht, daß sich eine meiner Schwestern jemals verheiraten wird, sie waren niemals auf eine solche Tatsache hin angelegt, ihre Eltern, vor allem ihre Mutter, hatten alles getan, um eine Verheiratung ihrer Töchter auszuschließen. Meine Titiseetante, hatte ich zu Gambetti gesagt, habe diese Ehe gestiftet, *diese durch und durch lächerliche Verbindung.* Man stelle sich vor, ein Weinflaschenstöpselfabrikant bricht auf einmal in Wolfsegg ein! Ein katholischer Kleinbürger, den meine Mutter

erst darauf aufmerksam machen mußte, daß man nicht in Hosenträgern
bei Tisch erscheint. Ein Deutscher aus dem deutschesten Winkel, hatte
ich zu Gambetti gesagt. Aus dem Schwarzwald, wo die Füchse Gutenacht
sagen und wo die deutsche Dummheit Triumphe feiert. Vor dem Weinflaschenstöpselfabrikanten hatte ich jetzt keine Angst, im Grunde auch
nicht vor meinen Schwestern selbst, ich fürchtete mich nicht vor ihnen,
daß sie mir aber in dieser fürchterlichen Situation lästig sein werden bis
zum Überdruß und bis zur Verzweiflung, war mir klar gewesen. Amalia
wird möglicherweise einmal heiraten, hatte ich manchmal gedacht, aber
Caecilia niemals, so hatte ich mich einmal Gambetti gegenüber geäußert.
Jetzt stehen sie da und sind ganz auf mich angewiesen. Ihre Erwartung,
gleichzeitig ihr Argwohn, werden jetzt bis zum äußersten angespannt sein.
Vielleicht ist die Gruft schon geöffnet, sagte ich mir. Aus den Wolfsegger
Fenstern hängen die schwarzen Fahnen. Zum letzten Mal haben sie sie
beim Tod des Onkels Georg herausgehängt. Und sind schon eine halbe
Stunde, nachdem sie die Nachricht von seinem Tode erhalten hatten, in
Schwarz umhergelaufen. Den Onkel Georg vermißte ich jetzt sehr. Er
hätte mir alles erleichtert. Die Komik der im Foto erstarrten spöttischen
Gesichter meiner Schwestern, dachte ich, ist eine doppelte. Dieses Spöt-
tische in ihren Gesichtern ist die Folge der jahrzehntelangen Beherrschung
durch ihre Mutter, sagte ich mir. Ihre einzige Waffe sind ihre spöttischen
Gesichter. Amalia hat sich ins Gärtnerhaus zurückgezogen und haßt jetzt
Caecilia, die den Weinflaschenstöpselfabrikanten geheiratet hat wahrscheinlich aus Trotz gegen ihre Mutter, die es ihr immer verboten hatte,
sich Männern auch nur zu nähern, sie haßt die sozusagen Entkommene.
Amalia schloß sich sofort ihrer Mutter an, um mit ihr totale gemeinsame
Sache zu machen, vor allem, um die Ehe Caecilias zu zerstören. Sie sitzt,
wie ich sie kenne, im Gärtnerhaus in einem Schemel und grübelt darüber
nach, wie die unerwartete und absolut unerwünschte Ehe ihrer Schwester
auseinanderzubrechen sei, mit allen Mitteln. Mutter und Tochter hatten
ein Komplott gegründet gegen die Ehe Caecilias mit dem Weinflaschenstöpselfabrikanten. Das kann nicht gut gehn, hatte ich vor meiner Abreise
nach Wolfsegg zu Gambetti gesagt, meine Schwester Caecilia und ein
Weinflaschenstöpselfabrikant aus dem Schwarzwald, das erledigt sich über
kurz oder lang, denn alle sind dagegen und Caecilia ist dem Weinflaschenstöpselfabrikanten nicht gewachsen, ist er auch ein Dummkopf. Der
Triumph meiner Schwester, ihre Finte, hatte ich zu Gambetti gesagt,

endet eines Tages in einer Katastrophe. Sie wird es nicht aushaken im Schwarzwald, das ahnt sie jetzt schon, aus diesem Grund wollte sie ihrem Mann auch nicht gleich nach der Hochzeit nach Freiburg folgen, sie hatte geglaubt, ohne ihn in Wolfsegg bleiben zu können, was aber absurd ist, sie wird mit ihm zu gehen haben, ob sie will oder nicht, er wird sie dazu zwingen, man kann nicht nur zum Schein und weil man die Mutter *treffen* will, eine Ehe eingehen und sie nicht wahrmachen. Dieser Mann, hatte ich zu Gambetti gesagt, muß sich in Wolfsegg vollkommen deplaziert vorkommen, vollkommen unglücklich und wenn er auf Geld und Vermögen spekuliert hat, war es eine falsche Spekulation meiner Ansicht nach. Er hat nichts zu erwarten, in keinem Fall, dafür sorgt schon meine Mutter. Ihre Klugheit in juristischen Belangen ist bekannt und gefürchtet. Wenn er kein Spekulant ist, was hat ihn dann veranlaßt, Caecilia zu heiraten, frage ich mich, hatte ich zu Gambetti gesagt. Meine Schwester Caecilia ist alles, nur nicht anziehend, nur nicht heiratenswert. Wie Amalia auch. Aber das fragen wir uns ja sehr oft, was zwei Menschen, die sich verheiraten, angezogen hat, zur Heirat bewogen hat, wir greifen uns bei dieser Frage beinahe immer an den Kopf, wie es möglich ist, gerade *diese* zwei Menschen? und kommen auf keinen grünen Zweig. Wir kennen einen Menschen als einen solchen, von welchem wir überzeugt sind, daß er diesen oder jenen uns ebenso bekannten Menschen unter keinen Umständen heiraten wird, es erscheint uns völlig unmöglich, und gerade dieser wird von dem andern geheiratet und es ist nicht gesagt, daß die Ehe unglücklich ist, im Gegenteil, aber öfter ist es doch eine unglückliche, die wir vorhergesehen haben, vor welcher wir gewarnt haben, ohne gehört zu werden. Vielleicht hat der Weinflaschenstöpselfabrikant, wie er glaubt, im richtigen Augenblick zugegriffen, hatte ich zu Gambetti gesagt, während er doch, wie ich annehme, den größten Fehler gemacht hat. Meine Schwester Caecilia ist nämlich auch durchtrieben, hatte ich zu Gambetti gesagt. Sie ist mit allen Wassern gewaschen, wie übrigens Amalia auch. Ihre Dummheit schließt ihre Durchtriebenheit nicht aus. Und wie bekannt, sind die Dümmsten die Gefährlichsten, wenn sich nämlich, hatte ich ungeniert zu Gambetti gesagt, die Dummheit mit der Gemeinheit verschwägert. Über die Meinigen, dachte ich jetzt, habe ich Gambetti gegenüber immer nur das Negative gesagt, das Widerliche, das Abstoßende berichtet, weil ich es ihm gegenüber auch immer als ganz natürlich empfunden habe, ihm meine Empfindungen so zu eröffnen, wie sie sich mir gegeben haben und die

Empfindungen den Meinigen gegenüber waren in den letzten Jahren immer nur die negativsten gewesen, die abstoßendsten, die widerwärtigsten. Ich hatte keine Gelegenheit, ihm etwas anderes zu sagen, als diese negativen Empfindungen meinerseits. Das Abstoßende. Das Widerliche. Das Absurde bestenfalls. Und ich empfand niemals Scham dabei. Gambetti darfst du dich niemals als Heuchler zu erkennen geben, hatte ich immer gedacht, dich von ihm in keiner Lüge ertappen lassen, in keiner Unaufrichtigkeit, denn du bist sein Lehrer und von einem Lehrer muß Wahrheit und Aufrichtigkeit erwartet werden als eine Selbstverständlichkeit. Du stehst zu Gambetti in einem absoluten Vertrauensverhältnis. Du darfst dich Gambetti gegenüber niemals hinter einer Unaufrichtigkeit oder gar einer Lüge verschanzen, selbst auf die Gefahr hin, gerade von ihm als rücksichtslos, unter Umständen als gemein eingestuft zu werden. Und daß ich selbst sehr oft rücksichtslos und gemein bin, darüber besteht kein Zweifel, dieser Gefahr und diesem Übel entkommt der denkende Mensch nicht, damit muß er rechnen, damit muß er sich abfinden, damit muß er existieren. Er muß es sich sagen lassen und darf nicht widersprechen. Wolfsegg ist mir absolut unmöglich geworden, hatte ich zu Gambetti gesagt. Es ist eine Atmosphäre zum Ersticken. Zum Amoklaufen! hatte ich ihm gegenüber ausgerufen. Andererseits, Gambetti, hatte ich zu ihm gesagt, wenn Sie diese herrlichen Räume sehen könnten, diese Gewölbe, diese Gänge, diesen einzigartigen *sogenannten Säulenhof,* in welchem ich im Winter, als ich noch ein Kind war, Rehe gehalten habe, mein Bruder Johannes und ich, wir hatten jeden Winter zwei Rehe im *Säulenhof* gehalten, jeder eines für sich. Sie gefüttert, mit ihnen gesprochen, sie aufgepäppelt! Das Wort *aufgepäppelt* hatte er naturgemäß nicht verstanden und ich versuchte, es ihm zu erklären, es war mir nur schwer gelungen. Im Frühjahr ließen wir die Rehe wieder frei. Um leichtverletzte Rehe handelte es sich, hatte ich zu Gambetti gesagt, die wir zu uns in den *Säulenhof* genommen haben. Sie überwinterten in unserem *Säulenhof* und überlebten. Wir hatten ihnen Phantasienamen gegeben, mein Bruder und ich, beispielsweise nannten wir sie *Sarabande* oder *Locarnell.* Im Frühjahr, wenn wir sie frei ließen, sie hatten sich naturgemäß an uns gewöhnt und waren nur widerstrebend aus dem *Säulenhof* in Freiheit zu entlassen, hatten wir, mein Bruder Johannes und ich, die Wälder durchstreift, um die verendeten Rehe, die den Winter nicht überlebt hatten, zusammenzuschleifen und einzugraben. Die Forstarbeiter halfen uns dabei. Mit den

Forstarbeitern habe ich mich immer am besten verstanden, sie waren meine besten Freunde, ich liebte sie wie keine andern Menschen, ich konnte sie alle beim Namen nennen, sie scherzten mit mir, waren aber auch bereit, mir von sich zu erzählen, worum ich sie oft gebeten habe. Es hat mich immer zu den einfachen Menschen hingezogen, hatte ich zu Gambetti gesagt. Bei ihnen und nur bei ihnen fühlte ich mich wohl. Sie hatten meine ganze Sympathie. Im Gespräch waren sie immer ruhig, niemals geschwätzig. Sie führten eine einfache, ungekünstelte Sprache. Sie machten nichts vor, wie die andern, die ununterbrochen etwas vormachten. Zweifellos, hatte ich zu Gambetti oft gesagt, war Wolfsegg für mich einmal ein Paradies gewesen, in den ersten Lebensjahren, auch noch eine Zeitlang während meiner ersten Schulzeit. Und ich hatte erkannt, daß es sich um das Paradies handelte. Bald jedoch hatte sich dieses Paradies verfinstert, nach und nach hat es sich für mich zuerst in eine Vorhölle, schließlich in eine Hölle verwandelt. Aus dieser Hölle wollte ich heraus, diese Hölle wollte ich so rasch wie möglich verlassen. Ich konnte es nicht erwarten, hatte ich zu Gambetti gesagt, ins Internat zu kommen, schließlich nach Wien. Ohne zu wissen, was eigentlich aus mir werden sollte, was ich aus mir zu machen imstande sei, wo ich anzusetzen habe, um auf die mir entsprechende Weise vorwärts zu kommen. Ich hatte keine Vorstellung. Ich liebte die Bücher, die ich schon gelesen hatte und die, die zu lesen mir noch bevorstanden, diese unendliche Zahl von Büchern, in welchen praktisch alles aufgeschrieben ist, wie ich dachte, ich liebte, kann ich ruhig sagen, schon als Kind das Geistesleben mehr als das andere, aber ich hatte keine Ahnung, was ich zu tun habe, was es mir ermöglicht, an diesem von mir so geliebten Geistesleben teilzunehmen und teilzuhaben und selbst ein solches Geistesleben zu führen. Ich hatte keinen Menschen, der mir einen Hinweis darauf gegeben hätte, bis mein Onkel Georg, auf meine Nöte aufmerksam geworden, mir die ersten Hinweise gegeben hatte. In erster Linie hast du dich von den Deinigen vollkommen freizumachen, hatte mein Onkel Georg gesagt, dich vollkommen selbständig zu machen, zuerst innerlich, dann auch äußerlich. Und ich hatte befolgt, was er mir geraten hatte, ich hatte mich zuerst innerlich, dann auch äußerlich frei gemacht, mich zuerst innerlich, dann auch äußerlich unabhängig gemacht. Und du mußt selbstverständlich aus Wolfsegg weggehen, hatte er gesagt. Du mußt dich über die Ansichten und Meinungen der Deinigen in Wolfsegg hinwegsetzen und gegen ihren Willen aus Wolfsegg weggehn, nicht ihren Rat befolgen, der nur darauf hinausläuft, dich an Wolfsegg anzuketten für dein ganzes Leben, dich Wolfsegg aufzuopfern, du mußt genau das Gegenteil von dem tun, das sie dir raten, du darfst mehr oder weniger niemals ihre Ansichten teilen, denn ihre Ansichten sind den deinigen entgegengesetzt und also gegen deine Entwicklung. Ihr Rat ist nichts wert, ihre Meinung ist nichts wert, hatte mein Onkel Georg mir gesagt. Sie sagen zwar immer, sie wollen dein Bestes, wie du weißt, aber sie sind gegen dich, sie legen alles darauf an, dich an sich zu ketten und wenn du dich nicht an sie ketten läßt, versuchen sie alles, um dich zu vernichten. Es erfordert die äußerste, nicht nur die größte Anstrengung, sich ihnen zu entziehen, ihrer Unerbittlichkeit deine Unerbittlichkeit entgegenzusetzen. Du bist imstande, dich gegen sie selbständig zu machen, unabhängig zu machen, hatte mein Onkel Georg gesagt, aber ich mache dich darauf aufmerksam, der Preis dafür ist der Höchstpreis. Diesen Höchstpreis hast du zu bezahlen. Tatsächlich zahlte ich einen Höchstpreis für meine Unabhängigkeit von Wolfsegg, sage ich mir. Mein Onkel Georg hatte recht. Ich hatte meine Unerbittlichkeit der ihren entgegengesetzt und die meinige war stärker, weil kompromißloser gewesen. Was es mich gekostet hatte, nach Wien zu entkommen, in diese *nutzlose Stadt,* wie sie sie genannt haben. Was es mich gekostet hat, nach England zu gehen, schließlich nach Paris. Was es mich gekostet hat, die innere Freiheit zu erlangen, um die äußere zu erreichen. Ich verdanke meine Unabhängigkeit meinem Onkel Georg, hatte ich auf dem Pincio zu Gambetti gesagt, wie ich ihm den *Prozeß* von Kafka in die Hand gedrückt habe, von welchem ich, wie ich ihn zum zweiten Mal in meinem Leben gelesen hatte, noch mehr begeistert gewesen bin, als beim ersten Mal. Es gibt Schriftsteller, hatte ich zu Gambetti gesagt, die begeistern den Leser, wenn er sie zum zweiten Mal liest, in noch viel höherem Maße als das erste Mal, mit Kafka geht es mir jedesmal so. Ich habe Kafka als einen großen Schriftsteller in Erinnerung, hatte ich zu Gambetti gesagt, aber ich hatte beim Wiederlesen absolut den Eindruck, einen noch viel größeren gelesen zu haben. Nicht viele Schriftsteller werden beim zweiten Lesen wichtiger, großartiger, die meisten lesen wir zum zweiten Mal und schämen uns dabei, daß wir sie überhaupt einmal gelesen haben, mit Hunderten von Schriftstellern geht es uns so, nicht mit Kafka und nicht mit den großen Russen Dostojewski, Tolstoi, Turgenjew, Lermontow, nicht mit Proust, mit Flaubert, mit Sartre, welche ich zu den allergrößten zähle. Die Methode halte ich nicht für die

schlechteste, die Schriftsteller, die wir einmal gelesen haben und die uns
beeindruckt haben, ein zweites Mal zu lesen, denn dann sind sie entweder
die noch viel größeren, die noch viel wichtigeren, oder nicht mehr der
Rede wert. Auf diese Weise tragen wir auch nicht lebenslänglich einen
ungeheuren Ballast von Literatur in unserem Kopf, der diesen unseren
Kopf schließlich krank macht, todkrank, hatte ich zu Gambetti auf dem
Pincio gesagt. Mein Onkel Georg hat mich beinahe alles gelehrt, was mir
im späteren Leben wichtig gewesen ist. Er war mein Lehrer, kein anderer.
Er war mein Erzieher, kein anderer. Die Eltern hatten mich mit ihrem
stumpfsinnigen Charakter bis in das neunte und zehnte Lebensjahr vollkommen *ver*zogen, anstatt *er*zogen und mein Onkel Georg mußte eingreifen, um die beinahe totale Zerstörung, die meine Eltern in mir angerichtet hatten, nach und nach wieder aufzuheben, er hatte sich die größte
Mühe gegeben, hatte ich zu Gambetti gesagt, aus meinem vollkommen
chaotischen Kopf wieder einen akzeptablen zu machen, einen aufnahmefähigen. Meine Eltern hatten mich, in dem Glauben, mich zu erziehen,
in Wahrheit zerstört, wie sie meinen Bruder Johannes zerstört haben und
meine Schwestern. Wo sie Erziehung gesagt haben, hätten sie besser Zerstörung sagen sollen, sie hatten mit ihrer Erziehung, die, wie gesagt, nichts
anderes gewesen ist, als eine Zerstörung, alles in meinem Kopf bis zur
Unkenntlichkeit verstümmelt, wie in anderem Zusammenhang immer
gesagt wird. Mit der größten Rücksichtslosigkeit gegen mich haben sie in
meinem jungen Kopf jahrelang auf ihre katholische und nationalsozialistische Weise umgerührt und alles durcheinandergebracht, so daß mein
Onkel Georg ebenso jahrelang dazu gebraucht hat, diesen meinen Kopf
wieder in Ordnung zu bringen. Meine Eltern haben mich und haben
meine Geschwister letzten Endes anstatt zu erziehen, geradezu verunstaltet, in unseren Köpfen nur Unheil angerichtet. Die Eltern, naturgemäß
vor allem katholisch, hatte ich zu Gambetti gesagt, haben mit diesen
unheilvollen katholischen Mitteln unsere Köpfe ruiniert. Die katholische
Kirche richtet in den jungen Köpfen soviel Unheil an, daß es beinahe
unvorstellbar ist, sind die Eltern katholisch und folgen sie mehr oder
weniger automatisch der katholischen Religion. Wir sind katholisch erzogen worden, hat geheißen, wir sind von Grund auf zerstört worden,
Gambetti. Der Katholizismus ist der große Zerstörer der Kinderseele, der
große Angsteinjager, der große Charaktervernichter des Kindes. Das ist
die Wahrheit. Millionen und schließlich Milliarden verdanken der ka-

tholischen Kirche, daß sie von Grund auf zerstört und ruiniert worden sind für die Welt, daß aus ihrer Natur eine Unnatur gemacht worden ist. Die katholische Kirche hat den zerstörten Menschen auf dem Gewissen, den chaotisierten, den letzten Endes durch und durch unglücklichen, das ist die Wahrheit, nicht das Gegenteil. Denn die katholische Kirche duldet nur den katholischen Menschen, keinen andern, das ist ihre Absicht und ihr fortwährendes Ziel. Die katholische Kirche macht aus Menschen Katholiken, stumpfsinnige Kreaturen, die das selbständige Denken vergessen und für die katholische Religion verraten haben. Das ist die Wahrheit, hatte ich auf dem Pincio zu Gambetti gesagt. Wenn wir auch in Betracht ziehen, daß die katholischen Bräuche uns als Kind immer entzückt haben, sie für uns am Anfang nichts anderes als ein Märchen gewesen sind auf dem Land, Gambetti, unser schönstes zweifellos, für die Erwachsenen ihr einziges Schauspiel, ihr größtes, lebenslängliches, so haben dieses Märchen und dieses Schauspiel doch alles Natürliche in den Menschen ruiniert, sie mit der Zeit zugrunde gerichtet. Die katholische Kirche hat mit diesem ihrem Märchen für Kinder und mit diesem ihrem Schauspiel für Erwachsene nichts als die totale Verführung der ihr Anheimgefallenen bezweckt, sie durch dieses Märchen und dieses Schauspiel gefügig gemacht, für sich als Menschen ausgelöscht, um aus ihnen willenlose und gedankenlose Katholiken zu machen, wie sie infam sagt, *Gläubige,* hatte ich zu Gambetti gesagt. Der katholische Glaube ist, wie jeder Glaube, eine Naturverfälschung, eine Krankheit, von welcher sich Millionen ganz bewußt befallen lassen, weil sie für sie die einzige Rettung ist, für den schwachen Menschen, den durch und durch unselbständigen, der keinen eigenen Kopf hat, der einen anderen, sozusagen höheren Kopf für sich denken lassen muß; die Katholiken lassen die katholische Kirche für sich denken und dadurch auch für sich handeln, weil es ihnen bequemer ist, weil es ihnen anders, wie sie glauben, nicht möglich ist. Und der katholische Kopf der katholischen Kirche denkt fürchterlich, hatte ich zu Gambetti gesagt. Er denkt nur für sich und gegen die Menschennatur, er denkt nur für seine Zwecke, für keine andern, er denkt zu seinem Ruhme, Gambetti, zu keinem andern. Kein anderer Staat in Europa, hatte ich zu Gambetti gesagt, nennt sich einen katholischen Staat und läßt den katholischen Kopf für sich denken und wir sehen, wohin das geführt hat. Wir haben nur Katholiken in Österreich, keine Menschen mit einem freien, unabhängigen Geist, Katholiken, wo freie Geister notwendig wären. In Öster-

reich denkt der katholische Kopf, kein anderer. Daran haben auch die
verschiedenen politischen Umwälzungen der letzten Jahrzehnte nichts geändert, selbst die Sozialisten lassen den katholischen Kopf in Österreich
denken, weil sie im Grunde nicht einmal einen sozialistischen haben.
Überall in Österreich treffen wir auf den katholischen Geist, der uns zwar
Hunderte und Tausende von katholischen Kunstwerken beschert hat, aber
den eigenen Geist vernichtet, den selbständigen, unabhängigen, welcher
allein der natürliche ist. Was nützen uns diese Kunstwerke als katholische
Kirchen und Paläste, wenn wir keinen eigenen Kopf haben seit Jahrhunderten? hatte ich zu Gambetti gesagt. Aber unser Volk hat schon immer
unter seiner absoluten Geistesschwäche gelitten, hatte ich zu Gambetti
gesagt, welche von der katholischen Kirche ausgenützt worden ist wie in
keinem andern Land in Europa, selbst in Deutschland nicht, wo sich ein
gewisser freier, eigener Geist bis heute erhalten hat, hier hat es die katholische Kirche und hat es der Katholizismus von Anfang an leicht gehabt, den gehörigen Druck auf den österreichischen Menschen auszuüben
und sich schließlich Volk und Staat zur Gänze dienlich zu machen, total
unterzuordnen. Erst in den letzten Jahrzehnten bemerken wir Anzeichen
einer Befreiung von der katholischen Herrschaft, von dem infamen katholischen Druck, aus der jahrhundertelangen rücksichtslosen Umklammerung des Katholizismus, erst in den letzten Jahrzehnten bemerken wir
da und dort ein wenn auch nur zaghaft sich entwickelndes vom Katholizismus unabhängiges Denken, Philosophieren, hatte ich zu Gambetti gesagt, wagen es einige unserer österreichischen Köpfe, wieder selbständig
und aus dem eigenen österreichischen Kopf zu denken, nicht nur aus dem
katholischen. Der Katholizismus ist daran schuld, daß es in Österreich so
viele Jahrhunderte keine Philosophen und also überhaupt kein philosophisches Denken und dadurch auch keine Philosophie gegeben hat. Die
katholische Kirche hat das Denken in diesem Jahrtausend, kann ruhig
gesagt werden, brutal und vollkommen unterdrückt. Und dieses Volk hat
es sich bequem gemacht unter dem katholischen Kopf, welcher für dieses
Volk stellvertretend immer alles *gedacht hat in seinem Sinne,* hatte ich zu
Gambetti gesagt. Der Katholizismus und die Habsburger hatten in diesem
Jahrtausend eine vernichtende Wirkung auf den Kopf unseres Volkes gehabt, eine tödliche, wie wir wissen und wie uns alles, das wir in Österreich
in Betracht ziehen, beweist. Er hat in diesem Jahrtausend, kann gesagt
werden, das Denken in unserem Volke ausgeschaltet gehabt und die Mu-

sik, als die ungefährlichste aller Künste, zum Aufblühen gebracht. Das Land der Musik sind wir ja nur, weil bei uns der Geist immer völlig unterdrückt worden ist Jahrhunderte, hatte ich zu Gambetti gesagt. Wir sind ein durch und durch musikalisches Volk geworden, weil wir ein durch und durch ungeistiges geworden sind in den katholischen Jahrhunderten, hatte ich zu Gambetti gesagt, in dem Maße, in welchem uns durch den Katholizismus der Geist ausgetrieben worden ist, haben wir die Musik aufkommen lassen, immerhin verdanken wir diesem Umstand Mozart, Haydn, Schubert, sagte ich. Aber in meinem Sinne ist es durchaus nicht, hatte ich zu Gambetti gesagt, daß wir zwar Mozart, aber keinen eigenen Kopf mehr haben, Haydn, aber das Denken verlernt und beinahe zur Gänze aufgegeben haben, Schubert, aber alles in allem doch stumpfsinnig geworden sind. Das hat es in keinem anderen Land gegeben, hatte ich zu Gambetti gesagt, daß es sich skrupellos das Denken hat nehmen lassen von der katholischen Kirche, daß es sich sozusagen vom Katholizismus hat köpfen lassen. Wir haben keinen Montaigne, keinen Descartes, keinen Voltaire, hatte ich zu Gambetti gesagt, nur diese dichtenden Mönche und diese dichtenden Aristokraten mit ihrem katholischen Schwachsinn. In letzter Zeit hat eine Veränderung eingesetzt, sagte ich, aber es wird nicht nur Jahrzehnte, sondern Jahrhunderte dauern, bis einmal gut gemacht werden kann, was der Katholizismus an unserem Geist angerichtet, verheert und verschuldet hat. Wenn überhaupt, hatte ich zu Gambetti gesagt. Wie kein anderes Volk hat sich das unsrige von der katholischen Kirche ausnützen lassen. Beinahe ein ganzes Jahrtausend! Es wird sich aus der katholischen Umklammerung nur schwer lösen können, aus ihren Krallen. Oberflächliche, mehr oder weniger dilettantische Revolutionen, hatte ich zu Gambetti gesagt, nützen da nichts, wie wir in anderen Ländern Europas sehen, nur eine tatsächlich grundlegende, elementare Revolution, hatte ich zu Gambetti gesagt, kann die Rettung sein, eine solche, die zuerst einmal alles vollkommen zugrunde richtet und zerstört, *tatsächlich alles.* Aber zu einer solchen grundlegenden und elementaren Revolution sind wir heute noch zu schwach, wir sind noch nicht reif dafür, wir getrauen uns eine solche grundlegende und elementare Revolution noch nicht einmal in Betracht zu ziehen. Wir sind jetzt eine geschwächte, tatsächlich geistlose österreichische Menschheit, hatte ich zu Gambetti gesagt, der das Grundlegende und Elementare gar nicht möglich ist. Weit über ein ganzes Jahrhundert lang eine total geschwächte österreichische Menschheit, hatte ich zu Gambetti gesagt. Meine Eltern hatten naturgemäß nur eine katholische Erziehung meinerseits in Betracht gezogen, sie hatten sich eine andere überhaupt nicht vorstellen können, hatte ich zu Gambetti gesagt. Soweit zurück gedacht werden kann, sind alle Generationen auf Wolfsegg katholisch erzogen worden. Bis mein Onkel Georg aufgetreten ist vor allem gegen den Katholizismus, was nichts anderes bedeutete als *gegen alles*. Mein Onkel Georg hat mir den Weg geebnet, ihn mir ermöglicht. Mich zuerst auf die Idee, dann auf den tatsächlichen Weg gebracht, auf den *Gegenweg*, hatte ich zu Gambetti gesagt. In unseren Bibliotheken hatten sie, man denke, hatte ich zu Gambetti gesagt, sozusagen die weltlichen Bücher, zum Unterschied von den katholischen, abgesperrt gehabt, die Kästen mit den weltlichen Büchern waren Jahrzehnte, wenn nicht Jahrhunderte zugesperrt gewesen, hatte ich zu Gambetti gesagt, die katholischen allein waren frei zugänglich, die weltlichen abgeschlossen, unzugänglich, sie sollten nicht gelesen werden, eingesperrt bleiben, so, als hätten sie den freien Geist in diesen Bücherkästen eingesperrt, Gambetti, hatten sie die Bücher, die nicht katholisch waren, in diesen Bücherkästen eingesperrt. Voltaire, Montaigne, hatte ich zu Gambetti gesagt, eingesperrt, die in Hunderten und Tausenden von Lederbänden gesammelte Dummheit der Mönche und Grafen nicht. Die Voltaire und Montaigne und Descartes sollten ein für allemal versiegelt sein in diesen Kästen, man denke, hatte ich zu Gambetti gesagt. Niemals waren diese Kästen geöffnet worden, als man sie eines Tages, weil mein Onkel Georg darauf bestanden hatte, öffnete, war es den Meinigen gewesen, als hätte mein Onkel Georg einen jahrhundertelang versiegelten Behälter geöffnet, dem im Moment der Öffnung ein fürchterliches Gift entströmte, vor welchem sie augenblicklich die Flucht ergriffen, weil sie tatsächlich glaubten, es sei ein tödliches. Die Meinigen haben meinem Onkel Georg niemals verziehen, daß er diesen Behälter geöffnet hat, hatte ich zu Gambetti gesagt, daß er das Gift des Geistes auf einmal herausgelassen hat. Tatsächlich waren sie immer der Meinung gewesen, unser Onkel Georg habe Wolfsegg vergiftet, indem er den jahrhundertelang versiegelten Behälter des Geistes geöffnet hat, indem er ganz einfach die jahrhundertelang festverschlossenen Bücherkästen aufsperrte. Daß auf Wolfsegg plötzlich nicht nur der katholische Stumpfsinn, sondern auch der freie Geist zu riechen gewesen war, verziehen sie meinem Onkel Georg nicht, daß auch Descartes und Voltaire in der Luft waren auf Wolfsegg, nicht nur der Katholizismus und der

Nationalsozialismus. Sie waren der Meinung gewesen, sozusagen den bösen Geist eingesperrt zu haben in diesen abgesperrten Bücherkästen und
nun hatte ihn mein Onkel Georg herausgelassen. Aber es hatte nicht lange
gedauert und sie hatten diesen bösen Geist wieder in die Bücherkästen
eingesperrt, als nämlich mein Onkel Georg Wolfsegg verlassen und ihnen
den Rücken gekehrt und sich in Cannes ansässig gemacht hat, man denke,
an der Riviera, an dieser Teufelsküste, welche für die Meinigen gleichzusetzen war mit der Hölle. Sie hatten schon im ersten Augenblick, da mein
Onkel Georg mit zwei Koffern Wolfsegg verlassen hat, nichts Vordringlicheres im Kopf gehabt, als den ein paar Jahre ungehindert und, wie sie
glaubten, auf die verheerendste Weise Wolfsegg vergiftenden bösen Geist,
wieder in ihre Bücherkästen einzusperren und sie hatten dabei die Schlüssel nicht nur einmal, sondern gleich zwei- und dreimal umgedreht. Mir
selbst hatten sie nicht mehr erlaubt, diese Bücherkästen aufzusperren, sie
verweigerten es mir mit der größten Hartnäckigkeit und, wie ich heute
weiß, unter Todesangst. Auch als ich schon weit über zwanzig Jahre alt
gewesen war, hatten sie mir nicht erlaubt, diese Bücherkästen zu öffnen
und ich hatte es mit der Zeit aufgegeben, mich um ihre Öffnung zu
bemühen, weil ich den tagtäglichen Streit darüber haßte und fürchtete.
Ich hatte mir in Wien als erstes, hatte ich zu Gambetti gesagt, eine Bibliothek angelegt, die alles das beinhalten sollte, auf das mich mein Onkel
Georg als für einen sogenannten Geistesmenschen vordringlich aufmerksam gemacht hatte; schon in der kürzesten Zeit hatte ich, beinahe mein
ganzes mir zur Verfügung stehendes Geld dafür ausgebend, die wichtigsten Bücher beisammen, mir selbst *eine Bibliothek* sozusagen *des bösen
Geistes* zusammengestellt und es war selbstverständlich, daß ich bei Montaigne und Descartes, bei Voltaire und Kant angefangen habe. Schließlich
hatte ich *das Wichtigste für den Kopf,* wie mein Onkel Georg immer wieder
gesagt hat, zusammengestellt, hatte ich zu Gambetti gesagt, und das Zentrum war naturgemäß kein anderer als Schopenhauer gewesen. Ich hatte
mir eine von mir sogenannte leicht bewegliche Bibliothek angeschafft mit
den *wichtigsten Werken des bösen Geistes,* die ich ungehindert jederzeit
überallhin mitnehmen konnte, so daß ich niemals ohne diese Bücher hatte
sein müssen. Zuerst hatte ich mir die Philosophen angeschafft, die mir in
Wolfsegg verwehrt worden waren, das tödliche Gift also, dann nach und
nach auch die Werke unserer wichtigen Schriftsteller. Ich war bei diesen
Anschaffungen nach dem genauen Plan vorgegangen, den mir mein On-

kel Georg gezeichnet hat, hatte ich zu Gambetti gesagt. Der erste Band, den ich mir gekauft habe, war *Heinrich von Ofterdingen* von Novalis gewesen, hatte ich zu Gambetti gesagt, der zweite, ich erinnere mich genau, die *Kalendergeschichten* von Johann Peter Hebel. Von da bis zu Kropotkin und Bakunin war es noch weit, hatte ich zu Gambetti gesagt, zu Dostojewski, Tolstoi, Lermontow, den ich über alles liebe. Es wird mein Erstes sein, sagte ich mir jetzt, in Wolfsegg den eingesperrten bösen Geist auszulassen, den von den Meinigen sozusagen zu lebenslänglichem Kerker verurteilten, und die Bücherkastentüren werde ich nicht nur nicht mehr absperren, sondern weit offen lassen für immer. Die Schlüssel zu diesen Bücherkästen werde ich in den Brunnenschacht werfen, damit sie niemals mehr zugesperrt werden können, von keiner Hand. Überhaupt werde ich nur zu dem einen Zweck zuerst durch Wolfsegg gehen, um nach und nach alle Fenster aufzumachen und frische Luft hineinzulassen, stellen Sie sich vor, hatte ich einmal zu Gambetti gesagt, viele Fenster in Wolfsegg sind Jahrzehnte nicht aufgemacht worden, es ist entsetzlich. Dann werde ich nach Rom zurückkehren und zu Gambetti sagen können: Gambetti, ich habe alle Fenster in Wolfsegg weit aufgemacht und frische Luft hineingelassen. Alle Fenster und Türen werde ich aufmachen, sagte ich mir. Im Betrachten des Fotos, das meine Eltern auf dem Victoriabahnhof in London zeigt, sagte ich mir jetzt, daß sie mich für mein ganzes Leben hatten knebeln wollen, auf ihre katholische Weise, die ich nur als eine stumpfsinnige Weise bezeichnen kann. So wie den bösen Geist in die Bücherkästen, hatten sie mich, der ich in ihren Augen ein ebenso böser Geist gewesen bin, einsperren wollen in Wolfsegg. Den Widersprecher, den Verweigerer, einsperren. Den Abtrünnigen. Ich kann mich nicht erinnern, daß meine Eltern mich auch nur ein einziges Mal in einer Vorliebe allein und in Ruhe gelassen hätten, daß sie mich auch nur ein einziges Mal in einer solchen Vorliebe gelobt hätten. Ich hätte ihr Lob nicht überhört, sie hatten es mir nie gegeben. Sie hatten mich schon als ganz kleines Kind nur mit dem äußersten Mißtrauen betrachtet, ich denke, sogar schon in jenen allerersten Jahren, in welchen sie, wenn zu mir, immer noch hatten beinahe zu Boden schauen müssen, in den Korb hinein, in die Gehschule, es war ihnen schon damals alles an mir verdächtig und im eigentlichen Sinne unheimlich gewesen, daß sie möglicherweise mit mir einen Menschen gemacht haben, der ihnen eines Tages über den Kopf wachsen und sie anklagen und dann sogar zerstören und vernichten könnte. Schon in den ersten Jahren betrachteten sie mich mit dem Argwohn, mit welchem sie mich dann zeitlebens verfolgt haben, ja möglicherweise schon damals unterschwellig mit dem Haß, mit dem sie mich später dann ganz offen konfrontiert haben, von welchem ich zuerst nicht gewußt habe, weshalb er gerade *mich* treffen mußte, aus welchem Grunde, zu was für einem Zweck, durch welches Niedrige und Böse in mir. Meinem Bruder Johannes waren sie von Anfang an gut gesinnt gewesen, mir niemals gut, immer nur schlecht, diese Wahrheit gehört endlich ausgesprochen, sagte ich mir in Betrachtung des Fotos. Mein Vater hat mich gemacht, meine Mutter hat mich auf die Welt gebracht, aber von allem Anfang an nicht haben wollen, am liebsten hätte sie mich bei meiner Geburt gleich wieder in ihren Bauch zurückgesteckt, mit allen Mitteln, wenn das möglich gewesen wäre, sagte ich mir. Wir machen uns zuerst immer vor, daß wir von unseren Eltern naturgemäß geliebt werden, aber wir kommen plötzlich darauf, daß wir ebenso naturgemäß nur gehaßt werden, aus was für einem Grunde immer, wenn wir ihnen so erscheinen, wie ich meinen Eltern erschienen bin, als ein Kind, das ihren Vorstellungen nicht entsprochen hat, das *schief gegangen* ist, wie gesagt wird. Sie hatten nicht mit meinen Augen gerechnet, die schon gleich, wie ich sie zum ersten Mal geöffnet hatte, wahrscheinlich alles das gesehen hatten, was zu sehen ihnen niemals recht sein konnte. Ich hatte sie zuerst *ungläubig*, wie gesagt wird, angeschaut, dann angestarrt, schließlich eines Tages *durchschaut*, das verziehen sie mir nicht, das konnten sie mir nicht verzeihen. Ich hatte sie durchschaut, wie gesagt wird, und einer unbestechlichen Beurteilung unterzogen, die ihnen nicht gefallen konnte. Sie hatten, mit aller Schärfe gesagt, ihren Zerleger und Zersetzer geboren, indem sie mich geboren haben. Ich war, muß ich sagen, vom allerersten Augenblick an gegen sie gewesen, mit meiner ganzen Entschiedenheit. Einmal, an einem schönen, milden Herbsttag, hatte ich versucht, Gambetti eine Beschreibung von Wolfsegg zu geben, wir waren von Rocca di Papa sozusagen auf die Piazza del Popolo heimgekehrt und hatten vor dem Kaffeehaus auf der Terrasse Platz genommen, es war schon lang nach neun Uhr am Abend gewesen, die Sonne hatte noch die Kraft, die Piazza auf die angenehmste Weise zu erwärmen, ich werde versuchen, Ihnen eine präzise Beschreibung von Wolfsegg zu geben, hatte ich zu Gambetti gesagt, welchem ich in Rocca di Papa einiges, wie mir heute scheint, völlig Mißglücktes über Nietzsches *Zarathustra* gesagt hatte, ich hatte mit Nietzsche immer die größten Schwierigkeiten gehabt, auch an diesem Tag war es mir nicht gelungen, etwas Zutreffendes über Nietzsche zum besten zu geben, sehen Sie, Gambetti, hatte ich gesagt, Jahrzehnte habe ich mich mit Nietzsche auseinandergesetzt, aber ich bin nicht weitergekommen, Nietzsche hat mich immer fasziniert, aber ich habe gleichzeitig von ihm immer nur soviel wie gar nichts verstanden. Wenn ich ehrlich bin, geht es mir mit allen anderen Philosophen, hatte ich zu Gambetti gesagt, ebenso, mit Schopenhauer, mit Pascal, um nur diese beiden außer Nietzsche anzuführen, alles immer für mich zeitlebens schwierige, deren Aufschlüsselung mir niemals auch nur in Ansätzen gelungen ist, die mir immer *spanisch* geblieben sind, während ich von ihnen immer in einem äußersten Höchstmaß angezogen und begeistert gewesen bin. Je mehr ich mich mit den Schriften dieser Leute beschäftige, hatte ich zu Gambetti gesagt, desto hilfloser werde *ich,* ich kann nur im Größenwahn sagen, daß ich sie begriffen habe, wie ich über mich selbst nur im Größenwahn sagen kann, ich hätte mich begriffen, wo ich mich tatsächlich selbst niemals begriffen habe bis zum heutigen Tag, je mehr ich mich mit mir beschäftige, desto weiter entferne ich mich *von meinem Tatsächlichen,* desto mehr verfinstert sich alles, das mich betrifft, hatte ich zu Gambetti gesagt, wie bei diesen Philosophen, ich glaube, ich habe sie verstanden, hatte ich zu Gambetti gesagt, dabei habe ich nichts verstanden, wahrscheinlich ist es mit allem, mit dem ich mich bisher beschäftigt habe, so. Aber ich nehme mir doch ab und zu die Freiheit, hatte ich zu Gambetti gesagt, zu behaupten, ich hätte etwas von diesen Philosophen und ihren Erzeugnissen begriffen in meinem Größenwahn. Alle diese Namen und ihre Werke sind überhaupt nicht zu begreifen, hatte ich zu Gambetti gesagt, Pascal nicht, Descartes nicht, Kant nicht, Schopenhauer nicht, Schleiermacher nicht, um nur die aufzuzählen, die mich im Augenblick beschäftigen. Mit welchen ich mich im Augenblick eingelassen habe. Mit der größten Rücksichtslosigkeit gegen sie, wie gegen mich selbst, hatte ich zu Gambetti gesagt. Mit der größten Kühnheit und gleichzeitig Unverschämtheit. Denn wenn wir uns mit einem dieser Philosophen beschäftigen, Gambetti, hatte ich zu ihm gesagt, sind wir unverschämt, wenn wir uns getrauen, sie anzupacken und ihnen sozusagen die philosophischen Eingeweide bei lebendigem Leib herauszureißen. Wir sind immer unverschämt, wenn wir ein philosophisches Werk angehen, aber ohne diese Unverschämtheit kommen wir nicht heran, kommen wir philosophisch nicht weiter. Tatsächlich haben wir mit der größten Grobheit und Roheit an diese philosophischen Schriften her-

anzugehen und an ihre Hervorbringer, die wir uns immer als unsere
Feinde vorzustellen haben, als unsere furchtbarsten Gegner, Gambetti.
Ich muß gegen Schopenhauer auftreten, wenn ich begreifen will, gegen
Kant, gegen Montaigne, gegen Descartes, gegen Schleiermacher, verstehen Sie. Ich muß gegen Voltaire sein, will ich mich mit ihm auf die
redlichste Weise auseinandersetzen mit einiger Aussicht auf Erfolg. Aber
meine bisherigen Auseinandersetzungen mit den Philosophen und ihren
Produkten sind bis jetzt ziemlich erfolglos gewesen. Bald wird das Leben
vorbei, meine Existenz ausgelöscht sein, hatte ich zu Gambetti gesagt, und
ich habe nichts erreicht, es ist mir alles ziemlich fest verschlossen geblieben. Wie die Auseinandersetzung mit mir selbst bis heute ziemlich erfolglos geblieben ist. Ich bin mein Feind und gehe gegen mich philosophisch
vor, hatte ich zu Gambetti gesagt, ich gehe mit allen mir möglichen Zweifeln an mich heran und ich versage. Ich erreiche nicht das Geringste. Den
Geist muß ich als Feind betrachten und gegen ihn vorgehen auf die philosophische Weise, hatte ich zu Gambetti gesagt, um ihn tatsächlich genießen zu können. Aber dazu ist wahrscheinlich meine Zeit zu kurz, wie
sie eben alle eine zu kurze Zeit gehabt haben, das größte Unglück des
Menschen, daß seine Zeit immer und in jedem Fall zu kurz ist, hat die
Erkenntnis immer unmöglich gemacht. So hat es immer nur ein Angenähertes gegeben, ein Beinahe, alles andere ist Unsinn. Wenn wir denken
und nicht aufhören zu denken, was wir Philosophieren nennen, kommen
wir schließlich darauf, daß wir falsch gedacht haben. Alle haben sie bisher
falsch gedacht, sie mögen gleich welche Namen getragen haben, sie mögen
gleich was für Schriften geschrieben haben, aber sie haben nicht von selbst
aufgegeben, hatte ich zu Gambetti gesagt, nicht mit ihrem Willen, nur
durch den Willen der Natur, durch Krankheit, Wahnsinn, Tod am Ende.
Sie hatten nicht aufhören wollen, war es ihnen noch so entbehrungsreich,
entsetzlich, noch so grauenhaft gegen alle Regel und gegen alle Warnun-
gen. Aber sie hatten sich alle immer nur eingesetzt für falsche Schlüsse,
hatte ich zu Gambetti gesagt, am Ende doch für nichts, gleich, was dieses
Nichts ist, hatte ich zu Gambetti gesagt, von welchem wir wissen, daß es
zwar nichts ist, aber doch gleichzeitig auch nicht existent sein kann, an
welchem alles scheitert, an welchem alles aufhört, zu Ende ist am Ende.
Ich war auch an diesem Abend, anstatt gleich die angekündigte Beschreibung von Wolfsegg zu geben, die Gambetti noch auf der Flaminia für die
Piazza del Popolo versprochene, auf einen meiner von mir selbst immer

am meisten gefürchteten Exkurse gekommen, die ich meine philosophierenden zu nennen mir angewöhnt habe, weil sie sich in den letzten Jahren häufen, weil sie so fließend sind wie die Philosophie an sich, wie alles Philosophische, ohne daß sie tatsächlich mit Philosophie etwas anderes zu tun hätten, als ihren Beweggrund. Anstatt gleich die angekündigte Beschreibung von Wolfsegg zu geben, hatte ich Gambetti etwas über Nietzsche gesagt, das ich besser nicht gesagt hätte, etwas über Kant, das sogar völlig unsinnig gewesen war, etwas über Schopenhauer, das ich zuerst selbst als besonders qualifiziert angesehen, dann aber doch als ziemlich verrückt hatte erkennen müssen schon nach wenigen Augenblicken, etwas über Montaigne, das ich selbst nicht verstanden habe schon in dem Moment, in welchem ich es Gambetti gegenüber gesagt hatte; denn kaum hatte ich diesen Montaigne betreffenden Ausspruch Gambetti gegenüber getan, hatte mich dieser gebeten, ich möge ihm meinen gerade ausgesprochenen Ausspruch erklären, wozu ich aber nicht imstande gewesen war, weil ich schon in der gleichen Sekunde selbst nicht mehr gewußt hatte, was überhaupt ich über Montaigne gesagt hatte. Wir sagen etwas und sehen ganz klar und wissen im nächsten Augenblick gar nicht mehr, was wir gerade gesagt haben, hatte ich zu Gambetti gesagt, ich habe gerade etwas über Montaigne gesagt, weiß aber jetzt, zwei, drei Sekunden später, gar nicht mehr, was wirklich und tatsächlich ich gerade über Montaigne gesagt habe. Wir müßten die Fähigkeit haben, etwas zu sagen, auszusprechen also und dieses gerade Ausgesprochene gleichzeitig zu protokollieren in unserem Kopf, das ist aber nicht möglich, hatte ich zu Gambetti gesagt. Ich weiß gar nicht mehr, warum ich etwas über Montaigne in diesem Augenblick gesagt habe, hatte ich zu Gambetti gesagt, naturgemäß noch weniger, was über Montaigne. Wir glauben, wir haben es schon so weit gebracht, daß wir eine Denkmaschine sind, aber wir können uns auf das Denken dieser unserer Denkmaschine nicht verlassen. Sie arbeitet ununterbrochen im Grunde gegen unseren Kopf, hatte ich zu Gambetti gesagt, sie produziert fortwährend Gedanken, von welchen wir nicht wissen, woher sie gekommen sind und wozu sie gedacht werden und in welchem Zusammenhang sie stehen, hatte ich zu Gambetti gesagt. Wir sind tatsächlich von dieser Denkmaschine, die ununterbrochen arbeitet, überfordert, unser Kopf ist davon überfordert, aber er kann nicht mehr aus, er ist unweigerlich lebenslänglich an diese unsere Denkmaschine angeschlossen. Bis wir tot sind. Montaigne, sagen Sie, Gambetti, und ich weiß im Augenblick gar nicht, was das ist, hatte ich zu Gambetti gesagt. Descartes? ich weiß es nicht. Schopenhauer? ich weiß es nicht. Ebenso könnten Sie *Butterblume* sagen und ich wüßte nicht, was es ist, hatte ich zu Gambetti gesagt. Ich hatte geglaubt, wenn ich nach Sils Maria gehe, hatte ich zu Gambetti gesagt, werde ich Nietzsche besser verstehen, wenn ich mich in der Nähe des Malojapasses einmiete, von Sondrio, also von unten heraufgekommen, würde ich Nietzsche besser oder überhaupt verstehen. Aber ich habe geirrt, ich verstehe, nachdem ich in Sils Maria gewesen bin, von Sondrio heraufkommend, von unten herauf also, Nietzsche noch weniger als vorher, ich behaupte, ich verstehe ihn jetzt überhaupt nicht mehr, nichts mehr von Nietzsche. Ich habe mir, indem ich nach Sils Maria gegangen bin, Nietzsche völlig ruiniert. So habe ich mir einmal auch Goethe ruiniert, hatte ich zu Gambetti gesagt, nur durch die unglückselige Dummheit, Weimar aufzusuchen, Kant, indem ich in Königsberg gewesen bin. Von allen diesen Philosophen und Dichtern und Schriftstellern, wie immer, war ich einmal durch Europa getrieben gewesen, um ihre Orte aufzusuchen und verstehe sie seither noch viel weniger als vorher. Hüten Sie sich, Gambetti, die Orte der Schriftsteller und Dichter und Philosophen aufzusuchen, Sie verstehen sie nachher überhaupt nicht, Sie haben sie in Ihrem Kopfe tatsächlich unmöglich gemacht dadurch, daß Sie ihre Orte aufgesucht haben, ihre Geburtsorte, ihre Existenzorte, ihre Sterbeorte. Meiden Sie wie nichts sonst die Geburts- und Existenz- und Sterbensorte unserer Geistesgrößen, hatte ich zu Gambetti gesagt, untersagen Sie es sich, die Orte Dantes, Vergils und Petrarcas aufzusuchen, Sie machen sich alles, das von diesen Geistesgrößen in Ihrem Kopf ist, zunichte. Nietzsche, hatte ich zu Gambetti gesagt, ich klopfe mir an den Kopf und er ist leer, vollkommen leer. Schopenhauer sage ich mir und ich klopfe an meinen Kopf und er ist leer. Ich klopfe an meinen Kopf und sage Kant und ich habe einen vollkommen leeren Kopf. Das deprimiert fürchterlich, hatte ich zu Gambetti gesagt. Sie denken an einen ganz und gar alltäglichen Begriff und Ihr Kopf ist leer. Nichts. Gar nichts ist in Ihrem Kopf, wenn Sie einen solchen ganz und gar alltäglichen Begriff begreifen wollen. Tagelang gehen Sie mit einem solchen leeren Kopf umher und klopfen daran und stellen immer nur fest, daß er vollkommen leer ist. Das macht verrückt, wahnsinnig, unglücklich, auf die unglücklichste Weise verrückt und wahnsinnig und auf die fürchterlichste Weise existenzüberdrüssig, mein lieber Gambetti. Ich bin zwar Ihr Lehrer, aber ich habe die meiste

Zeit einen völlig leeren Kopf, in welchem tatsächlich nichts ist. Weil ich meinen Kopf überanstrengt habe wahrscheinlich, hatte ich zu Gambetti gesagt. Weil ich ihm mit der Zeit viel zu viel zugetraut habe. Weil ich ihn ganz einfach überschätzt habe. Wir überschätzen unseren Kopf und muten ihm zuviel zu und wundern uns, wenn er plötzlich völlig ausgeleert ist, wenn wir daran klopfen, hatte ich zu Gambetti gesagt. Nicht einmal das Notdürftigste ist dann in unserem Kopf, hatte ich zu Gambetti gesagt. Wahrscheinlich, weil wir uns an den Philosophen, die uns etwas und die uns unter Umständen sehr viel oder gleich alles bedeuten, vergriffen haben, hatte ich zu Gambetti gesagt, ziehen sie sich von Zeit zu Zeit mit allem, das sie sind, aus unserem Kopf zurück und lassen ihn allein. Hauen einfach ab und lassen ihn vollkommen leer zurück, so daß wir anstatt Gedanken in unserem Kopf zu haben und mit diesen Gedanken etwas anzufangen, vernünftig oder nicht, philosophisch oder nicht, hatte ich zu Gambetti gesagt, nur einen unerträglichen Schmerz empfinden, einen solchen fürchterlichen Schmerz, daß wir nur fortwährend aufschreien müßten. Aber wir hüten uns natürlich davor, durch ein solches fürchterliches Aufschreien, zu verraten, daß wir einen vollkommen leeren Kopf haben, denn das bedeutete in einer Welt, die nur darauf wartet, daß wir aufschreien und verraten, daß wir einen vollkommen leeren Kopf haben, unweigerlich unser Ende. Wir haben uns mit der Zeit angewöhnt, alles in uns geheimzuhalten, jedenfalls das, das wir denken, das wir uns zu denken getrauen, um nicht umgebracht zu werden, denn wie wir wissen, wird umgebracht, wer sein Denken nicht geheimhalten kann, sein tatsächliches Denken, von welchem niemand, außer er selbst, eine Ahnung haben kann, hatte ich zu Gambetti gesagt. Das geheimgehaltene Denken ist das entscheidende, hatte ich zu Gambetti gesagt, nicht das ausgesprochene, nicht das veröffentlichte, das mit dem geheimgehaltenen sehr wenig, meistens überhaupt nichts gemeinsam hat und immer ein viel niedrigeres ist, als das geheimgehaltene, welches doch immer Alles ist, während das veröffentlichte, wie wir wissen, nur das notdürftigste ist. Aber wenn wir die Möglichkeit hätten, das geheimgehaltene Denken zu veröffentlichen, auch nur in einem Augenblick auszusprechen, hatte ich zu Gambetti gesagt, wären wir am Ende. Dann hätte sich auf einmal alles aufgehört. In der größten, in der allergrößten Explosion wäre alles auseinandergebrochen. Wir nähern uns dem Philosophischen vorsichtig, hatte ich zu Gambetti gesagt, mit der größtmöglichen Behutsamkeit und scheitern. Dann mit Entschiedenheit, hatte ich zu Gambetti gesagt, und scheitern. Auch wenn wir uns ihm völlig furchtlos und in radikaler Selbstentblößung nähern, scheitern wir. Als ob wir überhaupt kein Anrecht auf ein Philosophisches hätten, hatte ich zu Gambetti gesagt. Das Philosophische ist immer wie die Luft, die wir einatmen, aber doch, ohne sie längere Zeit festhalten zu können, wieder ausatmen müssen. Wir atmen es fortwährend und lebenslänglich ein und wieder aus und können es nicht festhalten, nicht den entscheidenden Augenblick länger, nicht den Augenblick länger, auf den es ankäme. Ach Gambetti, hatte ich zu diesem gesagt, wir wollen alles *an*greifen und *be*greifen und an uns ziehen und es ist uns nicht im geringsten möglich. Wir verbringen ein Leben lang damit, uns selbst zu begreifen und es gelingt uns nicht, wie können wir glauben, etwas, das nicht einmal *wir* sind, begreifen zu können. Anstatt Gambetti Wolfsegg zu beschreiben, wie angekündigt, hatte ich ihn auf dem ganzen Weg über die Flaminia und wieder ein Stück die Flaminia zurück und dann wieder in umgekehrter Richtung und wieder umgekehrt, bis auf die Piazza del Popolo, mit diesen fortwährend auch noch in einem viel lauter als ihm zuträglichen Ton vorgetragenen Sätzen enerviert und nicht ein einziges Mal zu Wort kommen lassen, während ich die ganze Zeit genau gewußt habe, er hätte das eine oder das andere Mal etwas zu meinen Auslassungen, die er nur zwischendurch plötzlich als eine für mich charakteristische philosophierende Rede bezeichnet hatte, zu sagen, daß es besser gewesen wäre, mich von ihm einmal unterbrechen zu lassen und ihn einen Kommentar sagen zu lassen, als fortwährend meiner Rede zügellos selbst zuzuhören und mich daran wenigstens im Augenblick zu begeistern, während mir gleichzeitig doch bewußt war, daß mir diese meine Auslassung in wenigen Minuten schon selbst fürchterlich auf die Nerven gehen und mich an den Kopf greifen läßt, daß ich ihr hemmungslos mehr oder weniger freien Lauf gelassen habe, noch dazu in Gegenwart Gambettis, der von seinem Lehrer doch etwas mehr Disziplin zu erwarten hat mit Recht, als mir gerade möglich. Überhaupt sollte ich mehr darauf achtgeben, in Gegenwart Gambettis mich nicht gehen zu lassen vor allem in meinen philosophierenden Eskapaden, hatte ich gedacht, wie wir beide auf die Piazza del Popolo gegangen sind, auf welcher noch um neun Uhr abend so viel Verkehr gewesen ist damals, wie in anderen Großstädten höchstens in der Zeit kurz vor zwölf mittag. Wir sollten uns aber auch niemals dann schämen, hatte ich zu Gambetti gesagt, wenn wir einmal mehr oder weniger außer Rand und Band geraten, weil es unser Kopf so haben will, unser tatsächlich immer aufgeregter Kopf, wenn wir ihn zum Denken animiert haben. Gambetti hatte über diese zweifellos fällige Entschuldigungsbemerkung auflachen müssen. Er hatte uns wie immer, sehr geschickt, sehr elegant, nur eine *halbe* Flasche Weißwein bestellt und ich hatte mit meiner Beschreibung von Wolfsegg anfangen können. Meine Betrachtung war, wie immer, von unten ausgegangen, vom Ort aus. Ich blickte in die Höhe. Oben, hatte ich zu Gambetti gesagt, liegt Wolfsegg, über achthundert Meter hoch, jahrhundertelang uneinnehmbar, eine Festung aus einem sogenannten Hauptgebäude und mehreren Nebenhäusern, also das Gärtnerhaus, das Jägerhaus, die Meierei, die sogenannte Orangerie, die Kindervilla, auch ein herrschaftliches Gebäude, das wahrscheinlich für die Kinder auf Wolfsegg gebaut worden ist vor dreihundert Jahren, hatte ich zu Gambetti gesagt, ein wenig abseits gelegen, auf der Ostseite, von wo aus aber der weiteste Blick auf die Alpen möglich ist. Überhaupt, hatte ich zu Gambetti gesagt, hat man von Wolfsegg aus den allerweitesten Blick auf die Alpen, in einem ist es möglich, das ganze Gebiet zwischen den Tiroler und den östlichen niederösterreichischen Bergen zu überblicken. Das kann man nicht ein zweites Mal in Österreich, hatte ich zu Gambetti gesagt. Ich hatte in Gambetti immer einen aufmerksamen Zuhörer, der mich das, was ich zu sagen versuchte, mit Geduld entwickeln ließ, niemals störte, wir werden ja meistens schon in den Anfängen unserer Erzählungen und Berichte gestört, aufgehalten, wenigstens gehemmt, nicht mit Gambetti, der zum Zuhören erzogen worden ist von seinen Eltern, von seiner in allem und jedem behutsamen Familie. Wolfsegg ist etwa hundert Meter höher gelegen, als der Ort und es führt aus dem Ort nur eine einzige Straße hinauf, die jederzeit durch eine Zugbrücke abgesperrt werden kann da, wo ein Felseinschnitt den Ort von Wolfsegg trennt. Wolfsegg selbst ist vom Ort nicht zu sehen, ein dichter hochgewachsener Wald schützt es seit Jahrhunderten vor den Blicken derer, die es nicht sehen sollen. Die Straße ist eine Schotterstraße, hatte ich zu Gambetti gesagt, sie führt steil bergauf bis zu einer drei Meter hohen Mauer, hinter welcher das Hauptgebäude und die Nebenhäuser noch immer versteckt sind. Kommt der Besucher durch das offene Tor, sieht er zuerst auf der linken Seite die Orangerie mit ihren hohen Glasfenstern, in dieser Orangerie werden auch heute noch Orangenbäume gehalten, hatte ich zu Gambetti gesagt, sie entwickeln sich durch die günstige Lage der

Orangerie, die den ganzen Tag Sonne hat, ausgezeichnet, auch Zitronen-
bäume und, ganz wie in dem berühmten kaiserlichen Palmenhaus in
Wien, gedeihen in ihm auch alle möglichen anderen tropischen und sub-
tropischen Pflanzen, über alles hatte ich schon als Kind die Kamelien
geliebt, hatte ich zu Gambetti gesagt, die Lieblingsblumen meiner Großmutter väterlicherseits. Die Orangerie war uns als Kinder der liebste Aufenthalt, vor allem mit meinem Onkel Georg bin ich oft halbe Tage in ihr
gewesen, um mir von ihm die Herkunft der Pflanzen erklären zu lassen,
was mir immer ein großes Vergnügen gewesen ist, in der Orangerie habe
ich die ersten lateinischen Wörter gehört, hatte ich zu Gambetti gesagt, die
lateinischen Bezeichnungen für die vielen in allen möglichen kleinen und
größeren Töpfen gezüchteten und gezogenen Blumen, die von den drei
Gärtnern betreut wurden, die wir in Wolfsegg immer gehabt haben. Und
die sie auch heute noch haben, was, wie Sie sich denken können, Gambetti, hatte ich gesagt, in der heutigen Zeit in Mitteleuropa ein großer
Luxus ist. Mein erster Kontakt mit den sogenannten *anderen Menschen*
war der Kontakt zu den Gärtnern gewesen, sie beobachtete ich, sobald und
sooft und solange ich nur konnte. Aber ich gab mich schon von Anfang an
nicht nur mit der Farbenpracht der Gewächse zufrieden, hatte ich zu
Gambetti gesagt, ich wollte immer schon gleich auch wissen, woher diese
Farbenpracht kommt, woraus sie entsteht und wie sie präzise bezeichnet
wird. Die Gärtner auf Wolfsegg waren immer die geduldigsten Leute
gewesen, sie strömten die größte Ruhe aus und lebten in der Regelmäßigkeit und in der Einfachheit, die ich wie keine andere bewundert habe. Von
den Gärtnern war ich immer am meisten angezogen gewesen, ihre Bewegungen waren die unbedingt notwendigen, beruhigenden, immer nützlichen, ihre Sprache war die einfachste, klarste. Sobald ich selbständig
gehen hatte können, war mein Lieblingsaufenthalt die Orangerie gewesen,
während mein Bruder Johannes sich die meiste Zeit in den Stallungen der
Meierei aufgehalten hat, bei den Pferden, Kühen, Schweinen und Hühnern, ich war sozusagen immer der Pflanzenmensch gewesen, mein Bruder
Johannes der Tiermensch, meine ganze Freude waren die Pflanzen in der
Orangerie, die seinige die Tiere in der Meierei. Vor allem im Winter, wenn
die freie Natur schneebedeckt und kalt und kahl war, hatte ich zu Gambetti gesagt, hatte die Orangerie ihre große Zeit. Ich durfte von Anfang an
bei den Gärtnern sein und ihnen zuschauen, schließlich mit ihnen arbeiten. Es war ein großes Glücksgefühl für mich, hatte ich zu Gambetti

gesagt, wenn ich in der Orangerie von einer kleinen Bank aus, bei den
Azaleen, die meine Lieblingsblumen sind, die Gärtner beobachten durfte.
Schon das Wort *Orangerie* hat mich immer fasziniert, hatte ich zu Gam-
betti gesagt, es war das Lieblingswort meiner Lieblingswörter. Die Orangerie war so an den steil zum Ort abfallenden Felsen gebaut, daß die milde
Sonne darüber immer die allen Pflanzen günstigste gewesen ist, die früheren Bauherren, hatte ich zu Gambetti gesagt, waren *klug,* klüger als die
heutigen. Und das Verblüffende ist, daß sie nicht, wie heute, so lange, ja
Jahre, *an einem einzigen Bau* gebaut haben, sondern nur kurze Zeit, ein
Schloß für Jahrhunderte, hatte ich zu Gambetti gesagt, bauten sie mit
allen Vorzügen, ja Raffinessen, in ein paar Monaten fix und fertig. Für eine
plumpe und pervers unbrauchbare, häßliche Scheußlichkeit werden heute
viele Jahre vergeudet und man fragt sich, wieso, hatte ich zu Gambetti
gesagt. Jeder einzelne hatte damals Geschmack und jeder einzelne arbeitete zum Vergnügen. Das sieht man ja an den alten Bauwerken, die so
restlos gelungen sind wie kein einziges heutiges. Jedes Detail an den alten
Bauwerken ist mit Liebe gestaltet, hatte ich zu Gambetti gesagt, mit der
größten Behutsamkeit, mit einem Kunstverstand und mit dem größten
Geschmack auch in den sogenannten Nebensächlichkeiten. Die Orangerie ist nicht nur an die ideale Stelle, sondern auch mit dem größten
Geschmack gebaut, hatte ich zu Gambetti gesagt, ein Kunstwerk, das sich
mit den herrlichsten derartigen Schöpfungen Norditaliens und in der
Toscana ohne weiteres messen lassen kann. Ein jeder Baumeister ist ein
kleiner Palladio gewesen, hatte ich zu Gambetti gesagt. Unsere heutige
Baukunst ist verkommen, sie ist nicht nur geschmacklos, sondern auch
zum Großteil unbrauchbar, sie ist in hohem und in höchstem Maße menschenfeindlich, während die frühere kunstvoll *und* menschenfreundlich
gewesen ist. Links an die Orangerie angebaut ist ein großer Bogen aus
Konglomerat, so hoch, daß alle Fuhrwerke durchfahren können, und dahinter der weitläufige Hof der Meierei, die hauptsächlich aus drei Rin-
derstallungen und einem großzügig angelegten Pferdestall besteht. Darüber sind die Wohnungen der Meier, die immer recht gut verdient haben;
die Meierei ist in Hufeisenform gebaut. In den über den Stallungen gelegenen Wohnungen hätten an die hundert Leute bequem logieren können, hatte ich zu Gambetti gesagt, sie haben alle große Zimmer, die nicht
kleiner sind, als die Zimmer im Hauptgebäude, das genau der Meierei
gegenüber mit großem Kunstverständnis auf eine etwa zweihundert Meter

von der Meierei entfernte Anhöhe gebaut ist; man hat den schönsten Blick darauf von der Meierei durch den schon erwähnten Mauerbogen. Es hat zwei Stockwerke und ist genau vierunddreißig Meter hoch, hatte ich zu Gambetti gesagt. Ich liebe den Blick darauf. Die Fassade ist so streng, wie keine andere, die ich in Österreich je gesehen habe, vornehmer als alle andern. In der Mitte ist ein acht Meter hohes Eingangstor, so dunkel grün gestrichen, daß es immer als schwarzgestrichen erscheint, völlig schmuck-los, wenn ich von dem Messingknopf absehe, der, niemals geputzt, ange-schraubt ist, und von dem eisernen Glockenzug links daneben. Die eben-erdigen Fenster sind genau in der Höhe, daß nicht durchgeschaut werden kann. Der Eintritt in das Vorhaus ist für mich, aus Rom kommend, hatte ich zu Gambetti gesagt, jedesmal eine Ungeheuerlichkeit, die Kälte, gleichzeitig die Großartigkeit, die Höhe und die Tiefe des Raumes bewir-ken jedesmal, daß ich den Atem anhalte. Das Vorhaus ist etwa vierund-dreißig Meter lang bis an die Hofmauer, das Tageslicht fällt nur von oben herunter auf die hundertfünfzig Jahre alten Lärchenbretter, mit welchen der Fußboden ausgelegt ist, beinahe einen halben Meter breite Lärchen-bretter, hatte ich zu Gambetti gesagt, die schon ganz grau geworden sind von den uns vorangegangenen Generationen, die sie betreten haben. Ich kenne kein schöneres Vorhaus, hatte ich zu Gambetti gesagt, es ist herr-schaftlich wegen seiner Größe und absoluten Strenge, an den Wänden ist nicht der geringste Schmuck, kein Bild, nichts. Die Mauern sind weiß-gekalkt und wirken unerbittlich auf den Betrachter. Jahrhunderte war es so. In letzter Zeit, hatte ich zu Gambetti gesagt, hat meine Mutter dann und wann immer ein paar Blumenkörbe in das Vorhaus gestellt, die ihm nicht gut tun, die es aber nicht zerstören können, ein wenig stören ja, hatte ich zu Gambetti gesagt, aber zerstören nicht, dazu ist es zu großartig. Wenn einer eintritt, hatte ich zu Gambetti gesagt, mag ihm das Vorhaus, das ich selbst immer als groß und als kalt und als ungeheuerlich empfun-den habe, unheimlich erscheinen und schon mancher hatte Angst gehabt, in diesem Vorhaus schon gleich bei seinem Eintritt erfrieren zu müssen, die meisten Leute schüttelt es auch, wenn sie eintreten, hatte ich zu Gam-betti gesagt, denn sie sind es absolut nicht gewohnt, in ein so großes und großartiges und außerordentlich herrschaftliches Vorhaus einzutreten, alle andern Vorhäuser, die ich kenne, sind nicht so groß, nicht so großartig, nicht so außerordentlich herrschaftlich und dadurch naturgemäß auch nicht so abweisend, wie das unsrige, das immer abweisend gewirkt hat auf

alle, außer auf mich, für den genau diese Großartigkeit und Kälte immer
die anziehende gewesen ist bis heute; wenn Sie eintreten, hatte ich zu
Gambetti gesagt, glauben Sie einen Augenblick, umkommen zu müssen in
unserem Vorhaus und Sie suchen nach einem Halt irgendwo, auch sind
Ihnen immer die Augen geblendet, wenn Sie vom Tageslicht draußen in
das doch eher abgedunkelte Vorhaus eintreten. Sie empfinden sich einen
Augenblick lang völlig schutzlos. Gleich links, wenn man hereinkommt,
ist die Tür zum Dienstbotensaal. Die nächste Tür ist die Tür zur Haus-
haltsgerätekammer. Daneben ist die Tür, die in die Kapelle führt. Die
Kapelle ist tatsächlich so groß wie eine mittlere Dorfkirche, hatte ich zu
Gambetti gesagt, sie hat drei Altäre, einen gotischen in der Mitte, zwei auf
den Seiten. Auch heute noch wird in ihr jeden Sonntag um sechs Uhr früh
eine Messe gelesen, zu diesem Zweck kommt der Pfarrer persönlich, oder
es kommt der Kaplan aus dem Ort herauf, zu Fuß, was eine große Anstrengung ist jedenfalls für den alten Pfarrer. In der Sakristei haben wir
auch heute noch große Kästen voll Priesterkleidung aus drei Jahrhunderten, hatte ich zu Gambetti gesagt. Wir in Wolfsegg sind ja von den meisten
Kriegen in Europa verschont geblieben und die ausgebrochenen Brände
im vorigen Jahrhundert sind immer gleich gelöscht gewesen, eine der
berühmtesten und tüchtigsten Feuerwehren Österreichs ist in unserem
Ort, hatte ich zu Gambetti gesagt. Kein Abend vergeht, ohne daß meine
Mutter zwischen sieben und acht in der Kapelle kniet. Wir waren von
Anfang an dazu erzogen, allabendlich die Kapelle aufzusuchen. Natürlich
war es ein großer Augenblick gewesen, hier den Erzbischof von Salzburg
zu empfangen in den Festtagskleidern zu außergewöhnlichen Ereignissen
wie Taufen, Firmungen, Trauungen etcetera, hatte ich zu Gambetti gesagt.
Das kirchliche Schauspiel war auch mir einmal das höchste und einzige
gewesen, wie allen Meinigen. Das hat sich sehr rasch geändert. Aber das
Ungeheuerliche dieser Zeremonien ist mir geblieben in der Erinnerung,
Gambetti, das große strahlende Kirchenfenster, über jeder ungeheuerlichen farbenprächtigen Feierlichkeit. Der Kapelle gegenüber befindet sich
die Küche, so groß wie ein Reitsaal, auch im Winter heute noch ungeheizt,
mit großen, zum Teil gar nicht mehr in Betrieb genommenen, nurmehr
noch zum Abstellen benützten Herden, Hunderten und ich kann ruhig
sagen, Tausenden von Schüsseln, Tassen, Schalen in den Kästen und an
den Wänden. Hier hatten acht Frauen und Mädchen zu tun gehabt, noch
als ich dreißig gewesen bin, denn ich erinnere mich an meinen dreißigsten

Geburtstag und da vor allem an die Betriebsamkeit in der Küche. Die Küche war in meiner Gunst immer beinahe so hoch gestanden wie die Orangerie, hier hatte ich es im Unterschied zu dem männlichen in der Orangerie, mit dem fraulichen Element zu tun, und das interessierte mich nicht geringer. Liebte ich in der Orangerie die Düfte der Blumen, so waren es hier in der Küche die Gerüche der herrlichsten aller Mehlspeisen, die mich jeden Tag angezogen haben. Und die Heiterkeit der Köchinnen, die mir alle gut gesinnt waren, wie ich von Anfang an fühlte, garantierten mir die eigene Heiterkeit. War ich in der Küche, war es mir niemals langweilig, überhaupt, hatte ich zu Gambetti gesagt, waren die Küche und die Orangerie meine wichtigsten Bezugspunkte in der ersten Hälfte meiner Kindheit. Zwischen den Blumen in der Orangerie auf der einen, und den Mehlspeisen in der Küche auf der anderen Seite, hatte ich alles in allem eine glückliche Kindheit gehabt. In der Küche waren mir keine lästigen Fragen gestellt worden, in der Küche hatte ich mich so ungeniert geben können, wie ich wollte, genauso in der Orangerie, überhaupt überall dort, wo meine Eltern *nicht* waren. Alle Augenblicke trachtete ich, in die Küche hinunter zu kommen oder in die Orangerie hinüber, ich sehe mich noch heute sehr oft in meinen Träumen in die Küche hinunter und in die Orangerie hinüber laufen, hatte ich zu Gambetti gesagt, gleich, in was für einer Jahreszeit, das Kind rennt hinunter in die Küche zu den seiner Meinung nach glücklichen, ihm gut gesinnten Menschen, in die Orangerie hinüber zu den, ebenso seiner Meinung nach, glücklichen. Es verläßt alle Augenblicke die strengen, die seiner Meinung nach bösartigen, ungeduldig immer mehr von ihm fordernden, als ihm möglich ist. Der elterlichen Ungeduld und Strenge entlaufe ich in meinen Träumen aus dem Vorhaus hinaus, an der Orangerie vorbei, an der Meierei vorbei, in die umliegenden Wälder, hatte ich zu Gambetti gesagt. Stundenlang liege ich an einem Bachufer und beobachte die Fische im Wasser und die Käfer an den Schlangenblättern. Die Tage sind lang, die Abende viel zu kurz. Eingetreten in das Vorhaus, hatte ich zu Gambetti gesagt, geht es nach etwa zwanzig Schritten rechts in den ersten Stock hinauf, eine breite Holztreppe. Rechts gewendet kommen wir in das sogenannte obere Vorhaus, an dessen östlichem Ende das große Speisezimmer zu sehen ist, dessen Tür immer geöffnet ist. Das Speisezimmer ist genau über dem unteren Vorhaus und hat einen großen Balkon. Hier durften wir uns als Kinder nicht aufhalten, außer, wenn es uns zu gewissen feierlichen Anlässen ausdrücklich befohlen worden ist. In strenger Kleidung hatten wir an der Tafel zu sitzen und zu schweigen. Hier sind auch heute noch die Kästen und Kommoden mit den kostbarsten Geschirren und Bestecken angefüllt, hier liegen überall die teuersten Schätze, die die Unsrigen im Laufe der Jahrhunderte angesammelt haben. An den Wänden hängen die Bildnisse derer, die Wolfsegg gebaut und jener, die es erhalten und verwaltet haben und auch schon lange auf dem Friedhof sind in unserer Gruft. Wenn dieser Speisesaal reden könnte, hatte ich zu Gambetti gesagt, hätten wir eine komplette unverfälschte, genauso phantastische wie reale, genauso strahlende, wie fürchterliche Menschheitsgeschichte. An diesem Speisezimmertisch ist ohne Zweifel Geschichte gemacht worden, hatte ich zu Gambetti gesagt, und nicht nur Lokalgeschichte. Aber Speisezimmertische reden nicht, hatte ich zu Gambetti gesagt, das ist auch gut, denn wenn sie redeten, würden sie von denen, die sich an sie setzen müssen, schon nach kurzer Zeit zertrümmert werden. Ich erinnere mich, daß ich an diesem Speisezimmertisch mit insgesamt acht verschiedenen Erzbischöfen und Kardinälen und mit mindestens einem Dutzend Erzherzögen gesessen bin, hatte ich zu Gambetti gesagt, das hatte auf das Kind naturgemäß einen großen Eindruck gemacht. Und mit vielen großen Damen der Gesellschaft, deren Namen ich heute nicht mehr weiß, die aus Wien und aus Paris und aus London angereist waren, um uns zu besuchen. Und die alle auch hier in Wolfsegg übernachteten, für die jene Zimmer aufgesperrt worden sind, die sonst immer fest verschlossen waren, diese großen muffigen Zimmer mit ihren düsteren Tapeten an den Wänden und mit ihren schweren Vorhängen, die ein schwächerer Mensch gar nicht bewegen kann, er kann sie am Abend nicht zu- und am Morgen nicht aufziehen. In diesen sogenannten Gästezimmern, die alle auf der Nordseite liegen, habe ich mich immer gefürchtet, hatte ich zu Gambetti gesagt. Jeder, der in ihnen wohnte, und sei es auch nur für die kürzeste Zeit gewesen, war unweigerlich krank geworden. Aber ganz bewußt haben sie in Wolfsegg diese Zimmer so unfreundlich ausgestattet und sie gerade auf der Nordseite angelegt und immer auch in einem solchen gewissen krankmachenden Kältegrad gehalten, der für diese Zimmer charakteristisch ist, sie wollten nicht, daß ein Gast länger als unbedingt notwendig bleibt und eingeladen hatten sie die Leute ja auch nur immer aus einem bestimmten Grund, wenn sie von ihnen etwas ganz Bestimmtes haben wollten, irgendeinen Vorteil, der sonst nicht zu erreichen gewesen wäre. Zu den Frühstücken hatten sich an den Gästen, die in diesen Zimmern übernachtet haben, auch schon immer gleich die ersten Anzeichen von Verkühlungen gezeigt, sie hatten meistens auch schon einen Schal um den Hals gebunden und ihr Husten war an ihnen das auffallendste gewesen, hatte ich zu Gambetti gesagt. Aber trotz allem, hatte ich zu Gambetti gesagt, kamen diese Leute immer wieder, weil Wolfsegg doch eine große Faszination auf sie ausgeübt hat. Sie warteten förmlich immer darauf, eingeladen zu werden. Meine Großeltern hatten noch sehr viele Leute eingeladen, meine Eltern schon weit weniger, sie waren nicht so gesellschaftssüchtig, mein Vater schon gar nicht und meine Mutter hatte die erste Zeit auch zu viel Hemmungen und also Komplexe gegenüber allen diesen Leuten, die doch nur, wie sie glaubte, nach Wolfsegg gekommen sind, um ihre Gesellschaftsfehler auszuspionieren und überall, wo es ihr schadete, bekannt zu machen. Sie hatte die erste Zeit, ja ein Jahrzehnt lang, auch nicht die Gesellschaft meines Vaters, sondern die ihrige eingeladen, vor welcher sie weit weniger zu fürchten hatte, und das Ergebnis waren dann, wie gesagt, diese fürchterlichen Leute, der sogenannte gebildete Mittelstand, vor welchem einem immer graust, hatte ich zu Gambetti gesagt, besonders, wenn er aus Wels und Vöcklabruck, aus Linz und aus Salzburg ist und sich über die ganze übrige Welt erhaben vorkommt. Diese Einladungen habe ich immer als abstoßend empfunden. Andererseits wäre meine Mutter auf Wolfsegg, das ihr ganz und gar neu und fremd und in Wahrheit ja völlig unangemessen gewesen war, sehr bald völlig vereinsamt an der Seite meines ja nicht gerade aufregenden Vaters, hatte ich zu Gambetti gesagt, sie hätte sich zutode gelangweilt. Wolfsegg hätte sie unweigerlich in kurzer Zeit erdrückt, die *Frau von unten,* wie mein Vater sich in den Anfangsjahren seiner Ehe mit meiner Mutter noch zu scherzen getraut hatte, wäre in Wolfsegg eingegangen, wie gesagt wird. So zog sie von einem bestimmten Zeitpunkt an, der für ihre Zukunft der entscheidende gewesen war, ganz einfach Ihresgleichen nach Wolfsegg herauf und *proletarisierte* es, so mein Vater, hatte ich zu Gambetti gesagt. Sie hatte ein Recht, sich zu retten, hatte ich zu Gambetti gesagt, war es uns auch unerträglich zu sehen, mit welchen Mitteln. Allein im Haupthaus sind mehr als vierzig Zimmer, ich habe sie nie gezählt. Ein eigenes hatten wir Kinder erst bekommen, als wir zwölf Jahre alt waren, und interessanterweise hatten ich und mein Bruder jeweils ein solches auf der Südseite, während die Schwestern ihre Zimmer auf der Nordseite hatten. Sie waren auch andauernd verkühlt und es ist

leicht möglich, daß sie ihre Anfälligkeit für Erkältungskrankheiten diesem
Umstand verdanken, auf die Nordseite verbannt zu sein. Die Mädchen
waren immer schon auf die Nordseite verbannt gewesen, sozusagen als
Strafe, daß sie Mädchen sind. Aber das ist nur eine Vermutung meinerseits, hatte ich zu Gambetti gesagt. Menschen, die auf der Nordseite aufwachsen, sind auch im späteren Leben sogenannte Nachteilsmenschen,
hatte ich zu Gambetti gesagt, sie bleiben solche Nachteilsmenschen ihr
ganzes Leben. Die Nordseite war auch im Sommer nicht angenehm, denn
sie erwärmte sich nie, die Mauern in Wolfsegg, ob im Norden oder Süden
gelegen, erwärmen sich nie, sind immer kalt, gefährlich, wenn man ihnen
zu nahe kommt. Die Fenster in Wolfsegg sind auch im zweiten Stock noch
über zwei Meter hoch und es war uns Kindern immer schwer gefallen, sie
zu öffnen, wir hatten jedesmal Hilfe in Anspruch nehmen müssen, wollten
wir frische Luft hereinlassen; die Eltern hatten eine sogenannte Dienst-
botenklingel bei ihren Betten, wir hatten eine solche Klingel natürlich
nicht. In unserer Kindheit gab es noch keine Toiletten im zweiten Stock,
wo wir schliefen und uns auch die längste Zeit des Tages aufzuhalten
hatten, unsere Zimmer waren gleichzeitig unsere Studier- und Schlafzimmer, und wir hatten in der Nacht in alte Porzellantöpfe unsere Notdurft
verrichtet, wie unsere Großeltern als Selbstverständlichkeit und wir schütteten die Töpfe in der Frühe ganz einfach von einem der Zweiterstock-
gangfenster sehr routiniert, muß ich sagen, in die Tiefe. Am Abend hatten
wir selbst uns in großen Steingutkrügen das Waschwasser in den zweiten
Stock und in unsere Zimmer hinaufzutragen, denn es gab da oben keine
Wasserstelle. Auch das schmutzige Waschwasser schütteten wir ganz einfach vom zweiten Stock aus in die Tiefe, da, wo wir unsere Töpfe und
Waschschüsseln ausschütteten, wucherten in der Tiefe, an die fünfzig oder
mehr Meter unter uns, riesige Schlangenblätter, da gedeihten sie so gut
wie nirgends sonst. Die Kinder in Wolfsegg hatten ihre Furcht sehr bald
abgelegt, sie waren bald an das Gefühl des Ausgeliefertseins in dem riesigen kalten Gebäude gewöhnt, fremde Kinder fürchteten sich in Wolfsegg
ungeheuer, ja schrien, wenn sie auch nur die kürzeste Zeit alleingelassen
wurden; wir hatten keinerlei Furcht. Ich glaube, schon als wir vier oder
fünf Jahre alt gewesen waren, hatte ich zu Gambetti gesagt, hatte uns
unsere Mutter aus ihrem Zimmer verbannt, zuerst natürlich in gemeinsame Zimmer, aber doch verbannt, sie erschien jeden Abend, nachdem
wir uns gewaschen hatten, um uns den Gutenachtkuß zu geben. Johannes

hatte immer nach ihrem Gutenachtkuß verlangt, ich hatte den Gutenachtkuß innerlich abgelehnt, ich haßte ihn, wenngleich ich ihm auch
niemals entkommen bin. Noch heute verfolgt mich meine Mutter im
Traum mit dem Gutenachtkuß, hatte ich zu Gambetti gesagt, sie beugt
sich auf mich und ich bin diesem Gutenachtkuß wehrlos ausgeliefert, sie
drückt ihre Lippen auf meine Wange, fest, wie wenn sie mich bestrafen
wollte. Hatte sie uns beide den Gutenachtkuß gegeben, löschte sie das
Licht, ohne gleich aus unserem Zimmer hinauszugehen, sie blieb eine
Weile an der Tür stehen und wartete, bis wir uns zur Seite gedreht hatten
und eingeschlafen waren. Da ich schon als Kind ein außerordentlich ge-
schärftes Gehör gehabt habe, wußte ich, daß sie horchend hinter der
verschlossenen Tür stand, bevor sie in den ersten Stock hinunter ging, wo
meine Eltern schliefen. Auch uns Kindern hatte sie mißtraut, ich weiß
nicht, aus was für einem Grund, hatte ich zu Gambetti gesagt, das Mißtrauen unserer Mutter ist das allergrößte gewesen, sie litt an einem un-
stillbaren, unheilbaren, zwanghaften, heute muß ich sagen durch und
durch perversen. In Wolfsegg waren alle Räume, also auch alle Zimmer,
weiß gekalkt. Die Vorhänge waren dunkelgrün, fast schwarz in den Zwei-
terstockzimmern, dunkelrot, fast schwarz in den Ersterstockzimmern. Im
zweiten Stock, wo unsere Zimmer lagen, waren sie aus schwerem, sogenannten Mühlviertler Leinen, in den Ersterstockzimmern aus schwerem
Samt, wie es heißt, schon vor der Jahrhundertwende von meiner Großmutter väterlicherseits aus Italien importiert. Solange ich denken kann,
sind diese Vorhänge niemals gewaschen, das heißt, auch niemals von den
Wänden heruntergenommen worden. Zu den Schulaufgaben waren wir,
mein Bruder Johannes und ich, später aber auch meine Schwestern, in
unsere Zimmer eingesperrt worden so lange, bis wir unsere Schulaufgaben
fertig hatten und nur in den dringendsten Fällen, wenn wir gar nicht mehr
weiter gewußt haben, durften wir um Hilfe rufen, aber unsere Mutter half
uns nicht, sie sagte immer nur, wir müßten selbst ganz in uns auf die
Lösung unserer Fragen und Rätsel kommen. Diese Praktik war von ihr aus
nicht im geringsten erzieherisch gewesen, hatte nur ihrer Bequemlichkeit
entsprochen. Unser Vater hat sich nie um unsere Schulaufgaben gekümmert. Er war nur verärgert, wenn wir mit schlechten Noten nachhause
kamen, wir seien seiner absolut *unwürdig*, hat er gesagt, wenn einer von
uns einen Fünfer hatte oder gar einen Sechser, solche Sechser hat es zu
unserer Schulzeit gegeben. Zwei Sechser hätten unweigerlich ein Sitzen-

bleiben nach sich gezogen, aber wir hatten niemals zwei Sechser, doch sehr oft einen. Unsere Zimmer im zweiten Stock sind nur im äußersten Fall geheizt worden, nur bei zehn Grad Kälte, obwohl wir in Wolfsegg immer den größten Holzüberfluß gehabt haben und wir mußten uns dann selber einheizen mit dem Holz, das wir sozusagen eigenhändig in den zweiten Stock hinauftragen mußten, weil es den Dienstboten nicht gestattet war, uns das Brennholz in den zweiten Stock hinaufzutragen. Diesen Befehl hatte ihnen mein Vater gegeben, der uns zu *abgehärteten* Menschen hatte erziehen wollen. Gambetti hatte den Begriff *abgehärtet* nicht verstanden und ich hatte ihn ihm klarzumachen versucht. Tatsächlich waren wir aber durch diese *Abhärtungsmethoden,* die unser Vater selbst als *Abhärtungserziehung* bezeichnet hat, durchaus nicht abgehärtet worden, sondern *besonders anfällig für alle möglichen Krankheiten,* aber doch nicht *so* anfällig wie unsere Schwestern, die in den Nordzimmern aufgewachsen sind. Wir sind durch die Erziehungsmethoden, Abhärtungsmethoden unseres Vaters nicht abgehärtet, sondern besonders empfindlich geworden, hatte ich zu Gambetti gesagt. Unser Vater hatte mit seiner Abhärtungsmethode genau das Gegenteil erreicht, wir waren immer viel kränker als jene, die keiner sogenannten Abhärtungsmethode unterzogen waren, kränker als alle Dorfkinder unten, die natürlich, obwohl sie mehr oder weniger arm gewesen waren, wie gesagt wird, nichts hatten im Gegensatz zu uns, die wir ihnen gegenüber, wie ruhig gesagt werden kann, im Reichtum erstickt sind, in ihren Zimmern eingeheizt hatten. In Wolfsegg, hatte ich zu Gambetti gesagt, hat auch immer ein fürchterlicher Geiz geherrscht. Meine Mutter war die Geizigste, geiziger als alle andern. Oft habe ich gedacht, daß ihre einzige wirkliche Leidenschaft ihr Geiz ist. Wenn ich davon absehe, daß sie Unsummen für Kleidung ausgegeben hat, so war sie der geizigste Mensch, den ich in meinem Leben gekannt habe und auch gegen sich selbst. Sie gönnte sich nichts. In den Wolfsegger Töpfen durfte nur das Notwendigste gekocht werden, möglichst alles aus der eigenen Wirtschaft, nichts im Ort Gekauftes. Deshalb aßen wir auch immer so viel Schweinefleisch und Rindfleisch und alle Augenblicke gab es Blutwurst in Wolfsegg und alle Arten von Mehl- und Gries- und Haferbrei und Auflauf. Und natürlich fortwährend Eierspeisen. Nur wenn ein sogenannter *wichtiger Besuch* da war, ist aufgetrumpft worden, dann gab sich die Wolfsegger Küche im Überfluß, mit einem Reichtum an Köstlichkeiten ohnegleichen zeigte sie sich verschwenderisch. Unsere Mutter ist immer ein ganz nach außen gerichteter Mensch gewesen, es war ihr immer nur das wichtigste, wie von außen über sie gedacht wird, wie man sie von außen einschätzt und sie wollte naturgemäß, daß über sie immer gut gedacht und daß sie von außen gut eingeschätzt wird. In der Küche konnten sie herrlich kochen! hatte ich Gambetti gegenüber ausgerufen, aber sie kochten die meiste Zeit nur ein langweiliges Essen, das sich jeden dritten Tag wiederholte. Ich fragte mich oft, hatte ich zu Gambetti gesagt, wozu wir drei Gärtner haben, wenn wir dann niemals ein anständiges Gemüse zu essen bekommen, niemals etwas Vernünftiges aus dem Garten, wo es doch so leicht gewesen wäre, uns ordentliches köstliches Gemüse in allen möglichen Formen auf den Tisch zu stellen, herrliche Salate, gerade weil ich Gemüse und Salat so gern esse; nein, die Gemüseernte und die Salaternte wurden zur Gänze verkauft, sie kamen nicht auf unseren Tisch, sie wurden von den Gärtnern auf den Welser oder Vöcklabrucker Markt gebracht, das war einträglicher. Es war nicht notwendig, hatte ich zu Gambetti gesagt, daß unser Vater auf Wolfsegg magenkrank geworden ist. Die Köchinnen und ihre Gehilfinnen waren die meiste Zeit, wie ich schon einmal gesagt habe, mit dem Einkochen von Obst und mit dem Einwecken von Innereien beschäftigt, sogar mit Würstemachen alle Augenblicke, denn in Wolfsegg ist auch geschlachtet worden, sie aßen immer nur das Selbergeschlachtete. Ohne Zweifel stellten sie immer die besten Blutwürste her, die ich in meinem Leben gegessen habe. Ein Fleischer kam vom Ort herauf und schlug die Kühe, Kälber, stach die Schweine ab und zerlegte sie feinsäuberlich in der Wolfseggeigenen Fleischerei, neben der Meierei. Es war immer ein Vergnügen, dem Fleischer zuzuschauen, naturgemäß, als wir noch klein waren, unheimlich, abstoßend, ja ekelerregend, später hatte ich die Arbeit des Fleischers als eine der höchsten Künste betrachtet, auf eine Stufe gestellt mit der ärztlich-chirurgischen, im Gegenteil erschien sie mir noch bewunderungswürdiger. Es war uns in Wolfsegg schon als ganz kleine Kinder natürlich, daß Tiere geschlachtet und *aufbereitet* wurden, es ängstigte uns auch bald nicht mehr, was wir anfänglich als abstoßend empfunden haben, war uns später als ganz und gar notwendig bewußt und die Arbeit des Fleischers ist eine überaus schwierige und, wenn sie hervorragend getan wird, bewunderungswürdig. Die Landkinder sind es von früh an, sozusagen nach dem allerersten Schock, gewöhnt, mit Leben und Tod umzugehn, es hat schon bald für sie nichts *Erschreckendes,* weil gar nichts Sensationelles, nur ein absolut Natürliches. Unter dem Dach haben

wir übrigens eine große Selche, hatte ich zu Gambetti gesagt, das Wort
Selche hatte ihn belustigt und ich hatte es für ihn einige Male wiederholen
müssen, er hatte es öfter hören wollen, in einer Räucherkammer in der
Meierei, hatte ich zu ihm gesagt, hingen immer Hunderte von Würsten,
Hunderte von Selchfleischstücken. Um den Innenhof des Hauptgebäudes, in welchem sich das Familienleben *mehr oder weniger abspielt,* hatte
ich zu Gambetti gesagt, führt in allen drei Stockwerken ein offener Säu-
lengang entlang, auf welchem ich mir immer meine Schuhe putze. Über
diese Bemerkung meinerseits hatte Gambetti wieder auflachen müssen,
während er mir Wein einschenkte. Und in diesem Hof unten hatten wir
im Winter die verletzten oder sonst schwächlichen Rehe gehalten, hatte
ich zu ihm gesagt, die die Jäger für uns ausgesucht und uns nach Wolfsegg
gebracht haben. Das Jägerhaus steht vor der sogenannten Kindervilla, aber
hinter dem Gärtnerhaus, hatte ich zu Gambetti gesagt. Aus der Vogelperspektive stellt sich Wolfsegg so da: hoch und steil über dem Ort das
Hauptgebäude, vor welchem sich in östlicher Richtung in einem schwach
ausgebildeten Oval etwa hundertfünfzig oder hundertsiebzig Meter lang
der sogenannte Park ausbreitet bis zu der Mauer, die von dem hohen
Quadertor unterbrochen ist, durch welches die Wirtschaftswagen fahren
und rechts von der Mauer, an diese angebaut, die Orangerie, Gambetti,
hatte ich gesagt, gegenüber sozusagen der linke Flügel der Meierei, die, in
Hufeisenform angelegt, sicher, alles in allem, eine Länge von zweihundertfünfzig Metern hat. Dahinter, genau in östlicher Richtung, das Gärtnerhaus und hinter diesem das Jägerhaus und noch ein Stück weiter die
sogenannte geliebte *Kindervilla.* Diese sogenannte Kindervilla ist vor rund
zweihundert Jahren gebaut worden in der Art der florentinischen Villen,
wie sie heute noch auf dem Weg nach Fiesole stehen, nicht so prunkvoll
natürlich, hatte ich zu Gambetti gesagt, aber doch für die oberösterreichische Gegend außergewöhnlich. Man könne aber nicht sagen, daß sie
nicht in diese Landschaft paßte, im Gegenteil, sie ist tatsächlich reizvoller,
als alles andere in unserer Landschaft. Es klingt absolut merkwürdig, aber
sie ist für Kinder gebaut worden. In ihr befindet sich ein Puppentheater, in
welchem immer Theatervorstellungen stattgefunden haben, von Kindern
veranstaltet. Von Kindern selbstgeschriebene Stücke, kleine Komödien,
Lustspiele, wie sie Kindern leicht in den Kopf kommen, mit einem traurigen Ausgang, der bei näherer Betrachtung gar nicht so traurig ist. In
Versen natürlich. In der Kindervilla sind Hunderte von Kindertheater-

kostümen aufbewahrt. Heute ist die Kindervilla abgesperrt, ich glaube, sie ist schon jahrelang nicht mehr betreten worden. Mehrere Fenster sind eingeschlagen, wahrscheinlich von Ortskindern, hatte ich zu Gambetti gesagt, aber durch das Dach regnet es *noch* nicht herein, Gambetti. Gerade diese Kindervilla habe ich immer herrichten wollen, hatte ich zu Gambetti gesagt, aber das hatten die Meinigen nicht zugelassen, *für eine solche Unsinnigkeit* Geld auszugeben. Meine Geschwister und ich haben dort noch sehr oft Theater gespielt, bis es uns verboten worden ist, weil *wir mehr lernen, weniger Theater* spielen sollten. Das ist schade, hatte ich zu Gambetti gesagt, daß die Kindervilla ein totes Gebäude ist, gerade die Kindervilla, das schönste Gebäude weit und breit im ganzen Land, es hat soviel Charme, das können Sie sich gar nicht vorstellen, Gambetti, in einer Gegend, die nicht reich ist an liebenswürdigen Gebäuden, ansprechenden Häusern, an einer fröhlichen Architektur. Vielleicht gelingt es mir einmal, mich doch durchzusetzen bei den Meinigen, hatte ich zu Gambetti gesagt, und gerade die Kindervilla wieder aufzumachen, herzurichten und aufzumachen, zu eröffnen mit einer Komödie, von Ortskindern gespielt. Das machte mir die größte Freude, hatte ich zu Gambetti gesagt, ein Schauspiel, von den Ortskindern gespielt, in den jahrhundertealten Kostümen, die so farbenprächtig sind, so phantasievoll, Gambetti, so hoch künstlerisch, wirklich poetisch. Aber wie immer, hatte ich zu Gambetti gesagt, wird ja das *tatsächlich Poetische* wie nichts sonst vernachlässigt. Als wollte man dieses *tatsächlich Poetische* gar nicht haben. Die abgesperrte und dem Verfall preisgegebene Kindervilla ist ein ganz und gar trauriges, aber interessantes Kapitel unserer Wolfsegger Geschichte, hatte ich zu Gambetti gesagt, vielleicht ist es das allertraurigste überhaupt. Die Jäger waren niemals meine Freunde gewesen, hatte ich zu Gambetti gesagt, ich betrat das Jägerhaus nur widerwillig, während es der Lieblingsaufenthalt meines Bruders gewesen ist. Wie meinem Vater, war auch meinem Bruder die Jagd sehr früh zur einzigen wirklichen Leidenschaft geworden. Er geht heute, hatte ich zu Gambetti gesagt, wann er nur kann, auf die Jagd und sie haben in Wolfsegg jährlich mehrere Male große Jagdgesellschaften, zu welchen ich niemals erschienen bin in den letzten Jahren, alle möglichen sogenannten Herrenmenschen aus ganz Europa kommen nach Wolfsegg, hatte ich zu Gambetti gesagt, tagelang werden dann in Wolfsegg viele Sprachen gesprochen, das Spanische vor allem, wenn unsere spanischen Verwandten da sind, aus Bilbao, aus Cadiz. Diese Jagdgesellschaften gehen

aber auf die Initiative unseres Vaters zurück, der sie sich nicht von unserer
Mutter nehmen lassen wollte, sie sind, wie gesagt wird, eine uralte Tradition auf Wolfsegg. Dann sind fast alle Zimmer bewohnt, hatte ich zu
Gambetti gesagt, auch die unfreundlichsten, auch die kältesten. Auch viele
Italiener sind bei solchen Gelegenheiten Gäste in Wolfsegg, dann werden
die Speisekammern geleert, hatte ich zu Gambetti gesagt, und die Mar-
meladegläser zu Dutzenden aufgemacht und es gibt sogar die vielfältigsten
Salate, Kompotte. Das Jägerhaus ist der Lieblingsaufenthalt meines Bruders, dorthin zieht er sich zurück, um die Wolfsegger Bilanzen zu ziehen,
die ganze Buchhaltung ist im Jägerhaus. Ich habe niemals eine Vorliebe für
Jagdtrophäen gehabt, hatte ich zu Gambetti gesagt, der Jagdtrophäenkult
hat mich immer abgestoßen, die Jagd selbst habe ich immer innerlich
abgelehnt und verabscheut, obwohl ich von ihrer absoluten Notwendigkeit überzeugt bin. Wann mein Bruder nur kann, fährt er nach Polen und
geht dort auf die Jagd, selbst nach Rußland, er scheut seiner Leidenschaft
zuliebe nicht einmal die dort herrschenden sogenannten kommunistischen Umstände. Er läßt sich die Jagd alles kosten. Einerseits ist er der
Segelnarr, andererseits der *Jagdnarr.* Und man sieht ihn auch nicht anders
als in Jägeradjustierung, hatte ich zu Gambetti gesagt, die auf dem österreichischen Land schon lange sozusagen zur Nationalkleidung geworden
ist. Weil sie so praktisch ist, hatte ich zu Gambetti gesagt, alle gehen sie in
Jägerkleidung umher, gleich welchen Standes, auch wenn sie mit der Jagd
überhaupt nichts zu tun haben, sie laufen in Grün und Grau umher und es
scheint manchmal, als wäre das ganze österreichische Volk nurmehr noch
ein Volk aus Jägern, selbst in Wien laufen sie zu Tausenden in Jagdkleidern
auf den Straßen. Auch den Städtern scheint der Jagdtrieb zu Kopf gestiegen zu sein, hatte ich zu Gambetti gesagt, denn wie anders erklärt es sich,
daß man überall die Menschen in Jägeranzügen umhergehen sieht, auch
da, wo es nur komisch ist, grotesk-pervers. Das Jägerhaus ist erst Ende des
vorigen Jahrhunderts gebaut worden anstelle eines auf demselben Platz
abgebrannten. In ihm hatte einmal einer meiner Urgroßväter eine eigene
Bibliothek eingerichtet denken Sie, hatte ich zu Gambetti gesagt, das wäre
sozusagen die sechste von Wolfsegg gewesen, die zuerst nur als Jagdbiblio-
thek gedacht gewesen war, später aber dann zu einer allgemeinen erweitert
worden ist. In ihr fand ich früher die unglaublichsten Schätze, hatte ich zu
Gambetti gesagt, sie war für denjenigen, der sich tatsächlich völlig ungestört den Büchern widmen, sich ihnen auf die ideale Weise ausliefern

wollte. Zum Jägerhaus kommt niemand, kein Eindringling ist zu befürchten, es ist luftdurchflutet, warm, es hängen die schönsten Beispiele der alten, vornehmlich im siebzehnten Jahrhundert mit dem größten Kunstgeschmack gemalten Hinterglasbilder an seinen Wänden und es liegt da eine von einer meiner Urgroßmütter kolorierte Schedelsche Weltgeschichte auf einem aus Steyr stammenden josefinischen Schreibtisch mit einer schweren, zwanzig Zentimeter starken Platte aus Carraramarmor, ein Unikat, hatte ich Gambetti gesagt, wie es nördlich der Alpen selten zu finden ist. Auf diesem Schreibtisch, und auf dieser Marmorplatte könne er am idealsten seine eigenen Gedanken zu Papier bringen, hat mein Onkel Georg immer gesagt und er hat auf dieser Marmorplatte auch angefangen, das aufzuschreiben, das er selbst seine *Antiautobiografie* genannt hat, ein mehrere hundert Seiten umfassendes Manuskript, das er in Cannes fortgesetzt hat über zwei Jahrzehnte, in welchem alles, das er des Aufschreibens wert befunden hatte, von ihm aufgeschrieben ist. Bei seinem Tod hat dieses Manuskript aber niemand von uns gefunden und es ist gemunkelt worden, daß er es selber kurz vor seinem Tod verbrannt hat, denn noch zwei Wochen davor hatte er, wie wir aus seiner Umgebung wissen, eine Eintragung gemacht, und zwar eine solche Wolfsegg betreffend. *Der gute Jean selbst* hatte diese Wolfsegg betreffende Eintragung gesehen, aber nicht mehr sagen können, wie sie lautete, sie soll kurz und bündig gewesen sein. Wie ich meinen Onkel Georg kenne, kann es sich nur um einen radikalen Satz gehandelt haben, vor welchem die Meinigen möglicherweise tödlich erschrocken wären. Kann sein, hatte ich zu Gambetti gesagt, daß der gute Jean selbst das Manuskript verschwinden hat lassen, aber die Möglichkeit, daß es meine Mutter vernichtet hat, ist auch nicht auszuschließen, sie hatte zum Arbeitszimmer des Onkels Georg ja noch Zutritt gehabt, wie es noch in nichts verändert gewesen war, das Manuskript war immer in der Schreibtischlade gelegen, zwei Tage, nachdem meine Mutter in Onkel Georgs Arbeitszimmer gewesen war, hatte das Manuskript, Onkel Georgs zweifellos interessante Antiautobiografie, gefehlt, sie war nicht mehr aufzufinden. Meine Mutter ist in dieser Antiautobiografie wahrscheinlich am schlechtesten weggekommen und es ist ihr zuzutrauen, daß sie sich eine Zeitlang, wie wenn sie trauerte, in Onkel Georgs Arbeitszimmer eingeschlossen und in dieser Antiautobiografie gelesen hat, vor den Kopf gestoßen hat sie dann wahrscheinlich mit diesem ihr tatsächlich schädlichen Manuskript kurzen Prozeß gemacht. Mein Onkel Georg machte sie ja sein ganzes Leben lang für alles verantwortlich. Alle Augenblicke hat er gesagt, *deine Mutter ist Wolfseggs Unglück.* Es ist anzunehmen, daß er diesen Satz auch in seine *Antiautobiografie* geschrieben hat. Die Carraramarmorplatte auf dem josefinischen Schreibtisch aus Steyr ist immer kalt, eiskalt, hatte ich zu Gambetti gesagt, gleich, wie hoch oder wie tief die Außentemperatur ist, auch im Hochsommer, wenn alles unter der Hitze stöhnt, ist die Carraramarmorplatte eiskalt. Auf dieser Eiseskälte hatte mein Onkel Georg seine Einfälle notiert, überhaupt, hat er immer wieder gesagt, denkt es sich über dieser kalten Marmorplatte am besten. Ich selbst hatte in den letzten Jahren, in welchen ich zwar noch in Wolfsegg lebte, mich aber doch schon die ganze Zeit, bewußt oder unbewußt, von Wolfsegg verabschiedet hatte, sozusagen für immer, hatte ich zu Gambetti gesagt, auf dieser Carraramarmorplatte einiges aufgeschrieben, das mir des Aufschreibens wert erschienen war, damals, hatte ich zu Gambetti gesagt, *philosophierende Gedanken,* die allerdings zu nichts führten und die ich dann wieder vernichtet habe, wie so vieles. Über einer kalten, möglichst eiskalten Steinplatte denken wir am allerbesten, hatte ich zu Gambetti gesagt, auf einer solchen schreiben wir am besten. Ein Unikum, hatte ich zu Gambetti gesagt, absolut eine Einmaligkeit, diese Carraramarmorplatte. Sie ist es ja auch, die mir das Jägerhaus ab und zu anziehend gemacht hat, sonst, wie gesagt, betrat ich es nie, schon gar nicht, wenn Jagdzeiten waren. Die Jäger waren die Freunde meines Bruders, nicht die meinigen, ich hatte ja meine Gärtner. Im Gärtnerhaus war ich oft, beinahe jeden Tag. Wenn ich ins Gärtnerhaus hinüberging, ging ich zum Volk, hatte ich zu Gambetti gesagt, und das Volk liebte ich. Ich sehnte mich danach und ich fühlte mich nirgends glücklicher. Ich liebte die einfachen Leute, ihre einfache Art und Weise. Genauso, wie ihre Pflanzen, behandelten sie auch mich, wenn ich zu ihnen gekommen war, *liebevoll.* Sie hatten für meine Bedrängnisse und Nöte Verständnis, genau das Verständnis, das die Jäger mir gegenüber niemals gehabt haben, sie hatten nur immer ihre herrschaftlichen Sprüche für mich parat, glaubten, mir als ganz kleines Kind schon nur ihre anzüglichen Witze erzählen zu müssen, mich mit über ihren Köpfen geschwenkten Schnapsflaschen aufheitern zu können, wo sie mich durch diese abstoßende Art ihres Auftretens nur noch unsicherer und trauriger machten, als ich schon war, im Gegensatz zu den Gärtnern, die mich, ohne viel Wörter, verstanden und mir in jedem Fall helfen konnten. Die Jäger überfielen mich immer schon von

weitem mit ihrer protzigen, auftrumpfenden Art, mit ihren lauten versof-
fenen Stimmen, die Gärtner hatten genau die Sensibilität, die mich beruhigte. *Zu den Gärtnern* ging ich, wenn ich unglücklicher, als erträglich,
war, wenn ich in höchster Not gewesen bin, hatte ich zu Gambetti gesagt,
nicht zu den Jägern. In Wolfsegg hatten sich immer zwei Lager gegenübergestanden, die der Jäger und die der Gärtner. Sie haben es jahrhundertelang nebeneinander ausgehalten, was sicher nicht leicht gewesen ist.
Ist es nicht interessant, hatte ich zu Gambetti gesagt, daß sich immer
wieder ein Jäger umgebracht hat, erschossen natürlich, nie aber ein Gärtner. Auf die Jäger gehen viele Selbstmorde in Wolfsegg, kein einziger auf
die Gärtner. Alle paar Jahre erschießt sich auf Wolfsegg ein Jäger und es
muß ein neuer gesucht werden. Die Jäger werden auch nicht sehr alt, sie
vertrotteln bald, hatte ich zu Gambetti gesagt, und versaufen sich. Die
Gärtner auf Wolfsegg sind immer uralt geworden. Nicht selten hat ein
Gärtner das neunzigste Jahr erreicht, die Jäger treten meistens mit fünfzig
ab, weil sie nicht mehr in der Lage sind, ihren Dienst auszuüben. Sie
zittern im Anschlag und sie bekommen schon mit vierzig Gleichgewichtsstörungen. Die meiste Zeit sind sie im Ort anzutreffen, wo sie in den
Wirtshäusern herumhocken neben ihrem entsicherten Gewehr und aus-
gefressen ihre absurden politischen Kommentare abgeben, was sehr oft in
Raufereien ausartet, die naturgemäß wie immer auf dem Land mit Streit
und in der Folge mit Verletzten, ja sogar mit Toten enden. Die Jäger waren
schon immer die Radaumacher, die Aufwiegler. Paßte ihnen einer nicht,
schossen sie ihn einfach bei nächster Gelegenheit ab und verantworteten
sich vor Gericht, sie hätten den Erschossenen für ein Stück Wild gehalten.
Die Prozeßgeschichte in Oberösterreich ist voll von solchen Jagdunfällen,
die dem Täter meistens nur eine Verwarnung einbrachten nach dem
Motto: der von einem Jäger Erschossene ist selbst schuld. Die Jäger waren
auch immer die Fanatischen, hatte ich zu Gambetti gesagt, tatsächlich läßt
es sich beweisen, daß das Unglück der Welt zu einem Großteil auf die
Jäger zurückzuführen ist, alle Diktatoren sind leidenschaftliche Jäger gewesen, hätten alles bezahlt für die Jagd, selbst ihr eigenes Volk umgebracht
für die Jagd, wie wir ja gesehen haben. Die Jäger waren die Faschisten, die
Jäger waren die Nationalsozialisten, hatte ich zu Gambetti gesagt. Im Ort
unten führten während der Naziherrschaft die Jäger das große Wort und
die Jäger waren es schließlich auch, die meinen Vater zum Nationalsozialismus sozusagen erpreßt haben. Sie waren, als der Nationalsozialismus

aufgekommen ist, die Stärkeren, mein Vater war der Schwächling, der sich ihnen zu beugen hatte. So war Wolfsegg über die Jäger ohne Umweg zu einem nationalsozialistischen geworden. Mein Vater war ein erpreßter Nazi, müssen Sie wissen, Gambetti, aufgestachelt naturgemäß von meiner Mutter, die eine hysterische Nationalsozialistin gewesen ist, während der ganzen Naziherrschaft, müssen Sie wissen, eine *Deutsche Frau,* wie sie sich selbst immer bezeichnet hat. Am Geburtstag Hitlers ist in Wolfsegg regelmäßig die Nazifahne gehißt worden, hatte ich zu Gambetti gesagt, es war unappetitlich. Mein Onkel Georg ist ja vor allem deshalb aus Wolfsegg weg, weil er den Nationalsozialismus, der sich dort mit aller Gewalt breit gemacht hat, nicht ertragen wollte und nicht ertragen konnte. Er ging nach Cannes, später eine Zeitlang nach Marseille und arbeitete von dort aus gegen die Deutschen. Das verziehen ihm die Meinigen am allerwenigsten. Schließlich war mein Vater tatsächlich nicht nur ein erpreßter Nazi gewesen, sondern ein überzeugter und meine Mutter eine fanatische. Diese Zeit ist die abstoßendste, die Wolfsegg je erlebt hat, hatte ich zu Gambetti gesagt, die Wolfsegg erniedrigende, die für Wolfsegg tödliche, die nie und niemals zu verschweigen und zu vertuschen ist, denn sie ist die Wahrheit. Wenn ich Ihnen sage, daß mein Vater, nur weil meine Mutter das von ihm verlangte, die Nazigrößen auf Wolfsegg eingeladen hat, so jagt es mir noch heute die Kälte über den Rücken. Daß im Hof die sogenannte Orts-SA angetreten ist und *Heil Hitler* geschrien hat! Zweifellos hat mein Vater von den Nazis profitiert. Und als sie weg waren, blieb er ungeschoren, vollkommen ungeschoren. Übergangslos war er auch für die Nachkriegsleute der Herr. Er hatte völlig freiwillig den Nazis die Kindervilla für ihre Versammlungen zur Verfügung gestellt, wie ich weiß, dazu mußte ihn meine Mutter nicht einmal ermuntern. Die Hitlerjugend bastelte in der Kindervilla, lernte dort ihre stumpfsinnigen Nazilieder ein. Jahraus, jahrein flatterte von der Kindervilla die Hakenkreuzfahne, bis sie völlig verwittert und verwaschen eines Tages von meiner Mutter ein paar Stunden, bevor die Amerikaner gekommen sind, eingezogen wurde. Bei diesem Hakenkreuzeinziehen hat sie sich das Genick verstaucht, hatte ich zu Gambetti gesagt, und von da an hatte sie eine Art von chronischem Halsrheumatismus. Übrigens sind aus den Dutzenden von Hakenkreuzfahnen in Wolfsegg Arbeitsschürzen für die Gärtner und für die Küchenmädchen gemacht worden, sie sind von meiner Mutter höchstpersönlich dunkelblau eingefärbt worden. Mein Vater ist, auf Weisung meiner Mutter, hatte ich zu Gambetti gesagt, in die Partei eingetreten und hat von seinem Eintritt an das Parteiabzeichen getragen, gar nicht verschämt, muß ich sagen, ganz offen bei jeder Gelegenheit. Noch heute hat er Röcke, auf welchen das Loch ist, das von nichts anderem stammt, als von dem jahrelangen Tragen seines Parteiabzeichens. Als mein Onkel Georg das letzte Mal in Wolfsegg gewesen ist, hatte er am Ende einer Auseinandersetzung, in welcher es mehr oder weniger um alles in der Welt gegangen ist, vornehmlich aber über das *Rüstungsgleichgewicht* zwischen den Russen und den Amerikanern, meinen Vater daran erinnert, daß er einmal und nicht die kürzeste Zeit, Parteigenosse gewesen ist. Darauf war mein Vater aufgesprungen und hatte seinen Suppenteller auf der Tischplatte zertrümmert und ist aus dem Speisezimmer hinausgestürzt. Meine Mutter hatte meinem Onkel noch die Wörter *gemeiner Kerl* an den Kopf geworfen und war ihrem Mann gefolgt. So hatte der letzte Aufenthalt meines Onkels Georg in Wolfsegg ein trauriges Ende genommen. Aber fast immer war es der Nationalsozialismus gewesen, hatte ich zu Gambetti gesagt, der sie am Ende des Aufenthaltes meines Onkels Georg in Wolfsegg auseinandergebracht hat, immer auf abstoßende Weise. Kaum waren die Nazis weg, hatte ich zu Gambetti gesagt, hatten sich die Meinigen den Amerikanern an den Hals geworfen und wiederum nur Vorteile aus dieser widerlichen Beziehung gehabt. Die Meinigen sind immer Opportunisten gewesen, ihr Charakter darf ruhig als niedrig bezeichnet werden. Sie paßten sich immer den jeweiligen politischen Verhältnissen an und es war ihnen jedes Mittel recht, einen Vorteil aus gleich was für einem Regime herauszuschlagen. Sie hatten immer zu den gerade an der Macht Befindlichen gehalten und als geborene Österreicher die Kunst des Opportunismus wie keine zweite beherrscht, sie waren politisch niemals zu Fall gekommen. Ihrer Charakterlosigkeit, muß ich sagen, hat Wolfsegg es zu verdanken, daß es bis heute verschont worden ist, ich meine den Besitz, die Gebäude und das dazugehörende Land, es ist nie von Feinden beschossen oder niedergebrannt worden. Das Unwahrscheinliche ist die Tatsache: Wolfsegg ist während der Naziherrschaft eine Hochburg des Nationalsozialismus, gleichzeitig eine Hochburg des Katholizismus gewesen. Die Erzbischöfe und die Gauleiter wechselten sich an den Wochenenden hier ab, gaben sich einander die Türklinke in die Hand. Meine Mutter hatte in dieser Zeit die Regie geführt und die Jäger, die ja auch heute nichts anderes sind als Nazis, wie auch meine Mutter *im Grunde ihres Herzens,* völlig ungeschoren von ihrer

katholischen Heuchelei bis heute nichts anderes ist als eine Nationalsozialistin. Der Nationalsozialismus ist immer ihr Ideal gewesen, wie für
mindestens neunzig Prozent der übrigen österreichischen Frauen auch,
hatte ich zu Gambetti gesagt. So ist das Jägerhaus immer auf der Seite
meiner Mutter gewesen, hatte ich zu Gambetti gesagt. Unser Vater war
zeitlebens immer nur ihr ausführendes Organ, um in der Sprache des
Nationalsozialismus zu sprechen, Gambetti. Der dumme Mann, so ihr
eigener Ausspruch, der von allem nichts versteht und der ihr zu gehorchen
hat. Der Gedanke an das Jägerhaus hat mich diese Ausschweifung referie-
ren lassen, hatte ich zu Gambetti gesagt. Allein bei dem Wort *Jägerhaus* ist
mir die nationalsozialistische Zeit gegenwärtig. Ich könnte noch ganz
anderes über dieses Jägerhaus erzählen, das mir als Kind immer unheimlich gewesen ist, hatte ich zu Gambetti gesagt, Ihnen beispielsweise von
Morden sprechen, die mit dem Jägerhaus in Zusammenhang stehen und
mit dem Nationalsozialismus, aber dazu habe ich jetzt, in dieser doch alles
in allem glücklichen Atmosphäre, keine Lust. Aber eines Tages, hatte ich
zu Gambetti gesagt, will ich doch darangehen, alles über das aufzuschreiben, das mir, Wolfsegg betreffend, keine Ruhe läßt, über alles, das Wolfsegg betrifft. Es läßt mir seit Jahrzehnten keine Ruhe. Tatsächlich verfolgt
es mich Tag und Nacht. Da die Meinigen weder die Absicht, noch die
Fähigkeit haben, Wolfsegg zu beschreiben, wie es ist und wie es immer
gewesen ist, fällt diese Selbstverständlichkeit mir zu. Ich will wenigstens
den Versuch machen, hatte ich zu Gambetti gesagt, Wolfsegg zu beschreiben, wie *ich* es sehe, denn jeder kann nur beschreiben, was *er* sieht,
wie es *ihm* erscheint, nicht anders. Und wenn ich mir sagen müßte, ich
sehe nur ein entsetzliches Wolfsegg mit entsetzlichen Menschen, ich
dürfte mich nicht davon abhalten lassen, es zu dokumentieren. Ich bin
sicher, mein Onkel Georg hatte etwas ähnliches vor in seiner Antiautobiografie. Da diese Antiautobiografie meines Onkels nicht mehr da ist,
habe ich selbst ja sogar die Verpflichtung, eine rücksichtslose Anschauung
von Wolfsegg vorzunehmen und diese rücksichtslose Anschauung zu berichten. Wann sonst, als jetzt, wo ich dazu in der Lage bin, den Kopf dafür
habe, hatte ich zu Gambetti gesagt, hier, mit dem Abstand von Rom aus,
der einem solchen Vorhaben nur der allernützlichste sein kann. Hier, wo
ich die Ruhe habe in diesem Haus auf der Piazza Minerva, im Grunde
vollkommen ungestört bin mitten in einem geradezu für einen solchen
Bericht idealen Zentrum unserer heutigen Welt. Jahrelang denke ich, ich

muß diesen Bericht über Wolfsegg schreiben, über die Wolfsegger Menschen, über die Wolfsegger Verhältnisse, über ihr Unglück und über ihre
Gemeinheit, über ihre Hinfälligkeit und ihre Charakterlosigkeit, über alles, das sie mir vorgeführt haben und das mir, solange ich lebe, mehr oder
weniger die Nächte meines Lebens schlaflos gemacht und ruiniert hat,
wenn ich die Wahrheit sage, Gambetti. Ich werde versuchen, die Meinigen
so zu zeigen, wie sie sind, wenn sie dann auch nur so aufgeschrieben sind,
wie *ich* sie gesehen habe und wie *ich* sie sehe. Da keiner bis jetzt etwas über
sie aufgeschrieben hat, außer meinem Onkel Georg, dessen Antiautobiografie aber vernichtet ist, habe ich es zu tun, Gambetti. Die Schwierigkeit
ist ja immer nur, wie einen solchen Bericht anfangen, wo einen tatsächlich
brauchbaren ersten Satz einer solchen Aufschreibung hernehmen, einen
solchen allerersten Satz. In Wahrheit, Gambetti, habe ich ja schon oft
angefangen mit diesem Bericht, aber ich bin schon in dem allerersten
aufgeschriebenen Satz gescheitert. Ich ließ es dann immer wieder sein und
griff mich an den Kopf in der Überlegung, wahrscheinlich ein Verrückter
zu sein, wenn ich nur daran dachte, einen solchen Bericht über Wolfsegg
machen zu wollen, denn nur ein Verrückter macht einen solchen Bericht.
Und zu welchem Nutzen? sagte ich mir jedesmal und war immer darauf
gekommen, daß ein solcher Bericht zu gar keinem Nutzen sein kann. Aber
es ist mir immer klar gewesen, und in der letzten Zeit noch klarer geworden, daß dieser Bericht von mir gemacht werden muß, daß ich mich
einem solchen Bericht über Wolfsegg nicht entziehen kann, was ich auch
dagegen habe, ich werde ihn eines Tages machen müssen. Das verlangt
mein Kopf von mir. Und mein Kopf ist ein unerbittlicher Kopf geworden
vor allem gegen mich selbst. Der unerbittlichste, hatte ich zu Gambetti
gesagt. Und wissen Sie, hatte ich zu Gambetti gesagt, meine Zeit, die mir
noch bleibt, ist auch nur noch die kürzeste, wenn ich meinen Bericht nicht
bald anfange, ist es zu spät. Ich weiß es nicht, aber ich fühle es, hatte ich zu
Gambetti gesagt, ich habe nicht mehr viel Zeit. Und ein solcher Bericht
erfordert doch, daß der, der ihn aufschreibt, jahrelang damit beschäftigt
ist, unter Umständen nicht nur ein paar Jahre, sondern mehrere, hatte ich
zu Gambetti gesagt. Es genügt nicht, nur eine Skizze zu machen, hatte ich
zu Gambetti gesagt. Das einzige, das ich schon endgültig im Kopf habe,
hatte ich zu Gambetti gesagt, ist der Titel *Auslöschung,* denn mein Bericht
ist nur dazu da, das in ihm Beschriebene auszulöschen, alles auszulöschen,
das ich unter Wolfsegg verstehe, und alles, das Wolfsegg ist, alles, Gam-

betti, verstehen Sie mich, wirklich und tatsächlich alles. Nach diesem Bericht muß alles, das Wolfsegg ist, ausgelöscht sein. Mein Bericht ist nichts anderes als eine Auslöschung, hatte ich zu Gambetti gesagt. Mein Bericht löscht Wolfsegg ganz einfach aus. Bis weit gegen elf bin ich mit Gambetti auf der Piazza del Popolo gesessen, sagte ich mir im Anblick der Fotos auf meinem Schreibtisch. Wir tragen alle ein Wolfsegg mit uns herum und haben den Willen, es auszulöschen zu unserer Errettung, es, indem wir es aufschreiben wollen, vernichten wollen, auslöschen. Aber wir haben die meiste Zeit nicht die Kraft für eine solche Auslöschung. Aber möglicherweise ist jetzt der Zeitpunkt da. Ich bin im richtigen Alter, hatte ich zu Gambetti gesagt, in dem idealen für ein solches Vorhaben. Meine Wohnung auf der Piazza Minerva, hatte ich zu ihm gesagt, halbabgedunkelt, also die Vorhänge beinahe gänzlich zugezogen, um in Ruhe gelassen zu sein, vor dem römischen Licht sicher zu sein und die Arbeit anfangen. Was hindert mich daran, hatte ich zu Gambetti gesagt, augenblicklich damit anzufangen? Gleich darauf aber wieder: wir glauben, wir können ein solches Vorhaben anfangen und sind doch nicht imstande dazu, alles ist immer gegen uns und gegen ein solches Vorhaben, so zögern wir es immer hinaus und kommen niemals dazu, so werden so viele Geistesarbeiten, die geschrieben werden müßten, nicht geschrieben, bleiben so viele Niederschriften, die wir die ganze Zeit, jahrelang, jahrzehntelang in unserem Kopf haben, in unserem Kopf. Wir ziehen alle möglichen Gründe, mit einer solchen Arbeit nicht anfangen zu müssen, heran, wir kramen alle nur möglichen Ausreden aus, wir rufen alle möglichen Geister, die alle nur böse Geister sein können, an, um nicht anfangen zu müssen, wo wir anfangen sollten. Das ist die Tragödie dessen, der etwas aufschreiben will, daß er immer wieder die Verhinderer seines Aufschreibens anruft, hatte ich zu Gambetti gesagt, die Tragödie, die gleichzeitig eine perfekte und perfide Komödie ist. Es müßte doch möglich sein, eine wenn schon nicht vollkommene, so doch gültige Schrift über Wolfsegg abzufassen, über jenes Wolfsegg, über welches ich Ihnen schon so vieles gesagt habe, Gambetti, und das mir immer so vieles bedeutet hat und das für mich wahrscheinlich wichtiger ist in meinem Leben, als alles andere. Es genügt nicht, daß wir uns nur Notizen machen über das, was uns wichtig ist, über das uns wichtigste möglicherweise, hatte ich zu Gambetti gesagt, über unseren ganzen Herkunftskomplex, daß wir so viele Hunderte und Tausende von Zetteln vollgeschrieben haben über diese Thematik, die unsere lebenslängliche Thematik ist, wir haben zweifellos und tatsächlich einen größeren, um nicht sagen zu müssen, einen großen Bericht abzugeben von dem, woraus wir schließlich entstanden und gemacht und von welchem wir die ganze Zeit unserer Existenz *geprägt* sind. Wir können viele Jahre davor zurückschrecken und wie vor nichts vor einer solchen ja beinahe übermenschlichen Anstrengung zurückscheuen, aber wir haben sie schließlich und endlich anzugehen und auszuführen. Wozu habe ich diese ganze römische Atmosphäre, wozu habe ich meine Wohnung auf der Piazza Minerva, wenn nicht zu diesem Zweck, hatte ich zu Gambetti gesagt. Aber ich habe wahrscheinlich schon zu oft darüber nachgedacht, das schwächt zweifellos ein solches Vorhaben, *Auslöschung* werde ich diesen Bericht nennen, hatte ich zu Gambetti gesagt, denn ich lösche in diesem Bericht tatsächlich alles aus, alles, das ich in diesem Bericht aufschreibe, wird ausgelöscht, meine ganze Familie wird in ihm ausgelöscht, ihre Zeit wird darin ausgelöscht, Wolfsegg wird ausgelöscht in meinem Bericht auf meine Weise, Gambetti. Das bin ich auch meinem Onkel Georg schuldig, hatte ich zu Gambetti gesagt. Was meinem Onkel in Cannes möglich gewesen ist, hatte ich zu Gambetti gesagt, Wolfsegg aufzuschreiben, muß mir in Rom ebenso möglich sein und mir selbst mit einer noch viel größeren Unabhängigkeit und Unbestechlichkeit. Rom, hatte ich zu Gambetti gesagt, ist ein idealer Ort für eine solche Auslöschung, wie ich sie im Kopf habe. Denn Rom ist nicht das alte, das uralte Zentrum der abgelaufenen Weltgeschichte, es ist, wie wir sehen und wie wir jeden Tag und jede Stunde, wenn wir aufmerksam sind, fühlen, *das heutige Zentrum der Welt,* hatte ich zu Gambetti gesagt, nicht New York ist das heutige Weltzentrum, nicht Paris ist es, London nicht, Tokio nicht, nicht Peking und nicht Moskau, wie wir überall lesen und hören, nein, Rom ist es, heute ist es *wieder* Rom, ich kann es nicht beweisen, jedenfalls nicht im Augenblick und jedenfalls auch nicht mit meinen Wörtern, aber ich fühle es. Sie glauben es nicht, hatte ich zu Gambetti gesagt, aber ich bin auf der Piazza Minerva ein neuer Mensch geworden. Ich habe hier erst wieder zu mir selbst gefunden, nachdem ich mich so viele Jahre in allen möglichen anderen Orten *verloren* hatte, mich und also alles, das ich bin, verloren hatte. Und ich hatte so viele Jahre nicht mehr an eine Rettung geglaubt, nur immer meinen Untergang gesehen, mein eigenes Ende, *wie ich eingehe,* Gambetti, langsam, habe ich diese langen Jahre überall nur gesehen, wie ich verlorengehe und eingehe und mein Ende nicht aufzuhalten ist und in mir tatsächlich auch alles vollkommen bedeutungslos geworden ist. In Paris, in Lissabon habe ich nicht gefunden, was ich so viele Jahre gesucht habe, einen neuen Anhaltspunkt, einen neuen Anfang. In Rom ja. Dabei habe ich mir von Rom nichts erwartet, nur immer gedacht, es wird für eine wochenlange Zerstreuung gut sein, nicht mehr. Höchstens für eine wenige Monate anhaltende Ablenkung, für nichts sonst. Es war übrigens die Idee meines Onkels Georg gewesen, daß ich von Lissabon, das ich liebe, schließlich doch nach Rom gegangen bin, Lissabon, so herrlich es ist, hatte mein Onkel Georg gesagt, es ist doch eine Provinzstadt, Rom aber ist eine Weltstadt, *eine sogenannte Weltstadt,* hatte er, sich verbessernd, gesagt und ich bin nach Rom gegangen nur um einen Aufschub meines unablässig sich vollziehenden Verfalls, mit fast gar keiner Hoffnung auf Errettung. Und dann hatte es sich gezeigt, daß mein Entschluß, nach Rom zu gehen, die Erneuerung meiner Existenz gebracht hat, sozusagen die Geisteswende. Plötzlich habe ich aufgeatmet. Eine laute, eine fürchterlich laute, eine stinkende Stadt, hatte ich zuerst gedacht, Gambetti, dann aber sofort gesehen, daß es die richtige ist für mich, die einzige, die notwendige, die rettende. In Rom habe ich, was mir schon viele Jahre nicht mehr möglich gewesen war, angefangen, mir wieder Notizen zu machen, mir überhaupt wieder Gedanken über alles zu machen, die nicht nur solche immer auf mein eigenes Ende bezogen waren. Über alles und jedes, Gambetti. Ich interessierte mich auf einmal wieder für alles und jedes, sogar für die politischen Verhältnisse, für die ich mich jahrelang nicht mehr interessiert hatte. Für alle sogenannten *Kunstgegenstände.* Für die Menschen, Gambetti, denn in Wahrheit habe ich mich viele Jahre nicht einmal mehr für die Menschen interessiert, sie waren mir nur noch lästig gewesen, aber sie hatten nicht mein geringstes Interesse beansprucht lange Zeit. Zum ersten Mal nach vielen Jahren war ich in Rom wieder in ein Theater gegangen. In die Oper, Gambetti, die ich viele Jahre gemieden habe wie die Pest. Und ich habe wieder angefangen zu lesen, denn ich hatte auch jahrelang nichts mehr außer Zeitungen gelesen, Bücher, Gambetti, richtige Bücher, nicht nur die Tageszeitungen, mit welchen ich mich tagtäglich nur zu dem einen und einzigen Zweck vollgefressen hatte, mit ihrem unerträglichen Dreck, um mich nicht tödlich zu langweilen, denn jahrelang, Gambetti, hatte ich gesagt, habe ich mich beinahe zutode gelangweilt. Alles hatte mich langweilen *müssen,* ich hatte keinerlei Abwechslungsmöglichkeiten mehr gefunden, also nicht mehr gehabt. Ich

war allen aus dem Weg gegangen, den Menschen, den Gegenständen, ja
schließlich sogar der frischen Luft, was meine körperliche Verkümmerung
zur Folge gehabt hat, ich bin tatsächlich krank geworden und habe nurmehr noch Ärzte aufgesucht, wo ich hingekommen bin, keine anderen
Menschen, meine einzige Gesellschaft ist nur noch die Ärzteschaft gewesen, mit welcher ich mich nur über Krankheiten und natürlich am meisten
über meine eigenen, undefinierbaren unterhalten habe, meine eigenen
unheilbaren, wie sie alle gesagt haben, meine eigenen tödlichen und was
gibt es Fürchterlicheres, als sich mit Ärzten zu unterhalten, die in der
Regel die uninteressantesten Menschen auf dem Erdball sind, weil sie die
uninteressiertesten sind. Die Ärzte sind die traurigsten Gesprächspartner,
die man sich denken kann und gleichzeitig die gemeinsten, denn sie sagen
einem fortwährend, man habe nurmehr noch kurz zu leben und was für
ein scheußliches und erbarmungswürdiges, unnützes und perverses, nur
auf sich selbst und seine Krankheiten bezogenes Leben, das in die Länge zu
ziehen, gar nicht wert ist. Ich habe mich in meine Wohnungen in Paris
und Madrid und Lissabon zurückgezogen und meine einzigen Wege sind
nur die Wege auf die Post gewesen, um festzustellen, ob meine Geldan-
weisungen aus Wolfsegg funktionieren. Das war so deprimierend, daß ich
schließlich nurmehr noch zwischen gemeingefährlichen und geldgierigen
Ärzten und der Post in Lissabon und Madrid hin- und hergegangen bin,
eine Zeitlang auch in Neapel, hatte ich zu Gambetti gesagt, das mir aber
schlecht getan hat, es hat ein Klima, das ich nicht vertrage und ist doch die
allertiefste Provinz. Das müssen Sie mir verzeihen, hatte ich zu Gambetti
gesagt, daß Neapel für mich die allertiefste Provinz ist, ich kann es als
nichts anderes bezeichnen, der Blick auf den Vesuv ist für mich eine
Katastrophe, weil ihn schon so viele Millionen, möglicherweise Milliarden
geworfen haben. Ich hatte mich in diesen letzten Jahren vor Rom nurmehr
noch auf mich selbst konzentriert gehabt und dadurch mich selbst auf das
Gröbste und Unverzeihlichste vernachlässigt. Ich habe mich vor allem
geistig, aber auch körperlich verkommen lassen. Ich bin ein durch und
durch verkommener Mensch geworden. Krank durch und durch, unduldsam, unerträglich argwöhnisch wie kein zweiter, bin ich in der andauernden Selbstbeobachtung und Selbstbetrachtung beinahe erstickt. Ich hatte
ganz vergessen, daß es außer der meinigen entsetzlichen auch noch eine
andere Welt gibt, die nicht nur entsetzlich ist. Ich hatte vor allem vergessen, daß es ein Geistesleben gibt. Ich hatte meine Philosophen vergessen,

meine Dichter, alle meine Kunstschöpfer, Gambetti. Ich hatte überhaupt, kann ich sagen, meinen Kopf vergessen, ich war an meinen krank gewordenen Körper angeklammert und hatte mich in dieser ununterbrochenen Anklammerung an meinen kranken Körper beinahe ruiniert. Bis ich nach Rom gekommen bin. Bis mir mein Freund Zacchi die Wohnung auf der Piazza Minerva verschafft hat, denn, wie Sie wissen, habe ich die erste Zeit im Hassler gewohnt, nicht im de la Ville wie mein Onkel Georg, nein, ich mußte im Hassler wohnen, ich war größenwahnsinnig geworden. Ich blickte schon im ersten Augenblick vom Hassler über die Spagna weg auf Rom und atmete tief ein und hatte das Gefühl, gerettet zu sein. Von hier gehe ich nicht mehr fort, habe ich mir in diesem ersten Augenblick gedacht. Ich stand am offenen Fenster und sagte mir, hier bin ich, hier bleibe ich, von hier bringt mich nichts mehr weg. Und meine Rechnung ist aufgegangen, ich bin in Rom geblieben und nicht mehr weggegangen. Alle diese anderen Städte habe ich zwar geliebt, aber keine hat eine solche elementare existentielle Wirkung auf mich gehabt. Alle diese Städte habe ich längere oder auch lange Zeit bewohnt, aber ich habe mich in ihnen niemals zuhause gefühlt. Alle diese Städte sind mir zwar, wie immer kopflos gesagt wird, ans Herz gewachsen, aber keine ist dadurch meine Stadt geworden. Ich liebe sie alle, Lissabon vor allem, Warschau, Krakau, Palma, selbst Wien und Paris, ja London auch und Palermo, aber in keiner dieser Städte würde ich es heute längere Zeit aushalten. Ich habe sie hinter mir gelassen, ohne daß ich das Gefühl habe, etwas, das zu mir gehört, absolut zu mir, verloren zu haben. Manchmal hatte ich den Gedanken, in Lissabon könnte ich auch so viele Jahre verbringen wie in Rom, aber dann fällt mir immer wieder mein Onkel Georg ein mit seinem doch treffenden Wort über diese, wie ich glaube, herrlichste aller Städte. Lissabon ist tatsächlich noch schöner als Rom, aber es ist eine Provinzstadt. In Lissabon habe ich die schönste Zeit meines Lebens verbracht, aber doch nicht, wie in Rom, die beste. In Lissabon gibt es, wie in keiner anderen Stadt der Welt, das, was ich als Architekturnatur bezeichne. In Lissabon ist dieser Begriff Vollendung, Gambetti, es ist schade, daß Sie nie Gelegenheit hatten, in Lissabon zu sein. Es waren meine schönsten Jahre, wahrscheinlich auch meine glücklichsten. Aber die ideale für meinen Kopf, der letzten Endes immer mein größtes Interesse beansprucht hat, war Lissabon schließlich und endlich doch nicht gewesen, während es Rom immer gewesen ist. Rom ist die Stadt für den Kopf, für den Kopf des Altertums ist

Rom die ideale Stadt gewesen, für den heutigen Kopf ist es wieder die
ideale Stadt und unter den chaotischen politischen Verhältnissen, die
heute hier herrschen, gerade für den heutigen Kopf. Die anderen Städte
sind es nicht, denke ich oft, wenn ich an die ideale Stadt für den Kopf
denke, nicht einmal New York ist es, Rom ist es, ganz entschieden, mit
Sicherheit. Es ist explosiv hier, das paßt mir, Gambetti. Es ist explosiv,
Gambetti, das liebe ich. Darauf dachte ich, daß ich Gambetti schon sehr
weit abgebracht habe von seinen Eltern und wie weit ich in dieser Beziehung, nämlich ihn immer mehr von seinen Eltern und ihrer Welt, also
ihren Ideen, abzubringen, gehen könne und gehen dürfe, aber augenblicklich war mir dieser Gedanke absurd vorgekommen, daß ich überhaupt
einen solchen Gedanken habe, ärgerte mich, denn mein Verhältnis zu
Gambetti ist naturgemäß ein solches, ihn von seinen Eltern und deren
Ideen abbringendes, indem ich ihn sozusagen in Deutsch unterrichte, ihm
den *Siebenkäs* und den *Prozeß* in die Hand drücke, gebe ich vor, ihm die
deutsche Literatur nahe zu bringen, ihn mit der Zeit mit der deutschen
Literatur vertraut zu machen, in Wirklichkeit bringe ich ihn aber ganz
konsequent von seinen Eltern und deren Ideen ab, dachte ich, gehe so vor,
als hätte ich ein Recht, ihn von seinen Eltern und deren Ideen abzubringen, ihn immer noch weiter aus ihrer mir letzten Endes entgegengesetzten
Welt zu entfernen, also ich mache mit Gambetti jetzt das, das ich mit mir
längst gemacht habe, indem ich mich aus Wolfsegg entfernt habe, daß jetzt
für Gambetti gut sei, was für mich gut gewesen ist, ich spiele die Rolle des
Onkels Georg, dachte ich, der mich aus Wolfsegg vertrieben hat mit seinen Gedanken und Eröffnungen über Wolfsegg und was das bedeutete,
bis mir Wolfsegg einfach unmöglich gewesen ist, daß ich Gambetti, wie
mich mein Onkel Georg aus Wolfsegg, aus der Welt seiner Eltern vertreibe. Aber ich habe nicht bewußt daran gearbeitet, dachte ich, Gambetti
von der Welt seiner Eltern abzubringen, es hat sich, ohne daß es mir
anfänglich klar gewesen wäre, sozusagen neben meiner sogenannten Lehrtätigkeit für Gambetti, von selbst ergeben. Gambettis Aufmerksamkeit, ja
Faszination ist die größere, wenn ich ihm sage, wie die Welt in meinem
Sinne zu verändern wäre, indem wir sie ganz und gar radikal zuerst *zerstören,* beinahe bis auf nichts *vernichten,* um sie dann auf die mir erträglich
erscheinende Weise wieder herzustellen mit einem Wort, als eine vollkommen neue, wenngleich ich nicht sagen kann, wie das vor sich zu gehen hat,
ich weiß nur, sie muß zuerst völlig vernichtet werden, um wieder herge-

stellt zu werden, denn ohne ihre totale Vernichtung kann sie nicht erneuert sein, als wenn ich Gambetti den *Siebenkäs* in die Hand drücke und ihn
bitte, mir dann, am Ende der Lektüre, den *Siebenkäs* betreffende Fragen zu
stellen. Gambettis Kopf hat schon viel aus meinem Kopf aufgenommen,
dachte ich, bald wird mehr aus meinem Kopf in Gambettis Kopf sein, als
von ihm. Seine Eltern beobachten diesen Prozeß mit Unbehagen, dachte
ich. Sie sehen mich auch nicht so gern, wie Gambetti es mir vormacht,
laden mich zwar zum Essen ein in ihr Haus, wünschen mich aber im
Grunde doch zum Teufel, denn sie betrachten mich schon jahrelang als
Verzieher ihres Einzelkindes, das inzwischen erwachsen geworden und ihnen über den Kopf gewachsen ist, sie sind erschrocken darüber, daß sie
letzten Endes einen kommenden Philosophen und Revolutionär gezeugt
haben, was nicht ihre Absicht gewesen ist, einen, der danach trachtet, sie
zu vernichten, anstatt ihnen lebenslänglich gedankenlos anzuhängen. Das
schieben sie mir jetzt in die Schuhe, daß ich möglicherweise nicht nur der
Verführer ihres selbstverständlich geliebten Sohnes bin, sondern auch
schon sein Vernichter und daß ich ganz von selbst dadurch auch noch ihr
eigener Vernichter bin, den sie sich ins Haus geholt haben und auch noch
teuer bezahlen, denn die Stunden, die ich Gambetti gebe, sind nicht billig,
der Preis dafür übersteigt alles sonst dafür bezahlte, aber die Gambettis
sind reiche Leute, sage ich mir, und ich habe mir kein schlechtes Gewissen
daraus zu machen, von ihnen so viel Geld zu nehmen, das ich im übrigen
nicht brauche, weil ich selbst es im Überfluß habe. Aber davon ahnen die
Gambettis nur etwas, sie wissen nichts Genaues darüber. Gambetti allerdings weiß über meine finanziellen Verhältnisse Bescheid, er hat zu mir
gesagt, wenn meine Eltern wüßten, wie reich Sie sind, würden sie Ihnen
nichts bezahlen, dann erlaubten sie mir den Unterricht bei Ihnen nicht. So
aber sind sie in dem Glauben, eine großzügige Mäzenatengeste spiele in
diesem ihnen tatsächlich schon lange unheimlichen Unterricht eine Rolle,
in dieses Mäzenatische ihrerseits flüchten sie natürlich, um sich davon
abzulenken, daß sie möglicherweise kein gutes, sondern ein zerstörerisches
Werk betreiben, indem sie mir den Unterricht bei Ihnen bezahlen. Gambetti findet es aber in voller Ordnung, daß seine Eltern sozusagen Geld
zum Fenster hinauswerfen dafür, daß ich Gambetti von ihnen abbringe
und in ihn Ideen einpflanze, die wahrscheinlich einmal fürchterlich gegen
sie aufgehen werden, gegen alles, das sie betrifft. Als der harmlose
Deutschlehrer aus dem Österreichischen haben sie mich aber doch nie

anschauen können, dachte ich, dazu ist, was ich bin und betreibe, doch zu
offensichtlich, dachte ich. Ich mache mir also keinerlei Vorwurf aus meinem Amt, Gambetti die deutsche Literatur, dazu aber auch noch meine
Ideen von der Veränderung und also Vernichtung der Welt einzutrichtern.
Ich habe mich ja nicht *eingeschlichen,* auch nicht *aufgedrängt,* dachte ich,
Gambetti ist, auf Zacchis Vorschlag, zu mir gekommen, die Eltern Gambettis haben mich ausdrücklich *gebeten,* ihren Sohn in Unterricht zu nehmen, ich sei der ideale Lehrer, haben sie gesagt. Ich selbst empfinde mich
auch als den idealen Lehrer Gambettis. Und Gambetti teilt diese Empfindung mit mir. Was seinen Eltern inzwischen an mir unheimlich ist, erscheint ihm als notwendig, als selbstverständlich, Gambetti sagt immer
wieder einmal, ich unterrichte ihn *folgerichtig* und daß er selbst im Grunde
die deutsche Literatur, für welche er sich letzten Endes *aus Zufall* entschieden habe, nur als Vorwand betrachte für alles übrige, das ich ihm
beibringe, womit er nichts anderes meint, als meine Ideen, die er sich zu
seinen eigenen gemacht hat inzwischen. Nach und nach müssen wir alles
ablehnen, habe ich zu Gambetti auf dem Pincio gesagt, nach und nach
gegen alles sein, um ganz einfach an der allgemeinen Vernichtung, die wir
im Auge haben, mitzuwirken, das Alte auflösen, um es am Ende ganz und
gar auslöschen zu können für das Neue. Das Alte muß aufgegeben werden,
vernichtet werden, so schmerzhaft dieser Prozeß auch ist, um das Neue zu
ermöglichen, wenn wir auch nicht wissen können, *was* denn das Neue sei,
aber daß es sein muß, wissen wir, Gambetti, habe ich zu diesem gesagt, es
gibt kein Zurück. Natürlich haben wir, wenn wir so denken, alles Alte
gegen uns und also haben wir Alles gegen uns, Gambetti, habe ich zu
diesem gesagt. Das darf uns aber nicht hindern, unsere Idee, das Alte
gegen das von uns gewünschte Neue einzutauschen, zunichte zu machen.
Alles aufgeben, habe ich zu Gambetti gesagt, alles abstoßen, alles auslöschen letzten Endes, Gambetti. Auf die Piazza Minerva hinunter schauend, sah ich mich auf einmal gleichzeitig Gambetti von jenem Traum
berichten, in welchem ich mit meinem Studienfreund Eisenberg, mit
Maria und Zacchi in einem Seitental des Grödnertales gewesen bin. Dieser Traum, hatte ich zu Gambetti gesagt, liegt mindestens vier oder fünf
Jahre zurück. Ich war noch ein ganz junger Mensch in diesem Traum,
habe ich zu Gambetti gesagt, zwanzig vielleicht, Eisenberg ebenso alt wie
ich und Maria kaum älter. Wir hatten uns in einem kleinen alten Gasthaus
eingemietet, das *Zur Klause* geheißen hat, das Gasthausschild sehe ich

heute noch so deutlich wie das erste Mal, sagte ich zu Gambetti. An diesen
Traum habe ich mich sehr oft erinnert und jedesmal mehr versucht, in ihn
einzudringen, dieses Mal mit noch größerer Willenskraft als jemals vorher,
denn ich habe mich, das Telegramm in Händen, vom Telegramm ablenken wollen auf alle Fälle und so war mir der Traum als das günstigste
Mittel für eine solche Ablenkung von diesem zweifellos furchtbaren Telegramm erschienen, ich kann nicht sagen, *wodurch* ich wieder auf den
Traum gekommen bin, wahrscheinlich aber durch eine Bemerkung Gambettis, die dieser nur zwei oder drei Stunden, bevor ich das Telegramm
bekommen habe, zu mir gemacht hat, eine sogenannte *nebensächliche
Bemerkung,* in welcher aber das Wort *Hochgebirge* vorgekommen ist; Gambetti hat zu mir gesagt, er werde im kommenden Sommer mit seinen
Eltern und mit mir, wie er ausdrücklich betonte, ins Hochgebirge gehen,
das liebe er außerordentlich und dort, in einem engen, ihm von Kindheit
an bekannten und vertrauten Tal, werde es uns beiden auf die angenehmste Weise nützlich sein, unsere Studien voranzutreiben, völlig abgeschirmt
von den Störungen, die diese unsere Studien sonst immer belästigen, *ganz
nebensächlich* hat Gambetti gesagt, er werde zwar mit den Eltern in das
norditalienische Hochgebirge reisen, aber doch im Grunde mit mir und
wenn es mir nichts ausmache, werde er mich einladen auf diese Hochge-
birgsstudientage, wie er sich ausdrückte, wir hatten gerade über Schopenhauer gesprochen, über den Hund des Philosophen, den dieser noch über
seine Haushälterin gestellt habe, um seine *Welt als Wille und Vorstellung*
tatsächlich zu Ende denken und zu Ende schreiben zu können, darüber,
daß *der Hund und die Haushälterin Schopenhauer die Feder geführt* hätten,
wie Gambetti sagte, als Gambetti auf einmal, wenigstens für mich völlig
überraschend und unzusammenhängend, von dem Hochgebirgsausflug
im kommenden Sommer gesprochen hat, von einem *karierten Notizblock,*
den er dorthin mitzunehmen gewillt sei, ohne daß er mir gesagt hätte, was
dieser karierte Notizblock zu bedeuten habe, ich habe ihn auch nicht nach
der Bedeutung dieses ausdrücklich erwähnten karierten Notizblocks gefragt, aber ich höre Gambetti noch deutlich sagen *mit den Eltern ins Hochgebirge,* was soviel heißt wie *mit Ihnen,* so Gambetti auf dem Pincio, was,
wie ich denke, mich jetzt auf den Traum zurückkommen läßt, der mich
mehrere Male im Jahr, wie ich sagen will, *heimsucht,* mit allen seinen
Merkwürdigkeiten, ich bin sicher, daß ich diesen Traum vor vier oder fünf
Jahren zum ersten Mal geträumt habe, in Neumarkt in der Steiermark, in

einem düsteren sogenannten Zweibettzimmer einer alten Herrschaftsvilla, in welches mich meine Verwandten gesteckt hatten damals auf zwei Tage, um gesund zu werden, wie sie sich ausdrückten, denn ich hatte eine fieberhafte Erkrankung, von welcher niemand gewußt hat, um was für eine Krankheit es sich tatsächlich handelte. Bei zugezogenen Vorhängen lag ich in diesem Zweibettzimmer der Verwandten, die in Neumarkt eine Großzimmerei betreiben, die mit meiner Mutter und also auch mit mir, verwandt sind, ich weiß nicht mehr, aus welchem Grund ich sie damals aufgesucht habe, wie ich heute denke, wahrscheinlich nur, um mich in Neumarkt, einem der finstersten und feuchtesten Orte, die mir bekannt sind, zu verkühlen. Zwei Tage und Nächte bei zugezogenen Vorhängen und ohne jegliche Nahrungsaufnahme, wie ich denke, in Neumarkt, das tatsächlich ein häßlicher Ort ist, ich sehe auch keines der Verwandtengesichter mehr vor mir, nicht einmal undeutlich, nur, daß ich dort diesen Traum gehabt habe, weiß ich noch. Wir waren bei Regenwetter in dem norditalienischen Tal angekommen, Gambetti, habe ich zu diesem gesagt, Eisenberg, der gleichaltrige, Zacchi, der ebenso alte Philosoph, und Maria, meine erste Dichterin, Maria, so ich zu Gambetti, meine schon damals größte Dichterin; Maria war aus Paris zu uns gekommen, nicht aus Rom, wo sie damals schon gewohnt hat, in der Wohnung, in welcher sie heute ist, aber diese Wohnung hat noch nicht so ausgesehen wie heute, noch waren nicht Tausende von Büchern in ihrer Wohnung gewesen, nur Hunderte. Noch waren keine Teppiche in ihrer Wohnung, Gambetti, habe ich zu diesem gesagt. Aber schon damals ist Maria die meiste Zeit im Bett gelegen und hat ihre Gäste im Bett empfangen. Maria ist aus Paris zu uns gestoßen in einem verrückten Hosenanzug, sagte ich zu Gambetti. Sie sah aus, als wollte sie gerade in die große Oper gehen oder als käme sie gerade aus der großen Oper zurück. Eine schwarze Samthose, Gambetti, die mit großen Seidenmaschen unterhalb ihrer Knie befestigt war, dazu eine kardinalrote Jacke mit einem türkisfarbigen Kragen. Es hat naturgemäß das größte Aufsehen gemacht, wie Maria so in diesem opernhaften Aufzug in dem Hochgebirgstal erschienen ist. Eisenberg war ihr entgegengegangen, während ich die Ankommende schon von weitem beobachtet habe, wie sie sich auf das Gasthaus *Zur Klause* zubewegte, mit opernhaften Bewegungen, Gambetti, sagte ich zu diesem, Arme und Beine und der Kopf fortwährend in opernhafter Bewegung, ruckartig, als ob sie auf das Gasthaus zutanzte, Gambetti, sagte ich zu diesem. Zuerst, in der Ferne, war ihr

Aufzug noch nicht so deutlich zu erkennen gewesen, ich hatte natürlich auch nicht gedacht, das ist Maria, ich wäre niemals auf die Idee gekommen, daß Maria wirklich hierher kommt, ja, aber daß sie in einem solchen Aufzug kommt und aus Paris und nicht aus Rom, schon gar nicht, Gambetti, habe ich zu diesem gesagt. Eisenberg ist ihr entgegengegangen, weder Zacchi, noch ich, als ob Eisenberg gewußt hätte, daß sie genau zu diesem Zeitpunkt ankommen wird, Zacchi und ich hatten das offensichtlich nicht gewußt, Zacchi vermutete ich, am Fenster des Gasthauses stehend, in seinem Zimmer, noch nicht aufgestanden, aber doch nicht mehr schlafend, weil er mir immer als Spätaufsteher bekannt gewesen ist zum Unterschied von mir und von Eisenberg, die wir immer Frühaufsteher gewesen sind, Eisenberg ist immer noch früher aufgestanden als ich, habe ich zu Gambetti gesagt, so war es selbstverständlich, daß Eisenberg Maria entgegengegangen ist und nicht Zacchi und nicht ich, Maria ist schon so früh zu uns gestoßen, habe ich zu Gambetti gesagt, vor fünf Uhr früh. Ich hatte wie immer, wenn ich im Hochgebirge gewesen bin, eine schlaflose Nacht, stand die ganze Nacht mehr oder weniger am Fenster und schaute hinaus, Stunde für Stunde, bis zum Umfallen, habe ich zu Gambetti gesagt, ohne wirklich und tatsächlich umzufallen, da sah ich Maria auf das Gasthaus zukommen, in welchem ich mich mit Zacchi und Eisenberg am Vorabend einquartiert hatte nur zu dem Zweck, über Schopenhauer und über Marias Gedichte zu sprechen, wir leisteten uns einen solchen Aufenthalt nur für diesen einen Zweck, in diesem Traum, sagte ich zu Gambetti, und wir hatten uns für diesen Zweck das uns dafür ideal erscheinende Klima ausgesucht, dieses enge Hochgebirgstal, in welches nur ein Fußpfad hineinführt, keine Straße, das also nur zu Fuß zu erreichen ist. Maria hätte schon am Abend vorher mit uns im Tal sein sollen und ich sehe mich noch den Wirt des Gasthauses beschwichtigen, wie ich ununterbrochen auf ihn einrede und ihm beteuere, daß die Hauptperson, nämlich unsere Freundin Maria, auf jeden Fall kommen werde, er solle sich doch beruhigen, der Wirt *Zur Klause* fürchtete, daß wir nur für drei, also für Eisenberg, Zacchi und mich, den sogenannten *Verpflegungspreis* bezahlen wollten, denn wir hatten ja nicht nur Zimmer für uns genommen, sondern die *volle Verpflegung,* damit wir völlig ungestört unser Vorhaben angehen und auszuführen imstande sein würden, nämlich Schopenhauers *Welt als Wille und Vorstellung Marias Gedichten* gegenüberzustellen, was uns in Rom, aus welchem wir, Eisenberg, Zacchi und ich, angereist waren, als ein besonders reizvolles Unternehmen erschienen war, Eisenberg hatte die Idee gehabt, Zacchi war davon begeistert gewesen, ich hatte dann die Quartiere im *Zur Klause* bestellt und Maria war mit unserem Vorhaben einverstanden gewesen, *ist es nicht Heidegger,* hat Maria gesagt, *ist es Schopenhauer,* sie freue sich auf das Unternehmen, müsse aber über die Nacht noch nach Paris, den Zweck dieser Parisreise hat sie nicht verraten wollen, so sehr ich auch in sie eingedrungen bin, ihn mir zu sagen, daß es doch ungewöhnlich sei, nur auf eine einzige Nacht von Rom nach Paris zu reisen, hatte ich zu Maria in diesem Traum gesagt, das müsse schon ein *existentieller Grund* sein, so ich zu Maria, die mich aber nicht angehört hat, sondern ihren Mantel angezogen und Rom augenblicklich verlassen hat. Sie werde pünktlich zu unserer Gruppe stoßen, hat sie noch gesagt im Hinausgehen. Und tatsächlich sah ich sie ja jetzt in ihrem opernhaften Aufzug genau zu dem richtigen Zeitpunkt auf das Gasthaus zugehen, in welchem wir schon bereit waren für unsere Debatte. Ich hatte mich den ganzen Vorabend und mehr oder weniger, wenn auch die ganze Zeit am Fenster stehend, mit Schopenhauer und mit Marias Gedichten beschäftigt, diese beiden, nämlich Schopenhauers Gedanken mit denen Marias zueinander in Beziehung gebracht, eine tatsächlich philosophische Beziehung der beiden Geistesverfassungen herzustellen versucht, der Dichtungen Marias zu den philosophischen Anstrengungen Schopenhauers, immer wieder die einen den anderen unterzuordnen, diese den anderen entgegenzustellen und den Versuch gemacht, das Philosophische in Marias Gedichten herauszuarbeiten, wie das Dichterische, noch besser, das Poetische aus Schopenhauers Werk. Dazu war mir die Tatsache der vollkommen schlaflosen Nacht förderlich, ja ideal gewesen, habe ich zu Gambetti gesagt, wir müssen für jede schlaflose Nacht unseres Lebens dankbar sein, Gambetti, habe ich zu diesem gesagt, denn sie bringt uns in jedem Fall *philosophisch weiter.* Gambetti hörte aufmerksam zu, während ich meine Traumerzählung vorantrieb, von den Geräuschen auf dem Pincio mich nicht im geringsten irritieren lassend, selbst das Vogelgezwitscher, das mir immer als das geistfeindliche vorgekommen ist, konnte meinen Traumbericht nicht behindern. Ich war die ganze Nacht am Fenster meines Zimmers im Gasthaus *Zur Klause* gestanden, Gambetti, und hatte über Maria und Schopenhauer nachgedacht und mir schon am Abend vorgenommen gehabt, dieses Nachdenken so lange wie möglich in die Länge zu ziehen, was wahrscheinlich auch dann der Grund gewesen ist für meine schlaflose

Nacht. Als ich diese groteske Gestalt auf das Gasthaus *Zur Klause* zukommen sah, Gambetti, die zuerst nur tiefschwarz gewesen und nicht als
Maria zu erkennen war, und sich auf mehr als fünfzig oder vierzig Meter
genähert hatte, aus einem Schneetreiben heraus, als es mir klar gewesen
war, daß es sich bei dieser grotesken Person mit ihren marionettenhaften
Bewegungen nur um Maria handeln könne, habe ich auch sofort gewußt,
was der Grund für diesen nächtlichen Parisaufenthalt Marias gewesen ist,
sie war nur auf einen Opernbesuch nach Paris, Gambetti, sagte ich zu
diesem, und natürlich in diesem Aufzug, den ich ja schon aus Rom
kannte, denn Maria hat diese Hose und diese Jacke mit mir in Rom eingekauft, wir waren zusammen einkaufen gegangen an einem Nachmittag, der, wie Maria immer sagt, zum Verzweifeln gewesen ist und haben
durch den Einkauf dieser Hose und dieser Jacke aus einem verzweifelten,
einen glücklichen Nachmittag gemacht, Einkäufe, sagte ich zu Gambetti,
retten uns unter Umständen wie nichts sonst, wenn wir uns dazu aufraffen
und wenn wir dann auch den höchsten Luxus nicht scheuen, das heißt,
uns nicht scheuen, das Köstlichste, gleichzeitig Kostspieligste einzukaufen, das Allerteuerste und sei es noch so grotesk, wie dieser Aufzug, habe
ich zu Gambetti gesagt; bevor wir tödlich verzweifeln, ist es besser, auf die
Straße und in ein Luxusgeschäft zu gehen und sich auf die groteskeste
Weise neu einzukleiden, aus uns ein Luxusgeschöpf selbst für einen
Kitsch-Don Giovanni zu machen, bevor wir in unserem Bett zu einer
dreifachen Menge von Schlaftabletten Zuflucht nehmen und nicht wissen, ob wir wieder aufwachen, wo es sich doch immer wieder ausgezahlt
hat, aufzuwachen, habe ich zu Gambetti gesagt; in dem Augenblick, in
welchem Maria auf das *Zur Klause* zugegangen ist, in diesem grotesken
Anzug, war mir klar, sie ist nach Paris, um sich ihre Lieblingsoper anzuschauen, *Pelleas und Melisande* von Debussy/Maeterlinck. Maria scheut
sich nicht, direkt aus der Pariser Oper in unser Hochgebirgstal zu kommen und ihr Versprechen wahrzumachen, dachte ich, am Fenster stehend
und beobachtend, wie sie auf das *Zur Klause* zugeht, während ihr Eisenberg entgegengeht, sagte ich zu Gambetti. Eisenberg, habe ich, ihn beobachtend, gedacht, hat, wie ich, nicht geschlafen und ist selbstverständlich
der erste, der Maria sieht, also auch der, der ihr als erster entgegengeht.
Das ist für Eisenberg bezeichnend, dachte ich, am Fenster stehend. Maria
und Eisenberg haben sich immer nicht nur gut, sondern bestens verstanden und sie waren sich *geistig ebenbürtig*. Eisenberg liebt dieselbe Philo-

sophie wie Maria, sie haben dieselben Vorstellungen von Poesie. Von beiden habe ich gleichviel gelernt, dachte ich. Maria hat nichts in ihren Händen gehabt, sagte ich zu Gambetti, sie war wie in einem elementaren Glückszustand aus dem Schneetreiben heraus und auf das *Zur Klause* zugegangen. Wie wird der Wirt beruhigt sein! sagte ich mir, wie ich Maria jetzt gesehen habe. Zacchi war der einzige gewesen, der an einem Kommen Marias zweifelte. Wie kann sie am Abend, anstatt mit uns zusammen gleich ins Hochgebirge nach Norditalien, nach Paris und am frühen Morgen doch bei uns in dem Gasthaus *Zur Klause* sein, in welchem wir auch für sie ein Zimmer bestellt haben, hatte Zacchi gesagt. Zacchi ist immer der Mißtrauische gewesen, sagte ich zu Gambetti. Zacchi ist ja auch immer von uns als *der Zweifler* bezeichnet worden. Maria war stehengeblieben und Eisenberg trat zu ihr, sagte ich zu Gambetti, dachte ich jetzt, am Fenster meines Arbeitszimmers stehend, auf die Piazza Minerva hinunterschauend, da hörte ich, sagte ich zu Gambetti in meiner Traumerzählung, einen fürchterlichen Knall, wie ein Donner, und die ganze Erde bebte im Augenblick. Das Merkwürdige war, daß diesen Knall außer mir niemand gehört hat und kein Mensch wahrgenommen hatte, daß die Erde bebte, wie ich später festgestellt habe. Maria und Eisenberg hatten diesen Donnerknall und dieses Beben auch nicht wahrgenommen. Mir war, als Maria und Eisenberg auf das Gasthaus zugingen, ohne mich wahrzunehmen, der ich die beiden intensiv beobachtet habe von meinem Fenster aus, als wäre Maria barfuß auf das *Zur Klause* zugegangen und tatsächlich habe ich dann gesehen, daß Eisenberg ihre Schuhe in der Hand getragen hat und sie barfuß gegangen ist. Eisenberg war immer der Zuvorkommendste gewesen, habe ich zu Gambetti gesagt, von allen der, welcher die Zuvorkommenheit sozusagen als seine zweite Natur in Besitz genommen hat. Ich stand noch eine Weile am Fenster und schaute hinunter und versuchte, die Spuren der Schritte, die Eisenberg und Maria auf ihrem Weg zum *Zur Klause* gemacht hatten, so weit zurückzuverfolgen, wie möglich. An die hundertzwanzig Eintritte habe ich gezählt, ich erinnere mich genau, Gambetti, sagte ich zu diesem, als träumte ich diesen Traum *jetzt* und hätte ihn nicht schon vor vier oder fünf Jahren geträumt. Das Bild ist abgerissen und ich sehe Maria auf einmal im Vorhaus des *Zur Klause* unten mit Eisenberg zusammen, Eisenbergs Schuhe ausziehen und dann zieht Maria ihre Schuhe Eisenberg an, Eisenberg zieht seine Schuhe Maria an. Dazu lachen die beiden ausgelassen, brechen dieses Lachen aber sofort ab,

als ich auftrete. Nach einer kurzen Pause lachen beide wieder so heraus,
daß es das ganze *Zur Klause* erschüttert. Maria streckt ihre Beine aus und
hält sie mit Eisenbergs Schuhen in die Luft, also mit diesen hohen schwarzen Stiefeln Eisenbergs, die er immer anhat, diese unglaublich weichen,
aber doch hohen schwarzen Stiefel, Gambetti, sage ich. Und Eisenberg
hüpft mit Marias Schuhen, diesen leichten silbrig glitzernden Ballettschuhen im Vorhaus des *Zur Klause* hin und her; dazu rufen sie beide: Wir
haben unsere Schuhe getauscht! Wir haben unsere Schuhe getauscht! Wir
haben unsere Schuhe getauscht!, bis sie beide erschöpft sind und Maria
fällt mir um den Hals und zieht mich zu sich auf die Vorhausbank und
küßt mich, während Eisenberg mit dem Rücken zur Vorhausmauer steht,
uns beobachtend, wie wir uns auf der Vorhausbank niederlassen. Maria
küßt mich so lange, bis ich aufspringe. Eisenberg verlangt in diesem Augenblick, daß Maria seine Schuhe wieder auszieht. Maria zieht Eisenbergs
Schuhe aus und wirft sie ihm an den Kopf, Eisenberg ist zurückgewichen
und hat so verhindert, daß die von Maria geworfenen Schuhe tatsächlich
Eisenbergs Kopf getroffen haben. Eisenberg bückt sich um seine auf dem
Boden liegenden Schuhe, während Maria auf ihre Ballettschuhe zeigt, die
Eisenberg noch immer anhat, Gambetti, sagte ich zu diesem. Das sah
grotesk aus, Gambetti, Eisenberg, in seinem schwarzen Mantel bis fast zu
den Knöcheln und Marias Ballettschuhe an den Füßen. Eisenberg sagt, er
werde Marias Schuhe sich nicht selbst ausziehen, *wir* sollten ihm die Ballettschuhe Marias ausziehen. Maria zeigte daraufhin Eisenberg die *Lange
Nase*. Dann aber, als sie sieht, daß Eisenberg darüber unglücklich ist, daß
er selbst sich die Ballettschuhe Marias ausziehen soll, bückt sie sich und
zieht sie ihm aus. Er steht barfuß da im Vorhaus des *Zur Klause,* sagte ich
zu Gambetti, und geht auf Maria zu, die sich an mich gedrückt hat. Vor
Maria kniet sich Eisenberg hin und überreicht ihr die Schuhe. Es sind
deine Schuhe, ich habe sie für *dich* ausgezogen, sagt Eisenberg, gibt die
Schuhe Maria und steht wieder auf. Maria küßt Eisenberg, sagte ich zu
Gambetti, und läuft mit den Ballettschuhen in der Hand ins Freie. Eisenberg und ich schauen ihr nach. Hoffentlich kommt unser Kind nicht um,
sagt Eisenberg in diesem Augenblick, sagte ich zu Gambetti. Es hatte
wieder angefangen zu schneien. Dann sehe ich mich mit Eisenberg und
Zacchi an einem kleinen Ecktisch im *Zur Klause* sitzen, sagte ich zu Gambetti. Wir haben die Gedichte Marias vor uns, Schopenhauers *Welt als
Wille und Vorstellung*. Alles vor uns aufgeschlagen, sagte ich zu Gambetti.

Der Wirt des *Zur Klause* kommt herein und will uns das Frühstück auf
dem Tisch servieren und sagt, wir sollen den Tisch abräumen. Geben Sie
das Zeug weg vom Tisch, sagt der Wirt und will selbst anfangen, den
Tisch abzuräumen. Maria kommt in dem Augenblick herein, in welchem
der Wirt Anstalten macht, den Tisch eigenhändig, ohne unsere Erlaubnis,
abzuräumen. Er kommt aber nicht dazu, uns Schopenhauers *Welt als Wille
und Vorstellung* vom Tisch zu reißen, weil ihn Eisenberg anherrscht. *Unterstehen Sie sich!* ruft Eisenberg dem Wirt ins Gesicht, während Maria
noch hinter dem Wirt steht. Sie versteht nicht, was im Augenblick hier
vorgegangen ist, sagte ich zu Gambetti. Eisenberg ist aufgesprungen und
hat dem Wirt mehrere Male *Unterstehen Sie sich!* ins Gesicht geschrien.
Das hat den Wirt erst recht gegen uns aufgebracht. Er versucht blitzschnell
an das aufgeschlagene Schopenhauerbuch heranzukommen, um es vom
Tisch zu reißen, aber Eisenberg ist schneller. Eisenberg reißt das Schopenhauerbuch an sich und hält es fest an seine Brust. Ich hatte Marias
Gedichte an mich gerissen, Zacchi unsere Notizbücher, die wir auch auf
dem Tisch liegen gehabt haben. Der Wirt des *Zur Klause* war so außer sich
gekommen, daß er uns mit dem Umbringen bedrohte. Tatsächlich war der
Wirt ein starker Mann und wir alle fürchteten uns vor ihm. Maria hatte
sich zu mir gesetzt und an mich gedrückt, sagte ich zu Gambetti. Sie
verstand nicht, was vorgefallen war. Das *Zur Klause* war ihr ja für unser
Vorhaben als das ideale beschrieben worden in Rom, daß es einem freundlichen, ja äußerst zuvorkommenden Wirt gehöre, daß es eine unserem
Vorhaben alles in allem günstige Voraussetzung sei. Und jetzt war sie
Zeugin eines sich fürchterlich aufregenden, uns mit dem Umbringen be-
drohenden Mannes, der, wie wir alle sehen mußten, vor nichts zurückschreckt. Das *Zur Klause* hatten wir uns ausgesucht, weil uns vorgekommen war, daß kein anderes für unser Vorhaben, nämlich die Gedichte
Marias den Gedanken Schopenhauers in seiner *Welt als Wille und Vorstellung* gegenüberzustellen, in Frage gekommen war. Der Wirt des *Zur
Klause* hat, während er uns mit dem Umbringen gedroht hat, den Tisch
gedeckt, *weil es seine Gewohnheit war,* den Frühstückstisch zu decken,
gleich unter was für Umständen, habe ich zu Gambetti gesagt, er mußte
ihn decken, weil es ihm von seiner Frau befohlen war, sagte ich zu Gambetti, so bedrohte er uns tatsächlich mit dem Umbringen und deckte
gleichzeitig den Tisch. *Und Sie haben noch nicht einmal bezahlt!* rief der
Wirt des *Zur Klause* aus, während wir noch immer erschrocken unsere

Bücher und Papiere an die Brust gedrückt hatten, ohne ein einziges Wort
sprechen zu können. Sie müssen sofort bezahlen! rief der Wirt und rief es
noch mehrere Male, bis er den Tisch gedeckt hatte. Wir waren nicht fähig
gewesen, auch nur ein Wort zu sagen, aber wir wußten, daß hinter der
Küchentür des *Zur Klause* die Frau des Wirts lauerte. Jedenfalls ich wußte
es, ich glaubte, die Wirtsfrau hinter der Küchentür atmen zu hören. Der
Wirt hatte sich beim Anblick unserer Bücher und unserer Papiere nicht
beruhigen können und auch nachdem er den Tisch gedeckt hatte, hörte er
nicht auf mit seinen Drohungen. Solche Leute gehörten eingesperrt, rief er
plötzlich aus, sie gehörten hinter Schloß und Riegel, solche Leute wie Sie,
sagte er zu uns, völlig außer Atem, die solche Bücher mit sich herumtragen
und solche Papiere und die solche Kleider anhaben und er zeigte auf
Marias Aufzug zuerst und dann auf Eisenbergs langen schwarzen Mantel
und über den Bart Eisenbergs sagte er aufgebracht, daß diese Bärte von
Leuten getragen werden, die aufgehängt gehörten. Der Wirt des *Zur
Klause* steigerte sich in eine fürchterliche Szene hinein, sagte ich zu Gambetti, indem er mehrere Male schrie, so ein Gesindel wie Sie (also wie wir)
gehöre *ausgerottet*. Mehrere Male schrie er uns das Wort *ausgerottet* ins
Gesicht. Dann war es, als erlitte er einen Anfall, denn er griff sich plötzlich
an die Brust und tatsächlich stützte er sich am Tisch auf. Diesen Schwächeanfall des Wirts des *Zur Klause* benutzten wir, um augenblicklich die
Wirtsstube zu verlassen und aus dem Gasthaus *Zur Klause* zu flüchten.
Wir liefen aus dem Tal hinaus, sagte ich zu Gambetti, unseren Schopenhauer und Marias Gedichte an uns gedrückt, als liefen wir um unser
Leben. Maria hatten wir in die Mitte genommen. Es war ein so dichtes
Schneetreiben im Tal, daß wir überhaupt nichts mehr gesehen haben, aber
da es eng war, kamen wir an sein Ende. Gambetti hatte, wie immer,
aufmerksam zugehört. Er hatte nicht eine einzige Frage auf meinen
Traum. Diesen Traum habe ich selbstverständlich auch Eisenberg, Zacchi
und Maria erzählt. Alle hatten sie darauf geschwiegen. Gambetti spricht
von Maria als von einem Menschen, in welchem immer Alles gegenwärtig
ist und der *Kraft seines Geistes,* dieses Alles auszuhalten, gleich in was für
einer Gesellschaft. Deshalb ist Maria auch immer sofort der Mittelpunkt,
ohne daß sie ein Wort zu sagen gezwungen wäre. Spadolini ist es auf seine
Art, unter gleich welchen Menschen. Maria ist unweigerlich augenblicklich jene, auf die sich alles konzentrieren *muß*, das weiß sie, wie Spadolini
immer sofort weiß, daß er der Mittelpunkt zu sein hat in jeder Gesell-

schaft. Treffen Maria und Spadolini zusammen, zerstören sie unweigerlich jede Gesellschaft, sie lösen sie ganz einfach auf. Das habe ich oft erlebt, habe ich zu Gambetti gesagt, daß, wenn die beiden zusammen auf einer Gesellschaft gewesen sind, sich diese Gesellschaft sofort in ihre Bestandteile, wie gesagt wird, aufgelöst hat, weil sie von den beiden zerstört worden ist. Entweder ist Spadolini der Mittelpunkt oder Maria, habe ich zu Gambetti gesagt, aber beide können es nicht sein. Spadolini gibt sich wenigstens den Anschein, daß er Maria nicht haßt, Maria hält ihre Verachtung Spadolinis aber nie zurück, im Gegenteil, sie spielt sie aus, wenn sie die Gelegenheit dazu hat, habe ich zu Gambetti gesagt. Spadolini sagt alle Augenblicke, er schätze die Gedichte Marias so hoch, weil er dadurch von seinem Haß gegen Maria ablenken will, in diesen ihre Gedichte betreffenden Äußerungen seiner Hoch- und Wertschätzung ein Mittel sieht, diesen Haß gegen Maria zu vertuschen, aber es gelingt ihm natürlich nicht, Gambetti, habe ich zu diesem gesagt. Spadolini geht immer eine Spur zu weit im Lob der Gedichte Marias, die ihm im übrigen gar nicht gefallen *können,* habe ich zu Gambetti gesagt, denn sie sind gegen Spadolini gerichtet in allem und jedem, geradezu zerstörend wirken sie auf Spadolini, habe ich zu Gambetti gesagt. Spadolini lobt öffentlich die Übersetzungen Marias, die sie von Ungarettigedichten gemacht hat und übertreibt so, daß darin der ganze Haß Spadolinis zum Ausdruck kommt, habe ich zu Gambetti gesagt, er hofiert Maria, obwohl er sie nicht mag und ihm alles, was Maria sagt, zuwider ist. Maria aber lehnt Spadolini ganz offen ab und versteht nicht, daß ich den Kontakt zu Spadolini nicht schon längst abgebrochen und aufgegeben habe, Gambetti. Sie kann nicht verstehen, daß ich an Spadolini hänge, ihn nicht aufgeben *will.* Den Charakter Spadolinis bezeichnet sie immer als verworfen, erklärt mir auch, warum, Gambetti, und macht mir Vorhaltungen, daß ich mich *relativ oft* mit Spadolini treffe, *mit dem Abgeschmackten, der deine Mutter immer wieder verführt,* wie sie sagt. Spadolini ist in ihren Augen der heuchlerischste Mensch, den sie kennt, Spadolini ist der geborene Scharlatan, der geborene Opportunist, wo es um seine Zwecke geht, nicht einmal um die kirchlichen, um die ganz niedrigen persönlichen, ich sei charakterlos, indem ich mit Spadolini weiterhin Verkehr pflege, so Maria erst gestern abend wieder, so ich zu Gambetti auf dem Pincio. Maria liest im österreichischen Kulturinstitut ihre Gedichte vor und Spadolini klatscht begeistert Beifall, weil er sich davon Vorteile verspricht, nicht weil ihm die

Gedichte gefallen haben, so Maria, sagte ich zu Gambetti. Spadolini stellt dem peruanischen Botschafter Maria wortwörtlich als *die größte lebende Dichterin* vor und kann sie überhaupt nicht leiden, er haßt sie und lädt sie jeden Monat mindestens einmal zum Essen ein auf die Via Veneto, die Spadolini liebt und die Maria haßt, verabscheut, habe ich zu Gambetti gesagt, auch wenn Maria alle diese Einladungen immer abgelehnt hat, Spadolini lädt Maria immer wieder ein. Zu mir sagt er, ich habe Maria wieder eingeladen, aber sie hat abgelehnt, ich werde sie immer wieder einladen und sie wird immer wieder ablehnen, habe ich zu Gambetti gesagt. Spadolini ist auf seine Weise eine sogenannte große Persönlichkeit, die von Maria abgelehnt werden muß, sie duldet neben sich keine große Persönlichkeit, wie Spadolini im Grunde auch nicht, aber Spadolini ist der Gesellschaftsdiplomat, der alle Raffinessen beherrscht, Maria beherrscht sie nicht und zeigt das offen, weil es ihr nicht anders möglich ist. Jeder von beiden, Spadolini wie Maria, habe ich zu Gambetti gesagt, ist der Mittelpunkt, *es gibt nicht zwei Mittelpunkte,* Spadolini ist es aus Raffinement, Maria ist es von Natur aus, habe ich zu Gambetti gesagt. Das Österreichische an Maria ist das Natürliche, das Vatikanische das Künstliche an Spadolini, habe ich zu Gambetti gesagt. Beide sind gleich groß und hassen sich gleich, habe ich zu Gambetti gesagt, und sind sich ihrer Größe und ihres Hasses bewußt, Spadolini aber ist der Stärkere, deshalb hat er sich auch nicht immer zurückzuziehen wie Maria, deren einzige Waffe schließlich immer das Zurückziehen gewesen ist. Spadolini tritt dann erst recht auf, wenn es gefährlich wird, habe ich zu Gambetti gesagt, Maria zieht sich zurück. Beide haben sie den Hang zur extravaganten Kleidung nicht nur, habe ich zu Gambetti gesagt, sondern überhaupt zur Extravaganz. Schließlich sind sie beide aus der Provinz gekommen, Gambetti, haben sich nur durch ihre Extravaganz behaupten können, alles an Spadolini ist Extravaganz, alles an Maria, ist es bei dem einen auch die raffinierteste, bei der andern die natürlichste, Gambetti. Wenn sie sich vornehmen würde, ein Buch zu schreiben, das den Inbegriff des Scharlatans zum Inhalt hat, so Maria einmal zu mir, so ich zu Gambetti, so würde sie nicht einen Augenblick zögern, Spadolini zu beschreiben als die Hauptperson dieses Buches. Prosa schreiben sei übrigens immer ihr Traum gewesen, alle ihre Versuche in dieser Richtung aber seien gescheitert, sie hat immer gleich aufgegeben und wenn nicht, eingesehen, daß sie kein Kunstwerk geschaffen, sondern nur eine *staunenswerte Arbeit* zustande gebracht habe, so sie

selbst, Gambetti. Spadolini ist der große Eiferer, Maria die große Künstlerin, habe ich zu Gambetti gesagt. Im Grunde, habe ich zu ihm gesagt,
bin ich glücklich, *zwei solche Menschen* und tatsächlich große Persönlichkeiten zu Freunden zu haben, gleich, wie diese Freundschaften von außen
betrachtet werden, gleich, wie Spadolini Maria betrachtet und umgekehrt,
ich will sie pflegen und nicht verlieren, niemals, habe ich zu Gambetti
gesagt. Wenn mir Spadolini von Peru erzählt, ist es genauso, wie wenn mir
Maria ihre Gedichte vorliest, es hat denselben Stellenwert, Gambetti.
Wenn wir uns nur an die Menschen mit hohem Charakter halten, veröden
wir ja in der kürzesten Zeit, habe ich zu Gambetti gesagt, im Gegenteil,
haben wir immer mit den sogenannten Charakterlosen umzugehen, damit
wir es aushalten, damit wir geistig nicht verkommen. Die Leute mit dem
sogenannten guten Charakter sind die, die uns mit der Zeit nurmehr
anöden und umbringen, wir müssen uns vor allem vor ihrer Gesellschaft
hüten, habe ich zu Gambetti gesagt. Maria und Spadolini sind mir auch
immer große Lehrer gewesen, Gambetti. Ohne daß ich ihnen das jemals
gesagt hatte. Maria habe ich durch Zacchi kennengelernt, den Menschen-
vermittler, den philosophierenden Eigenbrötler, Weitgereisten, Weltmann, der aber schon vorher mit Eisenberg bekannt gewesen ist, der mich
seinerseits mit Zacchi bekannt gemacht hat. Eisenberg hat drei Jahre vor
seiner Wiener Zeit in Rom gelebt, ist aus seinem Elternhaus in der
Schweiz ausgebrochen, um nach Wien zu gehen, wo er mein innigster
Freund geworden ist. Die Wiener Zeit mit Eisenberg ist, dachte ich jetzt,
nach meiner Flucht aus Wolfsegg, die ich wiederum dem Onkel Georg
verdanke, die für meine ganze weitere Geistesentwicklung entscheidende,
sie ist ganz in die Eisenbergrichtung gegangen, die Welt zu studieren und
sie in diesem Studium nach und nach aufzuschlüsseln und aufzulösen.
Eisenberg, der Gleichaltrige, war nach meinem Onkel der entscheidende
Kopf für mich, der meinen Ideen die richtige Richtung gegeben hat.
Wenn ich mit Maria in Wien gewesen bin, dachte ich, am Fenster stehend,
die paar Leute auf der Piazza Minerva beobachtend, die da unten jetzt
unterwegs waren, ruhig, von nichts getrieben, haben wir mehr oder weniger unsere Tage nur mit und durch Eisenberg verbracht, sind mit ihm
auf den Kahlenberg, auf den Kobenzl, hinaus nach Heiligenstadt. Er hat
Maria die Schönheiten Wiens gezeigt, sie eingeführt in die auch für sie
existenzentscheidende Stadt. Mit Eisenberg ist uns nie langweilig und sind
wir immer glücklich gewesen, sagte ich mir, von Anfang an hatten Eisen-

berg und Maria *ein philosophisches Verhältnis* zueinander gehabt, von welchem für mich, der ich es ganz ruhig beobachten konnte, ohne geringste
emotionelle Störung, eine große Faszination ausgegangen ist, wie sich
Geistesmenschen auf die ideale Weise verstehen, habe ich zum ersten Mal
an den beiden studieren können und immer gedacht, das ist selten geglückt mit andern. Die Maria aus der kleinen südösterreichischen lächerlichen Provinzstadt, in der Musil geboren worden ist, mit welcher Musil
aber außer diesem Umstand nicht das geringste zu tun gehabt hat zeitlebens, die diesen Umstand der Geburt Musils aber bis an den äußersten
Rand der Geschmacklosigkeit ausgenutzt hat, aus der Stadt in fataler
Grenznähe, in welcher immer schon der Nationalismus und Nationalsozialismus und der provinzielle Stumpfsinn vulgäre Blüten getrieben haben, aus dieser Kleinstadt, in welcher erfahrungsgemäß das muffige Klein-
bürgertum den Ton anzugeben hat, der Stumpfsinnigkeit und dem
Größenwahn hingegeben zwischen ihren unbeholfen gebauten, deprimierenden Straßenzügen, zwischen uninteressanten Hügeln und in einem
mehr abgestandenen als erfrischenden Klima gelegen mit allen Lächerlichkeiten gerade dieser Größe um die fünfzigtausend Einwohner, die von der
Welt keine Ahnung haben, sich aber als der Mittelpunkt der Welt fühlen,
Maria ist aus eigenem Antrieb, ganz dem meinigen vergleichbar, der mich
schließlich aus Wolfsegg entfernt hat, aus ihrer ihr doch immer gleich
schädlichen Kindheitsstadt weggegangen, nach Wien, um da Fuß zu fassen, wie gesagt wird, wo es aber immer am schwierigsten gewesen ist,
schon mit allen späteren Dichtungen im Kopf, wie ich jetzt wieder dachte,
das Mädchen nur mit einer kleinen Handtasche und mit allen Illusionen
der Widerstrebenden, der Fluchtergreifenden, der einen Ausweg nicht nur
Suchenden, sondern auch gleich Vollziehenden, wie ich. Nach Wien, von
welchem sich nach dem Krieg alle denkenden Köpfe in der Provinz mehr
versprochen hatten, als es dann halten konnte, denn Wien hat auch damals keinem gehalten, was es ihm versprochen gehabt hat, natürlich auch
Maria nicht, und allen andern auch nicht. Wien hat sich zwar zuerst als
der Rettungsanker erwiesen, aber nur kurze Zeit, dann lähmte es auch
damals wie heute die, die in ihm Rettung suchten und suchen. Wien ist
nur auf die kürzeste Dauer die Rettung für die Philosophierenden, für die
Grübelnden, für die sich in ihrem eigenen Kopf Stimulierenden, wie ich
weiß, wie es sich millionenfach inzwischen erwiesen hat. Nach Wien gegangen, heißt, gerettet zu sein für kürzeste Zeit, nicht länger, was bedeu-

tet, daß der nach Wien Hineingeflüchtete so bald wie möglich aus Wien wieder fort muß, denn kehrt er nicht so bald wie möglich dieser rücksichtslosen, völlig verkommenen Stadt den Rücken, geht er zugrunde, Maria hat das früh begriffen, ich auch, Eisenberg ist der einzige von uns, der Wien noch heute aushält, aber Eisenberg ist ein härterer Mensch mit einem noch viel klareren Kopf als Maria und ich, dachte ich, am Fenster stehend. Eine Seele wie die Marias, so Eisenbergs Worte, wird in Wien bald erdrückt, dachte ich, am Fenster stehend, auf die Piazza Minerva hinunter- dann zum Pantheon hinüberschauend, auf die Wohnungsfenster von Zacchi, der nicht zuhause ist, wie ich dachte. Maria ist es gelungen, zuerst nach Deutschland, dann nach Paris, dann nach Rom auszubrechen, ihren Dichtungen entsprechend, dachte ich. Aber sie hat immer wieder Versuche unternommen, in Wien seßhaft zu werden, hat sich mit allen möglichen Leuten eingelassen, sie ermuntert, ihr den Rückweg nach Wien zu ermöglichen, aber immer, wenn es tatsächlich soweit war, nach Wien zurückzukehren, *hat sich alles zerschlagen,* dann haben sich alle diese Wien betreffenden Pläne zunichte gemacht, die Leute, die ihr beispielsweise eine Wohnung verschafft hatten, hat sie vor den Kopf gestoßen, mehrere solcher Wohnungen auf Lebenszeit, wie es immer geheißen hat, hat sie aufgegeben, bevor sie sie bezogen hat. Sie hat sich von vielen scheußlichen Leuten vor allem aus dem Kulturministerium nach Wien locken lassen, ist sogar auf diese Leute mit ihrer schmutzigen Gesinnung, wie ich sagen muß, hineingefallen, weil sie niemals glauben hatte wollen, daß, wie ich immer zu ihr gesagt habe, alle diese sie nach Wien lockenden Leute eine schmutzige Gesinnung haben, kein wirkliches Interesse an ihr, nur ein solches für ihre ganz gemeinen und niedrigen Zwecke, daß diese Leute nämlich ohne weiteres Maria vorgeschützt haben, um sich selbst einen Gefallen zu tun, sich selbst nützlich zu sein mit dem von ihnen mißbrauchten, inzwischen berühmt gewordenen Namen Marias; ich kannte diese Leute durch und durch, dachte ich jetzt, aber sie ist, aus falscher Sentimentalität für das völlig kalte und tatsächlich entgegen der öffentlichen Meinung brutale, unsentimentale Wien, auf alle diese Leute hereingefallen, allerdings nur bis zu dem entscheidenden Moment, ihnen abzusagen, ihnen, wie gesagt wird, *einen Korb zu geben aus Rom,* wo sie sich doch schließlich in ihrer Wohnung am wohlsten gefühlt hat. Einmal hat sie zu mir gesagt, *im Grunde will ich nach Wien zurück,* dann aber, oft keine paar Minuten später, genau das Gegenteil, indem sie nämlich mit derselben Überzeugung zu mir gesagt hat, *im Grunde will ich nicht nach Wien zurück,* im Grunde will ich in Rom bleiben und ich will sogar in Rom sterben. Maria hat oft gesagt, daß sie in Rom sterben will, dachte ich. Sie war durch ihren Verstand gezwungen, in Rom zu sein, in Wahrheit Wien zu lieben, aber in Rom zu sein, dachte ich. Aber wenn ein paar Wochen vergangen sind, nachdem sie alle Leute in Wien vor den Kopf gestoßen hat, wie gesagt wird, die ihr Wohnungen verschafft, tatsächlich alle sogenannten wichtigen Wiener Türen aufgemacht haben, fing sie wieder an, davon zu reden, schließlich und endlich nach Wien zurückzugehen, das ihre *Heimat* sei, was ich selbst ihr gegenüber immer nur mit einem Lachen zu quittieren hatte, denn das Wort *Heimat* gerade aus ihrem Mund ist immer genauso grotesk gewesen, wie aus dem meinigen, nur spreche ich es niemals aus, weil es mir zu widerwärtig ist, überhaupt gebraucht zu werden, während Maria immer wieder in diesem Wort Zuflucht suchte, sie sagte auch immer von dem Wort *Heimat,* es sei *das verführerischste.* Dann schrieb sie wieder an diese Wiener Leute in den verschiedensten Ministerien, suchte die österreichische Botschaft oder das sogenannte österreichische Kulturinstitut in der Bruno Buozzi auf, diesen protzigen Palast nahe der Flaminia, in welchem der österreichische Ungeist mit allen seinen Schattierungen seit dieses Gebäude besteht, seine römische Dependance hat, geht zu sogenannten Dichterlesungen sogenannter österreichischer Dichter und zu allen möglichen pseudowissenschaftlichen Vorträgen, die von allen möglichen österreichischen Pseudowissenschaftlern in der Bruno Buozzi gehalten werden, selbst zu sogenannten Liederabenden, die dort regelmäßig veranstaltet werden mit ehemals berühmten österreichischen Sängern, die schon jahrelang keine Stimme mehr, nur noch ein Altersgekrächze haben und auf das italienische Ohr nur grauenhafte irreparable Auswirkungen. Maria, die Römerin sein will, gleichzeitig Wienerin und aus diesem gefährlichen Gefühls- und Geisteszustand heraus ihre großen Dichtungen schreibt, dachte ich. Der Traum von dem *Zur Klause,* der auf sie doch großen Eindruck gemacht hat seinerzeit, hat mich auf Maria gebracht und ich genoß das Denken an sie, am Fenster stehend, auf die Piazza Minerva hinunterschauend. Was wäre mir Rom wirklich ohne sie, dachte ich. Ein Glück, daß ich nur ein paar Schritte zu machen habe, um mich an ihrer Gegenwart zu erfrischen, ein Glück, daß es sie gibt. Die Gespräche mit ihr sind doch immer die mit dem größten Effekt, gleichzeitig die angenehmsten überhaupt. Mit Maria ist das immer anregend, ja immer aufregend, fast immer beglückend, dachte ich. Maria hat immer die besten Ideen und tatsächlich ist sie auch für Gambetti immer, wie dieser sagt, *ein Erlebnis.* Sie scheut in ihren Gedanken nichts, dachte ich. In ihren Gedichten ist sie hundertprozentig, dachte ich, während das in den Erzeugnissen ihrer Gefährtinnen, gegen sie, wie ich weiß, ununterbrochen intrigierenden Rivalinnen, sie mögen so berühmt sein, wie sie wollen, niemals der Fall ist. In jeder Zeile, die sie schreibt, ist sie ganz, ist alles aus ihr. Von Spadolini habe ich *sehen* und beobachten erst richtig gelernt, habe ich zu Gambetti gesagt, von Maria *hören.* Beide haben mich zu dem geschult, der ich jetzt bin. Dann sprach ich mit Gambetti über die Tatsache, daß sich Spadolini nie gescheut hat, von meiner Mutter Geld anzunehmen auch für seine höchstpersönlichen Zwecke, mit diesem Geld hat er seine Eitelkeit befriedigen können, sagte ich zu Gambetti, die Mutter wies ihm jedes Jahr mehrere hohe Geldbeträge an, die zweifellos aus dem Wolfsegger Kapital stammten. Möglicherweise, sagte ich zu Gambetti, sogar mit Wissen des Vaters, der alles tat, um die Mutter zu beschwichtigen, der seinerseits sich nicht gescheut hat, sozusagen *zu dritt* und also mit der Mutter und Spadolini zusammen, sozusagen als Kronzeuge dieses außergewöhnlichen Verhältnisses, mit nach Italien zu fahren, wobei, was einfacher zu verstehen gewesen wäre, nicht Spadolini, sondern der Vater als Zuschauer fungiert hat. Aber der Vater sei von Spadolini immer ebenso fasziniert gewesen wie ich, er hatte ihn nicht aufgeben wollen, unter allen Umständen nicht, habe ich zu Gambetti gesagt. Spadolini ist kein Mensch, den man aufgeben kann, gleich wie wir einen solchen Menschen sehen, wir verzichten nicht auf ihn, was dieser Mensch auch anrichtet, so ich zu Gambetti. Dann hatte ich auf einmal den Gedanken, daß es doch höchst eigenartig sei, daß ich Gambetti ausgerechnet die deutsche Literatur nahezubringen habe, gerade die deutsche und die österreichische und die schweizerische, die sogenannte *deutschsprachige,* wie es von allen immer schauerlich unglücklich formuliert wird, die ich im Grunde gar nicht lieben *kann,* die ich immer geringer geschätzt habe als die russische, die französische, selbst die italienische, und ob es nicht falsch sei, *gerade die nichtgeliebte zu unterrichten,* nur weil ich glaube, darüber besser reden zu können als von einer andern. Die deutsche Literatur, habe ich zu Gambetti gesagt, ist selbst in ihren absoluten Höhepunkten niemals den von mir geliebten Literaturen wie der russischen oder der französischen und spanischen gleichzusetzen, auch der italienischen nicht. Schon die deutsche Sprache ist genau genommen eine häßliche, eine, wie gesagt, nicht nur alles Gedachte zu Boden drükkende, sondern durch ihre Schwerfälligkeit auch alles tatsächlich gemein verfälschende, sie ist gar nicht imstande, einen Wahrheitsgehalt tatsächlich als solchen tatsächlichen Wahrheitsgehalt wiederzugeben, sie verfälscht alles von Natur aus, sie ist eine rohe Sprache, ohne jede Musikalität, und wäre sie nicht meine Muttersprache, ich würde sie nicht sprechen, habe ich zu Gambetti gesagt, wie genau trifft das Französische alles, selbst das Russische, ja selbst das Englische, sagte ich, von dem Italienischen und Spanischen ganz zu schweigen, das wir so gern im Ohr haben, während uns das Deutsche, obwohl es unsere Muttersprache ist, immer fremd und verheerend in den Ohren klingt. Für einen musikalischen und mathematischen Menschen wie ich und wie Sie, Gambetti, habe ich zu diesem gesagt, ist die deutsche Sprache etwas Peinigendes. Sie ist, wenn wir sie hören, lästig, niemals schön, unbeholfen, klobrig selbst da, wo wir glauben, sie als hohe Kunst in uns aufgenommen zu haben. Die deutsche Sprache ist vollkommen *antimusikalisch*, habe ich zu Gambetti gesagt, durch und durch gemein und gewöhnlich und aus diesem Grund empfinden wir unsere Dichtungen ebenso. Die deutschen Dichter haben immer nur ein ganz primitives Instrumentarium zur Verfügung gehabt, sagte ich zu Gambetti, dadurch haben sie es hundertmal schwerer als alle andern. In Betrachtung der Familienfotografien sagte ich mir jetzt, wir stellen eine Rechnung, und sie geht nicht auf, ein Unglücksfall wirft sie über den Haufen. Die spöttischen Gesichter meiner Schwestern auf dem Foto, das sie in Cannes zeigt, *sind* meine Schwestern, ich sehe sie immer nur als diese spöttischen Gesichter, die sie haben, gleich wann und wo und in welchem Verhältnis zu ihnen ich sie sehe, ich sehe immer nur ihre spöttischen Gesichter, *sie* habe ich im Kopf, wenn ich gleich wann an meine Schwestern denke, *diese spöttischen Gesichter* habe ich mir in meiner römischen Schreibtischlade aufgehoben, nicht die anderen, die sie ja *auch* immer gehabt haben, die *traurigen, die stolzen, die hochmütigen, die durch und durch arroganten, nein diese spöttischen* und ich spreche, wenn ich von meinen Schwestern spreche, nicht über meine tatsächlichen Schwestern *in Wirklichkeit,* hatte ich zu Gambetti einmal gesagt, sondern über diese spöttischen Gesichter meiner Schwestern, wie sie, wie gesagt wird, der Zufall auf diesen Fotografien festgehalten hat. Wären sie tot, sagte ich mir, hätte ich von ihnen nichts als ihre spöttischen Gesichter behalten. Ich höre sie lachen im Traum, aber auch manches Mal, wenn ich durch Rom gehe, völlig unvermittelt ihr eigenartiges, mit einem langen Leben rechnendes Lachen und sehe augenblicklich nur ihre spöttischen Gesichter, nichts sonst von ihnen. Sie sagen etwas und ich denke über das, das sie gesagt haben, nach, und ich sehe ihre spöttischen Gesichter und sage mir, sie haben diese spöttischen Gesichter von unserer Mutter, die auch ein solches spöttisches Gesicht hat, aber in den Schwestern verdoppelt, sagte ich mir, wirkt es so grotesk, ja entsetzlich. Ich habe oft den Versuch gemacht, mich von diesen spöttischen Gesichtern meiner Schwestern zu trennen, sie aufzulösen in andere, nicht spöttische Gesichter, aber das ist mir nie gelungen. Ich habe, sagte ich mir, gar keine Schwestern, ich habe nur ihre spöttischen Gesichter, ich habe weder Caecilia, noch Amalia, ich habe nur zwei spöttische Gesichter in ihrer entsetzlichen fotografischen Erstarrung. Sie hatten schön sein wollen, jung, einen glücklichen Eindruck machen, sagte ich mir in Betrachtung des Fotos, und sie sind darauf nur häßlich und tatsächlich, obwohl noch sehr jung, nicht mehr jung, schon recht alt und *im Grunde tief unglücklich* für die sogenannte Nachwelt des Fotos. Wenn sie gewußt hätten, daß nur ihre spöttischen Gesichter zurückbleiben und der tatsächlich unglückliche Eindruck, den sie auf dem Foto zweifellos für den Betrachter machen, hätten sie sich nicht fotografieren lassen, aber sie drängten sich ja sogar in diese Fotografie, sagte ich mir, ich erinnere mich genau, sie hatten sie haben wollen, sie hatten sich so in Pose gestellt, aneinandergedrückt, Glück und Spontaneität vortäuschend, eine Natürlichkeit, von welcher sie im Augenblick, in welchem das Foto gemacht worden ist, gedacht hatten, es sei die ihnen angeborene, während es doch die bar jeder Natürlichkeit entsetzliche Künstlichkeit war, die sie so grausam entstellte. Ich hatte diese Fotografie, wie ich mich erinnere, nur widerwillig gemacht. Aber nicht *mich* trifft die Schuld an diesem erbarmungslosen Foto, sagte ich mir, *sie,* meine Schwestern, trifft sie, denn sie hatten mich zu diesem Foto gezwungen und sie haben mir damit, was weder sie noch ich hatten wissen können, ihre spöttischen Gesichter sozusagen lebenslänglich aufgezwungen. Ich bin von ihren spöttischen Gesichtern nicht mehr weggekommen, alle Versuche in dieser Richtung sind mir immer gescheitert, ich hatte einmal den Einfall, das Foto zu vernichten, zu zerreißen, zu verbrennen, das tat ich aber dann doch *immer noch nicht,* weil es mir lächerlich erschien, das Mittel der Vernichtung in diesem Falle anzuwenden, der doch geradezu das Musterbeispiel einer belanglosen Lächerlichkeit darstellt, sagte ich mir und hatte das Foto wieder zu den anderen Fotos in die Schreibtischlade gelegt. Nicht meine Schwestern verfolgen mich Tag und Nacht, sagte ich mir, ihre spöttischen Gesichter sind es, die mir Tag und Nacht keine Ruhe lassen, die mich oft tagelang, ja wochenlang *quälen*. Wir haben nur einen von Millionen und Milliarden Augenblicken von zwei Menschen festgehalten mit dem Teufelsmittel der Fotografie, sagte ich mir, und beschuldigen diese zwei fotografierten Menschen lebenslänglich wegen dieses einen Augenblicks, welcher ihre spöttischen Gesichter zeigt. Ich habe aber Schwestern, nicht nur ihre spöttischen Gesichter, sagte ich mir und ich griff mir in diesem absurden Gedanken an den Kopf. Ich habe Schwestern in Wolfsegg, nicht nur zwei spöttische Gesichter, die, wie ich immer glaube, in allem und jedem gegen mich sind. Jetzt hat das eine der zwei spöttischen Gesichter geheiratet, mußte ich mir konsequenterweise sagen, diesen Weinflaschenstöpselfabrikanten aus Freiburg im Breisgau, diesen komischen Kauz, der meiner Meinung nach einen viel zu kleinen Kopf aufhat für seinen doch recht gewaltig in die Breite gewachsenen Körper, diesen schwerfälligen. Das eine spöttische Gesicht hat einen Mann, einen Ehemann, das andere spöttische Gesicht hat keinen und hat sich, weil das andere einen hat, aus diesem Grund in das Gärtnerhaus zurückgezogen, sozusagen das auf einmal über Nacht verehelichte spöttische Gegengesicht hassend. Aber es ist mir nie gelungen, die beiden spöttischen Gesichter meiner Schwestern *getrennt* zu sehen, das gelang mir nicht, selbst wenn ich den angestrengtesten Versuch in dieser Richtung machte, ich sah gleich immer wieder nur diese beiden spöttischen Gesichter meiner Schwestern *zusammen*. Das Foto zeigt zwei spöttische Gesichter, sagte ich mir, aber haben denn meine Schwestern tatsächlich diese spöttischen Gesichter? fragte ich mich. Haben sie diese spöttischen Gesichter in Wirklichkeit? Haben sie sie nicht nur in diesem einen Augenblick, in welchem das sogenannte Canner Foto von ihnen gemacht worden ist, gehabt, diese spöttischen Gesichter? Vielleicht haben sie diese spöttischen Gesichter tatsächlich nur diesen einen Canner Augenblick gehabt, sagte ich mir, und sonst niemals und jetzt glaube ich, sie hätten immer und immer nur diese spöttischen Gesichter gehabt wie auf dem Foto von Cannes. Die Fotografie ist tatsächlich die Teufelskunst unserer Zeit, sagte ich mir, sie läßt uns jahrelang und jahrzehntelang und lebenslänglich spöttische Gesichter sehen, wo es nur ein einziges Mal solche spöttischen Gesichter gegeben hat, nur einen einzigen

Augenblick lang auf einem Foto, welches wir vollkommen unüberlegt gemacht haben, einem plötzlichen Einfall nachgebend. Und dieser plötzliche Einfall hat dann eine lebenslängliche verheerende, ja gleich fürchterliche Wirkung. Eine nicht mehr abstellbare Wirkung, in welcher wir manchmal bis an den Rand der Verzweiflung gestoßen werden. Ich kann diese spöttischen Gesichter meiner Schwestern nicht mehr abstellen, hatte ich zu Gambetti einmal gesagt, dem gegenüber ich sehr oft wahrscheinlich auf widerwärtige Weise von den spöttischen Gesichtern meiner Schwestern gesprochen habe, die tatsächlich eine große Rolle in meiner Existenz *immer* gespielt haben, seit das Foto von mir gemacht worden ist. *Dieses verheerende Foto,* hatte ich oft zu Gambetti gesagt. Hier handelt es sich um die spöttischen Gesichter meiner Schwestern, die ich nicht mehr abstellen, nicht mehr aus meinem Kopf herausbringen kann, hatte ich zu Gambetti gesagt, aber es geht uns auch mit anderen Fotos so, wenn auch nicht in solcher elementarer Wirkung, beispielsweise mit Fotos von Bekannten und Berühmten, die wir als bedeutend eingestuft haben, denken Sie nur an das Foto, das Einstein zeigt, wie er seine Zunge herausstreckt. Ich kann Einstein nicht mehr sehen, ohne daß er seine Zunge herausstreckt, Gambetti, hatte ich zu diesem gesagt. Ich kann nicht an Einstein denken, ohne daß ich seine Zunge sehe, diese bösartige, listige Zunge, Gambetti, die er der ganzen Welt, ja dem ganzen Universum zeigt. Und ich kann Churchill nicht sehen, ohne seine argwöhnisch vorgezogene Unterlippe. Obwohl die Wahrscheinlichkeit die größte ist, daß Einstein nur ein einziges Mal wenigstens auf diese bösartige und listige Weise seine Zunge herausgestreckt, Churchill nur in diesem einen einzigen Augenblick, in welchem dieses eine Foto von ihm gemacht worden ist, seine Unterlippe auf diese argwöhnische Weise vorgezogen hat. Ich lese in den Churchillschen Schriften, hatte ich zu Gambetti gesagt, und sehe fortwährend nur die argwöhnisch vorgezogene Churchillsche Unterlippe, ich lese etwas von Einstein und ich bin vollkommen besessen von der herausgestreckten Zunge, die er der ganzen Welt und, wie gesagt, dem ganzen Universum, zeigt. Und ich glaube sogar, nicht Churchill hat diese Memoiren geschrieben, sondern seine argwöhnisch vorgezogene Unterlippe, nicht Einstein hat diese weltbewegenden Sätze gesagt, sondern seine herausgestreckte Zunge. Ich habe schon einmal gedacht, hatte ich zu Gambetti gesagt, ob es mir möglich sei, durch die Abfassung einer Schrift über die spöttischen Gesichter meiner Schwestern Amalia und Caecilia, mich von ihren spöttischen Gesichtern befreien zu können, aber dieser Gedanke war von mir naturgemäß aufgegeben worden, weil er sich doch bald als einer der absurdesten überhaupt erwiesen hatte. Ich werde mich niemals von den spöttischen Gesichtern meiner Schwestern befreien können, hatte ich damals zu Gambetti gesagt, mit diesen Gesichtern werde ich leben müssen, meine Existenz zu führen haben, solange sie andauert. Obwohl es doch unglaublich nützlich sein könnte, eine Schrift zu verfassen mit dem Titel: *Die spöttischen Gesichter meiner Schwestern.* Aber wozu? hatte ich zu Gambetti damals gesagt. Da müßte ich schon tatsächlich an der alleräußersten Langeweile leiden, um eine solche Schrift abzufassen, Gambetti. Das verhinderten schon diese spöttischen Gesichter meiner Schwestern immer, hatte ich zu ihm gesagt, die mir keine Ruhe ließen, solange ich denken kann. Es ist natürlich unsinnig, zu glauben, wenn ich die Fotografie mit den spöttischen Gesichtern meiner Schwestern zerreiße, daß ich dann von ihren spöttischen Gesichtern befreit bin. Wenn ich die Fotografie vernichte, indem ich sie einfach einheize. Sie mit der Schere in Tausende von kleinen Schnitzeln zerschnetzele. Sie wären dann nur mit einer um so größeren Intensität meine Quälgeister, Gambetti. Und meine Eltern auf dem zweiten Foto, sagte ich mir, machen nur einen erbärmlichen, keinerlei guten Eindruck, einen lächerlichen, einen komischen, wie sie auf dem Victoriabahnhof in London den Zug nach Dover besteigen. Gepäcklos, nur mit ihren Burberryschirmen auf den Armen, der Vater in seiner dreißig Jahre alten Pumphose, die er sich vor dem Krieg in Wien in dem eleganten Geschäft des Herrn Habig gekauft hat auf der Kärntnerstraße und in welcher er die ganze Nazizeit umhergelaufen ist. Ich sehe ihn immer in dieser Pumphose, sagte ich mir, solange ich denken kann. Auch wenn er eine ganz andere trägt, hat er für mich diese Pumphose des Herrn Habig an. Er sagt fortwährend *Heil Hitler* in dieser Habigpumphose, die wahrscheinlich sehr teuer gewesen ist, denn sie ist unverwüstlich. Tatsächlich ist sie elegant, sagte ich mir, aber nicht an meinem Vater, an ihm wirkt sie lächerlich. In dieser Habigpumphose empfing er schon an der Hofeinfahrt den Gauleiter von Salzburg und führte ihn gleich in die Pferdestallungen, weil er dachte, das mache auf den Gauleiter den besten Eindruck, beweise sogleich das Herrschaftliche von Wolfsegg und sein eigenes Herrschaftliches wie nichts sonst. Und er empfing die Erzbischöfe in dieser Pumphose, was geschmacklos gewesen ist, aber ganz in die Nazizeit paßte. Da stiegen sie in London in den Zug und meine Mutter streckt ihren Hals und ihr Hut ist

dadurch auf groteske Weise nur noch ganz leicht an ihrem Kopf festgehalten, sagte ich mir jetzt, wahrscheinlich nur von einer Nadel. Warum
habe ich gerade dieses Foto meiner Eltern in meinem Schreibtisch, kein
anderes, dieses lächerliche, komische, das meine Eltern lächerlich und
komisch zeigt und kein anderes, wo sie doch nicht immer nur komisch
und lächerlich gewesen sind, sagte ich mir, sie waren die meiste Zeit ganz
und gar anders, durchaus nicht lächerlich und komisch, vielmehr streng
und abweisend und berechnend kalt. Während ihre an den Armen hängenden Burberryschirme senkrecht zu Boden hingen, hatten sie selbst die
schiefe Körperhaltung, die in einen Zug einsteigende Leute haben. Sie
schauen auf dem Foto vor allem auch deshalb so komisch und lächerlich
aus, weil sie diese schiefe Haltung haben und gleichzeitig die senkrecht zu
Boden hängenden Burberryschirme, das Gesetz der Schwerkraft macht sie
in diesem Augenblick komisch und lächerlich, sie wissen es natürlich nicht
in diesem Augenblick, da sie fotografiert werden. Sie wollten damals nicht
fotografiert werden und *wurden* von mir fotografiert. Es hat hunderte
Fotos von meinen Eltern gegeben, die mir gehört haben, die ich aber alle
vernichtet habe, weggeworfen, nur dieses eine einzige habe ich mir aufbehalten und in meinen Schreibtisch gelegt, das, auf welchem sie lächerlich und komisch sind, warum? fragte ich mich. Ich *wollte* wahrscheinlich
lächerliche und komische Eltern auf dem Foto haben, das ich mir behalte,
sagte ich mir. Ich wollte auch von meinem Bruder ein Foto haben, auf
welchem er nicht *so* abgebildet ist, wie er tatsächlich ist, sondern ein
solches, das ihn lächerlich zeigt, *wie ich ihn sehen will, in lächerlicher Pose*
auf seinem Segelschiff auf dem Wolfgangsee, der zweifellos schöne
Mensch, auf einmal lächerlich, unbedeutend, pervers, ja dumm, hilflos,
nicht ernst zu nehmen. Ich hatte immer nur dieses eine, ihn lächerlich
darstellende Foto von meinem Bruder haben wollen, hatte ich zu Gambetti einmal gesagt, ich hatte einen lächerlichen Bruder haben wollen,
einen komischen, wie ich lächerliche Eltern haben wollte, komische, keine
Schwestern, nur ihre spöttischen Gesichter, Gambetti, das ist die Wahrheit. Wir haben insgesamt eine teuflische Natur, die sich selbst in solchen
Kleinigkeiten, wie wir sagen, Nebensächlichkeiten wie Fotografien, die
wir sammeln, zeigt. Unsere Niedrigkeit wird dadurch bewiesen, unsere
Gemeinheit, unsere Unverschämtheit. Und das aus keinem anderen
Grund, als aus unserer Schwäche heraus, denn wenn wir ehrlich sind,
müssen wir zugeben, daß wir selbst viel schwächer sind als die, die wir

schwach sehen wollen, viel lächerlicher als die, die wir lächerlich sehen
wollen, komisch, charakterlos. *Wir* sind die Charakterlosen, die Lächerlichen, die Komischen, die Perversen, Gambetti, in erster Linie, nicht
umgekehrt. Indem ich diese und keine anderen Fotos der Meinigen aufbewahrt habe, noch dazu in meinem Schreibtisch, damit es mir jederzeit
möglich ist, sie betrachten zu können, dokumentiere ich ja geradezu
meine Gemeinheit, meine Unverschämtheit und Charakterlosigkeit. Ich
brauchte immer nur die Schreibtischlade aufzumachen, um mich an meinen unmöglichen Schwestern mit ihren spöttischen Gesichtern zu weiden, hatte ich einmal zu Gambetti gesagt, um mich an der Lächerlichkeit
meiner Eltern, an der unglücklichen Haltung meines Bruders zu weiden,
mich dadurch zu stärken in einem Schwächeanfall, indem ich die Fotos
aus der Schreibtischlade herausnehme und betrachte und mich in dieser
Gemeinheit, muß ich sagen, beruhige. Wie niedrig der Mensch ist, sehen
wir an diesem Beispiel. Wir beschreiben die andern als gemein und niedrig
und suchen dafür alle nur möglichen Argumente und sind es selbst in
einem noch viel gravierenderen Ausmaß. Wo wir uns selbst in der Schreibtischlade als lächerliches und komisches Foto verstecken sollten, verstek-
ken wir die Unsrigen, um sie bei Bedarf für unsere ganz gemeinen Zwecke
zu mißbrauchen, hatte ich zu Gambetti gesagt. Natürlich, hatte ich zu ihm
gesagt, es gibt Menschen, die heben sich von den Ihrigen jene Fotos auf,
die die Abgebildeten in einem guten Licht zeigen, aber zu diesen gehöre
ich nicht, ich hebe mir die komischen, die lächerlichen auf, weil ich im
Grunde ein durch und durch schwacher Mensch und also auch durch und
durch schwacher Charakter bin. Ungeachtet der Tatsache, daß jedes Foto
eine gemeine Fälschung ist, gibt es doch solche, die wir sozusagen zur Ehre
und aus Liebe für die darauf Abgebildeten aufheben und solche, die wir
aus Gemeinheit und Haß gegen die darauf Abgebildeten in unseren
Schreibtisch legen oder an die Wand hängen. Leider muß ich sagen, gehöre ich absolut zur zuletzt genannten niederträchtigen Kategorie. In einem bestimmten Alter, hatte ich zu Gambetti gesagt, gegen vierzig, gelingt
es uns oft, uns so darzustellen, wie wir wirklich sind, mit allen unseren
Niedrigkeiten, was uns vor diesem Alter niemals auch nur in den Sinn
gekommen wäre. Wir lassen von diesem Alter an manchmal auf erschrek-
kende Weise in uns hineinschauen. In meinem Alter, Gambetti, haben wir
die Vorhänge, die Jahrzehnte so fest zugezogen gewesen waren, daß wir
dahinter beinahe erstickt sind, bereits ganz schön aufgezogen. Eines Tages

werden sie ganz geöffnet sein, hatte ich zu Gambetti gesagt. Wie werden meine Schwestern reagieren, hatte ich gedacht, wenn ich ihnen jetzt, sozusagen als Nachlaßverwalter und Erbe, entgegentrete? Werden sie mich auch jetzt in dieser, wie mir immer vorgekommen ist, *unverschämten Weise* empfangen? Ich getraute mich nicht, diesen Gedanken fortzuführen, ich hütete mich davor. *Die Übriggebliebenen,* meine Schwestern und ich, sagte ich mir. Gerade diejenigen sind übriggeblieben, von welchen niemals gedacht worden ist, daß sie übrigbleiben könnten. Denn von mir hatten sie immer gedacht, ich werde rasch an meiner, wie sie es immer genannt haben, *Atemlosigkeit* zugrunde gehen, irgendwo, nur nicht in Wolfsegg, möglicherweise und wahrscheinlich, dachte ich jetzt, erwarteten *sie* immer ein Telegramm mit der Mitteilung, *ich* sei tot. Und meine Schwestern sind übriggeblieben, diejenigen, die wegen ihrer absoluten Unwichtigkeit, so meine Mutter immer, in keinem wirklich grundlegenden und existentiellen Gedanken überhaupt in Betracht kamen. Aber *ich* hatte ein Telegramm, daß *meine Eltern tot* seien, niemals erwartet. Viele befürchten immer ein solches Telegramm, ich befürchtete ein solches Telegramm niemals. Fortwährend leben Millionen tagaus tagein in der Angst vor einem solchen Telegramm, hatte ich oft zu Gambetti gesagt, das ihnen den Tod ihrer Geliebten oder Geachteten mitteilt. Ich hatte ein solches Telegramm niemals befürchtet. Wenn wir solche Fotografien sehen, wie ich sie jetzt auf meinem Schreibtisch liegen hatte, denken wir, die auf diesen Fotografien Abgebildeten sind uns wenigstens auf diesen Fotografien nicht gefährlich, während sie uns in Wirklichkeit möglicherweise die Gefährlichen sind. Die Tödlichen. Die auf den Fotografien Abgebildeten sind höchstens zehn Zentimeter groß und sie widersprechen uns nicht einmal. Wir sagen ihnen die allergrößten Ungeheuerlichkeiten ins Gesicht und sie widersprechen nicht einmal, wir gehen auf sie los und sie wehren sich nicht, wir können ihnen ins Gesicht sagen, was wir wollen, sie rühren sich nicht. Aber genau das bringt uns dann auch in Raserei und wir sind noch wütender. Wir verfluchen die auf den Fotografien, weil sie uns nicht antworten, weil sie uns nicht das geringste entgegnen, wo wir doch auf nichts so warten und angewiesen sind, als auf ihre Entgegnung. Wir schlagen uns sozusagen mit mikroskopisch verkleinerten Zwergen und werden wahnsinnig, hatte ich einmal zu Gambetti gesagt. Wir ohrfeigen mikroskopisch verkleinerte Zwerge und machen alles in uns verrückt dadurch. Wir lassen uns sogar dazu hinreißen, hatte ich zu Gambetti gesagt, daß wir

Köpfe, die nur einen einzigen Zentimeter Durchmesser haben, beschimpfen, Gambetti, und geben uns dadurch völlig der Lächerlichkeit preis. Ich betrachte meine Eltern auf dem Foto, wie sie, keine zehn Zentimeter groß, den Zug nach Dover besteigen auf dem Victoriabahnhof und beschimpfe sie, ich sage, was für lächerliche Kreaturen seid ihr doch immer gewesen, und merke im Augenblick gar nicht, wie lächerlich ich selbst mich dabei gemacht habe, viel, viel lächerlicher, als meine Eltern jemals sein konnten, wie sie nie waren, Gambetti. Du dummer Mensch, sage ich zu meinem keine zehn Zentimeter großen Bruder, ihr perversen Schwestern, zu jenen, die nicht einmal acht Zentimeter groß sind auf der Terrasse in Cannes. Eine Fotografie machen, heißt, einen Menschen verhöhnen, Gambetti, hatte ich gesagt, insoferne sind alle, die fotografieren, selbst wenn sie es auf diesem Gebiete zu einem Beruf und möglicherweise sogar zu einer hohen Kunst gebracht haben, nichts anderes als Verhöhner des Menschen. Die Fotografie an sich ist die größte Verhöhnung, die es gibt, sozusagen die allergrößte Weltverhöhnung. Aber es gibt, hatte ich zu Gambetti gesagt, heute schon hundertmal mehr Fotografierte als Wirkliche, was nichts anderes heißt als Natürliche, das sollte zu denken geben. Bin ich froh, hatte ich vor zwei Tagen erst nach meiner Rückkehr aus Wolfsegg zu Gambetti gesagt, daß ich wieder hier bin, dem Norden mit seinen Stumpfsinnigkeiten für einige Zeit entkommen. Den Krallen meiner Familie, den Exaltationen meiner Mutter vor allem, der ständigen Nörgelei meines Vaters, dem schlechten Wetter dieses Landes. Drei Viertel des Jahres haben wir dort schlechtes Wetter, und wenn wir glauben, der Frühling ist da, dauert es noch Monate, bis er Wirklichkeit ist und dann gleich in den Sommer übergeht, der immer kürzer ist. Und der Herbst, an und für sich die schönste Jahreszeit dort, macht allen Menschen in diesem vom schlechten Klima beherrschten Land zu schaffen, haben sie nun die Gicht oder den Rheumatismus, er erinnert sie mit seinen häufigen Stürmen und seiner Eiseskälte schon im Oktober daran, daß ihre Existenz eine fortwährend bedrohte ist. Ganz zu schweigen von den Wintern dort, die alles unerträglich machen, ist der Mensch über dreißig. Aber die Leute hier wissen gar nicht, in welcher einzigartigen Klimaregion sie leben, sie sehnen sich alle immer nur nach dem kühlen Norden, nach den Tannenbäumen, nach den Bergseen, nach dem erfrischenden Hochgebirge. Sehen Sie, Gambetti, die einen sehnen sich nach dem Süden, die andern nach dem Norden, so sind sie alle immer in hohem Maße wenigstens gleich unglücklich. Im Augenblick aber genieße ich diese erfrischende und doch warme Luft, diese lauten, aber doch angenehmen Menschen, *ihre Unbekümmertheit*, hatte ich gesagt. In Wolfsegg habe ich den Wintermantel angehabt, hier laufe ich mit offenem Hemd und mit dem Pullover auf der Schulter umher. Das ist der Unterschied. Die Leute hier sind nicht mit kiloschweren Kleidungsstücken beladen, mit schweren Schuhen, mit schweren Röcken, mit dicken Filzhüten, sie laufen in den leichtesten Kleidern durch die Straßen und sitzen zu den Mahlzeiten im Freien beinahe das ganze Jahr über. Ich höre mich noch mein *Lange nicht!* ausrufen, dachte ich, worunter ich verstanden hatte, lange nicht nach Wolfsegg zurück, während ich jetzt durch das Telegramm dazu gezwungen bin, in der kürzestmöglichen Zeit nach Wolfsegg zurückzukehren. Diese Selbstverständlichkeit aber glaubte ich jetzt, durch absolute Untätigkeit, hinausschieben zu können, indem ich ganz einfach am Schreibtisch sitzen blieb und die Fotografien betrachtete, sie einer tieferen als nur eingehenden Betrachtung unterziehend, hatte ich sie die ganze Zeit nicht mehr aus den Augen gelassen, das Telegramm hatte ich danebengelegt und ausgebreitet, fortwährend den kurzen Text mit der Todesnachricht vor mir, ihn immer wieder bis an die Grenze zur Verrücktheit, so war mir vorgekommen, buchstabierend. Im Gegensatz zu mir war mein Bruder ein ruhiger Mensch, ich bin in Wolfsegg immer *der Unruhegeist* gewesen, er *der Ruhepunkt*. Er war immer als der Zufriedene bezeichnet worden von den Eltern, ich immer als der Unzufriedene. Wenn wir zusammen etwas angestellt hatten, schoben sie mir alles in die Schuhe, wie gesagt wird, nicht ihm, ihm glaubten sie, wenn er sich verantwortete, mir nicht. Hatte ich beispielsweise Geld, das mir aus irgendeinem Grund anvertraut war, verloren, so glaubten sie mir nicht, daß ich es verloren habe, so sehr ich das auch beteuerte, sie dachten vielmehr, ich machte nur vor, das Geld verloren zu haben und bereicherte mich mit dem Geld, während sie meinem Bruder sofort glaubten, er habe das Geld verloren. Er habe sich im Wald verirrt, hatte er beispielsweise zu ihnen gesagt und sie hatten ihm augenblicklich geglaubt, hatte ich dasselbe gesagt, glaubten sie mir nicht, unter keinen Umständen, ich hatte mich immer lange und intensiv zu rechtfertigen gehabt. Einmal hatte mein Bruder mich in den hinter der Kindervilla gelegenen Teich geworfen, unabsichtlich oder nicht, er hatte mich hineingestoßen, als er an mir vorbeiging, denn wir beide hatten auf der Teichmauer gespielt, die nicht breit ist und zwei können auf dieser Teich-

mauer nicht aneinander vorbeigehen. Ich hatte die größte Mühe, mich
über Wasser zu halten und nicht unterzugehen, ich glaubte tatsächlich,
ertrinken zu müssen und ich glaubte dabei ebenfalls, möglicherweise hat
mich mein Bruder nicht versehentlich und aus Ungeschick, sondern absichtlich in den Teich geworfen, dieser Gedanke bohrte in mir so lange,
wie ich im Teich um mein Leben gekämpft hatte. Mein Bruder war nicht
in der Lage gewesen, mir zu helfen, ohne sich selbst in Gefahr zu bringen,
tatsächlich in Lebensgefahr. Er hatte naturgemäß viele Versuche unternommen, mir zu helfen, aber diese Versuche waren mißlungen. Der Teich
ist tief und gar ein Kind geht unweigerlich unter und ertrinkt, wenn es sich
nicht auf der Oberfläche halten kann, hatte ich zu Gambetti gesagt. In
dem Augenblick, in welchem ich mit Sicherheit geglaubt habe, ertrinken
zu müssen, hatte ich mich aber an einem unter Wasser an der Mauer
befestigten Eisenring festhalten können, welcher zum Festmachen der
kleinen Boote, die wir auf dem Teich hatten, bestimmt gewesen war und
ich konnte heraussteigen. Als meine Eltern mich, nachhause gekommen,
zur Rede stellten, warum ich durch und durch naß sei, und ich ihnen nicht
die Wahrheit, sondern tatsächlich eine Lüge gesagt hatte, indem ich sagte,
ich sei auf unglückliche Weise in den Teich hineingefallen, weil ich meinen Bruder in Schutz nehmen hatte wollen, sagten sie augenblicklich, ich
sei mutwillig in den Teich hineingesprungen, um meinen Bruder in eine
unangenehme Lage zu bringen. Als ich sagte, nein, ich sei völlig unvorhergesehen hineingefallen, beschimpften sie mich, nannten mich einen
Lügner, zogen meinen Bruder, wie wenn sie ihn schützen wollten, an sich
und verjagten mich in meinen nassen Kleidern in die Küche hinunter,
damit mir dort frische trockene Kleider angezogen werden konnten. Mein
Bruder hatte die ganze Zeit geschwiegen und nicht ein einziges Wort
gesagt, er hatte nicht die Wahrheit gesagt, aber auch nicht einmal wenigstens, daß ich völlig schuldlos in den Teich gefallen sei, er beobachtete die
traurige Szene und machte keinerlei Miene, etwas aufzuklären oder mich
in ein besseres Licht zu bringen, im Gegenteil, hatte er seinen Kopf, wie
wenn er Schutz suchte, an den Rockschoß meiner Mutter gedrückt, was
die ganze Angelegenheit für mich nur noch verschlimmerte. Wenn ich
stürzte und mir die Strümpfe zerriß, beschimpften sie mich sogleich wegen der zerrissenen Strümpfe, aber dachten nicht daran, mich zu trösten,
weil ich mir gleichzeitig die Knie aufgerissen und blutig gewesen war und
große Schmerzen hatte, sie beschimpften mich stundenlang und am

Abend, als ich selbst mein Mißgeschick schon vergessen hatte, waren sie
wieder damit beschäftigt gewesen, mich zu beschimpfen, als hätten sie
Freude daran gehabt, mich zu beschimpfen und mich zum Weinen zu
bringen. Meinen Bruder trösteten sie, wenn er die kleinsten Verletzungen
hatte, mich nicht einmal, wenn ich mir große zugezogen hatte. Weil ich
ihnen zu oft und dann immer zu lange zu den Gärtnern gegangen war,
rügten sie mich immer wieder, weil sie nicht wollten, daß ich zu den
Gärtnern gehe, die, wie sie glaubten, auf mich *einen schlechten Einfluß*
ausübten, sie hatten haben wollen, daß ich zu den Jägern gehe, welchen sie
einen guten Einfluß auf mich zuschrieben, ich haßte aber die Jäger, wie
gesagt, und ging immer zu den Gärtnern, die ich liebte und sie beschimpften mich jedesmal, wenn sie erfuhren, daß ich bei den Gärtnern gewesen
war und beschimpften gleichzeitig auch die Gärtner, daß sie sich mit mir,
wie sie sagten, abgegeben haben, die Gärtner, die ihnen immer als für
mich äußerst schädlich, so meine Mutter, vorgekommen sind. Ging mein
Bruder zu den Jägern, hatten sie jedesmal zu ihm gesagt, schön, daß du bei
den Jägern gewesen bist, das sehen wir gern, und zwar immer so, daß ich es
hören mußte und wenn sie sich sicher gewesen waren, mich zu verletzen.
Als ich einmal bei den Jägern gewesen war, weil ich aus irgendeinem
Grund einmal nicht zu den Gärtnern, sondern zu den Jägern gehen hatte
wollen, ich weiß den tatsächlichen Grund nicht mehr und ich hatte auf
ihre Frage, wo ich gewesen sei, geantwortet, bei den Jägern, glaubten sie
mir nicht und ohrfeigten mich in Gegenwart meines Bruders, der genau
gewußt hatte, daß ich bei den Jägern gewesen war, denn er war mit mir bei
den Jägern gewesen und mein Bruder schwieg, er hatte nicht, mir zuhilfe
kommend, die Wahrheit gesagt. Ohne weiteres war er auch schweigsam
geblieben, als mir meine Mutter eine Ohrfeige gegeben hatte für die Lüge,
wie sie meinte, obwohl ich die Wahrheit gesagt hatte. Auch als ich schon
erwachsen war, glaubten mir die Eltern in keinem Fall, wie ich mich
erinnere. Wenn ich Besuch hatte und sie fragten mich nach dem Namen
des Besuchs, wer mich denn besucht hätte, und ich sagte ihnen den Namen des Besuchers und eben, wer mich besucht habe, glaubten sie mir
nicht, sie sagten dann immer, sie wüßten schon, *wer* mich besucht habe,
jedenfalls nicht der, von welchem ich behauptete, daß er mich besucht
habe. Bin ich in Wels gewesen und sie fragten, wo ich gewesen sei und ich
antwortete ihnen, in Wels, sagten sie, ich sei nicht in Wels gewesen, sie
wüßten, wo tatsächlich ich gewesen sei, in Vöcklabruck, in Linz, in Steyr,

nur nicht in Wels und sie hatten sich unter keinen Umständen eines besseren belehren lassen. Sie glaubten mir niemals etwas, nur immer, sie hätten in mir nicht nur einen völlig normalen, sondern, wie meine Mutter immer gesagt hatte, einen geborenen Lügner vor sich. Was machst du denn die ganze Zeit in der Bibliothek? fragten sie, wenn ich aus der Bibliothek kam, gleich aus welcher unserer fünf Bibliotheken, die ihnen im Grunde suspekt waren und tatsächlich war ich unter ihnen der einzige, der immer wieder eine unserer Bibliotheken aufsuchte. Doch nicht, um zu lesen! sagten sie und stellten mich zur Rede. Es nützte nichts, daß ich vor ihnen beteuerte, tatsächlich die Bibliothek nur zu dem einen einzigen Zweck aufgesucht zu haben, um zu lesen. Du gehst in die Bibliothek, um deinen *abwegigen Gedanken* nachgehen zu können, hatte meine Mutter immer gesagt und gar nicht zur Kenntnis genommen, daß ich fortwährend sagte, nein, ich bin in die Bibliothek gegangen, um zu lesen, aus keinem anderen Grund und ich habe dort auch nichts anderes getan. Fortwährend beteuerte ich, nur zum Lesezweck in der Bibliothek gewesen zu sein, mich dort aufgehalten zu haben *zum Lesezweck*. Sie gab aber keine Ruhe, bezeichnete mich als Lügner und behauptete ununterbrochen, ich sei in der Bibliothek gewesen, um meinen *abwegigen Gedanken* nachzugehen. Als ich sie fragte, was sie denn unter *abwegigen Gedanken* verstünde, nannte sie mich, wie so oft seit meinen frühesten Kindheitsjahren, einen Unfriedenstifter, ohne meine Frage zu beantworten, ich sei unverschämt und lügenhaft, hatte sie noch gesagt und mich einfach stehengelassen. Alle Augenblicke verdächtigte sie mich, ich ginge jenen *abwegigen Gedanken* nach, von welchen sie selbst wahrscheinlich niemals wußte, was diese abwegigen Gedanken sind, aber sie hatte sich angewöhnt, es mir vorzuhalten, selbst in Gesellschaft war ich nicht davor sicher, sie sagte auch in Anwesenheit fremder Leute, die bei uns zu Tisch waren, meistens sogar vor jenen, die mir immer die Widerlichsten gewesen sind, jene sogenannten Mittelständler aus den umliegenden Kleinstädten, die sie aus ihrer Kinderzeit kannte und mit welchen sie immer regelmäßigen Verkehr gepflegt hat, ich ginge meinen *abwegigen Gedanken* nach. Ich muß sagen, meine Mutter liebte meinen Bruder Johannes vor allem deshalb, weil er niemals das Bedürfnis gehabt hat, eine der Bibliotheken aufzusuchen, alle Augenblicke sagte sie auch, Johannes geht nicht in die Bibliothek, um *abwegigen Gedanken* nachzugehn, er geht ins Jägerhaus, wo es lustig ist. Die Lustigkeit im Jägerhaus war aber, für meine Begriffe und aus meiner

Erfahrung heraus, immer eine ziemlich gemeine und niederträchtige gewesen, die Jäger hatten eine gemeine und niederträchtige Lustigkeit, die aus dem andauernden Hersagen von faulen und ganz und gar gewöhnlichen Witzen bestand, die ich niemals als Lustigkeit empfinden konnte, ohne das Gefühl zu haben, mich zu beschmutzen, das war auch immer der Hauptgrund, warum ich das Jägerhaus verabscheute, während diese faulen und durch und durch gewöhnlichen und abgrundtief primitiven Witze im Jägerhaus meiner Mutter immer gefallen haben, sie ergötzte sich an nichts mehr, als an diesen Witzen, jedesmal war sie mit Tränen vor Lachen in ihren Augen aus dem Jägerhaus herausgekommen, was selbst mein Vater einmal als pervers bezeichnet hatte. Ins Gärtnerhaus gehst du, sagte sie immer zu mir, wo alles so fad ist, das ist bezeichnend. Sie war sich niemals zu dumm gewesen, halbe Nächte lang mit den Jägern ihre stupiden Lieder zu singen, mit den Jägern auf einer Bank zu sitzen und mit den Jägern zusammenzurücken und sich von diesen in unzweideutiger Weise nicht nur anreden, sondern zu vorgeschrittener Stunde auch angreifen und in den Hintern zwicken zu lassen, wie ich sagen muß. Hatte mein Bruder seine Schulaufgaben fertig und ihnen gezeigt, hieß es immer, er habe seine Arbeit gut gemacht, hatte ich das gleiche getan, setzten sie wenigstens etwas an meiner Arbeit aus, sie bemerkten da einen Fehler, dort eine Unregelmäßigkeit und belehrten mich fortwährend wegen meiner, wie sie immer sagten, unleserlichen Schrift. Brachte mein Bruder eine gute Note nachhause, so lobten sie ihn naturgemäß, während sie die gleiche Tatsache bei mir nur mit einem eher erzwungen freundlichen Kopfnicken zur Kenntnis nahmen. Ich erinnere mich, daß sie meinem Bruder im Gegensatz zu mir, dem sie immer ein etwas abgenütztes gegeben haben, das beste Bettzeug gegeben haben, die erstklassigen Polster, nicht die geflickten, wie mir. Ich hatte die Strümpfe länger zu tragen als er, die Mäntel, die Jacken, es nützte nichts, daß ich sie bat, neue anziehen zu dürfen wie mein Bruder, dem sie es erlaubten, wenn seine Strümpfe, Mäntel, Jacken etcetera auf unansehnliche Weise durchgewetzt oder schmutzig geworden waren, mir erlaubten sie es nicht. Es hieß dann immer, ich sei ein *Verschwender,* meinem Bruder hatten sie niemals den Titel *Verschwender* verpaßt. Meine Eltern waren mir gegenüber, wie ich glaube, niemals gerecht gewesen, denn schon in der frühen Kindheit hatten sie das Gefühl gehabt, ich sei ihnen möglicherweise überlegen, ich kann nicht genau bestimmen, was sie zu dieser Befürchtung gebracht hat. Nur die Großeltern waren mir ge-

genüber gerecht gewesen, sie behandelten mich genauso wie Johannes, es
hatte für sie keinen Unterschied zwischen dem einen und dem anderen
Enkel gegeben, sie hatten jedenfalls keinen Unterschied zwischen uns
beiden gemacht. Solange die Großeltern lebten, hatten wir, Johannes und
ich, auf Wolfsegg auch unsere glücklichste Zeit. Naturgemäß, habe ich
einmal zu Gambetti gesagt, denn die Großeltern kannten von Natur aus
keine Bevorteilung. Als sie tot waren, bemerkte ich gleich, daß meine
Eltern mich dafür bestrafen wollten, daß ich, wie sie glaubten, von den
Großeltern immer besser behandelt worden war, als mein Bruder, was
aber nicht stimmt, das hatten sich meine Eltern, vornehmlich meine Mutter, immer nur eingebildet gehabt. Es war, als hätten nach dem Tod der
Großeltern unsere Eltern gedacht, jetzt müssen wir uns aber dem von den
Großeltern immer benachteiligten Johannes zuwenden und diesen besonders gut behandeln, den von den Großeltern immer Zurückgesetzten, der
unter der Bevorzugung seines Bruders, also meiner Person, immer zu
leiden gehabt hat, aber mein Bruder war von den Großeltern niemals
benachteiligt worden, genauso wie ich von ihnen nicht bevorzugt, das ist
die Wahrheit, sie hatten sich nur in dem Gedanken, daß ich bei den
Großeltern der Bevorzugte, mein Bruder der Benachteiligte gewesen war,
geeinigt, mich fortan immer genau das fühlen zu lassen, was sie sich einbildeten, das aber niemals der Wahrheit entsprochen hat. So behandelten
sie vom Tod der Großeltern an meinen Bruder Johannes immer mit ihrem
Wohlwollen, mich im Gegensatz dazu aber immer mit ihrer Abneigung
und ihre Bevorzugung Johannes gegenüber entwickelten sie mit der Zeit
zu einer, wie ich glaube, für mich tatsächlich unerträglichen genauso wie
ihre Abneigung mir gegenüber mit derselben Wirkung. Sie hatten sich
angewöhnt, meinen Bruder zu lieben, mich zu hassen, kurz gesagt. Es ist
absurd, hatte ich zu Gambetti auf dem Pincio gesagt, daß gerade in einem
Haus mit fünf Bibliotheken das Denken und der Geist insgesamt nicht
nur gering geschätzt, sondern tatsächlich verachtet werden. Den ersten,
die Wolfsegg gebaut und bewohnt haben, hatte eine einzige Bibliothek,
wie ich annehmen muß, nicht genügt, sie hatten ein naturgemäßes Bedürfnis nach Geist und Denken, waren sicher leidenschaftliche Denker
und also Denkarbeiter gewesen, hatten sich, wie ich glaube, das Denken
zur Hauptaufgabe gemacht, wie so viele ihrer Zeugnisse, die wir noch in
Besitz haben, beweisen, sie waren überzeugt gewesen, daß es das Höchste
der menschlichen Existenz ist, ein Leben im Denken zu führen, ein Leben

im Geist, Gambetti, nicht ein solches in Alltäglichkeit und alltäglicher Stumpfsinnigkeit, wie die Meinigen. Was waren das für Zeiten, in welchen der Verstand zum Denken erhoben, das Denken zum obersten Gebot gemacht worden ist, wie wir wissen. Heute ist alles das, das Wolfsegg einmal ausgezeichnet hat, verkümmert, weil es von den Nachgekommenen ganz bewußt heruntergemacht worden ist; sie traten es tatsächlich im letzten Jahrhundert und vor allem in den letzten Jahrzehnten in den Schmutz. Nicht nur eine einzige Bibliothek, hatte ich zu Gambetti gesagt, fünf Bibliotheken hatten sie sich geleistet, die obere linke, wie die obere rechte, die untere linke wie die untere rechte und die Bibliothek in der Kindervilla, alle Geisteswissenschaften hatten in ihnen Platz gehabt Jahrhunderte, alle Geistesrichtungen, alle Künste. Einmal hatte ich mich in der linken oberen Bibliothek verschanzt, Gambetti, um Jean Pauls *Siebenkäs* zu lesen, ein Buch übrigens, das mein Onkel Georg besonders liebte. Stundenlang las ich in dem Buch und hatte nach und nach alles um mich herum vergessen, auch, daß ich zur gleichen Zeit, in welcher ich in den *Siebenkäs* vertieft gewesen war, meiner Mutter beim Briefordnen hätte helfen sollen. Ich hatte ihre Anordnung, um sechs, wie jeden Samstag nachmittag, zum Briefordnen in ihrem sogenannten Schreibzimmer zu erscheinen, vergessen, der *Siebenkäs* hatte mich in der linken oberen Bibliothek aber tatsächlich alles vergessen lassen, also auch die Anordnung meiner Mutter. Jeden Samstag zwischen sechs und sieben nachmittag saß sie in ihrem Schreibzimmer und ließ sich von mir, oder abwechselnd von Johannes, genau jene Briefe ordnen, die in der vergangenen Woche an sie geschrieben worden sind, genau in der Reihenfolge ihres Ankommens. Hatte ich die Briefe geordnet, mußte ich sie ihr auf eine bestimmte Stelle ihres Schreibtischs legen. Während ich ihr die Briefe ordnete, hatte ich die Möglichkeit, mit meiner Mutter in Ruhe zu sprechen, was sonst niemals möglich gewesen war. Sie erledigte, während ich diese Briefe ordnete, ihre Korrespondenz und gab mir Gelegenheit, mich in allen möglichen Angelegenheiten an sie zu wenden. Diese Gelegenheit hatte ich sonst nicht. Obwohl sie es niemals gern hatte, wenn ich Fragen stellte, weil sie meine Fragen immer als unzumutbar empfunden hatte, durfte ich ihr während des Briefordnens auch Fragen stellen und sie beantwortete meine Fragen. Im Grunde war dieses Briefordnen im Schreibzimmer meiner Mutter die einzige Gelegenheit, ihr überhaupt nahe zu kommen, in dieser knappen Stunde vor dem Nachtmahl. Dann war es auch vorgekommen, daß sie

selbst mir ein freundliches, ja sogar ab und zu ein liebevolles Wort sagte.
Daß ich die Mutter ja auch liebe und tatsächlich mit größter Innigkeit,
war mir während dieses Briefeordnens oft vorgekommen, wenn ich sie von
der Seite her beobachtete, empfand ich ihr Gesicht als ein schönes, während
es mich sonst immer wegen seiner Gewöhnlichkeit irritiert hatte. Die
Schreibtischlampe, die sie brennen hatte und die ein sehr schwaches Licht
auf ihr Gesicht warf, hatte dem Gesicht meiner Mutter gut getan, hatte ich
zu Gambetti auf dem Pincio gesagt, es war meiner Mutter in dieser Stunde
ein sehr wohlwollendes Licht gewesen. Wenn ich ihr die geordneten Briefe
auf den Schreibtisch legte, kam es vor, daß sie von ihrer Korrespondenz
aufblickte und doch wie in einer Art von sanfter Zuneigung ihre Hand auf
mein Haar legte. Als ob sie sich dieser Geste aber im Augenblick, da sie ihr
möglich gewesen war, schon wieder geschämt hätte, hatte sie ihre Hand
immer gleich wieder zurückgezogen und mich weggeschickt. Als ob sie bei
dieser Gelegenheit gedacht habe, er ist ja nicht Johannes, hatte sie ihre
Hand von mir zurückgezogen und sich wieder abrupt ihrer Korrespondenz zugewandt. Aber ich wollte ja etwas anderes sagen, Gambetti, hatte
ich zu diesem auf dem Pincio gesagt. Ich hatte mich in der linken oberen
Bibliothek mit dem *Siebenkäs* zurückgezogen und das Briefeordnen vergessen. Es war neun, als ich plötzlich mehr oder weniger erschrocken aus
dem *Siebenkäs* aufwachte und das Buch weglegte und aus der mir im
Grunde, wie Sie wissen, verbotenen Bibliothek hinaus und zu den Meinigen hinunter ging, die inzwischen längst genachtmahlt hatten. Der *Siebenkäs* hatte mich fünf Stunden bewegungslos an den Bibliothekssessel
gefesselt gehabt und ich hatte nicht nur das Briefeordnen, sondern auch
das Nachtmahl vergessen gehabt. Ich kam hinunter, Gambetti, und alle
saßen sie in dem sogenannten grünen Salon und hatten, wie ich gleich
gesehen hatte, nur auf mich gewartet. Sie empfingen mich wortlos. Nach
einiger Zeit, während welcher mein Bruder Johannes, wie mir vorgekommen war, mit abstoßender Schadenfreude darauf gewartet hatte, wurde
ich von meiner Mutter, ohne daß sie mich anblickte, zur Rede gestellt, wo
ich denn gewesen sei, was mich das Briefeordnen habe versäumen lassen,
wie ich überhaupt dazu komme, meiner Unverschämtheit im allgemeinen
auch noch durch eine solche Ungezogenheit, das Briefeordnen und das
Nachtmahl ganz einfach zu ignorieren, die Krone aufzusetzen, denn es
gäbe ja keinen Grund, wenigstens keinen ihr vorstellbaren, das Briefeordnen zu ignorieren, sie mit dem Nachtmahl allein sitzen zu lassen, sie alle in

die größte Angst zu versetzen, wo ich denn wirklich gewesen sei, sie hätten
an alle möglichen Unglücke gedacht, deren Opfer ich geworden wäre, an
alle möglichen Fürchterlichkeiten. Ob ich mir wohl bewußt sei, daß ich
vor allem sie, meine Mutter, in Todesangst versetzt habe. Es gibt überhaupt keinen Grund, der es dir erlaubt, zum Briefeordnen nicht zu erscheinen, genauso wenig einen Grund, das Nachtmahl zu ignorieren.
Noch immer hatte mich meine Mutter nicht eines Blickes gewürdigt.
Plötzlich schaute sie mir ins Gesicht und sagte: *du bist unser Unmensch!*
Wenn mich nicht alles täuscht, bist du in der Bibliothek gewesen! Und was
hast du da gemacht? Du bist wieder deinen *abwegigen Gedanken* nachgegangen, sagte sie. Mein Vater und meine Geschwister warteten gespannt
auf den Höhepunkt der Anklage, sie hatten ihr ganzes Augenmerk auf
mich gerichtet, der ich gleich an der Tür stehengeblieben war voller Angst.
Ich war damals vielleicht neun oder zehn Jahre alt, ich weiß es nicht mehr
genau, hatte ich zu Gambetti gesagt. Alles an und in mir zitterte. So klein
meine Schwestern waren, an ihnen war nichts anderes, als eine infame
Erregung gegen mich zu erkennen gewesen, eine Sucht nach einer sensationellen Bestrafung meinerseits durch meine doch immer nur unerbittlich gegen mich vorgehende Mutter. Nun, was hast du wirklich in der
Bibliothek gemacht? hatte meine Mutter gesagt, worauf ich ihr geantwortet hatte: ich habe im *Siebenkäs* gelesen. Auf diese meine Beteuerung
war sie aufgesprungen und hatte mich geohrfeigt und mich ins Bett geschickt. Die eigentliche Bestrafung hatte darin bestanden, daß ich drei
Tage nicht mehr aus meinem Zimmer herausgehen durfte, meine Mutter
hatte es abgesperrt und mich die ganzen drei Tage ohne jegliche Nahrung
gelassen. Ich hatte mich an meinen Tisch gesetzt und die ganzen drei Tage
nichts anderes getan, als geheult. Vor der Tür draußen liefen die ganze Zeit
meine beiden Schwestern hin und her und schrien ununterbrochen in
höchster Schadenfreude *Siebenkäs, Siebenkäs, Siebenkäs.* Sollten Sie diesen
Siebenkäs einmal lesen, lieber Gambetti, hatte ich zu diesem auf dem
Pincio gesagt, vergessen Sie nicht diese kleine Geschichte. Ob Gambetti
sich heute, da ich ihm nach so langer Zeit den *Siebenkäs* tatsächlich zum
Lesen gegeben habe, noch an diese Geschichte erinnert? fragte ich mich.
Alle Bücher, die ich in Wolfsegg gelesen habe, haben eine derartige *Nachgeschichte,* sind an eine solche *Nachgeschichte* (oder *Vorgeschichte!*) für mein
ganzes Leben angebunden, dachte ich, wenn auch nicht immer nur an
eine so traurige wie die, die für mich an den Jean Paulschen *Siebenkäs*

gebunden ist. Meine Mutter, Gambetti, hatte keine Ahnung gehabt, was *Siebenkäs* ist und hatte geglaubt, ich hänselte sie, hatte ich zu Gambetti gesagt. Wie meine Mutter in Rom war, hatte ich zu Gambetti gesagt, im Herbst vor drei Jahren, Sie erinnern sich, führte ich sie naturgemäß durch die Stadt. Aber sie langweilte sich zutode, sie wollte immer nur die berühmten Geschäfte sehen, vor allem die auf dem Corso und die auf der Via Condotti, sie hatte eine ganze lange Liste mit den Namen dieser berühmten Geschäfte und nur nach dieser Liste war sie auf ihren Wegen vorgegangen, sie hatte die berühmten Geschäfte in alphabetischer Reihenfolge untereinandergeschrieben, was ein Fehler gewesen war, wie sie bald selbst einsehen hatte müssen, denn die Geschäfte lagen natürlich nicht wie auf ihrer Liste alphabetisch neben-, sondern sehr oft weit auseinander. Wir suchten ein berühmtes Geschäft nach dem andern auf, vornehmlich solche in der Nähe der Piazza di Spagna und in keinem waren wir kürzer als eine halbe Stunde gewesen, in den meisten verbrachte sie beinahe eine Stunde, was mich fast wahnsinnig machte. Meine Mutter ist ja auch eine ganz primitive Schmuckfanatikerin, hatte ich zu Gambetti gesagt, und aus diesem Grund eilte sie von einem Juwelier zum andern auf der Suche nach nicht nur einem, sondern nach ganzen Haufen von Ringen und Halsketten ihres Geschmacks. Ich begleitete sie, wie Sie sich denken können, widerwillig, aber es war mir nichts anderes übrig geblieben. Ich selbst bin ja, wie Sie wissen, ein Feind derer, die nur die berühmten Denkmäler und Kirchen sehen, aber eine derartige, ich muß sagen, schamlos offene Nichtachtung aller dieser zweifellos gewaltigen Kulturschätze, habe ich noch nie beobachtet. Meine Mutter ist in die Peterskirche gegangen, ich hatte sie hingeführt und genau von dem Berninialtar, den ich verabscheue, ist sie naturgemäß begeistert gewesen, aber sonst hat sie während ihres römischen Aufenthalts nichts als die Innenausstattung der Juweliere und Modehäuser Roms gesehen. Sie wohnte, auf meinen Vorschlag, im Hassler, das ihr aber zu altmodisch war. Sie hatte dort alles und jedes zu bekritteln, obwohl das Hassler zweifellos das beste Hotel von Rom ist und vielleicht sogar eines der drei, vier besten der Welt. Nichts war ihr gut genug. Schließlich hatte sie so viel eingekauft, hatte ich zu Gambetti gesagt, daß sie nicht mehr wußte, wohin damit, die Schachteln türmten sich in ihrem Zimmer. Zu fünf Nachtmählern bei Verwandten, bei unserem Freund Zacchi natürlich auch, hatte ich zu Gambetti gesagt, waren wir eingeladen, aber sie ging nur auf ein einziges, aber nicht, wie Sie vielleicht denken, zu dem unseres Freundes Zacchi, dem Verehrungswürdigen, sondern zu dem des österreichischen Botschafters, wo es, wie Sie sich denken können, so langweilig war wie immer, nur weil es das für sie repräsentativste gewesen war, alle diese Leute, die an dem Botschafternachtmahl teilgenommen hatten, waren die üblichen geistlosen-stupiden Diplomaten und deren noch geistlosere stupide Frauen, die ihr zweistündiges Gesellschaftsgewäsch abspulten. Sie fragen aber sicher, warum ich das alles erwähne, hatte ich zu Gambetti gesagt, deshalb, weil ich auf dem Weg vom Hassler zur österreichischen Botschaft von meiner Mutter plötzlich und ganz und gar unvermittelt und nach so vielen Jahren, ja Jahrzehnten auf einmal abrupt gefragt worden war, was denn eigentlich dieser *Siebenkäs* sei, mit welchem ich sie vor Jahrzehnten gehänselt habe. Sie hatte sich Jahrzehnte diese Siebenkässzene gemerkt, hatte ich zu Gambetti gesagt. Diese Siebenkässzene hatte einen großen Eindruck genauso auf sie gemacht, wie auf mich, wie ich jetzt feststellte. Wir waren aus dem Hassler herausgegangen, eine dieser herrlichen römischen Nächte, Gambetti, in welchen man tatsächlich an das Paradies glaubt und sie hatte nach ein paar Schritten gefragt: was ist eigentlich *Siebenkäs,* kannst du mir das sagen? Und ich hatte ihr gesagt, daß *Siebenkäs* eine Erfindung von Jean Paul sei. Da sie aber auch nicht wußte, was Jean Paul ist, hatte ich ihr gleich auch zu sagen gehabt, daß Jean Paul ein Dichter war, jener Dichter, der den *Siebenkäs* geschrieben habe. Ach, hatte sie darauf gesagt, wenn ich das gewußt hätte! Ich hatte geglaubt, *Siebenkäs* sei eine Erfindung von dir gegen mich, eine gemeine Finte. Während ich über diese ganze Enthüllung aber auf dem Weg vom Hassler zur österreichischen Botschaft laut aufgelacht hatte, wozu aller Grund gewesen war, hatte meine Mutter nurmehr noch geschwiegen. Ob es auch wirklich stimme, daß Jean Paul ein Dichter und der *Siebenkäs* eine Dichtung dieses Dichters sei, wollte sie dann noch wissen, weil sie zuerst nicht daran glauben wollte, weil sie mir nie glauben wollte, Gambetti. Also *Siebenkäs* ist eine Dichtung und Jean Paul ist ein Dichter, hatte meine Mutter noch mehrere Male auf dem Weg zur österreichischen Botschaft gesagt. Wir sind auf die österreichische Botschaft zu Fuß gegangen. Als wir schon gegen die Hälfte des Weges gegangen waren, beinahe wortlos, hatte sie auf einmal gesagt: und Kafka ist auch ein Dichter? Ja, Kafka ist auch ein Dichter. Schade, hatte sie darauf gesagt, ich glaubte, es sind alles Erfindungen von dir. Schade. Sie hatte sich darüber nicht beruhigen können, daß Jean Paul und Kafka Dichter sind, die den

Siebenkäs und den *Prozeß* geschrieben haben und keine Erfindungen von mir gegen sie, meine Mutter, natürlich. Sie sehen, hatte ich zu Gambetti gesagt, in welchem Geisteszustand sich meine Familie befindet. In welchem sich Wolfsegg befindet. Fünf Bibliotheken, Gambetti, und keine Ahnung von unseren größten Schriftstellern und Dichtern, ganz zu schweigen von den großen epochemachenden Philosophen, deren Namen meine Mutter niemals gehört, jedenfalls niemals bewußt gehört hat. Mein Vater kennt zwar die Namen, aber das, was diese Leute gedacht und geschrieben haben, auch nicht, der Landwirt war im Grunde auch immer nur ein primitiver Geistverächter, dem die Kühe und die Schweine alles bedeuteten, der Geist mehr oder weniger nichts. Wenn mein Vater die Wahl hätte zwischen der Gesellschaft Kants und eines in Ried im Innkreis, einem berühmten Viehmarkt, prämierten Mastschweines, hatte ich zu Gambetti gesagt, er entschiede sich augenblicklich für das letztere. Ich habe Sie meiner Mutter damals, als sie in Rom gewesen ist, nicht vorgestellt, Gambetti, hatte ich zu diesem gesagt, weil Ihnen meine Mutter nicht mit dem geringsten Verständnis begegnet wäre. Sie hätte Sie nur bekrittelt, daß Sie keine Krawatte tragen beispielsweise und, anstatt der Einkommensteuertabelle, ein philosophisches Buch unter dem Arm haben. Obwohl Sie tatsächlich etwas versäumt haben, hatte ich zu Gambetti gesagt. Zu diesem Botschafteressen sind wir natürlich viel zu spät gekommen, alle waren schon da und hatten uns erwartet. Diese Leute stehen da und richten sich gegenseitig aus und kehren ihre Herkunft und ihre Orden heraus, sagen alle Augenblicke, daß sie in China akkreditiert gewesen sind, in Japan, in Persien und in Peru und rühren ununterbrochen in ihrem längst abgestandenen diplomatischen Brei herum. Sie sagen fortwährend, daß sie Gott und die Welt und sonst nichts kennen und daß sie sich in ihren Stadtwohnungen genauso wie auf ihren Landsitzen langweilen. Sie sprechen von Büchern, als handelte es sich um ein ziemlich geschmackloses Knäckebrot und sie verstehen vom Dirigieren eines Symphonieorchesters genauso viel wie von Spinoza, von Heidegger genauso viel wie von Dante und es hat für den scharfen Beobachter doch immer den Anschein, als hätten sie alles und nichts gesehen. Meine Mutter macht alles in allem auf solchen Empfängen gar keine schlechte Figur, denn sie fällt weder aus der Rolle, noch aus dem Rahmen und ihr unbekümmertes Landgeschwätz, in welchem die ganze Unsinnigkeit ihres lächerlichen Daseins Triumphe feiert, amüsiert die Großstädter. Als ihr Begleiter bin ich zum Schweigen verurteilt und letzten Endes von ihr zum Narren gemacht. Als wir aus der Botschaft nachhause gingen, gegen zwölf, hatte sie mich noch einmal gefragt, ob ich die Wahrheit gesagt habe mit der Behauptung, Jean Paul sei ein Dichter und *Siebenkäs* eine Dichtung desselben. Da sie mir niemals etwas geglaubt hatte, Gambetti, hatte sie mir auch in diesem Punkte nicht geglaubt. Meine Mutter ist ja nur zu dem Neugierdebefriedigungszweck nach Rom gekommen, hatte ich zu Gambetti gesagt, weil sie unbedingt wissen wollte, *wo und wie ich wohnte.* Von dieser Neugierde besessen, hatte sie sich eines Tages in den Zug gesetzt und war nach Rom, um alles, das mich betrifft, auszukundschaften, wie es mein Onkel Georg bezeichnet hätte. Die Piazza Minerva hatte ihr nichts gesagt, das Pantheon war ihr nur ein monströses Wort vom Hörensagen gewesen, Gambetti. Daß ich mir eine der schönsten Wohnungen von ganz Rom genommen und diese auch tatsächlich ausfüllte, hatte immerhin zuerst einen großen Eindruck auf sie gemacht, *in einem richtigen Palazzo,* hatte sie schon gleich bei ihrem Eintritt in das Gebäude ausgerufen, wo ich meine Wohnung im dritten Stock habe, mit dem Blick auf das Pantheon, hatte ich zu ihr gesagt, wirst du gleich sehen. Sie hatte es nicht erwarten können. *Du wohnst ja tatsächlich wie ein Fürst,* hatte sie gesagt, bevor sie noch in meine Wohnung eingetreten war und es hatte gleich vorwurfsvoll geklungen. *Das ist ja ein ungeheures Portal!* hatte sie ausgerufen, wie sie vor dem Palazzo meiner Wohnung gestanden war und hatte an der Marmormauer emporgeschaut. Das habe ich mir alles ganz anders vorgestellt, so sie, als ich sagte, sie solle doch eintreten und mit mir die drei Stockwerke hinaufgehen, denn Lift gibt es keinen hier, hatte ich zu ihr gesagt, das wäre nichts für dich, dann war sie hinaufgestiegen und hatte sich alle Augenblicke stehenbleibend umgedreht und gesagt: *tatsächlich wie ein Fürst! Daß das Haus,* ich hatte nicht gesagt, *daß der Palast* keinen Lift hat, mache die Wohnung vergleichsweise billig, hatte ich zu ihr gesagt, aber es ist doch eine der teuersten Mieten, die ich hier bezahlen muß, ich hatte mich nicht gescheut, das zu sagen, während ich mit ihr in meine Wohnung hinaufgegangen bin, einmal drei Schritte vor ihr, dann wieder hinter ihr, in einer gewissen Feierlichkeit, wie sich denken läßt, Gambetti. Endlich waren wir im dritten Stock oben und standen vor meiner Wohnungstür. Daß ich kein Schild mit meinem Namen daran angebracht hatte, war eine Irritation für sie. Kein Schild, hatte sie gesagt, da weiß ja nicht einmal der Briefträger, daß du hier wohnst. *Du hast es immer geliebt, anonym zu sein,* hatte sie gesagt, bevor wir eingetreten sind und ich darauf, daß es mir immer als das angenehmste erschienen ist in der menschlichen Gesellschaft, meine Anonymität zu bewahren, ganz im Gegensatz zu ihr, die immer darauf bedacht gewesen war, sich bekannt zu machen als etwas Besonderes, wenngleich sie selbst nie gewußt hat, was ihr Besonderes eigentlich ist. Ich erinnerte mich, die Fotografie betrachtend, auf welcher meine Eltern auf dem Victoriabahnhof in London den Zug nach Dover besteigen, *wie* meine Mutter in meine Wohnung auf der Piazza Minerva eingetreten ist: erstaunt, gleichzeitig erschrocken hatte sie die größte Mühe, überhaupt ein Wort dafür zu finden, nachdem sie sie betreten hatte. Sie hatte zuerst keine Luft bekommen. Währenddessen aber und schon im Aufsperren meiner Wohnung, und wohl aus diesem Grunde während des Hineingehens, hatte ich an etwas ganz und gar Absurdes denken müssen, Gambetti: vor Jahren hatte meine Mutter einmal einen ihrer Safeschlüssel verloren und nicht mehr gefunden, nicht nur ihre eigenen, sondern auch alle andern Zimmer hatte sie nach dem verlorenen Safeschlüssel abgesucht und absuchen lassen, der Schlüssel war aber nicht aufzufinden gewesen. So verdächtigte sie plötzlich mich, daß ich den Safeschlüssel an mich genommen hätte aus einem ihr unerfindlichen, aber doch wohl für sie selbstverständlichen niedrigen Beweggrund, wie sie sich damals ausgedrückt hatte. Und sie beschuldigte mich, völlig grundlos, Gambetti, daß ich in dem Augenblick, in welchem ihr Verdacht auf mich gefallen war, den Safeschlüssel verschwinden habe lassen, sozusagen in der äußersten Bedrängnis und zwar hätte ich ihren Safeschlüssel in den unter ihrem Zimmer gelegenen Brunnenschacht geworfen im allerletzten Moment, in den schon jahrzehntelang ausgetrockneten Brunnenschacht, Gambetti, um nicht gleich als gemeiner Dieb entlarvt zu sein. Und stellen Sie sich vor, Gambetti, hatte ich zu diesem gesagt, meine Mutter gab den Auftrag, den Brunnenschacht abzusuchen, einer der Gärtner war von seinen Arbeitskollegen vor den Augen meiner Mutter in den Brunnenschacht hinuntergelassen worden, um den Safeschlüssel heraufzuholen, den ich, *das Satanskind,* in den Brunnenschacht hinuntergeworfen hätte in äußerster Not. Natürlich hatte der in den Brunnenschacht hinuntergelassene Gärtner den verlorenen Safeschlüssel im Brunnenschacht nicht gefunden, denn er konnte nicht im Brunnenschacht sein, weil ich ihn in Wirklichkeit nicht hinuntergeworfen hatte, nur in der entsetzlichen immer gegen mich gerichteten Phantasie meiner Mutter. Der Gärtner war aus dem Brunnenschacht gestiegen und hatte immer wieder beteuert, im Brunnen sei der Safeschlüssel nicht, *nichts* sei im Brunnen, außer einem alten Schuh, der schon halb verfault sei. Meine Mutter ärgerte sich über die Tatsache, daß nicht ihr Safeschlüssel, sondern nur ein alter halbverfaulter Schuh im Brunnenschacht sei so, daß sie den Gärtner beschimpfte. Auch mich beschimpfte sie, wie ich sagen muß, unflätig, Gambetti, und hatte mit ihrer Schimpferei bis in den späten Abend hinein nicht aufgehört. Ich weiß, hatte sie noch tagelang nach diesem Vorfall und nachdem der Gärtner vergeblich in den Brunnenschacht gestiegen war, zu mir gesagt, daß du den Safeschlüssel an dich genommen hast, wenn du ihn auch nicht in den Brunnenschacht geworfen hast, so hast du ihn doch in gemeiner Weise *weggeschafft, gleich wohin.* Von dem Verdacht, Gambetti, bin ich noch heute nicht befreit, er lastet sozusagen noch immer auf mir, meine Mutter ist noch nach so vielen Jahren der Überzeugung gewesen, ich hätte den Safeschlüssel verschwinden lassen. Ich habe ihn aber niemals an mich genommen, Gambetti, hatte ich zu diesem gesagt, ich wüßte nicht, aus welchem Grunde, zu welchem Zweck. Ich wäre gar nicht auf die Idee gekommen, hatte ich zu Gambetti gesagt. Kaum hatte ich meine Wohnungstür aufgesperrt und war mit meiner Mutter in meine Wohnung eingetreten damals, als sie in Rom war, hatte ich an diesen bezeichnenden Vorfall denken müssen, der wie kein anderer sonst das Verhältnis aufzeigt zwischen mir und meiner Mutter. Es ist einer der charakteristischsten Vorfälle unserer Beziehung, hatte ich zu Gambetti gesagt, vielleicht sogar der allercharakteristischste überhaupt. Die ganze Zeit hatte ich, wie meine Mutter in meine Wohnung eingetreten war, an nichts anderes gedacht, als daß sie den Brunnen absuchen hatte lassen, weil sie glaubte, ich hätte ihren Safeschlüssel in den Brunnenschacht hinuntergeworfen, mutwillig, in niedriger Absicht. Durch das Aufsperren meiner Wohnung war ich auf diesen so weit zurückliegenden Vorfall gekommen und hatte die ganze Zeit an ihn zu denken gehabt, aber ich habe zu meiner Mutter auch dann nicht gesagt, was für ein Gedanke mich mehr als ihr Eintreten in meine Wohnung beschäftigt, als sie mich, unruhig geworden, von meinem ungewöhnlichen Verhalten irritiert, fragte, was in mir vorginge. *Nichts,* hatte ich ihr zur Antwort gegeben. Ich hatte mich davor gehütet, die Affäre mit dem Safeschlüssel im Brunnenschacht, die mich mehr als ihr erstmaliges Eintreten in meine Wohnung auf der Piazza Minerva beschäftigte, ihr preiszugeben, ich hätte möglicherweise eine widerwärtige Debatte darüber heraufbeschworen, nach so vielen Jahren, Gambetti, hatte ich zu diesem gesagt. Und Debatten mit meiner Mutter fürchtete ich, ich fürchte sie noch heute, Gambetti. Den Vater hatte sie damals allein zurückgelassen in Wolfsegg, obwohl er, wie ich weiß, gern mit ihr nach Rom gefahren wäre. Sie hatte ihm eingeredet, er sei absolut unabkömmlich. *Du kannst doch Wolfsegg nicht alleinlassen in dieser unsicheren Zeit,* waren die immer gleichen Vorwurfswörter ihrerseits meinem Vater gegenüber gewesen, dachte ich in Betrachtung der Fotografie. *Du kannst doch jetzt, in der Jagdzeit, nicht die Jäger alleinlassen,* hatte sie zu meinem Vater gesagt und auch noch beteuert, daß es ihr gar keine so große Freude machte, allein, ohne meinen Vater, die Romreise zu machen, wo sie es doch gewohnt sei, mit ihm, ihrem *Beschützer,* nach Rom zu reisen, ihrem *Beschützer,* wie sie meinen Vater sehr oft hänselnd genannt hat, um ihm zu schmeicheln, nicht weil sie tatsächlich der Meinung gewesen war, ihr Mann, mein Vater, sei wirklich ihr Beschützer, das war er auch nicht, das hatte er niemals sein können. Also fuhr sie allein nach Rom, um mir auf die Finger zu schauen, so wie zu meinem Vater wie auch zu Johannes, wie ich weiß und rannte dann in Rom nur mit ihrem Freund Spadolini umher, der schon damals ein sehr hoher vatikanischer Beamter gewesen war, schon früh im Erzbischofsrang, hatte ich zu Gambetti gesagt, die Nächte hätte sie nur mit Spadolini verbracht, wenn ich im Hassler angerufen habe, hatte ich zu Gambetti gesagt, hatte es immer geheißen, die Signora sei nicht zuhause, um elf nicht, um zwölf nicht, um halbzwei nicht, um drei nicht, das ist die Wahrheit über meine Mutter, über ihre römische Reise, für die ich letzten Endes nur der Vorwand gewesen bin, Gambetti. Sie hatte mich ihrem Mann, meinem Vater, gegenüber auf dieser Romreise nur vorgeschützt. Spadolini kannte sie aus jener Zeit, als dieser noch ein kleiner Rat an der Wiener Nuntiatur gewesen war. Ich kann nicht sagen, daß mir dieser Spadolini nicht schon immer gefallen hätte, im Gegenteil, er ist *eine ganz und gar faszinierende Figur* und ich habe auch nichts dagegen, daß meine Mutter die Bekanntschaft, vielmehr Freundschaft zu ihm über Jahrzehnte aufrechterhalten hat, sie mehr oder weniger über Jahrzehnte gepflegt hat, aber ich bin gegen *die Heimlichkeit dieser Verbindung, die in Wirklichkeit ein Verhältnis ist,* Gambetti. Und ich weiß auch, daß meine Mutter nicht dieses einzige Mal und da nicht das letzte Mal in Rom gewesen ist, sie hat sich mit Spadolini oft getroffen, ist, eine dringende Wienreise vortäuschend, öfters nach Rom gefahren oder geflogen, nur um eine oder zwei

Nächte mit Spadolini zusammenzusein. Spadolini ist auch oft in Wolfsegg gewesen, nicht ohne daß er dort, was ihm selbst sehr peinlich gewesen ist, Messen zelebrieren mußte in unserer Kapelle für uns sozusagen in allerhöchster Aufmachung, als zelebrierte er eine Messe im Petersdom. Meine Mutter ist zeremoniensüchtig und liebt den Pomp und den christlich-kirchlichen wie keinen zweiten, sie ist, glaube ich, nur aus dem einen Grund vornehmlich Katholikin, weil sie diesen katholischen Kirchenpomp liebt und vor allem die Zeremonien bei den christlich-katholischen Begräbnissen, sagte ich zu Gambetti. Ein Erzbischof im Haus und noch dazu einer der höchsten vatikanischen Beamten sozusagen, das hatte sie fasziniert und dem hatte sie auch immer wieder zu allen möglichen mehr oder weniger unpassenden Gelegenheiten nachgegeben, mein Vater durchschaute diese Machenschaften meiner Mutter lange Zeit nicht, als er sie durchschaute, war es zu spät gewesen, die beiden hatten ihr Komplott schon zu weit ausgebaut gehabt, Gambetti. Aber Spadolini ist eine außerordentliche Persönlichkeit, naturgemäß, sonst wäre er ja nicht in der vatikanischen Hierarchie so hoch gestiegen, hatte ich zu Gambetti gesagt. Abgesehen von diesem unappetitlichen Verhältnis zwischen ihm und meiner Mutter schätze ich ihn sehr hoch ein, er ist einer der intelligentesten und gebildetsten Menschen. Nuntius in Lima, in Kopenhagen, in Paris schließlich, in New York und Madrid, Gambetti, das ist schon etwas, alle diese Sprachen, die er spricht, Tausende von Büchern, die der Mann gelesen hat, was er alles gesehen und gehört hat, das ist das Erstaunliche, daß gerade ein solcher an meine Mutter gekommen ist und an ihr festgehalten hat, an einer solchen doch durch und durch oberflächlichen Frau. Sie traf sich mit ihm und schützte mich vor, hatte ich zu Gambetti gesagt, sie hatte sozusagen den Sohn aufsuchen müssen an der Oberfläche, um sich in der Tiefe mit dem Erzbischof treffen zu können in der Heimlichkeit, die nur als niedrig bezeichnet werden kann. Und stellen Sie sich vor, auf zwei Tage ist sie mit Spadolini nach Palermo gereist mit dem Flugzeug und hat mit ihm auch noch zwei Nächte in Cefalù verbracht. Ich habe nichts dagegen, Gambetti, aber diese Heimlichkeit stößt mich ab. In Wahrheit kenne ich keinen gebildeteren und wertvolleren Menschen als Spadolini, Sie selbst und Zacchi ausgeschlossen, hatte ich zu Gambetti gesagt. Ein so hochsensibler Charakter, ein so durchgeistigter Kopf und mit meiner Mutter in einer abstoßenden Heimlichkeit verbunden über Jahre, über Jahrzehnte. Aber meine Mutter hat von Spadolini nichts gelernt. Vielleicht fasziniert Spadolini gerade die Unbekümmertheit, die Dummheit meiner Mutter, hatte ich zu Gambetti gesagt. Tagsüber lief sie mit mir die römischen Geschäfte ab, nachts traf sie sich mit Spadolini in Trastevere, wie ich weiß. Aber nicht nur, um dort, wie wir es tun, Fische zu essen, Wein zu trinken, die Beine auszustrecken und allein darüber glücklich zu sein, Gambetti, nicht nur das. Die beiden haben diverse Spelunken in der Nähe der sogenannten Hundevernichtungsanstalt, die Sie kennen, aufgesucht und sich von dem Angstgeheul der zur Vernichtung eingelieferten sogenannten herrenlosen römischen Hunde nicht stören lassen. Die Quelle allerdings, aus welcher ich meine Informationen habe, werde ich Ihnen nicht verraten, hatte ich Gambetti gesagt, nicht einmal Ihnen. Spadolini, dieser intelligente Kopf, dieser hervorragende Wissenschaftler, Verfasser so ausgezeichneter Schriften, das Genie der Rede- wie der Schweigekunst, von welchem für mich immer eine ganz große Faszination ausgegangen ist. Wie er zum ersten Mal nach Wolfsegg gekommen ist, hatte ich gedacht, Wolfsegg hat bisher keinen solchen großartigen Menschen und Mann gesehen. Wie er bei uns die erste Messe gelesen hat im Pfingstornat, Gambetti, Sie können sich meine innere Begeisterung nicht vorstellen, ich war nahe daran, meine Zweifel gegen die katholische Kirche abzulegen, wie ich ihn zum ersten Mal gesehen habe. Ein Mann von solcher Schönheit, muß ich sagen, von solchen Manieren, von solcher Natürlichkeit wie kein zweiter, ebenso Künstlichkeit, wie kein zweiter. Ich hatte mich, das ist die Wahrheit, sogleich in Spadolini verliebt gehabt. Aber meinem Vater war Spadolini immer ein Dorn im Auge gewesen, er hatte nichts gegen ihn tun können, meine Mutter bestimmte, wann Spadolini uns besuchte, meine Mutter bestimmte, wann sie Spadolini, ihren Liebhaber, in Wien oder in Paris aufsuchte, schließlich in Rom. Ich fahre zu Spadolini, hat sie gedacht, während sie zu meinem Vater gesagt hat, daß sie zu mir fährt. Möglicherweise hat sie mir nur vorgemacht, gerade in Rom angekommen zu sein, Gambetti, wie sie am Nachmittag ins Hassler gekommen ist, und war schon tagelang in Rom mit Spadolini zusammen, wer weiß. Ich traue meiner Mutter alles zu. Spadolini führte sie in die Oper, Spadolini fuhr mit ihr nach Neapel, Spadolini mietete für sie beide ein Taxi, um mit ihr bis nach Bari zu fahren zu einem Freund der beiden, wie ich weiß. Spadolini ist ja der, wie Sie wissen, der alle Frauen am meisten fasziniert, vor welchem die Botschafterinnen zu Boden gehen, sie drängen sich, um ihm die Hand zu küssen und ihm mit zitternden Knien von unten in die Augen zu schauen. Es wäre aber auch völlig unnatürlich, wenn ein solcher Mann für das Weltliche verloren ginge, hatte ich zu Gambetti gesagt, aber daß es gerade meine Mutter sein muß, die er sich ausgesucht hat aus den Hunderten von Anwärterinnen für seinen unnachahmlichen Charme, ist ein Unglück. Ich bin die Lüge, Gambetti, hatte ich zu Gambetti gesagt, die Spadolini ermöglicht. Mein Vater aber hat natürlich nicht nur eine Ahnung von dieser Liaison, hatte ich zu Gambetti gesagt, er *hat volle Kenntnis davon,* nur hätte es für ihn keinerlei Sinn, aufzubegehren, meine Mutter kann meinem Vater gegenüber machen, was sie will. Aber offen zu Spadolini nach Rom zu reisen, getraute sie sich denn doch nicht, da mußte sie mich, den verrückten, größenwahnsinnigen Sohn, der im Hassler abgestiegen ist für Monate und der sich gegen alle Regeln des Anstandes eine der teuersten Wohnungen auf der Piazza Minerva gemietet hat auf Jahre, möglicherweise auf Jahrzehnte, weil er den Blick auf das Pantheon zum Frühstück haben will, ganz ungeniert vorschützen. Und ich weiß, daß meine Mutter nicht weiß, daß sie sich in erster Linie mit Spadolini in Rom trifft, hatte ich damals zu Gambetti gesagt. Ihre Schauspielerei ist eine vollendete, wenn es sich um ihre Verlogenheit meinem Vater gegenüber handelt, hatte ich zu Gambetti gesagt. Da erreicht sie eine unübertreffliche Kunstfertigkeit, gleich den höchstentwickelten Künstlern. Weil sie nur wegen Spadolini nach Rom gekommen war damals, dachte ich jetzt in Betrachtung des Fotos, das sie mit meinem Vater auf dem Londoner Victoriabahnhof zeigt, langweilte sie sich auch die ganze Zeit mit mir, denn sie hatte nichts anderes im Kopf die ganze Zeit als Spadolini. Aber die Beziehung zwischen den beiden geht nicht auf das Konto Spadolinis, hatte ich zu Gambetti gesagt, sie geht ganz und gar auf das Konto meiner Mutter. *Du kannst doch jetzt, in der Jagdzeit, nicht die Jäger alleinlassen,* dieser zu meinem Vater gesagte Satz ihrerseits erscheint mir jetzt, so lange Zeit nach diesem ihrem Rombesuch, noch als viel gemeiner als damals. Selbst die Jäger und schließlich ich hatten herhalten müssen, um ihr Spadolini in Rom zu ermöglichen. Während sie doch nur daran gedacht hat, möglichst bald wieder mit Spadolini zusammenzusein, hat sie sich nicht geschämt und entblödet, wie gesagt wird, an meinen Vater täglich eine Ansichtskarte mit der Engelsburg und dem Pantheon und der Peterskirche, also die abgeschmacktesten überhaupt, abzuschicken mit solchen Sätzen, wie: wir (also sie und ich!) verbringen sehr schöne Tage in Rom etcetera und diese Karten von mir unterschreiben lassen, so hatte sie, wie sie glaubte, ein Alibi und einen Beweis dafür, jeden Tag mit mir zusammen zu sein, mit keinem andern. Spadolini war die Hauptperson ihres römischen Aufenthaltes, aller ihrer römischen Aufenthalte, Gambetti, nicht ich. Allerdings, Gambetti, hatte ich zu Gambetti gesagt, lege ich gar keinen Wert darauf, die Hauptperson ihrer römischen Aufenthalte zu sein. Die Lügenhaftigkeit meiner Mutter hatte damals einen hohen Grad an Unverfrorenheit erreicht, hatte ich zu Gambetti gesagt und mich dieses Satzes, muß ich mir eingestehen, augenblicklich geschämt, ich fühlte, daß ich mit dieser Bemerkung zu weit gegangen war, wenigstens Gambetti gegenüber, was ich auch gleich seiner Reaktion auf meine Bemerkung hatte entnehmen können. Er ist zu *feinnervig,* hatte ich jetzt gedacht, um diese meine Bemerkung und nicht nur diese eine, nicht als deplaziert, ja als geradezu widerwärtig zu empfinden. Der Lehrer hat sich dem Schüler nicht in dieser widerwärtigen Weise zu offenbaren, hatte ich gedacht, aber diese Einsicht war schon zu spät gekommen. Andererseits, hatte ich gedacht, habe ich meinem Schüler Gambetti gegenüber offen zu sein. Offen ja, aber nicht niedrig, hatte ich mich gleich verbessert, offen ja, aber nicht gemein, offen ja, aber nicht ordinär, offen ja, aber nicht infam. Aber Gambetti kennt mich zu lange, um mich nicht zu begreifen, hatte ich wieder daraufhin gedacht, und er kennt mich schon so lange und akzeptiert mich, er muß seine Gründe haben, hatte ich gedacht. Mit Spadolini *und* meiner Mutter ist es ein gefährliches Kapitel, hatte ich, dieses Kapitel wieder einmal abschließend, zu Gambetti gesagt, wir waren damals unter dem Haus von De Chirico auf- und abgegangen, ohne entscheiden zu können, wollen wir nun in der Teestube an der Spagna einen Tee trinken, oder uns im Greco niederlassen. Ein plötzlicher Regen hatte uns dann ins Greco hineingetrieben wie so oft, um unser Gespräch fortzusetzen, das tatsächlich Pavese zum Mittelpunkt gehabt hat, nicht Spadolini und meine Mutter, auf welche ich durch eine Bemerkung Paveses in seinem berühmten *Handwerk des Lebens,* eines meiner Hauptbücher überhaupt, gekommen war, über welches ich Gambetti einiges zum besten gegeben habe an diesem Tag. Ich verglich Pavese mit Heine und erläuterte Gambetti gegenüber meine Ansicht. Ich weiß nicht mehr, durch was ich von Pavese und Heine, den geliebten, auf einmal auf Spadolini und meine Mutter gekommen bin. Spadolini selbst hat naturgemäß mir gegenüber sein Zusammentreffen mit meiner Mutter in Rom immer verschwiegen, obwohl ich Spadolini sehr oft treffe, und ich treffe ihn gern und suche ihn beinahe wöchentlich in seiner Wohnung oder in seinen Amtsräumen auf, hat er niemals auch nur die geringste Erwähnung darüber gemacht, meine Mutter getroffen zu haben, der Kirchenmann schwieg sich aus. Ich bin mir nicht sicher, ob er nicht doch gewußt hat, daß ich über sein Zusammentreffen mit meiner Mutter informiert bin. Einmal haben wir uns gemeinsam getroffen, Spadolini, meine Mutter und ich und sind nach Rocca di Papa hinauf, wo uns Spadolini zum Mittagessen eingeladen hat, wie immer auf seine großzügige Weise. Er ist einer der besten Gastgeber, die ich kenne. Meine Mutter und Spadolini zeigten sich mir bei dieser Gelegenheit in Rocca di Papa als vollendete Schauspieler, nichts an ihnen deutete an diesem Mittag darauf hin, daß sie sich am vorangegangenen Abend für eine ganze Nacht getroffen hatten, genauso wenig darauf, daß sie schon wieder eine Vereinbarung für ein Treffen am kommenden Abend geschlossen hatten. Meine Lage zwischen den beiden Lügnern und Heuchlern, zwischen der verlogenen Mutter und dem heuchelnden Kirchenmann, war keine angenehme, wie sich denken läßt. Aber ich bin damit fertig geworden, ich hatte mir nicht das geringste anmerken lassen, ich tat, als sei ich der Ahnungsloseste auf der Welt die beiden betreffend. Meine Mutter verabschiedete Spadolini in Rocca di Papa so, als hätte sie ihn das letzte Mal gesehen, während sie doch schon für die Abendstunden mit ihm ein Treffen ausgemacht hatte. Spadolini fuhr mit einem Taxi nach Rom zurück, genauso ich mit meiner Mutter, ich empfand diese getrennte Fahrt hintereinander als nichts anderes als eine peinliche Groteske, die mir die ganze Situation deshalb so deutlich gemacht hat, weil sie so perfekt inszeniert gewesen war, von welchem der beiden mit einem größeren Geschick, kann ich nicht sagen, von Spadolini oder von meiner Mutter. Ich darf aber annehmen, daß wie immer in solchen Situationen meine Mutter die Raffinierte gewesen ist. Spadolini ist nur der von ihr geführte Ausübende ihrer Verschleierungskunst, hatte ich gedacht, hatte ich zu Gambetti gesagt. Es ist mir der peinlichste Gedanke, Gambetti, mir sagen zu müssen, der Kirchenfürst ist der hörige Laffe meiner Mutter, wie Sie sich denken können. Naturgemäß ist meine Beziehung zu Spadolini durch diese Verbindung mit meiner Mutter eine heikle, aber ich werde diese Beziehung natürlich niemals aufgeben, selbst wenn sie einer noch viel größeren Belastungsprobe ausgesetzt ist, denn ich will auf einen Menschen wie Spadolini nicht verzichten. Ich suche ihn gern auf und ich bin froh, daß es ihn in Rom gibt. Wir kennen nicht viele

Menschen, denen wir mit einem größeren Interesse und mit einer größeren Faszination begegnen können, wenn wir es notwendig haben. Denn ohne Zweifel ist Spadolini einer der wenigen *Geistes*menschen, die ich in Rom habe. Auf einen solchen verzichtet ein *Verstandes*mensch nicht. Nein wirklich, Gambetti, hatte ich zu diesem gesagt, ich habe, Spadolini betreffend, nicht die geringsten Skrupel. Nur gönne ich ihn meiner Mutter nicht, Gambetti, sie verdient keinen wie Spadolini. Die beiden nennen Freundschaft, sagte ich auflachend, was doch nur ein niederträchtiges, gleichzeitig aber auch allzu lächerliches Verhältnis ist, hatte ich zu Gambetti gesagt. Tatsächlich verschleiern die Fotografien nichts, decken nichts zu, machen das, das die darauf Abgebildeten lebenslänglich verschleiern und verdecken wollen, offensichtlich, rücksichtslos, dachte ich in der fortgesetzten Betrachtung der Fotos. Das Verzerrte, das Verlogene auf ihnen ist die Wahrheit, dachte ich. Die absolute Verleumdung darauf ist die Wahrheit. Sind die auf den Fotos Abgebildeten, Abgelichteten, wie gesagt wird, tot, sind sie nicht besser. Neunzehnhunderteinunddreißig in London, sagte ich mir, da waren die Eltern noch, wie gesagt wird, junge Leute. Waren auf Reisen gegangen. Hatten noch keine Kinder. Jahrelang hat sich meine Mutter gegen Kinder gewehrt, bis ihr Mann sie zu Kindern gezwungen hat. Er forderte wenigstens einen Erben von ihr. Wolfsegg mußte einen Erben haben. Als sie Johannes auf die Welt gebracht hat, soll sie geschworen haben: kein Kind mehr. Aber schon ein Jahr später war ich auf die Welt gekommen, das Schwierige, das Teuflische, das Unglücksbringende. Sie hatte mich, wie ich immer gehört habe, nicht haben wollen, sich gegen mich gewehrt. Aber sie hatte mich gebären *müssen*. Ihren Unheilbringer, wie sie so oft gesagt hat, mir auch ins Gesicht bei allen möglichen Gelegenheiten, die gar nicht mehr aufgezählt werden können. Aber auch mit meinen Schwestern, die auf mich folgten, war sie nicht glücklich gewesen, sie war niemals gewesen, was allgemein als glückliche Mutter bezeichnet wird, wenn es diese glückliche Mutter überhaupt gibt. Der Erbe war akzeptiert worden, ich war niemals wirklich akzeptiert worden, als sein Stellvertreter war ich anerkannt, nicht als mehr, zeitlebens habe ich mich als Ersatz für Johannes zu fühlen gehabt und ist mir zu verstehen gegeben worden, daß ich nur der Ersatzerbe sei, sozusagen für den äußersten Notfall erzeugt, wie ich weiß, an einem Sommerabend in der Kindervilla. Widerwillig, wie mir meine Mutter oft gesagt hat. In der Hitze des Gefechts, sozusagen, Mitte August. Meine Mutter soll einen Internisten in Wels aufgesucht haben in der Absicht, sich durch diesen von mir zu befreien, aber der Internist hat das abgelehnt, als für meine Mutter lebensgefährlich. Die sogenannte Abtreibung war damals noch nicht so einfach gewesen, tatsächlich immer mit einem Lebensrisiko verbunden. So hatte sie sich in ihr Schicksal gefügt. Lebenslänglich betrachtete sie mich als unerwünscht und sie stellte mich auch immer nur als unerwünscht hin, gleich bei welchen Gelegenheiten, bezeichnete mich auch oft als *das überflüssigste Kind, das man sich vorstellen kann.* Ich hatte zwar Zuflucht gesucht bei den Großeltern, mütterlicherseits in Wels, väterlicherseits in Wolfsegg selbst, aber ich blieb immer der, welcher nirgends hingehörte. Das machte eine Erziehung meinerseits tatsächlich unmöglich, richtete mich schon die ersten Lebensjahre fast zugrunde, vernichtete mich fast gegen das achtzehnte und neunzehnte Jahr. Ich darf sagen, kein anderer hat mich schließlich gerettet, als mein Onkel Georg, der sich meiner angenommen hat in dem Augenblick, in welchem ich mich völlig von allen alleingelassen gefühlt hatte. Der Ersatzerbe war allen immer ziemlich gleichgültig gewesen. Sie schauten auf Johannes, um mich kümmerten sie sich nicht. *Unser Johannes!* hatte es immer geheißen im Zusammenhang mit glücklichen Umständen, meinen Namen hörte ich sie immer nur aussprechen im Zusammenhang mit Widerwärtigem. Zu allem Unglück, hatte ich einmal zu Gambetti gesagt, ist dann auch noch der Nationalsozialismus gekommen, für den die Meinigen die Anfälligsten gewesen waren. Der Nationalsozialismus hat ihnen in allem und jedem entsprochen, sie hatten sich in ihm sozusagen selbst entdeckt. Neben ihrem großen, größtenteils aber doch nur *lieben Gott,* hatten sie auf einmal noch den *großen Führer.* Obwohl er, als ich sozusagen in die denkenden Jahre gekommen bin, längst der Vergangenheit angehörte, hatte ich den Nationalsozialismus noch auf die schädlichste Weise zu spüren bekommen. Denn der Nationalsozialismus meiner Eltern hatte mit dem Ende des Nationalsozialismus nicht geendet, weil er ihnen angeboren war, pflegten sie ihn nach dem Ende der nationalsozialistischen Ära weiter, er, wie ihr Katholizismus, war tatsächlich nichts anderes gewesen, als ihr Lebensinhalt, ohne welchen sie gar nicht auskommen und gar nicht existieren konnten. So war ich, obwohl die nationalsozialistische Ära längst vorbei war, doch nationalsozialistisch erzogen worden, gleichzeitig katholisch, also mit einer sich auf den heranwachsenden Menschen grausam und entsetzlich auswirkenden österreichischen Machtmischmethode. Das ka-

tholisch-nationalsozialistische Element, die katholisch-nationalsozialistischen Erziehungsmethoden sind aber die in Österreich normalen, die
üblichen, die am weitesten verbreiteten und wirken sich also überall ungehemmt auf dieses ganze letzten Endes nationalsozialistisch-katholische
Volk verheerend und grausam aus. In Österreich herrschen uneinge-
schränkt nationalsozialistisch-katholische Erziehungsmethoden, wer etwas anderes behauptet, ist ein Lügner und ein Ignorant gleichzeitig und
die Gesetze dieses Landes sind auch nichts anderes als nationalsozialistisch-katholische mit ihrem verheerenden und vernichtenden Auswir-
kungsmechanismus. Das ist die österreichische Wahrheit. Der österreichische Mensch ist durch und durch ein nationalsozialistisch-katholischer
von Natur aus, er mag sich dagegen wehren, wie er will. Katholizismus
und Nationalsozialismus haben sich in diesem Volk und in diesem Land
immer die Waage gehalten und einmal war es mehr nationalsozialistisch,
einmal mehr katholisch, aber niemals nur eines von beidem. Der österreichische Kopf denkt immer nur nationalsozialistisch-katholisch. Auch
die österreichischen Denker haben immer nur so, mit einem solchen unappetitlichen nationalsozialistisch-katholischen Kopf gedacht. Gehen wir
in Wien auf die Straße, sehen wir letzten Endes nur Nationalsozialisten
und Katholiken, die sich einmal mehr als Nationalsozialisten geben, einmal mehr als Katholiken, meistens aber als beides zugleich, was sie bei
näherer Begegnung und Betrachtung und eingehender Beobachtung so
widerwärtig macht letzten Endes, ob wir das wahrhaben wollen oder
nicht, hatte ich zu Gambetti gesagt. Lesen wir etwas in den österreichischen Zeitungen, so ist es entweder katholisch oder nationalsozialistisch,
das ist dann, müssen wir sagen, *das Österreichische,* hatte ich zu Gambetti
gesagt, doppelt verlogen, doppelt gemein, doppelt gegen den Geist, Gambetti, hatte ich zu diesem gesagt. Sprechen wir eine Zeitlang mit einem
Österreicher, haben wir doch bald den Eindruck, mit einem Katholiken
zu sprechen, mit keinem freien, unabhängigen Menschen, Gambetti, oder
haben den Eindruck, mit einem Nationalsozialisten zu sprechen und
schließlich den Eindruck, wir sprechen mit einem durch und durch katholisch-nationalsozialistischen, der uns bald der Widerwärtige ist. Dieser
katholisch-nationalsozialistische Geist, wenn ich das Wort *Geist* in diesem
Zusammenhang, weil ich nicht anders kann, schon einer solchen Beschmutzung auszusetzen gezwungen bin, hatte ich zu Gambetti gesagt,
herrschte immer in Wolfsegg und er wird immer dort herrschen. Mein

Bruder Johannes ist von demselben Geist, wie übrigens meine Schwestern auch, diese aber natürlich auf die dummdreiste Art zum Unterschied von meinem Bruder Johannes, der, wie unser Vater, den katholisch-national-sozialistischen Geist, welcher ja, wie ich schon oft gesagt habe, der österreichische Ungeist ist, mehr oder weniger lebenslänglich gepflegt hat. Ich selbst habe mich diesem Geist entzogen, Gambetti, wenngleich ich auch lebenslänglich diesen Kampf zu kämpfen haben werde, weil dieser Geist ein angeborener ist und die angeborenen Geister wird man entweder gar nicht mehr, oder nur auf die fürchterlichste Weise zwar immer wieder, aber wahrscheinlich niemals endgültig los, Gambetti. Aber meine Existenz ist die lebenslängliche Befreiung von diesem österreichischen Ungeist, hatte ich zu Gambetti gesagt. Von diesem Geist als Ungeist bin ich immer wieder angekränkelt, hatte ich zu Gambetti gesagt. Aber kaum bemerke ich diesen urösterreichischen Ungeist in oder an mir, wehre ich mich mit Haut und Haaren dagegen. Neunzehnhunderteinunddreißig, dachte ich in Betrachtung der Fotografie aus dem Jahre 1960, die meine Eltern auf dem Victoriabahnhof in London zeigt, waren meine Eltern gerade verheiratet und meine Mutter hatte ihren Triumph, sozusagen ihren Höhepunkt erreicht. Mein Vater allerdings hatte noch nicht erreicht, was er wollte: den Erben. Die Männer wie mein Vater wollen kein Kind, sie wollen einen Erben und sie verheiraten sich erst sehr spät nur zu diesem einen einzigen sie wirklich fesselnden Zweck, sie überstürzen die Hochzeit mit einer Frau, die sie nur kurze Zeit gekannt haben und von welcher sie fast nichts wissen können in ihrer Habgier nach einem Erben. Kommt der Erbe auf die Welt, sind sie schon ziemlich geschwächt und als alt zu bezeichnen. Die Mutter sagt zu einem solchen Mann, ich schenke dir einen Erben und nimmt ihm gleichzeitig und tatsächlich praktisch alles weg. Andererseits hat der neue Vater das Gefühl, die Schuldigkeit getan zu haben, auf die es ihm angekommen ist. Ist der Erbe da, interessiert ihn die Frau gar nicht mehr. Er straft sie die meiste Zeit durch Nichtbeachtung und wirft ihr, wenn er dazu aufgelegt ist und sie ihm die Möglichkeit dazu gibt, ihre Gemeinheit vor, daß sie seine Großzügigkeit ausgenützt und nur geheiratet habe, um an sein Vermögen zu kommen. Beide halten sich gegenseitig mit der Zeit alles vor und machen sich das Dasein zur Hölle. Die Ehe wird nicht zu einer gegenseitigen Hochachtung und Beruhigung und zu einem gegenseitigen verständnisbereiten und schließlich verständnisvollen Leben, sondern nach und nach von ihnen zur Hölle gemacht.

Beide richten sich in dieser Hölle ein und hassen sich schließlich. Diesen gegenseitigen Haß erkennen sie bald als einen notwendigen an und leben mit ihm ganz gut den Rest ihrer Existenz auf. Während mein Vater sich aber mit der Zeit in sich selbst zurückgezogen hat gegen meine Mutter, hatte diese sich nach einem Wirkungsfeld ihrer durchaus noch nicht verkümmerten fraulichen Ideen und Leidenschaften umgeschaut, eben nach einem Spadolini, sagte ich mir in Betrachtung des Fotos. Die mehr oder weniger unglücklichen Umstände hatten ihr dann doch auf geradezu glückliche Weise sogar einen Erzbischof zugeführt. Noch dazu einen, der, zu einem beneidenswert gut gebauten Körper, auch einen der hellsten Köpfe hat. Ist sie am glücklichsten mit Spadolini, sagt sie zu ihm *Mein Nuntius,* wie ich weiß. Die Szene ist sicher rührend, herzzerreißend, hatte ich zu Gambetti gesagt. Ich war dabei, wie immer, wenn ich sozusagen den *heiklen* Spadolini angesprochen habe, wütend. Es ist doch absurd, sagte ich mir, wir lehren die deutsche Literatur und die deutsche Dichtung und, weil wir größenwahnsinnig sind, auch noch die deutsche Philosophie und geben vor, diese Literatur und diese Dichtung und diese Philosophie zu kennen oder wenigstens mit ihr vertraut zu sein, und sind in Wahrheit nichts anderes als Teil dieses Wolfsegger Gesindels, vor welchem es uns alle Augenblicke graust, wenn wir daran denken. Wir gehen aus einer solchen infamen Provinzhölle wie Wolfsegg nach Rom und sprechen mit allen Leuten über Schopenhauer und Goethe und schämen uns nicht. Es ist ein durchaus perverser Antrieb, sagte ich mir, dem wir folgen. Tatsächlich bin ich dabei, Wolfsegg und die Meinigen auseinanderzunehmen und zu zersetzen, sie zu vernichten, auszulöschen und nehme mich dabei selbst auseinander, zersetze mich, vernichte mich, lösche mich aus. Das allerdings, hatte ich zu Gambetti gesagt, ist mir wieder ein angenehmer Gedanke, meine Selbstzersetzung und Selbstauslöschung. Nichts anderes habe ich ja vor lebenslänglich. Und wenn ich mich nicht täusche, gelingt mir diese Selbstzersetzung und Selbstauslöschung auch, Gambetti. Ich tue in Wirklichkeit nichts anderes, als mich zu zersetzen und mich auszulöschen, wache ich auf in der Frühe, ist es mein erster Gedanke, das zu tun, an meine Zersetzung und Auslöschung zu gehen mit Entschiedenheit. Die Eltern führten uns Kinder immer nur an den Abgrund, ohne uns den Abgrund wirklich zu zeigen, sie ließen uns nicht hinunterschauen, sie rissen uns immer in dem entscheidenden Augenblick zurück, so trachteten sie immer danach, uns nur immer an die Abgründe zu führen, ohne sie uns zu zeigen, was uns ruiniert hat. So handeln Milliarden Eltern, hatte ich zu Gambetti gesagt. Ich wechselte jetzt die Fotos aus, ich legte das, auf welchem mein Bruder auf dem Segelboot abgebildet ist, über das, worauf meine Eltern abgebildet sind, und unter dieses das mit meinen Schwestern. Sie waren damals nach Cannes gekommen, um meinem und ihrem Onkel Georg Geld für eine von ihnen geplante Amerikareise abzuluchsen, für die ihnen meine Eltern keinen Groschen gegeben hatten, weil sie eine solche Reise als für meine Schwestern völlig überflüssig bezeichneten. Sie hatten in Cannes alles versucht, meinen Onkel um die für ihre Reise notwendige Summe zu erleichtern. Aber nach zwei Wochen hatten sie aufgegeben, mein Onkel hatte ihnen keinen Groschen gegeben, auch er war der Meinung gewesen, daß ein für eine Amerikareise meiner Schwestern gegebenes Geld ein zum Fenster hinausgeworfenes Geld sei. Seither haßten meine Schwestern den Onkel Georg mit einem noch größeren Haß, als vorher. Obwohl er mit ihnen in Nizza sehr großzügig umgegangen ist, wie ich weiß, sie in die teuersten Lokale ausgeführt hat, ihnen viele Kleider gekauft hat, Armringe, Halsketten etcetera. Aber mein Onkel Georg hatte sie durchschaut. Und im übrigen sind nicht *sie selbst* auf die Idee gekommen, nach Cannes zu ihrem Onkel zu reisen, um ihm das Amerikageld herauszulocken, sondern, wie ich weiß, meine Mutter. *Sie* schickte ihre Töchter in gemeiner Absicht nach Cannes, vergeblich. Die treibende Kraft des Bösen, muß ich mir sagen, ist immer meine Mutter gewesen, hatte ich zu Gambetti gesagt. Das Böse auf Wolfsegg, wenn wir es auf seinen Ursprung zurückführten, führte immer auf unsere Mutter zurück, *sie* war der Ausgangspunkt. Andererseits, hatte ich zu Gambetti gesagt, wäre es aber völlig unsinnig, sie schuldig zu sprechen, sie konnte, so absurd das erscheint, nichts dafür. Genauso, wie sie immer der Ursprung alles Bösen gewesen ist, zog sie auch immer alles Böse an sich. Jeder Mensch, der mit ihr in Berührung gekommen ist, war auf einmal ein *böser* Mensch, könnte ich sagen, hatte ich zu Gambetti gesagt, so hat sie auch aus Spadolini einen bösen Menschen gemacht, wie aus mir, wie aus meinem Bruder etcetera. Und natürlich aus meinem Vater, der ursprünglich doch kein böser Mensch gewesen ist, einfältig muß ich sagen, ja, aber nicht böse. Ein solcher Mensch wie meine Mutter macht aus einer Familie, die niemals böse war, eine böse, aus einem Haus, das niemals bös war, ein böses, Gambetti. Aber es wäre völlig unsinnig, ihr allein die Schuld an diesem Bösen in die Schuhe zu schieben, wie wir das tun, weil wir keine andere Wahl haben, weil uns ein anderes Denken viel zu schwierig ist, zu kompliziert, einfach unmöglich; wir vereinfachen die Sache und sagen, *sie ist ein böser Mensch, unsere Mutter,* und haben daraus einen lebenslänglichen Gedanken gemacht. An dieser Frau sind wir alle böse geworden, hatte ich zu Gambetti gesagt. Das zweifellos rührende Element der vor mir liegenden Fotos schützte mich nicht davor, sogar jetzt, da sie tot waren, meine Eltern anzuklagen, gegen sie vorzugehen auf die gröbste Weise. Ja auf einmal hatte ich sogar den Gedanken, meine Eltern hätten mich ganz bewußt auf ihre gemeine Weise allein- und zurückgelassen. Aber diesen Gedanken zerstörte ich augenblicklich, weil er mir schon gleich, als ich ihn gedacht habe, als ein total unsinniger vorgekommen war. Die Mütter sind die Verantwortlichen, hatte ich plötzlich zu Gambetti gesagt, wie ich mit ihm auf dem Corso gegangen bin ein paar Tage vor meiner Abreise nach Wolfsegg, schon ganz nurmehr noch von Wolfsegg beherrscht, von der mich dort erwartenden Situation einer sogenannten *Vermählung* meiner Schwester mit einem Weinflaschenstöpselfabrikanten, von dem mir immer schon bevor ich noch aus Rom abgereist bin, den Hals zuschnürenden Wolfsegg, die Mütter allein sind die Verantwortlichen und gerade sie entziehen sich dieser Verantwortung dann, wenn sie Mütter sind, beinahe zur Gänze und schieben alles auf ihre Umwelt ab. Die Mütter sind die Verantwortlichen, werden aber doch nie zur Verantwortung gezogen, wenn es darauf ankäme, weil die Umwelt eine so hohe unausrottbare positive Meinung von den Müttern hat seit Jahrtausenden. Warum? hatte ich Gambettti gefragt, warum? Die Mütter werfen ihre Kinder in die Welt und machen die Welt dafür und für alles mit diesen Kindern Folgende verantwortlich, wo sie selbst die Verantwortung zu tragen hätten, aber nicht tragen. Die Mütter drücken sich vor jeder Verantwortung, was die von ihnen in die Welt geworfenen Kinder betrifft, das ist die Wahrheit, Gambetti. Auf einen Großteil, auf den größten Teil der Mütter trifft zu, was ich sage. Aber wie allein stehe ich damit. Solche Gedanken dürfen wir insgeheim denken, aber nicht aussprechen, Gambetti, für uns behalten, aber nicht veröffentlichen, wir müssen mehr oder weniger an ihnen ersticken in einer Welt, die auf solche Gedanken auf ihre Weise, nämlich mit Abscheu, reagiert. Eine Schrift, Gambetti, die ich mit *Die Mütter* überschreiben und veröffentlichen würde, hätte doch nur zur Folge, daß man mich zum Lügner oder zum Narren erklärt oder zu beidem gleichzeitig. Eine solche von mir geschriebene und veröffentlichte Schrift ertrüge die Welt nicht, die doch nur an die Unwahrheit und an die Heuchelei gewöhnt ist und nicht an die Tatsachen. In Wahrheit werden in dieser Welt die Tatsachen ignoriert und die phantastischen Ideale für Tatsachen erklärt, weil das politisch nützlicher und angenehmer ist, als das Gegenteil, Gambetti. Das Telegramm hat mich nicht erschüttert, wie gesagt wird, es hat mir nach und nach die Folgen durch den Kopf gehen lassen, die es nach sich ziehen wird, naturgemäß, aber ich hatte noch immer den klaren Kopf, den ich gehabt habe, wie ich das Telegramm zum ersten Mal las. Auch noch nachdem ich es zum zweiten und zum dritten Mal gelesen hatte, zitterten meine Hände nicht, mein Körper bebte nicht, nach Stunden zitterten sie nicht, meine Hände, bebte er nicht, mein Körper. Ganz ruhig betrachtete ich meine Wohnung, die ich mir in den letzten Jahren nach meinem Geschmack und ganz und gar nach meinem Geiste eingerichtet habe. Ich habe mich an die Größe dieser Wohnung gewöhnt, sie sozusagen ideal gemacht für meine Zwecke. Diese Wohnung verdankst du Zacchi, habe ich gedacht, der meiner Wohnung gegenüber in seinem eigenen Palast wohnt. Hier in deiner Wohnung ist dein Mittelpunkt und er wird es bleiben. Du wirst diesen Mittelpunkt deiner selbst nicht mehr aufgeben, alles tun, ihn niemals aufgeben zu müssen. Nichts wird dich von Rom ab und weg und nach Wolfsegg zurückbringen. Ich stand auf und ging zum Fenster. Die Piazza Minerva war so ruhig wie nie zuvor, zwei, drei Menschen, sonst nichts, das war um diese Zeit, fünf Uhr nachmittag, ungewöhnlich. Ich hatte die Jalousien zugemacht, meine Wohnung dadurch fast völlig abgedunkelt, so, in dieser beinahe völlig abgedunkelten Wohnung halte ich mich am liebsten in ihr auf, habe ich die besten Gedanken. Einmal dachte ich, ich reise noch am Abend nach Wolfsegg ab, mit dem Nachtzug, dann wieder, ich reise erst in der Frühe, ich reise *gleich* ab mit dem Zug, das eine Mal, ich reise *erst morgen* früh mit der ersten Maschine, das andere Mal, aber immer noch ruhig auf- und abgehend überlegte ich immer nur hin und her, wie nach Wolfsegg zurück. Ich stellte mir vor, wie und auf welche Weise meine Schwestern mich schon erwarteten, ich lasse sie im unklaren über meine Ankunft, dachte ich. Ich dachte, ich gehe hinunter und telefoniere und ging auch schon zur Tür, um hinunterzugehen, ging aber, war ich an der Tür, wieder von dieser zurück ans Fenster und umgekehrt, dutzende Male, vielleicht hunderte Male ging ich zur Tür und wieder zurück, ich weiß nicht mehr genau, wie oft, aber ich war öfter zum Fenster und wieder zur Tür zurückgegangen, als nur ein paar Mal, als nur dutzende Male. Ich setzte mich wieder an den Schreibtisch wie gewöhnlich um diese Zeit, aber nicht, um meiner Arbeit nachzugehen, meine Notizen zu machen, meinen Unterricht vor allem mit Gambetti vorzubereiten, sondern um wieder auf die Fotografien zu schauen, die ich noch immer auf meinem Schreibtisch liegen hatte. Ich hatte nicht das geringste Bedürfnis, mit Menschen Kontakt aufzunehmen, ich wollte absolut allein sein, ich hatte ganz einfach kein Mitteilungsbedürfnis, mit dieser Todesnachricht hatte ich jetzt auch allein zu sein, wen, hatte ich gedacht, sollte ich auch von dem Tod meiner Eltern verständigen und wie und auf welche Weise, an den einen und anderen dachte ich, den einen oder anderen Namen hatte ich auch in Betracht gezogen, die eine oder andere Telefonnummer auf einmal in meinem Kopf, aber ich war immer wieder von der Idee abgekommen, die Todesnachricht irgendeinem Menschen mitzuteilen, vielleicht Gambetti, dachte ich, vielleicht Zacchi, vielleicht Maria, meiner Dichterin, die nahe der Via Condotti wohnt und mit welcher ich für denselben Abend verabredet war zum Essen. Regelmäßig habe ich mich, solange ich in Rom bin, mit Maria getroffen, die einzige Frau, mit welcher ich einen Kontakt wirklich pflegte, zu der zu gehen ich jede Woche ein Bedürfnis gehabt habe die ganze Zeit, *zu der gescheiten gehst du*, habe ich immer gedacht, *zu der phantasievollen, zu der großen*, denn ich zweifelte nicht einen Augenblick daran, daß das, das sie schreibt, auch groß ist, immer noch größer gewesen ist, als alles andere von allen anderen Dichterinnen. Sie vor allem habe ich anzurufen und ihr zu sagen, warum es nichts aus unserer jüngsten Verabredung wird, warum ich nach Wolfsegg zurück muß, das ich ihr immer nur als verfluchtes Wolfsegg geschildert habe, als das für mich tödliche. Maria kennt kein anderes Wolfsegg, als mein tödliches, als mein verfluchtes, wie Gambetti kein anderes kennt, auch Zacchi kennt kein anderes, alle übrigen, mit welchen ich in Rom zusammenkomme, auch nicht, ihnen allen gegenüber habe ich immer nur von einem verfluchten und für mich tödlichen Wolfsegg gesprochen, von der Wolfsegger Provinzhölle. Maria anrufen, Gambetti anrufen, Zacchi anrufen, dachte ich und setzte mich wieder an den Schreibtisch. Nichts mitnehmen nach Wolfsegg, dachte ich. Ruhig bleiben. Die Schwestern anrufen, dachte ich. Ihnen Mitteilung machen über meine Ankunft. Zuerst muß ich aber selbst wissen, wann ich reise und ich weiß es noch nicht. Ich hatte aber nicht die Möglichkeit, mich zu entscheiden, ich kam zu keinem endgültigen Entschluß. Streiken die Eisenbahnen, fliege ich, sagte ich mir, streiken die Fluggesellschaften, fahre ich mit dem Zug, aber mit dem Zug muß ich noch heute nacht fahren, mit dem Flugzeug muß es morgen um fünf Uhr früh sein. Noch nach keiner Rückkehr aus Wolfsegg hatte ich mit einer solchen Abscheu an Wolfsegg zurückgedacht und mir geschworen, lange nicht mehr nach Wolfsegg zurückzukommen. Jetzt hatte ich *augenblicklich* wieder zurückzukehren. Unser Anwalt in Wels fiel mir ein, der Anwalt meines Vaters, der auf dem Franz Josefsplatz seine Kanzlei hat, die mir jedesmal, wenn ich sie betreten habe, widerwärtig gewesen ist. Die Frau des Anwalts sah ich plötzlich, genauso widerwärtig. Unseren Welser Arzt sah ich, widerwärtig. Dessen Frau, widerwärtig. Die Stadt Wels und in deren Folge alle umliegenden Kleinstädte sah ich in einem widerwärtigen Licht. Vöcklabruck sah ich, widerwärtig, Gmunden sah ich, widerwärtig. Diese fürchterlichen Menschen in ihren schweren, kotzenhaften Wintermänteln, dachte ich, mit ihren geschmacklosen Hüten auf dem Kopf, den schweren klobigen Schuhen an den Füßen. Ich sah den Welser Marktplatz und dachte, wie entsetzlich, wie abstoßend, den Gmundner Stadtplatz und dachte, wie widerwärtig. Wenn wir mit den Leuten in diesen widerwärtigen Orten reden, ist uns die ganze Welt nichts anderes, als eine widerwärtige. Leben wir aber in dieser Gegend, so haben wir andauernd mit diesen widerwärtigen Leuten zu tun, habe ich gedacht, wir entkommen ihnen nicht, sie sind die Regel. Ich ertrage ihre Redeweise genauso wenig wie ihre Kleidung, was sie denken, ertrage ich nicht, was sie zur Schau stellen, was sie getan haben und was sie vorhaben. Was sie sagen, ist gegen mich, was sie tun, ist gegen mich. Ihre katholisch-nationalsozialistische Lebensweise ertrage ich ganz einfach nicht, ihren Tonfall ertrage ich nicht, nicht nur, *was* sie sagen, sondern auch, *wie* sie das Gesagte gesagt haben, ertrage ich nicht. Wenn ich sie beobachte, kann ich ihnen gegenüber nicht die ihnen zustehenden Gefühle aufbringen, sondern nur die ungerechtesten, sagte ich mir, wahrscheinlich leide ich auch an einer krankhaften Abneigung gegen Wolfsegg, ich bin ungerecht gegen sie, ich bin rücksichtslos ungerecht gegen sie und gegen alles sie Betreffende in meiner Beobachtungsweise, ich verabscheue sie ganz einfach, wenn ich sie beobachte, es wird mir übel. Was nützen die schönen Gassen in diesen Kleinstädten, wenn sie von diesen abstoßenden Menschen bevölkert sind, dachte ich, was nützen mir diese schönen Plätze, wenn auf ihnen diese mehr oder weniger häßlichen Menschen herumstehen. Ich kann schon die längste Zeit kein Verständnis mehr aufbringen für sie. Ich verachte sie, ich hasse sie, gleichzeitig bin ich mir meiner entsetzlichen Ungerechtigkeit ihnen gegenüber bewußt. Ich kann und ich will mich aber bei allen diesen Leuten nicht beliebt machen, ich will mich diesem Volk nicht gemein und also beliebt machen, sagte ich mir, ich kann zu ihnen und in ihr Volk nicht mehr zurück. Ich kann in ihre lächerlichen Geschäfte nicht mehr eintreten, ich kann ihre stinkenden Kanzleien nicht mehr aufsuchen, ich kann nicht mehr in ihre eiskalten verlogen ausstaffierten Kirchen hineingehen. Diese Ärzte haben mich ruiniert, diese Anwälte haben mich betrogen, diese Pfarrer haben mich belogen, alle diese Menschen haben mich auf die abstoßendste Weise enttäuscht und in meinem Glauben an sie gedemütigt, und ich kann ihnen nicht mehr unter die Augen treten, dachte ich, sie sind mir nicht mehr möglich und durch nichts mehr möglich zu machen. Alle diese Leute hassen, was ich liebe, verachten, was ich achte, mögen, was ich nicht mag. Selbst ihre Luft empfinde ich nurmehr noch als eine ekelhafte. In der ganzen Welt habe ich Freunde, sagte ich mir, nur dort, wo ich eigentlich zuhause sein sollte, habe ich, außer unter den einfachen und einfachsten Arbeitern und Bergleuten, niemals Freunde gehabt. In der ganzen Welt war ich immer wenigstens zeitweise überglücklich gewesen, an vielen Orten der zufriedenste Mensch und der glücklichste, ja sogar der dankbarste, da, wo ich es sein sollte, nicht und niemals. Sie verstehen dich nicht, sie verstehen gar nichts, sie verstehen überhaupt nichts, sagte ich mir. Sie haben keine Lebensart, sagte ich mir. Sie leben, um zu arbeiten, aber sie arbeiten nicht, um zu leben. Sie sind gemein, sie sind niedrig, gleichzeitig größenwahnsinnig. Auf perverse Art sagen sie *Guten Morgen,* ebenso pervers *Guten Abend, Gute Nacht.* Denkst du an die Deinigen, wird dir übel, denkst du an die übrigen, wird dir genauso übel. Natürlich ist der, der so denkt, krank, sagte ich mir, und ich war mir augenblicklich der Gefährlichkeit meiner Stimmung bewußt. Ruhig bleiben, sagte ich mir, den klaren Kopf behalten, nur ruhig, absolut ruhig. Aber ich konnte mich dieser gefährlichen Stimmung nicht entziehen. Ich hörte förmlich, wie sie sagen: Er leidet an Verfolgungswahn, wie immer geredet wird, an einem anderen Größenwahn als wir, an seinem Größenwahn. Wenn *sie* mich sehen, wird ihnen übel, er sagt Guten Morgen und sie empfinden es als pervers, wie er Guten Abend sagt, Gute Nacht, sagte ich mir jetzt. Wie er sich anzieht, empfinden sie als genauso abstoßend, seine Kleider, seine Hüte, seine Schuhe, was er redet, was er denkt, was er tut oder nicht tut.

Sie verachten ihn, wie er sie verachtet, sie hassen ihn, wie er sie haßt. Wessen Verachtung, wessen Haß hat die größere Berechtigung? Ich kann es nicht sagen, sagte ich mir. Ich stand auf und ging ans Fenster, weil ich es am Schreibtisch nicht mehr aushielt und schaute auf die Piazza Minerva hinunter. Zacchi hatte alle Jalousien fest geschlossen, sagte ich mir, er ist wahrscheinlich gar nicht da, ist wahrscheinlich bei seiner Schwester in Palermo. Er besucht sie oft. Sie liegt nierenkrank in einem gerade auf die sogenannte Nierenschrumpfung spezialisierten Spital in einer der schönsten Landschaften Siziliens, unterhalb des Monte Pellegrini. Wenn er sämtliche Jalousien fest verschlossen hat, ist er nach Palermo zu seiner Schwester gereist, dachte ich. Aber ich werde doch den Versuch machen, ihm den Tod meiner Eltern mitzuteilen, sagte ich mir. Spät am Abend, vielleicht ist er dann wieder zurück. Ich ging durch die ganze Wohnung, in welcher ich alle Türen immer geöffnet habe, so weit wie möglich geöffnet, damit ich ungehindert hin- und hergehen kann, auf diese Weise erspare ich es mir sehr oft, auf die Straße gehen zu müssen, um mich zu regenerieren, es genügt, daß ich mehrere Male in meiner Wohnung hin- und hergehe. Ich habe mich selbst aus Wolfsegg entfernt, sagte ich mir und ging in die eine Richtung meiner Wohnung. Langsam beruhigte ich mich. Ich habe mich ganz bewußt selbst von Wolfsegg und von den Meinigen entfernt. Ich habe *mutwillig* mit Wolfsegg gebrochen. Ich habe meine Eltern ja auch immer vor den Kopf gestoßen. Ich habe alles gegen sie getan, auch gegen meine Geschwister immer alles getan, um sie vor den Kopf zu stoßen. Ich war in meinen Vordenkopfstoßmitteln nicht wählerisch. Ich habe sie sehr oft herabgesetzt und lächerlich gemacht, wo überhaupt nichts an ihnen herabzusetzen und lächerlich zu machen war, sagte ich mir und ich hatte doch wieder einen klaren Kopf. Ich habe meinen Vater oft auf die niederträchtigste Weise in Angelegenheiten beschuldigt, wo nichts zu beschuldigen war, ich habe meine Mutter belogen, ich habe sie auch oft lächerlich gemacht vor allen Leuten, sie herabgesetzt, ihr mit meinem Hochmut einen Hieb versetzt, mußte ich mir jetzt sagen. Aber ich beruhigte mich tatsächlich wieder, hatte tatsächlich einen klaren Kopf. Ich habe mich ganz bewußt von den Meinigen getrennt, mich ihnen gegenüber sozusagen selbstverschuldet entrechtet, sagte ich mir und ging in die andere Richtung. Die Wohnung habe ich so viele Jahre nicht ausmalen lassen, weil ich Handwerker nicht mehr vertrage, sagte ich mir und ich beobachtete die Risse auf dem Plafond. In einen Renaissancepalast

habe ich einziehen müssen, um mich endgültig allein zu fühlen, von allen
getrennt zu haben, sagte ich mir, denn die Wahrheit ist doch die, daß ich
mich von allen getrennt habe, nicht nur von den Meinigen in Wolfsegg,
Gambetti, Zacchi, Maria, auf diese paar Menschen ist meine Gesellschaft
zusammengeschrumpft und bald wird auch diese zusammengeschrumpfte
Gesellschaft nicht mehr existieren, sagte ich mir und ging wieder in die
umgekehrte Richtung. Wenn wir es übersehen, sind wir auf einmal *völlig
allein* und stehen *gänzlich ohne einen einzigen Menschen* da, sagte ich mir.
Ich hatte die Hände auf dem Rücken verschränkt, diese Angewohnheit
habe ich von meinem Großvater väterlicherseits übernommen, sagte ich
mir. Überhaupt habe ich nicht nur vieles, sondern das meiste von meinem
Großvater väterlicherseits übernommen. Wenn mein Onkel Georg wüßte,
wie allein ich jetzt auf einmal in Wirklichkeit bin. Ich sehne mich immer
nach dem Alleinsein, aber bin ich allein, bin ich der unglücklichste
Mensch. Ich ertrage das Alleinsein nicht und rede fortwährend davon, ich
predige das Alleinsein und hasse es zutiefst, weil es wie nichts sonst unglücklich macht, wie ich weiß, wie ich jetzt schon zu spüren bekomme, ich
predige beispielsweise Gambetti gegenüber das Alleinsein und weiß ganz
genau, daß das Alleinsein die furchtbarste aller Strafen ist. Ich sage zu
Gambetti, Gambetti, *das Höchste ist das Alleinsein,* weil ich mich als sein
Philosoph aufspiele, aber ich weiß ganz genau, daß *Alleinsein die fürchterlichste aller Strafen* ist. Nur ein Verrückter propagiert das Alleinsein und
vollkommen allein sein heißt ja am Ende nichts anderes, als vollkommen
verrückt sein, dachte ich und ging wieder in die umgekehrte Richtung.
Die Wohnung ist so groß, daß ich nicht das Gefühl haben muß in ihr, in
meinen Gedanken eingeschränkt oder gar bedrückt zu sein, sie läßt meinen Gedanken die Freiheit, die mir auch sonst große Plätze für meine
Gedanken lassen. Das habe ich berücksichtigt, als ich die Wohnung genommen habe in meinem Größenwahn, denn zweifellos ist es der Größenwahn meinerseits gewesen, der mich diese große Wohnung auf der
Piazza Minerva hatte mieten lassen zu einem letzten Endes doch ungeheuerlichen Preis, von welchem ich den Meinigen niemals hätte etwas
verlauten lassen dürfen, ich hatte ihnen einmal eine Summe genannt, weil
sie mich danach gefragt hatten, aber ich hatte ihnen nicht einmal den
halben Preis genannt, sondern eine Phantasiesumme, denn mit der Wahrheit hätten sie mich für verrückt erklärt. Es ist *eine der allergünstigsten
Wohnungen in ganz Rom,* hatte ich zu ihnen gesagt und dann niemals mehr

ihnen gegenüber über den Preis meiner Wohnung gesprochen. In Wahrheit empfinde ich aber auch diese Wohnung ab und zu als einen Kerker, sagte ich mir, und ich gehe in ihr hin und her, als ob ich in einem Kerker hin und her ginge. Und ich bezeichne diese meine Wohnung ja auch oft als meinen *Denkkerker,* aber nur für mich allein, niemandem sonst gegenüber, um nicht in den Verdacht der Verrücktheit zu kommen, denn eine Wohnung als Denkkerker zu bezeichnen, kann nur einem Verrückten einfallen, meinen sie mit Gewißheit. Ich setzte mich an den Schreibtisch und betrachtete die Fotografien, die ich schon den ganzen Nachmittag betrachtet hatte, beobachtet, wie ich mich sogleich verbesserte. Ich legte die Fotografien jetzt nebeneinander und sagte mir, daß die darauf Abgebildeten *so nicht* beurteilt werden können. Nicht als Fotografierte. Ich legte die Fotografien übereinander, so, daß das Foto mit meinen Eltern, das sie auf dem Victoriabahnhof in London zeigt, gerade, als sie im Begriff sind, in den Zug nach Dover einzusteigen, die beiden anderen zudeckte. Ich hatte das Gegenteil gewünscht, aber sie machten jetzt genau denselben komischen und lächerlichen Eindruck auf mich, wie vorher. Ich legte die Fotografien in die Schreibtischlade zurück und beschloß, meine Freunde, wie gesagt wird, anzurufen und mit der Frühmaschine von Rom abzufliegen, *nachhause.* Meine Finger zitterten nicht, mein Körper bebte nicht. Ich hatte einen ganz klaren Kopf. Was das Telegramm bedeutete, wußte ich.

Das Testament

Meine Ankunft in Wolfsegg war die unauffällige gewesen, die überraschende, die sie mir nie verziehen haben, indem ich nicht gleich zu ihnen
hinauf gefahren, sondern zuerst einmal im Ort ausgestiegen bin an der
Stelle, auf welcher ich mir sicher gewesen war, völlig unbeobachtet zu sein;
am Ortseingang, wo die Hauptstraße abzweigt zu den Bergwerken, in der
Nähe der Schule, neben der sogenannten *Mariensäule,* bat ich den Chauffeur, stehenzubleiben, mich aussteigen zu lassen und es war mir möglich
gewesen, über den ganzen Dorfplatz zu gehen, ohne einen Menschen zu
treffen; als ob sich alle in ihre Häuser und Behausungen zurückgezogen
hätten, war es mir vorgekommen, wie wenn sie sich nicht zeigen *wollten*
jetzt, da meine Eltern, wie ich angenommen hatte, in Wolfsegg oben
aufgebahrt sind mit meinem Bruder, als trauerte tatsächlich der ganze Ort,
hatte ich gedacht, ohne zu bedenken, daß auch an ganz gewöhnlichen
Wochentagen um die Mittagszeit der Ort leer ist. Ich hatte unter keinen
Umständen nach Wolfsegg hinauffahren wollen, der Chauffeur hatte
mich natürlich erkannt, schon auf der Bahnstation, schon in Attnang-
Puchheim, wo ich den Zug verlassen und gleich über die Bahnsteige zum
Taxi gegangen war, war mir vorgekommen, daß die Leute mich erkennen,
ich habe mich ihren Blicken aber durch raschere Schritte als sonst, entzogen und bin gleich auf das Taxi zugegangen und habe gesagt, ich wolle
so schnell wie möglich nach Wolfsegg. Während der Fahrt hatte ich aber
nicht an Wolfsegg, auf das ich zufuhr, gedacht, sondern an Rom, das ich in
der Frühe verlassen hatte, nur widerwillig fährst du diese Straße nach
Wolfsegg hinauf, hatte ich gedacht, nur widerwillig bist du hier, die ganze
Zeit, während ich doch in dem Taxi durch eine der schönsten Gegenden
überhaupt fuhr, vom Voralpenland weg an den Hausruck, welcher für
mich doch immer die angenehmste und die beruhigendste Landschaft
gewesen ist, vielleicht sogar auch die schönste von allen, wenn ich sie
jemals ohne die Meinigen und Wolfsegg hätte betrachten können. Ich
fuhr im Grunde durch meine Lieblingslandschaft, durch die dichten Waldungen nahe Kien und Stocket auf Ottnang zu. Diese Menschen, sagte ich
mir auf der Fahrt, hast du ja immer geliebt, die einfachen, die einfachsten,
die Bauern und Bergleute, die Handwerker, die Gastwirtefamilien im

Gegensatz zu den Deinigen in Wolfsegg oben, die dir immer entsetzlich gewesen sind schon als Kind, und ich fragte mich auf der Fahrt, warum ich die einen, die sogenannten unteren, weil sie in der unteren Landschaft leben zum Unterschied von den Meinigen in der oberen, immer geliebt habe, die andern nicht, die einen unteren, immer geachtet habe zum Unterschied von den Meinigen oben, die ich im Grunde immer *verachtet*, wenn nicht gar immer gehaßt habe, bei den einen, unteren hast du dich zeitlebens wohl gefühlt, bei den andern, den Meinigen, oberen, immer entsetzlich, bei den einen unteren zuhause, bei den Meinigen oberen, niemals, um diesen Gedanken aber nicht weiter voranzutreiben. Ich sah, wie schön die Landschaft ist, durch welche ich fuhr und dachte, wie gern ich die Menschen habe, die in ihr leben, vor allem die Bergleute, sagte ich mir, hast du immer gern gehabt, ihre Art und Weise, dir gegenüberzutreten und wie sie untereinander immer gewesen sind, schließlich bist du mit ihnen auch aufgewachsen, sagte ich mir, du bist mit ihnen in die Schule gegangen, du hast mit ihnen Jahrzehnte geteilt. Da ich so mit diesen Gedanken, die Landschaft und ihre Bewohner betreffend, beschäftigt war, hatte ich, was mir aber erst, nachdem ich schon ausgestiegen war, zum Bewußtsein gekommen ist, die ganze Zeit nichts mit dem Fahrer gesprochen, der mir vom Sehen, wie gesagt wird, bekannt gewesen ist, aber ich habe nicht gewußt, wie er heißt und ihn auch nicht danach gefragt, während ich sonst immer alle Leute in der Gegend gleich zu Anfang frage, was für einen Namen sie tragen, wie sie heißen, eine Angewohnheit, die mir mein Onkel Georg beigebracht hat, der große Menschenkenner, und, wie ich sagen muß, Menschenfreund. Niemand konnte so gut mit Menschen, vor allem mit den einfachen und ungekünstelten, umgehen, wie mein Onkel Georg. Von ihm allein habe ich erfahren, wie mit ihnen umgehen, wie mit ihnen sprechen, wie sich mit ihnen unterhalten, ein Gleichgewicht zwischen ihnen und meinesgleichen herzustellen, daß es für beide Teile das richtige ist. Mein Onkel Georg verstand sich mit den Einfachen am besten, er hatte sie geliebt, dasselbe kann ich ohne weiteres von mir selbst behaupten. Auf dem Dorfplatz war tatsächlich nicht ein einziges Lebewesen, selbst die sonst in der Mittagshitze auf ihm hockenden Katzen hatten sich verzogen, ich hatte also ungehindert, wie ich glaubte, *tatsächlich unbeobachtet* meinen Weg nach Wolfsegg hinaufgehen können. Die Wirtshäuser hatten die Vorhänge zugezogen, die Bäckerauslage war leer, der Fleischer hatte sein Rouleau herunterge-

lassen, es machte alles genau den traurigen Eindruck, der zu diesem Unglück, das uns betroffen hat, paßte. In Rom hatte ich noch zu Zacchi, den
ich tatsächlich telefonisch in Palermo erreicht habe, gesagt, daß es mir
nicht leicht falle, *jetzt schon wieder nach Wolfsegg* fahren zu müssen, *drei
Tage nach meiner Abreise schon wieder,* hatte ich gesagt, gerade in einem
solchen unstatthaften Tonfall, wie ich dachte, den ich mir jetzt nicht hätte
erlauben dürfen vor allem einer Person wie Zacchi gegenüber, die mir ja
nicht so nahe steht wie beispielsweise Maria oder Gambetti und ich bereute es auf meinem Weg über den Dorfplatz, überhaupt mit Zacchi telefoniert zu haben, denn Zacchi war mir während des ganzen Telefonats
ziemlich verständnislos, meine Lage betreffend, vorgekommen zum Unterschied von Maria, die mich ganz und gar verstanden hatte in jeder ihr
gesagten Einzelheit, in allen meinen, wenn auch merkwürdigen Äußerungen, die aber doch, wie sie wahrscheinlich sofort gespürt hat, gerade die
charakteristischen für mich gewesen sind, auch Gambetti hatte ich mehr
gesagt, als notwendig und bin dabei auch gleich wieder in Anschuldigungen gegenüber den Meinigen verfallen, ohne sie gleich wieder aufheben zu
können, ich hatte mich gleich ihm gegenüber in Anschuldigungen hineingeredet auf meine unbeherrschte Art und Weise, die ich selbst am meisten
hasse, die ich mir aber nicht unterbinden kann, wenn sie verlangen, gesagt
zu werden, *ich fahre in die Hölle zurück,* hatte ich zu Gambetti gesagt, noch
morgen früh um fünf, *entsetzlich* hatte ich auch noch gesagt zu ihm und
dabei nicht bedacht, beziehungsweise nicht darauf Rücksicht genommen,
daß diese Bemerkungen vollkommen überflüssig und im Grunde gemein
und wenigstens unstatthaft gewesen sind, unerhört den Meinigen gegenüber in einem Augenblick, in welchem sie wenigstens meinen Respekt
hatten verlangen können, aber ich kann mich niemals verleugnen, ich
muß mich geben, wie ich bin, wie ich angelegt worden bin eben von
diesen meinen Eltern, habe ich mir auf dem Weg über den Dorfplatz
gedacht. Wenn die Leute mich sehen, werden sie denken, dieser Mensch
ist immer schon merkwürdig gewesen, er geht zuerst und noch bevor er die
Seinigen oben in Wolfsegg begrüßt hat, über den Dorfplatz, der Ungezogene, der Abtrünnige, der Ungeliebte. Gleich darauf hatte ich aber gedacht, daß diese Leute im Dorf nicht so über mich denken wie die Meinigen, die über mich immer so gedacht haben, in ebenso unerhörter Weise
gegen mich, wie ich gegen sie, daß sie mich ja zum Unterschied von den
Meinigen oben, die mich verachten, achten, von den Meinigen oben, die

mich mehr oder weniger hassen, lieben. Die Dorfleute haben mich immer geliebt, wie ich sie, vor allem die Bergleute, die meisten Dorfleute sind Bergleute, die in unseren Braunkohlengruben gearbeitet haben und heute noch dort arbeiten, wenn auch in geringer Anzahl. Sie, die Dorfleute, sind ja immer mein einziger Trost gewesen, sagte ich mir auf dem Weg über den Dorfplatz. Hier habe ich reden können, was ich mit den Meinigen niemals hatte reden können, mich verständlich machen können, mich ausweinen können als Kind. Während hier im Dorf alles auf die natürlichste Weise vor sich geht und tatsächlich menschlich, habe ich auf meinem Weg gedacht, geht oben in Wolfsegg alles künstlich vor sich, unmenschlich, und ich fragte mich, wie es dazu gekommen ist, was die Ursache ist. Aber die Zeit auf diesem Weg über den Dorfplatz war zu kurz, um diesen Gedanken weiter zu verfolgen, er war gleich von einem anderen abgelöst: wie und in welcher Verfassung ich meine Schwestern antreffen werde? habe ich mich gefragt und mit einem einzigen Blick die ganze, an die zweihundert Kilometer weite Landschaft von Westen nach Osten erfaßt, was nur von hier aus möglich ist, von keinem anderen österreichischen Punkt aus. Genau an jener Stelle, an welcher ich immer schon stehengeblieben bin, weil es die beste ist, hatte ich auf einmal wieder die ganze Landschaft gesehen an diesem wolkenlosen Tag und ich hatte tief eingeatmet. Warum lassen wir uns eine solche herrliche Natur, habe ich mich in diesem Augenblick gefragt, von Menschen verunstalten und zerstören, die alles in sich nur *darauf* angelegt haben, wie wir glauben. Ich bin zu dem richtigen Zeitpunkt angekommen, habe ich gedacht und bin weiter gegangen, bergauf. Es war, als wäre der ganze Ort ausgestorben, denn ich hörte noch immer nichts. Sonst hörte ich aus allen Fenstern genau jene Geräusche, die auf die Tätigkeiten der hinter den Fenstern Lebenden aufmerksam machten, jetzt hörte ich nichts und ich bezog diese Tatsache auch auf unser Unglück. Alle haben sie an unserem Unglück teil, dachte ich. Die Allee hinauf bin ich nicht langsamer gegangen, wie es das natürlichste gewesen wäre, sondern schneller. Eine mir plötzlich bewußt gewordene schamlose Neugierde ließ mich die Allee schließlich hinauflaufen, vor dem großen Mauertor an der Meierei aber stehenbleiben, ich schaute zwischen den riesigen Ästen der zwei Torkastanien in den Park hinein und zur Orangerie hinüber, denn in der Orangerie sind, solange zurückgedacht werden kann, die Toten von Wolfsegg immer aufgebahrt gewesen. Tatsächlich war die Orangerie offen und die Gärtner gingen vor ihr mit

Kränzen und Buketten auf und ab. Ich beschloß, nicht gleich zur Orangerie zu gehen, ich wollte meine toten Eltern und meinen toten Bruder
noch nicht sehen. Die Verzögerung benützte ich dazu, das Geschehen vor
der Orangerie einer eingehenderen Betrachtung zu unterziehen, noch
hatte ich die Möglichkeit, denn noch war ich nicht entdeckt, noch hatte
mich keiner bemerkt. Die ruhige Art der Gärtner war mir gleich wieder
aufgefallen, wie sie wortlos und mit den für sie charakteristischen Bewegungen die Kränze aus der Meierei heraus und in die Orangerie hineintrugen. Wasserkübel schleppten sie aus dem Pferdestall herüber und in die
Orangerie hinein. Ein Jäger erschien, tat, als wollte er in die Orangerie
hineingehen, kehrte aber vorher wieder um und verschwand in Richtung
Meierei. Ich hatte mich an die Tormauer gedrückt, um einen noch idea-
leren Beobachtungspunkt zu haben. Wir müssen die Menschen dann beobachten, wenn sie nicht wissen, daß sie unser Beobachtungsopfer sind,
habe ich gedacht. Die Gärtner kamen aus der Meierei heraus und gingen
in die Orangerie hinein, immer mit Buketten und Kränzen, mit Wasser-
kübeln und Holzbrettern. Vor der Orangerie waren große Holzkübel mit
Zypressen und Palmen aufgestellt, auch eine Agave, wie sie die Gärtner in
der Orangerie immer gezogen und mit größter Sorgfalt gepflegt haben.
Mit welcher Mühe hier im Norden solche Charakteristika des Südens
gepflegt und gehätschelt werden, habe ich gedacht, an die Mauer gedrückt, mit einem, wie gesagt wird, schlechten Gewissen einerseits, mit
dem größten Beobachtungsgenuß andererseits. Ich hatte die Ruhe, die
Gärtner zu beobachten in dem Gedanken, wahrscheinlich auch bald eine
meiner Schwestern wenigstens zu Gesicht zu bekommen oder irgendeinen
anderen meiner Verwandten, ohne die Dringlichkeit, meine aufgebahrten
Eltern und meinen aufgebahrten Bruder unbedingt gleich sehen zu müssen, wie es zweifellos der geringste Anstand erforderte. Aber vielleicht
hatte ich auch Angst vor der Tatsache, die Meinigen auf einmal nicht mehr
lebendig, sondern nurmehr noch tot zu sehen. Ich fürchtete ihre Totengesichter, wie ich ihre lebendigen gefürchtet habe, ich fürchtete ihre Totengesichter jetzt nicht so, wie ihre lebendigen, aber ich fürchtete sie und
ich zog es vor, noch längere Zeit an die Mauer gedrückt stehenzubleiben,
als ganz einfach in den Park einzutreten. Das Theatralische des Vorgangs
an der Orangerie war mir auf einmal deutlich geworden, daß ich einem
Theater zuschaue, in welchem Gärtner mit Kränzen und Buketten agieren. Die Hauptfigur in diesem Theater aber fehlt, habe ich gleichzeitig

gedacht, und ebenso, das eigentliche Schauspiel kann erst anfangen, wenn ich auftrete, sozusagen der Hauptdarsteller, welcher aus Rom herbeigeeilt kommt für dieses Trauerspiel. Was ich vom Mauertor aus sehe, habe ich gedacht, sind nur die Vorbereitungen auf jenes Schauspiel, das ich, und niemand sonst, eröffne. Die ganze Szene und die dahinter, die von mir noch nicht eingesehene, die im Haupthaus also, kam mir dann vor, wie die Garderobe, in welcher sich die Darsteller herrichten, sich schminken, auf ihre Dialoge vorbereiten wie ich selbst, denn ich selbst kam mir vor, wie der Hauptdarsteller, der sich auf seinen Auftritt vorbereitet, mit allen denkbaren Möglichkeiten, um nicht sagen zu müssen, Raffinessen, der alles, das er darzustellen und aufzusagen hat, noch einmal rekapituliert, der seinen Text noch einmal überprüft, der seine Schritte noch einmal in seinem Kopf ausprobiert, während er die andern bei ihren Vorbereitungen, die alle geheime Vorbereitungen sein sollen, ruhig beobachtet. Die Ruhe überraschte mich, mit welcher ich am Torbogen gestanden bin und meine Rolle rekapituliert habe für ein Schauspiel, welches mir auf einmal gar nicht neu vorgekommen ist, sondern schon hunderte Male, wenn nicht tausende Male erprobt. Ich kenne dieses Schauspiel durch und durch, habe ich gedacht. Mich quälten die aufzusagenden Wörter nicht, sie kamen mir wie von selbst, meine Schritte, meine Handbewegungen waren so perfekt einstudiert, daß ich gar nicht nachdenken brauchte, wie sie ausführen, wie sie vollendet zur Geltung zu bringen. Ich bin als Hauptdarsteller in diesem Trauerspiel aus Rom angereist, dachte ich und ich habe auf den Genuß dieses Gedankens nicht verzichtet, ich hatte keinerlei Scham bei diesem Gedanken. Ich werde mich gut in Szene setzen, habe ich gedacht, und nicht gleichzeitig, du bist ein gemeiner Mensch, der die Niedertracht des Augenblicks nicht zur Kenntnis nimmt. Dieses Schauspiel als Trauerspiel ist Jahrhunderte alt, habe ich gedacht, und alles geht wie von selbst, der Hauptdarsteller wird sich wundern, wie gut es funktioniert, wie gut seine Mitspieler ihrerseits ihre Kunst gelernt und einstudiert haben, denn ich zweifelte nicht daran, daß meine Schwestern und alle andern möglicherweise schon auf mich Wartenden, ebenso dabei sind, ihre Rollen zu überprüfen, denn wie ich, haben sie nicht die geringste Lust oder auch nur Absicht, sich vor dem dann erscheinenden Publikum, das die Trauergemeinde genannt wird, zu blamieren, indem sie ihren Text nicht können, ihre Schritte nicht und stolpern, wobei ich ja doch überzeugt war, daß sie genauso wie ich auf hohe Kunst und nicht nur auf puren

Dilettantismus Wert legen und wie man weiß, ist die Begräbniskunst, vornehmlich die auf dem Lande, die höchste Schauspielkunst, die sich denken läßt, selbst die einfachsten Leute entwickeln auf Begräbnissen eine Kunstfertigkeit, die meistens viel höher einzustufen ist als diejenige unserer Theater, in welchen beinahe immer nur der pure Dilettantismus herrscht. Meine Schwestern gehen auf und ab und proben dieses Begräbnis nicht nur wie ein Schauspiel, dachte ich, sie proben es wie ein Festspiel und der Weinflaschenstöpselfabrikant aus Freiburg, sagte ich mir, assistiert ihnen und schaut sich gleichzeitig auch seine Rolle ab, die aber durchaus eine Nebenrolle zu sein hat, wie ich dachte. Sie gehen auf und ab und erwarten mich und proben das Trauerspiel, das so urplötzlich auf den Spielplan von Wolfsegg gesetzt worden ist, dachte ich. Morgen wird das Begräbnis sein, dachte ich, immer ist es drei Tage nach dem Tod. Noch ist der Vorhang nicht aufgegangen. Noch passen ihnen die Kostüme nicht ganz, dachte ich, geht ihnen sozusagen der Text nicht wie geschmiert von den Lippen. Und was gibt es Schöneres, als ein Schauspiel, in welchem alle Kostüme schwarz sind, in welchem nur die schwarze Farbe vorherrscht. Und in welchem auch die Komparserie aus dem Dorf nur in Schwarz zu erscheinen hat. Lange haben wir in Wolfsegg dieses Schauspiel nicht mehr gehabt, das letzte Mal beim Tod meines Großvaters väterlicherseits, der mit neunundachtzig im Wald, der sich hinter der Kindervilla ausbreitet bis gegen Haag, über eine Föhrenwurzel gestolpert und auf der Stelle verstorben ist. Die Meinigen waren immer auf ein Begräbnis sozusagen *gefaßt* gewesen, hatten die Requisiten immer parat, auch die dazugehörenden Kostüme, alles Dazugehörige, aber es hat lange gedauert, bis es wieder zur Geltung kommt, habe ich gedacht. Sie haben alles nur abstauben müssen, dachte ich. Tatsächlich hatten sie an allen Seiten des Hauptgebäudes, wie ich jetzt sehen konnte, die schwarzen Fahnen herausgehängt. Die Gärtner führen die Befehle meiner Schwestern aus, dachte ich, mehr die Befehle meiner Schwester Caecilia, als die von Amalia, dachte ich und gleichzeitig, welche Rolle die beiden wohl inzwischen dem Weinflaschenstöpselfabrikanten aus Freiburg übertragen haben, was hat der, wenn das Schauspiel beginnt, aufzusagen, dachte ich, was für einen Text haben sie ihm in den Mund gelegt, denn daß er einen eigenen sagen wird, daran zweifelte ich nach meiner einzigen Begegnung mit ihm am Tag der Hochzeit vor ein paar Tagen. Das Wolfsegg war jetzt absolut aus einer Hochzeit in ein Begräbnis zu verwandeln, habe ich gedacht, wie ich an der Tormauer

stand, auch noch immer erstaunt über die ohne Zwischenfälle verlaufene
Reise von Rom über Wien, die auf die Sekunde geklappt hat, gegen jede
Regel, weder die Bahnbeamten, noch die Fluggesellschaften haben ge-
streikt, alle Anschlüsse haben ausgezeichnet funktioniert, die Schwestern,
habe ich gedacht, haben sicher noch nicht die Hochzeitsdekorationen
weggeräumt, müssen schon die Begräbnisdekorationen überall anbringen
und aufstellen nach genau jenem Plan, der ihnen bekannt ist, denn meine
Mutter hatte ihn, sozusagen alljährlich mindestens zwei, dreimal zu ihrem
Vergnügen, wie sie immer gesagt hatte, *und weil man nie wissen kann,*
diesen Begräbnisplan, der Jahrhunderte alt ist, durchgesprochen bis in die
kleinsten Einzelheiten. Auch die Hochzeiten und die Geburtenfeiern sind
in Wolfsegg immer nach einem genau vorgegebenen Plan abgelaufen, wie
gesagt wird. Daß beispielsweise im Vorhaus hinter den Lampen rechts und
links nicht nur ein Lorbeerzweig aus der Orangerie anzubringen ist, sondern deren zwei bei einem Begräbnis, daß auf dem Balkon oben zwei
Zypressen zu stehen haben, eine ganz links, eine ganz rechts und daß diese
Zypressen selbstverständlich gleich hoch, aber nicht so hoch, daß sie in die
Speisezimmerfenster hineinragen, zu sein haben, ist meinen Schwestern
bekannt. Für alle Arten von Festen gibt es in Wolfsegg einen genauen Plan,
diese Pläne hat meine Mutter immer in ihrem Schreibtisch in der obersten
rechten Lade aufbewahrt. Sie ist immer nach diesen Plänen vorgegangen
wie alle vor ihr. Das genaue Vorgehen nach diesen sogenannten Festplä-
nen hat ihr von meinem Vater nicht aufgezwungen werden müssen, sie hat
es zu ihrer eigenen Leidenschaft gemacht in der kürzesten Zeit. Und Begräbnisse waren immer eine Leidenschaft meiner Mutter. Aber an ihr
eigenes, vor allem, daß es so früh stattfinden wird, hat sie sicher nicht
gedacht, sagte ich mir, an der Tormauer stehend, wenn sie könnte, würde
sie ihr eigenes, so dachte ich plötzlich, selbst ausstatten und ich sah, ohne
sie wirklich zu sehen, meine Schwestern schon die Wünsche meiner Mutter, ihr eigenes Begräbnis betreffend, erfüllen. Das Wort *Emsigkeit* hatte
ich im Augenblick im Kopf. Es wäre für jeden anderen selbstverständlich
gewesen, mit dem Taxi durch die Allee bis herauf und, wie das immer
üblich ist, bis vor das Portal zu fahren, für mich nicht. Der Taxichauffeur
war ja auch ziemlich verwundert gewesen, weil er mich erkannt hatte, daß
ich gerade an der unübersichtlichen Stelle bei der Mariensäule ausgestiegen bin, zwischen den beiden Gasthäusern. Und daß ich allein durch den
Ort und über den Dorfplatz gegangen bin, verstünde niemand, dachte

ich. Aber ich hatte mich zu Fuß Wolfsegg nähern wollen, dachte ich, und
der vollkommen leere Dorfplatz war meinem Vorhaben auf die idealste
Weise entgegengekommen, ich habe nicht nur das Gefühl gehabt, völlig
unbeobachtet zu sein, ich war es auch und schließlich hatte ich nicht ein
einziges Gepäckstück bei mir, eine Ungewöhnlichkeit, wenn man bedenkt, daß ich ja aus Rom gekommen war und eben dadurch, daß ich ganz
und gar ohne Gepäckstück gewesen bin, alle Augenblicke ohne weiteres
meine Hände in die Hosentaschen hatte stecken können. So, mit den
Händen in den Hosentaschen, war ich dann ja auch in die Allee einge-
bogen, mit einer solchen ungeheuerlichen Ungezogenheit, die niemand
verstanden hätte, natürlich auch die Dorfleute nicht. Ich bin immerhin
achtundvierzig Jahre alt und komme aus Rom noch dazu zum Begräbnis
meiner Eltern und des Bruders und habe meine Hände in den Hosentaschen! habe ich gedacht und mich fest an die Tormauer gedrückt, damit
mich die Gärtner nicht sehen konnten, die wieder mit Kränzen in die
Orangerie hineingingen, die sie aus der Meierei herausgetragen hatten.
Eine Aufbahrung ist immer ein großes Schauspiel, habe ich gedacht, ein
Kunstwerk, das nach und nach unter vielen Händen, die wissen, wie ein
solches Kunstwerk zu machen ist, entsteht. Daß meine Eltern selbst und
mein Bruder in der Orangerie aufgebahrt sind, diesen Gedanken verdrängte ich gleich, ich dachte nicht an die Tragödie, sondern an das Kunstwerk, an das Großartige der Aufbahrung, nicht an ihre tatsächliche
Furchtbarkeit wie in diesem Fall. Da ich immer ein intensiver Betrachter
und ein noch intensiverer Beobachter gewesen bin und dieses Betrachten
und Beobachten inzwischen zu einer meiner höchsten Tugenden gemacht
habe, war es mir selbstverständlich, an der Tormauer zu stehen und zu
betrachten und zu beobachten, die Gärtner waren mir dazu außerdem ein
ideales und äußerst beruhigendes Mittel, ich hatte sie ja immer gern betrachtet und beobachtet, auch von hier aus, in diesen Augenblicken, die
ich mit größter Sorgfalt, muß ich sagen, in die Länge gezogen und um
Hunderte, ja letzten Endes um Tausende erweitert und vermehrt habe.
Das Betrachten oder Beobachten, wenn der Betrachtete oder der Beobachtete nicht weiß, daß er betrachtet oder beobachtet wird, ist eines der
größten Vergnügen. Es ist allerdings, wie ich dachte, gleichzeitig eine
völlig unerlaubte Kunst, der wir uns aber nicht entziehen können, wenn
wir auf ihren Geschmack gekommen sind. Wieder war ein Jäger aufgetreten, aus der Meierei herauskommend mit einem sogenannten Katafalk-

leuchter, um diesen einem der Gärtner auszuhändigen, der aus der Orangerie herausgekommen war, wahrscheinlich, gerade um diesen Katafalkleuchter in Empfang zu nehmen, diese Leuchter sind über eineinhalb
Meter hoch und werden zu beiden Enden der Toten so aufgestellt, daß sie
ein ideales Licht auf dieselben werfen, im ganzen werden vier solcher
Katafalkleuchter aufgestellt, die einmal frisch mit Goldfarbe gestrichen
worden sind vor vielen Jahren, wie ich mich erinnerte, was eine große
Faszination auf mich ausgeübt hat damals, denn, klein wie ich war, hatte
ich gedacht, daß sie für ein bestimmtes Begräbnis gestrichen und blank-
geputzt werden, von welchem man schon wisse, welches es sei, aber das
war ein Irrtum gewesen, denn nach diesem Anstreichen der Katafalkleuchter waren Jahrzehnte bis zum nächsten Begräbnis vergangen, das, wie
gesagt, jenes meines Großvaters väterlicherseits gewesen ist. Wenn lange
kein Begräbnis stattgefunden hat, eine Familie betreffend, so wird damit
gerechnet, daß dann auf einmal und plötzlich gleich mehrere stattfinden,
so ist die allgemeine Meinung und wie sie sich jetzt in Wolfsegg bewahrheitete, dachte ich, gleich drei Menschen zugleich hatten den Tod gefunden, werden gleichzeitig begraben, was bedeutet, daß dann wieder lange
Zeit Ruhe sein wird hier, denn es wird ja immer gesagt, ein Unglück
komme selten allein, also auch ein Begräbnis selten allein, es werden immer drei nacheinander sein wie die Unglücke, so aber hat es gleich drei
Menschen auf einmal umkommen lassen für ein Begräbnis in tatsächlich
elementarer Weise, wie ich gedacht habe, einmal für dreimal. Vom Ort
herauf, durch die am Abhang schon sehr hoch gewachsenen Bäume und
Büsche, hörte ich jetzt eine Blasmusik, ein Stück von Haydn, wie ich
gleich feststellte, wahrscheinlich, so dachte ich, proben sie unten im Dorf
schon die Trauermusik für morgen im sogenannten *Musikhaus,* einem
alten Gebäude neben der Schule. Die Musik war nach ein paar Takten
schon wieder abgebrochen gewesen und es herrschte eine vollkommene
Stille. Dann hatte die Musik wieder eingesetzt, von vorne, ein paar Takte
mehr als vorher, um wieder auszusetzen, so, wie bei Musikproben üblich,
setzte die Musik mehrere Male ein und spielte ein paar Takte, immer ein
paar Takte mehr und setzte wieder aus. Immer das gleiche Haydnstück.
Schon als ganz kleines Kind hatte ich die Musik der Dorfleute geliebt, die
Blasmusik vor allem und ich habe mir diese Liebe, die ich als Vorliebe
bezeichnen will, erhalten. Ich schätze sie heute noch genauso hoch ein, wie
die sogenannte hohe Kunstmusik, sehr oft auch noch viel höher in dem

Bewußtsein, daß die sogenannte Kunstmusik ja undenkbar wäre ohne die sogenannte Volksmusik, vor allem jene, die zu Hochzeiten und Begräbnissen auf dem Land gespielt wird. Was wären diese Begräbnisse und Hochzeiten, dachte ich, ohne diese Musik. Die Dorfleute spielen meistens mit einem absoluten Gehör und wenn sie gut sind, sind sie auch beinahe immer den sogenannten Berufsmusikern im Spielen ebenbürtig, ihr Vorteil ist, daß ihre Musik keine professionelle ist, daß sie einzig und allein aus Leidenschaft und Vorliebe gespielt wird, nicht aus Berufsgründen und also dann letzten Endes aus einer Berufskrankheit heraus, wie wir wissen. Wie anders hat diese Kapelle bei der Hochzeit meiner Schwester gespielt, dachte ich, lustig, kurz und bündig war diese Musik gewesen, schwermütig, langsam ist diese, aber, wie die zur Hochzeit gespielte, auch von Haydn, von jenem Musiker, den ich neben Mozart am allerhöchsten schätze, den ich auch immer neben Mozart am liebsten gehört habe und der vielleicht gerade weil er gegenüber dem allgeliebten Mozart immer im Nachteil gewesen ist, in der Musikgeschichte, noch viel höher einzuschätzen ist als dieser. Ich liebe Mozart und Haydn, aber Haydn ist der noch größere, dachte ich. Zu dieser Mittagsstimmung paßte diese Haydnmusik, zu dem Flimmern der Luft, zu den Bewegungen der Gärtner, die ihre Kränze und Bukette gleichmäßig sorgfältig aus der Meierei herüber und in die Orangerie hineintrugen, ohne daß sie von irgend etwas oder von irgendeiner Seite gestört wurden. Ich erinnerte mich an viele Nachmittage meiner Kindheit, in welcher ich die Blasmusik des Ortes heraufgehört habe in mein Zimmer genau mit diesem Stück und in genau derselben Besetzung, wie ich dachte, und wie ich es aus dem Spiel der Blaskapelle heraushören konnte. Aber während es sonst nur die einfachen Musikstücke sind, die sie spielen, dachte ich, spielen sie ja jetzt die komplizierteren, die, alles in allem, wie gesagt wird, *ganz schöne Anforderungen* an die Bläser stellen, für Wolfsegg mußte es doch die komplizierte Musik sein, die sozusagen höhergestellte für die sogenannten höhergestellten Persönlichkeiten, denn um solche handelte es sich bei den Aufgebahrten in der Orangerie. Es mußte doch von allen unten als ein Schock empfunden worden sein, als sich die Todesnachricht im Ort verbreitete. So etwas außerordentlich Furchtbares hatte, soweit zurückgedacht werden kann, Wolfsegg noch nicht erlebt, dachte ich und es tat mir im Augenblick leid, nicht in den Häusern unten zu sein, um zu hören, was die Leute über das Unglück sagen, was sie darüber denken, wie sie durch dieses fühlen, daß ich nicht in ihren Wohnungen an ihrer zweifellos vollkommen natürlichen Trauer teilnehmen kann. Meinen Vater haben sie geachtet, wenn auch nicht geliebt, dachte ich, einige haben ihn auch geliebt, dachte ich, meinen Bruder haben sie alle mehr oder weniger geachtet und geliebt, das ist wahr, meine Mutter achteten sie, liebten sie aber nicht, so war ihre Trauer doch immerhin eine große und hatte das Unglück auf sie sicher eine elementare Wirkung gehabt, wie sich denken läßt, dachte ich. Was aber mag in ihren Köpfen wirklich vorgehen, dachte ich, ohne mir darauf auch nur die geringste Antwort geben zu können. Der Ort lebte ja Jahrhunderte von uns heroben, dachte ich, heute noch existieren sie zu einem Großteil von uns, könnte ich sagen, die Bergleute vor allem, die Ziegeleiarbeiter, die sogenannten Landarbeiter, direkt oder indirekt alle im Ort mehr oder weniger von Wolfsegg, um welches sie sich ganz wie naturgemäß an die hundert Meter unterhalb ja auch heute noch scharen, wie zufluchtsuchend. Ein einziger Augenblick, sagte ich mir, verändert alles in einem Ort wie diesem, in einer Landschaft wie dieser. Und in einer Familie wie der meinigen, dachte ich. Ich tue jetzt schon lange Zeit etwas, sagte ich mir, an der Tormauer stehend, was man nicht tun *darf,* wenigstens nicht dem allgemeinen Anstandsbegriff entsprechend, ich ziehe meinen tatsächlichen Auftritt in Wolfsegg auf die ungeheuerlichste Weise hinaus, dachte ich. Aber ich bin wahrscheinlich auch zu feige gewesen, sofort in den Park einzutreten und wenigstens auf die Orangerie zuzugehen, wenn auch nicht gleich hinein, auf das Portal zu, wenn auch nicht gleich zu den aufgebahrten Eltern und zu dem aufgebahrten Bruder, was mir ganz einfach nicht möglich gewesen wäre, dazu hatte ich nicht die Kraft, nur dazustehen an der Tormauer und durch das Tor zur Orangerie hinüberzuschauen, dazu war ich fähig, nicht, mich gleich zu erkennen zu geben, das ist die Wahrheit. Die Unbekümmertheit habe ich nicht, die es möglich macht, eine solche zweifellos entsetzliche Szene gleich zu betreten, sozusagen ohne Umschweife. Aber wer hätte eine solche Kraft aufzuweisen, fragte ich mich und beobachtete, wie die Gärtner auf einem Leiterwagen eine Anzahl von Holzschragen von der Meierei herüberführen, um diese vor der Orangerie abzuladen. Ich kenne ihre Namen, dachte ich, die Gärtner eindringlich bei ihrem Abladen beobachtend. Ich kenne nicht nur ihre Namen, ich kenne auch ihre Familien und ich weiß genau, woher sie kommen, mit dem einen bin ich nicht nur in dieselbe Schule, sondern in dieselbe Klasse gegangen und er war mir immer in allen Gegenständen überlegen gewesen, vor allem im Rechnen, aber auch geschrieben hat er viel schöner als ich, das allerdings war keine Kunst. Der eine wohnt am Ortsausgang genau an der Grenze zwischen Wolfsegg und Ottnang und sein Vater ist Gemeindearbeiter gewesen, dachte ich, dazu auch noch Totengräber, als ich noch ein Kind war, ein angesehener Mann, der von den Kindern geliebt worden war ganz gegen jede Vermutung, weil er doch der Totengräber gewesen ist, die Landkinder haben zum Tod immer ein natürliches Verhältnis zum Unterschied von den Stadtkindern, die sich vor allem, das mit dem Tod zusammenhängt, fürchten, die Landkinder fürchten sich nicht in dieser Beziehung. Der andere war einmal dazu ausersehen, Pfarrer zu werden, und war von der Pfarrei nach Kremsmünster in das Stift geschickt worden, dort aber hatte er, der in der Volksschule so ausgezeichnet gewesen war, als der Begabteste überhaupt gegolten hatte, vollkommen versagt und ist nach Wolfsegg zurückgekommen, um bei einem Tischler in die Lehre zu gehen. Die Tischlerei hat ihm aber mit der Zeit nicht mehr gepaßt und er hat sich um eine Gärtneranstellung bei uns beworben. Er hat nach der Tischlerlehre bei uns auch noch eine Gärtnerlehre absolviert und ist also gelernter Tischler genauso wie gelernter Gärtner, meine Mutter hat oft von diesem Glücksfall gesprochen, es war ihr Schachzug gewesen, den Mann die Gärtnerei erlernen zu lassen auf ihre Kosten und bei voller Verpflegung, damit ersparte sie sich einen eigenen Tischler in Wolfsegg. Meine Mutter hat immer an alles gedacht und vor allem an das Praktische und an alle praktischen Vorteile, wie sich jahrzehntelang gezeigt hat. Der dritte entstammt einer Bergmannsfamilie aus Kohlgrube, ist auch mit mir in die Volksschule gegangen und hat gleich die Gärtnerei erlernt, allerdings nicht bei uns in Wolfsegg, sondern in Vöcklabruck, wo er eine Tante hat, die ihn bis an das Ende der Lehrzeit zu sich genommen und ernährt hat. Mit diesen dreien habe ich schon als Kinder gespielt, dachte ich. Ich bin mit ihnen in die Wälder gelaufen, über die Hänge. Wahrscheinlich haben sich ihre Wohnungen bis heute nicht verändert, dachte ich, im Unterschied von den anderen Wohnungen, die in den letzten Jahren mehr oder weniger von ihren Inhabern alle verändert und, wie ich glaube, verunstaltet worden sind mit neuen, modernen Möbeln, die nichts wert sind und gleich kaputt. Die beiden haben sich aber niemals aus der Modernität, sondern immer nur aus der Qualität etwas gemacht und sicher sind aus diesem Grund ihre Wohnungen ziemlich unverändert. Jeder von ihnen hat drei Kinder, die jetzt so alt sind, wie ich damals, dachte ich, und bringen ihnen die Probleme, die Kinder an sich haben, diese Probleme habe ich nicht, sagte ich mir. Es wäre für jeden anderen, so dachte ich, leicht gewesen, auf die beiden Gärtner zuzugehen und ihnen die Hände zu schütteln, eine kurze Zeit bei ihnen zu stehen und sich mit ihnen zu unterhalten, obwohl ich den Wunsch danach hatte, war es mir unmöglich. Die halbe Welt habe ich bereist, sagte ich mir, die Gärtner beobachtend, und mehr oder weniger beherrsche ich diese Welt, was ihre Umgangsformen betrifft auch auf das natürlichste, um nicht sagen zu müssen, auf das kunstvollste, ich habe in dieser Beherrschung einen hohen Grad an Selbstverständlichkeit überall erreicht, in beinahe allen Zentren der Welt und in allen Schichten der Gesellschaft, wie gesagt wird, aber ich war unfähig, auf die Gärtner zuzugehen, ihnen die Hände zu schütteln und mich kurze Zeit mit ihnen zu unterhalten. Ich hätte sofort auf sie zugehen müssen, dachte ich, gleich, wie ich am Mauertor angekommen war und sie gesehen habe, denn schon wie ich am Mauertor war, waren sie vor der Orangerie, aber ich bin nicht, wie es vorteilhaft gewesen wäre, auf sie zugegangen mit forschem Schritt, sondern tatsächlich vor ihnen zurückgeschreckt und habe mich, mit und in mehr oder weniger Scheu und Scham, an die Tormauer gedrückt, um nicht von ihnen gesehen zu werden. Dabei wäre es das idealste gewesen, als erstes die Gärtner zu begrüßen, sagte ich mir. Diese Chance aber habe ich verpaßt, ich habe sie vorübergehen lassen. Wenn es Jäger gewesen wären, dachte ich, aber ausgerechnet die Gärtner, vor welchen ich die allergrößte Hochachtung und die ich wie keine andern nicht nur gern habe, sondern liebe. Aber dieses Verharren am Mauertor ist andererseits charakteristisch für mich, sagte ich mir, ich bin nicht der Mensch, der sofort eine Szene betritt, gleich welche, der augenblicklich auftreten kann. Das Zögern ist meine Art, das mich vorher auf einen günstigen Beobachtungsposten zurückziehen läßt. Ganz einfach das Indirekte ist mir angemessen. Die Familien der Gärtner sind einmal im Jahr vollzählig in die Kindervilla eingeladen zu einer sogenannten Gärtnerjause, diese Gärtnerjause ist eine jahrhundertealte Tradition. Die Gärtner kommen mit ihren Familien nach Wolfsegg herauf und werden in der Kindervilla von uns bewirtet, zu meiner Zeit immer von meiner Mutter und meinem Vater. Die Gärtnerjause war immer eine Besonderheit. Am Ende, schon in der nachmittäglichen Dämmerung, wurden an die Kinder der Gärtner noch Geschenke verteilt, ich kann mich nicht erinnern, daß wir selbst, Johannes und ich, auch einmal auf diese, ich muß sagen, tatsächlich anrührende Weise beschenkt worden wären, da war meine Mutter auch ganz in ihrem Element gewesen, muß ich sagen, ruhig teilte sie die Geschenke aus und alle hatten das Gefühl, es sei ihr ein tatsächliches inneres Anliegen, keine Schauspielerei, wie sonst alles. Wahrscheinlich hatte die Lebensart der Gärtner, so mein Gedanke, sogar auf meine Mutter eine solche gutartige Wirkung ausgeübt, dachte ich, denn bei den Gärtnern und also während der Gärtnerjause mit ihnen in der Kindervilla zusammen, war sie wie ausgewechselt, weit entfernt von allem, das an ihr immer so abstoßend gewesen ist. Bei den Jägern empfand ich meine Mutter immer als abstoßend, bei den Gärtnern nicht. Die Gärtner in Wolfsegg hatten immer eine heilsame Wirkung ausgeübt. Nicht umsonst bin ich, kaum habe ich laufen können, zu allererst zu den Gärtnern gegangen. Sehr oft denke ich auch in Rom an die Gärtner, wenn ich in meinem Bett wach liege und nicht einschlafen kann, sehe ich mich unter ihnen, immer in einer glücklichen Verfassung. Wie wenn ich mich eingeschlichen hätte, kam ich mir jetzt vor. Sozusagen waren die Gärtner, die ich beobachtete, *die reinen Menschen, ich der unreine,* und das auf Lebenszeit. Ich dachte, ich gehöre niemals mehr hierher und schon gar nicht zu ihnen und keinen größeren Wunsch habe ich zeitlebens gehabt, als zu ihnen zu gehören, was aber immer nur ein absurder Gedanke gewesen ist, ein tatsächlich unstatthafter, den sich nur ein Verrückter wie ich erlauben kann. Zeitlebens habe ich zu den einfachen Menschen gestrebt, mich ihnen verbinden wollen, aber naturgemäß ist mir das niemals geglückt, ich hatte manchmal geglaubt, es sei mir gelungen, ich hatte diesen Irrtum auch oft in die Länge ziehen können, vor allem, wenn ich mit den Gärtnern und mit den Bergleuten zusammen gewesen bin, die ich von Anfang an gern hatte, aber der Trugschluß endete jedesmal fürchterlich. Je mehr mich die Meinigen von den sogenannten Einfachen abgehalten haben, sie mir unmöglich zu machen versucht hatten, desto größer war mein Verlangen nach ihnen gewesen, eine krankhafte Sucht nach ihnen habe ich viele Jahre an mir festgestellt und, obwohl ich das wollte, weil ich eingesehen habe, daß der andere Fall unsinnig ist, unmöglich, nicht die Kraft gehabt, mich von dieser krankhaften Sucht zu befreien, heute leide ich noch darunter. Während die sogenannten Unteren immer zu uns herauf strebten, strebte ich immer nur zu ihnen hinunter. Die Unteren waren immer unglücklich gewesen als Untere, ich war es als Oberer, denn ich litt daran, oben zu sein, wie die unten, unten zu sein. Lebenslänglich habe ich

mich bei den Einfachen, die ja nur sogenannte Einfache sind, einschlei-
chen wollen, dachte ich, an der Tormauer stehend, ich habe viele Tricks
angewendet, um sie zu übertölpeln, aber sie haben mich durchschaut und
mir den Weg versperrt, wie die Meinigen den Weg der sogenannten Unteren versperrt haben, weil sie sie durchschaut und dadurch den Weg
versperrt haben. In meiner römischen Wohnung phantasiere ich mich
sozusagen sehr oft zu ihnen, dachte ich, an der Tormauer stehend, mische
mich unter sie, fange an, ihre Sprache zu sprechen, ihre Gedanken zu
denken, ihre Gewohnheiten anzunehmen, aber es gelingt mir das naturgemäß nur im Traum, nicht in der Wirklichkeit, es ist ein total Irrtümli-
ches, mit welchem ich die größte Lust habe, umzugehen. Ich bin nicht
einfach, muß ich mir dann sagen, sie sind nicht kompliziert, ich bin nicht
so, wie sie sind, sie sind nicht so wie ich, die Formel wurde mir zur
lebenslänglichen Qual, die nicht abzustellen ist. Wenn ich die Meinigen
als die sogenannten Oberen als verlogen bezeichne und die sogenannten
Unteren nicht, ist das irrtümlich, denn die Unteren sind genauso verlogen
auf ihre Weise, wie die Meinigen auf die ihrige. Wie wenn ich sagte, die
Unteren sind gute Menschen, wie wenn ich sagte, sie seien nicht habgierig,
nicht größenwahnsinnig, die Einfachen sind es in gleichem Maße auf ihre
Weise. Aber ich darf sagen, daß ich mich unter und mit den Einfachen
immer wohler gefühlt habe, als unter den Meinigen, wenn es mich auch
dann, wenn ich eingesehen habe, daß ich im Irrtum mit ihnen bin, immer
gefröstelt hat, auch in dem Verrat, den ich dabei zweifellos gegen die
Meinigen und gegen mich selbst begangen habe. Wir verraten uns andauernd selbst, wenn wir die anderen bevorzugen, sie sozusagen besser machen, als sie letzten Endes sind, habe ich gedacht. Wir mißbrauchen sie,
wenn wir uns sozusagen als ihrig erklären und mißbrauchen uns dabei auf
die noch viel abstoßendere Weise, weil wir uns für sie und gegen uns
mißbrauchen. Aber es gelingt uns nicht ganz, wir selbst zu bleiben *und* mit
ihnen zusammen zu sein, jedenfalls nur so selten, daß wir darauf nicht
bauen können, daß es nichts zählt. Wir legen, wenn wir mit ihnen zusammen sind, meistens alles ab, was uns ausmacht, was sie sogleich bemerken
und gegen uns in Betracht ziehen, worauf wir nicht mehr dieselbe Sicherheit haben, wie in dem Augenblick, in welchem wir unser Spiel angefangen haben mit ihnen, denn es ist immer nur ein Spiel, sonst nichts,
wenn wir glauben, sie sein zu müssen, weil wir nach ihnen Sehnsucht
gehabt haben, weil wir uns nicht mehr ertragen, sie uns aber als ideal

vorkommen. Dieser lebenslängliche Irrtum ist ein uns lebenslänglich de-
mütigender. Die Einfachen sind nicht so einfach, wie geglaubt wird, die
Komplizierten aber auch nicht so kompliziert. Von der Tormauer aus sah
ich die Gärtner jetzt große schwarze Tücher aus der Meierei heraus- und
in die Orangerie hineintragen, die sogenannten *Katafalktücher*, die in einem eigenen *Totenzimmer* in der Meierei aufbewahrt werden für Aufbah-
rungen. Ich erinnere mich, daß ich genau dieselbe Szene schon einmal
gesehen habe: die Gärtner, andere als die, die ich jetzt gesehen habe naturgemäß, tragen die Katafalktücher aus der Meierei heraus und in die
Orangerie hinein, als Kind war ich aber nicht, wie jetzt, hier an der Tormauer gestanden, sondern direkt vor der Orangerie, völlig ungeniert hatte
ich den Gärtnern aus nächster Nähe zugeschaut, ohne die geringste
Scham, ohne die geringsten Skrupel, obwohl es sich bei dem Toten in der
Orangerie um meinen geliebten Großvater handelte, während ich jetzt,
dreißig Jahre später, an der Tormauer stehe und mich verstecken muß aus
Gründen, die mir im Grunde gar nicht voll bewußt waren, aber aus vielen
mich ganz einfach niederdrückenden Gründen. Ich war auf einmal nie-
dergedrückt. Ich stand da und hatte nicht das natürliche Selbstbewußtsein
wie damals als Kind, um ganz einfach auf die Gärtner zuzugehen und
ihnen die Hände zu schütteln, ihnen zu sagen, wie gern ich sie habe, wie
nützlich sie immer gewesen sind, hinzugehen zu ihnen und mich ihnen zu
zeigen, wie ich bin. Davor schreckte ich zurück. Davor hatte ich Angst. Es
kommt zur Katastrophe, dachte ich, wenn der Natürliche auf den Künstlichen trifft, ich, als der zweifellos Künstliche, wie ich dachte, auf die
zweifellos ganz natürlichen Gärtner. Einen Augenblick sagte ich mir, ich
rede mir meine Künstlichkeit nur ein, ich bin natürlich, wie ich mir nur
einrede, die Gärtner seien natürlich, tatsächlich sind die Gärtner genauso
künstlich und natürlich wie ich, sagte ich mir. Ich hatte kalte Hände,
obwohl es heiß war. Als Kind, dachte ich, habe ich immer die richtigen
Wörter gefunden, jetzt finde ich sie nicht mehr. Ich hatte nicht nachdenken brauchen, um mich den Gärtnern oder den Bergleuten auf die natürlichste Weise verständlich zu machen. Dazu habe ich in die Welt und
nach Paris und London und Rom gehen müssen, dachte ich, um jetzt, wie
ganz richtig gesagt wird, so *verkrampft* zu sein wie nie zuvor, dazu habe ich
meine Wissenschaften studiert und mir meine, wie ich glaube, doch höhere Menschenkenntnis angeeignet, um jetzt nicht mehr zu wissen, wie zu
den Gärtnern hingehen und ihnen die Hände schütteln und mit ihnen ein

paar Wörter wechseln. Ich hatte einen Augenblick das Gefühl, daß ich mich in den Jahrzehnten, in welchen ich alles getan habe, um mich von Wolfsegg zu befreien und unabhängig zu machen, und nicht nur von Wolfsegg, sondern von allem unabhängig, nicht befreit und nicht unabhängig gemacht habe, sondern im Gegenteil auf die deprimierendste Weise verstümmelt. Ich bin ein verstümmelter Mensch, habe ich gedacht. Gleich darauf aber bin ich zu den Gärtnern hingegangen und habe ihnen die Hände geschüttelt. Sie waren über mein für sie plötzliches Auftreten nicht überrascht gewesen. Ich nannte ihre Namen, ich schüttelte ihre Hände, ich sagte, ich sei zu Fuß aus dem Ort herauf nach Wolfsegg, ich sagte, ich habe sie eine Zeitlang beobachtet, stehengeblieben am Mauertor, sagte ich, auf dieses zurückblickend. Das verstanden sie nicht, aber sie hatten dieser Bemerkung auch gar keine Bedeutung beigemessen, mit mir blickten sie auf das Mauertor, ohne damit etwas anfangen zu können. Auf natürliche Weise waren sie diesem Tag entsprechend nicht ganz die Unbefangenen wie sonst, sagten nur, wenn sie gefragt wurden, etwas, und ich fragte sie nur nach ihrem Befinden, worauf sie wortlos blieben. Sie glaubten, ich werde selbstverständlich sofort in die Orangerie hineingehen zu den Toten, aber ich ging nicht hinein, ich blickte auf das, wie ich gleich gesehen habe, weit offene Portal, dann zur Meierei hinüber, wo kein Mensch zu sehen war, dann wieder auf das Portal und fragte die Gärtner, ob meine Schwestern im Haus seien. Sie beantworteten meine Frage mit ja. Ich ging dann auf das Portal zu, auf das große schwarze hochgestellte Rechteck, auf das vom darübergelegenen Balkon die zur Gänze ausgerollte schwarze Fahne herunterhing. Eine Woche vorher war der Park angefüllt gewesen mit allen möglichen Menschen, mehr oder weniger glücklichen, wie ich dachte, mehr oder weniger bunt gekleideten, das junge Paar, meine Schwester Caecilia und ihren Weinflaschenstöpselfabrikanten, feiernd, bis ein plötzlich aufgetretenes Gewitter dem ganzen Treiben ein Ende gemacht hat, sie alle vertrieben hat zu ihren Autos, um weg- und nachhause zu fahren, in das Haus hinein, um sich dort noch für die ganze folgende Nacht niederzulassen, ununterbrochen essend, Wein trinkend, tanzend. Die ganze Nacht hat eine Tanzkapelle aus Ebensee gespielt und die um Mitternacht zu Bett Gegangenen nicht einschlafen lassen. Erst um fünf Uhr früh hat die Kapelle zu spielen, haben die letzten zu tanzen aufgehört, war es auf einmal ruhig gewesen, dachte ich, auf das Portal zugehend. Die Ausgelassenheit der Hochzeitsgäste hatte auch mich angesteckt und ich war nicht nur der Beobachter der Szene gewesen, sondern hatte auf dieser ausgelassenen Szene auch mitgespielt, sogar zweimal getanzt, einmal mit Amalia, einmal mit Caecilia, aber natürlich hatten mir diese zwei Tänze genügt, ich hatte gar nicht schlecht getanzt, das Tanzen verlernt der, der es einmal kann, nicht mehr, auf jeden Fall tanzte ich mit Caecilia besser, als der Weinflaschenstöpselfabrikant. Obwohl die Dicken nicht schlecht tanzen, sagte ich mir, meistens besser tanzen als die Mageren, sie sind auch musikalischer. Aber diese vielen Nichten und Neffen, die ich auf einmal bei dieser Hochzeit zu Gesicht bekommen habe, dachte ich, gingen mir bald auf die Nerven und ich hatte wieder ein Beispiel dafür, wie oberflächlich diese heutige Generation der Zwanzigjährigen ist, wie uninteressiert an allem, außer an ihrer rabiaten Vergnügungssucht. Ich habe mich mit keinem dieser Neffen und mit keiner dieser Nichten wirklich unterhalten können, ich denke nicht einmal an ein Gespräch, ich meine, nicht einmal eine kurze mehr oder weniger witzige Unterhaltung ist mit ihnen möglich gewesen, humorlos, ja geradezu stumpfsinnig standen sie, wenn sie nicht tanzten, herum und man sah ihnen die lebenslängliche Langeweile an, von welcher sie gequält sind, weil sie nicht früh genug etwas gegen diese letzten Endes *tödliche* Langeweile getan haben. Bei allen diesen jungen Leuten ist es schon zu spät, habe ich mir gedacht, dieser *tödlichen lebenslänglichen Langeweile* zu entkommen, sie sind jetzt schon beinahe zur Gänze aufgefressen von ihren Launen, von ihren Berufen, von ihren Mädchen und Weibern, von ihren perversen Äußerlichkeiten in Besitz genommen. Wenn man mit ihnen redet, haben sie nur ihre schauerliche Oberflächlichkeit und vor allem ihre in Aussicht gestellte Altersversorgung im Kopf und ihr Auto. Ich unterhalte mich ja mit keinem Menschen, mit einem ganz und gar primitiven phantasielosen, rücksichtslosen Angeber unterhalte ich mich, wenn ich mich mit einem von ihnen unterhalte, habe ich gedacht. Die primitiven mit nichts als Geld ausgestopften Aufschneider der sogenannten gehobenen Gesellschaft aus der Gegend hatten sich zu dieser Hochzeit eingefunden in ihren maßgeschneiderten Geschmacklosigkeiten, die protzigen Lampassen an ihren Hosen und die überdimensionierten Hirschhornknöpfe an ihren Rockaufschlägen beherrschten die Szene, die ererbten Schwarz-Walkjanker und die ebenso ererbten Schwarz-Kropfbänder. Und Caecilia hatte ihren Weinflaschenstöpselfabrikanten noch dazu in eine Lederhose gesteckt, die mein Großvater väterlicherseits schon zu Lebzeiten jahrzehntelang nicht mehr getragen hatte, wahrscheinlich nur aus dem einen Grund, aus ihrem Weinflaschenstöpselfabrikanten eine noch lächerlichere Figur zu machen insgeheim, ich dachte da gar nicht abwegig, denn ich kenne sie. Und sie hatte ihm jene Jacke verpaßt, die eben derselbe Großvater getragen hatte, als er im Wald über die Föhrenwurzel gestürzt ist, und in welcher sie ihn aus dem Wald nachhause getragen haben und zuerst einmal in der Meierei hingelegt und schließlich auch in der Orangerie aufgebahrt. Diese Jacke, dachte ich die ganze Zeit, wie ich den Mann meiner Schwester beobachtet habe, war schon einmal aufgebahrt gewesen, was meine Schwester gewußt hat, ganz bewußt hat sie ihrem Weinflaschenstöpselfabrikanten diese schon einmal in der Orangerie aufgebahrte Jacke verpaßt, diese Totenjacke, zur Hochzeit angezogen aus einem zweifellos perversen Antrieb heraus. Wie entsetzlich sich der Hochzeiter die ganze Zeit in dieser Jacke als Totenjacke gefühlt haben mußte, dachte ich, die Infamie meiner Schwester kennt keine Grenzen, aber es wäre durchaus möglich, daß *meine Mutter* auf die Idee gekommen ist, dem Weinflaschenstöpselfabrikanten diese schon einmal in der Orangerie aufgebahrte Jacke als Totenjacke anzuziehen zur Hochzeit, das wäre im Grunde noch naheliegender, denn meine Mutter hatte immer die perfidesten Ideen gehabt und das Infame an sich war immer ihre Hauptantriebskraft gewesen. Außerdem hat der Arme in den Schnallenschuhen aus dem Besitz desselben Großvaters meinerseits nicht gehen, wie ich die ganze Zeit gesehen habe, sich nur durch einen komischen Gang aufrecht halten können, aber er war, alles in allem, in ein hundertzwanzig Jahre altes Gewand gesteckt, was Caecilia auch alle Augenblicke vor allen Leuten, die danach gar nicht gefragt hatten, betonte, um sich interessant, ihren Mann aber doch, bewußt oder unbewußt, lächerlich zu machen vor der ganzen Gesellschaft. Im Grunde hat Caecilia ihren Mann dieser Gesellschaft, weil in diesen hundertzwanzig Jahre alten Kleidern, als Narren vorgeführt, dachte ich. Andererseits, dachte ich, steckten sie alle in Narrenkostümen, denn alle hatten sie, bis auf wenige Ausnahmen, wie die Ärzte aus Wels und Vöcklabruck, wie die Anwälte aus eben diesen Städten, wie ein paar von den Wiener und Münchener Verwandten, solche alten, mindestens hundert Jahre alte Kostüme an. Und hatten sich damit zu Narren gemacht wie selbstverständlich. Solche Hochzeiten hatten mich immer nur deprimiert und ich hatte auch bald nicht mehr an ihnen teilgenommen, es immer abgelehnt, hinzugehn. Aber es wäre unmöglich gewesen, zur Hochzeit meiner Schwester *nicht* zu kommen, in Rom zu bleiben, einen solchen Affront hatte ich gar nicht im Sinn, ich war, im Gegenteil, überrascht, wie gut ich diese Hochzeit überstanden habe. Und es ist ja auch die letzte Hochzeit, an der ich teilnehme, hatte ich gedacht, so, als schlösse ich eine Hochzeit meiner anderen Schwester, also Amalias, von vornherein für immer und eine Hochzeit meines Bruders wenigstens für das nächste Jahrzehnt, aus. Die Leute sind von einer gemeinen Dummheit, dachte ich, die auf dieser Hochzeit gewesen sind. Wir freuen uns, einen Menschen, den wir mehr oder weniger schon solange wir selbst leben, kennen, zu sehen, schütteln ihm die Hand, aber wir sehen sogleich, daß aus ihm nur ein Dummkopf geworden ist, dachte ich. Und die Jungen sind noch dümmer als die Alten, mit welchen es meistens wenigstens grotesk ist. Wir leben immer in dem Irrtum, daß sich, so wie wir uns entwickelt haben, gleich wohin, die andern auch entwickeln, aber das ist ein Irrtum, die meisten sind stehengeblieben und haben sich überhaupt nicht entwickelt, weder in die eine, noch in die andere Richtung, sie sind nicht besser und nicht schlechter, sie sind nur alt geworden und dadurch in höchstem Maße uninteressant. Wir glauben, wir werden überrascht sein von der Entwicklung eines lange nicht gesehenen Menschen, aber wir sind, wenn wir ihn wiedersehen, doch nur überrascht darüber, daß er sich überhaupt nicht entwickelt hat, daß er nur zwanzig Jahre älter ist und, anstatt einer guten Figur, jetzt einen dicken Bauch hat und große abgeschmackte Ringe an den feisten Fingern, die uns einmal als sehr schön vorgekommen sind. Wir glauben, wir werden über vieles sprechen können mit dem einen und dem anderen, und stellen fest, daß wir mit ihnen allen *gar nichts* sprechen können. Wir stehen da und fragen uns, warum, und finden kein Wort, außer, daß das Wetter so oder so ist, daß die Staatskrise so oder so ist, daß der Sozialismus jetzt sein wahres Gesicht zeige undsofort. Wir glauben, der Freund von damals, ist auch der Freund von heute, aber wir sehen sogleich unseren grausamen, sehr oft geradezu tödlichen Irrtum. Mit dieser Frau kannst du dich über Malerei unterhalten, mit dieser über Dichtung, denkst du, aber dann mußt du einsehen, daß du dich geirrt hast, die eine weiß so wenig über Malerei, wie die andere über Dichtung, beide haben nur ihr Küchengeschwätz zur Verfügung, wie die Kartoffelsuppe in Wien und wie sie in Innsbruck gemacht wird und wieviel ein Paar Schuhe in Meran kostet und ein ebensolches in Padua. Wie gut hast du mit dem einen über Mathematik reden können, denkst du, wie gut mit dem andern über Architektur, aber du stellst fest, daß dem einen sein Mathematisches, dem andern sein Architektonisches vor zwanzig Jahren im Morast des Erwachsenwerdens steckengeblieben ist. Du findest keine Anhaltspunkte mehr, keinen Halt, du stößt sie dadurch, ohne daß sie wüßten, warum, vor den Kopf. Du bist auf einmal nichts anderes mehr, als der Vordenkopfstoßer, der sie andauernd vor den Kopf stößt. Das wird eine mehr als lächerliche Hochzeit sein, habe ich, bevor ich von Rom nach Wolfsegg abgereist bin, gedacht und dann, nachdem ich an ihr teilgenommen hatte, daß sie im Grunde noch viel viel lächerlicher gewesen ist, so lächerlich, daß ich es mir nicht einmal zu denken getraut habe. Aber ich hörte nur von einer *herrlichen* Hochzeit reden, von einer *einmaligen,* wie gesagt wird. Doch ich werde mich hüten, ihnen *meine* Wahrheit zu sagen, wo die ihrige an der Macht ist, dachte ich. Nun war die eigentliche Hochzeit aber doch recht unterhaltsam gewesen, auf eine köstliche Art komisch. Die Kapelle, in welcher sie stattgefunden hat, war naturgemäß überfüllt gewesen, so daß noch einmal so viel Leute, wie in ihr selbst gewesen sind, im Vorhaus hatten stehen müssen während der Zeremonie. Naturgemäß hatte ich mich nicht zu den Meinigen in die ersten beiden Reihen gedrängt, das hatte ich von vornherein abgelehnt, sondern war im Vorhaus gestanden mit den Küchenmädchen und den Gärtnern. Da ich gute Ohren habe, habe ich auch alles, das der Pfarrer gesagt hat, gehört. Da der Pfarrer leicht betrunken gewesen war, hatte seine weihevolle Amtshandlung etwas Improvisiertes und war nicht wie sonst bei diesen Gelegenheiten langweilig, sondern für alle belustigend. Nur meine Mutter mußte, wie gesagt wird, Blut geschwitzt haben. Der Pfarrer hatte eine Rede auf das Brautpaar zu halten, in welche er allerhand Tatsächliches und Erfundenes einfließen und sie schließlich in den allgemeingültigen Satz hatte enden lassen, daß das Leben ein Leben in Gott sei bis an sein Ende und nichts anderes. Als er aber auf dem Höhepunkt der Handlung gewesen war, wo er die Brautleute zu fragen hat, ob sie gewillt sind, einander das berühmte Jawort zu geben, hatte er den Namen der Braut vergessen gehabt und nach einer langen, auffälligen Pause laut um Hilfe gerufen, nämlich um den Namen der Braut, den ihm daraufhin mein Vater recht forsch zugerufen hat, was augenblicklich ein schallendes Gelächter in der Kapelle und im ganzen Vorhaus bewirkt hatte. Da er auch den Namen des Bräutigams nicht behalten hatte, mußte er auch um diesen bitten und mein Vater warf ihm, jetzt aber bereits wütend geworden, auch diesen Namen zu, worauf ein noch schallenderes Gelächter in der Kapelle und im Vorhaus ausgebrochen war, als bei der ersten geistlichen Gedächtnisschwäche. Ich hatte bei dieser Gelegenheit gute Lust gehabt, anstatt des Namens meines zukünftigen Schwagers, einfach das Wort *Weinflaschenstöpselfabrikant* über die Köpfe in die Kapelle hineinzurufen, aber ich hatte mich im allerletzten Moment beherrschen können. Diese Niedertracht meinerseits ist also mein Geheimnis geblieben, dachte ich. Es ist immer lächerlich, wenn die Braut *Ja* sagt, noch lächerlicher aber, wenn der Bräutigam *Ja* sagt. Das habe ich bei dieser Gelegenheit wieder festgestellt. Wie können wir dieses Ja der Braut ernst nehmen, wo wir doch wissen, daß es verlogen ist, ebenso verlogen wie das Ja des Bräutigams, dieses zweimal gesprochene Verlegenheitsja, in welchem doch nur ein jahrzehntelanges Martyrium beschlossen wird, habe ich gedacht. Das Eheja beschließt das Ehejoch. Nichts anderes. Und nichts ersehnen die Menschen mehr, als sich Ja zu sagen und aufzugeben und zu vernichten, habe ich gedacht. Da es mir vorgekommen war, als habe ich ein kleines, tatsächlich in sich geschlossenes Schauspiel als Komödie und Lustspiel zugleich, zu sehen bekommen, hatte ich große Lust gehabt, in dem Augenblick heftig zu applaudieren, in welchem der Pfarrer das letzte Wort gesprochen und sich mit den Ministranten, kleinen sechs- bis siebenjährigen Neffen, entfernt hatte. Ich beherrschte mich aber auch jetzt. Meine Unauffälligkeit war mir zu viel wert gewesen, ein Aufsehen hätte mir den Aufenthalt in Wolfsegg vollends unmöglich gemacht, ich dachte nicht daran, die Aufmerksamkeit auf mich zu ziehen, damit es dann wieder geheißen hätte, der Unfriedenstifter hat sich wieder in Szene gesetzt. Der Höhepunkt des kleinen, so viele Jahrhunderte alten Hochzeitsschauspiels ist das *Ja,* hatte ich gedacht, mit welchem die katholische Kirche diejenigen, die dieses *Ja* gesprochen haben, vollständig in Besitz nimmt. Der Pfarrer war danach in den ersten Stock gebeten worden, wo er auf das Zeichen zum Festmahl wartete, das in allen vorderen Räumen des ersten Stocks gegeben wurde. Meine Mutter war, wie immer bei solchen Gelegenheiten, die Beherrscherin des Ganzen und das Brautpaar war von ihr auf die diesem Brautpaar durchaus zustehende Größe reduziert worden, auf eine dicke und auf eine dünne Marionette, die nebeneinander in der Mitte des Tisches, sozusagen mit dem Rücken zum Balkon und also zur Außenwelt, Platz genommen hatten, der dicke Weinflaschenstöpselfabrikant und meine Schwester Caecilia, die ihm immer wieder einmal mit der rechten Hand auf seine linke Hand tätschelte nicht aus einem inneren Bedürfnis, sondern weil es sich so gehörte, wie sie zu denken hatte. Als die Hochzeitsgesellschaft das zweifelsfrei gute Essen gegessen und den ebenso zweifelsfrei erstklassigen und natürlich badischen Wein getrunken hatte, war meine Mutter noch einmal aufgestanden, um eine kleine Rede zu halten, die die Kunst ihrer Verlogenheit in unnachahmlicher Weise zum Ausdruck brachte. Sie habe jetzt den besten Schwiegersohn, den sie sich überhaupt vorstellen könne, hatte sie gesagt, und die glücklichste Tochter, die sich denken läßt. Sie war zu dem Weinflaschenstöpselfabrikanten hingegangen und hatte ihn vor allen Leuten abgeküßt und daraufhin auch noch Caecilia umarmt und alle in den Park hinunter gebeten. Dort waren viele Tische aufgestellt, weil es schönes Wetter gegeben hat und die Gärtner und Jäger hatten sich bald unter die sogenannten Höhergestellten gemischt. Auch viele Leute aus dem Dorf waren heraufgekommen, um mitzufeiern. Sie taten es vollkommen ungezwungen. Wieder waren es die Gärtner und die Bergleute, die mir am besten gefallen haben. Die Blasmusik hatte auf einem frisch gezimmerten Podium vor der Orangerie Platz genommen und nach und nach ihr ganzes Repertoire heruntergespielt und damit jede Stunde wieder von vorne angefangen. Bis Atzbach, das sechs Kilometer weiter im Osten liegt, sollen sie die Ausgelassenheit dieser Hochzeit gehört haben. Mein Bruder war dabei auffallend zurückhaltend gewesen, hatte sich sehr bald zurückgezogen und nicht mehr blicken lassen, ihm waren diese Feste immer schon früh zuwider gewesen, aber nicht aus demselben Grund wie mir, der ihre Oberflächlichkeit und letzten Endes Hilflosigkeit nur wenige Stunden ertragen hat können, sondern aus Krankheitsgründen. Er litt immer gleich an Kopfweh. Zeitlebens hat er an Kopfweh gelitten, wie mein Vater, dem dieses Kopfweh auch immer alles verleidet hat. Er, mein Bruder, der dafür wie kein zweiter Geeignete, habe ich mir gesagt, hat bis heute nicht geheiratet und ich kann mir nicht erklären, warum; er, der absolut einen Erben braucht und von seiner Mutter ständig dazu gedrängt wird, der darüber mit seiner Mutter fortwährend im Streit lebt, habe ich während der ganzen Hochzeit gedacht. Natürlich wird er eines Tages heiraten, kurz, bevor es zu spät ist, irgendeine Frau, habe ich gedacht, irgendeine Gewürzhändlerstochter aus Wels, aus Vöcklabruck, irgendeine Krankenschwester aus Salzburg, irgendeine Gastwirtstochter aus Unterrach oder Straßwalchen. Solche wie mein Bruder warten, bis sie fünfzig sind und es allerhöchste Zeit ist, dann greifen sie zu und tappen hinein, habe ich gedacht, setzen dem alten Narren, der sie inzwischen schon geworden sind, die Krone auf. Vorher lassen sie die Gelegenheiten ungenützt vorbeigehen, die allerbesten, wie gesagt wird, die sogenannten Abenteuer nicht zu einer Gewohnheit, das Zusammensein mit einem Mädchen oder mit einer Frau nicht zu einer Selbstverständlichkeit werden. Das Bett gehört in dieser Zeit nicht einer einzigen, sondern mehreren, wenn auch nicht vielen, so doch immer einer anderen, die daraus gleich wieder verjagt wird aus Angst vor lebenslänglicher Gefangenschaft, denkt er sicher, habe ich gedacht. Jetzt hat die dumme Caecilia geheiratet, ich werde es nicht vor dem fünfzigsten Jahr oder noch später tun, mag er gedacht haben, innerlich, dazu an den Kopf greifend, und hat sich mit diesem seinem Kopfweh zurückgezogen. Er hat sich angewöhnt, nurmehr noch alte Hüte aufzusetzen, hatte ich gedacht, wie sein Vater, alte Jacken, alte Hosen, alte Schuhe anzuziehen, alles an ihm hat immer alt zu sein, so, glaubt er immer, wie die meisten seines Standes und seiner Herkunft, diesen Stand und diese Herkunft besser darstellen, mit sich herumtragen zu können, dem Geschmack der sogenannten Oberen, zu welchen er sich immer gezählt hat, zu entsprechen. Er kauft sich einen Hut und setzt ihn dem Regen aus, läßt ihn ein paar Wochen auf dem Balkon des Jägerhauses an einem Haken hängen und nimmt ihn erst wieder von dem Haken herunter, wenn er verwittert ist; dann stülpt er ihn über ein kochendes Wasser und setzt ihn so, aufs äußerste erhitzt, auf, um ihn in die seinem Kopf entsprechende Form zu bringen, die Hosen taucht er kurz ins Wasser und hängt sie im Wind ans Fenster, bevor er sie anzieht, ebenso macht er es mit seinen Jacken, mit den Schuhen geht er zuerst einmal anständig im Gartenkot hin und her, damit sie den Eindruck der absoluten Neuheit verlieren, denn neue Schuhe werden nicht getragen, neue Jacken werden nicht angezogen, neue Hüte werden nicht aufgesetzt, alles Neue wird zutiefst verachtet, ja gehaßt, weil es sich so gehört, auch die neuen Häuser, die neuen Kirchen, die neuen Straßen, die neuen Erfindungen, selbstverständlich auch alle neuen Menschen, wie gesagt, alles Neue, wozu natürlich auch die neuen Gedanken gehören. Diese Gesellschaft hat sich in Jahrhunderten angewöhnt, alles Neue zu verachten und zu hassen, wodurch sie selbst alt geworden ist und sich nicht mehr erneuert hat. Der arme Mensch, sagte ich mir oft, meinen Bruder betreffend. Der arme Mensch ist von der Gesellschaft, die er, wie gesagt wird, für die alleinseligmachende hält, vollkommen aufgefressen worden, es ist nichts mehr übriggeblieben von ihm, das an seine Persönlichkeit erinnerte, wie sein Vater, dachte ich, führt er das Leben eines von Millionen von Duplikaten dieser alten Gesellschaft. Alles an ihm und um ihn hat alt zu sein, verwittert, dachte ich, nur sein Auto nicht, dieses betreffend, legte er den größten Wert darauf, daß es das neueste ist und das beste, was bedeutete, daß es auch immer das teuerste zu sein hatte. Jedes Jahr ein neues Auto hat er sich zur Gewohnheit gemacht, da meine Mutter damit fährt, weil sie selbst kein Auto besitzt, weil sie keinen sogenannten Führerschein hat, hatte dieses Auto das in ihren Augen schönste und beste zu sein. Jetzt ist ihnen dieses schönste und beste Auto, *der Jaguar,* zum Verhängnis geworden, dachte ich. Ihr Autokult hat sie vernichtet, dachte ich. War er sonst der ruhigste Mensch, wenn er Auto fuhr, war er nurmehr noch der entfesselte, der zum absoluten Machtmenschen gewordene, welcher er außerhalb des Autos nicht sein konnte, das verhinderte schon seine und meine Mutter, die diesen Titel für sich beanspruchte, im Auto, *im Jaguar,* aber war er der Machtmensch und sie hatte sich zu fügen, er bestimmte, wenn schon nicht die Richtung, so doch die Geschwindigkeit, was ihr, als Danebensitzende bei diesen Gelegenheiten immer voll Verängstigte, wie ich weiß, ganz gegen den Strich ging, wie gesagt wird. Mein Vater liebte den Traktor, nicht das Auto, das ihm immer zu leicht gewesen war, der Vater ließ keine Gelegenheit aus, sich auf einen unserer Mc Cormick zu setzen und hatte es auch nicht den geringsten Zweck. Er betrachtete sich auf dem Traktor als den glücklichsten Menschen. Als den unabhängigsten. Auf dem Traktor sei er er selbst, das sei genauso traurig, wie wahr und ich glaubte ihm, *soweit hat es kommen müssen, daß ich nurmehr noch auf dem Traktor allein und glücklich sein kann,* hat er einmal zu mir gesagt. Der Sohn, mein Bruder Johannes, dagegen, hatte oft davon gesprochen, ins Auto steigen zu müssen, um aufatmen und seinen Gedanken nachgehen zu können, was immer das für ihn bedeutete, es deprimierte mich, das von ihm zu hören, es für die Wahrheit nehmen zu müssen. Mein Bruder wird immer mehr zu meinem Vater, habe ich oft gedacht. Er hat sich ihm in letzter Zeit schon ganz angenähert, es dauert nicht mehr lange, habe ich bei der Hochzeit gedacht, und *er ist unser Vater.* Sein Gang, seine ganze Körperhaltung, seine Stimme, sie werden meinem Vater immer ähnlicher, sie decken sich bald mit der Körperhaltung des Vaters, mit dessen Gang, mit dessen Stimmung und in der Folge naturgemäß mit dessen Geisteshaltung. Der erstgeborene Sohn ist sozusagen von Anfang an bestimmt gewesen, der Vater zu sein und wird es bald sein, habe ich gedacht. Es ist das nur noch eine Frage der kürzesten Zeit. Und manchmal habe ich ja auch, dachte ich, wenn der Bruder spricht, das Gefühl, es spricht der Vater, höre ich den Bruder gehen, es geht der Vater, denkt der Bruder, es denkt der Vater. Die Eltern hatten mit Johannes einen Wunschsohn bekommen, dachte ich. Sie hätten sich keinen besseren und also ihnen gemäßeren wünschen können. Er näherte sich nach und nach dem Idealbild an, das sie von einem Sohn immer gehabt haben, mit der gleichen Geschwindigkeit, mit welcher ich mich von einem solchen Idealbild entfernte. Deshalb liebten sie ihn immer mehr, mich verachteten und haßten, ja verabscheuten sie immer mehr, ohne sich das in Wahrheit einzugestehen, das getrauten sie sich in den vielen *ununterbrochenen Selbstschutzmaßnahmen* in ihrem Kopf nicht. Das Idealbild ist beinahe vollendet, hatte ich bei der Hochzeit meiner Schwester Caecilia gedacht, beinahe deckt es sich schon zur Gänze mit dem Vorbild, das die Eltern, wenn auch erst, wie gesagt wird, im nachhinein zum Idealbild erklärt hatten. Der Bruder hatte sich zum Idealbild erziehen lassen, ich hatte mich immer dieser Zumutung entzogen, ich war an der Darstellung eines solchen elterlichen Idealbildes niemals interessiert gewesen, ich verabscheute ein solches, weil ich, kurz gesagt, niemals einem Vorbild entsprechen habe wollen und dadurch auch niemals ein Idealbild hätte sein können. Johannes hatten sie, wie gesagt wird, *formen* können, *kneten,* mich nicht. Und sie hatten mit dieser Formung meines Bruders, mit diesem elterlichen Knetprozeß schon früh begonnen, schon, als diese kindliche Knetmasse nicht älter als drei, vier Jahre alt gewesen ist, da bemerkten sie schon, daß es möglich sei, aus dieser Knetmasse ihr Idealbild zu machen und sie waren daran gegangen, die Knetmasse Johannes zu kneten und zu formen, sie hatten keinen Widerstand, während sie mit mir immer den größten Widerstand gehabt haben in dieser Beziehung, denn ich hatte mich von Anfang an ihren Händen entzogen, ihrem Kopf entzogen, ihren elterlichen Knet- und Formkünsten entzogen, ich hatte sie mir nicht nahe kommen lassen, sie gleich abgestoßen von Anfang an. Sie kneteten den Johannes so, wie sie es haben wollten und erfreuten sich daran, weil sie gar nicht merkten, daß sie ihn mit ihrer Knet- und Formkunst zerstört und vernichtet haben, endgültig. Sie hatten aus seinem *natürlichen Kopf* einen *Idealkopf gem*acht und diesen Kopf damit vernichtet für meine Begriffe, auf die unverschämteste und gemeinste Weise, rücksichtslos, was sie mit mir nicht hatten machen können, aus ihm gemacht, *einen ihnen idealen Dummkopf,* der mit der Zeit das geworden ist, was sie haben wollten, einen ihren Intentionen bis in die kleinsten Einzelheiten hinein entsprechenden, ihnen hörigen Menschen. Johannes, dachte ich, ist meinen Eltern, vor allem aber meiner Mutter, absolut hörig geworden, er hatte sich nicht gewehrt, es war ihm bequemer gewesen, als das Gegenteil, sich zu wehren gegen jede elterliche Ungeheuerlichkeit und gegen jede elterliche Gemeinheit und gegen jede elterliche Verunstaltungstendenz; nur im Auto, im Jaguar, und auch da nur während der Fahrt sozusagen, ließen sie ihn seine Gedanken veröffentlichen, auf diesen *Angstfahrten,* wie meine Mutter immer gesagt hat, durfte er sich Luft machen, was ihm aber dann, wenn er aus dem Auto, aus dem Jaguar, heraußen war, wieder tausendmal heimgezahlt worden ist, dem armen Menschen, dachte ich. Ich bin mir sicher, wenn er fünfzig ist, wird es hier, wie gesagt wird, eine Hochzeit geben, die sich gewaschen hat, dachte ich. Aber ein Toter kann nicht mehr heiraten. Mit diesem Gedanken bin ich durch das Portal gegangen. Das Vorhaus war leer. Die Vorhauslampen waren mit Lorbeerzweigen geschmückt, wie ich vermutet habe, nach dem Begräbnisplan *jeweils mit zwei* Lorbeerzweigen. Es herrschte genau diese unheimliche süßliche Ruhe, die für Trauerhäuser charakteristisch ist. Der Vorhausboden war, ein paar Stunden vor meinem Eintritt, gewaschen worden, *gerieben,* wie wir sagen, auf den Knien, von den *Hausmädchen,* dessen ältestes schon vierundsiebzig Jahre alt ist, aber immer noch zu den *Hausmädchen* gerechnet wird, es wird auch auf dem Totenbett, wenn es uralt ist, möglicherweise, wie die *Hausmädchen* hier meistens geworden sind, über achtzig, noch als Hausmädchen bezeichnet werden. Die *Hausmädchen* haben sich in Wolfsegg immer wohl gefühlt, so meine Mutter, obwohl ihnen andererseits, wie meine Mutter ebenso immer gesagt hat, nichts erspart geblieben ist und erspart bleibt. Sie tragen die grauen, von unserer Hausschneiderin im Ort unten geschneiderten Schürzen, an welchen sie schon von weitem zu erkennen sind, haben die Haare glatt zurückgebürstet und sind im übrigen, weil es sich so gehört in Wolfsegg, so meine Mutter, vollkommen schmucklos. *Das steht ihnen am besten,* so meine Mutter. Sie treten meistens schon mit vierzehn oder fünfzehn Jahren in die Wolfsegger Dienste und werden in Wolfsegg alt. Sie haben, wie gesagt wird, nichts zu lachen, sind aber, so ebenso meine Mutter, von allen in Wolfsegg, hoch geschätzt. Ihre Anzahl hat sich in den letzten Jahren drastisch verringert, früher waren es, die Küchenmädchen, deren ältestes ja auch schon über siebzig ist, eingerechnet, zwölf, jetzt sind es nurmehr noch fünf, alles in allem. Die meisten von ihnen haben immer *von Geburt an unangenehme Stimmen gehabt,* so meine Mutter, oder haben solche unangenehmen Stimmen mit der Zeit in Wolfsegg bekommen, denn es war ihnen in Wolfsegg ja niemals erlaubt, auf ihre natürliche Weise mit ihren Stimmen zu sprechen, sondern auf eine ihnen ja auch von meiner Mutter anerzogene künstliche, möglichst leise und zurückhaltende Art, so ebenso meine Mutter, die ihre Stimmen schließlich verunstalten hatte müssen. Die Hausmädchen stammen jetzt fast alle aus dem Ort unten, mit Vorliebe hat meine Mutter aber früher immer solche aus dem, so sie selbst, *billigen Mühlviertel* genommen, möglichst von kinderreichen Bauernfamilien, denn diese waren als immer mit allem zufrieden (meine Mutter) und *tüchtig und überhaupt immer arbeitsam* berühmt. Aber das Mühlviertel gab in letzter Zeit keine Hausmädchen mehr ab, die Mühlviertler Mädchen wurden lieber Fabrikarbeiterinnen als Hausmädchen, was meine Mutter immer als Niedergang des Mühlviertels bezeichnet hat, überhaupt als charakteristisch nicht nur für das Mühlviertel, sondern für die ganze Weltentwicklung. Die Hausmädchen waren naturgemäß durch und durch katholisch und hatten genau die gewünschte demütige Haltung nicht nur der kirchlichen, sondern auch der weltlichen Obrigkeit gegenüber. Die liebsten Hausmädchen hatten sie immer aus der Freistädter Gegend gehabt und aus Aigen-Schlägel, wo die böhmische und die bayerische und die österreichische Grenze aufeinanderprallen und wo keine Eisenbahn hinführt. Das waren *immer die gläubigsten* gewesen, so meine Mutter, *die anständigsten,* so ebenso meine Mutter. Sie holte sie sich selbst, indem sie in den Klöstern von Freistadt und Aigen-Schlägel vorgesprochen und ihre Wünsche geäußert hat. Die Nonnen oder Mönche, je nachdem, händigten ihr meistens zwei oder drei *ganz junge noch nicht verdorbene Mädchen* aus, mit welchen sie nach Wolfsegg zurückfuhr, um sie einzuführen und zu prüfen. Diese Einführung als Prüfung bestand darin, daß meine Mutter die Mädchen zuerst einmal das Vorhaus ausreiben ließ, was jedem von ihnen zuerst einmal die größte Mühe gekostet hat, denn die Länge des Vorhauses und auch die Breite sind, wenn auszureiben, tatsächlich eine unmenschliche Anstrengung. Aber die Mädchen, fasziniert von dem Gehabe meiner Mutter und von Wolfsegg überhaupt, von einem solchen Besitz, den sie alle noch niemals vorher in ihrem Leben gesehen hatten, rieben das Vorhaus aus, gleich unter welchen Qualen,

manche scheiterten, dann versetzte ihnen meine Mutter die Schreckens-
nachricht, daß sie sie nicht nehmen könne, worauf die zuerst Gescheiterte
beim zweiten Versuch, das Vorhaus tatsächlich zur Gänze auszureiben
imstande gewesen war. Meine Mutter war immer unerbittlich gewesen.
Und da sie immer am allerunerbittlichsten gegen sich selbst war, ersparte
sie ihrer Umgebung niemals wenigstens dieselbe Unerbittlichkeit. Die
Hausmädchen arbeiteten sich, wie gesagt wird, zutode und waren doch
immer glücklich, in Wolfsegg sein zu dürfen, wie sie selbst es immer
wieder bezeichneten, sie kosteten meine Mutter nur einen Pappenstiel
und wurden, sozusagen als Beweis für ihre gute Behandlung, wie ich schon
erwähnt habe, auf Wolfsegg uralt. Die Absurdität war, daß sie sich einerseits immer zutode arbeiteten, andererseits aber uralt geworden sind. Kein
Hausmädchen auf Wolfsegg ist sozusagen jung gestorben, wenigstens
nicht vor dem sechzigsten Jahr. Sie bekamen *alle ein schönes Begräbnis,* so
meine Mutter, und die Familien der Hausmädchen waren immer dankbar
dafür, daß eines der ihren in Wolfsegg arbeiten *durfte.* Diese Einstellung
hat sich bis heute nicht geändert, dachte ich in dem leeren frisch ausge-
riebenen Vorhaus mit seinen breiten Lärchenbrettern. Die Spinnweben,
die sonst das Vorhaus in den Ecken verdunkelten, waren schon vor der
Hochzeit entfernt worden, dachte ich, die Fenster geputzt, die Lampen
mit Öl eingeschmiert worden, damit sie glänzen. Die Gärtner hatten mir
gesagt, meine Schwestern seien im Haupthaus, auch der neue Herr, wie sie
den Weinflaschenstöpselfabrikanten bezeichnet haben in ihrer Unschuld,
dachte ich. Die drei werden also oben im ersten Stock sein und keine
Ahnung davon haben, daß ich schon im Vorhaus mehr oder weniger unter
ihnen bin. Ich hatte aber keine Lust, schon gleich zu ihnen hinaufzugehen
und ich wartete im Vorhaus die nächsten Minuten ab. Ich stand da, wo die
Treppe in den ersten Stock hinaufführt, wo an der Wand ein Bild meines
Urururgroßonkels Ferdinand hängt, der, wie gesagt wird, dem Kaiser das
Leben gerettet hat, indem er sich selbst zwischen den Kaiser und einen auf
den Kaiser zustürzenden ungarischen Verräter geworfen hat. Diese Hel-
dentat hat mein Urururgroßonkel mit dem Tode bezahlt und ist dafür
posthum, wie noch heute geflüstert wird, in der Hierarchie eine Stufe
höher gesetzt worden. Der Mann sieht, dachte ich, tatsächlich Descartes
ähnlich, was mir vorher nie aufgefallen war, schließlich lebte er zur gleichen Zeit wie der Philosoph, aber es war dann doch mehr die Kleidung,
die ihn Descartes ähnlich erscheinen ließ, weniger sein Kopf. Aber die

Ähnlichkeit zwischen diesem Ururgroßonkel und Descartes war auf
einmal verblüffend für mich. Warum ich noch nie darauf gekommen bin,
fragte ich mich und betrachtete das Bild mit noch größerer Neugierde.
Tatsächlich hatte mein Ururgroßonkel auf dem Bild auch diesen charakteristischen Descartesbart und die hochgezogene Descartesbraue. Das
Bild ist durchaus kein lächerliches, habe ich gedacht und ich fragte mich
gleichzeitig, ob es nicht tatsächlich möglich sei, daß dieser hier zu einem
Ölbild gemachte Ururgroßonkel, auch ein Philosoph gewesen sei, denn
er hatte etwas Philosophisches an sich. Ich beschloß, in unseren Bibliotheken nachzuforschen, ob sich dort etwas von diesem Ururgroßonkel
Aufgeschriebenes finden lasse, vielleicht irgendwelche *Essays,* dachte ich,
von welchen ich bis jetzt nichts gewußt habe, tatsächlich philosophische
Schriften, ich glaubte, mich nicht zu irren, einen philosophischen Schriftsteller auf dem Ölbild abgebildet zu sehen und vermutete schon dessen
Werke in einer unserer fünf Bibliotheken. Der Name war mir bekannt, ich
mußte in unseren Bibliotheken nur auf die Suche gehen. Es wunderte
mich gar nicht, daß die Meinigen niemals über den *Philosophen Ferdinand*
gesprochen haben, denn das ist ja das Charakteristische an ihnen, daß sie
sogenannte Geistesmenschen niemals auch nur erwähnten, und wenn,
dann in einem peinlichen Zusammenhang, der diese philosophischen Persönlichkeiten auf jeden Fall herabwürdigte. Ich bildete mir jetzt sogar ein,
schon einmal etwas über den *Philosophen Ferdinand,* so nannte ich ihn für
mich, gehört zu haben, vielleicht habe ich ihn auch schon gelesen, ohne
daß es mir bewußt gewesen war, daß der gelesene der an der Vorhaustreppe in Öl aufgehängte ist. Ich hatte auf einmal die Idee, auch die andern
an der Treppe hinauf aufgehängten Ölbilder mit meinen Vorfahren einer
genaueren Prüfung zu unterziehen, ich hatte sie bis jetzt immer nur oberflächlich betrachtet, im Grunde immer wahrgenommen, daß es sich um
Vorfahren handelt, aber niemals, um welche, es interessierte mich bis jetzt
nicht, Bilder hatte ich in Wolfsegg immer genauso angeschaut, wie die
Meinigen immer Bilder angeschaut haben, so, daß sie diese Bilder zwar
anschauten, aber niemals sagen konnten, was oder wer auf diesen überhaupt abgebildet ist, denn sie betrachteten sie jahrzehntelang nur gewohnheitsmäßig, als mehr oder weniger verdüsterte Farbflecken, die ihren endgültigen Platz auf unseren Wänden schon größtenteils Jahrhunderte vor
uns gefunden hatten, aus was für einem Grund immer, an dieser oder
jener Stelle, es war niemals darüber nachgedacht, geschweige denn, nach-

geforscht worden. Wer weiß, habe ich gedacht, was wirklich an den Wolfsegger Wänden hängt, habe ich gedacht, unter Umständen stellt es sich
heraus, daß wir sogar mehrere Philosophen als Vorfahren gehabt haben
und vielleicht auch noch eine Reihe anderer Geistesmenschen, Denker
also und möglicherweise sind die an den Wänden hängenden Bilder tatsächlich wirklich soviel Unschätzbares wert, wie immer unter den Unsrigen gemunkelt worden ist. Aber dieser Wert interessierte mich wirklich
weniger, als die Dargestellten oder das Dargestellte auf diesen Bildern, die
in die Hunderte gehen. Ganz zu schweigen von den vielen Bildern und
Gemälden, die auf unseren Dachböden herumliegen, dachte ich, die zum
Großteil alle vergessen und, durch die Gedanken- und Schamlosigkeit der
Jahrhunderte in Wolfsegg, in einen bedauernswerten Zustand versetzt
sind. Ich sollte einmal einen Restaurator aus Wien engagieren, habe ich
gedacht und diesen Gedanken festgehalten, der alle diese Bilder identifiziert und dann klassifiziert und schließlich bewertet. Und ich dachte an
einen bestimmten Mann, der mir bekannt ist und der sogenannter Haupt-
restaurator an unseren größten Museen ist und der beispielsweise in letzter
Zeit den kostbarsten Velázquez restauriert hat, den diese Museen besitzen
und sie besitzen, wie ich weiß, die allerkostbarsten Velázquez, noch kost-
barere, als der Prado in Madrid sie besitzt. Bei dem Wort Velázquez und
bei dem Wort Prado hatte ich auf einmal den Gedanken, ob sich nicht
vielleicht gar ein solcher Velázquez in Wolfsegg befinde, ohne daß es uns
bekannt ist, denn wir haben nicht wenige spanische Verwandte seit Jahrhunderten gehabt, immer waren hier Spanier gewesen, heute noch tauchen sie ab und zu hier auf, verbringen Jagdtage in Wolfsegg und zu
Spanien hat Wolfsegg immer die engsten Bindungen und Beziehungen
gehabt. Und zu Italien. Und naturgemäß auch zu Holland, in welchem
immerhin Rembrandt und Vermeer und die andern großen sogenannten
Niederländer zuhause gewesen sind und gemalt haben. Ich hatte auf einmal einen sogenannten phantastischen Gedanken, der mich dann die
ganze Zeit beschäftigte, auch als ich schon in der Kapelle stand, die ich
aufgesucht habe, um nicht gleich zu den Meinigen hinaufgehen zu müssen. Ich gehe langsam und unauffällig vor, habe ich gedacht und bin in die
Kapelle hineingegangen, in welcher die Hochzeitsdekoration längst weg-
und die Begräbnisdekoration schon angebracht worden war. Mit welcher
Schnelligkeit sie die Szene verwandelt haben, dachte ich. Schwarze Tücher
bedeckten alle sonst blankgeputzten und strahlenden Gegenstände in der

Kapelle, die Leuchter und Schüsseln, die Gläser und Ketten und die beiden Fenster waren ebenfalls jeweils mit einem schwarzen Tuch verhängt, nur das sogenannte *Ewige Licht* brannte, so daß der Eintretende durchaus nicht in völliger Finsternis zu verharren hatte. Der die Hochzeitsgesellschaft erheiternde Lapsus des betrunkenen Pfarrers war mir eingefallen und ich hörte jetzt noch immer das schallende Gelächter des Hochzeitsauditoriums. Meine dann doch nicht veröffentlichte Infamie kam mir in den Kopf und ich hörte jetzt wieder meinen Vater den Namen *Caecilia* rufen, der die vollkommen zum Stillstand gekommene Verheiratungsszene wieder in Gang gebracht hat. Wie lange hören wir eigentlich die Stimme eines Menschen, die wir ein paar Tage vorher noch in Wirklichkeit als die Stimme des Lebenden gehört haben, wenn er tatsächlich plötzlich tot ist? fragte ich mich. Einen Augenblick hatte ich das Gefühl, ich müsse mich, wie das üblich ist beim Eintritt, in der Kapelle niederknien, ich tat es aber nicht, denn das Theatralische und total Künstliche einer solchen Handlungsweise meinerseits war mir noch im rechten Moment zu Bewußtsein gekommen, die Verlogenheit, die es zweifellos bedeutet hätte, mich in eine Bank zu setzen und niederzuknien, wo ich doch nicht das geringste Bedürfnis nach einem Niederknien gehabt habe, nur die Vorstellung, daß sich naturgemäß ein in die Kapelle Eintretender dort niederkniet, noch dazu in dieser Situation. Was aber ist eigentlich meine Situation? fragte ich mich und ging ein paar Schritte vorwärts, um stehenzubleiben. Ich dachte, daß die Kapelle für mich als Kind immer ein Hort nicht des Friedens und der Einkehr gewesen ist, wie immer behauptet wird von den andern, weil sie so auf sie immer gewirkt habe, sondern ein Ort der Unheimlichkeit und des Schreckens. Noch mit fünfzehn Jahren, vielleicht auch noch mit zwanzig hatte ich ja die Kapelle tatsächlich als Ort des Schreckens und der Grausamkeit betreten, als Verdammungsraum sozusagen, in welchem über mich entschieden wird, ich bin damals in die Kapelle durchaus wie in einen hohen Gerichtssaal eingetreten, in welchem ich jedesmal abgeurteilt worden bin. Die Finger, die ich in diesem Verdammungssaal gesehen habe damals, die richterlichen, unerbittlichen, zeigten immer nach unten und ich verließ die Kapelle als Kind und als Jüngling immer nur mit eingezogenem Kopf, als Gedemütigter, Bestrafter. Die katholische Kirche hätte viel an mir gut zu machen, sagte ich mir, wenn ich aufrechnete, was sie durch ihre Lehre in mir als Kind angerichtet und zerstört und ruiniert hat, sie würde, ist sie noch so kaltblütig, erschrecken müssen, dachte ich. Ich war von meiner Mutter immer in die Kapelle geschickt worden, um mich sozusagen mit meinen Hunderten und Aberhunderten von Sünden abzuquälen in ihr, hoffnungslos. In die Kapelle bin ich immer zitternd hineingegangen, um wie erschlagen wieder aus ihr herauszugehen. Die einzigen schönen Erinnerungen an die Kapelle waren doch nur die, in welchen zur Maiandacht gesungen worden ist. Obwohl die ganze Welt sich inzwischen vollkommen und, wie ich sagen muß, total geändert hat, gehen sie in Wolfsegg immer noch so in die Kapelle hinein, als habe sich nichts geändert, alle gehen sie noch immer so hinein, dachte ich. Wie sie überhaupt in Wolfsegg so tun, als habe sich die Welt nicht verändert in den letzten hundert Jahren, wo sie sich doch von Grund auf verändert hat, sozusagen hat sie sich doch selbst auf den Kopf gestellt, könnte ich sagen, dachte ich. Die Meinigen haben Wolfsegg immer genauso betrachtet, wie ihre Bilder an den Wänden, die immer so und nicht anders an diesen Wänden hingen und niemals verändert, oder gar heruntergenommen werden durften, sie betrachteten sich schließlich selbst so, sie durften sich *in nichts* verändern, wer sich verändern ließ, oder von sich aus veränderte, wie mein Onkel Georg und wie ich, dachte ich, den schlossen sie aus, der hatte unter ihnen und, wie sie glaubten, mit ihnen, nichts mehr zu tun. Aber es ist auch falsch, zu sagen, in Wolfsegg sei die Zeit stehengeblieben, denn sie, die Meinigen, sind ja in dieser Zeit, existieren in dieser Zeit, sind Teil dieser Zeit, auch sie sind also durch und durch diese Zeit, wie sie beweisen durch ihre derzeitige Existenz. Sie sind sogar durchdrungen von dieser jetzigen Zeit, dachte ich, viel tiefer als andere, *aber auf ihre Weise.* Es ist nicht richtig, zu sagen, die Meinigen seien Relikte aus *einer vergangenen, einer alten, einer längst abgeschobenen Zeit,* denn sie sind ja in dieser Zeit. Aber auf ihre Weise. Sie sind nicht, wie man, wenn man sie sieht und wenn man sie längere Zeit beobachtet, behaupten könnte, aus einer Zeit, die mit der unsrigen nichts mehr zu tun hat, denn sie sind ja aus dieser Zeit. Aber auf ihre Weise. Jeder, der in dieser Zeit existiert, ist Teilhaber dieser Zeit, dachte ich. Die Leute irren, wenn sie glauben, die Meinigen hätten in dieser Zeit nichts zu suchen, denn die Meinigen sind in Wahrheit und in Wirklichkeit in dieser Zeit lebendiger als andere und beherrschen diese Zeit, wie man sieht, mit einem realeren Verstand als andere, wenn ich bedenke, daß der Einfluß nicht der geringste ist, den sie heute auf ihre Umgebung haben. Aber sie sind Menschen auf ihre Art, ob diese Art nun abgelehnt wird oder nicht, abstößt oder nicht. *Die Meinigen sind Menschen aus einer anderen Welt zu sagen, ist unsinnig gesagt.* Daß es Menschen sind, die auf das merkwürdigste leben und eine äußerst merkwürdige Existenz führen und solche eben, die die Veränderung der Welt und ihrer Menschheit nicht zur Kenntnis nehmen, ist eine andere Frage, aber sie sind natürlich Menschen dieser Zeit. Es wäre das Dümmste, zu behaupten, sie seien aus einer anderen Zeit oder aus einer anderen Welt, denn sie sind mehr als Millionen andere aus dieser Zeit und aus dieser Welt und herrschen nach wie vor in ihr, das ist die Wahrheit. Vielleicht ist es auch ihr großer Trick, sich den Anschein zu geben, aus einer anderen Zeit und aus einer anderen Welt zu sein, dachte ich, mit dem sie arbeiten und mit dem sie, wie gesagt wird, nicht schlecht fahren, denn sie fahren ja im Grunde nicht schlecht, es geht ihnen um so vieles besser als Millionen anderen, die von sich behaupten, Menschen dieser Zeit und dieser Welt zu sein, was die Meinigen, vielleicht aus einem angeborenen besseren als nur guten Instinkt heraus für die Zusammenhänge dieser Welt und dieser Zeit, niemals behauptet haben. Ich selbst behaupte sogar, daß die Meinigen, wie sie auch sind, zeitgemäßer sind, als die meisten anderen, die ich kenne und ich dachte in der Kapelle so, als ich mich nicht und nicht entschließen habe können, die Kapelle zu verlassen und zu den Meinigen hinaufzugehen. Wir maßen uns an, habe ich gedacht, die Menschen wie die Meinigen aus dieser Welt und aus dieser Gesellschaft auszuschließen und zu sagen, sie seien nicht von dieser Welt, nicht aus dieser Zeit, sie seien *unzeitgemäß*, weil wir genau fühlen, daß wir unrecht haben, genau diese Leute wie die Meinigen, das sehe ich jetzt von Tag zu Tag deutlicher, leben *zeitgemäß*. Ich lehne ihre Lebensweise ab, heißt ja nicht, daß ich sage, sie gehören nicht in diese Zeit, sie sind unzeitgemäß. Genau sie wären ja, könnte ich auch sagen, auf dem richtigen Weg, nicht auf dem alles zerstörenden und vernichtenden, sondern auf dem, der alles zusammenhält und schützt, mag uns auch die Art und Weise der Umstände, unter welchen sie diese Ziele vorantreiben, nicht gefallen, dachte ich. Ich habe mit diesen Menschen nichts zu tun, heißt ja nicht, daß sie abgeschafft gehörten, wie oft gedacht wird, wie fast immer gedacht wird, wie fast immer gedacht und in der Folge gehandelt wird. Und ich dachte, daß ich, obwohl ich anders denke, mich selbst in der Zwischenzeit zu ihrem Abschaffer und Auslöscher gemacht habe und also so denke, wie zu denken ich den andern als inkompetent und unzulässig vorwerfe. Nicht weil sie die Mehrheit ist, ist sie zeitgemäß, dachte ich, wie geglaubt und aus diesem Glauben gehandelt wird, sehr oft zum Nachteil ihrer Zeit, auch eine oder die Minderheit kann zeitgemäß sein und sehr oft viel zeitgemäßer als die Mehrheit und ist es fast immer, auch ein Einzelner kann zeitgemäßer als die Mehrheit sein und im Grunde ist er sehr oft der Zeitgemäßeste. Die Mehrheit hat immer nur Unglück gebracht, dachte ich, auch heute verdanken wir unser Unglück, wenn es ein solches ist, der Mehrheit. Die Minderheit oder auch nur der Einzelne werden ja gerade deshalb von der Mehrheit erdrückt, weil sie viel zeitgemäßer sind als die Mehrheit, weil sie viel zeitgemäßer handeln als die Mehrheit. Die zeitgemäßen Gedanken sind immer unzeitgemäß, dachte ich. Die zeitgemäßen Gedanken sind ihrer Zeit immer voraus, wenn sie die tatsächlichen zeitgemäßen Gedanken sind, dachte ich. Das Zeitgemäße ist also tatsächlich immer das Unzeitgemäße, dachte ich, darüber habe ich mit Zacchi einmal ein langes Gespräch geführt. Ich bin zeitgemäß, heißt, ich habe voraus zu sein mit meinem Denken, es heißt nicht, daß ich zeitgemäß handle, denn zeitgemäß handeln, heißt, daß es unzeitgemäß ist, undsofort. Mit Zacchi hatte ich darüber einmal mehrere Tage verbracht, in Orvieto, wo er ein Haus in den Bergen hat, ererbt von einem seiner Bewunderer. Im Grunde und in Wahrheit, dachte ich, sind die in Wolfsegg, so verabscheuungswürdig sie dem Einzelnen oder aber auch der Mehrheit erscheinen mögen, doch die Zeitgemäßen, habe ich gedacht, vor allem, wenn wir diese unsere Zeit gründlich und unbestechlich in Augenschein nehmen und uns nicht benebeln und stumpfsinnig machen lassen durch die gerade herrschende Meinung, die nur eine tagespolitisch aufgeputschte ist, dachte ich. Seit Jahrhunderten gibt es die tagespolitische Meinung und die unwiderlegten Tatsachen, die der tagespolitischen Meinung immer entgegengesetzt gewesen sind. Die Tatsache ist doch, sagte ich mir, daß die Welt sich augenblicklich in einem chaotischen Zustand befindet, während in Wolfsegg die Ordnung herrscht, ich sagte mir absichtlich nicht, *noch immer* die Ordnung herrscht, ich sagte mir nur, die Ordnung herrscht. Während die Welt in einem komaähnlichen Zustand nicht imstande ist, aufzuwachen und sich in diesem komaähnlichen Zustand bewußt zu werden, sind die in Wolfsegg sehr bewußt, sie mögen mich abstoßen, ich mag mich ihnen aus Abscheu entzogen haben, aber daß sie bewußter *handeln,* ich verbesserte mich, *handelten,* als der Großteil der übrigen Welt, bestreite ich nicht, dachte ich. Auf ihre Weise, sagte ich mir. Gleich darauf dachte ich, daß, was ich gerade gedacht habe, doch völliger Unsinn ist, oder wenigstens

eine Narretei, die zu nichts führt, ein Gedankenscheitern. Für die Vorantreibung dieses Gedankens, daß die Wolfsegger die Zeitgemäßen sind und
nicht die Menschen der übrigen Welt, dachte ich, hätte ich Zacchi gebraucht, oder Gambetti, das wäre gleich, allein bin ich in diesem Gedanken gescheitert wie in so vielen von mir gedachten Gedanken, einem
Trugschluß zum Opfer gefallen, einer Gedankenungezogenheit, wie ich
dachte. Aber wir müssen das Scheitern immer in Betracht ziehen, sonst
enden wir abrupt in der Untätigkeit, dachte ich, wie wir außerhalb unseres
Kopfes gegen nichts mit einer größeren Entschiedenheit vorzugehen haben, wie gegen unsere Untätigkeit, haben wir auch innerhalb unseres
Kopfes auf dieselbe Weise gegen die Untätigkeit vorzugehen, mehr oder
weniger mit der uns entsprechenden Rücksichtslosigkeit. Wir müssen uns
das Denken erlauben, uns getrauen auch auf die Gefahr hin, daß wir schon
bald scheitern, weil es uns plötzlich unmöglich ist, unsere Gedanken zu
ordnen, weil wir, wenn wir denken, immer alle Gedanken, die es gibt, die
möglich sind, in Betracht zu ziehen haben, scheitern wir immer naturgemäß; wir sind ja im Grunde immer gescheitert und alle andern auch, sie
mögen geheißen haben, wie immer, sie mögen die allergrößten Geister
gewesen sein, auf einmal, an irgendeinem Punkte, scheiterten sie und ihr
System ist zusammengebrochen, wie ihre Schriften beweisen, die wir bewundern, weil sie die am weitesten in das Scheitern vorangetriebenen sind.
Denken heißt scheitern, dachte ich. Handeln heißt scheitern. Aber wir
handeln naturgemäß nicht, um zu scheitern, wie wir nicht denken, um zu
scheitern, dachte ich. Nietzsche ist ein gutes Beispiel für ein Denken, das
so weit in das Scheitern hineingetrieben ist, bis es nurmehr noch als wahnsinnig bezeichnet werden konnte, habe ich einmal zu Zacchi gesagt,
dachte ich. In diesen kalten, weißgekalkten Mauern habe ich mich *entwickeln dürfen,* wie meine Mutter sehr oft gesagt hat, dachte ich, im Vorhaus überlegend, ob ich gleich in den ersten Stock hinaufgehen solle oder
nicht, zu den Meinigen oder zu den anderen, die in der Küche versammelt
waren, wie ich bemerkte. Die Küchenmädchen und die Hausmädchen
hatten sich in der Küche *leise* unterhalten, darauf Bedacht nehmend, daß
es sich um ein *Trauerhaus* handelt, in welchem sie jetzt sind. Ich verharrte
vor der Küchentür und versuchte zu verstehen, was der Inhalt ihrer Unterhaltung gewesen ist, aber ich verstand nicht, was sie redeten, nur einzelne Wörter, die mir aber keinen Zusammenhang ergaben, wiewohl ich
doch feststellen hatte können, daß sie über ihre Familien gesprochen ha-

ben, immer wieder hatten sie das Wort *Mühlviertel* gesagt. Das Unstatthafte meines vor der Küchentür Verharrens war mir bewußt, ich hatte es aber nicht abgebrochen, mich andererseits aber auch nicht entscheiden können, gehe ich in den ersten Stock hinauf und mache ich meiner Annäherung an die Meinigen dadurch ein Ende, daß ich sie begrüße, oder mache ich ganz einfach die Küchentür auf und begrüße zuerst einmal die darin versammelten Frauen und Mädchen. Diese hatten auf einmal laut aufgelacht und ich dachte, wenn sie jetzt plötzlich die Tür aufmachten, entdeckten sie mich horchend, bei diesem Gedanken war mir in meiner eigenen Unverfrorenheit kalt geworden. Mein Verhalten mußte ich selbst als ein absolut unmögliches betrachten, gleich, für was ich mich jetzt entscheide, dachte ich, für das Aufmachen der Küchentür und also für das Begrüßen der Frauen und Mädchen in der Küche, oder für das Hinaufgehen in den ersten Stock zu den Meinigen, um sie zu begrüßen, ich hatte mich längst schuldig gemacht auf meine Weise, auf die unverständliche, vor den Kopf stoßende naturgemäß. Der Inhalt der Küchenunterhaltung, die ich jetzt vom Vorhaus aus mit größter Aufmerksamkeit verfolgte, waren die verschiedenen Begräbnisse gewesen, die die Frauen und Mädchen, die in der Küche versammelt waren, schon erlebt haben und die dazugehörenden Unglücksfälle. Ein alter Mann, siebenundachtzig, wie gesagt wurde von ihnen, war in den Bach gestürzt, eine alte Frau, Sechsundsechzig, hatte sich aufgehängt an einem Schlafzimmerfenster, ein Kind war von einem Pferdefuhrwerk überfahren worden, das Kohlensäcke geladen hatte gerade für die Familie dieses Kindes in der sogenannten Kohlgrube, unserer Bergmannssiedlung. Es wurde gesagt, daß die Leichen einen unangenehmen Geruch haben und die Kränze sehr teuer geworden seien, daß es immer weniger Bestattungsfirmen gäbe und die Hinterbliebenen, nicht einmal die engsten Verwandten des Verstorbenen, nicht mehr, wie früher, ausnahmslos ein halbes Jahr in Schwarz gingen, nicht einmal die Witwen, ist gesagt worden. Es hatte den Anschein, als bereiteten sie in der Küche ihren eigenen Nachmittagskaffee vor. Während sie selbst schon gegen zwei Uhr ihren Nachmittagskaffee trinken, dachte ich, stellen sie das Teewasser für die im ersten Stock erst gegen fünf Uhr auf, wenn sie selbst schon wieder das Nachtmahl einnehmen, das von denen im ersten Stock erst gegen halb acht eingenommen wird. Ich empfand es plötzlich als angenehm, daß sich in diesen Gewohnheiten in Wolfsegg nichts geändert hat, in den alltäglichen, dachte ich. Sie redeten in der Küche von

einem überfallenen und umgebrachten Lokomotivführer, dessen fünf
Kinder jetzt unversorgt seien und dessen Witwe jetzt Arbeit suche, um
sich und diese fünf Kinder erhalten zu können, denn der Staat zahle für
Hinterbliebene von Ermordeten nichts, selbst wenn der Täter gefaßt sei,
die Gesetze seien in diesem Staate die mangelhaftesten. Ich hörte von
einem umgeworfenen Leiterwagen in der Nähe der Kindervilla, auf welchem die Küchenmädchen mehrere Holzbänke aus der Kindervilla in das
Haupthaus zu transportieren hatten und wie sie über eine Bemerkung,
eierlegende Hühner betreffend, laut auflachend, gleich aber wieder verstummt waren, als schämten sie sich dieses Auflachens als einer ihnen
nicht zustehenden Ungezogenheit. Wenn ich zu ihnen hineingehe und sie
begrüße, dachte ich, mache ich mich vollkommen unmöglich und ich
ging in den ersten Stock hinauf, die Tatsache, daß ich ohne jedes Gepäck
gereist war, aus Rom, genau genommen, nur mit meiner Brieftasche und
einem Taschentuch, sonst nichts, belustigte mich in aller Heimlichkeit
selbst in dieser traurigen Atmosphäre. Alle Bilder an den Wänden und auf
den Dachböden werde ich prüfen lassen und so einen Überblick über
ihren tatsächlichen Wert haben, sagte ich mir, als ich an dem Ölbild mit
meinem Urururonkel Ferdinand vorbei in den ersten Stock hinaufging,
ganz ruhig, nur keine Atemlosigkeit aufkommen lassen, habe ich gedacht,
um an der Treppenbiegung noch einmal stehenzubleiben, horchend und
hörend. Meine Schwester Amalia unterhielt sich offenbar mit ihrem
Schwager, der auch mein Schwager ist, mit dem Weinflaschenstöpselfabrikanten aus Freiburg, der uns die badischen Weine mitgebracht hat,
dachte ich, mit welchem ich auf der Hochzeit kaum geredet habe, aber
nicht, weil ich zu hochmütig gewesen wäre, sondern weil er es vorgezogen
hat, sich mir zu entziehen, andauernd war er vor mir davongelaufen, so gut
es ging, hatte sich vor mir gedrückt, hatte sicher meine Fragen an ihn
gefürchtet. Ich sehe ihn noch im Park unter der Eiche stehen, dachte ich,
allein, was mir Gelegenheit gegeben hat, auf ihn zuzugehen, um mich mit
ihm zu unterhalten, mehr aus ihm herauszuholen, wie ich gedacht habe,
als ich schon wußte, was aber nicht viel gewesen war, denn meine Schwester hatte, ihren Bräutigam betreffend, niemals viel aus sich herausholen
lassen, aber wie ich auf die Eiche zugegangen bin, war der Schwager schon
weg gewesen, er hatte mich beobachtet gehabt und sich im gleichen Augenblick, in welchem er bemerkt hatte, daß ich die Absicht habe, auf ihn
zuzugehen, mir entzogen, indem er nämlich, wie ich dachte, völlig un-

motiviert, auf einmal rasch zur Orangerie hinübergegangen ist, wo niemand war, jedenfalls hatte ich dort drüben niemanden gesehen, ich stand
also allein unter der Eiche, ohne meinen reichen Schwager. Auch während
des Hochzeitsessens war es mir nicht möglich gewesen, mich mit ihm zu
unterhalten, denn er schaute immer dann von mir weg, wenn ich zu ihm
hinschaute, es war offensichtlich, daß er darunter gelitten hat, von mir
beobachtet zu sein, aber es ist das Natürlichste, daß der neue Schwager
vom Bruder seiner Frau beobachtet wird, wie er sich aufführt, was er zu
sagen hat, wie er sich sozusagen nicht nur außen, sondern auch innen
benimmt. Der Weinflaschenstöpselfabrikant aber hatte es vorgezogen, mir
aus dem Weg zu gehen. Während meines ganzen Aufenthalts in Wolfsegg
habe ich nicht ein einziges Mal Gelegenheit gehabt, mich tatsächlich mit
ihm zu unterhalten, dachte ich jetzt; ich hatte immer die Absicht, das
Bedürfnis naturgemäß, aber ich war nie in die Lage versetzt gewesen, diese
Art von Menschen, noch dazu aus dem Badischen, aus den Weingegen-
den, haben eine große Geschicklichkeit, sich einem, der sich mit ihnen
unterhalten will, zu entziehen, habe ich gedacht, sie weichen einem, der in
sie eindringen will mit Fragen, fortwährend aus, sind sehr gewitzt, was ein
solches Ausweichen betrifft. Wir sagen, es handelt sich um einen dummen
Menschen, müssen aber gleichzeitig zugeben, er ist ein gewitzter. Die
Dicklichen sind immer gewitzter als die anderen, im Grunde auch immer
beweglicher. Aber diese Beweglichkeit beschränkt sich auf das Körperliche, denn ihr Geistiges, wenn von einem solchen, sie betreffend, überhaupt gesprochen werden kann, ist vollkommen unbeweglich. Ich hatte
den Schwager mancherlei Prüfungen unterziehen wollen und ich dachte,
es wird ein leichtes sein, an ihm solche Prüfungen anzustellen, ihn aus-
zufragen sozusagen, ihm hinter die Schliche zu kommen, aber ich hatte
meine Annäherungskunst weitaus überschätzt, ich war darin zweifellos
gescheitert. Aber, hatte ich gedacht, aus was für Gründen entzieht sich mir
der Schwager? Was scheut er an mir, der ich doch schließlich der Bruder
seiner Braut und, nach der Hochzeit, seiner Frau bin, der ich, wie ich
glaubte, ein Recht habe, mich nach ihm zu erkundigen? Zweifellos ist es
als eine Ungeheuerlichkeit meiner Schwester empfunden worden, daß sie,
mehr oder weniger, ohne zu fragen, diesen Mann geheiratet hat, ohne ihn
in Wahrheit zu kennen, denn daß sie ihn nicht kennt, das ist offensichtlich. Sie hatte nur immer gesagt, unsere sogenannte Titiseetante kenne ihn
und zwar durch und durch, kenne seine Familie seit ihrer Geburt. Aber

das genügt natürlich nicht, habe ich genauso gedacht wie meine Mutter, die diesen Gedanken noch viel tiefer gedacht hat als ich, aber diese Hochzeit nicht hatte verhindern können, denn Caecilia hatte darauf bestanden, sich zum ersten Mal in ihrem Leben auf die Füße gestellt, wie gesagt wird, und gegen die Mutter ein Verbrechen begangen, denn meine Mutter hatte diese Heirat von Anfang an als *nichts als ein Verbrechen* Caecilias bezeichnet, das gegen sie und nur gegen sie begangen werde, allerdings hatte sich die Mutter diesen Gedanken nur heimlich und unter uns zu denken getraut, um nicht ihr Gesicht zu verlieren. Die Töchter sollten beide, wie sie sich gedacht und es sich auch als unumstößliche Tatsache vorgestellt hatte, lebenslänglich zu ihren Diensten in ihrer unmittelbaren Nähe sein, also in Wolfsegg, und eine Heirat war vollkommen ausgeschlossen. Bis sich die Titiseetante mit ihrer absurden Idee, so meine Mutter sehr oft, durchgesetzt hat, gegen alle Vorausplanung. Aber auch gegen Amalia ist diese Hochzeit, habe ich gedacht, denn die Schwestern hatten sich, wie ich weiß, wenn auch unausgesprochen, immer lebenslängliche Treue geschworen, was nichts anderes bedeutete, als daß keine von beiden einen Mann nehmen wird, denn einen Mann nehmen, bedeutete naturgemäß ihre Trennung, die jetzt vollzogen worden ist durch diese, wie ich wieder dachte, absolut *kuriose Hochzeit,* die von meiner Mutter auf das perfideste immer nur als *Vermählung* bezeichnet worden ist, ein Wort, das, bis zu dieser Hochzeit, in Wolfsegg immer nur mit der größten Verachtung ausgesprochen wurde. Der Weinflaschenstöpselfabrikant aber sagte niemals *Hochzeit,* sondern immer *Vermählung,* weil es ihm aus dem Badischen und aus seinem Kreise geläufig und niemals als peinlich erschienen ist, wie allen mit unserer Ironie nicht Vertrauten, dachte ich. Ich halte ihn nicht für einen Gauner, nicht für einen Spekulanten, aber für einen nach dem sogenannten Höheren und Besseren strebenden Dummkopf, wie sie uns zu Tausenden überall auf der Straße entgegenlaufen und jedes Lokal und letzten Endes jede größere Gesellschaft zur unerträglichen Hölle machen. Zum Gauner fehlte ihm die Durchtriebenheit genauso wie zum Spekulanten, es ist der biedere Aufwärtsstreber mit seinen Komplexen, sagte ich mir. Ich hätte ihn allerdings dazu zwingen können, mir Rede und Antwort zu stehen, sagte ich mir, es wäre mir ja nicht schwer gefallen, mich ihm in den Weg zu stellen, aber dazu hatte ich keine Lust. Vielleicht wollte ich auch mit seiner grotesken Sprache nicht konfrontiert werden, dachte ich, mit der südwestdeutschen, mit der badischen Redensart. Die badische

Gemütlichkeit, die ich durch mehrere Schwarzwaldaufenthalte bei meiner Titiseetante kennengelernt habe, hat mir immer mißfallen, daran fand
ich nichts Geglücktes, genauso wenig wie an der sogenannten Wiener
Gemütlichkeit, deren Teuflisch-Stumpfsinniges mich auch immer abgestoßen hat, wie der Begriff der Gemütlichkeit mich immer wenigstens
irritiert, aber doch meistens deprimiert hat, weil die sogenannte Gemütlichkeit doch nichts anderes ist als ein gemeiner Umgang mit dem Leben,
ein gemeiner Umgang mit der menschlichen Natur, wenn wir es auf die
Spitze treiben wollen, eine ganz und gar niedrige Behandlung unserer
Weltanschauung. Der Weinflaschenstöpselfabrikant hat sich eingeschlichen in Wolfsegg, kann ich nicht sagen, denn meine Schwester hat ihn ja
ganz bewußt gegen ihre Mutter nach Wolfsegg gebracht, mit ihm an ihr
ein Kapitalverbrechen begangen. Ein Mensch, der nie etwas von Max
Bruch gehört hat, sagte meine Mutter einmal bei Tisch, wie vom Weinflaschenstöpselfabrikanten die Rede gewesen war und nur vom Weinflaschenstöpselfabrikanten, sie, die von Musik keine Ahnung hatte und für
die Max Bruchs Violinkonzert die höchste musikalische Verzückung gewesen ist lebenslänglich, wenn ich die Wahrheit sage, ausgerechnet sie, hat
es notwendig gehabt, den zukünftigen Schwiegersohn damit lächerlicher
zu machen, als er schon gemacht war nicht nur von ihr, sondern von uns
allen, ausgerechnet mit dem dubiosen Namen Max Bruch zu blamieren,
dachte ich. In Rom, meinen Freunden gegenüber, habe ich so lange nichts
von dem Weinflaschenstöpselfabrikanten verlauten lassen, bis die Hochzeit mehr oder weniger feststand, dann hatte ich seine Geschichte sozusagen von hinten aufgerollt Zacchi gegenüber, Gambetti, auch Maria, die
sich bei meinen Schilderungen vor Lachen nicht halten konnte. Die Gemeinheit, mit welcher ich dabei vorgegangen bin, war mir erst später zu
Bewußtsein gekommen, daß ich nicht gegen ihn, meinen neuen Schwager, geredet habe dabei, sondern im Grunde nur gegen mich, mich dabei
selbst denunziert habe. Ich hatte nicht im Ernst über den Schwager sprechen können, immer nur auf die ironisch-bittere Art, die mir dann zur
Verfügung steht, wenn ich den Ernst nicht ertrage. Aber genau die Menschen, wie der Weinflaschenstöpselfabrikant, sind es, die mich immer
aufgeregt haben, immer letzten Endes zur Weißglut gebracht haben, wie
gesagt wird, weil sie wie keine andern das unerträgliche Zerrbild des Menschen zeigen, seine Verunstaltung, seine gemeine Lächerlichkeit, die mit
der Hilflosigkeit nicht verwechselt werden darf. Wie es auch ein Unter-

schied ist, ob ich einen einfachen, oder einen proletarischen Menschen vor mir habe, der eine ist der erträgliche, der beruhigende, der andere ist absolut der unerträgliche, der beunruhigende, der verzerrte, dachte ich. Der Proletarier ist der Industriemensch, den es vor der Industrialisierung nicht gegeben hat und der Sklave der Maschine, der, welcher von der Maschine erniedrigt wird ununterbrochen und sich gegen diese Erniedrigung nicht wehren kann, der von der Maschine gemein gemacht wird, während der einfache Mensch, wie ich ihn verstehe, sich niemals zum Sklaven der Maschine gemacht hat, sich von ihr nicht erniedrigen und also auch nicht zerstören und vernichten hat lassen, dachte ich. Der Kleinbürger und der Proletarier sind erbarmungswürdige, aber unerträgliche Produkte des Maschinenzeitalters und wir erschrecken, wenn wir sie vor uns haben, weil wir denken müssen, was die Maschinen und die Büros aus ihnen gemacht haben. Von den Maschinen und von den Büros ist ein Großteil, ist der größte Teil der Menschen zerstört und vernichtet worden, dachte ich, der Weinflaschenstöpselfabrikant ist von seinem Weinflaschenstöpselbüro und von seinen Weinflaschenstöpselmaschinen zerstört und vernichtet worden, unerträglich gemacht, dachte ich, während ich, wenn auch schon im ersten Stock, so doch noch am Treppenende stehengeblieben bin. Ich kann nicht wissen, was meine Schwester dazu gebracht hat, sich ausgerechnet diesen Menschen zu ihrem lebenslänglichen zu machen. Andererseits weiß ich, daß sie an keinen gekommen ist, der sich mit ihr verbunden hätte, alle ihre Versuche, und sie hat viele solcher Versuche unternommen, sind ja gescheitert, hatten scheitern müssen bei einer Mutter, die ihren Töchtern Männer und überhaupt männlichen Umgang immer verboten hat, die Schwestern waren schon gegen dreißig und hatten sich an dieses mütterliche Verbot zu halten, wagten es nicht, es zu durchbrechen, weil sie fürchteten, dann von der Mutter verjagt und entrechtet zu werden. Mit ihrer *Enterbung* ist ihnen immer gedroht worden, wenn sie sich nicht an die mütterlichen Anordnungen hielten, also hielten sie sich daran, weil sie nichts mehr fürchteten, als die Enterbung, denn auf sich gestellt, empfanden sie sich tatsächlich als hilflos, ich kann ruhig sagen, als nichts. Als Caecilia einmal den Wunsch geäußert hatte, mit einem Freund, wie sie sich unglücklicherweise ausgedrückt hatte, nach Salzburg zu fahren, nur auf zwei Tage, war es ihr verboten worden, eine Woche lang überhaupt aus dem Haus zu gehen. Amalia ist es nicht anders ergangen, wenn sie solche gefährlichen Ausflüge, so meine Mutter, betreffende Wünsche hatte. Wie aber verhalte ich mich jetzt, in dieser Situation, dem Weinflaschenstöpselfabrikanten gegenüber, dachte ich, zugleich die Stimmen der Meinigen, aller drei, hörend, wenn ich auch, hier auf dem Gang stehend, nicht verstand, über was sie redeten, sie besprachen zweifellos etwas, das mit dem Begräbnis zusammenhing, das war mir gleich klar. Wie gehe ich am besten vor? fragte ich mich, wie setze ich mich gleich am Anfang meines Auftritts in Szene? Solche Überlegungen führen meistens zu nichts, sie machen nur alles noch schwieriger, komplizieren das letzten Endes doch immer ganz Einfache, sieht es auch am allerkompliziertesten aus, am vertracktesten. Ich wußte, daß sich immer alles, wie gesagt wird, von selbst ergibt und daß es sich erübrigt, sich Gedanken darüber zu machen in solchen Fällen, die allgemein als die schwierigsten bezeichnet werden, wie beispielsweise das erste Gegenübertreten, wenn wir von einem Unglück, wie dem in Frage stehenden, benachrichtigt, nachhause gekommen sind und die Zeugen oder die Zuerstbetroffenen des Unglücks uns schon erwartet haben. Wir wissen, daß alles sich von selbst erledigt, aber wir vertrauen niemals auf diese Tatsache, übergehen sie immer und machen uns den Kopf zur Hölle. Wenn die Schwestern allein wären, dachte ich, hätte ich nicht die geringste Schwierigkeit, dann wäre ich ja schon lange Zeit mit ihnen zusammen dabei, die nächste Zukunft zu besprechen, aber der Weinflaschenstöpselfabrikant verhinderte diese selbstverständliche Spontaneität meines Auftretens. Schon ist er mir im Weg, habe ich gedacht, schon blockiert er mein Naturgemäßes, dachte ich. Jetzt, eine Woche, nachdem sie stattgefunden hat, stellt sich diese Hochzeit schon als ein großer und grober Fehler heraus, dachte ich, sie ist der Keil zwischen Caecilia und Amalia, dachte ich, der diese beiden endgültig trennen wird, auf elementare Weise, nicht auf die launenhafte, die Amalia hat ins Gärtnerhaus ziehen lassen für eine Zeit, um Caecilia zu bestrafen, auf eine lächerliche Kürze. Der Weinflaschenstöpselfabrikant sitzt jetzt da, mit ihnen, und bespricht, was sie eigentlich mit mir zu besprechen hätten, dachte ich. Er mischt sich hinein, wo er nichts zu suchen hat, dirigiert möglicherweise mit seinem Schwachsinn, mit seinen kleinbürgerlichen Auffassungen und Ansichten, die niemals sich zu Einsichten entwickeln können, Wolfsegg schon auf seine Weise. Er hat sich, keine Woche nach der Hochzeit, in Wolfsegg bereits festgesetzt, es an sich gerissen, dachte ich und ich stellte mich so, daß ich beinahe alles hören konnte, was die drei redeten, im Grunde immer nur darauf bedacht, auf

einmal über mich etwas aufzufangen, irgend etwas, aber ich hörte sie nur
über den Leichenbestatter reden, der schon dreimal dagewesen sei und mit
welchem sie nicht zu Rande kommen. Daß schon achtzig Kränze und
vierzig Buketts angekommen seien. Daß sie große Todesanzeigen nicht
nur in den *Oberösterreichischen Nachrichten* und in den anderen oberösterreichischen Zeitungen aufgegeben haben, sondern auch in den
Wiener und Münchner Zeitungen und am Überlegen sind, ob sie nicht
auch in der *Frankfurter Allgemeinen* inserieren sollen. Sie reden so leise,
damit sie niemand hört, dachte ich, und ich hörte alles, zum ersten Mal
hatte ich die Entdeckung gemacht, daß man auf dem Gang draußen auch
dann beinahe alles hört, wenn drinnen absolut leise, am allerleisesten
gesprochen wird, das erschreckte mich, denn bisher hatte ich immer geglaubt, man hört draußen nicht, was drinnen gesprochen wird. Diese
Entdeckung ist eine der wichtigsten, dachte ich, sie zwingt mich zu äußersten Vorsichtsmaßnahmen, meine eigene Redeweise im sogenannten
Salon betreffend. Sie sind sicher, daß sie nicht gehört werden und man
versteht jedes Wort, dachte ich. Der Weinflaschenstöpselfabrikant sagte
die ganze Zeit immer nur *ja* oder *nein* auf die unwichtigsten Fragen, meine
Schwestern führten das Besprochene, das beruhigte mich etwas. Plötzlich
sagte er aber, der Katafalk gehörte noch etwas höher gestellt, worauf ich
naturgemäß noch aufmerksamer zuhörte. Der Katafalk sei zu niedrig und
die Besucher hätten die größte Schwierigkeit, die Aufgebahrten zu sehen,
dem könne nur durch ein neuerliches Aufbocken des Katafalks abgeholfen
werden. Das ging längere Zeit hin und her, bis sich alle drei entschlossen
hatten, den Auftrag zu geben, den Katafalk noch einmal aufzubocken.
Dann redeten sie von den Gärtnern, dann von den Jägern, dann, daß sie
schon alle Zimmer für die von überallher angesagten Trauergäste bestellt
hätten, in allen Gasthäusern nicht nur im Ort unten, sondern auch in
Ottnang, mehrere Male war der Name *Gesswagner* gefallen, der Name
jenes Wirtshauses, in welchem ich immer am liebsten gegessen habe, wenn
ich mich der Wolfsegger Küche entzog. Beim Gesswagner hatten sie große
Zimmer mit alten Betten, in welchen sich die von uns dort bei den verschiedensten Gelegenheiten einquartierten Gäste immer wohlgefühlt haben, dieses Wirtshaus ist nicht umsonst berühmt, genauso wie die dazugehörige Fleischerei. Das Wort Gesswagner erinnerte mich augenblicklich
daran, daß ich so viele glückliche Stunden in dem damit verbundenen
Wirtshaus verbracht habe in Gesellschaft der Ottnanger, den Bergleuten,

den Bauern, den Tischlern und Straßenarbeitern, die dort verkehren, verdanke ich, daß ich in meiner Betrachtungsweise sehr früh weiter gekommen bin. In keinem anderen Wirtshaus habe ich jemals eine solche durch
und durch natürliche Ausgelassenheit als Heiterkeit erlebt, insoferne ist
das Wort Gesswagner für mich ein Zauberwort. Es ist der Mittelpunkt von
Ottnang, das für seine ausgelassenen und geradezu lustigen Menschen
bekannt und berühmt ist, für die beste aller Musikkapellen neben der
unseres Ortes außerdem. Aber das Wort Gesswagner ist natürlich nur für
mich, der ich seine Zusammenhänge kenne, dieser glücklichmachende
Begriff, dachte ich. Plötzlich kamen sie auf mich, sie konnten sich nicht
erklären, warum ich bis jetzt nichts hören habe lassen, wo sie das Telegramm ja doch sofort nach Bekanntwerden des Unglücks an mich aufgegeben hatten. *Kein Anruf, nichts,* sagte Amalia. In diesem Augenblick hatte
ich einzutreten. Aufgestanden, waren sie nicht imstande gewesen, etwas zu
sagen, ich umarmte meine Schwestern, drückte dem Schwager die Hand.
Ohne ein weiteres Wort ging ich darauf mit Caecilia in die Orangerie
hinunter. Mein erster Eindruck von ihnen war, daß sie mich respektierten
als den absoluten Nachfolger der Verunglückten, sie hatten keine andere
Wahl, so wird der empfangen, auf den sie jetzt ihre ganze Hoffnung setzen,
hatte ich gedacht, einen Augenblick auch, daß sie mir jetzt ausgeliefert
sind, daß sie auf meine Hilfe angewiesen sind, vor allem auf mein Wort zu
hören haben. Einen Augenblick, daß sie ohne mich nicht mehr zu existieren imstande sind, daß sie jetzt mit meiner Großzügigkeit rechnen,
alles in der Gewißheit, daß ich der naturgemäße Erbe der Verstorbenen
bin, um den sie, die durch das Unglück völlig hilflos Gewordenen, sich
jetzt scharen. Der Abtrünnige, der Ausgestoßene, der Verfluchte, der Gehaßte war plötzlich sozusagen zum Alleinbestimmer geworden, zum Erhalter, zum Lebensretter. Sie setzten, in diesem ersten Augenblick des
Wiedersehens, alles auf mich, verlangten von mir, daß ich, mehr oder
weniger notgedrungen, auf einmal alles mir durch sie und die Verstorbenen unerträglich Zugefügte vergesse, um sie zu retten. Diese Absicht
hatte ich zweifellos und ich gab sie ihnen zu verstehen, nicht mit Wörtern,
allein durch mein Verhalten, das nicht näher erklärt werden kann. Der
Schwager war ganz mit ihnen in dieselbe Position gedrängt, erwartete von
mir, daß ich ihn mit den Schwestern schützte jetzt, in meine Zukunfts-
überlegungen naturgemäß auch gleich einzubeziehen habe. Aber so wenig,
wie sie selbst wissen konnten, was nun geschehen werde, so wenig wußte

ich es selbst, denn die Tatsache, daß mir und zwar ausschließlich mir der ganze Komplex Wolfsegg mit allen seinen Aus- und Einwirkungen zugefallen war, hatte ich noch nicht einmal im geringsten überlegt gehabt, weder am Vortag in Rom, in Anbetracht des zweifellos schockierenden Telegramms, noch bis zu diesem Zeitpunkt, der ja für die sofortige Anreise ganz von dieser in Anspruch genommen war und mir keine Zeit gelassen hatte, über diesen Zukunftskomplex Wolfsegg nachzudenken, jedenfalls hatte ich mir dafür keine Zeit gegeben, das wollte ich nicht, weil ich mich nicht gleich schon bevor noch die Eltern und der Bruder begraben sind, sozusagen mit diesem Wolfseggkomplex nach ihnen belasten und bedrükken wollte, dazu war die Nachricht vom Tod der Eltern und des Bruders auch viel zu unvermittelt in Rom eingetroffen, der Schock hatte mich ja, wie ich schon gesagt habe, nicht erschüttert, sondern im Gegenteil, mich zuerst in eine diesem zweifellos entsetzlichen Unglück gegenüber sogar gleichgültige Verfassung gebracht, die aufzugeben, ich nicht die Kraft gehabt habe, dadurch auch nicht den Willen. Ich hatte mir nur die Fotografien auf den Schreibtisch gelegt und über diesen Fotografien, wie ich ruhig sagen kann, phantasiert, um mich von der Furchtbarkeit mehr oder weniger abzulenken, diese Methode war die beste, wie ich jetzt sah, ich war nach dem Telegramm mit der Todesnachricht doch mehr gefaßt gewesen, als erschüttert, wie gesagt wird, ich hatte mich durchaus in der Hand und mein Kopf war, wie gesagt, klar geblieben, aber ich hatte mich naturgemäß nicht mit den Folgen dieser Todesnachricht im einzelnen und in seiner ganzen Wucht auseinandergesetzt, weil ich mich schützen wollte, zu schützen hatte, mich nicht erdrücken lassen konnte und wollte von der Tatsache des Todes meiner Eltern und meines Bruders. Auf dem Weg zur Orangerie hinüber, Amalia war vorausgegangen, hatte ich gedacht, daß sich meine Schwestern und der Schwager jetzt ganz auf mich verlassen werden, daß sie schon jetzt sich vollständig verändert haben aus absoluter Notwendigkeit mir gegenüber. Ich spielte auf einmal, nach dem Tod der Eltern und des älteren Bruders, die für sie tatsächlich immer unvorstellbare Rolle, die des Erhalters und des Ernährers. Aber ich bin jetzt doch derselbe Mensch wie vorher, dachte ich, *ich* habe mich nicht geändert, *ich* ändere mich nicht, wenn sie das auch jetzt von mir erwarteten, sie mußten daran glauben, um nicht gleich zu verzweifeln und alles aus ihren Händen zu verlieren. Tatsache ist, daß ich auf dem Weg zur Orangerie hinüber, so traurig er naturgemäß auch für mich gewesen ist, daran gedacht habe, daß die Schwestern auszuzahlen sind, daß ich nicht daran denke, sie weiterhin in Wolfsegg zu lassen, ich werde auch nicht zulassen, daß Wolfsegg so weiterwirtschaftet wie bisher, aber ich konnte natürlich nicht wissen, wie anders, nur, daß es so nicht weiterginge, wie es Jahrhunderte gegangen ist bis heute. Amalia war absichtlich, vielleicht tatsächlich als die durch den plötzlichen Tod der Eltern und des Bruders *gebrochene* Tochter und Schwester vor mir zur Orangerie hinüber gegangen, schwarz gekleidet, in einem enganliegenden Wollkleid, die Haare auf dem Hinterkopf zusammengebunden, hatte sie sehr gut ausgesehen, wie übrigens Caecilia auch, wie ich dachte, der Schwarz ebenso gut steht. Wenn sie nur nicht immer in diesen abscheulichen Dirndlkleidern herumlaufen würden, habe ich gedacht, wenn sie schwarze Kleider anziehen würden, sie wären angenehmer, dachte ich. Der Schwager, an der Seite Caecilias, hatte auf mich im ersten Moment nur den Eindruck der absoluten Hilflosigkeit gemacht, der einerseits triumphierende, andererseits komplexbeladene Hochzeiter eine Woche vorher, war er jetzt nicht mehr; das Unglück und seine unmittelbaren Auswirkungen hatten ihn seine Unwichtigkeit und seine Dummheit nun nicht mehr im geringsten überdecken lassen, sie standen vor mir, in ihrer ganzen deprimierenden Bedeutungslosigkeit. Anstatt Caecilia zu stützen, wie es natürlich gewesen wäre, stützte diese ihren Mann, so jedenfalls mein Eindruck in dem Augenblick, in welchem ich in den sogenannten Salon eingetreten war, zuerst auf Caecilia schauend und ihren Mann, dann erst auf Amalia, die mir noch als die Gefaßtere vorgekommen ist. Sie hätten alles veranlaßt, hatten sie gesagt, ich konnte mir darunter nichts vorstellen, dachte aber, daß alle jetzt zu betreibenden Notwendigkeiten in Gang gekommen sind durch sie. Bevor wir an der Orangerie angekommen sind, hat Caecilia gesagt, daß sie auch an Spadolini ein Telegramm abgeschickt habe, gleichzeitig mit dem an mich. Wer noch von dem Unglück zu verständigen sei außer jenen, die sie schon verständigt hätten, liege an mir. Sie habe es als selbstverständlich empfunden, Spadolini ein Telegramm zu schicken. Jetzt war mir auch klar gewesen, daß Caecilia genau wußte, wie das Verhältnis unserer Mutter zu Spadolini einzustufen sei. Die Schwestern sind immer schon Eingeweihte gewesen, dachte ich. Der Weinflaschenstöpselfabrikant ist mir im allgemeinen jetzt hinderlich, dachte ich gleichzeitig, ich kann ihn aber nicht ausschalten, im Gegenteil, habe ich den Eindruck, daß Caecilia ihn ausdrücklich in den Vordergrund drängen wird, sozusagen als ihren Be-

schützer, das aber war für mich kein störender Gedanke, denn ich fürchtete den Weinflaschenstöpselfabrikanten, war er jetzt auch mein Schwager, nicht, er wird eine völlig einflußlose Randfigur bleiben, dachte ich.
Zu offensichtlich zu dem Zweck, ihn in den Vordergrund zu stellen, hatte
sich Caecilia, wie ich in den Salon eingetreten war, hinter ihn gestellt,
sozusagen als Schutzschild. Ich empfand das allerdings gleich im ersten
Moment als lächerlich, um nicht sagen zu müssen, als geschmacklos, es
war keinem natürlichen inneren Zwang entsprungen, daß sie sich, wie sie
bemerkt hat, ich trete in den Salon ein, während des Aufstehens schon
hinter ihren Mann gestellt hat, es war ihrer unwürdig, dachte ich, ohne
diesen Gedanken weiter zu verfolgen, er war ja auch im Augenblick nicht
wichtig, aber er hatte mich doch irritiert gehabt bei allem Verständnis für
Verwirrung jetzt in dieser Situation. Die Schwestern hatten sich bemüht,
sich mir verändert zu zeigen, auf die neue Lage in Wolfsegg Rücksicht
nehmend, aber es war ihnen nur halb gelungen, mir ihre Veränderung
vorzuspielen, denn sie hatten sich nicht verändert, sie waren dieselben wie
vorher, ich dachte nur, sie hätten sich verändert, es war ein Irrtum meinerseits, dem ich zuerst nachgegeben habe, der aber bald aufgeklärt war
schon in dem Augenblick, in welchem ich gesagt habe, ich wolle jetzt die
toten Eltern sehen, den toten Bruder. Bevor wir an der Orangerie angekommen waren, habe ich noch gedacht, daß die Schwestern wahrscheinlich jetzt nichts anderes von mir verlangen werden, als die totale Selbstverleugnung. Du mußt jetzt, während du sie so gut wie möglich schützt,
auf der Hut sein, sonst ziehst du den kürzeren, schließlich sind sie bei
deiner Mutter in die Schule gegangen und sie wissen selbst eine solche
Tragödie für ihre gemeinen Zwecke auszunützen. Ich verabscheute im
Augenblick diesen meinen Gedanken, aber ich habe ihn nicht ohne
Grund gedacht und er war absolut notwendig gewesen. Die Meinigen,
auch meine Schwestern, waren, wenn es ihren Zwecken entsprochen hat,
niemals vor etwas zurückgeschreckt, warum sollten sie jetzt anders sein,
sagte ich mir, gleichzeitig, wie groß und tief muß mein Mißtrauen ihnen
gegenüber sein, um in diesem Augenblick so denken zu können und ich
verabscheute mich. Das Mißtrauen ist unter uns immer die Regel gewesen, jeder für sich hatte es weit über das normale Maß hinaus entwickelt
und sich zur unbedingt notwendigen Gewohnheit gemacht gegen alles
und jedes. Ich hatte dieses Mißtrauen aber nur in Wolfsegg und immer
nur gegen die Meinigen, sonst hatte ich es nicht, an keinem anderen Ort

arbeitete es derartig, denke ich, kaum war ich in Wolfsegg, war es da, es gehörte zu Wolfsegg, es gehörte dazu wie alle andern sogenannten *bösen Eigenschaften,* die im Grunde nur die ganz natürlichen Mittel sind, sich behaupten zu können, nicht unterzugehen. In Rom habe ich gedacht, ich werde auf solche kleinmütigen, auf alles nervös reagierende Schwestern treffen, aber sie waren, wie ich feststellte, die Ruhe selbst, oder ich habe mich getäuscht und nur ihre äußere Ruhe gesehen, ihre innere Unruhe und Nervosität nicht wahrgenommen. In Rom habe ich gedacht, ich komme in ein aufgeregtes Haus, aber das Haus war nicht aufgeregt und ich dachte, wie groß muß eigentlich ein Unglück sein, um die Meinigen umzuwerfen, sie zu *lähmen,* sie waren nicht umgeworfen, sie waren nicht gelähmt, sie hatten nicht nur Haltung bewahrt, wie gesagt wird, sondern waren hellwach, als ich in den Salon eingetreten war. Sie waren gar nicht auf die Idee gekommen, mich zu fragen, wie und warum so spät ich aus Rom hergekommen sei, ob mit der Eisenbahn oder mit dem Flugzeug, es war so selbstverständlich, daß ich gerade in diesem Augenblick vor ihnen gestanden war, in keinem andern. Nicht eine einzige Frage haben sie mir gestellt, dachte ich, mir auch nichts angeboten, sie haben sofort von mir verlangt, daß ich der Dirigierende sei, der, welcher jetzt alles in Händen und stark zu sein hat; daß ich möglicherweise gar nicht in der Lage sein könne sozusagen, mein neues, urplötzlich auf mich gefallenes Amt anzutreten, darauf waren sie, wenigstens nicht außen erkennbar, nicht gekommen. Im Augenblick haben sie alles mir überlassen, dachte ich, obwohl sie doch mehr wußten im Augenblick als ich, möglicherweise Zeugen des Unglücks gewesen sind, jedenfalls die, die davon zuerst erfahren haben, vor mir, ich wußte ja auf dem Weg zur Orangerie *noch nicht einmal, wie es geschehen war,* ich hatte die Hemmung, zu fragen, wie, nicht die augenblicklich dafür notwendige Verfassung, sie danach zu fragen. Aber der Unfall kann nur ein Autounfall gewesen sein, dachte ich, meine Schwestern waren auch nicht auf die Idee gekommen, mich über die Unfallart aufzuklären, das hatten sie sich erspart in den ersten Minuten meiner Rückkehr aus Rom, keiner hatte der erste sein wollen, mir die eigentliche Todesursache meiner Eltern und meines Bruders mitzuteilen, als wären sie zum Schweigen verurteilt darüber, so verhielten sie sich, als ob sie sich abgesprochen hätten in diesem heiklen Punkt, in dieser tatsächlich entsetzlichen Peinlichkeit, da sie nichts redeten, hatte ich geredet, hatte gesagt, es sei mir nicht möglich gewesen, früher zu kommen, obwohl das

Lüge gewesen war, aber sie hatten mir, wie ich gesehen habe, geglaubt, sie kennen die italienischen Verhältnisse, die immer chaotisch sind, was die Verkehrsmittel betrifft, die Gewerkschaften in Italien sorgen schon für beinahe tägliche Streiks und also für tagtägliche chaotische Zustände in ganz Italien, davon wissen sie, denn ich habe ihnen diese chaotischen Zustände oft genug erklärt und sie hatten auch aus ihren Zeitungen davon Kenntnis; ich hatte also ruhig sagen können, ich hatte nicht früher kommen können, weil sie sofort an diese chaotischen Verhältnisse dabei gedacht haben müssen, nicht an eine Lüge meinerseits. Das Wort *Italien* ist auch für die Meinigen immer das Wort für chaotische Verhältnisse gewesen, für *das* Land der chaotischen Verhältnisse und sie haben mich oft gefragt, warum ausgerechnet in Italien ich mich sozusagen ansässig gemacht habe, wo doch die chaotischsten Verhältnisse überhaupt herrschten seit Jahrzehnten. Darauf hatte ich ihnen gesagt, daß es gerade diese chaotischen Verhältnisse seien, die mich Italien zu meinem Wohnsitz machen haben lassen, gerade Rom, wo die chaotischen Verhältnisse am größten sind, *die Unberechenbarkeiten, die Unmöglichkeiten,* wie ich ihnen gegenüber immer gesagt habe. Gerade weil Italien das chaotischste Land Europas, wahrscheinlich das chaotischste Land der ganzen Welt ist, habe ich zu ihnen gesagt, ist es mein Wohnsitz, Rom, das Zentrum des Chaos, das verstanden sie nicht und ich hatte keine Lust, ihnen weitere Erklärungen über meine Interessen dort abzugeben. *Eine Großstadt allein genügt mir nicht,* habe ich oft zu ihnen gesagt, *eine chaotische muß es sein, eine chaotische Weltstadt* sozusagen. Mit diesen Begriffen, wie überhaupt mit allen meinen Begriffen, hatten sie aber nie etwas anfangen können. Aber sie haben mich nicht einmal gefragt, ob ich einen Tee trinken will oder ein Glas Wasser, habe ich gedacht, sie aber dann in Schutz genommen, die ganze Situation berücksichtigend, denn ohne Zweifel fragt man einen, der aus Rom direkt nach Wolfsegg kommt, was unter allen Umständen eine Strapaze ist, ob er durstig sei oder hungrig, aber sie hatten mich nicht danach gefragt. Selbst waren sie beim Kaffee gesessen, aber sie hatten mir keinen angeboten, ich hätte mir einfach eine Schale Kaffee einschenken sollen, dachte ich, das tat ich aber nicht, weil ich im Grunde selbst auf schnellstem Weg in die Orangerie hinunter gehen wollte, um die toten Eltern und Johannes in Augenschein zu nehmen, ich wollte das furchtbare Unumgängliche nicht mehr hinausschieben. Tatsächlich wunderte sich Caecilia jetzt, wie wir an der Orangerie waren, daß ich den Gärtnern nicht

die Hände geschüttelt habe, mit ihnen kein Wort gewechselt habe, denn
sie wußte ja nicht, daß ich schon mindestens eine halbe Stunde vorher,
wenn nicht noch länger vorher, mit den Gärtnern geredet hatte, sie längst
begrüßt und sogar ausgefragt hatte nach ihrem Befinden, es war ihr aber
doch merkwürdig vorgekommen, wie ich mich den Gärtnern gegenüber
verhielt, jetzt, wo sie wieder große Kränze aus der Meierei herüber getragen haben, da standen sie vor der Orangerie, um uns den Vortritt zu
lassen, der Herrschaft sozusagen. Ich trat in die Orangerie, Caecilia war an
der Tür stehengeblieben. Ich war gleich erschrocken über die Tatsache,
daß die Leichen der Eltern und des Bruders ungleich aufgebahrt waren,
der Vater höher als die Mutter und Johannes und daß der Vater sowie mein
Bruder in einem offenen Sarg lagen, während der Sarg der Mutter geschlossen war. Ich drehte mich nach Caecilia um, als wollte ich augenblicklich, noch bevor ich an die Särge herantrat, eine Aufklärung über
diese Besonderheit haben, aber ich wußte mir dann auch von selbst die
Ursache dieser ungleichen Aufbahrung zu erklären, die Leiche der Mutter
war in einem Zustand, der eine offene Aufbahrung unmöglich machte.
Später haben sie mir gesagt, daß die Mutter, wie ich angenommen habe,
bei dem Verkehrsunfall, wie gesagt wird, derart verstümmelt worden ist,
bis zur Unkenntlichkeit, wie die Zeitungen schrieben, wie Caecilia dann
sagte, daß ihr Sarg sofort fest abgeschlossen hatte werden müssen. Die
Mutter war bei dem Unfall mehr oder weniger geköpft worden, während
meinem Vater überhaupt nichts anzumerken gewesen war, auch Johannes
nicht, die beiden hatte es nur gegen die Windschutzscheibe geschlagen
und sie hatten sich auf die gleiche tödliche Weise das Genick gebrochen.
Der Mutter war eine Eisenstange jenes Lastwagens aus Linz so gegen den
Kopf gestoßen worden, daß ihr Kopf beinahe zur Gänze von ihrem
Rumpf getrennt worden war, genau da, in der Mitte des Wagens, rückwärts, wo sie immer gesessen war, wenn sie zu dritt gefahren sind, sei die
Eisenstange ins Wageninnere und habe die Mutter tödlich getroffen. Alle
drei hätten *nichts zu leiden* gehabt. Als ich mich nach dem ersten Anblick
des geschlossenen Sarges der Mutter umdrehte, hatte ich gesehen, daß
Caecilia Tränen in den Augen hatte. Hinter ihr standen die Gärtner. Ich
stand etwa zwei oder drei Minuten vor den Toten, dann drehte ich mich
um und ging aus der Orangerie hinaus. Ich hatte, vor den Leichen stehend, genau den Geruch eingeatmet, der für aufgebahrte Leichen charakteristisch ist und um einer Übelkeit vorzubeugen, hatte ich es vorgezogen,

die Orangerie zu verlassen, ich hatte auch den Eindruck, daß es besser sei, nicht länger vor den Leichen zu stehen, die mich, so habe ich, während ich davor gestanden bin, gedacht, nichts angehen. Bei ihrem Anblick ekelte es mich, ich war weit davon entfernt, gerührt zu sein, wie gesagt wird, etwas anderes zu empfinden als Ekel und Abscheu. Meine Bindung hatte ich zu meinen lebenden Eltern und zu meinem lebenden Bruder, nicht zu diesen toten stinkenden Leichnamen, dachte ich. Ich hütete mich natürlich, meine Empfindung meiner Schwester oder irgendeinem andern zu eröffnen, naturgemäß. Die aufgebahrten Gesichter meines Vaters und meines Bruders erkannte ich nicht einmal als diese, sie waren so verändert, als wären es fremde, die mit Vater und Bruder nichts zu tun haben. Gehen wir, hatte ich zu Caecilia vor der Orangerie gesagt. Wir gingen ins Haupthaus zurück. Es irritierte mich auf diesem Weg, daß die geradezu schamlos vom Mittelbalkon herunterhängende schwarze Fahne nicht ganz genau von der Mitte des Balkons ausgerollt war und ich machte meine Schwester darauf aufmerksam, ich haßte diese Art von Ungenauigkeiten schon immer. Bei meiner Ankunft vorher, wie ich noch allein und unentdeckt auf das Hauptgebäude geschaut hatte vom Mauertor aus, hatte ich diese Tatsache noch nicht entdeckt gehabt, jetzt störte sie mich mehr als alles andere augenblicklich. Meine Schwester winkte einem der Gärtner und der kam und sie sagte ihm, er solle die Fahne genau in der Mitte des Balkons anbringen, das sei doch nicht schwierig. Sie meinte nur, alles hätte so schnell gehen müssen, was wie eine Entschuldigung geklungen hat, die schwarze Fahne betreffend, die der Gärtner dann auch gleich in die Balkonmitte gebracht hat, wie ich von unten aus gesehen habe, ich dirigierte ihn von unten aus, sagte ihm, wo genau die Balkonmitte sei, wo die Fahne herabzulassen sei. Ich entdeckte bei dieser Gelegenheit eine aufkommende Nervosität, die ich aber dadurch gleich zu unterdrücken versuchte, daß ich meiner Schwester Caecilia gesagt habe, wie gut ihr das schwarze Kleid stünde, das sie gerade anhabe, *Schwarz steht dir am besten*, habe ich zu ihr gesagt, es war nicht bösartig gemeint, aber sie hatte es natürlich gleich so aufgefaßt, sie hatte mir keine hintergrundlose anständige Bemerkung zugetraut, sie glaubte sofort an das Infame, gab also keine Antwort auf mein Kompliment. Nein, habe ich gesagt, ehrlich, dieses schwarze Kleid steht dir ausgezeichnet. Sie ging darauf nicht ein. Sie schaute zu den Tauben hinauf, die auf den Fenstersimsen saßen und alle diese Fenstersimse bereits so verdreckt hatten heuer, daß es schon einen unappetitlichen Eindruck machte. Die Tauben waren ein großes Problem in Wolfsegg, sie saßen jahraus, jahrein zu Hunderten auf den Gebäuden und verdreckten sie und ruinierten sie. Ich habe Tauben immer gehaßt. Zu den Tauben auf den Fenstersimsen hinaufschauend, sagte ich zu Caecilia, daß ich gute Lust hätte, alle Tauben zu vergiften, sie ruinierten die Gebäude, hätten einen üblen Geruch und außerdem sei mir beinahe nichts so widerwärtig, wie ihr Gurren. Schon als Kind hätte ich das Taubengurren gehaßt. Das Taubenproblem war tatsächlich ein Jahrhunderte altes, das niemals gelöst worden ist, immer ist nur darüber geredet und geflucht, aber niemals ist es einer Lösung zugeführt worden. *Ich habe die Tauben immer gehaßt,* sagte ich zu Caecilia und fing an, die Tauben nacheinander abzuzählen, auf einem einzigen Fenstersims saßen dreizehn Stück dichtgedrängt in ihrem eigenen Dreck. Wenigstens den Taubendreck von den Fenstersimsen abputzen sollen die Mädchen, sagte ich zu Caecilia und ich wunderte mich, daß der Taubendreck nicht schon vor der Hochzeit abgeputzt worden ist. Alles haben sie gesäubert, aber offensichtlich die Fenstersimse nicht vom Taubendreck. Das war mir eine Woche vorher gar nicht aufgefallen. Caecilia sagte zu meinen Bemerkungen, die Tauben betreffend, nichts. In der Kindervilla hätten die Gärtner einen Landstreicher übernachten lassen, sagte sie dann nach einer längeren Pause, während der ich auf einmal den bohrenden Gedanken gehabt habe, ob ich Gambetti auch die richtigen Bücher gegeben habe, ob es nicht vorteilhaft gewesen wäre, ihm auch noch Fontanes *Effi Briest* zu geben, und die Landstreicher hätten ein Feuer gemacht und daraufhin hätte es in dem ebenerdigen Zimmer, in welchem die Landstreicher übernachtet haben, gebrannt. Die Gärtner hätten den Brand aber löschen können, die Landstreicher seien kurz vor Ausbruch des Brandes verschwunden, wohin, wisse niemand, es sei auch gleichgültig, denn man finde sie ja so und so nicht mehr, das ausgebrannte Zimmer sei jenes, in welchem wir unsere Kindheitspuppen aufbewahrt hatten, alle diese Puppen seien verbrannt, sagte Caecilia. Sie blickte dabei über den Ort auf das Gebirge. Gerade die Kindheitspuppen, dachte ich, gerade sie, ohne etwas zu diesem Vorfall sagen zu können. Daß es Landstreicher waren, die in der Kindervilla übernachtet und die den Brand verursacht haben, berührte mich eher angenehm, denn ich hatte nicht gedacht, daß es noch Landstreicher gibt, ich dachte, die seien längst ausgestorben. Und ich dachte, daß natürlich die Gärtner diese Landstreicher in der Kindervilla übernachten hatten lassen. Caecilia erwartete jetzt wahrscheinlich, daß ich etwas gegen die Gärtner sagte, aber ganz im Gegenteil, lobte ich jetzt zu ihrer großen Überraschung die Gärtner ganz besonders, daß sie die treuesten seien, sagte ich, die zuverlässigsten, die natürlichsten, die mir liebsten. Gerade weil Caecilia jetzt von mir etwas gegen die Gärtner erwartet hatte, redete ich gut über sie, lobte sie, wie ich selbst fühlte, völlig aus der Luft gegriffen. Die Kindervilla werde ich herrichten lassen, sagte ich plötzlich und auf Caecilia hatte diese, wie ich glaubte, vollkommen nebensächliche Äußerung, wie ein Schock gewirkt, sie blickte auf und sah mir direkt in die Augen. Tatsächlich hatte ich mich mit dieser Äußerung zum Herren von Wolfsegg gemacht, denn ich hatte wörtlich gesagt, *ich werde die Kindervilla herrichten lassen*, niemals vorher hatte ich gesagt, daß ich etwas in Wolfsegg herrichten lassen werde, denn dazu hatte ich bis heute kein Recht gehabt, im Gegenteil, waren mir hier immer alle Rechte entzogen gewesen, entrechtet war ich gewesen seit Jahrzehnten, nie in den Genuß von auch nur geringsten Wolfsegger Rechten gekommen von Anfang an, das ist die Wahrheit. Die Kindervilla ist *ein Kleinod*, sagte ich, sie muß wieder so instand gesetzt werden, wie sie es einmal war, genau nach den alten Bildern, sagte ich. Und ich hatte den Gedanken, in kürzester Zeit mit der Restaurierung der Kindervilla anzufangen, ich hatte die größte Lust dazu. Auch die Meierei gehört instand gesetzt, sagte ich, die Meierei ist völlig verwahrlost. Wo wir soviel Geld haben, sagte ich, Caecilia schwieg und ließ mich reden. Das war ihre alte Methode, mich reden zu lassen, so lange, bis ich weit mehr geredet hatte, als es mir nützlich gewesen ist, mehr, als es klug gewesen ist, zuviel ausgeplaudert habe, dann hatte sie ihren Triumph. Auch dieses Mal habe ich zuviel geredet und mich verraten. Ich werde außerdem meinen Restaurator aus Wien kommen lassen, damit er unsere Bilder registriert und ihren Wert bestimmt, sagte ich. Kaum hatte ich das gesagt, war es mir peinlich gewesen und ich versuchte eine Ablenkung. Ich habe nicht geglaubt, sagte ich, so schnell wieder in Wolfsegg zu sein. Ich hatte lang nicht mehr kommen wollen, sagte ich. Rom ist für mich das Ideale. In keiner anderen Stadt kann ich leben und auf dem Land schon gar nicht. Wolfsegg kommt für mich nicht mehr in Frage, habe ich gesagt. Vielleicht hätte ich auch diese Bemerkung nicht machen sollen, dachte ich. Die Kindervilla ist mein Lieblingsgebäude, sagte ich. Weißt du noch, wie wir *Konfuzius* gespielt haben, das wir selbst erfunden und geschrieben haben? Wir wußten gar nicht, was oder wer

Konfuzius ist, aber das Wort *Konfuzius* hat uns zu einem Schauspiel ange-
regt. Wo sind übrigens diese Schauspiele, die wir geschrieben haben, hingekommen? fragte ich Caecilia. Sie wußte es nicht. Sie müssen auf dem
Dachboden der Kindervilla sein, sagte ich. Zuletzt habe ich sie auf dem
Dachboden der Kindervilla gesehen. Zu *Konfuzius* hast du dein schönstes
Bühnenbild gemalt, sagte ich. Und Amalia war eine ausgezeichnete *Kon-
fuzia*. Die Bibliotheken müssen aufgesperrt werden, sagte ich. Alle diese
Bücher müssen an die frische Luft kommen. Wir wissen ja gar nicht, was
das für Schätze sind, ungelüftet, verstaubt, sagte ich. Nach und nach soll
Wolfsegg wieder ein lebendiges werden, wie ich es mir vorstelle, sagte ich.
Caecilia schwieg. Jahrzehntelang haben die Eltern alles abgesperrt, sagte
ich. Ich schaute wieder den Gärtnern zu, zwei Jäger kamen durch das
Mauertor, sahen mich und begrüßten mich aus der Ferne. Nur das Jagen,
immer nur das Jagen, sagte ich und dachte, jetzt bin ich noch mehr allein,
als vorher. Die Tauben gurrten so, daß ich wieder zu den Fenstern hinaufschaute, vor allem in den obersten Stock. Immer wenn es regnen wird,
gurren sie besonders scheußlich, sagte ich. Mein Schüler Gambetti, sagte
ich, haßt die Tauben übrigens auch. Rom ist voller Tauben, sie vernichten
in Rom alles, was schön ist, die ganze Architektur. Die Tauben gehören
dezimiert, sagte ich, während es mir augenblicklich peinlich gewesen war,
das Wort *dezimiert* ausgesprochen zu haben. Einer der Gärtner kam zu uns
herüber und fragte mich, ob der geschlossene Sarg tatsächlich weiter auf-
gebockt werden solle. Ja, sagte meine Schwester, obwohl der Gärtner
ausdrücklich *mich* gefragt hat. Er ging, um den Sarg mit der Mutter mit
einem Kollegen aufzubocken. Das Beste an Wolfsegg sind die Gärtner,
sagte ich zu Caecilia. Sie tat so, als hätte sie nicht gehört. Das Unglück hat
sich am Mittwoch abend *ereignet,* wie gesagt wird. In der Küche lag ein
Stoß Zeitungen offen da, die sich die Küchenmädchen besorgt hatten, ich
war in die Küche eingetreten, um da wenigstens einen sogenannten Wirtschaftskaffee für mich zu ergattern und mein Blick war sofort auf den
Zeitungsstoß gefallen auf dem kleinen Küchentisch am Fenster. Obwohl
ich mich zuerst geweigert habe, das zu tun, hatte ich mich dann doch nicht
beherrschen können und mich auf den Sessel gesetzt, um die Zeitungen
durchzuschauen. Auf dieselbe abstoßende und niederträchtige Weise wie
immer berichteten die Zeitungen jetzt von unserem Unglück mit einer
Unverfrorenheit, gleichzeitigen Genauigkeit in allen Einzelheiten, die für
unsere Zeitungen charakteristisch sind, die Rücksichtslosigkeit, mit wel-

cher sie unser Unglück behandelten, um es zur Sensation zu machen, war die grausame, die ich während des Lesens, andere Unglücke betreffend, immer gefürchtet, gleichzeitig aber doch immer bewundert habe, die sogenannte Kaltblütigkeit, die in solchen Fällen ungeniert in Druck geht und von der Lesewelt gierig in sich hineingefressen wird, ich schließe mich nicht aus, denn ich bin immer ein solcher gieriger Zeitungsleser, das primitive Sensationelle betreffend, gewesen, schon als Kind, wie heute; aber dieses Mal haben die Berichte über unser Unglück naturgemäß gleich meinen Ekel hervorgerufen. Die Eltern sind mit Johannes nach Steyr gefahren, um das neue Modell einer amerikanischen Dreschmaschine bei einem dort ansässigen Landmaschinenhändler zu besichtigen, wie alle landwirtschaftlichen Maschinen in Wolfsegg, hatte auch die gewünschte Dreschmaschine eine *Mc Cormick* zu sein. Die Eltern, die von Johannes chauffiert worden sind, hatten sich den ganzen Nachmittag in Steyr aufgehalten und Freunde besucht und Einkäufe getätigt, Steyr ist gut für Einkäufe, und waren dann gegen Abend nach Linz gefahren, um im sogenannten Brucknerhaus am Donauufer, einem der scheußlichsten sogenannten Kulturgebäude, die es überhaupt gibt, ein Konzert mit Brucknerstücken zu besuchen, das von Eugen Jochum dirigiert wurde. Nach dem Konzert seien sie, vom Vater chauffiert, sofort nach Wolfsegg zurückgefahren und dann *kurz nach Wels,* auf der Bundesstraße 1, wo die Straße nach Gaspoltshofen abzweigt, *direkt an der Kreuzung,* verunglückt. Wie genau es zu dem Unglück gekommen ist, wissen nicht einmal die Zeitungen, die mit abscheulichen Bildern nicht gespart haben. Sie haben sogar ein solches groß aufgemacht, auf welchem der kopflose Rumpf meiner Mutter abgebildet ist, ich betrachtete das Bild längere Zeit, fortwährend in der Angst naturgemäß, in die Küche könne jemand hereinkommen und mich dabei ertappen. Ich trank den sogenannten Wirtschaftskaffee, der, weil auf dem heißen Herd gestanden, noch heiß war und machte mir eine Zeitung nach der andern auf, alle Titelseiten zeigten schon wenigstens ein Bild des Unglücks, die Überschriften waren von genau jener Gemeinheit und Niedrigkeit, die die Provinzzeitungen schon immer ausgezeichnet haben. Weil sie ja keine Veranlassung haben, um ihr Niveau zu bangen, denn das zeichnete sie ja gerade aus bei ihren Lesern, gänzlich ohne das geringste Niveau zu sein, das garantiert ja ihre Auflagen, die sehr groß sind und den Herausgebern immenses Geld einbringen. Die absolute Niedrigkeit und ebenso niedrige Hemmungslosigkeit dieser Provinzdreckblätter habe ich jetzt zu spüren bekommen sozusagen nicht nur am eigenen Leib, sondern im eigenen Kopf und je mehr ich, auf dem Sessel sitzend, in diesen Provinzdreckblättern gesehen und gelesen habe, desto abstoßender war es. Die eine Zeitung glaubte, die andere noch bei weitem übertrumpfen zu müssen in ihrer Niederträchtigkeit. *Familie ausgelöscht* und darunter *Drei Konzertbesucher bis zur Unkenntlichkeit verstümmelt* lautete eine der Schlagzeilen. *Ausführlicher Bildbericht im Innern des Blattes* las ich und ich suchte gleich selbst nach diesem Bildbericht. Mit der größten denkbaren Schamlosigkeit bin ich dabei vorgegangen, muß ich sagen, fortwährend das den Bildbericht schon auf der ersten Seite ankündigende Blatt durchblätternd und auf die Küchentür starrend in der Angst, in meinem zweifellos abstoßenden Verbrechen ertappt zu werden, ich darf mich nicht gänzlich in diese Unglücksberichte vertiefen, sagte ich mir, sonst merke ich womöglich nicht, daß jemand in die Küche eintritt und mich dabei ertappt. So las ich, zum ersten Mal zitterten mir die Hände, so ziemlich alles, was die Zeitungen über die Meinigen geschrieben haben und ich hatte während des Lesens den Eindruck, die Zeitungen schreiben zwar mit der allergrößten Verlogenheit, gleichzeitig aber auch die Wahrheit, sie schreiben mit der größtmöglichen Gemeinheit, gleichzeitig aber auch nichts als die Tatsachen, daß sie zwar alles in diesen Berichten bis zur Unkenntlichkeit verstümmeln, wie sie selbst es über die Leiche meiner Mutter schreiben, daß sie aber gleichzeitig nichts als authentisch sind. So verlogen alles ist, das in den Zeitungen steht, sagte ich mir auch bei dieser Lektüre, so wahr ist es in Wirklichkeit, die Zeitungen schreiben, wenn sie verlogen schreiben, ja doch nichts als die Wahrheit und je verlogener sie schreiben, desto wahrer ist es. Diese Feststellung muß ich beim Zeitungslesen immer machen, daß die Zeitungen nichts als verlogen sind, gleichzeitig aber doch auch nichts als die Wahrheit schreiben, dieser Absurdität bin ich während des Zeitungslesens noch niemals entkommen, auch jetzt nicht beim Lesen der Berichte über das uns betreffende Unglück, eines der fürchterlichsten zweifellos in der oberösterreichischen Verkehrsgeschichte. Auf einem der Bilder war der Kopf meiner Mutter abgebildet, der noch mit einem dünnen Fleischfetzen mit ihrem im Wagen sitzenden Rumpf verbunden ist und darunter hat die Zeitung geschrieben: *Der vom Rumpf getrennte Kopf.* Das Unglück hat den Zeitungen naturgemäß auch die Möglichkeit gegeben, etwas über Wolfsegg zu schreiben, Unsinniges, wie sich denken läßt. Über meine Eltern schrieben sie von einem *glücklich verheirateten Paar*, das *sein Leben der Arbeit und dem Gemeinwohl gewidmet hat*, meinen Bruder bezeichneten sie als *einen der besten Jäger des Landes*, mein Vater war einmal *der für seine Umsicht bekannte Forstmann*, ein anderes Mal *der angesehene Ökonomierat*, ein drittes Mal *der geschätzte Weidmann, der selbstlose Obmann des oberösterreichischen Bauernbundes*. Eine Zeitung hat das Foto gebracht, das Johannes auf seinem Segelboot in Sankt Wolfgang zeigt und darunter geschrieben *Ein Bild aus glücklichen Zeiten;* ich weiß nicht, wie das Foto auf den Redaktionstisch dieser Zeitung gekommen ist, das ist mir unerklärlich. Die *Linzer Volkszeitung* hat die Schlagzeile *Zwei Generationen ausgelöscht* rot gedruckt. In keinem Bericht fehlte der Hinweis, daß es sich um eine *christliche Familie* handelt bei der unsrigen, um einen *Wohltäter der Kirche*, bei meinem Vater, *um eine gute Frau*, bei meiner Mutter. *Zurück bleiben ein in Rom lebender und dort als Wissenschaftler tätiger Sohn und seine beiden Schwestern*, schrieb die *Linzer Volkszeitung*. Das Begräbnis ist für Samstag nachmittag angesetzt, las ich. *Wolfsegg hat sein Haupt verloren*, las ich. *Die Traverse hat den ganzen Wagen durchstoßen*, wie auf einem der Bilder deutlich zu sehen ist, und den Kopf der Mutter vom Rumpf getrennt und an das rückwärtige Wagenfenster geschleudert, alle drei, der Vater, Johannes, aber auch die Mutter, waren auf ihren Sitzen geblieben. Mit voller Wucht war der Wagen auf den Lastwagen aufgefahren, der, so wird vermutet, an der Abzweigung nach Gaspoltshofen plötzlich abgebremst hat. Die Traversenladung war für eine Firma in Schwanenstadt bestimmt gewesen. Die Zeitungen sprachen von der *Schuld des Lastwagenfahrers*, der aber *gerichtlich nicht zur Verantwortung gezogen werden könne*, denn immer sei *der auf einen Wagen Auffahrende schuld*. Die Bevölkerung nimmt an dem Unglück *größten Anteil*, las ich. *Die Einsegnung wird der mit der Familie befreundete Erzbischof von Salzburg vornehmen*, las ich. Der Erzbischof von Salzburg ist mit meinem Vater in die Schule gegangen, beide haben sie das Internat des Lambacher Gymnasiums besucht. *Ein ganzer Ort trägt Trauer*, las ich. Ich hörte Schritte auf dem Gang und stand auf. Ich legte die Zeitungen so wieder auf den Tisch, wie ich sie vorgefunden hatte, auf die Zeitungen die Brille der Köchin. Die Küche ist ein großes Gewölbe, als Kinder hatten wir hier jahrelang unseren liebsten Aufenthalt vor allem im Winter, denn in der Küche war es auch in der kältesten Jahreszeit immer warm zum Unterschied vom übrigen Haus, in welchem immer sehr schlecht geheizt worden ist. Und die Küche war auch für uns Kinder immer der unterhaltsamste Ort gewesen etwa bis zum fünften, sechsten Jahr, bis ich die Gärtner richtig kennen lernte und mich mit ihnen anfreundete, Johannes die Jäger, für die er sich entschieden hat. Die Köchin ist seit Jahrzehnten bei uns. Sie bezeichnete mich augenblicklich als den *Herren;* für sie war diese Bezeichnung ganz natürlich von meinem Vater auf mich übergegangen. Für meinen Bruder war diese Bezeichnung bestimmt gewesen, jetzt hatte *ich* sie zu ertragen. Ich war mir noch nicht bewußt, was dieser Titel in vollem Ausmaß für mich bedeutete. Ob der Herr vielleicht einen Kaffee trinken wolle, fragte die Köchin und ich sagte, ich hätte gerade von dem Wirtschaftskaffee getrunken. Ob der Herr vielleicht die Zeitungen lesen wolle, fragte sie in dem gleichen Tonfall. Nein, sagte ich, ich war sofort in die Lüge geflüchtet, obwohl ich gleichzeitig gedacht habe, die Köchin weiß sicher, daß ich ihre Zeitungen in der Zwischenzeit gelesen habe, mich gierig auf sie gestürzt habe, noch einmal sagte ich, *nein, danke,* es war völlig unglaubwürdig gesagt. Die sogenannten einfachen Leute haben, wie gesagt, ein gutes Ohr für den falschen Tonfall, für den verlogenen Gebrauch der Sprache. Sie wisse noch immer nicht, wieviel Trauergäste kommen werden, sagte die Köchin, das mache ihr Kopfzerbrechen, aber wahrscheinlich wisse *der Herr* das auch noch nicht. Ich sagte, ich wisse es nicht, ich wisse soviel wie gar nichts, ich sei ja gerade erst *heimgekommen, aus Rom. Ja, aus Rom,* sagte die Köchin. Ich habe es inzwischen verlernt, mich mit einfachen Leuten zu unterhalten, überhaupt ein Gespräch zu führen mit ihnen, dachte ich, das deprimierte mich, ich habe es verlernt, den Kontakt mit den einfachen Leuten in Rom verlernt, dachte ich. Früher wäre es mir leicht gefallen, mich mit der Köchin zu unterhalten, sie etwas zu fragen, darauf die Antwort anzuhören und wieder etwas zu fragen undsofort. Diese Fähigkeit besaß ich auf einmal nicht mehr. Bei den Gärtnern hatte ich Glück gehabt, da war es mir gelungen, auf die natürlichste Weise eine kurze Unterhaltung mit ihnen zu steuern, bei der Köchin versagte ich, wahrscheinlich, weil ich die ganze Zeit gedacht habe, sie weiß, daß ich mich gierig auf die Zeitungen gestürzt habe, was sie wenigstens als unanständig empfinden hat müssen, daß sie mich bei einer Niedrigkeit ertappt hat, mir auf eine Gemeinheit gekommen ist, andererseits habe ich gedacht, daß es das natürlichste ist, in einer solchen durch und durch vom Entsetzen beherrschten Situation, selbst entsetzt zu sein und aufgebracht und nicht befähigt zu den einfachsten Normalitäten, eben sich mit der Köchin zu unterhalten auf die simpelste Weise; ich machte

mir daraus auch keinen Vorwurf, wunderte mich auch gar nicht darüber,
empfand es aber als demütigend, von der Köchin in einer Gemeinheit
ertappt zu sein, als ob ich ein Verbrechen begangen hätte, stand ich der
Frau gegenüber, die inzwischen bemerkt hatte, daß ihre Brille nicht mehr
so auf dem Zeitungsstoß lag, wie sie sie hingelegt hatte, ich kann mir das
auch einbilden, aber ich glaubte, sie weiß, daß ich den Zeitungsstoß
durchwühlt und alles über das Unglück darin gierig in mich hineingefressen habe, mit der Gefräßigkeit, die ich immer dann habe, wenn ich an
Zeitungen komme, obwohl sich diese Gefräßigkeit schon abgedämpft hat,
sie ist nicht mehr so groß wie früher, dachte ich. Die Köchin sieht, daß ich
gemein bin und niederträchtig, dachte ich, sie merkt es mir an, sie nützt
diese Gewißheit aus gegen mich, dachte ich, indem sie mich so forschend
betrachtet, für einen solchen sogenannten einfachen Menschen, noch
dazu einen weiblichen, dachte ich, *ungewöhnlich*. Sie versteckte dabei die
Hände auf dem Rücken, tat, als bände sie sich das Schürzenband, aber sie
spielte diese Tätigkeit nur vor aus Verlegenheit, ihrerseits bei einer Respektlosigkeit ertappt zu sein, bei einer Respektlosigkeit, die ihr absolut
nicht zusteht, wie ich dachte, sie zeigt ihrerseits eine Niederträchtigkeit,
dachte ich, ihre Gemeinheit, indem sie mich so forschend anblickt. So hat
der Herr nicht angeblickt zu werden, dachte ich, wie komme ich dazu.
Andererseits wußte ich mich in einer viel peinlicheren Lage, denn meine
Gemeinheit war die erste gewesen, die ihrige ja nur die Reaktion auf die
meinige, meine Schamlosigkeit durchaus nicht vergleichbar mit der ihrigen, ihre Schamlosigkeit ist die lächerliche, dachte ich, gegen die meinige,
die eine elementare ist, denn ich hätte es mir verbieten sollen, die Zeitungen anzuschauen, sie nicht zur Kenntnis nehmen dürfen, aber das wäre
dann doch *eine Verfälschung meines Charakters* gewesen, der ein solches
rasches Durchblättern der Zeitungen forderte. Die Köchin blickte auf den
Zeitungsstoß so, daß ich das Gefühl gehabt habe, sie hat mich ertappt,
darüber besteht kein Zweifel. Einen Augenblick haßte ich sie. Dann aber
sah ich, daß *sie* vor mir Angst hatte, was mich ihr gegenüber augenblicklich eine andere, keine direkte Haßstellung mehr einnehmen ließ, denn sie
hatte zweifellos von meinem Gesicht ablesen können, daß ich mich schuldig fühlte und gedacht habe, daß sie mich durchschaut hat. Es wäre doch
nur eine unverzeihliche Dummheit gewesen, sich vor einem solchen Menschen wie der Köchin zu fürchten, auch nur einen Augenblick, vor einem
Menschen, der doch *auf mich angewiesen* und letzten Endes auf die unge-

fährlichste Weise dumm ist. Wenn ich ehrlich bin, gefallen mir diese aufgeschwemmten rosigen Bauerngesichter nicht, in welchen die Dummheit sozusagen eingedickt ist. Ich habe sie im Grunde immer gehaßt, wenn das auch ungerecht ist, denn gerade in diesen rosigen aufgeschwemmten Bauerngesichtern ist auch die Gutmütigkeit, wie in keinen anderen. Aber gerade diese Gutmütigkeit ist mir ja immer verdächtig gewesen, dachte ich. Wie diese Gutmütigkeit überhaupt, wie überhaupt der Begriff der Gutmütigkeit, mit welchem ich nichts anfangen kann, der mich im Grunde abstößt. Die Köchin kennt mich schon als Kind, dachte ich, ich habe ihr nichts vorzumachen, ich kann ihr nichts vormachen, warum rege ich mich über sie auf, dachte ich. Sie kennt mich durch und durch. Aber natürlich, habe ich gedacht, irre ich auch in dieser Beziehung, denn was weiß schon diese Köchin, was und wer ich bin, es ist lächerlich, sich überhaupt Gedanken zu machen über das Verhältnis der Köchin zu mir. *Nein,* sagte ich, *keinen Kaffee mehr,* mürrisch hatte ich das gesagt und bin aus der Küche hinausgegangen. Caecilia kam mir entgegen, hinter ihr Amalia und hinter Amalia der Weinflaschenstöpselfabrikant, mein Schwager. An den Schwager und an das Wort *Schwager* wirst du dich gewöhnen müssen, dachte ich. Die drei standen auf einmal vor mir, als wollten sie mich anklagen. Ich wußte nicht, wie ich auf diese absurde Idee gekommen bin, aber ich dachte, plötzlich stehen sie als Kläger vor mir, vor mir, den sie anklagen aus was weiß ich für einem Grund, aus allen Gründen möglicherweise. Caecilia aber meinte nur, sie wollten in die Meierei hinübergehen, dort hätten sie eine Besprechung mit den Jägern, die die Särge schultern und tragen sollten beim Begräbnis, es sei zu besprechen, wer welchen Sarg zu tragen habe undsofort. Da nur von den Jägern als Sargträger gesprochen wurde, meinte ich, daß natürlich auch die Gärtner die Särge tragen müssen, es irritierte mich, andauernd von Särgen sprechen zu müssen, das war das Ungewöhnliche der ganzen Unterhaltung, immer wieder sagten wir *Särge,* wo es doch üblich ist, nur von einem Sarg zu sprechen bei solchen Gelegenheiten. Die Jäger sind ja gar nicht in der Lage, alle Särge zu tragen, sagte ich. *Die Jäger und die Gärtner tragen die Särge,* sagte ich, *zwei Särge werden von den Jägern getragen, ein Sarg von den Gärtnern.* Den Sarg mit dem Vater tragen die Jäger, natürlich auch den Sarg mit der Mutter, sagte ich, die Gärtner tragen Johannes. Caecilia und Amalia hatten bei dieser Unterhaltung über das Sargtragen den Weinflaschenstöpselfabrikanten abgedrängt; er war auf einmal im Hintergrund zu

stehen gekommen und hatte nichts zu sagen gehabt. Es ist selbstverständlich, sagte ich, daß der Muttersarg von den Jägern getragen wird, ich
dachte bei dieser Äußerung an das Verhältnis, das meine Mutter zu den
Jägern gehabt hat, und daß der Vater von den Jägern getragen wird, ist
auch klar, denn er war *ihr* Jäger, auch jahrzehntelang *Landesjägermeister,*
wie gesagt wird. Diesen Titel haben sie ihm in der Nazizeit gegeben und er
hat ihn zwei Jahrzehnte über die Nazizeit hinaus beibehalten. Zuerst tragen die Jäger den Vater und die Mutter und dahinter tragen die Gärtner
Johannes, das ist ganz einfach, sagte ich. Die Schwestern hingen jetzt auf
einmal an mir wie Kletten. Alles luden sie auf mich, wie wenn sie mir
schon längst ganz Wolfsegg aufgeladen hätten, kam es mir vor. Wenn ich
beide zusammen in ihren schwarzen Kleidern sah, machten sie auf mich
denselben komischen, gleichzeitig abstoßenden Eindruck wie in ihren
geschmacklosen Dirndlkleidern. Das Spöttische war aus ihren Gesichtern
verschwunden, die Verbitterung war zurückgeblieben, sie hatten auf einmal ganz kranke grauweiße Gesichter, die naturgemäß durch die schwarze
Kleidung, die meine Schwestern anhatten, noch deprimierender waren.
Sprach die eine, konnte die andere es nicht erwarten, auch zu sprechen,
eine fiel der andern ins Wort auf einmal, als ob sich hier nichts geändert
hätte. Auf die gleiche Weise hatten sie ihre Haare zurückgekämmt, ich sah,
daß sie die gleichen Schuhe anhatten. Amalia, aus dem Gärtnerhaus ins
Haupthaus zurückgekehrt, dachte ich, war wieder ganz die Schwester Caecilias, mit dieser eine Verschwörung. Aber nicht mehr gegen mich, sondern plötzlich für mich, wie ich fühlte, gerade das stieß mich aber ab, ihr
unverschämter, mit dem Tod der Eltern und meines Bruders ganz auf
mich geworfener Opportunismus. Die Schwestern, für die ich der *Unmensch* gewesen bin jahrzehntelang, der gemeine *Abtrünnige,* sie hängen
sich jetzt an mich, ihr Theater der Hilflosigkeit produzierend. Ich durfte
aber in diesem Gefühl und in diesem Gedanken nicht zu weit gehen, um
nicht die Beherrschung zu verlieren, ich dachte, ich werde mich ganz ruhig
verhalten. Nach und nach wollten sie mich über den Hergang des Unglücks aufklären, während ich durch die Zeitungen schon aufgeklärt war,
die eine drängte ihre Wörter fortwährend in die Wörter der anderen und
der Schwager hatte nicht die geringste Chance, etwas zu sagen. Ich ließ sie
reden, dabei machte ich die Feststellung, daß sie von dem Unglück ganz
anders berichteten, als die Zeitungen, sozusagen jeder berichtete von *seinem* Unglück, wie *er* es sieht, wie es die Zeitungen sehen ist ja wieder ganz

anders, als wie die Schwestern es sehen und wie es wahrscheinlich der Schwager sieht, über dasselbe Unglück berichten sie alle durchaus nicht das gleiche, sie berichten jeder für sich von einem anderen Unglück, während es sich doch um *dasselbe Unglück* handelt, dachte ich, wie wir über ein und dieselbe Tatsache soviel verschiedene Berichte darüber lesen, wie Zeitungen, berichten die Schwestern jede für sich von ein und demselben Unglück *immer auf andere Weise,* so daß es sich schließlich um so viele Unglücke handelt, als Menschen darüber berichten. Jeder berichtet von dem Unglück so, wie er es durch seine Empfindungen sieht und es handelt sich immer zwar um ein und dasselbe Unglück, aber immer doch um ein anderes, dachte ich. Caecilia berichtete von einem ganz anderen, als Amalia, Amalia unterbrach auch fortwährend Caecilias Bericht, umgekehrt Caecilia, Amalias Bericht. Der Schwager hatte nichts zu sagen. Während Amalia immer von einer *Eisenstange* redete, die den Kopf der Mutter von ihrem Rumpf abgestoßen habe, redete Caecilia immer von einem *Traversenstück,* das den Kopf der Mutter durchstoßen habe. Ich selbst sagte nichts, denn ich habe nicht verraten wollen, daß mir schon alle Zeitungsberichte bekannt seien und daß ich diese Zeitungsberichte in der Küche gelesen habe, durfte ich unter keinen Umständen preisgeben, ich dachte nicht daran, mich ausgerechnet schon am ersten Tag dem schlechtesten aller Lichter auszusetzen. So waren meine Schwestern der Meinung gewesen, ich wisse vom Unglück noch so viel wie nichts und sie hatten ihrer Rede freien Lauf gelassen *in ihrer Art,* alles laut und völlig undiszipliniert aus sich herauszusagen. Die Lambacher Gendarmerie habe sie zuerst verständigt. Da seien sie gerade im Begriff gewesen, sich niederzulegen. Anstatt zu Bett zu gehen, hätten sie den Weg nach Lambach antreten müssen, *die Leichen identifizieren,* wie sich Amalia ausdrückte. Der Wagen sei vollkommen zerstört gewesen, in der Finsternis, die am Unglücksort herrschte, wären sie, unter den Lampen der Gendarmen, von diesen gezwungen worden, ihre Köpfe in das völlig demolierte Wageninnere zu stecken, um alle drei Toten einwandfrei zu identifizieren. Bei diesem Bericht war es mir nicht schwergefallen, zu denken, daß der Charakter meiner Schwestern ein noch viel niedrigerer ist, als der meinige. Ihre Nervosität während des Berichts hatte ihre Kaltblütigkeit nicht verdecken können. *Lachhaft,* wie sie beide beinahe gleichzeitig gesagt haben, sei es gewesen, daß die Eltern und Johannes zuerst noch in einem Welser Krankenwagen abtransportiert worden sind als längst Tote. Die Gendarmerie sei korrekt vorgegangen. Natürlich habe das Unglück an Ort und Stelle großes Aufsehen gemacht, viele Bauern aus der Umgebung seien herbeigelaufen. Zum Teil in nur notdürftig zugeknöpften Nachthemden, so Amalia. Daß auch der Schwager mit ihnen gewesen war, hatten sie zuerst gar nicht erwähnt gehabt, obwohl er derjenige gewesen ist, der sie an den Unglücksort gebracht hat in seinem Wagen. Obwohl sie gleich alle möglichen Formalitäten zu erledigen gehabt haben, seien sie doch darüber hinaus zur völligen Untätigkeit verurteilt gewesen bis zum nächsten Vormittag. Amalia sei zuerst auf die Post gegangen, um das Telegramm an mich aufzugeben. Sie hätten ja auch telefonieren können, aber dieser Fürchterlichkeit hatten sie sich durch die Telegrammaufgabe entzogen, was ich verstehe. Den Schwager hätten sie dann in die Meierei hinübergeschickt, um die Trauerfahnen, und er sei es auch gewesen, der die erste Trauerfahne aufgehängt habe, *heruntergelassen vom Balkon.* Zuerst sei eine entsetzliche Stille gewesen, hat Caecilia gesagt. Amalia sei zuerst zu den Jägern hinübergegangen und habe ihnen von dem Unglück berichtet, die wären schon verwundert gewesen, wo denn der Wagen bleibe, mit welchem die Herrschaften am vorhergegangenen Nachmittag nach Steyr gefahren seien. Caecilia verständigte die Gärtner. Caecilia habe Amalia gesagt, sie solle, gleichzeitig mit dem an mich, auch an Spadolini ein Telegramm aufgeben, der Text dieses Telegramms an Spadolini lautete: *Mutter gestorben. Caecilia, Amalia.* Sie rechneten fest mit Spadolinis Teilnahme am Begräbnis. Sie hatten sogar zuerst den Gedanken gehabt, die Totenmesse von Spadolini selbst lesen zu lassen, vom Erzbischof Spadolini, sich dann aber doch, mein Einverständnis sei ihnen in diesem Punkt gewiß gewesen, für den Salzburger Erzbischof entschieden *aus gutem Grund,* so Amalia. Auch die sogenannte Einsegung werde der Salzburger Erzbischof vornehmen. Spadolini selbst werde sich sicher im Hintergrund halten, sagten sie. Andererseits dachten sie, der Mutter Spadolini als Messeleser und Einsegner zu verweigern, lade eine nicht wiedergutzumachende Schuld auf sie, aber dieser mir gegenüber ja ausgesprochene Gedanke war ein geheuchelter, wie ich gleich gesehen habe. Richtig, tatsächlich opportun war es, den Salzburger Erzbischof die Totenmesse lesen und die Einsegnung vornehmen zu lassen, ich habe mich aber zurückhalten können, meinen Schwestern zu sagen, daß es eine Selbstverständlichkeit sei, Spadolini die Messe lesen zu lassen und die Einsegnung vorzunehmen, die Geschmacklosigkeit, zu sagen, der Liebhaber unserer

Mutter solle *unbedingt* die Messe lesen und die Einsegnung vornehmen, habe ich für mich behalten. Ich durfte mich mit einer solchen unverfrorenen Äußerung nicht lebenslänglich strafbar machen, also sagte ich zu meinen Schwestern, daß es dabei bleibe, daß der Salzburger Erzbischof die Totenmesse lese und die Einsegnung vornehme, das hätten sie ja längst beschlossen *ohne mich* und wäre nicht mehr zu ändern. Mit diesem Nachgeben und mit diesem meinem Einverständnis ihnen gegenüber verschaffte ich mir einen Vorteil, außerdem sagte ich noch, daß ja außer dem Salzburger Erzbischof und Spadolini sicher *noch mindestens drei Bischöfe* zum Begräbnis kommen werden, nämlich der aus Linz, mit welchem unser Vater genauso befreundet war, wie mit den beiden anderen aus Innsbruck und Sankt Pölten. Mit diesen Bischöfen ist mein Vater auch in die Schule gegangen und der Verkehr zwischen ihnen und meinem Vater ist, solange mein Vater lebte, niemals abgebrochen, auch in der Nazizeit nicht, dachte ich, während ich zu den Schwestern sagte, die Bischöfe hatten immer ein gutes Verhältnis zu den Eltern, auch in der Nazizeit. Diese Bemerkung hatte ich nicht zurückhalten können, sie war auch am Platz, denn sie verhinderte, daß das Zusammensein mit meinen Schwestern ein allzu sentimentales und also verlogenes geworden ist. Im Grunde graute mir vor diesem Begräbnis wie vor keinem andern, dagegen waren alle diese in den letzten Jahren in der Umgebung von Wolfsegg vollzogenen nichts, auf einmal sah ich doch ganz deutlich, was auf mich zukommt am Samstag, dem Begräbnistag. Wie wahr ist, was ich Zacchi am Telefon gesagt habe, daß eine Katastrophe auf mich hereingebrochen ist, dachte ich, während die Schwestern sich zum Schwager umgedreht hatten, mehr oder weniger, wie ich dachte, um ihm einen Befehl zu erteilen, sie sagten zu ihm, er solle in die Meierei vorausgehen, um nachzuschauen, ob dort nicht noch zwei sogenannte Leichentücher auf dem Dachboden liegen, wie Caecilia behauptete, in einer großen Schachtel mit der Aufschrift *Sunlicht,* ich hätte auflachen können über dieses von ihr völlig ungezwungen in dem ihr eigenen dümmlichen Ton ausgesprochene Wort *Sunlicht* in diesem Augenblick, ich beherrschte mich aber. *Sunlicht steht auf der Schachtel,* sagte Caecilia zu ihrem Mann, der daraufhin sofort in die Meierei hinüberging. Es war, wie ich dachte, doch nur ihre Absicht gewesen, mit mir und Amalia allein zu sein, die sie veranlaßt hat, den Schwager in die Meierei hinüberzuschicken, sie wollte ihn ganz einfach weghaben, den Eindringling, wie ich dachte und wie vielleicht sogar sie selbst in diesen

Momenten gedacht haben mag, auch sie empfindet den Schwager plötzlich als angeheirateten Fremdkörper hier, dachte ich, die Ehefrau, der
Gedanke belustigte mich aber nicht so, wie er es verdient hätte, er war
peinlich. Der Weinflaschenstöpselfabrikant ging zur Meierei hinüber nur
zu dem einen Zweck, damit Caecilia sich mehr oder weniger ungestört
von ihm mit mir und Amalia unterhalten kann, dachte ich. Während sich
der Weinflaschenstöpselfabrikant von uns entfernte, er war noch keine
zwanzig Schritte von uns weg gewesen, sagte Caecilia, daß ihr ihr Mann
auf die Nerven gehe, immer hänge er ihr, sie könne nicht einen Augenblick allein sein. Diese Bemerkung verwunderte mich, denn bis jetzt
hatte ich immer den Eindruck gehabt, sie, Caecilia hänge sich an ihren
Mann, meinen Schwager, nein, *er* sei die Klette, nicht umgekehrt. Eine
Woche nach der Hochzeit empfand sie ihren Mann schon als Klette und
sprach das noch dazu vor uns aus. Amalia hatte ein Lachen nur schwer
unterdrücken können, wie ich sah. Wie leicht kommt einem ein solches
Lachen selbst in einer fürchterlichen Situation über die Lippen, dachte
ich. Ja, eine solche fürchterliche Situation fordert ja geradezu ein solches
Lachen heraus, dachte ich. Wer so angespannt ist in einem Unglücksfall
wie der unsrige, flüchtet rasch in ein Lachen, dachte ich. Amalia meinte,
der Schwager habe ihnen nicht im geringsten geholfen in ihrer Verzweiflung, er sei in seinem Zimmer gestanden, am Fenster, sie hätten von ihm
nichts haben können, mehrere Male hätten sie ihn gebeten, ihnen zu
helfen, beispielsweise mit der Leichenbestattungsfirma in Vöcklabruck,
die sie beauftragt hatten, zu telefonieren, er habe sich nicht auf das min-
deste nützlich gemacht, so Amalia. Er habe nur immer von dem Schock
gesprochen, der ihm durch das Unglück verursacht sei, ohne daran zu
denken, ein wieviel größerer Schock das Unglück schließlich für seine
Frau und deren Schwester sei, die sich aber nicht, wie er in seinem, in
ihren Zimmern einsperren haben können, um mehr oder weniger nichts
zu tun. Leute vom Schlage des Schwagers, sagte ich, seien solchen Unglücksfällen niemals gewachsen, diese Leute werden von einem solchen
elementaren Unglück zu Boden geschleudert und haben nicht die Kraft,
sich wieder aufzurichten, nicht wie wir, sagte ich, die ein solches Unglück
noch viel tiefer und elementarer trifft und auch zu Boden schlägt, aber wir
stehen gleich wieder auf und werden mit ihm fertig. Diese Äußerung hatte
ich im Augenblick bereut, aber sie war nicht mehr rückgängig zu machen,
daß wir *damit fertig werden,* hatte ich tatsächlich gesagt, die anderen nicht,

damit meinte ich nichts anderes, als daß wir ein solches Unglück in den Griff bekommen und sei es das allergrößte, das allergemeinste, der Kleinbürger aber nicht; natürlich habe ich das Wort *Kleinbürger,* das auf meinen Schwager gemünzt war absichtlich, nicht ausgesprochen, ich habe es mir nur gedacht. Der Kleinbürger, habe ich gedacht, wird von einem solchen Unglück zerschmettert und läßt sich in der Sentimentalität darüber auch noch zur Gänze publizieren, wir nicht. Der Kleinbürger, auch der Proletarier verunglückt sozusagen selbst in einem solchen Unglück, wir nicht. Der Kleinbürger, wie der Proletarier hat niemals die Kraft, die wir haben, mit einem solchen Elementarunglück fertig zu werden, dachte ich. Ich sagte zu den Schwestern, ein solches Unglück gehe über die Kräfte des Schwagers, das verstanden sie aber gar nicht, sie begriffen nicht, was damit gemeint war, auch das Verächtliche daran begriffen sie nicht. Solche Leute wie den Schwager, sagte ich, müsse man in der Folge eines solchen elementaren Unglücks, und unseres sei ein elementares, ganz aus dem Spiel lassen. Ich sagte diesen Satz zu dem Zeitpunkt, in welchem der Weinflaschenstöpselfabrikant noch nicht einmal in der Meierei verschwunden war, ich sah ihn noch auf die Meierei zugehen. Solche Leute wie unser Schwager, sagte ich aber doch, sind im Grunde für Unglücksfalle zu bequem angelegt, weil sie letzten Endes für alles viel zu bequem angelegt sind, sie haben nicht den kalten Blick auf die Welt, den wir haben, wenn er erforderlich ist. Ich hatte mich nicht gescheut, das auszusprechen, das ich jetzt dachte und ich sagte zu den Schwestern, *der Schwager paßt nicht zu uns.* Darauf hatte Amalia nur ihr Gesicht verzogen, Caecilia hatte sich umgedreht, wortlos, wohl, um dem Schwager nachzuschauen, aber der war schon in die Meierei eingetreten. Leute wie der biedere Weinflaschenstöpselfabrikant haben eine ganz und gar sentimentalistische Lebensauffassung, dachte ich, ohne das auszusprechen, die wir nicht haben. Das Sentimentalistische ist das Abstoßende an ihnen. Das Sentimentalistische ist aber auch das Gemeine, mit welchem sie lebenslänglich hantieren zum Schaden aller. Das Sentimentalistische dieser Leute, das ihnen alles so bequem macht, ist das Unglück auf der Welt. Das Sentimentalistische, mit welchem sie immerfort auftreten und sich bei unsereins abstoßend machen, dachte ich. Ich sagte zu den Schwestern, der Schwager habe sich in Wolfsegg *auf das Glatteis begeben.* Amalia hatte einen Grund, darüber zu lachen, Caecilia nicht, die daraufhin Schweigende, die sich nach dieser Äußerung meinerseits nur nach mir umgedreht und mir kalt ins Gesicht geschaut hatte. Ihr Fehler, diese absurde Hochzeit betreffend, war damit eingestanden, mich täuschte dieser Blick nicht. Keine acht Tage, dachte ich, und die Szene ist eine total umgekehrte, sie könnte gar nicht teuflischer sein. Nur ein Verrückter hat dich heiraten können, sagte ich zu Caecilia, ich hatte es nicht mit solcher Schärfe gesprochen, wie sie es empfunden hat augenblicklich und ich bereute den Ausspruch, was als Scherz gemeint war, hat tief getroffen, wie ich gesehen habe, Caecilia haßt mich noch immer, dachte ich, sie ist die alte. Und Amalia assistierte ihr in ihrem Schwesternhaß gegen mich. Mit den beiden habe ich aber jetzt fertig zu werden, dachte ich und bedauerte sie gleichzeitig, denn ich hatte zwar noch keine annähernd genaue, geschweige denn präzisierte Vorstellung von dem, das die Schwestern in der nächsten Zeit zu ertragen haben werden, aber doch eine Ahnung davon, daß diese Ahnung eine böse war, war mir klar. Auf einmal war Caecilia, die ihn sich aus dem Badischen nach Wolfsegg geholt hat, um ihre Mutter vor den Kopf zu stoßen, sie zu bestrafen auf ihre Weise, der Mann aus Freiburg im Breisgau, dieser katholischsten aller katholischen Hochburgen, lästig. Eine Woche nach der Hochzeit ließ sie sozusagen an ihm kein Haar, denn der Grund, weshalb sie sich mit dem Weinflaschenstöpselfabrikanten verheiratet hat, nämlich meine Mutter und ihre Art und Weise gegen Caecilia und Amalia, Männer betreffend und also die Zukunft ihrer Töchter, war plötzlich weggefallen, nicht mehr gegeben, der Tod der Mutter hat dieser Heirat den Boden entzogen, sagte ich mir, der Weinflaschenstöpselfabrikant war schon überflüssig geworden, nur er selbst bemerkte das noch nicht, in meinen Schwestern, also nicht nur in Caecilias Kopf, dachte ich, hat schon zu arbeiten begonnen, was auszusprechen sie sich naturgemäß noch nicht getrauten, aber sie machten es schon durch ihre Art und Weise, durch ihr Verhalten gegenüber dem Weinflaschenstöpselfabrikanten deutlich, die Idee, wie es sich von dem auf einmal über Nacht Unbrauchbaren befreien lasse. *Er geht mir die ganze Zeit auf die Nerven,* hat Caecilia mehrere Male gesagt, Amalia hat dazu geschwiegen. Die Fassade, den Weinflaschenstöpselfabrikanten betreffend, war nicht mehr aufrechtzuhalten, dahinter war bereits nichts als nur eine unablässig sich vertiefende Abneigung sichtbar geworden. Der Schwager war weggeschickt worden unter einem lächerlichen Vorwand, um sich über ihn bei mir auszulassen, wie ich dachte, auf die meinen Schwestern entsprechende Weise, hinterrücks. Er geht ihr schon die ganze Zeit auf die Nerven, bewies doch nur, daß er ihr immer schon die ganze Zeit auf die Nerven gegangen ist, daß sie ihn aber trotzdem an sich gezogen und nach Wolfsegg gebracht hat, und die Titiseetante unterstützte sie in ihrer grenzenlosen Gemeinheit nur, um ihre Schwägerin, unsere Mutter, zu bestrafen. Die Titiseetante wird aus dem Schwarzwald anreisen und sich in die erste Reihe der Hinterbliebenen drängen, triumphbewußt, dachte ich. Selbst wenn die Ehe Caecilias mit ihrem Mann schon jetzt als gescheitert betrachtet werden kann, der Triumph der Titiseetante war dadurch nur noch großartiger, sie hatte ja erreicht, was sie wollte, ihrer Schwägerin einen Hieb zu versetzen mit dieser der Nichte, meiner Schwester, zuerst eingeredeten, dann aber sehr schnell tatsächlich vollzogenen Hochzeit. Daß die, gegen die das Komplott und der Schachzug gerichtet war, jetzt tot ist, dachte ich, schmälert den Triumph der Titiseetante nicht im geringsten, nur meine Schwester hat jetzt die Rechnung für ihre Niederträchtigkeit zu bezahlen. Der Weinflaschenstöpselfabrikant war da und hat angefangen, seine Rolle zu spielen, gleich wie lächerlich sich der Auftritt dieses Menschen entwickeln wird, habe ich gedacht, es wird schwer sein, ihn wieder loszuwerden, jedenfalls wird Caecilia die größte Mühe dabei haben, mir kann es letzten Endes gleichgültig sein, denn ich bringe ihn ja ohne weiteres bald aus Wolfsegg weg, wenn ich will, das ist nur eine Sache der Entscheidung meinerseits, ich habe nicht die Absicht, ihn länger in Wolfsegg auszuhalten, sagte ich mir, auch die Schwester wird bald nicht mehr in Wolfsegg sein, vielleicht fühlt sie, was ich denke, habe ich gedacht, weiß es vielleicht sogar mit Sicherheit, es ist nicht meine Sache, mir darüber den Kopf zu zerbrechen. Wenn auf so groteske Weise geheiratet wird, wie das meine Schwester getan hat, gegen jede Vernunft und noch dazu bei vollem Bewußtsein, hat der Heiratende und also sie selbst und ganz allein die Folgen zu tragen, dachte ich. Die Heirat mit einem Weinflaschenstöpselfabrikanten kann nicht auf schmerzhafte Weise folgenlos sein. Schon sind diese schmerzhaften, ja peinigenden Folgen deutlich sichtbar geworden. Wir warnen, aber wir werden nicht gehört, dachte ich, wir sagen immer wieder das gleiche, aber die Ohren, für die das, das wir sagen, bestimmt ist, hören nicht, die Ohren meiner Schwester Caecilia haben nicht gehört, dachte ich, was ich ihr gesagt habe, Hände weg von dem Weinflaschenstöpselfabrikanten, Hände weg von dieser perversen Art von Gemeinheit gegen die Mutter. So hat sich unsere Titiseetante gleich zweimal schuldig gemacht, dachte ich, der Mutter gegenüber genauso wie Caecilia gegenüber, uns allen gegenüber.

Sie hat es nicht verwinden können, daß sie sozusagen von meiner Mutter aus Wolfsegg verbannt worden ist vor dreißig Jahren, neben meinem Vater, ihrem Bruder, von meiner Mutter nicht mehr geduldet worden ist, in den Schwarzwald verbannt auf einen kleinen Jagdbesitz, der uns immer gehört hat. Was deine geliebte Titiseetante angerichtet hat, sagte ich zu Caecilia. Sie hat verstanden. Mein Tonfall dabei war nicht der tröstende, sondern durchaus der strafende gewesen, der nicht verziehen wird. Er geht mir schon die ganze Zeit auf die Nerven bedeutete, genau mit diesen Wörtern und von meiner Schwester gesprochen, nichts anderes, als die ersten Anzeichen von Haß gegen ihren Mann. Sie wollte ihn los sein und schickte ihn auf den Dachboden der Meierei, wo er lang suchen kann, dachte ich, denn Caecilia weiß genau, daß sich dort oben auf dem Meiereiboden keine Schachtel mit sogenannten Leichentüchern befindet. Und schließlich war es ja auch eine Unverschämtheit, den Mann dort hinaufzuschicken, wo hinauf immer nur die Dienstboten geschickt worden sind. *Er geht mir nicht von der Seite,* hieß auch nichts anderes, als daß meine Schwester den Weinflaschenstöpselfabrikanten bereits verabscheute. Ich kann nicht schlafen bei geschlossenen Fenstern, sagte sie, während er nur bei geschlossenen Fenstern schlafen will, ich reiße alle Augenblicke die Fenster auf, sagte sie, er macht sie wieder zu, die ganze Nacht. In ihrer Stimme war nichts als Auflehnung, nicht nur Enttäuschung, der pure Haß war schon da, der Hochzeitsschmuck kaum weggeräumt, da und dort hingen ja noch Reste von diesem Hochzeitsschmuck, die in der Eile der Begräbnisvorbereitungen vergessen worden sind, wie ich gesehen habe, wie beispielsweise an der Meierei selbst, wo hinter den Eingangstürlampen noch die weißen Nelken steckten, wo im Grunde längst Trauerlorbeer am Platz gewesen wäre. Gerade, daß meine Schwester nicht sagte, er hat einen unangenehmen Geruch, sie sagte es natürlich nicht, aber es war, als hätte sie auch das längst von ihm gesagt. Die Mutter hätte gar nicht so viel darüber nachdenken müssen, wie diese Ehe, die von ihr immer auch als *Groteske* bezeichnet worden ist, auseinanderzubringen sei auf schnellstem Wege, diese Gedanken hätte sie sich ersparen können, dachte ich. Diesen kleinen Triumph gönnte ich der Toten jetzt, die ihn nicht mehr miterleben kann, daß die Ehe, die sie aus ganzem Herzen, wie sie einmal geäußert hat, nicht duldete, die ihr untergeschoben worden war von der Titiseetante und Caecilia, aber mehr von der Titiseetante, schon in den ersten Tagen nach der Hochzeit, wie gesagt

wird, in die Brüche gegangen ist. Während der Weinflaschenstöpselfabrikant auf dem Meiereidachboden nach den Leichentüchern in der
Schachtel mit der Aufschrift *Sunlicht* suchte, machte ihn seine Ehefrau
herunter, und sie schämte sich nicht im geringsten, es war ihr gar nicht zu
Bewußtsein gekommen, wie gemein und wie niederträchtig sie handelte.
Der dünne Faden, der den Weinflaschenstöpselfabrikanten mit Wolfsegg
verbunden hatte, war schon abgeschnitten, ohne daß er selbst es wissen
konnte. Caecilia hatte sich auf meine Seite geschlagen und die Berechnung ihrer Schwester Amalia war dieselbe skrupellose, ich habe gedacht,
sie wollen jetzt retten, was zu retten ist und dazu mußten sie sich mit mir
verbünden, denn zu deutlich war ihnen schon jetzt zu Bewußtsein gekommen, daß ich allein die Wolfsegg betreffenden Fäden in der Hand habe.
Der Herr, an welchen sie niemals gedacht haben, und wenn, dann nur
unter dem Namen Johannes, war auf einmal Wirklichkeit geworden; da
sie mir niemals anders als feindlich gegenübergetreten waren, erwarteten
sie nichts Gutes. Sie mußten sich zuerst aber vor mir *schwach* machen, um
mir gegenüber dann stark auftreten zu können, dachte ich, so sah ich es als
ihre einzig mögliche Taktik an und irre mich nicht, sagte ich mir. Da ich
das Bedürfnis hatte, ein Bad zu nehmen oder mich wenigstens zu duschen,
ließ ich die Schwestern allein und ging in den ersten Stock hinauf. Auf
diesem Weg kam mir eines der Küchenmädchen entgegen mit meiner
Brieftasche, die ich, wie es sagte, in der Küche liegengelassen hatte vorher.
Ich konnte mir nicht vorstellen, wie meine Brieftasche auf den Küchentisch gekommen ist, aber wahrscheinlich hatte ich sie, gedankenlos, wie
gesagt wird, dort aus der Rocktasche herausgenommen und auf den Tisch
gelegt und die Köchin, mit der ich zuerst gesprochen hatte, hat sie unter
den Zeitungen gefunden. Jetzt habe ich mich verraten, sagte ich mir, denn
die auf dem Tisch mit den Zeitungen abgelegte Brieftasche ist ein unwi-
derlegbarer Beweis. Ich steckte die Brieftasche ein und ging in mein Zimmer. Wir glauben, die Lüge ebnet uns den Weg ganz einfach und wir
werden nicht als Lügner erkannt, dachte ich, und dann entlarvt uns sozusagen ein Indiz unserer eigenen Gedankenlosigkeit. Die Flug- und
Bahnreise von Rom nach Wolfsegg hatte doch ihre Wirkung ausgeübt, ich
war plötzlich müde. In meinem Zimmer sah es aus, als hätte ich es gerade
erst verlassen. Ich hatte es nicht geordnet bei meiner Abreise nach Rom
und es war auch inzwischen nicht aufgeräumt worden, sie sagen, dachte
ich, sie räumen mein Zimmer sofort auf, wenn ich weg bin und bringen es

in Ordnung, aber sie haben es nicht aufgeräumt, sie hatten nicht mit meiner unmittelbaren Rückkehr gerechnet, so ertappte ich sie wieder bei einer Schlamperei. Andererseits habe ich gedacht, empfinde ich es als angenehm, in das Zimmer einzutreten und alles liegt mehr oder weniger ungeordnet umher, nichts ist aufgeräumt, niemand hätte beim Anblick meines Zimmers jetzt geglaubt, daß ich inzwischen eine Woche lang in Rom gewesen bin, nichts deutete darauf hin, als ob ich es nur kurz verlassen gehabt hätte, sah alles aus, für ein paar Stunden oder eine noch kürzere Zeit. Nicht einmal mein Bett war gemacht worden, in der Aufregung über alles hatten sie dann, so dachte ich, auch vergessen, mein Bett zu machen. Von dem ungemachten Bett wissen sie sicher nichts, dachte ich, sie hätten es gemacht, so haben sie es nicht gemacht und ihr sogenannter *Ordnungsfanatismus,* so Caecilia immer, ist unglaubwürdig geworden. Ich warf meine Kleider zu Boden und ging nackt ins Badezimmer. Ich duschte mich. Ich wollte mich rasieren, aber ich hatte keine Rasiercreme mehr und so ging ich über den Gang, nackt, wie ich war, nur mit einem übergeworfenen Badetuch ins Zimmer meines Vaters, um mir seine Rasiercreme zu holen, die er, wie ich dachte, jetzt nicht mehr braucht, wie ich ebenso dachte, die für ihn überflüssig geworden ist. Im väterlichen Badezimmer war alles so, wie es mein Vater zuletzt verlassen hat, als ob er jeden Augenblick zurückkommen würde. Auch hier war nicht aufgeräumt worden, was denken sie sich, dachte ich, die, soviel ich weiß, wenig zu tun haben den ganzen Tag und nicht einmal das Badezimmer des Vaters aufräumen, nicht einmal, wenn er tot ist, es der Mühe wert finden, sein Badezimmer in Ordnung zu bringen, das Wort *Pietät* fiel mir ein, ich ließ es aber sofort wegen seiner Widerwärtigkeit fallen, ich schied es aus meinen Überlegungen ganz einfach aus, ich dachte nur, daß es unheimlich ist, sehen zu müssen, daß das väterliche Badezimmer schon fast zwei Tage nach dem Tod des Vaters noch nicht aufgeräumt ist, daß sie auch *das* vergessen haben, die sogenannte Trauer rechtfertigt sie aber, dachte ich. Ich fand zuerst keine Rasiercreme und kramte in dem Toilettekasten, bis ich die Rasiercreme gefunden hatte, auch mein Vater rasierte sich sozusagen aus Prinzip, wie ich selbst, immer naß, er verabscheute wie ich die sogenannte elektrische Rasur, meiner Haut ist eine solche Elektrorasur aber auch nicht zuzutrauen, sagte ich mir und ging mit der Rasiercreme in mein Badezimmer zurück. Auf dem Gang, in der Mitte zwischen den väterlichen und meinen Zimmern sozusagen, traf ich auf

Amalia, die erschrocken ist, wie sie mich völlig nackt gesehen hat, ich hatte das zuerst umgehängte Badetuch im väterlichen Badezimmer abgelegt und es dann vergessen, in völlig nacktem Zustand stand ich da vor Amalia, die mich, das Halbdunkel hier ausnützend, nur anstarrte, durchaus nicht auf die geschwisterliche Weise, wie ich dachte. Da sie stehengeblieben war und keinerlei Anstalten machte, zu verschwinden bei meinem Anblick, trat ich so, wie ich eben war, vor sie hin und sagte, ob sie denn noch niemals in ihrem Leben einen nackten Mann gesehen habe. Nun siehst du, sagte ich, wie ich aussehe, nicht einmal schlecht, nicht wahr und ich streckte ihr meine Zunge heraus, worauf sie sich umdrehte und in das Vorhaus hinunterlief. Dreißig Jahre hatte ich meiner Schwester Amalia meine Zunge nicht mehr herausgestreckt, jetzt hatte ich es zum ersten Mal wieder getan und das belustigte mich. Erfrischt am ganzen Körper und durch diesen Zwischenfall sogar aufgeheitert, war ich daran gegangen, mich zu rasieren. Dabei habe ich daran gedacht, wie verzogen meine Schwestern sind, was meine Mutter aus ihnen gemacht hat, zwei gänzlich verzogene Erwachsene, nicht nur, was das Körperliche betrifft, verzogene, verschrobene schließlich, wie ich dachte, sondern auch geistig völlig verzogen und verschroben. Ich pinselte mein Gesicht ein und sah mich im Spiegel als Spaßmacher, der sich gleich selbst die Zunge herausstreckt und dem dieses Zungeherausstrecken solchen Spaß machte, daß er es gleich mehrere Male, sozusagen sich selbst zum Spaß, wiederholte. Es gibt nichts Angenehmeres, als sich nach einer solchen, wenn auch kurzen, so doch anstrengenden Reise, zu rasieren. So nackt vor dem Spiegel stehend, mit herausgestreckter Zunge gegen mich, hatte ich nicht das Gefühl, ein Mensch zu sein mit einer geringeren als normalen Lebenserwartung, wie ich bis jetzt geglaubt habe. Ich ging in mein Zimmer und zog mich an, fortwährend in der Überlegung, ganz in Schwarz oder nicht, hatte ich mich dann für eine völlig unauffällige, ganz normale Wochentagskleidung entschieden, für einen alten braungrünen römischen Rock und die dazu passende Hose. Wenn diese Schwestern anders wären, habe ich gedacht, nicht so zickenhaft, sagte ich mir, wäre es vielleicht möglich, mit ihnen zusammen ein Wolfsegger Leben zu führen, so aber dachte ich doch, wie es ohne sie weitergehen wird, denn daß sie nicht mit mir in Wolfsegg bleiben werden, war mir klar. Caecilia und Amalia müssen weg, für beide Teile ist das das Beste, dachte ich. Für lebenslänglich haben sie sich in Wolfsegg festgesetzt, aber jetzt gehören sie weg, gleich wohin, aber weg, dachte ich, zu ihrem eigenen Nutzen. Mehr oder weniger ist das Schauspiel hier zuende, habe ich gedacht, die Nebenfiguren meiner Schwestern haben jetzt, da die Hauptfiguren tot sind und schon aufgebahrt in der Orangerie, nichts mehr auf diesem Theater zu suchen. Der Vorhang ist zugegangen, dachte ich. Noch nicht ganz, dachte ich, sozusagen das Satyrspiel hat begonnen. Das Schwierigste des ganzen. Als ich unten im Vorhaus auf meine Schwester Caecilia traf, bat sie mich, wenigstens die schwarze Krawatte umzubinden, zuerst weigerte ich mich, dann gab ich ihr recht und ging wieder in mein Zimmer hinauf und band mir die schwarze Krawatte um. Jetzt hatte ich die sozusagen für diesen Tag richtige Kleidung an, ich ging ans Fenster und sah den Weinflaschenstöpselfabrikanten mit einer großen Schachtel von der Meierei zur Orangerie gehen. Tatsächlich hat der Schwager die Schachtel mit der Aufschrift *Sunlicht* und den Leichentüchern gefunden, dachte ich. Und ich hatte geglaubt, diese Schachtel existierte nicht. Aber die Gemeinheit meiner Schwester bleibt bestehen, dachte ich. Sie hat ihren inzwischen, wie ich mir sagen mußte, widerwärtigen Mann weggeschickt, auf den Meiereidachboden zu keinem anderen Zweck, als mit mir und Amalia, *endlich,* wie sie sich ausgedrückt hatte, allein zu sein. Der Weinflaschenstöpselfabrikant hat einen unbeholfenen, unangenehmen Gang, dachte ich, wenn er ein Gewicht wie eine solche Schachtel trägt, ist sein Gang noch unangenehmer als sonst, dann bekommt er O-Beine, habe ich gedacht. Die Schachtel erdrückt ihn beinahe, obwohl sie nichts wiegt, er hält sie gerade so, als hätte er diese Schachtel auf, keinen Kopf, dachte ich, es war ein komischer Anblick. Vor der Orangerie ist ihm die Schachtel von einem Gärtner abgenommen worden, daraufhin stand er da, wie wenn er nicht wüßte, was jetzt zu tun sei, die Hilflosigkeit in Person, ich hätte ihm ja auch entgegenkommen und ihm helfen können, aber das tat ich nicht, denn solchen Leuten ist nicht zu helfen, diese Leute bleiben komisch und wissen nie, was zu tun ist. Die Gärtner, die von der Meierei herübergekommen waren, unterhielten sich kurz mit ihm, dann mußten sie ihn stehen lassen, denn sie waren beschäftigt. Vom Ort herauf hörte ich wieder Fetzen der Musikprobe, jetzt waren sie schon weit voran gekommen mit ihrem Haydn. Eine schwerfällige Musik, dachte ich. Der Schwager ging bis an die Mauer vor, um in den Ort hinunter zu schauen, ich beobachtete ihn, wie er sich größer machen wollte, als er war, wie er versuchte, auf einem Mauervorsprung Halt zu finden, aber es mißglückte ihm, er drehte sich um in der Angst, jemand hätte sein Mißgeschick beobachten und seine Lächerlichkeit sehen können, mich konnte er nicht sehen, denn ich stand hinter dem Fenster meines Zimmers und durch dieses kann man von außen bei derartigen nachmittägigen Lichtverhältnissen nicht blicken, man kann auf das Fenster schauen, aber man sieht nicht, was dahinter ist. Um diese Zeit kann ich ruhig am Fenster stehen und alles draußen beobachten, sagte ich mir, ich selbst kann nicht gesehen werden. Der Weinflaschenstöpselfabrikant wischte sich die bei seinem gescheiterten Versuch, auf der Mauer höher steigen zu können, schmutzig gewordenen Schuhe und seinen Rock ab, wieder nach allen Seiten schauend, er hat, fiel mir bei dieser Gelegenheit auf, zu kurze Arme, seine Anzüge sind, obwohl Schneiderhandwerk, auf die provinzielle Art geschnitten, noch dazu auf die süddeutsche Art, unbeholfen, geschmacklos, die Stoffe, die er sich aussucht, sind die abstoßenden des Kleinbürgers, der, weil es sich, wie er glaubt, gut macht, sich das Streben nach dem Höheren zum Prinzip gemacht hat Tag und Nacht, ununterbrochen, der von diesem Streben ganz einfach besessen ist. Diesen Schwager hat uns die Titiseetante untergeschoben, dachte ich. Den badischen Weinschmecker, den badischen Kotelettgenießer, den badischen Weißhemdträger. Caecilias Ausspruch, ihr Mann sei der beste, konnte jetzt nurmehr noch ein höhnisches Gelächter erzeugen, das nicht herausgelacht werden durfte an diesem Nachmittag, sondern unterdrückt werden mußte hinter den Fensterscheiben. Alles eher als Mitleid, war angebracht bei diesem Mann, der gar nicht schuldlos in dieses Verhältnis gegangen ist, dachte ich, das meiner Schwester bereits eine Woche nach der Hochzeit zum Hals heraushängt. Die Sache ist eine Episode, mit welcher aber Caecilia allein fertig zu werden hat. Ich mische mich nicht hinein, was nicht heißt, daß ich meine Beobachtungen einstelle und mir keinerlei Gedanken dazu mache, dachte ich. Aber der Gedanke war durchaus unerträglich, ausgerechnet mit diesem Mann beispielsweise Abend für Abend zusammensitzen zu müssen, dazu auch noch mit meinen Schwestern, die ja auch nie wissen, was mit mir reden, und umgekehrt weiß ich es auch nicht. Der Unfallschock wird nur ein paar Tage ausreichen, um *das* zu überbrücken, vor dem mich jetzt schon graust, dachte ich, diese verbitterten Schwesterngesichter und dazu auch noch das dumme, alle Augenblicke vollkommen sinnlos über jede Nebensächlichkeit auflachende dumme Gesicht des Schwagers um mich zu haben. Allerdings, dachte ich gleich, ist der Hochmut kein geeignetes Mittel, um mit einer Umgebung fertig zu werden, die geringgeschätzt und dadurch unerträglich ist. Aber hätten wir den Hochmut nicht, wären wir verloren, er ist auch nichts anderes als ein Machtmittel gegen eine Welt, die uns sonst und also ohne diesen Hochmut mit Haut und Haaren verschlingen würde. Sie nähme keinerlei Rücksicht auf uns. Wir müssen ihr mit unserem eigenen Hochmut zuvorkommen, sagte ich mir, ihn da einsetzen, wo er uns errettet vor dem Gefressenwerden. Denn machen wir uns nichts vor, dachte ich, die sogenannten Dummen, die sozusagen von uns geringer Geschätzten, sind die Rücksichtslosesten, es kümmert sie nicht, was wir fühlen, wenn sie uns nur stören und zerstören und schließlich vernichten können. Der Hochmut ist durchaus ein geeignetes Mittel, mit der gegen uns eingestellten Umwelt fertig zu werden, diesen Hochmut fürchtet sie und respektiert sie, ist es auch nur ein vorgetäuschter wie der meinige, wie ich dachte. Wir schieben den Hochmut vor, um uns behaupten zu können, das ist die Wahrheit, ich bin hochmütig, um zu überleben, das ist konsequent gesagt. Freilich wissen wir bald nicht mehr, ist unser Hochmut ein vorgetäuschter, oder ein tatsächlicher, aber es ist nicht notwendig, sich andauernd diese Frage zu stellen, das würde uns ja auch verrückt und schließlich wahnsinnig machen. Daß mein Schwager nicht weiß, wer Max Bruch ist, ist mir gleichgültig, denn wenn er es gewußt hätte damals, als ihn meine Mutter bei Tisch vor aller Öffentlichkeit blamiert hat, hätte es ihn auch nicht besser gemacht, genauso hätte meine Mutter mich das und jenes fragen können und ich hätte ihr keine Antwort geben können, ich weiß so vieles nicht und ich kenne mich so wenig aus, mir entsprechend, dachte ich, wie der Weinflaschenstöpselfabrikant und es ist ja auch vollkommen gleichgültig, wie gebildet sozusagen einer ist, im Gegenteil, wer so gebildet ist, daß ihn meine Mutter bewundert hätte, wäre ja ein entsetzlich geistloser Mensch im Grunde, ein Bildungsdummkopf, wie ich immer sage, aber der Weinflaschenstöpselfabrikant glaubt ja, daß es wichtig ist, zu wissen, wer Max Bruch ist, daß es wichtig ist, zu wissen, wer Friedrich Kienzel ist, etcetera. Selbst, wenn er nicht wüßte, wer Kant ist, wäre es vollkommen gleichgültig, seinen Charakter betreffend. Aber der Weinflaschenstöpselfabrikant hat keinen Charakter, dachte ich. Diese Charakterlosigkeit des Weinflaschenstöpselfabrikanten habe ich immer in Zweifel gezogen, die, sozusagen als Hilflosigkeit getarnte, Unverschämtheit, die sich auf dem Weg in die höheren Sphären keinerlei Skrupel macht. Caecilia ist einem Betrug aufgesessen, habe ich gedacht, den Schwager an der

Mauer beobachtend. Was könnte er nicht alles tun, dachte ich, wo könnte er nicht überall Hand anlegen, wie gesagt wird. Aber dann dachte ich, daß, würde er tatsächlich etwas tun, Hand anlegen, er es in jedem Falle nur unzulänglich tun würde, kurz gesagt, um sich noch lächerlicher zu machen. Wäre er nicht auch charakterlos, dachte ich, hätte er sich ja längst bei den Gärtnern wenigstens beliebt gemacht, aber die Gärtner gingen ihm aus dem Weg, ein Zeichen, daß etwas mit ihm nicht in Ordnung ist, dachte ich, denn die Gärtner haben einen unglaublichen Instinkt, Menschen betreffend. Die Gärtner fühlen, wem getraut werden kann und wem nicht, dem Weinflaschenstöpselfabrikanten waren sie von Anfang an aus dem Weg gegangen, wie ich schon vor der Hochzeit gesehen habe, sie mißtrauten ihm förmlich, aber nicht wie sonst einem hier Fremden, sondern auf ganz entschiedene Weise, ihnen gegenüber muß er nicht als der Hilflose aufgetreten sein, sondern als charakterlos, dachte ich. Es ist immer interessant gewesen, wem die Gärtner ihr Vertrauen geschenkt haben, sie haben sich niemals getäuscht. Schon die Art und Weise, wie sie ihm zum Beispiel vorher die Schachtel abgenommen haben, ist charakteristisch für ihr Mißtrauen gegenüber dem Schwager. Plötzlich kam es mir lächerlich vor, am Fenster stehend ausgerechnet so lange Zeit mit der Beobachtung des Schwagers zu verbringen und ich ging ins Vorhaus hinunter nicht ohne zuerst unter jenem Bild stehen zu bleiben, das meinen Ururururgroßonkel Ferdinand darstellt. Mein Descartes, sagte ich vor mich hin, hat etwas von seiner philosophischen Größe verloren in der Zwischenzeit, die *Essays* kann er mit diesem Gesicht nicht geschrieben haben. Amalia kam aus der Küche und meinte, daß jetzt, am späteren Nachmittag, wahrscheinlich die ersten Kondolierenden zu uns herauf kommen werden, am Vormittag wären schon ein Dutzend dagewesen, nicht nur aus dem Ort unten, wie der Oberlehrer, wie der Gemeindearzt, zu deren Verfügung sozusagen sollten wir uns halten, am besten gleich in der Nähe des Vorhauses, wenn auch nicht in diesem selbst, die Kapelle oder auch die Küche wären die geeigneten Standorte, denn keinen von den Kondolierenden hatte sie in den ersten Stock hinauflassen wollen, es sei auch das beste, nur ein paar Worte zu wechseln mit den Leuten, nicht mehr, sie gleich wieder zu verabschieden, sei eine Selbstverständlichkeit. Mir grauste in dem Gedanken, daß jetzt nacheinander *genau die Leute* heraufkommen werden zu uns, die ich im Grunde so verabscheue, die Mittelständler der umliegenden Kleinstädte, die es sich nicht nehmen lassen werden, die Gelegenheit

beim Schopf zu packen, sozusagen vollberechtigt, uns aufzusuchen, ohne
eingeladen zu sein, noch dazu mit ihren Wagen bis in den Park hinein-
fahren zu können mit Unverschämtheit. Nacheinander sah ich jetzt schon
die Neugierigen aus ihren Wagen steigen und uns mit ihrem widerwärtigen Kondolenzgeschwätz belästigen, zu welchem wir gute Miene zu machen haben. Ich werde diese Hände allerdings so kaltblütig schütteln,
dachte ich, wie ich noch keine geschüttelt habe, so, daß es auf keinen Fall
eine Vertiefung der Verbindung dieser Leute mit uns nach sich zieht,
dachte ich. Im Geiste übte ich dieses Händeschütteln schon und ich studierte die abgeschmackten Wörter ein, die ich ihnen zu sagen gezwungen
bin, wie ich dachte. Aber nicht diese Leute fürchtete ich, mit ihnen werde
ich auf die kurze, mich ja nicht im geringsten irritierende Weise fertig,
dachte ich, ich hatte Angst vor den zwei ehemaligen sogenannten Gauleitern, die sich bereits zum Begräbnis angesagt haben, wie ich wußte, und
vor den mehr oder weniger zahlreich dabei auftretenden sogenannten
SS-Obersturmbannführern, von welchen ich Jahrzehnte geglaubt habe, sie
seien längst tot oder wenigstens ihren entsprechenden Strafen zugeführt,
die aber, wie ich vor Jahren plötzlich erfahren mußte, schon aus dem
Untergrund, in welchen sie sich geflüchtet hatten, einen jahrzehntelangen
Kontakt zu den Meinigen gehabt haben, zu meinen Eltern, zu vielen
andern unserer Verwandten und die jetzt dieses Begräbnis dazu benützen
werden, sagte ich mir, um zum ersten Mal wieder ganz deutlich vor die
Öffentlichkeit zu treten. Aber ich habe nicht die Möglichkeit, die Teilnahme dieser Leute am Begräbnis zu verhindern, dachte ich. Sie werden
kommen, ob ich es will oder nicht. Die ehemaligen Gauleiter werden sich
nicht daran hindern lassen. Von dem einen weiß ich, daß er Tausende in
unsere und in deutsche Gefängnisse und Strafanstalten geschickt hat,
ebenso Tausende mit seiner Unterschrift, nach Buchenwald, Dachau und
Auschwitz, von dem anderen, daß er mindestens ebenso viele Leute, Juden
zum Großteil, in ungarische und tschechoslowakische Konzentrationslager gebracht hat. Ganz zu schweigen von dem auf allen Begräbnissen
selbstverständlich mitmarschierenden sogenannten *Kameradschaftsbund,*
der nichts anderes ist, als eine nationalsozialistische Organisation, wie ich
denke, denn er denkt durch und durch nationalsozialistisch und die Leute
tragen ja auch, wo sie gehen und stehen, heute wieder fortwährend ihre
nationalsozialistischen Orden auf ihren Brüsten, ohne geringste Scham,
und gerade heute schon wieder mit der größten Unverschämtheit ganz

offen. Die Gauleiter fürchtete ich tatsächlich und ich wußte nicht, wie ihnen begegnen, diesen Freunden meines Vaters, Schulfreunden zuerst, *Lebensfreunden,* wie er selbst es dann immer genannt hat, später, mit welchen er nach dem Kriege, wie ich erfahren habe, den innigsten Kontakt gepflegt hat, obwohl er gewußt hat, daß es sich um Denunzierer und Mörder handelt; in diesem Bewußtsein hat er ihnen Unterschlupf gewährt, sie mit Lebensmitteln versorgt, ihnen alles verschafft, das sie brauchten, um über die Runden zu kommen, wie das mein Vater bezeichnet hat. Er soll sie jahrelang in der Kindervilla versteckt haben, ohne daß wir Kinder damals noch eine Ahnung davon gehabt haben, wir hatten, wie ich mich später erinnerte, jahrelang zur Kindervilla keinen Zutritt gehabt, des Rätsels Lösung war da, die Eltern hatten in den Nachkriegsjahren in der Kindervilla ihre nationalsozialistischen Freunde versteckt gehabt. Sie hatten es gut verstanden, die Kindervilla als völlig unbewohnt erscheinen zu lassen, sie verfallen lassen nach außen hin, während in ihrem Innern die gesuchten Denunzierer und Mörder und *Blutordensträger* ein, wie ich denke, recht gutes Leben geführt haben, denn die Meinigen hatten niemals an Lebensmittelmangel zu leiden gehabt, hatten immer, auch im und nach dem Krieg, alles, wie gesagt wird, im Überfluß gehabt, während *das übrige Volk,* wie meine Mutter es bezeichnete, *hungerte und darbte,* wie gesagt wird. Die Kindervilla war das Versteck der beiden Gauleiter gewesen, wahrscheinlich, so denke ich, sind aber auch diese zahlreichen SS-Obersturmbannführer, die mit meinen Eltern befreundet waren, in den Genuß unseres Überflusses gekommen, nach und nach hatte ich ja Kenntnis bekommen von dieser Zeit, die uns Kindern immer eine sogenannte *spanische* gewesen war mit dreizehn, vierzehn Jahren, wie sich denken läßt. Aber ausdrücklich war immer gesagt worden, daß wir die Kindervilla nicht betreten dürfen. Mit fünfzehn etwa war sie für uns geöffnet worden, denn in dieser Zeit, erinnere ich mich, spielten wir in ihr bereits unsere Schauspiele. Aber bis heute ist mir, obwohl ich sie immer geliebt habe, die Kindervilla wegen ihrer Beschmutzer immer unheimlich geblieben. Wahrscheinlich, denke ich, haben meine Eltern nicht nur in der Kindervilla Leute versteckt und versorgt, ihre nationalsozialistischen Gesinnungsgenossen, wie gesagt werden kann, haben sie sicher auch in unseren diversen Jagdhütten untergebracht, gar in der über Weieregg, wie ich denke, die beinahe gänzlich unzugänglich ist. Aber über alle diese Unheimlichkeiten hatten meine Eltern immer geschwiegen und es war auch

aus ihnen nichts herauszubringen, sie verweigerten jede Auskunft, nur ihre
regelmäßige Korrespondenz mit allen diesen Leuten bis zu ihrem Tod war
der Beweis dafür, wie eng doch ihre Verbundenheit mit allen diesen Leuten gewesen ist. Während sie mit den Amerikanern beim Nachtmahl
gesessen sind und den General Eisenhower hochleben ließen schon auf
ihren Champagnerfrühstücken, saßen die Gauleiter ein paar hundert Meter weiter in der Kindervilla wahrscheinlich nicht weniger ausgelassen
beisammen, ohne auch nur auf den geringsten Trink- und Speiseluxus
verzichten zu müssen, denke ich. Wolfsegg ist immer ein perverses gewesen und meine Eltern haben dieses perverse Wolfsegg bis an die Grenze
getrieben, denke ich. Wahrscheinlich waren die Jäger in dieses zweifellos
perverseste Geheimnis Wolfseggs eingeweiht, denke ich, den Gärtnern
haben sie es sicher nicht zu verraten getraut, denke ich. Diese Leute,
dachte ich jetzt, werde ich empfangen müssen, es wird mir nichts anderes
übrig bleiben. Heute leben alle diese Leute in guten Verhältnissen tatsächlich völlig ungeschoren in den verschiedensten, wie gesagt wird, schönsten
Winkeln des Landes und beziehen außerdem jeder für sich eine horrende
Staatspension. Aber diese heutige Gesellschaft verdient diese Verhältnisse,
dachte ich, sie verdient dieses Perverse, denn sie selbst ist durch und durch
pervers. Im Grunde, dachte ich, sind ja gerade diese Leute, diese Gauleiter
und SS-Obersturmbannführer und *Blutordensträger* die Ihrigen, dachte
ich, *sie* sind es, die sie sozusagen nicht, wie oft gesagt wird, noch heute,
sondern *gerade heute* in noch viel höherem Maße als ihre Leitfiguren
betrachten, meine sogenannten Landsleute, diese Nationalsozialisten sind
es, zu welchen sie, wie gesagt wird, aufschauen und die ihre heimlichen
Führer sind. Diesen heimlichen Führern meiner Landsleute, dachte ich,
werde ich die Hände schütteln müssen. Diesen heimlichen Führern meiner Landsleute werde ich nicht verwehren können, in vorderster Reihe
Aufstellung zu nehmen, wenn sich der Begräbniszug in Bewegung setzt.
Vor dieser Peinlichkeit, die ich tatsächlich als *das Fürchterliche* auf mich
zukommen sah, ekelte mich schon jetzt. Nicht ohne Schadenfreude in
ihren Gesichtern hatten mir meine Schwestern ja schon die Namen derer
aufgezählt, die sich inzwischen angesagt haben, und die beiden ehemaligen Gauleiter und die SS-Obersturmbannführer und Blutordensträger
waren als erste darunter. Aber ich muß mit dieser Situation fertig werden,
herrschte ich mich insgeheim an. Nicht nur tagelang, wochenlang sind
diese Gauleiter und diese SS-Obersturmbannführer und Blutordensträger

ja, wie ich weiß, in Wolfsegg herumgesessen und herumgegangen und haben sich von meinen Eltern aushalten lassen, jahrzehntelang, was ja auch meinem Onkel Georg die Aufenthalte in seinem Elternhaus immer vergraust hat, genauso wie mir, der ich mehr oder weniger immer zur Abreise gezwungen worden bin, weil gesagt worden ist, daß diese Leute zu Besuch kommen. Der Nationalsozialismus ist das größte österreichische Übel neben dem Katholizismus, dachte ich, wie es der Faschismus in Italien ist neben dem Katholizismus. Aber in Italien ist doch alles anders, die Italiener haben sich bis jetzt weder vom Faschismus, noch vom Katholizismus auffressen lassen im Gegensatz zu den Österreichern, die von diesen beiden Übeln längst aufgefressen sind. Hinter den Bischöfen, unter welchen ja zwei Erzbischöfe sind, dachte ich, denn Spadolini ist ja *der* Erzbischof, werden die Gauleiter und die SS-Obersturmbannführer und Blutordensträger gehen, *gemessenen Schrittes,* wie gesagt wird. Und dann, hinter diesen, folgt unser nationalsozialistisch-katholisches Volk, dachte ich. Und unsere nationalsozialistisch-katholische Musikkapelle spielt dazu. Und die nationalsozialistischen Böller werden abgeschossen von der Friedhofsrampe und die katholischen Kirchenglocken läuten dazu. Und wenn wir Glück haben, dachte ich, scheint während der ganzen Zeremonie unsere nationalsozialistisch-katholische Sonne oder es regnet, wenn wir kein Glück haben, der nationalsozialistisch-katholische Regen. Meine Schwestern wie auch mein Bruder Johannes, waren in dieses geheimnisvolle Wolfsegg, wie ich es bezeichne, auch als wir alle schon halbwüchsig waren, nicht eingeweiht gewesen, vor allem die Dummheit meiner Schwestern hat meine Eltern davor bewahrt, sie auch nur das geringste in dieser Beziehung merken zu lassen. Denn als wir fünfzehn oder sechzehn waren und auf einmal in die Kindervilla hinein durften, fragten wir natürlich, neugierig geworden, warum wir bis jetzt nicht hineindurften, es uns bis jetzt verboten gewesen war, die Kindervilla zu betreten, ja *verboten* selbst, *sich ihr zu nähern.* Die Eltern, die ehemaligen Parteigenossen, antworteten darauf nichts. Aber natürlich haben sie ihr Geheimnis auch nicht lebenslänglich bewahren können, eines Tages war alles offensichtlich gewesen, als nämlich einer der Gauleiter nach Wolfsegg gekommen ist und schon im Vorhaus unten angefangen hat, von der Zeit in der Kindervilla zu sprechen, *den schönsten Jahren seines Lebens,* wie er sich ausgedrückt hat in meiner Gegenwart. Ich stand daneben und hatte zur Kenntnis zu nehmen, daß der Gauleiter und Blutordensträger an die vier Jahre mit seinen Kol-

legen sozusagen in bester Verfassung in der Kindervilla gelebt hat, und *wie*
gegessen und *wie* getrunken, wie er sozusagen aus der berühmten unendlichen Dankbarkeit heraus meiner Mutter gegenüber nicht zu beruhigen
gewesen war, denn die Mutter hatte das alles, weil ich daneben stand,
nicht hören wollen, der Gauleiter hat sich aber hineingeredet in einen
immer lauter und begeisterter werdenden Wortschwall der Dankbarkeit
und war nicht abzubremsen gewesen. Vor allem lobte er immer wieder die
frische Luft und die frischen Eier, die ihm und seinen Mitexistenten tagtäglich in die Kindervilla von meiner Mutter selbst hinüber gebracht worden waren und die tagtäglich ebenso frische Milch von unseren Wolfsegger Kühen. Das ganze Vorhaus war angefüllt gewesen von dem *schallenden
Gelächter des Gauleiters,* mit welchem er mehrere Male seine Dankbar-
keitsrede unterbrochen hat, um gleich darauf wieder damit aufzutrump-
fen. Er lebt heute in Altaussee und genießt die ihm vom Staat monatlich
ausbezahlte Pension, die, wie alle andern Pensionen in unserem Staat,
automatisch jedes halbe Jahr um vier oder fünf Prozent erhöht wird und
die ihm der Staat schon vor genau dreißig Jahren nach der Vertuschung
seiner Greueltaten und der Niederschlagung seines Verfahrens, wie gesagt
wird, und, wie ebenso gesagt wird, ohne mit der Wimper zu zucken,
zugesprochen hat. Und ich dachte an den Bergmann Schermaier in Krop-
fing unterhalb Wolfsegg, zu welchem ich immer gegangen bin, um mich
aus meiner Wolfsegger Verzweiflung zu retten, der mit seiner Frau lebenslänglich neben dem Bergmannsberuf eine kleine Landwirtschaft betrieben
hat mit drei Kühen, an jenen Menschen, dem ich wie keinem andern in
der Nähe von Wolfsegg verbunden bin noch heute, und den ich, immer,
wenn ich in Wolfsegg bin, aufsuche, den einer seiner unmittelbaren Nachbarn in den Kriegsjahren angezeigt hat, *weil er den Schweizer Sender hörte.*
Der beste Schulfreund hat den Schermaier angezeigt und vor Gericht und
schließlich in die Strafanstalt Garsten und in eine niederländische Zweig-
stelle eines deutschen Konzentrationslagers gebracht. Der unmittelbare
Nachbar und einstige beste Freund hat ihn auf zwei Jahre aus seinem Haus
vertrieben in jene Zuchthäuser und Menschenvernichtungsanstalten, die
diese Gauleiter, die morgen kommen werden, auf dem Gewissen haben.
Der Schermaier ist angezeigt und in die Strafanstalten und Zuchthäuser
und Konzentrationslager geschickt und dadurch mehr oder weniger für
sein Leben ruiniert worden, dachte ich, und kein Mensch hat später danach gefragt und er hat auch nicht die geringste Entschädigung bekom-

men für diese Jahre der Grausamkeit. Der ihn angezeigt hat und in die Strafanstalten und Zuchthäuser und Konzentrationslager gebracht, hat ihn nach dem Kriegsende auf den Knien darum angebettelt, er möge sich nicht an ihm rächen. Der Schermaier rächte sich nicht, er spricht nicht mehr darüber, mit niemandem, nur manchmal bricht seine Frau, wenn ich bei ihnen bin und mit ihnen ihr einfaches Essen esse, in Tränen aus, weil sie noch heute diese Zeit nicht ertragen kann; der Schermaier ist nicht entschädigt oder doch nur auf die abstoßendste Weise vom Staat mit einem lächerlichen, bescheidenen Geldbetrag sozusagen abgefunden worden für seine Leiden, die ihm der nationalsozialistische Ungeist zugefügt hat, während dem Massenmörder, der heute in Altaussee lebt, von demselben Staat eine immense Pension an jedem Monatsersten überwiesen wird, die ihm ein luxuriöses Leben garantiert, dachte ich. Der Schermaier ist für sein Leben gedemütigt und aus dieser Demütigung von diesem Staat niemals entlassen worden, dachte ich, der Massenmörder, der in Altaussee lebt, ist von demselben Staat in alle sogenannten bürgerlichen Rechte schon bald nach Kriegsende eingesetzt und damit in seinem Denken und Handeln bestätigt worden. Ich hasse diesen Staat, dachte ich, ich kann nicht anders, als diesen Staat hassen und ich will mit diesem Staat auch nichts zu tun haben oder wenigstens nur so viel, wie unbedingt notwendig, dachte ich. Dieser Staat hat so oft seine absolute Charakterlosigkeit unter Beweis gestellt, daß er nicht mehr akzeptiert werden kann, er mag sich an jedem Tag und an allen möglichen Orten und bei allen möglichen Gelegenheiten einen sozialistischen, einen fortschrittlichen nennen, einen demokratischen, wie immer, er ist ein fürchterlicher, ein charakterloser, ein schamloser, dachte ich, der sich dieser seiner Fürchterlichkeit und Charakterlosigkeit und Schamlosigkeit niemals geschämt hat, sondern sich dieser seiner Scheußlichkeiten auch noch bei jeder sich bietenden Gelegenheit zu rühmen getraut. Was ist das für ein Staat, frage ich mich, der dem Massenmörder eine saftige Pension ins Haus schickt und ihn mit Ehrenzeichen überhäuft, mit Belobigungen und sich um den Schermaier nicht mehr gekümmert hat? Was ist das für ein Staat, der den Massenmörder im Luxus leben läßt und den Schermaier vergessen hat? dachte ich. Sobald ich nur kann, werde ich den Schermaier aufsuchen, dachte ich und ging ins Freie. Die Musikkapelle probte den Haydn, die Gärtner zogen den Wolfsegger Leichenwagen von der Meierei herüber hinter die Orangerie, der Weinflaschenstöpselfabrikant stand ihnen im

Weg, sie sagten, er solle weggehen, da verzog er sich in den Hintergrund.
Die Schwestern waren in der Orangerie. Ich überlegte, ob ich hineingehen
soll oder nicht. Der Schermaier ist weder ein katholischer, noch ein nationalsozialistischer Mensch, dachte ich. Es gibt nicht viele solche Schermaier, dachte ich, aber es gibt sie. Und es gibt nicht viele solche Frauen wie
die Schermaier, aber es gibt sie. Wenn man sie sucht, findet man sie nicht,
aber es gibt sie. Schließlich ging ich in die Orangerie hinein. Die Schwestern standen vor den Särgen, damit beschäftigt, die Kranzschleifen so zu
ordnen, daß der daraufgedruckte Text abzulesen war. Die Gauleiter hatten
ihre Kränze schon geschickt. Wenn es mir möglich gewesen wäre, hätte ich
den Deckel des Sarges aufgemacht, in welchem meine Mutter lag, aber es
war mir *natürlich* nicht möglich gewesen, doch ich hatte diesen Gedanken,
immer wieder tauchte der Gedanke in meinem Kopf auf, daß ich in den
Sarg hineinschauen will, in welchem meine Mutter liegt, das Wort *liegt*
war mir dabei ein groteskes. Der Vater hatte jetzt ein völlig eingefallenes,
graues Gesicht, auf welchem sich gelbe Flecken gebildet hatten, die ich bei
meinem ersten Eintreten in die Orangerie nicht festgestellt hatte. Johannes war nicht wiederzuerkennen. Sein Gesicht war nur fremd, abstoßend.
Unter den schwarzen Leichentüchern hatten die Gärtner große Eisblöcke
aufgeschichtet, um den Verwesungsprozeß aufzuhalten, der schon deutlich sichtbar gewesen und weit fortgeschritten war, die Jahreszeit war den
Leichen nicht günstig. Die Eisblöcke haben sie aus der Brauerei Grieskir-
chen geholt, dachte ich. Die Särge mußten teuer gewesen sein, wahrscheinlich sind es die teuersten, dachte ich. Aber sie waren wenigstens
schmucklos. Holz, sonst nichts. Meinem Vater und Johannes haben sie die
Hände gefaltet, weil es üblich ist, sagte ich mir, aber ich empfand den
Anblick der gefalteten Hände meines Vaters und meines Bruders nur als
widerwärtig. Meinem Vater haben sie einen sogenannten Steyreranzug
angezogen, den mit den breiten Lampassen, dachte ich, den mit den großen Hirschhornknöpfen auf dem Revers, meinem Bruder seinen geliebten
Jagdanzug, den er sich in Brüssel gekauft hat. Ich trat noch näher an die
Särge heran, meine Schwestern waren auf die Seite zurückgetreten, sie
störten mich im Augenblick nicht. Die Sicherheit, mit welcher ich jetzt
vor den Särgen gestanden war, mußte sie abgestoßen, wenigstens irritiert
haben, eine totale Bewegungslosigkeit konstatierte ich an mir. Während
ich doch selbst geglaubt hatte, zu zittern, bewegte sich nichts an meinem
Körper. Ich betrachtete die Aufgebahrten, als gingen sie mich nichts an, als

wären es Fremde. Sie hatten keine Gesichtszüge mehr, sie hatten nicht einmal mehr Gesichter. Sie verwesen rasch, habe ich gedacht. Sie müssen bald eingegraben werden, sonst verpesten sie die Luft, die Orangerie war schon angefüllt mit ihrem Geruch, mit dem Fleischgeruch, der so süßlich widerwärtig ist, den ich schon als kleines Kind nicht hatte ertragen können, wenn ich mit meiner Mutter zu Aufgebahrten gegangen bin. Die Aufgebahrten waren mir schon als Kind unerträglich gewesen, aber meine Mutter hatte mich immer mit ihnen konfrontiert, sie hat mich mitgenommen auf Begräbnisse und also zu Aufgebahrten, nicht Johannes, ich habe keine Erklärung dafür, warum immer mich, Johannes nicht. So waren mir Aufgebahrte schon bald nichts Fremdes, aber sie zu sehen, war ich immer von meiner Mutter gezwungen, freiwillig hätte ich sie niemals aufgesucht, naturgemäß. Die Schwestern standen hinter mir, ich hörte, wie sie atmeten, aber wußte nicht, was sie dachten, sie denken sicher, daß ich ein kaltblütiger Mensch bin, der Gefühllose, der ich für sie immer gewesen bin, wenigstens nannten sie mich immer den *Kalten, Gefühllosen*. Ob sie recht hatten oder nicht, kann ich nicht entscheiden. Ich war aber weder kaltblütig, wie gesagt wird, noch gefühllos vor den Särgen gestanden, im Gegenteil, *erschüttert*, könnte ich sagen, wenn mir dieses Wort nicht so gemein wäre, aber ich bewegte mich nicht, mein Körper bewegte sich nicht. Ich habe den Eltern niemals den Tod gewünscht, sagte ich mir, vor ihren Leichnamen stehend, den Gedanken, daß sie tot sein sollen, habe ich keinen Augenblick jemals gedacht, ich stand vor ihnen und sagte mir, daß ich sie immer verwünscht habe, ja immer verachtet habe, nicht mißachtet, gleich immer verachtet und daß ich allen Grund gehabt habe, sie zu verachten, in Grund und Boden, wie gesagt wird, aber daß ich ihnen niemals den Tod gewünscht habe. Ihr Tod ist zweifellos ein Furchtbares, habe ich gedacht. Und was Johannes betrifft, habe ich einen Kinderfreund verloren, aber da diese Kindheit so weit zurückliegt, weit über dreißig Jahre, dachte ich, hatte ich auch jetzt keinen Grund, diesen toten Johannes zu beweinen, ich hätte vielleicht sogar gern geweint in diesen Augenblicken, schon weil meine Schwestern hinter mir standen und das möglicherweise erwarteten, daß ich weinte, flennte, wie gesagt wird, daß die Tränen aus mir herausbrechen, wie gesagt wird, aber ich weinte nicht, ich flennte nicht, ich bewegte mich ganz einfach nicht. Ich trat an den Sarg mit der Mutter heran und versuchte, den Deckel anzuheben, ich weiß nicht aus welcher urplötzlichen Eingebung heraus, aber es gelang mir nicht, den Deckel anzuheben, er war schon angeschraubt. Als ich von diesem Versuch zurücktrat, fühlte ich die Peinlichkeit, die mein Versuch bei meinen Schwestern hervorgerufen hatte und ich drehte mich nach ihnen um und schaute, für sie unvermittelt, weil ich mich so rasch umgedreht hatte absichtlich, in ihre verbitterten, ja entsetzten Gesichter. Es war mir nicht möglich, noch länger vor den Särgen zu stehen, ich drehte mich um und ging aus der Orangerie hinaus. Zu einem der Gärtner sagte ich, warum der Sarg mit der Mutter zugeschraubt sei. Ich bekam zur Antwort, der Sarg sei schon in zugeschraubtem Zustand nach Wolfsegg gebracht worden von der Leichenbestattungsfirma, die zwei anderen wären nicht zugeschraubt gewesen, aber der mit der Mutter. Ja natürlich, hatte ich zum Gärtner gesagt, selbstverständlich. Die Verstümmelte, Geköpfte haben sie gleich ohne Verzögerung in den Sarg gelegt und den Sarg zugeschraubt, dachte ich. Damit niemand auf die Idee kommt, die Verstümmelte noch einmal anzuschauen. Aber ich habe diese Idee, sagte ich mir. Aber ich werde den Sarg natürlich nicht mehr aufmachen lassen, dachte ich. Einmal hatte ich die Idee, den Sarg noch einmal aufmachen zu lassen und ich überlegte schon die Art und Weise, wie der Befehl dafür zu geben sei, dann wieder verbot ich es mir, auch nur noch einmal den Gedanken zu haben, den Sarg aufmachen zu lassen, die Verstümmelte sichtbar zu machen, was eine Ungeheuerlichkeit gewesen wäre, aber ich konnte mich von dem Gedanken nicht befreien, den Sarg doch noch einmal aufmachen zu lassen, von den Gärtnern, dachte ich, wenn meine Schwestern es nicht sehen: Den Gedanken, den Sarg mit der Mutter aufmachen zu lassen, habe ich nicht abbrechen können und bin lange Zeit mit diesem Gedanken vor der Orangerie auf- und abgegangen, während die Schwestern in der Orangerie geblieben sind. Ich mußte den Gedanken aufgeben und ich versuchte mich von dem Gedanken abzulenken beispielsweise dadurch, daß ich einen Gärtner herangewinkt und ihn gefragt habe, ob die Eisblöcke unter den Leichen ausreichten bis zum nächsten Morgen, das Begräbnis war für zehn Uhr angesetzt, sonst haben sie immer um elf stattgefunden, aber wenn einer der Unsrigen begraben wurde, war es immer um zehn angesetzt. Die Eisblöcke seien genug für vier weitere Tage, sagte der Gärtner. Er war überrascht, von mir seinen Namen gehört zu haben, die Leute glauben, wenn wir ein paar Jahre weggewesen sind, wissen wir ihren Namen nicht mehr, ich habe aber immer ein gutes Namensgedächtnis gehabt, selbstverständlich war mir der Name des Gärtners bekannt,

auch der aller andern. Ich habe mich durch die kurze, die Eisblöcke betreffende Unterhaltung mit dem Gärtner von meiner Ungeheuerlichkeit,
den Sarg mit der Mutter aufmachen zu lassen, ablenken wollen, aber es
war mir nicht gelungen in so kurzer Zeit natürlich und ich zog den Gärtner, der damit beschäftigt gewesen war, den Kiesboden vor der Orangerie
zu säubern, in ein Gespräch, ich sagte, er könne sich sicher noch an unsere
gemeinsame Schulzeit erinnern, was er bejahte. Ich zählte ein paar Namen
von Mitschülern auf, alle diese Namen hat er sogleich mit den Dazugehörenden in Zusammenhang bringen können, ich erinnerte den Gärtner
an angenehme, auch an sogenannte lustige Schulereignisse, darüber hat er
lachen müssen im Augenblick, dieses Lachen aber sofort abgebrochen
beim Auftreten meiner Schwestern, die, ohne zu wissen, daß ich vor der
Orangerie stehend mich mit dem Gärtner unterhalten habe, aus dieser
herausgetreten sind. Während ich den Gärtner, unabhängig davon, daß
die Schwestern jetzt neben mir standen, weiter in das Gespräch über die
gemeinsame Schulzeit hineinzog, wie mir vorgekommen ist, mit großer
Entschiedenheit allein zu dem Zweck, mich von dem Gedanken, den Sarg
mit der Mutter aufmachen zu lassen, abzulenken, war ich doch mehr und
mehr von diesem Gedanken, wie gesagt wird, besessen gewesen, vor allem
hatte ich gedacht, muß es doch kontrolliert werden, was wirklich in dem
Sarg ist, ob wir mit ihm auch tatsächlich unsere Mutter begraben, sozusagen die ganze und nicht nur Teile von ihr, den Gärtner fragend, wie
schwer so ein Eisblock sei, dachte ich im Grunde unablässig nur, daß es ja
möglich ist, daß in dem Sarg, in welchem ich sozusagen die ganze Mutter
vermute, tatsächlich nicht die ganze ist, aber natürlich hatte ich niemals
gewagt, diesen Gedanken auszusprechen, nicht einmal vor mir allein. Die
Schwestern standen abseits und beteiligten sich nicht an dem Gespräch
mit dem Gärtner, sie haben sich niemals mit den Gärtnern über etwas
Privates unterhalten, sich auch niemals für die Gärtner interessiert, was
deren Lebensverhältnisse betrifft, sich auch niemals einen ihrer Namen
gemerkt, keinen Namen, glaube ich, irgendeines Bediensteten in Wolfsegg, es wäre ihnen nie in den Sinn gekommen, mit den Gärtnern etwas
Außerdienstliches zu besprechen, allein aus diesem Grund verlängerte ich
das Gespräch mit dem Gärtner, ich fragte ihn, an die Schwestern wohl
denkend, sie aber gleichzeitig vollkommen ignorierend, wann denn *sein*
Vater gestorben sei, der mir einmal eine Haselpfeife geschnitzt habe vor
Jahrzehnten, als ich fünf oder sechs war. Vor zwei Jahren, sagte der Gärt-

ner, im Grunde war ich gar nicht daran interessiert, wann der Vater der
Gärtners gestorben ist, die Frage war nur ein Mittel, mich von meiner
Ungeheuerlichkeit, den Muttersarg betreffend, abzulenken, gleichzeitig
meinen Schwestern den Rücken zu kehren, sie zu strafen für etwas, von
dem ich im Augenblick gar nicht wußte, was es war. Die ganze Zeit habe
ich mit dem Gärtner geredet und den Gedanken an die Sargöffnung nicht
abbrechen können, die Schwestern ignoriert und den Gärtner noch mehr
in mein Gespräch hineingezogen, daß es doch erstaunlich sei, habe ich zu
ihm gesagt, so viele Jahre in Wolfsegg zu arbeiten, unter Verhältnissen, die
nicht einfach sind, sagte ich zu dem Gärtner, wohl wissend, daß ich damit
auch die abseits stehenden Schwestern erreicht habe. Die Wolfsegger Verhältnisse seien immer die schwierigsten gewesen, sagte ich, ohne mich
näher zu erklären, das brauchte ich auch nicht, denn in dem Tonfall, in
welchem ich gesagt habe, daß die Wolfsegger Verhältnisse immer schwierig gewesen sind, war ja schon alles gesagt, diese Wolfsegger Verhältnisse
betreffend, das ich sagen habe wollen, der Gärtner verstand auch gleich,
was ich meinte, daß die Herrschaft hier immer alles schwierig gemacht hat
seit Jahrzehnten, ja seit Jahrhunderten. Andererseits, sagte ich, ist es doch
für uns, und ich meinte damit die Meinigen insgesamt, gut, solche guten
Arbeiter zu haben, wie ihn. Die Schwestern hörten mit großer Aufmerksamkeit zu. Sie stellten sich so, daß sie nicht zu mir und dem Gärtner
herüber schauen mußten, hatten mir und dem Gärtner also den Rücken
gezeigt, Caecilia drückte eine ihrer Schuhspitzen in die Erde neben dem
Weg, als wollte sie einen Buchstaben in das Beet zeichnen, wie es schon als
kleines Kind ihre Gewohnheit gewesen war, sie unterhielt sich mit Amalia
über etwas, das ich nicht verstehen konnte, aber doch nur als Vorwand,
denn beide hatten ihre ganze Aufmerksamkeit ja auf das gerichtet, das ich
mit dem Gärtner gesprochen habe, so hatten wir eine Zeitlang alle drei
unsere Vorwände ausgespielt für ein gegenseitiges Belauern und Behor-
chen und ich dachte, so, wie ich den Gärtner letzten Endes mißbrauche im
Augenblick, denn er sollte mich ja nur von meiner ungeheuerlichen Den-
kungsart den Sarg mit der Mutter betreffend, ablenken, so mißbrauchten
sie sich gegenseitig, um mich belauern zu können. Ich ließ den Gärtner
stehen und schloß mich den Schwestern an, ich dachte, die Schwestern
sind in der Lage, mich von meinem ungeheuerlichen Gedanken abzubringen, den unstatthaften Gedanken in mir zum Schweigen zu bringen,
ihre mehr oder weniger ununterbrochene, wahrscheinlich durch die ganze

fürchterliche Unglückssituation hervorgerufene Redseligkeit, wird mich ablenken. Ich sagte zu den Schwestern, sie sollen mit mir zur Kindervilla hinüber gehen. Ich wußte selbst nicht, warum ich ihnen den Vorschlag gemacht habe. Alle drei gingen wir zur Kindervilla hinüber. Auf dem Weg zur Kindervilla dachte ich, daß der Schermaier niemals über seine Haft in den Strafanstalten und Gefängnissen und in dem niederländischen Konzentrationslager gesprochen hat und daß, wenn schon er nicht darüber spricht, ich einmal darüber schreiben werde, in der von mir geplanten *Auslöschung,* dachte ich, werde ich über den Schermaier schreiben, über das ihm zugefügte Unrecht, über die an ihm vollzogenen Verbrechen. Die Schermaier weinte nur immer, wenn sie an diese für beide so unglückliche, bittere Zeit denken mußte, aber sie sagte selbst auch niemals, warum sie weine. Deshalb ist es meine Pflicht, in der *Auslöschung* von ihnen zu reden und auf die aufmerksam zu machen stellvertretend für so viele, die über ihre Leiden während der nationalsozialistischen Zeit nicht sprechen, sich nur ab und zu darüber zu weinen getrauen, über die Schermaier, die das nationalsozialistische Denken und Handeln auf dem Gewissen hat, das nationalsozialistische Verbrechertum, das heute nur totgeschwiegen wird, nachdem es so viele Jahrzehnte gründlich verdrängt worden ist. Ich werde über den Schermaier nichts anderes schreiben, als daß ihn die nationalsozialistische Gesellschaft vollkommen ungestraft für sein Leben zerstören, wenn auch nicht vernichten hat können. Dieses Versprechen habe ich mir auf dem Weg zur Kindervilla gegeben, daß ich dem Schermaier in der *Auslöschung* wenn schon nicht das ihm von dieser Gesellschaft entzogene Recht, so doch Aufmerksamkeit verschaffen werde auf meine Weise. Die *Auslöschung* gibt mir dazu die beste Gelegenheit, wenn ich imstande bin, sie jemals zu Papier zu bringen, dachte ich. An die Schermaier erinnert, habe ich die Ungeheuerlichkeit, den Sarg mit der Mutter öffnen zu lassen, vergessen, bei der Kindervilla, sagte ich zu den Schwestern, die die Kindervilla aufsperrten, daß die Schermaier, die sie ja auch gut kennen, mir nicht aus dem Kopf gingen, daß gerade an ihnen, die als die besten aller Menschen, die ich kenne, zu bezeichnen, ich mich nicht scheue, der Nationalsozialismus seine ganze Furchtbarkeit ausgelassen habe, *das Gespenstische.* Der beste Schulfreund hat ihn angezeigt, sagte ich, als Caecilia die Kindervilla aufsperrte, ihn auf das gemeinste denunziert, ins Konzentrationslager gebracht, das ginge mir nicht aus dem Kopf, in Rom läge ich sehr oft auf meinem Bett und hätte darüber nachzudenken, daß sich unser

Volk Tausender, ja Zehntausender solcher gemeiner Verbrechen schuldig gemacht habe und sie verschweige. Das Schweigen unseres Volkes über diese tausende und zehntausende Verbrechen ist von allen diesen Verbrechen das größte, sagte ich zu den Schwestern. Das Schweigen dieses Volkes ist das Unheimliche, sagte ich. Das Schweigen dieses Volkes ist das Entsetzliche, dieses Schweigen ist noch entsetzlicher als die Verbrechen selbst, sagte ich. Wenn ich nur daran denke, daß ich diese Mörder empfangen muß, sagte ich. Ich weigere mich, ihnen die Hand zu geben, sagte ich. Ich kann sie vom Begräbnis nicht ausschließen, sagte ich, aber ich gebe ihnen nicht meine Hand. Denn dann beginge ich ja auch ein Verbrechen. Gerade in der Kindervilla, in meinem Kinderlieblingsgebäude, sagte ich, hatten unsere Eltern diese gemeinen Verbrecher versteckt, ihnen sogar ein Luxusleben verschafft, gerade in einer Zeit der allerhöchsten Not. Und sich niemals dessen geschämt, sagte ich. Im Gegenteil, sie rühmten sich dieser Gemeinheit noch, sagte ich. Die Schwestern waren die ganze Zeit wortlos geblieben. Die Eltern haben sich schuldig gemacht, sagte ich, indem sie diese gemeinen Leute beherbergt und versteckt haben, die vor Gericht gestellt gehörten und abgeurteilt. Natürlich mit der Todesstrafe bestraft, sagte ich. Was muß in Menschen wie in den Schermaiern vorgehen, sagte ich, die sehen, wie mit ihren Mördern umgegangen wird, daß diese tausendfachen Mörder frei herumlaufen und noch dazu ein gemeines und niedriges Luxusleben zu führen imstande sind, während sie selbst die Rolle der Vergessenen und noch dazu auf die armseligste Weise die Rolle der Vergessenen zu spielen haben. Dieser Staat ist wie meine Familie, die geradezu geschaffen ist für das nationalsozialistische Verbrechertum. Und die katholische Kirche, sagte ich noch, ist auch nicht besser. Sie handelt immer nur zu ihrem eigenen Vorteil, schweigt dort, wo zu reden ist, sagte ich, verschanzt sich, wenn es ihr zu gefährlich wird, hinter dem jahrtausendelang ausgenutzten Jesus Christus. Es graust mich vor diesen Leuten, sagte ich, die mit gesenktem Kopf hinter den Särgen gehen werden, völlig ungeschoren, im Gegenteil, als die Hochgeachteten unserer Gesellschaft. Ich, sagte ich, werde mich allen diesen Leuten, die ich immer gehaßt habe, auf meine Weise entziehen, sie nicht an mich herankommen lassen, ich bin nicht der Vater, ich bin nicht die Mutter, sagte ich. Die Kindervilla war fast ganz ausgeräumt. Ich dachte, wo sind die schönen Bilder hingekommen, die ich noch vor einem Jahr hier gesehen habe im Vorhaus, links und rechts davon, in den ebenerdigen Zim-

mern an den Wänden. Die Mutter habe die Bilder, die von frühen Vorfahren gemalt worden sind, an einen Antiquitätenhändler in Wels verkauft, wie ich gleich feststellte, *verschleudert*. Das Unverständnis meiner
Mutter gerade besonders eigenartigen Kunstwerken gegenüber war mir
immer bitter gewesen. Der Vater schätzte überhaupt Bilder nicht, oder nur
dann, wenn ihm gesagt worden ist, daß sie äußerst wertvoll sind, das hat
auch die Mutter beeindruckt, nichts sonst. Beide haben sie keinen Blick
für Kunstwerke gehabt. So waren die ebenerdigen Wände der Kindervilla
jetzt auf einmal kalt und abweisend, wo sie doch, wie ich dachte, ein Jahr
vorher noch so anziehend gewesen waren. Aber die Kindervilla ist durch
die Tatsache, daß hier lange Zeit zwei Massenmörder gehaust haben, auf
jeden Fall erniedrigt, ja unmöglich geworden, dachte ich. Andererseits
habe ich doch gerade noch gedacht, ausgerechnet die Kindervilla herrichten zu lassen und dieser Gedanke war der bessere plötzlich, ich liebte auf
einmal diesen Gedanken, ich sagte zu den Schwestern, ganz gleich, was
hier geschehen ist, die Kindervilla will ich als erstes Gebäude herrichten
lassen, von Grund auf, sie soll wieder so sein, wie sie vor ihrer Erniedrigung gewesen ist. Die Kindervilla ist das schönste aller Wolfsegger Gebäude, sagte ich. Und der Sommer ist die beste Zeit für eine Restaurierung. Das Wolfsegger Geld gehört unter die Leute, sagte ich, es in den
Banken verschimmeln zu lassen, ist Wahnsinn. Die Schwestern verstanden mich nicht. Auf jeden Fall gehört hier gelüftet, sagte ich zu den
Schwestern, ich meinte, sie sollten mit mir alle Fenster der Kindervilla
aufmachen, es ist ja eine entsetzlich muffige Luft in der Kindervilla, sagte
ich, und ich dachte, während meine Schwestern nach und nach, weil es ein
so warmer schöner Tag war, die Fenster der Kindervilla aufmachten, zuerst
in den unteren Zimmern, dann langsam auch in den oberen, wobei wir
vollkommen schweigsam vorgegangen waren, auch Caecilia und Amalia
hatten sich bei diesem Fensteraufmachen nicht hörbar unterhalten, daß
ich erst vor drei oder vier Tagen Gambetti eine gute Beschreibung der
Kindervilla gegeben habe, dafür hatte ich bei Gelegenheit des Fensterauf-
machens den Beweis, die Zimmer sind tatsächlich so groß, wie ich sie
Gambetti gegenüber beschrieben habe, diese hohen Fenster, ausgerechnet
die sogenannte Kindervilla hat so hohe Fenster wie nur noch unser Haupthaus, wie aber weder das Jäger-, noch das Gärtnerhaus, und an den Dek-
ken sind genau die Stukkaturen angebracht, die ich Gambetti zu beschreiben versucht habe, lauter Szenen aus klassischen Schauspielen wie

beispielsweise aus dem *Nathan* von Lessing oder den *Räubern* oder aus dem *Urfaust*. Niemand kann mehr sagen, wer diese Stukkaturen gemacht hat, ich denke aber, es waren jene im vorigen Jahrhundert zahlreichen sogenannten fahrenden Künstler gewesen, die sich oft auf Monate oder auch Jahre an einem Ort nur für ein gutes Essen und ein Paar Schuhe niedergelassen haben, um solche Kunstwerke zu machen. Große Risse gehen durch diese Stukkaturen und es ist höchste Zeit, sie zu reparieren, dachte ich. Die Schwestern haben keine Ahnung vom Inhalt der Stukkaturen gehabt, ich sagte *Aus dem Nathan*, aber sie wußten damit, wie ich gleich gesehen habe, nichts anzufangen, *Urfaust* kennen sie zwar, aber sie erinnerten sich an keine derartige wie auf dem Plafond abgebildete Szene, von den *Räubern* hatten sie selbstverständlich, wie ich, in der Schule gehört, aber das Stück selbst vergessen, nur den Titel behalten, sonst nichts und daß es sich um *etwas Klassisches* handle. Ich habe versucht, ihnen einen Hinweis auf die *Räuber* zu geben, aber ich gab es gleich wieder auf, ihnen etwas dazu zu erklären, denn ich sah doch die vollkommene Vergeblichkeit meines Bemühens. Gambetti hatte ich, wie ich jetzt sah, ein ziemlich genaues Bild dieser Stukkaturen gegeben, er hatte mir aufmerksam und sehr lang zugehört. Der Einfluß der römischen Schule auf diese anonyme Kunst, hatte ich zu Gambetti gesagt, ist unverkennbar, überhaupt ist in allen Stukkaturen nördlich der Alpen, so ich zu Gambetti, der Einfluß Italiens sofort erkennbar, die Italiener sind immer die allerbesten Stukkateure gewesen, hatte ich zu Gambetti gesagt, ich erinnerte mich jetzt genau an alles Gambetti gegenüber Gesagte, diese Stukkaturen in der Kindervilla betreffend. Ich kann mir einmal genau betrachtete Bilder, auch Stukkaturen, wie ich jetzt den Beweis habe, dachte ich, über Jahre und Jahrzehnte in allen Einzelheiten auf das präziseste merken und es auch mündlich dann so wiedergeben bei Gelegenheit, daß es authentisch ist, mein wiedergegebenes Bild deckt sich vollkommen mit dem einmal gesehenen. Ich brauche ein Bild oder eine Stukkatur wie die in der Kindervilla nur ein einziges Mal zu sehen und gleichzeitig zu studieren und behalte das Bild präzise über Jahre, wie ich jetzt sehe, Jahrzehnte. Die Schwestern konnten mit meiner Bemerkung, daß ich gerade jetzt eine interessante Entdeckung gemacht habe, nämlich, daß ich die Fähigkeit besitze, einmal gesehene Bilder vollständig in mir zu behalten für einen erst jahrelang später gegebenen Bericht, einen jahrzehntelang später gehaltenen Vortrag sozusagen, nichts anfangen, denn erstens konnten sie meinem Gedanken nicht folgen und zweitens kannten sie Gambetti nicht, hatten nur immer wieder beiläufig von mir von ihm gehört und da sie für alles Römische, das mir natürlich immer lieb gewesen ist und das mich immer schon fasziniert hat, da war ich noch gar nicht in Italien und Rom gewesen, mehr oder weniger schon aus Opposition gegen mich nichts übrig hatten, verstanden sie mich überhaupt nicht und ich dachte, sie verstehen mich ganz bewußt nicht, sie haben es sich zum Prinzip gemacht, zur lebenslänglichen Gewohnheit, mich nicht zu verstehen, sie wollten, sie duldeten es nicht, sie wollen und dulden es auch heute nicht. Die Kindervilla bedeutete mir immer beinahe alles in Wolfsegg, ihnen mehr oder weniger nichts. So war es ihnen auch ziemlich gleichgültig, was ich ihnen vorher über die Kindervilla im Zusammenhang mit den beiden sogenannten Gauleitern erzählt hatte, sie empfanden meine Erzählung nur gegen die Familie, insbesondere gegen unsere Eltern gerichtet und besonders abscheulich, daß ich die Eltern gerade jetzt, da sie kaum zwei Tage tot waren, alle Augenblicke anklagte, nicht, daß ich darunter litt, die Kindervilla, mein liebstes Wolfsegger Bauwerk, meine allerliebste Architektur, von den nationalsozialistischen Gauleitern auf einmal wieder vollkommen beschmutzt zu sehen, überhaupt ein solcher Gedankengang ist ihnen fremd, ja unmöglich. Als wir alle Fenster der Kindervilla geöffnet hatten und tatsächlich die erhoffte frische Luft hereinströmte, sagte ich zu den Schwestern, daß ich jetzt die Fenster mehrere Tage geöffnet lassen will, *damit ungehindert mehrere Tage frische Luft in die Kindervilla strömen kann.* Sie waren erschöpft von der ihnen von mir aufgetragenen, wie sie denken mußten, absurden Tätigkeit und hatten sich im obersten linken Dachzimmer hingesetzt, nebeneinander auf eine mit grünem Samt überzogene Bank. Sie hatten jetzt auf einmal wieder die spöttischen Gesichter wie auf dem Foto, das ich in meinem Schreibtisch meiner römischen Wohnung auf der Piazza Minerva aufbewahrt habe, diese spöttischen Gesichter zeigten sie mir jetzt im hellen Nachmittagslicht einen Augenblick, um sie dann abzuwenden, sie schauten durchs Fenster hinaus über den Ort auf die Berge. Sklavisch hatten sie gleichzeitig ihre Köpfe in Richtung auf die Berge gewendet, wie wenn sich zwei aneinandergekettete Puppen nach den Bergen in der Ferne gewendet hätten, dachte ich. Ich hätte ihnen jetzt alles mögliche befehlen können, dachte ich, und sie hätten meinen Befehl ausgeführt. Ich hatte sie vollkommen in der Hand. Ich empfand das aber nicht als einen Triumph, sondern als eine unerträgliche Belastung. Sie hatten sich, so dachte ich auf einmal, mir aufgehalst. Mit diesen beiden wirst du noch deine Wunder erleben, dachte ich, wie gesagt wird. Und wenn ein Gewitter kommt? fragte Amalia. Was heißt Gewitter? fragte ich zurück. Wenn ein Sturm kommt und alle Fenster zerschlägt? sagte Amalia darauf. Es kommt kein Sturm, sagte ich, tagelang kommt kein Sturm. Ich habe große Lust gehabt, jetzt, im Augenblick, wo sie so erschöpft auf der Bank in der Kindervilla gesessen sind, meinen Schwestern einen Vortrag zu halten, ihnen etwas Römisches zu erzählen, sozusagen etwas Anstößiges, um es mit ihnen auszuhalten, denn ich hatte das Gefühl, ich halte es mit ihnen nicht mehr aus, dann aber die Idee gleich wieder aufgegeben, es nützt nichts, sagte ich mir, ich verschlimmere die Situation nur. Mein Hauptaugenmerk habe ich auf Caecilia gerichtet, die ihren Weinflaschenstöpselfabrikanten vergessen zu haben schien. Wenn unser Schwager nur nicht so unbeholfen wäre, sagte ich. Darauf habe ich aber von Caecilia keine Antwort bekommen. Amalia tat, als hätte sie meine Bemerkung überhaupt nicht gehört. Die Infamie hat Grenzen, sagte ich darauf, ich meinte damit, der Haß gegen einen Menschen, damit meinte ich unsere Mutter, dürfe nicht so weit gehen, einen Dummkopf zu heiraten, nur um einen gehaßten Menschen zu bestrafen, das sprach ich natürlich nicht aus, dachte ich mir nur. Ausgesprochen habe ich allerdings dann den Satz: *du mußt deinen Mann beschäftigen, es geht nicht, daß du ihn völlig allein läßt im wahrsten Sinn des Wortes. Seit ich da bin, steht er mehr oder weniger im Park herum und irritiert nur die Leute.* Caecilia stand auf und ging aus dem Zimmer hinaus und hinunter und unten durch das ganze Vorhaus ins Freie, ich und Amalia, die aufgestanden war, sahen sie, wie sie sich von der Kindervilla entfernte, sie läuft uns davon, dachte ich, die dumme Gans, die ihr Leben verpfuscht hat. Dumme Gans habe ich für mich sagen wollen, aber doch so laut gesagt, daß es Amalia hören mußte. Warum die Eltern dich Amalia und Caecilia Caecilia getauft haben, ich verstehe das nicht, sagte ich zu Amalia. Die katholisch-nationalsozialistischen Romantiker, dachte ich. Daraufhin bin ich mit Amalia aus der Kindervilla hinausgegangen und zur Orangerie hinüber, wo der Schwager stand, die personifizierte Untätigkeit, habe ich gedacht, wie ich ihn gesehen habe. Es war dem Weinflaschenstöpselfabrikanten unangenehm, in dieser personifizierten Untätigkeit ertappt zu sein, und ausgerechnet von mir. Jetzt mußt du aber mit ihm reden, habe ich gedacht und bin direkt auf ihn zugegangen, weit und breit keine Caecilia, dachte ich, auch Amalia war nicht mehr zu sehen, da steht der tatsächlich von allem Alleingelassene und weiß nicht, wo er hingehört, aber sicher nicht hierher nach Wolfsegg, dachte ich. Ich forderte ihn auf, mit mir ins Haupthaus zu gehen, ich habe Appetit, sagte ich, in der Küche werden wir schon etwas finden, sagte ich, und die sozusagen kameradschaftliche Weise, mit welcher ich meine Sätze gesagt hatte, verblüffte mich selbst. So hatte ich es aber auch nicht sagen wollen, dachte ich, aber es *war* so gesagt, der Weinflaschenstöpselfabrikant ging an meiner Seite, ich habe ihn für eine Zeitlang aus seiner unmöglichen Situation gerettet, dachte ich, von mir aus. Einen Augenblick hat er mir sogar leid getan, wie gesagt wird, aber doch nur kurz, denn gleich nach ein paar Schritten habe ich ihn schon wieder als aufdringlichen Menschen empfunden, wie sich diese Menschen halt benehmen, dachte ich, indem sie sich überhaupt nicht benehmen, sondern immer ganz einfach gehenlassen. In der Küche war kein Mensch, ich suchte mir und dem Weinflaschenstöpselfabrikanten etwas zum Essen und entdeckte das Allerbeste in dem voll angefüllten Eiskasten. Einerseits verachten wir die Leute, sagte ich mir, dem Weinflaschenstöpselfabrikanten gegenübersitzend, andererseits neiden wir ihnen das Unbekümmerte, die Selbstverständlichkeit, mit welcher sie sich keinerlei Hemmungen auferlegen beispielsweise, wenn sie essen, sich nicht zurückhalten dabei, zuerst zögernd nur wenig, dann aber auf einmal ohne die geringste Scham, mehr oder weniger alles in sich hinein- und hinunterschlingen, das wir ihnen hingestellt haben. Die dikken fleischigen Finger stießen mich wieder ab, der auf der rechten Hand auf den kleinen Finger gezwängte Siegelring, den der Weinflaschenstöpselfabrikant wahrscheinlich gar nicht mehr herunternehmen kann, auch wenn er will, dachte ich. Unter dem Tisch hatte er die Beine gekreuzt und den Bauch an die Platte gestemmt, seine Manschettenknöpfe sind noch größer, als der Siegelring, dachte ich, sie gehörten dazu. Er wartete darauf, daß ich etwas zu ihm sage, als ob er darauf lauerte, war mir vorgekommen, aber mir war nicht danach, mit dem Weinflaschenstöpselfabrikanten ein Gespräch anzufangen, ich dachte, daß ich Zacchi gesagt habe, ich werde schon in drei oder vier Tagen wieder in Rom sein, was aber nicht zu machen sein wird, wie ich dachte, eine Woche, wahrscheinlich länger, werde ich mich in Wolfsegg aufzuhalten haben, schon jetzt sehe ich, daß eine Woche sicher nicht ausreicht. Denn das Lästige kommt ja erst *nach* dem Begräbnis, sagte ich mir, die Anwaltskanzleien muß ich aufsuchen, die verschiedensten Ämter wie die Bezirkshauptmannschaft etcetera. Im Grunde sah ich jetzt ja erst die Spitze des Eisberges dieses Unglücks. Es sei doch merkwürdig, sagte ich zum Schwager, den Vater und den Bruder aufgebahrt zu sehen, aber die Mutter nicht. Andererseits, sagte ich, haben diese aufgebahrten Gesichter auch schon nichts mehr mit den tatsächlichen zu tun, es sind fremde Gesichter, die mich nichts angehen, sagte ich. *Sie müssen so schnell wie möglich unter die Erde.* Er habe seine Schwiegereltern und seinen Schwager kaum kennengelernt, sagte ich, da seien sie schon tot, ich sah gleichzeitig die Wörter *zum Opfer gefallen* in der Zeitung, die vor mir lag auf dem Zeitungshaufen, der sich in der Zwischenzeit vergrößert hatte um ein paar Exemplare, die Wörter *zum Opfer gefallen* waren so lächerlich, wie alles, das die Zeitungen schreiben. Ob er die Zeitungen, die über das Unglück berichten, schon gelesen habe, fragte ich den Schwager, der, während ich längst aufgehört hatte zu essen, noch immer große Wurstbrotstücke in den Mund steckte, der Schwager lehnte es aber kopfschüttelnd ab, in die Zeitungen auch nur hineinzuschauen, er durfte das nicht vor mir, er hat gedacht, das könne er sich nicht erlauben, das rechnete ich ihm als eine unverzeihliche Geschmacklosigkeit an, wenn er jetzt vor mir die Zeitungen mit den Unglücksberichten anschaute, kopfschüttelnd verneinte er sozusagen mein Angebot, sich weiter über unser Unglück, über den genauen Hergang zu informieren, gerade an dieser Kreuzung haben sich schon so viele tödliche Unfälle ereignet, sagte ich ganz im Stil der Zeitungen, sie ist weder unübersichtlich, noch sonst als besonders gefährlich erkennbar und immer wieder so viele Unfälle, meistens tödliche, sagte ich, der Schwager spielte den Moralisten, während er die Wurstbrotstücke hinunterschlang, einmal die gekreuzten Beine mehr oder weniger anzog, dann wieder seine zu weit auf der Tischplatte ausgestreckten Arme zurück, immer darauf bedacht, seine Manschettenknöpfe nicht mit dem Teller und also mit den von mir hergerichteten Wurstbroten in Berührung zu bringen, wie könne ich überhaupt auf die Idee kommen, schien er mir wurstbrotmampfend zu bedeuten, daß er die Unverfrorenheit habe, in meiner Gegenwart oder überhaupt jetzt, in diesen traurigsten aller Familienstunden, diese abgeschmackten Zeitungen zu lesen mit ihren Greuelberichten, verächtlich hatte er einen Blick auf die Titelseiten mit den Bildern der Verunglückten geworfen, wie ich gesehen habe, verächtlich einerseits, enttäuscht, sie nicht gleich hemmungslos anstarren zu können, weil ich da war, andererseits, aber mir vormachend, er wäre dazu niemals imstande, wo sogar ich ohne weiteres dazu imstande gewesen war, wie ich dachte, immer wieder seinen Blick darauf werfend, wurstbrotkauend vor allem dann, wenn er glaubte, ich beobachtete ihn nicht, seinen Blick auf jene zweifellos interessanten Zeitungen werfend, die er wahrscheinlich, wäre er jetzt allein gewesen, sofort auseinandergenommen und mit der größten Unverschämtheit angeschaut und gelesen hätte, so aber daran gehindert war von einem, von dem er annehmen mußte, daß er niemals imstande sei, etwas so Unverschämtes auch nur zu denken, geschweige denn auch zu tun, während ich dachte, daß ich dieses Unverschämte ja längst getan habe. Das *jetzt nicht* des Schwagers war ein so abstoßend geheucheltes, als hätte ich selbst es gesagt, denn ich selbst hätte es genausogut in diesem Augenblick sagen können, ich hatte meinen Triumph, weil *er* es gesagt hat, nicht ich, ich stand da als der Anständige, der Beherrschte, er mußte sich erst als ein solcher Anständiger und Beherrschter in Szene setzen mit diesem abgrundtief geheuchelten *jetzt nicht,* das ihm, kaum war es ausgesprochen gewesen von ihm, auch gleich selbst als abgrundtief geheuchelt erschienen sein mußte, denn so dumm ist der Mann ja nicht, dachte ich, daß er nicht sofort weiß, was sein *jetzt nicht* in Wirklichkeit war und letzten Endes auch, wie es auf mich wirkte, daß ich sein *jetzt nicht* durchschaute, war ihm sicher auch gleich klar gewesen, es war ihm auch in ziemlich verrutschtem Zustand über die Lippen gekommen, es hatte alle Überzeugungskraft schon verloren gehabt auf dem Weg vom Kopf ins Freie. Jetzt, da der Schwager als der Durchschaute dastand, als der Heuchler in einer tieftraurigen und tatsächlich und wortwörtlich *todernsten Situation,* durfte ich einen Schritt weiter gehen und mich großzügig erweisen, indem ich ihm die Zeitungen über den noch nicht ganz von ihm abgegessenen Wurstbrotteller hinschob, ihm das Angebot machte, die Zeitungen doch anzuschauen und sich ein Bild von dem Unglück zu machen, wie es die Zeitungen sehen. Er solle sie ruhig anschauen, sagte ich, zurückgelehnt, so, als wollte ich ihn bei der Lektüre nicht stören, Zacchis Bemerkung fiel mir ein, die er einmal über mich gemacht hat, daß ich ein raffinierter Vertuscher meiner Abscheulichkeiten sei, abgrundtief. Mich amüsierte auch jetzt noch, was Zacchi damals über mich gesagt hat, es war im *Ancora verde in Trastevere,* mit Maria zusammen waren wir hingegangen, um einen geplanten Ausflug nach Castelgandolfo zu besprechen, gleichzeitig *Die Wörter* von Sartre, die wir, alle drei zur gleichen Zeit und tatsächlich alle drei von dieser Gleichzeitigkeit nichts wissend, gelesen hatten. Bis in die tiefe Nacht hinein hatten wir damals

Die Wörter besprochen in einer Ausführlichkeit, die wir noch keinem Buch vorher zuteil werden haben lassen. Der Weinflaschenstöpselfabrikant blätterte in den Zeitungen, während er die letzten Wurstbrotreste zerkaute, schlug einmal eine bebilderte, dann wieder eine nichtbebilderte Seite auf und hatte inzwischen die Beine so ausgestreckt, wie es für den Zeitungsleser im allgemeinen charakteristisch ist, er hat es sich mit dem Unglück und seinen Ausbeutern tatsächlich bequem gemacht, dachte ich. Keinerlei Anzeichen von Skrupeln waren auf seinem Gesicht sichtbar, er war schon weitsichtig und sah in der Nähe schlecht, vermeidet es aber, so dachte ich, eine Brille zu tragen, die Zeitungen hielt er so weit von sich und gerade so vor das Fensterlicht, daß es ihm möglich gewesen war, alles in sich aufzunehmen, im Grunde müßte er längst eine Brille haben, eine sogenannte Lesebrille, dachte ich, wie ich sie seit Jahren habe, aber aus Eitelkeit lehnen diese Leute die Brille ab, dachte ich, Caecilia werde ich sagen, daß ihr Mann schleunigst eine Lesebrille anzuschaffen habe und dabei nicht verschweigen, daß er in der Küche die auf dem Küchentisch liegenden Zeitungen über das Unglück in meiner Gegenwart gelesen hat, aufmerksam, mit größter Selbstverständlichkeit, Ungeniertheit, werde ich zu Caecilia sagen, dachte ich, als ob es sich um eine Delikatesse handelte, während er gleichzeitig, mit mir am Tisch sitzend, Wurstbrote gegessen hat, drei oder vier, ich konnte es nicht mehr genau sagen. Selbst die großen Bilder der Schreckensnacht, so werde ich sagen, dachte ich, haben deinem Mann Schwierigkeiten gemacht, zum Glück sei er so am Küchenfenster gesessen, daß das Licht in dem richtigen Winkel auf das jeweilige Blatt gefallen ist. Ich beobachtete jetzt den Schwager und dachte darüber nach, wie ich bei seiner Frau, meiner Schwester, diese Szene gegen ihn ausnützen werde und ich begeisterte mich sogar an diesem Vorhaben, ich stellte es mir ganz und gar als theatralische Szene vor, wie ich der Schwester gegenübertrete und von der Zeitungsgier ihres Mannes berichte, sie davon in Kenntnis setze, daß es sich ganz gegen ihre Beteuerungen und ganz im Sinne meiner eigenen Vermutungen bei dem Weinflaschenstöpselfabrikanten doch um einen ziemlich geschmacklosen Menschen handelt. Dein Mann saß mir hemmungslos gegenüber, hörte ich mich zu Caecilia sagen, und las in den Zeitungen und nahm nicht einmal Notiz von mir, der ich mit ihm etwas Wichtiges zu besprechen gehabt habe, er hat mich gar nicht angehört. Tatsächlich bin ich zu einer solchen Gemeinheit als Verfälschung befähigt, dachte ich, den Schwager beobachtend, ich traute mir eine solche Gemeinheit durchaus zu und ich hatte solche Gemeinheiten auch schon Hunderte Male begangen, sie mir sogar zur Gewohnheit und Methode, zur gewohnheitsmäßigen Methode gemacht, dachte ich. Der Schwager, obwohl gierig, so doch mit meiner ausdrücklichen Erlaubnis sozusagen und nicht ohne wenn auch vorgespieltes, also doch anstandsheuchelndes Zögern, las die Zeitungen wirklich, während ich sie naturgemäß nur, wie gesagt wird, überflogen habe, als ich allein in der Küche gewesen bin ein paar Stunden vorher, er schaute die Bilder ganz ruhig und ungeniert an, während ich sie nur hastig angestarrt hatte andauernd in dem entsetzlichen Gefühl, bei einer Unverschämtheit und tatsächlichen Schamlosigkeit ertappt zu werden, ganz in dem Bewußtsein, ein Verbrechen zu begehen, während der Schwager es sich jetzt, unter meinen großzügigen Augen sozusagen, mit meinem zuerst ausgesprochenen Duldungssegen, leisten konnte, die Zeitungen zu genießen, ich sah ihm an, daß es ihm ein Genuß war, die Zeitungen der Reihe nach aufzublättern und in Augenschein zu nehmen. Jeder andere hätte nach kurzer Zeit die Zeitungen zugemacht und sich wieder mir zugewandt, dachte ich, der Schwager aber hatte nicht dieses Gefühl, er dachte gar nicht mehr an mich, meine Erlaubnis war ihm, wie ich mir sagte, gleichbedeutend mit einer unbegrenzten Zustimmung meinerseits, es war ihm auch lieber, den Kopf in die Zeitungen zu stecken und die Wurstbrote zu verdauen, als sich mit mir in irgendeine Unterhaltung einzulassen, die nur eine ihm unangenehme sein konnte, das fühlte er nicht nur, das hat er gewußt und die Zeitungen vorgeschoben, um sich mir zu entziehen. Denn daß er mir andauernd aus dem Weg geht, dachte ich, ist die Wahrheit, nicht daß er Anschluß bei mir sucht, wie ich einen Augenblick lang geglaubt habe, als ich ihn vor der Orangerie stehen gesehen habe, unnütz, stumpfsinnig, so war der Anschein, nicht wissend, was mit sich anfangend. Da hatte ich gründlich geirrt und es war sicher auch ein Fehler gewesen, zu glauben, ich müsse den durch und durch Gelangweilten vor der Orangerie ansprechen und in die Küche herein mitnehmen, mich ihm zur Verfügung stellen. Aber tatsächlich habe ich ihn ja nur mitgenommen, um ihn aufs Korn zu nehmen, dachte ich, nicht aus Menschenfreundlichkeit, nein, gar nicht. Ich hatte ihn mir nur zur weiteren Ausforschung seiner Person mitgenommen in die Küche, ihm unter dem Vorwand, ihn verköstigen zu wollen, das und das herauslocken wollen gegen Caecilia, seine Frau, wie gegen ihn selbst. Der Dummkopf ist wenigstens ein Produzent von Dummheiten und Herausgeber von allerhand Heimlichkeiten, hatte ich gedacht und ihn aus diesem Grund in die Küche mitgenommen. Aber im Grunde hatte ich jetzt gar keine Lust, aus ihm etwas herauszulocken, es genügte mir, ihn zu beobachten und dann, später, zu einem geeigneten Zeitpunkt, aus dieser Beobachtung eine Mitteilung für meine Schwester Caecilia zu machen, die Beobachtung, vereinfacht gesagt, ganz einfach für meine Zwecke zu verfälschen gegen beide. Er saß die ganze Zeit da und ließ mich warten, werde ich zu Caecilia sagen, dachte ich, besonders interessierten ihn die Aufnahmen, die von dem abgetrennten Kopf der Mutter gemacht worden sind. Das Bild, auf welchem der Vater tot zurückgeworfen im Wagen sitzt, daneben der wenigstens innen total zerschmetterte Kopf von Johannes, werde ich sagen, interessierte meinen Schwager, deinen Mann, ganz besonders. Wie wagt es ein solcher Mensch, werde ich sagen, sich in meiner Gegenwart in den Zeitungsschmutz zu vertiefen gerade in diesen für uns so traurigen Stunden, ich werde nicht sagen *tragischen,* ich werde sagen *traurigen,* denn *so tragischen* ist theatralisch aufgesetzt, während *so traurigen* menschlich zu Ohren kommt. Das Entsetzen der Schwester über den gemeinen Schwager ist mir sicher. Aber will ich das? fragte ich mich dann. Der Schwager wird so zu einer wichtigeren Figur, als er ist, sagte ich mir. Andererseits werde ich auf ihn nicht verzichten können in meinen Absichten, ihn aus Wolfsegg zu verdrängen und zu vertreiben, wenngleich es mir auch klar gewesen ist, daß ich selbst dazu nicht die geringste Anstrengung zu machen habe, das besorgt er von sich aus und die Schwestern helfen dabei auf ihre hinterhältige Weise mit. Die Tage des Schwagers sind gezählt, dachte ich. Er saß da und war von den Zeitungen verschlungen, nicht umgekehrt, wie immer gesagt wird. Und ich saß ihm gegenüber und beneidete ihn, denn er konnte tun, was ich zu unterlassen hatte, er konnte die Zeitungen lesen, ungeniert, unbehelligt, sogar unter der Patronanz des jetzt auf einmal allgewaltigen Schwagers, denn so wie er der meinige, bin ich jetzt ja der seinige, sagte ich mir, aber ich bin der gefürchtete Schwager, habe ich mir gesagt, wie ich ihn mir einbildete, der nichts weniger als die Zukunft entscheidet, das zukünftige Wolfsegg, das ist der Unterschied zwischen Schwager und Schwager, der Entscheidende saß also dem Unwichtigen gegenüber, der nichts zu sagen hat, so mein Gedanke. Der badische Weinflaschenstöpselfabrikant durfte die Zeitungen in vollen Zügen genießen, ich hatte mich ihnen zu verweigern. Die Situation dieser Leute ist immer die bequeme, dachte ich, die anstrengungslose, in die wir niemals kommen. Mich hätte jeder auffordern können, die Zeitungen durchzublättern in dieser unserer Situation, ich hätte mich selbstverständlich dieser Aufforderung verweigert, mir die Zeitungen entgehen lassen müssen, sie vor mir liegen lassen müssen, unberührt, der Schwager greift den Vorschlag nach kurzem Zögern auf und stürzt sich förmlich auf das gedruckt vor ihm ausgebreitete Unglück. *Scheußlich, nicht wahr,* war die einzige Bemerkung, die ich dem Schwager gegenüber gemacht habe, während er in die Zeitungen vertieft war, zweimal habe ich *scheußlich* gesagt, das Wort, das eines meiner Lieblingswörter ist, wenn es sich um etwas wie diese Zeitungsberichte über unser Unglück handelt, *scheußlich* ist mir das für solche Situationen geeignete Wort, ich verwende es oft, zu oft, sagte ich mir, viel zu oft auch in Zusammenhängen, die diesem Wort *scheußlich* nicht angemessen sein können, aber jetzt war es wieder das ideale, ich sagte *scheußlich,* aber der Schwager schaute nicht auf, er hatte sich von dem von mir ausgesprochenen Wort *scheußlich* nicht stören lassen, nicht aufhalten lassen sozusagen in seiner Sensationsgier. Der Vater muß zu schnell gefahren sein, sagte ich. Der Schwager tat, als hätte er nicht gehört, was ich gesagt habe. Kein Mensch weiß, warum der Vater gefahren ist und nicht Johannes, sagte ich, denn sonst ist ja immer Johannes gefahren. Der Vater ist schon so lange kurzsichtig, sagte ich. Leuten über sechzig soll der Führerschein entzogen werden, sagte ich. Die über sechzig verursachen alle Unglücke, sie *richten die Verheerungen auf den Straßen an. Sie haben nicht mehr die notwendige Reaktionsfähigkeit,* sagte ich und es war mir dem Weinflaschenstöpselfabrikanten gegenüber peinlich, diesen Satz *so* gesagt zu haben, als hätte ich ihn für eine dieser auf dem Tisch liegenden Zeitungen geschrieben, diesen typischen Zeitungssatz. Die Zeitungsredakteure sind nichts anderes als Schmutzfinken, sagte ich. Gleich darauf aber: die uns den eigenen Schmutz ins Gesicht werfen. Im Grunde ist die Welt, die uns die Zeitungsschmutzfinken vorzeigen in ihren Zeitungen, die eigentliche, sagte ich. Die gedruckte Welt ist die tatsächliche, sagte ich. Die in der Zeitung abgedruckte Schmutzwelt ist die unsrige. Wieder sagte ich: das Gedruckte ist das Tatsächliche und das Tatsächliche nurmehr noch ein vermeintliches Tatsächliches. Ich konnte nicht verlangen, daß mich der Schwager verstand. Er hatte wahrscheinlich nicht einmal zugehört, denn er reagierte gar nicht auf das, was ich gerade gesagt hatte, er schaute nur das Bild an, auf welchem der Kopf der Mutter um mindestens dreißig Zentimeter von ihrem Rumpf getrennt zu sehen ist auf einem Prosekturtisch aus weißem Marmor. Daß Tote in Krankenwagen abtransportiert werden, ist doch absurd, sagte ich. Der Schwager blickte nicht auf. Ich dachte, daß ich ihn vor der Hochzeit noch und also nachdem ich ihn nur ein einziges Mal gesehen hatte, Gambetti beschrieben und geschildert habe. Als einen dicken, noch nicht vierzigjährigen Mann, der, weil er tagtäglich fetter wird, immer zu enge Kleidung trägt und durch die angegessene Fettleibigkeit Atembeschwerden hat, selbst wenn er spricht und daß sein Sprechen ein durch diese Fettleibigkeit erzwungenes Sprechen nur in ganz kurzen Sätzen ist, das sich längere Sätze nicht erlauben kann. Der Mann atmet geräuschvoll, habe ich zu Gambetti gesagt, und bleibt auch alle Augenblicke, wenn man mit ihm geht, stehen, dann zeigt er mit der ausgestreckten Hand auf irgendeinen Gegenstand und wenn keiner zum Herzeigen da ist, ganz einfach in irgendeine Richtung als *interessante Landschaft,* um von seiner Kurzatmigkeit abzulenken. Alles an ihm ist seiner Fettleibigkeit untergeordnet, habe ich zu Gambetti gesagt, und ich habe den Schwager Gambetti gegenüber so heruntergesetzt, daß es mir selbst dann peinlich gewesen ist und ich zu Gambetti gesagt habe, *meine Gemeinheit bestürzt mich,* mich gleich darauf aber wieder wegen dieses abstoßenden Ausdrucks *bestürzt mich* bei ihm entschuldigend, denn als sein Lehrer hätte ich niemals eine solche abgeschmackte Formulierung verwenden dürfen, ich erinnere mich genau, daß ich zu Gambetti gesagt habe, daß wir uns andauernd aufregen, wenn die andern abgeschmackte Formulierungen gebrauchen, wir selbst aber diese schauerliche Angewohnheit haben. *Bestürzt mich* wäre absolut unstatthaft, habe ich damals zu Gambetti gesagt und von dem Schwager, daß er genau dem entspreche, das die Leute in Südwestdeutschland als badischen Genießer bezeichnen, den kleinbürgerlichen Durchschnittsmenschen, der eine gewisse Wohlhabenheit erreicht hat und sie zur Schau stellt und der daran interessiert ist, dick zu sein und fett und also alles in allem eine runde Figur, die sich sehen lassen kann; die Magerkeit, habe ich zu Gambetti gesagt, wird in diesen stumpfsinnigen Gegenden als Anzeichen für Krankheit und Gefährlichkeit genommen, sie wird gescheut, weil sie dem Teufel so ähnlich ist, das Asketische ist für diese Leute das Abstoßende, der dicke Mensch ist ihnen der ideale, der sie beruhigt und auf Beruhigung legten die in Südwestdeutschland, also besonders in Baden, sowie alle Deutschen, den größten Wert. Den Dicken vertrauen sie, die Dicken machen sie zu ihren Leitbildern, gegen die Dünnen sind sie immer schon mißtrauisch gewesen. Gambetti hat meine Theorie schließlich nur lachend aufgenommen, ich hatte mich an seinem Lachen beteiligt. Diese Leute sind aber auch entsetzlich faul, dachte ich jetzt, dem Schwager gegenübersitzend, aber nicht von *der* Faulheit sind sie, die ich als die schöpferische bezeichne, sondern sie sind stumpfsinnig faul, wie das Schwein, dachte ich, das möglicherweise heute schon menschlicher ist, als der Mensch, der mehr und mehr zum Schwein geworden ist in den letzten hundert Jahren. Der Schwager war nicht aus der Ruhe zu bringen, ich nützte die Situation aus, um meinen Gedanken freien Lauf zu lassen, denn lange werde ich nicht mehr unbehelligt sein, dachte ich, denn, es war gegen halb fünf, die Kondolierenden, die zu uns kommen, werden nicht länger auf sich warten lassen. Wahrscheinlich ist diese mit dem Schwager zusammen in der Küche die letzte Gelegenheit, mehr oder weniger allein zu sein, wie ich dachte, obwohl der Schwager mir gegenübersaß. *Scheußlich,* nicht wahr, sagte ich, aber der Schwager reagierte nicht darauf. Diese Leute geben sich fortwährend als die Gemütlichkeit selbst, als Weinkenner, als der Witzkumpan, hatte ich zu Gambetti gesagt, aber sind im Grunde alles eher als gemütlich, denn sie fordern die Gemütlichkeit um jeden Preis und sind unerbittlich, wenn man sich ihrer Gemütlichkeit verweigert, dann schlägt alles in ihnen in Haß um, hatte ich zu Gambetti gesagt. Mit ihrer Gemütlichkeit unterdrücken und unterjochen sie ihre Umwelt und machen den Platz, auf welchem sie unter allen Umständen Gemütlichkeit haben wollen, zur Hölle. Wenigstens empfinde ich es immer so, hatte ich zu Gambetti gesagt, wenn mir Leute ihre Gemütlichkeit aufzwingen wollen. Ich beobachtete den Schwager und sah gleichzeitig fortwährend römische Bilder und schließlich glaubte ich tatsächlich, in meinem römischen Arbeitszimmer zu sein, während ich doch in der Wolfsegger Küche dem Schwager gegenübersaß. In seiner ganzen Schwerfälligkeit. Die Augenschwäche ist dem Vater schließlich zum Verhängnis geworden, sagte ich. Jetzt liefern sie die Dreschmaschine, sagte ich, und wer weiß, ob wir eine neue Dreschmaschine überhaupt brauchen. Diesen Satz habe ich ganz im Ton des Besitzers von Wolfsegg gesagt, sozusagen als Landwirt, ich hörte mir im Gedächtnis diesen von mir gesprochenen Satz noch mehrere Male hintereinander an, mich verblüffte daran der offensichtlich landwirtschaftliche Unterton. Als ob diesen Satz mein Bruder ausgesprochen hätte, dachte ich. Mit diesem Satz hatte ich mich augenblicklich zum Landwirt gemacht, der ich aber nicht sein wollte, wahrscheinlich verlangen sie jetzt alle von mir, daß ich Landwirt bin, *schon* bin, dachte ich, der Satz hatte mich darauf gebracht, selbstverständlich denken sie das, dachte ich, während ich doch alles, nur nicht Landwirt hatte sein mögen mein ganzes bisheriges Leben lang, sie erwarten es selbstverständlich von mir, daß ich alles andere aufgebe, was nichts anderes heißt, als daß ich alles aufgebe, um ihnen jetzt den Landwirt abzugeben, den sie, wie ich gleichzeitig dachte, allerdings haben müssen, der hier notwendig ist. Daß ich Rom aufgebe, denken sie sicher und gehen schon mit dieser Schadenfreude umher, dachte ich, alles aufgebe, das für mich mit Rom zusammenhängt, daß ich dazu fähig bin, aber das ist ein ganz und gar absurder Gedanke, dachte ich, doch der Gedanke setzte sich in mir fest, daß sie wirklich daran glauben könnten, weil sie ganz einfach daran glauben mußten, ich gebe mich mehr oder weniger als Ganzes auf, um ihnen der Wolfsegger Landwirt zu sein, der natürliche, selbstverständliche Erbe also. Das kam aber für mich gar nicht in Frage. Gambetti, Zacchi, Maria, selbst Spadolini und alle andern, dachte ich, daran ist überhaupt nicht zu denken, daß ich *diese* Atmosphäre aufgebe für einen *ererbten Alptraum.* In ihren Gesichtern aber, in den Gesichtern meiner Schwestern, dachte ich, ist schon ununterbrochen diese Schadenfreude, daß es mich jetzt getroffen hat, das, woran sie niemals auch nur einen Augenblick gedacht hatten, das Allerabsurdeste, ich, Landwirt in Wolfsegg und also das ganze Wolfsegg auf dem Kopf und am Hals und sie, die Schwestern, die Nutznießer dieser Fürchterlichkeit. Der in die Zeitungen vertiefte Schwager ahnte nichts von dem, das in mir vorging, während er seiner Sensationslust freien Lauf lassen konnte. Auch er der Nutznießer meiner Vergewaltigung, dachte ich, meiner Selbstaufgabe, der Weinflaschenstöpselfabrikant aus Freiburg im Breisgau, mit seinen fünfundvierzig Arbeitern und Angestellten, die ihm, wie ich denke, auf den Kopf machen fortwährend, wie gesagt wird. Aber die Schwestern kennen mich wirklich nicht, sagte ich mir, sie glauben tatsächlich, ich werde mein Erbe so, wie es vorgeschrieben ist, antreten. Das Testament ist uns allen immer bekannt gewesen, es braucht nicht erst geöffnet zu werden, um richtig verstanden zu sein. Mein lieber Gambetti, habe ich zu diesem am Telefon gesagt, Sie wissen ja nicht, was auf mich zukommt, denn Sie wissen ja nicht, was Wolfsegg ist, ich hörte es jetzt deutlich, während der Schwager noch immer von den Zeitungen gefesselt und von dem darin beschriebenen Unglück, wie ich sehen konnte, fasziniert war, hörte ich mich zu Gambetti den Satz sagen: *Wolfsegg wird mich nicht umbringen, dafür sorge ich schon,* und ich dachte, daß mich möglicherweise Gambetti nicht verstanden hat, er, Gambetti, glaubte, ich telefonierte mit ihm, um die Einladung zum Nachtmahl mit seinen Eltern abzusagen, während ich ihm nur die kurze Mitteilung zu machen hatte, daß meine Eltern und mein Bruder Johannes tot sind, *einem Autounglück zum Opfer gefallen,* hatte ich zu Gambetti gesagt, also etwas völlig Unstatthaftes für einen sogenannten Deutschlehrer. Aber ich habe mich ja Gambetti gegenüber niemals als Deutschlehrer bezeichnet, immer nur als Lehrer, wie ihn immer nur als Schüler, ich bin ihm kein spezieller Lehrer, dachte ich jetzt, ich vermittle ihm nur die und die Kenntnisse, die in jedem Fall mit der deutschen Literatur zu tun haben und ich versuche, meine Arbeit gut zu machen selbstverständlich, ich bemühe mich, ihm Kenntnisse zu vermitteln, die mehr wert sind, als das Honorar, das er mir zahlt, das ich ja auch nur sozusagen *pro forma* von ihm annehme, weil ich es aus Prinzip fordere, er es mir aus Prinzip bezahlt, schon um unser gegenseitiges Lehrer-Schülerverhältnis in der dringend notwendigen Distanz zu halten; ich könnte auf jedes Honorar verzichten, aber das wäre das Dümmste und der erste Schritt gegen dieses unser Verhältnis, dachte ich, während ich den Schwager jetzt noch eingehender beobachtete, ich konnte das völlig ungestört tun, denn er hatte mich in der Zwischenzeit vollständig ignoriert, er saß da, als wäre ich längst aufgestanden und weggegangen, aus der Küche hinaus, *wäre* ich längst aufgestanden und hinausgegangen, er hätte es, so dachte ich, nicht einmal bemerkt. Das Fürchterliche unseres Unglücks ist ja längst von seinem Sensationellen abgelöst worden, sagte ich mir, mir gegenüber sitzt der lebende Beweis. Der Schwager entstammt einer Familie, deren Vorfahren zuerst Bauern, dann Kleinstadtleute gewesen sind mit dem Ehrgeiz nach oben, was immer das heißt, die immer alles daran gesetzt haben, das Bauerntum von sich abzuschütteln zuerst für das Kleinstädtertum, dann das Kleinstädtertum für etwas Höheres, von welchem ich nicht sagen kann, was es wirklich ist. Der Schwager ist sozusagen der letzte in diesem angestrengten Prozeß, der naturgemäß zum Scheitern verurteilt ist. Diese Leute setzen schließlich beinahe alles aufs Spiel, um aus sich selbst herauszukommen und kommen auch dann nicht aus sich heraus, weil es ihnen an der notwendigen Geistesenergie völlig fehlt, weil sie den Geist sozusagen noch gar nicht entdeckt haben, weder den, der um sie herum ist, noch den in ihnen selbst, also nicht einmal den ersten Schritt getan haben, der die Voraussetzung ist für den zweiten.

Dann sitzen sie auf einmal, wie der Schwager jetzt, auf dem Trockenen und wissen überhaupt nichts mehr mit der Welt und mit sich selbst anzufangen und gehen in dieser Verfassung allen auf die Nerven. Wolfsegg hat ganz einfach eine neue komische Figur, sagte ich mir, den Schwager beobachtend, aber das Lustspiel ist dadurch keineswegs erträglicher und interessanter geworden. Diese komische Figur ist leider keine lustige, nur eine lästige, dachte ich und an dem Wortspiel entwickelte ich gleich ein philosophierendes Verwirrspiel darüber. Einen Augenblick dachte ich, hätte ich doch nur Gambetti mitgenommen, aber Gambetti hätte sich zweifellos nicht dafür hergegeben, mir in Wolfsegg den geistigen Schutzschild abzugeben gegen alles Widrige. Wahrscheinlich, dachte ich jetzt, wäre mir Gambetti sogar hinderlich, stellte auch er sich noch vor alles, ich hätte nur Scherereien mit ihm, wo ich doch mit Scherereien schon eingedeckt bin. Denn hier in Wolfsegg wäre mit Gambetti sicherlich alles ganz anders als in Rom, in Wolfsegg könnte ich mich ihm niemals mit einer solchen Genauigkeit und Sorgfältigkeit hingeben, wie in Rom, hier wäre alles das, das das Zusammensein mit ihm zum Vergnügen macht, gar nicht möglich, die Wolfsegger Luft ist nicht die römische, die Wolfsegger Atmosphäre absolut keine römische, Wolfsegg, mit einem Wort, ist nicht Rom, ich hätte den größten Fehler gemacht, Gambetti nach Wolfsegg mitzunehmen. Das geeignete Kleidungsstück für das Begräbnis, das Klimatische berücksichtigend, wäre zweifellos mein Hubertusmantel, dachte ich, aber ich werde den Hubertusmantel nicht anziehen, ich werde einen meiner hier in Wolfsegg hängenden römischen Mäntel anziehen, schon um mich von den andern abzusetzen, die alle nur Hubertusmäntel anhaben beim Begräbnis, alle, auch die Gauleiter, selbst die Bischöfe werden in Hubertusmänteln daran teilnehmen, die sie über ihre Kirchenkleidung gelegt haben, wenn es nur einen geringfügigen Luftzug gibt und der ist immer auf dem Friedhof. Die Kirchenfürsten, dachte ich, haben immer Angst vor Verkühlungen, tragen über ihren Kirchenkleidern zu Anlässen im Freien immer Hubertusmäntel, alle andern mit Sicherheit. In einem meiner römischen Mäntel werde ich mich von ihnen allen absetzen, dachte ich, von vornherein dokumentieren, daß ich kein Wolfsegger mehr bin, sondern ein Römer, ich werde mich gleich als der Römer darstellen, als welchen sie mich ja schon seit Jahren bezeichnen, mein Auftritt wird der Auftritt des Römers sein. Ich dachte an den Mantel, den ich mir in Padua gekauft habe voriges Jahr. Als der Großstadtmensch habe ich aufzutreten morgen, dachte ich. Ich werde römische Schuhe anziehen und mir einen römischen Schal um den Hals binden. So sichere ich mich schon äußerlich ab gegen die Hubertusmantelgesellschaft, die ich im Grunde hasse, die ich immer gehaßt habe. Die Hubertusmantelgesellschaft wird alles tun, um mich zu erdrücken, aber ich werde mich zu wehren wissen, dachte ich. Der morgige Römer wird stark sein und sich von der Hubertusmantelgesellschaft nicht vereinnahmen lassen. Noch mit dem Schwager in der Küche sitzend, hörte ich, daß die ersten Trauergäste angekommen waren, keine nur kondolierenden, wie ich mir sofort sagte, sondern solche gleich die Nacht über *in Wolfsegg logierende,* ich war aufgestanden, ebenso der Schwager, der noch ganz von der Zeitungslektüre benommen war, da hat es schon an die Tür geklopft, erst jetzt dachte ich, wo denn die Küchenmädchen und die Köchin seien, wo die Schwestern denn eigentlich geblieben sind, die ersten logierenden Trauergäste waren bis ans Ende des Vorhauses hereingegangen, ohne empfangen worden zu sein und hatten an die Tür geklopft. Das war mir sofort peinlich gewesen und ich hatte später auch meine Schwestern zur Rede gestellt, wie es möglich ist, die ersten Gäste nicht schon draußen vor dem Portal zu empfangen, habe ich zu ihnen gesagt, sie bis ans Ende des Vorhauses hereingehen zu lassen ohne Begrüßung, da die Schwestern doch vorher beteuert hatten, die Gäste zu empfangen, nur Kondolierende, wie Logierende, wie sie, das letzte Mal von mir bei dieser Gelegenheit gesehen, eine sogenannte Logierliste auf einen der Vorhaustische gelegt hatten, auf welcher genau verzeichnet gewesen ist, wo wer von den Begräbnisgästen die kommende Nacht oder, wenn notwendig, auch länger zu logieren habe, im Ort unten oder, handelt es sich um nächste Verwandte oder allernächste Freunde, wie Spadolini, im Haupthaus oder jedenfalls im Jäger- oder Gärtnerhaus, wo alle Zimmer angeblich hergerichtet worden sind. Spadolini wollten sie im Haupthaus unterbringen, das hatte ich sofort entdeckt, wie ich die Liste überblickt habe. Angekommen waren Verwandte mütterlicherseits, die ich kaum kannte, ich hatte mich ihnen sogar vorzustellen, weil sie sich nicht mehr an mich erinnerten, obwohl ich sie einmal gesehen habe, in München, wo sie zuhause waren, die Gelegenheit hatte ich vergessen. Sie waren ganz in Schwarz gekommen, blickten sich, wie ich dachte, etwas anmaßend im Vorhaus um, wollten sogleich wissen, wo die Kapelle sei und ob die Toten in der Kapelle aufgebahrt seien, *nein,* hatte ich ihnen gesagt, *in der Orangerie.* Dort wollten sie gleich hingehen,

um die Toten in Augenschein zu nehmen, bei der Hochzeit von Caecilia
waren diese Leute nicht, dachte ich, das hätte ich mir gemerkt. Ich hatte
nicht die Absicht, sie zur Orangerie zu führen, der Schwager war, wie er
diese Leute gesehen hat, augenblicklich wieder in die Küche zurück verschwunden, so blickte ich mich nach den Schwestern um, die mich völlig
allein gelassen hatten unverständlicherweise und bedeutete den Leuten,
doch allein zur Orangerie hinüber zu gehn, ich hätte mich ihrer angenommen, wenn ich nicht im ersten Stock oben unabkömmlich sei, sagte ich,
das war eine Ausrede, aber die Leute hatten einen so schlechten Eindruck
auf mich gemacht schon im ersten Moment, daß ich nicht länger mit
ihnen zusammensein wollte, sie hatten mir nacheinander ihre Hände hin-
gestreckt und ich hatte diese Hände zu schütteln gehabt, ich versuchte,
meine Abneigung gegen diese Leute zu verbergen, ich weiß nicht, ob mir
das gelungen ist, nicht immer gelingt das, vor allem nicht, wenn es sich um
solche offensichtlich meinem Geschmack widerstrebende handelt, das
Angeberische an ihnen war das Abstoßende, die teure Kleidung, die sie
sich offensichtlich nur für dieses Begräbnis angeschafft hatten und die sie
jetzt gleich, sozusagen wie auf einer Generalprobe, zur Schau trugen, prot-
zig, gleichzeitig ungemein· hochmütig und mit einem widerwärtigen
Selbstbewußtsein, ich sagte, wo die Orangerie sei, es waren fünf Leute
insgesamt, Eltern mit halbwüchsigen Kindern um die zwanzig, schon
völlig verdorben, wie ich dachte, nichts als oberflächlich, dumm, frech,
nicht die geringste Zurückhaltung kennzeichnete diese Leute, die auch
noch so laut gesprochen haben, als wären sie hier zuhause, ich weiß gar
nicht, ob sie jemals bei uns waren, aber wahrscheinlich schon, meine
Mutter hatte ja gerade eine Vorliebe für solche Leute, dachte ich, gerade
für solche, für ihresgleichen. *Da drüben ist die Orangerie,* sagte ich und ließ
sie zur Orangerie hinübergehen. Der Schwager hatte sich in die Küche
verzogen und scherzte mit den Küchenmädchen, die inzwischen mit dem
Herrichten eines Buffetts beschäftigt waren, das meine Schwestern schon
am Vormittag anbefohlen hatten, von überall her wurden jetzt große Tabletts mit allen möglichen schon zubereiteten Broten und großen Schüsseln mit allen möglichen Salaten getragen, sogar aus der Kapelle, die immer kühl und also für die Aufbewahrung von Speisen besonders geeignet
war, trugen sie solche mit Saucen und Cremen angefüllten Schüsseln und
Tabletts, auf welchen Brote aufgetürmt waren. Die Ankommenden mußten ja verköstigt werden. Sie erwarteten naturgemäß kein, wie gesagt wird,

warmes Nachtmahl, aber wenigstens ein kaltes Buffett und meine Schwestern verstehen sich ja auf die Zubereitung solcher kalter Buffetts, können sie auch nicht kochen. Die kalten Buffetts meiner Schwestern waren immer beliebt. Ich weiß nicht, wer sie besser machen kann, Caecilia oder Amalia, beide sind immer wegen ihrer kalten Buffetts gelobt worden, ich selbst bin gegenüber diesen kalten Buffetts immer ziemlich gleichgültig gewesen, überhaupt gegenüber dem Essen, aber daß das österreichische Essen nicht das allerbeste ist, weiß ich, es ist mit dem römischen natürlich nicht zu vergleichen. Das ganze Vorhaus roch jetzt schon nach diesem kalten Buffett. Während die Leute aus München, die tatsächlich nahe Verwandte von mir waren, zur Orangerie hinübergingen, kamen von der Meierei herüber schon die nächsten und die Kette der Ankommenden war in der Folge, also von gegen fünf Uhr nachmittags bis in die Nacht hinein, nicht mehr abgerissen, die verschiedensten Leute sind angekommen, aus allen nur möglichen Ländern, viel mehr schließlich als bei der Hochzeit von Caecilia gewesen sind schon am Vortag des Begräbnisses, weit über hundert, wahrscheinlich etwa hundertzwanzig oder hundertdreißig, ich habe sie schließlich nicht mehr gezählt und hatte es auch aufgegeben, mich mit jedem einzelnen der Ankommenden zu beschäftigen, ich überließ diese mir im Grunde äußerst unangenehme, ja widerwärtige Aufgabe meinen Schwestern, die sich schließlich und endlich schon an der Tormauer unten aufgestellt hatten, um die Ankommenden zu empfangen mit der Liste in der Hand, auf welcher verzeichnet war, wo wer zu logieren hatte. Die wenigsten jedenfalls waren im Haupthaus, die meisten im Jägerhaus, wenige im Gärtnerhaus und ein Großteil auch unten im Ort untergebracht, in den verschiedenen Gasthäusern. Die meisten kamen in Schwarz, was ein schönes strenges Bild machte. Ausgerechnet Spadolini war nicht in Schwarz erschienen, er trug einen grüngrauen sogenannten Übergangsmantel, von dem ich wußte, daß er ihn mit meiner Mutter in Rom gekauft hat. Auf der Via Condotti selbstverständlich. Aber auf Spadolini komme ich später zurück. Der Weinflaschenstöpselfabrikant war bald untergegangen unter den vielen Angekommenen, immer wieder war er von Caecilia, seiner Frau, gesucht worden, immer wieder hatte ich Caecilia seinen Namen rufen hören, für mein Gefühl immer zu laut in Anbetracht der Situation und es hatte dieses fortwährende Rufen meiner Schwester einen komischen Eindruck auf die, weil das Wetter dafür gewesen war, zum Großteil im Park draußen herumstehenden Begräbnis-

gäste gemacht, die jetzt Gelegenheit hatten, sich gegenseitig kennenzulernen, denn die meisten hatten sich noch nicht gekannt, wie ich gleich
feststellen hatte können. Aber auch im Vorhaus waren viele stehengeblieben, vor allem die älteren und die alten, die die Nähe der Küche und die
Nähe der Kapelle schätzten. Viele glaubten natürlich, die Leichen seien in
der Kapelle aufgebahrt und gingen zu allererst einmal auf die Kapelle zu,
also ins Vorhaus herein, und waren sehr überrascht, daß die Leichen nicht
in der Kapelle aufgebahrt waren, da wir so lange kein Begräbnis zu veranstalten gehabt haben seit dem Begräbnis meines Großvaters väterlicherseits, hatten die meisten von unserem Brauch, unsere Toten in der Orangerie aufzubahren, keine Ahnung, sie gingen also zum Großteil zuerst ins
Vorhaus und zur Kapelle und erst dann in die Orangerie hinüber, die
inzwischen mit so vielen Kränzen und Buketten schon vor dem Eingang
geschmückt war, daß die Gärtner Schwierigkeiten hatten, alle diese
Kränze und Bukette unterzubringen, die ja von Stunde zu Stunde mehr
wurden, immer wieder wurden solche Kränze und Bukette bei der Meierei
drüben abgegeben. In der Orangerie waren inzwischen auch alle Kerzen
angezündet worden. Die dazu angehaltenen Küchenmädchen, die in der
Küche selbst nicht gebraucht wurden, haben den Gästen Wein und Wasser sogar in den Park hinausgebracht, auch zwei Jäger waren damit beauftragt worden, die Gäste mit Getränken zu versorgen, auch *mit kleinen
Imbissen,* wie gesagt wird. In der Dämmerung war das Bild dieser sich
immer nur ganz leise unterhaltenden Gesellschaft draußen im Park, vor
allem von meinem Fenster im ersten Stock aus, ein schönes, elegantes. Ich
war in mein Zimmer gegangen, um mich nicht fortwährend allen diesen
Leuten aussetzen zu müssen, bald war es mir unerträglich gewesen, immer
dasselbe sagen zu müssen, immer dieselben Sätze entgegennehmen zu
müssen, ich hatte die erstbeste Gelegenheit benutzt, mich in mein Zimmer zurückzuziehen. Von oben aus, hatte ich einen Überblick mehr oder
weniger über das Ganze. Die Schwestern hatten inzwischen den Schwager
beauftragt, am Mauertor Aufstellung zu nehmen und den Gästen zu sagen, wo sie die Nacht verbringen werden. Begräbnisse haben mich immer
mehr gereizt als Hochzeiten, alles gefiel mir tatsächlich jetzt besser, als die
Woche vorher auf der Hochzeit, aber im Grunde sah ich jetzt, aus meinem
Fenster auf den Park hinunterschauend, zu einem Großteil dieselben
Leute wie vor acht Tagen. Nur waren sie deutlich verändert, zurückgehalten sozusagen von der Folgerichtigkeit des Anlasses. In Gruppen stan-

den sie da unten und plauderten, als handelte es sich um ein Sommer-
nachtsfest, dachte ich einen Augenblick. Das Schwarz ihrer Kleider verdeckte die sonst unerträglichen Geschmacklosigkeiten an ihnen. Schade,
dachte ich, daß der Anlaß für ein solches schönes elegantes Bild der traurige ist, eine solche Gesellschaft im Park unten, wie sie sich mir jetzt zeigt,
wäre wegen des schönen eleganten Bildes, wie ich mir halblaut wiederholte, ab und zu zu veranstalten, das durchaus Ästhetische ist das Anziehende daran, dachte ich. Aber wehe, wir verstehen, was diese Gesellschaft
sagt, dachte ich. Ich stellte mir die ganze Zeit, am Fenster stehend, vor,
daß die Leute nach mir fragen, nach dem Sohn, nach dem Bruder also,
nach dem Erben, nach dem neuen Herren etcetera, der nicht unter ihnen
ist und auch nicht erscheint, obwohl es immerfort heißt, er sei da, selbstverständlich. Ich hatte das Licht in meinem Zimmer nicht aufgedreht, um
völlig unbemerkt auf die Leute hinunterschauen zu können, um nicht
entdeckt zu sein. Zu diesem Zeitpunkt war Spadolini noch nicht angekommen, ich erwartete ihn ununterbrochen, aber er kam dann erst viel
später und hat, wie sich denken läßt, viel Aufsehen gemacht. Da es mir
schon zu lang gewesen war, ging ich aus meinem Zimmer in das väterliche.
Ich setzte mich an den Spieltisch, der von meinem Vater immer als Toilettentisch verwendet wurde. An der Tür hing noch der Schlafrock meines
Vaters. Ich stand auf und schlüpfte hinein, weil mir auf einmal kalt geworden war. Ich band den Schlafrock zu und stellte mich vor dem Wand-
spiegel auf. Die Müdigkeit, die ich zuerst unten in der Küche, mit dem
Schwager zusammensitzend, ignoriert hatte, war jetzt tatsächlich über-
spielt, wie gesagt wird, ich war nicht mehr müde. Aber ich hatte keine
Lust, mich zu zeigen. So setzte ich mich auf den väterlichen Toilettensessel
und streckte die Beine aus. Bei dieser Gelegenheit fiel mir auf, daß das
väterliche Zimmer inzwischen sauber gemacht und tatsächlich in Win-
deseile auf Hochglanz gebracht worden war. Auf dem Tisch vor dem
Fenster standen Blumen in einer Vase, ich kann nicht sagen, was für
Blumen, es war schon zu dunkel, augenblicklich dachte ich, das Zimmer
ist für Spadolini hergerichtet worden. Mir fiel ein, was ich zu Gambetti am
Telefon gesagt habe, daß Spadolini nicht nur wahrscheinlich, sondern
sicher zum Begräbnis kommt und im väterlichen Zimmer übernachten
wird. Ich habe mich nicht getäuscht, dachte ich. Vor dem Bett lagen die
englischen Pantoffeln, die meine Mutter dem Vater einmal in Wien gekauft hat, die mein Vater aber nie getragen hat, weil sie ihm, wie er immer

gesagt hat, *zu dekadent* gewesen sind. Ganz weiche Pantoffeln aus Chevreauxleder, schwarz, wie meine Mutter dazu gesagt hatte, hochelegant, ungetragen, sie warteten jetzt auf Spadolini. Und der Schlafrock, den ich anhabe, auch, dachte ich. Ich stand auf und zog den Schlafrock aus und hängte ihn wieder an die Tür. Den Türhaken, dachte ich, hat mein Vater eigenhändig gegen den Willen der Mutter angeschraubt, sie wehrte sich dagegen, er ließ sich davon nicht abhalten, die Tür mit diesem Haken *zu verunstalten,* wie meine Mutter sich ausgedrückt hat. Im väterlichen Badezimmer war auch alles gesäubert worden, überall war frische Wäsche aufgehängt, die Wasserhähne funkelten, die Hausmädchen haben gute Arbeit getan, dachte ich. Hier haben sie gute Arbeit getan, dachte ich, während sie in meinem Zimmer überhaupt nichts getan haben, mein Zimmer war so belassen, wie ich es, in wilder Aufbruchsstimmung sozusagen, eine Woche vorher verlassen hatte, im Grunde wütend gegen die Eltern, die mich am letzten Tag meines Aufenthaltes mit Vorhaltungen, meine römische Lebensweise betreffend, überschüttet hatten, ich habe ihre Sätze noch im Ohr, aber ich wollte sie mir nicht mehr wiederholen. Jetzt entdeckte ich auch das silberne Toilettengeschirr auf dem väterlichen Toilettentisch, das meine Mutter einmal meinem Vater aus Paris mitgebracht hat, sie hat ihm immer etwas mitgebracht, aber von diesem Toilettengeschirr sagte mein Vater nur immer, daß es zu *weibisch* sei, *zu weibisch für mich,* hat er immer gesagt, genau diese Wörter gebrauchte er, um das silberne Toilettengeschirr aus Paris abzuwerten. Er hat es niemals benutzt. Jetzt war es aus der Kommode herausgenommen und auf den Toilettentisch gelegt für Spadolini, dachte ich. Die Mutter hat die Anfangsbuchstaben des väterlichen Namens in dieses Toilettengeschirr eingravieren lassen, das hat mein Vater nur als eine *lächerliche Allüre* bezeichnet, wie ich mich erinnere. Ganz hat meine Mutter ihm seinen alles in allem guten Geschmack nicht austreiben können, dachte ich. Und ich dachte, wieder auf dem Sessel sitzend, daß ich Spadolini immer bewundert habe, überhaupt seine ganz und gar außerordentliche Existenz, die in einer norditalienischen Stadt in der Nähe des Comersees ihren Ausgang genommen hat, Sohn eines Rechtsanwalts, war er früh für den Priesterberuf bestimmt gewesen, eines von fünf Kindern, die alle studiert haben und alle etwas geworden sind, wie gesagt wird, Spadolini das zweifellos außerordentlichste. Der Priester war bald zuerst nach Florenz, dann nach Rom gekommen schon mit fünfundzwanzig und hatte Karriere gemacht.

Er war gern gesehen und gern gehört und wo er auftrat, verbesserte sich die Stimmung, hat sich sozusagen auch gleich das Niveau jeder Gesellschaft gehoben, mit dreißig war er Nuntiaturrat in Wien, mit achtunddreißig im Vatikan mit einem hohen Finanzamt betraut, mit vierzig Nuntius in Ostasien und darauf in Südamerika, spanisch und portugiesisch spricht er genauso akzentfrei wie englisch und französisch und mit ihm kann eigentlich über alles gesprochen werden, es gibt nichts, das ihm auch nur die geringsten Schwierigkeiten machte. Auf einem Empfang in der belgischen Botschaft in Wien hat er meine Mutter kennengelernt. Für Spadolini ist meine Mutter vielleicht tatsächlich immer *das Naturkind* gewesen, als welches er sie immer bezeichnet hat mir gegenüber, jetzt ist das Naturkind tot, dachte ich, das von ihm *so geliebte Naturkind* ist in der Orangerie aufgebahrt, es hat ihn *alleingelassen.* Aber Spadolini ist niemals allein gewesen, war immer unter Menschen und immer in den Zentren der Welt, das sieht man ihm sofort an, dachte ich. Sein Auftreten beherrscht augenblicklich die Szene, gleich wo, gleich in welcher Gesellschaft. Überall haben sie sich, dachte ich, zu allen Zeiten, um seine Gesellschaft gerissen, wie gesagt wird. Die Tafel, an der er sitzt, ist die vergnüglichste. Die Mutter hat ihn mindestens zweimal im Jahr nach Wolfsegg eingeladen, aber nicht nur nach Wolfsegg herauf, sondern auch an die verschiedensten südlichen Küsten zu mehrtägigen oder gleich mehrwöchigen Vergnügungsaufenthalten und Spadolini hat niemals, soweit ich mich erinnern kann, abgelehnt, der Kirchenfürst reiste überall da hin, wo meine Mutter ihn erwartete, selbstverständlich in den besten Hotels in der angenehmsten Umgebung, erster Klasse und mit dem Flugzeug. Einmal wußte mein Vater davon, einmal nicht, es war ihm schließlich gleichgültig geworden, wann und wo meine Mutter sich mit Spadolini getroffen hat, und sehr oft waren sie sogar zu dritt beispielsweise in Badgastein oder in Taormina oder in Sils Maria in der Schweiz gewesen, wo sie sich im Hotel *Waldhaus,* dem am schönsten gelegenen, einquartiert hatten. Dort schnallte sich Spadolini die Langlaufschier an und ruderte sozusagen auf die eleganteste Weise auf dem Silsersee gegen den Malojapaß, auf das Gemälde zu sozusagen, das Segantini berühmt gemacht hat. Der Erzbischof, der drei Pässe hat, einen vatikanischen, einen italienischen und einen sogenannten Diplomatenpaß und der diese Pässe je nach Bedarf abwechselnd verwendete, hatte sich, das muß gesagt werden, in der Gegenwart meiner Mutter immer am wohlsten gefühlt, das sagte er oft und es war glaubwürdig, dachte

ich. Wie einfältig sind dagegen unsere österreichischen Bischöfe, dachte
ich, auf dem Sessel sitzend, wie einfältig selbst unser Kardinal in Wien.
Spadolini ist sozusagen *der geborene Kirchenfürst*. Man muß nur hören, wie
er spricht, man muß nur sehen, wie er ißt, dachte ich. Und wie er sich
kleidet. Er ist nicht der aus dem Volk gekommene Kirchenmann, der die
geistliche Sprosse hinaufgeklettert ist mit naiver Mühseligkeit, er ist, wie
gesagt, *der geborene Kirchenfürst*, dieses *der geborene Kirchenfürst* sagte ich
mir mehrere Male auf dem Sessel sitzend halblaut vor. Sein Einfluß im
Vatikan ist der größte, zu den Päpsten selbst hat er immer ein distanziertes
Verhältnis gehabt, ein *zu* distanziertes, wie er selbst ab und zu gesagt hat,
was ihm bis jetzt den sogenannten Kardinalshut gekostet hat. Spadolini,
der Weltmann, dachte ich. Möglicherweise, sagte ich mir, ist der Tod der
Mutter jetzt die Möglichkeit, die Freundschaft mit Spadolini zu erneuern,
sie sogar noch zu festigen, sie mir vollkommen frei zu machen. Denn nicht
zuletzt Spadolini ist auch ein Grund dafür gewesen, daß ich überhaupt
nach Rom gegangen bin, der mich mit Zacchi bekanntgemacht hat, welcher mir meine Wohnung auf der Piazza Minerva verschafft hat, der mich
durch Rom geführt hat, der mich sozusagen in die römische Gesellschaft
eingeführt hat, zuerst mir Rom mehr oder weniger *aufgeschlüsselt* hat.
Denn zuerst habe ich in Rom ja nur Spadolini gehabt, mich ganz auf
Spadolini verlassen, von welchem übrigens mein Onkel Georg auch eine
sehr hohe Meinung gehabt hat, obwohl er wußte, daß er mit meiner
Mutter auf eine doch *sehr merkwürdige Weise*, wie der Onkel Georg immer
gesagt hat, *verkehrte*. Spadolini war auch oft in Cannes gewesen, einmal
mit dem Onkel Georg im Senegal, wo sie beide eine Ausstellung südfran-
zösischer Maler organisierten und sich gleichzeitig wochenlang *auf philosophische Weise,* so mein Onkel Georg, unterhalten haben. Spadolini ist
auch Künstler, habe ich, auf dem Sessel sitzend, gedacht, er ist Künstler in
hohem Maße, malt er auch nicht, musiziert er auch nicht. Ich bin sehr oft
mit ihm durch Rom gegangen und er hat mich aus jeder *bösen Stimmung*
gerettet, aus allen möglichen Verzweiflungen vor allem in meiner ersten
römischen Zeit, in welcher ich mit mir nicht viel anzufangen gewußt habe
und ins Grübeln gekommen bin und in monatelange Schlaflosigkeit, ja in
Selbstmordgedanken. Bis Spadolini mich darauf gebracht hat, aufzuwachen, mich vor allem wieder meinen wissenschaftlichen Bemühungen zu
öffnen und Spadolini war es ja auch schließlich gewesen, der mir Gambetti
vermittelt hat. Mit der Familie Gambettis ist Spadolini jahrzehntelang

befreundet. Spadolini hat mit mir zusammen viele Spaziergänge auf dem Pincio unternommen, nur zu dem Zweck, mich aus meinen Verzweiflungen herauszuziehen durch *Geistesübungen,* wie er es immer nennt. Er hat mich an meine Fähigkeiten erinnert, an mein *Geisteskapital* sozusagen, das ich selbst schon vergessen gehabt hatte, zu welchem Zweck ich denn dann nach Rom gegangen sei, hat er gemeint, *wenn nicht zu deinem Geisteszweck.* Meine *geistigen Leidenschaften* waren ja schon verkümmert, beinahe gänzlich abgestorben gewesen, als sie mir Spadolini wiedererweckt hat, Spadolini, kein anderer. Geistesübungen haben wir zusammen gemacht und sind sehr oft gut essen gegangen nach Trastevere, dachte ich, *gut essen einerseits, gut denken andererseits,* das waren sehr oft Spadolinis Worte gewesen, die er mir eingehämmert hat. Und die mich gerettet haben zweifellos. Er hatte sich oft die Mühe genommen, mit mir auf das Land hinaus zu fahren, durch die Via Appia einfach sozusagen ins Unendliche, nur zu dem einen und einzigen Zweck, mich zu retten, und ich muß sagen, Spadolini ist der einzige gewesen, der mich *anerkannt* hat. Meiner Mutter hat er immer wieder klar zu machen versucht, was und wer ich sei, aus welchem Geiste sozusagen, aber sie hatte für seine Bemühungen in diesen mich betreffenden Richtungen niemals ein Ohr gehabt, das *Naturkind* hatte ihn reden lassen, ohne ihm zuzuhören, dachte ich, auf dem Sessel sitzend, die Toilettengarnitur aus Paris betrachtend. Wie war es möglich, daß Spadolini so von meiner Mutter eingenommen gewesen ist, sie mehr oder weniger doch tatsächlich geliebt und offensichtlich verstanden hat und mich verstanden hat und meine Mutter überhaupt nicht, sie hat mich niemals verstehen wollen, sagte ich mir, auf dem Sessel sitzend. Spadolini verstand mich, er verstand meine Mutter, aber meine Mutter war immer gegen mich, auch, wenn Spadolini immer für mich gewesen ist, dachte ich. Spadolini ist es nicht gelungen, meine Mutter dazu zu bringen, sich überhaupt über mich Gedanken zu machen, er sagte einmal zu mir, *sie hat zu dir keine Beziehung, du bist ihr völlig fremd.* Da meine Mutter aber alles von Spadolini wie sonst nichts aufgenommen hat, ist es doch unbegreiflich, daß sie alles, das ihr Spadolini, mich betreffend, sozusagen immer wieder gesagt hat, nicht aufgenommen hat, sie hat es nicht gehört, weil sie es nicht hören wollte. *Ich mag dich und ich mag deine Mutter, aber deine Mutter versteht dich nicht,* hat Spadolini gesagt, *sie haßt dich sogar, umgekehrt magst du deine Mutter auch nicht und du haßt deine Mutter.* Spadolini hat sich niemals gescheut, Tatsachen wie Wahrheiten auszusprechen. Der

Kirchenfürst mußte schon Spadolini sein, der sich das leisten konnte, der seine ganz eigene Betrachtung von der katholischen Kirche hat, dachte ich. Die Spadolinis sind alle unabhängige Geister, dachte ich. Auch der Kirchenfürst Spadolini. Das spadolinische als das monarchistische, dachte ich, kann sich innerhalb der katholischen Kirche auf die ihm entsprechende Weise verwirklichen, dachte ich. Selbst heute. Im väterlichen Zimmer war noch der Geruch des Vaters. Ich stand auf und öffnete den Kleiderkasten und hatte mit einem einzigen Blick zwölf im Kasten hängende Anzüge gezählt. Alle waren sie von seinem Wiener Schneider Knize angefertigt, da der Vater aber viel kleiner ist als ich, *war,* als ich, verbesserte ich mich, kann ich diese Anzüge nicht anziehen, dachte ich und ich überlegte, wer für die väterlichen Anzüge in Frage komme. Sie den Gärtnern zu geben, wäre Unsinn, dachte ich, den Jägern gebe ich sie nicht und überhaupt keinem Verwandten, sagte ich mir und machte den Kasten wieder zu. Im Schuhkasten hat der Vater immer an die dreißig Paar Schuhe gehabt, ich machte den Schuhkasten auf, die Größe zweiundvierzig paßt hier keinem, dachte ich und machte den Schuhkasten wieder zu. Aber die besseren von seinen Hemden werde ich mir behalten, dachte ich. Sie haben *den guten Schnitt,* passen mir. Für Spadolini haben sie einen eigenen Kasten ausgeräumt, dachte ich. Der Vater hat auf seinem Schreibtisch Fotografien der Familie stehen, von allen von uns ein Bild, wir machen auf diesen Fotografien alle den gleichen unbedeutenden, ungefährlichen Eindruck. Die Fotografien beruhigen, sie erschrecken nicht, sie gaben nicht zur geringsten Überlegung Anlaß, höchstens darüber, wie es möglich ist, daß alle diese auf den Fotografien Abgebildeten den gleichen unbedeutenden Eindruck machen. Der Vater stand um fünf Uhr früh auf, setzte sich um halb sechs an den Schreibtisch, um zu arbeiten, *die Wirtschaft aufzuarbeiten,* wie er es genannt hat, um dann gegen halb acht mit der Mutter zu frühstücken, im sogenannten *großen Salon,* wie die Mutter das frühere *grüne Zimmer* nannte, wenn es schön war, bei weitgeöffneten Balkonfenstern. Diese Frühstücke verbrachten sie meistens damit, den Tagesablauf zu bestimmen, und die ersten Streitigkeiten kamen dabei auf und Mißverständnisse. In den letzten Jahren waren diese elterlichen Frühstücke fast immer nur schweigend vor sich gegangen, man hörte dabei nichts als das Geschirrgeräusch. Der Vater war ja kein gesprächiger Mensch, die Mutter die Gesprächigste, Red*seligste,* aber in den letzten Jahren hatte sie ihre Gesprächigkeit und Redseligkeit wenigstens dem

Vater gegenüber aufgegeben. Der Vater war krank und sie rechnete insgeheim mit seinem baldigen Tod. Sie dachte immer, daß er bald sterben werde. Jahrelang dachte sie das, sie glaubte, es von seinen Gesichtszügen ablesen zu können. Wenn dem Vater Unannehmlichkeiten gemacht wurden, sagte sie immer, *laßt ihn in Ruhe, er ist ja krank und wird ja bald sterben.* Sie hatte sich diese Bemerkung so angewöhnt, daß sie sie auch in seiner Gegenwart nicht mehr zurückhielt, auch in Gegenwart von uns sagte sie immer wieder, *laßt den Vater in Ruhe, er ist doch krank,* das *und wird ja bald sterben* hat sie dabei allerdings unterdrückt, nicht ausgesprochen, nur gedacht, alle Augenblicke war es im Haus zu hören, wenn er abwesend und überfordert war, *laßt den Vater in Ruhe, er ist krank und wird bald sterben,* war er anwesend, *laßt den Vater in Ruhe, er ist krank.* Wann sie nur konnte, fuhr sie zu Spadolini, dem Glanzvollen, wie mein Vater ihn einmal betitelte. Keine schlechte Bezeichnung, dachte ich jetzt. Der kranke und bald sterbende Glanzlose war ihr alle paar Wochen zuviel und sie gesellte sich zum Glanzvollen, um dann, wenn der Glanzvolle für sie keine Zeit mehr hatte, wieder zu dem glanzlosen Kranken und bald Sterbenden zurückzukehren, meistens nachts, in aller Heimlichkeit, damit die Dienstboten es nicht bemerkten, die aber doch, wie ich weiß, immer alles bemerkt haben, denn die Dienstboten bemerken schließlich immer alles. Es wird geglaubt, die Dienstboten bemerken nichts, aber sie bemerken alles, auch das Unscheinbarste, auch das, das man ihnen zu bemerken gar nicht zutraut. Und sie wissen deshalb auch alles. Immer sind wir der Meinung, die Dienstboten sind ausgeschaltet, daß wir sie bei jeder Gelegenheit übertölpelt, hinters Licht geführt haben, aber sie haben doch alles bemerkt. Spadolini, der Glanzvolle, war die ununterbrochene Sehnsucht der Mutter gewesen, so viele Jahrzehnte, dachte ich. Der Vater beachtete diese Sehnsucht am Ende gar nicht mehr, er fragte die Mutter in der letzten Zeit gar nicht mehr, wo sie denn gewesen sei, wenn sie nächtlich zurückgekommen ist, denn sie hatte ihm ja doch nur spöttisch geantwortet, *bei Spadolini.* Aber der glanzlose Landwirt war, im Gegensatz zum Kirchenfürsten, zum Glanzvollen, doch letzten Endes immer der Beruhigende gewesen, *der Rückhalt.* Die Mutter lehnte sich manchmal an den Vater und sagte, sie sei sich durchaus bewußt, was sie an ihm *habe.* Und dankbar sei sie ihm, daß er ihr alles verzeihe. Der Vater hat sie ganz einfach reden lassen. Er war schon abgetreten von der Bühne, auf welcher *Spadolini* gespielt wurde, diese lächerliche Komödie, wie er selbst es nannte.

Es handelte sich schon lange Zeit nurmehr noch um ein Zweipersonenstück. Meine Vorliebe für beinahe völlig abgefinsterte Räume habe ich mir bis heute erhalten, dachte ich, aber ich machte auch aus einem in Wolfsegg um diese Jahreszeit unbedingt notwendigen Grund kein Licht, wegen der Gelsen, die sofort vom Licht angezogen die Wolfsegger Zimmer zur Hölle machen. Ich sehe fast nichts, sagte ich mir, das habe ich am liebsten. Nach dem Frühstück ging der Vater in die Meierei hinüber, um sich dort umzuschauen, stieg dann meistens auf einen der Traktoren und verschwand in den Wäldern, kein Mensch weiß, was er dort suchte, nichts als Ruhe vor seiner Frau und den übrigen Seinigen, dachte ich. Irgendwo sah man am späten Vormittag den Traktor, den er einfach stehengelassen hat, um kilometerweit zu Fuß über sein eigenes Land zu gehen, was ihm doch immer das größte von allen Vergnügen gemacht hat. Er wollte ja immer *nur Bauer sein*. Er hat nie sogenannte höhere Ambitionen gehabt. Als die Nachfolgefrage, die Erbfrage, die Oberhand gewonnen hatte, heiratete er die Kleinstädterin, Tochter eines Gemüsegroßhändlers, der sozusagen die Welser Heide in Gläser und Flaschen abfüllte, um diese Gläser und Flaschen in Wien zu verkaufen. Der Vater war auch nach der Hochzeit mit meiner Mutter lieber im Schweinestall, als in dem von dieser in *großer Salon* umgetauften *grünen Balkonzimmer*, die Gesellschaft, die er bevorzugte, war mehr in der Meierei, im Jägerhaus, dachte ich. Aber der Bauer hatte ein durchaus herrenhaftes Auftreten selbstverständlich immer gehabt. Gleich das erste Kind war ihm das gewünschte, erbbefähigte gewesen, Johannes. Mich hat er, wie gesagt, als Ersatzerben zur *Kenntnis genommen*, auch auf die Schwestern hätte er am liebsten verzichtet, die Nachzüglerinnen hatten bei ihm niemals eine Chance gehabt, deshalb waren sie auch ganz naturgemäß schon gleich an die Mutter gekettet gewesen. Beide, Caecilia, wie Amalia, waren sogenannte *schöne Kinder* gewesen, die dann, genau wie der Volksmund es vorschreibt, immer häßlicher geworden sind mit der Zeit. Unansehnlich. Jedenfalls für mich. Aber von allen Kindern war ich selbst doch immer in der allerschwierigsten Lage gewesen, dachte ich jetzt. Ich paßte sozusagen in keines der elterlichen Herzen hinein und hatte es mit der Zeit auch endgültig aufgegeben, mich in ihre Herzen hineinzudrängen, da ich eingesehen habe, daß für mich darin kein Platz ist. Aber der Vater ist mir vom Anfang an näher gewesen als die Mutter, die ich gefürchtet habe schon als kleinstes Kind, während ich zum Vater doch immer Zutrauen gehabt habe, zuerst das kindliche, dann das halbwüchsige, dann das erwachsene Zutrauen bis zuletzt. Der Vater war immerhin für mich zeitlebens eine sogenannte *väterliche Instanz* gewesen, was immer das ist, die Mutter habe ich immer nur als für mich schädlich empfinden müssen. Lebenslänglich habe ich das Gefühl gehabt, ich bin ihnen nur dazu da, daß sie einmal, wie gesagt wird, auf mich zurückgreifen können. Sie haben nicht falsch gedacht, wie das Unglück beweist, dachte ich jetzt, auf dem Sessel sitzend, aber mit ihrem eigenen Tod nicht gerechnet. Wenn im Auto Johannes allein gewesen wäre, sagte ich mir, sie hätten jetzt auf mich zurückgreifen können, in ihrer Vorausschauung recht behalten. Aber sie sind sozusagen mit ihrem Ersterben zusammen getötet worden, ohne in den Genuß des Zweiterbens zu kommen. Ich dachte, auf dem Sessel sitzend, ich bin der von ihnen zurückgelassene Zweiterbe, und ich fühlte mich auch als dieser. In dem Wort *Zweiterbe* witterte ich meine Chance. Aber wie sie nützen? dachte ich. Der Gedanke, daß Spadolini kommt, war mir angenehm. In Spadolini habe ich doch einen Menschen, mit welchem ich über alles reden kann, dachte ich. In Spadolini habe ich einen klaren Kopf, einen klareren als den eigenen, der durch diese Todeskatastrophe getrübt ist, wie ich dachte. Spadolini wird in den nächsten Tagen, möglicherweise schon in den nächsten Stunden, mein Gesprächspartner sein, dachte ich. Das ist er mir schuldig, daß er mir jetzt den Ausweg zeigt, den ich selbst nicht sehe. Vorstellungen über die unmittelbare Zukunft hatte ich, aber ich wußte noch nicht, wie sie zu einer einzigen machen, die vernünftig ist. Spadolini ist zuzutrauen, was ich niemandem sonst zutraue, dachte ich, mir zu sagen, was jetzt zu tun ist. Andererseits weiß ich aber nicht, was für ein Spadolini hier ankommt, kommt der, welcher mir nützlich ist, in Wolfsegg an, oder der mir schädliche, denn daß Spadolini mir auch schädlich sein könne jetzt, stand nicht außer Frage, im Gegenteil, ich fürchtete *diese* Möglichkeit. Aber da mußte ich mich in Spadolini vollkommen irren, dachte ich dann. Wahrscheinlich, sagte ich mir, auf dem Sessel sitzend, ist Spadolini schon jetzt, während er anreist, dabei, sich dieselben Gedanken in umgekehrter Richtung zu machen, daß er über die Wolfsegger Zukunft *auf seine Weise schon jetzt* nachdenkt, während er sich Wolfsegg nähert, wie dieses Wolfsegg mit dem Unglück fertig zu werden hat. Aber brauche ich denn Spadolini? dachte ich plötzlich, habe ich nicht meinen eigenen Kopf? Ich brauche Spadolini nicht im geringsten, sagte ich mir jetzt, aufgestanden und zum Fenster getreten und auf die Leute im Park hinun-

terschauend, auf die Trauergesellschaft, die sich inzwischen nicht vergrößert, sondern verkleinert hat, weil die meisten Angekommenen schon ihre
verschiedenen Übernachtungsquartiere aufgesucht haben, ich sah, daß
sich die Gesellschaft beinahe zur Gänze aufzulösen begann. Spadolini ist
noch immer nicht da, dachte ich. Aber er kommt bestimmt noch heute,
dachte ich. Ganz bewußt kommt er später, um sich allen diesen Leuten
nicht stellen zu müssen, dieser Peinlichkeit auszuweichen, ihr jedenfalls
nicht Vorschub zu leisten. In der Mitte der sich auflösenden Trauergesellschaft, die sich nicht gescheut hatte, den Rasen niederzutreten, wie ich
vom Fenster aus festgestellt habe, stand der Weinflaschenstöpselfabrikant
mit einem Tablett. Völlig alleingelassen. Caecilia rief seinen Namen, daraufhin ging er zu ihr, die wahrscheinlich im Portal stand. Hier, an diesem
Fenster, war der Vater oft halbe Nächte gestanden, wenn er nicht einschlafen konnte. Zeitlebens hat ihn die Schlaflosigkeit gequält, über die
meine Mutter niemals geklagt hat. Um sich müde zu machen, war er am
Fenster gestanden, aber auch, wenn ihn das Am-Fenster-Stehen nach zwei
oder drei Stunden müde gemacht hat, war es ihm nicht möglich gewesen,
einzuschlafen. So hat er es sich angewöhnt, vor allem im März und April
schon um drei Uhr früh hinauszugehen und in den Wald. *Ich bin ein
Waldmensch,* hat er oft gesagt. Am liebsten bin ich im Wald. *Am liebsten
möchte ich im Wald sterben,* war auch ein Ausspruch von ihm, dachte ich
jetzt, aber dieser Wunsch ist ihm nicht erfüllt worden, er ist den heute
tagtäglichen Tod gestorben, den ihm genau entgegengesetzten, wie Millionen, ganz wie der heutige moderne Mensch, ganz einfach in einem
Augenblick des Unkonzentriertseins auf der Straße. Spadolini hat mich
auf den Charakter Gambettis aufmerksam gemacht, mir Gambetti sozusagen erklärt, wie ich mich ihm zu nähern hätte, wie ich sein Vertrauen
gewinnen könne, denn, so Spadolini, mit Gambetti umgehen, so seine
Bezeichnung, sei das schwierigste. Gambetti habe ihm, Spadolini, gegenüber, den Wunsch geäußert, einen Österreicher als Lehrer für die deutsche
Literatur zu haben, ausdrücklich *keinen deutschen.* Da sei ich im richtigen
Augenblick, so Spadolini einmal, in Rom aufgetaucht als *der ideale.* Gambetti hat Spadolini immer als seinen geistigen Vater angesehen, sich in
allem ihm angeschlossen. Spadolinis Vater war mit Gambettis Vater schon
immer befreundet, dachte ich, jetzt wieder auf dem Sessel sitzend, mit
geschlossenen Augen jetzt, die Ruhe im väterlichen Zimmer genießend,
durch das offene Fenster wahrnehmend, daß die Begräbnisteilnehmerzahl

sich schon verringert hat, bis auf einige wenige, die mit meinen Schwestern unten eine Unterhaltung führten, die ich aber nicht verstehen konnte, immer nur einzelne Wörter, die mir aber keinen Zusammenhang ergaben, verstand ich, die Wörter Zugluft, Angina pectoris, Anarchie, abscheulich, Regenwetter, wie ich mich genau erinnere, es kam ganz auf die Windverhältnisse an, wie diese Wörter zu mir heraufkamen, manchmal ganz klar und deutlich, dann wieder in verschwommenem Zustand, kaum verständlich, sie waren aber alle nur auf die zurückhaltende Weise gesprochen; Spadolini war von Anfang an *für eine sehr hohe Position* bestimmt gewesen, wie er selbst einmal sagte, vor allem sein Vater sei der Ehrgeizige gewesen, der ihn studieren habe lassen, damit er im Vatikan rasch weiterkomme, in der vatikanischen Hierarchie hinauf, so Spadolini einmal selbst, während Spadolinis Mutter an einem solchen harten und folgerichtigen vatikanischen Weiter- und Hinaufkommen gar nicht interessiert gewesen sein soll, aber mit Spadolini sei es, so meine Mutter, gleich und ohne Unterbrechung bergauf gegangen, eine *glanzvolle Karriere,* wie sie auch und vor allem in der Kirchengeschichte selten zu beobachten sei, so meine Mutter. Gambetti hat *mich* zuerst einmal geprüft, nicht umgekehrt, ob ich als sein Lehrer auch der Geeignete sei, so Spadolini zu mir. Gambetti sei es gewesen, der sich eine ganz bestimmte Prüfungsmethode, mich betreffend, also meine Lehrerfähigkeiten betreffend, zurechtgelegt habe. Diese Prüfungen hatte ich aber zur vollsten Zufriedenheit bestanden, so Spadolini Gambetti zitierend, dachte ich, auf dem Sessel sitzend. Wir glauben, wir sind von Anfang an der Lehrer des Schülers und werden in Wirklichkeit monatelang von dem Schüler geprüft, dachte ich mir. Gambetti hatte mir, schon gleich zu Anfang meiner Beziehung zu ihm, zahlreiche *merkwürdige Fragen* gestellt, ungewöhnliche, wie mir aufgefallen war, aber ich wußte nicht, warum er sie stellte. Zuerst waren Spadolini und Gambetti und ich oft nur auf ein Abendessen zusammengewesen in der Nähe der Piazza Minerva, da, wo nur Nonnen bedienen, die natürlich um Spadolini immer ein großes, ihm selbst eher peinliches Aufsehen machen, in dem Lokal, das Maria so abgestoßen hat, daß sie es nur ein einziges Mal aufgesucht hat mit mir, die Nonnen entwickelten tatsächlich an dem Abend mit Maria eine fürchterliche Betulichkeit der Geistlichkeit gegenüber, die an diesem Abend zahlreich in dem Lokal gewesen ist, daß es Maria unerträglich sein mußte, ich hatte mich mit ihr da getroffen, um ihre Gedichte zu besprechen, besonders das sogenannte *böhmische,* das inzwischen weltberühmt geworden ist und sicher eines der besten, gleichzeitig schönsten Gedichte unserer Literatur ist. Damals habe ich zu Maria gesagt, *du hast jetzt mit diesem Gedicht das schönste und beste Gedicht geschrieben, das jemals eine Dichterin in unserer Sprache geschrieben hat,* es war niemals als Kompliment gedacht gewesen, ich sagte die Wahrheit, die auch die übrige Welt jetzt längst zur Kenntnis genommen hat. Ich habe die Gedichte Marias immer geliebt, weil sie so österreichisch, gleichzeitig aber so von der ganzen Welt und von der Umwelt dieser Welt durchdrungen sind, wie keine zweiten. Und weil sie die intelligenteste Dichterin geschrieben hat, die wir jemals gehabt haben, alle anderen in der Geschichte eingeschlossen. Völlig antisentimental, dachte ich jetzt, sind Marias Gedichte, völlig anders, als die der andern, die alle von nichts anderem, als von der österreichischen Sentimentalität handeln, sind sie noch so wild und ungebärdig, Marias Gedichte sind *antisentimental und klar* und haben den Wert der Goetheschen Gedichte und da genau jener Goetheschen Gedichte, die ich am höchsten einschätze. Maria mußte nach Rom ziehen, um diese Gedichte schreiben zu können, sagte ich mir, auf dem Sessel sitzend, dann wieder an Spadolini denkend, dem ich Gambetti verdanke, meinen mir in Rom liebsten, wertvollsten Menschen. Was wäre meine römische Existenz ohne Gambetti, dachte ich, der mich jeden Tag mit seinen neuen Ideen konfrontiert, der mir jeden Tag neue Fragen stellt, der mich tagtäglich erfrischt, weil er mich tagtäglich mit den tatsächlichen Problemen unserer Welt konfrontiert, Gambetti, der fortwährend Fragende, ununterbrochen Bohrende, der mir keine Ruhe Lassende, dachte ich, der in meine Wohnung kommt und mich dann die ganze Nacht bis in den kalten taghellen Morgen ausfragt, vor dem ich mich nicht drücken kann. Gambetti, der immer alles wissen will auf dem Weg über die deutsche Literatur, die er aber immer nur vorschiebt, um alles andere zu erfahren, Gambetti, der Anarchist, der durch mich erst richtig zum Anarchisten geworden ist, den *ich* möglicherweise zum Anarchisten erzogen habe gegen seine Eltern, gegen seine Umwelt, gegen sich selbst, dachte ich, und der gleichzeitig mein anarchistisches Element angetrieben hat, in Rom wieder in Gang gesetzt hat, wie ich jetzt dachte. Gambetti, der mir die Zeitungen wie den *Corriere della sera* auf den Schreibtisch und sozusagen ins Gesicht wirft, Fragen stellend, alles betreffend, Gambetti, der Jüngling, den Maria mehr liebt, als mich, Gambetti, der größte Zweifler, der mir jemals begegnet ist, der mich mit seinen Zweifeln noch weit übertrifft, der den Zweifel sich zum Prinzip gemacht hat und dessen Zweifel angefangen hat, die ganze Welt zu zersägen, um sie tatsächlich studieren zu können, wie er einmal zu mir gesagt hat. Gambetti, der am liebsten alles in die Luft sprengen will, aber gleichzeitig, nur mit einem roten Pullover bekleidet, mit den Büchern von Jean Paul und Kleist und Wittgenstein unter dem Arm durch Rom läuft, stundenlang, von dem Indieluftsprengen und Zersägen der Welt besessen. Gambetti andererseits, der mit seinen Eltern im de la Villa zu Abend ißt und die Eltern in ihrer Rückständigkeit in Ruhe läßt, der sich alles nur auf der Via Condotti kauft und dessen Zimmer nicht mehr nur geschmackvoll eingerichtet, sondern von einer weit überzogenen Kultur beherrscht wird. Gambetti, an den ich mich anklammere genauso, wie er sich an mich. Gambetti, dachte ich, auf dem Sessel sitzend, der Inbegriff des forschenden Kopfes genauso, wie der kalt kalkulierenden Gefühle, Gambetti, der junge Umweltverzauberer, dachte ich. Ich schaute auf die von innen beleuchtete Orangerie, also auf ein Bild, das ich vorher noch nie gesehen hatte. Nur noch wenige Angekommene waren im Park unten, ich konnte sie nicht erkennen. Ich hätte die Pflicht gehabt, mich ihnen zu stellen, dachte ich, hinunter zu gehen, ihnen die Hände zu schütteln, dazu war ich nicht fähig, ich hatte diese Förmlichkeit ganz einfach den Schwestern überlassen, sie ihnen aufgebürdet, sie waren auch geeigneter als ich, sich dieser Förmlichkeit zu unterziehen, sie sind schließlich die Töchter und wissen mit ihresgleichen umzugehn, dachte ich, ich habe den Umgang mit ihresgleichen längst verlernt, sagte ich mir, im Grunde fasziniert von der nur aus dem schwachen Kerzenlicht heraus beleuchteten Orangerie. Das Vorspiel sozusagen nähert sich dem Ende, dachte ich, Spadolini ist noch immer nicht da und die andern interessierten mich im Grunde auch gar nicht, ich habe nicht das geringste mit ihnen zu tun, dachte ich, sie gehen mich nichts an, alle diese Leute sind mir nur lästig, ich verachte sie, sie verachten mich. Plötzlich glaubte ich, mein Vetter Alexander sei in den Park eingetreten, ohne seine Frau, und ich dachte, natürlich haben die Schwestern auch Alexander ein Telegramm geschickt nach Brüssel. Aber ich hatte nicht an ihn gedacht die ganze Zeit, dachte ich, es war Alexander, der jetzt auf die Orangerie zuging, ich beobachtete ihn, er gab mehreren vor der Orangerie Stehenden die Hand, auf seine Art, die mich sofort wieder für ihn eingenommen hat, elegant, gleichzeitig ungemein natürlich und ich dachte, Alexander, mein *Phantast,* ist jetzt genauso alt wie ich, wir haben uns vor dreißig Jahren getrennt, er ist frühzeitig aus dem Internat ausgetreten, mit seinen Eltern nach Belgien, aber wir haben den Kontakt zueinander niemals abbrechen lassen. Die Verheiratung mit seiner Frau, zuerst von mir, wie ich mir jetzt sagen mußte, argwöhnisch betrachtet, hat unsere Freundschaft, nicht unsere Verwandtschaft, auf die wir keinerlei Rücksicht genommen haben, im Gegenteil, noch vertieft. Ich bin oft in Brüssel gewesen, schon als ich das erste Mal nach London gefahren bin, dann immer auf dem Weg nach Paris, die beiden haben mich, wenn ich bei ihnen gewohnt habe, immer mitgenommen zu ihren belgischen Freunden auf das belgische Land, in die Umgebung von Brüssel, nach Ostende, haben mich mit der Kunst Ensors und der Kunst von Delvaux bekanntgemacht, mich mitgenommen auf die schönen Landsitze in der Brüsseler Umgebung. Aber vor allem bin ich ganze Nächte mit dem Alexander in seinem Arbeitszimmer gesessen und habe mir seine Vorträge *über Gott und die Welt,* wie gesagt wird, angehört. Der Philosoph Alexander hat mir sozusagen in diesen Nächten *sein* philosophisches Bild in den Kopf gemalt, das mich dann immer wochenlang nachher noch nicht zur Ruhe kommen hat lassen. Mit dem Alexander bin ich durch Brüssel gelaufen zu seinen Freunden, die alle in notdürftigen Quartieren gehaust haben, alle fast völlig mittellos gewesen sind, aus den verschiedensten europäischen Ländern stammten, vornehmlich aus Polen und der Tschechoslowakei, aus Ungarn, aus Rumänien, sogenannte Osteuropäer waren, die sich nach Belgien geflüchtet haben vor ihren Regimen, in die Arme Alexanders als *politische Flüchtlinge* sozusagen. Der Alexander hatte in einem Büro neben dem Gare Luxembourg in Ixell den ersten Kontakt mit diesen politischen Flüchtlingen aufgenommen und ihnen seinen Schutz angeboten und sie vor der Einsperrung, vor der Gefängnishaft bewahrt, von welcher sie bedroht waren, weil sie illegal aus ihren Heimatländern nach Belgien gekommen waren. Es war, kurz gesagt, seine Aufgabe, diesen politischen Flüchtlingen zu helfen. Er war dazu der Geeignete. Da die Leute sehr bald gesehen haben, daß er ihnen tatsächlich aus seinem *vorzüglichen Charakter* heraus helfen wollte und aus keinem anderen Grund, war er von ihnen, wie gesagt wird, überlaufen, sie bedrängten ihn Tag und Nacht, aber das hat er ja haben wollen, dachte ich, am Fenster des väterlichen Zimmers stehend, ihn beobachtend. Angereist von Brüssel, hat er so ausgesehen, als käme er nur von einem Spaziergang hinter der Meierei oder der Kindervilla, natürlich in einfachster Kleidung, völlig unauffällig, keine Spur von Prätention war an ihm. Seine Gesellschaft hat ihn sehr oft als Narren bezeichnet, weil er ihnen immer *zu natürlich* gewesen ist, ihre Förmlichkeiten nicht haßte, wie ich, aber ihnen doch immer mit Ironie entgegenzutreten imstande war, aber diesen Titel verliehen sie ihm ja nur aus schlechtem Gewissen und weil sie seine Philosophie nicht verstehen, dachte ich. Die alexandrinische Philosophie, wie ich sie für mich bezeichne, ist allerdings die schwierigste, sie geht über die alltäglichen Kopfverhältnisse, dachte ich, sie beansprucht den aufmerksamen unbestechlichen Geist für sich, unerbittlich, ich war diesem Geist niemals gewachsen gewesen, dachte ich, ich war darin immer umgekommen, im Geiste, meine Brüsseler Besuche, so schön sie immer gewesen waren, sind in dem alexandrinischen Geist untergegangen, dachte ich. Der Alexander dozierte, dachte ich, und ich verstand den Phantasten nicht. Ein, zwei Minuten beobachtete ich den Alexander, der selbstverständlich im Haupthaus untergebracht wird, wie ich dachte, und lief ins Vorhaus hinunter und ins Freie zu ihm, der inzwischen in die Orangerie eingetreten war. Ich hatte den Alexander jahrelang nicht mehr gesehen, er kam nicht nach Österreich, das er nicht mehr ertrug aus denselben politischen Gründen, wie ich, ich bin nicht nach Belgien gekommen, wegen der klimatischen Verhältnisse, die dort herrschen, obwohl ich dort so schöne und nützliche Wochen, ja Monate verbracht habe in einem über zwei Jahrzehnte andauernden Rhythmus, untergebracht im vierten Stock des Hauses in der Rue de la Croix, das schon vor drei Jahrzehnten mein Vetter gemietet hat. Dort oben, im vierten Stock des Brüsseler Hauses, schrieb ich auch etwas über Pascal, den ich damals wie keinen andern liebte und über Marias Gedichte, über die Verse jener Dichterin, die ich damals noch nicht kennengelernt hatte. Auch über den von mir so geliebten *Bohuslav Martinu* habe ich einen kleinen Aufsatz dort oben im vierten Stock geschrieben, den Aufsatz aber gleich wieder weggeworfen. Der Alexander hat mich sozusagen in die Brüsseler Gesellschaft eingeführt, mit ihm bin ich halbe Tage zu Fuß durch die herrlichen Wälder in der Umgebung Brüssels gelaufen. Damals hatte er die ersten Anfälle seiner späteren sogenannten *Lebenskrankheit* gehabt, sie nicht nur mit Cortison, sondern auch durch zweimal wöchentlich am Strand von Ostende vorgenommene, anstrengende, ihn tatsächlich überfordernde Zweistundenläufe zu bekämpfen versucht, an welchen ich oft teilgenommen habe. Aber diese Strandläufe in der Salzluft, die sich auf ihn heilend auswirken sollten, waren schließlich doch nicht die Therapie gewesen, die er sich davon versprochen hatte, angeregt von einem jener belgischen Ärzte, die, wie bekannt ist, die schlechtesten überhaupt sind, die belgischen Ärzte sind als die dümmsten in ganz Europa verschrien, wie ich später erfahren habe. Zwei Jahrzehnte lebt mein Vetter schon vom Cortison, aus nichts anderem heraus, wie er selbst immer wieder sagt. Neben meinem Onkel Georg und vor meiner römischen Zeit, war mein Vetter Alexander, obwohl gleichaltrig, mein philosophischer Lehrer gewesen. In dem Augenblick, in welchem ich zu ihm in die Orangerie eintreten wollte, kam er gerade heraus, er hatte sich nicht länger als eine halbe Minute in der Orangerie aufgehalten. Er drückte meine Hand in der seinigen und wir gingen ein paar Mal vor der Orangerie auf und ab, völlig unbekümmert um jene Leute, die noch vor der Orangerie standen, die mich und meinen Vetter wahrscheinlich kannten, was uns aber nicht interessierte, weil sie uns im Grunde nichts angingen. Er sei *sofort* aus Brüssel abgereist, sagte der Alexander, allein, weil seine Frau erkrankt sei. Im übrigen sei er froh, daß ich jetzt ein paar Mal mit ihm hier vor der Orangerie auf und ab ginge, denn er habe die Absicht, sich sofort in das ihm sozusagen von uns *zugewiesene* Gasthaus im Ort unten zurückzuziehen, um eine mitgebrachte Arbeit fertig zu machen, *eine Petition*, sagte er, *die ich an die belgische Regierung und an den König! zu richten habe, meine Flüchtlinge betreffend*, die von der belgischen Regierung wie Tiere behandelt werden. *Der Phantast* erkundigte sich nach meinen Schwestern und war, nachdem er noch eine mich belustigende Bemerkung über die Umstehenden gemacht hatte, die von diesen natürlich nicht gehört worden war, die sie aber, hätten sie sie gehört, zutiefst verletzt hätte, gegen uns beide aufgebracht, wie ich dachte, ohne auch nur mit einem Wort auf das Unglück oder auf die in der Orangerie Aufgebahrten einzugehen, verschwunden. Er fände sich selbst zurecht, brauche niemanden, morgen erscheine er zum Begräbnis, dann reise er *augenblicklich* nach Brüssel zurück, mit dem Abendzug, hatte er noch gesagt. Ich hatte nicht mehr die Gelegenheit, ihm zu sagen, daß ich es wünschte, daß er im Haupthaus, selbstverständlich in unserer nächsten Nähe, untergebracht sei, es war immer seine Art gewesen, sich völlig umständelos zurückzuziehen, aber diesmal hatte er in dieser Beziehung tatsächlich einen Rekord aufgestellt. Er hat sich nicht verändert, dachte ich, ist der Gleiche geblieben, der von mir geliebte *Phantast*. Die Umstehenden waren zwei Wiener Neustädter Familien, wie ich jetzt sah, die mit mir sogar verwandt waren durch meine Mutter und die ich selbstverständlich begrüßte, ich erkundigte mich sogar, ob ihnen die Anreise *angenehm* gewesen sei, in einem für mein Gefühl viel zu liebenswürdigen Ton, der mir augenblicklich gerade diesen Leuten gegenüber mißfallen hatte, denn die Menschengruppe war mir insgesamt unsympathisch. Diese Leute standen da, als forderten sie von mir jetzt, daß ich mich ganz ihnen widme, als wären sie sozusagen die einzigen hier, mit welchen ich mich zu befassen hätte, aber gerade diese will ich möglichst schnell hinter mich bringen, dachte ich und ich entschuldigte mich mit ein paar wieder zu hoch gegriffenen Wörtern dafür, daß ich sie gleich wieder verlassen müsse, einer unaufschiebbaren Angelegenheit wegen. Ich ließ die Wiener Neustädter Gruppe ganz einfach stehen und ging zur Meierei und dann ins Jägerhaus, ohne zu wissen, was ich da suchte. Ich betrat das sogenannte Büro meines Vaters, in welchem alle Wolfsegg betreffenden Akten untergebracht sind, die gesamte Buchhaltung. Dieses Büro ist mir immer ein Alptraum gewesen, wie überhaupt immer alles, das auch nur entfernt an ein Büro erinnert. Das Wolfsegger Büro hat den Geruch, den alle Büros haben und in welchem mich schon nach kurzer Zeit unweigerlich das Gefühl erfaßt, ersticken zu müssen, wenn ich es nicht schleunigst verlasse, jetzt aber hatte ich mich sogar in unserem Büro niedergelassen, was ich noch nie getan hatte; ich setzte mich an den Schreibtisch, auf welchem noch die Post vom Vortag lag, an meinen Vater adressiert. Rechnungen, die Wolfsegger Wirtschaft betreffende Briefe, Drucksachen, in welchen für landwirtschaftliche Maschinen Reklame gemacht wird. Ich hasse Drucksachen. Ich hasse sogenannte Wirtschaftspost. Ich schob den Posthaufen so weit von mir weg, daß ich ein Blatt Papier auf den Schreibtisch legen konnte. Auf das Blatt schrieb ich in Versalien ALEXANDER, MEIN PHANTAST genau in die Mitte des Blattes, ohne zu wissen, warum überhaupt ich das Wort ALEXANDER auf das Blatt schreibe. Grundlos, wie mir schien. Ich war, wie gesagt wird, hochgradig nervös. Auf einmal kam mir, auf dem Bürosessel sitzend, zu Bewußtsein, daß ich ja jetzt in *meinem Büro* sitze, nicht im Büro des Vaters, von einer plötzlichen Müdigkeit befallen, die Bürowände betrachtend, ekelte es mich vor diesen Bürowänden. Vor den Hunderten von Leitzordnern in den Regalen an den Wänden, auf welchen ich nichts als immer nur das daraufgeschriebene Wort *Wolfsegg* und eine Jahreszahl darunter ablesen konnte. So lange, bis es mich beinahe verrückt machte, wie ich dachte. Der Vater ist auch ein Pedant gewesen, dachte ich. Diese seine sogenannte feinsäuberliche Handschrift hat mich immer schon abgestoßen, diese letzten Endes primitiven Vatersätze. Er hat sich eine Schönschrift angewöhnt gehabt und beibehalten, die auf einen unerträglich pedantischen Menschen schließen läßt, dachte ich. Und er hat zeitlebens versucht, aus Johannes einen ebensolchen unerträglich pedantischen Menschen zu machen, er hat lebenslänglich an seinem ihm nachfolgenden Ebenbild gearbeitet. Es ist ihm gelungen, sagte ich mir, aus Johannes sein Ebenbild zu machen. Aber Ebenbilder sind abstoßend, dachte ich. Diese väterliche Schönschrift ist von einem verödeten Gehirn auf das Papier geschrieben, dachte ich. Von einem verödeten Menschen, der mein Vater gewesen ist. Manchmal hat mein Vater aus dieser Verödung ausbrechen wollen, aber es ist ihm nicht gelungen. Die Verödung war schon zu weit fortgeschritten. Der Vater schrieb eine solche typische Vorzugslehrerschrift, wie sie die Kleinstadtlehrer schreiben, diese adrette Banausenschrift, dachte ich. Eine solche Schrift beweist auch einen ängstlichen Charakter, einen unterdrückten. Der Vater war ein unterdrückter Mensch, ein von Wolfsegg und von der Mutter, seiner Frau, gleichzeitig unbarmherzig unterdrückter Mensch, dachte ich. Diese Schullehrerschrift ist von meinem Vater übriggeblieben, habe ich gedacht, nichts sonst. Ich war auf diese Gedanken gekommen, weil ich auf dem väterlichen Schreibtisch einen von ihm angefangenen, aber nicht zuende geschriebenen Brief vorgefunden habe, adressiert an eine Kunstdüngerfirma in Lustenau in Vorarlberg, offensichtlich handelt es sich um das Ersuchen um eine Offerte, dachte ich. So schreibt ein Handelsgehilfe, habe ich gedacht, aber nicht der Herr von Wolfsegg. Ich las den angefangenen Brief des Vaters mehrere Male und der Brief blieb dabei unverändert primitiv. Mein Vater war kein Briefschreiber, aber *so* schreiben, dachte ich, darf ein Mensch nicht. Auch wie er das sogenannte Schreibzeug auf dem Schreibtisch liegen gelassen hat, ist deprimierend, dachte ich. So lassen Lehrer und Handelsgehilfen ihr Schreibzeug liegen, aber kein Mensch von Format. War mein Vater ein Mensch von Format? fragte ich mich. Die Müdigkeit ließ mich noch ein paar solcher sinnloser Fragen, meinen Vater betreffend, stellen. Was ist denn überhaupt ein Format? fragte ich mich schließlich. Der Anblick der Leitzordner, die bis in die Anfänge des Jahrhunderts zurückreichen, deprimierte mich zutiefst. Dieser Welt bist du entkommen, um jetzt auf einmal kopfüber in sie hineingestoßen zu werden *durch einen Schicksalsschlag,* dachte ich. Das Wort *Schicksalsschlag* hat mir, in seiner ganzen Ekelhaftigkeit und Verlogenheit, den Rest gegeben, wie gesagt wird und ich bin aufgestanden und ans Fenster getreten. Von hier aus sieht der durch das Fenster Schauende genau auf ein an der gegenüberliegenden Meiereimauer angebrachtes Ölbild aus Zinkblech, auf welchem die Muttergottes mit ihrem Kind abgebildet ist. Der Hals der Muttergottes auf diesem Bild ist so lang, wie ich noch niemals einen gemalten Hals gesehen habe, allen Erfahrungen der Anatomie vollkommen widersprechend. Das Jesuskind auf dem Bild hat einen Wasserkopf. Der Anblick des Bildes hat mich schon immer belustigt und er belustigte mich auch jetzt. Ich mußte laut aus mir herauslachen, mir war es gleichgültig, ob man mich gehört hat oder nicht. Caecilia stand in der Tür, sie holte mich zu einem, wie sie sagte, unabhängig von dem Buffet für die Gäste nur für uns hergerichteten frühen Nachtmahl. Ich stellte sie aber gleich zur Rede, daß sie Alexander im Ort untergebracht habe, denn gerade Alexander hätte selbstverständlich bei uns im Haupthaus wohnen müssen, ich fragte sie, in welchem der Ortsgasthäuser sie Alexander einquartiert habe, wenn wir Spadolini im Haus haben, sagte ich, ist es selbstverständlich, daß auch Alexander bei uns in nächster Nähe untergebracht ist, sagte ich zu ihr auf dem Weg vom Jägerhaus weg, daß es grotesk sei, den Weinflaschenstöpselfabrikanten im Haus zu haben, aber Alexander nicht. Sie konnte mir nicht sagen, wo sie Alexander untergebracht hat, sie wisse es wirklich nicht, so sie mehrere Male, den ganzen Weg habe ich ihr Alexanders wegen Vorhaltungen gemacht und auch gesagt, daß sie gerade jene Leute im Haupthaus untergebracht habe, die mir unerträglich seien und ich zählte ein paar Namen auf von Leuten, die mir schon vorher im Haupthaus begegnet waren, von welchen ich annehmen mußte, daß sie dort übernachten, gerade *diese widerwärtigen,* sagte ich, *von der Mutterseite,* du weißt, daß mir diese Leute auf die Nerven gehen und Alexander unten im Ort, das ist niederträchtig, ich hatte das Wort *niederträchtig* ausgesprochen und schon hat es mir leid getan, ich habe dich nicht kränken wollen, sagte ich dann zu Caecilia, aber dieses ganze Begräbnis ginge mir schon auf die Nerven, ich sei nahe daran, überhaupt die Beherrschung zu verlieren, vorher habe ich aufgelacht über das Marienbild, sagte ich, aber das sei ein nervöses Auflachen gewesen, schon mehr ein krankhaftes, sagte ich, als wollte ich mich mit dieser Bemerkung für das vorher zu Caecilia gesagte *niederträchtig* entschuldigen, das mir zu schnell über die Lippen gekommen war, tatsächlich auf die unstatthafte Weise, denn zweifellos war ja nicht nur ich mit meinen Nerven schon an die Grenze gekommen, sondern die Schwestern auch und ich sagte jetzt, als wir am Portal angekommen waren, im Vorhaus standen schon wieder neu angekommene Begräbnisteilnehmer, daß es mir leid täte, sie verletzt zu haben, ganz gegen meinen Willen, in der äußersten Angespanntheit sei es mir nicht mehr möglich, mich so zu verhalten, wie es von mir gefordert werden müsse, *müsse* hatte ich gesagt, dann waren wir ins Vorhaus eingetreten und hatten wieder diesen Neuangekommenen die Hände zu schütteln und die schon zur Gewohnheit gewordenen Begräbnisphrasen zu sagen, bevor wir dann in den ersten Stock hinaufgehen konnten zu diesem frühen Nachtmahl. Schade, habe ich zu den Schwestern gesagt, daß Alexander nicht mit uns am Tisch sitzt, es wäre zweifellos viel unterhaltsamer. Wie können wir ihn nur in einem der Gasthäuser unten sich selbst überlassen, sagte ich. Aber die Schwestern haben einen bestimmten Zweck damit verfolgt, mit mir allein zu essen. Sie wollten mich sozusagen jetzt unter sechs Augen auskundschaften. Aber aus mir war nichts herauszubringen. Während von unten herauf zu hören war, daß sich die im Haupthaus Übernachtenden an das in der Küche hergerichtete Buffet drängten, aßen wir heroben mehr oder weniger das gleiche zu dritt, Caecilia hat außerdem die Eingangstür zum ersten Stock abgesperrt auf meinen Wunsch, *damit die Lemuren nicht hereinkönnen,* habe ich gesagt, sie war widerspruchslos zur Tür gegangen und hat sie abgesperrt. Die Leute halte ich nicht aus, habe ich gesagt und war dann wieder auf Alexander zu sprechen gekommen, während ich doch Spadolini erwartete, der jeden Augenblick ankommen mußte. Nach meinem letzten Wolfseggaufenthalt, habe ich zu den Schwestern gesagt, wollte ich ja *nie mehr* nach Wolfsegg zurückkommen, ich habe gesagt *nie mehr,* obwohl ich gedacht hatte, *lange Zeit nicht,* aber das *nie mehr* hat eine größere Wirkung gehabt auf meine Schwestern, deshalb sprach ich es mehrere Male aus, ich bin in Rom zuhause, nicht hier, sagte ich zu den Schwestern und daß Alexander unbedingt hier im Haus untergebracht werden hätte sollen. Anstatt alle diese widerwärtigen Leute aus Wiener Neustadt und aus Wels und München in den Ort hinunterzuschicken, haben wir Alexander hinuntergeschickt, das sei eine unverzeihliche Gemeinheit, *gerade Alexander,* sagte ich mehrere Male und ich überlegte schon, ob ich nicht in den Ort hinuntergehen und Alexander von dort heraufholen solle, aber die Schwestern wußten nicht einmal, in welchem Gasthaus sich Alexander aufhielt. Eine Unverschämtheit, sagte ich, hier gut zu essen und den Alexander diesem Gasthausfraß auszusetzen, sagte ich. Wo ich bei ihm in Brüssel immer aufs beste aufgenommen worden bin, dort wochenlang auf das großzügigste untergebracht und verköstigt worden bin. Ich sagte zu den Schwestern, sie hätten Alexander *mit Absicht* im Ort untergebracht, weil ihnen meine Beziehung zu Alexander nicht paßt, ihnen nie gepaßt hat und sie mir eine Gemeinheit antun wollten. Das war aber sicher übertrieben gesagt gewesen und ein wahrscheinlich unhaltbarer Verdacht meinerseits. Einen solchen wertvollen Menschen in den Ort zu schicken, sagte ich. Und diese abgrundtief falschen und verblödeten Menschen aus Wiener Neustadt und Wels und München hier einzuquartieren, sozusagen Wand an Wand mit uns, das sei infam. Insofern ich immer wieder in bezug auf Alexander auf die Schwestern einredete, war dieses gemeinsame Nachtmahl hinter der versperrten Tür kein angenehmes gewesen, für keinen von uns dreien. Die Schwestern schwiegen und ließen mich reden und waren dadurch im Vorteil, sie ließen mich bei diesem kleinen Nachtmahl sozusagen mehr und mehr in lauter Unrecht meinerseits hineintappen, beobachteten diesen Vorgang und versuchten dann, ihn auszunützen, indem sie mir mehrere die unmittelbare Zukunft betreffende Fragen stellten und mich mit lauter solchen die Wolfsegger Zukunft betreffenden Fragen schließlich zudeckten. Aber ich habe ihnen keine einzige ihrer Fragen beantwortet, offen gesagt, weil ich keine Antwort gewußt habe, denn mir war die unmittelbare Wolfsegger Zukunft genauso wenig bekannt, wie ihnen. Wir alle hatten ja immer gewußt, was in dem elterlichen Testament steht, das nicht nur in dem Wolfsegger Panzerschrank, sondern auch bei unserem Welser Advokaten hinterlegt war. Es hat, dieses Elterntestament betreffend, niemals Heimlichkeiten, also auch niemals Unklarheiten gegeben. Wolfsegg war mit dem Tod der Eltern und des Bruders automatisch mir zugefallen, *zur Gänze.* Mit der Verpflichtung, meinen Schwestern den ihnen gebührenden Platz in Wolfsegg zuzuweisen, den ihnen gebührenden Teil abzutreten, oder sie einfach auszuzahlen, und ich dachte von Anfang an mehr an ein Auszahlen der Schwestern, denn an eine Wolfsegger Teilung mit ihnen. Sie haben von mir hören wollen, was ich gerade über ihre Wolfsegger Zukunft denke, aber ich habe es ihnen nicht gesagt, ich habe sie völlig im unklaren gelassen, die Entscheidung liegt bei mir, nicht bei ihnen, habe ich gedacht und daß ich mich im Grunde schon gleich im Augenblick der Todesnachricht, muß ich mir sagen, für die Auszahlung entschieden habe, nicht für die Teilung. Ich habe noch das Telegramm in Händen gehabt und mich für die Auszahlung entschieden, dachte ich, ich habe das Telegramm kaum durchgelesen gehabt, ich sehe mich am Fenster meiner römischen Wohnung stehen und auf die Piazza Minerva hinunterschauen, zu den Fenstern von Zacchi hinüber, auf die Pantheonkuppel und mir sagen, ich bin selbstverständlich für die Auszahlung, nicht für die Teilung. Dieser Gedanke an die Auszahlung meiner Schwestern war übrigens der allererste Gedanke gewesen, den ich nach Erhalt des Telegramms gedacht habe. Die Schwestern fragten mich ununterbrochen, was jetzt zu tun sei, was mit ihnen geschehen wird und ich sagte dazu nichts, sie fragten mich nicht mit Wörtern, nur mit ihrem ganzen Gehabe bei Tisch, denn in Wirklichkeit sagten sie die ganze Zeit kein Wort, ließen mich, wie ich schon geschrieben habe, reden. Mir war lange nicht aufgefallen, daß der Schwager fehlte, für den ja, wie ich auf einmal gesehen habe, selbstverständlich auch gedeckt gewesen ist und ich fragte nach dem Schwager und Caecilia sagte, er sei in den Ort hinunter gegangen, wahrscheinlich in eines der Gasthäuser, sagte sie, er, der Schwager, habe es sich in dieser Woche nach der Hochzeit schon angewöhnt gehabt, anstatt mit der Familie zu nachtmahlen, in den Ort hinunter zu gehen. Das ist typisch für diese Leute, sagte ich, daß sie sich nicht einmal einer ganz einfachen Verpflichtung unterziehen, sie nachtmahlen nicht einmal mit der Familie, wenn es ihnen besser paßt, in einem Gasthaus zu essen und zu saufen, sagte ich. Caecilia schwieg auf meine Bemerkung, Amalia auch. Aber das ist doch unmöglich, sagte ich, daß dieser Mensch sich ganz einfach selbständig macht, und ich fragte die Schwestern, warum sie es nicht verhindert haben, daß der Schwager in den Ort hinunter geht und sich sozusagen unter das Volk mischt, ausgerechnet an einem solchen Tag, sagte ich. Die Schwestern schwiegen, blieben antwortlos. Der Mann macht uns ja unmöglich im Ort, sagte ich. Das geht einfach nicht, sagte ich. Das ist doch ungeheuerlich. Gleich darauf sagte ich, daß ich aber verstehen könne, daß ich selbst es ja auch nicht aushalten würde mit diesen Schwestern und mit dieser Familie zusammen, die aber jetzt gar nicht mehr existiert, sagte ich. Gar nicht mehr existiert, habe ich wiederholt, worauf mir die Schwestern einen abstrafenden Blick zuwarfen. Der Schwager sitzt in den Gasthäusern herum und macht uns lächerlich, sagte ich. Ich würde ihm schon gehörig meine Meinung sagen bei der erstbesten Gelegenheit, wenn er zurückkommt, sagte ich. Darauf hat Amalia gesagt, daß der Weinflaschenstöpselfabrikant immer erst nach Mitternacht vom Ort heraufkomme, wenn nämlich die Gasthäuser zugesperrt haben. Caecilia hatte dazu nichts zu sagen. Ich machte mir meine eigene Meinung. Ich könne den Schwager verstehen, sagte ich, aber am heutigen Tag sei sein Verhalten auf jeden Fall ein unmögliches. Ob er schon, als die Eltern noch am Leben waren, am Abend, anstatt mit ihnen zu nachtmahlen, in den Ort hinuntergegangen sei, um sich vollaufen zu lassen, fragte ich, Caecilia bejahte diese Frage. Aber den Weinflaschenstöpselfabrikanten habe sie sich selbst aufgehalst, sagte ich. Das brachte mich auf die Titiseetante und ich fragte, ob die schon da sei; die Titiseetante sei längst angekommen und schon zu Bett gegangen, sagten die Schwestern, sie logiere selbstverständlich im Zimmer der Mutter. Ja, sagte ich, im Zimmer der Mutter, selbstverständlich. Das ist doch grotesk, daß die Titiseetante ausgerechnet im Mutterzimmer übernachtet, dachte ich. Ich hatte sie nicht gesehen. Ich habe sie gar nicht gesehen, sagte ich. Eine unverschämte Person, sagte ich. Darauf gingen die Schwestern rücksichtslos gegen mich vor, indem sie mich beschuldigten, mich überhaupt nicht um die Angekommenen gekümmert zu haben, sie ihnen aufgehalst zu haben, wo es doch selbstverständlich gewesen wäre, daß *ich* sie in Empfang genommen hätte, und zwar alle, ohne Ausnahme, hörte ich jetzt von Caecilia, und Amalia assistierte ihr. Alle hätten selbstverständlich gleich bei ihrer Ankunft nach mir gefragt, noch bevor sie in die Orangerie gegangen sind, um den Eltern und dem Bruder sozusagen die letzte Ehre zu erweisen, ich hätte mich allen diesen Leuten auf feige Weise entzogen, mich versteckt, einmal hätten sie mich da gesucht, einmal dort, mich fortwährend auch suchen lassen, aber ich hätte mich, wie es meine Art *schon immer* gewesen sei, der naturgemäß lästigen Prozedur durch ein ganz und gar abgefeimtes Versteckspiel entzogen. Aber hätte ich vielleicht die ganze Zeit am Portal stehen sollen, um ihnen allen die Hände zu schütteln und immer wieder den gleichen Satz zu sagen, sagte ich. Das hätten sie aber von mir verlangt, daß ich nämlich mit ihnen zusammen am Portal stehe und die Ankommenden empfange, mit dem entsprechenden ernsten Ausdruck im Gesicht. Den Gefallen habe ich euch nicht gemacht, sagte ich zu den Schwestern, dazu war ich nicht fähig. Schon in Rom habe ich mich entschieden, mich nicht vor das Portal zu stellen, sagte ich zu ihnen. Schon in Rom habe ich gesehen, wie sich dieses Begräbnis entwickeln wird, *entsetzlich,* sagte ich, mit allen nur möglichen Scheußlichkeiten. Aber es wird vorübergehen, sagte ich, es sind noch alle Scheußlichkeiten vorübergegangen. Die Heuchelei sei jetzt und hier nicht am Platz. Das

ganze habe mit der Trauer nichts zu tun, nur mit Theater, sagte ich. Die
Eltern sind nicht mehr da, in der Orangerie liegen *zur Verwesung freige-*
gebene Körper, sagte ich, die mit den Menschen, die diese Körper einmal
dargestellt haben, sagte ich, nichts mehr zu tun haben. Alles jetzt sei
nurmehr noch Theater. Und ich hätte keine Lust, in diesem Theater den
begafften Hauptdarsteller zu spielen, dazu fehle es mir an der unbedingt
notwendigen Lust. Alles war von uns naturgemäß leise gesprochen worden, damit wir nicht gehört werden, damit man nicht versteht, was wir
sagen, wenn wir, was ja möglich ist, wie ich dachte, behorcht werden. Es
ist auch hin und wieder an die abgesperrte Tür geklopft worden, die Leute
haben aber dann doch, obwohl sie unsere Handlungsweise sicher nicht
verstanden haben, damit aufgehört, an die Tür zu klopfen. Das Essen zu
dritt war ja auch nur ein Vorwand für ein, wie die Schwestern wahrscheinlich gedacht hatten, ungestörtes Zu-dritt-sein-Können, was es aber nicht
gewesen war, denn das fortwährende Andietürklopfen hat uns doch kaum
in Ruhe gelassen, und im Grunde waren wir naturgemäß alle drei aufgeregt, das läßt sich denken. An die achtzig Leute sollen schon gekommen
sein und hier übernachten, habe ich von den Schwestern gehört und ich
sagte, daß das Begräbnis von den meisten nur zu dem Zweck mitgemacht
werde, um sich einen Urlaub in unserer schönen Natur zu machen, zu
keinem andern, die Jahreszeit ist die dafür geeignete, sagte ich, und daß
dieser Urlaub für sie alle mehr oder weniger auch kostenlos sei, denn die
Rechnungen für alle diese Leute bezahlen doch wir, sagte ich, sie wird aus
der Wolfsegger Kasse gezahlt. Allen diesen Leuten, sagte ich zu den Schwestern, hätte ich gern einen Urlaub irgendwo bezahlt, nur, um sie nicht
sehen zu müssen und jetzt habe ich sie im Haus, ich hatte nicht gesagt,
jetzt haben wir sie im Haus, ich hatte gesagt, jetzt habe ich sie im Haus,
ganz in der Sprache des Allesbesitzenden. *Wir dürfen uns nichts vormachen,*
sagte ich, *Begräbnisse sind immer nur ein Theater.* Gleich darauf dachte ich
aber, daß ich mit meinen Äußerungen zu weit gegangen bin und daß ich
sie am liebsten nicht gemacht hätte, daß ich am liebsten noch kein einziges
Wort gesagt hätte und ich hatte so viele Wörter gesagt, so viele unsinnige,
mich in ein tatsächlich unmögliches Licht stellende. Wenn man mich
reden hört, muß man glauben, ich sei überhaupt der schlechteste Charakter, dachte ich, aber es gibt sicher noch viel schlechtere. So wollte ich auf
einmal ablenken von meinen Wutausbrüchen vor allem gegen die Begräbnisteilnehmer, die im Hause untergebracht waren und ich sagte zu den

Schwestern, daß mir Rom ein und alles sei, daß ich nurmehr noch in Rom
existieren könne. Da waren sie plötzlich aufgewacht und hatten mich
nicht verstanden. Wirklich, sagte ich, wenn ich nur an Rom denke, ich
kann es schon nicht erwarten, wieder in Rom zu sein, und bin erst ein paar
Stunden da. Daß ich in der Frühe noch in Rom gewesen bin, ist mir das
Unwahrscheinlichste, sagte ich. Und darauf, ob sie mit Spadolini telefoniert hätten. Das bejahten sie, er habe aus Rom telefoniert, daß er selbstverständlich komme, gleich, noch an diesem Abend, wie, sei ihm selbst
noch nicht klar gewesen, aber er komme noch an diesem Tag nach Wolfsegg. So warteten wir alle nur noch auf Spadolini, auf den Erzbischof, auf
den Liebhaber unserer Mutter, auf den Glanzvollen. Gambetti macht mir
auch immer den Vorwurf, daß ich mich nicht beherrschen kann, sagte ich
zu den Schwestern, ich bin aber immer der Unbeherrschte gewesen, sagte
ich, der Unberechenbare, der immer damit gerechnet hat, daß man sein
Unbeherrschtsein versteht. Sein Unberechenbarsein. Und die damit verbundene Rücksichtslosigkeit. Aber das ist natürlich zuviel verlangt, sagte
ich zu den Schwestern. Aber in Rom bin ich ganz anders, sagte ich, da bin
ich nicht so aufgeregt, nicht so unbeherrscht, auch nicht so unberechenbar. Rom beruhigt mich, Wolfsegg bringt mich auf. In Rom beruhigen
sich meine Nerven, obwohl es die aufgeregteste Stadt der Welt ist, in
Wolfsegg aber bin ich immer aufgeregt, obwohl es hier immer am ruhig-
sten ist. Ich bin ein Opfer dieser paradoxen Tatsache, sagte ich zu den
Schwestern. In Rom hatte ich eine ganz andere Ausdrucksweise, sagte ich
zu ihnen, ich redete auch mit allen Leuten ganz anders, das habe mir
Gambetti einmal gesagt, daß ich, aus Wolfsegg nach Rom zurückgekommen, zuerst einmal immer eine sehr aufgeregte Redeweise hätte, die ich
nur hätte, wenn ich in Wolfsegg gewesen bin. Daran wären die Meinigen
schuld, habe ich darauf zu Gambetti gesagt, der meinte, in Wolfsegg käme
mein Denken immer aus dem Rhythmus, sozusagen aus dem *römischen
Rhythmus*. Gambetti sagte oft, ich sei, wenn ich aus Wolfsegg zurückkomme, nicht wiederzuerkennen, mit einem solchen Menschen, wie dem,
der ich sei, wenn ich aus Wolfsegg nach Rom zurückkomme, hätte er sich
niemals anfreunden können, sagte er, denn aus Wolfsegg zurückgekommen sei ich ein vollkommen anderer, ein dem sozusagen römischen ent-
gegengesetzter. Er könne tatsächlich nur mit dem römischen zusammensein, nicht mit dem aus Wolfsegg. Ich brauchte immer mehrere Tage, um,
aus Wolfsegg zurückgekommen, aus mir wieder den römischen Menschen

zu machen, der ihm, Gambetti, meinem Schüler, nützlich sei, dem er
Freund und Schüler sein könne, Gesprächspartner, denn dem Wolfsegger
Menschen könne er das alles gar nicht sein. Wolfsegg sei für mich schädlich, hat Gambetti immer gesagt, sagte ich zu den Schwestern. Es genüge,
daß ich zwei oder drei Tage in Wolfsegg sei und ich sei auf mehrere
Wochen aus dem Gleichgewicht gebracht, hat Gambetti gesagt, sagte ich
zu den Schwestern. Und ich habe nie gewußt, was es ist, das mich immer
in Wolfsegg aus dem Gleichgewicht gebracht hat, die Landschaft oder die
Menschen oder überhaupt die Luft, die aber doch die allerbeste ist, die ich
kenne, sagte ich, die Wolfsegger Luft ist die allerbeste. Sind es mehr die
Mauern oder die Menschen? fragte ich, ich weiß es nicht. Wolfsegg insgesamt ist es, sagte ich. Aber das alles nicht nur zu denken, sondern sogar
auszusprechen, ihnen zu sagen, sei doch unmöglich in Anbetracht der
Tatsache, daß ich jetzt der Erbe von Wolfsegg sei *über Nacht* und Wolfsegg
übernommen habe, wie sie denken mußten, nicht übernehmen werde,
sondern schon übernommen habe, wie ich dachte. Sie mußten die Erbfolge ernst nehmen, stellten sich auch in Wahrheit nichts anderes vor, als
daß sie von mir befolgt wird. Und zwar in allen Einzelheiten und mit allen
Konsequenzen. Ohne Rücksicht darauf, daß sie ja das meiste, das ich
gedacht habe, nicht gehört haben und also gar nicht dem ganzen von mir
Gedachten hatten folgen können, sagte ich jetzt auf einmal laut zu ihnen,
*aber ich bin kein Landwirt, ich bin nicht der, der sich auf den Traktor setzt
wie der Vater. Ich bin kein Traktormensch und ich habe keine Lust, mich mit
Lagerhausdirektoren um einen Sack Kunstdünger herumzustreiten, weil dieser Kunstdüngersack nur halb angefüllt, aber von mir ganz bezahlt worden ist.
Ich bin nicht Johannes,* sagte ich. *Die Eltern haben übersehen, daß ich nicht
Johannes bin.* Zu dieser letzten Bemerkung meinerseits hatte ich noch
etwas ausführlicher werden wollen, aber da hat es so hartnäckig an die Tür
geklopft, daß Caecilia aufgestanden und zur Tür gegangen ist, um sie
aufzusperren. Der Weinflaschenstöpselfabrikant wollte herein. Schweigend setzte er sich an den Tisch, wo für ihn gedeckt war, du hast dich
getäuscht, dachte ich, er ist nicht in den Ort hinuntergegangen, nicht in
die Gasthäuser. Der Schwager war tatsächlich nüchtern und seine Frau
legte ihm ein Stück Fleisch auf den Teller und schenkte ihm ein Glas Wein
ein. Er sei im Gärtnerhaus gewesen die ganze Zeit, sagte der Schwager
jetzt, sich entschuldigend, habe sich aus lauter Müdigkeit ins Gärtnerhaus
zurückgezogen und sei dort eingeschlafen. Schließlich sei er schon um drei

Uhr früh aufgestanden, so sagte er jedenfalls, weil ihn die Schwestern in den Ort hinunter schickten zu den verschiedensten Handwerkern und Geschäftsleuten, alles im Zusammenhang mit dem Unglück. Auch habe er plötzlich *Kopfweh* gehabt. Das kühle Gärtnerhaus sei ihm angenehm gewesen. Ob alles gut vonstatten ginge, fragte er, gleich essend, als hätte er einen Heißhunger, wo er doch zwei oder zweieinhalb Stunden vorher mit mir in der Küche erst gegessen hat, wie ich dachte. Da ich die Art und Weise, wie der Schwager gegessen hat und wie er dabei geschwiegen hat, nicht mehr vertragen konnte, stand ich auf und ging hinaus. Ich dachte, wenn ich von den Schwestern und dem Schwager weggehe, verhindere ich, daß ich ausfällig werde und ich bin ins Vorhaus hinuntergegangen, unbekümmert um die Leute, die dort herumstanden und sich gleich mir zugewandt haben. Ich hatte die Trauermiene aufgesetzt, wie gesagt wird, und bin ganz demonstrativ in die Kapelle hineingegangen und habe mich in eine der mittleren Bänke gesetzt. In der Kapelle war es kühl und angenehm. Daß sie aus diesem Grund meistens als Speisekammer benützt wird, ist zu verständlich, dachte ich. Völlig gedankenlos habe ich mich in die Bank *gekniet*, als ich mir dessen bewußt geworden war, *setzte* ich mich wieder in die Bank. Plötzlich hatte ich das Gefühl, die Titiseetante sei in die Kapelle hereingekommen. Ich drehte mich um, ich hatte mich nicht geirrt. Sie hatte ihre ständige Begleiterin bei sich, eine ihrer Nichten, zwölf- oder dreizehnjährig. Die Titiseetante war verschleiert, dem toten Bruder zuliebe hatte sie sich beinahe völlig schwarz vermummt. Da ich mich von ihr auf gemeine Weise beobachtet fühlte, stand ich auf und ging wieder aus der Kapelle hinaus, nicht ohne der Titiseetante die Hand zu küssen, die sie mir aus ihrer Vermummung entgegengestreckt hatte. Durch das Vorhaus und den Park ging ich allein in die Orangerie. Zwei Jäger hielten dort die Totenwache. Mir kam vor, daß sich der Verwesungsgeruch in der Zwischenzeit verstärkt hat. Ich hob die schwarzen Leichentücher auf, um die Eisblöcke unter den Särgen zu kontrollieren, offensichtlich waren die Eisblöcke erneuert worden in der Zwischenzeit. Ich hatte mir nur einen kurzen Blick auf die Totengesichter erlauben können, ich hatte es nicht ausgehalten, sie längere Zeit anzuschauen. Die beiden Jäger hatten, wie gesagt wird, eine militärische Haltung angenommen, wie ich die Orangerie betreten habe, das war mir widerlich. Beim Hinausgehen empfand ich es noch lächerlicher als vorher, aber ich hatte nicht die Möglichkeit, irgend etwas an dem ganzen abstoßenden Zeremoniell zu verändern, das meine Schwestern, vor allem Caecilia, so haargenau nach der Vorschrift arrangierten und die es sich auch nicht hatten nehmen lassen, bis in die kleinste Einzelheit alles in dem sogenannten Begräbnisplan Vorgeschriebene durchzuführen. Andererseits dachte ich gleichzeitig, daß diese Zeremonie ganz zu Wolfsegg paßt und daß es unsinnig wäre, sie zu zertrümmern. Alles ist hier richtig, dachte ich, ob es Anstoß erregt oder nicht. Zweifellos aber waren die Jäger zu beiden Seiten des Katafalks komische Figuren, wie aus Zinn, von einem theaterbegeisterten Kostümschneider ausstaffiert. Die Gärtner wechselten, während ich an den Särgen stand, das Wasser der Blumenkübel. Wieder hatte ich den Unterschied zwischen den Jägern und den Gärtnern deutlich sehen können, die Jäger waren die Lächerlichen, die Künstlichen, die Gärtner die Natürlichen. Das brachte in mir auch gleich wieder ein Vergleichsdenken in Gang, welches ich, gänzlich unbekümmert der Tatsache, daß ich vor den Aufgebahrten stand, sogleich mit dem größten Vergnügen anstellte, was die Jäger zum Unterschied von den Gärtnern sind, was sie darstellen in ihrem Unterschied. Es ist ja von außen, sagte ich mir, nicht erkennbar, was ich denke und daß ich über den Unterschied zwischen Jäger und Gärtner nachdenke, schon gar nicht, über die Verfassung der Jäger und über die Verfassung der Gärtner und wie sich diese zwei Verfassungen gegenseitig verhalten. Die Leute denken, ich habe einen Begräbnisgedanken, dachte ich, aber ich dachte nicht im geringsten an das Begräbnis, während ich vor den Särgen stand, unmittelbar vor den Leichen. Die Gärtner sind die mit den feinen Nerven, dachte ich, die Jäger stellen die brutalisierte Welt dar. Wenn wir diese beiden durch die Wolfsegger Umstände miteinander beschäftigen, haben wir den Reiz, den Wolfsegg natürlich auch ausmacht, dachte ich. Wolfsegg hat einen großen Reiz für den, der in ihm nur diesen Reiz zu sehen gewillt ist. Die Leute kommen ja immer her und sagen, was für einen großen, besonderen Reiz Wolfsegg für sie hat. So kann Wolfsegg auch gesehen werden, als das Reizvollste, das sich denken läßt als einen Landbesitz. Aber mir ist diese Betrachtungsweise nicht mehr möglich, sie ist mir nie möglich gewesen, dachte ich. Ich kann sie nicht mehr haben. Ich habe sie mir verdorben, dachte ich im Hinausgehen. Der Park war menschenleer. Der Rest der Familie nachtmahlt noch, dachte ich, zu den Fenstern über dem Balkon hinaufschauend. Auch *sie* sind zu dritt, sagte ich mir, der Schwager, Caecilia, Amalia. Und haben sich eingesperrt möglicherweise. Das fortwährend Aufgebrachte in mir, wie entkomme ich ihm? fragte ich

mich. Mein Auftreten muß sie ja alle vor den Kopf stoßen, nicht nur die
Schwestern, nicht nur den Schwager, alle habe ich vor den Kopf gestoßen,
dachte ich. Aber in Wahrheit bin ich gar nicht der Vordenkopfstoßer, den
sie mich seit Kindheit genannt haben, dachte ich, gleich darauf aber, ich
bin doch dieser Vordenkopfstoßer. Zu Gambetti habe ich gesagt, ich
werde jetzt ganz vorsichtig mit den Schwestern alles besprechen, den
Schwager in diese Besprechungen einbeziehen müssen, alles vorsichtig
angehen, Gambetti, hatte ich in Rom zu ihm gesagt, das gleiche auch zu
Zacchi und auch Maria gegenüber habe ich immer wieder gesagt, daß ich
jetzt in Wolfsegg vorsichtig vorzugehen habe, aber ich ging nicht im geringsten vorsichtig vor bis jetzt, dachte ich, ich habe im Gegenteil auf
nichts Rücksicht genommen, auf niemanden und daß es kein Wunder ist,
daß sie mich als rücksichtslos, ja gemein empfinden müssen durch mein
Auftreten, das nichts anderes ist als ein rücksichtsloses. Aber ich habe ganz
einfach nicht anders auftreten können, sagte ich mir, ich habe ganz einfach
keine andere Möglichkeit ihnen gegenüber gehabt. Ich bin der ganzen
Situation nicht gewachsen, und ich habe diese Situation ja auch nicht
verschuldet, *heraufbeschworen,* dachte ich. In diesem Augenblick war Spadolini angekommen. Ich führte ihn gleich zu den Schwestern hinauf,
Caecilia ging mit ihm in das Vaterzimmer, wo er, wie er sich ausdrückte,
Toilette machen wollte. Währenddessen hatte ich mich in der linken oberen Bibliothek aufgehalten, sie war abgesperrt gewesen und ich hatte mir
von Caecilia die Schlüssel von allen unseren Bibliotheken geholt, daß ich
alle fünf Bibliotheken am kommenden Morgen aufsperren werde, habe
ich gedacht, noch bevor die sogenannten Begräbnisfeierlichkeiten ihren
Anfang nehmen. Ich hatte mich mit dem *Siebenkäs* in den Fenstersessel
gesetzt, aber ich hatte natürlich nicht die dafür notwendige Ruhe, auch
ging mir Spadolini nicht aus dem Kopf, der unerhörte Eindruck, den er
wieder auf mich gemacht hat, war stärker, als der *Siebenkäs,* ich legte das
Buch weg. Daß sich der *Siebenkäs* in dieser Bibliothek befindet, war mir
bekannt, hier waren die Bücher aus der Periode des Jean Paul untergebracht, irgendwann hatte einer unserer Vorfahren die Bücher in den Bibliotheken geordnet, kein Mensch kann mehr sagen, wer. Aber die müssen
noch Kultur gehabt haben, dachte ich, die Jetzigen haben keine Kultur.
Aber was heißt das, *Kultur haben?* fragte ich mich. Wenn wir sagen, die
haben Kultur, die andern haben keine, ist das unsinnig, dachte ich, wir
sagen das gedankenlos. Spadolini hatte nur eine kleine schwarze Reiseta-

sche in der Hand gehabt, dachte ich, auf dem Fenstersessel sitzend. Dann
hörte ich, daß er sich duschte, denn die Bibliothek schließt ja an das
väterliche Zimmer an, ich stellte ihn, Spadolini, mir unter dem Wasserstrahl vor, den genießenden Spadolini, ich kenne nur den genießenden
Spadolini, dachte ich. Ich streckte die Beine aus, drehte das Licht ab und
dachte an meine Zusammenkunft mit Maria, der ich ein Manuskript
gegeben habe zur Durchsicht. Es ist, wie alle meine Manuskripte, schlampig geschrieben, wenn ich wieder in Rom bin, wird sie es mit mir durch-
sprechen, es zerlegen, daraufhin werde ich es wegwerfen, wie alles von mir,
was ich ihr jemals zum Lesen gegeben habe. Ich habe mehr Manuskripte
weggeworfen, als aufgehoben, dachte ich, die aufgehobenen darf ich nicht
mehr anschauen, sie deprimieren mich, sie geben das von mir Gedachte
nur auf lächerliche Weise wieder, nicht der Rede wert. Meine Manuskripte
sind nichts wert, sagte ich mir, aber ich habe es nicht aufgegeben, mich
immer wieder an Niederschriften zu versuchen, mich sozusagen am Geist
zu vergreifen, dachte ich. Maria ist die Unbestechliche, die mit meinen
Manuskripten so verfährt, wie sie es verdienen, dachte ich. Habe ich das
von ihr geprüfte Manuskript weggeworfen, bin ich erleichtert, dachte ich.
Dann umarme ich sie und wir sehen beide zu, wie das Manuskript in
ihrem Ofen verbrennt. Das ist mit Maria zusammen immer ein Höhepunkt, ein Glückszustand, dachte ich. Kein Mensch außer Maria, ist imstande, mir klar zu machen, daß meine Manuskripte nichts wert sind, daß
sie ins Feuer geworfen gehören. Den *sich an der Philosophie Vergreifenden,*
hat sie mich einmal genannt, *den sich am Geist Versündigenden.* Sie hatte
nur einen Scherz machen wollen, aber ich nahm diese Äußerung ihrerseits
als die bittere Wahrheit. Aber ich habe nicht aufgegeben, sagte ich mir.
Schon habe ich wieder etwas im Kopf. *Auslöschung* heißt es möglicherweise, dachte ich, ich werde damit alles auszulöschen versuchen, das mir
einfällt, alles, das in dieser *Auslöschung* niedergeschrieben ist, wird ausgelöscht, sagte ich mir. Ich hatte an diesem Titel Gefallen gefunden, es ging
eine große Faszination für mich von diesem Titel aus. Wo er mir eingefallen ist, wußte ich nicht mehr. Ich glaube, er ist von Maria, die mich ja
auch einmal einen *Auslöscher* genannt hat. Ich bin ihr *Auslöscher,* hat sie
behauptet. Und das, was ich zu Papier bringe, ist *das Ausgelöschte.* In Rom
werde ich den Versuch machen, *die Auslöschung* zu schreiben, aber sie wird
mich ein Jahr in Anspruch nehmen und ich weiß nicht, ob ich die Kraft
habe, mich *ein Jahr nur für diese Auslöschung* parat zu halten, dachte ich.

Mich darauf zu konzentrieren. *Ich werde die Auslöschung schreiben* und immer wieder mit Gambetti die *Auslöschung* Betreffendes besprechen, und mit Spadolini und Zacchi und natürlich mit Maria, dachte ich, ohne daß die wissen, daß ich die *Auslöschung* im Kopf habe, alles die *Auslöschung* Betreffende mit ihnen *diskutieren*. Meine Sehnsucht nach Rom war größer als alles andere. Am liebsten würde ich gleich mit Spadolini wieder nach Rom zurückfahren, dachte ich. Es schmerzte mich, mir eine abschlägige Antwort geben zu müssen. Spadolini fährt morgen schon wieder nach Rom zurück, du bleibst in Wolfsegg. Das ist deine Lebensstrafe, dachte ich. Mit Maria zu Abend essen, sagte ich mir, *das* wäre es jetzt, mit ihr über ihre neuen Gedichte sprechen. Ihr zuhören. Ihr vertrauen. Ihr den Wein einschenken. Ich nahm wieder den *Siebenkäs* in die Hand, schlug ihn auf, machte Licht und dachte, ob es nicht verkehrt gewesen ist, völlig falsch, Gambetti den *Siebenkäs* gegeben zu haben. Daß ich ihm den *Prozeß* gegeben habe, ist richtig, aber nicht, daß ich ihm den *Siebenkäs* gegeben habe. Und anstatt *Esch oder die Anarchie* hätte ich ihm den *Schopenhauer noch einmal* geben sollen. Nun hat er sich bereits im *Siebenkäs* eingelesen, um sich im *Siebenkäs* festzulesen, dachte ich. Ich stellte ihn mir in seinem Arbeitszimmer vor, wie er von seinen Eltern abgeschirmt sich ganz seiner Neigung, der deutschen Literatur also, hingeben kann, völlig in Ruhe gelassen. Und wie er doch nichts anderes im Kopf hat, als die Welt zu zersägen und in die Luft zu sprengen. Vielleicht höre ich einmal einen fürchterlichen Knall, dachte ich, und Gambetti hat tatsächlich die Welt in die Luft gesprengt, daß er also Ernst gemacht hat mit seinen Gedanken. Er selbst träumte bis jetzt nur davon, daß er die Welt in die Luft sprengt, sie zersägt und in die Luft sprengt. Aber diese Leute wie Gambetti, sagte ich mir, ich verbesserte mich gleich und sagte, diese Menschen, machen eines Tages wahr, was sie Jahrzehnte nur phantasiert haben, wenn ihnen die Möglichkeit dazu gegeben ist. Gambetti ist nicht nur der geborene *Phantasierer,* er ist auch *der geborene Ausführer seiner Phantasien.* Immer warte ich auf den großen Knall, dachte ich, die Beine hatte ich ausgestreckt, ich horchte und hörte Spadolini unter dem Wasserstrahl. In der Bibliothek waren tausende Fliegen eingesperrt, alle tot, lagen auf dem Boden, von vielen Jahren auf mehreren Haufen unter meinen Füßen. Niemand hat sie jemals weggekehrt, sie haben die Bibliotheken nicht betreten, jetzt habe ich die Schlüssel in der Hand und werde sie aufsperren, dachte ich, aber nicht heute, heute bin ich zu müde dazu, morgen, gleich in der Frühe, noch bevor die Sonne aufgegangen ist. Alle fünf Bibliotheken werde ich *für immer aufsperren,* dachte ich und mit diesem Gedanken stand ich auf und trat ans Fenster und schaute zur Orangerie hinüber. Für Maria wäre dieser Anblick etwas ganz und gar Großartiges, dachte ich, Anregung nicht nur für ein Gedicht. Die Gärtner gingen noch immer mit neuen Kränzen und Buketten von der Meierei herüber in die Orangerie, sie werden heute nicht Arbeitsschluß machen, dachte ich. Die ganze Nacht haben sie tätig zu sein. Die Szene war durch und durch theatralisch. Und da ich glaubte, Spadolini werde mit Sicherheit noch mindestens eine halbe Stunde Toilette machen, ging ich aus der Bibliothek hinaus und ins Vorhaus hinunter. Es war halb neun, kein Mensch war mehr da. Ich ging in die Kapelle, die Titiseetante hatte sich längst in ihr Zimmer zurückgezogen. Ich setzte mich genau auf den Platz, auf welchem zuerst die Titiseetante gesessen war mit ihrer jungen, ich muß sagen, schönen Begleiterin. Die Greisin und das junge Mädchen, dachte ich, die Beschützerin und die Beschützte und umgekehrt. Ich kniete mich wieder hin, genauso gedankenlos wie vorher, setzte mich wieder und dachte, daß die Kirchenfürsten insgesamt ein böses Spiel treiben, denn sie betrachten die Kirche nur als ungeheuerliches Weltschauspiel, in welchem sie die Hauptrollen spielen. Und alle diese Kirchenfürsten drängen sich in den Vordergrund und prunken. Sie mögen sagen, was sie wollen, sie erkennen natürlich, daß es sich um das größte, gleichzeitig verlogenste Schauspiel handelt, das jemals gespielt worden ist. Spadolini spielt immer nur an der Rampe, immer in nächster Nähe des Hauptdarstellers, des Papstes. Aber doch nicht *so* nahe, daß er mit ihm sterben und stürzen könnte. Er hat drei Päpste überlebt, dachte ich, in der Kapellenbank kniend, und er wird, da auch der jetzige schon an einer Todeskrankheit zu leiden hat, wie bekannt ist, auch diesen vierten überleben und noch glanzvoller auftreten, als bisher. Spadolini ist der von dem Kirchenschauspiel vollkommen Besessene. Zuerst hatte ich gedacht, ich habe Zeit, um in die Meierei hinüber zu gehen, die Stallungen aufzusuchen, was ich immer, wenn, dann in dieser Stunde getan habe, wenn die Tiere völlig ruhig geworden sind, aber dann dachte ich, ich kann Spadolini nicht vor den Kopf stoßen, indem ich ihn allein lasse, auch in den Ort hatte ich ursprünglich hinuntergehen wollen, um Alexander zu suchen, das hatte ich aber schon bald aufgegeben, denn ich wollte mich den Blicken der Ortsleute nicht aussetzen, nicht an diesem Tag, nicht an diesem Abend. Spadolini und Alexander habe ich einmal in Brüssel zusammengebracht, aber das Experiment, nämlich, daß sich die beiden, der Kirchenfürst und der Phantast, so lange unterhalten werden, bis sie sich einig sind, war mir nicht gelungen, ich hatte sozusagen mit mir selbst gewettet und die Wette verloren. Einmal war Spadolini Alexander überlegen, dann wieder Alexander Spadolini, es war ein Vergnügen gewesen, den beiden zuzuhören, sie gegenseitig auftrumpfen zu sehen, der Geisteskampf, wie ich ihn nennen will, ist unentschieden ausgegangen. Spadolini hat oft geäußert, daß er Alexander wieder treffen will, umgekehrt auch Alexander, daß er Spadolini wieder einmal gern gesehen hätte. Dieser unglückliche Umstand, dachte ich, daß Spadolini, der Kirchenfürst, bei uns wohnt und Alexander, der Phantast, von den Schwestern in den Ort hinunter verbannt ist. Einen Augenblick hatte ich den Gedanken, dann, wenn Spadolini fertig ist, mit diesem in den Ort hinunter zu gehen, um gemeinsam Alexander zu suchen, diesen Gedanken aber wieder aufgegeben, das konnte ich Spadolini nicht zumuten, schon in der ersten Stunde, noch bevor er überhaupt einen Bissen gegessen hat, mit mir auf die Alexandersuche zu gehen. Und Spadolini hätte mein Angebot auch abgelehnt, das war er den Schwestern schuldig, die inzwischen im sogenannten Salon saßen, auf nichts anderes wartend, als auf Spadolini, die Exzellenz aus Rom. Es kam mir einen Augenblick lang pervers vor, ausgerechnet in der Kapelle zu sitzen, in welcher ich einmal mit Maria gesessen bin, nach einem Waldspaziergang, vor drei Jahren hatte ich mich einmal mit Maria hier getroffen, als sie aus Paris nach Rom zurückfuhr und ich sie eingeladen habe. Die Eltern waren verreist, die Schwestern hatten den Eltern, als sie wiedergekommen sind und ich mit Maria längst wieder in Rom gewesen war, Unsinniges berichtet, Lügenhaftes, dachte ich jetzt. Maria war naturgemäß von Wolfsegg begeistert gewesen, *die beste Luft, die ich je eingeatmet habe,* sagte sie, zwei ausgedehnte Spaziergänge über den Hausruck habe ich mit ihr gemacht, einen bis nach Haag, von wo aus wir mit der Bahn zurückgefahren sind. Johannes hat uns in Lambach vom Zug abgeholt. Von Johannes hat Maria gesagt, er sei *einfältig, aber ein lieber Mensch.* Die Abende verbrachten wir im Ort, in dem immer nervenberuhigenden Gasthof *Brandl,* einmal waren wir aber auch in Ottnang gewesen, beim *Gesswagner,* in dem von mir geliebten simplen Wirtshaus und Maria war dort unerhört gesprächig geworden, hatte sofort Kontakt gehabt mit den Wirtsleuten, mit allen Gästen, das war ganz und gar außergewöhnlich, denn sie hat ja immer Kontaktschwierigkeiten mit den

einfachen Leuten gehabt, mehr als ich, die ich sie im Grunde niemals
gehabt habe, jedenfalls nicht, was die *einfachen Leute* betrifft, mit den
Proletariern ist es etwas anderes. Vor allem mit der Gesswagnerin hat sie
sich gut verstanden und ihr sogar, was sie sonst nie getan hat, aus ihrem
Leben erzählt. Es stellte sich heraus, daß Maria eine ähnliche Kindheit
gehabt hat, wie die Gesswagnerin, die ich nur als gut aufgelegt kenne.
Wolfsegg, hat Maria damals gesagt, *gefällt mir, aber deine Leute gefallen mir
nicht.* Diesen von ihr gesprochenen Satz habe ich noch heute im Ohr.
Maria war nicht zu bewegen gewesen, noch einmal nach Wolfsegg zu
kommen. Es ist nichts für mich, hat sie gesagt. Sie hat in Wolfsegg nichts
geschrieben. Auch wochenlang nach dem Aufenthalt in Wolfsegg nichts.
Wolfsegg ist keine Gegend für Dichtung, hat sie gesagt. Für *ihre* Dichtung
nicht, dachte ich jetzt und stand auf und ging aus der Kapelle hinaus.
Spadolini war schon bei den Schwestern. Ihm war sogar eine heiße Suppe
gemacht worden von der in die Küche befohlenen Köchin, einen warmen
Braten haben sie ihm aufgetragen. Der Schwager saß ihm gegenüber,
staunend, wie ich gleich gesehen habe, mit weit offenem Mund, das ist die
Wahrheit. Er war in seinem Leben noch nie einem richtigen Erzbischof
gegenübergesessen, einer *tatsächlichen Exzellenz,* und war zum Schweigen
verurteilt während der ganzen Zeit, die auf mein Eintreten folgte. Ich
hatte mich neben Caecilia gesetzt, trank ein Glas Wein und ein zweites
und genoß es richtig, Spadolini zuzuhören, wie er in der Lage gewesen
war, gleich eine Unterhaltung in Gang zu bringen und zu führen. Es ist,
sagte er zu uns, als ob jeden Augenblick die Eltern hereinkommen würden. *Als ob eure Mutter hereinkäme jeden Augenblick.* Tatsächlich hatte
sich, wie sich denken läßt, seit dem Tod der Eltern hier noch nichts
verändert, nicht die geringste Veränderung war sichtbar gewesen, wo sich
in Wirklichkeit in uns schon alles verändert hatte. Auch in Spadolini, das
war selbstverständlich. Er habe unseren Vater hoch geschätzt, er sei *edel*
gewesen, sagte er, er als Italiener konnte sich dieses *edel* erlauben, und *wie*
er dieses *edel* ausgesprochen hat, war charakteristisch für ihn, das erste *wie*
das zweite *e* gleich betonend, sich des geglückt ausgesprochenen Wortes
bewußt, umschauend, die Wirkung genießend. Mit dem Vater habe ihn
eine lebenslängliche Freundschaft verbunden, wieder *eine edle Freundschaft.*
Aus jedem anderen Mund wäre eine solche Formulierung unerträglich
gewesen, von Spadolini ausgesprochen war sie nichts anderes als exzellent.
Den Vater habe er noch vor unserer Mutter kennengelernt, bei einem

Abendessen in der Gentzgasse in Wien, im Palais des irischen Botschafters, gleich nach dem Krieg, wie er sagte, *in der Zeit der allergrößten Not.* Der Vater sei ihm sofort unter allen Gästen dort aufgefallen als der Ungewöhnlichste, *als feiner Charakter, bestens erzogener Mensch.* Mit ihm habe er sich am liebsten unterhalten, der Vater habe ihn dann auch gleich nach Wolfsegg eingeladen, *damals war ich noch Nuntiaturrat,* so Spadolini. Wolfsegg habe ihn *fasziniert,* so etwas habe er in seinem Leben vorher noch nicht gesehen, Bauwerke von solcher österreichischen Eleganz und Größe, Herrschaftlichkeit, gleichzeitig Natürlichkeit, *solche freundlichen Menschen und ein so ausgezeichnetes Essen.* Die Mutter habe ihn *wie einen Sohn* begrüßt, so Spadolini. Der Vater habe ihn anläßlich einer Reise nach Palermo in Rom aufgesucht mit Johannes, er habe die beiden durch Rom geführt, aber dabei immer an Wolfsegg denken müssen, an seine Herrlichkeit. Wenn die Italiener Herrlichkeit sagen, klingt es wie Ehrlichkeit, mehrere Male hat Spadolini geglaubt, er sagt Herrlichkeit und hat doch immer Ehrlichkeit gesagt, das belustigte mich, ebenso die Schwestern, aber nicht in dem Sinne von lustig machen, sondern in dem von angenehm, charmant. Spadolini spricht außerdem hochmusikalisch, denke ich. Er schilderte den Vater als einen bedächtigen Menschen, der den Seinigen alles Gute gewesen ist, sich nie in Szene gesetzt habe, alles nur für die Seinigen getan und sich überall, wo er hingekommen sei, beliebt gemacht habe. Die Pferde, sagte Spadolini, waren seine liebsten Tiere. Mit den Tieren war euer Vater am glücklichsten, wenn er nur mit seinen Tieren zusammensein konnte. Und die Jagd, sagte Spadolini. Er sei oft mit dem Vater auf die Jagd gegangen, auch wenn eure Mutter dabei immer Angst gehabt hat. Die Jäger sind unberechenbar, sagte Spadolini mit einem doppelten oder gar dreifachen *r* am Ende, also unberechenbar*rr.* Der Vater sei *ein tatsächlicher Fürst* gewesen, ein tatsächlicher Aristokrat. Und ein gescheiter Mensch. Von hoher Bildung. Spadolini sah einen anderen Vater als ich, auch einen andern, als meine Schwestern. Jeder sieht immer einen andern, wenn er auch denselben beschreibt, dachte ich. So viele Beschreiber, so viele Seher, jeder aus einer andern Richtung, aus einem andern Blickwinkel heraus auf dieselbe Person, also so viele Anschauungen ein und desselben Menschen, sagte ich mir, und Spadolini hat wieder eine andere als wir, eine ungewöhnliche allerdings, dachte ich, außergewöhnliche, die den Vater zweifellos auch in Anbetracht seines Todes unbedingt höhergestellt hat, als er ihn tatsächlich empfunden haben mag auch während der jetzigen Erzählung. Der Vater sei gescheiter gewesen, als andere, *ausgestattet mit so vielen Interessen* wie kaum *ein Mensch seines Standes.* Der Vater sei der *beruhigendste Mensch* gewesen einerseits, *der unruhigste* schon ein paar Sätze später. Ein Beispiel für einen *anständigen Menschen. Ein großer Herr. Ein Philosoph. Ein bescheidener Mensch. Ein großzügiger Mensch. Ein alles zusammenhaltender, ein vernünftiger, ein guter, gleichzeitig ein beherrschter und beliebter.* Spadolini sparte sich keine lobende Bezeichnung, meinen Vater betreffend. In Kairo habe er ihn getroffen, sie seien zusammen *in die Cheopspyramide gekrochen,* sagte Spadolini, über die Holzbretter immer höher hinauf, bis sie erschöpft waren. In Alexandria hatten sie an uns eine Karte aufgegeben, die niemals angekommen sei. In Rom sei er mit unserem Vater immer auf die Via Veneto gegangen, denn der Vater habe die Via Veneto geliebt. Euer Vater liebte Rom, behauptete Spadolini. Man hat *so gut Wein trinken gehen können mit eurem Vater,* sagte er. Euer Vater war *ein philosophischer Mensch,* sagte er. Er hatte *eine große politische Bildung.* Im Grunde dachte ich, daß alles, was Spadolini jetzt über den Vater sagte, während er sein Nachtmahl gegessen hat in unserer Gegenwart, falsch ist, alles das, das Spadolini jetzt über den Vater gesagt hat, ist völlig falsch. Ich hatte genau das Gegenteil über den Vater gesagt, daß er weder ein vernünftiger, noch ein beherrschter, noch ein philosophischer Mensch gewesen ist, undsofort. Spadolini hat einen Vater gezeichnet, den es nicht gegeben hat, der er aber jetzt in Spadolinis Kopf zu sein hatte, dachte ich. Aber obwohl alles falsch ist, das Spadolini über den Vater gesagt hat, dachte ich, hatte es doch den Anschein des Authentischen. Wir hören sehr oft über einen Menschen lauter Unsinn und lauter Unwahrheiten und Falschheiten sagen, dachte ich, und glauben, es sei das Authentische über diesen Menschen, einfach die Wahrheit, weil es ein solcher überzeugender Mensch wie Spadolini gesagt hat. Aber in diesem Fall überzeugte mich Spadolini nicht, ganz offensichtlich hat er vom Vater ein Bild gezeichnet, das er von ihm haben *wollte,* nicht das, das der Wahrheit und Wirklichkeit entspricht, dachte ich. Der Vater war völlig anders, als der, den Spadolini gerade skizziert hat, dachte ich. Der spadolinische Vater war der mit der größten Selbstverständlichkeit von Spadolini idealisierte und nicht einmal geschmacklos idealisiert von Spadolini, dachte ich, denn Spadolini hat seine Vaterskizze so charmant vorgetragen, ohne den Trauerton außer acht zu lassen, der jetzt angebracht war angesichts der Tatsache, daß der Vater erst zwei Tage tot war, daß die tatsächliche Geschmacklosigkeit seiner Verfälschung nicht zum Vorschein kommen konnte, wie er selbst wußte, denn er war zu intelligent, um nicht zu bemerken, wie geschmacklos letzten Endes doch das Bild ausgefallen ist, das er uns vorgemalt hat von unserem Vater, der zwar anständig war, wie Spadolini gesagt hat, beruhigend, ein Herr wahrscheinlich auch, aber alles andere nicht. Die Schwestern aber hingen an den Lippen Spadolinis, als wären sie nichts als die Verkünder der Wahrheit und des Tatsächlichen, wie ihre Gesichter bewiesen. Spadolini vermied es lange Zeit, auf die Mutter zu sprechen zu kommen und hielt sich lange beim Vater auf, der Vater war ihm, obwohl im Grunde gar nicht interessant genug, um von ihm so lange und so ausführlich zu sprechen, doch ein Mittel, von der Mutter, von der Geliebten, wie ich denken mußte, abzulenken. Und doch wußte Spadolini genau, daß, während er von unserem Vater gesprochen hat, wir alle darauf warteten, daß er von unserer Mutter spricht. Mit dem Vater habe er einmal eine *Bergtour auf den Ortler* gemacht, sagte er, da habe der Vater ihm das Leben gerettet, indem er ihm, Spadolini, im letzten Moment ein Seil zugeworfen habe an einer Felswand, *im allerletzten Moment,* so Spadolini. Es störte ihn nicht im geringsten, daß er allein aß und wir nur daneben saßen. Wir dachten nur, wie es ihm schmeckt. Die Küche hatte sich für Spadolini besonders angestrengt, es war ihm kein schnelles Essen gegeben worden, sondern ein sorgfältig vorbereitetes, wie ich gleich gesehen habe. In Sitten in der Schweiz, also im Rhonetal, sei er mit unserem Vater in eine kleine Kirche hineingegangen, *in eine romanische,* wie Spadolini sagte, in dieser Kirche hatten sie ein Christusbild gesehen, das den Gottessohn mit einem merkwürdig verzerrten Gesicht, *einem krankhaft verzerrten Gesicht* zeigt. Der Vater soll zu ihm, Spadolini, gesagt haben, das Bild habe ihn so beeindruckt wie kein zweites jemals von ihm gesehenes Bild. Der Vater sei *ein großer Kunstkenner* gewesen, auch *ein Freund der Künstler.* An dem Wort *Künstler* hat Spadolini Gefallen gefunden und es gleich mehrere Male ausgesprochen nur, um sich selbst daran zu erfreuen. Er war *ein Naturmensch,* sagte Spadolini. *Ein Mann des Rechts,* sagte er darauf und daß der Vater in einem guten Verhältnis zu seinem Glauben gestanden sei. *Euer Vater war ein guter Katholik,* sagte er, dabei blickte er auf meine Schwestern. Mit dieser Bemerkung hatte er seine Charakterisierung unseres Vaters abgeschlossen, gleichzeitig auch aufgehört, zu essen. Kein Mensch wischt sich so elegant mit der Serviette den Mund ab wie er, dachte ich. Caecilia schenkte ihm Wein ein, er lehnte sich

zurück und sagte, daß er morgen abend wieder in Rom sein müsse, der
Papst habe ihn zu sich gebeten, aber man wisse bei diesem Papst nie, ob er
den, den er zu sich gebeten habe, auch wirklich zu dem angegebenen
Zeitpunkt empfange. In Rom herrschten jetzt die fatalsten Verhältnisse,
das politische Klima habe sich verschärft, die Kommunisten und die Faschisten zielten beide auf eine baldige Machtübernahme. Aber es wird
weder den Faschisten, noch den Kommunisten gelingen, an die Macht zu
kommen, sagte er. Wenn er aus dem Haus ginge, wisse er nicht, ob er noch
einmal lebend zurückkomme, die Faschisten schießen die Leute ganz einfach ab, gleich, ob sie mit ihrer Sache etwas zu tun haben oder nicht, nur
daß sie auf sich aufmerksam machen, sagte er. Es sei *eine unruhige, eine
entsetzliche Zeit.* Andererseits auch die *interessanteste, die Italien jemals
gesehen hat.* Ich bin so an Rom gebunden, sagte er, daß ich mir gar nicht
vorstellen kann, wieder wegzugehen, obwohl ich selbst ja nicht bestimmen
kann, ob ich bleibe oder nicht. *Ich bin den höheren Mächten ausgeliefert,*
sagte er. Ich fragte mich, worin besteht meine Bewunderung Spadolinis.
Er selbst gibt die Antwort, allein durch seine Anwesenheit, dachte ich.
Wie er etwas sagt und sich dabei zur Schau stellt, nicht *was* er sagt, ist das,
das meine Bewunderung herausfordert, dachte ich. Er sagt alles anders als
alle andern, dachte ich. Ganz ungeniert hat er dann plötzlich von unserer
Mutter gesprochen. Obwohl sie nicht zu beschreiben sei, so er, beschrieb
er sie. Immer elegant, sei *sie* es gewesen, die ihn zum ersten Mal in die
Wiener Oper geführt habe, in den *Rosenkavalier,* durch sie habe er die
berühmtesten Sängerinnen, die an der Wiener Oper gesungen haben,
kennengelernt und bis heute zu diesen Sängerinnen freundschaftlichen
Kontakt, durch unsere Mutter sei er auf die österreichische Musik gekommen, denn sie habe ihn in die philharmonischen Konzerte mitgenommen,
wenn sie in Wien gewesen ist, an der Seite unseres Vaters seien sie in den
sogenannten *Musikverein* und ins Konzerthaus gegangen, vornehmlich
habe er es unserer Mutter zu verdanken, daß er soviel Mahler gehört habe
in Wien, auf den ihn unsere Mutter aufmerksam gemacht habe, den sie
dann tatsächlich geliebt habe, in jedes Mahlerkonzert sei er mit unserer
Mutter gegangen, sagte er, unsere Mutter sei *hochmusikalisch* gewesen und
er habe es immer bedauert, daß sie kein Instrument gespielt hat, obwohl
sie wahrscheinlich, so er, *eine große Pianistin* geworden wäre, er habe seine
Abberufung aus Wien vor allem deshalb bedauert, weil er auf einmal,
durch seine überseeischen Posten vor allem, von der Musik getrennt wor-

den sei. Die Mutter sei mit ihm donauaufwärts nach Dürnstein gefahren, in die Wachau, hätte ihn durch Salzburg geführt, ihm das Salzkammergut gezeigt und, schon bald nach ihrer ersten Begegnung, nach Paris eingeladen, wo er damals noch nie gewesen war. Als Nuntiaturrat habe er noch nicht die Reisemöglichkeiten gehabt wie später als Nuntius, sei er noch ziemlich, so er selbst, *eingeengt gewesen*. Unsere Mutter habe ihn nach Florenz eingeladen, wo sie mit meinem Vater mehrere Herbstwochen verbrachte und ihm Florenz erst richtig gezeigt, er sei vorher schon oft in Florenz gewesen, aber unsere Mutter habe ihn *die Uffizienstadt lieben gelehrt*. Daß er Oberösterreich so gut kenne, sei das Verdienst unserer Mutter, diese *errlichen Seen und Berge, das Tote Gebirge, den hohen Priel,* sagte er. Und alle diese errlichen Schlösser, die es sonst nirgends gibt. Dieses ganze errliche oberösterreichische Land, das schönste aller österreichischen, meinte er. Unsere Mutter habe er immer tief verehrt, ja ihre außergewöhnliche Art nur lieben können. Diese über dreißig Jahre andauernde Freundschaft wie keine zweite. Unsere Mutter habe ihn *gesund gemacht,* sagte er, ihm immer wieder die besten Medizinen gegeben, ihn immer in schwerster Stunde aufgesucht, wenn er *auf dem Krankenlager* gelegen sei, mehr oder weniger in hoffnungslosem Zustand, von den Ärzten alleingelassen. Euere Mutter war mir immer der beste Arzt gewesen, sie brachte mir *diese oberösterreichischen Kräuter* nach Rom, die mich geheilt haben, sagte er. Ich verdanke mein Leben vielleicht überhaupt nur diesen oberösterreichischen Kräutern, meinte er, die mir eure Mutter nach Rom mitgebracht hat, sie habe keine Mühe gescheut, ihn aufzusuchen, auch unter den schwierigsten Umständen sei sie nach Rom gefahren, um ihn zu retten. *Mit ihren Heilkräutern hat sie mir das Leben errettet,* rief Spadolini aus und meinte, die mütterlichen Heilkräuter aus Oberösterreich hätten ihn *der Menschheit erhalten,* wörtlich und ziemlich pathetisch, aber doch ohne geringste Peinlichkeit, weil mit dem größten Charme, hat er das ausgerufen. Sollte es sich als notwendig erweisen, sagte er, werde ich dem Papst diese Heilkräuter aus Oberösterreich empfehlen, sagte er. Daran schloß er ein minutenlanges Schweigen, in welches sich keiner von uns hineinzureden getraute. Der Schwager saß Spadolini völlig fassungslos gegenüber, wie gesagt wird. Die Schwestern hatten sich ganz diesem gerade zu dem richtigen Zeitpunkt gesetzten Schweigen Spadolinis untergeordnet. Dann sagte Spadolini, daß er erst vorige Woche noch mit unserer Mutter eine Reise nach Kalabrien verabredet gehabt habe, die jetzt

hinfällig geworden sei. Zu den Trullis, sagte er. Kalabrien sei ein uralter
Wunschtraum der Mutter gewesen, den habe sie sich im Frühsommer
erfüllen wollen. Aber auf einmal, sagte Spadolini, ist alles anders. Er kam
dann auf den Ausflug auf den Ätna zu sprechen, den er mit unserer Mutter
und mit mir gemeinsam von Taormina aus unternommen hat vor mehreren Jahren, ich glaube, vor fünf oder sechs Jahren hat mich die Mutter in
Rom aufgesucht, tagelang bin ich mit ihr durch Rom gelaufen, um ein
Paar Schuhe für sie zu suchen, die sie sich in den Kopf gesetzt hatte, blau
mußten sie sein und aus einem ganz bestimmten Schweinsleder, so dünn
und weich wie Handschuhleder und wir haben, nach tagelangem Suchen,
tatsächlich ein ihr entsprechendes Paar Schuhe gefunden. Sie kaufte drei
Paare davon. Zu mehreren Abendessen mit ihr bekannten, aber mit uns
nicht verwandten Leuten hat sie mich mehr oder weniger hingeschleppt,
nur um ein Alibi zu haben gegenüber unserem Vater, um ihr fortwährendes Zusammensein mit Spadolini vertuschen zu können, das ihr niemand
mißgönnte im Grunde und das auch allen letzten Endes bekannt gewesen
war, das ununterbrochen geheim zu halten sie aber bestrebt gewesen war.
Sie nahm mich auf diese entsetzlichen Abendessen mit, von welchen sie
nicht mit mir nachhause ging, weil sie die Nächte mit Spadolini verbringen wollte und auch verbrachte. Ich mißgönnte meiner Mutter diese Zusammenkunft mit Spadolini nicht, ich bemitleidete sie nur, daß sie auf
diese Zusammenkünfte angewiesen war, wie ich feststellen hatte müssen.
Spadolini wartete nach diesen Abendessen immer irgendwo in Trastevere
auf sie, wie ich weiß, sie suchten eine Wohnung von Freunden Spadolinis
auf, waren bis zum Morgen zusammen. Ich bemitleidete nicht nur die
Mutter, ich bemitleidete da auch Spadolini. Andererseits verachtete ich sie
beide. Den Ausflug auf den Ätna, Ende Jänner, hatten sie aber mit mir
unternommen. Wir waren in Taormina natürlich im Timeo abgestiegen.
Wir mieteten uns ein Taxi und fuhren damit bis an die Schneegrenze.
Dort fuhren wir mit der Seilbahn auf das Ätnaplateau. Der Hauptkrater
war vollkommen im Nebel, überhaupt nicht zu sehen. Alle drei waren wir
die glücklichsten Menschen, die sich denken lassen. Spadolini beschrieb
diesen Ätnaausflug jetzt so: wir fuhren mit der Seilbahn bis auf die Höhe
und gingen in das Restaurant. Dort war es aber so kalt, daß wir uns nicht
länger als nur so lange aufhalten wollten, um eine Schale Tee zu trinken.
Darauf haben ich und deine Mutter, sagte er zu mir, beschlossen, zu Fuß
den Ätna hinunterzugehen, während du dich geweigert hast, du hättest

Angst, kannst du dich erinnern? fragte er. Ja, sagte ich, ich hatte Angst. Du hattest Angst, sagte Spadolini, wir aber hatten keine Angst. Ich nahm deine Mutter an der Hand und wir liefen den Ätna hinunter, sagte er. Du fuhrst mit der Seilbahn zurück. Wir sahen dich von unten in der Seilbahn, du hast uns von der Seilbahn aus gesehen, sagte er. Plötzlich ist ein Schneetreiben gewesen, sagte er. Das Schneetreiben ist so heftig geworden, daß wir dich nicht mehr sehen konnten, wir dich nicht mehr, du uns nicht mehr, sagte Spadolini, die Seilbahn war für uns nicht mehr zu sehen, wir waren für dich nicht mehr zu sehen, der du in der Seilbahn gestanden bist. Du sagtest, die Seilbahn habe so geschwankt, daß du Angst gehabt hast, sie wird aus der Verankerung gerissen, sagte Spadolini. Du hast gesagt, du suchtest uns unter der Seilbahn im Schnee, aber du hast uns nicht mehr gesehen. Die Seilbahn schwankte so, daß du glaubtest, deine letzte Stunde sei da, sagte Spadolini. Wir hatten auch nichts mehr sehen können in dem Schneetreiben und haben uns in eine Eisspalte geduckt. Der Schneewind hatte uns beinahe zugeschneit in Minutenschnelle. Wie in den Alpen, sagte Spadolini, wie in den Alpen. Wir hatten gedacht, wir werden umkommen, wie die Leute in den Alpen umkommen. Wir haben überhaupt nichts mehr gesehen, sagte Spadolini. Aber, wenn wir nicht erfrieren wollen, habe ich gedacht, müssen wir weiter. So habe ich deine Mutter gepackt und bin weiter. Dann war ich aber gleich erschöpft und deine Mutter hat mich gepackt und so weiter, hat Spadolini gesagt. Du warst längst unten an der Talstation und der Schneesturm hat nicht aufgehört. Dann hast du die Gendarmerie verständigt. Die Gendarmerie ist aber nicht aufgestiegen, weil der Schneesturm zu stark war. Wir waren in einer Lavaspalte, sagte Spadolini, und glaubten, abzustürzen, wir rührten uns nicht. Deine Mutter aber sagte immer, wir müssen weiter. Sie hat mich gepackt und weiter gestoßen, immer weiter gestoßen, immer weiter gestoßen, sagte Spadolini. Schließlich haben wir uns in eine Lavaspalte gehockt und gedacht, jetzt müssen wir sterben. Ich habe gebetet, sagte Spadolini, für mich, ohne daß es eure Mutter gewußt hat. Ganz für mich. Da hat der Schneesturm nachgelassen, sagte Spadolini, und wir waren gerettet. Du hast uns gewarnt, sagte Spadolini jetzt zu mir, wir hätten nicht zu Fuß vom Ätna zu Tal laufen sollen. Viele sind auf diese Weise schon umgekommen, sagte Spadolini. Der Ätna ist ein tödlicher Berg, sagte er pathetisch. Aber deine Mutter und ich, wir sind so glücklich gewesen, sagte er. Der Ätnaausflug ist mir unvergeßlich, sagte Spadolini.

Dann sind wir nach Taormina zurückgefahren. Die Halberfrorenen, sagte
er, haben sich in die Betten gelegt aus Erschöpfung. Am Abend sind wir
dann festlich erschienen im Speisesaal, sagte Spadolini, als ob nichts gewesen wäre. Ich hätte auf dich hören sollen, sagte Spadolini, aber die Liebe
zu deiner Mutter hat mich ganz verrückt gemacht. Wenn deine Mutter
mich nicht immer gepackt und weggestoßen hätte, sagte er, mich ganz
einfach hinuntergestoßen hätte vom Ätna, sagte er. Deine Mutter war
eine, wenn es darauf ankam, wie sagt man, *unerschrockene Frau*. Energisch,
sagte Spadolini, tatkräftig. Und am Abend war sie eine elegante Erscheinung. Sie hatte ein persisches Kleid an, dieses cremefarbige, sagte er, du
kennst es sicher. Mein Gott, wie hat eure Mutter in diesem Kleid ausgesehen! sagte er. Vielleicht habt ihr euere Mutter nicht so in Erinnerung,
wie ich, sagte er. Ich habe sie in der besten Erinnerung. Das war für mich
eine furchtbare Nachricht, sagte Spadolini, die entsetzlichste Nachricht,
die entsetzlichste Nachricht seit langer Zeit. Wie oft hat mich eure Mutter
vor dem Tod gerettet, ich sage die Wahrheit, indem sie mich nach Wolfsegg eingeladen hat. Hier hatte ich die Ruhe, mich zu erretten, sagte er.
Dieses Haus und dieses Land sind mir so lieb wie keine anderen. Diese
hohe Kultur, sagte Spadolini, die hier überall ist, die einen aus der Verzweiflung errettet. Als Nuntius in Peru habe ich immer nur an Wolfsegg
gedacht, an euch und an eure Mutter. Dieser Gedanke hat mich *dort*
überleben lassen. Aber Peru ist ein errliches Land, sagte Spadolini, errlich,
errlich, errlich. Diese Nachricht ist wirklich die traurigste, sagte er und er
stand auf und gab zu verstehen, daß er jetzt entschlossen sei, in die Orangerie hinüberzugehen, zu den Toten. Zu mir trat er, bevor wir alle fünf das
Zimmer verließen, noch einmal heran und sagte, der Tod der Mutter sei
sein *größter Verlust*. Verliere nicht die Beherrschung, sagte er, und ich sei
jetzt der Herr von Wolfsegg. Es war für Spadolini jetzt genau der richtige
Zeitpunkt für das Aufsuchen der Orangerie. Alle übrigen Trauergäste hatten sich längst in ihre Zimmer zurückgezogen, nur aus der Küche waren
Geräusche zu hören, sonst war alles lautlos. Caecilia ging, so, als liefe sie,
aber es war doch kein Laufen, voraus, öffnete alle Türen, war als erste an
der Orangerie angekommen, etwa zehn, zwölf Meter vor der Orangerie
hatte sie ihre Schritte verlangsamt, war dann, besonders beherrscht, diese
letzten Schritte auf die Orangerie zugegangen, ohne direkt einzutreten,
denn sie wartete natürlich Spadolini ab, der ihr gefolgt war, ohne die
Fassung zu verlieren selbstverständlich. Er hatte die elegantesten Schuhe

an, die ich jemals gesehen habe, diese seine Schuhe waren mir schon
aufgefallen, als ich ihn in den ersten Stock hinauf begleitet und hinter ihm
gegangen war, Spadolini hat immer größten Wert auf die elegantesten
Schuhe gelegt, es war immer ein Vergnügen, zu sehen, wie er sich Schuhe
kaufte, natürlich auch nur in der Via Condotti, niemals auf dem Corso,
wo ich immer meine Schuhe gekauft habe, ich bestaunte seine Schuhe im
frischen Gras, in dem Licht der aus der Orangerie auch noch ein Stück des
sonst abgedunkelten Parks erhellenden Katafalklampen waren sie besonders zur Geltung gekommen. Spadolini wollte zuerst mich in die Orangerie eintreten lassen, oder wenigstens Amalia, aber wir überließen ihm
den Vortritt. Spadolini ergriff den Arm Caecilias und ging hinein. Er
stellte sich vor den Särgen auf, drückte Caecilia an sich. Hinter Caecilia
hatte der Schwager Aufstellung genommen, hinter Spadolini Amalia, hinter allen, im Hintergrund, ich selbst. Die Totenwache rührte sich nicht, als
wenn es sich um eine hochmilitärische Aufbahrung handelte, hatten die
beiden Wache stehenden Jäger ihre Miene nicht verzogen. Die Szene erinnerte mich an das Denkmal des Unbekannten Soldaten in Warschau,
das ich einmal mit Johannes aufgesucht habe, mit dem ich mich in Warschau getroffen hatte, um dann Krakau zu besuchen, er war bei Zakopane
jagen gewesen, ich hatte in der Nähe von Wilanow Verwandte besucht.
Ein paar Minuten standen wir alle da, bewegungslos. Plötzlich hatte ich
die Gesichter der Schwestern, des Schwagers und Spadolinis sehen wollen,
nicht mehr die toten, schon völlig entfremdeten der Eltern und des Bruders und ich trat zu den Särgen hin und tat, als wollte ich die Eisblöcke
kontrollieren. Ich schaute unter die Leichentücher, hob sie auf und ließ sie
wieder fallen, während ich aber nur an den Gesichtern Spadolinis, meiner
Schwestern und des Schwagers interessiert gewesen war. In ihren Gesichtern sah ich aber keinerlei Hinweis darauf, was in den Trägern dieser
Gesichter im Augenblick vorging. Sie verrieten mir nichts. Sie waren vollkommen bewegungslos und wie Vorhänge, hinter welchen sie sozusagen
alles verborgen hatten. Ich hatte gehofft, diese Gesichter verraten alles
Dahinterliegende, während sie in Wirklichkeit alles Dahintergelegene
vollkommen verdeckt hatten, sie hatten alles verdeckt, was für mich interessant gewesen wäre. Insgesamt schlaue, sehr beherrschte Menschen,
dachte ich, als ich noch vor ihnen stand, einen Augenblick unsicher geworden, ob sie mich vielleicht in meiner Absicht entdeckt haben. Spadolini war das zuzutrauen ebenso wie meinen Schwestern. Der einzige, der

sein wahres Gesicht gezeigt hatte, ohne zugezogenen Vorhang sozusagen, war der Schwager, der Weinflaschenstöpselfabrikant, der vor seinen Stumpfsinn keinen Vorhang gezogen hatte, dem dieser sein Stumpfsinn auch gar nicht bewußt ist, wie ich dachte, alle andern hatten ihre Gesichtsvorhänge zugezogen, aber der Schwager, der Weinflaschenstöpselfabrikant, interessierte mich auch als einziger der vor den Särgen Stehenden im Augenblick überhaupt nicht. Hinter ihren zugezogenen Gesichtsvorhängen haben sie aber sicher die für mich interessantesten Gedanken, sagte ich mir. Und, ich weiß *was* für Gedanken, ich muß ihre Vorhänge gar nicht aufreißen, um zu wissen, *was* sie dahinter denken, *was* dahinter vor sich geht, dachte ich. Sorgfältig, dem Anlaß entsprechend, hob ich noch einmal eines der Leichentücher, um es ganz ruhig wieder auf die Eisblöcke zu legen, während ich mir doch meiner Infamie bewußt war, mir nur dieses gemeine und infame Dahinter der zugezogenen Gesichtsvorhänge klar zu machen. Selbstverständlich hatte Spadolini Caecilias Arm genommen, dachte ich. Eine Filmszene, dachte ich. Filmgesichter, dachte ich. Filmschauspielergesichter. Ich trat rasch zurück, so, als wäre mir im Augenblick zu Bewußtsein gekommen, daß ich einen feierlichen Akt gestört habe durch mein Vortreten und stellte mich wieder hinter der Trauergruppe auf. Die Jäger waren irritiert, aber sie versuchten, in dieser Irritierung ihre Beherrschung nicht zu verlieren. Eine Filmszene, dachte ich. Die Aufgebahrten waren jetzt schon wie aus Wachs, schon schmutziggrau. Sie gehörten abgewaschen, diese schmutziggrauen eingefallenen Gesichter, in der Frühe, dachte ich, ich werde die Anordnung geben, ich darf das nur nicht vergessen. Plötzlich kniete sich Spadolini vor dem Sarg der Mutter nieder. Die Szene war peinlich. Die Schwestern konnten nicht anders, als sich selbst niederzuknien. Ich war natürlich stehengeblieben. Zwei oder drei Minuten, eine lange Zeit in einer solchen Situation, waren Spadolini und die Schwestern kniend vor den Särgen. Eine Filmszene, dachte ich wieder. Vor dem Eintritt in die Orangerie hat sich der Erzbischof Spadolini mit einem Nachtmahl gestärkt, dachte ich. Zuerst das Nachtmahl, dann die Ehrerbietung, dachte ich. Wie elegant aufzustehen ihm möglich ist, habe ich dann gedacht, zum Unterschied von den Schwestern, die dabei recht plumpe Umstände gemacht haben. Spadolini drehte sich nach mir um, als wollte er fragen, was jetzt? Ich trat zum Ausgang. Spadolini verließ die Orangerie. Draußen war es auf einmal vollkommen finster. Die Mutter sei wohl so schwer verletzt worden, meinte Spadolini ganz leise gesprochen, daß sie nicht habe aufgebahrt werden können wie der Vater und Johannes. Und dann, ein paar Schritte weiter, auf das Hauptgebäude zugehend, wie es denn zu dem Unglück gekommen sei. Die Schwestern waren unfähig, eine Erklärung zu geben. Ich aber sagte Spadolini, was ich in den Zeitungen gelesen hatte, in kurzen Sätzen, so, als hätte ich nur die Schlagzeilen der Blätter aneinandergereiht. *Nach einem Konzertbesuch,* sagte ich. *Ach, nach einem Konzertbesuch,* sagte Spadolini. *Unser Leben ist in die Hand Gottes gelegt,* sagte er. *Und natürlich verstehen wir Gott nicht. Wir haben nicht die Kraft, ihn zu verstehen. Gott gebe euch die Kraft, mit euerem Leben fertig zu werden,* sagte er. Er wollte dann nur in sein Zimmer, sich bis zum Begräbnis zurückziehen. *Ich bete für die Toten, sagte er. Die lieben Toten.* Da die Schwestern geglaubt hatten, Spadolini werde mit uns den späteren Abend noch zusammensein, waren sie recht überrascht, als sie von Spadolini ganz einfach stehengelassen wurden. So waren sie abrupt wieder nur auf mich angewiesen und meinten, wir könnten zusammen noch ein Glas Wein trinken, oben, im Salon. Der Schwager war dafür. Ich aber wollte den Tag auf meine Weise beenden und von den Meinigen nichts mehr sehen. Ich sagte, ich werde in mein Zimmer gehen, ließ die Schwestern und den Schwager ganz einfach stehen, genauso wie Spadolini vor mir, und ging auf mein Zimmer. Dort sperrte ich mich zuerst einmal ein, aber ich hatte nicht die Absicht, gleich ins Bett zu gehen, das wäre auch das dümmste gewesen, denn an ein Einschlafen war nicht zu denken. Was Spadolini über die Mutter gesagt hat, ist doch oberflächlich, habe ich gedacht, er schilderte die Mutter so, wie er sie uns jetzt, zu dem jetzigen Zeitpunkt von ihm aus gesehen, zeigen wollte, dachte ich, die oberflächliche Betrachtung seinerseits hat die Mutter so gezeigt, wie er sie jetzt, mit uns am Tisch sitzend, haben wollte, nicht wie er sie wirklich gesehen hat, die österreichliebende Mutter, die musikliebende, die menschenfreundliche, ja die Künstlerfreundin als Mutter so, daß es mir selbst auch im Hinblick auf Spadolini peinlich gewesen war, nicht den Schwestern, die Spadolinis Wörter ernst genommen haben, die aber nicht ernst zu nehmen waren, wenn er auch eine recht gute Beschreibung des Ätnaausflugs gegeben hat, dachte ich, sich Mühe gegeben hat, den Ätnaausflug *so* zu schildern, daß ich mehr oder weniger nichts daran auszusetzen hatte, ihn aber auch so geschildert hat, daß er doch nur als eine oberflächliche Episode bezeichnet werden kann von denen, die seine Schilderung gehört haben, die ja nicht Zeugen dieser Episode gewesen sind zum Unterschied

von mir, der ich doch auch das Dämonische dieser Ätnaepisode im Kopf
habe, wie ich dachte, mich in meinen Sessel setzend, das Licht nicht
aufdrehend, die Finsternis auf mich wirken lassend, die Ätnaepisode hat er
als eine doch mehr oder weniger unbedeutende Äußerlichkeit beschrieben, über sie berichtet, als hätte sie *nichts Teuflisches* an sich, wie ich dachte,
wo sie doch teuflisch gewesen ist, *durch und durch teuflisch,* dachte ich
jetzt. Spadolini berichtete von einem harmlosen Ausflug von Taormina
nach Catania und auf den Ätna, aber es ist alles andere als ein harmloser
Ausflug gewesen. Der Abstieg der beiden vom Ätnaplateau war *teuflisch
gewesen, ausgeklügelt* von beiden, dachte ich, von meiner Mutter ebenso,
wie von Spadolini. Sie hatten den Schneesturm ausgenützt, dachte ich. Sie
hatten die Eisspalten ausgenützt. Sie hatten die Schneeverwehung in
Rechnung gestellt und sind bewußt in diesen Schneesturm hinunter,
dachte ich, hatten mich auf unverschämte Weise auf dem Ätnaplateau
alleingelassen in meiner Ahnungslosigkeit, wie sie dachten, denn die beiden waren ja selbst immer alles eher als harmlos, dachte ich, haben sich die
Berechnung immer zum Prinzip gemacht. Der Spadolini bei Tisch hat die
Mutter so beschrieben, als sei sie tatsächlich eine Harmlose, eine harmlos
Liebende, ihn Verehrende gewesen, aber das war unsere Mutter nicht,
dachte ich. Sie war nicht die Harmlose, die einen harmlosen Ätnaausflug
mit Spadolini macht, sondern die Durchtriebene, deren Durchtriebenheit
der Spadolinis in nichts nachstand, im Gegenteil, war die Durchtriebenheit unserer Mutter eine noch viel *gefinkeltere,* dachte ich, denn die Mutter
war immer *gefinkelt.* Das häßliche Wort war mir im Augenblick das treff-
lichste und ich scheute es nicht im Augenblick. Die zwei waren *immer
gefinkelt.* Die Mutter war von Spadolini so geschildert, als handelte es sich
bei ihr um eine oberflächliche Frau, die nur positive Seiten hatte, das Böse
nicht kannte, sich vor dem Bösen schützte, es nicht an sich herankommen
ließ, dachte ich, aber die Mutter war völlig anders, *sie war das Böse,* dachte
ich, mich nicht scheuend, den Gedanken noch zu erweitern, ihm nachzugehen jetzt, auf dem Sessel sitzend. Die Mutter war *das personifizierte
Böse,* dachte ich, Spadolini hatte dieses personifizierte Böse unserer Mutter
nicht übersehen können, dazu war er zu intelligent, zu *geistesgeschult,* wie
ich mir sagte, um ein von Spadolini selbst geprägtes Wort zu gebrauchen.
Die Mutter schilderte er während des kleinen Nachtmahls als eine Frau
von Welt sogar sozusagen, die sie nie gewesen ist, denn die Mutter war eine
typische Provinzlerin, eine Emporgekommene, ein absoluter Antikultur-

mensch, dachte ich, dieser Begriff schien mir auf einmal wie kein anderer auf meine Mutter zu passen, die Mahler natürlich niemals liebte, überhaupt keinen Komponisten verehrte, die Musik nur als jenes Mittel immer mißbrauchte, das es ihr ermöglichte, ihre neuesten geschmacklosen Kleider vorzuführen einer Gesellschaft, die sie verehrte, obwohl an ihr nichts zu verehren war, denn sie ist die abstoßendste, die es gibt, dachte ich. Der kein Bild etwas bedeutete, kein Kunstwerk überhaupt, die alles verachtete, was mit Kunst zu tun hat. Spadolini machte uns eine Mutter vor, die ihn Florenz lieben gelehrt hat, dabei ist unsere Mutter nur widerwillig in diese alte Stadt hineingegangen, nur widerwillig in sogenannte alte Kirchen als Kunstwerke, nur widerwillig in jedes Konzert, in jede Ausstellung und sie hat ja auch nie ein gutes Buch gelesen, auch bezeichnend, sagte ich mir. Spadolini hat uns eine völlig verfälschte Mutter aufgetischt, sagte ich mir. Wie abgeschmackt erschien mir auf einmal Spadolinis Muttervortrag, durch und durch geheuchelt, verlogen, durch und durch zurechtgeschnitten für den Anlaß, den er auch immer als *traurigen Anlaß* bezeichnete bei Tisch, ohne dabei wirklich Traurigkeit zu empfinden, dazu war er gar nicht imstande. Die Mutter war ja auf einmal, nicht in den Augen Spadolinis, sondern wie er sie geschildert hat, eine geschmackvolle, durch und durch lebensfrohe, wie er sich ausgedrückt hat, lebensbejahende Person, eine an allem interessierte Frau, eine gute Mutter, eine geborene Erzieherin. Und dazu auch noch eine geborene Hausfrau, dachte ich. Spadolini hat sie mehrere Male als *Seele von Wolfsegg* bezeichnet, dachte ich. Als fundierte Naturbetrachterin, als gastfreundliche Herrin auch, *gastfreundliche Errin* hat er gesagt. Spadolini redete von einem Menschen, der uns allen aus Wolfsegg mit der Zeit ein Paradies gemacht hat, gekennzeichnet von Güte und Lebensfrische, von einem Menschen, den wir lieben *mußten*. Spadolini redete von einem Menschen, dem das von der Umwelt Geliebtwerden sozusagen das Selbstverständlichste auf der Welt gewesen sei. *Eure Mutter war die Güte in Person*, sagte Spadolini zu uns, sie hat hier alles zusammengehalten. Eure Mutter war *eine Seele von Mensch*, hat er wörtlich gesagt und ich frage mich jetzt noch, wo er diesen abgeschmackten Ausdruck her hat. Eine Verlogenheit hat sich in der Rede Spadolinis an die andere sozusagen angekrallt, dachte ich. Aber Spadolini ist kein verlogener, sondern ein durch und durch *alles berechnender Mensch*, dachte ich. Wie er dieses *Seele von Mensch* gesagt hat, ist tatsächlich unnachahmlich. Keiner, den ich kenne, dachte ich, wäre imstande, es mit einer solchen selbstverständlichen Milde und Noblesse auszusprechen. Nur der Erzbischof Spadolini, dachte ich, auf dem Sessel sitzend, die Finsternis in mich einsaugend. Es machte mir ja ein Vergnügen, die Berechnung Spadolinis für mich selbst noch einmal zu wiederholen Wort für Wort, seinen Tonfall, die Redekunst Spadolinis studierend. An Spadolini kann ich viel lernen, dachte ich, immer wieder neu. Wie er das Wort *Caecilia* ausgesprochen hat, als er Caecilia zum ersten Mal nach seiner Ankunft gesehen hat, das Wort *Amalia,* das Wort *Schwager,* das ihm so unglaublich berechnet unbeholfen von den Lippen gekommen ist, dachte ich. Wie er sich umgedreht hat an der Orangerie und zum Haupthaus hinübergeschaut hat, um zu sagen: *dieses errliche Gebäude, dieses außerordentliche Kunstwerk.* Wie er zu Amalia gesagt hat: *deine Mutter hat mir viel von dir erzählt, immer nur Gutes.* Und zu Caecilia: *deine Mutter hat dich immer gelobt.* Und zu mir: *deine Mutter hat alles in dich gesetzt.* Auch auf Johannes war er zu sprechen gekommen, hat von ihm von einem gottesfürchtigen Menschen gesprochen, der der stattlichste gewesen sei, den er jemals gekannt habe, *der reinste Charakter, der zurückhaltendste Gesprächspartner. Der beruhigende, selbstlose Bruder,* hat Spadolini gesagt. Johannes sei ihm *ans Herz gewachsen,* wie der Vater auch, die beiden seien ihm von Anfang an *ans Herz gewachsen* gewesen. Johannes habe ich einmal in die vatikanischen Paläste geführt, sagte Spadolini, und ich habe ihn dem Heiligen Vater vorgestellt, sagte er. *Auf einmal ist eine Leere hier,* hat Spadolini auch gesagt, gleich darauf aber, daß *neue Menschen Wolfsegg in die Hand nehmen* werden und alles zum Guten wenden. Inzwischen ist ihm wahrscheinlich auch sein Jackett gebügelt worden, wie er es sich gewünscht hat, dachte ich, seine Hose, die Schwestern bügeln ihm die Kleidungsstücke, während er im väterlichen Zimmer für alles, das uns betrifft, betet, dachte ich. Früher ist er in die Kapelle gegangen, um zu beten, dachte ich, aber heute fürchtet er, dort gestört zu werden von den mit ihm im Haus übernachtenden Gästen. Die Trauer sei eine schöne Tugend, hat er gesagt, dachte ich. Der Allmächtige schließt eine Pforte, um eine andere aufzumachen, sagte er. Mich ekelte auf einmal vor seinen Wörtern, die mir zwar allzu bekannt waren, die ich aber niemals vorher mit solcher Deutlichkeit als ekelhafte empfunden habe. Nachdem er den Braten gegessen hatte, nach der Ätnaerzählung, dachte ich, hatte er auch gesagt, daß ihn die Mutter in seinem Amt aufgesucht habe das letzte Mal, *weinend und armselig,* so er selbst. *Weinend und armselig ist sie nach Rom gekommen zu mir,* hat er gesagt, hilfesuchend bei mir. Er wisse den Grund ihrer Verzweiflung bis heute nicht. Ob uns dieser Grund der Verzweiflung unserer Mutter bekannt sei, wollte er wissen. Irgend etwas mit dem Vater Zusammenhängendes, sagte er. Irgend etwas, das ihn, unseren Vater, betrübt hat, Wolfsegg betreffend. Sie, die Mutter, habe sich immer *die größten Sorgen um Wolfsegg* gemacht, *die allergrößten um ihre Kinder,* um uns. Mit niemandem habe er besser sprechen können als mit unserer Mutter, die auch eine gute Zuhörerin gewesen sei, genau das Gegenteil davon war sie, dachte ich, die Mutter hat nie zuhören können, hatte immer in alles hineingeredet, hat niemals jemanden etwas aussprechen lassen, hat jedes Gespräch immer schon gleich am Anfang zerstört. Sie ertrug Gespräche nicht. Sie ließ kein Gespräch entstehen, dachte ich. Sie riß mit der größten Skrupellosigkeit die Szene an sich, machte jedes Gespräch kaputt. So dumm waren ihre Bemerkungen, dachte ich, mit welchen sie jedes Gespräch vernichtete. Es war eine ihrer unerträglichen Eigenschaften, daß sie jedes Gespräch haßte, noch dazu, wenn es sich um ein sogenanntes geistiges handelte, sozusagen um ein *höher angelegtes,* das ertrug sie nicht und schlug es mehr oder weniger mit ihrer Dummheit zusammen. Sie war unsere Gesprächszusammenschlagerin, dachte ich. Alle litten wir darunter. Spadolini zeichnete sein Mutterbild auf die unverschämte Weise, dachte ich, wie es von Hinterbliebenen gezeichnet wird, um sich ins rechte Licht zu setzen. Er hat gesagt, sie habe *Mahler zugehört wie ein Engel,* dabei langweilte sie sich zutode in allen Konzerten, gleich was dort gespielt wurde, nur wenn es das Oberflächlichste war, verklärten sich ihre Gesichtszüge, dachte ich. Nur wenn es das oberflächlichste Buch gewesen ist, las sie ein paar Seiten, auch nicht mehr, denn Lesen war ihr verhaßt, wie nichts sonst. Sie gab sich den Anschein in allem und jedem und riß alles an sich, dachte ich, rücksichtslos verfälschte sie alles und degradierte es gleichzeitig, nicht die geringste Hochachtung vor Geisteserzeugnissen war ihr gegeben, dachte ich. Darum haßte sie meinen Onkel Georg, aus diesem Grund haßte sie mich, haßte sie alles, das mit Geist zu tun hat, dachte ich. Spadolini war weit gegangen, zu weit, dachte ich, als er sagte, unsere Mutter sei, für eine Frau ungewöhnlich, hat er auch mit der ihm eigenen Leidenschaftlichkeit noch dazu gesagt, an allem Geistigen interessiert gewesen, *ein musischer Mensch,* sagte er. In Wahrheit war unsere Mutter an Geist überhaupt nicht interessiert und sie war meilenweit davon entfernt, ein musischer Mensch zu sein, sogar mein Vater, dem es im Grunde gleichgültig gewesen war, ob seine Frau geistig interessiert gewesen ist oder nicht, ob sie ein musischer Mensch gewesen ist oder nicht, nannte sie ja alle Augenblicke einen *ungeistigen Trampel,* und der Vater, dachte ich, der *Lebenspartner,* muß sie ja am besten gekannt haben. Spadolini bereicherte seine Mutterverklärung auch noch mit der Bemerkung, die Mutter habe eine *philosophische Ader* gehabt, Aderrr, hat er ein paar Mal gesagt, was seiner Verlogenheit sogar einen liebenswürdigen Akzent gegeben hat, ich habe, wie er dieses Wort Aderrr ausgesprochen hat, auch noch gedacht, er habe das Wort Aderrr aber besonders liebenswürdig ausgesprochen, ohne zu überlegen, was wirklich er gerade mit dem Wort Aderrr ausgesprochen hatte. Sein Wie hat immer das Was zugedeckt, dachte ich. Es konnte nicht ausbleiben, daß er unsere Mutter auch noch einen frommen Menschen genannt hat, eine treue Anhängerin der Kirche, eine gute Christin. In Rom habe ihm die Mutter, natürlich auf der Via Condotti, ein Seidennachthemd gekauft, das er aber nur *zu den wirklichen Feiertagen* trage. Sie hat es ausgesucht, sagte er, und sie hat das schönste ausgesucht und das beste. Eure Mutter hat mich bemuttert, sagte er plötzlich. Sehr oft habe sie sich unendlich allein gefühlt, von allen verlassen, sagte er. In Wolfsegg, unter euch, sagte Spadolini, ganz allein, wirklich einsam. Ein einsamer Mensch auch, sagte er über die Mutter, die vor der Einsamkeit wie vor nichts sonst auf der von ihr als langweilig gehaßten Welt geflohen ist, wie ich, im Gegensatz zu Spadolini, weiß. Von Spadolini war ich dann merkwürdigerweise auf Goethe gekommen: auf den Großbürger Goethe, den sich die Deutschen zum Dichterfürsten zugeschnitten und zugeschneidert haben, habe ich das letzte Mal zu Gambetti gesagt, auf den Biedermann Goethe, den Insekten- und Aphorismensammler mit seinem philosophischen Vogerlsalat, so ich zu Gambetti, der natürlich das Wort *Vogerlsalat* nicht verstand, so hatte ich es ihm erklärt. Auf Goethe, den philosophischen Kleinbürger, auf Goethe, den Lebensopportunisten, von welchem Maria immer gesagt hat, daß er die Welt nicht auf den Kopf gestellt, sondern den Kopf in den deutschen Schrebergarten gesteckt hat. Auf Goethe, den Gesteinsnumerierer, den Sterndeuter, den philosophischen Daumenlutscher der Deutschen, der ihre Seelenmarmelade abgefüllt hat in ihre Haushaltsgläser für alle Fälle und alle Zwecke. Auf Goethe, der den Deutschen die Binsenwahrheiten gebündelt und als allerhöchstes Geistesgut durch Cotta hat verkaufen und durch die Oberlehrer in ihre Ohren hat schmieren lassen, bis zur endgültigen Verstopfung. Auf Goethe, der den deutschen Geist mehr oder weniger für Jahrhunderte verraten und auf das Mittelmaß der Deutschen gestutzt hat mit jener Emsigkeit, die ich Gambetti gegenüber als die goethische Emsigkeit bezeichnet habe. Auf Goethe, den philosophischen Rattenfänger, wie ich zu Gambetti das letzte Mal gesagt habe. Goethe sei der Gebrauchsdeutsche, habe ich zu Gambetti gesagt, sie, die Deutschen, nehmen Goethe ein wie eine Medizin und glauben an ihre Wirkung, an ihre Heilkraft; Goethe ist im Grunde nichts anderes, als der Heilpraktiker der Deutschen, hatte ich zu Gambetti gesagt, der erste deutsche Geisteshomöopath. Sie nehmen sozusagen Goethe ein und sind gesund. Das ganze deutsche Volk nimmt Goethe ein und fühlt sich gesund. Aber Goethe, habe ich zu Gambetti gesagt, ist ein Scharlatan, wie die Heilpraktiker Scharlatane sind und die Goethesche Dichtung und Philosophie ist die größte Scharlatanerie der Deutschen. Seien Sie vorsichtig, Gambetti, habe ich zu diesem gesagt, seien Sie vor Goethe auf der Hut. Allen verdirbt er den Magen, sagte ich, nur den Deutschen nicht, sie glauben an Goethe wie an ein Weltwunder. Dabei ist dieses Weltwunder nur ein philiströser philosophischer Schrebergärtner. Gambetti hatte laut aufgelacht, als ich ihm erklärte, was ein Schrebergarten ist. Das hatte er nicht gewußt. Insgesamt, habe ich zu Gambetti gesagt, ist das Goethesche Werk ein philiströser philosophischer Schrebergarten. In nichts hat Goethe das Höchste geleistet, sagte ich, in allem nur das Mittelmaß zustande gebracht. Er ist nicht der größte Lyriker, er ist nicht der größte Prosaschreiber, habe ich zu Gambetti gesagt, und seine Theaterstücke sind gegen die Stücke Shakespeares beispielsweise so gegeneinander zu stellen, wie ein hochgewachsener Schweizer Sennenhund gegen einen verkümmerten Frankfurter Vorstadtdackel. Faust, hatte ich zu Gambetti gesagt, was für ein Größenwahnsinn! Der total mißglückte Versuch eines schreibenden Größenwahnsinnigen, hatte ich zu Gambetti gesagt, dem die ganze Welt in seinen Frankfurter Kopf gestiegen ist. Goethe, der größenwahnsinnige Frankfurter und Weimarianer, der größenwahnsinnige Großbürger auf dem Frauenplan. Goethe, der Kopfverdreher der Deutschen, der sie jetzt schon hundertfünfzig Jahre auf dem Gewissen hat und zum Narren hält. Goethe ist der Totengräber des deutschen Geistes, habe ich zu Gambetti gesagt. Wenn wir ihm Voltaire, Descartes, Pascal entgegensetzen zum Beispiel, habe ich zu Gambetti gesagt, Kant, aber natürlich auch Shakespeare, ist Goethe erschreckend klein. Dichterfürst, was für ein lächerlicher, dazu aber grunddeutscher Begriff, hatte ich zu

Gambetti gesagt. Hölderlin ist der große Lyriker, hatte ich zu Gambetti
gesagt, Musil ist der große Prosaschreiber und Kleist ist der große Dramatiker, Goethe ist es dreimal nicht. Dann war ich wieder auf das gekommen, das Spadolini über meine Mutter gesagt hat, daß sie ein besonderer
Mensch gewesen ist, und ich dachte, insoferne hat Spadolini recht, als
jeder Mensch ein besonderer ist, meine Mutter nicht ausgeschlossen, er,
Spadolini, hat es aber nicht in diesem Sinne gemeint, Spadolini hat mir die
Mutter *auf opportunistische Weise* verfälscht, sie uns, während des Nachtmahls, als eine besonders gute, als eine besonders kultivierte, als eine
besonders interessierte allem gegenüber hingestellt, was sie nicht war,
denn im Grunde ist die Mutter ganz gewöhnlich gewesen, durchaus nicht
besonders, nichts Außergewöhnliches war an ihr, wenn ich nicht sagen
will, daß sie besonders rücksichtslos und besonders dumm gewesen ist in
meinem Begriff, auf primitive Art besonders eitel und, das dachte ich
auch, besonders geldgierig. Aber vielleicht hat das Spadolini nicht gewußt,
nicht wissen können. Wenn ich nur an die vielen sogenannten Eigentums-
wohnungen denke, die sich unsere Mutter *heimlich* angeschafft hat, in
allen möglichen Städten, zum Großteil hinter dem Rücken des Vaters, der
von ihrer eigentlichen Geldgier möglicherweise gar nichts gewußt hat, so
hat er sie nicht eingeschätzt, daß er auf ihre Geldgier gekommen wäre,
dachte ich. Ich denke nur an ihren perversen Aktienenthusiasmus. Spadolini hat uns bei diesem Nachtmahl die Mutter in einer unzulässigen
Weise verfälscht, uns sozusagen der tatsächlichen eine dieser entgegengesetzte Mutter vorgeführt, auf charmante Weise, wie es seine Kunst ist,
dachte ich, er hat die Mutter noch viel mehr idealisiert, als den Vater, den
er ja vorher schon auf das unerträglichste idealisiert gehabt hat aus Berechnung. Und was er zu uns, zu mir und meinen Schwestern, gesagt hat,
dachte ich jetzt, läuft ja im Grunde auch nur auf eine Idealisierung von
uns hinaus, auf eine durch und durch unzulässige, die ich aber durchschaut habe, dachte ich, die mir nicht entgangen ist, weil ich inzwischen
ein gutes Ohr habe für Spadolinis Töne. Der berechnende Spadolini ist
uns bei diesem Nachtmahl gegenübergesessen, der berechnende Spadolini
ist mit uns in die Orangerie hinübergegangen, um uns dann in der Orangerie ein ebenso berechnendes Trauertheater vorzuführen, habe ich gedacht. Und er hat Wolfsegg idealisiert, denn das Wolfsegg, das er uns
beschreibt, hat mit dem tatsächlichen nichts zu tun. Der Kirchenmann
hat hier schon in den ersten Stunden seine unbeschreibliche Kunst der

Berechnung zum Blühen gebracht, dachte ich, seine berechnete Verfälschungskunst, er hat vor unseren Augen und Ohren sozusagen aus Dummköpfen Intelligenzler und aus Bösartigen Heilige gemacht, aus Analphabeten Philosophen und aus in Wahrheit Niederträchtigen hochgeartete Charakterträger. Aus der Häßlichkeit Schönheit, aus der Niedrigkeit und Gemeinheit innere und äußere Größe, aus Unmenschen sozusagen Menschen, wenn wir genau sind. Aus einem scheußlichen Land ein Paradies und aus einem stumpfsinnigen Volk ein verehrungswürdiges. Spadolini hat die Aufgebahrten in eine Höhe gehoben, die ihnen in keinerlei Beziehung angemessen ist, dachte ich. Er hat sie *grundlegend verfälscht,* dachte ich, und uns diese Verfälschung auf ganz und gar unzulässige Weise als tatsächlich und wahr verkauft. Unsere Augen und Ohren sozusagen mißbraucht, indem er sie wissentlich getäuscht hat, nur um sich selbst möglichst gut darzustellen, um möglichst ungeschoren zu sein, uns auf seine Seite zu bringen, was aber von ihm doch völlig falsch gedacht war, sagte ich mir, denn er hat diese Fälschungen und Verfälschungen viel zu weit getrieben. Spadolini hat uns unterschätzt, dachte ich, auch meine Schwestern, die letzten Endes nicht so dumm sind, sich jetzt Eltern einreden und aufzwingen zu lassen von Spadolini, einen Bruder noch dazu als großartig und rühmenswert, was sie auch für sie nicht gewesen sind, dazu waren sie nicht dumm genug, um auf Spadolini hereinzufallen, ihm sozusagen auf den Verfälschungsleim zu gehen, dachte ich, auch die Schwestern haben sicher das Gefühl gehabt, Spadolini faselt, daß er nichts anderes von sich gegeben hat, als ein oberflächliches opportunistisches Gefasel, wie es in solchen Situationen üblich ist, daß den Hinterbliebenen die Verstorbenen *im Angesicht des Todes,* wie so geschmacklos gesagt wird, schmackhaft gemacht werden auf einmal, wo sie doch zeitlebens ziemlich ungenießbar und unerträglich gewesen sind. Auch er ist der Regel unterworfen, sagte ich mir, die Toten in ein Licht zu stellen, das ihnen nicht zusteht, dachte ich, Spadolini stellte die jetzt Aufgebahrten in ein so helles Licht, daß es geradezu unappetitlich ist. Der Tote hat ein wahrhaftiges Leben geführt, sagte ich mir jetzt, gleich, wie es war, niemand hat ein Recht, es zu verfälschen, die Natur, die er war, auf einmal zur Unnatur zu machen, weil es ihm nützlich ist, weil er sich dadurch angenehm in Szene setzen will. Spadolini hat sich angenehm in Szene setzen wollen mit der Mutterbeschreibung wie mit der Vaterbeschreibung, wie mit der Beschreibung des Bruders, dachte ich. Der Kirchenmann hat sich angenehm in Szene gesetzt, daß es mich die ganze Zeit gegraust hat, das ist die Wahrheit, dachte ich. Spadolini hat wahrscheinlich geglaubt, wir sind so primitiv, auf ihn hereinzufallen, daß er uns die Toten so malen müsse, wie er sie uns bei Tisch gemalt hat, verzerrt, umgekehrt, dachte ich. Spadolini hat Menschen gemalt, die er selbst nie gesehen hat, er hat sich nicht gescheut, offen eine Unwahrheit nach der andern an unsere Ohren zu bringen, vor unsere Augen, die aber doch immer richtig gehört und richtig gesehen haben, wie ich denke, also etwas völlig anderes als Spadolini. Spadolini ist der geborene Verfälscher, sagte ich mir jetzt, der geborene Opportunist, der geborene Kirchenfürst also. Auf einmal verstand ich, warum Spadolini eine so unglaubliche Karriere gemacht hat, warum sie *so schwindelerregend schnell* vor sich gegangen ist, bis in die höchsten Höhen. Das hat mir Maria voraus, habe ich gedacht, den tatsächlich unbestechlichen Blick, der sich von keiner Äußerlichkeit täuschen läßt, sie hat sich von den Äußerlichkeiten Spadolinis, von seiner raffinierten Kunstfertigkeit des Überredens vor allem, niemals täuschen lassen, dachte ich. Niemals, dachte ich. Maria hat Spadolini immer richtig eingeschätzt, nicht bewundert hat sie ihn, wie ich, abgestoßen war sie immer von ihm gewesen. Spadolini ist mir widerwärtig, dir ist er gefährlich, hat sie sehr oft zu mir gesagt. Spadolini ist allem, das er berührt, gefährlich, sie hat ihn auch immer als den *gefährlichen Spadolini* bezeichnet. Wir haben diesen *gefährlichen Spadolini* heute am Tisch gehabt, dachte ich. Wir haben den von Maria so bezeichneten *gefährlichen Spadolini* im Haus, dachte ich. Die Toten werden gleich heilig gesprochen von uns, damit wir vor ihnen sicher sind und vor ihnen unsere Ruhe haben, ist auch ein Ausspruch Marias, dachte ich. Wie so oft, dachte ich, mich in Spadolini geirrt zu haben. Den abstoßenden Spadolini. In der Situation bin ich ja auch in Rom immer wieder, dachte ich, ich bin von Spadolini abgestoßen und dann, am nächsten Tag, in der nächsten Stunde, wieder von ihm fasziniert. Diese Menschen stoßen fortwährend ab und faszinieren wieder, dachte ich. Spadolini ist ein Beispiel für einen abstoßenden *und* faszinierenden Menschen und wir sind uns sehr oft nicht sicher, sind wir jetzt von ihm fasziniert, oder abgestoßen, sollen, dürfen wir uns jetzt von ihm faszinieren lassen, oder müssen wir von ihm abgestoßen sein. Auf einen solchen Menschen können wir aber nicht verzichten, sagen wir uns, und ich habe auf Spadolini niemals verzichten können. Dann, in Rom, dachte ich, werde ich wieder zu ihm gehen und mich abstoßen lassen und faszinieren, aber doch immer mehr faszinieren lassen als abstoßen und er ist mir der Unentbehrliche, dachte ich. Ich habe immer nur *den unentbehrlichen Spadolini* gehabt, dachte ich, gleichzeitig, daß im Augenblick aber der abstoßende im väterlichen Zimmer logiert, auf seine Weise, auf die spadolinische Weise, damit beschäftigt wahrscheinlich, seine Berechnungen, die Welt betreffend, so weit wie ihm möglich, voranzutreiben, bis zum Äußersten. Spadolini geht in seinen Berechnungen immer bis zum Äußersten, schont sich selbst nicht dabei, dachte ich, schluckt vor dem Zubettgehen ein halbes Dutzend Tabletten, beobachtet sich im Spiegel. Möglicherweise hat er das Seidennachthemd, das ihm meine Mutter gekauft hat, mit, schläft in ihm, Spadolinis Geschmacklosigkeiten sind den Geschmacklosigkeiten unserer Mutter entgegengesetzt, aber es sind Geschmacklosigkeiten. Während des Nachtmahls hat er es peinlich, wie gesagt wird, vermieden, an die zahllosen geheimen Treffen mit der Mutter durch einen Fehler seinerseits zu erinnern, obwohl mir ja ziemlich alle diese Treffen bekannt sind, auch den Schwestern. Ich dachte die ganze Zeit, wie geschickt er von dem einen, bekannten Treffen spricht, an dem anderen, sozusagen unbekannten, vorbeigeht, indem er ganz einfach auch an ihm vorbeidenkt, dadurch ist es ihm möglich gewesen, die geheimen Treffen ganz einfach auszuschalten. Aber er hätte sie nicht ausschalten müssen, dachte ich, viel peinlicher, wie gesagt wird, ist es doch gewesen, gerade diese heimlichen Treffen auszuschalten, als offen von ihnen zu reden, dann hätte sich Spadolini viel Nervenanspannung erspart, dachte ich, alles viel ruhiger vortragen können, seine Skizzen nicht mit einer so großen Übervorsichtigkeit vor uns hinzusetzen gehabt, die wir ja möglicherweise sogar mehr über die geheimen, als über die sozusagen veröffentlichten Treffen seinerseits mit unserer Mutter wissen. Aber Spadolini ist immer der übervorsichtige Mensch gewesen, gerade *dadurch* der Bewundernswerte, nicht nur von mir Angestaunte, dachte ich, nicht nur der geborene Diplomat. Spadolini sprach von dem Ätnaausflug, dachte ich, der interessant, aber doch nicht so interessant gewesen ist, wie der Ausflug nach Syracusa, wie der Ausflug nach Trapani, geschweige denn, wie die Maltareise, die er mit der Mutter unternommen hat hinter meinem Rücken. Über diese Ausflüge und Reisen zu berichten, wäre zweifellos interessanter gewesen, jedenfalls für mich, wenn auch weitaus peinlicher für ihn, Spadolini, dachte ich. An die vielen Hotelrechnungen mußte ich denken, die unsere Mutter immer wieder in ihrem Zimmer liegengelassen hat, auf welchen immer für zwei

Personen abgerechnet worden ist, diese zweite Person ist Spadolini gewesen, den meine Mutter auf allen diesen Ausflügen und Reisen selbstverständlich, wie gesagt wird, *ausgehalten* hat. Der Erzbischof reiste auf ihre Rechnung und sie hatte ihren Triumph. Gleichzeitig dachte ich, daß es aber auch einen hohen Grad an Rührung abfordert, zu bedenken, daß sie über dreißig Jahre mit Spadolini Ausflüge gemacht hat und gereist ist und daß weder Spadolini in dieser Zeit an ihr, noch die Mutter an Spadolini ermüdet ist, wie ich weiß, war ihre Beziehung niemals abgeschwächt gewesen, im Gegenteil, hatte sie sich mit dem Älterwerden der beiden noch intensiviert. Für den Vater ist diese Beziehung immer günstig gewesen, dachte ich, er hatte dadurch die Mutter immer mehr im Zaum halten können. Der Vater war der bewußte Dulder, der sich in dieser Rolle, die er insgeheim spielte, auch vor den beiden, großartig vorgekommen ist, wie ich weiß. Der Vater hatte niemals etwas gegen diese Beziehung gehabt, vielleicht ganz am Anfang, wo er aber doch denken mußte, daß er selbst daran schuld ist, denn er hat die Mutter mit Spadolini bekannt gemacht, von dem er wissen hätte müssen, wie er ist. Der Vater hat dreißig Jahre mit dem größten Selbstverständnis zugeschaut, wie sich diese Beziehung entwickelt hat aus einer turbulenten infamen, zu einer existenznotwendigen, wie er sich hatte denken müssen, beruhigten, die man in Ruhe zu lassen hat. Spadolini sparte vor uns während des Nachtmahls alles aus, das ihm tatsächlich das Teuerste der Beziehung zu unserer Mutter gewesen ist, berührte und rühmte nur das Nebensächliche, das warf er uns sozusagen zum Fraß vor, ließ es sich nehmen, das ihm Kostbare nicht. Spadolini hätte aber ruhig alles sagen und also zugeben können, dachte ich, wir waren ja schon Geheimnisträger seit Jahren und mußten sein Verhalten dadurch auf einmal wieder als peinlich empfinden, wo für uns schon lange überhaupt nichts Peinliches mehr gewesen war. Aber so weit hat Spadolini doch nicht gedacht, daß wir mehr wissen, als er, sagte ich mir, daß wir uns über dieses Mehrwissen längst abschließende Gedanken gemacht haben, jeder für sich, ich auf meine, meine Schwestern auf ihre Weise, daß ja schon abgeschlossen war für uns, was für Spadolini immer noch ein Grund zur Zurückhaltung, ich will sagen, der Einsperrung und Absperrung ist, der Geheimhaltung. Insofern war es auch lächerlich, Zeuge der Spadolinischen Erinnerungen an die Mutter zu sein. Spadolini wird ganz gut ohne die Mutter auskommen in Zukunft, dachte ich jetzt, im Grunde hat er sie längst hinter sich, nur an der Begräbnisformalität ist

er noch hängengeblieben, dachte ich. In Rom wird er mir noch viele
mütterliche Märchen erzählen, dachte ich, die Mutter zum Vorwand nehmen, um auch von mir weiterhin Geld zu bekommen, wie ich auf einmal
dachte, es mir, auf dem Umweg über die tote Mutter, herauszulocken.
Diesen Gedanken verabscheute ich aber augenblicklich und ich verabscheute mich selbst zutiefst und ich wäre glücklich gewesen, ich hätte ihn
nicht gedacht, aber ich hatte ihn im Zuge meiner Überlegungen, das
Nachtmahl mit Spadolini betreffend, nicht mehr zurückhalten, nicht ausschalten können. Er mußte gedacht werden, sagte ich mir, wie so viele
andere Gedanken, die nicht gedacht werden wollen, aber gedacht werden
müssen von uns. An ein Einschlafen war nicht zu denken und ich wollte
naturgemäß auch keinerlei Tabletten einnehmen in Anbetracht des frühen
Aufstehens, das mir bevorstand, so versuchte ich, mir die Zeit mit Lesen zu
vertreiben, die millionenfach bewährte Methode, die ich mir schon vor
Jahrzehnten angewöhnt habe. Ich dachte an *Kierkegaard* und an seine
Krankheit zum Tode und ging, da ich der Meinung gewesen war, das Buch
befände sich in der mir am nächsten gelegenen rechten oberen Bibliothek,
so leise wie möglich, aus meinem Zimmer hinaus, um mir das Kierkegaardbuch zu holen, ich hatte die *Krankheit zum Tode* vor vielen Jahren
einmal gelesen, mindestens vor zwanzig Jahren. Auf dem Weg in die Bibliothek kam es mir aber lächerlich vor, ausgerechnet die *Krankheit zum
Tode* und ausgerechnet ein Kierkegaardbuch lesen zu wollen in Anbetracht
der Umstände und in dem Bewußtsein, Spadolini in nächster Nähe zu
wissen, daß es tatsächlich ein perverser Gedanke ist, jetzt Kierkegaard und
seine *Krankheit zum Tode* lesen zu wollen, dachte ich und ich kehrte noch
vor der Bibliothek um, weil es mir überhaupt unsinnig vorgekommen ist,
irgendein Buch zu lesen jetzt; ich konnte mir auch nicht vorstellen, welches Buch mich tatsächlich interessieren, sogar fesseln hätte können, ich
habe gedacht, vielleicht ein Jean Paul, ein Börne, dann, vielleicht ein
Kleist, dann, vielleicht Heine, habe ich gedacht, wieder einmal, oder *gleich
ein Schopenhauer,* aber die Idee war nicht gut gewesen, überhaupt etwas
lesen zu wollen, anstatt ruhig in meinem Zimmer zu sitzen und ganz
einfach nachzudenken; wie lange habe ich nicht Ruhe gegeben und ganz
einfach nachgedacht, sagte ich mir und bin in mein Zimmer zurückgegangen, setzte mich und schloß mit ausgestreckten Beinen die Augen. Ich
war aber schon zu unruhig gewesen, um längere Zeit auf dem Sessel ruhig
sitzen bleiben zu können, das hatte ich verpaßt, das war nicht mehr mög-

lich, also stand ich auf und ging in meinem Zimmer hin und her, aber ich
konnte mich auch an diesem Hinundhergehen nicht beruhigen, weil ich
fortwährend den Gedanken im Kopf hatte, wie die Nacht überbrücken,
diese zweifellos fürchterlichste Nacht aller Nächte, wie ich dachte, die sich
in die Länge ziehen wird, ohne abgekürzt werden zu können, ich kann
nachdenken, wie ich will, ich werde sie nicht abkürzen können, vor nichts
fürchte ich mich ja mehr, als vor solchen in die Länge gezogenen Nächten,
die nicht abgekürzt werden können, ich, der ich mich beherrsche und der
ich schon lange keine Tabletten mehr einnehme, der ich mich der Nacht
nicht entziehen kann; kaum denke ich, ich werde nicht einschlafen können, und es ist schon halb eins oder halb zwei Uhr früh, nehme ich dann
doch keine Tablette ein und das Problem hat sich erledigt, weil ich jetzt
unter keinen Umständen eine Tablette einnehmen darf, wie ich dachte,
denn ich hatte um spätestens vier Uhr früh aufzustehen und den Begräbnistag zu beginnen. Ich machte das Fenster auf, um frische Luft hereinzulassen, aber es kam keine frische Luft herein, die Luft, die hereinkam,
war warm und schwer. Im Zimmer war merkwürdigerweise eine bessere
Luft, als draußen, ich machte das Fenster wieder zu. Spadolini kann es sich
leisten, eine Tablette zu nehmen, dachte ich, ich beneidete ihn darum, er
kann bis acht oder neun liegen bleiben, dachte ich. Und die Schwestern
haben immer einen guten Schlaf gehabt, die dummen, dachte ich. Sie
haben in ihrem ganzen Leben noch nie eine Tablette genommen. Da ich
aber weder eine Tablette nehmen konnte, noch etwas lesen wollte, weil
mich im Augenblick auch vor jeder Art von Literatur ekelte, auch vor der
französischen, selbst vor der englischen, wie ich dachte, die ich sonst,
wenn ich die deutsche nicht mehr vertrug, ohne weiteres sozusagen als
Nachtüberbrückungsmittel mißbrauchte, wie ich dachte, mußte ich mir
etwas anderes einfallen lassen, denn einfach dasitzen oder hin- und hergehen waren einerseits nicht genug, andererseits unmöglich, wie ich ja
schon gesehen habe. Ich dachte, ob es nicht das beste wäre, aus dem
Zimmer und überhaupt aus dem Haus zu gehen und ich schlüpfte in
meine Jacke und ging aus dem Zimmer und ins Vorhaus hinunter. Ich
schaute in die Küche hinein, wo die Küchenmädchen das von den Gästen
völlig durcheinandergebrachte Buffet gar nicht weggeräumt hatten, was
mir zu denken gegeben hat, weil das auf eine Nachlässigkeit der Küchenmädchen und natürlich indirekt auf eine Nachlässigkeit meiner Schwestern als ihre Herrinnen schließen ließ, jedenfalls auf schlampige Zu-

stände, die geändert gehörten und ich entdeckte, daß der Zeitungsstapel
noch auf dem Tisch lag. Ich setzte mich an den Tisch und nahm die
Zeitungen, wie sie mir gerade in die Hand gekommen sind und glaubte
die Zeitungen jetzt genauso ungeniert lesen und anschauen zu können,
wie vor ein paar Stunden der Schwager, der mir ja schon vorgemacht hat,
wie diese Zeitungen ungeniert und schamlos gelesen werden können, aber
ich war dazu nicht in der Lage. Während der Schwager förmlich von den
Zeitungen aufgesogen worden war, eben auf das schamloseste, war ich
sofort von denselben Zeitungen abgestoßen gewesen, was ich mir als Genuß vorgestellt hatte gerade, war nichts als ekelerregend plötzlich und ich
warf die Zeitungen hin und ging aus der Küche hinaus. Im Vorhaus war
der Geruch der Leute, die jetzt hier übernachteten, wie mir vorgekommen
war, vor allem der Geruch der Titiseetante. Die Kapelle hatte den Geruch
der Titiseetante, als ich in die Kapelle eintrat. Möglicherweise war es
schon gegen zwölf, ich weiß es nicht mehr. Die Kapelle habe ich immer
gefürchtet, weil sie mir, wie gesagt, *immer als ein Gerichtssaal* erschienen
ist, nicht nur als Kind, auch später, noch als Erwachsener und ich hatte
jetzt dasselbe Gefühl, daß ich mich nicht länger in ihr aufhalten kann,
ohne von ihr angegriffen zu werden, also hatte ich hinauszugehn. Die
Jacke war mir jetzt viel zu warm, ich zog sie aus, hängte sie mir um und
ging über den Park zur Orangerie hinüber. Die Orangerie war natürlich
offen und ich dachte, der ganze Park ist schon angefüllt von dem Verwesungsgeruch, den die Leichen ausströmen. Ich werde ganz einfach in
die Orangerie hineingehen, dachte ich und ging hinein. Die Jäger, die
noch immer dastanden, die noch nicht abgelöst worden waren, nahmen
sofort Haltung an, als sie mich eintreten gesehen haben, sie waren von
meinem Auftreten vollkommen überrascht, weil ich mich der Orangerie *so
leise* genähert hatte. Diese Leute sind zeitlebens Theaterfiguren, habe ich
bei ihrem Anblick gedacht, mit ihnen kann der, der sie in der Hand hat,
tun, was er will, sie führen letzten Endes jeden, auch den unsinnigsten,
den absurdesten Befehl aus, das ist ja das Militärische an ihnen, dachte ich,
sie werden herausbeordert und sie gehorchen, sie werden hineinbeordert
und sie gehorchen, sie werden in den Tod geschickt und gehorchen. Der
Vater ist ihnen auch immer der *Herr Oberst,* habe ich gedacht, der er im
Krieg, in der Nazizeit, ja war. Der *Herr Oberst* ist aber nicht sozusagen
standesgemäß auf dem sogenannten *Felde der Ehre* gefallen, sondern durch
den Aufprall seines Kopfes an die Windschutzscheibe seines Wagens an

der Straßenkreuzung bei Lambach getötet worden, dachte ich. Wieder wollte ich wissen, ob die Eisblöcke ausgewechselt worden sind und ob es überhaupt genug Eisblöcke sind, aber zu diesem Zweck winkte ich nicht, wie es natürlich gewesen wäre, einen der Jäger zu mir, sondern ging zu einem der beiden hin und fragte, ob denn die Eisblöcke ausgewechselt worden seien und ob es überhaupt genug Eisblöcke seien, was mir der Wache stehende Jäger mit einem Kopfnicken beantwortete. Ich hatte mich, während ich den Jäger angesprochen habe, ganz dem Zeremoniell unterworfen, das hier aufgezogen worden war von meinen alles in allem betulichen Schwestern. Nach unserem alten Aufbahrungs- und Begräbnisplan. Wieder habe ich mich nicht beherrschen können und versucht, den Deckel des Muttersarges anzuheben, aber der Deckel war tatsächlich fest angeschraubt. Die Peinlichkeit, bei dem Versuch, den Deckel zu heben, von den zwei Jägern beobachtet zu sein, war mir jetzt schon gleichgültig, ich habe sie in Kauf genommen. Wir wissen ja nicht mehr, was wir tun, sagte ich mir, wenn wir so bis zum äußersten angespannte Nerven haben, daß wir glauben, sie zerreißen jeden Augenblick. Zurückgetreten von den Särgen und nur, um mich vor den Jägern nicht unmöglich zu machen durch ein ungeniertes augenblickliches Verlassen der Orangerie, habe ich noch einmal vor den Särgen Aufstellung genommen, dabei aber nur gedacht, daß die Jäger widerliche Leute sind, die widerlichsten überhaupt, daß ich den Anblick ihrer Uniformen nicht mehr aushalte, daß ich ihre Gesichter verabscheue und daß mir ihre Physiognomien immer schon widerwärtig gewesen sind, und ich habe auf einmal Angst gehabt vor dem kommenden Tag. Aber *es wird alles ablaufen wie geschmiert,* sagte ich mir gleich darauf mit den Wörtern meiner Schwester Caecilia, die in den letzten Stunden schon mehrere Male das *wie geschmiert* gesagt hat, wie ich dachte, die Begräbnisfeierlichkeiten betreffend. Ich kann mich ganz und gar auf die Schwestern verlassen, sagte ich mir, vor allem auf Caecilia. Die schläft ja nicht, die liegt in ihrem Bett und läßt den Leichenzug schon heute an sich vorbeiziehen, ihn auf das gründlichste kontrollierend. Und es entgeht ihr nichts, das störend ist oder auch nur störend wirkt, dachte ich. Das Zusammenstellen, das Arrangieren hat Caecilia von der Mutter geerbt, dachte ich, sozusagen das Inszenieren. Und sie wird das Begräbnis genauso inszenieren, wie es unsere Mutter inszeniert hätte. Und dabei immer das Gefühl haben, die Mutter schaut darauf, daß auch wirklich alles in ihrem und in keinem anderen Sinn inszeniert wird. Aufgeführt wird ein Begräbnis, dachte ich, das Begräbnis noch dazu unserer Eltern und unseres Bruders, Inszenierung Caecilia, ein Theaterplakat sah ich im Augenblick vor mir, auf welchem genau verzeichnet wird, was gespielt wird. Der Titel ist, die Darsteller sind, die Inszenierung ist von undsofort, dachte ich. Die Jäger haben nicht die Beherrschung verloren, ich auch nicht, denn ich stand ziemlich lange vor den Särgen, mir diese den kommenden Vormittag bevorstehende Uraufführung in der Inszenierung meiner Schwester vorstellend, sie sogar genießend. Plötzlich habe ich gedacht, was wäre, wenn doch der Deckel des Sarges der Mutter geöffnet würde und Spadolini wäre von mir gezwungen, den Inhalt des Sarges anzuschauen, diesen Gedanken aber abgebrochen, gewaltsam. Um ihn nicht wieder aufkommen zu lassen, bin ich aus der Orangerie hinausgegangen. Aber die Luft draußen war jetzt noch schlechter als vorher, schwül, beinahe unerträglich. Ich glaubte, wenn ich jetzt in die Kindervilla hinübergehe, zum ersten Mal wieder einmal allein, daß das meine Verfassung verbessern wird und ich ging zur Kindervilla hinüber, machte aber vorher noch in der Meierei Station. Die Tiere lagen in den Stallungen wie tot, der Anblick war ekelhaft, die Ausdünstung der Tierkörper vertrug ich nicht, ich war nicht so wie Johannes, der von dem Geruch der Tiere immer angezogen war, der diesen Geruch liebte. Ich bin nicht Johannes, dachte ich. Es ging für mich auch keine Ruhe von den Tieren aus, wie alle Leute immer behaupten, daß sie sich beruhigen bei den Tieren, im Gegenteil, ich war immer gleich aufgebracht, wenn ich bei den Tieren war und den Geruch der Tiere einatmen mußte. Zur sogenannten Tierliebe habe ich niemals eine Beziehung gehabt, ich habe sie im Laufe der Zeit auch nicht erlernt. Die Tiere ängstigten mich immer. Meine Träume waren immer von Tieren bevölkert, die mich überfallen und aufgefressen haben, die Kindheit produzierte mir immer solche fürchterlichen Tierträume. Immer wieder habe ich die Feststellung gemacht, daß mich im Unterschied zu Johannes, den sie immer beruhigt haben, die Tiere immer in Unruhe versetzt haben, in Angst und Schrecken, wie gesagt wird. Auch heute noch suchen mich die Tiere heim, überfallen mich, fressen mich auf in meinen Träumen. Aber ich habe immer wieder den Versuch gemacht, mich bei den Tieren zu beruhigen, weil es allen andern gelingt, wie ich darüber gedacht habe, aber meine Versuche in dieser Richtung sind mir, ich kann sagen, lebenslänglich mißlungen. Wenigstens unheimlich sind mir die Tiere immer gewesen, selbst die kleinsten, die unscheinbarsten und ich fürchtete auch immer jede Berührung von Insekten beispielsweise, ganz zu schweigen von Fischen, die mein Bruder mit dem größten Vergnügen selbst fing, sie am Schwanz packte, um ihren Kopf zu zerschlagen und sie wegzuwerfen, ich sehe heute noch oft die von meinem Bruder erschlagenen Fische den Bach hinter der Kindervilla hinuntertreiben, ihre dem Sonnenlicht zugekehrte Seite, silbrig blinkend. Die Kinder der Hausangestellten machten sich nie etwas daraus, den Hühnern den Kopf abzuhacken auf den Hackstöcken, im Gegenteil, hatten sie das größte Vergnügen daran, auch Johannes, dem das von den Eltern verboten war, der das aber gerade deshalb sehr oft zu seinem eigenen Vergnügen gemacht hat, das Hühnerköpfeabhacken. Mit einem einzigen Hackenschlag war es ihm schon als kleines Kind gelungen, einer Henne den Kopf abzuhacken und zuzuschauen, wie der vom Kopf getrennte Hennenrumpf in seiner verrückten Todeshektik noch an die zwanzig oder dreißig Meter weit durch die Luft fliegt. Johannes hat es auch immer das größte Vergnügen gemacht, beim Schweineschlachten zuzuschauen, wenn die Kühe zusammengeschlagen wurden im wolfseggeigenen Schlachthaus *für unsere Rindsuppe,* wie der Vater immer gesagt hat. Ich habe es bestaunt, auch mitgemacht, aber es hat mir niemals ein solches Vergnügen gemacht wie Johannes, mich hat das alles immer entsetzt, dachte ich. Ich bin nicht Johannes. Im Kuhstall zählte ich mit einem einzigen Blick zweiundneunzig Stück, *die Idealzahl,* so mein Vater. Wenigstens hier ist die Wirtschaft noch intakt, dachte ich. Die Milchleitung über den Kuhköpfen hat dreihundertachtzigtausend Schilling gekostet, dachte ich, das fiel mir ein, das hatte meine Mutter einmal ausdrücklich betont. Natürlich, habe ich gedacht, die Milchfabrik kann sich sehen lassen. Dann bin ich zur Kindervilla hinübergegangen. Tatsächlich haben sie alle Fenster der Kindervilla offengelassen, dachte ich, aber nicht, weil ich gesagt habe, die Fenster sollen tagelang offen bleiben, sondern weil sie vergessen haben, sie zuzumachen. Es ist kein Gewitter gekommen, dachte ich, aber ein solches Gewitter lag zweifellos in der Luft. Jetzt kannst du auch nicht mehr den Alexander suchen, habe ich gedacht und mich auf die Bank vor der Kindervilla gesetzt. Wenn wir auch Alexander beim Nachtmahl gehabt hätten, wäre Spadolini nicht so aus sich herausgegangen, dachte ich. Das Nachtmahl wäre völlig anders verlaufen, Spadolini hätte sich als ein ganz anderer gezeigt. Alexander hätte bei vielen Bemerkungen Spadolinis ganz einfach aufgelacht und Spadolini lächerlich gemacht, der eine vollkommen andere

Taktik verfolgen hätte müssen in Anwesenheit Alexanders. Spadolini ist
mir jetzt als der schlechte, Alexander als der gute Charakter vorgekommen. Aber wenn ich sage, Alexander ist der gute, Spadolini der schlechte
Charakter, dachte ich, ist das auch nicht richtig. Was Alexander betrifft, so
deckt sozusagen sein guter Mensch vieles niemals sichtbar gewordene
Schlechte zu. Beispielsweise eine geradezu bornierte Rücksichtslosigkeit,
die Alexander anwendet, wenn er jemandem seine Gedanken aufzwingen
will, wie er die, die sich das nicht gefallen lassen, mit tagelanger Wortlosigkeit bestraft, sich in seinem Zimmer einsperrt, mit Selbstmord droht,
der gute Mensch ist ein Droher, ein rücksichtsloser, dachte ich, der eines
von ihm gedachten zweifellos lächerlichen Gedankens wegen einen Menschen zur Verzweiflung bringen und ihn unter Umständen umbringen
kann, dachte ich. Aber dieser dämonische Alexander ist von dem belieb-
ten, immer liebenswürdigen, immer hilfsbereiten zugedeckt. Wenn wir
einen noch so liebenswürdigen Menschen eine Zeitlang betrachten und
sei es nur in unserem Kopf, wobei es keine Rolle spielt, wie weit weg der
von uns Betrachtete von uns ist, wird er mehr und mehr aus einem guten,
zu einem schlechten Menschen, wir geben so lange nicht Ruhe, bis wir aus
dem guten, liebenswürdigen, einen schlechten, nichtswürdigen gemacht
haben, wenn es uns paßt, weil wir zu einem solchen Mißbrauch bereit
sind, wie wir ja zu allem Mißbrauch bereit sind, um uns beispielsweise aus
fürchterlich quälenden Stimmungen herauszuretten, in die wir hineingekommen sind, ohne zu wissen, wodurch. Tatsächlich habe ich ja im Augenblick, dachte ich, wahrscheinlich weil mir Spadolini nicht mehr genügte, mir auch alle andern dazu nicht mehr genügten, Alexander für
meinen Rettungszweck mißbraucht, der gute Alexander wird von mir
ganz einfach an mich gerissen und mir zum Zwecke nach und nach auch
zum schlechten, bösartigen Menschen gemacht, wie alle andern, die mir
vorher dazu für geeignet erschienen sind. Wir kommen mit der Lektüre
nicht mehr aus, mit Hinundhergehen nicht mehr, mit Ausdemfenster-
schauen nicht mehr, also müssen wir auf unsere engsten und innigsten
Freunde zurückgreifen, um uns aus einer erbarmungslosen Stimmung
herauszuretten, dachte ich. Das beobachte ich immer wieder an mir, daß
ich dann, wenn diese erbarmungslose Stimmung von mir gänzlich Besitz
ergriffen hat mehr oder weniger, einfach nacheinander alle möglichen
Leute hernehme, um sie zu zerlegen und in meinem Kopf niederzumachen, alles in ihnen zu zertrümmern, um mich zu retten, und von ihnen

mehr oder weniger nicht das geringste Positive übrig zu lassen, um schließlich wieder aufatmen zu können. Sind es die Eltern und die Schwestern
nicht mehr gewesen, weil sie mir nicht mehr ausreichten, dachte ich,
Johannes nicht und alle übrigen, so bin ich selbst es in letzter Verzweiflung
und Konsequenz gewesen, der von mir zertrümmert worden ist auf meine
Weise, die ich doch nur als die rücksichtsloseste überhaupt bezeichnen
kann. Und jetzt im Augenblick ist es eben Alexander, weil mir die Schwestern und Spadolini und der Schwager für meinen Mißbrauch nicht mehr
genügten. Das ist die Wahrheit. Um uns zu erleichtern, gehen wir ja
tatsächlich über Leichen, habe ich jetzt gedacht. In der Kindervilla suchte
ich nach der Kindheit, aber ich fand sie natürlich nicht. In alle Räume trat
ich, auf der Suche nach der Kindheit, ein, fand sie natürlich nicht. Zu
welchem Zweck eigentlich, dachte ich, richte ich die Kindervilla her? Wo
gar niemand mehr da ist, der die Kindervilla genießen, sie ausnützen kann,
dachte ich und darauf, daß es doch sinnlos wäre, die Kindervilla, so wie ich
es bis zu diesem Augenblick vorgehabt habe, herzurichten, aus ihr wieder
die Kindervilla zu machen, die sie einmal gewesen ist *uns Kindern,* dachte
ich, das ist aber absurd, nur daran zu denken, denn die Kindheit läßt sich
nicht mehr herrichten, indem ich die Kindervilla herrichte, dachte ich, ich
hatte geglaubt, indem ich die Kindervilla von Grund auf herrichten, re-
novieren lasse, wie meine Schwestern sagen, richte ich die Kindheit wieder
her, renoviere sie sozusagen von Grund auf. Die Kindheit ist jetzt schon so
verwahrlost wie die Kindervilla, dachte ich. Die Kindheitszimmer sind
genauso ausgeräumt und verschleudert worden, ausgeraubt worden wie
die Kindervilla, die Kindheit aber nicht, wie die Kindervilla, von der
Mutter, sondern von mir selbst, ich habe die Kindheit mit einer noch viel
größeren Rücksichtslosigkeit ausgeraubt und verschleudert, wie die Mutter die Kindervilla, vor allem die schönsten Stücke der Kindheit verschleudert, genauso wie die Mutter die schönsten Stücke der Kindervilla
und es nützt auch nichts mehr, wenn ich jetzt die Fenster der Kindheit
aufreiße, es wäre gleich lächerlich, wie das Aufreißen der Kindervillafen-
ster, dachte ich. Die Kindheit ist vollkommen ausgenützt und von mir
verbraucht worden, dachte ich, verramscht worden, dachte ich. Die Kindheit habe ich ausgebeutet bis zum letzten. Wir suchen überall die Kindheit
und wir finden nur überall die berühmte *gähnende Leere,* dachte ich, wir
glauben, wenn wir in ein Haus hineingehen, in welchem wir so glückliche
Kindheitsstunden oder sogar -tage verbracht haben, wir schauen in diese

Kindheit hinein, aber wir schauen nur in diese berühmt-berüchtigte *gähnende Leere* hinein, dachte ich. Ich gehe in die Kindervilla hinein, heißt ja nur, ich gehe in die *gähnende Leere* hinein, genauso, wie wenn ich in den Wald hineinginge, in welchem ich in der Kindheit so glücklich gewesen bin, nichts anderes bedeutete, als in die berühmte *gähnende Leere* hineinzugehen, wie wenn ich überall, wo ich als Kind glücklich gewesen bin, hineinginge, und sich mir nur die *gähnende Leere* zeigt. Wir verschleudern unsere Kindheit, als wäre sie unerschöpflich, aber sie ist es nicht, dachte ich, sie ist sehr bald erschöpft und läßt nichts als diese berühmte *gähnende Leere* zurück. So ergeht es aber nicht nur mir, dachte ich, so geht es allen und ich empfand das als einen augenblicklichen Trost, daß allen diese Erkenntnis nicht erspart bleibt, ich gönnte diese Erkenntnis im Augenblick allen. Die Kindheit aufsuchen heißt, wenn wir älter oder alt geworden sind, nichts anderes, als in die berühmt-berüchtigte *gähnende Leere* hineinschauen, vor welcher es uns wie vor nichts anderem graust. Insofern war es gut, die Idee gehabt zu haben, in die Kindervilla hineinzugehen in dem Glauben, damit auch in die Kindheit selbst hineinzugehen, daß das möglich sei, was sich jetzt als heilsamer Irrtum herausgestellt hat, denn ich werde von jetzt an nicht mehr glauben, ich brauche nur in die Kindervilla hineinzugehen, um in die Kindheit hineinzugehen. Ich brauche nur in den Wald der Kindheit hineinzugehen und gehe auch schon in die Kindheit hinein, in die Kindheitslandschaft hinein zu gehen und zu glauben, ich ginge wieder in die Kindheit hinein, denn ich gehe nurmehr noch in diese berühmt-berüchtigte *gähnende Leere* hinein. Und dieser entsetzlichen Konfrontation mit dieser berühmt-berüchtigten *gähnenden Leere* werde ich mich nicht mehr aussetzen, dachte ich. In Rom geht es mir ja jedesmal so, wenn ich an Wolfsegg denke, daß ich nur nach Wolfsegg zu gehen habe, um in die Kindheit hineinzugehen. Immer schon hat sich dieses Denken als Irrtum erwiesen, als ganz gemeiner, niederträchtiger Irrtum, dachte ich. Du suchst die Eltern auf, habe ich in Rom oft gedacht, und du suchst die Eltern deiner Kindheit auf, aber am Ende hast du doch nur diese berühmt-berüchtigte *gähnende Leere* aufgesucht, indem du die Eltern aufgesucht hast. Die Kindheit kannst du nicht mehr aufsuchen, weil es sie nicht mehr gibt, sagte ich mir. Die Kindervilla zeigt dir *schonungslos,* daß die Kindheit nicht mehr möglich ist. Du hast dich damit abzufinden. Überhaupt siehst du, wenn du dich umdrehst, nurmehr noch die *gähnende Leere,* dachte ich, nicht nur, was die Kindheit betrifft, gleich was es ist, wenn es vergangen ist, ist es nurmehr noch die *gähnende Leere*, sagte ich mir. Deshalb ist es gut, wenn du dich überhaupt nicht mehr umdrehst, du darfst dich, schon aus Selbstschonungsgrund, nicht mehr umdrehen, das sollst du wissen, dachte ich jetzt. Drehst du dich nach dem Vergangenen um, schaust du nur in die *gähnende Leere* hinein, dachte ich, schaust du das Gestern an, ist es schon nichts mehr als nur die *gähnende Leere*, dachte ich, selbst wenn du in den gerade verlebten Augenblick zurückschaust, schaust du nurmehr noch in die *gähnende Leere*. Du hast in die Kindervilla hineingehen wollen, um in die Kindheit hineinzugehen, dachte ich, die du jahrzehntelang zum Fenster hinausgeworfen hast als die unerschöpfliche und hast sie dadurch völlig erschöpft, du hast sie bedenkenlos ausgegeben, dachte ich. Du hast einer ganz und gar primitiven Sentimentalität nachgegeben und, nachdem du deine anderen Möglichkeiten vollkommen erschöpft hattest, die Idee gehabt mit der Kindervilla. Aber diese Idee zeigt sich jetzt in ihrer ganzen Furchtbarkeit und Fürchterlichkeit, die Kindervilla ist auf einmal ein Alptraum. Indem du gedacht und zu deinen Schwestern auch noch gesagt hast, du wirst die Kindervilla herrichten lassen, hast du tatsächlich geglaubt, daß es möglich sei, mit der Kindervilla auch die Kindheit wieder herrichten zu lassen. Sozusagen hast du tatsächlich geglaubt, du kannst wie die Kindervilla auch die Kindheit wieder ausmalen lassen, die Kindheit sozusagen wieder frisch herunterputzen lassen, ihr ein neues Dach verpassen etcetera. Wo du doch schon hunderte Male mit diesem Gedanken deine Kindheitsniederlage erlebt hast, dachte ich, denn das mit der Kindervilla herrichten lassen und gleichzeitig die Kindheit, ist dir ja nicht zum ersten Mal eingefallen, dachte ich. Das hast du schon oft praktiziert, diese Idee auch anderen aufgezwängt und gesehen, wie sie in dieser Idee gescheitert sind, in dieser absurdesten aller Ideen. Du hast sie ganz bewußt in diesen zum Scheitern verurteilten Gedanken hineingetrieben, ihnen deine grausame Erfahrung mit dieser absurdesten aller absurden Ideen verschwiegen und sie in diesem Verschweigen alleingelassen. Infam. Ich ließ die Kindervilla hinter mir und ging in das Büro. Das Jägerhaus war nicht abgesperrt, wahrscheinlich, damit die Jäger ungehindert aus- und eingehen konnten im Hinblick auf ihr Wachestehen an den Särgen, dachte ich. Daß ich mit Sicherheit nicht so wie der Vater tagtäglich das Büro aufsuchen und mich in ihm niederlassen werde, um die *Wirtschaftspost* zu erledigen, mich mit dem hereingerufenen Meier zu unterhalten, mit dem Dienstpersonal überhaupt in dieser stickigen Luft. Das Büro werde ich nicht wie der Vater als meinen eigentlichen Lebensraum anzusehen haben in Zukunft, dachte ich. Die Leitzordner werden nicht meine Existenz einengen, wie sie die Existenz des Vaters eingeengt haben, ihn schließlich erdrückt haben. Die Leitzordner haben die väterliche Existenz zuerst eingeengt, dachte ich, dann haben sie sich auf ihn gestürzt eines Tages und ihn erdrückt. Das ist keine Vision, dachte ich, das ist die Wirklichkeit. Die Wirtschaftspost hat aus dem Vater einen Wirtschaftssklaven gemacht, er hat seine Existenz ganz dieser tagtäglichen Wirtschaftspost untergeordnet, dachte ich. In das Büro haben ihn seine Eltern, meine Großeltern, zuerst eingesperrt und dann hat ihn das Büro ganz einfach erdrückt, dachte ich. Mich wird es nicht erdrücken, ich werde mich von ihm nicht erdrücken lassen. Das Büro ist so eingerichtet, daß es jeden erdrücken muß, dachte ich. Ich machte kein Licht, um nicht entdeckt zu sein. Aber natürlich haben die Jäger längst bemerkt, daß ich im Büro bin, dachte ich. Ich werde das Büro niemals als Landwirt betreten, ich bin kein Landwirt, mich interessiert die Landwirtschaft überhaupt nicht. In einem der Leitzordner ist auch festgehalten, wann und wieviel ich aus Wolfsegg überwiesen bekommen habe die ganzen Jahrzehnte, die ich aus Wolfsegg schon fort bin. Ich stand auf und suchte den entsprechenden Leitzordner, aber ich fand keinen mit meinem Namen. Alle möglichen Namen waren auf die verschiedenen Leitzordner geschrieben, meiner nicht. Wie hoch tatsächlich ist *die Unsumme,* von welcher der Vater immer gesprochen hat, *die Unsumme,* die mir die Mutter, am bösartigsten aber die Schwestern, immer vorgehalten haben? Ich hätte mich *von Wolfsegg immer aushalten lassen,* haben sie gesagt, mich nicht gescheut, *immer mehr aus der Wolfsegger Kasse zu verlangen,* ich hätte sie nach und nach *erpreßt,* wie sie sagen, dachte ich. Da, sagte ich mir, muß der Leitzordner sein, in dem *die Unsumme* verzeichnet ist, da, da, da, aber ich fand ihn nicht. Ich zog mehrere Leitzordner heraus, blätterte darin, aber ich fand den entsprechend tödlichen für mich nicht, denn mir fiel ein, daß meine Mutter einmal zu mir gesagt hat, ich müsse *augenblicklich tot umfallen,* wenn ich sehen würde, wie hoch die Summe schon sei, die sie für mich ausgegeben haben. *Für den Nichtsnutz,* dachte ich, als den sie mich immer bezeichnet haben, den, der Wolfsegg für seine *zweifelhaften, ja ekelhaften Zwecke* mißbraucht, für seine ekelhaften Geisteszwecke, wie ich dachte. *Der Herr Sohn geht in Rom spazieren, während wir hier schwer arbeiten,* hat mein Vater zu allen Leuten gesagt, wenn er mir feindlich gesinnt war, und in den letzten Jahren, als es klar war, daß ich nicht mehr nach Wolfsegg zurückzugehen die Absicht hatte, um in Rom zu bleiben, jedenfalls weit weg von Wolfsegg, in einer Geistesgegend sozusagen, war mir auch der Vater nurmehr noch feindlich gesinnt gewesen, dachte ich. Er scheute sich nicht, mich vor allen Leuten wegen des Monatsgeldes, das er mir überwiesen hat und das mir zustand, herunterzumachen, wie ich jetzt dachte. Für was für Unsinnigkeiten sie selbst immer so viel Geld zum Fenster hinausgeworfen haben, dachte ich, wenn ich nur an den Kleidungsfimmel der Mutter, an den verlogenen Vereinsunterstützungsfimmel des Vaters und an den Motor- und Segelbootfimmel von Johannes denke, die so viel Geld gekostet haben, wie ich niemals. Es ist wahr, dachte ich, die Schwestern haben immer am allerwenigsten gekostet, aber sie sind auch nicht mehr wert, dachte ich. Schade um jeden Groschen, den man ihnen in die Hand gegeben hat, dachte ich. Der Vater ist mehr oder weniger in diesem entsetzlichen muffigen Büro zuhause gewesen. Diese Schreibtischplatte ist sozusagen die Fluchtplatte gewesen, vor die er sich geflüchtet hat vor den Seinigen, um im Schreiben von solchen unsinnigen Geschäftsbriefen, wie den, der noch auf dem Schreibtisch lag von seiner Hand, den Seinigen zu entkommen. Einerseits hat er sich auf den Traktor gesetzt und den Gestank und das mörderische Rütteln des Traktors in Kauf genommen, um den Seinigen zu entkommen, andererseits ist er aus dem gleichen Fluchtgrund jeden Tag in das Büro gegangen. Der Vater war ein völlig vereinsamter Mensch an seinem schauerlichen Lebensende, dachte ich. Erbarmungswürdig. Gleich darauf aber dachte ich, daß er sich selbst in diese erbarmungswürdige Situation hineingelebt hat, ganz bewußt, ohne etwas dagegen zu tun. Der Vater hat nie etwas dagegen getan, er war zu schwach dazu, etwas dagegen zu tun, gleich was, das *Dagegen* war niemals Vatersache, dachte ich, lieber ist er diesen erbärmlichen Weg der gemeinen, totalen Verkümmerung gegangen, dachte ich. Eine so ungeheure Natur, dachte ich, und ein tatsächlich so ungeheurer Besitz und der Vater hat eine solche erbärmliche Schreibtischexistenz geführt. Das Büro hat sein Gesicht zu dem ausdruckslosen gemacht, das er zuletzt gehabt hat, dachte ich. Das Büro hat ihn letzten Endes vernichtet. Da nützten die jährlich zweimal unternommenen sogenannten Bildungsreisen auch nichts mehr. Nur ermüdet hat er sie angetreten, widerwillig, ermüdet ist er von ihnen heimgekehrt, angeekelt von dem mißlungenen Versuch, sich selbst zu entkommen. Wieder war dann das Büro sein Zufluchtsort, dachte ich. Nach und nach und gänzlich im Hintergrund ist er vernichtet worden einerseits von den Seinigen, die es auf seine Vernichtung angelegt hatten, dachte ich, andererseits von diesem Büro, in welchem sich der ganze bürokratische Stumpfsinn angesammelt hat nur zu dem einzigen Zweck, den Vater und seine Existenz zu erdrücken. Auch in diesen bürokratischen Stumpfsinn aber ist der Vater hineingeflüchtet, dachte ich, von der hysterischen Frau, unserer Mutter, weg in das Büro, in welchem er sich die meiste Zeit eingesperrt hat, wie ich dachte. Nur die Jäger hatten im Büro ungehinderten Zutritt, sonst niemand. Die Familienangehörigen hatten sich anzumelden, wenn sie unangemeldet klopften, wurden sie nicht hineingelassen, der Vater verwehrte ihnen den Eintritt, sozusagen seinen unerbittlichen Zerstörern. Ich werde mich von diesem Büro weder zerstören, noch vernichten lassen, dachte ich, *mein* Zufluchtsort wird es nicht sein. Die Leitzordner werde ich nicht, wie der Vater, zu meinen heimlichen wortlosen Gesellschaftern machen halbe Tage und ganze Tage und oft auch noch auf die widerwärtigste Weise halbe und ganze Nächte. *Meine Kommandobrücke,* so der Vater sehr oft über das Büro, wird es nicht sein, dachte ich und ich empfand es im Augenblick immer noch als infame Demütigung an mir, wenn der Vater, wissend oder nicht, das Büro als seine Kommandobrücke bezeichnete, wo er doch niemals eine tatsächliche Kommandogewalt ausgeübt hat in Wolfsegg, weil das Kommando hier immer nur von unserer Mutter ausgeübt worden ist. Sie hatte den Vater das Wort *Kommandobrücke* ohne weiteres aussprechen lassen, auch in Gesellschaft, weil sie wußte, wie lächerlich das von ihm ausgesprochene Wort *Kommandobrücke* im Augenblick für sie immer war. Nein, nein, mein Büro wird dieses nicht sein, dachte ich. Ich werde mich von den Leitzordnern nicht beherrschen lassen. Millionen sind von Leitzordnern beherrscht und kommen aus dieser demütigenden Beherrschung nicht mehr heraus, dachte ich. Millionen sind von diesen Leitzordnern unterdrückt. Ganz Europa läßt sich seit einem Jahrhundert von den Leitzordnern unterdrücken und die Unterdrückung der Leitzordner verschärft sich, dachte ich. Bald wird ganz Europa von den Leitzordnern nicht nur beherrscht, sondern vernichtet sein. Das habe ich ja auch einmal Gambetti gesagt, daß vor allem die Deutschen sich von den Leitzordnern unterdrücken haben lassen. Selbst die Literatur der Deutschen ist eine von den Leitzordnern unterdrückte, habe ich zu Gambetti einmal gesagt. Jedes deutsche Buch, das wir aufmachen, und das in diesem Jahrhundert entstanden ist, habe

ich zu Gambetti gesagt, ist ein solches von den Leitzordnern unterdrücktes. Eine von Leitzordnern unterdrückte und schon beinahe zur Gänze
vernichtete Literatur schreiben die Deutschen, habe ich zu Gambetti gesagt. In Deutschland wird alles von den Leitzordnern dirigiert, habe ich zu
Gambetti gesagt. Und diese heutige, von den Leitzordnern unterdrückte
Literatur, ist naturgemäß dadurch die erbärmlichste, eine solche hilflose
erbärmliche Literatur hat es niemals vorher gegeben, habe ich zu Gambetti
gesagt. Es ist eine lächerliche Büroliteratur, die von Leitzordnern diktiert
ist, so jedenfalls komme es mir jedesmal vor, wenn ich ein heute geschriebenes Buch lese. Alle diese Bücher seien von einer grenzenlosen Erbärmlichkeit, habe ich zu Gambetti gesagt, weil sie aus dem Kopf von Leuten
kommen, die sich vollkommen von den Leitzordnern beherrschen lassen,
lebenslänglich, Gambetti, habe ich gesagt. Eine kleinbürgerliche Beamtenliteratur haben wir vor uns, wenn wir die deutsche Literatur vor uns
haben, auch die großen Beispiele dieser deutschen Literatur sind nichts
anderes, Gambetti, Thomas Mann, ja selbst Musil, sagte ich, den ich von
allen diesen Beamtenliteraturerzeugern noch an die erste Stelle setze. Aber
auch Musil hat nichts anderes geschrieben, als eine erbärmliche Beamtenliteratur. Diese Literatur ist durch und durch bürgerlich, zum Großteil
kleinbürgerlich, sagte ich zu Gambetti auf dem Pincio, auch die Thomas
Manns, auch die Musils, die sich ja vollkommen von den Leitzordnern in
jeder von ihnen geschriebenen Zeile haben beherrschen lassen. Wenn wir
diese Literatur lesen, sehen wir, wie sie ein Beamter schreibt, ein einmal
mehr, einmal weniger kleinbürgerlicher Beamter, dem im Grunde und
letzten Endes doch nur die Leitzordner die Feder geführt haben. Der
Großbürger Thomas Mann hat eine durch und durch kleinbürgerliche
Literatur geschrieben, habe ich zu Gambetti gesagt, die absolut auch für
den Kleinbürger bestimmt und geschrieben ist, die Kleinbürger fressen
diese Literatur in sich hinein mit Genuß, Gambetti, habe ich zu ihm
gesagt. Seit mindestens hundert Jahren gibt es nurmehr noch eine von mir
sogenannte Büroliteratur, eine kleinbürgerliche Beamtendichtung, habe
ich zu Gambetti gesagt. Und ihre Meister sind Musil und Thomas Mann
gewesen, von den andern ganz zu schweigen. Wenn wir Kafka außer acht
lassen, habe ich zu Gambetti gesagt, der tatsächlich Angestellter gewesen
ist, aber als einziger keine Beamten- und Angestelltenliteratur geschrieben
hat, alle andern haben nichts anderes geschrieben, weil sie zu etwas anderem gar nicht befähigt gewesen sind. Der Angestellte Kafka, habe ich zu

Gambetti gesagt, hat als einziger keine Beamten- und Angestelltenliteratur geschrieben, sondern eine große, was man von allen sogenannten großen deutschen Schriftstellern dieses Jahrhunderts nicht behaupten kann, wenn man sich nicht unter die Millionen von feuilletonistischen Schwätzern einreihen will, die aus den Zeitungen seit hundert Jahren eine feuilletonistische Armeleuteküche gemacht haben, in welcher sie ihre haarsträubenden Irrtümer immer wieder aufkochen bis zum Überdruß, Gambetti. Im Grunde genommen, habe ich zu Gambetti gesagt, haben die Deutschen in diesem Jahrhundert nur eine von Leitzordnern beherrschte Literatur produziert, die ich geradeheraus auch nur als eine Leitzordnerliteratur bezeichnen will, um mich nicht strafbar zu machen in einer Zeit, die diese Leitzordnerliteratur eines Tages als eine solche Leitzordnerliteratur durchschaut und dahinein kippt, wohinein sie gehört, in den Abfalleimer der Literaturgeschichte, Gambetti. Andererseits ist diese heute geschriebene Literatur die unsrige, habe ich zu Gambetti gesagt, und wir werden, ob es uns paßt oder nicht, mit ihr leben müssen, weil wir uns *ihr verschrieben* haben, wie ich zu Gambetti ziemlich pathetisch gesagt habe, es bleibt uns nichts anderes übrig. Tatsächlich haben wir ja viele sozusagen imponierende Höhepunkte in unserer Literatur, habe ich zu Gambetti gesagt, aber beispielsweise mit Shakespeare vergleichen dürfen wir sie nicht. Gambetti hat mir aufmerksam zugehört, dachte ich, mich angehört, wie gesagt werden kann, mich aber doch, wie ich glaube, nicht ernst genommen dabei, und ich hatte gedacht, wie schade ist es, daß er mich gerade in diesem Punkt, die deutsche Gegenwartsliteratur betreffend, nicht ernst nimmt. Am Ende meiner Ausführungen hatte ich übrigens, sozusagen ihn beschwichtigend, zu ihm gesagt, Maria ausgenommen, ich meinte damit, daß Maria Gedichte geschrieben hat, die, kurz gesagt, besser sind als alles andere in ihrer und also in unserer Zeit Produzierte in deutscher Sprache. Er mochte das als freundschaftlichen charmanten Scherz meinerseits auffassen, aber ich hatte gedacht, ich sage zu ihm die Wahrheit, daß es ganz mein Empfinden ist, daß Marias Gedichte ein Höhepunkt unserer Literatur sind und nicht nur dieser unserer kümmerlichen Jahrzehnte, sondern dieses unseres Jahrhunderts, das, so habe ich es zu Gambetti gesagt, wahrscheinlich vorbeigehen wird, ohne uns noch irgendeinen literarischen Höhepunkt zu bescheren, das ist ganz meine Meinung, Gambetti, habe ich zu ihm gesagt, die Deutschen und wir sind mindestens auf ein halbes Jahrhundert hinaus so geschwächt, daß sie und wir einen solchen Höhepunkt nicht mehr erzeugen werden können. Denn an Wunder zu glauben, Gambetti, erlaube ich mir schon lange nicht mehr. Und schon gar nicht an ein literarisches Wunder. Im übrigen, habe ich zu Gambetti gesagt, ist es unwahrscheinlich, daß zum Ende dieses Jahrhunderts diese Welt, wie wir sie heute kennen und verdauen müssen an jedem Tag, noch besteht, das bezweifle ich entschieden, alle Anzeichen stehen dafür, daß die Welt in kürzester Zeit sich so verändert, daß sie nicht mehr wiederzuerkennen ist, sie wird von Grund auf eine veränderte und tatsächlich von Grund auf zerstörte sein. Alles deutet daraufhin, habe ich zu Gambetti gesagt. Aber, habe ich zu Gambetti gesagt, mein Irrtum ist in dieser meiner Vision auch gleich mitgeliefert. Darauf hat Gambetti gelacht, das laute, ungehinderte und ungehemmte Gambettilachen, dachte ich. Wir steigern uns oft in eine Übertreibung derartig hinein, habe ich zu Gambetti später gesagt, daß wir diese Übertreibung dann für die einzige folgerichtige Tatsache halten und die eigentliche Tatsache gar nicht mehr wahrnehmen, nur die maßlos in die Höhe getriebene Übertreibung. Mit diesem Übertreibungsfanatismus habe ich mich schon immer befriedigt, habe ich zu Gambetti gesagt. Er ist manchmal die einzige Möglichkeit, wenn ich diesen Übertreibungsfanatismus nämlich zur Übertreibungskunst gemacht habe, mich aus der Armseligkeit meiner Verfassung zu retten, aus meinem Geistesüberdruß, habe ich zu Gambetti gesagt. Meine Übertreibungskunst habe ich so weit geschult, daß ich mich ohne weiteres den größten Übertreibungskünstler, der mir bekannt ist, nennen kann. Ich kenne keinen andern. Kein Mensch hat seine Übertreibungskunst jemals so auf die Spitze getrieben, habe ich zu Gambetti gesagt und darauf, daß ich, wenn man mich kurzerhand einmal fragen wollte, was ich denn eigentlich und insgeheim sei, doch darauf nur antworten könne, der größte Übertreibungskünstler, der mir bekannt ist. Darauf ist Gambetti wieder in sein Gambettilachen ausgebrochen und hat mich mit seinem Gambettilachen angesteckt, so lachten wir beide auf dem Pincio an diesem Nachmittag, wie wir noch niemals vorher gelacht hatten. Aber auch dieser Satz ist natürlich wieder eine Übertreibung, denke ich jetzt, während ich ihn aufschreibe, und Kennzeichen meiner Übertreibungskunst. Damals habe ich zu Gambetti gesagt, daß die Kunst der Übertreibung eine Kunst der Überbrückung sei, der Existenzüberbrückung in meinem Sinn, habe ich zu Gambetti gesagt. Durch Übertreibung, schließlich durch Übertreibungskunst, die Existenz auszuhalten, habe ich zu Gambetti gesagt, sie zu ermöglichen. Je älter ich werde, desto mehr flüchte ich in meine Übertreibungskunst, habe ich zu Gambetti gesagt. Die großen Existenzüberbrücker sind immer große Übertreibungskünstler gewesen, ganz gleich, was sie gewesen sind, geschaffen haben, Gambetti, sie waren es schließlich doch nur durch ihre Übertreibungskunst. Der Maler, der nicht übertreibt, ist ein schlechter Maler, der Musiker, der nicht übertreibt, ist ein schlechter Musiker, sagte ich zu Gambetti, wie der Schriftsteller, der nicht übertreibt, ein schlechter Schriftsteller ist, wobei es ja auch vorkommen kann, daß die eigentliche Übertreibungskunst darin besteht, alles zu *unter*treiben, dann müssen wir sagen, er übertreibt die Untertreibung und macht die übertriebene Untertreibung so zu seiner Übertreibungskunst, Gambetti. Das Geheimnis des großen Kunstwerks ist die Übertreibung, habe ich zu Gambetti gesagt, das Geheimnis des großen Philosophierens ist es auch, die Übertreibungskunst ist überhaupt das Geistesgeheimnis, habe ich zu Gambetti gesagt, diesen zweifellos absurden Gedanken, der sich bei noch näherer Betrachtung zweifellos als der einzige richtige herausstellen hatte müssen, gab ich aber dann auf und ich entfernte mich von dem Jägerhaus in Richtung Meierei und ging auf die Kindervilla zu, dabei denkend, daß es die Kindervilla gewesen ist, die mich auf diese absurden Gedanken gebracht hat. *Auslöschung,* habe ich auf dem Weg von der Kindervilla zurück zur Meierei gedacht, warum nicht. Aber es wird nicht gleich sein. Dazu brauche ich viel Zeit. Mehr als ein Jahr. Vielleicht zwei, vielleicht sogar drei Jahre. Durchaus halten wir uns ja ab und zu für eine Geistesarbeit befähigt, selbst für eine aufzuschreibende wie eine solche *Auslöschung,* schrecken aber dann doch immer wieder davor zurück, weil wir genau wissen, daß wir sie wahrscheinlich nicht durchhalten, dann, wenn wir sie vielleicht schon ziemlich weit vorangetrieben haben, auf einmal in ihr scheitern und uns dann alles verloren ist, nicht nur die ganze Zeit, die wir darauf verwendet haben und also verschwendet, wie sich dann rücksichtslos herausstellt, sondern uns dann auch noch wenn schon nicht vor aller Welt, so doch vor uns selbst auf die entsetzlichste Weise blamiert haben. Diese Niederlage wollen wir nicht unbedingt heraufbeschwören und wir weigern uns, auch wenn wir das Gefühl haben, wir könnten mit einer solchen Geistesarbeit anfangen, damit anzufangen, wir schieben sie hinaus, wie wenn wir eine ungeheure Blamage hinausschieben wollten, eine ungeheure *Selbstblamage,* dachte ich. Wir verlangen von den andern, daß sie ihre Sache wenigstens gut machen, im Grunde, daß sie sie außerordentlich vollziehen, dachte ich, und bringen selbst nicht das geringste zustande, nicht das lächerlichste aufgeschriebene Geistesprodukt, so ist es doch, dachte ich, wir verlangen von allen das Höchste und Äußerste und leisten selbst nicht einmal das Geringste. Dieser furchtbaren Demütigung des eigenen Scheiterns wollen wir uns nicht aussetzen und schieben also unsere Idee für ein solches aufgeschriebenes Geistesprodukt immer wieder hinaus, mit allen Mitteln, mit allen Ausreden, mit allen Niedrigkeiten, die uns dafür gerade recht sind. Wir sind auf einmal zu feige, um damit anzufangen. Aber wir haben andererseits eine solche Geistesarbeit immer im Kopf und wollen sie unter allen Umständen zustande bringen. Wir haben sie uns *vorgenommen,* sagen wir uns und gehen mit diesem Begriff *vorgenommen* immer hin und her, tagelang, wochenlang, monatelang, jahrelang, unter Umständen jahrzehntelang, setzen uns aber doch nicht hin, um tatsächlich damit anzufangen. Was wir vorhaben, ist etwas Ungeheuerliches, sagen wir uns und sagen es auch unter Umständen, weil wir zu eitel sind, es zu verschweigen, auch anderen, sind aber tatsächlich doch nur zu etwas ganz und gar Lächerlichem imstande. Ich schreibe eine ungeheure Schrift, sage ich mir, und habe gleichzeitig Angst davor und bin in diesem Augenblick der Angst auch schon gescheitert, in der absoluten Unmöglichkeit, damit überhaupt erst anfangen zu können. Wir sagen ganz hochtrabend, was wir vorhaben, ist etwas Ungeheuerliches und Einmaliges, wir schrecken vor einer solchen Äußerung absolut nicht zurück, aber gehen gleichzeitig mit eingezogenem Kopf ins Bett und nehmen eine Schlaftablette, anstatt mit dem Ungeheuerlichen und Einmaligen anzufangen. So sind wir, habe ich einmal zu Gambetti gesagt, wir geben uns absolut als zu allem befähigt, selbst zu dem Allerhöchsten und Allergrößten, und sind dann nicht einmal imstande, die Feder in die Hand zu nehmen, um auch nur ein Wort dieser unserer angekündigten Ungeheuerlichkeit und Einmaligkeit zu Papier zu bringen. Wir leiden alle unter dem Größenwahn, habe ich zu Gambetti gesagt, damit wir unsere ununterbrochene Niedrigkeit nicht bezahlen brauchen. *Auslöschung,* dachte ich, aber ich hatte davon, ehrlich gesagt, auch nach Jahren noch, nur einen ungefähren Begriff, nicht an etwas Ungeheuerliches denke ich dabei, habe ich zu Gambetti gesagt, auch nicht an etwas Einmaliges, aber doch an etwas mehr als nur eine Skizze, mehr als eine Existenzskizze, an etwas, das sich sehen lassen kann. Nur an etwas, das sich sehen lassen kann und dessen ich mich nicht zu schämen habe, habe ich zu Gambetti gesagt. Ich halte mich für befähigt und zuständig, das aufzuschreiben, das mir des Aufschreibens wert erscheint, weil es mir wichtig ist und dazu auch noch ein großes Vergnügen macht, wie ich denke. Ich bin ja nicht eigentlich Schriftsteller, habe ich zu Gambetti gesagt, nur ein Vermittler von Literatur und zwar der deutschen, das ist alles. Eine Art literarischer Realitätenvermittler, habe ich zu Gambetti gesagt, ich vermittle literarische Liegenschaften sozusagen. Und wenn sich heute auch jeder Postkartenschreiber einen Schriftsteller nennt, habe ich zu Gambetti gesagt, so bezeichne ich selbst mich auch nach den Hunderten von Schriften, die ich schon versucht und die ich schon verfaßt habe, nicht als Schriftsteller. Im übrigen hasse ich die meisten Schriftsteller, habe ich zu Gambetti gesagt, liebe die wenigsten, aber die so inständig, wie ich nur kann. Die Schriftsteller, die Protokollierer, wie ich sie bezeichnen will, vor allem die deutschen, habe ich zu Gambetti gesagt, habe ich zeitlebens gemieden, ich habe mich mit ihnen auch zeitlebens nicht an einen Tisch gesetzt, denn, so ich zu Gambetti, einen Schriftsteller kennenlernen und sich mit ihm an einen Tisch setzen, stelle ich mir als das Widerwärtigste, das sich denken läßt, vor. Das Werk ja, habe ich zu Gambetti gesagt, aber seinen Erzeuger, nein, habe ich zu Gambetti gesagt. Die meisten haben einen schlechten, wenn nicht geradezu abenteuerlich widerwärtigen Charakter und machen, gleich wer sie sind, in jedem Fall bei der persönlichen Begegnung, ihr Erzeugnis zunichte, löschen es aus, habe ich zu Gambetti gesagt. Die Leute drängen sich darum, den von ihnen geliebten oder verehrten, oder auch gehaßten Schriftsteller kennenzulernen und vernichten sein Werk dadurch vollständig, habe ich zu Gambetti gesagt. Die beste Methode, sich von einem Schriftstellerwerk zu befreien, das einen gleich in was für einer Hinsicht nicht mehr in Ruhe läßt, sei es, weil man es am höchsten schätzt, sei es, daß man es haßt, ist, seinen Erzeuger kennenzulernen. Wir gehen zum Erzeuger eines literarischen Werkes und sind es los, habe ich zu Gambetti gesagt. Schriftsteller insgesamt sind die widerwärtigsten Leute, die es gibt, habe ich zu Gambetti gesagt, und ich hatte am Anfang meiner Studienzeit tatsächlich Schriftsteller aufgesucht, mich zu ihnen gedrängt, wie ich zugeben muß, sie überfallen und sie schließlich überrumpelt, wie ich zugeben muß, habe ich zu Gambetti gesagt, mich bei mehreren sogar eingeschlichen, um sie auszuspionieren. Ich habe sie nach meinen Besuchen ausnahmslos gehaßt und keines ihrer Erzeugnisse mehr lesen können, Gambetti. Alle diese von mir aufgesuchten und mehr oder weniger

ausspionierten Schriftsteller betrachte ich heute als niedrige, ja gemeine, ja
dumme Menschen, die es zu einem gewissen literarischen Ruhm gebracht
haben, habe ich zu Gambetti gesagt, auf deren Gesellschaft ich aber verzichten kann, denn sie geben mir nichts als ihr Mittelmaß. Alles an diesen
Leuten ist mittelmäßig, habe ich zu Gambetti gesagt. Alles an diesen
Leuten ist kleinbürgerlich und erbärmlich. Alles an diesen Leuten stinkt
nach gemeiner Bosheit und nach der Niedrigkeit des Biedermeierlichen,
das sich auch noch am Größenwahn vergriffen hat. Alle diese Leute sind
durch und durch bieder letzten Endes wie das, das sie schreiben und auf
den Markt bringen, habe ich einmal zu Maria gesagt. Es ist, als hätten sich
seit hundert Jahren nurmehr noch die Provinzler an der deutschen Literatur vergriffen. Eine Provinzliteratur haben wir heute, keine andere, habe
ich zu Maria gesagt, dachte ich auf dem Weg zur Meierei, nur die deinige,
Maria, ist die große, die einmalige, die bestehenbleibende, vor welcher wir
uns auch in hundert Jahren noch nicht zu schämen haben. Nein, habe ich
zu Gambetti gesagt, Schriftsteller hatte ich nie sein wollen, auf den Gedanken bin ich nie gekommen, aber ich habe doch immer die Idee gehabt,
etwas aufzuschreiben, nur für mich. Daß es dann doch da und dort veröffentlicht worden ist, bereue ich. Aber ich bin nicht *eigentlich* Schriftsteller, Gambetti, habe ich zu ihm gesagt, durchaus nicht. Durch die
halbgeöffneten Meiereifenster hörte ich das Atmen der Kühe im Vorbeigehen und ich denke, daß wir uns sehr oft an Einzelheiten, sogenannte
Nebensächlichkeiten genau erinnern, wenn wir sie festhalten und in sie
eindringen in unserer Betrachtung. Wenn wir uns für diese Nebensächlichkeiten und Einzelheiten zur Verfügung stellen, sie zuerst *an*schauen,
dann *durch*schauen, zum Beispiel, daß ich genau beobachtet habe auf dem
Weg von der Kindervilla zum Büro, wie sich die Wolken hinter der Kindervilla zu einem Drachen mit weitaufgerissenem Maul geordnet haben.
Auch in der Erinnerung kann uns ein solches Nebensächliches dann deutlich sein, wir sehen dann unter Umständen, wochenlang später, monatelang, jahrelang später, den genauen Bewegungsablauf dieser Wolkenfor-
mation, denke ich, wir rufen ihn uns ohne die geringste Schwierigkeit ins
Gedächtnis, vollziehen ihn sozusagen auf Befehl unseres Gehirns wie zum
Beispiel auch die Bewegung eines Gesichts, das wir einmal, jahrelang
zurückliegend, gesehen haben, es macht uns nicht die geringste Schwierigkeit, so macht es mir auch nicht die geringste Schwierigkeit, jetzt die
Gesichter der Meinigen, wie sie vor den Särgen gestanden sind, genau so

zu sehen, wie sie sich damals, als ich sie gesehen habe, mir gezeigt haben, in ihren ganz genauen Bewegungen, denn auch das sogenannte starre Gesicht ist vollkommen in Bewegung, weil es nicht tot ist, selbst das tote Gesicht, weil es in Wirklichkeit nicht tot ist, undsofort. Wir können jahrelang danach noch präzise sehen und hören, wenn wir diesen Mechanismus beherrschen, der es uns möglich macht. Genauso verhält es sich mit dem Geruchssinn, wie wir wissen. Wir gehen in Paris auf der Straße und werden durch einen Geruch auf etwas aufmerksam, das tatsächlich zwanzig oder dreißig Jahre zurückliegt oder noch weiter, und sehen diesen Gegenstand oder diese Begebenheit oder diese Begegnung in allen Einzelheiten, auch wenn wir sie zwanzig oder dreißig Jahre nicht mehr gesehen haben. Diesen Mechanismus habe ich mir aus dem natürlichen zu einer Kunst gemacht, denke ich, die ich jeden Tag ausübe und ich werde mich in dieser Kunst noch steigern. Die Kühe in der Meierei atmeten und ich war plötzlich zutiefst erschöpft in mein Zimmer gegangen. Es war halb zwei. Ich zog die Vorhänge zu. Natürlich habe ich nicht einschlafen können und während meiner Schlaflosigkeit dann nur gedacht, was geschieht jetzt mit allem? Mit Wolfsegg und allem, was dazugehört. Über zwei Stunden war ich allein mit diesem Gedanken beschäftigt, nicht *was geschieht mit Wolfsegg?* habe ich dann gedacht, sondern, *was mache ich aus Wolfsegg,* das mir durch den Tod der Eltern tatsächlich und im allerwahrsten Sinne des Wortes jetzt auf den Kopf gefallen ist, das mich jetzt zu erdrücken drohte, mit seiner ganzen ungeheuerlichen Wucht ist mir Wolfsegg auf den Kopf gefallen, dachte ich. Es war verrückt, mir einzureden, ich könne mich, indem ich mich im Bett einmal auf die eine, einmal auf die andere Seite drehte, beruhigen, der Zustand der Ausweglosigkeit, der mir auf einmal in der ganzen Fürchterlichkeit bewußt geworden war, ließ mir keine Ruhe, er ließ mich keinen vernünftigen Gedanken denken und ich war nicht einmal imstande, längere Zeit, wenigstens eine Minute lang, auf einer Seite zu liegen, denn mein Herz war in die größte Aufregung versetzt. So verbrachte ich den Rest der Nacht in der angestrengten Herzbeobachtung, andauernd die Schläge zählend, die Unregelmäßigkeiten, die diese Herzschläge immer wieder aus dem Takt brachten in immer kürzeren Abständen, so daß ich in die größte Angst versetzt war. Mein Internist in Rom hat mir ja tatsächlich einen heillosen Schrecken eingejagt, dachte ich, mir kein längeres als nur noch ein kurzes Leben eingeredet, mit einer Unverschämtheit und Rücksichtslosigkeit ohnegleichen, wie ich jetzt dachte, ohne die geringste Sensibilität. Die Ärzte wollen, so dachte ich, in ihrem Urteil bestätigt sein und reden lieber von einem nahen Ende, als daß sie ein länger hinausgezogenes in Aussicht stellen, damit sie sich nicht blamieren, denn vor nichts anderem haben die Ärzte mehr Angst, als vor einer Blamage durch einen jähen, plötzlichen Tod, den sie nicht vorausgesagt haben, so sagen sie lieber andauernd *nur ein kurzes, ja das kürzeste Leben* voraus, um sich eine solche Blamage zu ersparen, wie mein römischer Internist. Aber ich muß sagen, die römischen Ärzte sind besser als die österreichischen, die ich doch nur als skrupellos und vollkommen asensibel bezeichnen kann. So hat mir mein römischer Internist nur noch ein kurzes Leben in Aussicht gestellt und so im Bett liegend, ohne einschlafen zu können, dachte ich, was ich aus Wolfsegg wirklich machen werde, was mir natürlich nicht klar sein konnte, schon gar nicht unter diesen Umständen, ich beobachtete die ganze Zeit die Schnelligkeit meiner Herzschläge, ihre Unregelmäßigkeit. Wir hören natürlich, was der Arzt, in einem solchen Fall, der Internist, sagt, aber wir glauben ihm nicht, wir haben gehört, was er gesagt hat, aber wir glauben es nicht, wir ignorieren es. Vielleicht ist dieses Ignorieren die bessere Methode, denke ich jetzt, aber naturgemäß leiden wir ununterbrochen darunter, daß uns vom Arzt gesagt worden ist, daß wir nicht mehr lange zu leben haben und so fliehen wir andauernd seine Wörter, seine vernichtenden Sätze, denn wir wollen ja leben, wenn wir das Leben auch noch so heruntermachen und verachten möglicherweise, wir klammern uns doch an ihm fest und wollen es tatsächlich ewig haben. Die ganze Zeit, wochenlang, dachte ich, ist mir mein eigentlicher Gesundheitszustand nicht zu Bewußtsein gekommen, jetzt aber mit größter Rücksichtslosigkeit, während ich im Bett lag, schlaflos, aufgebracht *über alles*. Wo ich doch alles zu tun hatte, mich zu schonen, auch in der Idee, vielleicht noch diese *Auslöschung*, die sich in meinem Kopf festgesetzt hatte, zu schreiben, lasse ich mich jetzt in einer Weise aufregen, die nur, wenn schon nicht tödlich, uns doch schädlich sein kann, dachte ich. Daß ich mir einen *meiner Krankheit guttuenden Rhythmus* angewöhnt habe in Rom, dachte ich, auch was die Gambettistunden betrifft, diesen Rhythmus genau meinem Krankheitszustand angemessen habe, alles in Rom meinem Krankheitszustand unterworfen habe und daß ich mich jetzt in einer Weise aufregen lasse, die ich mir auf keinen Fall gestatten dürfe, dachte ich. Aber immer, wenn ich in den letzten Jahren nach Wolfsegg gefahren bin, habe ich mich aufgeregt und mein Herz überbeansprucht, dachte ich, was ihm immer äußerst schädlich gewesen ist. Nach meinen Wolfseggbesuchen habe ich auch immer meinen römischen Arzt aufgesucht und er hat festgestellt, daß ich mein Herz überbeansprucht habe nur durch den Aufenthalt in Wolfsegg, durch den Aufenthalt in Österreich, wie ich mich noch präzisierte. Alle diese Österreich- und Wolfseggaufenthalte in den letzten Jahren sind meinem Herzen äußerst schädlich gewesen, haben es immer an den Rand seiner Möglichkeiten gebracht. Aber ich habe auch niemals auf mein Herz Rücksicht genommen, dachte ich, deshalb ist es ja mit meinem Herzen so weit gekommen, weil ich darauf niemals Rücksicht genommen habe, von Kindheit an nicht, eine solche Natur wie die meinige hält ein Herz nicht aus, sagte ich mir, es ist früh krank, geschwächt, weil es von Kindheit an mißbraucht worden ist, ich habe mein Herz von frühester Kindheit an mißbraucht und es immer überanstrengt, dachte ich, ihm niemals Ruhe gegönnt. Mein Herz hat die Ruhe, die es haben müßte, niemals kennengelernt, dachte ich, jetzt ist es kaputt. Aber anstatt es zu schonen, in Rom zu schonen, mit meinem ihm unterworfenen Rhythmus, wie ich dachte, fahre ich auf die ihm schädlichste Weise nach Wolfsegg und rege es wieder fürchterlich auf. Aber es ist ja nur dieser Tag, sagte ich mir, und ich werde, schon wegen meines Herzens, so bald wie möglich nach Rom zurückfahren, nachhause, wie ich mir sagte, denn in Rom bin ich zuhause, nicht hier in Wolfsegg und dann mein Herz wieder schonen, *ihm nicht mehr zuviel zumuten,* wie der Internist gesagt hat und wie es mir Maria immer wieder sagt, du mutest deinem Herzen zuviel zu, sagt sie immer, gib auf dein Herz acht, ich höre sie immer an, wenn sie das sagt, und denke mir dabei nichts, obwohl sie recht hat, dachte ich. Maria, meine römische Doktorin, dachte ich, meine große Dichterin, meine große Ärztin, meine große Lebenskünstlerin, aufgeregt, laufe ich zu Maria, dachte ich. Da ich nicht mehr im Bett liegen konnte mit meinem aufgeregten Herzen, stand ich auf, erfrischte mich im Bad und setzte mich, noch im Bademantel, in den Fenstersessel, ich hatte mir eine sogenannte *Monografie über Descartes* aus dem Regal genommen. Descartes hat mich wider Erwarten urplötzlich von allen meinen Ängsten ablenken können, schon nach den ersten Sätzen nicht *über,* sondern *von* Descartes, war ich gerettet. Ich las diese Sätze und war abgelenkt, ich will nicht sagen, beruhigt, aber doch abgelenkt. Daß die großen Philosophen meine Erretter sind, habe ich gedacht, gleich was ich von ihnen lese, es lenkt mich ab, rettet mich, dachte ich. Anscheinend ist keine sichere Erkenntnis möglich, solange man nicht den Urheber seines Daseins kennt, las ich und war abgelenkt, gerettet. Mit diesem Satz konnte ich die paar Stunden am Fenster verbringen, bis ich aufzustehen hatte und hinunterzugehen, weil das Begräbnis seinen Anfang genommen hat. Schon längere Zeit hatte ich die Schwestern beobachtet, vom Fenster aus, wie sie an der Orangerie standen und mit den Jägern und Gärtnern und mit den inzwischen zahlreich erschienenen anderen sozusagen amtstragenden Begräbnisteilnehmern gesprochen haben, auch den Schwager, aber ich war doch noch nicht hinuntergegangen zu ihnen, ich hatte den Eindruck, sie erwarteten mich, aber ich bin doch nicht zu ihnen hinunter, weil ich meine Beobachtung nicht abbrechen wollte, die ich von meinem Fenster aus hatte ideal intensivieren können, völlig ungestört. Sie machten schon sehr viel Umstände vor und zweifellos noch mehr Umstände in der Orangerie und auf zwei große Wagen hatten sie riesige Haufen von Kränzen und Buketten aufgeladen, diese Wagen waren von den Gärtnern und von zwei Stallburschen, solche haben wir noch in Wolfsegg!, bis an die Tormauer herangeschoben worden, so, daß der Leichentransport dann ungehindert an ihnen vorbei konnte, alles, was ich von meinem Fenster aus sah, hatte den Anschein, als ginge es nach genau dem Begräbnisplan vor sich, von dem unsere Mutter immer gesprochen hatte, als geschähe nichts außerhalb dieses Plans und schon gar nichts diesem Plan Zuwiderlaufendes, Zuwiderhandelndes. Es war ein regnerischer Tag, aber es regnete nicht und ich dachte, es wird auch nicht regnen. Die Leute waren alle mehr oder weniger sozusagen trauergerecht, wenn nicht ganz schwarz gekleidet, viele Leute aus dem Ort unten hatten sich schon vor der Orangerie aufgestellt. Ich sah auch schon die ersten Musiker der Blaskapelle aus dem Ort Aufstellung nehmen. Die Instrumente funkelten, die Uniformen der Musikkapelle waren grünschwarz, meine Lieblingsfarbe. Caecilia hatte, wie ich vom Fenster aus sah, das sich jetzt nach und nach zu einem imposanten entwickelnde Schauspiel in der Hand. Alle Augenblicke flüsterte sie Amalia oder auch ihrem Mann, dem Weinflaschenstöpselfabrikanten, etwas ins Ohr, worauf diese zweifellos Befehle ausführten in der Orangerie, um was für Befehle es sich handelte, konnte ich nicht feststellen. Die Lichter in der Orangerie waren offensichtlich ausgelöscht worden. Es handelte sich jetzt darum, das Begräbnis in Gang zu bringen, allen sozusagen noch einmal die notwendigen Stichwörter einzusagen, ihre Auftritte noch einmal

durchzusprechen. Die Spielleiterin hatte jetzt schon ihre großen Augenblicke, wenn auch noch nicht ihre Höhepunkte, aber diese Höhepunkte,
dachte ich, sind schon in nächste Nähe gerückt. Wie zur Probe hatten sich
die Musiker vor der Orangerie aufgestellt, um dann wieder auseinander-
zutreten, die Gärtner und die Jäger die beiden Wagen mit den Kränzen
und Buketten angerollt, gleich wieder angehalten, auch wie zur Probe,
alles kontrolliert von meiner Schwester Caecilia, wie ich sah. Amalia stand
immer hinter ihr, auch der Schwager. Mehr und mehr Leute kamen aus
der Meierei heraus, vom Jägerhaus herüber, aus dem Ort herauf. Aber von
den sogenannten Honoratioren war noch kein einziger zu sehen, sie hatten
ja noch Zeit. Schließlich rannte Caecilia herüber ins Haupthaus, was mir
zu verstehen gegeben hat, daß ich mein Zimmer zu verlassen und zu ihr
hinunter zu gehen habe. Auf dem Weg hinunter traf ich auf die Titiseetante, ich begrüßte sie, ging ihr aber dann aus dem Weg, während des
ganzen Begräbnisses war ich ihr dann aus dem Weg gegangen so gut wie
möglich. In der Küche hatten sie mir ein Frühstück hingestellt, das ich
mehr oder weniger hastig gegessen habe mit dem Schwager, der mir dabei
Gesellschaft leistete. Was für ein stumpfsinniger, geradezu seelenloser
Mensch, habe ich dabei gedacht und ihn beobachtet, wie er sich das Brot
genommen, die Butter daraufgestrichen hat und die Marmelade mit seinen schwerfälligen Bewegungen, aber diese Leute können ja nichts dafür,
habe ich die ganze Zeit der Beobachtung gedacht, sie können absolut
nichts dafür, so lange dachte ich, daß diese Leute nichts dafür können, bis
es mir zu Bewußtsein gekommen war, daß ich das dachte und diesen
Gedanken und die ganze Beobachtung abgebrochen habe, weil sie mir
unanständig vorgekommen ist augenblicklich, nicht ungerecht, unanständig, ich war mir in diesem Gedanken zutiefst zuwider gewesen. Wir sollten
diese Leute nicht fortwährend beobachten, ihnen nicht ununterbrochen
auf die Finger schauen, sagte ich mir, das führt zu nichts, nur dazu, daß
wir selbst uns dann doch zutiefst verachten müssen. Caecilia meinte, ich
solle mir eine schwarze Krawatte umbinden, was ich dann auch getan
habe, widerspruchslos, weil ich es doch als Selbstverständlichkeit empfunden habe, wenn schon nicht in einem schwarzen Anzug, so doch wenigstens mit einer schwarzen Krawatte zum Begräbnis zu erscheinen. Ich
hatte mir schwarze Schuhe angezogen vorher und einen grauen Anzug,
weil ich tatsächlich niemals einen schwarzen Anzug besessen habe und
auch niemals auf die Idee gekommen bin, mir einen schwarzen Anzug

anzuschaffen, auch in diesen zwei fürchterlichen Tagen nicht. Sie wäre
schon zufrieden, wenn ich mir nur eine schwarze Krawatte umbinde, hat
Caecilia gesagt. Sie hatte dabei keinen böswilligen Eindruck auf mich
gemacht, im Gegenteil, wie ich gedacht habe, einen verständnisvollen. Die
Schwester war mir auf einmal verständnisvoll erschienen, deshalb ist sie
verständnisvoll mir gegenüber, habe ich gedacht, weil sie jetzt in ihrem
Element ist. Die verschiedensten Leute, deren Anwesenheit ich gar nicht
vermutet hatte, waren auf einmal in der Küche gewesen, um etwas zu
essen, aber ich redete mit keinem einzigen dieser Menschen. Obwohl ich
die Hauptperson in diesem Geschehen war, betrachtete ich mich selbst
nicht als diese. Die Leute starrten mich an, aber ich wandte mich von
ihnen ab. Ich hätte mehreren die Hand geben sollen, dachte ich, aber ich
habe keinem einzigen die Hand gegeben. Wie komme ich dazu, allen
diesen Leuten die Hand zu schütteln, dachte ich. Mich als Heuchler zu
produzieren, was nicht in meiner Absicht war. Ich trank eine Schale Kaffee
und aß ein Stück Brot und ging ins Vorhaus hinaus, die Schwestern standen mit dem Bürgermeister da, der erst zu diesem Zeitpunkt zum Kon-
dolieren gekommen war, wie ich sah, mehrere dieser abgeschmackten
Sätze, die bekannt sind, wenn es sich um eine Kondolation handelt, sind
vom Bürgermeister zu meinen Schwestern gesagt worden, die sich so verhielten, wie man es von ihnen erwartete zum Unterschied von mir, der ich
mich, meiner Natur entsprechend, überhaupt nicht so verhalten habe die
ganze Zeit, wie man es von mir erwartet hat. Die Schwestern nahmen
noch eine Reihe von Kondolenzen entgegen im Vorhaus, von allen möglichen und unmöglichen sogenannten höhergestellten Leuten, Amtsin-
habern, wie ich dachte, ich hatte mich während dieser Zeit völlig abseits
gehalten, in der finsteren Ecke vor der Kapellentür, wo man stehen kann,
ohne erkannt zu werden. Wenigstens, dachte ich, daß man mich nicht
erkennt, wenn ich da stehe und man hat mich auch nicht erkannt, denn
sonst wären ja alle diese Leute auf mich gestürzt, dachte ich, und nicht auf
die Schwestern, auf den Sohn, wie es sich gehörte, nicht auf die Töchter.
So aber stürzten sich alle gleich auf die Töchter und hatten mich in Ruhe
gelassen. Immer wieder ist nach mir gefragt worden, aber diese Fragen
beantworteten meine Schwestern nicht, denn sie fürchteten, daß ich sie
dieser Antworten wegen dann, *nach dem Begräbnis, zur Rede* stellen
könnte, wie ich dachte, *obwohl* sie oder *weil* sie wußten, daß ich ja vor der
Kapelle stand. Ich hatte keine Lust mehr, die hereingekommenen Leute zu

zählen, wie ich es zuerst getan hatte, es waren mir bald zu viele. Ganze Rudel drängten sich schließlich herein, ich hatte die Möglichkeit, aus meinem Winkel alle diese Leute ungeniert beobachten zu können. Aber dann ging auf einmal die Menschenmenge auseinander, weil der Bischof von Linz angekommen war. Zu diesem muß ich hingehen, habe ich gedacht, es bleibt mir nichts anderes übrig, so bin ich hingegangen und habe den Linzer Bischof begrüßt. Hinter ihm stand schon der Salzburger Bischof. Mit den Bischöfen mußte ich jetzt zusammenbleiben. Ich führte sie in den ersten Stock hinauf. Der geschickte Spadolini erscheint erst im letzten Moment, dachte ich, so war es auch. Ich hatte mich mit den Bischöfen mindestens eine halbe Stunde unterhalten, als Spadolini eintrat, mit Caecilia, die ihn hereinbegleitete. Die Bischöfe begrüßten Spadolini so, als hätte er einen viel höheren Rang inne als sie, sie waren nicht *aufgestanden,* um ihn zu begrüßen, sie waren *aufgesprungen. Ein trauriger Anlaß,* hat der Bischof von Linz gesagt, darauf Spadolini: *ein fürchterliches Unglück,* worauf sich alle setzten. Sie unterhielten sich untereinander und ich hatte mich an ihrem Gespräch nicht zu beteiligen, sie redeten von Rom, was auf die österreichischen Bischöfe großen Eindruck gemacht hat, alles, was Spadolini sagte, war ihnen neu gewesen und Spadolini wußte, was er zu sagen habe, um die Bischöfe in Erstaunen zu versetzen. Der inzwischen erschienene Abt von Kremsmünster hatte sich schweigend, ohne jede Förmlichkeit, dazugesetzt. Er war dick und sah aus wie ein wohlgenährter Gastwirt aus dem Innviertel. Eine halbe Stunde hatte Spadolini über Rom und den Vatikan gesprochen, alles gesagt sozusagen und doch nichts, dann bat Caecilia die Bischöfe hinunter. Im Vorhaus warteten die Bischöfe, deren Oberhaupt zweifellos der elegante Spadolini war, auf ein Zeichen, das Caecilia geben wollte, wenn es so weit sei, zur Orangerie hinüber zu gehen, sozusagen das eigentliche Begräbnis beginnen sollte. Außer den Bischöfen war niemand mehr im Vorhaus, die Menschenmenge war schon an der Orangerie und sie erstreckte sich jetzt schon bis weit durch das große Mauertor hinaus, wahrscheinlich, so dachte ich, bis in den Ort hinunter, so daß tatsächlich von keinem Trauerzug mehr gesprochen werden konnte, denn der Zug war wahrscheinlich so lang wie die ganze Strecke von der Orangerie bis auf den Friedhof. Die Einsegnung wurde wie vorgeschrieben nicht in der Kapelle, sondern in der Ortskirche vorgenommen. Die Bischöfe unterhielten sich zuerst über Rom, dann über Wolfsegg, nachdem sie sich ausschließlich mir zugewandt hatten und Spadolini sich ihnen gegenüber als einer meiner besten Freunde zu erkennen gegeben hatte, als *meinen allerersten römischen Freund,* wie er sagte. Er sei Jahrzehnte ein großer Freund des Hauses, sei hier oft Gast und von Wolfsegg immer begeistert gewesen, eine so *errliche Landschaft,* ein solches *errliches Gebäude,* eine so *errliche Lebensart,* sagte er. Die Bischöfe konnten sich an ihm nicht genug sehen und hören, er trug die eleganteste Kleidung, die sie wahrscheinlich jemals gesehen hatten. Meine Rolle war die des Erschütterten und ich betrachtete diese Rolle als die vorteilhafteste. Ich hatte beinahe nichts zu reden und nur darauf zu achten, daß ich den Kopf möglichst immer dann gesenkt habe, wenn man mich beobachtete, das heißt nicht, daß mich das Ganze vollkommen kalt gelassen hätte, aber ich fühlte tatsächlich nicht mehr dabei, als bei anderen Begräbnissen auch, die Tatsache, daß es meine Familie ist, die jetzt *zu Grabe getragen* wurde, erschütterte mich nicht, denn das Schauspiel war zu groß, um eine solche Erschütterung überhaupt zuzulassen, ich hatte diese Erschütterung aber auch noch nicht gehabt, sie wird mir erst kommen, sagte ich mir, wenn alles vorbei ist, den Schock habe ich gehabt, aber die Erschütterung kommt erst, so dachte ich, mit den Bischöfen zusammen im Vorhaus stehend. Sie bewunderten meine Haltung, aber diese Haltung war nicht die, von welcher sie glaubten, daß sie eine das ungeheuerliche Unglück beherrschende war, sondern diese Haltung war die, die ich mir vorgenommen hatte, sie gehörte zu meiner Rolle. Ich selbst fühlte, daß ich, wenigstens bis zu diesem Zeitpunkt, meine Rolle wenn auch angewidert, so doch ausgezeichnet spielte, der Schauspieler, wenn er gut ist, fühlt, wann er gut ist, es braucht ihm nicht gesagt zu werden, dachte ich. Spadolini hatte die Unverfrorenheit, die Bischöfe mehrere Male auf meine *großartige Haltung* hinzuweisen, ausgerechnet Spadolini, der mich sicher durchschaut hatte, aber immer einmal mehr, einmal weniger auf mir widerliche Weise zu den Bischöfen gesagt hat, wie großartig ich mich verhielte in Anbetracht, daß die Eltern und der Bruder zu Grabe getragen werden. Ich verhielt mich meiner Rolle entsprechend. Caecilia bat die Bischöfe zur Orangerie hinüber. Dort hatten sie die Särge bereits zugemacht und aufgeladen. Die Bischöfe folgten den Särgen, die auf von jeweils zwei Pferden gezogenen Wagen, jeder Sarg auf einem eigenen Wagen, ohne jeden Blumenschmuck genau den kargen Eindruck hervorgerufen haben, der im Begräbnisplan vorgeschrieben war, die Wagen setzten sich langsam in Bewegung, die Bischöfe folgten, darauf ich und neben mir meine Schwestern und hinter uns alle Verwandten, Alexander selbstverständlich in erster Reihe. Nach den Verwandten folgten, genau wie ich es befürchtet hatte, die ehemaligen Gauleiter und anderen nationalsozialistischen Größen, vor welchen ich die größte Abscheu und die größte Angst, wie ich sagen muß, gehabt habe. Sie waren mit allen ihren nationalsozialistischen Orden auf ihren Brüsten erschienen. Hinter ihnen hatte der sogenannte *Kameradschaftsbund* Aufstellung genommen, eine Vereinigung ehemaliger Kriegsteilnehmer mit durch und durch nationalsozialistischer Gesinnung. Verschiedene andere Gruppen schlossen sich daran an, ein viele Hunderte Menschen langer Zug hatte sich gebildet, der kaum in Bewegung gesetzt werden konnte, weil er tatsächlich so lang war wie die ganze Strecke und es war nur der Arrangierkunst meiner Schwester Caecilia zuzuschreiben, daß sich überhaupt ein solcher Zug ordnen ließ; sie hatte die Menschenmasse hinter der Meierei und vor der Kindervilla Aufstellung nehmen lassen. Die Wagen mit den Särgen bewegten sich naturgemäß nur langsam in den Ort hinunter, nicht im Leichenzug, sondern an diesem staunenden vorbei, weil es anders nicht möglich gewesen wäre, die Leute traten, soweit sie konnten, auf der vom Ort heraufführenden Schotterstraße zurück, um die Wagen mit den Särgen und uns vorbeizulassen, Caecilias Plan war aufgegangen, alles *klappte,* tatsächlich hatte sich ein Leichenzug formieren und in Bewegung setzen können, sie ging neben mir wie die Unruhe selbst, am ganzen Leibe zitternd, wie ich fühlte, denn nun hatte sie die Zeremonie, da sie selbst im Leichenzug mitzugehen hatte, aus der Hand geben müssen, wie gesagt wird. Sie hatte aber nichts zu befürchten, der Plan wurde ausgeführt auch in Anbetracht dieser vielen Hunderte von Menschen. Gehen schon auf ein ganz gewöhnliches Begräbnis auf dem Land mindestens hundert Leute, so waren es möglicherweise, wie ich dachte, bei dem unsrigen Tausende gewesen, die daran teilgenommen haben, ich weiß es nicht. Der Erzbischof von Salzburg zelebrierte wie geplant die Totenmesse. Während ich ihn die Messe lesen sah, die Särge waren vor dem Altar aufgestellt, dachte ich, daß ich schon vor über zwanzig Jahren aus der Kirche ausgetreten bin, wie gesagt wird. Ich konnte mir also jetzt eine völlig unabhängige Betrachtungsweise des kirchlichen Ablaufes des Begräbnisses gestatten. Daß ich aus der Kirche ausgetreten bin, haben mir die Meinigen nie verziehen, das war möglicherweise der Hauptgrund für ihr Verdammungsurteil über mich, dachte ich. Aber ich bin aus der Kirche genau zu dem Zeitpunkt ausgetreten, in welchem ich mit der Kirche nichts mehr zu tun hatte geistig, wie ich mir auch jetzt wieder sagte, und auch nichts mehr mit ihr zu tun haben wollte. Den Bischöfen war natürlich bekannt, daß ich schon vor mehr als zwanzig Jahren aus der Kirche ausgetreten bin. Der Umstand, daß ich aus der katholischen Kirche schon so früh ausgetreten und mit ihr nicht mehr verbunden war, berührte mich während der ganzen Messe angenehm, du siehst dieses prächtige Schauspiel, aber es geht dich nichts an, habe ich die ganze Zeit gedacht, du riechst den Weihrauch, aber er betäubt dich nicht. Du hörst die Worte, aber sie haben auf dich keine zerstörende Wirkung. Jahrzehnte, die ganze Kindheit und frühe Jugend, dachte ich, fürchtete ich die katholische Geistlichkeit, jetzt fürchtest du sie nicht. Du hast sie nicht mehr zu fürchten. Das Schauspiel ist großartig, habe ich gedacht und es geht dir in seiner ganzen Großartigkeit doch auf die Nerven, aber es greift dich überhaupt nicht an. Und von den Eltern und von deinem Bruder hast du ja schon Abschied genommen, mehr oder weniger kurz und bündig, wie du das Telegramm bekommen hast, dachte ich. Das Begräbnis ist nur noch ein Drama, das sie dir aufgezwungen haben und von dessen Titel *die letzte Ehre erweisen* du im Grunde nur abgestoßen bist, denn es ist ein verlogener. Aber jedes Drama ist verlogen, dachte ich. Und diese Art von Drama, ist die verlogenste. Ein solches Begräbnis ist das großartigste Drama, das sich denken läßt, dachte ich. Kein dramatischer Schriftsteller, nicht einmal Shakespeare, habe ich gedacht, hat jemals ein so großartiges Drama geschrieben, dagegen ist die ganze weltliterarische Dramenliteratur lächerlich, dachte ich, wie ich den Salzburger Erzbischof die Totenmesse lesen gesehen und gehört habe und die Menschenmenge vor ihm. Wie gut, daß ich mich so frühzeitig der katholischen Kirche entzogen habe, dachte ich. Ich saß in der ersten Bank, links neben mir Caecilia, rechts neben mir Amalia, genau nach Vorschrift, neben Amalia hatte Alexander Platz genommen. Spadolini saß dort, wo sonst die Priester sitzen, mit dem Abt von Kremsmünster und dem Linzer und dem Sankt Pöltener Bischof, sozusagen an erhabener Stelle, gleich neben dem Altar, vom gewöhnlichen Volke getrennt. Er ist der Hauptdarsteller des Ganzen, dachte ich, nicht der zelebrierende Salzburger Erzbischof, der gegen Ende der Messe auf die Toten eine kurze Rede gehalten hat, mehr eine Ansprache, dabei aber von unserem Vater als von dem auf *so tragische Weise verblichenen Freund* sprechend, von der *herzensguten Mutter,* von dem ebenso *herzensguten Sohn.* Die Erzbischöfe haben eine ganz eigene Redeweise,

dachte ich, sie psalmodieren alles, das sie sagen, indem sie das Priesterseminar besucht haben, sind sie eigentlich auf die katholische Schauspielschule gegangen, dachte ich, auch die einfachen Gemüter unter den Bischöfen, wie die aus Salzburg und Linz, reden psalmodierend, wie wenn
sie geschulte Schauspieler wären, allerdings wie beliebte angesehene Provinzschauspieler, nicht wie Spadolini, der in jedem Wort, das er sagt, mit
jeder Geste, die er zum besten gibt, sozusagen ein alle diese Provinzschauspieler überragendes schauspielerisches Genie ist, sozusagen absolutes katholisches Welttheater. Spadolini hat sich in seine Schweigerolle vertieft,
dachte ich, den Kopf gesenkt, saß er in der nur für ihn allein reservierten
Bank und war sich seines schauspielerischen Genies bewußt, seines erzbischöflichen Genies, dachte ich. Daß er aus Rom gekommen war, verlieh
ihm in unserer Ortskirche eine zusätzliche, ja tatsächlich ungeheuere
Aura. Die Leute in der Kirche bestaunten ihn, den aus Rom angereisten
Erzbischof, nicht den zelebrierenden aus Salzburg, der daneben noch viel
einfältiger erscheinen mußte, tatsächlich primitiver, als er in Wirklichkeit
war. Die Ortskapelle hat nach der Messe, die von den Ortssängern gesungen war, genau das Haydnstück gespielt, das von ihr am Nachmittag des
Vortages geprobt worden war, sehr ruhig, fehlerlos, wie ich dachte. Spadolini hatte sich den Anschein gegeben, als habe er sich für diese Totenmesse ganz in sich selbst zurückgezogen, nicht einmal aufzublicken hat er
sich erlaubt. Mit gefalteten Händen war er sozusagen vollkommen in
Trauer versunken und als von unserer Mutter die Rede war, schien es, als
wäre diese seine Trauer nicht einmal gespielt, sondern echt, aber nur einen
Augenblick war es mir so vorgekommen, gleich darauf dachte ich wieder,
er beherrscht seine Rolle tadellos. Tatsächlich liebte ich ihn, wenn ich ihn
in dieser Haltung sah, denn ich liebte in ihm den großen Schauspieler
Spadolini, ich kenne keinen größeren, keinen mit einer größeren Publikumswirksamkeit, wie gesagt wird. Die vielen Reisen, die er mit meiner
Mutter unternommen hat, auch die mit mir und also zu dritt unternommenen, waren mir auf einmal gegenwärtig. Spadolini, der alle diese Reisen
zu einem so großen Vergnügen gemacht hat, alle diese Reisen auf seine
Weise verzaubert hat, wie gesagt wird, ich sah den charmierenden Spadolini, den Weltmann, dem meine Mutter vollständig verfallen gewesen
war, wie ich dachte. Während ich ihn, nicht den Salzburger Erzbischof,
beobachtete, sah ich ihn durch Rom gehen, die feinsten Geschäfte, die
teuersten Lokale aufsuchen, wie er in diese Geschäfte hineingeht, wie er

diese Lokale aufsucht, ich sah ihn auf dem Pincio, in den Borghesegärten, ich sah ihn auf den Botschaften glänzen und bei den Ausstellungseröffnungen brillieren, wie gesagt wird, alles drängt sich an den eleganten katholischen Weltmann, der sich Erzbischof und Nuntius nennen und vieler Hunderter Freunde erfreuen kann, dachte ich. Spadolini, dachte ich, dem meine Mutter alle diese Reisen gezahlt hat, die ihm zwei Amerikareisen finanziert hat, einen von ihm gewünschten Kairoaufenthalt, eine Persepolisreise und eine Tunesienreise, weil er Karthago zu sehen sich wie nichts sonst wünschte, die ihm einen Großteil seiner Garderobe gekauft und ihm eine ganze Bibliothek eingerichtet hat. Spadolini, der wie kein zweiter Mensch mit einer größeren Eleganz ein Buch in die Hand und ein Glas Wein trinken kann, Spadolini, den die Damen der sogenannten großen Gesellschaft genauso umdrängen, wie die kommunistischen Funktionäre der Stadt Rom, von dessen kommunistischem Bürgermeister er auch alle paar Wochen freundschaftlich empfangen wird. Spadolini, der mit aller Welt und mit allen Kategorien korrespondiert, Spadolini, der den Vatikan in- und auswendig kennt wie die Stadt Rom, die ihn verehrt und zu dem verehrten und tatsächlich von allen geliebten Spadolini gemacht hat. Von der Seite betrachtete ich ihn, wie man einen großen Schauspieler betrachtet, jede seiner Bewegungen studierend, zweifellos ist es große Kunst, die er vollzieht, dachte ich, er zeigt keine Schwäche, er erlaubt sich nicht die geringste Nachlässigkeit. Wie auf dem Theater die allerschwierigsten Rollen jene sind, die keinen Text haben, nicht die gesprächigen, die geschwätzigen, so hat Spadolini hier in diesem Schauspiel zweifellos die allerschwierigste Rolle übernommen, dachte ich, und das Kostüm, das er selbst sich ausgesucht hat, ist das für dieses Schauspiel idealste und perfekteste. Spadolini sehen, ohne ihn augenblicklich zu verehren, wenn auch nicht unbedingt zu lieben, ist unmöglich, dachte ich. Jeder, der Spadolini sieht, ist augenblicklich der Unterlegene seiner Faszination, dachte ich. Gambetti hat einmal zu mir gesagt, für ihn sei Spadolini der außerordentlichste aller Schauspieler, alle Schauspieler der Welt, die er kenne, eingeschlossen, der verführerischste und daß es schade sei, daß er nur in der katholischen Kirche auftritt und nicht auf einem unserer ersten Theater. Kein Regisseur hat diesem Spadolini etwas beizubringen, hat Gambetti gesagt, er weiß schon alles, er kann schon alles, er ist schon alles. An diese Äußerung Gambettis war ich erinnert, wie ich Spadolini von der Seite her betrachtet habe, ungeniert, wie ich sagen muß, völlig desinteressiert an meiner unmittelbaren Umgebung. Automatisch war ich, wie die andern, der zeremoniellen Vorschrift der Messe entsprechend, auch aufgestanden, hatte ich mich wieder hingesetzt, wenn sie sich alle hinsetzten, aber ich habe in Wahrheit nur Spadolinis Kunst bewundert. Als wäre ich dieser spadolinischen Kunst wieder verfallen gewesen, wie so oft. Es ist, als wäre der größte Schauspieler der Zeit in einen kleinen, unbekannten und mehr oder weniger auch völlig unbedeutenden Ort gekommen, um da den erzkatholischen Hamlet zu spielen, dachte ich, Spadolini beobachtend. Nach dem Ende der Messe wurden die Särge aus der Kirche getragen, zuerst der Sarg des Vaters, dann der Muttersarg, dann der mit Johannes. Tatsächlich zitterten mir auf einmal die Knie, als die Gärtner den Sarg mit Johannes an mir vorbei aus der Kirche hinausgetragen haben. Sie hatten ihn sehr geschickt geschultert, als schulterten sie tagtäglich einen Sarg, dachte ich. Die Jäger hatten den Vatersarg und den Muttersarg aus der Kirche hinausgetragen, Johannes war auf meinen ausdrücklichen Wunsch von den Gärtnern hinausgetragen worden. Caecilia weinte nicht, Amalia in die Augen zu schauen, hatte ich nicht die Gelegenheit gehabt, der Weinflaschenstöpselfabrikant als unser Schwager, hatte sozusagen gute und unbeholfene Miene zum bösen Spiel gemacht. Er war tatsächlich *die deplazierte Figur* in dem Ganzen, jetzt noch viel deutlicher als diese vollkommen deplazierte Figur erkennbar, als jemals vorher. Einerseits haben alle ihre Blicke auf mich gerichtet gehabt, andererseits auf Spadolini. Caecilia hatte ihren Mann, unseren Schwager, gezwungen, daß er sie stützt naturgemäß, nicht mich, der Weinflaschenstöpselfabrikant führte Caecilia neben mir aus der Kirche hinaus, neben mir ging Amalia, sie hat sich während dieser Trauertage einen gesenkten Kopf angewöhnt, dachte ich, sie beobachtend. Die spöttischen Gesichter der Schwestern haben sich zuerst in verbitterte, jetzt in trauerzeigende verwandelt, dachte ich. Caecilia war naturgemäß die beherrschtere von beiden, Amalia wirkt immer noch viel jünger, als sie eigentlich ist, dachte ich, aber sie wirkt niemals anziehend. Das hat sie auch bis jetzt alleingelassen, dachte ich, denn kein Mann war von ihr bis jetzt angezogen gewesen, nicht einmal ein solcher von der Art des Weinflaschenstöpselfabrikanten. Einen Augenblick hat mir Amalia leid getan, aber gleich darauf mußte ich an ihre doch alles in allem tölpelhafte Art denken, mit welcher sie überall auftritt, gleich wo, wie ich dachte. Aus Amalia kann niemals ein glücklicher Mensch werden, nicht einmal ein zufriedener, dachte ich, aber aus Caecilia auch nicht, sie hat ja ihr Unglück jetzt tatsächlich am Arm, dachte ich und ich sah den Weinflaschenstöpselfabrikanten von der Seite an, das Gesicht eines Unterdurchschnittlichen, habe ich mir dabei gedacht, dem es gelungen ist, sich in Wolfsegg einzuschleichen. Ich hatte diesen Gedanken nicht unterdrücken können. Die Ortsmusikkapelle spielte wieder das Haydnstück, besser als zuerst, wie ich dachte, der Trauerzug bewegte sich jetzt noch langsamer auf den Friedhof zu, wie vorher auf die Kirche. Ich habe Umzüge immer gehaßt, Aufmärsche sind mir wie nichts zuwider, noch dazu solche mit Musikbegleitung, das ganze Unglück der Welt ist von solchen Umzügen und Aufmärschen immer ausgegangen, dachte ich. Der Gedanke, daß nicht weit hinter mir die ehemaligen Gauleiter von *Oberdonau* und *Niederdonau* gehen, die mir die Kindervilla beschmutzt und letzten Endes ruiniert haben für mein Leben, war mir widerwärtig, hinter den ehemaligen Gauleitern gingen die Kameradschaftsbundleute, zum Teil auf Krücken, die alten Kämpfer und Blutordensträger für ihre verabscheuungswürdigen nationalsozialistischen Ideale. Und hinter diesen, so hat es mir Caecilia, kurz bevor sich der Trauerzug in Bewegung gesetzt hat, zugeflüstert, ging mein Studienfreund Eisenberg, mein *Geistesbruder,* der Rabbiner aus Wien, mit welchem ich gleich nach dem Ende der Zeremonie sprechen werde, wie ich dachte. So ein Trauerzug ist grotesk, dachte ich. So ein Trauerzug ist eine Infamie. So ein in die Länge gezogener Trauerzug ist nicht nur eine Zumutung, sondern eine ungeheuerliche Geschmacklosigkeit, dachte ich, genau wissend, daß niemand aus dem Trauerzug so wie ich dachte, sich zu denken getraute, niemand auf die Idee kommen würde, so zu denken, im Gegenteil, wenn sie mich sozusagen denken gesehen und gehört hätten, hätten alle gedacht, *ich* sei der Geschmackloseste von allen. Vielleicht bin ich dieser Geschmackloseste, dachte ich. Aber ich empfand keinerlei Scham, bis vor die offene Gruft nicht. Zu Gambetti habe ich einmal gesagt, wenn wir an einem offenen Grab stehen, ist doch in uns nur Verrat. Die Perversität der Zeremonie war mir zu Bewußtsein gekommen, als der Salzburger Erzbischof an das offene Grab herantrat, um eine Rede zu halten, in welcher gleich zu Anfang von dem *großen tapferen Krieger auf dem Felde der Ehre* die Rede gewesen ist, worunter der Salzburger Erzbischof niemand anderen als meinen Vater meinte. Nur vom Vater wurde gesprochen, die Mutter nicht einmal erwähnt, auch Johannes nicht, aber nicht mit Absicht, sondern aus Vergeßlichkeit, aus Überheblichkeit, aus männlicher Selbstsucht und aus männlicher Selbstüberschätzung, wie ich dachte. Zwölf Ansprachen sind an der offenen Gruft gehalten worden von jenen Männern, die sich alle als die besten Freunde meines Vaters aufspielten, die es aber naturgemäß doch niemals gewesen sind, der Erzbischof von Salzburg und die Bischöfe von Sankt Pölten und Linz behaupteten es, die beiden ehemaligen Gauleiter behaupteten es, zwei SS-Obersturmbannführer behaupteten es, auch der sogenannte Obmann des Kameradschaftsbundes, auch der Vorstand der Jagdgesellschaft. Eine ganze Stunde war unser Vater immer genau von jenen als bester Freund bezeichnet worden, die sich eine solche Anmaßung niemals hätten erlauben dürfen, die aber, wie bei Begräbnissen üblich, unwidersprochen blieben. Die Särge waren längst in der Gruft. Zuletzt war Spadolini vorgetreten und ich habe geglaubt, er wird etwas sagen, aber das wäre ganz gegen den eigentlichen Spadolini in ihm gewesen, er trat sofort wieder zurück in die vollkommene Unauffälligkeit, wie er glauben machen wollte, was aber, gerade weil er der absolute Mittelpunkt dieser Zeremonie gewesen, verlogen war; er reihte sich, ohne auch nur eine einzige Platitüde auf sich geladen zu haben, unter die an die Gruft Gedrängten ein. Fast hätte ich Spadolini unterschätzt, dachte ich. Die Rede des sogenannten Obmanns des Kameradschaftsbundes war gemein, ja sogar niederträchtig, der Obmann hatte nämlich von meinem Vater gesagt, daß er eigentlich *nur für die Ziele des Kameradschaftsbundes gelebt* habe. Zuerst hatte ich diese Rede des Obmanns als gemein und niederträchtig empfunden, ein paar Minuten später aber schon nicht mehr, denn ich mußte mir sagen, daß der Obmann *bis zu einem gewissen Grad die Wahrheit* gesagt hatte. Auch der Vorstand der Jagdgesellschaft hat die Wahrheit gesagt, mußte ich mir sagen, auch die beiden ehemaligen Gauleiter hatten die Wahrheit gesagt, der Vater, *der Parteigenosse,* war einer der ihren, er ist allen hier Sprechenden einer der ihren gewesen. Immer wieder sagte ich mir, daß es doch peinlich sei, daß sie über die Mutter kein Wort verloren haben aus Nachlässigkeit. Zu Caecilia habe ich noch an der offenen Gruft gesagt, daß keiner es der Mühe wert befunden habe, ein Wort über die Mutter zu sagen. Die Männerwelt hat gesprochen, dachte ich, die Mutter war von dieser Männerwelt nicht zur Kenntnis genommen worden. Und Johannes war eine ganz und gar unwichtige Person in dem Ganzen, durch seinen frühen Tod hat er selbst sich zur völlig unwichtigen und auch uninteressanten Person gemacht. Von ihm war, außer daß man seinen Sarg getragen und in die Gruft hinein versenkt hat, überhaupt nicht mehr die Rede gewesen. Der Vater war die große Persönlichkeit, die auszunützen war an der Gruft und die gehörig ausgenützt wurde von allen. Der Vater war noch einmal der ihren Zwecken Nützliche, niemand sonst, dachte ich. Der Salzburger Erzbischof und die Bischöfe schauten noch einmal in die offene Gruft und traten ab. Daraufhin defilierten alle an uns, an mir und meinen Schwestern, vorbei, wie das üblich ist. Hundertzweiundzwanzig Holzarbeiter, jetzt sind es zwanzig, dachte ich, zwei Dutzend Gärtner, jetzt sind es sieben, dachte ich an der offenen Gruft. Gigantische Waldschäden im Norden bis hinunter nach Gallspach, dachte ich, allein durch die sogenannte *Grundzusammenlegung* zweiunddreißig Hektar erster Klasse verloren, das erboste den Vater wochenlang. Andererseits dachte ich an die gigantische Steuerhinterziehung durch den Welser Steuerberater. Wie der das Wort *Wolfsegg* sagt, ist es mir immer widerwärtig, auch wie es die andern aus Wels und aus Linz und aus Vöcklabruck und aus Ebensee sagen. Das Wort *Wolfsegg* immer gehaßt, dachte ich an der offenen Gruft, alles mit diesem Wort Wolfsegg Zusammenhängende immer gehaßt, verabscheut und gehaßt. Dadurch alles, das mit Wolfsegg zusammenhängt, immer gehaßt schon in der Kindheit, das ist die Wahrheit, dachte ich. Die einen gehen verlogen aus Wolfsegg in den Ort und in das Land hinunter und die andern kommen genauso verlogen aus dem Ort und aus dem Land unten nach Wolfsegg herauf. Mich schon früh zurückgezogen *auf mich,* abgestoßen von ihnen, dachte ich jetzt, an der offenen Gruft. Eine gigantische Wolfsegger Betrugsaffäre alles, dachte ich, eine jahrhundertealte Verbrechensgemeinschaft. Die Kirche zuerst gefürchtet, dann gehaßt, dachte ich, alles, das von der Kirche ausgegangen ist, zuerst gefürchtet und dann gehaßt, mit einem immer tieferen Haß, dachte ich. Die Kirche beherrscht letzten Endes in diesem Land und in diesem Staat noch immer alles, dachte ich an der offenen Gruft, der Katholizismus hat noch immer alles in diesem Land und in diesem Staat in der Hand, es mag regiert werden, von wem immer. Katholisch, scharlatanistisch, dachte ich, Verlogenheitsseelsorger. Wir wollen damit nichts mehr zu tun haben, sagen wir und es ekelt uns. Der katholischen Geistlichkeit entkommt in diesem Land und in diesem Staat noch immer nichts, dachte ich. Entziehen, sich allem entziehen, dachte ich, ich hatte keinen anderen Gedanken mehr. Die Zeremonie über mich ergehen lassen und mich dann für immer entziehen, dachte ich. Ich sah, wie mich alle haßten, nicht einmal insgeheim. Philosophisches Interesse einerseits, philosophisches Desinteresse andererseits. Kunstfanatismus ekelerregender, dachte ich. Die Leute in Rom sind auch nicht anders, noch viel verlogener, aber mit was für einem hohen Intelligenzgrad, dachte ich. Ein paar hundert Menschen genügen einfach nicht, ein paar Millionen müssen es sein, dachte ich, Millionen Verlogene, nicht nur Hunderte, Millionen Widerwärtige, nicht nur Hunderte. Sozusagen ein Geistesbad nehmen in einer Stadt wie Rom und in diesem Geistesbad untertauchen, dachte ich. Die Schritte der Gehaßten, die Stimmen der Gehaßten, dachte ich an der offenen Gruft, die absolute Widerwärtigkeit der Gehaßten. Das Begräbnis ist der Schlußpunkt, dachte ich. Nicht nur die Kindervilla haben sie mir beschmutzt, alles haben sie mir beschmutzt, dachte ich. Zuerst habe ich mich vor dem Leben gefürchtet, dann habe ich es gehaßt, dachte ich an der offenen Gruft. Wenn wir uns einbilden, Rom ist die Lösung, irren wir naturgemäß auch. Wir klammern uns an einen Menschen wie Gambetti, den ich möglicherweise schon zerstört habe, oder an einen Menschen wie Maria und sind auch an solchen Charakteren verloren, dachte ich an der offenen Gruft. Ach, wissen Sie, Gambetti, habe ich zu diesem vor dem Hotel Hassler gesagt, dachte ich jetzt an der offenen Gruft, wenn wir ehrlich sind, ist der allgemeine Verdummungsprozeß schon so weit fortgeschritten, daß es kein Zurück mehr gibt. Mit der Erfindung der Fotografie, also mit dem Einsetzen dieses Verdummungsprozesses vor weit über hundert Jahren, geht es mit dem Geisteszustand der Weltbevölkerung fortwährend bergab. Die fotografischen Bilder, habe ich zu Gambetti gesagt, haben diesen weltweiten Verdummungsprozeß in Gang gebracht und er hat diese tatsächlich für die Menschheit tödliche Geschwindigkeit in dem Augenblick erreicht, in welchem diese fotografischen Bilder beweglich geworden sind. Stumpfsinnig betrachtet die Menschheit heute und seit Jahrzehnten nichts anderes mehr, als diese tödlichen fotografischen Bilder und ist wie gelähmt davon. An der Jahrtausendwende wird dieser Menschheit Denken gar nicht mehr möglich sein, Gambetti und der Verdummungsprozeß, der durch die Fotografie in Gang gebracht und durch die beweglichen Bilder zu weltweiter Gewohnheit geworden ist, auf dem Höhepunkt sein. In einer solchen, nurmehr noch vom Stumpfsinn beherrschten Welt zu existieren, kann kaum mehr möglich sein, Gambetti, sagte ich zu diesem, dachte ich jetzt an der offenen Gruft, und es wird gut sein, wenn wir uns gerade noch bevor dieser Verdummungsprozeß der Welt total eingetreten ist, umbringen. Insofern ist es nur lo-

gisch, Gambetti, daß sich an der Jahrtausendwende diejenigen, die aus
dem Denken und durch das Denken existieren, umgebracht *haben*. Mein
Rat an den denkenden Menschen kann nur der sein, sich *vor der Jahrtausendwende* umzubringen, Gambetti, das ist tatsächlich meine Überzeugung, habe ich zu Gambetti gesagt, dachte ich jetzt an der offenen Gruft.
Es hat immer so ausgesehen, als würde es jeden Augenblick regnen, aber es
regnete nicht. Ich hatte mir vorgenommen, keinem der an mir Vorbei-
defilierenden meine Hand zu geben. So war es auch. Einige machten den
Versuch, mir ihre Hand zu geben, aber ich nahm ihre Hand nicht. Diese
Peinlichkeit habe ich ganz bewußt auf mich genommen. Allein an dieses
verstümmelte und verkommene und letzten Endes ja erledigte Österreich
zu denken, dachte ich, habe ich nur ein paar Tage vor diesem beinahe
unerträglich geschmacklosen Begräbnis zu Gambetti gesagt, verursacht
schon Übelkeit, ganz zu schweigen von diesem durch und durch verkommenen Staat, Gambetti, dessen Gemeinheit und Niedrigkeit nicht nur in
Europa, sondern auf der ganzen Welt ohne Beispiel sind; seit Jahrzehnten
gemeine und verkommene stumpfsinnige Regierungen und ein von diesen
gemeinen und verkommenen und stumpfsinnigen Regierungen schon bis
zur Unkenntlichkeit zutode verstümmeltes Volk, hatte ich zu Gambetti
gesagt, dachte ich jetzt. Zuerst dieser gemeine und niedrige *Nationalsozialismus* und dann dieser gemeine und niedrige und verbrecherische *Pseudosozialismus,* habe ich zu Gambetti auf dem Pincio gesagt, dachte ich jetzt
an der offenen Gruft. Diese *nationalsozialistische* und *pseudosozialistische*
Zerstörung und Vernichtung unseres österreichischen Vaterlandes in Zusammenarbeit mit dem österreichischen *Katholizismus,* von welchem für
dieses Österreich immer nur Unheil ausgegangen ist. Heute ist Österreich
ein Land, das von skrupellosen Geschäftemachern gewissenloser Parteien
regiert wird, habe ich zu Gambetti gesagt, dachte ich jetzt an der offenen
Gruft. Dieses um alles betrogene österreichische Volk, habe ich zu Gambetti gesagt, dem in den letzten Jahrhunderten auf die infamste Weise der
Verstand ausgetrieben worden ist von Katholizismus, Nationalsozialismus
und Pseudosozialismus, Gambetti, habe ich zu Gambetti gesagt, dachte
ich jetzt. Die Gemeinheit ist die Parole, die Niedrigkeit der Antrieb, die
Verlogenheit der Schlüssel dieses heutigen Österreich, Gambetti. An jedem Morgen, in den hinein wir aufwachen, müßten wir uns ja für dieses
heutige Österreich zutode schämen, Gambetti, habe ich zu Gambetti gesagt, dachte ich jetzt an der offenen Gruft. Immer und immer wieder sage

ich mir, wir lieben dieses Land, aber wir hassen diesen Staat, Gambetti. In
Rom und wo immer in der Welt, Gambetti, dachte ich jetzt, habe ich zu
Gambetti gesagt, geht uns dieses Österreich nichts mehr an. Wohin wir in
diesem heutigen Österreich gehen, wir gehen in die Lüge hinein, wohin
wir in diesem heutigen Österreich schauen, wir schauen nur in Verlogenes, gleich mit wem Sie in diesem heutigen Österreich reden, Sie reden
mit einem Lügner, Gambetti, habe ich zu Gambetti gesagt, dachte ich
jetzt an der offenen Gruft. Im Grunde ist dieses lächerliche Land und ist
dieser lächerliche Staat nicht der Rede wert, habe ich zu Gambetti gesagt,
dachte ich jetzt an der offenen Gruft, und jeder Gedanke daran ist doch
nichts weiter als Zeitverschwendung. Aber wehe dem, der nicht blind ist
in diesem Land, habe ich zu Gambetti gesagt, und nicht taub und um
seinen Verstand gekommen! Österreicher heute, ist eine Todesstrafe und
alle Österreicher sind zu dieser Todesstrafe verurteilt, habe ich zu Gambetti gesagt, dachte ich jetzt an der offenen Gruft. Alles Österreichische ist
ein Charakterloses, habe ich zu Gambetti gesagt, dachte ich jetzt. Die
Rückkehr nach Österreich bewirkt jedesmal einen totalen Beschmut-
zungseffekt, dachte ich an der offenen Gruft. Die Blutordensträger, die
SS-Obersturmbannführer an ihren Krücken und auf ihre Stöcke gestützt,
die nationalsozialistischen *Helden,* würdigten mich ihrerseits, wie gesagt
wird, keines Blickes. Die Trauergäste waren, mit Ausnahme der Erzbischöfe und Bischöfe und unserer allerengsten Verwandten, in die Gasthöfe
Brandl und *Gesswagner* gebeten worden. Dort spielte ihnen die von meiner
Schwester Caecilia einerseits zum *Brandl,* andererseits zum *Gesswagner*
abkommandierte Musikkapelle auf. Die Erzbischöfe und die Bischöfe und
die Verwandten waren heroben in unserem Haus *zu Tisch gebeten worden,*
wie gesagt wird. Die meisten von ihnen blieben bis zum späten Nachmittag. Spadolini reiste noch am Abend nach Rom, zuerst habe ich gedacht,
ich reise gleich mit ihm, aber dieser Gedanke war doch, wie ich sofort
eingesehen habe, der unsinnigste gewesen. Wir sehen uns in ein paar
Tagen in Rom, habe ich zu ihm gesagt. Völlig unauffällig ist er verschwunden. Mit Alexander habe ich mich in mein Zimmer zurückgezogen und für dieses Zusammensein mit ihm mein Zimmer abgesperrt, ich
wollte nicht mehr gestört sein. Alexander war wieder von einer seiner
Lebensideen besessen, er wollte den Präsidenten von Chile bitten, alle
politischen Häftlinge in Chile, dieser grauenhaftesten aller Diktaturen,
freizulassen. Es störte ihn nicht, daß ich sagte, er werde mit seiner Bitte

keinen Erfolg haben. Er reise eine Stunde nach Spadolini nach Brüssel zurück. Ich blieb bis in die Nachtstunden in meinem Zimmer eingesperrt und verließ es erst, als ich mir sicher gewesen war, keinen der Trauergäste mehr anzutreffen. Während dieser Zeit hatte ich darüber nachgedacht, was ich aus Wolfsegg machen werde, das, wie inzwischen einwandfrei festgestellt worden war, jetzt ausschließlich mir gehörte, *mit allen Rechten und Pflichten,* wie juristisch gesagt wird. Ich hatte schon einen Plan für die Zukunft von Wolfsegg und allem, das auch in Niederösterreich und im Burgenland und in Wien dazugehört, im Kopf, als ich mich mit den Schwestern, ohne den Schwager daran teilnehmen zu lassen, was ich mir ausdrücklich verbeten hatte, über die Zukunft von Wolfsegg unterhalten habe bis zwei Uhr früh. Am Ende der Unterhaltung konnte ich den Schwestern nicht sagen, was mit Wolfsegg geschehen wird, obwohl ich es zu diesem Zeitpunkt schon gewußt habe, ich sagte ihnen, die mir während der ganzen Unterredung nichts zu sagen, aber doch immer ihre spöttischen und verbitterten Gesichter gezeigt hatten, ich wisse nicht, was mit Wolfsegg geschieht, ich hätte nicht die geringste Vorstellung in dieser Frage, während ich doch gleichzeitig fest entschlossen war, mich bei Eisenberg in Wien anzumelden auf ein Gespräch, in welchem ich ihm ganz Wolfsegg, wie es liegt und steht, und alles *Dazugehörende,* als ein völlig bedingungsloses Geschenk, der Israelitischen Kultusgemeinde in Wien anbieten wollte. Dieses Gespräch habe ich schon zwei Tage nach dem Begräbnis mit Eisenberg, meinem Geistesbruder, geführt und Eisenberg hat mein Geschenk im Namen der Israelitischen Kultusgemeinde angenommen. Von Rom aus, wo ich jetzt wieder bin und wo ich diese *Auslöschung* geschrieben habe, und wo ich bleiben werde, schreibt Murau (geboren 1954 in Wolfsegg, gestorben 1985 in Rom), dankte ich ihm für die Annahme.

Nachwort

Martin Huber / Wendelin Schmidt-Dengler
Umspringbilder

Romanwerk und Leben Thomas Bernhards

I.

Eine neue Stimme war vernehmbar geworden – so lautete nach der Veröffentlichung des Romans *Frost* im Jahre 1963 geradezu unisono nicht nur die Reaktion der professionellen Literaturkritik, sondern auch einer großen Leserschaft. Die weiteren acht Bücher Bernhards, die unter dem Etikett Roman rubriziert werden, wurden auf eine ähnlich intensive, wenngleich von Fall zu Fall unterschiedliche Weise wahrgenommen. Obschon man sehr bald feststellte, daß Bernhard immer dieselben Themen mit Variationen abhandle, und man sich an die Stilkonstanten in seinem Werk gewöhnt hatte, wirkte jedes dieser Bücher aufs neue verstörend. Zwar beeilte sich die Kritik meistens mit der Feststellung, der neue Bernhard sei der alte – es gab in jedem einzelnen Werk doch immer ein Moment, das in besonderem Maße Aufmerksamkeit beanspruchte, zumal es meist ein Ferment zu einem kleineren oder größeren Literaturskandal enthielt.

Die Wirkung Bernhards ging zunächst von seinen ersten drei Romanen, nämlich *Frost, Verstörung* (1967) und *Das Kalkwerk* (1970) aus. Ab 1975 waren es die fünf autobiographischen Erzählungen, die ins Zentrum des Publikumsinteresses rückten; in den letzten Lebensjahren des Autors fanden auch die Theaterstücke (das erste hatte 1970 Premiere) die gebührende Aufmerksamkeit, wobei als Höhepunkt zweifelsohne die Aufführung von *Heldenplatz* (1988) gelten muß.

Die erste autobiographische Erzählung, *Die Ursache*, erschien 1975 und absorbierte die Aufmerksamkeit zuungunsten des im selben Jahr publizierten Romans *Korrektur*. Doch schon *Beton* (1982) und *Der Untergeher* (1983) machten der Kritik bewußt, daß der Autor Bernhard bei den größeren epischen Gebilden neue Wege ging: Hier lagen im Vergleich zu den früheren Romanen in ihrem Aufbau streng und konsequent auf eine finale Pointe komponierte Gebilde vor. Mit *Holzfällen* (1984), das eilfertig als Schlüsseltext galt und sogar die Gerichte beschäftigte, ist untrennbar der größte Literaturskandal der Alpenrepublik nach 1945 verbunden. In einem geringeren Ausmaß sorgten *Alte Meister* (1985) und *Auslöschung* (1986) für ein Nachbeben, zumal sie sich sehr konkret auf die Zustände in Österreich beziehen. Die Wirkung Bernhards ist im Laufe der Jahre zu einer immer stärkeren Qualität der Werke selbst geworden, ein zum Teil bedenklicher Befund, da so die Aufmerksamkeit sich immer weniger auf die Texte selbst richtet und sich vielmehr dem zuwendet, was um diese herum sich ereignete.

Die mediale Präsenz Bernhards – am besten wahrnehmbar in den von ihm mit souveränem Witz gestalteten Interviews – diente so weniger seinem Werk als der Konturierung einer singulären Autorfigur, die sich der Öffentlichkeit um so deutlicher einprägte, je mehr sie sich ihr ostentativ entzog. Gerade der Gestus des auf seine Individualität und Besonderheitsidentität pochenden Autors, der ungestört sein wollte und sich dem Publikum verweigerte, machte ihn für dieses so attraktiv. Bernhard buhlte nicht um die Gunst seiner Leserinnen und Leser, ganz im Gegenteil: Von den Pauschalvorwürfen, mit denen er seine Zeitgenossen bedachte, konnte, ja mußte sich jeder gemeint fühlen, und manche reagierten verärgert und ablehnend, während andere betonten, diese radikale Sprache und die damit verbundene Übertreibung sei notwendig, um die Wirklichkeit zur Kenntlichkeit zu entstellen. Bernhard gelang es mit seinem Werk und mit seiner Person, die Grenzen des engen Bezirks zu überschreiten, innerhalb dessen Literatur diskutiert wird. Er war – nicht zuletzt durch seine Romane – zu einer öffentlichen Figur geworden, die Wesentliches zur menschlichen Befindlichkeit zu sagen hatte.

Die Wirkung Bernhards beschränkt sich nicht auf Österreich oder den deutschen Sprachraum. Mit dem, was er über Österreich sagte, schien er auch die Zustände in anderen Gesellschaften zu treffen. In den romanischen Ländern wie Italien, Spanien und vor allem Frankreich wurde er bald übersetzt und auf vielen Bühnen gespielt. Führende Kritiker, Übersetzer, Regisseure und Schauspieler haben sich weltweit um sein Werk bemüht, und das gilt selbst für solche Länder wie die USA, in denen die Rezeption nur sehr zögerlich anläuft – aber auch dort wurde im Jahr 2006 *Frost* (unter diesem Titel) publiziert, so daß inzwischen im angelsächsischen Sprachraum Romane vorliegen. Dieser Erfolg verdankt sich der Qualität der Texte; für ihn bedurfte es der Autorfigur nicht.

Es ist daher angebracht, eben das, was die Unverwechselbarkeit Bernhards ausmacht, aufs neue zu überdenken, zumal sich diese Texte trotz aller Veränderungen gerade nach dem Todesjahr Bernhards 1989 immer noch in ihrer Energie als unverbraucht erweisen und sich keinesfalls mit der Behauptung erledigen lassen, sie wären nur aus dem historischen Kontext der sechziger, siebziger und achtziger Jahre des vorigen Jahrhunderts erklärbar. Es scheint im Gegenteil vielmehr so zu sein, daß vieles daran erst heute in seiner Brisanz so richtig faßbar wird und die Texte immer noch Impulse weit über die Grenzen der fachwissenschaftlichen Diskussion hinaus liefern.

Es war zunächst die Sprache, die die Leserschaft Bernhards am meisten anzog. Die Kunst der Wiederholung von Wortfolgen mit geringfügigen, aber signifikanten Variationen, die immer dann auftreten, wenn die Perseveration zu aufdringlich wird, die Neigung, alles mit Ausdrücken der Totalität und Ausschließlichkeit zu bedenken und so die Extremzustände zu kennzeichnen, in denen sich das Personal der Romane befindet, die markanten Antithesen, denen dieses Personal ausgesetzt ist und die kein Entkommen zulassen, die endlosen Perioden, die von einem eigenwilligen, aber erkennbaren Prosarhythmus getragen werden, die Lust, lange und daher oft außerordentlich komische Komposita zu bilden – das sind einige der Merkmale, an denen man einen Text sofort als einen Bernhards erkennt. Doch diese Stilmittel machen noch nicht seine Prosa aus, wie die Versuche zahlreicher Nachahmer und Parodisten beweisen, die in seltenen Fällen Bernhards Eigenheiten produktiv einzusetzen oder zu entwickeln verstehen und in der Mehrheit über den platten Scherz kaum hinauskommen.

Die Themen fesselten gleichermaßen, mochten sie in unterschiedlicher Anordnung auch immer wieder die gleichen sein: Tod und Krankheit, Untergang und Einsamkeit, Natur und Wissenschaft, Familie und Verbrechen, und dies alles in einem österreichischen Szenario. In den frühen Romanen ist es die sogenannte Provinz, also Orte in den Bundesländern Salzburg, der Steiermark oder Oberösterreich, in den späten ist es meist Wien oder das Ausland, etwa Rom, im Kontrast zu österreichischen Herkunftsorten. Die Hauptfiguren – sie sind allesamt männlich – bereden diese Themen in endlosen Monologen, in denen jeglicher Handlungsfortschritt unterbleibt. Die Figuren verhalten sich ambivalent zu ihrer Einsamkeit: Sie beklagen sie, zugleich aber ist ihnen, das wissen sie, nur ein Leben in dieser Einsamkeit möglich. Das emphatische Bekenntnis zu dieser schmerzhaft erlebten Isolation ist nahezu allen Texten Bernhards gemeinsam, und jede Zuwendung zu den anderen würde einen faulen Kompromiß bedeuten. Daß diese zutiefst problematischen Figuren gleichwohl ein verlockendes Identifikationsangebot für die Leser darstellen, dessen Vielschichtigkeit kaum von den vielen vermeintlich positiven Helden mit Vorbildwirkung erreicht wird, sei zumindest als eine Hypothese vorgebracht. Indem sich Bernhard naiven didaktischen Ambitionen verweigert, vermag er zu überzeugen. Die Helden – meist Wissenschaftler oder Künstler – gehen ihrer Profession auf eigene Faust nach, waren vielleicht einmal in einer Institution verankert, sind nun aber ganz auf sich angewiesen und zelebrieren geradezu ihr Scheitern in gewaltigen Satzkaskaden. Ihre Studien werden nicht vollendet, ja, erlangen häufig nicht einmal in rudimentärer Weise die Schriftform, die Bilder werden übermalt, die Virtuosität des einen Künstlers hat die zaghaften Versuche der anderen vernichtet. So ist es im *Untergeher* um den Pianisten Wertheimer bestellt, der Glenn Gould spielen hört und um die Vergeblichkeit seiner Bemühungen weiß. Ist ein Werk vollendet, so bedeutet dies – wie der von Roithamer in *Korrektur* konstruierte Wohnkegel – den Tod seines Schöpfers. Es ist ein Versagen, das sich nicht zuletzt aus dem Absolutheitsanspruch ergibt, mit dem das Werk begonnen wird. In diesem Sinne ist Bernhards Welt ein Gegenentwurf zu jener, in der Erfolg gefeiert und das Scheitern verschwiegen wird. Diese Helden oder besser Antihelden haben sich in den Positionen der Negativität eingenistet, sind gefeit vor einer Rhetorik, die den Schein einer trügerischen Hoffnung zu wecken versucht. Die Natur, die Familie, der Staat, ja auch die Philosophie und zuletzt selbst die Kunst, aus denen man verbindlich positive Prinzipien ableiten zu können meinte, werden zum Gegenstand unerbittlicher Kritik. Die Natur ist in *Frost* und *Verstörung* der unbarmherzige Antagonist des Menschen, in *Alte Meister* erscheint die Kunst als »das Höchste und das Widerwärtigste gleichzeitig« (S. 1770).

Diese irritierenden Variationen der Negativität empörten den einen Teil der Leserschaft, der andere wußte den blasphemischen Reiz dieser virtuosen Provokationen auszukosten. Die These, es sei alles nicht so schlimm, wie Bernhard es in seinen Büchern haben wolle, bekam den Rang eines Leitmotiv der Bernhard-Kritik und traf auf die Gegenthese, Bernhard mache durch seine Übertreibungskunst etwas sichtbar, was durch die Konvention verdeckt werde. Bewundernswert treffsicher wandte sich Bernhard gegen jedes Konsensmaximum, gegen die Einverständnisse, die meist ungeprüft von der einen Generation auf die andere übergehen. Davon ist die schöne Natur betroffen, im besonderen die schöne Natur der Alpen, davon ist die Republik Österreich betroffen, die sich als Land der Unschuld nach der Katastrophe des Krieges herausgeputzt hat, das gilt für Persönlichkeiten wie Albert Schweitzer und Mutter Teresa, das trifft Albrecht Dürer und Wolfgang Amadeus Mozart. In *Alte Meister* attackiert Bernhard die opportunistische Einstellung der Österreicher, in *Auslöschung* geht es um den Fortbestand nationalsozialistischer Gesinnung – Themen, die zur Zeit der Veröffentlichung bzw. der Entstehung der Romane (*Auslöschung* entstand schon Anfang der achtziger Jahre) kaum an der Tagesordnung waren und sich erst im Gefolge der Waldheim-Affäre (1986) als triftig erwiesen. Bernhard wurde so – mochte es in den Texten auch nicht explizit werden – zu einem politischen Autor, dessen Botschaft nicht nur österreichische Verhältnisse betraf.

2.

Die monologische Struktur der Prosa Bernhards wirft die Frage auf, ob es sich um Romane handle, ja ob überhaupt von Erzählen noch die Rede sein könne. Der Autor selbst hat sich in dem Interview *Drei Tage* als »Geschichtenzerstörer« bezeichnet: »In meiner Arbeit, wenn sich irgendwo Anzeichen einer Geschichte bilden, oder wenn ich nur in der Ferne irgendwo hinter einem Prosahügel die Andeutung einer Geschichte auftauchen sehe, schieße ich sie ab.«[1] Es ist in der Tat ein Vergnügen, Bernhard beim Abschießen der eigenen Geschichten zu beobachten. Zwar gibt es in diesen Romanen genug Handfestes, doch wird aus alledem nie eine Story, die auf ein markantes Ende hin konstruiert wäre. Am deutlichsten tritt dies in *Verstörung* hervor, wo auf die Erzählung des Landarztes der Monolog des Fürsten folgt, der fast zwei Drittel des ganzen Buches ausmacht und dessen narrative Sequenzen in keinem inhaltlichen Abhängigkeitsverhältnis zueinander stehen. »Wohl dem, der sagen kann ›als‹ ›ehe‹ und ›nachdem‹. Es mag ihm Schlechtes widerfahren sein, oder er mag sich in

---

1 Thomas Bernhard: *Drei Tage*. In: Th. B.: *Der Italiener.* Salzburg: Residenz 1971, S. 152.

Schmerzen gewunden haben: sobald er imstande ist, die Ereignisse in der
Reihenfolge ihres zeitlichen Ablaufes wiederzugeben, wird ihm so wohl,
als schiene ihm die Sonne auf den Magen.«[1] So problematisierte bereits der
von Bernhard geschätzte Robert Musil im *Mann ohne Eigenschaften* das
Erzählen. Genau diese »als«, »ehe« und »nachdem« verweigert Thomas
Bernhard; der Faden der Erzählung ist zerrissen oder zu einem unentwirr-
baren Knäuel geworden. Auch dies verstörte die Kritik, doch gerade durch
den Verzicht auf die gebräuchlichen narrativen Muster zugunsten der Be-
schwörung meist beklemmender Dauerzustände wird jene Scheinwelt
weitgehend abgebaut, in die man sich in jedem Erzähltext begeben muß.
In späteren Texten brilliert Bernhard – etwa in *Beton* – durch einzelne
Episoden, in denen eine Lebensgeschichte in raffinierter Abbreviatur erzählt wird, doch bei den Gesamttexten fehlt jede erzählerische Abrun-
dung.

Das sorgte nicht selten für eine Enttäuschung unter den Lesern, die eine
handfeste und eindeutige Erklärung der Verstörungszustände oder Verbrechen wünschten, etwa in psychologischer oder soziologischer Hinsicht.
Doch weigert sich Bernhard, die Komplexität der so bedrückenden Umstände durch eine billige Auflösung zu reduzieren. »Etwas Unerforschliches zu erforschen. Es bis zu einem gewissen erstaunlichen Grad von
Möglichkeiten aufzudecken. Wie man eine Verschwörung aufdeckt.«
(S. 9) – Das ist das Programm, das sich der Famulant in *Frost* bei der
Beobachtung des Malers Strauch vorgenommen hat. Alle Texte Bernhards
sind mit der Signatur »das Unerforschliche zu erforschen« versehen; mag
es immer wieder gelingen, einen »erstaunlichen Grad von Möglichkeiten«
zu erreichen – die Verantwortlichen für die »aufzudeckende Verschwörung« werden nie namhaft gemacht. Es scheint, als würde sich Bernhard
damit gegen die Praxis der Kriminalerzählung stellen, die es dem kundigen
Analytiker in der Gestalt des Detektivs überläßt, das Verbrechen in seiner
Kausalität vor dem Leser aufzurollen. Dieses »Unerforschliche« wiederum
und die Art, wie sich die »Aufdeckung« im Roman vollzieht, eröffnet den
um die Interpretation Bemühten ein weites Aktionsfeld, auf dem sich nun
weltweit die Literaturwissenschaftlerinnen und Literaturwissenschaftler
mit unermüdlicher Energie tummeln.

1 Robert Musil: *Der Mann ohne Eigenschaften*. Reinbek bei Hamburg: Rowohlt 1978,
  S. 650.

Der »Geschichtenzerstörer« hat auch mit der Romanform nichts im Sinne. Bernhard hat sich mehrfach geweigert, seine Prosa durch Gattungsbezeichnungen zu definieren. *Das Kalkwerk, Korrektur* und *Der Untergeher* tragen in der Erstausgabe den Zusatz »Roman«; bei *Frost, Verstörung* und *Beton* fehlt jede Bezeichnung. Im Fall von *Holzfällen* wird sie durch *Eine Erregung* und bei *Auslöschung* durch *Ein Zerfall* ersetzt. Diese Art von Untertiteln, die Bernhard des öfteren wählte, sind mittlerweile auch bei anderen Autoren üblich und als eine Reverenz an Thomas Bernhard zu werten. Irritierend ist die Gattungsbezeichnung *Komödie* für *Alte Meister*, da es sich offenkundig um keinen dramatischen Text handelt. Das mag auf eine innerhalb der einzelnen literarischen Genres für Bernhard wirksame Osmose hinweisen, doch ist – und darauf wird noch einzugehen sein – dieser Untertitel auch als Lektüreanleitung aufzufassen.

Im allgemeinen wurden die neun längeren Prosaarbeiten Bernhards ohne größere Debatte als Romane rezipiert, und aus arbeitshypothetischen Gründen ist es erlaubt, an dieser Bezeichnung festzuhalten. Denn sie unterscheiden sich wesentlich von der erzählenden Prosa mittlerer Länge wie *Amras, Ungenach, Watten, Gehen, Ja* und *Billigesser*, und dies nicht nur dem Umfang nach. In den Romanen werden die einzelnen Themen viel umfassender entwickelt und breiter entfaltet. Die Wahl des jeweiligen Prosatyps ist nicht nur ein Akt der Willkür, sondern eine kategoriale Vorentscheidung, deren Relevanz einer genaueren Beschreibung bedürfte. Wie stark die Unterschiede zwischen den einzelnen Genres von Bernhard genutzt werden, zeigt sich an den kürzeren Erzählungen, etwa *Die Mütze*, die ihrem Umfang nach einer short story entsprechen, und noch deutlicher an den parabelhaften Kurztexten in den *Ereignissen* und dem *Stimmenimitator*, die an Anekdoten im Stil Kleists oder an die Kalendergeschichten eines Johann Peter Hebel erinnern.

Die Bernhard-Lektüre ist allenthalben eine Einübung in die feinen Unterschiede, die in der Literatur die wichtigen Unterschiede ausmachen. Für die einzelnen Textsorten hat der Autor eine je eigene Strategie entwickelt, in der Prosa wie im Drama. Deshalb handelt es sich um ein hartnäckiges Vorurteil, daß jemand, der einen Text Bernhards gelesen hat, sie alle gelesen hat. Der Autor selbst hat in *Drei Tage* durch einen anschaulichen Vergleich einem solchen Vorurteil vorzubeugen gesucht. Er spricht von einer weißen Wand, die allerdings nicht eintönig sei. Da gäbe es Risse, Unebenheiten, Ungeziefer. Nichts sei aufregender als eben eine solche weiße Wand: »Tatsächlich gleichen einander Buchseite und weiße Wand vollkommen.«[1] Bernhards Bücher sind eine solche weiße Wand und verdienen eine genaue Betrachtung. Deshalb wird an dieser Stelle, um im Bilde zu bleiben, kein Gesellschaftsgemälde entworfen, kein an Ornamenten reiches Gobelin gewirkt – es geht darum, das dem Scheine nach Einheitliche in seiner Differenziertheit zu erkennen. So wie man den Gesichtssinn beim Anblick einer weißen Wand schärfen kann, so den Lesesinn durch die Lektüre.

3.

Es lohnt sich, bei der Diskussion der Romane Bernhards der Werkchronologie behutsam zu folgen, weil so die Unterschiede und die Zusammenhänge am deutlichsten Kontur gewinnen. *Frost* war ein Debüt, dem sich in der Literatur nach 1945 im deutschen Sprachraum nur wenige an die Seite stellen lassen. Zugleich ist der Roman eine vorzügliche Einstimmung in das gesamte erzählerische Werk. Der namenlose Medizinstudent soll im Auftrag seines Chefs, des Chirurgen Strauch, dessen Bruder, den er schon zwanzig Jahre nicht gesehen hat, im Rahmen einer Famulatur im kleinen Gebirgsdorf Weng beobachten. Dieser Bruder ist Kunstmaler, nach den Worten des Chirurgen ein »Gedankenmensch«, der aber »heillos verwirrt« sei (S. 13). Ein wissenschaftlicher Auftrag bestünde darin, den Ursachen der Verwirrung nachzuspüren, doch davon ist nicht die Rede. Um keinen Verdacht zu erwecken, soll sich der Student als Jurist ausgeben. Fachwissenschaftliche Termini kommen allerdings kaum zur Anwendung. Die meisten Wissenschaftler betreiben bei Bernhard ihre Disziplin jenseits der akademischen Praktiken. Der Auftrag des Arztes ist zudem eine »Privatinitiative«. Der Famulant hält fest: »Es ist das erste Mal, daß ich Beobachten als eine Arbeit anschaue.« (S. 13) Mit dem »Beobachten« ist für die Erzählprosa Bernhards ein Leitmotiv vorgegeben. Die Leistung der Protagonisten besteht meistens in der Beobachtung und der Deskription, nicht der Analyse gibt sich der junge Berichterstatter ganz hin. Der Maler Strauch rede »hemmungslos seine Krankengeschichte aus sich heraus«, berichtet er gegen Ende in einem Brief an den Chirurgen und hält

1 Thomas Bernhard: *Drei Tage*, S. 153.

zugleich fest, daß er seine »wissenschaftliche – nicht medizinisch-wissenschaftliche! – Erforschungsmethode gefunden« habe (S. 252). Mitunter verzweifelt er, denn er kommt mit den Reden des Malers nicht zurande: »Was ist das für eine Sprache, die Sprache Strauchs? Was fange ich mit seinen Gedankenfetzen an?« Das Ganze sei eine »alles erschreckende Worttransfusion in die Welt« (S. 118). Gewiß lassen sich einige Symptome der Verwirrtheit des Malers mit psychiatrischen Fachausdrücken bedenken, doch würde dies nicht weiter führen, eher davon ablenken, daß der Maler mit seinen Diagnosen über den Zustand der Natur und der Politik erstaunlich kritisch und hellsichtig ist. In jedem Falle haben seine Rundumschläge nichts an Gültigkeit verloren, ganz im Gegenteil: Was er über die Verunstaltung der Natur durch die Kraftwerke zu sagen hat (S. 80f.) oder über Österreich sarkastisch anmerkt, kommt mehr als vierzig Jahre später erst so richtig zur Geltung (S. 217): »Unser Staat [. . .] ist ein Hotel der Zweideutigkeit, *das* Bordell Europas, mit einem ausgezeichneten überseeischen Ruf.«

Mehr noch als diese Attacken befremdete die Art, in der mit der österreichischen Provinz verfahren wurde. Allenthalben Finsternis. Es ist, als habe sich die Natur gegen Weng verschworen: »Der Abend kommt hier ganz plötzlich, wie auf einen Donnerschlag. Wie wenn auf Kommando ein riesiger eiserner Vorhang heruntergelassen würde, die eine Hälfte der Welt abtrennend von der andern, durch und durch.« (S. 15) Quälend paradox die Lage des Ortes: »Weng liegt hoch oben, aber noch immer wie tief unten in einer Schlucht.« (S. 12) Weng ist ein locus terribilis, und ihm verwandt sind Schauplätze, die Bernhard vor allem in den nächsten vier Romanen wählte. Es handelt sich um die konsequente Umkehrung des idyllischen locus amoenus, und nicht ganz zu Unrecht wurden die frühen Texte als Anti-Idyllen bezeichnet. Doch greift diese Kennzeichnung, die den Autor zum wichtigsten Repräsentanten der Anti-Heimatliteratur oder des problematisierten Heimatromans macht, zu kurz, da sie die Intensität der Reden des Malers mit ihren bizarren Spekulationen nicht berücksichtigt.

Der Roman hat ein offenes Ende. Über siebenundzwanzig Tage hat der Famulant dem Chirurgen aus Weng berichtet. Dann kehrt er in das Spital nach Schwarzach zurück und erfährt aus der Zeitung, der Maler sei abgängig und man habe die Suche nach ihm wegen der anhaltenden Schneefälle eingestellt. Der Text ist reich an Episoden, aus dem Schicksal vieler

Figuren wird mancherlei berichtet, doch es existiert kein Erzählfaden, der das alles verknüpft. Der Versuch einer Inhaltsangabe ist zum Scheitern verurteilt, nicht weil es keine Inhalte, sondern weil es deren zu viele gibt.

»Mit beklemmender Realistik« treffe Bernhard »die Landschaft der oberen Salzach, den Pongau«, meinte Carl Zuckmayer in seiner Besprechung des ersten Romans.[1] Dieser Tenor bestimmt die frühen Rezensionen, ein fruchtbares Mißverständnis, das die Aufnahme insofern beförderte, weil man in *Frost* zunächst eine realistische Schilderung des Lebens in der österreichischen Provinz vermutete, in der Folge aber die Unterschiede zu der realistischen Anti-Heimatliteratur eines Franz Innerhofer oder Peter Turrini hervortraten und Bernhards Besonderheit besser erkennbar war.

Nicht »intellektuelle Verdünnung, sondern pulsierendes Leben, ein Stück zuckender Wirklichkeit« bietet der Roman in der Meinung Otto F. Beers.[2] Meist wird die Gestaltungskraft nachdrücklich gewürdigt, die psychologische Motivation gilt als sekundär, ja sogar als »falsche Rationalisierung«, die der Abgründigkeit des Romans nicht gerecht werde.[3]

Daß diese Prosa nicht an Verfahren gemessen werden dürfe, die bei realistischen Erzählungen zum Tragen kommen, ist eine Einsicht, die sich nur allmählich durchsetzte. Bernhard selbst hat immer wieder darauf insistiert, in seinen Texten sei »alles künstlich«,[4] wenngleich die Örtlichkeiten meistens konkrete Namen haben. Doch beziehen die Texte ihre Energien nie aus der exakten und umständlichen Beschreibung topographischer Gegebenheiten. Diese erweisen sich – wie übrigens auch die Figuren – als austauschbar.

Aufschluß darüber gibt ein Blick in die Entstehungsgeschichte von *Frost*.[5] In den ersten enthaltenen Entwürfen treten das Paar Strauch und Medizinstudent noch nicht auf, sondern der Eisenbahnbedienstete Leichtlebig und ein namenloser Doktor der Rechte, der aus Wien stammt.

1 Carl Zuckmayer: *Ein Sinnbild der großen Kälte.* In: *Die Zeit,* 17. 6. 1963.
2 Otto F. Beer: *Endspiel im Salzburgischen.* In: *Süddeutsche Zeitung,* 17./18. 8. 1963.
3 Urs Jenny: *Die Krankheit zum Tode.* In: *Weltwoche,* 20. 9. 1963.
4 Thomas Bernhard: *Drei Tage,* S. 150.
5 Ausführliche Darstellungen der Entstehungsgeschichte, der Überlieferungslage und der Rezeptionsgeschichte sowohl von *Frost* als auch der anderen Romane finden sich in den Kommentaren zu den jeweiligen Bänden der Werkausgabe; vgl. Thomas Bernhard: *Werke.* Hg. v. Martin Huber u. Wendelin Schmidt-Dengler. Frankfurt am Main: Suhrkamp 2003ff.

Die Handlung spielt nicht im Salzburgischen, sondern in Oberösterreich. Offenkundig hat Bernhard mit dem Abschluß des Unternehmens große Schwierigkeiten. Seit 1962 sitzt er an der Niederschrift einer Druckfassung, doch ist im Herbst noch kein Abschluß in Sicht, und der Insel Verlag drängt. In einer intensiven Arbeitsphase im Dezember des Jahres stellt Bernhard in Frankfurt, unterstützt von der Lektorin Anneliese Botond, das Buch fertig. Aufgenommen werden einige Episoden, die für sich selbst bestehen können und ursprünglich offenkundig nicht für dieses Buch vorgesehen waren, die aber nun mit einigen kleinen Retouchen in den Zusammenhang eingepaßt werden, so etwa die Abschnitte *Im Armenhaus, Das Hundegekläff, Hin und Her, Das Viehdiebsgesindel* und *In der Felsschlucht.* Eine solche Übernahme, die auch der Erweiterung des Umfangs dient, wiederholt sich bei der Finalisierung von *Verstörung.*

4.

Für diesen zweiten Roman hatte sich der Autor viel vorgenommen. »Im Gehirn rollt sich langsam und sicher ein Prosagewitter zusammen«, schreibt er bereits im Januar 1963 an seinen »Lebensmenschen« Hedwig Stavianicek. Doch es dauert noch geraume Zeit, bis sich das Gewitter entlädt. Von Jahr zu Jahr schiebt Bernhard das Erscheinungsdatum für den zweiten Roman, der noch umfänglicher als *Frost* sein soll, hinaus. Beharrlich fordert Unseld das Werk von seinem Autor, ebenso beharrlich nennt Bernhard einen neuen Abgabetermin. Im Herbst 1966 schließlich vollendet er das Buch, das Ergebnis eines Kraftaktes, in dem er zwei heterogene Teile miteinander verbindet. Wieder hatte sich Bernhard vom 23. September bis zum 1. Dezember 1966 in Klausur begeben, diesmal in Brüssel.

Der Roman beginnt mit dem Bericht des Arztsohnes, der seinen Vater durch einige Orte der westlichen Steiermark bei Visiten begleitet – ein konventioneller erzählender Einsatz. Zuletzt erreichen sie die Burg Hochgobernitz. Hier setzt der mit *Der Fürst* überschriebene Abschnitt ein, der den Löwenanteil des ganzen Textes ausmacht und den Monolog des Fürsten Saurau enthält. Offenkundig war sich Bernhard bis knapp vor der Vollendung des Manuskripts nicht klar, wie er diesen Bericht abschließen könne. Der Monolog des Fürsten speist sich aus verschiedenen Konzepten, die auch in anderen Werken wie *Der Italiener* und später in *Auslöschung* begegnen. Seinen eigenen Worten zufolge wollte er »klassisch«, also mit einer richtigen Erzählung, beginnen und dann den Leser mehr und mehr »ins Grauen« hineintreiben. Im Monolog des Fürsten ist das Erzählen so gut wie stillgelegt, es bleibt nur die inquit-Formel (»sagte der Fürst«). Der »Geschichtenzerstörer« hat also zugeschlagen und die mögliche Geschichte, die sich hinter dem »Prosahügel« hervorwagte, wieder abgeschossen. An der Entstehung der *Verstörung* wird evident, wie die einzelnen Bernhardschen Werke trotz ihrer unterschiedlichen Erscheinungsform in einem System kommunizierender Röhren miteinander verbunden sind. Da dem jeweiligen Roman jedoch Autonomie zukommen sollte, sind von Fall zu Fall Konzeption und Niederschrift mit erheblichen Hürden konfrontiert. Dieser Situation war sich Bernhard bewußt und hat dies auch arbeitsökonomisch einkalkuliert. In einem Brief vom 30. November 1965 ließ er den Verlag wissen: »Je mehr Anläufe, desto besser.«

Schwierigkeiten bereitete hier die Wahl des Titels. Bernhard hatte bis 1966 den Titel *Das Hirn* erwogen, im September dieses Jahres zu *Die Ruhe* verändert, und daran wollte er festhalten. Erst die Endfassung vom Dezember trägt den Titel *Verstörung*, der Unseld überhaupt nicht behagte, da er die Käufer abschrecken würde.

In den Monolog des Fürsten hat Bernhard eine bereits 1966 erschienene Erzählung, *Henzig, Huber, Zehetmayer,* mit einigen kleineren Veränderungen aufgenommen. Allerdings ist sie in Oberösterreich lokalisiert, während die *Verstörung* in der Weststeiermark spielt. Die aufgrund der Chronologie der Ereignisse sich ergebende absolute Unwahrscheinlichkeit, daß sich drei Oberösterreicher beim Fürsten um einen Verwalterposten in der Steiermark bewerben, störte offenkundig nicht. Auch hier ist die Topographie offenbar nicht entscheidend. Die Orte in der Weststeiermark sind auf der Landkarte verifizierbar, nicht so Hochgobernitz, der Wohnsitz des Fürsten. Die Suche nach einem konkreten Vorbild für diese mächtige Burg ist ebenso wenig sinnvoll wie die Suche nach Kafkas Schloß. Daß Bernhard an eine Burg wie Hochosterwitz in Kärnten gedacht hat, die ihm von seinen Aufenthalten bei der Familie Lampersberg in Maria Saal ein Begriff gewesen sein dürfte, ist durch die Namensähnlichkeit sehr wahrscheinlich.

Das erste Drittel des neuen Romans setzt in der Tat »klassisch« ein. Die Erzählung beginnt mit schrecklichen Unfällen, dem Bericht von schweren

Krankheiten und einem grausamen Verbrechen. In einer eindrucksvollen Klimax passieren nun die Patienten Revue; von Fall zu Fall werden deren Leiden schwerer und unfaßbarer. Die Kranken sind einer feindlichen Natur und einer ebenso feindlichen Gesellschaft ausgesetzt. Je feinsinniger sie sind, um so fremder sind sie und ihre Interessen in dieser Umgebung. Ihre Lektüre oder ihr Musikgeschmack isoliert sie von ihren Zeitgenossen. Da ist von Diderots *Mystifikation*, von Kants *Prolegomena*, von Karl Marx' Dissertation und von den *Pensées* Pascals die Rede; auch die *Prinzessin von Clèves* zählt zur Lektüre einer Patientin. Der Fürst ist von seiner Schopenhauer-Lektüre geprägt. Alle Protagonisten Bernhards sind Leser; der Famulant in *Frost* liest Henry James, aber es wird uns nicht verraten, welches Buch dieses Autors er von der einen Tasche in die andere steckt. Die Hinweise auf Autoren und Titeln sind nie mit konkreten Bezugnahmen auf Inhalte oder Positionen verbunden, so daß der Eindruck entsteht, es handle sich um eine besonders raffinierte Form des Namedroppings. Doch auch die hat ihre Funktion, indem sie die »Geistesmenschen« und ihr Leiden von den »Brutalen« und deren Schicksal abhebt.

Der Kontrast zwischen urbaner Feinsinnigkeit und ländlichem Stumpfsinn bestimmt das erste Drittel des Romans. »Tatsächlich seien mehr Brutale und Verbrecherische auf dem Land als in der Stadt«, läßt sich der Landarzt vernehmen (S. 280). Für ihn ist der deprimierende Zustand auf dem Land Folge eines Prozesses, der in vorgeschichtliche Zeiten zurückreicht: »Und die Menschen unter der Gleinalpe und unter der Koralpe und im Kainach- und Gröbnitztal seien Musterbeispiele für eine von den Jahrmillionen und Jahrtausenden auf die ordinärsten Körperexzesse hin konstruierte Steiermark.« (S. 281) Solche Aussagen sind schwer als Resultat ernstzunehmender empirischer Sozialforschung zu werten. Der Gestus der Übertreibung (»von den Jahrmillionen und Jahrtausenden«) soll dem Vorurteil gegensteuern, das Landleben sei von sich aus gesünder.

»Es ist alles lächerlich, wenn man an den Tod denkt« – dieser Satz aus der Dankesrede für den sogenannte Kleinen Staatspreis für Literatur im Jahre 1967 kann als ein ästhetischer Fundamentalsatz Thomas Bernhards bezeichnet werden. Da der Tod allgegenwärtig ist, besitzen viele Rundumschläge Bernhards und seiner Protagonisten einen komischen Akzent. Es hängt vom Leser ab, wie er die Aussage über die Deformation der Menschen in der Steiermark auffaßt. Zahlreiche Aussagen in den Texten funktionieren nach diesem Muster des Umspringbildes: Auf der einen Seite steht die große Klage über die Zustände auf dem Lande, auf der anderen zeigt sich in der Verzerrung ein grotesk-komisches Moment. Hier hat der Autor die Entscheidung an seine Leser delegiert. Wer sich mit seinem Werk auseinandersetzt, ist daher wohlberaten, den von Bernhards Protagonisten mehrfach erörterten Übergang des Komischen zum Tragischen und des Tragischen zum Komischen bei der Lektüre für sich fruchtbar zu machen. *Ist es eine Komödie? Ist es eine Tragödie?* lautet der vielzitierte Titel einer frühen Erzählung Bernhards.

Für dieses Changieren zwischen Komischem und Tragischem hatte man bei seinen frühen Büchern wenig Verständnis. Wieder stand die Formel von der radikalen Anti-Idylle im Vordergrund. Der erste Teil wurde fast durchgehend positiv beurteilt; meistens galt diese Partie als Exempel einer drastischen, aber realistischen Erzählprosa. Schwierigkeiten hatten die Rezensenten – verständlicherweise – mit dem Monolog des Fürsten. Reich-Ranicki würdigte den Beginn der Erzählung und meinte, Bernhard sei, ob er es wolle oder nicht, ein Heimatdichter, dessen Anti-Idylle »auf fatale Weise« dem ähnle, das es bekämpfe. Der Monolog des Fürsten münde in einen »Ozean von Platitüden«.[1] In dieselbe Kerbe schlug der österreichische Schriftsteller Herbert Eisenreich, der in seiner Erzählweise als das pure Gegenteil eines »Geschichtenzerstörers« gelten kann und aufgrund seiner Weltanschauung die anti-idyllische Note des Textes vehement verurteilte. Die Erzählung des Arztsohnes schien ihm vergleichsweise gelungen, während er die Rede des Fürsten als ein »Monologisieren um den heißen Brei« abqualifizierte und Bernhards Text als Dokument eines »antiurbane[n] Affekt[s]« bezeichnete, den er als Wurzel eines gefährlichen Totalitarismus bezeichnen zu müssen meinte.[2] Gegen diese grob verkürzende Kritik erhob zunächst Bernhard selbst – in einem Leserbrief an den *Spiegel:* »Mein nächstes Buch lassen Sie bitte gleich von einem natürlich auch in Oberösterreich geborenen oder ansässigen Schimpansen oder Maulaffen besprechen.« –, dann andere Kritiker und später die Literaturwissenschaft Einspruch. Daß der Monolog des Fürsten verstörte, darf allerdings nicht weiter verwundern, und die Kohärenz der beiden Teile zu begründen ist nicht leicht.

1 Marcel Reich-Ranicki: *Konfessionen eines Besessenen. Thomas Bernhards neuer Roman »Verstörung«.* In: *Die Zeit,* 28. 4. 1967.
2 Herbert Eisenreich: *Irrsinn im Alpenland.* In: *Der Spiegel,* 1. 5. 1967.

Die Entstehungsgeschichte belegt, wie dargestellt, die Zusammenfügung von Heterogenem bei der Erstellung der Druckvorlage. Doch wäre es zu einfach, solches Vorgehen als der Not gehorchend zu erklären, die kurze Erzählung durch irgend etwas ergänzen zu müssen, damit ein Manuskript zustande kommt, das seinem Umfang nach die Bezeichnung Roman rechtfertigt. Bernhard hatte Material gesammelt, das in einem Konvolut zum Einfügen bereitlag und geeignet war, den Höhepunkt sublimer Verstörung zu bilden. Mit dieser gewagten Konstruktion hatte er nicht nur in thematischer, sondern auch in ästhetischer Hinsicht provoziert. Eine Herausforderung ist dieses Buch bis heute für jene, die an dem Begriff eines organischen Kunstwerks festhalten, in dem die Verbindungslinien zwischen den einzelnen Teilen klar erkennbar sein müßten. Dieser Herausforderung hat sich Peter Handke gleich nach Erscheinen des Romans gestellt. Mit den Worten »Ich las und las und las . . .« beendet er seine Besprechung und bekennt sich damit zur suggestiven Kraft dieser Sprache. Er legt dar, wie die Sprache des Fürsten den adäquaten Ausdruck von dessen permanenter Irritation bildet: »Die Namen für die Dinge und Vorgänge, so erkannte ich, waren nur Zeichen für seine [des Fürsten] Zustände.«[1]

In solchem Schreibverfahren werden die Worte zu Chiffren, die zu dekodieren die Leser aufgerufen sind. Es sind meist Chiffren für Angstzustände, aber auch Chiffren, in denen historische Prozesse, Geschichte wie Gegenwart der fürstlichen Familie, mitgemeint sind, in denen aber auch die katastrophale Natur-Geschichte eingesenkt ist.

In den beiden ersten Romanen kommt eine kosmische Perspektive zum Tragen. »Das ewige Schweigen dieser unendlichen Räume macht mich schaudern« – lautet das Motto der *Verstörung* aus den *Pensées* von Pascal, das im Text vom Fürsten auf französisch zitiert wird (S. 403). Die Natur besteht aus »Ziffern und Zahlen« (S. 409); sie ist von Antikörpern durchsetzt. Der Vater des Fürsten hatte die entscheidenden Seiten aus Schopenhauers *Die Welt als Wille und Vorstellung* herausgerissen und sie im Wortsinne verschlungen, den eigenen Körper grausam mißhandelt, sich erhängen wollen, dann aber »erschießen besser« notiert und auf diese Weise seinem Leben ein Ende gesetzt (S. 398).

1 Peter Handke: *Als ich »Verstörung« von Thomas Bernhard las.* In: *manuskripte*, 1967, H. 21, S. 14f. Abdruck auch in: Peter Handke: *Meine Ortstafeln – Meine Zeittafeln. 1967-2007.* Frankfurt am Main: Suhrkamp 2007, S. 283ff.

Auch der Arzt und sein Sohn geraten in den Sog der Rede des Fürsten, und zwar in einem Ausmaß, daß der Eindruck entsteht, die Erzählinstanz habe den Arzt und seinen Sohn völlig vergessen. Doch knapp vor dem Ende kommt der Sohn wieder als Ich-Erzähler ins Spiel: Die Ereignisse des Tages werden knapp zusammengefaßt. Doch das scheint vergleichsweise irrelevant. Der Monolog des Fürsten beschäftigt den jungen Mann: »Im Bett dachte ich: *was hat der Fürst gesagt?*« (S. 426). Die letzten Worte gehören dem Fürsten, der den Arzt bittet, ihm eine Ausgabe der *Times* vom 7. September zu besorgen.

5.

Alle Zentralfiguren Bernhards schließen sich in ihre Einsamkeitsräume ein, mögen diese auch – wie aus dem Pascalschen Motto hervorgeht – das Universum mit seinem Schweigen einbeziehen. Konrad ist der Familienname der Hauptfigur im dritten Roman Bernhards, *Das Kalkwerk*. Fünfeinhalb Jahre nach dem Erwerb des riesigen Gebäudes, das er sich mit viel Mühe und mit wenig Glück als Wohnhaus eingerichtet hat, erschießt er in der Nacht vom »vierundzwanzigsten auf den fünfundzwanzigsten Dezember« seine aus der Schweiz stammende Frau, eine geborene Zryd, mit einem Mannlicher-Karabiner. Sie war verkrüppelt und auf den »speziell für sie konstruierten französischen Krankensessel« (S. 433) angewiesen. Konrad, nach der Tat in einer Kalkgrube gefunden, ergibt sich wehrlos den Gendarmen. Das wird gleich zu Beginn mitgeteilt. In der Folge gibt ein namenloser Referent die Berichte verschiedener, vor allem dreier Figuren wieder. Wir erfahren also die Äußerungen Konrads in zweifacher oder dreifacher Brechung, und es ist daher nicht einfach, die Geschichte Konrads und seiner Frau zu rekonstruieren.

Konrad setzt eindrucksvoll die Reihe der Bernhardschen Protagonisten fort. Sein Verbrechen wird von den einzelnen Referenten kaum moralisierender Kritik unterzogen. Es geht vielmehr um die eher kuriosen Verhaltensweisen des Ehepaars und um die »Ehehölle«, die das, was man aus Strindbergs Stücken und Erzählungen kennt, noch um einiges hinter sich läßt. Konrads Frau wird einmal – eher beiläufig – als seine Halbschwester (S. 441) und einmal als seine Schwester (S. 452) von dem Berichterstatter Wieser bezeichnet. In den Vorfassungen sind beide sogar Bruder und

Schwester. Daraus wäre ableitbar, daß es sich um eine inzestuöse Beziehung – bei Bernhard des öfteren Thema – handelt, doch wird dieser Aspekt in dem ganzen Buch nicht entfaltet. In den Vorfassungen heißt die Schwester Olga, im Roman haben weder Frau noch Mann einen Vornamen. Konrad scheitert, die Studie über das Gehör, die er zu Papier bringen will, ist offenkundig auf Experimente angewiesen, die er mit seiner Frau durchführt. Eine Methode, deren Schöpfer in der Ohrenheilkunde offenkundig einen guten Namen hat, wird explizit genannt: der Wiener Otologe Victor Urbantschitsch, der 1899 ein Werk mit dem Titel *Über methodische Hörübungen und deren Bedeutungen für Schwerhörige* veröffentlichte. Doch Konrad richtet sich mit seinem Verfahren gegen die Schulmedizin. Deren Ergebnisse werden a priori verworfen. Konrad zum Baurat: »Wenn ich Ihnen sage [. . .], daß ich allein zweihundert Dissertationen über das Gehör durchgearbeitet habe, die alle keine Ahnung vom Gehör haben. Keinerlei Denkprozeß [. . .], professorale Wiederkäuer.« (S. 482) Die Methode, mit der Konrad seine Frau quält, wirkt allerdings auch nicht besonders erfolgversprechend: »Mehrere Sätze mit kurzem I habe er ihr, seiner Frau, vorgesagt, beispielsweise *Im Innviertel habe ich nichts,* an die hundert Male langsam, an die hundert Male schnell, so schnell als möglich, schließlich an die zweihundert Male schnell, so schnell als möglich, abgehackt.« (S. 489) Das wirkt – mag man darin auch eine Parodie tatsächlicher Heilpraktiken vermuten – grotesk oder zumindest komisch. Komisch wirkt auch die Art, wie die Konrad den Zumutungen ihre Mannes begegnet. Sie strickt ein halbes Jahr an einem einzigen Paar Fäustlinge in einer häßlichen Farbe, trennt die Fäustlinge aber, kurz bevor sie fertig ist, wieder auf, nur um sie in einer noch häßlicheren Farbe erneut zu stricken. Konrad haßt Fäustlinge, und das Stricken, so meint er, würde es ihm unmöglich machen, an seine Studie zu denken. So quälen Konrad und seine Frau einander in der beklemmenden Einsamkeit des Kalkwerks. Konrad ist Opfer seiner Ansprüche, ihm ist im Gefolge die »Furchtlosigkeit vor Realisierung« abhanden gekommen, die »Furchtlosigkeit einfach davor, seinen Kopf urplötzlich von einem Augenblick auf den anderen auf das rücksichtloseste um- und also die Studie auf das Papier zu kippen.« (S. 608) Mit diesem drastischen Bild endet der Roman.

Verstörung hatte den Ruf Bernhards in der Literaturlandschaft Deutschlands, der Schweiz und Österreichs gefestigt. Der Vorwurf, er habe mit diesem Buch keinen Fortschritt in thematischer und stilistischer Hinsicht

vorzuweisen, war zwar mehrfach zu vernehmen, doch erfuhr allgemein die
Konsequenz in der Darstellung psychischer Extremzustände ihre Würdi-
gung. Die früheren Erzählungen und Romane Bernhards wurden wegen
der Akzentuierung der Einzelschicksale und des Fehlens einer gesamtge-
sellschaftlichen Perspektive in den von gesellschaftskritischem Sendungs-
bewußtsein geprägten sechziger Jahren des öfteren kritisiert. Nun werden,
aufgrund derselben Haltung, die Chiffren des 1970 publizierten Romans
sozialhistorisch dekodiert. So erscheint das unheimliche Gebäude des
Kalkwerks als Gegenentwurf zu Adalbert Stifters Rosenhaus im *Nachsom-
mer* und der ganze Roman als eine Gegenutopie zu dessen idyllisch-
utopischen Lebensentwürfen. Herbert Gamper schließlich sieht im *Kalkwerk* den überzeugenden Beweis dafür, daß Bernhard »durch und durch
ein realistischer Autor« sei, »in radikal anderem Sinne als jene meinten, die
ihn als österreichischen Heimatdichter zu neutralisieren suchten«.[1] Nur
allmählich setzte sich die Einsicht durch, daß durch die Funktion der
Berichterstatter und deren einander oft widersprechende Aussagen das
Erzählen und Berichten selbst zum Problem geworden waren.

Auch die Sprache Bernhards und deren Besonderheiten rückten in das
Zentrum der kritischen Betrachtung. Man muß nicht so weit gehen wie
Hans Rochelt, für den die Sprache »ausschließlicher Gegenstand« des
Romans ist.[2] Die »Thematisierung der Sprache« ist – nicht nur für die
österreichische Literatur der sechziger und siebziger Jahre – signifikant.
Peter Handkes frühe Texte – vor allem sein Stück *Kaspar* (1968) – seien
hier als ein Paradigma genannt, und auch die Figuren Bernhards können
als Gefangene in dem »Haus der Sprache« (Karl Kraus) gelten. »[D]ie
Phrase ist unser lebenslänglicher Kerker«, heißt es in *Watten* (Th. B.:
Werke 12, S. 88), und die sich in den siebziger Jahren häufenden Verweise
auf Ludwig Wittgenstein – in *Das Kalkwerk* und in *Gehen* – bestätigen
Bernhards Interesse an sprachphilosophischen Problemen, wenngleich
dieses nicht durch Sprachreflexion explizit wird, sondern implizit im
Schicksal der einzelnen Figuren und ihrer Sprache enthalten ist. Dabei
erlangt neben Wittgensteins Denken dessen Biographie an Bedeutung.

1 Herbert Gamper: *Mutmaßungen über Konrad*. In: *Die Weltwoche*, 30.10.1970.
2 Hans Rochelt: *Das Kalkwerk ist keine Idylle*. In: *Arbeiter Zeitung*, 31.10.1970.

6.

Sie wird im nächsten Roman, *Korrektur,* palimpsestartig erkennbar. Die Ähnlichkeiten sind auffallend: Der Protagonist, der zweiundvierzigjährige Roithamer, ist Wissenschaftler, Philosoph, Physiker, Mathematiker, der Österreich verlassen hat und in Cambridge lehrt. Er kehrt nach Österreich zurück, ist aber von diesem Land so entsetzt, daß er wieder nach England fährt. Er hat für seine Schwester – das ist die deutlichste Parallele zur Biographie Wittgensteins – ein Bauwerk, und zwar in der Form eines Kegels, errichtet, das ideale Bauwerk schlechthin, in das er alle psychischen und intellektuellen Energien investiert hat. Die Schwester stirbt beim Anblick des Kegels, Roithamer nimmt sich daraufhin das Leben. Ein namenloser Nachlaßverwalter rekonstruiert nun in der »höllerschen Dachkammer« die Biographie Roithamers. Diese Dachkammer war ihrerseits »Ideen- und Konstruktionszimmer für den Bau des Kegels gewesen« (S. 617). Im Unterschied zu anderen Bernhardschen Helden gelingt Roithamer immerhin die Errichtung des Kegels, zieht aber unmittelbar den Tod der Schwester, für die er bestimmt war, nach sich und anschließend den eigenen. Unvollendet bleibt jedoch die Studie, die Roithamer unter dem Titel *Über Altensam und alles, das mit Altensam zusammenhängt, unter besonderer Berücksichtigung des Kegels* (S. 611) geplant hat. Zahlreiche Details erinnern an die Arbeitsweise Wittgensteins: Die Studie besteht aus aphoristisch zugespitzten Sätzen, keinen langwierigen Erwägungen. Zudem wird das Manuskript ständig reduziert, aus sechshundert Seiten werden zweihundert – ja, die Schrift wird förmlich »zutode korrigiert«. Das erinnert an die Arbeitsweise Bernhards, vor allem in den sechziger Jahren, als viele Entwürfe nur dazu dienten, verworfen zu werden.

Nach dem Verfahren, das Roithamer beim Schreiben anwendet, scheint auch der Roman zu entstehen. Im Jahre 1972 wird zum ersten Mal vom Autor der Titel »Korrektur« erwähnt, abgeschlossen wird das ganze Unternehmen allerdings erst Ende April 1975. Bernhard, der dem Verleger wieder ein großes Werk ankündigt, gerät zusehends unter Druck und weiß, daß er dafür selbst verantwortlich ist. Schon früh hat er sich – so ganz im Unterschied zu den vorangegangenen Romanen – für den Titel entschieden und an ihm festgehalten, doch nimmt er immer wieder neue Bedeutungen an. Zunächst sollte Roithamer den Entschluß, nach Österreich zurückzukehren, korrigieren, dann korrigiert er seine Schrift, noch in der Nacht vor dem Begräbnis seiner Schwester: »Die Fahnen und das ganze Buch zu korrigieren bedeutete die Fahnen und das ganze Manuskript zu vernichten«, liest man in einem Resümee des Romans von Bernhard selbst ein Jahr vor dem Erscheinen. Schließlich korrigiert Roithamer sein ganzes Leben, der Selbstmord ist die ultimative Korrektur. Die Ironie des Schicksals will es, daß Bernhard gerade dieses Buch selbst nicht genau durchkorrigiert hatte und infolge des Zeitdrucks das Lektorat viele Ungenauigkeiten (fehlende Worte, inkonsequente Zeichensetzung usw.) passieren ließ. In dem einen oder anderen Fall können aufgrund der Manuskripte Verbesserungen vorgenommen werden, viele Stellen lassen sich aber kaum durch mehr oder weniger zwingende Konjekturen sanieren, so daß wir heute einen Text vor uns haben, der unverkennbar die Spuren seiner Entstehung trägt.

Ab 1970, also seit dem Jahr der Veröffentlichung von *Das Kalkwerk*, hatte Bernhard als Bühnenautor reüssiert. In diesem Jahr war *Ein Fest für Boris* erfolgreich über die Hamburger Bühne gegangen; fast jedes Jahr sollte ein weiteres Stück folgen. Zudem beschäftigte ihn die Autobiographie, deren Bände allerdings nicht im Suhrkamp Verlag, sondern im Residenz-Verlag ab 1975 erscheinen sollten. Die vom Publikum meist mit großer Zustimmung aufgenommenen autobiographischen Erzählungen scheinen die Künstlichkeit, die Bernhard für seine Texte zuvor beanspruchte, zu verabschieden. Hier sei, so der Tenor der Kritik, endlich die bündige Erklärung jener Weltverneinung nachzulesen, die alle anderen Texte Bernhards dominiere.

Roithamer hingegen ist eine Kunstfigur, die Rückschlüsse auf Wittgenstein erlaubt. In seinem Selbstkommentar löst Bernhard den Bezug von Wirklichkeit und Fiktion in einem kühnen Paradox auf, das für seine Schreibpraxis kennzeichnend ist: »Wer ist Roithamer, Mathematiker, Physiker? Die Antwort ist: er ist nicht Wittgenstein, aber er ist Wittgenstein.«[1] Wiederum bedient er sich des Umspringbildes: Die Identität Roithamers mit Wittgenstein wird nicht geleugnet, aber auch nicht definitiv bestätigt.

In diesem Buch sind viele Motive und Themen aus den vorangehenden Romanen zu erkennen. Doch scheint hier ein extremer Grad von Künst-

---

1 Th. B.: *Werke 4*, S. 338.

lichkeit erreicht, was am besten daraus erhellt, daß Roithamer den Kegel genau in der Mitte des riesigen Kobernaußer Waldes in Oberösterreich errichtet, als ob dieser Punkt geometrisch einwandfrei ermittelt werden könnte. Mittlerweile hatte sich die Kritik an die stilistischen Eigenheiten der Bücher und deren Monotonie gewöhnt und würdigte sie sogar: »Die rotierende Insistenz, mit der Bernhard jeden, auch den banalsten Gedanken hinaufzuschrauben versucht, hat etwas Foppendes, Komödienhaftes. In diesem finstern Rhetoriker steckt auch ein Komödiant«, stellte Günter Blöcker fest.[1] Auch die literaturgeschichtliche Einordnung war den Kritikern zur Hand. Für Ulrich Greiner gehörte Bernhard zu den Erben Stifters und damit zu einem Komplex, mit dem er in einem vieldiskutierten Buch die österreichische Literatur den »Tod des Nachsommers« sterben ließ: »Erben und Nachkömmlinge sind sie alle, bei Stifter wie bei Bernhard.«[2] Er faßt seine These in dem Verdikt zusammen: »Der Blick ist verengt. Der Horizont begrenzt. In Österreich dominiert eine Literatur, die sich der Auseinandersetzung mit Österreich entzieht. Der Eskapismus ist nach wie vor ihr Merkmal. Die Literatur dieses Landes, so scheint es, ist eine Literatur ohne Gegenwart.«[3] Was sich später, gerade im Falle Bernhard, deutlich ändern sollte.

Daß Literatur nicht dadurch eine politische wird, daß sie eine direkte Auseinandersetzung mit der politischen Gegenwart vornimmt, war offenkundig den meisten Kritikern damals kaum bewußt. Feinsinniger urteilte da Jean Améry über *Korrektur*: »Bernhards Wortmusik, die klingt, als übe ein Geiger sich wiederholende, streng dissonante Doppelgriffe, wird der österreichischen Realität gerechter als der von ihm geliebte und immer wieder evozierte Mozart.«[4]

Wieder steht ein Gebäude im Mittelpunkt, und daß gerade ein Kegel zu den unterschiedlichsten Deutungsversuchen herausgefordert hat, verwun-

---

1 Günter Blöcker: *Erlitten und durchschaut. Zu einem Roman und einer »Andeutung« von Thomas Bernhard.* In: *Süddeutsche Zeitung,* 20.9.1975.

2 Ulrich Greiner: *Der Tod des Nachsommers. Über das Österreichische in der österreichischen Literatur.* In: *Die Neue Rundschau* 88 (1977), S. 352. In Buchform unter dem Titel *Der Tod des Nachsommers. Aufsätze, Porträts, Kritiken zur österreichischen Gegenwartsliteratur* 1979 bei Hanser erschienen.

3 Ebd., S. 361.

4 Jean Améry: *Morbus Austriacus. Bemerkungen zu Thomas Bernhards »Die Ursache« und »Korrektur«.* In: *Merkur* 30 (1976), H. 332, S. 93.

dert nicht weiter. Spontan galt er häufig als das ideale Kunstwerk. Als Sexualsymbol, und zwar sowohl als weibliches als auch als männliches, hat man ihn gedeutet. Darüber hinaus repräsentierte er die Weltmitte oder eine »Selbstdarstellung« Roithamers.[1] Auch der offene Schluß – »Das Ende ist kein Vorgang. Lichtung.« lauten die beiden letzten Sätze (S. 855) – weckt die Lust am Dechiffrieren. Von ihnen aus ist leicht die Brücke zum Bilderdenken Martin Heideggers zu schlagen. Statt diese Vieldeutigkeit des Textes produktiv werden zu lassen, erging und ergeht sich die literaturkritische wie literaturwissenschaftliche Auseinandersetzung mit Bernhard in der Produktion stets neuer Lektürevorschläge, die für eine rezeptionsästhetisch orientierte Literaturwissenschaft ein höchst umfang- und aufschlußreiches Anschauungsmaterial darstellen.

Korrektur wurde auch im nicht-deutschsprachigen Ausland mit großer Zustimmung aufgenommen. Eine Stimme aus dem angelsächsischen Sprachraum fällt besonders ins Gewicht. George Steiner stellte Hofmannsthal, Kafka, Musil und Broch vergleichend und kontrastierend Bernhard gegenüber und schloß seinen Kommentar mit der emphatischen Feststellung: »The feeling grows that Thomas Bernhard is now the most original, concentrated novelist writing in German.«[2]

7.

Fünf Jahre hatte es gedauert, bis Thomas Bernhard nach *Das Kalkwerk* mit *Korrektur* wieder einen Roman vorlegte. Nach diesem sollte es sieben Jahre dauern, bis mit *Beton* der nächste folgte. Danach erschien bis 1986 Jahr für Jahr ein Roman: Auf *Beton* von 1982 folgten *Der Untergeher, Holzfällen, Alte Meister* und *Auslöschung* – Romane, die allesamt intensiv rezipiert wurden und lebhafteste Diskussionen auslösten. Die Gemeinsamkeiten mit den vier früheren Werken sind erkennbar, doch erhält das Bild des Erzählers Bernhard neue Konturen. Dies kommt schon in der Gestaltung der Typoskripte zur Evidenz: Gab es bis zu *Korrektur* viel Entworfenes und

---

1 Margarete Kohlenbach: *Das Ende der Vollkommenheit. Zum Verständnis von Thomas Bernhards »Korrektur«.* Tübingen: Gunter Narr 1986, S. 94-99. Für die anderen Deutungen vgl. Manfred Mittermayer: *Thomas Bernhard.* Stuttgart: Metzler 1995, S. 73-80.
2 George Steiner: *Conic Sections.* In: *Times Literary Supplement,* 13. 2. 1976.

Verworfenes, viele Anläufe und grundlegende Änderungen des Konzepts, so verläuft nun die Niederschrift der Werke gleichsam linear und kontinuierlich. Zwar finden immer noch kleinere und signifikante Eingriffe statt. Bernhard radikalisiert oder verallgemeinert in diesen Korrekturen seine Aussagen. Im Wesentlichen nimmt er keine entscheidenden Umarbeitungen vor: Die kritischen Phasen der Vollendung der Manuskripte scheinen ihren Schrecken verloren zu haben. Diese rein äußerlich am Nachlaß erkennbaren Unterschiede haben auch auf der Ebene der Komposition, des Stils und der Thematik ihre Entsprechung.

Die Niederschrift von *Beton* erfolgt 1981 in einem Zug. Im Februar 1982 erhält Siegfried Unseld vom Autor in Palma de Mallorca das Manuskript. Nach der Lektüre äußert sich der Verleger begeistert; das Buch erscheint – nach einigen Pannen bei der Herstellung – im August desselben Jahres; der Roman wird in den Verlagsprospekten deutlich wahrnehmbar angekündigt und bald darauf von der Kritik fast durchgehend positiv besprochen, obwohl einige Punkte für Sorgen und Bedenken beim Verlag gesorgt hatten. Das hängt mit einem Moment zusammen, das in den letzten Werken eine zentrale Rolle – zumindest in der Rezeption – spielt: Bernhard scheute sich nicht, Persönlichkeiten des öffentlichen Lebens, vor allem aus dem Bereich der Kunst und Literatur zu attackieren, und das nicht nur in Leserbriefen oder Interviews, sondern in den fiktiven Texten, in denen diese Persönlichkeiten meist über die Eingeweihten hinaus auch für eine interessierte Öffentlichkeit sehr gut erkennbar waren. Doch zeitigten diese Attacken erst zwei Jahre später bei *Holzfällen* Folgen.

In *Beton* – er ist dem Umfang nach der kürzeste Roman – gleicht die Ausgangssituation jener in *Das Kalkwerk* und in *Korrektur.* Der schwerkranke und auf Medikamente angewiesene Rudolf arbeitet an einer Studie über Mendelssohn Bartholdy, und man ahnt sofort, er wird diese Studie nie vollenden und man wird auch nichts Konkretes über deren Inhalte erfahren. Es ist ein Erzähler anzunehmen, der sich allerdings nur im ersten und letzten Satz des Romans artikuliert: »Schreibt Rudolf«, heißt es am Anfang wie am Ende, so daß man von der Annahme ausgehen kann, daß uns jemand das mitteilt, was Rudolf zu Papier bringt. Dadurch erhält das Buch eine für die späten Texte typische Rahmung, die nicht als eine Marotte abgetan werden darf, sondern die Aufgabe hat, Distanz zu dem Berichteten herzustellen, zugleich bewußtzumachen, daß die Studie zu Mendelssohn Bartholdy zwar nicht vollendet wird, wir aber ein Buch in

Händen halten, das Rudolf an deren Stelle geschrieben hat, so wie wir an der Stelle von Roithamers Abhandlung über Altensam den Roman *Korrektur* in Händen halten. Der Roman entsteht aus der Unmöglichkeit, eine wissenschaftliche Studie zu vollenden. Das monologische Moment dominiert den Roman, dessen Abschluß indes die tragische Geschichte des Hanspeter Härdtl und seiner Frau Anna enthält: Ein Jahr zuvor hatte Rudolf Anna Härdtl kennengelernt, die ihm vom Scheitern ihres Geschäfts in Bayern und dem Selbstmord ihres Mannes auf Mallorca erzählt hatte. Statt sich seiner Studie über Mendelssohn zu widmen, geht er auf den Friedhof, um das Grab des Mannes zu besuchen. Auf dem Grabstein findet er nicht nur den Namen des Mannes, sondern auch den der Frau. Daß sie ebenfalls durch eigene Hand aus dem Leben geschieden sei, erfährt er noch vom Friedhofswärter. Wie es dazu gekommen ist, wird ausgespart. Der Schock ist zu groß, die Geschichte kann nicht zu Ende erzählt werden. So kontrastiert der Eindruck von Redundanz, den Rudolfs Monolog bewirkt, auffällig der Verknappung und dem ökonomischen Umgang mit dem Erzählstoff.[1] Bernhard ist immer noch der »Geschichtenzerstörer«, der genau weiß, wann er die Geschichte »abschießen« muß. Rudolfs Monolog verhält sich zu der Geschichte der Härdtls so wie der Bericht des Landarztsohnes zum Monolog des Fürsten in *Verstörung.* Allerdings ist die Integration des Finales in den erzählerischen Kontext von *Beton* nachvollziehbarer, auch für den Großteil der Kritik, die sehr bald erkannte, daß »die merkwürdige Selbstmordgeschichte« indirekt Rudolfs »ganzes bisheriges Leben« kommentiere.[2] Der Monolog Rudolfs wird zur Folie für das Finale, das einen deutlichen Gegensatz zur Selbstbespiegelung des Helden und seiner Kopfwelt darstellt.

Daß sich damit etwas Neues im Werk Bernhards bemerkbar machte, ist mit gutem Grund mehrfach vermerkt worden, auch wenn sich dieses Neue schwer fassen läßt. Offenkundig hatte die Fertigstellung der autobiographischen Bände seine schriftstellerische Praxis verfeinert und zugleich radikalisiert. Trotz einer eindrucksvollen, in jedem Falle einpräg-

---

1 Der Schluß des Romans geht auf eine Begegnung Bernhards mit einer jungen Witwe in Palma zurück, die über den ungeklärten Todessturz ihres Mannes vom Balkon eines Hotels berichtet. Vgl. Krista Fleischmann: *Thomas Bernhard: Eine Begegnung. Gespräche mit Krista Fleischmann.* Wien: Edition S 1991, S. 75.
2 Gert Ueding: *Das Buch der Woche: Thomas Bernhard: Beton.* Hessischer Rundfunk, 27.2.1983.

samen Finalisierung bleibt das Romanende offen, und die Frage, wie es
mit Rudolf weiterging, nachdem er »in höchster Angst« aufwacht, ist mü-
ßig. Der Titel *Beton* indes ist nicht nur auf das Finale zu beziehen, in dem
von den Betonschächten auf den Friedhöfen Mallorcas, den Betonwänden
um das Hotel der Härdtls herum und dem Beton, auf dem die Leiche
Härdtls liegt, die Rede ist, sondern bezieht sich sehr wohl auch auf die
Situation Rudolfs, auf seine geradezu krankhafte Immobilität, und wird
somit zur Chiffre für die Unmöglichkeit, den Bedingungen zu entrinnen,
denen er sich als »Geistesmensch« ausgeliefert hat. Angesichts des Schicksals der Familie Härdtl wird die Tirade Rudolfs lächerlich, aber es wäre
trotzdem verfehlt, darin nur eine satirische Erledigung der Gedankenflut
eines übersensiblen Intellektuellen zu sehen. Das Changieren von Ernst
und Komik gehört auch in diesem Werk zur ästhetischen Strategie, auf
diese Weise die prekäre Situation all jener, die »das Unerforschliche erforschen« wollen, zu exponieren. Wie sehr dieser Monolog die Lage der
kranken und zugleich schöpferischen Protagonisten Bernhards erfaßt, hat
Elfriede Jelinek in ihrem kurzen Monodrama *Das Schweigen* (2000) zum
Ausdruck gebracht, worin mit deutlicher Bezugnahme auf *Beton* jemand
zu einem nicht näher bezeichneten Partner von der Arbeit an einer Studie
spricht, die er über Schumann verfassen möchte: »Meine Schrift über
Schumann entsteht, ja, es handelt sich nur um sie, und mit Entsetzen sehe
ich die Verwüstung auf meinem Schreibtisch, in meinem Haus, das ich
jetzt verlasse, um nach Mallorca aufzubrechen, nach Palma [. . .]. Die
Schrift. Sie entsteht, indem sie nie entsteht, indem aber unaufhörlich von
ihr die Rede ist.«[1] Das ist die angemessene Form der Auseinandersetzung
mit *Beton*, indem ironisch auf Distanz zum Pathos der Klage Rudolfs
gegangen wird, zugleich aber die Paradoxien des »Geistesmenschen« ernstgenommen werden: Dieser ist in den Aporien seiner Arbeit »einbetoniert«
und weiß von der Unmöglichkeit und zugleich Notwendigkeit, darüber
zu sprechen.

---

1 Elfriede Jelinek: *Das Schweigen*. In: E. J.: *Das Lebewohl. 3 kl. Dramen*. Berlin: Rowohlt 2000, S. 44.

8.

Es ist das Los fast aller Zentralfiguren in den späten Romanen Bernhards, sich dem Absolutheitsanspruch der Kunst unterwerfen zu müssen. Als dessen Inkarnation schien ihm Glenn Gould am ehesten geeignet zu sein, und so ist seinem Andenken *Der Untergeher* gewidmet. Äußerer Anlaß dafür mag der Tod des kanadischen Pianisten am 6. Oktober 1982 knapp nach seinem fünfzigsten Geburtstag gewesen sein. Bernhard hatte Glenn Gould schon früher außerordentlich geschätzt, und der Tod des etwa gleichaltrigen Künstlers löste bei ihm starke Emotionen aus, deren Reflexe in *Der Untergeher* zu spüren sind. »Alles über fünfzig ist ein dacapo auf Krücken«, hatte Bernhard am 17. Dezember 1981 an Siegfried Unseld geschrieben, zugleich aber sich gefreut, daß es ihm gesundheitlich in diesem Zeitraum einigermaßen gut ging. *Der Untergeher* ist alles andere als ein Künstlerroman oder gar eine Künstlerbiographie. Der reale Glenn Gould hat mit dem Glenn Gould in *Der Untergeher* viel gemein, aber die Unterschiede überwiegen: Gould war nie ein Horowitz-Schüler, vielmehr hielten die beiden nicht viel voneinander. Der historische Gould stirbt nach einem Schlaganfall im Spital, für den Erzähler in *Der Untergeher* soll er – irgendwie stilgerecht – »mitten in den Goldbergvariationen vom Schlag getroffen worden sein« (S. 971). Mit Gould in *Der Untergeher* verhält es sich ähnlich wie mit Wittgenstein und Roithamer: Er ist Gould, er ist nicht Gould. Obwohl Bernhards Gould eindeutig als Fiktion zu erkennen war, hat *Der Untergeher* den Gould-Mythos, der sich nach dem Tod des Künstlers einstellte, mitgeprägt.

Auch die Geschichte von den Freunden Goulds, Wertheimers und des namenlosen Ich-Erzählers, die zusammen in Salzburg am Mozarteum studieren, ist Fiktion. Sie repräsentieren drei Möglichkeiten, sich zur Kunst zu verhalten: Glenn ist das Genie, der Ich-Erzähler das Mittelmaß und Wertheimer der Untergeher. »Untergeher«, so nennt ihn Gould mit »amerikanisch-kanadischer Kaltblütigkeit« und vernichtet ihn damit (S. 968). Das Klavierspiel Goulds hat den Erzähler von seiner Unfähigkeit überzeugt und den Untergang Wertheimers bedingt. Wertheimer und Gould sind Komplementärfiguren: Wertheimer hat eingesehen, daß er ein Versager ist und daher – wie der Erzähler – das Klavierspiel aufgegeben, Gould hat sich im Gegenteil diesem bis zur Vernichtung hingegeben.

Wertheimer und der Erzähler werden lungenkrank, auch Glenn leidet an dieser Krankheit: »Von seiner Lungenkrankheit sprach er, als wäre sie seine zweite Kunst.« Doch ist das nicht die Todesursache: »Die Ausweglosigkeit hat ihn umgebracht, in welche er sich in beinahe vierzig Jahren *hineingespielt* hat.« Das Klavierspiel sei eine »Ungeheuerlichkeit«, heißt es in diesem Zusammenhang (S. 960). Ohne Kunst gibt es kein Leben, aber die Kunst ist zugleich dessen unheimlichste Bedrohung. Wer die Kunst mit Erfolg übt, dem wächst Macht zu, die ihm allerdings zum Verhängnis wird. In der Kunst gilt die autoritäre Geste, und mit dieser hat Gould Wertheimer zum Untergang verurteilt. Glenn Gould ist durch seine Kunst und seine Krankheit ein Auserwählter, gleichzeitig Opfer dieser Auserwähltheit, die in die tödliche Isolation führt. Es hat den Anschein, als würde der Begriff des Genies bei Bernhard in seine alten Rechte eingesetzt, allerdings unter einem negativen Vorzeichen. Im Genie gehen Krankheit und Kunst eine seltsame Verbindung ein. Das mag an die Romantik erinnern, doch bei Bernhard ist es nicht wie bei E.T.A. Hoffmann ein Dämon, der dem Künstler seine quälende Doppelidentität, das andauernde Leiden an der Kunst und die temporäre Befreiung durch diese, verleiht. Bernhards Texte sind – gerade wenn es um die Kunst geht – konsequent von Diesseitigkeit bestimmt, in ihnen gibt es weder göttliche Inspiration noch einen Teufelspakt, die Menschen sind auf sich selbst verwiesen. Erlösung von den Qualen ist nicht zu erhoffen, und einer Hölle bedarf es nicht, denn für eine solche ist die Erde gut. In diesen späten Romanen fehlt die kosmische Dimension, das Erschrecken Pascals vor dem »Schweigen der unendlichen Räume«, die den Anfang des Romanciers Bernhard bestimmte.

Die Bernhardschen Künstler sind bestimmt von dem Isolationssyndrom. Das gilt für die drei Hauptfiguren Gould, Wertheimer und den Erzähler; sie sind die »geborenen Verrammlungsfanatiker« (S. 968), und diesen »Verrammlungsfanatismus« hat Glenn Gould am weitesten getrieben. Er zieht sich – das stimmt mit der Biographie der realen Figur überein – vom Konzertbetrieb zurück. Wertheimer lebt mit seiner Schwester an die zwanzig Jahre zusammen, bis diese, bereits sechsundvierzigjährig, den Schweizer Chemiekonzernbesitzer Duttweiler heiratet und nach Zizers bei Chur zieht. Wertheimer fällt nach dem Tod Goulds in die Depression und spielt mit Selbstmordgedanken. Er fährt nach Zizers, wo er sich in der Nähe der Wohnstätte seiner Schwester an einem Baum erhängt.

Ein Spitalsbeamter erinnert sich, daß die Frau des Chemiekonzernbesitzers früher Wertheimer hieß, und bittet sie in die Prosektur, wo sie den Toten als ihren Bruder identifiziert (S. 991). Der verheerende Ausgang dieser Geschwistergeschichte, die nicht von ungefähr an die Beziehung Konrads zu seiner Frau erinnert, ist ein vorzügliches Beispiel für die Kunst der Kondensierung des Grotesken und Makabren, wie sie Bernhard auch im *Stimmenimitator* vorexerziert hat.

Der Roman sollte ursprünglich *Chur* heißen, auch der Titel *Der Asphaltgeher* war erwogen worden. Mit *Chur* wäre der Familienkomplex im Vordergrund gestanden, *Der Asphaltgeher* hätte Wertheimer zum tragischen Flaneur gemacht. *Untergeher* rückt die Opposition Wertheimer – Gould in den Mittelpunkt und trifft am ehesten die Gesamtgestaltung des Romans, in dem sich Wertheimers unglückliche inzestuöse Neigung zu seiner Schwester und seine fatale Karriere als Klavierspieler verquicken.

Die Engführung der beiden Themen, deren stete, leicht variierende Wiederholung und Kontrastierung, wird in diesem Roman virtuos durchgeführt. Mit gutem Grund hat man diese Durchführung der Themen in dem engmaschigen Textgewebe mit Kompositionspraktiken in der Musik verglichen, obgleich sich dieser musikalisch-literarische Beziehungskomplex nicht in exakten musikwissenschaftlichen Termini fassen läßt. Der Wille zur streng durchgeführten Komposition wird schon – so ganz im Unterschied zu *Frost* und *Verstörung* – in der Gestaltung des Manuskripts erkennbar. Mitunter bedauerte die Kritik, daß der Wildwuchs, der die frühen Romane ausgezeichnet hätte, nun einem geradezu klassizistischen Konstruktionsplan gewichen sei. Doch geht das ein wenig zu weit, denn auch hier bleibt der Schluß offen, und eine Geschichte hat sich in diesem Ineinander von Künstler- und Familientragödie nicht entwickeln können, zumal der Leser auf den ersten Seiten über die wichtigsten Tatsachen informiert wird, so daß die Rede des Erzählers für jeden, der eine handfeste Geschichte haben will, wie eine unheimliche »Repetitionsetüde« wirken muß.[1] Doch diese Kunst der Wiederholung macht die unverwechselbare Qualität der Prosa Bernhards aus. Sie erfordert eine sorgsame Lektüre, die auf die Variationen achtet. Diesen Dienst an einer fixen Idee hat der amerikanische Schriftsteller Don De Lillo erkannt, indem er die

---

1 Hermann Burger: *Gould-Variationen. Thomas Bernhards Roman »Der Untergeher«.* In: *Die Weltwoche,* 17. 11. 1983.

komischen Elemente betonte, zugleich die Intensität der Prosa würdigte: »it sometimes approaches a level of self-destructive delirium«.[1]

9.

Der nächste Roman *Holzfällen* sorgte für das, was sein Untertitel – *Eine Erregung* – versprach. In ihm fühlten sich nach dem Hinweis des Wiener Journalisten Hans Haider der Kärntner Komponist und Dichter Gerhard Lampersberg sowie seine Frau Maja erkennbar und in rufschädigender Weise dargestellt. Es kam zu einer einstweiligen Verfügung, derzufolge die Auslieferung des Buches in Österreich untersagt wurde. Polizisten rückten im Herbst des Jahres 1984 aus und beschlagnahmten die in Buchhandlungen offen lagernden Exemplare. Auch eine Gerichtsverhandlung fand statt, doch verlief die Auseinandersetzung, die zumindest in Wien für einige Zeit das Tagesgespräch war, im Sand. Es kam im Februar 1985 zu einem Vergleich. Bernhard fühlte sich von dem Vorgehen der Behörden getroffen und untersagte die Auslieferung seiner Bücher nach Österreich. Was Österreich erregte, faßte die deutsche Presse dankbar als typisch österreichisches Spektakel auf. In der Tat lenkten die Vorkommnisse, die als *Holzfällen*-Skandal in die Literaturgeschichte eingegangen und auch gut dokumentiert sind,[2] die Leser von der Substanz des Buches ab, und zwar weitaus mehr, als dies etwa bei dem Erscheinen von *Die Ursache* der Fall war, nach dem es ebenfalls zu einem Prozeß kam, als dessen Ergebnis Textpartien gestrichen werden mußten.

Gerhard Lampersberg war einer größeren Öffentlichkeit in Österreich so gut wie nicht bekannt – zu Unrecht, wie sich herausstellen sollte. Durch

1 Don De Lillo: *Counterpoint: Three Movies, a book, and an old Photograph.* In: *Grand Street*, H. 73, 2004, S. 47.

2 Klaus Amann: *Peter Turrinis »Bei Einbruch der Dunkelheit«. Ein Stück über den »Tonhof«? Mit einem Seitenblick auf Thomas Bernhards »Holzfällen. Eine Erregung«.* In: Klaus Amann (Hg.): *Turrini-Symposium.* Salzburg, St. Pölten: Residenz 2007, S. 126. Vgl. auch Eva Schindlecker: *Thomas Bernhard: »Holzfällen. Eine Erregung«. Dokumentation eines österreichischen Literaturskandals.* In: Wendelin Schmidt-Dengler und Martin Huber (Hg.): *Statt Bernhard. Über Misanthropie im Werk Thomas Bernhards.* Wien: Edition S/Verlag Österreichische Staatsdruckerei 1987, S. 13-58.

den Skandal – so will es die Ironie der Geschichte – wurde man auf ihn und seine Mäzenatentätigkeit im Tonhof, einem Landgut in Maria Saal unweit von Klagenfurt, überhaupt erst aufmerksam. Man kann mit gutem Grund behaupten, daß dieser Ort für die Entwicklung der österreichischen Literatur alles andere denn belanglos war. Ab Mitte der fünfziger Jahre stellten Maja und Gerhard Lampersberg ihr weitläufiges Haus Autoren und Komponisten zur Verfügung, und zwar nicht nur als Urlaubsquartier, sondern für längere Perioden besonders jenen, die sich im Wiener Artclub einen Namen hatten machen können.[1] Vor allem H.C. Artmann und Gerhard Rühm hielten sich dort auf, aber auch Christine Lavant und Gerhard Fritsch, ein Freund Thomas Bernhards in diesen frühen Tagen, und schießlich von 1957 bis 1960 Thomas Bernhard, der damals vielen als ein in Kärnten lebender Salzburger galt. Als Knabe war auch Peter Turrini fasziniert von der Gesellschaft. Er faßt seine Eindrücke 1990 wie folgt zusammen: »Für mich war das ein ungeheuerlicher Ort des Dramas; es war ein Ort größter moralischer Einhaltungen und größter moralischer Auflösungen. Es war ein Ort größter Gesetzlichkeit und größter Gesetzwidrigkeiten, ein Ort der Form und zugleich der Anarchie, hier wurde geschaffen und zerstört.«[2] In seinem zu Beginn 2006 mit Erfolg in Klagenfurt aufgeführten Stück *Bei Einbruch der Dunkelheit* stellt er deutlich erkennbar das Szenario des Tonhofs nach: Es spielt am 21. September 1959, also zu der Zeit, da Thomas Bernhard regelmäßiger Gast war: »Bernhard hat die Lampersbergs bis zur Kenntlichkeit vorgeführt, er hat auf sie zugeschrieben, ich schreibe von ihnen weg«, ließ sich Turrini anläßlich der Uraufführung seines Stückes vernehmen.[3]

Nach 1959 hatte Bernhard den Kontakt mit den Lampersbergs abgebrochen. Im Juli des Jahres 1960 kam es noch zur Aufführung von vier Texten Bernhards: *Die Köpfe* waren die Textgrundlage für eine Kurzoper Gerhard Lampersbergs, ferner gab es das »schauspiel«, und zwar Bern-

---

1 *Tonhof. Österreichs literarische Avantgarde der 50er zu Gast in Kärnten. Eine Dokumentation mit unveröffentlichten Briefen von H.C. Artmann, Konrad Bayer und Christine Lavant.* Zusammengestellt von Klaus Amann, Friedbert Aspetsberger und Reinhard Kacianka. In: *Fidibus. Zeitschrift für Literatur und Literaturwissenschaft* 20, 1992, S. 1-123.

2 Peter Turrini: »*Heimat als lebenslange Hypothek*« (Peter Turrini im Gespräch mit Heiner Hammerschlag). In: *Brücke. Kärntner Kulturzeitschrift* 16, 1990, H. 4, S. 78.

3 Peter Turrini: *Kein Wort wahr, doch alles richtig.* In: *Der Standard*, 1.1.2006.

hards Dramolette *die erfundene, frühling* und *rosa*. In den verschiedenen Presse-Meldungen wurde die Aufführung gelobt. Bernhard war offenkundig anderer Meinung, und in einem Leserbrief an die *Wochenpresse* betonte er, er sei erst zur Premiere erschienen und habe feststellen müssen, daß die »honorar- und kostenlos« zur Verfügung gestellten Werke nur sehr wenig mit seinen Vorlagen zu tun gehabt hätten. Sehr wahrscheinlich hat diese Aufführung wesentlich zum Bruch mit dem Ehepaar Lampersberg beigetragen. Lampersberg berichtet später, Thomas Bernhard sei »mit großem krach geflüchtet« und Konrad Bayer, einer der wichtigsten Autoren der österreichischen Avantgarde, habe ihn im Guten abgelöst.[1]

In keinem der früheren Romane Bernhards finden sich so viele Anspielungen auf mehr oder minder bekannte Zeitgenossen wie in *Holzfällen*. In manchen Leserbriefen und in der Autobiographie hatte sich Bernhard durchaus polemisch über das Verhalten vieler Persönlichkeiten des öffentlichen Lebens geäußert, doch, sieht man von einigen kleineren Ausritten in *Beton* einmal ab, das erzählerische Werk von solchen konkreten Invektiven frei gehalten. Daß er die Hand seines ehemaligen Wohltäters biß, wurde ihm mehrfach vorgehalten, allerdings bestand, wie aus einigen Passagen in *Holzfällen* hervorgeht, offenkundig zwischen Bernhard, Lampersberg und dessen Frau eine Nahebeziehung, die in der Empörung des Ich-Erzählers nachwirkt.

Ein Detail am Rande verschafft der Affäre eine pikante Note: Lampersberg hatte ein Dramolett geschrieben, das diese Dreiecksgeschichte thematisierte, aber erst 1992 erschien. Selbst wenn Thomas Bernhard es gekannt hätte, was als äußerst unwahrscheinlich gelten muß, so ist doch kaum anzunehmen, er habe sich wegen dieses kleinen und außer den Eingeweihten schwer durchschaubaren Gebildes an Lampersberg rächen wollen. Immerhin fürchtete Christine Lavant in einem Brief an Maja Lampersberg aus dem Jahre 1963, Bernhard könne gegen den Verfasser gerichtlich vorgehen.[2]

1 Gerhard Lampersberg: *Begegnungen mit Konrad Bayer*. In: *protokolle. Die Welt bin ich. Materialien von Konrad Bayer*. Zusammengestellt von Ulrich Janetzki und Wolfgang Ihrig. 17, 1983, S. 7.
2 Vgl. Christine Lavant: *Briefe an Maja und Gerhard Lampersberg*. Im Auftrag des Robert-Musil-Instituts für Literaturforschung hg. von Fabjan Hafner und Arno Rußegger. Salzburg, Wien: O. Müller 2003, S. 109.

Es ist völlig unangebracht, in *Holzfällen* nur die Abrechnung mit einem Menschen zu erblicken, dessen Wohltaten ihm später zur Belastung wurden. Doch ist es in diesem Fall sinnvoll, die Realien kurz zu charakterisieren, die für die Situation beim »künstlerischen Abendessen« in der Wiener Gentzgasse verantwortlich sind. Die Gesellschaft trifft sich am Abend nach dem Begräbnis der Bühnenbildnerin Joana, und aus dem Kontrast zwischen diesem beklemmenden Ereignis und dem Geschwätz der Schickeria bezieht der Roman seine polemischen Energien. Auch diese Joana gehört zum Künstlerkreis des Tonhofs. Sie hieß mit ihrem Künstlernamen Joana Thul und war im Jahre 1981 aus dem Leben geschieden. Für den Ich-Erzähler stellt ihr Schicksal den Gegenpol zum nichtigen Gebaren der Menschen während des »künstlerischen Abendessens« dar. In dieser Gesellschaft sind auch einige Persönlichkeit aus dem literarischen Feld Wiens erkennbar, etwa die Autorin und Zeitschriftenherausgeberin Jeannie Ebner, die als Jeannie Billroth auftritt. Sie hatte einen Roman mit dem Titel *Drei Flötentöne* (1981) veröffentlicht, in dem Joana Thul das Vorbild für eine der drei weiblichen Hauptfiguren abgab. Es mutet wie eine besonders ironische Fügung an, daß zwei Schlüssel-Texte Bernhards als Schlüsselroman wahrgenommenem Roman vorangehen. Daß Bernhard Ebners *Drei Flötentöne* kannte, ist mit hoher Wahrscheinlichkeit anzunehmen.

Wie seine beiden vorangehenden Romane hat Bernhard auch *Holzfällen* in verhältnismäßig kurzer Zeit in den Jahren 1983/84 geschrieben. Nach einigen Überarbeitungen übergab der Autor im April 1984 das Manuskript seinem Verleger.

Das im Roman unter dem Namen Auersberger fungierende Ehepaar steht in derselben Relation zum Ehepaar Lampersberg wie Roithamer zu Wittgenstein oder wie Glenn Gould zu seinem Namensvetter in *Der Untergeher*. Allerdings sorgten die Bezugnahme auf die Wiener Szene und das Gerichtsverfahren für einen einmaligen Implosionseffekt, und es fiel in der Tat schwer, den Text in Österreich ohne Parteinahme für den Autor oder gegen ihn zu lesen. Die Emotionen sind noch immer nicht ganz verflogen, und um so dringlicher ist es, sich davon freizumachen und der Besonderheit des Buches Aufmerksamkeit zu schenken. Der namenlose Ich-Erzähler ist der Beobachter schlechthin. In einem Ohrensessel sitzend, verfolgt er das Gespräch, und wenn er zwischendurch einmal einschläft, ist das auch eine Kritik an der Substanzlosigkeit des Gesprächs und zugleich eine Lizenz, die ja auch Homer zugestanden wird, wenn er manchmal sein Nickerchen macht. Dieses Symposium ist durch eine raffinierte und auf einen Höhepunkt hin orientierte Dramaturgie bestimmt. Man wartet auf den Burgschauspieler, der erst nach der Vorstellung der *Wildente* eintrifft. Bis dahin müssen die Gäste auch auf den Fogosch warten. Der Auftritt des eitlen Schauspielers wird vom Erzähler durchaus ambivalent wahrgenommen. Auf der einen Seite steht die unerträgliche Selbstbespiegelung, mit der dieser seine Professionalität zelebriert, auf der anderen Seite sein Rundumschlag gegen die Gesellschaft, in dem er die titelspendende Holzfällen-Metapher verwendet. Wieder einmal setzt Bernhard das Verfahren des Umspringbildes ein. Die Schlußpointe besteht darin, daß der Ich-Erzähler nicht zuletzt aufgrund der Rede des Schauspielers seine Befangenheit in eben dieser Gesellschaft erkennt, die er zutiefst verabscheut. Die Vorwürfe in dieser Tirade fallen auf ihn selbst zurück, und diese Einsicht treibt ihn zurück an den Schreibtisch. Die Kritik hat selten auf diese markante Selbstbezichtigung hingewiesen. Manchen erschien sie unglaubwürdig, doch läßt sich dem entgegenhalten, daß sich im Spätwerk seit *Beton* die Protagonisten häufig als bedenkliche oder außerordentlich lächerliche Figuren präsentieren.

Das Buch hat gewiß satirische Komponenten, läßt sich darauf allerdings nicht reduzieren. Treffend hat Jürg Laederach die Bedeutung dieser sehr konkreten Attacken erkannt und deren Konsequenzen richtig beurteilt: »Erstmals in Bernhards Arbeiten fügt die Sprache neben dem Kunstfigurenschmerz hochgradig auch Realpersonenschmerz zu. Unvermeidlich, daß die Radikalität solcher Kunstgesellschaftskritik, wird sie exemplarisch und durch ein ganzes so verzehrend gut geschriebenes Buch an einem wirklichen Menschen in der Realität exemplifiziert, ja, exekutiert, für diesen Menschen rufmörderisch werden kann.«[1]

Marcel Reich-Ranicki riskiert eine Kanonisierung Bernhards, den er zu »unseren düsteren und zerrissenen Dichtern, diesen Getriebenen und Besessenen, diesen unheilbaren Alpträumern und ewigen Amokläufern der Literatur« rechnet und in eine Reihe mit Hölderlin und Novalis, Kleist und Büchner, Kafka und Musil, Trakl und Celan stellt, »denen die blaue Blume nicht gegönnt ist und die nie im Schloß ankommen«. Um diesen

---

1 Jürg Laederach: *Der Skandal beginnt, wenn die Polizei ihm ein Ende macht.* In: *Basler Zeitung*, 1.9.1984.

Autor zu fassen, muß der Rezensent zu Paradoxien seine Zuflucht nehmen; Bernhard sei »ein heiterer Tragiker, ein makabrer Humorist, ein
lachender Rebell«.[1]

Präzise diagnostiziert Brigitte Kronauer die Einmaligkeit des Bernhardschen Verfahrens, das weder durch Analyse noch durch Nachahmung oder
Parodie hintergehbar ist: »Das starre Bernhardsche Repertoire, das *Wie* ist
geschmeidiges Werkzeug für seine Prozedur, in der das flüchtig Skandalöse streng funktional eingebaut ist als Scheinwerfer auf das Beständige,
das Ritual. Alles an diesem Buch ist konsequent, auch das Rührend-Ret-
tende erscheint lediglich in formelhaft wiederholten Worten. Der Autor
redet, genügsam, nur *über* die Welt, sie ersteht und entfaltet sich nicht,
dazu ist sie zu wenig naiv, zu wenig kühn. Bernhards strategische Liturgie
ist perfekt für seine Zwecke – aber unnachahmlich. In der Nachahmung
wurde der immer noch tabuisierte Singsang, der fade gute Ton einer zeitgenössischen Literatur daraus. Die ideale Methode Bernhards erschöpft
sich, scheint mir, in und mit sich selbst, restlos.« Die Attacken, meint
Kronauer zuversichtlich, so schmerzlich sie auch für die Opfer sein könnten, müßten von nicht direkt Betroffenen »mühelos von der ins Auge
gefaßten Gestalt zu lösen sein«.[2] Das Skandalöse des Romans hat sich
verflüchtigt, doch es bleibt der Rumor des Skandals, der für die einen ein
Stigma dieses Buches, für die anderen die verständliche Empörung eines
beschädigten Ich ist.

10.

Das Publikum ergötzte sich weiter an diesem »flüchtig Skandalösen«, auch
bei den folgenden Romanen *Alte Meister* und *Auslöschung*. Doch zielten
Bernhards Invektiven nicht mehr auf eine konkrete Persönlichkeit, sondern richteten sich gegen die ganze Skala der positiven Urteile und Vor-
urteile, mit denen sich die Alpenrepublik nach 1945 vor der Welt ins rechte
Bild zu setzen versuchte. Das ist der gemeinsame Nenner, auf den sich

1 Marcel Reich-Ranicki: *Thomas Bernhards Bolero. Österreichs großer Einzelgänger
wird von Buch zu Buch besser:* »*Holzfällen. Eine Erregung*«. In: *Frankfurter Allgemeine
Zeitung*, 22. 9. 1984.
2 Brigitte Kronauer: *Der bewährte Treibstoff des Abscheus. Thomas Bernhards* »*Holzfällen. Eine Erregung*«. In: *Lesezeichen*. Herbst 1984, S. 4f.

diese Romane bringen lassen. Nicht unwichtig ist die Tatsache, daß die Entstehungschronologie nicht der Publikationschronologie entspricht. *Auslöschung* ist bereits Anfang der achtziger Jahre entstanden, der Autor hält es allerdings zurück und veröffentlicht es erst 1986. *Alte Meister* wird unmittelbar nach *Holzfällen* in Angriff genommen und erscheint bereits im Herbst 1985. Das ist für die Differenzierung der beiden Bücher in bezug auf ihre ästhetische Konzeption nicht unwesentlich, doch hat *Auslöschung* wegen seines Titels, zumal dessen zweites, letztes Kapitel *Das Testament* überschrieben ist, als der letzte Roman – vor allem für das Lesepublikum – den Charakter eines Vermächtnisses angenommen. Deshalb seien die Bücher hier in der Folge ihres Erscheinens besprochen.

Die Zentralfigur in *Alte Meister* ist der zweiundachtzigjährige Musikkritiker Reger, der für die Londoner *Times* kleine, kostbare Artikel schreibt. Den Monolog, der den Löwenanteil des Buches ausmacht, bekommen wir als Niederschrift eines gewissen Atzbacher vermittelt. Eine unbekannte Instanz teilt uns immer wieder mit, das, was wir als Worte Regers lesen, habe Atzbacher schriftlich fixiert. Die Rahmung durch die Formel »schreibt Atzbacher« erinnert an die Klammer, die Bernhard im Monolog des Fürsten in *Verstörung* wie in *Beton* angewendet hat.

Das Zentrum der Scheltrede oder Schimpftirade Regers bildet Österreich, seine Kunst, seine Politik, seine Vergangenheit, der Katholizismus. Jeden zweiten Tag geht Reger in das Kunsthistorische Museum in Wien, und er tut dies in einer ganz bestimmten Absicht: Er will in den dort ausgestellten Bildern den tödlichen Fehler suchen und finden. Die Fehlersuche ist das Verfahren, das er eigens für seine Kunstbetrachtung entwickelt hat: Es geht darum, ein Kunstwerk durch Anschauung zu liquidieren: Destruktion des Kunstwerks durch die Anschauung, nicht Rekonstruktion. Es handelt sich also ziemlich genau um das Gegenteil der landläufigen hermeneutischen Praxis, in der die Analyse vor allem dazu dient, die Qualität eines Kunstwerks zu erfassen. Seine Methode führe, so Reger, in jedem Fall zum Erfolg. Er ist gerade dabei, in Tintorettos Gemälde *Der weißbärtige Mann* nach eben diesem tödlichen Fehler zu suchen, hat ihn jedoch noch nicht gefunden.

Bernhard hat in einem Buch über das Kunsthistorische Museum von Friederike Klauner nur bei der Besprechung dieses Gemäldes am Rand Notizen gemacht: Folgende Worte hebt er hervor: »Tintorettos Bildnisse kennzeichnen den Ausbruch aus der Ausgewogenheit des Menschenbildes der Renaissance und den Beginn einer neuen Betrachtungsweise, die das schöne Bild auflösen will und erschreckende Finsternis einbrechen läßt, die nur wie in einem Gewitter durch Blitze erhellt wird und nicht so sehr das ästhetische Bewußtsein befriedigt als Gefühlsbewegungen auslöst.«[1] Daß Bernhard der Hinweis auf die Auflösung des »schönen Bildes« besonders getroffen haben dürfte, ist höchst wahrscheinlich.

Im *Untergeher* und in vielen anderen Texten Bernhards sind die Protagonisten Opfer der Kunst und Kunstausübung. Reger mobilisiert seine kritische Verve gegen die Kunst und deren vernichtende Autorität, wie sie Glenn Gould über Wertheimer und sich selbst ausübt. Es darf nichts Vollkommenes geben; alles muß zur Karikatur entstellt werden. Bruckner und Mozart, Mahler und Bach, Klimt und Otto Wagner, Stifter und Heidegger und viele andere werden in diesem Rundumschlag lächerlich gemacht. Damit soll vor allem die österreichische Literatur, Musik und Malerei getroffen werden. Dem steht die Vorliebe für die französische Literatur gegenüber, für Pascal und Montaigne, für Voltaire und Diderot. Die Bestände des Kunsthistorischen Museums seien in ihrer Armseligkeit Ergebnis des stumpfsinnig-katholischen Kunstverstandes der Habsburger. Opportunisten und Duckmäuser seien die Österreicher allesamt.

Reger erwähnt einmal, er und seine Frau hätten, ohne einander zu kennen, den Zweiten Weltkrieg in London überlebt. Beide sind also Exilanten, ein nicht unwichtiges Motiv, das jedoch nicht weiter ausgebaut wird. Reger attackiert die Kunst, weil sie lügt. Doch er kann ihrer nicht entraten und weiß, daß die Kunst der Alten Meister zum Überleben verhilft, selbst wenn sie ein sehr »dürftiger Überlebensversuch« ist [301]. Reger klagt über den Tod seiner Frau, die er vor dem Tintoretto-Bild kennengelernt hat. Auf die Frage, ob ihr das Bild gefalle, hat sie nach einigem Zögern mit einem klaren Nein geantwortet, worauf Reger sich entschloß, sie zu heiraten. Die Negation verband die beiden, und auch wenn es ständig Streit in Geschmacksfragen gab, sind sie doch aufeinander angewiesen. Angesichts des Todes wird die Kunst bedeutungslos und lächerlich. Reger hat, so sagt er selbst, die Tränen nicht zurückhalten können. Mit dem Schmerz Regers wird bei Bernhard ein neuer Ton vernehmbar, der mit dem Tod seines »Lebensmenschen« Hedwig Stavianicek, die er seit

---

1 Friederike Klauner: *Die Gemäldegalerie des Kunsthistorischen Museums in Wien.* Salzburg, Wien: Residenz 1978, S. 193.

1950 kennt, im Jahre 1984 zusammenhängt. Erst gegen Ende des Buches kommt dieses subjektive Moment zum Tragen, das die polemischen Aussagen dieser Tirade, dieses Abgesangs auf die Kunst, relativiert. Doch ist die Kunst immer noch der Strohhalm, an den sich Reger klammern möchte. Nur so ist zu erklären, daß er Atzbacher zu einer Aufführung von Kleists *Zerbrochenem Krug* ins Burgtheater einlädt, das er verachtet und seit Jahren gemieden hat. Das Burgtheater wird dem Ruf gerecht, den es bei Reger hat. »Die Vorstellung war entsetzlich«, lautet der letzte Satz, der mittlerweile zu einem geflügelten Wort geworden ist. Der Institution, die als die höchste Instanz die österreichische Bühnentradition zu verwalten meint, ist es gelungen, Kleists Stück zu vernichten.

Daß es Bernhard mit der Komik ernst war, bestätigt der ungewöhnliche Untertitel des Romans: *Komödie*. Durch Komik mit der Kunst ernstzumachen ist ein raffinierter Ansatz, mit dem Reger und damit Bernhard ihrer Tätigkeit die Grundlage zu entziehen drohen. Zieht man die Konsequenzen aus dieser Fundamentalkritik im letzten vollendeten Roman Bernhards, so ist der Eindruck unvermeidlich, daß hier eine Grenze erreicht wurde, jenseits derer die Existenz der Kunst und Künstler nicht nur in Gefahr, sondern unmöglich ist.

II.

Auslöschung ist der letzte veröffentlichte und umfänglichste Roman Bernhards. Auch er wird durch die Mitteilung, wer ihn geschrieben hat, im ersten und im letzten Satz gerahmt. »Murau, Franz-Josef«, heißt der Protagonist, und am Ende erfahren wir, daß er 1934 im oberösterreichischen Wolfsegg geboren und 1983 in Rom gestorben ist. Zur Zeit der Romanhandlung ist er sechsundvierzig Jahre alt und, wie aus mehreren Andeutungen hervorgeht, bereits schwer krank. Er unterrichtet in Rom Gambetti, der von der deutschen Literatur begeistert ist. In einem Telegramm teilen ihm seine Schwestern Caecilia und Amalia den tödlichen Unfall der Eltern und des Bruders Johannes mit. Murau wird dadurch zum Erben des großen Landgutes Wolfsegg. Der Roman schließt damit, daß er dieses Landgut der Israelitischen Kultusgemeinde in Wien »als ein völlig bedingungsloses Geschenk« (S. 1766) anbietet und Oberrabbiner Eisenberg es in deren Namen annimmt.

Rom und Wolfsegg sind die Pole, zwischen denen sich das Spannungs-
feld des Romans aufbaut. Wolfsegg war der Wohnsitz der Familie Muraus,
die so ziemlich alle Wandlungen Österreichs im 20. Jahrhundert zustim-
mend begleitet hat: Nationalsozialismus, Katholizismus und Pseudosozialismus hätten Österreich vernichtet. Die Abschenkung bedeutet nicht
nur Verzicht auf ein solch unerträgliches Erbe, sondern auch den Versuch,
die österreichische Geschichte, repräsentiert durch das Schloß, auszulöschen. »Mein Bericht«, schreibt Murau, »löscht Wolfsegg ganz einfach
aus.« (S. 1492) In zahlreichen Rückblenden wird die Geschichte der Familie zumindest teilweise rekonstruiert. Im zweiten Kapitel dominiert der
Aufenthalt Muraus im elterlichen Schloß anläßlich des Begräbnisses.

Eine Szene ist für sein Verhalten Muraus kennzeichnend: Er steht nackt
auf dem Gang des Schlosses, seine Schwester Amalia sieht ihn, er streckt
ihr die Zunge heraus – ein Vergnügen, das er sich ihr gegenüber schon
mehr als dreißig Jahre nicht erlaubt hat. Diese Vorstellung ist so erfolgreich, daß er sie sofort für sich selber nochmals – nun vor dem Spiegel –
probiert: »Ich pinselte mein Gesicht ein und sah mich im Spiegel als
Spaßmacher, der sich gleich selbst die Zunge herausstreckt und dem dieses
Zungeherausstrecken solchen Spaß machte, daß er es gleich mehrere
Male, sozusagen sich selbst zum Spaß, wiederholte. Es gibt nichts Angenehmeres, als sich nach einer solchen, wenn auch kurzen, so doch anstrengenden Reise, zu rasieren. So nackt vor dem Spiegel stehend, mit
herausgestreckter Zunge gegen mich, hatte ich nicht das Gefühl, ein
Mensch zu sein mit einer geringeren als normalen Lebenserwartung, wie
ich bis jetzt geglaubt habe.« (S. 1633)

Vor dem Spiegel treibt Murau sein gefährliches Wiederholungsspiel.
Schonungslos zeigt er sich, nackt, fasziniert von der Entstellung, der
Selbstentstellung. Sein Gesicht gerät zur Fratze. Der Spiegel ist des Mis-
anthropen gefährlichstes Gerät: Ferdinand Raimunds Rappelkopf zertrümmert ihn, Bernhards Murau benötigt ihn, um sich zu unterhalten. Im
Zustand clownesker Selbstentstellung wird der Menschenfeind sich selber
kenntlich und zugleich zum Narziß. Die lustige Figur weiß, daß die Pro-
gnose für ihre Lebensdauer höchst ungünstig ist. Die Fundamentalverur-
teilung kehrt sich gegen den Helden selbst. Das schonungslose Lächerlichmachen der eigenen Person, die Selbstentstellung, vermag jedoch der
sarkastischen Entstellung der anderen die Glaubwürdigkeit zurückzuge-
ben, die sie im Dröhnen der Bernhardschen Superlative verloren zu haben
scheint.

Der Spaßmacher tröstet sich über den betrüblichen Gesundheitszustand hinweg – und gleich gehen die Theatermetaphern weiter. Der Tod der Eltern und des Bruders war die Tragödie, aber sie ist noch nicht zu Ende: »Der Vorhang ist zugegangen, dachte ich. Noch nicht ganz, dachte ich, sozusagen das Satyrspiel hat begonnen. Das Schwierigste des ganzen.« Das Schwierigste ist die Komödie. Murau bekennt sich zur »Übertreibungskunst«, sie allein mache anschaulich. Sie ist die »Existenzüberbrükkung«, selbst auf die Gefahr hin, daß wir uns zu »Altersnarren« erklären lassen müssten: »Wenn wir die Möglichkeit dazu haben, sollten wir uns spätestens mit vierzig zum Altersnarren ausrufen und versuchen, unser Narrentum auf die Spitze zu treiben.« (S. 1805)

Auslöschung ist ein gewaltiges Schauspiel, der Tod der Eltern und ihr Begräbnis eine Tragödie, auf die mit dem Satyrspiel die Komödie zu folgen hätte. Damit läßt sich auch die Gattungsbezeichnung »Komödie« für *Alte Meister* erklären. »Wem es gelingt, auf dem Totenbett eine Komödie oder ein reines Lustspiel zu schreiben, dem ist alles gelungen«, heißt es in der Erzählung *Ungenach*.[1] So ist die »Komödie« *Alte Meister* das Satyrspiel zur Tragödie *Auslöschung*, und es ist nur folgerichtig, wenn das Theaterstück *Elisabeth II.* (1987) jenseits der Alternative Tragödie – Komödie als *Keine Komödie* figuriert. Bernhard hat dieses Stück dem Zugriff jener entwunden, die es mit ihren Begriffen festzulegen suchten, und das Tor zu einer Poetik jenseits der schulmeisterlichen Zuordnungen geöffnet.

Das Verhältnis zur Kunst im allgemeinen und zur Literatur im besonderen ist in *Auslöschung* deutlich positiver als in *Alte Meister*, ja der Eindruck, es handele sich bei Franz-Josef Murau um einen, wenngleich nur um einen einzigen Schüler bemühten Literaturpädagogen, ist so abwegig nicht. Gambetti hat von seinem Lehrer eine Leseliste erhalten, die Jean Pauls *Siebenkäs*, Kafkas *Der Prozeß*, Thomas Bernhards *Amras*, Musils *Die Portugiesin* und Brochs *Esch oder Die Anarchie* umfaßt, ein exquisites Programm, für das man eine Erklärung in thematischer oder stilistischer Hinsicht so schnell nicht finden dürfte.

Aufschlußreich, allerdings nach den Invektiven in *Alte Meister* verständlich, ist der Umstand, daß Bernhard – wie im Typoskript eindeutig zu erkennen ist – an die Stelle von Stifters *Witiko* ein Buch von sich selbst gesetzt hat, mit *Amras* das Werk, das ihm das liebste war. Durch den in

---

1 Thomas Bernhard: *Ungenach*. Frankfurt am Main: Suhrkamp 1968, S. 44.

seiner Weise gewiß eigentümlichen Fall einer Selbstkanonisierung hat er den Blick auf dieses Frühwerk gelenkt, das durch seine erstaunliche Konzeption eine Fülle von Rätseln aufgibt.

Lesen und bewerten von Literatur ist als Thema dem ganzen Roman immanent. So wird am Ende mit Goethe ins Gericht gegangen: »Goethe ist der Totengräber des deutschen Geistes, habe ich zu Gambetti gesagt« (S. 1721). Kafka wird gepriesen, über Musil und die meisten Autoren gestellt, zusammen mit den großen Russen und Franzosen. Diese Ehre wird nur einer zeitgenössischen Autorin zuteil, der Dichterin Maria, womit Ingeborg Bachmann eine Reverenz erwiesen wird, deren Biographie und Werk in dieser Kunstfigur so erkennbar wird wie in der Kunstfigur Roithamer Ludwig Wittgenstein.

Die Kritik nimmt *Auslöschung* meist mit großer Zustimmung auf als das erste »dezidiert politische Buch« des Autors.[1] Was Bernhard über den Umgang mit Geschichte sagt, gilt für Österreich, zur damaligen Zeit nach den Worten Pauls VI. eine »Insel der Seligen«. Doch das, was für Österreich gilt, erwies sich – vor allem nach 1989 – auch auf viele andere Länder als anwendbar.

Mit der Selbstcharakterisierung Muraus als »Übertreibungskünstler« schien Bernhard einen Schlüssel zum Verständnis nicht nur seiner polemischen, sondern seiner schriftstellerischen Praxis überhaupt geliefert zu haben. Entscheidend aber ist es, daß es sich dabei um eine Kunst, eben die Übertreibungs*kunst*, handelt, und nicht bloß um ein rhetorisches Manöver oder eine aus unterschiedlichen Gründen sich artikulierende publizistische Anklage. Der Kunst der Übertreibung weist Bernhard eine besondere Rolle im österreichischen Kulturbetrieb – und nicht nur in diesem – zu. Murau führt sie in *Auslöschung* geradezu an Schulbeispielen vor, etwa in der berühmt gewordenen grotesk-komischen Gegenüberstellung von Gärtnern und Jägern, worin das Vorurteil gegen letztere in einem Übermaß strapaziert wird. An der Konfrontation der guten Gärtner mit den bösen Jägern hatte Peter Handke Anstoß genommen und gemeint, hier verletze ein manichäisches Prinzip die Kunst des objektiven Erzählens und durch dieses Kriterium eine klare Trennungslinie zwischen seiner

---

1 Ulrich Weinzierl: *Bernhard als Erzieher. Thomas Bernhard »Auslöschung«.* In: Paul Michael Lützeler (Hg.): *Spätmoderne und Postmoderne. Beiträge zur deutschsprachigen Gegenwartsliteratur* .Frankfurt am Main: Fischer 1991, S. 192.

Kunstauffassung und seinem Weltverständnis einerseits, der Bernhardschen Praxis andererseits gezogen.[1]

Mit *Auslöschung* hat Bernhard sich ein Monument errichtet, das in seinem eigenen Werk nichts Vergleichbares kennt. Massiver als in den früheren Büchern hat er die Kunst der Negation vorexerziert, auch wenn nie so vernichtend über die Kunst an sich geurteilt wird wie in *Alte Meister*.

»An diesem toten Giganten kommt keiner vorbei«, hat Elfriede Jelinek nach dem Tod Bernhards formuliert,[2] eine Einsicht, die sich bei jedem Wiederlesen dieser neun Romane einstellt. Dem Eindruck des Monolithischen, den dieses Werk hinterläßt, muß jedoch Bernhards Kunst der Variation auf engstem Raume entgegengehalten werden. Die großen Themen Bernhards wie Tod und Krankheit, Macht und Ohnmacht, Geschichte und Natur erhalten ihr Gewicht erst durch die Kunst seiner Darstellung, durch die Fähigkeit, Probleme nicht stillzulegen, sondern sie fortwährend durch ein mitunter irritierendes Manöver bewußt zu machen, die Fragen nach Authentizität und Fiktion, nach Wahrheit und Lüge, nach Komik und Tragik. Indem alles und zuletzt die Kunst einer radikalen Prüfung unterzogen wird, hat der Übertreibungskünstler auch sich selbst gefährdet, allerdings aus dem sicheren Wissen heraus, daß die Kunst nur dann überleben kann, wenn sie dauernd in Frage gestellt wird.

---

1 Peter Handke: *Versuch über die Müdigkeit.* Frankfurt am Main: Suhrkamp 1989, S. 29.
2 Elfriede Jelinek: *Atemlos.* In: Sepp Dreissinger (Hg.): *Thomas Bernhard. Portraits. Bilder und Texte.* Weitra: Bibliothek der Provinz 1991, S. 311.

Leben und Werk
1931-1989

> Die Vollkommenheit ist für nichts möglich, ge-
> schweige denn für Geschriebenes und schon gar
> nicht für Notizen wie diese, die aus Tausenden und
> Abertausenden von Möglichkeitsfetzen von Erin-
> nerung zusammengesetzt sind.
> Thomas Bernhard: *Der Atem. Eine Entscheidung*

1931

9. Februar: Nicolaas Thomas Bernhard wird in der »Elisabethkliniek /
Vroedvrouwenschool« (einer auf ledige Mütter spezialisierten katholischen Klinik / Hebammenschule) in Heerlen (Niederlande, Provinz Lim-
burg) als unehelicher Sohn von Herta Bernhard (1904-1950) und Alois
Zuckerstätter (1905-1940) geboren. Herta Bernhard ist die Tochter von
Anna Bernhard und des Schriftstellers Johannes Freumbichler (1881-
1949), der als »Großvater mütterlicherseits« nicht nur in Bernhards Autobiographie eine große Rolle spielt. Herta Bernhard arbeitet zu dieser
Zeit als Hausangestellte in den Niederlanden. Neben dem Wunsch, durch
ihre Arbeit die in schwierigen finanziellen Verhältnissen in Wien lebenden
Eltern zu unterstützen, veranlaßt sie wohl auch die Angst vor der Reaktion
ihres Vaters, das Kind in der Ferne auf die Welt zu bringen. (Bernhard
selbst macht dafür in seiner Autobiographie, die freilich nicht als einfacher
»Tatsachenbericht« gelesen werden kann, die damalige gesellschaftliche
Ächtung einer unehelichen Geburt gerade auf dem Land verantwortlich;
daß Herta Bernhard ihren Eltern, wie der Autor behauptet, ein Jahr lang
die Geburt verheimlicht habe, entspricht – wie erhalten gebliebene Briefe
belegen – nicht den Tatsachen.) Alois Zuckerstätter, dem sie 1930 in
Henndorf, dem im Salzburger Flachgau gelegenen Heimatort ihres Vaters, begegnet, übernimmt keine Verantwortung für den Sohn (die mehrfach geäußerte Vermutung, er habe Herta Bernhard vergewaltigt bzw. es
handele sich um ein »date rape«, läßt sich aufgrund der vorhandenen
Dokumente weder eindeutig falsifizieren noch verifizieren); Thomas
Bernhard lernt seinen Vater nie kennen.

Da Herta Bernhard ihren Lebensunterhalt selbst verdienen muß, ist sie gezwungen, das Kind zwischenzeitlich in Pflege zu geben. Ob das Kind dabei auch auf einem Fischkutter (bzw. dem Hausboot) im Rotterdamer Hafen untergebracht war, ist ungewiß. Im Herbst 1931 bringt Herta Bernhard das Kind zu ihren Eltern nach Wien, wohin sie selbst erst im Mai 1932 endgültig zurückkehrt.

»Neunzehnhunderteinunddreißig, als ich geboren wurde, war mein Geburtsort nicht zufällig Heerlen in den Niederlanden, wohin meine Mutter auf den Rat einer in Holland arbeitenden Freundin aus Henndorf geflohen war in dem Augenblick, in welchem ich mich ganz entschieden zum endgültigen Eintritt in die Welt meldete, ich forderte ein rasches Gebären. In Henndorf, dem kleinen Nest, wäre meine Geburt völlig unmöglich gewesen, ein Skandal und die Verdammung meiner Mutter wären die unausbleibliche Folge gewesen in einer Zeit, die uneheliche Kinder nicht haben wollte. [...] Meine Mutter mußte schon neunzehnhundertdreißig, während ihre Eltern in der Wernhardtstraße in Wien lebten, eine Zeitlang bei ihrer Tante Rosina gelebt haben, in jenem Henndorf, das sie wie keinen anderen Ort auf der Welt liebte und wo sie seit dem Jahr fünfzig begraben ist auf ihren Wunsch. Mein Vater, Sohn eines Landwirts aus der Umgebung, der, wie das üblich gewesen ist, zu dem völlig natürlichen Beruf des Bauern auch noch ein Handwerk erlernt hatte, in seinem Falle die Tischlerei, mußte in dieser Zeit mit ihr in näheren und allernächsten Kontakt gekommen sein. Darüber ist mir nichts weiter bekannt. Es heißt, die beiden trafen sich des öfteren in einem sogenannten Salettl im Apfelgarten der Tante Rosina. Das ist wirklich alles, was ich über meine Entstehungsgeschichte weiß. Nun entfloh sie dem Ort ihrer Schande nach Holland, wo sie bei der erwähnten Freundin in Rotterdam Aufnahme fand. Kurz darauf war sie in Heerlen, in einem Kloster, das nebenbei auch noch auf sogenannte gefallene Mädchen spezialisiert war, von einem Knaben entbunden, der neugeboren, wie ich auf einer erhalten gebliebenen Fotografie sehen kann, soviel Haare hatte, wie ich noch auf keinem neugeborenen Kopf gesehen habe. [...] Die Möglichkeit, mich in dem Kloster bei Heerlen zu lassen, war nur kurz gewesen, meine Mutter mußte mich abholen, in einem von ihrer Freundin geliehenen kleinen Wäschekorb reiste sie mit mir nach Rotterdam zurück. Da sie nicht ihren Lebensunterhalt verdienen und gleichzeitig bei mir sein konnte, mußte sie sich von mir trennen. Die Lösung war ein im Hafen von Rotterdam liegender Fischkutter, auf welchem die Frau des Fischers Pflegekinder in Hängematten unter Deck hatte, sieben bis acht Neugeborene hingen an der Holzdecke des Fischkutters und wurden jeweils nach Wunsch der ein- oder zweimal wöchentlich erscheinenden Mutter von der Decke heruntergelassen und hergezeigt. [. . .] Mir ist nicht viel über diese Zeit bekannt. Immerhin kann ich sagen, daß ich mein erstes Lebensjahr, die ersten Tage abgerechnet, ausschließlich auf dem Meer verbracht habe, nicht *am* Meer, sondern *auf dem* Meer, was mir immer wieder zu denken gibt und in allem und jedem, das mich betrifft, von Bedeutung ist. Dieser Umstand wird für mich lebenslänglich eine Ungeheuerlichkeit sein. Im Grunde bin ich ein Meermensch, [. . .].« (Th. B.: *Ein Kind*. In: *Werke 10*, S. 438ff.)

Herbst 1931 - Frühjahr 1935

Bei den Großeltern in Wien, die in der Wernhardtstraße 6 in Ottakring (16. Bezirk) wohnen.

Politisch sind dies verhängnisvolle Jahre: 1933 kommt es zur sogenannten »Selbstauflösung« des Parlaments, Bundeskanzler Dollfuß regiert fortan unter Berufung auf ein Kriegswirtschaftliches Ermächtigungsgesetz von 1917 autoritär; der dreitägige Bürgerkrieg im Februar 1934 endet mit der Niederlage des sozialdemokratischen Schutzbundes und der offiziellen Errichtung des Ständestaates; im Juli 1934 wird ein nationalsozialistischer Putsch zwar niedergeschlagen, Dollfuß wird dabei jedoch ermordet. Als Bundeskanzler folgt ihm bis 1938 Kurt Schuschnigg.

»In der Wernhardtstraße im sechzehnten Bezirk, in der Nähe des Wilhelminenspitals, habe ich zum erstenmal in meinem Leben das Wort *Großvater* ausgesprochen. Aus dieser Zeit habe ich mir eine Reihe Bilder bewahrt. Ein Fenster mit dem Blick auf einen riesigen Akazienbaum, ein abschüssiges Straßenstück, über das ich auf einem Dreirad bergab rolle. Schlittenfahrten mit meinem Großvater unter der sogenannten Ameisbrücke. Den langen Eisenzaun der Irrenanstalt am Steinhof entlang zieht mich mein Großvater in einem luxuriösen Zweirad mit großzügiger Lehne und Armstützen und mit einer langen Holzstange. Davon existiert noch ein Foto. [. . .] Mein Großvater, der Schriftsteller, schrieb, meine Großmutter übte den von ihr erlernten Beruf der Hebamme aus, meine Mutter verdiente als Hausangestellte, zeitweise auch als Köchin etwas Geld. [. . .] Als ich so klein war, daß ich noch nicht gehen konnte, klopfte alle Augenblicke die Polizei an die Tür unserer Wohnung in der Wernhardtstraße, um meinen Onkel abzuholen. Der war aber nie zuhause, lebte sozusagen im Untergrund. Seine Spezialität war es, in der Nacht mit mehreren seiner Genossen, die dafür ausgesucht waren, großflächige Transparente über die wichtigsten Straßen der Hauptstadt zu spannen, auf welchen der Kommunismus als die einzig mögliche menschenwürdige Zukunft gepriesen wurde. [. . .] Für die Meinigen, die damals schon zwanzig Jahre in der Wernhardtstraße lebten, war diese Zeit wahrscheinlich die schlimmste. In meinem Besitz habe ich eine Menge Fotografien, wo sie alle beinahe bis auf das Skelett abgemagert in ihren Anzügen und Kleidern stecken. Sie mußten das damalige Wien als Hölle empfinden, in welcher es jeden Tag um alles ging.« (Th. B.: *Ein Kind*. In: *Werke 10*, S. 441ff.)

1935

Im Frühjahr Umzug mit den Großeltern nach Seekirchen am Wallersee (Bundesland Salzburg). Die Großmutter Anna Bernhard arbeitet u. a. als Schneiderin auf dem Hippinghof, den der junge Thomas Bernhard als »Paradies« erlebt, wo er sich mit seinem späteren Schulkameraden Johann Fink, dem sogenannten »Hippinger Hansi«, anfreundet.

»In der Ferne, gegen Mittag, entdeckte ich meinen Großvater, ich lief querfeldein auf ihn zu. Im Sommer trug er nur Leinenkleidung und einen Panamastrohhut. Er ging nicht ohne Spazierstock. Wir verstanden uns. Ein paar Schritte mit ihm, und ich war gerettet. Es war richtig gewesen, aus Wien wegzugehen, er lebte auf. Aus dem jahraus-jahrein mehr oder weniger immer in seinem Arbeitszimmer in der Wernhardtstraße sitzenden sogenannten Geistesmenschen war ein unermüdlicher Spaziergeher geworden, der, wie kein zweiter in meinem Leben, das Spazierengehen zu einer hohen, allen anderen gleichgestellten Kunst machte. Nicht immer durfte ich ihn auf seinen Spaziergängen begleiten, die meiste Zeit wollte er allein und ungestört sein. Vor allem dann,

wenn er mitten in einer größeren Arbeit war. Nicht die geringste Ablenkung darf ich mir leisten, sagte er dann. Aber wenn ich ihn begleiten
durfte, war ich der glücklichste Mensch. Ich hatte auf diesen Spaziergängen ein grundsätzliches Redeverbot, das nur selten aufgehoben
wurde von ihm. Wenn er eine Frage hatte oder ich. Er war mein großer
Erklärer, der erste, der wichtigste, im Grunde der einzige. Tiere und
Pflanzen bezeichnete er mit seinem Stock, an jedes auf solche Weise
hervorgehobene Tier und an jede mit dem Stock ins Zentrum gestellte
Pflanze heftete er einen kleinen Vortrag. Es ist wichtig, daß man weiß,
was man sieht. Man muß nach und nach alles wenigstens bezeichnen
können. Man muß wissen, woher es kommt. Was es ist. Andererseits
verabscheute er Leute, die alles wußten oder wissen wollten. Das seien
die gefährlichsten. Wenigstens einen zulänglichen Begriff muß man von
allem haben, so er. In Wien hatte er meistens nur *grau* und *scheußlich*
gesagt. *Was für entsetzliche Straßen, was für entsetzliche Menschen.* Obwohl er, wie alle Geistesmenschen, ein Stadtmensch war, geworden war.
Er war einmal lungenkrank gewesen, das mag auch den Ausschlag gegeben haben für den Entschluß, aus Wien wegzugehen nach Seekirchen. [. . .] Mein Großvater setzte sich auf einen Baumstumpf und
sagte: Dort, die Kirche! Was wäre dieser Ort ohne die Kirche. Oder: Da,
dieser Sumpf! Was wäre diese Öde ohne diesen Sumpf. Stundenlang
saßen wir vor allem am Ufer der Fischach, die aus dem Wallersee Richtung Salzach fließt, in vollkommenem Einverständnis. Etwas Großes
im Auge haben, war seine fortwährende Mahnung, das Höchste! Immer
das Höchste im Auge haben! Aber was war das Höchste? Wenn wir uns
umsehen, umgibt uns nur die Lächerlichkeit und die Erbärmlichkeit.
Dieser Lächerlichkeit und dieser Erbärmlichkeit gilt es zu entkommen.
Das Höchste im Auge haben! Ich hatte von da an immer das Höchste
vor Augen. Aber ich wußte nicht, was das Höchste war. Wußte er es?
Die Spaziergänge mit ihm waren fortwährend nichts anderes als Naturgeschichte, Philosophie, Mathematik, Geometrie, Belehrung, die
glücklich machte. Ein Jammer, sagte er, daß wir mit allem, was wir
wissen, nicht weiterkommen. Das Leben sei eine Tragödie, bestenfalls
könnten wir sie zur Komödie machen.« (Th. B.: *Ein Kind.* In: *Werke 10,*
S. 453ff.)

1936

18. August: Heirat von Herta Bernhard und Emil Fabjan (1913-1993; Friseur und späterer Berufsschullehrer) in Seekirchen am Wallersee. Bernhard wird in der Volksschule Seekirchen eingeschult.

1937

Im Februar 1937 erscheint unter Mithilfe von Alice und Carl Zuckmayer, die in der »Wiesmühl« im benachbarten Henndorf leben, Freumbichlers »Salzburger Bauernroman« *Philomena Ellenhub* bei Zsolnay in Wien. Noch im selben Jahr erhält er dafür den »Förderungspreis des Großen Österreichischen Staatspreises« und damit die größte Anerkennung seines sonst vor allem ökonomisch weitgehend erfolglosen Schriftstellerlebens.

Im September findet Emil Fabjan Arbeit im bayrischen Traunstein, wohin ihm seine Frau mit Sohn Thomas im Dezember folgt. Die Familie bezieht eine Wohnung in der Schaumburgerstraße 4. Das Verhältnis Thomas Bernhards zu seiner Mutter gestaltet sich schwierig.

1938

12. März: Sogenannter »Anschluß« (De-facto-Annexion) der Republik Österreich durch das nationalsozialistische Deutsche Reich.

15. April: Geburt des Halbbruders Peter Fabjan.

25. Mai: Alois Zuckerstätter heiratet in Berlin die Kindergärtnerin Hedwig Herzog.

21. September: Geburt von Hilda Zuckerstätter, Bernhards Halbschwester väterlicherseits, die Thomas Bernhard nie kennenlernt.

21. November: Heirat von Anna Bernhard und Johannes Freumbichler in Salzburg.

1939

Umzug des Ehepaars Freumbichler nach Ettendorf bei Traunstein.

1. September: Beginn des Zweiten Weltkriegs durch den deutschen Angriff auf Polen.

1940

10. Juni: Geburt der Halbschwester Susanne Fabjan (verh. Kuhn).

2. November: Alois Zuckerstätter stirbt an einer Gasvergiftung in Berlin (möglicherweise handelt es sich um Selbstmord).

Die Traunsteiner Schuljahre bleiben Thomas Bernhard als bedrückend in Erinnerung. Während dieser Zeit kommt es zur Verschickung in ein NS-Erziehungsheim in Saalfeld (Thüringen).

»Meine Lehrer hatten keine Geduld und stießen mich da, wo ich aus ihm herausgezogen werden hätte sollen von ihnen, immer noch tiefer in den Sumpf. Sie traten mich, wo sie nur konnten. Auch ihnen gefiel die Bezeichnung Der *Esterreicher*, sie peinigten mich damit, verfolgten mich damit Tag und Nacht, ich hatte keine Ruhe mehr. Ich addierte falsch, ich dividierte falsch, ich wußte bald nicht mehr, wo oben und unten ist. Ich schrieb eine Schrift, die jedesmal, wenn die Schulaufgaben abgegeben worden waren, als ein Musterbeispiel grenzenloser Zerstreuung und Fahrlässigkeit angeprangert wurde. Beinahe verging kein Tag, an dem ich nicht vorzutreten und ein paar Schläge mit dem Rohrstock in Empfang zu nehmen hatte. Ich wußte wofür, aber ich wußte nicht, wie ich dazu kam. Ich war bald abgedrängt zu den sogenannten Schlechtesten, in das Rudel der Dummköpfe, die glaubten, ich sei einer der Ihren. Es gab für mich kein Entkommen. Die sogenannten Gescheiten mieden mich. Bald sah ich, daß ich weder zu der einen Gruppe gehörte noch zur anderen, daß ich in keine paßte. Dazu kam auch noch, daß ich keine sogenannten angesehenen Eltern hatte, der Sprößling sozusagen von armen, dahergelaufenen Leuten war. Wir hatten kein Haus, wir waren nur *in der Wohnung*, das sagte alles.« (Th. B.: *Ein Kind*. In: *Werke 10*, S. 478)

Mitgliedschaft im Deutschen Jungvolk, der Organisation der Hitlerjugend für Buben zwischen 10 und 14 Jahren (die Mitgliedschaft war seit 1939 verpflichtend).

»Auf diesem Kreistag war ich noch nicht Mitglied des sogenannten Jungvolks, einer Vorstufe der sogenannten Hitlerjugend. Kurz darauf war ich es. Ungefragt mußte ich eines Tages im Hof der Realschule, die gleich neben dem Gefängnis liegt, mit einer Reihe von Gleichaltrigen vor einem sogenannten Fähnleinführer antreten. Das Jungvolk war in schwarze Schnürlsamthosen und in braune Hemden gesteckt, um den Kragen hatte jeder ein schwarzes Tuch, das auf der Brust durch einen geflochtenen Lederring gezogen werden mußte. Dazu weiße Kniestrümpfe. Weil sie dachte, daß Schnürlsamt Schnürlsamt sei, ließ mir meine Großmutter bei der Firma Teufel auf dem Stadtplatz, dem bekanntesten Kleiderhaus, das einen Schneider beschäftigte, eine Samthose machen, weil ihr der braune besser gefiel, nicht aus einem schwarzen, sondern aus einem braunen Schnürlsamt. Als ich als einziges angetretenes neues Jungvolkmitglied in einer braunen, anstatt wie alle andern in einer schwarzen Schnürlsamthose angetreten war, gab mir der Fähnleinführer eine Ohrfeige und verjagte mich aus dem Realschulhof mit dem Befehl, das nächstemal mit einer vorgeschriebenen schwarzen Schnürlsamthose zu erscheinen. Nun wurde mir in aller Eile eine schwarze Schnürlsamthose gemacht. Das Jungvolk war mir noch entsetzlicher als die Schule. Ich hatte es bald satt, immer die gleichen stupiden Lieder zu singen, immer dieselben Gassen mit Marschschritt und lautem Geschrei zu durchqueren. Die sogenannte Wehrertüchtigung haßte ich, ich war für das Kriegsspiel ungeeignet. Die Meinigen beschworen mich, diese Jungvolktortur auf mich zu nehmen, sie sagten nicht, warum, ich tat ihnen den Gefallen.« (Th. B.: *Ein Kind.* In: *Werke 10*, S. 483)

1943

Firmung Thomas Bernhards in der Kirche St. Oswald in Traunstein, Firmpate ist Johannes Freumbichler.

1944

Im Frühjahr Eintritt in die Knaben-Hauptschule (»Andräschule«) in Salzburg. Er wohnt im nationalsozialistischen »Schulknaben-Asyl« Johanneum in der Schrannengasse; Geigenunterricht auf Wunsch des Großvaters. Bei Fliegeralarm müssen die Schüler den Luftschutzstollen Glockengasse (im Kapuzinerberg) aufsuchen, dadurch immer häufigere

Unterrichtsunterbrechungen. Nach schweren Luftangriffen auf Salzburg wird Bernhard im Herbst nach Traunstein zurückgeholt.

»Und als wir dann, wir waren mehrere, [. . .] über die Staatsbrücke und gegen alle Vernunft nicht in das Internat zurück, sondern zum Bahnhof hinausgelaufen und in die Fanny-von-Lehnert-Straße hineingegangen sind, wo Bomben in das Konsumgebäude gefallen waren und viele Konsumangestellte getötet hatten, und wie wir hinter dem Eisengitter der Grünanlage des sogenannten Konsums reihenweise mit Leintüchern zugedeckte Tote gesehen haben, deren Füße nackt auf dem staubigen Gras lagen, und wir zum erstenmal Lastautos fahren gesehen haben, die riesige Holzsärgestapel in die Fanny-von-Lehnert-Straße transportierten, war uns augenblicklich und endgültig die Faszination der Sensation vergangen. Ich habe bis heute die im Vorgartengras des Konsumgebäudes liegenden mit Leintüchern zugedeckten Toten nicht vergessen, und komme ich heute in die Nähe des Bahnhofs, sehe ich diese Toten und höre ich diese verzweifelten Stimmen der Angehörigen dieser Toten, und der Geruch von verbranntem Tier- und Menschenfleisch in der Fanny-von-Lehnert-Straße ist auch heute und immer wieder in diesem furchtbaren Bild. Das Geschehen in der Fanny-von-Lehnert-Straße ist ein entscheidendes, mich für mein ganzes Leben verletzendes Geschehen als Erlebnis gewesen. Die Straße heißt auch heute noch Fanny-von-Lehnert-Straße, und der Konsum steht wiederaufgebaut an der gleichen Stelle, aber kein Mensch weiß heute, wenn ich die Leute, die dort wohnen und (oder) arbeiten, frage, etwas von dem, das ich damals in der Fanny-von-Lehnert-Straße gesehen habe, die Zeit macht aus ihren Zeugen immer Vergessende.« (Th. B.: *Die Ursache. Eine Andeutung.* In: *Werke 10*, S. 30f.)

1945

30. April: Selbstmord Hitlers im Bunker unter der Reichskanzlei in Berlin.
8./9. Mai: Die bedingungslose Kapitulation der Deutschen Wehrmacht tritt in Kraft – Kriegsende in Europa.
Im August vermerkt Johannes Freumbichler in seinem Notizbuch einen Selbstmordversuch Thomas Bernhards.
Rückkehr Bernhards nach Salzburg im September ins wieder katholi-

sche Schülerheim Johanneum. Nach Abschluß der dritten Klasse Hauptschule Übertritt ins humanistische Staatsgymnasium am Universitätsplatz, wo Anfang 1946 der Lehrbetrieb wieder aufgenommen wird.

»Im Innern des Internats hatte ich keine auffallenden Veränderungen feststellen können, aber aus dem sogenannten Tagraum, in welchem wir in Nationalsozialismus erzogen worden waren, war jetzt die Kapelle geworden, anstelle des Vortragspultes, an welchem der Grünkranz vor Kriegsschluß gestanden war und uns großdeutsch belehrt hatte, war jetzt der Altar, und wo das Hitlerbild an der Wand war, hing jetzt ein großes Kreuz, und anstelle des Klaviers, das, von Grünkranz gespielt, unsere nationalsozialistischen Lieder wie *Die Fahne hoch* oder *Es zittern die morschen Knochen* begleitet hatte, stand ein Harmonium. Der ganze Raum war nicht einmal ausgemalt worden, dafür fehlte es offensichtlich an Geld, denn wo jetzt das Kreuz hing, war noch der auf der grauen Wandfläche auffallend weiß gebliebene Fleck zu sehen, auf welchem jahrelang das Hitlerbild hing.« (Th. B.: *Die Ursache. Eine Andeutung.* In: *Werke 10*, S. 68)

1946

Übersiedlung der gesamten Familie Freumbichler / Fabjan nach Salzburg, wo acht Personen in beengten Verhältnissen in einer Wohnung in der Radetzkystraße 10 leben.

1947/48

Thomas Bernhard verläßt – aufgrund schlechter schulischer Leistungen und der Notwendigkeit, etwas zum Lebensunterhalt der Familie beizutragen – das Gymnasium und beginnt eine Kaufmannslehre im Lebensmittelgeschäft von Karl Podlaha in der Salzburger Scherzhauserfeldsiedlung, einem der ärmsten Wohnviertel der Stadt. Daneben nimmt er Musik- und Gesangsunterricht bei der Sängerin Maria Keldorfer und ihrem Mann Theodor W. Werner.

»*Die anderen Menschen* fand ich *in der entgegengesetzten Richtung,* indem ich nicht mehr in das gehaßte Gymnasium, sondern in die mich rettende Lehre ging, gegen alle Vernunft in der Frühe nicht mehr mit dem

Sohn des Regierungsrats in die Mitte der Stadt durch die Reichenhaller Straße, sondern mit dem Schlossergesellen aus dem Nachbarhaus an ihren Rand durch die Rudolf-Biebl-Straße, nicht auf dem Weg durch die wilden Gärten und an den kunstvollen Villen vorbei in die Hohe Schule des Bürger- und des Kleinbürgertums, sondern an der Blinden- und an der Taubstummenanstalt vorbei und über die Eisenbahndämme und durch die Schrebergärten und an den Sportplatzplanken in der Nähe des Lehener Irrenhauses vorbei in die Hohe Schule der Außen- seiter und Armen, in die Hohe Schule der Verrückten und der für verrückt Erklärten in der Scherzhauserfeldsiedlung, in dem absoluten Schreckensviertel der Stadt, an der Quelle fast aller Salzburger Gerichts- prozesse und im Keller als Lebensmittelgeschäft des Karl Podlaha, der ein zerstörter Mensch und ein empfindsamer Wiener Charakter gewe- sen war und der Musiker hatte werden wollen und dann immer ein kleiner Krämer geblieben ist.« (Th. B.: *Der Keller. Eine Entziehung*. In: *Werke 10*, S. 113)

1949

Thomas Bernhard erkrankt nach einer nicht ausgeheilten schweren Er- kältung an einer Rippenfellentzündung; später Diagnose einer Lungen- tuberkulose.

17. Januar: Einlieferung ins Landeskrankenhaus Salzburg (nur zwei Tage nach dem Großvater); Bernhard erhält die Sterbesakramente.

»*Jetzt* will ich leben. Ein paarmal noch kommt die Schwester herein und hebt meine Hand auf. Dann, gegen Morgen, kommen Pfleger und heben mein Bett auf Gummiräder und fahren es in den Krankensaal zurück. Plötzlich, denke ich, hat der Atem des Mannes vor mir aufge- hört. Ich will nicht sterben, denke ich. *Jetzt* nicht. Der Mann hat plötz- lich zu atmen aufgehört. Kaum hatte er zu atmen aufgehört, waren die graugekleideten Männer von der Prosektur hereingekommen und hat- ten ihn in den Zinkblechsarg gelegt. Die Schwester hat es nicht mehr erwarten können, daß er zu atmen aufgehört hat, dachte ich. Auch ich hätte zu atmen aufhören können. Wie ich jetzt weiß, war ich gegen fünf Uhr früh wieder zurückgebracht worden in den Krankensaal. Aber die Schwestern, möglicherweise auch die Ärzte, waren sich nicht sicher gewesen, sonst hätten mir die Schwestern nicht gegen sechs in der Früh von dem Krankenhauspfarrer die sogenannte *Letzte Ölung* geben lassen. Ich hatte das Zeremoniell kaum wahrgenommen. An vielen andern habe ich es später beobachten und studieren können. Ich wollte *leben*, alles andere bedeutete nichts. Leben, und zwar *mein* Leben leben, *wie und solange ich es will.* Das war kein Schwur, das hatte sich der, der *schon aufgegeben gewesen war,* in dem Augenblick, in welchem der andere vor ihm zu atmen aufgehört hatte, vorgenommen. Von zwei möglichen Wegen hatte ich mich in dieser Nacht in dem entscheidenden Augenblick für den des Lebens entschieden. Unsinnig, darüber nachzudenken, ob diese Entscheidung falsch oder richtig gewesen ist. Die Tatsache, daß die schwere, nasse Wäsche nicht auf mein Gesicht gefallen war und mich nicht erstickt hatte, war die Ursache dafür gewesen, daß ich nicht aufhören wollte zu atmen. Ich hatte nicht, wie der andere vor mir, aufhören wollen zu atmen, ich hatte weiteratmen und weiterleben wollen. [. . .] *Ich* bestimmte, welchen der beiden möglichen Wege ich zu gehen hatte. Der Weg in den Tod wäre leicht gewesen. Genauso hat der Lebensweg den Vorteil der Selbstbestimmung. Ich habe nicht alles verloren, mir ist alles geblieben. Daran denke ich, will ich weiter.« (Th. B.: *Der Atem. Eine Entscheidung.* In: *Werke 10,* S. 224ff.)

11. Februar: Tod von Johannes Freumbichler.

1949-1951

Mehrere Sanatoriumsaufenthalte, zuerst im früheren Hotel Vötterl in Großgmain, einer in der Nähe von Salzburg gelegenen Dependance des Landeskrankenhauses, danach zwei längere Aufenthalte in der Landeslungenheilstätte Grafenhof in St. Veit im Pongau (Land Salzburg; Juli 1949 bis Februar 1950 und Juli 1950 bis Januar 1951).

»Als ich mich von meiner Mutter verabschiedete, um nach Grafenhof zu gehen, in diese neue Ungewißheit, hatte ich ihr ein paar meiner Gedichte vorgelesen. Sie hatte geweint, beide hatten wir geweint. Ich hatte sie umarmt und meinen Koffer gepackt und war verschwunden. Würde ich sie überhaupt wiedersehen? Sie hatte meine Gedichte anhören *müssen*, ich hatte sie erpreßt, ich hatte die Gewißheit, meine

Gedichte sind gut, Produkte eines achtzehnjährigen Verzweifelten, der außer diesen Gedichten nichts mehr zu haben schien. Ich hatte mich schon zu dieser Zeit in das Schreiben geflüchtet, ich schrieb und schrieb, ich weiß nicht mehr, Hunderte, Aberhunderte Gedichte, ich existierte nur, wenn ich schrieb, mein Großvater, der Dichter, war tot, jetzt durfte *ich* schreiben, jetzt hatte *ich* die Möglichkeit, selbst zu dichten, jetzt getraute ich mich, jetzt hatte ich dieses Mittel zum Zweck, in das ich mich mit allen meinen Kräften hineinstürzte, ich mißbrauchte die ganze Welt, indem ich sie zu Gedichten machte, auch wenn diese Gedichte wertlos waren, sie bedeuteten mir alles, nichts bedeutete mir mehr auf der Welt, ich hatte nichts mehr, nur die Möglichkeit, Gedichte zu schreiben. So war es das Natürlichste, daß ich, bevor ich mich von meiner Mutter, die wir zuhause gelassen hatten, weil wir wußten, was, sie dem Krankenhaus ausliefern, bedeutete, verabschiedete, ihr Gedichte aus meinem Kopfe vorgelesen hatte. Wir hatten nicht die Kraft, etwas zu sagen, wir weinten nur und drückten unsere Schläfen aneinander.« (Th. B.: *Die Kälte. Eine Isolation*. In: *Werke 10*, S. 331)

In Grafenhof freundet sich Thomas Bernhard mit dem Kapellmeister Rudolf Brändle (1922-2002) an, mit dem er in der Folge regelmäßig in der St. Veiter Kirche musiziert, begleitet von der Dorforganistin Anna Janka. Am 27. Juli 1950 hört ihn dabei die aus Wien stammende Hedwig Stavianicek (1894-1984) und ist von seinem Vortrag berührt – es handelt sich um die erste Begegnung mit dem von ihm später so genannten, 37 Jahre älteren »Lebensmenschen«.

19. Juni 1950: Als erste gesicherte Publikation Thomas Bernhards erscheint unter dem Pseudonym Thomas Fabian im *Salzburger Volksblatt* die Kurzerzählung *Das rote Licht*. In den kommenden Jahren Veröffentlichung weiterer Erzählungen und Gedichte in verschiedenen Zeitungen und Zeitschriften.

13. Oktober 1950: Tod der Mutter.

1952-1954

Auf Vermittlung von Carl Zuckmayer freie Mitarbeit beim *Demokratischen Volksblatt*, der Salzburger Tageszeitung der SPÖ (Sozialdemokratische Partei Österreichs, damaliger Name: Sozialistische Partei Österreichs). Neben den Schwerpunkten regionale Kulturberichterstattung und Gerichtssaalreportagen veröffentlicht Bernhard einige Reiseberichte, aber auch eigene Kurzprosa und Gedichte (so z. B. am 20. September 1952 *Mein Weltenstück*, das schon zuvor – am 22. April 1952 – als erstes Gedicht im *Münchner Merkur* erschienen war). Im Nachlaß Thomas Bernhards haben sich aus dem für seine literarische Entwicklung wichtigen Jahr 1952 drei Notizbücher erhalten, in denen sich journalistische Notizen sowie, vor allem, frühe literarische Versuche finden – womit er sich in die Tradition seines Großvaters stellt, der an die 150 solcher Tage- / Notizbücher hinterlassen hat.

1955

15. Mai: Unterzeichnung des Österreichischen Staatsvertrags (eigentlich: Staatsvertrag betreffend die Wiederherstellung eines unabhängigen und demokratischen Österreich); in der Folge Truppenabzug der vier Alliierten Mächte USA, UdSSR, Frankreich und Großbritannien.

1955-1957

Gesang-, Regie- und Schauspielstudium an der »Akademie für Musik und darstellende Kunst Mozarteum in Salzburg« (heute: »Universität Mozarteum Salzburg«); einige Auftritte als Schauspieler in Seminaraufführungen im Studio St. Peter. 1957 erstellt Thomas Bernhard ein Regiebuch zu Thomas Wolfes Drama *Herrenhaus* (wobei er die Handlung in die Zeit des Koreakriegs verlegt und mit einer Atombombenexplosion enden läßt), besteht »mit Erfolg« die Bühnenreifeprüfung und bekommt die »Eignung zur Regieführung« zugesprochen.

1957

Der erste Gedichtband Thomas Bernhards – *Auf der Erde und in der Hölle* – erscheint beim Otto Müller Verlag in Salzburg.

Thomas Bernhard gibt sein Zimmer am Johannes-Freumbichler-Weg in Salzburg, Parsch, auf und meldet sich polizeilich in der Wohnung von Hedwig Stavianicek in der Obirchergasse 3 in Wien, Döbling, an.

1957-1960

Beginn der Freundschaft mit dem Komponisten Gerhard Lampersberg (1928-2002) und dessen Frau Maja. Bis 1960 einige längere Aufenthalte auf deren Tonhof in Maria Saal (Kärnten), wo auch H. C. Artmann, Gerhard Fritsch, Gerhard Rühm, Konrad Bayer oder Christine Lavant wiederholt zu Gast sind. Lampersberg vertont Texte von Thomas Bernhard (vgl. den Roman *Holzfällen*, 1984).

1958

Gedichtbände *In hora mortis* (Otto Müller) und *Unter dem Eisen des Mondes* (Kiepenheuer & Witsch, Köln).

1959

die rosen der einöde. fünf sätze für ballett, stimmen und orchester (S. Fischer, Frankfurt am Main).

1960

Uraufführung der Kurzoper *Köpfe* und der Kurzschauspiele *Die Erfundene*, *Rosa* und *Frühling* im »Theater am Tonhof« (Regie: Herbert Wochinz, musikalische Leitung: Friedrich Cerha).

1962

Thomas Bernhard nimmt Kontakt zu Monsignore Leopold Ungar von der Caritas auf, um als Entwicklungshelfer nach Afrika zu gehen (woraus schließlich nichts wird).

Im Juli nimmt Bernhard an den Dichtertagen in Mondorf-les-Bains in Luxemburg teil.

1963

Nach erfolglosen Versuchen in den vorangegangen Jahren, einen Roman zu veröffentlichen (Ende 1960 versucht er es vergeblich mit dem Roman *Schwarzach St. Veit* bei S. Fischer, im September 1961 mit einem deutlich veränderten Text und mit dem neuen Titel *Der Wald auf der Straße* bei Suhrkamp, ebenso erfolglos – vgl. auch Thomas Bernhards letztes veröffentlichtes Buch, *In der Höhe. Rettungsversuch, Unsinn*, 1989), gelingt ihm mit dem 1962 geschriebenen und im Mai 1963 beim Insel Verlag in Frankfurt am Main erschienenen Roman *Frost* sein literarischer Durchbruch.

Julius-Campe-Preis (für *Frost*).

1964

Amras (Erzählung; Insel Verlag).

1965

Literaturpreis der Freien Hansestadt Bremen für *Frost*.

Auf eine Annonce des Immobilienmaklers Karl Ignaz Hennetmair hin (vgl. auch die Figur des Realitätenvermittlers Moritz in der 1978 erschienenen Erzählung *Ja*) hin kauft Thomas Bernhard (mit dem Bremer Preisgeld, einem Darlehen Hedwig Stavianiceks, des Unterrichtsministeriums sowie seines Verlegers Siegfried Unseld) einen renovierungsbedürftigen Vierkanthof in Obernathal (Gemeinde Ohlsdorf, Oberösterreich). Die Restaurierungsarbeiten dauern mehrere Jahre – Häuser, Bauen, Liegenschaften werden zu einem wichtigen Themenkomplex im Bernhardschen Werk, vgl. z. B. den Roman *Korrektur* von 1975. Anfang der siebziger Jahre vermittelt Hennetmair Bernhard noch zwei weitere Häuser in der näheren Umgebung, und zwar die sogenannte »Krucka«, ein kleines Bauernhaus auf dem Grasberg (Gemeinde Altmünster bei Gmunden), und ein Haus in Niederpuchheim (Gemeinde Ottnang), das in Sichtweite von Schloß Wolfsegg liegt (vgl. Bernhards letzten veröffentlichen Roman *Auslöschung. Ein Zerfall*, 1986).

»Mein Haus ist mein Hof, den ich mir vor einem Jahr gekauft habe, der fruchtlosen Irritationen überdrüssig, mein Hof, von dem ich glaube, daß er mich nicht umbringen, sondern züchtigen für die Zukunft, auf mein Ziel konzentrieren und so wenig als möglich konfus machen wird. Das Objekt ist, jahrhundertealt, vor dem Höllengebirge gelegen, in einer Gegend, die ich, der Herkunft und Vorliebe nach schon immer als meine engere Heimat betrachtet habe. [. . .]
Ich mache mir, nach und nach einer Spekulation nach der andern folgend, die fürchterliche Landeinsamkeit gefügig. Im Umgang mit meinen Gedanken erhalte und erzeuge ich mir die Unruhe, die ich brauche; meine Genossenschaft sind die wirklichen und die erfundenen Bibliotheken von Tausenden und von Hunderttausenden und von Millionen erfundenen und wirklichen, geschriebenen und ungeschriebenen Büchern. Abwechselnd gehe ich in der Welt der Schweine und Kühe und in der Welt der Philosophen und Kakophonien hin und her. [. . .] Die Welt wie sie ist und *erscheint*, zu zergliedern, damit fülle ich meine Einsamkeit aus, *eine, meine eigene* von den Milliarden Einsamkeiten, damit fülle ich meinen Hof aus, meinen Kerker, meinen Vierkantarbeitskerker [. . .].« (Th. B.: *Meine eigene Einsamkeit*. In: *Die Presse*, 24. 12. 1965)
»Der Anfang meiner Beziehung zu Unseld war eine Forderung gewesen, um nicht sagen zu müssen, eine Erpressung meinerseits. Ich forderte von Unseld zwei Jahre nach dem Erscheinen von *Frost* und zwei Jahre vor dem Erscheinen von *Verstörung*, im Jänner 1965, 40000 (in Worten: vierzigtausend) Mark; *weil ich es eilig hatte, in zwanzig Minuten*. Angeblich hatte Unseld zu diesem Zeitpunkt, wie seine Frau mir neunzehn Jahre später versicherte, vierzig Grad Fieber gehabt. Ich forderte also damals, wie ich heute denke, für jeden Fiebergrad des Verlegers oder für jede halbe Minute des Verlegers, tausend Mark. Nach diesem *Geschäft*, das mich im Höchstmaß befriedigte und das zur Rettung meines Ohlsdorfer Narrenhauses notwendig war, fuhr ich nach Gießen, um einen Vortrag zu halten, und dachte die ganze Zeit, daß gute Geschäfte machen wenigstens so schön ist wie Schreiben und daß ich, zu allem Unglück meiner Person, auch noch gelernter Kaufmann bin.« (*Unseld*, S. 53f.)

1. Juni: Tod der Großmutter Anna Freumbichler.

1967

Verstörung (Roman; Insel Verlag).
Prosa (Erzählsammlung; Suhrkamp Verlag – hier erscheinen, so nicht anders angegeben, die folgenden Werke Bernhards).

Im Sommer muß sich Thomas Bernhard einer schweren Tumor-Operation im Pulmologischen Krankenhaus auf der Baumgartner Höhe in Wien unterziehen, dabei wird Morbus Boeck (Sarkoidose) diagnostiziert, eine Immunerkrankung von Herz und Lunge, unter der Bernhard die ihm verbleibenden beiden Lebensjahrzehnte leiden wird (vgl. *Wittgensteins Neffe. Eine Freundschaft*, 1982).

1968

4. März 1968: Bei der Verleihung des sogenannten Kleinen Österreichischen Staatspreises an Thomas Bernhard kommt es zu einem Skandal – den zuständigen Minister empört Bernhards Dankesrede.

»Es ist nichts zu loben, nichts zu verdammen, nichts anzuklagen, aber es ist vieles *lächerlich*, es ist alles lächerlich, wenn man an den *Tod* denkt. Man geht durch das Leben, beeindruckt, *un*beeindruckt, durch die Szene, alles ist austauschbar, im Requisitenstaat besser oder schlechter geschult: ein Irrtum! Man begreift: ein ahnungsloses Volk, ein schönes Land – es sind tote oder gewissenhaft gewissen*lose* Väter, Menschen mit der Einfachheit und der Niedertracht, mit der Armut ihrer Bedürfnisse . . . Es ist alles eine zuhöchst philosophische und unerträgliche Vorgeschichte. Die Zeitalter sind schwachsinnig, das Dämonische in uns ein immerwährender vaterländischer Kerker, in dem die Elemente der Dummheit und der Rücksichtslosigkeit zur täglichen Notdurft geworden sind. Der Staat ist ein Gebilde, das fortwährend zum Scheitern, das Volk ein solches, das ununterbrochen zur Infamie und zur Geistesschwäche verurteilt ist. Das Leben Hoffnungslosigkeit, an die sich die Philosophien *an*lehnen, in welcher alles letzenends verrückt werden *muß*.
Wir sind Österreicher, wir sind *apathisch*, wir sind das Leben als das gemeine Desinteresse am Leben, wir sind in dem Prozeß der Natur der Größenwahn-Sinn als Zukunft.

Wir haben nichts zu berichten, als daß wir erbärmlich sind, durch Einbildungskraft einer philosophisch-ökonomisch-mechanischen Monotonie verfallen.

Mittel zum Zwecke des Niedergangs, Geschöpfe der Agonie, erklärt sich uns alles, verstehen wir nichts. Wir bevölkern ein Trauma, wir fürchten uns, wir haben ein Recht, uns zu fürchten, wir sehen schon, wenn auch undeutlich, im Hintergrund: die Riesen der Angst.

Was wir denken, ist *nach*gedacht, was wir empfinden, ist chaotisch, was wir sind, ist unklar.

Wir brauchen uns nicht zu schämen, aber wir *sind* auch nichts und wir verdienen nichts als das Chaos.

Ich danke in meinem und im Namen der hier mit mir Ausgezeichneten, dieser Jury, ganz ausdrücklich allen Anwesenden.« (Danksagung anläßlich der Entgegennahme des Österreichischen Staatspreises für Literatur 1967. In: *Neues Forum* XV/173 (Mai 1968), S. 349)

»Nachdem ich aber dann, sozusagen als Dank für den Preis, ein paar Sätze, die ich erst kurz vor der Preisverleihung in höchster Eile und mit dem größten Widerwillen auf ein Blatt Papier geschrieben hatte, eine kleine philosophische Abschweifung sozusagen vorgetragen hatte, in welcher ich nichts anderes zu sagen gehabt habe, als daß der Mensch armselig und ihm der Tod sicher sei, alles in allem hatte mein Vortrag nicht länger als drei Minuten gedauert, war der Minister, der überhaupt nicht verstanden hatte, was ich gesagt hatte, empört von seinem Sitz aufgesprungen und hatte mir die geballte Faust ans Gesicht geschleudert. Wutschnaubend hat er mich vor allen Anwesenden auch noch einen *Hund* genannt und hat den Saal verlassen nicht ohne hinter sich die Glastür mit einer solchen Gewalt zuzuschlagen, daß sie in tausende Scherben zersplittert ist. Alle im Audienzsaal waren aufgesprungen und hatten dem hinausgestürzten Minister verblüfft nachgeschaut. Einen Augenblick herrschte, wie gesagt wird, *vollkommene Ruhe*. Darauf geschah das Merkwürdige: die ganze Gesellschaft, die ich doch nur als Opportunistenmeute bezeichnen kann, ist dem Minister nachgerannt, nicht ohne vorher noch gegen mich vorzugehen nicht nur mit Schimpfwörtern, sondern auch mit geballten Fäusten, ich erinnere mich genau an die geballten Fäuste, die der Präsident des Kunstsenats, Herr Henz, mir entgegengeschleudert hat, wie an alle anderen gegen mich vorgebrachten *Ehrenbezeigungen* in diesem Augenblick. Die ganze Gesell-

schaft, ein paar hundert Kunstpfründner, vornehmlich aber Schriftsteller, also Kollegen, wie gesagt wird, und deren Gefolge, sind dem
Minister nachgerannt und ich weigere mich, alle diese Namen aufzuzählen, die dem Minister durch die von ihm zerschlagene Glastür nachgerannt sind, weil ich keine Lust habe, wegen einer solchen Lächerlichkeit vor Gericht zu kommen, aber es waren die bekanntesten und
berühmtesten und angesehensten, die aus dem Audienzsaal hinaus und
die Treppe hinuntergestürzt sind, dem Minister nach und die mich mit
meinem Lebensmenschen im Audienzsaal stehengelassen haben. Wie
einen Aussätzigen. Keiner war bei mir und meinem Lebensmenschen
geblieben, alle waren sie, an dem für sie aufgestellten Buffet vorbei,
hinausgestürzt und dem Minister nach und hinunter – bis auf Paul. Er
war der einzige, der bei mir und meiner Lebensgefährtin, meinem *Lebensmenschen*, stehengeblieben war, entsetzt und amüsiert gleichzeitig
von dem Zwischenfall.« (Th. B.: *Wittgensteins Neffe. Eine Freundschaft*,
S. 115ff.)

Anton-Wildgans-Preis der Österreichischen Industriellenvereinigung (die
Überreichungszeremonie wurde wegen des Staatspreis-Eklats kurzerhand
abgesagt).
Mai: Höhepunkt der Studentenbewegung in mehreren Ländern.
21. August: Gewaltsame Niederschlagung des Prager Frühlings durch
Truppen des Warschauer Pakts.
Ungenach (Erzählung).

1969

Watten. Ein Nachlaß (Erzählung).
Ereignisse (Kurzprosasammlung; Literarisches Colloquium, Berlin). Sie
entstanden schon Ende der fünfziger Jahre, teilweise wohl am Tonhof und
sollten 1960 im S. Fischer Verlag erscheinen, wurden von Bernhard aber,
nicht zuletzt aufgrund von Vorbehalten des damaligen Verlagsleiters Rudolf Hirsch, zurückgezogen.
An der Baumgrenze (Erzählsammlung: *Der Kulterer, Der Italiener. Fragment, An der Baumgrenze*, Residenz Verlag, Salzburg).

1970

Das Kalkwerk (Roman).

Ein Fest für Boris – Uraufführung in der Regie von Claus Peymann am 29. Juni 1970 am Deutschen Schauspielhaus Hamburg. Das schon Mitte der sechziger Jahre entstandene Stück hieß ursprünglich *Die Jause* und war für die Salzburger Festspiele geplant.

Georg-Büchner-Preis der Deutschen Akademie für Sprache und Dichtung.

1971

Der Italiener (Residenz Verlag, Salzburg; enthält: *Der Italiener. Ein Film, Der Italiener. Fragment* und den Monolog *Drei Tage* – den Text zum von Ferry Radax im Sommer 1970 in Hamburg gedrehten gleichnamigen Film). *Der Italiener* wird von Ferry Radax im Auftrag des WDR in Wolfsegg verfilmt.

Gehen (Erzählung).

Midland in Stilfs (enthält die Erzählungen *Midland in Stilfs*, *Der Wetterfleck* und *Am Ortler. Nachricht aus Gomagoi*).

1972

Grillparzer-Preis (für *Ein Fest für Boris*).

Der Ignorant und der Wahnsinnige – Uraufführung in der Regie von Claus Peymann bei den Salzburger Festspielen am 29. Juli 1972. Den »Doktor« spielt Bruno Ganz, den »Vater« Ulrich Wildgruber, die »Königin der Nacht« Angela Schmid. – Bei der Uraufführung kommt es zum sogenannten »Notlichtskandal« (vgl. Kommentar zu Th. B.: *Werke 15*, S. 470ff.): Entgegen einer Zusage blieben die Notlichter im Salzburger Landestheater in der Schlußszene eingeschaltet; daraufhin kam es – abgesehen von der bereits vorher vereinbarten Fernsehaufzeichnung – zu keiner weiteren Aufführung; Bernhard telegraphierte am 2. August an Josef Kaut, den damaligen Präsidenten der Salzburger Festspiele: »Eine Gesellschaft, die zwei Minuten Finsternis nicht vertraegt kommt ohne mein Schauspiel aus Stop«.

Adolf-Grimme-Preis (Fernsehpreis für *Der Italiener*).

Franz-Theodor-Csokor-Preis des österreichischen P.E.N.-Zentrums (die Preissumme überweist Bernhard an den Verein für Bewährungshilfe, Krems).

Austritt aus der römisch-katholischen Kirche.

1974

Der Kulterer. Eine Filmgeschichte (Residenz Verlag, Salzburg) – Der Fernsehfilm *Der Kulterer* wurde 1973/74 im Auftrag von ORF und ZDF von Vojtech Jasny mit Helmut Qualtinger in der Titelrolle in der Strafvollzugsanstalt Garsten in Oberösterreich gedreht.

Die Jagdgesellschaft – Uraufführung in der Regie von Claus Peymann am 4. Mai 1974 im Wiener Burgtheater. Den »Schriftsteller« spielt Joachim Bissmeier, die »Generalin« Judith Holzmeister.

Die Macht der Gewohnheit – Uraufführung in der Regie von Dieter Dorn bei den Salzburger Festspielen am 27. Juli 1974 mit Bernhard Minetti als »Caribaldi«.

Prix Séguier.

Dramatikerpreis der Stadt Hannover.

Mitgliedschaft (bis 1987) im Österreichischen Bauernbund (einer Teilorganisation der ÖVP, der Österreichischen Volkspartei).

1975

Korrektur (Roman).

Der Präsident – Uraufführung in der Regie von Ernst Wendt im Wiener Akademietheater am 17. Mai 1975.

Die Ursache. Eine Andeutung (Residenz Verlag, Salzburg) – Die erste, die Salzburger Schulzeit behandelnde autobiographische Erzählung führte zu einer gerichtlichen Auseinandersetzung mit dem Salzburger Stadtpfarrer Franz Wesenauer. Dieser meinte, sich im »Onkel Franz« des Buches zu erkennen, und verklagte daraufhin Thomas Bernhard. Nach langem gerichtlichen Hin und Her, das von September 1975 bis Mai 1977 dauerte, schloß man einen Vergleich, der die Streichung von inkriminierten Passagen beinhaltete.

1976

Der Keller. Eine Entziehung (Residenz Verlag, Salzburg) – Die zweite autobiographische Erzählung handelt von Bernhards Lehrlingszeit in der Scherzhauserfeldsiedlung.

Die Berühmten – Uraufführung am 8. Juni 1976 in der Regie von Peter Lotschak bei den Wiener Festwochen (Aufführung des Burgtheaters im Theater an der Wien), u. a. mit Bibiana Zeller, Wolfgang Gasser, Rudolf Wessely und Franz Morak.

Minetti – Uraufführung in der Regie von Claus Peymann am Württembergischen Staatstheater Stuttgart am 1. September 1976 mit Bernhard Minetti in der Titelrolle.

1977

Reise (mit seinem Verleger Siegfried Unseld) nach Iran und Ägypten sowie (allein) nach Israel.

1978

Der Atem. Eine Entscheidung (Residenz Verlag, Salzburg) – Die dritte autobiographische Erzählung schildert den Aufenthalt im Salzburger Landeskrankenhaus).

Ja (Erzählung; die Figur des »Moritz« trägt unverkennbar Züge des »Realitätenvermittlers« Karl Ignaz Hennetmair).

Der Stimmenimitator (Kurzprosasammlung).

Immanuel Kant – Uraufführung in der Regie von Claus Peymann am Württembergischen Staatstheater Stuttgart am 15. April 1978 u. a. mit Peter Sattmann, Traugott Buhre, Gert Voss, Anneliese Römer, Urs Hefti und Martin Schwab.

1979

Vor dem Ruhestand – Uraufführung in der Regie von Claus Peymann am Württembergischen Staatstheater Stuttgart am 29. Juni 1979 mit Traugott hre, Kirsten Dene und Eleonore Zetzsche.

Den zeitgeschichtlichen Hintergrund des Stückes bilden zwei Affären, nämlich die sogenannte »Zahnspendenaffäre« und die sogenannte Filbingeraffäre. Bei ersterer führte die von der *Bild*-Zeitung angeheizte Auseinandersetzung um eine Spende u. a. von Claus Peymann für die Zahnbehandlung eines verurteilten RAF-Mitglieds zur Nicht-Verlängerung seines bis August 1979 laufenden Vertrags; bei zweiterer ging es um den Rücktritt des baden-württembergischen Ministerpräsidenten Hans Filbinger, nachdem bekannt wurde, daß er als Marinerichter noch in den letzten Tagen des Zweiten Weltkriegs Todesurteile verhängt hatte.

Ende 1979: Thomas Bernhard tritt aus der Deutschen Akademie für Sprache und Dichtung als Protest gegen die Wahl des ehemaligen deutschen Bundespräsidenten Walter Scheel zum Ehrenmitglied aus.

1980

Mai: *Die Billigesser* (Erzählung).

Der Weltverbesserer – Uraufführung in der Regie von Claus Peymann am Schauspielhaus Bochum am 6. September 1980 mit Bernhard Minetti in der Titelrolle und Edith Heerdegen als seiner Frau.

1981

Die Kälte. Eine Isolation (Residenz Verlag, Salzburg) – Die vierte autobiographische Erzählung handelt von der Zeit in der Lungenheilstätte Grafenhof.

Am Ziel – Uraufführung am 18. August 1981 bei den Salzburger Festspielen in der Regie von Claus Peymann mit Marianne Hoppe, Kirsten Dene, Branko Samarovski und Julia von Sell.

Über allen Gipfeln ist Ruh – Uraufführung bei den Ludwigsburger Schloßfestspielen durch das Schauspielhaus Bochum am 25. Juni 1982; Regie Alfred Kirchner.

Ave Vergil. Gedicht.

Filmporträt *Monologe auf Mallorca* von Krista Fleischmann für den ORF zu Thomas Bernhards 50. Geburtstag.

1982

Ein Kind (Residenz Verlag, Salzburg) – Die fünfte der autobiographischen Erzählungen behandelt die Zeit der Kindheit vor der Salzburger Schulzeit.
Beton (Roman).
Wittgensteins Neffe. Eine Freundschaft (Erzählung).
Premio Prato.

1983

Der Untergeher (Roman).
Der Schein trügt – Uraufführung in der Regie von Claus Peymann im Schauspielhaus Bochum (Kammerspiele) am 21. Januar 1984 mit Bernhard Minetti und Traugott Buhre.
Premio Mondello.

1984

28. April: Tod von Hedwig Stavianicek im Krankenhaus auf der Baumgartner Höhe in Wien; Beisetzung im Grab ihres Mannes auf dem Grinzinger Friedhof.
Holzfällen. Eine Erregung (Roman) – Gerhard Lampersberg sieht sich (von dem Wiener Journalisten Hans Haider darauf hingewiesen) in der Figur des »Auersberger« verunglimpft und erwirkt eine gerichtliche Beschlagnahme des Buches in Österreich, die erst nach etwa einem halben Jahr aufgehoben wird.

»Ich weiß, es ist in Mitteleuropa einmalig, daß ein Literaturkritiker und Leiter der Literaturbeilage einer sogenannten *angesehenen* Zeitung einen Schriftsteller seines Landes wegen eines Kunstwerkes dieses Schriftstellers vor Gericht zerrt. [. . .]
Herr Lampersberg hat mit meinem Herrn Auersberger nichts zu tun. Herr Auersberger heißt in meinem Buch Auersberger und nicht Lampersberg, und sämtliche Schauplätze in meinem Buch sind ganz woanders als die Schauplätze des Herrn Lampersberg. Daß Herr Lampersberg Ähnlichkeiten mit sich in meinem Herrn Auersberger erblickt, ist

möglich, aber jeder Leser erblickt Ähnlichkeiten mit sich selbst in dem von ihm Gelesenen. [. . .]

Der Autor hat gesehen, wie seine Bücher unter Polizeigewalt aus den Buchhandlungen entfernt worden sind, und ist völlig wehrlos. Der Autor wartet auf eine Stellungnahme des Gerichts. Eine solche Stellungnahme kommt nicht. Erst sechs Wochen (in Worten: *sechs Wochen!*) nach der Beschlagnahme bekommt der Autor eine Vorladung vor Gericht, daß am 9. November eine Verhandlung gegen ihn anberaumt sei. Der Autor war dem Gericht sechs Wochen lang nicht die geringste Mitteilung wert. Der Autor ist von der österreichischen Justiz zum Unmündigen gemacht worden. Das Gericht, das die Beschlagnahme vorgenommen und damit dem Autor nicht wiedergutzumachenden Schaden zugefügt hat, hat in gröbster Weise gegen die Rechte des Autors verstoßen. In keinem anderen Land Europas, die Ostdiktaturen ausgenommen, wäre, das weiß ich, eine solche Vorgangsweise möglich. [. . .] Ich stehe zum vierten- und nicht zum erstenmal vor einem österreichischen Gericht unter einer Anklage, die in keinem mitteleuropäischen Land, schon gar nicht in einer sogenannten *Kulturnation*, zu einem Prozeß geführt hätte und habe mich also zum viertenmal einer nichts anderes als deprimierenden, entwürdigenden und über lange Zeit meine künstlerische Arbeit, die doch mein Lebensinhalt ist, unmöglich machenden Justizprozedur zu unterziehen und es scheint tatsächlich so, als hätte dieser Staat seit Jahrzehnten an mir kein anderes Interesse, als mich von Zeit zu Zeit vor Gericht zu stellen.« (*Frankfurter Allgemeine Zeitung*, 15. 11. 1984)

1985

Alte Meister. Komödie (Bernhards zuletzt fertiggestellter Roman kann auch als Hommage für seinen »Lebensmenschen« Hedwig Stavianicek gelesen werden).

Der Theatermacher – Uraufführung bei den Salzburger Festspielen am 17. August 1985 in der Regie von Claus Peymann; u. a. mit Traugott Buhre, Kirsten Dene und Martin Schwab.

1986

8. Juni: Wahl des ehemaligen UN-Generalsekretärs Kurt Waldheim zum
österreichischen Bundespräsidenten; heftige Auseinandersetzungen um
dessen Biographie während der NS-Zeit, aus denen sich schließlich eine
breitere Diskussion über die Rolle Österreichs in der Zeit des Nationalsozialismus entwickelte.

Ritter, Dene, Voss – Uraufführung bei den Salzburger Festspielen am 18.
August 1986 in der Regie von Claus Peymann; mit Ilse Ritter, Kirsten
Dene und Gert Voss. Premiere in Wien am 4. September 1986 im Aka-
demietheater.

Am 1. September 1986 eröffnet Peymann seine Zeit als Burgtheaterin-
tendant mit einer *Theatermacher*-Aufführung im großen Haus am Ring.

Auslöschung. Ein Zerfall (Roman, schon Anfang der achtziger Jahre entstanden).

Einfach kompliziert – Uraufführung am 28. Februar 1986 am Schiller-
Theater Berlin in der Regie von Klaus André.

1987

Elisabeth II. Keine Komödie – Uraufführung am 5. November 1989 (also
erst nach Thomas Bernhards Tod) am Schiller-Theater Berlin; Regie:
Niels-Peter Rudolph.

Premio Antonio Feltrinelli.
»Hochverehrte Akademie,
da ich seit vielen Jahren weder Preise noch Auszeichnungen und Titel
jeder Art angenommen habe, muß ich zu meinem allergrößten Bedauern auch Ihren Antonio Feltrinelli-Preis ablehnen.
Ich bin mir der Außerordentlichkeit Ihres Preises sehr wohl bewußt und
bitte Sie, der Jury Ihres Preises meine Bewunderung und meinen ganz
besonderern Dank zu übermitteln für die Hochschätzung meiner Arbeit.
Als Schüler und Freund Italiens grüße ich Sie mit dem allerhöchsten
Respekt.
Ihr Thomas Bernhard« (Brief Thomas Bernhards an die Akademie der
Wissenschaften in Rom v. 9. Juli 1987)

Ein letzter, u. a. unter dem Titel *Neufundland* geplanter und begonnener Roman kann – aufgrund der gesundheitlichen Situation Thomas Bernhards – nicht mehr fertiggestellt werden.

1988

Heldenplatz – Uraufführung am Wiener Burgtheater am 4. November 1988. In der Regie von Claus Peymann und im Bühnenbild von Karl-Ernst Herrmann spielen u. a. Wolfgang Gasser, Kirsten Dene, Elisabeth Rath und Marianne Hoppe. Das Stück war als Beitrag des Burgtheaters zum »Bedenkjahr« 1988 – 50 Jahre »Anschluß« an NS-Deutschland – und zum 100. Jahrestag des Burgtheaters am Ring geplant. Bernhards Stück spielt im März 1988 nach dem Begräbnis des jüdischen Professors Schuster, der nach seiner Rückkehr aus der Emigration nach Wien Selbstmord begangen hat, indem er sich aus dem Fenster seiner Wohnung auf dem Heldenplatz (jenem Platz, auf dem Hitler am 15. März 1938 unter dem Jubel zehntausender Menschen »den Eintritt meiner Heimat in das Deutsche Reich« verkündete) gestürzt hat; nach Meinung der Hinterbliebenen war wohl der entscheidende Grund dafür, daß sich seiner (und ihrer) Einschätzung nach an der Einstellung der Österreicher zu den Juden, an ihrem »Judenhaß« nichts geändert hat. Vorabveröffentlichungen einiger Sätze aus dem Stück führten zu einer wochenlangen medialen Auseinandersetzung.

»PROFESSOR ROBERT
Ich mische mich in nichts mehr ein
[. . .]
ich protestiere gegen nichts mehr
das heißt ja nicht daß ich nicht dagegen bin
ich bin ja gegen fast alles
aber protestieren wie du dir das vorstellst nein
Ich gebe meine Unterschrift nicht mehr her
Wenigstens in Neuhaus will ich meinen Frieden und meine Ruhe haben
OLGA
Es wird ja nicht nur die Straße durch den Apfelgarten gebaut
sie bauen auch eine Straße durch den Wald
im Mai wird der halbe Wald abgeholzt

PROFESSOR ROBERT
Das weiß ich
das entgeht mir ja nicht
daß alles zerstört wird
ihr tut ja so als wüßte ich davon nichts
ich weiß auch daß die alte Schule abgerissen wird
aber ich protestiere nicht mehr
dazu seid ihr da
die nächste Generation
die Welt ist ja schon heute nurmehr noch eine zerstörte
alles in allem unerträglich häßliche
man kann hingehen wo man will
[. . .]
und in Österreich ist alles immer am schlimmsten gewesen
dem Stumpfsinn sind immer alle nachgelaufen
der Geist ist immer mit Füßen getreten worden
Die Industrie und der Klerus sind die Drahtzieher
des österreichischen Übels
[. . .]
In dieser Stadt müßte ein Sehender ja
tagtäglich rund um die Uhr Amok laufen
er schaut in Richtung auf das Burgtheater
Was diesem armen unmündigen Volk geblieben ist
ist nichts als das Theater
Österreich selbst ist nichts als eine Bühne
auf der alles verlottert und vermodert und verkommen ist
eine in sich selber verhaßte Statisterie
von sechseinhalb Millionen Alleingelassenen
sechseinhalb Millionen Debile und Tobsüchtige
die ununterbrochen aus vollem Hals nach einem Regisseur schreien
Der Regisseur wird kommen
und sie endgültig in den Abgrund hinunterstoßen«
(Thomas Bernhard: *Heldenplatz*, S. 86ff.)

Prix Médicis.

1989

In der Höhe. Rettungsversuch, Unsinn (Residenz Verlag, Salzburg). Dabei handelt es sich um einen Teil des frühen Romanprojekts *Schwarzach St. Veit/Der Wald auf der Straße*).

12. Februar: Thomas Bernhard stirbt in seiner Gmundner Wohnung (Lerchenfeldgasse) an den Folgen seiner jahrelangen Lungen- und Herzerkrankung. Er wird im Grab Hedwig Stavianiceks auf dem Grinzinger Friedhof in Wien beigesetzt.

Literatur

Thomas Bernhard:
Werke. Hg. v. Martin Huber u. Wendelin Schmidt-Dengler. Frankfurt am Main: Suhrkamp 2003ff.
Drei Tage. In: Th. B.: *Der Italiener*. Salzburg: Residenz 1971.
Wittgensteins Neffe. Eine Freundschaft: Frankfurt am Main: Suhrkamp 1982.
Unseld. In: *Der Verleger und seine Autoren. Siegfried Unseld zum sechzigsten Geburtstag*. Frankfurt am Main: Suhrkamp 1984.
Alte Meister. Frankfurt am Main: Suhrkamp 1985.
Auslöschung. Frankfurt am Main: Suhrkamp 1986.
Heldenplatz. Frankfurt am Main: Suhrkamp 1988.
Nachlaß Thomas Bernhard, Thomas-Bernhard-Archiv, Gmunden.

Klaus Amann: *Peter Turrinis »Bei Einbruch der Dunkelheit«. Ein Stück über den »Tonhof«? Mit einem Seitenblick auf Thomas Bernhards »Holzfällen. Eine Erregung«*. In: Klaus Amann (Hg.): *Turrini-Symposium*. Salzburg – St. Pölten: Residenz 2007.
Krista Fleischmann: *Thomas Bernhard: Eine Begegnung. Gespräche mit Krista Fleischmann*. Wien: Edition S 1991.
Hans Höller: *Thomas Bernhard*. Reinbek bei Hamburg: Rowohlt 1993.
Louis Huguet: *Chronologie. Johannes Freumbichler – Thomas Bernhard*. Wien, Linz, Weitra: Bibliothek der Provinz [1995].
Martin Huber, Manfred Mittermayer, Peter Karlhuber (Hg.): *Thomas*

Bernhard und seine Lebensmenschen. Der Nachlaß. Frankfurt am Main: Suhrkamp 2002.

Elfriede Jelinek: *Atemlos,*. In Sepp Dreissinger (Hg.): *Thomas Bernhard. Portraits. Bilder und Texte.* Weitra: Bibliothek der Provinz 1991

Bernhard Judex: *Der Schriftsteller Johannes Freumbichler. 1881 – 1949.* Wien: Böhlau 2006.

Friederike Klauner: *Die Gemäldegalerie des Kunsthistorischen Museums in Wien.* Salzburg, Wien: Residenz 1978.

Margarete Kohlenbach: *Das Ende der Vollkommenheit. Zum Verständnis von Thomas Bernhards »Korrektur«.* Tübingen: Gunter Narr 1986.

Manfred Mittermayer: *Thomas Bernhard.* Suhrkamp: Frankfurt am Main 2006.

Eva Schindlecker: *Thomas Bernhard: »Holzfällen. Eine Erregung«. Dokumentation eines österreichischen Literaturskandals.* In: Wendelin Schmidt-Dengler u. Martin Huber (Hg.): *Statt Bernhard. Über Misanthropie im Werk Thomas Bernhards.* Wien: Edition S/Verlag Österreichische Staatsdruckerei 1987.

Ulrich Weinzierl: *Bernhard als Erzieher. Thomas Bernhard »Auslöschung«.* In: *Spätmoderne und Postmoderne. Beiträge zur deutschsprachigen Gegenwartsliteratur.* Hg. Von Paul Michael Lützeler. Frankfurt/Main: Fischer 1991.

Peter Handke: *Versuch über die Müdigkeit.* Frankfurt am Main: Suhrkamp 1989.

Elfriede Jelinek: *Das Schweigen.* In: E. J.: *Das Lebewohl. 3 kl. Dramen.* Berlin: Rowohlt 2000.

Christine Lavant: *Briefe an Maja und Gerhard Lampersberg.* Im Auftrag des Robert-Musil-Instituts für Literaturforschung hg. von Fabjan Hafner und Arno Rußegger. Salzburg, Wien: O. Müller 2003.

Robert Musil: *Der Mann ohne Eigenschaften.* Reinbek bei Hamburg: Rowohlt 1978.